W9-BFZ-570

Dicionário

LAROUSSE

Espanhol/Português • Português/Espanhol

Essencial

Dicionário
LAROUSSE
Espanhol/Português · Português/Espanhol
Essencial

LAROUSSE

Cultura para todos

Direção geral
Janice McNeillie

Gerente editorial
Soraia Luana Reis

Coordenação editorial
José A. Gálvez

Editora
Camila Werner

Redação
Talia Bugel, Laura Bocco, Eliane B. Freire Ushijima, Daniel Grassi

Revisão dos suplementos
Rosângela A. Dantas de Oliveira

Revisão tipográfica
Célia Regina Rodrigues de Lima

Capa
Light Criação e Comunicação

Diagramação
David Reid, Clair Simpson
LCT Tecnologia (suplemento e páginas iniciais)

Produção Gráfica
Fernando Borsetti

Colaboradores da edição anterior
Coordenação: Eliane Bueno Freire, José A. Galvez
Redação: Ana Maria Alvez Guimarães, Ana Cecília Olmos, Eliane B. Freire, Francisco Zaragoza, Gloria Arizaga, José A. Galvez, Maria Alice Farah C. Antonio, Maria Stella Scaff Glycerio, Magdalena Coll, Nancy Marques Carneiro, Patrícia Cecília Íncola, Rosa Martínez Alfaro, Rosângela A. Dantas de Oliveira, Sergio Tellaroli, Talia Bugel, Virgínia Bertolotti

Dados Internacionais de Catalogação na Publicação (CIP)
(Câmara Brasileira do Livro, SP, Brasil)

Dicionário Larousse espanhol-português,
    português-espanhol : essencial / [coordenação
    editorial José A. Gálvez]. -- 1. ed. --
São Paulo : Larousse do Brasil, 2005.

ISBN 85-7635-067-X

1. Espanhol - Dicionários - Português
2. Português - Dicionários - Espanhol I. Gálvez, José A.

	CDD-463.69
05-4052	-469.36

Índices para catálogo sistemático:
1. Espanhol : Português : Dicionários   463.69
2. Português : Espanhol : Dicionários   469.36

1ª edição brasileira: 2005

Sumário

Sumário

Apresentação

O *Dicionário Larousse Espanhol-Português/Português-Espanhol Essencial* é a obra de referência ideal para consulta. Ele atende tanto a estudantes da língua espanhola, seja em casa ou na escola, quanto às necessidades de um profissional em seu ambiente de trabalho ou em viagens ao exterior. Esta obra soluciona, de forma prática, as dúvidas com que nos defrontamos durante a leitura ou na hora de escrever um texto em espanhol.

É uma obra completa e atualizada, com mais de 55 mil palavras e expressões e mais de 80 mil traduções. Ajuda o leitor a compreender vários tipos de textos, desde artigos de jornal até obras literárias. Esta obra abrange não só o espanhol da Espanha, como o da América do Norte, Central e do Sul; traz, também, termos atualizados, de áreas como a informática e a tecnologia da informação.

O suplemento gramatical complementa o dicionário de forma eficaz: apresenta as particularidades da língua espanhola e explicações claras e simples sobre diversos assuntos da gramática. Há ainda uma lista de termos geográficos muito útil para estudantes e profissionais.

O grande número de exemplos e a contextualização das palavras constantes no dicionário ajudam o leitor a encontrar a melhor tradução para cada contexto, permitindo-lhe expressar-se em espanhol da maneira mais adequada a cada situação.

Além da qualidade de seu conteúdo, é um dicionário prático e fácil de ser consultado. Tudo isso faz do *Dicionário Larousse Espanhol-Português/ Português-Espanhol Essencial* uma obra ideal para todos os estudantes da língua espanhola, dos níveis básicos até os intermediários, e uma ferramenta indispensável para o mercado de trabalho.

A EDITORA

Abreviaturas

abreviatura	*abrev*	abreviatura
adjetivo	*adj*	adjetivo
adjetivo femenino	*adj f*	adjetivo feminino
adjetivo masculino	*adj m*	adjetivo masculino
adverbio	*adv*	advérbio
español de América	*Amér*	espanhol latino-americano
anatomía	*ANAT*	anatomia
español de los Andes	*Andes*	espanhol dos Andes
español de Argentina	*Arg*	espanhol da Argentina
automóvil	*AUT*	automóvel
auxiliar	*aux*	auxiliar
español de Bolivia	*Bol*	espanhol da Bolívia
español de Centroamérica	*CAm*	espanhol da América Central
español del Caribe	*Carib*	espanhol do Caribe
español de Chile	*Chile*	espanhol do Chile
español de Colombia	*Col*	espanhol da Colômbia
comercio	*COM*	comércio
comparativo	*compar*	comparativo
conjunción	*conj*	conjunção
español de Costa Rica	*CRica*	espanhol da Costa Rica
español del Cono Sur	*CSur*	espanhol do Cone Sul
español de Cuba	*Cuba*	espanhol de Cuba
cocina	*CULIN*	culinária
deportes	*DEP*	esporte
despectivo	*despec*	pejorativo
economía	*ECON*	economia
educación	*EDUC*	educação, escola
español de España	*Esp*	espanhol da Espanha
deporte	*ESPORTE*	esporte
sustantivo femenino	*f*	substantivo feminino
familiar	*fam*	familiar
figurado	*fig*	figurado
finanzas	*FIN*	finanças
formal	*fml*	formal
inseparable	*fus*	inseparável
generalmente	*gen/ger*	geralmente
gramática	*GRAM*	gramática
español de Guatemala	*Guat*	espanhol da Guatemala
familiar	*inf*	familiar
informática	*INFORM*	informática
interjección	*interj*	interjeição

invariable	*inv*	invariável
jurídico	*JUR*	jurídico
sustantivo masculino	*m*	substantivo masculino
matemática	*MAT*	matemática
medicina	*MED*	medicina
español de México	*Méx*	espanhol do México
sustantivo masculino y femenino	*mf*	substantivo masculino e feminino
sustantivo masculino con una desinencia femenina	*m, f*	substantivo masculino com desinência feminina
militar	*MIL*	termos militares
música	*MÚS*	música
náutica, marítimo	*NÁUT*	termos náuticos
español de Nicaragua	*Nic*	espanhol da Nicarágua
número	*núm/num*	numeral
español de Panamá	*Pan*	espanhol do Panamá
despectivo	*pej*	pejorativo
español de Perú	*Perú*	espanhol do Peru
plural	*pl*	plural
política	*POL*	política
participio pasado	*pp*	particípio passado
preposición	*prep*	preposição
español de Puerto Rico	*PRico*	espanhol de Porto Rico
pronombre	*pron*	pronome
marca registrada	®	marca registrada
religión	*RELIG*	religião
español del Río de la Plata	*RP*	espanhol rioplatense
sustantivo	*s*	substantivo
separable	*sep*	separável
singular	*sg*	singular
sujeto	*suj*	sujeito
superlativo	*superl*	superlativo
términos técnicos	*TEC*	termos técnicos
televisión	*TV*	televisão
español de Uruguay	*Urug*	espanhol do Uruguai
verbo	*v*	verbo
español de Venezuela	*Ven*	espanhol da Venezuela
verbo intransitivo	*vi*	verbo intransitivo
verbo impersonal	*v impess*	verbo impessoal
verbo pronominal	*vp*	verbo pronominal
verbo transitivo	*vt*	verbo transitivo
vulgar	*vulg*	vulgar
equivalente cultural	≈	equivalente cultural

Transcrição fonética

Vogais espanholas

[a] pata, amigo
[e] tela, eso
[i] piso, imagem
[o] bola, otro
[u] luz, una

Vogais portuguesas

[a] pá, amar
[ɛ] sé, seta, hera
[e] ler, mês
[i] ir, sino, nave
[ɔ] nota, pó
[o] corvo, avô
[u] azul, tribo

Ditongos espanhóis

[ai] aire, caiga
[au] causa, aula
[ei] ley, peine
[eu] Europa, deuda
[oi] soy, boina

Ditongos portugueses

[aj] faixa, mais
[ej] leite, rei
[ɛj] hotéis, pastéis
[ɔj] herói, bóia
[oj] coisa, noite
[uj] azuis, fui
[aw] nau, jaula
[ɛw] céu, véu
[ew] deus, seu
[iw] riu, viu

Ditongos nasais

[ãj] cãibra, mãe
[ãw] camarão, cão
[ẽj] bem, quem
[õj] cordões, leões

Vogais nasais

[ã] maçã, santo
[ẽ] lençol, sempre
[ĩ] fim, patim
[õ] onde, com, honra
[ũ] jejum, nunca

Semivogais

hierba, miedo   [j]   eleito, maio
agua, hueso   [w]   luar, quadro

Consoantes

vaca, bomba	[b]		beijo, abrir
curvo, caballo	[β]		
donde, caldo	[d]		dama, prenda
cada, pardo	[ð]		
	[dʒ]		dia, bonde
fui, afable	[f]		faca, afinal
grande, guerra	[g]		grande, agora
aguijón, bulldog	[ɣ]		
que, cosa	[k]		casa, dique
	[ʒ]		gelo, cisne, anjo
ala, luz	[l]		lata, feliz, cola
llave, collar	[ʎ]		malha, telha
madre, cama	[m]		mel, amigo
no, pena	[n]		novo, mina
caña	[ɲ]		linha, sonho
banca, encanto	[ŋ]		anca, inglês
papá, campo	[p]		pão, gripe
altar, paro	[r]		cura, era
perro, rosa	[rr]		
solo, paso	[s]		cima, desse, caça
cera, paz	[θ]		
	[ʃ]		noz, bis, caixa, chá
toro, pato	[t]		tema, lata, porta
ocho, chusma	[tʃ]		tio, infantil
	[v]		vela, ave
gema, jamón	[x]		rádio, terra
	[z]		zelo, brisa

O símbolo ['] indica que a sílaba subseqüente é a tônica, sobre a qual recai o acento principal; [,] indica que a sílaba subseqüente é a subtônica, sobre a qual recai o acento secundário.

O símbolo fonético [(x)] em português indica que o "r" no final da palavra é apenas levemente pronunciado, exceto quando seguido de palavra iniciada por vogal: nesse caso pronuncia-se [r].

As regras de pronúncia aplicadas ao português refletem a língua falada no Rio de Janeiro.

A ordem alfabética em espanhol

Neste dicionário seguiu-se a ordenação alfabética internacional. Isso significa que as entradas com **ch** aparecerão depois de **cg**, e não ao final do **c**; do mesmo modo, as entradas com **ll** virão depois de **lk**, e não ao final do **l**. No entanto, vale frisar que a letra **ñ** é considerada individualmente e vem logo após o **n**.

Marcas registradas

O símbolo ® indica que a palavra em questão é uma marca registrada. Este símbolo, ou a sua eventual ausência, não afeta, no entanto, a situação legal da marca.

a¹ (pl **aes**), **A** (pl **Aes**) f [letra] a, A m.

a² prep (a + el = al) - **1.** [periodo de tiempo] a; ~ **las pocas semanas** em poucas semanas; **al mes de casados** depois de um mês de casados - **2.** [momento preciso] a; ~ **las siete** às sete; ~ **los once años** aos onze anos; **al oír la noticia se desmayó** ao ouvir a notícia desmaiou - **3.** [frecuencia]: **cuarenta horas** ~ **la semana** quarenta horas por semana - **4.** [dirección] a; **voy** ~ **Sevilla** vou a Sevilha; **llegó** ~ **Lima/la fiesta** chegou a Lima/à festa - **5.** [lugar preciso] em; ~ **la salida del cine** na saída do cinema - **6.** [distancia] a; **está** ~ **más de cien kilómetros** está a mais de cem quilômetros - **7.** [posición] a; **su casa está** ~ **la derecha/izquierda** sua casa está à direita/esquerda - **8.** [con complemento indirecto] a; **dáselo** ~ **Juan** dê-o a Juan; **dile** ~ **Juan que venga** diga ao Juan que venha - **9.** [con complemento directo]: **quiere** ~ **su hijo/gato** ama o filho/gato - **10.** [cantidad, medida]: ~ **docenas/cientos** às dezenas/centenas; ~ **miles** aos milhares - **11.** [precio]: **¿** ~ **cuánto están las peras?** quanto estão as peras?; **vende las peras** ~ **cien pesetas** vende as peras a cem pesetas - **12.** [distribución, proporción]: **ganaron por tres** ~ **cero** ganharam por três a zero - **13.** [modo]: ~ **la antigua** à moda antiga; ~ **lo grande** em grande estilo; ~ **escondidas** às escondidas - **14.** [instrumento]: **escribir** ~ **máquina/mano** escrever à máquina/mão; **olla** ~ **presión** panela de pressão - **15.** (después de verbo y antes de infin) [finalidad]: **aprender** ~ **nadar** aprender a nadar - **16.** [en busca de]: ~ **por** à procura de; **ir** ~ **por pan** ir à procura de pão - **17.** (antes de infin) [condición]: ~ **no ser por mí, hubieses fracasado** não fosse por mim, teria fracassado - **18.** [en oraciones imperativas]: **i** ~ **bailar!** vamos dançar!; **i** ~ **la cama!** já para a cama!; **i** ~ **callar todo el mundo!** todo mundo quieto! - **19.** [indica desafío]: **¿** ~ **que no lo haces?** duvido que o faça - **20.** (después de sust y antes de infin) [complemento de nombre] a; **sueldo** ~ **convenir** salário a combinar; **temas** ~ **tratar** temas a tratar.

Os usos em que a preposição espanhola **a** é diferente do português são os seguintes:

1. para indicar destino: (Me voy a Bariloche en las vacaciones de invierno. Vou a Bariloche nas férias de inverno.)

2. para expressar uma ordem: (¡A callarse la boca inmediatamente! Cale a boca imediatamente!)

3. para indicar o tempo em que algo ocorre: (Ana sale de la escuela a las 5 de la tarde. Ana sai da escola às 5 da tarde.

4. para indicar o lugar em que algo ocorre: (A los alumnos les gusta mucho ir a la clase de cocina. Os alunos gostam muito de ir à aula de culinária.)

5. Com o verbo jogar: (Jugar a la pelota es una de mis grandes pasiones. Jogar futebol é uma das minhas grandes paixões. En la escuela juegan al fútbol tres veces por semana. Na escola jogam futebol três vezes por semana.)

6. com o verbo parecer-se: (Me parezco a mi tía. Pareço-me com minha tia.)

7. a + objeto direto: (Ayer vi a mi profesor de geografía en el cine. Ontem vi meu professor de geografia no cinema. Ayer vi una película de ciencia ficción. Ontem vi um filme de ficção científica.)

No exemplo 7, nota-se que se usa a preposição **a** quando o objeto direto refere-se a um objeto animado (neste caso, mi profesor). No entanto, a preposição **a** não é usada quando o complemento direto refere-se a um objeto inanimado (neste caso, una película de ciencia ficción). Como se pode perceber, usa-se em espanhol a preposição **a** não somente com os verbos de sentimento (amar, querer etc.), como também com todos os verbos acompanhados de um objeto direto que se refere a um objeto animado: (Natalia le da de comer a su tortuga todos los días. Todos os dias, Natalia dá de comer à sua tartaruga.)

(Ver também **As preposições** na seção Gramática espanhola.)

Nota ortográfica: Em espanhol, a preposição **a** nunca leva acento.

ábaco m ábaco m.

abad, desa m, f abade m, -dessa f.

abadía f abadia f.
abajo ◇ adv -**1.** [dirección] abaixo, para baixo; **mirar hacia** ~ olhar para baixo -**2.** [situación] abaixo, embaixo; **el apartamento de** ~ o apartamento de baixo. ◇ interj: ¡abajo! abaixo!
◆ **de abajo** loc adj de baixo.
abalanzarse vpr atirar-se, lançar-se.
abalear vt Andes, CAm, Ven atirar.
abalorio m miçanga f.
abanderado m -**1.** [en desfile] porta-bandeira mf -**2.** [defensor] representante mf.
abandonado, da adj abandonado(da).
abandonar vt abandonar.
◆ **abandonarse** vpr -**1.** [de aspecto] descuidar-se, desleixar-se -**2.** [emoción]: ~**se a** entregar-se a.
abandono m abandono m.
abanicar vt abanar.
◆ **abanicarse** vpr abanar-se.
abanico m -**1.** [para dar aire] leque m -**2.** fig [gama] leque m.
abaratar vt baratear.
◆ **abaratarse** vpr baratear-se.
abarcar vt -**1.** [incluir] abarcar, abranger; **quien mucho abarca poco aprieta** fig quem tudo quer, tudo perde -**2.** [ver] alcançar.
abarrotado, da adj: ~ **de** abarrotado(da) de.
abarrotar vt [teatro, autobús] abarrotar.
abarrotero, ra m, f CAm, Méx quitandeiro m, -ra f.
abarrotes mpl Amér: **tienda de** ~ mercearia.
abastecer vt: ~ **algo/a alguien de** abastecer algo/alguém de.
◆ **abastecerse** vpr: ~**se de** abastecer-se de.
abasto m -**1.** Ven [almacén] armazém m -**2.** loc: **no dar** ~ não dar conta.
abatible adj [mesa] dobrável; [asiento] reclinável.
abatido, da adj abatido(da).
abatir vt -**1.** [derribar] abater, derrubar -**2.** [desanimar] abater.
◆ **abatirse** vpr: ~**se sobre** abater-se sobre.
abdicación f abdicação f.
abdicar ◇ vt: ~ **algo en alguien** abdicar de algo em favor de alguém. ◇ vi: ~ **de algo** fig abdicar de algo.
abdomen m abdômen m.
abdominal adj abdominal.
◆ **abdominales** mpl abdominais mpl; **hacer** ~**es** fazer abdominais.
abecé m á-bê-cê m, abc m.
abecedario m abecedário m.
abedul m bétula f.

abeja f abelha f.
abejorro m mamangaba f.
aberración f aberração f.
abertura f abertura f.
abertzale ◇ adj nacionalista basco(ca) radical. ◇ mf nacionalista mf basco, -ca radical.
abeto m abeto m.
abierto, ta adj aberto(ta).
abigarrado, da adj -**1.** [multicolor] multicor -**2.** [heterogéneo] amontoado(da).
abismal adj abismal.
abismar vt [hundir] abismar.
◆ **abismarse** vpr: ~**se en** abismar-se em.
abismo m -**1.** [profundidad] abismo m -**2.** fig [diferencia] abismo m.
abjurar ◇ vt abjurar. ◇ vi: ~ **de** abjurar de.
ablandar vt -**1.** [material] amolecer -**2.** [persona] abrandar.
◆ **ablandarse** vpr -**1.** [material] amolecer-se -**2.** [persona] abrandar-se.
ablativo m GRAM ablativo m.
abnegación f abnegação f.
abnegarse vpr abnegar-se.
abocado, da adj: ~ **a** condenado(da) a.
abochornar vt envergonhar.
◆ **abochornarse** vpr envergonhar-se.
abofetear vt esbofetear.
abogacía f advocacia f.
abogado, da m, f advogado m, -da f; ~ **defensor** advogado de defesa; ~ **del estado** o **oficio** advogado do estado o de ofício; ~ **laboralista** advogado trabalhista; **hacer de** ~ **del diablo** agir como advogado do diabo.
abogar vi [interceder]: ~ **por algo/alguien** advogar por algo/alguém.
abolengo m avoengo m; **de rancio** ~ de costumes antiquados.
abolición f abolição f.
abolicionismo m abolicionismo m.
abolir vt abolir.
abolladura f amassamento m.
abollar vt amassar.
◆ **abollarse** vpr amassar-se.
abombado, da adj estufado(da).
abominable adj abominável.
abominar vt abominar.
abonado, da m, f assinante mf.
abonar vt -**1.** [pagar] pagar -**2.** [tierra] adubar.
◆ **abonarse** vpr: ~**se a algo** fazer assinatura de algo.
abonero, ra m, f Méx vendedor ambulante que vende a prazo.
abono m -**1.** [pase] assinatura f -**2.** [fertilizante] adubo m -**3.** [pago & COM] pagamento

m - 4. *Méx* [plazo] prestação f; **pagar en** ~s pagar em prestações.

abordaje m *NÁUT* abordagem f; ¡al ~! à abordagem!

abordar *vt* abordar.

aborigen *adj* aborígene.

➡ **aborígenes** *mfpl* aborígenes *mfpl.*

aborrecer *vt* detestar.

abortar ◇ *vi* abortar. ◇ *vt fig* [hacer fracasar] abortar.

aborto m - 1. [de embarazo] aborto m - 2. *fig mfam* [persona fea] aborto m.

abotargarse *vpr* inchar-se.

abotonar *vt* abotoar.

➡ **abotonarse** *vpr* abotoar-se.

abovedado, da *adj ARQUIT* abobadado(da).

abracadabra m abracadabra m.

abrasar ◇ *vt* queimar. ◇ *vi* queimar.

➡ **abrasarse** *vpr* queimar-se.

abrazadera f abraçadeira f, braçadeira f.

abrazar *vt* - 1. [con los brazos] abraçar - 2. *fig* [doctrina, ideas] abraçar.

abrazo m abraço m.

abrebotellas m *inv* abridor m de garrafas.

abrecartas m *inv* abridor m de cartas, espátula f.

abrelatas m *inv* abridor m de latas.

abrevadero m cocho m.

abreviar ◇ *vt* abreviar. ◇ *vi* agilizar.

abreviatura f abreviatura f.

abridor m [de botellas, latas] abridor m.

abrigar *vt* - 1. [arropar] agasalhar - 2. *fig* [albergar] abrigar.

➡ **abrigarse** *vpr* - 1. [arroparse] agasalhar-se - 2. [resguardarse]: ~se de abrigar-se de.

abrigo m - 1. [prenda] casaco m - 2. [lugar] abrigo m; **al** ~ **de** ao abrigo de.

abril m abril m; *ver también* setiembre.

➡ **abriles** *mpl* primaveras *fpl.*

abrillantar *vt* dar brilho a.

abrir ◇ *vt* abrir. ◇ *vi* abrir.

➡ **abrirse** *vpr* - 1. [sincerarse]: ~se a alguien abrir-se com alguém - 2. [presentarse] abrir-se - 3. [en una curva] abrir - 4. [despejarse] abrir-se - 5. *fam* [irse] mandar-se.

abrochar *vt* fechar.

➡ **abrocharse** *vpr* fechar-se; **abróchense los cinturones** apertem os cintos.

abroncar *vt* - 1. *fam* [reprender] dar uma bronca em - 2. *fam* [abuchear] vaiar.

abrumar *vt* [agobiar] sufocar, oprimir.

abrupto, ta *adj* abrupto(ta).

absceso m *MED* abcesso m.

absentismo m absenteísmo m.

ábside m o f *ARQUIT* abside f.

absolución f absolvição f.

absolutismo m absolutismo m.

absoluto, ta *adj* absoluto(ta).

➡ **en absoluto** *loc adv* [en negativas] de jeito nenhum.

absolver *vt* absolver; ~ a alguien de algo absolver alguém de algo.

absorbente *adj* absorvente.

absorber *vt* absorver.

absorción f absorção f.

absorto, ta *adj*: ~ (en) absorto(ta) (em).

abstemio, mia ◇ *adj* abstêmio(mia). ◇ m, f abstêmio m, -mia f.

abstención f abstenção f.

abstenerse *vpr* abster-se; ~ se de algo/hacer algo abster-se de algo/de fazer algo.

abstinencia f abstinência f.

abstracción f abstração f.

abstracto, ta *adj* abstrato(ta).

abstraer *vt* abstrair.

➡ **abstraerse** *vpr*: ~se (de) abstrair-se (de).

abstraído, da *adj* abstraído(da).

absurdo, da *adj* absurdo(da).

➡ **absurdo** m absurdo m.

abuchear *vt* vaiar.

abuelo, la m, f - 1. [familiar] avô m, -vó f; **no necesitar abuela** *fam* não ter modéstia - 2. [anciano] pessoa f de idade.

abulia f abulia f.

abúlico, ca ◇ *adj* abúlico(ca). ◇ m, f abúlico m, -ca f.

abultado, da *adj* avolumado(da).

abultar ◇ *vt* avolumar. ◇ *vi* avolumar.

abundancia f abundância f; **en** ~ em abundância.

abundante *adj* abundante.

abundar *vi* - 1. [haber mucho] abundar - 2. [contener]: ~ en abundar em.

aburguesarse *vpr* aburguesar-se.

aburrido, da ◇ *adj* - 1. [persona] entediado(da) - 2. [cosa] entediante. ◇ m, f entediado.

aburrimiento m tédio m, chateação f.

aburrir *vt* entediar.

➡ **aburrirse** *vpr* entediar-se.

abusado, da *adj Amér* esperto(ta).

abusar *vi* - 1. [usar mal] abusar; ~ de algo/alguien abusar de algo/alguém - 2. [violar]: ~ de alguien abusar de alguém.

abusivo, va *adj* - 1. [abusón] abusivo(va) - 2. *Amér* [descarado] abusado(da).

abuso m abuso m.

abusón, ona ◇ *adj* abusado(da). ◇ m, f abusado m, -da f.

abyecto, ta *adj culto* abjeto(ta).

a. C. (*abrev de* antes de Cristo) a.C.

acá ◇ *adv* cá, aqui; **de un tiempo** ~ de um tempo para cá; **más** ~ mais para cá; ¡**ven** ~! vem cá! **o** aqui! ◇ *pron Amér* [éste, ésta] este m, -ta f.

acabado, da adj [fracasado] acabado(da).
➤ **acabado** m acabamento m.
acabar ⟷ vt [terminar] acabar; [consumir totalmente] esgotar. ⟷ vi acabar; ~ bien/mal acabar bem/mal; ~ de hacer algo acabar de fazer algo; ~ con acabar com; ~ en acabar em; ~ loco ficar louco.
➤ **acabarse** vpr acabar-se; **acábate la sopa** acabe a sopa.
acabose, acabóse m fam: ser el ~ ser o fim.
academia f academia f.
➤ **Real Academia Española** f Academia f Real Espanhola.
académico, ca ⟷ adj acadêmico(ca); **año** ~ ano letivo. ⟷ m, f acadêmico m, -ca f.
acaecer v impers culto ocorrer, suceder.
acalorado, da adj acalorado(da).
acalorar vt -1. [dar calor] dar calor em -2. [excitar] acalorar.
➤ **acalorarse** vpr -1. [coger calor] acalorar-se -2. [excitarse] entusiasmar-se.
acampada f acampamento m.
acampanado, da adj boca de sino.
acampar ⟷ vi acampar. ⟷ vt acampar.
acanalar vt -1. [hacer canal] canalizar -2. [dar forma de canal] acanalar.
acantilado m falésia f.
acanto m acanto m.
acaparar vt -1. [retener] monopolizar, açambarcar -2. fig [atención] monopolizar.
acaramelado, da adj -1. [con caramelo] caramelado(da), caramelizado(da) -2. fig [afectado] afetado(da) -3. fig [cariñoso] carinhoso(sa).
acariciar vt -1. [persona, animal] acariciar -2. fig [idea, proyecto] acariciar.
➤ **acariciarse** vpr acariciar-se.
ácaro m ZOOL ácaro m.
acarrear vt -1. [transportar] carregar -2. fig [ocasionar] acarretar.
acartonarse vpr fam emagrecer.
acaso adv por acaso, talvez; **por si** ~ **se** por acaso.
➤ **si acaso** ⟷ loc adv talvez. ⟷ loc conj se acaso.
acatamiento m acatamento m.
acatar vt acatar.
acatarrarse vpr resfriar-se.
acaudalado, da adj abastado(da).
acaudillar vt -1. [capitanear] capitanear -2. fig [liderar] liderar.
acceder vi -1. [consentir]: ~ a algo/hacer algo assentir em algo/fazer algo -2. [a un lugar]: ~ a dar acesso a; ~ a Internet acessar a Internet -3. [alcanzar]: ~ a algo alcançar algo.
accesible adj acessível.

accésit (pl inv o accésits) m prêmio m de consolação.
acceso m acesso m; **tener** ~ **a** ter acesso a.
accesorio, ria adj acessório(ria).
➤ **accesorio** m (gen pl) acessório m.
accidentado, da ⟷ adj acidentado(da). ⟷ m, f acidentado m, -da f.
accidental adj acidental.
accidentarse vpr acidentar-se.
accidente m acidente m.
acción f ação f.
accionar vt acionar.
accionista mf ECON acionista mf.
acebo m azevinho m.
acechanza f espreita f.
acechar vt espreitar.
acecho m vigilância f; **al** ~ à espreita.
aceitar vt azeitar.
aceite m -1. [de oliva] azeite m; [de girasol, colza] óleo m -2. [hidrocarburo] óleo m.
aceitera f galheta f de azeite.
➤ **aceiteras** fpl galheteiro m.
aceitoso, sa adj -1. [con aceite] gorduroso(sa) -2. [como aceite] oleoso(sa).
aceituna f azeitona f; ~ **s rellenas** azeitonas recheadas.
aceleración f aceleração f.
acelerador m -1. [en coche] acelerador m -2. FÍS acelerador m.
acelerar ⟷ vt acelerar. ⟷ vi acelerar.
➤ **acelerarse** vpr acelerar-se.
acelerón m acelerada f.
acelga f acelga f.
acento m -1. [ortográfico] acento m -2. [pronunciación] sotaque m.
acentuación f acentuação f.
acentuar vt acentuar.
➤ **acentuarse** vpr acentuar-se.
acepción f acepção f.
aceptable adj aceitável.
aceptación f aceitação f.
aceptar vt aceitar.
acequia f canal m de irrigação.
acera f [de la calle] calçada f; **ser de la otra** ~, **de la** ~ **de enfrente** despec jogar em outro time.
acerado, da adj -1. [con acero] acerado(da) -2. fig [fuerte, resistente] de aço -3. fig [mordaz] acerado(da).
acerbo, ba adj culto acerbo(ba).
acerca ➤ **acerca de** loc prep acerca de.
acercar vt [aproximar] aproximar.
➤ **acercarse** vpr -1. [aproximarse] aproximar-se -2. [ir] ir -3. [tiempo] aproximar-se -4.: ~ **se** a aproximar-se de.
acero m [aleación] aço m; ~ **inoxidable** aço inoxidável.
acérrimo, ma adj acérrimo(ma).

acertado, da *adj* acertado(da).

acertar ◇ *vt* acertar. ◇ *vi* -**1.**: **acertaba a pasar por allí cuando se puso a llover** passava por ali, quando começou a chover; **no acertó a decir todo lo que quería** não conseguiu dizer tudo o que queria -**2.** [hallar]: ~ **con** encontrar.

acertijo *m* [enigma] charada *f.*

acervo *m* [patrimonio] acervo *m.*

acetona *f* acetona *f.*

achacar *vt* atribuir.

achacoso, sa *adj* [con achaques] enfermiço(ça).

achantar *vt fam* [acobardar] acovardar.

◆ **achantarse** *vpr fam* [acobardarse] acovardar-se.

achaparrado, da *adj* atarracado(da).

achaque *m* achaque *m.*

achatado, da *adj* [nariz] achatado(da).

achicar *vt* -**1.** [reducir tamaño] encolher -**2.** [quitar agua de] retirar -**3.** [acobardar] acovardar.

◆ **achicarse** *vpr* acovardar-se.

achicharrar ◇ *vt* -**1.** [quemar, chamuscar] queimar -**2.** [molestar] encher. ◇ *vi* [sol, calor] queimar.

◆ **achicharrarse** *vpr* queimar-se.

achicoria *f* chicória *f.*

achinado, da *adj* -**1.** [parecido a un chino] achinesado(da) -**2.** *RP* [como indio] indiático(ca).

achuchado, da *adj fam* apertado(da).

achuchar *vt fam* -**1.** [estrujar] apertar -**2.** [presionar] pressionar.

achuchón *m fam* -**1.** [estrujón] apertão *m* -**2.** [indisposición] indisposição *f*; **le dio un** ~ ele teve uma indisposição.

aciago, ga *adj* azarado(da).

acicalar *vt* [arreglar] arrumar.

◆ **acicalarse** *vpr* arrumar-se.

acicate *m* [espuela] espora *f.*

acidez *f* acidez *f*; ~ **de estómago** acidez estomacal.

ácido, da *adj* -**1.** QUÍM ácido(da) -**2.** [agrio] azedo(da) -**3.** *fig* [áspero] áspero(ra).

◆ **ácido** *m* -**1.** QUÍM ácido *m* -**2.** *fam* [droga] ácido *m.*

acierto *m* -**1.** [a pregunta, en quinielas] acerto *m* -**2.** [habilidad, tino] habilidade *f* -**3.** [éxito] sucesso *m.*

aclamación *f* aclamação *f*; **por** ~ por aclamação.

aclamar *vt* aclamar.

aclaración *f* esclarecimento *m.*

aclarar ◇ *vt* -**1.** *Esp* [ropa] enxaguar -**2.** [explicar] esclarecer -**3.** [lo oscuro] clarear -**4.** [lo espeso] ralear.

◆ **aclararse** *vpr fam* -**1.** [decidirse] decidir-

se -**2.** [ver claro]: **con tanto papel no hay quien se aclare** com tanto papel não há quem se entenda.

aclaratorio, ria *adj* esclarecedor(ra).

aclimatación *f* aclimatação *f.*

aclimatar *vt* aclimatar.

◆ **aclimatarse** *vpr* aclimatar-se.

acné *mf* acne *m.*

acobardar *vt* acovardar.

◆ **acobardarse** *vpr* acovardar-se.

acodarse *vpr* acotovelar-se.

acogedor, ra *adj* acolhedor(ra).

acoger *vt* -**1.** [recibir, dar refugio a] acolher -**2.** *fig* [aceptar] aceitar.

◆ **acogerse** *vpr*: ~ **se a** [recurrir] recorrer a.

acojonante *adj vulg* -**1.** [impresionante]: **una película/un calor acojonante** um puta filme/calor -**2.** [que da miedo] que dá cagaço.

acojonar ◇ *vt vulg* -**1.** [asustar] dar cagaço em -**2.** [impresionar] dar cagaço em -**2.** [impresionar] impressionar pra cacete. ◇ *vi vulg* [asustar] dar cagaço.

◆ **acojonarse** *vpr vulg* cagar-se de medo.

acolchado, da *adj* acolchoado(da).

acolchar *vt* acolchoar.

acometer ◇ *vt* -**1.** [atacar] atacar -**2.** [emprender] empreender -**3.** [sobrevenir] acometer. ◇ *vi* [embestir]: ~ **contra** investir contra.

acometida *f* -**1.** [ataque] investida *f* -**2.** [enlace de tuberías] tubulação *f.*

acomodado, da *adj* -**1.** [rico] abastado(da) -**2.** [instalado] acomodado(da).

acomodador, ra *m, f* lanterninha *mf.*

acomodar *vt* -**1.** [colocar, instalar] acomodar -**2.** [adaptar] adaptar -**3.** *Amér* [poner bien en su sitio, arreglar] arrumar.

◆ **acomodarse** *vpr* -**1.** [colocarse con comodidad] acomodar-se -**2.** [conformarse]: ~ **se a** adaptar-se a.

acomodaticio, cia *adj* [complaciente] amoldável.

acompañamiento *m* -**1.** [comitiva] comitiva *f* -**2.** [música] acompanhamento *m* -**3.** [guarnición] guarnição *f.*

acompañante *mf* acompanhante *mf.*

acompañar ◇ *vt* -**1.** [gen] acompanhar -**2.** [hacer compañía a] fazer companhia a -**3.** [compartir emociones con]: ~ **a alguien en algo** acompanhar alguém em algo; **te acompaño en el sentimiento** meus pêsames -**4.** [adjuntar] juntar. ◇ *vi* [hacer compañía] fazer companhia.

acompasar *vt* harmonizar.

acomplejar *vt* complexar.

◆ **acomplejarse** *vpr* complexar-se.

acondicionador *m* [de aire] -**1.** ar-condicionado *m* -**2.** [de pelo] condicionador *m.*

acondicionar *vt* reformar.

aconfesional *adj* laico(ca).
acongojar *vt* afligir.
◆ **acongojarse** *vpr* afligir-se.
aconsejar *vt* -**1.** [dar consejos] aconselhar -**2.** [recomendar] recomendar.
aconstitucional *adj* inconstitucional.
acontecer *v impers* acontecer.
acontecimiento *m* acontecimento *m*; **adelantarse** *o* **anticiparse a los** ~**s** adiantar-se *o* antecipar-se aos acontecimentos.
acopio *m* provisão *f*; **hacer** ~ **de** munir-se de.
acoplamiento *m* [ajuste] acoplamento *m*.
acoplar *vt* acoplar.
◆ **acoplarse** *vpr* adaptar-se.
acoquinar *vt fam* acovardar.
◆ **acoquinarse** *vpr fam* acovardar-se.
acorazado, da *adj* couraçado(da).
◆ **acorazado** *m* couraçado *m*.
acordar *vt* combinar.
◆ **acordarse** *vpr* [recordar] lembrar-se; ~**se de algo/hacer algo** lembrar-se de algo/fazer algo.

Não confundir *acordar (combinar)* com o português *acordar* que em espanhol é *despertar*. (*Las secretarias acordaron la entrevista*. As secretárias *combinaram* a entrevista.)

acorde ◇ *adj*: ~ **con** concordante com. ◇ *m MÚS* acorde *m*.
acordeón *m* acordeão *m*.
acordeonista *mf* acordeonista *mf*.
acordonado, da *adj* cercado(da).
acordonar *vt* -**1.** [cercar] cercar -**2.** [atar] amarrar.
acorralar *vt* -**1.** [arrinconar] encurralar -**2.** [intimidar] intimidar.
acortar *vt* encurtar.
◆ **acortarse** *vpr* [reducir duración] encurtar-se.
acosar *vt* -**1.** [importunar] importunar -**2.** [perseguir] acossar.
acoso *m* [persecución, hostigamiento] acossamento *m*; ~ **sexual** assédio *m* sexual.
acostar *vt* [en la cama] deitar.
◆ **acostarse** *vpr* -**1.** [irse a la cama] deitar-se -**2.** *fam* [tener relaciones sexuales] dormir.
acostumbrado, da *adj* acostumado(da).
acostumbrar ◇ *vt* [habituar] acostumar. ◇ *vi* [soler]: ~ (**a**) costumar.
◆ **acostumbrarse** *vpr* [habituarse] acostumar-se.
acotación *f* -**1.** [nota] anotação *f* -**2.** *TEATR* marcação *f*.
acotamiento *m* **Méx** acostamento *m*.
acotar *vt* -**1.** [terreno, campo] demarcar -**2.** [texto] anotar.

ácrata ◇ *adj* anarquista. ◇ *mf* anarquista *mf*.
acre ◇ *adj* -**1.** [sabor, olor] acre -**2.** [brusco, desagradable] áspero(ra). ◇ *m* acre *m*.
acrecentar *vt* aumentar.
◆ **acrecentarse** *vpr* aumentar-se.
acreditación *f* credencial *f*.
acreditado, da *adj* [distinguido] -**1.** prestigioso(sa) -**2.** [con acreditación] credenciado(da).
acreditar *vt* -**1.** [gen] creditar -**2.** [confirmar] confirmar -**3.** [dar fama] prestigiar.

Não confundir *acreditar (creditar)* com o português *acreditar* que em espanhol é *creer*. (*El banco acreditó el dinero en mi cuenta de ahorros*. O banco *creditou* o dinheiro na minha conta poupança.)

acreedor, ra ◇ *adj*: **hacerse** ~ **de** fazer-se merecedor(ra) de. ◇ *m, f* credor *m*, -ra *f*.
acribillar *vt* -**1.** [agujerear] furar -**2.** [herir] crivar -**3.** *fam* [molestar]: ~ **a preguntas** crivar de perguntas.
acrílico, ca *adj* acrílico(ca).
acristalar *vt* envidraçar.
acritud *f* -**1.** [de olor, sabor] acridez *f* -**2.** [mordacidad] mordacidade *f*.
acrobacia *f* acrobacia *f*.
acróbata *mf* acrobata *mf*.
acrópolis *f inv* acrópole *f*.
acta *f (el)* -**1.** [relación escrita] ata *f*; **constar en** ~ constar em ata; **levantar** ~ lavrar uma ata -**2.** [certificado] certificado *m* -**3.** [de nombramiento] diploma *m*.
◆ **actas** *fpl* atas *fpl*.
actitud *f* -**1.** [del ánimo] atitude *f* -**2.** [postura] postura *f*.
activar *vt* ativar.
actividad *f* atividade *f*.
activismo *m* ativismo *m*.
activo, va *adj* ativo(va); **en** ~ [en funciones] na ativa.
◆ **activo** *m ECON* ativo *m*.
acto *m* -**1.** [gen] ato *m*; **hacer** ~ **de presencia** fazer ato de presença; ~ **sexual** [coito] ato sexual -**2.** [ceremonia] cerimônia *f*.
◆ **acto seguido** *loc adv* ato contínuo.
◆ **en el acto** *loc adv* na hora.
actor, triz *m, f* ator *m*, atriz *f*.
actuación *f* atuação *f*.
actual *adj* atual.
actualidad *f* atualidade *f*; **estar de** ~ estar na moda; **un asunto de** ~ um assunto da atualidade.
actualizar *vt* atualizar.
actualmente *adv* atualmente.
actuar *vi* -**1.** [gen] agir -**2.** [representar] atuar -**3.** *DER* autuar -**4.** [ejercer función]: ~ **de** atuar como.

actuario, ria *m, f* DER escrivão *m.*
acuarela *f* aquarela *f.*
  ◆ **acuarelas** *fpl* aquarelas *fpl.*
acuario *m* aquário *m.*
  ◆ **Acuario** ◇ *m inv* [signo del zodiaco] Aquário *m inv*; **ser Acuario** ser (de) Aquário. ◇ *mf inv* - **1.** aquariano *m*, -na *f* - **2.** *(en aposición)* de Aquário.
acuartelar *vt* aquartelar.
acuático, ca *adj* aquático(ca).
acuchillar *vt* [apuñalar] esfaquear.
acuciar *vt* [suj: necesidad, deseo] inquietar.
acuclillarse *vpr* acocorar-se.
acudir *vi* - **1.** [ir] comparecer - **2.** [recurrir] recorrer - **3.** [presentarse] acudir.
acueducto *m* aqueduto *m.*
acuerdo *m* [pacto] acordo *m*; **llegar a un** ∼ chegar a um acordo; **de** ∼ de acordo; **estar de** ∼ estar de acordo; **ponerse de** ∼ pôr-se de acordo; ∼ **marco** acordo de princípio.
acumular *vt* acumular.
  ◆ **acumularse** *vpr* acumular-se.
acunar *vt* ninar.
acuñar *vt* cunhar.
acuoso, sa *adj* aquoso(sa).
acupuntor, ra *m,f* acupunturista *mf.*
acupuntura *f* acupuntura *f.*
acurrucarse *vpr* encolher-se.
acusación *f* - **1.** [inculpación] acusação *f* - **2.** [fiscal]: **la** ∼ a acusação.
acusado, da ◇ *adj* [marcado] marcante. ◇ *m, f* [procesado] acusado *m*, -da *f.*
acusar *vt* - **1.** [gen] acusar; ∼ **a alguien de algo** acusar alguém de algo - **2.** [mostrar] mostrar - **3.** [padecer] sentir.
  ◆ **acusarse** *vpr* acusar-se.
acusativo *m* GRAM acusativo *m.*
acuse ◆ **acuse de recibo** *m* notificação *f* de recebimento.
acusica *mf fam* dedo-duro *m.*
acústico, ca *adj* acústico(ca).
  ◆ **acústica** *f* acústica *f.*
a.D. *(abrev de* anno Domini**)** a.D.
adagio *m* adágio *m.*
adaptación *f* adaptação *f.*
adaptador *m* adaptador *m.*
adaptar *vt* adaptar.
  ◆ **adaptarse** *vpr*: ∼ **se (a)** adaptar-se (a).
adecentar *vt* arrumar.
  ◆ **adecentarse** *vpr* arrumar-se.
adecuado, da *adj* adequado(da).
adecuar *vt* adequar.
  ◆ **adecuarse a** *vpr* adequar-se a.
adefesio *m fam* monstrengo *m.*
a. de JC., a. JC. (*abrev de* antes de Jesucristo) a.C.
adelantado, da *adj* adiantado(da); **cobrar/**

pagar por ∼ cobrar/pagar adiantado.
adelantamiento *m* ultrapassagem *f.*
adelantar ◇ *vt* - **1.** [en el espacio] ultrapassar - **2.** [en el tiempo] adiantar - **3.** [conseguir] conseguir. ◇ *vi* - **1.** [progresar] progredir - **2.** [reloj] adiantar.
  ◆ **adelantarse** *vpr* - **1.** [en el tiempo] antecipar-se - **2.** [reloj] adiantar - **3.** [en el espacio] adiantar-se.
adelante ◇ *adv* adiante; **(de ahora) en** ∼ de agora em diante; **más** ∼ mais adiante; **salir** ∼ *fig* seguir em frente. ◇ *interj* entre!
adelanto *m* - **1.** [anticipo] adiantamento *m* - **2.** [progreso] avanço *m.*
adelgazar ◇ *vi* emagrecer. ◇ *vt* emagrecer.
ademán *m* [gesto] gesto *m.*
  ◆ **ademanes** *mpl* [modales] gestos *mpl.*
además *adv* além disso; ∼ **de** além de.
adentrarse *vpr*: ∼ **en** [penetrar] penetrar em; [profundizar] aprofundar-se em.
adentro *adv* - **1.** [indicando dirección] para dentro; **tierra/mar** ∼ terra/mar adentro - **2.** [indicando situación] lá dentro - **3.** [indicando origen] de dentro.
  ◆ **adentros** *mpl*: **para mis/tus** *etc.* ∼ **s** para meus/teus *etc.* adentros.
adepto, ta ◇ *adj*: ∼ **a** adepto(ta) a. ◇ *m, f* adepto *m*, -ta *f.*
aderezar *vt* - **1.** [sazonar] temperar - **2.** [adornar] arrumar.
aderezo *m* - **1.** [aliño] tempero *m* - **2.** [adorno] enfeite *m.*
adeudar *vt* dever.
adherir *vt* colar.
  ◆ **adherirse** *vpr*: ∼ **se a** aderir a.
adhesión *f* adesão *f.*
adhesivo, va *adj* adesivo(va).
  ◆ **adhesivo** *m* adesivo *m.*
adicción *f* dependência *f*; ∼ **a** dependência *f.*
adición *f* adição *f.*
adicional *adj* adicional.
adicto, ta ◇ *adj*: ∼ **(a)** dependente (de). ◇ *m, f*: ∼ **(a)** dependente *mf* (de).
adiestrar *vt* treinar.
adinerado, da *adj* endinheirado(da).
adiós ◇ *m* adeus *m.* ◇ *interj* - **1.** [para despedirse] adeus! - **2.** [al cruzarse con alguien] olá!
adiposo, sa *adj* ANAT adiposo(sa).
aditivo *m* aditivo *m.*
adivinanza *f* adivinhação *f.*
adivinar *vt* [predecir, acertar] adivinhar.
adivino, na *m, f* adivinho *m*, -nha *f.*
adjetivo, va *adj* GRAM adjetivo(va).
  ◆ **adjetivo** *m* GRAM adjetivo *m.*
adjudicación *f* concessão *f.*

adjudicar vt [asignar] conceder.
➤ **adjudicarse** vpr [apropiarse] apropriar-se.
adjuntar vt anexar.
adjunto, ta adj -1. [unido] anexo(xa) -2. [director, médico] adjunto(ta).
administración f administração f.
➤ **Administración** f [estructura política] Administração f; **Administración pública** Administração pública.
administrador, ra m, f administrador m, -ra f.
administrar vt -1. [dirigir la economía de, gobernar] administrar -2. [suministrar] dar -3. [racionar] racionar.
➤ **administrarse** vpr [emplear dinero] administrar.
administrativo, va ◇ adj administrativo(va). ◇ m, f pessoa que trabalha em cargos de administração em empresa ou instituição pública.
admirable adj admirável.
admiración f -1. [sentimiento] admiração f -2. [signo ortográfico] ponto m de exclamação.
admirador, ra m, f admirador m, -ra f.
admirar vt -1. [sentir entusiasmo por] admirar; **ser de** ~ ser de admirar -2. [sorprender] surpreender.
➤ **admirarse** vpr admirar-se; ~**se de** admirar-se com.
admisible adj admissível.
admisión f admissão f.
admitir vt admitir.
admón. (abrev de **administración**) admin.
admonición f advertência f.
ADN (abrev de **ácido desoxirribonucleico**) m DNA m.
adobar vt marinar.
adobe m adobe m.
adobo m -1. [acción] tempero m -2. [salsa] molho m.
adoctrinar vt doutrinar.
adolecer ➤ **adolecer de** vi -1. [enfermedad] sofrer de -2. [defecto] pecar por.
adolescencia f adolescência f.
adolescente ◇ adj adolescente. ◇ mf adolescente mf.
adonde adv para onde.
adónde adv aonde.
adondequiera adv onde quer.
adonis m inv fig adônis m.
adopción f adoção f.
adoptar vt adotar.
adoptivo, va adj adotivo(va).
adoquín m -1. [piedra] paralelepípedo m -2. fam [zoquete] burro m.
adorable adj adorável.

adoración f adoração f.
adorar vt adorar.
adormecer vt adormecer.
➤ **adormecerse** vpr adormecer.
adormidera f dormideira f.
adormilarse vpr cochilar.
adornar ◇ vt adornar. ◇ vi adornar.
adorno m adorno m; **estar de** ~ [sin utilidad] estar de enfeite.
adosado, da adj geminado(da).
adquirir vt adquirir.
adquisición f aquisição f.
adquisitivo, va adj aquisitivo(va).
adrede adv de propósito.
adrenalina f adrenalina f.
adscribir vt destinar.
➤ **adscribirse** vpr [vincularse] vincular-se.
adscrito, ta ◇ pp irreg ▷ adscribir. ◇ adj destinado(da).
aduana f alfândega f.
aducir vt aduzir.
adueñarse ➤ **adueñarse de** vpr apoderar-se de.
adulación f adulação f.
adulador, ra ◇ adj adulador(ra). ◇ m, f adulador m, -ra f.
adular vt adular.
adulterar vt adulterar.
adulterio m adultério m.
adúltero, ra ◇ adj adúltero(ra). ◇ m, f adúltero m, -ra f.
adulto, ta ◇ adj adulto(ta). ◇ m, f adulto m, -ta f.
adusto, ta adj austero(ra).
advenedizo, za ◇ adj forasteiro(ra). ◇ m, f forasteiro m, -ra f.
advenimiento m advento m.
adverbio m GRAM advérbio m.
adversario, ria m, f adversário m, -ria f.
adversidad f adversidade f.
adverso, sa adj [desfavorable] adverso(sa).
advertencia f advertência f; **servir de** ~ servir de advertência.
advertir vt -1. [prevenir, avisar] advertir -2. [darse cuenta de] perceber.
adviento m advento m.
adyacente adj adjacente.
aéreo, rea adj aéreo(rea).
aerobic m aeróbica f.
aeroclub m aeroclube m.
aerodeslizador m aerodeslizador m.
aerodinámico, ca adj aerodinâmico(ca).
➤ **aerodinámica** f aerodinâmica f.
aeródromo m aeródromo m.
aeroespacial adj aeroespacial.
aerofagia f aerofagia f.
aerofaro m holofote m.
aerogenerador m aerogerador m.

aerógrafo *m* aerógrafo *m*.
aerolínea *f* linha *f* aérea.
aerolito *m* aerólito *m*.
aeromodelismo *m* aeromodelismo *m*.
aeromoza *f* Amér aeromoça *f*, comissária *f* de bordo.
aeromozo *m* Amér comissário *m* de bordo.
aeronauta *mf* aeronauta *mf*.
aeronaval *adj* aeronaval.
aeronave *f* aeronave *f*.
aeroplano *m* aeroplano *m*.
aeropuerto *m* aeroporto *m*.
aerosol *m* aerossol *m*.
aerostático, ca *adj* aerostático(ca).
aeróstato *m* aeróstato *m*.
aerotaxi *m* taxi *m* aéreo.
afabilidad *f* afabilidade *f*.
afable *adj* afável.
afamado, da *adj* afamada(da).
afán *m* -1. [esfuerzo] esforço *m* -2. [anhelo] desejo *m*.
afanador, ra *m*, *f* Méx faxineiro *m*, -ra *f*.
afanar *vt fam* [robar] afanar.
◆ **afanarse** *vpr* [esforzarse] esforçar-se.
afanoso, sa *adj* -1. [vida] laborioso(sa) -2. [deseoso] ansioso(sa).
afear *vt* -1. [poner feo] afear -2. [reprochar] censurar.
afección *f* -1. MED afecção *f* -2. [afecto] afeição *f*.
afectación *f* afetação *f*.
afectado, da <> *adj* -1. [gen] afetado(da) -2. [fingido] fingido(da). <> *m*, *f* [víctima] vítima *f*.
afectar *vt* -1. [incumbir] afetar -2. [perjudicar] prejudicar.
afectísimo, ma *adj*: suyo ~ cordialmente seu.
afectivo, va *adj* afetivo(va).
afecto *m* afeto *m*.
afectuoso, sa *adj* afetuoso(sa).
afeitar *vt* [pelo] raspar.
◆ **afeitarse** *vpr* barbear-se.
afelpado, da *adj* felpudo(da).
afeminado, da *adj* efeminado(da).
◆ **afeminado** *m* efeminado *m*.
afeminarse *vpr* efeminar-se.
aferrarse ◆ aferrarse a *vpr* -1. [agarrarse] agarrar-se a -2. [ideas, creencias] aferrar-se a.
affaire *m* caso *m*.
afianzar *vt* -1. [reafirmar, ratificar] confirmar -2. [asegurar] firmar.
◆ **afianzarse** *vpr* firmar-se; ~se en [opinión] assegurar-se de.
afiche *m* Amér cartaz *m*.
afición *f* -1. [inclinación] inclinação *f*; hacer algo por ~ fazer algo por hobby; tener

~ a ter preferência por -2. [conjunto de aficionados] torcida *f*.
aficionado, da <> *adj* aficionado(da); ser ~ a algo ser aficionado por algo. <> *m*, *f* amador(ra); ~ al cine aficionado por cinema.
aficionar *vt*: ~ a alguien a algo/hacer algo despertar o interesse de alguém em algo/em fazer algo.
◆ **aficionarse** *vpr*: ~se a algo/hacer algo interessar-se por algo/fazer algo.
afilado, da *adj* afiado(da).
afilador *m* afiador *m*, -ra *f*.
afilalápices *m inv* apontador *m* de lápis.
afilar *vt* -1. [lápiz] apontar -2. [cuchillo, tijeras] afiar.
afiliado, da *m*, *f* afiliado(da); ~ a afiliado(da) a.
afiliarse ◆ afiliarse a *vpr* afiliar-se a.
afín *adj* afim.
afinar *vt* -1. MÚS [voz, instrumento] afinar -2. [perfeccionar, mejorar] aperfeiçoar -3. [pulir] polir.
afinidad *f* afinidade *f*.
afirmación *f* afirmação *f*.
afirmar *vt* -1. [gen] confirmar -2. [poner firme] firmar.
◆ **afirmarse** *vpr* -1. [asegurarse] assegurar-se -2. [ratificarse]: ~se en algo ratificar algo.
afirmativo, va *adj* afirmativo(va).
aflicción *f* aflição *f*.
afligir *vt* afligir.
◆ **afligirse** *vpr* afligir-se.
aflojar <> *vt* -1. [destensar] afrouxar -2. Esp *fam*: ~ la pasta soltar a grana. <> *vi* -1. [disminuir] diminuir -2. *fig* [ceder] ceder.
aflorar *vi* aflorar.
afluencia *f* afluência *f*.
afluente *m* afluente *m*.
afluir ◆ afluir a *vi* afluir a.
afonía *f* afonia *f*.
afónico, ca *adj* afônico(ca).
aforo *m* capacidade *f*.
afortunado, da <> *adj* -1. [agraciado] afortunado(da) -2. [feliz] feliz. <> *m*, *f* agraciado *m*, -da *f*.
afrancesado, da *adj* afrancesado(da).
afrenta *f* afronta *f*.
África *n* (el) África.
africano, na <> *adj* africano(na). <> *m*, *f* africano *m*, -na *f*.
afro *adj inv* [africano] afro.
afroamericano, na *adj* afro-americano (na).
afrodisíaco, ca, afrodisiaco, ca *adj* afrodisíaco(ca).
◆ **afrodisíaco, afrodisiaco** *m* afrodisíaco *m*.

afrontar *vt* -**1.** [hacer frente] enfrentar -**2.** [carear] acarear.
afuera *adv* lá fora.
→ **afueras** *fpl*: las ~s os arredores *mpl*.
agachar *vt* abaixar.
→ **agacharse** *vpr* agachar-se.
agalla *f* -**1.** *(gen pl)* ZOOL guelra *f* -**2.** BOT noz-de-galha *f.*
→ **agallas** *fpl* *fig* coragem *f*; **tener agallas** ter coragem.
agarradero *m* -**1.** [asa] apoio *m* -**2.** *fam* [pretexto] pretexto *m.*
agarrado, da *adj* -**1.** [asido] agarrado(da) -**2.** *fam* [tacaño] pão-duro.
→ **agarrado** *m* -**1.** [baile] coladinho *m* -**2.** [canción] música *f* lenta.
→ **agarrada** *f* *fam* briga *f.*
agarrar ◇ *vt* -**1.** [asir, coger] agarrar -**2.** [enfermedad] contrair -**3.** *loc*: **agarrarla** *fam* ficar de porre. ◇ *vi* pegar.
→ **agarrarse** *vpr*-**1.** *fam* [pelearse] pegar-se -**2.** [pegarse] grudar -**3.** [sujetarse] segurar-se; ~**se de** *o* **a algo** agarrar-se em *o* a algo -**4.** [poner pretexto]: ~**se a algo** usar algo como pretexto.
agarrón *m* -**1.** [tirón] puxão *m* -**2.** [altercado] altercação *f.*
agarrotar *vt* [apretar] apertar.
→ **agarrotarse** *vpr*-**1.** [entumecerse] enrijecer -**2.** [atascarse] entupir.
agasajar *vt* homenagear; ~ **a alguien con algo** agraciar alguém com algo.
ágata *f* *(el)* ágata *f.*
agazaparse *vpr* -**1.** [esconderse] esconder-se -**2.** [agacharse] agachar-se.
agencia *f* agência *f*; ~ **inmobiliaria** imobiliária *f*; ~ **matrimonial** agência matrimonial; ~ **de publicidad** agência de publicidade; ~ **de viajes** agência de viagem.
agenda *f* agenda *f*; ~ **electrónica** agenda eletrônica.
agente *mf* [persona] agente *mf*; ~ **de cambio (y bolsa)** operador *m*, -ra *f* de câmbio e bolsa; ~ **comercial** representante *mf* comercial; ~ **secreto** agente secreto.
ágil *adj* -**1.** [ligero] ágil -**2.** [agudo] rápido (da).
agilidad *f* agilidade *f.*
agilizar *vt* agilizar.
agitación *f* agitação *f.*
agitador *mf* agitador *m*, -ra *f.*
agitar *vt* agitar.
aglomeración *f* aglomeração *f.*
aglomerar *vt* aglomerar.
→ **aglomerarse** *vpr* aglomerar-se.
aglutinar *vt* -**1.** [gen] aglutinar -**2.** *fig* [aunar, reunir] reunir.

agnóstico, ca ◇ *adj* agnóstico(ca). ◇ *m*, *f* agnóstico *m*, -ca *f.*
agobiar *vt* sufocar.
→ **agobiarse** *vpr* afobar-se.
agobio *m* sufoco *m.*
agolparse *vpr*-**1.** [apelotonarse] aglomerar-se -**2.** *fig* [acumularse] acumular-se.
agonía *f* agonia *f.*
agonizante *adj* agonizante.
agonizar *vi* -**1.** [expirar] agonizar -**2.** [extinguirse] agonizar -**3.** *fig* [sufrir] sofrer.
agorafobia *f* agorafobia *f.*
agosto *m* agosto *m*; **hacer su** ~ fazer a festa.
agotado, da *adj* esgotado(da).
agotador, ra *adj* exaustivo(va).
agotamiento *m* [cansancio] esgotamento *m.*
agotar *vt* esgotar.
agraciado, da ◇ *adj* -**1.** [atractivo] encantador(ra) -**2.** [afortunado] agraciado(da). ◇ *m*, *f* [afortunado] agraciado *m*, -da *f.*
agraciar *vt* [embellecer] embelezar.
agradable *adj* agradável.
agradar *vi* agradar.
agradecer *vt* agradecer.
agradecido, da *adj* agradecido(da).
agradecimiento *m* agradecimento *m.*
agrado *m* -**1.** [gusto] prazer *m* -**2.** [afabilidad] gentileza *f.*
agrandar *vt* aumentar.
agrario, ria *adj* agrário(a).
agravante ◇ *adj* agravante. ◇ *m* agravante *m.*
agravar *vt* [empeorar] agravar.
→ **agravarse** *vpr* agravar-se.
agraviar *vt* ofender.
agravio *m* -**1.** [ofensa] ofensa *f* -**2.** [perjuicio] prejuízo *m.*
agredir *vt* agredir.
agregado, da ◇ *adj* [añadido] agregado (da). ◇ *m*, *f* -**1.** [profesor] professor *m* associado, professora *f* associada -**2.** [de embajada] adido *m.*
→ **agregado** *m* [añadido] adendo *m.*
agregar *vt* acrescentar; ~ **algo a algo** acrescentar algo a algo.
→ **agregarse** *vpr* juntar-se; ~**se a algo** juntar-se a algo.
agresión *f* [ataque] agressão *f.*
agresividad *f* agressividade *f.*
agresivo, va *adj* -**1.** [ofensivo] agressivo(va) -**2.** [dinámico] dinâmico(ca).
agresor, ra *m*, *f* agressor *m*, -ra *f.*
agreste *adj* -**1.** [abrupto, rocoso] agreste -**2.** [basto, rudo] rude.
agriar *vt* azedar.
→ **agriarse** *vpr* azedar-se.
agrícola *adj* agrícola.

agricultor, ra *m, f* agricultor *m*, -ra *f*.
agricultura *f* agricultura *f*; ~ **biológica** agricultura orgânica; ~ **ecológica** agricultura orgânica.
agridulce *adj* agridoce.
agrietar *vt* rachar.
➨ **agrietarse** *vpr* rachar.
agrio, ria *adj* -1. [leche] azedo(da) -2. [sabor, vino] ácido(da) -3. *fig* [desagradable] ácido (da).
➨ **agrios** *mpl* frutas *fpl* cítricas.
agriparse *vpr Andes* & *Méx* gripar-se.
agronomía *f* agronomia *f*.
agropecuario, ria *adj* agropecuário(ria).
agroturismo *m* agroturismo *m*.
agrupación *f* -1. [concentración] agrupamento *m* -2. [asociación] associação *f*.
agrupamiento *m* [concentración] agrupamento *m*.
agrupar *vt* agrupar.
➨ **agruparse** *vpr* [reunirse] agrupar-se.
agua *f (el)* [líquido] água *f*; ~ **bendita** água benta; ~ **destilada** água destilada; ~ **dulce** água doce; ~ **mineral** água mineral; ~ **(mineral) con gas** água (mineral) com gás; ~ **potable** água potável.
➨ **aguas** *fpl* -1. [manantial] águas *fpl* -2. [de tejado] água-de-telhado *f* -3. [de río, mar] águas *fpl*; ~ **s territoriales** *o* **jurisdiccionales** águas *fpl* territoriais *o* jurisdicionais -4. [de piedra preciosa] água *f* -5. *loc*: **romper** ~ **s** romper a bolsa.
➨ **agua de colonia** *f* água *f* de colônia.
➨ **agua oxigenada** *f* água oxigenada.
aguacate *m* -1. [fruto] abacate *m* -2. [árbol] abacateiro *m*.
aguacero *m* aguaceiro *m*.
aguachirle *f* água *f* insossa.
aguado, da *adj* -1. [con agua] aguado(da) -2. *fig* [estropeado] fracassado(da).
➨ **aguada** *f* aguada *f*.
aguafiestas *m o f inv* desmancha-prazeres *mf*.
aguafuerte *m* água-forte *f*.
aguamiel *f Amér* [bebida] água-mel *f*; *Carib, Méx* [jugo] suco *m* de agave.
aguanieve *f* chuva *f* com neve.
aguantar *vt* -1. [sostener] segurar -2. [tolerar, soportar] agüentar -3. [contener] conter -4. [esperar] esperar.
➨ **aguantarse** *vpr* -1. [contenerse] conter-se -2. [resignarse] resignar-se.
aguante *m* -1. [paciencia] paciência *f* -2. [resistencia] resistência *f*.
aguar *vt* -1. [mezclar con agua] aguar -2. *fig* [estropear] estragar.
➨ **aguarse** *vpr* estragar.

aguardar *vt* aguardar.
aguardiente *m* aguardente *f*.
aguarrás *m* aguarrás *f*.
agudeza *f* -1. [delgadez] afiação *f* -2. [de los sentidos] acuidade *f* -3. [del ingenio] agudeza *f* -4. [dicho ingenioso] dito *m* espirituoso.
agudizar *vt* [acentuar] intensificar.
➨ **agudizarse** *vpr* -1. [crisis] intensificarse -2. [ingenio] aguçar-se.
agudo, da *adj* -1. [gen] agudo(da) -2. *GRAM* oxítono(na) -3. [vivo, gracioso] espirituoso (sa).
agüero *m*: **de mal** ~ de mau agouro.
aguijar *vt* [espolear] esporear.
aguijón *m* -1. [de insecto] ferrão *m* -2. [de planta] espinho *m*.
aguijonear *vt* esporear.
águila *f (el)* águia *f*; ¿~ o sol? *Méx* cara ou coroa?
aguileño, ña *adj* aquilino(na).
aguilucho *m* filhote *m* de águia.
aguinaldo *m* gratificação *f* de natal
agüita *f Chile* chá *f* de ervas.
aguja *f* -1. [gen] agulha *f*; ~ **hipodérmica** agulha hipodérmica -2. [para señalar] ponteiro *m*.
➨ **agujas** *fpl* [de la res] agulhas *fpl*.
agujerear *vt* furar.
➨ **agujerearse** *vpr* furar.
agujero *m* buraco *m*; ~ **negro** *ASTRON* buraco negro; ~ **de ozono** buraco de ozônio.
agujetas *fpl* dores *fpl* musculares.
aguzar *vt* -1. [afilar] afiar -2. [apetito, ingenio, atención] aguçar.
ah *interj* ah!
ahí *adv* -1. [gen] aí; **por** ~ [en un lugar indefinido] por aí; **de** ~ **que** [por eso] por isso que -2. *loc*: **por** ~**, por** ~ por aí; **por** ~ **va la cosa** é mais ou menos por aí.
ahijado, da *m, f* -1. [de padrinos] afilhado *m*, -da *f* -2. [protegido] protegido *m*, -da *f*.
ahínco *m* afinco *m*.
ahíto, ta *adj culto* [saciado] saciado(da).
ahogar *vt* -1. [asfixiar] asfixiar -2. [extinguir] apagar -3. *fig* [dominar] abafar.
➨ **ahogarse** *vpr* -1. [en el agua] afogar-se -2. [asfixiarse] asfixiar-se -3. [sofocarse] sufocar-se.
ahogo *m* -1. [asfixia] sufoco *m* -2. [angustia] angústia *f*.
ahondar *vi* [profundizar] aprofundar; ~ **en** *fig* aprofundar-se em; [penetrar] penetrar em.
ahora *adv* -1. [en el presente] agora; ~ **mismo** agora mesmo; **por** ~ por enquanto -2. [pronto] daqui a pouco.
➨ **ahora** *conj* -1. [ya]: ~ ... ~ ora ... ora -2.

[pero] mas; ~ que ainda que; ~ bien mas.
ahorcado, da m, f enforcado m, -da f.
ahorcar vt enforcar.
➡ **ahorcarse** vpr enforcar-se.
ahorita, ahoritita adv Andes, Carib & Méx fam agora mesmo.
ahorrar vt -1. [dinero] poupar - 2. [energía, tiempo] economizar.
➡ **ahorrarse** vpr economizar.
ahorro m -1. [acción y efecto de ahorrar] poupança f - 2. (gen pl) [cantidad ahorrada] economias fpl.
ahuecar <> vt -1. [poner hueco] esvaziar - 2. [mullir] afofar. <> vi Esp fam [irse] cair fora.
ahumado, da adj -1. [secado al humo] defumado(da) - 2. [oscuro] escuro(ra).
➡ **ahumado** m defumação f.
ahumar vt defumar.
➡ **ahumarse** vpr defumar.
ahuyentar vt afugentar.
airado, da adj irado(da).
airar vt irar.
aire m -1. [gen] ar m - 2. [parecido] semelhança f - 3. [gracia] graça f - 4. loc: al ~ libre [en el exterior] ao ar livre; estar algo en el ~ estar algo no ar; tomar el ~ tomar ar.
➡ **aires** mpl [vanidad] ares mpl; darse ~s de fig ter ares de.
➡ **aire acondicionado** m ar m condicionado.
airear vt -1. [ventilar] arejar - 2. [contar] ventilar.
➡ **airearse** vpr arejar-se.
airoso, sa adj -1. [garboso] airoso(sa) - 2. [triunfante]: salir ~ de algo sair triunfante de algo.
aislado, da adj isolado(da).
aislar vt isolar.
ajá interj fam [aprobación] é isso aí!
ajar vt -1. [marchitar, estropear] murchar - 2. [hacer perder el color a] desbotar.
➡ **ajarse** vpr murchar.
ajardinado, da adj ajardinado(da).
ajedrez m xadrez m.
ajeno, na adj -1. [de otro] alheio(ia) - 2. [extraño]: ~ a alheio a.
ajetreo m -1. [tarea] correria f - 2. [animación] agitação f.
ají m Andes & RP pimentão m; ponerse como un ~ ficar (vermelho) como um pimentão.
ajiaco m Andes & Carib ensopado de legumes e carne com pimenta malagueta.
ajillo ➡ **al ajillo** loc adj CULIN ao alho e óleo.
ajo m alho m; andar o estar en el ~ fam andar o estar por dentro.
ajuar m enxoval m.
ajustado, da adj justo(ta).

➡ **ajustado** m ajuste m.
ajustar vt -1. [arreglar, encajar] ajustar - 2. [pactar] estipular - 3. loc: ~ (las) cuentas fam ajustar contas.
➡ **ajustarse** vpr: ~se (a) adaptar-se (a).
ajuste m ajuste m; ~ de cuentas ajuste de contas.
al ⊳ a, el.

> É uma contração da preposição a + o artigo el: (Fue al (a + el) estadio. Foi ao estádio. Se le perdió el perrito al (a + el) vecino. O vizinho perdeu o cachorrinho dele.)
>
> Em espanhol, somente a preposição a e a preposição de admitem contração com o artigo.
>
> (Ver também Os artigos e As preposições na seção Gramática espanhola.)

ala f (el) - 1. [gen] asa f - 2. [en política] ala f - 3. loc: dar ~s a alguien dar asas a alguém.
➡ **ala delta** f DEP asa f delta.
➡ **ala** mf DEP ala mf.
alabanza f elogio m.
alabar vt elogiar.
alabastro m alabastro m.
alacena f armário m de cozinha.
alacrán m [animal] escorpião m.
alado, da adj [con alas] alado(da).
alambique m alambique m.
alambrada f alambrado m.
alambre m [de metal] arame m.
alameda f alameda f.
álamo m álamo m.
alarde m: ~ de alarde de; hacer ~ de fazer alarde de.
alardear vi: ~ (de) alardear-se (de).
alargar vt - 1. [estirar] encompridar - 2. [prolongar] prolongar - 3. [poner al alcance] estender - 4. fig [ampliar] aumentar.
➡ **alargarse** vpr -1. [hacerse más largo] prolongar-se - 2. fig [extenderse] estender-se.
alarido m alarido m.
alarma f alarme m; dar la ~ dar o alarme; señal de ~ sinal de alarme; ~ social alarme social.
alarmante adj alarmante.
alarmar vt alarmar.
➡ **alarmarse** vpr [inquietarse] alarmar-se.
alazán, zana adj alazão(zã).
alba f (el) - 1. [amanecer] aurora f - 2. [vestidura] alva f.
albacea mf inventariante mf.
albahaca f alfavaca f.
Albania n Albânia.
albanokosovar <> adj albano-kosovar.
<> mf albano-kosovar mf.
albañil m pedreiro m.
albañilería f alvenaria f.
albarán m recibo m.

albaricoque m -1. [árbol] damasqueiro m -2. [fruto] damasco m.
albatros m inv albatroz m.
albedrío m [antojo, elección] arbítrio m; **libre** ~ livre arbítrio.
alberca f -1. [depósito de agua] reservatório m de água -2. **Méx** [piscina] piscina f.
albergar vt -1. [personas] abrigar -2. [sentimientos] nutrir.
➡ **albergarse** vpr abrigar-se.
albergue m albergue m; ~ **de juventud** o **juvenil** albergue da juventude.
albino, na ◇ adj albino(na). ◇ m, f albino m, -na f.
albis ➡ **in albis** adv: estar/quedarse in ~ estar/ficar sem entender nada.
albóndiga f almôndega f.
albor m -1. [blancura] alvor m -2. [luz del alba] alvorada f -3. (gen pl) fig [principio] primórdios mpl.
alborear v impers alvorar.
albornoz m roupão m de banho.
alborotar ◇ vi alvoroçar. ◇ vt alvoroçar.
➡ **alborotarse** vpr [perturbarse] alvoroçar-se.
alboroto m alvoroço m.
alborozar vt alvoroçar.
alborozo m alegria f.
albufera f laguna f.
álbum (pl álbumes) m álbum m.
albúmina f albumina f.
alcachofa f -1. [planta] alcachofra f -2. [pieza] crivo m.
alcahuete, ta m, f -1. [mediador] cafetão m, -na f -2. [chismoso] fofoqueiro m, -ra f.
alcaide m diretor m de prisão.
alcalde, desa m, f prefeito m, -ta f.
alcaldía f prefeitura f.
alcance m [gen] alcance m; **dar** ~ **a alguien** alcançar alguém; **al** ~ **de** ao alcance de; **a mi/tu** etc. ~ ao meu/teu etc. alcance; **fuera del** ~ fora do alcance.
alcancía f cofrinho m.
alcanfor m cânfora f.
alcantarilla f esgoto m.
alcantarillado m rede f de esgotos.
alcanzar ◇ vt -1. [gen] alcançar -2. [afectar] afetar. ◇ vi -1. [ser suficiente]: ~ **para ser suficiente para** -2. [poder]: ~ **a hacer algo** conseguir fazer algo.
alcaparra f alcaparra f.
alcatraz m alcatraz m.
alcayata f escápula f.
alcázar m fortaleza f.
alce m alce m.
alcoba f alcova f.
alcohol m álcool m.

alcoholemia f alcoolemia f.
alcohólico, ca ◇ adj -1. [bebida] alcoólico(ca) -2. [persona] alcoólatra. ◇ m, f alcoólatra mf.
alcoholímetro m bafômetro m.
alcoholismo m alcoolismo m.
alcornoque m -1. [árbol, madera] carvalho-cortiça m -2. **fam** [persona] tolo m, -la f.
aldaba f aldrava f.
aldea f aldeia f.
aldeano, na m, f aldeão m, aldeã f.
ale interj vamos!
aleación f liga f.
aleatorio, ria adj aleatório(ria).
alebrestarse vpr **Col** [ponerse nervioso] enervar-se.
aleccionar vt ensinar.
alegación f alegação f.
alegar vt alegar.
alegato m **DER** arrazoado m.
alegoría f alegoria f.
alegórico, ca adj alegórico(ca).
alegrar vt alegrar.
➡ **alegrarse** vpr alegrar-se; ~ **se por** alegrar-se por; ~ **se de** alegrar-se de.
alegre adj -1. [gen] alegre -2. fig [irreflexivo] inconseqüente -3. fig [poco respetable] fácil.
alegría f -1. [gen] alegria f -2. [irreflexión] inconseqüência f.
alejamiento m distanciamento m.
alejar vt afastar.
➡ **alejarse** vpr: ~ **se de** afastar-se de.
alelado, da adj apatetado(da).
aleluya ◇ m o f aleluia f. ◇ interj aleluia!
alemán, mana ◇ adj alemão(mã). ◇ m, f alemão m, -mã f.
➡ **alemán** m alemão m.
Alemania n Alemanha.
alentador, ra adj alentador(ra).
alentar vt: ~ **a alguien a hacer algo** encorajar alguém a fazer algo.
alergia f alergia f.
alérgico, ca adj alérgico(ca); **ser** ~ **a** ser alérgico a.
alero m -1. [del tejado] beiral m -2. **DEP** ala mf.
alerta ◇ adj inv alerta. ◇ f alerta m. ◇ adv alerta. ◇ interj alerta!
alertar vt alertar.
aleta f -1. [de peces] barbatana f -2. [para la natación] pé-de-pato m -3. [de nariz] aleta f.
aletargar vt dar sonolência a.
➡ **aletargarse** vpr hibernar.
aletear vi bater as asas.
alevín m -1. [cría de pez] alevino m -2. **DEP** principiante mf.
alevosía f aleivosia f.

alfabetizar vt -1. [palabras, letras] colocar em ordem alfabética -2. [personas] alfabetizar.
alfabeto m alfabeto m.
alfalfa f alfafa f.
alfarería f olaria f.
alfarero, ra m, f oleiro m, -ra f.
alféizar m ARQUIT parapeito m.
alférez m MIL alferes m.
alfil m bispo m.
alfiler m -1. [aguja] alfinete m; ~ de gancho Andes, RP & Ven alfinete de segurança -2. [joya] prendedor m.
alfiletero m agulheiro m.
alfombra f -1. [movible] tapete m -2. Andes, CAm, Carib & Méx [fija] carpete m.
alfombrar vt atapetar.
alfombrilla f -1. [felpudo] capacho m -2. [de baño] tapete m para banheiro -3. Esp INFORM mouse pad m.
alforja f alforje m.
alga f (el) alga f.
algarabía f -1. [habla confusa] algaravia f -2. [alboroto] alvoroço m.
algarroba f -1. [planta] ervilhaca f -2. [fruto] alfarroba f.
algarrobo m alfarrobeira f.
algazara f algazarra f.
álgebra f (el) MAT álgebra f.
álgido, da adj [culminante] crucial.
algo <> pron -1. [alguna cosa] algo; ~ es ~ é melhor que nada; por ~ por algum motivo -2. [cantidad pequeña] pouco; ~ de [un poco] um pouco de -3. [cosa importante] alguém. <> adv [un poco] um pouco.
algodón m -1. [planta] algodoeiro m -2. [flor, tejido] algodão m.
◆ **algodón hidrófilo** m FARM algodão m hidrófilo.
algodonero, ra adj algodoeiro(ra).
algoritmo m algoritmo m.
alguacil m -1. [de ayuntamiento] alguazil m -2. [de juzgado] oficial m.
alguien pron alguém.
alguno, na <> adj (antes de sust masculino 'algún') -1. [indeterminado] algum(ma); algún día algum dia; ¿queda algún pastelillo? sobrou algum doce?; algún que otro um ou outro -2. (después de sust) [ninguno] algum(ma). <> pron [alguien] algum m, -ma f; ~s de alguns de; ~s (de) entre alguns (de) entre.
alhaja f -1. [joya] jóia f -2. [objeto de valor] tesouro m.
alhelí (pl alhelíes) m aleli m.
aliado, da adj aliado(da).
alianza f aliança f.
aliar vt aliar.

◆ **aliarse** vpr aliar-se.
alias <> adv vulgo. <> m apelido m.
alicaído, da adj -1. [débil] fraco(ca) -2. [triste] triste.
alicatar vt azulejar.
alicates mpl alicate m.
aliciente m incentivo m.
alienación f alienação f.
alienar vt -1. [enajenar] enlouquecer -2. [atontar] alienar.
◆ **alienarse** vpr alienar-se.
alienígena mf alienígena mf.
aliento m -1. [respiración] fôlego m; cobrar ~ recuperar o fôlego; quedarse sin ~ [cortarse la respiración] ficar sem fôlego; [sorprenderse, admirarse] ficar sem fala -2. [hálito] hálito m -3. fig [ánimo] ânimo m.
aligerar vt -1. [peso] diminuir o peso de -2. [ritmo] apressar -3. fig [aliviar] aliviar.
alijo m contrabando m.
alimaña f animal m predador.
alimentación f alimentação f.
alimentador, ra adj TECN alimentador(ra).
◆ **alimentador** m INFORM alimentador m; ~ de papel alimentador de papel.
alimentar <> vt alimentar. <> vi [nutrir]
◆ **alimentarse** vpr: ~se (de) alimentar-se (de).
alimenticio, cia adj -1. [producto, sustancia] alimentício(cia) -2. [comida] nutritivo(va).
alimento m alimento m; ~s transgénicos alimentos transgênicos.
alimón ◆ **al alimón** loc adv Esp em dupla.
alineación f -1. [en el espacio] alinhamento m -2. DEP escalação f.
alinear vt -1. [en el espacio] alinhar -2. DEP escalar.
◆ **alinearse** vpr POLÍT alinhar-se.
aliñar vt CULIN temperar.
aliño m CULIN tempero m.
alioli m CULIN alho e óleo m.
alirón interj Esp viva!
alisar vt alisar.
◆ **alisarse** vpr alisar-se.
aliscafo m RP aerobarco m.
aliso m amieiro m.
alistarse vpr -1. MIL alistar-se -2. Amér [aprontarse] aprontar-se.
aliviar vt aliviar.
alivio m alívio m.
◆ **de alivio** loc adj Esp terrível.
aljibe m [de agua] cisterna f.
allá adv -1. lá -2. loc: ~ él/tú/ella pouco me interessa.
◆ **el más allá** m o além.
allanamiento m invasão f; ~ de morada invasão de domicílio.

allanar vt -**1.** [por la fuerza] invadir - **2.** [dificultad] vencer - **3.** [terreno] aplainar.

allegado, da ◇ adj achegado(da). ◇ m, f - **1.** [familiar] familiar - **2.** [amigo] achegado m, -da f.

allí adv -**1.** [en aquel lugar] ali - **2.** [a aquel lugar] lá.

alma f (el) - **1.** alma f - **2.** loc: llegar al ~ tocar a alma; partir el ~ partir o coração; sentirlo en o con el ~ sentir muito.

almacén m armazém m.
→ grandes almacenes mpl lojas fpl de departamentos.

almacenar vt armazenar.

almendra f amêndoa f.

almendrado, da adj amendoado(da).
→ almendrado m CULIN doce de amêndoas.

almendro m amendoeira f.

almíbar m calda f.

almidón m amido m.

almidonar vt engomar.

almirantazgo m almirantado m.

almirante m MIL almirante m.

almirez m almofariz m.

almizcle m almíscar m.

almohada f travesseiro m.

almohadilla f [cojín] almofada f pequena; RP [tampón] almofada f de carimbo.

almohadón m almofadão m.

almorrana f (gen pl) hemorróida f.

almorzar ◇ vt - **1.** [al mediodía] almoçar - **2.** [por la mañana] comer. ◇ vi - **1.** [al mediodía] almoçar - **2.** [por la mañana] comer.

almuerzo m - **1.** [al mediodía] almoço m - **2.** [a media mañana] lanche m.

alocado, da ◇ adj insensato(ta). ◇ m, f insensato m, -ta f.

aló interj Andes, Carib [al teléfono] alo?

alojamiento m - **1.** [acción] alojamento m; dar ~ dar alojamento - **2.** [lugar] hospedagem f.

alojar vt hospedar.
→ alojarse vpr - **1.** [hospedarse] hospedarse - **2.** [introducirse] alojar.

alondra f cotovia-dos-campos f.

alpaca f alpaca f.

alpargata f alpargata f.

Alpes npl: los ~ os Alpes.

alpinismo m DEP alpinismo m.

alpinista mf alpinista mf.

alpino, na adj alpino(na).

alpiste m alpiste m.

alquería f granja f.

alquilar vt alugar.

alquiler m aluguel m; de ~ de aluguel.

alquimia f alquimia f.

alquitrán m alcatrão m.

alrededor adv -**1.** [lugar] ao redor; el pueblo

tiene montañas ~ o povoado tem montanhas ao redor; ~ de ao redor de - **2.** [aproximadamente]: ~ de cerca de.
→ alrededores mpl arredores mpl.

alta f ▷ alto.

altanería f altivez f.

altanero, ra adj altaneiro(ra).

altar m altar m.

altavoz m alto-falante m.

alteración f - **1.** [gen] alteração f - **2.** [alboroto] perturbação f.

alterar vt - **1.** [gen] alterar - **2.** [perturbar] perturbar.
→ alterarse vpr alterar-se.

altercado m altercação f.

alternador m ELECTR alternador m.

alternar ◇ vt alternar. ◇ vi - **1.**: ~ (con) [relacionarse] relacionar-se (com) - **2.** [sucederse]: ~ con suceder-se a.
→ alternarse vpr revezar-se.

alternativo, va adj alternativo(va).
→ alternativa f [opción] alternativa f.

alterne → de alterne loc adj de programa.

alterno, na adj - **1.** [con alternancia] alternado(da) - **2.** GEOM alterno(na).

alteza f fig [de sentimientos] nobreza f.
→ Alteza f [tratamiento] Alteza f; Su ~ Real Sua Alteza Real.

altibajos mpl altibaixos mpl.

altillo m - **1.** [en armario] maleiro m - **2.** [en habitación] sótão m.

altiplanicie f planalto m.

altiplano m planalto m.

altisonante adj altissonante.

altitud f altitude f.

altivez f altivez f.

altivo, va adj altivo(va).

alto, ta adj alto(ta).
→ alto ◇ m - **1.** [altura] altura f - **2.** [interrupción] alto m - **3.** [lugar elevado] elevação f; en lo ~ de no alto de - **4.** MÚS contralto m - **5.** loc: pasar por ~ passar por alto; por todo lo ~ com muito luxo. ◇ adv alto.
◇ interj alto!
→ alta f (el) - **1.** [de enfermedad] alta f; dar de alta o el alta dar alta - **2.** [documento] alta f - **3.** [en una asociación] inscrição f; darse de alta inscrever-se.

altoparlante m Amér alto-falante m.

altramuz m - **1.** [planta] tremoceiro m - **2.** [fruto] tremoço m.

altruismo m altruísmo m.

altura f - **1.** [gen] altura f; a la ~ de à altura de - **2.** [cumbre] cimo m.
→ alturas fpl - **1.** [el cielo] alturas fpl - **2.** loc: a estas alturas a esta altura.

alubia f feijão m.

alucinación f alucinação f.

alucinado, da adj -1. [que tiene alucinaciones] alucinado(da) -2. fam [sorprendido] pasmado(da).
alucinante adj alucinante.
alucinar <> vi -1. [desvariar] alucinar -2. fam [soñar] delirar. <> vt fam [seducir] alucinar.
alucinógeno, na adj alucinógeno(na).
 ➡ **alucinógeno** m alucinógeno m.
alud m avalanche f.
aludido, da m, f citado(da); **darse por** ~ vestir a carapuça.
aludir vi: ~ a fazer alusão a.
alumbrado m iluminação f.
alumbramiento m -1. [mediante luz] iluminação f -2. [parto] parto m.
alumbrar <> vt -1. [gen] iluminar -2. [hijo] dar a luz. <> vi [iluminar] iluminar.
aluminio m alumínio m.
alumnado m alunato m.
alumno, na m, f aluno m, -na f.
alunizar vi alunissar.
alusión f alusão f; **hacer** ~ a fazer alusão a.
alusivo, va adj: ~ a alusivo(va) a.
aluvión m aluvião m.
alvéolo, alveolo m alvéolo m.
alza f (el) alta f; **en** ~ em alta.
alzamiento m levantamento m.
alzar vt -1. [de abajo a arriba] levantar -2. [aumentar] elevar -3. [construir] erguer -4. [sublevar] rebelar.
 ➡ **alzarse** vpr -1. [de abajo a arriba] erguerse -2. [sublevarse] rebelar-se -3. [conseguir]: **se alzó con la victoria** arrebatou a vitória.
a.m. (abrev de ante meridiem) a.m.
AM (abrev de amplitude modulation) AM.
ama f ▷ amo.
amabilidad f amabilidade f.
amable adj amável.
amaestrado, da adj adestrado(da).
amaestrar vt adestrar.
amagar <> vt [mostrar intención de] esboçar. <> vi [ser inminente] ameaçar.
amago m -1. [indicio] indício m -2. [amenaza] ameaça f.
amainar <> vt NÁUT recolher. <> vi amainar.
amalgama f amálgama m.
amalgamar vt amalgamar.
amamantar vt amamentar.
amanecer <> m amanhecer. <> v impers [día] amanhecer. <> vi [en un lugar] amanhecer.
amanerado, da adj -1. [afeminado] afeminado(da) -2. [afectado, sin naturalidad] afetado (da).
amanita f amanita f.

amansar vt -1. [animal] amansar -2. [persona] acalmar -3. [pasiones] refrear.
 ➡ **amansarse** vpr acalmar-se.
amante mf -1. [querido] amante mf -2. [aficionado]: ~ **de algo/hacer algo** amante mf de algo/de fazer algo.
amanuense mf amanuense mf.
amañar vt [falsear] falsear.
amaño m [treta] artifício m.
amapola f papoula f.
amar vt amar.
amaranto m amaranto m.
amarar vi amerissar.
amargado, da <> adj amargurado(da). <> m, f amargurado m, -da f.
amargar vt -1. [comida] tornar amargo(ga) -2. [estropear] amargurar.
 ➡ **amargarse** vpr -1. [suj: alimento] tornarse amargo(ga) -2. [suj: persona] amargurar-se.
amargo, ga adj amargo(ga).
amargor m [sabor] amargor m.
amargura f [sentimiento] amargura f.
amarillento, ta adj amarelado(da).
amarillo, lla, amarilloso, sa Col, Méx & Ven adj -1. [color] amarelo(la) -2. PRENS marrom.
 ➡ **amarillo** m amarelo m.
amariposado, da adj [afeminado] afeminado(da).
amarra f NÁUT amarra f; **largar** o **soltar** ~s largar o soltar amarras.
 ➡ **amarras** fpl fig relações fpl.
amarrado, da adj amarrado(da).
amarrar vt amarrar; ~ **algo/a alguien a algo** amarrar algo/em alguém em algo.
amarre m NÁUT amarra f.
amarrete adj Andes, RP fam pey apertado(da).
amartillar vt engatilhar.
amasar vt amassar.
amasiato m CAm, Chile & Méx concubinato m.
amasijo m fam [mezcla] mistura f.
amateur (pl amateurs) <> adj amador(ra). <> m, f amador m, -ra f.
amatista f ametista f.
amazacotado, da adj [comida] pesado(da).
amazona f amazona f.
Amazonas n: el ~ o Amazonas.
ambages mpl: sin ~ sem rodeios.
ámbar m -1. [resina] âmbar m -2. [color] amarelo m.
ambición f ambição f.
ambicionar vt ambicionar.
ambicioso, sa <> adj ambicioso(sa). <> m, f [persona] ambicioso m, -sa f.
ambidiestro, tra <> adj ambidestro(tra).

◇ m, f ambidestro m, -tra f.
ambientación f -1. CIN,TEATRO ambientação f
-2. [en radio] ambientação f sonora.
ambientador m desodorizador m.
ambiental adj ambiental.
ambiente ◇ adj: temperatura ~ temperatura f ambiente. ◇ m -1. [ámbito] meio
m -2. [aire] atmosfera f -3. [medio moral]
ambiente m -4. [animación] animação f -5.
Andes, RP [habitación] ambiente m.
ambigüedad f ambigüidade f.
ambiguo, gua adj ambíguo(gua).
ámbito m -1. [espacio] âmbito m -2. [ambien-
te] meio m.
ambivalente adj ambivalente.
ambos, bas ◇ adj pl ambos(bas). ◇ pron
pl ambos mpl, -bas fpl.
ambulancia f ambulância f.
ambulante adj ambulante.
ambulatorio m ambulatório m.
ameba f ameba f.
amedrentar vt amedrontar.
◆ **amedrentarse** vpr amedrontar-se.
amén adv [en plegaria] amém.
◆ **amén de** loc prep -1. [además de] além de
-2. desus [excepto] exceto.
amenaza f ameaça f; ~ de bomba/de
muerte ameaça de bomba/de muerte.
amenazar vt ameaçar; ~ a alguien con al-
go/a alguien de algo ameaçar alguém
com algo/alguém de algo.
amenidad f amenidade f.
amenizar vt alegrar.
ameno, na adj agradável.
amenorrea f MED amenorréia f.
América n América f; ~ Central/del Norte/
del Sur América Central/do Norte/do
Sul.
americana f [chaqueta] jaqueta f.
americanismo m americanismo m.
americano, na ◇ adj americano(na). ◇
m, f americano m, -na f.
amerizar vi amerissar.
ametralladora f [arma] metralhadora f.
ametrallar vt metralhar.
amianto m amianto m.
amigable adj [amistoso] amigável.
amígdala f ANAT amídala f.
amigdalitis f MED amidalite f.
amigo, ga ◇ adj -1. [gen] amigo(ga); hacerse ~ de fazer amizade com; hacerse
~s fazer amigos -2. [aficionado]: ~ de
amante de. ◇ m, f -1. [persona] amigo m,
-ga f; ~ invisible amigo invisível -2. fam
[novio] amigo m, -ga f -3. [tratamiento afec-
tuoso] amigo m, -ga f.
amigote, amiguete m fam companheiro
m, -ra f.

amiguismo m nepotismo m.
amilanar vt intimidar.
◆ **amilanarse** vpr intimidar-se.
aminoácido m QUÍM aminoácido m.
aminorar ◇ vt diminuir. ◇ vi diminuir.
amistad f amizade f; hacer o trabar ~
fazer o travar amizade.
◆ **amistades** fpl amizades fpl.
amistoso, sa adj amistoso(sa).
amnesia f amnésia f.
amnésico, ca ◇ adj amnésico(ca). ◇ m,
f amnésico m, -ca f.
amnistía f anistia f; ~ fiscal ECON anistia
fiscal.
amnistiar vt anistiar.
amo, ama m, f -1. [de fábrica] patrão m,
-troa f -2. [de animal, situação] dono m, -na f.
◆ **ama de casa** f dona f de casa.
◆ **ama de cría** f ama-de-leite f.
◆ **ama de llaves** f governanta f.
amodorrarse vpr adormecer.
amoldar vt [adaptar] amoldar; ~ algo a algo adaptar algo a algo.
◆ **amoldarse** vpr [adaptarse] adaptar-se;
~se a adaptar-se a.
amonal m QUÍM amonal f.
amonestación f -1. [reprimenda] admoestação f -2. [para contraer matrimonio] proclama
m -3. DEP advertência f.
amonestar vt -1. [subordinado] advertir -2.
[en ceremonia nupcial] proclamar.
amoníaco, amoniaco m -1. [gas] amoníaco
m -2. [disolución] amônia f.
amontonar vt -1. [apilar] amontoar -2. [reu-
nir] acumular.
◆ **amontonarse** vpr -1. [personas] amontoar-se -2. [sobrevenir a la vez] acumular.
amor m -1. [afecto] amor m -2. loc: hacer el
~ fazer amor; por ~ al arte por amor à
arte; ¡por el ~ de Dios! pelo amor de
Deus!
◆ **amor propio** m amor m próprio.
amoral adj amoral.
amoratado, da adj roxo(xa).
amoratar vt arroxear.
◆ **amoratarse** vpr arroxear-se.
amordazar vt amordaçar.
amorfo, fa adj amorfo(fa).
amorío m fam [romance] namorico m.
amoroso, sa adj amoroso(sa).
amortajar vt [difunto] amortalhar.
amortiguador, ra adj amortecedor(ra).
◆ **amortiguador** m [en automóvil] amortecedor m.
amortiguar vt [disminuir] amortecer.
◆ **amortiguarse** vpr [disminuirse] amorte-
cer-se.
amortización f amortização f.

amortizar *vt* -1. [préstamo] amortizar -2. [capital] abater.
amotinar *vt* [sublevar] amotinar.
➡ **amotinarse** *vpr* [sublevarse] amotinarse.
amparar *vt* amparar.
➡ **ampararse** *vpr* -1. *fig* [protegerse]: ~se en amparar-se em -2. [refugiarse]: ~se de *o* contra amparar-se de *o* contra.
amparo *m* [protección] amparo *m*; al ~ de ao amparo de.
amperímetro *m* ELECTRÓN amperímetro *m*.
amperio *m* ELECTRÓN ampère *m*.
ampliación *f* ampliação *f*; ~ de capital ECON aumento de capital.
ampliar *vt* ampliar.
amplificación *f* ELECTRÓN amplificação *f*.
amplificador, ra *adj* amplificador(ra).
➡ **amplificador** *m* amplificador *m*.
amplificar *vt* ELECTRÓN amplificar.
amplio, plia *adj* amplo(pla).
amplitud *f* amplitude *f*; ~ de miras mente aberta.
ampolla *f* -1. [en piel] bolha *f* -2. [para inyecciones] ampola *f* -3. [frasco] tubo *m*.
ampuloso, sa *adj* empolado(da).
amputar *vt* amputar.
Amsterdam *n* Amsterdã.
amueblar *vt* mobiliar.
amuleto *m* amuleto *m*.
amurallar *vt* amuralhar.
anabolizante <> *adj* anabolizante. <> *m* anabolizante *m*.
anacoreta *mf* anacoreta *m*.
anacrónico, ca *adj* anacrônico(ca).
anacronismo *m* anacronismo *m*.
ánade *m* marreco *m*.
anagrama *m* anagrama *m*.
anal *adj* ANAT anal.
anales *mpl* anais *mpl*.
analfabetismo *m* analfabetismo *m*.
analfabeto, ta <> *adj* analfabeto(ta). <> *m, f* analfabeto *m*, -ta *f*.
analgésico, ca *adj* analgésico(ca).
➡ **analgésico** *m* analgésico *m*.
análisis *m inv* análise *f*; ~ clínico análise clínica; ~ gramatical análise gramatical; ~ de orina/de sangre exame *m* de urina/sangue.
analista *mf* analista *mf*.
analizar *vt* analisar.
analogía *f* analogia *f*; por ~ por analogia.
analógico, ca *adj* analógico(ca).
análogo, ga *adj* análogo(ga); ~ a análogo(ga) a.
ananá (*pl* ananaes), **ananás** (*pl* ananases) *m RP* abacaxi *m*.

anaquel *m* prateleira *f*, estante *f*.
anaranjado, da *adj* alaranjado(da).
anarquía *f* anarquia *f*.
anárquico, ca *adj* anárquico(ca).
anarquismo *m* anarquismo *m*.
anarquista <> *adj* anarquista. <> *mf* anarquista *mf*.
anatema *m* anátema *m*.
anatomía *f* anatomia *f*.
anatómico, ca *adj* anatômico(ca).
anca *f (el)* anca *f*; ~s de rana pernas *fpl* de rã; en el ~ de un piojo *fig RP* por um triz.
ancestral *adj* ancestral.
ancho, cha *adj* -1. largo(ga) -2. *loc*: a mis/tus/sus *etc*. anchas à vontade; quedarse tan ~ *Esp* não dar bola.
➡ **ancho** *m* [medida] largura *f*; a lo ~ (de) em toda a largura (de).
➡ **ancho de banda** *m* INFORM largura *f* de banda.
anchoa *f* anchova *f*.
anchura *f* -1. [medida] largura *f* -2. [holgura] folga *f*.
anciano, na <> *adj* ancião(ã). <> *m, f* ancião *m*, -ã *f*.
ancla *f (el)* âncora *f*.
anclar *vi* ancorar.
áncora *f (el)* NÁUT [ancla] âncora *f*.
andadas *fpl*: volver a las ~ *fig fam* voltar aos maus hábitos.
andadura *f* caminhada *f*.
ándale *interj CAm, Méx fam* vamos!
Andalucía *n* Andaluzia.
andaluz, za <> *adj* andaluz(za). <> *m, f* andaluz *m*, -za *f*.
andamiaje *m* andaimaria *f*.
andamio *m* andaime *m*.
andanada *f*: ~ de insultos enxurrada *f* de insultos.
andando *interj* vamos andando!
andante <> *adj* [que anda] ambulante. <> *m MÚS* andante *m*.
andanza *f* (*gen pl*) [aventura] andanças *fpl*.
andar <> *m* andar *m*. <> *vi* andar; el reloj no anda o relógio parou; las cosas andan mal en la empresa as coisas andam mal na empresa; el niño anda atareado con sus deberes o menino anda atarefado com seus deveres; creo que anda por el almacén acho que anda lá pelo armazém; ~ haciendo algo andar fazendo algo; ~ tras algo/alguien andar atrás de algo/alguém; quien mal anda mal acaba *prov* quem anda em más companhias acaba mal. <> *vt* andar.
➡ **andar en** *v + prep* andar às voltas com.
➡ **andar por** *v + prep* andar por; anda por

los cuarenta años anda aí pelos quarenta anos.
➤ **andarse con** v + prep andar com.
➤ **andares** mpl jeito m sing.
➤ **anda** interj **-1.** [sorpresa] eta! **-2.** [por favor] vai!; **anda, ¿por qué no te callas?** porque não se cala hein?

O verbo andar é normalmente usado com a preposição en nas construções que se referem a meios de transporte: (*Andar en tren es una solución económica.* Andar de trem é uma solução económica. *Cuando estuve en Montevideo, andaba en ómnibus todos los días.* Quando estive em Montevidéu, andava de ônibus todos os dias. *A María Inés le gusta andar en bicicleta por la ciudad.* María Inés gosta de andar de bicicleta pela cidade.)

Note que, em espanhol, nunca se usa a preposição de com o verbo andar como ocorre em português.

(Ver também **As preposições** na seção *Gramática espanhola.*)

andas fpl: **llevar en** ~ levar em andor.
ándele = ándale.
andén m **-1.** [de estación] plataforma f **-2.** **Andes** & **CAm** [acera] calçada f **-3.** **Andes** [de tierra] terraço m.
Andes npl: **los** ~ os Andes.
andinismo m **Amér** alpinismo m.
andinista mf **Amér** alpinista mf.
andino, na ◇ adj andino(na). ◇ m, f andino m, -na f.
Andorra n: **(el principado de)** ~ (o principado de) Andorra.
andorrano, na ◇ adj andorrano(na). ◇ m, f andorrano m, -na f.
andrajo m [ropa rota] trapo m.
andrajoso, sa ◇ adj maltrapilho(lha). ◇ m, f maltrapilho m, -lha f.
andrógino, na adj andrógino(no).
➤ **andrógino** m andrógino m, -no f.
androide m [autómata] andróide m.
andurriales mpl andurriais mpl.
anécdota f episódio m.
anecdótico, ca adj **-1.** [relato] episódico(ca) **-2.** [no esencial] circunstancial.
anegar vt **-1.** [terreno] alagar **-2.** [planta] afogar.
➤ **anegarse** vpr **-1.** [terreno] alagar-se **-2.** [planta] afogar-se.
anemia f anemia f.
anémona f anêmona f.
anestesia f anestesia f.
anestésico, ca adj anestésico(ca).
➤ **anestésico** m anestésico m.
anestesista mf anestesista mf.
anexar vt anexar.
anexión f anexação f.
anexionar vt anexar.

anexo, xa adj anexo(xa).
➤ **anexo** m anexo m.
anfetamina f anfetamina f.
anfibio, bia adj anfíbio(bia).
➤ **anfibios** mpl anfíbios mpl.
anfiteatro m anfiteatro m.
anfitrión, ona ◇ adj anfitrião(triã). ◇ m, f anfitrião m, -triã f.
ánfora f (el) [cántaro] ânfora f.
ángel m anjo m; ~ **custodio** o **de la guarda** anjo custódio o da guarda; **tener** ~ ter graça.
angelical adj [bondadoso] angelical.
angina f (gen pl) [amigdalitis] amigdalite f; **tener** ~**s** estar com amigdalite.
➤ **angina de pecho** f **MED** angina f do peito.
anglicano, na ◇ adj anglicano(na). ◇ m, f anglicano m, -na f.
anglicismo m anglicismo m.
angloamericano, na ◇ adj anglo-americano(na). ◇ m, f anglo-americano m, -na f.
anglosajón, ona ◇ adj anglo-saxão(xã). ◇ m, f anglo-saxão m, -xã f.
Angola n Angola.
angora f angorá f.
angosto, ta adj estreito(ta).
angostura f angustura f.
anguila f [pez] enguia f.
angula f alevino m de enguia.
angular adj angular.
➤ **gran angular** m **FOT** grande-angular f.
ángulo m **-1.** [gen] ângulo m **-2.** [esquina, rincón] canto m.
anguloso, sa adj anguloso(sa).
angustia f angústia f.
angustiar vt angustiar.
➤ **angustiarse** vpr angustiar-se.
angustioso, sa adj angustiante.
anhelante adj ansioso(sa).
anhelar vt ansiar.
anhelo m anseio m.
anhídrido m **QUÍM** anidrido m.
anidar vi **-1.** [pájaro] fazer ninho **-2.** fig [sentimiento] aninhar.
anilla f argola f.
➤ **anillas** fpl **DEP** argolas fpl.
anillo m anel m; ~ **de boda** aliança f.
ánima f (el) [alma] alma f.
animación f animação f.
animado, da adj animado(da).
animador, ra m, f animador m, -ra f.
animadversión f animadversão f.
animal ◇ adj animal. ◇ mf fam [persona] animal m. ◇ m animal m; ~ **doméstico** o **de compañía** animal doméstico o de estimação.

animalada *f fam* besteira *f.*
animar *vt* animar.
➡ **animarse** *vpr* animar-se; ~**se a hacer algo** animar-se a o para fazer algo.
ánimo ◇ *m* -**1.** [gen] ânimo *m* -**2.** [intención]: **con/sin** ~ **de** com/sem intenção de. ◇ *interj* [para alentar] ânimo!
animoso, sa *adj* corajoso(sa).
aniñado, da *adj* infantil.
aniquilar *vt* aniquilar.
anís *m* anis *m.*
aniversario *m* aniversário *m.*

> Não confundir *aniversario* (*de um fato ocorrido*) com o português *aniversário* (*de uma pessoa*) que em espanhol é *cumpleaños.* (*La semana próxima se festeja el aniversario de la ciudad.* Na semana que vem festeja-se o *aniversário* da cidade.)

ano *m* ânus *m.*
anoche *adv* ontem à noite; **antes de** ~ anteontem à noite.
anochecer ◇ *m* anoitecer *m*; **al** ~ **ao** anoitecer. ◇ *v impers* anoitecer. ◇ *vi* anoitecer.
anodino, na *adj* anódino(na).
ánodo *m ELECTR* ânodo *m.*
anomalía *f* anomalia *f.*
anómalo, la *adj* anômalo(la).
anonadado, da *adj* desconcertado(da).
anonimato *m* anonimato *m.*
anónimo, ma *adj* anônimo(ma).
➡ **anónimo** *m* mensagem *f* anônima.
anorak (*pl* anoraks), **anorac** (*pl* anoracs) *m* anoraque *m.*
anorexia *f MED* anorexia *f.*
anormal ◇ *adj* anormal. ◇ *mf despec* anormal *mf.*
anotación *f* [nota] anotação *f.*
anotar *vt* -**1.** [apuntar] anotar -**2.** [llevar el tanteo] marcar.
➡ **anotarse** *vpr RP* [matricularse] matricular-se.
anovulatorio, ria *adj* anovulatório(ria).
➡ **anovulatorio** *m* anovulatório *m.*
ansia *f* (*el*) ânsia *f*; ~ **de** ânsia de.
➡ **ansias** *fpl Esp* [náuseas] ânsias *fpl.*
ansiar *vt*: ~ **hacer algo** ansiar algo, ansiar por fazer algo.
ansiedad *f* ansiedade *f.*
ansioso, sa *adj* ansioso(sa); **estar** ~ **por** o **de** estar ansioso por o para algo.
antagónico, ca *adj* antagônico(ca).
antagonista *mf* antagonista *mf.*
antártico, ca *adj* antártico(ca).
➡ **Antártico** *n*: **el (océano)** ~ o (oceano) Antártico.
Antártida *n*: **la** ~ a Antártida.
antaño *adv* antanho.

ante¹ *m* -**1.** [piel curtida] camurça *f* -**2.** [animal] alce *m.*
ante² *prep* -**1.** [en presencia de] ante -**2.** [frente a, delante de] diante de -**3.** [respecto de] com relação a.
anteanoche *adv* anteontem à noite.
anteayer *adv* anteontem.
antebrazo *m* antebraço *m.*
antecedente ◇ *adj* antecedente. ◇ *m* -**1.** *GRAM & MAT* antecedente -**2.** (*gen pl*) [precedente] antecedentes *mpl*; **poner en** ~**s** [informar] pôr a par.
anteceder *vi*: ~ **a** anteceder a.
antecesor, ra *m, f* [predecesor] antecessor *m*, -ra *f.*
antedicho, cha *adj* predito(ta).
antediluviano, na *adj* antediluviano(na).
antelación *f*: **con** ~ com antecedência.
antemano ➡ **de antemano** *loc adv* de antemão.
antena *f* antena *f*; ~ **colectiva/parabólica** antena coletiva/parabólica.
anteojera *f* antolhos *mpl.*
anteojos *mpl Amér* óculos *mpl.*
antepasado, da *m, f* antepassado *m*, -da *f.*
antepecho *m* parapeito *m.*
antepenúltimo, ma ◇ *adj* antepenúltimo(ma). ◇ *m, f* antepenúltimo *m*, -ma *f.*
anteponer *vt* antepor.
➡ **anteponerse** *vpr*: ~**se a** antepor-se a.
anteproyecto *m* anteprojeto *m.*
anterior *adj* anterior; ~ **a** anterior a.
anterioridad *f*: **con** ~ anteriormente.
antes ◇ *adv* antes; ~ **de algo/hacer algo** antes de algo/fazer algo; ~ **de** o **que** antes de o que. ◇ *adj* (*seguido de sustantivos que indican tiempo*) antes.
➡ **antes de** *loc prep* (*para expresar preferencia*) antes.
➡ **antes (de) que** *loc conj* (*prioridad en el tiempo*) antes que.
antesala *f* ante-sala *f.*
antiabortista ◇ *adj* contra o aborto. ◇ *mf* pessoa que é contra o aborto.
antiadherente *adj* antiaderente.
antiaéreo, rea *adj* antiaéreo(a).
antiarrugas *adj inv* anti-rugas.
antibala, antibalas *adj inv* à prova de bala.
antibiótico, ca *adj* antibiótico(ca).
➡ **antibiótico** *m* antibiótico *m.*
anticiclón *m METEOR* anticiclone *m.*
anticipación *f* antecipação *f*; **con** ~ **a** antes de; **con** ~ com antecipação.
anticipado, da *adj* antecipado(da); **por** ~ por antecipação.
anticipar *vt* antecipar.
➡ **anticiparse** *vpr* antecipar-se; ~**se a** a

alguien antecipar-se a alguém.
anticipo *m* -**1**. [de dinero] adiantamento *m*
-**2**. [presagio] antecipação *f.*
anticlerical *adj* anticlerical.
anticoagulante ◇ *adj* anticoagulante.
◇ *m* anticoagulante *m.*
anticomunista ◇ *adj* anticomunista.
◇ *mf* anticomunista *mf.*
anticonceptivo, va *adj* anticoncepcional.
➡ **anticonceptivo** *m* anticoncepcional *m.*
anticongelante ◇ *adj* anticongelante.
◇ *m* anticongelante *m.*
anticonstitucional *adj* anticonstitucional.
anticorrosivo, va *adj* anticorrosivo(va).
➡ **anticorrosivo** *m* anticorrosivo *m.*
anticorrupción *adj inv* anticorrupção.
anticuado, da ◇ *adj* antiquado(da). ◇
m, f pessoa *f* antiquada.
anticuario, ria *m, f* antiquário *m*, -ria *f.*
➡ **anticuario** *m* [tienda] antiquário *m.*
anticucho *m Andes* espeto *m* de carne.
anticuerpo *m MED* anticorpo *m.*
antidemocrático, ca *adj* antidemocrático(ca).
antidepresivo, va *adj* antidepressivo(va).
➡ **antidepresivo** *m* antidepressivo *m.*
antidisturbios *adj inv* de choque.
antidopaje, antidoping ◇ *adj* antidoping. ◇ *m* antidoping *m.*
antídoto *m* antídoto *m.*
antier *adv Mex fam* anteontem.
antiespasmódico, ca *adj* antiespasmódico(ca).
➡ **antiespasmódico** *m FARM* antiespasmódico.
antiestético, ca *adj* antiestético(ca).
antifascista ◇ *adj* antifascista. ◇ *mf* antifascista *mf.*
antifaz *m* máscara *f.*
antigás *adj inv* antigás.
antigripal ◇ *adj* antigripal. ◇ *m* antigripal *m.*
antigualla *f despec* velharia *f.*
antigubernamental *adj* antigovernamental.
antigüedad *f* -**1**. [vejez, veteranía] antiguidade *f* -**2**. [pasado] Antiguidade *f.*
➡ **antigüedades** *fpl* [objetos de arte] antiguidades *fpl.*
antiguo, gua *adj* antigo(ga).
antihéroe *m* anti-herói *m.*
antihigiénico, ca *adj* anti-higiênico(ca).
antihistamínico, ca *adj* anti-histamínico(ca).
➡ **antihistamínico** *m* anti-histamínico *m.*
antiinflacionario, ria *adj* antiinflacionário(ria).

antiinflacionista *adj* antiinflacionário(ria).
antiinflamatorio, ria *adj* antiinflamatório(ria).
➡ **antiinflamatorio** *m* antiinflamatório *m.*
antílope *m* antílope *m.*
antimilitarista ◇ *adj* antimilitarista. ◇ *mf* antimilitarista *mf.*
antimisil *adj* antimíssil.
antinatural *adj* antinatural.
antiniebla *adj inv* AUTOM antineblina.
antioxidante ◇ *adj* antioxidante. ◇ *m* antioxidante *m.*
antiparasitario, ria *adj* antiparasitário(ria).
➡ **antiparasitario** *m* antiparasitário *m.*
antiparras *fpl fam* óculos *mpl.*
antipatía *f* antipatia *f.*
antipático, ca ◇ *adj* antipático(ca). ◇ *m, f* antipático *m*, -ca *f.*
antipirético, ca *adj* antipirético(ca).
➡ **antipirético** *m* antipirético *m.*
antípodas *fpl*: las ~ os antípodas.
antiquísimo, ma *superl* ▷ antiguo.
antirreflectante *adj* anti-reflexo.
antirreflejo *adj* anti-reflexo.
antirrobo *adj inv* anti-roubo.
antisemita ◇ *adj* anti-semita. ◇ *mf* anti-semita *mf.*
antiséptico, ca *adj* anti-séptico(ca).
➡ **antiséptico** *m* anti-séptico *m.*
antiterrorista *adj* antiterrorista.
antítesis *f* antítese *f.*
antitetánico, ca *adj* antitetânico(ca).
➡ **antitetánica** *f* antitetânico *m.*
antivirus *m inv* -**1**. MED antiviral *m* -**2**. INFORM antivírus *m inv.*
antojadizo, za *adj* cheio(ia) de caprichos.
antojarse *vpr* -**1**. [apetecer] desejar -**2**. [ocurrírsele]: **antojársele a alguien hacer algo** dar vontade em alguém de fazer algo -**3**. *Méx* [comida, bebida] ter desejo de.
antojitos *mpl Méx* tira-gostos *mpl.*
antojo *m* -**1**. [capricho] desejo *m*; **a su** ~ segundo seu desejo; **tener un** ~ ter um desejo -**2**. [luna] pinta *f*, sinal *m.*
antología *f* [obras escogidas] antologia *f.*
antónimo, ma *adj* antônimo(ma).
➡ **antónimo** *m* antônimo *m.*
antonomasia *f* antonomásia *f*; **por** ~ por antonomásia.
antorcha *f* tocha *f.*
antracita *f* antracito *m.*
ántrax *m* MED antraz *m.*
antro *m fam* antro *m.*
antropocentrismo *m* antropocentrismo *m.*
antropófago, ga ◇ *adj* antropófago(ga).

▷ *m, f* antropófago *m*, -ga *f*.
antropología *f* antropologia *f*.
anual *adj* anual.
anualidad *f* anuidade *f*.
anuario *m* anuário *m*.
anudar *vt* [atar con nudo] amarrar.
➡ **anudarse** *vpr* [atarse con nudos]: ~**se los zapatos** amarrar os sapatos.
anulación *f* anulação *f*.
anular¹ ▷ *adj* [en forma de anillo] anular.
▷ *m* ▷ **dedo**.
anular² *vt* cancelar.
anunciación *f* participação *f*.
➡ **Anunciación** *f* RELIG Anunciação *f*.
anunciante ▷ *adj* anunciante. ▷ *mf* anunciante *mf*.
anunciar *vt* anunciar.
➡ **anunciarse** *vpr* anunciar-se.
anuncio *m* anúncio *m*; ~ **por palabras** anúncio classificado; ~ **publicitario** anúncio publicitário.
anverso *m* anverso *m*.
anzuelo *m* -1. [para pescar] anzol *m* -2. *fam* [señuelo] armadilha *f*.
añadido, da *adj* adicionado(da).
➡ **añadido** *m* -1. [acción] inclusão *f* -2. [cosa que se añade] emenda *f*.
añadidura *f* complemento *m*; **por** ~ além disso.
añadir *vt* acrescentar.
añejo, ja *adj* -1. [vino, tocino, licor] envelhecido(da) -2. [costrumbres] antigo(ga).
añicos *mpl*: **hacer** ~ fazer em pedaços; **hacerse** ~ fazer-se em pedaços.
añil ▷ *adj* [color] anil. ▷ *m* [color] anil *m*.
año *m* -1. ano *m*; ~ **fiscal** ECON ano fiscal; **Año Nuevo** ano-novo *m* -2. [edad] idade *f*; **cumplir** ~**s** fazer anos; **tener** ~**s** ter anos.
➡ **año luz** (*pl* años luz) *m* FÍS ano-luz *m*; **estar a años luz de** *fig* estar a anos-luz de.
añoranza *f* saudade *f*; ~ **de** saudade de.
añorar *vt* sentir saudades de.
aorta *f* ANAT aorta *f*.
apabullar *vt* intimidar.
➡ **apabullarse** *vpr* confundir-se.
apacentar *vt* apascentar.
apache ▷ *adj* apache. ▷ *mf* apache *mf*.
apacible *adj* [agradable] aprazível -2. [pacífico] tranqüilo(la).
apaciguar *vt* -1. [tranquilizar] apaziguar -2. [disminuir, aplacar] abrandar.
➡ **apaciguarse** *vpr* -1. [tranquilizarse] apaziguar-se -2. [disminuir, aplacarse] abrandar-se.
apadrinar *vt* apadrinhar.
apagado, da *adj* -1. [aparato] desligado(da) -2. [luz, fuego] apagado(da) -3. [sonido] abafado(da).

apagar *vt* -1. [extinguir] apagar -2. [desconectar] desligar -3. [aplacar] mitigar -4. [rebajar] atenuar -5. *loc*: **apaga y vámonos** *Esp fam* deixa para lá.
➡ **apagarse** *vpr* -1. [extinguirse] apagar-se -2. [desconectarse] desligar-se -3. [morir] apagar-se.

> Não confundir com o português *apagar*, que tem um significado similar ao do espanhol *borrar*: (*María apagó el horno*. María desligou o forno.)

apagón *m* blecaute *m*, apagão *m*.
apaisado, da *adj* oblongo.
apalabrar *vt* apalavrar.
apalancamiento *m* *fam* [apoltronamiento] aboletamento *m*.
apalancar *vt* [con palanca] alavancar.
➡ **apalancarse** *vpr* *fam* [apoltronarse] aboletar-se.
apalear *vt* espancar.
apañado, da *adj* *fam* [hábil, mañoso] jeitoso(sa); **¡si has perdido las llaves, estamos** ~ **s!** se perdeu as chaves estamos ferrados!
apañar *vt* *fam* -1. [reparar] remendar -2. [amañar] arranjar.
➡ **apañarse** *vpr* *fam* virar-se; **apañárselas** *fig* virar-se.
apaño *m* *fam* -1. [reparación] remendo *m* -2. [chanchullo] arranjo *m*.
apapachado, da *adj* *Méx* paparicado(da).
apapachador, ra *adj* *Méx* paparicador(ra).
apapachar *vt* *Méx* paparicar.
apapachos *mpl* *Méx* paparicos *mpl*.
aparador *m* [mueble] aparador *m*.
aparato *m* -1. [gen] aparelho *m* -2. [ostentación] aparato *m* -3. POLÍT estrutura *f*.
aparatoso, sa *adj* -1. [ostentoso] aparatoso(sa) -2. [espectacular] espetacular.
aparcamiento *m* estacionamento *m*.
aparcar ▷ *vt* -1. [estacionar] estacionar -2. *Esp* [posponer] adiar. ▷ *vi* [estacionar] estacionar.
aparcero, ra *m, f* meeiro *m*, -ra *f*.
aparear *vt* [animales] acasalar.
➡ **aparearse** *vpr* [animales] acasalar-se.
aparecer *vi* aparecer; ~ **por** aparecer em.
➡ **aparecerse** *vpr* aparecer.
aparejador, ra *m, f* empreiteiro *m*, -ra *f*.
aparejo *m* -1. [de caballerías] arreio *m* -2. MEC aparelho *m* -3. NÁUT equipamento *m*.
➡ **aparejos** *mpl* equipamento *m*.
aparentar ▷ *vt* aparentar. ▷ *vi* [presumir] aparentar.
aparente *adj* -1. [falso, visible] aparente -2. [llamativo] chamativo(va).
aparición *f* -1. [gen] aparecimento *m* -2. [espectro] aparição *f* -3. [publicación] lançamento *m*.

apariencia f aparência f; **en** ~ na aparência; **guardar las** ~**s** manter as aparências; **las** ~**s engañan** as aparências enganam.

apartado, da adj afastado(da).

➥ apartado m parágrafo m, seção f.

➥ apartado de correos m caixa f postal.

apartamento m apartamento m.

apartar vt -**1.** [quitar] tirar -**2.** [alejar] afastar -**3.** [separar, dejar aparte] separar.

➥ apartarse vpr afastar-se; ~se de afastar-se de.

aparte <> adv -**1.** [en otro lugar, a un lado] à parte -**2.** [además de, con omisión de]: ~ de além de -**3.** [por separado] separadamente. <> adj inv à parte. <> m [párrafo] parágrafo m.

apartheid m apartheid m.

apasionado, da <> adj apaixonado(da). <> m, f apaixonado m, -da f.

apasionante adj apaixonante.

apasionar vt [entusiasmar] apaixonar.

➥ apasionarse vpr [entusiasmarse] apaixonar-se.

apatía f apatia f.

apático, ca adj apático(ca).

apátrida <> adj apátrida. <> mf apátrida mf.

apdo. (abrev de **apartado**) CP; ~ de correos 48 caixa postal 48.

apear vt -**1.** [bajar] descer -**2.** fam [disuadir]: ~ a alguien de algo fazer alguém desencanar de algo.

➥ apearse vpr -**1.** [bajarse] descer; ~se de [caballo] apear-se de; [tren] descer de -**2.** fam [disuadirse]: ~se de dissuadir-se de.

apechugar vi fam: ~ con arcar com.

apedazar vt remendar.

apedrear vt apedrejar.

apegarse vpr: ~se a apegar-se a.

apego m [afecto] apego m; **tener** ~ a ter apego a.

apelación f DER apelação f.

apelar vi -**1.** DER apelar; ~ ante/contra apelar perante/contra -**2.** [recurrir]: ~ a apelar a.

apelativo, va adj GRAM apelativo(va).

➥ apelativo m apelido m.

apellidar vt apelidar.

➥ apellidarse vpr ter como sobrenome.

apellido m sobrenome m.

> Não confundir apellido (sobrenome) com o português apelido que em espanhol é apodo. (El apellido de mis primos es González. O sobrenome dos meus primos é González.)

apelmazar vt endurecer.

➥ apelmazarse vpr endurecer-se.

apelotonar vt [formar montones] amontoar.

➥ apelotonarse vpr amontoar-se.

apenado, da adj -**1.** [entristecido] entristecido(da) -**2.** Andes, CAm, Carib & Méx [avergonzado] envergonhado(da).

apenar vt entristecer.

➥ apenarse vpr -**1.** [entristecerse] entristecer-se -**2.** Andes, CAm, Carib & Méx [avergonzarse] envergonhar-se.

apenas adv -**1.** [casi no] quase não; ~ si quase não -**2.** [tan sóla] apenas; ~ si apenas -**3.** [tan pronto como] logo que, mal.

apéndice m apêndice m.

apendicitis f apendicite f.

apercibir vt -**1.** [darse cuenta] aperceber-se -**2.** [amonestar] advertir.

➥ apercibirse de vpr aperceber-se.

aperitivo m aperitivo m.

apero m (gen pl) apeiro m.

apertura f abertura f.

aperturista <> adj aberturista. <> mf aberturista mf.

apesadumbrar vt acabrunhar.

➥ apesadumbrarse vpr acabrunhar-se.

apestar <> vi [oler mal] feder; ~ a feder a. <> vt empestar.

apestoso, sa adj fétido(da).

apetecer <> vi apetecer. <> vt desejar.

apetecible adj apetecível.

apetito m apetite m; **abrir el** ~ abrir o apetite; **tener** ~ ter apetite.

apetitoso, sa adj -**1.** [sabroso] apetitoso(sa) -**2.** [deseable] tentador(ra).

apiadarse vpr: ~se (de) apiedar-se (de).

ápice m -**1.** [pizca] bocadinho m -**2.** [vértice, punto culminante] ápice m.

apicultura f apicultura f.

apilable adj empilhável.

apilar vt empilhar.

➥ apilarse vpr empilhar-se.

apiñar vt apinhar.

➥ apiñarse vpr apinhar-se.

apio m aipo m.

apisonadora f rolo m compressor.

aplacar vt aplacar.

➥ aplacarse vpr aplacar-se.

aplastante adj [apabullante] esmagador(ra).

aplastar vt esmagar.

aplatanar vt fam desanimar.

➥ aplatanarse vpr fam desanimar-se.

aplaudir vt -**1.** [dar palmadas] aplaudir o bater palmas -**2.** [alabar] aplaudir.

aplauso m aplauso m.

aplazamiento m adiamento m.

aplazar vt adiar.

aplicación f -**1.** [gen] aplicação f -**2.** INFORM aplicativo m.

aplicado, da adj aplicado(da).

aplicar vt aplicar.

➤ **aplicarse** vpr aplicar-se; ∼se en aplicar-se em.

aplique m aplique m.

aplomo m serenidade f; **perder el** ∼ perder a serenidade.

apocado, da adj acanhado(da).

apocalipsis m apocalipse m.

➤ **Apocalipsis** m Apocalipse m.

apocamiento m timidez f.

apocarse vpr [intimidarse] intimidar-se.

apócope f GRAM apócope f.

apócrifo, fa adj apócrifo(fa).

apodar vt denominar.

➤ **apodarse** vpr denominar-se.

apoderado, da m, f [representante] procurador(ra).

apoderar vt [dar poderes] nomear procurador.

➤ **apoderarse** vpr: ∼se de apoderar-se de.

apodo m apelido m.

apogeo m apogeu m; **estar algo en (pleno)** ∼ estar algo em (pleno) apogeu.

apolillar vt roer (por traças).

➤ **apolillarse** vpr ser roído(da) (por traças).

apolítico, ca adj apolítico(ca).

apología f apologia f.

apoltronarse vpr acomodar-se.

apoplejía f MED apoplexia f.

apoquinar <> vi Esp fam desembolsar. <> vt fam desembolsar.

aporrear vt [golpear] esmurrar.

aportación f -1. [entrega, existencia] inclusão f -2. [contribución] contribuição f.

aportar vt -1. [proporcionar] proporcionar -2. [contribuir con una cosa] contribuir com.

aposentar vt acomodar.

➤ **aposentarse** vpr hospedar-se.

aposento m -1. [habitación] aposento m -2. [alojamiento] alojamento m.

aposición f GRAM aposição f.

apósito m MED curativo m.

aposta adv Esp de propósito.

apostante mf apostador m, -ra f.

apostar¹ <> vt [jugarse] apostar. <> vi [en juego] apostar; ∼ **por** apostar em.

➤ **apostarse** vpr [jugarse] apostar; **me apuesto cinco euros a que no la llamas** aposto cinco euros que você não liga para ela.

apostar² vt [emplazar] postar.

➤ **apostarse** vpr [colocarse] postar-se.

apostas = aposta.

apostilla f anotação f.

apóstol m apóstolo m.

apostólico, ca adj apostólico(ca).

apóstrofo m GRAM apóstrofo m.

apostura f postura f.

apoteósico, ca adj apoteótico(ca).

apoyar vt -1. [gen] apoiar -2. fig [basar] fundamentar.

➤ **apoyarse** vpr -1. [físicamente] apoiar-se -2. fig [basarse]: ∼se en basear-se em.

apoyo m apoio m.

apreciable adj apreciável.

apreciación f apreciação f.

apreciar vt -1. [valorar] apreciar -2. [amar] estimar -3. [percibir] perceber -4. [opinar] avaliar.

aprecio m afeição f.

aprehender vt -1. [coger] prender -2. [comprender] entender.

aprehensión f prisão f.

apremiante adj urgente.

apremiar <> vt -1. [meter prisa]: ∼ a alguien para que haga algo pressionar alguém para que faça algo -2. [obligar]: ∼ a alguien a hacer algo forçar alguém a fazer algo. <> vi [ser urgente] urgir.

apremio m -1. [urgencia] urgência f -2. DER processo m sumário.

aprender vt aprender; ∼ a hacer algo aprender a fazer algo; **para que aprenda** para que aprenda.

➤ **aprenderse** vpr aprender.

aprendiz, za f aprendiz m, -za f.

aprendizaje m aprendizagem f.

aprensión f apreensão f.

aprensivo, va adj [hipocondríaco] apreensivo(va).

apresar vt capturar.

aprestar vt engomar.

➤ **aprestarse** vpr: ∼se a hacer algo preparar-se para fazer algo.

apresurado, da adj apressado(da).

apresuramiento m pressa f.

apresurar vt apressar.

➤ **apresurarse** vpr apressar-se; ∼se a hacer algo apressar-se a fazer algo.

apretado, da adj -1. [comprimido, intenso] apertado(da) -2. [peligroso] perigoso(sa).

apretar <> vt apertar. <> vi [intensificarse] apertar.

➤ **apretarse** vpr -1. [apiñarse] apertar-se -2. [estrechar] apertar.

apretón m aperto m.

apretujar vt apertar.

➤ **apretujarse** vpr apertar-se.

apretujón m fam apertão m.

aprieto m aperto m; **poner en un** ∼ **a alguien** pôr alguém em um aperto; **verse en un** ∼ ver-se em um aperto.

aprisa adv depressa.

aprisionar vt -1. [encarcelar] aprisionar -2. [sujetar] prender.

aprobación f aprovação f.
aprobado, da adj aprovado(da).
➤ **aprobado** m nota f mínima.
aprobar vt aprovar.
aprontarse vpr RP [prepararse] aprontar-se; **¡apróntate para cuando llegue tu papá!** espere só quando seu pai chegar!
apropiación f apropriação f.
apropiado, da adj apropriado(da).
apropiarse vpr: ~se de apropriar-se de.
aprovechable adj aproveitável.
aprovechado, da ◇ adj -1. [oportunista] aproveitador(ra) -2. [bien empleado] aproveitado(da) -3. Esp [aplicado] aplicado(da). ◇ m, f [oportunista] aproveitador m, -ra f.
aprovechamiento m aproveitamento m.
aprovechar ◇ vt aproveitar. ◇ vi aproveitar; **¡que aproveche!** bom apetite!
➤ **aprovecharse** vpr aproveitar-se; ~se de aproveitar-se de.
aprovisionamiento m abastecimento m.
aprox. (abrev de **aproximadamente**) aprox.
aproximación f aproximação f.
aproximado, da adj aproximado(da).
aproximar vt aproximar.
➤ **aproximarse** vpr -1. [estar cerca] aproximar-se -2. [acercarse]: ~se a aproximar-se de.
aptitud f aptidão f.
apto, ta adj -1. [adecuado, apropiado] apto(ta) -2. [conveniente] indicado(da).
apuesta f aposta f.
apuesto, ta adj bem-apessoado(da).
apunado, da adj Andes: estar ~ sentir mal de altura.
apunarse vpr Andes ter mal de altura.
apuntador, ra m, f TEATR apontador m, -ra f.
apuntalar vt -1. CONSTR escorar -2. [confirmar] sustentar.
apuntar ◇ vt -1. [gen] anotar -2. [indicar, sugerir] sugerir. ◇ vi [empezar a salir] despontar.
➤ **apuntarse** vpr -1. [inscribirse] inscrever-se -2. [participar]: ~se a algo/hacer algo topar algo fazer algo; ~se a un bombardeo Esp fam topar qualquer parada.
apunte m -1. [nota escrita] anotação f -2. [boceto] esboço m.
➤ **apuntes** mpl anotações fpl.
apuñalar vt apunhalar.
apurado, da adj -1. [necesitado] apurado(da) -2. Esp [avergonzado] envergonhado(da) -3. [difícil] difícil.
apurar vt -1. [agotar] terminar -2. [dar prisa] apressar -3. [preocupar] preocupar.
➤ **apurarse** vpr -1. [preocuparse]: ~se (por) preocupar-se (por) -2. [darse prisa] apressar-se.

apuro m -1. [escasez, dificultad] apuro m; **estar en** ~s estar em apuros; **pasar** ~s ver-se em apuros; **sacar de un** ~ **a alguien** tirar alguém de um apuro -2. [vergüenza] vergonha f.
aquaplanning m aquaplanagem f.
aquejado, da adj afetado(da); **estar** ~ **de** estar afetado de.
aquel, aquella adj aquele(la); **aquellas casas que se ven a lo lejos son nuevas** aquelas casas que se vê ao longe são novas; **aquellos años de la infancia fueron maravillosos** aqueles anos da infância foram maravilhosos.
aquél, aquélla pron aquele(la); **este cuadro me gusta pero** ~ **del fondo no** gosto deste quadro mas aquele do fundo não; ~ **fue mi último día en Buenos Aires** aquele foi meu último dia em Buenos Aires; ~ **que quiera hablar que levante la mano** aquele que quiser falar que levante a mão.
aquelarre m [de brujas] reunião f de bruxas.
aquello pron aquilo; ~ **que se ve al fondo es el mar** aquilo que se vê ao fundo é o mar; ~ **de su mujer es una mentira** aquilo sobre sua mulher é uma mentira.
aquí adv aqui; ~ **arriba/abajo** aqui em cima/baixo; ~ **dentro/fuera** aqui dentro/fora; ~ **mismo** aqui mesmo; **de** ~ **para allá** daqui para lá; **por** ~ por aqui; **de** ~ **a mañana** de hoje até amanhã; **de** ~ **en adelante** daqui em diante.
aquietar vt aquietar.
ara f (el) culto altar m; **en** ~s **de** [con el fin] em benefício de.
árabe ◇ adj árabe. ◇ mf árabe mf. ◇ m [lengua] árabe m.
Arabia Saudí, Arabia Sandita n Arábia Saudita.
arábigo, ga adj arábico(ca).
arácnidos mpl aracnídeos mpl.
arado m arado m.
Aragón n Aragão.
aragonés, nesa ◇ adj aragonês(esa). ◇ m, f aragonês m, -esa f.
arancel m tarifa f alfandegária.
arancelario, ria adj alfandegário(ria).
arándano m mirtilo m.
arandela f arruela f.
araña f -1. [animal] aranha f -2. [lámpara] lustre m de cristal.
arañar vt -1. [gen] arranhar -2. [ahorrar] economizar.
arañazo m arranhão m.
arar vt arar.
arbitraje m arbitragem f.

arbitrar vt -1. [gen] arbitrar -2. [disponer] determinar.
arbitrariedad f arbitrariedade f.
arbitrario, ria adj arbitrário(ria).
arbitrio m arbítrio m.
árbitro m -1. DEP árbitro m; ~ asistente árbitro assistente -2. [juez] juiz m.
árbol m -1. [planta] árvore f -2. TECN [maquinaria] virabrequim m -3. NÁUT [palos] mastro m.
➡ **árbol genealógico** m árvore f genealógica.
arbolado, da adj -1. [con árboles] arborizado(da) -2. [mar] encrespado(da).
➡ **arbolado** m arvoredo m.
arboladura f NÁUT mastreação f.
arbolar vt -1. NÁUT mastrear -2. [bandera] hastear -3. [mar] encrespar.
arboleda f arvoredo m.
arbusto m arbusto m.
arca f (el) arca f; ~ de Noé arca de Noé.
➡ **arcas** fpl cofres mpl; ~s públicas cofres públicos.
arcada f -1. (gen pl) [de estómago] náuseas fpl -2. ARQUIT [arco] arcada f -3. [de puente] vão m.
arcaico, ca adj arcaico(ca).
arcángel m arcanjo m.
arce m bordo m.
arcén m Esp acostamento m.
archiconocido, da adj fam conhecidíssimo(ma).
archidiócesis f inv RELIG arquidiocese f.
archiduque, quesa m, f arquiduque m, -sa f.
archipiélago m arquipélago m.
archisabido, da adj conhecidíssimo(ma).
archivador, ra m, f arquivista mf.
➡ **archivador** m arquivo m.
archivar vt arquivar.
archivo m arquivo m.
arcilla f argila f.
arcipreste m RELIG arcipreste m.
arco m -1. [gen] arco m; ~ de herradura arco de ferradura o mourisco; ~ triunfal o de triunfo arco triunfal o de triunfo -2. Amér DEP gol m.
➡ **arco iris** m arco-íris m.
arcón m baú m.
arder vi arder; **está que arde** [lugar o reunión] está pegando fogo; [persona] está cuspindo fogo.
ardid m ardil m.
ardiente adj ardente.
ardilla f esquilo m.
ardor m ardor m.
arduo, dua adj árduo(dua).
área f (el) área f; ~ de servicio área de serviço; ~ de castigo o penalti DEP grande

área; ~ de libre cambio ECON área de livre comércio.
arena f -1. [gen] areia f; ~s movedizas areia movediça -2. [lugar de combate] arena f.
arenal m areal m.
arenga f arenga f.
arengar vt arengar.
arenilla f [partícula] areia f.
arenisca f arenito m.
arenoso, sa adj arenoso(sa).
arenque m arenque m.
arepa f Carib & Col panqueca f.
aretes mpl Andes & Méx brincos mpl.
argamasa f CONSTR argamassa f.
Argelia n Argélia.
argelino, na ◇ adj argelino(na). ◇ m, f argelino m, -na f.
Argentina n: (la) ~ Argentina.
argentino, na ◇ adj argentino(na). ◇ m, f argentino m, -na f.
argolla f [gen] argola f.
argot (pl argots) m -1. [jerga popular] gíria f -2. [jerga técnica] jargão m.
argucia f argúcia f.
argüir ◇ vt [demostrar] provar. ◇ vi argumentar.
argumentación f argumentação f.
argumentar vt argumentar.
argumento m -1. [razonamiento] argumento m -2. [tema] tema m.
aria f -1. MÚS ária f -2. ⊳ ario.
aridez f aridez f.
árido, da adj árido(da).
Aries ◇ m inv [signo del zodiaco] Áries m inv; **ser** ~ ser (de) Áries. ◇ mf inv -1. ariano m, -na f -2. (en aposición) de Áries.
ariete m -1. [máquina] aríete m -2. DEP centroavante m.
ario, ria ◇ adj ariano(na). ◇ m, f ariano m, -na f.
arisco, ca adj arisco(ca).
arista f aresta f.
aristocracia f aristocracia f.
aristócrata mf aristocrata mf.
aritmético, ca adj aritmético(ca).
➡ **aritmética** f aritmética f.
arlequín m arlequim m.
arma f (el) [gen] arma f; ~ blanca/de fuego/homicida arma branca/de fogo/do crime; ~ química arma química.
➡ **armas** fpl MIL armas fpl.
armada f ⊳ armado.
armadillo m tatu m.
armado, da adj armado(da).
➡ **armada** f armada f.
armador, ra m, f armador m, -ra f.
armadura f -1. [armazón] armação f -2. [de la persona] armadura f.

armamentista *adj* armamentista.
armamento *m* armamento *m*.
armar *vt* -**1**. [gen] armar -**2**. *fam* [provocar] armar; ~ **la** *fam* armar uma confusão.
◆ **armarse** *vpr* -**1**. [con armas] armar-se -**2**. [prepararse]: ~**se de** armar-se de -**3**. *loc*: ~**se la gorda** *fam* armar-se uma confusão.
armario *m* armário *m*; ~ **empotrado** armário embutido.
armatoste *m* trambolho *m*.
armazón *m o f* armação *f*.
armería *f* -**1**. [depósito] armaria *f* -**2**. [tienda] loja *f* de armas.
armiño *m* arminho *m*.
armisticio *m* armistício *m*.
armonía, harmonía *f* harmonia *f*.
armónico, ca *adj* harmônico(ca).
◆ **armónico** *m* MÚS harmônico *m*.
◆ **armónica, harmónica** *f* harmônica *f*.
armonioso, sa *adj* harmonioso(sa).
armonizar ◇ *vt* harmonizar. ◇ *vi* combinar.
arnés *m* [armadura] arnês *m*; [para escalar] cadeirinha *f*.
◆ **arneses** *mpl* [de animales] arreios *mpl*.
árnica *f* arnica *f*.
aro *m* -**1**. [círculo] aro *m* -**2**. [anillo] anel *m* -**3**. *loc*: entrar *o* pasar por el ~ *Esp* ceder.
aroma *m* aroma *m*.
aromaterapia *f* aromaterapia *f*.
aromático, ca *adj* aromático(ca).
aromatizar *vt* aromatizar.
arpa *f (el)* harpa *f*.
arpía *f* harpia *f*.
arpillera *f* aniagem *f*.
arpón *m* arpão *m*.
arquear *vt* arquear.
◆ **arquearse** *vpr* arquear-se.
arqueo *m* -**1**. [curvamiento] arqueamento *m* -**2**. COM balanço *m*; ~ **de caja** fechamento do caixa.
arqueología *f* arqueologia *f*.
arqueólogo, ga *m, f* arqueólogo *m*, -ga *f*.
arquero *m* -**1**. [que usa el arco] arqueiro *m* -**2**. *Amér* [portero de fútbol] goleiro *m*.
arquetipo *m* arquétipo *m*.
arquitecto, ta *m, f* arquiteto *m*, -ta *f*.
arquitectura *f* arquitetura *f*.
arrabal *m* arrabalde *m*.
arrabalero, ra ◇ *adj* -**1**. [del arrabal] arrabaldeiro(ra) -**2**. [maleducado] mal-educado(da). ◇ *m, f* [maleducado] mal-educado *m*, -da *f*.
arraigar ◇ *vt* arraigar. ◇ *vi* [en un lugar] arraigar.
◆ **arraigarse** *vpr* arraigar-se.
arraigo *m* arraigamento *m*.
arrancar ◇ *vt* arrancar. ◇ *vi* -**1**. [partir]

partir -**2**. [máquina] pegar -**3**. INFORM [programa] iniciar -**4**. [empezar]: ~ **en** começar em.
◆ **arrancarse** *vpr* começar a.
arranque *m* -**1**. [comienzo] início *m* -**2**. [arrebato] ataque *m* -**3**. AUTOM motor *m* de arranque.
arras *fpl* arras *fpl*.
arrasar *vt* arrasar.
arrastrar ◇ *vt* -**1**. [por el suelo] arrastar -**2**. [convencer, impulsar a] impelir -**3**. [consecuencia inevitable] acarretar -**4**. [soportar] suportar. ◇ *vi* arrastar.
◆ **arrastrarse** *vpr* arrastar-se.
arrastre *m* arrasto *m*; **estar para el** ~ *Esp fam* estar esgotado(da); **tener** ~ *RP* ser muito atraente.
arre *interj* arre!
arrear *vt* -**1**. [animal] fustigar -**2**. [persona] apressar -**3**. *fam* [propinar] meter -**4**. [poner arreos] arrear.
arrebatado, da *adj* arrebatado(da).
arrebatar *vt* arrebatar.
◆ **arrebatarse** *vpr* enfurecer-se.
arrebato *m* arrebatamento *m*.
arrebujar *vt* -**1**. [sin orden] amontoar -**2**. [para envolver] envolver.
arrechucho *m Esp fam* mal-estar *m*.
arreciar *vi* aumentar.
arrecife *m* recife *m*.
arredrarse *vpr* assustar-se.
arreglado, da *adj* -**1**. [reparado] consertado(da) -**2**. [ordenado] arrumado(da) -**3**. [solucionado] acertado(da).
arreglar *vt* -**1**. [reparar] consertar -**2**. [adornar] decorar -**3**. [ordenar] arrumar -**4**. [solucionar] resolver -**5**. MÚS adaptar -**6**. *fam* [como amenaza] pegar.
◆ **arreglarse** *vpr* -**1**. [apañarse] ajeitar-se; **arreglárselas** virar-se -**2**. [acicalarse] arrumar-se.
arreglista *mf* MÚS arranjador *m*, -ra *f*.
arreglo *m* -**1**. [reparación] conserto *m* -**2**. [adaptación] adaptação *f* -**3**. [acuerdo] acordo *m*; **con** ~ **a** de acordo com.
arrejuntarse *vpr fam* [amantes] juntar-se.
arrellanarse *vpr* espalhar-se.
arremangar *vtr* arregaçar.
◆ **arremangarse** *vpr* arregaçar as mangas.
arremeter *vi*: ~ **contra** arremeter contra.
arremetida *f* arremetida *f*.
arremolinarse *vpr* amontoar-se.
arrendador, ra *m, f* arrendador *m*, -ra *f*.
arrendamiento *m* -**1**. [acción] arrendamento *m* -**2**. [precio] aluguel *m*.
arrendar *vt* arrendar.
arrendatario, ria ◇ *adj* arrendatário(ria). ◇ *m, f* arrendatário *m*, -ria *f*.

arreos *mpl* arreios *mpl.*
arrepentido, da ◇ *adj* arrependido(da).
◇ *m, f* arrependido *m,* -da *f.*
arrepentimiento *m* arrependimento *m.*
arrepentirse *vpr:* ~ **se (de)** arrepender-se
(de).
arrestar *vt* prender.
arresto *m* [detención] prisão *f;* ~ **domicilia-**
rio prisão domiciliar.
arriar *vt* arriar.
arriba ◇ *adv* -**1.** [gen] em cima -**2.** [en dirección a] acima; **para** ~ **para** cima -**3.**
Amér [encima de] acima -**4.** *loc:* **de** ~ **abajo**
de cima a baixo. ◇ *interj* viva!
arribar *vi* chegar.
arribeño, ña *m, f* **Amér fam** montanhês *m,*
-esa *f.*
arribista ◇ *adj* arrivista. ◇ *mf* arrivista *mf.*
arriendo *m* arrendamento *m.*
arriero, ra *m, f* tropeiro *m,* -ra *f.*
arriesgado, da *adj* -**1.** [peligroso] arrisca-
do(da) -**2.** [temerario] arrojado(da).
arriesgar *vt* arriscar.
◆ **arriesgarse** *vpr* arriscar-se; ~ **se a ha-**
cer algo arriscar-se a fazer algo.
arrimar *vt* encostar.
◆ **arrimarse** *vpr* encostar-se.
arrinconar *vt* -**1.** [gen] encostar -**2.** [acorra-
lar] encurralar.
arritmia *f* MED arritmia *f.*
arroba *f* arroba *f.*
arrodillarse *vpr* ajoelhar-se.
arrogancia *f* arrogância *f.*
arrogante *adj* arrogante.
arrojado, da ◇ *adj* destemido(da). ◇
m, f arrojado(da).
arrojar *vt* -**1.** [lanzar, tirar] lançar -**2.** [echar]
expulsar -**3.** [resultado] apresentar -**4.** [vo-
mitar] vomitar.
◆ **arrojarse** *vpr* lançar-se.
arrojo *m* arrojo *m.*
arrollador, ra *adj* arrebatador(ra).
arrollar *vt* -**1.** [enrollar] enrolar -**2.** [atropellar]
atropelar -**3.** [tirar] derrubar -**4.** [vencer]
derrotar.
arropar *vt* -**1.** [con ropa] agasalhar -**2.** [con
protección] proteger.
◆ **arroparse** *vpr* agasalhar-se.
arrostrar *vt* encarar.
arroyo *m* -**1.** [de agua] arroio *m* -**2.** [de la calle]
poça *f.*
arroz *m* arroz *m;* ~ **blanco/integral** arroz
branco/integral; ~ **con leche** CULIN arroz-
-doce *m.*
arruga *f* ruga *f.*
arruinar *vt* arruinar.
◆ **arruinarse** *vpr* arruinar-se.

arrullar *vt* acalentar.
◆ **arrullarse** *vpr* arrulhar.
arrullo *m* -**1.** [de palomas, niño] arrulho *m* -**2.**
[susurro] sussurro *m.*
arrumaco *m* fam afago *m.*
arrumbar *vt* encostar.
arsenal *m* -**1.** [gen] arsenal *m* -**2.** [de barcos]
estaleiro *m.*
arsénico *m* QUÍM arsênico *m.*
art. (*abrev de* artículo) art.
arte *m o f (en sing gen m y en pl f)* [gen] arte *f;*
por/con malas ~ **s** por/com métodos obs-
curos; **no tener** ~ **ni parte** não ter nada a
ver; **por** ~ **de encantamiento** *o* **de magia**
por um passe de mágica; **por** ~ **de birli-**
birloque Esp por um passe de mágica.
◆ **artes** *fpl* artes *fpl;* **artes gráficas/libera-**
les/plásticas artes gráficas/liberais/plás-
ticas; **bellas artes** belas artes.
artefacto *m* artefato *m.*
arteria *f* ANAT artéria *f.*
artesa *f* artesa *f.*
artesanal *adj* artesanal.
artesanía *f* artesanato *m.*
artesano, na *m, f* artesão *m,* -sã *f.*
ártico, ca *adj* ártico(ca).
◆ **Ártico** *n:* **el Ártico** *o* Ártico; **el océano**
Glacial Ártico *o* oceano Glacial Ártico.
articulación *f* -**1.** [de huesos, de palabra, de
pieza] articulação *f* -**2.** [estructuración] estruturação *f.*
articulado, da *adj* articulado(da).
◆ **articulados** *mpl* ZOOL articulados *mpl.*
articular *vt* -**1.** [palabras, piezas] articular -**2.**
[ley, documento, plan, proyecto] elaborar.
artículo *m* -**1.** [gen] artigo *m;* ~ **de fondo**
artigo de fundo -**2.** [de diccionario] verbete
m.
◆ **artículo de fe** *m* -**1.** RELIG profissão *f* de
fé -**2.** [verdad] dogma *m.*
artífice *mf* artífice *mf.*
artificial *adj* artificial.
artificiero *m* técnico *m* em explosivos.
artificio *m* artifício *m.*
artificioso, sa *adj* artificial.
artillería *f* artilharia *f.*
artillero *m* MIL artilheiro *m.*
artilugio *m* -**1.** [mecanismo] engenhoca *f* -**2.**
fig [maña] tramóia *f.*
artimaña *f* (*gen pl*) artimanha *f.*
artista *mf* artista *mf.*
artístico, ca *adj* artístico(ca).
artritis *f* MED artrite *f.*
artrosis *f* MED artrose *f.*
arveja *f* RP ervilha *f.*
arzobispo *m* arcebispo *m.*
as *m* às *m.*
asa *f* (el) asa *f.*

asado *m* -**1.** [carne] assado *m* -**2.** *Col* & *CSur* [barbacoa] churrasco *m*.

asador *m* -**1.** [varilla] espeto *m* -**2.** [aparato] grelha *f* -**3.** *RP* [persona] churrasqueiro *m*.

asaduras *fpl* miúdos *mpl*.

asalariado, da *m*, *f* assalariado *m*, -da *f*.

asalmonado, da *adj* assalmoado(da).

asaltante *mf* assaltante *mf*.

asaltar *vt* -**1.** [gen] assaltar -**2.** [acosar] assediar.

asalto *m* assalto *m*.

asamblea *f* assembléia *f*.

asar *vt* [alimentos] assar.

➤ **asarse** *vpr fam* assar-se.

ascendencia *f* ascendência *f*.

ascendente ⬦ *adj* ascendente. ⬦ *m* ascendente *m*.

ascender ⬦ *vi* -**1.** [subir] subir -**2.** [aumentar] aumentar -**3.** [de empleo, categoría]: ~ (a) ascender a. ⬦ *vt*: ~ a alguien (a algo) promover alguém (a algo).

ascendiente ⬦ *mf* [antepasado] ascendente *mf*. ⬦ *m* [influencia] ascendente *m*.

ascensión *f* ascensão *f*.

➤ **Ascensión** *f RELIG* Assunção *f*.

ascenso *m* ascensão *f*.

ascensor *m* elevador *m*.

ascético, ca *adj* ascético(ca).

ASCII (*abrev de* **American Standard Code for Information Interchange**) *m* ASCII *m*.

asco *m* -**1.** [sensación desagradable] asco *m*; **dar** ~ dar asco; **hacer** ~**s** fazer-se de rogado -**2.** [cosa repugnante] nojo *m*; **estar hecho un** ~ *fam* estar um nojo; **ser un** ~ *fam* ser um horror.

ascua *f (el)* [brasa] brasa *f*.

aseado, da *adj* asseado(da).

asear *vt* assear.

➤ **asearse** *vpr* assear-se.

asechanza *f* trapaça *f*.

asediar *vt* assediar.

asedio *m* assédio *m*.

asegurado, da *m*, *f* segurado *m*, -da *f*.

asegurador, ra *m*, *f* seguradora *f*.

asegurar *vt* -**1.** [fijar] fixar -**2.** [garantizar] assegurar -**3.** [concertar un seguro] segurar.

➤ **asegurarse** *vpr*-**1.** [hacer un seguro] fazer seguro -**2.** [cerciorarse]: ~**se de** certificar-se de.

asentado, da *adj* [establecido] estabelecido(da).

asentar *vt*-**1.** [asegurar] assentar -**2.** [instalar] implantar.

➤ **asentarse** *vpr* -**1.** [instalarse] estabelecer-se -**2.** [posarse] depositar-se.

asentir *vi* assentir.

aseo *m* -**1.** [limpieza] asseio *m* -**2.** [habitación] banheiro *m*.

➤ **aseos** *mpl* toalete *m*.

aséptico, ca *adj* asséptico(ca).

asequible *adj* acessível.

aserradero *m* serraria *f*.

aserrar *vt* serrar.

asesinar *vt* assassinar.

asesinato *m* assassinato *m*.

asesino, na ⬦ *adj* assassino(na). ⬦ *m*, *f* assassino *m*, -na *f*.

asesor, ra *m*, *f* assessor *m*, -ra *f*; ~ **de imagen** assessor de imagem; ~ **fiscal** conselheiro *m* fiscal.

asesorar *vt* assessorar.

➤ **asesorarse** *vpr* assessorar-se.

asesoría *f* assessoria *f*.

asestar *vt* assentar.

aseveración *f* asseveração *f*, afirmação *f*.

asexuado, da *adj* assexuado(da).

asfaltado *m* asfaltamento *m*.

asfaltar *vt* asfaltar.

asfalto *m* asfalto *m*.

asfixia *f* asfixia *f*.

asfixiante *adj* asfixiante.

asfixiar *vt* asfixiar.

➤ **asfixiarse** *vpr* asfixiar-se.

así ⬦ *adv* [de este modo] assim; ~ **de** (*seguido de adjetivo*) assim de; ~ **es/era/fue** como é/era/foi assim; ~**,** ~ assim, assim; **algo** ~ [algo parecido] algo assim; ~ **como** assim como; ~ **es** [para asentir] sim; ~ **no más** *Amér fam* de repente; **y** ~ **e** assim. ⬦ *conj* assim; ~ **es que** então; ~ **pues** portanto; ~ **y todo**, **aún** ~ mesmo assim. ⬦ *adj inv* assim.

Asia *n (el)* Ásia *f*.

asiático, ca ⬦ *adj* asiático(ca). ⬦ *m*, *f* asiático *m*, -ca *f*.

asidero *m* -**1.** [agarradero] cabo *m* -**2.** *fig* [apoyo] apoio *m*.

asiduidad *f* assiduidade *f*.

asiduo, dua *adj* assíduo(dua).

asiento *m* -**1.** [gen] assento *m*; **tomar** ~ tomar assento; ~ **abatible** *AUT* assento reclinável -**2.** [localidad] lugar *m* -**3.** [base] base *f* -**4.** [emplazamiento] assentamento *m* -**5.** *COM*: ~ **contable** assentamento *m* contábil.

asignación *f*-**1.** [atribución] atribuição *f*-**2.** [sueldo] entrada *f*.

asignar *vt* atribuir.

asignatura *f* matéria *f*.

asilado, da *m*, *f* asilado *m*, -da *f*.

asilo *m* -**1.** [gen] asilo *m*; ~ **político** asilo político -**2.** [hospedaje] hospedagem *f*.

asimilación *f* -**1.** [gen] assimilação *f* -**2.** [equiparación] equiparação *f*.

asimilar *vt*-**1.** [gen] assimilar -**2.** [equiparar] equiparar.

➡ **asimilarse** vpr LING assimilar-se.
asimismo adv também.
asir vt agarrar.
➡ **asirse a** vpr agarrar-se.
asistencia f -1. [presencia] presença f -2.
[ayuda] assistência f; ~ **médica/pública/**
social assistência médica/pública/social;
~ **técnica** assistência técnica -3. [afluen-
cia] afluência f -4. DEP passe m.
asistenta f faxineira f.
asistente <> mf -1. [ayudante] assistente
mf; ~ **social** assistente social -2. [presente]
presente mf. <> mf: ~ **personal** INFORM
assistente pessoal digital.
asistido, da adj assistido(da).
asistir <> vt assistir. <> vi: ~ a assistir a.
asma f (el) MED asma f.
asmático, ca <> adj asmático(ca). <> m, f
asmático m, -ca f.
asno m asno m.
asociación f associação f; ~ **de ideas**
associação de idéias; ~ **de consumidores**
associação de consumidores.
asociado, da <> adj associado(da). <> m,
f -1. [gen] sócio m, -cia f -2. [adjunto] adjunto
m, -ta f.
asociar vt associar.
➡ **asociarse** vpr associar-se; ~ **se (con)**
associar-se (com).
asolar vt assolar.
asomar <> vi assomar. <> vt assomar.
➡ **asomarse** vpr: ~ **(a)** debruçar-se (a).
asombrar vt assombrar.
➡ **asombrarse** vpr assombrar-se; **se**
asombró de que no hubiera llegado todavía
assombrou-se porque ainda não havia
chegado.
asombro m [admiración, sorpresa] assombro m.
asombroso, sa adj assombroso(sa).
asomo m [indicio] assomo m; **ni por** ~ **de**
modo algum.
asorocharse vpr Andes ter mal de altura.
aspa f (el) pá f.

> Não confundir aspas (pás) com o português aspas
> que em espanhol é comillas. (Las aspas producen
> el movimiento de la rueda de los molinos. As pás
> produzem a roda dos moinhos.)

aspaviento m (gen pl) espalhafato m.
aspecto m aspecto m; **tener buen/mal** ~
ter bom mau aspecto; **bajo este** ~ **sob**
este aspecto; **en todos los** ~ **s** em todos os
aspectos.
aspereza f aspereza f.
áspero, ra adj áspero(ra).
aspersión f aspersão f.
aspersor m pulverizador m.

aspiración f aspiração f.
aspirador m, **aspiradora** f aspirador m.
aspirante <> adj aspirante. <> mf: ~ **a**
aspirante a.
aspirar <> vt aspirar. <> vi: ~ a aspirar a.
aspirina f aspirina f.
asquear vt enojar.
asquerosidad f asquerosidade f.
asqueroso, sa adj asqueroso(sa).
asta f (el) -1. [de bandera] haste f; **a media** ~
a meio pau -2. [de herramienta] cabo m -3.
[de animal] chifre m.
asterisco m asterisco m.
asteroide m asteróide m.
astigmatismo m MED astigmatismo m.
astilla f lasca f; **hacer** ~ **s** [fig] deixar em
frangalhos.
astillero m estaleiro m.
astracán m astracã m.
astringente adj adstringente.
astro m astro m.
astrofísica f astrofísica f.
astrología f astrologia f.
astrólogo, ga m, f astrólogo m, -ga f.
astronauta mf astronauta mf.
astronave f espaçonave f, astronave f.
astronomía f astronomia f.
astrónomo, ma m, f astrônomo m, -ma f.
astucia f -1. [picardía] astúcia f -2. (gen pl)
[maña, treta] artimanha f.
astuto, ta adj astuto(ta).
asueto m folga f.
asumir vt assumir.
asunción f assunção f.
Asunción f -1. [ciudad] Assunção f -2. RELIG:
la Asunción a Assunção.
asunto m -1. [gen] assunto m -2. fam [ro-
mance] caso m.
➡ **Asuntos Exteriores** mpl Assuntos mpl
Exteriores.
asustado, da adj assustado(da).
asustar vt assustar.
➡ **asustarse** vpr assustar-se.
atacante <> adj atacante. <> mf assaltante mf.
atacar vt -1. [gen] atacar -2. [sobrevenir]
acometer -3. fig [combatir] combater.
atadura f -1. [ligadura] amarra f -2. [obliga-
ción] fardo m.
atajar <> vi [acortar] atalhar. <> vt -1. [in-
terrumpir] atalhar -2. [contener] conter.
atajo m -1. [camino corto] atalho m -2. [medio
rápido] expediente m -3. despec [panda]
corja f.
atalaya f atalaia f.
atañer vi concernir; **en lo que atañe a** no
que se refere a.
ataque m ataque m.

atar *vt* -**1.** [unir] atar -**2.** [relacionar] concatenar -**3.** [limitar] prender.
➡ **atarse** *vpr* [anudarse] atar.
atardecer ◇ *m* entardecer *m.* ◇ *v impers* entardecer.
atareado, da *adj* atarefado(da).
atascar *vt* entupir.
➡ **atascarse** *vpr* -**1.** [obstruirse] entupir-se -**2.** *fig* [detenerse] atolar.
atasco *m* -**1.** [obstrucción] entupimento *m* -**2.** [embotellamiento] engarrafamento *m* -**3.** [impedimento] obstáculo *m.*
ataúd *m* ataúde *m.*
ataviar *vt* enfeitar.
➡ **ataviarse** *vpr* enfeitar-se.
atavío *m* -**1.** [adorno] adorno *m* -**2.** [indumentaria] indumentária *f.*
ate *m Méx* geléia *f* de marmelo.
atemorizar *vt* atemorizar.
➡ **atemorizarse** *vpr* atemorizar-se.
Atenas *n* Atenas.
atenazar *vt* -**1.** [sujetar] apertar -**2.** [atormentar] atazanar.
atención ◇ *f* atenção *f*; **llamar la** ~ chamar a atenção; **poner** o **prestar** ~ colocar o prestar atenção. ◇ *interj* atenção!
➡ **atenciones** *fpl* atenções *fpl.*
atender ◇ *vt* atender. ◇ *vi* -**1.** [prestar atención] prestar atenção; ~ **a** prestar atenção em -**2.** [responder]: ~ **por** atender por.
ateneo *m* ateneu *m.*
atenerse *vpr*: ~ **a** ater-se a.
atentado *m* atentado *m.*
atentamente *adv* -**1.** [con atención] atentamente -**2.** [con cortesía, en correspondencia] atenciosamente.
atentar *vi*: ~ **contra** atentar contra.
atento, ta *adj* -**1.** [pendiente] atento(ta); ~ **a** atento a -**2.** [cortés] atencioso(sa).
atenuante *m DER* atenuante *f.*
atenuar *vt* atenuar.
ateo, a ◇ *adj* ateu, atéia. ◇ *m, f* ateu *m,* atéia *f.*
aterido, da *adj* congelado(da).
aterrador, ra *adj* aterrorizador(ra).
aterrar *vt* aterrorizar.
aterrizaje *m* aterrissagem *f*; ~ **forzoso** aterrissagem forçada.
aterrizar *vi* aterrissar.
aterrorizar *vt* aterrorizar.
➡ **aterrorizarse** *vpr* aterrorizar-se.
atesorar *vt* entesourar.
atestado *m Esp* boletim *m.*
atestar *vt* -**1.** [llenar] lotar -**2.** *DER* atestar.
atestiguar *vt* -**1.** [declarar] testemunhar -**2.** [demostrar] atestar.

atiborrar *vt* abarrotar.
➡ **atiborrarse** *vpr*: ~ **se (de)** *fam* empanturrar-se (de).
ático *m* cobertura *f.*
atinar *vi* acertar; ~ **con** encontrar.
atingencia *m Amér* [relación] relação *f.*
atípico, ca *adj* atípico(ca).
atisbar *vt* entrever.
atisbo *m* (gen pl) vislumbre *m.*
atizar *vt* -**1.** [fuego] atiçar -**2.** [sentimientos] despertar -**3.** *fam* [pegar] meter.
➡ **atizarse** *vpr* *fam* atacar.
atlántico, ca *adj* atlântico(ca).
➡ **Atlántico** *n*: **el (océano) Atlántico** o (oceano) Atlântico.
atlas *m inv* atlas *m.*
atleta *mf* atleta *mf.*
atlético, ca *adj* atlético(ca).
atletismo *m* atletismo *m.*
atmósfera *f* atmosfera *f.*
atmosférico, ca *adj* atmosférico(ca).
atolladero *m* [apuro] atoleiro *m.*
atolondrado, da ◇ *adj* atrapalhado(da). ◇ *m, f* atrapalhado *m,* -da *f.*
atolondramiento *m* atrapalhação *m.*
atómico, ca *adj* atômico(ca).
atomizador *m* nebulizador *m.*
átomo *m* átomo *m.*
atónito, ta *adj* atônito(ta).
átono, na *adj* GRAM átono(na).
atontado, da *adj* -**1.** [aturdido] atordoado(da) -**2.** [tonto] imbecilizado(da).
atontar *vt* -**1.** [aturdir] atordoar -**2.** [volver tonto] imbecilizar.
atorado, da *adj* Amér -**1.** [atascado] entupido(da) -**2.** [agitado, nervioso] embatucado(da).
atorar *vt* Amér entupir.
➡ **atorarse** *vpr* -**1.** [atascarse] entupir-se -**2.** [atragantarse] engasgar-se.
atormentar *vt* atormentar.
atornillar *vt* aparafusar.
atorón *m Méx* engarrafamento *m.*
atorrante *adj RP* [holgazán] preguiçoso(sa).
atosigar *vt* pressionar.
ATP (abrev de **asociación de tenistas profesionales**) *f* ATP *f.*
atracador, ra *m, f* assaltante *mf.*
atracar ◇ *vi* MAR: ~ **en** atracar em. ◇ *vt* assaltar.
➡ **atracarse** *vpr*: ~ **se de** empanturrar-se de.
atracción *f* -**1.** [gen] atração *f* -**2.** (gen pl) [diversión infantil] diversões *fpl.*
atraco *m* assalto *m.*
atracón *m* *fam* empanturramento *m*; **darse un** ~ empanturrar-se (de).
atractivo, va *adj* atraente.

● **atractivo** m atrativo m.
atraer vt atrair.
atragantarse vpr [ahogarse] engasgar-se; **atragantársele alguien a uno** fig ficar com alguém engasgado na garganta.
atrancar vt -1. [cerrar] trancar -2. [obturar] entupir.
● **atrancarse** vpr -1. [encerrarse] trancar-se -2. [atascarse] entupir-se -3. [al hablar] embatucar-se.
atrapar vt -1. [pillar, alcanzar] pegar -2. fam [conseguir] agarrar -3. fam [engañar] enganar.
atrás adv atrás.
atrasado, da adj atrasado(da).
atrasar ◇ vt -1. [posponer] adiar -2. [retrasar] atrasar. ◇ vi atrasar.
● **atrasarse** vpr atrasar-se.
atraso m atraso m.
● **atrasos** mpl fam atrasados mpl.
atravesar vt atravessar.
● **atravesarse** vpr -1. [interponerse] atravessar-se; **atravesársele a uno alguien** loc ter alguém atravessado na garganta -2. Amér [suj: impedimento] interpor-se.
atrayente adj atraente.
atreverse vpr atrever-se; ~ **a hacer algo** atrever-se a fazer algo; ~ **con** atrever-se com.
atrevido, da ◇ adj atrevido(da). ◇ m, f atrevido m, -da f.
atrevimiento m atrevimento m.
atribución f atribuição f.
atribuir vt [imputar]: ~ **algo a algo/a alguien** atribuir algo a algo/a alguém.
● **atribuirse** vpr atribuir-se.
atribular vt culto atribular.
● **atribularse** vpr culto atribular-se.
atributo m -1. [gen] atributo m -2. GRAM predicativo m.
atril m atril m.
atrincherarse vpr -1. [protegerse] entrincheirar-se -2. [obstinarse]: ~ **en** obstinar-se em.
atrio m átrio m.
atrocidad f -1. [crueldad] atrocidade f -2. [necedad] barbaridade f.
atropellado, da adj atropelado(da).
atropellar vt atropelar.
● **atropellarse** vpr [al hablar] atropelar-se.
atropello m -1. [por vehículo] atropelamento m -2. [moral] violação f.
atroz adj atroz.
ATS (abrev de ayudante técnico sanitario) mf enfermeiro m, -ra f.
atte. (abrev de atentamente) atenciosamente.
atuendo m traje m.

atún m atum m.
aturdido, da adj aturdido(da).
aturdimiento m aturdimento m.
aturdir vt aturdir.
● **aturdirse** vpr aturdir-se.
aturullar, aturrullar vt Esp fam atrapalhar.
● **aturullarse** vpr Esp fam atrapalhar-se.
audacia f audácia f.
audaz adj audaz.
audible adj audível.
audición f -1. [gen] audição f -2. TEATR & MÚS teste m.
audiencia f -1. [gen] audiência f; **de máxima** ~ de máxima audiência -2. [tribunal de justicia] tribunal m de justiça; ~ **pública** audiência f pública -3. [edificio] palácio m da justiça.
audífono m audiofone m.
audio m áudio m.
audiovisual adj audiovisual.
auditivo, va adj auditivo(va).
auditor, ra m, f auditor m, -ra f.
auditoría f auditoria f; ~ **externa/interna** auditoria externa/interna.
auditorio m auditório m.
auge m auge m; **en pleno** ~ em pleno auge.
augurar vt augurar.
augurio m augúrio m.
aula f (el) [clase] sala f de aula.

> Não confundir aula (sala de aula) com o português aula que em espanhol é clase. (En esta escuela hay diez aulas pequeñas y una biblioteca. Nesta escola há dez salas de aula pequenas e uma biblioteca.)

aullar vi uivar.
aullido m uivo m.
aumentar ◇ vt aumentar. ◇ vi aumentar.
aumentativo, va adj aumentativo(va).
● **aumentativo** m GRAM aumentativo m.
aumente m aumento m; **ir en** ~ estar aumentando.
aun ◇ adv [hasta, incluso] mesmo. ◇ conj (seguido de gerundio, participio o cuando) [aunque] mesmo; ~ **cuando** mesmo quando.
● **aun así** loc adv mesmo assim.
aún adv [todavía] ainda.
aunar vt reunir.
aunque conj -1. [concesivo] ainda que -2. [adversativo] mas.
aúpa interj fam upa!
● **de aúpa** loc adj fam tremendo(da).
aupar vt erguer.
● **auparse** vpr subir.
aureola f auréola f.

aurícula *f* aurícula *f.*
auricular <> *adj* auricular. <> *m* [de teléfono] fone *m.*
  ➡ **auriculares** *mpl* [de equipo de música] fone *m* (de ouvido).
aurora *f* [fenómeno físico] aurora *f.*
auscultar *vt* MED auscultar.
ausencia *f* ausência *f*; **brillar por su** ~ primar por sua inexistência.
ausentarse *vpr* ausentar-se.
ausente *adj* ausente.
  ➡ **ausentes** *mfpl* ausentes *mfpl.*
austeridad *f* austeridade *f.*
austero, ra *adj* austero(ra).
austral *adj* austral.
Australia *n* Austrália.
australiano, na <> *adj* australiano(na). <> *m, f* australiano *m*, -na *f.*
Austria *n* Áustria.
austríaco, ca <> *adj* austríaco(ca). <> *m, f* austríaco *m*, -ca *f.*
autarquía *f* autarquia *f.*
auténtico, ca *adj* **-1.** [veraz, verdadero] autêntico(ca) **-2.** [no falsificado] legítimo(ma).
autentificar *vt* [legalizar] autenticar.
auto *m* CSur [vehículo] auto *m.*
  ➡ **autos** *mpl* DER autos *mpl.*
  ➡ **auto de fe** *m* auto-de-fé *m.*
autoadhesivo, va *adj* auto-adesivo(va).
autobiografía *f* autobiografia *f.*
autobús *m* ônibus *m.*
autocar *m* ônibus *m.*
autocine *m* drive-in *m.*
autocontrol *m* autocontrole *m.*
autocrítica *f* autocrítica *f.*
autóctono, na <> *adj* autóctone. <> *m, f* autóctone *mf.*
autodefensa *f* autodefesa *f.*
autodeterminación *f* autodeterminação *f.*
autodidacta <> *adj* autodidata. <> *mf* autodidata *mf.*
autoescuela *f* auto-escola *f.*
autoestima *f* auto-estima *f.*
autoestop, autostop *m* carona *f*; **hacer** ~ pedir carona.
autoestopista, autostopista *mf* Esp caronista *mf.*
autógrafo *m* autógrafo *m.*
autómata *m* **-1.** [máquina] autômato *m* **-2.** *fam* [persona] autômato *m.*
automático, ca *adj* automático(ca).
automatización *f* automatização *f.*
automatizar *vt* automatizar.
automedicarse *vpr* automedicar-se.
automotor, triz *adj* automotor(ra).
automóvil *m* automóvel *m*, carro *m.*
automovilismo *m* automobilismo *m.*

automovilista *mf* automobilista *mf.*
automovilístico, ca *adj* automobilístico(ca).
autonomía *f* autonomia *f.*
autonómico, ca *adj* autônomo(ma).
autonomista <> *adj* autonomista. <> *mf* autonomista *mf.*
autónomo, ma <> *adj* autônomo(ma). <> *m, f* autônomo *m*, -ma *f.*
autopista *f* rodovia *f*; ~ **de la información** INFORM superestrada *f* da informação.
autopropulsión *f* MEC autopropulsão *f.*
autopsia *f* MED autópsia *f.*
autor, ra *m, f* autor *m*, -ra *f.*
autoría *f* autoria *f.*
autoridad *f* autoridade *f.*
  ➡ **autoridades** *fpl* [dirigentes] autoridades *fpl.*
autoritario, ria *adj* autoritário(ria).
autorización *f* autorização *f*; **dar** ~ dar autorização.
autorizado, da *adj* autorizado(da).
autorizar *vt* autorizar.
autorretrato *m* auto-retrato *m.*
autoservicio *m* **-1.** [tienda] auto-serviço *m* **-2.** [restaurante] self-service *m.*
autostop = **autoestop.**
autostopista = **autoestopista.**
autosuficiencia *f* auto-suficiência *f.*
autosugestión *f* auto-sugestão *f.*
autovía *f* auto-estrada *f.*
auxiliar <> *adj* auxiliar. <> *mf* [ayudante] auxiliar *mf*; ~ **administrativo** auxiliar administrativo; ~ **técnico sanitario** ≃ auxiliar de enfermagem. <> *vt* auxiliar.
auxilio *m* auxílio *m*, socorro *m*; **pedir/ prestar** ~ pedir/prestar socorro; **primeros** ~**s** primeiros socorros.
auyama *f* Carib & Col abóbora *f.*
av., avda. (*abrev de* avenida) av.
aval *m* aval *m.*
avalancha *f* avalancha *f.*
avalar *vt* avalizar.
avalista *mf* avalista *mf.*
avance *m* **-1.** [progreso, en espacio] avanço *m* **-2.** RADIO & TV previsão *f*; ~ **informativo** boletim *m* informativo.
avanzadilla *f* MIL vanguarda *f.*
avanzado, da *adj* avançado(da).
  ➡ **avanzada** *f* MIL vanguarda *f.*
avanzar <> *vi* avançar. <> *vt* avançar.
avaricia *f* avareza *f.*
avaricioso, sa *adj* avarento(ta).
avaro, ra <> *adj* avaro(ra). <> *m, f* avaro *m*, -ra *f.*
avasallar *vt* avassalar.
avatar *m* (gen pl) vicissitudes *fpl.*
avda. (*abrev de* avenida) = **av.**

ave   34

ave *f (el)* **-1.** [gen] ave *f*; ~ **de rapiña** ave de
rapina **-2.** *Amér* [pollo, pavita] galinha *f*.
AVE (*abrev de* **alta velocidad española**) *m trem*
espanhol de alta-velocidade.
avecinarse *vpr* [acercarse] avizinhar-se.
avellana *f* avelã *f*.
avellano *m* aveleira *f*.
avemaría *f (el)* [oración] ave-maria *f*.
avena *f* aveia *f*.
avenencia *f* [acuerdo] acordo *m*.
avenida *f* **-1.** [calle] avenida *f* **-2.** [de un río]
enchente *f*.
avenido, da *adj*: **bien/mal** ~ bem/mal
ajustado(da).
avenirse *vpr* **-1.** [llevarse bien] entender-se
-2. [ponerse de acuerdo] entrar em acordo;
~ **a algo/hacer algo** concordar com algo/
em fazer algo.
aventajado, da *adj* [adelantado] adianta-
do(da).
aventajar *vt* [superar] superar; ~ **a alguien**
en algo superar alguém em algo.
aventar *vt* **-1.** [echar al viento] aventar **-2.** *An-*
des, **CAm** & **Méx** [empujar] empurrar; [tirar]
atirar.
 aventarse *vpr Méx* [atreverse]: ~ **a hacer**
algo atrever-se a hacer algo.
aventón *m* **CAm, Méx** & **Perú** carona *f*; **dar**
~ **a alguien** dar carona a alguém.
aventura *f* aventura *f*.
aventurado, da *adj* ousado(da).
aventurarse *vpr* aventurar-se; ~ **a hacer**
algo aventurar-se a fazer algo.
aventurero, ra ◇ *adj* aventureiro(ra).
◇ *m, f* aventureiro *m*, -ra *f*.
avergonzar *vt* envergonhar.
 avergonzarse *vpr*: ~ **se (de)** envergonhar-se (de).
avería *f* avaria *f*.
averiado, da *adj* avariado(da).
averiar *vt* avariar.
 averiarse *vpr* avariar-se.
averiguación *f* averiguação *f*; **hacer averi-**
guaciones fazer averiguações.
averiguar *vt* averiguar.
aversión *f* aversão *f*.
avestruz *m* avestruz *m*.
aviación *f* aviação *f*.
aviador, ra *m, f* aviador *m*, -ra *f*.
aviar *vt* [preparar] arrumar.
avícola *adj* avícola.
avicultura *f* avicultura *f*.
avidez *f* avidez *f*.
ávido, da *adj*: ~ **de** ávido(da) de o por.
avinagrado, da *adj* **-1.** [agrio] avinagra-
do(da) **-2.** [desagradable] azedo(da).
avinagrarse *vpr* **-1.** [comida] avinagrar-se
-2. [carácter] azedar-se.

avío *m* **-1.** [preparativo] preparativo *m* **-2.**
[comida, víveres] provisão *f*.
 avíos *mpl fam* **-1.** [de coser] aviamentos
mpl **-2.** [de escribir] materiais *mpl*.
avión *m* avião *m*; **en** ~ de avião; **por** ~ por
avião; ~ **de reacción** avião a jato.
avioneta *f* teco-teco *m*.
avisar *vt* **-1.** [informar]: ~ **a alguien de algo**
avisar alguém de algo **-2.** [llamar] avisar.
aviso *m* **-1.** [advertencia] aviso *m*; **hasta nue-**
vo ~ até novo aviso; **poner sobre** ~ pôr
de sobreaviso; **sin previo** ~ sem aviso
prévio **-2.** *TAUROM* advertência feita pelo
presidente ao toureiro quando este demora
mais tempo que o regulamentar para matar
o touro **-3.** *Amér* [anuncio] anúncio *m*; ~ **cla-**
sificado anúncio classificado.
avispa *f* vespa *f*.
avispado, da *adj fam* esperto(ta).
avispero *m* vespeiro *m*.
avistar *vt* avistar.
avituallar *vt* avitualhar.
avivar *vt* avivar.
axila *f* axila *f*.
axioma *m* axioma *m*.
ay *interj* **-1.** ai! **-2.** *loc*: ¡~ **de mí/ti/nosotros!**
ai de mim/ti/nos!
ayatolá (*pl* ayatollahs) *m* aiatolá *m*.
ayer ◇ *adv* ontem; ~ **(de) noche/tarde**
ontem à noite/tarde; ~ **por la mañana/**
tarde ontem pela manhã/tarde. ◇ *m*
ontem *m*.
ayo, ya *m, f* aio *m*, -ia *f*.
ayuda *f* ajuda *f*; **acudir en** ~ **de alguien**
acudir em ajuda de alguém; **pedir** ~ **a**
alguien pedir ajuda a alguém.
ayudante ◇ *mf* **-1.** [que ayuda] ajudante
mf **-2.** [categoría profesional] auxiliar *mf*,
ajudante *mf*. ◇ *adj* assistente.
ayudar *vt* ajudar.
 ayudarse *vpr* ajudar-se; ~ **se de** valer-
se de.
ayunar *vi* jejuar.
ayunas *fpl*: **en** ~ em jejum.
ayuno *m* jejum *m*; **hacer** ~ fazer jejum.
ayuntamiento *m* prefeitura *f*.
azabache *m* azeviche *m*.
azada *f* enxada *f*.
azafata *f* aeromoça *f*.
azafate *m* **CAm, Carib, Méx** & **Perú** bandeja *f*.
azafrán *m* açafrão *m*.
azahar *m* flor *f* de laranjeira.
azalea *f* azaléa *f*.
azar *m* acaso *m*; **al** ~ ao acaso; **por (puro)**
~ por mero acaso.
azaroso, sa *adj* atribulado(da).
azor *m* açor *m*.

azoramiento *m* embaraço *m*.
azotaina *f fam* surra *f*.
azotar *vt* açoitar.
azote *m* -**1**. [golpe] açoite *m* -**2**. [calamidad] calamidade *f*.
azotea *f* -**1**. [de edificio] terraço *m* -**2**. *fam* [cabeza] cabeça *f*.
azteca ⟨⟩ *mf* asteca *mf*. ⟨⟩ *m* asteca *m*. ⟨⟩ *adj* asteca.
azúcar *m o f (es mucho más frecuente el masculino)* açúcar *m*; ∼ **moreno** açúcar mascavo.
azucarado, da *adj* açucarado(da).
azucarero, ra *adj* açucareiro(ra).
➡ **azucarero** *m* açucareiro *m*.
➡ **azucarera** *f* usina *f* de açúcar.
azucena *f* açucena *f*.
azufre *m* enxofre *m*.
azul ⟨⟩ *adj* azul. ⟨⟩ *m* azul *m*.
azulejo *m* azulejo *m*.
azulete *m* anil *m*.
azuzar *vt* -**1**. [animal] atiçar - **2**. [persona] atiçar; ∼ **a alguien a hacer algo** incitar alguém a fazer algo.

b, B *f* [letra] b, B *m*.
baba *f* baba *f*.
babear *vi* babar.
babero *m* babador *m*.
babi *m* avental *m*.
babia *f*: **estar en** ∼ estar no mundo da lua.
babilónico, ca *adj* babilônico(ca).
bable *m dialeto asturiano.*
babor *m NÁUT* bombordo *m*; **a** ∼ a bombordo.
babosada *f CAm* & *Méx fam* baboseira *f*.
baboso, sa ⟨⟩ *adj* -**1**. [que babea] babão(na) -**2**. *Amér fam* [tonto] babão *m*, -na *f*. ⟨⟩ *m, f Amér* babão *m*, -na *f*.
➡ **babosa** *f* [animal] lesma *f*.
babucha *f* babucha *f*.
baca *f* bagageiro *m*.
bacalao *m* bacalhau *m*; ∼ **a la vizcaína** *CULIN* bacalhau à moda do País Basco, cozido com cebola, tomate, pimentão, alho e salsinha; ∼ **al pil-pil** *CULIN* bacalhau refogado em azeite no qual previamente se fritaram alhos; **partir** *o* **cortar el** ∼ *fig fam* ser *o* manda-chuva.

bacán *RP fam* ⟨⟩ *adj* bacana. ⟨⟩ *m* bacana *m*; **como un** ∼ como um cavalheiro.
bacanal *f* bacanal *f*.
bacarrá, bacará *m* bacará *m*.
bache *m* -**1**. [de terreno] buraco *m* -**2**. [dificultades] crise *f* -**3**. [de atmósfera] vácuo *m*.
bachiller *mf* estudante *mf* de segundo grau.
bachillerato *m* [enseñanza] segundo *m* grau.
bacilo *m MED* bacilo *m*.
bacinica *f* urinol *m*.
bacon *m inv* bacon *m*.
bacteria *f* bactéria *f*.
bacteriológico, ca *adj* bacteriológico(ca).
báculo *m* -**1**. [bastón] báculo *m* -**2**. [apoyo, sostén] bengala *f*.
badajo *m* badalo *m*.
badén *m* -**1**. [de carretera] valeta *f* -**2**. [cauce] vala *f*.
bádminton *m inv DEP* badminton *m*.
bafle, baffle *m* caixa *f* de som.
bagaje *m* bagagem *f*.
bagatela *f* bagatela *f*.
bahía *f* baía *f*.
bailaor, ra *m, f* bailarino *m*, -na *f* de flamenco.
bailar ⟨⟩ *vt* dançar. ⟨⟩ *vi* -**1**. dançar - **2**. *loc*: **que me quiten lo bailado** *fam* isso ninguém me tira.
bailarín, ina *m, f* [artista] bailarino *m*, -na *f*.
baile *m* -**1**. [gen] dança *f* -**2**. [fiesta] baile *m*.
➡ **baile de San Vito** *m MED* dança *f* de São Vito.
bailotear *vi fam* saracotear.
baja *f* ▷ **bajo**.
bajada *f* -**1**. [descenso] descida *f*; ∼ **de bandera** [de taxi] bandeirada *f* -**2**. [cuesta] ladeira *f* -**3**. [disminución] baixa *f*.
bajamar *f* baixa-mar *f*.
bajar ⟨⟩ *vt* -**1**. descer; ∼ **por** descer por -**2**. [música, precios, ojos] abaixar -**3**. *INFORM* [programa] baixar. ⟨⟩ *vi* descer; ∼ **de** descer de.
➡ **bajarse** *vpr* -**1**. descer; ∼ **se de** descer de. -**2**. *INFORM* [programa] baixar.
bajativo *m Andes, RP* [licor] digestivo *m*; [tisana] chá *m* de ervas.
bajel *m culto* baixel *m*.
bajero, ra *adj* de baixo.
bajeza *f* baixeza *f*.
bajista ⟨⟩ *adj FIN* de baixa. ⟨⟩ *mf* [músico] baixista *mf*.
bajo¹, ja *adj* baixo(xa).
➡ **bajo** *m* -**1**. *(gen pl)* [del pantalón] barra *f*; [de un coche] piso *m* -**2**. *MÚS* [instrumento] baixo *m* -**3**. *MÚS* [cantante] baixo *m* -**4**. *MÚS* [instrumentista] baixista *mf*.

bajo adv -**1.** [en lugar inferior] abaixo -**2.** [de volumen, en categoría, calidad] baixo.

baja f -**1.** [descenso] baixa f -**2.** [cese] baixa f; **darse de baja** retirar-se -**3.** [por enfermedad] licença f; **estar de baja** estar de licença -**4.** [documento] atestado m médico -**5.** [pérdida] baixa f.

bajos mpl andar m térreo.

bajo² prep -**1.** [debajo de] debaixo de -**2.** [sometido a, con] sob -**3.** [por debajo de] abaixo de.

bajón m queda f; **dar un** ~ sofrer uma queda.

bajura f ⊳ pesca.

bala f -**1.** [proyectil] bala f -**2.** [fardo] fardo m.

bala perdida m fam aloucado m.

balacear vt Amér atirar.

balacera f Amér tiroteio m.

balada f balada f romântica.

baladí (pl baladíes) adj frívolo(la).

baladronada f fanfarronada f.

balance m COM balanço m.

balancear vt balançar.

balancearse vpr balançar-se.

balanceo m -**1.** [movimiento] balanço m -**2.** Amér AUTOM balanceamento m.

balancín m -**1.** [mecedora] cadeira f de balanço -**2.** AUTOM balancim m.

balandro m NÁUT chalupa f.

balanza f balança f; ~ **comercial** ECON balança comercial; ~ **de pagos** ECON balança de pagamentos; **inclinarse la** ~ loc pender a balança.

balar vi balir.

balarrasa m desajuizado m, -da f.

balaustrada f balaustrada f.

balazo m balaço m.

balbucear, balbucir ⬦ vi balbuciar. ⬦ vt balbuciar.

balbuceo m balbucio m.

balbucir = balbucear.

Balcanes npl: los ~ os Bálcãs.

balcón m -**1.** [terraza pequeña] balcão m -**2.** [mirador] mirante m.

baldado, da adj cansado(da).

balde m balde m.

de balde loc adv de graça.

en balde loc adv em vão.

baldosa f lajota f.

baldosín m ladrilho m.

balear ⬦ adj baleárico(ca). ⬦ mf baleárico m, -ca f. ⬦ vt Amér atirar.

Baleares npl: las (islas) ~ as ilhas Baleares.

baleo m Amér tiroteio m.

balido m balido m.

balín m balim m.

baliza f baliza f.

ballena f -**1.** [animal] baleia f -**2.** [de bañador] barbatana f; [de paraguas] vareta f.

ballesta f -**1.** [arma] balestra f -**2.** AUTOM mola f de suspensão.

ballet (pl ballets) m balé m.

balneario m balneário m.

balompié m DEP futebol m.

balón m -**1.** [pelota] bola f -**2.** [en cómics] balão m.

> Não confundir **balón (bola)** com o português **balão** que em espanhol é globo. (**La forma del balón de fútbol es muy diferente a la del de rugby.** A forma da **bola** de futebol é muito diferente da de rúgbi.)

baloncesto m basquetebol m.

balonmano m handebol m.

balonvolea m voleibol m.

balsa f -**1.** [embarcación] balsa f -**2.** [estanque] poça f; **esta oficina es una** ~ **de aceite** loc este escritório é um poço de tranquilidade.

balsámico, ca adj balsâmico(ca).

bálsamo m bálsamo m.

Báltico n: el (mar) ~ o (mar) Báltico.

baluarte m baluarte m.

bamba f bamba f.

bambalina f TEATR bambolina f; **entre** ~s fig nos bastidores.

bambolear vt balançar.

bambolearse vpr balançar-se.

bambú (pl bambúes o bambús) m bambu m.

banal adj banal.

banana f banana f.

banano m bananeira f.

banca f -**1.** [actividad]: ~ **en línea** banco on-line; ~ **telefónica** banco por telefone -**2.** [institución] sistema m bancário -**3.** [en juegos de azar] banca f -**4.** [asiento sin respaldo] banco m -**5.** Andes, RP [escaño] cadeira f.

bancario, ria adj bancário(ria).

bancarrota f [quiebra] bancarrota f; **en** ~ na bancarrota; **ir a la** ~ ir à bancarrota.

banco m -**1.** [gen] banco m -**2.** [de peces] cardume m.

banco azul m Esp POLÍT no Congresso e no Senado, assentos reservados ao Governo.

banco de arena m MAR banco m de areia.

Banco Central Europeo m Banco m Central Europeu.

banco de datos m INFORM banco m de dados.

banco de pruebas m MEC área f de testes.

Banco Mundial m Banco m Mundial.

banda f -**1.** [cuadrilla] bando m; ~ **armada** bando armado -**2.** [conjunto musical] banda f -**3.** RADIO faixa f -**4.** [cinta] fita f -**5.** [tira]

listra f - 6. [límite, margen] linha f - 7. loc: cerrarse en ~ [obstinarse] bater o pé.
◆ **banda ancha** f INFORM banda f larga.
◆ **banda magnética** f faixa f magnética.
◆ **banda sonora** f CIN trilha f sonora.
bandada f revoada f; **salir en** ~ fig sair em debandada.
bandazo m [movimiento brusco de un barco] solavanco m; **dar** ~**s** [sujeto: barco] dar solavancos; [sujeto: borracho] dar cambaleios; [en la vida] levar tombo.
bandeja f bandeja f; **servir** o **dar en** ~ fig dar de bandeja.
bandera f bandeira f; **jurar la** ~ MIL jurar bandeira; ~ **blanca** bandeira branca.
◆ **de bandera** loc adj fam [magnífico] de primeira.
banderín m - 1. [bandera] bandeirinha f - 2. MIL [persona] porta-bandeira m.
banderola f bandeirola f.
bandido, da m, f bandido m, -da f.
bando m - 1. [facción] lado m - 2. [edicto] edital m.
bandolero, ra m, f bandoleiro m, -ra f.
◆ **bandolera** f [correa] bandoleira f; **en bandolera** a tiracolo.
bandurria f MÚS bandurra f.
banjo m MÚS banjo m.
banquero, ra m, f banqueiro m, -ra f.
banqueta f - 1. [banco] banqueta f - 2. CAm & Méx [acera] calçada f.
banquete m [comida] banquete m.
banquillo m - 1. [asiento] banquinho m - 2. [de entrenadores y jugadores] banco m.
banquina f RP beira f.
bañado m RP manguezal m.
bañador m maiô m.
bañar vt - 1. [gen] banhar - 2. Amér [duchar] banhar.
◆ **bañarse** vpr - 1. [asearse] lavar-se - 2. [sumergirse] nadar - 3. Amér [ducharse] tomar banho.
bañera f banheira f.
bañista mf banhista mf.
baño m - 1. [inmersión en agua] banho m; **darse un** ~ tomar um banho - 2. [pila] banheiro m - 3. [cuarto de aseo] banheiro m - 4. [inhalaciones, vahos] inalação f - 5. [capa] banho m.
◆ **baños** mpl banhos mpl.
◆ **baño María** m banho-maria m.
baobab (pl baobabs) m baobá m.
baptista ⬦ adj batista. ⬦ mf batista mf.
baquelita f baquelita f.
bar m bar m; ~ **musical** bar com música.
barahúnda f barafunda f.
baraja f baralho m.

barajar vt - 1. [cartas] embaralhar - 2. [datos, posibilidades] considerar.
◆ **barajarse** vpr considerar-se.
baranda f balaustrada f.
barandilla f balaustrada f.
barata f Méx liquidação f.
baratija f bagatela f.
baratillo m feira ou bazar de preços baixos.
barato, ta adj barato(ta).
◆ **barato** adv barato.
barba f barba f; **dejarse (la)** ~ deixar crescer a barba; **por** ~ fig por pessoa.
◆ **barbas** fpl barbilhão m.
barbacoa f - 1. [parrilla] churrasqueira f - 2. [comida] churrasco m.
Barbados n Barbados.
barbaridad f barbaridade f.
barbarie f barbárie f.
barbarismo m barbarismo m.
bárbaro, ra ⬦ adj fam bárbaro(ra). ⬦ m, f [pueblo] bárbaro m, -ra f.
◆ **bárbaro** adv fam [magníficamente] barbaramente.
barbecho m AGR barbecho m.
barbería f barbearia f.
barbero, ra m, f barbeiro m, -ra f.
barbilampiño, ña adj imberbe.
◆ **barbilampiño** m jovem m.
barbilla f queixo m.
barbo m bárbus m inv.
barbotar ⬦ vi resmungar. ⬦ vt resmungar.
barbudo, da ⬦ adj barbudo(da). ⬦ m, f barbudo m, -da f.
barbullar vi balbuciar.
barca f barca f.
barcaza f barcaça f.
Barcelona n Barcelona.
barcelonés, esa ⬦ adj barcelonês(esa). ⬦ m, f barcelonê m, -esa f.
barco m barco m.
baremo m [tabla de medidas] gabarito m, tabela f.
bario m QUÍM bário m.
barítono m barítono m.
barman (pl barmans o barmen) m barman m.
Barna. (abrev de Barcelona) Barcelona.
barniz m - 1. [para madera] verniz m - 2. [para uñas] esmalte m.
barnizar vt envernizar.
barómetro m barômetro m.
barón, ronesa m, f barão m, -onesa f.
barquero, ra m, f barqueiro m, -ra f.
barquillo m CULIN casquinha f.
barra f - 1. [gen] barra f; ~ **de estado** INFORM barra de status o estatus; ~ **de labios** batom m; ~ **de pan** baguete f; ~ **de desplazamiento** INFORM barra de deslocamento;

~ **de herramientas** *INFORM* barra de ferramentas; ~ **de menús** *INFORM* barra de menu; ~ **espaciadora** barra de espaços **-2.** [de bar] balcão *m*; ~ **americana** bar de garotas de programa; ~ **libre** consumação livre **-3.** *Andes, RP* [de amigos] gangue *f*; ~ **brava** *RP grupo violento de torcedores de futebol.*

barrabasada *f fam* brincadeira *f* de mau gosto.

barraca *f* **-1.** [vivienda pobre, caseta] barraca *f* **-2.** [casa de campo] barracão *m*.

barracón *m* barracão *m*.

barranco *m* barranco *m*.

barranquismo *m DEP* canyoning *m*.

barraquismo *m* favelização *f*.

barrena *f* broca *f*.

barrenar *vt* **-1.** [taladrar] furar **-2.** [frustrar] frustrar.

barrendero, ra *m*, *f* gari *mf*.

barreno *m* broca *f*.

barreño *m* bacia *f*.

barrer *vt* **-1.** [con escoba] varrer **-2.** *fam* [derrotar] varrer.

barrera *f* **-1.** [gen] barreira *f*; ~s **arquitectónicas** barreiras arquitetônicas **-2.** [de plaza de toros] cerca *f*.

➡ **barrera del sonido** *f* barreira *f* do som.

barriada *f* **-1.** [barrio popular] bairro *m* **-2.** *Amér* [barrio de chabolas] favela *f*.

barricada *f* barricada *f*.

barrido *m* varredura *f*.

barriga *f* [vientre] barriga *f*; **echar** ~ criar barriga; **rascarse** *o* **tocarse la** ~ *fig* ficar de papo para o ar.

barrigazo *m fam* barrigada *f*; **darse un** ~ dar uma barrigada.

barrigón, ona <> *adj* barrigudo(da). <> *m*, *f* barrigudo *m*, -da *f*.

➡ **barrigón** *m* barrigão *m*.

barril *m* barril *m*.

barrio *m* bairro *m*; **mandar al otro** ~ *fig fam* mandar desta para a melhor.

barriobajero, ra <> *adj despec* favelado(da). <> *m*, *f despec* favelado *m*, -da *f*.

barrizal *m* lamaçal *m*.

barro *m* **-1.** [fango] barro *m* **-2.** [arcilla] argila *f* **-3.** [grano] espinha *f*.

barroco, ca *adj* barroco(ca).

➡ **barroco** *m* barroco *m*.

barrote *m* grade *f*.

barruntar *vt* pressentir.

bartola ➡ **a la bartola** *loc adv fam* numa boa.

bártulos *mpl* tralhas *fpl*; **liar los** ~ *fig fam* fazer a trouxa.

barullo *m fam* barulho *m*; **armar** ~ armar um barulho.

basalto *m GEOL* basalto *m*.

basamento *m ARQUIT* embasamento *m*.

basar *vt* **-1.** [fundamentar] basear **-2.** [asentar] assentar.

➡ **basarse en** *vpr* basear-se em.

basca *f* **-1.** *fam* [grupo de gente] turma *f* **-2.** [náusea] náusea *f*.

báscula *f* balança *f*.

bascular *vi* balançar.

base *f* **-1.** [gen] base *f*; **de** ~ de base; **sentar las** ~s estabelecer as bases **-2.:** **a** ~ **de** à base de; **a** ~ **de bien** *fam* muito.

➡ **base de datos** *f INFORM* base *f* de dados.

➡ **base imponible** *f ECON* base *f* imponível.

baseball *m Amér* beisebol *m*.

básico, ca *adj* básico(ca).

basílica *f* basílica *f*.

basilisco *m MITOL* basilisco *m*; **ponerse hecho un** ~ *fig fam* ficar uma fera.

basket *m DEP* basquetebol *m*.

basta *interj* basta!; ~ **de** basta de.

bastante <> *adv* suficiente. <> *adj* bastante.

bastar *vi* bastar; ~ **con** bastar.

➡ **bastarse** *vpr* bastar-se.

bastardía *f* [parentesco] bastardia *f*.

bastardo, da <> *adj* **-1.** [persona, animal] bastardo(da) **-2.** *despec* [innoble] canalha. <> *m*, *f* [descendiente] bastardo *m*, -da *f*.

bastidor *m* **-1.** [armazón] batente *m* **-2.** *AUTOM* chassi *m*.

➡ **bastidores** *mpl TEATR* bastidores *mpl*; **entre** ~**es** *fig* nos bastidores.

basto, ta *adj* **-1.** [tosco, áspero] áspero(ra) **-2.** [grosero] grosseiro(ra).

➡ **bastos** *mpl* [naipes] paus *mpl*.

bastón *m* **-1.** [para andar] bengala *f* **-2.** [de mando, para esquiar] bastão *m*.

basura *f* lixo *m*.

Não confundir *basura (lixo)* com o português *vassoura* que em espanhol é *escoba*. (*Este lugar está muy mugriento: hay basura por todos lados*. Este lugar está muito sujo. Há *lixo* por todos os lados.)

basural *m CSur* depósito *m* de lixo.

basurero, ra <> *m*, *f* gari *mf*. <> *m* depósito *m* de lixo.

bata *f* **-1.** [de casa] avental *m* **-2.** [de trabajo] bata *f*.

batacazo *m* [caída] tombo *m*.

batalla *f* **-1.** [gen] batalha *f* **-2.** *loc*: **de** ~ [de uso diario] de briga.

batallar *vi* batalhar.

batallón *m* batalhão *m*.

batata *f* [planta, raíz] batata-doce *f*.

bate *m DEP* taco *m*.

batea *f Amér* tina *f*.

bateador, ra *m, f* DEP batedor *m*, -ra *f.*
batear *vt* DEP bater.
batería ◇ *f -1.* [gen] bateria *f*; ~ **de coci-na** bateria de cozinha **-2.** TEATR bateria *f* de holofotes **-3.** *loc:* **en** ~ lado a lado. ◇ *mf* baterista *mf.*
batiborrillo, batiburrillo *m* mixórdia *f.*
batido, da *adj* [líquido] batido(da).
 ◆ **batido** *m -1.* [acción de batir] modo de bater **-2.** [bebida] vitamina *f.*
 ◆ **batida** *f* batida *f.*
batidora *f* batedeira *f.*
batiente *m -1.* [de puerta o ventana] folha *f -2.* [dique] costão *m.*
batín *m* roupão *m.*
batir ◇ *vt* bater. ◇ *vi* [sol, lluvia, aire] bater.
 ◆ **batirse** *vpr* bater-se; ~**se en duelo** bater-se em duelo.
baturro, rra ◇ *adj* aragonês(esa). ◇ *m, f* aragonês *m*, -esa *f.*
batuta *f* MÚS batuta *f*; **llevar la** ~ *fig* liderar.
baúl *m -1.* [arcón] baú *m -2.* **Arg & Col** [maletero] porta-malas *m.*
bautismo *m* batismo *m.*
bautizar *vt* batizar.
bautizo *m* batismo *m.*
baya *f* baga *f.*
bayeta *f* pano *m.*
bayo, ya *adj* baio(ia).
bayoneta *f* MIL baioneta *f.*
baza *f* vaza *f*; **meter** ~ **en un asunto** *loc* meter o bedelho em um assunto.
bazar *m* bazar *m.*
bazo *m* ANAT baço *m.*
bazofia *f* fig bazófia *f.*
bazuca, bazooka *m* MIL bazuca *f.*
BCE (*abrev de* **Banco Central Europeo**) *m* BCE *m.*
be *f*: ~ **larga** *o* **grande Amér** letra b.
beatificar *vt* beatificar.
beato, ta ◇ *adj* beato(ta). ◇ *m, f* beato *m*, -ta *f.*
bebé *m* bebê *m*; ~ **probeta** bebê de proveta.
bebe, ba *m, f* **CSur fam** bebê *mf.*
bebedero *m* bebedouro *m.*
bebedor, ra *m, f* bebedor *m* bebedo, -ra *f.*
beber ◇ *vt* beber. ◇ *vi* beber.
bebida *f* bebida *f*; **darse** *o* **entregarse a la** ~ entregar-se à bebida.
bebido, da *adj* embriagado(da).
beca *f* bolsa *f* de estudos.
becar *vt* conceder bolsa de estudos a.
becario, ria *m, f* bolsista *mf.*
becerro, rra *m, f* bezerro *m*, -rra *f.*
bechamel, besamel *f* ▷ salsa.
bedel, la *m, f* bedel *m.*

beduino, na ◇ *adj* beduíno(na). ◇ *m, f* beduíno *m.*
befa *f*: **hacer** ~ **de** caçoar de.
begonia *f* begônia *f.*
beige ◇ *adj inv* bege. ◇ *m inv* bege *m inv.*
béisbol *m* beisebol *m.*
belén *m -1.* [de Navidad] presépio *m -2. fam* [desorden] bagunça *f -3. (gen pl) fig* [embrollo] rolo *m.*
Belén *n* Belém.
belga ◇ *adj* belga. ◇ *mf* belga *mf.*
Bélgica *n* Bélgica.
Belgrado *n* Belgrado.
bélico, ca *adj* bélico(ca).
belicoso, sa *adj* belicoso(sa).
beligerante ◇ *adj* beligerante. ◇ *mf* beligerante *mf.*
bellaco, ca *m, f* velhaco *m*, -ca *f.*
bellaquería *f* velhacaria *f.*
belleza *f* beleza *f.*
bello, lla *adj* belo(la).
bellota *f* bolota *f.*
bemol ◇ *adj* bemol. ◇ *m* MÚS bemol *m*; **tener (muchos)** ~**es** [ser difícil] ser (muito) complicado; [tener agallas] ter coragem; [ser un abuso] ser um abuso.
benceno *m* QUÍM benzeno *m.*
bencina *f -1.* QUÍM benzina *f -2. Chile* [gasolina] gasolina *f.*
bencinera *f* **Chile** posto *m* de gasolina.
bendecir *vt* bendizer.
 ◆ **bendiciones** *fpl* bênçãos *fpl.*
bendito, ta ◇ *adj* bento(ta). ◇ *m, f* santo, -ta *f*; **dormir como un** ~ *fig* dormir como uma pedra.
benedictino, na ◇ *adj* beneditino(na). ◇ *m, f* beneditino *m*, -na *f.*
benefactor, ra ◇ *adj* benéfico(ca). ◇ *m, f* benfeitor *m*, -ra *f.*
beneficencia *f* beneficência *f.*
beneficiar *vt* [favorecer] beneficiar.
 ◆ **beneficiarse** *vpr*: ~**se (de** *o* **con algo)** beneficiar-se (de *o* com algo).
beneficiario, ria *m, f* beneficiário *m*, -ria *f.*
beneficio *m -1.* [bien] benefício *m*; **en** ~ **de** em benefício de; **en** ~ **propio** em benefício próprio **-2.** [ganancia] lucro *m.*
beneficioso, sa *adj* benéfico(ca).
benéfico, ca *adj -1.* [favorable] benéfico(ca) **-2.** [de la beneficencia] beneficente.
Benelux (*abrev de* **België-Nederland-Luxembourg**) *n*: **el** ~ o Benelux.
beneplácito *m* beneplácito *m.*
benevolencia *f* benevolência *f.*
benévolo, la, benevolente *adj* benévolo(la).

bengala f [para señalizar] fogo-de-bengala m.

benigno, na adj -1. [tolerante, afable] benévolo(la) -2. [apacible] agradável -3. [leve] benigno(na).

benjamín, mina m, f caçula mf.

benzol m quím benzol m.

berberecho m berbigão m.

berenjena f berinjela f.

berenjenal m -1. [terreno] plantação f de berinjela -2. fam [enredo] enrascada f; meterse en un ~ entrar em uma enrascada.

bergantín m náut bergantim m.

Berlín n Berlim.

berlinés, esa <> adj berlinense. <> m, f berlinense mf.

berma f Andes acostamento m.

bermejo, ja adj loiro(ra).

bermellón <> adj inv [color] vermelho vivo. <> m -1. [color] vermelho m vivo -2. quím cinabre m.

bermudas fpl bermudas fpl.

Berna n Berna.

berrear vi berrar.

berrido m berro m.

berrinche m fam emburramento m.

berro m agrião m.

berza f couve f.

berzotas mf fam idiota mf.

besamel = bechamel.

besar vt beijar.
◆ **besarse** vpr beijar-se.

beso m beijo m; **comer(se) a** ~s cobrir de beijos.

bestia <> adj [rudo, bruto] grosseiro(ra). <> mf [bruto] grosseiro m, -ra f. <> f [animal] besta f.

bestial adj -1. [brutal, irracional] bestial -2. fam [extraordinario, formidable] bacana.

bestialidad f -1. [brutalidad] brutalidade f -2. fam [tontería] besteira f -3. fam [gran cantidad] montão m.

best seller (pl best sellers) m best-seller m.

besucón, cona <> adj beijoqueiro(ra). <> m, f beijoqueiro m, -ra f.

besugo m -1. [animal] goraz m -2. fam [persona] idiota mf.

besuquear vt fam beijocar.
◆ **besuquearse** vpr fam beijocar-se.

betabel m Méx beterraba f.

betarraga f Andes beterraba f.

betún m -1. [para el calzado] graxa f (para calçados) -2. quím betume m.

bianual adj -1. [cada dos años] bienal -2. [dos veces al año] semestral.

biberón m mamadeira f.

Biblia f Bíblia f.

bibliografía f bibliografia f.

bibliorato m RP arquivo m de pastas suspensas.

biblioteca f biblioteca f.

bibliotecario, ria m, f bibliotecário m, -ria f.

bicarbonato m bicarbonato m.

bicentenario m bicentenário m.

bíceps m inv anat bíceps m inv.

bicharraco m -1. fam [animal] bicho m -2. fam [persona] raposa f.

bicho m -1. [animal, persona mala] bicho m; todo ~ viviente todo mundo; ~ raro esquisitão; mal ~ mau-caráter -2. [pillo] criança f travessa.

bici f fam bici f.

bicicleta f bicicleta f.

bicicletear vi RP fam especular usando dinheiro alheio.

biciclo m biciclo m.

bicoca f fam mamata f; ser algo una ~ ser algo uma mamata.

bicolor adj bicolor.

BID (abrev de Banco Interamericano de Desarrollo) m BID m.

bidé m bidê m.

bidimensional adj bidimensional.

bidón m latão m.

biela f biela f.

Bielorrusia n Bielo-Rússia.

bien <> adv bem; has actuado ~ fez bem; habla ~ inglés fala bem inglês; encontrarse ~ encontrar-se bem; estar ~ [de salud] estar bem; [de aspecto] ter boa aparência; [de calidad] ser bom; [ser suficiente] ser suficiente; hoy me he levantado ~ temprano hoje me levantei bem cedo; quiero un vaso de agua ~ fría quero um copo de água gelada; ¡está ~! está bem!; más ~ antes; ¡muy ~! muito bem! <> adj inv [barrio] nobre, grã-fino(na); [colegio] grã-fino(na). <> conj ~ ... ~ ou ... ou; entrega el vale ~ a mi padre, ~ a mi madre entrega o vale ao meu pai ou à minha mãe. <> m -1. bem m -2. [calificación] bom m; el ~ y el mal o bem e o mal; hacer el ~ fazer o bem.
◆ **bienes** mpl bens mpl; ~es de consumo bens de consumo; ~es inmuebles/muebles bens imóveis/móveis; ~es raíces bens de raiz.

bienal <> adj bienal. <> f bienal f.

bienaventurado, da m, f bem-aventurado m, -da f.

bienestar m bem-estar m.

bienhechor, ra <> adj benéfico(ca). <> m, f benfeitor m, -ra f.

bienio m biênio m.

bienvenido, da adj bem-vindo(da).

→ **bienvenida** f [recibimiento] boas-vindas *fpl*; **dar la bienvenida** dar as boas-vindas.

→ **bienvenido** *interj* bem-vindo!

bies m *inv* viés m; **al ~ de** viés.

bife m *Andes* & *RP* bife m.

bífido, da *adj* bífido(da).

bifocal *adj* bifocal.

biftec m = bistec.

bifurcación f bifurcação f.

bifurcarse *vpr* bifurcar-se.

bigamia f bigamia f.

bígamo, ma ◇ *adj* bígamo(ma). ◇ m, f bígamo m, -ma f.

bigote m bigode m.

bigotudo, da *adj* bigodudo(da).

bigudí (*pl* bigudís *o* bigudíes) m bóbi m.

bikini m = biquíni m.

bilateral *adj* bilateral.

biliar *adj* biliar.

bilingüe *adj* bilíngüe.

bilingüismo m bilingüismo m.

bilis f *MED* bílis f, bíle f.

billar m bilhar m.

billete m - **1.** [de dinero] cédula f - **2.** [entrada, de loteria] bilhete m; **no hay ~s** lotado - **3.** [de transporte] passagem f; **sacar un ~** comprar uma passagem; **~ de ida y vuelta** passagem de ida e volta; **~ sencillo** passagem simples.

billetera f carteira f.

billetero m carteira f.

billón m bilhão m.

bimensual *adj* bimensal.

bimestre m bimestre m.

bimotor ◇ *adj* bimotor. ◇ m bimotor m.

bingo m bingo m.

binóculo m pincenê m.

biocombustible m biocombustível m.

biodegradable *adj* biodegradável.

biodiversidad f biodiversidade f.

bioética f bioética f.

biografía f biografia f.

biográfico, ca *adj* biográfico(ca).

biógrafo, fa m, f biógrafo m, -fa f.

biología f biologia f.

biológico, ca *adj* biológico(ca).

biólogo, ga m, f biólogo m, -ga f.

biomasa f biomasa f.

biombo m biombo m.

biopiratería f biopirataria f.

biopsia f *MED* biópsia f.

bioquímico, ca ◇ *adj* bioquímico(ca). ◇ m, f bioquímico m, -ca f.

→ **bioquímica** f bioquímica f.

biorritmo m biorritmo m.

biosfera f biosfera f.

bipartidismo m bipartidarismo m.

bipartito, ta *adj* - **1.** [dividido en dos] bipartido(da) - **2.** [compuesto de dos] bipartite.

bípedo, da *adj* bípede.

→ **bípedo** m bípede m.

biplaza ◇ *adj* de dois lugares. ◇ m veículo m de dois lugares.

bipolar *adj* bipolar.

biquini, bikini m [bañador] biquíni m.

birlar *vt* *fam* [robar] afanar.

birome f *RP* caneta f esferográfica.

birra f *fam* [cerveza] cervejota f.

birrete m barrete m.

birria f - **1.** *Esp* *fam* [cosa o persona fea] horror m - **2.** *fam* [cosa sin valor] porcaria f.

bis (*pl* bises) ◇ *adj inv* bis. ◇ m bis m.

bisabuelo, la m, f bisavô m, -vó f.

bisagra f dobradiça f.

bisbisar, bisbisear *vt* *fam* cochichar.

bisección f bisseção f.

bisector, triz *adj* bissetor(triz).

→ **bisectriz** f bissetriz f.

biselar *vt* biselar.

bisexual ◇ *adj* bissexual. ◇ mf bissexual mf.

bisiesto *adj* bissexto(ta).

bisnieto, ta m, f bisneto m, -ta f.

bisonte m bisonte m.

bisoñé m peruca f.

bisoño, ña ◇ *adj* bisonho(nha). ◇ m, f bisonho m, -nha f.

bistec, bisté m bife m.

bisturí (*pl* bisturís) m bisturi m.

bisutería f bijuteria f.

bit (*pl* bits) m *INFORM* bit m.

bitácora f *INFORM* blog m.

bíter, bitter m bitter m.

bizantino, na ◇ *adj* bizantino(na). ◇ m, f bizantino m, -na f.

bizco, ca ◇ *adj* vesgo(ga). ◇ m, f vesgo(ga).

bizcocho m - **1.** [postre] pão-de-ló m - **2.** [pan] biscoito m.

bizquear *vi* - **1.** [quedarse bizco] envesgar - **2.** *fam* [asombrarse] espantar-se.

blablablá m *fam* blablablá m.

blanco, ca ◇ *adj* branco(ca). ◇ m, f branco m, -ca f.

→ **blanco** m - **1.** [color] branco m - **2.** [objetivo, vacío] alvo m; **dar en el ~** acertar no alvo.

→ **blanca** f - **1.** *MÚS* mínima f - **2.** *loc*: **estar/ quedarse sin blanca** *fam* estar/ficar quebrado(da).

→ **en blanco** *loc adv* [vacío]: **quedarse en ~** [sin saber] ter um branco, dar um branco na cabeça; **pasar la noche en ~** [sin dormir] passar a noite em branco.

→ **blanco del ojo** m branco m do olho.

blancura f brancura f.
blandengue adj mole.
blando, da adj - **1.** [cosa] macio(a) - **2.** [persona] mole.
blandura f - **1.** [de cosa] maciez f - **2.** [indolencia] brandura f.
blanquear vt - **1.** [ropa] branquear - **2.** [con cal] caiar - **3.** [dinero] lavar.
blanquecino, na adj embranquecido(da).
blanqueo m - **1.** [de ropa] alvejamento m - **2.** [encalado] caiadura f - **3.** [de dinero] lavagem f.
blanquillo m Méx [huevo] ovo m.
blasfemar vi blasfemar; ~ **contra** blasfemar contra.
blasfemia f - **1.** [gen] blasfêmia f - **2.** [palabrota] palavrão m.
blasfemo, ma <> adj blasfemo(ma). <> m, f blasfemo m, -ma f.
blasón m - **1.** [escudo] brasão m - **2.** [orgullo, honor] honra f.
blazer (pl blazers) m blazer m.
bledo m: me importa un ~ fam não me importa a mínima.
blindado, da adj blindado(da).
blindar vt blindar.
bloc (pl blocs) m bloco m.
blocar vt DEP bloquear.
blonda f renda f.
bloque m - **1.** [gen] bloco m; **en** ~ em bloco - **2.** [edificio] prédio m.
bloquear vt bloquear.
◆ **bloquearse** vpr bloquear-se.
bloqueo m bloqueio m; ~ **económico** bloqueio econômico.
blues m inv MÚS blues m inv.
bluff (pl bluffs) m blefe m.
blúmers m CAm, Carib calção m.
blusa f blusa f.
blusón m blusão m.
bluyín, bluyínes m Andes & Ven mpl jeans mpl.
BM (abrev de Banco Mundial) m BM m.
boa f [animal] jibóia f.
bobada f bobagem f; **decir** ~**s** dizer bobagem; **hacer** ~**s** fazer bobagem.
bobalicón, ona <> adj fam bobão(bona). <> m, f bobão m, -bona f.
bobería f fam besteira f.
bobina f bobina f.
bobo, ba <> adj bobo(ba). <> m, f bobo m, -ba f.
boca f [gen] boca f; **abrir** ~ abrir o apetite; **hacer** ~ fazer uma boquinha; **hacerse la** ~ **agua** dar água na boca; **quedarse con la** ~ **abierta** ficar boquiaberto(ta); **quitar de la** ~ tirar da boca; ~ **de metro** boca do metrô.

◆ **boca arriba** loc adv de barriga para cima.
◆ **boca abajo** loc adv de barriga para baixo.
◆ **boca a boca** m boca-a-boca m.
bocacalle f travessa f.
bocadillo m - **1.** [para comer] sanduíche m - **2.** [en cómic] balão m.
bocado m - **1.** [comida] bocado m; **no probar** ~ não provar nada - **2.** [mordisco] mordida f.
◆ **bocado de Adán** m ANAT pomo-de-adão m.
bocajarro ◆ **a bocajarro** loc adv à queima-roupa.
bocanada f - **1.** [de líquido] golfada f - **2.** [de humo] baforada f.
bocata m Esp fam sanduíche m.
bocazas mf fam despec linguarudo m, -da f.
boceto m esboço m.
bochas fpl bocha f.
bochorno m - **1.** [calor] mormaço m - **2.** [vergüenza] vergonha f.
bochornoso, sa adj - **1.** [caluroso] morma-cento(ta) - **2.** [vergonzoso] vergonhoso(sa).
bocina f [de coche] buzina f.
bocinazo m buzinaço m.
bocón, cona m, f Amér fam bocudo m, -da f.
boda f boda f; ~**s de oro** bodas de ouro; ~**s de plata** bodas de prata.
bodega f - **1.** [para vino] adega f - **2.** [en buque o avión] porão m - **3.** Méx [almacén] armazém m - **4.** CAm & Carib [tienda de comestibles] bodega f.
bodegón m - **1.** ARTE natureza-morta f - **2.** [taberna] taberna f.
bodrio m fam despec lixo m.
body (pl bodies o bodys) m body m.
BOE (abrev de Boletín Oficial del Estado) m DOU m.
bofetada f bofetada f; **dar una** ~ dar uma bofetada; **darse de** ~**s** fig não combinar.
bofetón m bofetão m.
bofia f Esp fam: **la** ~ os tiras.
boga f [remo] remada f; **estar en** ~ fig estar na moda.
bogar vi remar.
bogavante m lavagante m.
Bogotá n Bogotá.
bogotano, na <> adj bogotano(na). <> m, f bogotano m, -na f.
bohemio, mia <> adj boêmio(mia). <> m, f boêmio m, -mia f.
boicot (pl boicots) m boicote m.
boicotear vt boicotar.
bóiler m Méx boiler m.
boina f boina f.

boj (*pl* bojes) *m* buxo *m*.

bol *m* tigela *f*.

bola *f* -1. [gen] bola *f*; ~ **de nieve** bola de nieve -2. *fam* [mentira] lorota *f* -3. *Méx* [lío] confusão *f*; **hacerse uno** ~s fazer confusão -4. *loc*: **en** ~s *fam* pelado(da).

bolchevique <> *adj* bolchevique. <> *mf* bolchevique *mf*.

bolea *f* DEP voleio *m*.

bolear *vt Méx* [dar betún a] engraxar.

bolera *f* boliche *m*.

bolero *m* MÚS bolero *m*.

bolero, ra *m*, *f Méx* engraxate *mf*.

boleta *f Amér* [recibo] recibo *m*; *CAm* & *CSur* [multa] multa *f*; *Cuba, Méx* & *RP* [para voto] cédula *f*.

boletería *f Amér* bilheteria *f*.

boletín *m* boletim *m*; ~ **de noticias** *o* **informativo** boletim de notícias *o* informativo; ~ **meteorológico** boletim meteorológico.

boleto *m* -1. [en una lotería, rifa] bilhete *m* -2. *Amér* [billete] bilhete *m* -3. *Col* & *Méx* [entrada] entrada *f*.

boli *m fam* esferográfica *f*.

boliche *m* -1. [bola] bolim *m* -2. *CSur fam* [bar] biboca *f*.

bólido *m* carro *m* de corrida.

bolígrafo *m* esferográfica *f*.

bolita *f CSur* [pieza] bola *f* de gude; **jugar a las** ~s jogar bola de gude.

bolívar *m* bolívar *m*.

Bolivia *n* Bolívia.

boliviano, na <> *adj* boliviano(na). <> *m*, *f* boliviano *m*, -na *f*.

bollo *m* -1. [para comer] bolo *m* -2. [abolladura] amassado *m*.

bolo *m fam* [actuación] apresentação *f*.
➤ **bolos** *mpl* DEP boliche *m*.

bolsa *f* -1. [gen] bolsa *f* -2. [de la compra, deporte] sacola *f* -3. [de basura, patatas] saco *m* -4. FIN bolsa *f*; **bajar/subir la** ~ cair/subir a bolsa; **jugar a la** ~ apostar na bolsa -5. [cavidad] bolso *m*.

bolsillo *m* bolso *m*; **de** ~ de bolso; **de mi/tu/su** etc. ~ do meu/teu/seu etc. bolso; **meterse** *o* **tener a alguien en el** ~ ter alguém na palma da mão.

bolso *m* bolsa *f*.

boludear *vi RP mfam* [decir tonterías] falar besteira; [hacer tonterías, perder el tiempo] fazer bobagem.

boludez *f RP fam* burrice *f*.

boludo, da *m*, *f RP mfam* [estúpido] idiota *mf*; [perezoso] preguiçoso *m*, -sa *f*.

bomba *f* -1. [gen] bomba *f*; ~ **atómica** bomba atômica; ~ **lacrimógena** bomba de gás lacrimôgeneo; ~ **de mano** bomba de mão; **pasarlo** ~ *fam* divertir-se à beça

-2. *Chile, Ecuad, Ven* [surtidor de gasolina] posto *m* de gasolina.

bombacha *f RP* [braga] calcinhas *fpl*; [pantalón] bombachas *fpl*.

bombachos *mpl* bombachas *fpl*.

bombardear *vt* bombardear.

bombardeo *m* bombardeio *m*.

bombardero, ra *adj* MIL bombardeiro(ra).
➤ **bombardero** *m* MIL bombardeiro *m*.

bombazo *m* -1. [de bomba] bombardeio *m* -2. [noticia] bomba *f*.

bombear *vt* bombear.

bombero, ra *m*, *f* -1. [de incendios] bombeiro *m*, -ra *f* -2. *Ven* [de gasolinera] frentista *mf*.

bombilla *f* -1. [aparato para iluminar] lâmpada *f* -2. [para mate] *RP* bombilha *f*, bomba *f*.

bombillo *m CAm, Carib, Col* & *Méx* lâmpada *f*.

bombín *m* chapéu-coco *m*.

bombita *f RP* lâmpada *f*.

bombo *m* -1. [tambor] bumbo *m* -2. *fig* [ruido] estardalhaço *m*; **a** *o* **con** ~ **y platillo** com grande estardalhaço.

bombón *m* -1. [golosina] bombom *m* -2. *fam* [mujer] gata *f*.

bombona *f* bombona *f*; ~ **de butano** botijão *m* de gás.

bombonera *f* [caja] bomboneira *f*.

bonachón, ona *adj fam* bonachão(ona).

bonanza *f* bonança *f*.

bondad *f* bondade *f*; **tener la** ~ **de hacer algo** ter a bondade de fazer algo.

bondadoso, sa *adj* bondoso(sa).

bonete *m* gorro *m*.

bongo, bongó *m* MÚS bongô *m*.

boniato *m* batata-doce *f*.

bonificar *vt* bonificar.

bonito, ta *adj* bonito(ta).
➤ **bonito** *m* bonito *m*.

bono *m* -1. [vale] vale *m* -2. COM [título] bônus *m*; ~ **basura** título *m* de alto risc.

bonobús *m* passagem de ônibus válida para um certo número de viagens.

bonoloto *f* loteria espanhola.

bonotrén *m* passagem de trem válida para um certo número de viagens para a RENFE.

bonsai *m* bonsai *m*.

boñiga *f* excremento *m*.

boom *m* boom *m*.

boomerang = **bumeran**.

boquerón *m* anchova *f*.

boquete *m* buraco *m*.

boquiabierto, ta *adj* boquiaberto(ta).

boquilla *f* -1. [para fumar] piteira *f* -2. [de pipa, instrumento] boquilha *f* -3. [del tubo de un aparato] boca *f*.
➤ **de boquilla** *loc adv fam* da boca para fora.

borbotear, borbotar vi borbotar.
borbotones ➡ **a borbotones** loc adv aos borbotões.
borda f NÁUT borda f.
➡ **fuera de borda** m NÁUT embarcação f com motor de popa.
bordado, da adj bordado(da); **salir o quedar ~** sair o ficar caprichado(da).
➡ **bordado** m bordado m.
bordadura f bordadura f.
bordar vt -1. [coser] bordar -2. fig [hacer bien] fazer brilhantemente.
borde ◇ m [esquina] beira f; **al ~ de** fig à beira de. ◇ adj mfam [antipático] chato(ta).
◇ mf mfam [antipático] nojento m, -ta f.
bordear vt -1. [rodear] bordejar -2. fig [rozar] beirar.
bordillo m meio-fio m.
bordo m NÁUT bordo m.
➡ **a bordo** loc adv a bordo.
bordó RP ◇ adj inv bordô. ◇ m inv bordô m.
borla f borla f.
borne m ELECTR borne m.
borrachera f -1. [embriaguez] bebedeira f -2. [emoción] embriaguez f.
borrachín, ina m, f fam pinguço m, -ça f.
borracho, cha ◇ adj [ebrio] bêbado(da) ◇ m, f embriagado m, -da f.
➡ **borracho** m [bizcocho] doce embebido em vinho ou licor.

> Não confundir *borracha (bêbada)* com o português *borracha* que em espanhol é *goma de borrar.* (*Verónica tomó demasiado; está totalmente borracha.* Verónica bebeu demais; está totalmente bêbada.)

borrador m -1. [escrito] rascunho m -2. [para borrar] apagador m.
borrar vt -1. [hacer desaparecer] apagar -2. INFORM [fichero, carácter] deletar -3. fig [olvidar] apagar -4. [quitar] suprimir.
➡ **borrarse** vpr -1. [desaparecer] apagar -2. [olvidarse] esquecer.
borrasca f tempestade f.
borrego, ga m, f -1. [animal] borrego m, -ga f -2. fam despec [persona] borrego m, -ga f.
borrico, ca m, f -1. [animal] asno m, -na f -2. fam [persona] burro m, -ra f.
borrón m -1. [mancha] borrão m; **hacer ~ y cuenta nueva** passar a borracha -2. fig [deshonor] mancha f.
borroso, sa adj -1. [visión, fotografía] embaçado(da) -2. [escritura] apagado(da), borrado(da).
Bosnia y Herzegovina n Bósnia-Herzegóvina.
bosnio, nia ◇ adj bósnio(nia). ◇ m, f bósnio m, -nia f.

bosque m bosque m.
bosquejar vt esboçar.
bosquejo m esboço m.
bostezar vi bocejar.
bostezo m bocejo m.
bota f bota f; **~ de agua** galocha f, bota f de chuva; **~s camperas** perneiras fpl; **~ de lluvia** galocha f, bota f de chuva.
botafumeiro m incensório m.
botana f Méx aperitivo m.
botanear vi Méx tomar aperitivos.
botánico, ca ◇ adj botânico(ca). ◇ m, f botânico m, -ca f.
➡ **botánica** f botânica f.
botar ◇ vt -1. [pelota] quicar -2. NÁUT lançar à água -3. fam [despedir] chutar para fora -4. Andes, CAm, Carib, Méx [tirar] jogar fora. ◇ vi -1. [saltar] pular; **Julia está que bota** fam Julia está soltando faísca -2. [pelota] quicar.
bote m -1. [tarro] pote m -2. [lata] lata f -3. [barca] bote m; **~ salvavidas** bote salvavidas -4. [propina] gorjeta f -5. [salto] salto m, pulo m -6. loc: **chupar del ~** fam tirar vantagem; **tener en el ~ a alguien** fam ter alguém no papo.
➡ **a bote pronto** loc adv de improviso.
➡ **de bote en bote** loc adv apinhado(da) de gente.
botella f -1. [envase] garrafa m; **~ de oxígeno** bombona f de oxigênio -2. Cuba [en coche]: **pedir ~** pedir carona; **dar ~ a alguien** dar carona a alguém.
botellín m garrafa f pequena.
boticario, ria m, f desus boticário m, -ria f.
botijo m moringa f.
botín m -1. [de guerra] butim m -2. [calzado] botina f.
botiquín m caixa f de remédios.
botón m botão m; **~ de marcado abreviado** TELEC tecla f de memória de toque único.
➡ **botones** m inv [en oficina] office-boy m; [en hotel] mensageiro m.
➡ **botón de muestra** m amostra f.
bouillabaisse = **bullabesa.**
bourbon m bourbon m.
boutique f butique f.
bóveda f ARQUIT abóbada f.
➡ **bóveda celeste** f abóbada f celeste.
➡ **bóveda craneal** f ANAT abóbada f craniana.
bovino, na adj bovino(na).
➡ **bovinos** mpl bovinos mpl.
box (pl boxes) m Amér boxe m.
boxeador, ra m, f pugilista mf.
boxear vi boxear.
boxeo m boxe m.
bóxer (pl bóxers) m [perro] bóxer m.

boya f bóia f.
boyante adj -1. [vida] feliz -2. [negocio] próspero(ra).
boy scout (pl boy scouts) m escoteiro m.
bozal m [para perros] focinheira f.
bracear vi -1. [mover los brazos] gesticular -2. [nadar] dar braçadas.
braga f (gen pl) calcinha f.
bragazas m inv fam despec banana mf.
bragueta f braguilha f.
braille m braile m.
bramar vi bramir.
bramido m bramido m.
brandy, brandi m brandy m.
branquia f (gen pl) brânquias fpl.
brasa f brasa f; a la ~ CULIN na brasa.
brasear vt assar na brasa.
brasero m braseiro m.
brasier, brassier m Carib, Col & Méx sutiã m.
Brasil n: (el) ~ (o) Brasil.
brasileño, ña, brasilero, ra RP <> adj brasileiro(ra). <> m, f brasileiro m, -ra f.
bravata f (gen pl) bravata f.
braveza f bravura f.
bravío, a adj bravio(via).
bravo, va adj -1. [valiente] valente -2. [animal] bravo(va).
➤ **bravo** interj bravo!
➤ **por las bravas** loc adv à força.
bravuconear vi despec fanfarrear.
bravucón, ona <> adj fanfarrão(ona). <> m, f fanfarrão m, -ona f.
bravura f -1. [de persona] bravura f -2. [de animal] braveza f.
braza f -1. DEP nado m de peito -2. [medida de longitud] braça f.
brazada f braçada f.
brazalete m -1. [en la muñeca] bracelete m -2. [en el brazo] braçadeira m.
brazo m -1. [de persona, cosa] braço m; en ~s nos braços; a ~ partido com todas as forças; quedarse o estarse con los ~s cruzados ficar o estar de braços cruzados; ~ derecho braço direito -2. [de animal] pata f dianteira.
➤ **brazo de gitano** m CULIN rocambole m.
➤ **brazo de mar** m GEOGR braço m de mar.
brea f breu m.
brebaje m beberagem f.
brecha f brecha f.
bregar vi -1. [pelear] brigar -2. [trabajar] pelejar.
brete m: estar/poner en un ~ estar/colocar em uma enrascada.
bretel m CSur alça f; un vestido sin ~es um vestido sem alças.
breva f -1. [fruta] bêbera f; no caerá esa ~

fam não aposte nisso -2. [cigarro] charuto m.
breve adj breve; en ~ em breve.
brevedad f brevidade f.
brevet m Chile [para avión] brevê m; Ecuad, Perú [para automóvil] carta f de motorista; RP [para velero] carta f de mestre amador.
brezo m urze f.
bribón, bona m, f salafrário m, -ria f.
bricolaje, bricolage m bricolagem f.
brida f -1. [de caballo] rédea f -2. [de tubo] flange m -3. MED aderência f.
bridge m bridge m.
brigada <> m MIL suboficial entre primeiro sargento e subtenente. <> f brigada f; ~ antidisturbios tropa f de choque; ~ antidroga brigada antidroga.
brillante <> adj brilhante. <> m brilhante m.
brillantez f brilhantismo m.
brillantina f brilhantina f.
brillar vi brilhar.
brillo m brilho m.
brilloso, sa adj Amér brilhante.
brincar vi [saltar] pular; ~ de pular de.
brinco m [salto] pulo m.
brindar <> vi brindar; ~ por algo/alguien brindar a algo/alguém; ~ a la salud de alguien brindar à saúde de alguém. <> vt oferecer.
➤ **brindarse** vpr: ~se a hacer algo oferecer-se a fazer algo.
brindis m inv brinde m.
brío m [energía, decisión] brio m.
brioche m brioche m.
brisa f brisa f.
británico, ca <> adj britânico(ca). <> m, f britânico m, -ca f.
brizna f -1. [filamento] fiapo m -2. fig [un poco] pingo m.
broca f broca f.
brocha f broxa f.
brochazo m: dar un ~ a algo dar uma passada de broxa em algo.
broche m -1. [cierre] fecho m -2. [joya] broche m; poner el ~ de oro en algo fig fechar algo com chave de ouro.
broker (pl brokers) m FIN corretor m, -ra f.
broma f brincadeira f; en ~ de brincadeira; gastar una ~ a alguien pregar uma peça em alguém; ni en ~ fig nem de brincadeira.
bromear vi fazer brincadeiras.
bromista <> adj brincalhão(lhona). <> mf brincalhão m, -lhona f.
bromuro m QUÍM brometo m.
bronca f fam -1. [regañina, lío] ▷ bronco -2. RP [rabia]: me da ~ me dá uma bronca; el

jefe le tiene ~ o chefe tem bronca dela.

bronce m bronze m.

bronceado, da adj bronzeado(da).
- ➡ **bronceado** m bronzeado m.

bronceador, ra adj bronzeador(ra).
- ➡ **bronceador** m bronzeador m.

bronco, ca adj -1. [tosco] bronco(ca) - 2. [grave] rouco(ca).
- ➡ **bronca** f -1. [jaleo] briga f -2. [regañina] bronca f; **echarle** o **meterle una bronca a alguien** dar o passar uma bronca em alguém.

bronquio m ANAT brônquio m.

bronquitis f MED bronquite f.

brotar vi -1. [planta] brotar - 2. [líquido] jorrar -3. [en la piel] surgir.

brote m -1. [de planta] broto m -2. fig [inicios] foco m.

broza f [maleza] mato m.

bruces ➡ **de bruces** loc adv de bruços.

bruja f ▷ brujo.

brujería f bruxaria f.

brujo, ja ◇ adj feiticeiro(ra); **estar** ~ Méx fam estar quebrado(da). ◇ m, f bruxo m, -xa f.
- ➡ **bruja** f -1. [mujer fea] bruxa f -2. [mujer mala] megera f.

brújula f bússola f.

bruma f [niebla] bruma f.

bruñido m brunidura f.

brusco, ca adj brusco(ca).

Bruselas n Bruxelas.

brusquedad f -1. [imprevisión] brusquidão f -2. [grosería] grosseria f.

brut m inv [champagne] champanha com baixa taxa de açúcar.

brutal adj -1. [violento] brutal - 2. fam [extraordinario]: **ser** ~ ser o máximo.

brutalidad f -1. [cualidad] brutalidade f -2. [acción] selvageria f.

bruto, ta ◇ adj bruto(ta); **en** ~ em bruto. ◇ m, f [torpe, bestia] rude mf.

Bs. As. abrev de Buenos Aires.

bubónica adj ▷ peste.

bucal adj bucal.

Bucarest n Bucareste.

bucear vi [en el agua] mergulhar.

buceo m mergulho m.

buche m -1. [de ave] papo m -2. fam [de persona, de algunos animales] bucho m.

bucle m -1. [rizo] cacho m -2. [curva] curva f fechada - 3. INFORM loop m.

bucólico, ca adj -1. [campestre] campestre - 2. LITER bucólico(ca).

Budapest n Budapeste.

budismo m budismo m.

buen ▷ bueno.

buenamente adv melhor.

buenaventura f -1. [adivinación] buenadicha f - 2. [suerte] sina f.

bueno, na (compar mejor, super el mejor) adj (delante de sust, masculino buen) -1. bom, boa - 2. loc: **de buenas a primeras** de repente; **de buen ver** de boa aparência; **estar** ~ fam ser gostoso(sa); **estar de buenas** estar de bom humor; **lo** ~ **es que** o melhor é que.
- ➡ **bueno** ◇ adv certamente. ◇ interj Col & Méx: ¿~? [al teléfono] alô!
- ➡ **buenas** interj olá!

Buenos Aires n Buenos Aires.

buey m boi m.

búfalo m búfalo m.

bufanda f cachecol m, echarpe f.

bufar vi bufar.

bufé (pl bufés), **buffet** (pl buffets) m bufê m.

bufete m escritório m de advogado.

buffet = bufé.

bufido m -1. [de animal] bufo m -2. fam [de persona] bufido m.

bufón m bufão m, f.

bufonada f bufonada f.

buhardilla f [ventana] pequena janela em formato de casinha acima do telhado que serve para iluminar o desvão.

búho m mocho m.

buitre m -1. [ave] abutre m -2. fam [persona] abutre m.

bujía f AUTOM vela f.

bula f HIST [sello] bula f.

bulbo m bulbo m.

buldog (pl buldogs), **bulldog** (pl bulldogs) m buldogue m.

bulevar (pl bulevares) m bulevar m.

Bulgaria n Bulgária.

búlgaro, ra ◇ adj búlgaro(ra). ◇ m, f búlgaro m, -ra f.
- ➡ **búlgaro** m [lengua] búlgaro m.

bulín m RP garçonnière f.

bulla f [jaleo] barulheira f.

bulldog = buldog.

bullicio m tumulto m.

bullicioso, sa adj -1. [ruidoso] barulhento(ta) - 2. [inquieto] buliçoso(sa).

bullir vi -1. [hervir] ferver - 2. [moverse, agitarse] fervilhar.

bulo m boato m.

bulto m -1. [volumen] volume m -2. [forma imprecisa] vulto m -3. [protuberancia] caroço m - 4. [equipaje] volume m; ~ **de mano** volume de mão - 5. loc: **a** ~ a olho; **escurrir el** ~ tirar o corpo fora.

bumerán (pl bumerans), **bumerang** (pl bumerangs) m bumerangue m.

bungalow (pl bungalows) m bangalô m.

búnquer (*pl* búnquers), **bunker** (*pl* bunkers) *m* bunker *m*.

buñuelo *m* CULIN bolinho *m*; ~ **de viento** sonho *m*.

BUP (*abrev de* Bachillerato Unificado Polivalente) *m* EDUC ≃ colegial *m*.

buque *m* navio *m*.

burbuja *f* borbulha *f*.

burbujear *vi* borbulhar.

burdel *m* bordel *m*.

burdeos ◇ *adj inv* [color] bordô. ◇ *m inv* [vino] bordô *m*.

burdo, da *adj* [tosco] grosseiro(ra).

burgués, guesa ◇ *adj* burguês(guesa). ◇ *m, f* burguês *m*, -esa *f*.

burguesía *f* burguesia *f*.

burla *f* **-1.** [mofa] zombaria *f* **-2.** [broma] brincadeira *f* **-3.** [engaño] burla *f*.

burlador *m* sedutor *m*.

burlar *vt* [esquivar] burlar; **burla burlando** *fig* como quem não quer nada.

➡ **burlarse de** *vpr* zombar.

burlesco, ca *adj* burlesco(ca).

burlón, lona *adj* **-1.** [bromista] zombeteiro(ra) **-2.** [sarcástico] gozador(ra).

buró *m* CAm & Méx [mesita de noche] criado-mudo *m*.

burocracia *f* burocracia *f*.

burócrata *mf* burocrata *mf*.

burrada *f* **-1.** [dicho] besteira *f* **-2.** *fam*: **una ~ (de)** *fam* [gran cantidad] um montão (de).

burrito *m* CAm, Méx burrito *m*.

burro, rra ◇ *adj fam* [necio] burro(rra). ◇ *m, f* **-1.** [animal] burro *m*, -ra *f* **-2.** *fam* [persona] burro *m*, -ra *f* **-3.** *fam* [trabajador] pé-de-boi *m* **-4.** *loc*: **no ver tres en un ~** *fam* ser cego como um morcego.

bursátil *adj* FIN da bolsa (de valores).

bus *m* **-1.** [autobús] ônibus *m* **-2.** INFORM barramento *m*.

busca ◇ *f* busca *f*; **en ~ de alguien/algo** em busca de alguém/algo. ◇ *m* = busca-personas.

buscapersonas *m inv* bipe *m*.

buscapleitos *mf inv* arruaceiro *m*, -ra *f*.

buscar *vt* **-1.** [gen] procurar **-2.** *fam* [provocar] encher **-3.** [recoger]: **ir o pasar a ~ a alguien** ir o passar para buscar alguém.

buscavidas *mf inv fam* cavador *m*, -ra *f*.

buscón, cona *m, f* larápio *m*, -pia *f*.

➡ **buscona** *f fam* prostituta *f*.

buseca *f RP* dobradinha *f*.

buseta *m* Col, CRica & Ven miniônibus *m*.

búsqueda *f* busca *f*.

busto *m* busto *m*.

butaca *f* poltrona *f*.

butano *m* butano *m*.

butifarra *f tipo de salsicha típica da Catalunha*.

buzo *m* **-1.** [persona] mergulhador *m*, -ra *f* **-2.** *Arg* [chándal] moletom *m* **-3.** Col & Urug [de lana] suéter *m*.

buzón *m* caixa *f* de correio.

buzoneo *m* mala-direta *f*.

bye *interj Méx* tchau!

byte (*pl* bytes) *m* INFORM byte *m*.

c, C *f* [letra] c, C *m*.

C (*abrev de* celsius) C.

c., c/ (*abrev de* calle) r.

c/ -1. (*abrev de* cuenta) c/c **-2.** = c.

cabal *adj* **-1.** [íntegro] honrado(da) **-2.** [exacto] exato(ta).

➡ **cabales** *mpl*: **no estar en sus ~es** *fig* não estar em seu perfeito juízo.

cábala *f* **-1.** [doctrina] cabala *f* **-2.** (*gen pl*) [conjeturas] conjecturas *fpl*.

cabalgar *vi* cavalgar.

cabalgata *f* cavalgada *f*.

caballa *f* cavalinha *f*.

caballeresco, ca *adj* **-1.** [de caballeros] cavalheiresco(ca) **-2.** [de caballería] de cavalaria.

caballería *f* **-1.** [animal] cavalgadura *f* **-2.** [cuerpo militar] cavalaria *f*.

caballeriza *f* cavalariça *f*.

caballero ◇ *adj* cavalheiro. ◇ *m* cavalheiro *m*; **ser todo un ~** ser um perfeito cavalheiro.

caballete *f* **-1.** [gen] cavalete *m* **-2.** [de tejado] cumeeira *f*.

caballito *m* [caballo pequeño] cavalinho *m*.

➡ **caballitos** *mpl* carrossel *m*.

➡ **caballito de mar** *m* cavalo-marinho *m*.

caballo *m* **-1.** [gen] cavalo *m*; **montar a ~** montar a cavalo **-2.** [naipe] *carta do baralho espanhol, representada por um cavalo montado por seu cavaleiro* **-3.** *Esp mfam* [heroína] cavalo *m* **-4.** *loc*: **estar a ~ entre** estar encavalado(da) entre.

➡ **caballo de fuerza** *m* cavalo-de-força *m*.

➡ **caballo de vapor** *m* cavalo-vapor *m*.

➡ **caballo marino** *m* cavalo-marinho *m*.

cabaña *f* **-1.** [choza] cabana *f* **-2.** [ganado] rebanho *m*.

cabaret (*pl* cabarets) *m* cabaré *m*.

cabecear *vi* -**1.** [gen] cabecear - **2.** [balancear-se] sacolejar-se.

cabecera *f*-**1.** [gen] cabeceira *f*-**2.** [de texto] cabeçalho *m*.

cabecilla *mf* cabeça *mf*.

cabellera *f* cabeleira *f*.

cabello *m* cabelo *m*.

➤ **cabello de ángel** *m* CULIN cabelo-de-anjo *m*.

caber *vi* -**1.** [gen] caber; ～ **por** caber por -**2.** MAT: ～ **a** resultar em -**3.** [ser posible] ser possível -**4.** *loc*: **dentro de lo que cabe** dentro do possível; **no** ～ **en sí de** não caber em si de.

cabestrillo ➤ **en cabestrillo** *loc adj* em tipóia *f*.

cabestro *m* cabresto *m*.

cabeza *f* -**1.** [gen] cabeça *f*; **tirarse de** ～ mergulhar de cabeça; **a la** *o* **en** ～ **na** cabeça; ～ **lectora** cabeça leitora -**2.** [jefe] cabeça *mf*-**3.** *loc*: **andar** *o* **estar mal de la** ～ andar *o* estar mal da cabeça; **metérsele en la** ～ **algo a alguien** meter-se algo na cabeça de alguém; **no levantar** ～ não levantar a cabeça; **sentar (la)** ～ assentar a cabeça; **subírsele a alguien algo a la** ～ subir algo à cabeça de alguém; **traer de** ～ esquentar a cabeça.

➤ **cabeza de ajo** *f* cabeça *f* de alho.

➤ **cabeza de chorlito** *mf fam* cabeça-de-vento *mf*.

➤ **cabeza de familia** *mf* cabeça *mf* de família.

➤ **cabeza de lista** *mf* POLÍT cabeça *mf* de lista.

➤ **cabeza de turco** *mf* bode *m* expiatório.

cabezada *f* -**1.** [de sueño] cabeceio *m*; **dar** ～**s** dar cabeçadas - **2.** [golpe] cabeçada *f*.

cabezal *m* -**1.** [de aparato] cabeçote *m* - **2.** [almohada] cabeçal *m*.

cabezón, zona *adj* cabeçudo(da).

cabezota ◇ *adj fam* cabeçudo(da). ◇ *mf* cabeça-dura *mf*.

cabezudo *m nas festas populares, personagem que se caracteriza por uma enorme cabeça feita de papel machê.*

cabida *f* capacidade *f*; **dar** ～ **a** ter capacidade para.

cabildo *m* -**1.** [gen] cabido *m* -**2.** [sala] capítulo *m*.

cabina *f* cabina *f*.

cabinero, ra *m*, *f* Col comissário *m*, -ria *f* de bordo.

cabizbajo, ja *adj* cabisbaixo(xa).

cable *m* -**1.** [gen] cabo *m*; **echar un** ～ **a alguien** *fam* dar uma mãozinha a alguém - **2.** [mensaje] cabograma *m*.

cablegrafiar *vt* cablar.

cabo *m* -**1.** [gen] cabo *m* - **2.** [trozo] pedaço *f* - **3.** [punta] ponta *f* - **4.** *loc*: **atar** ～**s** juntar os fios; **estar al** ～ **de la calle** estar por dentro; **llevar algo a** ～ levar algo a cabo.

➤ **al cabo de** *loc prep* ao cabo de.

➤ **de cabo a rabo** *loc adv* de cabo a rabo.

➤ **cabo suelto** *m* fio *m* solto.

cabotaje *m* NÁUT cabotagem *f*.

cabra *f*-**1.** [animal] cabra *f*-**2.** [piel] pele *f* de cabra -**3.** *loc*: **estar como una** ～ *fam* estar louco.

cabré *etc* ⊳ caber.

cabrear *vt mfam* apoquentar.

➤ **cabrearse** *vpr mfam* apoquentar-se.

cabreo *m fam* apoquentação *f*.

cabría *etc* ⊳ caber.

cabrío *adj* ⊳ macho.

cabriola *f* -**1.** [salto de caballo] pinote *m* -**2.** [pirueta] cabriola *f*.

cabrito *m* -**1.** [animal] cabrito *m* -**2.** *mfam* [cabrón] calhorda *m*.

cabrón, brona ◇ *adj vulg* sacana. ◇ *m*, *f vulg* sacana *mf*.

➤ **cabrón** *m* -**1.** *vulg* [cornudo] cornudo *m* -**2.** [animal] bode *m*.

cabuya *f* CAm, Col & Ven corda *f*.

caca *f* -**1.** *fam* [excremento] cocô *m* -**2.** *fam* [cosa sucia] caca *f*-**3.** *fam* [cosa mala] droga *f*.

cacahuete, cacahuate CAm & Méx *m* amendoim *m*.

cacao *m* -**1.** [semilla] cacau *m* -**2.** [árbol] cacaueiro *m* -**3.** *fam* [follón] bagunça *f*; ～ **mental** confusão mental.

cacarear ◇ *vi* [gallo] cacarejar. ◇ *vt fam* [pregonar] alardear.

cacatúa *f* -**1.** [ave] cacatua *f* -**2.** *fam* [mujer] bruaca *f*.

cacería *f* caçada *f*.

cacerola *f* caçarola *f*.

cacha *f* -**1.** *fam* [muslo] coxa *f* -**2.** [mango] cabo *m*.

cachalote *m* cachalote *m*.

cacharrazo *m* pancada *f*.

cacharro *m* -**1.** [recipiente] louça *f* -**2.** *fam* [trasto] cacareco *m* -**3.** *fam* [máquina] traste *m* velho.

cachaza *f fam* pachorra *f*.

cachear *vt* revistar.

cachemir *m*, **cachemira** *f* cashmere *m*.

cacheo *m* revista *f*.

cachet (*pl* cachets) *m* [de artista] cachê *m*.

cachete *m* -**1.** [moflete] bochecha *f*-**2.** [bofetada] tapa *m*; **dar un** ～ dar um tapa.

cachiporra *f* clava *f*.

cachivache *m fam* traste *m*.

cacho *m* [trozo pequeño] pedaço *m*.

cachondearse *vpr fam*: ～ **(de)** debochar (de).

cachondeo *m fam* gozação *f.*

cachondo, da ◇ *adj* **-1.** *fam* [gracioso] engraçado(da) **- 2.** *fam* [excitado] excitante. ◇ *m, f fam* gozador *m,* -ra *f.*

cachorro, rra *m, f* filhote *m.*

cacique *m* **-1.** [propietario] manda-chuva *m* **- 2.** [déspota] mandão *m.*

caco *m fam* gatuno *m.*

cacto *m,* **cactus** *m* cacto *m.*

cada *adj inv* cada; ~ **cual/uno** cada qual/um.

cadalso *m* cadafalso *m.*

cadáver *m* cadáver *m.*

cadavérico, ca *adj* cadavérico(ca).

cadena *f* **-1.** [gen] corrente *f* **- 2.** [de inodoro] descarga *f*; **tirar (de) la** ~ puxar a descarga **- 3.** [canal, emisora] canal *m* **- 4.** [grupo de empresas] cadeia *f* **- 5.** [de un proceso industrial] cadeia *m* industrial; ~ **de montaje** ECON linha *f* de montagem **- 6.** [aparato de música] aparelho *m* de som **-7.** GEOGR cadeia *f* **- 8.** [sucesión] cadeia *f*; **en** ~ em cadeia **- 9.** *fig* [sujeción] laço *m.*

◆ **cadenas** *fpl* correntes *fpl.*

◆ **cadena perpetua** *f* prisão *f* perpétua.

cadencia *f* cadência *f.*

cadera *f* quadril *m.*

Não confundir *cadera (quadril)* com o português *cadeira* que em espanhol é *silla. (Doña Tota se fracturó la cadera al caerse en la calle.* Dona Tota quebrou o *quadril* ao cair na rua.)

cadete *m* **-1.** [militar] cadete *m* **- 2.** *RP* [recadero] mensageiro *m,* -ra *f.*

caducar *vi* **-1.** [por imposición] caducar **- 2.** [por naturaleza] vencer.

caducidad *f* **-1.** [por ley] caducidade *f* **- 2.** [naturalmente] validade *f.*

caduco, ca *adj* **-1.** [viejo] ultrapassado(da) **- 2.** [perecedero] efêmero(ra) **- 3.** [desfasado] defasado(da) **- 4.** BOT caduco(ca).

caer *vi* **-1.** [gen] cair; ~ **por** [aparecer] cair em **- 2.** [causar una impresión]: **esa chica me cae fenomenal** acho essa garota fenomenal; ~ **bien/mal** ir/não ir com a cara **- 3.** *fig* [estar situado] situar-se **- 4.** *fig* [darse cuenta] sacar; **no caigo** não me vem à mente **- 5.** *loc:* ~ **bajo** decair; **estar al** ~ algo/alguien estar para chegar algo/alguém.

◆ **caer en** *vi* **-1.** [entender] dar-se conta de **- 2.** [recordar] lembrar **- 3.** [incurrir] cair **- 4.** *loc:* (no) ~ **en la cuenta** (não) dar-se conta.

◆ **caerse** *vpr* cair; ~ **se de** [manera] cair de.

café ◇ *m* **-1.** [gen] café *m*; ~ **con leche** café com leite; ~ **descafeinado** café descafeinado; ~ **instantáneo** *o* **soluble** café instantâneo *o* solúvel; ~ **solo** café puro; ~ **teatro** [lugar] café-concerto *m* **- 2.** [planta] cafeeiro *m.* ◇ *adj inv* [color] café.

cafeína *f* cafeína *f.*

cafetera *f* ▷ cafetero.

cafetería *f* cafeteria *f.*

cafetero, ra *adj* **-1.** [de café] cafeeiro(ra) **- 2.** [aficionado] cafezista.

◆ **cafetera** *f* **-1.** [aparato] cafeteira *f* **- 2.** *fam* [aparato viejo] lata *f* velha.

cafre ◇ *adj* grosseiro(ra). ◇ *mf* grosseiro *m,* -ra *f.*

cagada *f* ▷ cagado.

cagado, da *m, f mfam* [cobarde] frouxo *m,* -xa *f.*

◆ **cagada** *f mfam* **- 1.** [equivocación] cagada *f* **- 2.** [excremento] bosta *f.*

cagar ◇ *vi mfam* [defecar] cagar. ◇ *vt mfam* [estropear] ferrar; **cagarla** *fig* dar uma mancada.

◆ **cagarse** *vpr mfam* cagar-se.

caído, da *adj* **-1.** [en el espacio] caído(da) **- 2.** [decaído] abatido(da).

◆ **caído** *m (gen pl)* [muerto] caídos *mpl.*

◆ **caída** *f* **- 1.** [gen] queda *f* **- 2.** [de tela] caimento *m.*

◆ **caída de ojos** *f modo de abaixar os olhos.*

caimán *m* [animal] caimão *m.*

caja *f* **-1.** [gen] caixa *f*; ~ **de cambios** caixa de câmbio; ~ **de herramientas** caixa de ferramentas; ~ **de ahorros** ≈ Caixa Econômica **- 2.** [de muerto] caixão *m* **- 3.** [de dinero] cofre *m*; ~ **fuerte** *o* **de caudales** caixa-forte *f* **- 4.** COM caixa *m.*

◆ **caja de música** *f* caixa *f* de música.

◆ **caja de reclutamiento** *f* junta *f* de alistamento.

◆ **caja negra** *f* caixa *f* preta.

◆ **caja registradora** *f* caixa *f* registradora.

cajero, ra *m, f* [persona] caixa *mf.*

◆ **cajero** *m* [aparato] caixa *m*; ~ **automático** caixa automático.

cajetilla *f* maço *m.*

cajón *m* **-1.** [compartimento] gaveta *f* **- 2.** [recipiente] caixa *f.*

◆ **cajón de sastre** *m* gaveta *f* de sapateiro.

cajuela *f CAm & Méx* porta-mala *m.*

cal *f* **-1.** [gen] cal *f* **- 2.** *loc:* **cerrar a** ~ **y canto** fechar totalmente.

cala *f* **-1.** [gen] cala *f* **- 2.** [del barco] porão *m* **- 3.** *fam* [dinero] centavo *m.*

calabacín *m,* **calabacita** *Méx f* abobrinha *f.*

calabaza *f* **-1.** [fruto] abóbora *f* **- 2.** [planta] aboboreira *f* **- 3.** *loc:* **dar** ~**s** *fam* [desdeñar] mandar passear; *fam* [suspender] reprovar.

calabozo m calabouço m.

calada f ▷ calado.

caladero m pesqueiro m.

calado, da adj ensopado(da).

◆ **calado** -1. NÁUT calado m -2. [bordado] crivo m.

◆ **calada** f -1. [inmersión] imersão f -2. [de cigarrillo] tragada f.

calamar m lula f.

calambre m -1. [descarga eléctrica] choque m -2. [contracción muscular] cãibra f.

calamidad f [desgracia] calamidade f; **ser una ~** ser uma calamidade.

calamitoso, sa adj calamitoso(sa).

calandria f calandra f.

calaña f despec laia f.

calar ◇ vt -1. [suj: líquido] encharcar -2. fig [descubrir] descobrir -3. [tela] bordar com ponto de crivo -4. [sombrero, gorra] enterrar -5. [fruta] cortar -6. [con objeto punzante] perfurar. ◇ vi -1. NÁUT fazer água -2. fig [introducirse]: **~ en** calar em.

◆ **calarse** vpr -1. [empaparse] encharcar-se -2. [motor] morrer.

calavera ◇ f caveira f. ◇ m fig imprudente mf.

◆ **calaveras** fpl Méx lanternas fpl traseiras.

calcado, da adj calcado(da); **ser ~ a alguien** ser a cópia de alguém.

calcar vt -1. [dibujo] decalcar -2. fig [imitar] calcar.

calce m [cuña] calço m.

calceta f tricô m; **hacer ~** fazer tricô.

calcetín m meia f.

calcificarse vpr calcificar-se.

calcinar vt calcinar.

calcio m cálcio m.

calco m -1. [reproducción, imitación] decalque m -2. LING calque m.

calcomanía f decalcomania f.

calculador, ra adj -1. [que calcula] calculador(ra) -2. fig [interesado] calculista.

◆ **calculadora** f calculadora f.

calcular vt calcular.

cálculo m cálculo m; **~ mental** cálculo mental; **~ de probabilidades** cálculo de probabilidades.

caldear vt -1. [calentar] aquecer -2. fig [excitar] esquentar.

caldera f -1. [recipiente] caldeirão m -2. [máquina] caldeira f.

caldereta f ensopado m.

calderilla f trocado m.

caldero m caldeirão m.

caldo m caldo m.

◆ **caldo de cultivo** m caldo m de cultura.

caldoso, sa adj caldoso(sa).

calefacción f calefação f; **~ central** aquecimento m central.

calefactor m aquecedor m.

calefón m CSur boiler m.

calendario m calendário m; **~ escolar/laboral** calendário escolar/de feriados.

calentador, ra adj aquecedor(ra).

◆ **calentador** m aquecedor m.

calentar vt -1. [gen] aquecer -2. fig [pegar] esquentar.

◆ **calentarse** vpr -1. [por el calor] aquecer-se -2. fam [sexualmente] excitar-se.

calentura f [fiebre] quentura f.

calenturiento, ta adj febril.

calibrado m, **calibración** f calibragem f, calibração f.

calibrar vt -1. [gen] calibrar -2. [juzgar] avaliar.

calibre m calibre m.

calidad f -1. [gen] qualidade f; **~ de vida** qualidade de vida; **en ~ de** na qualidade de -2. [condición] condição f.

cálido, da adj -1. [temperatura] cálido(da) -2. [afectuoso] caloroso(sa) -3. [colores] quente.

calientapiés m inv aquecedor m para os pés.

caliente adj -1. [dotado de calor] quente; **en ~** sem refletir -2. fig [acalorado] acalorado(da) -3. fam [excitado] assanhado(da).

califa m califa m.

calificación f -1. [atributo] qualificação f -2. [nota] nota f.

calificar vt qualificar.

calificativo, va adj qualificativo(va).

◆ **calificativo** m qualificativo m.

caligrafía f caligrafia f.

calina f bruma f.

cáliz m cálice m.

calizo, za adj calcário(ria).

◆ **caliza** f calcário m.

callado, da adj calado(da).

callar ◇ vi -1. [no hablar] calar -2. [dejar de hablar] calar-se. ◇ vt [no contar] guardar.

◆ **callarse** vpr -1. [guardar silencio] calar-se -2. [ocultar] omitir-se.

calle f -1. [gen] rua f; **~ peatonal** rua de pedestres -2. DEP raia f -3. loc: **dejar a alguien en la ~**, **echar a alguien a la ~** deixar o jogar alguém na rua; **hacer la ~** prostituir-se.

callejear vi vaguear.

callejero m [guía] guia m das ruas.

callejón m beco m; **~ sin salida** beco sem saída.

callejuela f ruela f.

callista mf calista mf.

callo m -1. [dureza] calo m -2. fam [persona fea] bucho m.

◆ **callos** *mpl* *CULIN* dobradinha *f*, bucho *m*.

calloso, sa *adj* caloso(sa).

calma *f* calma *f*; **(no) perder la** ~ (não) perder a calma; **en** ~ calmo; ~ **chicha** calmaria *f*.

calmante ◇ *adj* calmante. ◇ *m* calmante *m*.

calmar *vt* acalmar.

◆ **calmarse** *vpr* acalmar-se.

caló *m* caló *m*.

calor *m* calor *m*; **hacer** ~ fazer calor; **entrar en** ~ esquentar-se; **tener** ~ estar com calor.

caloría *f* caloria *f*.

calostro *m* colostro *m*.

calumnia *f* calúnia *f*.

calumniar *vtr* caluniar.

calumnioso, sa *adj* calunioso(sa).

caluroso, sa *adj* **-1.** [con calor] quente **-2.** [afectuoso] caloroso(sa).

calva *f* ▷ calvo.

calvario *m* calvário *m*.

calvicie *f* calvície *f*.

calvo, va ◇ *adj* calvo(va); **ni tanto ni tan** ~ *fig* nem tanto ao mar, nem tanto à terra. ◇ *m*, *f* calvo *m*, -va *f*.

◆ **calva** *f* calva *f*.

calza *f* [cuña] calço *m*.

calzada *f* pista *f*; ~ **lateral** pista lateral.

calzado, da *adj* calçado(da).

◆ **calzado** *m* calçado *m*.

calzador *m* calçadeira *f*.

calzar *vt* calçar.

◆ **calzarse** *vpr* calçar-se.

calzo *m* [cuña] calço *m*.

calzón *m* **-1.** *Esp* [deportivo] calção *m* **-2.** *Andes*, *RP* [braga] calcinha *f*.

calzoncillos *mpl* cueca *m*.

calzones *mpl* *Andes, Méx, RP* **-1.** [bragas] calcinha *f* **-2.** [calzoncillos] cueca *f*.

cama *f* **-1.** [para dormir] cama *f*; **estar en** *o* **guardar** ~ ficar de cama; **hacer la** ~ arrumar *o* fazer a cama; ~ **nido** bicama *f* **-2.** [en un hospital] leito *m*.

camada *f* ninhada *f*.

camafeo *m* camafeu *m*.

camaleón *m* camaleão *m*.

cámara ◇ *f* **-1.** [gen] câmara *f*; ~ **fotográfica** câmara fotográfica; ~ **frigorífica** câmara frigorífica; ~ **de gas** câmara de gás; **a** ~ **lenta** em câmara lenta; ~ **de seguridad** câmera de vigilância; ~ **de vídeo** câmera de vídeo **-2.** [de arma] tambor *m*. ◇ *mf* cinegrafista *mf*.

camarada *mf* camarada *mf*.

camaradería *f* camaradagem *f*.

camarero, ra *m*, *f* **-1.** [de establecimiento]

garçom *m*, -nete *f* **-2.** [de persona] camareiro *m*, -ra *f*.

camarilla *f* camarilha *f*.

camarón *m Amér* [gamba] camarão *m*.

camarote *m* camarote *m*.

camastro *m* catre *m*.

cambiante *adj* mutável.

cambiar ◇ *vt* **-1.** [gen] trocar; ~ **algo por algo** trocar algo por algo **-2.** [transformar] mudar. ◇ *vi* **-1.** [de situación] mudar **-2.** [variar, mudar]: ~ **de** mudar de.

◆ **cambiarse** *vpr* [de ropa] trocar-se.

cambiazo *m fam* mudança *f* radical.

cambio *m* **-1.** [variación] mudança *f*; ~ **climático** mudança climática **-2.** [trueque] troca *f*; **a** ~ **de** em troca de **-3.** [moneda pequeña] trocado *m* **-4.** [dinero devuelto] troco *m* **-5.** *AUTOM & FIN* câmbio *m*; ~ **de marchas** *o* **velocidades** câmbio de marchas *o* velocidades **-6.** *loc:* **a las primeras de** ~ de uma hora para outra.

◆ **en cambio** *loc adv* em compensação.

◆ **libre cambio** *m ECON* câmbio *m* livre.

cambista *mf FIN* cambista *mf*.

camelar *vt fam* **-1.** [seducir, engañar] engambelar **-2.** [enamorar] galantear.

camelia *f* camélia *f*.

camello, lla *m*, *f* [animal] camelo *m*, -la *f*.

◆ **camello** *m* [traficante] traficante *mf*.

camellón *m Col, Méx* canteiro *m* central.

camelo *m fam* cascata *f*.

camerino *m* camarim *m*.

camilla *f* maca *f*.

camillero, ra *m*, *f* padioleiro *m*, -ra *f*.

caminante *mf* caminhante *mf*.

caminar *vi* caminhar.

caminata *f* caminhada *f*.

camino *m* [vía] caminho *m*; **de** ~ de caminho; **ponerse en** ~ pôr-se a caminho; **abrirse alguien** ~ abrir caminho; **quedarse alguien a medio** ~ alguém ficar sem terminar algo.

◆ **camino de Santiago** *m* caminho *m* de Santiago.

◆ **camino trillado** *m fig* lugar-comum *m*.

camión *m* **-1.** [de mercancías] caminhão *m*; ~ **cisterna** caminhão-pipa *m* **-2.** *CAm & Méx* [de pasajeros] ônibus *m*.

camionero, ra *m*, *f* **-1.** [de carga] caminhoneiro *m*, -ra *f* **-2.** *CAm & Méx* [de pasajeros] motorista *m*, de ônibus *m*.

camioneta *f* caminhonete *f*.

camisa *f* camisa *f*; **meterse en** ~ **de once varas** meter-se onde não é chamado; **mudar** *o* **cambiar de** ~ virar a casaca.

◆ **camisa de fuerza** *f* camisa *f* de força.

camisería *f* camisaria *f*.

camisero, ra ◇ *adj* chemisier. ◇ *m, f* camiseiro *m*, -ra *f*.

camiseta *f* camiseta *f*.

camisola *f Amér* -1. [para dormir] camisola *f* -2. [para trabajar] camisão *m*.

camisón *m* camisola *f*.

camorra *f fam* briga *f*; **buscar** ~ procurar briga.

camote *m Andes, CAm* & *Méx* [batata] batata *f* doce.

campal *adj* campal.

campamento *m* acampamento *m*.

campana *f* -1. [instrumento] sino *m*; **doblar las** ~**s** dobrar os sinos -2. [cosa con forma de campana] campânula *f*; ~ **extractora de humos** coifa *f*, exaustor *m* -3. *loc*: **oír** ~**s y no saber dónde** ouvir cantar o galo e não saber onde.

campanada *f* badalada *f*.

campanario *m* campanário *m*.

campanilla *f* campainha *f*.

campanilleo *m* tilintar *m*.

campante *adj fam* satisfeito(ta); **estar** *o* **quedarse tan** ~ estar *o* ficar tranqüilo(la).

campaña *f* -1. [publicitaria, militar] campanha *f*; **hacer** ~ **de/contra algo** fazer campanha de/contra algo -2. *RP* [campo] campo *m*.

campechano, na *adj fam* simples, afável.

campeón, peona *m, f* campeão *m*, -peã *f*.

campeonato *m* campeonato *m*; **de** ~ *fam* incrível.

campero, ra *adj* campeiro(ra).
➡ **campera** *f* -1. *(gen pl)* [botas] perneiras *fpl* -2. *RP* [cazadora] jaqueta *f*.

campesino, na ◇ *adj* camponês(nesa). ◇ *m, f* camponês *m*, -nesa *f*.

campestre *adj* campestre.

camping *m* camping *m*.

campista *mf* campista *mf*.

campo *m* -1. [gen] campo *m*; **a** ~ **traviesa** pelo meio do campo; **dejar el** ~ **libre** *loc* deixar o campo livre; ~ **de aviación** campo de aviação; ~ **de batalla** campo de batalha; ~ **de tiro** campo de tiro -2. *CSur* [hacienda] fazenda *f* -3. *Andes* [lugar] lugar *m*.
➡ **campo de concentración** *m* campo *m* de concentração.
➡ **campo de trabajo** *m* [de vacaciones] *lugar em que se trabalha em troca da hospedagem e pequena remuneração*.
➡ **campo visual** *m* campo *m* visual.

campus *m inv* campus *m*.

camuflaje *m* camuflagem *f*.

camuflar *vt* camuflar.

cana *f* ▷ cano.

Canadá *n*: (el) ~ (o) Canadá.

canadiense ◇ *adj* canadense. ◇ *mf* canadense *mf*.

canal ◇ *m* canal *m*; ~ **temático** canal temático; ~ **de comercialización** canal de distribuição. ◇ *m o f* [de un tejado] calha *f*.

canalé *m* sanfona *f*.

canalizar *vt* canalizar.

canalla *mf* canalha *mf*.

canalón *m* [de un tejado] calha *f*; *CULIN* canelone.

canapé *m* canapé *m*.

Canarias *npl*: **las (islas)** ~ as (ilhas) Canárias.

canario, ria ◇ *adj* canário(ria). ◇ *m, f* canário *m*, -ria *f*.
➡ **canario** *m* [pájaro] canário *m*.

canasta *f* -1. [gen] canastra *f* -2. *DEP* cesta *f*.

canastilla *f* -1. [cesto pequeño] cestinho *m* -2. [del bebé] enxoval *m* de bebê.

canasto *m* cesto *m*.

cancela *f* cancela *f*.

cancelación *f* cancelamento *m*.

cancelar *vt* -1. [anular] cancelar -2. [deuda] liquidar -3. *Chile* & *Ven* [cuenta] pagar.

cáncer *m* câncer *m*.
➡ **Cáncer** *m inv* [signo del zodiaco] Câncer *m inv*; **ser Cáncer** *Esp*, **ser de Cáncer** *Amér* ser (de) Câncer. ◇ *mf inv* -1. [persona] canceriano *m*, -na *f* -2. *(en aposición)* de Câncer.

cancerígeno, na *adj* cancerígeno(na).

canceroso, sa ◇ *adj* [del cáncer] canceroso(sa). ◇ *m, f* [enfermo] canceroso *m*, -sa *f*.

cancha *f* quadra *f*.

canchero, ra *adj RP fam* malandro(dra).

canciller *m* chanceler *m*.

canción *f* canção *f*; ~ **de cuna** canção de ninar.

cancionero *m* cancioneiro *m*.

candado *m* cadeado *m*.

candelabro *m* candelabro *m*.

candelero *m* candeeiro *m*; **estar en el** ~ *fig* estar em destaque.

candente *adj* -1. [incandescente] candente -2. [actual, interesante] atual.

candidato, ta *m, f* candidato *m*, -ta *f*.

candidatura *f* candidatura *f*; **presentar una** ~ apresentar uma candidatura.

candidez *f* candura *f*.

cándido, da *adj* cândido(da).

candil *m* -1. [lámpara de aceite] candeia *f* -2. *Méx* [araña] candelabro *m*.

candilejas *fpl TEATR* ribalta *f*.

caneca *f Col* lata *f* de lixo.

canelo, la *adj* cor de canela.
➡ **canela** *f* canela *f*.

canelón, canalón *m CULIN* canelone *m*.

canesú *(pl* canesús *o* canesuses) *m* -1. [de

vestido] corpinho *m*, corpete *m* - **2**. [de blusa] pala *f*.
cangrejo *m* caranguejo *m*.
canguelo *m fam* pavor *m*.
canguro <> *m* canguru *m*. <> *mf fam* babá *f*, baby-sitter *f*; **hacer de** ~ trabalhar de babá.
caníbal <> *adj* canibal. <> *mf* canibal *mf*.
canibalismo *m* canibalismo *m*.
canica *f* [pieza] bola *f* de gude.
◆ **canicas** *fpl* [juego] bola *f* de gude.
caniche *m* poodle *m*.
canícula *f* canícula *f*.
canijo, ja *adj despec* raquítico(ca).
canilla <> *f* - **1**. [bobina] bobina *f* - **2**. [espinilla] canela *f* - **3**. *RP* [grifo] torneira *f*. <> *m RP* vendedor *m* ambulante de jornais.
canino, na *adj* canino(na).
◆ **canino** *m* [diente] canino *m*.
canjear *vt* trocar.
cano, na *adj* grisalho(lha).
◆ **cana** *f* [en el pelo] cabelo *m* branco.
canoa *f* canoa *f*.
canódromo *m* canódromo *m*.
canon *m* - **1**. [gen] cânon *m* - **2**. [impuesto] taxa *f* - **3**. *MÚS* cânone *m*.
◆ **cánones** *mpl DER* cânones *mpl*.
canónigo *m RELIG* cônego *m*.
canonizar *vt RELIG* canonizar.
canoso, sa *adj* grisalho(lha).
cansado, da *adj* - **1**. [gen] cansado(da); **estar** ~ **de algo/alguien** estar cansado de algo/alguém - **2**. [pesado, cargante] cansativo(va).
cansancio *m* cansaço *m*.
cansar <> *vt* cansar. <> *vi* cansar.
◆ **cansarse** *vpr* - **1**. [agotarse] cansar-se - **2**. [hartarse]: ~**se de algo/alguien** cansar-se de algo/alguém; ~**se de hacer algo** cansar-se de fazer algo.
Cantabria *n* Cantábria.
cantábrico, ca *adj* cantábrico(ca).
◆ **Cantábrico** *m*: **el (mar)** ~ **o (mar)** Cantábrico.
cántabro, bra <> *adj* cântabro(bra). <> *m, f* cântabro *m*, -bra *f*.
cantaleta *f Andes, CAm, Carib, Méx* - **1**. [estribillo] estribilho *m* - **2**. [regañina] cantilena *f*.
cantamañanas *mf inv Esp* picareta *mf*.
cantante <> *adj* cantor(ra). <> *mf* cantor *m*, -ra *f*.
cantaor, ra *m, f* cantador *m*, -ra *f* de flamenco.
cantar <> *vt* cantar. <> *vi* - **1**. *fam* [confesar] confessar - **2**. *Esp fam* [apestar] feder - **3**. *Esp fam* [desentonar] chamar a atenção. <> *m* cantar *m*.
cántaro *m* cântaro *m*; **llover a** ~**s** chover a cântaros.

cante *m* - **1**. [música] *canto popular andaluz*; ~ **jondo** *o* **hondo** *canto andaluz de sentimento profundo, ritmo monótono e tom de queixume* - **2**. *fam* [error] frango *m* - **3**. *Esp fam* [peste] fedor *m*.
cantera *f* - **1**. [de piedra] pedreira *f* - **2**. [de profesionales] escola *f*.
cantidad <> *f* - **1**. [gen] quantidade *f* - **2**. [suma de dinero] quantia *f*. <> *adv fam* pacas.
cantilena, cantinela *f* cantilena *f*.
cantimplora *f* cantil *m*.
cantina *f* cantina *f*.
cantinela = cantilena.
canto *m* - **1**. [gen] canto *m*; **de** ~ de lado - **2**. [de cuchillo] *borda que não corta* - **3**. [guijarro] seixo *m*; ~ **rodado** seixo rolado.
cantón *m* [territorio] cantão *m*.
cantonera *f* cantoneira *f*.
cantor, ra <> *adj* cantora(ra). <> *m, f* cantor *m*, -ra *f*.
canturrear, canturriar *vt fam* cantarolar.
canutas *fpl fam*: **pasarlas** ~ comer o pão que o diabo amassou.
canuto *m* - **1**. [tubo] canudo *m* - **2**. *fam* [porro] baseado *m*.
caña *f* - **1**. *BOT* cana *f*; ~ **de azúcar** cana-de-açúcar *f* - **2**. [de río, de estanque] junco *m* - **3**. [del brazo, de la pierna] osso *m* - **4**. [de la bota, del calcetín] cano *m* - **5**. [de cerveza] tulipa *f* - **6**. *Andes, Cuba* & *RP* [aguardiente] *tipo de bebida feita de cana-de-açúcar* - **7**. *loc*: **darle o meterle** ~ **a algo** *fam fig* acelerar algo.
◆ **caña de pescar** *f* vara *f* de pescar.
cáñamo *m* cânhamo *m*.
cañería *f* encanamento *m*.
caño *m* cano *m*.
cañón *m* - **1**. [arma] canhão *m* - **2**. [tubo] cano *m* - **3**. *GEOGR* canhão *m*.
cañonazo *m* canhonaço *m*.
caoba *f* mogno *m*.
caos *m (sin pl)* caos *m*.
caótico, ca *adj* caótico(ca).
cap. (*abrev de* capítulo) cap.
capa *f* - **1**. [gen] camada *f*; ~ **de ozono** camada de ozônio - **2**. [manto] capa *f* - **3**. *TAUROM* capote *m* - **4**. *loc*: **(andar) de** ~ **caída** (andar) de mal a pior; **defender a** ~ **y espada** defender com unhas e dentes.
capacidad *f* capacidade *f*.
◆ **capacidad adquisitiva** *f* poder *m* aquisitivo.
capacitación *f* capacitação *f*.
capacitar *vt*: ~ **a alguien para algo** capacitar alguém para algo.
capar *vt* capar.
caparazón *m* [concha] carapaça *f*.
capataz *m* capataz *m*.

capaz *adj* capaz; ~ **de (hacer) algo** capaz de (fazer) algo.
capazo *m* alcofa *f*, moisés *m*.
capear *vt* capear.
capellán *m* capelão *m*.
caperuza *f* -1. [gorro] capuz *m* -2. [capuchón] tampa *f*.
capicúa ◇ *adj inv* capicua. ◇ *m inv* capicua *f*.
capilar ◇ *adj* [del cabello] capilar. ◇ *m* capilar *m*.
capilla *f* capela *f*; ~ **ardiente** câmara-ardente *f*; **estar en** ~ [condenado a muerte] estar aguardando a execução.
capirote *m* [gorro] capirote *m*.
cápita ◆ **per cápita** *loc adj* per capita.
capital ◇ *adj* capital. ◇ *m ECON* capital *m*. ◇ *f* capital *f*.
capitalismo *m* capitalismo *m*.
capitalista ◇ *adj* capitalista. ◇ *mf* capitalista *mf*.
capitalizar *vt ECON* capitalizar.
◆ **capitalizarse** *vpr ECON* capitalizar-se.
capitán, tana *m, f* capitão *m*, -tã *f*.
capitanear *vt* capitanear.
capitanía *f* [empleo] capitania *f*.
capitel *m ARQUIT* capitel *m*.
capitoste *mf despec* manda-chuva *mf*.
capitulación *f* capitulação *f*.
◆ **capitulaciones matrimoniales** *fpl* regime *m* de bens.
capitular *vi* capitular.
capítulo *m* capítulo *m*.
capó, capot *m* capô *m*.
caporal *m* MIL cabo *m* de esquadra.
capot = **capó**.
capota *f* capota *f*.
capote *m* capote *m*.
capricho *m* capricho *m*; **por puro** ~ por puro capricho.
caprichoso, sa *adj* caprichoso(sa).
Capricornio ◇ *m inv* [signo del Zodíaco] Capricórnio *m*; **ser** ~ ser de Capricórnio. ◇ *mf inv* -1. [persona] capricorniano *m* capricornia, -na *f* -2. *(en aposición)* de Capricórnio *m*.
cápsula *f* -1. [gen] cápsula *f* -2. [tapón] tampa *f*.
captar *vt* captar.
◆ **captarse** *vpr* captar.
captura *f* captura *f*.
capturar *vt* capturar.
capucha *f* capuz *m*.
capuchino, na *adj* capuchinho(nha).
◆ **capuchino** *m* -1. [fraile] capuchinho *m* -2. [café] capuchino *m*, cappuccino *m*.
capuchón *m* tampa *f*.
capullo, lla ◇ *adj Esp vulg* babaca. ◇ *m,*

f vulg babaca *mf*.
◆ **capullo** *m* -1. [de flor] botão *m* -2. [de gusano] casulo *m* -3. *fam* [prepucio] glande *f*.
caqui, kaki ◇ *adj inv* [color] cáqui. ◇ *m* -1. [planta] caquizeiro *m* -2. [color] cáqui *m*.
cara *f* -1. [gen] cara *f*; ~ **a** ~ cara a cara; **de** ~ **de frente**; **tener buena/mala** ~ ter boa/má cara; ~ **o cruz** cara ou coroa -2. [de la cabeza] rosto *m* -3. [lado] face *f* -4. *fam* [osadía] cara-de-pau *f*; **tener (mucha)** ~, **tener la** ~ **muy dura** ter (muita) cara de pau -5. [parte frontal] fachada *f* -6. [loc]: **cruzar la** ~ **a alguien** quebrar a cara de alguém; **de** ~ **a** de frente para; **echar en** ~ jogar na cara; **romperle** *o* **partirle la** ~ **a alguien** *fam* quebrar *o* partir a cara de alguém; **verse las** ~ **s** acertar as contas.
carabela *f* caravela *f*.
carabina *f* -1. [arma] carabina *f* -2. *fam fig* [mujer] segura-vela *mf*.
carabinero *m Chile* [policía] policial *m* militar.
Caracas *n* Caracas.
caracol *m* caracol *m*.
caracola *f* caramujo *m*.
carácter *(pl* caracteres) *m* -1. [gen] caráter *m*; **(tener) buen/mal** ~ (ter) bom/mau caráter -2. *(gen pl)* [signo de escritura] caractere *m*.
característico, ca *adj* característico(ca).
◆ **característica** *f* característica *f*.
caracterización *f* caracterização *f*.
caracterizar *vt* caracterizar.
◆ **caracterizarse por** *vpr* caracterizar-se por.
caradura ◇ *adj fam* caradura. ◇ *mf fam* caradura *mf*.
carajillo *m* café *m* com conhaque ou licor.
carajo *m mfam* caralho *m*.
caramba *interj* caramba!
carámbano *m* carambina *f*.
carambola *f* carambola *f*.
caramelizar *vt* caramelizar.
caramelo *m* -1. [golosina] bala *f* -2. [azúcar fundido] caramelo *m*.
carantoñas *fpl*: **hacer** ~ fazer paparicos.
caraota *f Ven* feijão *m*.
carátula *f* capa *f*.
caravana *f* -1. [viaje en grupo] caravana *f* -2. [de coches] congestionamento *m* -3. [roulotte] trailer *m*.
◆ **caravanas** *fpl Urug* brincos *mpl*.
caray *interj* caramba!
carbón *m* carvão *m*.
carbonato *m* QUÍM carbonato *m*.
carboncillo *m* carvão *m*.
carbonero, ra *m* carvoeiro *m*, -ra *f*.
◆ **carbonera** *f* carvoeira *f*.

carbonilla *f* -**1.** [ceniza] cisco *m* -**2.** [carbón pequeño] restos *mpl* de carvão.

carbonizar *vt* carbonizar.

➡ **carbonizarse** *vpr* carbonizar-se.

carbono *m* QUÍM carbono *m*.

carburador *m* carburador *m*.

carburante *m* carburante *m*.

carburar ⟨⟩ *vt* carburar. ⟨⟩ *vi fam* raciocinar.

carca ⟨⟩ *adj fam despec* reaça. ⟨⟩ *mf fam despec* reaça *mf*.

carcajada *f* gargalhada *f*; **reír a** ∼**s** rir às gargalhadas.

carcajearse *vpr* gargalhar.

carcamal *mf fam* decrépito *m*, -ta *f*.

carcasa *m* [para teléfono móvil] capa *f*, frente *f*.

cárcel *f* cadeia *f*, prisão *f*; **meter a alguien en la** ∼ colocar alguém na cadeia.

carcelero, ra *m*, *f* carcereiro *m*, -ra *f*.

carcoma *f* caruncho *m*.

carcomer *vt* -**1.** [corroer] corroer -**2.** [madera] carcomer.

➡ **carcomerse** *vpr fig* [consumirse] carcomer-se.

cardar *vt* -**1.** [lana] cardar -**2.** [pelo] frisar.

cardenal *m* -**1.** RELIG cardeal *m* -**2.** [hematoma] hematoma *f*.

cárdeno, na *adj* arroxeado(da).

➡ **cárdeno** *m* [color] violeta *f*.

cardiaco, ca, cardíaco, ca *adj* cardíaco(ca).

cárdigan *m* cardigã *m*.

cardinal *adj* cardeal.

cardiólogo, ga *m*, *f* MED cardiologista *mf*.

cardiovascular *adj* MED cardiovascular.

cardo *m* -**1.** [planta] cardo *m* -**2.** *Esp* [antipático] pessoa *f* desagradável.

carear *vt* DER acarear.

carecer *vi*: ∼ **de** carecer de.

carena *f* NÁUT carena *f*.

carencia *f* carência *f*.

carente *adj*: ∼ **de** carente de.

careo *m* DER acareação *f*.

carestía *f* carestia *f*.

careta *f* máscara *f*; ∼ **antigás** máscara contra gases.

carey *m* -**1.** [tortuga] tartaruga-de-pente *f* -**2.** [material] tartaruga *f*.

carga *f* -**1.** [gen] carga *f*; **volver a la** ∼ *fig* voltar à carga -**2.** [impuesto] encargo *m*; ∼ **s sociales** encargos sociais.

cargado, da *adj* -**1.** [abarrotado] carregado(da) -**2.** [arma] carregado(da) -**3.** [bebida] forte -**4.** [bochornoso] carregado(da).

cargador, ra *adj* carregador(ra).

➡ **cargador** *m* -**1.** [gen] carregador *m* -**2.** [persona] carregador *m*, -ra *f*.

cargamento *m* carregamento *m*.

cargante *adj fam fig* maçante.

cargar *vt* -**1.** [gen] carregar -**2.** [asignar] encarregar -**3.** *fam* [molestar] incomodar -**4.** [gravar] elevar -**5.** [anotar] incluir.

➡ **cargar con** *vi* -**1.** [llevar] portar -**2.** [ocuparse de] arcar.

➡ **cargarse** *vpr* -**1.** *fam* [romper] quebrar -**2.** *fam* [suspender] reprovar -**3.** *fam* [matar] matar -**4.** [hacerse pesado] carregar-se -**5.** *loc*: **cargárselas** *fam* receber um castigo.

cargo *m* -**1.** [gen] cargo *m* -**2.** [acusación] acusação *f* -**3.** ECON [débito] dívida *f* -**4.** *loc*: **hacerse** ∼ **(de)** [ocuparse de] encarregar-se (de); [comprender] compreender.

cargoso, sa *adj CSur* irritante.

carguero *m* cargueiro *m*.

cariar *vt* cariar.

➡ **cariarse** *vpr* cariar-se.

Caribe *n*: **el (mar)** ∼ **o (mar)** do Caribe.

caricatura *f* caricatura *f*.

caricaturizar *vt* caricaturar.

caricia *f* carícia *f*.

caridad *f* caridade *f*.

caries *f* cárie *f*.

carillón *m* carrilhão *m*.

cariñena *m* vinho tinto, doce e de aroma agradável originário da Cariñena, comarca de Zaragoza.

cariño *m* -**1.** [gen] carinho *m*; **tomar** ∼ **a alguien/a algo** ter carinho por alguém/por algo -**2.** [apelativo] querida(da).

cariñoso, sa *adj* carinhoso(sa).

carisma *m* carisma *m*.

carismático, ca *adj* carismático(ca).

Cáritas *f* Cáritas *f*.

caritativo, va *adj* caritativo(va).

cariz *m* (*sin pl*) rumo *m*.

carlista ⟨⟩ *adj* carlista. ⟨⟩ *mf* carlista *mf*.

carmelita ⟨⟩ *adj* carmelita. ⟨⟩ *mf* carmelita *mf*.

carmesí (*pl* **carmesíes**) ⟨⟩ *adj* carmesim. ⟨⟩ *m* carmesim *m*.

carmín ⟨⟩ *adj* [color] carmim. ⟨⟩ *m* -**1.** [color] carmim *m* -**2.** [lápiz de labios] batom *m*.

carnada *f* isca *f*.

carnal *adj* -**1.** [de la carne] carnal -**2.** [parientes] consangüíneo.

carnaval *m* carnaval *m*.

carnaza *f* isca *f*.

carne *f* -**1.** [gen] carne *f*; ∼ **de cerdo** carne de porco; ∼ **de cordero** carne de cordeiro; ∼ **de ternera** carne de vaca; ∼ **picada** carne moída; **en** ∼ **viva** [sin piel] em carne viva; **metido en** ∼**s** [gordo] cheinho; **ser alguien de** ∼ **y hueso** *fig* ser alguém de carne e osso -**2.** [de la fruta] polpa *f*.

➡ **carne de cañón** *f* bucha *f* de canhão.

➡ **carne de gallina** *f*: **se me puso la** ∼ **de**

56

gallina fiquei arrepiado.

carné (*pl* carnés), **carnet** (*pl* carnets) *m* carteira *f*; ~ **de conducir** carteira de habilitação; ~ **de identidad** carteira de identidade.

carnear *vt Andes, RP* carnear.

carnicería *f* -**1**. [tienda] açougue *m* -**2**. [masacre, destrozo] carnificina *f*.

carnicero, ra <> *adj* [animal] carnívoro(ra). <> *m, f* -**1**. [profesional] açougueiro *m*, -ra *f* -**2**. [que destroza] carniceiro *m*, -ra *f*.
◆ **carniceros** *mpl ZOOL* carnívoros *mpl*.

cárnico, ca *adj* de carne.

carnitas *fpl Méx carne de porco picada utilizada em tacos.*

carnívoro, ra *adj* carnívoro(ra).
◆ **carnívoro** *m* carnívoro *m*.

carnoso, sa *adj* -**1**. [de carne] carnoso(sa) -**2**. [grueso] carnudo(da).

caro, ra *adj* caro(ra).
◆ **caro** *adv* caro.

carota *mf Esp fam* caradura *mf*.

carozo *m RP* pedra *f*.

carpa *f* -**1**. [pez] carpa *f* -**2**. [de lona] lona *f* -**3**. *Amér* [tienda de campaña] barraca *f*.

carpaccio *m* carpaccio *m*.

carpeta *f* -**1**. [de cartón] pasta *f* -**2**. *INFORM* pasta *f*.

carpetazo *m*: **dar** ~ **a algo** pôr um ponto final em algo.

carpintería *f* carpintaria *f*; ~ **metálica** esquadria *f* de alumínio.

carpintero, ra *m, f* carpinteiro *m*, -ra *f*.

carpo *m ANAT* carpo *m*.

carraca *f* -**1**. [instrumento] matraca *f* -**2**. [cosa vieja] cacareco *m*.

carraspear *vi* -**1**. [hablar ronco] roufenhar -**2**. [toser] pigarrear.

carraspera *f* rouquidão *f*.

carrera *f* -**1**. [gen] corrida *f*; **tomar** ~ tomar impulso; ~ **de armamentos** corrida *f* armamentista; ~ **contra reloj** corrida contra o relógio -**2**. [espacio, trayecto] trajeto *m* -**3**. [estudios, profesión] carreira *f* -**4**. [calle] rua *f*.

carrerilla *f* impulso *m*; **coger** *o* **tomar** ~ pegar *o* tomar impulso.
◆ **de carrerilla** *loc adv* de cor.

carreta *f* carroça *f*.

carretada *f* -**1**. [gen] carroçada *f* -**2**. *fam* [gran cantidad]: **a** ~**s** aos montões.

carrete *m* carretel *m*.

carretera *f* estrada *f*; ~ **comarcal/nacional** estrada local/nacional; ~ **de cuota** *Méx* rodovia *f* pedagiada.

carretero, ra <> *adj Amér* rodoviário(ria); **un accidente** ~ um acidente rodoviário; **tráfico** ~ tráfego rodoviário. <> *m, f*

[conductor] charreteiro *m*, -ra *f*; **fumar como un** ~ *fig* fumar como uma chaminé.

carretilla *f* [carro pequeño] carrinho *m* de mão.

carril *m* -**1**. [de carretera] pista *f*; ~ **bici** ciclovia *f*; ~ **bus** corredor *m* de ônibus -**2**. [de ruedas] sulco *m* -**3**. [de vía de tren] trilho *m*.

carrillo *m* bochecha *f*; **comer a dos** ~**s** *fig* comer com voracidade.

carro *m* -**1**. [vehículo] carroça *f*; ~ **de combate** *MIL* tanque *m* de guerra -**2**. [parte móvil] carro *m* -**3**. *Andes, CAm, Carib & Méx* [coche] carro *m*; ~ **comedor** [de un tren] vagão-restaurante *m*; ~ **dormitorio** [de un tren] vagão-leito *m* -**4**. *loc*: **parar el** ~ [contener a alguien] dar um tempo.

> Não confundir com o português 'carro', que tem um significado similar ao espanhol *coche* ou *automóvil*: (*Pasó un carro tirado por tres caballos.* Passou uma carroça puxada por três cavalos.)

carrocería *f* carroceria *f*.

carromato *m* carroção *m*.

carroña *f* carniça *f*.

carroza <> *f* carruagem *f*. <> *mf fam* careta *mf*.

carruaje *m* carruagem *f*.

carrusel *m* carrossel *m*.

carta *f* -**1**. [gen] carta *f*; **echar una** ~ **en el buzón** colocar uma carta na caixa de correio; ~ **de recomendación** carta de recomendação; **echar las** ~**s** ler as cartas; **a la** ~ à la carte -**2**. *loc*: **jugarse alguien todo a una** ~ alguém apostar tudo numa cartada.
◆ **carta blanca** *f* carta *f* branca.
◆ **carta de ajuste** *f TV* tela *f* de ajuste.

cartabón *m* esquadro *m*.

cartapacio *m* -**1**. [carpeta] pasta *f* -**2**. [cuaderno] caderno *m* de anotações.

cartearse *vpr* corresponder-se.

cartel *m* -**1**. [anuncio] cartaz *m*; **'prohibido fijar** ~**es'** 'proibido colar cartazes' -**2**. *fig* [fama]: **de** ~ famoso.

cártel *m* cartel *m*.

cartelera *f* -**1**. [tablón] quadro *m* de anúncios -**2**. [sección] roteiro *m* de espetáculos.

cárter *m AUTOM* cárter *m*.

cartera *f* -**1**. [para dinero] carteira *f* -**2**. [escolar] mochila *f* -**3**. *Andes, CSur* [bolso] bolsa *f* -**4**. *COM* carteira *f*; ~ **de clientes** carteira de clientes; ~ **de pedidos** carteira de pedidos -**5**. [ministerio] pasta *f*.

> Não confundir *cartera (bolsa)* com o português *carteira* que em espanhol é *billetera*. (*Alguien robó la cartera de María.* Alguém roubou a *bolsa* da Maria.)

carterista *mf* batedor *m*, -ra *f* de carteiras.

cartero, ra *m*, *f* carteiro *m*, -ra *f*.

cartílago *m* cartilagem *f*.

cartilla *f* **-1.** [documento] caderneta *f*; ~ **de ahorros** caderneta de poupança; ~ **de la seguridad social** cartão *m* da previdência social; ~ **militar** caderneta militar **-2.** [para aprender a leer] cartilha *f*.

cartografía *f* cartografia *f*.

cartomancia *f* cartomancia *f*.

cartón *m* **-1.** [material] papelão *m*; ~ **piedra** cartão-pedra *m* **-2.** [de cigarrillos] pacote *m*.

cartuchera *f* cartucheira *f*.

cartucho *m* cartucho *m*; ~ **de tinta** cartucho de tinta.

cartujo, ja *adj* cartuxo(xa).

➡ **cartujo** *m* [religioso] cartuxo *m*.

➡ **cartuja** *f* cartuxa *f*.

cartulina *f* cartolina *f*.

casa *f* **-1.** [gen] casa *f*; ~ **adosada** casa geminada; ~ **de campo** casa de campo; ~ **Consistorial** [ayuntamiento] Prefeitura *f*; ~ **de huéspedes** casa de hóspedes; ~ **de socorro** pronto-socorro *m*; ~ **unifamiliar** casa individual **-2.** *loc*: **se le cayó la** ~ **encima** [tuvo problemas] foi o fim do mundo para ele; **echar** *o* **tirar la** ~ **por la ventana** [derrochar] jogar dinheiro pela janela; **ser de andar por** ~ [sencillo] ser simples.

casaca *f* casaca *f*.

casadero, ra *adj* casadouro(ra).

casado, da <> *adj* casado(da); **estar** ~ **con alguien** estar casado com alguém. <> *m*, *f* casado *m*, -da *f*.

casamentero, ra <> *adj* casamenteiro(ra). <> *m*, *f* casamenteiro *m*, -ra *f*.

casamiento *m* casamento *m*.

casanova *m* casanova *m*.

casar <> *vt* casar. <> *vi* casar.

➡ **casarse** *vpr* [en matrimonio] casar-se; ~**se (con alguien)** casar-se (com alguém).

cascabel *m* guizo *m*.

cascada *f* [de agua] cascata *f*.

cascado, da *adj* **-1.** *fam* [estropeado] desgastado(da) **-2.** [ronco] rascante.

cascanueces *m inv* quebra-nozes *m inv*.

cascar <> *vt* **-1.** [romper] descascar **-2.** *fam* [dañar] desgastar **-3.** *fam* [voz] estragar **-4.** *fam* [pegar] bater. <> *vi* *Esp fam* [hablar] papear.

cáscara *f* casca *f*.

cascarilla *f* casca *f*.

cascarón *m* casca *f* de ovo.

cascarrabias *mf inv* mal-humorado *m*, -da *f*.

casco *m* **-1.** [para la cabeza] capacete *m* **-2.** [de barco, de caballo] casco *m* **-3.** [de ciudad] centro *m*; ~ **antiguo/comercial/urbano** centro antigo/comercial/urbano **-4.** [envase] casco *m*.

➡ **cascos** *mpl fam*: **calentarse** *o* **romperse los** ~**s** *fig* esquentar-se *o* quebrar-se a cabeça; **ser alegre** *o* **ligero de** ~**s** *fig* ser cabeça fresca.

➡ **cascos azules** *mpl* capacetes *mpl* azuis.

caserío *m* casario *m*.

caserna *f* caserna *f*.

casero, ra <> *adj* caseiro(ra). <> *m*, *f* **-1.** [propietario] senhorio *m*, -ria *f* **-2.** [encargado] caseiro *m*, -ra *f*.

caserón *m* casarão *m*.

caseta *f* **-1.** [casa pequeña] barracão *m*; ~ **de cobro** *Méx* cabine *f* de pedágio; ~ **telefónica** *Méx* cabine telefônica **-2.** [para cambiarse] cabine *f* **-3.** [para perro] casinha *f*.

casete (*pl* casetes), **cassette** (*pl* cassettes) <> *m* *o* *f* [cinta] fita *f* cassete. <> *m* *Esp* [magnetófono] gravador *m*.

casi *adv* quase; ~ **nunca** quase nunca.

casilla *f* **-1.** [taquilla] bilheteria *f* **-2.** [de caja, armario] escaninho *m* **-3.** [en impreso] quadrícula *f* **-4.** [de tablero] casa *f* **-5.** : ~ **de correos** *Andes* & *RP* caixa *f* postal.

casillero *m* escaninho *m*.

casino *m* **-1.** [para jugar] cassino *m* **-2.** [asociación] associação *m*.

caso *m* **-1.** [gen] caso *m*; **el** ~ **es que** o caso é que **-2.** [ocasión] ocasião *f*; **en el mejor/peor de los** ~**s** no melhor/pior dos casos; ~ **que** caso que; **dado el** ~ **que** dado o caso que; **en** ~ **de que** em caso de que; **en todo** *o* **cualquier** ~ [sea lo que fuere] em todo *o* qualquer caso **-3.** *loc*: **nadie le hace** ~ *fam* ninguém liga para ele; **hacer** ~ **omiso** [ignorar] não levar em conta; **no hacer** *o* **venir al** ~ *fam* não vir ao caso; **ser un** ~ *fam* ser um caso sério.

caspa *f* caspa *f*.

casquete *m* [gorro] casquete *m*.

➡ **casquete esférico** *m* GEOM calota *f* esférica.

➡ **casquete polar** *m* GEOGR calota *f* polar.

casquillo *m* **-1.** [de bala] cápsula *f* **-2.** [de lámpara] soquete *m* **-3.** [abrazadera] ponteira *f*.

cassette = casete.

casta *f* casta *f*.

castaña *f* ▷ castaño.

castañazo *m fam* bordoada *f*.

castañetear <> *vt* [chasquear] estalar. <> *vi* bater os dentes.

castaño, ña *adj* [color] castanho(nha).

➡ **castaño** *m* **-1.** [color, madera] castanho *m* **-2.** [árbol] castanheiro *m*.

➡ **castaña** *f* **-1.** [fruto] castanha *f* **-2.** *fam* [golpe] bordoada *f* **-3.** *Esp fam* [borrachera] pileque *m*.

castañuela f castanhola f.
castellanizar vt castelhanizar.
castellano, na <> adj castelhano(na). <> m, f [persona] castelhano m, -na f.
➤ castellano m [lengua] espanhol m.
castellanoparlante <> adj hispanoparlante. <> mf hispanoparlante mf.
castidad f castidade f.
castigador, ra <> adj fam sedutor(ra). <> m, f fam paquerador m, -ra f.
castigar vt -1. [gen] castigar -2. fam [enamorar] paquerar.
castigo m -1. [gen] castigo m -2. DEP penalidade f.
Castilla n Castela; ~ y León Castela e Leão.
Castilla-La Mancha n Castela la Mancha.
castillo m castelo m.
castizo, za adj castiço(ça).
casto, ta adj casto(ta).
castor m castor m.
castrar vt castrar.
castrense adj castrense.
casual adj casual.
casualidad f casualidade f; por ~ por acaso; ¡qué ~! que coincidência!
casulla f casula f.
cataclismo m cataclismo m.
catacumbas fpl catacumbas fpl.
catador, ra m, f degustador m, -ra f.
catalán, lana <> adj catalão(lã). <> m, f catalão m, -lã f.
➤ catalán m catalão m.
catalejo m telescópio m.
catalizador, ra adj catalisador(ra).
➤ catalizador m catalisador m.
catalogar vt -1. [en catálogo] catalogar -2. [clasificar] classificar; ~ a alguien de algo classificar alguém de algo.
catálogo m catálogo m.
Cataluña n Catalunha.
catamarán m NÁUT catamarã m.
cataplasma f -1. MED cataplasma f -2. fam fig [pesado] emplastro m.
catapulta f catapulta f.
catar vt degustar.
catarata f catarata f.
catarro m resfriado m.
catarsis f catarse f.
catastro m cadastro m.
catástrofe f catástrofe f.
catastrófico, ca adj catastrófico(ca).
catastrofista <> adj catastrofista. <> mf catastrofista mf.
cátcher (pl catchers) m DEP no basebol, jogador que fica atrás do batedor do time contrário para pegar a bola enviada pelo lançador de sua equipe.

catchup, ketchup m inv ketchup m.
cate m fam bomba f.
catear <> vt -1. Esp fam [en examen] levar bomba em -2. Amér [registrar] procurar. <> vi Esp fam levar bomba.
catecismo m catecismo m.
cátedra f cátedra f.
catedral f catedral f.
catedrático, ca m, f catedrático m, -ca f.
categoría f categoria f; de ~ de categoria.
categórico, ca adj categórico(ca).
catequesis f catequese f.
catequizar vt catequizar.
catering m catering m.
caterva f caterva f.
cateto, ta <> adj Esp despec [palurdo] grosseiro(ra). <> m, f [palurdo] grosseiro m, -ra f.
➤ cateto m GEOM cateto m.
catire, ra adj Carib loiro(ra).
cátodo m FÍS cátodo m.
catolicismo m catolicismo m.
católico, ca <> adj católico(ca); no estar muy ~ fam fig não estar muito católico. <> m, f católico m, -ca f.
catorce <> núm quatorze. <> m [número] quatorze m; ver también seis.
catorceavo, va, catorzavo, va <> núm [para ordenar] décimo quarto, décima quarta; catorceava parte [para fraccionar] décima quarta parte. <> m, f décimo quarto m, décima quarta f.
catorzavo, va = catorceavo.
catre m [cama] catre m.
cauce m -1. [de río] leito m -2. [de riego] canal m -3. [procedimiento] norma f.
caucho m -1. [sustancia] borracha f -2. [planta] seringueira f.
caución f caução f.
caudal m -1. [cantidad de agua, abundancia] caudal m -2. [capital] fortuna f.
caudaloso, sa adj -1. [con agua] caudaloso(sa) -2. [rico] rico(ca).
caudillo m caudilho m.
➤ Caudillo nm: el Caudillo HIST General Francisco Franco, o Caudilho, líder da ditadura fascista na Espanha de 1939 a 1975.
causa f causa f; a ~ de por causa de.
causalidad f causalidade f.
causante <> adj causador(ra). <> mf [provocador] causador m, -ra f.
causar vt causar.
cáustico, ca adj cáustico(ca).
cautela f cautela f; con ~ com cautela.
cauteloso, sa <> adj cauteloso(sa). <> m, f cauteloso m, -sa f.

cautivador, ra ◇ *adj* cativante. ◇ *m, f* sedutor(ra).

cautivar *vt* -1. [apresar] capturar -2. [seducir] cativar.

cautiverio *m,* **cautividad** *f* cativeiro *m;* vivir en ~ viver em cativeiro.

cautivo, va ◇ *adj* cativo(va). ◇ *m, f* cativo *m,* -va *f.*

cauto, ta *adj* cauteloso(sa).

cava ◇ *m* [bebida] *vinho espumante da Catalunha fabricado pelo mesmo método do champanhe francês.* ◇ *f* [bodega] adega *f.*

cavar ◇ *vt* cavar. ◇ *vi* cavar.

caverna *f* -1. [cueva] caverna *f* -2. MED cavidade *f.*

cavernícola ◇ *adj* cavernícola. ◇ *mf* cavernícola *mf.*

cavernoso, sa *adj* cavernoso(sa).

caviar *m* caviar *m.*

cavidad *f* cavidade *f.*

cavilar *vi* refletir.

cayado *m* cajado *m.*

cayo *m* banco *m* de areia.

caza ◇ *f* caça *f*; **salir o ir de** ~ sair para caçar. ◇ *m* caça *m.*

cazabe *m Amér* pão *m* de mandioca.

cazabombardero *m* caça-bombardeiro *m.*

cazador, ra ◇ *adj* caçador(ra). ◇ *m, f* caçador *m,* -ra *f.*

◆ **cazadora** *f* [prenda] jaqueta *f.*

cazadotes *m inv* caça-dotes *m o f inv.*

cazalla *f* [bebida] *aguardente seca e forte produzida em Sevilha.*

cazar *vt* -1. [matar] caçar -2. *fig* [pillar, atrapar] pegar.

cazo *m* panela *f.*

cazoleta *f* -1. [recipiente] fôrma *f* -2. [de pipa] fornilho *m.*

cazuela *f* -1. [recipiente] panela *f* -2. [guiso] guisado *m;* **a la** ~ à caçarola.

cazurro, rra ◇ *adj* -1. [huraño] esquivo(va) -2. [bruto] ignorante. ◇ *m, f* [bruto] ignorante *mf.*

c/c (*abrev de* **cuenta corriente**).

cc (*abrev de* **centímetros cúbicos**) cc.

c/c (*abrev de* **cuenta corriente**) c/c.

CC AA (*abrev de* **Comunidades Autónomas**) comunidades autônomas.

CC OO (*abrev de* **Comisiones Obreras**) *fpl sindicato espanhol de esquerda.*

CD *m* -1. (*abrev de* **compact disc**) CD; ~ **interactivo** CD interativo -2. (*abrev de* **club deportivo**) EC -3. (*abrev de* **cuerpo diplomático**) CD.

CD-I (*abrev de* **Compact Disc Interactivo**) *m* CD-I *m.*

CD-R (*abrev de* **compact disc recordable**) *m* CD-R *m.*

CD-ROM (*abrev de* **Compact Disc-Read Only Memory**) *m* CD-ROM *m.*

CD-RW (*abrev de* **compact disc rewritable**) *m* CD-RW *m.*

ce *f:* ~ **(con) cedilla** cê-cedilha *m.*

CE *f* -1. (*abrev de* **Comunidad Europea**) CE *f* -2. (*abrev de* **Comisión Europea**) CE *f.*

cebada *f* cevada *f.*

cebar *vt* -1. [sobrealimentar] cevar -2. [poner en funcionamiento] alimentar -3. *RP* [mate] preparar.

◆ **cebarse** *vpr:* ~ **se en** penetrar em.

cebo *m* -1. [para cazar] isca *f* -2. [para alimentar] ceva *f* -3. [para atraer] chamariz *m.*

cebolla *f* cebola *f.*

cebolleta *f* cebolinha *f.*

cebollino *m* -1. [planta] alho-poró *m* -2. *fam* [necio] boboca *mf.*

cebra *f* zebra *f.*

cecear *vi* cecear.

ceceo *m* ceceio *m.*

cecina *f* carne-de-sol *f.*

cedazo *m* peneira *f.*

ceder ◇ *vt* ceder. ◇ *vi* ceder; ~ **a** ceder a; ~ **en** ceder em.

cedilla *f* cedilha *f.*

cedro *m* cedro *m.*

cédula *f* cédula *f*; ~ **(de identidad)** *Amér* carteira *f* de identidade.

CEE (*abrev de* **Comunidad Económica Europea**) *f* CEE *f.*

cegar ◇ *vt* -1. [gen] cegar -2. [tapar] tapar. ◇ *vi* cegar.

◆ **cegarse** *vpr* cegar-se.

cegato, ta ◇ *adj fam* cegueta. ◇ *m, f fam* cegueta *mf.*

ceguera *f* cegueira *f.*

ceja *f* -1. [sobre ojo] sobrancelha *f* -2. [de costura, encuadernación, instrumento] pestana *f* -3. *loc:* **meterse algo entre** ~ **y** ~ *fam* meter algo na cabeça.

cejar *vi:* ~ **en** recuar em.

cejijunto, ta *adj* -1. [cejas] sobrancelhudo(da) -2. [gesto] sisudo(da).

cejilla *f MÚS* pestana *f.*

celda *f* -1. [de personas] cela *f* -2. [de abejas] alvéolo *m.*

celebérrimo, ma *adj* celebérrimo(ma).

celebración *f* celebração *f.*

celebrar *vt* celebrar.

◆ **celebrarse** *vpr* celebrar-se.

célebre *adj* [con fama] célebre.

celebridad *f* celebridade *f.*

celeridad *f* celeridade *f.*

celeste *adj* [del cielo] celeste.

celestial *adj* celestial.

celestina *f* alcoviteira *f.*

celibato *m* celibato *m.*

célibe

célibe ◇ *adj* celibatário(ria). ◇ *mf* celibatário *m*, -ria *f*.

celo *m* -1. [gen] zelo *m* -2. [de animal] cio *m*; **en** ~ no cio -3. [cinta adhesiva] fita *f* adesiva.

◆ **celos** *mpl* ciúmes *mpl*; **dar** ~**s** provocar ciúmes; **tener** ~**s de** ter ciúmes de.

celofán *m* celofane *m*.

celosía *f* gelosia *f*.

celoso, sa ◇ *adj* -1. [con celos] ciumento(ta) -2. [cumplidor] zeloso(sa); ~ **de** *o* **en** zeloso de *o* em. ◇ *m*, *f* [con celos] ciumento *m*, -ta *f*.

celta ◇ *adj* celta. ◇ *mf* [persona] celta *mf*. ◇ *m* [lengua] celta *m*.

celtíbero, ra, celtibero, ra ◇ *adj* celtibero(ra). ◇ *m*, *f* celtibero *m*, -ra *f*.

céltico, ca *adj* céltico(ca).

célula *f* célula *f*.

◆ **célula fotoeléctrica** *f* célula *f* fotelétrica.

◆ **célula fotovoltaica** *f* célula *f* fotovoltaica.

◆ **célula madre** *f* célula-tronco *f*.

celular ◇ *adj* celular. ◇ *m Amér* celular *m*.

celulitis *f* celulite *f*.

celuloide *m QUÍM* celulóide *m*.

celulosa *f QUÍM* celulose *f*.

cementar *vt* -1. [metal] cementar -2. [con cemento] cimentar.

cementerio *m* cemitério *m*; ~ **de automóviles** *o* **coches** cemitério de automóveis.

cemento *m* cimento *m*; ~ **armado** cimento armado.

cena *f* jantar *m*; **dar una** ~ dar um jantar.

◆ **última Cena** *f*: **la última Cena** a última Ceia.

cenagal *m* -1. [lugar con cieno] lamaçal *m* -2. *fig* [apuro] atoleiro *m*.

cenagoso, sa *adj* lamacento(ta).

cenar ◇ *vt* jantar. ◇ *vi* jantar.

cencerro *m* cincerro *m*; **estar como un** ~ *fam* estar biruta.

cenefa *f* barra *f*.

cenicero *m* cinzeiro *m*.

cenit = zenit.

cenizo, za *adj* cinza.

◆ **cenizo** *m* -1. [suerte adversa] má sorte *f* -2. [gafe] pé-frio *m*.

◆ **ceniza** *f* cinza *f*.

◆ **cenizas** *fpl* cinzas *fpl*.

censar *vt* recensear.

censo *m* censo *m*.

censor, ra *m*, *f* [crítico, funcionario] censor *m*, -ra *f*.

censura *f* censura *f*.

censurar *vt* censurar.

centauro *m MITOL* centauro *m*.

centavo, va ◇ *núm* [para ordenar] centésimo(ma); **centava parte** [para fraccionar] centésima parte. ◇ *m*, *f* centésimo *m*, -ma *f*.

centella *f* -1. [gen] raio *m*; **como una** ~ como um raio -2. [chispa] centelha *f*.

centellear *vi* cintilar.

centelleo *m* cintilação *f*.

centena *f* centena *f*.

centenar *m* centena *f*; **a** ~**es** às centenas.

centenario, ria *adj* centenário(ria).

◆ **centenario** *m* centenário *m*.

centeno *m* centeio *m*.

centésimo, ma ◇ *núm* [para ordenar] centésimo; **centésima parte** [para fraccionar] centésima parte. ◇ *m*, *f* centésimo *m*, -ma *f*.

centígrado, da *adj* centígrado(da).

centigramo *m* centigrama *m*.

centilitro *m* centilitro *m*.

centímetro *m* -1. [medida] centímetro *m* -2. [cinta] fita *f* métrica.

céntimo *m* [moneda] centavo *m*.

centinela *m* sentinela *f*.

centollo *m* aranha-do-mar *f*.

centrado, da *adj* -1. [basado] baseado(da); ~ **en** concentrado em -2. [equilibrado] equilibrado(da) -3. [por su posición] centrado(da).

◆ **centrado** *m* [acción] centralização *f*.

central ◇ *adj* central. ◇ *m DEP* zagueiro *m* central. ◇ *f* -1. [oficina] matriz *f* -2. [de energía] central *f*; ~ **nuclear/térmica** central nuclear/térmica.

centralismo *m* centralismo *m*.

centralista ◇ *adj* centralista. ◇ *mf* centralista *mf*.

centralita *f* central *f* telefônica.

centralización *f* centralização *f*.

centralizar *vt* centralizar.

centrar *vt* -1. [gen] centrar -2. [equilibrar] equilibrar -3. [dirigir] convergir -4. [atraer] atrair.

◆ **centrarse** *vpr* -1. [equilibrarse] equilibrar-se -2. [concentrarse]: ~**se en** concentrar-se em.

céntrico, ca *adj* central.

centrifugador, ra *adj* centrifugador(ra).

◆ **centrifugadora** *f* centrífuga *f*.

centrifugar *vt* centrifugar.

centrífugo, ga *adj* centrífugo(ga).

centrista ◇ *adj* centrista. ◇ *mf* centrista *mf*.

centro *m* centro *m*; ~ **de cálculo** centro de cálculo; ~ **de planificación familiar** centro de planejamento familiar.

◆ **centro comercial** *m* centro *m* comercial.

➤ **centro de atracción** m FÍS centro m de atração.

➤ **centro de gravedad** m FÍS centro m de gravidade.

➤ **centro de mesa** m centro m de mesa.

Centroamérica n América Central.

centrocampista mf DEP meio-de-campo mf.

céntuplo, pla núm cêntuplo m cêntupla.

➤ **céntuplo** m cêntuplo m.

centuria f - 1. culto [siglo] centúria f - 2. [división militar] centúria f.

centurión m centurião m.

ceñir vt - 1. [abrazar] estreitar - 2. [apretar] apertar - 3. fig [amoldar] cingir.

➤ **ceñirse** vpr - 1. [apretarse] apertar - 2. [amoldarse]: ~se a cingir-se a.

ceño m cenho m.

CEOE (abrev de **Confederación Española de Organizaciones Empresariales**) f associação dos empresários espanhóis.

cepa f cepa f.

cepillar vt - 1. [gen] escovar - 2. [madera] aplainar - 3. fam [robar, birlar] limpar - 4. fam [adular] bajular.

➤ **cepillarse** vpr - 1. [gen] escovar - 2. fam [liquidarse] detonar - 3. fam [suspender] reprovar - 4. fam [matar, cargarse] apagar - 5. vulg [fornicar con] comer.

cepillo m - 1. [para limpiar] escova f - 2. [de carpintero] cepilho m - 3. [de donativos] mealheiro m.

cepo m - 1. [para cazar] armadilha f - 2. [para vehículos] grampo m de pneu - 3. [para sujetar] grampo m - 4. [para presos] cepo m.

cera f cera f; ~ **depilatoria** cera depilatória; ~ **virgen** cera virgem.

cerámica f cerâmica f.

ceramista mf ceramista mf.

cerca ⬦ f cerca f. ⬦ adv perto; **de** ~ **de** perto.

➤ **cerca de** loc prep - 1. [en el espacio] perto de - 2. [aproximadamente] cerca de.

cercado m cercado m.

cercanía f proximidade f.

➤ **cercanías** fpl subúrbio m.

cercano, na adj próximo(ma); ~ **a** próximo a.

cercar vt cercar.

cerciorarse vpr: ~**se (de)** certificar-se (de).

cerco m - 1. [círculo] círculo m - 2. [asa] marco m - 3. [conjunto de cosas] cordão m - 4. [de astro] halo m - 5. [para bloquear] cerco m; **poner** ~ **a algo** sitiar algo.

cerda f ⊳ cerdo.

cerdada f fam sujeira f.

Cerdeña n Sardenha.

cerdo, da m, f - 1. [animal] porco m, -ca f - 2. fam [persona] sujo m, -ja f.

➤ **cerdo** m porco m.

➤ **cerda** f [pelo] cerda f.

cereal m cereal m.

cerebelo m ANAT cerebelo m.

cerebral adj cerebral.

cerebro m cérebro m.

➤ **cerebro electrónico** m cérebro m eletrônico.

ceremonia f cerimônia f.

ceremonial ⬦ adj de cerimônia. ⬦ m cerimonial m.

ceremonioso, sa adj ceremonioso(sa).

cereza f cereja f.

cerezo m cerejeira f.

cerilla f fósforo m.

cerillo m CAm, Ecuad, Méx fósforo m.

cerner, cernir vt [cribar] peneirar.

➤ **cernerse** vpr pairar.

cernícalo m - 1. [ave] alfaneque m - 2. fam [bruto] bruto m, -ta f.

cernir = cerner.

cero ⬦ núm zero. ⬦ m - 1. [gen] zero m; ~ **coma siete** zero vírgula sete; **bajo** ~ abaixo de zero - 2. loc: **ser un** ~ **a la izquierda** fam ser um zero à esquerda; ver también **seis**.

cerquillo m Amér franja f.

cerrado, da adj - 1. [gen] fechado(da); ~ **a** fechado a - 2. [rodeado] cercado(da) - 3. [oculto, poco claro] hermético(ca) - 4. [acento] carregado(da).

cerradura f fechadura f.

cerrajería f serralheria f.

cerrajero, ra m, f serralheiro m, -ra f.

cerrar ⬦ vt - 1. [gen] fechar - 2. [cercar] cercar. ⬦ vi fechar.

➤ **cerrarse** vpr - 1. [gen] fechar-se; ~**se a** fechar-se a; ~**se en banda** fechar-se em copas - 2. [terminarse] encerrar-se.

cerrazón f - 1. [obscuridad] cerração f - 2. [obstinación] obstinação f.

cerril adj - 1. [animal] selvagem - 2. fam [obstinado] teimoso(sa).

cerro m colina f; **echar** o **irse por los** ~**s de Úbeda** fig fugir do assunto.

cerrojo m ferrolho m; **echar el** ~ passar o ferrolho.

certamen m certame m.

certero, ra adj certeiro(ra).

certeza f certeza f.

certidumbre f certeza f.

certificación f - 1. [hecho] certificação f - 2. [documento] certificado m.

certificado, da adj registrado(da).

➤ **certificado** m atestado m; ~ **médico** atestado médico.

certificar vt **-1.** [para asegurar] certificar **-2.** [para acreditar] registrar.

cerumen m cerume m.

cervatillo m cervato m.

cervato m cervato m.

cervecería f cervejaria f.

cervecero, ra <> adj cervejeiro(ra). <> m, f cervejeiro m, -ra f.

cerveza f cerveja f; ~ **de barril** chope m; ~ **negra** cerveja preta.

cervical <> adj cervical. <> f (gen pl) vértebras fpl cervicais.

cesante adj CSur, Méx [en paro] desempregado(da).

cesantía f desemprego m.

cesar <> vt [destituir] demitir. <> vi **-1.** [parar] cessar; ~ **de** cessar de; **sin** ~ sem cessar **-2.** [dimitir] demitir-se.

césar m césar m.

cesárea f cesariana f.

cese m **-1.** [detención, paro] cessação f **-2.** [destitución] demissão f.

cesión f cessão f.

césped m grama f, gramado m; 'prohibido pisar el ~' 'proibido pisar na grama'.

cesta f cesta f; ~ **de la compra** ECON cesta básica; [para compras en Internet] carrinho m de compras; ~ **de Navidad** cesta de Natal.

cesto m cesto m.

cetáceos mpl ZOOL cetáceos mpl.

cetrería f cetraria f.

cetro m cetro m.

cf., cfr. (abrev de **confróntese**) vide.

CFC (abrev de **clorofluorocarbonos**) mpl CFC mpl.

cg (abrev de **centigramo**) cg.

ch, Ch f [letra] ch, Ch m.

chabacano, na adj grosseiro(ra).

➡ **chabacano** m Méx **-1.** [fruto] damasco m **-2.** [árbol] damasqueiro m.

chabola f barraco m.

chacal m chacal m.

chacha f fam empregada f doméstica.

chachachá m chá-chá-chá m.

cháchara f fam conversa f fiada; **estar de** ~ estar de conversa fiada.

chacina f chacina f.

chacra f Andes, RP chácara f.

chafar vt **-1.** [aplastar] amassar **-2.** fig [estropear] estragar **-3.** [abatir] abalar.

➡ **chafarse** vpr arruinar-se.

chaflán m [de un edificio] chanfradura f.

chagra Amér f = chacra.

chal m chale m.

chalado, da fam <> adj louco(ca). <> m, f louco m, -ca f.

chaladura f fam **-1.** [locura] piração f **-2.**

[enamoramiento] paixonite f.

chalar vt enlouquecer.

➡ **chalarse** vpr enlouquecer; ~ **se por algo/alguien** enlouquecer por algo/alguém.

chalé (pl chalés), **chalet** (pl chalets) m chalé m.

chaleco m **-1.** [de traje] colete m; ~ **salvavidas** colete salva-vidas **-2.** [de punto] colete m de tricô.

chalet = chalé.

chalupa f **-1.** NÁUT chalupa f **-2.** Méx [plato] pequena tortilha recheada.

chamaco, ca m, f Méx fam garoto m, -ta f.

chamán m xamã m.

chamarra f casaco f.

chamba f fam **-1.** [suerte] sorte f **-2.** CAm, Méx, Perú, Ven [empleo, trabajo] bico m.

chambear vi Méx, Perú fam trabalhar.

chambón, bona m, f Amér fam chambão m, -ona f.

chamiza f **-1.** [hierba] colmo m **-2.** [leña] chamiço m.

chamizo m **-1.** [leña] chamiço m **-2.** [casa] choça f **-3.** fam despec [lugar] espelunca f.

champa f CAm barraca f.

champán, champaña m champanhe m.

champiñón m cogumelo m.

champú (pl champús O champúes) m xampu m.

chamuscar vt chamuscar.

➡ **chamuscarse** vpr chamuscar-se.

chamusquina f chamuscadura f; **oler a** ~ fam fig estar cheirando mal.

chance <> f Amér chance f. <> adv Méx talvez.

chanchada f Amér **-1.** [grosería] grosseria f **-2.** [porquería] sujeira f.

chancho m Amér porco m, -ca f.

chanchullo m fam trambique m.

chancla f [tipo de calzado] chinelo m.

chancleta f chinelo m.

chanclo m **-1.** [de madera] tamanco m **-2.** [de plástico] galocha f.

chándal (pl chándals), **chandal** (pl chandals) m agasalho m.

changa f Bol, RP bico m.

changador, ra m, f RP porteiro m, -ra f.

changarro m Méx lojinha f.

chanquete m petinga f.

chantaje m chantagem f.

chantajear vt chantagear.

chantajista mf chantagista mf.

chantillí, chantilly m chantilly m.

chanza f brincadeira f.

chao interj fam tchau!

chapa f **-1.** [lámina] chapa f **-2.** [tapón] tampa f **-3.** [de identificación] distintivo m **-4.** Col, Cuba, Méx [cerradura] fechadura f **-5.** RP [de matrícula] placa f.

◆ **chapas** *fpl Esp* tampinha *f*; **jugar a las** ~ jogar tampinha.

chapado, da *adj* chapeado(da); ~ **a la antigua** *fig* moldado à moda antiga.

◆ **chapado** *m* chapeamento *m*.

chaparro, rra ◇ *adj* achaparrado(da). ◇ *m, f* barrica *f*.

◆ **chaparro** *m* chaparreiro *m*.

chaparrón *m* -**1.** [de agua] aguaceiro *m* -**2.** *fam* [gran cantidad] enxurrada *f*.

chapeado, da *adj* chapeado(da).

chapela *f* boina *f*.

chapista *mf* funileiro *m*, -ra *f*.

chapopote *m Carib, Méx* alcatrão *m*.

chapotear *vi* chapinhar.

chapucear *vt* achavascar.

chapucería *f* serviço *m* malfeito.

chapucero, ra ◇ *adj* malfeito(ta). ◇ *m, f* porcalhão *m*, -lhona *f*.

chapurrear, chapurrar *vt* arranhar.

chapuza *f* -**1.** [trabajo mal hecho] serviço *m* malfeito -**2.** [trabajo ocasional] bico *m*.

chapuzón *m* mergulho *m*.

chaqué *m* fraque *m*.

chaqueta *f* -**1.** [de traje] paletó *m* -**2.** [de punto] cardigã *m*.

chaquetero, ra ◇ *adj* volúvel. ◇ *m, f* vira-casaca *mf*.

chaquetilla *f* jaqueta *f*.

chaquetón *m* casacão *m*.

charada *f* charada *f*.

charanga *f* -**1.** [banda de música] charanga *f* -**2.** *fam* [fiesta] festa *f*.

charca *f* poça *f*.

charco *m* poça *f*.

charcutería *f* charcutaria *f*.

charla *f* -**1.** [conversación] bate-papo *m* -**2.** [conferencia] palestra *f*.

charlar *vi* bater papo.

charlatán, ana ◇ *adj* indiscreto(ta). ◇ *m, f* -**1.** [que habla mucho] tagarela *mf* -**2.** [que miente] impostor *m*, -ra *f* -**3.** [vendedor] charlatão *m*, -na *f*.

charlestón *m* charleston *m*.

charlotada *f* [acción grotesca] palhaçada *f*.

charlotear *vi* bater papo.

charnego, ga *m, f despec* termo depreciativo utilizado na Cataluña para designar um imigrante proveniente de outra região da Espanha.

charol *m* -**1.** [material] verniz *m* -**2.** *Andes* [bandeja] bandeja *f*.

charola *f Bol, CAm, Méx* bandeja *f*; **poner algo en charola a alguien** *fig* dar algo de bandeja a alguém.

charque, charqui *m Andes, RP* charque *m*.

charro, rra ◇ *adj* -**1.** [de Salamanca] salamanquense -**2.** [llamativo, recargado] rococó

-**3.** [de México] pertencente ou relativo à cultura dos charros. ◇ *m, f* salamanquense *mf*.

◆ *m Méx* vaqueiro *m*, -ra *f*.

charrúa *Amér mf inv* charrua *mf*.

chárter ◇ *adj inv* charter. ◇ *m inv* charter *m*.

chasca *f Andes* [de persona] grenha *f*.

chascar ◇ *vi* [madera] estalar. ◇ *vt* [la lengua] estalar.

chasco *m* -**1.** [decepción] decepção *f*; **llevarse un** ~ ficar decepcionado -**2.** [burla] zombaria *f*; **dar un** ~ **a alguien** zombar de alguém.

chasis *m inv* -**1.** [gen] chassi *m* -**2.** *fam* [de persona] esqueleto *m*.

chasquear ◇ *vt* -**1.** [látigo, lengua] estalar -**2.** *fig* [engañar] pregar uma peça. ◇ *vi* [madera] estalar.

chasquido *m* estalido *m*.

chasquillas *fpl Chile* franja *f* (de cabelo).

chatarra *f* -**1.** [gen] sucata *f* -**2.** *fam despec* [sin valor] quinquilharia *f* -**3.** *fam* [monedas] trocado *m*.

chatarrero, ra *m, f* sucateiro *m*, -ra *f*.

chateo *m*: **ir de** ~ fazer a ronda dos bares.

chato, ta ◇ *adj* -**1.** [nariz, hijo] chato(ta) -**2.** *RP* [mediocre] medíocre. ◇ *m, f* -**1.** [persona chata] pessoa *f* de nariz arrebitado -**2.** *fam* [apelativo] querido *m*, -da *f*.

◆ **chato** *m* [vaso de vino] taça de vinho baixa e larga.

> Não confundir com o português 'chato', que tem um significado similar ao do espanhol *aburrido*, *pesado*: (El río estaba bien chato; no había viento. O rio estava bem calmo; não havia vento.)

chau, chaucito *interj Bol, CSur, Perú fam* tchau!

chaufa *adj Amér*: **arroz** ~ arroz primavera.

chauvinista = **chovinista**.

chaval, la *m, f fam* garoto *m*, -ta *f*.

chavalería *f fam* garotada *f*.

chaveta *f* -**1.** [clavija] chaveta *f* -**2.** *fam* [cabeza] bola *f*; **perder la** ~ perder a cabeça.

chavo, va *m, f Méx fam* moço *m*, -ça *f*.

◆ **chavo** *m fam* tostão *m*.

che *interj RP fam*: **¿como andás**, ~? como vai, cara?; **¡**~**, vení para acá!** cara, vem aqui!

checar, chequear *vt Andes, CAm, Méx* checar.

Chechenia *n* Chechênia.

chef (*pl* **chefs**) *m* chefe *mf* de cozinha.

chele, la *CAm* ◇ *adj* loiro(ra). ◇ *m, f* [rubio] loiro *m*, -ra *f*; [de piel branca] pessoa *f* clara.

cheli *m Esp fam* jargão formado por expressões típicas ou marginais.

chelín *m* xelim *m.*

chepa *f fam* corcunda *f.*

cheposo, sa ◇ *adj fam* corcunda. ◇ *m,* *f fam* corcunda *mf.*

cheque *m* cheque *m*; **extender un** ~ emitir um cheque; ~ **al portador** cheque ao portador; ~ **cruzado** *o* **barrado** cheque cruzado; ~ **(de) gasolina** cheque combustível; ~ **de viaje** cheque de viagem; ~ **nominativo** cheque nominal.

chequear *vt* -1. [a una persona] examinar -2. [comprobar] checar.

chequeo *m* -1. [revisión médica] check-up *m* -2. [cotejo] análise *f.*

chequera *f* talão *m* de cheques.

chévere *adj Andes, CAm, Carib, Méx fam* ótimo(ma).

cheviot *m* cheviote *m.*

chic *adj inv* chique.

chica *f* ▷ chico.

chicano, na ◇ *adj* relativo aos mexicanos que residem nos Estados Unidos. ◇ *m, f* mexicano residente nos Estados Unidos. ➡ **chicano** *m* língua falada pelos mexicanos residentes nos Estados Unidos.

chicarrón, ona *m, f* garotão *m,* -na *f.*

chicha *f* -1. *fam* [gen] carne *f* -2. [bebida] bebida alcoólica à base de milho fermentado em água e açúcar -3. *loc*: **no ser ni** ~ **ni limonada** *o* **limoná** não ser nem uma coisa nem outra.

chícharo *m CAm, Méx* ervilha *f.*

chicharra *f* -1. [animal] cigarra *f* -2. *Méx, RP* [timbre] campainha *f.*

chicharro *m* -1. [alimento] torresmo *m* -2. [pez] carapau *m.*

chicharrón *m* torresmo *m.*

chiche *m CSur fam* [juguete] brinquedo *m*; *CAm, Méx* [pecho] peito *m.*

chichón *m* galo *m.*

chicle *m* chiclete *m.*

chiclé, chicler *m AUTOM* giclê *m.*

chico, ca ◇ *adj* [pequeño] pequeno(na). ◇ *m, f* -1. [persona joven] moço *m,* -ça *f* -2. [tratamiento] amigo *m,* -ga *f.* ➡ **chico** *m* [recadero] recadeiro *m.* ➡ **chica** *f* [criada] empregada *f.*

chicote *m Amér* [látigo] chicote *m.*

chifa *f Perú* restaurante *m* chinês.

chifla *f* -1. [burla] caçoada *f* -2. [silbido] assobio *m.*

chiflado, da *fam* ◇ *adj* louco(ca). ◇ *m, f* -1. [loco] maluco *m,* -ca *f* -2. [apasionado] apaixonado *m,* -da *f.*

chiflar *vi* -1. *Esp fam* [encantar] adorar -2. [silbar] assobiar.

➡ **chiflarse** *vpr* apaixonar-se.

chiflido *m Amér* assobio *m.*

chilaba *f* djallaba *f.*

chilacayote *m Méx* abóbora *f.*

chilango, ga *adj Méx* originário ou pertencente à Cidade do México.

chile *m* chile *m.*

Chile *n* Chile.

chileno, na ◇ *adj* chileno(na). ◇ *m, f* chileno *m,* -na *f.*

chilindrón *m Esp* CULIN carne refogada com tomate e pimentão.

chillar *vi* -1. [gritar] gritar -2. *fam* [reñir] repreender.

chillido *m* grito *m.*

chillón, llona *adj* -1. [sonido] estridente -2. [persona] gritalhão(ona) -3. [color] berrante.

chimbo, ba *adj Col, Ven fam* [falso] falso(sa); [de mala calidad] ruim.

chimenea *f* -1. [hogar] lareira *f* -2. [tubo] chaminé *f.*

chimpancé *m* chimpanzé *m.*

china *f* -1. [piedra] pedrinha *f* -2. *fam* [droga] pedaço de haxixe prensado -3. ▷ chino.

China *n*: **(la)** ~ **(a)** China.

chinampa *f Méx* ilha artificial usada para cultura de flores, frutas e verduras, encontrada em Xochimilco, perto da Cidade do México.

chinchar *vt fam* chatear. ➡ **chincharse** *vpr fam* chatear-se.

chinche ◇ *f* percevejo *m.* ◇ *adj fam* chato(ta). ◇ *mf* chato *m,* -ta *f.*

chincheta *f* percevejo *m.*

chinchilla *f* chinchila *f.*

chinchín ◇ *m fam* [ruido] tintim *m.* ◇ *interj* tintim!

chinchón *m* aguardente *f* de aniz.

chinchulín *m Andes, RP* tripa assada de carneiro ou vaca.

chinga *f Méx mfam* [paliza]: **me dieron una** ~ me deram uma puta surra; [trabajo duro]: **es una** ~ é um puta trabalho.

chingado, da *adj Esp, Méx fam* [estropeado] arrebentado(da). ➡ **chingada** *f Méx vulg*: **¡vete a la chingada!** vai se foder!

chingar ◇ *vt Esp, Méx mfam* [molestar]: ~ **a alguien** encher o saco de alguém; *vulg* [acostarse con] foder. ◇ *vi Esp, Méx vulg* [fornicar] trepar. ➡ **chingarse** *vpr Méx vulg* [beber] encher a cara.

chino, na ◇ *adj* chinês(esa). ◇ *m, f* -1. [de China] chinês *m,* -esa *f* -2. *Andes, RP* [mestizo] mestiço *m,* -ça *f.*

➡ **chino** *m* -**1.** [lengua] chinês *m* -**2.** [instrumento] coador *m*.

chip (*pl* **chips**) *m* INFORM chip *m*.

chipé, chipén *adj inv fam* divino(na); **de ~** excelente.

chipirón *m* lula *f* pequena.

Chipre *n* Chipre.

chiqueo *m* Méx carinho *m*.

chiquilín, lina *m*, *f* RP menininho *m*, -nha *f*.

chiquillada *f* criancice *f*.

chiquillería *f* criançada *f*.

chiquillo, lla *m*, *f* garoto *m*, -ta *f*.

chiquito, ta *adj* pequeno(na).

➡ **chiquito** *m* [de vino] copo *m* pequeno.

chiribita *f* fagulha *f*.

chirigota *f fam* gozação *f*.

chirimbolo *m fam* geringonça *f*.

chirimoya *f* cherimólia *f*.

chiringuito *m fam* -**1.** [bar] bar *m* ao ar livre -**2.** [negocio] pequeno negócio *m*; **montarse un ~** montar um pequeno negócio.

chiripa *f fam* sorte *f*; **de** *o* **por ~** por sorte.

chirivía *f* chirivia *f*.

chirla *f moluscomarinho da mesma família da amêijoa, mas de tamanho menor.*

chirona *f (se usa sin artículo) fam* cana *f*.

chirriar *vi* ranger.

chirrido *m* rangido *m*.

chis = chist

chisme *m* -**1.** [cotilleo] mexerico *m* -**2.** *fam* [cosa] bugiganga *f*.

chismear *vi* mexericar.

chismorrear *vi* mexericar.

chismoso, sa <> *adj* fofoqueiro(ra). <> *m*, *f* fofoqueiro *m*, -ra *f*.

chispa *f* -**1.** [gen] faísca *f* -**2.** [de lluvia] pingo *m* -**3.** [cantidad pequeña] pitada *f* -**4.** [agudeza, ingenio] espírito *m* -**5.** *loc:* **echar alguien ~s** *fam* soltar faíscas.

chispazo *m* -**1.** [salto de la chispa] faísca *f* -**2.** *fig* [suceso detonante] sinal *m*.

chispeante *adj* -**1.** [que chispea] faiscante -**2.** *fig* [ingenioso] engenhoso(sa).

chispear <> *vi* faiscar. <> *v impers* garoar.

chisporrotear *vi* [por el fuego] crepitar.

chisquero *m* isqueiro *m*.

chist, chis *interj* psiu!

chistar *vi* piar.

chiste *m* piada *f*; **contar ~s** contar piadas; **~ verde** piada picante.

chistera *f* [sombrero] cartola *f*.

chistorra *f embutido típico de regiões do norte da Espanha.*

chistoso, sa *adj* -**1.** [persona] espirituoso(sa) -**2.** [suceso] engraçado(da).

chita *fam:* **a la ~ callando** na surdina.

chitón *interj* psiu!

chivar *vt fam* soprar.

➡ **chivarse** *vpr* dedurar.

chivatazo *m fam* deduração *f*.

chivato, ta *m*, *f* Esp *fam* [delator] dedo-duro *m*.

➡ **chivato** *m* Esp [mecanismo] alarme *m*.

chivo, va *m*, *f* cabrito *m*, -ta *f*; **ser el ~ expiatorio** *fig* ser o bode expiatório.

choc, choque, shock *m* choque *m*.

chocante *adj* chocante.

chocar <> *vi* -**1.** [gen] chocar -**2.** [sorprender] espantar. <> *vt* -**1.** [manos] apertar as mãos; **chócala** aperte aqui! -**2.** [copas, vasos] brindar.

chochear *vi* -**1.** [de viejo] caducar -**2.** *fam* [gustar] babar.

chochez *f* caduquice *f*.

chocho, cha *adj fam* -**1.** [viejo] caduco(ca) -**2.** [por cariño] babado(da).

➡ **chocho** *m* -**1.** *vulg* [órgano sexual femenino] xoxota *f* -**2.** *fam* [altramuz] tremoço *m*.

choclo *m* Andes, RP espiga *f* de milho.

chocolate *m* -**1.** [para comer] chocolate *m*; **~ a la taza/blanco/con leche** chocolate quente/branco/com leite -**2.** *fam* [para fumar] haxixe *m*.

chocolatina *f* barra *f* pequena de chocolate.

chófer *mf* Esp motorista *mf*.

chofer *mf* Amér motorista *mf*.

chollo *m* Esp *fam* moleza *f*.

cholo, la *m*, *f* Andes imigrante *mf*.

chomba, chompa *f* Andes suéter *mf*.

chompipe *m* CAm, Méx [pavo] perú *m*.

chonchón *m* Chile candeeiro *m*.

chongo *m* Méx coque *m*.

chopo *m* choupo *m*.

chopp *m* CSur [cerveza] chopp *m*.

choque *m* -**1.** choque *m* -**2.** = choc.

chorizar *vt* Esp *fam* afanar.

chorizo *m* -**1.** [embutido] *embutido defumado feito geralmente com carne de porco picada e temperada* -**2.** Esp *fam* [ladrón] gatuno *m*.

choro *m* Andes mexilhão *m*.

chorra <> *mf* Esp *fam* [tonto] idiota *mf*. <> *f fam* [suerte, casualidad] sorte *f*.

chorrada *f fam* tolice *f*.

chorrear <> *vi* pingar. <> *vt* pingar.

chorro, rra *m*, *f* RP *fam* [ladrón] ladrão *m*, -dra *f*.

➡ **chorro** *m* -**1.** [gen] jorro *m*; **salir a ~s** sair aos jorros -**2.** [de objetos] monte *m*.

chotearse *vpr fam* caçoar.

choteo *m fam* piada *f*; **tomar a ~** levar na brincadeira.

chotis *m* xote *m*.

choto, ta m, f-**1.** [cabrito] cabrito m, -ta f-**2.** [ternero] bezerro m, -ra f.
chovinista, chauvinista ◇ adj chauvinista. ◇ mf chauvinista mf.
choza f choça f.
christmas = crismas.
chubasco m aguaceiro m.
chubasquero m capa f de chuva.
chuchería f-**1.** [para comer] guloseima f-**2.** [cosa de poco valor] bugiganga f.
chucho m fam vira-lata mf.
chueco, ca adj Amér [torcido] torcido(da); Méx fam [proyecto, razonamiento] duvidoso(sa); Amér [patizambo] cambaio(a).
chufa f -**1.** [planta] junça f -**2.** [tubérculo] chufa f.
chulada f-**1.** [bravuconada] bravata f-**2.** fam [cosa muy bonita] jóia f.
chulear ◇ vt fam exibir. ◇ vi: ~ (de) gabar-se (de).
chulería f -**1.** [descaro, valentonería] atrevimento m-**2.** [gracia, salero] desenvoltura f.
chuleta ◇ f-**1.** [de carne] costeleta f-**2.** Esp [en exámenes] cola f. ◇ mf fam [chulo] metido m, -da f. ◇ adj fam [chulo] metido(da).
chullo m Bol, Perú poncho m.
chulo, la ◇ adj -**1.** [insolente, atrevido] convencido(da); ponerse ~ ficar metido -**2.** fam [bonito] bonito(ta). ◇ m, f-**1.** [insolente, atrevido] insolente mf-**2.** [madrileño castizo] habitante típico dos bairros populares de Madri.
➡ **chulo** m [proxeneta] cafetão m.
chumba adj ➤ higuera.
chumbera f figueira-da-índia f.
chumbo adj ➤ higo.
chuminada f fam besteira f.
chungo, ga adj fam ruim mf.
➡ **chunga** f brincadeira f.
chuño m Andes, RP fécula f de batata.
chupa f fam jaqueta f.
chupado, da adj -**1.** [delgado] chupado(da) -**2.** Esp fam [fácil]: estar ~ ser moleza.
➡ **chupada** f aspirada f.
chupamedias mf Andes, RP, Ven fam puxa-saco mf.
chupar vt-**1.** [succionar] chupar -**2.** [absorber] secar -**3.** [arruinar] sugar.
➡ **chuparse** vpr-**1.** [adelgazar] afinar-se -**2.** fam [aguantar] agüentar.
chupatintas m inv & f inv despec escriturário m, -ria f.
chupe m Andes, Arg ensopado feito com milho, leite, batata, carne picada ou peixe e condimentos; ~ de camarones prato típico à base de batatas ensopadas em caldo de camarões.

chupete m chupeta f.
chupetear vt chupitar.
chupetón m chupada f.
chupi adj fam genial.
chupinazo m -**1.** [cañonazo, disparo] disparo m -**2.** [en fútbol] chutão m.
chupón, pona adj -**1.** [que chupa] chupão(ona) -**2.** Esp fam fig [gorrón] sanguessuga.
➡ **chupón** m Méx, Ven -**1.** [chupete] chupeta f-**2.** [tetina] bico m de mamadeira.
churrería f estabelecimento no qual se vendem churros.
churro m -**1.** [para comer] churro m -**2.** fam [fracaso, cosa mal hecha] porcaria f -**3.** fam [suerte] sorte f.
churrusco m pedaço de pão muito tostado.
churumbel m Esp fam fedelho m.
chusco, ca adj cômico(ca).
➡ **chusco** m fam pedaço de pão duro ou ressecado.
chusma f ralé f.
chut (pl chuts) m chute m.
chutar vi -**1.** [lanzar] chutar -**2.** Esp fam [funcionar] funcionar -**3.** loc: esto va que chuta isto está mais do que bom.
➡ **chutarse** vpr Esp fam picar-se.
chute m Esp fam pico m.
cía., Cía. (abrev de compañía) cia.
cianuro m cianeto m.
ciático, ca adj ciático(ca).
➡ **ciática** f MED ciática f.
cíber m [cibercafé] cibercafé m.
cibercafé m cibercafé m.
ciberespacio m ciberespaço m.
cibernauta mf cibernauta mf.
cicatero, ra ◇ adj mesquinho(nha). ◇ m, f mesquinho m, -nha f.
cicatriz f cicatriz f.
cicatrizar ◇ vi cicatrizar. ◇ vt cicatrizar.
cicerone mf cicerone mf.
cíclico, ca adj -**1.** [periódico] cíclico(ca) -**2.** [progresivo] progressivo(va).
ciclismo m ciclismo m.
ciclista ◇ adj ciclístico(ca). ◇ mf ciclista mf.
ciclo m ciclo m.
ciclocrós m DEP bicicross m.
ciclomotor m ciclomotor m.
ciclón m ciclone m.
ciclostil, ciclostilo m mimeógrafo m.
CICR (abrev de Comité Internacional de la Cruz Roja) m CICV m.
cicuta f cicuta f.
CIDH (abrev de Comisión Interoamericana de Derechos Humanos) f CIDH f.
ciego, ga ◇ adj -**1.** [gen] cego(ga); a ciegas às cegas -**2.** [tapado] obstruído(da). ◇ m,

f [invidente] cego *m*, -ga *f*.
◆ **ciego** *m Esp fam* [borrachera] porre *m*.
cielo ◇ *m* -**1**. [gen] céu *m*; **a** ~ **abierto** a céu aberto; ~ **raso** falso teto *m* -**2**. [nombre cariñoso] anjo *m* -**3**. [parte superior] teto *m* -**4**. *loc*: **como llovido** *o* **caído del** ~ como caído do céu; **estar en el séptimo** ~ estar no sétimo céu; **mover** ~ **y tierra** mover céus e terras; **ser un** ~ ser um anjo. ◇ *interj*: ¡**cielos! céus!**
ciempiés, cienpiés *m inv* centopéia *f*.
cien -**1**. ▷ **ciento** -**2**. cem *m*; ~ **caballos** cem cavalos; ~ **mil** cem mil; ~ **pesetas** cem pesetas; **página** ~ página cem.
ciénaga *f* lodaçal *m*.
ciencia *f* ciência *f*.
◆ **ciencias** *fpl* ciências *fpl*.
◆ **a ciencia cierta** *loc adv* com certeza.
◆ **ciencia ficción** *f* ficção *f* científica.
cieno *m* lama *f*.
cienpiés = **ciempiés**.
científico, ca ◇ *adj* científico(ca). ◇ *m*, *f* cientista *mf*.
cientista *mf CSur*: ~ **social** cientista *mf* social.
ciento, cien *núm m* cento *m*; ~ **cincuenta** cento e cinqüenta; ~ **cincuenta mil** cento e cinqüenta mil; **página** ~ **dos** página cento e dois; **por** ~ por cento; **al** ~ **por** ~, **al cien por cien** cem por cento.
◆ **todo a cien** *m* ≃ tudo por um e noventa e nove; *ver también* **seis**.
ciernes ◆ **en ciernes** *loc adv*: **estar algo en** ~ estar algo em desenvolvimento.
cierre *m* -**1**. [acción y efecto] desligamento *m* -**2**. [mecanismo] fecho *m* -**3**. *Andes, Méx* [cremallera] zíper *m*; ~ **relámpago** zíper.
cierto, ta *adj* certo(ta).
◆ **cierto** *adv* certo.
◆ **por cierto** *loc adv* a propósito.
ciervo, va *m*, *f* cervo *m*, -va *f*.
cierzo *m* aquilão *m*.
CIF (*abrev de* código de identificación fiscal) *m* ≃ CPF *m*.
cifra *f* -**1**. [guarismo] dígito *m* -**2**. [clave]: **en** ~ em código.
cifrado, da *adj* cifrado(da).
cifrar *vt* cifrar.
◆ **cifrarse en** *vpr* estimar-se.
cigala *f* lagostim *m*.
cigarra *f* cigarra *f*.
cigarrillo *m* cigarro *m*.
cigarro *m* -**1**. [habano] charuto *m* -**2**. [cigarrillo] cigarro *m*.
cigüeña *f* cegonha *f*.
cigüeñal *m* virabrequim *m*.
cilicio *m* cilício *m*.
cilindrada *f* cilindrada *f*.

cilíndrico, ca *adj* cilíndrico(ca).
cilindro *m* cilindro *m*.
cima *f* cima *f*.
cimarrón, ona *m*, *f Amér* -**1**. [persona] escravo fugitivo que se refugiava nos montes -**2**. [animal] animal domesticado que volta ao campo, tornando-se selvagem.
címbalo *m* (gen pl) *MÚS* címbalo *m*.
cimbrear *vt* -**1**. [balancear] vibrar -**2**. [contonearse] requebrar.
cimentar *vt* -**1**. [edificio] fundamentar -**2**. *fig* [consolidar, asentar] alicerçar.
cimiento *m* (gen pl) alicerces *mpl*.
cimitarra *f* cimitarra *f*.
cinabrio *m* cinabre *m*.
cinc (*pl* cincs), **zinc** (*pl* zincs) *m* zinco *m*.
cincel *m* cinzel *m*.
cincelar *vt* cinzelar.
cincha *f* cilha *f*.
cinchar *vt* -**1**. [caballería] encilhar -**2**. [asegurar] cingir.
cincho *m* -**1**. [faja, cinturón] cinto *m* -**2**. [aro de hierro] aro *m*.
cinco ◇ *núm* cinco. ◇ *m* cinco *m*; **choca esos** ~ *fig* toca aqui; *ver también* **seis**.
cincuenta ◇ *núm* cinqüenta. ◇ *m* cinqüenta *m*; *ver también* **seis**.
cincuentenario *m* cinqüentenário *m*.
cincuentón, tona *m*, *f* cinqüentão *m*, -ona *f*.
cine *m* cinema *m*; ~ **fantástico** cinema fantástico; ~ **mudo** cinema mudo/sonoro; ~ **sonoro** cinema sonoro; ~ **de terror** cinema de terror.
cineasta *mf* cineasta *mf*.
cineclub *m* cineclube *m*.
cinéfilo, la ◇ *adj* cinéfilo(la). ◇ *m*, *f* cinéfilo *m*, -la *f*.
cinemascope *m* cinemascope *m*.
cinemateca *f* cinemateca *f*.
cinematografía *f* cinematografia *f*.
cinematográfico, ca *adj* cinematográfico(ca).
cinematógrafo *m* -**1**. [aparato] cinematógrafo *m* -**2**. [local] cinema *m*.
cinerama *m* cinerama *m*.
cíngaro, ra, zíngaro, ra ◇ *adj* cigano(na). ◇ *m*, *f* cigano *m*, -na *f*.
cínico, ca ◇ *adj* cínico(ca). ◇ *m*, *f* cínico *m*, -ca *f*.
cinismo *m* cinismo *m*.
cinta *f* -**1**. [gen] fita *f*; ~ **adhesiva** fita adesiva; ~ **autoadhesiva** fita auto-adesiva; ~ **de correr** esteira *f*; ~ **magnética** *o* **magnetofónica** fita magnética *o* magnetofônica; ~ **métrica** fita métrica; ~ **de vídeo** fita de vídeo -**2**. [mecanismo] esteira *f*;

~ **transportadora** esteira transportadora.

cinto m cinto m.

cintura f [gen] cintura f.

cinturilla f cós m.

cinturón m - **1.** [cinto] cinto m - **2.** [carretera] anel m viário - **3.** [de judo] faixa m - **4.** [cordón] cordão m; ~ **de miseria** Amér cinturão m de miséria.

➡ **cinturón de seguridad** m cinto m de segurança.

cipote adj fam bobo(ba).

➡ **cipote** m vulg [miembro] pinto m.

ciprés m cipreste m.

circense adj circense.

circo m circo m.

circuito m circuito m; **corto** ~ curto-circuito m.

circulación f circulação f.

circular <> adj circular. <> f circular f. <> vi circular; ~ **por** circular por.

circulatorio, ria adj circulatório(ria).

círculo m círculo m.

➡ **círculo vicioso** m círculo m vicioso.

➡ **círculos** mpl [medios] círculos mpl.

circuncisión f circuncisão f.

circundante adj circundante.

circundar vt circundar.

circunferencia f circunferência f.

circunlocución f circunlocução f.

circunloquio m circunlóquio m.

circunscribir vt circunscrever.

➡ **circunscribirse a** vpr circunscrever-se.

circunscripción f circunscrição f.

circunscrito, ta <> pp irreg ▷ circunscribir. <> adj circunscrito(ta).

circunspecto, ta adj culto circunspeto(ta).

circunstancia f circunstância f.

circunstancial adj circunstancial.

circunvalar vt circunvalar.

cirílico, ca adj cirílico(ca).

cirio m [vela] círio; **montar un** ~ **fig** armar uma confusão.

cirrosis f cirrose f.

ciruela f ameixa f; ~ **claudia** rainha-cláudia f; ~ **pasa** ameixa-preta f.

cirugía f cirurgia f; ~ **estética** o **plástica** cirurgia estética o plástica.

cirujano, na m, f cirurgião(giã).

CIS (abrev de **Centro de Investigaciones Sociológicas**) m ≃ IBGE m.

cisco m - **1.** [carbón] cisco m - **2.** fam [bullicio, alboroto] confusão m - **3.** loc: **hecho** ~ fam arrebentado.

cisma m - **1.** [separación] cisma f - **2.** [discordia] rompimento m.

cisne m cisne m.

cisterna f - **1.** [de retrete] descarga f - **2.** [alji-

be] cisterna f - **3.** (después de sust.) [de vehículo] pipa, tanque.

cistitis f cistite f.

cisura f cissura f.

cita f - **1.** [entrevista, reunión] encontro m; **tener una** ~ **ter hora** - **2.** [nota, referencia] citação f.

citación f citação f.

citar vt - **1.** [gen] citar - **2.** [convocar] convocar.

➡ **citarse** vpr marcar encontro.

cítara f Mús cítara f.

citología f citologia f.

cítrico, ca adj cítrico(ca).

➡ **cítricos** mpl cítricos mpl.

CiU (abrev de **Convergència i Unió**) f partido político catalão de direita.

ciudad f [gen] cidade f.

ciudadanía f - **1.** [nacionalidad] cidadania f - **2.** [población] cidadãos mpl.

ciudadano, na <> adj citadino(na). <> m, f cidadão m, -dã f.

ciudadela f cidadela f.

Ciudad de México n Cidade do México.

cívico, ca adj cívico(ca).

civil <> adj - **1.** [gen] civil - **2.** fig [sociable] civilizado(da). <> m fam [Guardia Civil] policial mf civil.

civilización f civilização f.

civilizado, da adj civilizado(da).

civilizar vt civilizar.

➡ **civilizarse** vpr civilizar-se.

civismo m civismo m.

cizaña f cizânia f; **meter** o **sembrar** ~ semear a discórdia.

cl (abrev de **centilitro**) cl.

clamar <> vt clamar. <> vi clamar.

clamor m clamor m.

clamoroso, sa adj clamoroso(sa).

clan m clã m.

clandestino, na adj clandestino(na).

claqué m sapateado m.

claqueta f claquete f.

clara f ▷ claro.

claraboya f clarabóia f.

clarear <> vt clarear. <> v impers clarear.

claridad f - **1.** [gen] clareza f; **de** o **con una** ~ **meridiana** de o com uma clareza meridiana - **2.** [luz] claridade f.

clarificar vt - **1.** [explicar, precisar] esclarecer - **2.** [rebajar] diluir - **3.** [purificar] clarificar.

clarín <> m Mús clarim m. <> mf Mús clarim mf.

clarinete <> m Mús clarinete m. <> mf Mús clarinete mf.

clarividencia f clarividência f.

claro, ra adj - **1.** [gen] claro(ra) - **2.** [diluido] ralo(la) - **3.** [poco tupido] ralo(la) - **4.** loc: **a**

las claras às claras; **poner** o **sacar en** ~ deixar claro.

◆ **claro** <> m - **1.** [gen] claro m - **2.** [interrupción, cese] pausa f. <> adv claro. <> interj claro!; ¡~ **está!** é claro!

◆ **clara** f - **1.** [de huevo] clara f - **2.** Esp [bebida] mistura de cerveja com refrigerante - **3.** [calvicie] falha f.

clase f - **1.** [gen] classe f; ~ **media** classe média; ~ **preferente** classe executiva; ~ **turística** classe turística; **primera** ~ primeira classe - **2.** [tipo] tipo m - **3.** [asignatura, materia] aula f; **dar** ~ **s** dar aulas; ~ **s particulares** aulas particulares.

clásico, ca <> adj - **1.** [gen] clássico(ca) - **2.** [peculiar] típico(ca). <> m, f clássico m.

◆ **clásicas** fpl letras fpl clássicas.

clasificación f classificação f.

clasificar vt classificar.

◆ **clasificarse** vpr classificar-se.

clasista <> adj elitista. <> mf elitista mf.

claudia adj ▷ ciruela.

claudicar vi - **1.** [ceder, someterse] render-se - **2.** [renunciar]: ~ **de** renunciar a.

claustro m - **1.** [gen] claustro m - **2.** [asamblea] conselho m; ~ **de profesores** corpo docente.

claustrofobia f claustrofobia f.

cláusula f - **1.** [artículo] cláusula f - **2.** GRAM período m, oração f.

clausura f - **1.** [solemne] encerramento m - **2.** [cierre] fechamento m - **3.** [aislamiento, parte de convento] clausura f.

clausurar vt - **1.** [acto] encerrar - **2.** [local] fechar.

clavado, da adj - **1.** [con clavos] pregado(da) - **2.** [en punto] [fijo, inmóvil] cravado(da) - **3.** [a la medida]: **ir** ~ servir como uma luva - **4.** [parecido] a cara de.

◆ **clavada** f fam facada f.

clavar vt - **1.** [hincar] cravar, pregar - **2.** [colgar] pregar - **3.** fig [fijar] cravar; ~ **algo en** cravar algo em - **4.** fam [dejar pasmado] cravar - **5.** fam [cobrar caro] cobrar caro.

◆ **clavarse** vpr enfiar.

clave <> m MÚS clavicórdio m. <> f - **1.** [gen] chave f; **en** ~ em código - **2.** INFORM senha f, código m; ~ **de acceso** senha o código de acesso - **3.** MÚS clave f.

clavecín m MÚS clavecino m.

clavel m cravo m.

clavetear vt - **1.** [adornar con clavos] cravejar - **2.** [poner clavos] pregar.

clavicémbalo m MÚS clavicórdio m.

clavicordio m MÚS clavicórdio m.

clavícula f clavícula f.

clavija f - **1.** [de enchufe] pino m, tomada f - **2.** [de instrumento] cravelha f - **3.** [para

ensamblar] encaixe m.

clavo m - **1.** [pieza metálica] prego m - **2.** [especia] cravo m - **3.** MED pino m - **4.** loc: **agarrarse a un** ~ **ardiendo** agarrar-se a qualquer coisa; **como un** ~ como um relógio; **dar en el** ~ acertar na mosca.

claxon m buzina f.

clemencia f clemência f.

clemente adj clemente.

cleptómano, na m, f cleptomaníaco m, -ca f, cleptômano m, -na f.

clerical <> adj clerical. <> mf clericalista mf.

clericó m RP bebida feita de vinho branco e frutas.

clérigo m clérigo m.

clero m clero m.

clic m INFORM clique m; **hacer** ~ **en algo** dar um clique em o sobre algo.

cliché, clisé m clichê m.

cliente, ta m, f cliente mf.

clientela f clientela f.

clima m clima m.

climatizado, da adj climatizado(da).

climatizar vt climatizar.

climatología f climatologia f.

clímax m clímax m.

clínico, ca adj clínico(ca).

◆ **clínica** f clínica f.

clip m - **1.** [gen] clipe m - **2.** [para el pelo] grampo m.

clisé = cliché.

clítoris m ANAT clitóris m.

cloaca f esgoto m.

clon m clone m.

clonación f clonagem f.

clonar vt clonar.

cloquear vi cacarejar.

cloro m QUÍM cloro m.

clorofila f BOT clorofila f.

cloroformo m QUÍM clorofórmio m.

clóset, clósets m Amér closet m.

clown (pl clowns) m clown m.

club (pl clubs o clubes) m clube m.

clueca adj f choca.

cm (abrev de centímetro) cm.

CNT (abrev de Confederación Nacional del Trabajo) f sindicato anarquista espanhol.

CNUMAD (abrev de Conferencia de las Naciones Unidas sobre el Medio Ambiente y el Desarrollo) f CNUMAD f.

Co. (abrev de compañía) cia.

coacción f coação f.

coaccionar vt coagir.

coagular vt coagular.

◆ **coagularse** vpr coagular-se.

coágulo m coágulo m.

coalición f coalizão f.

coaligar = coligar.

coartada f álibi m.

coartar vt coarctar.

coautor, tora m, f co-autor(tora).

coba f [halago] adulação f; **dar** ~ fam puxar o saco.

cobalto m QUÍM cobalto m.

cobarde <> adj covarde. <> mf covarde mf.

cobardía f covardia f.

cobaya m o f cobaia mf.

cobertizo m alpendre m.

cobertura f cobertura f.

cobija f Amér cobertor m.

cobijar vt abrigar.

◆ cobijarse vpr abrigar-se.

cobijo m abrigo m; **dar** ~ dar abrigo.

cobra f [serpiente] naja f.

cobrador, dora m, f cobrador(dora).

cobrar <> vt -1. [en una compra] cobrar -2. [en el trabajo] receber -3. [adquirir] adquirir; ~ **afecto a** criar afeto a -4. fam [una paliza] apanhar. <> vi -1. [en establecimiento] cobrar -2. [en el trabajo] receber -3. fam [recibir paliza] apanhar.

◆ cobrarse vpr -1. [en establecimiento] cobrar -2. [ocasionar] ter como saldo.

cobre m [dinero]: **no tener un** ~ Amér não ter um centavo.

cobrizo, za adj acobreado(da).

cobro m cobrança f.

coca f coca f.

cocaína f cocaína f.

cocción f cozimento m.

cóccix, coxis m ANAT cóccix m.

cocear vi coicear.

cocer vt -1. [comida] cozer -2. [pan] assar -3. [cerámica, ladrillos] queimar.

◆ cocerse vpr -1. [comida] cozer -2. [pan] assar -3. fig [plan] cozinhar.

cochambre f fam encardimento m.

coche m -1. [automóvil] carro m; ~ **celular** camburão m; ~ **de alquiler** carro de aluguel; ~ **de bomberos** carro de bombeiros; ~ **de carreras** carro de corrida -2. [de un tren] vagão m; ~ **cama** vagão-leito; ~ **restaurante** vagão restaurante -3. [de caballos] carruagem f.

◆ coche bomba m carro-bomba m.

cochera f garagem f.

cochinada f fam porquice f.

cochinilla f -1. [crustáceo] tatuzinho m -2. [insecto] cochonilha.

cochinillo m leitão m.

cochino, na <> m, f [animal] porco m, -ca f. <> adj -1. [persona] porco(ca) -2. [cosa] nojento(ta).

cocido m cozido m.

cociente m MAT quociente m.

cocina f -1. [gen] cozinha f; ~ **de mercado** cozinha de mercado -2. [electrodoméstico] fogão m.

cocinar <> vt cozinhar. <> vi cozinhar.

cocinero, ra m, f cozinheiro(ra).

cocker m cocker m.

cocktail = cóctel.

coco m -1. [gen] coco m -2. fam [cabeza] coco m; **comer(se) el** ~ fam esquentar a cabeça -3. fam [fantasma] bicho-papão m.

cocodrilo m crocodilo m.

cocotero m [árbol] coqueiro m.

cóctel, coctel, cocktail m coquetel m.

◆ cóctel molotov m coquetel m molotov.

coctelera f coqueteleira f.

codazo m cotovelada f; **a** ~**s** às cotoveladas.

codear vt dar cotovelada em.

◆ codearse vpr: ~**se con** circular entre.

codera f cotoveleira f.

codicia f -1. [de riqueza] cobiça f -2. fig [de algo bueno] sede f.

codiciar vt cobiçar.

codicioso, sa adj cobiçoso(sa).

codificar vt codificar.

código m código m; ~ **civil** código civil; ~ **penal** código penal; ~ **de circulación** código de trânsito; ~ **de barras** código de barras; ~ **genético** código genético; ~ **postal** código postal; ~ **máquina** linguagem f binária.

codillo m -1. [en un cuadrúpedo] parte da pata dianteira entre o peito e o joelho m -2. [de jamón] perna m -3. [de un tubo] cotovelo m.

codo m -1. [gen] cotovelo m; **de** ~**s** de cotovelos; ~ **con** ~, ~ **a** ~ fig ombro a ombro -2. [medida] côvado m -3. loc: empinar **el** ~ molhar o bico; **hablar por los** ~**s** falar pelos cotovelos.

codorniz f [ave] codorna f.

coeficiente m [gen] coeficiente m.

coercer vt coagir.

coerción f coerção f.

coetáneo, nea adj coetâneo(nea).

coexistir vi coexistir.

cofia f touca f.

cofradía f confraria f.

cofre m -1. [para guardar joyas] cofre m -2. [arca] arca f.

coger <> vt -1. [gen] pegar; ~ **a alguien de por (la mano)** pegar alguém com a mão -2. [frutos] colher -3. [aceptar] aceitar -4. [en alquiler] alugar -5. [contratar] contratar -6. [sentimiento] passar a ter -7. [explicación] entender -8. [distancia] localizar-se. <> vi -1.: **cogió y se fue** foi embora; ~ **a la derecha/izquierda** pegar à direita/esquerda

- **2.** *Amér* [fornicar] foder.
 cogerse *vpr* - **1.** [agarrarse] agarrar-se - **2.** [pillarse] prender.
cogida *f* - **1.** [de torero] chifrada *f.* - **2.** [de frutos] colheita *f.*
cognac = coñá.
cogollo *m* - **1.** [de lechuga] miolo *m* - **2.** [de árbol] broto *m.*
cogorza *f* bebedeira *f.*
cogote *m* [nuca] cogote *m.*
cohabitar *vi* coabitar.
cohecho *m* DER suborno *m.*
coherencia *f* - **1.** [de un razonamiento] coerência *f* - **2.** FÍS coesão *f.*
coherente *adj* coerente.
cohesión *f* coesão *f.*
cohete *m* foguete *m.*
cohibido, da *adj* coibido(da).
cohibir *vt* coibir.
 cohibirse *vpr* coibir-se.
COI (*abrev de* **Comité Olímpico Internacional**) *m* COI *m.*
coima *f* *Andes, RP* caixinha *f.*
coincidencia *f* coincidência *f.*
coincidir *vi* - **1.** [dos cosas] coincidir - **2.** [dos acciones]: ∼ **con** coincidir com - **3.** [dos personas] encontrar por acaso - **4.** [en opinión] concordar.
coito *m* coito *m.*
cojear *vi* - **1.** [persona] coxear - **2.** [un mueble] capengar - **3.** [adolecer]: ∼ **(de)** carecer (de) capengar.
cojera *f* [de un cojo] claudicação *f.*
cojín *m* almofada *f.*
cojinete *m* - **1.** [gen] coxim *m* - **2.** [en un eje] rolamento *m.*
cojo, ja ⟨⟩ *adj* - **1.** [persona] coxo(xa) - **2.** [mesa, silla, idea] manco(ca). ⟨⟩ *m, f* coxo *m*, -xa *f.*
cojón *m* (*gen pl*) [testículo] colhão *m*; **por cojones** *fig* na marra; **tener cojones** *fig* ter colhões.
 cojones *interj*: ¡cojones! [enfado] caralho!
cojonudo, da *adj* bacana.
cojudez *f Andes*: ¡que ∼! [acto] que merda!; [dicho] que coisa mais idiota de se dizer!
cojudo, da *adj Andes* imbecil.
col *f* couve *f*; ∼ **de Bruselas** couve de Bruxelas.
cola *f* - **1.** [gen] cauda *f* - **2.** [fila & INFORM] fila *f*; **hacer** ∼ fazer fila - **3.** [para pegar] cola *f* - **4.** [final] fim *m* - **5.** [bebida refrescante] cola *f* - **6.** [de pelo] rabo *m*; ∼ **de caballo** rabo-de-cavalo - **7.** *Amér fam* [nalgas] bumbum *m* - **8.** *loc*: **tener** *o* **traer** ∼ *fam* ter *o* trazer conseqüências graves.
colaboración *f* colaboração *f.*

colaboracionismo *m* [con el enemigo] colaboracionismo *m.*
colaborador, dora ⟨⟩ *adj* colaborador(ra). ⟨⟩ *m, f* colaborador *m.*
colaborar *vi* - **1.** [gen]: ∼ **en** con colaborar em com - **2.** [contribuir]: ∼ **a** colaborar para.
colación *f* [para comer] colação *f*; **sacar** *o* **traer a** ∼ *fig* trazer à colação.
colado, da *adj* [un líquido] coado(da); **estar** ∼ **por alguien** estar gamado/gamada por alguém.
 colada *f* [ropa] roupa *f* lavada; **hacer la colada** fazer a lavagem de roupa.
colador *m* - **1.** [para líquido] coador *m* - **2.** [para sólidos] escorredor *m.*
colapsar *vt* paralisar.
colapso *m* colapso *m.*
colar ⟨⟩ *vt* - **1.** [un líquido] coar - **2.** [cosa falsa] passar. ⟨⟩ *vi* [cosa falsa] colar.
 colarse *vpr* - **1.** [gen] infiltrar-se - **2.** *fam* [por error] enganar-se.
colateral *adj* colateral.
colcha *f* colcha *f.*
colchón *m* [de cama] colchão *m.*
colchoneta *f* colchonete *m.*
cole *m* escola *f.*
colear *vi* - **1.** [un animal] abanar o rabo - **2.** [cosa] perdurar.
colección *f* coleção *f.*
coleccionable ⟨⟩ *adj* colecionável. ⟨⟩ *m* fascículo *m.*
coleccionar *vt* colecionar.
coleccionista *mf* colecionador *m.*
colecta *f* coleta *f.*
colectividad *f* coletividade *f.*
colectivo, va *adj* coletivo(va).
 colectivo *m* - **1.** [conjunto] coletivo *m* - **2.** *Andes* [taxi] lotação *f*; *Andes, Bol* [autobús] ônibus *m.*
colector *mf* coletor *m.*
 colector *m* coletor *m.*
colega *mf* colega *mf.*
colegiado, da *adj* associado(da) a uma corporação.
 colegiado *m* DEP juiz *m.*
colegial, giala *mf* colegial *mf.*
 colegial *adj* colegial.
colegiarse *vpr* [suj: abogado, médico etc.] associar-se a uma corporação.
colegio *m* colégio *m.*
 colegio electoral *m* colégio *m* eleitoral.
 colegio mayor *m* residência *f* de estudantes universitários.
coleópteros *mpl* ZOOL coleópteros *mpl.*
cólera ⟨⟩ *m* MED [enfermedad] cólera *f.* ⟨⟩ *f* [ira] cólera *f*; **montar en** ∼ encolerizar-se.

colérico, ca *adj* colérico.
colesterol *m* MED colesterol *m*; ~ **bueno/ malo** bom/mau colesterol.
coleta *f* [de pelo] rabo-de-cavalo *m*.
coletilla *f* pós-escrito *m*.
colgado, da *adj* -1. [de un sitio] pendura-do(da); **teléfono mal** ~ telefone fora do gancho - 2. [persona] fissurado; **dejar** ~ **a alguien** deixar alguém na mão; **quedarse** ~ ficar dependente de.
colgador *m* cabide *m*.
colgajo *m* -1. [de ropa] *pedaço de tecido que fica pendurado devido a rasgo ou a bainha desfeita* - 2. [de piel] borda *f*.
colgante <> *adj* pingente *m*; **puente** ~ ponte *f* pênsil. <> *m* berloque *m*.
colgar <> *vt* -1. [suspender en el aire - cosa] pendurar; [- persona] enforcar - 2. [acusar de] imputar - 3. [abandonar] abandonar. <> *vi* -1. [de un sitio] pender - 2. [en una con-versación telefónica] desligar o telefone.
◆ **colgarse** *vpr* [de un sitio] pendurar-se.
colibrí (*pl* colibríes) *m* [ave] beija-flor *m*.
cólico *m* MED cólica *f*.
coliflor *f* couve-flor *f*.
coligar, coaligar *vt* coligar.
◆ **coligarse** *vpr* coligar-se.
colilla *f* guimba *f*.
colimba *f* Arg serviço *m* militar.
colina *f* colina *f*.
colindante *adj* confrontante.
colindar *vi* confrontar.
colisión *f* colisão *f*.
colisionar *vi* colidir.
colista *mf* lanterninha *mf*.
colitis *f* MED colite *f*.
collado *m* [colina] colina *f*.
collage *m* colagem *f*.
collar *m* -1. [para personas] colar *m* - 2. [para animales] coleira *f* - 3. [abrazadera] braçadei-ra *f*.
collarín *m* colar *m* cervical.
colmado, da *adj* cheio(cheia).
◆ **colmado** *m* mercearia *f*.
colmar *vt* -1. [recipiente] encher até trans-bordar - 2. *fig* [aspiración] satisfazer plena-mente - 3. *fig*: ~ **a alguien de** encher alguém de.
colmena *f* colméia *f*.
colmillo *m* -1. [de una persona] dente *m* canino - 2. [de animal] presa *f*.
colmo *m* cúmulo *m*; **ser el** ~ *fig* ser o cúmulo.
colocación *f* colocação *f*.
colocado, da *adj* colocado.
colocar *vt* colocar.
◆ **colocarse** *vpr* -1. [en un trabajo] colocar-se - 2. [con drogas, alcohol] ficar chapado.

colofón *m* -1. [de una carrera] coroamento *m* - 2. [de un libro] colofão *m*.
Colombia *n* Colômbia.
colombiano, na <> *adj* colombiano(na). <> *mf* colombiano *m*.
Colombo *n* Colombo.
colon *m* ANAT colo *m*.
colón *m* colom *m*.
colonia *f* -1. [gen] colônia *f* - 2. Esp [de niños] colônia de férias; **ir de** ~**s** ir para uma colônia de férias - 3. Méx [barrio] bairro *m*.
colonial *adj* colonial.
colonialismo *m* colonialismo *m*.
colonización *f* colonização *f*.
colonizador, dora <> *adj* coloniza-dor(ra). <> *m, f* colonizador *m*, -ra *f*.
colonizar *vt* colonizar.
colono *m* colono *m*.
coloquial *adj* coloquial.
coloquio *m* colóquio *m*.
color *m* -1. [gen] cor *f*; **de** ~ de cor; **en** ~ em cores - 2. [en los naipes]: **escalera de** ~ seqüência *f* de cor.
colorado, da *adj* [color] corado(da); **ponerse** ~ ficar ruborizado.
◆ **colorado** *m* [color] vermelho *m*.
colorante <> *adj* corante. <> *m* [para teñir] corante *m*.
colorear *vt* colorir.
colorete *m* ruge *m*.
colorido *m* colorido *m*.
colorista *adj* colorista.
colosal *adj* colossal.
coloso *m* colosso *m*.
columna *f* -1. [gen] coluna *f* - 2. *fig* [pilar] pilar *m*.
◆ **columna vertebral** *f* ANAT coluna *f* vertebral.
columnata *f* colunata *f*.
columnista *mf* colunista *mf*.
columpiar *vt* balançar.
◆ **columpiarse** *vpr* balançar-se.
columpio *m* balanço *m*.
colza *f* colza *f*.
coma <> *m* MED coma *m*. <> *f* GRAM vírgu-la *f*.
comadre *f* -1. [mujer chismosa] comadre *f* - 2. CAm, Méx [amiga] amiga *f*.
comadrear *vi* fofocar.
comadreja *f* fuinha *f*.
comadrona *f* parteira *f*.
comal *m* CAm, Méx *prato de barro ou metal usado para assar tortillas*.
comanche <> *adj* comanche. <> *mf* comanche *mf*.
comandancia *f* comandância *f*.
comandante *m* comandante *m*.
comandar *vt* comandar.

comando *m* comando *m.*
comarca *f* comarca *f.*
comba *f* corda *f.*
combar *vt* vergar.
→ **combarse** *vpr* vergar-se.
combate *m* combate *m.*
combatiente *mf* combatente *mf.*
combatir ◇ *vi*: ~ **(contra)** combater (contra). ◇ *vt* combater.
combativo, va *adj* combativo(va).
combi *m* [frigorífico] refrigerador *m* duplex.
combinación *f* **-1.** [gen] combinação *f* **-2.** [de medios de transporte] baldeação *f.*
combinado *m* **-1.** [bebida] coquetel *m* **-2.** DEP seleção *f.*
combinar *vt* combinar.
combustible ◇ *adj* combustível. ◇ *m* combustível *m.*
combustión *f* combustão *f.*
comecocos *m inv* quebra-cabeça *m.*
comedia *f* comédia *f.*
comediante, ta *m inv & f inv* comediante *mf.*
comedido, da *adj* [moderado] comedido(da).
comediógrafo, fa *mf* comediógrafo *m.*
comedirse *vpr* comedir-se.
comedor *m* sala *f* de jantar.
comensal *mf* comensal *mf.*
comentar *vt* comentar.
comentario *m* **-1.** [observación] comentário *m* **-2.** (*gen pl*) [murmuraciones] comentários *mpl.*
comentarista *mf* comentarista *mf.*
comenzar ◇ *vt* começar. ◇ *vi* começar; ~ **a hacer algo** começar a ocorrer algo.
comer ◇ *vi* **-1.** [ingerir alimentos] comer **-2.** [al mediodía] almoçar. ◇ *vt* comer.
→ **comerse** *vpr* **-1.** comer **-2.** *fam* [palabras, letras, sílabas] comer.
comercial ◇ *adj* comercial. ◇ *m Amér* comercial *m.*
comercializar *vt* comercializar.
comerciante *mf* comerciante *mf.*
comerciar *vi*: ~ **(con)** comerciar (com).
comercio *m* comércio *m*; ~ **electrónico** comércio eletrônico; ~ **exterior/interior** comércio exterior/interior; **libre** ~ livre comércio.
comestible *adj* comestível.
→ **comestibles** *mpl* comestíveis *mpl.*
cometa ◇ *m* ASTRON cometa *m.* ◇ *f* [juego] pipa *f.*
cometer *vt* cometer.
cometido *m* **-1.** [objetivo] objetivo *m* **-2.** [deber] dever *m.*

comezón *f* comichão *f.*
cómic (*pl* cómics), **comic** (*pl* comics) *m* gibi *m.*
comicidad *f* comicidade *f.*
comicios *mpl* eleições *fpl.*
cómico, ca ◇ *adj* cômico(ca). ◇ *m, f* [actor] cômico *m*, -ca *f.*
comida *f* **-1.** [alimento] comida *f*; ~ **basura** porcaria *f*; ~ **chatarra** *Amér* porcaria *f*; ~ **rápida** fast-food *m* **-2.** [acción de comer] refeição *f* **-3.** [al mediodía] almoço *m.*
comidilla *f*: **ser la** ~ **de** ser alvo de fofoca.
comienzo *m* começo *m.*
comillas *fpl* aspas *fpl.*
comilón, lona ◇ *adj* comilão. ◇ *mf* comilão *m.*
→ **comilona** *f* [comida] comilança *f.*
comino *m* [planta] cominho *m*; **importar un** ~ *fig* não importar nem um pouco.
comisaría *f* delegacia *f.*
comisario, ria *m*, *f* **-1.** [gen] comissário *m*, -ria *f* **-2.** [delegado] delegado *m*, -da *f*; ~ **europeo** comissário *m* europeu, comissária *f* européia.
comisión *f* **-1.** [gen] comissão *f* **-2.** [acción] perpetração *f.*
comisura *f* comissura *f.*
comité *m* comitê *m.*
comitiva *f* comitiva *f.*
como ◇ *adv* como; **tan ... ~ ...** tão ... quanto ...; **me quedan** ~ **10 euros** me faltam como 10 euros. ◇ *conj* [ya que] como; ~ **no llegabas, nos fuimos** como não chegava, fomos embora; [condición] se; ~ **llueva nos mojaremos** se chover, nos molharemos.
→ **como si** *loc conj* como se.
cómo ◇ *adv* como; **¿~ lo has hecho?** como o fez?; **¿a ~ están los tomates?** a quanto estão os tomates?; **¿~?** *fam* [qué dices] como?; **¡~ pasan los años!** como passam os anos!; **¡~ no!** claro que sim!. ◇ *m*: **el ~ y el porqué** o como e o porquê.
cómoda *f* [mueble] cômoda *f.*
comodidad *f* comodidade *f.*
→ **comodidades** *fpl* comodidades *fpl.*
comodín *m* curinga *m.*
cómodo, da *adj* **-1.** [gen] cômodo(da) **-2.** [confortable] confortável.
comodón, dona ◇ *adj* comodista. ◇ *mf* comodista *mf.*
compactar *vt* compactar.
compact disc *m* compact disc *m.*
compacto, ta *adj* compacto(ta).
compadecer *vt* compadecer.
→ **compadecerse de** *vpr*: ~ **se de alguien** compadecer-se de alguém.
compadre *m fam* [amigo, conocido] compadre *m.*

compadrear *vi RP fam* compadrear.
compaginar *vt* -**1.** [en imprenta] compaginar - **2.** [combinar] conciliar.
➡ **compaginarse** *vpr* [combinarse] combinar.
compañerismo *m* companherismo *m*.
compañero, ra *m*, *f* -**1.** [gen] companheiro *m*, -ra *f*; ~ **sentimental** companheiro afetivo - **2.** [par] par *m*.
compañía *f* companhia *f*; **en** ~ **de** em companhia de; ~ **multinacional** companhia multinacional; ~ **de seguros** companhia de seguros.
comparación *f* comparação *f*.
comparar *vt* comparar.
comparativo, va *adj* comparativo(va).
➡ **comparativo** *m GRAM* comparativo *m*.
comparecer *vi* -**1.** *DER* comparecer - **2.** [aparecer] aparecer.
comparsa *f* -**1.** [en el teatro] figurante *mf* - **2.** [en el carnaval] bloco *m* - **3.** *fig* [persona] comparsa *mf*.
compartimento, compartimiento *m* -**1.** [sección] compartimento *m* - **2.** [en un tren] cabine *f*.
compartir *vt* -**1.** [repartir] compartir - **2.** [usar en común, estar de acuerdo] compartilhar.
compás *m* -**1.** *MÚS* compasso *m*; **llevar el** ~ reger; **perder el** ~ sair do ritmo - **2.** *NÁUT* [brújula] bússola *f*.
compasión *f* compaixão *f*.
compasivo, va *adj* compassivo(va).
compatibilidad *f* compatibilidade *f*.
compatibilizar *vt* compatibilizar.
compatible *adj* compatível.
compatriota *mf* compatriota *mf*.
compendiar *vt* compendiar.
compendio *m* compêndio *m*.
compenetración *f* identificação *f*.
compenetrarse *vpr*: ~ **se (con)** identificar-se (com).
compensación *f* compensação *f*.
compensar *vt* compensar.
competencia *f* -**1.** [gen] competência *f* - **2.** [entre personas] competição *f* - **3.** [entre empresas] concorrência *f*; **libre** ~ livre concorrência.
competente *adj* competente.
competer ➡ competer a *vi* competir a.
competición *f* competição *f*.
competidor, dora ◇ *adj* concorrente. ◇ *m*, *f* -**1.** [rival] concorrente *mf* - **2.** [participante] competidor *m*, -ra *f*.
competir *vi* competir.
competitividad *f* competitividade *f*.
competitivo, va *adj* competitivo(va).
compilador, dora *adj* compilador(dora).

➡ **compilador** *m* compilador *m*.
compilar *vt* compilar.
compinche *mf fam* cupincha *mf*.
complacencia *f* complacência *f*.
complacer *vt* comprazer.
complaciente *adj* complacente.
complejo, ja *adj* complexo(xa).
➡ **complejo** *m* complexo *m*; ~ **industrial** complexo industrial.
complementar *vt* complementar.
➡ **complementarse** *vpr* complementar-se.
complementario, ria *adj* complementar.
complemento *m* -**1.** [añadido] complemento *m* - **2.** *GRAM* complemento *m*.
completar *vt* completar.
➡ **completarse** *vpr* completar-se.
completo, ta *adj* -**1.** [gen] completo(ta); **por** ~ por completo - **2.** [lleno] lotado(da).
complexión *f* compleição *f*.
complicación *f* complicação *f*.
complicado, da *adj* complicado(da).
complicar *vt* complicar.
➡ **complicarse** *vpr* [hacerse difícil] complicar-se.
cómplice *mf* cúmplice *mf*.
complicidad *f* cumplicidade *f*.
compló (*pl* complós), **complot** (*pl* complots) *m* complô *m*.
componente *m* componente *m*.
componer *vt* -**1.** [gen] compor - **2.** [arreglar] consertar, arrumar - **3.** [adornar] enfeitar.
➡ **componerse** *vpr* -**1.** [estar formado] compor-se - **2.** [adornarse] arrumar-se - **3.** *Amér* [curarse] sarar.
comportamiento *m* comportamento *m*.
comportar *vt* implicar.
➡ **comportarse** *vpr* comportar-se.
composición *f* composição *f*.
compositor, tora *m*, *f* compositor(tora).
compostura *f* -**1.** [gen] compostura *f* - **2.** [arreglo] conserto *m*.
compota *f* *CULIN* compota *f*.
compra *f* compra *f*; ~ **a plazos** *COM* compra a prazo; **ir de** ~**s** ir às compras; **ir a la** ~ ir às compras; **hacer la** ~ fazer compras.
comprador, ra ◇ *adj* comprador(ra). ◇ *m*, *f* comprador *m*, -ra *f*.
comprar *vt* comprar.
compraventa *f* compra *f* e venda.
comprender *vt* compreender.
➡ **comprenderse** *vpr* [entre personas] entender-se.
comprensión *f* compreensão *f*.
comprensivo, va *adj* compreensivo(va).
compresa *f* -**1.** [para una herida] compressa *f* - **2.** [para la menstruación] absorvente *m*.
comprimido, da *adj* comprimido(da).

comprimido *m* comprimido *m*.
comprimir *vt* comprimir.
comprobante *m* comprovante *m*.
comprobar *vt* comprovar.
comprometer *vt* comprometer.
comprometerse *vpr* comprometer-se.
comprometido, da *adj* comprometido(da).
compromiso *m* -**1**. [obligación] compromisso *m* -**2**. [dificultad] apuro *m*.
compuerta *f* comporta *f*.
compuesto, ta ⬦ *pp irreg* ▷ **componer**. ⬦ *adj* -**1**. [gen] composto(ta) -**2**. [persona] arrumado(da).
compuesto *m* QUÍM composto *m*.
compulsar *vt* autenticar.
compulsivo, va *adj* compulsivo(va).
compungido, da *adj* compungido(da).
computador, dora *m*, *f* computador *m*.
computadora *f* Amér computador *m*.
computar *vt* computar.
cómputo *m* cômputo *m*.
comulgar *vi* comungar.
común *adj* comum; **en** ~ em comum.
comuna *f* -**1**. [comunidad] comunidade *f* -**2**. Amér [municipalidad] municipalidade *f*.
comunicación *f* comunicação *f*.
comunicaciones *fpl* comunicações *fpl*.
comunicado, da *adj* comunicado(da).
comunicado *m* comunicado *m*.
comunicar ⬦ *vt* comunicar. ⬦ *vi* -**1**. [persona, lugares]: ~ **con** comunicar-se com -**2**. [el teléfono] dar sinal de ocupado.
comunicarse *vpr* -**1**. [gen] comunicar-se -**2**. [propagarse] propagar-se.
comunicativo, va *adj* comunicativo(va).
comunidad *f* comunidade *f*; ~ **autónoma** comunidade autônoma; ~ **de propietarios** condomínio *m*.
Comunidad Valenciana *n* Comunidade Valenciana.
comunión *f* comunhão *f*.
comunismo *m* comunismo *m*.
comunista ⬦ *adj* comunista. ⬦ *mf* comunista *mf*.
comunitario, ria *adj* comunitário(ria).
con *prep* -**1**. [gen] com -**2**. [a pesar de] apesar de.
conato *m* princípio *m*.
concatenar, concadenar *vt* concatenar.
concavidad *f* concavidade *f*.
cóncavo, va *adj* côncavo(va).
concebir ⬦ *vt* conceber. ⬦ *vi* conceber.
conceder *vt* conceder.
concejal, jala *m*, *f* vereador *m*, -ra *f*.
concentrado *m* concentrado *m*.
concentrar *vt* concentrar.
concentrarse *vpr* concentrar-se.

concéntrico, ca *adj* GEOM concêntrico(ca).
concepción *f* concepção *f*.
concepto *m* conceito *m*; **en** ~ **de** em razão de.
concernir *v impers* concernir; **en lo que a mí me concierne** no que me concerne.
concertar *vt* combinar.
concertina *f* MÚS concertina *f*.
concertista *mf* MÚS concertista *mf*.
concesión *f* concessão *f*.
concesionario, ria ⬦ *adj* concessionário(ria). ⬦ *m*, *f* concessionário *m*, -ria *f*.
concesionario *m* COM concessionário *m*, -ria *f*.
concha *f* -**1**. [de animales] concha *f* -**2**. [material] casco *m* de tartaruga -**3**. Ven [de frutas] casca *f*.
conchabarse *vpr* fam conchavar-se.
concheto, ta ⬦ *adj* RP fam chique. ⬦ *m*, *f* filhinho *m*, -nha *f* de papai.
conciencia, consciencia *f* consciência *f*; **a** ~ com consciência; **remorderle a alguien la** ~ doer a consciência de alguém.
concienciar *vt* conscientizar.
concienciarse *vpr* conscientizar-se.
concientizar Amér *vt*: ~ **a alguien de algo** conscientizar alguém de algo.
concientizarse *vpr*: ~ **se (de)** conscientizar-se (de).
concienzudo, da *adj* consciente.
concierto *m* -**1**. [gen] concerto *m* -**2**. [acuerdo] acordo *m*; ~ **económico** acordo econômico -**3**. [orden] ordem *f*.
conciliar ⬦ *adj* conciliar. ⬦ *vt* conciliar; ~ **el sueño** conciliar o sono.
concilio *m* concílio *m*.
concisión *f* concisão *f*.
conciso, sa *adj* conciso(sa).
conciudadano, na *m*, *f* concidadão *m*, -dã *f*.
cónclave, conclave *m* conclave *m*.
concluir ⬦ *vt* concluir. ⬦ *vi* [acabar por]: ~ **(por)** acabar (por).
conclusión *f* conclusão *f*; **en** ~ em conclusão.
concluyente *adj* concludente.
concordancia *f* concordância *f*.
concordar ⬦ *vt* concordar. ⬦ *vi* concordar.
concorde *adj* concorde.
concordia *f* concórdia *f*.
concretar *vt* -**1**. [precisar] precisar -**2**. [reducir a lo esencial] resumir.
concretarse *vpr* -**1**. [limitarse] limitar-se -**2**. [materializarse] concretizar-se.
concreto, ta ⬦ *adj* concreto(ta); **en** ~ em concreto. ⬦ *m* Amér: ~ **armado** concreto armado.

concuñado, da *m, f* concunhado *m,* -da *f.*
concurrencia *f* -**1.** [público] público *m* -**2.** [de sucesos] ocorrência *f.*
concurrido, da *adj* concorrido(da).
concurrir ◆ concurrir a *vi* -**1.** [reunirse] concorrer (a) -**2.** [influir] concorrer (para) -**3.** [participar] concorrer.
concursante *mf* concursante *mf.*
concursar *vi* concursar.
concurso *m* concurso *m;* ~ **público** concurso público.
condado *m* condado *m.*
condal *adj* condal.
conde, desa *m, f* conde *m,* -desa *f.*
condecoración *f* condecoração *f.*
condecorar *vt* condecorar.
condena *f* condenação *f;* **cumplir** ~ cumprir pena.
condenable *adj* condenável.
condenado, da <> *adj* maldito(ta). <> *m, f* condenado *m,* -da *f.*
condenar *vt* -**1.** condenar; ~ a alguien a algo/hacer algo condenar alguém a algo/fazer algo -**2.** [predestinar]: ~ a condenar a.
◆ **condenarse** *vpr* condenar-se.
condensar *vt* condensar.
CONDEPA (*abrev de* Conciencia de Patria) *f partido boliviano de direita.*
condescendencia *f* condescendência *f.*
condescender ◆ condescender a *vi* condescender a.
condescendiente *adj* condescendente.
condición *f* condição *f;* **de** ~ de condição; **a** ~ **de que alguien haga algo** sob a condição de que alguém faça algo; **con la** ~ **de que alguien haga algo** com a condição de que alguém faça algo; **sin condiciones** sem condições.
◆ **condiciones** *fpl* condições *fpl;* **en condiciones** em condições.
condicionado, da *adj* condicionado(da).
condicional <> *adj* condicional. <> *m* GRAM condicional *m.*
condicionar *vt* condicionar.
condimentar *vt* condimentar.
condimento *m* condimento *m.*
condiscípulo, la *m, f* condiscípulo *m,* -la *f.*
condolencia *f* condolência *f.*
condolerse *vpr* condoer-se.
condón *m* camisinha *f.*
cóndor *m* condor *m.*
conducción *f* condução *f.*
conducir <> *vt* conduzir. <> *vi* conduzir; ~ a conduzir a.
◆ **conducirse** *vpr* conduzir-se.
conducta *f* conduta *f.*

conducto *m* -**1.** [gen] conduto *m* -**2.** [vía] meio *m.*
conductor, tora <> *adj* FÍS condutor(tora). <> *m, f* [gen] condutor *m,* -ra *f.*
conectado, da *adj* conectado(da); ~ a conectado a.
conectar <> *vt* -**1.** ELECTR conectar; ~ algo a conectar algo a -**2.** [unir]: ~ algo con conectar algo com. <> *vi* TV & RADIO: ~ (con) conectar (com).
conejo, ja *m, f* coelho *m,* -lha *f.*
conexión *f* conexão *f;* ~ a Internet conexão com a Internet; ~ telefónica conexão discada.
◆ **conexiones** *fpl* [contactos] relações *fpl.*
conexo, xa *adj* conexo(xa).
confabular *vi* confabular.
◆ **confabularse** *vpr* confabular.
confección *f* confecção *f.*
confeccionar *vt* confeccionar.
confederación *f* confederação *f.*
confederado, da *adj* confederado(da).
◆ **confederado** *m* confederado *m.*
confederarse *vpr* confederar-se.
conferencia *f* -**1.** [gen] conferência *f;* **dar una** ~ dar uma conferência; ~ **episcopal** conferência episcopal -**2.** [por teléfono] *ligação interurbana ou internacional.*
conferir *vt* conferir.
confesar *vt* confessar.
◆ **confesarse** *vpr* RELIG confessar-se.
confesión *f* confissão *f.*
confesionario *m* confessionário *m.*
confesor *m* confessor *m,* -ra *f.*
confeti *mpl* confete *m.*
confiado, da *adj* confiante.
confianza *f* confiança *f;* **de** ~ de confiança; **en** ~ em confiança; ~ **en algo/alguien** confiança em algo/alguém.
confiar *vt* confiar.
◆ **confiar en** *vi* [persona, cosa] confiar en.
◆ **confiarse** *vpr* -**1.** [despreocuparse] confiar -**2.** [franquearse]: ~ **se a alguien** confiar-se em alguém.
confidencia *f* confidência *f.*
confidencial *adj* confidencial.
confidente *mf* -**1.** [amigo] confidente *mf* -**2.** [soplón] informante *mf.*
configurar *vt* configurar.
confín *m* (*gen pl*) confins *mpl.*
confinamiento *m* confinamento *m.*
confinar *vt* confinar.
confirmación *f* confirmação *f.*
confirmar *vt* confirmar.
confiscar *vt* confiscar.
confitado, da *adj* cristalizado(da).
confite *m* confeito *m.*
confitería *f* -**1.** [pastelería] confeitaria *f* -**2.**

RP [cafetería] cafeteria *f.*
confitura *f* compota *f.*
conflagración *f* conflagração *f.*
conflictivo, va *adj* conflituoso(sa).
conflicto *m* conflito *m.*
confluir *vi* confluir.
conformar *vt* conformar.
 ◆ **conformarse** *vpr*: ~se **(con)** conformar-se (com).
conforme ◇ *adj* -**1.** [acorde]: ~ **a** conforme a -**2.** [de acuerdo]: ~ **con** conforme com. ◇ *adv* em conformidade; ~ **a** em conformidade com.
conformidad *f* [aprobación] aprovação *f*; **dar alguien su** ~ dar alguém sua aprovação.
conformista ◇ *adj* conformista. ◇ *mf* conformista *mf.*
confort *m* conforto *m.*
confortable *adj* confortável.
confortar *vt* confortar.
confraternizar *vi* confraternizar.
confrontar *vt* confrontar.
confundir *vt* confundir.
 ◆ **confundirse** *vpr* confundir-se.
confusión *f* confusão *f.*
confuso, sa *adj* confuso(sa).
conga *f* conga *f.*
congelación *f* congelamento *m.*
congelador *m* congelador *m.*
congelados *mpl* congelados *mpl.*
congelar *vt* congelar.
 ◆ **congelarse** *vpr* congelar-se.
congénere *mf* congênere *mf.*
congeniar *vi*: ~ **(con)** dar-se bem (com).
congénito, ta *adj* congênito(ta).
congestión *f* -**1.** [gen] congestão *f* -**2.** [atasco] congestionamento *m.*
congestionar *vt* congestionar.
 ◆ **congestionarse** *vpr* congestionar-se.
conglomerado *m* aglomerado *m.*
congoja *f* angústia *f.*
congraciarse ◆ **congraciarse con** *vpr* congraçar-se com.
congratular *vt*: ~ **a alguien por algo** congratular alguém por algo.
 ◆ **congratularse** *vpr*: ~se **por algo** congratular-se por algo.
congregación *f* congregação *f.*
congregar *vt* congregar.
congresista *mf* congressista *mf.*
congreso *m* congresso *m*; ~ **de diputados** câmara *f* de deputados.
congrio *m* congro *m.*
congruente *adj* congruente.
CONICET (*abrev de* **Consejo Nacional de Investigaciones Científicas y Técnicas**) *m* órgão de assessoramento superior do Presidente da República para a formulação e implementação da política nacional de desenvolvimento científico e tecnológico na Argentina.
CONICIT (*abrev de* **Consejo Nacional de Investigación Científica y Tecnológica**) *m* órgão de assessoramento superior do Presidente da República para a formulação e implementação da política nacional de desenvolvimento científico e tecnológico na Venezuela.
cónico, ca *adj* GEOM cônico(ca).
conjetura *f* conjectura *f*; **hacer** ~**s** fazer conjecturas.
conjugación *f* conjugação *f.*
conjugar *vt* conjugar.
conjunción *f* conjunção *f.*
conjuntar *vt* combinar.
conjuntivo, va *adj* conjuntivo(va).
conjunto, ta *adj* conjunto(ta).
 ◆ **conjunto** *m* conjunto *m.*
conjura *f* conjuração *f.*
conjurar *vt* conjurar.
conjuro *m* conjuro *m.*
conllevar *vt* [implicar] implicar.
conmemoración *f* comemoração *f*; **en** ~ **de** em comemoração a.
conmemorar *vt* comemorar.
conmigo *pron* comigo.
conmoción *f* comoção *f*; ~ **cerebral** comoção cerebral.
conmocionar *vt* -**1.** [psíquicamente] comover -**2.** [físicamente] provocar comoção.
conmovedor, dora *adj* comovedor(dora).
conmover *vt* comover.
 ◆ **conmoverse** *vpr* comover-se.
conmutador *m* -**1.** ELECTR comutador *m* -**2.** *Amér* [centralita telefónica] central *f* telefônica.
connotación *f* conotação *f.*
cono *m* cone *m.*
conocedor, dora *m, f* conhecedor *m*, -dora *f.*
conocer *vt* conhecer.
 ◆ **conocerse** *vpr* conhecer-se.
conocido, da ◇ *adj* conhecido(da). ◇ *m, f* conhecido *m*, -da *f.*
conocimiento *m* [saber] conhecimento *m*; **con** ~ **de causa** com conhecimento de causa; **perder/recobrar el** ~ *fig* perder/recobrar a consciência.
 ◆ **conocimientos** *mpl* conhecimentos *mpl.*
conque *conj* portanto.
conquista *f* [de tierras] conquista *f.*
conquistador, ra ◇ *adj* conquistador(ra). ◇ *m, f* conquistador *m*, -ra *f.*
conquistar *vt* conquistar.
consabido, da *adj* consabido(da).
consagración *f* consagração *f.*

consagrado, da *adj* consagrado(da).
consagrar *vt* consagrar.
➡ consagrarse *vpr* consagrar-se.
consanguíneo, a *adj* consangüíneo(nea).
consciencia = conciencia.
consciente *adj* consciente.
conscripto *m Andes, Arg* conscrito *m*.
consecución *f* consecução *f*.
consecuencia *f* conseqüência *f*; a *o* como
~ de em *o* como conseqüência de; en ~
em conseqüência; tener ~s ter conseqüências.
consecuente *adj* [coherente] conseqüente.
consecutivo, va *adj* consecutivo(va).
conseguir *vt* conseguir.
consejero, ra *m, f* conselheiro *m*, -ra *f*.
consejo *m* conselho *m*; dar un ~ dar um
conselho.
consenso *m* consenso *m*.
consensuar *vt* decidir por consenso.
consentimiento *m* consentimento *m*.
consentir ◇ *vt* -1. [tolerar] consentir -2.
[mimar] mimar. ◇ *vi*: ~ en consentir em.
conserje *mf* zelador *m*, -dora *f*.
conserjería *f* zeladoria *f*.
conserva *f* conserva *f*; en ~ em conserva.
conservación *f* conservação *f*.
conservador, dora ◇ *adj* conserva-
dor(dora). ◇ *m, f* conservador *m*, -dora *f*.
conservante *m* conservante *m*.
conservar *vt* conservar.
➡ conservarse *vpr* conservar-se.
conservatorio *m* conservatório *m*.
considerable *adj* considerável.
consideración *f* consideração *f*; tomar en
~ levar em consideração; en ~ a algo/a
alguien em consideração a algo/alguém;
tratar a alguien con ~ tratar alguém com
consideração.
considerado, da *adj* considerado(da).
considerar *vt* considerar.
consigna *f* -1. [orden] ordem *f* -2. [para equi-
paje] guarda-volumes *m*.
consignar *vt* -1. [equipaje] depositar no
guarda-volumes -2. [por escrito] consignar
-3. [una mercancía] despachar.
consigo *pron* consigo.
consiguiente *adj* conseguinte; por ~ por
conseguinte.
consistencia *f* consistência *f*.
consistente *adj* consistente.
consistir ➡ consistir en *vi* consistir
em.
consola *f* console *m*; ~ de videojuegos
videogame *m*.
consolación *f* consolação *f*.
consolar *vt* consolar.

➡ consolarse *vpr* consolar-se.
consolidar *vt* consolidar.
consomé *m CULIN* consomê *m*.
consonancia *f* consonância *f*; en ~ con
em consonância com.
consonante *f* consoante *f*.
consorcio *m* consórcio *m*.
conspiración *f* conspiração *f*.
conspirador, dora *m, f* conspirador *m*,
-dora *f*.
conspirar *vi* conspirar.
constancia *f* -1. [perseverancia] constância *f*
-2. [de cosa cierta] registro *f*; dejar ~ de algo
deixar registro de algo.
constante ◇ *adj* constante. ◇ *f* constante *f*.
constar *vi* -1. [una información] constar;
~ algo a alguien constar algo a alguém;
hacer ~ fazer constar; que conste que que
conste que -2. [estar constituido por]: ~ de
constar de.
constatar *vt* constatar.
constelación *f ASTRON* constelação *f*.
consternación *f* consternação *f*.
consternar *vt* consternar.
constipado *m* constipado *m*.
constiparse *vpr* constipar-se.
constitución *f* constituição *f*.
➡ Constitución *f* [de Estado] Constituição *f*.
constitucional *adj* constitucional.
constituir *vt* constituir.
constitutivo, va *adj* constitutivo(va).
constituyente ◇ *adj* constituinte. ◇ *m*
constituinte *m*.
constreñir *vt*: ~ a alguien a hacer algo
compelir alguém a fazer algo.
construcción *f* construção *f*.
constructivo, va *adj* construtivo(va).
constructor, tora *adj* construtor(tora).
➡ constructor *m* construtor *m*.
➡ constructora *f* construtora *f*.
construir *vt* construir.
consuegro, gra *m, f* consogro *m*, -gra *f*.
consuelo *m* consolo *m*.
cónsul, consulesa *m, f* cônsul *m*, consulesa *f*.
consulado *m* consulado *m*.
consulta *f* -1. [visita] consulta *f* -2. [lugar]
consultório *m*.
consultar *vt* consultar.
➡ consultar con *vi*: ~ con alguien consultar alguém.
consultoría *f* empresa *f* de consultoria.
consultorio *m* -1. [gen] consultório *m* -2.
[despacho] escritório *m*.
consumar *vt* consumar.
consumición *f* consumação *f*.

consumidor, dora *m*, *f* consumidor *m*, -dora *f*.

consumir ⬦ *vt* consumir. ⬦ *vi* consumir.

◆ **consumirse** *vpr* consumir-se.

consumismo *m* consumismo *m*.

consumo *m* [de energía, combustible] consumo *m*.

contabilidad *f* contabilidade *f*; **llevar la ~** fazer a contabilidade.

contabilizar *vt* contabilizar.

contable *mf* contador *m*, -ra *f*.

contactar *vi*: **~ con** contatar com.

contacto *m* **-1.** [gen] contato *m*; **ponerse en ~ con alguien** entrar em contato com alguém **- 2.** *fam* [enchufe] pistolão *m*.

contado, da *adj* **-1.** [raro] raro(ra) **- 2.** [enumerado] contado(da).

◆ **al contado** *loc adv* à vista.

contador, ra *m*, *f* **Amér** [contable] contador *m*, -ra *f*; **~ público** contador diplomado.

◆ **contador** *m* medidor *m*.

contaduría *f* **Amér**: **~ general** contadoria *f* geral.

contagiar *vt* contagiar.

◆ **contagiarse** *vpr* contagiar-se.

contagio *m* contágio *m*.

contagioso, sa *adj* contagioso(sa).

container = contenedor.

contaminación *f* [de ambiente] poluição *f*.

contaminar *vt* contaminar.

contante ◆ **contante y sonante** *loc adj*: **dinero ~ y sonante** dinheiro vivo.

contar ⬦ *vt* contar. ⬦ *vi* contar.

◆ **contar con** *vi* contar com.

contemplación *f* contemplação *f*.

◆ **contemplaciones** *fpl* contemplação *f*; **sin contemplaciones** sem consideração.

contemplar *vt* contemplar.

contemplativo, va *adj* contemplativo(va).

contemporáneo, nea *adj* contemporâneo(nea).

contención *f* controle *m*.

contender *vi* contender.

contenedor, ra *adj* que contém.

◆ **contenedor, container** *m* contêiner *m*.

contener *vt* conter.

◆ **contenerse** *vpr* conter-se.

contenido *m* conteúdo *m*.

contentar *vt* contentar.

◆ **contentarse** *vpr*: **~se con algo** contentar-se com algo.

contento, ta *adj* contente.

◆ **contento** *m* contentamento *m*.

contertulio, lia *m*, *f* participante *mf* de tertúlia.

contestación *f* resposta *f*.

contestador ◆ **contestador automático** *m* secretária *f* eletrônica.

contestar *vt* [responder] responder.

contestatario, ria *adj* contestatório(ria).

contexto *m* contexto *m*.

contextualizar *vtr* contextualizar.

contienda *f* contenda *f*.

contigo *pron* contigo.

contiguo, gua *adj* contíguo(gua).

continencia *f* continência *f*.

continental *adj* continental.

continente *m* continente *m*.

contingente ⬦ *adj* contingente. ⬦ *m* contingente *m*.

continuación *f* continuação *f*; **a ~** a seguir.

continuar ⬦ *vt* continuar. ⬦ *vi* continuar.

continuidad *f* continuidade *f*.

continuo, nua *adj* **-1.** [gen] contínuo(nua) **- 2.** [con perseverancia] perseverante.

contonearse *vpr* requebrar-se.

contornear *vt* contornar.

contorno *m* **-1.** [línea] contorno *m* **- 2.** (gen pl) [territorio] arredores *mpl*.

contorsión *f* contorção *f*.

contorsionarse *vpr* contorcer-se.

contorsionista *mf* contorcionista *mf*.

contra¹ *prep* contra; **en ~** contra; **en ~ de** ao contrário de.

contra² *m* contra *m*.

contraatacar *vt* contra-atacar.

contraataque *m* contra-ataque *m*.

contrabajo ⬦ *m* **-1.** [instrumento] contrabaixo *m* **- 2.** [voz, persona] baixo *m*. ⬦ *mf* [instrumentalista] contrabaixista *mf*.

contrabandista *mf* contrabandista *mf*.

contrabando *m* contrabando *m*.

contracción *f* contração *f*.

contraceptivo, va *adj* contraceptivo(va).

contrachapado, da *adj* compensado(da).

◆ **contrachapado** *m* compensado *m*.

contracorriente *f* contracorrente *f*; **ir ~** *fig* ir à contracorrente.

contráctil *adj* contrátil.

contracultura *f* contracultura *f*.

contradecir *vt* contradizer.

◆ **contradecirse** *vpr* contradizer-se.

contradicción *f* contradição *f*.

contradicho, cha *pp irreg* ▷ contradecir.

contradictorio, ria *adj* contraditório(ria).

contraer *vt* contrair.

◆ **contraerse** *vpr* contrair-se.

contraespionaje *m* contra-espionagem *f*.

contrafuerte *m* contraforte *m*.

contragolpe *m* contragolpe *m*.

contrahecho, cha *adj* disforme.

contraindicación *f* **MED** contra-indicação *f*.

contralto <> *m* [voz] contralto *m.* <> *mf* [persona] contralto *mf.*

contraluz *m* contraluz *f*; **a** ~ à contraluz.

contramaestre *m* -**1.** [en marina] contramestre *m* -**2.** [en taller] contramestre *m,* -tra *f.*

contraorden *f* contra-ordem *f.*

contrapartida *f* contrapartida *f.*

contrapelo ◆ **a contrapelo** *loc adv* a contrapelo.

contrapesar *vt* -**1.** [físicamente] contrapesar -**2.** *fig* [contrarrestar] compensar.

contrapeso *m* contrapeso *m.*

contraponer *vt* contrapor.
◆ **contraponerse** *vpr* contrapor-se.

contraportada *f* contracapa *f.*

contraproducente *adj* contraproducente.

contraprogramación *f* programação realizada por uma cadeia de televisão para concorrer com o nível de audiência de outras.

contrapunto *m* -**1.** MÚS contraponto *m* -**2.** *fig* [entre dos cosas o personas] oposto *m.*

contrariar *vt* contrariar.

contrariedad *f* contrariedade *f.*

contrario, ria *adj* -**1.** contrário(ria) -**2.** *loc*: **llevar la contraria a alguien** contradizer alguém.
◆ **contrario** *m* -**1.** [persona] adversário *m,* -ria *f* -**2.** [opuesto] oposto *m.*

contrarreloj *adj* DEP cronometrado(da); **ir** ~ correr contra o relógio.

contrarrestar *vt* neutralizar.

contrasentido *m* contra-senso *m.*

contraseña *f* senha *f.*

contrastar <> *vi* contrastar. <> *vt* -**1.** [probar] comprovar -**2.** [resistir, hacer frente] resistir a.

contraste *m* contraste *m.*

contrata *f* contrato *m.*

contratar *vt* contratar.

contratiempo *m* contratempo *m*; **a** ~ a contratempo.

contratista *mf* empreiteiro *m,* -ra *f.*

contrato *m* contrato *m*; ~ **de aprendizaje** contrato de aprendizagem; ~ **basura** contrato com péssimas condições de trabalho; ~ **a tiempo parcial** contrato em tempo parcial.

contravenir *vi* contravir.

contraventana *f* contravento *m.*

contribución *f* contribuição *f.*

contribuir *vi* -**1.** [con una cantidad]: ~ **(con)** contribuir (com) -**2.** [colaborar con]: ~ **(a)** contribuir (para).

contribuyente *mf* contribuinte *mf.*

contrición *f* contrição *f.*

contrincante *mf* adversário *m,* -ria *f.*

control *m* -**1.** [gen] controle *m* -**2.** [lugar de inspección] comando *m.*

controlador, ra *m, f* [persona] controlador *m,* -ra *f.*
◆ **controlador** *m* [instrumento] controlador *m*; ~ **de disco** INFORM controlador de disco.

controlar *vt* controlar.
◆ **controlarse** *vpr* controlar-se.

controversia *f* controvérsia *f.*

contundencia *f* -**1.** [de golpes] força *f* -**2.** [de palabras] contundência *f.*

contundente *adj* contundente.

contusión *f* contusão *f.*

contusionar *vt* contundir.

conuco *m Carib* [casa y terreno] terreno *m.*

convalecencia *f* convalescença *f.*

convalecer ◆ **convalecer de** *vi* convalescer (de).

convaleciente *adj* convalescente.

convalidar *vt* revalidar.

convencer *vt* convencer; ~ **a alguien de algo** convencer alguém de algo.
◆ **convencerse** *vpr*: ~ **se de algo** convencer-se de algo.

convencimiento *m* convencimento *m.*

convención *f* convenção *f.*

convencional *adj* convencional.

conveniencia *f* conveniência *f.*
◆ **conveniencias** *fpl* conveniências *fpl.*

conveniente *adj* conveniente.

convenio *m* acordo *m.*

convenir *vi* -**1.** [venir bien] convir -**2.** [acordar]: ~ **en algo** chegar num acordo sobre algo.

convento *m* convento *m.*

convergencia *f* convergência *f.*

converger *vi* convergir.

conversación, conversada *Amér f* conversa *f*; **dar** ~ **a alguien** dar conversa o trela a alguém.

conversador, ra <> *adj* conversador(ra). <> *m, f* conversador *m,* -ra *f.*

conversar *vi* conversar.

conversión *f* conversão *f.*

converso, sa <> *adj* convertido(da). <> *m, f* convertido *m,* -da *f.*

convertir *vt* converter; ~ **algo/a alguien en algo** converter algo/alguém em algo.
◆ **convertirse** *vpr* -**1.** [de una religión a otra] converter-se; ~ **se a** converter-se a -**2.** [transformarse]: ~ **se en** converter-se em.

convexo, xa *adj* convexo(xa).

convicción *f* convicção *f.*
◆ **convicciones** *fpl* convicções *fpl.*

convicto, ta *adj* convicto(ta).

convidado, da *m, f* convidado *m,* -da *f.*

convidar *vt* [persona] convidar.

➡ **convidar a** *vi* [mover, incitar] convidar a.
convincente *adj* convincente.
convite *m* -**1.** [invitación] convite *m* -**2.** [fiesta] festa *f*.
convivencia *f* convivência *f*.
convivir *vi*: ~ **con** conviver com.
convocar *vt* convocar.
convocatoria *f* -**1.** [anuncio] convocatória *f* -**2.** [de examen] convocação *f*.
convoy (*pl* convoyes) *m* comboio *m*.
convulsión *f* -**1.** [gen] convulsão *f* -**2.** [de la tierra, del mar] tremor *m*.
convulsionar *vt* convulsionar.
conyugal *adj* conjugal.
cónyuge *mf* cônjuge *m*.
coña *f mfam* -**1.** [guasa] gozação *f* -**2.** [molestia] saco *m*.
coñá (*pl* coñás), **coñac** (*pl* coñacs), **cognac** (*pl* cognacs) *m* conhaque *m*.
coñazo *m mfam* saco *m*; **dar el** ~ encher o saco.
coño *vulg* ◇ *m* -**1.** [genital] xoxota *f* -**2.** [para enfatizar] porra *f*. ◇ *interj* [enfado] caralho!; [asombro] merda!
cookie *f* INFORM cookie *m*.
cooperación *f* cooperação *f*; ~ **internacional** cooperação internacional.
cooperar *vi* cooperar.
cooperativa *f* ▷ cooperativo.
cooperativo, va *adj* cooperativo(va).
➡ **cooperativa** *f* [sociedad] cooperativa *f*.
coordinador, ra ◇ *adj* coordenador(ra). ◇ *m, f* coordenador(ra).
coordinar *vt* coordenar.
copa *f* -**1.** [vaso] taça *f* -**2.** [contenido] cálice *m*; **ir de** ~**s** sair de noite (para tomar uma) -**3.** [trofeo, de árbol, sombrero] copa *f*.
➡ **copas** *fpl* [naipes] copas *fpl*.

> Não confundir *copa (taça)* com o português *copa* que em espanhol é *office*. (*Álvaro prefiere almorzar con una copa de vino.* No almoço, Álvaro prefere beber uma *taça* de vinho.)

copar *vt* -**1.** [todos los puestos] açambarcar -**2.** MIL encurralar -**3.** [en juegos de azar] apostar.
Copenhague *n* Copenhague.
copete *m* -**1.** [de ave] penacho *m* -**2.** [de pelo] topete *m* -**3.** *loc*: **de alto** ~ de alto gabarito.
copetín *m Amér* [bebida] aperitivo *m*; [comida] tira-gosto *m*.
copia *f* cópia *f*; ~ **de seguridad** cópia de segurança.
copiar ◇ *vt* copiar. ◇ *vi* copiar.
copiloto *mf* co-piloto *m*.
copión, piona *m, f fam* colador(ra).
copioso, sa *adj* copioso(sa).

copista *mf* copista *mf*.
copla *f* -**1.** [canción] copla *f* -**2.** [estrofa] estrofe *f*.
➡ **coplas** *fpl* versos *mpl*.
copo *m* -**1.** [gen] floco *m* -**2.** [de materia textil] chumaço *m*.
coproducción *f* co-produção *f*.
copropiedad *f* co-propriedade *f*.
copropietario, ria *m, f* co-proprietário *m*, -ria *f*.
copular *vi* copular.
copulativo, va *adj* copulativo(va).
coquetear *vi* paquerar.
coqueto, ta *adj* -**1.** [persona] sedutor *m*, -ra *f* -**2.** [cosa] charmoso(sa).
coraje *m* -**1.** [valor, valentía] coragem *f* -**2.** [rabia, ira] raiva *f*.
coral ◇ *adj* coral. ◇ *m* coral *m*. ◇ *f* [grupo de canto] coral *m*.
Corán *m* Alcorão *m*.
coraza *f* -**1.** [gen] couraça *f* -**2.** [de tortuga] carapaça *f*.
corazón *m* coração *m*; **no tener** ~ não ter coração; **de (todo)** ~ de todo coração; **romper** *o* **partir el** ~ **a alguien** romper *o* partir o coração de alguém.
corazonada *f* -**1.** [presentimiento] pressentimento *m* -**2.** [impulso] impulso *m*.
corbata *f* -**1.** [de vestir] gravata *f* -**2.** [de bandera] faixa *f*.
corbeta *f* corveta *f*.
Córcega *n* Córsega.
corcel *m* corcel *m*.
corchea *f* colcheia *f*.
corchete *m* colchete *m*.
corcho *m* -**1.** [material] cortiça *f* -**2.** [tapón] rolha *f*.
córcholis *interj* -**1.** [para expresar sorpresa] caramba! -**2.** [para expresar enfado] poxa!
cordel *m* barbante *m*.
cordero, ra *m, f* cordeiro *m*, -ra *f*.
cordial *adj* cordial.
cordialidad *f* cordialidade *f*.
cordillera *f* cordilheira *f*; **la** ~ **Cantábrica** a cordilheira Cantábrica.
Córdoba *n* Córdoba.
cordón *m* -**1.** [gen] cordão *m*; ~ **umbilical** cordão umbilical -**2.** [cable eléctrico] cabo *m* -**3.** *CSur, Cuba* [de la acera] meio-fio *m*.
cordura *f* cordura *f*.
Corea *n* Coréia *f*; ~ **del Norte** Coréia do Norte; ~ **del Sur** Coréia do Sul.
corear *vt* -**1.** [canción] cantar em coro -**2.** [asentir en] aprovar.
coreografía *f* coreografia *f*.
coreógrafo, fa *m, f* coreógrafo *m*, -fa *f*.
corista ◇ *mf* corista *mf*. ◇ *f* vedete *f*.
cornada *f* chifrada *f*.

cornamenta *f-***1.** [de animal] cornadura *f-***2.** *fam* [de cornudo] chifres *mpl*.

córnea *f* córnea *f*.

cornear *vt* cornear.

córner (*pl* córners) *m* córner *m*.

corneta ⟷ *f* [instrumento] corneta *f*. ⟷ *mf* [instrumentista] corneteiro *m*, -ra *f*.

cornete *m -***1.** ANAT corneto *m -***2.** [tipo de helado] *sorvete em forma de cone, especialmente se estiver embalado.*

cornetín, tina *m*, *f* [instrumentista] cornetim *mf*.

⟶ **cornetín** *m* [instrumento] cornetim *m*.

cornisa *f-***1.** ARQUIT cornija *f-***2.** [de precipicio o acantilado] beira *f*.

cornudo, da ⟷ *adj -***1.** [con cuernos] cornífero(ra) -**2.** *fam* [cónyuge] cornudo(da). ⟷ *m*, *f* *fam* cornudo *m*, -da *f*.

coro *m* coro *m*; **a** ~ em coro.

corona *f -***1.** [gen] coroa *f -***2.** [de santos] auréola *f*.

coronación *f* coroação *f*.

coronar *vt-***1.** [gen] coroar -**2.** *fig* [monte, altura] alcançar.

coronel *m* coronel *m*.

coronilla *f* cocuruto *m*; **estar hasta la** ~ *fam* estar de saco cheio.

corpiño *m* **Arg** [sostén] sutiã *m*.

corporación *f* corporação *f*.

corporal *adj* corporal.

corporativo *adj* corporativo(va).

corpóreo, rea *adj* corpóreo(rea).

corpulencia *f* corpulência *f*.

corpulento, ta *adj* corpulento(ta).

Corpus Christi *m* Corpus Christi *m*.

corral *m -***1.** [para animales] curral *m -***2.** [teatro] *local descoberto no qual eram realizadas apresentações teatrais nos séculos XVI e XVII.*

correa *f -***1.** [gen] correia *f -***2.** [para perro] coleira *f*.

corrección *f-***1.** [gen] correção *f-***2.** [de texto] revisão *f-***3.** [reprimenda] corretivo *m*.

correccional ⟷ *adj* correcional. ⟷ *m* reformatório *m*.

correctivo, va *adj* corretivo(va).

⟶ **correctivo** *m* corretivo *m*.

correcto, ta *adj* correto(ta); **políticamente** ~ politicamente correto.

corrector, ra *m*, *f* corretor *m*, -ra *f*; ~ **de estilo** revisor *m*, -ra *f* gramatical; ~ **tipográfico** revisor tipográfico.

corredero, ra *adj* corrediço(ça).

⟶ **corredera** *f-***1.** [ranura] corrediça *f-***2.** [válvula] válvula *f* de gaveta.

corredor, ra ⟷ *adj* corredor(ra). ⟷ *m*, *f* -**1.** [deportista] corredor *m*, -ra *f -***2.** [intermediario] corretor *m*, -ra *f*; ~ **de comercio** COM corretor.

⟶ **corredor** *m* corredor *m*.

corregir *vt* corrigir.

⟶ **corregirse** *vpr* corrigir-se.

correlación *f* correlação *f*.

correlativo, va *adj -***1.** [relacionado] correlativo(va) -**2.** [consecutivo] consecutivo(va).

correligionario, ria *m*, *f* correligionário *m*, -ria *f*.

correo ⟷ *m -***1.** [correspondencia] correspondência *f*; ~ **certificado** correspondência registrada; ~ **comercial** correspondência comercial -**2.** [servicio] correio *m*; ~ **basura** INFORM mensagem *f* eletrônica não solicitada, lixo *m* eletrônico; ~ **electrónico** correio eletrônico; ~ **de voz** INFORM correio de voz. ⟷ *adj* postal.

⟶ **Correos** *mpl* Correios *mpl*.

correoso, sa *adj* borrachento(ta).

correr ⟷ *vi -***1.** [gen] correr; **a todo** ~ a toda velocidade -**2.** [ser válido] ter curso legal -**3.** [encargarse de]: ~ **con** arcar com; ~ **a cargo de** correr por conta de -**4.** [una cantidad] ser devido. ⟷ *vt-***1.** [por un lugar] [un fluido] correr -**2.** [deslizar] empurrar -**3.** [extender] estender -**4.** *Amér fam* [despedir del trabajo] jogar fora.

⟶ **correrse** *vpr-***1.** [desplazarse] deslocar-se -**2.** [difuminarse] escorrer -**3.** *Andes, Esp vulg* [tener un orgasmo] gozar.

correría *f* correria *f*.

correspondencia *f -***1.** [gen] correspondência *f-***2.** [entre lugares] conexão *f*.

corresponder *vi -***1.** [gen] corresponder; ~ **a** corresponder a -**2.** [pertenecer]: ~ **a** pertencer a -**3.** [tocar]: ~ **le a alguien algo/hacer algo** competir algo a alguém/a alguém fazer algo.

⟶ **corresponderse** *vpr* corresponder-se.

correspondiente *adj* correspondente.

corresponsal *mf -***1.** [de prensa] correspondente *mf-***2.** [de relaciones] enviado *m*, -da *f* especial.

corretear *vi -***1.** [correr] correr -**2.** *fam* [vagar] zanzar.

correveidile *mf* fofoqueiro *m*, -ra *f*.

corrido, da *adj* estendido(da).

⟶ **corrida** *f-***1.** TAUROM tourada *f-***2.** [de velocidad] corrida *f*.

⟶ **de corrido** *loc prep* de um lance.

corriente ⟷ *adj -***1.** [normal] comum; ~ **y moliente** normal e comum -**2.** [agua, luz, fecha] corrente. ⟷ *f* corrente *f*; **estar al** ~ **de** [pagos] estar em dia com; [noticias] estar a par; **ir contra** ~ remar contra a corrente.

corrillo *m* grupinho *m*.

corro *m -***1.** [círculo] roda *f*; **en** ~ em círculo

- **2.** FIN [en Bolsa] *reunião de uma sessão da bolsa para contratação de um grupo de valores.*
corroborar *vt* corroborar.
corroer *vt* corroer.
corromper *vt* corromper.
➡ **corromperse** *vpr* corromper-se.
corrosivo, va *adj* -**1.** [que desgasta] corrosivo(va) - **2.** [mordaz] mordaz.
corrupción *f* -**1.** [gen] corrupção *f*; ~ **de menores** corrupção de menores - **2.** [de sustancia] putrefação *f.*
corrusco *m* pedaço *m* de pão duro.
corsario, ria *adj* corsário(ria).
➡ **corsario** *m* corsário *m.*
corsé *m* corpete *m*; ~ **ortopédico** colete *m* ortopédico.
cortacésped *m* cortador *m* de grama.
cortado, da *adj* -**1.** [agrietado] rachado(da) - **2.** [alimento] talhado(da) - **3.** *fam* [tímido] inibido(da); **quedarse** ~ ficar sem graça.
➡ **cortado** *m* [café] pingado *m.*
cortafuego *m* aceiro *m.*
cortafuegos *m inv* INFORM firewall *m.*
cortante *adj* cortante.
cortapisa *f* obstáculo *m.*
cortaplumas *m inv* canivete *m.*
cortar ⬦ *vt* -**1.** [gen] cortar - **2.** [carretera, discurso, conversación] interromper - **3.** [agrietar] rachar - **4.** [alimento] talhar - **5.** [suspender] suspender - **6.** *fam* [sentir vergüenza] constranger. ⬦ *vi* -**1.** [gen] cortar - **2.** *fam* [cesar una relación] terminar.
➡ **cortarse** *vpr* -**1.** [herirse] cortar-se - **2.** [agrietarse] rachar-se - **3.** [alimento] talhar-se - **4.** [comunicación] cair a linha - **5.** *fam* [turbarse] inibir-se.
cortaúñas *m inv* cortador *m* de unhas.
corte ⬦ *m* -**1.** [gen] corte *m*; ~ **de pelo** corte de cabelo; ~ **y confección** corte e costura - **2.** [contorno, estilo] linha *f* - **3.** [pausa] pausa *f* - **4.** *fam* [respuesta ingeniosa] cortada *f* - **5.** *fam* [vergüenza] vergonha *f*; **dar** ~ dar vergonha. ⬦ *f* [gen] corte *f.*
➡ **Cortes** *fpl* *parlamento ou assembléia do Estado espanhol.*
cortedad *f* curteza *f.*
cortejar *vt* cortejar.
cortejo *m* cortejo *m.*
cortés *adj* cortês.
cortesano, na ⬦ *adj* cortesão(sã). ⬦ *m,* *f* cortesão *m*, -sã *f.*
cortesía *f* cortesia *f*; **de** ~ de cortesia.
corteza *f* -**1.** [gen] casca *f*; ~ **terrestre** crosta *f* terrestre - **2.** ANAT córtex *m.*
cortijo *m* *em Andaluzia, propriedade rural com algumas edificações para moradia.*
cortina *f* cortina *f.*

cortisona *f* MED cortisona *f.*
corto, ta *adj* -**1.** curto(ta); **estar/andar** ~ **de** algo estar/andar curto de algo - **2.** *loc:* **quedarse** ~ calcular mal.
cortocircuito *m* curto-circuito *m.*
cortometraje *m* curta-metragem *f.*
corva *f* ▷ corvo.
corvo, va *adj* curvo(va).
➡ **corva** *f* jarrete *m.*
corzo, za *m,* *f* corço *m*, -ça *f.*
cosa *f* coisa *f*; **ser** ~ **de alguien** ser de interesse de alguém; **ser** ~**s de alguien** ser típico de alguém; **como quien no quiere la** ~ como quem não quer nada; **como si tal** ~ como se não fosse nada.
➡ **cosa de** *loc adv* coisa de.
coscorrón *m* cascudo *m.*
cosecha *f* colheita *f*; **de su (propia)** ~ de sua (própria) lavra.
cosechar ⬦ *vt* colher. ⬦ *vi* colher.
coseno *m* GEOM co-seno *m.*
coser ⬦ *vt* -**1.** [con hilo] coser, costurar - **2.** [con grapas] grampear - **3.** *loc:* **ser cosa de** ~ **y cantar** ser coisa que se faz com um pé nas costas. ⬦ *vi* coser, costurar.
cosido *m* costura *f.*
cosmético, ca *adj* cosmético(ca).
➡ **cosmético** *m* cosmético *m.*
➡ **cosmética** *f* cosmética *f.*
cósmico, ca *adj* cósmico(ca).
cosmopolita ⬦ *adj* cosmopolita. ⬦ *mf* cosmopolita *mf.*
cosmos *m* cosmos *m.*
cosquillas *fpl:* **hacer** ~ fazer cócegas; **tener** ~ ter cócegas.
cosquilleo *m* -**1.** [agradable] cócega *f* - **2.** *fig* [desagradable] formigamento *m.*
costa *f* costa *f.*
➡ **a costa de** *loc prep* às custas de.
➡ **a toda costa** *loc prep* a todo custo.
Costa Brava *n:* **la** ~ a Costa Brava.
Costa del Sol *n:* **la** ~ a Costa do Sol.
costado *m* -**1.** [de cuerpo] flanco *m* - **2.** [de cosa] lado *m.*
costal ⬦ *adj* costal. ⬦ *m* saca *f.*
costar ⬦ *vt* -**1.** [dinero] custar - **2.** [tiempo] levar - **3.** *loc:* ~ **un ojo de la cara** *o* **un riñón** custar os olhos da cara. ⬦ *vi* [ser difícil] custar.
Costa Rica *n* Costa Rica.
costarricense, costarriqueño, ña ⬦ *adj* costa-riquenho(nha). ⬦ *m,* *f* costa-riquenho *m*, -nha *f.*
coste *m* custo *m*; ~ **de la vida** custo de vida.
costear *vt* -**1.** [pagar] custear - **2.** NÁUT [la costa] costear.
➡ **costearse** *vpr* custear.

costera f *Méx* passeio m.
costero, ra adj costeiro(ra).
costilla f costela f.
costo m custo m.
costoso, sa adj custoso(sa).
costra f crosta f.
costumbre f costume m.
costumbrismo m costumbrismo m.
costura f costura f; **alta** ~ alta costura.
costurera f costureira f.
costurero m [objeto] caixa f de costura.
cota f - **1.** [altura] altitude f - **2.** [nivel] nível m - **3.** [de defensa]: ~ **de malla** cota f de malha.
cotarro m *Esp fam* rebuliço m.
cotejar vt cotejar.
cotejo m cotejo m.
cotidiano, na adj cotidiano(na).
cotilla mf fam fofoqueiro m, -ra f.
cotillear vi fam fofocar.
cotilleo m fam fofoca f.
cotillón m réveillon m.
cotización f cotação f.
cotizar vt cotar.
➡ **cotizarse** vpr - **1.** [la fama] valorizar-se - **2.** [el precio] estar cotado.
coto m [terreno] coutada f; **poner** ~ **a** fig [impedir algo] pôr fim a.
cotorra f - **1.** [ave] caturrita f - **2.** fam [persona] papagaio m; **hablar como una** ~ falar como um papagaio.
COU (abrev de curso de orientación universitaria) m *EDUC* na Espanha, curso preparatório para as provas de acesso à universidade.
country m *Arg* loteamento m de luxo.
cowboy m caubói m.
coxis = cóccix.
coyote m coiote m.
coyuntura f - **1.** [situación] conjuntura f - **2.** [unión] articulação f.
coz f coice m.
crac (pl cracs), **crack** (pl cracks) m craque mf.
crack m inv - **1.** [droga] crack m - **2.** = crac.
cráneo m *ANAT* crânio m; **ir de** ~ fam estar na pior.
crápula mf crápula mf.
cráter m cratera f.
crawl = crol.
creación f criação f.
creador, ra <> adj criativo(va). <> m, f criador m, -ra f.
➡ **Creador** m: **el Creador** o Criador.
crear vt criar.
creatividad f criatividade f.
creativo, va <> adj criativo(va). <> m, f [en publicidad] publicitário m, -ria f.
crecer vi crescer.
➡ **crecerse** vpr crescer.
creces ➡ **con creces** loc adv - **1.** [pagar]

com acréscimo - **2.** [superar] de longe.
crecido, da adj crescido(da).
➡ **crecida** f cheia f.
creciente <> adj crescente. <> m crescente m.
crecimiento m crescimento m.
credencial f *Arg, Chile, Méx* carteira f.
➡ **credenciales** fpl credenciais fpl.
credibilidad f credibilidade f.
crédito m - **1.** [gen] crédito m; **a** ~ a crédito; ~ **al consumo** *ECON* crédito direto ao consumidor; **dar** ~ **a una cosa** dar crédito a uma coisa - **2.** [plazo] prazo m.
credo m credo m.
crédulo, la adj crédulo(la).
creencia f crença f.
creer vt - **1.** [dar por cierto] acreditar em, crer em - **2.** [suponer] achar - **3.** [imaginar] acreditar.
➡ **creer en** vi acreditar o crer em.
➡ **creerse** vpr - **1.** [considerarse] achar-se - **2.** [dar por cierto] acreditar, crer.
creíble adj crível, acreditável.
creído, da m, f convencido m, -da f.
crema <> f - **1.** [gen] nata f - **2.** [para cutis, manos] creme m - **3.** [betún] graxa f. <> adj inv creme.
cremallera f - **1.** [gen] cremalheira f - **2.** [de pantalón] zíper m.
crematístico, ca adj financeiro(ra).
crematorio, ria adj crematório(ria).
➡ **crematorio** m crematório m.
cremoso, sa adj cremoso(sa).
crepe f [torta] crepe m.
crepé m [tela] crepe m.
crepitar vi crepitar.
crepúsculo m crepúsculo m.
crespo, pa adj crespo(pa).
cresta f crista f; **estar en la** ~ **de la ola** fig estar na crista da onda.
cretino, na m, f cretino m, -na f.
cretona f cretone m.
creyente mf crente mf.
cría f ➡ crío.
criadero m criadouro m.
criadilla f testículo de animais consumível como alimento.
criado, da <> adj criado(da). <> m, f criado m, -da f.
criador, ra <> adj vinicultor(ra). <> m, f vinicultor m, -ra f.
crianza f - **1.** [gen] criação f - **2.** [de vino] produção f.
criar vt - **1.** [gen] criar - **2.** [plantas] cultivar - **3.** [vino] produzir.
➡ **criarse** vpr criar-se.
criatura f - **1.** [niño] criança f - **2.** [ser vivo] criatura f.

criba f crivo m.

crimen m crime m; **cometer un** ~ cometer um crime.

criminal <> adj criminal. <> mf criminoso m, -sa f.

crin f crina f.

crío, a m, f criança f.
- **cría** f -**1**. [de animal] cria f -**2**. [acción] criação f.

criollo, lla <> adj [autóctono] crioulo(la). <> m, f descendente de europeus ou negros nascido em países hispano-americanos.

cripta f cripta f.

criptón m QUÍM criptônio m.

críquet m críquete m.

crisantemo m crisântemo m.

crisis f crise f; ~ **económica** crise econômica.

crisma f -**1**. fam [cabeza] coco m -**2**. [tarjeta] cartão m de Natal.

crismas, christmas m inv cartão m de Natal.

crisol m crisol m.

crispar vt -**1**. [nervios] encrespar -**2**. [músculos, manos] crispar.
- **crisparse** vpr encrespar-se.

cristal m -**1**. [gen] cristal m -**2**. [objeto, de ventana] vidro m -**3**. fig [espejo] espelho m.

cristalera f vidraça f.

cristalería f cristais mpl.

cristalino, na adj cristalino(na).
- **cristalino** m cristalino m.

cristalizar vt cristalizar.
- **cristalizarse** vpr cristalizar-se.
- **cristalizarse en** vpr fig concretizar-se.

cristiandad f cristandade f.

cristianismo m cristianismo m.

cristiano, na <> adj cristão(tã). <> m, f [creyente] cristão m, -tã f.

cristo m cristo m.
- **Cristo** m Cristo m.

criterio m critério m; ~**s de convergencia** [en UE] critérios de convergência.

crítica f ⊳ crítico.

criticar vt criticar.

crítico, ca <> adj crítico(ca). <> m, f crítico m, -ca f.
- **crítica** f crítica f.

criticón, cona <> adj criticador(ra). <> m, f criticador m, -ra f.

Croacia n Croácia.

croar vi coaxar.

croata <> adj croata. <> mf croata mf.

croissant (pl croissants) m croissant m.

crol, crawl m DEP nado m livre.

cromado m cromado m.

cromatismo m cromatismo m.

cromo m -**1**. [metal] cromo m -**2**. [estampa] figurinha f.

cromosoma m cromossomo m.

crónico, ca adj crônico(ca).
- **crónica** f crônica f.

cronista mf cronista mf.

crono m DEP tempo m.

cronología f cronologia f.

cronometrar vt cronometrar.

cronómetro m cronômetro m.

croqueta f CULIN croquete m.

croquis m inv croqui m.

cross m inv DEP cross-country m.

cruce m -**1**. [gen] cruzamento m -**2**. [de teléfono] linha f cruzada -**3**. [de electricidad] curto m.

crucero m cruzeiro m.

crucial adj crucial.

crucificar vt crucificar.

crucifijo m crucifixo m.

crucifixión f crucificação f.

crucigrama m palavras fpl cruzadas.

crudeza f crueza f.

crudo, da adj -**1**. [gen] cru(a) -**2**. [tiempo] rigoroso(sa).
- **crudo** m petróleo m.

cruel adj cruel.

crueldad f crueldade f.

cruento, ta adj cruento(ta).

crujido m estalido m.

crujiente adj crocante.

crujir vi estalar.

crustáceos mpl ZOOL crustáceos mpl.

cruz f -**1**. cruz f; ~ **gamada** cruz gamada -**2**. [de moneda] coroa f.
- **Cruz Roja** f Cruz f Vermelha.

cruzado, da adj cruzado(da).
- **cruzado** m cruzado m.
- **cruzada** f cruzada f.

cruzar vt -**1**. [gen] cruzar -**2**. [palabras] trocar.
- **cruzarse** vpr; ~**se con** cruzar-se com.

CSIC (abrev de **Consejo Superior de Investigaciones Científicas**) m conselho oficial que supervisiona a investigação científica na Espanha.

cta. (abrev de **cuenta**) c/c.

CTI (abrev de **centro de tratamiento intensivo**) m **Amér** UTI f.

ctra. (abrev de **carretera**) r.

cuaderno m caderno m.

cuadra f -**1**. [lugar para animales] cavalariça f -**2**. [conjunto de caballos] haras m -**3**. fam [lugar sucio] chiqueiro m -**4**. **Amér** [de casas] quarteirão m.

cuadrado, da adj quadrado(da).
- **cuadrado** m quadrado m.

cuadragésimo, ma núm quadragésimo(ma); **cuadragésima parte** quadragésima parte.

◆ **cuadragésimo** *m* quadragésimo *m*.

cuadrangular *adj* quadrangular.

cuadrante *m* quadrante *m*.

cuadrar *vi* - 1. [coincidir]: ~ **(con)** enquadrar (com) - 2. [cuenta, balance, caja] coincidir.

◆ **cuadrarse** *vpr* - 1. [saludar] perfilar-se - 2. [mostrar firmeza] endurecer-se.

cuadratura *f* GEOM quadratura *f*; **la ~ del círculo** *fig* a quadratura do círculo.

cuadrícula *f* quadrícula *f*.

cuadriculado, da *adj* quadriculado(da).

cuadriga, cuádriga *f* quadriga *f*.

cuadrilátero *m* - 1. GEOM quadrilátero *m* - 2. DEP ringue *m*.

cuadrilla *f* - 1. [de amigos] grupo *f* - 2. [de trabajadores] equipe *f*.

cuadro *m* - 1. [gen] quadro *m*; ~ **sinóptico** quadro sinóptico - 2. [figura] xadrez *m*.

cuadrúpedo *m* quadrúpede *m*.

cuajar ◇ *vt* coalhar. ◇ *vi* - 1. [lograrse] realizar-se - 2. [ser aceptado] ser aceito.

◆ **cuajarse** *vpr* coalhar-se.

cuajo *m* coalho *m*.

◆ **de cuajo** *loc adv* pela raiz.

cual *pron*: **el/la ~ o/a** qual; **lo ~ o** qual; **sea ~ sea** seja qual for.

cuál *pron* qual; **son tres hermanos a ~ más inteligente** são três irmãos, um mais inteligente que o outro; **tiene dos casas a ~ más lujosa** tem duas casas, uma mais luxuosa que a outra.

cualidad *f* qualidade *f*.

cualificado, da *adj* qualificado(da).

cualitativo, va *adj* qualitativo(va).

cualquiera (*pl* **cualesquiera**) ◇ *adj (delante de sust. cualquier)* qualquer; **cualquier día** qualquer dia; **un día ~** um dia qualquer. ◇ *pron* qualquer um. ◇ *m, f* qualquer mf. ◇ *f* uma qualquer *f*.

cuan ▷ cuanto.

cuán ▷ cuánto.

cuando ◇ *adv* quando; **de ~ en ~** de quando em quando; **de vez en ~** de vez em quando. ◇ *prep* durante. ◇ *conj* se; **~ tú lo dices será verdad** se você está dizendo deve ser verdade.

cuándo *adv* quando; **¿~ vas a venir?** quando virá?; **quisiera saber ~ sale el tren** queria saber quando sai o trem.

cuantía *f* quantia *f*.

cuantificar *vt* quantificar.

cuantioso, sa *adj* quantioso(sa).

cuantitativo, va *adj* quantitativo(va).

cuanto, ta ◇ *adj* [todo] quanto(ta); **despilfarra ~ dinero gana** esbanja todo o dinheiro que ganha; **cuantas más menti-** ras digas, **menos te creerán** quanto mais mentiras você disser, menos acreditarão em você. ◇ *pron relat (gen pl)* todos; **dio las gracias a todos ~s le ayudaron** agradeceu a todos os que o ajudaram.

◆ **cuanto** *pron relat (neutro)* tudo; **come ~ quieras** coma quanto quiser; **~ más se tiene, más se quiere** quanto mais se tem, mais se quer.

◆ **cuanto, cuan** *adv* quanto.

◆ **cuanto antes** *loc adv* o quanto antes.

◆ **en cuanto** *loc conj* [tan pronto como] assim que.

◆ **en cuanto a** *loc prep* [por lo que se refiere a] quanto a; **en ~ a tu petición, todavía no se ha decidido nada** quanto a sua petição, ainda não foi decidido nada.

> *En cuanto* é usado nos contextos em que se quer expressar que um fato ocorre imediatamente depois da finalização de outro. Tem um sentido similar ao português 'logo que': (*En cuanto llegó todos se fueron*. Logo que chegou, todos se foram. *Dejaron de trabajar en cuanto sonó la campana*. Deixaram de trabalhar, logo que soou a campainha.)

cuánto, ta ◇ *adj* quanto(ta); **no sé ~s hombres había** não sei quantos homens havia. ◇ *pron* quanto(ta); **¿~s han venido?** quantos vieram?; **me gustaría saber ~ te costarán** gostaria de saber quanto te custaram; **¡~ me gusta el cine!** como gosto cinema!

cuarenta ◇ *núm* quarenta; **cantar las ~a alguien** *fam* dar uma bronca em alguém. ◇ *m* quarenta *m*; *ver también* **seis**.

cuarentena *f* quarentena *f*; **poner en ~** pôr em quarentena.

cuaresma *f* quaresma *f*.

cuartear *vt* quartear.

◆ **cuartearse** *vpr* rachar-se.

cuartel *m* quartel *m*.

cuartelillo *m* posto *m* de polícia.

cuarteto *m* quarteto *m*.

cuartilla *f* papel *m* de carta.

cuarto, ta *núm* [para ordenar] quarto; **cuarta parte** quarta parte.

◆ **cuarto** *m* quarto *m*; ~ **de estar** sala *f* de estar; ~ **secreto** *RP* cabine *f* de votação; **tres ~s de lo mismo** *fig* igualzinho.

cuarzo *m* quartzo *m*.

cuate *mf* *CAm, Ecuad, Méx fam* amigão *m*, -ona *f*.

cuatrero, ra *m, f* abigeatário *m*, -ria *f*.

cuatrimestral *adj* quadrimestral.

cuatrimotor *m* AERON quadrimotor *m*.

cuatro ◇ *núm* quatro. ◇ *m* quatro *m*; *ver también* **seis**.

cuatrocientos, tas *núm* quatrocentos(tas).

◆ **cuatrocientos** *m* quadringentésimo *m*; *ver también* seis.

cuba *f* tonel *m*; **estar como una** ~ estar bêbado.

Cuba *n* Cuba.

cubalibre *m* cuba-libre *f*.

cubano, na ◇ *adj* cubano(na). ◇ *m, f* cubano *m*, -na *f*.

cubertería *f* faqueiro *m*.

cubeta *f* [cuba pequeña] cuba *f*.

cúbico, ca *adj* cúbico(ca).

cubierto, ta ◇ *pp irreg* ▷ cubrir. ◇ *adj* -**1.** coberto(ta) -**2.** *loc*: estar a ~ estar a coberto.

◆ **cubierto** *m* -**1.** [gen] talher *m* -**2.** [comida] prato *m* comercial.

◆ **cubierta** *f* -**1.** [gen] capa *f* -**2.** [de neumático] banda *f* de rodagem -**3.** [de barco] convés *m*.

cubil *m* covil *m*.

cubilete *m* fritilo *m*.

cubismo *m* cubismo *m*.

cubito *m* cubo *m* (de gelo).

cubo *m* -**1.** [recipiente] balde *m* -**2.** [de la basura] lata *f* -**3.** GEOM & MAT cubo *m*.

cubrecama *m* colcha *f*.

cubrir *vt* -**1.** [gen] cobrir -**2.** [disimular] encobrir.

◆ **cubrir** *vi* cobrir.

◆ **cubrirse** *vpr* -**1.** [gen] cobrir-se -**2.** [taparse]: ~**se de** cobrir-se de -**3.** [protegerse]: ~**se de** proteger-se de -**4.** *loc*: ~**se de gloria** *fig* cobrir-se de glória; *irón* fazer papel ridículo.

cuca *f* ▷ cuco.

cucaña *f* pau-de-sebo *m*, mastro *m* de cocanha.

cucaracha *f* barata *f*.

cuchara *f* [para comer] colher *f*.

cucharada *f* colherada *f*.

cucharilla *f* colherzinha *f*.

cucharón *m* concha *f*.

cuchichear *vi* cochichar.

cuchilla *f* lâmina *f*.

cuchillo *m* faca *f*.

cuchitril *m* chiqueiro *m*.

cuchufleta *f* *fam* brincadeira *f*.

cuclillo *m* cuco *m*.

cuco, ca *adj* *fam* -**1.** [bonito] bonito(ta) -**2.** [astuto] esperto(ta).

◆ **cuco** *m* cuco *m*.

◆ **cuca** *f* *fam* peseta *f*.

cucú (*pl* cucúes) *m* -**1.** [onomatopeya] som emitido pelo relógio cuco -**2.** [reloj] cuco *m*.

cucurucho *m* -**1.** [de papel] cartucho *m* -**2.** [gorro] capirote *m*.

cuello *m* -**1.** [de cuerpo] pescoço *m* -**2.** [de prenda] gola *f* -**3.** [de objeto] gargalo *m*; ~ **de botella** *fig* funil *m*.

cuenca *f* -**1.** [gen] vale *m* -**2.** [de ojo] órbita *f*.

cuenco *m* tigela *f*.

cuenta *f* -**1.** [gen] conta *f*; **echar** ~**s** fazer as contas; **perder la** ~ perder a conta; ~ **atrás** contagem regressiva -**2.** COM: **abrir una** ~ abrir uma conta; **a** ~ por conta; **llevar las** ~**s** manter as contas; ~ **corriente** conta corrente; ~ **de ahorros** BANCA conta de poupança -**3.** [obligación, cuidado]: **de mi/tu/su** *etc.* ~ por minha/tua/sua conta -**4.** *loc*: **a fin de** ~**s** no final das contas; **ajustarle a alguien las** ~**s** ajustar as contas com alguém; **caer en la** ~ dar-se conta; **darse** ~ **de** dar-se conta de; **más de la** ~ além da conta; **por mi/tu** *etc.* ~ por minha/tua conta; **tener en** ~ **algo** levar algo em conta.

cuentagotas *m inv* conta-gotas *m*.

cuentakilómetros *m inv* hodômetro *m*.

cuentarrevoluciones *m inv* conta-giros *m inv*, taquímetro *m*.

cuentista *mf* -**1.** [escritor] contista *mf* -**2.** *fam* [mentiroso] loroteiro *m*, -ra *f*.

cuento *m* -**1.** [gen] conto *m* -**2.** *fam* [mentira] lorota *f*; ~ **chino** conversa mole -**3.** *loc*: **tener** ~ estar representando *o* fazendo teatro; **venir a** ~ ser oportuno.

cuerda *f* corda *f*; **bajo** ~ por baixo do pano; **tener mucha** ~, **tener** ~ **para rato** estar com a corda toda.

◆ **cuerdas vocales** *fpl* cordas *fpl* vocais.

cuerdo, da ◇ *adj* -**1.** [no loco] lúcido(da) -**2.** [sensato] sensato(ta). ◇ *m, f* lúcido *m*, -da *f*.

cuerno *m* -**1.** [de animales] corno *m* -**2.** [materia] chifre *m* -**3.** [instrumento] corneta *f* -**4.** *Méx* [para comer] croissant *m*.

◆ **cuernos** *mpl* *fam* cornos *mpl*.

cuero *m* [gen] couro *m*; ~ **cabelludo** couro cabeludo; **en** ~**s**, **en** ~**s vivos** nu em pêlo.

cuerpo *m* -**1.** [gen] corpo *m*; ~ **de bomberos** [conjunto de personas] corpo de bombeiros; **a** ~ sem agasalho; **a** ~ **de rey** *fig* à larga; **en** ~ **y alma** *fig* de corpo e alma; **tomar** ~ **algo** tomar corpo; **de** ~ **entero/presente** [cadáver] de corpo inteiro/presente -**2.** [sustancia] substância *f*.

cuervo *m* corvo *m*.

cuesta *f* [pendiente] encosta *f*; **hacérsele a alguien** ~ **arriba algo** *fig* carregar nas costas.

cuestión *f* questão *f*.

cuestionar *vt* questionar.

cuestionario *m* questionário *m*.

cueva *f* caverna *f*.

cuico *m Méx fam* tira *m*.

cuidado <> *m* -**1**. cuidado *m*; **tener** ~ **con** ter cuidado com; ~**s intensivos** cuidados intensivos -**2**. *loc*: **de** ~ ter um gênio desgraçado; **tenerle** *o* **traerle a alguien algo sin** ~ *fig* pouco importar algo a alguém. <> *interj* cuidado!

cuidadoso, sa *adj* cuidadoso(sa).

cuidar *vt* cuidar.

➤ **cuidar de** *vi* cuidar de.

➤ **cuidarse** *vpr* cuidar-se; ~**se de** cuidar-se de.

cuita *f* desventura *f*.

culata *f* -**1**. [gen] culatra *f* -**2**. [de animal] anca *f*.

culebra *f* cobra *f*.

culebrón *m TV* telenovela *f*.

culinario, ria *adj* culinário(ria).

culminación *f* ápice *m*.

culminar <> *vt* culminar. <> *vi* culminar.

culo *m* -**1**. *fam* [de personas] traseiro *m* -**2**. [de vaso, botella] fundo *m*.

culpa *f* culpa *f*; **echar las** ~**s de algo a alguien** jogar as culpas de algo em alguém.

culpabilidad *f* culpabilidade *f*.

culpable <> *adj* culpado(da); **declarar** ~ declarar culpado. <> *mf* culpado *m*, -da *f*.

culpar *vt* culpar; ~ **a alguien de algo** culpar alguém de algo.

cultismo *m* cultismo *m*.

cultivar *vt* cultivar.

➤ **cultivarse** *vpr* cultivar-se.

cultivo *m* cultivo *m*.

culto, ta *adj* culto(ta).

➤ **culto** *m* [rito] culto *m*; **rendir** ~ **a** render culto a.

cultura *f* cultura *f*.

cultural *adj* cultural.

culturismo *m DEP* fisiculturismo *m*.

cumbre <> *adj* culminante. <> *f* -**1**. [gen] cume *m* -**2**. [conferencia] reunião *f* de cúpula.

cumpleaños *m inv* aniversário *m*.

cumplido, da *adj* -**1**. [acabado] cumprido(da) -**2**. [satisfactorio] pleno(na) -**3**. [educado] gentil.

➤ **cumplido** *m* -**1**. [alabanza] elogio *m* -**2**. [cortesía] cerimônia *f*.

cumplidor, ra <> *adj* cumpridor(ra). <> *m*, *f* cumpridor *m*, -ra *f*.

cumplimentar *vt* -**1**. [persona] cumprimentar -**2**. [cosa] cumprir.

cumplimiento *m* cumprimento *m*.

cumplir <> *vt* cumprir. <> *vi* -**1**. [tiempo] vencer -**2**. [por cortesía] ser cortês; **para** *o* **por** ~ por cortesia -**3**. : ~ **con** [obligación] cumprir com; [por cortesía] ser cortês.

cúmulo *m* acúmulo *m*.

cuna *f* berço *m*.

cundir *vi* -**1**. [propagarse] espalhar-se -**2**. [dar de sí] render.

cuneiforme *adj* cuneiforme.

cuneta *f* valeta *f*.

cuña *f* -**1**. [pieza] cunha *f* -**2**. [orinal] comadre *f* -**3**. *Andes, RP fam* [influencia] pistolão *m*; **tener** ~ ter costas largas.

cuñado, da *m*, *f* cunhado(da).

cuño *m* cunho *m*.

cuota *f* -**1**. [gen] cota *f* -**2**. *Méx* [peaje] pedágio *m*; **de** ~ *Méx* de pedágio.

cupé *m* cupê *m*.

cupido *m fig* cupido *m*.

cupiera *etc* ▷ caber.

cuplé *m* copla *f*.

cupo[1] *etc* ▷ caber.

cupo[2] *m* -**1**. [cantidad proporcional] cota-parte *f* -**2**. [cantidad máxima] cota *f* -**3**. [de reclutas] contingente *m*.

cupón *m* -**1**. [vale] cupom *m* -**2**. [de lotería] bilhete *m* -**3**. [de documento] bônus *m*.

cúpula *f* cúpula *f*.

cura <> *m* cura *m*. <> *f* -**1**. [curación] cura *f* -**2**. [tratamiento] curativo *m*.

curación *f* cura *f*.

curado, da *adj* [alimento] curado(da).

➤ **curado** *m* cura *f*.

curandero, ra *m*, *f* curandeiro *m*, -ra *f*.

curar <> *vt* -**1**. [gen] curar -**2**. [herida] tratar. <> *vi* curar.

➤ **curarse** *vpr* curar-se; ~**se en salud** *loc* tomar precauções.

curativo, va *adj* curativo(va).

curcucho, cha *adj Amér* corcunda.

curcuncho, cha <> *adj Andes fam* [jorobado] corcunda. <> *m* [joroba] corcova *f*; [jorobado] corcunda *m*.

curiosear <> *vi* bisbilhotar. <> *vt* fuçar.

curiosidad *f* -**1**. [gen] curiosidade *f*; **tener** *o* **sentir** ~ **por** ter *o* sentir curiosidade por -**2**. [limpieza, aseo] asseio *m*.

curioso, sa <> *adj* -**1**. [gen] curioso(sa) -**2**. [limpio, aseado] cuidadoso(sa). <> *m*, *f* curioso *m*, -sa *f*.

curita *f Amér* curativo *m*.

currante *mf fam* trabalhador *m*, -ra *f*.

currar, currelar *vi fam* ralar-se.

curre = curro.

currelar = currar.

curriculum (*pl* curricula *o* curriculums), **currículo** (*pl* currículos) *m* currículo *m*; ~ **vitae** curriculum vitae.

curro, curre *m fam* trampo *m*.

cursar *vt* -**1**. [estudiar] cursar -**2**. [enviar] expedir -**3**. [transmitir, dar] dar -**4**. [tramitar] tramitar.

cursi <> *adj fam* cafona. <> *mf fam* cafona *mf.*

cursilería *f fam* cafonice *f.*

cursillo *m* **-1.** [curso de poca duración] curso *m* **-2.** [serie de conferencias] ciclo *m* de palestras.

curso *m* **-1.** [tiempo de estudio] ano *m* letivo **-2.** [clase, asignatura] curso *m*; ~ **de reciclaje** curso de reciclagem; **seguir su** ~ [proceso, evolución] seguir seu curso; **en** ~ em curso **-3.** [texto, manual] manual *m* **-4.** [conjunto de estudiantes] turma *f.*

cursor *m* INFORM cursor *m.*

curtido, da *adj* curtido(da).
◆ **curtido** *m* curtimento *m.*

curtiembre *f Andes, RP* curtume *m.*

curtir *vt* curtir.
◆ **curtirse** *vpr* **-1.** [piel de animal] curtir-se **-2.** [persona] endurecer-se.

curvatura *f* curvatura *f.*

curvo, va *adj* curvo(va).
◆ **curva** *f* curva *f.*

cúspide *f* **-1.** [de montaña, torre] pico *m* **-2.** GEOM vértice *m* **-3.** *fig* [apogeo] auge *m.*

custodia *f* custódia *f*; **estar bajo la** ~ **de alguien** estar sob a custódia de alguém.

custodiar *vt* custodiar.

cutáneo, a *adj* cutâneo(a).

cutícula *f* cutícula *f.*

cutis *m* cútis *f.*

cutre *adj Esp fam* **-1.** [de bajo precio o calidad]-chinfrim **-2.** [sórdido] sórdido(da).

cutter (*pl* cutters) *m* estilete *m.*

cuy *m Andes, RP* porquinho-da-índia *m.*

cuyo, ya *adj* cujo(ja); **esos son los amigos en cuya casa nos hospedamos** esses são os amigos em cuja casa nos hospedamos; **un equipo cuya principal estrella es ...** uma equipe cuja principal estrela é ...

CV (*abrev de* curriculum vitae) *m* CV *m.*

d, D *f* [letra] d, D *m.*

D. (*abrev de* don) Sr.

Dª, Dña. (*abrev de* doña) Dª.

dactilar *adj* ▷ huella.

dádiva *f* dádiva *f.*

dadivoso, sa *adj* dadivoso(sa).

dado, da *adj* dado(da); **en un momento** ~ em um dado momento.

◆ **dado** *m* dado *m.*
◆ **dado que** *loc conj* dado que.

daga *f* adaga *f.*

daguerrotipo *m* daguerreótipo *m.*

dal (*abrev de* decalitro) dal.

dalia *f* dália *f.*

dálmata <> *adj* dálmata. <> *mf* [persona] dálmata *mf.*

daltónico, ca <> *adj* daltônico(ca). <> *m, f* daltônico *m*, -ca *f.*

daltonismo *m* daltonismo *m.*

dam (*abrev de* decámetro) dam.

dama *f* **-1.** [gen] dama *f* **-2.** [en ajedrez] rainha *f.*

◆ **dama de honor** *f* dama *f* de honra.
◆ **primera dama** *f* primeira-dama *f.*
◆ **damas** *fpl* damas *fpl.*

damajuana *f* garrafão *m.*

damasco *m* [tela] damasco *m.*

damero *m* tabuleiro do jogo de damas.

damisela *f culto* moçoila *f.*

damnificar *vt* danificar.

dandi, dandy *m* dândi *m.*

danés, nesa <> *adj* dinamarquês(esa). <> *m, f* dinamarquês *m*, -esa *f.*

◆ **danés** *m* [lengua] dinamarquês *m.*

dantesco, ca *adj* dantesco(ca).

Danubio *n*: el ~ o Danúbio.

danza *f* dança *f.*

danzar *vi* **-1.** [bailar] dançar **-2.** *fig* [ir de un sitio a otro] pular.

dañar *vt* prejudicar.
◆ **dañarse** *vpr* ferir-se.

dañino, na *adj* daninho(nha).

daño *m* **-1.** [dolor] dor *f*; **hacer(se)** ~ machucar(-se) **-2.** [perjuicio] dano *m*; ~ **s y perjuicios** perdas e danos.

dar <> *vt* dar; **el reloj ha dado las diez** o relógio deu dez horas; **no le quieren** ~ **trabajo** não lhe querem dar trabalho; **me dio un consejo de amigo** deu-me um conselho de amigo; **su aspecto daba señales de cansancio** seu aspecto dava sinais de cansaço; **da clases/conferencias en la universidad** dá aulas/conferências na universidade; ~ **las gracias** agradecer; **me dio los buenos días** deu-me um bom-dia; ~ **un grito/susto** dar um grito/susto; **le dieron tres puñaladas** deram-lhe três punhaladas; **van a** ~ **una fiesta para su aniversario** darão uma festa no seu aniversário; ~ **algo/a alguien por** dar algo/alguém por; **lo dieron por muerto** deram-lhe por morto; **esto me da pena/vergüenza/sueño** isso me dá pena/vergonha/sono; **eso me da risa** isso me faz rir. <> *vi* dar; **han dado las tres en el reloj** deram três horas no relógio; **le dieron varios**

ataques al corazón deram-lhe vários ataques de coração; **le dieron en la cabeza** deram-lhe na cabeça; **la piedra dio contra el cristal** a pedra pegou no vidro; ~ **de sí** dar de si; ~ **que hablar/pensar** dar o que falar/pensar; ~ **igual** *o* lo mismo tanto fazer; **¡qué más da!** que importa?

◆ **dar a** *v + prep* [estar orientado] dar para; [poner en acción] acionar.

◆ **dar con** *v + prep* [encontrar] achar, dar com; ~ **con algo/alguien** dar com algo/alguém.

◆ **darse** *vpr* dar-se; **dársele bien/mal algo a alguien** dar-se bem/mal em algo; ~**se prisa** apressar-se; **dárselas de** [aparentar] bancar *o*; ~**se por** [considerarse] dar-se por.

◆ **darse a** *v + prep* entregar-se a.

dardo *m* dardo *m*.

dársena *f* doca *f*.

DAT (*abrev de* digital audio tape) *m* DAT *m*.

datar *vt* datar.

◆ **datar de** *vi* datar de.

dátil *m* [fruto] tâmara *f*.

◆ **dátiles** *mpl fam* dedos *mpl*.

dato *m* dado *m*.

dB (*abrev de* decibelio) dB.

dcha. *abrev de* derecha.

d. de JC., d.JC. (*abrev de* después de Jesucristo) d.C.

DDT (*abrev de* diclorodigenil tricloroetano) *m* DDT *m*.

de *prep* **-1.** [posesión] de; **el coche** ~ **mi padre** o carro de meu pai; **el título del libro** o título do livro; **la casa es** ~ **ella** a casa é dela **-2.** [material] de; **un vaso** ~ **cristal** um copo de cristal; **un reloj** ~ **oro** um relógio de ouro **-3.** [contenido] de; **bebió un gran vaso** ~ **agua** bebeu um grande copo de água; **cogió una bolsa** ~ **patatas** pegou um saco de batatas **-4.** [en descripciones] de; ~ **fácil manejo** de fácil manuseio; **la señora** ~ **verde** a senhora de verde **-5.** [asunto] de; **háblame** ~ **ti** fale-me de você; **libros** ~ **historia** livros de história **-6.** [uso] de, para; **una bici** ~ **carreras** uma bicicleta de corrida; **bolsa** ~ **deporte** bolsa para esportes **-7.** [en calidad de] de, como; **trabaja** ~ **bombero** trabalha de *o* como bombeiro **-8.** [tiempo] de; **trabaja** ~ **nueve a cinco** trabalha das nove às cinco; **trabaja** ~ **noche y duerme** ~ **día** trabalha de noite e dorme de dia **-9.** [momento] de; **a las tres** ~ **la tarde** às três da tarde; **llegamos** ~ **madrugada** chegamos de madrugada; ~ **pequeña comía golosinas** quando era pequena, comia guloseimas **-10.** [procedencia, distancia] de; **vengo** ~ **mi casa** venho de casa; **soy** ~ **Zamora** sou de Zamora;

del metro a casa voy a pie do metrô até minha casa vou a pé **-11.** [causa, modo] de; **morirse** ~ **frío** morrer de frio; **llorar** ~ **alegría** chorar de alegria; ~ **una (sola) vez** de uma (só) vez **-12.** [con superlativos] de; **el mejor** ~ **todos** o melhor de todos **-13.** [cantidad] de, que; **más/menos** ~ mais/menos de **-14.** [condición] se; ~ **querer ayudarme, lo haría** se quisesse me ajudar, ajudaria **-15.** [después de adj y antes de infinitivo] de; **fácil** ~ **hacer** fácil de fazer; **difícil** ~ **creer** difícil de acreditar.

> *En cuanto* é usado nos contextos em que se quer expressar que um fato ocorre imediatamente depois da finalização de outro. Tem um sentido similar ao português 'logo que': (*En cuanto llegó todos se fueron*. Logo que chegou, todos se foram. *Dejaron de trabajar en cuanto sonó la campana*. Deixaram de trabalhar, logo que soou a campainha.)

dé *etc* ▷ **dar.**

deambular *vi* perambular.

deán *m* deão *m*.

debajo *adv* debaixo; ~ **de** debaixo de.

debate *m* debate *m*.

debatir *vt* debater.

◆ **debatirse** *vpr* debater-se.

debe *m* débito *m*; ~ **y haber** débito e crédito.

deber ◇ *m* dever *m*. ◇ *vt* **-1.** [obligación] dever, ter de; **debes dominar tus impulsos** você deve dominar seus impulsos; **debemos ir a casa a las diez** temos que ir para casa às dez; **le debes un respeto a tu padre** você deve respeito a seu pai **-2.** [dinero, favor *etc.*] dever; **me debes doce mil pesetas** você me deve doze mil pesetas; **le debo una visita** estou lhe devendo uma visita; **nos debe una explicación** deve-nos uma explicação; **¿cuánto** *o* **qué le debo?** quanto *o* o que lhe devo? **-3.** *loc:* **debido a** devido a.

◆ **deber de** *v + prep* [expresa suposición] dever; **el tren debe de llegar a las nueve** o trem deve chegar às nove.

◆ **deberse a** *v + prep* [ser consecuencia de] dever-se a; [consagrarse] dedicar-se a; **los padres se deben a sus hijos** os pais se dedicam a seus filhos.

◆ **deberes** *mpl* deveres *mpl* (de casa); **hacer los** ~**es** fazer os deveres (de casa).

debido, da *adj* devido(da); **como es** ~ como deve ser.

◆ **debido a** *loc conj* devido a.

débil ◇ *adj* **-1.** [persona & GRAM] fraco(ca) **-2.** [cosa] débil. ◇ *mf* fraco *m*, -ca *f*.

debilidad *f* **-1.** [sin fuerza física o moral] debilidade *f* **-2.** [por persona, cosa] fraqueza *f*.

debilitar *vt* debilitar.
◆ **debilitarse** *vpr* debilitar-se.
debut (*pl* debuts) *m* debute *m*.
debutar *vi* debutar.
década *f* década *f*.
decadencia *f* decadência *f*; **en** ~ em decadência.
decadente *adj* decadente.
decaer *vi* decair.
decaído, da *adj* decaído(da).
decaimiento *m* fraqueza *f*.
decálogo *m* decálogo *m*.
decano, na *m, f* decano *m*, -na *f*.
decapitar *vt* decapitar.
decena *f* dezena *f*.
decencia *f* decência *f*.
decenio *m* decênio *m*.
decente *adj* decente.
decepción *f* decepção *f*.
decepcionar *vt* decepcionar.
deceso *m* falecimento *m*.
decibelio *m* decibel *m*.
decidido, da *adj* decidido(da).
decidir *vt* decidir.
◆ **decidirse** *vpr* decidir-se; ~ **se a hacer algo** decidir-se a fazer algo; ~ **se por algo/alguien** decidir-se por algo/alguém.
décima *f* ▷ décimo.
decimal ◇ *adj* decimal. ◇ *m* decimal *m*.
décimo, ma *núm* [para ordenar] décimo(ma).
◆ **décimo** *m* décimo *m*.
◆ **décima** *f* décima *f*.
decimoctavo, va *núm* [para ordenar] décimo oitavo, décima oitava.
decimocuarto, ta *núm* [para ordenar] décimo quarto, décima quarta.
decimonónico, ca *adj* **-1.** [del siglo XIX] do século XIX **-2.** *fam* [anticuado] ultrapassado(da).
decimonoveno, na *núm* [para ordenar] décimo nono, décima nona.
decimoquinto, ta *núm* [para ordenar] décimo quinto, décima quinta.
decimoséptimo, ma *núm* [para ordenar] décimo sétimo, décima sétima.
decimosexto, ta *núm* [para ordenar] décimo sexto, décima sexta.
decimotercero, ra *núm* [para ordenar] décimo terceiro, décima terceira.
decir ◇ *m* dizer *m*; **es un** ~ é uma forma de dizer. ◇ *vt* **-1.** [gen] dizer; **¿diga?, ¿dígame?** [al teléfono] alô?; **se dice que** [contar] diz-se que **-2.** *loc*: ~ **para sí** dizer para si; **el qué dirán** do que vão dizer; **es** ~ isto é; **no** ~ **le nada a alguien** não dizer nada a alguém.
decisión *f* decisão *f*.

decisivo, va *adj* decisivo(va).
declamar *vt* declamar.
declaración *f* **-1.** [gen] declaração *f*; ~ **del impuesto sobre la renta** , ~ **de renta** declaração do imposto de renda, declaração de renda **-2.** [de testigo o reo] depoimento *m*; **prestar** ~ prestar depoimento; **tomar** ~ tomar depoimento.
declarar ◇ *vt* declarar. ◇ *vi* depor.
◆ **declararse** *vpr* **-1.** [gen] declarar-se **-2.** [acontecimiento] manifestar-se.
declinar ◇ *vt* declinar. ◇ *vi* declinar.
declive *m* declive *m*; **en** ~ em declive.
decodificador = descodificador.
decodificar = descodificar.
decolaje *m Amér* decolagem *f*.
decolar *vi Amér* decolar.
decomisar *vt* confiscar.
decoración *f* decoração *f*.
decorado *m* cenário *m*.
decorar *vt* decorar.
decorativo, va *adj* decorativo(va).
decoro *m* decoro *m*.
decoroso, sa *adj* decoroso(sa).
decrecer *vi* decrescer.
decrépito, ta *adj despec* decrépito(ta).
decretar *vt* decretar.
decreto *m* decreto *m*; **por real** ~ [por ley] por decreto real; ~ **ley** decreto-lei *m*.
dedal *m* dedal *m*.
dedicación *f* dedicação *f*.
dedicar *vt* dedicar.
◆ **dedicarse a** *vpr*: **¿a qué te dedicas, al estudio o al trabajo?** o que você faz, estuda ou trabalha?
dedicatoria *f* dedicatória *f*.
dedillo *m*: **saber algo al** ~ *fam* saber de cor.
dedo *m* **-1.** [gen] dedo *m*; **a** ~ a dedo; **(~) anular** (dedo) anular; **(~) corazón** (dedo) médio; **(~) gordo** [de la mano] (dedo) polegar; [del pie] dedão *m*; **(~) índice** (dedo) indicador *m*; **(~) meñique** mindinho *m*; **(~) pulgar** (dedo) polegar **-2.** *loc*: **hacer** ~ *fam* pedir carona; **pillarse o cogerse los** ~**s** meter os pés pelas mãos; **poner el** ~ **en la llaga** pôr o dedo na ferida.
deducción *f* dedução *f*.
deducir *vt* deduzir.
deductivo, va *adj* dedutivo(va).
defecar *vi culto* defecar.
defecto *m* defeito *m*.
◆ **por defecto** *loc adv* por falta.
defectuoso, sa *adj* defeituoso(sa).
defender *vt* defender.
◆ **defenderse** *vpr* defender-se.
defenestrar *vt fig* defenestrar.

defensa   **92**

defensa ◇ *f* defesa *f*; **en ~ propia** em
defesa própria; **en ~ de** em defesa de.
◇ *mf* DEP zagueiro *m*, -ra *f*.
◆ **defensas** *fpl* defesa *f*.
defensivo, va *adj* defensivo(va).
◆ **defensiva** *f*: **ponerse** *o* **estar a la defensiva** pôr-se *o* estar na defensiva.
defensor, ra ◇ *adj* ▷ **abogado.** ◇ *m, f*
[persona] defensor *m*, -ra *f*; **~ del pueblo**
ombudsman *mf*.
deferencia *f* deferência *f*.
deficiencia *f* deficiência *f*.
deficiente *adj* deficiente.
◆ **deficiente (mental)** *mf* deficiente *mf*
mental.
déficit, déficits *m* déficit *m*.
deficitario, ria *adj* deficitário(ria).
definición *f* definição *f*.
definir *vt* definir.
◆ **definirse** *vpr* definir-se.
definitivo, va *adj* definitivo(va); **en definiti-
tiva** em definitivo.
defoliación *f* desfolhação *f*.
deforestación *f* deflorestamento *m*.
deformación *f* deformação *f*.
deformar *vt* deformar.
◆ **deformarse** *vpr* deformar-se.
deforme *adj* disforme.
defraudar *vt* defraudar.
defunción *f* falecimento *m*.
degeneración *f* degeneração *f*.
degenerado, da ◇ *adj* degenerado(da).
◇ *m, f* depravado *m*, -da *f*.
degenerar *vi*: **~ (en)** degenerar (em).
deglutir ◇ *vt* deglutir. ◇ *vi* deglutir.
degollar *vt* degolar.
degradar *vt* **-1.** [en cargo] rebaixar **-2.** [mo-
ralmente] degradar.
◆ **degradarse** *vpr* degradar-se.
degüello *m* degola *f*.
degustación *f* degustação *f*.
dehesa *f* invernada *f*.
deidad *f* divindade *f*.
deificar *vt* deificar.
dejadez *f* desleixo *m*.
dejado, da *adj* desleixado(da).
dejar ◇ *vt* deixar; **deja el abrigo en la percha** deixe o casaco no cabide; **'deje aquí su
compra'** 'deixe aqui sua compra'; **deja lo
que no quieras** deixe o que não quiser;
deja un poco de café para mí deixe um
pouco de café para mim; **dejaré la llave a
la portera** deixarei a chave com a portei-
ra; **dejó su casa en busca de aventuras**
deixou sua casa em busca de aventuras;
ha dejado sus estudios deixou os estudos;
ha dejado buena impresión deixou uma
boa impressão; **este perfume deja mancha**

en la ropa este perfume deixa mancha na
roupa; **en vacaciones dejo el perro a mi madre** nas férias deixo o cachorro com
minha mãe; **'dejen salir antes de entrar'**
'deixem que saiam antes de entrar'; **sus
gritos no me dejaron dormir** seus gritos
não me deixaram dormir; **~ algo por** *o*
sin hacer deixar algo por *o* sem fazer; **dé-
jalo, que se fastidie** deixe isso para lá, que
se dane; **deja tus preocupaciones para otro
día** deixe suas preocupações para outro
dia; **¡déjame!, que tengo trabajo** deixe-me
em paz, que estou trabalhando; **~ que**
deixar que; **dejó que acabara de llover para
salir** deixou que parasse de chover para
sair; **~ algo/a alguien aparte** deixar algo/
alguém de lado; **~ algo/a alguien atrás**
deixar algo/alguém para trás; **~ caer algo** deixar escapar algo. ◇ *vi* [parar]: **~ de
hacer algo** deixar de fazer algo; **~ mucho
que desear** deixar muito a desejar; [no ol-
vidar]: **no ~ de hacer algo** não deixar de
fazer algo.
◆ **dejarse** *vpr* [olvidar] deixar.
deje *m* sotaque *m*.
del ▷ **de, el.**

É uma contração da preposição *de* mais o artigo *el*
(de + el = del): (*La escuela queda muy cerca del
estadio de fútbol.* A escola fica muito próxima do
estádio de futebol. *Nos mandaron libros del exterior.* Mandaram-nos livros do exterior.) Em espanhol, somente a preposição *de* e a preposição *a*
aceitam a contração com o artigo.

(Ver também **Os artigos** e **As preposições** na seção *Gramática espanhola*.)

---

delantal *m* avental *m*.
delante *adv* **-1.** [en primer lugar] adiante **-2.**
[en parte delantera] na frente **-3.** [enfrente]
em frente **-4.** [presente] presente.
◆ **delante de** *loc prep* **-1.** [en primer lugar]
adiante de **-2.** [enfrente de, en presencia de]
em frente de.
delantero, ra ◇ *adj* dianteiro(ra). ◇ *m*,
f DEP atacante *mf*.
◆ **delantera** *f* **-1.** DEP ataque *m* **-2.** *fam* [de
mujer] peito *m* **-3.** *loc*: **llevar la delantera** ir
na dianteira.
delatar *vt* delatar.
◆ **delatarse** *vpr* delatar-se.
delator, ra *m, f* delator *m*, -ra *f*.
delco *m* distribuidor *m*.
delegación *f* **-1.** [gen] delegação *f* **-2.** [su-
cursal] representação *f* **-3.** [oficina pública]
secretaria *f* **-4.** *Méx* [comisaría] delegacia
f de polícia.
delegado, da *m, f* representante *mf*.
delegar *vt*: **~ algo en** *o* **a alguien** delegar
algo a alguém.

deleite *m* deleite *m.*
deletrear *vt* soletrar.
deleznable *adj* [despreciable] desprezível.
delfín *m* delfim *m.*
delgado, da *adj* delgado(da).
deliberación *f* deliberação *f.*
deliberado, da *adj* deliberado(da).
deliberar *vi* deliberar.
delicadeza *f* delicadeza *f.*
delicado, da *adj* -1. [gen] delicado(da) -2. [débil, enfermizo] frágil.
delicia *f* delícia *f.*
delicioso, sa *adj* delicioso(sa).
delimitar *vt* delimitar.
delincuencia *f* delinqüência *f.*
delincuente *mf* delinqüente *mf.*
delineante *mf* projetista *mf.*
delinear *vt* delinear.
delinquir *vi* delinqüir.
delirante *adj* delirante.
delirar *vi* delirar.
delirio *m* delírio *m.*
delito *m* crime *m* delito *m*; **cometer un** ~ cometer um crime; ~ **ecológico** crime ecológico.
delta *m* delta *m.*
demacrado, da *adj* macilento(ta).
demagogo, ga *m, f* demagogo *m,* -ga *f.*
demanda *f* -1. [petición] requerimento *m* -2. ECON procura *f* demanda *f* -3. DER demanda *f.*
demandante *mf* DER demandante *mf.*
demandar *vt* DER demandar.
demarcación *f* demarcação *f.*
demás <> *adj* demais. <> *pron*: **los/las** ~ os/as demais; **lo** ~ o resto; **por lo** ~ fora isso.
demasía ➤ **en demasía** *loc adv* em demasia.
demasiado, da *adj* demasiado(da).
➤ **demasiado** *adv* demasiado.
demencia *f* demência *f.*
demencial *adj* demencial.
demente <> *adj* demente. <> *mf* demente *mf.*
democracia *f* democracia *f.*
demócrata <> *adj* democrata. <> *mf* democrata *mf.*
democrático, ca *adj* democrático(ca).
demografía *f* demografia *f.*
demoledor, ra *adj* demolidor(ra).
demoler *vt* demolir.
demolición *f* demolição *f.*
demonio *m* demônio *m.*
➤ **demonios** *interj* diabo!
demora *f* demora *f.*
demorar <> *vt* -1. [retrasar] demorar -2. *Amér* [tardar] demorar. <> *vi Amér* [tardar]:

¡**no demores!** não demore!
➤ **demorarse** *vpr* demorar-se.
demostración *f* -1. [gen] demonstração *f* -2. [exhibición] exibição *f*; **hacer una** ~ fazer uma demonstração.
demostrar *vt* demonstrar.
demudar *vt* descompor.
denegar *vt* denegar.
denigrante *adj* denigrinte.
denigrar *vt* denigrir.
denodado, da *adj* denodado(da).
denominación *f* denominação *f*; ~ **de origen** denominação de origem.
denominador *m* MAT denominador *m*; ~ **común** denominador comum.
denotar *vt* denotar.
densidad *f* densidade *f*; **alta/doble** ~ INFORM alta/dupla densidade.
➤ **densidad de población** *f* densidade *f* populacional.
denso, sa *adj* denso(sa).
dentadura *f* dentadura *f*; ~ **postiza** dentadura postiça.
dentellada *f* dentada *f.*
dentera *f*: **dar** ~ *Esp* [grima] dar arrepio.
dentífrico, ca *adj* dentifrício(cia).
➤ **dentífrico** *m* dentifrício *m.*
dentista *mf* dentista *mf.*
dentística *f Chile, Ecuad* odontologia *f.*
dentro *adv* dentro; **de** ~ de dentro; **para** ~ para dentro; **por** ~ por dentro.
➤ **dentro de** *loc prep* dentro de.
denuncia *f* DER [a autoridad] denúncia *f.*
denunciar *vt* denunciar.
deparar *vt* proporcionar.
departamento *m* -1. [gen] departamento *m* -2. [de objeto] divisão *f* -3. *Arg* [apartamento] apartamento *m.*
departir *vi culto* departir.
dependencia *f* dependência *f.*
➤ **dependencias** *fpl* dependências *fpl.*
depender *vi* -1.: ~ (**de algo**) [estar condicionado por] depender (de algo) -2.: ~ **de alguien** [estar sujeto a] depender de alguém.
dependiente, ta *m, f* vendedor *m,* -ra *f.*
depilar *vt* depilar.
depilatorio, ria *adj* depilatório(ria).
deplorable *adj* deplorável.
deplorar *vt* deplorar.
deponer *vt* -1. [abandonar] depor; **cuando él depuso su actitud hostil** quando abandonou sua atitude hostil -2. [de cargo]: ~ **a alguien de algo** depor alguém de algo.
deportar *vt* deportar.
deporte *m* esporte *m*; **hacer** ~ fazer esporte; **practicar un** ~ praticar um esporte; ~**s extremos** esportes radicais; ~**s de riesgo** esportes de risco.

deportista ◇ *adj* esportista, desportista. ◇ *mf* esportista *mf*, desportista *mf*.

deportivo, va *adj* esportivo(va), desportivo(va).

→ **deportivo** *m* carro *m* esportivo.

deposición *f* -**1.** [de cargo] deposição *f* -**2.** [defecación] defecação *f*.

depositar *vt* -**1.** depositar -**2.** [confiar]: ~ algo en alguien depositar algo em alguém.

→ **depositarse** *vpr* depositar-se.

depositario, ria ◇ *adj* depositário(ria). ◇ *m, f* depositário *m*, -ria *f*.

depósito *m* -**1.** [gen] depósito *m*; ~ **de cadáveres** necrotério *m* -**2.** [recipiente] reservatório *m*; ~ **de gasolina** tanque *m* de combustível.

depravado, da ◇ *adj* depravado(da). ◇ *m, f* depravado *m*, -da *f*.

depravar *vt* depravar.

→ **depravarse** *vpr* depravar-se.

depreciar *vt* depreciar.

→ **depreciarse** *vpr* depreciar-se.

depredador, ra *m, f* -**1.** [persona] depredador *m*, -ra *f* -**2.** [animal] predador *m*, -ra *f*.

depresión *f* depressão *f*; ~ **atmosférica** depressão atmosférica.

depresivo, va ◇ *adj* depressivo(va). ◇ *m, f* depressivo *m*, -va *f*.

deprimido, da *adj* deprimido(da).

deprimir *vt* deprimir.

→ **deprimirse** *vpr* deprimir-se.

deprisa, de prisa *adv* depressa.

depuesto, ta ◇ *pp irreg* ⊳ **deponer**. ◇ *adj* deposto(ta).

depuración *f* depuração *f*.

depurar *vt* depurar.

derby (*pl* derbys) *m* -**1.** [en hípica] derby *m* -**2.** [en fútbol] *encontro esportivo entre duas equipes da mesma cidade ou de cidades vizinhas.*

derecha *f* ⊳ **derecho**.

derecho, cha ◇ *adj* -**1.** [gen] direito(ta) -**2.** [recto] reto(ta). ◇ *adv* direito.

→ **derecho** *m* [gen] direito *m*; ¡no hay ~! não é justo!; **reservado el** ~ **de admisión** direito de entrada reservado; **tener** ~ **a algo/hacer algo** ter direito a algo/fazer algo; **del** ~ do lado direito.

→ **derecha** *f* -**1.** direita *f*; **a la derecha** à direita; **ser de derechas** *Esp* o **derecha** *Amér* ser de direita -**2.** *loc*: **no hacer nada a derechas** não fazer nada direito.

→ **derechos** *mpl* [tasas] direitos *mpl*; ~ **s de autor** direitos autorais.

deriva *f* deriva *f*; **a la** ~ à deriva.

derivación *f* -**1.** [cable, canal, carretera & GRAM] derivação *f* -**2.** *ELECTR* queda *f* de corrente.

derivado, da *adj* GRAM derivado(da).

→ **derivado** *m* QUÍM derivado *m*.

derivar ◇ *vt* derivar. ◇ *vi* -**1.** [tomar dirección]: ~ **hacia** derivar para -**2.** [proceder]: ~ **de** derivar de.

dermatólogo, ga *m, f* dermatologista *mf*.

dermis *f* derme *f*.

derogación *f* derrogação *f*.

derramamiento *m* derramamento *m*.

derramar *vt* derramar.

→ **derramarse** *vpr* derramar-se.

derrame *m* -**1.** MED derrame *m* -**2.** [de líquido] derramamento *m*.

derrapar *vi* derrapar.

derrengar *vt* derrear.

derretir *vt* derreter.

→ **derretirse** *vpr* derreter-se.

derribar *vt* derrubar.

derribo *m* demolição *f*.

derrocar *vt* derrocar.

derrochar *vt* esbanjar.

derroche *m* -**1.** [desperdicio] esbanjamento *m* -**2.** [abundancia] profusão *f*.

derrota *f* -**1.** [en competición] derrota *f* -**2.** NÁUT rota *f*.

derrotar *vt* derrotar.

derrotero *m* rota *f*.

derrotista *adj* derrotista.

derruir *vt* demolir.

derrumbamiento *m* -**1.** [gen] derrubada *f* -**2.** *fig* [de persona] derrocada *f*.

derrumbar *vt* demolir.

→ **derrumbarse** *vpr* -**1.** [cosa] ruir -**2.** [persona] abater-se.

desabastecido, da *adj* desabastecido(da).

desaborido, da ◇ *adj fam* chato(ta). ◇ *m, f fam* chato *m*, -ta *f*.

desabotonar *vt* desabotoar.

→ **desabotonarse** *vpr* desabotoar-se.

desabrochar *vt* desabrochar.

→ **desabrocharse** *vpr* desabrochar-se.

desacato *m* desacato *m*.

desacertado, da *adj* desacertado(da).

desacierto *m* desacerto *m*.

desaconsejar *vt* desaconselhar.

desacorde *adj* discordante.

desacreditar *vt* desacreditar.

desactivar *vt* desativar.

desacuerdo *m* desacordo *m*.

desafiante *adj* desafiante.

desafinar *vi* MÚS desafinar.

desafío *m* [reto] desafio *m*.

desaforado, da *adj* -**1.** [excesivo] desmesurado(da) -**2.** [furioso] furioso(sa).

desafortunado, da ◇ *adj* desafortunado(da). ◇ *m, f* desafortunado *m*, -da *f*.

desafuero *m* infração *f*.

desagradable *adj* desagradável.

desagradar *vi* desagradar.
desagradecido, da *m*, *f* mal-agradecido *m*, -da *f*.
desagrado *m* desagrado *m*.
desagraviar *vt* **-1.** [por ofensa] desagravar **-2.** [por perjuicio] indenizar.
desagravio *m* [por perjuicio] desagravo *m*.
desagüe *m* desaguadouro *m*.
desaguisado *m* estrago *m*.
desahogado, da *adj* desafogado(da).
desahogar *vt* desafogar.
   ◆ **desahogarse** *vpr* desafogar-se.
desahogo *m* desafogo *m*.
desahuciar *vt* **-1.** [inquilino] despejar **-2.** [enfermo] desenganar.
desahucio *m* despejo *m*.
desairar *vt* menosprezar.
desaire *m* desaforo *m*; **hacer un** ~ **a alguien** fazer um desaforo a alguém.
desajustar *vt* desajustar.
desajuste *m* discrepância *f*.
desalentar *vt* desalentar.
   ◆ **desalentarse** *vpr* desalentar-se.
desaliento *m* desalento *m*.
desaliñado, da *adj* desalinhado(da).
desaliñar *vt* desalinhar.
desaliño *m* desalinho *m*.
desalmado, da ⟨⟩ *adj* desalmado(da). ⟨⟩ *m*, *f* desalmado *m*, -da *f*.
desalojar *vt* **-1.** [por fuerza] evacuar **-2.** [por propia voluntad] desocupar.
desamarrar *vt* desamarrar.
desambientado, da *adj* desambientado(da).
desamor *m* desamor *m*.
desamortización *f* desamortização *f*.
desamparado, da ⟨⟩ *adj* desamparado(da). ⟨⟩ *m*, *f* desamparado *m*, -da *f*.
desamparar *vt* desamparar.
desamparo *m* desamparo *m*.
desandar *vt* retroceder.
desangelado, da *adj* sem graça.
desangrar *vt* sangrar.
   ◆ **desangrarse** *vpr* sangrar-se.
desanimado, da *adj* desanimado(da).
desanimar *vt* desanimar.
   ◆ **desanimarse** *vpr* desanimar-se.
desánimo *m* desânimo *m*.
desapacible *adj* desagradável.
desaparecer *vi* desaparecer.
desaparecido, da *m*, *f* desaparecido *m*, -da *f*.
desaparición *f* desaparecimento *m*.
desapasionado, da *adj* desapaixonado(da).
desapego *m* desapego *m*.
desapercibido, da *adj*: **pasar** ~ passar despercebido.

desaprensivo, va *m*, *f* pessoa *f* sem escrúpulos.
desaprobar *vt* desaprovar.
desaprovechado, da *adj* **-1.** [persona] desaproveitado(da) **-2.** [cosa] desperdiçado(da).
desaprovechar *vt* desperdiçar.
desarmador *m* *Méx* chave *f* de fenda.
desarmar *vt* desarmar.
desarme *m* **-1.** [de armamento] desarmamento *m* **-2.** [desarticulación] desmonte *m*.
desarraigar *vt* desarraigar.
desarraigo *m* desarraigamento *m*.
desarreglado, da *adj* **-1.** [sin orden] bagunçado(da); **lleva una vida muy desarreglada** leva uma vida muito desregrada **-2.** [sin limpieza] desleixado(da).
desarreglar *vt* desarrumar.
desarreglo *m* desregramento *m*.
desarrollado, da *adj* desenvolvido(da).
desarrollar *vt* desenvolver.
   ◆ **desarrollarse** *vpr* desenvolver-se.
desarrollo *m* desenvolvimento *m*; ~ **sostenible** desenvolvimento sustentável.
desarticular *vt* desarticular.
desasirse *vpr*: ~ **(de)** soltar-se (de).
desasosegar *vt* desassossegar.
   ◆ **desasosegarse** *vpr* desassossegar-se.
desasosiego *m* desassossego *m*.
desastrado, da *adj* desmazelado(da).
desastre *m* **-1.** [gen] desastre *m* **-2.** [persona inútil] traste *mf*.
desastroso, sa *adj* desastroso(sa).
desatar *vt* **-1.** [nudo, lazo, cordón] desatar **-2.** *fig* [provocar] desencadear.
   ◆ **desatarse** *vpr* **-1.** [nudo, lazo, cordón] desatar-se **-2.** *fig* [producirse] desencadear-se.
desatascar *vt* desentupir.
desatender *vt* **-1.** [trabajo] negligenciar **-2.** [consejos] desatender **-3.** [persona] deixar de dar assistência.
desatino *m* desatino *m*.
desatrancar *vt* destrancar.
desautorizar *vt* desautorizar.
desavenencia *f* desavença *f*.
desavenirse *vpr* desavir-se.
desayunar ⟨⟩ *vi* tomar o café da manhã. ⟨⟩ *vt* tomar no café da manhã.
desayuno *m* café *m* da manhã.
desazón *f* dissabor *m*.
desazonar *vt* aborrecer.
desbancar *vt* desbancar.
desbandada *f* debandada *f*; **a la** ~ em debandada.
desbandarse *vpr* debandar-se.
desbarajuste *m* bagunça *f*.
desbaratar *vt* desbaratar.

desbarrar *vi* divagar.
desbloquear *vt* desbloquear.
desbocado, da *adj* **-1.** [caballo] desenfreado(da) **- 2.** [prenda de vestir] alargado(da).
desbocarse *vpr* [caballo] desenfrear-se.
desbolado, da *RP fam* ⬦ *adj* bagunceiro(ra). ⬦ *m, f* bagunceiro *m*, -ra *f.*
desbole *m RP fam* bagunça *f.*
desbordamiento *m* transbordamento *m.*
desbordar *vt* **-1.** *fig* [obstáculo] suplantar **- 2.** [estar lleno]: ~ **de** transbordar de.
◆ **desbordarse** *vpr* transbordar.
descabalgar *vi* apear.
descabellado, da *adj* descabido(da).
descabezar *vt* **-1.** [cabeza] decapitar **- 2.** [punta] decepar.
descafeinado, da *adj* **-1.** [sin cafeína] descafeinado(da) **- 2.** *fig* [sin fuerza] edulcorado(da).
◆ **descafeinado** *m* café *m* descafeinado.
descalabrar *vt* **-1.** [herir] ferir na cabeça **- 2.** *fam* [perjudicar] ferrar.
descalabro *m* descalabro *m.*
descalcificar *vt* descalcificar.
descalificar *vt* desqualificar.
descalzar *vt* descalçar.
◆ **descalzarse** *vpr* descalçar-se.
descalzo, za *adj* descalço(ça).
descamisado, da ⬦ *adj* descamisado(da). ⬦ *m, f* descamisado *m*, -da *f.*
descampado *m* descampado *m.*
descansar *vi* descansar.
descansillo *m* patamar *m.*
descanso *m* **-1.** [reposo & MIL] descanso *m* **- 2.** [pausa] pausa *f.*
descapotable ⬦ *adj* conversível. ⬦ *m* conversível *m.*
descarado, da ⬦ *adj* descarado(da). ⬦ *m, f* descarado *m*, -da *f.*
descarga *f* **-1.** descarga *f* **- 2.** INFORM download *m.*
descargar ⬦ *vt* **-1.** descarregar **- 2.** [de obligación]: ~ **a alguien de algo** descarregar alguém de algo **- 3.** INFORM baixar, fazer download de. ⬦ *vi* descarregar.
◆ **descargarse** *vpr* descarregar-se.
descargo *m* defesa *f*; **en** ~ **em** defesa.
descarnado, da *adj* **-1.** [delgado] descarnado(da) **- 2.** [crudo] cru(a).
descaro *m* descaramento *m.*
descarriarse *vpr* desencaminhar-se.
descarrilamiento *m* descarrilamento *m.*
descarrilar *vi* descarrilar.
descartar *vt* descartar.
◆ **descartarse** *vpr* descartar-se.
descastado, da *m, f* ingrato *m*, -ta *f.*
descendencia *f* descendência *f.*
descender *vi* **-1.** [en categoría, estimación]

descer **- 2.** [cantidad, valor] baixar **- 3.** [de vehículo]: ~ **de** descer de **- 4.** [provenir]: ~ **de** descender de.
descenso *m* **-1.** [en espacio] descida *f* **- 2.** [de cantidad, valor] abaixamento *m* **- 3.** [de categoría] rebaixamento *m.*
descentrado, da *adj* **-1.** [geométricamente] descentralizado(da) **- 2.** [mentalmente] desconcentrado(da).
descentralizar *vt* descentralizar.
descentrar *vt* **-1.** [geométricamente] descentralizar **- 2.** [mentalmente] desconcentrar.
descifrar *vt* decifrar.
descocado, da *adj* descarado(da).
descodificador, ra, decodificador, ra *adj* decodificador(ra).
◆ **descodificador, decodificador** *m* decodificador *m.*
descodificar, decodificar *vt* decodificar.
descolgar *vt* **-1.** [cuadro, cortina, lámpara] despendurar **- 2.** [teléfono] desenganchar.
◆ **descolgarse** *vpr* **-1.** [bajar] descer **- 2.** [separarse]: ~ **se de** separar-se de.
descolonización *f* descolonização *f.*
descolorido, da *adj* descorado(da).
descomedido, da *adj* descomedido(da).
descompasado, da *adj* descompassado(da).
descomponer *vt* **-1.** [gen] descompor **- 2.** [estropear] quebrar.
◆ **descomponerse** *vpr* decompor-se.
descomposición *f* **-1.** [gen] decomposição *f* **- 2.** [alteración] descomposição *f* **- 3.** [diarrea] diarréia *f.*
descompostura *f* **-1.** [falta de compostura] descompostura *f* **- 2.** *Méx, RP* [avería] avaria *f* **- 3.** *Amér* [malestar] mal-estar *m.*
descompuesto, ta ⬦ *pp irreg* ⟜ descomponer. ⬦ *adj* **-1.** [gen] decomposto(ta) **- 2.** *Méx, RP* [averiado, estropeado] quebrado(da).
descomunal *adj* descomunal.
desconcentrar *vt* desconcentrar.
◆ **desconcentrarse** *vpr* desconcentrar-se.
desconcertante *adj* desconcertante.
desconcertar *vt* desconcertar.
desconchado *m* descascamento *m.*
desconcierto *m* desconcerto *m.*
desconectar *vt* desconectar.
◆ **desconectarse** *vpr* desligar-se; ~ **se de algo** desligar-se de algo.
desconfianza *f* desconfiança *f.*
desconfiar ◆ **desconfiar de** *vi* desconfiar de.
descongelar *vt* descongelar.
descongestionar *vt* descongestionar.
desconocer *vt* [ignorar] desconhecer.

desconocido, da ◇ *adj* desconhecido(da). ◇ *m, f* desconhecido *m, -da f*.
desconocimiento *m* desconhecimento *m*.
desconsideración *f* desconsideração *f*.
desconsiderado, da *m, f* desrespeitador *m, -ra f*.
desconsolar *vt* desconsolar.
desconsuelo *m* desconsolo *m*.
descontado ◆ **por descontado** *loc adv* com toda a certeza.
descontar *vt* descontar.
descontentar *vt* descontentar.
descontento, ta *adj* descontente.
  ◆ **descontento** *m* descontentamento *m*.
descontrol *m* descontrole *m*.
desconvocar *vt* desconvocar.
descorazonador, ra *adj* desalentador(ra).
descorazonar *vt* desalentar.
descorchar *vt* desarrolhar.
descorrer *vt* **-1.** [cortina] puxar **-2.** [abrir] abrir.
descortés *adj* descortês.
descoser *vt* descosturar.
descosido, da *adj* descosturado(da).
  ◆ **descosido** *m* descosimento *m;* **hablar como un** ~ *fig* falar adoidado.
descoyuntar *vt* desconjuntar.
  ◆ **descoyuntarse** *vpr* desconjuntar-se.
descrédito *m* descrédito *m*.
descreído, da *m, f* descrente *mf*.
descremado, da *adj* desnatado(da).
describir *vt* descrever.
descripción *f* descrição *f*.
descrito, ta *pp irreg* ▷ describir.
descuartizar *vt* esquartejar.
descubierto, ta ◇ *pp irreg* ▷ descubrir. ◇ *adj* descoberto(ta).
  ◆ **descubierto** *m* [de dinero] déficit *m*.
  ◆ **al descubierto** *loc adv* **-1.** [al raso] a céu aberto **-2.** [banca] a descoberto **-3.** *loc:* quedar al ~ ser descoberto(ta).
  ◆ **en descubierto** *loc adv* [banca] a descoberto.
descubridor, ra *m, f* descobridor *m, -ra f*.
descubrimiento *m* **-1.** [de algo desconocido] descobrimento *m* **-2.** [invento] descoberta *f* **-3.** [de algo tapado] desvelamento *m*.
descubrir *vt* **-1.** [gen] descobrir **-2.** [destapar] desvelar.
  ◆ **descubrirse** *vpr* **-1.** [algo tapado] descobrir-se **-2.** *Esp* [de admiración] tirar o chapéu.
descuento *m* desconto *m*.
descuidado, da *adj* **-1.** [desaseado] descuidado(da) **-2.** [distraído] distraído(da).
descuidar *vt* descuidar; **descuida, yo lo haré** não se preocupe, eu o farei.
descuido *m* descuido *m*.

desde *prep* **-1.** [tiempo] desde; ~ **entonces** desde então; ~ **que** desde que **-2.** [espacio] a partir de.
  ◆ **desde luego** *loc adv* decididamente.
desdecir ◆ **desdecir de** *vi* destoar de.
  ◆ **desdecirse** *vpr:* ~**se (de)** desdizer-se (de).
desdén *m* desdém *m*.
desdentado, da *adj* desdentado(da).
desdeñar *vt* desdenhar.
desdeñoso, sa ◇ *adj* desdenhoso(sa). ◇ *m, f* desdenhador *m, -ra f*.
desdibujarse *vpr* esfumar-se.
desdicha *f* [desgracia] desdita *f*.
desdichado, da ◇ *adj* desditoso(sa). ◇ *m, f* desditoso *m, -sa f*.
desdicho, cha *pp irreg* ▷ desdecir.
desdoblamiento *m* desdobramento *m*.
desdoblar *vt* desdobrar.
desear *vt* desejar.
desecar *vt* dessecar.
  ◆ **desecarse** *vpr* ressecar-se.
desechable *adj* descartável.
desechar *vt* **-1.** [gen] descartar **-2.** [rechazar] rejeitar.
desecho *m* **-1.** [objeto usado] refugo *m* **-2.** [residuo] rejeito *m*.
desembalar *vt* desembalar.
desembarazar *vt* desembaraçar.
  ◆ **desembarazarse** *vpr:* ~**se de** desembaraçar-se de.
desembarcar ◇ *vt* desembarcar. ◇ *vi* desembarcar.
desembarco *m* desembarque *m*.
desembarque *m* desembarque *m*.
desembarrancar *vt* desencalhar.
desembocadura *f* desembocadura *f*.
desembocar ◆ **desembocar en** *vi* **-1.** [gen] desembocar em **-2.** [asunto] terminar em.
desembolso *m* [de dinero] desembolso *m*.
desembragar *vt* AUTOM desembrear.
desembrollar *vt fam* desembrulhar.
desembuchar ◇ *vt* [aves] regurgitar. ◇ *vi fam fig* desembuchar.
desempañar *vt* desembaçar.
desempaquetar *vt* desempacotar.
desempatar *vi* desempatar.
desempate *m* desempate *m*.
desempeñar *vt* desempenhar.
  ◆ **desempeñarse** *vpr* desempenhar-se.
desempeño *m* desempenho *m*.
desempleado, da *m, f* desempregado *m, -da f*.
desempleo *m* desemprego *m*.
desempolvar *vt* **-1.** [quitar polvo] desempoeirar **-2.** [recuerdos] desenterrar.
desencadenar *vt* desencadear.

➡ **desencadenarse** *vpr* desencadear-se.
desencajar *vt* desencaixar.
➡ **desencajarse** *vpr* **-1.** [descuajeringarse] desencaixar-se **-2.** [demudarse] desfigurar-se.
desencantar *vt* desencantar.
➡ **desencantarse** *vpr* desencantar-se.
desencanto *m* desencanto *m*.
desenchufar *vt* desligar.
desenfadado, da *adj* descontraído(da).
desenfado *m* descontração *f*.
desenfocado, da *adj* desfocado(da).
desenfrenado, da *adj* desenfreado(da).
desenfreno *m* desenfreio *m*.
desenfundar *vt* **-1.** [quitar funda] desencapar **-2.** [pistola] tirar do coldre.
desenganchar *vt* desatrelar.
➡ **desengancharse** *vpr* **-1.** [soltarse] soltar **-2.** *fam* [de vicio] liberar-se.
desengañar *vt* desenganar.
➡ **desengañarse** *vpr*: ~se (de) desenganar-se (com).
desengaño *m* desengano *m*.
desengrasar *vt* desengordurar.
desenlace *m* desenlace *m*.
desenmarañar *vt* desemaranhar.
desenmascarar *vt* [descubrir] desmascarar.
desenredar *vt* desenredar.
desenrollar *vt* desenrolar.
desenroscar *vt* desenroscar.
desentenderse *vpr*: ~ fazer-se (de) desentendido(da); ~ de algo desinteressar-se de algo.
desenterrar *vt* desenterrar.
desentonar *vi* destoar.
desentrañar *vt* deslindar.
desentrenado, da *adj* destreinado(da).
desentumecer *vt* desintumescer.
➡ **desentumecerse** *vpr* desentorpecer-se.
desenvainar *vt* desembainhar.
desenvoltura *f* desenvoltura *f*.
desenvolver *vt* desembrulhar.
➡ **desenvolverse** *vpr* desenvolver-se.
desenvuelto, ta ⬦ *pp irreg* ▷ desenvolver. ⬦ *adj* desenvolto(ta).
deseo *m* desejo *m*.
deseoso, sa *adj*: estar ~ de algo/hacer algo estar desejoso(sa) de algo/fazer algo.
desequilibrado, da ⬦ *adj* desequilibrado(da). ⬦ *m, f* desequilibrado *m*, -da *f*.
desequilibrio *m* desequilíbrio *m*.
desertar *vi* MIL desertar.
desértico, ca *adj* desértico(ca).
desertización, desertificación *f* desertificação *f*.
desertor, ra *m, f* desertor *m*, -ra *f*.
desesperación *f* desespero *m*.
desesperado, da *adj* **-1.** desesperado(da)

-2. *loc*: a la **desesperada** como último recurso.
desesperante *adj* desesperante.
desesperar *vt* desesperar.
➡ **desesperarse** *vpr* desesperar-se.
desestabilizar *vt* desestabilizar.
desestatización *f Amér* desestatização *f*.
desestatizar *vt Amér* desestatizar.
desestimar *vt* **-1.** [despreciar] depreciar **-2.** [rechazar] rejeitar.
desfachatez *f fam* desfaçatez *f*.
desfalco *m* desfalque *m*.
desfallecer *vi* desfalecer; ~ de desfalecer de.
desfallecimiento *m* desfalecimento *m*.
desfase *m* defasagem *f*.
desfavorable *adj* desfavorável.
desfigurar *vt* desfigurar.
desfiladero *m* desfiladeiro *m*.
desfilar *vi* desfilar.
desfile *m* desfile *m*.
desflorar *vt* deflorar.
desfogar *vt* desafogar.
➡ **desfogarse** *vpr* desafogar-se.
desfondar *vt* **-1.** [caja, bolsa] desfundar **-2.** [agotar] esgotar.
➡ **desfondarse** *vpr* esgotar-se.
desgajar *vt* desmembrar.
➡ **desgajarse** *vpr* desprender-se.
desgana *f* **-1.** [falta de hambre] inapetência *f* **-2.** [falta de ánimo] desânimo *m*.
desganado, da *adj* **-1.** [sin apetito] inapetente **-2.** [sin ganas] desanimado(da).
desgañitarse *vpr* esgoelar-se.
desgarbado, da *adj* desajeitado(da).
desgarrador, ra *adj* dilacerante.
desgarrar *vt* **-1.** [cosa] rasgar **-2.** [corazón] dilacerar.
➡ **desgarrarse** *vpr* **-1.** [cosa] rasgar-se **-2.** [corazón] dilacerar-se.
desgarro *m* **-1.** [de tela, hoja] rasgo *m* **-2.** [muscular] ruptura *f*.
desgastar *vt* desgastar.
➡ **desgastarse** *vpr* desgastar-se.
desgaste *m* desgaste *m*.
desglosar *vt* desmembrar.
desglose *m* desmembramento *m*.
desgracia *f* desgraça *f*; caer en ~ cair em desgraça; por ~ por desgraça.
desgraciado, da ⬦ *adj* desgraçado(da). ⬦ *m, f* desgraçado *m*, -da *f*.
desgraciar *vt* **-1.** [cosa] estragar **-2.** [a persona] desgraçar.
desgranar *vt* debulhar.
desgravar *vt* deduzir.
desgreñado, da *adj* desgrenhado(da).
desguace *m* desmanche *m*.
desguazar *vt* desmontar.

deshabitado, da adj desabitado(da).
deshabituar vt desabituar.
➡ **deshabituarse** vpr desabituar-se.
deshacer vt -1. [gen] desfazer -2. [suj: calor] derreter -3. [destruir] destruir -4. [trocear] despedaçar.
➡ **deshacerse** vpr desfazer-se; ~**se de algo/alguien** [desprenderse de] desfazer-se de algo/alguém; ~**se en algo** [halagos, cumplidos] desfazer-se em algo; ~**se por algo/hacer algo** [hacer todo lo posible] desfazer-se por algo/fazer algo.
desharrapado, da ◇ adj esfarrapado(da). ◇ m, f maltrapilho m, -lha f.
deshecho, cha ◇ pp irreg ▷ deshacer. ◇ adj -1. [gen] desfeito(ta) -2. [derretido] derretido(da) -3. [desbaratado] derrotado(da) -4. [afligido] arrasado(da).
desheredar vt deserdar.
deshidratar vt desidratar.
➡ **deshidratarse** vpr desidratar-se.
deshielo m degelo m.
deshilachar vt desfiar.
deshilvanado, da adj desalinhavado(da).
deshinchar vt -1. [quitar aire] esvaziar -2. [hinchazón] desinchar.
➡ **deshincharse** vpr -1. [hinchazón] desinchar-se -2. [quitar aire] esvaziar -3. fig [desanimarse] desinchar.
deshojar vt desfolhar.
➡ **deshojarse** vpr desfolhar-se.
deshollinar vt tirar fuligem de.
deshonesto, ta adj desonesto(ta).
deshonra f desonra f.
deshonrar vt desonrar.
deshonroso, sa adj desonroso(sa).
deshora ➡ **a deshora** loc adv fora de hora.
➡ **a deshoras** loc adv fora de hora.
deshuesar vt desossar.
deshumanizar vt desumanizar.
➡ **deshumanizarse** vpr desumanizar-se.
desidia f desídia f.
desierto, ta adj -1. [gen] deserto(ta) -2. [vacante] vago(ga).
➡ **desierto** m deserto m; **predicar en el** ~ pregar no deserto.
designar vt designar.
designio m desígnio m.
desigual adj desigual.
desilusión f desilusão f.
desilusionar vt decepcionar.
➡ **desilusionarse** vpr decepcionar-se.
desincrustar vt desincrustar.
desinfección f desinfecção f.
desinfectar vt desinfetar.
desinflamar vt desinflamar.
➡ **desinflamarse** vpr desinflamar-se.

desinflar vt -1. [gen] esvaziar -2. [desanimar] desanimar.
➡ **desinflarse** vpr -1. [perder el aire] murchar -2. [desanimarse] desanimar-se.
desintegración f desintegração f.
desintegrar vt desintegrar.
➡ **desintegrarse** vpr desintegrar-se.
desinterés m desinteresse m.
desinteresado, da adj desinteressado(da).
desinteresarse vpr: ~ **de/por algo** desinteressar-se de/por algo.
desintoxicar vt desintoxicar.
desistir vi desistir.
deslave m Amér deslizamento m.
desleal adj desleal.
deslealtad f deslealdade f.
desleír vt diluir.
deslenguado, da adj fig desbocado(da).
desligar vt -1. [lo atado] desamarrar -2. fig [separar asuntos] dissociar.
➡ **desligarse** vpr [desatarse] soltar-se; ~**se de** dissociar-se de.
deslindar vt deslindar.
desliz m deslize m.
deslizar vt -1. [una cosa] deslizar -2. [decir] soltar.
➡ **deslizarse** vpr -1. [una cosa] deslizar-se -2. fig [introducirse] escapar, escorregar -3. [el tiempo] deslizar.
deslomar vt desancar.
➡ **deslomarse** vpr fam acabar-se.
deslucido, da adj desluzido(da).
deslumbrar vt deslumbrar.
desmadejar vt fig prostrar.
desmadrarse vpr fam descontrolar-se.
desmadre m fam bagunça f.
desmán m -1. [abuso] desmando m -2. (gen pl) [desprecio] desgraça f.
desmandarse vpr desmandar-se.
desmano ➡ **a desmano** loc adv -1. [fuera del alcance] fora do alcance -2. [fuera del camino seguido] fora de mão.
desmantelar vt desmantelar.
desmaquillador, ra adj demaquilante.
desmayar vi desmaiar.
➡ **desmayarse** vpr desmaiar.
desmayo m desmaio m.
desmedido, da adj desmedido(da).
desmejorar ◇ vt piorar. ◇ vi piorar.
➡ **desmejorarse** vpr debilitar-se.
desmelenado, da adj -1. [persona] destrambelhado(da) -2. [cabello] descabelado(da).
desmembrar vt desmembrar.
desmemoriado, da ◇ adj desmemoriado(da). ◇ m, f desmemoriado m, -da f.
desmentido m desmentido m.
desmentir vt desmentir.
desmenuzar vt -1. [trocear] esfarelar -2. fig

[examinar, analizar] esmiuçar.
desmerecer ⬦ *vt* desmerecer. ⬦ *vi* desmerecer.
desmesurado, da *adj* desmesurado(da).
desmigajar *vt* esmigalhar.
➡ **desmigajarse** *vpr* esmigalhar-se.
desmilitarizar *vt* desmilitarizar.
desmitificar *vt* desmitificar.
desmontar *vt* desmontar.
desmonte *m (gen pl)* desmonte *m*.
desmoralizar *vt* desmoralizar.
➡ **desmoralizarse** *vpr* desmoralizar-se.
desmoronamiento *m* desmoronamento *m*.
desmoronar *vt* desmoronar.
➡ **desmoronarse** *vpr* desmoronar-se.
desnatado, da *adj* desnatado(da).
desnaturalizado, da *adj* desnaturado(da).
desnivel *m* desnível *m*.
desnivelar *vt* desnivelar.
➡ **desnivelarse** *vpr* desnivelar-se.
desnuclearizar *vt* desnuclearizar.
desnudar *vt* desnudar.
➡ **desnudarse** *vpr* desnudar-se.
desnudez *f* nudez *f*.
desnudo, da *adj* desnudo(da).
➡ **desnudo** *m* nu *m*.
desnutrición *f* desnutrição *f*.
desobedecer *vt*: ~ algo/a alguien desobedecer a algo/alguém.
desobediencia *f* desobediência *f*.
desobediente *adj* desobediente.
desocupado, da *adj* desocupado(da).
desocupar *vt* desocupar.
desodorante *m* desodorante *m*.
desoír *vt* não ouvir.
desolación *f* desolação *f*.
desolador, ra *adj* desolador(ra).
desolar *vt* desolar.
desollar *vt* esfolar.
desorbitado, da *adj* exorbitante.
desorden *m* desordem *f*.
desordenado, da *adj* desordenado(da).
desordenar *vt* desordenar.
desorganización *f* desorganização *f*.
desorganizar *vt* desorganizar.
desorientar *vt* desorientar.
➡ **desorientarse** *vpr* desorientar-se.
despabilado, da *adj* animado(da), esperto(ta).
despabilar *vt* animar.
➡ **despabilarse** *vpr* despertar.
despachar ⬦ *vt* -1. [cliente, mercancía] despachar -2. *Amér* [equipaje] despachar. ⬦ *vi* -1. [sobre asunto] despachar -2. [en tienda] atender.
➡ **despacharse** *vpr* [hablar francamente] desabafar.

despacho *m* -1. [oficina] escritório *m*, gabinete *m* -2. [mueble] escrivaninha *f* -3. [comunicado] despacho *m*.
despacio *adv* devagar.
despampanante *adj* espalhafatoso(sa).
desparejar *vt* desemparelhar.
desparpajo *m fam* desembaraço *m*.
desparramar *vt* -1. [líquido] esparramar -2. *fig* [dinero] esbanjar.
➡ **desparramarse** *vpr* esparramar-se.
despavorido, da *adj* apavorado(da).
despecho *m* despeito *m*.
➡ **a despecho de** *loc prep* a despeito de.
despechugarse *vpr fam* mostrar *ou* ter o peito descoberto.
despectivo, va *adj* desdenhoso(sa).
➡ **despectivo** *m GRAM* pejorativo *m*.
despedazar *vt* despedaçar.
despedida *f* despedida *f*.
despedir *vt* -1. [gen] despedir -2. [lanzar, arrojar] lançar.
➡ **despedirse** *vpr*: ~se (de) despedir-se (de).
despegado, da *adj fig* despegado(da).
despegar ⬦ *vt* descolar. ⬦ *vi* decolar.
➡ **despegarse** *vpr* -1. [cosa] descolar-se -2. [persona]: ~se de alguien desapegar-se de alguém.
despego *m* despego *m*.
despegue *m* decolagem *f*.
despeinar *vt* despentear.
➡ **despeinarse** *vpr* despentear-se.
despejado, da *adj* -1. [tiempo] limpo(pa) -2. *fig* [persona, entendimiento] claro(ra) -3. [espacio] desimpedido(da).
despejar *vt* -1. [espacio] desocupar -2. *MAT* determinar -3. *DEP* desviar.
➡ **despejarse** *vpr* -1. [persona] desanuviar -2. [tiempo] desanuviar-se.
despeje *m DEP* lançamento para longe.
despellejar *vt* -1. [animal] esfolar -2. *fig* [persona] descascar.
despelotarse *vpr fam* [desnudarse] ficar pelado(da).
despenalización *f* despenalização *f*.
despensa *f* despensa *f*.
despeñadero *m* despenhadeiro *m*.
despeñar *vt* despenhar.
➡ **despeñarse** *vpr* despenhar-se.
desperdiciar *vt* desperdiçar.
desperdicio *m* -1. [pérdida] desperdício *m* -2. [residuo] resto *m* -3. *loc*: no tener ~ valer a pena.
desperdigar *vt* dispersar.
desperezarse *vpr* espreguiçar-se.
desperfecto *m* -1. [deterioro] estrago *m* -2. [imperfección] defeito *m*.
despertador *m* despertador *m*.

despertar <> *m* despertar *m.* <> *vt* despertar.

◆ **despertarse** *vpr* despertar.

despiadado, da *adj* despiedado(da).

despido *m* demissão *f.*

despiece *m* retalhação *f.*

despierto, ta *adj* -**1.** [sin dormir] acordado(da) -**2.** *fig* [espabilado, listo] esperto(ta).

despilfarrar *vt* desperdiçar.

despilfarro *m* desperdício *m.*

despintar *vt* desbotar.

despiole *m RP fam* tumulto *m.*

despistado, da <> *adj* distraído(da). <> *m, f* distraído *m*, -da *f.*

despistar *vt* -**1.** [en espacio] despistar -**2.** [mentalmente] confundir.

◆ **despistarse** *vpr* perder-se.

despiste *m* distração *f.*

desplante *m* grosseria *f.*

desplazado, da *adj* deslocado(da).

desplazamiento *m* deslocamento *m.*

desplazar *vt* -**1.** [mover] deslocar -**2.** [ocupar sitio de] substituir.

◆ **desplazarse** *vpr* deslocar-se.

desplegar *vt* -**1.** [lo que está doblado] desdobrar -**2.** [actividad, cualidad] empregar -**3.** MIL distribuir.

despliegue *m* -**1.** [de actividad, cualidad] desenvolvimento *m* -**2.** MIL estabelecimento *m.*

desplomarse *vpr* desmoronar-se.

desplumar *vt* depenar.

despoblado, da *adj* despovoado(da).

◆ **despoblado** *m* despovoado *m.*

despojar *vt*: ~ a alguien de algo despojar alguém de algo.

◆ **despojarse** *vpr*: ~se de algo despojar-se de algo.

despojo *m* despojamento *m.*

◆ **despojos** *mpl* despojos *mpl.*

desposar *vt* desposar.

◆ **desposarse** *vpr* desposar-se.

desposeer *vt*: ~ a alguien de algo desapropriar alguém de algo.

déspota *mf* déspota *mf.*

despotricar *vi* disparatar.

despreciar *vt* desprezar.

desprecio *m* desprezo *m.*

desprender *vt* -**1.** [gen] desprender -**2.** [luz] emitir.

◆ **desprenderse** *vpr* -**1.** [deducirse] depreender-se -**2.** [animal, persona]: ~se de desvencilhar-se de -**3.** [cosa]: ~se de desfazer-se de.

desprendido, da *adj* [generoso] desprendido(da).

desprendimiento *m*: ~ de retina MED descolamento *m* de retina.

despreocupado, da <> *adj* despreocupado(da). <> *m, f* despreocupado *m*, -da *f.*

despreocuparse ◆ **despreocuparse de** *vpr* despreocupar-se com.

desprestigiar *vt* desprestigiar.

desprestigio *m* desprestígio *m.*

desprevenido, da *adj* desprevenido(da).

desprolijo, ja *adj* **Amér** [casa, cuaderno] desarrumado(da); [persona] desleixado(da).

desproporcionado, da *adj* desproporcionado(da).

despropósito *m* despropósito *m.*

desprovisto, ta *adj*: ~ de desprovido(da) de.

después <> *adv* depois. <> *adj* depois; ~ de depois de.

◆ **después de** *loc prep* depois de; ~ de hacer algo depois de fazer algo.

despuntar <> *vt* despontar. <> *vi* -**1.** [planta] despontar -**2.** [persona] sobressair. <> *v impers* despontar.

desquiciar *vt* -**1.** [puerta, ventana] desencaixar -**2.** [persona] transtornar.

desquitarse ◆ **desquitarse de** *vpr* vingar-se de.

desquite *m* vingança *f*, revanche *f.*

destacamento *m* destacamento *m.*

destacar *vt* destacar.

◆ **destacarse** *vpr* destacar-se; ~se de destacar-se de.

destajo *m* empreitada *f*; a ~ por empreitada.

destapador *m* **Amér** abridor *m.*

destapar *vt* -**1.** [quitar la tapa a] destampar -**2.** [lo cubierto por otra cosa] descobrir -**3.** *RP* [desobstruir] desobstruir.

◆ **destaparse** *vpr* -**1.** [desarroparse] descobrir-se -**2.** *fig* [persona] abrir-se.

destartalado, da *adj* escangalhado(da).

destello *m* faísca *f.*

destemplado, da *adj* -**1.** [persona] indisposto(ta) -**2.** [instrumento] desafinado(da).

desteñir <> *vt* desbotar. <> *vi* desbotar.

◆ **desteñirse** *vpr* desbotar-se.

desternillarse *vpr*: ~ de risa desconjuntar-se de rir.

desterrar *vt* -**1.** [persona] desterrar -**2.** [idea, costumbre] abandonar.

destetar *vt* desmamar.

destiempo ◆ **a destiempo** *loc adv* a destempo.

destierro *m* desterro *m.*

destilación *f* destilação *f.*

destilar <> *vt* destilar. <> *vi* destilar.

destilería *f* destilaria *f.*

destinar *vt* destinar; ~ a designar para.

destinatario, ria *m, f* destinatário *m*, -ria *f.*

destino *m* -**1.** [gen] destino *m*; ~ a destino

a - 2. [empleo] colocação f.
destitución f destituição f.
destituir vt destituir.
destornillador m [herramienta] chave f de fenda.
destornillar vt desaparafusar.
destreza f destreza f.
destronar vt destronar.
destrozar vt destroçar.
destrozo m destroço m.
destrucción f destruição f.
destruir vt destruir.
desunión f desunião f.
desuso m desuso m; **caer en** ~ cair em desuso.
desvaído, da adj -1. [sin color] desvanecido(da) -2. [poco definido] esmaecido(da).
desvalido, da <> adj desvalido(da). <> m, f desvalido m, -da f.
desvalijar vt saquear.
desván m sótão m.
desvanecer vt dissipar.
◆ **desvanecerse** vpr desfalecer.
desvanecimiento m desfalecimento m.
desvariar vi tresvariar.
desvarío m desvario m.
desvelada f CAm, Méx noitada f.
desvelarse vpr CAm, Méx [quedarse despierto] manter-se acordado.
desvelo m -1. [insomnio] insônia f- 2. [esfuerzo] dedicação f.
desvencijar vt desconjuntar.
desventaja f desvantagem f.
desventura f desventura f.
desvergonzado, da <> adj desavergonhado(da). <> m, f desavergonhado m, -da f.
desvergüenza f -1. [atrevimiento, frescura] descaramento m -2. [dicho o hecho] desaforo m.
desvestir vt desvestir.
◆ **desvestirse** vpr desvestir-se.
desviación f desvio m.
desviar vt desviar.
◆ **desviarse** vpr: ~se (de) desviar-se (de).
desvincular ◆ **desvincular de** vi desvincular de.
desvío m desvio m.
desvirtuar vt desvirtuar.
desvivirse ◆ **desvivirse por** vpr empenhar-se para.
detallar vt detalhar.
detalle m -1. [gen] detalhe m - 2. [amabilidad, atención] amabilidade f.
◆ **al detalle** loc adv no varejo.
detallista <> adj detalhista. <> mf varejista mf.

detectar vt detectar.
detective mf detetive mf.
detener vt deter.
◆ **detenerse** vpr [pararse] deter-se.
detenidamente adv detidamente.
detenido, da <> adj minucioso(sa). <> m, f detido m, -da f.
detenimiento ◆ **con detenimiento** loc adv com atenção.
detergente m detergente m.
deteriorar vt deteriorar.
◆ **deteriorarse** vpr deteriorar-se.
deterioro m deterioração f.
determinación f determinação f; **tomar una** ~ tomar uma decisão.
determinado, da adj determinado(da).
determinar vt -1. [gen] determinar - 2. [decidir] decidir.
◆ **determinarse** vpr: ~se a hacer algo determinar-se a fazer algo.
determinismo m determinismo m.
detestar vt detestar.
detonante <> adj detonante. <> m detonador m.
detonar vi detonar.
detractor, ra <> adj detrator(ra). <> m, f detrator m, -ra f.
detrás adv -1. [lugar] atrás - 2. [en ausencia de persona] por trás de.
◆ **detrás de** loc prep -1. [lugar] atrás de - 2. [en ausencia de persona] por trás de - 3. loc: **estar** ~ **de algo** estar por trás de algo.
◆ **por detrás** loc adv -1. [en la parte posterior] por trás - 2. [en ausencia de persona] pelas costas.
detrimento m detrimento m; **en** ~ **de** em detrimento de.
detrito m detrito m.
◆ **detritos** mpl detritos mpl.
deuda f dívida f; **contraer una** ~ contrair uma dívida; **estar en** ~ **con alguien** estar em dívida com alguém; ~ **pública** ECON dívida pública.
deudor, ra <> adj devedor(ra). <> m, f devedor m, -ra f.
devaluación f desvalorização f.
devaluar vt desvalorizar.
devanar vt enovelar.
devaneos mpl -1. [distracción, pasatiempo] devaneio m - 2. [de amor] namorico m.
devastar vt devastar.
devengar vt fazer jus a.
devenir <> m devir m. <> vi vir a ser.
devoción f devoção f.
devocionario m missal m.
devolución f devolução f.
devolver <> vt devolver. <> vi [vomitar] devolver.

➡ **devolverse** *vpr Andes, Amér, Carib, Méx* voltar.

devorar *vt* devorar.

devoto, ta *adj* **-1.** [de santo, virgen etc.] devoto(ta) **-2.** [de persona] admirador(ra).

devuelto, ta *pp irreg* ▷ devolver.

dg (*abrev de* decigramo) dg.

DGI (*abrev de* Dirección General Impositiva) *f RP* Receita *f* Federal.

DGT (*abrev de* Dirección General de Tráfico) *f* DENATRAN *m*.

di *etc* ▷ dar, decir.

día *m* dia *m*; **todo el (santo)** ~ o dia inteiro; ~ **de pago** [de sueldo] dia de pagamento; ~ **festivo** feriado *m*; ~ **hábil** *o* **laborable** *o* **de trabajo** dia útil *o* de trabalho; ~ **lectivo** dia letivo; ~ **libre** dia livre; **de** ~ **en** ~ dia a dia; **del** ~ do dia; **un** ~ **es un** ~ pelo menos uma vez na vida; ~ **y noche** dia e noite; **buen** ~ *Amér* bom-dia!; **buenos** ~**s** bom dia!; ~ **de los muertos** *Amér* dia de finados; **el** ~ **de mañana** o dia de amanhã; **hoy (en)** ~ hoje em dia; **estar** *o* **ponerse al** ~ estar *o* pôr-se em dia; **vivir al** ~ viver o dia de hoje.

➡ **días** *mpl* dias *mpl*.

diabético, ca ◇ *adj* diabético(ca). ◇ *m, f* diabético *m*, -ca *f*.

diablo *m* diabo *m*.

diablura *f* diabrura *f*.

diabólico, ca *adj* diabólico(ca).

diácono *m* diácono *m*.

diadema *f* tiara *f*.

diáfano, na *adj* **-1.** [transparente] diáfano(na) **-2.** *fig* [claro] límpido(da).

diafragma *m* diafragma *m*.

diagnosis *f* diagnose *f*.

diagnosticar *vt* diagnosticar.

diagnóstico *m* diagnóstico *m*.

diagonal ◇ *adj GEOM* diagonal. ◇ *f GEOM* diagonal *f*.

diagrama *m* diagrama *m*.

dial *m* dial *m*.

dialecto *m* dialeto *m*.

diálisis *f* diálise *f*.

dialogar *vi* dialogar.

diálogo *m* diálogo *m*.

diamante *m* diamante *m*.

diámetro *m* diâmetro *m*.

diana *f* **-1.** [blanco de tiro] alvo *m* **-2.** [en cuartel] alvorada *f*.

diapasón *m MÚS* diapasão *m*.

diapositiva *f* diapositivo *m*.

diariero, ra *m, f Andes, RP* jornaleiro *m*, -ra *f*.

diario, ria *adj* diário(ria); **a** ~ diariamente; **de** ~ do dia a dia.

➡ **diario** *m* diário *m*; ~ **hablado** *o* televi-

sado radiojornal *o* telejornal.

diarrea *f MED* diarréia *f*.

diástole *f MED* diástole *f*.

dibujante *mf* desenhista *mf*.

dibujar ◇ *vt* desenhar. ◇ *vi* desenhar.

dibujo *m* desenho *m*; ~**s animados** desenhos animados; ~ **lineal** *o* **técnico** desenho linear *o* técnico.

diccionario *m* dicionário *m*.

dice *etc* ▷ decir.

dicha *f* felicidade *f*.

dicharachero, ra *adj fam* conversador(ra).

dicho, cha *pp irreg* ▷ decir.

➡ **dicho** *m* dito *m*.

dichoso, sa *adj* **-1.** [feliz] ditoso(sa) **-2.** [maldito] maldito(ta).

diciembre *m* dezembro *m*; *ver también* setiembre.

dicotomía *f* dicotomia *f*.

dictado *m* ditado *m*.

dictador, ra *m, f* ditador *m*, -ra *f*.

dictadura *f* ditadura *f*.

dictáfono *m* ditafone *m*.

dictamen *m* parecer *m*.

dictar *vt* **-1.** [gen] ditar **-2.** [suj: juez, legislador] pronunciar.

dictatorial *adj* ditatorial.

didáctico, ca *adj* didático(ca).

diecinueve ◇ *núm* **-1.** [para contar] dezenove **-2.** [para ordenar] décimo nono, décima nona. ◇ *m* dezenove *m*; *ver también* seis.

dieciocho ◇ *núm* **-1.** [para contar] dezoito **-2.** [para ordenar] décimo oitavo, décima oitava. ◇ *m* dezoito *m*; *ver también* seis.

dieciséis ◇ *núm* **-1.** [para contar] dezesseis **-2.** [para ordenar] décimo sexto, décima sexta. ◇ *m* dezesseis *m*; *ver también* seis.

diecisiete ◇ *núm* **-1.** [para contar] dezessete **-2.** [para ordenar] décimo sétimo, décima sétima. ◇ *m* dezessete *m*; *ver también* seis.

diente *m* **-1.** dente *m*; ~ **de leche** dente de leite; ~ **incisivo** dente incisivo; ~ **molar** dente molar **-2.** *loc*: **hablar entre** ~**s** falar entre os dentes.

➡ **diente de ajo** *m* dente *m* de alho.

diera *etc* ▷ dar.

diéresis *f GRAM* trema *m*.

dieron *etc* ▷ dar.

diesel, diésel *adj* diesel *m*.

diestro, tra *adj* destro(tra), hábil; **a** ~ **y siniestro** *fig* a torto e a direito.

dieta *f* dieta *f*.

➡ **dietas** *fpl* diárias *fpl*.

dietario *m* livro *m* diário.

dietético, ca *adj* dietético(ca).

➡ **dietética** *f* dietética *f*.

dietista *mf Amér* dietista *mf.*
diez ◇ *núm* **-1.** [para contar] dez **-2.** [para ordenar] décimo. ◇ *m* dez *mpl.* ◇ *fpl* dez *mpl; ver también* seis.
diezmar *vt* dizimar.
difamar *vt* difamar.
diferencia *f* diferença *f.*
diferencial ◇ *adj* diferencial. ◇ *m* diferencial *m.*
diferenciar *vt* diferenciar.
diferente ◇ *adj* diferente; ~ **de** *o* **a** diferente de. ◇ *adv* diferente.
diferido ➤ **en diferido** *loc adv* em gravação.
diferir ◇ *vt* [posponer] adiar. ◇ *vi* [ser diferente] diferir.
difícil *adj* difícil; ~ **de hacer** difícil de fazer.
dificultad *f* dificuldade *f.*
➤ **dificultades** *fpl* dificuldades *fpl;* **pasar** ~**es** passar dificuldades.
dificultar *vt* dificultar.
difuminar *vt* esfumar.
difundir *vt* difundir.
➤ **difundirse** *vpr* difundir-se.
difunto, ta ◇ *adj* defunto(ta). ◇ *m, f* defunto *m,* -ta *f.*
difusión *f* difusão *f.*
diga *etc* ➤ decir.
digerir *vt* digerir.
digestión *f* digestão *f.*
digestivo, va *adj* digestivo(va).
➤ **digestivo** *m* digestivo *m.*
digitador, dora *m, f Amér* digitador *m,* -ra *f.*
digital *adj* digital.
dígito *m* dígito *m.*
dignarse *vpr* dignar-se.
dignidad *f* dignidade *f.*
dignificar *vt* dignificar.
digno, na *adj* digno(na); ~ **de** digno(na) de.
digo *etc* ➤ decir.
digresión *f* digressão *f.*
dijera *etc* ➤ decir.
dl (*abrev de* **decilitro**) dl.
dilapidar *vt* dilapidar.
dilatar *vt* **-1.** [en espacio] dilatar **-2.** [en tiempo] prolongar.
dilema *m* dilema *m.*
diligencia *f* diligência *f.*
diligente *adj* diligente.
dilucidar *vt* elucidar.
diluir *vt* diluir.
➤ **diluirse** *vpr* diluir-se.
diluviar *v impers* diluviar.
diluvio *m* dilúvio *m.*
dimanar ➤ **dimanar de** *vi* emanar.

dimensión *f* dimensão *f.*
diminutivo *m GRAM* diminutivo *m.*
diminuto, ta *adj* diminuto(ta).
dimisión *f* demissão *f;* **presentar la** ~ pedir demissão.
dimos *etc* ➤ dar.
Dinamarca *n* Dinamarca.
dinámico, ca *adj* dinâmico(ca).
dinamismo *m* dinamismo *m.*
dinamita *f* dinamite *f.*
dinamo, dínamo *f FÍS* dínamo *m.*
dinastía *f* dinastia *f.*
dineral *m fam* dinheirão *m.*
dinero *m* dinheiro *m;* ~ **negro** *o* **sucio** dinheiro sujo; ~ **público** dinheiro público; ~ **(contante y) sonante** dinheiro vivo.
dinosaurio *m* dinossauro *m.*
dintel *m ARQUIT* dintel *m.*
diñar *vt Esp fam:* ~ **la** bater as botas.
dio *etc* ➤ dar.
diócesis *f inv* diocese *f.*
dioptría *f* dioptria *f.*
dios, sa *m* deus *m,* -sa *f;* **todo** ~ *fam* todo o mundo.
➤ **Dios** *n pr* **-1.** Deus *m* **-2.** *loc:* **a Dios gracias** graças a Deus; **a la buena de Dios** de qualquer jeito; **Dios dirá** só Deus sabe; **Dios mediante, si Dios quiere** se Deus quiser; **¡Dios mío!** Meu Deus!; **por Dios** pelo amor de Deus; **¡vaya por Dios!** haja paciência!.
diplodoco *m* diplodoco *m.*
diploma *m* diploma *m.*
diplomacia *f* diplomacia *f.*
diplomado, da ◇ *adj* diplomado(da). ◇ *m, f* diplomado *m,* -da *f.*
diplomático, ca ◇ *adj* diplomático(ca). ◇ *m, f* diplomata *mf.*
diptongo *m GRAM* ditongo *m.*
diputación *f* [corporación] assembléia *f.*
diputado, da *m, f* deputado *m,* -da *f.*
dique *m* dique *m.*
dirá *etc* ➤ decir.
dirección *f* **-1.** [gen] direção *f;* **en** ~ **a** em direção a; ~ **asistida** [de vehículo] direção hidráulica **-2.** [señas de lugar] endereço *m;* ~ **electrónica** *o* **de correo electrónico** endereço eletrônico *o* de correio eletrônico.
direccionales *mpl Col, Ecuad, Méx AUTOM* pisca-pisca *m.*
directivo, va ◇ *adj* diretivo(va). ◇ *m, f* diretor *m,* -ra *f.*
➤ **directiva** *f* diretoria *f.*
directo, ta *adj* **-1.** [gen] direto(ta) **-2.** [derecho] reto(ta).
➤ **directo** ◇ *m* trem *m* direto. ◇ *adv* direto.

➡ **directa** f quinta marcha f; **poner** o **meter la directa** AUTOM pôr a quinta marcha; fig propor-se a fazer algo.

➡ **en directo** loc adv ao vivo.

director, ra m, f-**1.** [gen] diretor m, -ra f; ~ **de cine** diretor de cinema; ~ **técnico** DEP técnico m, treinador m -**2.** [de orquesta] regente mf -**3.** [de persona] orientador m, -ra f.

directorio m -**1.** [lista] catálogo m; ~ **telefónico** Andes, CAm, Carib, Méx lista f telefônica -**2.** INFORM diretório m.

directriz f GEOM diretriz f.

➡ **directrices** fpl diretrizes fpl.

diría etc ▷ **decir**.

dirigente mf dirigente mf.

dirigir vt -**1.** [gen] dirigir -**2.** [orquesta] reger -**3.** [cosa a determinado fin]: ~ **a** o **hacia** direcionar a.

➡ **dirigirse** vpr -**1.** [a sitio]: ~ **se a** o **hacia** dirigir-se a -**2.** [con palabras]: ~ **se a** dirigir-se a.

dirimir vt dirimir.

discar vt Andes, RP discar.

discernir vt discernir.

disciplina f disciplina f.

discípulo, la m, f discípulo m, -la f.

disc-jockey (pl disc-jockeys) m, f disc-jóquei mf.

disco m -**1.** [gen] disco m; ~ **compacto** CD m; ~ **duro** disco duro; ~ **flexible** disco flexível; ~ **de larga duración** long-play m -**2.** [semáforo] sinal m.

discografía f discografia f.

díscolo, la adj rebelde.

disconforme adj desconforme.

disconformidad f desconformidade f.

discontinuo, nua adj descontínuo(nua).

discordante adj discordante.

discordia f discórdia f.

discoteca f discoteca f.

discreción f discrição f.

➡ **a discreción** loc adv à vontade.

discrepancia f discrepância f.

discrepar vi: ~ **(de)** discrepar (de).

discreto, ta adj discreto(ta).

discriminación f discriminação f.

discriminar vt discriminar.

disculpa f desculpa f; **pedir** ~ **s** pedir desculpas.

disculpar vt desculpar.

➡ **disculparse** vpr: ~ **se (de** o **por algo)** desculpar-se (de o por algo).

discurrir vi -**1.** [gen] correr -**2.** [en mente] refletir.

discurso m discurso m.

discusión f discussão f.

discutible adj discutível.

discutir ◇ vi discutir. ◇ vt discutir.

disecar vt dissecar.

disección f dissecação f.

diseminar vt disseminar.

disentir vi dissentir; ~ **de alguien/algo** dissentir de alguém/algo.

diseñar vt -**1.** [figura, estrategia] desenhar -**2.** [edificio, mueble] projetar.

diseño m -**1.** [gen] desenho m; ~ **asistido por ordenador** design m computadorizado; ~ **gráfico** design m gráfico -**2.** [arte] design m.

disertación f dissertação f.

disfraz m disfarce m; **baile de** ~ **es** baile m à fantasia; ~ **de Pinocho** fantasia f de Pinocho.

disfrazar vt: ~ **a alguien de** disfarçar o fantasiar alguém de.

➡ **disfrazarse** vpr: ~ **se** disfarçar-se; **se disfrazó de Tarzán** fantasiou-se de Tarzan.

disfrutar ◇ vi -**1.** [sentir placer] desfrutar de -**2.** [disponer de algo]: ~ **de** desfrutar de. ◇ vt desfrutar.

disgregar vt dispersar.

➡ **disgregarse** vpr desagregar-se.

disgustar vt desgostar.

➡ **disgustarse** vpr desgostar-se.

disgusto m desgosto m; **a** ~ a contragosto; **dar un** ~ dar um desgosto; **llevarse un** ~ ter um desgosto.

disidente ◇ adj dissidente. ◇ mf dissidente mf.

disimular ◇ vt dissimular. ◇ vi dissimular.

disimulo m dissimulação f.

disipar vt dissipar.

➡ **disiparse** vpr [desaparecer] dissipar-se.

diskette = disquete.

dislate m disparate m.

dislexia m dislexia f.

dislocar vt deslocar.

➡ **dislocarse** vpr deslocar-se.

disminución f diminuição f.

disminuir ◇ vt diminuir. ◇ vi diminuir.

disociar vt dissociar.

disolución f dissolução f.

disolvente ◇ adj solvente. ◇ m solvente m.

disolver vt dissolver.

➡ **disolverse** vpr dissolver-se.

disparado, da adj disparado(da); **salir/entrar** ~ sair/entrar disparado.

disparar ◇ vt disparar. ◇ vi disparar.

➡ **dispararse** vpr -**1.** [gen] disparar -**2.** [persona enfadada] perder o controle.

disparatado, da adj disparatado(da).

disparate m disparate m.

disparidad 106

disparidad *f* disparidade *f.*
disparo *m* -**1.** [con arma] disparo *m* -**2.** [de pelota] arremesso *m.*
dispendio *m* dispêndio *m.*
dispensar *vt* -**1.** desculpar -**2.** [eximir]: ~ a alguien de dispensar alguém de.
dispensario *m* dispensário *m.*
dispersar *vt* -**1.** [cosas] espalhar -**2.** [personas] dispersar.
◆ **dispersarse** *vpr* dispersar-se.
dispersión *f* dispersão *f.*
disperso, sa *adj* disperso(sa).
displicencia *f* displicência *f.*
disponer ◇ *vt* dispor. ◇ *vi*: ~ de dispor de.
◆ **disponerse** *vpr*: ~se a dispor-se a.
disponibilidad *f* disponibilidade *f.*
disponible *adj* disponível.
disposición *f* disposição *f*; estar o hallarse en ~ de hacer algo estar/encontrar-se com disposição de fazer algo; a ~ de à disposição de.
dispositivo *m* dispositivo *m*; ~ intrauterino dispositivo intra-uterino.
dispuesto, ta ◇ *pp irreg* ▷ disponer. ◇ *adj* disposto(ta); estar ~ a algo/hacer algo estar disposto a algo/fazer algo.
disputa *f* disputa *f.*
disputar *vt* disputar.
disquete, diskette *m INFORM* disquete *m.*
disquetera *f INFORM* drive *m.*
disquisición *f* disquisição *f.*
distancia *f* distância *f*; a ~ a distância; de larga ~ de longa distância.
distanciar *vt* distanciar.
◆ **distanciarse** *vpr*: ~se (de) distanciar-se (de).
distante *adj* distante.
distar *vi* -**1.** [lugar] distar -**2.** *fig* [persona]: ~ de estar longe de.
diste *etc* ▷ dar.
distender *vt* distender.
distendido, da *adj* [informal] relaxado(da).
distinción *f* distinção *f.*
distinguido, da *adj* -**1.** [destacado] de renome -**2.** [elegante] distinto(ta).
distinguir *vt* distinguir.
◆ **distinguirse** *vpr* distinguir-se.
distintivo, va *adj* distintivo(va).
◆ **distintivo** *m* distintivo *m.*
distinto, ta *adj* [diferente] distinto(ta).
◆ **distintos, tas** *adj pl* [varios] vários(as).
distorsión *f* -**1.** [de cuerpo] torção *f* -**2.** [de palabras, ideas] distorção *f.*
distracción *f* distração *f.*
distraer *vt* distrair.
◆ **distraerse** *vpr* distrair-se.
distraído, da *adj* divertido(da).

distribución *f* distribuição *f.*
distribuidor, ra *m, f* [persona] distribuidor(ra).
◆ **distribuidor** *m* distribuidor *m.*
◆ **distribuidora** *f* distribuidora *f.*
distribuir *vt* -**1.** [gen] distribuir -**2.** [en comercio] comercializar.
distributivo, va *adj* distributivo(va).
distrito *m* distrito *m*; ~ postal código de endereçamento postal.
disturbio *m* distúrbio *m.*
disuadir *vt*: ~ a alguien de algo/hacer algo dissuadir alguém de algo/fazer algo.
disuasión *f* dissuasão *f.*
disuasivo, va *adj* dissuasivo(va).
disuelto, ta *pp irreg* ▷ disolver.
DIU (*abrev de* **dispositivo intrauterino**) *m* DIU *m.*
diurético, ca *adj* diurético(ca).
◆ **diurético** *m FARM* diurético *m.*
diurno, na *adj* diurno(na).
divagar *vi* divagar.
diván *m* [asiento] divã *m.*
divergencia *f* divergência *f.*
divergir *vi* divergir.
diversidad *f* diversidade *f.*
diversificar *vt* diversificar.
◆ **diversificarse** *vpr* diversificar-se.
diversión *f* diversão *f.*
diverso, sa *adj* diverso(sa).
◆ **diversos, sas** *adj pl* diversos(sas).
divertido, da *adj* divertido(da).
divertir *vt* divertir.
◆ **divertirse** *vpr* divertir-se.
dividendo *m* dividendo *m.*
dividir *vt* dividir.
divinidad *f* divindade *f.*
divino, na *adj* divino(na).
divisa *f* (*gen pl*) divisa *f.*
divisar *vt* divisar.
división *f* divisão *f.*
divisor *m* divisor *m.*
divisorio, ria *adj* divisório(ria).
divo, va *m, f* diva *f.*
divorciado, da ◇ *adj* divorciado(da). ◇ *m, f* divorciado *m*, -da *f.*
divorciar *vt* divorciar.
◆ **divorciarse** *vpr* divorciar-se.
divorcio *m* divórcio *m.*
divulgar *vt* [difundir] divulgar.
dm (*abrev de* **decímetro**) dm.
DNA (*abrev de* **ácido desoxirribonucleico**) *m* DNA *m.*
DNI (*abrev de* **documento nacional de identidad**) *m* documento nacional de identidade espanhol.
Dña. (*abrev de* **Doña**) = Dª.
do *m* dó *m.*

doberman (*pl* dobermans) *m* dobermann *m*.
dobladillo *m* bainha *f*.
doblado, da *adj* **-1**. [ropa, papel] dobrado(da) **-2**. [película] dublado(da).
doblaje *m* dublagem *f*.
doblar ◇ *vt* **-1**. [gen] dobrar **-2**. [película, actor] dublar. ◇ *vi* dobrar.
◆ **doblarse** *vpr* dobrar-se.
doble ◇ *adj* **-1**. [mayor cantidad] dobro **-2**. [repetido] duplo(pla); ~ **clic** *INFORM* clique *m* duplo. ◇ *mf* **-1**. [iguales] sósia *mf* **-2**. [en cine] dublê *mf*. ◇ *m* **-1**. [cantidad] dobro *m* **-2**. [copia] cópia *f*. ◇ *adv* em dobro.
◆ **dobles** *mpl* duplas *fpl*.
doblegar *vt* dobrar.
◆ **doblegarse** *vpr* dobrar-se.
doblez ◇ *m* [en ropa, papel] dobra *f*. ◇ *m o f* [hipocresía] falsidade *f*.
doce ◇ *núm* doze. ◇ *m* doze *m*. ◇ *fpl* doze *m*; *ver también* **seis**.
docena *f* dúzia *f*.
docencia *f* [enseñanza] docência *f*.
docente ◇ *adj* docente. ◇ *mf* docente *mf*.
dócil *adj* dócil.
docto, ta *adj* douto(ta).
doctor, ra *m, f* doutor *m*, -ra *f*; ~ **en** [universitario] doutor em.
doctorarse *vpr*: ~ **(en)** doutorar-se (em).
doctrina *f* doutrina *f*.
documentación *f* documentação *f*.
documentado, da *adj* documentado(da).
documental ◇ *adj* documental. ◇ *m* documentário *m*.
documentar *vt* **-1**. [aportar documentos] documentar **-2**. [informar] informar.
◆ **documentarse** *vpr* [informarse] documentar-se.
documento *m* [papeles] documento *m*; ~ **nacional de identidad** carteira *f* de identidade.
dogma *m* dogma *m*.
dogmático, ca *adj* dogmático(ca).
dogo *m* cão *m* dinamarquês.
dólar *m* dólar *m*.
dolby® *m inv* Dolby® *m inv*.
dolencia *f* doença *f*.
doler *vi* doer.
◆ **dolerse** *vpr* [lamentarse] doer-se.
dolido, da *adj* doído(da).
dolmen *m* dólmen *m*.
dolor *m* dor *f*; **tener** ~ **de** ter dor de.
dolorido, da *adj* dolorido(da).
doloroso, sa *adj* doloroso(sa).
domador, ra *m, f* domador *m*, -ra *f*.
domar *vt* domar.
domesticar *vt* domesticar.
doméstico, ca *adj* doméstico(ca).

domiciliación *f* domicílio *m*; ~ **bancaria** domicílio bancário.
domiciliar *vt Esp* [pago] colocar em débito automático.
◆ **domiciliarse** *vpr* [establecerse] domiciliar-se.
domicilio *m* domicílio *m*; **a** ~ em domicílio; ~ **social** sede social.
dominante ◇ *adj* dominante. ◇ *f* tendência *f*.
dominar *vt* dominar.
◆ **dominarse** *vpr* [controlarse] dominar-se.
domingo *m* domingo; *ver también* **sábado**.
dominguero, ra *m, f fam* domingueiro *m*, -ra *f*.
dominical ◇ *adj* dominical. ◇ *m* suplemento *m* dominical.
dominico, ca ◇ *adj* dominicano(na). ◇ *m, f* dominicano *m*, -na *f*.
dominio *m* domínio *m*.
◆ **dominios** *mpl* domínios *mpl*.
dominó *m* dominó *m*.
domótica *f* domótica *f*.
don *m* **-1**. [tratamiento] Dom *m*; ~ **nadie** *fig* joão-ninguém **-2**. [cualidad] dom *m*; **-3**. [regalo] desejo *m*.
donaire *m* [gracia] graça *f*.
donante *mf* doador *m*, -ra *f*.
donar *vt* doar.
donativo *m* donativo *m*.
doncella *f* **-1**. *LITER* donzela *f* **-2**. [criada] empregada *f*.
donde ◇ *adv* onde; **el bolso está** ~ **lo dejaste** a bolsa está onde você a deixou; **de** *o* **desde** ~ de onde; **por** ~ por onde. ◇ *pron* onde; **esta es la casa** ~ **nací** esta é a casa onde nasci; **de** *o* **desde** ~ de onde; **por** ~ por onde.
dónde *adv* [en interrogación] onde; **no sé** ~ **se habrá metido** não sei onde haverá se metido; **de** ~ de onde?; **hacia** ~ para onde; **por** ~ por onde?
dondequiera ◆ **dondequiera que** *adv* aonde quer que.
doña *f* dona *f*.
dopado, da *adj* dopado(da).
dopaje, doping doping *m*.
dopar *vt* dopar.
◆ **doparse** *vpr* dopar-se.
doping *m* = **dopaje**.
doquier ◆ **por doquier** *loc adv* por toda parte.
dorado, da *adj* dourado(da).
◆ **dorado** *m* dourado *m*.
◆ **dorada** *f* dourada *f*.
dorar *vt* dourar.
◆ **dorarse** *vpr* **-1**. [tomar color dorado] dourar-se **-2**. [alimentos] dourar.

dormilón, lona ◇ *adj fam* dorminhoco(ca). ◇ *m, f fam* dorminhoco *m*, -ca *f*.

dormir ◇ *vt* dormir. ◇ *vi* [descansar] dormir.

➡ **dormirse** *vpr* dormir; ~**se en los laureles** *loc* dormir sobre os louros.

dormitar *vi* dormitar.

dormitorio *m* dormitório *m*.

dorsal ◇ *adj* dorsal. ◇ *m* número *m* de identificação. ◇ *f* dorsal *m*.

dorso *m* -**1.** [revés] verso *m* -**2.** [espalda] dorso *m*.

dos ◇ *núm* dois. ◇ *m* -**1.** dois *m* -**2.** *loc:* **cada** ~ **por tres** volta e meia. ◇ *fpl* duas *fpl*; *ver también* **seis.**

doscientos, tas *núm* -**1.** [para contar] duzentos(tas) -**2.** [para ordenar] duzentos.

➡ **doscientos** *m* duzentos *m*; *ver también* **seis.**

dosel *m* dossel *m*.

dosificar *vt* dosar.

dosis *f inv* dose *f*.

dossier *m inv* [historial, expediente] dossiê *m*.

dotación *f* -**1.** [de cosas] dotação *f* -**2.** [tripulación] tripulação *f*.

dotado, da *adj* dotado(da).

dotar *vt* dotar.

dote *m o f* dote *m*.

➡ **dotes** *fpl* dotes *mpl*.

doy *etc* ▷ **dar.**

dpto. (*abrev de* departamento) depto.

Dr. (*abrev de* doctor) Dr.

Dra. (*abrev de* doctora) Dra.

DRAE (*abrev de* Diccionario de la Real Academia Española*) *m* Dicionário da Real Academia Espanhola.

dragar *vt* dragar.

dragón *m* [animal fantástico] dragão *m*.

drama *m* drama *m*; **hacer un** ~ fazer um drama; **hacer un** ~ **de algo** fazer um drama de algo.

dramático, ca *adj* dramático(ca).

dramatizar *vt* dramatizar.

dramaturgo, ga *m, f* dramaturgo *m*, -ga *f*.

dramón *m fam* dramalhão *m*.

drástico, ca *adj* drástico(ca).

drenar *vt* drenar.

driblar *vt* DEP driblar.

drive *m* DEP drive *m*.

droga *f* droga *f*; ~ **blanda** droga leve; ~ **dura** droga pesada.

drogadicto, ta ◇ *adj* toxicômano(na). ◇ *m, f* toxicômano *m*, -na *f*.

drogar *vt* drogar.

➡ **drogarse** *vpr* drogar-se.

droguería *f* drogaria *f*.

dromedario *m* dromedário *m*.

drugstore (*pl* drugstores) *m* drugstore *m*.

dto. (*abrev de* descuento) desc.

Dtor. (*abrev de* director) Dir.

Dtora. (*abrev de* directora) Dir.

dual *adj* dual.

dualidad *f* dualidade *f*.

Dublín *n* Dublin.

ducado *m* ducado *m*.

ducha *f* ducha *f*; **tomar** *o* **darse una** ~ tomar uma ducha.

duchar *vt* duchar.

➡ **ducharse** *vpr* tomar uma ducha.

dúctil *adj* dúctil.

duda *f* dúvida *f*; **no caber** ~ não haver dúvida; **poner algo en** ~ pôr algo em dúvida; **salir de** ~**s** tirar a dúvida; **sin** ~ sem dúvida.

dudar ◇ *vi* -**1.** [desconfiar]: ~ **de** duvidar de -**2.** [vacilar] hesitar. ◇ *vt* duvidar.

dudoso, sa *adj* -**1.** [improbable] duvidoso(sa) -**2.** [vacilante] hesitante.

duelo *m* -**1.** [dolor] luto *m* -**2.** [combate] duelo *m*.

duende *m* -**1.** [personaje] duende *m* -**2.** *fig* [encanto] encanto *m*.

dueño, ña *m, f* dono *m*, -na *f*.

Duero *n:* **el** ~ O Douro.

dueto *m* MÚS dueto *m*.

dulce ◇ *adj* doce. ◇ *m* doce *m*.

➡ **dulces** *mpl* doces *mpl*.

dulcificar *vt* adoçar.

dulzura *f* doçura *f*.

duna *f* duna *f*.

dúo *m* -**1.** MÚS [composición] dueto *m* -**2.** [personas] dupla *f*; **a** ~ em dupla.

duodécimo, ma *núm* duodécimo.

duodeno *m* ANAT duodeno *m*.

dúplex, duplex *m* [piso] dúplex *m*.

duplicado, da *adj* [repetido] duplicado(da).

➡ **duplicado** *m* cópia *f*; **por** ~ em duas vias.

duplicar *vt* -**1.** [cantidad] duplicar -**2.** [documento] fazer cópia.

➡ **duplicarse** *vpr* duplicar.

duplo, pla *adj* duplo(pla).

➡ **duplo** *m* dobro *m*.

duque, sa *m, f* [título nobiliario] duque *m*, -sa *f*.

duración *f* duração *f*.

duradero, ra *adj* duradouro(ra).

duralex® *m* duralex® *m*.

durante *prep* durante.

durar *vi* durar.

durazno *m* Amér pêssego *m*.

dúrex *m* Méx fita *f* adesiva.

dureza *f* -**1.** [rigidez] severidade *f* -**2.** [callosidad] calosidade *f*.

duro, ra *adj* duro(ra); **ser** ~ **de pelar** ser duro de roer.

duro ◇ *m* **-1.** [moneda] duro *m* **-2.** [persona] durão *m.* ◇ *adv* duro.
DVD (*abrev de* Digital Video *o* Versátil Disc) *m* DVD *m.*

e, E *f* [letra] e, E *m.*

> Quando a palavra que acompanha a conjunção *y* começa pelo som *i*, nós a substituímos por **e**: (*Gustavo e Inés pasaron a sexto grado con excelentes notas*. Gustavo e Inés passaram para a sexta série com notas excelentes. *Padre e hijo hablaron con la maestra*. O pai e o filho falaram com a professora.)

ebanista *mf* marceneiro *m,* -ra *f.*
ebanistería *f* marcenaria *f.*
ébano *m* ébano *m.*
ebrio, bria *adj* ébrio(bria).
Ebro *n*: el ~ o Ebro.
ebullición *f* ebulição *f.*
eccema *m* eczema *m.*
echar ◇ *vt* **-1.** [a lo lejos] jogar **- 2.** [alimentos] pôr **- 3.** [acostar] deitar **- 4.** [humo, vapor, chispas] soltar **- 5.** [expulsar] expulsar **- 6.** [llave, pestillo] passar **-7.** *fam* [condena] dar **- 8.** *fam* [adivinar] dar **- 9.** *fam* [en televisión, cine] exibir **-10.** *loc*: ~ **abajo** [derrumbar] pôr abaixo; ~ **de menos** [añorar] sentir saudade de. ◇ *vi* **-1.** [por lugar] seguir **- 2.** : ~ **a hacer algo** [empezar a] começar a fazer algo.
echarse *vpr* **-1.** [lanzarse]: ~se a jogar-se em **- 2.** [acostarse] deitar-se **- 3.** : ~se **a hacer algo** [empezar a] pôr-se a fazer algo.
echarpe *m* echarpe *f.*
eclesiástico, ca *adj* eclesiástico(ca).
eclesiástico *m* eclesiástico *m.*
eclipsar *vt* eclipsar.
eclipse *m* eclipse *m.*
eco *m* eco *m*; ~**s de sociedad** coluna social; **hacerse** ~ **de** fazer-se eco de.
ecografía *f* ecografia *f.*
ecología *f* ecologia *f.*
ecológico, ca *adj* ecológico(ca).
ecologista ◇ *adj* ecologista. ◇ *mf* ecologista *mf.*
economato *m supermercado sem fins lucrativos para empregados de uma empresa.*
economía *f* economia *f*; ~ **sumergida** economia informal.

económico, ca *adj* **-1.** [gen] econômico(ca) **- 2.** [barato] barato(ta).
economista *mf* economista *mf.*
economizar *vt* economizar.
ecotasa *f* ecotaxa *f.*
ecosistema *m* ecossistema *m.*
ecoturismo *m* ecoturismo *m.*
ecoturista *mf* ecoturista *mf.*
ecuación *f* MAT equação *f.*
ecuador *m* [de tierra] equador *m.*
Ecuador *n* Equador.
ecualizador *m* equalizador *m.*
ecuánime *adj* equânime.
ecuatoriano, na ◇ *adj* equatoriano(na). ◇ *m, f* equatoriano *m,* -na *f.*
ecuestre *adj* eqüestre.
eczema *m* eczema *m.*
edad *f* idade *f*; ~ **escolar** idade escolar; **Edad Media** Idade Média; ~ **del pavo** idade da bobeira; **tercera** ~ terceira idade.
edecán *m Méx* assistente *mf.*
edelweiss *m inv* edelvais *f.*
edén *m* éden *m.*
edición *f* edição *f*; ~ **de bolsillo** edição de bolso; ~ **electrónica** edição eletrônica.
edicto *m* édito *m.*
edificante *adj* edificante.
edificar *vt* edificar.
edificio *m* edifício *m.*
edil *m* vereador *m,* -ra *f.*
editar *vt* editar.
editor, ra ◇ *adj* editor(ra). ◇ *m, f* editor *m,* -ra *f.*
editor *m* INFORM editor *m*; ~ **de textos** editor de textos.
editorial ◇ *adj* editorial. ◇ *m* editorial *m.* ◇ *f* editora *f.*
Edo. (*abrev de* estado) *Méx, Ven* Est.
edredón *m* edredom *m.*
educación *f* educação *f*; ~ **física** educação física; **buena/mala** ~ boa/má educação.
educado, da *adj* educado(da).
educador, ra *m, f* educador *m,* -ra *f.*
educar *vt* **-1.** [gen] educar **- 2.** [adiestrar] treinar.
edulcorante ◇ *adj* adoçante. ◇ *m* adoçante *m.*
edulcorar *vt* adoçar.
efectivamente *adv* efetivamente.
efectividad *f* efetividade *f.*
efectivo, va *adj* efetivo(va); **hacer** ~ realizar; [pagar] pagar.
efectivo *m*; [dinero] numerário *m* **- 2.** : **en** ~ [en billetes o monedas] em espécie.
efectivos *mpl* efetivo *m.*
efecto *m* **-1.** [gen] efeito *m*; **hacer** *o* **surtir** ~

fazer *o* surtir efeito; **a** ~**s de**, **para los** ~**s de** com relação a; ~**s especiales** efeitos especiais; ~ **óptico** ilusão *f* de óptica; ~**s secundarios** efeitos secundários; ~**s sonoros** efeitos sonoros; ~**s visuales** efeitos visuais **- 2.** [documento] título *m*.
◆ **efectos** *mpl* **- 1.** [pertenencias] pertences *mpl*; ~**s personales** objetos *mpl* pessoais **- 2.** [mercancías] mercadorias *fpl*.
◆ **en efecto** *loc adv* com efeito.
efectuar *vt* efetuar.
◆ **efectuarse** *vpr* efetuar-se.
efeméride *f* efeméride *f*.
◆ **efemérides** *f pl* efemérides *fpl*.
efervescencia *f* efervescência *f*.
efervescente *adj* efervescente.
eficacia *f* eficácia *f*.
eficaz *adj* eficaz.
eficiencia *f* eficiência *f*.
eficiente *adj* eficiente.
efímero, ra *adj* efêmero(ra).
efluvio *m* eflúvio *m*.
efusión *f* efusão *f*.
efusivo, va *adj* efusivo(va).
EGB (*abrev de* **enseñanza general básica**) *f EDUC de acordo com a antiga lei de ensino, estudos de ensino elementar, obrigatório e gratuito, divididos em dois ciclos, para crianças com idades entre seis e quatorze anos.*
egipcio, cia <> *adj* egípcio(cia). <> *m, f* egípcio *m*, -cia *f*.
Egipto *n* Egito.
egocéntrico, ca <> *adj* egocêntrico(ca). <> *m, f* egocêntrico *m*, -ca *f*.
egoísmo *m* egoísmo *m*.
egoísta <> *adj* egoísta. <> *mf* egoísta *mf*.
ególatra <> *adj* egolátrico(ca). <> *mf* ególatra *mf*.
egregio, gia *adj culto* egrégio(gia).
egresado, da *m, f Amér* formado *m*, -da *f*.
egresar *vi Amér* formar-se.
eh *interj* ei!
ej. (*abrev de* **ejemplo**) ex.
eje *m* eixo *m*.
ejecución *f* execução *f*.
ejecutar *vt* executar.
ejecutivo, va <> *adj* executivo(va). <> *m, f* [de empresa] executivo *m*, -va *f*; ~ **agresivo** executivo dinâmico.
◆ **ejecutivo** *m* ⊳ **poder**.
◆ **ejecutiva** *f* [junta] executiva *f*.
ejem *interj* hum!
ejemplar <> *adj* exemplar. <> *m* exemplar *m*.
ejemplificar *vt* exemplificar.
ejemplo *m* exemplo *m*; **por** ~ por exemplo; **dar** ~ dar exemplo.

ejercer <> *vt* exercer. <> *vi* exercer; **ejerce de abogado** trabalha como advogado.
ejercicio *m* exercício *m*.
ejercitar *vt* [derecho] exercitar.
◆ **ejercitarse** *vpr* exercitar-se; ~ **se en algo** exercitar-se em algo.
ejército *m* exército *m*.
ejote *m CAm, Méx* feijão *m* verde.
el, la (*pl* **los, las**) *art* **- 1.** [con nombre] o *m*, a *f*; ~ **coche** o carro; **las niñas** as meninas; ~ **agua**, ~ **hacha**, ~ **águila** a água, o machado, a águia; ~ **amor** o amor; **la vida** a vida; **los celos** os ciúmes **- 2.** [indica posesión] o *m*, a *f*; **se rompió la pierna** quebrou a perna; **tiene** ~ **pelo oscuro** tem o cabelo escuro **- 3.** [con los días de la semana] no *m*, na *f*; **vuelven** ~ **sábado** voltam no sábado **- 4.** [antes de adj] o *m*, a *f* **- 5.** *loc*: ~ **de** o de; **he perdido** ~ **tren**, **cogeré** ~ **de las nueve** perdi o trem, vou tomar o das nove; **mi hermano y** ~ **de Juan** meu irmão e o de Juan; ~ **que** [persona cosa] o que; **coge la que quieras** pegue a que quiser.
él, ella (*pl* **ellos, ellas**) *pron pers* **- 1.** [sujeto, predicado] ele *m*, ela *f*; **mi hermano es** ~ meu irmão é ele; **ella es una amiga de la familia** ela é uma amiga da família; ~ **me despierta con sus ladridos** ele me acorda com seus latidos **- 2.** [complemento] ele *m*, ela *f*; **voy a ir de vacaciones con ellos** vou viajar de férias com eles **- 3.** [posesivo]: **de** ~ /**ella** dele/dela.
elaborar *vt* elaborar.
elasticidad *f* elasticidade *f*.
elástico, ca *adj* elástico(ca).
◆ **elástico** *m* elástico *m*.
◆ **elásticos** *mpl* suspensórios *mpl*.
elección *f* eleição *f*.
◆ **elecciones** *fpl* eleições *fpl*.
electo, ta *adj* eleito(ta).
elector, ra *m, f* eleitor *m*, -ra *f*.
electorado *m* eleitorado *m*.
electoral *adj* eleitoral.
electricidad *f* eletricidade *f*.
electricista <> *adj* eletricista. <> *mf* eletricista *mf*.
eléctrico, ca *adj* elétrico(ca).
electrificar *vt* eletrificar.
electrizar *vt* eletrizar.
electrocución *f* eletrocussão *f*.
electrocutar *vt* eletrocutar.
◆ **electrocutarse** *vpr* morrer eletrocutado(da).
electrodo *m* eletrodo *m*.
electrodoméstico *m* eletrodoméstico *m*.
electrógeno, na <> *adj* eletrógeno(na). <> *m* eletrógeno *m*.

electromagnético, ca *adj* eletromagnético(ca).
electrón *m* elétron *m*.
electrónico, ca *adj* eletrônico(ca).
➡ **electrónica** *f* eletrônica *f*.
elefante, ta *m*, *f* elefante *m*, -ta *f*.
➡ **elefante marino** *m* elefante-marinho *m*.
elegancia *f* elegância *f*.
elegante *adj* elegante.
elegía *f* elegia *f*.
elegir *vt* eleger.
elemental *adj* elementar.
elemento *m* elemento *m*.
➡ **elementos** *mpl* elementos *mpl*.
elenco *m* elenco *m*.
elepé *m* elepê *m*.
elevación *f* elevação *f*.
elevado, da *adj* elevado(da).
elevador, ra *adj* elevador(ra).
➡ **elevador** *m* **- 1.** [montacargas] montacargas *mpl* **- 2. Méx** [ascensor] elevador *m*.
elevalunas *m inv* comando *m* de acionamento dos vidros.
elevar *vt* elevar.
➡ **elevarse** *vpr* elevar-se; ~**se a** elevar-se a.
elidir *vt* elidir.
eliminar *vt* eliminar.
elipse *f* GEOM elipse *f*.
élite, elite *f* elite *f*.
elitista <> *adj* elitista. <> *mf* elitista *mf*.
elixir, elíxir *m* elixir *m*.
ella ▷ él.
ellas ▷ ellos.
ello *pron neutro* isso; **no quiero hablar de** ~ não quero falar disso.
ellos, ellas *pron pl* eles(las); **de** ~ **/ellas** [posesivo] deles/delas.
elocuencia *f* eloqüência *f*.
elocuente *adj* eloqüente.
elogiar *vt* elogiar.
elogio *m* elogio *m*.
elote *m* CAm, Méx espiga *f* de milho.
El Salvador *n* El Salvador.
elucidar *vt* elucidar.
elucubración *f* lucubração *f*.
elucubrar *vt* lucubrar.
eludir *vt* eludir.
e-mail *m* e-mail *m*; **enviar un** ~ enviar um e-mail; **recibir un** ~ receber um e-mail.
emanar *vi:* ~ **de** emanar de.
emancipación *f* emancipação *f*.
emancipar *vt* emancipar.
➡ **emanciparse** *vpr* emancipar-se.
embadurnar *vt* lambuzar; ~ **de algo** lambuzar de algo.
➡ **embadurnarse** *vpr* besuntar-se; ~**se**

de algo besuntar-se de algo.
embajada *f* embaixada *f*.
embajador, ra *m*, *f* embaixador *m*, -ra *f*.
embalaje *m* embalagem *f*.
embalar *vt* embalar.
➡ **embalarse** *vpr* embalar-se.
embalsamar *vt* embalsamar.
embalsar *vt* represar.
➡ **embalsarse** *vpr* estagnar-se.
embalse *m* [presa] represa *f*.
embarazada <> *adj (sólo con sust femeninos)* grávida; **dejar** ~ **a alguien** engravidar alguém; **estar** ~ **de** estar grávida de; **quedarse** ~ ficar grávida. <> *f* grávida *f*.
embarazar *vt* **- 1.** [mujer] engravidar **- 2.** [impedir, molestar] incomodar.
➡ **embarazarse** *vpr* **Amér** engravidar-se.
embarazo *m* gravidez *f*.
embarazoso, sa *adj* embaraçoso(sa).
embarcación *f* [nave] embarcação *f*.
embarcadero *m* embarcadouro *m*.
embarcar <> *vt* **- 1.** [para viajar] embarcar **- 2.** [hacer intervenir]: ~ **a alguien en algo** embarcar alguém em algo. <> *vi* embarcar.
➡ **embarcarse** *vpr* **- 1.** [para viajar] embarcar **- 2.** [intervenir]: ~**se en algo** embarcar-se em algo.
embargar *vt* embargar.
embargo *m* embargo *m*.
embarque *m* embarque *m*.
embarrancar *vi* encalhar.
➡ **embarrancarse** *vpr* encalhar.
embarullar *vt* **fam** embaralhar.
➡ **embarullarse** *vpr* embaralhar-se.
embate *m* **- 1.** [de persona] acesso *m* **- 2.** [de fuerzas de la naturaleza] embate *m*.
embaucar *vt* tapear.
embeber *vt* embeber.
➡ **embeberse** *vpr* **- 1.** [ensimismarse] absorver-se **- 2.** [en materia] embeber-se.
embelesar *vt* extasiar.
➡ **embelesarse** *vpr* extasiar-se.
embellecedor *m* calota *f*.
embellecer *vt* embelezar.
embestida *f* investida *f*.
embestir *vt* investir.
emblema *m* emblema *m*.
emblemático, ca *adj* emblemático(ca).
embobar *vt* pasmar.
➡ **embobarse** *vpr* pasmar-se.
embocadura *f* embocadura *f*.
embolado *m* **fam** **- 1.** [mentira, engaño] embuste *m* **- 2.** [lío, follón] enrascada *f*; **meterse en um** ~ meter-se em uma enrascada.
embolia *f* MED embolia *f*.
émbolo *m* êmbolo *m*.
embolsar *vt* [poner en bolsas] empacotar.

embolsarse *vpr* [ganarse, cobrar] embolsar.

embonar *vt Andes, Cuba, Méx fam* **-1.** [ajustar] ajustar **-2.** [abonar] adubar **-3.** [ensamblar] juntar.

emborrachar *vt* embriagar.

emborracharse *vpr* embriagar-se.

emborronar *vt* **-1.** [hacer borrones] borrar **-2.** [escribir de prisa] garatujar.

emboscada *f* emboscada *f*; **tender una ~ a alguien** preparar uma emboscada.

embotar *vt* embotar.

embotellado, da *adj* engarrafado(da).

embotellado *m* engarrafamento *m*.

embotellamiento *m* engarrafamento *m*.

embotellar *vt* engarrafar.

embozar *vt* [conducto] obstruir.

embozarse *vpr* **-1.** [conducto] obstruir-se **-2.** [encubrirse, disfrazarse] embuçar-se.

embragar *vi* embrear.

embrague *m* embreagem *f*.

embriagar *vt* embriagar.

embriagarse *vpr* embriagar-se.

embriaguez *f* embriaguez *f*.

embrión *m* embrião *m*.

embrollar *vt* embrulhar.

embrollarse *vpr* embrulhar-se.

embrollo *m* embrulhada *f*.

embromar *vt Andes, Carib, RP* **-1.** [fastidiar] irritar **-2.** [estropear - máquina, objeto] quebrar; [- fiesta, vacaciones] estragar.

embrujar *vt* enfeitiçar.

embrujo *m* feitiço *m*.

embrutecer *vt* embrutecer.

embrutecerse *vpr* embrutecer-se.

embuchado, da *adj* embutido(da).

embuchar *vt* **-1.** *fam* [comer] embuchar **-2.** *Esp* [embutir] embutir.

embudo *m* funil *m*.

embuste *m* embuste *m*.

embustero, ra <> *adj* embusteiro(ra). <> *m, f* embusteiro *m*, -ra *f*.

embutido *m* [comida] embutido *m*.

embutir *vt* **-1.** [rellenar con carne] rechear **-2.** *fig* [introducir] introduzir.

emergencia *f* emergência *f*.

emerger *vi* emergir.

emigración *f* **-1.** [de aves] migração *f* **-2.** [de personas] emigração *f*.

emigrante *mf* emigrante *mf*.

emigrar *vi* **-1.** [ave] migrar **-2.** [persona] emigrar.

eminencia *f* [persona] eminência *f*.

Eminencia *f*: **Su ~** Sua Eminência.

eminente *adj* eminente.

emir *m* emir *m*.

emirato *m* emirado *m*.

Emiratos Árabes Unidos *npl*: **los ~** os

Emirados Árabes Unidos.

emisario, ria *m, f* emissário *m*, -ria *f*.

emisión *f* emissão *f*.

emitir <> *vt* emitir. <> *vi* emitir.

emoción *f* emoção *f*.

emocionante *adj* emocionante.

emocionar *vt* emocionar.

emocionarse *vpr* emocionar-se.

emotivo, va *adj* **-1.** [acción] comovente **-2.** [persona] emotivo(va).

empacar *vi Amér* empacotar.

empachar *vt* empachar.

empacharse *vpr* empachar-se.

empacho *m* empacho *m*.

empadronar *vt* recensear.

empadronarse *vpr* recensear.

empalagar *vt* enjoar.

empalagarse *vpr* enfastiar-se.

empalagoso, sa *adj* enjoativo(va).

empalizada *f* paliçada *f*.

empalmar <> *vt* **-1.** [unir] acoplar **-2.** [enlazar] encadear. <> *vi* **-1.** [medios de transporte] conectar-se **-2.** [sucederse] encadear-se.

empalme *m* **-1.** [acción] acoplamento *m* **-2.** [punto de unión] encaixe *m* **-3.** [carretera] entroncamento *m*.

empanada *f* CULIN empanada *f*; **~ gallega** empanada galega; **~ mental** *fam* confusão *f* mental.

empanadilla *f* pastel *m*.

empanar *vt* CULIN empanar.

empantanar *vt* empantanar.

empantanarse *vpr* empantanar-se.

empañar *vt* **-1.** [cristal] embaçar **-2.** [reputación] embaciar.

empañarse *vpr* embaçar-se.

empapar *vt* encharcar.

empaparse *vpr* encharcar-se.

empapelar *vt* **-1.** [pared, casa] empapelar **-2.** *fam* [persona] processar.

empaque *m Méx* [en paquetes, bolsas, cajas] empacotamento *m*; [en latas] enlatamento *m*; [en botellas] engarrafamento *m*.

empaquetar *vt* empacotar.

emparedado, da *adj* emparedado(da).

emparedado *m* sanduíche com pão de forma.

emparedar *vt* emparedar.

emparejar *vt* emparelhar.

emparejarse *vpr* acasalar.

emparentar *vi* aparentar.

emparrar *vt* enramar.

empastar *vt* obturar.

empaste *m* obturação *f*.

empatar *vi* empatar; **~ a** empatar em.

empate *m* [igualdad] empate *m*; **un ~ a cero** um empate de zero a zero.

empecinarse *vpr* obstinar-se; **~ en hacer**

algo obstinar-se em fazer algo.
empedernido, da *adj* empedernido(da).
empedrado *m* calçamento *m*.
empedrar *vt* pavimentar.
empeine *m* - **1.** ANAT peito *m* do pé - **2.** [de zapato] gáspea *f*.
empeñado, da *adj* empenhado(da).
empeñar *vt* empenhar.
➠ **empeñarse** *vpr* - **1.** [obstinarse] insistir; ~ se en hacer algo insistir em fazer algo - **2.** [endeudarse] endividar-se.
empeño *m* - **1.** [de objeto] penhor *m* - **2.** [obstinación] empenho *m*; **morir en el** ~ dar sua vida por algo.
empeorar *vi* piorar.
empequeñecer *vt* minimizar.
emperador, ratriz *m*, *f* [persona] imperador *m*, -ratriz *f*.
➠ **emperador** *m* [pez] espadarte *m*.
emperifollar *vt fam* emperiquitar.
➠ **emperifollarse** *vpr fam* emperiquitar-se.
emperrarse *vpr fam* obstinar-se; ~ en hacer algo teimar em fazer algo.
empezar ◇ *vt* começar. ◇ *vi* começar; ~ a hacer algo começar a fazer algo; ~ por hacer algo começar por fazer algo; **para** ~ para começar.
empinado, da *adj* [en pendiente] inclinado(da).
empinar *vt* - **1.** [inclinar] inclinar - **2.** [levantar] empinar - **3.** *loc:* ~ **el codo** *fam* encher a cara.
➠ **empinarse** *vpr* - **1.** [animal] empinar-se - **2.** [persona] colocar-se na ponta dos pés - **3.** *mfam* [miembro viril] ficar com tesão.
empírico, ca ◇ *adj* empírico(ca). ◇ *m*, *f* empirista *mf*.
emplasto *m* FARM emplastro *m*.
emplazamiento *m* - **1.** [ubicación] localização *f* - **2.** DER citação *f*.
emplazar *vt* - **1.** [situar] instalar - **2.** DER intimar.
empleado, da *m*, *f* empregado *m*, -da *f*.
emplear *vt* empregar; ~ **algo en hacer algo** empregar algo em fazer algo.
empleo *m* emprego *m*; **estar sin** ~ estar sem emprego
empobrecer *vt* empobrecer.
➠ **empobrecerse** *vpr* empobrecer-se.
empollar ◇ *vt* - **1.** [huevo] chocar - **2.** *Esp fam* [estudiar] matar-se de estudar. ◇ *vi Esp fam* queimar as pestanas.
➠ **empollarse** *vpr Esp fam* matar-se de estudar.
empollón, llona *Esp fam* ◇ *adj* cê-dê-efe. ◇ *m*, *f* cê-dê-efe *mf*.
empolvarse *vpr* empoar-se.

emporio *m* centro *m* comercial.
emporrarse *vpr fam* fumar baseado.
empotrado, da *adj* embutido(da).
empotrar *vt* embutir.
emprendedor, ra *adj* empreendedor(ra).
emprender *vt* empreender.
empresa *f* empresa *f*; ~ **libre, libre** ~ livre empresa; **pequeña y mediana** ~ **s** pequena e média empresas.
empresarial *adj* empresarial.
➠ **empresariales** *fpl* administração *f* de empresas.
empresario, ria *m*, *f* empresário *m*, -ria *f*.
empréstito *m* empréstimo *m*.
empujar *vt* - **1.** [impulsar] empurrar - **2.** [incitar]: ~ **a alguien a que haga algo** impelir alguém a que faça algo.
empuje *m* - **1.** [impulso] impulso *m* - **2.** [energía] impulso *m*.
empujón *m* - **1.** [empellón] empurrão *m*; **a empujones** a empurrões; **dar un** ~ dar um empurrão - **2.** *fig* [impulso] empurrão *m*; **dar un** ~ dar um empurrão.
empuñadura *f* empunhadura *f*, punho *m*.
empuñar *vt* empunhar.
emular *vt* [imitar] imitar.
emulsión *f* emulsão *f*.
en *prep* - **1.** [lugar en el interior] em; **viven** ~ **la capital** moram na capital - **2.** [sobre la superficie] em; ~ **el plato** no prato; ~ **la mesa** na mesa - **3.** [punto concreto] em; ~ **casa** em casa; ~ **el trabajo** no trabalho - **4.** [dirección] em; **el avión cayó** ~ **el mar** o avião caiu no mar; **entraron** ~ **la habitación** entraram no quarto - **5.** [tiempo] em; **llegará** ~ **mayo** chegará em maio; **llegará** ~ **Navidades** chegará no Natal; **nació** ~ **1940** nasceu em 1940; **nació** ~ **sábado** nasceu num sábado; ~ **un par de días** em dois dias - **6.** [medio de transporte] de; **ir** ~ **coche/tren/avión/barco** ir de carro/trem/avião/barco - **7.** [modo] em; **lo dijo** ~ **inglés** disse-o em inglês; **todo se lo gasta** ~ **ropa** ele gasta tudo em roupa; ~ **voz baja** em voz baixa - **8.** [precio] em; **las ganancias se calculan** ~ **millones** os lucros são calculados em milhões; **te lo dejo** ~ **50 euros** para você faço por 50 euros - **9.** [asunto] em; **es un experto** ~ **matemáticas** é perito em matemática; **es doctor** ~ **medicina** é doutor em medicina - **10.** [calidad] em, em termos de; **rápido** ~ **actuar** rápido ao agir; **le supera** ~ **inteligencia** supera-o em inteligência.

Os usos principais em que a preposição *en* se diferencia do português são os seguintes:

1. Para expressar tempo: (*Las clases terminan en*

diciembre y comienzan en marzo. As aulas terminam em dezembro e começam em março. *En julio tenemos las vacaciones de invierno*. Em julho, temos as férias de inverno. *Nací en 1974*. Nasci em 1974.)

Note que, quando indicamos a data concreta de algo, não utilizamos a preposição *en*: (*Se festeja el Día de la Independencia en Argentina el 9 de julio*. Festeja-se o Dia da Independência na Argentina em 9 de julho.)

2. Para referir-se a um meio de transporte: (*Prefiero viajar en barco y no en avión*. Prefiro viajar de barco e não de avião. *Voy a la escuela en ómnibus*. Vou à escola de ônibus. *Todos los fines de semana paseamos en bicicleta por el parque*. Todos os fins de semana, passeamos de bicicleta pelo parque. *Andar en tren es una solución económica*. Andar de trem é uma solução econômica.)

Note que, em espanhol, nunca se usa, neste contexto, a preposição *de* como ocorre em português.

(Ver também **As preposições** na seção *Gramática espanhola*.)

Em espanhol, não existe contração da preposição *en* com o artigo.

(Ver também **Os artigos** e **As preposições** na seção *Gramática espanhola*.)

enagua f *(gen pl)* anágua f.
enajenación f, **enajenamiento** m alienação f.
enajenar vt alienar.
enaltecer vt enaltecer.
enamoradizo, za adj namorador(ra).
enamorado, da ⟨⟩ adj apaixonado(da); **estar ~ (de)** estar apaixonado (por). ⟨⟩ m, f namorado m, -da f; **el día de los ~s** o dia dos namorados.
enamorar vt seduzir.
 ➤ **enamorarse** vpr apaixonar-se; **~se de** apaixonar-se por.
enano, na ⟨⟩ adj anão (anã). ⟨⟩ m, f anão m, anã f.
enarbolar vt arvorar.
enardecer vt inflamar.
encabezamiento m cabeçalho m.
encabezar vt encabeçar.
encabritarse vpr -1. [gen] empinar-se -2. fam [persona] irritar-se.
encadenar vt -1. [gen] acorrentar -2. [enlazar] encadear.
encajar ⟨⟩ vt -1. [cosa] encaixar -2. [palabras] proferir -3. [ataque] atacar -4. [desgracia] aceitar. ⟨⟩ vi -1. [gen] encaixar -2. [ir bien] ajustar-se.
encaje m -1. [ajuste] encaixe m -2. [tejido] renda f.
encalar vt caiar.
encallar vi encalhar.
 ➤ **encallarse** vpr fig encalhar.

encaminar vt encaminhar.
 ➤ **encaminarse** vpr: **~se a** o **hacia** encaminhar-se a o em direção a.
encandilar vt fascinar.
 ➤ **encandilarse** vpr fascinar-se.
encantado, da adj encantado(da); **~ de conocerle** encantado em conhecê-lo.
encantador, ra adj encantador(ra).
encantar vt -1. [embrujar] encantar -2. [gustar]: **~ a alguien algo/hacer algo** adorar algo/fazer algo.
encanto m -1. [atractivo] encanto m; **ser un ~** ser um encanto -2. [apelativo cariñoso] querido m, -da f.
 ➤ **encantos** mpl encantos mpl.
encañonar vt apontar.
encapotado, da adj encoberto(ta).
encapotarse vpr encobrir-se.
encapricharse vpr apaixonar-se.
encapuchado, da ⟨⟩ adj encapuzado(da). ⟨⟩ m, f encapuzado m, -da f.
encapuchar vt encapuzar.
 ➤ **encapucharse** vpr encapuzar-se.
encarado, da adj encarado(da); **bien/mal ~** bem/mal-encarado.
encaramar vt empoleirar.
 ➤ **encaramarse** vpr empoleirar-se.
encarar vt -1. [gen] confrontar -2. [hacer frente a] encarar.
 ➤ **encararse** vpr [oponer resistencia]: **~se a** o **con** confrontar-se com.
encarcelar vt encarcerar.
encarecer vt encarecer.
 ➤ **encarecerse** vpr encarecer.
encarecimiento m encarecimento m; **con ~** [con empeño] com insistência.
encargado, da ⟨⟩ adj encarregado(da). ⟨⟩ m, f encarregado m, -da f.
encargar vt -1. [poner al cargo]: **~ algo a alguien** encarregar alguém de algo; **~ a alguien que haga algo** encarregar alguém que faça algo -2. [pedir] encomendar.
 ➤ **encargarse** vpr -1. [pedir] encomendar -2. [ocuparse]: **~se de algo/hacer algo** encarregar-se de algo/fazer algo.
encargo m encomenda f; **por ~** por encomenda.
encariñarse vpr: **~ con** afeiçoar-se a o por.
encarnación f [personificación] encarnação f.
encarnado, da adj -1. [personificado] encarnado(da) -2. [rojo] encarnado(da).
 ➤ **encarnado** m encarnado m.
encarnar vt encarnar.
 ➤ **encarnarse** vpr RELIG encarnar-se.
encarnizado, da adj encarniçado(da).
encarnizarse vpr encarniçar-se.

encarrilar *vt* encarrilhar.
➤ **encarrilarse** *vpr* encaminhar-se.
encasillar *vt* classificar.
encasquetar *vt* [sombrero] encasquetar.
➤ **encasquetarse** *vpr* [sombrero] encasquetar-se.
encasquillarse *vpr* entalar-se.
encauzar *vt* canalizar.
encebollado *m* CULIN acebolado(da).
encéfalo *m* ANAT encéfalo *m*.
encender *vt* - **1.** [vela, lámpara, cigarrillo] acender - **2.** [estufa, televisor] ligar.
➤ **encenderse** *vpr* ligar.
encendido, da *adj* aceso(sa).
➤ **encendido** *m* acendimento *m*.
encerado, da *adj* encerado(da).
➤ **encerado** *m* - **1.** [acción] enceramento *m* - **2.** [para escribir] quadro-negro *m*.
encerar *vt* encerar.
encerrar *vt* encerrar.
➤ **encerrarse** *vpr* encerrar-se.
encerrona *f* [trampa] cilada *f*.
encestar *vt* DEP encestar.
enceste *m* DEP cesta *f*.
encharcar *vt* encharcar.
➤ **encharcarse** *vpr* encharcar-se.
enchastrar *vt* RP fam fazer sujeira.
enchilada *f* Méx tortilha recheada, assada com chile.
enchilarse *vpr* CAm, Méx fam - **1.** [con chile] sentir a boca arder por ter comido a pimenta chile - **2.** [enfadarse] enfezar-se.
enchinar *vt* Méx fazer permanente.
➤ **enchinarse** *vpr* fazer permanente.
enchironar *vt* fam: ~ a alguien meter alguém no xadrez.
enchufado, da Esp fam <> *adj* protegido(da). <> *m, f* protegido *m*, -da *f*.
enchufar *vt* - **1.** [aparato eléctrico] ligar na tomada - **2.** Esp fam [persona] encaixar.
enchufe *m* - **1.** [de aparato eléctrico] tomada *f* - **2.** Esp fam [de persona] apadrinhamento *m*.
encía *f* gengiva *f*.
encíclica *f* encíclica *f*.
enciclopedia *f* enciclopédia *f*.
encierro *m* - **1.** [acción] confinamento *m* - **2.** [de un toro] festa popular em que os touros são conduzidos por via pública até o local da tourada.
encima *adv* - **1.** [lugar] em cima; por ~ por cima - **2.** [además] ainda por cima - **3.** [sobre sí] consigo.
➤ **encima de** *loc prep* - **1.** [lugar] em cima de; estar ~ de alguien estar em cima de alguém - **2.** [además] além de.
➤ **por encima de** *loc prep* [de cosa - material] por cima de; [- no material] acima de.
encina *f* azinheira *f*.

encinta *adj*: **estar** ~ estar grávida.
enclaustrarse *vpr* enclaustrar-se.
enclave *m* encrave *m*.
enclenque *adj* doentio(a).
encoger <> *vt* encolher. <> *vi* encolher.
➤ **encogerse** *vpr* encolher.
encogido, da *adj* encolhido(da).
encolar *vt* colar.
encolerizar *vt* encolerizar.
➤ **encolerizarse** *vpr* encolerizar-se.
encomendar *vt* encomendar.
➤ **encomendarse** *vpr* encomendar-se.
encomiar *vt* encomiar.
encomienda *f* [encargo] encomenda *f*.
encono *m* animosidade *f*.
encontrado, da *adj* desencontrado(da).
encontrar *vt* encontrar.
➤ **encontrarse** *vpr* - **1.** [gen]: ~**se (con)** encontrar-se (com) - **2.** Amér [estar en casa] estar.
encontronazo *m* - **1.** [entre vehículos] choque *m*, batida *f* - **2.** [entre personas] encontrão *m*.
encopetado, da *adj* fig presunçoso(sa).
encorvar *vt* encurvar.
➤ **encorvarse** *vpr* encurvar-se.
encrespar *vt* encrespar.
encrucijada *f* encruzilhada *f*.
encuadernación *f* encadernação *f*; ~ **en rústica/en pasta** encadernação em brochura/capa dura.
encuadernador, ra *m, f* encadernador *m*, -ra *f*.
encuadernar *vt* encadernar.
encuadrar *vt* enquadrar.
encuadre *m* - **1.** [enfoque] enquadramento *m* - **2.** [dispositivo] controle *m* de ajuste de imagem.
encubierto, ta <> *pp irreg* ➢ encubrir. <> *adj* encoberto(ta).
encubridor, ra <> *adj* acobertador(ra). <> *m, f* acobertador *m*, -ra *f*.
encubrir *vt* acobertar, encobrir.
encuentro *m* encontro *m*.
encuesta *f* - **1.** [de opinión] pesquisa *f* de opinião - **2.** [investigación] interrogatório *m*.
encuestador, ra *m, f* pessoa que recolhe dados em pesquisa de opinião.
encuestar *vt* - **1.** [suj: agencia] fazer uma enquete com - **2.** [suj: policía] interrogar.
encumbrado, da *adj* elevado(da).
encumbrar *vt* ascender, elevar.
➤ **encumbrarse** *vpr* - **1.** [persona] ascender - **2.** [cosa] elevar-se.
endeble *adj* - **1.** [débil] frágil - **2.** fig [sin valor] fraco(ca).
endémico, ca *adj* endêmico(ca).
endemoniado, da <> *adj* - **1.** [gen] endemoniado(da) - **2.** [desagradable] horrível.

◇ *m, f* endemoniado *m*, -da *f.*

enderezar *vt* endireitar.

➡ **enderezarse** *vpr* endireitar-se.

endeudamiento *m* endividamento *m.*

endeudarse *vpr* endividar-se.

endiablado, da *adj* endiabrado(da).

endibia = endivia.

endilgar *vt fam* lascar.

endiñar *vt* -**1.** *fam* [pegar] meter - **2.** [endosar] empurrar.

endivia, endibia *f* endívia *f.*

endocrino, na ◇ *adj* endócrino(na). ◇ *m, f* endocrinologista *mf.*

endomingado, da *adj* endomingado(da).

endomingar *vt* endomingar.

➡ **endomingarse** *vpr* endomingar-se.

endosar *vt* endossar.

endulzar *vt* adoçar.

endurecer *vt* endurecer.

enemigo, ga ◇ *adj* inimigo *m*, -ga *f.* ◇ *m, f* inimigo *m*, -ga *f.*

➡ **enemigo** *m* MIL inimigo *m.*

enemistad *f* inimizade *f.*

enemistar *vt* inimizar.

➡ **enemistarse** *vpr* inimizar-se.

energético, ca *adj* energético(ca).

energía *f* energia *f.*

enérgico, ca *adj* enérgico(ca).

energúmeno, na *m, f* energúmeno *m*, -na *f.*

enero *m* janeiro *m*; *ver también* setiembre.

enervar *vt* enervar.

enésimo, ma *adj* enésimo(ma).

enfadar *vt* aborrecer, irritar.

➡ **enfadarse** *vpr* aborrecer-se, irritar-se; ~**se por algo** aborrecer-se *o* irritar-se por algo; ~**se con alguien** aborrecer-se *o* irritar-se com alguém.

enfado *m* aborrecimento *m*, irritação *f.*

enfangar *vt* enlamear.

➡ **enfangarse** *vpr* enlamear-se.

énfasis *m* ênfase *f.*

enfático, ca *adj* enfático(ca).

enfatizar *vt* enfatizar.

enfermar ◇ *vt* -**1.** [contagiar] contaminar - **2.** *fig* [irritar] irritar. ◇ *vi* [ponerse enfermo] adoecer.

➡ **enfermarse** *vpr* adoecer.

enfermedad *f* doença *f*, enfermidade *f*; ~ **de Creutzfeldt-Jakob** doença *f* de Creutzfeldt-Jakob.

enfermería *f* enfermaria *f.*

enfermero, ra *m, f* enfermeiro *m*, -ra *f.*

enfermizo, za *adj* doentio(a).

enfermo, ma ◇ *adj* doente. ◇ *m, f* doente *mf*, enfermo *m*, -ma *f.*

enfervorizar *vt* afervorar.

enfilar ◇ *vt* -**1.** [dirección] enfiar - **2.**

[apuntar] apontar. ◇ *vi*: ~ **hacia** enfiar na direção de.

enflaquecer ◇ *vt* enfraquecer. ◇ *vi* enfraquecer.

enfocar *vt* focalizar.

enfoque *m* -**1.** [de imagen] foco *m* - **2.** [de asunto] enfoque *m.*

enfrascado, da *adj* concentrado(da).

enfrascarse *vpr*: ~ **en** engalfinhar-se em.

enfrentar *vt* enfrentar.

➡ **enfrentarse** *vpr* -**1.** [ponerse frente a frente] enfrentar-se - **2.** [oponer] enfrentar.

enfrente *adv* -**1.** [delante] em frente; ~ **de** em frente de - **2.** [en contra] contra.

enfriamiento *m* -**1.** [catarro] resfriado *m* - **2.** [acción] esfriamento *m.*

enfriar *vt* esfriar.

➡ **enfriarse** *vpr* resfriar-se.

enfundar *vt* embainhar.

➡ **enfundarse** *vpr* enfiar-se.

enfurecer *vt* enfurecer.

➡ **enfurecerse** *vpr* enfurecer-se.

enfurruñarse *vpr fam* chatear-se.

engalanar *vt* enfeitar.

➡ **engalanarse** *vpr* enfeitar-se.

enganchar *vt* -**1.** [sujetar] engatar - **2.** *fam* [persona] catar.

➡ **engancharse** *vpr* -**1.** [prenderse] enganchar em - **2.** [alistarse] alistar-se - **3.** [a droga] viciar-se em.

enganche *m* -**1.** [de trenes] engate *m* - **2.** *Méx* [de dinero] entrada *f*; **de** ~ de entrada.

engañabobos *m inv* -**1.** [cosa] tapeação *f* - **2.** [persona] espertalhão *m*, -na *f.*

engañar *vt* enganar.

➡ **engañarse** *vpr* enganar-se.

engañifa *f fam* conto-do-vigário *m.*

engaño *m* engano *m.*

engañoso, sa *adj* enganoso(sa).

engarzar *vt* -**1.** [formar cadena] engranzar - **2.** [engastar] engastar - **3.** [enlazar] encadear.

engatusar *vt fam* enrolar.

engendrar *vt* engendrar.

engendro *m* -**1.** [ser deforme] mostrengo *m* - **2.** *fam* [obra de mala calidad] porcaria *f.*

englobar *vt* englobar.

engomar *vt* -**1.** [pegar] colar - **2.** [poner apresto] engomar.

engorda *f Chile, Méx* engorda *f*; **de** ~ de engorda.

engordar ◇ *vt* engordar. ◇ *vi* engordar.

➡ **engordarse** *vpr* engordar.

engorro *m* estorvo *m.*

engorroso, sa *adj* enfadonho(nha), chato(ta).

engrampadora f *RP* grampeador m.
engrampar vt *RP* grampear.
engranaje m engrenagem f.
engranar vt -**1.** [piezas] engrenar - **2.** [ideas] encadear.
engrandecer vt engrandecer.
➡ **engrandecerse** vpr engrandecer-se.
engrasar vt engraxar.

> Não confundir *engrasado (engordurado)* com o português *engraçado* que em espanhol é *gracioso*. (*El piso del garaje está engrasado a causa del aceite de los autos.* O piso da garagem está *engordurado* por causa do óleo dos carros.)

engreído, da ◇ adj convencido(da), vaidoso(sa). ◇ m, f convencido m, -da f.
engrescar vt atiçar.
➡ **engrescarse** vpr engalfinhar-se.
engrosar vt [aumentar] engrossar.
engullir vt engolir.
enharinar vt enfarinhar.
enhebrar vt -**1.** [con hilo] enfiar a linha em - **2.** [unir] engranzar - **3.** [palabras] enfiar.
enhorabuena ◇ f parabéns mpl; **dar la** ~ dar os parabéns. ◇ interj parabéns!
enigma m enigma m.
enigmático, ca adj enigmático(ca).
enjabonar vt -**1.** [dar jabón] ensaboar - **2.** [dar coba] engraxar.
enjambre m enxame m.
enjaular vt engaiolar.
enjoyar vt enfeitar com jóias.
➡ **enjoyarse** vpr enfeitar-se com jóias.
enjuagar vt enxaguar.
➡ **enjuagarse** vpr bochechar.
enjuague m bochecho m.
enjugar vt enxugar.
enjuiciar vt julgar.
enjuto, ta adj [delgado] enxuto(ta).
enlace m -**1.** [gen] enlace m - **2.** [persona] intermediário m, -ria f; ~ **sindical** representante m sindical - **3.** [unión] ligação f - **4.** [empalme] conexão f.
enlatar vt enlatar.
enlazar ◇ vt [combinar]: ~ **algo con algo** enlaçar algo com algo. ◇ vi fazer conexão.
➡ **enlazarse** vpr enlaçar-se.
enlodar vt enlamear.
enloquecer ◇ vt enlouquecer. ◇ vi enlouquecer.
enlutado, da adj enlutado(da).
enmadrarse vpr apegar-se à mãe.
enmarañar vt emaranhar.
enmarcar vt emoldurar.
enmascarado, da ◇ adj mascarado(da). ◇ m, f mascarado m, -da f.
enmascarar vt mascarar.

enmendar vt emendar.
➡ **enmendarse** vpr: ~se (de) emendar--se (de).
enmienda f emenda f.
enmohecer vt embolorar.
➡ **enmohecerse** vpr embolorar.
enmoquetar vt carpetar.
enmudecer ◇ vt emudecer. ◇ vi emudecer.
ennegrecer vt enegrecer.
➡ **ennegrecerse** vpr enegrecer-se.
ennoblecer vt enobrecer.
enojadizo, za adj irritadiço(ça).
enojar vt irritar, aborrecer.
➡ **enojarse** vpr irritar-se, aborrecer-se; ~se por algo irritar-se o aborrecer-se por algo; ~se con alguien irritar-se o aborrecer-se com alguém.
enojo m -**1.** [cólera] irritação f, aborrecimento m - **2.** [molestia] moléstia f.
enojoso, sa adj irritante, aborrecedor(ra).
enorgullecer vt orgulhar.
➡ **enorgullecerse** vpr: ~se (de) orgulhar-se (de).
enorme adj enorme.
enormidad f enormidade f.
enrabiar vt enraivecer.
➡ **enrabiarse** vpr: ~se por algo enraivecer-se por algo; ~se con alguien enraivecer-se com alguém.
enraizar vi enraizar.
enramada f -**1.** [conjunto de ramas] rama f - **2.** [cobertizo de ramas] enramada f.
enrarecer vt rarefazer.
➡ **enrarecerse** vpr rarefazer-se.
enredadera ◇ adj trepadeira f. ◇ f trepadeira f.
enredar ◇ vt -**1.** [enmarañar] emaranhar - **2.** [entretener] distrair - **3.** [complicar] enredar. ◇ vi aprontar.
➡ **enredarse** vpr -**1.** [suj: plantas] enredar-se - **2.** [empezar] lançar-se - **3.** : ~se con alguien fam [amancebarse] amancebar-se com alguém.
enredo m -**1.** [maraña] emaranhado m - **2.** [asunto peligroso] embrulho m - **3.** [relaciones] caso m - **4.** [en literatura] enredo m.
➡ **enredos** mpl tralha f.
enrejado m -**1.** [de rejas] grade f - **2.** [de cañas] gradil m.
enrevesado, da adj arrevesado(da).
enriquecer vt enriquecer.
➡ **enriquecerse** vpr enriquecer-se.
enrojecer ◇ vt -**1.** [cosa] avermelhar - **2.** [persona] ruborizar. ◇ vi ruborizar.
➡ **enrojecerse** vpr ruborizar-se.
enrolar vt convocar.
➡ **enrolarse** vpr: ~se en alistar-se em.

enrollar vt -**1.** [hacer rollo] enrolar -**2.** fam [agradar]: este grupo de música me enrolla mucho amarro-me neste grupo de música.
◆ **enrollarse** vpr fam -**1.** [tener relación] envolver-se -**2.** [hablar] enrolar-se.
enroscar vt -**1.** [atornillar] rosquear -**2.** [dar forma de rosca] enroscar.
ensaimada f CULIN bolo de massa folheada em forma de espiral, típica de Mallorca.
ensalada f salada f.
ensaladera f saladeira f.
ensaladilla f: ~ (rusa) salada f russa.
ensalzar vt exaltar.
ensambladura f, **ensamblaje** m montagem f.
ensamblar vt -**1.** [cosas] encaixar -**2.** INFORM [programa] montar.
ensanchar vt alargar.
ensanche m -**1.** [acción] alargamento m -**2.** [en ciudad] zona de extensão urbana.
ensangrentado, da adj ensangüentado(da).
ensangrentar vt ensangüentar.
ensañarse vpr encarniçar-se.
ensartar vt -**1.** [con hilo] enfiar -**2.** [con objeto punzante] trespassar.
ensayar ◇ vt -**1.** [espectáculo] ensaiar -**2.** [comprobar] testar. ◇ vi ensaiar.
ensayista mf ensaísta mf.
ensayo m -**1.** [gen] ensaio m -**2.** [prueba] teste m.
enseguida adv em seguida.
ensenada f enseada f.
enseña f insígnia f.
enseñanza f ensino m; ~ superior ensino superior; primera ~, ~ primaria ensino fundamental; segunda ~, ~ media ensino médio.
◆ **enseñanzas** fpl ensinamentos mpl.
enseñar vt -**1.** [gen] ensinar -**2.** [mostrar] mostrar -**3.** [indicar] indicar -**4.** [dejar ver] deixar ver.
enseres mpl utensílios mpl.
ensillar vt encilhar.
ensimismarse vpr ensimesmar-se.
ensombrecer vt ensombrecer.
◆ **ensombrecerse** vpr ensombrecer-se.
ensoñación f fantasia f.
ensopar vt Andes, RP, Ven ensopar.
ensordecer ◇ vt ensurdecer. ◇ vi ensurdecer.
ensortijar vt encrespar.
ensuciar vt sujar.
◆ **ensuciarse** vpr sujar-se.
ensueño m [ilusión] sonho m; de ~ de sonho.
entablado m tablado m.

entablar vt -**1.** [gen] entabuar -**2.** [entablillar] entalar.
entablillar vt entalar.
entallar ◇ vt -**1.** [prenda] ajustar -**2.** [madera] entalhar. ◇ vi ajustar-se.
entarimado m estrado m.
ente m -**1.** [ser] ente m -**2.** [corporación] entidade f; ~ público entidade pública -**3.** fam [persona ridícula] figura f.
entelequia f -**1.** FILOSOFÍA enteléquia f -**2.** [fantasía] quimera f.
entendederas fpl fam inteligência f; ser corto de ~ ser curto de idéias.
entender ◇ m: a mi ... ~ no meu entender. ◇ vt -**1.** [gen] entender; dar a ~ que dar a entender que -**2.** [creer] achar -**3.** [juzgar]: yo no entiendo las cosas así eu não vejo as coisas desse modo. ◇ vi: ~ de o en algo entender de algo.
◆ **entenderse** vpr -**1.** [gen] entender-se -**2.** [comprenderse] entender.
entendido, da ◇ adj entendido(da). ◇ m, f entendido m, -da f.
entendimiento m discernimento m.
entente f entente f, acordo m.
enterado, da ◇ adj inteirado(da); no darse por ~ fazer-se de desentendido. ◇ m, f entendido m, -da f.
enterar vt: ~ a alguien de algo inteirar alguém de algo.
◆ **enterarse** vpr ~se (de algo) inteirar-se (de algo).
entereza f inteireza f.
enternecer vt enternecer.
◆ **enternecerse** vpr enternecer-se.
entero, ra adj -**1.** [completo] inteiro(ra) -**2.** [sereno] sereno(na).
◆ **entero** m -**1.** BOLSA ponto m -**2.** CSur [ropa] macacão m.
enterrador, ra m, f coveiro m, -ra f.
enterrar vt enterrar.
◆ **enterrarse** vpr fig enterrar-se.
entibiar vt -**1.** [alimento] amornar -**2.** [sentimiento] arrefecer.
◆ **entibiarse** vpr -**1.** [habitación] amornar-se -**2.** [sentimiento] arrefecer.
entidad f -**1.** [gen] entidade f -**2.** [importancia] importância f.
entierro m enterro m.
entlo. (abrev de **entresuelo**) sl.
entoldado m toldo m.
entomología f entomologia f.
entonación f entonação f.
entonar ◇ vt -**1.** [cantar] entoar -**2.** [tonificar] tonificar. ◇ vi -**1.** [al cantar] entoar -**2.** [armonizar]: ~ (con) combinar (com).
entonces adv então; en o por aquel ~ naquele tempo.

entontecer ◇ *vt* estontear. ◇ *vi* embrutecer.

entornar *vt* entreabrir.

entorno *m* ambiente *m*; ~ **informático** ambiente informático.

entorpecer *vt* - 1. [gen] entorpecer - 2. [dificultar] dificultar.

entrada *f* [gen] entrada *f*; **sacar una** ~ comprar uma entrada; **de** ~ para começar.

entrado, da *adj* iniciado(da); ~ **en años** entrado(da) em anos; ~ **en carnes** gordinho(nha).

entramado *m* emadeiramento *m*.

entrante ◇ *adj* entrante. ◇ *m* - 1. [primer plato] entrada *f* - 2. [hueco] nicho *m*.

entraña *f (gen pl)* - 1. [gen] entranhas *fpl* - 2. [esencia] cerne *m*.

entrañable *adj* - 1. [amigo, recuerdos] caro(ra) - 2. [amistad] íntimo(ma) - 3. [carta] comovente.

entrañar *vt* conter.

entrar ◇ *vt* - 1. [introducir] colocar, pôr; **ya puedes** ~ **el coche en el garaje** você já pode pôr o carro na garagem - 2. INFORM acessar. ◇ *vi* - 1. [introducirse, penetrar] entrar; **la pelota entró por la ventana** a bola entrou pela janela; **entramos en el bar de la esquina** entramos no bar da esquina; **el pájaro entró en la jaula** o pássaro entrou na gaiola; **entra frío por la ventana** está entrando frio pela janela; **el enchufe no entra** o plugue não entra; **la bala le entró por la ingle** a bala entrou por sua virilha; **el clavo ha entrado en la pared** o prego entrou na parede - 2. [por la puerta, en el cuerpo] entrar, caber; **este anillo no te entra** este anel não lhe cabe; **en el garaje entran dos coches** cabem dois carros na garagem - 3. [ingresar] entrar; **para** ~ **has de hacer un test** para entrar você tem de fazer um teste; **entró en el partido en abril** entrou no partido em abril; ~ **de** [en trabajo] começar como; **entró de secretaria** começou como secretária - 4. [entender] atinar, entrar na cabeça; **no le entra la geometría** a geometria não lhe entra na cabeça; **no me entra que aún lo quieras** não entendo como você ainda o ama - 5. [estado físico o de ánimo] sentir; **me entró mucha pena** senti muita pena; **me entraron ganas de hablar** tive vontade de falar - 6. [estar incluido] entrar, estar incluído; **la consumición no entra** a consumação não está incluída; **esto no entraba en mis cálculos** com esta eu não contava - 7. [hacer parte] entrar, participar; ~ **en** entrar em - 8. [cantidad]: **¿cuántas peras en-** tran en un kilo? um quilo dá quantas pêras? - **9.** AUTOM engatar; **no entra la quinta** a quinta não engata - **10.** [comenzar]: ~ **a** começar a; **entró a trabajar en la fábrica en mayo** começou a trabalhar na fábrica em maio.

entre *prep* - 1. [en medio de dos términos] entre; **aparcar** ~ **dos coches** estacionar entre dois carros; **vendré** ~ **las tres y las cuatro** virei entre as três e as quatro; **era un color** ~ **verde y azul** era uma cor entre o verde e o azul - 2. [en medio de muchos] entre, em meio a; **estaba** ~ **los asistentes** estava entre os espectadores; ~ **hombres, mujeres y niños somos cien** entre homens, mulheres e crianças somos cem - 3. [participación, cooperación] entre; ~ **todos lo consiguieron** entre todos conseguiram; **lo haremos** ~ **tú y yo** vamos fazê-lo entre você e eu; ~ **nosotros** [en confianza] entre nós, cá entre nós - 4. [lugar] entre, em meio a; **encontré tu carta** ~ **los libros** encontrei sua carta em meio aos livros; ~ **más estudies, más sabrás** *Amér* quanto mais você estudar, mais saberá.

entreabierto, ta *pp irreg* ▷ entreabrir.

entreabrir *vt* entreabrir.

entreacto *m* entreato *m*.

entrecejo *m* cenho *m*; **fruncir el** ~ franzir o cenho.

entrecomillado, da *adj* aspeado(da).

◆ **entrecomillado** *m* citação *f*.

entrecortado, da *adj* entrecortado(da).

entrecot, entrecote *m* entrecosto *m*.

entredicho *m* dúvida *f*; **poner/estar en** ~ pôr/estar em dúvida.

entrega *f* - 1. [gen] entrega *f* - 2. [fascículo] fascículo *m*.

entregar *vt* entregar.

◆ **entregarse** *vpr* [rendirse] entregar-se.

◆ **entregarse a** *vpr*: ~ **se a** entregar-se a.

entreguerras ◆ **de entreguerras** *loc adj* de entre-guerras.

entrelazar *vt* entrelaçar.

entremedio, entremedias *adv* em meio.

entremés *m* CULIN antepasto *m*.

entremeter *vt* inserir.

◆ **entremeterse** *vpr* - 1. [intercalar]: ~ **se entre** misturar-se com - 2. [inmiscuirse]: ~ **se en** intrometer-se em.

entremetido, da ◇ *adj* intrometido(da). ◇ *m, f* intrometido *m*, -da *f*.

entremezclar *vt* misturar.

◆ **entremezclarse** *vpr* misturar-se.

entrenador, ra *m, f* DEP treinador *m*, -ra *f*.

entrenamiento *m* treinamento *m*.

entrenar ◇ *vt* treinar. ◇ *vi* treinar.

◆ **entrenarse** *vpr* treinar-se.

entrepierna f -1. [de cuerpo] entreperna f -2. [de pantalones] entrepernas fpl.
entresacar vt extrair.
entresijo m (gen pl) segredos mpl.
entresuelo m sobreloja f.
entretanto <> adv entrementes. <> m nesse ínterim m.
entretecho m Arg, Chile, Col, Méx sótão m.
entretejer vt entretecer.
entretener vt -1. [gen] entreter -2. [mantener] manter.
 ◆ **entretenerse** vpr entreter-se.
entretenido, da adj -1. [divertido] divertido(da) -2. [trabajoso] laborioso(sa).
entretenimiento m entretenimento m.
entretiempo m -1. [primavera, otoño]: **de** ~ de meia-estação -2. CSur DEP intervalo m.
entrever vt entrever.
entreverar CSur vt misturar.
 ◆ **entreverarse** vpr ficar enroscado.
entrevero m CSur [lío] entrevero m; [jaleo] algazarra f.
entrevista f entrevista f.
entrevistar vt entrevistar.
 ◆ **entrevistarse** vpr: ~**se con alguien** entrevistar-se com alguém.
entrevisto, ta pp irreg ▷ **entrever.**
entristecer vt entristecer.
 ◆ **entristecerse** vpr entristecer-se.
entrometerse vpr: ~ **(en)** intrometer-se (em).
entrometido, da <> adj intrometido(da). <> m, f intrometido m, -da f.
entrometimiento m intrometimento m.
entroncar vi -1. [con familia] aparentar -2. [dos medios de transporte] entroncar.
entronizar vt entronizar.
entubar vt -1. [cosa] canalizar -2. [persona] entubar.
entuerto m agravo m; **deshacer** ~s consertar a situação.
entumecer vt entorpecer.
 ◆ **entumecerse** vpr entorpecer-se.
entumecido, da adj entorpecido(da).
enturbiar vt turvar.
 ◆ **enturbiarse** vpr turvar-se.
entusiasmar vt entusiasmar.
 ◆ **entusiasmarse** vpr: ~**se (con)** entusiasmar-se (com).
entusiasmo m entusiasmo m.
entusiasta <> adj entusiasta. <> mf entusiasta mf.
enumeración f enumeração f.
enumerar vt enumerar.
enunciación f enunciação f.
enunciado m enunciado m.
enunciar vt enunciar.
envainar vt embainhar.

envalentonar vt encorajar.
 ◆ **envalentonarse** vpr encorajar-se.
envanecer vt envaidecer.
 ◆ **envanecerse** vpr: ~**se (de)** envaidecer-se (de).
envanecimiento m vaidade f.
envasado m envasamento m.
envasar vt envasar.
envase m embalagem f; ~ **desechable** embalagem descartável; ~ **sin retorno** embalagem sem retorno.
envejecer <> vi envelhecer. <> vt envelhecer.
envejecimiento m envelhecimento m.
envenenamiento m envenenamento m.
envenenar vt envenenar.
envergadura f envergadura f.
envés m reverso m.
enviado, da m, f enviado m, -da f.
enviar vt enviar; ~ **a alguien a hacer algo** enviar alguém para fazer algo.
enviciar vt viciar.
 ◆ **enviciarse** vpr viciar-se.
envidia f inveja f.
envidiar vt invejar.
envidioso, sa <> adj invejoso(sa). <> m, f invejoso m, -sa f.
envilecer vt envilecer.
envío m -1. [acción] envio m -2. [cosa enviada] remessa f.
envite m -1. [en juego] envide m -2. fig [ofrecimiento] convite m.
enviudar vi enviuvar.
envoltorio m envoltório m.
envoltura f invólucro m.
envolver vt -1. [embalar] embrulhar -2. [enrollar] enrolar -3. fig [dominar] envolver.
 ◆ **envolverse** vpr envolver-se.
envuelto, ta pp irreg ▷ **envolver.**
enyesar vt -1. [pierna, brazo etc.] engessar -2. [edificio] revestir com gesso.
enzarzarse vpr: ~**se en** meter-se em.
enzima f QUÍM enzima f.
eólico, ca adj eólico(ca).
épica f ▷ **épico.**
epicardio m ANAT epicárdio m.
epicentro m GEOL epicentro m.
épico, ca adj épico(ca).
 ◆ **épica** f épica f.
epicúreo, a <> adj epicurista. <> m, f epicurista mf.
epidemia f epidemia f.
epidermis f ANAT epiderme f.
Epifanía f Epifania f.
epiglotis f ANAT epiglote f.
epígrafe m epígrafe f.
epilepsia f MED epilepsia f.
epílogo m epílogo m.

episcopado *m* episcopado *m*.
episodio *m* episódio *m*.
epístola *f* epístola *f*.
epitafio *m* epitáfio *m*.
epitelio *m ANAT* epitélio *m*.
epíteto *m* epíteto *m*.
época *f* época *f*; **de ~** de época; **hacer ~** marcar época.
epopeya *f* epopéia *f*.
equidad *f* eqüidade *f*.
equidistante *adj* eqüidistante.
equilátero, ra *adj GEOM* eqüilátero(ra).
equilibrado, da *adj* equilibrado(da).
➤ **equilibrado** *m* balanceamento *m*.
equilibrar *vt* equilibrar.
equilibrio *m* equilíbrio *m*; **mantener algo en ~** manter algo em equilíbrio; **mantenerse en ~** manter-se em equilíbrio; **perder el ~** perder o equilíbrio; **hacer ~s** fazer malabarismos.
equilibrista *mf* equilibrista *mf*.
equino, na *adj* eqüino(na).
equinoccio *m* equinócio *m*.
equipaje *m* bagagem *f*; **~ de mano** bagagem de mão.
equipar *vt* equipar.
➤ **equiparse** *vpr* equipar-se.
equiparar *vt* equiparar.
➤ **equipararse** *vpr* equiparar-se.
equipo *m* **-1.** [de objetos] material *m* **-2.** [de novia] enxoval *m* **-3.** [de colegial] uniforme *m* **-4.** [de personas] equipe *f*; **~ de rescate** equipe de resgate **-5.** [de jugadores] time *m* **-6.** [de música] aparelho *m* (de som).
equis *adj* xis.
equitación *f* equitação *f*.
equitativo, va *adj* equitativo(va).
equivalente ⬦ *adj* equivalente. ⬦ *m* equivalente *m*.
equivaler ➤ **equivaler a** *vi* equivaler a.
equivocación *f* equivocação *f*.
equivocado, da *adj* equivocado(da).
equivocarse *vpr* equivocar-se; **~se de** equivocar-se de.
equívoco, ca *adj* equívoco(ca).
➤ **equívoco** *m* equívoco *m*.
era¹ *etc* ⊳ ser.
era² *f* **-1.** [gen] era *f*; **~ cristiana** era cristã **-2.** [lugar] eira *f*.
erario *m* erário *m*; **~ público** erário público.
ERASMUS (*abrev de* European Action Scheme for the Mobility of University Students) *m programa da União Européia que permite que estudantes universitários de diferentes países realizem parte de seus estudos em centros de outros países*.
erección *f* ereção *f*.

erecto, ta *adj* ereto(ta).
eres *etc* ⊳ ser.
ergonómico, ca *adj* ergonômico(ca).
erguido, da *adj* erguido(da).
erguir *vt* erguer.
➤ **erguirse** *vpr* erguer-se.
erial ⬦ *adj* baldio. ⬦ *m* baldio *m*.
erigir *vt* erigir.
➤ **erigirse** *vpr*: **~se en** erigir-se em.
erizado, da *adj* espinhoso(sa).
erizar *vt* eriçar.
➤ **erizarse** *vpr* eriçar-se.
erizo *m* ouriço *m*; **~ de mar** ouriço-do-mar.
ermita *f* ermida *f*.
ermitaño, ña *m, f* ermitão(tã).
erogación *f Chile* [donativo] donativo *m*.
erogar *vt Chile* [donar] doar.
eros *m* eros *m*.
erosionar *vt* erodir.
➤ **erosionarse** *vpr* erodir.
erótico, ca *adj* erótico(ca).
➤ **erótica** *f* luxúria *f*.
erotismo *m* erotismo *m*.
erradicación *f* erradicação *f*.
erradicar *vt* erradicar.
errante *adj* errante.
errar ⬦ *vt* errar. ⬦ *vi* errar.
errata *f* errata *f*.
erre *f*: **~ que ~** *Esp* bate na mesma tecla.
erróneo, nea *adj* errôneo(a).
error *m* erro *m*; **salvo ~ u omisión** salvo erro ou omissão.
ertzaintza *f força policial do país Basco*.
eructar *vi* arrotar.
eructo *m* arroto *m*.
erudito, ta ⬦ *adj* erudito(ta). ⬦ *m, f* erudito *m*, -ta *f*.
erupción *f* erupção *f*; **en ~** em erupção.
es *etc* ⊳ ser.
esa ⊳ ese, ése.
ésa ⊳ ése.
esbelto, ta *adj* esbelto(ta).
esbozar *vt* esboçar.
esbozo *m* esboço *m*.
escabechado, da *adj CULIN* à escabeche.
➤ **escabechado** *m CULIN* escabeche *m*.
escabechar *vt CULIN* preparar escabeche.
escabeche *m CULIN* escabeche *m*.
escabechina *f Esp* devastação *f*.
escabroso, sa *adj* **-1.** [gen] escabroso(sa) **-2.** [desigual] acidentado(da).
escabullirse *vpr* **-1.** [escaparse] escapulir-se **-2.** [evitar] **~ de** escapulir-se de.
escacharrar *vt* espatifar.
➤ **escacharrarse** *vpr* espatifar-se.
escafandra *f* escafandro *m*; **~ espacial** traje *m* espacial.

122

escala f -**1.** [gen] escala f; ~ **musical** escala musical; **hacer** ~ fazer escala; **a** ~ em escala; **a gran** ~ em grande escala -**2.** [grado] grau m -**3.** [escalera] escada f.

escalada f escalada f.

escalador, ra m, f [de montañas] escalador m, -ra f.

escalafón m escalão m.

escalar vt [muro, montaña] escalar.

escaldado, da adj escaldado(da).

escaldar vt escaldar.

escalera f -**1.** [para subir o bajar] escada f; ~ **automática** escada rolante; ~ **de caracol** escada de caracol; ~ **de incendios** escada de incêndio; ~ **mecánica** escada rolante -**2.** [en naipes] seqüência f.

escaléxtric m -**1.** [juego] autorama m -**2.** [de carreteras] cruzamento m em desnível.

escalfar vt escalfar.

escalinata f escadaria f.

escalofriante adj horripilante.

escalofrío m (gen pl) calafrio m.

escalón m degrau m.

escalonar vt espaçar.

escalope m CULIN escalope m.

escama f -**1.** [gen] escama f -**2.** [de jabón] floco m.

escamar vt -**1.** [peces] escamar -**2.** fam [desconfiar]: **me escama que todavía no hayan llamado** me admira que eles ainda não tenham ligado.

escamotear vt escamotear.

escampar v impers estiar.

escandalizar vt escandalizar.
  ◆ **escandalizarse** vpr escandalizar-se.

escándalo m escândalo m.

escandaloso, sa <> adj escandaloso(sa). <> m, f escandaloso m, -sa f.

escanear vt INFORM escanear.

escáner (pl escáners), **scanner** (pl scanners) m -**1.** MED tomógrafo m -**2.** INFORM escâner m.

escaño m cadeira f.

escapada f -**1.** [salida rápida] escapada f -**2.** DEP arrancada f.

escapar vi escapar; ~ **de algo/alguien** escapar de algo/alguém.
  ◆ **escaparse** vpr [huir] escapar; **escapársele algo a alguien** escapar algo a alguém.

escaparate m vitrina f.

escapatoria f -**1.** [fuga, evasión] fuga f -**2.** fam [evasiva, excusa] escapatória f.

escape m escape m; **a** ~ às pressas.

escapismo m escapismo m.

escapulario m escapulário m.

escaquearse vpr fam esquivar-se; ~ **de algo/hacer algo** esquivar-se de algo/fazer algo.

escarabajo m -**1.** [animal] escaravelho

m -2. fam [coche] fusca m.

escaramuza f escaramuça f.

escarbar vt cavocar.

escarceos mpl investida f.

escarcha f geada f.

escardar vt roçar.

escarlata <> adj escarlate. <> m escarlate m.

escarlatina f escarlatina f.

escarmentar vi aprender a lição.

escarmiento m lição f.

escarnio m escárnio m.

escarola f escarola f.

escarpado, da adj escarpado(da).

escasear vi escassear.

escasez f escassez f.

escaso, sa adj -**1.** [poco, insuficiente] escasso(sa) -**2.** [no completo] quase.

escatimar vt regatear.

escatología f escatologia f.

escay, scai m couro m sintético.

escayola f gesso m.

escena f -**1.** [gen] cena f -**2.** [escenario] palco m; **llevar a la/poner en** ~ encenar -**3.** loc: **hacer una** ~ fazer uma cena.

escenario m -**1.** [gen] cenário m -**2.** [parte del teatro] palco m.

escenificar vt encenar.

escenografía f cenografia f.

escepticismo m ceticismo m.

escéptico, ca <> adj cético(ca). <> m, f cético m, -ca f.

escindir vt FÍS cindir.
  ◆ **escindirse** vpr cindir-se.

escisión f cisão f.

esclarecer vt esclarecer.

esclarecimiento m esclarecimento m.

esclava f escrava f ▷ **esclavo**.

esclavista <> adj escravagista. <> mf escravagista mf.

esclavitud f escravidão f.

esclavizar vt escravizar.

esclavo, va <> adj escravo(va). <> m, f escravo m, -va f.

esclerosis f MED esclerose f.

esclusa f eclusa f.

escoba f vassoura f.

> Não confundir *escoba (vassoura)* com o português *escova* que em espanhol é *cepillo*. (*Necesito una escoba para barrer el suelo.* Preciso de uma *vassoura* para varrer o chão.)

escobilla f -**1.** [escoba pequeña] escovinha f -**2.** ELECTR escova f -**3.** *Chile* [cepillo] escova f.

escocedura f -**1.** [herida] machucado m -**2.** [sensación] ardência f.

escocer vi -**1.** [picar, quemar] arder -**2.** fig [herir, doler] machucar.

➡ **escocerse** *vpr* machucar.

escocés, cesa ◇ *adj* escocés(cesa). ◇ *m, f* escocês *m*, -cesa *f*.

➡ **escocés** *m* escocês *m*.

Escocia *n* Escócia.

escoger *vt* escolher.

escogido, da *adj* escolhido(da).

escolar ◇ *adj* escolar. ◇ *mf* escolar *mf*.

escolarizar *vt* escolarizar.

escoliosis *f* MED escoliose *f*.

escollera *f* quebra-mar *m*.

escollo *m* -1. [peñasco] recife *m* -2. [peligro, dificultad] entrave *m*.

escolta *f* escolta *f*.

escoltar *vt* escoltar.

escombro *m* (gen pl) escombros *mpl*.

esconder *vt* esconder.

➡ **esconderse** *vpr* esconder-se; ~se de algo/alguien esconder-se de algo/alguém.

escondido, da *adj* escondido(da).

➡ **a escondidas** *loc adv* às escondidas.

escondite *m* -1. [lugar] esconderijo *m* -2. [juego] esconde-esconde *m*.

escondrijo *m* esconderijo *m*.

escopeta *f* escopeta *f*.

escorar NÁUT ◇ *vt* adernar. ◇ *vi* adernar.

escorbuto *m* MED escorbuto *m*.

escoria *f* fig escória *f*.

Escorpio ◇ *m inv* [signo del zodíaco] Escorpião *m inv*; **ser** ~ ser (de) Escorpião. ◇ *mf inv* -1. escorpiano *m*, -na *f* -2. (en aposición) de Escorpião.

escorpión *m* [animal] escorpião *m*.

escotado, da *adj* decotado(da).

escotar *vt* decotar.

escote *m* -1. [de prenda de vestir] decote *m* -2. [de persona] colo *m* -3. *loc*: **pagar a** ~ rachar a conta.

escotilla *f* escotilha *f*.

escozor *m* ardência *f*.

escribanía *f* Andes, CRica, RP [notaría] ≃ tabelionato *m*.

escribano, na *m, f* Andes, CRica, RP [notario] tabelião *m*, -ã *f*.

escribiente *mf* escrevente *mf*.

escribir *vt* escrever.

➡ **escribirse** *vpr* corresponder-se.

escrito, ta ◇ *pp irreg* ▷ escribir. ◇ *adj* escrito(ta); **por** ~ por escrito.

➡ **escrito** *m* escrito *m*.

escritor, ra *m, f* escritor *m*, -ra *f*.

escritorio *m* -1. [mueble] escrivaninha *f* -2. [habitación] escritório *m*.

Note que *escritorio* também significa em espanhol *móvel para escrever, fazer tarefas de escritório* etc.: (*Tenía mucho trabajo esperando sobre el escritorio*. Tinha muito trabalho esperando sobre a escrivaninha.)

---

escritura *f* -1. [gen] escrita *f* -2. DER escritura *f*.

➡ **Las Sagradas Escrituras** *fpl* As Sagradas Escrituras.

escroto *m* ANAT escroto *m*.

escrúpulo *m* escrúpulo *m*.

escrupuloso, sa *adj* escrupuloso(sa).

escrutar *vt* escrutinar.

escrutinio *m* escrutínio *m*.

escuadra *f* -1. [instrumento] esquadro *m* -2. [de buques, soldados] esquadra *f*.

escuadrilla *f* esquadrilha *f*.

escuadrón *m* esquadrão *m*; ~ **de la muerte** esquadrão da morte.

escuálido, da *adj culto* esquálido(da).

escucha *f* escuta *f*; ~ **telefónicas** escuta telefônica.

escuchar *vt* escutar.

escudería *f* escuderia *f*.

escudo *m* -1. [gen] escudo *m* -2. [de estado, ciudad, familia] brasão *m*.

escudriñar *vt* esquadrinhar.

escuela *f* [establecimiento] escola *f*; ~ **privada/pública** escola particular/pública; ~ **universitaria** escola universitária; **ser de la vieja** ~ ser à moda antiga.

escueto, ta *adj* conciso(sa).

escuincle, cla *m, f Méx fam* [muchacho] garoto *m*, -ta *f*.

esculpir *vt* esculpir.

escultor, ra *m, f* escultor *m*, -ra *f*.

escultura *f* escultura *f*.

escupidera *f* escarradeira *f*.

escupir ◇ *vi* cuspir. ◇ *vt* cuspir.

escupitajo *m* cusparada *f*.

escurreplatos *m inv* escorredor *m* de pratos.

escurridizo, za *adj* escorregadio(dia).

escurridor *m* escorredor *m*.

escurrir *vt* -1. [cosa mojada] escorrer -2. [vaciar] esvaziar.

➡ **escurrirse** *vpr* escorregar.

escúter (*pl* escúteres), **scooter** (*pl* scooters) *m* motoneta *f*.

ese *f*: **hacer** ~s ziguezaguear.

ese, esa *adj* esse(sa); **esa corbata que llevas es muy bonita** essa gravata que você está usando é muito bonita; ~ **edificio en enfrente es mi casa** esse edifício em frente é minha casa; **el hombre** ~ **no me inspira confianza** *despec* esse homem não me inspira confiança.

ése, esa *pron* esse(sa).

esencia *f* essência *f*; **quinta** ~ quinta-essência *f*.

esencial *adj* essencial.

esfera *f* esfera *f*.

esférico, ca *adj* esférico(ca).

➤ **esférico** *m DEP* bola *f.*

esfero *m Col, Ecuad* caneta *f* esferográfica.

esfinge *f* esfinge *f.*

esfínter *m ANAT* esfíncter *m.*

esforzar *vt* esforçar.

➤ **esforzarse** *vpr* esforçar-se; ~**se en** *o* **por hacer algo** esforçar-se em *o* por fazer algo.

esfuerzo *m* esforço *m.*

esfumar *vt* esfumar.

➤ **esfumarse** *vpr fig* sumir.

esgrima *f* esgrima *f.*

esgrimir *vt* esgrimir.

esguince *m* entorse *m.*

eslabón *m* elo *m.*

eslip (*pl* eslips), **slip** (*pl* slips) *m* sunga *f.*

eslogan (*pl* eslóganes), **slogan** (*pl* slogans) *m* slogan *m.*

eslora *f NÁUT* comprimento *m.*

esmaltar *vt* esmaltar.

esmalte *m* esmalte *m.*

esmerado *adj* esmerado(da).

esmeralda ◇ *f* esmeralda *f.* ◇ *adj inv* esmeralda. ◇ *m* esmeralda *m.*

esmerarse *vpr*: ~**se** (**en algo/hacer algo**) esmerar-se (em algo/em fazer algo).

esmeril *m* esmeril *m.*

esmerilar *vt* esmerilar.

esmero *m* esmero *m.*

esmirriado, da *adj* franzino(na).

esmoquin (*pl* esmóquines), **smoking** (*pl* smokings) *m* smoking *m.*

esnifar *vt fam* cafungar.

esnob (*pl* esnobs), **snob** (*pl* snobs) ◇ *adj* esnobe. ◇ *m, f* esnobe *mf.*

esnobismo, snobismo *m* esnobismo *m.*

eso *pron neutro* isso; **y** ~ **que** e isso que.

➤ **a eso de** *loc prep* por volta de.

ESO (*abrev de* Enseñanza Secundaria Obligatoria) *f* educação secundária espanhola.

esófago *m ANAT* esôfago *m.*

ésos, sas *pron* ▷ ése.

esos, esas ◇ *adj pl* esses (essas).

esotérico, ca *adj* esotérico(ca).

espabilar *vt* desinibir.

➤ **espabilarse** *vpr* -**1.** [despejarse, animarse] reanimar-se -**2.** [darse prisa] apressar-se.

espachurrar *vt fam* esborrachar.

espacial *adj* espacial.

espaciar *vt* espaçar.

espacio *m* espaço *m*; **por** ~ **de** durante; ~ **aéreo** espaço aéreo; ~ **verde** espaço verde; ~ **vital** espaço vital; **a doble** ~ com espaço duplo.

espacioso, sa *adj* espaçoso(sa).

espada *f* espada *f*; **entre la** ~ **y la pared** entre a cruz e a espada.

➤ **espadas** *fpl* [naipes] espadas *mpl.*

espagueti, spaguetti *m* (*gen pl*) espaguete *m.*

espalda *f* -**1.** [gen] costas *fpl*; **cargado de** ~**s** com as costas arcadas; **por la** ~ pelas costas -**2.** *DEP* [estilo de natación] nado de costas -**3.** *loc:* **cubrirse las** ~**s** resguardar-se; **hablar de uno a sus** ~**s** falar de alguém pelas costas; **volver la** ~ virar as costas.

espaldarazo *m* golpe *m* nas costas; **dar el** ~ *fig* dar um empurrão.

espalderas *fpl* barras *fpl* de ginástica.

espaldilla *f* paleta *f.*

espantada *f* debandada *f.*

espantadizo, za *adj* assustadiço(ça).

espantajo *m* espantalho *m.*

espantapájaros *m inv* espantalho *m.*

espantar *vt* espantar.

➤ **espantarse** *vpr* espantar-se.

espanto *m* espanto *m*; **estar curado de** ~**s** *fig* ter muito tempo de janela.

espantoso, sa *adj* -**1.** [gen] espantoso(sa) -**2.** [muy feo] pavoroso(sa).

España *n* Espanha.

español, la ◇ *adj* espanhol(la). ◇ *m, f* espanhol *m*, -la *f.*

➤ **español** *m* espanhol *m.*

españolada *f despec* espanholada *f.*

españolizar *vt* espanholizar.

➤ **españolizarse** *vpr* espanholizar-se.

esparadrapo *m* esparadrapo *m.*

esparcido, da *adj* espalhado(da).

esparcimiento *m* -**1.** [acción] disseminação *f* -**2.** [ocio] espairecimento *m.*

esparcir *vt* espalhar.

➤ **esparcirse** *vpr* espalhar-se.

espárrago *m* aspargo *m.*

espartano, na *adj* espartano(na).

esparto *m* esparto *m.*

espasmo *m* espasmo *m.*

espasmódico, ca *adj* espasmódico(ca).

espatarrarse *vpr fam* escarrapachar-se.

espátula *f* -**1.** [paleta] espátula *f* -**2.** [ave] colhereiro *m.*

especia *f* especiaria *f.*

especial *adj* especial; **en** ~ em especial.

especialidad *f* especialidade *f.*

especialista ◇ *adj* especialista. ◇ *mf* especialista *mf.*

especializado, da *adj* especializado(da).

especializar *vt* especializar.

➤ **especializarse** *vpr*: ~**se** (**en algo**) especializar-se (em algo).

especie *f* -**1.** [gen] espécie *f* -**2.** [cosa parecida]: **una** ~ **de** uma espécie de -**3.** [fruto, género]: **en** ~ (**s**) em espécie.

especificar *vt* especificar.

específico, ca *adj* específico(ca).

específico *m* medicamento *m* específico.

espécimen (*pl* **especímenes**) *m* espécime *m*.

espectacular *adj* espetacular.

espectáculo *m* espetáculo *m*; **dar el** ~ dar um espetáculo.

espectador *mf* espectador *m*, -ra *f*.

espectral *adj* espectral.

espectro *m* espectro *m*.

especulación *f* especulação *f*.

especular *vi* especular.

espejismo *m* miragem *f*.

espejo *m* espelho *m*; ~ **retrovisor** espelho retrovisor.

espeleología *f* espeleologia *f*.

espeluznante *adj* arrepiante.

espera *f* espera *f*; **a la** *o* **en** ~ **de** à espera de.

esperanto *m* esperanto *m*.

esperanza *f* esperança *f*; ~ **de vida** expectativa *f* de vida.

esperanzar *vt* esperançar.

esperar *vt* esperar; ~ **a que alguien/algo haga algo** esperar que alguém/algo faça algo; **ser algo de** ~ ser de se esperar.
➡ **esperarse** *vpr* **-1.** [imaginarse, figurarse] esperar-se **-2.** [en lugar, en tiempo] esperar; ~**se a que alguien/algo haga algo** esperar que alguém/algo faça algo.

esperma *m* esperma *m*.

espermatozoide, espermatozoo *m* espermatozóide *m*.

esperpento *m* **-1.** [persona] espantalho *m* **-2.** [cosa] horror *m*.

espesar *vt* espessar.
➡ **espesarse** *vpr* **-1.** [líquido] espessar-se **-2.** [bosque, matorral] adensar-se.

espeso, sa *adj* **-1.** [gen] espesso(sa) **-2.** [difícil de entender] impenetrável.

espesor *m* espessura *f*.

espesura *f* **-1.** [vegetación] matagal *m* **-2.** [grosor, densidad] espessura *f*.

espetar *vt* **-1.** [palabras] lançar **-2.** [comida] espetar.

espía *mf* espião *m*, -ã *f*.

espiar *vt* espionar.

espiga *f* **-1.** [de granos] espiga *f* **-2.** [en telas] ponto *m* de espinha **-3.** [pieza] cavilha *f*.

espigado, da *adj fig* [crecido] espigado(da).

espigón *m* quebra-mar *m*.

espina *f* **-1.** [gen] espinho *m* **-2.** [de pez] espinha *f* **-3.** *loc*: **darle a alguien algo mala** ~ dar um frio na espinha de alguém.
➡ **espina dorsal** *f* ANAT espinha *f* dorsal.

espinaca *f* (*gen pl*) espinafre *m*.

espinazo *m* espinhaço *m*.

espinilla *f* **-1.** ANAT canela *f* **-2.** [grano] cravo *m*.

espino *m* **-1.** [planta] espinho *m* **-2.** [alambre] arame *m* farpado.

espinoso, sa *adj* espinhoso(sa).

espionaje *m* espionagem *m*; ~ **industrial** espionagem industrial.

espiral *f* espiral *f*; **en** ~ em espiral.

espirar <> *vi* expirar. <> *vt* expirar.

espiritista <> *adj* espírita. <> *mf* espírita *mf*.

espíritu *m* espírito *m*; ~ **de contradicción** espírito de contradição; **ser pobre de** ~ ser pobre de espírito.
➡ **Espíritu Santo** *m* Espírito Santo *m*.

espiritual <> *adj* espiritual. <> *m* MÚS: ~ (**negro**) negro spiritual *m*.

espita *f* torneira *f*.

espléndido, da *adj* **-1.** [magnífico] esplêndido(da) **-2.** [generoso] generoso(sa).

esplendor *m* esplendor *m*.

espliego *m* lavanda *f*.

espolear *vt* esporear.

espoleta *f* espoleta *f*.

espolio = **expolio.**

espolón *m* **-1.** [gen] esporão *m* **-2.** [de puente] quebra-mar *m*.

espolvorear *vt* polvilhar.

esponja *f* esponja *f*.

esponjoso, sa *adj* esponjoso(sa).

esponsales *mpl* esponsais *mpl*.

espontaneidad *f* espontaneidade *f*.

espontáneo, a <> *adj* espontâneo(nea). <> *m*, *f* espectator que salta na arena para tourear.

esporádico, ca *adj* esporádico(ca).

esport, sport *adj inv* esporte.

esposar *vt* algemar.

esposo, sa *m*, *f* esposo *m*, -sa *f*.
➡ **esposas** *fpl* algemas *fpl*.

espot (*pl* **espots**), **spot** (*pl* **spots**) *m* spot *m*.

espray (*pl* **esprays**), **spray** (*pl* **sprays**) *m* spray *m*.

esprint (*pl* **esprints**), **sprint** (*pl* **sprints**) *m* sprint *m*.

espuela *f* **-1.** [gen] espora *f* **-2.** *fam* [última copa] saideira *f*.

espuerta *f* [recipiente] cesto *m*.
➡ **a espuertas** *loc adv* aos montes.

espuma *f* **-1.** [gen] espuma *f* **-2.** [para pelo] mousse *f*.

espumadera *f* escumadeira *f*.

espumarajo *m* espumarada *f*.

espumoso *adj* espumante.
➡ **espumoso** *m* espumante *m*.

esputo *m* expectoração *f*.

esquech (*pl* **esquechs**), **esquetch** (*pl* **esquetchs**) *m* esquete *m*.

esqueje *m* estaca *f*.

esquela *f* *Esp* nota *f* de falecimento.

esquelético, ca *adj* esquelético(ca).
esqueleto *m* -**1.** [gen] esqueleto *m* -**2.** *fam* [persona delgada] esqueleto *m*.
esquema *m* esquema *m*.
esquemático, ca *adj* esquemático(ca).
esquematizar *vt* esquematizar.
esquetch = esquech.
esquí (*pl* esquíes *o* esquís) *m* esqui *m*; ~ **acuático** esqui aquático; ~ **náutico** esqui náutico.
esquiador *mf* esquiador *m*, -ra *f*.
esquiar *vi* esquiar.
esquilar *vt* tosquiar.
esquimal <> *adj* esquimó. <> *mf* esquimó *mf*. <> *m* [lengua] esquimó *m*.
esquina *f* -**1.** [gen] canto *m* -**2.** [en calles] esquina *f*; **al doblar la** ~ dobrar a esquina; **hacer** ~ fazer esquina.
esquirla *f* lasca *f*.
esquirol *m Esp despec* fura-greve *mf*.
esquivar *vt* -**1.** [obstáculo] desviar de -**2.** [persona] esquivar.
esquivo, va *adj* esquivo(va).
esquizofrenia *f* esquizofrenia *f*.
esta ▷ este, éste.
ésta ▷ éste.
estabilizar *vt* estabilizar.
➤ **estabilizarse** *vpr* estabilizar-se.
estable *adj* estável.
establecer *vt* estabelecer.
➤ **establecerse** *vpr* estabelecer-se.
establecimiento *m* estabelecimento *m*.
establo *m* estábulo *m*.
estaca *f* -**1.** [palo puntiagudo] estaca *f* -**2.** [palo grueso] porrete *m*.
estacada *f* [cerco] estacada *f*; **dejar a alguien en la** ~ *fig* deixar alguém na mão.
estación *f* estação *f*; ~ **meteorológica** estação metereológica.
➤ **estación de esquí** *f* estação *f* de esqui.
➤ **estación de gasolina** *f* posto *m* de gasolina.
➤ **estación de servicio** *f* posto *m* de gasolina.
➤ **estación de trabajo** *f* posto *m* de trabalho.
estacionamiento *m* estacionamento *m*; ~ **indebido** estacionamento proibido.
estacionar *vt* estacionar.
estacionario, ria *adj* estacionário(ria).
estadía *f CSur* estadia *f*.
estadio *m* -**1.** [lugar] estádio *m* -**2.** [fase] estágio *m*.
estadista *mf* estadista *mf*.
estadístico, ca *adj* estatístico(ca).
➤ **estadística** *f* estatística *f*.
estado *m* estado *m*; ~ **civil** [de persona]

estado civil; ~ **de emergencia** estado de emergência; ~ **de salud** estado de saúde; **estar en buen/mal** ~ estar em bom/mau estado; **estar en** ~ **(de esperanza** *o* **buena esperanza)** estar em estado interessante.
➤ **Estado** *m* [gobierno] estado *m*; **Estado Mayor** MIL Estado Maior.
Estados Unidos de América *npl*: **los** ~ os Estados Unidos da América.
estadounidense <> *adj* estadunidense, americano(na). <> *mf* estadunidense *mf*, americano *m*, -na *f*.
estaf (*pl* estafs), **staff** (*pl* staffs) *m* estafe *m*, staff *m*.
estafa *f* trapaça *f*.
estafador, ra *m*, *f* trapaceiro *m*, -ra *f*.
estafar *vt* fraudar.
estafeta *f* agência *f* do correio.
estafilococo *m* estafilococo *m*.
estalactita *f* estalactite *f*.
estalagmita *f* estalagmite *f*.
estallar *vi* estourar.
estallido *m* estouro *m*.
estambre *m* estame *m*.
estamento *m* estamento *m*.
estampa *f* -**1.** [gen] estampa *f* -**2.** [tarjeta] santinho *m*.
estampado, da *adj* -**1.** [tela] estampado(do) -**2.** [escrito] aposto(ta).
➤ **estampado** *m* estampado *m*.
estampar *vt* -**1.** [imprimir] estampar -**2.** [escribir] apor -**3.** *fig* [arrojar] arremessar -**4.** *fig* [dar] estalar -**5.** INFORM [CD] queimar.
estampida *f* estouro *m*.
estampido *m* estampido *m*.
estampilla *f* -**1.** [para marcar] carimbo *m* -**2.** *Amér* [sello de correos] selo *m*.
estancarse *vpr* estancar.
estancia *f* -**1.** [tiempo] estadia *f* -**2.** [habitación] cômodo *m*.
estanco, ca *adj* estanque.
➤ **estanco** *m* tabacaria *f*.
estand (*pl* estands), **stand** (*pl* stands) *m* estande *m*.
estándar (*pl* estándares) <> *adj* standard. <> *m* standard *m*.
estandarizar *vt* estandardizar.
estandarte *m* estandarte *m*.
estanding, standing *m* padrão *m*.
estanque *m* tanque *m*.
estanquero *mf* vendedor *m*, -ra *f* de tabaco.
estante *m* prateleira *f*.
estantería *f* estante *f*.
estaño *m* estanho *m*.
estar <> *vi* -**1.** [gen] estar; **¿está Juan?** o Juan está?; **la señora no está** a senhora não está; **estaré allí a la hora convenida**

estarei aí na hora marcada; **estuvieron trabajando día y noche** trabalharam dia e noite; **están golpeando la puerta** estão batendo à porta **- 2.** [con fechas] ser; **¿a qué estamos hoy?** que dia é hoje?; **hoy estamos a martes 13 de julio** hoje é terçafeira, 13 de julho; **estamos en febrero/ primavera** estamos em fevereiro/na primavera **- 3.** [permanecer] estar, ficar; **estaré un par de horas y me iré** ficarei umas duas horas e depois me vou; **han estado en París todo el verano** estiveram em Paris o verão todo; **estuvo toda la tarde en casa** esteve toda a tarde em casa **- 4.** [estar preparado] ficar pronto; **la comida estará a las tres** o almoço ficará pronto às três; **¿aún no está ese trabajo?** ainda não está pronto esse trabalho? **- 5.** [expresa valores, grados]: ~ **a** estar a; **está a veinte pesos** está a vinte pesos; **el dólar está a 1 euro** o dólar está a 1 euro **- 6.** [servir]: ~ **para** ser para; **para eso están los amigos** para isso servem os amigos **- 7.** [faltar]: ~ **por** estar por; **aún está por descubrir** ainda está por descobrir-se **- 8.** [hallarse a punto de]: ~ **por** estar para, estar a ponto de; **estuve por darle una bofetada** estive a ponto de dar-lhe uma bofetada. ◇ **v cop - 1.** [expresa cualidad, estado] estar; **¿cómo estás?** como vai?; **esta calle está sucia** esta rua está suja; ~ **bien/mal** estar bem/mal; ~ **bueno/malo** estar bom/mau; ~ **con/sin** estar com/sem **- 2.** [expresa actitud]: **el jefe está que muerde** o chefe está uma fera; **el asunto está que arde** o assunto está quente **- 3.** [expresa ocupación]: ~ **como** trabalhar como **- 4.** [expresa situación]: ~ **de** ser; ~ **de suerte** está com sorte; ~ **de buen humor** estar de bom humor **- 5.** [acción]: ~ **de** estar de; **están de mudanza** estar de mudança **- 6.** [expresa permanencia]: ~ **en** estar em; ~ **en guardia** estar de guarda; ~ **en uso** estar sendo usado; ~ **de moda** estar na moda **- 7.** [consistir]: ~ **en** estar em; **el problema está en la fecha** o problema está na data **- 8.** *loc:* **¿está?** de acordo?

◆ **estarse** *vpr* estar, ficar.

estarcir *vt* desenhar com normógrafo.

estárter (*pl* **estárters**) *m* AUTOM motor *m* de arranque.

estatal *adj* estatal.

estático, ca *adj* estático(ca).

◆ **estática** *f* estática *f.*

estatismo *m* estatismo *m.*

estatización *f Amér* estatização *f.*

estatizar *vt Amér* estatizar.

estatua *f* estátua *f.*

estatura *f* estatura *f.*

estatus, status *m* status *m.*

estatutario, ria *adj* estatutário(ria).

estatuto *m* estatuto *m.*

este¹, ta *adj* este(ta); **esta corbata que llevas es muy bonita** esta gravata que você está usando é muito bonita; ~ **edificio de enfrente es mi casa** este edifício em frente é minha casa; **el hombre** ~ **no me inspira confianza** *despec* este homem não me inspira confiança.

este² *m* este *m.*

◆ **Este** *m:* **el Este** o Leste.

éste, ta *pron* este(ta).

estela *f* esteira *f.*

estelar *adj* estelar.

estenografía *f* estenografia *f.*

estentóreo, a *adj culto* estentóreo(rea).

estepa *f* estepe *f.*

estera *f* capacho *m.*

estercolero *m* **- 1.** [para estiércol] estrumeira *f* **- 2.** [lugar sucio] chiqueiro *m.*

estéreo ◇ *adj* estéreo. ◇ *m* aparelho *m* estereofônico.

estereofónico, ca *adj* estereofônico(ca).

estereoscopio *m* esteroscópio *m.*

estereotipado, da *adj* estereotipado(da).

estereotipo *m* estereótipo *m.*

estéril *adj* estéril.

esterilizar *vt* esterilizar.

esterilla *f* esteira *f.*

esterlina *f* ▷ **libra.**

esternón *m* ANAT esterno *m.*

esteroide *m* QUÍM esteróide *m.*

estertor *m* estertor *m.*

esteta *mf* esteta *mf.*

esteticista, esthéticienne *f* esteticista *mf.*

estético, ca *adj* estético(ca).

◆ **estética** *f* estética *f.*

esthéticienne = esteticista.

estiba *f* estiva *f.*

estiércol *m* esterco *m.*

estigma *m* estigma *m.*

estilarse *vpr fam* usar-se.

estilete *m* estilete *m.*

estilista *mf* estilista *mf.*

estilístico, ca *adj* estilístico(ca).

estilizar *vt* estilizar.

estilo *m* **- 1.** estilo *m*; ~ **de vida** estilo de vida **- 2.** *loc:* **por el** ~ [parecido] do gênero.

estilográfica *f* ▷ **pluma.**

estima *f* estima *f.*

estimación *f* **- 1.** [aprecio] estima *f* **- 2.** [valoración] estimativa *f.*

estimar *vt* estimar.

estimulante ◇ *adj* estimulante. ◇ *m* estimulante *m.*

estimular *vt* estimular.
estímulo *m* estímulo *m*.
estipendio *m* estipêndio *m*.
estipulación *f* estipulação *f*.
estipular *vt* estipular.
estirado, da *adj* arrogante.
estirar *vt* -**1.** [alargar] estirar - **2.** [hacer durar] esticar.
◆ **estirar** *vi*: ~ **(de algo)** puxar (algo).
◆ **estirarse** *vpr* -**1.** [gen] estirar-se -**2.** [crecer] espichar.
estirón *m* -**1.** [acción de estirar] puxão *m* -**2.** [crecida] esticada *f*; **dar** *o* **pegar un** ~ dar um puxão.
estirpe *f* estirpe *f*.
estival *adj* estival.
esto *pron neutro* isto; ~ **de trabajar de noche no me gusta** isto de trabalhar de noite não me agrada; ~ **es** isto é.
Estocolmo *n* Estocolmo.
estofa *f* laia *f*.
estofado *m* ensopado *m*.
estofar *vt* ensopar.
estoicismo *m* estoicismo *m*.
estoico, ca *adj* estóico(ca).
estola *f* estola *f*.
estomacal *adj* estomacal.
estómago *m* estômago *m*.
Estonia *n* Estônia.
estop = stop.
estopa *f* estopa *f*.
estor *m* estore *m*.
estorbar *vi* estorvar.
estorbo *m* estorvo *m*.
estornino *m* estorninho *m*.
estornudar *vi* espirrar.
estornudo *m* espirro *m*.
estos, tas *adj pl* estes(tas).
éstos, tas *pron pl* estes(tas).
estoy *etc* ⊳ estar.
estrabismo *m* estrabismo *m*.
estrado *m* estrado *m*.
estrafalario *adj* estapafúrdio(dia).
estragón *m* estragão *m*.
estragos *mpl*: **causar** *o* **hacer** ~ causar *o* fazer estragos.
estrambótico, ca *adj* estrambótico(ca).
estrangulador, ra *m, f* estrangulador *m*, -ra *f*.
estrangulamiento *m* estrangulamento *m*.
estrangular *vt* estrangular.
estraperlo *m Esp* contrabando *m*.
estratagema *f* estratagema *m*.
estratega *mf* estrategista *mf*.
estrategia *f* estratégia *f*.
estratégico, ca *adj* estratégico(ca).
estratificar *vt* estratificar.
estrato *m* estrato *m*.

estratosfera *f* estratosfera *f*.
estrechamiento *m* estreitamento *m*.
estrechar *vt* -**1.** [gen] estreitar; ~ **la mano** apertar a mão -**2.** [hacer estrecho] apertar.
◆ **estrecharse** *vpr* apertar-se.
estrechez *f* -**1.** [falta de espacio] estreiteza *f* -**2.** [falta de dinero] aperto *m*.
estrecho, cha ◇ *adj* -**1.** [gen] estreito(ta) -**2.** [ajustado] justo(ta). ◇ *m, f fam* careta *mf*.
◆ **estrecho** *m* GEOGR estreito *m*.
estrella *f* estrela *f*.
◆ **estrella de mar** *f* estrela-do-mar *f*.
estrellado, da *adj* estrelado(da).
estrellar *vt* [arrojar] estatelar.
◆ **estrellarse** *vpr* estatelar-se.
estrellato *m* estrelato *m*.
estrellón *m Méx* colisão *f*.
estremecer *vt* estremecer.
◆ **estremecerse** *vpr*: ~ **se (de)** tremer (de).
estremecimiento *m* estremecimento *m*.
estrenar *vt* estrear.
◆ **estrenarse** *vpr* estrear-se.
estreno *m* -**1.** [gen] estréia *f* -**2.** [en empleo] início *m*.
estreñido, da *adj* constipado(da).
estreñimiento *m* constipação *f*.
estrépito *m* estrépito *m*.
estrepitoso, sa *adj* estrepitoso(sa).
estrés *m inv* estresse *m*.
estresar *vt* estressar.
estría *f* estria *f*.
estribar ◆ **estribar en** *vi* estribar em.
estribillo *m* estribilho *m*.
estribo *m* estribo *m*; **perder los** ~**s** *loc* perder as estribeiras.
estribor *m* NÁUT estibordo *m*.
estricnina *f* estricnina *f*.
estricto, ta *adj* -**1.** [exacto] estrito(ta) -**2.** [severo] rigoroso(sa).
estridencia *f* -**1.** [ruido agudo] estridência *f* -**2.** [extravagancia] excentricidade *f*.
estrofa *f* estrofe *f*.
estrógeno *m* estrógeno *m*.
estropajo *m* esfregão *m*.
estropear *vt* estragar.
◆ **estropearse** *vpr* [averiarse] estragar-se.
estropicio *m* estrago *m*.
estructura *f* estrutura *f*.
estructurar *vt* estruturar.
estruendo *m* estrondo *m*.
estrujar *vt* -**1.** [exprimir] espremer -**2.** [arrugar] amassar.
◆ **estrujarse** *vpr* [cabeza] quebrar.
estuario *m* estuário *m*.
estucar *vt* estucar.
estuche *m* estojo *m*.

estuco *m* estuque *m*.
estudiante *mf* estudante *mf*.
estudiantil *adj* estudantil.
estudiar ◇ *vt* estudar. ◇ *vi* estudar.
estudio *m* -**1**. [gen] estudo *m*; ~ **de mercado** pesquisa *f* de mercado -**2**. [habitación,
apartamento] estúdio *m* -**3**. *(gen pl)* CIN, TV, RA-
DIO estúdio *m*.
    ◆ **estudios** *mpl* estudos *mpl*; ~**s** prima-
rios/secundarios estudos primários/se-
cundários.
estudioso, sa ◇ *adj* estudioso(sa). ◇ *m*,
f estudioso *m*, -sa *f*.
estufa *f* -**1**. [para calentar] aquecedor *m* -**2**.
Carib, *Méx* [para cocinar] fogão *m*.
estupefaciente *m* entorpecente *m*.
estupefacto, ta *adj* estupefato(ta).
estupendo, da *adj* estupendo(da).
estupidez *f* estupidez *f*.
estúpido, da ◇ *adj* estúpido(da). ◇ *m*,
f estúpido *m*, -da *f*.
estupor *m* estupor *m*.
esturión *m* esturjão *m*.
estuviera *etc* ▷ **estar.**
esvástica *f* suástica *f*.
ETA (*abrev de* **Euskadi Ta Askatasuna**) *f* ETA *f*.
etapa *f* [gen] etapa *f*; **por** ~**s** por etapas.
etarra ◇ *adj* da ETA. ◇ *mf* membro *m*
da ETA.
etc. (*abrev de* **etcétera**) etc.
etcétera ◇ *m* etcétera *m*; **un largo** ~ um
amplo leque. ◇ *adv* et cetera.
éter *m* éter *m*.
etéreo, rea *adj* etéreo(rea).
eternidad *f* eternidade *f*.
eterno, na *adj* eterno(na).
ético, ca *adj* ético(ca).
    ◆ **ética** *f* ética *f*; ~ **profesional** ética
profissional.
etileno *m* QUÍM etileno *m*.
etílico, ca *adj* etílico(ca).
etimología *f* etimologia *f*.
Etiopía *n* Etiópia *f*.
etiqueta *f* etiqueta *f*; **de** ~ de gala.
etiquetar *vt* etiquetar; ~ **a alguien de**
rotular alguém de.
etnia *f* etnia *f*.
étnico, ca *adj* étnico(ca).
etrusco, ca ◇ *adj* etrusco(ca). ◇ *m*, *f*
etrusco *m*, -ca *f*.
    ◆ **etrusco** *m* etrusco *m*.
ETT (*abrev de* **Empresa de Trabajo Temporal**) *f*
agência de empresas temporários.
EUA (*abrev de* **Estados Unidos de América**) *npl*
EUA.
eucalipto *m* eucalipto *m*.
eucaristía *f* eucaristia *f*.
eufemismo *m* eufemismo *m*.

euforia *f* euforia *f*.
eufórico, ca *adj* eufórico(ca).
eunuco *m* eunuco *m*.
eureka *interj* eureca!
euro *m* euro *m*.
eurocámara *f* parlamento *m* europeu.
eurocheque *m* eurocheque *m*.
eurocomunismo *m* eurocomunismo *m*.
euroconector *m* conector padrão que serve
*para conectar transmissões de som e ima-
gem.*
eurócrata *mf* eurocrata *mf*.
eurodiputado, da *m*, *f* eurodeputado *m*, -
-da *f*.
eurodólar *m* eurodólar *m*.
euroejército *m* exército *m* europeu.
Europa *n* Europa.
europarlamentario, ria *m*, *f* europarla-
mentar *mf*.
europeísmo *m* europeísmo *m*.
europeizar *vt* europeizar.
europeo, pea ◇ *adj* europeu(ia). ◇ *m*,
f europeu *m*, -ia *f*.
eurotúnel *m* túnel com serviço regular de
*trens cujo trajeto passa sob o Canal da
Mancha.*
Eurovisión *f* Eurovisão *f*.
Euskadi *n* País Basco.
euskera *m* basco *m*, língua *f* basca.
eutanasia *f* eutanásia *f*.
evacuación *f* evacuação *f*.
evacuado, da *m*, *f* evacuado *m*, -da *f*.
evacuar *vt* -**1**. [gen] evacuar -**2**. [trámite]
realizar.
evadir *vt* evadir; ~ **capitales** o **divisas**
evadir capitais o divisas.
    ◆ **evadirse** *vpr* evadir-se.
evaluación *f* avaliação *f*.
evaluar *vt* avaliar.
evanescente *adj* culto evanescente.
evangélico, ca ◇ *adj* evangélico(ca). ◇
m, *f* evangélico *m*, -ca *f*.
evangelio *m* evangelho *m*.
evaporar *vt* evaporar.
    ◆ **evaporarse** *vpr* evaporar-se.
evasión *f* [gen] -**1**. evasão *f*; ~ **de capitales**
o **divisas** evasão de capitais o divisas; ~
fiscal evasão fiscal -**2**. *fig* [distracción]
distração *f*.
evasivo, va *adj* evasivo(va).
    ◆ **evasiva** *f* evasiva *f*.
evento *m* evento *m*.
eventual *adj* eventual.
eventualidad *f* eventualidade *f*.
Everest *n*: **el** ~ o Evereste.
evidencia *f* evidência *f*.
evidenciar *vt* evidenciar.
    ◆ **evidenciarse** *vpr* evidenciar-se.

evidente adj evidente.
evitar vt evitar.
evocación f evocação f.
evocar vt evocar.
evolución f evolução f.
evolucionar vi evoluir.
evolucionismo m evolucionismo m.
evolutivo, va adj evolutivo(va).
ex¹ mf ex mf.
ex² prep ex.
exabrupto m invectiva f.
exacerbar vt exacerbar.
exactamente adv exatamente.
exactitud f exatidão f.
exacto, ta adj exato(ta); **para ser** ~ para
ser exato.
➤ **exacto** interj exato!
exageración f exagero m.
exagerado, da ◇ adj exagerado(da). ◇
m, f exagerado m, -da f.
exagerar ◇ vt exagerar. ◇ vi exagerar.
exaltado, da ◇ adj exaltado(da). ◇ m, f
exaltado m, -da f.
exaltar vt [glorificar] exaltar.
➤ **exaltarse** vpr exaltar-se.
examen m [gen] exame m, prova f; **presentarse a un** ~ prestar um exame; ~ **final**
exame final; ~ **de ingreso** [a universidad]
vestibular m; [a la policía] concurso m de
ingresso; [a una academia] exame de ingresso; ~ **oral** exame oral; ~ **parcial**
exame parcial.
examinar vt examinar.
➤ **examinarse** vpr prestar exame.
exánime adj exânime.
exasperante adj exasperante.
exasperar vt exasperar.
➤ **exasperarse** vpr exasperar-se.
excarcelar vt excarcerar.
excavación f escavação f.
excavador, ra m, f escavador m, -ra f.
➤ **excavadora** f escavadeira f.
excavar vt escavar.
excedencia f licença f, afastamento m.
excedente ◇ adj excedente. ◇ m excedente m.
exceder ◇ vt exceder. ◇ vi exceder.
➤ **excederse** vpr: ~**se (en)** exceder-se
(em).
excelencia f excelência f; **por** ~ por
excelência.
➤ **Excelencia** mf: **Su Excelencia** [título] Vossa Excelência.
excelente adj excelente.
excelso, sa adj culto excelso(sa).
excentricidad f excentricidade f.
excéntrico, ca ◇ adj excêntrico(ca). ◇
m, f [extravagante] excêntrico m, -ca f.

excepción f exceção f; **a** o **con** ~ **de** com
exceção de; **de** ~ de exceção; **hacer una**
~ fazer uma exceção.
excepcional adj excepcional.
excepto adv exceto.
exceptuar vt: ~ **a alguien de algo/hacer algo** excetuar alguém de algo/fazer algo.
excesivo, va adj excessivo(va).
exceso m excesso m; ~ **de equipaje** excesso de bagagem; ~ **de peso** [obesidad]
excesso de peso; ~ **de velocidad** excesso
de velocidade.
excipiente m excipiente m.
excisión f excisão f.
excitación f excitação f.
excitado, da adj excitado(da).
excitante ◇ adj excitante. ◇ m excitante m.
excitar vt excitar.
➤ **excitarse** vpr excitar-se.
exclamación f exclamação f.
exclamar vt proferir.
excluir vt excluir; ~ **a alguien de algo**
excluir alguém de algo.
exclusión f exclusão f.
exclusiva f ▷ exclusivo.
exclusivo, va adj exclusivo(va).
➤ **exclusiva** f exclusiva f.
excomulgar vt excomungar.
excomunión f excomunhão f.
excremento m excremento m.
excretar ◇ vt [soltar] excretar. ◇ vi [eva-
cuar] excretar.
exculpar vt exculpar.
excursión f -1. [viaje] excursão f; **ir de** ~
fazer excursão -2. fam [paseo] passeio m.
excursionista mf excursionista mf.
excusa f escusa f.
excusado, da adj -1. [disculpado] desculpa-
do(da) -2. [secreto] secreto(ta).
➤ **excusado** m banheiro m.
excusar vt escusar.
➤ **excusarse** vpr escusar-se.
exención f isenção f.
exento, ta adj: **estar** ~ **(de)** [responsabilida-
des, obligaciones] estar isento (de); **estar** ~
de un curso estar dispensado de um
curso.
exequias fpl exéquias fpl.
exfoliante ◇ adj esfoliante. ◇ m esfoliante m.
exfoliar vt esfoliar.
➤ **exfoliarse** vpr esfoliar.
exhalación f [emanación] exalação f.
exhalar vt exalar.
exhaustivo, va adj exaustivo(va).
exhausto, ta adj -1. [cansado] exausto(ta)
-2. [vacío] esgotado(da).

exhibición f exibição f.
exhibicionismo m exibicionismo m.
exhibir vt exibir.
➡ **exhibirse** vpr exibir-se.
exhortación f exortação f.
exhortar vt: ~ a alguien a algo/hacer algo exortar alguém a algo/fazer algo.
exhumar vt exumar.
exigencia f exigência f.
exigente adj exigente.
exigir ◇ vt exigir. ◇ vi [pedir] exigir.
exiguo, gua adj exíguo(gua).
exiliado, da ◇ adj exilado(da). ◇ m, f exilado m, -da f.
exiliar vt exilar.
➡ **exiliarse** vpr exilar-se.
exilio m exílio m.
eximio, mia adj culto exímio(mia).
eximir vt: ~ a alguien de algo hacer algo eximir alguém de algo fazer algo.
existencia f existência f.
➡ **existencias** fpl COM estoque m.
existencialismo m existencialismo m.
existir vi existir.
éxito m êxito m; **tener** ~ ter o fazer sucesso.
exitoso, sa adj exitoso(sa).
éxodo m êxodo m.
exonerar vt culto: ~ a alguien de algo exonerar alguém de algo.
exorbitante adj exorbitante.
exorbitar vt exorbitar.
exorcismo m exorcismo m.
exorcizar vt exorcizar.
exótico, ca adj exótico(ca).
expandir vt expandir.
➡ **expandirse** vpr expandir-se.
expansión f-1. [gen] expansão f-2. [recreo] distração f.
expansionarse vpr -1. [gen] expandir-se -2. [divertirse] distrair-se.
expansionismo m expansionismo m.
expansivo, va adj expansivo(va).
expatriación f expatriação f.
expatriar vt expatriar.
➡ **expatriarse** vpr expatriar-se.
expectación f expectação f, expectativa f.
expectativa f expectativa f; **estar a la** ~ **(de)** estar na expectativa (de).
expectorar vi expectorar.
expedición f expedição f.
expedicionario, ria ◇ adj expedicioná-rio(ria). ◇ m, f expedicionário m, -ria f.
expediente m -1. [gen] expediente m; **abrir** ~ **a alguien** ato de processar administrati-vamente uma pessoa -2. [documento personal] ficha f; ~ **académico** histórico m escolar

-3. [trámites] processo m -4. loc: **cubrir el** ~ fam marcar presença.
expedir vt expedir.
expeditivo, va adj expedito(ta).
expedito, ta adj desobstruído(da).
expeler vt expelir.
expendedor, ra ◇ adj de venda auto-mática. ◇ m, f vendedor m, -ra f.
expendeduría f tabacaria f.
expensas ➡ **a expensas de** loc prep a expensas de.
experiencia f experiência f.
experimentado, da adj [persona] experien-te.
experimentar vt experimentar.
experimento m experimento m.
experto, ta ◇ adj especialista. ◇ m, f perito m, -ta f.
expiar vt expiar.
expiatorio, ria adj expiatório(ria).
expirar vi expirar.
explanada f esplanada f.
explanar vt -1. [terreno] aplanar -2. [asunto] explanar.
explayarse vpr -1. [divertirse] divertir-se -2. [desahogarse] desabafar-se.
explicación f explicação f; **dar explicacio-nes** dar explicações; **pedir explicaciones** pedir explicações.
explicar vt -1. [gen] explicar -2. [enseñar] ensinar.
➡ **explicarse** vpr explicar-se.
explicitar vt explicitar.
explícito, ta adj explícito(ta).
exploración f -1. [de lugar] exploração f -2. MED exame m.
explorador, ra m, f explorador m, -ra f.
explorar vt -1. [gen] explorar -2. MED exa-minar.
explosión f explosão f.
explosionar ◇ vt explodir. ◇ vi explo-dir.
explosivo, va adj explosivo(va).
➡ **explosivo** m explosivo m.
explotación f exploração f; ~ **agrícola** exploração agrícola.
explotar ◇ vt explorar. ◇ vi explodir.
expoliar vt espoliar.
expolio, espolio m culto espoliação f.
exponente m expoente m.
exponer vt expor.
➡ **exponerse** vpr [arriesgarse] expor-se; ~ **se a** expor-se a.
exportación f exportação f.
exportar vt exportar.
exposición f -1. [gen] exposição f -2. [ries-go] risco m.
expósito, ta ◇ adj enjeitado(da). ◇ m,

132

f enjeitado *m*, -da *f*.
expositor, ra ◇ *adj* expositor(ra). ◇ *m*, *f* expositor *m*, -ra *f*.
exprés *adj* **-1.** expresso(sa) **-2.** = expreso.
expresar *vt* expressar.

◆ **expresarse** *vpr* expressar-se.
expresión *f* expressão *f*; **reducir a la míni- ma** ~ falar somente o necessário.
expresionismo *m* expressionismo *m*.
expresivo, va *adj* expressivo(va).
expreso, sa *adj* expresso(sa).

◆ **expreso, exprés** *m* ▷ tren.
exprimidor *m* espremedor *m*.
exprimir *vt* espremer.
expropiación *f* expropriação *f*.
expropiar *vt* expropriar.
expuesto, ta ◇ *pp irreg* ▷ exponer. ◇ *adj* **-1.** [gen] exposto(ta) **-2.** [arriesgado] perigoso(sa).
expulsar *vt* expulsar.
expulsión *f* expulsão *f*.
expurgar *vt culto* expurgar.
exquisitez *f* **-1.** [cualidad] refinamento *m* **-2.** [cosa] delícia *f*.
exquisito, ta *adj* magnífico(ca), delicio- so(sa); **un plato** ~ um prato delicioso.

Não confundir *exquisito (magnífico, delicioso)* com o português *esquisito* que em espanhol é *ex- traño*. (*Esta comida está muy sabrosa; es realm- ente exquisita.* Esta comida está muito saborosa; é realmente deliciosa.)

extasiarse *vpr* extasiar-se.
éxtasis *m* **-1.** [estado] êxtase *m* **-2.** *fam* [dro- ga] ecstasy *m*.
extender *vt* **-1.** [gen] estender **-2.** [documen- to] lavrar, escrever.

◆ **extenderse** *vpr* estender-se.
extensión *f* extensão *f*; **por** ~ por exten- são.
extensivo, va *adj* extensivo(va).
extenso, sa *adj* extenso(sa).
extenuar *vt* extenuar.

◆ **extenuarse** *vpr* extenuar-se.
exterior ◇ *adj* **-1.** [extranjero] exterior **-2.** [capa, de fuera] externo(na). ◇ *m* exterior *m*.

◆ **exteriores** *mpl* exteriores *mpl*.
exteriorizar *vt* exteriorizar.
exterminar *vt* exterminar.
exterminio *m* extermínio *m*.
externalización *f* terceirização *f*.
externalizar *vt* terceirizar.
externo, na *adj* **-1.** [de exterior] externo(na) **-2.** [visible] exterior.
extinción *f* extinção *f*.
extinguir *vt* [fuego, luz] extinguir.

◆ **extinguirse** *vpr* extinguir-se.
extintor *m* extintor *m*.

extirpación *f* extirpação *f*.
extirpar *vt* extirpar.
extorno *m COM* estorno *m*.
extorsión *f* **-1.** [molestia] incômodo *m* **-2.** [delito] extorsão *f*.
extorsionar *vt*: ~ **a alguien** extorquir dinheiro de alguém.
extorsionista *mf* extorsionário *m*, -ria *f*.
extra¹ ◇ *adj* extra. ◇ *mf* extra *mf*, figurante *mf*. ◇ *m* extra *m*. ◇ *f* ▷ paga.
extra² *pref* extra-.
extracción *f* extração *f*.
extracelular *adj* extracelular.
extracto *m* [resumen] extrato *m*; ~ **de cuen- tas** extrato de contas.
extractor, ra *adj* [aparato] extrator(ra); [in- dustria] extrativo(va).

◆ **extractor** *m* exaustor *m*.
extracurricular *adj* extracurricular.
extraditar *vt* extraditar.
extraer *vt* extrair.
extrafino, na *adj* extrafino(na).
extrajudicial *adj* extrajudicial.
extralimitarse *vpr fig* extrapolar.
extranjería *f* estraneidade *f*.
extranjero, ra ◇ *adj* estrangeiro(ra). ◇ *m*, *f* estrangeiro *m*, -ra *f*.

◆ **extranjero** *m* estrangeiro *m*.
extranjis ◆ **de extranjis** *loc adv Esp fam* de mansinho.
extrañar ◇ *vt* **-1.** [echar de menos] sentir saudade **-2.** [desterrar] deportar. ◇ *vi* [sor- prender] estranhar.

◆ **extrañarse** *vpr*: ~ **se (de)** surpreender- se (com).
extrañeza *f* **-1.** [sorpresa] estranheza *f* **-2.** [rareza] esquisitice *f*.
extraño, ña ◇ *adj* **-1.** [gen] estranho(nha) **-2.** [ajeno] alheio(a). ◇ *m*, *f* [desconocido] estranho *m*, -nha *f*.
extraoficial *adj* extra-oficial.
extraordinario, ria *adj* extraordiná- rio(ria).

◆ **extraordinario** *m* **-1.** [de publicación] edição *f* extra, suplemento *m* especial **-2.** [correo] *correspondência que se despacha com urgência*.

◆ **extraordinaria** *f* ▷ paga.
extraparlamentario, ria *adj* extraparla- mentar.
extraplano, na *adj* ultrafino(na).
extrapolar *vt* extrapolar.
extrarradio *m* subúrbio *m*, periferia *f*.
extraterrestre ◇ *adj* extraterrestre. ◇ *mf* extraterrestre *mf*.
extraterritorial *adj* extraterritorial.
extravagancia *f* extravagância *f*.
extravagante *adj* extravagante.

extraversión = extroversión.
extravertido, da = extrovertido.
extraviado, da *adj* extraviado(da).
extraviar *vt* - 1. [perder] extraviar - 2. [mirada, vista] desviar.
◆ **extraviarse** *vpr* extraviar-se.
extravío *m* - 1. [pérdida] extravio *m* - 2. [desorden] transvio *m*.
extremado, da *adj* extremado(da).
extremar *vt* extremar.
◆ **extremarse** *vpr* esmerar-se.
extremaunción *f* extrema-unção *f*.
extremidad *f* extremidade *f*.
◆ **extremidades** *fpl* extremidades *fpl*.
extremista ◇ *adj* extremista. ◇ *mf* extremista *mf*.
extremo, ma *adj* extremo(ma).
◆ **extremo** *m* - 1. [gen] extremo *m*; **en último** ~ em último caso - 2. *DEP* ponta *mf*.
extrínseco, ca *adj* extrínseco(ca).
extroversión, extraversión *f* extroversão *f*.
extrovertido, da, extravertido, da ◇ *adj* extrovertido(da). ◇ *m, f* extrovertido *m*, -da *f*.
exuberancia *f* [abundancia] exuberância *f*.
exuberante *adj* exuberante.
exudar *vt* exsudar.
exultante *adj* exultante.
exvoto *m* ex-voto *m*.
eyaculación *f* ejaculação *f*.
eyacular *vi* ejacular.

f, F *f* [letra] f, F *m*.
◆ **23 F** *m* tentativa de golpe de Estado no Parlamento espanhol.
fa *m* fá *m*.
fabada *f* CULIN *prato típico das Astúrias feito com feijão branco cozido com lingüiça defumada, toucinho, presunto e morcela.*
fábrica *f* - 1. [establecimiento] fábrica *f* - 2. [fabricación] fábricação *f*.
fabricación *f* fabricação *f*; ~ **en serie** fabricação em série.
fabricante *mf* fabricante *mf*.
fabricar *vt* fabricar.
fábula *f* - 1. [gen] fábula *f* - 2. [rumor] boato *m*.
fabuloso, sa *adj* fabuloso(sa).

facción *f* facção *f*.
◆ **facciones** *fpl* feições *fpl*.
faccioso, sa ◇ *adj* faccioso(sa). ◇ *m, f* faccioso *m*, -sa *f*.
faceta *f* faceta *f*.
facha *fam* ◇ *f* visual *m*. ◇ *mf* fascista *mf*.
fachada *f* fachada *f*.
facial *adj* facial.
fácil *adj* - 1. [gen] fácil - 2. [tratable] afável - 3. [probable] provável.
facilidad *f* facilidade *f*.
◆ **facilidades** *fpl* facilidades *fpl*; ~ **es de pago** facilidades de pagamento.
facilitar *vt* - 1. [hacer posible] facilitar - 2. [dar] proporcionar.
facsímil, facsímile *m* fac-símile *m*.
factible *adj* factível.
factor *m* fator *m*.
factoría *f* [fábrica] fábrica *f*.
factótum (*pl* factotums) *m, f* factótum *m*.
factura *f* - 1. [documento] fatura *f* - 2. *Arg* [repostería] confeitaria *f*.
facturar *vt* - 1. [gen] faturar - 2. [equipaje] despachar.
facultad *f* faculdade *f*.
facultar *vt* facultar.
facultativo, va ◇ *adj* - 1. [potestativo] facultativo(va) - 2. [médico] médico(ca). ◇ *m, f* médico *m*, -ca *f*.
faena *f* trabalho *m*; **hacerle una (mala)** ~ **a alguien** *fig* fazer uma desfeita a alguém.
faenar *vi* - 1. [en mar] pescar - 2. [en tierra] lavrar.
fagocito *m* fagócito *m*.
fagot *MÚS* ◇ *m* [instrumento] fagote *m*. ◇ *mf* [persona] fagotista *mf*.
fainá *f* *RP* massa de grão-de-bico assada, servida com pizza.
faisán *m* faisão *m*.
faja *f* - 1. [gen] faixa *f* - 2. [prenda interior, de publicación] cinta *f*.
fajo *m* - 1. [de leña, cañas] fardo *m* - 2. [de billetes] maço *m*.
fakir = faquir.
falacia *f* falácia *f*.
falaz *adj* falaz.
falda *f* - 1. [prenda] saia *f* - 2. [de montaña] falda *f* - 3. [de mesa camilla] camilha *f*.
faldero, ra *adj* - 1. [perro] de companhia - 2. [hombre] mulherengo.
faldón *m* - 1. [de tela] fralda *f* - 2. [de tejado] água *f*.
falencia *f* *CSur* defeito *m*.
falla *f* - 1. *GEOL* falha *f* - 2. [defecto, fallo] defeito *m* - 3. [en Valencia] *figura de madeira e papelão que é queimada nas ruas durante as festas valencianas.*

◆ **fallas** *fpl festa popular de València em que são queimados bonecos de madeira e papelão na noite de São José.*

fallar ◇ *vt* -**1.** [suj: jurado] decidir - **2.** [equivocar] errar. ◇ *vi* -**1.** [gen] falhar - **2.** [ceder] romper - **3.** [jurado, tribunal] decidir.

fallecer *vi* falecer.

fallecimiento *m* falecimento *m.*

fallido, da *adj* frustrado(da).

fallo *m* -**1.** [error, equivocación] falha *f* - **2.** [sentencia] decisão *f.*

falluto, ta ◇ *adj RP fam* falso(sa). ◇ *m, f* hipócrita *mf.*

falo *m* falo *m.*

falsear *vt* falsear.

falsedad *f* falsidade *f.*

falsete *m* MÚS falsete *m.*

falsificación *f* falsificação *f.*

falsificar *vt* falsificar.

falsilla *f* pauta *f.*

falso, sa *adj* -**1.** [gen] falso(sa); **en** ~ em falso - **2.** [inadecuado] indevido(da).

falta *f* -**1.** [gen] falta *f*; ~ **de educación** falta de educação; ~ **personal** DEP falta pessoal; **hacer** ~ **algo** fazer falta algo - **2.**: **echar en** ~ [objeto, persona] sentir falta - **3.** [imperfección, error] erro *m* - **4.** [en menstruación] falha *f* na menstruação.

◆ **à falta de** *loc prep* na falta de.

faltante *m Amér* déficit *m.*

faltar *vi* -**1.** [no haber] faltar - **2.** [carecer]: ~**le algo a alguien** faltar algo para alguém; ~ **por faltar**; ~ **poco para** faltar pouco para - **3.** [no respetar] desrespeitar; ~**le a alguien en algo** falhar com alguém em algo - **4.**: ~ **a** [incumplir] faltar com - **5.** *loc*: **¡no faltaba o faltaría más!** [agradecimiento] sem dúvida!; [rechazo] era só o que faltava!

falto, ta *adj* deficiente.

fama *f* fama *f*; **cría o cobra** ~ **y échate a dormir** cria fama e deita na cama.

famélico, ca *adj* famélico(ca).

familia *f* -**1.** [gen] família *f*; **en** ~ em família - **2.** [hijos] filhos *mpl.*

familiar ◇ *adj* familiar. ◇ *m* familiar *m.*

familiaridad *f* familiaridade *f.*

familiarizar *vt* familiarizar.

◆ **familiarizarse** *vpr* familiarizar-se.

famoso, sa ◇ *adj* -**1.** [conocido] famoso(sa) - **2.** *fam* [bueno, excelente] excepcional. ◇ *m, f* pessoa *f* famosa.

fan (*pl* fans) *mf* fã *mf.*

fanático, ca ◇ *adj* fanático(ca). ◇ *m, f* fanático *m*, -ca *f.*

fanatismo *m* fanatismo *m.*

fanfarria *f* -**1.** *fam* [jactancia] fanfarrice *f* - **2.** [de música] fanfarra *f.*

fanfarrón, rona ◇ *adj* fanfarrão(na). ◇

m, f fanfarrão *m*, -na *f.*

fango *m* lama *f.*

fangoso, sa *adj* lamacento(ta).

fantasear ◇ *vi* fantasiar. ◇ *vt* fantasiar.

fantasía *f* -**1.** [imaginación] imaginação *f*; **de** ~ [bisutería] de fantasia - **2.** MÚS fantasia *f.*

fantasma ◇ *m* [espectro] fantasma *m.* ◇ *mf fam* [persona vanidosa] fanfarrão *m*, -ona *f.*

fantástico, ca *adj* fantástico(ca).

fantoche *m* -**1.** [gen] fantoche *m* - **2.** [mamarracho] palhaço *m.*

faquir, fakir *m* faquir *m.*

farándula *f* teatro *m.*

faraón *m* faraó *m.*

fardar *vi fam* exibir-se.

fardo *m* trouxa *f.*

farfullar ◇ *vt* gaguejar. ◇ *vi* gaguejar.

faringe *f* ANAT faringe *f.*

faringitis *f* MED faringite *f.*

farmacéutico, ca ◇ *adj* farmacêutico(ca). ◇ *m, f* farmacêutico *m*, -ca *f.*

farmacia *f* farmácia *f*; ~ **de turno** o **guardia** farmácia de plantão.

fármaco *m* fármaco *m.*

faro *m* farol *m*; ~**s halógenos** faróis halógenos; ~ **antiniebla** farol de neblina.

farol *m* -**1.** [farola] poste *m* de iluminação - **2.** [en juego] blefe *m* - **3.** *fam* [mentira, exageración] farol *m.*

farola *f* poste *m* de iluminação.

farolillo *m* -**1.** [de papel] lanterna *f* - **2.** [planta] campânula *f.*

farra *f fam* farra *f*; **ir de** ~ cair na farra.

farragoso, sa *adj* confuso(sa).

farruco, ca *adj* -**1.** [valiente] corajoso(sa) - **2.** [terco] obstinado(da).

farsa *f* farsa *f.*

farsante ◇ *adj* farsante. ◇ *mf* farsante *mf.*

fascículo *m* fascículo *m.*

fascinante *adj* fascinante.

fascinar *vt* fascinar.

fascismo *m* fascismo *m.*

fascista ◇ *adj* fascista. ◇ *mf* fascista *mf.*

fase *f* fase *f.*

fastidiado, da *adj* enjoado(da).

fastidiar *vt* -**1.** [estropear] estragar - **2.** [molestar] aborrecer.

◆ **fastidiarse** *vpr* -**1.** [estropearse] estragar-se - **2.** [aguantarse] conformar-se.

fastidio *m* -**1.** [molestia] chateação *f* - **2.** [aburrimiento] tédio *m.*

fastidioso, sa *adj* -**1.** [molesto] chato(ta) - **2.** [aburrido] entediante.

fastuoso, sa *adj* fastuoso(sa).

fatal <> adj **-1.** [gen] fatal **-2.** [muy malo] péssimo(ma). <> adv muito mal.
fatalidad f fatalidade f.
fatalismo m fatalismo m.
fatídico, ca adj fatídico(ca).
fatiga f fadiga f.
➡ **fatigas** fpl dificuldades fpl.
fatigar vt fatigar.
➡ **fatigarse** vpr fatigar-se.
fatigoso, sa adj fatigante.
fatuo, tua adj **-1.** [necio, tonto] tolo(la) **-2.** [engreído, presuntuoso] pretensioso(sa).
fauces fpl goela f.
fauna f fauna f.
favor m favor m; **hacer el** ~ **de** fazer o favor de; **por** ~ por favor; **hacerle un** ~ **a alguien** fam fazer um favor para alguém; **a** ~ **de** a favor de; **tener a** o **en su** ~ ter a o em seu favor; **de** ~ de favor.
favorable adj favorável.
favorecer vt favorecer.
favoritismo m favoritismo m.
favorito, ta <> adj favorito(ta). <> m, f favorito m, -ta f.
fayuca f *Méx* contrabando m.
fayuquero m *Méx* contrabandista mf.
fax m inv fax m; **mandar por** ~ enviar por fax.
faz f configuração f.
fe f **-1.** [gen] fé f **-2.** [documento] certidão f **-3.** loc: **dar** ~ dar fé de; **de buena** ~ de boa-fé.
fealdad f fealdade f.
febrero m fevereiro m; *ver también* setiembre.
febril adj febril.
fecha f data f; **en** ~ **próxima** em data próxima; ~ **de caducidad** data de vencimento; ~ **tope** o **límite** data máxima; **hasta la** ~ até esta data; **por estas** ~s por estes dias.
fechar vt datar.
fechoría f malfeitoria f.
fécula f fécula f.
fecundación f fecundação f; ~ **artificial/in vitro** fecundação artificial/in vitro.
fecundar vt fecundar.
fecundo, da adj fecundo(da).
federación f federação f.
federal <> adj federal. <> mf federais mpl.
federalismo m federalismo m.
federar vt federar.
➡ **federarse** vpr federar-se.
federativo, va m, f federado m, -da f.
feedback (pl feedbacks) m feedback m.
fehaciente adj irrefutável.
feldespato m feldspato m.
felicidad f felicidade f.

➡ **felicidades** interj: **¡~es!** felicidades!
felicitación f felicitação f.
felicitar vt felicitar.
feligrés, gresa m, f paroquiano m, -na f.
felino, na adj felino(na).
➡ **felinos** mpl felinos mpl.
feliz adj feliz; **nos las prometíamos tan felices** estávamos tão felizes.
felpa f felpa f.
felpudo m capacho m.
femenino, na adj feminino(na).
➡ **femenino** m GRAM feminino m.
fémina f mulher f.
feminismo m feminismo m.
feminista <> adj feminista. <> mf feminista mf.
fémur (pl fémures) m ANAT fêmur m.
fenicio, cia <> adj HIST fenício(cia). <> m, f fenício m, -cia f.
➡ **fenicio** m fenício m.
fénix m fênix m.
fenomenal adj **-1.** [estupendo, magnífico] fenomenal **-2.** [de fenómeno] fenomênico(ca).
fenómeno <> m fenômeno m. <> adv fam muito bem.
fenotipo m fenótipo m.
feo, a <> adj feio(a). <> m, f feio m, -a f.
➡ **feo** m *Esp* [desaire] desfeita f; **hacer un** ~ fazer uma desfeita.
féretro m féretro m.
feria f feira f; ~ **de muestras** exposição f.

> Não confundir *feria (feira)* com o português *feira* (referente aos dias da semana) como, por exemplo, segunda-feira, que em espanhol é *lunes*. (*Gabriela compra la fruta y la verdura en la feria.* Gabriela compra frutas e verduras na *feira*.)

feriado m *Amér* feriado m.
feriante mf feirante mf.
fermentación f fermentação f.
fermentar <> vi fermentar. <> vt fermentar.
ferocidad f ferocidade f.
feroz adj **-1.** [gen] feroz **-2.** fig [doloroso] atroz.
férreo, a adj férreo(a).
ferretería f loja f de ferragens.
férrico, ca adj férrico(ca).
ferrocarril m trem m.
ferroviario, ria <> adj ferroviário(ria). <> m, f ferroviário m, -ria f.
ferry (pl ferries) m ferry-boat m.
fértil adj fértil.
fertilidad f fertilidade f.
fertilizante <> adj fertilizante. <> m fertilizante m.
fertilizar vt fertilizar.
ferviente adj fervente.

fervor *m* fervor *m.*

festejar *vt* **-1.** [agasajar] acolher **-2.** [halagar] adular.

◆ **festejarse** *vpr* [celebrarse] festejar.

festejo *m* [agasajo] atenções *mpl.*

◆ **festejos** *mpl* [fiestas] festividades *fpl.*

festín *m* festim *m.*

festival *m* festival *m.*

festividad *f* festividade *f.*

festivo, va *adj* festivo(va).

festón *m* festão *m.*

feta *f RP* fatia *f.*

fetal *adj* fetal.

fetiche *m* fetiche *m.*

fetichista ◇ *adj* fetichista. ◇ *mf* fetichista *mf.*

fétido, da *adj* fétido(da).

feto *m* feto *m.*

feudal *adj* feudal.

feudalismo *m* feudalismo *m.*

feudo *m* feudo *m.*

FF AA (*abrev de* **Fuerzas Armadas**) *fpl* Forças *fpl* Armadas.

FF CC (*abrev de* **ferrocarriles**) *estradas de ferro.*

FIA (*abrev de* **Federación Internacional de Automovilismo**) *f:* **la** ~ a FIA.

fiable *adj* confiável.

fiaca *m RP:* **levantarme esta mañana, me dio una** ~ me deu uma preguiça de levantar esta manhã.

fiador, ra *m, f* fiador *m,* -ra *f.*

fiambre *m* **-1.** [comida] fiambre *m* **-2.** *fam* [cadáver] presunto *m.*

fiambrera *f* marmita *f.*

fianza *f* fiança *f.*

fiar *vt* **-1.** [vender a crédito] fiar **-2. : ser de** ~ ser de confiança.

◆ **fiarse** *vpr* fiar-se; ~**se de algo/alguien** confiar em algo/alguém.

fiasco *m* fiasco *m.*

FIBA (*abrev de* **Federación Internacional de Baloncesto**) *f:* **la** ~ a FIBA.

fibra *f* fibra *f;* ~ **óptica** fibra óptica; ~ **de vidrio** fibra de vidro.

fibroma *f MED* fibroma *m.*

ficción *f* ficção *f.*

ficha *f* **-1.** [gen] ficha *f* **-2.** [contraseña] tíquete *m* **-3.** *DEP* [contrato] contrato *m.*

fichaje *m DEP* contratação *f.*

fichar ◇ *vt* **-1.** [gen] fichar **-2.** *DEP* contratar **-3.** *fam* [calar] fichar. ◇ *vi* **-1.** [trabajador] marcar o ponto **-2.** *DEP* ser contratado.

fichero *m INFORM* arquivo *m.*

ficticio, cia *adj* fictício(cia).

ficus *m inv* ficus *m.*

fidedigno, na *adj* fidedigno(na).

fidelidad *f* fidelidade *f.*

fideo *m* fidelinho *m,* aletria *f.*

fiebre *f* febre *f;* ~ **amarilla** febre amarela.

fiel ◇ *adj* fiel. ◇ *mf* fiel *mf.*

fieltro *m* feltro *m.*

fiero, ra *adj* feroz.

◆ **fiera** *f* fera *f.*

fierro *m Amér* ferro *m.*

fiesta *f* **-1.** [gen] festa *f* **-2.** [no laborable] feriado *m;* **hacer** ~ suspender as atividades; ~ **mayor** *festa do santo padroeiro de uma localidade;* **la** ~ **nacional** a festa nacional.

FIFA (*abrev de* **Federación Internacional de Fútbol Asociación**) *f:* **la** ~ a FIFA.

figura *f* figura *f.*

figuraciones *fpl* imaginação *f.*

figurado, da *adj* figurado(da).

figurar ◇ *vi* figurar. ◇ *vt* figurar.

◆ **figurarse** *vpr* [imaginarse] imaginar.

figurín *m* figurino *m.*

fijación *f* fixação *f.*

◆ **fijaciones** *fpl* fixadores *mpl.*

fijador, ra *adj* fixador(ra).

◆ **fijador** *m* fixador *m;* ~ **de pelo** fixador de cabelo.

fijar *vt* fixar.

◆ **fijarse** *vpr:* ~**se (en algo)** prestar atenção (em algo).

fijeza *f* fixidez *f.*

fijo, ja *adj* fixo(xa).

◆ **fijo** *adv fam* com certeza.

fila *f* [hilera] fila *f;* **en** ~ **(india)** em fila (indiana); **aparcar en doble** ~ estacionar em fila dupla.

◆ **filas** *fpl* [bando, partido] fileiras *fpl;* **cerrar** ~**s** cerrar fileiras; **llamar a** ~**s** convocar para as fileiras.

filamento *m* filamento *m.*

filántropo, pa *m, f* filantropo *m,* -pa *f.*

filarmónico, ca *adj* filarmônico(ca).

filatelia *f* filatelia *f.*

filete *m* **-1.** [de carne] filé *m* **-2.** [moldura] filete *m.*

filiación *f* **-1.** [gen] filiação *f* **-2.** [por policía] fichamento *m.*

filial ◇ *adj* filial. ◇ *f* [empresa] filial *f.*

filigrana *f* filigrana *f.*

Filipinas *npl:* **(las)** ~ (as) Filipinas.

filipino, na ◇ *adj* filipino(na). ◇ *m, f* filipino *m,* -na *f.*

◆ **filipino** *m* filipino *m.*

film = **filme.**

filmar *vt* filmar.

filme (*pl* **filmes**), **film** (*pl* **films**) *m* filme *m.*

filmoteca *f* cinemateca *f.*

filo *m* fio *m,* gume *m;* **de doble** ~ , **de dos** ~**s** de fio duplo, de dois gumes.

flete

➡ **al filo de** *loc prep* por volta de.
filología *f* filologia *f.*
filón *m* filão *m.*
filoso, sa *adj Amér* afiado(da).
filosofía *f* filosofia *f.*
filósofo, fa *m, f* filósofo *m, -fa f.*
filtración *f-* **1.** [de agua, sol etc.] filtração *f-* **2.** [de dato] vazamento *m.*
filtrar *vt* filtrar.
➡ **filtrarse** *vpr* -**1.** [agua, sol etc.] infiltrar -**2.** [dato] vazar.
filtro *m* filtro *m.*
filudo, da = filoso.
fimosis *f MED* fimose *f.*
fin *m* fim *m*; **dar** *o* **poner** ~ **a algo** dar *o* pôr fim a algo; **a** ~**es de** no fim de; **al** *o* **por** ~ por fim, enfim; **al** ~ **y al cabo** afinal de contas.
➡ **a fin de** *loc prep* a fim de.
➡ **en fin** *loc adv* enfim.
➡ **fin de semana** *m* fim *m o* final *m* de semana.
final ◇ *adj* final. ◇ *m* final *m*; **a** ~**es de** nos fins de; **al** ~ **(de)** no final (de). ◇ *f* final *f.*
finalidad *f* finalidade *f.*
finalista ◇ *adj* finalista. ◇ *mf* finalista *mf.*
finalizar ◇ *vt* finalizar. ◇ *vi* finalizar.
financiación *f* financiamento *m.*
financiar *vt* financiar.
financiero, ra ◇ *adj* financeiro(ra).
financista *mf Amér* financista *mf.*
finanzas *fpl* finanças *fpl.*
finca *f-* **1.** [en campo] sítio *m* -**2.** [en ciudad] prédio *m.*
finés, nesa *adj* = finlandés.
fingir ◇ *vt* fingir. ◇ *vi* fingir.
finiquito *m* quitação *f.*
finito, ta *adj* finito(ta).
finlandés, desa, finés, ñesa ◇ *adj* finlandês(sa). ◇ *m, f* finlandês *m, -esa f.*
➡ **finlandés, finés** *m* [lengua] finlandês *m.*
Finlandia *n* Finlândia.
fino, na *adj* fino(na).
➡ **fino** *m* ➡ jerez.
finura *f* finura *f.*
fiordo *m* fiorde *m.*
firma *f-* **1.** [gen] assinatura *f*; **estampar una** ~ apor uma assinatura -**2.** [empresa] firma *f.*
firmamento *m* firmamento *m.*
firmar *vt* assinar.
firme ◇ *adj* firme. ◇ *m* pavimentação *f.* ◇ *adv* firme.
firmeza *f* firmeza *f.*
fiscal ◇ *adj* fiscal. ◇ *mf* promotor *m, -ra f.*

fiscalizar *vt* fiscalizar.
fisco *m* fisco *m.*
fisgar *vi* bisbilhotar.
fisgón, gona ◇ *adj* bisbilhoteiro(ra). ◇ *m, f* bisbilhoteiro *m, -ra f.*
fisgonear *vi fam* xeretar.
físico, ca ◇ *adj* físico(ca). ◇ *m, f* físico *m, -ca f.*
➡ **físico** *m* físico *m.*
➡ **física** *f* física *f.*
fisiológico, ca *adj* fisiológico(ca).
fisión *f FÍS* fissão *f.*
fisionomía, fisonomía *f* fisionomia *f.*
fisioterapeuta *mf* fisioterapeuta *mf.*
fisonomía = fisionomía.
fístula *f MED* fístula *f.*
fisura *f-* **1.** [gen] fissura *f-* **2.** *fig* [defecto] falha *f.*
flacidez, flaccidez *f* flacidez *f.*
flácido, da, fláccido, da *adj* flácido(da).
flaco, ca *adj* -**1.** [delgado] magro(gra) -**2.** *Amér* [como apelativo]**: ¿cómo estas, flaca?** como vai, cara?
flagelar *vt* flagelar.
flagelo *m* flagelo *m.*
flagrante *adj* flagrante.
flamante *adj* vistoso(sa).
flambear *vtr CULIN* flambar.
flamenco, ca ◇ *adj* -**1.** [de Andalucía] flamenco(ca) -**2.** [de Flandes] flamengo(ga). ◇ *m, f-* **1.** [de Andalucía] flamenco *m, -ca f* -**2.** [de Flandes] flamengo *m, -ga f.*
➡ **flamenco** *m* -**1.** [ave] flamingo *m* -**2.** [lengua de Flandes] flamengo *m* -**3.** [cante y baile andaluces] flamenco *m.*
flan *m CULIN* flã *m*; **estar como un** ~ *fig* estar tremendo como uma gelatina.
flanco *m* flanco *m.*
flanquear *vt* flanquear.
flaquear *vi* fraquejar.
flaqueza *f* fraqueza *f.*
flash (*pl* flashes) *m* -**1.** [gen] flash *m* -**2.** *fam* [imagen mental] estalo *m.*
flatulento, ta *adj* flatulento(ta).
flauta *f* flauta *f.*
flebitis *f MED* flebite *f.*
flecha *f-* **1.** [gen] flecha *f-* **2.** [señal] seta *f.*
flechazo *m* flechada *f.*
fleco *m* -**1.** [adorno] franja *f-* **2.** [de tela gastada] fiapo *m.*
flema *f-* **1.** [mucosidad] catarro *m* -**2.** [tranquilidad] fleuma *f.*
flemático, ca *adj* -**1.** [con mucosidad] catarrento(ta) -**2.** [tranquilo] fleumático(ca).
flemón *m MED* flegmão *m.*
flequillo *m* franja *f.*
fletar *vt* fretar.
flete *m* frete *m.*

flexibilidad *f* flexibilidade *f*.
flexible *adj* flexível.
flexión *f* flexão *f*.
flexo *m* luminária *f* flexível.
flipar *vi Esp fam* -**1.** [entusiasmarse] divertir-se -**2.** [asombrarse] pasmar -**3.** [con droga] dar o maior barato.
flipper *m* fliperama *m*.
flirtear *vi* flertar.
flojear *vi* -**1.** [fallar] fraquejar -**2.** *Andes* [holgazanear] enrolar.
flojera *f* moleza *f*.
flojo, ja *adj* -**1.** [gen] fraco(ca) -**2.** [suelto] frouxo(xa) -**3.** *Andes* [perezoso] preguiçoso(sa).
flor *f* -**1.** [de planta] flor *f*; **en** ~ em flor; ~ **de lis** flor-de-lis -**2.** *fig* [lo mejor] nata *f*; **en la** ~ **de la edad** *o* **de la vida** na flor da idade; **la** ~ **y nata** a fina flor.
◆ **a flor de** *loc adv* à flor de.
flora *f* flora *f*.
florecer *vi* florescer.
floreciente *adj* florescente.
florero *m* vaso *m*.
florido, da *adj* florido(da).
florín *m* florim *m*.
florista *mf* florista *mf*.
floristería *f* floricultura *f*.
flota *f* frota *f*.
flotación *f* flutuação *f*.
flotador *m* bóia *f*.
flotar *vi* flutuar.
flote ◆ **a flote** *loc adv* -**1.** [en mar] flutuando -**2.** *loc*: **sacar a** ~ salvar de apuro; **salir a** ~ sair de apuro.
flotilla *f* flotilha *f*.
fluctuar *vi* -**1.** [variar] flutuar -**2.** [vacilar] oscilar.
fluidez *f* fluidez *f*.
fluido, da *adj* [sustancia] fluido(da).
◆ **fluido** *m* fluido *m*.
fluir *vi* fluir.
flujo *m* fluxo *m*; ~ **de caja** fluxo de caixa.
flúor *m* QUÍM flúor *m*.
fluorescente ◇ *adj* fluorescente. ◇ *m* lâmpada *f* fluorescente.
fluvial *adj* fluvial.
FM (*abrev de* **frecuencia modulada**) *f* FM *f*.
fobia *f* PSICOL fobia *f*.
foca *f* foca *f*.
focalizar *vt* focalizar.
foco *m* -**1.** [gen] foco *m* -**2.** *Col, Ecuad, Méx, Perú* [bombilla] lâmpada *f*.
fofo, fa *adj* flácido(da).
fogata *f* fogueira *f*.
fogón *m* -**1.** [para cocinar] fogão *m* -**2.** [de máquina de vapor] fornalha *f*.
fogoso, sa *adj* fogoso(sa).

fogueo *m*: **de** ~ de festim.
foie-gras *m* CULIN foie gras *m*.
foja *m* Amér [folio] fólio *m*.
folclore, folclor, folklor *m* folclore *m*.
folículo *m* folículo *m*.
folio *m* folha *f*.
folklor = **folclore**.
follaje *m* folhagem *f*.
folletín *m* folhetim *m*.
folleto *m* folheto *m*.
follón *m* Esp fam confusão *f*.
fomentar *vt* fomentar.
fomento *m* fomento *m*.
fonda *f* pensão *f*.
fondear *vi* fundear.
◆ **fondear** *vt* vasculhar.
fondo *m* -**1.** [gen] fundo *m*; **doble** ~ fundo falso; **al** ~ **de** no fundo de; **tocar** ~ [embarcación] tocar o fundo; *fig* chegar ao fundo; ~ **de amortización** ECON fundo de amortização; ~ **de inversión/de pensiones** fundo de investimento/de pensão -**2.** [dimensión] profundidade *f* -**3.** [esencia, lo más íntimo] âmago *m* -**4.** (*gen pl*) [dinero] fundos *mpl*; **a** ~ **perdido** a fundo perdido; **recaudar** ~**s** arrecadar fundos -**5.** [fundamento] fundamento *m* -**6.** *RP* [patio] quintal *m*.
◆ **a fondo** ◇ *loc adv* a fundo; **emplearse a** ~ *fig* dar o máximo. ◇ *loc adj* em profundidade.
◆ **en el fondo** *loc adv* no fundo.
◆ **bajos fondos** *mpl* bairros *mpl* miseráveis.
fonema *m* fonema *m*.
fonético, ca *adj* fonético(ca).
◆ **fonética** *f* fonética *f*.
fono *m* Amér fone *m*.
fonógrafo *m* fonógrafo *m*.
fontanería *f* hidráulica *f*.
fontanero, ra *m, f* encanador *m*, -ra *f*.
footing *m* jogging *m*.
forajido, da *m, f* foragido *m*, -da *f*.
foráneo, a *adj* estrangeiro(ra).
forastero, ra *m, f* forasteiro *m*, -ra *f*.
forcejear *vi* forcejar.
fórceps *m* MED fórceps *m*.
forense ◇ *adj* forense. ◇ *mf* legista *mf*.
forestal *adj* florestal.
forfait (*pl* **forfaits**) *m* -**1.** DEP forfait *m* -**2.** [abono] vale *m*.
forja *f* -**1.** [fragua] forja *f* -**2.** [fabricación] forjamento *m*.
forjar *vt* forjar.
◆ **forjarse** *vpr fig* [labrarse] construir.
forma *f* -**1.** [gen] forma *f*; **de cualquier** ~, **de todas** ~**s** de qualquer forma; **de** ~ **que** de forma que; **estar en** ~ [condición física] estar em forma -**2.** RELIG [hostia] hóstia *f*.

formas *fpl* -**1.** [cuerpo humano] formas *fpl* - **2.** [modales] formalidades *fpl*.

formación *f* formação *f*.

formación profesional *f* formação *f* profissional.

formal *adj* -**1.** [gen] formal - **2.** [educado, serio] educado(da).

formalidad *f* -**1.** [gen] formalidade *f* - **2.** [seriedad] responsabilidade *f*.

formalizar *vt* formalizar.

formar *vt* formar.

formarse *vpr* -**1.** [gen] formar-se - **2.** *Amér* [en cola] fazer fila.

formatear *vt INFORM* formatar.

formato *m* formato *m*.

formica®, fórmica *f* fórmica *f*.

formidable *adj* formidável.

formol *m* formol *m*.

fórmula *f* fórmula *f*.

formular *vt* formular.

formulario *m* formulário *m*.

formulismo *m* formulismo *m*.

fornido, da *adj* fornido(da).

foro *m* -**1.** [tribunal] foro *m* - **2.** [de escenario] fundo *m* do palco.

forofo, fa *m, f Esp fam* torcedor *m*, -ra *f*.

forraje *m* forragem *f*.

forrar *vt* forrar.

forrarse *vpr fam* forrar-se.

forro *m* -**1.** [cubierta] forro *m*; ~ **polar** blusão *m* de malha polar - **2.** *RP fam* [preservativo] camisinha *f*.

fortachón, chona *adj* taludo(da).

fortalecer *vt* fortalecer.

fortaleza *f* fortaleza *f*.

fortificación *f* fortificação *f*.

fortuito, ta *adj* fortuito(ta).

fortuna *f* -**1.** [suerte] sorte *f*; **por** ~ por sorte; **probar** ~ tentar a sorte - **2.** [destino] destino *m* - **3.** [riqueza] fortuna *f*.

forúnculo, furúnculo *m* furúnculo *m*.

forzado, da *adj* forçado(da).

forzar *vt* forçar; ~ **a alguien a hacer algo** forçar alguém a fazer algo.

forzoso, sa *adj* forçoso(sa).

forzudo, da <> *adj* forçudo(da). <> *m, f* pessoa *f* forte.

fosa *f* -**1.** [gen] fossa *f*; ~ **s nasales** *ANAT* fossas nasais - **2.** [sepultura] sepultura *f*; ~ **común** vala comum.

fosfato *m QUÍM* fosfato *m*.

fosforescente *adj* fosforescente.

fósforo *m* fósforo *m*.

fósil *m* -**1.** [restos marinos] fóssil *m* - **2.** *fam* [viejo] fóssil *m*.

foso *m* -**1.** [gen] fosso *m* - **2.** [hoyo] fosso *m* - **3.** [de garaje] valeta *f*.

foto *f* foto *f*; **sacar una** ~ tirar uma foto.

fotocomponer *vt IMPRENTA* fotocompor.

fotocopia *f* fotocópia *f*.

fotocopiadora *f* copiadora *f*.

fotocopiar *vt* fotocopiar.

fotoeléctrico, ca *adj* fotoelétrico(ca).

fotogénico, ca *adj* fotogênico(ca).

fotografía *f* fotografia *f*.

fotografiar *vt* fotografar.

fotógrafo, fa *m, f* fotógrafo *m*, -fa *f*.

fotograma *m* fotograma *f*.

fotólisis *f QUÍM* fotólise *f*.

fotomatón *m cabine com sistema automático de fotografias.*

fotometría *f FÍS* fotometria *f*.

fotonovela *f* fotonovela *f*.

fotosíntesis *f QUÍM* fotossíntese *f*.

fotuto *m Amér AUTOM* clácson *m*.

FP (*abrev de* **formación profesional**) *f na Espanha, estudos de nível secundário.*

fra. (*abrev de* **factura**) fat.

frac (*pl* **fracs** o **fraques**) *m* fraque *m*.

fracasar *vi* fracassar; ~ **como/en** fracassar como/em.

fracaso *m* fracasso *m*; ~ **escolar** fracasso escolar.

fracción *f* fração *f*.

fraccionamiento *m* -**1.** [división] fracionamento *m* - **2.** *Méx* [barrio] bairro *m*.

fraccionario, ria *adj* fracionário(ria).

fractura *f* fratura *f*.

fracturarse *vpr* fraturar.

fragancia *f* fragrância *f*.

fraganti ~ **in fraganti** *loc adv* em flagrante.

fragata *f* fragata *f*.

frágil *adj* frágil.

fragilidad *f* fragilidade *f*.

fragmentar *vt* fragmentar.

fragmento *m* fragmento *m*.

fragor *m* fragor *m*.

fragua *f* forja *f*.

fraguar <> *vt* forjar. <> *vi* endurecer.

fraguarse *vpr* forjar.

fraile *m* frade *m*.

frambuesa *f* framboesa *f*.

francés, cesa <> *adj* francês(esa). <> *m, f* francês *m*, -esa *f*.

francés *m* francês *m*.

Francia *n* França.

franciscano, na <> *adj* franciscano(na). <> *m, f* franciscano *m*, -na *f*.

francmasonería *f* franco-maçonaria *f*.

franco, ca <> *adj* -**1.** [sincero] franco(ca) - **2.** *CSur* [de permiso]: **me dieron el día** ~ me deram o dia de folga. <> *m, f* [de Francia, Galia] franco *m*, -ca *f*.

franco *m* [moneda] franco *m*.

francófono, na <> *adj* francófono(na).

◇ *m*, *f* francófono *m*, -na *f.*

francotirador, ra *m*, *f* franco-atirador *m*, -ra *f.*

franela *f* flanela *f.*

franja *f* franja *f.*

franquear *vt* franquear.

franqueo *m* selagem *f.*

franqueza *f* franqueza *f.*

franquicia *f* franquia *f.*

franquismo *m* POLÍT franquismo *m.*

frasco *m* frasco *m.*

frase *f* frase *f*; ~ **hecha** frase feita.

fraternidad, fraternización *f* fraternidade *f.*

fraterno, na *adj* fraterno(na).

fratricida *mf* fratricida *mf.*

fraude *m* fraude *f*; ~ **fiscal** sonegação fiscal.

fraudulento, ta *adj* fraudulento(ta).

fray *m* frei *m.*

frazada *f* *Amér* cobertor *m*; ~ **eléctrica** cobertor elétrico.

frecuencia *f* freqüência *f*; **con** ~ com freqüência; **alta/baja** ~ [fis] alta/baixa freqüência; ~ **modulada,** modulación de ~ [de radio] freqüência modulada, modulação de freqüência.

frecuentar *vt* freqüentar.

frecuente *adj* freqüente.

freelance *adj* freelance.

fregadero *m* pia *f.*

fregado *m* -**1.** [lavado] lavagem *f* -**2.** *fam* [lío] rolo *m* -**3.** *fam* [discusión] bate-boca *m.*

fregado, da *adj Andes, Méx, Ven fam* [persona - ser] chato(ta); [- estar]: **perdí las llaves, ¡estoy fregada!** perdi minhas chaves, estou chateada! [roto] quebrado(da).

fregar *vt* -**1.** [gen] lavar -**2.** *Andes, Méx, Ven* [estropear] quebrar.

fregona *f* -**1.** [utensilio] esfregão *m* -**2.** *despec* [mujer ordinaria] faxineira *f.*

freidora *f* frigideira *f.*

freír *vt* -**1.** [alimentos] fritar -**2.** *fam* [molestar] bombardear -**3.** *fam* [matar] costurar.

◆ **freírse** *vpr* fritar.

frenar ◇ *vt* -**1.** [parar] frear, brecar -**2.** [controlar] refrear. ◇ *vi* frear.

◆ **frenarse** *vpr* refrear-se.

frenazo *m* freada *f.*

frenesí (*pl* frenesíes) *m* [exaltación] frenesi *m.*

frenético, ca *adj* frenético(ca).

frenillo *m* ANAT freio *m.*

freno *m* freio *m*; ~s **ABS** freios ABS; ~ **de disco** freio a disco.

frenopático, ca *adj* frenopático(ca).

frente ◇ *f* testa *f.* ◇ *m* [parte delantera] frente *f*; **estar al** ~ [dirigir] estar à frente; ~ **frío** frente fria.

◆ **de frente** *loc adv* cara a cara.

◆ **frente a** *loc prep* -**1.** [enfrente de] em frente de -**2.** [con relación a] para com -**3.** : **hacer** ~ **a** [enfrentarse] fazer frente a.

◆ **frente a frente** *loc adv* frente a frente.

fresa *f* -**1.** [planta, fruto] morango *m* -**2.** [herramienta] fresa *f.*

fresco, ca ◇ *adj* -**1.** [gen] fresco(ca) -**2.** [cara- dura] descarado(da) ◇ *m*, *f* [caradura] descarado *m*, -da *f.*

◆ **fresco** *m* -**1.** [pintura] afresco *m*; **al** ~ em afresco -**2.** [frío moderado] frescor *m*; **tomar el** ~ tomar a fresca.

◆ **fresca** *f* -**1.** [mujer de vida alegre] mulher *f* de vida fácil -**2.** [insolencia] desaforo *m.*

frescor *m* frescor *m.*

frescura *f* -**1.** [gen] frescura *f* -**2.** [descaro] desfaçatez *f.*

fresno *m* freixo *m.*

fresón *m* morango *m* grande.

frialdad *f* frialdade *f.*

fricandó *m* CULIN *guisado popular catalão feito com pedaços de vitela, banha, alho, cebola e tomate.*

fricción *f* fricção *f.*

friega *f* fricção *f.*

frigider *m Andes* geladeira *f.*

frigidez *f* frigidez *f.*

frigorífico, ca *adj* frigorífico(ca).

◆ **frigorífico** *m* geladeira *f.*

frijol, fríjol *m Andes, CAm, Carib, Méx* feijão *m.*

frío, a *adj* frio(a); **dejar** ~ não produzir emoção.

◆ **frío** *m* frio *m*; **en** ~ de surpresa; **hacer un** ~ **que pela** *fam* fazer um frio de matar.

friolento, ta *Amér* ◇ *adj* friorento(ta). ◇ *m*, *f*: **eres un** ~ você é friorento.

friolero, ra *adj* friorento(ta).

◆ **friolera** *f fam* [cantidad] exorbitância *f.*

frisar *vt* beirar.

frito, ta ◇ *pp irreg* ▷ **freír.** ◇ *adj* -**1.** [ali- mento] frito(ta) -**2.** *fam* [persona] cheio(a).

◆ **frito** *m* (*gen pl*) frituras *fpl.*

frívolo, la *adj* frívolo(la).

frondoso, sa *adj* frondoso(sa).

frontal ◇ *adj* frontal. ◇ *m* ANAT frontal *m.*

frontera *f* fronteira *f.*

fronterizo, za *adj* fronteiriço(ça).

frontispicio *m* -**1.** [fachada] frontispício *m* -**2.** ARQUIT frontão *m.*

frontón *m* frontão *m.*

frotar *vt* esfregar.

◆ **frotarse** *vpr* esfregar.

fructífero, ra *adj* frutífero(ra).

fructificar *vi* frutificar.

frugal *adj* frugal.

fruición *f* prazer *m.*

fruncir *vt* franzir.

fruslería *f* bobagem *f.*

frustración *f* frustração *f.*

frustrar ◇ *vt* [malograr] frustrar. ◇ *vi* [decepcionar] frustrar.

◆ **frustrarse** *vpr* frustrar-se.

fruta *f* fruta *f.*

◆ **fruta de sartén** *f* doce de massa frita.

frutal ◇ *adj* frutífero(ra). ◇ *m* árvore *m* frutífera.

frutería *f* quitanda *f.*

frutero, ra ◇ *adj* fruteiro(ra). ◇ *m*, *f* fruteiro *m*, -ra *f.*

◆ **frutero** *m* [recipiente] fruteira *f.*

fruto *m* fruto *m*; **dar** ~ dar fruto; **sacar** ~ tirar fruto.

◆ **frutos secos** *mpl* frutas *fpl* secas.

fucsia ◇ *f* [planta] brinco-de-princesa *m.* ◇ *adj inv* fúcsia. ◇ *m* fúcsia *m.*

fue *etc* ▷ ir, ser.

fuego *m* -**1.** fogo *m*; **a** ~ **lento** *CULIN* em fogo lento; **pegar** ~ pegar fogo; ~**s artificiales** fogos de artifício -**2.** *loc:* jugar con ~ brincar com o fogo.

fuel *m* óleo *m* combustível.

fuelle *m* -**1.** [de cámara] fole *m* -**2.** [de un bolso] prega *f* -**3.** [de una cartera] divisão *f.*

fuente *f* -**1.** [gen] fonte *f*; ~ **de alimentación** fonte de alimentação; ~ **de soda** *Carib, Chile, Col, Méx* bar *m* -**2.** [bandeja] travessa *f.*

fuera¹ *etc* ▷ ir, ser.

fuera² ◇ *adv* -**1.** fora; **hacia** ~ para fora; **por** ~ por fora; **de** ~ [extranjero] de fora; ~ **de juego** impedimento *m*; **estar en** ~ **de juego** estar impedido(da) -**2.** *fig* [alejado]: ~ **de** fora de. ◇ *interj* fora!

◆ **fuera de** *loc adv* [excepto] afora.

◆ **fuera de serie** *mf* pessoa *f* fora de série.

fueraborda *m inv* barco *m* com motor de popa.

fuero *m* -**1.** [ley especial] foral *m* -**2.** [jurisdicción] foro *m* -**3.**: ~ **interno** foro *m* íntimo.

fuerte ◇ *adj* -**1.** [gen] forte -**2.** [apretado] apertado(da) -**3.** [grave] grave. ◇ *adv* -**1.** [tono de voz] forte -**2.** *fam* [con fuerza] fortemente. ◇ *m* [construcción] forte *m*; **ser algo el** ~ **de alguien** *fig* ser algo o forte de alguém.

fuerza *f* -**1.** [gen] força *f* -**2.** (gen pl) [vigor moral] forças *fpl*; **a** ~ **de** à força de; **por** ~ por força; **a la** ~ à força; **por la** ~ pela força -**3.** [eficacia] poder *m.*

◆ **fuerzas** *fpl* forças *fpl*; ~**s del orden público** força pública.

fuese *etc* ▷ ir, ser.

fuga *f* fuga *f*; **darse a la** ~ empreender a fuga.

fugarse *vpr* fugir.

fugaz *adj* fugaz.

fugitivo, va ◇ *adj* -**1.** [que huye] fugitivo(va) -**2.** [que dura poco] fugidio(dia). ◇ *m*, *f* fugitivo *m*, -va *f.*

fui *etc* ▷ ir, ▷ ser.

fulano, na *m*, *f* fulano *m*, -na *f.*

◆ **fulana** *f* prostituta *f.*

fulgor *m* fulgor *m.*

fulgurante *adj* fulgurante.

fullero, ra *m*, *f* trapaceiro *m*, -ra *f.*

fulminante *adj* -**1.** [gen] fulminante -**2.** [acción] imediato(ta).

fulminar *vt* fulminar; ~ **a alguien con la mirada** fulminar alguém com o olhar.

fumador, ra *m*, *f* fumante *mf*; ~ **pasivo** fumante passivo.

fumar ◇ *vt* fumar. ◇ *vi* fumar.

fumigar *vt* fumigar.

funámbulo, la *m*, *f* funâmbulo *m*, -la *f.*

función *f* -**1.** [gen] função *f* -**2.** [en teatro, cine] sessão *f.*

funcional *adj* funcional.

funcionalidad *f* funcionalidade *f.*

funcionamiento *m* funcionamento *m*; **estar/poner algo en** ~ estar/pôr algo em funcionamento.

funcionar *vi* funcionar; 'no funciona' 'com defeito'.

funcionario, ria *m*, *f* funcionário *m*, -ria *f.*

funda *f* capa *f.*

fundación *f* fundação *f.*

fundador, ra ◇ *adj* fundador(ra). ◇ *m*, *f* fundador *m*, -ra *f.*

fundamental *adj* fundamental.

fundamentalismo *m RELIG* fundamentalismo *m.*

fundamentar *vt* -**1.** [idea, teoría]: ~ **algo en** fundamentar algo em -**2.** [construcción] fundamentar.

◆ **fundamentarse** *vpr* fundamentar-se.

fundamento *m* -**1.** [gen] fundamento *m*; **sin** ~ sem fundamento -**2.** (gen pl) [cimientos] fundações *fpl.*

fundar *vt* fundar.

◆ **fundarse** *vpr:* ~**se en** fundar-se em.

fundición *f* fundição *f.*

fundir *vt* fundir.

◆ **fundirse** *vpr* -**1.** [bombilla, fusible] fundir-se -**2.** *Amér* [arruinarse] quebrar-se.

fúnebre *adj* fúnebre.

funeral *m* funeral *m.*

funerario, ria *adj* funerário(ria).

◆ **funeraria** *f* funerária *f.*

funesto, ta *adj* funesto(ta).

fungicida ◇ *adj* fungicida. ◇ *m* fungicida *m.*

fungir *vi Méx, Perú*: ~ **(de** *o* **como)** atuar (como).

funicular *m* -**1.** [por tierra] funicular *m* -**2.** [por aire] teleférico *m*.

furgón *m* -**1.** [vehículo] furgão *m* -**2.** [vagón de tren] vagão *m*.

furgoneta *f* caminhonete *f*.

furia *f* fúria *f*; **ponerse hecho una** ~ ficar uma fúria.

furioso, sa *adj* furioso(sa).

furor *m* -**1.** furor *m* -**2.** *loc*: **hacer** ~ causar furor.

furtivo, va *adj* furtivo(va).

furúnculo = forúnculo.

fusa *f MÚS* fusa *f*.

fuselaje *m* fuselagem *f*.

fusible <> *adj* fusível. <> *m ELECTR* fusível *m*.

fusil *m* fuzil *m*.

fusilar, afusilar *Méx vt* -**1.** [ejecutar] fuzilar -**2.** *Esp fam* [plagiar] plagiar.

fusión *f* fusão *f*.

fusionar <> *vt* fundir. <> *vi* fundir-se.

➡ **fusionarse** *vpr* fundir-se.

fusta *f* açoite *m*.

fustán *m Amér* anágua *f*.

fuste *m* fuste *m*.

fustigar *vt* -**1.** *culto* [con azote] fustigar -**2.** [censurar] criticar.

fútbol, futbol *Mex m DEP* futebol *m*; ~ **sala** *o* **de salón** *Urug* futebol de salão.

futbolín *m* pebolim *m*.

futbolista *mf* futebolista *mf*.

fútil *adj* fútil.

futilidad *f* futilidade *f*.

futón *m* futon *m*.

futuro, ra *adj* futuro(ra).

➡ **futuro** *m* futuro *m*; **a** ~ *CSur, Méx* no futuro.

➡ **futuros** *mpl ECON* futuros *mpl*.

futurología *f* futurologia *f*.

g¹, G *f* [letra] g, G *m*.

g² (*abrev de* **gramo**) g.

G7 (*abrev de* **Grupo de los Siete**) *m* G7 *m*.

G8 (*abrev de* **Grupo de los Ocho**) *m* G8 *m*.

gabacho, cha *Esp fam despec* <> *adj* franchinote. <> *m, f* franchinote *mf*.

gabán *m* sobretudo *m*.

gabardina *f* gabardina *f*.

gabinete *m* -**1.** [gen] gabinete *m* -**2.** *Méx* [mueble] gabinete *m*.

gacela *f* gazela *f*.

gaceta *f* gazeta *f*.

gacho, cha *adj* inclinado(da).

➡ **gachas** *fpl Esp CULIN* prato feito com farinha de milho cozida com água e sal, que pode ser misturada com leite, mel etc.

gafar *vt Esp fam* azarar.

gafas *fpl* óculos *mpl*; ~ **de sol** óculos de sol; ~ **progresivas** óculos multifocais.

gafe <> *adj* azarento(ta). <> *mf* azarento *m*, -ta *f*.

gag (*pl* gags) *m* gag *f*.

gaita *f* -**1.** [instrumento musical] gaita-de-foles *f* -**2.** *fam* [pesadez] chatice *f*.

gajes *mpl*: ~ **del oficio** ossos do ofício.

gajo *m* -**1.** [trozo de fruta] gomo *m* -**2.** [racimo] esgalha *f*.

GAL (*abrev de* **Grupos Antiterroristas de Liberación**) *mpl* antigo grupo terrorista espanhol de direita que agia contra o ETA.

gala *f* -**1.** [fiesta] gala *f*; **de gala** de gala -**2.** [de artista] apresentação *f* -**3.** *loc*: **hacer gala de** gabar-se de.

➡ **galas** *fpl* [ropa] traje *m* de gala.

galáctico, ca *adj ASTRON* galáctico(ca).

galán *m* galã *m*.

➡ **galán de noche** *m* mancebo *m*.

galante *adj* galante.

galantear *vt* galantear.

galantería *f* galanteria *f*.

galápago *m* tartaruga *f* de água doce.

galardón *m* galardão *m*.

galaxia *f ASTRON* galáxia *f*.

galeón *m* galeão *m*.

galera *f* galera *f*.

galería *f* galeria *f*.

➡ **galerías (comerciales)** *fpl* centro *m* (comercial).

Gales *n* País de Gales.

galés, lesa <> *adj* galês(esa). <> *m, f* galês *m*, -esa *f*.

➡ **galés** *m* [lengua] galês *m*.

Galicia *n* Galícia.

galicismo *m* galicismo *m*.

galimatías *m inv* galimatias *mpl*.

gallardete *m* flâmula *f*, galhardete *m*.

gallardía *f* galhardia *f*.

gallego, ga <> *adj* -**1.** [de Galicia] galego(ga) -**2.** *CSur fam* [español] *nome dado aos nascidos na Espanha*. <> *m, f* galego *m*, -ga *f*.

➡ **gallego** *m* [lengua] galego *m*.

galleta *f* biscoito *m*.

gallina <> *f* -**1.** [ave] galinha *f* -**2.** [juego]: ~ **ciega** cabra-cega *f*. <> *mf fam* [persona] galinha *mf*.

gallinero m -**1.** [para gallinas] galinheiro m -**2.** *fam* [en teatro] galinheiro m.

gallito m *fig* mandão m; **hacerse el** ~ **con** alguien cantar de galo com alguém.

gallo m -**1.** [ave] galo m -**2.** [persona] mandão m -**3.** [al cantar] nota f falsa -**4.** [pez] peixe-galo m.

galo, la <> *adj* gaulês(esa). <> m, f gaulês m, -esa f.

galón m galão m.

galopante *adj* galopante.

galopar *vi* galopar.

galope m galope m.

gama f gama f.

gamba f camarão m.

gamberrada f *Esp* traquinagem f.

gamberro, rra <> *adj Esp* travesso(sa). <> m, f *Esp* vândalo m, -la f.

gammaglobulina f *QUÍM* gamaglobulina f.

gamo m gamo m.

gamonal m *Andes, CAm, Ven* [cacique] cacique m; [caudillo] coronel m.

gamuza f -**1.** [tejido] flanela f -**2.** [animal] camurça f.

gana f: **darle a alguien la (real)** ~ dar/ter vontade; **de buena/mala** ~ de boa/má vontade.

    ➡ **ganas** fpl vontade f; **tener** ~**s de** ter vontade de.

ganadería f -**1.** [actividad] pecuária f -**2.** [animales] gado m -**3.** [lugar de cría] criação f de gado.

ganado m gado m; ~ **mayor/menor** gado grosso/miúdo.

ganador, ra <> *adj* ganhador(ra). <> m, f ganhador m, -ra f.

ganancia f lucro m.

ganapán m grosseiro m, -ra f.

ganar <> vt -**1.** [gen] ganhar -**2.** [ser superior]: ~ **a alguien en algo** superar alguém em algo. <> *vi* ganhar; ~ **con algo** ganhar com algo; ~ **en algo** ganhar em algo.

    ➡ **ganarse** vpr [conseguir] ganhar.

ganchillo m crochê m; **hacer** ~ fazer crochê.

gancho m -**1.** [gen] gancho m -**2.** *fig* [reclamo] isca f -**3.** *Andes, CAm, Méx, Ven* [percha] gancho m -**4.** *loc*: **tener** ~ *fam* ter atrativo.

gandul, la <> *adj fam* folgado(da). <> m, f *fam* folgado m, -da f.

ganga f *fam* achado m.

ganglio m *ANAT* gânglio m.

gangrena f gangrena f.

gángster (pl gángsters) m gângster m.

gansada f *fam* asneira f.

ganso, sa m, f -**1.** [ave] ganso m, -sa f -**2.** *fam* [persona] asno m.

ganzúa f gazua f.

garabatear <> *vi* rabiscar. <> vt rabiscar.

garabato m rabisco m; **hacer** ~**s** fazer rabiscos.

garaje m -**1.** [para guardar coches] garagem f -**2.** [para reparar coches] oficina f.

garante mf abonador m, -ra f.

garantía f garantia f.

garantizar vt garantir; ~ **algo a alguien** garantir algo a alguém.

garbanzo m grão-de-bico m.

garbeo m *Esp fam* giro m; **dar(se) un** ~ dar um giro.

garbo m garbo m.

gardenia f gardênia f.

garduña f fuinha f.

garete m: **ir(se) al** ~ *fam* ir por água abaixo.

garfio m gancho m.

gargajo m escarro m.

garganta f garganta f.

gargantilla f gargantilha f.

gárgara f (gen pl) gargarejo m; **hacer** ~**s** fazer gargarejos.

gargarismo m gargarejo m.

garita f guarita f.

garito m -**1.** [casa de juego] casa f de jogo clandestino -**2.** *despec* [establecimiento] espelunca f.

garra f garra f; **tener** ~ [ser atractivo] ser atrativo; **para este tipo de trabajo hay que tener mucha garra** para este tipo de trabalho é preciso ser persistente.

garrafa f garrafão m.

garrafal *adj* monumental.

garrapata f carrapato m.

garrapiñar, garapiñar vt confeitar.

garrote m garrote m; ~ **vil** garrote vil.

garúa f *Andes, RP, Ven* garoa f.

garza f garça f.

gas m *QUÍM* gás m; ~ **butano** gás butano; ~ **lacrimógeno** gás lacrimogênio; ~ **natural** gás natural.

    ➡ **gases** mpl [en estómago] gases mpl.

    ➡ **a todo gas** loc adv *fam* a todo vapor.

gasa f gaze f.

gaseoducto m gasoduto m.

gaseoso, sa *adj* gasoso(sa).

    ➡ **gaseosa** f refrigerante m.

gasfitería f *Andes* encanamento m.

gasfitero, ra m, f *Chile, Ecuad, Perú* encanador m, -ra f.

gasificar vt gaseificar.

gasóleo m óleo m diesel.

gasolina f gasolina f; **poner** ~ pôr gasolina; ~ **normal/súper** gasolina normal/super.

gasolinera f posto m de gasolina.

gastado, da adj gasto(ta).
gastar ◇ vt -**1.** [gen] gastar -**2.** [bromas, cumplidos] fazer -**3.** loc: ~las agir. ◇ vi gastar.
◆ **gastarse** vpr-**1.** [por el uso] gastar-se -**2.** [dinero] gastar.
gasto m -**1.** [de dinero] gasto m; **cubrir** ~**s** cobrir gastos; **no reparar en** ~**s** não ligar para os gastos; ~ **público** gasto público -**2.** [de fuente de energía] consumo m.
gastritis f MED gastrite f.
gastronomía f gastronomia f.
gastrónomo, ma m, f gastrônomo m, -ma f.
gatear vi engatinhar.
gatillo m gatilho m.
gato, ta m, f gato m, -ta f; ~ **montés** gato-montês m; **dar** ~ **por liebre** vender gato por lebre; **buscar tres pies al** ~ ver chifre em cabeça de cavalo; **haber cuatro** ~**s** haver uns gatos-pingados; **haber** ~ **encerrado** ter coelho nesse mato.
◆ **gato** m macaco m.
◆ **a gatas** loc adv de gatinhas.
GATT (abrev de General Agreement on Tariffs and Trade) m GATT m.
gauchada f CSur favor m; **hacerle una** ~ **a alguien** fazer um favor a alguém.
gaucho, cha ◇ adj -**1.** [de los gauchos] gaúcho(cha) -**2.** RP [servicial] prestativo(va). ◇ m, f gaúcho m, -cha f.
gavilán m gavião m.
gavilla f gavela f.
gaviota f gaivota f.
gay ◇ adj inv gay. ◇ m gay mf.
gazapo m -**1.** [animal] láparo m -**2.** [error] erro m.
gazmoño, ña ◇ adj Esp puritano(na). ◇ m, f Esp puritano m, -na f.
gaznate m goela f.
gazpacho m CULIN gaspacho m.
géiser, géyser (pl géyseres) m gêiser m.
geisha f inv gueixa f.
gel m gel m.
gelatina f gelatina f.
gema f gema f.
gemelo, la adj gêmeo(a).
◆ **gemelo** m ANAT músculo m gêmeo.
◆ **gemelos, las** mpl & fpl [hermanos] gêmeos mpl, -as fpl.
◆ **gemelos** mpl -**1.** [de camisa] abotoadura f -**2.** [prismáticos] binóculo m.
gemido m gemido m.
Géminis ◇ m inv [signo del zodíaco] Gêmeos m inv; **ser** ~ ser (de) Gêmeos. ◇ mf inv -**1.** geminiano m, -na f -**2.** (en aposición) de Gêmeos.
gemir vi gemer.

gen = gene.
gendarme mf gendarme m.
gendarmería f gendarmaria f.
gene, gen m gene m.
genealogía f genealogia f.
generación f [reproducción] geração f.
generador, ra adj gerador(ra).
◆ **generador** m ELECTR gerador m.
general ◇ adj geral; **en** ~ em geral; **por lo** ~ em geral. ◇ m MIL general m.
generalidad f generalidade f.
◆ **generalidades** fpl generalidades fpl.
generalísimo m generalíssimo m.
Generalitat f POLÍT instituição de governo autónomo da Catalunha.
generalizar ◇ vt generalizar. ◇ vi generalizar.
◆ **generalizarse** vpr generalizar-se.
generar vt gerar.
genérico, ca adj genérico(ca).
género m -**1.** [gen] gênero m -**2.** [en comercio] mercadoria f -**3.** [tejido] tecido m.
generosidad f generosidade f.
generoso, sa adj generoso(sa).
génesis f inv gênese f.
◆ **Génesis** m Gênese m.
genial adj genial.
genio m gênio m; **tener mal** ~ ter mau gênio.
genital adj genital.
◆ **genitales** mpl genitais mpl.
genitivo m GRAM genitivo m.
genocidio m genocídio m.
genoma m genoma m.
genovés, vesa ◇ adj genovês(esa). ◇ m, f genovês m, -esa f.
gente f -**1.** [conjunto de personas] pessoal m, gente f; ~ **bien** [clase social] gente bem -**2.** [individuo]: **buena** ~ boa gente.

La gente: Não confundir com o uso de a gente em português, que tem um sentido similar a alguns usos de nosotros ou outras expressões que se referem a um coletivo de maior ou menor amplitude que necessariamente inclui o falante: (La gente se equivoca mucho pero yo nunca lo hago. As pessoas se enganam muito, mas eu nunca me engano.)

gentil adj gentil.
gentileza f gentileza f; **por** ~ **de** por uma gentileza de.
gentío m multidão f.
gentuza f gentalha f.
genuflexión f genuflexão f.
genuino, na adj genuíno(na).
GEO (abrev de Grupo Especial de Operaciones) m ≃ GOE m.
geografía f geografia f.
geógrafo, fa m, f geógrafo m, -fa f.
geología f geologia f.

geólogo, ga *m, f* geólogo *m,* -ga *f.*
geometría *f* geometria *f.*
georgiano, na <> *adj* georgiano(na). <>
m, f georgiano *m,* -na *f.*
◆ **georgiano** *m* georgiano *m.*
geranio *m* gerânio *m.*
gerencia *f* gerência *f.*
gerente *mf* gerente *mf.*
geriatría *f* geriatria *f.*
germánico, ca <> *adj* germânico(ca). <>
m, f germânico *m,* -ca *f.*
◆ **germánico** *m* germânico *m.*
germano, na <> *adj* germano(na). <> *m,*
f germano *m,* -na *f.*
germen *m* germe *m.*
germinar *vi* germinar.
gerontología *f* gerontologia *f.*
gerundio *m* GRAM gerúndio *m.*
gesta *f* gesta *f.*
gestar *vi* gestar.
◆ **gestarse** *vpr* desenvolver-se.
gesticulación *f* gesticulação *f.*
gesticular *vi* gesticular.
gestión *f* **-1.** [trámite, diligencia] diligência *f*
-2. [administración] gestão *f;* ~ **de datos** *IN-*
FORM gestão de dados.
gestionar *vt* providenciar.
gesto *m* gesto *m.*
gestor, ra <> *adj* gestor(ra). <> *m, f*
gestor *m,* -ra *f,* despachante *mf.*
gestoría *f* escritório *m* de despachante.
géyser = géiser.
ghetto = gueto.
giba *f* corcova *f.*
giboso, sa <> *adj* corcunda. <> *m, f*
corcunda *mf.*
Gibraltar *n* Gibraltar.
gibraltareño, ña <> *adj* gibraltarino(na).
<> *m, f* gibraltarino *m,* -na *f.*
gigabyte *m* INFORM gigabyte *m.*
gigante, ta *m, f* **-1.** [persona muy alta] gigante
m, -ta *f* **-2.** [personaje de cartón] gigantão *m.*
◆ **gigante** *adj* gigante.
gigantesco, ca *adj* gigantesco(ca).
gigoló *m* gigolô *m.*
gilí *Esp fam* <> *adj* besta. <> *mf* besta *mf.*
gilipollada *f* *Esp fam* besteira *f.*
gilipollas <> *adj inv* *Esp fam* besta, babaca.
<> *mf inv fam* besta *mf,* babaca *mf.*
gilipollez *f* *Esp* besteira *f,* babaquice *f.*
gimnasia *f* [deporte] ginástica *f.*
gimnasio *m* [en colegio] ginásio *f;* [particular]
academia *f* de ginástica.
gimnasta *mf* ginasta *mf.*
gimotear *vi* choramingar.
gin *abrev de* ginebra.
gincana, gymkhana *f* gincana *f.*
ginebra, gin *f* genebra *f,* gim *m.*

Ginebra *n* Genebra.
ginecología *f* ginecologia *f.*
ginecólogo, ga *m, f* ginecologista *mf.*
ginger ale *m inv* ginger ale *m.*
gira *f* turnê *f.*
giralda *f* cata-vento *m.*
girar <> *vi* **-1.** [gen] girar **-2.** [letra de cambio]
negociar. <> *vt* **-1.** [hacer dar vueltas] girar
-2. [dinero] enviar vale postal.
girasol *m* girassol *m.*
giratorio, ria *adj* giratório(ria).
giro *m* **-1.** [movimiento] guinada *f* **-2.** [de conversación, de asunto] rumo *m* **-3.** [en correos o
en telégrafos] vale *m;* ~ **postal** vale postal
-4. [de letras] negociação *f* **-5.** [frase] *estru-*
tura especial ou ordenação das palavras de
uma frase.
gis *m* *Méx* giz *m.*
gitano, na <> *adj* **-1.** [del pueblo gitano]
cigano(na) **-2.** *despec* [estafador] desones-
to(ta). <> *m, f* cigano *m,* -na *f.*
glaciación *f* glaciação *f.*
glacial *adj* glacial.
glaciar <> *m* geleira *f.* <> *adj* glaciá-
rio(ria).
gladiador *m* gladiador *m.*
gladiolo, gladíolo *m* gladíolo *m.*
glándula *f* glândula *f.*
glasé <> *adj* glacê. <> *m* tafetá *m.*
glasear *vt* [postre] glaçar.
glicerina *f* QUÍM glicerina *f.*
global *adj* global.
globalización *f* globalização *f.*
globo *m* **-1.** [gen] globo *m* **-2.** [aerostato, ju-
guete] balão *m;* ~ **sonda** balão-sonda *m.*
glóbulo *m* glóbulo *m;* ~ **blanco/rojo** glóbulo branco/vermelho.
gloria <> *f* **-1.** glória *f* **-2.** *loc:* estar en la ~
estar no sétimo céu; saber a ~ agradar
muito; ser una ~ ser uma glória. <> *m*
glória *m.*
glorieta *f* **-1.** [gen] caramanchão *m* **-2.** [pla-
za] largo *m.*
glorificar *vt* glorificar.
glorioso, sa *adj* glorioso(sa).
glosa *f* glosa *f.*
glosar *vt* glosar.
glosario *m* glossário *m.*
glotón, na <> *adj* glutão(ona). <> *m, f*
glutão *m,* -ona *f.*
glotonería *f* glutonaria *f.*
glúcido *m* glicídio *m.*
glucosa *f* glicose *f.*
gluten *m* glúten *m.*
gnomo, nomo *m* gnomo *m.*
gobernación *f* governação *f;* Ministerio
de la Gobernación *Méx* Ministério *m* do
Interior.

gobernador, ra *m, f* governador *m,* -ra *f.*
gobernanta *f* -**1.** [en hotel] camareira *f* -**2.**
[en casas particulares] governanta *f.*
gobernante ◇ *adj* governante. ◇ *mf*
governante *mf.*
gobernar ◇ *vt* -**1.** [gen] governar -**2.** [vehículo] dirigir. ◇ *vi NÁUT* governar.
gobiernista ◇ *adj Andes, Méx* gobernista. ◇ *mf* governista *mf.*
gobierno *m* governo *m;* ~ **de transición/**
militar governo de transição/militar; ~
parlamentario governo parlamentar.
goce *m* prazer *m.*
godo, da ◇ *adj* godo(da). ◇ *m, f* godo
m, -da *f.*
gol *m* gol *m.*
goleada *f* goleada *f.*
goleador, ra *m, f* goleador *m,* -ra *f.*
golear *vt* golear.
goleta *f NÁUT* goleta *f.*
golf *m* golfe *m.*
golfa *f* ▷ golfo.
golfear *vi Esp fam* vadiar.
golfista *mf* golfista *mf.*
golfo, fa *Esp* ◇ *adj* sem-vergonha, vigarista. ◇ *m, f* sem-vergonha *mf,* vigarista
mf.
◆ **golfo** *m GEOGR* golfo *m.*
◆ **golfa** *f despec* piranha *f.*
Golfo de León *n* Golfo de León.
Golfo Pérsico *n* Golfo Pérsico.
gollete *m* gargalo *m.*
golondrina *f* [ave] andorinha *f.*
golondrino *m* -**1.** [cría de golondrina] andorinho *m* -**2.** [forúnculo] furúnculo *m* axilar.
golosina *f* guloseima *f.*
goloso, sa ◇ *adj* guloso(sa). ◇ *m, f*
guloso *m,* -sa *f.*
golpe *m* -**1.** [choque] golpe *m;* **a** ~**s a**
muque; ~ **bajo** golpe baixo -**2.** [ocurrencia
graciosa] tirada *f* -**3.** *loc:* **no dar** *o* **pegar** ~
fam não mover uma palha.
◆ **de golpe** *loc adv* de repente.
◆ **golpe (de Estado)** *m* golpe *m* (de
Estado).
◆ **golpe de suerte** *m* golpe *m* de sorte.
◆ **golpe de vista** *m* golpe *m* de vista.
golpear ◇ *vt* golpear. ◇ *vi* golpear.
golpismo *m POLÍT* golpismo *m.*
golpista ◇ *adj POLÍT* golpista. ◇ *mf POLÍT*
golpista *mf.*
golpiza *f Méx* surra *f.*
goma *f* -**1.** [gen] goma *f* -**2.** [sustancia elástica]
elástico *m* -**3.** [caucho] borracha *f;* ~ **espuma** espuma *f* de borracha -**4.** *fam* [preservativo] camisinha *f* -**5.** *Cuba, CSur*
[neumático] pneu *m.*
◆ **Goma 2** *f Esp* explosivo *plástico, imper-*

meável e à prova de fogo e choque.
gomería *f CSur* borracharia *f.*
gomero *m* -**1.** *CSur* [árbol] seringueira *f* -**2.**
Andes [persona] seringueiro *m.*
gomina *f* gel *m.*
góndola *f* [embarcación] gôndola *f.*
gondolero *m* gondoleiro *m.*
gong *m* gongo *m.*
gordinflón, flona ◇ *adj* gordalhão(ona). ◇ *m, f* gordalhão *m,* -ona *f.*
gordo, da ◇ *adj* -**1.** [persona] gordo(da)
-**2.** [extenso] grosso(sa) -**3.** [grave] sério(ria)
-**4.** *Amér* [como apelativo]: ¿**cómo estás,** ~**?**
cara, como vai? -**5.** *loc:* **caerle** ~ **a uno** cair
mal a alguém. ◇ *m, f* gordo *m,* -da *f;* **armar la gorda** *fig* armar uma confusão.
◆ **gordo** *m* [premio]: **el** ~ *prêmio principal*
da loteria espanhola, especialmente no Na-
tal.
gordura *f* gordura *f.*
gorgonzola *m* gorgonzola *m.*
gorgorito *m* trinado *m.*
gorila *m* gorila *m.*
gorjear *vi* gorjear.
gorra *f* boné *m;* **de** ~ *Esp fam* de bicão.
gorrear ◇ *vt fam* filar. ◇ *vi* filar.
gorrinada *f* -**1.** [porquería] porquice *f* -**2.**
[acción] sujeira *f.*
gorrino, na *m, f* porco *m,* -ca *f.*
gorrión *m* pardal *m.*
gorro *m* gorro *m;* **estar hasta el** ~ *fam*
estar até o pescoço.
gorrón, na *fam* ◇ *adj* aproveitador(ra).
◇ *m, f* aproveitador *m,* -ra *f.*
gorronear ◇ *vt* filar. ◇ *vi* filar.
gota *f* gota *f;* **ni** ~ nem um pingo; **sudar la**
~ **gorda** suar a camisa.
◆ **gota fría** *f METEOR* frente *f* fria.
gotear ◇ *vi* [líquido] gotejar. ◇ *v impers*
[llover] gotejar.
gotera *f* -**1.** [gen] goteira *f* -**2.** [mancha]
mancha *f* de umidade.
gótico, ca *adj* gótico(ca).
◆ **gótico** *m* gótico *m.*
gourmet *mf* = gurmet.
goyesco, ca *adj* goyesco(ca).
gozada *f Esp fam* delícia *f.*
gozar *vi* -**1.** [disfrutar] desfrutar; ~ **con**
desfrutar de; ~ **de** gozar de -**2.** [sexualmente] deleitar-se.
gozne *m* dobradiça *f.*
gozo *m* prazer *m.*
grabación *f* gravação *f.*
grabado *m* -**1.** [arte de grabar] gravação *f* -**2.**
[estampa] gravura *f.*
grabador, ra *m, f* gravador *m,* -ra *f.*
◆ **grabadora** *f* gravador *m;* **grabadora de**
CD gravador de CD.

grabar *vt* gravar.

→ **grabarse en** *vpr* gravar-se em.

gracia *f* -**1**. [gen] graça *f*; **caer en** ~ cair nas graças de; **hacer** ~ agradar, parecer engraçado; **(no) tener** ~ (não) ter graça -**2**. [dicho gracioso, chiste] gracinha *f*.

→ **gracias** *fpl* obrigado(da); **dar las** ~**s** agradecer; ~**s a** graças a; **muchas** ~**s** muito obrigado(da).

gracioso, sa ◇ *adj* engraçado(da). ◇ *m*, *f* -**1**. [persona con gracia] engraçado *m*, -da *f* -**2**. [personaje] gracioso *m*, -sa *f*.

grada *f* -**1**. [peldaño] degrau *m* -**2**. [graderío] arquibancada *f*.

→ **gradas** *fpl* arquibancada *f*.

gradación *f* gradação *f*.

gradería *f*, **graderío** *m* arquibancada *f*.

grado *m* -**1**. [gen] grau *m* -**2**. [curso escolar] série *f* -**3**. [gusto, voluntad]: **de buen** ~ de bom grado.

graduación *f* graduação *f*.

graduado, da ◇ *adj* graduado(da). ◇ *m*, *f* graduado *m*, -da *f*.

→ **graduado** *m* [título]: ~ **escolar** *Esp* diploma de ensino médio.

gradual *adj* gradual.

graduar *vt* -**1**. [gen] graduar -**2**. [vista] fazer exame de -**3**. [regular] regular.

→ **graduarse** *vpr*: ~**se (en)** graduar-se *o* formar-se (em).

grafía *f* grafia *f*.

gráfico, ca *adj* -**1**. [gen] gráfico(ca) -**2**. *fig* [expresivo] claro(ra).

→ **gráfico** *m* gráfico *m*.

→ **gráfica** *f* gráfico *m*.

grafito *m* grafite *m*.

grafología *f* grafologia *f*.

grafólogo, ga *m*, *f* grafólogo *m*, -ga *f*.

gragea *f* [comprimido] drágea *f*.

grajo *m* gralha *f*.

gral. (*abrev de* **general**) gal.

gramática *f* ▷ **gramático**.

gramatical *adj* gramatical.

gramático, ca ◇ *adj* gramático(ca). ◇ *m*, *f* gramático *m*, -ca *f*.

→ **gramática** *f* gramática *f*; ~ **parda** *fam* jogo *m* de cintura.

gramo *m* grama *m*.

gramófono *m* gramofone *m*.

gramola *f* fonógrafo *m*.

gran ▷ **grande**.

granada *f* -**1**. [fruta] romã *f* -**2**. [proyectil] granada *f*.

granadina *f* [bebida] suco *m* de romã.

granate ◇ *m* -**1**. [piedra] granada *f* -**2**. [color] grená *m*. ◇ *adj inv* grená.

Gran Bretaña *n*: **(la)** ~ **(a)** Grã-Bretanha.

grande (*delante de sust* **gran**) ◇ *adj* -**1**.

grande -**2**. *loc*: **pasarlo en** ~ *fam* [divertirse] divertir-se à beça. ◇ *m* [noble] grande *m*.

→ **a lo grande** *loc adv* à grande.

→ **grandes** *mpl* grandes *mpl*.

grandeza *f* grandeza *f*.

grandioso, sa *adj* grandioso(sa).

grandullón, ona *fam* ◇ *adj* grandalhão(na). ◇ *m*, *f* grandalhão *m*, -na *f*.

granel → **a granel** *loc adv* -**1**. [gen] a granel -**2**. [en abundancia] a rodo.

granero *m* celeiro *m*.

granito *m* granito *m*.

granizada *f* granizada *f*.

granizado *m* refresco feito com gelo picado e algum tipo de bebida, especialmente suco de frutas.

granizar *v impers* granizar.

granizo *m* granizo *m*.

granja *f* granja *f*.

granjearse *vpr* granjear.

granjero, ra *m*, *f* granjeiro *m*, -ra *f*.

grano *m* -**1**. [gen] grão *m* -**2**. [en la piel] espinha *f* -**3**. *loc*: **ir al** ~ ir direto ao assunto.

granuja *mf* malandro *m*, -dra *f*.

granulado, da *adj* granulado(da).

→ **granulado** *m* granulado *m*.

grapa *f* -**1**. [para objetos] grampo *m* -**2**. [para heridas] agrafe *m* -**3**. *CSur* [bebida] grapa *f*.

grapadora *f* grampeador *m*.

grapar *vt* grampear.

grasa *f* ▷ **graso**.

grasiento, ta *adj* gorduroso(sa).

graso, sa *adj* gorduroso(sa).

→ **grasa** *f* -**1**. [gen] gordura *f* -**2**. [lubricante] graxa *f*.

gratén *m* gratinado *m*; **al** ~ gratinado.

gratificación *f* gratificação *f*.

gratificante *adj* gratificante.

gratificar *vt* gratificar.

gratinado, da *adj* gratinado(da).

gratinar *vt* gratinar.

gratis ◇ *adv* grátis. ◇ *adj* grátis.

gratitud *f* gratidão *f*.

grato, ta *adj* grato(ta).

gratuito, ta *adj* gratuito(ta).

grava *f* cascalho *m*.

gravamen (*pl* **gravámenes**) *m* gravame *m*.

gravar *vt* [cantidad monetaria] gravar.

grave *adj* -**1**. [gen] grave -**2**. *GRAM* paroxítono(na).

gravedad *f* gravidade *f*.

gravilla *f* cascalho *m*.

gravitar *vi* -**1**. *FÍS* gravitar -**2**. *fig* [pender] pesar.

gravoso, sa *adj* -**1**. [caro] oneroso(sa) -**2**. [molesto] árduo(dua).

graznar *vi* grasnar.

graznido *m* grasnido *m*.
Grecia *n* Grécia.
grecorromano, na *adj* greco-romano(na).
gregoriano, na *adj* [calendario] gregoriano(na).
gremio *m* -1. [de oficio] sindicato *m* -2. *fam* [grupo] patrulha *f*.
greña *f (gen pl)* grenha *f*.
gres *m* cerâmica *f*.
gresca *f* -1. [ruido, jaleo] algazarra *f* -2. [pelea] briga *f*.
griego, ga ⟨⟩ *adj* grego(ga). ⟨⟩ *m, f* grego *m*, -ga *f*.
⟶ **griego** *m* [lengua] grego *m*.
grieta *f* -1. [en pared, casa etc.] greta *f* -2. [en la piel] rachadura *f*.
grifa *f Esp* maconha *f*.
grifería *f* tubulação *f*.
grifero, ra *m, f Perú* frentista *mf*.
grifo *m* -1. [para agua] torneira *f*; ~ monobloque misturador *m* -2. *Perú* [gasolinera] posto *m* de gasolina.
grill (*pl* grills) *m* grelha *f*, grill *m*.
grillado, da *fam* ⟨⟩ *adj* conspirador(ra). ⟨⟩ *m, f* conspirador *m*, -ra *f*.
grillete *m* grilhão *m*.
grillo *m* grilo *m*.
grima *f* -1. [irritación] aflição *f* -2. [dentera] arrepio *m*; **dar** ~ dar arrepio.
gringo, ga ⟨⟩ *adj Esp* [estadounidense] ianque; *Amér* [extranjero] gringo(ga). ⟨⟩ *m, f Esp* [estadounidense] ianque *mf*; *Amér* [extranjero] gringo *m*, -ga *f*.
gripa *f Col, Méx* gripe *f*.
gripe *f* gripe *f*.
griposo, sa *adj* gripado(da).
gris ⟨⟩ *adj* -1. [color] cinza -2. *fig* [triste] melancólico(ca). ⟨⟩ *m* cinza *m*.
gritar ⟨⟩ *vi* gritar. ⟨⟩ *vt* gritar.
griterío *m* gritaria *f*.
grito *m* grito *m*; **dar o pegar un** ~ dar um grito.
Groenlandia *n* Groenlândia.
grogui *adj* grogue.
grosella *f* groselha *f*.
grosería *f* grosseria *f*.
grosero, ra ⟨⟩ *adj* grosseiro(ra). ⟨⟩ *m, f* grosseiro *m*, -ra *f*.
grosor *m* espessura *f*.
grosso ⟶ **grosso modo** *loc adv* grosso modo.
grotesco, ca *adj* grotesco(ca).
grúa *f* -1. [para construir] grua *f* -2. [para vehículos] guincho *m*.
grueso, sa *adj* -1. [gen] grosso(sa); **el** ~ **de** o grosso de -2. [persona] gordo(da) -3. [grande] grande; **sal gruesa** sal *m* grosso.
⟶ **grueso** *m* [grosor] espessura *f*.

grulla *f* grua *f*.
grumete *m* grumete *m*.
grumo *m* grumo *m*.
grunge *adj* grunge.
gruñido *m* -1. [de animales] grunhido *m* -2. *fig* [de personas] bronca *f*.
gruñir *vi* -1. [animales] grunhir -2. [personas] resmungar.
gruñón, ñona *fam* ⟨⟩ *adj* resmungão(ona). ⟨⟩ *m, f* resmungão *m*, -ona *f*.
grupa *f* garupa *f*.
grupo *m* grupo *m*.
⟶ **grupo sanguíneo** *m* grupo *m* sangüíneo.
gruta *f* gruta *f*.
guacal *m CAm, Méx* [calabaza] abóbora *f*; *Col, Méx, Carib* [jaula] jaula *f*.
guacamol, guacamole *m* guacamole *m*.
guachada *f Andes, RP fam* vulgaridade *f*.
guachimán *m Amér* vigilante *mf*.
guachinango, huachinango *m Méx* pargo *m*.
guacho *m Andes, RP mfam* filho-da-puta *m*.
guaco *m Amér* objeto de cerâmica encontrado em tumba indígena pré-colombiana.
guadaña *f* gadanha *f*, foice *f*.
guagua *f Carib* [autobús] ônibus *m*; *Andes* [niño] bebê *mf*.
guajolote *m CAm, Méx* [pavo] peru *m*; *fam* [tonto] idiota *mf*.
guanajo *m Carib* peru *m*.
guantazo *m fam* tabefe *m*.
guante *m* luva *f*; **echarle el** ~ **a una cosa** deitar a mão a.
guantera *f* porta-luvas *m inv*.
guapo, pa *m, f* [valiente] valentão *m*, -na *f*.
guarache *m Méx* -1. [sandalia] *sandália rústica com sola de pneu* -2. [parche] remendo *m* (em pneu).
guarango, ga *adj Bol, CSur* vulgar.
guarda *mf* guarda *mf*; ~ **jurado** vigilante *m*.
guardabarrera *mf* guarda-barreira *mf*.
guardabarros, guardafangos *m inv Andes, CAm, Carib* pára-lama *m*.
guardabosque *mf* guarda-florestal *mf*.
guardacoches *m inv & f inv* guardador *m*, -ra *f* (de automóveis).
guardacostas *m inv* guarda-costas *m inv*.
guardaespaldas *mf inv* guarda-costas *m inv*.
guardafangos *m inv* pára-lama *m*.
guardameta *mf* goleiro *m*, -ra *f*.
guardapolvo *m* guarda-pó *m*.
guardar *vt* guardar.
⟶ **guardarse** *vpr* -1. : ~**se de** abster-se de -2. *loc*: guardársela a alguien preparar uma vingança para alguém.

guardarropa *mf* guarda-roupa *m*.

guardarropía *f* **-1.** [prendas teatrales] costume *m* **-2.** [para guardar] rouparia *f*.

guardería *f* creche *f*.

guardia ◇ *f* **-1.** [gen] guarda *f*; ~ **municipal** *o* **urbana** guarda municipal *o* urbana; **montar (la)** ~ montar guarda **-2.** [servicio] plantão *m*; **estar de** ~ estar de plantão **-3.** *loc*: **la vieja** ~ a velha-guarda. ◇ *mf* guarda *mf*.
- **Guardia Civil** ◇ *f* Guarda *f* Civil. ◇ *mf* guarda *mf*.

guardián, diana *m*, *f* guardião *m*, -diã *f*.

guarecer *vt* abrigar.
- **guarecerse** *vpr*: ~**se (de)** abrigar-se (de).

guarida *f* guarida *f*.

guarnecer *vt* guarnecer.

guarnición *m* guarnição *f*.

guarrada *f Esp fam* porcaria *f*.

guarrería *f* **-1.** [suciedad] sujeira *f* **-2.** [mala acción] grosseria *f*.

guarro, rra ◇ *adj* sujo(ja). ◇ *m*, *f* porco *m*, -ca *f*.

guarura *m Méx fam* guarda-costas *mf inv*.

guasa *f fam* [gracia] graça *f*; **estar de** ~ estar de gozação.

guasearse *vpr fam* caçoar.

guasón, sona *fam* ◇ *adj* trocista. ◇ *m*, *f* trocista *mf*.

Guatemala *n* Guatemala.

guatemalteco, ca ◇ *adj* guatemalteco(ca). ◇ *m*, *f* guatemalteco *m*, -ca *f*.

guateque *m* baile *m*.

guau *m* au-au *m*.

guay *adj fam* legal.

guayaba *f* [fruta] goiaba *f*.

guayabo, ba *m*, *f Amér fam* gato *m*, -ta *f*.

guayín *m Méx* perua *f*.

gubernativo, va *adj* governamental.

guepardo *m* guepardo *m*.

güero, ra *adj Méx* loiro(ra).

guerra *f* guerra *f*; **declarar la** ~ declarar guerra; **mira que das** ~ *loc* como você enche; ~ **civil** guerra civil; ~ **fría** guerra fria; ~ **mundial** guerra mundial; ~ **relámpago** guerra-relâmpago; ~ **santa** guerra santa.

guerrear *vi* guerrear.

guerrero, ra ◇ *adj* guerreiro(ra). ◇ *m*, *f* guerreiro *m*, -ra *f*.
- **guerrera** *f* túnica *f* militar.

guerrilla *f* guerrilha *f*.

guerrillero, ra *m*, *f* guerrilheiro *m*, -ra *f*.

gueto, ghetto *m* gueto *m*.

güevón *m Andes, Arg, Ven vulg* imbecil *mf*.

guía ◇ *mf* guia *mf*; ~ **turístico** guia turístico. ◇ *f* **-1.** [indicación] guia *f* **-2.** [libro de datos] guia *m*; ~ **telefónica** lista *f* telefônica; ~ **turística** guia turístico **-3.** [pieza mecánica] guia *f*.

guiar *vt* guiar.
- **guiarse** *vpr*: ~ **por** guiar-se por.

guijarro *m* seixo *m* rolado.

guillado, da *adj Esp fam* maluco(ca).

guillotina *f* guilhotina *f*.

guillotinar *vt* guilhotinar.

guinda *f* ginja *f*.

guindilla *f* pimenta *f* malagueta.

guinea *f* guinéu *m*.

guineo *m Andes, CAm* banana *f*.

guiñapo *m* farrapo *m*.

guiñar *vt* piscar.

guiño *m* piscadela *f*.

guiñol *m* marionete *f*, guinhol *m*.

guión *m* **-1.** [gen] roteiro *m* **-2.** GRAM [signo ortográfico] hífen *m*.

guionista *mf* roteirista *mf*.

guiri *adj despec fam* gringo(ga).

guirigay *fam m* **-1.** [jaleo] gritaria *f* **-2.** [lenguaje ininteligible] algaravia *f*.

guirlache *m* *doce crocante de amêndoas torradas e caramelo*.

guirnalda *f* guirlanda *f*.

guisa *f*: **a** ~ **de** à guisa de; **de esta** ~ desta maneira.

guisado *m* guisado *m*.

guisante *m* ervilha *f*.

guisar ◇ *vt* guisar. ◇ *vi* cozinhar.

guiso *m* guisado *m*.

güisqui, whisky *m* uísque *m*.

guita *f fam* grana *f*.

guitarra ◇ *f* violão *m*. ◇ *mf* [de guitarra acústica] violonista *mf*; [de guitarra eléctrica] guitarrista *mf*.

guitarreada *f CSur* *canto m (ao som de guitarras)*.

guitarrista *mf* guitarrista *mf*.

gula *f* gula *f*.

gurí, risa *m*, *f RP fam* [niño] menino *m*, -na *f*; [chico] rapaz *m*; [chica] rapariga *f*.

guripa *m Esp fam* **-1.** [soldado] meganha *m* **-2.** [policía] soldado *m*.

gurmet (*pl* gurmets), **gourmet** (*pl* gourmets) *m*, *f* gourmet *mf*.

guru, gurú *m* guru *m*.

gusanillo *m fam*: **siento un** ~ **en el estómago** sinto frio no estômago; **matar el** ~ matar as lombrigas.

gusano *m* verme *m*.

gustar ◇ *vi* [agradar]: ~ **le algo/alguien a alguien** alguém gostar de algo/de alguém. ◇ *vt* provar.

O verbo espanhol *gustar* tem um significado muito parecido com o português 'gostar'. Contudo, é usado sintaticamente de maneira diferente; exige um objeto indireto para completar seu sentido.

(A mí) **me gusta** mucho la playa.
 ↓ ↓
 objeto sujeito
 indireto

(A ti) **te gustan** los postres.
 ↓ ↓
 objeto sujeito
 indireto

(A ella) **le gusta** la historia.
 ↓ ↓
 objeto sujeito
 indireto

(A nosotros) **nos gusta** ir a bailar.
 ↓ ↓
 objeto sujeito
 indireto

Note que o verbo *gustar* não leva, em geral, a preposição *de*.

gustazo *m fam* prazer *m*; **darse el** ~ **de** dar-se o luxo de.

gusto *m* gosto *m*; **con mucho** ~ com muito gosto; **mucho** *o* **tanto** ~ muito prazer; **tomar** ~ **a algo** tomar gosto por algo; **tener buen/mal** ~ ter bom/mau gosto.
◆ **a gusto** *loc adv*: **estar a** ~ estar à vontade; **hacer algo a** ~ fazer algo com gosto.

gustoso, sa *adj* -**1.** [sabroso] gostoso(sa) -**2.** [con placer] com gosto.

gutural *adj* gutural.

Guyana *n* Guiana.

gymkhana = gincana.

H

h¹, H *m* [letra] h, H *m;* **por** ~ **o por b** *fig* por uma coisa ou por outra.

h² (*abrev de* hora) h.

ha -**1.** *etc* ⊳ haber -**2.** (*abrev de* hectárea) ha.

HB (*abrev de* Herri Batasuna) *f antigo nome da coalizão de partidos políticos que é o braço político do ETA.*

haba *f* fava *f*.

habano, na *adj* havanês(esa).
◆ **habano** *m* havana *m*.

haber ◇ *m* -**1.** [posesiones] bens *mpl* -**2.** [en contabilidad] haver *m*; **tiene tres pisos en su** ~ tem três apartamentos em seus bens.
◇ *v aux* -**1.** [en tiempos compuestos] haver, ter; **los niños ya han comido** as crianças já

comeram; **los turistas habían desayunado antes** os turistas tinham tomado o café da manhã antes; **lo he hecho** fi-lo; **lo había hecho** tinha-o feito -**2.** [expresa reproche] ter; ~ **venido antes** tivesse vindo antes; **¡~lo dicho!** se houvesse dito! ◇ *v impers* -**1.** [existir, estar] haver; **¿qué hay hoy para comer?** que há hoje para almoçar?; **había/hubo muchos problemas** havia/houve muitos problemas; **¿no hay nadie en casa?** não há ninguém em casa? -**2.** [ocurrir] haver; **el jueves no habrá reparto** na quinta-feira não haverá distribuição; **ha habido una pelea** houve uma briga -**3.** [expresa obligação]: **hay que hacer algo** é preciso fazer algo -**4.** *loc*: **habérselas con alguien** [desentenderse] haver-se com alguém; **¡hay que ver!** o que se vê!; **no hay de qué** não há de quê!; **¿qué hay?** *fam* como vai?
◆ **haber de** *v + prep* [ser obligado a] ter de.

Atenção: os usos do espanhol *haber* são diferentes do português 'haver'.

1. Para todas as formas compostas de valor temporal: (*ha cantado, había cantado, hubo cantado, habría cantado, habrá cantado, haya cantado, hubiera* ou *hubiese cantado*.) Não se usa como o verbo *tener*.
O verbo *haber* só é conjugado sozinho quando tem a função de auxiliar. Em todos os outros usos esse verbo é invariável, mas lembre-se que a forma do presente muda: ha ⊳ hay: (*Hay tres libros en el estante.* Há três livros na estante.)

2. Para significar 'estar presente ou encontrar-se': (*Había muchos niños en la escuela.* Havia muitos meninos na escola.)

3. Para significar 'existir': (*Había ratones debajo de mi cama.* Havia ratos debaixo da minha cama. *Es tan maleducado que no hay quien pueda con él.* É tão mal-educado que não há quem possa com ele.)

Não é usado para expressar 'tempo transcorrido' como se faz em português; para esse fim, o espanhol usa o verbo *hacer*: (*Hace diez días que espero su respuesta.* Há dez dias que espero sua resposta. *Hace quince años que vivo en Argentina.* Há quinze anos que vivo na Argentina.)

Com *haber*, formam-se duas construções com significado modal: *haber* + *de* + *infinitivo* que tem significado de obrigação ou necessidade e *haber* + *que* + *infinitivo* que tem significado de obrigação, necessidade ou conveniência: (*Ellos habían de solucionar el problema.* Eles tinham que solucionar o problema. *Hay que solucionar este problema.* Tem que solucionar este problema.)

habichuela *f* feijão *m*.

habido, da *adj* nascido(da).

hábil *adj* -**1.** [diestro] hábil -**2.** [adecuado] conveniente -**3.** *DER* útil.

habilidad *f* habilidade *f*.
habilitar *vt* habilitar.
habitación *f* - **1**. [de casa] cômodo *m* - **2**. [de hotel] quarto *m*; ~ **doble** quarto duplo; ~ **individual** quarto individual.
habitáculo *m* habitáculo *m*.
habitante *m* habitante *mf*.
habitar ⬦ *vi* habitar. ⬦ *vt* habitar.
hábitat (*pl* **hábitats**) *m* hábitat *m*.
hábito *m* hábito *m*.
habitual *adj* habitual.
habituar *vt*: ~ **a alguien a algo/hacer algo** habituar alguém a algo/a fazer algo.
➥ **habituarse** *vpr*: ~**se a algo/hacer algo** habituar-se a algo/a fazer algo.
habla *f (el)* - **1**. [idioma] língua *f* - **2**. [facultad & *LING*] fala *f*.
hablador, ra ⬦ *adj* falador(ra). ⬦ *m, f* falador *m*, -ra *f*.
habladurías *fpl* boato *m*.
hablar ⬦ *vi* - **1**. [gen] falar - **2**. [tratar]: ~ **de** falar de - **3**. *loc*: **dar que** ~ dar o que falar; **¡ni** ~**!** nem pensar! ⬦ *vt* falar.
➥ **hablarse** *vpr* falar-se; **no** ~**se** não falar-se.
habrá *etc* ▷ haber.
hacedor, ra *m, f* fazedor *m*, -ra *f*.
hacendado, da *m, f* fazendeiro *m*, -ra *f*.
hacendoso, sa *adj* prendado(da).
hacer ⬦ *vt* - **1**. [elaborar, cocinar] fazer; ~ **planes/un vestido** fazer planos/um vestido; ~ **un poema** fazer um poema; ~ **una película** fazer um filme; **para** ~ **la carne/la comida** para preparar a carne/o almoço; **han hecho un edificio nuevo** fizeram um novo edifício; **la carretera hace una curva** a estrada faz uma curva; **el fuego hace humo** o fogo faz fumaça; **el árbol hace sombra** a árvore dá sombra; **el niño hizo un gesto de dolor** a criança fez um gesto de dor; **le hice una señal con la mano** fiz-lhe um sinal com a mão; **el reloj hace tic-tac** o relógio faz tiquetaque; **deberías** ~ **deporte** você devia fazer esporte; **hace ballet desde pequeña** faz balé desde pequena; **hicimos muchas fotografías del viaje** tiramos muitas fotografia da viagem; **hoy hace guardia** hoje tem plantão; **hace tercero de BUP** fazer o terceiro ano do segundo grau; **en vacaciones haremos una excursión** nas férias faremos uma viagem; **hizo las camas antes de salir** fez as camas antes de sair; **este traje te hace más delgado** essa roupa o deixa mais magro; **la mili no le hizo un hombre** o serviço militar não fez dele um homem; **hizo pedazos el papel** fez o papel em pedaços; ~ **feliz a alguien** fazer alguém feliz; **llegar tarde hace mal efecto**

chegar tarde deixa má impressão; **hace el papel de reina** faz o papel de rainha; **no me hagas reír/llorar** não me faça rir/chorar; **éste hace cien** este faz cem; **... y quinientos que hacen dos mil** ... e quinhentos, que fazem dois mil - **2**. [mandar] mandar; **hizo arrancar los árboles del jardín** mandou arrancar as árvores do jardim; **haré que tiñan el traje** mandarei tingir o terno - **3**. [comportarse como] ser; ~ **el animal** ser bruto. ⬦ *vi* fazer; **déjame** ~ **a mí** deixe-me fazer; ~ **de** fazer de; ~ **como** fazer como; **¿hace?** *loc* topa? ⬦ *v impers* - **1**. [tiempo meteorológico] fazer; **hoy hace sol** hoje faz sol; ~ **frío/calor/fresco** faz frio/calor/fresco; ~ **buen/mal tiempo** fazer bom/mau tempo - **2**. [tiempo transcurrido] fazer, haver; **hace un año que no lo veo** faz um ano que não o vejo; **no nos hablamos desde hace un año** já não falamos faz um ano.
➥ **hacerse** *vpr* [transformarse en] tornar-se; [entrenarse] formar-se; [desarrollarse, madurar] crescer; [cocerse] fazer; [resultar] tornar-se, ser; [mostrarse] fazer-se de.
➥ **hacerse a** *v* + *prep* [acostumbrarse] acostumar-se a; **no me hago al frío de este país** não me acostumo ao frio deste país.
➥ **hacerse con** *v* + *prep* [quedarse, apropiarse] apoderar-se de.
➥ **hacerse de** *v* + *prep* **Amér** [adquirir, obtener] conseguir.
hacha *f (el)* machado *m*; **ser un** ~ *fam fig* ser um ás.
hachís, haschich, hash *m* haxixe *m*.
hacia *prep* - **1**. [dirección] na direção de - **2**. [tiempo] por volta de.
hacienda *f* - **1**. [finca] fazenda *f* - **2**. [bienes] bens *mpl*.
➥ **Hacienda** *f* Fazenda *f*; **Hacienda pública** Fazenda Pública.
hackear *vi INFORM* piratear.
hacker *mf INFORM* hacker *mf*.
hada *f (el)* fada *f*.
haga *etc* ▷ hacer.
Haití *n* Haiti.
hala *interj* anda!
halagador, ra *adj* agradável.
halagar *vt* - **1**. [adular] bajular - **2**. [gustar] agradar.
halago *m* agrado *m*.
halagüeño, ña *adj* agradável.
halcón *m* falcão *m*.
hale *interj* anda!
hálito *m* hálito *m*.
hall (*pl* **halls**) *m* hall *m*.
hallar *vt* achar.
➥ **hallarse** *vpr* achar-se.

hallazgo *m* achado *m*.
halo *m* halo *m*.
halógeno, na *adj* QUÍM halógeno(na).
halterofilia *f* DEP halterofilia *f*.
hamaca *f* -1. [para colgar] rede *f* -2. [tumbona] espreguiçadeira *f*.
hambre *f (el)* [apetito] fome *f*; **tener** ~ **estar** com fome; **matar el** ~ matar a fome.
hambriento, ta *adj* faminto(ta).
hamburguesa *f* hambúrguer *m*.
hamburguesería *f* lanchonete *f* de hambúrguer.
hampa *f (el)* súcia *f*.
hampón *m* delinqüente *mf*.
hámster (*pl* hámsters) *m* hamster *m*.
handball *m* DEP handebol *m*.
hándicap (*pl* hándicaps) *m* handicap *m*.
hangar *m* hangar *m*.
hará *etc* ⊳ hacer.
haragán, gana ◇ *adj* vagabundo(da). ◇ *m, f* vagabundo *m*, -da *f*.
haraganear *vi* vagabundear.
harapiento, ta *adj* esfarrapado(da).
harapo *m* farrapo *m*.
hardware *m* INFORM hardware *m*.
harén *m* harém *m*.
harina *f* farinha *f*.
harinoso, sa *adj* farinhento(ta).
harmonía = armonía.
hartar *vt* -1. [hacer comer mucho] empanturrar -2. [fastidiar] encher.
➡ **hartarse** *vpr* -1. [comer mucho] empanturrar-se -2. [cansarse] encher-se -3. [hacer en exceso]: ~ **se de** fartar-se de.
hartazgo *m* saturação *f*.
harto, ta ◇ *adj* -1. [de comida] empanturrado(da) -2. [cansado] cheio(a); **estar** ~ **de** estar cheio de -3. *Andes, CAm, Carib, Méx* [mucho] muito(ta); **tiene** ~ **dinero** ela tem muito dinheiro; **de este aeropuerto salen hartos aviones** muitos aviões partem deste aeroporto. ◇ *adv* -1. [mucho] muito -2. *Andes, CAm, Carib, Méx* [muy] muito.
hartón *m* saturação *f*.
haschich = hachís.
hash = hachís.
hasta ◇ *prep* até; ~ **la vista** até a vista; ~ **luego** até logo; ~ **otra** até outra; ~ **pronto** até já; **pintaremos la casa** ~ **fin de mes** [no antes de] *CAm, Col, Ecuad, Méx* não pintaremos a casa até o fim do mês. ◇ *adv* até.
➡ **hasta que** *loc conj* até que.
hastiar *vt* enfastiar.
➡ **hastiarse de** *vpr* enfastiar-se de.
hastío *m* fastio *m*.
hatajo *m*: **un** ~ **de** um bando de.
hatillo *m* trouxa *f*.

haya[1] *etc* ⊳ haber.
haya[2] *f* faia *f*.
haz[1] *etc* ⊳ hacer.
haz[2] *m* feixe *m*.
hazaña *f* façanha *f*.
hazmerreír *m* motivo de riso.
he *etc* ⊳ haber.
hebilla *f* fivela *f*.
hebra *f* -1. [de hilo] linha *f* -2. [fibra] fibra *f*.
hebreo, a ◇ *adj* hebraico(ca). ◇ *m, f* hebreu *m*, -bréia *f*.
➡ **hebreo** *m* hebraico *m*.
hecatombe *f* hecatombe *f*.
hechicero, ra ◇ *adj* feiticeiro(ra). ◇ *m, f* feiticeiro *m*, -ra *f*.
hechizar *vt* enfeitiçar.
hechizo *m* feitiço *m*.
hecho, cha ◇ *pp irreg* ⊳ hacer. ◇ *adj* -1. [acabado, desarrollado] feito(ta); ~ **y derecho** feito -2. [en el punto debido] bem passado(da) -3.: **estar** ~ **algo** parecer algo.
➡ **hecho** ◇ *m* fato *m*; ~ **diferencial** fato diferencial. ◇ *interj* feito!
➡ **de hecho** *loc adv* de fato.
hechura *f* -1. [confección] feitio *m* -2. [forma] forma *f*.
hectárea *f* hectare *m*.
hectogramo *m* hectograma *m*.
hectolitro *m* hectolitro *m*.
hectómetro *m* hectômetro *m*.
heder *vi* [oler mal] feder.
hediondo, da *adj* hediondo(da).
hedor *m* fedor *m*.
hegemonía *f* hegemonia *f*.
hegemónico, ca *adj* hegemônico(ca).
helada *f* ⊳ helado.
heladera *f* CSur geladeira *f*.
heladería *f* sorveteria *f*.
helado, da *adj* -1. [gen] gelado(da) -2. [atónito] paralisado(da).
➡ **helado** *m* sorvete *m*.
➡ **helada** *f* geada *f*.
helar ◇ *vt* -1. [convertir en hielo] congelar -2. [dejar atónito] gelar. ◇ *v impers* gear.
➡ **helarse** *vpr* congelar.
helecho *m* samambaia *f*.
helenismo *m* helenismo *m*.
helenizar *vt* helenizar.
➡ **helenizarse** *vpr* helenizar-se.
hélice *f* hélice *f*.
helicóptero *m* helicóptero *m*.
helio *m* QUÍM hélio *m*.
helipuerto *m* heliporto *m*.
Helsinki *n* Helsinque.
helvético, ca ◇ *adj* helvécio(a). ◇ *m, f* helvécio *m*, -a *f*.

hematíe *m inv* hemácia *f.*
hematoma *m* hematoma *m.*
hembra *f* fêmea *f.*
hemeroteca *f* hemeroteca *f.*
hemiciclo *m* hemiciclo *m.*
hemisferio *m* hemisfério *m.*
hemofilia *f MED* hemofilia *f.*
hemofílico, ca <> *adj* hemofílico(ca). <>
   m, f hemofílico *m*, -ca *f.*
hemorragia *f* hemorragia *f.*
hemorroide *f MED* hemorróida *f.*
henchir *vt* encher.
   ◆ **henchirse** *vpr* encher-se.
hender, hendir *vt* fender.
hendidura *f* fenda *f.*
hendir = hender.
heno *m* feno *m.*
hepatitis *f MED* hepatite *f.*
heptágono *m GEOM* heptágono *m.*
herbicida *m* herbicida *m.*
herbívoro, ra <> *adj* herbívoro(ra). <> *m,*
   f herbívoro *m*, -ra *f.*
herbolario, ria *m, f* herbolário *m*, -ria *f.*
   ◆ **herbolario** *m* herbanário *m.*
herboristería *f* herbanário *m.*
hercio, hertz *m FÍS* hertz *m.*
heredar *vt* herdar.
heredero, ra <> *adj* herdeiro(ra). <> *m, f*
   herdeiro *m*, -ra *f.*
hereditario, ria *adj* hereditário(ria).
hereje *mf RELIG* herege *mf.*
herejía *f* **-1.** [gen] heresia *f* **-2.** [daño]
   maldade *f.*
herencia *f* herança *f.*
herido, da <> *adj* ferido(da). <> *m, f*
   ferido *m*, -da *f.*
   ◆ **herida** *f* ferida *f.*
herir *vt* ferir.
hermafrodita <> *adj* hermafrodita. <>
   mf hermafrodita *mf.*
hermanado, da *adj* irmanado(da).
hermanar *vt* [unir] irmanar.
   ◆ **hermanarse** *vpr* irmanar-se.
hermanastro, tra *m, f* meio-irmão *m,*
   meia-irmã *f.*
hermandad *f* irmandade *f.*
hermano, na <> *adj* irmão(mã). <> *m, f*
   irmão *m*, -mã *f.*
hermético, ca *adj* hermético(ca).
hermoso, sa *adj* belo(la).
hermosura *f* formosura *f.*
hernia *f MED* hérnia *f.*
herniarse *vpr* **-1.** [sufrir una hernia] adquirir
   uma hérnia **-2.** *fam* [esforzarse] arrebentar-se.
héroe *m* herói *m.*
heroico, ca *adj* heróico(ca).
heroína *f* heroína *f.*

heroinómano, na *m, f* heroinômano *m,*
   -na *f.*
heroísmo *m* heroísmo *m.*
herpes *m MED* herpes *m.*
herradura *f* ferradura *f.*
herramienta *f* ferramenta *f.*
herrería *f* serralheria *f.*
herrero *m* serralheiro *m.*
herrumbre *f* ferrugem *f.*
hertz = hercio.
hervidero *m* fervedouro *m.*
hervir <> *vt* ferver. <> *vi* **-1.** [líquido] ferver
   -2. [lugar, persona]: ~ **de** *fig* ferver de.
hervor *m* fervor *m.*
heterodoxo <> *adj* heterodoxo(xa). <>
   mf heterodoxo *m*, -xa *f.*
heterogéneo, a *adj* heterogêneo(a).
heterosexual <> *adj* heterossexual. <>
   mf heterossexual *mf.*
hexágono *m GEOM* hexágono *m.*
hez *f* **-1.** [de líquido] borra *f* **-2.** [lo más vil]
   escória *f.*
   ◆ **heces** *fpl* fezes *fpl.*
hiato *m GRAM* hiato *m.*
hibernal *adj* hibernal.
hibernar *vi* hibernar.
híbrido, da *adj* [animal, planta] híbrido(da).
   ◆ **híbrido** *m* híbrido *m.*
hice *etc* ▷ hacer.
hidalgo, ga *m, f* fidalgo *m*, -ga *f.*
hidalguía *f* fidalguia *f.*
hidratación *f* hidratação *f.*
hidratante <> *adj* hidratante. <> *m*
   hidratante *m.*
hidratar *vt* hidratar.
hidrato *m QUÍM* hidrato *m*; ~ **de carbono**
   hidrato de carbono.
hidráulico, ca *adj* hidráulico(ca).
   ◆ **hidráulica** *f FÍS* hidráulica *f.*
hidroavión *m* hidroavião *m.*
hidroelectricidad *f* hidreletricidade *f.*
hidroeléctrico, ca *adj* hidrelétrico(ca).
hidrofobia *f* hidrofobia *f.*
hidrógeno *m* hidrogênio *m.*
hidrografía *f* hidrografia *f.*
hidroplano *m* **-1.** [barco] hidroplano *m* **-2.**
   [avión] hidroavião *m.*
hidrosfera *f* hidrosfera *f.*
hidrostático, ca *adj* hidrostático(ca).
   ◆ **hidrostática** *f FÍS* hidrostática *f.*
hiedra *f* hera *f.*
hiel *f* **-1.** [bilis] bile *f* **-2.** [mala intención] fel *m.*
   ◆ **hieles** *fpl* amargura *f.*
hielo *m* gelo *m*; **romper el** ~ *fig* romper o
   gelo.
hiena *f* hiena *f.*
hierático, ca *adj* solene.
hierba, yerba *f* **-1.** [planta] erva *f* **-2.** [terreno]

relva *f* - **3.** *fam* [droga] erva *f* - **4.** *loc*: mala ~ erva daninha; **mala** ~ **nunca muere** vaso ruim não quebra.

hierbabuena *f* hortelã *f*.

hieroglífico, ca = jeroglífico.

hierro *m* - **1.** [metal] ferro *m*; **de** ~ [fuerte] de ferro; ~ **forjado** ferro forjado *o* batido - **2.** [arma] ponta *f*.

higadillo *m* fígado *m*.

hígado *m* ANAT fígado *m*.

higiene *f* higiene *f*.

higiénico, ca *adj* higiênico(ca).

higienizar *vt* higienizar.

higo *m* figo *m*; ~ **chumbo** figo-da-índia *m*.

higuera *f* figueira *f*; ~ **chumba** figueira-da-índia *f*; **estar en la** ~ *fig* estar por fora.

hijastro, tra *m, f* enteado *m*, -da *f*.

hijo, ja *m, f* filho *m*, -lha *f*; ~ **de papá** *fam* filhinho de papai; ~ **de puta** *o* **de su madre** *vulg* filho da puta *o* da mãe; ~ **de la chingada** *Méx vulg* filho da puta; ¡~ **mío!** meu filho!

híjole *interj Méx* caramba!

hilacha *f* fiapo *m*.

hilada *f* fileira *f*.

hilandero, ra *m, f* fiandeiro *m*, -ra *f*.

hilar *vt* fiar; ~ **delgado** *o* **muy fino** *fig* fiar fino.

hilarante *adj* hilariante.

hilaridad *f* hilaridade *f*.

hilatura *f* fiação *f*.

hilera *f* fileira *f*; **en** ~ em fila.

hilo *m* - **1.** [gen] fio *m*; ~ **de voz** fio de voz; **perder el** ~ perder o fio da meada; **seguir el** ~ seguir o fio - **2.** [de coser] linha *f* - **3.** [tejido] linho *m* - **4.** *loc*: **colgar** *o* **pender de un** ~ estar por um fio; **mover los** ~**s** mover as engrenagens.

hilván *m* alinhavo *m*.

hilvanar *vt* alinhavar.

Himalaya *n*: **el** ~ o Himalaia.

himen *m* ANAT hímen *m*.

himno *m* hino *m*.

hincapié *m*: **hacer** ~ **en** insistir em.

hincar *vt* fincar.

hincha ◇ *mf* torcedor *m*, -ra *f*. ◇ *f Esp* raiva *f*, antipatia *f*.

hinchado, da *adj* inchado(da).

◆ **hinchada** *f* torcida *f*.

hinchar *vt* - **1.** [inflar] inflar - **2.** [exagerar] exagerar.

◆ **hincharse** *vpr* - **1.** [gen] inchar-se - **2.** [de comida]: ~**se de** empanturrar-se.

hinchazón *f* inchaço *m*.

hindi *m* híndi *m*.

hindú (*pl* hindúes) ◇ *adj* hindu. ◇ *m, f* hindu *mf*.

hinduismo *m* RELIG hinduísmo *m*.

hinojo *m* erva-doce *f*.

hip *interj* hip!

hipar *vi* soluçar.

híper *m fam* hipermercado *m*.

hiperactividad *f* hiperatividade *f*.

hiperactivo, va *adj* hiperativo(va).

hipérbaton (*pl* hipérbatos *o* hiperbatones) *m* LITER hipérbato *m*.

hipérbola *f* GEOM hipérbole *f*.

hiperenlace *m* INFORM hiperlink *m*, hipervínculo *m*.

hipermercado *m* hipermercado *m*.

hipersónico, ca *adj* AERON hipersônico(ca).

hípico, ca *adj* hípico(ca).

◆ **hípica** *f* hipismo *m*.

hipnosis *f* hipnose *f*.

hipnótico, ca *adj* hipnótico(ca).

◆ **hipnótico** *m* FARM hipnótico *m*.

hipnotismo *m* hipnotismo *m*.

hipnotizador, ra ◇ *adj* hipnotizador(ra). ◇ *m, f* hipnotizador *m*, -ra *f*.

hipnotizar *vt* hipnotizar.

hipo *m* soluço *m*; **quitar el** ~ *fig* tirar o fôlego.

hipocentro *m* hipocentro *m*.

hipocondriaco, ca, **hipocondríaco, ca** ◇ *adj* hipocondríaco(ca). ◇ *m, f* hipocondríaco *m*, -ca *f*.

hipocresía *f* hipocrisia *f*.

hipócrita ◇ *adj* hipócrita. ◇ *mf* hipócrita *mf*.

hipodérmico, ca *adj* hipodérmico(ca).

hipodermis *f* ANAT hipoderme *f*.

hipódromo *m* hipódromo *m*.

hipófisis *f* ANAT hipófise *f*.

hipopótamo *m* hipopótamo *m*.

hipoteca *f* hipoteca *f*; **levantar una** ~ levantar uma hipoteca.

hipotecar *vt* - **1.** [bienes] hipotecar - **2.** *fig* [poner en peligro] comprometer.

hipotecario, ria *adj* hipotecário(ria).

hipotenusa *f* GEOM hipotenusa *f*.

hipótesis *f inv* hipótese *f*.

hipotético, ca *adj* hipotético(ca).

hippy (*pl* hippys), **hippie** (*pl* hippies) ◇ *adj* hippie. ◇ *m, f* hippie *mf*.

hiriente *adj* ferino(na).

hirsuto, ta *adj* hirsuto(ta).

hispalense ◇ *adj* hispalense. ◇ *mf* hispalense *mf*.

hispánico, ca ◇ *adj* hispânico(ca). ◇ *m, f* hispânico *m*, -ca *f*.

hispanidad *f* hispanidade *f*.

hispanismo *m* hispanismo *m*.

hispanizar *vt* hispanizar.

hispano, na ◇ *adj* hispano(na). ◇ *m, f* hispano *m*, -na *f*.

Hispanoamérica n América Latina.

hispanoamericanismo m hispano-americanismo m.

hispanoamericano, na ◇ adj hispanoamericano(na). ◇ m, f hispano-americano m, -na f.

hispanófono, na ◇ adj hispanófono(na). ◇ m, f hispanófono m, -na f.

hispanohablante ◇ adj hispanofalante. ◇ mf hispanofalante mf.

histeria f histeria f.

histérico, ca ◇ adj histérico(ca); **ponerse** ~ ficar histérico. ◇ m, f histérico m, -ca f.

histerismo m histerismo m.

historia f história f; ~ **antigua** história antiga; ~ **del arte** história da arte; ~ **universal** história universal; **pasar algo/alguien a la** ~ passar algo/alguém para a história; **dejarse de** ~s deixar de histórias.
 ➡ **historia natural** f história f natural.

historiador, ra m, f historiador m, -ra f.

historial m histórico m; ~ **médico** o **clínico** histórico médico o clínico.

histórico, ca adj histórico(ca).

historieta f historieta f.

hit (pl **hits**) m hit m.

hitleriano, na HIST ◇ adj hitleriano(na). ◇ m, f hitleriano m, -na f.

hito m marco m; **mirar de** ~ **en** ~ olhar fixamente.

hizo etc ➡ hacer.

hobby (pl **hobbys** o **hobbies**) m hobby m.

hocico m -1. [de animales] focinho m -2. despec [de personas] focinho m.

hockey m DEP hóquei m; ~ **sobre hielo** hóquei no gelo; ~ **sobre hierba** hóquei na grama; ~ **sobre patines** hóquei sobre patins.

hogar m lar m.

hogareño, ña adj caseiro(ra).

hogaza f fogaça f.

hoguera f fogueira f.

hoja f -1. [gen] folha f -2. [de metal] lâmina f; ~ **de afeitar** lâmina de barbear.
 ➡ **hoja de cálculo** f INFORM folha f de cálculo.

hojalata f lata f.

hojaldre m CULIN massa f folhada.

hojarasca f -1. [hojas secas] folhas fpl secas -2. [frondosidad] folhagem f.

hojear vt folhear.

hola interj olá!

Holanda n Holanda.

holandés, desa ◇ adj holandês(desa). ◇ m, f holandês m, -desa f.
 ➡ **holandés** m [lengua] holandês m.

➡ **holandesa** f [papel] holanda m.

holding m holding f.

holgado, da adj folgado(da).

holgar vi folgar.

holgazán, zana ◇ adj folgazão(zã). ◇ m, f folgazão m, -zã f.

holgazanear vi vagabundear.

holgura f folga f.

hollar vt pisar.

hollín m fuligem f.

holocausto m holocausto m.

hombre ◇ m homem m; **buen** ~ bom homem; ~ **de la calle** o **de a pie** homem da rua o homem do povo; ~ **de mundo** homem do mundo; ~ **de palabra** homem de palavra; ~ **del saco** fam bicho-papão m; **el abominable** ~ **de las nieves** [yeti] o abominável homem das neves; **pobre** ~ pobre homem; **de a** ~ homem a homem. ◇ interj puxa!
 ➡ **hombre lobo** (pl **hombres lobo**) m lobisomem m.
 ➡ **hombre orquesta** (pl **hombres orquesta**) m homem-orquestra m.
 ➡ **hombre rana** (pl **hombres rana**) m homem-rã m.

hombrera f ombreira f.

hombría f hombridade f.

hombro m ombro m; **a** ~**s** nos ombros; **al** ~ no ombro; **encogerse de** ~**s** encolher os ombros, dar de ombros; **arrimar el** ~ fig arregaçar as mangas.

hombruno, na adj viril.

homenaje m homenagem f; **en** ~ **a** em homenagem a; **rendir** ~ **a alguien** render homenagem a alguém.

homenajeado, da ◇ adj homenageado(da). ◇ m, f homenageado m, -da f.

homenajear vt homenagear.

homeopatía f MED homeopatia f.

homicida ◇ adj homicida. ◇ mf homicida mf.

homicidio m homicídio m.

homilía f RELIG homilia f.

homogéneo, na adj homogêneo(nea).

homologar vt -1. [equiparar] equiparar -2. [producto, récord] homologar.

homólogo, ga ◇ adj homólogo(ga). ◇ m, f homólogo m, -ga f.

homónimo, ma ◇ adj homônimo(ma). ◇ m, f homônimo m.

homosexual mf homossexual mf.

homosexualidad f homossexualidade f.

honda f estilingue m ➡ hondo.

hondo, da adj -1. [agujero, cavidad] fundo(da) -2. [sentimiento] profundo(da); **en lo más** ~ **de** no mais profundo de.

hondonada f depressão f.

hondura f profundidade f.
Honduras n Honduras.
hondureño, ña ◇ adj hondurenho(nha).
◇ m, f hondurenho m, -nha f.
honestidad f honestidade f.
honesto, ta adj honesto(ta).
hongo m **-1.** [gen] fungo m **-2.** [sombrero] chapéu-coco m.
honor m honra f; **en ~ de** em honra de; **en ~ a la verdad** em honra da verdade; **hacer ~ a** fazer honra a.
➤ **honores** mpl [ceremonial] honras fpl.
honorabilidad f honrabilidade f.
honorable adj honorável.
honorar vt honrar.
honorario, ria adj honorário(ria).
➤ **honorarios** mpl honorários mpl.
honorífico, ca adj honorífico(ca).
honra f honra f; **tener a mucha ~ algo** ter muita honra de algo; **¡ya mucha ~!** e com muita honra!
➤ **honras** fpl honras fpl.
honradez f honradez f.
honrado, da adj honrado(da).
honrar vt honrar.
➤ **honrarse** vpr honrar-se.
honroso, sa adj honroso(sa).
hora f **-1.** hora f; **a última ~** no final do dia; **dar la ~** soar a hora; **de última ~** de última hora; **¿qué ~ es?** que horas são?; **¿qué ~ s son?** Amér que horas são?; **trabajar/pagar por ~ s** trabalhar/pagar por hora; **media ~** meia-hora; **~ s extra** o **extraordinarias** horas extras; **~ oficial** horário oficial; **~ s de oficina** horário comercial; **~ pico** RP hora do rush; **~ punta** hora do rush; **~ s de trabajo** horário de trabalho; **~ s de visita** horário de visita; **a la ~** na hora; **a primera ~** na primeira hora; **en su ~** no devido momento; **¡ya era ~!** já estava na hora!; **dar/pedir ~** marcar hora; **tener ~ en** ter hora em **-2.** loc: **a buena ~** em boa hora; **en mala ~** em má hora; **la ~ de la verdad** a hora da verdade; **llegarle la ~ a alguien** chegar a hora de alguém.
horadar vt perfurar.
horario, ria adj horário(ria).
➤ **horario** m horário m; **~ comercial** horário comercial; **~ intensivo** horário intensivo; **~ laboral** horário de trabalho.
horca f forca f.
horcajadas ➤ **a horcajadas** loc adv a cavalo.
horchata f orchata f.
horchatería f estabelecimento onde se prepara e vende orchata.
horda f horda f.

horizontal adj horizontal.
horizonte m horizonte m.
horma f forma f.
hormiga f formiga f.
hormigón m CONSTR concreto m; **~ armado** concreto armado.
hormigonera f CONSTR betoneira f.
hormigueo m formigamento m.
hormiguero ◇ adj ▷ oso. ◇ m formigueiro m.
hormiguita f fam formiguinha f.
hormona f BIOL hormônio m.
hornada f fornada f.
hornear vt enfornar.
hornillo m fogareiro m.
horno m forno m; **alto ~** alto forno; **~ eléctrico** forno elétrico; **~ microondas** forno de microondas.
horóscopo m [predicción] horóscopo m.
horquilla f **-1.** [para pelo] grampo m **-2.** [de bicicleta o motocicleta] garfo m.
horrendo, da adj horrendo(da).
horrible adj horrível.
horripilante adj horripilante.
horripilar vt horripilar.
horror m [miedo] horror.
➤ **horrores** adv fam à beça.
horrorizado, da adj horrorizado(da).
horrorizar vt horrorizar.
➤ **horrorizarse** vpr horrorizar-se.
horroroso, sa adj horroroso(so).
hortaliza f hortaliça f.
hortelano, na ◇ adj hortense. ◇ m, f hortelão m, -lã f.
hortensia f hortênsia f.
hortera Esp fam ◇ adj brega. ◇ mf brega mf.
horterada f Esp fam breguice f.
horticultor, ra m, f horticultor m, -ra f.
hosco, ca adj tosco(ca).
hospedar vt hospedar.
➤ **hospedarse** vpr hospedar-se.
hospicio m orfanato m.
hospital m hospital m.
hospitalario, ria adj **-1.** [acogedor] hospitaleiro(ra) **-2.** [de hospital] hospitalar.
hospitalidad f hospitalidade f.
hospitalizar vt hospitalizar.
hosquedad f rudeza f.
hostal m pensão f.
hostelería f hotelaria f.
hostelero, ra ◇ adj hoteleiro(ra). ◇ m, f hoteleiro m, -ra f.
hostería f CSur pousada f.
hostia f **-1.** RELIG hóstia f **-2.** Esp vulg [bofetada] porrada f **-3.** Esp vulg [accidente] cacetada f.
➤ **hostia(s)** interj Esp vulg porra!

hostiar *vt Esp vulg* arrebentar.
hostigar *vt* **-1.** [acosar, molestar] amolar **-2.** MIL assediar.
hostil *adj* hostil.
hostilidad *f* hostilidade *f*.
hot dog (*pl* hot dogs) *m* hot dog *m*.
hotel *m* hotel *m*.
hotelero, ra <> *adj* hoteleiro(ra). <> *m, f* hoteleiro *m*, -ra *f*.
hovercraft (*pl* hovercrafts) *m* hovercraft *m*.
hoy *adv* hoje; **de ~ en adelante** de hoje em diante; **~ día, ~ en día** hoje em dia.
hoyo *m* **-1.** [gen] cova *f* **-2.** [de golf] buraco *m*.
hoyuelo *m* covinha *f*.
hoz *f* foice *f*.
huacal *m* = guacal.
huachafería *f Perú fam* cafonice *f*.
huachafo, fa *adj Perú fam* cafona.
huachinango *m* = guachinango.
huaso, sa *m, f Chile* fazendeiro *m*, -ra *f*.
hubiera *etc* ⊳ haber.
hucha *f* cofre *m* pequeno.
hueco, ca *adj* **-1.** [gen] oco(ca) **-2.** [de sonido profundo] cavernoso(sa).
 ◆ **hueco** *m* **-1.** [gen] espaço *m* **-2.** [tiempo libre] brecha *f*.
huelga *f* greve *f*; **estar/declararse en ~** estar/declarar-se em greve; **~ general** greve geral; **~ de hambre** greve de fome.
huelguista *mf* grevista *mf*.
huella *f* **-1.** [de pie] pegada *f*; **seguir las ~s de alguien** seguir o exemplo de alguém **-2.** [señal, marca] rastro *m*; **~ digital** *o* **dactilar** impressão *f* digital **-3.** [vestigio] vestígio *m* **-4.** [impresión profunda] marca *f*; **dejar ~** deixar marca.
huérfano, na <> *adj* órfão(fã). <> *m, f* órfão *m*, -fã *f*.
huerta *f* **-1.** [terreno de cultivo] horta *f* **-2.** [tierra de regadío] zona *f* irrigada.
huerto *m* horto *m*.
hueso *m* **-1.** [de cuerpo] osso *m* **-2.** [de fruta] caroço *m* **-3.** *fam* [persona] durão *m*, durona *f* **-4.** *fam* [asignatura] bicho-desete-cabeças *m* **-5.** *Méx fam* [enchufe] contato *m* **-6.** *Méx fam* [trabajo fácil] moleza *f* **-7.** *loc*: **acabar** *o* **dar con sus ~s en** dar com os ossos em; **estar en los ~s** ser pele e osso.
huésped, da *m, f* hóspede *mf*.
huesudo, da *adj* ossudo(da).
hueva *f* ova *f*.
huevear *vi Andes fam* **-1.** [hacer el tonto] bancar o idiota **-2.** [perder el tiempo] flautear.
huevo *m* **-1.** [gen] ovo *m*; **~ a la copa** *o* **tibio** *Andes* ovo mole; **~ duro** ovo cozido; **~** estrellado *Méx* ovo estrelado; **~ frito** ovo frito; **~ pasado por agua** ovo quente; **~s al plato** *ovos cozidos, sem casca e sem bater, servidos no mesmo recipiente em que foram cozidos*; **~s revueltos** ovos mexidos **-2.** (*gen pl*) *vulg* [testículos] ovos *mpl* **-3.** *loc*: **¡y un ~!** *vulg* porra nenhuma!
huevón, vona *m, f Andes, Arg, Ven vulg* imbecil.
huida *f* fuga *f*.
huidizo, za *adj* arredio(a).
huipil *m CAm, Méx* *vestido ou blusa com bordado colorido, tradicionalmente usados pela mulheres indígenas.*
huir <> *vi* [escapar] fugir; **~ de** fugir de. <> *vt* fugir.
hule *m* oleado *m*.
hulla *f* hulha *f*.
humanidad *f* humanidade *f*.
 ◆ **humanidades** *fpl* humanidades *fpl*.
humanismo *m* humanismo *m*.
humanitario, ria *adj* humanitário(ria).
humanizar *vt* humanizar.
 ◆ **humanizarse** *vpr* humanizar-se.
humano, na *adj* humano(na).
 ◆ **humanos** *mpl* homens *mpl*.
humareda *f* fumaça *f*.
humear *vi* fumegar.
humedad *f* umidade *f*.
humedecer *vt* umedecer.
 ◆ **humedecerse** *vpr* umedecer-se.
húmedo, da *adj* úmido(da).
húmero *m* ANAT úmero *m*.
humidificar *vt* umidificar.
humildad *f* humildade *f*.
humilde *adj* humilde.
humillación *f* humilhação *f*.
humillado, da *adj* humilhado(da).
humillante *adj* humilhante.
humillar *vt* humilhar.
 ◆ **humillarse** *vpr* [rebajarse] humilhar-se; **~se a hacer algo** humilhar-se em fazer algo.
humita *f Andes, Arg* *tipo de pamonha*.
humo *m* fumaça *f*.
 ◆ **humos** *mpl* ares *mpl* de superioridade.
humor *m* **-1.** [gen] humor *m*; **buen/mal ~** bom/mau humor **-2.** [ganas] disposição *f*.
humorismo *m* humorismo *m*.
humorista *mf* humorista *mf*.
humorístico, ca *adj* humorístico(ca).
hundimiento *m* **-1.** [naufragio] naufrágio *m* **-2.** [ruina] derrocada *f*.
hundir *vt* **-1.** [gen] afundar **-2.** [clavar] cravar **-3.** [afligir] abater **-4.** [fracasar] arruinar.
 ◆ **hundirse** *vpr* **-1.** [gen] afundar-se **-2.** [derrumbarse] desmoronar-se.

húngaro, ra ⟷ *adj* húngaro(ra). ⟷ *m, f* húngaro *m*, -ra *f.*
→ **húngaro** *m* [lengua] húngaro *m.*
Hungría *n* Hungria.
huracán *m* furacão *m.*
huraño, ña *adj* arisco(ca).
hurgar *vi*: ~ **(en)** fuçar(em).
→ **hurgarse** *vpr* cutucar.
hurgonear *vt* remexer.
hurón *m* furão *m.*
hurra *interj* hurra!
hurtadillas → **a hurtadillas** *loc adv* às escondidas.
hurtar *vt* furtar.
hurto *m* furto *m.*
husmear ⟷ *vt* [olfatear] farejar. ⟷ *vi* [curiosear, indagar] vasculhar.
huso *m* fuso *m.*
→ **huso horario** *m* fuso *m* horário.
huy *interj* **-1.** [dolor] ui! **- 2.** [sorpresa] puxa!

i, I (*pl* íes) *f* [letra] i, I *m.*
iba *etc* ▷ ir.
ibérico, ca *adj* ibérico(ca).
íbero, ra ⟷ *adj* ibero(ra). ⟷ *m, f* [habitante] ibero *m*, -ra *f.*
→ **íbero, ibero** *m* [lengua] ibero *m.*
iberoamericano, na ⟷ *adj* ibero-americano(na). ⟷ *m, f* ibero-americano *m*, -na *f.*
iceberg (*pl* icebergs) *m* iceberg *m.*
icono *m* ícone *m.*
iconoclasta ⟷ *adj* iconoclasta. ⟷ *mf* iconoclasta *mf.*
ictericia *f* MED icterícia *f.*
id *etc* ▷ ir.
ida *f* ida *f*; ~ **y vuelta** ida e volta.
idea *f* idéia *f*; **con la** ~ **de** com a intenção de; **cambiar de** ~ [de plan] mudar de plano; [de opinión] mudar de idéia; ~ **fija** idéia fixa; **no tener ni** ~ não ter a mínima idéia.
→ **ideas** *fpl* idéias *fpl.*
ideal ⟷ *adj* ideal. ⟷ *m* ideal *m.*
→ **ideales** *mpl* ideais *mpl.*
idealista ⟷ *adj* idealista. ⟷ *mf* idealista *mf.*
idealizar *vt* idealizar.

idear *vt* idealizar.
ideario *m* ideário *m.*
ídem *pron* idem; ~ **de** ~ idem.
idéntico, ca *adj* idêntico(ca); ~ **a** idêntico a.
identidad *f* identidade *f.*
identificación *f* identificação *f.*
identificar *vt* [reconocer] identificar.
→ **identificarse** *vpr*: ~**se (con)** identificar-se (com).
ideograma *m* ideograma *m.*
ideología *f* ideologia *f.*
ideólogo, ga *m, f* ideólogo *m*, -ga *f.*
idílico, ca *adj* idílico(ca).
idilio *m* idílio *m.*
idioma *m* idioma *m.*
idiosincrasia *f* idiossincrasia *f.*
idiota ⟷ *adj* idiota. ⟷ *mf* idiota *mf.*
idiotez *f* **-1.** [enfermedad mental] idiotia *f* **- 2.** [tontería] idiotice *f.*
ido, ida *adj* louco(ca).
idolatrar *vt* idolatrar.
ídolo *m* ídolo *m.*
idóneo, a *adj* idôneo(a).
iglesia *f* igreja *f.*
iglú (*pl* iglúes) *m* iglu *m.*
ignominia *f* ignomínia *f.*
ignorancia *f* ignorância *f.*
ignorante ⟷ *adj* ignorante. ⟷ *mf* ignorante *mf.*
ignorar *vt* ignorar.
igual ⟷ *adj* **-1.** [gen] igual; ~ **que** igual a **- 2.** [constante] constante. ⟷ *mf* igual *mf*; **sin** ~ sem igual. ⟷ *adv* **-1.** [de la misma manera] assim; **al** ~ **que** assim como; **por** ~ igualmente **- 2.** [posiblemente] talvez **- 3.** *loc*: **darle** *o* **serle algo** ~ **a alguien** algo dar na mesma para alguém.
igualado, da *adj* igualado(da).
igualar *vt* igualar.
igualdad *f* igualdade *f.*
igualitario, ria *adj* igualitário(ria).
igualmente *adv* igualmente.
iguana *f* iguana *f.*
ilegal *adj* ilegal.
ilegible *adj* ilegível.
ilegítimo, ma *adj* ilegítimo(ma).
ileso, sa *adj* ileso(sa); **salir** *o* **resultar** ~ sair ileso.
ilícito, ta *adj* ilícito(ta).
ilimitado, da *adj* ilimitado(da).
ilógico, ca *adj* ilógico(ca).
iluminación *f* iluminação *f.*
iluminar *vt* iluminar.
→ **iluminarse** *vpr* iluminar-se.
ilusión *f* **-1.** [fantasía, esperanza] ilusão *f*; **hacerse** *o* **forjarse ilusiones** criar ilusões **- 2.** [alegría] alegria *f*; **hacerle** ~ **algo a alguien**

algo causar alegria a alguém - **3.** [de la vista] ilusão f de óptica.
ilusionar vt - **1.** [dar esperanza] iludir - **2.** [sentir alegría] sentir alegria.
➡ **ilusionarse** vpr - **1.** [sentir esperanza]: ~**se (con)** iludir-se (com) - **2.** [sentir alegría]: ~**se (con)** alegrar-se (com).
ilusionista mf ilusionista mf.
iluso, sa ◇ adj ingênuo(nua). ◇ m, f ingênuo m, -nua f.
ilusorio, ria adj ilusório(ria).
ilustración f ilustração f.
➡ **Ilustración** f HIST Ilustração f, Iluminismo m.
ilustrado, da adj ilustrado(da).
ilustrador, ra m, f ilustrador m, -ra f.
ilustrar vt ilustrar.
ilustrativo, va adj ilustrativo(va).
ilustre adj ilustre.
imagen f imagem f; **a** ~ **y semejanza de algo/alguien** à imagem e semelhança de algo/alguém; **ser la viva** ~ **de alguien** ser a imagem viva de alguém.
imaginación f - **1.** [facultad] imaginação f; **pasar por la** ~ passar pela cabeça - **2.** (gen pl) [idea sin fundamento] conjecturas fpl; **ser algo imaginaciones de alguien** ser algo conjecturas de alguém.
imaginar vt imaginar.
➡ **imaginarse** vpr imaginar.
imaginario, ria adj imaginário(ria).
imaginativo, va adj imaginativo(va).
imán m - **1.** [para el hierro] ímã m - **2.** [entre musulmanes] imame m.
imbatible adj imbatível.
imbatido, da adj invicto(ta).
imbécil ◇ adj imbecil. ◇ mf imbecil mf.
imbecilidad f despec imbecilidade f.
imberbe adj imberbe.
imborrable adj indelével.
imbuir vt: ~ **a alguien (de) algo** imbuir alguém (de) algo.
imitación f imitação f.
imitador, ra m, f imitador m, -ra f.
imitar vt imitar.
impaciencia f impaciência f.
impacientar vt impacientar.
➡ **impacientarse** vpr impacientar-se.
impaciente adj impaciente; **estar** ~ **por algo/por hacer algo** estar impaciente por algo/por fazer algo.
impactar vt impactar.
impacto m - **1.** [gen] impacto m - **2.** [señal] marca f.
impagable adj impagável.
impagado, da adj não pago(ga).
➡ **impagado** m dívida f não quitada.

impar adj ímpar.
imparable adj irrefreável.
imparcial adj imparcial.
imparcialidad f imparcialidade f.
impartir vt ministrar.
impase, impasse m impasse m.
impasible adj impassível.
impávido, da adj impávido(da).
impecable adj impecável.
impedido, da ◇ adj incapacitado(da); **estar** ~ **de** ser incapacitado de. ◇ m, f incapacitado m, -da f.
impedimento m impedimento m.
impedir vt impedir.
impeler vt - **1.** [mover] impelir - **2.** [incitar]: ~ **a alguien a algo/a hacer algo** impelir alguém a algo/a fazer algo.
impenetrable adj impenetrável.
impensable adj impensável.
impepinable adj fam incontestável.
imperante adj [tendencia, moda] imperante.
imperar vi [tendencia, moda] imperar.
imperativo, va adj imperativo(va).
➡ **imperativo** m imperativo m.
imperceptible adj imperceptível.
imperdible m alfinete m de segurança.
imperdonable adj imperdoável.
imperfección f imperfeição f.
imperfecto, ta adj imperfeito(ta).
➡ **imperfecto** m GRAM imperfeito m.
imperial adj imperial.
imperialismo m imperialismo m.
impericia f imperícia f.
imperio m império m.
imperioso, sa adj imperioso(sa).
impermeabilizar vt impermeabilizar.
impermeable ◇ adj impermeável. ◇ m impermeável m.
impersonal adj impessoal.
impertérrito, ta adj impertérrito(ta).
impertinencia f impertinência f.
impertinente ◇ adj impertinente. ◇ mf impertinente mf.
imperturbable adj imperturbável.
ímpetu m ímpeto m.
impetuoso, sa adj impetuoso(sa).
impío, a adj ímpio(a).
implacable adj implacável.
implantar vt implantar.
➡ **implantarse** vpr [establecerse] implantar-se.
implementar vt implementar.
implicación f implicação f.
implicar vt - **1.** [enredar]: ~ **a alguien en algo** implicar alguém em algo - **2.** [suponer, significar] implicar.
➡ **implicarse** vpr: ~**se (en)** implicar-se (em).

implícito, ta *adj* implícito(ta).
implorar ◇ *vt* implorar. ◇ *vi* implorar.
impoluto, ta *adj* impoluto(ta).
imponente *adj* imponente.
imponer ◇ *vt* impor. ◇ *vi* impressionar.
◆ **imponerse** *vpr* impor-se.
imponible *adj* ▷ base.
impopular *adj* impopular.
importación *f* importação *f*; **de** ~ de importação.
importador, ra ◇ *adj* importador(ra). ◇ *m, f* importador *m*, -ra *f*.
importancia *f* importância *f*; **dar** ~ **a algo** dar importância a algo; **de** ~ de importância; **sin** ~ sem importância; **darse** ~ *fig* achar-se importante.
importante *adj* importante.
importar ◇ *vt* importar. ◇ *vi* [preocupar] importar; **no me importa** não me importa; **me importa un bledo** *fam* pouco me importa. ◇ *v impers* importar.
importe *m* importe *m*.
importunar *vt* importunar.
importuno, na = inoportuno.
imposibilidad *f* impossibilidade *f*.
imposibilitado, da *adj* impossibilitado(da); **estar** ~ **para hacer algo** estar impossibilitado de *o* para fazer algo.
imposibilitar *vt* impossibilitar.
imposible ◇ *adj* impossível. ◇ *m* impossível *m*.
imposición *f* -1. [obligación] imposição *f* -2. [ingreso] depósito *m*.
impostor, ra ◇ *adj* [suplantador] impostor(ra). ◇ *m, f* [suplantador] impostor *m*, -ra *f*.
impotencia *f* impotência *f*.
impotente *adj* impotente.
impracticable *adj* impraticável.
imprecisión *f* imprecisão *f*.
impreciso, sa *adj* impreciso(sa).
impregnar *vt* impregnar.
◆ **impregnarse** *vpr* impregnar-se; ~**se de** impregnar-se de.
imprenta *f* -1. [máquina] imprensa *f* -2. [establecimiento] gráfica *f*.
imprescindible *adj* imprescindível.
impresentable ◇ *adj* inapresentável. ◇ *mf* pessoa *f* inapresentável.
impresión *f* impressão *f*; ~ **digital** *o* **dactilar** impressão digital; **dar algo/alguien la** ~ **de** dar algo/alguém a impressão de; **tener la** ~ **(de) que** ter a impressão (de) que; **cambiar impresiones** trocar impressões.
impresionable *adj* impressionável.
impresionante *adj* impressionante.

impresionar ◇ *vt* impressionar. ◇ *vi* impressionar.
◆ **impresionarse** *vpr* impressionar-se.
impresionismo *m ARTE* impressionismo *m*.
impreso, sa ◇ *pp irreg* ▷ imprimir. ◇ *adj* impresso(sa).
◆ **impreso** *m* impresso *m*.
impresor, ra ◇ *adj* impressor(ra). ◇ *m, f* impressor *m*, -ra *f*.
◆ **impresora** *f INFORM* impressora *f*; **impresora de agujas** impressora de agulhas; **impresora de chorro de tinta** impressora a jato de tinta; **impresora matricial** impressora matricial; **impresora láser** impressora a laser; **impresora térmica** impressora térmica.
imprevisible *adj* imprevisível.
imprevisto, ta *adj* imprevisto(ta).
◆ **imprevisto** *m* imprevisto *m*.
◆ **imprevistos** *mpl* imprevistos *mpl*.
imprimir *vi* imprimir.
improbable *adj* improvável.
improcedente *adj* improcedente.
improductivo, va *adj* improdutivo(va).
impropio, pia *adj* impróprio(pria).
improvisación *f* improvisação *f*.
improvisar *vt* improvisar.
improviso ◆ **de improviso** *loc adv* de improviso.
imprudencia *f* imprudência *f*.
impúdico, ca *adj* impudico(ca).
impudor *m* impudor *m*.
impuesto, ta *pp irreg* ▷ imponer.
◆ **impuesto** *m ECON* imposto *m*; ~ **sobre el valor añadido**, ~ **al valor agregado** *Amér* imposto sobre valor agregado; ~ **sobre** *o* **a** *RP* **la renta** imposto de renda.
impugnar *vt* impugnar.
impulsar *vt* -1. [empujar] impulsar -2. [incitar]: ~ **a alguien a hacer algo** impulsionar alguém a fazer algo -3. [promocionar] impulsionar.
impulsivo, va *adj* impulsivo(va).
impulso *m* impulso *m*; **tomar** ~ tomar impulso.
impulsor, ra ◇ *adj* impulsor(ra). ◇ *m, f* impulsor *m*, -ra *f*.
impunidad *f* impunidade *f*.
impureza *f* (*gen pl*) impureza *f*.
impuro, ra *adj* -1. [gen] impuro(ra) -2. [con mezcla] bruto(ta).
imputación *f* imputação *f*.
imputar *vt* -1. [culpar] imputar -2. *COM* lançar.
inabordable *adj* inabordável.
inacabable *adj* inacabável.
inaccesible *adj* inacessível.
inacción *f* inação *f*.

inaceptable *adj* inaceitável.
inactividad *f* inatividade *f*.
inactivo, va *adj* inativo(va).
inadaptación *f* inadaptação *f*.
inadaptado, da <> *adj* inadaptado(da). <> *m*, *f* inadaptado *m*, -da *f*.
inadecuado, da *adj* inadequado(da).
inadmisible *adj* inadimissível.
inadvertido, da *adj* inadvertido(da); **pasar alguien/algo** ~ passar alguém/algo inadvertido.
inagotable *adj* inesgotável.
inaguantable *adj* insuportável.
inalámbrico *adj* ⊳ teléfono.
inalcanzable *adj* inalcançável.
inalterable *adj* inalterável.
inamovible *adj* inamovível.
inanimado, da *adj* inanimado(da).
inapetencia *f* inapetência *f*.
inapreciable *adj* inapreciável.
inapropiado, da *adj* inapropriado(da).
inasequible *adj* inacessível.
inaudible *adj* inaudível.
inaudito, ta *adj* inaudito(ta).
inauguración *f* inauguração *f*.
inaugurar *vt* inaugurar.
inca <> *adj* inca. <> *mf* inca *mf*.
incaico, ca *adj* incaico(ca).
incalculable *adj* incalculável.
incalificable *adj* inqualificável.
incandescente *adj* incandescente.
incansable *adj* incansável.
incapacidad *f* incapacidade *f*.
incapacitado, da <> *adj* incapacitado(da), inválido(da). <> *m*, *f* DER incapacitado *m*, -da *f*.
incapacitar *vt* incapacitar.
incapaz *adj* incapaz; ~ **de** incapaz de; ~ **para** incapaz para; **declarar** ~ **a alguien** DER declarar alguém incapaz.
incautación *f* penhora *f*.
incautarse *vpr* -**1.** DER [legalmente]: ~**se (de)** confiscar -**2.** [apoderarse] apoderar-se.
incauto, ta <> *adj* incauto(ta). <> *m*, *f* incauto *m*, -ta *f*.
incendiar *vt* incendiar.
◆ **incendiarse** *vpr* incendiar-se.
incendiario, ria <> *adj* incendiário(ria). <> *m*, *f* incendiário *m*, -ria *f*.
incendio *m* incêndio *m*.
incentivar *vt* incentivar.
incentivo *m* incentivo *m*.
incertidumbre *f* incerteza *f*.
incesto *m* incesto *m*.
incidencia *f* incidência *f*.
incidente *m* incidente *m*.
incidir ◆ **incidir en** *vi* -**1.** [gen] incidir em -**2.** [error] incidir em.

incienso *m* incenso *m*.
incierto, ta *adj* incerto(ta).
incineración *f* incineração *f*.
incinerar *vt* incinerar.
incipiente *adj* incipiente.
incisión *f* incisão *f*.
incisivo, va *adj* incisivo(va).
◆ **incisivo** *m* incisivo *m*.
inciso *m* parêntese *m*.
incitar *vt*: ~ **a alguien a hacer algo** incitar alguém a fazer algo.
inclemencia *f* inclemência *f*.
inclinación *f* inclinação *f*.
inclinar *vt* inclinar; ~ **la cabeza** [para saludar] inclinar a cabeça; [con vergüenza] abaixar a cabeça.
◆ **inclinarse** *vpr* [gen] inclinar-se; ~**se por** [preferir] inclinar-se por; ~**se a** [tender a] inclinar-se a.
incluir *vt* incluir.
inclusive *adv* inclusive.
incluso *adv* inclusive.
incógnito, ta *adj* incógnito(ta).
◆ **de incógnito** *loc adv* incógnito(ta).
◆ **incógnita** *f* incógnita *f*.
incoherencia *f* incoerência *f*.
incoherente *adj* incoerente.
incoloro, ra *adj* incolor.
incomible *adj* incomível.
incomodar *vt* [molestar] incomodar.
◆ **incomodarse** *vpr* [disgustarse] incomodar-se.
incomodidad *f* [física] incomodidade *f*.
incómodo, da *adj* incômodo(da).
incomparable *adj* incomparável.
incompatible *adj* incompatível.
incompetencia *f* incompetência *f*.
incompetente <> *adj* incompetente. <> *mf* incompetente.
incompleto, ta *adj* incompleto(ta).
incomprendido, da <> *adj* incompreendido(da). <> *m*, *f* incompreendido(da).
incomprensible *adj* incompreensível.
incomprensión *f* incompreensão *f*.
incomunicado, da *adj* incomunicável.
incomunicar *vt* tornar incomunicável.
inconcebible *adj* inconcebível.
incondicional <> *adj* incondicional. <> *mf* seguidor *m*, -ra *f* incondicional.
inconexo, xa *adj* inconexo(xa).
inconformismo *m* inconformismo *m*.
inconfundible *adj* inconfundível.
incongruente *adj* incongruente.
inconmensurable *adj* incomensurável.
inconsciencia *f* inconsciência *f*.
inconsciente <> *adj* inconsciente. <> *mf* inconsciente *mf*. <> *m* PSICOL: **el** ~ **o** inconsciente.

inconstancia f inconstância f.
inconstante adj inconstante.
inconstitucional adj inconstitucional.
incontable adj -1. [cantidad] incontável -2. [inexplicable] inexplicável.
incontinencia f incontinência f.
incontrolable adj incontrolável.
inconveniencia f inconveniência f.
inconveniente <> adj inconveniente. <> m inconveniente m; **no tener ~ en hacer algo** não ter inconveniente em fazer algo.
incordiar vt fam atrapalhar.
incordio fam m -1. [hecho] chateação f - 2. [persona] chato m, -ta f.
incorporación f incorporação f.
incorporado, da adj incorporado(da).
incorporar vt -1. [añadir] incorporar - 2. [levantar] levantar.
➤ **incorporarse** vpr-1. [añadir] incorporar-se -2. [levantarse] levantar-se.
incorrección f incorreção f.
incorrecto, ta adj incorreto(ta).
incorregible adj incorrigível.
incredulidad f incredulidade f.
incrédulo, la <> adj incrédulo(la). <> m, f incrédulo m, -la f.
increíble adj incrível.
incrementar vt incrementar.
incremento m incremento m.
increpar vt -1. [reprender] repreender - 2. [insultar] xingar.
incriminar vt incriminar.
incrustar vt incrustar.
➤ **incrustarse** vpr [adherirse] incrustar-se.
incubadora f -1. [de huevos] incubadora f, chocadeira f- 2. [para niños] incubadora.
incubar vt incubar.
inculcar vt: **~ algo a alguien** inculcar algo em alguém.
inculpado, da m, f inculpado(da).
inculpar vt inculpar.
inculto, ta <> adj inculto(ta). <> m, f inculto m, -ta f.
incultura f incultura f.
incumbencia f: **(no) ser algo de la ~ de alguien** (não) ser algo da incumbência de alguém.
incumbir vi: **(no) ~ algo a alguien** (não) incumbir algo a alguém.
incumplimiento m descumprimento m.
incumplir vt descumprir.
incurable adj incurável.
incurrir vi: **~ en** incorrer em.
incursión f incursão f.
indagación f indagação f.
indagar <> vt indagar. <> vi indagar.
indecencia f indecência f.

indecente adj indecente.
indecible adj indizível.
indecisión f indecisão f.
indeciso, sa adj [dudoso] indeciso(sa).
indecoroso, sa adj indecoroso(sa).
indefenso, sa adj indefeso(sa).
indefinido, da adj indefinido(da).
indemne adj indene.
indemnización f indenização f.
indemnizar vt indenizar.
independencia f independência f.
independentismo m independentismo m.
independiente adj independente.
independizar vt independentizar.
➤ **independizarse** vpr: **~se (de)** independentizar-se (de).
indeseable <> adj indesejável. <> mf indesejável.
indeterminación f indeterminação f.
India n: **(la) ~** a Índia.
indiano, na <> adj indígena. <> m, f -1. [habitantes de Indias] indiano m, -na f - 2. [emigrantes españoles] emigrante espanhol que fez fortuna na América.
indicación f indicação f.
indicado, da adj indicado(da).
indicador, ra adj indicador(ra).
➤ **indicador** m indicador m.
indicar vt indicar.
indicativo, va adj indicativo(va).
➤ **indicativo** m GRAM indicativo m.
índice m -1. índice m; **~ de precios al consumo** índice de preços ao consumidor - 2. ▷ **dedo**.
indicio m indício m.
Índico n: **el (océano) ~** o (oceano) Índico.
indiferencia f indiferença f.
indiferente adj indiferente.
indígena <> adj indígena. <> mf indígena mf.
indigente <> adj indigente. <> mf indigente mf.
indigestarse vpr -1. [comida] indigestar-se - 2. fam [persona] ser indigesto(ta).
indigestión f indigestão f.
indigesto, ta adj indigesto(ta).
indignación f indignação f.
indignar vt indignar.
➤ **indignarse** vpr indignar-se.
indigno, na adj indigno(na); **~ de** indigno de.
indio, dia <> adj -1. [de India] indiano(na) - 2. [de América] índio(a). <> m, f-1. [habitante de India] indiano m, -na f- 2. [habitante de América] índio m, -a f- 3. loc: **hacer el ~** Esp bancar o bobo.
➤ **indio** m [metal] índio m.

indirecto, ta adj indireto(ta).
→ **indirecta** f indireta f.
indisciplina f indisciplina f.
indiscreción f indiscrição f; si no es ~ se não for indiscrição.
indiscreto, ta adj indiscreto(ta).
indiscriminado, da   adj   indiscriminado(da).
indiscutible adj indiscutível.
indispensable adj indispensável.
indisponer vt indispor.
indisposición f indisposição f.
indispuesto, ta pp irreg ▷ **indisponer**.
indistinto, ta adj -1. [indiferente] indiferente - 2. [cuenta, cartilla] conjunto(ta).
individual adj individual.
→ **individuales** mpl jogos mpl individuais.
individualismo m individualismo m.
individualizar vi individualizar.
individuo, dua m, f -1. [persona] indivíduo m - 2. despec [tipo] tipo m.
indochino, na ◇ adj indochinês(nesa). ◇ m, f indochinês m, -nesa f.
indocumentado, da ◇ adj -1. [sin documentación] indocumentado(da) - 2. Esp [ignorante] ignorante. ◇ m, f -1. [sin documentación] pessoa f indocumentada - 2. Esp [ignorante] ignorante mf.
índole f índole f.
indolencia f indolência f.
indoloro, ra adj indolor.
indómito, ta adj indômito(ta).
Indonesia n Indonésia.
inducir vt induzir.
inductor, ra adj indutor(ra).
→ **inductor** m indutor m.
indudable adj indubitável.
indulgencia f [perdón] indulgência f.
indultar vt indultar.
indulto m indulto m.
indumentaria f indumentária f.
industria f indústria f.
industrial ◇ adj industrial. ◇ mf industrial mf.
industrializar vt industrializar.
→ **industrializarse** vpr industrializar-se.
inédito, ta adj inédito(ta).
inefable adj inefável.
ineficaz adj ineficaz.
ineficiente adj ineficiente.
ineludible adj ineludível.
INEM (abrev de **Instituto Nacional de Empleo**) m instituto nacional de emprego na Espanha.
ineptitud f inaptidão f.
inepto, ta ◇ adj inepto(ta). ◇ m, f inepto m, -ta f.

inequívoco, ca adj inequívoco(ca).
inercia f inércia f; por ~ por inércia.
inerme adj inerme.
inerte adj inerte.
inesperado, da adj inesperado(da).
inestable adj instável.
inevitable adj inevitável.
inexactitud f inexatidão f.
inexacto, ta adj inexato(ta).
inexistencia f inexistência f.
inexperiencia f inexperiência f.
inexperto, ta ◇ adj inexperiente. ◇ m, f inexperiente mf.
inexpresivo, va adj inexpressivo(va).
infalible adj infalível.
infame adj infame.
infamia f infâmia f.
infancia f infância f.
infante, ta m, f [hijo de rey] infante m, -ta f.
→ **infante** m [soldado] infante m.
infantería f [tropa] infantaria f.
infanticidio m infanticídio m.
infantil adj infantil.
infarto m infarto m.
infatigable adj infatigável.
infección f infecção f.
infeccioso, sa adj infeccioso(sa).
infectar vt infetar.
→ **infectarse** vpr infetar-se.
infeliz ◇ adj -1. [desgraciado] infeliz - 2. [ingenuo] ingênuo(nua). ◇ mf [ingenuo] ingênuo m, -nua f.
inferior adj -1. [gen] inferior - 2. GEOGR baixo(xa).
→ **inferiores** mpl subordinados mpl.
inferioridad f inferioridade f; estar en ~ de condiciones estar em desvantagem.
infernal adj infernal.
infestar vt infestar.
infidelidad f infidelidade f.
infiel ◇ adj infiel. ◇ mf [no cristiano] infiel mf.
infiernillo m fogareiro m.
infierno m inferno m.
infiltrado, da ◇ adj infiltrado(da). ◇ m, f infiltrado m, -da f.
infiltrar vt infiltrar.
→ **infiltrarse** vpr infiltrar-se.
ínfimo, ma adj ínfimo(ma).
infinidad f infinidade f; ~ de infinidade de.
infinitivo, va adj GRAM infinitivo(va).
→ **infinitivo** m infinitivo m.
infinito, ta adj infinito(ta).
→ **infinito** m infinito m.
inflación f ECON inflação f.
inflamable adj inflamável.
inflamación f inflamação f.

inflamar 164

inflamar *vt* inflamar.
━ inflamarse *vpr* inflamar-se.
inflamatorio, ria *adj* inflamatório(ria).
inflar *vt* -1. [objeto con aire] inflar -2. [exagerar] exagerar.
━ inflarse *vpr* [hartarse]: ~ de empanturrar-se de.
inflexible *adj* inflexível.
inflexión *f* inflexão *f*.
infligir *vt* infligir.
influencia *f* influência *f*.
influenciar *vt* influenciar.
influir *vi*: ~ (en) influir (em).
influjo *m* influência *f*.
influyente *adj* influente.
infografía *f* infografia *f*.
información *f* -1. [gen] informação *f* -2. [oficina] posto *m* de informação.
informal *adj* -1. [irresponsable] irresponsável -2. [desenfadado] informal.
informar *vt*: ~ a alguien (de *o* sobre algo) informar a alguém (de *o* sobre algo).
━ informarse *vpr*: ~se (de *o* sobre algo) informar-se (de *o* sobre algo).
informático, ca <> *adj* informático(ca). <> *m, f* técnico *m*, -ca *f* de informática.
━ informática *f* [ciencia] informática *f*.
informativo, va *adj* informativo(va).
━ informativo *m* noticiário *m*.
informatizar *vt* informatizar.
informe <> *adj* disforme. <> *m* relatório *m*.
━ informes *mpl* referências *fpl*.
infracción *f* infração *f*.
infractor, ra *m, f* infrator *m*, -ra *f*.
infraestructura *f* infra-estrutura *f*.
infrahumano, na *adj* subumano(na).
infranqueable *adj* intransponível.
infrarrojo, ja *adj* infravermelho(lha).
infravalorar *vt* subestimar.
infringir *vt* [quebrantar] infringir.
infructuoso, sa *adj* infrutuoso(sa).
ínfulas *fpl* pretensão *f*.
infumable *adj fam* [insoportable] insuportável.
infundado, da *adj* infundado(da).
infundir *vt* infundir.
infusión *f* infusão *f*.
infuso, sa *adj* infuso(sa).
ingeniar *vt* engenhar.
━ ingeniarse *vpr*: ingeniárselas (para) virar-se (para).
ingeniería *f* engenharia *f*.
ingeniero, ra *m, f* engenheiro *m*, -ra *f*; ~ de caminos, canales y puertos engenheiro de estradas, canais e portos.
ingenio *m* engenho *m*.
ingenioso, sa *adj* engenhoso(sa).

ingente *adj* ingente.
ingenuidad *f* ingenuidade *f*.
ingenuo, nua <> *adj* ingênuo(nua). <> *m, f* ingênuo *m*, -nua *f*.
ingerir *vt* ingerir.
Inglaterra *n* Inglaterra.
ingle *f* virilha *f*.
inglés, sa <> *adj* inglês(esa). <> *m, f* [habitante] inglês *m*, -esa *f*.
━ inglés *m* [lengua] inglês *m*.
ingratitud *f* ingratidão *f*.
ingrato, ta *adj* ingrato(ta).
ingrediente *m* ingrediente *m*.
ingresar <> *vt* depositar. <> *vi*: ~ (en) ingressar (em).
ingreso *m* -1. [en lugar] ingresso *m* -2. [de dinero] depósito *m*.
━ ingresos *mpl* rendimentos *mpl*.
inhábil *adj* -1. [gen] inábil -2. [festivo] feriado.
inhabilitar *vt* inabilitar.
inhabitable *adj* inabitável.
inhabitado, da *adj* inabitado(da).
inhalador *m* inalador *m*.
inhalar *vt* inalar.
inherente *adj* inerente.
inhibirse *vpr* [abstenerse]: ~ de algo/hacer algo abster-se de algo/de fazer algo.
inhóspito, ta *adj* inóspito(ta).
inhumano, na *adj* desumano(na).
iniciación *f* -1. [gen] iniciação *f* -2. [inicio] início *m*.
inicial <> *adj* inicial. <> *f* [letra] inicial *f*.
inicializar *vt* INFORM inicializar.
iniciar *vt* iniciar; ~ a alguien en algo [instruir] iniciar alguém em algo.
iniciativa *f* iniciativa *f*; tomar la ~ tomar a iniciativa; ~ privada iniciativa privada.
inicio *m* início *m*.
inigualable *adj* inigualável.
inigualado, da *adj* inigualável.
ininteligible *adj* ininteligível.
ininterrumpido, da *adj* ininterrupto(ta).
injerencia *f* ingerência *f*.
injerir *vt* [introducir] ingerir.
━ injerirse *vpr* [entrometerse]: ~se (en algo) ingerir-se (em algo).
injertar *vt* enxertar.
injerto *m* enxerto *m*.
injuria *f* injúria *f*.
injuriar *vt* injuriar.
injurioso, sa *adj* injurioso(sa).
injusticia *f* injustiça *f*.
injustificado, da *adj* injustificado(da).
injusto, ta *adj* injusto(ta).
inmadurez *f* imaturidade *f*.
inmaduro, ra *adj* -1. [fruta] não maduro(ra) -2. [persona] imaturo(ra).

inmediaciones *fpl* imediações *fpl.*
inmediatamente *adv* imediatamente.
inmediato, ta *adj* imediato(ta); **de** ~ de imediato.
inmejorable *adj* insuperável.
inmensidad *f* imensidade *f.*
inmenso, sa *adj* imenso(sa).
inmerecido, da *adj* imerecido(da).
inmersión *f* imersão *f.*
inmerso, sa *adj* imerso(sa).
inmigración *f* imigração *f.*
inmigrante *mf* imigrante *mf.*
inmigrar *vi* imigrar.
inminente *adj* iminente.
inmiscuirse *vpr*: ~ **(en algo)** imiscuir-se (em algo).
inmobiliario, ria *adj* imobiliário(ria).
➡ **inmobiliaria** *f* imobiliária *f.*
inmolar *vt culto* imolar.
inmoral *adj* imoral.
inmortal *adj* imortal.
inmortalizar *vt* imortalizar.
inmóvil *adj* imóvel.
inmovilizar *vt* imobilizar.
inmueble ◇ *adj* imóvel. ◇ *m* [edifício] imóvel *m.*
inmune *adj* imune.
inmunidad *f* imunidade *f.*
inmunizar *vt MED* imunizar.
inmutar *vt* alterar.
➡ **inmutarse** *vpr* alterar-se.
innato, ta *adj* inato(ta).
innecesario, ria *adj* desnecessário(ria).
Innovación *f* inovação *f.*
innovador, ra ◇ *adj* inovador(ra). ◇ *m*, *f* inovador *m*, -ra *f.*
innovar *vt* inovar.
innumerable *adj* inumerável.
inocencia *f* inocência *f.*
inocentada *f* peça *f.*
inocente ◇ *adj* inocente. ◇ *mf* inocente *mf.*
inodoro, ra *adj* inodoro(ra).
➡ **inodoro** *m* vaso *m* sanitário.
inofensivo, va *adj* inofensivo(va).
inolvidable *adj* inolvidável.
inoperante *adj* inoperante.
inopinado, da *adj* inopinado(da).
inoportuno, na, importuno, na *adj* inoportuno(na).
inoxidable *adj* inoxidável.
input (*pl* inputs) *m* input *m.*
inquebrantable *adj* inquebrantável.
inquietar *vt* inquietar.
➡ **inquietarse** *vpr* inquietar-se.
inquieto, ta *adj* inquieto(ta).
inquietud *f* inquietação *f.*
➡ **inquietudes** *fpl* inquietações *fpl.*

inquilino, na *m*, *f* inquilino *m*, -na *f.*
inquina *f* aversão *f.*
inquirir *vt culto* inquirir.
inquisición *f* [indagación] inquisição *f.*
➡ **Inquisición** *f*: **la Inquisición** a Inquisição.
inquisidor, ra *adj* inquisidor(ra).
➡ **inquisidor** *m* inquisidor *m.*
inri *m Esp fam*: **para más** ~ para piorar.
insaciable *adj* insaciável.
insalubre *adj culto* insalubre.
Insalud (*abrev de* Instituto Nacional de la Salud) *m* INSS *m.*
insano, na *adj* insano(na).
insatisfacción *f* insatisfação *f.*
insatisfecho, cha *adj* insatisfeito(ta).
inscribir *vt* **-1.** [grabar] inscrever **-2.** [apuntar]: ~ **a alguien en** inscrever alguém em.
➡ **inscribirse** *vpr*: ~**se (en)** inscrever-se (em).
inscripción *f* inscrição *f.*
inscrito, ta *pp irreg* ➤ **inscribir.**
insecticida ◇ *adj* inseticida. ◇ *m* inseticida *m.*
insecto *m* inseto *m.*
inseguridad *f* insegurança *f.*
inseguro, ra *adj* inseguro(ra).
inseminación *f* inseminação *f*; ~ **artificial** inseminação artificial.
insensatez *f* insensatez *f.*
insensato, ta ◇ *adj* insensato(ta). ◇ *m*, *f* insensato *m*, -ta *f.*
insensibilidad *f* insensibilidade *f.*
insensible *adj* insensível.
inseparable *adj* inseparável.
insertar *vt* inserir.
inservible *adj* imprestável.
insidia *f* [trampa, mentira] insídia *f.*
insidioso, sa *adj* insidioso(sa).
insigne *adj* insigne.
insignia *f* insígnia *f.*
insignificante *adj* insignificante.
insinuar *vt* insinuar.
➡ **insinuarse** *vpr* insinuar-se.
insípido, da *adj* insípido(da).
insistencia *f* insistência *f.*
insistir *vi*: ~ **(en)** insistir (em).
insociable *adj* insociável.
insolación *f* insolação *f.*
insolencia *f* insolência *f.*
insolente *adj* insolente.
insolidario, ria *adj* não solidário(ria).
insólito, ta *adj* insólito(ta).
insoluble *adj* insolúvel.
insolvencia *f* insolvência *f.*
insolvente *adj* insolvente.
insomnio *m* insônia *f.*

insondable adj insondável.
insonorizar vt insonorizar.
insoportable adj insuportável.
insostenible adj insustentável.
inspección f inspeção f; ~ de calidad inspeção de qualidade.
inspeccionar vt inspecionar.
inspector, ra m, f inspetor m, -ra f; ~ de Hacienda fiscal mf da Receita.
inspiración f inspiração f.
inspirar vt inspirar.
➤ **inspirarse** vpr inspirar-se; ~se en inspirar-se em.
instalación f instalação f.
➤ **instalaciones** fpl instalações fpl.
instalar vt instalar.
➤ **instalarse** vpr instalar-se.
instancia f-1. [solicitud] requerimento m; a ~s de a pedido de -2. DER instância f-3. loc: en última ~ em última instância.
instantáneo, nea adj instantâneo(a).
➤ **instantánea** f instantâneo m.
instante m [momento] instante m; a cada ~ a cada instante; al ~ no instante; en un ~ em um instante.
instar vt: ~ a alguien a hacer algo instar a alguém a fazer algo.
instaurar vt instaurar.
instigar vt instigar.
instintivo, va adj instintivo(va).
instinto m instinto m.
institución f instituição f.
institucionalizar vt institucionalizar.
instituir vt instituir.
instituto m instituto m; ~ de Bachillerato o Enseñanza Media escola f de ensino médio; ~ de Formación Profesional escola de formação profissional, escola técnica.
➤ **instituto de belleza** m instituto m de beleza.
institutriz f preceptora f.
instrucción f instrução f.
➤ **instrucciones** fpl instruções fpl.
instructivo, va adj instrutivo(va).
instructor, ra <> adj instrutor(ra). <> m, f instrutor m, -ra f.
instruido, da adj instruído(da).
instruir vt instruir.
instrumental <> adj instrumental. <> m instrumental m.
instrumentista mf instrumentista mf.
instrumento m instrumento m.
insubordinado, da <> adj insubordinado(da). <> m, f insubordinado m, -da f.
insubordinar vt insubordinar.
➤ **insubordinarse** vpr insubordinar-se.
insubstancial = insustancial.
insuficiencia f insuficiência f.

insuficiente <> adj insuficiente. <> m [nota] insuficiente m.
insufrible adj insuportável.
insular adj insular.
insulina f MED insulina f.
insulso, sa adj insosso(sa).
insultar vt insultar.
insulto m insulto m.
insumiso, sa <> adj insubmisso(sa). <> m, f insubmisso m, -sa f.
insuperable adj insuperável.
insurrección f insurreição f.
insurrecto, ta <> adj insurreto(ta). <> m, f insurreto m, -ta f.
insustancial, insubstancial adj insubstancial.
intachable adj irrepreensível.
intacto, ta adj intato(ta).
intangible adj intangível.
integral <> adj [gen] integral <> f MAT integral f.
integrante <> adj integrante. <> mf integrante mf.
integrar vt integrar.
integridad f integridade f.
integrismo m POLÍT integrismo m.
íntegro, gra adj íntegro(gra).
intelecto m intelecto m.
intelectual <> adj intelectual. <> mf intelectual mf.
inteligencia f inteligência f; ~ artificial INFORM inteligência artificial.
inteligente adj inteligente.
inteligible adj inteligível.
intemperancia f intemperança f.
intemperie f intempérie f; a la ~ ao relento.
intempestivo, va adj intempestivo(va).
intemporal adj intemporal.
intención f intenção f; tener la ~ de ter a intenção de; buena/mala ~ boa/má intenção.
intencionado, da adj intencionado(da); bien/mal ~ bem-/mal-intencionado.
intendencia f intendência f.
intensidad f intensidade f.
intensificar vt intensificar.
➤ **intensificarse** vpr intensificar-se.
intensivo, va adj intensivo(va).
intenso, sa adj intenso(sa).
intentar vt tentar.
intento m tentativa f.
intentona f-1. fam [golpista] intentona f-2. [tentativa] tentativa f fracassada.
interacción f interação f.
interactivo, va adj interativo(va).
intercalar vt intercalar.
intercambio m intercâmbio m.

interceder *vi* interceder.
interceptar *vt* interceptar.
interconexión *f* interconexão *f.*
intercostal *adj* ANAT intercostal.
interés *m* -1. [gen] interesse *m*; **tener ~ en**
o **por** ter interesse em *o* por; **intereses creados** interesses comuns -2. [rédito] ju-
ro *m.*
➤ **intereses** *mpl* bens *mpl.*
interesado, da ◇ *adj* -1. [deseoso]: **~ por**
o **en** interessado(da) por *o* em -2. [egoís-
ta] interesseiro(ra). ◇ *m, f* -1. [deseoso]:
~ por *o* **en** interessado *m*, -da *f* por *o*
em -2. [egoísta] interesseiro *m*, -ra *f.*
interesante *adj* interessante.
interesar *vi* interessar.
➤ **interesarse** *vpr*: **~se por** interessar-se
por.
interestatal *adj* interestatal.
interfase *f* BIOL interfase *f.*
interfaz, interface (*pl* interfaces) *m o f* IN-
FORM interface *f.*
interferencia *f* FÍS interferência *f.*
interferir ◇ *vt* interferir. ◇ *vi*: **~ (en)**
interferir (em).
interfono *m* interfone *m.*
interina *f* ▷ interino.
interino, na ◇ *adj* interino(na). ◇ *m, f*
interino *m*, -na *f.*
➤ **interina** *f* empregada *f.*
interior ◇ *adj* interior. ◇ *m* interior *m.*
interioridad *f* interior *m.*
➤ **interioridades** *fpl* intimidade *f.*
interiorismo *m* interiores *m.*
interiorizar *vt* interiorizar.
interjección *f* GRAM interjeição *f.*
interlineado *m* entrelinha *f.*
interlocutor, ra *m, f* interlocutor *m*, -ra *f.*
intermediario, ria ◇ *adj* intermediá-
rio(ria). ◇ *m, f* intermediário *m*, -ria *f.*
intermedio, dia *adj* intermediário(ria).
➤ **intermedio** *m* intervalo *m.*
interminable *adj* interminável.
intermitente ◇ *adj* intermitente. ◇ *m*
pisca-pisca *f.*
internacional *adj* -1. [entre naciones] internacional -2. DEP que já jogou pela seleção
nacional.
internado, da ◇ *adj* internado(da). ◇
m, f interno *m*, -na *f.*
➤ **internado** *m* -1. [situación] interno *m*,
-na *f* -2. [colegio] internato *m.*
internar *vt* internar.
➤ **internarse** *vpr* -1. [en lugar] internar-se
-2. [en tema] aprofundar-se.
internauta *mf* internauta *mf.*
Internet *m o f* Internet *f*; **en ~** na
Internet.

interno, na ◇ *adj* interno(na). ◇ *m, f*
interno *m*, -na *f.*
interparlamentario, ria *adj* interparla-
mentar.
interpelación *f* interpelação *f.*
interpelanetario, ria *adj* interplanetá-
rio(ria).
Interpol (*abrev de* International Criminal Police Organization) *f* Interpol *f.*
interpolar *vt* interpolar.
interponer *vt* interpor.
➤ **interponerse** *vpr* interpor-se.
interpretación *f* interpretação *f.*
interpretar *vt* interpretar.
intérprete *mf* intérprete *mf.*
interpuesto, ta *pp irreg* ▷ interponer.
interrail *m passe de trem para viajar pela
Europa.*
interrelación *f* inter-relação *f.*
interrogación *f* interrogação *f.*
interrogante *m* interrogação *f.*
interrogar *vt* interrogar.
interrogatorio *m* interrogatório *m.*
interrumpir *vt* interromper.
➤ **interrumpirse** *vpr* interromper-se.
interrupción *f* interrupção *f.*
interruptor *m* ELECTR interruptor *m.*
intersección *f* interseção *f.*
interurbano, na *adj* interurbano(na).
intervalo *m* intervalo *m*; **a ~s** a intervalos.
intervención *f* -1. intervenção *f* -2. MED: **~
(quirúrgica)** intervenção cirúrgica.
intervencionista ◇ *adj* intervencionista. ◇ *mf* intervencionista *mf.*
intervenir ◇ *vi*: **~ (en)** intervir (em). ◇
vt -1. MED operar -2. TELECOM interceptar -3.
[incautar] apreender.
interventor, ra *m, f* interventor *m*, -ra *f.*
interviú (*pl* interviús) *f* entrevista *f.*
intestino, na *adj* ANAT intestino(na).
➤ **intestino** *m* ANAT intestino *m.*
intimar *vi* ficar íntimo.
intimidación *f* intimidação *f.*
intimidad *f* intimidade *f*; **en la ~** na
intimidade.
intimista *adj* intimista.
íntimo, ma ◇ *adj* íntimo(ma). ◇ *m, f*
íntimo *m*, -ma *f.*
intolerable *adj* intolerável.
intolerancia *f* intolerância *f.*
intoxicación *f* intoxicação *f.*
intoxicar *vt* intoxicar.
➤ **intoxicarse** *vpr* intoxicar-se.
intranquilizar *vt* intranqüilizar.
➤ **intranquilizarse** *vpr* intranqüilizar-se.
intranquilo, la *adj* intranqüilo(la).
intranscendente = intrascendente.

intransferible adj intransferível.

intransigente adj intransigente.

intransitable adj intransitável.

intrascendente, intranscendente adj sem importância.

intrauterino, na adj intra-uterino(na).

intravenoso, sa adj intravenoso(sa).

intrépido, da adj intrépido(da).

intriga f-1. [curiosidad] curiosidade f; de ~ de suspense -2. [maquinación] intriga f.

intrigar <> vt intrigar. <> vi intrigar.

intrincado, da adj intrincado(da).

intríngulis m fam rolos mpl; el ~ de la cuestión o xis da questão.

intrínseco, ca adj intrínseco(ca).

introducción f introdução f.

introducir vt introduzir.

➡ **introducirse** vpr [meterse] introduzir-se.

intromisión f intromissão f.

introspectivo, va adj introspectivo(va).

introvertido, da <> adj introvertido(da). <> m, f introvertido m, -da f.

intrusismo m charlatanismo m.

intruso, sa m, f intruso m, -sa f.

intubar vt entubar.

intuición f intuição f.

intuir vt intuir.

intuitivo, va adj intuitivo(va).

inundación f inundação f.

inundar vt inundar.

➡ **inundarse** vpr -1. [de agua] inundar-se -2. [llenarse] inundar.

inusitado, da adj inusitado(da).

inútil <> adj -1. [gen] inútil -2. [incapacitado] incapacitado(da). <> mf inútil mf.

inutilidad f -1. [cualidad] inutilidade f -2. [incapacidad] incapacidade f.

inutilizar vt inutilizar.

invadir vt invadir.

invalidez f invalidez f; ~ permanente/temporal invalidez permanente/temporária.

inválido, da <> adj inválido(da). <> m, f inválido m, -da f.

invariable adj invariável.

invasión f invasão f.

invasor, ra <> adj invasor(ra). <> m, f invasor m, -ra f.

invención f invenção f.

inventar vt inventar.

➡ **inventarse** vpr inventar.

inventario m inventário m.

inventiva f inventividade f.

invento m invento m.

inventor, ra m, f inventor m, -ra f.

invernadero m estufa f.

invernar vi hibernar.

inverosímil adj inverossímil.

inversión f -1. [gen] investimento m -2. [de orden] inversão f.

inversionista mf investidor m, -ra f.

inverso, sa adj inverso(sa); ~ a contrário a; a la inversa ao contrário.

inversor, ra, inversionista Amér <> adj investidor(ra). <> m, f investidor m, -ra f.

➡ **inversor** m ELECTR inversor m.

invertebrado, da adj invertebrado.

➡ **invertebrado** m invertebrado m.

invertido, da <> adj -1. [al revés] invertido(da) -2. [dinero] investido(da) -3. despec [homosexual] invertido(da). <> m, f despec invertido m, -da f.

invertir vt -1. [gen] investir -2. [orden] inverter.

investidura f investidura f.

investigación f-1. [estudio] pesquisa f; ~ y desarrollo pesquisa e desenvolvimento -2. [indagación] investigação f.

investigador, ra <> adj -1. [que estudia] pesquisador(ra) -2. [que indaga] investigador(ra). <> m, f-1. [estudioso] pesquisador m, -ra f-2. [detective] investigador m, -ra f.

investigar <> vt investigar. <> vi pesquisar.

investir vt investir.

inveterado, da adj inveterado(da).

inviable adj inviável.

invidente <> adj deficiente visual. <> mf deficiente m visual.

invierno m inverno m.

invisible adj invisível.

invitación f convite m.

invitado, da m, f convidado m, -da f.

invitar <> vt convidar; ~ a alguien a algo convidar alguém para algo. <> vi -1. [convidar] convidar -2. [incitar]: ~ a alguien a hacer algo convidar alguém a fazer algo.

in vitro loc adv in vitro.

invocar vt invocar.

involución f involução f.

involucrar vt: ~ (a alguien en algo) envolver (alguém em algo).

➡ **involucrarse** vpr: ~se en algo envolver-se em algo.

involuntario, ria adj involuntário(ria).

invulnerable adj invulnerável.

inyección f injeção f; poner una ~ dar uma injeção.

inyectar vt injetar.

➡ **inyectarse** vpr injetar-se.

iodo = yodo.

ion, ión m QUÍM íon m.

IPC (abrev de índice de precios al consumo) m IPC m.

ir *vi* **-1.** [gen] ir; **fuimos andando** fomos andando; **iremos en coche/autobús/tren** iremos de carro/ônibus/trem; **vamos al sur** vamos ao sul; **¡vamos!** vamos!; **nunca va a las juntas** nunca vai às reuniões; **todavía va al colegio** ainda vai à escola; **la carretera va hasta Valencia** a estrada vai até Valência; **le va bien en su trabajo** está se dando muito bem no trabalho; **los negocios van mal** os negócios vão mal; **¿cómo te va?** como vai? **-2.** [funcionar] funcionar; **la televisión no va** a televisão não funciona; **la manivela va floja** a manivela está frouxa **-3.** [ropa] vestir; **iba en calzoncillos y con corbata** vestia cuecas e gravata; **iba de azul/de uniforme** vestia azul/uniforme **-4.** [tener aspecto físico] estar; **iba hecho un pordiosero** estava que parecia um mendigo; **tal como voy no puedo entrar** com este aspecto não posso entrar **-5.** [costar] estar; ~ **a** estar a **-6.** [expresa duración gradual] estar; ~ **haciendo algo** estar fazendo algo; **voy mejorando mi estilo** estou melhorando meu estilo **-7.** [sentar bien, convenir] ficar; **le va fatal el color negro** a cor preta lhe vai muito mal; **le irían bien unas vacaciones** umas férias lhe fariam bem; **no le va la actitud de cínico** o cinismo não lhe fica bem **-8.** [hacer referencia]: ~ **por** o **con alguien** referir-se a alguém **-9.** *loc*: **fue y dijo que ...** foi e disse que ...; **ni me va ni me viene** *fam* para mim tanto faz; **¡qué va!** que nada!; **ser el no va más** ser o máximo; **vamos, no te preocupes, no llores** vá lá, não se preocupe, não chore; ~ **bien a** o **para** ir bem em direção a.

◆ **ir a** *v + prep* [expresa intención, opinión] ir; **íbamos a comer en este momento** íamos comer neste momento; **vas a pasar frío** vai passar frio.

◆ **ir de** *v + prep* [película, libro] ser sobre; *fig* [persona] fazer-se de.

◆ **ir por** *v + prep* [buscar] ir buscar; [alcanzar] ir.

◆ **irse** *vpr* [marcharse] ir-se; **¡vete!** vá embora!; ~ **se de casa** sair de casa; [gastarse, desaparecer] desaparecer; ~ **se abajo** vir abaixo.

ira *f* ira *f*.

iracundo, da *adj* iracundo(da).

Irak = Iraq.

irakí = iraquí.

Irán *n*: **(el)** ~ **(o)** Irã.

iraní (*pl* iraníes) ◇ *adj* iraniano(na). ◇ *m, f* iraniano *m*, -na *f*.

◆ **iraní** *m* iraniano *m*.

Iraq, Irak *n*: **(el)** ~ **(o)** Iraque.

iraquí (*pl* iraquíes), **irakí** (*pl* irakíes) ◇ *adj* iraquiano(na). ◇ *m, f* iraquiano *m*, -na *f*.

irascible *adj* irascível.

iris *m* ANAT íris *f*.

Irlanda *n* Irlanda; ~ **del Norte** Irlanda do Norte.

irlandés, desa ◇ *adj* irlandês(desa). ◇ *m, f* irlandês *m*, -desa *f*.

◆ **irlandés** *m* irlandês *m*.

ironía *f* ironia *f*.

irónico, ca *adj* irônico(ca).

ironizar ◇ *vt* ironizar. ◇ *vi*: ~ **(sobre)** ironizar (sobre).

IRPF (*abrev de* **Impuesto sobre la Renta de las Personas Físicas**) *m* IRPF *m*.

irracional *adj* irracional.

irradiación *f* irradiação *f*.

irradiar *vt* irradiar.

irreal *adj* irreal.

irreconocible *adj* irreconhecível.

irrecuperable *adj* irrecuperável.

irreflexión *f* irreflexão *f*.

irreflexivo, va *adj* irrefletido(da).

irrefutable *adj* irrefutável.

irregular *adj* irregular.

irregularidad *f* irregularidade *f*.

irrelevante *adj* irrelevante.

irremediable *adj* irremediável.

irremisible *adj* irremissível.

irreparable *adj* irreparável.

irresistible *adj* irresistível.

irrespetuoso, sa *adj* desrespeitoso(sa).

irrespirable *adj* irrespirável.

irresponsable ◇ *adj* irresponsável. ◇ *mf* irresponsável *mf*.

irreverente *adj* irreverente.

irreversible *adj* irreversível.

irrevocable *adj* irrevogável.

irrigar *vt* irrigar.

irrisorio, ria *adj* irrisório(ria).

irritable *adj* irritável.

irritar *vt* irritar.

◆ **irritarse** *vpr* irritar-se.

irrompible *adj* irrompível.

irrupción *f* irrupção *f*.

ISBN (*abrev de* **International Standard Book Number**) *m* ISBN *m*.

isla *f* ilha *f*.

Islam *m* Islã *m*.

islamismo *m* islamismo *m*.

islandés, desa ◇ *adj* islandês(desa). ◇ *m, f* islandês *m*, -desa *f*.

◆ **islandés** *m* islandês *m*.

Islandia *n* Islândia.

isleño, ña ◇ *adj* insulano(na). ◇ *m, f* insulano *m*, -na *f*.

islote *m* ilhota *f*.

ISO (*abrev de* International Standards Organization) *f* ISO *f.*
isósceles GEOM <> *adj* isósceles. <> *m* triângulo *m* isósceles.
isótopo *m* QUÍM isótopo *m.*
Israel *n* Israel.
israelí (*pl* israelíes) *adj* israelense.
istmo *m* GEOGR istmo *m.*
Italia *n* Itália.
italiano, na <> *adj* italiano(na). <> *m, f* italiano *m,* -na *f.*
➤ **italiano** *m* italiano *m.*
itálico, ca *adj* itálico(ca).
ítem *m* item *m.*
itinerante *adj* itinerante.
itinerario *m* itinerário *m.*
ITV (*abrev de* inspección técnica de vehículos) *f* inspeção anual de todos os veículos espanhóis de mais de 5 anos de idade.
IU (*abrev de* Izquierda Unida) *f* coalizão de partidos de esquerda espanhóis.
IVA (*abrev de* impuesto sobre el valor añadido) *m* ICM/S *m.*
izar *vt* içar.
izda. (*abrev de* izquierda) esq.
izquierda *f* ▷ izquierdo.
izquierdista <> *adj* esquerdista. <> *mf* esquerdista *mf.*
izquierdo, da *adj* esquerdo(da).
➤ **izquierda** *f* esquerda *f*; a la izquierda à esquerda; de izquierdas de esquerda.

j, J *f* [letra] j, J *m.*
ja *interj* ha!
jabalí (*pl* jabalíes) *m* javali *m.*
jabalina *f* DEP dardo *m.*
jabón *m* sabão *m.*
jaboncillo *m* tabaxir *m.*
jabonero, ra *adj* saboeiro *m,* -ra *f.*
➤ **jabonera** *f* saboneteira *f.*
jaca *f* -1. [yegua] égua *f* -2. [caballo] hacanéia *f.*
jacinto *m* jacinto *m.*
jacobeo, bea *adj* de São Tiago de Compostela.
jactarse *vpr:* ~se de jactar-se de.
jacuzzi® (*pl* jacuzzis) *m* Jacuzzi® *f.*
jade *m* jade *m.*
jadeante *adj* ofegante.

jadear *vi* ofegar.
jadeo *m* ofego *m.*
jaguar (*pl* jaguars) *m* onça-pintada *f.*
jaiba *f* Andes, CAm, Carib, Méx pitu *m.*
jaladera *f* Perú puxador *m.*
jalea *f* geléia *f;* ~ real geléia real.
jalear *vt* animar com palmas e gritos.
jaleo *m* fam -1. [alboroto] bagunça *f;* armar ~ armar um alvoroço -2. [lío] confusão *f.*
jalón *m* [palo] baliza *f.*
jalonar *vt* balizar.
Jamaica *n* Jamaica.
jamás *adv* jamais; ~ de los jamases *fig* nunca jamais.
jamelgo *m* fam sendeiro *m.*
jamón *m* presunto *m;* ~ dulce presunto cozido; ~ serrano presunto cru; ~ (de) York presunto cozido.
Japón *n:* (el) ~ (o) Japão.
japonés, nesa <> *adj* japonês(nesa). <> *m, f* japonês *m,* -nesa *f.*
➤ **japonés** *m* japonês *m.*
jaque *m* xeque *m;* ~ mate xeque-mate *m;* tener en ~ a alguien *fig* pôr alguém em xeque.
jaqueca *f* enxaqueca *f.*
jarabe *m* xarope *m.*
jarana *f* -1. [juerga] farra *f* -2. [alboroto] tumulto *m.*
jaranero, ra <> *adj* farrista. <> *m, f* farrista *mf.*
jarcia *f* enxárcia *f.*
jardín *m* jardim *m;* ~ botánico jardim botânico.
➤ **jardín de infancia** *m* jardim-de-infância *m.*
jardinera *f* ▷ jardinero.
jardinería *f* jardinagem *f.*
jardinero, ra *m, f* jardineiro *m,* -ra *f.*
➤ **jardinera** *f* jardineira *f.*
jarra *f* -1. [para servir] jarra *f;* en ~s com as mãos na cintura -2. [para beber] caneca *f.*
jarro *m* jarro *m.*
jarrón *m* jarrão *m.*
jaspeado, da *adj* jaspeado(da).
➤ **jaspeado** *m* jaspeadura *f.*
jauja *f* fam eldorado *m;* ser ~ ser um eldorado.
jaula *f* -1. [para pájaros] gaiola *f* -2. [del zoo] jaula *f.*
jauría *f* matilha *f.*
jazmín *m* jasmim *m.*
jazz *m* MÚS jazz *m.*
JC (*abrev de* Jesucristo) JC.
je *interj* he!
jeep (*pl* jeeps) *m* jipe *m.*
jefatura *f* -1. [cargo] chefia *f* -2. [organismo] chefatura *f.*

juego

jefe, fa *m, f* chefe *mf;* ~ **de estación** chefe de estação; ~ **de Estado** chefe de Estado; ~ **de estudios** coordenador *m* pedagógico; ~ **de gobierno** chefe de governo; ~ **de ventas** supervisor *m,* -ra *f* de vendas.
jengibre *m* gengibre *m.*
jeque *m* xeque *m.*
jerarquía *f* hierarquia *f.*
jerárquico, ca *adj* hierárquico(ca).
jerez *m* xerez *m;* ~ **fino** xerez fino.
jerga *f* jargão *m.*
jergón *m* enxerga *f.*
jerigonza *f* geringonça *f.*
jeringa *f* seringa *f.*
jeringuilla *f* seringa *f;* ~ **hipodérmica** seringa hipodérmica.
jeroglífico, ca, hieroglífico *adj* hieroglífico(ca).
➡ **jeroglífico, hieroglífico** *m* **- 1.** [carácter] hieróglifo *m* **- 2.** [juego] charada *f.*
jerséi (*pl* jerséis), **jersey** (*pl* jerseys) *m* suéter *m.*
Jerusalén *n* Jerusalém.
jesuita ⬦ *adj* jesuíta. ⬦ *m* jesuíta *m.*
jesús *interj* **- 1.** [sorpresa] Jesus! **- 2.** [fórmula] saúde!
jet (*pl* jets) ⬦ *m* jato *m.* ⬦ *f* = jet-set.
jeta *fam* ⬦ *f* [cara] cara *f;* **tener (mucha)** ~ ter muita cara-de-pau. ⬦ *mf* cara-de-pau *mf.*
jet-set, jet *f* jet set *m.*
jícama *f* jacatupé *m.*
jícara *f CAm, Méx, Ven* xícara *f.*
jijona *m* torrone mole e gorduroso feito com amêndoas moídas e mel, da cidade de Jijona, na Espanha.
jilguero *m* pintassilgo *m.*
jinete *m* ginete *m.*
jinetera *f Cuba fam* prostituta *f.*
jirafa *f* girafa *f.*
jirón *m* **- 1.** [de tela] farrapo *m;* **hecho jirones** em farrapos **- 2.** *Perú* [calle] rua *f.*
jitomate *m Méx* tomate *m.*
JJ OO (*abrev de* juegos olímpicos) *mpl* Jogos *mpl* Olímpicos.
jockey = yoquey.
jocoso, sa *adj* jocoso(sa).
joda *f RP, Ven fam* [fastidio] pé *m* no saco; [juerga]: **irse de** ~ vagabundear.
joder *vulg* ⬦ *vi* **- 1.** [fastidiar] encher o saco **- 2.** *Esp* [copular] foder. ⬦ *vt* foder.
jofaina *f* bacia *f.*
jogging *m* jogging *m.*
jolgorio *m* farra *f.*
jolín, jolines *interj Esp fam* caramba!
jondo *adj* ➭ cante.
jónico, ca *adj* jônico(ca).
➡ **jónico** *m* jônico *m.*

Jordania *n* Jordânia.
jordano, na ⬦ *adj* jordaniano(na). ⬦ *m, f* jordaniano *m,* -na *f.*
jornada *f* **- 1.** [gen] jornada *f;* ~ **intensiva** jornada integral; **media** ~ jornada parcial **- 2.** [día] dia *m;* ~ **de reflexión** dia anterior às eleições, no qual é proibida qualquer manifestação política.
jornal *m* salário *m* por dia.

> Não confundir *jornal (salário por dia)* com o português *jornal* que em espanhol é *periódico.* (*Este trabajo no es muy bueno; el jornal es muy bajo.* Este trabalho não é muito bom; o *salário* por dia é muito baixo.)

jornalero, ra *m, f* jornaleiro *m,* -ra *f.*
joroba *f* corcova *f.*
jorobado, da ⬦ *adj* **- 1.** *fam* [fastidiado] atacado(da) **- 2.** [con joroba] corcunda. ⬦ *m, f* corcunda *mf.*
jota *f* [baile] jota *f;* **no entender ni** ~ *fam* não entender patavina; **no ver ni** ~ *fam* não ver (quase) nada.
joven ⬦ *adj* jovem; **de** ~ quando eu era jovem. ⬦ *mf* jovem *mf.*
jovenzuelo, la *m, f* fedelho *m,* -lha *f.*
jovial *adj* jovial.
jovialidad *f* jovialidade *f.*
joya *f* jóia *f.*
joyería *f* joalheria *f.*
joyero, ra *m, f* joalheiro *m,* -ra *f.*
➡ **joyero** *m* porta-jóias *m.*
Jr. (*abrev de* junior) Jr.
juanete *m MED* joanete *m.*
jubilación *f* aposentadoria *f;* ~ **anticipada** aposentadoria antecipada.
jubilado, da ⬦ *adj* aposentado(da). ⬦ *m, f* aposentado *m,* -da *f.*
jubilar *vt* aposentar; ~ **a alguien de** aposentar alguém de.
➡ **jubilarse** *vpr* aposentar-se; ~**se de** aposentar-se de.
jubileo *m RELIG* jubileu *m.*
jubiloso, sa *adj* jubiloso(sa).
judeocristiano, na *adj* judeo-cristão(tã).
judería *f* judiaria *f.*
judía *f* feijão *m;* **judía verde** *o* **tierna** vagem *f.*
judicial *adj* judicial; **poder** ~ poder judiciário.
judío (*pl* -a) ⬦ *adj* judeu(a). ⬦ *m, f* judeu *m,* -a *f.*
judo = yudo.
judoka = yudoka.
juego *m* **- 1.** [gen] jogo *m;* **estar/poner en** ~ *fig* estar/pôr em jogo; **ser un** ~ **de niños** ser uma brincadeira de criança; ~ **de azar** jogo de azar; ~ **de llaves** jogo de chaves; ~ **de manos** passe de magia;

Juegos Olímpicos Jogos Olímpicos; ~ **de palabras** jogo de palavras; ~ **de sábanas** jogo de lençóis; ~ **sucio/limpio** jogo sujo/limpo; **hacer** ~ **con** fazer jogo com; **a** ~ **con** combinado(da) com; **estar en fuera de** ~ [en fútbol] estar impedido; *fig* [desinformado] estar por fora - **2.** [en tenis] game *m*.
► **juegos florales** *mpl* jogos *mpl* florais.

juerga *f fam* farra *f*; **irse/estar de** ~ cair/ficar na farra.

juerguista *fam* <> *adj* farrista. <> *mf* farrista *mf*.

jueves *m* quinta-feira *f*; **Jueves Santo** Quinta-Feira Santa; **no ser nada del otro** ~ *fig* não ter nada de extraordinário; *ver también* **sábado**.

juez, za *m, f DER* juiz *m*, -za *f*; ~ **de línea** bandeirinha *mf*.

jugada *f* jogada *f*; **hacer una mala** ~ dar uma rasteira.

jugador, ra <> *adj* jogador(ra). <> *m, f* jogador *m*, -ra *f*.

jugar <> *vi* - **1.** jogar; - **2.** [arriesgarse]: ~ **con** jogar com. <> *vt* jogar.
► **jugarse** *vpr* - **1.** [echar a suertes] apostar - **2.** [arriesgar] jogar.

jugarreta *f fam* sacanagem *f*.

juglar *m* jogral *m*.

jugo *m* suco *m*; **sacar** ~ **a algo/alguien** tirar partido de algo/de alguém.

jugoso, sa *adj* - **1.** [con jugo] suculento(ta) - **2.** [interesante] substancial.

juguete *m* - **1.** [para jugar] brinquedo *m*; **de** ~ de brinquedo; ~ **bélico** brinquedo violento - **2.** *fig* [persona, cosa] joguete *m*.

juguetear *vi* brincar.

juguetería *f* loja *f* de brinquedos.

juguetón, tona *adj* brincalhão(lhona).

juicio *m* - **1.** [gen] juízo *m*; **(no) estar en su (sano)** ~ (não) estar em seu (perfeito) juízo; **perder el** ~ perder o juízo; **a** ~ **de alguien** na opinião de alguém - **2.** *DER* julgamento *m*.
► **Juicio Final** *m* Juízo *m* Final.

juicioso, sa *adj* judicioso(sa).

julepe *m RP fam* assustar.

julio *m* - **1.** [mes] julho *m* - **2.** *FÍS* joule *m*; *ver también* **setiembre**.

jumbo *m* Jumbo *m*.

junco *m* junco *m*.

jungla *f* selva *f*.

junio *m* junho *m*; *ver también* **setiembre**.

júnior (*pl* juniors) <> *adj* - **1.** *DEP* júnior - **2.** [hijo] Júnior *m*. <> *m, f DEP* júnior *mf*.

junta *f* - **1.** [gen] junta *f*; ~ **directiva** comitê diretor - **2.** [reunión] reunião *f*.

juntar *vt* - **1.** [gen] juntar - **2.** [reunir personas] reunir.
► **juntarse** *vpr* juntar-se.

junto, ta *adj* - **1.** [gen] junto(ta); ~ **con** junto com; ~ **a** junto a - **2.** [entero] inteiro(ra) - **3.** [a la vez] junto.

juntura *f* juntura *f*.

Júpiter *m* Júpiter *m*.

jurado, da *adj* - **1.** [declaración] jurado(da) - **2.** [traducción] juramentado(da) - **3.** ⊳ **guarda**.
► **jurado** *m* jurado *m*, -da *f*.

juramento *m* - **1.** [promesa] juramento *m*; **bajo** ~ sob juramento; **prestar** ~ prestar juramento; **tomar** ~ **a alguien** tomar juramento de alguém - **2.** [blasfemia] palavrão *m*.

jurar <> *vt* jurar; ~ **por... que** jurar por ... que; **jurársela a alguien** *fam* ameaçar alguém. <> *vi* [blasfemar] praguejar.

jurel *m* chicharro *m*.

jurídico, ca *adj* jurídico(ca).

jurisdicción *f* jurisdição *f*.

jurisdiccional *adj* jurisdicional.

jurisprudencia *f* jurisprudência *f*.

jurista *mf* jurista *mf*.

justa *f HIST* justa *f*.

justamente *adv* justamente.

justicia *f* - **1.** justiça *f*; **hacer** ~ fazer justiça - **2.** *loc*: **ser de** ~ ser de justiça; **tomarse alguien la** ~ **por su mano** fazer justiça pelas próprias mãos.

justiciero, ra <> *adj* justiceiro(ra). <> *m, f* justiceiro *m*, -ra *f*.

justificación *f* - **1.** [gen] justificativa *f* - **2.** [en imprenta] justificação *f*.

justificante *m* atestado *m*.

justificar *vt* - **1.** justificar - **2.** [excusar]: ~ **a alguien** justificar alguém.
► **justificarse** *vpr* [explicarse] justificar-se.

justo, ta *adj* - **1.** [gen] justo(ta) - **2.** [exacto] exato(ta) - **3.** [apretado] apertado(da); **ser o estar o venir** ~ ser o estar justo.
► **justo** <> *m (gen pl) RELIG* justo *m*, -ta *f*. <> *adv* justo.

juvenil <> *adj* juvenil. <> *mf (gen pl) DEP* juvenil *m*.

juventud *f* juventude *f*.

juzgado *m* tribunal *m*; ~ **de cuentas** tribunal de contas.

juzgar *vt* julgar; **a** ~ **por (como)** a julgar por (como).

k, K¹ f [letra] k, K *m.*
K² (*abrev de* kilobyte) *m* INFORM K *m.*
kafkiano, na *adj* kafkiano(na).
káiser (*pl* káisers) *m* cáiser *m.*
kaki = caqui.
kamikaze *m* camicase *m.*
kárate, cárate *m* DEP caratê *m.*
kart (*pl* karts) *m* AUTOM kart *m.*
Kb (*abrev de* kilobyte) *m* INFORM Kb *m.*
keroseno = queroseno.
ketchup *m* ketchup *m.*
kg (*abrev de* kilogramo) kg.
kibutz = quibutz.
kilo, quilo *m* -1. [peso] quilo *m* -2. *Esp fam* [millón] milhão *m.*
kilobit *m* INFORM kilobit *m.*
kilobyte *m* INFORM kilobyte *m.*
kilocaloría, quilocaloría f FÍS quilocaloria f.
kilogramo, quilogramo *m* quilograma *m.*
kilometraje, quilometraje *m* quilometragem f.
kilométrico, ca, quilométrico, ca *adj* quilométrico(ca).
kilómetro, quilómetro *m* quilômetro *m;* ~**s por hora** quilômetros por hora; ~ **cuadrado** quilômetro quadrado.
kilovatio, quilovatio *m* quilowatt *m.*
kimono = quimono.
kínder *m* Andes, Méx maternal *m.*
kiosco = quiosco.
kiwi (*pl* kiwis) *m* kiwi *m.*
km (*abrev de* kilómetro) km.
km² (*abrev de* kilómetro cuadrado) km².
km/h (*abrev de* kilómetros por hora) km/h.
KO (*abrev de* knock-out) *m* KO *m.*
kopeck (*pl* kopecks) *m* copeque *m.*
kurdo, da, curdo, da <> *adj* curdo(da). <> *m, f* curdo *m,* -da f.
Kuwait *n* -1. [país] Kuwait -2. [ciudad] Cidade do Kuwait.
kV (*abrev de* kilovoltio) kV.
kW (*abrev de* kilovatio) kW.
kWh (*abrev de* kilovatio hora) kWh.

l¹, L f [letra] l, L *m.*
l² (*abrev de* litro) l.
la¹ *m* MÚS lá *m.*
la² (*pl* las) ▷ el ▷ lo.
laberinto *m* labirinto *m.*
labia f *fam:* **tener (mucha)** ~ ter (muita) lábia.
labial *adj* labial.
labio *m* (*gen pl*) lábio *m;* ~ **leporino** lábio leporino.
labor f -1. [gen] trabalho *m;* ~ **de equipo** trabalho de equipe; **sus** ~**es** prendas domésticas -2. [labranza] cultivo *m.*
laborable *adj* ▷ día.
laboral *adj* de trabalho.
laboralista *adj* trabalhista.
laboratorio *m* laboratório *m.*
laborioso, sa *adj* laborioso(sa).
laborista POLÍT <> *adj* trabalhista. <> *mf* trabalhista *mf.*
labrador, ra *m, f* lavrador *m,* -ra f.
labranza f cultivo *m.*
labrar *vt* -1. [gen] lavrar -2. [causar, hacer] cultivar.
labriego, ga *m, f* lavrador *m,* -ra f.
laburar *vi* RP *fam* [trabajar] trabalhar.
laburo *m* RP *fam* [trabajo] trabalho *m.*
laca f -1. [gen] laca f -2. [para muebles] verniz *m* -3. [para pelo] laquê *m* -4. [de uñas] esmalte *m.*
lacar *vt* laquear.
lacayo *m* lacaio *m.*
lacerante *adj* dilacerante.
lacerar *vt* dilacerar.
lacio, cia *adj* -1. [cabello] liso(sa) -2. [planta] murcho(cha) -3. [sin fuerza] lasso(sa).
lacón *m* parte da pata dianteira do pernil assada e curada.
lacónico, ca *adj* lacônico(ca).
lacra f ferida f.
lacrar *vt* lacrar.
lacre *m* lacre *m.*
lacrimógeno, na *adj* lacrimogêneo(a).
lacrimoso, sa *adj* lacrimoso(sa).
lactancia f lactância f.
lactante *mf* lactente *mf.*
lácteo, a *adj* lácteo(tea).

lactosa f lactose f.
ladear vt inclinar.
ladera f vertente f.
ladino, na <> adj ladino(na). <> m, f
CAm, Méx, Ven [mestizo hispanohablante] mestiço m, -ça f que fala espanhol.
◆ **ladino** m ladino m.
lado m -1. [gen] lado m; de ~ [de costado] de
lado; [torcido] inclinado(da); al ~ (de) [cer-
ca] ao lado (de) -2. [cara] face f -3. [lugar]
lugar m; de un ~ para otro, de un ~ a otro
de um lado para outro, de um lado a
outro; por un ~, por otro ~ por um lado,
por outro lado -4. loc: dejar de ~, dejar a
un ~ [prescindir] deixar de lado.
ladrar vi latir.
ladrido m -1. [de perro] latido m -2. [de per-
sona] berro m.
ladrillo m -1. [de arcilla] tijolo m -2. fam [abu-
rrimiento] chatice f.
ladrón, ona m, f ladrão m, -dra f.
◆ **ladrón** m ELECTR benjamim m.
lagar m lagar m.
lagarta f = lagarto.
lagartija f lagartixa f.
lagarto, ta m, f lagarto m, -ta f.
◆ **lagarta** f fam fig raposa f.
lago m GEOGR lago m.
lágrima f lágrima f; llorar a ~ viva chorar
sentidamente.
◆ **lágrimas** fpl lágrimas fpl.
lagrimal ANAT <> adj lacrimal. <> m
lacrimal m.
laguna f -1. [de agua] laguna f -2. [omisión,
falta] lacuna f -3. [olvido] lapso m.
La Habana n Havana.
La Haya n Haia.
laico, ca <> adj laico(ca). <> m, f leigo m,
-ga f.
lama m lama m.
La Meca n Meca.
lamentable adj lamentável.
lamentar vt lamentar.
◆ **lamentarse** vpr lamentar-se; ~se
de lamentar-se de; ~se por lamentar-se
de.
lamento m lamento m.
lamer vt [con lengua] lamber.
◆ **lamerse** vpr lamber-se.
lamido, da adj chupado(da).
◆ **lamido** m lambida f.
lámina f -1. [gen] lâmina f -2. [plancha graba-
da] placa f -3. [dibujo] estampa f.
laminar¹ adj laminar.
laminar² vt -1. [hacer láminas] laminar -2.
[cubrir con láminas] chapear.
lámpara f -1. [aparato] lamparina f -2. [bom-
billa] lâmpada f -3. TECN válvula f.

lamparilla f lamparina f.
lamparón m mancha f.
lampiño, ña adj -1. [sin barba] imberbe -2.
[sin vello] glabro(bra).
lampista mf eletricista mf.
lamprea f lampreia f.
lana f -1. [de oveja] lã f -2. Andes, Méx fam
[dinero] grana f -3. loc: ir a por ~ y volver
trasquilado ir buscar lã e sair tosquiado.
lance m -1. [gen] lance m -2. [riña] disputa f.
lancha f -1. [embarcación] lancha f; ~ salvavidas bote salva-vidas -2. [piedra] laje f.
landa f landa f.
landó m landau m.
lanero, ra adj lanígero(ra).
langosta f -1. [crustáceo] lagosta f -2. [insec-
to] gafanhoto m.
langostino m lagostim m.
languidecer vi -1. [debilitarse] languescer
-2. [decaer] enfraquecer.
languidez f languidez f.
lánguido, da adj lânguido(da).
lanilla f -1. [pelillo] felpa f -2. [tejido] lãzi-
nha f.
lanolina f lanolina f.
lanudo, da adj lanoso(sa).
lanza f lança f.
lanzadera f [de telar] lançadeira f.
◆ **lanzadera espacial** f AERON lançadeira f
espacial.
lanzado, da adj [atrevido] atirado(da); ir ~
fig [ir rápido] ir voando.
lanzagranadas m inv MIL bazuca f.
lanzamiento m lançamento m.
lanzamisiles m inv lança-mísseis m inv.
lanzar vt lançar.
◆ **lanzarse** vpr -1. [gen] lançar-se -2. [tirar-
se] atirar-se.
lapa f -1. [molusco] lapa f -2. fam [persona]
carrapato m; pegarse como una ~ grudar
como um carrapato.
La Paz n La Paz.
lapicera f CSur caneta f esferográfica.
lapicero m -1. [lápiz] lápis m inv -2. CAm, Perú [bolígrafo] caneta f esferográfica.
lápida f lápide f.
lapidar vt lapidar.
lapidario, ria adj lapidar.
lápiz m lápis m inv; ~ de labios batom m; ~
de ojos lápis de olhos; ~ óptico INFORM
caneta f ótica.
lapón, na <> adj lapão(ona). <> m, f [per-
sona] lapão m, -ona f.
◆ **lapón** m [lengua] lapão m.
Laponia n Lapônia.
lapso m lapso m.
lapsus m inv lapso m.
larga f ▷ largo.

largar *vt* **-1.** [aflojar] soltar **-2.** *fam* [dar, decir] soltar.
➤ **largarse** *vpr fam* dar no pé.
largo, ga *adj* **-1.** [gen] longo(ga), comprido(da) **-2.** [y pico] e pico **-3.** *fam* [astuto] esperto(ta).
➤ **largo** ◇ *m* [dimensión] comprimento *m*; **a lo ~ de** [en el espacio] ao longo de; [en tiempo] durante; **pasar de ~** passar reto. ◇ *adv* [extensamente]: **~ y tendido** demoradamente. ◇ *interj*: **¡~ (de aquí)!** fora (daqui)!
➤ **larga** *f loc*: **a la larga** com o tempo; **dar largas a algo** dar uma enrolada em algo.

> Não confundir *largo (longo)* com o português *largo* que em espanhol é *ancho*. (*El camino hasta mi casa es muy largo*. O caminho até minha casa é muito *longo*.)

largometraje *m* longa-metragem *m*.
larguero *m* **-1.** [viga] trave *f* **-2.** [de portería] travessão *m*.
largura *f* comprimento *m*.
laringe *f ANAT* laringe *f*.
laringitis *f MED* laringite *f*.
larva *f* larva *f*.
larvado, da *adj* larvado(da).
lasaña *f CULIN* lasanha *f*.
lascivo, va *adj* lascivo(va).
láser ◇ *adj inv* ▷ **rayo.** ◇ *m* laser *m*.
lástex *m inv* lastex® *m inv*.
lástima *f* pena *f*; **dar ~** dar pena; **¡qué ~!** que pena!; **hecho una ~** de dar dó.
lastimar *vt* machucar.
➤ **lastimarse** *vpr* machucar-se.
lastimoso, sa *adj* lastimável.
lastrar *vt* lastrar.
lastre *m* **-1.** [peso] lastro *m*; **soltar ~** soltar o lastro **-2.** [estorbo] peso *m*.
lata *f* **-1.** [envase] lata *f* **-2.** *fam* [fastidio] chatice *f*; **¡qué ~!** que droga!; **dar la ~** encher a paciência.
latente *adj* latente.
lateral ◇ *adj* **-1.** [de lado] lateral **-2.** [no directo] colateral. ◇ *m* lateral *f*.
látex *m inv* látex *m inv*.
latido *m* pulsação *f*.
latifundio *m* latifúndio *m*.
latifundista *mf* latifundiário *m*, -ria *f*.
latigazo *m* **-1.** [gen] chicotada *f* **-2.** *fam* [trago] trago *m*.
látigo *m* chicote *m*.
latín *m* latim *m*; **saber (mucho) ~** *fig* ser (muito) esperto(ta).
latinajo *m fam* latinório *m*.
latinismo *m* latinismo *m*.
latino, na ◇ *adj* latino(na). ◇ *m*, *f* latino *m*, -na *f*.

Latinoamérica *n* América Latina.
latinoamericano, na ◇ *adj* latino-americano(na). ◇ *m*, *f* latino-americano *m*, -na *f*.
latir *vi* bater, pulsar.
latitud *f GEOGR* latitude *f*.
latón *m* latão *m*.
latoso, sa *fam* ◇ *adj* chato(ta). ◇ *m*, *f* chato *m*, -ta *f*.
laúd *m MÚS* alaúde *m*.
laureado, da *adj* laureado(da).
laurel *m* louro *m*.
➤ **laureles** *mpl* louros *mpl*; **dormirse en los ~s** *fig* deitar-se nos louros.
lava *f* lava *f*.
lavabo *m* **-1.** [objeto] pia *f* **-2.** [habitación] lavabo *m*.
lavadero *m* lavadouro *m*.
lavado *m* lavagem *f*; **~ de cerebro** lavagem cerebral; **~ de estómago** *MED* lavagem estomacal.
lavadora *f* lavadora *f*.
lavamanos *m inv* [lavabo] lavatório *m*.
lavanda *f* lavanda *f*.
lavandería *f* lavanderia *f*.
lavaplatos ◇ *mf inv* lavador *m*, -ra *f* de pratos. ◇ *m inv* lava-louças *fpl*.
lavatorio *m Andes, RP* pia *f*.
lavar *vt* lavar; **~ y marcar** lavar e pentear.
➤ **lavarse** *vpr* lavar-se.
lavativa *f* enema *m*.
lavavajillas *m inv* lava-louças *fpl*.
laxante ◇ *adj* **-1.** *MED* laxante **-2.** [relajante] relaxante. ◇ *m MED* laxante *m*.
laxar *vt* laxar.
laxo, xa *adj* lasso(sa).
lazada *f* laço *m*.
lazarillo *m* **-1.** [persona] guia *mf* de cego **-2.** ▷ **perro.**
lazo *m* laço *m*.
LD (*abrev de* **long play**) *m Amér* LP *m*.
Lda. (*abrev de* **licenciada**) licenciada.
Ldo. (*abrev de* **licenciado**) licenciado.
le (*pl* **les**) *pron* [a él, usted] lhe; [a ellos, ustedes] lhes.

> Em espanhol, a forma *se* é usada no lugar de *le* quando o pronome do objeto indireto e o pronome do objeto direto coincidem.
>
> (Ver **Os pronomes** na seção *Gramática espanhola*.)

leader = **líder.**
leal ◇ *adj* leal; **~ a** leal a. ◇ *mf* leal *mf*; **~ a** leal a.
lealtad *f* lealdade *f*; **~ a** lealdade a.
leasing *m* leasing *m*.
lección *f* lição *f*; **darle una ~ a alguien** dar uma lição em alguém.

leche *f* -**1**. [gen] leite *m*; ~ **condensada** leite condensado; ~ **descremada** *o* **desnatada** leite desnatado; ~ **merengada** *bebida refrescante elaborada com leite, clara de ovo, açúcar e canela*; ~ **en polvo** leite em pó -**2**. *vulg* [semen] porra *f* -**3**. *mfam* [accidente, bofetada] porrada *f* -**4**. *mfam* [malhumor] mau humor *m*; **estar de/tener mala** ~ estar de mau humor -**5**. *loc*: **ser la** ~ *mfam* ser o cúmulo; **¡una** ~**!** *mfam* uma ova!
lechera *f* ▷ lechero.
lechería *f* leiteria *f*.
lechero, ra ◇ *adj* leiteiro(ra). ◇ *m, f* leiteiro *m*, -ra *f*.
➥ **lechera** *f* leiteira *f*.
lecho *m* -**1**. [gen] leito *m* -**2**. [fondo] fundo *m* -**3**. [capa] camada *f*.
lechón *m* leitão *m*.
lechosa *f Carib* papaia *f*.
lechoso, sa *adj* leitoso(sa).
lechuga *f* -**1**. [planta] alface *f* -**2**. *Esp fam* [billete de mil] *nota de mil pesetas*.
lechuza *f* coruja *f*.
lecitina *f* lecitina *f*.
lectivo, va *adj* letivo(va).
lector, ra *m, f* leitor *m*, -ra *f*.
➥ **lector** *m* leitora *f*; ~ **óptico** leitor ótico.
lectorado *m* leitorado *m*.
lectura *f* leitura *f*; ~ **óptica** leitura óptica.
leer ◇ *vt* ler. ◇ *vi* ler; ~ **de corrido** ler fluentemente.
legación *f* -**1**. [gen] legação *f* -**2**. [misión] missão *f*.
legado *m* legado *m*.
legajo *m* documentação *f*.
legal *adj* -**1**. [gen] legal -**2**. *fam* [persona] de confiança.

> O adjetivo *legal* em espanhol não é usado para expressar apreciação positiva, mas somente no sentido de 'de acordo com a lei': (*El proceso fue totalmente legal; no hubo nada fuera de la ley*. O processo foi totalmente legal; não houve nada fora da lei.)
>
> Para manifestar o positivo, podem-se usar outros adjetivos como **magnífico, bueno, buenísimo, fantástico, guay, bárbaro**, assim como tantos outros.

legalidad *f* legalidade *f*.
legalizar *vt* -**1**. [hacer legal] legalizar -**2**. [certificar] autenticar, reconhecer.
legaña *f (gen pl)* remela *f*.
legañoso, sa *adj* remelento(ta).
legar *vt* -**1**. [gen] legar -**2**. [delegar] delegar.
legendario, ria *adj* legendário(ria).
legible *adj* legível.
legión *f* legião *f*.
➥ **Legión de Honor** *f* Legião *f* de Honra.
legionario *m* legionário *m*.
legislación *f* legislação *f*.

legislar *vi* legislar.
legislatura *f* legislatura *f*.
legitimar *vt* legitimar.
legítimo, ma *adj* legítimo(ma).
lego, ga ◇ *adj* [laico, religioso] leigo(ga). ◇ *m, f* leigo *m*, -ga *f*.
legua *f* légua *f*; ~ **marina** légua marítima; **verse a la** ~ *fig* ver-se de longe.
legumbre *f (gen pl)* legumes *mpl*.
leguminosas *fpl* leguminosas *fpl*.
lehendakari, lendakari *m presidente do governo autônomo do País Basco*.
leído, da *adj* lido(da).
➥ **leída** *f* lida *f*.
leitmotiv *m* leitmotiv *m*.
lejanía *f* distância *f*.
lejano, na *adj* -**1**. [lugar, pariente] distante -**2**. [en el tiempo] remoto, longínquo.
lejía *f* água *f* sanitária.
lejos *adv* longe; **a lo** ~ ao longe; **de** *o* **desde** ~ **de** longe; ~ **de** [en el espacio] longe de; [en el tiempo] distante de.
➥ **lejos de** *loc conj (seguido de infinitivo)* ao contrário de.
lelo, la ◇ *adj* leso(sa). ◇ *m, f* leso *m*, -sa *f*.
lema *m* lema *m*.
lencería *f* -**1**. [ropa interior] roupa *f* íntima feminina -**2**. [tienda] *estabelecimento ou sessão que vende lingerie e roupas de cama, mesa e banho*.
lendakari *m* = lehendakari.
lengua *f* -**1**. língua *f*; ~ **materna** língua materna; ~ **muerta** língua morta; ~ **viperina** *o* **de víbora** *fig* língua viperina -**2**. *loc*: **írsele a alguien la** ~ irse de la ~ bater com a língua nos dentes; **morderse la** ~ morder a língua; **tirar a alguien de la** ~ puxar pela língua de alguém.
lenguado *m* linguado *m*.
lenguaje *m* linguagem *f*; ~ **cifrado** linguagem cifrada; ~ **coloquial** linguagem coloquial; ~ **comercial** linguagem comercial; ~ **máquina** *INFORM* linguagem de máquina; ~ **de programación** *INFORM* linguagem de programação.
lenguaraz *adj* -**1**. [malhablado] desbocado(da) -**2**. [charlatán] linguarudo(da).
lengüeta *f* lingüeta *f*.
lengüetazo *m*, **lengüetada** *f* lambida *f*.
lenitivo, va *adj* lenitivo(va).
➥ **lenitivo** *m* lenitivo *m*.
lente *f* lente *f*; ~ **(s) de contacto** lente(s) de contato.
➥ **lentes** *mpl* óculos *mpl*.
lenteja *f (gen pl)* lentilha *f*.
lentejuela *f (gen pl)* lantejoula *f*.
lenticular *adj* lenticular.

lentilla *f (gen pl)* lente *f* de contato.
lentitud *f* lentidão *f*.
lento, ta *adj* lento(ta).
leña *f* lenha *f*; **echar** ~ **al fuego** deitar lenha na fogueira; **dar** ~ descer a lenha.
leñador, ra *m, f* lenhador *m*, -ra *f*.
leñazo *fam m* -**1.** [gen] trombada *f* -**2.** [garrotazo] pancada *f*.
leño *m* [madera] tronco *m*; **dormir como un** ~ dormir como uma pedra.
Leo <> *m inv* [signo del zodíaco] Leão *m inv*; **ser** ~ ser (de) Leão. <> *mf inv* -**1.** leonino *m*, -na *f* -**2.** *(en aposición)* de Leão.
león, ona *m, f* [animal] leão *m*, -a *f*; **no es tan fiero el** ~ **como lo pintan** *proverb* o diabo não é tão feio como o pintam.
  ◆ **león marino** *m* leão-marinho *m*.
leonera *f* -**1.** [jaula] leoneira *m* -**2.** *fam* [habitación] ninho *m* de rato.
leonino, na *adj* leonino(na).
leopardo *m* leopardo *m*.
leotardo *m (gen pl) Esp roupa interior muito justa, geralmente de malha, que cobre desde o pé até a cintura.*
lépero, ra *adj CAm, Méx fam* [vulgar] vulgar; *Cuba fam* [astuto] espertalhão(lhona).
lepra *f MED* lepra *f*.
leproso, sa <> *adj* leproso(sa). <> *m, f* leproso *m*, -sa *f*.
lerdo, da *adj* lerdo(da).
les ▷ le.
lesbiano, na *adj* lésbico(ca).
  ◆ **lesbiana** *f* lésbica *f*.
lesión *f* lesão *f*.
lesionado, da <> *adj* que sofreu uma lesão; **estar** ~ estar com uma lesão. <> *m, f*; **el equipo tiene tres** ~**s** a equipe tem três jogadores que sofreram lesão.
lesionar *vt* -**1.** [cuerpo] lesionar -**2.** [perjudicar] lesar.
  ◆ **lesionarse** *vpr* lesionar-se.
letal *adj* letal.
letanía *f* -**1.** [oración] ladainha *f* -**2.** *fam* [retahíla] ladainha *f*.
letargo *m* -**1.** *MED* letargia *f* -**2.** [de animales] hibernação *f*.
Letonia *n* Letônia.
letra *f* letra *f*; ~ **de cambio** *COM* letra de câmbio; ~ **de imprenta** *o* **molde** letra de imprensa *o* forma; ~ **mayúscula** letra maiúscula; ~ **negrita** *o* **negrilla** letra em negrito *o* negrita; ~ **versalita** letra versal; **al pie de la** ~ ao pé da letra.
  ◆ **letras** *fpl* ciências *fpl* humanas; **ser de** ~**s** ser da área das ciências humanas.
letrado, da <> *adj* letrado(da). <> *m, f* letrado *m*, -da *f*.
letrero *m* letreiro *m*.

letrina *f* latrina *f*.
letrista *mf* letrista *mf*.
leucemia *f MED* leucemia *f*.
leucocito *m* leucócito *m*.
leva *f* leva *f*.
levadizo, za *adj* levadiço(ça).
levadura *f* levedura *m*; ~ **de cerveza** levedura de cerveja.
levantador, ra *m, f* levantador *m*, -ra *f*.
levantamiento *m* -**1.** [gen] levantamento *m*; ~ **de pesas** *DEP* levantamento de pesos -**2.** [supresión] suspensão *f*.
levantar *vt* -**1.** [gen] levantar -**2.** [desmontar] desmontar -**3.** [suprimir] suspender -**4.** [acabar] encerrar -**5.** [hacer constar] lavrar.
  ◆ **levantarse** *vpr* levantar-se.
levante *n* levante.
levantino, na <> *adj* levantino(na). <> *m, f* levantino *m*, -na *f*.
levar *vt NÁUT* levar.
leve *adj* leve.
levedad *adj* leveza *f*.
levita *f* levita *f*.
levitar *vi* levitar.
lexema *m LING* lexema *m*.
léxico *m* léxico *m*.
lexicografía *f* lexicografia *f*.
lexicología *f* lexicologia *f*.
ley *f* lei *f*; ~ **del embudo** lei que não se usa com igualdade; ~ **de la oferta y de la demanda** *ECON* lei da oferta e da procura; ~ **de incompatibilidades** lei que regulamenta a proibição legal para exercer determinado cargo, realizar uma atividade ou exercer dois ou mais cargos simultaneamente.
  ◆ **leyes** *fpl* direito *m*.
leyenda *f* -**1.** [narración] lenda *f*; ~ **negra** opinião contra o espanhol difundida a partir do século XVI -**2.** [inscripción] legenda *f*.
liar *vt* -**1.** [gen] amarrar, enrolar -**2.** [enredar] envolver.
  ◆ **liarse** *vpr* -**1.** [enredarse] enrolar-se -**2.** [empezar]: ~**se a** começar a -**3.** *fam* [sexualmente] envolver-se.
Líbano *n*: el ~ o Líbano.
libar *vt* libar.
libelo *m* libelo *m*.
libélula *f* libélula *f*.
liberación *f* liberação *f*.
liberado, da *adj* liberado(da).
liberal <> *adj* liberal. <> *mf* liberal *mf*.
liberalidad *f* liberalidade *f*.
liberalismo *m* liberalismo *m*.
liberar *vt* -**1.** [gen] libertar -**2.** [eximir] liberar; ~ **a alguien de algo** liberar alguém de algo.
  ◆ **liberarse** *vpr* liberar-se; ~**se de algo** livrar-se de algo.

Liberia n Libéria.
libertad f liberdade f; **dejar** o **poner en** ~ deixar o pôr em liberdade; ~ **bajo fianza** liberdade sob fiança; ~ **condicional** liberdade condicional; ~ **de expresión/de imprenta** o **prensa** liberdade de expressão/de imprensa; **tomarse la** ~ tomar a liberdade.
libertar vt libertar.
libertino, na <> adj libertino(na). <> m, f libertino m, -na f.
Libia n Líbia.
libido f libido f.
libra f libra f; ~ **esterlina/irlandesa** libra esterlina/irlandesa.
➡ **Libra** <> f inv [signo del Zodíaco] Libra f; **ser Libra** ser de Libra. <> mf inv [persona] libriano m, -na f.
librador, ra m, f COM emitente mf, sacador m, -ra f.
libramiento m COM ordem f de pagamento.
libranza f COM ordem f de pagamento.
librar <> vt -1. [eximir] dispensar -2. [entablar] travar -3. COM emitir. <> vi Esp folgar.
➡ **librarse** vpr livrar-se; ~se **de algo/de alguien** livrar-se de algo/de alguém.
libre adj -1. livre -2. [exento]: ~ **de** isento de -3. loc: **estudiar por** ~ Esp estudar por conta própria; **ir por** ~ ir por si.
librea f libré f.
librecambio m COM livre-câmbio m.
librepensador, ra <> adj livre-pensador(ra). <> m, f livre-pensador m, -ra f.
librería f -1. [tienda] livraria f -2. [oficio] comércio m de livros -3. [mueble] estante f.
librero, ra <> adj livreiro(ra). <> m, f livreiro m, -ra f.
➡ **librero** m CAm, Col, Méx estante f.
libreta f caderneta f; ~ **(de ahorros)** caderneta (de poupança).
libretista mf Amér [guionista] roteirista mf.
libreto m -1. [musical] libreto m -2. Amér [guión] roteiro m, script m.
libro m livro m; **llevar los** ~**s** fazer a contabilidade; ~ **blanco** livro branco; ~ **de bolsillo** livro de bolso; ~ **de cabecera** livro de cabeceira; ~ **de caja** livro-caixa m; ~ **de cocina** livro de culinária; ~ **de cuentas** o **contabilidad** registro m contábil; ~ **de escolaridad** histórico m escolar; ~ **de familia** livro em que se registra os principais dados civis de uma família; ~ **de reclamaciones** livro de reclamações; ~ **de texto** livro de texto.
Lic. (abrev de **licenciado**) licenciado.
licantropía f licantropia f.
liceal adj CSur, Ven colegial.

licencia f -1. [autorización] licença f; ~ **de armas** licença para porte de armas; ~ **de obras** licença de obras -2. [confianza] liberdade f.
licenciado, da <> adj -1. [universitario] formado(da); ~ **en** formado em -2. [soldado] licenciado(da). <> m, f -1. [universitario] formado m, -da f; ~ **en** formado em -2. [soldado] licenciado m, -da f.
licenciar vt licenciar.
➡ **licenciarse** vpr formar-se; ~se **en** formar-se em.
licenciatura f graduação f.
licencioso, sa adj licencioso(sa).
liceo m -1. [en Francia] liceu m -2. CSur, Ven [instituto] colegial m.
licitar vt licitar.
lícito, ta adj lícito(ta).
licor m licor m.
licuadora f liquidificador m.
licuar vt liquidificar.
licuefacción f liquefação f.
lid f [combate] luta f.
líder (pl líderes), **leader** (pl leaders) <> adj líder. <> m, f líder mf.
liderato, liderazgo m liderança f.
lidia f TAUROM lide f.
lidiar <> vi [luchar] lidar. <> vt TAUROM lidar.
liebre f lebre f.
Liechtenstein n Liechtenstein.
lienzo m -1. [gen] tela f -2. [tela] pano m.
lifting m lifting m.
liga f -1. [gen] liga f -2. DEP [campeonato] campeonato m.
ligadura f -1. [gen] ligadura f -2. [atadura] atadura f -3. fig [en relación] laço m.
ligamento m ANAT ligamento m.
ligar <> vt -1. [gen] ligar -2. [atar] amarrar -3. CULIN [salsa] engrossar. <> vi -1. [coincidir] coincidir -2. fam [conquistar] paquerar.

> Não confundir com o português 'ligar', que tem um significado similar ao espanhol **llamar por teléfono**, **prender (la televisión, la luz, el motor del coche)**, **prestar atención**: (Habían ligado las cuerdas de tal forma que nunca más las pudieron desatar. Haviam amarrado as cordas de tal forma, que nunca mais puderam desamarrá-las.)

ligazón f ligação f.
ligereza f -1. [gen] leviandade f -2. [agilidad] ligeireza f -3. [levedad] leveza f.
ligero, ra adj -1. [gen] leve -2. [ágil] ligeiro(ra) -3. [irreflexivo] leviano(na); **a la ligera** superficialmente.
ligón, ona Esp fam <> adj paquerador(ra). <> m, f paquerador m, -ra f.
liguero, ra adj DEP do campeonato.
➡ **liguero** m cinta-liga f.
liguilla f DEP numa competição esportiva,

fase em que há poucas equipes e em que jogam todos contra todos.

light *adj inv* light.

lija *f* lixa *f.*

lila ◇ *f* lilás *f.* ◇ *adj inv* lilás. ◇ *m* lilás *f.*

liliputiense *fam* ◇ *adj* liliputiano(na). ◇ *mf* liliputiano *m,* -na *f.*

lima *f* -1. [gen] lima *f* -2. [planta] limeira *f.*

Lima *n* Lima.

limar *vt* -1. [pulir] limar -2. [perfeccionar] aperfeiçoar.

limitación *f* -1. [restricción] limitação *f;* ~ de velocidad limitação de velocidade -2. [área] limite *m.*

limitado, da *adj* limitado(da).

limitar ◇ *vt* limitar. ◇ *vi* limitar.
➤ **limitarse** *vpr:* ~ se a limitar-se a.

límite ◇ *m* limite *m.* ◇ *adj inv* limite.

limítrofe *adj* limítrofe.

limón *m* limão *m.*

limonada *f* limonada *f.*

limonero, ra *adj* de limão.
➤ **limonero** *m* limoeiro *m.*

limosna *f* esmola *f;* **pedir** ~ pedir esmola.

limpiabotas *mf inv* engraxate *mf.*

limpiacristales *m inv* limpa-vidros *m inv.*

limpiador, ra *m, f* limpador *m,* -ra *f.*

limpiamente *adv* -1. [con destreza] habilmente -2. [honradamente] honestamente.

limpiaparabrisas *m inv* limpador *m* de pára-brisas.

limpiar *vt* -1. [gen] limpar; ~ algo de limpar algo de -2. *fam* [robar] limpar.

limpieza *f* -1. [gen] limpeza *f;* **hacer la** ~ fazer a limpeza -2. [destreza] habilidade *f* -3. [honradez] honestidade *f.*

limpio, pia *adj* -1. [gen] limpo(pa); **en** ~ a limpo -2. [neto] líquido(da); **jugar** ~ jogar limpo -3. [claro] límpido(da); **sacar en** ~ tirar a limpo; ~ **de** [sin culpa] limpo de -4. *fam* [sin dinero] limpo(pa) -5. [sin mezcla] puro(ra) -6. [simple] único(ca).

linaje *m* linhagem *f.*

lince *m* lince *m;* **ser un** ~ *fig* ser um prodígio.

linchar *vt* linchar.

lindar ➤ **lindar con** *vi* -1. [espacio] limitarse com -2. [conceptos] beirar a.

linde *m o f* limite *m.*

lindero, ra *adj* -1. [espacio] contíguo(gua) -2. [conceptos] próximo(ma).
➤ **lindero** *m* limite *m.*

lindo, da *adj* lindo(da); **de lo** ~ *fig* muito.

línea *f* linha *f;* ~ **de flotación** *NÁUT* linha de flutuação; ~ **divisoria** linha divisória; ~ **recta** *MAT* linha reta; **guardar la** ~ manter a linha; ~**s aéreas** [de transporte] linhas

aéreas; **cortar la** ~ **(telefónica)** cortar a linha (telefônica); ~ **de crédito** *BANCA* linha de crédito; **en** ~**s generales** em linhas gerais; **leer entre** ~**s** ler nas entrelinhas.

lineamientos *mpl Amér* [generalidades] generalidades *fpl;* [directrices] diretrizes *fpl.*

linfático, ca *adj* linfático(ca).

lingote *m* lingote *m.*

lingüista *mf* lingüista *mf.*

lingüístico, ca *adj* lingüístico(ca).
➤ **lingüística** *f* lingüística *f.*

linier (*pl* liniers) *m DEP* bandeirinha *m.*

linimento *m* linimento *m.*

lino *m* linho *m.*

linóleo, linóleum (*pl* linoleums) *m* linóleo *m.*

linterna *f* lanterna *f.*

linyera *mf RP fam* mendigo *m,* -ga *f.*

lío *m fam* -1. [enredo] confusão *f;* **hacerse un** ~ fazer confusão -2. [jaleo] agitação *f;* **armar un** ~ armar confusão -3. *Esp* [aventura amorosa] caso *m* -4. [paquete] trouxa *f.*

liofilización *f* liofilização *f.*

lípido *m* lipídio *m.*

liposucción *f* lipoaspiração *f.*

lipotimia *f* lipotimia *f.*

liquen *m* líquen *m.*

liquidación *f* liquidação *f.*

liquidar *vt* liquidar.

liquidez *f* liquidez *f.*

líquido, da *adj* líquido(da).
➤ **líquido** *m* -1. [gen] líquido *m* -2. *ECON* saldo *m.*

lira *f* lira *f.*

lírico, ca ◇ *adj* lírico(ca). ◇ *m, f* lírico *m,* -ca *f.*
➤ **lírica** *f* lírica *f.*

lirio *m* lírio *m.*

lirón *m* [animal] arganaz *m;* **dormir como un** ~ *fig* dormir como uma pedra.

lis (*pl* lises) *f* lis *f,* lírio *m.*

Lisboa *n* Lisboa.

lisiado, da ◇ *adj* aleijado(da). ◇ *m, f* aleijado *m,* -da *f.*

liso, sa *adj* -1. [gen] liso(sa) -2. *DEP* raso(sa).

lisonja *f* lisonja *f.*

lisonjear *vt* lisonjear.

lisonjero, ra *adj* lisonjeiro(ra).

lista *f* -1. [gen] lista *f;* **pasar** ~ fazer a chamada; ~ **de boda** lista de casamento; ~ **de espera** lista de espera; ~ **de precios** lista de preços -2. [línea de color] listra *f.*
➤ **lista de correos** *f INFORM* lista de correio.

listado, da *adj* listrado(da).
➤ **listado** *m INFORM* lista *f.*

listín *m:* *Esp* ~ **(de teléfonos)** lista *f* (telefônica).

listo, ta adj -1. [gen] esperto(ta); **pasarse de** ~ dar uma de esperto -2. [preparado] pronto(ta).

listón m sarrafo m; **poner el** ~ **muy alto** fig marcar um limite difícil de superar.

lisura f Andes, CAm, Ven palavrão m.

litera f beliche m.

literal adj literal.

literario, ria adj literário(ria).

literato, ta m, f literato m, -ta f.

literatura f literatura f.

litigar vi DER litigar.

litigio m DER litígio m.

litografía f litografia f.

litoral <> adj litorâneo(a). <> m litoral m.

litro m litro m.

Lituania n Lituânia.

liturgia f liturgia f.

liviano, na adj -1. [gen] leve -2. [superficial] leviano(na).

lívido, da adj lívido(da).

liza f [lucha] luta f.

ll, Ll f décima-quarta letra do alfabeto espanhol.

llaga f -1. [herida] ferida f -2. [úlcera] úlcera f.

llagar vt ferir.

◆ **llagarse** vpr ulcerar-se.

llama f -1. [gen] chama f -2. [animal] lhama f.

llamada f [gen] -1. chamada f; ~ **a cobro revertido** chamada a cobrar; ~ **a larga distancia** o **interurbana** chamada de longa distância o interurbana; ~ **urbana** chamada local -2. [atracción] chamado m -3. [apelación] apelo m.

llamamiento m -1. [apelación] apelo m -2. MIL convocação f.

llamar <> vt -1. [gen] chamar; ~ **de tú/usted a alguien** tratar alguém de tu/de senhor -2. [atraer] atrair. <> vi -1. [tocar, pulsar] tocar -2. [por teléfono] telefonar.

◆ **llamarse** vpr chamar-se.

llamarada f -1. [de fuego] labareda f -2. fig [de sentimiento, rubor] rubor m.

llamativo, va adj chamativo(va).

llamear vi arder.

llaneza f simplicidade f.

llano, na adj -1. [gen] plano(na) -2. [afable, simple] simples -3. [sin rango] modesto(ta) -4. GRAM paroxítono(na).

◆ **llano** m planície f.

llanta f -1. [de metal] aro m -2. Amér [neumático] pneu m -3. Méx fig [michelín] pneu m.

llanto m pranto m.

llanura f planície f.

llave f -1. [gen] chave f; **echar la** ~ fechar à chave; ~ **en mano** COM chave na mão; ~ **de contacto** chave de contato; ~ **inglesa** [herramienta] chave inglesa; ~ **maestra** chave mestra -2. [dispositivo] registro m; ~ **de paso** registro geral.

llavero m chaveiro m.

llavín m chave f pequena.

llegada f chegada f.

llegar vi -1. [gen] chegar -2. [alcanzar] alcançar -3. [ser suficiente]: ~ **para** Esp chegar para.

◆ **llegarse** vpr: ~ **se a** ir-se a.

> O verbo *llegar* é usado, geralmente, com a preposição a: (*Llegamos a casa después de la medianoche.* Chegamos em casa depois da meia-noite. *Llegar a la fiesta no fue difícil: lo complicado fue irse.* Chegar à festa não foi difícil: o complicado foi ir embora. *Marta y Aníbal llegaron tarde a clase.* Marta e Aníbal chegaram tarde à aula.)
>
> Note que, em espanhol, o verbo *llegar* nunca é usado com a preposição *de*, ao contrário do que ocorre em português.
>
> (Ver también As preposiçoes na seção *Gramática espanhola*.)

llenar vt -1. [gen] encher; ~ **algo de algo** encher algo com algo -2. [satisfacer] satisfazer -3. [escribir] preencher -4. [colmar]: ~ **a alguien de algo** encher alguém de algo.

◆ **llenarse** vpr -1. [gen] encher-se -2. [saciarse] fartar-se -3. [cubrir]: ~ **de algo** cobrir-se de algo.

lleno, na adj [gen] -1. cheio(a); ~ **de** cheio(a) de -2. fam [regordete] gordo(da).

◆ **lleno** m lotação f.

◆ **de lleno** loc adv em cheio.

llevadero, ra adj suportável.

llevar vt -1. [gen] levar; **el barco lleva carga y pasajeros** o barco leva carga e passageiros; **llevó el niño a casa de la abuela** levou a criança à casa da avó; **me llevaron en coche** me levaram de carro; ~ **a alguien a** [conducir] levar alguém a; **lleva la contabilidad** leva a contabilidade; **lleva muy bien sus estudios** vai muito bem nos estudos; **lleva tres semanas de viaje** está há três semanas de viagem; **me llevó mucho tiempo hacer el trabajo** me levou muito tempo fazer o trabalho; **este camino lleva a Madrid** este caminho conduz a Madri -2. [usar, tener, haber] ter; ~ **el pelo largo** ter o cabelo comprido; **llevas las manos sucias** você está com as mãos sujas; **te llevo seis puntos** tenho seis pontos de vantagem; **me lleva tres centímetros** tem três centímetros a mais do que eu; **le lleva seis años** é seis anos mais velha que ele; **llevo leída media novela** já li a metade do romance; **lo llevo dicho hace tiempo** há muito que disse isso -3. [ropa, objeto personal] usar;

lleva gafas usar óculos; **no llevamos dinero** não temos dinheiro - **4.** [aguantar] suportar; **lleva mal la soledad** não suporta a solidão - **5.** [indica repetición] estar; **lleva viniendo cada día** está vindo todos os dias.
➤ **llevarse** vpr - **1.** [coger, recibir] levar - **2.** [conseguir] conseguir - **3.** [estar de moda] usar-se muito - **4.** [en matemáticas] ir - **5.** [entenderse] : ~ **se bien/mal con alguien** dar-se bem/mal com alguém.
llorar <> vi - **1.** [con lágrimas] chorar - **2.** fam [quejarse] choramingar. <> vt chorar.
lloriquear vi choramingar.
lloro m choro m.
llorón, ona <> adj chorão(rona). <> m, f chorão m, -rona f.
lloroso, sa adj choroso(sa).
llover <> v impers chover. <> vi fig chover.
llovizna f garoa f.
lloviznar v impers garoar.
lluvia f chuva f; ~ **ácida** o **atómica** chuva ácida o atômica.
lluvioso, sa adj chuvoso(sa).
lo, la <> pron [a él, usted] o; [a ellos, ustedes] os. <> art o; ~ **de** o de; ~ **que** o que.
loa f - **1.** [alabanza] louvor m - **2.** LITER loa f.
loable adj louvável.
loar vt louvar.
lobato = lobezno.
lobby (pl lobbies o lobbys) m lobby m.
lobezno, lobato m lobato m.
lobo, ba m, f lobo m, -ba f.
➤ **lobo de mar** m lobo-do-mar m.
lóbrego, ga adj lúgubre.
lóbulo m - **1.** [de arco, planta] lobo m - **2.** [de oreja] lóbulo m.
local <> adj local. <> m - **1.** [edificio] local m - **2.** [sede] sede f.
localidad f - **1.** [población] localidade f - **2.** [plaza, asiento] lugar m - **3.** [billete, entrada] ingresso m.
localismo m - **1.** [sentimiento] localismo m - **2.** LING regionalismo m.
localizar vt - **1.** [encontrar] localizar - **2.** [circunscribir] limitar.
➤ **localizarse** vpr localizar-se.
loc. cit. (abrev de loco citato) loc. cit.
loción f - **1.** [líquido] loção f - **2.** [masaje] massagem f.
loco, ca <> adj louco(ca); ~ **de atar** o **de remate** louco de pedra, doido varrido; **a lo** ~ feito um louco; **estar** ~ **de/por** o **con** estar louco de/por o com; **volverse** ~ **por** ser louco por. <> m, f louco m, -ca f.
locomoción f locomoção f.
locomotor, ra o **triz** adj locomotor(triz).

➤ **locomotora** f locomotiva f.
locuaz adj loquaz.
locución f GRAM locução f.
locura f loucura f.
locutor, ra m, f locutor m, -ra f.
locutorio m - **1.** [para hablar] locutório m - **2.** [para telefonear] cabine f telefônica - **3.** [en radio] cabine f.
lodo m lama f.
logaritmo m MAT logaritmo m.
lógico, ca adj lógico(ca).
➤ **lógica** f lógica f.
logístico, ca adj logístico(ca).
➤ **logística** f logística f.
logopeda mf MED fonoaudiólogo m, -ga f.
logrado, da adj - **1.** [conseguido] conseguido(da) - **2.** [bien hecho] bem-feito(ta).
lograr vt conseguir.
logro m sucesso m.
loma f colina f.
lombriz f lombriga f.
lomo m - **1.** [espalda] lombo m - **2.** [carne] lombinho m - **3.** [de libro] lombada f - **4.** [de instrumento cortante] costas fpl.
lona f lona f.
loncha f fatia f.
lonchar vt Méx lanchar.
lonche m Col, Perú, Ven lanche m.
lonchería f Méx, Ven lanchonete f.
londinense <> adj londrino(na). <> mf londrino m, -na f.
Londres n Londres.
long play (pl long plays) m long-play m.
longaniza f lingüiça f.
longevo, va adj longevo(va).
longitud f - **1.** [gen] longitude f - **2.** [dimensión] comprimento m; ~ **de onda** FÍS & TELECOM comprimento de onda.
longitudinal adj longitudinal.
lonja f - **1.** [edificio oficial] mercado m; ~ **de pescado** Esp mercado de peixe - **2.** [loncha] fatia f.
loquería f Amér fam manicômio m.
lord (pl lores) m lorde m.
loro m - **1.** [gen] papagaio m - **2.** fam despec [mujer fea] tribufu m.
los, las ⊳ **el** ⊳ **lo.**
losa f laje f; ~ **radiante** RP piso m aquecido.
loseta f lajota f.
lote m - **1.** [gen] lote m; ~ **de Navidad** cesta f de Natal - **2.** Amér [de tierra] terreno m - **3.** Esp fam [magreo] malho m.
loteamiento m Bol, Urug loteamento m.
loteo m Andes, Méx, RP loteamento m.
lotería f - **1.** [gen] loteria f; **jugar a la** ~ jogar na loteria; **tocarle a alguien la** ~ ganhar na loteria; ~ **primitiva** lotería

oficial espanhola cujo prêmio máximo é obtido quando se acertam seis números de 1 a 49 **-2.** [tienda] casa f lotérica.

lotización f *Ecuad, Perú* loteamento m.

loza f porcelana f.

lozanía f viço m.

lozano, na adj viçoso(sa).

LP (*abrev de* long play) m LP m.

lubina f robalo m.

lubricante, lubrificante ⬦ adj lubrificante. ⬦ m lubrificante m.

lubricar, lubrificar vt lubrificar.

lucero m [astro] estrela f.

lucha f luta f; ~ **libre** luta livre; ~ **de clases** luta de classes.

luchar vi lutar.

lucidez f lucidez f.

lúcido, da adj lúcido(da).

luciérnaga f vaga-lume m.

lucimiento m brilho m.

lucio m lúcio m.

lucir ⬦ vi **-1.** [brillar] luzir **-2.** [aprovechar, compensar] render **-3.** [sobresalir] sobressair **-4.** *Amér* [quedar, estar bien]: ~ **bien** ficar bem. ⬦ vt **-1.** [mostrar] mostrar **-2.** [exhibir] exibir.

⬥ **lucirse** vpr **-1.** [salir airoso] sair-se bem **-2.** *fam* [quedar mal] dar-se mal.

lucrativo, va adj lucrativo(va).

lucro m lucro m.

lúdico, ca adj lúdico(ca).

ludopatía f ludomania f.

luego ⬦ adv **-1.** [después] depois **-2.** *Chile, Méx, Ven* [pronto] logo. ⬦ conj [así que] logo.

⬥ **luego luego** loc adv *Méx* [inmediatamente] logo, logo; [de vez en cuando] de vez em quando.

lugar m lugar m; **dar** ~ **a** dar lugar a; **fuera de** ~ fora de lugar; **en primer** ~ em primeiro lugar; **tener** ~ ocorrer.

⬥ **en lugar de** loc prep em vez de.

⬥ **lugar común** m lugar-comum m.

lugarteniente m lugar-tenente mf.

lúgubre adj lúgubre.

lujo m luxo m; **de** ~ de luxo; **con todo** ~ **de detalles** nos mínimos detalhes.

lujoso, sa adj luxuoso(sa).

lujuria f luxúria f.

lumbago m lumbago m.

lumbar adj *ANAT* lombar.

lumbre f **-1.** [fuego] fogo m **-2.** [brillo] brilho m.

lumbrera f *fam* sabichão m, -chona f.

luminoso, sa adj luminoso(sa).

luminotecnia f luminotécnica f.

luna f **-1.** (*en mayúscula*) [astro] Lua f; **estar en la** ~ estar no mundo da lua **-2.** [cristal]

vidro m **-3.** [espejo] espelho m.

⬥ **luna de miel** f lua-de-mel f.

lunar ⬦ adj lunar. ⬦ m **-1.** [en piel] pinta f **-2.** [en tejidos] bolinha f.

lunático, ca ⬦ adj lunático(ca). ⬦ m, f lunático m, -ca f.

lunch (*pl* lunches o lunchs) m lanche m.

lunes m inv segunda-feira f; *ver también* **sábado**.

luneta f [de vehículo] vidro m; ~ **térmica** vidro com desembaçador.

lupa f lupa f.

lúpulo m lúpulo m.

lustrabotas m inv *Andes, RP* engraxate mf.

lustrador m *Andes, RP* engraxate f.

lustradora f *Andes, RP* enceradeira f.

lustrar vt lustrar.

lustre m lustre m.

lustro m lustro m.

lustroso, sa adj lustroso(sa).

luterano, na ⬦ adj luterano(na). ⬦ m, f luterano m, -na f.

luto m luto m.

luxación f luxação f.

Luxemburgo n Luxemburgo.

luxemburgués, esa ⬦ adj luxemburguês(esa). ⬦ m, f luxemburguês m, -esa f.

luz f **-1.** [gen] luz f; **encender/apagar la** ~ acender/apagar a luz; ~ **de carretera** farol m alto; ~ **de cruce** o **corta** farol baixo; ~ **de freno** luz de freio; ~ **larga** farol alto; ~ **de posición** luz de posição; **luces de señalización** luzes de sinalização; **luces de tráfico** luzes de trânsito **-2.** *ARQUIT* vão m **-3.** *loc*: **dar a** ~ dar à luz; **dar** ~ **verde** dar sinal verde; **sacar a la** ~ trazer a público.

⬥ **luces** fpl Luzes fpl.

lycra® f Lycra® f.

m¹, M f [letra] m, M m.

m² **-1.** (*abrev de* metro) m **-2.** (*abrev de* millón) m.

M-19 (*abrev de* Movimiento 19 de Abril) m *partido político colombiano fundado por grupos guerrilheiros de esquerda.*

macabro, bra adj macabro(bra).

macana f *CSur, Perú, Ven fam* [disparate]

besteira f; [fastidio] chateação f; [pena] pena f.

macanear vi CSur fam [decir tonterías] matraquear; [hacer tonterías] fazer besteira.

macanudo, da adj Andes, RP fam jóia f.

macarra m fam cafetão m.

macarrón m (gen pl) macarrão m.

macarrónico, ca adj fam macarrônico(ca).

macedonia f macedônia f.

macerar vt macerar.

maceta f - **1.** [tiesto] vaso m - **2.** [herramienta] marreta f.

macetero m suporte m para vasos.

machaca mf fam - **1.** [pesado] porre m - **2.** [currante] peão m.

machacar ⋄ vt - **1.** [triturar] triturar - **2.** fam [insistir] bater. ⋄ vi bater.

machaconería f insistência f.

machete m facão m.

machista ⋄ adj machista. ⋄ mf machista mf.

macho ⋄ adj m macho; ~ **cabrío** bode m. ⋄ m macho m. ⋄ interj caro!

macizo, za adj maciço(ça).
 ⬥ **macizo** m - **1.** [montaña] maciço m - **2.** [conjunto de plantas] canteiro m.

macro f INFORM macro m.

macrobiótico, ca adj macrobiótico(ca).
 ⬥ **macrobiótica** f macrobiótica f.

mácula f mancha f.

macuto m mochila f.

madeja f meada f.

madera f - **1.** [tronco de árbol] madeira f - **2.** [tabla] tábua f - **3.** fig [talento, disposición]: **tener** ~ **de** levar jeito.

madero m - **1.** [tabla] tora f - **2.** fig [necio] burro m, -ra f feito uma porta - **3.** Esp mfam [policía] tira mf.

madrastra f madrasta f.

madre f - **1.** [gen] mãe f; ~ **política** sogra f; ~ **soltera** mãe solteira - **2.** [religiosa] madre f - **3.** [cauce] leito m.
 ⬥ **madre mía** interj minha nossa!

madreperla f madrepérola f.

madreselva f madressilva f.

Madrid n Madri.

madriguera f - **1.** [de animales] toca f - **2.** [refugio, guarida] esconderijo m.

madrileño, ña ⋄ adj madrileno(na). ⋄ m, f madrileno m, -na f.

madrina f madrinha f.

madroño m - **1.** [árbol] medronheiro m - **2.** [fruto] medronho m.

madrugada f madrugada f.

madrugador, ra ⋄ adj madrugador(ra). ⋄ m, f madrugador m, -ra f.

madrugar vi - **1.** [levantarse] madrugar; **no por mucho** ~ **amanece más temprano** *pro-*

verb não adianta colocar a carroça na frente dos bois - **2.** [anticiparse] anteciparse.

madrugón m madrugada f.

madurar ⋄ vt amadurecer. ⋄ vi amadurecer.

madurez f - **1.** [cualidad] madureza f - **2.** [edad adulta] maturidade f.

maduro, ra adj - **1.** [gen] maduro(ra) - **2.** [juicioso] amadurecido(da).

maestría f - **1.** [habilidad] mestria f - **2.** [título] mestre m, -tra f.

maestro, tra ⋄ adj - **1.** [perfecto] magistral - **2.** [principal] mestre(tra). ⋄ m, f - **1.** [de colegio] professor m, -ra f - **2.** Méx [de universidad] professor m, -ra f - **3.** [experto] mestre m, -tra f; ~ **de capilla** mestre-de-capela m; ~ **de ceremonias** mestre-de-cerimônias m; ~ **de cocina** mestre-cuca mf; ~ **de obras** mestre-de-obras m; ~ **de orquesta** maestro m, -tra f.

mafia f máfia f.

mafioso, sa ⋄ adj mafioso(sa). ⋄ m, f mafioso m, -sa f.

magazine m - **1.** [publicación] revista f - **2.** [en televisión] programa m de variedades.

magdalena f CULIN madalena f.

magenta ⋄ adj inv magenta. ⋄ m magenta m.

magia f magia f.

mágico, ca adj mágico(ca).

magisterio m magistério m.

magistrado, da m, f magistrado m, -da f.

magistral adj magistral.

magistratura f magistratura f; ~ **de trabajo** tribunal f trabalhista.

magma m magma m.

magnánimo, ma adj magnânimo(ma).

magnate m magnata mf.

magnesia f QUÍM magnésia f.

magnesio m QUÍM magnésio m.

magnético, ca adj magnético(ca).

magnetismo m magnetismo m.

magnetizar vt magnetizar.

magnetófono m gravador m.

magnicidio m magnicídio m.

magnificencia f magnificência f.

magnífico, ca adj magnífico(ca).

magnitud f magnitude f.

magno, na adj magno(na).

magnolia f magnólia f.

mago, ga m, f mago m, -ga f.

magra f ⊳ magro.

magrebí (pl inv O magrebíes) ⋄ adj magrebino(na). ⋄ m, f magrebino m, -na f.

magro, gra adj - **1.** [sin grasa] magro(gra) - **2.** [pobre] árido(da).
 ⬥ **magro** m Esp lombo m.

magulladura f machucado m.

magullar vt machucar.

mahometano, na ◇ adj maometano(na). ◇ m, f maometano m, -na f.

mahonesa f ▷ salsa.

maicena f maisena f.

mailing m mala f direta.

maillot (pl maillots) m malha f; ~ amarillo DEP malha amarela.

maître m maître m.

maíz m milho m.

majadero, ra m, f tolo m, -la f.

majareta fam ◇ adj maluco(ca). ◇ mf maluco m, -ca f.

majestad f majestade f.

majestuoso, sa adj majestoso(sa).

majo, ja ◇ adj - **1.** [simpático] simpático(ca) - **2.** [bonito] bonito(ta). ◇ m, f HIST pessoa graciosa e desenvolta dos bairros populares de Madri do século XIX e que usava roupas vistosas.

mal ◇ adj ▷ malo. ◇ m - **1.** [perversión]: el ~ o mal - **2.** [enfermedad] doença f; ~ de ojo mau-olhado m - **3.** loc: a grandes ~ es, grandes remedios para os grandes males, grandes remédios; **no hay** ~ **que por bien no venga** proverb há males que vem para bem. ◇ adv mal; **encontrarse** ~ sentir-se mal; **oír/ver** ~ ouvir/ver mal; **oler** ~ cheirar mal; **saber** ~ ter gosto ruim; **sentar** ~ cair mal; **ir de** ~ **en peor** ir de mal a pior; **no estaría** ~ **que ...** seria bom que ...; **tomar algo a** ~.

malabarismo m malabarismo m.

malabarista mf malabarista mf.

malacostumbrado, da adj mal-acostumado(da).

malaleche f fam mau humor m.

malapata f fam azar m.

malaria f MED malária f.

Malasia n Malásia.

malasombra Esp fam f sem-gracice f.

malcriado, da ◇ adj malcriado(da). ◇ m, f malcriado m, -da f.

maldad f maldade f.

maldecir ◇ vt maldizer. ◇ vi maldizer; ~ **de** maldizer de.

maldición f maldição f.

maldito, ta adj maldito(ta); ¡maldita sea! fig maldito seja!

maleable adj maleável.

maleante mf meliante mf.

malear vt perverter.

malecón m quebra-mar m.

maledicencia f maledicência f.

maleducado, da ◇ adj mal-educado(da). ◇ m, f mal-educado m, -da f.

maleficio m malefício m.

malentendido m mal-entendido m.

malestar m mal-estar m.

maleta f mala f.

maletero m porta-malas m inv.

maletín m maleta f.

malévolo, la adj malévolo(la).

maleza f mato m.

malformación f má-formação f.

malgastar vt desperdiçar.

malhablado, da ◇ adj desbocado(da). ◇ m, f desbocado m, -da f.

malhechor, ra m, f malfeitor m, -ra f.

malhumorado, da adj mal-humorado(da).

malicia f malícia f.

malicioso, sa adj malicioso(sa).

maligno, na adj maligno(na).

malintencionado, da adj mal-intencionado(da).

malla f- **1.** [tejido] malha f- **2.** [red] rede f- **3.** RP, Perú [traje de baño] maiô m.

  ◆ **mallas** fpl malha f.

malnutrido, da adj malnutrido(da).

malo, la (compar peor, superl el peor) ◇ adj (delante de sust masculino **mal**) - **1.** [gen] mau(má) - **2.** [sin talento, perjudicial, de poca calidad] ruim - **3.** [difícil] difícil - **4.** [enfermo] doente; **estar** ~ estar passando mal - **5.** [travieso] levado(da) - **6.** loc: **estar de malas** estar de mau humor; **por las malas** por mal. ◇ m, f malvado m, -da f.

> Não confundir *mala (má)* com o português *mala* que em espanhol é *valija. (Jorge es una mala persona; no es de fiar.* Jorge é uma *má* pessoa; não é de confiança.)

malograr vt - **1.** [desaprovechar] malograr - **2.** Andes [estropear] estragar.

  ◆ **malograrse** vpr - **1.** [echarse a perder] malograr-se - **2.** Andes [estropearse - máquina] quebrar; [- alimento] estragar.

maloliente adj malcheiroso(sa).

malparado, da adj lesado(da); **salir** ~ sair-se mal.

malpensado, da ◇ adj desconfiado(da). ◇ m, f desconfiado m, -da f.

malsano, na adj malsão(sã).

malsonante adj grosseiro(ra).

malta m malte m.

Malta n Malta.

maltés, esa ◇ adj maltês(esa). ◇ m, f maltês m, -esa f.

maltraer vt [maltratar] maltratar; **llevar** o **traer a** ~ fig levar ao desespero.

maltratar vt - **1.** [pegar, insultar] maltratar - **2.** [estropear] estragar.

maltrato m maus-tratos mpl.

maltrecho, cha adj maltratado(da).

malva ◇ f malva f. ◇ adj inv [color]

malva. <> *m* [color] malva *m*.
malvado, da <> *adj* malvado(da). <> *m*, *f*
malvado *m*, -da *f*.
malvender *vt* vender mal.
malversación *f* malversação *f*; ~ de fondos malversação de fundos.
malversar *vt* malversar.
Malvinas *npl*: las (islas) ~ as (ilhas) Malvinas.
malviviente *mf CSur* criminoso *m*, -sa *f*.
malvivir *vi* sobreviver.
mama *f* -1. [órgano] teta *f* -2. *fam* [madre]
mamãe *f*.
mamá (*pl* mamás) *f fam* mamãe *f*.
mamadera *f CSur, Perú* [biberón] mamadeira *f*.
mamar <> *vt* -1. [bebé] mamar -2. *fam* [be-
ber alcohol] mamar. <> *vi* mamar; **dar de ~**
dar de mamar.
mamarracho *m fam* -1. [gen] palhaço *m* -2.
[obra sin valor] droga *f*.
mambo *m* mambo *m*.
mamífero, ra *adj* mamífero(ra).
◆ **mamífero** *m* mamífero *m*.
mamila *f Cuba, Méx, Ven* mamadeira *f*.
mamita *f Amér* mamãe *f*.
mamotreto *m despec* -1. [libro] calhamaço
m -2. [objeto grande] trambolho *m*.
mampara *f* boxe *m*.
mamporro *f fam* bordoada *f*.
mampostería *f* alvenaria *f*.
mamut (*pl* mamuts) *m* mamute *m*.
manada *f* -1. [de animales] manada *f* -2. [de
gente] bando *m*.
manager (*pl* managers) *m* -1. [administrador]
manager *mf* -2. [agente] empresário *m*,
-ria *f*.
Managua *n* Manágua.
manantial *m* manancial *f*.
manar *vi* [líquido] jorrar; ~ de jorrar de.
manazas *Esp fam* <> *adj inv* desastra-
do(da). <> *mf inv* desastrado *m*, -da *f*.
mancha *f* mancha *f*.
manchar *vt* manchar; ~ algo de *o* con
manchar algo de *o* com.
◆ **mancharse** *vpr* manchar-se.
manchego, ga <> *adj* manchego(ga). <>
m, *f* manchego *m*, -ga *f*.
manco, ca <> *adj* -1. [sin brazo o mano]
maneta -2. [incompleto] capenga. <> *m*, *f*
maneta *mf*.
mancomunidad *f* mancomunidade *f*.
mancorna, mancuerna *f Andes, CAm,
Méx, Ven* abotoadura *f*.
mandado, da *m*, *f* mandado *m*, -da *f*.
◆ **mandado** *m* [recado] mandado *m*.
mandamás (*pl* mandamases) *m*, *f fam* manda-chuva *mf*.

mandamiento *m* -1. [orden] mandado *m*
-2. *RELIG* mandamento *m*.
mandar *vt* -1. mandar; ~ a alguien a hacer
algo mandar alguém fazer algo; ~ a alguien a paseo *o* a la porra *fam* mandar
alguém passear *o* tomar banho; ¿mande? *Esp* pois não?; *Mex* como?- 2. [dirigir,
gobernar] comandar.
mandarín *m* mandarim *m*.
mandarina *f* tangerina *f*.
mandatario, ria *m*, *f* mandatário *m*, -ria *f*;
primer ~ [jefe de estado] primeiro mandatário.
mandato *m* mandato *m*; ~ judicial mandato judicial.
mandíbula *f* mandíbula *f*.
mandil *m* [delantal] avental *f*.
Mandinga *m Amér* diabo *m*.
mandioca *f* mandioca *f*.
mando *m* -1. [gen] comando *m*; ~ a distan-
cia/automático controle *m* remoto/auto-
mático -2. (*gen pl*) [persona] comandantes
mpl; ~s intermedios executivos médios.
mandolina *f MÚS* mandolina *f*.
mandón, ona <> *adj* mandão(na). <> *m*,
f mandão *m*, -na *f*.
mandril *m* mandril *m*.
manecilla *f* -1. [de reloj] ponteiro *m* -2. [cie-
rre] fecho *m*.
manejable *adj* manejável.
manejar <> *vt* -1. [usar] dominar -2. [mani-
pular] manejar -3. [dirigir] conduzir -4. [ca-
ballo] dirigir -5. *Amér* [conducir] dirigir. <>
vi Amér [conducir] dirigir.
◆ **manejarse** *vpr* -1. [moverse] locomover-
se -2. [desenvolverse] virar-se.
manejo *m* -1. [manipulación] manejo *m* -2.
[uso] domínio *m* -3. (*gen pl*) [intriga] manobra *f* -4. [dirección] condução *f*.
manera *f* -1. [gen] maneira *f*; **de cualquier**
~ de qualquer maneira; **de ninguna** ~,
en ~ **alguna** [refuerza una negación] de forma
alguma; [respuesta exclamativa] de jeito
nenhum; **de todas** ~s de qualquer jeito;
en cierta ~ de certa maneira; **de** ~ **que**
de maneira que; **no hay** ~ não há meio
-2. (*gen pl*) [modales] maneiras *mpl*.
manga *f* -1. [de prenda] manga *f*; **en** ~s de
camisa em mangas de camisa; ~ corta/
larga manga curta/comprida; **ser de** ~
ancha, **tener** ~ ancha *fig* fazer vista
grossa, ter vista grossa -2. [filtro] filtro *m*
-3. [de aire] biruta *f* -4. [de pastelería] bico *m*
de confeiteiro -5. [manguera] mangueira *f*
-6. *DEP* etapa *f*.
mangante *mf Esp fam* larápio *m*, -pia *f*.
mango *m* -1. [asa] cabo *m* -2. [árbol] mangueira *f* -3. [fruta] manga *f* -4. *RP fam*

[dinero]: **no tener un** ~ não ter um centavo.
mangonear *fam vi* **-1.** [entrometerse] intrometer-se **-2.** [manipular] fuçar.
mangosta *f* mangusto *m*.
manguera *f* mangueira *f*.
maní *(pl*manises o maníes) *m Andes, Carib, RP*
amendoim *m*.
manía *f* **-1.** [gen] mania *f* **-2. fam** [ojeriza]
ojeriza *f*.
maniaco, ca, maníaco, ca <> *adj* maníа-
co(ca). <> *m, f* maníaco *m*, -ca *f*.
maniatar *vt* manietar.
maniático, ca <> *adj* maníaco(ca). <> *m*,
f maníaco *m*, -ca *f*.
manicomio *m* manicômio *m*.
manicuro, ra *m, f Esp* manicuro *m*, -re *f*.
◆ **manicura** *f* manicure *f*.
manido, da *adj* [sobado] batido(da).
manifestación *f* manifestação *f*.
manifestar *vt* manifestar.
◆ **manifestarse** *vpr* manifestar-se.
manifiesto, ta *adj* [evidente] manifesto(ta);
poner de ~ **algo** evidenciar algo.
◆ **manifiesto** *m* [escrito] manifesto *m*.
manija *f* **-1.** [mango] cabo *m* **-2.** [empuñadura]
maçaneta *f*.
manillar *m* guidom *m*.
maniobra *f* manobra *f*.
maniobrar *vi* manobrar.
manipulación *f* manipulação *f*.
manipular *vt* manipular.
maniqueo, a <> *adj* maniqueísta. <> *m*,
f maniqueísta *mf*.
maniquí *(pl* maniquíes) <> *m* manequim
m. <> *m, f* modelo *mf*.
manirroto, ta <> *adj* manirroto(ta). <>
m, f manirroto *m*, -ta *f*.
manitas *Esp fam* <> *adj inv* habilidoso(sa).
<> *mf inv* habilidoso *m*, -sa *f*; **ser un** ~ ser
habilidoso; **ser un** ~ **de plata** ter muito
jeito com as mãos. <> *fpl*: **hacer** ~ fazer
carícias.
manito *m Méx fam* mano *m*.
manivela *f* manivela *f*.
manjar *m* manjar *m*.
mano <> *f* **-1.** [gen] mão *f*; **a** ~ à mão; **a** ~
alzada com a mão levantada; **a** ~ **armada**
à mão armada; **dar la** ~ estender a mão;
apretar o **estrechar la** ~ apertar a mão; ~
de obra mão de obra; **echar una** ~ dar
uma mão **-2.** [lado]: **a** ~ **derecha/izquierda**
à direita/esquerda; **calle de una sola** ~ *RP*
rua de mão única; **calle de doble** ~ *RP* rua
de duas mãos **-3.** [influencia] influência *f*
-4. fig [serie, tanda] monte *m* **-5. loc: bajo** ~
às escondidas; **caer en** ~**s de alguien** cair
nas mãos de alguém; **con las** ~**s cruzadas**;
~ **sobre** ~ com os braços cruzados; **con**

las ~**s en la masa** com a boca na botija; **de
primera** ~ [nuevo] zero-quilômetro; [nove-
doso] de primeira mão; **de segunda** ~ de
segunda mão; ~ **a** ~ mão a mão; ~**s a la
obra** mãos à obra; **tener** ~ **izquierda** ter
jogo de cintura. <> *m Andes, CAm, Carib,
Méx* mano *m*.
manojo *m* [de hierbas] maço *m*; **ser un** ~ **de
nervios fig** ser um feixe de nervos.
manómetro *m fís* manômetro *m*.
manopla *f* **-1.** [de abrigo] *espécie de luva sem
separação para os dedos ou com apenas
uma separação para o polegar* **-2.** [de aseo]
luva *f* de banho.
manosear *vt* **-1.** [libro] manusear **-2.** [perso-
na] apalpar.
manoseo *m* manuseio *m*.
manotazo *m* tapa *m*.
mansalva ◆ **a mansalva** *loc adv* aos
montes.
mansedumbre *f* mansidão *f*.
mansión *f* mansão *f*.
manso, sa *adj* [gen] manso(sa).
manta <> *f* manta *f*; **liarse la** ~ **a la cabeza** *Esp fig* não pensar duas vezes. <> *mf
Esp fam* imprestável *mf*.
manteca *f* **-1.** [gen] gordura *f*; ~ **de cerdo**
banha *f* de porco; ~ **de cacao** manteiga *f*
de cacau **-2.** [mantequilla] manteiga *f*.
mantecado *m doce feito com banha de
porco*.
mantel *m* toalha *f* de mesa.
mantelería *f* roupa *f* de mesa.
mantener *vt* manter; ~ **a distancia** o **a raya** manter a distância.
◆ **mantenerse** *vpr* manter-se.
mantenimiento *m* **-1.** [sustento] sustento
m **-2.** [conservación] manutenção *f*.
mantequilla *f* manteiga *f*.
mantilla *f* **-1.** [prenda femenina] mantilha *f*
-2. [pieza de abrigo] cueiro *m*.
manto *m* manto *m*.
mantón *m* xale *m*.
manual <> *adj* **-1.** [con manos] manual **-2.**
[manejable] manejável. <> *m* manual *m*.
manualidades *fpl* trabalhos *mpl* manuais.
manubrio *m* **-1.** [manivela] manivela *m* **-2.**
CSur [manillar] guidom *m*.
manufacturar *vt* manufaturar.
manuscrito, ta *adj* manuscrito(ta).
◆ **manuscrito** *m* manuscrito *m*.
manutención *f* sustento *m*.
manzana *f* **-1.** [fruta] maçã *f* **-2.** [grupo de ca-
sas] quarteirão *m*.
manzano *m* macieira *f*.
maña *f* **-1.** [destreza] manha *f*; **más vale** ~
que fuerza *proverb* vale mais a habilidade
do que a força **-2.** [astucia] manha *f*.

mariachi

mañana <> f manhã f; **(muy) de** ~ (muito) cedo. <> m [futuro] amanhã m. <> adv [al día siguiente] amanhã; **pasado** ~ depois de amanhã.
maño, ña m, f fam aragonês m, -esa f.
mañoco m Ven tapioca f.
mañoso, sa adj habilidoso(sa).
mapa m GEOG mapa m.
mapamundi m mapa-múndi m.
maqueta f - 1. [reproducción a escala] maquete f - 2. [de libro] maquete m.
maquiavélico, ca adj maquiavélico(ca).
maquila f Amér [de máquinas] montagem f; [de ropas] confecção f.
maquiladora f Amér montadora f.
maquillaje m maquiagem f.
maquillar vt maquiar.
 ◆ **maquillarse** vpr maquiar-se.
máquina f - 1. [gen] máquina f; **a** ~ à máquina; **a toda** ~ a todo vapor; ~ **tragamonedas** Amér caça-níquel m; (~) **tragaperras** caça-níquel m; ~ **de vapor** máquina a vapor - 2. Cuba [vehículo] carro m.
maquinación f maquinação f.
maquinal adj maquinal.
maquinar vt maquinar; ~ **algo contra alguien** maquinar algo contra alguém.
maquinaria f - 1. [mecanismo] maquinismo m - 2. [conjunto de máquinas] maquinário m - 3. fig [organismo] máquina f.
maquinilla f barbeador m; ~ **eléctrica** barbeador elétrico.
maquinista mf maquinista mf.
mar m o f - 1. [gen] mar m; **hacerse a la** ~ fazer-se ao mar; **alta** ~ alto mar; ~ **adentro** mar adentro - 2. [gran cantidad]: **a** ~es a cântaros; **la** ~ **de** muitíssimo.
marabunta f - 1. [de hormigas] correição f - 2. [muchedumbre] multidão f.
maraca f MÚS maracá m.
maracujá, maracuyá f maracujá m.
marajá, maharajá m marajá m.
maraña f emaranhado m.
marasmo m marasmo m.
maratón m maratona f.
maravilla f - 1. [gen] maravilha f; **a las mil** ~s, **de** ~ às mil maravilhas - 2. [asombro] maravilhamento m.
maravillar vt maravilhar.
 ◆ **maravillarse** vpr maravilhar-se.
maravilloso, sa adj maravilhoso(sa).
marca f marca f; **de** ~ de marca; **de** ~ **mayor** loc de marca maior; ~ **de fábrica** marca de fábrica; ~ **registrada** marca registrada.
marcado, da adj marcado(da).
 ◆ **marcado** m - 1. [peinado] mise-en-plis

mf - 2. [señalado] marcação f.
marcador, ra adj marcador(ra).
 ◆ **marcador** m - 1. [tablero] painel m - 2. Amér [rotulador] marcador m; Méx [fluorescente] marcador m.
marcaje m DEP marcação f.
marcapasos m inv MED marca-passo m.
marcar <> vt - 1. [gen] marcar - 2. [indicar] indicar - 3. [anotar] anotar - 4. [resaltar] ressaltar - 5. [en teléfono] discar - 6. [cabello] fazer mise-en-plis. <> vi marcar.
marcha f - 1. [gen] marcha f; **a** ~s forzadas a marchas forçadas; **en** ~ em marcha; **poner en** ~ pôr em funcionamento; **sobre la** ~ no decorrer dos acontecimentos; ~ **atrás** marcha a ré; **dar** ~ **atrás** fig dar para trás - 2. [partida] partida f - 3. [curso, desarrollo] andamento m - 4. Esp fam [animación] agito m.
marchar vi - 1. [andar] andar - 2. [partir] partir - 3. [funcionar] funcionar - 4. [desarrollarse] ir.
 ◆ **marcharse** vpr ir-se.
marchitar vt murchar.
 ◆ **marchitarse** vpr murchar-se.
marchito, ta adj murcho(cha).
marcial adj [de guerra] marcial.
marco m - 1. [de puerta, ventana] caixilho m - 2. [de cuadro] moldura f - 3. [moneda] marco m - 4. DEP [portería] baliza f - 5. [ambiente] cenário m - 6. [ámbito] contexto m.
mar del Norte n mar do Norte.
marea f maré f; ~ **alta/baja** maré alta/baixa; ~ **negra** maré negra.
marear vt - 1. [causar mareo] enjoar - 2. fam [fastidiar] amolar.
 ◆ **marearse** vpr - 1. [sentir mareo] enjoar - 2. [emborracharse] embriagar-se.
marejada f - 1. [en mar] mar m agitado - 2. [agitación] efervescência f.
mare mágnum, maremágnum m inv barafunda f.
maremoto m maremoto m.
mareo m - 1. [malestar] enjôo m - 2. fam [fastidio] porre m.
marfil m marfim m.
margarina f margarina f.
margarita f margarida f; **deshojar la** ~ desfolhar a margarida.
margen <> m o f (gen f) [orilla] margem f. <> m margem f; ~ **de beneficio** margem de lucro; **al** ~ à margem; ~ **de error/de seguridad** margem de erro/de segurança.
marginación f marginalização f.
marginado, da <> adj marginalizado(da). <> m, f marginal mf.
mariachi m conjunto popular mexicano, vocal e instrumental, composto de dois

marica 188

violinos, guitarra, jarana, harpa e dois trompetes.

marica *m fam despec* maricas *m inv.*
maricón *m mfam despec* maricão *m.*
mariconera *f fam* capanga *f.*
marido *m* marido *m.*
marihuana *f* maconha *f.*
marimacho *m fam despec* machona *f.*
marina *f* ▷ marino.
marinero, ra *adj* [buque] marinheiro(ra).
➝ **marinero** *m* marinheiro *m.*
marino, na *adj* marinho(nha).
➝ **marino** *m* marinheiro *m.*
➝ **marina** *f* marinha *f;* ~ **mercante** marinha mercante.
marioneta *f* marionete *f.*
➝ **marionetas** *fpl* marionetes *fpl.*
mariposa *f* -**1.** [gen] borboleta *f* -**2.** [candela, luz] lamparina *f* -**3.** *DEP* nado *m* borboleta.
mariposear *vi* -**1.** [ser inconstante] mariposar -**2.** [galantear] paquerar.
mariquita ◇ *f* [insecto] joaninha *f.* ◇ *m fam* [homosexual] maricas *m inv.*
marisabidilla *f fam* sabichão *m,* -chona *f.*
marisco *m* marisco *m,* frutos *mpl* do mar.
marisma *f* alagadiço *m.*
marisquería *f estabelecimento no qual se vendem ou se consomem frutos do mar.*
marítimo, ma *adj* marítimo(ma).
marketing *m COM* marketing *m.*
marmita *f* caldeirão *m.*
mármol *m* mármore *m.*
marmota *f* -**1.** [animal] marmota *f* -**2.** *fig* [persona] dorminhoco *m,* -ca *f.*
mar Muerto *n* Mar Morto.
mar Negro *n* Mar Negro.
maromo *m fam* fulano *m.*
marqués, esa *m, f* marquês *m,* -esa *f.*
marquesina *f* marquise *f.*
marranada *f fam* chiqueiro *m.*
marrano, na *m, f* -**1.** [animal] porco *m,* -ca *f* -**2.** *fam* [persona sucia] porco *m,* -ca *f* -**3.** *fam* [persona sin escrúpulos] canalha *mf.*
mar Rojo *n* Mar Vermelho.
marrón ◇ *adj* [color] marrom. ◇ *m* [color] marrom *m.*
marroquí (*pl* marroquíes) ◇ *adj* marroquino(na). ◇ *m, f* marroquino *m,* -na *f.*
Marruecos *n* Marrocos.
Marte *m* Marte.
martes *m* terça-feira *f; ver también* sábado.
martillear, martillar *vt* martelar.
martillero, ra *m, f CSur* leiloeiro *m,* -ra *f.*
martillo *m* -**1.** [herramienta] martelo *m;* ~ **neumático** britadeira *f* -**2.** *Col* [subasta] leilão *m.*
mártir *mf* mártir *mf.*

martirio *m* martírio *m.*
martirizar *vt* martirizar.
marxismo *m* marxismo *m.*
marxista ◇ *adj* marxista. ◇ *mf* marxista *mf.*
marzo *m* março *m; ver también* setiembre.
mas *conj* mas.
más ◇ *adv* -**1.** [gen] mais; **Pepe es** ~ **alto/ambicioso** Pepe é mais alto/ambicioso; **tengo** ~ **hambre** estou com mais fome; ~ **de/que** mais de/que; ~ **... que ...** mais ... que ...; **de** ~ a mais; **eso está de** ~ isso está de mais; **el/la** ~ **o/a** mais; **no necesitas** ~ **trabajo** você não precisa de mais trabalho; **¿quién/qué** ~**?** quem/o que mais; **no vino nadie** ~ não veio ninguém mais; **dos** ~ **dos igual a cuatro** dois mais dois igual a quatro -**2.** [indica intensidad]: **¡qué día** ~ **bonito!** que dia mais bonito!; **no lo soporto, ¡es** ~ **tonto!** não o suporto, ele é tão idiota! -**3.** [indica preferencia] mais; ~ **vale que te quedes en casa** mais vale ficar em casa -**4.** *loc:* **poco** ~ pouco mais; **es** ~ e tem mais; ~ **o menos** mais ou menos; **por** ~ **que** por mais que; **por** ~ **que lo intente no lo conseguirá** por mais que tente, não conseguirá; **¿qué** ~ **da?** que diferença faz? ◇ *m inv* [en matemáticas] mais *m inv;* **tener sus** ~ **y sus menos** ter os seus prós e os seus contras.
➝ **por más que** *loc conj* por mais que.

> Não confundir *más* (mais) com o português *más* que em espanhol é *malas.* (*Este pantalón sale más caro de lo que pensé.* Esta calça sai mais caro do que pensei.)

masa *f* -**1.** [gen] massa *f;* ~ **salarial** massa salarial; **en** ~ [multitud] em massa -**2.** *ELECTR* fio *m* terra.
➝ **masas** *fpl* massas *fpl.*
masacre *f* massacre *m.*
masaje *m* massagem *f.*
masajista *mf* massagista *mf.*
mascar *vt* mascar.
máscara *f* máscara *f;* ~ **antigás** máscara contra gases; **quitarse la** ~, **quitarle la** ~ **a alguien** *loc* deixar cair a máscara, desmascarar alguém.
mascarada *f* -**1.** [fiesta] baile *m* de máscaras -**2.** [farsa] farsa *f.*
mascarilla *f* máscara *f.*
mascota *f* mascote *f.*
masculino, na *adj* masculino(na).
➝ **masculino** *m GRAM* masculino *m.*
mascullar *vt* resmungar.
masificación *f* massificação *f.*
masilla *f* massa *f* de vidraceiro, betume *m.*
masivo, va *adj* maciço(ça).

masón, ona ◇ *adj* maçônico(ca). ◇ *m* maçom *m*.

masónico, ca *adj* maçônico(ca).

masoquista ◇ *adj* masoquista. ◇ *mf* masoquista *mf*.

mass media, mass-media *mpl* mídia *f*.

máster (*pl* másters) *m* mestrado *m*.

masticar *vt* mastigar.

mástil *m* -1. [gen] mastro *m* -2. [de instrumentos de cuerda] braço *m*.

mastodonte ◇ *m* mastodonte *m*. ◇ *mf* *fam* mastodonte *m*.

masturbación *f* masturbação *f*.

masturbar *vt* masturbar.
➤ **masturbarse** *vpr* masturbar-se.

mata *f* arbusto *m*.
➤ **mata de pelo** *f* cabeleira *f*.

matadero *m* matadouro *m*.

matador, ra *adj fam* -1. [feo] horroroso(sa) -2. [agotador] cansativo(va).
➤ **matador** *m* TAUROM matador *m*.

matambre *m* *Andes, Ven* [carne] matambre *m*; [plato] *carne de costela cozida, recheada com ovo cozido, azeitona e pimenta vermelha, cortada em fatias e servida fria*.

matamoscas *m inv* -1. [insecticida] matamoscas *m inv* -2. [utensilio] enxota-moscas *m inv*.

matanza *f* -1. [masacre] matança *f* -2. [de cerdo] abate *m*.

matar *vt* -1. [gen] matar -2. [apagar, atenuar] desbotar -3. *loc:* ~ **las callando** agir por baixo do pano.
➤ **matarse** *vpr* matar-se.

matarratas *m inv* mata-ratos *m inv*.

matasanos *mf inv despec* mata-sanos *m inv*.

matasellos *m inv* carimbo *m*.

matasuegras *m inv* língua-de-sogra *f*.

mate ◇ *adj inv* -1. [pintura] mate -2. [voz] apagado(da). ◇ *m* -1. DEP [ajedrez] xeque-mate *m* -2. DEP [baloncesto] enterrada *f* -3. *CSur* [infusión] mate *m* -4. *CSur* [recipiente] cuia *f*.

matemático, ca ◇ *adj* matemático(ca). ◇ *m, f* matemático *m*, -ca *f*.
➤ **matemáticas** *fpl* matemática *f*.

materia *f* matéria *f*; ~ **prima, primera** ~ matéria-prima *f*; **en** ~ **de** [asunto] em matéria de; **entrar en** ~ entrar no assunto.

material ◇ *adj* material. ◇ *m* material *m*; ~ **de desecho** material de refugo.

materialismo *m* materialismo *m*.

materialista ◇ *adj* materialista. ◇ *mf* materialista *mf*.

materializar *vt* materializar.
➤ **materializarse** *vpr* materializar-se.

maternal *adj* maternal.

maternidad *f* maternidade *f*.

materno, na *adj* materno(na).

matinal *adj* matinal.

matiz *m* matiz *m*.

matizar *vt* -1. [gen] matizar -2. [distinguir] precisar.

matojo *m* moita *f*.

matón, ona *m, f fam* valentão *m*, -tona *f*.

matorral *m* matagal *m*.

matraca *f* [instrumento] matraca *f*.

matraz *m* matraz *m*.

matriarcado *m* matriarcado *m*.

matrícula *f* -1. [gen] matrícula *f* -2. [de coche] placa *f*.
➤ **matrícula de honor** *f* nota *f* máxima.

matricular *vt* -1. [persona] matricular -2. [coche] licenciar.
➤ **matricularse** *vpr* matricular-se.

matrimonial *adj* matrimonial.

matrimonio *m* -1. [unión] matrimônio *m*, casamento *m*; **contraer** ~ contrair matrimônio; ~ **civil/religioso** casamento civil/religioso -2. [pareja] casal *m*.

matriz ◇ *f* -1. [gen] matriz *f* -2. ANAT útero *m* -3. [de talonario] canhoto *m*. ◇ *adj* matriz.

matrona *f* -1. [madre] matrona *f* -2. [comadrona] parteira *f*.

matutino, na *adj* matutino(na).

maullar *vi* miar.

maullido *m* miado *m*.

mausoleo *m* mausoléu *m*.

maxilar ANAT ◇ *adj* maxilar. ◇ *m* maxilar *m*.

máxima *f* ▷ **máximo**.

máxime *adv* sobretudo.

máximo, ma ◇ *superl* ▷ **grande**. ◇ *adj* máximo(ma).
➤ **máximo** *m* máximo *m*; **como** ~ no máximo.
➤ **máxima** *f* -1. [dicho] máxima *f* -2. [temperatura] temperatura *f* máxima.

mayo *m* maio *m*; *ver también* **setiembre**.

mayonesa *f* ▷ **salsa**.

mayor ◇ *adj* -1. [gen] maior; ~ **de edad** maior de idade -2. [viejo] velho(lha) -3. *loc:* **al por** ~ por atacado. ◇ *mf* [adulto] adulto *m*. ◇ *m* MIL major *m*.
➤ **mayores** *mpl* [ascendientes] ascendentes *mpl*.

mayoral *m* -1. [pastor] maioral *mf* -2. [capataz] capataz *m*.

mayordomo *m* mordomo *m*.

mayoreo *m* *Amér* atacado *m*; **al** ~ no atacado.

mayoría *f* maioria *f*; ~ **de** maioria de.
➤ **mayoría de edad** *f* maioridade *f*.

mayorista ◇ *adj* atacadista. ◇ *mf* atacadista *mf*.

mayoritario, ria *adj* majoritário(ria).

mayúsculo, la *adj* imenso(sa).

➠ **mayúscula** *f* maiúscula *f*.

maza *f* maça *f*.

mazapán *m* marzipã *m*.

mazazo *m* -1. [golpe] marretada *f* -2. *fig* [desgracia] golpe *m*.

mazmorra *f* masmorra *f*.

mazo *m* -1. [martillo] martelo *m* -2. [conjunto] maço *m*.

mdd (*abrev de millones de dólares*) *Méx* milhões de dólares.

me *pron* [complemento directo, reflexivo] me; **no ~ mires así** não me olhe assim; **~ voy, que ya es tarde** vou indo, porque já está tarde; [complemento indirecto] me, mim; **dime la verdad** diga-me a verdade; **~ tiene miedo** tem medo de mim.

meandro *m* meandro *m*.

mear *fam vi* mijar.

➠ **mearse** *vpr* mijar-se.

MEC (*abrev de Ministerio de Educación y Ciencia*) *m Ministério da Educação e Ciência da Espanha*.

mecachis *interj fam* droga!

mecánica *f* ➭ **mecánico**.

mecánico, ca ◇ *adj* mecânico(ca). ◇ *m*, *f* mecânico *m*, -ca *f*; **~ dentista** protético *m*, -ca *f*.

➠ **mecánica** *f* mecânica *f*.

mecanismo *m* mecanismo *m*.

mecanizar *vt* mecanizar.

mecanografía *f* datilografia *f*.

mecanógrafo, fa *m*, *f* datilógrafo *m*, -fa *f*.

mecapal *m CAm, Méx* faixa de couro com duas cordas nas extremidades que serve para levar a carga nas costas, utilizada pelos índios.

mecedora *f* cadeira *f* de balanço.

mecenas *mf inv* mecenas *mpl*.

mecer *vt* embalar.

➠ **mecerse** *vpr* balançar-se.

mecha *f* mecha *f*; **aguantar ~** *fam* [soportar] agüentar o tranco; **a toda ~** *fam* [muy rápido] a todo vapor.

mechero *m* isqueiro *m*.

mechón *m* mecha *f*.

medalla ◇ *f* medalha *f*. ◇ *mf* medalhista *mf*.

medallón *m* medalhão *m*.

médano *m* -1. [desierto] duna *f* -2. [en el mar] banco *m* de areia.

media *f* ➭ **medio**.

mediación *f* mediação *f*; **por ~ de** por intermédio de.

mediado, da *adj* meado(da); **a ~s de** nos meados de.

medialuna *f Amér* croissant *m*.

mediana *f* ➭ **mediano**.

mediano, na *adj* -1. [intermedio] mediano(na) -2. [mediocre] medíocre.

➠ **mediana** *f* -1. GEOM mediana *f* -2. [de carretera] canteiro *m* central.

medianoche (*pl* **mediasnoches**) *f* -1. [hora] meia-noite *f*; **a ~** à meia-noite -2. [bollo] *Esp* pãozinho redondo e adocicado, que se come partido ao meio e recheado com algum alimento.

mediante *prep* mediante.

mediar *vi* -1. [llegar a la mitad] chegar à metade -2. [distancia] distar -3. [estar en medio] interpor-se -4. [intervenir] mediar; **~ entre** mediar entre; **~ en** intervir em -5. [interceder] interceder; **~ por** interceder por.

mediatizar *vt* influenciar.

medicación *f* medicação *f*.

medicamento *m* medicamento *m*; **~ genérico** medicamento genérico.

medicar *vt* medicar.

➠ **medicarse** *vpr* medicar-se.

medicina *f* -1. [ciencia] medicina *f* -2. [medicamento] remédio *m*.

medicinal *adj* medicinal.

medición *f* medição *f*.

médico, ca ◇ *adj* médico(ca). ◇ *m*, *f* médico *m*, -ca *f*; **ir al ~** ir ao médico; **~ de cabecera** o **familia** médico de cabeceira o família.

medida *f* medida *f*; **a (la) ~** sob medida; **tomar ~s** tomar medidas; **en gran ~** [grado, proporción] em grande parte; **a ~ que** à medida que.

➠ **medidas** *fpl* medidas *fpl*; **tomar las ~s a alguien** tomar as medidas de alguém.

medidor *m Amér* medidor *m*.

medieval *adj* medieval.

medievo, medioevo *m* medievo *m*.

medio, dia *adj* -1. [gen] meio(a); **a medias** [por mitades] meio a meio; [no completamente] pela metade; **un mes y ~** um mês e meio -2. [intermedio, corriente] mediano(na) -3. [de promedio] médio(dia).

➠ **medio** ◇ *adv* meio; **a ~ hacer** pela metade. ◇ *m* -1. [gen] meio *m*; **de ~ a ~** [completamente] completamente; **en ~ de** no meio de; **por (en) ~** no meio; **por ~ de** [mediante] por meio de -2. *loc*: **quitar de en ~ a alguien** [apartar] afastar alguém; [matar] matar alguém.

➠ **medios** *mpl* meios *mpl*; **~s de comunicación** meios de comunicação; **~s de información** meios de informação.

◆ **media** f -**1.** [promedio] média f -**2.** [hora] referindo-se a uma determinada hora, equivale a essa hora seguida da expressão 'e meia' -**3.** (gen pl) [prenda femenina] meia f -**4.** DEP meio-de-campo m -**5.** Amér [calcetín] meia f.

◆ **medio ambiente** m meio m ambiente.

medioambiental adj ambiental.

mediocampista mf DEP meio-campista mf.

mediocre adj medíocre.

mediodía (pl mediodías) m -**1.** [hora] meio-dia m; **al** ~ ao meio-dia -**2.** [sur] Sul m.

medioevo = medievo.

mediofondo m DEP meio-fundo m.

medir vt medir.

◆ **medirse** vpr -**1.** [dimensión] tirar as próprias medidas -**2.** [moderarse] comedir-se -**3.** [compararse, enfrentarse]: ~ **se con** medir-se com.

meditar ◇ vi meditar; ~ **sobre** meditar sobre. ◇ vt meditar.

mediterráneo, a adj mediterrâneo(nea).

◆ **Mediterráneo** n: **el (mar)** ~ **o (mar)** Mediterrâneo.

médium m inv & f inv médium mf.

médula f medula f; ~ **espinal** medula espinhal.

medusa f medusa f.

megafonía f -**1.** [técnica] sonorização f -**2.** [aparatos] alto-falante m.

megáfono m megafone m.

megalómano, na ◇ adj megalômano(na). ◇ m, f megalômano m, -na f.

megavatio m megawatt m.

mejicano = mexicano.

Méjico = México.

mejilla f bochecha f.

mejillón m mexilhão m.

mejor ◇ adj (compar y superl de bueno) -**1.** melhor; ~ **que** melhor do que; **estar** ~ estar melhor; ~ **que** ~ tanto melhor -**2.** (seguido de sust) [superlativo]: **el/la** ~ **o/a** melhor. ◇ mf [superlativo]: **el/la** ~ **o/a** melhor. ◇ adv (compar de bien) [más bien] melhor.

◆ **a lo mejor** loc adv talvez.

mejora f melhoria f.

mejorana f manjerona f.

mejorar ◇ vt melhorar. ◇ vi melhorar.

◆ **mejorarse** vpr -**1.** [gen] melhorar -**2.** [volverse mejor] melhorar-se.

mejoría f melhora f, melhoria f.

mejunje m -**1.** [medicamento] beberagem f -**2.** [mezcla] mistura f.

melancolía f melancolia f.

melancólico, ca adj melancólico(ca).

melaza f melaço m.

melena f -**1.** [de persona] cabeleira f -**2.** [de león] juba f.

melenudo, da despec ◇ adj cabeludo(da). ◇ m, f cabeludo m, -da f.

melindre m CULIN espécie de trouxas feitas de gemas de ovos, batidas com açúcar e farinha.

mellado, da adj -**1.** [con hendiduras] lascado(da) -**2.** [sin dientes] desdentado(da).

mellizo, za ◇ adj gêmeo(a). ◇ m, f (gen pl) gêmeo m, -a f.

melocotón m pêssego m.

melocotonero m pessegueiro m.

melodía f -**1.** [música] melodia f -**2.** [de teléfono móvil] som m.

melódico, ca adj melódico(ca).

melodioso, sa adj melodioso(sa).

melodrama m melodrama m.

melodramático, ca adj melodramático(ca).

melómano, na m, f melomaníaco m, -ca f.

melón m melão m.

melopea f fam pileque m.

membrana f membrana f.

membresía f Amér qualidade de ser associado a algo.

membrete m timbre m.

membrillo m -**1.** [fruto] marmelo m -**2.** [dulce] marmelada f.

memela f Méx tortilha de milho grossa, com formato oval.

memez f tolice f.

memo, ma Esp ◇ adj tonto(ta). ◇ m, f tonto m, -ta f.

memorable adj memorável.

memorándum (pl memorándums, pl memoranda) m memorando m.

memoria f -**1.** [gen] memória f; **de** ~ de memória; **hacer** ~ puxar pela memória; **traer a la** ~ trazer à memória -**2.** [disertación, estudio] dissertação f -**3.** [informe] relatório m -**4.** [lista] relação f.

◆ **memorias** fpl memórias fpl.

memorizar vt memorizar.

menaje m utensílios mpl domésticos.

mención f menção f; **hacer** ~ fazer menção.

mencionar vt mencionar.

menda pron (el verbo va en 3ra persona) Esp fam -**1.** [el que habla] eu -**2.** [uno cualquiera] fulano m.

mendicidad f mendicância f.

mendigar ◇ vt mendigar. ◇ vi mendigar.

mendigo, ga m, f mendigo m, -ga f.

mendrugo m pedaço m de pão duro.

menear vt -**1.** [mover] menear -**2.** [activar] remexer.

menearse *vpr* mexer-se; **de no te menees** *Esp fam* [muy grande] que nem te conto.

meneo *m* requebro *m*.

menester *m desus* mister *m*; **ser** ~ **algo** ser mister algo.

menesteres *mpl* misteres.

menestra *f* CULIN minestrone *m*.

mengano, na *m*, *f* sicrano *m*, -na *f*.

menguante *adj* minguante.

menguar ◇ *vi* minguar. ◇ *vt* minguar.

menisco *m* ANAT menisco *m*.

menopausia *f* menopausa *f*.

menor ◇ *adj (compar y superl de pequeño)* **-1.** [comparativo] menor; ~ **que** menor que **-2.** *(seguido de sust)* [superlativo]: **el/la** ~ o/a menor **-3.** *loc*: **al por** ~ COM a varejo. ◇ *mf* **-1.** [superlativo]: **el/la** ~ o/a menor **-2.** [de edad] menor.

Menorca *n* Minorca.

menos ◇ *adv* **-1.** [gen] menos; **está** ~ **gordo/agresivo** está menos gordo/agressivo; **ya tengo** ~ **hambre** já estou com menos fome; ~ **manzanas/aire** menos maçãs/ar; ~ **que** menos que; ~ **de cincuenta/cien** menos de cinqüenta/cem; ~ **... que ...** menos ... que ...; **de** ~ a menos; **el /la** ~ o/a menos; **lo** ~ o mínimo; **es lo de** ~ é o de menos; **tres** ~ **dos igual a uno** três menos dois igual a um; **son las cuatro** ~ **diez** são dez para as quatro **-2.** [excepto] menos; **acudieron todos** ~ **él** vieram todos menos ele; **todo** ~ **eso** tudo menos isso **-3.** *loc*: **a** ~ **que** a menos que; **no es para** ~ não é para menos; **es lo de** ~ é o de menos; **poco** ~ pouco menos; **¡** ~ **mal!** ainda bem! ◇ *m inv* [en matemáticas] menos *m inv*; **al/por lo** ~ ao/pelo menos.

a menos que *loc conj* a menos que.

menoscabar *vt* menoscabar.

menospreciar *vt* menosprezar.

mensaje *m* mensagem *f*; ~ **de texto** [en teléfono móvil] mensagem de texto.

mensajero, ra ◇ *adj* mensageiro(ra). ◇ *m*, *f* mensageiro *m*, -ra *f*.

menstruación *f* menstruação *f*.

menstruar *vi* menstruar.

mensual *adj* mensal.

mensualidad *f* mensalidade *f*.

menta *f* menta *f*.

mental *adj* mental.

mentalidad *f* mentalidade *f*.

mentalizar *vt* conscientizar.

mentalizarse *vpr* conscientizar-se.

mentar *vt* mencionar.

mente *f* mente *f*; **tener en** ~ ter em mente.

mentecato, ta *m*, *f* mentecapto *m*, -ta *f*.

mentir *vi* mentir.

mentira *f* [falsedad] mentira *f*; **de** ~ de mentira; **parecer algo** ~ algo parecer mentira.

mentirijillas **de mentirijillas** *loc adv fam* de mentirinha.

mentiroso, sa ◇ *adj* mentiroso(sa). ◇ *m*, *f* mentiroso *m*, -sa *f*.

mentol *m* mentol *m*.

mentón *m* queixo *m*.

menú *(pl* menús*)* *m* menu *m*; ~ **del día** prato do dia.

menudencia *f* miudeza *f*.

menudeo *m Amér* COM venda *f* a varejo.

menudillos *mpl* miúdos *mpl*.

menudo, da *adj* **-1.** [gen] miúdo(da) **-2.** *(antepuesto al sust)* [para enfatizar] senhor(ra).

a menudo *loc adv* com freqüência, amiúde.

meñique *m* ▷ dedo.

meollo *m* âmago *m*.

meón, ona *m*, *f fam* [que mea] mijão *m*, -jona *f*.

mercader, ra *m*, *f* mercador *m*, -ra *f*.

mercadería *f* mercadoria *f*.

mercadillo *m* feira *f*.

mercado *m* mercado *m*.

mercancía *f* mercadoria *f*.

mercante *adj* mercante.

mercantil *adj* mercantil.

mercenario, ria ◇ *adj* mercenário(ria). ◇ *m*, *f* mercenário *m*, -ria *f*.

mercería *f* armarinho *m*.

Mercosur *(abrev de* Mercado Común del Sur*)* *m* Mercosul *m*.

mercurio *m* mercúrio *m*.

Mercurio *m* Mercúrio *m*.

merecedor, ra *adj* merecedor(ra).

merecer ◇ *vt* merecer. ◇ *vi* merecer.

merecido *m* castigo *m*.

merendar ◇ *vi* merendar, lanchar. ◇ *vt* merendar, lanchar.

merendero *m* café ou lanchonete ao ar livre, no campo ou na praia.

merendola *f Esp fam* merenda *f* abundante.

merengue *m* merengue *m*.

meridiano, na *adj* **-1.** [del mediodía] meridiano(na) **-2.** [claro] claro(ra).

meridiano *m* meridiano *m*.

merienda *f* lanche *m*, merenda *f*; ~ **de negros** *fig* angu *m*.

mérito *m* mérito *m*; **hacer** ~**s** mostrar serviço; **de** ~ [valor] de mérito.

merluza *f* **-1.** [animal] merluza *f* **-2.** *fam* [borrachera] bebedeira *f*.

merma *f* diminuição *f*.

mermar ◇ *vi* diminuir. ◇ *vt* consumir.

mermelada f geléia f.
mero, ra adj (antepuesto al sust) mero(ra).
→ **mero** m mero m.
merodear vi vaguear.
mes m mês m.
mesa f mesa f; ~ **camilla** mesa redonda, com quatro pés, e um apoio embaixo para colocar um braseiro; ~ **directiva** [grupo de personas] mesa diretora; ~ **de edad** mesa constituída para eleger um prefeito ou um presidente de governo, da qual devem participar, entre outros, o membro de maior e o de menor idade; **poner la** ~ [para comer] pôr a mesa.
→ **mesa electoral** f zona f eleitoral.
→ **mesa redonda** f mesa-redonda f.
mesada f - 1. Amér [mensualidad] prestação f - 2. RP [encimera] tampa f.
mesero, ra m, f CAm, Col, Méx garçom m, -nete f.
meseta f GEOGR meseta f.
mesías m messias m.
→ **Mesías** m: el Mesías o Messias.
mesilla f mesinha f; ~ **de noche** criado-mudo m.
mesón m restaurante de estilo rústico.
mesonero, ra m, f Chile, Ven [camarero] garçom m, -nete f.
mestizo, za ◇ adj mestiço(ça). ◇ m, f mestiço m, -ça f.
mesura f mesura f; **con** ~ com moderação.
mesurado, da adj mesurado(da).
meta f - 1. DEP [llegada] linha f de chegada - 2. DEP [portería] gol m - 3. [objetivo] meta f; **fijarse una** ~ estabelecer uma meta.
metabolismo m BIOL metabolismo m.
metacrilato m metacrilato m.
metáfora f LITER metáfora f.
metal m - 1. [material] metal m; ~**es preciosos** metais preciosos - 2. MÚS metais mpl.
metálico, ca adj metálico(ca).
→ **metálico** m: **en** ~ em dinheiro.
metalurgia f metalurgia f.
metamorfosis f inv metamorfose f.
metate m Guat, Méx mó m.
metedura de pata f fora m.
meteorito m meteorito m.
meteoro m meteoro m.
meteorología f meteorologia f.
meteorológico, ca adj meteorológico(ca).
meteorólogo, ga m, f meteorologista mf.
meter vt - 1. [introducir, internar] meter; ~ **algo/a alguien en** meter algo/alguém em; **lo han metido en la cárcel** meteram-no na prisão - 2. [ingresar] meter; **voy a** ~ **medio millón en el banco** vou meter meio milhão no banco - 3. [invertir] apostar; **he metido**

mis ahorros en esa empresa apostei minhas economias nessa empresa; ~ **a alguien en algo** implicar alguém em algo - 4. fam [hacer soportar] empurrar; **nos meterá su discurso** vai-nos empurrar seu discurso - 5. fam [imponer] tascar; **me han metido una multa** tascaram-me uma multa - 6. [provocar] dar, meter; ~ **miedo a alguien** meter medo em alguém; ~ **prisa a alguien** apressar alguém; **no metas ruido** não faça barulho - 7. fam [soltar] dar; **le metieron una bronca por llegar tarde** deram-lhe uma bronca por chegar tarde - 8. loc: ~ **la pata** fam pisar na bola.
→ **meterse** vpr meter-se; ~ **se a** [dedicarse a] meter-se a; [iniciar] começar; ~ **en** meter-se em.
→ **meterse con** v + prep meter-se com.
meterete mf CSur fam xereta mf.
metete mf Andes, CAm fam xereta mf.
metiche mf Méx, Ven fam intrometido m, -da f.
meticuloso, sa adj meticuloso(sa).
metido, da adj metido(da); **echó a correr con el miedo** ~ **en el cuerpo** pôs-se a correr possuído pelo medo; **andar** o **estar** ~ **en** andar o estar metido em.
metódico, ca adj metódico(ca).
metodismo m RELIG metodismo m.
método m método m.
metodología f metodologia f.
metomentodo fam ◇ adj inv abelhudo(da). ◇ mf abelhudo m, -da f.
metralla f metralha f.
metralleta f metralhadora f.
métrico, ca adj métrico(ca).
metro m - 1. [unidad] metro m - 2. [forma de transporte] metrô m.
metrópoli, metrópolis f inv metrópole f.
metropolitano, na adj metropolitano(na).
→ **metropolitano** m desus metropolitano m.
mexicano, na, mejicano, na ◇ adj mexicano(na). ◇ m, f mexicano m, -na f.
México, Méjico n México.
mezcla f - 1. [gen] mistura f - 2. [tejido] mescla f - 3. [de grabación] mixagem f.
mezclar vt - 1. [gen] misturar - 2. [implicar]: ~ **a alguien en** envolver alguém em.
→ **mezclarse** vpr - 1. [sustancias, personas] misturar-se; ~ **se con** misturar-se com - 2. [intervenir]: ~ **se en** imiscuir-se em - 3. : ~ **se con** fig [frecuentar] misturar-se com.
mezquino, na adj mesquinho(nha).
mezquita f mesquita f.
mg (abrev de miligramo) mg.
MHz (abrev de megahercio) MHz.

mi¹ *m MÚS* mi *m.*
mi² (*pl* mis) *adj* meu (minha).
mí *pron* mim; ¡a ~ qué! e daí?; **para** ~ [yo creo] para mim; **por** ~ ... por mim ...
miaja *f* = migaja.
miau *m* miau *m.*
michelines *mpl fam* pneuzinhos *mpl.*
mico *m* -1. [mono] mico *m* -2. *fam* [persona] tribufu *m* -3. *loc:* **ser el último** ~ *fam* ser o menos importante.
micra *f* micrômetro *m.*
micrero, ra *m, f Chile* motorista *mf* de microônibus.
micro *m* -1. *fam* [micrófono] microfone *m* -2. *Arg, Bol, Chile* [microbús] microônibus *m.*
microbio *m* micróbio *m.*
microbús *f* microônibus *m.*
microempresa *f* microempresa *f.*
microficha *f FOT* microficha *f.*
microfilm (*pl* microfilms), **microfilme** (*pl* microfilmes) *m FOT* microfilme *m.*
micrófono *m* microfone *m;* ~ **inalámbrico** microfone sem fio.
microonda *f* microonda *f.*
microondas *m inv* ▷ horno.
microordenador *m INFORM* microcomputador *m.*
microprocesador *m INFORM* microprocessador *m.*
microscópico, ca *adj* microscópico(ca).
microscopio *m* microscópio *m.*
miedo *m* medo *m;* **dar** ~ ter medo de; **meter** ~ meter medo; **temblar de** ~ tremer de medo; **tener** ~ **a algo/hacer algo** [asustarse] ter medo de algo/fazer algo; **tener** ~ **de** *fig* ter medo de; **de** ~ *fam fig* de arrasar; **estar cagado de** ~ *vulg fig* estar cagado de medo; **morirse de** ~ *fig* morrer de medo.
miedoso, sa ◇ *adj* medroso(sa). ◇ *m, f* medroso *m,* -sa *f.*
miel *f* mel *m;* ~ **sobre hojuelas** *loc* melhor ainda.
miembro *m* membro *m;* ~ **(viril)** membro viril.
mientras ◇ *conj* enquanto; ~ **que** [oposición] enquanto. ◇ *adv* [entre tanto] enquanto.
➤ **mientras tanto** *loc adv* enquanto isso.
miér. (*abrev de* miércoles) qua.
miércoles *m inv* quarta-feira *f.*
mierda *vulg* ◇ *f* -1. merda *f;* **de** ~ **de** merda -2. *loc:* **irse a la** ~ [para rechazar] ir à merda; [arruinarse] virar merda; **mandar a la** ~ mandar à merda. ◇ *mf* merda *mf.* ◇ *interj* merda!
mies *f* messe *f.*
➤ **mieses** *fpl* messe *f.*

miga *f* -1. [de pan] miolo *m* -2. (*gen pl*) [restos] migalha *f* -3. *loc:* **tener** ~ *fam* dar pano para manga.
➤ **migas** *fpl* -1. *CULIN* migas *fpl* -2. *loc:* **hacer buenas/malas** ~s **con alguien** *fam* dar-se bem/mal com alguém; **hacer(se)** ~s *fam* [cosa] virar pó; [persona] deixar em frangalhos.
migaja, miaja *f* -1. [fragmento] migalha *f* -2. [un poco de]: **una** ~ **de** um pingo de.
➤ **migajas** *fpl* [restos] migalhas *fpl.*
migra *f Méx fam pey:* **la** ~ a patrulha de fronteira.
migración *f* migração *f.*
migraña *f MED* enxaqueca *f.*
migrar *vi* migrar.
migratorio, ria *adj* migratório(ria).
mijo *m* painço *m.*
mil ◇ *núm* mil. ◇ *m* mil *m;* ~ **y un/una** fig mil e um/uma.
➤ **miles** *mpl* [gran cantidad] milhares *mpl;* ~**es de** milhares de; *ver también* seis.
milagro *m* milagre *m;* **de** ~ por milagre; **hacer** ~s *fig* fazer milagres.
milagroso, sa *adj* milagroso(sa).
milamores *f inv* milamores *fpl.*
milanesa *f RP* milanesa *f.*
milenario, ria *adj* milenar.
➤ **milenario** *m* milenário *m.*
milenio *m* milênio *m.*
milésimo, ma *núm* milésimo(ma); **milésima parte** milésima parte.
➤ **milésima** *f* milésimo *m.*
milhojas *m inv CULIN* mil-folhas *fpl.*
mili *f Esp fam* serviço *m* militar; **hacer la** ~ servir o exército.
milicia *f* milícia *f.*
miliciano, na ◇ *adj* miliciano(na). ◇ *m, f* miliciano *m,* -na *f.*
milico *m Andes, RP fam pey* [soldado] milico *m;* [policía] tira *m.*
miligramo *m* miligrama *m.*
mililitro *m* mililitro *m.*
milímetro *m* milímetro *m.*
militante ◇ *adj* militante. ◇ *mf* militante *mf.*
militar¹ ◇ *adj* militar. ◇ *mf* militar *mf.*
militar² *vi* militar.
militarizar *vt* militarizar.
milla *f* milha *f.*
millar *m* milhar *m;* ~ **de** milhar de.
millón *núm* [para contar] milhão; ~ **de** [número] milhão de.
➤ **millones** *mpl* milhões *mpl.*
millonada *f fam* dinheirão *m.*
millonario, ria ◇ *adj* milionário(ria). ◇ *m, f* milionário *m,* -ria *f.*

millonésimo, ma *núm* [para ordenar] milionésimo(ma); **millonésima parte** [para fraccionar] milionésima parte.

➡ **millonésima** *f* milionésimo *m*.

milpa *f* CAm, Méx milharal *m*.

mimado, da *adj* mimado(da).

mimar *vt* mimar.

mimbre *m* vime *m*.

mímico, ca *adj* mímico(ca).

➡ **mímica** *f* mímica *f*.

mimo *m* -**1.** [indulgencia excesiva, cariño] mimo *m* -**2.** [actor] mímico *m*, -ca *f* -**3.** [estilo teatral] mímica *f*; **hacer** ~ fazer mímica.

mimosa *f* mimosa *f*.

mimoso, sa *adj* mimoso(sa).

min (*abrev de* **minuto**) min.

mina *f* mina *f*.

minar *vt* minar.

mineral ◇ *adj* -**1.** mineral -**2.** ▷ agua. ◇ *m* mineral *m*.

minería *f* -**1.** [técnica] mineração *f* -**2.** [sector] indústria *f* mineira.

minero, ra ◇ *adj* mineiro(ra). ◇ *m, f* mineiro *m*, -ra *f*.

minestrone *f* CULIN minestrone *m*.

miniatura *f* miniatura *f*; **en** ~ em miniatura.

minibar *m* minibar *m*.

minicadena *f* microsystem *m*.

minifalda *f* minissaia *f*.

minigolf *m* minigolfe *m*.

mínima *f* ▷ mínimo.

mínimo, ma ◇ *superl* ▷ **pequeño.** ◇ *adj* mínimo(ma); **como** ~ no mínimo; **en lo más** ~ nem um pouco.

➡ **mínimo** *m* mínimo *m*.

➡ **mínima** *f* temperatura *f* mínima.

minino, na *m, f* fam bichano *m*, -na *f*.

miniserie *f* minissérie *f*.

ministerio *m* ministério *m*.

ministro, tra *m, f* ministro *m*, -tra *f*; ~ **primer** ~ primeiro-ministro *m*.

minoría *f* minoria *f*.

minorista ◇ *adj* varejista. ◇ *mf* varejista *mf*.

minoritario, ria *adj* minoritário(ria).

minucia *f* minúcia *f*.

minuciosidad *f* minuciosidade *f*.

minucioso, sa *adj* minucioso(sa).

minué *m* MÚS minueto *m*.

minúsculo, la *adj* minúsculo(la).

➡ **minúscula** *f* letra *f* minúscula.

minusvalía *f* -**1.** ECON desvalorização *f* -**2.** [física] deficiência *f*.

minusválido, da ◇ *adj* deficiente. ◇ *m, f* deficiente *mf*.

minuta *f* -**1.** [factura] fatura *f* de honorários -**2.** [menú] minuta *f* -**3.** RP [comida] lanche *m*.

minutero *m* ponteiro *m*.

minuto *m* minuto *m*; **al** ~ na hora.

mío, mía ◇ *adj* meu (minha). ◇ *pron*: **el** ~, **la mía** o meu, a minha; **lo** ~ **es el deporte** meu negócio é o esporte.

miocardio *m* ANAT miocárdio *m*.

miope ◇ *adj* míope. ◇ *mf* míope *mf*.

miopía *f* miopia *f*.

mira ◇ *f* -**1.** [para mirar] mira *f* -**2.** [intención] intenção *f*; **con** ~**s a** com vistas a. ◇ *interj* olha!

mirado, da *adj* [prudente] cauteloso(sa); **bien** ~ pensando bem.

➡ **mirada** *f* olhar *m*; **apartar la mirada** desviar o olhar; **dirigir** *o* **lanzar una mirada** dirigir *o* lançar um olhar; **echar una mirada** dar uma olhada; **fulminar con la mirada** fulminar com o olhar; **levantar la mirada** levantar o olhar.

mirador *m* -**1.** [balcón] varanda *f* envidraçada -**2.** [para ver paisaje] mirante *m*.

miramiento *m* atenção *f*; **sin** ~**s** sem consideração.

mirar ◇ *vt* -**1.** olhar; ~ **de cerca/lejos** olhar de perto/longe; ~ **por encima** olhar superficialmente -**2.** *(en imperativo)* [para introducir una explicación]: **mira, yo creo que es mejor que no insistas** olha, eu acho que é melhor não insistir -**3.** *loc*: **de mírame y no me toques** muito frágil. ◇ *vi* -**1.** [ver] olhar -**2.** [dar]: ~ **a mirar para** -**3.** [cuidar]: ~ **por alguien/algo** olhar por alguém/algo.

➡ **mirarse** *vpr* mirar-se; **si bien se mira** *fig* se pensar bem.

mirilla *f* olho *m* mágico.

mirlo *m* melro *m*.

mirón, ona fam ◇ *adj* voyeur(euse). ◇ *m, f* curioso *m*, -sa *f*.

mirra *f* mirra *f*.

misa *f* RELIG missa *f*; **cantar** ~ celebrar a primeira missa; **decir** ~ celebrar missa; **ir a** ~ ir à missa; *Esp fam* ser indiscutível; **oír** ~ assistir à missa; **no saber de la** ~ **la mitad** *fam* não saber da missa a metade.

misal *m* missal *m*.

misántropo, pa *m, f* misantropo *m*, -pa *f*.

miscelánea *f* -**1.** [mezcla] miscelânea *f* -**2.** [tienda] bazar *m*.

miserable ◇ *adj* miserável. ◇ *mf* miserável *mf*.

miseria *f* miséria *f*.

misericordia *f* misericórdia *f*; **pedir** ~ pedir misericórdia.

misericordioso, sa ◇ *adj* misericordioso(sa). ◇ *m, f* misericordioso *m*, -sa *f*.

mísero, ra *adj* [pobre] mísero(ra); **no nos ofreció ni un** ~ **café** não nos ofereceu nem um mísero café.

misil (*pl* **misiles**) *m MIL* míssil *m*.

misión *f* missão *f*.

◆ **misiones** *fpl* [de misionero] missões *fpl*.

misionero, ra ◇ *adj* missionário(ria). ◇ *m*, *f* missionário *m*, -ria *f*.

misiva *f culto* missiva *f*.

mismo, ma ◇ *adj* mesmo(ma); **del ~ que** do mesmo que; **mí/ti** *etc.* ~ mim/ti *etc.* mesmo; **¡tú ~!** você mesmo! ◇ *pron* mesmo(ma); **lo ~ (que)** o mesmo (que); **dar** *o* **ser lo ~** dar no mesmo; **estar en las mismas** *fig* estar na mesma; **volver a las mismas** *fig* incorrer no mesmo erro.

◆ **mismo** *adv (después del sustantivo)* -**1.** [para dar énfasis] mesmo; **ahora ~** agora mesmo -**2.** [por ejemplo] mesmo.

misógino, na ◇ *adj* misógino(na). ◇ *m*, *f* misógino *m*, -na *f*.

miss (*pl* **misses**) *f* miss *f*.

míster *m Esp DEP* treinador *m*.

misterio *m* mistério *m*.

misterioso, sa *adj* misterioso(sa).

mística *f* ▷ místico.

místico, ca *RELIG* ◇ *adj* místico(ca). ◇ *m*, *f* místico *m*, -ca *f*.

◆ **mística** *f* mística *f*.

mitad *f* metade *f*; **a ~ de** pela metade de; **la ~ de** a metade de; **por la ~** pela metade; **~ y ~** meio a meio; **~ de** metade de; **a ~ de** na metade de; **en ~ de** [espacio] no meio de.

mítico, ca *adj* mítico(ca).

mitificar *vt* mitificar.

mitigar *vt* mitigar.

mitin, mítin *m* comício *m*.

mito *m* mito *m*.

mitología *f* mitologia *f*.

mitote *m Méx fam* [bulla] algazarra *f*.

mixto, ta *adj* misto(ta).

ml (*abrev de* mililitro) ml.

mm (*abrev de* milímetro) mm.

moaré = muaré.

mobiliario *m* mobiliário *m*.

moca *f* moca *m*.

mocasín *m* mocassim *m*.

mocetón, ona *m*, *f fam* rapagão *m*, rigaça *f*.

mochila *f* mochila *f*.

mocho, cha *adj* mocho(cha).

mochuelo *m* -**1.** [ave] coruja *f* -**2.** *fam* [trabajo]: **sacudirse el ~** livrar-se do abacaxi.

moción *f* [proposición] moção *f*.

moco *m* muco *m*; **tener ~s** estar com muco.

mocoso, sa ◇ *adj* moncoso(sa). ◇ *m*, *f fam* ranhento *m*, -ta *f*.

moda *f* moda *f*; **estar de ~** estar na moda; **estar pasado de ~** estar fora de moda; **ir a**

la (última) ~ andar na (última) moda.

modal *adj GRAM* modal.

◆ **modales** *mpl* modos *mpl*; **tener buenos/ malos ~es** ter bons/maus modos.

modalidad *f* modalidade *f*.

modelar *vt* modelar.

modelo ◇ *adj* exemplar. ◇ *mf* modelo *mf*. ◇ *m* modelo *m*.

módem (*pl* **modems**) *m INFORM* modem *m*.

moderación *f* moderação *f*.

moderado, da ◇ *adj* moderado(da). ◇ *m*, *f* moderado *m*, -da *f*.

moderador, ra ◇ *adj* moderador(ra). ◇ *m*, *f* mediador *m*, -ra *f*.

moderar *vt* moderar.

◆ **moderarse** *vpr*: **~se (en)** moderar-se (em).

modernismo *m* modernismo *m*.

modernizar *vt* modernizar.

◆ **modernizarse** *vpr* modernizar-se.

moderno, na ◇ *adj* moderno(na). ◇ *m*, *f fam* pessoa *f* moderna.

modestia *f* modéstia *f*.

modesto, ta *adj* modesto(ta).

módico, ca *adj* módico(ca).

modificado, da *adj*: **~ genéticamente** geneticamente modificado(da).

modificar *vt* modificar.

modista *mf* modista *mf*.

modisto *m* [diseñador] modisto *m*.

modo *m* modo *m*; **a ~ de** [a manera de] a modo de; **al ~ de** [al estilo de] ao modo de; **de todos ~s** de todo modo; **en cierto ~ de** certo modo; **~ de empleo** modo de funcionamento; **de ~ que** [de manera que] de modo que; **[así que]** assim que.

◆ **modos** *mpl* modos *mpl*; **buenos/malos ~s** bons/maus modos.

modorra *f fam* modorra *f*.

modoso, sa *adj* recatado(da).

modular[1] *adj* modulado(da).

modular[2] *vt* modular.

módulo *m* módulo *m*.

mofa *f* mofa *f*; **hacer ~ de** fazer mofa de.

mofarse *vpr*: **~ (de)** mofar (de).

moflete *m* bochecha *f*.

mogollón *m Esp fam* [lío] confusão *f*; **un ~ de** um montão de.

mohair *m* mohair *m*.

moho *m* mofo *m*.

mohoso, sa *adj* mofado(da).

moisés *m inv* moisés *m*.

mojado, da *adj* molhado(da).

mojar *vt* molhar.

◆ **mojarse** *vpr* -**1.** [con agua] molhar-se -**2.** *fam* [comprometerse] comprometer-se.

mojigato, ta ◇ *adj* -**1.** [por su beatitud] beato(ta) -**2.** [con falsa humildad] fingido(da).

◇ *m, f*-**1.** [beato] beato *m*, -ta *f*-**2.** [con falsa humildad] fingido *m*, -da *f*.

mojón *m* marco *m*.

molar¹ *m* ▷ diente.

molar² *mfam* ◇ *vt* agradar. ◇ *vi* agradar.

molcajete *m* **Méx** almofariz *m*.

Moldavia *n* Moldávia.

molde *m* fôrma *f*.

moldeado *m* -**1.** [en pelo] permanente *f*-**2.** [de figura, cerámica] moldagem *f*.

moldear *vt* -**1.** [gen] modelar -**2.** [persona] moldar.

moldura *f* moldura *f*.

mole *f*-**1.** [gen] mole *f*-**2.** **Méx** CULIN molho de sabor forte, preparado à base de chile, tomate verde, gergelim, especiarias e condimentos e, às vezes, chocolate e amendoim.

molécula *f* molécula *f*.

moler *vt* -**1.** [grano] moer -**2.** *fam* [cansar] moer.

molestar *vt* -**1.** [gen] incomodar -**2.** [ofender] ofender.

◆ **molestarse** *vpr* -**1.** [incomodarse] incomodar-se; ~ se en hacer algo incomodar-se em fazer algo; ~ se por incomodar-se com -**2.** [ofenderse] ofender-se.

molestia *f* incômodo *m*; **tomarse la** ~ **de hacer algo** ter o incômodo de fazer algo.

molesto, ta *adj* -**1.** [incordiante] incômodo(da) -**2.** [irritado] irritado(da) -**3.** [con malestar] incomodado(da).

molido, da *adj* -**1.** [grano] moído(da) -**2.** *fam* [persona] moído(da).

molinero, ra *m, f* moleiro *m*, -ra *f*.

molinete *m* -**1.** [ventilador] exaustor *m* -**2.** [juguete] cata-vento *m*.

molinillo *m* moedor *m*.

molino *m* moinho *m*.

molla *f* -**1.** [parte blanda] polpa *f* -**2.** [grasa] pneu *m*.

molleja *f* moleja *f*.

mollera *f* *fam* [juicio] cachola *f*.

molusco *m* molusco *m*.

momentáneo, a *adj* momentâneo(a).

momento *m* [instante] momento *m*; **a cada** ~ a cada momento; **al** ~ na hora; **desde el** ~ **(en) que** [tiempo] desde o momento (em) que; **de un** ~ **a otro** de uma hora para outra; **por** ~ **s** progressivamente; **de** ~ de momento.

momia *f* múmia *f*.

mona *f* ▷ mono.

Mónaco *n*: **(el principado de)** ~ (o principado de) Mônaco.

monada *f* -**1.** [gen] mimo *m* -**2.** [gracia] gracinha *f*.

monaguillo *m* coroinha *m*.

monarca *m* monarca *m*.

monarquía *f* monarquia *f*.

monárquico, ca ◇ *adj* monárquico(ca). ◇ *m, f* monarquista *mf*.

monasterio *m* monastério *m*.

Moncloa *f*: **la** ~ POLÍT residência do presidente do governo espanhol, situada nos arredores de Madri.

monda *f* descascamento *m*; **ser la** ~ *fam* [divertido] ser engraçado; [raro] ser esquisito.

mondadientes *m inv* palito *m* (de dentes).

mondadura *f* [piel] casca *f*.

mondar *vt* descascar.

moneda *f* moeda *f*; **pagar con** *o* **en la misma** ~ pagar na mesma moeda; **ser** ~ **corriente** ser corriqueiro.

monedero *m* porta-níqueis *m inv*, porta-moedas *m inv*.

monegasco, ca ◇ *adj* monegasco(ca). ◇ *m, f* monegasco *m*, -ca *f*.

monería *f* -**1.** [gen] macaquice *f*-**2.** [acción graciosa] gracinha *f*.

monetario, ria *adj* monetário(ria).

mongólico, ca ◇ *adj* -**1.** [enfermo] mongolóide -**2.** [de Mongolia] mongol. ◇ *m, f*-**1.** [enfermo] mongolóide *mf*-**2.** [de Mongolia] mongol *mf*.

mongolismo *m* mongolismo *m*.

monigote *m* -**1.** [gen] boneco *m*-**2.** *fig* [persona] fantoche *m*.

monitor, ra *m, f* monitor *m*, -ra *f*.

◆ **monitor** *m* monitor *m*.

monja *f* freira *f*.

monje *m* monje *m*.

mono, na ◇ *adj* gracioso(sa). ◇ *m, f* [animal] macaco *m*, -ca *f*; **ser el último** ~ ser o menos importante.

◆ **mono** *m* -**1.** [prenda de vestir] macacão *m* -**2.** *Esp* *fam* [síndrome de abstinencia] síndrome *f* de abstinência.

◆ **mona** *f* -**1.** [animal] macaca *f*-**2.** *fam* [borrachera] porre *m*; **coger una mona** tomar um porre; **dormir la mona** curar a bebedeira.

monobloque *m* **Arg** prédio muito alto de apartamentos.

monóculo *m* monóculo *m*.

monogamia *f* monogamia *f*.

monografía *f* monografia *f*.

monokini *m* monoquíni *m*.

monolingüe *adj* monolíngüe.

monolito *m* monolito *m*.

monólogo *m* monólogo *m*.

monoparental *adj* monoparental.

monopatín *m* skate *m*.

monopolio *m* ECON monopólio *m*.

monopolizar *vt* monopolizar.

monosílabo, ba adj monossílabo(ba).

← **monosílabo** m monossílabo m.

monoteísmo m RELIG monoteísmo m.

monotonía f monotonia f.

monótono, na adj monótono(na).

monovolumen m minivan f, monovolume m.

monseñor m monsenhor m.

monserga f fam lenga-lenga f.

monstruo ⟡ adj grandioso(sa). ⟡ m monstro m.

monstruosidad f monstruosidade f.

monstruoso, sa adj monstruoso(sa).

monta f -1. [suma] montante m -2. [en caballo] montaria f -3. [importancia] monta f; **de poca/mucha** ~ de pouca/muita monta.

montacargas m inv monta-cargas m inv.

montaje m -1. [gen] montagem f -2. [farsa] armação f.

montante m montante m; ~**s compensatorios** COM montantes compensatórios.

montaña f montanha f; ~ **rusa** montanha-russa.

montañero, ra ⟡ adj montanhístico(ca), alpinístico(ca). ⟡ m, f montanhista mf, alpinista mf.

montañés, esa ⟡ adj montanhês(sa). ⟡ m, f montanhês m, -sa f.

montañismo m montanhismo m, alpinismo m.

montañoso, sa adj montanhoso(sa).

montar ⟡ vt -1. [gen] montar -2. CULIN bater. ⟡ vi -1. [gen] montar -2. [vehículo] subir.

← **montarse** vpr -1. [en vehículo] subir -2. [en animal] montar -3. loc: **montárselo** fam virar-se.

montaraz adj montês.

monte m monte m.

← **monte de piedad** m casa f de penhor.

montepío m montepio m.

montés adj montês.

Montevideo n Montevidéu.

montículo m montículo m.

montilla m amontillado m.

monto m montante m.

montón m montão m; a montones aos montões; **del** ~ comum; **un** ~ **de**, **montones de** [muchos] um montão de, montões de.

montuno, na adj Andes insociável.

montura f -1. [cabalgadura] montaria f -2. [arreos] arreio m -3. [soporte] armação f.

monumental adj monumental.

monumento m monumento m.

monzón m monção f.

moño m -1. [peinado] coque m; **estar hasta el** ~ fig estar pelas tampas

-**2.** **Amér** [adorno] laço m.

moquear vi: **estoy tan acatarrado que no paro de** ~ estou tão encatarrado que meu nariz não pára de escorrer.

moqueta f carpete m.

mora f amora f ⊳ **moro**.

morada f culto morada f.

morado, da adj roxo(xa); **pasarlas moradas** fam fig passar apuros; **ponerse** ~ fam fig entupir-se.

← **morado** m -1. [color] roxo m -2. [golpe] arroxeado m.

moral ⟡ adj moral. ⟡ f moral m; **estar bajo de** ~ estar de moral baixo. ⟡ m amoreira f.

moraleja f moral f.

moralizar vi moralizar.

morapio m Esp fam vinho tinto comum.

morbo m -1. fam morbidez f -2. MED morbidez f.

morboso, sa adj mórbido(da).

morcilla f CULIN morcela f; **¡que te/le etc. den** ~! mfam fig que se dane!

mordaz adj mordaz.

mordaza f mordaça f.

mordedura f mordida f.

morder ⟡ vt morder; **estar alguien que muerde** alguém estar com humor de cão. ⟡ vi morder.

← **morderse** vpr morder-se; ~ **la lengua** morder a língua; **el perro se muerde la cola** o cachorro morde seu rabo.

mordida f CAm, Méx fam propina f.

mordisco m mordida f; a ~**s** a mordidas.

mordisquear vt mordiscar.

moreno, na ⟡ adj -1. moreno(na); **ponerse** ~ bronzear-se -2. [pan, trigo] integral -3. [azúcar] mascavo, moreno. ⟡ m, f moreno m, -na f.

morera f amoreira-branca f.

moretón m roxo m.

morfina f FARM morfina f.

moribundo, da ⟡ adj moribundo(da). ⟡ m, f moribundo m, -da f.

morir vi morrer.

← **morirse** vpr morrer; ~**se de** morrer de.

mormón, ona RELIG ⟡ adj mórmon. ⟡ m, f mórmon mf.

moro, ra ⟡ adj mouro(ra). ⟡ m, f mouro m, -ra f; **bajarse al** ~ fam Esp viajar ao norte da África para comprar maconha.

← **moro** m fam despec [machista] machista m.

morocho, cha ⟡ adj Andes, RP [persona] de cabelo escuro; **Ven** [mellizo] gêmeo(a). ⟡ m, f Andes, RP [moreno] moreno m, -na f; **Ven** [mellizo] gêmeo m, -a f.

moronga f *CAm, Méx* chouriço *m.*
moroso, sa ◇ *adj* atrasado(da). ◇ *m, f* atrasado *m*, -da *f.*
morralla f - **1.** *despec* [personas] gentalha *f* - **2.** *despec* [cosas] traste *m* - **3.** [pescado] petinga *f* - **4.** *Méx* [dinero suelto] trocado *m.*
morrear *Esp fam vt* beijar.
→ **morrearse** *vpr* beijar.
morriña f saudade *f.*
morro *m* - **1.** [hocico] focinho *m* - **2.** *(gen pl) fam* [labios] beiço *m*; **estar de ~s** estar fazendo beiço - **3.** *fam*: ¡**qué ~ tiene!** que cara-de-pau! - **4.** *fam* [extremo] bico *m.*
morsa f morsa *f.*
morse *m* morse *m.*
mortadela f *CULIN* mortadela *f.*
mortaja f mortalha *f.*
mortal ◇ *adj* mortal. ◇ *mf* mortal *mf.*
mortalidad f mortalidade *f.*
mortandad f mortandade *f.*
mortero *m* - **1.** [recipiente] pilão *m* - **2.** [mezcla] argamassa *f* - **3.** [artillería] morteiro *m.*
mortífero, ra *adj* mortífero(ra).
mortificar *vt* mortificar.
mortuorio, ria *adj* mortuário(ria).
moruno, na *adj* mourisco(ca).
mosaico *m* mosaico *m.*
mosca f - **1.** mosca f - **2.** *fam loc*: **estar ~** *Esp* estar chateado; **por si las ~s** na dúvida; **¿qué ~ me/te ha picado?** que bicho me/ te mordeu?
→ **mosca muerta** *mf* mosca f morta.
moscardón *m* - **1.** [insecto] mosca-varejeira *f* - **2.** *fam* [hombre molesto] carrapato *m.*
moscón *m* - **1.** [insecto] moscão *m* - **2.** *fam* [hombre molesto] impertinente *mf.*
moscovita ◇ *adj* moscovita. ◇ *mf* moscovita *mf.*
Moscú *n* Moscou.
mosquearse *vpr fam* [enfadarse] chatear-se.
mosquete *m* mosquete *m.*
mosquetero *m* mosqueteiro *m.*
mosquetón *m* mosquetão *m.*
mosquitero *m* - **1.** [de cama] mosquiteiro *m* - **2.** [de ventana] tela *f.*
mosquito *m* mosquito *m.*
mostacho *m* bigode *m.*
mostaza f mostarda *f.*
mosto *m* mosto *m.*
mostrador *m* balcão *m.*
mostrar *vt* mostrar.
→ **mostrarse** *vpr* mostrar-se.
mota f grão *m.*
mote *m* - **1.** [apodo] apelido *m* - **2.** *Andes* [maíz] milho *m* cozido.
motel *m* motel *m.*
motín *m* motim *m.*

motivación f motivação *f.*
motivar *vt* motivar.
motivo *m* [causa] motivo *m*; **dar ~ a o para** dar motivo para; **tener ~s para** ter motivos para.
moto f moto *m*; **~ de agua** jet ski.
motocicleta f motocicleta *f.*
motociclismo *m* motociclismo *m.*
motociclista *mf* motociclista *mf.*
motocross *m* motocross *m.*
motonáutico, ca *adj* motonáutico(ca).
→ **motonáutica** f motonáutica *f.*
motoneta f *Amér* motoneta.
motonetista *mf* *Amér* motoqueiro *m*, -ra *f.*
motor, ra, triz *adj* motor(triz).
→ **motor** *m* motor *m*; **~ de explosión** motor de explosão; **~ de reacción** motor de reação.
→ **motora** f lancha *f.*
motorismo *m* motociclismo *m.*
motorista *mf* motociclista *mf.*
motricidad f motricidade *f.*
motriz f ⊳ motor.
mountain bike (*pl* mountain bikes) f mountain bike *f.*
mousse *m* o *f inv* *CULIN* musse *f.*
movedizo, za *adj* movediço(ça).
mover *vt* - **1.** [gen] mover - **2.** [suscitar] causar.
→ **mover** *vi*: **~ a** levar a.
→ **moverse** *vpr* - **1.** [gen] relacionar-se - **2.** [darse prisa] mexer-se.
movido, da *adj* - **1.** [gen] inquieto(ta) - **2.** [borroso] tremido(da).
→ **movida** f *fam* [ambiente] agitação *f*, agito *m*; **~ (madrileña)** *Esp efervescência cultural espanhola que sucedeu a transição entre a democracia e a ditadura.*
móvil ◇ *adj* móvel. ◇ *m* - **1.** [motivo] móvel *m* - **2.** [objeto] móbile *m* - **3.** [teléfono] celular **~ de contrato** celular pós-pago; **~ de tarjeta (de) prepago** celular pré-pago.
movilidad f mobilidade *f.*
movilizar *vt* mobilizar.
movimiento *m* - **1.** [gen] movimento *m*; **~ obrero** movimento dos trabalhadores - **2.** *MÚS* andamento *m.*
moviola f moviola *f.*
moza f ⊳ mozo.
mozalbete *m* jovem *mf.*
mozárabe ◇ *adj* moçárabe. ◇ *mf* [habitante] moçárabe *mf.* ◇ *m* [lengua] moçárabe *m.*
mozo, za ◇ *adj* moço(ça). ◇ *m, f* - **1.** [joven] moço *m*, -ça *f* - **2.** *Andes, RP* [camarero] garçom(nete).

◆ **mozo** *m* **-1.** [trabajador] auxiliar *mf* **-2.** [militar] recruta *mf* **-3.** [camarero] garçom *m*, -nete f.

◆ **moza** f [sirvienta] empregada f.

> Não confundir *mozo (garçom)* com o português *moço* que em espanhol é *joven*. (*El mozo del restaurante nos atendió correctamente*. O garçom do restaurante nos atendeu educadamente.)

MP3 (*abrev de* **MPEG-1 Audio Layer-3**) *m INFORM* MP3 *m*.

mu *m* [mugido] mu *m*; **no decir ni** ~ *fig* não dar um pio.

mtro. (*abrev de* ministro) Min.

muaré, moaré *m* moiré *m*.

mucamo, ma *m*, f *Andes, RP* [en casa] empregado *m*, -da f; [en hotel] camareiro *m*, -ra f.

muchacho, cha *m*, f moço *m*, -ça f.

muchedumbre f multidão f.

mucho, cha ◇ *adj* muito(ta). ◇ *pron* muito.

◆ **mucho** *adv* **-1.** muito; **como** ~ quando muito; **con** ~ de longe **-2.** [en comparaciones]: ~ **más/menos** muito mais/menos **-3.** *loc:* **ni** ~ **menos** de jeito nenhum.

◆ **por mucho que** *loc conj* por mais que.

mucosidad f mucosidade f.

mucoso, sa *adj* mucoso(sa).

◆ **mucosas** *fpl* mucosas *fpl*.

muda f muda f.

mudable *adj* mutável.

mudanza f mudança f.

mudar ◇ *vt* mudar. ◇ *vi* [cambiar]: ~ **de** mudar de.

◆ **mudarse** *vpr:* ~**se (de)** mudar-se (de).

mudéjar ◇ *adj* mudéjar. ◇ *mf* mudéjar *mf*.

mudo, da ◇ *adj* mudo(da). ◇ *m*, f mudo *m*, -da f.

mueble ◇ *adj* móvel. ◇ *m* móvel *m*; ~ **bar** bar *m*.

mueca f careta f.

muela f **-1.** [diente] molar *m*; ~ **del juicio** *o* **cordal** dente do siso **-2.** [de molino] mó f.

muelle *m* **-1.** [pieza elástica] mola f **-2.** [de barcos] cais *m*.

muérdago *m* [planta] visco *m*.

muermo *m Esp fam* fossa f.

muerte f **-1.** [defunción] morte f; **de** ~ **de** morte; ~ **súbita (del lactante)** síndrome *m* do berço **-2.** *loc:* **de mala** ~ de quinta categoria; **a** ~ mortal.

muerto, ta ◇ *pp irreg* ⊳ **morir.** ◇ *adj* morto(ta). ◇ *m*, f **-1.** morto *m*, -ta f **-2.** : ~ **de** morto de **-3.** *loc:* **cargarle a alguien el** ~ jogar a culpa em alguém; **hacer el** ~ boiar.

muesca f **-1.** [orificio] entalhe *m* **-2.** [corte] marca f.

muesli *m* músli *m*.

muestra f **-1.** [pequeña cantidad] amostra f **-2.** [señal, prueba] [exposición] mostra f; **dar** ~**s de** dar mostras de **-3.** [modelo] modelo *m*.

muestrario *m* mostruário *m*.

muestreo *m* amostragem f.

mugido *m* mugido *m*.

mugir *vi* mugir.

mugre f sujeira f.

mugriento, ta *adj* sujo(ja).

mujer f mulher f; ~ **de la limpieza** faxineira f.

mujeriego *m* mulherengo *m*.

mujerzuela f *despec* mulherzinha f.

mulato, ta ◇ *adj* mulato(ta). ◇ *m*, f mulato *m*, -ta f.

muleta f muleta f.

mullido, da *adj* mole.

mulo, la *m*, f **-1.** [animal] mulo *m*, -la f **-2.** *fam* [bruto] cavalo *m*.

multa f multa f.

multar *vt* multar.

multicine *m inv* complexo *m* de cinemas.

multicopista f copiadora f.

multimedia *adj inv INFORM* multimídia.

multimillonario, ria ◇ *adj* multimilionário(ria). ◇ *m*, f multimilionário *m*, -ria f.

multinacional f multinacional f.

múltiple *adj* **-1.** [variado] múltiplo **-2.** (*gen pl*) [numerosos] múltiplos.

multiplicación f multiplicação f.

multiplicar *vt* multiplicar.

◆ **multiplicarse** *vpr* multiplicar-se.

múltiplo, pla *adj* múltiplo(pla).

◆ **múltiplo** *m* múltiplo *m*.

multitud f multidão f.

multitudinario, ria *adj* multitudinário(ria).

multiuso *adj inv* multiuso.

mundanal *adj* mundanal.

mundano, na *adj* mundano(na).

mundial ◇ *adj* mundial. ◇ *m* mundial *m*.

mundillo *m* círculo *m*.

mundo *m* **-1.** [gen] mundo *m*; **el nuevo** ~ o novo mundo; **el primer/el tercer** ~ o primeiro/o terceiro mundo; **el otro** ~ o outro mundo; **todo el** ~ todo mundo **-2.** *loc:* **venir al** ~ vir ao mundo **-3.** [experiencia] experiência f; **hombre/mujer de** ~ homem/mulher experiente; **tener** ~ ter experiência.

munición f munição f.

municipal ◇ *adj* municipal. ◇ *mf* ⊳ **guardia.**

municipio *m* município *m*.
muñeco, ca *m, f* [juguete] boneco *m*, -ca *f*.
 ➤ **muñeca** *f* -**1.** ANAT munheca *f*, pulso *m*
 -**2.** *fam* [mujer] boneca *f*.
muñequera *f* -**1.** [protección] munhequeira
 f -**2.** [del reloj, de plata] pulseira *f*.
muñón *m* coto *m*.
mural ◇ *adj* mural. ◇ *m* mural *m*.
muralla *f* muralha *f*.
murciélago *m* morcego *m*.
murmullo *m* murmúrio *m*.
murmuración *f* murmuração *f*.
murmurador, ra ◇ *adj* murmurador(ra).
 ◇ *m, f* murmurador *m*, -ra *f*.
murmurar ◇ *vt* murmurar. ◇ *vi* murmurar.
muro *m* muro *m*.
mus *m inv* mus *m inv*.
musa *f* musa *f*.
musaraña *f* musaranho *m*; **mirar alguien a
las ~s** viver alguém no mundo da lua.
muscular *adj* muscular.
musculatura *f* musculatura *f*.
músculo *m* músculo *m*.
musculoso, sa *adj* musculoso(sa).
museo *m* museu *m*.
musgo *m* musgo *m*.
música *f* ▷ **músico**.
musical *adj* musical.
music-hall (*pl* music-halls) *m* music-hall *m*.
músico, ca ◇ *adj* musical. ◇ *m, f*
músico *m*, -ca *f*.
 ➤ **música** *f* música *f*; **irse/mandar con la
música a otra parte** ir/mandar cantar em
outra freguesia.
musicoterapia *f* musicoterapia *f*.
musitar *vt* sussurrar.
muslo *m* coxa *f*.
mustio, tia *adj* murcho(cha).
musulmán, ana ◇ *adj* muçulmano(na).
 ◇ *m, f* muçulmano *m*, -na *f*.
mutación *f* mutação *f*.
mutante ◇ *adj* mutante. ◇ *m* mutante
mf.
mutar *vt* -**1.** [gen] mudar -**2.** [biol] mutar.
mutilado, da ◇ *adj* mutilado(da). ◇ *m*,
f mutilado *m*, -da *f*.
mutilar *vt* mutilar.
mutismo *m* mutismo *m*.
mutua *f* ▷ mutuo.
mutual *m CSur, Perú* acordo *m* benéfico.
mutualidad *f* cooperativa *f*.
mutuo, tua *adj* mútuo(tua).
 ➤ **mutua** *f* cooperativa *f*.
muy *adv* muito.

n, N *f* [letra] n, N *m*.
 ➤ **N** *m* : **el 20 ~** *20 de novembro, o dia da
morte do general Franco.*
nabo *m* nabo *m*.
nácar *m* nácar *m*.
nacer *vi* nascer; **~ en** nascer em; **~ para
algo** nascer algo, nascer para ser algo.
nacido, da ◇ *adj* nascido(da). ◇ *m, f*:
ser un mal ~ *fig* ser um malnascido.
naciente *adj* nascente.
nacimiento *m* -**1.** [gen] nascimento *m*; **de
~** de nascimento -**2.** [belén] presépio *m*.
nación *f* nação *f*.
 ➤ **Naciones Unidas** *fpl*: **las Naciones Unidas** as Nações Unidas.
nacional *adj* nacional.
nacionalidad *f* nacionalidade *f*; **doble ~**
dupla nacionalidade.
nacionalismo *m* nacionalismo *m*.
nacionalista ◇ *adj* nacionalista. ◇ *mf*
nacionalista *mf*.
nacionalizar *vt* nacionalizar.
nada ◇ *pron* -**1.** [ninguna cosa] nada; **~ de
~** nada de nada; **~ más** nada mais -**2.**
[cosa sin importancia]: **por ~ se asusta** assus-
ta-se por nada; **de ~** de nada; **como si ~**
como se nada houvesse. ◇ *adv* -**1.** [en ab-
soluto] nada -**2.** [poco]: **no hace ~ que salió**
faz pouco que saiu; **~ menos que** ninguém menos que -**3.** *(seguido de infinitivo)*:
~ más salir de casa se puso a llover mal
saiu de casa começou a chover. ◇ *f*
nada *m*.
nadador, ra ◇ *adj* nadador(ra). ◇ *m, f*
nadador *m*, -ra *f*.
nadar *vi* nadar; **~ en** nadar em.
nadería *f* ninharia *f*.
nadie ◇ *pron* ninguém. ◇ *m* ninguém
m; **un don ~** um joão-ninguém.
nado *m Méx, RP, Ven* nado *m*.
 ➤ **a nado** *loc adv* a nado.
NAFTA (*abrev de* **North American Free Trade
Agreement**) *m* NAFTA *m*.
nafta *f RP* [gasolina] gasolina *f*.
naftalina *f* naftalina *f*.
nagual *m CAm, Méx* -**1.** [hechicero] feiticeiro
m, -ra *f* -**2.** [animal] mascote *f*.

nahua ◇ adj relativo à língua, cultura ou povo Nahuatl. ◇ mf membro de um grupo de indígenas mexicanos.

naïf adj inv naïf.

nailon, nylon® m náilon m.

naipe m naipe m.

nalga f nádega f.

nalgada f Méx fam nadegada f.

nalgón, ona, nalgudo, da adj Amér bundudo(da).

nana f - 1. [canción] acalanto m - 2. fam [abuela] vovó f - 3. Col, Méx [niñera] babá f.

nanay interj Esp fam uma ova!

nanómetro m nanômetro m.

nanosegundo m nanossegundo m.

nanotecnología f nanotecnologia f.

nao f nau f.

napa f napa f.

napalm m napalm m.

napias f (gen pl) fam napa f.

napoleónico, ca adj napoleônico(ca).

naranja ◇ adj inv [color] laranja. ◇ m laranja m. ◇ f [fruto] laranja f.

◆ **media naranja** f fam fig cara-metade f.

naranjada f laranjada f.

naranjo m laranjeira f.

narciso m narciso m.

narcótico, ca adj MED narcótico(ca).

◆ **narcótico** m MED narcótico m.

narcotizar vt narcotizar.

narcotraficante m narcotraficante mf.

narcotráfico m narcotráfico m.

nardo m nardo m.

narigudo, da ◇ adj narigudo(da). ◇ m, f narigudo m, -da f.

nariz ◇ f - 1. nariz m - 2. loc: estar hasta las narices estar de saco cheio; meter las narices en algo meter o nariz em algo. ◇ interj Esp: ¡narices! uma ova!

narizotas mf inv fam narigudo m, -da f.

narración f narração f.

narrador, ra m, f narrador m, -ra f.

narrar vt narrar.

narrativo, va adj narrativo(va).

◆ **narrativa** f narrativa f.

NASA (abrev de National Aeronautics and Space Administration) f: la ~ a NASA.

nasal adj nasal.

nata f - 1. [gen] nata f - 2. [crema] creme m.

natación f natação f.

natal adj natal.

natalicio m natalício m.

natalidad f natalidade f.

natillas fpl CULIN doce feito à base de leite, açúcar e ovos que se cozinha em fogo lento.

natividad f natividade f.

◆ **Natividad** f Natal m.

nativo, va ◇ adj nativo(va). ◇ m, f nativo m, -va f.

nato, ta adj nato(ta).

natural ◇ adj natural; **al** ~ [sin artificio] ao natural; [entero] inteiro(ra). ◇ mf natural mf.

naturaleza f natureza f; ~ **muerta** ARTE natureza morta; **por** ~ por natureza.

naturalidad f naturalidade f.

naturalización f naturalização f.

naturalizar vt naturalizar.

◆ **naturalizarse** vpr naturalizar-se.

naturismo m naturismo m.

naturista mf naturista mf.

naufragar vi naufragar.

naufragio m naufrágio m.

náufrago, ga m, f náufrago m, -ga f.

náusea f (gen pl) náuseas fpl; **me da** ~**s** me dá náuseas.

nauseabundo, da adj nauseabundo(da).

náutico, ca adj náutico(ca).

◆ **náutica** f náutica f.

navaja f navalha f.

navajero, ra m, f navalhista mf.

naval adj naval.

Navarra n Navarra.

navarro, rra ◇ adj navarro(ra). ◇ m, f navarro m, -ra f.

nave f - 1. [barco] navio m; **quemar las** ~**s** jogar a última cartada - 2. [vehículo, de iglesia] nave f; ~ **espacial/extraterrestre** nave espacial o extraterrestre - 3. [industrial] galpão m.

navegación f navegação f.

navegador m INFORM navegador m, browser m.

navegante ◇ adj navegante. ◇ mf navegante mf.

navegar vi navegar; ~ **por Internet** INFORM navegar na o pela Internet.

Navidad f - 1. [día] Natal m - 2. (gen pl) [período] festas fpl de Natal.

navideño, ña adj natalino(na).

naviero, ra adj naval.

◆ **naviero** m armador m, -ra f.

◆ **naviera** f companhia f de navegação.

navío m navio m.

nazi ◇ adj nazi. ◇ mf nazi mf.

nazismo m nazismo m.

NBA (abrev de National Basketball Association) f NBA f.

neblina f neblina f.

nebulosa f ▷ nebuloso.

nebulosidad f nebulosidade f.

nebuloso, sa adj nebuloso(sa).

◆ **nebulosa** f ASTRON nebulosa f.

necedad f necedade f.

necesario, ria adj necessário(ria).

neceser *m* nécessaire *m*.
necesidad *f* necessidade *f*; **de (primera)** ~ de primeira necessidade.
◆ **necesidades** *fpl* necessidades *fpl*; **hacer sus** ~**es** fazer suas necessidades.
necesitado, da ◇ *adj* - **1.** [pobre] necessitado(da) - **2.** [carente]: ~ **(de)** carente (de). ◇ *m, f* necessitado *m*, -da *f*.
necesitar *vt* necessitar.
necio, cia ◇ *adj* [tonto] néscio(cia). ◇ *m, f* - **1.** [tonto] néscio *m*, -cia *f* - **2.** *Méx* [fastidioso] chato *m*, chata *f*.
necrología *f* necrologia *f*.
necrópolis *f inv* necrópole *f*.
néctar *m* néctar *m*.
nectarina *f* nectariana *f*.
nefasto, ta *adj* nefasto(ta).
negación *f* negação *f*.
negado, da ◇ *adj* inepto(ta). ◇ *m, f* inepto *m*, -ta *f*.
negar *vt* negar.
◆ **negarse** *vpr*: ~**se (a)** negar-se (a).
negativo, va *adj* negativo(va).
◆ **negativo** *m* negativo *m*.
◆ **negativa** *f* negativa *f*.
negligé *m* négligé *m*.
negligencia *f* negligência *f*.
negligente *adj* negligente.
negociable *adj* negociável.
negociación *f* negociação *f*.
negociante *mf* - **1.** [comerciante] negociante *mf* - **2.** [interesado] mercenário *m*, -ria *f*.
negociar ◇ *vi* negociar; ~ **en** negociar com. ◇ *vt* negociar.
negocio *m* negócio *m*; **hacer** ~ fazer um bom negócio; ~ **sucio** negócio sujo; **traspasar un** ~ traspassar um negócio.
negra *f* ▷ negro.
negrero, ra ◇ *adj* - **1.** [de esclavos] negreiro(ra) - **2.** [explotador] explorador(ra). ◇ *m, f* - **1.** [esclavista] negreiro *m*, -ra *f* - **2.** [explotador] explorador *m*, -ra *f*.
negrita, negrilla *f* ▷ letra.
negro, gra ◇ *adj* - **1.** [gen] preto(ta) - **2.** [raza, suerte, futuro] negro(gra) - **3.** [furioso] possesso(sa) - **4.** [clandestino] sujo(ja) - **5.** [policíaco] policial - **6.** *loc*: **pasarlas negras** passar um mau bocado. ◇ *m, f* negro *m*, -gra *f*.
◆ **negro** *m* - **1.** [color] preto *m*, negro *m* - **2.** *fig* [persona] ghost-writer *mf*.
◆ **negra** *f* *MÚS* semínima *f*.
negrura *f* negrura *m*.
nene, na *m, f fam* nenê *mf*.
nenúfar *m* nenúfar *m*.
neoclasicismo *m* neoclassicismo *m*.
neofascismo *m* neofascismo *m*.
neolítico, ca *adj* neolítico(ca).

◆ **neolítico** *m* neolítico *m*.
neologismo *m* LING neologismo *m*.
neón *m* néon *m*.
neonazi ◇ *adj* neonazista. ◇ *mf* neonazista *mf*.
neopreno® *m* neoprene® *m*.
neoyorquino, na ◇ *adj* nova-iorquino(na). ◇ *m, f* nova-iorquino *m*, -na *f*.
Nepal *n*: **el** ~ o Nepal.
nepotismo *m* nepotismo *m*.
Neptuno *m* Netuno *m*.
nervio *m* - **1.** [gen] nervo *m* - **2.** [de planta, bóveda] nervura *f*.
◆ **nervios** *mpl* nervos *mpl*; **tener** ~**s** ter nervos; **poner los** ~**s de punta** *fig* pôr nervoso(sa); **tener los** ~**s de punta** *fig* ter os nervos à flor da pele; **tener** ~**s de acero** *fig* ter nervos de aço.
nerviosismo *m* nervosismo *m*.
nervioso, sa *adj* nervoso(sa).
nervudo, da *adj* nervudo(da).
netiqueta *f* INFORM netiqueta *f*.
neto, ta *adj* - **1.** [claro] nítido(da) - **2.** [sin cargas] líquido(da).
neumático, ca *adj* pneumático(ca).
◆ **neumático** *m* pneu *m*.
neumonía *f* MED pneumonia *f*.
neurálgico, ca *adj* nevrálgico(ca).
neurastenia *f* MED neurastenia *f*.
neurocirugía *f* MED neurocirurgia *f*.
neurología *f* MED neurologia *f*.
neurólogo, ga *m, f* MED neurologista *mf*.
neurona *f* ANAT neurônio *m*.
neurosis *f* MED neurose *f*.
neurótico, ca MED ◇ *adj* neurótico(ca). ◇ *m, f* neurótico *m*, -ca *f*.
neutral ◇ *adj* neutro(tra). ◇ *mf* neutro *m*, -tra *f*.
neutralidad *f* neutralidade *f*.
neutralizar *vt* neutralizar.
◆ **neutralizarse** *vpr* neutralizar-se.
neutro, tra *adj* neutro(tra).
neutrón *m* FÍS nêutron *m*.
nevado, da *adj* nevado(da).
◆ **nevada** *f* nevada *f*.
nevar *v impers* nevar.
nevazón *f Arg, Chile* nevasca *f*.
nevera *f* geladeira *f*.
nevería *f Carib, Méx* sorveteria *f*.
nevisca *f* pequena queda de neve.
neviscar *v impers* neviscar.
nexo *m* ligação *f*.
ni ◇ *conj* nem; ~ **que** nem que. ◇ *adv* nem.
nica *Amér fam* ◇ *adj* nicaragüense. ◇ *mf* nicaragüense *mf*.
Nicaragua *n* Nicarágua.
nicaragüense ◇ *adj* nicaragüense. ◇

mf nicaragüense *mf*.
nicho *m* nicho *m*.
nicotina *f* QUÍM nicotina *f*.
nido *m* -**1**. [gen] ninho *m* -**2**. *fig* [guarida] covil *m*.
niebla *f* névoa *f*.
nieto, ta *m*, *f* neto *m*, -ta *f*.
nieve *f* -**1**. METEOR neve *f* -**2**. *fam* [cocaína] pó *m* -**3**. *Carib, Méx* [granizado] *refresco feito com gelo picado e um suco de fruta.*
➤ **nieves** *fpl* [nevada] nevada *f*.
NIF (*abrev de* número de identificación fiscal) *m* CPF *m*.
night-club (*pl* night-clubs) *m* casa *f* noturna.
nigromancia *f* necromancia *f*.
nigua *f* *Guat* [persona cobarde] covarde *mf*; **pegarse como una ~** *fig* grudar como um carrapato.
Nilo *n*: **el ~** o Nilo.
nimbo *m* -**1**. [gen] nimbo *m* -**2**. [de santo] auréola *f*.
nimiedad *f* -**1**. [cualidad] insignificância *f* -**2**. [dicho, hecho] ninharia *f*.
nimio, mia *adj* insignificante.
ninfa *f* ninfa *f*.
ninfómana ◇ *adj f* que sofre de ninfomania. ◇ *f* ninfômana *f*.
ninguno, na ◇ *adj* (*delante de sust masculino* ningún) -**1**. [ni uno] nenhum(ma); **no tengo ningún abrigo de piel** não tenho nenhum casaco de pele -**2**. [nulo] nenhum(ma). ◇ *pron* nenhum(ma); **~ de** nenhum de.
niña *f* ➭ niño.
niñato, ta *m*, *f* fedelho *m*, -lha *f*.
niñera *f* babá *f*.
niñería *f* criancice *f*.
niñez *f* -**1**. [infancia] infância *f* -**2**. [tontería] infantilidade *f*.
niño, ña ◇ *adj* criança *f*. ◇ *m*, *f* -**1**. [crío] menino *m*, -na *f*; **~ bien** filho *m* de papai; **~ bonito** *fig* queridinho *m*, -nha *f*; **~ prodigio** criança prodígio; **estar como un ~ con zapatos nuevos** estar feliz como uma criança -**2**. [joven] moço *m*, -ça *f* -**3**. *loc*: **ni qué ~ muerto** que nada.
➤ **niña** *f* pupila *f*; **niña de los ojos** *fig* menina-dos-olhos *f*.
nipón, ona ◇ *adj* nipônico(ca). ◇ *m*, *f* nipônico *m*, -ca *f*.
níquel *m* níquel *m*.
niquelar *vt* niquelar.
niqui *m* camiseta *f*.
níspero *m* -**1**. [fruto] nêspera *f* -**2**. [árbol] nespereira *f*.
NIT (*abrev de* número de identificación tributaria) *m* *Col* CPF *m*.
nitidez *f* nitidez *f*.

nítido, da *adj* nítido(da).
nitrato *m* QUÍM nitrato *m*.
nitrógeno *m* nitrogênio *m*.
nitroglicerina *f* QUÍM nitroglicerina *f*.
nivel *m* nível *m*; **a ~** ao nível; **~ de vida** nível de vida.
nivelación *f* nivelação *f*.
nivelador, ra *adj* nivelador(ra).
➤ **niveladora** *f* niveladora *f*.
nivelar *vt* nivelar.
no (*pl* noes) ◇ *adv* -**1**. [de negación] não; **¡a que ~!** duvido!; **¿cómo ~?** como não?; **~ bien** nem bem; **~ ya** não só; **pues ~, que ~, eso sí que ~** certamente que não -**2**. [en final de interrogación] não? ◇ *m* não *m*.
n° (*abrev de* número) n°.
nobiliario, ria *adj* nobiliário(ria).
noble ◇ *adj* nobre. ◇ *mf* nobre *mf*.
nobleza *f* nobreza *f*.
noche *f* noite *f*; **de ~** de noite; **por la ~** à noite; **de la ~ a la mañana** *fig* da noite para o dia; **hacerse de ~** anoitecer; **buenas ~s** boa noite.
Nochebuena *f* véspera *f* de Natal.
nochero *m* -**1**. *CSur* [vigilante nocturno] guarda-noturno *m* -**2**. *Col* [mesita de noche] criado-mudo *m*.
Nochevieja *f* noite *f* de réveillon.
noción *f* noção *f*; **tener ~ de** ter noção de.
➤ **nociones** *fpl*: **tener nociones de** ter noções de.
nocivo, va *adj* nocivo(va).
noctámbulo, la ◇ *adj* noturno(na). ◇ *m*, *f* notívago *m*, -ga *f*.
nocturno, na *adj* noturno(na).
nodo *m* -**1**. [gen] nodo *m*; **~ local** INFORM nó local -**2**. *FÍS* nó *m*.
nodriza *f* ama-de-leite *f*.
Noël *m* ➭ papá.
nogal *m* nogueira *f*.
nómada ◇ *adj* nômade. ◇ *mf* nômade *mf*.
nomás *adv Amér* apenas.
nombramiento *m* nomeação *f*.
nombrar *vt* nomear.
nombre *m* -**1**. [gen] nome *m*; **~ artístico** nome artístico; **~ de dominio** INFORM nome de domínio; **~ de pila** nome de batismo; **en ~ de** em nome de; **no tener algo ~** ser algo inominável -**2**. [sustantivo] substantivo *m*; **~ colectivo** substantivo coletivo; **~ común** substantivo comum; **~ propio** substantivo próprio.
nomenclatura *f* nomenclatura *f*.
nomeolvides *m inv* BOT miosótis *m inv*, não-me-esqueças *m inv*.
nómina *f* -**1**. [lista de empleados] quadro *m*

de pessoal **- 2.** [pago] folha *f* de pagamentos.

nominal *adj* nominal.

nominar *vt* indicar.

nominativo, va *adj* nominativo(va).

➥ **nominativo** *m* nominativo *m*.

nomo = gnomo.

non ◇ *adj* ímpar. ◇ *m* ímpar *m*.

➥ **nones** *mpl* não *m*.

nonagésimo, ma ◇ *núm* [para ordenar]
nonagésimo(ma); **nonagésima parte** [para
fraccionar] nonagésima parte. ◇ *m, f*
nonagésimo *m*, -ma *f*.

nono, na ◇ *adj culto* nono(na). ◇ *m, f*
RP, Ven fam vovô *m*, -vó *f*.

noqueado, da *adj Amér fam* **- 1.** [dormido]
desmaiado(da) **- 2.** [pasmado] pasma-
do(da).

nordeste = noreste.

nórdico, ca ◇ *adj* nórdico(ca). ◇ *m, f*
nórdico *m*, -ca *f*.

noreste, nordeste *m* nordeste *m*.

noria *f* **- 1.** [para agua] nora *f* **- 2.** [de feria]
roda-gigante *f*.

norma *f* norma *f*; **por** ~ por norma.

normal *adj* normal.

normalidad *f* normalidade *f*.

normalizar *vt* **- 1.** [volver normal] normalizar
- 2. [estandarizar] normalizar, padronizar.

➥ **normalizarse** *vpr* normalizar-se.

normando, da ◇ *adj* normando(da). ◇
m, f normando *m*, -da *f*.

normar *vt Amér* normatizar.

normativo, va *adj* normativo(va).

➥ **normativa** *f* regulamentação *f*.

noroeste *m* noroeste *m*.

norte *m* norte *m*; **al** ~ **de** ao norte de.

Norteamérica *n* América do Norte.

norteamericano, na ◇ *adj* norte-ame-
ricano(na). ◇ *m, f* norte-americano *m*,
-na *f*.

norteño, ña *adj* do norte.

Noruega *n* Noruega.

noruego, ga ◇ *adj* norueguês(esa). ◇
m, f norueguês *m*, -esa *f*.

➥ **noruego** *m* [lengua] norueguês *m*.

nos *pron* nos.

nosotros, tras *pron* nós; ~ **nos vamos** nós
nos vamos embora; **entre** ~ *fig* (aqui)
entre nós; **ven con** ~ vem conosco.

nostalgia *f* nostalgia *f*.

nota *f* **- 1.** nota *f*; **tomar** ~ tomar nota; ~ **a**
pie de página nota de rodapé; ~ **de consu-**
mo nota fiscal; ~ **de remisión** recibo *m* de
emissão **- 2.** *loc*: **dar la** ~ dar a nota.

notable ◇ *adj* notável. ◇ *m* **- 1.** [califica-
ción] muito bom *m* **- 2.** *(gen pl)* [persona]
notável *mf*.

notar *vt* notar.

➥ **notarse** *vpr* notar-se.

notaría *f* **- 1.** [profesión] notariado *m* **- 2.** [ofi-
cina] cartório *m*.

notarial *adj* notarial.

notario, ria *m, f* notário *m*, -ria *f*.

noticia *f* notícia *f*; **tener** ~**s** ter notícias.

➥ **noticias** *fpl* noticiário *m*.

noticiario *m* noticiário *m*.

noticiero *m Amér* noticiário *m*.

noticioso *m Andes, RP* noticiário *m*.

notificación *f* notificação *f*.

notificar *vt* notificar.

notoriedad *f* notoriedade *f*.

notorio, ria *adj* notório(ria).

novatada *f* **- 1.** [broma] trote *m* **- 2.** [inexpe-
riencia] erro *m* de principiante; **pagar la**
~ pagar pela inexperiência.

novato, ta ◇ *adj* novato(ta). ◇ *m, f*
novato *m*, -ta *f*.

novecientos, tas *núm* novecentos.

➥ **novecientos** *m* novecentos *m*; *ver tam-*
bién seis.

novedad *f* novidade *f*; **sin** ~ sem novidades.

➥ **novedades** *fpl* novidades *fpl*.

novedoso, sa *adj* novo(va).

novel *adj* novel.

novela *f* romance *m*; ~ **policíaca** romance
policial.

novelar *vt* romancear.

novelero, ra ◇ *adj* **- 1.** [fantasioso] fanta-
sioso(sa) **- 2.** [aficionado a las novelas] aficio-
nado(da) em romances. ◇ *m, f* **- 1.**
[fantasioso] fantasista *mf* **- 2.** [aficionado a las
novelas] aficionado *m*, -da *f* em romances.

novelesco, ca *adj* novelesco(ca).

novelista *mf* romancista *mf*.

noveno, na ◇ *núm* [para ordenar] nono(na);
novena parte [para fraccionar] nona parte.
◇ *m, f* nono *m*, -na *f*.

noventa ◇ *núm* noventa. ◇ *m* [número]
noventa *m*; *ver también* seis.

noviar *vi CSur, Méx*: ~ **con alguien** namorar
com alguém; **están noviando** eles estão
namorando.

noviazgo *m* noivado *m*.

noviembre *m* novembro *m*; *ver también* setiembre.

novillada *f TAUROM* corrida de novilhos.

novillero, ra *m, f TAUROM* toureador de novilhos.

novillo, lla *m, f* novilho *m*, -lha *f*; **hacer** ~**s**
Esp fam cabular aulas.

novio, via *m, f* **- 1.** [compañero] namorado *m*,
-da *f* **- 2.** [prometido] noivo *m*, -va *f*.

NS/NC *(abrev de* no sabe/no contesta*)* NS/
NR.

nubarrón *m* nuvem *f* densa e escura.

nube *f* -**1**. [gen] nuvem *f* -**2**. *loc*: estar en las ∼s [estar distraído] estar nas nuvens; poner algo/a alguien por las ∼s [alabar] pôr algo/ alguém nas nuvens; **estar por las** ∼s [caro] estar pela hora da morte.

nublado, da *adj* nublado(da).

nublar *vt* nublar.

➡ **nublarse** *vpr* nublar-se.

nubosidad *f* nebulosidade *f*.

nuca *f* nuca *f*.

nuclear *adj* nuclear.

núcleo *m* núcleo *m*.

nudillo *m* nó *m*.

nudismo *m* nudismo *m*.

nudo *m* -**1**. [gen] nó *m*; **hacérsele a alguien un** ∼ **en la garganta** fazer-se um nó garganta de alguém -**2**. [cruce] entronca-mento *m* -**3**. [vínculo] laço *m*.

nudoso, sa *adj* nodoso(sa).

nuera *f* nora *f*.

nuestro, tra ◇ *adj* nosso(sa). ◇ *pron*: **el** ∼ /**la nuestra** o nosso/a nossa; **lo** ∼ o nosso negócio; **los** ∼ **s** os nossos.

nueva *f* ▷ **nuevo.**

Nueva York *n* Nova Iorque.

Nueva Zelanda *n* Nova Zelândia.

nueve ◇ *núm* nove. ◇ *m* nove *m*. ◇ *fpl* [hora] nove *m*; *ver también* **seis.**

nuevo, va ◇ *adj* -**1**. [gen] novo(va) -**2**. [re-cién cosechado] verde. ◇ *m, f* novato *m*, -ta *f*.

➡ **buena nueva** *f* boa nova *f*.

➡ **de nuevo** *loc adv* de novo.

nuez *f* -**1**. [fruto] noz *f* -**2**. ANAT pomo-de-adão *m*.

➡ **nuez moscada** *f* [condimento] noz-mos-cada *f*.

nulidad *f* nulidade *f*.

nulo, la *adj* nulo(la).

núm. (*abrev de* **número**) núm.

numeración *f* numeração *f*.

numeral ◇ *adj* numeral. ◇ *m* nume-ral *m*.

numerar *vt* numerar.

➡ **numerarse** *vpr* numerar-se.

numérico, ca *adj* numérico(ca).

número *m* -**1**. [gen] número *m*; ∼ **redondo** número redondo; **sin** ∼ [muchos] sem número -**2**. MIL membro *m* -**3**. *loc*: **en** ∼ **s ro-jos** [sin dinero] no vermelho; **hacer** ∼ **s** [calcular el dinero] fazer as contas; **montar el** ∼ fazer uma cena.

numeroso, sa *adj* numeroso(sa).

nunca *adv* nunca; ∼ **jamás** o **más** nunca jamais o mais.

nuncio *m* núncio *m*.

nupcial *adj* nupcial.

nupcias *fpl* núpcias *fpl.*

nutria *f* lontra *f*.

nutrición *f* nutrição *f*.

nutricionista *mf* Amér nutricionista *mf.*

nutrido, da *adj* -**1**. [alimentado] nutrido(da) -**2**. [numeroso] grande.

nutrir *vt* -**1**. [gen] nutrir; ∼ **algo/a alguien con algo** nutrir algo/alguém com algo; ∼ **algo/a alguien de algo** nutrir algo/ alguém de algo -**2**. *fig* [suministrar] prover; ∼ **algo/a alguien de algo** prover algo/ alguém de algo.

➡ **nutrirse** *vpr* -**1**. [gen]: ∼ **se de** *o* **con algo** nutrir-se de *o* com algo -**2**. *fig* [proveerse]: ∼ **se de** *o* **con algo** abastecer-se de *o* com algo.

nutritivo, va *adj* nutritivo(va).

nylon® = náilon.

ñ, Ñ *f* eñe, *letra do alfabeto espanhol.*

ñapa *f* Ven fam bônus *m.*

ñato, ta *adj* Andes, RP de nariz achatado.

ñoñería, ñoñez *f* besteira *f.*

ñoño, ña *adj* -**1**. [recatado] inseguro(ra) -**2**. [soso] sem graça.

ñoqui *m* (*gen pl*) CULIN nhoque *m.*

o¹, O (*pl* **oes**) *f* [letra] o, O *m.*

Quando a palavra que acompanha a conjunção *o* começa pelo som *o*, nós a substituímos por *u*: (*¿Quién faltó a clase ayer? ¿Mariana u Olga?* Quem faltou à aula ontem? Mariana ou Olga?; *Se puede llegar al club en auto u ómnibus*. Pode-se chegar ao clube de carro ou de ônibus.)

o², u *conj* (*delante de las palabras que empie-zan por la letra o se usa u*) ou.

➡ **o sea (que)** *loc conj* ou seja.

oasis *m* oásis *m.*

obcecar *vt* obcecar.

➡ **obcecarse** *vpr* obcecar-se.
obedecer ◇ *vt* [órdenes] obedecer; ~ a alguien obedecer a alguém. ◇ *vi* -1. [acatar] obedecer -2. [someterse] : ~ a obedecer a.
obediencia *f* obediência *f.*
obediente *adj* obediente.
obelisco *m* obelisco *m.*
obertura *f* MÚS abertura *f.*
obesidad *f* obesidade *f.*
obeso, sa ◇ *adj* obeso(sa). ◇ *m, f* obeso *m, -sa f.*
obispo *m* bispo *m.*
objeción *f* objeção *f*; ~ de conciencia objeção de consciência.
objetar *vt* objetar.
objetividad *f* objetividade *f.*
objetivo, va *adj* objetivo(va).
➡ **objetivo** *m* -1. [gen] objetivo *m* -2. FOT objetiva *f.*
objeto *m* objeto *m.*
➡ **objetos perdidos** *mpl* seção de achados e perdidos.
objetor, ra *m, f* opositor *m, -ra f*; ~ de conciencia objetor de consciência.
oblicuo, cua *adj* oblíquo(qua).
obligación *f* -1. [gen] obrigação *f* -2. *(gen pl)* COM obrigação *f*, debênture *f.*
obligado, da *adj* obrigado(da).
obligar *vt*: ~ a alguien a hacer algo obrigar alguém a fazer algo.
➡ **obligarse** *vpr*: ~se a hacer algo obrigar-se a fazer algo.
obligatorio, ria *adj* obrigatório(ria).
obnubilar *vt* obnubilar.
oboe ◇ *m* [instrumento] oboé *m.* ◇ *mf* [persona] oboísta *mf.*
obra *f* obra *f*; ~ de caridad obra de caridade; ~s completas obras completas; ~ maestra obra-prima *f*; ~s públicas obras públicas; por ~ (y gracia) de por obra e graça de; 'cerrado por ~s' 'fechado para reforma'.
obrar *vi* -1. [gen] obrar -2. [estar en poder]: ~ en encontrar-se em.
obrero, ra ◇ *adj* operário(ria). ◇ *m, f* operário *m, -ria f.*
obscenidad *f* obscenidade *f.*
obsceno, na *adj* obsceno(na).
obscurecer = oscurecer.
obscuridad = oscuridad.
obscuro, ra = oscuro.
obsequiar *vt* obsequiar.
obsequio *m* presente *m.*
obsequioso, sa *adj* obsequioso(sa).
observación *f* observação *f.*
observador, ra ◇ *adj* observador(ra). ◇ *m, f* observador *m, -ra f.*

observancia *f* observância *f.*
observar *vt* observar.
➡ **observarse** *vpr* observar-se.
observatorio *m* observatório *m.*
obsesión *f* obsessão *f.*
obsesionar *vt* obcecar.
➡ **obsesionarse** *vpr* obcecar-se.
obsesivo, va *adj* obsessivo(va).
obseso, sa ◇ *adj* obcecado(da) por. ◇ *m, f* obcecado *m, -da f.*
obstaculizar *vt* obstaculizar.
obstáculo *m* obstáculo *m.*
obstante ➡ **no obstante** *loc adv* não obstante.
obstetricia *f* MED obstetrícia *f.*
obstinado, da *adj* obstinado(da).
obstinarse *vpr*: ~se (en) obstinar-se (em).
obstrucción *f* obstrução *f.*
obstruir *vt* obstruir.
➡ **obstruirse** *vpr* obstruir-se.
obtener *vt* obter.
➡ **obtenerse** *vpr* obter-se.
obturador *m* obturador *m.*
obturar *vt* obturar.
obtuso, sa *adj* obtuso(sa).
obús *(pl* obuses) *m* obus *m.*
obviar *vt* [evitar] obviar.
obvio, via *adj* óbvio(via).
oca *f* -1. [animal] ganso *m* -2. [juego] oca *f.*
ocasión *f* ocasião *f*; en cierta ~ em certa ocasião; con ~ de por ocasião de; dar ~ dar motivo; de ~ de ocasião.
ocasional *adj* ocasional.
ocasionar *vt* ocasionar.
ocaso *m* ocaso *m.*
occidental ◇ *adj* ocidental. ◇ *mf* ocidental *mf.*
occidente *m* ocidente *m.*
➡ **Occidente** *m* [bloque de países] Ocidente *m.*
OCDE *(abrev de* **Organización para la Cooperación y el Desarrollo Económico)** *f* OCDE *f.*
Oceanía *n* Oceania.
oceánico, ca *adj* oceânico(ca).
océano *m* oceano *m.*
ochenta ◇ *núm* oitenta. ◇ *m* oitenta *m*; *ver también* seis.
ocho ◇ *núm* oito. ◇ *m* oito *m.* ◇ *fpl* [hora]: son las ~ de la mañana são oito da manhã; *ver también* seis.
ochocientos, tas *núm* -1. [para contar] oitocentos(tas) -2. [para ordenar] oitocentos.
➡ **ochocientos** *m inv* oitocentos *m*; *ver también* seis.
ocio *m* ócio *m*, lazer *m.*
ociosidad *f* ociosidade *f.*
ocioso, sa *adj* ocioso(sa).
ocluir *vt* ocluir.

◆ **ocluirse** *vpr* ocluir-se.
ocre ◇ *m* -**1.** [color] ocre *m* -**2.** [mineral] ocra *f.* ◇ *adj inv* ocre.
octaedro *m* GEOM octaedro *m.*
octágono, na *m* GEOM octógono(na).
octanaje *m* octanagem *f.*
octano *m* octano *m.*
octava *f* ➢ octavo.
octavilla *f* -**1.** [de propaganda] panfleto *m* -**2.** [formato papel] oitava parte de uma folha de papel.
octavo, va *núm* [para ordenar] oitavo(va); **octava parte** [para fracciones] oitava parte.
◆ **octavo** *m* oitavo *m.*
◆ **octava** *f* MÚS oitava *f.*
octeto *m* octeto *m.*
octogenario, ria ◇ *adj* octogenário(ria). ◇ *m, f* octogenário *m*, -ria *f.*
octubre *m* outubro *m*; *ver también* setiembre.
ocular *adj* ocular.
oculista *mf* MED oculista *mf.*
ocultar *vt* -**1.** [esconder] ocultar -**2.** [callar]: ~ **le algo a alguien** ocultar algo de alguém.
◆ **ocultarse** *vpr* ocultar-se.
ocultismo *m* ocultismo *m.*
oculto, ta *adj* oculto(ta).
ocupación *f* ocupação *f.*
ocupado, da *adj* ocupado(da).
ocupante ◇ *adj* ocupante. ◇ *mf* ocupante *mf.*
ocupar *vt* -**1.** [gen] ocupar -**2.** [dar trabajo] empregar -**3.** *CAm, Méx* [usar] usar.
◆ **ocuparse** *vpr* [encargarse]: ~**se (de)** cuidar (de).
ocurrencia *f* -**1.** [idea] idéia *f* -**2.** [dicho gracioso] comentário *m* espirituoso.
ocurrente *adj* espirituoso(sa).
ocurrir *vi* -**1.** [acontecer] ocorrer -**2.** [pasar, preocupar]: ~ **algo a alguien** acontecer algo com alguém.
◆ **ocurrirse** *vpr* [venir a la cabeza]: **ocurrírsele algo a alguien** ocorrer-lhe algo a alguém.
oda *f* ode *f.*
ODECA (*abrev de* **Organización de Estados Centroamericanos**) *f* ODECA *f.*
odiar ◇ *vt* odiar. ◇ *vi* odiar.
odio *m* ódio *m.*
odioso, sa *adj* odioso(sa).
odisea *f* odisséia *f.*
odontología *f* MED odontologia *f.*
odontólogo, ga *m, f* MED odontologista *mf.*
odre *m* odre *m.*
OEA (*abrev de* **Organización de Estados Americanos**) *f* OEA *f.*

oeste *m* oeste *m*; **al** ~ **(de)** a oeste (de).
ofender ◇ *vt* ofender. ◇ *vi* ofender.
◆ **ofenderse** *vpr* ofender-se.
ofensa *f* ofensa *f.*
ofensivo, va *adj* ofensivo(va).
◆ **ofensiva** *f* MIL ofensiva *f.*
oferta *f* oferta *f*; ~ **pública de adquisición** COM oferta pública de aquisição; **de** ~ em oferta.
ofertar *vt* liquidar.
off *adj* off.
office *m inv* copa *f.*
oficial, la *m, f* -**1.** [de oficio manual] aprendiz *m*, -za *f* -**2.** [de un taller, peluquería] oficial *mf.*
◆ **oficial** ◇ *adj* oficial. ◇ *m* -**1.** MIL oficial *m*, -la *f* -**2.** [funcionario] oficial *mf.*
oficialismo *m* **Amér**: **el** ~ [gobierno] o governo; [partidarios del gobierno] os governistas.
oficialista *adj* **Amér** governista.
oficiar ◇ *vt* oficiar. ◇ *vi* -**1.** [sacerdote] oficiar -**2.** [actuar de]: ~ **de** atuar como.
oficina *f* escritório *m*; ~ **de empleo** agência de empregos; ~ **de turismo** centro *m* de informações turísticas.

> Não confundir com o português 'oficina', que tem un significado similar ao espanhol *taller*: (*Mi secretaria se encuentra en la oficina de 9 a 17 horas.* Minha secretária encontra-se no escritório das 9 às 17 horas.)

oficinista *mf* auxiliar *mf* de escritório.
oficio *m* -**1.** [gen] ofício *m* -**2.** [experiencia] experiência *f.*
◆ **Santo Oficio** *m* Santo Ofício *m.*
oficioso, sa *adj* oficioso(sa).
ofimática *f* INFORM aplicação dos recursos e programas da informática em escritórios.
ofrecer *vt* oferecer.
◆ **ofrecerse** *vpr* oferecer-se.
ofrecimiento *m* oferecimento *m.*
ofrenda *f* -**1.** [a Dios, santos] oferenda *f* -**2.** [por gratitud, amor] oferta *f.*
ofrendar *vt* oferendar.
oftalmología *f* MED oftalmologia *f.*
oftalmólogo, ga *m, f* MED oftalmologista *mf.*
ofuscación *f* ofuscação *f.*
ofuscar *vt* ofuscar.
◆ **ofuscarse** *vpr* ofuscar-se.
ogro *m* ogro *m.*
oh *interj* oh!
oída ◆ **de oídas** *loc adv* de ouvido.
oído *m* ouvido *m*; **hacer** ~**s sordos** fazer ouvidos moucos o ouvido de mercador; **ser todo** ~**s** ser todo ouvidos; **de** ~ de ouvido; **ser duro de** ~ ser duro de ouvido, ter os ouvidos entupidos; **tener (buen)** ~ ter (bom) ouvido; **tener mal** ~, **no tener** ~ ter mau ouvido.

oír ◇ vt ouvir; **¡oiga, por favor!** escute, por favor!; **¡oye! fam** escute! ◇ vi ouvir.
OIT (abrev de **Organización Internacional del Trabajo**) f OIT f.
ojal m casa f.
ojalá interj tomara!
ojeada f olhada f; **echar** o **dar una** ~ dar uma olhada.
ojear vt dar uma olhada.
ojeras fpl olheiras fpl; **tener** ~**s** ter olheiras.
ojeriza f fam bronca f.
ojeroso, sa adj olheirento(ta).
ojete m -**1.** [bordado] ilhó m -**2.** vulg rosca f.
ojo ◇ m -**1.** [gen] olho m; ~ **a la funerala** o **la virulé** olho roxo -**2.** [agujero] buraco m -**3.** loc: **abrir los** ~**s a alguien** abrir os olhos de alguém; **andar con (mucho)** ~ ir com (muito) cuidado; **a** ~ **(de buen cubero)** a olho; **comerse con los** ~**s a alguien** fam comer alguém com os olhos; **echar el** ~ **a algo** botar o olho em algo; **en un abrir y cerrar de** ~**s** em um abrir e fechar de olhos; **mirar** o **ver con buenos** ~**s** ver com bons olhos; **mirar** o **ver con malos** ~**s** ver com maus olhos; **no pegar** ~ não pregar o olho; **tener (buen)** ~ ter (bom) olho; ~ **por** ~, **diente por diente** prov olho por olho, dente por dente; ~**s que no ven, corazón que no siente** prov o que os olhos não vêm o coração não sente. ◇ interj cuidado!
◆ **ojo de buey** m olho-de-boi m.
ojota f RP [chancletas] chinelo m.
OK interj ok!
okupa mf Esp fam ocupante mf.
ola f onda f.
◆ **nueva ola** f nova onda.
OLADE (abrev de **Organización Latinoamericana de Energía**) f OLADE f.
ole, olé interj olé!
oleada f -**1.** [de mar] vaga f -**2.** fig [abundancia] onda f.
oleaje m marulho m.
óleo m óleo m; **al** ~ a óleo.
oleoducto m oleoduto m.
oler ◇ vt cheirar. ◇ vi [exhalar olor] cheirar; ~ **a** ter cheiro de.
◆ **olerse** vpr fig desconfiar.
olfatear vt farejar.
olfato m olfato m.
oligarquía f oligarquia f.
olimpiada, olimpíada f olimpíada f.
olímpicamente adv fam completamente.
oliva f oliva f.
olivar m olival m.
olivera f oliveira f.

olivo m oliveira f.
olla f panela f; ~ **a presión** o **exprés** panela de pressão; ~ **podrida** CULIN olhapodrida f.
◆ **olla de grillos** f balaio-de-gatos m.
olmo m olmo m.
olor m cheiro m; ~ **a** cheiro de.
oloroso, sa adj oloroso(sa).
◆ **oloroso** m xerez muito aromático.
OLP (abrev de **Organización para la Liberación de Palestina**) f OLP f.
olvidadizo, za adj esquecidiço(ça).
olvidar vt esquecer; ~ **algo/hacer algo** esquecer algo/de fazer algo.
◆ **olvidarse** vpr -**1.** [no recordar] esquecerse; ~**se de** esquecer-se de -**2.** [descuidar]: ~**se de algo/de hacer algo** esquecer-se de algo/de fazer algo.
olvido m esquecimento m; **caer en el** ~ cair no esquecimento.
ombligo m umbigo m.
OMC (abrev de **Organización Mundial del Comercio**) f OMC f.
omelette f Amér omelete mf.
ominoso, sa adj ominoso(sa).
omisión f omissão f.
omiso, sa adj ▷ caso.
omitir vt omitir.
ómnibus m -**1.** Cuba, Urug [urbano] ônibus m -**2.** Andes, Cuba, Urug [interurbano, internacional] ônibus m.
omnipotente adj onipotente.
omnipresente adj onipresente.
omnívoro, ra ZOOL ◇ adj onívoro(ra). ◇ m, f onívoro m, -ra f.
omoplato, omóplato m ANAT omoplata f.
OMS (abrev de **Organización Mundial de la Salud**) f OMS f.
on adj ligado(da).
once ◇ núm onze. ◇ m onze m. ◇ fpl [hora] onze fpl; ver también seis.
ONCE (abrev de **Organización Nacional de Ciegos Españoles**) f organização beneficente espanhola que ajuda os deficientes visuais.
onceavo, va núm [para ordenar] décimoprimeiro m, décima-primeira f; **onceava parte** décima-primeira parte.
onda f onda f; ~ **corta** onda curta; ~ **larga** onda longa; ~ **media** onda média.
ondear vi ondear.
ondulación f ondulação f.
ondulado, da adj ondulado(da).
ondulante adj ondulante.
ondular ◇ vi ondular. ◇ vt ondular.
oneroso, sa adj oneroso(sa).
ONG (abrev de **Organización no Gubernamental**) f ONG f.
ónice, ónix m o f ônix m inv.

onomástico, ca *culto adj* onomástico(ca).

◆ **onomástica** *f* onomástica *f*.

onomatopeya *f* onomatopéia *f*.

ONU (*abrev de* **Organización de las Naciones Unidas**) *f* ONU *f*.

onza *f* -**1**. [unidad de peso] onça *f* -**2**. [de chocolate] *cada uma das oito porções em que se divide um tablete*.

OPA (*abrev de* **oferta pública de adquisición**) *f* OPA *f*; ~ **hostil** OPA hostil.

opaco, ca *adj* opaco(ca).

ópalo *m* opala *f*.

opción *f* -**1**. [elección] opção *f* -**2**. [derecho]: **dar** ~ **a** dar direito a -**3**. [posibilidad]: **tener** ~ **a** ter direito a.

opcional *adj* opcional.

OPEP (*abrev de* **Organización de Países Exportadores de Petróleo**) *f* OPEP *f*.

ópera *f* MÚS ópera *f*.

operación *f* operação *f*; ~ **retorno** operação retorno.

operador, ra *m, f* -**1**. [de teléfono] telefonista *mf* -**2**. [de cámara] cinegrafista *mf* -**3**. INFORM operador *m*, -ra *f*.

◆ **operador turístico** *m* operadora *f* de turismo.

operar ◇ *vt* operar. ◇ *vi* operar.

◆ **operarse** *vpr* -**1**. [hacerse operar] ser operado(da) -**2**. [producirse] operar-se.

operario, ria *m, f* operário *m*, -ria *f*.

operativo, va *adj* operativo(va).

opereta *f* MÚS opereta *f*.

opinar ◇ *vt* opinar. ◇ *vi* opinar; ~ **de** *o* **sobre algo/alguien** pensar de *o* sobre algo/alguém.

opinión *f* opinião *f*; **expresar** *o* **dar su** ~ expressar *o* dar sua opinião; **gozar de buena** ~ gozar de boa fama; ~ **pública** opinião pública.

opio *m* ópio *m*.

opíparo, ra *adj* opíparo(ra).

oponente *mf* oponente *mf*.

oponer *vt* opor.

◆ **oponerse** *vpr* [obstaculizar]: ~**se (a)** opor-se (a).

oporto *m* porto *m*.

oportunidad *f* oportunidade *f*; **aprovechar la** ~ aproveitar a oportunidade.

oportunismo *m* oportunismo *m*.

oportunista ◇ *adj* oportunista. ◇ *mf* oportunista *mf*.

oportuno, na *adj* oportuno(na).

oposición *f* -**1**. [gen] oposição *f* -**2**. [obstáculo] resistência *f*.

◆ **oposiciones** *fpl* concurso *m*.

opositar *vi Esp*: ~ **(a)** prestar concurso (para).

opositor, ra *m, f* -**1**. [a cargo] candidato *m*,

-ta *f* -**2**. [oponente] opositor *m*, -ra *f*.

opresión *f* -**1**. [represión] opressão *f* -**2**. [de un botón] pressão *f*.

opresivo, va *adj* opressivo(va).

opresor, ra ◇ *adj* opressor(ra). ◇ *m, f* opressor *m*, -ra *f*.

oprimir *vt* -**1**. [botón] pressionar -**2**. [apretar] apertar -**3**. [reprimir] oprimir.

oprobio *m* opróbio *m*.

optar *vi* -**1**. [escoger]: ~ **por** *o* **entre** optar por *o* entre -**2**. [aspirar]: ~ **a** aspirar a.

optativo, va *adj* optativo(va).

óptico, ca ◇ *adj* óptico(ca). ◇ *m, f* opticista *mf*.

◆ **óptica** *f* óptica *f*.

optimismo *m* otimismo *m*.

optimista ◇ *adj* otimista. ◇ *mf* otimista *mf*.

óptimo, ma ◇ *superl* ▷ **bueno**. ◇ *adj* ótimo(ma).

opuesto, ta ◇ *pp irreg* ▷ **oponer**. ◇ *adj* oposto(ta).

opulencia *f* opulência *f*.

opulento, ta *adj* opulento(ta).

oración *f* oração *f*.

oráculo *m* oráculo *m*.

orador, ra *m, f* orador *m*, -ra *f*.

oral ◇ *adj* oral. ◇ *m* ▷ **examen**.

órale *interj Méx fam* tá bem!

orangután *m* orangotango *m*.

orar *vi* orar.

oratorio, ria *adj* oratório(ria).

◆ **oratoria** *f* oratória *f*.

órbita *f* órbita *f*; **entrar/poner en** ~ entrar/pôr em órbita.

orca *f* orca *f*.

órdago *m jogada que se faz no jogo mus, na qual se aposta tudo o que falta para ganhar*; **de** ~ *Esp fig* genial.

orden (*pl* **órdenes**) ◇ *m* -**1**. ordem *f*; **en** ~ em ordem; **por** ~ em ordem; **sin** ~ **ni concierto** a torto e a direito; ~ **público** ordem pública -**2**. *loc*: ◇ *f* ordem *f*; **dar órdenes** dar ordens; **por** ~ **de** por ordem de; **a la** ~ MIL às ordens.

◆ **del orden de** *loc prep* da ordem de.

◆ **orden del día** *m* ordem *f* do dia; **estar algo a la** ~ **del día** estar algo na ordem do dia.

ordenado, da ◇ *adj* ordenado(da). ◇ *m, f* RELIG ordenado *m*, -da *f*.

ordenador *m* INFORM computador *m*.

ordenanza ◇ *m* -**1**. [empleado] auxiliar *m* de escritório -**2**. MIL ordenança *m*. ◇ *f* (*gen pl*) regulamento *m*.

ordenar *vt* ordenar.

◆ **ordenarse** *vpr* RELIG ordenar-se.

ordeñar *vt* ordenhar.

ordinal *adj* ordinal.
ordinariez *f* grosseria *f.*
ordinario, ria ◇ *adj* ordinário(ria); **de** ~ [generalmente] de ordinário. ◇ *m, f* ordinário *m,* -ria *f.*
orear *vt* arejar.
◆ **orearse** *vpr* arejar-se.
orégano *m* orégano *m.*
oreja *f* **-1.** [órgano] orelha *f* **-2.** [sentido] ouvido *m* **-3.** [de sillón] braço *m* **-4.** *loc:* **con las** ~**s gachas** de orelhas baixas; **verle las** ~**s al lobo** ver as coisas pretas.
orejera *f* orelheira *f.*
orejudo, da *adj* orelhudo(da).
orfanato, orfelinato *m* orfanato *m.*
orfandad *f* orfandade *f.*
orfebre *mf* ourives *mf.*
orfebrería *f* ourivesaria *f.*
orfelinato = orfanato.
orfeón *m* MÚS orfeão *m.*
orgánico, ca *adj* orgânico(ca).
organigrama *m* organograma *m.*
organillo *m* realejo *m.*
organismo *m* organismo *m.*
organista *mf* organista *mf.*
organización *f* organização *f.*
organizar *vt* organizar.
◆ **organizarse** *vpr* organizar-se.
órgano *m* órgão *m.*
orgasmo *m* orgasmo *m.*
orgía *f* orgia *f.*
orgullo *m* orgulho *m.*
orgulloso, sa ◇ *adj* orgulhoso(sa). ◇ *m, f* orgulhoso *m,* -sa *f.*
orientación *f* orientação *f.*
oriental ◇ *adj* oriental. ◇ *mf* oriental *mf.*
orientar *vt* orientar.
◆ **orientarse** *vpr* orientar-se.
oriente *m* oriente *m.*
◆ **Oriente** *m* Oriente *m;* **Cercano Oriente** Oriente Próximo; **Lejano** *o* **Extremo Oriente** Extremo Oriente; **Oriente Medio** Oriente Médio; **Oriente Próximo** Oriente Próximo.
orificio *m* orifício *m.*
origen *m* origem *f.*
original ◇ *adj* original. ◇ *m* original *m.*
originalidad *f* originalidade *f.*
originar *vt* originar.
◆ **originarse** *vpr* originar-se.
originario, ria *adj* originário(ria); ~ **de** originário(ria) de.
orilla *f* **-1.** [del agua] margem *f;* **a** ~**s de** às margens de **-2.** [borde] borda *f* **-3.** [límite] orla *f* **-4.** [acera] calçada *f.*
orillarse *vpr* **Méx** encostar.
orín *m* ferrugem *f.*

◆ **orines** *mpl* urina *f.*
orina *f* urina *f.*
orinal *m* urinol *m.*
orinar ◇ *vi* urinar. ◇ *vt* urinar.
◆ **orinarse** *vpr* urinar-se.
oriundo, da ◇ *adj* **-1.** [originario]: ~ **de** oriundo(da) de **-2.** DEP Esp filho de mãe ou pai de nacionalidade espanhola. ◇ *m, f* DEP oriundo *m,* -da *f,* desportista filho de mãe ou pai de nacionalidade espanhola.
orla *f* **-1.** [adorno] moldura *f* **-2.** [fotografía] foto *f* de formatura.
ornamentación *f* ornamentação *f.*
ornamento *m* ornamento *m.*
ornar *vt* ornar.
ornitología *f* ornitologia *f.*
ornitólogo, ga *m, f* ornitólogo *m,* -ga *f.*
oro *m* ouro *m;* **de** ~ de ouro; **hacerse de** ~ cobrir-se de ouro; **pedir el** ~ **y el moro** pedir mundos e fundos.
◆ **oros** *mpl* ouros *mpl.*
◆ **oro negro** *m* ouro *m* negro.
orografía *f* orografia *f.*
orondo, da *adj* fam **-1.** [satisfecho] orgulhoso(sa) **-2.** [gordo] redondo(da).
orquesta *f* orquestra *f;* ~ **de cámara** orquestra de câmara; ~ **sinfónica** orquestra sinfônica.
orquestar *vt* orquestrar.
orquestina *f* conjunto *m.*
orquídea *f* orquídea *f.*
ortiga *f* urtiga *f.*
ortodoncia *f* MED ortodontia *f.*
ortodoxia *f* ortodoxia *f.*
ortodoxo, xa ◇ *adj* ortodoxo(xa). ◇ *m, f* RELIG ortodoxo *m,* -xa *f.*
ortografía *f* ortografia *f.*
ortopedia *f* ortopedia *f.*
ortopédico, ca ◇ *adj* ortopédico(ca). ◇ *m, f* ortopedista *mf.*
oruga *f* lagarta *f.*
orujo *m* bagaço *m.*
orzuelo *m* terçol *m.*
os *pron* vos, vocês; ~ **invito a mi fiesta** convido vocês para a minha festa; ~ **tiene miedo** tem medo de vocês; **no** ~ **peléis por una tontería** não briguem por uma bobagem.
osa *f* ▷ **oso.**
osadía *f* ousadia *f.*
osado, da *adj* ousado(da).
osamenta *f* ossada *f,* esqueleto *m.*
osar *vi* ousar.
osario *m* ossário *m.*
óscar *m* inv CIN óscar *m.*
oscilación *f* oscilação *f.*
oscilar *vi* oscilar.
oscurecer, obscurecer ◇ *vt* obscurecer.

◇ *v impers* [anochecer] escurecer.

◆ **oscurecerse, obscurecerse** *vpr* obscurecer-se.

oscuridad, obscuridad *f* obscuridade *f*.

oscuro, ra, obscuro, ra *adj* -**1.** [gen] obscuro(ra); **a oscuras** às escuras -**2.** [color, cielo] escuro(ra).

óseo, a *adj* ósseo(a).

osezno *m* filhote *m* de urso.

Oslo *n* Oslo.

oso, osa *m, f* urso *m*, -sa *f*; ~ **de felpa** urso de pelúcia; ~ **hormiguero** tamanduá *m*; ~ **panda** urso panda; ~ **de peluche** urso de pelúcia; ~ **polar** urso-polar.

> Não confundir com o português 'osso', que tem um significado similar ao espanhol *hueso*: (*El oso panda está en peligro de extinción*. O urso panda está em perigo de extinção.)

ostensible *adj* ostensível.

ostentación *f* ostentação *f*; **hacer** ~ **de algo** fazer ostentação de algo.

ostentar *vt* ostentar.

ostentoso, sa *adj* ostentoso(sa).

ostión *m Amér* espécie de ostra maior do que a comum.

ostra ◇ *f* ostra *f*; **aburrirse alguien como una** ~ *fam fig* ficar (de saco) cheio. ◇ *interj fam Esp* caramba!

ostrogodo, da *HIST* ◇ *adj* ostrogodo(da). ◇ *m, f* ostrogodo *m*, -da *f*.

OTAN (*abrev de* **Organización del Tratado del Atlántico Norte**) *f* OTAN *f*.

otear *vt* observar.

OTI (*abrev de* **Organización de Televisiones Iberoamericanas**) *f* OTI *f*.

otitis *f MED* otite *f*.

otomano, na ◇ *adj* otomano(na). ◇ *m, f* otomano *m*, -na *f*.

otoñal *adj* outonal.

otoño *m* outono *m*.

otorgamiento *m* outorga *f*.

otorgar *vt* outorgar.

otorrino, na *m, f fam* otorrino *mf*.

otorrinolaringología *f MED* otorrinolaringologia *f*.

otorrinolaringólogo, ga *m, f MED* otorrinolaringologista *mf*.

otro, tra ◇ *adj* outro(tra); **el** ~ **día/mes** o outro dia/mês; **la otra tarde/noche/semana** a outra tarde/noite/semana. ◇ *pron* outro(tra).

OUA (*abrev de* **Organización para la Unidad Africana**) *f* OUA *f*.

output (*pl* **outputs**) *m INFORM* output *m*.

ovación *f* ovação *f*.

ovacionar *vt* ovacionar.

oval *adj* oval.

ovalado, da *adj* ovalado(da).

óvalo *m GEOM* oval *f*.

ovario *m ANAT* ovário *m*.

oveja *f* ovelha *f*.

◆ **oveja negra** *f* ovelha *f* negra.

overbooking *m* overbooking *m*.

ovillo *m* novelo *m*; **hacerse alguien un** ~ *fig* alguém enrolar-se como um novelo.

ovino, na ◇ *adj* ovino(na). ◇ *m, f* ovino *m*, -na *f*.

ovíparo, ra ◇ *adj* ovíparo(ra). ◇ *m, f* ovíparo *m*, -ra *f*.

ovni (*pl* **ovnis**) (*abrev de* **objeto volador no identificado**) *m* ovni *m*.

ovoide *adj* ovóide.

ovulación *f* ovulação *f*.

ovular[1] *adj* ovular.

ovular[2] *vi* ovular.

óvulo *m* óvulo *m*.

oxidación *f* oxidação *f*.

oxidar *vt* oxidar.

◆ **oxidarse** *vpr* oxidar-se, enferrujar-se.

óxido *m* -**1.** *QUÍM* óxido *m* -**2.** [herrumbre] ferrugem *f*.

oxigenado, da *adj* oxigenado(da).

oxigenar *vt QUÍM* oxigenar.

◆ **oxigenarse** *vpr* oxigenar-se.

oxígeno *m* oxigênio *m*.

oyente *mf* ouvinte *mf*.

ozono *m* ozônio *m*.

p, P *f* [letra] p, P *m*.

p. = **pág.**

pabellón *m* -**1.** [gen] pavilhão *m* -**2.** [tienda de campaña] barraca *m* de acampamento -**3.** [dosel] dossel *m*.

PAC (*abrev de* **política agrícola común**) *f na* União Européia, *a PAC coordena as políticas agrícolas de todos os países*.

pacer *vi* pastar.

pachá (*pl* **pachaes** o **pachás**) *m* paxá *m*; **vivir como un** ~ *fam fig* viver como um paxá.

pachanga *f fam* baderna *f*.

pacharán *m* licor típico de Navarra, La Rioja e País Basco à base de endrina e aguardente.

pachorra *f fam* pachorra *f*.

pachucho, cha *adj fam* acabado(da).

pachulí (*pl* **pachulíes**) *m* patchuli *m*.

paciencia *f* paciência *f*; **armarse de** ~

armar-se de paciência; **perder la** ~
perder a paciência.
paciente <> *adj* paciente. <> *mf* paciente *mf*.
pacificación *f* pacificação *f*.
pacificar *vt* pacificar.
pacífico, ca *adj* pacífico(ca).
Pacífico *m*: **el (océano)** ~ o (oceano)
Pacífico.
pacifismo *m* pacifismo *m*.
pacifista <> *adj* pacifista. <> *mf* pacifista
mf.
pacotilla ➡ **de pacotilla** *loc adj* de carre-
gação.
pactar <> *vt* pactuar. <> *vi*: ~ **(con)**
pactuar (com).
pacto *m* pacto *m*; **hacer un** ~ fazer um
pacto; **romper un** ~ romper um pacto.
padecer <> *vt* padecer. <> *vi* **-1.** [sufrir]
padecer **-2.** [enfermedad]: ~ **de** padecer
de.
padecimiento *m* padecimento *m*.
pádel *m* DEP paddle *m*.
padrastro *m* padrasto *m*.
padrazo *m fam* paizão *m*.
padre <> *m* pai *m*; ~ **de familia** pai de
família; **de** ~ **y muy señor mío** *loc fam* dos
diabos. <> *adj* **-1.** *Esp fam* [considerable]
baita **-2.** *Méx* [excelente] genial!; **estar** ~
ser muito bom.
➡ **padres** *mpl* pais *mpl*.

> Não confundir *padre (pai)* com o português *padre*
> que em espanhol também é *padre*. (*Juan es el
> padre de mi hijo*. Juan é o *pai* do meu filho.)

padrenuestro (*pl* padrenuestros) *m* pai-
nosso *m*.
padrino *m* padrinho *m*.
padrísimo *adj Méx fam* bacana, legal;
estar ~ estar um arraso.
padrón *m* cadastro *m*.
paella *f* CULIN paelha *f*.
paellera *f panela com duas alças, grande e
rasa, utilizada no preparo de paelha.*
paf *interj* pumba!
pág., p. (*abrev de* **página**) pág.
paga *f* pagamento *m*; ~ **extra** o **extraordinaria** bônus *m*.
pagadero, ra *adj* pagadouro(ra).
pagano, na <> *adj* **-1.** [no cristiano] pa-
gão(gã) **-2.** *Esp fam* [pagador] pagão(gã).
<> *m, f* **-1.** [no cristiano] pagão *m*, -gã *f* **-2.**
Esp fam [pagador] pagão *m*, -gã *f*.
pagar <> *vt* **-1.** pagar **-2.** *loc*: ~ **el pato** o
los platos rotos *fam* pagar o pato; **me las
pagarás** *fam* você me paga; **el que la hace
la paga** aqui se faz, aqui se paga. <> *vi*
pagar.

➡ **pagarse** *vpr* pagar-se.
pagaré *m* COM nota *f* promissória; ~ **del
Tesoro** Letra *f* do Tesouro.
pagel *m* bica *f*.
página *f* página *f*; **paginas amarillas** páginas amarelas; ~ **personal** INFORM página
pessoal; ~ **web** página da web.
pago *m* pagamento *m*; **en** ~ **de** em
pagamento a.
pagoda *f* pagode *m*.
paipai (*pl* paipais), **paipay** (*pl* paipays) *m*
abano *m*.
pair ➡ **au pair** *f* babá *f*.
país *m* país *m*.
paisaje *m* paisagem *f*.
paisajista *mf* ARTE paisagista *mf*.
paisano, na <> *adj* paisano(na). <> *m, f*
paisano *m*, -na *f*.
➡ **paisano** *m* paisano *m*; **de** ~ à paisana.
Países Bajos *npl*: **los** ~ os Países Baixos.
País Vasco *n*: **el** ~ o País Basco.
paja *f* **-1.** [tallo seco] palha *f* **-2.** [caña para sor-
ber] canudo *m* **-3.** *fig* [parte desechable]
enrolação *f* **-4.** *vulg* [masturbación] punhe-
ta *f*.
pajar *m* palheiro *m*.
pájara *f fig* mulher *f* astuta.
pajarería *f* aviário *m*.
pajarita *f* **-1.** [corbata] gravata *f* borboleta
-2. [de papel] *dobradura em forma de pássaro.*
pájaro *m* **-1.** [ave] pássaro *m* **-2.** *fam* [hombre
astuto] pássaro *m*.
pajarraco *m* **-1.** *despec* [pájaro] passarolo *m*
-2. *fig* [persona] malandro *m*.
paje *m* pajem *m*.
pajilla, pajita *f* canudinho *m*.
pajizo, za *adj*: **color** ~ cor de palha.
Pakistán *n* Paquistan.
pala *f* **-1.** [gen] pá *f*; ~ **mecánica** o excava-
dora pá mecânica **-2.** [raqueta] raquete *f*.
palabra *f* **-1.** palavra *f*; **de** ~ oralmente;
~ **por** ~ palavra por palavra; **no tener** ~
não ter palavra; **tomar** o **coger la** ~ **a alguien** cobrar a palavra de alguém; ~ **de
honor** palavra de honra; **dar la** ~ **a alguien** [derecho de hablar] dar a palavra a
alguém **-2.** *loc*: **en una** ~ em poucas
palavras.
➡ **palabras** *fpl* [discurso] palavras *fpl*.
palabrería *f fam* palavreado *m*.
palabrota *f* palavrão *m*.
palacete *m* palacete *m*.
palacio *m* palácio *m*; ~ **de congresos/de
justicia** palácio do congresso/da justiça;
~ **municipal** *Amér* prefeitura *f* municipal.
palada *f* **-1.** [contenido de pala] pazada *f* **-2.**
[de remo] remada *f* **-3.** [de hélice] rotação *f*.
paladar *m* paladar *m*.

paladear *vt* saborear.
paladín *m* paladino *m*.
palanca *f* -**1.** [para levantar peso] alavanca *f*
-**2.** [trampolín] trampolim *m* -**3.** [mando]
manche *m*; ~ **de cambio** alavanca *f* de
câmbio.
palangana *f* bacia *f*.
palangre *m* espinhel *m*.
palco *m* camarote *m*.
paleografía *f* paleografia *f*.
paleolítico, ca *adj* paleolítico(ca).
  ◆ **paleolítico** *m* paleolítico *m*.
paleozoico, ca *adj* paleozóico(ca).
  ◆ **paleozoico** *m* paleozóico *m*.
Palestina *n* Palestina.
palestino, na ◇ *adj* palestino(na). ◇ *m*,
f palestino *m*, -na *f*.
palestra *f* [de lucha] palestra *f*.
paleta *f* -**1.** [herramienta] espátula *f* -**2.** [de
pintor] paleta *f* -**3.** *Méx* [helado] picolé *m*.
paletilla *f* ANAT omoplata *m*.
paleto, ta *Esp fam* ◇ *adj* caipira. ◇ *m*, *f*
caipira *mf*.
paliar *vt* paliar.
paliativo, va *adj* paliativo(va).
  ◆ **paliativo** *m* paliativo *m*.
palidecer *vi* empalidecer.
palidez *f* palidez *f*.
pálido, da *adj* pálido(da).
palier (*pl* paliers) *m* AUTOM eixo *m* da roda.
palillero *m* paliteiro *m*.
palillo *m* -**1.** [gen] palito *m* -**2.** [baqueta]
baqueta *f*.
palique *m* fam bate-papo *m*.
palisandro *m* jacarandá *m*.
paliza *f* -**1.** [gen] surra *f* -**2.** *fam fig* [esfuerzo
agotador] canseira *f*.
palma *f* -**1.** [gen] palma *f* -**2.** [palmera]
palmeira *f*.
  ◆ **palmas** *fpl* palmas *fpl*; **batir** ~**s** bater
palmas.
palmada *f* palmada *f*.
palmar[1] ◇ *adj* palmar. ◇ *m* palmeiral
m.
palmar[2] *vi Esp fam* morrer; **palmarla** bater
as botas.
palmarés *m* [historial] currículo *m*.
palmear ◇ *vt* aplaudir. ◇ *vi* aplaudir.
palmera *f* -**1.** [árbol] palmeira *f* -**2.** *Esp* [pasta
dulce] *doce folhado em formato de coração.*
palmito *m* -**1.** [gen] palmito *m* -**2.** *fam* [belle-
za]: **tener mucho** ~ ter um belo corpo
esguio; **lucir el** ~ exibir o corpo bonito.
palmo *m* palmo *m*; **dejar a alguien con un** ~
de narices deixar alguém a ver navios;
quedarse con un ~ **de narices** ficar a ver
navios; ~ **a** ~ palmo a palmo.
palmotear *vi* aplaudir.

palmoteo *m* aplauso *m*.
palo *m* -**1.** [madera] pau *m* -**2.** [de escoba]
cabo *m* -**3.** [de portería] trave *f* -**4.** [para apo-
yarse] bastão *m* -**5.** [golpe] paulada *f* -**6.** [crí-
tica negativa]: **la crítica le dio un buen** ~ **en su
libro** a crítica meteu o pau em seu livro
-**7.** [brazo] haste *f* -**8.** [de baraja] naipe *m* -**9.**
[mástil] mastro *m* -**10.** BOT madeira *f* -**11.** *Esp*
[pesadez, molestia] martírio *m* -**12.** *loc*: a ~
seco puro.
paloma *f* pomba *f*; ~ **mensajera** pombo-
correio *m*.
palomar *m* pombal *m*.
palomilla *f* -**1.** [insecto] mariposa *f* -**2.** [torni-
llo] borboleta *f* -**3.** [armazón] mão-francesa *f*.
palomino *m* filhote *m* de pomba.
palomita *f* pipoca *f*.
palote *m* [trazo] traço *m*.
palpable *adj* palpável.
palpación *f* MED palpação *f*.
palpar ◇ *vt* -**1.** [tocar] apalpar -**2.** [percibir]
perceber. ◇ *vi* apalpar.
palpitación *f* palpitação *f*.
palpitante *adj* palpitante.
palpitar *vi* palpitar.
pálpito *m* pressentimento *m*.
palta *f Andes, RP* abacate *m*.
palúdico, ca *adj* palúdico(ca).
paludismo *m* malária *f*.
palurdo, da *fam* ◇ *adj* grosso(sa). ◇ *m*,
f grosso *m*, -sa *f*.
pamela *f* capelina *f*.
pampa *f*: **la** ~ o pampa.
pampero, ra ◇ *adj* pampeiro(ra). ◇ *m*,
f pampeiro *m*, -ra *f*.
pamplinas *fpl fam* bobagem *f*.
PAN *m* -**1.** (*abrev de* Partido de Acción Nacional)
partido mexicano de direita -**2.** (*abrev de* Partido de Avanzada Nacional) *partido guatemalteco de centro-direita.*
pana *f* veludo *m* cotelê.
panacea *f* panacéia *f*.
panadería *f* padaria *f*.
panadero, ra *m*, *f* padeiro *m*, -ra *f*.
panal *m* favo *m*.
Panamá *n* Panamá.
panameño, ña ◇ *adj* panamenho(nha).
◇ *m*, *f* panamenho *m*, -nha *f*.
pancarta *f* cartaz *m*.
panceta *f* toucinho *m*.
pancho, cha ◇ *adj fam* sossegado(da);
quedarse tan ~ ficar numa boa. ◇ *m RP*
[comida] cachorro-quente *m*.
páncreas *m inv* pâncreas *m inv*.
panda ◇ *m* ▷ **oso**. ◇ *f* turma *f*.
pandereta *f* MÚS pandeiro *m*.
pandero *m* -**1.** MÚS pandeiro *m* -**2.** *Esp fam*
[culo] pandeiro *m*.

pandilla f bando m.
panecillo m pãozinho m.
panegírico, ca adj panegírico(ca).
◆ **panegírico** m panegírico m.
panel m -1. [gen] painel m -2. [pared prefabricada] divisória f.
panera f cesta f para pães.
pánfilo, la ◇ adj tonto(ta). ◇ m, f tonto m, -ta f.
panfleto m panfleto m.
pánico m pânico m.
panificadora f panificadora f.
panocha f espiga f.
panorama m panorama m.
panorámico, ca adj panorâmico(ca).
◆ **panorámica** f panorâmica f.
panqueque m **Amér** panqueca f.
pantaletas fpl **CAm, Carib, Méx** calcinha f, calcinhas fpl.
pantalla f -1. [para imagen] tela f; **mostrar en** ~ mostrar na tela; **la pequeña** ~ a televisão; ~ **de cristal líquido** tela de cristal líquido -2. [de lámpara] quebra-luz m -3. [de chimenea] guarda-fogo m.
pantalón m (gen pl) calças fpl; ~ **pitillo** calças cigarrete; ~ **tejano** o **vaquero** calças jeans.
pantano m -1. [laguna natural] pântano m -2. [embalse] represa f.
pantanoso, sa adj -1. [con pantanos] pantanoso(sa) -2. fig [difícil] complicado(da).
panteísmo m panteísmo m.
panteón m -1. [mausoleo] jazigo m -2. [templo] panteão m.
pantera f pantera f; ~ **negra** pantera-negra f.
pantimedias fpl **Méx** meia-calça f.
pantorrilla f panturrilha f.
pantufla f (gen pl) chinelos mpl.
panty (pl pantys) m meia-calça f.
panza f -1. [gen] pança f -2. [parte abultada] bojo m.
panzada f -1. [golpe] barrigada f -2. fam [hartura] exagero m.
pañal m fralda f.
◆ **pañales** mpl [de niño] fralda f.
pañería f loja f de tecidos.
paño m -1. [tela] tecido m -2. [trapo] pano m; ~ **de cocina** pano de prato -3. [lienzo] reboco m -4. loc: **ser el** ~ **de lágrimas de alguien** ser o muro m de lamentação para alguém.
◆ **paños** mpl -1. [vestiduras] vestimenta f; ~**s menores** roupa f íntima -2. MED compressa f; ~**s calientes** panos quentes.
pañuelo m lenço m; ~ **de papel** lenço de papel.
papa f -1. **Amér** [alimento] batata f -2. loc:

no saber ni ~ fam fig não saber patavina.
Papa m Papa m.
papá (pl papás) m fam papai m.
◆ **Papá Noel** m Papai Noel m.
papachado, da adj **Méx** paparicado(da).
papachador, ra adj **Méx** paparicador(ra).
papachar vt **Méx** paparicar.
papacho m **Méx** paparico m.
papada f papada f.
papagayo m -1. [ave] papagaio m; **como un** ~ como um papagaio -2. **Ven** [cometa] pipa f.
papamoscas m inv papa-moscas m inv.
papanatas mf inv fam bobo m, -ba f.
papaya f [fruta] papaia f.
papel m [gen] papel m; ~ **de aluminio** papel de alumínio; ~ **biblia** papel-bíblia m; ~ **carbón** papel-carbono m; ~ **celofán** papel celofane; ~ **confort** Chile papel m higiênico; ~ **continuo** INFORM papel contínuo; ~ **de embalar** o **de embalaje** papel de presente; ~ **de estaño** papel de alumínio; ~ **de lija** lixa f; ~ **higiénico** papel higiênico; ~ **moneda** papel-moeda m; ~ **pintado** papel de parede; ~ **de plata** papel de alumínio; ~ **sanitario** Cuba, Méx papel m higiênico; ~ **secante** mata-borrão m; ~ **tapiz** papel de parede; **desempeñar** o **hacer el** ~ **de** [personaje] desempenhar o fazer o papel de.
◆ **papeles** mpl [documentos] papéis mpl.
papeleo m papelada f.
papelera f ▷ papelero.
papelería f papelaria f.
papelero, ra adj papeleiro(ra).
◆ **papelera** f -1. [cesto, cubo] cesta f de papéis -2. [fábrica] fábrica f de papel.
papeleta f -1. [de votación] cédula f -2. [nota] papeleta f -3. [situación engorrosa] problema m.
papera f [bocio] bócio m.
◆ **paperas** fpl MED caxumba f.
papi m fam paizinho m.
papila f papila f.
papilla f -1. [alimento infantil] papinha f -2. MED contraste m -3. loc: **hecho** ~ [cansado] fam esbodegado(da); [destrozado, roto] escangalhado(da).
papiro m papiro m.
paquebote m paquete m.
paquete m -1. [gen] pacote m; ~ **de acciones** [en Bolsa] lote m de ações; ~ **bomba** pacote-bomba m; ~ **postal** encomenda f postal -2. [cajetilla] maço m -3. [en moto]: **de** ~ **de** o **na garupa** -4. fam [pañales] fralda f -5. fam [no apto] burro m -6. fam [cosa fastidiosa] fardo m.

paquidermo ◇ *adj* paquiderme. ◇ *m* paquiderme *m*.

Paquistán = Pakistán.

paquistaní = pakistaní.

par ◇ *adj* par; **jugar a** ~**es o nones** jogar par-ou-ímpar; **sin** ~ sem par. ◇ *m* par *m*.

◆ **de par en par** *loc adj* de par em par.

para *prep* -**1.** [finalidad] para; **esta agua no es buena** ~ **beber** esta água não é boa para beber ; **lo he comprado** ~ **ti** comprei-o para você; **te lo repetiré** ~ **que te enteres** vou repetir para que você entenda -**2.** [motivación] para; **lo he hecho** ~ **agradarte** fiz isso para lhe agradar -**3.** [dirección] para; **ir** ~ **casa** ir para casa; **salir** ~ **el aeropuerto** sair para o aeroporto -**4.** [tiempo] para; **lo tendré acabado** ~ **mañana** estará pronto amanhã; **la ceremonia se ha fijado** ~ **el día cinco** marcou-se a cerimônia para o dia cinco -**5.** [comparación] para; **está muy delgado** ~ **lo que come** está magro demais, levando em conta o que come -**6.** [inminencia, propósito] para; **la comida está lista** ~ **servir** o almoço está pronto para ser servido.

parabién (*pl* **parabienes**) *m* parabéns *mpl*.

parábola *f* parábola *f*.

parabólico, ca *adj* parabólico(ca).

parabrisas *m inv* pára-brisa *m*.

paracaídas *m inv* pára-quedas *m inv*.

paracaidista *mf* pára-quedista *mf*.

parachoques *m inv* pára-choque *m*.

parada *f* ▷ parado.

paradero *m* -**1.** [localización] paradeiro *m* -**2.** *Andes, Méx* [parada] parada *f*.

paradisiaco, ca, paradisíaco, ca *adj* paradisíaco(ca).

parado, da ◇ *adj* -**1.** [gen] parado(da) -**2.** [sin empleo] desempregado(da) -**3.** *Amér* [de pie] parado(da); **estar** ~ estar parado -**4.** *loc:* **mal/bien** ~ malparado/bem-parado; **quedarse** ~ ficar paralisado. ◇ *m, f* [desempleado] desempregado *m*, -da *f*.

◆ **parada** *f* parada *f*; ~ **de autobús/de taxis** ponto *m* de ônibus/de táxi; ~ **de metro** estação *f* do metrô; ~ **discrecional** parada discricional.

paradoja *f* paradoxo *m*.

paradójico, ca *adj* paradoxal.

parador *m* [mesón] pousada *f*.

◆ **Parador Nacional** *m Esp* edifício histórico convertido em hotel.

parafernalia *f* parafernália *f*.

parafina *f QUÍM* parafina *f*.

parafrasear *vt* parafrasear.

paráfrasis *f* paráfrase *f*.

paragolpes *m inv RP* pára-choque *m*.

paraguas *m inv* guarda-chuva *m*.

Paraguay *n* Paraguai.

paraguayo, ya ◇ *adj* paraguaio(ia). ◇ *m, f* paraguaio *m*, -ia *f*.

paragüero *m móvel ou recipiente onde se colocam guarda-chuvas e bengalas.*

paraíso *m* paraíso *m*.

paraje *m* paragem *f*.

paralela = paralelo.

paralelismo *m* paralelismo *m*.

paralelo, la *adj* paralelo(la); **en** ~ *ELECTR* em paralelo.

◆ **paralelo** *m* paralelo *m*.

◆ **paralela** *f GEOM* paralela *f*.

◆ **paralelas** *fpl* paralelas *fpl*.

parálisis *f* paralisia *f*; ~ **cerebral/infantil** paralisia cerebral/infantil.

paralítico, ca ◇ *adj* paralítico(ca). ◇ *m, f* paralítico *m*, -ca *f*.

paralizar *vt* paralisar.

paramento *m* -**1.** [adorno] paramento *m* -**2.** *CONSTR* face *f* de parede.

parámetro *m* parâmetro *m*.

paramilitar *adj* paramilitar.

páramo *m* páramo *m*.

parangón *m* comparação *f*; **sin** ~ sem comparação.

paranoia *f* paranóia *f*.

paranoico, ca ◇ *adj* paranóico(ca). ◇ *m, f* paranóico *m*, -ca *f*.

paranormal *adj* paranormal.

parapente *m DEP* parapente *m*.

parapetarse *vpr* -**1.** [físicamente] entrincheirar-se -**2.** [moralmente] proteger-se.

parapeto *m* -**1.** [de un puente] parapeito *m* -**2.** [barrera] barreira *f*.

parapléjico, ca ◇ *adj* paraplégico(ca). ◇ *m, f* paraplégico *m*, -ca *f*.

parapsicología *f* parapsicologia *f*.

parar ◇ *vi* -**1.** [gen] parar; ~ **de** parar de; **no** ~ **de** não parar de; **sin** ~ sem parar -**2.** [venir a ser propiedad de]: ~ **en** parar em; **ir a** ~ **a** (acabar, llegar) ir parar em -**3.** [alojarse] ficar. ◇ *vt* -**1.** [detener] parar -**2.** [preparar] preparar -**3.** *Amér* [levantar] levantar.

◆ **pararse** *vpr* -**1.** [detenerse] parar; ~ **se a hacer algo** pôr-se a fazer algo -**2.** *Amér* [levantarse] levantar-se.

pararrayos *m inv* pára-raios *m inv*.

parásito, ta *adj* parasita.

◆ **parásito** *m* [animal] parasita *mf*.

◆ **parásitos** *mpl* [interferencias] interferências *fpl*.

parasol *m* -**1.** [sombrilla] guarda-sol *m* -**2.** [de coche] pára-sol *m*.

parcela *f* lote *m*.

parcelar *vt* lotear.

parche *m* -**1.** [gen] remendo *m* -**2.** [de pirata]

tapa-olho *m* -3. [para curar] emplastro *m*; ~ **de nicotina** adesivo *m* de nicotina.
parchís *m inv* ludo *m*.
parcial ◇ *adj* parcial. ◇ *m* parcial *f*.
parcialidad *f* parcialidade *f*.
parco, ca *adj* -1. [moderado] parcimonioso(sa); ~ **en** comedido em -2. [escaso] parco(ca).
pardillo, lla ◇ *adj* ingênuo(nua). ◇ *m*, *f* ingênuo *m*, -nua *f*.
◆ **pardillo** *m* pintarroxo *m*.
pardo, da *adj* pardo(da).
◆ **pardo** *m* pardo *m*.
parear *vt* emparelhar.
parecer ◇ *m* parecer *m*. ◇ *vi* parecer. ◇ *v impers* parecer.
◆ **parecerse** *vpr* parecer-se; ~**se a** parecer-se com; ~**se a alguien/algo en algo** parecer-se com alguém/algo em algo.
parecido, da *adj* -1. [semejante] parecido(da); ~ **a** parecido com -2. [de aspecto]: **bien/mal** ~ bem-/mal-parecido.
◆ **parecido** *m* semelhança *f*.
pared *f* parede *f*; ~ **maestra** parede mestra; **las** ~**es oyen** *fig* as paredes têm ouvidos; **si las** ~**es hablasen ...** *fig* se as paredes falassem ...; **subirse por las** ~**es** *fig* subir pelas paredes.
paredón *m* paredão *m*.
parejo, ja *adj* igual.
◆ **pareja** *f* -1. [par] parelha *f* -2. [macho y hembra] casal *m*; ~ **de hecho** casal de fato -3. [miembro del par] par *m*.
parentela *f* parentela *f*.
parentesco *m* parentesco *m*.
paréntesis *m inv* parêntese *m*; **entre** ~ entre parênteses.
pareo *m* pareô *m*.
paria *mf* pária *mf*.
parida *f Esp fam* abobrinha *f*.
paridad *f* paridade *f*.
pariente, ta *m*, *f* [familiar] parente *m*.
◆ **parienta** *f fam* [cónyuge] patroa *f*.
parietal *m ANAT* parietal *m*.
parir ◇ *vi* parir. ◇ *vt* parir.
París *n* Paris.
parking *m* estacionamento *m*.
parlamentar *vi* parlamentar.
parlamentario, ria ◇ *adj* parlamentar. ◇ *m*, *f* parlamentar *mf*.
parlamento *m* -1. [gen] parlamento *m* -2. *TEATR* monólogo *m*.
parlanchín, ina ◇ *adj* tagarela. ◇ *m*, *f* tagarela *mf*.
parlante *adj* falante.
parlotear *vi fam* prosear.
paro *m* -1. [carencia de trabajo] desemprego *m*; **estar en** ~ estar desempregado; ~

forzoso desemprego técnico -2. [parada, cesación] parada *f*; ~ **cardiaco** parada cardíaca.
parodia *f* paródia *f*.
parodiar *vt* parodiar.
parpadear *vi* -1. [pestañear] piscar -2. [centellear] cintilar.
párpado *m* pálpebra *f*.
parque *m* -1. [terreno cercado] parque *m*; ~ **acuático** parque aquático; ~ **de atracciones** parque de diversões; ~ **eólico** parque eólico; ~ **nacional** parque nacional; ~ **zoológico** jardim *m* zoológico -2. [conjunto de instrumentos] conjunto *m*; ~ **de bomberos** corpo *m* de bombeiros -3. [para niños] cercado *m*.
parqué (*pl* parqués), **parquet** (*pl* parquets) *m* parquê *m*.
parqueadero *m Amér* estacionamento *m*.
parquear *vt Amér* estacionar.
parqueo *m Amér* estacionamento *m*.
parquet = parqué.
parquímetro *m* parquímetro *m*.
parra *f* parreira *f*.
parrafada *f* arenga *f*.
párrafo *m* parágrafo *m*.
parranda *f* -1. *fam* [juerga] farra *f*; **irse de** ~ fazer farra -2. [banda] *pequena orquestra de vilarejo*.
parricidio *m* parricídio *m*.
parrilla *f* -1. [utensilio] grelha *f*; **a la** ~ *CULIN* na grelha -2. [sala de restaurante] grill *m* -3. *DEP* grid *m*; ~ **de salida** grid de largada -4. *Amér* [de coche] bagageiro *m*.
parrillada *f CULIN* sortido de carnes ou de peixes assados na grelha.
párroco *m* pároco *m*.
parronal *m Chile* vinhedo *m*.
parroquia *f* -1. [gen] paróquia *f* -2. [clientela] freguesia *f*.
parroquiano, na *m*, *f* -1. [feligrés] paroquiano *m*, -na *f* -2. [cliente] freguês *m*, -esa *f*.
parsimonia *f* morosidade *f*.
parte ◇ *m* [informe] boletim *m*; **dar** ~ dar parte; ~ **facultativo** *o* **médico** boletim médico. ◇ *f* -1. [gen] parte *f*; **en** ~ em parte; **formar** ~ **de** fazer parte; **por** ~**s** por partes; **estar** *o* **ponerse de** ~ **de alguien** [bando] estar *o* colocar-se ao lado de alguém; **por mi** ~ de minha parte; **por** ~ **de padre/madre** por parte de pai/mãe -2. *TEATR* papel *m* -3. *loc*: **tener** *o* **tomar** ~ **en algo** tomar parte em algo.
◆ **partes** *fpl* partes *fpl*.
◆ **de parte de** *loc prep* por parte de; **¿de** ~ **de quién?** [en el teléfono] da parte de quem?

◆ **por otra parte** *loc adv* por outro lado.
partera *f* parteira *f*.
parterre *m* canteiro *m*.
partición *f* -1. [reparto] partilha *f* -2. MAT repartição *f*.
participación *f* -1. [gen] participação *f*; ~ **en los beneficios** ECON participação nos lucros -2. [de lotería] bilhete *m*.
participante ◇ *adj* participante. ◇ *mf* participante *mf*.
partícipe ◇ *adj* partícipe; **hacer** ~ **de algo a alguien** participar algo a alguém. ◇ *mf* partícipe *mf*.
partícula *f* partícula *f*.
particular ◇ *adj* particular; **en** ~ em particular. ◇ *mf* particular *mf*. ◇ *m* particular *m*; **sin otro** ~ sem outro particular.
particularizar ◇ *vt* particularizar. ◇ *vi* particularizar.
partida *f* ▷ partido.
partidario, ria ◇ *adj* partidário(ria). ◇ *m, f* partidário *m*, -ria *f*.
partidista *adj* partidarista.
partido, da *adj* partido(da).
◆ **partido** *m* -1. [en política] partido *m*; **buen/mal** ~ [futuro cónyuge] bom/mau partido -2. [prueba deportiva] partida *f*; ~ **amistoso** partida amistosa -3. *loc*: **sacar** ~ **de** tirar partido de; **tomar** ~ **por alguien/algo** tomar o partido de alguém/algo.
◆ **partida** *f* -1. [gen] partida *f*; **jugar o echar una partida** jogar uma partida -2. [documento] certidão *f*; **partida de nacimiento** certidão de nascimento.
partir ◇ *vt* partir. ◇ *vi* -1. [marchar] partir -2. [basarse en]: ~ **de** partir.
◆ **partirse** *vpr* partir-se.
◆ **a partir de** *loc prep* a partir de.
partitura *f* partitura *f*.
parto *m* parto *m*; **ir de** ~ dar à luz.
parvulario *m* jardim-de-infância *m*.
pasa *f* [fruta] passa *f*.
pasable *adj* passável.
pasabocas *mpl* *Col* tira-gosto *m*.
pasacalle *m* marcha *f*.
pasada *f* ▷ pasado.
pasadizo *m* passagem *f*.
pasado, da *adj* passado(da).
◆ **pasado** *m* passado *m*.
◆ **pasada** *f* -1. [mano] passada *f* -2. *Esp fam*: **ser una** ~ [cosa extraordinaria] ser fora de série.
◆ **de pasada** *loc adv* de passagem.
◆ **mala pasada** *f* safadeza *f*.
pasador *m* -1. [cerrojo] ferrolho *m* -2. [para pelo] fivela *f*.

pasaje *m* -1. passagem *f* -2. [pasajeros] passageiros *mpl*.
pasajero, ra ◇ *adj* passageiro(ra). ◇ *m, f* passageiro *m*, -ra *f*.
pasamano *f*, **pasamanos** *m inv* -1. [adorno] galão *m* -2. [barandilla] corrimão *m*.
pasamontañas *m inv* gorro *m*.
pasapalos *mpl* *Méx, Ven* aperitivo *m*.
pasaporte *m* passaporte *m*.
pasapuré *m*, **pasapurés** *m inv* espremedor *m* de batata.
pasar ◇ *vt* -1. [gen] passar; **me pasó la mano por el pelo** passou a mão pelo meu cabelo; **¿me pasas la sal?** pode me passar o sal?; **me has pasado la tos** você me passou a tosse; **ya ha pasado los veinticinco** já passou dos vinte e cinco; **mi hijo me pasa dos centímetros** meu filho é dois centímetros mais alto que eu; **pasó dos años en Roma** passou dois anos em Roma; **hemos pasado un buen rato juntos** passamos um bom tempo juntos; **ya he pasado el examen** passei no exame -2. [cruzar] atravessar; **ayúdame a** ~ **la calle** ajude-me a atravessar a rua; **pasé el río a nado** atravessei o rio a nado -3. [conducir hacia adentro] levar; **el criado nos pasó al salón** o criado nos levou ao salão -4. [admitir] admitir; **no podemos** ~ **estos ejercicios** não podemos aceitar estes exercícios -5. [consentir] tolerar; **te he pasado muchas bromas y tú no aguantas nada** tolerei muita brincadeira sua e você não agüenta nada -6. [adelantar] ultrapassar; **no pases el semáforo en rojo** não ultrapasse o sinal vermelho; ~ **a un coche/a un rival** ultrapassar um carro/um rival -7. [omitir] pular; **te has pasado una página** pulou uma página -8. *loc*: ~ **lista** fazer a chamada; ~ **visita** fazer visita. ◇ *vi* -1. [gen] passar; **el pájaro pasó a otra rama** o pássaro pulou para outro galho; ~ **de ... a ...** passar de ... a ...; **el autobús pasa por mi casa** o ônibus passa pela minha casa; **pasó por mi lado** passou por mim; **el Manzanares pasa por Madrid** o Manzanares passa por Madri; ~ **de largo** passar direto; **déjame sitio que no paso** dê-me mais espaço que não consigo passar; **pasaré por mi oficina/tu casa** passarei pelo meu escritório/pela tua casa; **vendré cuando pase el verano** virei quando passar o verão; **el tiempo pasa muy deprisa** o tempo passa muito depressa -2. [entrar] entrar; **'no pasar'** 'não entre'; **¡pase!** entre!; **'pasen por caja'** 'pagar no caixa' -3. [suceder] acontecer, passar-se; **cuéntame lo que pasó** conte-me o que aconteceu;

¿**qué te pasa?** o que há com você?; ¿**qué pasa aquí?** o que se passa aqui?; **pase lo que pase** aconteça o que acontecer - **4.** [cambiar de situación]: ~ **de ... a ...** passar de ...a ... - **5.** [servir] servir; **puede** ~ **pode servir - 6.** *fam* [prescindir]: **paso de política** nem ligo para política; **pasa de esa chica, es muy mala persona** deixa essa - **7.** [tolerar]: ~ **por** passar por.

◆ **pasarse** *vpr* - **1.** [acabarse, emplear tiempo] passar; **siéntate hasta que se te pase el mareo** sente-se até que passe o enjôo - **2.** [deteriorarse] estragar - **3.** [olvidar] esquecer-se de; **se me pasó felicitarle por su cumpleaños** esqueci de cumprimentá-lo pelo seu aniversário - **4.** [no fijarse] escapar; **pasársele algo a alguien** escapar algo a alguém - **5.** *fam* [propasarse] passar dos limites - **6.** [cambiar de bando]: ~**se a** passar-se para - **7.** [divertirse o aburrirse]: **pasárselo** *o* **pasarlo bien** divertir-se; **pasárselo** *o* **pasarlo mal** não se divertir.

pasarela *f* passarela *f*.

pasatiempo *m* passatempo *m*.
◆ **pasatiempos** *mpl* passatempos *mpl*.

pascal *m* FÍS pascal *m*.

Pascua *f* - **1.** Páscoa *f* - **2.** *loc*: **hacer la** ~ **a alguien** *Esp* [fastidiar] incomodar.
◆ **Pascuas** *fpl* festas *fpl* de fim de ano; **de** ~**s a Ramos** de vez em quando.

pase *m* - **1.** [gen] passe *m* - **2.** [proyección] projeção *f* - **3.** [desfile] desfile *m*.

pasear ◇ *vi* passear. ◇ *vt* passear.
◆ **pasearse** *vpr* passear.

paseo *m* passeio *m*; **dar un** ~, **ir de** ~ dar um passeio, sair a passeio; **mandar** *o* **enviar a alguien a** ~ *fam* mandar alguém passear.

pasillo *m* corredor *m*; ~ **deslizante** esteira *f* rolante.

pasión *f* paixão *f*.
◆ **Pasión** *f* RELIG Paixão *f*.

pasividad *f* passividade *f*.

pasivo, va *adj* passivo(va).
◆ **pasivo** *m* COM passivo *m*.

pasmado, da *adj* pasmado(da).

pasmar *vt* pasmar.
◆ **pasmarse** *vpr* pasmar-se.

pasmarote *mf* *Esp fam* pateta *mf*.

pasmo *m* pasmo *m*.

pasmoso, sa *adj* impressionante.

paso *m* - **1.** [gen] passo *m* - **2.** [camino] passagem *f*; **abrir(se)** ~ abrir caminho; ~ **de cebra** faixa *f* de pedestres; ~ **elevado** passarela; ~ **a nivel** passagem de nível; ~ **peatonal** *o* **de peatones** faixa de pedestres; **ceder el** ~ ceder o passo; '**prohibido el** ~' 'passagem proibida' - **3.**

[en procesiones] *escultura ou grupo de esculturas que representam os acontecimentos mais importantes da Paixão de Jesus Cristo* - **4.** *loc*: **a cada** ~ a cada passo; **a dos** *o* **cuatro** ~**s** a dois passos; ~ **a** ~ passo a passo; **salir al** ~ **de** fazer cessar; **salir del** ~ sair do sufoco.
◆ **de paso** *loc adv* de passagem.

pasodoble *m* paso doble *m*.

pasota *Esp fam* ◇ *adj* desligado(da). ◇ *mf* desligado *m*, -da *f*.

pasta *f* - **1.** [gen] massa *f*; ~ **dentífrica** *o* **de dientes** pasta *f* dentifrícia *o* de dentes - **2.** [pastelillo] biscoito *m* - **3.** *fam* [dinero] grana *f*.

> Não confundir *pasta (massa)* com o português *pasta* que em espanhol é *carpeta*. (*Me encanta comer pasta los domingos*. Adoro comer *massa* aos domingos.)

pastar *vi* pastar.

pastel *m* - **1.** CULIN [dulce] bolo *m* - **2.** CULIN [salado] torta *f* - **3.** *fam* [chapucería] mutreta *f* - **4.** [lápiz] pastel *m* - **5.** *loc*: **repartirse el** ~ repartir o bolo.

pastelería *f* confeitaria *f*.

pasteurizado, da *adj* pasteurizado(da).

pastiche *m* pastiche *m*.

pastilla *f* - **1.** [gen] pastilha *f* - **2.** [pieza] tablete *m* - **3.** ELECTR chip *m* - **4.** *loc*: **a toda** ~ *fam* a todo vapor.

pasto *m* - **1.** [gen] pasto *m* - **2.** [motivo] motivo *m* - **3.** *Amér* [hierba] grama *f*.

pastón *m mfam* nota *f* preta.

pastor, ra *m, f* pastor *m*, -ra *f*.
◆ **pastor** *m* - **1.** [sacerdote] pastor *m*, -ra *f* - **2.** ▷ **perro**.

pastoreo *m* pastoreio *m*.

pastoso, sa *adj* pastoso(sa).

pata ◇ *f* - **1.** [de animales] pata *f* - **2.** *fam* [de personas] perna *f*; **a cuatro** ~**s** de quatro; **a la** ~ **coja** *fam* num pé só - **3.** [de cosa] pé *m* - **4.** *loc*: **meter la** ~ dar um fora; **poner/estar** ~**s arriba** ficar/estar de pontacabeça; **tener mala** ~ ter azar. ◇ *m Perú* chapa *mf*.
◆ **pata de gallo** *f* [arrugas] pé-de-galinha *m*.
◆ **pata negra** *m raça de porco ibérico cuja carne é de excelente qualidade*.

patada *f* chute *m*; **tratar a alguien a** ~**s** *fig* tratar alguém a patadas.

patalear *vi* espernear.

pataleo *m* esperneio *m*.

pataleta *f* cena *f*.

patán ◇ *adj m* - **1.** [ignorante] bronco - **2.** [grosero] grosseiro. ◇ *m* - **1.** [ignorante] bronco *m* - **2.** [grosero] grosseirão *m*.

patata *f* batata *f*; ~**s fritas** batatas fritas.

patatús *m fam* treco *m*.
paté *m* patê *m*.
patear ◇ *vt* chutar. ◇ *vi* **-1.** [patalear] sapatear **-2.** *fam* [andar] andar.
◆ **patearse** *vpr* [recorrer] percorrer.
patentado, da *adj* patenteado(da).
patente ◇ *adj* patente. ◇ *f* **-1.** [gen] licença *f* **-2.** [de un invento] patente *f* **-3.** *CSur* [matrícula] chapa *f* de carro.
pateo *m* sapateado *m*.
paternal *adj* paternal.
paternalismo *m* paternalismo *m*.
paternidad *f* paternidade *f*.
paterno, na *adj* paterno(na).
patético, ca *adj* patético(ca).
patetismo *m* pateticismo *m*.
patidifuso, sa *adj fam* estupefato(ta).
patilla *f* **-1.** [de pelo] costeleta *f* **-2.** [de gafas] haste *f*.
patín *m* **-1.** [de cuchillas, ruedas] patim *m* **-2.** [en línea] patim *m* in-line, roller *m* **-3.** [patinete] patinete *m* **-4.** [embarcación] pedalinho *m*.
pátina *f* pátina *f*.
patinaje *m* patinação *f*.
patinar *vi* **-1.** [con patines] patinar **-2.** [resbalar] derrapar **-3.** *fam* [meter la pata] enganar-se.
patinazo *m* **-1.** [resbalón] escorregão *m* **-2.** *fam* [metedura de pata] deslize *m*.
patinete *m* patinete *m*.
patio *m* **-1.** [espacio descubierto] pátio *m*; ~ **interior** pátio interno **-2.** *Esp* [de un teatro] platéia *f*; ~ **de butacas** platéia.
patitieso, sa *adj* **-1.** [de frío] enregelado(da) **-2.** [de sorpresa] estupefato(ta).
pato, ta *m*, *f* pato *m*, -ta *f*; **pagar el ~** *fig* pagar o pato.
patológico, ca *adj MED* patológico(ca).
patoso, sa *fam* ◇ *adj* desajeitado(da). ◇ *m*, *f* desajeitado *m*, -da *f*.
patota *f Perú, RP* turma *f*.
patraña *f fam* patranha *f*.
patria *f* ▷ **patrio**.
patriarca *m* patriarca *m*.
patrimonio *m* patrimônio *m*.
patrio, tria *adj* pátrio(tria).
◆ **patria** *f* pátria *f*.
◆ **patria potestad** *f DER* pátrio poder *m*.
patriota ◇ *adj* patriota(ta). ◇ *mf* patriota *mf*.
patriotismo *m* patriotismo *m*.
patrocinador, ra ◇ *adj* patrocinador(ra). ◇ *m*, *f* patrocinador *m*, -ra *f*.
patrocinar *vt* patrocinar.
patrocinio *m* patrocínio *m*.
patrón, ona *m*, *f* **-1.** [gen] patrão *m*, -troa *f* **-2.** [santo] padroeiro *m*, -ra *f*.

◆ **patrón** *m* **-1.** [de barco] patrão *m* **-2.** [para cortar] molde *m*.
patronal ◇ *adj* **-1.** [empresarial] patronal **-2.** *RELIG* do padroeiro. ◇ *f* **-1.** [de una empresa] direção *f* **-2.** [de un país] classe *f* patronal.
patronato *m* patronato *m*.
patrono, ona *m*, *f* **-1.** [de una empresa] patrão *m*, -troa *f* **-2.** [santo] padroeiro *m*, -ra *f*.
patrulla ◇ *f* patrulha *f*; **estar de ~** estar de patrulha; ~ **urbana** [civil] patrulha urbana.
patrullar ◇ *vt* patrulhar. ◇ *vi* patrulhar.
patuco *m Esp* sapatinho *m* de bebê.
paulatino, na *adj* paulatino(na).
pausa *f* pausa *f*.
pausado, da *adj* pausado(da).
pauta *f* norma *f*; **seguir una ~** seguir uma norma.
pavada *f RP* [cosa sin importancia] besteira *f*.
pavimentación *f* **-1.** [de calle] pavimentação *f* **-2.** [de suelo] revestimento *m*.
pavimento *m* **-1.** [de calle] pavimento *m* **-2.** [de suelo] revestimento *m* **-3.** [material] piso *m*.
pavo, va ◇ *adj fam* parvo(va). ◇ *m*, *f* **-1.** [ave] peru *m*, -a *f*; ~ **real** pavão *m* **-2.** *fam* [tímido] tímido *m*, -da *f*.
pavonearse ◆ **pavonearse de** *vpr* pavonear-se de.
pavor *m* pavor *m*.
pay *m Chile, Méx, Ven* torta *f*.
paya *f Amér* composição poética improvisada com acompanhamento de violão.
payasada *f* palhaçada *f*; **hacer ~s** fazer palhaçadas.
payaso, sa ◇ *adj* palhaço(ça). ◇ *m*, *f* palhaço *m*, -ça *f*.
payés, esa *m*, *f* camponês da Catalunha e Baleares.
payo, ya *m*, *f* entre os ciganos, aquele que não pertence ao seu grupo étnico.
paz *f* paz *f*; **firmarla ~** assinar a paz; **dejar en ~** deixar em paz; **estar** *o* **quedar en ~** estar *o* ficar quites; **hacer las paces** fazer as pazes; **que en ~ descanse, que descanse en ~** [tranquilidad] que em paz descanse, que descanse em paz.
PBI (*abrev de* **Producto Bruto Interno**) *m RP* PIB *m*.
PBN (*abrev de* **Producto Bruto Nacional**) *m Amér* PNB *m*.
PC *m* **-1.** (*abrev de* **personal computer**) PC *m* **-2.** (*abrev de* **partido comunista**) PC *m*.
PD (*abrev de* **posdata**) PS.
PDF (*abrev de* **portable document format**) *m INFORM* PDF *m*.

peaje *m* pedágio *m*.
peana *f* pedestal *m*.
peatón, ona *m*, *f* pedestre *mf*.
peca *f* sarda *f*.
pecado *m* RELIG pecado *m*; **ser un** ~ *fig* ser um pecado.
pecador, ra <> *adj* pecador(ra). <> *m*, *f* pecador *m*, -ra *f*.
pecaminoso, sa *adj* pecaminoso(sa).
pecar *vi* - **1.** RELIG pecar - **2.** [por exceso]: ~ **de** pecar por.
pecera *f* aquário *m*.
pecho *m* - **1.** [gen] peito *m* - **2.** [mama] mama *f*; **dar el** ~ dar o peito - **3.** *loc*: **a lo hecho,** ~ agora não tem volta; **tomarse algo a** ~ levar algo a sério.
pechuga *f* - **1.** [de ave] peito *m* - **2.** *mfam* [de mujer] teta *f*.
pecoso, sa *adj* sardento(ta).
peculiar *adj* peculiar.
peculiaridad *f* peculiaridade *f*.
pedagogía *f* pedagogia *f*.
pedagogo, ga *m*, *f* pedagogo *m*, -ga *f*.
pedal *m* pedal *m*.
pedalear *vi* pedalar.
pedante <> *adj* pedante. <> *mf* pedante *mf*.
pedantería *f* pedantismo *m*.
pedazo *m* pedaço *m*; **hacer** ~s fazer em pedaços.
pedestal *m* [base] pedestal *m*.
pedestre *adj* pedestre.
pediatra *mf* MED pediatra *mf*.
pedicuro, ra *m*, *f* pedicuro *m*, -ra *f*.
pedido *m* pedido *m*.
pedigrí (*pl* pedigríes *o* pedigrís), **pedigree** (*pl* pedigrees) *m* pedigree *m*.
pedigüeño, ña <> *adj* pedinte. <> *m*, *f* pedinte *mf*.
pedir <> *vt* - **1.** [gen] pedir; ~ **a alguien que haga algo** pedir a alguém que faça algo; ~ **prestado** pedir emprestado - **2.** [en matrimonio] pedir em casamento. <> *vi* [mendigar] pedir esmola.
pedo *fam m* [ventosidad] peido *m*; **tirarse un** ~ soltar um peido.
pedrada *f* pedrada *f*; **a** ~s a pedradas.
pedrea *f* - **1.** *Esp* [premio menor] *o menor prêmio da loteria espanhola* - **2.** [lucha] apedrejamento *m*.
pedrería *f* pedrarias *fpl*.
pedrusco *m* matacão *m*.
peeling *m* peeling *m*.
pega *f* [obstáculo] obstáculo *m*; **poner** ~s *Esp* pôr obstáculos.
~ **de pega** *loc adj* de mentira.
pegadizo, za *adj* contagiante.
pegajoso, sa *adj* pegajoso(sa).

pegamento *m* cola *f*.
pegar <> *vt* - **1.** [gen] colar - **2.** [agredir] bater - **3.** [propinar] desferir - **4.** [contagiar] pegar - **5.** [arrimar] encostar. <> *vi* - **1.** [agredir, golpear] bater - **2.** [armonizar] combinar - **3.** [sol] queimar.
~ **pegarse** *vpr* - **1.** [gen] pegar-se - **2.** [unirse] grudar-se - **3.** [propinarse] desferir - **4.** *despec* [suj: persona] colar-se.

> Não confundir com o português 'pegar', que tem vários significados inexistentes em espanhol. Em espanhol, o verbo *pegar* é usado nos seguintes casos:
>
> 1. (*Tengo que pegar esa pieza rota con cola.* Tenho que colar esta peça quebrada com cola. *Él pegó los botones del pantalón.* Ele pregou os botões da calça.)
>
> 2. Bater: (*La madre le pegó al niño porque se había portado mal.* A mãe bateu no menino porque ele havia se comportado mal.)
>
> 3. Dar: (*Se pegó un susto enorme.* Deu um susto enorme.)
>
> Não se pode usar em espanhol o verbo **pegar** com os sentidos de 'pegar' (um meio de transporte), de que uma planta 'pegou' (criou raízes) ou de pegar algo para fazer (aceitar algo para fazer).

pegatina *f* adesivo *m*.
pego *m*: **dar el** ~ *Esp fam* enganar.
pegote *fam m* - **1.** [cosa espesa, pegajosa] grude *m* - **2.** [chapucería] serviço *m* remendado.
peinado *m* penteado *m*.
peinador *m* penteador *m*.
peinar *vt* - **1.** [pelo] pentear - **2.** [registrar] varrer.
~ **peinarse** *vpr* pentear-se.
peine *m* pente *m*.
peineta *f* pente *m*.
p.ej. (*abrev de* por ejemplo) p.e.
Pekín *n* Pequim.
pela *f* *Esp fam* [dinero] pila *f*.
peladilla *f* drágea *f*.
pelado, da <> *adj* - **1.** [gen] nu(a) - **2.** [con poco pelo] calvo(va) - **3.** [espalda, fruta] descascado(da) - **4.** *fam* [sin dinero] liso(sa) - **5.** [número] redondo(da). <> *m*, *f* *Andes fam* [niño] menino *m*, -na *f*.
~ **pelado** *m* *Esp* corte *m* de cabelo.
pelagatos *mf inv fam despec* pé-rapado *m*.
pelaje *m* pelagem *f*.
pelambre *m* cabeleira *f*.
pelambrera *f* cabeleira *f*.
pelar *vt* - **1.** [gen] pelar - **2.** [alimentos] descascar - **3.** *fam* [dejar sin dinero] depenar.
~ **pelarse** *vpr* - **1.** [piel humana] descascar-se - **2.** [pelo] cortar muito os cabelos.
peldaño *m* degrau *m*.

pelea f -1. [a golpes] luta f - 2. [riña] briga f.
pelear vi -1. [a golpes] lutar - 2. [reñir] brigar
-3. [esforzarse] batalhar.
◆ **pelearse** vpr -1. [a golpes] lutar - 2. [reñir]
brigar.
pelele m -1. fam despec [persona] marionete
m - 2. [prenda de vestir] macacão m - 3. [muñe-
co] boneco de trapos ou palha que se usa em
algumas festas populares para ser espancado.
peletería f peleteria f.
peliagudo, da adj espinhoso(sa).
pelicano, pelícano m pelicano m.
película f -1. [gen] filme m; **echar** o **poner
una** ~ passar um filme; ~ **de miedo** filme
de medo; ~ **del Oeste** filme de faroeste;
~ **de terror** filme de terror; **de** ~ fig de
cinema - 2. [capa fina] película f - 3. fam [his-
toria] história f.
peliculero, ra m, f fam imaginativo m,
-va f.
peligro m perigo m; **correr** ~ **(de)** correr
perigo(de); **estar/poner en** ~ estar/pôr
em perigo; **fuera de** ~ fora de perigo; ~
de muerte risco de morte.
peligroso, sa adj perigoso(sa).
pelín m fam pouquinho m.
pelirrojo, ja ◇ adj ruivo(va). ◇ m, f
ruivo m, -va f.
pellejo m -1. [piel] pele f - 2. [de uña] cutícula f.
pellizcar vt beliscar.
pellizco m -1. [en piel] beliscão m - 2. [un po-
co]: **un** ~ **de** uma pitada de.
pelma, pelmazo, za fam ◇ adj chato(ta).
◇ m, f chato m, -ta f.
pelo m -1. [gen] pêlo m - 2. [de persona - de la
cabeza] cabelo m; [- del cuerpo] pêlo m - 3.
loc: **con** ~s **y señales** nos mínimos detalhes, tintim por tintim; **de** ~ **en pecho**
com H maiúsculo; **no tener** ~s **en la lengua** fam não ter papas na língua; **no verle
el** ~ **a alguien** fam não ver nem a sombra
de alguém; **ponérsele a alguien los** ~s **de
punta** fam alguém ficar com os cabelos
em pé; **por los** ~s por um fio; **por un** ~
por um triz; **tomar el** ~ **a alguien** fam tirar
um sarro de alguém; **venir al** ~ fam vir a
pêlo.
◆ **a contra pelo** loc adv a contrapelo.
pelota ◇ f -1. bola f; ~ **vasca** DEP pelota f
basca - 2. loc: **hacer la** ~ fam puxar o saco.
◇ mf puxa-saco mf.
pelotera f fam bate-boca f.
pelotón m -1. [gen] pelotão m - 2. [de gente]
multidão f.
pelotudo, da adj RP fam cretino(na).
peluca f peruca f.
peluche m -1. [tejido] pelúcia f - 2. [juguete]

bicho m de pelúcia.
peludo, da adj peludo(da).
peluquería f cabeleireiro m.
peluquero, ra m, f cabeleireiro m, -ra f.
peluquín m peruca f.
pelusa f -1. [de tela] fiapo m - 2. [vello]
penugem f.
pelvis f ANAT pelve f.
pena f -1. [gen] pena f; ~ **capital** o **de muerte** pena capital o de morte; ¡**qué** ~! que
pena!; **dar** ~ dar pena; **a duras** ~s a
duras penas - 2. CAm, Carib, Col, Méx [ver-
güenza] vergonha f; **dar** ~ **hacer algo** ter
vergonha de fazer algo - 3. loc: **(no) valer** o
merecer la ~ (não) valer a pena; **sin** ~ **ni
gloria** despercebido.
penacho m penacho m.
penal ◇ adj DER penal. ◇ m presídio m.
penalidad f (gen pl) dificuldade f.
penalización f penalidade f.
penalti (pl penaltis), **penalty** (pl penaltys) m
DEP pênalti m.
penar vt condenar.
pendejada f Amér mfam estupidez f.
pender vi -1. [cosa colgada] pender; ~ **de**
pender de - 2. [amenaza]: ~ **sobre** pender
sobre.
pendiente ◇ adj -1. [sin hacer] pendente
- 2. [atento]: ~ **de** atento com; **estar** ~ **de**
estar atento com. ◇ m brinco m. ◇ f
inclinação f.
pendón m fam gandaieiro m, -ra f.
péndulo m pêndulo m.
pene m ANAT pênis m inv.
penetración f penetração f.
penetrante adj penetrante.
penetrar ◇ vi penetrar; ~ **en** penetrar
em. ◇ vt penetrar.
penicilina f FARM penicilina f.
península f península f; **la** ~ **Ibérica** a
Península Ibérica.
peninsular ◇ adj peninsular. ◇ mf
peninsular mf.
penique m pêni m.
penitencia f penitência f; **hacer** ~ fazer
penitência.
penitenciaría f penitenciária f.
penoso, sa adj -1. [lastimoso] penoso(sa) - 2.
CAm, Carib, Col, Méx [vergonzoso] tími-
do(da).
pensado, da ◇ adj: **ser mal** ~ ser detur-
pador(ra). ◇ m, f: **ser un mal** ~ ser um
deturpador m, -ra f.
◆ **bien pensado** loc adv bem pensado.
pensador, ra m, f pensador m, -ra f.
pensamiento m -1. [gen] pensamento m;
leer el ~ ler o pensamento - 2. BOT amor-
perfeito m.

223

pensar ◇ *vi* pensar; ~ **en** pensar em; ~ **en hacer algo** pensar em fazer algo. ◇ *vt* pensar; ~ **hacer algo** pensar em fazer algo.
◆ **pensarse** *vpr* pensar.
pensativo, va *adj* pensativo(va).
pensión *f* pensão *f*; **media** ~ [en hotel] meia pensão; [en colegio] semi-internato *m*; ~ **completa** pensão completa.
pensionista *mf* -1. [gen] pensionista *mf* -2. [en colegio] interno *m*, -na *f*.
pentágono *m* GEOM pentágono *m*.
pentagrama *m* MÚS pentagrama *m*.
pentatlón *m* DEP pentatlo *m*.
penthouse *m* CSur, Ven ático *m*.
pentotal *m* FARM pentotal *m*.
penúltimo, ma ◇ *adj* penúltimo(ma). ◇ *m, f* penúltimo *m*, -ma *f*.
penumbra *f* penumbra *f*; **en** ~ na penumbra.
penuria *f* penúria *f*.
peña *f* -1. [roca] rocha *f* -2. [grupo de personas] sociedade *f*.
peñasco *m* penhasco *m*.
peñón *m* promontório *m*.
peón *m* -1. [obrero] operário *m* -2. [en ajedrez] peão *m* -3. [peonza] pião *m*.
peonada *f* -1. [día de trabajo] jornada *f* -2. [sueldo] diária *f* -3. *Amér* [grupo de peones] peonada *f*.
peonza *f* pião *m*.
peor ◇ *adj* (*compar y superl de* **malo**) -1. [comparativo] pior; ~ **que** pior que; **estar** ~ **estar** pior -2. (*seguido de sustantivo*) [superlativo]: **el/la** ~ o/a pior. ◇ *mf* [superlativo]: **el/la** ~ o/a pior. ◇ *adv* (*compar de* **mal**) [más mal] pior.
pepa *f* Andes, CAm, Carib, Méx -1. [pepita] semente *f* -2. [hueso] caroço *m*.
pepinillo *m* pepinilho *m*.
pepino *m* -1. [planta] pepineiro *m* -2. [fruto] pepino *m* -3. *loc*: **me importa un** ~ me importa muito pouco.
pepita *f* -1. [de fruto] semente *f* -2. [de oro] pepita *f*.
pepona *f* Esp boneca *f* de papelão.
peppermint = **pipermín**.
pequeñez *f* -1. [cualidad] pequenez *f* -2. [insignificancia] pequenice *f*.
pequeño, ña ◇ *adj* pequeno(na). ◇ *m, f* [niño] pequeno *m*, -na *f*; **el** ~, **la pequeña** [benjamín] o/a caçula.
pequinés, esa ◇ *adj* pequinês(esa). ◇ *m, f* pequinês *m*, -esa *f*.
pera *f* -1. [fruta] pêra *f* -2. CSur [barbilla] queixo *m* -3. *loc*: **pedir** ~**s al olmo** pedir o impossível; **ser alguien/algo la** ~ Esp fam ser alguém/algo o máximo.

peral *m* pereira *f*.
perborato *m* QUÍM perborato *m*.
percal *m* percal *m*.
percance *m* imprevisto *m*.
percatarse *vpr*: ~ **(de algo)** aperceber-se (de algo).
percebe *m* perceve *m*.
percepción *f* -1. [de sentidos] percepção *f* -2. [cobro] recebimento *m*.
perceptible *adj* perceptível.
percha *f* -1. [gen] cabide *m* -2. [perchero] mancebo *m* -3. [para pájaros] poleiro *m*.
perchero *m* cabide *m*.
percibir *vt* perceber.
percusión *f* percussão *f*.
percutor, percusor *m* percussor *m*.
perdedor, ra ◇ *adj* perdedor(ra). ◇ *m, f* perdedor *m*, -ra *f*.
perder ◇ *vt* perder. ◇ *vi* -1. [gen] perder -2. [dejar escapar] esvaziar.
◆ **perderse** *vpr* -1. [extraviarse] perder-se -2. [desaprovechar]: ~**se algo** perder algo -3. [anhelar]: ~**se por** perder-se por.
perdición *f* perdição *f*.
pérdida *f* -1. [gen] perda *f* -2. (*gen pl*) [escape] vazamento *m*.
◆ **pérdidas** *fpl* perdas *fpl*.
perdidamente *adv* perdidamente.
perdido, da ◇ *adj* -1. [gen] perdido(da) -2. [sucio] sujo(ja) -3. *fam* [de remate] varrido(da). ◇ *m, f* devasso *m*, -sa *f*.
perdigón *m* perdigoto *m*.
perdiz *f* perdiz *f*.
perdón ◇ *m* perdão *m*; **pedir** ~ pedir perdão. ◇ *interj* perdão!
perdonar *vt* perdoar; **no** ~ não perdoar.
perdonavidas *mf inv fam* valentão *m*, -ona *f*.
perdurable *adj* -1. [que dura siempre] perpétuo(tua) -2. [que dura mucho] perdurável.
perdurar *vi* -1. [durar mucho] perdurar -2. [persistir] persistir.
perecedero, ra *adj* perecível.
perecer *vi* [morir] perecer.
peregrina *f* ▷ peregrino.
peregrinación *f* peregrinação *f*.
peregrinaje *m* peregrinação *f*.
peregrino, na ◇ *adj* [extraño] peregrino(na). ◇ *m, f* peregrino *m*, -na *f*.
◆ **peregrina** *f* vieira *f*.
perejil *m* salsa *f*.
perenne *adj* perene.
perentorio, ria *adj* imediato(ta).
pereza *f* preguiça *f*; **dar** ~ **algo** dar preguiça de fazer algo.
perezoso, sa ◇ *adj* preguiçoso(sa). ◇ *m, f* preguiçoso *m*, -sa *f*.
perfección *f* perfeição *f*.

perfeccionar *vt* aperfeiçoar.

◆ **perfeccionarse** *vpr* aperfeiçoar-se.

perfeccionista ◇ *adj* perfeccionista. ◇ *mf* perfeccionista *mf.*

perfecto, ta *adj* perfeito(ta).

perfidia *f* perfídia *f.*

perfil *m* perfil *m;* **de** ~ de perfil.

perfilar *vt* -1. [dibujar] perfilar -2. [detallar] delinear.

◆ **perfilarse** *vpr* delinear-se.

perforación *f* perfuração *f.*

perforador, ra *adj* perfurador(ra).

◆ **perforadora** *f* perfuradora *f,* perfuratriz *f.*

perforar *vt* perfurar.

perfume *m* perfume *m.*

perfumería *f* perfumaria *f.*

pergamino *m* pergaminho *m.*

pérgola *f* pérgola *f.*

pericardio *m* ANAT pericárdio *m.*

pericia *f* perícia *f.*

periferia *f* periferia *f.*

periférico, ca *adj* periférico(ca).

perifollos *mpl* fam penduricalho *m.*

perífrasis *f inv* perífrase *f.*

perilla *f* cavanhaque *m;* **de** ~**(s)** fig a calhar.

perímetro *m* perímetro *m.*

periódico, ca *adj* periódico(ca).

◆ **periódico** *m* jornal *m.*

periodismo *m* jornalismo *m.*

periodista *mf* jornalista *mf.*

periodo, período *m* período *m.*

peripecia *f* peripécia *f.*

periplo *m* périplo *m.*

peripuesto, ta *adj* fam embonecado(da).

periquete *m:* **en un** ~ fam num piscar de olhos.

periquito *m* periquito *m.*

peritaje *m* avaliação *f.*

peritar *vt* avaliar.

perito *m* perito *m.*

perjudicar *vt* prejudicar.

perjudicial *adj* prejudicial.

perjuicio *m* prejuízo *m;* **en/sin** ~ **de** em prejuízo de/sem prejuízo de.

perjurar *vi* -1. [jurar mucho] rejurar -2. [jurar en falso] perjurar.

perla *f* pérola *f;* **de** ~**s** muito bom.

permanecer *vi* permanecer.

permanencia *f* permanência *f.*

permanente ◇ *adj* permanente. ◇ *f* permanente *f.*

permeable *adj* permeável.

permisible *adj* permissível.

permisivo, va *adj* permissivo(va).

permiso *m* -1. [autorización] permissão *f;* **con** ~ com licença; **pedir** ~ pedir per-

missão -2. [documento] licença *f;* ~ **de conducir** carteira *f* de habilitação -3. [vacaciones]: **estar de** ~ estar de licença.

permitir *vt* permitir.

◆ **permitirse** *vpr* permitir-se; **no poder** ~**se algo** não poder se permitir algo; **¿me permite?** com licença.

permuta, permutación *f* permuta *f.*

permutación = permuta.

pernera *f* perna *f* de calça.

pernicioso, sa *adj* pernicioso(sa).

perno *m* perno *m.*

pero *conj* mas.

◆ **pero** *m* senão *m.*

perol *m* tacho *m.*

peroné *m* ANAT fíbula *f.*

perorata *f* lengalenga *f.*

peróxido *m* QUÍM peróxido *m.*

perpendicular GEOM ◇ *adj* perpendicular. ◇ *f* perpendicular *f.*

perpetrar *vt* perpetrar.

perpetuar *vt* perpetuar.

◆ **perpetuarse** *vpr* perpetuar-se.

perpetuo, tua *adj* perpétuo(tua).

perplejo, ja *adj* perplexo(xa).

perra Esp fam *f* -1. [rabieta] birra *f* -2. [dinero] tostão *m* ▷ **perro.**

perrera *f* ▷ **perrero.**

perrería *f* fam cachorrada *f.*

perrero, ra *m,* *f profissional que recolhe cachorros de locais públicos.*

◆ **perrera** *f* -1. [lugar] canil *m* -2. [vehículo] carrocinha *f.*

perro, rra ◇ *m,* *f* cachorro *m,* -ra *f,* cão *m;* ~ **callejero** vira-lata *m;* ~ **lazarillo** cão-guia *m,* cão de cego; ~ **lobo** cão-lobo *m;* ~ **pastor** cão pastor; ~ **policía** cão policial; **andar como (el)** ~ **y (el) gato** viver como cão e gato; **de** ~**s** de cão; ~ **ladrador poco mordedor** o ~ **que ladra, no muerde** cão que ladra não morde. ◇ *adj* de cão.

◆ **perro caliente** *m* cachorro-quente *m.*

perruno, na *adj* canino(na).

persecución *f* perseguição *f.*

perseguir *vt* perseguir.

perseverante *adj* perseverante.

perseverar *vi:* ~ **en** perseverar em.

persiana *f* persiana *f.*

persignarse *vpr* persignar-se.

persistente *adj* persistente.

persistir *vi* -1. [insistir]: ~ **(en)** persistir (em) -2. [durar] persistir.

persona *f* pessoa *f;* **en** ~ em pessoa; ~ **mayor** maior de idade.

personaje *m* personagem *mf.*

personal ◇ *adj* pessoal. ◇ *m* -1. [trabajadores] pessoal *m* -2. fam [gente] pessoal *m.*

◇ *f DEP* falta *f* pessoal.

> Não confundir com o português 'pessoal': (*El personal de la fábrica almuerza a las 12; yo almuerzo a la 1.* O pessoal da fábrica almoça às 12 horas; eu almoço à 1 hora.)

personalidad *f* -**1.** [gen] personalidade *f* -**2.** [identidad] pessoa *f.*

personalizar *vi* personalizar.

personarse *vpr* apresentar-se pessoalmente.

personero, ra *m, f Amér* porta-voz *mf.*

personificar *vt* personificar.

perspectiva *f* perspectiva *f*; **en** ~ em perspectiva.

perspicacia *f* perspicácia *f.*

perspicaz *adj* perspicaz.

persuadir *vt* persuadir.

◆ **persuadirse** *vpr*: ~se de persuadir-se de.

persuasión *f* persuasão *f.*

persuasivo, va *adj* persuasivo(va).

◆ **persuasiva** *f* persuasiva *f.*

pertenecer *vi* pertencer; ~ **a** pertencer a.

perteneciente *adj*: ~ **a** pertencente a.

pertenencia *f* -**1.** [propiedad] propriedade *f* -**2.** [afiliación] filiação *f.*

◆ **pertenencias** *fpl* pertences *mpl.*

pértiga *f* pértiga *f.*

pertinaz *adj* pertinaz.

pertinente *adj* pertinente.

pertrechos *mpl* apetrechos *mpl.*

perturbación *f* perturbação *f.*

perturbado, da ◇ *adj* perturbado(da). ◇ *m, f* perturbado *m*, -da *f.*

perturbador, ra ◇ *adj* perturbador(ra). ◇ *m, f* perturbador *m*, -ra *f.*

perturbar *vt* perturbar.

Perú *n*: **(el)** ~ (o) Peru.

peruano, na ◇ *adj* peruano(na). ◇ *m, f* peruano *m*, -na *f.*

perversión *f* perversão *f.*

perverso, sa *adj* perverso(sa).

pervertido, da *m, f* pervertido *m*, -da *f.*

pervertir *vt* perverter.

◆ **pervertirse** *vpr* perverter-se.

pesa *f* peso *m.*

pesadez *f* -**1.** [gen] peso *m* -**2.** [molestia] amolação *f* -**3.** [aburrimiento] chatice *f*; **la** ~ **de su estilo** o seu estilo pesado.

pesadilla *f* pesadelo *m*; **tener** ~s ter pesadelo.

pesado, da ◇ *adj* -**1.** [gen] pesado(da) -**2.** [aburrido] [molesto] chato(ta); **ponerse** ~ ser chato. ◇ *m, f* chato *m*, -ta *f.*

pesadumbre *f* pesar *m.*

pésame *m* pêsames *mpl*; **dar el** ~ dar os pêsames.

pesar ◇ *m* pesar *m.* ◇ *vt* pesar. ◇ *vi* pesar.

◆ **pesarse** *vpr* pesar-se.

◆ **a pesar de** *loc prep* apesar de.

◆ **a pesar de que** *loc conj* apesar de que.

pesaroso, sa *adj* pesaroso(sa).

pesca *f* pesca *f*; **ir de** ~ ir pescar; ~ **de altura/bajura** pesca em altomar/costeira.

pescadería *f* peixaria *f.*

pescadilla *f* pescadinha *f.*

pescado *m* peixe *m*; ~ **azul/blanco** peixe gordo/magro.

pescador, ra *m, f* pescador *m*, -ra *f.*

pescar *vt* -**1.** [peces] pescar -**2.** [enfermedad] pegar -**3.** *fam* [conseguir] fisgar -**4.** *fam* [atrapar, entender] pegar.

pescuezo *m* pescoço *m.*

pese ◆ **pese a** *loc prep* em que pese a.

pesebre *m* -**1.** [para animales] estábulo *m* -**2.** [belén] presépio *m.*

pesero *m Méx* carro ou perua de transporte público, com rota e tarifa fixas.

peseta *f* [unidad] peseta *f.*

pesetero, ra *Esp fam* ◇ *adj* ganancioso(sa). ◇ *m, f* unha-de-fome *mf.*

pesimismo *m* pessimismo *m.*

pesimista ◇ *adj* pessimista. ◇ *mf* pessimista *mf.*

pésimo, ma ◇ *superl* ▷ **malo.** ◇ *adj* péssimo(ma).

peso *m* peso *m*; **vender a** ~ vender por peso; ~ **bruto** peso bruto; ~ **neto** peso líquido; **pagar a** ~ **de oro** pagar a peso de ouro; **de** ~ [importancia] de peso.

pespunte *m* pesponto *m.*

pesquero, ra *adj* pesqueiro(ra).

◆ **pesquero** *m* pesqueiro *m.*

pesquisa *f* investigação *f.*

pestaña *f* -**1.** [de párpados] cílio *m*, pestana *f*; **quemarse las** ~s *fig* queimar as pestanas -**2.** [saliente] pestana *f.*

pestañear *vi* pestanejar; **sin** ~ *fig* sem pestanejar.

peste *f* -**1.** [gen] peste *f*; ~ **bubónica** peste bubônica -**2.** [mal olor] fedor *m.*

pesticida ◇ *adj* pesticida. ◇ *m* pesticida *m.*

pestilencia *f* pestilência *f.*

pestillo *m* trinco *m*; **correr** *o* **echar el** ~ passar o trinco.

petaca *f* -**1.** [para tabaco] tabaqueira *f* -**2.** [para bebidas] garrafa *f* de bolso -**3.** *Méx* [maleta] maleta *f.*

◆ **petacas** *fpl Méx fam* bumbum *m.*

pétalo *m* pétala *f.*

petanca *f* bocha *f.*

petardo *m* -**1.** [cohete] petardo *m* -**2.** *fam*

[aburrimiento] bomba *f* - **3.** *fam* [persona fea] bagulho *m*.

petate *m* trouxa *f*.

petenera *f* canto flamenco de tom grave e grande intensidade dramática; **salir por** ~ **s** *fig Esp* sair pela tangente.

petición *f* - **1.** [acción] pedido *m* - **2.** [escrito] petição *f*.

petiso, sa, petizo, za *adj Andes, RP fam* baixinho(nha).

peto *m* - **1.** [de prenda] peitilho *m* - **2.** [para protegerse] couraça *f*.

petrificar *vt* [convertir en piedra] petrificar.

petrodólar *m* petrodólar *m*.

petróleo *m* petróleo *m*.

petrolero, ra *adj* petroleiro(ra).

➡ **petrolero** *m* petroleiro *m*.

petrolífero, ra *adj* petrolífero(ra).

petulante ◇ *adj* petulante. ◇ *mf* petulante *mf*.

peyorativo, va *adj* pejorativo(va).

pez ◇ *m* peixe *m*; ~ **espada** peixe-espada *m*; **estar** ~ *Esp fam* estar cru. ◇ *f* pez *m*.

➡ **pez gordo** *m fam* peixe *m* gordo.

pezón *m* - **1.** [de pecho] mamilo *m* - **2.** [extremo] pedúnculo *m*.

pezuña *f* casco *m*.

PGB (*abrev de* Producto Geográfico Bruto) *m Chile* PIB *m*.

piadoso, sa *adj* [compasivo] piedoso(sa).

pianista *mf* pianista *mf*.

piano *m* piano *m*.

pianola *f* pianola *f*.

piar *vi* [aves] piar.

piastra *f* piastra *f*.

PIB (*abrev de* producto interior bruto) *m* PIB *m*.

pibe, ba *m, f RP fam* garoto *m*, -ta *f*.

pica *f* lança *f*.

➡ **picas** *fpl* [palo de baraja] espadas *fpl*.

picada *f* ➡ picado.

picadero *m* - **1.** [de caballos] picadeiro *m* - **2.** *Esp fam* [de soltero] garçonnière *f*.

picadillo *m* - **1.** [de carne, verdura] picadinho *m* - **2.** *Chile* [tapas] tira-gosto *m*.

picado, da *adj* - **1.** [gen] picado(da) - **2.** [cutis] marcado(da) - **3.** [abrigo] furado(da) - **4.** *fam* [enfadado] mordido(da) - **5.** [avinagrado] azedo(da) - **6.** *loc*: **en** ~ [verticalmente] em picado; *fig* na vertical.

➡ **picada** *f* - **1.** [picadura] picada *f* - **2.** *RP* [aperitivo] aperitivo *m*.

picador, ra *m* - **1.** [gen] picador *m* - **2.** [minero] minerador *m*.

➡ **picadora** *f* moedor *m*.

picadura *f* - **1.** [mordedura] picada *f* - **2.** [marca] marca *f* - **3.** [de tabaco] fumo *m*.

picante ◇ *adj* picante. ◇ *m* picante *m*.

picapica *m o f* pó-de-mico *m*.

picaporte *m* trinco *m*.

picar ◇ *vt* - **1.** [gen] picar - **2.** [escocer] coçar - **3.** [comer] beliscar - **4.** [golpear] cavar, furar - **5.** *fig* [enojar] ficar mordido por - **6.** *fig* [estimular] espicaçar - **7.** [cancelar, registrar] marcar - **8.** *fam* [teclear] digitar. ◇ *vi* - **1.** [gen] arder - **2.** [pez] fisgar - **3.** [escocer] pinicar - **4.** [ave] picar - **5.** [comer] beliscar - **6.** [dejarse engañar] cair.

➡ **picarse** *vpr* - **1.** [agujerearse] furar - **2.** [echarse a perder] azedar-se - **3.** *fam* [enfadarse] ficar mordido(da) - **4.** *fam* [inyectarse droga] picar-se - **5.** [oxidarse] enferrujar-se - **6.** [cariarse] cariar.

picardía *f* - **1.** [gen] picardia *f* - **2.** [travesura] travessura *f*.

➡ **picardías** *fpl Esp* [prenda femenina] baby-doll *m*.

picaresco, ca *adj* picaresco(ca).

➡ **picaresca** *f* - **1.** *LITER* picaresco *m* - **2.** [modo de vida] picaretagem *f*.

pícaro, ra ◇ *adj* - **1.** [astuto] malandro(dra), pícaro(ra) - **2.** [travieso] danado(da) - **3.** [obsceno] descarado(da). ◇ *m*, *f* - **1.** [astuto] malandro *m*, -dra *f* - **2.** [travieso] arteiro *m*, -ra *f*.

picatoste *m* pedaço pequeno de pão, torrado ou frito.

picha *f vulg* pica *f*.

pichi *m Esp* jardineira *f*.

pichichi *mf Esp DEP* no futebol espanhol, título dado ao artilheiro do campeonato.

pichincha *f Bol, RP fam* pechincha *f*.

pichón *m* - **1.** [paloma joven] filhote *m* de pomba - **2.** *fam* [apelativo cariñoso] gatinho *m*.

pickles *mpl RP* picles *mpl*.

picnic (*pl* picnics) *m* piquenique *m*.

pico *m* - **1.** [de aves] bico *m* - **2.** [de objeto] ponta *f* - **3.** [herramienta] picareta *f* - **4.** *fam* [boca] bico *m*; **cerrar el** ~ fechar o bico - **5.** [cantidad indeterminada]: **y** ~ e pouco - **6.** [cumbre] pico *m*.

picor *m* ardor *m*.

picoso, sa *adj Méx* apimentado(da).

picotear *vt* - **1.** [suj: ave] bicar - **2.** [comer] beliscar.

pictórico, ca *adj* pictórico(ca).

pie *m* - **1.** [gen] pé *m*; **a** ~ a pé; **de** *o* **en** ~ de *o* em pé; **de** ~ **s a cabeza** dos pés à cabeça - **2.** [de animal] pata *m* - **3.** [de escrito] rodapé *m* - **4.** *TEATR* deixa *f* - **5.** *loc*: **al** ~ **de la letra** ao pé da letra; **a** ~ **s juntillas** de pé junto; **buscarle (los) tres** ~ **s al gato** procurar pêlo em ovo; **cojear del mismo** ~ sofrer do mesmo mal; **con buen** ~ com pé direito; **con** ~ **s de plomo** com muita cautela; **dar** ~ dar pé; **en** ~ de pé; **en** ~ **de guerra** em pé de guerra; **levantarse con el** ~ **izquierdo** levantar-se com o pé esquerdo; **no dar** ~ **con bola** não dar uma dentro; **no tener ni** ~**s ni cabeza** não ter pés nem cabeça; **pararle los** ~**s a alguien** cortar as asas de alguém.

piedad f [compasión] piedade f.

piedra f [gen] pedra f; ~ **pómez** pedrapomes f; ~ **preciosa** pedra preciosa.

piel f-**1.** [gen] pele f; ~ **roja** pele-vermelha mf; **dejar** o **jugarse la** ~ dar o sangue; **ser de la** ~ **del diablo** o **de Judas** ter o diabo no corpo -**2.** [cuero] couro m.

piercing m piercing m.

pierna f -**1.** [de persona] perna f; **dormir a** ~ **suelta** dormir a sono solto; **estirar las** ~**s** esticar as pernas -**2.** [de animal] pata f.

pieza f -**1.** [gen] peça f; ~ **de recambio** o **repuesto** peça de reposição o sobressalente; **dejar/quedarse de una** ~ fig deixar/ficar boquiaberto -**2.** irón [persona] peça f; **buena** ~ peça rara -**3.** [parche] remendo m.

pifia f gafe f.

pifiar vt: ~ **la** fam dar mancada.

pigmentación f pigmentação f.

pigmento m pigmento m.

pijama m pijama m.

pijo, ja ◇ adj fam de mauricinho, de patricinha. ◇ m, f fam mauricinho m, patricinha f.

pila f-**1.** [gen] pilha f-**2.** [recipiente] pia f-**3.** ARQUIT pilar m.

pilar m -**1.** [soporte] pilar m -**2.** [sostén] arrimo m -**3.** [base] base f.

píldora f -**1.** pílula f -**2.** loc: **dorar la** ~ dourar a pílula.

pileta f RP -**1.** [piscina] piscina f -**2.** [en baño, cocina] pia f.

pillaje m pilhagem f.

pillar ◇ vt -**1.** [gen] pilhar -**2.** [atropellar] pegar -**3.** [aprisionar] prender. ◇ vi [encontrarse en el camino] ficar.

→ **pillarse** vpr prender.

pillo, lla fam ◇ adj [pícaro] malandro(dra). ◇ m, f [pícaro] malandro m, -dra f.

pilón m -**1.** [recipiente] tanque m -**2.** [columna] coluna f.

pilotar vt pilotar.

piloto ◇ m -**1.** [de avión, coche] piloto m; ~ **automático** piloto automático -**2.** CSur [impermeable] capa f de chuva. ◇ adj inv piloto.

piltrafa f -**1.** [resto, residuo] resto m -**2.** fam [persona débil] trapo m.

pimentón m CULIN páprica f.

pimienta f CULIN pimenta-do-reino f.

pimiento m pimentão m; ~ **morrón** pimentão-doce m.

pimpollo m -**1.** [brote] broto m -**2.** fam [persona atractiva] gato m.

PIN m -**1.** (abrev de producto interior neto) PIL m -**2.** (abrev de personal identification number) senha f.

pinacoteca f pinacoteca f.

pinar m pinhal m.

pincel m [instrumento] pincel m.

pinchadiscos mf inv Esp disc-jóquei mf.

pinchar ◇ vt -**1.** [punzar] espetar -**2.** fig [irritar] alfinetar -**3.** fig [incitar] cutucar -**4.** [poner inyecciones] injetar -**5.** fam [teléfono] grampear. ◇ vi furar.

→ **pincharse** vpr -**1.** [punzarse] espetar-se -**2.** [inyectarse] injetar-se -**3.** fam [droga] picar-se.

pinchazo m -**1.** [gen] picada f -**2.** [perforación] furo m.

pinche ◇ adj Méx mfam -**1.** [maldito] maldito(ta) -**2.** [de poca importancia] mixuruca. ◇ mf ajudante mf de cozinha.

pinchito m espetinho m.

pincho m -**1.** [espina] espinho m -**2.** [varilla] chuço m -**3.** CULIN espetinho m; ~ **moruno** espetinho de carne.

pingajo m fam despec farrapo m.

pingüino m pingüim m.

ping-pong m DEP pingue-pongue m.

pinitos mpl: **hacer sus** ~ dar seus primeiros passos.

pino m pinheiro m; **en el quinto** ~ fig no quinto dos infernos.

pinta f ▷ pinto.

pintado, da adj -**1.** [gen] pintado(da); **venir que ni** ~ vir a calhar -**2.** [moteado] malhado(da).

→ **pintada** f-**1.** [escrito] pichação f-**2.** [ave] galinha-d'angola f.

pintalabios m inv batom m.

pintar ◇ vt -**1.** [gen] pintar -**2.** [significar, importar] significar. ◇ vi [tener aspecto] pintar.

→ **pintarse** vpr pintar-se.

pintarrajear vt fam despec pinturilar.

pinto, ta adj malhado(da).

→ **pinta** f -**1.** [lunar] bolinha f -**2.** [aspecto] pinta f; **tener pinta de** ter pinta de -**3.** [unidad de medida] unidade de capacidade para líquidos do sistema inglês, equivalente a 0,568 litro.

pintor, ra m, f pintor m, -ra f.

pintoresco, ca adj pitoresco(ca).

pintura f -**1.** [gen] pintura f; ~ **al óleo** pintura a óleo -**2.** [material] tinta f.

pinza f pinça f.

piña f-**1.** [de pino] pinha f-**2.** [fruta] abacaxi

m; ~ **colada** *coquetel à base de rum, suco de abacaxi e leite de coco* **-3.** [de gente] liga *f* **- 4.** **fam** [golpe] batida *f.*

piñata *f recipiente cheio de guloseimas e pequenos presentes que, ao ser rompido, deixa cair seu conteúdo, utilizado em brincadeiras com crianças em festas de aniversário, gincanas etc..*

piñón *m* [fruto] pinhole *m.*

pío, a *adj* pio(a).

➡ **pío** *m* pio *m*; **no decir ni** ~ **fig** não dar nem um pio.

piojo *m* piolho *m.*

piojoso, sa *adj* piolhento(ta).

pionero, ra *m, f* pioneiro *m, -ra f.*

pipa *f* **-1.** [para fumar] cachimbo *m*; **fumar en** ~ fumar cachimbo **- 2.** [pepita] semente *f* **- 3.** [tonel] pipa *f* **- 4. loc: pasarlo** *o* **pasárselo** ~ **Esp fam** divertir-se a valer.

pipermín, peppermint *m* licor *m* de menta.

pipí *m* **fam** pipi *m*; **hacer** ~ fazer pipi; **tener** ~ estar molhado.

pique *m* **-1.** [rivalidad] rivalidade *f* **- 2. loc: irse a** ~ ir a pique.

piqueta *f* picareta *f.*

piquete *m* piquete *m.*

pirado, da *adj fam* pirado(da).

piragua *f* canoa *f.*

piragüismo *m* canoagem *f.*

pirámide *f* pirâmide *f.*

piraña *f* piranha *f.*

pirarse **fam** *vpr* **-1.** [irse] puxar o carro **- 2.** [enloquecer] pirar.

pirata <> *adj inv* pirata. <> *mf* pirata *mf.*

piratear <> *vi* piratear. <> *vt* [copiar, plagiar] piratear.

piratería *f* pirataria *f.*

pirenaico, ca *adj* pirenaico(ca).

pírex, pyrex® *m* pirex *m.*

Pirineos *npl*: **los** ~ os Pirineus.

piripi *adj Esp fam* alto(ta).

pirómano, na *m, f* pirômano *m, -na f.*

piropear *vt fam* cantar.

piropo *m* cantada *f.*

pirotecnia *f* pirotecnia *f.*

pirrarse *vpr fam*: ~ **por** ser louco por.

pirueta *f* **-1.** [cabriola] pirueta *f* **- 2.** [esfuerzo] malabarismo *m.*

piruleta *f Esp* pirulito *m.*

pirulí (*pl* pirulís) *m* pirulito *m.*

pis (*pl* pises) *m* **fam** pipi *m*; **hacer** ~ fazer pipi; **tener** ~ estar molhado.

pisada *f* **-1.** [acción] passo *m* **- 2.** [huella] pegada *f.*

pisapapeles *m inv* pesa-papéis *m inv.*

pisar *vt* **-1.** [gen] pisar **- 2.** [anticiparse] antecipar-se.

piscina *f* piscina *f.*

Piscis <> *m inv* [signo del zodiaco] Peixes *m inv*; **ser** ~ ser (de) Peixes. <> *mf inv* **-1.** pisciano *m, -na f* **- 2.** *(en aposición)* de Peixes.

pisco *m* pisco *m*; ~ **sour** *coquetel típico do Chile e Peru à base de pisco, suco de limão e açúcar.*

piscolabis *m fam* boquinha *f.*

piso *m* **-1.** [vivienda] apartamento *m* **- 2.** [planta] andar *m* **- 3.** [suelo] piso *m* **- 4.** [capa] camada *f* **- 5. loc: perder** ~ **Amér** perder terreno.

pisotear *vt* **-1.** [gen] pisotear **- 2.** [desobedecer] desobedecer.

pisotón *m fam* pisão *m.*

pista *f* **-1.** [gen] pista *f*; ~ **de esquí** pista de esqui; ~ **de tenis** quadra de tênis **- 2.** *TECN* trilha *f.*

pistacho *m* pistache *m.*

pisto *m CULIN prato feito principalmente com pimentão, tomate e cebola picados, que são fritos e depois cozidos lentamente.*

pistola *f* pistola *f.*

pistolero, ra *m, f* pistoleiro *m, -ra f.*

➡ **pistolera** *f* coldre *m.*

pistón *m* **-1.** [gen] pistão *m* **- 2.** [de arma] cartucho *m.*

pitar <> *vt* **-1.** [arbitrar] apitar **- 2.** [abuchear] vaiar. <> *vi* **-1.** [tocar pito] apitar **- 2. loc: salir** *o* **irse pitando** *fam* sair *o* ir voando.

pitido *m* apito *m.*

pitillera *f* cigarreira *f.*

pitillo *m* **-1.** *fam* [cigarrillo] cigarro *m* **- 2. Col** [pajita] canudinho *m.*

pito *m* **-1.** [silbato] apito *m* **- 2.** *fam* [cigarrillo] pito *m* **- 3.** *fam* [pene] pipi *m* **- 4. loc: por** ~ **s o por flautas** por um motivo ou por outro; **tomar a alguien por el** ~ **del sereno** fazer alguém de bobo.

pitón <> *m* **-1.** [cuerno] chifre *m* **- 2.** [pitorro] gargalo *m.* <> *f* ▷ **serpiente.**

pitonisa *f* pitonisa *f.*

pitorrearse *vpr fam* rir-se, gozar; ~ **de alguien/de algo** gozar de alguém/de algo.

pitorreo *m fam* gozação *f*; **estar de** ~ estar de gozação; **tomarse algo a** ~ fazer gozação de algo.

pitorro *f* gargalo *m.*

pívot (*pl* pívots) *m, f DEP* pivô *mf.*

píxel *m* pixel *m.*

pizarra *f* **-1.** [gen] ardósia *f* **- 2.** [encerado] lousa *f.*

pizarrón *m Amér* quadro-negro *m.*

pizca *f fam* [poca cantidad]: **una** ~ **(de)** uma migalha (de); **ni** ~ nem um pingo.

pizza *f* pizza *f.*

pizzería *f* pizzaria *f.*

pl. (*abrev de* **plaza**) Pr.
placa *f* **-1.** [gen] placa *f*; ~ **solar** placa solar **-2.** [de cocina] chapa *f*.
placar *m RP* armário *m* embutido.
placenta *f* ANAT placenta *f*.
placentero, ra *adj* prazeroso(sa).
placer ◇ *m* prazer *m*. ◇ *vi* [gustar] aprazer.
plácido, da *adj* plácido(da).
plafón *m* arandela *m*.
plaga *f* praga *f*.
plagado, da *adj*: ~ **de** cheio(a) de.
plagar *vt*: ~ **de** encher de.
plagiar *vt* **-1.** [copiar] plagiar.
plagio *m* plágio *m*.
plan *m* **-1.** [gen] plano *m*; **en** ~ **de** *fam* em atitude ou com intenção de; **no ser** ~ *fam fig* não ser justo **-2.** *Esp fam* [ligue] paquera *f*.
plancha *f* **-1.** [gen] chapa *f*; **a la** ~ grelhado **-2.** [para planchar] ferro *m* de passar **-3.** *fam* [metedura de pata] mancada *f* **-4.** DEP *na ginástica, postura horizontal do corpo no ar, utilizando como apoio as mãos agarradas à barra.*
planchado *m ação de passar roupa.*
planchar *vt* passar roupa.
planchazo *m fam* fora *m*.
planchista *mf* lanterneiro *m*, -ra *f*.
plancton *m* BIOL plâncton *m*.
planeador *m* planador *m*.
planear ◇ *vt* planejar. ◇ *vi* [en el aire] planar.
planeta *m* planeta *m*.
planetario, ria *adj* **-1.** [de planeta] planetário(ria) **-2.** [mundial] mundial.
planicie *f* planície *f*.
planificación *f* planejamento *m*; ~ **familiar** planejamento familiar.
planificar *vt* planejar.
planisferio *m* planisfério *m*.
planning *m* planejamento *m*.
plano, na *adj* plano(na).
◆ **plano** *m* **-1.** plano *m*; **en segundo** ~ *fig* em segundo plano; **primer** ~ primeiro plano **-2.** *loc*: **dar de** ~ dar em cheio.
◆ **plana** *f* **-1.** [página escrita] lauda *f* **-2.** [página impresa] página *f* **-3.** [llanura] planície *f*.
planta *f* **-1.** [gen] planta *f* **-2.** [piso] andar *m*; ~ **baja** andar térreo **-3.** [fábrica] central *f*; ~ **de envase** *o* **envasadora** central de embalagem; ~ **depuradora** central depuradora; ~ **incineradora** central incineradora **-4.** *Amér* [de trabajadores] quadro *m* de pessoal **-5.** *loc*: **tener buena** ~ ter boa aparência.
plantación *f* **-1.** [terreno] plantação *f* **-2.** [acción] plantio *m*.

plantado, da *adj* plantado(da); **dejar** ~ **a alguien** *fam fig* deixar alguém plantado; **ser bien** ~ *fig* ser de bom tipo.
plantar *vt* **-1.** [gen] plantar **-2.** *fam* [decir con brusquedad] desferir **-3.** *fam* [echar] jogar **-4.** *fam* [abandonar] abandonar **-5.** *fam* [colocar] fincar.
◆ **plantarse** *vpr* **-1.** [gen] plantar-se **-2.** [en un sitio con rapidez] chegar voando **-3.** [en cartas] passar.
planteamiento *m* abordagem *f*.
plantear *vt* **-1.** [plan, proyecto] planejar **-2.** [problema, cuestión] colocar.
◆ **plantearse** *vpr* considerar.
plantel *m* **-1.** [de plantas] viveiro *m* **-2.** [de personas] plantel *m*.
plantificar *vt* jogar na cara.
◆ **plantificarse** *vpr* chegar rápido.
plantilla *f* **-1.** [de empresa] quadro *m* de pessoal; **estar en** ~ ser empregado fixo **-2.** [de zapato] palmilha *f* **-3.** [patrón] molde *m*.
plantío *m* plantação *f*.
plantón *m*: **dar (un)** ~ *fam* dar (um) cano; **de** ~ de plantão.
plañidero, ra *adj* choroso(sa).
plañir ◇ *vt* chorar. ◇ *vi* chorar.
plaqueta *f* BIOL plaqueta *f*.
plasmar *vt* plasmar.
◆ **plasmarse** *vpr* plasmar-se.
plasta *fam* ◇ *adj* [soso] chato(ta). ◇ *mf* chato *m*, -ta *f*.
plástica *f* ▷ plástico.
plástico, ca *adj* **-1.** [gen] plástico(ca) **-2.** [expresivo] expressivo(va).
◆ **plástico** *m* [material] plástico *m*.
◆ **plástica** *f* modelagem *f*.
plastificar *vt* plastificar.
plastilina *f* plastilina *f*.
plata *f* **-1.** [gen] prata *f*; ~ **de ley** prata de lei; **hablar en** ~ *fam fig* falar claramente **-2.** *Amér* [dinero] dinheiro *m*.
plataforma *f* plataforma *f*.
plátano *m* **-1.** [fruta] banana *f* **-2.** [árbol] bananeira *f*.
platea *f* platéia *f*.
plateado, da *adj* prateado(da).
plática *f* *CAm, Méx* conversa *f*.
platicar *vi* *CAm, Méx* conversar.
platillo *m* (*gen pl*) **-1.** MÚS pratos *mpl* **-2.** [de balanza] prato *m* de balança.
◆ **platillo volante** *m* disco *m* voador.
platina *f* platina *f*.
platino *m* platina *f*.
◆ **platinos** *mpl* platinado *m*.
plato *m* prato *m*; **primer** ~ primeiro prato; **segundo** ~ segundo prato; ~ **combinado** prato combinado; ~ **fuerte** [en una comida]

prato principal; *fig* parte principal; **pagar los** ~s **rotos** pagar o pato; **parece que no hubiera roto un** ~ **en su vida** parece que nunca havia cometido um erro na vida.
plató *m* cenário *m*.
platónico, ca *adj* platônico(ca).
platudo, da *adj Amér fam* cheio(a) da grana.
plausible *adj* plausível.
playa *f* praia *f*.
play-back (*pl* play-backs) *m* playback *m*.
play-boy (*pl* play-boys) *m* playboy *m*.
playero, ra *adj* praiano(na).
◆ **playera** *f CAm, Méx* [prenda de vestir] camiseta *f*.
◆ **playeras** *fpl* **-1.** [zapatillas] tênis *m inv* **-2.** [sandalias] sandálias *fpl* de praia.
plaza *f* **-1.** [en población] praça *f* **-2.** [sitio, puesto de trabajo] vaga *f* **-3.** [asiento] lugar *m* **-4.** [mercado] mercado *m* **-5.** *TAUROM*: ~ **(de toros)** praça *f* (de touros) **-6.** [zona, población] setor *m* **-7.** [fortificación] praça-forte *f*.
plazo *m* **-1.** [de tiempo] prazo *m*; **a** ~ **a** prazo; **a corto/largo** ~ a curto/longo prazo **-2.** [de dinero] prestação *f*; **a** ~s **a** prestação.
plazoleta *f* pracinha *f*.
pleamar *f* preamar *f*.
plebe *f* plebe *f*.
plebeyo, ya <> *adj* plebeu(ba). <> *m, f* plebeu *m*, -a *f*.
plebiscito *m* plebiscito *m*.
plegable *adj* dobrável.
plegar *vt* dobrar.
◆ **plegarse** *vpr*: ~**se a** submeter-se a.
plegaria *f* prece *f*.
pleito *m* **-1.** *DER* pleito *m*; **poner un** ~ processar **-2.** *Amér* [discusión] discussão *f*.
plenario, ria *adj* plenário(ria).
plenilunio *m* plenilúnio *m*.
plenitud *f* plenitude *f*; **en la** ~ **de** na plenitude de.
pleno, na *adj* [total] pleno(na); **en** ~ em pleno(na).
◆ **pleno** *m* **-1.** [reunión] pleno *m*; ~ **del congreso/ayuntamiento** pleno do congresso/da prefeitura **-2.** [en juego de azar] *acerto de todos os resultados em um jogo de azar*.
pletórico, ca *adj*: ~ **de** pletórico(ca) de.
pleuresía *f MED* pleurisia *f*.
pliego *m* **-1.** [ger] folha *f* **-2.** [documento] documento *m* lacrado.
pliegue *m* **-1.** [de ropa, papel] prega *f* **-2.** *GEOL* dobra *f*.
plisado *m* plissado *m*.

plisar *vt* plissar.
plomería *f Méx, RP, Ven* empresa *f* de encanador.
plomero *m Méx, RP, Ven* encanador *m*, -ra *f*.
plomizo, za *adj* plúmbeo *m*, -bea *f*.
plomo *m* **-1.** [metal] chumbo *m*; **sin** ~ sem combustível; **caer a** ~ *fig* cair feito uma pedra **-2.** [fusible] fusível *m* **-3.** *fam* [pelmazo] chatice *f*.
pluma *f* **-1.** [de ave] pluma *f* **-2.** [para escribir] caneta *f*; ~ **estilográfica** caneta-tinteiro *f* **-3.** [estilo, escritor] pena *f* **-4.** *(en aposición inv)* *DEP* pena *m* **-5.** *Carib, Méx* [bolígrafo] caneta *f* esferográfica.
plum-cake (*pl* plum-cakes) *m CULIN* bolo *m* inglês.
plumero *m* espanador *m*; **vérsele a alguien el** ~ *Esp fam fig* sacar as intenções de alguém.
plumier (*pl* plumiers) *m Esp* estojo *m*.
plumilla *f* pena *f*.
plumón *m* **-1.** [de ave] penugem *f* **-2.** [anorak] anoraque *m*.
plural <> *adj* plural. <> *m GRAM* plural *m*.
pluralidad *f* pluralidade *f*.
pluralismo *m* pluralismo *m*.
pluralizar *vi* generalizar.
pluriempleo *m* pluriemprego *m*.
plus (*pl* pluses) *m* adicional *m*.
pluscuamperfecto *GRAM* <> *adj* mais-que-perfeito. <> *m* mais-que-perfeito *m*.
plusmarca *f DEP* recorde *m*.
plusvalía *f ECON* mais-valia *f*.
plutocracia *f* plutocracia *f*.
Plutón *m* Plutão *m*.
pluvial *adj* pluvial.
p.m. (*abrev de* post meridiam) p.m.
PM (*abrev de* policía militar) *f* PE *f*.
PNB (*abrev de* producto nacional bruto) *m* PNB *m*.
PNUD (*abrev de* Programa de las Naciones Unidas para el Desarrollo) *m* PNUD *m*.
PNUMA (*abrev de* Programa de las Naciones Unidas para el Medio Ambiente) *m* PNUMA *m*.
PNV (*abrev de* Partido Nacionalista Vasco) *m partido nacionalista basco de direita*.
P⁰ (*abrev de paseo*) r.
población *f* **-1.** [gen] população *f* **-2.** [localidad] povoado *m* **-3.** *Chile* [chabolas] favela *f*.
poblado, da *adj* **-1.** [gen] povoado(da) **-2.** [barba] espesso(sa).
◆ **poblado** *m* povoado *m*.
poblador, ra *m, f* habitante *mf*.
poblar *vt* povoar.
◆ **poblarse** *vpr* povoar-se.
pobre <> *adj* pobre; ~ **en** pobre em. <> *mf* pobre *mf*; ~ **de mí/ti** *etc.* pobre de mim/de ti *etc.*.

pobreza f [escasez] pobreza f; ~ **de algo** pobreza de algo.

pochismo m *Amér* inglês falado pelos mexicanos da Califórnia, com grande influência do castelhano.

pocho, cha adj -**1.** [alicaído] caído(da) -**2.** [pasado] passado(da) -**3.** *Méx* [mexicano] americano de origem mexicana que conserva os hábitos culturais do México.

pochoclo m *Arg* pipoca f.

pocilga f pocilga f.

pócima f -**1.** [brebaje] poção f -**2.** *despec* [bebida de mal sabor] beberagem f.

poción f poção f.

poco, ca <> adj pouco(ca). <> *pron* poco(ca); **un** ~ **(de)** um pouco de.

◆ **poco** adv pouco; ~ **más o menos** mais ou menos; **por** ~ por pouco; **dentro de** ~ dentro em pouco; **hace** ~ faz pouco; ~ **a** ~ [progresivamente] pouco a pouco; [despacio] devagar!

podadora f *Amér* podadeira f.

podar vt podar.

poder <> m poder m; **tiene** ~ **para convencer a los demás** tem poder para convencer os outros; ~ **adquisitivo** poder aquisitivo; ~ **ejecutivo** poder executivo; ~ **judicial** poder judiciário; ~ **legislativo** poder legislativo; **estar/hacerse con el** ~ estar no/conquistar o poder; **estar en** ~ **de alguien** estar em poder de alguém. <> v aux poder; **puedo levantar esta piedra** posso levantar esta pedra; **¿se puede fumar aquí?** pode-se fumar aqui?; **no puedo salir por la noche** não posso sair à noite; **no podemos abandonarlo** não podemos abandoná-lo; **puedo ir en barco o en avión** posso ir de navio ou de avião; **podías haber cogido el tren** você podia ter tomado o trem; **podría ser más discreto** você poderia ser mais discreto; **¡hubiera podido invitarnos!** devia nos ter convidado! ; *loc:* **a** o **hasta más no** ~ ao máximo; **no** ~ **más** [estar harto] não agüentar mais; [estar cansado] não poder mais; **¿se puede?** posso? <> v impers poder; **puede ser que llueva** pode ser que chova; **no puede ser verdad** não pode ser verdade; **¿vendrás mañana? - puede** você virá amanhã? - pode ser. <> vt [ser más fuerte] poder com; **no hay quien me pueda** comigo ninguém pode.

◆ **poder con** v + prep [enfermedad, rival] poder com; [tarea, problema] conseguir; [soportar] poder; **no** ~ **con algo/alguien** não agüentar algo/alguém.

poderío m poderio m.

poderoso, sa adj poderoso(sa).

podio, pódium m pódio m.

podólogo, ga m, f *MED* podólogo m, -ga f.

podrá etc ▷ poder.

podría etc ▷ poder.

podrido, da <> pp irreg ▷ pudrir. <> adj -**1.** [comida, ambiente] podre -**2.** *RP* [persona] fam: **estoy** ~ estou de saco cheio.

poema m poema m; **ser algo/alguien un** ~ fig algo/alguém ser um espetáculo.

poesía f poesia f.

poeta mf poeta m.

poético, ca adj poético(ca).

poetisa f poetisa f.

póker = póquer.

polaco, ca <> adj polonês(esa). <> m, f polonês m, -esa f.

◆ **polaco** m polonês m.

polar adj polar.

polaridad f polaridade f.

polarizar vt polarizar.

polaroid® f inv *FOT* polaróide® f.

polca f polca f.

polea f roldana f.

polémico, ca adj polêmico(ca).

◆ **polémica** f polêmica f.

polemizar vi polemizar.

polen m pólen m.

poleo m poejo-das-hortas m.

polera f *Arg, Chile, Perú* camisa f pólo.

poli fam <> mf tira mf. <> f tiras mpl.

poliamida f *QUÍM* poliamida f.

polichinela m f polichinelo m.

policía <> mf policial mf. <> f polícia f.

policiaco, ca, policíaco, ca adj policial.

policial adj policial.

policlínica f policlínica f.

polideportivo, va adj poliesportivo(va).

◆ **polideportivo** m ginásio m poliesportivo.

poliedro m *GEOM* poliedro m.

poliéster m inv poliéster m.

polietileno m polietileno m.

polifacético, ca adj multifacetado(da).

poligamia f poligamia f.

polígamo, ma <> adj polígamo(ma). <> m, f polígamo m, -ma f.

poligloto, ta, polígloto, ta <> adj poliglota. <> m, f poliglota mf.

polígono m polígono m; ~ **industrial** zona f industrial.

polilla f traça f.

polinomio m *MAT* polinômio m.

polio f *MED* poliomielite f.

poliomielitis f inv *MED* poliomielite f.

polipiel f couro m sintético.

pólipo m *MED* pólipo m.

politécnico, ca adj politécnico(ca).

politeísmo m *RELIG* politeísmo m.

política f ▷ político.

politicastro *m despec* politiqueiro *m*, -ra *f*.
político, ca <> *adj* **-1.** [gen] político(ca) **-2.** [pariente] por afinidade. <> *m, f* político *m*, -ca *f*.
◆ **política** *f* política *f*.
politizar *vt* politizar.
◆ **politizarse** *vpr* politizar-se.
polivalente *adj* polivalente.
póliza *f* **-1.** [documento] apólice *f* **-2.** [sello] chancela *f*.
polizón *m* clandestino(na).
polla *f* ▷ pollo.
pollera *f* *CSur* saia *f*.
pollería *f* avícola *f*.
pollito *m* pintinho *m*.
pollo, lla *m*, *f* **-1.** [cría de gallina] pinto *m* **-2.** *(gen m) Esp* [joven] frangote *m*.
◆ **pollo** *m* frango *m*.
◆ **polla** *f* *vulg* caralho *m*.
polo *m* **-1.** pólo *m*; ~ **negativo** pólo negativo; ~ **norte** pólo norte; ~ **positivo** pólo positivo; ~ **sur** pólo sul **-2.** [helado] picolé *m* **-3.** [camisa] pólo *f*.
pololear *vi* *Chile fam*: ~ **con alguien** sair com alguém.
pololo, la *m*, *f* *Chile fam* namorado *m*, -da *f*.
Polonia *n* Polônia.
poltrona *f* poltrona *f*.
polución *f* **-1.** [contaminación] poluição *f* **-2.** [eyaculación] polução *f*.
polvareda *f* poeirada *f*.
polvera *f* pozeira *f*, estojo *m* de pó-de-arroz.
polvo *m* **-1.** pó *m*; **en** ~ em pó **-2.** *loc*: **estar hecho** ~ *fam* estar acabado.
◆ **polvos** *mpl* pó-de-arroz *m*.

> Não confundir com o português 'polvo', que tem um significado similar ao espanhol *pulpo*: (*Soy alérgica al polvo; mi casa debe estar siempre muy limpia*. Sou alérgica ao pó; minha casa tem que estar sempre muito limpa.)

pólvora *f* pólvora *f*.
polvoriento, ta *adj* poeirento(ta).
polvorín *m* paiol *m*.
polvorón *m* amanteigado *m*.
pomada *f* pomada *f*.
pomelo *m* **-1.** [árbol] toranjeira *f* **-2.** [fruto] toranja *f*.
pómez *adj* ▷ piedra.
pomo *m* maçaneta *f*.
pompa *f* pompa *f*.
◆ **pompa de jabón** *f* *(gen pl)* bolha *f* de sabão.
◆ **pompas** *fpl* *Méx fam* traseiro *m*.
◆ **pompas fúnebres** *fpl* pompas *fpl* fúnebres.
pompis *fam* bumbum *m*.
pompón *m* pompom *m*.

pomposo, sa *adj* pomposo(sa).
pómulo *m* pômulo *m*.
ponchar *CAm, Méx* *vt* furar.
◆ **poncharse** *vpr* furar.
ponche *m* ponche *m*.
poncho *m* poncho *m*.
ponderar *vt* **-1.** [gen] ponderar **-2.** [alabar] elogiar.
ponedor, ra *adj* poedeiro(ra).
ponencia *f* **-1.** [conferencia] conferência *f* **-2.** [comisión] comissão *f*.
poner *vt* **-1.** [gen] pôr; ~ **algo/a alguien a** pôr algo/alguém a o em **-2.** [ropa]: ~ **algo a alguien** pôr algo em alguém **-3.** [contribuir, invertir] contribuir com; ~ **algo de mi/tu parte** fazer algo de minha/sua parte **-4.** [hacer estar de cierta manera] deixar; **me pones de mal humor** me deixa de mau humor **-5.** [precio, medida] fixar; [multa, deberes] dar **-6.** [esfuerzo, voluntad] dedicar; **puso toda su voluntad pero no lo consiguió** deu o melhor de si mas não conseguiu o que queria **-7.** [fax, telegrama] enviar; ~ **una conferencia** fazer uma ligação interurbana **-8.** [conectar] ligar **-9.** [em cinema, teatro, TV] dar; **¿qué ponen esta noche en la tele?** o que vai passar esta noite na televisão? **-10.** [gas, luz] instalar; [tienda] abrir **-11.** [casa] arrumar **-12.** [nombre] dar **-13.** *(em subj, imper, gerúndio)* [suponer] supor.
◆ **ponerse** *vpr* **-1.** [colocarse] pôr-se **-2.** [ropa, galas, maquillaje] pôr **-3.** [estar de cierta manera] ficar; **se puso rojo de la vergüenza que pasó** ficou vermelho da vergonha que passou **-4.** [iniciar acción]: ~ **se a hacer algo** pôr-se a fazer algo **-5.** [de salud]: ~ **se malo** *o* **enfermo** ficar doente; ~ **se bien** ficar bom **-6.** [llenarse]: ~ **se de algo** encher-se de algo **-7.** [suj: astro] pôr-se.
poni, poney *m* pônei *m*.
poniente *m* **-1.** [occidente] poente *m* **-2.** [viento] oeste *m*.
pontificado *m* pontificado *m*.
pontífice *m* pontífice *m*.
ponzoña *f* [veneno] veneno *m*.
pop *adj* pop.
popa *f* *NÁUT* popa *f*.
popote *m* *Méx* canudinho *m*.
populacho *m* *despec* populacho *m*.
popular *adj* popular.
popularidad *f* popularidade *f*.
popularizar *vt* popularizar.
◆ **popularizarse** *vpr* popularizar-se.
populoso, sa *adj* populoso(sa).
popurrí *(pl popurrís)* *m* pot-pourri *m*.
póquer, póker *m* **-1.** [juego] pôquer *m* **-2.** [jugada] quadra *f*.

por *prep* - **1.** [causa] por; **se enfadó** ~ **tu comportamiento** irritou-se por causa do seu comportamento - **2.** [finalidade] para; **lo hizo** ~ **complacerte** assim o fez para agradar-lhe; **lo compro** ~ **ti** comprou-o para você - **3.** [medio, modo] por; ~ **mensajero/fax** por mensageiro/fax; ~ **escrito** por escrito; **el récord fue batido** ~ **el atleta** o recorde foi batido pelo atleta - **4.** [tiempo aproximado] por volta de; **creo que la boda será** ~ **abril** acho que o casamento será em abril - **5.** [tiempo concreto] por; ~ **la mañana/tarde/noche** pela manhã/tarde/noite; ~ **unos días** por uns dias - **6.** [en lugar aproximado] por; **está** ~ **ahí** está por aí; **¿** ~ **dónde vive?** onde ele mora? - **7.** [a través de] por; **pasar** ~ **la aduana** passar pela alfândega; **entramos en Francia** ~ **Italia** entramos na França pela Itália - **8.** [a cambio de, en lugar de] por; **cambio el coche** ~ **la moto** troco o carro pela moto; **él lo hará** ~ **mí** ele o fará por mim - **9.** [distribución] por; **diez euros** ~ **unidad** dez euros por unidade; **20 km** ~ **hora** 20 km por hora - **10.** [em matemáticas] vezes; **dos** ~ **dos igual a cuatro** duas vezes dois igual a quatro - **11.** [aún sin]: **la mesa está** ~ **poner** a mesa ainda não está posta.
porcelana *f* porcelana *f*.
porcentaje *m* porcentagem *f*.
porche *m* alpendre *m*.
porcino, na *adj* porcino(na).
porción *f* porção *f*.
pordiosero, ra *m, f* mendigo *m*, -ga *f*.
porfía *f* porfia *f*.
porfiado, da *adj* porfiado(da).
porfiar *vi* - **1.** [disputar] porfiar - **2.** [empeñarse]: ~ **en** porfiar em.
pormenor *m (gen pl)* pormenor *m*.
porno *adj fam* pornô.
pornografía *f* pornografia *f*.
pornográfico, ca *adj* pornográfico(ca).
poro *m* poro *m*.
poroso, sa *adj* poroso(sa).
poroto *m Andes, RP* feijão *m* roxinho.
porque *conj* porque.
porqué *m* porquê.
porquería *f* porcaria *f*.
porra ◇ *f* - **1.** [palo] cacetete *m* - **2.** *loc*: **irse/mandar a la** ~ *Esp mfam* ir/mandar passear. ◇ *interj (gen pl)*: **¡** ~ **s!** *Esp* poxa!
porrada *f Esp fam* porrada *f*.
porrazo *m mfam* pancada *f*.
porro *m fam* [de droga] baseado *m*.
porrón *m* porrão *m*.
portaaviones = portaviones.
portada *f* - **1.** [de obra impresa] capa *f* - **2.** *ARQUIT* portal *m*.

portador, ra ◇ *adj* portador(ra). ◇ *m, f* portador *m*, -ra *f*; **al** ~ ao portador.
portaequipajes *m inv* porta-malas *m inv*.
portafolios *m inv*, **portafolio** *m* portfólio *m*.
portal *m* - **1.** [entrada] entrada *f* - **2.** [belén] presépio *m* - **3.** *INFORM* portal *m*.
portalámparas *m inv* soquete *m*.
portamaletas *m inv* porta-malas *m inv*.
portamonedas *m inv* porta-moedas *m inv*.
portarse *vpr*: ~ **se bien/mal** portar-se bem/mal.
portarrollos *m inv* porta-papel *m*.
portátil *adj* portátil.
portaviones, portaaviones *m inv* porta-aviões *m inv*.
portavoz *mf* porta-voz *mf*.
portazo *m* batida *f* de porta.
porte *m* - **1.** *(gen pl)* [gasto de transporte] frete *m*; ~ **s debidos** *COM* frete a pagar; ~ **s pagados** *COM* frete pago - **2.** [transporte] transporte *m* - **3.** [aspecto] porte *m*.
portento *m* portento *m*.
portentoso, sa *adj* portentoso(sa).
portería *f* - **1.** [gen] portaria *f* - **2.** *DEP* gol *m*.
portero, ra *m, f* - **1.** [de casa] porteiro *m*, -ra *f*; ~ **automático** *o* **electrónico** porteiro automático *o* eletrônico - **2.** *DEP* goleiro *m*.
pórtico *m* pórtico *m*.
portillo *m* - **1.** [abertura] brecha *f* - **2.** [puerta pequeña] portinhola *f*.
portuario, ria *adj* portuário(ria).
Portugal *n* Portugal.
portugués, esa ◇ *adj* português(esa). ◇ *m, f* português *m*, -esa *f*.
◆ **portugués** *m* [lengua] português *m*.
porvenir *m* porvir *m*.
pos ◆ **en pos de** *loc prep* atrás de.
posada *f* pousada *f*.
posaderas *fpl fam* nádegas *fpl*.
posar ◇ *vt* pousar. ◇ *vi* posar.
◆ **posarse** *vpr* - **1.** [animal volador] pousar - **2.** [sustancia] depositar.
posavasos *m inv* descanso *m* de copos.
posdata, postdata *f* pós-escrito *m*.
pose *f* pose *f*.
poseedor, ra ◇ *adj* possuidor(ra). ◇ *m, f* possuidor *m*, -ra *f*.
poseer *vt* possuir.
poseído, da ◇ *adj* possuído(da). ◇ *m, f* possuído *m*, -da *f*.
posesión *f* - **1.** [gen] posse - **2.** [del diablo] possessão *f*.
posesivo, va *adj* possessivo(va).
poseso, sa ◇ *adj* possesso(sa). ◇ *m, f* possesso *m*, -sa *f*.
posgraduado, da, postgraduado, da ◇

adj pós-graduado(da). <> *m*, *f* pós-graduado *m*, -da *f*.

posguerra, postguerra *f* pós-guerra *m*.

posibilidad *f* possibilidade *f*.

posibilitar *vt* possibilitar.

posible *adj* possível; **de ser** ~ se for possível; **hacer (todo) lo** ~ fazer (todo) o possível; **lo antes** ~ assim que for possível.

posición *f* posição *f*.

posicionarse *vpr* posicionar-se.

positivo, va *adj* positivo(va).

posmeridiano, na, postmeridiano, na *adj* pós-meridiano(na).

poso *m* depósito *m*.

posología *f* posologia *f*.

posponer *vt* pospor.

pospuesto, ta *pp irreg* ▷ posponer.

post meridiem *adj* post meridiem.

posta ◆ **a posta** *loc adv* de propósito.

postal <> *adj* postal. <> *f* postal *m*.

postdata = posdata.

poste *m* poste *m*.

póster (*pl* pósters) *m* pôster *m*.

postergar *vt* postergar.

posteridad *f* posteridade *f*.

posterior *adj* posterior; ~ **a** [en espacio] atrás de; [en tiempo] posterior a.

posteriori ◆ **a posteriori** *loc adv* a posteriori.

posterioridad *f* posterioridade *f*.

postgraduado, da = posgraduado.

postguerra = posguerra.

postigo *m* **-1.** [contraventana] veneziana *f* **-2.** [puerta pequeña] postigo *m*.

postín ◆ **de postín** *loc adj Esp* de luxo.

postizo, za *adj* postiço(ça).

◆ **postizo** *m* peruca *f*.

postmeridiano, na = posmeridiano.

postor, ra *m*, *f* arrematante *mf*.

postrar *vt* prostrar.

◆ **postrarse** *vpr* prostrar-se.

postre <> *m* sobremesa *f*; **de** ~ de sobremesa. <> *f loc*: **a la** ~ *fig* no final.

postrero, ra *adj* derradeiro(ra).

postrimerías *fpl* fim *m*.

postulado *m* postulado *m*.

postular <> *vt* postular. <> *vi* coletar.

póstumo, ma *adj* póstumo(ma).

postura *f* **-1.** [gen] postura *f* **-2.** [en subasta] lance *m*.

potable *adj* **-1.** [bebible] potável **-2.** *fam* [aceptable] razoável.

potaje *m* **-1.** [caldo] sopa *m* **-2.** [guiso] guisado *m*.

potasio *m* potássio *m*.

pote *m* pote *m*.

potencia *f* potência *f*.

potencial <> *adj* potencial. <> *m* **-1.** [gen] potencial *m* **-2.** *GRAM* futuro *m* do pretérito.

potenciar *vt* potencializar.

potentado, da *m*, *f* potentado *m*, -da *f*.

potente *adj* potente.

potingue *m fam* gororoba *f*.

potra *f fam* sorte *f*; **tener** ~ ter sorte.

potrero *m Amér* [prado] pasto *m*.

potrillo *m Amér* copázio *m*.

potro *m* **-1.** [animal] potro *m* **-2.** [en gimnasia] cavalo *m*.

pozo *m* poço *m*.

PP (*abrev de* **Partido Popular**) *m* partido político espanhol de direita.

ppp (*abrev de* **puntos por pulgada**) *INFORM* ppp.

práctica *f* ▷ práctico.

practicable *adj* transitável.

practicante <> *adj* praticante. <> *mf* **-1.** [persona que practica] praticante *mf* **-2.** [auxiliar médico] auxiliar *mf* de enfermagem.

practicar <> *vt* praticar. <> *vi* praticar.

práctico, ca *adj* prático(ca).

◆ **práctico** *m NÁUT* prático *m*.

◆ **práctica** *f* prática *f*; **en la práctica** na prática; **llevar a la** *o* **poner en práctica** pôr em prática.

pradera *f* pradaria *f*.

prado *m* prado *m*.

Praga *n* Praga.

pragmático, ca <> *adj* pragmático(ca). <> *m*, *f* pragmático *m*, -ca *f*.

pral. (*abrev de* **principal**) mez.

praliné *m* creme de chocolate com amêndoas ou avelãs.

PRD (*abrev de* **Partido Revolucionario Democrático**) *m* partido mexicano de esquerda.

preacuerdo *m* acordo *m* preliminar.

preámbulo *m* preâmbulo *m*.

precalentar *vt* aquecer.

precario, ria *adj* precário(ria).

precaución *f* precaução *f*; **tomar precauciones** tomar precauções.

precaver *vt* precaver.

◆ **precaverse** *vpr* precaver-se; ~**se de** *o* **contra** precaver-se de *o* contra.

precavido, da *adj* precavido(da).

precedente <> *adj* precedente. <> *m* precedente *m*; **sentar** ~ abrir precedentes.

preceder *vt* preceder.

preceptivo, va *adj* preceptivo(va).

◆ **preceptiva** *f* preceptiva *f*.

precepto *m* preceito *m*.

preciado, da *adj* precioso(sa).

preciar *vpr* prezar; ~**se de** orgulhar-se de.

precintar *vt* lacrar.

precinto *m* lacre *m*.

precio *m* preço *m*; ~ **de coste** preço de custo; ~ **de fábrica** preço de fábrica; ~ **de venta (al público)** preço de venda (ao público); **al** ~ **de** ao preço de.

preciosid *f* preciosidade *f*.

precioso, sa *adj* -**1.** [bonito] lindo(da) -**2.** [valioso] precioso(sa).

precipicio *m* precipício *m*.

precipitación *f* precipitação *f*.

precipitado, da *adj* precipitado(da).

precipitar *vt* precipitar.

➡ **precipitarse** *vpr* precipitar-se.

precisar *vt* -**1.** [determinar] precisar -**2.** [necesitar] precisar de.

precisión *f* precisão *f*.

preciso, sa *adj* preciso(sa).

precocinado, da *adj* pré-cozido(da).

precolombino, na *adj* pré-colombiano(na).

preconcebido, da *adj* preconcebido(da).

preconcebir *vt* preconceber.

preconizar *vt* preconizar.

precoz *adj* precoce.

precursor, ra ◇ *adj* precursor(ra). ◇ *m*, *f* precursor *m*, -ra *f*.

predecesor, ra *m*, *f* predecessor *m*, -ra *f*.

predecir *vt* predizer.

predestinado, da *adj* predestinado(da); ~ **a** predestinado a.

predestinar *vt* predestinar.

predeterminación *f* predeterminação *f*.

predeterminar *vt* predeterminar.

prédica *f* prédica *f*.

predicado *m* GRAM predicado *m*.

predicador, ra *m*, *f* predicador *m*, -ra *f*.

predicar ◇ *vt* pregar. ◇ *vi* pregar.

predicción *f* previsão *f*.

predicho, cha *pp irreg* ➤ **predecir**.

predilección *f* predileção *f*.

predilecto, ta *adj* predileto(ta).

predisponer *vt* predispor.

predisposición *f* -**1.** [facilidad] predisposição *f* -**2.** [tendencia]: ~ **a** predisposição a.

predispuesto, ta ◇ *pp irreg* ➤ **predisponer**. ◇ *adj* -**1.** [inclinado] predisposto(ta) -**2.** [propenso]: ~ **a** predisposto a.

predominante *adj* predominante.

predominar *vi* predominar; ~ **sobre** predominar sobre.

predominio *m* predomínio *m*.

preelectoral *adj* pré-eleitoral.

preeminente *adj* preeminente.

preescolar ◇ *adj* pré-escolar. ◇ *m* pré-escola *f*.

prefabricado, da *adj* pré-fabricado(da).

prefabricar *vt* pré-fabricar.

prefacio *m* prefácio *m*.

preferencia *f* preferência *f*; **tener** ~ [vehículos] ter preferência.

preferente *adj* preferencial.

preferible *adj* preferível.

preferir *vt* preferir; ~ **algo a algo** preferir algo a algo.

prefigurar *vt* prefigurar.

prefijar *vt* prefixar.

prefijo *m* prefixo *m*.

pregón *m* -**1.** [discurso] discurso *m* de abertura -**2.** [bando] pregão *m*.

pregonar *vt* apregoar.

pregunta *f* pergunta *f*.

preguntar ◇ *vt* perguntar. ◇ *vi*: ~ **por** perguntar por.

➡ **preguntarse** *vpr* perguntar-se.

prehistoria *f* pré-história *f*.

prehistórico, ca *adj* pré-histórico(ca).

prejubilación *f* aposentadoria antes da idade determinada por lei.

prejubilarse *vpr* aposentar-se antes da idade determinada por lei.

prejuicio *m* preconceito *m*.

> Não confundir *prejuicio (preconceito)* com o português *prejuízo* que em espanhol é *perjuicio*. (*Antonio tiene muchos prejuicios contra los indígenas*. Antonio tem muito *preconceito* contra os indígenas.)

prejuzgar ◇ *vt* prejulgar. ◇ *vi* prejulgar.

preliminar ◇ *adj* preliminar. ◇ *m (gen pl)* preâmbulo *m*.

preludio *m* prelúdio *m*.

prematrimonial *adj* pré-nupcial.

prematuro, ra *adj* prematuro(ra).

premeditación *f* premeditação *f*.

premeditar *vt* premeditar.

premiar *vt* premiar.

premier (*pl* premiers) *m* premier *m*.

premio *m* prêmio *m*; ~ **gordo** o maior prêmio sorteado pela loteria pública e, em particular, o do sorteio de Natal.

premisa *f* premissa *f*.

premonición *f* premonição *f*.

premura *f* premência *f*.

prenatal *adj* pré-natal.

prenda *f* -**1.** [gen] prenda *f* -**2.** [vestido] peça *f* -**3.** [garantía] garantia *f* -**4.** [apelativo cariñoso] jóia *f*.

prendar *vt* encantar.

➡ **prendarse de** *vpr* apaixonar-se por.

prendedor *m* broche *m*.

prender ◇ *vt* -**1.** [gen] prender -**2.** [encender] acender. ◇ *vi* -**1.** [planta] pegar -**2.** [arder] queimar -**3.** [propagarse] propagar-se.

➡ **prenderse** *vpr* incendiar-se.

prendido, da *adj* preso(sa); **quedar** ~ **de** ficar encantado com.

prensa f -1. [gen] prensa f -2. [periódicos] imprensa f; ~ del corazón imprensa de fofocas.

prensar vt prensar.

preñado, da adj fam [lleno] cheio(a).

preñar vt -1. fam [fecundar] emprenhar -2. [llenar] encher.

preñez f prenhez f.

preocupación f preocupação f.

preocupado, da adj preocupado(da); ~ por preocupado com.

preocupar vt preocupar.

◆ **preocuparse** vpr -1. [inquietarse] preocupar-se; ~se por preocupar-se por -2. [encargarse]: ~se de preocupar-se de.

preparación f -1. [gen] preparação f -2. [conocimientos] preparo m.

preparado, da adj preparado(da); ~ para preparado para.

◆ **preparado** m FARM preparado m.

preparar vt -1. [gen] preparar -2. [estudiar] preparar-se para.

◆ **prepararse** vpr preparar-se; ~se a o para preparar-se para.

preparativo, va adj preparativo(va).

◆ **preparativo** m (gen pl) preparativos mpl.

preparatorio, ria adj preparatório(ria).

preponderar vi preponderar.

preposición f GRAM preposição f.

prepotente adj prepotente.

prerrogativa f prerrogativa f.

presa f ⊳ preso.

presagiar vt pressagiar.

presagio m presságio m.

presbítero m presbítero m.

prescindir ◆ **prescindir de** vi prescindir de.

prescribir ◇ vt prescrever. ◇ vi prescrever.

prescripción f prescrição f.

prescrito, ta pp irreg ⊳ prescribir.

presencia f -1. [asistencia personal] presença f; en ~ de em presença de -2. [apariencia] aparência f.

◆ **presencia de ánimo** f presença f de espírito.

presencial adj presencial.

presenciar vt presenciar.

presentación f apresentação f.

presentador, ra m, f apresentador m, -ra f.

presentar vt apresentar.

◆ **presentarse** vpr apresentar-se.

presente ◇ adj presente; hacer ~ algo a alguien levar algo ao conhecimento de alguém; tener ~ ter presente. ◇ mf [en lugar] presente m. ◇ m -1. presente m -2.

loc: mejorando lo ~ com todo respeito aos demais. ◇ interj presente!

presentimiento m pressentimento m.

presentir vt pressentir.

preservar vt preservar.

◆ **preservarse de** vpr preservar-se de.

preservativo m preservativo m.

presidencia f presidência f.

presidenciable mf Amér POLÍT presidenciável mf.

presidente, ta m, f presidente m, -ta f; ~ municipal Méx prefeito m, -ta f.

presidiario, ria m, f presidiário m, -ria f.

presidio m presídio m.

presidir vt presidir.

presión f pressão f; a ~ de pressão; ~ arterial MED pressão arterial; ~ sanguínea MED pressão sangüínea.

presionar vt pressionar.

preso, sa ◇ adj preso(sa). ◇ m, f preso m, -sa f.

◆ **presa** f -1. [captura] presa f -2. [dique] represa f.

prestación f -1. [de servicio] prestação f; prestaciones de paro seguro-desemprego -2. [de dinero] indenização f.

◆ **prestaciones** fpl desempenho m.

prestado, da adj emprestado(da); de ~ [con cosas prestadas] com coisas emprestadas; [de modo precario] temporário(ria); pedir algo ~ pedir algo emprestado; tomar algo ~ tomar algo emprestado.

prestamista mf prestamista mf.

préstamo m empréstimo m.

prestar vt -1. [gen] prestar -2. [dejar] emprestar.

◆ **prestarse a** vpr prestar-se a.

presteza f presteza f.

prestidigitador, ra m, f prestidigitador m, -ra f.

prestigio m prestígio m.

prestigioso, sa adj prestigioso(sa).

presto, ta adj pronto(ta).

presumible adj presumível.

presumido, da ◇ adj presumido(da). ◇ m, f presumido m, -da f.

presumir ◇ vt [suponer] presumir. ◇ vi -1. [jactarse] vangloriar-se; ~ de algo presumir de algo -2. [de apariencia] cuidar da aparência.

presunción f presunção f.

presunto, ta adj suposto(ta).

presuntuoso, sa ◇ adj presunçoso(sa). ◇ m, f presunçoso m, -sa f.

presuponer vt pressupor.

presupuesto, ta pp irreg ⊳ presuponer.

◆ **presupuesto** m -1. [cálculo] orçamento m -2. [suposición] pressuposto m.

presuroso, sa adj pressuroso(sa).

prêt-à-porter (pl **prêts-à-porter**) m prêt-à-porter mf.

pretencioso, sa, sa, sa <> adj pretensioso(sa). <> m, f pretensioso m, -sa f.

pretender vt pretender.

pretendido, da adj pretenso(sa).

pretendiente <> mf pretendente mf; ~ a pretendente a. <> m [de mujer] pretendente m.

pretensión f pretensão f.

pretérito, ta adj pretérito(ta).

◆ **pretérito** m pretérito GRAM m.

pretexto m pretexto m.

prevalecer vi: ~ **sobre** prevalecer sobre.

prevaler vi: ~ **sobre** prevalecer sobre.

◆ **prevalerse de** vpr prevalecer-se de.

prevención f prevenção f; **en** ~ **de** para prevenção de.

prevenido, da adj -1. [previsor]: **ser** ~ ser prevenido(da) -2. [avisado, dispuesto]: **estar** ~ estar prevenido(da).

prevenir vt prevenir; ~ **a alguien contra algo/alguien** prevenir alguém contra algo/alguém.

preventivo, va adj preventivo(va).

prever vt prever.

previo, via adj prévio(via); **le devolvieron el carné** ~ **pago de una multa** devolveram-lhe a carteira após o pagamento de uma multa.

previsible adj previsível.

previsión f -1. [predicción] previsão f; **en** ~ **de** em previsão de -2. **Andes, RP** [social] securidade f social.

previsor, ra adj previdente.

previsto, ta <> pp irreg ▷ **prever**. <> adj previsto(ta).

previsualización f INFORM pré-visualização f.

PRI (abrev de **Partido Revolucionario Institucional**) m partido mexicano que esteve no poder de 1929 a 2000.

prieto, ta adj -1. [apretado] apertado(da) -2. **Cuba, Méx** [moreno] moreno(na).

prima ▷ **primo**.

primacía f primazia f.

primar <> vi primar; ~ **sobre** primar sobre. <> vt premiar.

primario, ria adj primário(ria).

◆ **primarias** fpl primárias fpl.

primate m ZOOL primata m.

◆ **primates** mpl ZOOL primatas mpl.

primavera f primavera f.

primaveral adj primaveril.

primer ▷ **primero**.

primera f ▷ **primero**.

primerizo, za <> adj [principiante] principi-

ante. <> m, f principiante mf.

primero, ra <> adj (delante de sust masc sg: **primer**) primeiro(ra); **lo** ~ em primeiro lugar; **lo** ~ **es lo** ~ obedeça-se a prioridade; **de primera** de primeira. <> m, f primeiro m, -ra f; **a** ~**s de** no início de.

◆ **primero** <> adv -1. [en primer lugar] primeiro -2. [antes] antes. <> m -1. [piso] primeiro(andar) m -2. [de estudios] primeiro(ano) m.

◆ **primera** f primeira f.

primicia f furo m.

primitivo, va adj primitivo(va).

primo, ma m, f -1. [pariente] primo m, -ma f -2. **Esp fam** [tonto] tolo m, -la f; **hacer el** ~ bancar o idiota.

◆ **prima** f -1. [recompensa] gratificação f -2. [por seguro] prêmio m -3. [subvención] subsídio m -4. MÚS prima f.

◆ **prima dona** f MÚS prima-dona f.

primogénito, ta <> adj primogênito(ta). <> m, f primogênito m, -ta f.

primor m: **ser un** ~ ser um primor; **con** ~ com primor.

primordial adj primordial.

primoroso, sa adj primoroso(sa).

princesa f princesa f.

principado m principado m.

principal <> adj principal. <> m -1. **Esp** [piso] andar situado entre o térreo e o primeiro andar -2. [jefe] chefe m.

príncipe m príncipe m.

◆ **príncipe azul** m príncipe m encantado.

principiante, ta <> adj principiante. <> m, f principiante mf.

principio m princípio m; **a** ~**s de** no princípio de.

◆ **en principio** loc adv em princípio.

◆ **principios** mpl princípios mpl.

pringar <> vt -1. [ensuciar] lambuzar -2. **Esp fam** [comprometer] meter. <> vi **Esp fam** ralar.

◆ **pringarse** vpr -1. [ensuciarse] lambuzar-se -2. **Esp fam** [comprometerse] sujar-se.

pringoso, sa adj gordurento(ta).

pringue m -1. [suciedad] sujeira f -2. [grasa] gordura f.

priorato m RELIG priorado m.

priori ◆ **a priori** loc adv a priori.

prioridad f prioridade f.

prioritario, ria adj prioritário(ria).

prisa f pressa f; **a o de** ~ depressa; **a toda** ~ a toda a pressa; **correr** ~ ser urgente; **darse** ~ apressar-se; **meter** ~ apressar; **tener** ~ ter pressa.

prisión f prisão f.

prisionero, ra m, f prisioneiro m, -ra f.

prisma *m* prisma *m*.
prismáticos *mpl* binóculos *mpl*.
privación *f* privação *f*.
privado, da *adj* privado(da); **en** ~ em privado.
privar <> *vt* [prohibir]: ~ **a alguien de** privar alguém de. <> *vi* -**1.** [quitar]: ~ **a alguien/a algo de** privar alguém/algo de -**2.** *Esp fam* [gustar]: **los pasteles le privan** ele gosta muito de bolos -**3.** *Esp fam* [estar de moda] estar na moda -**4.** *Esp fam* [beber] entornar.
◆ **privarse de** *vpr* privar-se de.
privativo, va *adj* privativo(va).
privilegiado, da *adj* privilegiado(da).
privilegiar *vt* privilegiar.
privilegio *m* privilégio *m*.
pro <> *prep* pró. <> *m* pró *m*; **los** ~**s y los contras** os prós e os contras; **en** ~ **de** em prol de.
proa *f* -**1.** *NÁUT* proa *f* -**2.** *AERON* nariz *m*.
probabilidad *f* probabilidade *f*.
probable *adj* provável.
probador *m* provador *m*.
probar <> *vt* provar. <> *vi*: ~ **a hacer algo** tentar fazer algo.
◆ **probarse** *vpr* provar.
probeta *f* proveta *f*.
problema *m* problema *m*.
problemático, ca *adj* problemático(ca).
◆ **problemática** *f* problemática *f*.
procedencia *f* procedência *f*.
procedente *adj* -**1.** [originario]: ~ **de** procedente de -**2.** [oportuno] procedente.
proceder <> *m* proceder *m*. <> *vi* -**1.** [derivarse, tener origen]: ~ **de** proceder de -**2.** [actuar]: ~ **con** proceder con -**3.** [empezar]: ~ **a** proceder a -**4.** [ser oportuno] convir.
procedimiento *m* procedimento *m*.
procesado, da *m*, *f* processado *m*, -da *f*.
procesador *m* *INFORM* processador *m*; ~ **de textos** processador de textos.
procesar *vt* processar.
procesión *f* -**1.** [gen] procissão *f*; **andar** *o* **ir por dentro la** ~ *fig* sofrer intimamente -**2.** [sucesión] sucessão *f*.
proceso *m* -**1.** [gen] processo *m* -**2.** [intervalo] decurso *m*.
proclama *f* proclamação *f*.
proclamar *vt* proclamar.
◆ **proclamarse** *vpr* proclamar-se.
proclive *adj*: ~ **a** propenso(sa) a.
procreación *f* procriação *f*.
procrear <> *vi* procriar. <> *vt* procriar.
procurador, ra *m*, *f* *DER* procurador *m*, -ra *f*.
procuraduría *f* *Méx* ministério *m* da justiça.
procurar *vt* -**1.** [intentar]: ~ **hacer algo**

tentar fazer algo -**2.** [proporcionar] conseguir.

> Não confundir *procurar (tentar)* com o português *procurar* que em espanhol é *buscar*. (*Ellos procuraban olvidar el pasado.* Eles *tentavam* esquecer o passado.)

prodigar *vt* prodigalizar.
◆ **prodigarse** *vpr* -**1.** [exhibirse] exibir-se -**2.** [excederse]: ~**se en** prodigalizar-se em.
prodigio *m* prodígio *m*.
prodigioso, sa *adj* prodigioso(sa).
pródigo, ga <> *adj* pródigo(ga). <> *m*, *f* pródigo *m*, -ga *f*.
producción *f* produção *f*; ~ **en serie** *ECON* produção em série.
producir *vt* produzir.
◆ **producirse** *vpr* [ocurrir] produzir-se.
productividad *f* produtividade *f*.
productivo, va *adj* produtivo(va).
producto *m* produto *m*; ~ **interior bruto** *ECON* produto interno bruto; ~ **nacional bruto** *ECON* produto nacional bruto.
productor, ra <> *adj* produtor(ra). <> *m*, *f* *CIN* produtor *m*, -ra *f*.
◆ **productora** *f* *CIN* empresa *f* produtora.
proeza *f* proeza *f*.
profanar *vt* profanar.
profano, na <> *adj* -**1.** [no sagrado] profano(na) -**2.** [ignorante]: **ser** ~ **en** ser leigo em. <> *m*, *f* leigo *m*, -ga *f*.
profecía *f* profecia *f*.
proferir *vt* proferir.
profesar <> *vt* professar. <> *vi* professar.
profesión *f* profissão *f*; **de** ~ de profissão.
profesional <> *adj* profissional. <> *mf* profissional *mf*.
profesionalizar *vt* profissionalizar.
profesionista *mf* *Méx* profissional *mf*.
profesor, ra *m*, *f* professor *m*, -ra *f*.
profesorado *m* professorado *m*.
profeta *m* profeta *m*.
profetisa *f* profetisa *f*.
profetizar *vt* profetizar.
prófugo, ga <> *adj* fugitivo(va). <> *m*, *f* fugitivo *m*, -va *f*.
◆ **prófugo** *m* *MIL* desertor *m*, -ra *f*.
profundidad *f* profundidade *f*.
profundizar <> *vt* aprofundar. <> *vi*: ~ **en** aprofundar-se em.
profundo, da *adj* profundo(da).
profusión *f* profusão *f*.
progenitor, ra *m*, *f* progenitor *m*, -ra *f*.
◆ **progenitores** *mpl* progenitores *mpl*.
programa *m* programa *m*.
programación *f* programação *f*.

programador, ra *m, f INFORM* programador *m,* -ra *f.*
◆ **programador** *m* sistema *m* de programação.
programar *vt* programar.
progre *fam* <> *adj* progressista. <> *mf* progressista *mf.*
progresar *vi* progredir; ~ **en** progredir em.
progresión *f* progressão *f.*
progresista <> *adj* progressista. <> *mf* progressista *mf.*
progresivo, va *adj* progressivo(va).
progreso *m* **-1.** [gen] progresso *m* **-2.** [aumento]: **su egoísmo va en ~ a medida que envejece** seu egoísmo progride à medida que envelhece.
prohibición *f* proibição *f.*
prohibido, da *adj* proibido(da).
prohibir *vt* proibir; **'se prohíbe el paso'** 'entrada proibida'; **'se prohíbe fumar'** 'é proibido fumar'.
prohibitivo, va *adj* proibitivo(va).
prójimo *m* próximo *m.*
prole *f* prole *f.*
prolegómenos *mpl* prolegômenos *mpl.*
proletariado *m* proletariado *m.*
proletario, ria <> *adj* proletário(ria). <> *m, f* proletário *m,* -ria *f.*
proliferación *f* proliferação *f.*
proliferar *vi* proliferar.
prolífico, ca *adj* prolífero(ra), prolífico(ca).
prólogo *m* prólogo *m.*
prolongación *f* **-1.** [ampliación] prorrogação *f* **-2.** [alargamiento] prolongamento *m.*
prolongado, da *adj* prolongado(da).
prolongar *vt* **-1.** [ampliar] prorrogar **-2.** [alargar] prolongar.
promedio *m* média *f.*
promesa *f* promessa *f.*
prometer <> *vt* prometer. <> *vi* prometer.
◆ **prometerse** *vpr* comprometer-se.
prometido, da *m, f* prometido *m,* -da *f.*
prominente *adj* proeminente.
promiscuo, cua *adj* promíscuo(cua).
promoción *f* **-1.** [gen] promoção *f* **-2.** [curso] turma *f* **-3.** *DEP partida entre equipes para determinar qual deverá passar para a categoria superior e qual deverá ser rebaixada.*
promocionar *vt* promover.
◆ **promocionarse** *vpr* promover-se.
promotor, ra *m, f* promotor *m,* -ra *f.*
promover *vt* [gen] promover.
promulgar *vt* promulgar.
pronombre *m GRAM* pronome *m.*
pronosticar *vt* prognosticar.

pronóstico *m* prognóstico *m.*
pronto <> *adv* **-1.** [rápidamente] logo; **tan ~ como** tão logo **-2.** [temprano] cedo. <> *m fam* ataque *m.*
◆ **de pronto** *loc adv* de repente.
◆ **por lo pronto** *loc adv* por enquanto.
pronunciación *f* pronúncia *f.*
pronunciado, da *adj* pronunciado(da).
pronunciamiento *m* pronunciamento *m.*
pronunciar *vt* **-1.** [gen] pronunciar **-2.** [realzar] realçar.
◆ **pronunciarse** *vpr* pronunciar-se.
propagación *f* propagação *f.*
propaganda *f* propaganda *f.*
propagar *vt* propagar.
◆ **propagarse** *vpr* propagar-se.
propalar *vt* propalar.
propano *m* propano *m.*
propasarse *vpr* **-1.** [excederse] exceder-se **-2.** [faltar al respeto] faltar ao respeito.
propensión *f*: ~ **a** a propensão a.
propenso, sa *adj*: ~ **a** propenso(sa) a.
propiciar *vt* propiciar.
propicio, cia *adj* propício(cia).
propiedad *f* propriedade *f*; **de** *o* **en ~** próprio(pria); ~ **privada/pública** propriedade privada/pública.
propietario, ria *m, f* **-1.** [de bienes] proprietário *m,* -ria *f* **-2.** [de cargo] titular *mf.*
propina *f* gorjeta *f.*
propinar *vt* dar.
propio, pia *adj* próprio(pria); ~ **de** próprio(pria) de.
proponer *vt* propor.
◆ **proponerse** *vpr*: ~ **se hacer algo** propor-se a fazer algo.
proporción *f* proporção *f.*
proporcionado, da *adj* **-1.** [cuerpo, estatura] proporcionado(da) **-2.** [salario] adequado(da).
proporcionar *vt* **-1.** [gen] proporcionar **-2.** [ajustar] adaptar.
proposición *f* **-1.** [propuesta] proposição *f* **-2.** *GRAM* oração *f.*
◆ **proposiciones** *fpl* proposta *f*; **hacer proposiciones a alguien** fazer proposta a alguém.
propósito *m* propósito *m.*
◆ **a propósito** <> *loc adj* [adecuado] adequado(da). <> *loc adv* **-1.** [expresamente] de propósito **-2.** [para argumentar] a propósito.
◆ **a propósito de** *loc prep* a propósito de.
propuesto, ta *pp irreg* ⊳ **proponer.**
◆ **propuesta** *f* proposta *f.*
propugnar *vt* propugnar.
propulsar *vt* **-1.** [impulsar] propulsar **-2.** [impeler] propelir.
propulsión *f* propulsão *f.*

propulsor, ra ◇ *adj* propulsor(ra). ◇ *m,*
f incentivador *m,* -ra *f.*
◆ **propulsor** *m* propulsor *m.*
prorrata *f* cota-parte *f.*
prórroga *f* prorrogação *f.*
prorrogar *vt* prorrogar.
prorrumpir *vi:* ~ **en** irromper em.
prosa *f* prosa *f;* **en** ~ em prosa.
proscrito, ta ◇ *pp irreg* ▷ **proscribir.** ◇
adj proscrito(ta). ◇ *m, f* proscrito *m,*
-ta *f.*
prosecución *f* prosseguimento *m.*
proseguir ◇ *vt* prosseguir. ◇ *vi* prosseguir.
proselitismo *m* proselitismo *m.*
prospección *f* prospecção *f.*
prospecto *m* prospecto *m.*
prosperar *vi* prosperar.
prosperidad *f* prosperidade *f.*
próspero, ra *adj* próspero(ra).
próstata *f* ANAT próstata *f.*
prostíbulo *m* prostíbulo *m.*
prostitución *f* prostituição *f.*
prostituir *vt* prostituir.
◆ **prostituirse** *vpr* prostituir-se.
prostituta *f* prostituta *f.*
protagonismo *m* protagonismo *m.*
protagonista *mf* protagonista *mf.*
protagonizar *vt* protagonizar.
protección *f* proteção *f;* **Protección Civil**
defesa *f* civil; ~ **oficial** *moradia de pro-*
grama de habitação popular do governo.
proteccionismo *m* protecionismo *m.*
protector, ra ◇ *adj* protetor(ra). ◇ *m, f*
protetor *m,* -ra *f.*
◆ **protector** *m* protetor *m.*
protectorado *m* protetorado *m.*
proteger *vt* proteger.
◆ **protegerse** *vpr* proteger-se.
protege-slips *m inv* protetor *m* diário de
calcinha.
protegido, da *m, f* protegido *m,* -da *f.*
proteína *f* proteína *f.*
prótesis *f inv* prótese *f.*
protesta *f* protesto *m.*
protestante ◇ *adj* protestante. ◇ *mf*
protestante *mf.*
protestar ◇ *vi* **-1.** [quejarse] protestar **-2.**
[refunfuñar] reclamar.
protocolo *m* protocolo *m.*
protón *m* próton *m.*
prototipo *m* protótipo *m.*
protozoo *m* BIOL protozoário *m.*
protuberancia *f* protuberância *f.*
provecho *m* **-1.** [beneficio] proveito *m;*
de ~ de valor; **sacar** ~ tirar proveito
-2. [aprovechamiento, rendimiento] aproveitamento *m;* **buen** ~ bom proveito;

hacer ~ ser proveitoso.
provechoso, sa *adj* proveitoso(sa).
proveedor, ra *m, f* fornecedor *m,* -ra *f;* ~
de acceso a Internet provedor *m* de acesso
à Internet.
proveer *vt* prover; ~ **a alguien de algo**
prover alguém de algo.
◆ **proveerse de** *vpr* prover-se de.
provenir *vi:* ~ **de** provir de.
proverbial *adj* proverbial.
proverbio *m* provérbio *m.*
providencia *f* providência *f.*
◆ **Providencia** *f* Providência *f.*
providencial *adj* providencial.
provincia *f* província *f.*
◆ **provincias** *fpl* interior *m.*
provinciano, na ◇ *adj* provinciano(na).
◇ *m, f* **despec** caipira *mf.*
provisión *f* (gen pl) **-1.** [suministro] provisão
f **-2.** [disposición] provimento *m;* ~ **de fon-**
dos provisão de fundos.
provisional *adj* provisional.
provisorio, ria *adj* **Amér** provisório(ria).
provisto, ta *pp irreg* ▷ **proveer.**
provocación *f* provocação *f.*
provocar ◇ *vt* provocar. ◇ *vi* **Carib, Col,**
Méx apetecer; **¿te provoca hacerlo?** [te ape-
tece] gostaria de fazer isto?
provocativo, va *adj* provocativo(va).
proxeneta *mf* proxeneta *mf.*
proximidad *f* proximidade *f.*
◆ **proximidades** *fpl* proximidades *fpl.*
próximo, ma *adj* próximo(ma).
proyección *f* projeção *f.*
proyectar *vt* projetar.
proyectil *m* projétil *m.*
proyecto *m* projeto *m;* ~ **de investigación**
projeto de pesquisa.
proyector *m* projetor *m.*
prudencia *f* prudência *f.*
prudente *adj* **-1.** [sensato] prudente **-2.** [ra-
zonable] razoável.
prueba *f* **-1.** [gen] prova *f;* **la** ~ **de fuego** a
prova de fogo; **en** *o* **como** ~ **de** como
prova de; ~ **de acceso a la universidad**
exame *m* vestibular; **poner a** ~ pôr à
prova; **a** ~ **de algo** à prova de; **a toda** ~ a
toda prova **-2.** [análisis médico] exame *m.*
prurito *m* prurido *m.*
PS -1. (abrev de post scríptum) PS **-2.** (abrev
de partido socialista) PS.
pseudónimo, seudónimo *m* pseudônimo
m.
psicoanálisis *m* psicanálise *f.*
psicoanalista *mf* psicanalista *mf.*
psicodélico, ca *adj* psicodélico(ca).
psicodrama *m* psicodrama *m.*
psicología *f* psicologia *f.*

psicológico, ca *adj* psicológico(ca).
psicólogo, ga *m, f* psicólogo *m*, -ga *f.*
psicomotor, ra *adj* psicomotor(ra).
psicomotricidad *f* psicomotricidade *f.*
psicópata *mf* psicopata *mf.*
psicosis *f* psicose *f.*
psicosomático, ca *adj* psicossomático(ca).
psicotécnico, ca ◇ *adj* psicotécnico(ca).
   ◇ *m, f* psicotécnico *m*, -ca *f.*
   ➡ **psicotécnico** *m* psicotécnico *m.*
psiquiatra *mf* psiquiatra *mf.*
psiquiátrico, ca *adj* psiquiátrico(ca).
   ➡ **psiquiátrico** *m* hospital *m* psiquiátrico.
psíquico, ca *adj* psíquico(ca).
PSOE *m* (*abrev de* **Partido Socialista Obrero Español**) *partido político espanhol de centro-
esquerda.*
pta. (*abrev de* **peseta**) pta.
pte. (*abrev de* **presidente**) pres.
púa *f* **-1.** [pincho] espinho *m* **-2.** [de peine]
   dente *m* **-3.** MÚS palheta *f.*
pub (*pl* **pubs**) *m* pub *m.*
pubertad *f* puberdade *f.*
pubis *m* púbis *m.*
publicación *f* publicação *f.*
publicar *vt* publicar.
publicidad *f* publicidade *f.*
publicitario, ria ◇ *adj* publicitário(ria).
   ◇ *m, f* publicitário *m*, -ria *f.*
público, ca *adj* público(ca); **en** ~ em público.
   ➡ **público** *m* público *m.*
publirreportaje *m* [anuncio] *reportagem pu-
blicitária geralmente de grande extensão.*
pucha *interj* **Andes, RP** *fam* puxa!
puchero *m* **-1.** [para guisar] caldeirão *m* **-2.**
   [comida] puchero *m.*
   ➡ **pucheros** *mpl* bico *m.*
pucho *m* **CSur** *fam* **-1.** [colilla] bituca *f* **-2.** [ci-
garrillo] cigarro *m.*
pudding = **pudin**.
púdico, ca *adj* pudico(ca).
pudiente ◇ *adj* rico(ca). ◇ *mf* rico *m*,
   -ca *f.*
pudiera *etc* ▷ **poder**.
pudin (*pl* **púdines**), **pudding** (*pl* **puddings**) *m*
   pudim *m*, pavê *m.*
pudor *m* pudor *m.*
pudoroso, sa *adj* pudoroso(sa).
pudrir *vt* apodrecer.
   ➡ **pudrirse** *vpr* apodrecer-se.
pueblerino, na ◇ *adj* **-1.** [de pueblo] inte-
riorano(na) **-2.** *despec* [paleto] caipira. ◇
   m, f **-1.** [habitante] interiorano *m*, -na *f* **-2.**
   despec [paleto] caipira *mf.*
pueblo *m* **-1.** [gen] povo *m* **-2.** [población]
   povoado *m.*

pueda *etc* ▷ **poder**.
puente *m* **-1.** [gen] ponte *f*; ~ **colgante**
   ponte pênsil **-2.** [días no laborables] ponte
   m; **hacer** ~ fazer ponte **-3.** [de gafas] ponte *f.*
   ➡ **puente aéreo** *m* ponte *f* aérea.
puerco, ca ◇ *adj* porco(ca). ◇ *m, f* **-1.**
   [animal] porco *m*, -ca *f* **-2.** *fam* [persona]
   porco *m*, -ca *f.*
   ➡ **puerco** *m* **Méx** porco *m.*
puercoespín *m* porco-espinho *m.*
puericultor, ra *m, f* puericultor *m*, -ra *f.*
pueril *adj* [infantil] pueril.
puerro *m* alho-poró *m.*
puerta *f* porta *f*; **de** ~ **en** ~ de porta em
   porta; ~ **a** ~ porta a porta; ~ **blindada/
   giratoria** porta blindada/giratória; **a** ~
   cerrada a portas fechadas; **a las** ~**s de** às
   portas de.
puerto *m* **-1.** [de barcos] porto *m*; ~ **franco** o
   libre porto franco o livre **-2.** [de montaña]
   desfiladeiro *m* **-3.** INFORM interface *f.*
Puerto Rico *n* Porto Rico.
pues *conj* pois.
puesto, ta ◇ *pp irreg* ▷ **poner**. ◇ *adj*
   Esp arrumado(da); **con lo** ~ com a roupa
   do corpo.
   ➡ **puesto** *m* **-1.** [empleo] cargo *m* **-2.** [lugar,
   nivel] lugar *m* **-3.** [tenderete] banca *f*, barraca *f* **-4.** MIL posto *m.*
   ➡ **puesta** *f* **-1.** [acción] colocação *f*; ~ **a
   punto** regulagem *f*; ~ **al día** atualização
   f; ~ **en escena** montagem *f*; ~ **en marcha**
   partida *f*; **-2.** [de sol] pôr *m* **-3.** [de ave]
   postura *f.*
   ➡ **puesto que** *loc conj* posto que.
puf (*pl* **pufs**) *m* pufe *m.*
púgil *m* DEP púgil *m.*
pugna *f* pugna *f.*
pugnar *vi* pugnar.
puja *f* **-1.** [subasta] leilão *m* **-2.** [cantidad]
   lance *m.*
pujanza *f* pujança *f.*
pujar *vi* [en subasta] oferecer lances.
pulcro, cra *adj* limpo(pa).
pulga *f* pulga *f.*
pulgada *f* polegada *f.*
pulgar *m* ▷ **dedo**.
pulgón *m* pulgão *m.*
pulidor, ra *adj* polidor *m*, -ra *f.*
pulimentar *vt* polimentar.
pulir *vt* polir.
   ➡ **pulirse** *vpr* **Esp** *fam* torrar.
pulla *f* **Esp** agulhada *f.*
pulmón *m* ANAT pulmão *m.*
pulmonía *f* MED pneumonia *f.*
pulóver *m* **RP** pulôver *m.*
pulpa *f* polpa *f.*

púlpito m púlpito m.

pulpo m -1. [animal] polvo m -2. fam [persona] mão-boba m.

pulque m CAm, Méx pulque m.

pulquería f CAm, Méx estabelecimento onde se vende pulque.

pulsación f -1. [del corazón] pulsação f -2. [tecleo] toque m; **pulsaciones por minuto** toques por minuto.

pulsador m interruptor m.

pulsar vt -1. [tocar] tocar, apertar; ~ un botón apertar um botão -2. [tantear] sondar.

pulsera f pulseira f.

pulso m pulso m.

pulular vi pulular.

pulverizador m nebulizador m.

pulverizar vt pulverizar.

puma m onça-parda f, puma m.

puna f Andes, Arg mal m de altura.

punción f punção f.

punk (pl punks o punkis) <> adj punk. <> m, f punk mf.

punta f -1. ponta f; sacar ~ al lápiz apontar o lápis; **una ~ de** uma ponta de -2. loc: a ~ (de) pala fam a três por quatro.

puntada f ponto m.

puntaje m CSur nota f.

puntal m -1. [madero] escora f -2. [apoyo] esteio m.

puntapié m pontapé m; **a ~s** [a golpes] a pontapés.

puntear vt pontear.

puntera f ⊳ puntero.

puntería f pontaria f.

puntero, ra adj de ponta.

◆ **puntera** f biqueira f.

puntiagudo, da adj pontiagudo(da).

puntilla f renda f.

◆ **de puntillas** loc adv na ponta dos pés.

puntilloso, sa adj suscetível.

punto m -1. [gen] ponto m; ~ **cardinal** ponto cardeal; ~ **y coma** ponto-e-vírgula; **~s suspensivos** reticências fpl; ~ **de venta** ECON ponto de venda; **a ~** [a tiempo] a tempo; [preparado] no ponto; **en ~** em ponto; **estar a ~ de hacer algo** estar a ponto de fazer algo -2. [cláusula] item m -3. [tejido] tricô m; **hacer ~** fazer tricô -4. [un poco] ponta f -5. loc: **estar en su ~** estar no ponto; **poner ~ final** colocar um ponto final.

◆ **en punto** loc adv em ponto.

◆ **hasta cierto punto** loc adv até certo ponto.

◆ **punto de partida** m ponto m de partida.

◆ **punto de vista** m ponto m de vista.

◆ **punto muerto** m -1. AUTOM ponto m morto -2. [en proceso] ponto m de estagnação.

puntuación f pontuação f.

puntual adj pontual.

puntualidad f -1. [en tiempo] pontualidade f -2. [exactitud] precisão f.

puntualizar vt precisar.

puntuar <> vt -1. [calificar] dar nota -2. [escrito] pontuar. <> vi -1. [calificar] dar nota -2. [entrar en cómputo] contar ponto.

punzada f -1. [pinchazo] espetada f -2. [dolor intenso] pontada f.

punzante adj -1. [gen] pungente -2. [mordaz] sarcástico(ca).

punzar vt -1. [pinchar] espetar -2. [suj: dolor] afligir.

punzón m cinzel m.

puñado m punhado m.

puñal m punhal m.

puñalada f punhalada f.

puñeta <> f -1. fam [tontería] tolice f -2. [bocamanga] punho m -3. loc: **mandar a hacer ~s** fam mandar pentear macaco. <> interj droga!

puñetazo m soco m.

puñetero, ra fam <> adj -1. [persona] chato(ta) -2. [cosa] complicado(da). <> m, f safado m, -da f.

puño m -1. [gen] punho m -2. [empuñadura] cabo m -3. loc: **de su ~ y letra** de seu próprio punho; **meter o tener a alguien en un ~** ter alguém sob domínio; **morderse los ~s** [de hambre] passar fome; [de rabia] espumar de raiva.

pupa f fam -1. [erupción] erupção f -2. [daño] dodói m.

pupila f pupila f.

pupilaje m mensalista m.

pupilo, la m, f pupilo m, -la f.

pupitre m carteira f.

puré m CULIN purê m.

pureza f pureza f.

purga f -1. [purgante] purgante m -2. [depuración] expurgo m.

purgante m purgante m.

purgar vt -1. [gen] purgar -2. [depurar] expurgar.

◆ **purgarse** vpr purgar-se.

purgatorio m purgatório m.

purificar vt purificar.

puritano, na <> adj puritano(na). <> m, f puritano m, -na f.

puro, ra adj puro(ra).

◆ **puro** m charuto m.

púrpura <> adj inv púrpura. <> m púrpura f.

purpúreo, a adj culto purpúreo(rea).

purpurina *f* purpurina *f.*
pus *m* pus *m.*
pusilánime *adj* pusilânime.
pústula *f MED* pústula *f.*
puteada *f CSur fam* saco *m.*
putear *vt vulg* [fastidiar] sacanear.
◆ **putearse** *vpr* aborrecer-se.
puto, ta *vulg* ⟨⟩ *adj* -**1.** [maldito] maldito(ta)
-**2.** [malo]: ¡**esta puta sopa está ardiendo!**
esta droga de sopa está fervendo! ⟨⟩
m, f puto *m*, -ta *f.*
putrefacción *f* putrefação *f.*
pútrido, da *adj* pútrido(da).
puzzle, puzle *m* quebra-cabeça *m.*
PVP (*abrev de* **precio de venta al público**) *m*
PVP *m.*
PYME (*abrev de* **Pequeña y Mediana Empresa**)
f PME *f.*
pyrex® = pírex.
pza. (*abrev de* **plaza**) pr.

q, Q *f* [letra] q, Q *m.*
q.e.p.d. (*abrev de* **que en paz descanse**) RIP.
que ⟨⟩ *pron* que; **ese es el hombre ~ me lo
compró** esse é o homem que o comprou
de mim; **la moto ~ me gusta es muy cara** a
moto que me gosto é muito cara; **el hombre ~ conociste ayer es Juan** o homem que
você conheceu ontem é o Juan; **no ha leído el libro ~ le regalé** não leu o livro que
lhe dei de presente; **la playa a la ~ fui** es
preciosa fui a uma praia linda; **la mujer
con la ~ hablas es mi novia** a mulher com
a qual você está falando é a minha
namorada; **el día en ~ fui** era soleado o
dia em que fui estava ensolarado; **la persona de la ~ te hablo es médico** a pessoa
de quem lhe falo é um médico; **al/a la ~**
ao/à qual. ⟨⟩ *conj* -**1.** que; **es importante
~ me escuches** é importante que você
me ouça; **me ha confesado ~ me quiere**
confessou-me que gosta de mim; **hemos
de esperar, ~ todavía no es la hora** temos
de esperar, que ainda não está na hora;
tanto me lo pidió ~ se lo di tanto me pediu
que acabei dando-o; **espero ~ te diviertas**
espero que você se divirta; **quiero ~ lo
hagas** quero que você o faça; ¿**~ no quieres hacerlo?** pues no pasa nada não quer

fazê-lo? não tem problema; ¡**~ te diviertas!** divirta-se!; ¡**~ sí/no!** já disse que
sim/não! -**2.** [comparativo] (do) que; **es más
rápido ~ tú** é mais rápido (do) que você;
antes morir ~ vivir la guerra antes morrer
que viver a guerra -**3.** [expresa finalidad]
para que; **ven aquí ~ te vea** venha cá
para que eu o veja -**4.** [expresa disyunción]
ou; **quieras ~ no, harás lo que yo te mande**
querendo ou não, você fará o que lhe
mandar.
qué ⟨⟩ *adj* [interrogativo] que; ¿**~ hora es?**
que horas são? ⟨⟩ *pron* [interrogativo] o
que; **no sé ~ hacer** não sei o que fazer.
⟨⟩ *adv* [exclamativo] que; ¡**~ horror!** que
horror!; ¿**~?** [¿cómo?] quê?; ¿**por ~ (...)?**
[interrogativo causal] por que (...)?
quebrada *f* ▷ quebrado.
quebradero de cabeza *m* dor *f* de cabeça.
quebradizo, za *adj* -**1.** [gen] débil -**2.** [frágil]
quebradiço(ça).
quebrado, da *adj* -**1.** [desigual] irregular -**2.**
MAT fracionário(ria) -**3.** *LITER* quebrado(da).
◆ **quebrado** *m MAT* fração *f.*
◆ **quebrada** *f* [paso estrecho] desfiladeiro *m.*
quebrantahuesos *m inv* xofrango *m*, bri-
ta-ossos *m inv.*
quebrantar *vt* -**1.** [palabra] quebrar -**2.** [ley]
transgredir -**3.** [obligación, compromiso] descumprir -**4.** [debilitar] debilitar.
◆ **quebrantarse** *vpr* -**1.** [romperse] quebrar-se -**2.** [debilitarse] debilitar-se.
quebranto *m* -**1.** [pérdida] quebra *f* -**2.** [debi-
litamiento] debilitação *f.*
quebrar ⟨⟩ *vt* -**1.** [romper] quebrar -**2.** [co-
lor] descorar. ⟨⟩ *vi* quebrar.
◆ **quebrarse** *vpr* -**1.** [romperse] quebrar -**2.**
[color] descorar-se -**3.** [voz] enfraquecer-
se.
quechua ⟨⟩ *adj* quíchua. ⟨⟩ *mf* quíchua
mf. ⟨⟩ *m* quíchua *m.*
quedar *vi* -**1.** [permanecer] ficar -**2.** [haber
aún] restar; **~ por hacer** restar por fazer
-**3.** [mostrarse]: **~ como** ficar como; **~ bien/
mal con alguien** ficar bem/mal com al-
guém; **~ en ridículo** cair no ridículo -**4.**
[citarse] marcar encontro; **~ con alguien**
combinar com alguém -**5.** *fam* [estar situa-
do] ficar -**6.** [acabar]: **~ en nada** dar em
nada -**7.** [acordar]: **~ en algo** combinar
algo; ¿**en qué quedamos?** como ficamos?
◆ **quedarse** *vpr* -**1.** [permanecer, llegar a ser]
ficar -**2.** [retener, adquirir] ficar com.
quedo, da *adj* tranqüilo(la).
◆ **quedo** *adv* em voz baixa.
quehacer *m* (*gen pl*) afazeres *mpl.*

queja f queixa f.

quejarse vpr queixar-se.

quejica despec <> adj lamuriento(ta). <> mf lamuriento m, -ta f.

quejido m gemido m.

quejoso, sa adj queixoso(sa); ~ de queixoso(sa) de.

quemado, da adj queimado(da); estar ~ [harto] fam estar queimado(da).

quemador m queimador m.

quemadura f queimadura f.

quemar <> vt queimar. <> vi queimar.

◆ **quemarse** vpr queimar-se.

quemarropa ◆ a quemarropa loc adv à queima-roupa.

quemazón f queimação f.

quepa etc ▷ caber.

quepo etc ▷ caber.

queque m Andes, CAm, Méx pão-de-ló m.

querella f [acusación] querela f.

querer <> m querer m. <> vt -1. [gen] querer; el niño quiere una bicicleta o menino quer uma bicicleta; ~ que alguien haga algo querer que alguém faça algo; queremos que las cosas vayan bien queremos que as coisas fiquem bem; quiero fumar quero fumar; ¿quiere pasar? queira entrar?; ¿cuánto quiere por el coche? quanto quer pelo carro?; tal vez él quiera acompañarte talvez ele queira acompanhá-lo; quisiera hacer obras en verano queria fazer obras no verão -2. [amar] amar; me dijo: te quiero disse-me: eu te amo; quiere mucho a su hijo quer muito bem ao seu filho -3. [necesitar] requerer; esta habitación quiere más luz este quarto requer mais luz. <> vi querer; ven cuando quieras venha quando quiser; estoy aquí porque quiero estou aqui porque quero; queriendo por querer; sin ~ sem querer. <> v impers estar como; hace días que quiere llover está para chover há dias.

◆ **quererse** vpr amar-se.

querido, da <> adj querido(da). <> m, f amante mf.

queroseno, keroseno m querosene m.

quesadilla f CAm, Méx tortilha f recheda frita.

quesera f ▷ quesero.

quesería f queijaria f.

quesero, ra <> adj de queijos. <> m, f queijeiro m, -ra f.

◆ **quesera** f queijeira f.

queso m queijo m; ~ de bola queijo-do-reino m; ~ rallado/roquefort queijo ralado/roquefort.

quetzal m quetzal m.

quibutz (pl quibutzs), **kibutz** (pl kibutzs) m kibutz m.

quicio m quício m; estar fuera de ~ fig estar fora de si; sacar de ~ a alguien fig tirar alguém do sério.

quiebra f falência f.

quiebro m -1. [ademán] quebro m -2. [gorgorito] trinado m.

quien pron quem; fue mi hermano ~ me lo explicó foi meu irmão quem me explicou; era Pepe de ~ no me fiaba era Pepe em quem não confiava; apoyaré a quienes considere oportuno apoiarei aqueles que considerar apropriado.

quién pron quem; ¿a ~es has invitado? quem você convidou?; ¿~ es? [en la puerta] quem é?; [al teléfono] quem fala?

quienquiera (pl quienesquiera) pron qualquer um.

quieto, ta adj quieto(ta).

quietud f -1. [inmovilidad] imobilidade f -2. [tranquilidad] quietude f.

quijada f mandíbula f.

quijote m quixote m.

quijotesco, ca adj quixotesco(ca).

quilate m quilate m.

quilla f quilha f.

quilo = kilo.

quilocaloría = kilocaloría.

quilogramo = kilogramo.

quilombo m CSur mfam -1. [burdel] bordel m -2. [lío, desorden] confusão f.

quilometraje = kilometraje.

quilométrico, ca = kilométrico.

quilómetro = kilómetro.

quilovatio = kilovatio.

quilovoltio = kilovoltio.

quimbambas fpl fam: está en las quimbambas está no fim do mundo.

quimera f quimera f.

quimérico, ca adj quimérico(ca).

químico, ca <> adj químico(ca). <> m, f químico m, -ca f.

◆ **química** f [ciencia] química f.

quimioterapia f quimioterapia f.

quimono, kimono m quimono m.

quina f -1. [planta] quina f -2. [bebida] quinado m -3. loc: tragar ~ engolir.

quincalla f quinquilharias fpl.

quince <> núm quinze. <> m quinze m; ver también seis.

quinceañero, ra <> adj adolescente. <> m, f adolescente mf.

quinceavo, va núm [para ordenar] décimo quinto, décima quinta; quinceava parte [para fraccionar] décima quinta parte.

quincena f quinzena f.

quincenal adj quinzenal.

quincho *m RP* [techo] telhado *m* de sapé; [en jardín, playa] caramanchão *m*.

quiniela *f* [boleto] volante *m*.

➠ **quinielas** *fpl* loteria *f* esportiva.

quinientos, tas ◇ *núm* **-1.** [para contar] quinhentos **- 2.** [para ordenar] qüingentésimo(ma); **en el año** ~ nos anos quinhentos. ◇ *m* quinhentos *m*; *ver también* **seis.**

quinina *f* quinina *f*.

quinqué *m* lampião *m*.

quinquenio *m* qüinqüênio *m*.

quinqui *mf fam* delinqüente *mf*.

quinta *f* ▷ quinto.

quintaesencia *f* quinta-essência *f*.

quintal *m* quintal *m*.

quinteto *m* quinteto *m*.

quinto, ta *núm* [para ordenar] quinto(ta); **quinta parte** [para fraccionar] quinta parte. ➠ **quinto** *m* **-1.** [en fracción] quinto *m* **- 2.** [recluta] recruta *m*. ➠ **quinta** *f* **-1.** [finca] quinta *f* **- 2.** *Esp* [reemplazo] tropa *f*.

quintuplicar *vt* quintuplicar.

➠ **quintuplicarse** *vpr* quintuplicar-se.

quiosco, kiosco *m* banca *f*.

quiosquero, ra *m, f* jornaleiro *m*, -ra *f*.

quipus *mpl Andes* quipo *m*.

quiquiriquí (*pl* quiquiriquíes) *m* cocorocó *m*.

quirófano *m* sala *f* de cirurgia.

quiromancia *f* quiromancia *f*.

quiromasaje *m* quiroprática *f*.

quirúrgico, ca *adj* cirúrgico(ca).

quisque *m Esp fam*: **cada** ~ cada qual; **todo** ~ todo mundo.

quisquilloso, sa ◇ *adj* **-1.** [detallista] detalhista **- 2.** [susceptible] suscetível. ◇ *m, f* **-1.** [detallista] detalhista *mf* **- 2.** [susceptible] suscetível *mf*.

quiste *m* cisto *m*.

quitaesmalte *m* removedor *m* de esmaltes.

quitamanchas *m inv* tira-manchas *m inv*.

quitanieves *m inv* máquina *para retirar a neve das ruas*.

quitar *vt* **-1.** [gen] tirar **- 2.** [impedir] impedir **- 3.** *loc*: **de quita y pon** removível. ➠ **quitarse** *vpr* **-1.** [de lugar] retirar-se **- 2.** [ropa] tirar **- 3.** [evitar] deixar.

quitasol *m* guarda-sol *m*.

quite *m DEP* quite *m*; **estar al** ~ *fig* estar a postos.

Quito *n* Quito.

quizá, quizás *adv* quiçá.

r, R *f* [letra] r, R *m*.

rábano *m* rabanete *m*; **importar un** ~ *fig* pouco importar.

rabí (*pl inv o* rabíes) *m RELIG* rabino *m*.

rabia *f* raiva *f*; **tenerle** ~ **a alguien** *fig* ter raiva de alguém.

rabiar *vi* **-1.** [sufrir] sofrer; ~ **de** *o* **por** sofrer de *o* por **- 2.** [enfadarse] irritar-se; **hacer** ~ **a alguien** exasperar alguém **- 3.** [desear]: ~ **por** desejar ardentemente.

rabieta *f fam* birra *f*.

rabillo *m* canto *m*; **mirar con el** ~ **del ojo** *fig* olhar com o rabo do olho.

rabino *m* rabino *m*.

rabioso, sa *adj* **-1.** [furioso] furioso(sa) **- 2.** [excesivo] exagerado(da) **- 3.** [enfermo de rabia] raivoso(sa) **- 4.** [chillón] berrante.

rabo *m* **-1.** [de animal] rabo *m* **- 2.** [de hoja, fruto] talo *m* **- 3.** *vulg* [pene] nabo *m*.

rácano, na ◇ *adj* avaro(ra). ◇ *m, f* avaro *m*, -ra *f*.

racha *f* **-1.** [ráfaga] rajada *f* **- 2.** [época] onda *f*; **buena/mala** ~ bom/mau período.

racial *adj* racial.

racimo *m* cacho *m*.

raciocinio *m* raciocínio *m*.

ración *f* **-1.** [porción] ração *f* **- 2.** [en bar, restaurante] porção *f*.

racional *adj* racional.

racionalizar *vt* racionalizar.

racionar *vt* racionar.

racismo *m* racismo *m*.

racista ◇ *adj* racista. ◇ *mf* racista *mf*.

radar (*pl* radares) *m* radar *m*.

radiación *f* radiação *f*.

radiactividad, radioactividad *f FÍS* radioatividade *f*.

radiactivo, va, radioactivo, va *adj FÍS* radioativo(va).

radiado, da *adj* **-1.** [por radio] irradiado(da) **- 2.** [radial] radiado(da).

radiador *m* **-1.** [de calefacción] aquecedor *m* **- 2.** [de motor] radiador *m*.

radiante *adj* radiante.

radiar *vt* irradiar.

radical ◇ *adj* radical. ◇ *mf* radical *mf*. ◇ *m* radical *m*.

radicalizar *vt* radicalizar.
◆ **radicalizarse** *vpr* radicalizar-se.
radicar *vi*: ~ **en** residir em.
radio ◇ *m* -1. [gen] raio *m* -2. ANAT & QUÍM rádio *m*. ◇ *f* rádio *m*.
radioactividad = radiactividad.
radioactivo, va = radiactivo.
radioaficionado, da *m*, *f* radioamador *m*, -ra *f*.
radiocasete, radiocassette *m* radiogravador *m*.
radiocontrol *m* controle *m* remoto.
radiodespertador *m* rádio *m* relógio.
radiodifusión *f* radiodifusão *f*.
radioemisor, ra *adj* radioemissor(ra).
◆ **radioemisora** *f* radioemissora *f*.
radioescucha *mf* radioescuta *mf*.
radiofónico, ca *adj* radiofônico(ca).
radiograbador *m* CSur radiogravador *m*.
radiografía *f* radiografia *f*.
radiografiar *vt* MED radiografar.
radionovela *f* radionovela *f*.
radiorreloj *m* rádio *m* relógio.
radiotaxi *m* radiotáxi *m*.
radioteléfono *m* radiofone *m*.
radioterapia *f* MED radioterapia *f*.
radioyente *mf* radiouvinte *mf*.
RAE (*abrev de* Real Academia Española) *f* ≃ ABL *f*.
raer *vt* raspar.
ráfaga *f* rajada *f*.
ragout (*pl* ragouts) = ragú.
raído, da *adj* puído(da).
raigambre *f* -1. [gen] tradição *f* -2. [raíces] raizada *f*.
raíl *m* trilho *m*.
raíz *f* raiz *f*; **echar raíces** *fig* criar raízes; **a** ~ **de** [origen] por causa de; ~ **cuadrada/cúbica** MAT raiz quadrada/cúbica.
raja *f* -1. [grieta] rachadura *f* -2. [porción] fatia *f*.
rajado, da *m*, *f fam* medroso *m*, -sa *f*.
rajar *vt* -1. [partir] rachar -2. *fam* [apuñalar] cortar.
◆ **rajarse** *vpr* -1. [partirse] rachar-se -2. *fam* [desdecirse] tirar o corpo.
rajatabla ◆ **a rajatabla** *loc adv* à risca.
ralea *f despec* ralé *f*.
rallado, da *adj* ralado(da).
◆ **rallado** *m* ralação *f*.
rallador *m* ralador *m*.
ralladura *f* (*gen pl*) raspa *f*.
rallar *vt* ralar.
rally (*pl* rallys) *m* rali *m*.
ralo, la *adj* ralo(la).
RAM (*abrev de* random access memory) *f* RAM *f*.
rama *f* -1. [gen] ramo *m* -2. [de planta] rama *f*.

ramadán *m* ramadã *m*.
ramaje *m* ramagem *f*.
ramal *m* ramal *m*.
ramalazo *fam m* -1. [hecho que delata] trejeito *m* -2. [ataque] veneta *f*.
rambla *f* -1. [avenida] *avenida larga com árvores, geralmente com um calçadão central onde as pessoas passeiam* -2. [río] canal *m*.
ramera *f* rameira *f*.
ramificación *f* ramificação *f*.
ramificarse *vpr* ramificar-se.
ramillete *m* ramalhete *m*.
ramo *m* ramo *m*.
rampa *f* -1. [gen] rampa *f* -2. [calambre] cãibra *f*.
rampla *f* Amér fam rampa *f*.
rana *f* rã *f*.
ranchero, ra *m*, *f* rancheiro *m*, -ra *f*.
◆ **ranchera** *f* -1. MÚS rancheira *f* -2. AUTOM van *f*.
rancho *m* -1. [gen] rancho *m* -2. CSur, Ven [choza] barraco *m* -3. Ven [chabola] favela *f*.
rancio, cia *adj* -1. [pasado] rançoso(sa) -2. [antiguo] antigo(ga).
rango *m* -1. [social] nível *m* -2. [jerárquico] patente *f*.
ranking *m* ranking *m*.
ranura *f* ranhura *f*.
rap *m* rap *m*.
rapapolvo *m fam* bronca *f*; **dar** *o* **echar un** ~ dar uma bronca.
rapar *vt* rapar.
◆ **raparse** *vpr* rapar-se.
rapaz, za *m*, *f desus* rapaz *m*, -riga *f*.
◆ **rapaz** *adj* [que roba] rapace.
◆ **rapaces** *fpl* ZOOL aves *fpl* de rapina.
rape *m* -1. [pez] peixe-pescador *m* -2. [pelo] : **al** ~ rente.
rapé *m* rapé *m*.
rapero, ra *m*, *f* cantor *m*, -ra *f* de rap.
rapidez *f* rapidez *f*; **con** ~ com rapidez.
rápido, da *adj* rápido(da).
◆ **rápido** ◇ *m* -1. [tren] rápido *m* -2. (*gen pl*) [de río] corredeira *f*. ◇ *adv* rápido.
rapiña *f* -1. [robo] rapina *f* -2. ⊳ ave.
rappel (*pl* rappels) *m* DEP rapel *m*.
rapsodia *f* MÚS rapsódia *f*.
raptar *vt* raptar.
rapto *m* rapto *m*.
raqueta *f* raquete *f*.
raquis *m* raque *f*.
raquítico, ca *adj* raquítico(ca).
raquitismo *m* MED raquitismo *m*.
rareza *f* -1. [gen] raridade *f* -2. [extravagancia] esquisitice *f*.
raro, ra *adj* -1. [gen] raro(ra) -2. [extravagante] esquisito(ta).

ras *m* borda *f*; **a** ~ **de** ao nível de.
rasante *adj* rasante.
rasar *vt* raspar.
rascacielos *m inv* arranha-céu *m*.
rascador *m* -**1**. [herramienta] rascador *m* -**2**. [para cerillas] riscador *m*.
rascar ◇ *vt* -**1**. [piel] coçar -**2**. [superficie] raspar -**3**. *despec* [instrumento de cuerda] arranhar. ◇ *vi* arranhar.
➡ **rascarse** *vpr* coçar-se.
rasera *f* escumadeira *f*.
rasgar *vt* rasgar.
➡ **rasgarse** *vpr* rasgar-se; **~se las vestiduras** escandalizar-se.
rasgo *m* traço *m*.
➡ **rasgos** *mpl* traço *m*; **a grandes ~s** de forma geral.
rasguear *vt* dedilhar.
rasguñar *vt* arranhar.
➡ **rasguñarse** *vpr* arranhar-se.
rasguño *m* arranhão *m*.
raso, sa *adj* -**1**. [gen] raso(sa) -**2**. [cielo] claro(ra).
➡ **raso** *m* seda encorpada e brilhante.
➡ **al raso** *loc adv* ao relento.
raspa *f* espinha *f*.
raspadura *f* -**1**. *(gen pl)* [brizna] raspa *f* -**2**. [señal] arranhado *m* -**3**. [acción] raspagem *f*.
raspar ◇ *vt* raspar. ◇ *vi* arranhar.
rasposo, sa *adj* áspero(ra).
rastras ➡ **a rastras** *loc adv* de rastros.
rastreador, ra ◇ *adj* rastreador(ra). ◇ *m, f* rastreador *m*, -ra *f*.
rastrear ◇ *vt* rastrear. ◇ *vi* [indagar] rastrear.
rastrero, ra *adj* rasteiro(ra).
rastrillar *vt* rastrear.
rastrillo *m* -**1**. [en jardinería] ancinho *m* -**2**. *Esp* [mercado] brechó *m*.
rastro *m* -**1**. [pista] rastro *m* -**2**. [vestigio] vestígio *m* -**3**. *Esp* [mercado] brechó *m*.
rastrojo *m* tigüera *f*.
rasurar *vt* barbear.
➡ **rasurarse** *vpr* barbear-se.
rata ◇ *f* rato *m*. ◇ *adj fam* unha-de-fome. ◇ *mf fam* unha-de-fome *mf*.
ratear *vi* furtar.
ratería *f* furto *m*.
ratero, ra *m, f* larápio *m*, -pia *f*.
ratificar *vt* ratificar.
➡ **ratificarse en** *vpr* ratificar-se.
rato *m* momento *m*; **al (poco)** ~ **(de)** (pouco) depois (de); **a ~s** às vezes; **haber para** ~ faltar muito tempo; **pasar el** ~ matar o tempo.
ratón *m* -**1**. [animal] camundongo *m* -**2**. *INFORM* mouse *m*.
ratonera *f* -**1**. [trampa] ratoeira *f* -**2**. [de ratones] *buraco feito por rato*.
rattán *m Amér* ratã *f*.
raudal *m* -**1**. [de agua] caudal *mf* -**2**. [de muchas cosas] rios *mpl*; **a ~es** a rodo.
ravioli *m (gen pl)* *CULIN* ravióli *m*.
raya *f* -**1**. [línea] linha *f* -**2**. [de un tejido] listra *f*; **a ~s** listrado(da); **tener ~s en el lomo** ter listras no dorso -**3**. [de pelo] risca *f* -**4**. [de pantalón] vinco *m* -**5**. [límite] limite *m*; **pasarse de la** ~ *fam* passar dos limites; **mantener** *o* **tener a** ~ **a alguien** *fig* manter *o* ter alguém sob controle -**6**. [señal] risco *m* -**7**. [pez] arraia *f*, raia *f*.
rayado, da *adj* -**1**. [a rayas] listrado(da) -**2**. [estropeado] riscado(da).
➡ **rayado** *m* -**1**. [rayas] riscado *m* -**2**. [acción] risca *f*.
rayar ◇ *vt* riscar. ◇ *vi* [aproximarse]: ~ **en algo** beirar a algo.
➡ **rayarse** *vpr* riscar.
rayo *m* [gen] raio *m*; **~s infrarrojos** raios infravermelhos; ~ **láser** raio laser; **~s ultravioleta** raios ultravioletas; **~s uva** raios UVA; **~s X** raios x.
rayón *m* raiom *m*.
rayuela *f* amarelinha *f*.
raza *f* [gen] raça *f*; **de** ~ [animal] de raça.
razón *f* -**1**. [gen] razão *f*; ~ **de ser** razão de ser; **dar la** ~ **a alguien** dar razão a alguém; **tener** ~ ter razão -**2**. [información] informação *f*; ~ **aquí** informações aqui.
➡ **a razón de** *loc adv* à razão de.
razonable *adj* razoável.
razonamiento *m* -**1**. [acción] raciocínio *m* -**2**. [ideas] argumento *m*.
razonar ◇ *vt* [argumentar] argumentar. ◇ *vi* [pensar] raciocinar.
RDSI *(abrev de red digital de servicios integrados)* *f INFORM* RDSI *f*.
re *m MÚS* ré *m*.
reacción *f* reação *f*.
reaccionar *vi* reagir.
reaccionario, ria *POLÍT* ◇ *adj* reacionário(ria). ◇ *m, f* reacionário *m*, -ria *f*.
reacio, cia *adj* resistente; **ser** ~ **a algo/hacer algo** ser resistente a algo/fazer algo.
reactivación *f* reativação *f*.
reactor *m* reator *m*.
readaptación *f* readaptação *f*.
readmitir *vt* readmitir.
reafirmar *vt* reafirmar.
➡ **reafirmarse** *vpr* reafirmar; **~se en** reafirmar.
reajuste *m* -**1**. [cambio] ajuste *m* -**2**. *ECON* reajuste *m*.
real *adj* real.
realce *m* realce *m*; **dar** ~ **a** dar realce a.

realeza *f* realeza *f.*

realidad *f* realidade *f*; ~ **virtual** INFORM realidade virtual; **en** ~ [verdad] na verdade.

realista <> *adj* realista. <> *mf* ARTE realista *mf.*

realización *f* **-1.** [gen] realização *f* **-2.** CIN direção *f.*

realizado, da *adj* realizado(da).

realizador, ra *m, f* CIN diretor *m,* -ra *f.*

realizar *vt* **-1.** [gen] realizar **-2.** CIN dirigir.

◆ **realizarse** *vpr* realizar-se.

realmente *adv* realmente.

realquilado, da *Esp* <> *adj* sublocado(da). <> *m, f* sublocatário *m,* -ria *f.*

realquilar *vt* sublocar.

realzar *vt* realçar.

reanimar *vt* reanimar.

◆ **reanimarse** *vpr* reanimar-se.

reanudar *vt* reiniciar.

◆ **reanudarse** *vpr* reiniciar-se.

reaparición *f* reaparição *f.*

reapertura *f* reabertura *f.*

rearme *m* rearmamento *m.*

reavivar *vt* reavivar.

rebaja *f* **-1.** [acción] rebaixamento *m* **-2.** [descuento] desconto *m.*

◆ **rebajas** *fpl* liquidação *f*; **de** ~**s** em liquidação.

rebajado, da *adj* rebaixado(da).

rebajar *vt* **-1.** [gen] rebaixar **-2.** [intensidad] suavizar.

◆ **rebajarse** *vpr* rebaixar-se; ~**se a algo/ hacer algo** rebaixar-se a algo/fazer algo.

rebanada *f* fatia *f.*

rebanar *vt* fatiar.

rebañar *vt* raspar.

rebaño *m* rebanho *m.*

rebasar <> *vt* [sobrepasar] ultrapassar. <> *vi* CAm, Méx ultrapassar.

rebatir *vt* rebater.

rebeca *f* cardigã *m.*

rebelarse *vpr* rebelar-se.

rebelde <> *adj* **-1.** [gen] rebelde **-2.** DER revel. <> *mf* **-1.** [gen] rebelde *mf* **-2.** DER revel *mf.*

rebeldía *f* **-1.** [gen] rebeldia *f* **-2.** DER revelia *f.*

rebelión *f* rebelião *f.*

rebenque *m* RP rebenque *m.*

reblandecer *vt* amolecer.

◆ **reblandecerse** *vpr* amolecer.

rebobinar *vt* rebobinar.

rebosante *adj* transbordante.

rebosar <> *vt* [abundar] abundar. <> *vi* transbordar; ~ **de** transbordar de.

rebotar *vi* **-1.** [pelota] quicar **-2.** [chocar] rebotar.

◆ **rebotarse** *vpr* *fam* emputecer-se.

rebote *m* rebote *m*; **de** ~ *fig* de ricochete.

rebozado, da *adj* CULIN empanado(da).

rebozar *vt* CULIN empanar.

rebozo *m* *Amér* xale *m.*

rebuscado, da *adj* afetado(da).

rebuznar *vi* zurrar.

recabar *vt* solicitar.

recadero, ra *m, f* mensageiro *m,* -ra *f.*

recado *m* **-1.** [mensaje] recado *m* **-2.** [encargo] tarefa *f.*

recaer *vi* **-1.** [gen] recair **-2.** [reincidir]: ~ **en** recair em.

recaída *f* recaída *f.*

recalar *vi* aportar.

recalcar *vt* enfatizar.

recalcitrante *adj* recalcitrante.

recalentar *vt* **-1.** [volver a calentar] requentar **-2.** [calentar demasiado] superaquecer.

◆ **recalentarse** *vpr* superaquecer-se.

recalificar *vt* rezonear.

recámara *f* **-1.** [habitación] recâmara *f* **-2.** [de arma de fuego] tambor *m* **-3.** CAm, Col, Méx [dormitorio] quarto *m.*

recamarera *f* CAm, Col, Méx camareira *f.*

recambio *m* peça *f* de reposição; **de** ~ de reposição.

recapacitar *vi* recapacitar.

recapitulación *f* recapitulação *f.*

recapitular *vt* recapitular.

recargado, da *adj* empetecado(da).

recargar *vt* **-1.** [volver a cargar] recarregar **-2.** [cargar demasiado] carregar demais **-3.** [adornar en exceso] empetecar **-4.** [aumentar] sobretaxar **-5.** [poner en exceso] carregar.

◆ **recargarse** *vpr* Méx [apoyarse] apoiar-se.

recargo *m* sobretaxa *f.*

recatado, da *adj* recatado(da).

recato *m* recato *m.*

recauchutar *vt* recauchutar.

recaudación *f* arrecadação *f.*

recaudador, ra *m, f* arrecadador *m,* -ra *f.*

recaudar *vt* arrecadar.

recaudo ◆ **a buen recaudo** *loc adv* em segurança.

recelar *vi* recear; ~ **de** desconfiar de.

recelo *m* receio *f.*

receloso, sa *adj* receoso(sa).

recepción *f* **-1.** [gen] recepção *f* **-2.** [acción] recebimento *m.*

recepcionista *mf* recepcionista *mf.*

receptáculo *m* receptáculo *m.*

receptivo, va *adj* receptivo(va).

receptor, ra <> *adj* receptor(ra). <> *m, f* receptor *m,* -ra *f.*

◆ **receptor** *m* receptor *m.*

recesión *f* recessão *f.*

receta *f* receita *f.*
rechazar *vt* -**1.** [gen] rechaçar -**2.** [transplante] rejeitar.
rechazo *m* -**1.** [negativa] rechaço *m* -**2.** [de transplante] rejeição *f.*
rechinar *vi* ranger.
rechistar *vi* chiar; **sin** ~ sem chiar.
rechoncho, cha *adj fam* rechonchudo(da).
rechupete ◆ **de rechupete** *loc adv fam* de lamber os beiços.
recibidor *m* entrada *f.*
recibimiento *m* recebimento *m.*
recibir ◇ *vt* receber. ◇ *vi* -**1.** [invitados] receber-**2.** [visitar] atender.
◆ **recibirse** *vpr Amér:* ~ se (de) formar-se (em).
recibo *m* -**1.** [documento] recibo *m* -**2.** [recepción] recebimento *m.*
reciclado, da *adj* reciclado(da).
reciclaje *m* reciclagem *f.*
reciclar *vt* reciclar.
recién *adv* recém; **los** ~ **llegados** os recém-chegados; **el** ~ **nacido** o recém-nascido.
reciente *adj* recente.
recinto *m* recinto *m.*
recio, cia *adj* sólido(da).
recipiente *m* recipiente *m.*
reciprocidad *f* reciprocidade *f.*
recíproco, ca *adj* recíproco(ca).
recital *m* -**1.** [gen] recital *m* -**2.** [de rock] concerto *m* -**3.** [exhibición] espetáculo *m.*
recitar *vt* recitar.
reclamación *f* reclamação *f.*
reclamar ◇ *vt* reclamar. ◇ *vi* reclamar.
reclamo *m* -**1.** [para atraer] reclame *m* -**2.** [de ave] pio *m* -**3.** [para cazar] pio *m* de caça -**4.** *Amér* [queja] reclamação *f*; [reivindicación] reivindicação *f.*
reclinar *vt* reclinar.
◆ **reclinarse** *vpr* reclinar-se.
recluir *vt* enclausurar.
◆ **recluirse** *vpr* enclausurar-se.
reclusión *f* reclusão *f.*
recluso, sa *m, f* recluso *m*, -sa *f.*
recluta *m* MIL recruta *m.*
reclutamiento *m* recrutamento *m.*
recobrar *vt* recobrar.
◆ **recobrarse (de)** *vpr* recobrar-se (de).
recochineo *m Esp fam* gozação *f.*
recodo *m* curva *f.*
recogedor *m* pá *f.*
recogepelotas *mf inv* DEP gandula *mf.*
recoger *vt* -**1.** [gen] recolher -**2.** [ir a buscar] buscar -**3.** [cosechar, obtener] colher.
◆ **recogerse** *vpr* -**1.** [gen] recolher-se -**2.** [cabello] prender.

recogido, da *adj* -**1.** [retirado] recolhido(da) -**2.** [reducido] reduzido(da) -**3.** [cabello] preso(sa).
◆ **recogida** *f* coleta *f*; ~ **selectiva** cogida selectiva.
recogimiento *m* recolhimento *m.*
recolección *f* -**1.** [cosecha] colheita *f* -**2.** [recogida] coleta *f.*
recolector, ra ◇ *adj* produtor(ra). ◇ *m, f* colhedor *m,* -ra *f.*
recomendación *f* recomendação *f.*
recomendado, da *m, f* -**1.** [persona] recomendado *m,* -da *f* -**2.** *Amér* [correspondencia] registrado(da).
recomendar *vt* recomendar.
recompensa *f* recompensa *f.*
recompensar *vt* recompensar.
recomponer *vt* consertar.
recompuesto, ta *pp irreg* ▷ recomponer.
reconcentrar *vt* concentrar.
◆ **reconcentrarse** *vpr* concentrar-se; ~ se en concentrar-se em.
reconciliación *f* reconciliação *f.*
reconciliar *vt* reconciliar.
◆ **reconciliarse** *vpr* reconciliar-se.
recóndito, ta *adj* recôndito(ta).
reconfortar *vt* reconfortar.
reconocer *vt* -**1.** [gen] reconhecer -**2.** [examinar] examinar.
◆ **reconocerse** *vpr* reconhecer-se.
reconocido, da *adj* reconhecido(da).
reconocimiento *m* -**1.** [gen] reconhecimento *m* -**2.** [examen] exame *m.*
reconquista *f* reconquista *f.*
◆ **Reconquista** *f* HIST: **la** ~ a Reconquista.
reconstituyente *m* [medicamento] reconstituinte *m.*
reconstruir *vt* reconstruir.
reconvenir *vt* censurar.
reconversión *f* reconversão *f*; ~ **industrial** reconversão industrial.
recopilación *f* compilação *f.*
recopilar *vt* compilar.
récord (*pl* récords) *m* recorde *m*; **batir un** ~ bater um recorde.
recordar ◇ *vt* recordar. ◇ *vi* recordar-se.
recordatorio *m* -**1.** [aviso] aviso *m* -**2.** [estampa] santinho *m.*
recordman (*pl* recordmen, *pl* recordmans) *m* recordista *m.*
recorrer *vt* percorrer.
recorrida *f Amér* -**1.** [ruta, itinerario] rota *f* -**2.** [viaje] viagem *f.*
recorrido *m* percurso *m.*
recortado, da *adj* -**1.** [cortado] cortado(da) -**2.** [abrupto] recortado(da).

recortar 250

recortar *vt* **-1.** [gen] cortar **-2.** [figura] recortar.
◆ **recortarse** *vpr* recortar-se.
recorte *m* **-1.** [gen] recorte *m* **-2.** [reducción] corte *m*.
recostar *vt* recostar.
◆ **recostarse** *vpr* recostar-se.
recoveco *m* **-1.** [gen] meandro *m* **-2.** [rincón] recôndito *m*.
recreación *f* recriação *f*.
recrear *vt* **-1.** [crear] recriar **-2.** [entretener] recrear.
◆ **recrearse** *vpr* recrear-se.
recreativo, va *adj* recreativo(va).
recreo *m* recreio *m*.
recriminar *vt* recriminar.
◆ **recriminarse** *vpr* recriminar-se.
recrudecer *vi* recrudescer.
◆ **recrudecerse** *vpr* recrudescer.
recrudecimiento *m* recrudescimento *m*.
recta *f* ▷ recto.
rectal *adj* ANAT retal.
rectángulo, la *adj* GEOM retângulo(la).
◆ **rectángulo** *m* GEOM retângulo *m*.
rectificar *vt* retificar.
rectitud *f* retidão *f*.
recto, ta *adj* **-1.** [gen] reto(ta) **-2.** [no figurado] próprio(pria).
◆ **recto** ◇ *m* ANAT reto *m*. ◇ *adv* reto.
◆ **recta** *f* reta *f*; **la ~ final** a reta final.
rector, ra ◇ *adj* diretor(ra). ◇ *m, f* reitor *m*, -ra *f*.
◆ **rector** *m* RELIG reitor *m*.
recuadro *m* quadro *m*.
recubrimiento *m* revestimento *m*.
recuento *m* recontagem *f*.
recuerdo *m* recordação *f*.
◆ **recuerdos** *mpl* lembranças *fpl*; **dar ~s a alguien (de parte de alguien)** mandar lembranças a alguém (da parte de alguém).
recular *vi* recuar.
recuperable *adj* recuperável.
recuperación *f* recuperação *f*.
recuperar *vt* [lo perdido] recuperar.
◆ **recuperarse** *vpr* recuperar-se.
recurrente *adj* recorrente.
recurrir *vi* **-1.** [buscar ayuda]: **~ a** recorrer a **-2.** DER recorrer.
recurso *m* recurso *m*.
◆ **recursos** *mpl* recursos *mpl*; **~s propios** ECON recursos próprios.
recusar *vt* recusar.
red *f* rede *f*; **~ viaria** [sistema] rede viária.
redacción *f* redação *f*.
redactar *vt* redigir.
redactor, ra *m, f* [de periódico] redator *m*, -ra *f*.

redada *f* **-1.** [de pesca] redada *f* **-2.** [de policía] batida *f*.
redecilla *f* **-1.** [de pelo] rede *f* **-2.** ANAT retículo *m*.
redención *f* **-1.** [rescate] resgate *m* **-2.** RELIG redenção *f*.
redil *m* redil *m*.
redimir *vt* redimir.
◆ **redimirse** *vpr* [de castigo] redimir-se.
rédito *m* rendimento *m*.
redoblar ◇ *vt* redobrar. ◇ *vi* rufar.
redoble *m* rufo *m*.
redomado, da *adj* refinado(da).
redonda *f* ▷ redondo.
redondear *vt* **-1.** [gen] arredondar **-2.** [completar] concluir.
redondel *m* círculo *m*.
redondo, da *adj* redondo(da); **a la redonda** num raio de.
◆ **redondo** *m* CULIN chã *f*.
◆ **redonda** *f* [tipo de letra] redondo *m*.
reducción *f* redução *f*.
reducido, da *adj* reduzido(da).
reducir ◇ *vt* reduzir. ◇ *vi* AUTOM reduzir.
◆ **reducirse a** *vpr* reduzir-se a.
reducto *m* reduto *m*.
redundancia *f* redundância *f*.
redundante *adj* redundante.
redundar *vi*: **~ en algo** redundar em algo.
reeditar *vt* reeditar.
reeducación *f* reeducação *f*.
reelección *f* reeleição *f*.
reembolsar, rembolsar *vt* reembolsar.
◆ **reembolsarse, rembolsarse** *vpr* reembolsar-se.
reembolso, rembolso *m* reembolso *m*.
reemplazar, remplazar *vt* substituir.
reemplazo, remplazo *m* MIL contingente *m*.
reemprender *vt* retomar.
reencarnación *f* reencarnação *f*.
reencuentro *m* reencontro *m*.
reestreno *m* relançamento *m*, reprise *m*.
reestructurar *vt* reestruturar.
refacción *f* **-1.** *Andes, CAm, RP, Ven* [reparación] conserto *m* **-2.** *Méx* [recambio] peça *f* de reposição.
refaccionar *vt* *Andes, CAm, Ven* consertar.
refaccionaria *f* *Méx* loja *f* de manutenção.
referencia *f* referência *f*; **con ~ a** com referência a; **hacer ~ a** fazer referência a.
referéndum (*pl* **referéndums**) *m* referendo *m*.
referente *adj*: **~ a** referente a.
referir *vt* **-1.** [gen] referir **-2.** [convertir] converter em.

◆ **referirse a** *vpr* referir-se a.

refilón ◆ **de refilón** *loc adv* **-1.** [de lado] de raspão **-2.** [de pasada] de passagem.

refinado, da *adj* refinado(da).

◆ **refinado** *m* refinação *f*.

refinamiento *m* refinamento *m*.

refinar *vt* refinar.

refinería *f* refinaria *f*.

reflejar *vt* refletir.

◆ **reflejarse** *vpr* refletir-se.

reflejo, ja *adj* reflexo(xa).

◆ **reflejo** *m* reflexo *m*.

reflexión *f* reflexão *f*.

reflexionar *vi* reflexionar, refletir.

reflexivo, va *adj* reflexivo(va).

reflexoterapia *f* reflexoterapia *f*.

reflujo *m* refluxo *m*.

reforma *f* reforma *f*; ~ **agraria** reforma agrária; **'cerrado por** ~**s'** [arreglo] 'fechado para reforma'; **hacer** ~**s** fazer reforma.

reformar *vt* reformar.

◆ **reformarse** *vpr* reformar-se.

reformatorio *m* reformatório *m*.

reforzar *vt* reforçar.

refractario, ria *adj* [material] refratário(ria).

refrán *m* adágio *m*, provérbio *m*.

refregar *vt* **-1.** [frotar] esfregar **-2.** [reprochar]: ~ **algo a alguien en las narices** esfregar algo na cara de alguém.

refrendar *vt* **-1.** [aprobar] referendar **-2.** [legalizar] validar.

refrescante *adj* refrescante.

refrescar ◇ *vt* refrescar. ◇ *vi* refrescar.

◆ **refrescarse** *vpr* refrescar-se.

refresco *m* [bebida] refresco *m*.

refriega *f* refrega *f*.

refrigeración *f* refrigeração *f*.

refrigerador, ra *adj* refrigerador(ra).

◆ **refrigerador** *m* **-1.** [de alimentos] refrigerador *m* **-2.** [de máquinas] resfriador *m*.

refrigerar *vt* refrigerar.

refrigerio *m* lanche *f*.

refrito, ta ◇ *pp irreg* ▷ **refreír.** ◇ *adj* requentado(da).

◆ **refrito** *m* **-1.** *CULIN* refogado *m* **-2.** [cosa rehecha] miscelânea *f*.

refucilo, refusilo *m Amér* relâmpago *m*.

refuerzo *m* reforço *m*.

◆ **refuerzos** *mpl MIL* reforços *mpl*.

refugiado, da ◇ *adj* refugiado(da). ◇ *m, f* refugiado *m*, -da *f*.

refugiar *vt* esconder.

◆ **refugiarse** *vpr* refugiar-se; ~**se de** refugiar-se de.

refugio *m* refúgio *m*.

refulgir *vi* refulgir.

refunfuñar *vi* resmungar.

refusilo *m* = refucilo.

refutar *vt* refutar.

regadera *f* **-1.** [recipiente] regador *m* **-2.** *Col, Méx, Ven* [ducha] ducha *f*.

regadío *m terreno de cultivo que necessita irrigação abundante*; **de** ~ irrigável.

regalado, da *adj* **-1.** [barato] barato(ta) **-2.** [agradable] agradável.

regalar *vt* **-1.** [gen] regalar **-2.** [dar] regalar com.

◆ **regalarse con** *vpr* regalar-se com.

regaliz *m* alcaçuz *m*.

regalo *m* **-1.** [obsequio] presente *m* **-2.** [placer] regalo *m*.

regañadientes ◆ **a regañadientes** *loc adv fam* a contragosto.

regañar ◇ *vt* [reprender] repreender. ◇ *vi* [pelearse] discutir.

regañina *f* **-1.** [reprimenda] repreensão *f* **-2.** [enfado] discussão *f*.

regaño *m* repreensão *f*.

regañón, ona ◇ *adj* ranzinza. ◇ *m, f* ranzinza *mf*.

regar *vt* **-1.** [gen] regar **-2.** [suj: río] banhar.

regata *f* **-1.** *NÁUT* regata *f* **-2.** [reguera] regueira *f*.

regate *m* **-1.** *DEP* drible *m* **-2.** *fig* [evasiva] pretexto *m*.

regatear ◇ *vt* **-1.** [escatimar] poupar **-2.** *DEP* driblar. ◇ *vi* **-1.** [discutir precio] regatear **-2.** *NÁUT* participar de uma regata.

regateo *m* regateio *m*.

regazo *m* regaço *m*.

regeneración *f* regeneração *f*.

regenerar *vt* regenerar.

regentar *vt* **-1.** [país] governar **-2.** [negocio] administrar.

regente *mf* **-1.** [de país] regente *mf* **-2.** [administrador] administrador *m*, -ra *f* **-3.** *Méx* [alcalde] prefeito *m*, -ta *f*.

reggae *m* reggae *m*.

regidor, ra *m, f* **-1.** [en ayuntamiento] vereador *m*, -ra *f* **-2.** [en cine, teatro] contra-regra *mf*.

régimen (*pl* **regímenes**) *m* **-1.** [gen] regime *m*; **estar a** ~ estar de regime; **ponerse a** ~ começar um regime **-2.** *LING* regência *f*.

◆ **Antiguo Régimen** *m HIST* Antigo Regime *m*.

regimiento *m* regimento *m*.

regio, gia *adj* régio(gia).

región *f* região *f*.

regir ◇ *vt* **-1.** [gen] reger **-2.** [administrar] dirigir. ◇ *vi* **-1.** [estar vigente] vigorar **-2.** [tener juicio] ter lucidez.

◆ **regirse** *vpr*: ~**se por** reger-se por.

registrado, da *adj* **-1.** [grabado] gravado(da) **-2.** [patentado] registrado(da) **-3.** *Amér*

[correspondencia] registrado(da).
registrador, ra ◇ *adj* registrador(ra). ◇ *m, f* tabelião *m*, -oa *f*.
registradora *f Amér* caixa *f* registradora.
registrar ◇ *vt* -**1.** [gen] registrar -**2.** [inspeccionar] revistar -**3.** [grabar] gravar. ◇ *vi* revistar.
◆ **registrarse** *vpr* [suceder] registrar-se.
registro *m* -**1.** [gen] registro *m*; ~ **civil** registro civil -**2.** [inspección] revista *f*.
regla *f* -**1.** [gen] regra *f*; **en** ~ em ordem; **por** ~ **general** por via de regra; ~ **de tres** MAT regra de três -**2.** [para medir] régua *f* -**3.** *fam* [menstruación] menstruação *f*.
reglamentación *f* regulamentação *f*.
reglamentar *vt* regulamentar.
reglamentario, ria *adj* regulamentar.
reglamento *m* regulamento *m*.
reglar *vt* regrar.
regocijar *vt* regozijar.
◆ **regocijarse** *vpr* regozijar-se.
regocijo *m* regozijo *m*.
regodearse *vpr* deleitar-se.
regodeo *m* deleite *m*.
regordete *adj* gorducho(cha).
regresar ◇ *vi* [volver] regressar. ◇ *vt Amér* [devolver] devolver.
◆ **regresarse** *vpr Andes, CAm, Carib, Méx* [yendo] voltar; [viniendo] retornar.
regresión *f* regressão *f*.
regresivo, va *adj* regressivo(va).
regreso *m* regresso *m*.
reguero *m* -**1.** [regato, chorro] jorro *m* -**2.** [huella] rastro *m*.
regulación *f* controle *m*.
regulador, ra *adj* regulador(ra).
regular¹ ◇ *adj* regular. ◇ *adv* não muito bem.
◆ **por lo regular** *loc adv* por via de regra.
regular² *vt* -**1.** [gen] regular -**2.** [reglamentar] regulamentar.
regularidad *f* regularidade *f*.
regularizar *vt* regularizar.
◆ **regularizarse** *vpr* regularizar-se.
regusto *m* -**1.** [gen] gosto *m* residual -**2.** [semejanza] ar *m*.
rehabilitación *f* reabilitação *f*.
rehabilitar *vt* reabilitar.
rehacer *vt* refazer.
◆ **rehacerse** *vpr* refazer-se.
rehén *m* refém *m*.
rehogar *vt* CULIN refogar.
rehuir *vt* evitar.
rehusar *vt* recusar.
Reikiavik *n* Reikjavik.
reimplantar *vt* reimplantar.
reimpresión *f* reimpressão *f*.
reina *f* -**1.** [gen] rainha *f* -**2.** [en naipes] dama *f*

reinado *m* reinado *m*.
reinante *adj* reinante.
reinar *vi* reinar.
reincidente ◇ *adj* reincidente. ◇ *mf* reincidente *mf*.
reincidir *vi*: ~ **en** reincidir em.
reincorporar *vt* reincorporar.
◆ **reincorporarse** *vpr*: ~ **se (a)** reincorporar-se (a).
reino *m* reino *m*.
reinserción *f* reinserção *f*.
reinstaurar *vt* reinstaurar.
reintegrar *vt* [devolver] restituir.
◆ **reintegrarse** *vpr*: ~ **se a** reintegrar-se a.
reintegro *m* -**1.** [reintegración] reintegração *f* -**2.** [premio] reintegro *m*.
reír ◇ *vi* -**1.** [carcajearse] rir -**2.** [sonreír] sorrir. ◇ *vt* rir.
◆ **reírse** *vpr* -**1.** [carcajearse] rir-se -**2.** [burlarse] rir; ~ **se de** rir-se de.
reiterar *vt* reiterar.
reiterativo, va *adj* reiterativo(va).
reivindicación *f* reivindicação *f*.
reivindicar *vt* reivindicar.
reivindicativo, va *adj* reivindicativo(va).
reja *f* grade *f*.
rejilla *f* -**1.** [enrejado] gelosia *f* -**2.** [tejido] palhinha *f* -**3.** [de cocina] grelha *f*.
rejoneador *m* TAUROM toureiro que faz a lide a cavalo, usando bandarilhas para matar o touro.
rejuntarse *vpr fam* juntar-se.
rejuvenecer ◇ *vt* rejuvenescer. ◇ *vi* rejuvenescer.
◆ **rejuvenecerse** *vpr* rejuvenescer-se.
relación *f* -**1.** [gen] relação *f*; **con** ~ **a, en** ~ **con** com relação a, em relação a; ~ **precio-calidad** COM relação preço/qualidade -**2.** [descripción] relato *m* -**3.** [informe] relatório *m*.
◆ **relaciones** *fpl* relações *fpl*.
relacionar *vt* -**1.** [enlazar, vincular] relacionar -**2.** [relatar] relatar.
◆ **relacionarse** *vpr* [comunicarse]: ~ **se con** relacionar-se com.
relajación *f* relaxação *f*.
relajar *vt* relaxar.
◆ **relajarse** *vpr* relaxar-se.
relajo *m Amér fam* baderna *f*.
relamer *vt* lamber.
◆ **relamerse** *vpr* -**1.** [saborear] lamber-se -**2.** [deleitarse] deleitar-se.
relamido, da *adj* arrumado(da).
relámpago *m* -**1.** [gen] relâmpago *m* -**2.** [destello] clarão *m*.
relampaguear ◇ *v impers* relampaguear. ◇ *vi* relampaguear.

relatar *vt* relatar.
relatividad *f* relatividade *f*.
relativo, va *adj* relativo(va); ~ **a** [referente a] relativo(va) a; **en lo** ~ **a** no que se refere a.
relato *m* relato *m*.
relax *m* relax *m*.
relegar *vt* relegar.
relente *m* sereno *m*.
relevante *adj* relevante.
relevar *vt* -**1.** [eximir]: ~ **a alguien de algo** dispensar alguém de algo -**2.** [sustituir] substituir.
relevo *m* -**1.** MIL troca *f* -**2.** DEP revezamento *m*.
◆ **relevos** *mpl* DEP revezamento *m*.
relieve *m* -**1.** [gen] relevo *m* -**2.** [importancia] relevância *f*; **poner de** ~ pôr em relevo.
religión *f* religião *f*.
religiosamente *adv* religiosamente.
religioso, sa ◇ *adj* religioso(sa). ◇ *m, f* religioso, -sa *f*.
relinchar *vi* relinchar.
relincho *m* relincho *m*.
reliquia *f* -**1.** [gen] relíquia *f* -**2.** *fam* [antigualla] relíquia *f*.
rellano *m* -**1.** [descansillo] patamar *m* -**2.** [de terreno] plataforma *f*.
rellenar *vt* -**1.** [volver a llenar] reencher -**2.** [cumplimentar] preencher -**3.** [embutir] rechear.
relleno, na *adj* recheado(da).
◆ **relleno** *m* [ingrediente] recheio *m*; **de** ~ supérfluo(a).
reloj *m* relógio *m*; ~ **de arena** ampulheta *f*; ~ **de pared** relógio de parede; ~ **de pulsera** relógio de pulso; **hacer algo contra** ~ *fig* correr contra o relógio.
relojería *f* relojoaria *f*.
relojero, ra *m, f* relojoeiro *m*, -ra *f*.
reluciente *adj* reluzente.
relucir *vi* -**1.** [resplandecer] reluzir -**2.** [destacar] brilhar.
relumbrar *vi* reluzir.
remachar *vt* -**1.** [machacar] martelar -**2.** [recalcar] enfatizar.
remache *m* -**1.** [roblón] rebite *m* -**2.** [remachado] rebitagem *f*.
remanente *m* saldo *m*.
remangar *vt* arregaçar.
remanso *m* remanso *m*.
remar *vi* remar.
rematado, da *adj* -**1.** [acabado] arrematado(da) -**2.** [incurable, redomado] rematado(da).
rematar ◇ *vt* -**1.** [liquidar, vender] vender -**2.** [acabar] terminar -**3.** [matar] matar -**4.** DEP arrematar. ◇ *vi* arrematar.

remate *m* -**1.** [gen] arremate *m* -**2.** [colofón] encerramento *m*; **para** ~ [para colmo] para arremate.
◆ **de remate** *loc adv* completamente.
rembolsar = reembolsar.
rembolsarse = reembolsarse.
rembolso = reembolso.
remedar *vt* arremedar.
remediar *vt* remediar.
remedio *m* remédio *m*; **no haber más** ~ não haver mais remédio; **sin** ~ forçosamente; **no tener** ~ não ter remédio; **¡qué** ~ **(me queda)!** que remédio (me resta)!
remedo *m* arremedo *m*.
rememorar *vt* rememorar.
remendar *vt* remendar.
remero, ra *m, f* remador *m*, -ra *f*.
◆ **remera** *f* [pluma] rêmige *f*.
remesa *f* remessa *f*.
remeter *vt* enfiar.
remezón *m Andes* terremoto *m*.
remiendo *m* -**1.** [parche] remendo *m* -**2.** *fam* [apaño] remendo *m*.
remilgado, da *adj* afetado(da).
remilgo *m* cerimônia *f*.
reminiscencia *f* reminiscência *f*.
remise *m RP* taxi *m* (*sem medidor*).
remisero, ra *m, f RP* motorista *mf* de táxi (*em carro sem medidor*).
remiso, sa *adj*: **ser** ~ **a hacer algo** estar indeciso(sa) em fazer algo.
remite *m* nota com nome e endereço do remetente, que se coloca nas correspondências enviadas por correio.
remitente *mf* remetente *mf*.
remitir ◇ *vt* -**1.** [gen] remeter -**2.** [perdonar] remitir. ◇ *vi* -**1.** [en texto] remeter -**2.** [disminuir] remitir.
◆ **remitirse** *vpr*: ~ **se a** remeter-se a.
remo *m* -**1.** [gen] remo *m* -**2.** (*gen pl*) [extremidad] asa *f*.
remoción *f Amér* [de heridos] remoção *f*.
remodelar *vt* remodelar.
remojar *vt* -**1.** [humedecer] embeber -**2.** *fam* [festejar] brindar.
remojo *m*: **en** ~ de molho.
remolacha *f* beterraba *f*.
remolcador, ra *adj* rebocador(ra).
◆ **remolcador** *m* rebocador *m*.
remolcar *vt* rebocar.
remolino *m* -**1.** [gen] redemoinho *m* -**2.** [aglomeración, confusión] turbilhão *m*.
remolón, ona *fam* ◇ *adj* preguiçoso(sa). ◇ *m, f* preguiçoso *m*, -sa *f*; **hacerse el** ~ fazer corpo mole.
remolque *m* reboque *m*; **ir a** ~ *fig* ir a reboque de.
remontar *vt* -**1.** [subir] subir -**2.** [vencer]

superar -**3**. [avanzar] avançar -**4**. [elevar] empinar.

◆ **remontarse** *vpr* -**1**. [gen] remontar-se -**2**. [alcanzar] remontar.

remonte *m* teleférico *m*.

rémora *f* -**1**. [pez] rêmora *f* -**2**. *fam* [obstáculo] obstáculo *m*.

remorder *vt* [atormentar, inquietar]: ~ **le algo a alguien** algo remoer alguém.

remordimiento *m* remorso *m*.

remoto, ta *adj* remoto(ta).

remover *vt* -**1**. [agitar] mexer -**2**. [desplazar] remover -**3**. [investigar] revolver.

◆ **removerse** *vpr* agitar-se.

remplazar = reemplazar.

remplazo = reemplazo.

remuneración *f* remuneração *f*.

remunerar *vt* remunerar.

renacer *vi* [resurgir] renascer.

renacimiento *m* renascimento *m*.

renacuajo *m* -**1**. [larva] girino *m* -**2**. *fam* [niño pequeño] pirralho *m*.

renal *adj* renal.

rencilla *f* briga *f*.

rencor *m* rancor *m*.

rencoroso, sa ⬦ *adj* rancoroso(sa). ⬦ *m, f* rancoroso *m*, -sa *f*.

rendición *f* rendição *f*.

rendido, da *adj* -**1**. [agotado] esgotado(da) -**2**. [sumiso] rendido(da).

rendija *f* fresta *f*.

rendimiento *m* [productividad] rendimento *m*.

rendir ⬦ *vt* -**1**. [gen] render -**2**. [cansar] exaurir. ⬦ *vi* [rentar] render.

◆ **rendirse** *vpr* render-se; ~ **se a** render-se a.

renegado, da ⬦ *adj* renegado(da). ⬦ *m, f* renegado *m*, -da *f*.

renegar ⬦ *vt* renegar. ⬦ *vi* -**1**. [repudiar]: ~ **de** renegar de -**2**. *fam* [gruñir] resmungar.

Renfe (*abrev de* **Red Nacional de los Ferrocarriles Españoles**) *f* companhia estatal de ferrovias na Espanha.

renglón *m* [línea] linha *f*; **(a)** ~ **seguido** *fig* em seguida.

rengo, ga *adj* *Andes, RP* manco(ca).

renguear *vi* *Andes, RP* mancar.

reno *m* rena *f*.

renombrar *vt* INFORM renomear.

renombre *m* renome *m*.

renovación *f* -**1**. [gen] renovação *f* -**2**. [reanudación] reinício *m* -**3**. [innovación] inovação *f*.

renovar *vt* renovar.

renquear *vi* -**1**. [cojear] mancar -**2**. [trampear, tirar] ratear.

renta *f* -**1**. [ingresos] renda *f*; **vivir de** ~ viver de renda; ~ **per cápita** *o* **por habitante** renda per capita *o* por habitante; ~ **fija/variable** FIN renda fixa/variável; ~ **vitalicia** renda vitalícia -**2**. [alquiler] aluguel *m*.

rentable *adj* rentável.

rentar *vt* -**1**. [dar beneficios] render -**2**. *Méx* [alquilar] alugar.

rentista *mf* rentista *mf*.

renuencia *f* repugnância *f*.

renuncia *f* renúncia *f*.

renunciar *vi* -**1**. [abandonar] renunciar -**2**. [prescindir de]: ~ **a** renunciar a -**3**. [rechazar]: ~ **a** recusar-se a -**4**. [abstenerse de]: ~ **a** abandonar.

reñido, da *adj* -**1**. [enfadado] brigado(da) -**2**. [disputado] disputado(da) -**3**. [opuesto]: **estar algo** ~ **con algo** algo ser incompatível com algo.

reñir ⬦ *vt* -**1**. [regañar] repreender -**2**. [disputar] travar. ⬦ *vi* [enfadarse] brigar; ~ **con** brigar com.

reo, a *m, f* réu *m*, ré *f*.

reoca *f*: **ser la** ~ *Esp fam* ser uma figura.

reojo *m*: **mirar de** ~ olhar de soslaio.

repantingarse *vpr* *Esp fam* refestelar-se.

reparación *f* -**1**. [arreglo] conserto *m* -**2**. [compensación] reparação *f*.

reparador, ra *adj* reparador(ra).

reparar ⬦ *vt* -**1**. [arreglar] consertar -**2**. [remediar] reparar -**3**. [restablecer] recuperar. ⬦ *vi* [advertir]: ~ **en** reparar em.

reparo *m* -**1**. [objeción] reparo *m*; **poner** ~**s a algo** fazer objeção a algo -**2**. [apuro]: **dar** ~ dar vergonha; **no tener** ~**s en** não ter escrúpulos em.

repartición *f* repartição *f*.

repartidor, ra *m, f* entregador *m*, -ra *f*.

repartir *vt* -**1**. [gen] distribuir -**2**. [dividir] repartir -**3**. [distribuir] entregar.

reparto *m* -**1**. [división] divisão *f*; ~ **de beneficios** ECON distribuição de lucros -**2**. [distribución] entrega *f* -**3**. [asignación] distribuição *f*.

repasador *m* *RP* toalhinha *f* de chá.

repasar *vt* -**1**. [revisar] repassar -**2**. [recoser] pregar -**3**. [volver a pasar] passar.

repaso *m* -**1**. [revisión] revisão *f* -**2**. *fam* [reprimenda]: **dar un** ~ **a alguien** dar um sabão em alguém.

repatear *vt* *fam* irritar.

repatriar *vt* repatriar.

repecho *m* ladeira *f*.

repelente *adj* -**1**. [gen] repelente -**2**. [repugnante] repugnante.

repeler *vt* repelir.

repelús *m*: **dar** ~ *Esp* dar arrepio *o* calafrio.

repente ➤ **de repente** *locadv* de repente.
repentino, na *adj* repentino(na).
repercusión *f* repercussão *f.*
repercutir *vi* repercutir; ~ **en** repercutir em.
repertorio *m* repertório *m.*
repesca *f Esp* recuperação *f.*
repetición *f* repetição *f.*
repetidor, ra *m, f* repetente *mf.*
➤ **repetidor** *m ELECTR* amplificador *m.*
repetir ◇ *vt* repetir. ◇ *vi* -**1.** [gen] repetir -**2.** [sabor] fazer arrotar.
➤ **repetirse** *vpr* repetir-se.
repicar ◇ *vt* repicar. ◇ *vi* repicar.
repique *m* repique *m.*
repiqueteo *m* -**1.** [de campanas, tambor] repique *m* -**2.** [de persona, lluvia] tamborilo *m.*
repisa *f* -**1.** [estante] prateleira *f* -**2.** ARQUIT console *m.*
replantear *vt* reconsiderar.
replegar *vt* [ocultar] recolher.
➤ **replegarse** *vpr* [retirarse] retirar-se.
repleto, ta *adj* repleto(ta).
réplica *f* réplica *f.*
replicar ◇ *vt* replicar. ◇ *vi* [objetar] replicar.
repliegue *m* -**1.** [pliegue] prega *f* -**2.** [retirada] retirada *f.*
repoblación *f* repovoamento *m*; ~ **forestal** reflorestamento *m.*
repoblar *vt* repovoar.
repollo *m* repolho *m.*
reponer *vt* -**1.** [gen] repor -**2.** [obra, película] reexibir -**3.** [replicar] replicar.
➤ **reponerse** *vpr* recompor-se; ~ **se de** recompor-se de.
reportaje *m* reportagem *f.*
reportar *vt* -**1.** [ofrecer] trazer -**2.** *Méx* [denunciar] denunciar -**3.** *Andes, CAm, Méx, Ven* [informar] reportar.
➤ **reportarse** *vpr CAm, Méx, Ven*: ~ **se (a)** reportar-se (a).
reporte *m Andes, CAm, Méx, Ven* -**1.** [informe] relatório *m* -**2.** [noticia] notícia *f.*
reportero, ra, repórter *m, f* repórter *mf.*
reposacabezas *m inv* apoio *m* de cabeça.
reposado, da *adj* -**1.** [tono de voz] pausado(da) -**2.** [persona, decisión, actitud] ponderado(da).
reposar *vi* repousar.
reposición *f* -**1.** [de obra, película] reexibição *f* -**2.** [renovación] reposição *f.*
reposo *m* repouso *m*; **en** ~ em repouso.
repostar ◇ *vi* abastecer. ◇ *vt* abastecer.
repostería *f* confeitaria *f.*
reprender *vt* repreender.

reprensión *f* repreensão *f.*
represalia *f (gen pl)* represália *f.*
representación *f* representação *f*; **en** ~ **de** como representante de.
representante ◇ *adj* representante. ◇ *mf* -**1.** [gen] representante *mf* -**2.** [de artista] empresário *m*, -ria *f.*
representar *vt* representar.
representativo, va *adj* representativo(va).
represión *f* repressão *f.*
reprimenda *f* reprimenda *f.*
reprimir *vt* reprimir.
➤ **reprimirse** *vpr* reprimir-se.
reprobar *vt* -**1.** [condenar] reprovar -**2.** *Amér* [suspender] reprovar.
reprochar *vt* censurar.
➤ **reprocharse** *vpr* censurar-se.
reproche *m* -**1.** [acción] censura *f* -**2.** [recriminación] recriminação *f.*
reproducción *f* reprodução *f.*
reproducir *vt* reproduzir.
➤ **reproducirse** *vpr* reproduzir-se.
reproductor, ra ◇ *adj* -**1.** [repetidor] retransmissor(ra) -**2.** [procreador] reprodutor(ra). ◇ *m*: ~ **de DVD** reprodutor *m* de DVD.
reprografía *f* reprografia *f.*
reptil *m* réptil *m.*
república *f* república *f*; ~**s bálticas** Países Bálticos.
República Checa *n* República Tcheca.
República de Sudáfrica *n* República da África do Sul.
República Dominicana *n* República Dominicana.
republicano, na ◇ *adj* republicano(na). ◇ *m, f* republicano *m*, -na *f.*
repudiar *vt* repudiar.
repudio *m* repúdio *m.*
repuesto, ta ◇ *pp irreg* ▷ **reponer**. ◇ *adj* restabelecido(da).
➤ **repuesto** *m* peça *f* de reposição; **de** ~ de reposição.
repugnancia *f* repugnância *f.*
repugnante *adj* repugnante.
repugnar *vi* repugnar.
repujar *vt* lavrar.
repulsa *f* repulsa *f.*
repulsión *f* -**1.** [aversión] repulsão *f* -**2.** [rechazo] rechaço *m.*
repulsivo, va *adj* repulsivo(va).
repuntar *vi Amér* [mejorar] melhorar.
repunte *m Amér* [recuperación] melhoria *f.*
reputación *f* reputação *f.*
requemado, da *adj* queimado(da).
requerimiento *m* -**1.** [demanda] pedido *m*, solicitação *f* -**2.** DER intimação *f.*

requerir vt -**1.** [exigir] requerer -**2.** DER intimar.

➡ **requerirse** vpr [ser necesario] requerer, precisar.

requesón m CULIN requeijão m.

réquiem (pl requiems), **requiem** (pl requiems) m réquiem m.

requisa f -**1.** [requisición] confisco m -**2.** [inspección] inspeção f.

requisito m requisito m.

res f rês f.

resabio m -**1.** [sabor] ressaibo m -**2.** [resto] vício m.

resaca f -**1.** fam [tras borrachera] ressaca f -**2.** [de olas] ressaca f.

resalado, da adj fam desenvolto(ta).

resaltar ⟨⟩ vi -**1.** [destacar] ressaltar -**2.** [en edificios] sobressair. ⟨⟩ vt [destacar] ressaltar.

resarcir vt -**1.** [persona]: ~ **a alguien de** ressarcir alguém de -**2.** [gastos, daños] ressarcir.

➡ **resarcirse** vpr ressarcir–se; ~se **de** ressarcir-se de.

resbalada f Amér fam escorregadela f.

resbaladizo, za adj -**1.** [gen] escorregadio(a) -**2.** [comprometido] embaraçoso(sa).

resbalar vi -**1.** [caer] escorregar -**2.** [deslizarse] deslizar.

➡ **resbalarse** vpr escorregar.

resbalón m escorregão m.

rescatar vt -**1.** [gen] resgatar -**2.** [recuperar] recuperar.

rescate m resgate m.

rescindir vt rescindir.

rescisión f rescisão f.

rescoldo m rescaldo m.

resecar vt ressecar.

➡ **resecarse** vpr ressecar-se.

reseco, ca adj ressecado(da).

resentido, da ⟨⟩ adj ressentido(da). ⟨⟩ m, f ressentido m, -da f.

resentimiento m ressentimento m.

resentirse vpr -**1.** [debilitarse] ressentir-se -**2.** [sentir molestias]: ~ **de** ressentir-se de -**3.** [ofenderse] ressentir-se de.

reseña f resenha f.

reseñar vt resenhar.

reserva ⟨⟩ f reserva f; ~ **natural** [territorio] reserva natural. ⟨⟩ mf DEP reserva mf. ⟨⟩ m [vino] reserva f.

➡ **reservas** fpl reservas fpl.

reservado, da adj reservado(da).

➡ **reservado** m reservado m.

reservar vt reservar.

➡ **reservarse** vpr -**1.** [para ocasión] poupar-se -**2.** [guardar para sí] reservar-se.

resfriado, da adj resfriado(da).

➡ **resfriado, resfrío** Andes, RP m resfriado m.

resfriar vt resfriar.

➡ **resfriarse** vpr [constiparse] resfriar-se.

resfrío m Andes, RP = resfriado.

resguardar vt resguardar.

➡ **resguardarse** vpr: ~se **de** resguardar-se de.

resguardo m -**1.** [documento] comprovante m, recibo m -**2.** [protección] abrigo m.

residencia f -**1.** [gen] residência f -**2.** [para ancianos] asilo m -**3.** [para estudiantes] república f -**4.** [hotel] pousada f.

residencial adj residencial.

residente mf residente mf.

residir vi -**1.** [vivir] residir -**2.** [radicar]: ~ **en** residir em.

residuo m resíduo m.

resignación f resignação f.

resignarse vpr resignar-se; ~ **a hacer algo** resignar-se a fazer algo.

resina f resina f.

resistencia f resistência f.

resistente adj resistente.

resistir vt -**1.** [gen] resistir -**2.** [tolerar] suportar.

➡ **resistir a** vi resistir a.

➡ **resistirse** vpr resistir; ~se **a** resistir a; ~se **a hacer algo** negar-se a fazer algo.

resol m reverberação f do sol.

resollar vi resfolegar.

resolución f -**1.** [gen] resolução f -**2.** DER sentença f.

resolver vt -**1.** [gen] resolver -**2.** [en disputa, conflicto] decidir.

➡ **resolverse** vpr -**1.** [solucionarse] resolver -**2.** [en disputa, conflicto]: ~se **en** resolver-se em.

resonancia f ressonância f.

resonar vi ressoar.

resoplar vi resfolegar.

resoplido m bufo m.

resorte m -**1.** [muelle] mola f -**2.** [medio] recurso m.

respaldar vt respaldar.

➡ **respaldarse** vpr -**1.** [en asiento] recostar-se -**2.** [en persona] respaldar.

respaldo m -**1.** [de asiento] encosto m -**2.** [apoyo] respaldo m.

respectar v impers: **por lo que respecta a alguien/algo** no que diz respeito a alguém/algo.

respectivo, va adj respectivo(va).

respecto m: **al** ~ a esse respeito; **(con)** ~ **a** o **de** (com) respeito a o a respeito de.

respetable adj respeitável.

respetar vt respeitar.

respeto m respeito m.

respetuoso, sa adj respeitoso(sa).
respingar vi reclamar.
respingo m -1. [contestación seca] patada f.
respingón, ona adj arrebitado(da).
respiración f respiração f.
respirar <> vt -1. [aire] respirar -2. [desprender] exalar. <> vi respirar; **no dejar ~ a alguien** não deixar alguém respirar.
respiratorio, ria adj ANAT respiratório(ria).
respiro m -1. [descanso] respiro m -2. [alivio] alívio m.
resplandecer vi resplandecer.
resplandeciente adj resplandecente.
resplandor m resplendor m.
responder <> vt [contestar] responder. <> vi -1. [gen] responder; **~ a** responder a -2. [hacerse responsable]: **~ de algo** responder por algo; **~ por alguien** responder por alguém -3. [corresponder]: **~ a** corresponder a.
respondón, ona adj respondão(dona).
responsabilidad f responsabilidade f.
responsabilizar vt: **~ a alguien de** responsabilizar alguém por.
♦ responsabilizarse vpr: **~se de** responsabilizar-se por.
responsable <> adj -1. [formal] responsável -2. [culpable, encargado]: **~ de** responsável por; **hacerse ~ de algo** assumir a responsabilidade de algo. <> mf responsável mf.
respuesta f resposta f; **en ~ a** em resposta a.
resquebrajar vt rachar.
♦ resquebrajarse vpr rachar-se.
resquemor m ressentimento m.
resquicio m -1. [abertura] fresta f -2. [un poco]: **un ~ de** um resquício de.
resta f MAT subtração f.
restablecer vt [volver a establecer] restabelecer.
♦ restablecerse vpr -1. [curarse]: **~se de** restabelecer-se de -2. [volver a establecerse] restabelecer-se.
restallar <> vt estalar. <> vi estalar.
restante adj restante; **lo ~** o restante.
restar <> vt subtrair. <> vi [faltar] restar.
restauración f restauração f.
restaurante m restaurante m.
restaurar vt restaurar.
restitución f restituição f.
restituir vt restituir.
resto m resto m.
♦ restos mpl restos mpl.
restregar vt [frotar] esfregar.
♦ restregarse vpr [frotarse] esfregar.
restricción f -1. [reducción] restrição f -2.

(gen pl) [racionamiento] racionamento m.
restrictivo, va adj restritivo(va).
restringir vt restringir.
resucitar <> vt ressuscitar. <> vi ressuscitar.
resuello m arquejo m.
resuelto, ta <> pp irreg ▷ resolver. <> adj resoluto(ta).
resultado m resultado m.
resultante <> adj resultante. <> f FÍS resultante f.
resultar <> vi -1. [salir resultado] resultar; **nuestro equipo resultó vencedor** nossa equipe saiu vencedora; **nuestros esfuerzos resultaron vanos** nossos esforços foram em vão; **el negocio resultó como esperábamos** o negócio saiu como esperávamos; **resultó ileso en el accidente** saiu ileso do acidente -2. [salir bien] dar certo -3. [originarse]: **~ de** resultar de -4. [ser de una manera] ser -5. [venir a costar] sair. <> v impers [suceder] acontecer.
resultas ♦ de resultas de loc adv em conseqüência de.
resumen m resumo m; **en ~** em resumo.
resumir vt [sintetizar] resumir.
♦ resumirse en vpr resumir-se em.
resurgir vi ressurgir.
resurrección f ressurreição f.
retablo m retábulo m.
retaguardia f retaguarda f.
retahíla f seqüência f.
retal m retalho m.
retardar vt retardar.
retén m -1. [de bomberos, soldados] reforço m -2. Amér [de menores] reformatório m.
retención f -1. [gen] retenção f -2. [deducción] dedução f -3. (gen pl) [de tráfico] congestionamento m.
retener vt -1. [gen] reter -2. [deducir] deduzir.
reticente adj reticente.
retina f ANAT retina f.
retintín m [ruido] retintim m.
retirado, da <> adj -1. [gen] retirado(da) -2. [jubilado] aposentado(da). <> m, f [jubilado] aposentado m, -da f.
♦ retirada f retirada f.
retirar vt -1. [gen] retirar -2. [jubilar] aposentar.
♦ retirarse vpr -1. [gen] retirar-se -2. [de profesión] aposentar-se -3. [apartarse] afastar-se.
retiro m -1. [gen] aposentadoria f -2. [refugio, ejercicio piadoso] retiro m.
reto m desafio m.
retocar vt retocar.
retomar vt retomar.

retoño *m* -**1.** [de persona] rebento *m* -**2.** [de planta] broto *m*.

retoque *m* retoque *m*.

retorcer *vt* [torcer] torcer.

➤ **retorcerse** *vpr* [contraerse] torcer-se.

retorcido, da *adj* -**1.** [torcido] torcido(da) -**2.** [rebuscado] rebuscado(da) -**3.** [malintencionado] mal-intencionado(da).

retórico, ca *adj* retórico(ca).

➤ **retórica** *f* retórica *f*.

retornar ⬦ *vt* -**1.** [devolver] devolver -**2.** [volver a poner] retornar. ⬦ *vi* [regresar] retornar.

retorno *m* -**1.** [gen] retorno *m*; ~ **de carro** INFORM enter *m* -**2.** [devolución] devolução *f*.

retortijón *m (gen pl)* cólica *f*.

retozar *vi* saltitar.

retractarse *vpr* retratar-se; ~ **de algo** retratar-se algo.

retraer *vt* [encoger] retrair.

➤ **retraerse** *vpr* -**1.** retrair-se -**2.** [retirarse]: ~ **se de** retrair-se de.

retraído, da *adj* retraído(da).

retraimiento *m* retraimento *m*.

retransmisión *f* retransmissão *f*.

retransmitir *vt* retransmitir.

retrasado, da ⬦ *adj* atrasado(da). ⬦ *m, f* [débil mental] retardado *m*, -da *f*.

retrasar ⬦ *vt* -**1.** [gen] atrasar -**2.** [aplazar] adiar -**3.** [hacer más lento] retardar. ⬦ *vi* atrasar.

➤ **retrasarse** *vpr* retardar-se.

retraso *m* -**1.** [gen] atraso *m*; **llevar** ~ estar com atraso -**2.** [intelectual] retardamento *m*.

retratar *vt* retratar.

retrato *m* retrato *m*; ~ **robot** retrato falado.

retreta *f* MIL retreta *f*.

retrete *m* vaso *m* sanitário.

retribución *f* remuneração *f*.

retribuir *vt* retribuir.

retro *adj* retrô.

retroactivo, va *adj* retroativo(va).

retroceder *vi* retroceder.

retroceso *m* retrocesso *m*.

retrógrado, da ⬦ *adj* retrógrado(da). ⬦ *m, f* retrógrado *m*, -da *f*.

retropropulsión *f* retropropulsão *f*.

retroproyector *m* retroprojetor *m*.

retrospectivo, va *adj* retrospectivo(va).

➤ **retrospectiva** *f* retrospectiva *f*.

retrotraer *vt* retrotrair.

retrovisor *m* ⊳ **espejo** retrovisor *m*.

retumbar *vi* retumbar.

reuma, reúma *m o f* MED reumatismo *m*.

reumatismo *m* MED reumatismo *m*.

reunificar *vt* reunificar.

➤ **reunificarse** *vpr* reunificar-se.

reunión *f* reunião *f*.

reunir *vt* -**1.** [gen] reunir -**2.** [volver a unir] juntar.

➤ **reunirse** *vpr* [congregarse] reunir-se.

revalidar *vt* revalidar.

revalorar = revalorizar.

revalorizar, revalorar *vt* revalorizar.

➤ **revalorizarse, revalorarse** *vpr* revalorizar-se.

revancha *f* revanche *f*.

revelación *f* revelação *f*.

revelado *m* FOT revelação *f*.

revelador, ra *adj* revelador(ra).

revelar *vt* revelar.

➤ **revelarse** *vpr* revelar-se.

reventa *f* revenda *f*.

reventar ⬦ *vt* -**1.** [gen] rebentar -**2.** [hacer fracasar] arruinar. ⬦ *vi* -**1.** [explotar] rebentar -**2.** *fam* [fastidiar] aborrecer -**3.** *fam* [desear]: ~ **por** ansiar por -**4.** *fam* [estallar] explodir; ~ **de** explodir de -**5.** *fam* [morir] morrer.

➤ **reventarse** *vpr* -**1.** [explotar] estourar -**2.** *fam* [cansarse] arrebentar-se.

reventón *m* -**1.** [pinchazo] furo *m* -**2.** [estallido] ruptura *f* -**3.** *Méx* [juerga] farra *f*.

reverberar *vi* reverberar.

reverdecer *vi* -**1.** [planta, campo] reverdecer -**2.** [renacer] renascer.

reverencia *f* reverência *f*.

reverenciar *vt* reverenciar.

reverendo, da *adj* reverendo(da).

➤ **reverendo** *m* reverendo *m*.

reverente *adj* reverente.

reversa *f* Méx reversão *f*.

reversible *adj* reversível.

reverso *m* reverso *m*.

revertir *vi* reverter; ~ **en** reverter em.

revés *m* -**1.** [parte opuesta] reverso *m*; **al** ~ ao contrário; **del** ~ do avesso -**2.** [de mano] dorso *m* -**3.** [bofetada] tapa *m* -**4.** [contratiempo, en tenis] revés *m*.

revestimiento *m* revestimento *m*.

revestir *vt* revestir; ~ **de** revestir de.

revisar *vt* revisar.

revisión *f* revisão *f*; ~ **médica** exame *m* médico.

revisor, ra ⬦ *adj* revisor(ra). ⬦ *m, f* [en transporte público] revisor *m*, -ra *f*.

revista *f* -**1.** [gen] revista *f*; ~ **del corazón** revista de fofocas; **pasar** ~ MIL passar em revista -**2.** [sección de periódico] caderno *m* -**3.** [espectáculo teatral] teatro *m* de revista.

revistero *m* porta-revistas *m inv*.

revitalizar *vt* revitalizar.

revivir ⬦ *vi* reviver. ⬦ *vt* [recordar] reviver.

revocación f DER revogação f.
revocar vt DER revogar.
◆ **revolcarse** vpr rebolcar-se.
revolotear vi revolutear.
revoltijo, revoltillo m bagunça f.
revoltoso, sa ◇ adj irrequieto(ta). ◇ m, f rebelde mf.
revolución f -1. [gen] revolução f -2. [en mecánica] rotação f.
revolucionar vt revolucionar.
revolucionario, ria ◇ adj revolucionário(ria). ◇ m, f revolucionário m, -ria f.
revolver vt -1. [gen] revolver -2. [irritar] revirar.
◆ **revolverse** vpr revolver-se; ~se contra revolver-se contra.
revólver m revólver m.
revuelo m -1. [de ave] revoada f -2. [agitación] rebuliço m.
revuelto, ta ◇ pp irreg ▷ revolver. ◇ adj -1. [desordenado] revirado(da) -2. [alborotado] conturbado(da) -3. [tiempo atmosférico] borrascoso(sa) -4. [aguas] revolto(ta).
◆ **revuelta** f -1. [disturbio] revolta f -2. [curva] curva f.
revulsivo, va adj revulsivo(va).
◆ **revulsivo** m incentivo m.
rey m rei m.
Reyes Magos mpl: los Reyes Magos os Reis Magos.
reyerta f briga f.
rezagado, da ◇ adj atrasado(da). ◇ m, f retardatário m, -ria f.
rezar ◇ vt rezar. ◇ vi rezar.
rezo m -1. [acción] reza f -2. [oración] prece f.
rezongar vi resmungar.
rezumar ◇ vt ressumar. ◇ vi ressumar.
ría f foz f.
riachuelo m riacho m.
riada f -1. [inundación] cheia f -2. fig [multitud] enchente f.
ribera f ribeira f.
ribete m debrum m.
ribetear vt debruar.
ricino m [planta] rícino m.
rico, ca ◇ adj -1. rico(ca); ~ en rico em -2. [sabroso] saboroso(sa) -3. [simpático] gracioso(sa) -4. fam [apelativo] cara. ◇ m, f rico m, -ca f.
rictus m ricto m.
ridiculez f -1. [payasada] ridicularia f -2. [nimiedad] ninharia f.
ridiculizar vt ridicularizar.
ridículo, la adj ridículo(la).
◆ **ridículo** m ridículo m; hacer el ~ fazer papel ridículo; poner o dejar en ~ expor ao ridículo.

riego m irrigação f; ~ sanguíneo irrigação sangüínea.
riel m trilho m.
rienda f [de caballería] rédea f; dar ~ suelta a fig dar rédeas largas a.
◆ **riendas** fpl [dirección] rédeas fpl.
riesgo m risco m; a todo ~ [seguro, póliza] com cobertura total; correr (el) ~ de correr (o) risco de.
riesgoso, sa adj Amér arriscado(da).
rifa f rifa f.
rifar vt rifar.
◆ **rifarse** vpr disputar.
rifle m rifle m.
rigidez f -1. [gen] rigidez f -2. [inexpresividad] impassibilidade f.
rígido, da adj -1. [gen] rígido(da) -2. [inexpresivo] impassível.
rigor m rigor m.
◆ **de rigor** loc adj de praxe.
riguroso, sa adj rigoroso(sa).
rimar ◇ vi rimar. ◇ vt rimar.
rimbombante adj -1. [grandilocuente] grandiloquo(qua) -2. [ostentoso] espalhafatoso(sa).
rímel, rimmel m rímel m.
rincón m -1. [gen] canto m -2. [lugar alejado] rincão m.
rinconera f cantoneira f.
ring m DEP ringue m.
rinoceronte m rinoceronte m.
riña f briga f.
riñón m ANAT rim m.
◆ **riñones** mpl rins mpl.
riñonera f [pequeño bolso] pochete f.
río m rio m.
rioja m vinho tinto ou branco originário da região espanhola La Rioja.
riqueza f riqueza f.
risa f risada f.
risco m penhasco m.
risible adj risível.
risotada f gargalhada f.
ristra f -1. [de ajo, de cebollas] réstia f -2. [de cosas inmateriales] rosário m.
risueño, ña adj -1. [alegre, sonriente] risonho(nha) -2. [próspero] próspero(ra).
ritmo m ritmo m.
rito m -1. RELIG rito m -2. [costumbre] ritual m.
ritual ◇ adj ritual. ◇ m ritual m.
rival ◇ adj rival. ◇ mf rival mf.
rivalidad f rivalidade f.
rivalizar vi: ~ con alguien rivalizar com alguém.
rizado, da adj escrespado(da).
◆ **rizado** m encrespamento m.
rizar vt encrespar.
◆ **rizarse** vpr encrespar-se.

rizo *m* -**1**. [de pelo] cacho *m* -**2**. [tela] felpa *f* -**3**. [de avión] parafuso *m*.

RNE (*abrev de* **Radio Nacional de España**) *f* estação de rádio pública na Espanha.

robar *vt* roubar.

roble *m* -**1**. carvalho *m* -**2**. *fig* [persona fuerte] touro *m*.

robledal, robledo *m* carvalhal *m*.

robo *m* roubo *m*; ~ **a mano armada** roubo à mão armada.

robot *m* robô *m*; ~ **de cocina** processador *m* de alimentos.

robótica *f* robótica *f*.

robotizar *vt* robotizar.

robustecer *vt* robustecer.
 ◆ robustecerse *vpr* robustecer-se.

robusto, ta *adj* robusto(ta).

roca *f* [piedra] rocha *f*.

rocalla *f* cascalho *m*.

roce *m* -**1**. [rozamiento, desavenencia] atrito *m* -**2**. [trato] convivência *f*.

rociar ◇ *vt* -**1**. [arrojar gotas] borrifar -**2**. [arrojar cosas] cobrir. ◇ *v impers* orvalhar.

rocío *m* orvalho *m*.

rock (*pl* **rocks**), **rock and roll** (*pl* **rocks and roll**) *m inv* rock *m*.

rockero, ra, roquero, ra ◇ *adj* de rock. ◇ *m, f* roqueiro *m*, -ra *f*.

rocódromo *m* -**1**. [para conciertos] espaço ao ar livre onde acontecem concertos de rock -**2**. [para escalar] parede *f* de escalar.

rocoso, sa *adj* rochoso(sa).

rodaballo *m* [pez] linguado *m*.

rodado, da *adj* -**1**. [piedra] arredondado(da) -**2**. [tráfico] rodoviário(ria).
 ◆ rodada *f* marca *f* de pneu.

rodaja *f* rodela *f*.

rodaje *m* -**1**. [filmación] filmagem *f* -**2**. [de motor] amaciamento *m*; **en** ~ em amaciamento -**3**. [experiencia] experiência *f*.

rodapié *m* rodapé *m*.

rodar ◇ *vi* -**1**. [deslizarse, caer] rolar -**2**. [circular, girar] rodar. ◇ *vt* [película] rodar.

rodear *vt* rodear.
 ◆ rodearse *vpr*: ~ **se de** rodear-se de.

rodeo *m* rodeio *m*; **dar un** ~ fazer um desvio; **andar** *o* **ir con** ~**s** fazer rodeios; **hablar sin** ~**s** falar sem rodeios.

rodilla *f* joelho *m*; **de** ~**s** de joelhos.

rodillera *f* -**1**. [gen] joelheira *f* -**2**. [remiendo] reforço *m*.

rodillo *m* rolo *m*.

rododendro *m* rododendro *m*.

rodríguez *m Esp fam* cigarra *f*.

roedor, ra *adj* roedor(ra).
 ◆ roedores *mpl* roedores *mpl*.

roer *vt* -**1**. [gen] roer -**2**. *fig* [malgastar] corroer.

rogar *vt* rogar.

rogativa *f* (*gen pl*) súplica *f*.

rojizo, za *adj* avermelhado(da).

rojo, ja ◇ *adj* vermelho(lha). ◇ *m, f* vermelho *m*, -lha *f*.
 ◆ rojo *m* [color] vermelho *m*; **al** ~ **vivo** [en incandescencia] em brasa; *fig* acalorado(da).

rol (*pl* **roles**) *m* -**1**. [papel, función] papel *m* -**2**. *NÁUT* lista *f*.

rollizo, za *adj* roliço(ça).

rollo *m* -**1**. [gen] rolo *m* -**2**. *fam* [discurso pesado] enrolação *f* -**3**. *fam* [embuste] lorota *f* -**4**. *fam* [persona pesada] chato *m*, -ta *f* -**5**. *fam* [labia] lábia *f* -**6**. *Esp fam* [relación] relacionamento *m* -**7**. *fam* [ambiente] ambiente *m* -**8**. *Esp fam* [tipo de vida] vida *f* -**9**. *fam* [pesadez] porre *m*; **¡qué** ~**!** que porre!

ROM (*abrev de* **read-only memory**) *f* ROM *f*.

Roma *n* Roma.

romance ◇ *adj* românico(ca). ◇ *m* -**1**. [gen] romance *m* -**2**. *LING* românico *m*.

románico, ca *adj* românico(ca).
 ◆ románico *m ARTE*: **el** ~ o românico *m*.

romanización *f* romanização *f*.

romano, na ◇ *adj* romano(na). ◇ *m, f* romano *m*, -na *f*.

romanticismo *m* romantismo *m*.

romántico, ca *adj* romântico(ca).

rombo *m GEOM* losango *m*.

romería *f* romaria *f*.

romero, ra *m, f* romeiro *m*, -ra *f*.
 ◆ romero *m* [planta] romãzeira *f*.

romo, ma *adj* -**1**. [sin filo] rombudo(da) -**2**. [chato] chato(ta).

rompecabezas *m inv* quebra-cabeça *m*.

rompeolas *m inv* quebra-mar *m*.

romper ◇ *vt* [partir] quebrar; [terminar, rasgar] romper; [interrumpir] acabar, romper. ◇ *vi* -**1**. [terminar relación]: ~ **(con alguien)** romper (com alguém) -**2**. [estallar] estourar; **al** ~ **el día** ao romper do dia -**3**. [empezar]: ~ **a hacer algo** começar a fazer algo.
 ◆ romperse *vpr* [partirse] quebrar-se; [desgastarse] romper-se.

rompevientos *m inv* -**1**. *Amér* [anorak] anoraque *m* -**2**. *RP* [suéter] suéter *m*.

rompimiento *m Amér* [de relaciones, conversaciones, pareja] rompimento *m*; [de contrato] quebra *f*.

ron *m* rum *m*.

roncar *vi* roncar.

roncha *f* erupção *f*.

ronco, ca *adj* rouco(ca).

ronda *f* -**1**. [vigilancia] ronda *f* -**2**. [calle] *rua que circunda uma cidade ou sua parte*

antiga -**3**. [tanda de consumiciones, en juego] rodada *f*.
rondar ◇ *vt* rondar. ◇ *vi* [dar vueltas, vagar] rondar.
ronquera *f* rouquidão *f*.
ronquido *m* ronco *m*.
ronronear *vi* ronronar.
ronroneo *m* ronrom *m*.
roña ◇ *adj fam* pão-duro. ◇ *f* - **1**. [suciedad] cascão *m* - **2**. *fam* [tacañería] pãodurismo *m* - **3**. *VETER* sarna *f*.
roñoso, sa *adj* - **1**. [sucio] imundo(da) - **2**. [tacaño] sovina.
ropa *f* roupa *f*; ~ **blanca** roupa branca; ~ **interior** roupa de baixo.
ropaje *m* roupagem *f*.
ropero *m* roupeiro *f*.
roquero, ra = **rockero**.
rosa ◇ *f* [flor] rosa *f*; **estar fresco como una** ~ estar fresco como uma rosa. ◇ *adj inv* [color] rosa. ◇ *m* [color] rosa *m*.
➡ **rosa de los vientos** *f NÁUT* rosa-dos-ventos *f*.
rosado, da *adj* rosado(da).
➡ **rosado** *m* ▷ **vino**.
rosal *m* [arbusto] roseira *f*.
rosario *m* - **1**. *REL* rosário *m* - **2**. [sarta]: **un** ~ **de** um rosário de.
rosca *f* - **1**. [de tornillo] rosca *f*; **pasarse de** ~ *fig* [persona] passar dos limites - **2**. *CULIN* rosquinha *f*.
rosco *m CULIN* rosca *f*.
roscón *m* rosca *f*; ~ **de Reyes** rosca de Reis.
rosetón *m* rosácea *f*.
rosquilla *f CULIN* rosquinha *f*.
rosticería *f Chile* rotisseria *f*.
rostro *m* rosto *m*.
rotación *f* - **1**. [giro] rotação *f* - **2**. [alternancia] revezamento *m*.
rotativo, va *adj* rotativo(va).
➡ **rotativo** *m* jornal *m*.
➡ **rotativa** *f* rotativa *f*.
rotisería *f CSur* rotisseria *f*.
roto, ta ◇ *pp irreg* ▷ **romper**. ◇ *adj* - **1**. [fracturado] quebrado(da) - **2**. *fig* [deshecho] despedaçado(da).
➡ **roto** *m* rasgão *m*.
rotonda *f* rotunda *f*.
rótula *f ANAT* rótula *f*.
rotulador *m* marcador *m* de texto.
rotular[1] *adj ANAT* patelar.
rotular[2] *vt* rotular.
rótulo *m* letreiro *m*, placa *f*.
rotundo, da *adj* rotundo(da).
rotura *f* ruptura *f*.
roulotte *f AUTOM* trailer *m*.
royalty (*pl* **royalties** *O* **royaltys**) *m* royalty *m*.

rozadura *f* - **1**. [señal] arranhão *m* - **2**. [herida] escoriação *f*.
rozamiento *m* atrito *m*.
rozar *vt* roçar.
➡ **rozar con** *vi* - **1**. [tocar] chegar a - **2**. [tener relación] relacionar-se com.
➡ **rozarse** *vpr* - **1**. [gen] roçar-se - **2**. [herirse] arranhar-se - **3**. [tener trato]: ~ **se con** relacionar-se com.
RR HH (*abrev de* recursos humanos) RH.
Rte. (*abrev de* remitente) rem.
RTVE (*abrev de* **Radiotelevisión Española**) *f* radiotelevisão pública na Espanha.
ruana *f Andes* poncho *m*.
rubeola, rubéola *f MED* rubéola *f*.
rubí (*pl* **rubís** *O* **rubíes**) *m* rubi *m*.
rubio, bia ◇ *adj* loiro(ra). ◇ *m*, *f* loiro *m*, -ra *f*.

Não confundir *rubio (loiro)* com o português *ruivo* que em espanhol é *pelirrojo*. (*El bebé es rubio; tiene el pelo del color del trigo.* O bebê é *loiro*; tem o cabelo da cor de trigo.)

---

rublo *m* rublo *m*.
rubor *m* rubor *m*.
ruborizar *vt* ruborizar.
➡ **ruborizarse** *vpr* ruborizar-se.
ruboroso, sa *adj* ruborizado(da).
rúbrica *f* rubrica *f*; **poner** ~ **a** pôr o ponto final em.
rubricar *vt* - **1**. [firmar] rubricar - **2**. [confirmar] confirmar - **3**. [concluir] finalizar.
rucio *m lit* asno *m*.
rudeza *f* rudeza *f*.
rudimentario, ria *adj* rudimentar.
rudimentos *mpl* rudimentos *mpl*.
rudo, da *adj* rude.
rueda *f* - **1**. [gen] roda *f*; ~ **de repuesto** estepe - **2**. [rodaja] rodela *f*.
➡ **rueda de prensa** *f PRENS* entrevista *f* coletiva.
ruedo *m TAUROM* arena *f*; **echarse al** ~ *fig* lançar-se na arena.
ruego *m* pedido *m*.
rufián *m* rufião *m*.
rugby *m DEP* rúgbi *m*.
rugido *m* rugido *m*.
rugir *vi* rugir.
rugoso, sa *adj* rugoso(sa).
ruido *m* - **1**. [sonido] ruído *m* - **2**. *fig* [escándalo] barulho *m*.
ruidoso, sa *adj* - **1**. [que hace ruido] barulhento(ta) - **2**. *fig* [escandaloso] ruidoso(sa).
ruin *adj* ruim.
ruina *f* ruína *f*; **dejar/estar en la** ~ deixar/estar na ruína; **amenazar** ~ ameaçar ruir.
➡ **ruinas** *fpl* ruínas *fpl*.

ruinoso, sa *adj* -**1.** [negocio] ruinoso(sa) -**2.** [edificio] arruinado(da).

ruiseñor *m* rouxinol *m*.

ruleta *f* roleta *f*.

ruletero *m CAm, Méx* taxista *mf*.

rulo *m* -**1.** [para pelo] bóbi *m* -**2.** [rizo] cacho *m*.

ruma *f Andes, Ven* monte *m*.

Rumania, Rumanía *n* Romênia.

rumano, na ◇ *adj* romeno(na). ◇ *m, f* romeno *m*, -na *f*.

◆ **rumano** *m* [lengua] romeno *m*.

rumba *f* rumba *f*.

rumbo *m* rumo *m*.

rumiante ◇ *adj* ruminante. ◇ *m* ruminante *m*.

rumiar ◇ *vt* ruminar. ◇ *vi* [masticar] ruminar.

rumor *m* rumor *m*.

rumorearse *v impers*: se rumorea que ... corre o boato que ...

runrún *m* zunzum *m*.

rupestre *adj* rupestre.

rupia *f* rupia *f*.

ruptura *f* ruptura *f*.

rural *adj* rural.

Rusia *n* Rússia.

ruso, sa ◇ *adj* russo(sa). ◇ *m, f* russo *m*, -sa *f*.

◆ **ruso** *m* [lengua] russo *m*.

rústico, ca *adj* rústico(ca).

◆ **en rústica** *loc adj* brochura.

ruta *f* rota *f*.

rutina *f* rotina *f*; **de** ~ de rotina.

rutinario, ria *adj* rotineiro(ra).

s¹, S *f* [letra] s, S *m*.

◆ **S** (*abrev de* san) S.

s² -**1.** (*abrev de segundo*) s -**2.** (*abrev de siglo*) séc.

SA (*abrev de sociedad anónima*) *f* S.A.

sábado *m* sábado *m*; **¿qué día es hoy? – (es)** ~ **que dia é hoje?** é sábado; **cada** ~**, todos los** ~**s** cada sábado, todos os sábados; **caer en** ~ cair no sábado; **el próximo** ~**, el** ~ **que viene** no próximo sábado, no sábado que vem; **el** ~ no sábado; **el** ~ **pasado** no sábado passado; **el** ~ **por la mañana/tarde/noche** no sábado pela manhã/tarde/noite; **en** ~ num sábado; **este** ~ [pasado] no sábado passado; [próximo] neste sábado; **los** ~**s** aos sábados; **un** ~ num sábado; **hacer** ~ *fig* fazer faxina.

sabana *f* savana *f*.

sábana *f* lençol *m*.

sabandija *f* -**1.** [animal] bicho *m* -**2.** *fig* [persona] verme *m*.

sabañón *m* frieira *f*.

sabático, ca *adj* [de sábado] sabático(ca).

sabelotodo *mf inv fam* sabe-tudo *mf*.

saber ◇ *m* saber *m*. ◇ *vt* -**1.** saber; **hacer** ~ fazer saber; ~ **hacer algo** saber fazer algo -**2.** *loc*: **a** ~ a saber; **que yo sepa** que eu saiba; **¡vete a** ~! vai saber! ◇ *vi* saber; ~ **a** saber a; ~ **mal** saber mal; ~ **de alguien** [tener noticias] saber de alguém.

◆ **saberse** *vpr* saber.

sabiduría *f* sabedoria *f*.

sabiendas ◆ **a sabiendas** *loc adv* sabendo.

sabihondo, da, sabiondo, da ◇ *adj* sabichão(chona). ◇ *m, f* sabichão *m*, -chona *f*.

sabio, bia ◇ *adj* -**1.** [gen] sábio(bia) -**2.** [animal] treinado(da). ◇ *m, f* sábio *m*, -bia *f*.

sabiondo, da = sabihondo.

sablazo *m* -**1.** [gen] facada *f* -**2.** [herida] corte *m*.

sable *m* sabre *m*.

sablear *vi fam* dar facada.

sabor *m* sabor *m*.

saborear *vt* saborear.

sabotaje *m* sabotagem *f*.

saboteador, ra *m, f* sabotador *m*, -ra *f*.

sabotear *vt* sabotar.

sabrá *etc* ▷ saber.

sabroso, sa *adj* saboroso(sa).

sabueso *m* -**1.** [perro] sabujo *m* -**2.** [policía] investigador *m*.

saca *f* saco *m*.

sacacorchos *m inv* saca-rolha *m*.

sacapuntas *m inv* apontador *m*.

sacar ◇ *vt* -**1.** [gen] tirar; ~ **a alguien de** tirar alguém de; ~ **en claro** *o* **limpio** tirar a limpo -**2.** [hacer salir de lugar] levar para passear; ~ **a bailar** tirar para dançar -**3.** [de situación]: ~ **adelante** levar adiante -**4.** [extraer] extrair -**5.** [producir] produzir -**6.** [crear] criar -**7.** [exteriorizar] mostrar a cara -**8.** [resolver] resolver -**9.** [deducir] chegar a -**10.** [atribuir] pôr -**11.** [mostrar] mostrar; ~ **a relucir** trazer à tona -**12.** [comprar] comprar. ◇ *vi DEP* chutar.

◆ **sacarse** *vpr* tirar.

sacarina *f* sacarina *f*.

sacerdote, tisa *m, f* [pagano] sacerdote(tisa).

➤ **sacerdote** *m* [cristiano] sacerdote *m*.
saciar *vt* saciar.
➤ **saciarse** *vpr* saciar-se.
saco *m* **-1.** [gen] saco *m*; **un ~ de** *fig* [persona] um saco de **-2.** *Amér* [chaqueta, abrigo] casaco *m*.
➤ **saco de dormir** *m* saco *m* de dormir.
sacramento *m* RELIG sacramento *m*.
sacrificar *vt* sacrificar.
➤ **sacrificarse** *vpr* sacrificar-se; **~se para** sacrificar-se para; **~se por** sacrificar-se por.
sacrificio *m* sacrifício *m*.
sacrilegio *m* sacrilégio *m*.
sacrílego, ga *adj* sacrílego(ga).
sacristán, ana *m*, *f* sacristão(tã).
sacristía *f* sacristia *f*.
sacro, cra *adj* sacro(cra).
➤ **sacro** *m* ANAT sacro *m*.
sacudida *f* sacudida *f*.
sacudir *vt* **-1.** [gen] sacudir **-2.** [golpear] bater **-3.** *fam* [pegar] bater.
➤ **sacudirse** *vpr* [librarse de] livrar-se.
sádico, ca ◇ *adj* sádico(ca). ◇ *m*, *f* sádico *m*, -ca *f*.
sadismo *m* sadismo *m*.
sadomasoquismo *m* sadomasoquismo *m*.
saeta *f* **-1.** [flecha] flecha *f* **-2.** [de reloj] ponteiro *m* **-3.** MÚS *tipo de canto andaluz.*
safari *m* safári *m*.
saga *f* saga *f*.
sagacidad *f* sagacidade *f*.
sagaz *adj* sagaz.
Sagitario ◇ *m inv* [signo del zodíaco] Sagitário *m inv*; **ser ~** ser (de) Sagitário. ◇ *mf inv* **-1.** sagitariano *m*, -na *f* **-2.** *(en aposición)* de Sagitário.
sagrado, da *adj* sagrado(da).
Sahara *n*: **el (desierto del) ~** o (deserto do) Saara.
sal *f* sal *m*.
➤ **sales** *fpl* sais *mpl*.
sala *f* **-1.** [gen] sala *f*; **~ de estar** sala de estar; **~ de espera** sala de espera; **~ de fiestas** salão de festas **-2.** DER [conjunto de magistrados] tribunal *m*.
salado, da *adj* **-1.** [gen] salgado(da) **-2.** *fig* [gracioso] espirituoso(sa).
salamandra *f* **-1.** [animal] salamandra *f* **-2.** [estufa] *estufa de combustão lenta para a queima de antracito.*
salami, salame *m* CULIN salame *m*.
salar *vt* salgar.
salarial *adj* salarial.
salario *m* salário *m*; **~ base** salário-base *m*; **~ básico** salário básico.
salazón *f* [acción] salga *f*.
salchicha *f* CULIN salsicha *f*.

salchichón *m* CULIN salsichão *m*.
salchichonería *f* *Méx* delicatessen *f*.
saldar *vt* **-1.** [gen] saldar **-2.** [poner fin] acertar **-3.** COM liquidar.
➤ **saldarse** *vpr* [acabar en]: **~se con** encerrar-se com.
saldo *m* saldo *m*; **~ acreedor** COM saldo credor; **~ deudor** COM saldo devedor.
saledizo, za *adj* saliente.
salero *m* **-1.** [recipiente] saleiro *m* **-2.** *fig* [gracia] graça *f*.
salido, da ◇ *adj* [saliente] saliente. ◇ *m*, *f* *Esp fam* [persona] sacana *mf*.
➤ **salida** *f* **-1.** [gen] saída *f*; **~ de emergencia** saída de emergência; **~ de incendios** saída de incêndio **-2.** [del tren] partida *f* **-3.** [de una carrera] largada *f*.
saliente ◇ *adj* **-1.** [que sobresale] saliente **-2.** [que deja un cargo] que sai. ◇ *m* saliência *f*.
salina *f* ▷ salino.
salino, na *adj* salino(na).
➤ **salina** *f* salina *f*.
salir *vi* **-1.** [gen] sair; **salió a la calle** foi para a rua; **¡sal aquí fuera!** venha aqui fora!; **~ de** sair de; **el tren sale muy temprano** o trem sai muito cedo; **él ha salido para Madrid** foi para Madri; **Juan y María salen juntos** o Juan e a María saem juntos; **Mónica sale con Juan** a Mónica sai com o Juan; **el tapón sale poco a poco** o tampão sai um pouco; **el anillo no le sale del dedo** o anel não lhe sai do dedo; **mi número ha salido premiado** meu número foi premiado; **ya ha salido el sol** já saiu o sol; **ha salido una nueva revista** saiu uma nova revista; **¡qué bien sales en la foto!** como você ficou bem na foto!; **en la película sale tu actor favorito** seu ator favorito atua no filme; **esta esquina sale mucho** este canto sai muito **-2.** [resultar] sair, dar em; **ha salido muy estudioso** deu em muito estudioso; **salió elegida mejor actriz del año** foi escolhida a melhor atriz do ano; **ha salido perjudicado en el reparto** saiu prejudicado na repartição; **~ bien/mal** ir bem/mal **-3.** [resolver] resolver; **este problema no me sale** não consigo resolver este problema; **me ha salido la división** consegui resolver a divisão **-4.** [proceder]: **~ de** vir de **-5.** [ocasión, oportunidad] surgir; **me salió un empleo en una oficina** consegui um emprego num escritório; **ahora me salen los traumas infantiles** agora estão começando a aparecer os meus traumas infantis **-6.** [costar] ficar; **la comida le ha salido por diez mil pesetas** o almoço saiu dez mil pesetas; **~ caro** [de dinero] sair caro; [tener

graves consecuencias] sair caro **-7**. [persona, empresa]: ~ **adelante** seguir adiante.

➡ **salirse** *vpr* **-1**. [de lugar, asociación] sair; ~**se de** sair de; [filtrarse]: ~**se (por)** sair (por); [rebosar] transbordar **-2**. *loc*: ~**se con la suya** conseguir o que quer.

salitre *m* salitre *m*.

saliva *f* saliva *f*.

salmo *m* RELIG salmo *m*.

salmodia *f* salmodia *f*.

salmón <> *adj inv* [color] salmão. <> *m* [pez] salmão *m*. <> *m inv* [color] salmão *m*.

salmonete *m* salmonete *m*.

salmuera *f* salmoura *f*.

salobre *adj* salobro(bra).

salomónico, ca *adj* salomônico(ca).

salón *m* **-1**. salão *m*; ~ **de belleza** salão de beleza **-2**. *Amér* [aula, clase] sala *f* de aula.

➡ **de salón** *loc adj* de salão.

salpicadera *f* Méx paralama *m*.

salpicadero *m* AUTOM painel *m*.

salpicadura *f* salpico *m*.

salpicar *vt* salpicar.

salpimentar *vt* CULIN condimentar com sal e pimenta.

salpullido = sarpullido.

salsa *f* **-1**. [gen] molho *m*; ~ **bechamel** o **besamel** molho bechamel; ~ **mayonesa** o **mahonesa** maionese; ~ **rosa** molho rosé **-2**. *fig* [cosa amena, graciosa] graça *f* **-3**. [música, baile] salsa *f*.

> Não confundir *salsa (molho)* com o português *salsa* que em espanhol é *perejil*. (*La abuela cocina salsas con muchos ingredientes*. A vovó cozinha os *molhos* com muitos ingredientes.)

salsera *f* molheira *f*.

saltamontes *m inv* gafanhoto *m*.

saltar <> *vt* **-1**. [obstáculo] saltar **-2**. [omitir] pular. <> *vi* **-1**. [gen] saltar; ~ **sobre** saltar sobre **-2**. [brincar] pular **-3**. [botón, pintura, agua] cair **-4**. [estallar] explodir **-5**. [romperse] quebrar **-6**. [ser destituido] ser demitido **-7**. [sorprender]: ~ **con** vir com a novidade **-8**. [reaccionar] reagir **-9**. [salir] entrar em campo.

➡ **saltarse** *vpr* **-1**. [omitir] pular **-2**. [desprenderse] cair **-3**. [infringir] passar por cima.

salteado, da *adj* **-1**. CULIN refogado(da) **-2**. [espaciado] salpicado(da).

salteador, ra *m*, *f* assaltante *mf*.

saltear *vt* **-1**. [asaltar] assaltar **-2**. CULIN saltear.

saltimbanqui *mf* saltimbanco *m*.

salto *m* **-1**. [gen] salto *m*; **dar** o **pegar un** ~ dar um salto; ~ **de altura** salto em altura; ~ **de longitud** salto a distância **-2**. [dife-

rencia] diferença *f* **-3**. [omisión] omissão *f* **-4**. [despeñadero] precipício *m* **-5**. *loc*: **a** ~ **de mata** ao deus-dará.

➡ **salto de agua** *m* queda-d'água *f*.

➡ **salto de cama** *m* penhoar *m*.

saltón, ona *adj* saltado(da).

salubre *adj* salubre.

salud <> *f* saúde *f*; **beber a la** ~ **de alguien** *fig* beber à saúde de alguém. <> *interj* saúde!

saludable *adj* saudável.

saludar *vt* saudar.

➡ **saludarse** *vpr* saudar-se.

saludo *m* saudação *f*.

salva *f* MIL salva *f*; **una** ~ **de aplausos** uma salva de palmas.

salvación *f* **-1**. [gen] salvação *f* **-2**. [rescate] salvamento *m*.

salvado *m* farelo *m*.

salvador, ra <> *adj* salvador(ra). <> *m*, *f* salvador *m*, -ra *f*.

salvadoreño, ña <> *adj* salvadorenho(nha). <> *m*, *f* salvadorenho *m*, -nha *f*.

salvaguardar *vt* salvaguardar.

salvaguardia *f* salvaguarda *f*.

salvajada *f* selvageria *f*.

salvaje <> *adj* **-1**. [gen] selvagem **-2**. [silvestre] silvestre. <> *mf* selvagem *mf*.

salvamanteles *m inv* descanso *m* de mesa.

salvamento *m* salvamento *m*.

salvar *vt* **-1**. [gen] salvar **-2**. [superar] superar **-3**. [recorrer] vencer **-4**. [exceptuar] excetuar.

➡ **salvarse** *vpr* salvar-se.

salvaslip *m* Esp protetor *m* diário de calcinha.

salvavidas NÁUT <> *adj inv* salva-vidas. <> *m inv* salva-vidas *mf*.

salvedad *f* exceção *f*.

salvia *f* sálvia *f*.

salvo, va *adj* salvo(va); **a** ~ a salvo.

➡ **salvo** *adv* salvo; ~ **que** salvo se.

salvoconducto *m* salvo-conduto *m*.

samba *f* samba *m*.

sambenito *m* fig [descrédito] difamação *f*; **ponerle** o **colgarle el** ~ **a alguien** difamar alguém.

samurái (*pl* **samuráis**) *m* samurai *m*.

san *adj* ▷ santo.

sanar <> *vt* sarar. <> *vi* sarar.

sanatorio *m* sanatório *m*.

sanción *f* sanção *f*.

sancionar *vt* **-1**. [castigar] punir **-2**. [aprobar] sancionar.

sancochado *m* Amér cozido preparado com carne, mandioca, banana e pouco condimento.

sancochar *vt Andes* cozinhar com pouco condimento.

sancocho *m Andes* cozido preparado com carne, mandioca, banana e pouco condimento.

sandalia *f* sandália *f.*

sándalo *m* sândalo *m.*

sandez *f* sandice *f.*

sandía *f* melancia *f.*

sándwich (*pl* sándwiches *o* sandwichs) *m* sanduíche *m.*

saneamiento *m* saneamento *m.*

sanear *vt* sanear.

sanfermines *mpl* festas realizadas em homenagem a San Fermín, na cidade de Pamplona, com queima de fogos, bandas de música e touros soltos pelas ruas, até serem confinados para a realização da tourada.

sangrar ◇ *vi* sangrar. ◇ *vt* **-1.** [gen] sangrar **-2.** [texto] espaçar.

sangre *f* **-1.** [gen] sangue *m*; ~ azul sangue azul **-2.** *loc*: **llevar algo en la** ~ ter algo no sangue; **no llegar la** ~ **al río** não dar em nada.

➡ **sangre fría** *f* sangue-frio *m*; **a** ~ **fría** a sangue-frio.

sangría *f* sangria *f.*

sangriento, ta *adj* **-1.** [gen] sangrento(ta) **-2.** [despiadado, cruel] sanguinário(ria) **-3.** [hiriente] impiedoso(sa).

sanguijuela *f* sanguessuga *f.*

sanguinario, ria *adj* sanguinário(ria).

sanguíneo, a *adj* sanguíneo(nea).

sanidad *f* **-1.** [salubridad] sanidade *f* **-2.** [servicio social] saúde *f.*

sanitario, ria ◇ *adj* sanitário(ria). ◇ *m, f* funcionário *m*, -ria *f* da saúde.

➡ **sanitarios** *mpl* aparelho *m* sanitário.

San José *n* San José.

sano, na *adj* **-1.** [gen] saudável **-2.** [vajilla] inteiro(ra) **-3.** [con buena salud] são (sã); ~ **y salvo** são e salvo; **cortar por lo** ~ *fig* cortar o mal pela raiz.

San Salvador *n* San Salvador.

sanseacabó *interj fam* ponto final!

santería *f Amér* [tienda] loja *f* de artigos religiosos.

Santiago de Chile *n* Santiago.

santiamén ➡ **en un santiamén** *loc adv fam* num instante.

santidad *f* santidade *f.*

santificar *vt* santificar.

santiguarse *vpr* **-1.** [persignarse] persignar-se **-2.** *fam* [de asombro] benzer-se.

santo, ta ◇ *adj* santo(ta). ◇ *m, f* santo *m*, -ta *f.*

➡ **santo** *m* **-1.** [onomástica] dia do santo onomástico **-2.** [ilustración, foto] ilustração *f* **-3.** *loc*: ¿**a** ~ **de qué?** a troco de quê?; **írsele a alguien el** ~ **al cielo** dar um branco em alguém; **llegar y besar el** ~ conseguir algo de cara.

➡ **santo y seña** *m MIL* senha *f.*

Santo Domingo *n* Santo Domingo.

santoral *m* santoral *m.*

santuario *m* santuário *m.*

saña *f* **-1.** [ensañamiento] sanha *f* **-2.** [insistencia] pertinácia *f.*

sapo *m* sapo *m.*

saque *m* saque *m*; ~ **de esquina** escanteio *m.*

saqueador, ra ◇ *adj* saqueador(ra). ◇ *m, f* saqueador *m*, -ra *f.*

saquear *vt* saquear.

saqueo *m* saque *m.*

sarampión *m MED* sarampo *m.*

sarao *m* **-1.** [fiesta] sarau *m* **-2.** *fam* [jaleo, follón] confusão *f.*

sarcasmo *m* sarcasmo *m.*

sarcástico, ca *adj* sarcástico(ca).

sarcófago *m* sarcófago *m.*

sardana *f* sardana *f.*

sardina *f* sardinha *f*; **como** ~**s en canasta** *o* **en lata** *fig* como sardinha em lata.

sardónico, ca *adj* sardônico(ca).

sarna *f MED* sarna *f*; ~ **con gusto no pica** *fig* o que é de gosto, regalo da vida.

sarpullido, salpullido *m* brotoeja *f.*

sarro *m* sarro *m.*

sarta *f* **-1.** [ristra, hilera] fieira *f* **-2.** [serie] enfiada *f.*

sartén *f* [utensilio] frigideira *f.*

sastre, tra *m, f* alfaiate *m.*

sastrería *f* alfaiataria *f.*

Satanás *m* Satanás *m.*

satélite ◇ *m* satélite *m.* ◇ *adj inv* satélite *m.*

satén *m* cetim *m.*

satinado, da *adj* acetinado(da).

➡ **satinado** *m* acetinação *f.*

sátira *f* sátira *f.*

satírico, ca *adj* satírico(ca).

satirizar *vt* satirizar.

sátiro *m* sátiro *m.*

satisfacción *f* satisfação *f.*

satisfacer *vt* satisfazer.

satisfactorio, ria *adj* satisfatório(ria).

satisfecho, cha ◇ *pp irreg* ▷ satisfacer. ◇ *adj* satisfeito(ta).

saturar *vt* saturar.

➡ **saturarse** *vpr* saturar-se.

Saturno *m* Saturno *m.*

sauce *m* salgueiro *m*; ~ **llorón** chorão *m.*

sauna *f* sauna *f.*

savia *f* seiva *f.*

savoir-faire *m* savoir-faire *m.*

saxofón, saxófono, saxo <> *m* saxofone *m*. <> *mf* saxofonista *mf*.
saxofonista *mf* saxofonista *mf*.
saxófono = saxofón.
sazón *f* - **1**. [madurez] madureza *f* - **2**. [sabor] tempero *m*.
◆ **a la sazón** *loc adv* naquela ocasião.
sazonado, da *adj* temperado(da).
sazonar *vt* temperar.
scanner = escáner.
scooter = escúter.
scotch (*pl* scotchs) *m* scotch *m*.
scout (*pl* scouts) *m* escoteiro *m*, -ra *f*.
se *pron* [gen] se; **el niño** ~ **lava los dientes** a criança escova os dentes; **enfadándose no conseguirán nada** vocês não vão conseguir nada zangando-se; ~ **aman con pasión** amam-se com paixão; ~ **escriben semanalmente** escrevem-se semanalmente; **las cosas** ~ **guardan en su sitio** guardam-se as coisas nos seus lugares; ~ **ha suspendido la reunión** cancelou-se a reunião; '~ **habla inglés'** 'fala-se inglês'; '~ **prohíbe fumar'** 'proibido fumar'; ~ **dice que** diz-se que ; [complemento indirecto] lhe; **cojo las carteras de los niños, yo** ~ **las daré** levo as pastas das crianças, depois as entregarei; **dame el regalo de Juan, yo** ~ **lo daré** dê-me o presente de Juan, que eu o entrego; **no utilicen sus hojas, yo** ~ **las daré** não usem suas folhas, eu as fornecerei.

> Em espanhol usa-se a forma *se* no lugar de *le* quando o pronome do objeto indireto e o pronome do objeto direto coincidem.
>
> (Ver **Os pronomes** na seção *Gramática espanhola*.)
>
> Também é usado nas construções em que não é preciso explicitar o sujeito: (*Se convocó a los alumnos.* Os alunos foram convocados.)
>
> (Ver também *gente* no lado Português-Espanhol do dicionário.)

sé [> saber, [> ser.
sebo *m* sebo *m*.
secador *m* secador *m*.
secadora *f* secadora *f*.
secante <> *adj* - **1**. [secador] absorvente - **2**. GEOM secante. <> *f* GEOM secante *f*.
secar *vt* secar.
◆ **secarse** *vpr* secar-se.
sección *f* - **1**. [gen] seção *f* - **2**. [en gran almacén] departamento *m*.
seccionar *vt* secionar.
secesión *f* secessão *f*.
seco, ca *adj* seco(ca); **lavar en** ~ lavar a seco; *fig* deixar alguém surpreso.
◆ **en seco** *loc adv* bruscamente.

◆ **a secas** *loc adv* apenas.
secretaría *f* secretaria *f*.
secretariado *m* - **1**. [profesión] secretariado *m* - **2**. [cargo, oficina] secretaria *f*.
secretario, ria *m*, *f* - **1**. [de oficina, despacho] secretário *m*, -ria *f* - **2**. *Amér* [ministro] secretário *m*.
secreter *m* escrivaninha *f*.
secreto, ta *adj* secreto(ta); **en** ~ em segredo.
◆ **secreto** *m* - **1**. [gen] segredo *m* - **2**. [sigilo] sigilo *m*.
secta *f* seita *f*.
sectario, ria <> *adj* sectário(ria). <> *m*, *f* sectário *m*, -ria *f*.
sector *m* setor *m*.
secuaz *mf despec* sequaz *mf*.
secuela *f* seqüela *f*.
secuencia *f* seqüência *f*.
secuestrador, ra *m*, *f* seqüestrador *m*, -ra *f*.
secuestrar *vt* seqüestrar.
secuestro *m* seqüestro *m*.
secular <> *adj* secular. <> *m* padre *m* secular.
secundar *vt* secundar.
secundario, ria *adj* secundário(ria).
sed[1] [> ser.
sed[2] *f* sede *f*.
seda *f* seda *f*.
sedal *m* linha *f*.
sedante <> *adj* relaxante. <> *m* sedativo *m*.
sede *f* sede *f*.
◆ **Santa Sede** *f*: **la Santa Sede** a Santa Sé.
sedentario, ria *adj* sedentário(ria).
sedición *f* sedição *f*.
sediento, ta *adj* sedento(ta).
sedimentar *vt* sedimentar.
◆ **sedimentarse** *vpr* [líquido] sedimentar-se.
sedimento *m* sedimento *m*.
sedoso, sa *adj* sedoso(sa).
seducción *f* sedução *f*.
seducir *vt* [atraer] seduzir.
seductor, ra <> *adj* sedutor(ra). <> *m*, *f* sedutor *m*, -ra *f*.
segador, ra *m*, *f* segador(ra).
◆ **segadora** *f* segadeira *f*.
segar *vt* ceifar.
seglar <> *adj* leigo(ga). <> *m* leigo *m*.
segmentar *vt* segmentar.
segmento *m* segmento *m*.
segregación *f* - **1**. [separación] separação *f* - **2**. [discriminación] segregação *f* - **3**. [secreción] secreção *f*.
segregar *vt* - **1**. [gen] segregar - **2**. [separar] separar.

seguidilla f -1. LITER *estrofe formada por versos, dos quais o primeiro e o terceiro são heptassílabos e o segundo e o quarto, pentassílabos, muito usada na poesia popular* -2. [baile, cante] seguidilha f.

seguido, da adj -1. [consecutivo] consecutivo(va) -2. [sin interrupción] seguido(da).
◆ **seguido** adv -1. [en línea recta] direto -2. *Amér* [frecuentemente] sempre.
◆ **en seguida** loc adv em seguida.

seguidor, ra m, f -1. [de doctrina, ideología] seguidor m, -ra f -2. [de equipo deportivo] torcedor m, -ra f.

seguimiento m acompanhamento m.

seguir ◇ vt seguir. ◇ vi -1. [sucederse] ~ **a algo** vir depois de algo -2. [continuar] continuar; **sigue haciendo frío** continua fazendo frio -3. [estar todavía] ainda estar; **sigue enferma/soltera** ainda está doente/solteira; **sigo en París** ainda estou em Paris.

según ◇ prep segundo. ◇ adv [como, a medida que] conforme; **todo permanecía ~ lo recordaba** tudo continuava do jeito que eu me lembrava; ~ **yo/tú** para mim/você.

> É uma preposição que tem um significado similar ao português 'segundo' ou 'conforme': (*La maestra explicó los resultados del experimento según una nueva teoría.* A professora explicou os resultados do experimento, segundo uma nova teoria.)
>
> Note que, em espanhol, existe a palavra *segundo*, mas com o significado de 'o que vem depois do primeiro lugar': (*Lamentablemente nuestro equipo salió en el segundo puesto en el campeonato.* Lamentavelmente, nossa equipe obteve o segundo lugar no campeonato.)
>
> (Ver também **As preposições** na seção *Gramática espanhola*.)

segunda f ▷ segundo.

segundero m ponteiro m de segundos.

segundo, da ◇ adj -1. [para ordenar] segundo(da); **segunda parte** [para fraccionar] segunda parte -2. [en parentesco] em segundo grau. ◇ m, f segundo m, -da f.
◆ **segundo** m segundo m.
◆ **segunda** f AUTOM segunda f.
◆ **con segundas** loc adv com segundas intenções.

> Usa-se em geral com o significado de 'o que vem depois do primeiro lugar': (*Lamentablemente nuestro equipo salió en el segundo puesto en el campeonato.* Lamentavelmente, nossa equipe obteve o segundo lugar no campeonato.)
>
> Não se usa com o significado preposicional que tem a palavra portuguesa 'segundo': para isso, utiliza-se a

preposição *según*: (*La maestra explicó los resultados del experimento según una nueva teoría.* A professora explicou os resultados do experimento, segundo uma nova teoria.)

segundón, ona m, f segundo filho de uma família.

seguramente adv provavelmente.

seguridad f -1. [gen] segurança f; **de ~ de** segurança -2. [certidumbre] garantia f; **con ~** com segurança.
◆ **Seguridad Social** f Seguridade f Social.

seguro, ra adj seguro(ra); **sobre ~ com** segurança; **tener por ~** estar certo.
◆ **seguro** ◇ m -1. [gen] seguro m; ~ **de viaje** seguro de viagem; ~ **de vida** seguro de vida -2. [dispositivo] trava f de segurança -3. [Seguridad Social] Previdência f Social.
◆ **Seguro Social** m *Amér* Seguridade f Social.

seis ◇ núm seis. ◇ m inv -1. [número] seis m; **doscientos ~** duzentos e seis; **treinta y ~** trinta e seis; **echar o tirar un ~** jogar ou tirar um seis -2. [dirección]: **calle Mayor (número) ~** rua Mayor (número) seis. ◇ mpl -1. [grupo]: **invité a diez y sólo vinieron ~** convidei dez e só vieram seis; **de ~ en ~** de seis em seis; **los ~** os seis -2. [temperatura]: **estar a ~ bajo cero** estar seis graus abaixo de zero -3. [puntuación]: **empatados a ~** empatados de seis a seis; ~ **a cero** seis a zero. ◇ fpl [hora]: **las ~** seis.

seiscientos, tas núm seiscentos(tas).
◆ **seiscientos** núm seiscentos; *ver también* seis.

seísmo m sismo m.

selección f -1. [gen] seleção f -2. [colección] coleção f.

seleccionador, ra ◇ adj seletivo(va). ◇ m, f selecionador m, -ra f.

seleccionar vt selecionar.

selectividad f -1. [selección] seletividade f -2. EDUC ≃ vestibular m.

selectivo, va adj seletivo(va).

selecto, ta adj seleto(ta).

selfservice (pl selfservices) m self-service m.

sellar vt -1. [gen] selar -2. [timbrar] carimbar.

sello m -1. [de correos] selo m -2. [tampón, marca, señal] carimbo m -3. [lacre] lacre m -4. [carácter] marca f.

selva f selva f.

semáforo m semáforo m.

semana f semana f; **entre ~** durante a semana.
◆ **Semana Santa** f Semana f Santa.

semanada f *Amér* semanada f.

semanal *adj* semanal.
semanario, ria *adj* semanal.
◆ **semanario** *m* semanário *m*.
semántico, ca LING *adj* semântico(ca).
◆ **semántica** *f* semântica *f*.
semblanza *f* nota *f* biográfica.
sembrado, da *adj* - **1.** [plantado] semeado(-da) - **2.** *fig* [lleno]: ~ **de** semeado(da) de.
◆ **sembrado** *m* semeadura *f*.
sembrador, ra ◇ *adj* semeador(ra). ◇ *m, f* semeador *m*, -ra *f.*
◆ **sembradora** *f* semeador *m*.
sembrar *vt* semear.
semejante ◇ *adj* semelhante; ~ **a** semelhante a. ◇ *m (gen pl)* semelhante *m*.
semejanza *f* semelhança *f.*
semejar *vi* parecer.
◆ **semejarse** *vpr*: ~se alguien a assemelhar-se a alguém.
semen *m* ANAT sêmen *m*.
semental ◇ *adj* semental. ◇ *m* semental *m*.
semestral *adj* semestral.
semestre *m* semestre *m*.
semidirecto *m* veículo que efetua um menor número de paradas durante o seu trajeto.
semifinal *f* semifinal *f.*
semilla *f* semente *f.*
seminario *m* - **1.** [religioso] seminário *m* - **2.** [departamento] departamento *m*.
semipesado DEP ◇ *adj* meio-pesado. ◇ *m* meio-pesado *m*.
semiseco, ca *adj* semi-seco(ca).
semita ◇ *adj* semita. ◇ *mf* semita *mf.*
sémola *f* sêmola *f.*
sempiterno, na *adj culto* sempiterno(na).
Sena *n*: el ~ o Sena.
senado *m* senado *m*.
senador, ra *m, f* senador *m*, -ra *f.*
sencillez *f* simplicidade *f.*
sencillo, lla *adj* simples.
◆ **sencillo** *m* Andes, CAm, Méx troco *m*.
senda *f* senda *f.*
sendero *m* sendeiro *m*.
sendos, das *adj (no tiene singular)* seus respectivos (suas respectivas).
senectud *f culto* senectude *f.*
Senegal *n* Senegal.
senil *adj* senil.
senior *(pl* seniors*)* ◇ *adj* sênior. ◇ *m* sênior *m*.
seno *m* - **1.** [gen] seio *m*; **en el** ~ **de** no seio de - **2.** [matriz] ventre *m* - **3.** [concavidad] concavidade *f.* - **4.** MAT seno *m*.
sensación *f* - **1.** [impresión física] sensação *f* - **2.** [efecto]: **causar** ~ causar sensação; **me causó una gran** ~ **volver a verle** causou-me grande emoção tornar a vê-lo

- **3.** [premonición]: **tener la** ~ **de** ter a sensação de.
sensacional *adj* sensacional.
sensacionalista *adj* sensacionalista.
sensatez *f* sensatez *f.*
sensato, ta *adj* sensato(ta).
sensibilidad *f* sensibilidade *f.*
sensibilizar *vt* sensibilizar.
sensible *adj* sensível.
sensiblero, ra *adj despec* piegas.
sensitivo, va *adj* sensitivo(va).
sensor *m* sensor *m*.
sensorial *adj* sensorial.
sensual *adj* sensual.
sentado, da *adj*: **dar algo por** ~ dar algo por certo.
◆ **sentada** *f* permanência de pessoas sentadas no chão, como forma de reivindicar alguma coisa ou protestar contra algo.
sentar ◇ *vt* - **1.** [en asiento] sentar - **2.** [establecer] assentar. ◇ *vi* - **1.** [ropa] assentar - **2.** [venir bien] fazer bem - **3.** [causar efecto] cair.
◆ **sentarse** *vpr* - **1.** [en asiento] sentar-se - **2.** [detenerse]: ~se a hacer algo aguardar para fazer algo.
sentencia *f* sentença *f.*
sentenciar *vt* - **1.** DER sentenciar; ~ **a** sentenciar a - **2.** [condenar] condenar - **3.** [juzgar, culpar] julgar.
sentido, da *adj* sentido(da); **ser muy** ~ ser muito sensível.
◆ **sentido** *m* - **1.** [gen] sentido *m*; **doble** ~ duplo sentido; **sexto** ~ sexto sentido; ~ **único** sentido único; **sin** ~ sem sentido - **2.** [conocimiento] sentidos *mpl* - **3.** [modo de entender, capacidad] senso *m*; ~ **común** senso comum; ~ **del humor** senso de humor.
sentimental *adj* sentimental.
sentimentaloide ◇ *adj* sentimentalóide. ◇ *mf* sentimentalóide *mf.*
sentimiento *m* sentimentos *m*; **le acompaño en el** ~ meus pêsames.
sentir ◇ *m* sentir *m*. ◇ *vt* sentir; **lo siento mucho** sinto muito.
◆ **sentirse** *vpr* sentir-se.
seña *f* [contraseña] senha *f.*
◆ **señas** *fpl* - **1.** [dirección] endereço *m*; ~s **personales** dados *mpl* pessoais - **2.** [gesto] sinal *m*; **hacer** ~s **(a alguien)** fazer sinais (para alguém) - **3.** [detalle] detalhe *m*; **para o por más** ~s para mais informação.
señal *f* - **1.** [gen] sinal *m*; **dar** ~es **de vida** *fig* dar sinais de vida; **en** ~ **de** em sinal de - **2.** [huella] vestígio *m* - **3.** [cicatriz] marca *f.*
señalado, da *adj* [importante] importante.

señalar vt - **1.** [gen] assinalar - **2.** [con dedo] apontar - **3.** [indicar] marcar - **4.** [determinar] determinar.

señalización f sinalização f.

señalizar vt sinalizar.

señera f bandeira da Catalunha e de Valência.

señor, ra ◇ adj (en aposición) fam [gran] senhor. ◇ m, f - **1.** [gen] senhor m, -ra f; **Muy Señor mío** Caro Senhor - **2.** [persona refinada] cavalheiro m.

➤ **señora** f senhora f.

> Não confundir com o português 'o senhor, a senhora', que é uma forma de tratamento, quer dizer, uma forma para dirigir-se diretamente ao outro. Em espanhol, no tratamento de respeito, utiliza-se a forma *usted*.
>
> Note a diferença entre: (*Vi que el señor estaba sentado junto a la señora* - não estou falando nem com o senhor nem com a senhora, mas com Maria, por exemplo - e *Vi que usted estaba sentado junto a la señora* - estou falando com a pessoa a quem me dirijo por meio da forma *usted*).
>
> (Ver *usted* no lado Espanhol-Português do dicionário.)

señoría f senhoria f; **su** ~ Vossa Senhoria.

señorial adj senhorial.

señorío m - **1.** [dominio] senhorio m - **2.** [distinción] distinção f.

señorito, ta m, f patrãozinho m, -nha f.

➤ **señorito** m filho m de papai.

➤ **señorita** f - **1.** [soltera] senhorita f - **2.** [profesora] professora f.

señuelo m - **1.** [reclamo] chamariz m - **2.** [trampa] isca f.

sepa etc ⊳ saber.

separación f separação f.

separado, da ◇ adj separado(da). ◇ m, f separado m, -da f.

separar vt - **1.** [gen] separar - **2.** [apartar] tirar.

➤ **separarse** vpr - **1.** [gen] separar-se; ~ **se de** afastar-se de - **2.** [suj: matrimonio]: ~ **se de** separar-se de.

separatismo m POLÍT separatismo m.

separo m Méx cela f.

sepelio m funeral m.

sepia f [molusco] sépia f.

septentrional ◇ adj setentrional. ◇ mf setentrional mf.

septiembre, setiembre m setembro m; **el 1 de** ~ **1º** de setembro; **uno de los** ~ **s más lluviosos de la última década** um dos setembros mais chuvosos da última década; **a principios/mediados/finales de** ~ no início/em meados/no final de setembro; **el pasado (mes de)** ~ em setembro passado; **el próximo (mes de)** ~ no próximo mês (de) setembro; **en pleno** ~ em pleno setembro; **en** ~ em setembro; **este (mes de)** ~ em setembro; **para** ~ para setembro; **para** ~ **calculo que ya habremos terminado** em setembro calculo que já teremos terminado.

séptimo, ma, sétimo, ma núm [para ordenar] sétimo(ma); **séptima parte** [para fraccionar] sétima parte.

sepulcral adj sepulcral.

sepulcro m sepulcro m.

sepultar vt sepultar.

sepultura f sepultura f; **dar** ~ **a alguien** dar sepultura a alguém.

sepulturero, ra m, f coveiro m, -ra f.

sequedad f secura f.

sequía f seca f.

séquito m - **1.** [comitiva] séquito m - **2.** [secuela] conseqüência f.

ser ◇ m ser m; ~ **humano/vivo** ser humano/vivo. ◇ v aux [forma la voz pasiva] ser; **el atracador fue visto por un testigo** o ladrão foi visto por uma testemunha. ◇ v cop [descripción] ser; **mi abrigo es lila** meu casaco é lilás; **este señor es alto/gracioso** este senhor é alto/gracioso; **son estudiantes** são estudantes; **su mujer es abogada** sua mulher é advogada; **el gato es un mamífero** o gato é um mamífero; **el edificio es un monumento nacional** o edifício é um monumento nacional; ~ **como** ser como; ~ **de** [materia] ser de. ◇ vi ser; **el eclipse fue ayer** o eclipse foi ontem; **la riña ha sido en la calle** a briga foi na rua; **esta belleza no es de este mundo** esta beleza não é deste mundo; ~ **o no** ~ ser ou não ser; **¿cuánto es? - son doscientas** quanto é? - são duzentos; **mañana será martes** amanhã é terça; **hoy es San José** hoje é dia de São José; **¿qué hora es?** que horas são?; **son las tres de la tarde** são três da tarde; **el negocio fue su ruina** o negócio foi a sua ruína; **a no** ~ **que** a não ser que; **como sea** seja como for; **o sea** ou seja. ◇ v impers ser; ~ **de día/de noche** ser de dia/de noite; **es muy tarde para ir** é muito tarde para ir.

➤ **ser para** v + prep [servir, adequar-se] ser para.

Serbia n Sérvia.

serenar vt [calmar] serenar.

➤ **serenarse** vpr - **1.** [calmarse] serenar-se - **2.** [estabilizarse] serenar.

serenata f - **1.** MÚS serenata f - **2.** fam [fastidio] sinfonia f.

serenidad f serenidade f.

sereno, na adj -1. [tranquilo] sereno(na) -2. [claro] claro(ra).

◆ **sereno** m -1. [humedad] sereno m -2. [vigilante] guarda-noturno m.

serial m seriado m.

serie f série f.

◆ **en serie** loc adv em série.

seriedad f seriedade f.

serio, ria adj sério(ria).

◆ **en serio** loc adv a sério; **tomar(se) algo en ~** levar algo a sério.

sermón m sermão m.

seropositivo, va MED ◇ adj soropositivo(va). ◇ m, f soropositivo m, -va f.

serpentear vi serpentear.

serpentina f serpentina f.

serpiente f cobra f, serpente f; **~ de cascabel** cobra cascavel; **~ pitón** cobra pitón.

serranía f serrania f.

serrano, na ◇ adj -1. [de sierra] serrano(na) -2. [hermoso] bonito(ta). ◇ m, f serrano m, -na f.

serrar vt serrar.

serrín m serragem f.

serrucho m serrote m.

servicial adj serviçal.

servicio m -1. [gen] serviço m; **estar de ~** [turno] estar de serviço; **~ militar** serviço militar; **~ posventa** serviço pós-venda; **~ público** serviço público; **~ de urgencias** pronto-socorro m -2. [servidumbre] criadagem f -3. [conjunto de utensilios] aparelho m -4. [cubierto] talher m -5. [modo] atendimento m -6. (gen pl) [WC] banheiro m.

servidor, ra m, f [yo mismo] eu.

◆ **servidor** m INFORM servidor m.

servidumbre f -1. [criados] criadagem f -2. [dependencia] servidão f.

servil adj servil.

servilleta f guardanapo m.

servilletero m porta-guardanapos m inv.

servir ◇ vt servir. ◇ vi servir.

◆ **servirse** vpr -1. [aprovecharse]: **~se de** servir-se de -2. [comida o bebida] servir-se.

sésamo m gergelim m.

sesenta ◇ núm sessenta. ◇ m sessenta m; ver también **seis**.

sesentavo, va núm [para ordenar] sexagésimo(ma); **sesentava parte** sexagésima parte.

sesera fam f -1. [cabeza] miolos mpl -2. [inteligencia] juízo m.

sesgo, ga adj enviesado(da); **al ~** ao viés.

◆ **sesgo** m [rumbo] viés m.

sesión f sessão f; **abrir(se)/levantar(se) la ~** abrir/suspender a sessão; **~ continua** [proyección, representación] sessão contínua;

~ golfa Esp sessão da meia-noite.

seso m (gen pl) -1. [cerebro] miolos mpl -2. [sensatez] juízo m.

sesudo, da adj -1. [inteligente] inteligente -2. [sensato] ajuizado(da).

set (pl sets) m DEP set m.

seta f cogumelo m.

setecientos, tas ◇ núm setecentos(tas). ◇ m setecentos m; ver también **seis**.

setenta ◇ núm setenta. ◇ m setenta m; ver también **seis**.

setentavo, va núm [para ordenar] septuagésimo(ma); **setentava parte** septuagésima parte.

setiembre m = septiembre.

sétimo, ma = séptimo.

seto m sebe f.

seudónimo = pseudónimo.

Seúl n Seul.

severidad f severidade f.

severo, ra adj severo(ra).

Sevilla n Sevilha.

sevillano, na ◇ adj sevilhano(na). ◇ m, f sevilhano m, -na f.

◆ **sevillana** f tipo de música e dança popular típicos de Andaluzia.

sexagésimo, ma núm [para ordenar] sexagésimo(ma); **sexagésima parte** sexagésima parte.

sex-appeal m inv sex appeal m.

sexi (pl sexis), **sexy** (pl sexys) adj sexy.

sexista ◇ adj sexista. ◇ mf sexista mf.

sexo m sexo m.

sexólogo, ga m, f sexólogo m, -ga f.

sex-shop (pl sex-shops) m sex shop m.

sexteto m sexteto m.

sexto, ta núm [para ordenar] sexto(ta); **sexta parte** [para fraccionar] sexta parte.

◆ **sexto** m sexto m.

séxtuplo, pla adj sêxtuplo(pla).

◆ **séxtuplo** m sêxtuplo m.

sexual adj sexual.

sexualidad f sexualidade f.

sexy = sexi.

sheriff m xerife m.

sherry (pl sherrys O sherries) m xerez m.

shock = choc.

shorts mpl short m.

show (pl shows) m show m; **montar un ~** fam dar um show.

showman (pl showmans O showmen) m showman m.

si¹ (pl sís) m MÚS si m.

si² conj se; **~ tienes tiempo, llámame** se tiver tempo, me ligue; **dime ~ me quieres** diga se me quer; **¿por qué me riñes, ~ no he hecho nada?** por que briga comigo, si não fiz nada?

sí (pl **síes**) ◇ adv -**1.** [afirmación] sim; ¿**tienes DVD?** – ~ você tem DVD? – Tenho -**2.** loc: ¡**a que** ~! pode apostar que sim!; **porque** ~ [sin razón] porque sim. ◇ pron [reflexivo] si. ◇ m assentimento m.

siamés, esa ◇ adj siamês(esa). ◇ m, f siamês m, -esa f.
➤ **siamés** m [gato] siamês m.

sibarita ◇ adj sibarita. ◇ mf sibarita mf.

Siberia n Sibéria.

Sicilia n Sicília.

sico- = **psico-**.

sida (abrev de **síndrome de inmunodeficiencia adquirida**) m aids f; **tener (el)** ~ ter aids.

sidecar m sidecar m.

siderurgia f IND siderurgia f.

siderúrgico, ca adj IND siderúrgico(ca).

sidra f sidra f.

siega f ceifa f.

siembra f semeadura f.

siempre adv -**1.** [gen] sempre; **como** ~ como sempre; **de** ~ de sempre; **desde** ~ desde sempre; **para** ~ **(jamás)** para sempre; ~ **que** [cada vez] sempre que; [con tal de que] desde que; ~ **y cuando** desde que; ¿~ **nos vemos mañana?** Amér nos veremos amanhã, não? -**2.** Méx [con toda seguridad] com certeza.

sien f fronte f.

sierra f serra f.

siervo, va m, f [esclavo] servo m, -va f.

siesta f sesta f.

siete ◇ núm sete, ver también **seis** ◇ m sete m. ◇ f inv sete; ¡**la gran** ~! RP fam puxa!
➤ **siete y media** f sete-e-meio m inv.

sífilis f MED sífilis f.

sifón m -**1.** [gen] sifão m -**2.** [agua carbónica] água f gaseificada.

sig. = s.

sigilo m -**1.** [discreción] sigilo m -**2.** [silencio] silêncio m.

sigiloso, sa adj -**1.** [discreto] sigiloso(sa) -**2.** [silencioso] silencioso(sa).

sigla f sigla f.

siglo m século m.

signatura f -**1.** [en biblioteca] código m -**2.** [firma] assinatura f.

significación f -**1.** [importancia] significado m -**2.** [significado] significância f.

significado m significado m.

significar ◇ vt significar. ◇ vi [tener importancia] significar.

significativo, va adj significativo(va).

signo m -**1.** [gen] signo m -**2.** [en escritura] ponto m -**3.** [indicio & MAT] sinal m.

siguiente ◇ adj seguinte. ◇ mf -**1.** [el

que sigue]: **el/la** ~ o/a seguinte; ¡**el** ~! o próximo! -**2.** [lo que sigue]: **lo** ~ o seguinte.

sílaba f sílaba f.

silabear ◇ vt silabar. ◇ vi silabar.

silbar ◇ vt assoviar. ◇ vi -**1.** [gen] assoviar -**2.** [con silbato] apitar.

silbato m apito m.

silbido, silbo m -**1.** [gen] assovio m -**2.** [de animal] silvo m.

silenciador m silenciador m.

silenciar vt silenciar.

silencio m -**1.** [ausencia de ruido] silêncio m; **en** ~ em silêncio; **guardar** ~ **(sobre algo)** guardar silêncio (sobre algo); **imponer** ~ impor silêncio; **romper el** ~ romper o silêncio -**2.** MÚS pausa f.

silencioso, sa adj silencioso(sa).

silicio m QUÍM silício m.

silicona f QUÍM silicone m.

silicosis f MED silicose f.

silla f -**1.** [gen] cadeira f; ~ **eléctrica** cadeira elétrica; ~ **de ruedas** cadeira de rodas -**2.** [de caballo] sela f; ~ **de montar** sela.

sillín m selim m.

sillón m poltrona f.

silueta f silhueta f.

silvestre adj silvestre.

simbólico, ca adj simbólico(ca).

simbolizar vt simbolizar.

símbolo m símbolo m.

simetría f simetria f.

simiente f culto semente f.

símil m símile m.

similar adj similar; ~ **a** similar a.

similitud f semelhança f.

simio, mia m, f símio m, -mia f.

simpatía f simpatia f.

simpático, ca adj simpático(ca).
➤ **simpático** m ANAT simpático m.

simpatizante ◇ adj simpatizante. ◇ mf simpatizante mf.

simpatizar vi simpatizar; ~ **con** simpatizar com.

simple ◇ adj -**1.** [gen] simples -**2.** [bobo] simplório(ria). ◇ mf simplório m, -ria f. ◇ m DEP simples f.

simplemente adv simplesmente.

simpleza f -**1.** [cualidad] simploriedade f -**2.** [tontería] bobagem f.

simplicidad f simplicidade f.

simplificar vt simplificar.
➤ **simplificarse** vpr simplificar-se.

simplista adj simplista.

simplón, ona adj simplório(ria).

simposio, simposium m simpósio m.

simulacro m simulacro m.

simulador, ra adj simulador(ra).
➤ **simulador** m simulador m.

simular vt simular.
simultáneo, a adj simultâneo(nea).
sin prep sem.
➡ **sin embargo** conj no entanto.
sinagoga f sinagoga f.
sincerarse vpr desabafar-se; ~ **se con** de-saba-far-se com.
sinceridad f sinceridade f.
sincero, ra adj sincero(ra).
síncope m MED síncope f.
sincronía f sincronia f.
sincronización f sincronização f.
sincronizar vt sincronizar.
sindical adj sindical.
sindicalismo m sindicalismo m.
sindicalista ◇ adj sindicalista. ◇ mf sindicalista mf.
sindicato m sindicato m.
síndrome m síndrome f; ~ **de abstinencia** síndrome de abstinência; ~ **de Down** síndrome de Down.
sinfín m (no se usa en pl): **un** ~ **de** um sem-fim de.
sinfonía f sinfonia f.
sinfónico, ca adj sinfônico(ca).
singani m Bol conhaque m de uva.
Singapur n Cingapura.
singladura f singradura f.
single m -1. [disco] disco m compacto -2. CSur [habitación] apartamento m de soltei-ro.
singular ◇ adj singular. ◇ m GRAM sin-gular m.
singularizar vt singularizar.
➡ **singularizarse** vpr singularizar-se.
siniestra f desus sinistra f ➪ **siniestro.**
siniestrado, da ◇ adj sinistrado(da). ◇ m, f vítima f.
siniestralidad f sinistralidade f.
siniestro, tra adj sinistro(tra).
➡ **siniestro** m sinistro m.
sinnúmero m (no se usa en pl) sem-núme-ro m.
sino[1] m sina f.
sino[2] conj senão.
sínodo m sínodo m.
sinónimo m sinônimo m.
sinopsis f inv sinopse f.
sinóptico, ca adj sinóptico(ca).
sinrazón f (gen pl) irracionalidade f.
sinsabor m (gen pl) dissabor m.
síntesis f síntese f; **en** ~ em síntese; ~ **del habla** INFORM & LING síntese de voz.
sintético, ca adj sintético(ca).
sintetizador, ra adj sintético(ca).
➡ **sintetizador** m sintetizador m.
sintetizar vt sintetizar.
síntoma m sintoma m.

sintonía f -1. [gen] sintonia f -2. [música] música f de abertura.
sintonizar ◇ vt [conectar] sintonizar. ◇ vi sintonizar; ~ **con** sintonizar com; ~ **con alguien en algo** [compenetrarse] sintoni-zar com alguém em algo.
sinuoso, sa adj sinuoso(sa).
sinvergüenza ◇ adj sem-vergonha. ◇ mf sem-vergonha mf.
sionismo m sionismo m.
siquiera ◇ conj [aunque] nem que. ◇ adv [por lo menos] pelo menos.
➡ **ni (tan) siquiera** loc conj nem sequer.
sir (pl sires) m sir m.
sirena f -1. MITOL sereia f -2. [de ambulancia, policía] sirene f.
Siria n Síria f.
sirimiri m garoa f.
sirviente, ta m, f empregado m doméstico, empregada f doméstica.
sisa f -1. [de dinero] sisa f -2. [de prenda de vestir] cava f.
sisar ◇ vt -1. [dinero] sisar -2. [prenda de vestir] cavar. ◇ vi sisar.
sisear vi dizer psiu.
siseo m psiu m.
sísmico, ca adj sísmico(ca).
sismógrafo m sismógrafo m.
sistema m sistema m; ~ **experto** INFORM sistema especialista; ~ **monetario** ECON sistema monetário; ~ **operativo** INFORM sistema operacional; ~ **planetario** siste-ma planetário; ~ **solar** sistema solar.
➡ **por sistema** loc adv sistematicamente.
Sistema Central m: **el** ~ sistema monta-nhoso da península Ibérica, situado no território espanhol e português, que delimita os vales dos rios Douro ao norte e Tejo ao sul.
Sistema Ibérico m: **el** ~ conjunto de serras da península Ibérica, situado entre os vales do Douro e Ebro, a depressão do Tejo e a costa valenciana.
sistemático, ca adj sistemático(ca).
sistematizar vt sistematizar.
sitiar vt -1. [lugar] sitiar -2. [persona] encur-ralar.
sitio m -1. [gen] lugar m; **hacer** ~ **a alguien** dar lugar para alguém -2. [en Internet]: ~ **web** site m da web -3. Méx [de taxis] pon-to m.
situación f situação f; **estar en** ~ **de** estar em situação de.
situado, da adj situado(da).
situar vt situar.
➡ **situarse** vpr situar-se.
skai = escay.
skateboard (pl skateboards) m -1. [tabla] prancha f de skate, esquete m -2.

[deporte] skateboard *m*, esqueite *m*.
skater *mf* esqueitista *mf*.
sketch (*pl* sketches) *m* esquete *m*.
SL (*abrev de* sociedad limitada) *f* S/C *f*.
slip = eslip.
slogan = eslogan.
smash (*pl* smashes *O* smashs) *m* DEP cortada *f*.
SME (*abrev de* sistema monetario europeo) *m* SME *m*.
SMI (*abrev de* sistema monetario internacional) *m* SMI *m*.
smoking = esmoquin.
s/n (*abrev de* sin número) s/n.
snack-bar *m inv* snack-bar *m*.
snob = esnob.
snobismo = esnobismo.
snowboard *m* snowboard *m*.
so <> *prep* sob. <> *adv* seu idiota! <> *interj* ô!
sobaco *m* sovaco *m*.
sobado, da *adj* -**1.** [gen] sovado(da) -**2.** *fig* [manoseado] esfarrapado(da).
→ **sobado** *m* CULIN bolo ou pãozinho feito com banha ou óleo.
sobar <> *vt* -**1.** [tocar] apalpar -**2.** *fam* [acariciar, besar] bolinar -**3.** [ablandar] sovar. <> *vi fam* pegar no sono.
soberanía *f* soberania *f*.
soberano, na <> *adj* -**1.** [gen] soberano(na) -**2.** *(gen en aposición) fig* [grande] monumental. <> *m, f* soberano *m*, -na *f*.
soberbio, bia *adj* -**1.** [gen] soberbo(ba) -**2.** *(gen aposición)* [grande] senhor(ra).
→ **soberbia** *f* -**1.** [arrogancia] soberba *f* -**2.** [magnificencia] suntuosidade *f*.
sobón, ona *adj fam* pegajoso(sa).
sobornar *vt* subornar.
soborno *m* suborno *m*.
sobra *f* (*gen pl*) sobra *f*; **de** ~ **(s)** de sobra.
sobrado, da *adj* -**1.** [de sobra] de sobra -**2.** [de dinero] abastado(da).
sobrante <> *adj* restante. <> *m* excedente *m*.
sobrar *vi* sobrar.
sobrasada *f* CULIN *Esp* embutido de carne de porco, bem picada e temperada com sal e pimentão vermelho seco e moído.
sobre¹ *prep* sobre; **el libro está** ~ **la mesa** o livro está sobre a mesa; **llegarán** ~ **las diez** chegarão por volta das dez; ~ **todo** sobretudo.
sobre² *m* envelope *m*.
sobreático *m* cobertura *f*.
sobrecarga *f* sobrecarga *f*.
sobrecargar *vt* sobrecarregar.
sobrecargo *m* chefe *m* de tripulação.
sobrecogedor, ra *adj* assustador(ra).
sobrecoger *vt* assustar.

→ **sobrecogerse** *vpr* sobressaltar-se.
sobredosis *f inv* overdose *f*.
sobreentender = sobrentender.
sobrehumano, na *adj* sobre-humano(na).
sobrellevar *vt* sobrelevar.
sobremesa *f* período após a refeição em que se conversa ou se vê televisão.

> Não confundir com o português 'sobremesa', que se usa com um significado similar ao do espanhol *postre*. (*Nos quedamos de sobremesa más de dos horas*. Ficamos conversando à mesa por mais de duas horas.)

sobrenatural *adj* sobrenatural.
sobrenombre *m* -**1.** [nombre añadido] alcunha *f* -**2.** [apodo] apelido *m*.

> Não confundir *sobrenombre (apelido)* com o português *sobrenome* que em espanhol é *apellido*. (*Me llamo Roberto pero mi sobrenombre es Tito*. Meu nome é Roberto mas meu *apelido* é Tito.)

sobrentender, sobreentender *vt* subentender.
→ **sobrentenderse, sobreentenderse** *vpr* subentender-se.
sobrepasar *vt* -**1.** [exceder] ultrapassar -**2.** [aventajar] superar.
sobrepeso *m* sobrepeso *m*.
sobrepoblación *f Amér* superpopulação *f*.
sobreponer *vt* sobrepor.
→ **sobreponerse** *vpr* superar.
sobreproducción = superproducción.
sobreproteger *vt* superproteger.
sobrepuesto, ta <> *pp irreg* ▷ sobreponer. <> *adj* sobreposto(ta).
sobresaliente <> *adj* de destaque. <> *m* excelente *m*.
sobresalir *vi* sobressair.
sobresaltar *vt* sobressaltar.
→ **sobresaltarse** *vpr* sobressaltar-se.
sobresalto *m* sobressalto *m*; **dar un** ~ ter um sobressalto.
sobrestimar, sobreestimar *vt* superestimar.
sobresueldo *m* salário *m* extra.
sobretiempo *m Andes* -**1.** [trabajo] hora *f* extra -**2.** [en deporte] prorrogação *f*.
sobretodo *m* sobretudo *m*.
sobrevenir *vi* sobrevir.
sobrevivencia *f Amér* sobrevivência *f*.
sobrevivir *vi* sobreviver; ~ **a** sobreviver a.
sobrevolar *vt* sobrevoar.
sobriedad *f* sobriedade *m*.
sobrino, na *m, f* sobrinho *m*, -nha *f*.
sobrio, bria *adj* sóbrio(bria); ~ **de** *o* **en** sóbrio *o* em.
socarrón, ona *adj* irônico(ca).

socavar *vt* -**1.** [excavar por debajo] escavar -**2.** [debilitar] solapar.

socavón *m* buraco *m*.

sociable *adj* sociável.

social *adj* social.

socialdemócrata *POLÍT* ⟨⟩ *adj* social-democrata. ⟨⟩ *mf* social-democrata *mf.*

socialismo *m POLÍT* socialismo *m.*

socialista *POLÍT* ⟨⟩ *adj* socialista. ⟨⟩ *mf* socialista *mf.*

socializar *vt ECON* socializar.

sociedad *f* sociedade *f*; ~ **anónima** sociedade anônima; ~ **de consumo** sociedade de consumo; ~ **cooperativa** sociedade cooperativa; ~ **(de responsabilidad) limitada** sociedade (de responsabilidade) limitad.

socio, cia *m, f*-**1.** [gen] sócio *m*, -cia *f*-**2.** *fam* [amigo] sócio *m*, -cia *f.*

sociología *f* sociologia *f.*

sociólogo, ga *m, f* sociólogo *m*, -ga *f.*

socorrer *vt* socorrer.

socorrido, da *adj* prático(ca).

socorrismo *m* primeiros socorros *mpl.*

socorrista *mf* socorrista *mf.*

socorro ⟨⟩ *m* socorro *m*. ⟨⟩ *interj* socorro!

soda *f* refrigerante *f.*

sodio *m QUÍM* sódio *m.*

soez *adj* grosseiro(ra).

sofá (*pl* **sofás**) *m* sofá *m*; ~ **cama** sofá-cama *m.*

Sofía *n* Sofia.

sofisticación *f* sofisticação *f.*

sofisticado, da *adj* sofisticado(da).

sofisticar *vt* sofisticar.

sofocar *vt* sufocar.

◆ **sofocarse** *vpr* sufocar-se.

sofoco *m* sufoco *m.*

sofocón *m fam* desgosto *m.*

sofreír *vt CULIN* refogar.

sofrito, ta *pp irreg* ▷ sofreír.

◆ **sofrito** *m CULIN* refogado *m.*

software *m inv INFORM* software *m.*

soga *f* corda *f.*

sois ▷ ser.

soja *f* soja *f.*

sojuzgar *vt* subjugar.

sol *m* -**1.** [gen] sol *m*; **de** ~ **a** ~ *fig* de sol a sol; **hacer** ~ fazer sol; **tomar el** ~ tomar sol -**2.** *TAUROM* [localidad] *local da arena onde bate sol* -**3.** [persona] amor *m.*

solamente *adv* somente.

solapa *f* -**1.** [de prenda] lapela *f* -**2.** [de sobre] aba *f* -**3.** [de libro] orelha *f.*

solapado, da *adj* dissimulado(da).

solapar ⟨⟩ *vt* solapar. ⟨⟩ *vi* traspassar.

solar ⟨⟩ *adj* solar. ⟨⟩ *m* terreno *m.*

solariego, ga *adj* solarengo(ga).

solario (*pl* solariums), **solárium** *m* solário *m.*

soldada *f* soldo *m.*

soldado *m* -**1.** [con graduación] militar *m* -**2.** [sin graduación] soldado *m*; ~ **raso** soldado raso -**3.** [partidario] militante *m.*

soldador, ra *m, f* soldador *m*, -ra *f.*

◆ **soldador** *m* soldador *m.*

soldar *vt* soldar.

soleado, da *adj* ensolarado(da).

solear *vt* expor ao sol.

soledad *f* solidão *f.*

solemne *adj* solene.

solemnidad *f* solenidade *f.*

soler *vi*: ~ **hacer algo** costumar fazer algo.

solera *f* -**1.** [tradición] tradição *f* -**2.** [de vino] sedimento *m.*

solfa *f* -**1.** *MÚS* solfejo *m* -**2.** *fam* [paliza] sova *f.*

solfeo *m MÚS* solfejo *m.*

solicitar *vt* solicitar; **estar/ser muy solicitado** estar/ser muito solicitado.

solícito, ta *adj* solícito(ta).

solicitud *f* -**1.** [gen] solicitação *f* -**2.** [atención] solicitude *f.*

solidaridad *f* solidariedade *f.*

solidario, ria *adj* solidário(ria).

solidarizarse *vpr*: ~ **se con** solidarizarse com.

solidez *f* solidez *f.*

solidificar *vt* solidificar.

◆ **solidificarse** *vpr* solidificar-se.

sólido, da *adj* sólido(da).

◆ **sólido** *m* sólido *m.*

soliloquio *m* solilóquio *m.*

solista ⟨⟩ *adj* solista. ⟨⟩ *mf* solista *mf.*

solitario, ria *adj* solitário(ria).

◆ **solitario** *m* -**1.** [diamante] solitário *m* -**2.** [juego] paciência *f.*

◆ **solitaria** *f* solitária *f.*

sollozar *vi* soluçar.

sollozo *m* soluço *m.*

solo, la *adj* -**1.** [gen] só; **a solas** a sós -**2.** [sin acompañamiento] puro(ra).

◆ **solo** ⟨⟩ *m* solo *m*. ⟨⟩ *adv* = sólo.

sólo, solo *adv* [únicamente] só; **no** ~ ... **sino (también)** não só ... mas (também).

solomillo *m* lombo *m.*

soltar *vt* soltar; **soltó un grito** soltou um grito.

◆ **soltarse** *vpr* -**1.** [gen] soltar-se -**2.** [adquirir habilidad]; ~ **se en** soltar-se em -**3.** [perder timidez] soltar-se.

soltería *f* solteirismo *m.*

soltero, ra ⟨⟩ *adj* solteiro(ra). ⟨⟩ *m, f* solteiro *m*, -ra *f.*

solterón, ona *m, f* solteirão *m*, -rona *f.*

soltura *f* soltura *f.*

soluble *adj* solúvel.

solución f solução f; **sin** ~ **de continuidad** sem solução de continuidade; ~ **limpiadora** [para lentes de contacto] solução de limpeza.
solucionar vt solucionar.
solvencia f -1. [económica] solvência f -2. [capacidad] capacidade f.
solventar vt -1. [pagar] saldar -2. [resolver] solucionar.
solvente adj -1. [gen] solvente -2. [eficaz] capaz.
Somalia n Somália.
sombra f -1. [gen] sombra f; **a la** ~ à sombra; **ni** ~ **de** [atisbo] nem sombra de -2. [suerte] sorte f; **buena/mala** ~ boa/má sorte -3. TAUROM parte da arena onde não bate sol no início da tourada -4. loc: **a la** ~ fam na cadeia; **hacer** ~ **a alguien** fazer sombra a alguém.
sombrero m chapéu m.
sombrilla f sombrinha f.
sombrío, a adj sombrio(a).
somero, ra adj sumário(ria).
someter vt submeter; ~ **a alguien a** submeter alguém a.
◆ **someterse** vpr submeter-se; ~**se a** submeter-se a.
somier (pl somieres O somiers) m somiê m.
somnífero, ra adj sonífero(ra).
◆ **somnífero** m sonífero m.
somos etc ▷ ser.
son¹ etc ▷ ser.
son² m -1. [sonido] som m -2. [estilo] tom m; **en** ~ **de** em tom de.
sonado, da adj -1. [famoso] célebre -2. [loco] maluco(ca) -3. [atontado] pirado(da).
sonajero m chocalho m.
sonambulismo m sonambulismo m.
sonámbulo, la <> adj sonâmbulo(la). <> m, f sonâmbulo m, -la f.
sonar¹ m sonar m.
sonar² <> vi -1. [gen] soar; **así como suena, tal como suena** loc com todas as letras; ~ **a** [parecer] soar -2. [ser familiar] ser familiar -3. [rumorearse] correr. <> vt assoar.
◆ **sonarse** vpr assoar-se.
sonata f MÚS sonata f.
sonda f sonda f.
sondear vt sondar.
sondeo m sondagem f.
sónico, ca adj sônico(ca).
sonido m som m.
sonoridad f sonoridade f.
sonoro, ra adj sonoro(ra).
sonreír vi sorrir.
◆ **sonreírse** vpr sorrir-se.
sonriente adj sorridente.
sonrisa f sorriso m.

sonrojar vt enrubescer.
◆ **sonrojarse** vpr enrubescer-se.
sonrojo m enrubescimento m.
sonrosado, da adj rosado(da).
sonsacar vt sacar.
sonso, sa Amér fam <> adj bobo(ba). <> m, f bobo m, -ba f, idiota mf.
sonsonete m -1. [ruido] ruído m -2. [entonación] sonsonete m -3. [cantinela] cantilena f.
soñador, ra <> adj sonhador(ra). <> m, f sonhador m, -ra f.
soñar <> vt sonhar; **¡ni** ~ **lo!** fig nem sonhando! <> vi sonhar.
soñoliento, ta adj sonolento(ta).
sopa f sopa f; **encontrarse a alguien hasta en la** ~ fig encontrar alguém em todo lugar; **estar como una** ~ fig estar como um pinto.
sopapo m sopapo m.
sope m Méx tortilha f.
sopero, ra adj sopeiro(ra).
◆ **sopera** f sopeira f.
sopesar vt sopesar.
sopetón ◆ **de sopetón** loc adv de sopetão.
soplamocos m inv soco m no nariz.
soplar <> vt -1. [gen] soprar -2. fam [denunciar] dedurar -3. fam [hurtar] surrupiar. <> vi -1. [gen] soprar -2. fam [beber] entornar.
◆ **soplarse** vpr fam devorar.
soplete m maçarico m.
soplido m sopro m.
soplo m -1. [gen] sopro m -2. fam [chivatazo] dica f; **dar el** ~ dar a dica.
soplón, ona m, f fam dedo-duro mf.
soponcio m fam desmaio m.
sopor m sopor m.
soporífero, ra adj soporífero(ra).
soportar vt suportar.
◆ **soportarse** vpr suportar-se.
soporte m suporte m.
soprano MÚS <> mf soprano mf. <> m soprano m.
sor f irmã f.
sorber vt sorver.
sorbete m refresco à base de suco de fruta e açúcar, ou de leite, gema de ovo e açúcar, aromatizado com essências e congelado até obter consistência pastosa.
sorbo m sorvo m; **(beber) a** ~**s** (beber) a sorvos; **de un** ~ de um sorvo.
sordera f surdez f.
sórdido, da adj sórdido(da).
sordo, da <> adj surdo(da). <> m, f surdo m, -da f.
sordomudo, da <> adj surdo-mudo (surdamuda). <> m, f surdo-mudo m, surdamuda f.

sorna f deboche m.

soroche m Andes, Arg mal m de altura.

sorprendente adj surpreendente.

sorprender vt surpreender.

➡ **sorprenderse** vpr surpreender-se.

sorprendido, da adj surpreendido(da).

sorpresa f surpresa f; **dar una** ~ fazer uma surpresa; **de** o **por** ~ de surpresa; **llevarse una** ~ ter uma surpresa.

sorpresivo, va adj imprevisto(ta).

sortear vt **-1.** [rifar] sortear **-2.** [superar] superar **-3.** [esquivar] driblar.

sorteo m sorteio m.

sortija f anel m.

sortilegio m **-1.** [hechizo] sortilégio m **-2.** fig [atractivo] magia f.

sosa f QUÍM soda f.

sosegado, da adj sossegado(da).

sosegar vt sossegar.

➡ **sosegarse** vpr sossegar-se.

soseras mf Esp fam pessoa sem-sal.

sosería f insipidez f.

sosias m inv, **sosia** m sósia mf.

sosiego m sossego m.

soslayo ➡ **de soslayo** loc adv de soslaio.

soso, sa adj insosso(sa).

sospecha f suspeita f.

sospechar ⟨⟩ vt [creer, suponer] suspeitar. ⟨⟩ vi: ~ **de** suspeitar de.

sospechoso, sa ⟨⟩ adj suspeito(ta). ⟨⟩ m, f suspeito m, -ta f.

sostén m **-1.** [apoyo] apoio m **-2.** [sustento] arrimo m **-3.** [prenda femenina] sutiã m.

sostener vt sustentar.

➡ **sostenerse** vpr sustentar-se.

sostenido, da adj **-1.** [persistente] sustentado(da) **-2.** MÚS sustenido.

➡ **sostenido** m MÚS sustenido m.

sota f dez m.

sotabarba f papada f.

sotana f sotaina f.

sótano m porão m.

sotavento m NÁUT sotavento m.

soterrar vt enterrar.

soufflé (pl soufflés) m CULIN suflê m.

soul m MÚS soul m.

soviet (pl soviets) m soviete m.

soviético, ca ⟨⟩ adj soviético(ca). ⟨⟩ m, f soviético m, -ca f.

soy etc ▷ ser.

spaghetti = espagueti.

sport = esport.

spot = espot.

spray = espray.

sprint = esprint.

squash m inv DEP squash m.

Sr. (abrev de señor) Sr.

Sra. (abrev de señora) Sra.

Sres. (abrev de señores) Srs.

Srta. (abrev de señorita) Srta.

Sta. (abrev de santa) Sta.

staff = estaf.

stand = estand.

status = estatus.

Sto. (abrev de santo) Sto.

stock = estoc.

stop, estop m **-1.** [señal de tráfico] pare m **-2.** [en telegrama] ponto m.

stress = estrés.

strip-tease m inv strip-tease m.

su (pl sus) adj seu (sua).

suave adj suave.

suavidad f suavidade f.

suavizante ⟨⟩ adj suavizante. ⟨⟩ m **-1.** [para pelo] condicionador m **-2.** [para ropa] amaciante m.

suavizar vt suavizar.

subacuático, ca adj subaquático(ca).

subalimentar vt subalimentar.

subalquilar vt sublocar.

subalterno, na ⟨⟩ adj subalterno(na). ⟨⟩ m, f subalterno m, -na f.

subarrendar vt subarrendar.

subasta f **-1.** [venta pública] leilão m **-2.** [contrata pública] licitação f.

subastar vt leiloar.

subcampeón, ona ⟨⟩ adj vice-campeão(peã). ⟨⟩ m, f vice-campeão m, -peã f.

subcampeonato m vice-campeonato m.

subclase f subclasse f.

subconjunto m MAT subconjunto m.

subconsciente ⟨⟩ adj subconsciente. ⟨⟩ m subconsciente m.

subcontrato m subcontrato m.

subcutáneo, a adj subcutâneo(a).

subdelegado, da m, f subdelegado m, -da f.

subdesarrollado, da adj subdesenvolvido(da).

subdesarrollo m subdesenvolvimento m.

subdirector, ra m, f subdiretor m, -ra f.

subdirectorio m INFORM subdiretório m.

súbdito, ta ⟨⟩ adj súdito(ta). ⟨⟩ m, f súdito m, -ta f.

subdividir vt subdividir.

➡ **subdividirse** vpr subdividir-se.

subdivisión f subdivisão f.

subempleo m subemprego m.

subespecie f subespécie f.

subestimar vt subestimar.

➡ **subestimarse** vpr subestimar.

subgénero m subgênero m.

subido, da adj **-1.** [fuerte, intenso] forte **-2.** fam [osado, atrevido] atrevido(da).

➡ **subida** f subida f.

subíndice *m* MAT índice *m*.

subinspector, ra *m*, *f* subinspetor *m*, -ra *f*.

subir ⟷ *vi* subir. ⟷ *vt* subir.

→ **subirse** *vpr* - **1.** [gen] subir - **2.** *fam* [emborrachar] subir.

súbito, ta *adj* [repentino] súbito(ta).

subjefe, fa *m*, *f* subchefe *m*, -fa *f*.

subjetividad *f* subjetividade *f*.

subjetivo, va *adj* subjetivo(va).

sub júdice *adj* DER sub judice.

subjuntivo, va GRAM *adj* subjuntivo(va).

→ **subjuntivo** *m* subjuntivo *m*.

sublevación *f*, **sublevamiento** *m* sublevação *f*.

sublevar *vt* - **1.** [amotinar] sublevar - **2.** [indignar] revoltar.

→ **sublevarse** *vpr* [amotinarse] sublevar-se.

sublimación *f* sublimação *f*.

sublimar *vt* sublimar.

sublime *adj* sublime.

submarinismo *m* mergulho *m*.

submarinista ⟷ *adj* submarinista. ⟷ *mf* mergulhador *m*, -ra *f*.

submarino, na *adj* submarino(na).

→ **submarino** *m* submarino *m*.

submúltiplo, pla *adj* divisor(ra).

→ **submúltiplo** *m* submúltiplo *m*.

subnormal *despec* ⟷ *adj* anormal. ⟷ *mf* anormal *mf*.

subnormalidad *f despec* anormalidade *f*.

suboficial *m* MIL suboficial *m*.

subordinado, da ⟷ *adj* subordinado(da). ⟷ *m*, *f* subordinado *m*, -da *f*.

subordinar *vt* subordinar.

→ **subordinarse** *vpr* subordinar-se.

subproducto *m* subproduto *m*.

subrayar *vt* sublinhar.

subrogar *vt* DER sub-rogar.

subsanar *vt* sanar.

subsc- = susc-.

subsecretario, ria *m*, *f* subsecretário *m*, -ria *f*.

subsidiario, ria *adj* subsidiário(ria).

subsidio *m* subsídio *m*.

subsiguiente *adj* subseqüente.

subsistencia *f* subsistência *f*.

→ **subsistencias** *fpl* meios *mpl* de subsistência.

subsistir *vi* subsistir.

subst- = sust-.

subsuelo *m* subsolo *m*.

subte *m* RP metrô *m*.

subterfugio *m* subterfúgio *m*.

subterráneo, a *adj* subterrâneo(a).

→ **subterráneo** *m* subterrâneo *m*.

subtipo *m* BIOL subfilo *m*.

subtítulo *m* (gen pl) - **1.** [de película] legenda *f* - **2.** [de obra] subtítulo *m*.

suburbano, na *adj* suburbano(na).

suburbio *m* subúrbio *m*.

subvencionar *vt* subvencionar.

subversión *f* subversão *f*.

subversivo, va *adj* subversivo(va).

subyacer *vi* [ocultarse] subjazer.

subyugar *vt* subjugar.

succionar *vt* sugar.

sucedáneo, a *adj* sucedâneo(nea).

→ **sucedáneo** *m* sucedâneo *m*.

suceder ⟷ *v impers* [ocurrir] suceder. ⟷ *vt* [continuar, sustituir] suceder; ~ **a alguien en algo** suceder alguém em algo. ⟷ *vi* [venir después] suceder.

sucesión *f* sucessão *f*.

sucesivo, va *adj* sucessivo(va); **en lo** ~ no futuro.

suceso *m* acontecimento *m*; **sección de** ~**s** coluna *f* policial.

sucesor, ra ⟷ *adj* sucessor(ra). ⟷ *m*, *f* sucessor *m*, -ra *f*.

suciedad *f* sujeira *f*.

sucinto *adj* sucinto(ta).

sucio, cia *adj* - **1.** [gen] sujo(ja) - **2.** [que se ensucia] fácil de sujar - **3.** [que ensucia] porco(ca).

sucre *m* sucre *m*.

suculento, ta *adj* suculento(ta).

sucumbir *vi* sucumbir.

sucursal *f* sucursal *f*.

sudadera *f* - **1.** [sudor abundante] suadeira *f* - **2.** [prenda de vestir] blusão *m* de agasalho.

Sudán *n* Sudão *m*.

sudar ⟷ *vi* - **1.** [gen] suar - **2.** *fam* [trabajar mucho] suar. ⟷ *vt* - **1.** [empapar] suar - **2.** *fam* [trabajar mucho] suar.

sudeste, sureste ⟷ *adj* sudeste. ⟷ *m* sudeste *m*.

sudoeste, suroeste ⟷ *adj* sudoeste. ⟷ *m* sudoeste *m*.

sudor *m* suor *m*.

sudoroso, sa *adj* suarento(ta).

Suecia *n* Suécia.

sueco, ca ⟷ *adj* sueco(ca). ⟷ *m*, *f* sueco *m*, -ca *f*.

→ **sueco** *m* [lengua] sueco *m*.

suegro, gra *m*, *f* sogro *m*, -gra *f*.

suela *f* sola *f*.

sueldo *m* salário *m*; **asesino a** ~ matador de aluguel.

suelo *m* - **1.** [gen] solo *m* - **2.** [para edificar] terreno *m* - **3.** *loc*: **echar por el** ~ **un plan** fazer cair um plano por terra; **estar algo por los** ~**s** estar a preço de banana; **poner o tirar por los** ~**s** pôr alguém abaixo de zero.

suelto, ta *adj* - **1.** [gen] solto(ta) - **2.** [separado] avulso(sa) - **3.** [no envasado] a granel - **4.**

[lenguaje, estilo] fluente **-5.** [en calderilla] trocado(da).

➡ **suelto** *m* [calderilla] trocado *m*.

sueño *m* **-1.** [ganas de dormir] sono *m*; **tener** ~ ter sono; **coger el** ~ [estado] pegar no sono **-2.** [imagen mental] sonho *m*; **en** ~**s** em sonho.

suero *m* soro *m*.

suerte *f* sorte *f*; **por** ~ por sorte; **tener** ~ ter sorte; **de** ~ **que** *culto* de sorte que.

suertudo, da *adj Amér* sortudo(da).

suéter (*pl* suéteres), **sweater** (*pl* sweaters) *m* suéter *m*.

suficiencia *f* suficiência *f*.

suficiente ◇ *adj* suficiente. ◇ *m* [nota] suficiente *m*.

sufragar *vt* custear.

sufragio *m* sufrágio *m*.

sufragista ◇ *adj* sufragista. ◇ *mf* sufragista *mf*.

sufrido, da *adj* **-1.** [resignado] sofrido(da) **-2.** [resistente] resistente.

sufrimiento *m* sofrimento *m*.

sufrir ◇ *vt* **-1.** [gen] sofrer **-2.** [soportar] suportar. ◇ *vi* [padecer] sofrer; ~ **de** sofrer de.

sugerencia *f* sugestão *f*.

sugerente *adj* sugestivo(va).

sugerir *vt* sugerir.

sugestión *f* sugestão *f*.

sugestionar *vt* sugestionar.

➡ **sugestionarse** *vpr* sugestionar-se.

sugestivo, va *adj* sugestivo(va).

suiche *m Col, Ven* interruptor *m*.

suicida ◇ *mf* suicida *mf*. ◇ *adj* suicida.

suicidarse *vpr* suicidar-se.

suicidio *m* suicídio *m*.

suite *f* suíte *f*.

Suiza *n* Suíça.

suizo, za ◇ *adj* suíço(ça). ◇ *m, f* suíço *m*, -ça *f*.

sujeción *f* **-1.** [atadura] atadura *f*, fixação *f* **-2.** [sometimiento] submissão *f*.

sujetador *m* sutiã *m*.

sujetar *vt* **-1.** [gen] sujeitar **-2.** [aguantar] prender.

➡ **sujetarse** *vpr* **-1.** [agarrarse]: ~**se a** agarrar-se a **-2.** [someterse]: ~**se a** sujeitar-se a **-3.** [aguantarse] prender.

sujeto, ta *adj* **-1.** [agarrado] preso(sa) **-2.** [expuesto]: ~ **a** sujeito a.

➡ **sujeto** *m* **-1.** [gen] sujeito *m* **-2.** [tema] assunto *m*.

sulfamida *f MED* sulfamida *f*.

sulfatar *vt* sulfatar.

sulfato *m QUÍM* sulfato *m*.

sulfurar *vt* **-1.** [encolerizar] irritar **-2.** *QUÍM* sulfurar.

➡ **sulfurarse** *vpr* irritar-se.

sulfúrico, ca *adj QUÍM* sulfúrico(ca).

sulfuro *m* sulfeto *m*.

sultán *m* sultão *m*.

sultana *f* sultana *f*.

suma *f* soma *f*.

sumamente *adv* sumamente.

sumando *m* parcela *f*.

sumar *vt* somar.

➡ **sumarse** *vpr*: ~**se a** somar-se a.

sumario, ria *adj* sumário(ria).

➡ **sumario** *m* sumário *m*.

sumergible ◇ *adj* à prova d'água. ◇ *m* submarino *m*.

sumergir *vt* submergir.

➡ **sumergirse** *vpr* **-1.** [hundirse] submergir-se **-2.** [sumirse] submergir.

sumidero *m* ralo *m*.

suministrador, ra ◇ *adj* fornecedor(ra). ◇ *m, f* fornecedor *m*, -ra *f*.

suministrar *vt* fornecer.

suministro *m* fornecimento *m*.

sumir *vt*: ~ **a alguien en** levar alguém a.

➡ **sumirse** *vpr*: ~**se en** mergulhar em.

sumisión *f* submissão *f*.

sumiso, sa *adj* submisso(sa).

sumo, ma *adj* sumo(ma).

➡ **a lo sumo** *loc adv* no máximo.

sunnita ◇ *adj* sunita. ◇ *mf* sunita *mf*.

suntuoso, sa *adj* suntuoso(sa).

supeditar *vt*: ~ **algo a** subordinar algo a.

➡ **supeditarse** *vpr*: ~**se a** subordinar-se a.

súper ◇ *adj fam* bárbaro(ra). ◇ *m* [supermercado] supermercado *m*. ◇ *f* ▷ gasolina.

superar *vt* superar.

➡ **superarse** *vpr* superar-se.

superávit (*pl inv O* superavits) *m ECON* superávit *m*.

superdotado, da ◇ *adj* superdotado(da). ◇ *m, f* superdotado *m*, -da *f*.

superestructura *f* superestrutura *f*.

superficial *adj* superficial.

superficie *f* superfície *f*.

superfluo, a *adj* supérfluo(flua).

superhombre *m* super-homem *m*.

superintendente *mf* superintendente *mf*.

superior, ra ◇ *adj* superior(ra). ◇ *m, f RELIG* superior *m*, -ra *f*.

➡ **superiores** *mpl* superiores *mpl*.

superioridad *f* superioridade *f*.

superlativo, va *adj* superlativo(va).

supermercado *m* supermercado *m*.

superpoblación *f* superpopulação *f*.

superponer *vt* sobrepor.

➡ **superponerse** *vpr* sobrepor-se.

superpotencia *f* superpotência *f*.

superproducción, sobreproducción f superprodução f.

superpuesto, ta ▷ superponer.

superrealismo = surrealismo.

supersónico, ca adj supersônico(ca).

superstición f superstição f.

supersticioso, sa adj supersticioso(sa).

superventas m inv recorde f de vendas.

supervisar vt supervisionar.

supervisor, ra ◇ adj supervisor(ra). ◇ m, f supervisor m, -ra f.

supervivencia f sobrevivência f.

superviviente mf sobrevivente mf.

supiera etc ▷ saber.

supino, na adj supino(na).

suplantar vt fazer-se passar por alguém.

suplementario, ria adj suplementar.

suplemento m suplemento m.

suplente ◇ adj -1. [profesor, director] suplente -2. [médico, maestro, enfermera] substituto(ta) -3. [jugador] reserva. ◇ mf -1. [de un profesor] suplente mf -2. [de un equipo deportivo] reserva mf.

supletorio, ria adj adicional.

◆ **supletorio** m extensão f.

súplica f -1. [ruego] súplica f -2. DER petição f.

suplicar vt -1. [rogar] suplicar -2. DER apelar, recorrer.

suplicio m suplício m.

suplir vt suprir.

supo ▷ saber.

suponer ◇ m: ser algo un ~ ser uma simples suposição. ◇ vt -1. [gen] supor -2. [implicar] pressupor. ◇ vi significar.

◆ **suponerse** vpr supor.

suposición f suposição f.

supositorio m FARM supositório m.

supremacía f supremacia f.

supremo, ma adj supremo(ma).

supresión f supressão f.

suprimir vt suprimir.

supuesto, ta ◇ pp irreg ▷ suponer. ◇ adj suposto(ta); **por** ~ certamente.

◆ **supuesto** m hipótese f.

supurar vi supurar.

sur ◇ m sul m. ◇ adj sul.

surcar vt sulcar.

surco m sulco m.

sureño, ña ◇ adj sulista. ◇ m, f sulista mf.

sureste = sudeste.

surf, surfing m surfe m; **hacer** ~ surfar.

surfear vi INFORM surfar.

surgir vi surgir.

suroeste = sudoeste.

surrealismo m surrealismo m.

surtido, da adj sortido(da).

◆ **surtido** m sortimento m.

surtidor m -1. [de gasolina] bomba f -2. [de agua] fonte f.

surtir ◇ vt abastecer. ◇ vi jorrar.

◆ **surtirse** vpr: ~se de abastecer-se de.

susceptible adj -1. [quisquilloso] suscetível -2. [posible]: ~ de suscetível de.

suscitar vt suscitar.

suscribir vt subscrever.

◆ **suscribirse** vpr -1. [a publicación] assinar -2. COM subscrever.

suscripción f -1. [a publicación] assinatura f -2. COM subscrição f.

suscriptor, ra m, f -1. [de publicación] assinante mf -2. COM subscritor m, -ra f.

susodicho, cha adj supracitado(da).

suspender vt -1. [gen] suspender -2. Esp [examen] reprovar -3. [destituir] demitir.

suspense m suspense m.

suspensión f suspensão f; ~ **de pagos** suspensão de pagamento.

suspenso, sa adj -1. [colgado] suspenso(sa) -2. Esp [no aprobado] reprovado(da) -3. [interrumpido]: **en** ~ em suspenso.

◆ **suspenso** m Esp reprovado m.

suspicacia f suspicácia f.

suspicaz adj suspicaz.

suspirar vi -1. [dar suspiros] suspirar -2. fig [desear]: ~ **por** suspirar por.

suspiro m -1. [aspiración] suspiro m -2. [instante] instante m -3. [poca cantidad] pitada f.

sustancia f substância f.

sustancial adj substancial.

sustancioso, sa adj substancioso(sa).

sustantivo, va GRAM adj substantivo(va).

◆ **sustantivo** m substantivo m.

sustentar vt sustentar.

sustento m -1. [alimento] sustento m -2. [apoyo] sustentáculo m.

sustitución f substituição f.

sustituir vt substituir.

sustituto, ta m, f substituto m, -ta f.

susto m susto m; **dar** o **pegar un** ~ dar o pregar um susto; **llevarse un** ~ levar um susto.

sustraer vt subtrair.

◆ **sustraerse** vpr subtrair-se; ~**se a** o **de** subtrair-se a o de.

sustrato m substrato m.

susurrador, ra, susurrante adj sussurrante.

susurrar ◇ vt sussurrar. ◇ vi sussurrar.

susurro m sussurro m.

sutil adj -1. [gen] sutil -2. [velo, tejido] fino(na).

sutileza f sutileza f.

sutura f sutura f.

suyo, ya ◇ adj [de él, de ella] seu (sua). ◇

pron: **el** ~ **/la suya** o seu/a sua; **lo** ~ a sua área; **los** ~ **s** os seus.
svástica = esvástica.
sweater = suéter.

t¹, T *f* [letra] t, T *m*.
t² (*abrev de* **tonelada**) t.
tabacalero, ra *adj* fumageiro(ra).
➥ **Tabacalera** *f empresa estatal espanhola de produção de tabaco.*
tabaco ◇ *m* **-1.** [planta] tabaco *m* **-2.** [picadura] fumo *m* **-3.** [cigarrillos] cigarros *mpl*. ◇ *adj inv* tabaco.
tábano *m* mutuca *f*.
tabaquería *f* tabacaria *f*.
tabarra *f Esp fam* chatice *f*; **dar la** ~ aborrecer.
taberna *f* taberna *f*.
tabernario, ria *adj* tabernal.
tabernero, ra *m*, *f* taberneiro *m*, -ra *f*.
tabique *m* **-1.** [pared] tabique *m* **-2.** ANAT septo *m*.
tabla *f* **-1.** [gen] tábua *f*; ~ **de planchar** tábua de passar roupa **-2.** [pliegue] prega *f* **-3.** [esquema, gráfico] tabela *f* **-4.** NÁUT prancha *f*.
➥ **tablas** *fpl* **-1.** [empate] empate *m* **-2.** TEATR palco *m* **-3.** TAUROM barreira *f*.
tablado *m* tablado *m*.
tablao *m cenário destinado a espetáculos de canto e dança flamencos.*
tablero *m* **-1.** [tabla] quadro *m* **-2.** [de juego] tabuleiro *m*; ~ **de ajedrez** tabuleiro de xadrez **-3.** DEP tabela *f* **-4.** [para mandos] painel *m* de instrumentos.
tableta *f* **-1.** [de chocolate] tablete *m* **-2.** [de aspirina] comprimido *m*.
tablón *m* quadro *m* de anúncios.
tabú (*pl* tabúes, *pl* tabús) ◇ *adj* tabu. ◇ *m* tabu *m*.
tabulador *m* tabulador *m*.
tabular ◇ *vt* tabular. ◇ *vi* tabular.
taburete *m* tamborete *m*.
tacañería *f* avareza *f*.
tacaño, ña ◇ *adj* avaro(ra). ◇ *m*, *f* avaro *m*, -ra *f*.
tacha *f* **-1.** [defecto] mácula *f* **-2.** [clavo] tachinha *f*.
tachar *vt* **-1.** [lo escrito] riscar **-2.** [culpar, acu-

sar]: ~ **a alguien de algo** tachar alguém de algo.
tacho *m Andes, RP* lixeira *f*.
tachón *m* **-1.** [tachadura] risco *m* **-2.** [clavo] tacha *f*.
tachuela *f* tachinha *f*.
tácito, ta *adj* tácito(ta).
taciturno, na *adj* taciturno(na).
taco *m* **-1.** [gen] taco *m* **-2.** [tarugo] bucha *f* **-3.** [cuña] calço *m* **-4.** *Esp fam* [palabrota] palavrão *m* **-5.** *fam* [confusión] confusão *f* **-6.** [de papel] maço *m* **-7.** [de jamón, de queso] pedaço *m* **-8.** [tortilla de maíz] taco *m* **-9.** *Andes, RP* [tacón] calcanhar *m*.
➥ **tacos** *mpl Esp mfam* anos *mpl*.
tacón *m* salto *m*; **de** ~ **alto** de salto alto.
táctico, ca *adj* tático(ca).
➥ **táctica** *f* tática *f*.
táctil *adj* tátil.
tacto *m* **-1.** [gen] tato *m* **-2.** [textura] textura *f* **-3.** MED toque *m*.
tafetán *m* tafetá *m*.
taiga *f* taiga *f*.
Tailandia *n* Tailândia.
taimado, da *adj* astucioso(sa).
Taiwán *n* Taiwan.
tajada *f* **-1.** [rodaja] fatia *f* **-2.** *Esp fam* [borrachera] porre *m*.
tajante *adj* [categórico] categórico(ca).
tajar *vt* cortar.
tajo *m* **-1.** [corte, herida] corte *m* **-2.** *fam* [trabajo] trampo *m* **-3.** [acantilado] fenda *f*.
Tajo *n*: **el** ~ o Tejo.
tal ◇ *adj* tal. ◇ *pron* tal; **y** ~ [coletilla] etc.; ~ **vez** talvez. ◇ *adv*: **¿qué** ~ **(estás)?** como vai?; **¿qué** ~ **el viaje?** que tal a viagem?; **¿qué** ~ **si vamos al cine?** que tal se formos ao cinema?
➥ **con tal de** (*antes de infin*) *loc prep* para.
➥ **con tal (de) que** *loc conj* contanto que.
➥ **tal (y) como** *loc adv* como.
➥ **tal cual** *loc adv* exatamente como.
tala *f* abatimento *m*.
taladrador, ra *adj* perfurador(ra).
➥ **taladradora** *f* furadeira *f*.
taladrar *vt* furar.
taladro *m* furadeira *f*.
talante *m* **-1.** [humor] humor *m* **-2.** [carácter] índole *f*.
talar *vt* talar.
talco *m* talco *m*.
talega *f* saco *m*.
talego *m* **-1.** [talega] saco *m* **-2.** *fam* [cárcel] xadrez *m*.
talento *m* talento *m*.
talibán ◇ *adj* talibã. ◇ *m* talibã *m*.
talismán *m* talismã *m*.
talla *f* **-1.** [medida] tamanho *m* **-2.** [estatura]

tapa

estatura *f* **- 3.** [capacidad] competência *f*;
dar la ~ estar à altura **- 4.** ᴀʀᴛᴇ talha *f* **- 5.**
[de piedras preciosas] lapidação *f*.
tallado, da *adj* **- 1.** [madera] esculpido(da)
- 2. [piedras preciosas] lapidado(da).
◆ **tallado** *m* lapidação *f*.
tallar *vt* **- 1.** [esculpir] entalhar **- 2.** [piedra pre-
ciosa] lapidar **- 3.** [medir] medir **- 4.** *Méx* [fre-
gar] esfregar.
tallarines *mpl* talharim *m*.
talle *m* **- 1.** [cintura] cintura *f* **- 2.** [figura, cuerpo, medida] talhe *m*.
taller *m* oficina *f*.

Não confundir com o português 'talher', que tem um
significado similar ao espanhol *cubierto*: (*Dejé el
auto en el taller mecánico para que lo arreglaran.*
Deixei o carro na oficina mecânica para que o consertassem.)

tallo *m* caule *m*.
talón *m* **- 1.** [gen] calcanhar *m*; ~ **de Aquiles**
fig calcanhar de Aquiles **- 2.** [cheque]
cheque *m*; ~ **bancario/cruzado/devuelto**
cheque bancário/cruzado/devolvido; ~
en blanco cheque em branco; ~ **sin fondos** cheque sem fundos.
talonario *m* talão *m* de cheques.
tamal *f espécie de empanada de milho e
carne, enrolada em folha de bananeira ou
palha de milho.*
tamaño, ña *adj (en aposición)* tama-
nho(nha).
◆ **tamaño** *m* tamanho *m*.
tamarindo *m* tamarindo *m*.
tambalearse *vpr* **- 1.** [bambolearse] cambalear **- 2.** [perder firmeza] titubear.
también *adv* também.

Note que, em espanhol, existe uma forma negativa
que é *tampoco*: (*Ayer dormí muy bien. - Yo también.* Ontem dormi muito bem. - Eu também. *Ayer
no dormí muy bien - Yo tampoco.* Ontem não dormi
muito bem. - Eu também não.)

tambo *m RP* leiteria *f*.
tambor *m* tambor *m*.
Támesis *n*: el ~ o Tâmisa.
tamiz *m* crivo *m*.
tamizar *vt* tamisar.
tampoco *adv* tampouco.

Utiliza-se em um sentido similar ao português 'também não': (*No me gusta el tenis y tampoco el fútbol.* Não gosto de tênis e nem de futebol. *Josefina
no cocina bien: Helena tampoco.* Josefina não cozinha bem: Helena também não.)
Note que, em espanhol, não existe uma forma como
'também não'.

tampón *m* **- 1.** [sello] almofada *f* **- 2.** [vaginal]
tampão *m*, absorvente *m* interno.
tan ▷ tanto.

tanda *f* **- 1.** [turno] turno *m* **- 2.** [serie] série *f*
- 3. [grupo de trabajo] equipe *f*.
tándem (*pl* tándemes) *m* **- 1.** [bicicleta] tan-
dem *m* **- 2.** [pareja] dupla *f*.
tanga *m* tanga *f*.
tangente ◇ *adj* tangente. ◇ *f* ɢᴇᴏᴍ
tangente *f*.
tangible *adj* tangível.
tango *m* tango *m*.
tanguero, ra *m, f RP* tangueiro *m*, -ra *f*.
tanque *m* **- 1.** ᴍɪʟ tanque *m* **- 2.** [vehículo cister-
na] caminhão-tanque *m* **- 3.** [depósito] reservatório *m*.
tantear ◇ *vt* **- 1.** [sopesar] estimar **- 2.** [pro-
bar] testar **- 3.** [meditar] refletir sobre **- 4.**
[ánimo] sondar. ◇ *vi* tatear.
tanteo *m* **- 1.** [sondeo] sondagem *f* **- 2.** [pun-
tuación] placar *m* **- 3.** ᴅᴇʀ preempção *f*.
tanto, ta (*antes de adj* tan) ◇ *adj* tanto(ta);
es muy rico, tiene ~ **dinero** é muito rico,
tem muito dinheiro; **no quiero tanta sopa**
não quero tanta sopa; ~ **... que** tanto ...
que; **nos dieron tantas pesetas al día**
deram-nos tantas pesetas por dia; **y** ~ **s**
e tantos; ~ **... como** tanto ... quanto; **hay
tantas peras como manzanas** há tantas
peras quanto maçãs; **tiene tanta suerte
como tú** tem tanta sorte quanto você.
◇ *pron* tanto(ta); **yo tengo muchas posibilidades, él no tantas** eu tenho muitas
possibilidades, ele nem tantas; **había
mucha gente allí, aquí no tanta** ali havia
muita gente, aqui nem tanta; **suponga-
mos que vengan** ~ **s, ¿cómo los alojaremos?**
suponhamos que venham tantos, onde
os alojaremos?; **a** ~ **s de** [en corresponden-
cia] a tantos de; **(a) las tantas** (às) tantas;
ser uno de ~ **s** ser um entre tantos. ◇ *m*
[punto] tento *m*; **consiguieron el** ~ **de la victoria** conseguiram o tento da vitória;
marcar un ~ marcar um tento; ~ **por
ciento** tanto por cento. ◇ *adv* tanto; **no
merece la pena disgustarse** ~ não vale a
pena amargurar-se tanto; ~ **que** tanto
que; **es tan guapa que me vuelve loco** é tão
bonita que me deixa louco; **come** ~ **que
va a reventar** come tanto que vai-se
arrebentar; ~ **... como** tanto ... quanto;
es tan alto como su padre é tão alto quanto
o pai; **sabe** ~ **como yo** sabe tanto quanto
eu.
◆ **por (lo) tanto** *loc conj* portanto.
◆ **tanto (es así) que** *loc conj* tanto (é
assim) que.
◆ **un tanto** *loc adv* um pouco.
tañido *m* tanger *m*.
tapa *f* **- 1.** [para cerrar] tampa *f* **- 2.** [para comer]
tira-gosto *m* **- 3.** [de libro, disco] capa *f*.

tapadera f -**1**. [tapa] tampa f -**2**. [para encubrir] fachada f.

tapadillo ➡ **de tapadillo** loc adv às escondidas.

tapar vt -**1**. [gen] tapar -**2**. [abrigar] cobrir -**3**. [encubrir] encobrir.

➡ **taparse** vpr -**1**. [cubrirse] tapar-se -**2**. [abrigarse] abrigar-se.

taparrabos m inv, **taparrabo** m tapa-sexo m.

tapete m -**1**. [pequeño mantel] toalha f -**2**. Amér [alfombra] tapete m; **movérsele a alguien el** ~ dar insegurança em alguém.

tapia f muro m.

tapiar vt -**1**. [obstruir] murar -**2**. [cercar] cercar.

tapicería f tapeçaria f.

tapioca f tapioca f.

tapiz m tapeçaria f.

tapizado m revestimento m.

tapizar vt revestir.

tapón m -**1**. [para tapar] tampa m -**2**. fam [persona rechoncha] barrica f -**3**. [atasco] congestionamento m -**4**. [en oído] tampão m -**5**. DEP bloqueio m -**6**. Amér [fusible] fusível m.

taponar vt -**1**. [cerrar] tapar -**2**. MED tamponar.

➡ **taponarse** vpr tapar-se.

tapujo m manobra f; **con/sin** ~s com/sem rodeios.

taquería f Méx restaurante popular mexicano onde são servidos pratos tradicionais, sobretudo tortilhas.

taquicardia f MED taquicardia f.

taquigrafía f taquigrafia f.

taquígrafo, fa m, f taquígrafo m, -fa f.

taquilla f -**1**. [ventanilla] bilheteria f -**2**. [armario] armário m -**3**. [recaudación] arrecadação f -**4**. [casillero] fichário m.

taquillero, ra ⬦ adj de grande bilheteria. ⬦ m, f bilheteiro m, -ra f.

tara f -**1**. [hereditaria] tara f -**2**. [en prenda] defeito m.

tarado, da ⬦ adj -**1**. [defectuoso] defeituoso(sa) -**2**. despec [tonto] tolo(la). ⬦ m, f tolo m, -la f.

tarántula f tarântula f.

tararear vt cantarolar.

tardanza f tardança f.

tardar vi tardar; **a más** ~ o mais tardar.

tarde ⬦ f [parte del día] tarde f; **por la** ~ à tarde; **buenas** ~s boa tarde. ⬦ adv -**1**. tarde; ~ **o temprano** cedo ou tarde -**2**. loc: **de** ~ **en** ~ de tempos em tempos.

tardío, a adj tardio(a).

tardo, da adj -**1**. [lento] tardo(da) -**2**. [torpe] lerdo(da).

tarea f tarefa f.

tarifa f tarifa f; ~ **plana** [para Internet] tarifa plana.

tarima f -**1**. [suelo] assoalho m -**2**. [plataforma] estrado m.

tarjeta f cartão m; ~ **de cliente** cartão de cliente; ~ **de débito** cartão de débito; ~ **de crédito** cartão de crédito; ~ **postal** cartão postal; ~ **(de) prepago** cartão pre-pago; ~ **de recarga** TEL cartão de recarga.

tarot m tarô m.

tarrina f terrina f.

tarro m -**1**. [recipiente] pote m -**2**. Esp mfam [cabeza] cuca f.

tarso m ANAT tarso m.

tarta f bolo m.

tartaleta f tortinha f.

tartamudear vi gaguejar.

tartamudeo m gagueira f.

tartamudo, da ⬦ adj gago(ga). ⬦ m, f gago m, -ga f.

tartana f -**1**. [carruaje] tílburi m -**2**. [embarcación] tartana f -**3**. fam [coche viejo] carroça f.

tártaro, ra ⬦ adj [pueblo] tártaro(ra) ⬦ m, f tártaro m, -ra f.

tartera f -**1**. [fiambrera] marmita f -**2**. [cazuela] tostadeira f.

tarugo m -**1**. fam [necio] bocó m -**2**. [de madera] tora f -**3**. [de pan] naco m.

tarumba adj fam pirado(da).

tasa f -**1**. [gen] taxa f; ~s **de aeropuerto** taxas de embarque -**2**. [tasación] fixação f de preços.

tasación f avaliação f.

tasador, ra m, f avaliador m, -ra f.

tasar vt -**1**. [valorar] avaliar -**2**. [fijar precio] taxar.

tasca f bar m; **ir de** ~s ir de bar em bar.

tata ⬦ f babá f. ⬦ m Amér fam [padre] papai m.

tatarabuelo, la m, f tataravô m, -vó f.

tatuaje m tatuagem f.

tatuar ⬦ vt tatuar. ⬦ vi tatuar-se.

➡ **tatuarse** vpr tatuar-se.

taurino, na adj taurino(na).

Tauro ⬦ m inv [signo del zodíaco] Touro m inv; **ser** ~ ser (de) Touro. ⬦ mf inv -**1**. [persona] taurino m, -na f -**2**. (en aposición) de Touro.

tauromaquia f tauromaquia f.

taxativo, va adj taxativo(va).

taxi m táxi m.

taxímetro m taxímetro m.

taxista mf taxista mf.

taxonomía f taxonomia f.

taza *f* **-1.** [para beber] xícara *f* **-2.** [de retrete] privada *f*.

> Não confundir *taza (xícara)* com o português *taça* que em espanhol é *copa*. (*La empleada sirvió el té en taza de porcelana*. A empregada serviu o chá em xícaras de porcelana.)

tazón *m* tigela *f*.

te *pron* **-1.** [complemento directo] te; ~ **vi en el cine** te vi no cinema **-2.** [complemento indirecto] te; ~ **tiene miedo** tem medo de você **-3.** [reflexivo]: **acuéstate** deite-se.

té *m* chá *m*; ~ **negro** chá preto.

tea *f* [antorcha] tocha *f*.

teatral *adj* teatral.

teatro *m* teatro *m*.

tebeo® *m Esp* gibi *m*.

teca *f* teca *f*.

techo *m* **-1.** [gen] teto *m*; **bajo** ~ [casa, habitación] sob um teto **-2.** ARQUIT [tejado] telhado *m*.

techumbre *f* telhado *m*.

tecla *f* tecla *f*; **pulsar** *o* **tocar una** ~ pressionar *o* tocar uma tecla; *fig* [hacer muchas cosas] fazer muitas coisas.

teclado *m* teclado *m*.

teclear *vi* teclar.

tecleo *m* toque *m*.

técnico, ca <> *adj* técnico(ca). <> *m, f* técnico *m*, -ca *f*.

➥ **técnica** *f* técnica *f*.

Tecnicolor® *m* tecnicólor *m*.

tecnócrata <> *adj* tecnocrático(ca). <> *mf* tecnocrata *mf*.

tecnología *f* tecnologia *f*; ~s **de la información** tecnologias da informação; ~ **(de) punta** tecnologia (de) ponta.

tecnológico, ca *adj* tecnológico(ca).

tecolote *m CAm, Méx* [búho] coruja *f*; [policía] policial *m* (em patrulha noturna).

tedio *m* tédio *m*.

tedioso, sa *adj* tedioso(sa).

Tegucigalpa *n* Tegucigalpa.

Teide *n*: **el** ~ o Teide.

teja *f* telha *f*; **a toca** ~ *Esp* à vista.

tejado *m* telhado *m*.

tejano, na <> *adj* **-1.** [de Texas] texano(na) **-2.** [tela] jeans. <> *m, f* texano *m*, -na *f*.

➥ **tejano** *m* (*gen pl*) ▷ **pantalón**.

tejemaneje *fam m* **-1.** [maquinación] maquinação *f* **-2.** [ajetreo] confusão *f*.

tejer <> *vt* **-1.** [gen] tecer **-2.** [hacer punto] tricotar **-3.** [idear] tramar. <> *vi* [hacer punto, ganchillo] tecer.

tejido *m* tecido *m*.

tejo *m* **-1.** [disco] malha *f* **-2.** [árbol, madera] teixo *m*.

tejón *m* texugo *m*.

tel., teléf. (*abrev de* **teléfono**) tel.

tela *f* **-1.** [tejido] pano *m*; ~ **metálica** tela de arame **-2.** [lienzo] tela *f* **-3.** *fam* [cosa complicada] abacaxi; **ser** ~ **marinera** *fam* ser dureza; **tener algo (mucha)** ~ [ser difícil] não ser brincadeira.

telar *m* **-1.** [máquina] tear *m* **-2.** (*gen pl*) [fábrica] tecelagem *f*.

telaraña *f* [de aranha] teia *f* de aranha.

tele *f fam* tevê *f*.

telebanco *m* telebanco *m*, bankfone *m*.

telecomedia *f* comédia *f* de situação, sitcom *f*.

telecompra *f* telecompra *f*.

telecomunicación *f* telecomunicação *f*.

➥ **telecomunicaciones** *fpl* telecomunicações *fpl*.

telecontrol *m* controle *m* remoto.

telediario *m* telejornal *m*.

teledifusión *f* teledifusão *f*.

teledirigido, da *adj* teleguiado(da).

telefax *m* telefax *m*.

teleférico *m* teleférico *m*.

telefilme (*pl* telefilmes), **telefilm** (*pl* telefilms) *m* telefilme *m*.

telefonear *vi* telefonar.

telefonía *f* telefonia *f*; ~ **fija** *o* **convencional** telefonia fixa *o* convencional; ~ **móvil** telefonia móvel.

telefónico, ca *adj* telefônico(ca).

telefonista *mf* telefonista *mf*.

teléfono *m* telefone *m*; **colgar el** ~ desligar o telefone; **llamar por** ~ ligar; ~ **inalámbrico** telefone sem fio; ~ **móvil** telefone celular; ~ **público** telefone público; ~ **WAP** telefone WAP.

telegrafía *f* telegrafia *f*.

telegráfico, ca *adj* telegráfico(ca).

telegrafista *mf* telegrafista *mf*.

telégrafo *m* telégrafo *m*.

telegrama *m* telegrama *m*.

telele *m*: **darle a alguien un** ~ dar um treco em alguém.

telemando *m* controle *m* remoto.

telemática *f* INFORM telemática *f*.

telenovela *f* telenovela *f*.

telepatía *f* telepatia *f*.

telepático, ca *adj* telepático(ca).

telescópico, ca *adj* telescópico(ca).

telescopio *m* telescópio *m*.

telesilla *m cadeira que permite transportar os esquiadores em seus esquis até as pistas*.

telespectador, ra *m, f* telespectador *m*, -ra *f*.

telesquí (*pl* telesquís *o* telesquíes) *m sistema que permite transportar os esquiadores em seus esquis até as pistas*.

teletexto *m* teletexto *m*.

teletipo m teletipo m.
teletrabajador, ra m, f teletrabalhador m, -ra f.
teletrabajo m teletrabalho m.
televenta f televenda f.
televidente mf telespectador m, -ra f.
televisar vt televisionar.
televisión f televisão f; ~ **digital** televisão digital; **ver la** ~ ver o assistir televisão; ~ **en color** televisão em cores.
televisor m televisor m; ~ **de pantalla plana** televisor de tela plana; ~ **panorámico** o **de pantalla ancha** televisor de tela grande o larga.
télex m telex m.
telón m cortina f; ~ **de acero** fig cortina de ferro; ~ **de fondo** fig pano m de fundo.
telonero, ra m, f em um espetáculo, artista ou apresentador que atua antes da atração principal.
tema m tema m.
temario m programa m.
temático, ca adj temático(ca).
➤ **temática** f temática f.
temblar vi tremer; ~ **de** tremer de; ~ **por** temer por.
tembleque m: **darle** o **entrarle un** ~ **a alguien** dar uma tremedeira em alguém.
temblón, ona adj tremelicante.
temblor m tremor m.
tembloroso, sa adj trêmulo(la).
temer <> vt temer. <> vi temer; ~ **por** temer por.
➤ **temerse** vpr temer.
temerario, ria adj temerário(ria).
temeridad f temeridade f.
temeroso, sa adj temeroso(sa).
temible adj temível.
temor m temor m; ~ **a** o **de** temor a; **por** ~ **a** o **de** por temor de.
tímpano m [de hielo] bloco m.
temperado, da adj temperado(da).
temperamental adj temperamental.
temperamento m temperamento m.
temperatura f temperatura f; **tomar la** ~ tomar a temperatura.
tempestad f tempestade f.
tempestuoso, sa adj tempestuoso(sa).
templado, da adj **-1.** [agua, bebida] morno(na) **-2.** [clima, zona] temperado(da) **-3.** [nervios] moderado(da) **-4.** [carácter] calmo.
templanza f **-1.** [moderación] temperança f **-2.** [benignidad] suavidade f.
templar <> vt **-1.** [gen] temperar **-2.** [entibiar] amornar **-3.** [calmar] acalmar **-4.** [tensar] apertar. <> vi [entibiar] amenizar.
➤ **templarse** vpr esquentar-se.

temple m **-1.** [serenidad] caráter m **-2.** ARTE têmpera f.
templete m coreto m.
templo m templo m.
temporada f temporada f; **de** ~ da época; ~ **alta/media/baja** alta/média/baixa temporada.
temporal <> adj **-1.** [gen] temporário(ria) **-2.** [terrenal] temporal. <> m temporal m; **capear el** ~ enfrentar a tempestade.
temporalidad f temporalidade f.
temporario, ria adj Amér temporário(ria).
temporero, ra <> adj temporário(ria). <> m, f temporário m, -ria f.
temporizador m temporizador m.
tempranero, ra adj madrugador(ra).
temprano, na adj precoce; **a horas tempranas** cedo.
➤ **temprano** adv cedo.
ten etc ⊳ tener.
tenacidad f tenacidade f.
tenacillas fpl pinça f.
tenaz adj tenaz.
tenaza f (gen pl) **-1.** [herramienta] alicate m **-2.** [pinzas] tenaz f **-3.** ZOOL pinça f.
tendedero m **-1.** [armazón] varal m **-2.** [lugar] área f de serviço.
tendencia f tendência f; ~ **a** tendência a.
tendencioso, sa adj tendencioso(sa).
tender vt **-1.** [gen] estender **-2.** [trampa, emboscada] armar **-3.** Amér [cama] fazer; [mesa] pôr.
➤ **tender a** vi **-1.** [inclinarse] tender a **-2.** [aproximarse] tender.
➤ **tenderse** vpr estender-se.
tenderete m barraca f.
tendero, ra m, f vendeiro m, -ra f.
tendido, da adj estendido(da).
➤ **tendido** m **-1.** [instalación] rede f **-2.** TAUROM na arena de touros, lugar descoberto e próximo à barreira.
tendón m ANAT tendão m.
tendrá etc ⊳ tener.
tenebroso, sa adj tenebroso(sa).
tenedor, ra m, f portador(ra); ~ **de libros** COM guarda-livros, contador m.
➤ **tenedor** m **-1.** [utensilio] garfo m **-2.** [categoría] estrela f.
teneduría f contadoria f.
tenencia f porte m.
tener <> vt **-1.** ter; **tiene mucho dinero** tem muito dinheiro; **la casa tiene cuatro habitaciones** a casa tem quatro ambientes; **México tiene varios millones de habitantes** o México tem vários milhões de habitantes; **la sala tiene cuatro metros de largo** a sala tem quatro metros de comprimento; ~ **fiebre/dolor de muelas** ter febre/dor

de dentes; **tenía una enfermedad grave** tinha uma doença grave; **tengo dos hijos** tem dois filhos; **tengo un hermano mayor** tenho um irmão mais velho; **¿cuántos años tiene?** quantos anos tem?; **ya tiene diez años** já tem dez anos; ~ **frío/calor** ter frio/calor; ~ **hambre/sed** estar com fome/sede; ~ **miedo/sueño** estar com medo/sono; **tiene los ojos azules** tem os olhos azuis; **tengo el pelo rubio** tenho o cabelo louro; **nos tiene cariño** tem carinho por nós; **le tiene lástima** tem pena dele; **hemos tenido una discusión** tivemos uma discussão; **tuvieron una pelea en la calle** tiveram uma briga na rua; ~ **un niño** ter um filho; **espero que tengas un buen viaje** espero que faça uma boa viagem; **que tengan unas felices fiestas** tenham umas boas festas; **hoy tengo clase** hoje tenho aula; **el médico no tiene consulta hoy** o médico não atende hoje; ~ **que** [obligación] ter que; **tengo mucho que contaros del viaje** tenho muito que contar- -lhes sobre a viagem; **tiene algo que decirnos** tem algo para nos dizer **- 2.** [sujetar, coger] tomar, segurar; **ten el libro que me pediste** tome o livro que você me pediu; **tiene la olla por las asas** segura a panela pelas asas **- 3.** [valorar, considerar]: ~ **algo/a alguien por** *o* **como** ter algo/alguém por *o* como; **ten por seguro que lloverá** pode contar com que vai chover; **le tienen por informal** é considerado informal **- 4.** *Amér* [llevar]: **tengo tres años aquí** estou aqui há três anos **- 5.** *loc:* **¿esas tenemos?** é assim?; **no tenerlas todas consigo** não estar seguro; **no** ~ **donde caerse muerto** não ter onde cair morto; ~ **lugar** [suceder] ter lugar; **la reunión tendrá lugar el jueves** a reunião terá lugar quinta-feira. ◇ *v aux* **- 1.** [haber] ter; **teníamos pensado ir a cenar** tínhamos pensado ir jantar fora; **tiene alquilada una casa en la costa** alugou uma casa no litoral **- 2.** [hacer estar] deixar; **me tienes loca con tus tonterías** você me deixa louca com suas tolices.

Tem a maioria dos significados em comum com o 'ter' do português. A diferença mais notável é que tener no espanhol, não pode ser empregado no sentido temporal.

(Ver *haber* no lado Espanhol-Português do dicionário.)

Alguns dos significados de 'ter' em português são assumidos pelos verbos *haber* e *hacer* do espanhol.

(Ver *haber* e também *hacer* no lado Espanhol-Português do dicionário.)

tenia *f* tênia *f.*
teniente *m* MIL tenente *m.*
tenis ◇ *m* DEP tênis *m*; ~ **de mesa** tênis de mesa. ◇ *fpl* tênis *mpl.*
tenista *mf* DEP tenista *mf.*
tenor *m* **- 1.** MÚS tenor *m* **- 2.** [contenido, estilo] teor *m*; **a** ~ **de** considerando.
tensar *vt* esticar.
tensión *f* tensão *f*; **en** ~ em tensão; ~ **(arterial)** MED pressão *f* arterial.
tenso, sa *adj* tenso(sa).
tensor, ra *adj* **- 1.** [que tensa] esticador(ra), tensor(ra) **- 2.** ANAT tensor(ra).
➡ **tensor** *m* **- 1.** [dispositivo] esticador *m*, tensor *m* **- 2.** ANAT tensor *m.*
tentación *f* tentação *f.*
tentáculo *m* tentáculo *m.*
tentador, ra *adj* tentador(ra).
tentar *vt* tentar.
tentativa *f* tentativa *f.*
tentempié *m* **- 1.** [comida, bebida] aperitivo *m* **- 2.** [juguete] joão-bobo *m.*
tenue *adj* tênue.
teñir *vt* tingir.
➡ **teñirse** *vpr* tingir.
teología *f* teologia *f.*
teólogo, ga *m, f* teólogo(ga).
teorema *m* teorema *m.*
teoría *f* teoria *f*; **en** ~ na teoria.
teórico, ca ◇ *adj* teórico(ca). ◇ *m, f* teórico *m*, -ca *f.*
➡ **teórica** *f* teórica *f.*
teorizar *vi* teorizar.
tepache *m* *Méx* *bebida levemente alcoólica, feita de casca de abacaxi fermentada e açúcar não refinado.*
tequila *f* tequila *f.*
terapeuta *mf* MED terapeuta *mf.*
terapéutico, ca *adj* MED terapêutico(ca).
terapia *f* MED terapia *f.*
tercer = tercero.
tercera *f* ▷ tercero.
tercermundista *adj* terceiro-mundista.
tercero, ra ◇ *núm (delante de sust masc tercer)* [para ordenar] terceiro(ra); **tercera parte** [para fraccionar] terceira parte. ◇ *m, f* terceiro *m*, -ra *f*; **a la tercera va la vencida** *fig* na terceira tentativa sempre funciona.
➡ **tercero** *m* terceiro *m.*
➡ **tercera** *f* AUTOM terceira *f.*
terceto *m* terceto *m.*
terciar *vi* interceder.
➡ **terciarse** *vpr* apresentar-se.
terciario, ria *adj* terciário(ria).
➡ **terciario** *m* GEOL terciário *m.*
tercio, cia *núm* terço(ça).
➡ **tercio** *m* **- 1.** [número] terço *m* **- 2.** MIL batalhão *m* da infantaria **- 3.** TAUROM cada

uma das três partes em que se divide uma tourada.
terciopelo m veludo m.
terco, ca adj teimoso(sa).
tereré m Arg, Par mate m com suco de limão.
tergal® m tergal® m.
tergiversación f tergiversação f.
tergiversar vt tergiversar.
termal adj termal.
termas fpl termas fpl.
termes = termita.
térmico, ca adj térmico(ca).
terminación f - 1. [final] término m - 2. [parte final] terminação f.
terminal <> adj [final] final. <> m INFORM terminal m. <> f [edificio] terminal m.
terminante adj terminante.
terminar <> vt terminar. <> vi - 1. [gen] terminar; ~ de terminar como; ~ en terminar em - 2. [dar como resultado]: ~ por hablar acabar falando.
➨ **terminarse** vpr terminar.
término m - 1. [gen] término m; dar ~ a algo dar fim a algo; poner ~ a algo colocar um fim em algo - 2. [extremo] fim m - 3. [plazo] prazo m; por ~ medio em média - 4. [lugar, posición] lugar m; en último ~ fig em último caso - 5. [elemento, palabra] termo m; ~ medio meio-termo m - 6.: estación de ~ estação f terminal.
➨ **términos** mpl termos mpl; en ~s generales em termos gerais.
terminología f terminologia f.
termita f, **termes** m inv cupim m.
termo m garrafa f térmica.
termodinámico, ca adj Fís termodinâmico(ca).
➨ **termodinámica** f Fís termodinâmica f.
termómetro m termômetro m.
termonuclear adj termonuclear.
termorregulador m termorregulador m.
termostato m termostato m.
terna f terno m.
ternasco f cordeiro que ainda mama.
ternero, ra m, f bezerro m, -rra f.
➨ **ternera** f CULIN vitela f.
terno m terno m.
ternura f ternura f.
terquedad f teimosia f.
terracota f terracota f.
terrado m terraço m.
terral m Andes poeira f.
terraplén m barranco m.
terráqueo, a adj [globo] terrestre.
terrateniente mf latifundiário m, -ria f.
terraza f - 1. [de casa] varanda f - 2. [de café] em um bar, restaurante ou lanchonete o

local com mesas na calçada - 3. [azotea] terraço m - 4. [bancal] plataforma de plantio nas encostas.
terrazo m piso de cimento com pedaços de mármore ou outra pedra e depois polido.
terremoto m terremoto m.
terrenal adj terrenal.
terreno m - 1. [gen] terreno m - 2. DEP campo m - 3. loc: sobre el ~ [in situ] in loco.
terrestre <> adj [de la tierra] terrestre. <> mf terrestre mf.
terrible adj terrível.
terrícola <> adj terrícola. <> mf terrícola mf.
territorial adj territorial.
territorio m território m.
terrón m torrão m.
terror m terror m.
terrorífico, ca adj aterrorizante.
terrorismo m terrorismo m.
terrorista <> adj terrorista. <> mf terrorista mf.
terroso, sa adj terroso(sa).
terso, sa adj [liso] liso(sa).
tersura f lisura f.
tertulia f tertúlia f.
tesina f dissertação f.
tesis f inv tese f.
tesitura f tessitura f.
tesón m afinco m.
tesorero, ra m, f tesoureiro m, -ra f.
tesoro m tesouro m.
➨ **Tesoro Público** m - 1. [recursos] Tesouro m Público - 2. [organización estatal] Ministério m da Fazenda.
test (pl tests) m teste m.
testaferro m testa-de-ferro mf.
testamentaría DER f - 1. [documentos] documentos mpl testamentais - 2. [bienes] bens mpl testamentais.
testamentario, ria DER <> adj testamental. <> m, f testamenteiro m, -ra f.
testamento m testamento m.
testar <> vi testar. <> vt testar.
testarudo, da <> adj teimoso(sa). <> m, f teimoso m, -sa f.
testear vt CSur testar.
testículo m ANAT testículo m.
testificar <> vt testemunhar. <> vi testemunhar.
testigo <> mf testemunha f; ~ de cargo/descargo testemunha de acusação/defesa. <> m - 1. [prueba] testemunho m - 2. DEP bastão m.
testimonial adj [de testimonio] testemunhal.
testimoniar <> vt testemunhar. <> vi testemunhar.

testimonio *m* testemunho *m*; **dar** ~ **de** dar testemunho de.

testosterona *f* testosterona *f*.

testuz *m o f* [frente] testa *f*.

teta *f fam* teta *f*.

tétanos *m inv* tétano *m*.

tetera *f* chaleira *f*.

tetero *m Col, Ven* mamadeira *f*.

tetilla *f* -**1.** [de macho] maminha *f* -**2.** [de biberón] bico *m*.

tetina *f* bico *m*.

tetraedro *m GEOM* tetraedro *m*.

tétrico, ca *adj* tétrico(ca).

textil <> *adj* têxtil. <> *m* fibra *f* têxtil.

texto *m* -**1.** [gen] texto *m* -**2.** [libro] texto *m*.

textual *adj* textual.

textura *f* textura *f*.

tez *f* tez *f*.

ti *pron* você; **siempre pienso en** ~ sempre penso em você; **me acordaré de** ~ me lembrarei de você.

tianguis *m CAm, Méx* feira *m*.

Tibet *n*: **el** ~ o Tibet.

tibia *f* ▷ tibio.

tibieza *f* tibieza *f*.

tibio, bia *adj* tíbio(a).

tic *m* tique *m*.

ticket = **tíquet**.

tictac *m* tiquetaque *m*.

tiempo *m* -**1.** [gen] tempo *m*; **a un** ~ ao mesmo tempo; **con el** ~ com o tempo; **con** ~ com tempo; **ganar** ~ ganhar tempo; **hacer** ~ fazer hora; **perder el** ~ perder tempo; ~ **libre** tempo livre; **del** ~ da estação; **en mis/tus** *etc.* ~**s** no meu/teu *etc.* tempo; **al poco** ~ após pouco tempo; **cada cierto** ~ de tempos em tempos; **hace** ~ **que** faz tempo que; **todo el** ~ todo o tempo; **tomarse** ~ gastar um tempo para pensar; **a** ~ a tempo; **estar a** ~ **de** estar em tempo de; **fuera de** ~ intempestivamente; **tener** ~ ter tempo; **hacer buen/ mal** ~ fazer bom/mau tempo **-2.** [edad] idade *f*.

tienda *f* -**1.** [establecimiento] loja *f* -**2.** [para acampar] barraca *f*; ~ **(de campaña)** barraca (de campanha).

tiene ▷ tener.

tienta *f TAUROM prova que se faz com a bandarilha, e a cavalo, para testar a bravura dos bezerros.*

◆ **a tientas** *loc adv* às apalpadelas.

tiento *m* -**1.** [tacto, cuidado] cautela *f* -**2.** [de ciego] bengala *m* branca -**3.** [de equilibrista] percha *f*.

tierno, na *adj* -**1.** [gen] tenro(ra) -**2.** [reciente] fresco(ca).

tierra *f* -**1.** [gen] terra *f*; ~ **firme** terra

firme -**2.** [suelo] chão *m*; **tomar** ~ aterrissar.

◆ **Tierra** *f*: **la** ~ a Terra.

tieso, sa *adj* -**1.** [rígido] duro(ra) -**2.** [erguido] ereto(ta) -**3.** [engreído] convencido(da) -**4.** [distante] frio(a).

tiesto *m* vaso *m*.

tifoideo, a *adj MED* tifóide.

tifón *m METEOR* tufão *m*.

tifus *m inv MED* tifo *m*.

tigre, sa *m*, *f* tigre *m*, -sa *f*.

tijera *f* (*gen pl*) tesoura *f*.

tijereta *f* -**1.** [insecto] tesourinha *f* -**2.** [en fútbol] bicicleta *f*.

tijeretear *vt* tesourar.

tila *f* tília *f*.

tildar *vt*: ~ **a alguien de** tachar alguém de.

tilde *f* [signo ortográfico] til *m*.

tilín *m* tilintar *m*; **esa chica me hace** ~ *Esp fam* essa garota mexe comigo.

tilma *f Méx* cobertor *m*.

tilo *m* tília *f*.

timar *vt* -**1.** [estafar] trapacear -**2.** [engañar] enganar.

timba *f* jogatina *f*.

timbal *m* timbale *m*.

timbrar *vt* timbrar.

timbre *m* -**1.** [gen] timbre *m* -**2.** [aparato] campainha *f*; **tocar el** ~ tocar a campainha.

timidez *f* timidez *f*.

tímido, da <> *adj* tímido(da). <> *m*, *f* tímido *m*, -da *f*.

timo *m* -**1.** [estafa] trapaça *f* -**2.** *fam* [engaño] conto-do-vigário *m* -**3.** *ANAT* timo *m*.

timón *m* -**1.** [pieza de barco o avión] leme *m* -**2.** [rueda de barco] timão *m* -**3.** *Andes, Cuba* [volante] volante *m* -**4.** [gobierno] leme *m*, timão *m*.

timonel, timonero *m NÁUT* timoneiro *m*.

timorato, ta *adj* timorato(ta).

tímpano *m* -**1.** [gen] tímpano *m* -**2.** *MÚS* [cuerda] xilofone *m*.

tina *f* -**1.** [gen] tina *f* -**2.** [recipiente de barro] talha *f* -**3.** *CAm, Col, Méx* [bañera] banheira *f*.

tinaco *m CAm, Méx* cisterna *f*.

tinaja *f* tinalha *f*.

tinglado *m* -**1.** [cobertizo] galpão *m* -**2.** [armazón] arquibancada *f* -**3.** [lío] confusão *f* -**4.** [maquinación] manobra *f*.

tinieblas *fpl* escuridão *f*.

tino *m* -**1.** [puntería] pontaria *f* -**2.** [habilidad] destreza *f* -**3.** [moderación] moderação *f* -**4.** [juicio] tino *m*.

tinta *f* ▷ tinto.

tinte *m* -**1.** [sustancia] tinta *f* -**2.** [operación] tingimento *m* - **3.** [tintorería] tinturaria *f* - **4.** *fig* [apariencia] matiz *m*.

tintero *m* tinteiro *m*.

tintinear *vi* tilintar.

tinto, ta *adj* tinto(ta).

◆ **tinto** *m* - **1.** [vino] tinto *m* - **2.** *Col, Ven* [café] café *m* preto.

◆ **tinta** *f* tinta *f*; **tinta china** nanquim *m*; **cargar** *o* **recargar las** ~**s** carregar nas tintas.

◆ **medias tintas** *fpl* meias-tintas *fpl*.

tintorera *f* - **1.** tintureira *f* - **2.** ➭ **tintorero**.

tintorería *f* tinturaria *f*.

tintorro *m fam* carrascão *m*.

tiña *f* MED tinha *f*.

tío, a *m, f* - **1.** [familiar] tio *m*, -a *f* - **2.** *Esp fam* [individuo] cara *mf*.

tiovivo *m* carrossel *m*.

tipazo *m fam* tipão *m*.

tipear *Amér* ◇ *vt* digitar. ◇ *vi* digitar.

típico, ca *adj* típico(ca).

tipificar *vt* tipificar.

tiple ◇ *mf* tiple *mf*. ◇ *m* tiple *mf*.

tipo, pa *m, f fam* tipo *m*, -pa *f*.

◆ **tipo** *m* - **1.** [gen] tipo *m*; **ser el** ~ **de alguien** ser o tipo de alguém; **todo** ~ **de** todo tipo de - **2.** [cuerpo] corpo *m* - **3.** ECON taxa *f*; ~ **de cambio** ECON taxa de câmbio; ~ **de descuento** taxa de desconto; ~ **de interés** taxa de juros - **4.** ZOOL filo *m*.

tipografía *f* tipografia *f*.

tipográfico, ca *adj* tipográfico(ca).

tipógrafo, fa *m, f* tipógrafo *m*, -fa *f*.

tíquet (*pl* tiquets), **ticket** (*pl* tickets) *m* tíquete *m*.

tiquismiquis ◇ *adj inv fam* [maniático] melindroso(sa). ◇ *mf inv fam* [maniático] melindroso *m*, -sa *f*.

tira *f* - **1.** [gen] tira *f*; **la** ~ **(de)** *fam fig* um monte (de) - **2.** [la policía]: **la** ~ *Méx fam* a polícia.

tirabuzón *m* - **1.** [rizo] cacho *m* - **2.** [sacacorchos] saca-rolhas *mpl*.

tirachinas *m inv* estilingue *m*.

tiradero *m Amér* desordem *f*.

tirado, da ◇ *adj fam* - **1.** [barato] barato(ta) - **2.** [fácil] fácil; **estar** ~ estar uma sopa - **3.** [débil, cansado] abatido(da) - **4.** [miserable] sórdido(da). ◇ *m, f fam* miserável *mf*.

◆ **tirada** *f* - **1.** [en ruleta, bolos] jogada *f* - **2.** [de obra impresa] tiragem *f* - **3.** [sucesión] série *f* - **4.** [distancia] tirada *f*; **de** *o* **en una tirada** de uma tirada.

tirador, ra *m, f* atirador *m*, -ra *f*.

◆ **tirador** *m* puxador *m*.

tiraje *m Amér* tiragem *f*.

Tirana *n* Tirana.

tiranía *f* tirania *f*.

tirano, na ◇ *adj* tirano(na). ◇ *m, f* tirano *m*, -na *f*.

tirante ◇ *adj* - **1.** [estirado] esticado(da) - **2.** [violento, tenso] tenso(sa). ◇ *m* - **1.** [de tela] alça *f* - **2.** *(gen pl)* [elástico] suspensórios *mpl* - **3.** ARQUIT tirante *m*.

tirantez *f* tensão *f*.

tirar ◇ *vt* - **1.** [lanzar] atirar - **2.** [desechar] jogar fora - **3.** [malgastar] desperdiçar - **4.** [disparar] disparar - **5.** [bomba, petardo] soltar - **6.** [cohete] lançar - **7.** [derribar, dejar caer] derrubar; ~ **abajo** colocar abaixo - **8.** [jugar] jogar - **9.** DEP chutar - **10.** [imprimir] imprimir. ◇ *vi* - **1.** [estirar] esticar; ~ **de** puxar; **tira y afloja** barganha *f* - **2.** [disparar] atirar - **3.** [atraer] atrair - **4.** [aspirar] aspirar - **5.** [funcionar] funcionar - **6.** [dirección, camino] seguir - **7.** [seguir con cierta dificultad] sobreviver; **ir tirando** *fam* ir vivendo - **8.** [parecerse]: ~ **a** tender para; **tirando a** tendendo para - **9.** [jugar] jogar - **10.** [tener propensión] tender - **11.** DEP chutar.

◆ **tirarse** *vpr* - **1.** [gen] atirar-se; ~**se de** atirar-se de - **2.** [pasarse] passar - **3.** *vulg* [fornicar]: ~**se a alguien** trepar com alguém.

tirita® *f* curativo *m*.

tiritar *vi* tiritar; ~ **de** tiritar de.

tiritera, tiritona *f* tremedeira *f*.

tiro *m* - **1.** [gen] tiro *m*; **pegar(se) un** ~ dar(se) um tiro; **a** ~ **de** a um tiro de; ~ **al blanco** [deporte] tiro ao alvo - **2.** [de chimenea, horno] tiragem *f* - **3.** [de pantalón] gancho *m* - **4.** *loc*: **ni a** ~**s** nem a pau; **vestirse** *o* **ponerse de** ~**s largos** engalanar-se.

tiroides *m* ANAT tireóide *f*.

tirón *m* puxão *m*.

◆ **de un tirón** *loc adv* de uma tacada.

tirotear ◇ *vt* tirotear. ◇ *vi* tirotear.

tiroteo *m* tiroteio *m*.

tirria *f fam* implicância *f*; **tenerle** ~ **a alguien/algo** ter implicância com alguém/algo.

tisana *f* tisana *f*.

tísico, ca MED ◇ *adj* tísico(ca). ◇ *m, f* tísico *m*, -ca *f*.

tisis *f* MED tísica *f*.

titánico, ca *adj* titânico(ca).

titanio *m* QUÍM titânio *m*.

títere *m* [marioneta] títere *m*; *fig* [criticar] não escapar ninguém.

titilar, titilear *vi* - **1.** [temblar] tremer - **2.** [centellear] cintilar.

titiritar *vi* tiritar; ~ **de** tiritar de.

titiritero, ra *m, f* - **1.** [de títeres] titereiro *m*, -ra *f* - **2.** [acróbata] acrobata *mf*.

titubeante *adj* titubeante.

titubear *vi* titubear.

titubeo *m (gen pl)* titubeação *f.*
titulado, da ◇ *adj* diplomado(da); ~ **en** diplomado em. ◇ *m, f* diplomado *m,* -da *f.*
titular¹ ◇ *adj* [de plaza] titular. ◇ *mf* titular *mf.* ◇ *m PRENS* manchete *f.*
titular² *vt* [llamar] intitular.
◆ **titularse** *vpr* **-1.** [llamarse] intitular-se **-2.** [licenciarse] diplomar-se; ~ **se en** diplomar-se em.
titulillo *m despec* diplominha *m.*
título *m* **-1.** [gen] título *m;* **a** ~ **de** a título de **-2.** [documento] diploma *m.*
tiza *f* giz *m.*
tiznar *vt* tisnar.
◆ **tiznarse** *vpr* tisnar-se.
tizne *m o f* tisne *m.*
tizón *m* tição *m.*
tlapalería *f* **Méx** *loja de materiais de construção.*
toalla *f* **-1.** [para secarse] toalha *f;* **arrojar o tirar la** ~ *fig* dar-se por vencido **-2.** [tejido] atoalhado *m.*
toallero *m* toalheiro *m.*
tobera *f* chaminé *f.*
tobillera *f* tornozeleira *f.*
tobillo *m ANAT* tornozelo *m.*
tobogán *m* [rampa] escorregador *m.*
toca *f* touca *f.*
tocadiscos *m inv* toca-discos *m inv.*
tocado, da *adj fam* **-1.** [chiflado] maluco(ca) **-2.** [afectado] afetado(da).
◆ **tocado** *m* **-1.** [prenda] toucado *m* **-2.** [peinado] penteado *m.*
tocador *m* **-1.** [mueble] toucador *m* **-2.** [habitación] banheiro *m.*
tocante *adj:* **en lo** ~ **a** no tocante a.
tocar ◇ *vt* **-1.** [gen] tocar **-2.** [variar] retocar. ◇ *vi* **-1.** [entrar en contacto] tocar **-2.** [estar próximo]: ~ **a o con** confinar com **-3.** [corresponder] caber **-4.** [llegar el momento] ser a vez de **-5.** *loc:* **en o por lo que toca a algo** no que diz respeito a algo; **en o por lo que le toca a alguien** no que diz respeito a alguém.
◆ **tocarse** *vpr* tocar-se.
tocateja ◆ **a tocateja** *loc adv* **Esp** à vista.
tocayo, ya *m, f* homônimo *m,* -ma *f.*
tocho *m* **Esp** *fam* [libro] calhamaço *m.*
tocino *m* toucinho *m.*
◆ **tocino de cielo** *m CULIN* toucinho *m* do céu.
todavía *adv* ainda.

> Não confundir com o português 'todavia', que tem um significado similar ao espanhol *sin embargo:* (*Juan se acostó a las 8 de la noche de ayer y todavía duerme.* João foi dormir às 8 da noite de ontem e ainda está dormindo.)

todo, da ◇ *adj* todo(da); ~ **eso es muy raro** tudo isso é muito estranho. ◇ *pron* **-1.** [todas las cosas] tudo; **de** ~ de tudo **-2.** *(gen pl)* [todas las personas] todos(das).
◆ **todo** ◇ *m* todo *m.* ◇ *adv* totalmente.
◆ **ante todo** *loc adv* antes de tudo.
◆ **del todo** *loc adv* de todo.
◆ **después de todo** *loc adv* apesar de tudo.
◆ **de todas todas** *loc adv* com toda certeza.
◆ **sobre todo** *loc adv* sobretudo.
◆ **todo terreno** *m* todo-terreno *m.*
todopoderoso, sa *adj* todo-poderoso(sa).
todoterreno *m* todo-terreno *m.*
toga *f* toga *f.*
toldo *m* toldo *m.*
tolerancia *f* tolerância *f.*
tolerante *adj* tolerante.
tolerar *vt* tolerar.
toma *f* **-1.** [gen] tomada *f;* ~ **de tierra** *ELECTR* tomada de terra **-2.** [ración] dose *f.*
◆ **toma de conciencia** *f* tomada *f* de consciência.
◆ **toma de posesión** *f* tomada *f* de posse.
tomadura *f:* ~ **de pelo** tirada *f* de pelo.
tomar ◇ *vt* **-1.** [gen] tomar; **¿qué quieres** ~**?, ¿una copa, algo para comer?** o que você quer ao comer algo? **-2.** [coger] pegar; ~ **prestado** tomar o pegar emprestado **-3.** [datos, información] tomar nota de **-4.** [aceptar] aceitar **-5.** [contratar] contratar **-6.** [contraer] contrair **-7.** [considerar]: ~ **a alguien por algo/alguien** tomar alguém por algo/alguém **-8.** *loc:* **tomarla(s) con alguien** *fam* cismar com alguém. ◇ *vi* **-1.** [encaminarse] pegar **-2.** **Amér** [beber] beber.
◆ **tomarse** *vpr* **-1.** [gen] tomar **-2.** [interpretar] levar; **se toma a mal todas las bromas** ela leva a mal todas as brincadeiras; ~ **a** levar a.
tomate *m* **-1.** [fruto] tomate *m;* **ponerse como un** ~ ficar vermelho(lha) como um tomate **-2.** *fam* [de calcetín] furo *m* **-3.** **Esp** *fam* [jaleo] briga *f.*
tomatera *f* tomateiro *m.*
tomavistas *m inv* filmadora *f.*
tómbola *f* tômbola *f.*
tomillo *m* tomilho *m.*
tomo *m* tomo *m.*
ton ◆ **sin ton ni son** *loc adv* sem motivo.
tonada *f* **-1.** [canción] toada *f* **-2.** [música] melodia *f.*
tonadilla *f* tonadilha *f.*
tonalidad *f* tonalidade *f.*

tonel *m* [recipiente] tonel *m*.

tonelada *f* tonelada *f*.

tonelaje *m* tonelagem *f*.

tongada *f* pilha *f*.

tongo *m* **-1**. DEP suborno *m* **-2**. *Andes fam* [sombrero] chapéu de copa arredondada usado pelos índios bolivianos *m*.

tónico, ca *adj* tônico(ca).
→ **tónico** *m* tônico *m*.
→ **tónica** *f* tônica *f*.

tonificador, ra, tonificante *adj* tonificante.

tonificar *vt* tonificar.

tono *m* **-1**. [gen] tom *m* **-2**. MED tônus *m* **-3**. [de teléfono] sinal *m* **-4**. *loc*: **darse** ~ *fam* exibir-se; **fuera de** ~ fora de tom.

tonsura *f* tonsura *f*.

tontear *vi* **-1**. [hacer el tonto] tontear **-2**. [coquetear] flertar; ~ **con alguien** flertar com alguém.

tontería *f* besteira *f*; **decir una** ~ dizer uma besteira; **hacer una** ~ fazer uma besteira.

tonto, ta <> *adj* idiota. <> *m, f* tonto *m*, -ta *f*; **hacer el** ~ bancar o bobo; **hacerse el** ~ fazer-se de desentendido.
→ **a lo tonto** *loc adv* como quem não quer nada.
→ **a tontas y a locas** *loc adv* a torto e a direito.

tontorrón, ona <> *adj* bobão(ona). <> *m, f* bobão *m*, -ona *f*.

top (*pl* tops) *m* [prenda de vestir] top *m*.

topacio *m* topázio *m*.

topadora *f* *RP* máquina *f* de terraplanagem.

topar *vi* **-1**. [chocar] chocar **-2**. [encontrarse]: ~ **con** topar com.

tope <> *m* **-1**. [pieza] trava *f* **-2**. [límite máximo] limite *m* **-3**. [obstáculo] freio *m*. <> *adj* [máximo] máximo(ma). <> *adv Esp fam* [muy] super.
→ **a tope** *loc adv* à toda.

topetazo *m* batida *f*.

tópico, ca *adj* [gen] tópico(ca).
→ **tópico** *m* lugar-comum *m*.

topo *m* **-1**. [animal] toupeira *f*. ponto *m* **-3**. [contraespía] espião *m*, -ã *f* **-4**. *fig* [cegato] cego *m*, -ga *f*.

topografía *f* topografia *f*.

topógrafo, fa *m, f* topógrafo *m*, -fa *f*.

topónimo *m* topônimo *m*.

toque *m* toque *m*; **dar un** ~ [avisar] dar um toque; ~ **de queda** [señal] toque de recolher.

toquetear <> *vt* **-1**. [piezas] manusear **-2**. [a una persona] apalpar. <> *vi fam* [sobar] mexer em tudo.

toquilla *f* xale *m*.

torácico, ca *adj* ANAT torácico(ca).

tórax *m* tórax *m*.

torbellino *m* **-1**. [gen] torvelinho *m* **-2**. *fig* [mezcla confusa] enxurrada *f*.

torcedura *f* **-1**. [torsión] torcedura *f* **-2**. [esguince] torção *f*.

torcer <> *vt* **-1**. [gen] torcer **-2**. [girar] virar **-3**. [pervertir, desviar] desviar. <> *vi* [girar] virar.
→ **torcerse** *vpr* **-1**. [doblar] dobrar-se **-2**. [dislocarse] torcer **-3**. [ir mal] ir mal.

torcido, da *adj* torto(ta).

tordo, da <> *adj* tordilho(lha). <> *m, f* tordilho *m*, -lha *f*.
→ **tordo** *m* tordo *m*.

torear <> *vt* tourear. <> *vi* tourear.

toreo *m* toureação *f*.

torero, ra <> *m, f* toureiro *m*, -ra *f*; **saltarse algo a la torera** *fig* mandar algo às favas. <> *adj* de toureiro.
→ **torera** *f* jaqueta *f*.

tormenta *f* **-1**. METEOR tormenta *f* **-2**. *fig* [alteración anímica] confusão *f*.

tormento *m* tormento *m*.

tormentoso, sa *adj* tormentoso(sa).

tornado *m* METEOR tornado *m*.

tornar *culto* <> *vt* tornar. <> *vi* [regresar] tornar.
→ **tornarse** *vpr* [convertirse] tornar-se.

tornasolado, da *adj* furta-cor.

torneado, da *adj* torneado(da).
→ **torneado** *m* torneado *m*.

torneo *m* torneio *m*.

tornero, ra *m, f* torneiro(ra).

tornillo *m* parafuso *m*; **faltarle a uno un** ~ *fam fig* faltar um parafuso a alguém.

torniquete *m* **-1**. MED torniquete *m* **-2**. [en entrada] catraca *f*.

torno *m* **-1**. [gen] torno *m* **-2**. [para levantar pesos] sarilho *m*.
→ **en torno a** *loc prep* em torno de.

toro *m* touro *m*.
→ **toros** *mpl* tourada *f*.

toronja *f* toranja *f*.

torpe *adj* **-1**. [gen] desajeitado(da) **-2**. [inoportuno] inconveniente.

torpedear *vt* torpedear.

torpedero, ra *adj* torpedeiro(ra).
→ **torpedero** *m* torpedeiro *m*.

torpedo *m* **-1**. [proyectil] torpedo *m* **-2**. [pez] raia-elétrica *f*.

torpeza *f* **-1**. [gen] lerdeza *f* **-2**. [falta de habilidad] falta *f* de habilidade **-3**. [inoportunidad] inconveniência *f*.

torre *f* **-1**. [gen] torre *f*; ~ **de control** torre de controle **-2**. [edificio] prédio *m*.

torrefacto, ta *adj* torrefato(ta).
torrencial *adj* torrencial.
torrente *m* torrente *f*.
torreón *m* torreão *m*.
torreta *f* torre *f*.
torrezno *m* torresmo *m*.
tórrido, da *adj* tórrido(da).
torrija *f* CULIN rabanada *f*.
torsión *f* torção *f*.
torso *m* torso *m*.
torta *f* -**1.** CULIN torta *f* -**2.** CSur, Ven [tarta] torta *f* -**3.** *fam* [bofetada] bofetada *f*; **dar o pegar una** ~ **a alguien** dar uma bofetada em alguém.
➡ **ni torta** *fam loc adv* nada.
tortazo *m* -**1.** [bofetada] bofetão *m* -**2.** [golpe] pancada *f*.
tortícolis *f* MED torcicolo *m*.
tortilla *f* -**1.** [de huevo] omelete *m*; ~ **a la española** *o* **de patatas** CULIN omelete à espanhola *o* de batatas; ~ **a la francesa** omelete à francesa -**2.** CAm, Méx [de harina] tortilha *f*.
tórtola *f* rola *f*.
tortolito, ta *m, f* -**1.** [inexperto] inexperiente *mf* -**2.** (gen pl) *fam* [enamorado] pombinho *m*, -nha *f*.
tórtolo *m* -**1.** [ave] pombo *m* -**2.** (gen pl) *fam* [enamorado] pombinho *m*, -nha *f*.
tortuga *f* tartaruga *f*.
tortuoso, sa *adj* tortuoso(sa).
tortura *f* tortura *f*.
torturar *vt* torturar.
➡ **torturarse** *vpr* torturar-se.
torvisco *m* trovisco *m*.
torvo, va *adj* torvo(va).
tos *f* tosse *f*; ~ **ferina** = tosferina.
tosco, ca *adj* tosco(ca).
toser *vi* tossir.
tosferina, tos ferina *f* MED coqueluche *f*.
tostada *f* ▷ tostado.
tostado, da *adj* torrado(da).
➡ **tostada** *f* torrada *f*.
tostador, ra *adj* tostador(ra).
➡ **tostadora** *f* torradeira *f*.
tostar *vt* -**1.** [dorar, calentar] tostar -**2.** [curtir, broncear] bronzear.
➡ **tostarse** *vpr* bronzear-se.
tostón *m* Esp *fam* -**1.** [rollo, aburrimiento] chateação *f* -**2.** [persona molesta] chato *m*, -ta *f*.
total <> *adj* total. <> *m* -**1.** [suma] total *m*; **en** ~ **no total** -**2.** [totalidad, conjunto] totalidade *f*. <> *adv* afinal.
totalidad *f* totalidade *f*.
totalitario, ria *adj* totalitário(ria).
totalizar *vt* totalizar.
tótem (*pl* tótems *o* tótemes) *m* totem *m*.

tóxico, ca *adj* tóxico(ca).
➡ **tóxico** *m* tóxico *m*.
toxicómano, na *m, f* toxicômano *m*, -na *f*.
toxina *f* toxina *f*.
tozudo, da <> *adj* obstinado(da). <> *m, f* obstinado *m*, -da *f*.
traba *f* -**1.** [sujeción] trava *f* -**2.** [obstáculo] empecilho *m*; **poner** ~**s** colocar empecilhos.
trabajador, ra <> *adj* trabalhador(ra). <> *m, f* trabalhador *m*, -ra *f*.
trabajar <> *vi* trabalhar. <> *vt* trabalhar.
trabajo *m* trabalho *m*; ~ **temporal** trabalho temporário; **tomarse el** ~ **de** ter o trabalho de; **costar algo (mucho)** ~ **algo** custar (muito) trabalho.
trabajoso, sa *adj* -**1.** [difícil] trabalhoso(sa) -**2.** [molesto] cansativo(va).
trabalenguas *m inv* trava-língua *m*.
trabar *vt* -**1.** [sujetar] prender -**2.** [relación, amistad] travar -**3.** [obstaculizar] entravar -**4.** [espesar] engrossar.
➡ **trabarse** *vpr* travar.
trabazón *f* -**1.** [ensambladura] ensambladura *f* -**2.** [conexión, enlace] encadeamento *m*.
trabilla *f* passador *m*.
trabuco *m* trabuco *m*.
traca *f* fogos *mpl*.
tracción *f* tração *f*.
tractor *m* trator *m*.
tradición *f* tradição *f*.
tradicional *adj* tradicional.
tradicionalismo *m* tradicionalismo *m*.
traducción *f* tradução *f*.
traducir <> *vt* traduzir. <> *vi* traduzir.
➡ **traducirse** *vpr* -**1.** [a otro idioma] traduzir-se -**2.** [dar lugar]: ~**se en** traduzir-se em.
traductor, ra <> *adj* tradutor(ra). <> *m, f* tradutor *m*, -ra *f*.
traer *vt* -**1.** [gen] trazer -**2.** [llevar puesto] vestir -**3.** *loc*: ~ **algo entre manos** maquinar algo.
➡ **traerse** *vpr*: **¡desde luego el comentario que hizo se las traía!** *fam* sem dúvida o comentário que fez foi péssimo; **tengo una profesora nueva de gimnasia que se las trae** *fam* tenho uma nova professora de ginástica que é muito ruim.
tráfago *m* movimentação *f*.
traficar *vi* traficar.
tráfico *m* -**1.** [circulación] trânsito *m*, tráfego *m* -**2.** [comercio ilegal] tráfico *m*.
tragaderas *fpl* -**1.** *fam*: **tener (buenas)** ~ [ser crédulo] ser crédulo; [comer mucho] ser um bom garfo -**2.** [no tener escrúpulos] ser inescrupuloso.
tragaluz *m* clarabóia *f*.

tragaperras f inv *(en aposición)* caça-níquel m.

tragar ⬦ vt **-1.** [gen] engolir **-2.** [soportar] traga **-3.** *fam* [comer mucho] devorar **-4.** [consumir] consumir. ⬦ vi engolir.

➡ **tragarse** vpr **-1.** [gen] engolir **-2.** *fig* [soportarse] tragar-se.

tragedia f tragédia f.

trágico, ca ⬦ adj trágico(ca). ⬦ m, f trágico m, -ca f.

tragicomedia f tragicomédia f.

trago m **-1.** [de líquido] trago m **-2.** *fam* [copa] trago m **-3.** *fam* [disgusto] desgosto m; pasar un mal ~ passar um mau momento.

tragón, ona ⬦ adj *fam* comilão(lona). ⬦ m, f *fam* comilão m, -lona f.

traición f traição f.

traicionar vt trair.

traicionero, ra ⬦ adj traiçoeiro(ra). ⬦ m, f [malicioso] traiçoeiro m, -ra f.

traidor, ra ⬦ adj traidor(ra). ⬦ m, f [desleal] traidor m, -ra f.

trailer (pl trailers) m **-1.** [camión] trailer m **-2.** *Méx* [caravana] trailer m.

traje m **-1.** [vestido exterior] traje m; ~ de baño traje de banho; ~ de paisano traje à paisana **-2.** [conjunto con chaqueta] conjunto m; ~ de luces *TAUROM* traje m de luzes.

trajeado, da adj **-1.** [con chaqueta] com terno **-2.** *fam* [arreglado] arrumado(da).

trajera etc ▷ traer.

trajín m **-1.** *fam* [ajetreo] movimento m **-2.** [transporte] transporte m.

trajinar ⬦ vi *fam* movimentar. ⬦ vt transportar.

trama f trama f.

tramar vt tramar.

tramitar vt tramitar.

trámite m [diligencia] trâmite m.

tramo m **-1.** [espacio] trecho m **-2.** [de escalera] degrau m.

tramoya f **-1.** *TEATR* maquinismo m **-2.** *fig* [enredo] tramóia f.

tramoyista mf **-1.** *TEATR* maquinista mf **-2.** *fig* [tramposo] tramoieiro m, -ra f.

trampa f **-1.** [gen] armadilha f; hacer ~s fazer trapaças **-2.** [puerta] alçapão m **-3.** *fig* [deuda] calote m.

trampear *fam* vi **-1.** [endeudarse] endividar-se **-2.** *Esp* [ir tirando] virar-se.

trampilla f alçapão m.

trampolín m trampolim m.

tramposo, sa ⬦ adj **-1.** [fullero] trapaceiro(ra) **-2.** [moroso] caloteiro(ra). ⬦ m, f **-1.** [fullero] trapaceiro m, -ra f **-2.** [moroso] caloteiro m, -ra f.

tranca f **-1.** [palo] tranca f **-2.** *Esp fam* [borra-chera] bebedeira f **-3.** *loc*: a ~s y a barrancas aos trancos e barrancos.

trancazo m **-1.** [golpe con tranca] paulada f **-2.** *Esp fam* [gripe] gripe f.

trance m transe m.

➡ **a todo trance** *loc adv* a todo custo.

tranco m passada f.

tranquilidad f tranqüilidade f.

tranquilizante ⬦ adj tranqüilizante. ⬦ m tranqüilizante m.

tranquilizar vt tranqüilizar.

➡ **tranquilizarse** vpr tranqüilizar-se.

tranquillo m *fam*: cogerle el ~ a algo pegar a manha de algo.

tranquilo, la adj tranqüilo(la); **(tú)** ~ fique tranqüilo.

transacción f *COM* transação f.

transatlántico, ca, trasatlántico, ca adj transatlântico(ca).

➡ **transatlántico** m *NÁUT* transatlântico m.

transbordador, ra, trasbordador, ra adj transportador(ra).

➡ **transbordador** m *NÁUT* balsa f, ferryboat m.

transbordar, trasbordar ⬦ vt transportar. ⬦ vi baldear.

transbordo, trasbordo m: hacer ~ fazer baldeação.

transcendencia, trascendencia f transcendência f.

transcendental = trascendental.

transcendente = trascendente.

transcender = trascender.

transcribir, trascribir vt transcrever.

transcurrir, trascurrir vi transcorrer.

transcurso, trascurso m **-1.** [paso de tiempo] transcurso m **-2.** [periodo de tiempo] decurso m.

transeúnte mf [paseante] transeunte mf.

transexual ⬦ adj transexual. ⬦ mf transexual mf.

transferencia, trasferencia f transferência f.

transferir, trasferir vt transferir.

transfigurar, trasfigurar vt transfigurar.

➡ **transfigurarse** vpr transfigurar-se.

transformación, trasformación f transformação f.

transformador, ra, trasformador, ra adj transformador(ra).

➡ **transformador** m *ELECTRÓN* transformador m.

transformar, trasformar vt transformar; ~ algo/a alguien en algo transformar algo/alguém em algo.

➡ **transformarse** vpr transformar-se.

transformista, trasformista ⬦ adj transformista. ⬦ mf transformista mf.

tránsfuga, trásfuga *mf* trânsfuga *mf*.
transfusión, trasfusión *f MED* transfusão *f*.
transgénico, ca *adj* transgênico(ca).
transgredir, trasgredir *vt* transgredir.
transgresor, ra, trasgresor, ra <> *adj* transgressor(ra). <> *m, f* transgressor *m, -ra f*.
transición *f* transição *f*.
transido, da *adj* transido(da).
transigente *adj* transigente.
transigir *vi* transigir.
transistor *m* transistor *m*.
transitar *vi* transitar.
tránsito *m* trânsito *m*.
transitorio, ria *adj* transitório(ria).
translúcido, da, traslúcido, da *adj* translúcido(da).
translucirse, traslucirse *vpr* transluzir-se.
transmisión, trasmisión *f* transmissão *f*.
transmisor, ra, trasmisor, ra <> *adj* transmissor(ra). <> *m, f* transmissor *m, -ra f*.
◆ **transmisor** *m* transmissor *m*.
transmitir, trasmitir *vt* transmitir.
◆ **transmitirse** *vpr* transmitir-se.
transmutación, trasmutación *f* transmutação *f*.
transoceánico, ca, trasoceánico, ca *adj* transoceânico(ca).
transparencia, trasparencia *f* transparência *f*.
transparentarse, trasparentarse *vpr* transparecer.
transparente, trasparente *adj* transparente.
transpiración, traspiración *f* transpiração *f*.
transpirar, traspirar *vi* transpirar.
transplantar, trasplantar *vt* transplantar.
transplante, trasplante *m* transplante *m*.
transponer, trasponer *vt* [cambiar] mudar.
transportador, ra, trasportador, ra *adj* transportador(ra).
◆ **transportador** *m -1.* [para transportar] transportador *m -2.* [para medir ángulos] transferidor *m*.
transportar, trasportar *vt* transportar.
◆ **transportarse** *vpr* extasiar-se.
transporte, trasporte *m* transporte *m*.
transportista, trasportista *mf* transportador *m, -ra f*.
transvase, trasvase *m* [de río] canal *m*.
transversal, trasversal <> *adj* transversal. <> *f GEOM* transversal *f*.
tranvía *m* bonde *m*.

trapear *vt Andes, CAm, Méx* esfregar com pano.
trapecio *m* trapézio *m*.
trapecista *mf* trapezista *mf*.
trapeo *m Andes, CAm, Méx* ação de esfregar o chão.
trapero, ra *m, f* trapeiro *m, -ra f*.
trapezoide *m -1. GEOM* polígono *m* trapezóide *-2. ANAT* trapezóide *m*.
trapicheo *m fam* manobra *f*.
trapío *m* galhardia *f*.
trapisonda *f fam* encrenca *f*.
trapo *m -1.* [gen] trapo *m*; poner a alguien como un ~ *fig* pôr alguém abaixo de zero *-2. TAUROM* capinha *f*.
◆ **trapos** *mpl* roupa *f* feminina.
tráquea *f ANAT* traquéia *f*.
traqueteo *m* balanço *m*.
tras *prep -1.* [detrás de, en pos de] atrás de *-2.* [después de] depois de.
trasatlántico, ca = transatlántico.
trasbordador, ra = transbordador.
trasbordar = transbordar.
trasbordo = transbordo.
trascendencia = transcendencia.
trascendental, transcendental *adj* transcendental.
trascendente, transcendente *adj* transcendente.
trascender, transcender *vi* transcender.
trascribir = transcribir.
trascurrir = transcurrir.
trascurso = transcurso.
trasegar *vt -1.* [desordenar] desarrumar *-2.* [transvasar] transvasar.
trasero, ra *adj* traseiro(ra).
◆ **trasero** *m fam* traseiro *m*.
trasferencia = transferencia.
trasferir = transferir.
trasfigurar = transfigurar.
trasfondo *m* fundo *m*.
trasformación = transformación.
trasformador, ra = transformador.
trasformar = transformar.
trasformista = transformista.
trásfuga = tránsfuga.
trasfusión = transfusión.
trasgredir = transgredir.
trasgresor, ra = transgresor.
trashumante *adj* transumante.
trasiego *m -1.* [desorden] desordem *f -2.* [transvase] trasfega *f*.
traslación *f* translação *f*.
trasladar *vt* trasladar.
◆ **trasladarse** *vpr -1.* [desplazarse] trasladar-se *-2.* [mudarse] mudar-se.
traslado *m -1.* [gen] traslado *m -2.* [mudanza] mudança *f*.

traslúcido, da = translúcido.
traslucirse = translucirse.
trasluz m réstia f; **al** ~ à contraluz.
trasmano ◆ **a trasmano** loc adv fora de mão.
trasmisión = transmisión.
trasmisor, ra = transmisor.
trasmitir = transmitir.
trasmutación = transmutación.
trasnochar vi passar a noite em claro.
trasoceánico, ca = transoceánico.
traspapelar vt extraviar.
◆ **traspapelarse** vpr extraviar-se.
trasparencia = transparencia.
trasparentarse = transparentarse.
trasparente = transparente.
traspasar vt transpassar.
traspaso m -1. [gen] transpasse m -2. DEP passe m.
traspié m -1. [resbalón] tropeção m -2. [error] tropeço m.
traspiración = transpiración.
traspirar = transpirar.
trasplantar = transplantar.
trasplante = transplante.
trasponer = transponer.
trasportador, ra = transportador.
trasportar = transportar.
trasporte = transporte.
trasportista = transportista.
trasquilar vt -1. [cortar mal el pelo] cortar mal -2. [esquilar] tosquiar.
trastabillar vi tropeçar.
trastada f cachorrada f; **hacerle una** ~ **a alguien** fazer uma cachorrada com alguém.
trastazo m pancada f; **darse** o **pegarse un** ~ levar uma pancada.
traste m -1. MÚS traste m -2. Andes, CAm, Carib, Méx [trasto] utensílio m de cozinha -3. CSur [trasero] traseiro m -4. loc: **dar al** ~ **con algo** fig acabar com algo; **irse al** ~ **algo** fig algo ir para o espaço.
trastero m quarto m de despejo.
trastienda f fundos mpl.
trasto m -1. [utensilio inútil] traste m -2. fam [persona traviesa] traquinas mf inv.
◆ **trastos** mpl -1. [pertenencias] tralha f; **tirarse los** ~ **s a la cabeza** quebrar o pau -2. [equipo, herramientas] petrechos mpl.
trastocar vt desarrumar.
◆ **trastocarse** vpr transtornar-se.
trastornado, da adj transtornado(da).
trastornar vt transtornar.
◆ **trastornarse** vpr [volverse loco] transtornar-se.
trastorno m transtorno m.
trastrocar vt -1. [cambiar de orden] trocar -2.

[cambiar de sentido] inverter.
trasvase = transvase.
trasversal = transversal.
tratable adj tratável.
tratado m tratado m.
tratamiento m tratamento m.
◆ **tratamiento de textos** m INFORM processamento m de textos.
tratar ⟨⟩ vt -1. [gen] tratar -2. [dar tratamiento]: ~ **de tú/usted** tratar alguém de tu/você -3. [calificar]: ~ **de** tratar de. ⟨⟩ vi -1. [gen] tratar; ~ **de** tratar de -2. [tener relación]: ~ **con alguien** tratar com alguém -3. [intentar]: ~ **de hacer algo** tratar de fazer algo -4. [utilizar] manipular.
◆ **tratarse** vpr -1. [relacionarse]: ~se **con** conviver com -2. [versar]: ~se **de** tratar-se de.
trato m -1. [gen] tratamento m -2. [relación] relação f; **tener** ~ **con alguien** ter comunicação o relações com alguém -3. [acuerdo] trato m; **cerrar** o **hacer un** ~ fazer um trato; **¡** ~ **hecho!** trato feito!
trauma m trauma m.
traumatizar vt traumatizar.
◆ **traumatizarse** vpr traumatizar-se.
traumatólogo, ga m, f MED traumatologista mf.
través ◆ **a través de** loc prep através de.
◆ **al través** loc adv de atravessado.
◆ **de través** loc adv de atravessado.
travesaño m -1. travessa f -2. DEP travessão m.
travesía f -1. [viaje] travessia f -2. [calle] travessa f -3. [de carretera] trecho de estrada dentro do perímetro urbano.
travestido, da, travesti, travestí (pl travestís o travestíes) m, f travesti mf.
travesura f travessura f.
traviesa f dormente m.
travieso, sa adj travesso(sa).
trayecto m trajeto m.
trayectoria f trajetória f.
traza f -1. [boceto, plano] planta f -2. [aspecto] aspecto m -3. [habilidad]: **tener buena** o **mucha** ~ **(para)** ter muito jeito (para); **tener mala** o **poca** ~ **(para)** ter pouco jeito (para).
trazado m traçado m.
trazar vt traçar.
trazo m traço n.
trébol m -1. [planta] trevo m -2. [naipe] paus mpl.
◆ **tréboles** mpl paus mpl.
trece ⟨⟩ núm treze. ⟨⟩ m treze m; ver también seis.
treceavo, va núm: **treceava parte** décima terceira parte.

trecho m -**1.** [tramo] trecho m; **de** ~ **en** ~ de trecho em trecho -**2.** [de tiempo] tempo; **de** ~ **en** ~ de tempo em tempo.

tregua f trégua f.

treinta ◇ núm trinta. ◇ m trinta m; ver también seis.

trekking m trekking m.

tremebundo, da adj horripilante.

tremendo, da adj -**1.** [extraordinario] tremendo(da) -**2.** [travieso] terrível.

trémulo, la adj trêmulo(la).

tren m -**1.** [gen] trem m; ~ **de aterrizaje** trem de aterrissagem; ~ **de alta velocidad** trem-bala; ~ **expreso** trem expresso; ~ **de lavado** máquina f automática de lavagem; ~ **semidirecto** trem semidireto -**2.** fig [lujo] luxo m; ~ **de vida** nível de vida.

trenca f casaco com capuz.

trenza f trança f.

trenzar vtr trançar.

trepa mf Esp fam arrivista mf.

trepador, ra ◇ adj trepador(ra). ◇ m, f Esp fam carreirista mf.

trepar ◇ vi -**1.** [gen] trepar -**2.** fam [socialmente] subir. ◇ vt fam escalar.

trepidar vi trepidar.

tres ◇ núm três. ◇ m [número] três m; **ni a la de** ~ Esp fig por nada deste mundo. ◇ fpl [hora] três horas fpl; ver también seis.

➤ **tres cuartos** m casaco m três quartos.

➤ **tres en raya** m jogo-da-velha m.

trescientos, tas núm trezentos(tas).

➤ **trescientos** m trezentos m; ver también seis.

tresillo m [tipo de sofá] conjunto composto por um sofá e duas poltronas.

treta f [engaño] treta f.

trial m inv trial m.

triangular adj triangular.

triángulo m -**1.** [gen] triângulo m -**2.** fam [amoroso] triângulo m.

tribu f tribo f.

tribulación f tribulação f.

tribuna f -**1.** [estrado] tribuna f -**2.** [en espectáculo] camarote m -**3.** [en campo de deportes] arquibancada f.

tribunal m -**1.** tribunal -**2.** [de concurso] júri m -**3.** [de examen] banca f.

➤ **tribunales** mpl [vía judicial] justiça f; **llevar a alguien a los** ~**es** levar alguém ao tribunal.

tributar ◇ vt [profesar] tributar. ◇ vi [pagar impuestos] pagar impostos.

tributo m tributo m.

triciclo m triciclo m.

tricornio m tricórnio m.

tricot m inv tricô m.

tricotar ◇ vi tricotar. ◇ vt tricotar.

tricotosa f máquina f de tricô.

tridimensional adj tridimensional.

trifulca f fam bate-boca m.

trigal m trigal m.

trigésimo, ma núm [para ordenar] trigésimo(ma); **trigésima parte** trigésima parte.

trigo m trigo m.

trigonometría f MAT trigonometria f.

trigueño, ña adj [pelo] castanho(nha); Ven [persona] trigueiro(ra).

trillado, da adj batido(da).

trillar vt trilhar.

trillizo, za ◇ adj trigêmeo(mea). ◇ m, f trigêmeo m, -mea f.

trilogía f trilogia f.

trimestral adj trimestral.

trimestre m trimestre m.

trinar vi trinar; **estar alguien que trina** fig estar alguém bufando.

trincar Esp fam ◇ vt [detener] grampear. ◇ vi [beber] entornar.

➤ **trincarse** vpr [beberse] entornar.

trinchante m trinchante m.

trinchar vt trinchar.

trinchera f trincheira f.

trineo m trenó m.

Trinidad f RELIG: **la (Santísma)** ~ **a** (Santisima) Trindade.

Trinidad y Tobago n Trinidad e Tobago.

trío m -**1.** [gen] trio m -**2.** [de naipes] trinca f.

tripa f -**1.** [intestino] tripa f -**2.** fam [barriga] barriga f.

➤ **tripas** fpl fig [interior] interior m.

tripi m Esp fam ácido m.

triple ◇ adj triplo(pla). ◇ m triplo m.

triplicado m triplicata f.

triplicar vt triplicar.

➤ **triplicarse** vpr triplicar-se.

trípode m tripé m.

tríptico m tríptico m.

tripulación f tripulação f.

tripulante mf tripulante mf.

tripular vt tripular.

triquiñuela f (gen pl) fam [truco] manha f.

tris m inv: **estar en un** ~ **de (que)** fig estar por um triz de.

triste adj triste; **ni un** ~ nem um triste.

tristeza f tristeza f.

triturador, ra adj triturador(ra).

➤ **triturador** m triturador m.

➤ **trituradora** f britador m, -ra f.

triturar vt triturar.

triunfador, ra ◇ adj vencedor(ra). ◇ m, f vencedor m, -ra f.

triunfal adj triunfal.

triunfar vi triunfar.

triunfo m -**1.** [gen] triunfo m -**2.** [trofeo] troféu m -**3.** [en juegos de naipes] trunfo m.

trivial *adj* trivial.

trivialidad *f* trivialidade *f*.

trivializar *vt* trivializar.

triza *f (gen pl)* pedaço *m*; **hacer** ~**s** algo fazer algo em pedaços; **hacer** ~**s** a alguien *fig* fazer alguém em pedaços.

trocar *vt* trocar; ~ algo en algo transformar algo em algo.

➡ **trocarse** *vpr* [mudarse, transformarse] transformar-se; ~**se en** transformar-se em.

trocear *vt* cortar.

trocha *f Amér* desvio das vias dos trilhos de trem.

troche ➡ **a troche y moche** *loc adv fam* a torto e a direito.

trofeo *m* troféu *m*.

troglodita <> *adj* troglodita *mf*. <> *mf* troglodita *mf*.

trola *f Esp fam* lorota *f*.

trolebús *m* trólebus *m*.

trolero, ra *Esp fam* <> *adj* mentiroso(sa). <> *m, f* mentiroso *m*, -sa *f*.

tromba *f* tromba *f*; ~ de agua tromba d'água.

trombón *m* -**1**. [instrumento] trombone *m* -**2**. [músico] trombone *mf*, trombonista *mf*.

trombosis *f MED* trombose *f*.

trompa <> *f* -**1**. [gen] trompa *f* -**2**. [de animal] tromba *f* -**3**. *fam* [borrachera] porre *m*; **coger** *o* **pillar una** ~ tomar um porre. <> *adj fam* [borracho] alto(ta).

trompazo *m* batida *f*; **darse** *o* **pegarse un** ~ dar *o* levar uma batida.

trompeta <> *f* trompete *m*. <> *mf* trompete *mf*.

trompetista *mf* trompetista *mf*.

trompicón *m* [tropezón] tropicão *m*; **a trompicones** *fig* aos tropicões.

trompo *m* pião *m*.

tronado, da *adj fam* surrado(da).

➡ **tronada** *f* trovoada *f*.

tronar <> *v impers* trovejar. <> *vi* -**1**. [resonar] ressoar -**2**. *Méx fam* [venirse abajo] despencar. <> *vt Méx fam* [fracasar] fracassar.

tronchar *vt* [partir] quebrar.

➡ **troncharse** *vpr fam*: ~**se (de risa)** morrer (de rir).

tronco *m* -**1**. [gen] tronco *m*; **dormir como un** ~ *fig* dormir como uma pedra -**2**. *Esp fam* [colega] chapa *mf*.

tronera *mf fam* boa-vida *mf*.

trono *m* trono *m*.

tropa *f* tropa *f*.

tropel *m* -**1**. [de personas] tropel *m* -**2**. [de cosas] monte *m*.

tropelía *f* abuso *m*.

tropezar *vi* -**1**. [gen] tropeçar; ~ con tropeçar em -**2**. *fam* [encontrar]: ~ con topar com.

➡ **tropezarse** *vpr fam* [encontrarse] topar-se; ~**se con** topar-se com.

tropezón *m* -**1**. [tropiezo] tropeção *m* -**2**. [desacierto, fallo] tropeço *m*.

➡ **tropezones** *mpl* pedaços pequenos de carne, presunto ou pão misturados à sopa ou aos legumes.

tropical *adj* tropical.

trópico *m* trópico *m*; ~ de Cáncer trópico *m* de Câncer; ~ de Capricornio trópico de Capricórnio.

tropiezo *m* -**1**. [gen] tropeço *m* -**2**. [desliz sexual] deslize *m*; **tener un** ~ cometer um deslize.

troquel *m* [molde] troquel *m*.

trotamundos *mf inv* globe-trotter *mf*.

trotar *vi* -**1**. [gen] trotar -**2**. *fam fig* [andar mucho] correr.

trote *m* -**1**. [de caballo] trote *m* -**2**. *fam* [actividad intensa] correria *f*; **no estoy para estos** ~**s** não tenho mais idade para esse tipo de coisa.

troupe *f* trupe *f*.

trovador *m* trovador *m*.

troyano, na <> *adj* troiano(na). <> *m, f* troiano *m*, -na *f*.

trozar *vt Amér* [carne] trinchar; [res, tronco] trinchar.

trozo *m* pedaço *m*.

trucar *vt* adulterar.

trucha *f* [pez] truta *f*.

truco *m* -**1**. [trampa, engaño] truque *m* -**2**. [habilidad, técnica] manha *f*; **coger el** ~ pegar as manhas.

truculento, ta *adj* truculento(ta).

trueno *m* -**1**. *METEOR* trovão *m* -**2**. [ruido] estampido *m*.

trueque *m* troca *f*.

trufa *f* trufa *f*.

truhán, ana *m, f* vigarista *mf*.

truncar *vt* -**1**. [frustrar] frustrar -**2**. [omitir] truncar.

trusa *f* -**1**. *Carib* [traje de baño] maiô *m* -**2**. *RP* [faja] cinta *f*.

tu (*pl* **tus**) *adj* teu (tua).

tú *pron* você; **hablar** *o* **tratar de** ~ tratar de você.

> A forma espanhola *tú* é usada em algumas partes do mundo hispano-falante. Em outras, usa-se *vos* e em outras, as duas formas são usadas.
>
> (Ver *Os pronomes* na seção *Gramática espanhola*.)

tuareg <> *adj inv* tuaregue. <> *mf inv* tuaregue *mf*.

tubérculo *m BOT* tubérculo *m.*
tuberculosis *f MED* tuberculose *f.*
tuberculoso, sa ◇ *adj* **-1.** *MED* tuberculoso(sa) **-2.** *BOT* tuberculado(da). ◇ *m, f* tuberculoso *m,* -sa *f.*
tubería *f* tubulação *f.*
tubo *m* cano *m;* ~ **digestivo** tubo digestivo; ~ **de ensayo** tubo de ensaio; ~ **de escape** *AUTOM* cano de escapamento.
tuerca *f* porca *f;* **apretarle las** ~**s a alguien** *fig* pôr alguém contra a parede.
tuerto, ta ◇ *adj* caolho(lha). ◇ *m, f* caolho *m,* -lha *f.*
tuétano *m* **-1.** *ANAT* tutano *m* **-2.** *fig* [meollo] âmago *m.*
tufillo *m* fedentina *f.*
tufo *m* fedor *m.*
tugurio *m* boteco *m.*
tul *m* tule *m.*
tulipa *f* tulipa *f.*
tulipán *m* tulipa *f.*
tullido, da ◇ *adj* inválido(da). ◇ *m, f* inválido *m,* -da *f.*
tumba *f* tumba *f;* **ser (como) una** ~ *fig* ser (como) um túmulo.
tumbar *vt* **-1.** [derribar] derrubar **-2.** *fam* [suspender] chumbar **-3.** *fam* [perturbar, atontar] matar.
◆ **tumbarse** *vpr* deitar-se.
tumbo *m* solavanco *m;* **dando** ~**s** *fig* [con dificultades, obstáculos] dando tropeções.
tumbona *f* cadeira *f* reclinável.
tumor *m MED* tumor *m.*
tumulto *m* [disturbio] tumulto *m.*
tumultuoso, sa *adj* tumultuoso(sa).
tuna *f* ▷ tuno.
tunante, ta *m, f* trapaceiro *m,* -ra *f.*
tunda *fam f* **-1.** [paliza] tunda *f* **-2.** [esfuerzo] canseira *f.*
túnel *m* túnel *m.*
◆ **túnel de lavado** *m AUTOM* sistema *m* de lavagem automática.
Túnez *n* Túnis.
túnica *f* túnica *f.*
Tunicia *n* Tunísia.
tuno, na *m, f* esperto *m,* -ta *f.*
◆ **tuna** *f* **-1.** [grupo musical] tuna *f* **-2.** *CAm, Méx* [fruta] figo-da-índia *m.*
tuntún ◆ **al buen tuntún** *loc adv* ao acaso.
tupé *m* topete *m.*
tupido, da *adj* denso(sa).
turba *f* **-1.** [carbón] hulha *f* **-2.** [muchedumbre] turba *f.*

turbación *f* turbação *f.*
turbante *m* turbante *m.*
turbar *vt* turbar.
◆ **turbarse** *vpr* turbar-se.
turbina *f* turbina *f.*
turbio, bia *adj* **-1.** [sucio] turvo(va) **-2.** [poco legal] escuso(sa) **-3.** [turbulento] turbulento(ta).
turbodiésel *m* turbodiesel *m.*
turbulencia *f* turbulência *f.*
turbulento, ta *adj* turbulento(ta).
turco, ca ◇ *adj* turco(ca). ◇ *m, f* turco *m,* -ca *f.*
◆ **turco** *m* turco *m.*
turismo *m* turismo *m;* ~ **rural** turismo rural.
turista *mf* turista *mf.*
turístico, ca *adj* turístico(ca).
túrmix® *f Esp* mixer *m.*
turnarse *vpr* revezar-se; ~**se con alguien** revezar-se com alguém.
turno *m* **-1.** [tanda] vez *f* **-2.** [de trabajo] turno *m.*
turquesa ◇ *f* [mineral] turquesa *f.* ◇ *m* [color] turquesa *m.* ◇ *adj inv* [color] turquesa.
Turquía *n* Turquia.
turrón *m CULIN* doce em forma de tablete, feito à base de amêndoas ou de outros frutos secos, mel e açúcar.
tururú *interj fam* neca!
tute *m* **-1.** [juego] *jogo de baralho* **-2.** *fig* [paliza] trabalheira *f;* **darse un** ~ dar um duro.
tutear *vt* tutear.
◆ **tutearse** *vpr* tutear-se.
tutela *f* **-1.** *DER* tutela *f* **-2.** [cargo] orientação *f.*
tutelar ◇ *adj* tutelar. ◇ *vt* tutelar.
tutor, ra *m, f* **-1.** *DER* tutor *m,* -ra *f* **-2.** [profesor privado] preceptor *m,* -ra *f* **-3.** [de curso] orientador *m,* -ra *f.*
tutoría *f* **-1.** *DER* tutela *f* **-2.** [de curso] orientação *f.*
tutti frutti, tuttifrutti *m* tutti frutti *m.*
tutú (*pl* tutús) *m* tutu *m.*
tuviera *etc* ▷ tener.
TV (*abrev de* televisión) *f* TV *f.*
TVE (*abrev de* Televisión Española) *f* televisão pública de Espanha.
twist *m inv* twist *m.*
tuyo, ya ◇ *adj* teu (tua). ◇ *pron*: **el** ~ / **la tuya** o teu/a tua; **lo** ~ o teu; **los** ~ os teus.

u¹, U (*pl* úes) *f* [letra] u, U *m*.

> Quando a palavra que segue a conjunção *o* começa com o som *o*, nós a substituímos por *u*: (¿Quién faltó a clase ayer? ¿Mariana u Olga? Quem faltou à aula ontem? Mariana ou Olga?; Se puede llegar al club en auto u ómnibus. Pode-se chegar ao clube de carro ou de ônibus.)

u² = o.

UBA (*abrev de* Universidad de Buenos Aires) *f* Universidade de Buenos Aires.

ubicación *f* localização *f*.

ubicar *vt* localizar.

▶ **ubicarse** *vpr* localizar-se.

ubre *f* úbere *m*.

UCI (*abrev de* unidad de cuidados intensivos) *f* UTI *f*.

UCR (*abrev de* Unión Cívica Radical) *f* partido político argentino.

Ud., Vd. (*abrev de* usted) vc.

Uds., Vds. (*abrev de* ustedes) vcs.

UE (*abrev de* Unión Europea) UE.

UEFA (*abrev de* Union of European Football Associations) *f*: **la** ~ a UEFA.

UEO (*abrev de* Unión Europea Occidental) *f* UEO *f*.

uf *interj* ufa!

ufanarse *vpr*: ~**se de** *o* **con** vangloriar-se de.

ufano, na *adj* **-1.** [satisfecho] satisfeito(ta) **-2.** [engreído] convencido(da) **-3.** [lozano] viçoso(sa).

Uganda *n* Uganda.

UGT (*abrev de* Unión General de los Trabajadores) *f* sindicato espanhol de esquerda.

UHF (*abrev de* ultra-high frequency) *f* UHF *f*.

UHT (*abrev de* ultra-heat-treated) *adj* UHT.

ujier *m* porteiro *m*.

úlcera *f* MED úlcera *f*.

ulterior *adj* ulterior.

ultimar *vt* [gen] ultimar.

ultimátum (*pl inv o* ultimatos) *m* ultimato *m*.

último, ma ◇ *adj* último(ma); **por** ~ por último; **a la última** *fam* na última moda; **estar en las últimas** estar nas últimas. ◇ *m, f (precedido de art def)* último *m*, -ma *f*.

ultra POLÍT ◇ *adj* extremista. ◇ *mf* extremista *mf*.

▶ **non plus ultra** *m*: **el** ~ **o** que há de melhor, o apogeu.

ultraderecha *f* POLÍT extrema direita *f*.

ultraizquierda *f* POLÍT extrema esquerda *f*.

ultrajar *vt* ultrajar.

ultraje *m* ultraje *m*.

ultraligero *m* ultraleve *m*.

ultramar *m* ultramar.

ultramarino, na *adj* ultramarino(na).

▶ **ultramarinos** *mpl* **-1.** [comestibles] conservas *fpl* **-2.** [tienda] estabelecimento que vende produtos comestíveis.

ultranza ▶ **a ultranza** *loc adv* **-1.** [con decisión] com veemência **-2.** [sin concesiones] incondicional.

ultrarrojo, ja = infrarrojo.

ultrasonido *m* ultra-som *m*.

ultratumba *f*: **de** ~ do além-túmulo.

ultravioleta *adj inv* ultravioleta.

ulular *vi* **-1.** [viento] ulular **-2.** [búho] piar.

umbilical *adj* umbilical.

umbral *m* **-1.** [de puerta] soleira *f* **-2.** [principio, límite] limiar *m*.

umbrío, a *adj* sombrio(a).

un, una ◇ *art* um (uma). ◇ *adj* = uno.

UNAM (*abrev de* Universidad Nacional Autónoma de México) *f* Universidade Nacional Autônoma do México.

unánime *adj* unânime.

unanimidad *f* unanimidade *f*; **por** ~ por unanimidade.

unción *f* unção *f*.

undécimo, ma ◇ *núm* [para ordenar] décimo-primeiro, décima-primeira; **undécima parte** [para fraccionar] décima-primeira parte. ◇ *m, f (precedido de art def)* décimo-primeiro *m*, -ra *f*.

▶ **undécimo** *m* undécimo *m*.

underground *adj inv* underground.

UNED (*abrev de* Universidad Nacional de Educación a Distancia) *f* universidade espanhola que permite cursos a distância em todo o país.

ungir *vt* ungir.

ungüento *m* ungüento *m*.

únicamente *adv* unicamente.

único, ca ◇ *adj* único(ca). ◇ *pron* único(ca).

unicornio *m* MITOL unicórnio *m*.

unidad *f* unidade *f*; ~ **central de proceso** INFORM unidade central de processamento; ~ **de disco** INFORM unidade de disco.

unidireccional *adj* unidirecional.

unido, da *adj* unido(da).

unifamiliar *adj* unifamiliar.

unificar *vt* unificar.

uniformar *vt* uniformizar.

uniforme ◇ *adj* uniforme. ◇ *m* uniforme *m*.

uniformidad *f* uniformidade *f*.

uniformizar *vt* uniformizar.

unilateral *adj* unilateral.

unión *f* -1. [gen] união *f* - 2. [de partes separadas] junção *f*.

unir *vt* -1. [gen] unir - 2. [mezclar] juntar - 3. [trabar] ligar.

◆ **unirse** *vpr* -1. [gen] unir-se - 2. [partes separadas] juntar-se.

unisexo, unisex *adj* unissex.

unísono ◆ **al unísono** *loc adv* em uníssono.

unitario, ria *adj* unitário(ria).

universal *adj* universal.

universidad *f* universidade *f*.

universitario, ria ◇ *adj* universitário(ria). ◇ *m, f* universitário *m*, -ria *f*.

universo *m* universo *m*.

unívoco, ca *adj* unívoco(ca).

uno, na ◇ *adj* um (uma); ~ día volveré um dia voltarei; **en la calle había unos coches mal aparcados** na rua havia uns carros mal estacionados; **he conocido a unas chicas muy simpáticas** conheci umas garotas muitos simpáticas; **tienes treinta y un días para decidirte** trinta e um dias para você se decidir; **había cincuenta y una mujeres** havia cinqüenta e uma mulheres; **había unas doce personas** havia umas doze pessoas. ◇ *pron* -1. [indefinido] um (uma); **los bombones están muy buenos, coge uno** os bombons estão muito bons, pegue um; **tienes muchas manzanas, dame unas** você tem muitas maçãs, dê-me algumas; ~ **de um de;** ~ **... otro un** ... outro - 2. *fam* [referido a personas] um (uma); **ayer hablé con** ~ **que te conoce** ontem falei com um que lhe conhece - 3. [yo] um mesmo; **una ya está acostumbrada a eso** já estou acostumado a isso - 4. *loc:* **de** ~ **en** ~ de um em um; **una de dos** de duas uma; ~ **a** ~ um a um; ~ **por** ~ um por um; **más de** ~ mais de um; ~ **más** mais um; ▷ **seis.**

unos, nas ▷ **uno.**

UNRG (*abrev de* **Unidad Nacional Revolucionaria de Guatemala**) *f antiga coalizão guerrilheira da Guatemala, agora convertida em partido político de esquerda*.

untar *vt* -1. [con grasa] untar - 2. *fam* [sobornar] engraxar.

untuoso, sa *adj* [graso] untuoso(sa).

uña *f* -1. [gen] unha *f*; **ser** ~ **y carne dos personas** *fig* duas pessoas serem unha e carne - 2. [casco] casco *m* - 3. [punta] ferrão *m*.

uralita® *f* CONSTR cimento-amianto *m*.

uranio *m* QUÍM urânio *m*.

Urano *m* Urano *m*.

urbanidad *f* urbanidade *f*.

urbanismo *m* urbanismo *m*.

urbanización *f* -1. [acción] urbanização *f* - 2. [zona residencial] condomínio *m* fechado.

urbanizar *vt* urbanizar.

urbano, na ◇ *adj* urbano(na). ◇ *m, f Esp* guarda *mf* municipal.

urbe *f* urbe *f*.

urdimbre *f* urdidura *f*.

urdir *vt* urdir.

urgencia *f* urgência *f*.

◆ **urgencias** *fpl* pronto-socorro *m*.

urgente *adj* urgente.

urgir *vi* urgir.

urinario, ria *adj* urinário(ria).

◆ **urinario** *m* mictório *m*.

URL (*abrev de* **uniform resource locator**) *f* INFORM URL *f*.

urna *f* urna *f*.

urólogo, ga *m, f* MED urologista *mf*.

urraca *f* gralha *f*.

urticaria *f* MED urticária *f*.

Uruguay *n* Uruguai.

uruguayo, ya ◇ *adj* uruguaio(a). ◇ *m, f* uruguaio *m*, -a *f*.

USA (*abrev de* **United States of America**) *mpl:* **los** ~ os EUA.

usado, da *adj* usado(da).

usanza *f* costume *m*; **a la vieja** ~ à moda antiga.

usar *vt* usar.

◆ **usarse** *vpr* usar-se.

USB (*abrev de* **Universal Serial Bus**) *m* INFORM USB *m*.

usina *f Andes, RP:* ~ **eléctrica** usina *f* elétrica; ~ **nuclear** usina nuclear.

uso *m* uso *m*; **hacer** ~ **de** fazer uso de.

usted (*pl* **-des**) *pron* o senhor (a senhora); **me gustaría hablar con** ~ gostaria de falar com o senhor.

> Não confundir com 'você/s' do português, que se usa no tratamento informal ou familiar.
>
> (Ver 'você/s' no lado Português-Espanhol do dicionário.)

usual *adj* usual.

usuario, ria *m, f* usuário *m*, -ria *f*.

usufructo *m* DER usufruto *m*.

usura *f* usura *f*.

usurero, ra *m, f* usurário *m*, -ria *f*.

usurpar *vt* usurpar.

utensilio *m* utensílio *m*.

útero *m* ANAT útero *m*.

UTI (*abrev de* **unidad de tratamiento intensivo**) *f CSur* UTI *f*.

útil *adj* útil.
- **útiles** *mpl* utensílios *mpl.*

utilidad *f* -**1.** [cualidad] utilidade *f* -**2.** [beneficio] proveito *m.*

utilitario, ria *adj* utilitário(ria).
- **utilitario** *m AUTOM* carro *m* de passeio.

utilización *f* utilização *f.*

utilizar *vt* utilizar.

utopía *f* utopia *f.*

utópico, ca *adj* utópico(ca).

uva *f* uva *f*; **uvas de la suerte** *tradição segundo a qual, na noite de 31 de dezembro, devem ser comidas doze uvas*; **tener mala** ~ **fam** ser mal-humorado.

UVI (*abrev de* **unidad de vigilancia intensiva**) *f* UTI *f.*

uy *interj* ui!

v, V *f* [letra] v, V *m.*
- **v doble** *f* dábliu *m.*

va *etc* ▷ ir.

vaca *f* vaca *f*; ~s **flacas/gordas** *fig* vacas magras/gordas.

vacaciones *fpl* férias *fpl*; **hacer** *o* **coger (las)** ~ entrar de *o* tirar (as) férias; **irse** *o* **marcharse de** ~ ir *o* sair de férias; **estar de** ~ estar de férias.

vacacionista *mf Méx* turista *mf.*

vacante ◇ *adj* vacante. ◇ *f* vaga *f.*

vaciar *vt* -**1.** [recipiente] esvaziar; ~ **algo de algo** esvaziar algo de algo -**2.** [evacuar] evacuar -**3.** [formar hueco] vazar.

vaciedad *f* [tontería] bobagem *f.*

vacilación *f* vacilação *f.*

vacilante *adj* vacilante.

vacilar ◇ *vi* -**1.** [gen] vacilar -**2.** *Esp fam* [chulear] costurar. ◇ *vt Esp fam* [chulear] tirar sarro de.

vacilón, ona ◇ *adj* -**1.** *Esp fam* [chulo] exibido(da) -**2.** *CAm, Carib, Méx* [fiestero] festeiro(ra). ◇ *m, f Esp fam* farsante *mf.*

vacío, a *adj* vazio(zia); ~ **de** vazio(zia) de.
- **vacío** *m* -**1.** [gen] vazio *m* -**2.** *FÍS* vácuo *m*; **al** ~ a vácuo.

vacuna *f* vacina *f.*

vacunar *vt* vacinar.
- **vacunarse** *vpr* vacinar-se.

vacuno, na *adj* bovino(na).
- **vacuno** *m* bovino *m.*

vacuo, cua *adj* [trivial] vazio(zia).

vadear *vt* vadear.

vado *m* -**1.** [en acera] guia *f* rebaixada; ~ **permanente** entrada *f* de veículos -**2.** [de río] vau *m.*

vagabundear *vi* -**1.** [holgazanear] vagabundear -**2.** [vagar] vagar.

vagabundo, da ◇ *adj* vagabundo(da). ◇ *m, f* vagabundo *m*, -da *f.*

vagancia *f* vagabundagem *f.*

vagar *vi* vagar.

vagina *f ANAT* vagina *f.*

vago, ga ◇ *adj* -**1.** [perezoso] preguiçoso(sa) -**2.** [impreciso] vago(ga). ◇ *m, f* preguiçoso *m*, -sa *f.*

vagón *m* vagão *m.*

vagoneta *f* vagonete *f.*

vaguedad *f* -**1.** [imprecisión] vaguidade *f* -**2.** [divagación] divagação *f.*

vahído *m* vertigem *m.*

vaho *m* vapor *m.*
- **vahos** *mpl* inalação *f.*

vaina *f* -**1.** [funda] bainha *f* -**2.** *BOT* [envoltura] vagem *f* -**3.** *fam Col, Perú, Ven* [contratiempo]: **¡qué** ~! que saco!

vainilla *f* baunilha *f.*

vaivén *m* -**1.** [balanceo] vaivém *m* -**2.** [altibajo] altos *mpl* e baixos.

vajilla *f* louça *f.*

vale ◇ *m* -**1.** [bono] vale-brinde *m* -**2.** [entrada gratuita] ingresso *m* gratuito -**3.** [comprobante] vale-compra *m* -**4.** *Méx, Ven fam* [amigo] chapa *m.* ◇ *interj Esp* tá bem!

valedero, ra *adj* válido(da).

Valencia *n* Valência.

valenciano, na ◇ *adj* valenciano(na). ◇ *m, f* valenciano *m*, -na *f.*
- **valenciano** *m* valenciano *m.*

valentía *f* -**1.** [valor, brío] valentia *f* -**2.** [hazaña] façanha *f.*

valentón, ona ◇ *adj* valentão(tona). ◇ *m, f* valentão *m*, -tona *f.*

valer ◇ *m* valor *m.* ◇ *vt* valer. ◇ *vi* -**1.** valer; **hacerse** ~ valorizar-se -**2.** [equivaler]: ~ **por** valer por -**3.** [ser mejor]: **más vale que** é melhor que; **más vale tarde que nunca** *prov* antes tarde do que nunca -**4.** *loc*: **¿vale?** combinado?; **¡vale (ya)!** (já) basta!
- **valerse** *vpr* valer-se; **no poder** ~ **se** não poder valer-se; ~ **se de algo/alguien** valer-se de algo/alguém.

valeroso, sa *adj* valoroso(sa).

valía *f* valia *f.*

validar *vt* validar.

validez *f* validez *f.*

válido, da *adj* válido(da).

valiente *adj* **-1.** [valeroso] valente **-2.** [menudo] grande, belo(la).
valija *f* valise *f*; ~ **diplomática** mala *f* diplomática.
valioso, sa *adj* valioso(sa).
valla *f* **-1.** [cerca] cerca *f* **-2.** DEP barreira *f*.
vallado *m* cerca *f*.
vallar *vt* cercar.
valle *m* vale *m*.
valor *m* **-1.** [gen] valor *m*; **de** ~ **de** valor **-2.** [valentía, osadía] coragem *f*; **armarse de** ~ armar-se de coragem.
► valores *mpl* valores *mpl*.
valoración *f* avaliação *f*.
valorar *vt* **-1.** [gen] avaliar **-2.** [mérito, cualidad] valorizar.
valorizar *vt* valorizar.
► valorizarse *vpr* valorizar-se.
vals (*pl* valses) *m* valsa *f*.
valuar *vt* valorizar.
válvula *f* válvula *f*.
► válvula de escape *f* válvula *f* de escape.
vampiresa *f* *fam* vampe *f*.
vampiro *m* vampiro *m*.
vanagloriarse *vpr*: ~ **de** vangloriar-se de.
vándalo, la ◇ *adj* vândalo(la). ◇ *m, f* vândalo *m*, -la *f*.
vanguardia *f* vanguarda *f*.
vanguardismo *m* vanguardismo *m*.
vanidad *f* **-1.** [orgullo] vaidade *f* **-2.** [inutilidad] inutilidade *f*.
vanidoso, sa ◇ *adj* vaidoso(sa). ◇ *m, f* vaidoso *m*, -sa *f*.
vano, na *adj* vão (vã); **en** ~ em vão.
► vano *m* ARQUIT vão *m*.
vapor *m* vapor *m*; **al** ~ CULIN ao vapor.
vaporizador *m* vaporizador *m*.
vaporizar *vt* vaporizar.
► vaporizarse *vpr* FÍS vaporizar-se.
vaporoso, sa *adj* vaporoso(sa).
vapulear *vt* **-1.** [azotar] surrar **-2.** [criticar, reñir] repreender.
vaquero, ra ◇ *adj* vaqueiro(ra). ◇ *m, f* vaqueiro *m*, -ra *f* ▷ **pantalón.**
vara *f* **-1.** [gen] vara *f* **-2.** [rama] ramo *m* **-3.** [tallo] galho *m* **-4.** [insignia] cetro *m*.
variable *adj* **-1.** [cambiable] variável **-2.** [inestable] instável.
variación *f* variação *f*.
variado, da *adj* variado(da).
variante ◇ *adj* variante. ◇ *f* **-1.** [gen] variante *f* **-2.** *Esp* [en quiniela] aposta no empate ou na vitória da equipe visitante.
variar ◇ *vt* **-1.** [dar variedad] variar **-2.** [modificar] mudar. ◇ *vi* **-1.** [cambiar] mudar; ~ **de** mudar de **-2.** [ser diferente] variar; ~ **de** variar de.

varicela *f* MED varicela *f*.
varicoso, sa *adj* varicoso(sa).
variedad *f* variedade *f*.
► variedades, varietés *fpl* variedades *fpl*.
varilla *f* vareta *f*.
varillaje *m* armação *f*.
vario, ria *adj* [variado] vário(ria).
► varios, rias ◇ *adj pl* vários(rias). ◇ *pron pl* [algunos] vários(rias).
variopinto, ta *adj* variado(da).
varita *f* varinha *f*; ~ **mágica** varinha de condão.
variz (*pl* varices) *f* (*gen pl*) variz *f*.
varón *m* varão *m*.
varonil *adj* **-1.** [rasgos] varonil **-2.** [prendas, colonia] masculino(na).
Varsovia *n* Varsóvia *f*.
varsoviano, na ◇ *adj* varsoviano(na). ◇ *m, f* varsoviano *m*, -na *f*.
vasallaje *m* vassalagem *f*.
vasallo, lla *m, f* vassalo *m*, -la *f*.
vasco, ca ◇ *adj* basco(ca). ◇ *m, f* [habitante] basco *m*, -ca *f*.
► vasco, vascuence *m* [lengua] basco *m*.
vascular *adj* vascular.
vasectomía *f* MED vasectomia *f*.
vaselina *f* vaselina *f*.
vasija *f* vasilha *f*.
vaso *m* **-1.** [gen] copo *m*; **ahogarse en un** ~ **de agua** *fig* afogar-se num copo de água **-2.** ANAT & BOT vaso *m*; ~**s capilares** vasos capilares; ~**s sanguíneos** vasos sangüíneos.

> Não confundir *vaso (copo)* com o português *vaso* que em espanhol é *florero*. (*Compré una docena de vasos nuevos para tomar agua*. Comprei uma dúzia de *copos* novos para tomar água.)

vasoconstrictor *m* MED vasoconstritor *m*.
vasodilatador *m* MED vasodilatador *m*.
vástago *m* **-1.** [descendiente] descendente *mf* **-2.** [brote] broto *m* **-3.** [varilla] eixo *m*.
vasto, ta *adj* vasto(ta).
vate *m* vate *m*.
váter = wáter.
vaticano, na *adj* vaticano(na).
vaticinar *vt* vaticinar.
vaticinio *m* vaticínio *m*.
vatio, watio *m* watt *m*.
vaya¹ *etc* ▷ ir.
vaya² *interj* **-1.** [sorpresa] eta! **-2.** [énfasis] baita!
VB (*abrev de* visto bueno) de acordo.
Vd. = Ud.
Vda. (*abrev de* viuda) Vva.
Vds. = Uds.
ve *etc* ▷ ir.
vecinal *adj* vicinal.

vecindad f -1. [gen] vizinhança f -2. [alrededores] arredores mpl -3. **Méx** [vivienda] pensão f.

vecindario m vizinhança f.

vecino, na <> adj -1. [gen] vizinho(nha); ~ a vizinho(nha) a -2. [habitante] habitante. <> m, f -1. [gen] vizinho m, -nha f -2. [habitante] habitante mf.

vector m GEOM & MAT vetor m.

vectorial adj GEOM & MAT vetorial.

veda f -1. [prohibición] período de proibição da caça e da pesca; **levantar(se) la** ~ suspender a proibição da caça e da pesca -2. [período] proibição da caça e da pesca.

vedado, da adj -1. [prohibido] proibido(da) -2. [lugar] proibido(da), interditado(da).

➡ **vedado** m terreno demarcado onde está proibida a entrada e a caça.

vedar vt vedar.

vedette f vedete f.

vega f várzea f.

vegetación f vegetação f.

vegetal <> adj vegetal. <> m vegetal m.

vegetar vi -1. [gen] vegetar -2. [holgazanear] vaguear.

vegetariano, na <> adj vegetariano(na). <> m, f vegetariano m, -na f.

vehemencia f veemência f.

vehemente adj veemente.

vehículo m veículo m.

veinte <> núm vinte. <> m vinte m; ver también seis.

veinteavo, va núm: veinteava parte vigésima parte.

veintena f vintena f.

vejación f, **vejamen** m vexame m.

vejar vt vexar.

vejestorio m ancião m, -ã f.

vejez f velhice f.

vejiga f bexiga f.

vela f vela f; **a toda** ~ a toda; **en** ~ em vigília.

➡ **velas** fpl fam [mocos] ranho m; **estar a dos** ~s fig estar sem grana.

velada f noitada f.

velado, da adj velado(da).

velador m -1. [mesa] velador m -2. **Andes, Méx** [mueble] criado-mudo m -3. **Méx, RP** [luz] abajur m -4. **Méx** [centinela] guarda-noturno m.

veladora f **Méx, RP** abajur m.

velamen m velame m.

velar <> vi -1. [estar sin dormir] velar -2. [cuidar]: ~ **por** velar por. <> vt velar.

velcro® m velcro® m.

veleidad f veleidade f.

velero, ra adj veleiro(ra).

➡ **velero** m veleiro m.

veleta <> f veleta f, cata-vento m. <> mf fam veleta mf.

vello m pêlo m.

vellón m [lana] velo m.

velloso, sa adj peludo(da).

velludo, da adj peludo(da).

velo m véu m.

➡ **velo del paladar** m véu m do paladar.

velocidad f -1. [gen] velocidade f -2. AUTOM [marcha] marcha f.

velocímetro m velocímetro m.

velódromo m velódromo m.

velomotor m ciclomotor m.

veloz adj veloz.

ven etc ⊳ venir.

vena f -1. [gen] veia f; **tener** ~ **de** ter veia de; **darle a alguien la** ~ dar na veneta de alguém -2. ANAT veia f -3. [de planta] nervura f -4. [filón, veta] veio m.

venado m veado m.

vencedor, ra <> adj vencedor(ra). <> m, f vencedor m, -ra f.

vencer <> vt vencer. <> vi vencer.

➡ **vencerse** vpr vergar-se.

vencido, da <> adj vencido(da); **darse por** ~ dar-se por vencido. <> m, f vencido m, -da f.

vencimiento m -1. [expiración] vencimento m -2. [inclinación] vergadura f.

venda f atadura f.

vendaje m bandagem f.

vendar vt vendar.

vendaval m vendaval m.

vendedor, ra m, f vendedor m, -ra f.

vender vt vender; **se vende** vende-se.

➡ **venderse** vpr vender-se.

vendimia f vindima f.

vendrá etc ⊳ venir.

veneno m veneno m.

venenoso, sa adj venenoso(sa).

venerable adj venerável.

veneración f veneração f.

venerar vt venerar.

venéreo, a adj venéreo(a).

venezolano, no <> adj venezuelano(na). <> m, f venezuelano m, -na f.

Venezuela n Venezuela.

venga etc ⊳ venir.

venganza f vingança f.

vengar vt vingar.

➡ **vengarse** vpr vingar-se; ~**se de** vingar-se de.

vengativo, va adj vingativo(va).

vengo ⊳ venir.

venia f vênia f.

venial adj venial.

venida f -1. [llegada] chegada f -2. [regreso] volta f.

verdulero

venidero, ra *adj* vindouro(ra).

venir *vi* -**1.** [gen] vir; **ya vienen los turistas** os turistas estão chegando; **vino a las doce** veio às doze; **vino de visita ayer por la tarde** veio visitar-nos ontem de tarde; **vino a verme apenas llegó** veio ver-me assim que chegou; **el año que viene iremos a París** o ano que vem iremos a Paris; **ahora viene la escena más divertida** agora vem a cena mais divertida; **su foto viene en la primera página** a sua fotografia vem na primeira página; **el texto viene en inglés** o texto vem em inglês - **2.** [suceder] acontecer; **le vino una desgracia inesperada** aconteceu-lhe uma desgraça inesperada; **vino la guerra** veio a guerra; ~ **de** vir de - **3.** [caber] estar; **el abrigo le viene pequeño** o casaco é pequeno para ele; **tus zapatos no me vienen** seus sapatos não me servem - **4.** *loc*: **¿a qué viene esto?** o que significa isso?; **venirle algo a alguien a la memoria** vir algo à memória de alguém; ~ **al mundo** vir ao mundo; ~ **a ser** vir a ser.

➡ **venirse** *vpr* [llegar] vir; ~ **se abajo** [edificio] vir abaixo; [proyecto] ir por água abaixo; [persona] desmoronar-se.

venta *f* -**1.** [gen] venda *f*; **estar en** ~ estar à venda; ~ **al contado** venda à vista; ~ **a plazos** venda a prazo - **2.** [posada] pousada *f*.

ventaja *f* vantagem *f*; **dar** ~ dar vantagem; **llevar** ~ levar vantagem.

ventajoso, sa *adj* vantajoso(sa).

ventana *f* -**1.** [gen] janela *f*; ~ **de guillotina** janela de guilhotina - **2.** [de nariz] narina *f*.

ventanal *m* janelão *m*.

ventanilla *f* -**1.** [gen] janela *f* - **2.** [taquilla] guichê *m*.

ventilación *f* ventilação *f*.

ventilador *m* ventilador *m*.

ventilar *vt* ventilar.

➡ **ventilarse** *vpr* -**1.** [airearse] arejar - **2.** *Esp fam* [terminarse] devorar.

ventisca *f* nevasca *f*.

ventolera *f* -**1.** [viento] ventania *f* - **2.** [idea extravagante] veneta *f*; **darle la** ~ **a alguien** dar na veneta de alguém.

ventosa *f* ventosa *f*.

ventosidad *f* ventosidade *f*.

ventoso, sa *adj* ventoso(sa).

ventrílocuo, cua *m, f* ventríloquo *m*, -qua *f*.

ventura *f* -**1.** [suerte] ventura *f*; **a la (buena)** ~ à ventura - **2.** [casualidad] acaso *m*.

venturoso, sa *adj* venturoso(sa).

Venus *f* Vênus *f*.

ver ◇ *vt* ver; **desde casa vemos el mar de** casa vemos o mar; ~ **la televisión/una película** ver televisão/um filme, assistir televisão/um filme; **fui a** ~ **a unos amigos** fui ver uns amigos; **¿no ves que no funciona la máquina?** não vê que a máquina não funciona?; **ya veo que estás de mal humor** estou vendo que você está de mau humor; **ya veo lo que pretendes** estou vendo o que pretende; **voy a** ~ **si han venido ya** vou ver se já chegaram; **ayer lo vi en el parque** ontem vi-o no parque; **yo no lo veo tan mal** eu não vejo as coisas assim tão mal; **esta es tu manera de** ~ **las cosas** esta é a sua maneira de ver; **hay que** ~ só vendo; **por lo visto, por lo que se ve** pelo visto; ~ **mundo** ver mundo; **no poder** ~ **a alguien** *fam* não poder ver alguém; **si no lo veo, no lo creo** só vendo para crer. ◇ *vi* ver; **los ciegos no ven** os cegos não vêem; ~ **bien/mal** ver bem/mal; **a** ~ vejamos; **ya veremos** veremos.

➡ **verse** *vpr* ver-se; ~ **se con** [tratarse] ver a.

vera *f* -**1.** [orilla] margem *f* - **2.** [lado] lado *m*; **a la** ~ **de** ao lado de.

veracidad *f* veracidade *f*.

veraneante *mf* veranista *mf*.

veranear *vi* veranear.

veraneo *m* veraneio *m*.

veraniego, ga *adj* de verão.

verano *m* verão *m*.

veras *fpl* verdade *f*; **de** ~ deveras.

veraz *adj* veraz.

verbal *adj* verbal.

verbena *f* -**1.** [fiesta] quermesse *f* - **2.** [planta] verbena *f*.

verbo *m* verbo *m*.

verboso, sa *adj* verboso(sa).

verdad *f* -**1.** verdade *f*; **a decir** ~ para dizer a verdade; **de** ~ de verdade; **en** ~ verdade - **2.** *loc*: **¿**~**?** [para confirmar] não é verdade?; [respondiendo a pregunta] verdade?

➡ **verdades** *fpl* verdade *f*; **cantarle** *o* **decirle a alguien cuatro** ~**es** *fig* dizer a alguém umas verdades.

verdadero, ra *adj* verdadeiro(ra).

verde ◇ *adj* -**1.** [gen] verde - **2.** *fig* [obsceno] obsceno(na) - **3.** *loc*: **poner** ~ **a alguien** falar mal de alguém. ◇ *m* [color] verde *m*. ◇ *mf* verde *mf*; **los** ~**s** os verdes.

verdear *vi* verdejar.

verdecer *vi* verdecer.

verdor *m* verdor *m*.

verdoso, sa *adj* esverdeado(da).

verdugo *m* -**1.** [gen] verdugo *m* - **2.** *Esp* [pasamontañas] balaclava *f*.

verdulería *f* quitanda *f*.

verdulero, ra *m, f* verdureiro *m*, -ra *f*.

verdura *f* verdura *f.*
vereda *f* -**1.** [senda] vereda *f* -**2.** *CSur, Perú* [acera] calçada *f.*
veredicto *m* veredito *m.*
vergonzoso, sa *adj* -**1.** [deshonroso] vergonhoso(sa) -**2.** [tímido] envergonhado(da).
vergüenza *f* vergonha *f*; **sentir** ~ **ajena** *sentir vergonha por outra pessoa*; **dar** ~ dar vergonha.
◆ **vergüenzas** *fpl* vergonhas *fpl.*
vericueto *m (gen pl)* senda *m.*
verídico, ca *adj* verídico(ca).
verificar *vt* verificar.
◆ **verificarse** *vpr* verificar-se.
verja *f* grade *f.*
vermú (*pl* vermús), **vermut** (*pl* vermuts) *m* -**1.** [aperitivo] vermute *m* -**2.** *Andes, RP* [en cine, teatro] matinê *f.*
vernáculo, la *adj* vernáculo(la).
verosímil *adj* verossímil.
verruga *f* verruga *f.*
versado, da *adj* versado(da); ~ **en** versado em.
versar *vi*: ~ **sobre** versar sobre.
versátil *adj* versátil.
versículo *m* versículo *m.*
versión *f* versão *f*; ~ **original** versão original.
verso *m* verso *m*; **en** ~ em verso.
vértebra *f* ANAT vértebra *f.*
vertebrado, da *adj* vertebrado(da).
◆ **vertebrados** *mpl* ZOOL vertebrados *mpl.*
vertebral *adj* vertebral.
vertedero *m* -**1.** [de basura] depósito *m* de lixo -**2.** [de agua] vazadouro *m.*
verter ⬦ *vt* -**1.** [derramar] derramar -**2.** [vaciar de líquido] entornar -**3.** [traducir] verter -**4.** *fig* [decir] espalhar. ⬦ *vi*: ~ **a** verter em.
◆ **verterse** *vpr* [derramarse] derramar-se.
vertical ⬦ *adj* GEOM vertical. ⬦ *m* vertical *f.* ⬦ *f* GEOM vertical *f.*
vértice *m* vértice *m.*
vertido *m* rejeito *m.*
vertiente *f* -**1.** [gen] vertente *f* -**2.** [aspecto] aspecto *m.*
vertiginoso, sa *adj* vertiginoso(sa).
vértigo *m* vertigem *f.*
vesícula *f* ANAT vesícula *f.*
vespertino, na *adj* vespertino(na).
vestíbulo *m* vestíbulo *m.*
vestido, da *adj* vestido(da).
◆ **vestido** *m* vestido *m.*
vestidura *f (gen pl)* vestidura *f*; **rasgarse las** ~**s** *fig* escandalizar-se.
vestigio *m* vestígio *m.*
vestimenta *f* vestimenta *f.*
vestir ⬦ *vt* vestir. ⬦ *vi* -**1.** [gen] vestir;

esa blusa viste mucho essa blusa veste bem; **de (mucho)** ~ (muito) elegante -**2.** [llevar ropa] vestir-se.
◆ **vestirse** *vpr* vestir-se.
vestuario *m* -**1.** [vestimenta] vestuário *m* -**2.** [de teatro] guarda-roupa *m* -**3.** [guardarropía] vestiário *m* -**4.** [para cambiarse de ropa - en club, colegio] vestiário *m*; [en teatro] camarim *m.*
veta *f* veio *m.*
vetar *vt* vetar.
veteranía *f* veteranice *f.*
veterano, na ⬦ *adj* veterano(na). ⬦ *m, f* veterano *m, -*na *f.*
veterinario, ria *m, f* veterinário *m, -*ria *f.*
◆ **veterinaria** *f* veterinária *f.*
veto *m* veto *m*; **poner** ~ **a algo** vetar algo.
vetusto, ta *adj culto* vetusto(ta).
vez *f* vez *f*; **a mi/tu** *etc.* ~ por minha/tua *etc.* vez; **de una** ~ de uma vez; **de una** ~ **para siempre** *o* **por todas** de uma vez para sempre *o* por todas; **muchas veces** muitas vezes; **por última** ~ pela última vez; **a la** ~ **(que)** ao mesmo tempo (que); **cada** ~ **que** cada vez que; **en** ~ **de** em vez de; **una** ~ **que** uma vez que; **algunas veces, a veces** algumas vezes, às vezes; **cada** ~ cada vez; **de** ~ **en cuando** de vez em quando; **otra** ~ outra vez; **rara** ~, **pocas veces** raras vezes, poucas vezes; **una** *o* **alguna que otra** ~ uma *o* alguma vez ou outra; **hacer las veces de** fazer as vezes de.
◆ **tal vez** *loc adv* talvez.
VHS (*abrev de* video home system) *m* VHS *m.*
vía ⬦ *f* -**1.** [gen] via *f*; ~ **de comunicación** via de comunicação; ~ **pública** via pública; **estar en** ~**s de** estar em vias de; **dar** ~ **libre** *fig* dar passe livre -**2.** [raíl] trilho *m.* ⬦ *prep* via.
◆ **Vía Láctea** *f* Via Láctea *f.*
viabilidad *f* viabilidade *f.*
viable *adj* [posible] viável.
viaducto *m* viaduto *m.*
viajante *mf* viajante *mf.*
viajar *vi* viajar.
viaje *m* -**1.** [gen] viagem *f*; **¡buen** ~! boa viagem!; **estar de** ~ estar de viagem; ~ **de ida/vuelta** viagem de ida/volta; ~ **de ida y vuelta** viagem de ida e volta; ~ **de novios** viagem de núpcias; ~ **relámpago** viagem-relâmpago *f* -**2.** *Esp fam* [golpe] bordoada *f.*
viajero, ra ⬦ *adj* viajante. ⬦ *m, f* viajante *mf.*
vial ⬦ *adj* viatório(ria). ⬦ *m* FARM frasco *m.*
viaraza *f* RP ataque *m.*
viario, ria *adj* viário(ria).

víbora f víbora f.
vibración f vibração f.
vibrador, ra adj vibratório(ria).
 ➡ **vibrador** m vibrador m.
vibrante adj vibrante.
vibrar ◇ vt vibrar. ◇ vi vibrar.
vibratorio, ria adj vibratório(ria).
vicaría f vicariato m.
vicario m vicário m.
vicepresidente, ta m, f vice-presidente m, -ta f.
viceversa adv vice-versa.
viciado, da adj viciado(da).
viciar vt -1. [gen] viciar -2. [adulterar] adulterar.
 ➡ **viciarse** vpr -1. [pervertirse, habituarse] viciar-se -2. [deformarse] deformar-se.
vicio m -1. [gen] vício m -2. fam [mimo] mimo m.
vicioso, sa ◇ adj -1. [defectuoso] vicioso(sa) -2. [depravado] viciado(da). ◇ m, f viciado m, -da f.
vicisitud f vicissitude f.
 ➡ **vicisitudes** fpl vicissitude f.
víctima f vítima f; ser ~ de ser vítima de.
victimar vt Amér assassinar.
victimario, ria m, f Amér assassino m, -na f.
victoria f vitória f; cantar ~ fig cantar vitória.
victorioso, sa adj vitorioso(sa).
vicuña f vicunha f.
vid f videira f.
vida f vida f; en ~ em vida; pasar a mejor ~ passar desta para melhor; perder la ~ perder a vida; ¡así es la ~! assim é a vida!; darse o pegarse la gran ~ viver a boa vida; de por ~ para sempre; en mi/tu etc. ~ fam em minha/tua etc. vida; ¡mi ~!, ¡~ mía! minha vida!, vida minha!
vidente mf vidente mf.
vídeo, video Amér ◇ m -1. vídeo m -2. [aparato reproductor] videocassete m -3. [aparato filmador] filmadora f. ◇ adj inv de vídeo.
videoarte m videoarte m.
videocámara f videocâmara f.
videocasete m videocassete m.
videoclip m videoclipe m.
videoclub (pl videoclubs o videoclubes) m videolocadora f.
videoconferencia f videoconferência f.
videojuego m videogame m.
videotexto, videotex m INFORM videotexto m.
vidorra f fam vidão m.
vidriero, ra m, f vidreiro m, -ra f.
 ➡ **vidriera** f vitral m.

vidrio m vidro m; pagar los ~s rotos fig pagar o pato.
vidrioso, sa adj -1. [quebradizo] vidrento(ta) -2. [delicado] espinhoso(sa) -3. [ojos] vidrado(da).
vieira f vieira f.
viejo, ja ◇ adj velho(lha); hacerse ~ ficar velho. ◇ m, f -1. [persona mayor] velho m, -lha f; Viejo de Pascua o Pascuero Chile Papai m Noel -2. fam [padres] velho m, -lha f -3. Amér fam [amigo] velho m, -lha f.
 ➡ **viejo verde** m velho m obsceno.
Viena n Viena.
viene ▷ venir.
vienés, esa ◇ adj vienense. ◇ m, f vienense mf.
viento m -1. [gen] vento m; hacer ~ ventar; contra ~ y marea contra ventos e marés -2. [cuerda] corda f -3. loc: a los cuatro ~s aos quatro ventos; beber los ~s por alguien/algo beber os ventos por alguém/algo; con ~ fresco que bons ventos o levem; ~ en popa de vento em popa.
vientre m -1. ANAT ventre m; hacer de ~ fazer cocô -2. [cavidad] bojo m.
viernes m inv sexta-feira f inv.
 ➡ **Viernes Santo** m RELIG Sexta-feira Santa f; ver también **sábado**.
Vietnam n: (el) ~ (o) Vietnã.
vietnamita ◇ adj vietnamita. ◇ mf vietnamita mf. ◇ m vietnamita m.
viga f viga f.
vigencia f vigência f.
vigente adj vigente.
vigésimo, ma núm [para ordenar] vigésimo(ma); vigésima parte vigésima parte.
vigía ◇ f vigia f. ◇ mf vigia mf.
vigilancia f vigilância f.
vigilante ◇ mf vigilante mf. ◇ adj vigilante.
vigilar ◇ vt vigiar. ◇ vi prestar atenção.
vigilia f vigília f; estar de ~ ficar de vigília.
vigor m -1. vigor m -2.: en ~ em vigor.
vigorizar vt revigorar.
vigoroso, sa adj vigoroso(sa).
VIH (abrev de virus de la inmunodeficiencia humana) m HIV m.
vikingo, ga ◇ adj viking. ◇ m, f viking mf.
vil adj vil.
vileza f vileza f.
vilipendiar vt desus vilipendiar.
villa f -1. [población] vila f; ~ miseria Arg, Bol favela f -2. [casa] casa f de campo.
villadiego m: coger o tomar las de ~ fig ausentar-se.

villancico *m* vilancico *m.*
villano, na ◇ *adj* vilão(lã). ◇ *m*, *f* vilão *m*, -lã *f.*
vilo ➡ en vilo *loc adv*: estar en ~ estar em brasas.
vinagre *m* vinagre *m.*
vinagreras *fpl* galheteiro *m.*
vinagreta *f* CULIN vinagrete *m.*
vinculación *f* vinculação *f.*
vincular *vt* vincular.
➡ vincularse *vpr* [enlazarse] vincular-se.
vínculo *m* vínculo *m.*
vinícola *adj* vinícola.
vinicultura *f* vinicultura *f.*
viniera *etc* ▷ venir.
vino[1] *etc* ▷ venir.
vino[2] *m* vinho *m*; ~ blanco vinho branco; ~ dulce vinho doce; ~ rosado vinho rosado; ~ tinto vinho tinto.
viña *f* vinha *f.*
viñedo *m* vinhedo *m.*
viñeta *f* vinheta *f.*
viola ◇ *f* viola *f.* ◇ *mf* violista *mf.*
violación *f* - 1. [de persona] estupro *m* - 2. [de ley, derechos] violação *f.*
violador, ra *m*, *f* - 1. [de persona] estuprador *m*, -ra *f* - 2. [de ley, derechos] violador *m*, -ra *f.*
violar *vt* - 1. [persona] estuprar - 2. [ley, derechos] violar.
violencia *f* - 1. [gen] violência *f* - 2. [incomodidad] constrangimento *m.*
violentar *vt* violentar.
➡ violentarse *vpr* constranger-se.
violento, ta *adj* - 1. [gen] violento(ta) - 2. [embarazoso, incómodo]: estar/sentirse ~ estar/sentir-se embaraçado(da); ser ~ ser embaraçoso.
violeta ◇ *f* [flor] violeta *f.* ◇ *adj inv* [color] violeta. ◇ *m* [color] violeta *m.*
violín ◇ *m* violino *m.* ◇ *mf* violino *m.*
violinista *mf* violinista *mf.*
violón ◇ *m* contrabaixo *m.* ◇ *mf* contrabaixo *m.*
violoncelista = violonchelista.
violoncelo = violonchelo.
violonchelista, violoncelista *mf* violoncelista *mf.*
violonchelo, violoncelo ◇ *m* violoncelo *m.* ◇ *mf* violoncelo *mf.*
VIP (*abrev de* very important person) *mf* VIP *m.*
viperino, na *adj* viperino(na).
viraje *m* - 1. [gen] viragem *f* - 2. [cambio] virada *f.*
virar ◇ *vt* virar. ◇ *vi* [girar] virar.
virgen ◇ *adj* virgem. ◇ *f* virgem *f.*
➡ Virgen *f*: la Virgen RELIG a Virgem.
virginidad *f* virgindade *f.*

virgo *m* [virginidad] virgindade *f.*
➡ Virgo ◇ *m inv* [signo del Zodíaco] Virgem *f*; ser Virgo ser de Virgem. ◇ *mf inv* - 1. [persona] virginiano *m*, -na *f* - 2. (en aposición) de Virgem.
virguería *f* Esp fam jóia *f.*
viril *adj* viril.
virilidad *f* virilidade *f.*
virreina *f* vice-rainha *f.*
virreino *m* vice-reinado *m.*
virrey *m* vice-rei *m.*
virtual *adj* virtual.
virtud *f* virtude *f*; tener la ~ de ter a virtude de.
➡ en virtud de *loc prep* em virtude de.
virtuoso, sa ◇ *adj* virtuoso(sa). ◇ *m*, *f* virtuose *mf.*
viruela *f* MED varíola *f.*
virulé ➡ a la virulé *loc adj* Esp fam - 1. [torcido] torto(ta) - 2. [en mal estado] em estado lamentável.
virulencia *f* virulência *f.*
virulento, ta *adj* virulento(ta).
virus *m inv* vírus *m.*
viruta *f* apara *f.*
vis ➡ vis a vis *loc adv* vis-à-vis.
visa *f* Amér visto *m.*
visado *m* visto *m.*
víscera *f* ANAT víscera *f.*
visceral *adj* visceral.
viscoso, sa *adj* viscoso(sa).
➡ viscosa *f* viscose *f.*
visera *f* - 1. [gen] viseira *f* - 2. [de automóvil] pára-sol *m.*
visibilidad *f* visibilidade *f.*
visible *adj* visível.
visigodo, da ◇ *adj* visigodo(da). ◇ *m*, *f* visigodo *m*, -da *f.*
visillo *m* (gen pl) cortina *f.*
visión *f* visão *f*; ver visiones ter visões.
visionar *vt* visionar.
visionario, ria *m*, *f* visionário *m*, -ria *f.*
visir *m* vizir *m.*
visita *f* visita *f*; hacer una ~ fazer uma visita; tener ~s ter visitas; pasar ~ dando consultas; ~ médica visita médica; ~ relámpago visita relâmpago.
visitante ◇ *adj* DEP visitante. ◇ *mf* visitante *mf.*
visitar *vt* visitar.
vislumbrar *vt* vislumbrar.
➡ vislumbrarse *vpr* entrever-se.
viso *m* - 1. [aspecto]: tener ~s de ter jeito de - 2. [reflejo] reflexo *m* - 3. [prenda] anágua *f.*
visón *m* vison *m.*
visor *m* - 1. FOT visor *m* - 2. [de arma] mira *f.*
víspera *f* - 1. [día anterior] véspera *f*; en ~s

de nas vésperas de **-2**. *(gen pl)* RELIG vésperas *fpl*.

vistazo *m* olhada *f*; **echar** o **dar un** ~ dar uma olhada.

visto, ta ◇ *pp irreg* ▷ ver. ◇ *adj* visto(ta); **está** ~ **que** está claro que; **estar algo muy** ~ ser algo pouco original; **estar bien/mal** ~ ser bem/mal visto.
➤ **por lo visto** *loc adv* pelo visto.
➤ **visto que** *loc conj* visto que.
➤ **vista** *f* **-1**. [gen] vista *f*; **estar a la vista** estar à vista; **fijar la vista** fixar a vista; **a la vista de** à vista de; **a primera** o **simple vista** à primeira o simples vista **-2**. DER audiência *f* **-3**. *loc*: **conocer a alguien de vista** conhecer alguém de vista; **hacer la vista gorda** fazer vista grossa(a); **¡hasta la vista!** até a vista!; **(no) perder de vista** (não) perder de vista; **saltar algo a la vista** algo saltar à vista; **tener vista** ter visão; **volver la vista atrás** olhar para trás.
➤ **vistas** *fpl* vista *f*.
➤ **a la vista** *loc adj* à vista.
➤ **con vistas a** *loc prep* com vista a.
➤ **en vista de** *loc prep* em vista de.
➤ **en vista de que** *loc conj* já que.
➤ **visto bueno** *m* de acordo.

vistoso, sa *adj* vistoso(sa).

visual ◇ *adj* visual. ◇ *f* campo *m* visual.

visualizar *vt* visualizar.

vital *adj* **-1**. [gen] vital **-2**. [enérgico] vivaz.

vitalicio, cia *adj* vitalício(cia).
➤ **vitalicio** *m* **-1**. [pensión] pensão *f* vitalícia **-2**. [seguro de vida] seguro *m* de vida.

vitalidad *f* vitalidade *f*.

vitamina *f* vitamina *f*.

vitaminado, da *adj* vitaminado(da).

vitamínico, ca *adj* vitamínico(ca).

viticultor, ra *m*, *f* viticultor *m*, -ra *f*.

viticultura *f* viticultura *f*.

vitorear *vt* aclamar.

vítreo, a *adj* vítreo(trea).

vitrina *f* **-1**. [mueble] cristaleira *f* **-2**. *Amér* [escaparate] vitrina *f*.

vitro ➤ **in vitro** *loc adv* BIOL in vitro.

vituperar *vt* vituperar.

vituperio *m* vitupério *m*.

viudedad *f* **-1**. [viudez] viuvez *f* **-2**. [pensión] pensão *f* de viuvez.

viudo, da ◇ *adj* viúvo(va). ◇ *m*, *f* viúvo *m*, -va *f*.

viva ◇ *m* viva *m*. ◇ *interj* viva!

vivac = vivaque.

vivacidad *f* vivacidade *f*.

vivalavirgen *mf inv Esp fam* boa-vida *mf*.

vivales *mf inv Esp fam* sabido *m*, -da *f*.

vivaque, vivac *m* bivaque *m*.

vivaracho, cha *adj* vivo(va).

vivaz *adj* vivaz.

vivencia *f (gen pl)* vivência *f*.

víveres *mpl* víveres *mpl*.

vivero *m* viveiro *m*.

viveza *f* vivacidade *f*.

vivido, da *adj* vivido(da).

vívido, da *adj* vívido(da).

vividor, ra *m*, *f despec* boa-vida *mf*.

vivienda *f* moradia *f*.

viviente *adj* vivo(va).

vivir ◇ *vi* viver; ~ **de** viver de; ~ **para ver** quem viver verá. ◇ *vt* viver.

vivito *adj*: ~ **y coleando** *fam* vivinho da silva.

vivo, va ◇ *adj* vivo(va). ◇ *m*, *f (gen pl)* vivo *m*, -va *f*.
➤ **en vivo** *loc adv* **-1**. [no muerto] com vida **-2**. [en directo] ao vivo.

vizcaíno, na ◇ *adj* biscainho(nha); **a la vizcaína** CULIN à biscainha. ◇ *m*, *f* biscainho *m*, -nha *f*.

vizconde, desa *m*, *f* visconde *m*, -sa *f*.

vocablo *m* vocábulo *m*.

vocabulario *m* vocabulário *m*.

vocación *f* vocação *f*.

vocacional *adj* vocacional.

vocal ◇ *adj* vocal. ◇ *mf* vogal *mf*. ◇ *f* vogal *f*.

vocalista *mf* MÚS vocalista *mf*.

vocalizar *vi* vocalizar.

vocativo *m* GRAM vocativo *m*.

vocear ◇ *vt* **-1**. [gritar] gritar **-2**. [llamar] chamar **-3**. [vitorear] aclamar **-4**. [pregonar] apregoar. ◇ *vi* [gritar] gritar.

vocerío *m* vozerio *m*.

vociferar *vi* vociferar.

vodka *m* o *f* vodca *f*.

vol. (*abrev de* **volumen**) vol.

volado, da *adj fam* [ido]: **estar** ~ estar transtornado(da).
➤ **volada** *f* [de ave] vôo *m*.

volador, ra *adj* voador(ra).
➤ **volador** *m* **-1**. [pez] peixe-voador *m* **-2**. [cohete] rojão *m*.

volandas ➤ **en volandas** *loc adv* no ar.

volante ◇ *adj* **-1**. [que vuela] voador(ra) **-2**. [ambulante] itinerante. ◇ *m* **-1**. [gen] volante *m*; **estar** o **ir al** ~ estar ao volante **-2**. [adorno de tela] babado *m* **-3**. [de talonario] requisição *f* **-4**. [en bádminton] peteca *f*.

volar ◇ *vi* voar; ~ **a** voar a; **echar(se) a** ~ alçar vôo; **hacer algo volando** fazer algo voando. ◇ *vt* [hacer explotar] voar.

volátil *adj* **-1**. [gen] volátil **-2**. [inconstante] volúvel.

volatilizar *vt* [transformar] volatilizar.
➤ **volatilizarse** *vpr* **-1**. [transformarse] volatilizar-se **-2**. *fam* [desaparecer] evaporar.

vol-au-vent = volován.
volcán *m* vulcão *m*.
volcánico, ca *adj* vulcânico(ca).
volcar ◇ *vt* -**1.** [tirar] esvaziar -**2.** [derribar] derrubar. ◇ *vi* [veículo] virar.
◆ **volcarse** *vpr* -**1.** [esforzarse] desdobrar-se; ~**se con** *o* **en** devotar-se a -**2.** [caerse] entornar-se.
volea *f* DEP voleio *m*.
voleibol *m* voleibol *m*, vôlei *m*.
voleo *m* voleio *m*; **ao al** ~ *fig* ao voleio; [arbitrariamente] ao azar.
voley *m* vôlei *m*; ~ **playa** vôlei de praia.
volován, vol-au-vent (*pl* vol-au-vents) *m* CULIN volová *m*.
volquete *m* caminhão *m* basculante.
voltaje *m* ELECTR voltagem *f*.
voltear ◇ *vt* -**1.** [gen] voltear -**2.** *Amér* [derribar] cair -**3.** *Amér* [volcar] derramar. ◇ *vi* *Méx* [torcer] retornar.
◆ **voltearse** *vpr* *Andes, CAm, Carib, Méx* -**1.** [darse la vuelta] voltar-se -**2.** [volcarse] derramar-se.
voltereta *f* pirueta *f*; **dar una** ~ dar uma pirueta.
voltio *m* ELECTR volt *m*.
voluble *adj* volúvel.
volumen *m* volume *m*; **subir/bajar el** ~ aumentar/abaixar o volume.
voluminoso, sa *adj* volumoso(sa).
voluntad *f* -**1.** vontade *f*; ~ **de hierro** vontade de ferro; **buena/mala** ~ boa/má vontade; **a** ~ à vontade; **contra la** ~ **de alguien** contra a vontade de alguém; **por** ~ **propia** por vontade própria -**2.** [cantidad no fija]: **la** ~ *Esp* quanto quiser.
voluntariado *m* voluntariado *m*.
voluntario, ria ◇ *adj* voluntário(ria). ◇ *m, f* voluntário *m*, -ria *f*.
voluntarioso, sa *adj* voluntarioso(sa).
voluptuoso, sa *adj* voluptuoso(sa).
volver ◇ *vt* -**1.** [colchón, tortilla] virar -**2.** [cabeza, mirada] voltar -**3.** [transformar] deixar; **lo volvió tonto** deixou-o bobo; **vas a** ~ **tonto al niño** você vai acabar deixando o menino abobado. ◇ *vi* -**1.** [gen] voltar; ~ **a voltar a**; **en sí** *fig* voltar a si -**2.** *(antes de infin)* [hacer otra vez]: ~ **a** tornar a.
◆ **volverse** *vpr* -**1.** [variar de posición] virar-se -**2.** [retornar] voltar -**3.** [convertirse] tornar-se; **se ha vuelto loco** ficou louco -**4.** [girar cabeza] voltar-se -**5.** *loc*: ~ **se atrás** voltar atrás; ~ **se algo/alguien contra alguien** voltar-se algo/alguém contra alguém.
vomitar ◇ *vt* -**1.** [devolver] vomitar -**2.** *fig* [desembuchar] desembuchar. ◇ *vi* [devolver] vomitar.

vomitera *f* vômito *m*.
vomitivo, va *adj* vomitivo(va).
◆ **vomitivo** *m* vomitório *m*.
vómito *m* vômito *m*.
voraz *adj* voraz.
vórtice *m* vórtice *m*.
vos *pron Andes, CAm, Carib & RP* você.

Esta forma de tratamento informal ou familiar pode ser traduzida para o português como 'você' ou 'tu'. Alguns falantes de espanhol usam *vos* e outros utilizam *tú*, com o mesmo significado. Algo semelhante ocorre em português; alguns falantes usam 'tu' e outros usam 'você'; o uso de uma ou de outra forma depende principalmente da origem geográfica do falante.

(Ver Os pronomes na seção *Gramática española*.)

vosotros, tras *pron* vocês.

Esta forma de tratamento plural para contextos familiares ou informais não é usada na América Hispânica, mas é usada em boa parte da Espanha.

(Ver Os pronomes na seção *Gramática española*.)

votación *f* [efecto] votação *f*.
votante ◇ *adj* votante. ◇ *mf* votante *mf*.
votar ◇ *vt* votar. ◇ *vi* votar; ~ **en blanco** votar em branco; ~ **por** [emitir voto] votar em; [estar a favor] votar a favor de.
voto *m* -**1.** [gen] voto *m*; ~ **de censura** voto de censura; ~ **de confianza** voto de confiança -**2.** [derecho a votar] direito *m* a voto.
voy ▷ ir.
voyeur (*pl* voyeurs) *m, f* voyeur *m*, -euse *f*.
voz *f* -**1.** [gen] voz *f*; **alzar** *o* **levantar la** ~ **a alguien** erguer *o* levantar a voz para alguém; **a media** ~ a meia-voz; **a voces** aos gritos; **a** ~ **en cuello** *o* **grito** aos gritos; **en** ~ **alta/baja** em voz alta/baixa; ~ **en off** voz em off; **llevar la** ~ **cantante** *fig* dar as ordens; **dar voces** [gritar] gritar; [dar a conocer] divulgar; ~ **de la conciencia** voz da consciência; ~ **de mando** voz de comando; **no tener ni** ~ **ni voto** não ter nem voz nem voto -**2.** [vocablo] vocábulo *m*.
vozarrón *m* fam vozeirão *m*.
vudú *m* *(en aposición inv)* vodu *m*.
vuelco *m* reviravolta *f*; **darle a alguien un** ~ **el corazón** *fig* dar um sobressalto em alguém.
vuelo *m* -**1.** [gen] vôo *m*; **al** ~ no ar; **alzar** *o* **emprender** *o* **levantar el** ~ [despegar] alçar *o* levantar vôo; ~ **chárter** vôo charter; ~ **libre** *o* **sin motor** vôo livre *o* planado; ~ **regular** vôo regular -**2.** [de vestido] roda *f* -**3.** ARQUIT beiral *m* -**4.** [de ave] asa *f* -**5.** *loc*:

de altos ~s, de mucho ~ de muito fôlego.

vuelto, ta ◇ *pp irreg* ▷ volver. ◇ *adj* virado(da).

◆ **vuelto** *m Amér* troco *m*.

◆ **vuelta** *f* - **1.** [gen] volta *f*; **media vuelta** meia-volta *f*; **vuelta atrás** fazer meia-volta; **vuelta ciclista** volta ciclística; **a vuelta de correo** pelo correio expresso; **dar la vuelta a la tortilla** *fam* provocar uma reviravolta; **darle cien vueltas a alguien** ser mil vezes melhor que alguém; **darle vueltas a algo** remoer algo; **dar una vuelta de campana** capotar; **dar vueltas la cabeza a alguien** sentir tontura; **estar de vuelta de todo** achar que sabe tudo; **no tener vuelta de hoja** não ter escolha; **poner a alguien de vuelta y media** insultar alguém; **dar vueltas** dar voltas - **2.** [medio giro]: **dar(se) la vuelta** virar-se - **3.** [paseo]: **dar una vuelta** dar uma volta - **4.** [curva] curva *f* - **5.** [dinero sobrante] troco *m* - **6.** [devolución] devolução *f* - **7.** [ronda, turno] turno *m* - **8.** [de labor] carreira *f* - **9.** [parte opuesta] verso *m*; **a la vuelta** [detrás] atrás - **10.** [de prenda] canhão *m*.

vuestro, tra ◇ *adj* vosso(sa), de vocês. ◇ *pron*: **el** ~ **/la vuestra** o vosso/a vossa, o/a de vocês, o seu/a sua; **lo** ~ o negócio de vocês.

vulgar *adj* vulgar.

vulgaridad *f* vulgaridade *f*.

vulgarizar *vt* vulgarizar.

◆ **vulgarizarse** *vpr* vulgarizar-se.

vulgo *m despec* [plebe] plebe *f*.

vulnerable *adj* vulnerável.

vulnerar *vt* - **1.** [deshonrar] vulnerar - **2.** [violar] transgredir.

vulva *f ANAT* vulva *f*.

w, W *f* [letra] w, W *m*.

walkie-talkie (*pl* walkie-talkies) *m* walkie-talkie *m*.

walkman® (*pl* walkmans) *m* walkman® *m*.

WAP (*abrev de* Wireless Application Protocol) *m* WAP *m*.

Washington *n* Washington.

wáter (*pl* wáteres), **váter** (*pl* váteres) *m* vaso *m* sanitário.

waterpolo *m DEP* pólo *m* aquático.

watio = vatio.

WC (*abrev de* water closet) *m* WC *m*.

Web [web] *f*: **la (World Wide)** ~ a (World Wide) Web.

western (*pl* westerns) *m CIN* western *m*, faroeste *m*.

whisky = güisqui.

windsurf, windsurfing *m DEP* windsurfe *m*.

x¹, X *f* [letra] x, X *m*.

x² (*abrev de* miércoles) qua.

xenofobia *f* xenofobia *f*.

xilofón, xilófono *m MÚS* xilofone *m*.

y¹, Y *f* [letra] y, Y *m*.

Quando a palavra que acompanha a conjunção começa pelo som *i*, nós a substituímos por **e**: (*Gustavo e Inés pasaron a sexto grado con excelentes notas.* Gustavo e Inés passaram para a sexta série com notas excelentes. *Padre e hijo hablaron con la maestra.* O pai e o filho falaram com a professora.)

y² *conj (se usa* e *delante de palabras que empiezan por* i o hi *sin formar diptongo)* e.

ya ◇ *adv* já; ~ **me lo habías contado** já tinha me contado isso; **hay que hacer algo** ~ tem que fazer algo já; ~ **era hora** já era hora. ◇ *interj* tá! ◇ *conj* já; ~ ... ~ ... ou ... ou ...

◆ **ya que** *loc conj* já que; ~ **que has venido, ayúdame con esto** já que veio, ajuda-me com isto.

yacente, yaciente *adj* jacente.

yacer *vi* jazer.

yaciente = yacente.

yacimiento *m* jazida *f*.

yanqui ◇ *adj* ianque. ◇ *mf* ianque *mf*.

yarda *f* jarda *f*.

yate m NÁUT iate m.

yayo, ya m, f fam vovô m, -vó f.

yegua f égua f.

yema f-1. [gen] gema f-2. [de dedo] ponta f -3. CULIN doce feito com gema de ovo e açúcar.

Yemen n Iêmen.

yen m iene m.

yerba f: ~ mate RP erva-mate f.

yerbatero m Andes, Carib [curandero] curandeiro m, -ra f; [vendedor de hierbas] herborista mf.

yermo, ma adj ermo(ma).
➡ **yermo** m ermo m.

yerno m genro m.

yesca f matéria muito seca, inflamável e preparada, para acender o fogo.

yeso m -1. MIN gipsita f-2. PÓ gesso m.

yeti m yeti m.

yeyé (pl yeyés) adj yê-yê-yê.

yo pron eu; ~ de ti eu se fosse você; ~ que tú/él etc eu se fosse você/ele etc.

yodo, iodo m QUÍM iodo m.

yoga m ioga f.

yogui mf iogue mf.

yogur (pl yogures), **yogurt** (pl yogurts) m iogurte m; ~ enriquecido iogurte enriquecido.

yogurtera f iogurteira f.

yonqui mf fam drogado m, -da f.

yoquey (pl yoqueys), **jockey** (pl jockeys) m jóquei m, joqueta f.

yoyó m ioiô m.

yuca f-1. [planta liliácea] iúca f-2. [mandioca] mandioca f.

yudo, judo m judô m.

yudoka, judoka mf judoca mf.

yugo m jugo m.

Yugoslavia n Iugoslávia; **la ex** ~ a ex-Iugoslávia.

yugoslavo, va ⬦ adj iugoslavo(va). ⬦ m, f iugoslavo m, -va f.

yugular ⬦ adj jugular. ⬦ f jugular f.

yunque m bigorna f.

yunta f [de bueyes] junta f.

yuppie (pl yuppies) m, f yuppie mf.

yuxtaponer vt justapor.
➡ **yuxtaponerse** vpr justapor-se.

yuxtaposición f justaposição f.

yuxtapuesto, ta pp irreg ▷ yuxtaponer.

yuyo m CSur -1. [hierba medicinal] erva f medicinal -2. [hierba mala] tiririca f -3. [hierba silvestre] erva f silvestre.

z, Z f [letra] z, Z m.

zacate m CAm, Méx forragem f.

zafarrancho m -1. MIL: ~ de combate preparativos mpl de combate -2. [destrozo] fam estrago m -3. fam [riña] briga f.

zafio, fia adj grosseirão(na).

zafiro m MIN safira f.

zaga f: ir a la ~ ficar atrás.

zaguán m saguão m.

zaherir vt humilhar.

zahorí (pl zahoríes) m, f-1. [buscador de agua] pessoa com capacidade de descobrir o que está oculto, especialmente veios subterrâneos de água e jazidas minerais -2. fig [persona perspicaz] vidente mf.

Zaire n Zaire.

zalamería f (gen pl) adulação f.

zalamero, ra ⬦ adj adulador(ra). ⬦ m, f adulador m, -ra f.

zamarra f samarra f.

zambo, ba ⬦ adj zambo(ba). ⬦ m, f zambo m, -ba f.

zambomba f MÚS cuíca f.

zambombazo m -1. [explosión] estampido m -2. fam [porrazo] pancada f.

zambullir vt mergulhar.
➡ **zambullirse** vpr mergulhar-se.

zampar vi fam zampar.
➡ **zamparse** vpr fam zampar.

zanahoria f cenoura f.

zanca f [de ave] perna fina e comprida de algumas aves.

zancada f passada f.

zancadilla f-1. [traspiés] rasteira f; ponerle la ~ a alguien [hacer tropezar] dar uma rasteira em alguém -2. [engaño] tramóia f.

zancadillear vt dar uma rasteira.

zanco m pernas fpl de pau.

zancudo, da adj pernalta.
➡ **zancudo** m Amér pernilongo m.

zanganear vi fam vadiar.

zángano, na m, f fam folgado m, -da f.
➡ **zángano** m zangão m.

zanja f vala f.

zanjar vt resolver.

zapallito m CSur [calabacín] beringela f.

zapata *f* **-1.** [cuña] calço *m* **-2.** [de freno] sapata *f*.
zapateado *m* [baile] sapateado *m*.
zapatear *vi* sapatear.
zapatería *f* sapataria *f*.
zapatero, ra *m, f* sapateiro *m*, -ra *f*.
zapatilla *f* **-1.** [gen] sapatilha *f* **-2.** [zapato deportivo] tênis *m*.
zapato *m* sapato *m*.
zapear *vi* fazer zapping.
zapping, zapeo *m inv* zapping *m*; **hacer** ~ fazer zapping.
zar *m* czar *m*.
zarabanda *f* MÚS sarabanda *f*.
zarandear *vt* sacudir.
➡ **zarandearse** *vpr* sacudir-se.
zarandeo *m* sacolejo *m*.
zarcillo *m (gen pl)* brincos *mpl*.
zarina *f* czarina *f*.
zarpa *f* garra *f*.
zarpar *vi* NÁUT zarpar.
zarpazo *m* unhada *f*.
zarrapastroso, sa *adj* esfarrapado(da).
zarza *f* sarça *f*.
zarzal *m* sarçal *m*.
zarzamora *f* amora *f*.
zarzaparrilla *f* salsaparrilha *f*.
zarzuela *f* MÚS zarzuela *f*.
zas *interj* zás!
zenit, cenit *m* zênite *m*.
zepelín *m* AERON zepelim *m*.
zigzag *(pl* **zigzags** *O* **zigzagues)** *m* ziguezague *m*.
zigzaguear *vi* ziguezaguear.
zinc = cinc.
zíngaro, ra = cíngaro.
zíper *m CAm, Méx* zíper *m*.
zipizape *m fam* auê *m*.
zócalo *m* **-1.** [de pared] rodapé *m* **-2.** [de edificio] fundação *f* **-3.** [de pedestal] plinto *m*.
zoco *m* mercado *m*.
zodiacal *adj* zodiacal.
zodíaco, zodiaco *m* zodíaco *m*.
zombi, zombie *mf* zumbi *m*.
zona *f* **-1.** [espacio delimitado] zona *f*; ~ **azul** AUTOM zona azul; ~ **euro** zona euro; ~ **verde** zona verde **-2.** [parte] área *f*.

zonzo, za, sonso, sa bobo *m*, -ba *f*; **hacerse el** ~ *fam* fazer-se de bobo.
zoo *m* zôo *m*.
zoología *f* zoologia *f*.
zoológico, ca *adj* zoológico(ca).
➡ **zoológico** *m* ⊳ **parque**.
zoólogo, ga *m, f* zoólogo *m*, -ga *f*.
zoom *(pl* **zooms)** *m* zum *m*.
zopenco *fam,* **ca** ◇ *adj* tapado(da). ◇ *m, f* tapado *m*, -da *f*.
zoquete ◇ *adj* cabeça-dura. ◇ *mf* cabeça-dura *mf*. ◇ *m CSur* [calcetín] meia *f* soquete.
zorro, rra ◇ *adj fam* astuto(ta). ◇ *m, f* raposa *f*.
➡ **zorro** *m* [piel] raposa *f*.
➡ **zorra** *f mfam* [ramera] rameira *f*.
➡ **zorros** *mpl* [utensilio] espanador *m*; **estar hecho unos** ~**s** [cansado, maltrecho] *Esp fam* estar um trapo; [enfurecido] estar furioso.
zozobra *f* angústia *f*.
zozobrar *vi* soçobrar.
zueco *m* tamanco *m*.
zulo *m* esconderijo *m*.
zulú *(pl* **zulúes)** ◇ *adj* zulu. ◇ *m, f* zulu *mf*.
zumbar ◇ *vi* [abeja] zumbir. ◇ *vt fam* [pegar] bater.
zumbido *m* zumbido *m*.
zumo *m* **-1.** [jugo] suco *m* **-2.** *fig* [provecho] proveito *m*.
zurcido *m* cerzido *m*.
zurcir *vt* cerzir; ¡**anda y que te zurzan!** *fam* que se dane!
zurdo, da *m, f* canhoto *m*, -ta *f*.
➡ **zurda** *f* **-1.** [mano izquierda] esquerda *f*, canhota *f* **-2.** [pie izquierdo] esquerda *f*.

> Não confundir *zurdo (canhoto)* com o português *surdo* que em espanhol é *sordo*. (*Pedro es zurdo*. Pedro é *canhoto*.)

zurra *f* surra *f*.
zurrar *vt* **-1.** [pegar] surrar **-2.** [curtir] curtir.
zurrón *m* embornal *m*.
zutano, na *m, f* beltrano *m*, -na *f*.

a¹, A [a] *m* [letra] a, A *f*.

a² [a] *prep* **-1.** [introduz um complemento indireto] a; **dar algo a alguém** dar algo a alguien; **diga ao João para vir** dile a João que venga; **mostrar algo a alguém** mostrar algo a alguien. **-2.** [relativo a direção] a; **vamos ao cinema** vamos al cine; **fomos à praia** fuimos a la playa; **percorreu o país de norte a sul** recorrió el país de norte a sur. **-3.** [relativo a posição, lugar, distância] a; **fica na saída do teatro** queda a la salida del teatro; **é à esquerda/direita** es a la izquierda/derecha; **fica a dez quilômetros** queda a diez kilómetros. **-4.** [introduz um complemento direto] a; **amar a Deus** amar a Dios; **criou o menino como a um filho** crió al niño como a un hijo. **-5.** [relativo a quantidade, medida, preço, velocidade]: **às centenas/dúzias** por centenares/docenas, de a centenas/docenas *Amér*; **a quanto estão as pêras?** ¿a cuánto están las peras?; **vender a metro** vender por metros *ou* metro *RP*; **ia a cem por hora** iba a cien por hora. **-6.** [indica modo, maneira] a; **feito à mão** hecho(cha) a mano; **bater à máquina** escribir a máquina; **sal a gosto** sal a gusto; **fique à vontade** póngase cómodo(da); **ir a pé/cavalo** ir a pie/caballo; **viajar a trabalho/passeio** ir en viaje de negocios/placer; **pagar a prazo/à vista** pagar a crédito/al contado; **a olho nu a** simple vista. **-7.** [indica freqüência]: **três vezes ao dia** tres veces al día, tres veces por día *Amér*; **estou lá às terças-feiras e quintas-feiras** estoy allí los martes y los jueves. **-8.** [introduz complemento de tempo] a; **abertura às oito horas** abrimos a las ocho; **fica a dez minutos daqui** queda a diez minutos de aquí; **à noite** por la noche *Esp, Caribe* & *Méx*, a la noche *Arg*, de noche *Urug*. **-9.** [indica série]: **de ... a ...** desde ... hasta ...; **a loja tem de tudo, de pregos a máquinas de lavar** la tienda tiene de todo, desde clavos hasta lavadoras. **-10.** [seguido de infinito para exprimir momento] a; **engasgou-se ao comer** se atragantó al comer; **gagueja ao ler** tartamudea al leer. **-11.** [seguido de infinitivo indicando duas ações] a; **saiu a cantar** salió a cantar; **nunca aprendeu a assobiar** nunca aprendió a silbar; **começou a chover** empezó a llover. **-12.** [em locuções]: **a não ser que** a no ser que; **à exceção de** exceptuando, excepto; **a partir de** a partir de; **a respeito de** respecto a.

à [a] = a + a.

AA (*abrev de* Alcoólicos Anônimos) AA.

AACC (*abrev de* Associação de Assistência à Criança com Câncer) *f* asociación de ayuda a los niños con cáncer.

AACD (*abrev de* Associação de Assistência à Criança Defeituosa) *f* asociación de ayuda a los niños y adolescentes con minusvalías físicas.

aba [ˈaba] *f* **-1.** [de chapéu] ala *f*. **-2.** [de casaca] faldón *m*.

abacate [abaˈkatʃi] *m* aguacate *m (fruto)*, palta *f Andes, RP*.

abacaxi [abakaˈʃi] *m* **-1.** [fruta] piña *m*, ananá *m RP*. **-2.** *fam* [problema, dificuldade] lío *m*.

abade, dessa [aˈbadʒi, desa] *m, f* abad *m*, -esa *f*.

abadia [abaˈdʒia] *f* abadía *f*.

abafado, da [abaˈfadu, da] *adj* **-1.** [ar, sala] cargado(da). **-2.** [pessoa - atarefado] ocupado(da); [- aflito] angustiado(da). **-3.** [som] apagado(da).

abafamento [abafaˈmẽntu] *m* [sufoco] ahogo *m*.

abafar [abaˈfa(x)] *vt* **-1.** [sufocar] ahogar. **-2.** [cobrir] tapar. **-3.** [apagar] apagar. **-4.** [amortecer] ahogar. **-5.** [ocultar] encubrir. **-6.** *fam* [roubar] birlar. <> *vi* **-1.** [sufocar] ahogar. **-2.** *fam* [fazer sucesso] arrasar.

abaixado, da [abajˈʃadu, da] *adj* **-1.** [pessoa] agachado(da). **-2.** [persiana] bajado(da).

abaixar [abajˈʃa(x)] *vt* **-1.** [olhos, cabeça, objeto] bajar. **-2.** [preço, voz, volume] bajar.

➡ **abaixar-se** *vp* [curvar-se] agacharse.

abaixo [aˈbajʃu] <> *adv* **-1.** [posição] abajo. **-2.** [direção] abajo; **escada/ladeira/rio** ~ escalera/ladera/río abajo. **-3.** [em texto] abajo. <> *interj* abajo.

➤ **abaixo de** *loc prep* por debajo de.
abaixo-assinado [aˌbajʃuasi'nadul (*pl* abaixo-assinados) *m* petición *f*.
abajur [aba'ʒu(x)] (*pl* -res) *m* lámpara *f*.
abalado, da [aba'ladu, da] *adj* -1. [pessoa] conmovido(da). -2. [saúde] frágil.
abalar [aba'la(x)] *vt* -1. [fazer estremecer] sacudir. -2. *fig* [afetar, comover] afectar. -3. [enfraquecer] debilitar.
➤ **abalar-se** *vp fig* [comover-se] emocionarse.
abalizado, da [abali'zadu, da] *adj* [competente] cualificado(da).
abalo [a'balu] *m* -1. [tremor] temblor *m*; ~ sísmico temblor de tierra. -2. *fig* [efeito ruim, comoção] sacudida *f*.
abanar [aba'na(x)] *vt* -1. [ventilar] abanicar. -2. [acenar] agitar. -3. [agitar] menear.
➤ **abanar-se** *vp* [ventilar-se] abanicarse.
abandonado, da [abãndo'nadu, da] *adj* abandonado(da).
abandonar [abãndo'na(x)] *vt* -1. [desamparar, deixar] abandonar. -2. [negligenciar] abandonar. -3. [renegar] renegar de.
➤ **abandonar-se** *vp* -1. [desleixar-se] abandonarse. -2. [entregar-se]: ~-se a algo abandonarse a algo.
abandono [abãn'donu] *m* abandono *m*.
abarcar [abax'ka(x)] *vt* -1. [cingir] abrazar. -2. [abranger] abarcar. -3. [alcançar] cubrir. -4. [monopolizar] monopolizar.
abarrotado, da [abaxo'tadu, da] *adj*: ~ (de) abarrotado(da) (de).
abarrotar [abaxo'ta(x)] *vt*: ~ (de) abarrotar (de).
abastado, da [abaʃ'tadu, da] *adj* adinerado(da).
abastecer [abaʃte'se(x)] *vt*: ~ (de) abastecer (de).
➤ **abastecer-se** *vp*: ~-se (de) abastecerse (de).
abastecimento [abaʃtesi'mẽntul *m* abastecimiento *m*.
abatedouro [abate'dorul *m* [matadouro] matadero *m*.
abater [aba'te(x)] *vt* -1. [derrubar] derribar. -2. [matar] sacrificar. -3. [diminuir] descontar. -4. [enfraquecer] debilitar. -5. [desanimar] abatir.
abatido, da [aba'tʃidu, da] *adj* -1. [pálido] pálido(da). -2. [enfraquecido] debilitado(da). -3. [desanimado] abatido(da).
abatimento [abatʃi'mẽntul *m* -1. [palidez] palidez *f*. -2. [fraqueza] debilidad *f*. -3. [desânimo] abatimiento *m*. -4. [redução] descuento *m*; **fazer um** ~ hacer un descuento.
abaulado, da [abaw'ladu, da] *adj* curvado(da).

abdicação [abdʒika'sãw] (*pl* -ões) *f* abdicación *f*.
abdicar [abdʒi'ka(x)] *vi* abdicar; ~ **de algo** *fig* renunciar a algo.
abecedário [abese'darjul *m* abecedario *m*.
abelha [a'beʎal *f* abeja *f*.
abelha-rainha [aˌbeʎaxa'iɲal (*pl* abelhas-rainhas) *f* abeja *f* reina.
abelhudo, da [abe'ʎudu, da] *adj* entrometido(da).
abençoar [abẽ'swa(x)] *vt* bendecir; **que Deus o abençoe!** ¡que Dios lo bendiga!
aberração [abexa'sãw] (*pl* -ões) *f* aberración *f*.
aberto, ta [a'bɛxtu, ta] *adj* abierto(ta).
abertura [abex'tural *f* -1. [ger] apertura *f*. -2. *MÚS* abertura *f*.
abestalhado, da [abeʃta'ʎadu, da] *adj* atontado(da).
ABF (*abrev de* **Associação Brasileira de Franchising**) *f* asociación brasileña que reglamenta el franquiciado en el país.
ABI (*abrev de* **Associação Brasileira de Imprensa**) *f* Asociación Brasileña de Prensa.
abismado, da [abiʒ'madu, da] *adj* asombrado(da).
abismo [a'biʒmul *m* [ger] abismo *m*; **estar à beira de um** ~ *fig* estar al borde del abismo.
abjeto, ta [ab'ʒɛtu, ta] *adj* abyecto(ta).
ABL (*abrev de* **Academia Brasileira de Letras**) *f* Academia *f* Brasileña de las Letras, ≃ RAE *f*.
abnegado, da [abne'gadu, da] *adj* abnegado(da).
abnegar [abne'ga(x)] *vi* [renunciar]: ~ **de algo** renunciar a algo.
➤ **abnegar-se** *vp* [sacrificar-se] sacrificarse.
ABNT (*abrev de* **Associação Brasileira de Normas Técnicas**) *f* asociación brasileña de normalización técnica, ≃ AENOR *f Esp*.
abóbada [a'bɔbadal *f* bóveda *f*.
abóbora [a'bɔboral *f* calabaza *f*, zapallo *m CSur*, ahuyama *f Col* & *Ven*.
abolição [aboli'sãw] *f* abolición *f*.
abolir [abo'li(x)] *vt* abolir.
abominação [abomina'sãw] (*pl* -ões) *f* abominación *f*.
abominar [abomi'na(x)] *vt* abominar.
abonado, da [abo'nadu, da] ◇ *adj* [rico] adinerado(da). ◇ *m, f* [rico] adinerado *m*, -da *f*.
abonar [abo'na(x)] *vt* -1. [declarar bom, verdadeiro] confirmar. -2. [afiançar] garantizar. -3. [aprovar] aprobar. -4. [dar] otorgar. -5. [adiantar] adelantar. -6. [relevar] disculpar. -7. [palavra, expressão] documentar.

abono [a'bonu] *m* **-1.** [aprovação] aprobación *f*. **-2.** [fiança] garantía *f*. **-3.** [pagamento extra] paga *f*. **-4.** [relevação] disculpa *f*.

abordagem [abox'daʒēl] (*pl* **-ns**) *f*: sua ~ do tema é muito técnica la manera en que aborda el tema es muy técnica.

abordar [abox'da(x)] *vt* **-1.** [ir a bordo de] embarcar en. **-2.** [pessoa, assunto] abordar.

aborígene [abo'riʒenil] *adj* aborigen.

aborrecer [aboxe'se(x)] *vt* **-1.** [amolar] enfadar *Esp*, enojar *Amér*. **-2.** [entediar] aburrir.

→ **aborrecer-se** *vp* [amolar-se]: ~-se com alguém enfadarse *Esp* *ou* enojarse *Amér* con alguien.

aborrecido, da [aboxe'sidu, da] *adj* **-1.** [amolado] enfadado(da) *Esp*, enojado(da) *Amér*. **-2.** [enfadonho] tedioso(sa).

aborrecimento [aboxesi'mēntul] *m* [amolação] enfado *m* *Esp*, enojo *m* *Amér*.

abortar [abox'ta(x)] ⬦ *vi* abortar. ⬦ *vt* [plano, greve *etc*.] abortar.

aborto [a'boxtu] *m* aborto *m*.

abotoadura [abotwa'dura] *f* gemelo *m*.

abotoar [abo'twa(x)] *vt* [roupa] abotonar, abrochar.

abr. (*abrev de* **abril**) *f* abr.

abraçar [abra'sa(x)] *vt* abrazar.

→ **abraçar-se** *vp* abrazarse.

abraço [a'brasul] *m* abrazo *m*; **dar um** ~ **em alguém** dar un abrazo a alguien.

abrandar [abrãn'da(x)] ⬦ *vt* [dor] calmar; [lei, pessoa] ablandar; [via, palavreado] suavizar. ⬦ *vi* [dor, pessoa, vento] calmarse; [calor, ira] disminuir.

abranger [abrãn'ʒe(x)] *vt* **-1.** [incluir] abarcar. **-2.** [conter em sua área] comprender.

abrasar [abra'za(x)] *vt* abrasar.

abreviar [abre'vja(x)] *vt* **-1.** [pôr em abreviatura, resumir] abreviar. **-2.** [tornar breve] abreviar.

abreviatura [abrevja'tural] *f* abreviatura *f*.

abridor [abri'do(x)] (*pl* **-res**) *m*: ~ de garrafas abrebotellas *m inv*; ~ de latas abrelatas *m inv*.

abrigar [abri'ga(x)] *vt* [albergar] albergar.

→ **abrigar-se** *vp* [albergar-se] albergarse.

abrigo [a'brigul] *m* **-1.** [refúgio] abrigo *m*; ~ antiaéreo refugio *m* antiaéreo. **-2.** [cobertura] techo *m*. **-3.** [asilo] refugio *m*.

abril [a'briwl] *m* abril *m*; *veja também* **setembro**.

abrir [a'bri(x)] ⬦ *vt* **-1.** [ger] abrir. **-2.** [exceção, precedente] crear. ⬦ *vi* **-1.** [abrir a porta, ter expediente] abrir. **-2.** [sinal de tráfego, tempo, flor] abrirse.

→ **abrir-se** *vp* [confidenciar]: ~-se com alguém abrirse a alguien.

abrolho [a'broʎul] *m* espina *f*.

abrupto, ta [a'bruptu, ta] *adj* **-1.** [súbito] repentino(na). **-2.** [áspero] brusco(ca).

ABS (*abrev de* **antilock braking system**) *m* ABS *m*; **freios** ~ frenos ABS.

absolutamente [absoˌluta'mēntʃil] *adv* **-1.** [completamente] absolutamente. **-2.** [de modo nenhum] en absoluto.

absoluto, ta [abso'lutu, ta] *adj* absoluto(ta); **em** ~ en absoluto.

absolver [absow've(x)] *vt* absolver; ~ alguém (de algo) absolver a alguien (de algo).

absolvição [absowvi'sãwl] *f* absolución *f*.

absorção [absox'sãwl] *f* **-1.** [de água, tempo, cultura] absorción *f*. **-2.** [concentração] concentración *f*.

absorto, ta [ab'soxtu, ta] *adj* [concentrado] absorto(ta).

absorvente [absox'vēntʃil] *adj* absorbente.

→ **absorvente** *m*: ~ higiênico tampón *m*.

absorver [absoxve(x)] *vt* absorber.

abstêmio, mia [abʃ'temju, mja] ⬦ *adj* abstemio(mia). ⬦ *m, f* abstemio *m*, -mia *f*.

abstenção [abʃtēn'sãwl] (*pl* **-ões**) *f* abstención *f*.

abster-se [abʃ'texsil] *vp*: ~ (de algo/de fazer algo) abstenerse (de algo/de hacer algo).

abstrair [abʃtra'i(x)] *vt* **-1.** [afastar] abstraer. **-2.** [isolar] aislar.

→ **abstrair-se** *vp* **-1.** [alhear-se]: ~-se de abstraerse de. **-2.** [concentrar-se]: ~-se em concentrarse en.

abstrato, ta [abʃ'tratu, ta] *adj* abstracto(ta).

absurdo, da [ab'suxdu, da] *adj* absurdo(da).

→ **absurdo** *m* absurdo *m*.

abulia [abu'lia] *f* abulia *f*.

abundância [abūn'dãnsja] *f* abundancia *f*; **em** ~ en abundancia.

abundante [abūn'dãntʃil] *adj*: ~ (em) abundante (en).

abundar [abūn'da(x)] *vi* abundar.

abusado, da [abu'zadu, da] *adj* abusón (ona).

abusar [abu'za(x)] *vi* **-1.** [aproveitar-se, exceder-se] abusar; ~ de alguém/algo abusar de alguien/algo. **-2.** [sexualmente]: ~ de alguém abusar de alguien.

abuso [a'buzul] *m* abuso *m*; ~ **sexual** abuso sexual.

abutre [a'butril] *m* buitre *m*.

a.C. (*abrev de* **antes de Cristo**) a. de C.

AC (*abrev de* **Estado do Acre**) *estado de* Acre.

acabamento [akaba'mēntul] *m* acabado *m*.

acabar [aka'ba(x)] ⬦ *vt* acabar. ⬦ *vi* **-1.** [terminar] acabar; ~ de fazer algo acabar de hacer algo. **-2.** [ter como resultado]: ~ em algo acabar en algo. **-3.** [abolir, destruir]:

~ **com algo** acabar con algo.

◆ **acabar-se** *vp* -**1.** [terminar] acabarse. - **2.** [desgastar-se] agotarse.

acabrunhar [akabruˈɲa(x)] *vt* -**1.** [desanimar] deprimir. - **2.** [envergonhar] avergonzar, apenar *Carib, Col, Méx.*

academia [akadeˈmia] *f* -**1.** [escola, sociedade] academia *f.* - **2.** *ESP* academia *f.*

acadêmico, ca [akaˈdemiku, ka] ⟨⟩ *adj* académico(ca). ⟨⟩ *m, f* académico *m,* -ca *f.*

açafrão [asaˈfrãw] *m* azafrán *m.*

acalentar [akalẽnˈta(x)] *vt* -**1.** [ninar] arrullar. - **2.** *fig* [nutrir] albergar. - **3.** [aconchegar] acurrucar.

acalmar [akawˈma(x)] ⟨⟩ *vt* [pessoa, ânimos] calmar. ⟨⟩ *vi* calmarse.

◆ **acalmar-se** *vp* [pessoa, ânimos] calmarse.

acalorado, da [akaloˈradu, da] *adj* [discussão etc.] acalorado(da).

acamado, da [akaˈmadu, da] *adj* en cama.

açambarcar [asãnbaxˈka(x)] *vt* -**1.** [apropriar- -se de] apropiarse de. - **2.** [monopolizar] monopolizar.

acampamento [akãnpaˈmẽntul] *m* -**1.** [camping] camping *m.* - **2.** *MIL* campamento *m.*

acanhado, da [akaˈɲadu, da] *adj* vergonzo-so(sa).

acanhar-se [akaˈɲaxsi] *vp*: ~ **(de fazer algo)** avergonzarse (de hacer algo).

ação [aˈsãw] (*pl* -ões) *f* -**1.** [atuação, feito] acción *f.* - **2.** [capacidade de agir]: **sem** ~ sin capacidade de reacción. - **3.** [enredo] acción *f.* - **4.** *JUR* acción *f;* **mover uma** ~ **contra alguém** iniciar acciones legales contra alguien. - **5.** *FIN* acción *f;* ~ **ordinária** acción ordinaria; ~ **preferencial** acción preferencial.

acarajé [akaraˈʒɛl] *m buñuelo picante de masa de frijoles, frito, y relleno con gambas y cebolla, típico de la comida afrobrasileña de Bahía.*

acarear [akaˈrja(x)] *vt* carear.

acariciar [akariˈsja(x)] *vt* acariciar.

acarretar [akaxeˈta(x)] *vt* acarrear.

acaso [aˈkazul *m* casualidad *f.*

◆ **ao acaso** *loc adv* sin dirección.

◆ **por acaso** *loc adv* por casualidad.

acatar [akaˈta(x)] *vt* -**1.** [respeitar] respetar. - **2.** [cumprir] acatar.

acautelar [akawteˈla(x)] *vt* prevenir.

◆ **acautelar-se** *vp*: ~-se **(contra)** preve-nirse (contra).

acebolado, da [aseboˈladu, da] *adj* con ce-bolla.

aceder [aseˈde(x)] *vi*: ~ **a algo** acceder a algo.

aceitação [asejtaˈsãw] *f* aceptación *f.*

aceitar [asejˈta(x)] *vt* aceptar.

aceito, ta [aˈsejtu, ta] ⟨⟩ *pp* ▷ aceitar. ⟨⟩ *adj* aceptado(da).

aceleração [aseleraˈsãw] *f* aceleración *f.*

acelerador [aseleraˈdo(x)] (*pl* -es) *m* acele-rador *m.*

acelerar [aseleˈra(x)] ⟨⟩ *vt* acelerar. ⟨⟩ *vi* *AUTO* acelerar.

acenar [aseˈna(x)] *vi* -**1.** [sinalizar] hacer señales. - **2.** [prometer]: ~ **algo (a alguém)** prometer algo (a alguien).

acendedor [asẽndeˈdo(x)] *m* [de bico de gás] encendedor *m (de quemador de gas).*

acender [asẽnˈde(x)] ⟨⟩ *vt* -**1.** [cigarro, lâmpa-da, luz] encender, prender *Amér.* - **2.** *fig* [ânimo] encender. ⟨⟩ *vi* [lâmpada, luz] en-cenderse, prenderse *Amér.*

aceno [aˈsenul *m* -**1.** [gesto] gesto *m.* - **2.** [com a mão] saludo *m.*

acento [aˈsẽntul *m* -**1.** [gráfico] acento *m.* - **2.** [intensidade] acento *m.*

acentuação [asẽntwaˈsãw] *f* acentuación *f.*

acentuar [asẽnˈtwa(x)] *vt* acentuar.

acepção [asepˈsãw] (*pl* -ões) *f* acepción *f.*

acerca [aˈsexka] ◆ **acerca de** *loc adv* acerca de.

acerola [aseˈrɔla] *f* acerola *f.*

acertado, da [asexˈtadu, da] *adj* -**1.** [relógio] en hora puntual. - **2.** [medida, decisão] acertado(da). - **3.** [combinado] acorda-do(da).

acertar [asexˈta(x)] ⟨⟩ *vt* -**1.** [relógio] poner en hora. - **2.** [combinar] acordar. - **3.** [contas] cuadrar. - **4.** [igualar] igualar. - **5.** [encontrar] acertar con. - **6.** [fazer atingir]: ~ **algo em algo** acertar algo en algo. - **7.** [aplicar] dar. ⟨⟩ *vi* -**1.** [em adivinhação, jogo] acertar. - **2.** [encontrar]: ~ **com algo/alguém** dar con algo/alguien. - **3.** [atingir]: ~ **em algo/al-guém** acertar en algo/alguien.

acerto [aˈsextul *m* -**1.** [em decisão, escolha] acierto *m.* - **2.** [acordo] acuerdo *m.* - **3.** [de contas] ajuste *m.*

acervo [aˈsexvul *m* -**1.** [patrimônio] patrimo-nio *m.* - **2.** [quantidade] montón *m.*

aceso, sa [aˈsezu, za] ⟨⟩ *pp* ▷ acender. ⟨⟩ *adj* -**1.** [cigarro, lâmpada, luz] encendido(da), prendido(da) *Amér.* - **2.** *fig* [pessoa] entu-siasmado(da).

acessar [aseˈsa(x)] *vt* *COMPUT* acceder a.

acessível [aseˈsivɛw] (*pl* -eis) *adj* accesible.

acesso [aˈsɛsul *m* -**1.** [ger] acceso *m.* - **2.** *COM-PUT* acceso *m;* ~ **discado** acceso *m* tele-fónico.

acessório, ria [aseˈsɔrju, rja] *adj* accesso-rio(ria).

◆ **acessório** *m* accesorio *m.*

achado [a'ʃadu] *m* -**1.** [ger] hallazgo *m*. -**2.** [pechincha] *fam* ganga *f*.

achaque [a'ʃaki] *m* achaque *m*.

achar [a'ʃa(x)] *vt* -**1.** [descobrir] hallar. -**2.** [considerar, pensar] pensar; ~ **que** ... creo que ...; **acho que sim** creo que sí; **acho-a agradável** la encuentro agradable; **não acho graça nisso** no le veo ninguna gracia.
    ➡ **achar-se** *vp* -**1.** [estar] hallarse. -**2.** [considerar-se] considerarse.

achatar [aʃa'ta(x)] *vt* [aplanar] aplastar, achatar *RP*.

achegar-se [aʃe'gaxsi] *vp*: ~ **(a/de)** acercarse (a).

acidentado, da [asidẽn'tadu, da] ◇ *adj* accidentado(da). ◇ *m, f* [pessoa] accidentado *m*, -da *f*.

acidental [asidẽn'taw] (*pl* -**ais**) *adj* accidental.

acidente [asi'dẽntʃi] *m* accidente *m*; **por** ~ por accidente.

acidez [asi'deʒ] *f* acidez *f*.

ácido, da ['asidu, da] *adj* ácido(da).
    ➡ **ácido** *m* -**1.** QUÍM ácido *m*. -**2.** *fam* [droga] ácido *m*.

acima [a'sima] *adj* -**1.** [em lugar mais alto] de arriba; **mais** ~ más arriba. -**2.** [em direção à parte superior]: **morro/ladeira** ~ cuesta arriba.
    ➡ **acima de** *loc prep* por encima de, arriba de **Amér**.

acinte [a'sĩntʃi] *m* provocación *f*.

acintosamente [asĩntoza'mẽntʃi] *adv* provocadoramente.

acionar [asjo'na(x)] *vt* -**1.** [fazer funcionar] activar.-**2.** JUR demandar.

acionista [asjo'niʃta] *mf* accionista *mf*.

acirrado, da [asi'xadu, da] *adj* exacerbado(da).

aclamação [aklama'sãw] *f* -**1.** [ovação] aclamación *f*. -**2.** [proclamação] proclamación *f*.

aclamar [akla'ma(x)] *vt* -**1.** [ovacionar] aclamar. -**2.** [proclamar] proclamar.

aclive [a'klivi] *m* subida *f*; **em** ~ en subida.

ACM (*abrev de* Associação Cristã de Moços) *f* ≃ ACJ *f*.

aço ['asu] *m* acero *m*; ~ **inoxidável** acero inoxidable.

ações [a'sõjʃ] *pl* ⟼ **ação**.

açoitar [asoj'ta(x)] *vt* azotar.

açoite [a'sojtʃi] *m* azote *m*.

acolá [ako'la] *adv* allá, acullá *RP*.

acolchoado, da [akow'ʃwadu, da] *adj* acolchado(da), acolchonado(da) *RP*.

acolchoar [akow'ʃwa(x)] *vt* acolchar, acolchonar *RP*.

acolhedor, ra [akoʎe'do(x), ra] *adj* acoge-

dor(ra), cálido(da) *RP*.

acolher [ako'ʎe(x)] *vt* -**1.** [hospedar, receber] acoger, recibir *RP*. -**2.** [atender] atender. -**3.** [admitir] admitir.

acolhida [ako'ʎida] *f* -**1.** [hospedagem] hospedaje *m*. -**2.** [recepção] recepción *f*.

acometer [akome'te(x)] *vt* acometer.

acomodação [akomoda'sãw] (*pl* -**ões**) *f* -**1.** [alojamento] alojamiento *m*. -**2.** [cômodo, instalação] habitación *f*. -**3.** [arranjo, arrumação] acomodación *f*, acomodamiento *m* **Méx**, arreglo *m* *RP*. -**4.** [adaptação] adaptación *f*.

acomodado, da [akomo'dadu, da] *adj* -**1.** [alojado, instalado] acomodado(da), instalado(da) *RP*. -**2.** [conformado] conformado(da), adaptado(da) *RP*.

acomodar [akomo'da(x)] *vt* [alojar, instalar] acomodar, instalar *RP*.
    ➡ **acomodar-se** *vp* -**1.** [alojar-se, instalar-se] acomodarse, instalarse *RP*. -**2.** [conformar-se] conformarse, acomodarse **Méx**, adaptarse *RP*.

acompanhado, da [akõnpa'ɲadu, da] *adj* acompañado(da).

acompanhamento [akõnpaɲa'mẽntu] *m* -**1.** [ger] acompañamiento *m*. -**2.** [cortejo] cortejo *m*.

acompanhante [akõnpa'ɲãntʃi] *mf* acompañante *mf*.

acompanhar [akõnpa'ɲa(x)] *vt* -**1.** [ger] acompañar; ~ **algo com algo** acompañar algo con algo. -**2.** [margear] seguir. -**3.** [compreender] comprender.

aconchegante [akõnʃe'gãntʃi] *adj* acogedor(ra), cálido(da) *RP*.

aconchegar [akõnʃe'ga(x)] *vt* acomodar.
    ➡ **aconchegar-se** *vp* acomodarse.

aconchego [akõn'ʃegu] *m* calor *m*.

acondicionamento [akõndʒisjona'mẽntu] *m* acondicionamiento *m*.

acondicionar [akõndʒisjo'na(x)] *vt* -**1.** [embrulhar] envolver, acondicionar *RP*. -**2.** [embalar] empaquetar, acondicionar *RP*.

aconselhar [akõnse'ʎa(x)] *vt*: ~ **alguém (a fazer algo/a que faça algo)** aconsejar a alguien (hacer algo/que haga algo).
    ➡ **aconselhar-se** *vp* aconsejarse; ~ **-se com alguém** aconsejarse de alguien.

aconselhável [akõnse'ʎavɛw] (*pl* -**eis**) *adj* aconsejable.

acontecer [akõnte'se(x)] *vi* suceder, ocurrir, acontecer **Andes** & **Méx**.

acontecimento [akõntesi'mẽntu] *m* suceso *m*, acontecimiento *m*.

acoplado, da [ako'pladu, da] *adj* [conectado] acoplado(da).

acordado, da [akox'dadu, da] *adj* -**1.** [desperto] despierto(ta); **sonhar** ~ soñar despierto. **-2.** [combinado] acordado(da).

acordar [akox'da(x)] <> *vt* [despertar] despertar. <> *vi* [despertar] despertar.

> Não confundir *acordar (despertar)* com o espanhol *acordar* que em português é *combinar*. (*Os meninos acordaram às sete.* Los niños se *despertaron* a las siete.)

acordeão [akox'dʒjãw] (*pl* -ões) *m* acordeón *m.*

acordo [a'koxdu] *m* acuerdo *m*; **chegar a um** ~ llegar a un acuerdo; **de** ~ de acuerdo; **de** ~ **com** [conforme] de acuerdo con; **estar de** ~ **(com alguém/em fazer algo)** estar de acuerdo (con alguien/en hacer algo); **de comum** ~ de común acuerdo.

acorrentar [akoxẽn'ta(x)] *vt* encadenar.

acorrer [ako'xe(x)] *vi* -**1.** [ir às pressas] acudir corriendo. -**2.** [vir às pressas] venir corriendo.

acossado, da [ako'sadu, da] <> *adj* [perseguido] acosado(da). <> *m, f* perseguido *m.*

acossar [ako'sa(x)] *vt* acosar.

acostamento [akoʃta'mẽntu] *m* arcén *m Esp,* acotamiento *m Méx,* banquina *f RP.*

acostumado, da [akoʃtu'madu, da] *adj* -**1.** [habitual] acostumbrado(da). -**2.** [habituado]: **estar** ~ estar acostumbrado; **estar** ~ **a** *ou* **com algo** estar acostumbrado a algo; **estar** ~ **a fazer algo** estar acostumbrado a hacer algo.

acostumar [akoʃtu'ma(x)] *vt*: ~ **alguém a algo** acostumbrar a alguien a algo; ~ **alguém a fazer algo** acostumbrar a alguien a hacer algo.

 acostumar-se *vp* acostumbrarse; ~ - **se a algo/a fazer algo** acostumbrarse a algo/a hacer algo.

acotovelar [akotove'la(x)] *vt* -**1.** [para chamar a atenção] dar un codazo a, codear *Amér.* -**2.** [empurrar] dar codazos a, codear *Amér.*

 acotovelar-se *vp* [empurrar-se] darse codazos, codearse *Amér.*

açougue [a'sogi] *m, f* carnicería *f.*

açougueiro, ra [aso'gejru, ra] *m, f* carnicero *m,* -ra *f.*

acre ['akri] *adj* -**1.** [ácido] ácido(da). -**2.** [amargo] amargo(ga). -**3.** *fig* [áspero] áspero(ra).

acreditar [akredʒi'ta(x)] <> *vt* -**1.** [crer] creer. -**2.** [abonar] acreditar. <> *vi*: ~ **em algo/alguém** creer en algo/alguien.

> Não confundir *acreditar (creer)* com o espanhol *acreditar* que em português é *creditar*. (*Não acredito no que está acontecendo.* No *creo* me lo que está sucediendo.)

acrescentar [akresẽn'ta(x)] *vt* añadir, acrecentar *Méx.*

acréscimo [a'krɛsimul *m* -**1.** [adição] añadidura *f,* anexión *f Méx,* agregado *m RP.* -**2.** [aumento] aumento *m.*

acrílico [a'kriliku] *m* acrílico *m.*

acrobacia [akroba'sia] *f* acrobacia *f.*

acrobata [akro'bata] *mf* acróbata *mf.*

acuado, da [a'kuadu, da] *adj* [acossado] acosado(da).

açúcar [a'suka(x)] *m* azúcar *mf*; ~ **mascavo** azúcar moreno *Esp & RP,* azúcar mascabo *Méx.*

açucareiro [asuka'rejru] *m* azucarero *m.*

açude [a'sudʒi] *m* presa *f.*

acudir [aku'dʒi(x)] *vi* ayudar.

acumular [akumu'la(x)] *vt* -**1.** [ger] acumular. -**2.** [amontoar] amontonar. -**3.** [reunir] juntar, acumular *RP.*

acúmulo [a'kumulul *m* acumulación *f.*

acupuntura [akupũn'tura] *f* acupuntura *f.*

acusação [akuza'sãw] (*pl* -ões) *f* -**1.** [inculpação] acusación *f.* -**2.** [promotoria]: **a** ~ la acusación.

acusado, da [aku'zadu, da] *m, f* [réu] acusado *m,* -da *f.*

acusar [aku'za(x)] *vt* -**1.** [culpar]: ~ **alguém (de algo/de fazer algo)** acusar a alguien (de algo/de hacer algo). -**2.** [recebimento] acusar. -**3.** [mostrar] mostrar, acusar *RP.*

acústico, ca [a'kuʃtʃiku, ka] *adj* acústico(ca).

 acústica *f FIS* acústica *f.*

AD (*abrev de* **Anno Domini**) AD.

adaptação [adapta'sãw] (*pl* -ões) *f* adaptación *f.*

adaptar [adap'ta(x)] *vt* -**1.** [fixar] fijar. -**2.** [adequar] adaptar, acomodar *Méx.*

 adaptar-se *vp* [ambientar-se] adaptarse, amoldarse.

adega [a'dɛgal *f* bodega *f.*

ademais [adʒi'majʃ] *adv* [além disso] además.

adentro [a'dẽntrul *adv*: **casa** ~ hacia adentro de la casa; **mar** ~ mar adentro; **noite** ~ entrada la noche.

adepto, ta [a'dɛptu, tal *m, f*: ~ **(de)** adepto *m,* -ta *f.*

adequado, da [ade'kwadu, da] *adj* adecuado(da).

adequar [ade'kwa(x)] *vt*: ~ **algo a algo** adecuar algo a algo.

aderente [ade'rẽntʃil <> *adj* [substância] adherente. <> *mf* [adepto] adepto *m,* -ta *f.*

aderir [ade'ri(x)] *vi*: ~ **(a)** adherirse (a).

adesão [ade'zãw] (*pl* -ões) *f* [a partido, campanha] adhesión *f.*

adesivo, va [ade'zivu, val *adj* adhesivo(va).

 adesivo *m* adhesivo *m.*

adestramento [adeʃtra'mẽntul *m* adiestramiento *m.*

7

adestrar [adeʃ'tra(x)] *vt* adiestrar.
adeus [a'dewʃ] ◇ *m* adiós *m*. ◇ *interj* ¡adiós!
adiamento [adʒja'mẽntu] *m* aplazamiento *m*, postergación *f Amér*.
adiantado, da [adʒjãn'tadu, da] *adj* adelantado(da).
◆ **adiantado** *adv* adelantado; **pagar** ~ pagar por adelantado.
adiantamento [adʒjãnta'mẽntu] *m* adelanto *m*.
adiantar [adʒjãn'ta(x)] ◇ *vt* adelantar. ◇ *vi* -1. [relógio] adelantar, adelantarse. -2. [trazer benefício]: **agressões nunca adiantam** con las agresiones no se gana nada.
◆ **adiantar-se** *vp* [em trabalho, estudos] adelantarse.
adiante [a'dʒjãntʃi] *adv* -1. [na frente] adelante; **mais** ~ más adelante. -2.: **levar algo** ~ [obra, plano] llevar algo adelante.
adiar [a'dʒja(x)] *vt* aplazar, postergar *Amér*.
adição [adʒi'sãw] (*pl* -ões) *f* adición *f*, agregado *m RP*.
adicionar [adʒisjo'na(x)] *vt* -1. [acrescentar] adicionar, agregar *RP*. -2. *MAT* sumar.
adido, da [a'dʒidu, da] *m,f* [em embaixada] agregado *m*, -da *f*; ~ **cultural** agregado cultural; ~ **militar** agregado militar; ~ **de imprensa** agregado de prensa.
adivinhar [adʒivi'ɲa(x)] *vt* -1. [prever, conjeturar, acertar] adivinar. -2. [decifrar] descifrar.
adivinho, nha [adʒi'viɲu, ɲal *m,f* adivino *m*, -na *f*.
adjacente [adʒa'sẽntʃi] *adj* adyacente.
adjetivo [adʒɛ'tʃivul *m* adjetivo *m*.
adjudicação [adʒudʒika'sãw] (*pl* -ões) *f JUR* adjudicación *f*.
adjudicar [adʒudʒi'ka(x)] *vt JUR*: ~ **algo a alguém** adjudicar algo a alguien.
adjunto, ta [ad'ʒũntu, tal ◇ *adj* [assistente] adjunto(ta). ◇ *m, f* [assistente] adjunto *m*, -ta *f*. ◇ *m GRAM* complemento *m*.
administração [adʒiminiʃtra'sãw] (*pl* -ões) *f* administración *f*; ~ **de empresas** [curso] administración de empresas.
administrador, ra [adʒiminiʃtra'do(x), ral (*mpl* -es, *fpl* -s) *m, f* administrador *m*, -ra *f*.
administrar [adʒiminiʃ'tra(x)] *vt* administrar.
administrativo, va [adʒiminiʃtra'tʃivu, val *adj* administrativo(va).
admiração [adʒimira'sãw] *f* admiración *f*.
admirado, da [adʒimi'radu, da] *adj* [respeitado] admirado(da).
admirador, ra [adʒimira'do(x), ral (*mpl* -es, *fpl* -s) *m, f* admirador *m*, -ra *f*.

admirar [adʒimi'ra(x)] ◇ *vt* admirar. ◇ *vi* [surpreender] admirar.
◆ **admirar-se** *vp* -1. [mutuamente] admirarse. -2. [surpreender-se]: ~ **-se (de algo)** admirarse (de algo).
admirável [adʒimi'ravɛwl (*pl* -eis) *adj* admirable.
admissão [adʒimi'sãw] (*pl* -ões) *f* -1. [ger] admisión *f*. -2. [contratação] contratación *f*, admisión *f RP*.
admitir [adʒimi'tʃi(x)] *vt* -1. [ger] admitir. -2. [contratar] contratar, admitir *RP*.
admoestação [adʒmweʃta'sãw] (*pl* -ões) *f* amonestación *f*.
ADN (*abrev de* ácido desoxirribonucleico) *m* ADN *m*.
adoçante [ado'sãntʃi] *m* edulcorante *m*, endulzante *m*.
adoção [ado'sãw] (*pl* -ões) *f* adopción *f*.
adoçar [ado'sa(x)] *vt* endulzar.
adoecer [adwe'se(x)] ◇ *vi* enfermar ◇ *vt*: **o hábito do cigarro adoeceu-o** se puso enfermo de tanto fumar *Esp*, se enfermó de tanto fumar *Amér*.
adoidado, da [adoj'dadu, da] ◇ *adj* [amalucado] enloquecido(da). ◇ *adv fam* [muito] como loco(ca).
adolescência [adole'sẽnsja] *f* adolescencia *f*.
adolescente [adole'sẽntʃi] ◇ *adj* adolescente. ◇ *mf* adolescente *mf*.
adorar [ado'ra(x)] *vt* adorar.
adorável [ado'ravɛwl (*pl* -eis) *adj* adorable.
adormecer [adoxme'se(x)] ◇ *vi* adormecerse. ◇ *vt* [causar sono a] adormecer.
adornar [adox'na(x)] *vt* adornar.
adorno [a'doxnul *m* adorno *m*.
adotar [ado'ta(x)] *vt* adoptar.
adotivo, va [ado'tʃivu, val *adj* adoptivo(va).
adquirir [adʒiki'ri(x)] *vt* adquirir.
adro ['adru] *m* atrio *m*.
aduana [a'dwana] *f* aduana *f*.
aduaneiro, ra [adwa'nejru, ral *adj* aduanero(ra).
adubar [adu'ba(x)] *vt* abonar.
adubo [a'dubu] *m* [fertilizante] abono *m*; ~ **orgânico** abono orgánico; ~ **químico** abono químico.
adulação [adula'sãw] *f* adulación *f*.
adular [adu'la(x)] *vt* adular.
adulterar [aduwte'ra(x)] *vt* adulterar.
adultério [aduw'tɛrjul *m* adulterio *m*.
adúltero, ra [a'duwteru, ral ◇ *adj* adúltero(ra). ◇ *m, f* adúltero *m*, -ra *f*.
adulto, ta [a'duwtu, tal ◇ *adj* adulto(ta). ◇ *m, f* adulto *m*, -ta *f*.
advento [adʒ'vẽntul *m* aparición *f*.
advérbio [adʒ'vɛxbjul *m* adverbio *m*.

adversário, ria [adʒivex'sarju, rja] *m, f* adversario *m,* -ria *f.*

adversidade [adʒivexsi'dadʒil *f* adversidad *f.*

adverso, sa [ad'ʒi'vɛxsu, sal *adj* [difícil] adverso(sa).

advertência [adʒivex'tẽnsjal *f* advertencia *f.*

advertir [adʒivex'tʃi(x)] *vt* advertir.

advir [adʒ'vi(x)] *vi* [resultar]: ~ **de** resultar de.

advocacia [adʒivoka'sial *f* abogacía *f.*

advogado, da [adʒivo'gadu, dal *m, f* abogado *m,* -da *f.*

advogar [adʒivo'ga(x)] ⟨⟩ *vt* abogar por. ⟨⟩ *vi* [exercer a profissão de advogado] trabajar de abogado(da), abogar *Méx.*

aéreo, rea [a'ɛrju, rjal *adj* -1. *AERON* aéreo(a). - 2. [pessoa] distraído(da).

aerobarco [aɛro'baxkul *m* hidroplano *m,* aliscafo *m* *Andes* & *RP.*

aeróbico, ca [ae'rɔbiku, kal *adj* aeróbico(ca).
➡ **aeróbica** *f* aerobic *m* *Esp,* aeróbica *f* *Amér,* aerobics *mpl* *Méx.*

aeroclube [aɛro'klubil *m* aeroclub *m.*

aerodinâmico, ca [aɛrodʒi'nãmiku, kal *adj* aerodinámico(ca).
➡ **aerodinâmica** *f* aerodinámica *f.*

aeródromo [aɛ'rɑdromul *m* aeródromo *m.*

aerograma [aɛro'gramal *m* aerograma *m.*

aeromoça [aɛro'mosal *f* azafata *f,* aeromoza *f* *Amér.*

aeronáutica [aɛro'nawtʃikal *f* -1. [ciência] aeronáutica *f.* - 2. *MIL* fuerza *f* aérea.

aeronave [aɛro'navil *f* avión *m,* aeronave *f.*

aeroporto [aɛro'poxtul *m* aeropuerto *m.*

afã [a'fãl *m* afán *m;* ~ **de** *ou* por *ou* em afán de *ou* por.

afabilidade [afabili'dadʒil *f* afabilidad *f.*

afagar [afa'ga(x)] *vt* acariciar.

afamado, da [afa'madu, dal *adj* afamado(da).

afanar [afa'na(x)] *vt* *fam* [roubar] afanar.

afastado, da [afaʃ'tadu, dal *adj* -1. [distante] alejado(da), apartado(da). - 2. [parente] lejano(na). - 3. [pernas] separado(da).

afastamento [afaʃta'mẽntul *m* -1. [distanciamento] alejamiento *m.* - 2. [de cargo] separación *f.*

afastar [afaʃ'ta(x)] *vt* -1. [tirar do caminho, pôr de lado] apartar, quitar. - 2. [apartar] separar. - 3. [distanciar, frustrar] alejar.
➡ **afastar-se** *vp* -1. [pôr-se de lado] apartarse. - 2. [distanciar-se] alejarse. - 3. [de cargo] abandonar.

afável [a'favɛwl (*pl* -eis) *adj* afable.

afazer [afa'ze(x)] *vt* adaptar, habituar *Méx.*

afazeres [afa'zeriʃl *mpl* quehaceres *mpl;* ~ **domésticos** quehaceres domésticos.

afeição [afej'sãwl *f* -1. [sentimento] simpatía *f,* afecto *m;* **sentir** ~ **por alguém** sentir simpatía *ou* afecto por alguien. - 2. [tendência] inclinación *f.*

afeiçoado, da [afej'swadu, dal *adj* simpatizante.

afeiçoar-se [afej'swaxsil *vp* [tomar afeição]: ~ **a alguém/algo** encariñarse con alguien/algo.

afeito, ta [a'fejtu, tal *adj:* ~ **a** acostumbrado(da) a, habituado(da) a *Méx,* afecto(ta) a *RP.*

afeminado, da, [afemi'nadu, dal *adj* afeminado(da).

aferir [afe'ri(x)] *vt* -1. [conferir] comprobar, cotejar *Méx.* - 2. [avaliar] evaluar. - 3. [cotejar]: ~ **algo a/por algo** juzgar *ou* evaluar *RP* algo por algo.

aferrado, da [afe'xadu, dal *adj* [apegado] aferrado(da).

aferrar-se [afe'xaxsil *vp* [apegar-se]: ~ **a algo** aferrarse a algo.

afetado, da [afe'tadu, dal *adj* afectado(da).

afetar [afe'ta(x)] *vt* afectar.

afetividade [afetʃivi'dadʒil *f* afectividad *f.*

afetivo, va [afe'tʃivu, val *adj* afectivo(va).

afeto [a'fɛtul *m* afecto *m.*

afetuoso, sa [afe'tuozu, ɔzal *adj* afectuoso(sa).

afiado, da [a'fjadu, dal *adj* -1. [faca, tesoura] afilado(da). - 2. [pessoa] preparado(da), afilado(da) *Amér.*

afiançar [afjãn'sa(x)] *vt* -1. [réu] pagar la fianza de. - 2. [dívida, empréstimo] afianzar. - 3. [garantir] garantizar.

afiar [a'fja(x)] *vt* [faca, tesoura] afilar.

aficionado, da [afisjo'nadu, dal *m, f* aficionado *m,* -da *f.*

afilhado, da [afi'ʎadu, dal *m, f* ahijado *m,* -da *f.*

afiliar [afi'lja(x)] *vt* afiliar.
➡ **afiliar-se** *vp:* ~-se a algo afiliarse a algo.

afim [a'fĩl (*pl* -ns) *adj* -1. [análogo] afín. - 2.: **parente** ~ pariente por afinidad.

afinado, da [afi'nadu, dal *adj* -1. [instrumento] afinado(da). - 2. [concorde] en sintonía con.

afinal [afi'nawl *adv* -1. [por fim]: ~ **(de contas)** a fin de cuentas. - 2. [pensando bem] después de todo, al final *Amér.*

afinar [afi'na(x)] ⟨⟩ *vt* [instrumento] afinar. ⟨⟩ *vi* -1. [peso, chuva] disminuir. - 2. [concordar]: ~ **com alguém em algo** ponerse de acuerdo con alguien sobre algo.

afinco [a'fĩŋkul *m* ahínco *m;* **com** ~ con ahínco.

afinidade [afini'dadʒil *f* [analogia] afinidad *f.*

afins [a'fĩʃl *pl* ➡ afim.

afirmação [afixma'sãw] (pl -ões) f - 1. [declaração] afirmación f. - 2. [auto-afirmação] autoafirmación f.

afirmar [afix'ma(x)] vt afirmar.
➡ **afirmar-se** vp - 1. [ficar firme, aparentar segurança] ponerse firme. - 2. [impor-se] afianzarse.

afirmativo, va [afixma'tʃivu, va] adj afirmativo(va).
➡ **afirmativa** f afirmación f.

afivelar [afive'la(x)] vt apretar, ajustar.

afixar [afik'sa(x)] vt [aviso, cartaz] fijar.

aflição [afli'sãw] (pl -ões) f - 1. [sofrimento] aflicción f. - 2. [ansiedade] nerviosismo m. - 3. [incômodo] molestia f; **me dá** ~ me molesta. - 4. [pena] lástima f. - 5. [asco] asco m.

afligir [afli'ʒi(x)] vt - 1. [causar sofrimento] afligir, abrumar Méx, angustiar RP. - 2. [causar angústia a] agobiar, abrumar Méx, angustiar RP.
➡ **afligir-se** vp: **afligir-se (com)** afligirse (con ou por).

aflito, ta [a'flitu, ta] adj afligido(da), agobiado(da), abrumado(da) Méx, angustiado(da) RP.

aflorar [aflo'ra(x)] vi - 1. [vir à tona] manifestarse. - 2. [surgir] aflorar.

afluência [aflu'ẽnsja] f afluencia f.

afluente [aflu'ẽntʃi] m afluente m.

afluir [a'flwi(x)] vi - 1. [rio]: ~ a ou para afluir a ou hacia. - 2. [pessoas]: ~ (a ou para) afluir (a ou hacia).

afobação [afoba'sãw] f - 1. [agitação, atrapalhação] desesperación f, locura f RP. - 2. [pressa] prisa f, apuro m Amér. - 3. [ansiedade] agitación f, angustia f RP.

afobado, da [afo'badu, da] adj - 1. [agitado, atrapalhado] desesperado(da), aturullado(da) Amér, enloquecido(da) RP. - 2. [apressado] con prisa, apurado(da) Amér. - 3. [ansioso] agitado(da), angustiado(da) RP.

afobamento [afoba'mẽntu] m = afobação.

afobar [afo'ba(x)] vt - 1. [causar agitação] desesperar, enloquecer RP. - 2. [apressar] meter prisa a, apurar Amér. - 3. [deixar ansioso] inquietar, angustiar RP.
➡ **afobar-se** vp - 1. [ficar agitado, ansioso] desesperarse, enloquecerse RP. - 2. [apressar-se] darse prisa, apurarse.

afogado, da [afo'gadu, da] adj - 1. [ger] ahogado(da). - 2. [blusa, gola] cerrado(da).

afogador [afoga'do(x)] (pl -es) m AUTO estárter m, acelerador m de mano Cuba, toma f de aire RP.

afogamento [afoga'mẽntu] m: **no verão, aumenta o número de** ~ en verano aumenta el número de personas ahogadas.

afogar [afo'ga(x)] ⟨⟩ vt ahogar. ⟨⟩ vi [pessoa, motor] ahogarse.
➡ **afogar-se** vp [pessoa] ahogarse.

afoito, ta [a'fojtu, ta] adj valeroso(sa), audaz.

afônico, ca [a'foniku, ka] adj afónico(ca).

afora [a'fɔra] ⟨⟩ adv afuera; **pelo mundo** ~ por todo el mundo; **pela vida** ~ toda la vida, a lo largo de la vida; **mar** ~ mar abierto; **por aí** ~ por ahí afuera; **porta** ~ puertas afuera. ⟨⟩ prep aparte de, excepto, fuera de Méx.

afortunado, da [afoxtu'nadu, da] adj afortunado(da).

Afoxés [a'foʃɛʃ] mpl grupo tradicional de naturaleza semirreligiosa que sale de procesión durante el carnaval.

afresco [a'freʃku] m fresco m.

África ['afrika] n África.

africano, na [afri'kãnu, na] ⟨⟩ adj africano(na). ⟨⟩ m, f africano m, -na f.

afro-americano, na [afrwamerikãnu, na] ⟨⟩ adj afroamericano(na). ⟨⟩ m, f afroamericano m, -na f.

afro-brasileiro, ra [ˌafrobrazi'lejru, ra] adj afrobrasileño(ña), afrobrasilero(ra) RP.

afronta [a'frõnta] f afrenta f.

afrontar [afrõn'ta(x)] vt - 1. [ultrajar] afrentar. - 2. [atacar] afrontar. - 3. [suj: comida] empachar.

afrouxar [afro'ʃa(x)] ⟨⟩ vt - 1. [soltar] aflojar. - 2. [relaxar] relajar. ⟨⟩ vi - 1. [soltar-se] aflojarse. - 2. [pessoa] aflojar, flaquear.

afta ['afta] f afta f.

afugentar [afuʒẽn'ta(x)] vt ahuyentar.

afundar [afũn'da(x)] ⟨⟩ vt - 1. [submergir] hundir. - 2. [aprofundar] ahondar. ⟨⟩ vi [submergir-se] hundirse.
➡ **afundar-se** vp fam [em exame] suspender, catear Esp, ponchar Cuba, marchar RP.

agá [a'ga] m hache f.

agachar-se [aga'ʃaxsi] vp agacharse.

agarrado, da [aga'xadu, da] adj - 1. [preso]: ~ a ou em algo agarrado(a) a algo. - 2. [apegado]: ~ a ou com alguém apegado(da) a alguien. - 3. [a dinheiro] agarrado(da).

agarrar [aga'xa(x)] ⟨⟩ vt - 1. [ger] agarrar. - 2. [suj: goleiro] parar. ⟨⟩ vi - 1. [segurar com força]: ~ em agarrarse de. - 2. [suj: goleiro] defender.
➡ **agarrar-se** vp - 1. [segurar-se com força]: ~-se a/em agarrarse a/de. - 2. [namorados] toquetearse.

agasalhar [agaza'ʎa(x)] vt abrigar.
➡ **agasalhar-se** vp abrigarse.

agasalho [aga'zaʎu] m abrigo m.

ágeis ['aʒejʃ] pl ⊳ ágil.

agência [a'ʒẽnsja] f agencia f; ~ **de**

correios oficina de correos.

agenciamento [aˈʒẽsjamẽntu] *m* **-1.** [negociação] gestión *f.* **-2.** [representação] representación *f.* **-3.** [obtenção, busca] búsqueda *f.*

agenciar [aˈʒẽsja(x)] *vt* **-1.** [servir de agente a] representar. **-2.** [cuidar de] administrar. **-3.** [tentar conseguir] agenciar, resolver.

agenda [aˈʒẽnda] *f* [caderneta, programação] agenda *f.*

agente [aˈʒẽntʃi] <> *mf* [pessoa] agente *mf*; ~ **secreto** agente secreto. <> *m* agente *m.*

ágil [ˈaʒiw] (*pl* ágeis) *adj* ágil.

agilidade [aʒiliˈdadʒi] *f* agilidad *f.*

ágio [ˈaʒju] *m* agio *m.*

agiota [aˈʒjɔta] *mf* [usurário] agiotista *mf.*

agir [aˈʒi(x)] *vi* actuar; ~ **bem/mal** actuar bien/mal.

agitação [aʒitaˈsãw] (*pl* -ões) *f* **-1.** [ger] agitación *f.* **-2.** [de braços] movimiento *m.*

agitar [aʒiˈta(x)] <> *vt* **-1.** [ger] agitar. **-2.** *fam* [fazer, organizar] armar. <> *vi* [movimentar]: **'agite antes de usar'** 'agítese antes de usar'.

→ **agitar-se** *vp* [movimentar-se] agitarse.

aglomeração [aglomeraˈsãw] (*pl* -ões) *f* aglomeración *f.*

aglomerado [aglomeˈradu] *m* aglomeración *f.*

aglomerar [aglomeˈra(x)] *vt* aglomerar.

→ **aglomerar-se** *vp* [pessoas] aglomerarse.

aglutinação [aglutʃinaˈsãw] *f* aglutinación *f.*

ago. (*abrev de* agosto) ago.

agonia [agoˈnia] *f* **-1.** [ger] agonía *f.* **-2.** [indecisão] angustia *f.*

agonizante [agoniˈzãntʃi] *adj* agonizante.

agonizar [agoniˈza(x)] *vi* agonizar.

agora [aˈgɔra] <> *adv* ahora; ~ **mesmo** ahora mismo; **até** ~ hasta ahora; **de** ~ **em diante** de ahora en adelante. <> *conj* [mas] ahora, ahora bien.

agosto [aˈgoʃtu] *m* agosto *m*; *veja também* setembro.

agourar [agoˈra(x)] <> *vt* [pressagiar] augurar. <> *vi* [fazer mau agouro] traer mal agüero.

agouro [aˈgoru] *m* agüero *m*; **mau** ~ mal agüero.

agradar [agraˈda(x)] <> *vt* [causar prazer a] agradar. <> *vi* [ser agradável, satisfazer, aprazer] agradar.

agradável [agraˈdavɛw] (*pl* -eis) *adj* agradable.

agradecer [agradeˈse(x)] <> *vt*: ~ **algo (a alguém)** agradecer algo (a alguien). <> *vi* **-1.** [dizer obrigado] dar las gracias; ~ **a alguém por algo** dar las gracias a alguien

por algo. **-2.** [ficar grato] agradecer.

agradecido, da [agradeˈsidu, da] *adj* agradecido(da); **mal** ~ desagradecido(da), mal agradecido(da).

agradecimento [agradesiˈmẽntu] *m* [gratidão] agradecimiento *m.*

→ **agradecimentos** *mpl* agradecimiento *m.*

agrado [aˈgradu] *m* **-1.** [gosto, contentamento] agrado *m.* **-2.**: **fazer um** ~ **a alguém** [presentear] dar un regalo a alguien; [acariciar] hacer una caricia a alguien.

agrário, ria [aˈgrarju, rja] *adj* agrario(ria).

agravamento [agravaˈmẽntu] *m* agravamiento *m.*

agravante [agraˈvãntʃi] <> *adj* agravante. <> *f* agravante *mf.*

agravar [agraˈva(x)] *vt* [piorar] agravar.

→ **agravar-se** *vp* [piorar] agravarse.

agravo [aˈgravu] *m* JUR apelación *f.*

agredir [agreˈdʒi(x)] *vt* agredir.

agregado, da [agreˈgadu, da] *m, f* **-1.** [hóspede] huésped *mf*, invitado *m*, -da *f*, agregado *m*, -da *f* RP. **-2.** [lavrador] arrendatario *m*, -ria *f.*

agregar [agreˈga(x)] *vt* **-1.** [juntar] agregar. **-2.** [congregar] reunir.

agressão [agreˈsãw] (*pl* -ões) *f* agresión *f.*

agressivo, va [agreˈsivu, va] *adj* agresivo(va).

agressor, ra [agreˈso(x), ra] *m, f* agresor *m*, -ra *f.*

agreste [aˈgrɛʃtʃi] <> *adj* agreste. <> *m* región *del nordeste brasileño de suelo pedregoso y vegetación escasa.*

agrião [agriˈãw] (*pl* -ões) *m* berro *m.*

agrícola [aˈgrikola] *adj* agrícola.

agricultor, ra [agrikuwˈto(x), ra] *m, f* agricultor *m*, -ra *f.*

agricultura [agrikuwˈtural] *f* agricultura *f*; ~ **orgânica** agricultura biológica.

agridoce [agriˈdosi] *adj* agridulce.

agronomia [agronoˈmia] *f* agronomía *f.*

agropecuário, ria [agropeˈkwarju, rja] *adj* agropecuario(ria).

→ **agropecuária** *f* ingeniería *f* agropecuaria.

agrupar [agruˈpa(x)] *vt* agrupar.

→ **agrupar-se** *vp* agruparse.

água [ˈagwa] *f* agua *f*; ~ **corriente** agua corriente; ~ **doce/salgada** agua dulce/salada; ~ **mineral gasosa/sem gás** agua mineral con gas/sin gas; ~ **oxigenada** agua oxigenada; ~ **sanitária** lejía *f Esp*, lavandina *f Arg*, cloro *m CAm, Chile &* *Méx*, agua jane® *Urug*; **a menina olhava o doce com** ~ **na boca** [com apetite] la niña miraba el dulce y se le hacía la boca agua *Esp*, la niña miraba el dulce y se le hacía agua la boca *Amér*; [com inveja] muerto(ta) de envidia; **ir por ~ abaixo** irse al garete *Esp*, irse a bolina *Cuba*, irse por el caño *Méx*, irse al cuerno *RP*.

aguaceiro [agwa'sejru] *m* aguacero *m*.

água-de-coco [ˌagwadʒi'koku] *f* agua *f* de coco.

água-de-colônia [ˌagwadʒiko'lonja] (*pl* **águas-de-colônia**) *f* agua *f* de colonia.

aguado, da [a'gwadu, da] *adj* aguado(da).

água-furtada [ˌagwafux'tada] (*pl* **águas-furtadas**) *f* buhardilla *f*.

aguar [a'gwa(x)] *vt* -**1.** [diluir] aguar, rebajar *Amér*. -**2.** [regar] regar.

aguardar [agwax'da(x)] ⬦ *vt* aguardar. ⬦ *vi* aguardar.

aguardente [agwax'dẽntʃi] *f* aguardiente *m*; **~ de cana** aguardiente de caña *f* *Amér*.

aguarrás [agwa'xaʃ] *f* aguarrás *m*.

água-viva [ˌagwa'viva] (*pl* **águas-vivas**) *f* medusa *f*, aguamala *f* *Carib*, aguaviva *f* *RP*.

aguçado, da [agu'sadu, da] *adj* -**1.** [pontudo] afilado(da). -**2.** [espírito, apetite, olfato] aguzado(da). -**3.** [ódio] intensificado(da).

agudo, da [a'gudu, da] *adj* agudo(da).

agüentar [agwẽn'ta(x)] ⬦ *vt* aguantar; **~ fazer algo** aguantar hacer algo. ⬦ *vi* [resistir] aguantar; **~ com algo** aguantar algo; **não ~ de algo** no aguantar de algo.

águia [a'gja] *f* águila *f*.

agulha [a'guʎa] *f* aguja *f*.

ai [ˌaj] ⬦ *interj* ¡ay! ⬦ *m* [de dor] ay *m*.
◆ **ai de** *loc adj* ay de.

aí [a'i] *adv* -**1.** [nesse lugar] ahí; **espera ~!** ¡espérate ahí!, ¡esperá! *RP*. -**2.** [a esse lugar] ahí, allí. -**3.** [em lugar indeterminado]: **por ~** por ahí. -**4.** [junto, em anexo] ahí. -**5.** [nesse caso] en ese caso, ahí *RP*. -**6.** [nesse aspecto] ahí. -**7.** [então] entonces.

AIDS [ajdʒs] (*abrev de* **Acquired Immunodeficiency Syndrome**) *f* sida *m*.

ainda [a'ĩda] *adv* -**1.** [ger] todavía, aún; **~ não** todavía no, aún no. -**2.** [um dia] algún día, todavía *RP*. -**3.** [além disso] además, por si fuera poco. -**4.** [mesmo assim]: **~ (assim)** a pesar de todo. -**5.** [por fim] por último.
◆ **ainda agora** *loc adv* ahora mismo.
◆ **ainda bem** *loc adv*: **~ bem (que)** menos mal (que).
◆ **ainda por cima** *loc adv* para colmo, y encima.
◆ **ainda que** *loc conj* -**1.** [mesmo que] aunque. -**2.** [embora] aun cuando, aunque *RP*.

aipim [aj'pĩ] (*pl* -**ns**) *m* mandioca *f*, yuca *f* *Andes* & *Méx*.

aipo [ˈajpu] *m* apio *m*.

ajeitar [aʒej'ta(x)] *vt* -**1.** [endireitar, arrumar] arreglar. -**2.** [acomodar] acomodar.
◆ **ajeitar-se** *vp* -**1.** [arrumar-se] arreglarse. -**2.** [acomodar-se] acomodarse. -**3.** [na vida, em emprego] arreglárselas.

ajoelhado, da [aʒwe'ʎadu, da] *adj* arrodillado(da).

ajoelhar [aʒwe'ʎa(x)] *vi* arrodillarse.
◆ **ajoelhar-se** *vp* arrodillarse.

ajuda [a'ʒuda] *f* ayuda *f*; **dar ~ a alguém (em algo)** dar ayuda a alguien (con algo); **~ de custo** dietas *fpl*, viáticos *mpl* *Amér*.

ajudante [aʒu'dãntʃi] *mf* ayudante *mf*.

ajudar [aʒu'da(x)] ⬦ *vt* -**1.** [auxiliar]: **~ alguém (em algo)** ayudar a alguien (con algo); **~ alguém a fazer algo** ayudar a alguien a hacer algo. -**2.** [facilitar] favorecer. ⬦ *vi* ayudar; **~ a alguém** ayudar a alguien; **~ em algo** ayudar con algo.
◆ **ajudar-se** *vp* ayudarse.

ajuizado, da [aʒwi'zadu, da] *adj* sensato(ta).

ajuntamento [aʒũnta'mẽntul *m* -**1.** [de pessoas] montón *m*. -**2.** [de lixo *etc.*] amontonamiento *m*.

ajuntar [aʒũn'ta(x)] *vt* -**1.** [reunir] juntar. -**2.** [acrescentar] añadir. -**3.** [dizer em seguida]: **~ que** añadir que.

ajustável [aʒuʃ'tavew] (*pl* -**eis**) *adj* ajustable, adaptable *Amér*.

ajuste [a'ʒuʃtʃi] *m* ajuste *m*; **~ de contas** liquidación *f* de cuentas, ajuste final de cuentas; *fig* ajuste de cuentas.

AL (*abrev de* **Estado de Alagoas**) *estado de Alagoas*.

ala [ˈala] *f* -**1.** [ger] ala *f*. -**2.** *ESP* ala *mf*.

Alá [a'la] *m* Alá *m*.

alagar [ala'ga(x)] *vt* inundar.

ALALC (*abrev de* **Associação Latino-Americana de Livre-Comércio**) *f* ALALC *f*.

alambique [alãn'biki] *m* alambique *m*.

alameda [ala'meda] *f* -**1.** [aléia] alameda *f*. -**2.** [avenida] avenida *f*.

alarde [a'laxdʒi] *m* -**1.** [ostentação] alarde *m*. -**2.** [bazófia] ostentación *f*; **fazer ~ de** hacer ostentación de.

alardear [alax'dʒja(x)] *vt* -**1.** [ostentar] alardear de. -**2.** [gabar-se de] ostentar.

alargar [alax'ga(x)] *vt* -**1.** [estrada] ensanchar. -**2.** [roupa] ensanchar, dar de ancho a *Cuba*.

alarido [ala'ridu] *m* [gritaria, algazarra] griterío *m*.

alarma [a'laxma] = **alarme**.

alarmante [alax'mãntʃi] *adj* alarmante.

alarmar [alax'ma(x)] *vt* alarmar.

➥ **alarmar-se** *vp* alarmarse.

alarme [aˈlaxmi] *m* alarma *f*; **dar o ~ dar** la alarma.

alastrar [alaʃˈtra(x)] *vt* **-1.** [espalhar] esparcir. **-2.** [propagar] extender.

➥ **alastrar-se** *vp* extenderse.

alavanca [alaˈvãŋka] *f* palanca *f*; **~ de mudanças** AUTO palanca de cambio.

Albânia [awˈbãnjal *n* Albania.

albergue [awˈbɛxgi] *m* **-1.** [hospedaria] albergue *m*, hostería *f* **Amér;** [para jovens] albergue *m*. **-2.** [asilo] albergue *m*, refugio *m*.

álbum [ˈawbũ] (*pl* **-ns**) *m* álbum *m*.

ALCA [ˈawka] (*abrev de* Área de Livre-Comércio das Américas) ALCA *f*.

alça [ˈawsa] *f* **-1.** [de mala, de bolsa] asa *f*. **-2.** [de vestuário] tirante *m*, bretel *m* RP.

alcachofra [awkaˈʃofral *f* alcachofa *f*, alcaucil *m* RP.

alçada [awˈsada] *f* **-1.** [competência] competencia *f*; **ser da ~ de alguém** ser de la competencia de alguien. **-2.** JUR jurisdicción *f*.

alcançar [awkãnˈsa(x)] *vt* **-1.** [ger] alcanzar. **-2.** [entender] captar. **-3.** [desfalcar] desfalcar.

alcance [awˈkãnsi] *m* **-1.** [ger] alcance *m*; **ao meu/ao teu** *etc.* **~ a mi/a tu** *etc.* alcance; **ao ~ da mão/vista** al alcance de la mano/de la vista; **estar fora do ~ de** estar fuera del alcance de, no estar al alcance de. **-2.** [desfalque] desfalco *m*.

alçapão [awsaˈpãw] (*pl* **-ões**) *m* **-1.** [portinhola] trampilla *f*. **-2.** [armadilha] trampa *f*.

alcaparra [awkaˈpaxa] *f* alcaparra *f*.

alçar [awˈsa(x)] *vt* [ger] alzar.

alcatéia [awkaˈtɛja] *f* **-1.** [de lobos] manada *f*. **-2.** [de malfeitores] pandilla *f*, banda *f*.

alcatrão [awkaˈtrãw] *m* alquitrán *m*.

álcool [ˈawkow] (*pl* **-óis**) *m* alcohol *m*.

alcoólatra [awˈkɔlatra] ⬦ *adj* alcohólico(ca). ⬦ *mf* alcohólico *m*, -ca *f*.

alcoólico, ca [awˈkwɔliku, ka] *adj* alcohólico(ca); **problema ~** problema con el alcohol.

Alcorão [awkoˈrãw] *m* Corán *m*.

alcova [awˈkoval *f* habitación *f*, recámara *f* **Méx**, cuarto *m* RP.

alcunha [awˈkuɲa] *f* apodo *m*, sobrenombre *m*, nombrete *m* Carib.

aldeão, deã [awˈdʒãw, dʒeja] (*mpl* **-ões, -ãos,** *fpl* **-s**) *m, f* aldeano *m*, -na *f*.

aldeia [awˈdeja] *f* aldea *f*.

aleatório, ria [aleaˈtɔrju, rja] *adj* aleatorio(ria).

alecrim [aleˈkrĩ] *m* romero *m*.

alegação [alegaˈsãw] (*pl* **-ões**) *f* alegación *f*.

alegar [aleˈga(x)] *vt* alegar.

alegoria [alegoˈria] *f* alegoría *f*.

alegórico, ca [aleˈgɔrikul *adj* alegórico(ca); ▷ **carro**.

alegrar [aleˈgra(x)] *vt* alegrar.

➥ **alegrar-se** *vp* alegrarse.

alegre [aˈlɛgri] *adj* alegre.

alegria [aleˈgria] *f* alegría *f*.

aleijado, da [alejˈʒadu, da] ⬦ *adj* tullido(da), lisiado(da). ⬦ *m, f* tullido *m*, -da *f*, lisiado *m*, -da *f*.

além [aˈlẽj] ⬦ *m* [o outro mundo]: **o ~** el más allá. ⬦ *adv* **-1.** [em lugar afastado] más allá. **-2.** [mais adiante] adelante, más allá; **mais ~** más allá.

➥ **além de** *loc prep* **-1.** [ger] más allá de. **-2.** [do outro lado de] al otro lado de, del otro lado de RP. **-3.** [afora] además de.

➥ **além disso** *loc conj* además, por otra parte.

➥ **além do mais** *loc conj* = **além disso.**

Alemanha [aleˈmãɲa] *n* Alemania.

alemão, mã [aleˈmãw, mã] ⬦ *adj* alemán(ana). ⬦ *m, f* alemán *m*, -ana *f*.

➥ **alemão** *m* [língua] alemán *m*.

alentado, da [alẽntadu, da] *adj* **-1.** [animado] animado(da). **-2.** [volumoso] voluminoso(sa). **-3.** [corpulento] robusto(ta), fornido(da).

alento [aˈlẽntu] *m* **-1.** [ânimo] ánimo *m*. **-2.** [fôlego] aliento *m*.

alergia [alexˈʒia] *f* alergia *f*; **ter ~ a algo/alguém** tener alergia a algo/a alguien.

alérgico, ca [aˈlɛxʒiku, ka] *adj:* **~ (a)** alérgico(ca) (a).

alerta [aˈlɛxta] ⬦ *adj* atento(ta). ⬦ *adv* alerta. ⬦ *m* alerta *f*.

alertar [alexˈta(x)] *vt:* **~ alguém (de/contra/sobre)** alertar a alguien (de/contra/sobre).

alfabético, ca [awfaˈbɛtʃiku, ka] *adj* alfabético(ca).

alfabetização [awfabetʃizaˈsãw] *f* alfabetización *f*.

alfabetizado, da [awfabetʃiˈzadu, da] *adj* alfabetizado(da).

alfabeto [awfaˈbɛtul *m* alfabeto *m*.

alface [awˈfasi] *f* lechuga *f*.

alfaiate [awfaˈjatʃi] *m* sastre *m*.

alfândega [awˈfãndegal *f* aduana *f*.

alfandegário, ria [awfãndeˈgarju, rja] *adj* aduanero(ra).

alfazema [awfaˈzemal *f* espliego *m*.

alfinetada [awfineˈtadal *f* **-1.** [picada de alfinete] alfilerazo *m*, pinchazo *m*. **-2.** [dor] punzada *f*, puntada *f* RP. **-3.** *fig* [dito] pulla *f*, burla *f*; **dar uma ~ em alguém** lanzar una pulla a alguien, burlarse de alguien.

alfinete [awfiˈnetʃi] *m* **-1.** COST alfiler *m*. **-2.**

[prendedor]: ~ **de fralda** imperdible *m*, seguro *m Méx*; ~ **de segurança** imperdible *m*, seguro *m Méx*. **-3.** [jóia] alfiler *m*, fistol *m Méx*.

alga [ˈawga] *f* alga *f*.

algarismo [awgaˈriʒmu] *m* cifra *f*.

algazarra [awgaˈzaxa] *f* bulla *f*, relajo *f Amér*; **fazer** ~ armar bulla, hacer relajo *Amér*.

álgebra [ˈawʒebra] *f* álgebra *f*.

algébrico, ca [awˈʒɛbriku, ka] *adj* MAT algebraico(ca).

algemas [awˈʒemaʃ] *fpl* esposas *fpl*.

algo [ˈawgu] <> *pron* algo. <> *adv* algo.

algodão [awgoˈdãw] *m* **-1.** BOT algodón *m*; ~ **(hidrófilo)** algodón hidrófilo; **de** ~ de algodón. **-2.** [doce] algodón *m* dulce *ou* de azúcar *Méx*.

algodoeiro [awgoˈdwejru] *m* algodón *m*.

algoz [awˈgoʒ] *m* verdugo *m*.

alguém [awˈgẽj] <> *pron indef* **-1.** [alguma pessoa] alguien; ~ **quebrou este vaso** alguien rompió este vaso; **tem** ~ **lá embaixo** hay alguien abajo; [em frases interrogativas] alguien; ~ **me telefonou?** ¿me llamó alguien?; ~ **quer mais café?** ¿alguien quiere más café?; **tem** ~ **aí?** ¿hay alguien ahí?; ~ **mais** alguien más. **-2.** [determinada pessoa] alguien; **ele sabia que haveria** ~ **à sua espera** (é) sabía que habría alguien esperándola; **você é** ~ **que admiro muito** eres *ou* sos *RP* alguien a quien admiro mucho. **-3.** *fig* [pessoa importante] alguien; **se um dia eu me tormar** ~, **lembrarei dos velhos amigos** si algún día llego a ser alguien, me acordaré de los viejos amigos; **hoje ele é** ~ **na empresa** hoy es alguien en la empresa; **ser** ~ **(na vida)** ser alguien. <> *m* [uma pessoa]: **esse** ~ **ese** alguien; **ele acha que ela tem** ~ **él** cree que ella tiene a alguien.

algum, ma [awˈgũ, ma] (*mpl* **-ns**, *fpl* **-s**) <> *adj* **-1.** [em frases afirmativas] algún(una), un(na); **morou** ~ **tempo em Londres** vivió algún *ou* un tiempo en Londres; **me dê** ~ **dinheiro** dame algo de dinero; ~ **dia vamos te visitar** un día vamos a ir a visitarte. **-2.** [em frases interrogativas] algún(una), ~ **problema?** ¿algún problema? **-3.** *(depois de subst)* [em frases negativas] ningún(una); **de jeito** *ou* **modo** ~ de ninguna manera; **não há problema** ~ no hay ningún problema; **em parte alguma do país** en ninguna parte del país; **coisa alguma** nada. <> *pron* alguno(na), un(na); ~ **dia** algún *ou* un día; **alguma coisa** algo; **alguma vez** alguna *ou* una vez; **abra a caixa de bombons e prove alguns** abre la caja de

bombones y prueba algunos; ~**s preferem cinema, outros, teatro** unos prefieren el cine, otros el teatro.

➡ **alguma** *f* [evento, feito]: **deve ter lhe acontecido alguma** debe de haberle pasado algo; **esse menino aprontou alguma** ese niño debe haber hecho algo malo, ese chiquilín se mandó alguna *RP*.

algures [awˈguriʃ] *adv* en algún lugar en alguna parte.

alheamento [aʎeaˈmẽtu] *m* [indiferença] distanciamiento *m*.

alheio, alheia [aˈʎeju, aˈʎeja] *adj* **-1.** [ger] ajeno(na); ~ **a** ajeno(na) a. **-2.** [estrangeiro] extraño(ña).

alho [ˈaʎu] *m* ajo *m*.

alho-poró [aʎupoˈrɔ] (*pl* **alhos-porós**) *m* puerro *m*.

alhures [aˈʎuriʃ] *adv* en otro lugar, en otra parte.

ali [aˈli] *adv* **-1.** [naquele lugar] allí, allá; ~ **dentro/fora** allí *ou* allá dentro/fuera; **até** ~ hasta allí *ou* allá; **logo** ~ allí mismo, ahí mismo; **por** ~ por ahí. **-2.** [naquele momento] allí, ah. **-3.** [naquela atitude] ahí.

aliado, da [aˈljadu, da] <> *adj* aliado(da). <> *m, f* aliado *m*, -da *f*.

➡ **Aliados** *npl*: **os Aliados** los Aliados.

aliança [aˈljãsa] *f* alianza *f*.

aliar [aˈlja(x)] *vt* aliar.

➡ **aliar-se** *vp* [nações] aliarse.

aliás [aˈljajʃ] *adv* **-1.** [a propósito] a propósito, por cierto. **-2.** [diga-se de passagem] además, de paso *RP*. **-3.** [ou por outra] digo.

álibi [ˈalibi] *m* coartada *f*.

alicate [aliˈkatʃi] *m* alicates *mpl Esp*, pinza *f Amér*; ~ **de unhas** cortaúñas *m inv*, alicate *m* de uñas *Amér*.

alicerce [aliˈsɛxsi] *m* CONSTR cimiento *m*.

aliciamento [alisiaˈmẽtu] *m* [sedução] reclutamiento *m*.

aliciar [aliˈsja(x)] *vt* **-1.** [atrair, seduzir] atraer. **-2.** [convocar] captar. **-3.** [subornar] sobornar.

alienação [aljenaˈsãw] *f* **-1.** [ger] enajenación *f*, alienación *f*. **-2.** PSIC: ~ **mental** enajenación mental.

alienado, da [aljeˈnadu, da] *adj* **-1.** [não-participante] alienado(da). **-2.** [louco] alienado(da), enajenado(da). **-3.** [bens] enajenado(da), alienado(da) *Carib & RP*.

alienígena [aljeˈniʒenal] *mf* extranjero *m*, -ra *f*.

alijar [aliˈʒa(x)] *vt* **-1.** [carga] aliviar. **-2.** [isentar]: ~ **alguém de algo** librar a alguien de algo.

alimentação [alimẽtaˈsãw] *f* **-1.** [ger] alimentación f. -2. ELETR fuente f de alimentación.

alimentador [alimɛ̃nta'do(x)] m: ~ **de papel** alimentador m de papel.

alimentar [alimɛ̃n'ta(x)] (pl -es) ◇ adj alimenticio(cia). ◇ vt alimentar. ◇ vi [nutrir] alimentar.

➡ **alimentar-se** vp alimentarse; ~-se de algo alimentarse de algo.

alimentício, cia [alimɛ̃n'tʃisju, sja] adj alimenticio(cia).

alimento [ali'mɛ̃ntu] m alimento m.

alinhado, da [ali'ɲadu, da] adj -1. [posto em linha reta] alineado(da). -2. [elegante] arreglado(da), prolijo(ja) RP. -3. [correto] recto(ta), derecho(cha) Amér.

alinhar [ali'ɲa(x)] vt -1. [ger] alinear. -2. [estrada] trazar en línea recta.

alinhavar [aliɲa'va(x)] vt COST hilvanar.

alíquota [a'likwota] f índice m, porcentaje m.

alisar [ali'za(x)] vt -1. [tornar liso] alisar. -2. [acariciar] acariciar.

alistamento [aliʃta'mɛ̃ntu] m -1. [em partido] afiliación f. -2. MIL alistamiento m, enrolamiento m Amér.

alistar [aliʃ'ta(x)] vt -1. [em partido] afiliarse. -2. MIL alistar, enrolar Amér.

➡ **alistar-se** vp -1. [em partido] afiliarse. -2. MIL alistarse, enrolarse Amér.

aliviado, da [ali'vjadu, da] adj aliviado(da).

aliviar [ali'vja(x)] ◇ vt -1. aliviar. -2. [desafogar]: ~ alguém de algo aliviar a alguien de algo. ◇ vi -1. [diminuir] disminuir. -2. [confortar] aliviar.

➡ **aliviar-se** vp -1. [tranqüilizar-se] aliviarse. -2. [desafogar-se]: ~-se de algo aliviarse de algo.

alívio [a'livju] m alivio m; que ~! ¡qué alivio!

alma ['awma] f [ger] alma f; com ~ con el alma; não ver viva ~ no ver un alma; pessoa sem ~ persona sin corazón, persona desalmada.

almanaque [awma'naki] m almanaque m.

almejar [awme'ʒa(x)] vt anhelar; ~ fazer algo anhelar hacer algo.

almirante [awmi'rãntʃi] m almirante m.

almoçar [awmo'sa(x)] ◇ vt almorzar comer. ◇ vi almorzar comer.

almoço [aw'mosu] m almuerzo m, comida f; na hora do ~ a la hora del almuerzo ou de la comida; ~ executivo menú m.

almofada [awmo'fada] f cojín m, almohadón m.

almôndega [aw'mõndega] f albóndiga f.

almoxarifado [awmoʃari'fadu] m depósito m.

alô [a'lo] ◇ interj [ao telefone] ¡diga! Esp, ¡aló! Andes, ¡oigo! Cuba, ¡bueno! Méx, ¡hola! RP. ◇ m saludo m.

alocar [alo'ka(x)] vt destinar, asignar.

aloirado, da [aloj'radu, da] = **alourado**.

alojamento [aloʒa'mɛ̃ntu] m -1. [ger] alojamiento m. -2. MIL acuartelamiento m.

alojar [alo'ʒa(x)] vt -1. [hospedar] alojar. -2. MIL acuartelar. -3. [armazenar] almacenar.

➡ **alojar-se** vp -1. [hospedar-se] alojarse. -2. [acampar] acampar.

alongar [alõŋ'ga(x)] vt -1. [corda, saia] alargar. -2. [perna, braço] estirar. -3. [prazo] prorrogar. -4. [conversa] estirar, alargar Méx.

➡ **alongar-se** vp -1. [cobra] estirarse. -2. [conversa] alargarse. -3. [sobre assunto] extenderse.

aloprado, da [alo'pradu, da] adj chiflado(da).

alourado, da [alow'radu, da] adj medio rubio(bia).

alpendre [aw'pɛ̃ndri] m [telheiro] toldo m.

Alpes ['awpiʃ] npl: os ~ los Alpes.

alpinismo [awpi'niʒmu] m alpinismo m.

alpinista [awpi'niʃta] mf alpinista mf.

alpino, na [aw'pinu] adj alpino(na).

alqueire [aw'kejri] m medida de superficie agraria equivalente a 4,84 hectáreas en Río, Minas Gerais y Goiás y a 2,42 hectáreas en São Paulo.

alquimia [awki'mia] f alquimia f.

alta ['awta] f ▷ alto.

altar [aw'ta(x)] (pl -es) m altar m.

alta-roda [ˌawta'xɔda] (pl altas-rodas) f alta sociedad f.

alta-tensão [ˌawtatɛ̃nsãw] (pl altas-tensões) f alta tensión f.

altear [awte'a(x)] vt -1. [elevar] elevar. -2. [construir] erguir.

alteração [awtera'sãw] (pl -ões) f alteración f.

alterar [awte'ra(x)] vt alterar.

➡ **alterar-se** vp [perturbar-se] alterarse.

altercar [awtex'ka(x)] vi: ~ (com) altercar (con).

alternar [awtex'na(x)] ◇ vt: ~ algo (com) alternar algo (con). ◇ vi: ~ com alternarse con.

➡ **alternar-se** vp alternarse.

alternativo, va [awtexna'tʃivu, va] adj alternativo(va).

➡ **alternativa** f alternativa f.

alteza [aw'teza] f: Sua Alteza Su Alteza.

altissonante [awtʃiso'nãntʃi] adj estridente.

altitude [awtʃi'tudʒi] f altitud f.

altivez [awtʃi'veʒ] f -1. [arrogância] altivez f. -2. [dignidade] dignidad f, altura f RP.

altivo, va [aw'tʃivu, va] adj -1. [arrogante] altivo(va). -2. [digno] digno(na).

alto, ta ['awtu, ta] adj -1. [ger] alto(ta). -2. fam [embriagado] borracho(cha), cocido(da) **Esp**, mamado(da) **RP**.

➡ **alto** ◇ m -1. [topo] alto m. -2. MÚS [saxofone] saxofón m. -3. [mando, poder]: **do** ~ **de arriba.** ◇ adv alto. ◇ interj ¡alto!

➡ **alta** f -1. [ger] alta f; **dar/receber alta** dar/recibir el alta. -2. [de cotação, de preços] alza f; **estar em alta** [cotação] estar al alza; fam [reputação] estar al alza; ~ **costura** alta costura.

➡ **por alto** loc adv por encima, por arriba **RP**.

alto-falante ['awtufa'lãntʃil (pl -tes) m altavoz m, altoparlante m **Amér**.

alto-mar [ˌawtu'ma(x)] (pl altos-mares) m altamar f.

altura [aw'tura] f -1. [ger] altura f. -2. [valor]: **à** ~ **de** a la altura de; **por** ~ **de** alrededor ou cerca de.

alucinação [alusina'sãw] (pl -ões) f alucinación f.

alucinado, da [alusi'nadu, da] ◇ adj -1. PSIC alucinado(da). -2. [apaixonado]: ~ **por** fascinado(da) por. -3. [desvairado] enloquecido(da). ◇ m, f PSIC alucinado m, -da f.

alucinante [alusi'nãntʃi] adj alucinante.

aludir [alu'dʒi(x)] vi: ~ **a** aludir a.

alugar [alu'ga(x)] vt -1. [ger] alquilar, rentar **Méx**. -2. fam [incomodar] enredar **Esp**, acosar **Amér**, abrumar **Méx**.

aluguel [alu'gɛw] (pl -eis) m alquiler m, renta f **Méx**.

alumínio [alu'minju] m aluminio m.

alunissar [aluni'sa(x)] vi alunizar.

aluno, na [a'lunu, na] m, f alumno m, -na f.

alusão [alu'zãw] (pl -ões) f alusión f.

alvejante [awve'ʒãntʃi] ◇ adj blanqueador(a). ◇ m blanqueador m.

alvejar [awve'ʒa(x)] vt -1. [mirar em] apuntar a. -2. [branquear] blanquear.

alvenaria [awvena'ria] f albañilería f; **de** ~ de albañilería **Esp**, de ladrillo **Méx**, de bloques **RP**.

alvéolo [al'vɛwlu] f alveolo m, alvéolo m; ~ **pulmonar** alveolo ou alvéolo pulmonar.

alvitre [aw'vitri] m consejo m.

alvo, va ['awvu, va] adj blanco(ca), albo(ba) **Amér**.

➡ **alvo** m -1. [mira] blanco m; **acertar no** ~ dar en el blanco. -2. fig [objeto]: **ser** ~ **de** ser blanco de.

alvorada [awvo'rada] f alba f, alborada f.

alvorecer [awvore'se(x)] ◇ m [alvorada]

alba f, alborada f. ◇ vi [amanhecer] alborear.

alvoroçar [awvoro'sa(x)] vt -1. [agitar] alborotar. -2. [entusiasmar] entusiasmar.

➡ **alvoroçar-se** vp -1. [agitar-se] alborotarse. -2. [entusiasmar-se] entusiasmarse.

alvoroço [awvo'rosu] m -1. [agitação] alboroto m. -2. [entusiasmo] entusiasmo m.

alvura [aw'vura] f -1. [branqueza] blancura f. -2. [pureza] pureza f.

AM [a'emi] -1. (abrev de **Amplitude Modulation**) AM. -2. (abrev de **Estado do Amazonas**) estado de Amazonas.

amabilidade [amabili'dadʒi] f amabilidad f.

amaciante [ama'sjãntʃi] m: ~ **de roupas** suavizante m (de ropa), suavitel® m **Méx**.

amaciar [ama'sja(x)] vt -1. [tornar macio] suavizar. -2. [motor] hacer el rodaje de, ablandar **Cuba & RP**.

ama-de-leite [ˌãmadʒi'lejtʃi] (pl amas-de-leite) f nodriza f.

amado, da [a'madu, da] ◇ adj amado(da). ◇ m, f amado m, -da f.

amador, ra [ama'do(x), ra] (mpl -es, fpl -s) ◇ adj amateur, aficionado(da). ◇ m, f amateur mf, aficionado m, -da f.

amadurecer [amadure'se(x)] ◇ vt madurar. ◇ vi madurar.

âmago ['ãmagu] m -1. [cerne - de madeira] duramen m; [- de questão] quid m. -2. [essência] esencia f. -3. [alma, interior] alma f.

amaldiçoar [amawdi'swa(x)] vt maldecir.

amálgama [a'mawgama] m amalgama f.

amalgamar [amawga'ma(x)] vt amalgamar.

amalucado, da [amalu'kadu, da] adj chiflado(da), chalado(da) **Esp**.

amamentar [amamẽn'ta(x)] ◇ vt amamantar. ◇ vi amamantar.

amanhã [ama'ɲã] ◇ adv mañana; ~ **de manhã** mañana por la mañana, mañana a la mañana **Arg**, mañana en la mañana **Andes**, **CAm**, **Carib & Méx**, mañana de mañana **Urug**; ~ **à noite** mañana por la noche, mañana a la noche **Arg**, mañana en la noche **Andes**, **CAm**, **Carib & Méx**, mañana de noche **Urug**; ~ **de tarde** mañana por la tarde, mañana a la tarde **Arg**, mañana en la tarde **Andes**, **CAm**, **Carib & Méx**, mañana de tarde **Urug**; **depois de** ~ pasado mañana. ◇ m mañana m.

amanhecer [amaɲe'se(x)] ◇ m amanecer m; **ao** ~ al amanecer. ◇ vi amanecer.

amansar [amãn'sa(x)] ◇ vt -1. [animal] amansar. -2. [pessoa, revolta] aplacar. ◇ vi amansarse.

amante [a'mãntʃi] mf amante mf.

Amapá [ama'pa] n Amapá.

amar [a'ma(x)] ◇ vt -1. [sentir amor por]

amar. -2. [fazer amor com] hacer el amor a. ◇ *vi* [sentir amor] amar.

➤ **amar-se** *vp* amarse.

amarelado, da [amare'ladu, da] *adj* amarillento(ta).

amarelo, la [ama'rɛlu, la] *adj* amarillo(lla); **sorriso** ~ sonrisa forzada.

➤ **amarelo** *m* amarillo *m*.

amarfanhar [amaxfa'ɲa(x)] *vt* arrugar.

amargar [amax'ga(x)] ◇ *vt* -1. [tornar amargo] amargar. -2. *fig* [sofrer] sufrir. ◇ *vi* [tornar-se amargo] ponerse amargo(ga), agriarse, amargarse *Méx*.

amargo, ga [a'maxgu, ga] *adj* amargo(ga).

amargor [amax'go(x)] *m* -1. [sabor amargo] amargor *m*. -2. [sensação de desgosto] amargura *f*.

amargura [amax'gura] *f* -1. [de paladar] amargura *f*, amargor *m* *RP*. -2. [sofrimento] amargura *f*.

amarrado, da [ama'xadu, da] *adj* -1. [atado] atado(da), amarrado(da) *Amér*. -2. [cara] con el ceño fruncido. -3. *fam* [comprometido] comprometido(da).

amarrar [ama'xa(x)] *vt* -1. [atar] atar, amarrar *Amér*. -2. *NÁUT* amarrar. -3. [cara]: **amarrar a cara** fruncir el ceño.

amarrotar [amaxo'ta(x)] ◇ *vt* arrugar. ◇ *vi* arrugarse.

amassado, da [ama'sadu, da] *adj* -1. [tecido, roupa, papel] arrugado(da). -2. [carro] abollado(da).

amassar [ama'sa(x)] *vt* -1. [massa, bolo, pão] amasar. -2. [roupa, papel] arrugar. -3. [carro] abollar.

amável [a'mavɛw] (*pl* -eis) *adj* amable.

amazona [ama'zona] *f* amazona *f*.

Amazonas [ama'zonaʃ] *n* -1. [rio]: **o** ~ **el** Amazonas. -2. [estado] Amazonas.

AMBEV (*abrev de* **American Beverage Company**) *f* empresa brasileña fabricante de bebidas.

ambição [ãnbi'sãw] (*pl* -ões) *f* ambición *f*.

ambicionar [ãnbisjo'na(x)] *vt* ambicionar.

ambicioso, osa [ãnbi'sjozu, ɔza] ◇ *adj* ambicioso(sa). ◇ *m, f* ambicioso *m*, -sa *f*.

ambidestro, tra [ãnbi'deʃtru, tra] *adj* ambidiestro(tra).

ambiental [ãnbjēn'taw] (*pl* -ais) *adj* ambiental.

ambientalista [ãnbjēnta'liʃta] ◇ *adj* ecologista, ambientalista *Amér*. ◇ *mf* ecologista *mf*, ambientalista *mf* *Amér*.

ambientar [ãnbjēn'tar] *vt* ambientar.

➤ **ambientar-se** *vp* [adaptar-se] ambientarse.

ambiente [ãn'bjēntʃi] ◇ *adj* ambiente. ◇

m -1. [ger] ambiente *m*. -2. *COMPUT* entorno *m*.

ambigüidade [ãnbigwi'dadʒil] *f* ambigüedad *f*.

ambíguo, gua [ãn'bigwu, gwa] *adj* ambiguo(gua).

âmbito ['ãnbitu] *m* -1. [área, extensão] extensión *f*. -2. *fig* [campo de ação] ámbito *m*.

ambivalente [ãnbiva'lēntʃi] *adj* ambivalente.

ambos, bas ['ãnbuʃ, baʃ] ◇ *adj* ambos(bas). ◇ *pron* ambos *m*, -bas *f*.

ambrosia [ãnbro'zia] *f* ambrosía *f*.

ambulância [ãnbu'lãnsja] *f* ambulancia *f*.

ambulante [ãnbu'lãntʃi] *adj* ambulante.

ambulatório [ãnbula'tɔrju] *m* ambulatorio *m*.

ameaça [a'mjasa] *f* amenaza *f*.

ameaçar [amja'sa(x)] *vt* amenazar; ~ **fazer algo** amenazar con hacer algo.

ameba [a'mɛba] *f* ameba *f*.

amedrontar [amedrõn'ta(x)] *vt* amedrentar.

➤ **amedrontar-se** *vp* amedrentarse.

ameixa [a'mejʃa] *f* -1. [fresca] ciruela *f*. -2. [seca] ciruela *f* seca ou pasa *Méx*.

amém [a'mē] *interj* amén.

amêndoa [a'mēndwa] *f* almendra *f*.

amendoeira [amēn'dwejra] *f* almendro *m*.

amendoim [amēn'dwĩ] (*pl* -ns) *m* cacahuete *m* *Esp*, cacahuate *m* *CAm* & *Méx*, maní *m* *Andes*, *RP* & *Ven*; ~ **torrado** cacahuete tostado *Esp*, cacahuate tostado *CAm* & *Méx*, maní tostado *Andes*, *RP* & *Ven*.

amenidade [ameni'dadʒi] *f* suavidad *f*.

➤ **amenidades** *fpl* [futilidades] banalidades *fpl*, superficialidades *fpl*.

amenizar [ameni'za(x)] *vt* -1. [ger] suavizar. -2. [tornar agradável] mejorar. -3. [briga, conflito] suavizar, atenuar.

ameno, na [a'menu, na] *adj* agradable.

América [a'mɛrika] *n* América; ~ **Central** América Central, Centroamérica; ~ **do Norte** América del Norte, Norteamérica; ~ **do Sul** América del Sur, Sudamérica, Suramérica; ~ **Hispânica** Hispanoamérica; ~ **Latina** Latinoamérica.

amesquinhar [ameʃki'ɲa(x)] *vt* -1. [tornar mesquinho] empequeñecer. -2. [caráter] envilecer.

➤ **amesquinhar-se** *vp* -1. [tornar-se avaro] volverse mezquino(na). -2. [humilhar-se] humillarse.

ametista [ame'tʃiʃta] *f* amatista *f*.

amianto [a'mjãntu] *m* amianto *m*.

amido [a'midu] *m* almidón *m*.

amigável [ami'gavɛw] (*pl* -eis) *adj* amigable.

amígdala [a'migdala] *f* amígdala *f*.

amigdalite [amigda'litʃi] f amigdalitis f.

amigo, ga [a'migu, ga] <> adj amigo(ga).
<> m, f - **1.** [pessoa] amigo m, -ga f. - **2.** fam [tratamento] amigo(ga), compadre m **Méx.**

amistoso, osa [amiʃ'tozu, ɔza] adj amistoso(sa).

◆ **amistoso** m amistoso m **ESP.**

amizade [ami'zadʒi] f - **1.** amistad f; fazer ∼ (com alguém) hacer amistad (con alguien); ∼ **colorida** fam amistad acompañada de relaciones íntimas ocasionales. - **2.** fam [pessoa] amigo m, -ga f.

amnésia [am'nɛzja] f amnesia f.

amofinar [amofi'na(x)] vt - **1.** [afligir] atormentar. - **2.** [incomodar] molestar, fastidiar.

◆ **amofinar-se** vp afiligirse.

amolação [amola'sãw] (pl -ões) f [incômodo, aborrecimento] molestia f.

amolar [amo'la(x)] <> vt - **1.** [faca] afilar. - **2.** [incomodar, aborrecer] molestar. <> vi [causar incômodo] molestar, fastidiar.

◆ **amolar-se** vp [aborrecer-se] molestarse, alterarse.

amoldar [amow'da(x)] vt [adaptar, ajustar]: ∼ algo (a) amoldar algo (a).

◆ **amoldar-se** vp [adaptar-se, ajustar-se]: ∼-se (a) amoldarse (a).

amolecer [amole'se(x)] <> vt ablandar. <> vi [tornar-se mole] ablandarse.

amônia [a'monja] f solución f de amoníaco.

amoníaco [amo'niaku] m amoníaco m, amoniaco m.

amontoar [amõn'twa(x)] vt amontonar.

amor [a'mo(x)] (pl -es) m amor m; fazer ∼ hacer el amor; **pelo** ∼ **de Deus!** ¡por amor de Dios!; **ser um** ∼ **(de pessoa)** ser un amor (de persona).

amora [a'mɔra] f mora f.

amoral [amo'raw] (pl -ais) <> adj amoral. <> mf amoral mf.

amora-preta [a,mɔra'preta] (pl amoras-pretas) f mora f negra.

amordaçar [amoxda'sa(x)] vt amordazar.

amornar [amox'na(x)] <> vt entibiar. <> vi entibiarse.

amoroso, osa [amo'rozu, ɔza] adj amoroso(sa).

amor-perfeito [a,moxpex'fejtu] (pl amores-perfeitos) m pensamiento m.

amor-próprio [a,mox'prɔprju] (pl amores-próprios) m amor m propio.

amortecedor [amoxtese'do(x)] (pl -es) m amortiguador m.

amortização [amoxtiza'sãw] (pl -ões) f amortización f.

amortizar [amoxti'za(x)] vt amortizar.

amostra [a'mɔʃtra] f muestra f.

amotinar [amotʃi'na(x)] vt amotinar.

◆ **amotinar-se** vp amotinarse.

amparar [ãnpa'ra(x)] vt - **1.** [escorar, segurar] agarrar coger **Esp.** - **2.** [ajudar] amparar. - **3.** [financeiramente] mantener.

◆ **amparar-se** vp - **1.** [escorar-se, segurar-se]: ∼ -se **(contra/em)** apoyarse (en). - **2.** [na parede] apoyarse (en), recargarse (en) **Méx.**

amparo [ãn'paru] m - **1.** [apoio] apoyo m. - **2.** [ajuda] ayuda f, amparo m **Amér.**

amperagem [ãnpe'raʒẽ] f ELETR amperaje m.

ampère [ãn'pɛri] m amperio m.

ampliação [ãnplia'sãw] (pl -ões) f ampliación f.

ampliar [ãnpli'a(x)] vt ampliar.

amplificação [ãnplifika'sãw] (pl -ões) f ampliación f.

amplificador [ãnplifika'do(x)] (pl -es) m [de som] amplificador m.

amplificar [ãnplifi'ka(x)] vt ampliar.

amplitude [ãnpli'tudʒi] f amplitud f.

amplo, pla ['ãnplu, pla] adj amplio(plia); **no sentido mais** ∼ **da palavra** en el más amplio sentido de la palabra.

ampulheta [ãnpu'ʎeta] f reloj m de arena.

amputar [ãnpu'ta(x)] vt amputar.

Amsterdã [amiʃtex'dã] n Amsterdam.

amuado, da [a'mwadu, da] adj [aborrecido] fastidiado(da), molesto(ta).

anã [a'nã] f ⊳ **anão.**

anacronismo [anakro'niʒmu] m anacronismo m.

anafilático, ca [anafi'latiku, ka] adj anafiláctico(ca).

anagrama [ana'grãma] m anagrama m.

anágua [a'nagwa] f enagua f.

anais [a'najʃ] mpl anales mpl.

anal [a'naw] (pl -ais) adj anal.

analfabetismo [anawfabe'tʃiʒmu] m analfabetismo m.

analfabeto, ta [anawfa'bɛtu, ta] <> adj analfabeto(ta). <> m, f analfabeto m, -ta f.

analgésico, ca [anaw'ʒɛziku] adj analgésico(ca).

◆ **analgésico** m [remédio] analgésico m.

analisar [anali'za(x)] vt analizar.

análise [a'nalizi] f [ger] análisis m inv; **em última** ∼ en última instancia.

analista [ana'liʃta] mf analista mf; ∼ **de sistemas** analista de sistemas.

analogia [analo'ʒia] f analogía f.

análogo, ga [a'nalogu, ga] adj análogo(ga).

ananás [ana'naʃ] (pl -ases) m piña f, ananá m **RP.**

anão, ã [a'nãw, ã] (mpl -ões, fpl -s) m, f enano m, -na f.

anarquia [anax'kia] f anarquía f.

anarquista [anax'kiʃta] <> *adj* [partido, sociedade] anarquista. <> *mf* anarquista *mf*.

ANATEL (*abrev de* Agência Nacional de Telecomunicações) *f comisión reguladora del sector de las telecomunicaciones*, ≃ CMT *f Esp*.

anatomia [anato'mia] *f* anatomía *f*.

anatômico, ca [ana'tomiku, ka] *adj* anatómico(ca).

anca ['ãŋka] *f* -1. [de pessoa] nalga *f*. -2. [de animal] cuadril *m*, anca *f Amér*.

ancestral, trais [ãn'seʃtraw, trais] <> *adj* ancestral. <> *mf* ancestro *m*.

anchova [ãn'ʃova] *f* anchoa *f*.

anciães [ãnsi'ãjʃ] *pl* ▷ ancião.

ancião, ciã [ã'sjãw, sjã] (*mpl* -ões, *fpl* -s) <> *adj* anciano(na), viejo(ja). <> *m, f* anciano *m*, -na *f*.

ancinho [ãn'siɲu] *m* rastrillo *m*.

âncora ['ãŋkora] *f NÁUT* ancla *f*.

ancoradouro [ãŋkora'doru] *m* fondeadero *m*.

ancorar [ãŋko'ra(x)] <> *vt* -1. [fundear] anclar. -2. [basear] basar. <> *vi* -1. [fundear] anclar, fondear. -2. [basear-se] basarse.

andaime [ãn'dãjmi] *m* andamio *m*.

andamento [ãnda'mẽntu] *m* -1. [prosseguimento] curso *m*, marcha *f*, trámite *m Amér*; **estar em** ~ estar en marcha *ou* trámite. -2. [direção] curso *m*. -3. *MÚS* tempo *m*, tiempo *m*.

andança [ãn'dãnsa] *f* [viagem] andanza *f*.

andar [ãn'da(x)] (*pl* -es) <> *m* -1. [jeito de caminhar] andar *m*. -2. [pavimento] piso *m*. <> *vi* -1. [ger] andar; ~ **com alguém** andar con alguien; ~ **em/por** andar en/por; **ir andando** ir yéndose; ~ **por** andar por, estar por; ~ **fazendo algo** andar haciendo algo; ~ **de bicicleta/a cavalo** andar en bicicleta/a caballo; ~ **de navio/carro/trem** ir en barco/carro/tren, andar en barco/carro/tren *Amér*; **anda (com isso)!** ¡venga, vamos!, ¡dale, dale! *RP*, ¡ándale, ándale! *Méx*. -2. [caminhar] caminar, andar *Esp*. -3. [passar] pasar. <> *vt* [percorrer] andar.

Andes ['ãndiʃ] *npl*: os ~ los Andes.

andino, na [ãn'dinu, na] <> *adj* andino(na). <> *m, f* andino *m*, -na *f*.

andorinha [ãndo'riɲa] *f* golondrina *f*.

Andorra [ãn'doxa] *n*: (o principado de) ~ (el principado de) Andorra.

anedota [ane'dɔta] *f* anécdota *f*.

anel [a'nɛw] (*pl* -éis) *m* -1. [jóia, corpo celeste] anillo *m*. -2. [de corrente] eslabón *m*, cadena *f Méx*. -3. [de cabelo] rizo *m*, chino *m Méx*, rulo *m RP*.

anelado, da [ane'ladu, da] *adj* rizado(da), enchinado(da) *Méx*, enrulado(da) *RP*.

anemia [ane'mia] *f* anemia *f*.

anestesia [aneʃte'zia] *f* anestesia *f*; ~ **geral/local** anestesia general/local.

anestesiado, da [aneʃte'zjadu, da] *adj* -1. [paciente] anestesiado(da). -2. [embotado] loco(ca).

anestésico, ca [aneʃ'tɛziku, ka] *adj* anestésico(ca).

▸ **anestésico** *m* anestésico *m*.

anexar [anek'sa(x)] *vt* anexar.

anexo, xa [a'nɛksu, ksa] *adj* anexo(xa).

▸ **anexo** *m* anexo *m*; **em** ~ como anexo.

ANFAVEA (*abrev de* Associação Nacional dos Fabricantes de Veículos Automotores) *f asociación brasileña de fabricantes de automóviles*.

anfíbio, bia [ãn'fibju, bja] *adj* anfibio(bia).

▸ **anfíbio** *m* [animal] anfibio *m*.

anfiteatro [ãnfi'tʃjatru] *m* anfiteatro *m*.

anfitrião, triã [ãnfi'trjãw, trjã] (*mpl* -ões, *fpl* -s) *m, f* anfitrión *m*, -ona *f*.

angariar [ãnga'rja(x)] *vt* conseguir.

angina [ãn'ʒina] *f*: ~ **(do peito)** angina *f* (de pecho).

anglicano, na [ãŋgli'kanu, na] <> *adj* anglicano(na). <> *m, f* anglicano *m*, -na *f*.

anglo-saxão, xã [ˌãŋglosak'sãw, sã] (*mpl* -ões, *fpl* -ãs) <> *adj* anglosajón(ona). <> *m, f* anglosajón *m*, -ona *f*.

Angola [ãŋ'gɔla] *n* Angola.

angorá [ãŋgo'ra] <> *adj* angora. <> *m* [lã, tecido] angora *f*. <> *mf* [gato] angora *mf*.

angra ['ãŋgra] *f* ensenada *f*.

angu [ãŋ'gu] *m* papilla *f*.

ângulo ['ãŋgulu] *m* -1. [ger] ángulo *m*. -2. [canto] esquina *f*, rincón *m*.

anguloso, osa [ãŋgu'lozu, lɔza] *adj* anguloso(sa).

angústia [ãŋ'guʃtʃja] *f* angustia *f*.

angustiante [ãŋguʃ'tʃjãntʃil] *adj* angustiante.

angustiar [ãŋguʃ'tʃja(x)] *vt* angustiar.

▸ **angustiar-se** *vp* angustiarse; ~ **-se com algo** angustiarse con algo.

anil [a'niw] *m* [cor] añil *m*.

animação [anima'sãw] *f* -1. [ger] animación *f*. -2. [entusiasmo] entusiasmo *m*. -3. [movimento] animación *f*, movimiento *m*.

animado, da [ani'madu, da] *adj* -1. [entusiasmado - jogador] entusiasmado(da); [- conversa] animado(da). -2. [alegre, movimentado] animado(da).

animador, ra [anima'do(x), ra] (*mpl* -es, *fpl* -s) <> *adj* alentador(ra), estimulante. <> *m, f* animador *m*, -ra *f*.

animal [ani'maw] (*pl* -ais) <> *adj* animal. <> *m* -1. *ZOOL* animal *m*; ~ **doméstico** [de estimação] animal doméstico, mascota *f*;

[de criação] animal doméstico. **-2.** [pessoa ignorante, estúpida] animal *m*, bestia *f*.

animalesco, ca [anima'leʃku, ka] *adj* animal salvaje.

animar [ani'ma(x)] *vt* **-1.** [ger] animar; ~ **alguém (a fazer algo)** animar a alguien (a hacer algo). **-2.** [estimular] fomentar.

◆ **animar-se** *vp* **-1.** [ger] animarse; ~ **-se (a fazer algo)** animarse (a hacer algo). **-2.** [adquirir vida] cobrar vida.

ânimo ['ãnimu] <> *m* **-1.** [coragem] ánimo *m*, coraje *m RP*. **-2.** [entusiasmo] entusiasmo *m*; **perder o** ~ desanimarse. **-3.** [estímulo] aliento *m*, impulso *m*. <> *interj* ¡ánimo!

animosidade [animozi'dadʒi] *f* animosidad *f*.

aniquilar [aniki'la(x)] *vt* **-1.** [anular] anular. **-2.** [esgotar] agotar. **-3.** [destruir] destruir. **-4.** [prostrar] aniquilar. **-5.** [arruinar] arruinar.

◆ **aniquilar-se** *vp* [esgotar-se] agotarse.

anis [a'niʃ] (*pl* **-es**) *m* anís *m*; **licor de** ~ licor *m* de anís, anisado *m*.

anistia [aniʃ'tʃia] *f* amnistía *f*.

anistiado, da [aniʃ'tʃiadu, da] <> *adj* amnistiado(da). <> *m, f* amnistiado *m*, -da *f*.

aniversariar [anivexsa'rja(x)] *vi* cumplir años, conmemorar aniversario.

aniversário [anivex'sarju] *m* **-1.** [de pessoa] cumpleaños *m inv*. **-2.** [de casamento, morte, cidade] aniversario *m*.

> Não confundir *aniversário (cumpleaños)* com o espanhol *aniversario (de um fato ocorrido)* que em português é *aniversário*. (*Amanhã é o aniversário de Paula*. El cumpleaños de Paula es mañana.)

anjo ['ãnʒu] *m* **-1.** *RELIG* ángel *m*; ~ **da guarda** ángel de la guarda. **-2.** [pessoa] santo *m*, ángel *m*.

ano ['ãnu] *m* [intervalo de tempo] año *m*; ~ **bissexto** año bisiesto; ~ **fiscal** año fiscal; ~ **letivo** año escolar, año lectivo; **há** ~ **s** *ou* **faz** ~ **s que** hace años que; **no** ~ **passado** el año pasado; **no** ~ **que vem** el año que viene.

◆ **Ano-Novo** *m* [saudação]: **Feliz** *ou* **Próspero Ano-Novo!** ¡Feliz *ou* Próspero Año Nuevo!

◆ **anos** *mpl* [idade] años *mpl*; **fazer** ~ **s** cumplir años.

anos ['ãnuʃ] *pl* ⊳ **ano**.

anoitecer [anojte'se(x)] <> *m* anochecer *m*; **ao** ~ al anochecer. <> *vi* [cair a noite] anochecer.

ano-luz [ˌãnu'luʃ] (*pl* **anos-luz**) *m* año *m* luz.

anomalia [anoma'lia] *f* anomalía *f*.

anônimo, ma [a'nonimu, ma] *adj* anónimo(ma).

ano-novo [ˌãnu'novu] (*pl* **anos-novos**) *m* año *m* nuevo.

anoréxico, ca [ano'reksiku, ka] <> *adj* anoréxico(ca). <> *m, f* anoréxico *m*, -ca *f*.

anormal [anox'maw] (*pl* **-ais**) <> *adj* **-1.** [ger] anormal. **-2.** [incomum] anormal, extraño(ña). **-3.** [extraordinário] excepcional. <> *m* **-1.** [pessoa excepcional] anormal *mf*. **-2.** *fam* [pessoa degenerada] anormal *mf*, tarado *m*, -da *f Amér*.

anormalidade [anoxmali'dadʒi] *f* anormalidad *f*.

anotação [anota'sãw] (*pl* **-ões**) *f* [apontamento, observação] apunte *m*, anotación *f*.

anotar [ano'ta(x)] *vt* anotar, apuntar.

anseio [ãn'seju] *m* anhelo *m*, ansia *f*.

ânsia ['ãnsja] *f* **-1.** [desejo]: ~ **(de/por algo)** ansia *f* (de algo). **-2.** [ansiedade] ansiedad *f*. **-3.** [náuseas]: ~ **s** náuseas *fpl*.

ansiar [ãn'sja(x)] *vi*: ~ **por algo** ansiar algo; ~ **por fazer algo** ansiar hacer algo.

ansiedade [ãnsje'dadʒi] *f* [desejo, angústia] ansiedad *f*; **com** ~ con ansiedad, ansiosamente.

ansioso, osa [ãn'sjozu, ɔza] *adj* [desejoso, angustiado] ansioso(sa).

antagonista [ãntago'niʃta] <> *adj* [contrário, adversário] antagónico(ca). <> *mf* [adversário] antagonista *mf*.

antártico, ca [ãn'taxtʃiku, ka] *adj* antártico(ca).

◆ **Antártico** *n*: **o (oceano)** ~ el (océano) Antártico.

Antártida [ãn'taxtʃida] *n*: **a** ~ la Antártida.

ante ['ãntʃi] *prep* [diante de] ante.

ante- ['ãntʃi-] *prefixo* ante-.

antebraço [ãntʃi'brasu] *m* antebrazo *m*.

antecedência [ãntese'dẽnsja] *f*: **com** ~ con antelación; **com uma semana de** ~ con una semana de antelación.

antecedente [ãntese'dẽntʃi] <> *adj* [precedente] precedente. <> *m* **-1.** [precedente] antecesor *m*. **-2.** *GRAM & MAT* antecedente *m*.

◆ **antecedentes** *mpl* [fatos anteriores] antecedentes *mpl*; ~ **s criminais** antecedentes penales.

anteceder [ãntese'de(x)] *vt* **-1.** [preceder] preceder. **-2.** [antecipar] anticipar.

antecessor, ra [ãntese'so(x), ra] *m, f* antecesor *m*, -ra *f*, precedesor *m*, -ra *f*.

antecipação [ãntesipa'sãw] (*pl* **-ões**) *f* **-1.** [antecedência, adiantamento] anticipación *f*; **com** ~ con anticipación. **-2.** [salarial] anticipo *m*, adelanto *m*.

antecipado, da [ãntesi'padu, da] *adj* **-1.** [pagamento] por anticipado. **-2.** [eleições] anticipado(da).

antecipar [ãntesi'pa(x)] *vt* **-1.** [fazer ocorrer

mais cedo] anticipar. **-2.** [adiantar-se a] anticiparse a.

antemão [ãnte'mãw] ◆ **de antemão** *loc adv* de antemano.

antena [ãn'tenal *f* antena *f*; ~ **parabólica** antena parabólica.

anteontem [ãntʃi'õntẽl *adv* anteayer, antier **Méx**, antes de ayer **RP**.

antepassado, da [ãntepa'sadul *m, f* antepasado *m, -da f*.

antepor [ãntepo(x)l *vt* [contrapor]: ~ algo a algo contraponer algo a algo.

anterior [ãnte'rjo(x)l (*pl -es*) *adj* **-1.** [prévio]: ~ **(a)** anterior (a), previo(via) (a) **Amér**. **-2.** [em posição] anterior.

antes ['ãntiʃl *adv* **-1.** [ger] antes; **o quanto** ~ cuanto antes; **pouco** ~ poco antes. **-2.** [de preferência] más bien. **-3.** [ao contrário] por el contrario, es más.

◆ **antes de** *loc prep* antes de; ~ **de fazer algo** antes de hacer algo; ~ **da hora/do tempo** antes de hora/tiempo; ~ **de tudo** por encima de todo, ante todo **Amér**, antes que nada **RP**.

◆ **antes que** *loc conj* antes de que, antes que.

antever [ãnte've(x)l *vt* prever.

antevisão [ãnte'vizãwl *f* **-1.** [visão antecipada] previsión *f.* **-2.** [pressentimento] visión *f.*

anti- l'ãntʃi-l *prefixo* anti-.

antiácido, da [ãn'tʃjasidu, dal *adj* antiácido(da).

◆ **antiácido** *m* antiácido *m.*

antiaéreo, rea [ãntʃja'ɛrju, rjal *adj* antiaéreo(a).

antialérgico, ca [ãntʃja'lɛxʒiku, kal *adj* antialérgico(ca).

◆ **antialérgico** *m* antialérgico *m.*

antibiótico, ca [ãntʃi'bjɔtʃiku, kal *adj* antibiótico(ca).

◆ **antibiótico** *m* antibiótico *m.*

anticoncepcional [ãntʃikõnsepsjo'nawl (*pl -ais*) ◇ *adj* anticonceptivo(va). ◇ *m* [pílula, dispositivo] anticonceptivo *m.*

anticorpo [ãntʃi'koxpul *m* anticuerpo *m.*

antídoto [ãn'tʃidotul *m* antídoto *m.*

antiético, ca [ãn'tʃjɛtʃiku, kal *adj* inmoral.

antigamente [ãntʃiga'mẽntʃil *adv* **-1.** [anteriormente] antes. **-2.** [tempos atrás] antiguamente, en el pasado; **de** ~ de antes de antaño.

antigo, ga [ãn'tʃigu, gal *adj* **-1.** [do tempo remoto, velho] antiguo(gua). **-2.** [antiquado] anticuado(da). **-3.** (*antes de subst*) [anterior] anterior, antiguo(gua). **-4.** (*antes de subst*) [veterano] antiguo(gua); **ser** ~ **em algo** ser veterano en algo.

◆ **antigos** *mpl* [homens do passado] hombre

m antiguo, antiguos *mpl* **Esp**.

antiguidade [ãntʃigi'dadʒil *f* **-1.** [ger] antigüedad *f.* **-2.** [peça, monumento] reliquia *f.*

◆ **Antiguidade** *f* [época] Antigüedad *f.*

◆ **antiguidades** *fpl* antigüedades *fpl*; **loja de** ~ **s** tienda *f* de antigüedades, anticuario *m.*

anti-higiênico, ca [ãntʃji'ʒjeniku, kal (*mpl -s, fpl -s*) *adj* antihigiénico(ca).

anti-horário [ãntʃjo'rarjul *adj*: **sentido/movimento** ~ sentido/movimiento en contra de/opuesto a **Méx** las agujas del reloj.

antiinflamatório, ria [ãntʃinflama'torju, rial ◇ *adj* antiinflamatorio(ria). ◇ *m* antiinflamatorio *m, -ria f.*

antílope [ãn'tʃilopil *m* antílope *m.*

antipático, ca [ãntʃi'patʃiku, kal *adj* antipático(ca).

antipatizar [ãntʃipatʃi'za(x)l *vi*: ~ **com alguém** sentir antipatía por alguien.

antiquado, da [ãntʃi'kwadu, dal *adj* anticuado(da).

antiquário, ria [ãntʃi'kwarjul *m, f* [comerciante] anticuario *m, -ria f.*

◆ **antiquário** *m* [loja] anticuario *m*, tienda *f* de antigüedades.

antiqüíssimo, ma [ãntʃi'kisimu, mal *superl* ▷ antigo.

anti-semita [ãntʃise'mital (*pl -s*) ◇ *adj* antisemita. ◇ *m, f* antisemita *mf.*

anti-séptico, ca [antʃi'sɛptʃiku, kal *adj* antiséptico(ca).

◆ **anti-séptico** *m* [desinfetante] antiséptico *m.*

anti-social [ãntʃiso'sjawl (*pl -ais*) *adj* antisocial.

antisséptico [ãntʃi'sɛptʃikul = anti-séptico.

antitérmico, ca [ãntʃi'tɛxmiku, kal *adj* antipirético(ca).

◆ **antitérmico** *m* antipirético *m.*

antítese [ãn'tʃitezil *f* antítesis *f inv*; ~ **de algo** antítesis de algo.

antivírus [ãn'tʃi'virul *m inv* **INFORM** antivirus *m inv.*

antologia [ãntolo'ʒial *f* antología *f.*

antológico, ca [ãnto'lɔʒiko, kal *adj* antológico(ca).

antro ['ãntrul *m* **-1.** [de bandidos, ladrões] antro *m.* **-2.** [de animal] cueva *f.*

antropófago, ga [ãntro'pɔfagu, gal ◇ *adj* antropófago(ga). ◇ *m, f* antropófago *m, -ga f.*

antropologia [ãntropolo'ʒial *f* antropología *f.*

anual [a'nwawl (*pl -ais*) *adj* anual.

anuário [a'nwarjul *m* anuario *m.*

anuidade [anwi'dadʒil *f* anualidad *f.*

anulação [anula'sãw] (pl -ões) f anulación f.
anular [anu'la(x)] <> vt anular. <> adj anular. <> m [dedo] anular m.
anunciante [anũn'sjãntʃi] mf COM anunciante mf.
anunciar [anũn'sja(x)] vt anunciar.
anúncio [a'nũnsju] m -1. [notícia] anuncio m, aviso m RP. -2. [cartaz, aviso] aviso m, cartel m RP. -3. [publicitário] anuncio m, aviso m RP; ~ classificado clasificados mpl.
ânus ['ãnuʃ] m inv ano m.
anzol [ãn'zɔw] (pl -óis) m anzuelo m.
ao [aw] = a + o.
aonde [a'õndʒi] adv [afirmativo] adonde; [interrogativo] adónde; ~ quer que ... dondequiera que ..., adonde ou donde sea que ... Amér.
aos [awʃ] = a + os.
AP (abrev de Estado do Amapá) estado de Amapá.
APAE (abrev de Associação de Pais e Amigos dos Excepcionais) f asociación de padres y amigos de niños y adolescentes discapacitados.
apagado, da [apa'gadu, da] adj -1. [ger] apagado(da). -2. [com borracha] borrado(da). -3. [desvanecido - pintura, texto] borroso(sa); [- amor, recordação] muerto(ta). -4. [sem brilho] pobre. -5. [pessoa] desabrido(da).
apagão [apa'gãw] (pl -ões) m [blecaute] apagón m.
apagar [apa'ga(x)] <> vt -1. [vela, luz, incêndio] apagar. -2. [palavra, quadro-negro, amor] borrar. -3. fam [matar] liquidar. <> vi -1. fam [adormecer] dormirse como un tronco. -2. fam [morrer] estirar la pata.
➡ **apagar-se** vp [extinguir-se, abrandar-se] apagarse.

> Não confundir com o espanhol apagar, que significa 'interromper uma fonte de energia': (La maestra borró el pizarrón lentamente. A professora apagou o quadro-negro lentamente.; María apagó el horno. María desligou o forno.)

apaixonado, da [apajʃo'nadu, da] adj -1. [enamorado] enamorado(da); estar ~ (por alguém) estar enamorado (de alguien). -2. [exaltado] apasionado(da). -3. [aficionado]: ser ~ (por algo) ser un gran amante (de algo).
apaixonar-se [apajʃo'naxsi] vp -1. [enamorar-se]: ~ (por alguém) enamorarse (de alguien). -2. [entusiasmar-se]: ~ (por algo) apasionarse (por algo).
apalermado, da [apalex'madu, da] adj atontado(da).
apalpar [apaw'pa(x)] vt [tatear, examinar] palpar.

➡ **apalpar-se** vp [examinar-se] examinarse, palparse RP.
apanhado [apã'ɲadu] m -1. [resumo] resumen m, síntesis f inv. -2. [de pregas, dobras] tableado m, plegado m. -3. [de flores] ramillete m.
apanhar [apã'ɲa(x)] <> vt -1. [pegar] agarrar, coger Esp & Cuba. -2. [alcançar] alcanzar. -3. [colher, levantar do chão] recoger. -4. [agarrar] agarrar. -5. [ir buscar] buscar. -6. [táxi, ônibus, metrô] tomar, coger Esp & Cuba; ~ sol tomar el sol; ~ chuva mojarse. -7. [doença] coger Esp & Cuba, agarrarse Amér. -8. [surpreender] coger Esp & Cuba, agarrar Amér. <> vi -1. [ser espancado] recibir muchos golpes; apanhou do policial el policía lo golpeó; apanhou de cassetete le dieron con la porra. -2. [perder jogo, luta, guerra] perder. -3. [ter dificuldades] sudar la gota gorda.
apara [a'para] f -1. [de madeira] aserrín m. -2. [de papel] recortes mpl.
aparador [apara'do(x)] (pl -es) m [móvel] aparador m, vitrina f Méx.
aparafusar [aparafu'za(x)] vt atornillar.
aparar [apa'ra(x)] vt -1. [cabelo, barba, unhas] recortar. -2. [folhas] podar. -3. [lápis] sacar punta a, afilar Esp. -4. [tábua] alisar. -5. [golpe] parar, atajar Amér. -6. [o que cai ou é arremessado] agarrar, coger Esp & Cuba, cachar Méx, atajar RP.
aparato [apa'ratu] m -1. [pompa] pompa f, aparato m. -2. [conjunto de elementos]: ~ bélico [de armas] arsenal m; ~ crítico aparato crítico.
aparecer [apare'se(x)] <> vt aparecer. <> vi -1. aparecer. -2. [fazer-se notar] lucirse, hacerse notar.
aparecimento [aparesi'mẽntu] m aparición f.
aparelhado, da [apare'ʎadu, da] adj -1. [preparado] preparado(da). -2. [madeira] cepillado(da).
aparelhagem [apare'ʎaʒẽ] (pl -ns) f -1. [equipamento] equipo m, aparejos mpl; ~ de som equipo ou aparato m de sonido. -2. [da madeira] cepillado m. -3. NÁUT aparejo m.
aparelhar [apare'ʎa(x)] vt -1. [preparar] preparar. -2. NÁUT aparejar.
➡ **aparelhar-se** vp [preparar-se] prepararse.
aparelho [apa'reʎu] m -1. [serviço de mesa] vajilla f; ~ de chá juego m de té. -2. [máquina] máquina f, aparato m; ~ de barbear maquinilla f ou máquina de afeitar; ~ de som equipo m ou aparato de sonido; ~ de rádio/TV aparato de radio/televisión. -3. ANAT aparato m; ~

digestivo aparato digestivo. **- 4.** [local clandestino] escondite *m*.

aparência [apa'rẽnsja] *f* [aspecto, ilusão] apariencia *f*; **sob a ~ de** detrás de esa cara de, detrás de esa fachada de; **na ~ en** apariencia.

➡ **aparências** *fpl* [exterioridades] apariencias *fpl*; **as ~s enganam** *prov* las apariencias engañan; **manter as ~s** guardar las apariencias.

aparentar [aparẽn'ta(x)] *vt* **- 1.** [parecer] parecer. **- 2.** [fingir] aparentar.

aparente [apa'rẽntʃi] *adj* **- 1.** [falso] falso(sa). **- 2.** [visível] visible.

aparição [apari'sãw] (*pl* **-ões**) *f* aparición *f*.

apartamento [apaxta'mẽntu] *m* **- 1.** [residência] apartamento *m*, departamento *m Arg & Méx*. **- 2.** [de hotel] habitación *f*, cuarto *m RP*.

apartar [apax'ta(x)] *vt* apartar.

➡ **apartar-se** *vp* [afastar-se] alejarse, apartarse.

aparte [a'paxtʃi] *m* [interrupção] observación *f*; **fazer um ~** hacer un paréntesis.

apartheid [apax'tajdʒi] *m* apartheid *m*.

apartidário, ria [apartʃi'darju] *adj* no partidista, apartidario(ria) *Méx & RP*.

apatetado, da [apate'tadu, da] *adj* [tolo] distraído(da), chambón(ona) *RP*.

apatia [apa'tʃia] *f* apatía *f*.

apático, ca [a'patʃiku, ka] *adj* apático(ca).

apavorado, da [apavo'radu, da] *adj* aterrado(da).

apavorante [apavo'rãntʃi] *adj* aterrador(ra).

apavorar [apavo'ra(x)] ⬦ *vt* aterrar. ⬦ *vi* aterrar.

➡ **apavorar-se** *vp* aterrarse.

apaziguar [apazi'gwa(x)] *vt* apaciguar.

➡ **apaziguar-se** *vp* apaciguarse.

apear [a'pja(x)] *vi* apearse.

apedrejar [apedre'ʒa(x)] *vt* apedrear.

apegado, da [ape'gadu, da] *adj* [afeiçoado]: **~ (a)** apegado(da) (a).

apegar-se [ape'gaxsi] *vp* [afeiçoar-se]: **~ a algo/alguém** apegarse a algo/alguien.

apego [a'pegu] *m* [afeição] apego *m*; **ter ~ a** tener apego a *ou* por *Amér*.

apelação [apela'sãw] (*pl* **-ões**) *f* **- 1.** [apelo & JUR] apelación *f*. **- 2.** *fam* [vulgarização] vulgaridad *f*.

apelar [ape'la(x)] *vi* **- 1.** [recorrer]: **~ a apelar a**; **~ para** recurrir a. **- 2.** [invocar]: **~ a** [compreensão, amizade] apelar a. **- 3.** *JUR*: **~ (de algo)** apelar algo. **- 4.** [vulgarmente] recurrir a la grosería.

apelidar [apeli'da(x)] *vt*: **~ alguém de** apodar a alguien.

apelido [ape'lidu] *m* [cognome] sobrenombre *m*, apodo *m*, apelativo *m Méx*.

> Não confundir *apelido (sobrenome, apodo)* com o espanhol *apellido* que em português é *sobrenome*. (*O apelido de Edson Arantes do Nascimento é Pelé*. El *apodo* de Edson Arantes do Nascimento es Pelé.)

apelo [a'pelu] *m* **- 1.** [ger] llamamiento *m*. **- 2.** [atração] atractivo *m*, gancho *m RP*.

apenas [a'penaʃ] *adv* [só] apenas.

apêndice [a'pẽndʒisil] *m* apéndice *m*.

apendicite [apẽndʒi'sitʃil] *f* apendicitis *f inv*.

aperceber-se [apexse'bexsi] *vp*: **~ de** darse cuenta de.

aperfeiçoamento [apexfejswa'mẽntul] *m* [aprimoramento] perfeccionamiento *m*.

aperfeiçoar [apexfej'swa(x)] *vt* **- 1.** [aprimorar] perfeccionar; **~ algo em algo** perfeccionar algo en algo. **- 2.** [perfazer] completar.

➡ **aperfeiçoar-se** *vp* [aprimorar-se] perfeccionarse; **~-se em algo** perfeccionarse en algo.

aperitivo, va [aperi'tʃivul] *adj* de aperitivo.

➡ **aperitivo** *m* aperitivo *m*.

aperreado, da [ape'xjadu, da] *adj* **- 1.** [aborrecido] molesto(ta), fastidiado(da) *RP*. **- 2.** [em situação difícil] en dificultades.

apertado, da [apex'tadu, da] ⬦ *adj* **- 1.** [roupa, prazo] apretado(da), justo(ta) *RP*. **- 2.** [passagem, poltrona] estrecho(cha), angosto(ta) *RP*. **- 3.** [vida, negócio] duro(ra). **- 4.** [sem dinheiro] sin dinero, apretado(da) (de dinero) *Amér*. **- 5.** *fam* [para ir ao banheiro]: **estar ~** tener muchas ganas de ir al baño, estar haciéndose *RP*. **- 6.** [coração]: **fiquei com o coração ~** se me encogió el corazón. **- 7.** [abraço] fuerte. ⬦ *adv* [com dificuldade] justo.

apertar [apex'ta(x)] ⬦ *vt* **- 1.** [cingir]: **~ algo (contra/entre)** apretar algo (contra/entre); **~ alguém (contra/entre)** apretar a alguien (contra/entre); **~ a mão de alguém** [cumprimentar] dar la mano a alguien. **- 2.** [esponja, passo, ritmo] apretar. **- 3.** [incomodar por ser justo]: **essa calça está apertando minha cintura** estos pantalones me aprietan la cintura. **- 4.** [tornar mais justo] ajustar. **- 5.** [pressionar] apretar, machucar *Perú*. **- 6.** [intensificar] intensificar. **- 7.** [cortar] recortar. **- 8.** [coração] *fig*: **apertou meu coração ver a criança abandonada** se me encogió el corazón de ver al niño abandonado. **- 9.** *fig* [pessoa] apretar las clavijas a. ⬦ *vi* **- 1.** [ger] apretar. **- 2.** [prazo] aproximarse, venirse encima *RP*. **- 3.** [estrada, rio] estrecharse.

aperto [a'pextul] *m* **- 1.** [em cumprimento]: **~**

de mãos apretón *m* de manos. -**2**. [apuro] aprieto *m*; **passar um** ~ encontrarse en un apuro, estar en aprietos *Méx*, pasar un mal rato *RP*.

apesar [ape'za(x)] *prep*: ~ **de** a pesar de; ~ **de que** a pesar de que; ~ **disso** a pesar de eso.

apetecer [apete'se(x)] *vi* apetecer; ~ **a alguém** apetecer a alguien.

apetecível [apete'sivew] (*pl*-**eis**) *adj* apetecible.

apetite [ape'tʃitʃil] *m* -**1**. [para comer] apetito *m*; **bom** ~**!** ¡buen provecho!, ¡que aproveche! -**2**. [ânimo] ganas *fpl*. -**3**. [ambição] sed *f*.

apetitoso, osa [apetʃi'tozu, ɔza] *adj* apetitoso(sa).

apetrechos [ape'treʃuʃ] *mpl* pertrechos *mpl*.

ápice ['apisil *m* ápice *m*.

apiedar-se [apje'daxsil *vp*: ~ **(de algo/alguém)** apiadarse (de algo/alguien).

apimentado, da [apimẽn'tadu, da] *adj* picante.

apimentar [apimẽn'ta(x)] *vt* añadir pimienta a.

apinhado, da [api'ɲadu, da] *adj* abarrotado(da).

apinhar [api'ɲa(x)] *vt* [lotar] abarrotar.

➡ **apinhar-se** *vp* -**1**. [aglomerar-se] apiñarse. -**2**. [lotar]: ~**-se (de gente)** llenarse *ou* abarrotarse *RP* (de gente).

apitar [api'ta(x)] ◇ *vi* -**1**. [com apito] pitar, chiflar *Amér*, silbar *Méx*. -**2**. *fam* [ter autoridade em] mandar. ◇ *vt ESP* pitar, chiflar *Amér*, silbar *Méx*.

apito [a'pitul *m* -**1**. [instrumento] pito *m*, silbato *m*, chifle *m Amér*. -**2**. [silvo] pitido *m*, chiflido *m Amér*, silbido *m Méx*.

aplacar [apla'ka(x)] ◇ *vt* aplacar. ◇ *vi* aplacarse.

➡ **aplacar-se** *vp* aplacarse.

aplainar [aplaj'na(x)] *vt* aplanar.

aplanar [apla'na(x)] *vt*-**1**. [nivelar, alisar] aplanar. -**2**. *fig* [obstáculos] allanar.

aplaudir [aplaw'di(x)] ◇ *vt* aplaudir. ◇ *vi* aplaudir.

aplauso [a'plawzu] *m* aplauso *m*.

aplicação [aplika'sãw] (*pl*-**ões**) *f* aplicación *f*.

aplicado, da [apli'kadu, da] *adj* aplicado(da).

aplicar [apli'ka(x)] ◇ *vt* -**1**. [ger] aplicar. -**2**. *FIN* invertir, depositar *RP*. ◇ *vi FIN* invertir.

➡ **aplicar-se** *vp* -**1**. [esforçar-se]: ~**-se em/para algo** aplicarse en/para algo. -**2**. [adequar-se]: ~**-se a algo** aplicarse a algo.

aplicativo, va [aplika'tʃivu, va] *m COMPUT* aplicación *f*.

APM (*abrev de* Associação de Pais e Mestres) *f* asociación de profesores y padres de alumnos, ≃ APA *f Esp*.

apocalipse [apoka'lipsil *m* apocalipsis *m inv*.

apoderar-se [apode'raxsil *vp*: ~ **de algo** apoderarse de algo.

apodrecer [apodre'se(x)] *vi* -**1**. [comida, dente] pudrirse. -**2**. *fam* [pessoa]: ~ **em** pudrirse en.

apodrecimento [apodresi'mẽntul *m* pudrición *f*.

apogeu [apo'ʒew] *m* apogeo *m*.

apoiar [apo'ja(x)] *vt* -**1**. [defender, aprovar] apoyar. -**2**. [amparar] mantener. -**3**. [firmar]: ~ **algo em** *ou* **sobre** apoyar algo en *ou* sobre. -**4**. [fundamentar]: ~ **algo em** *ou* **sobre** apoyar algo en.

➡ **apoiar-se** *vp* apoyarse.

apoio [a'pojul *m*-**1**. [ger] apoyo *m*. -**2**. [patrocínio] patrocinio *m*, apoyo *m RP*. -**3**. [fundamento] fundamento *m*.

apólice [a'pɔlisil *f* [documento] póliza *f*; ~ **de seguro** póliza de seguro.

apologia [apolo'ʒia] *f* apología *f*.

apontador [apõnta'do(x)] (*pl*-**es**) *m* -**1**. [de lápis] sacapuntas *m inv*. -**2**. [de jogo] persona *f* que apunta, apuntador *m Méx*.

apontamento [apõnta'mẽntul *m* [anotação] apunte *m*.

apontar [apõn'ta(x)] ◇ *vt*-**1**. [ger] apuntar. -**2**. [lápis] sacar punta a. ◇ *vi* apuntar; ~ **para** apuntar a; **apontar!** ¡apunten!

apoquentar [apokẽnta(x)] *vt* molestar, fastidiar.

➡ **apoquentar-se** *vp* molestarse, fastidiarse.

após [a'pɔjʃ] *prep* tras.

aposentado, da [apozẽn'tadu, da] ◇ *adj* -**1**. [funcionário] jubilado(da). -**2**. *fam* [fora de uso] jubilado(da). ◇ *m, f* jubilado *m*, -da *f*.

aposentadoria [apozẽntado'ria] *f* jubilación *f*.

aposentar [apozẽn'ta(x)] *vt* -**1**. [funcionário] jubilar. -**2**. *fam* [máquina *etc*.] jubilar.

➡ **aposentar-se** *vp* jubilarse.

aposento [apo'zẽntul *m* aposento *m*.

apossar-se [apo'saxsil *vp*: ~ **de algo** apoderarse de algo.

aposta [a'pɔʃtal *f* apuesta *f*.

apostar [apoʃ'ta(x)] ◇ *vt* apostar; ~ **que** apostar que. ◇ *vi*: ~ **em** apostar por.

apostila [apoʃ'tʃila] *f* apuntes de clase editados e impresos, apostilla *f Méx*.

apóstolo [a'poʃtulull *m* apóstol *m*.

apóstrofo [a'poʃtroful *m* apóstrofo *m*.

apoteose [apote'ɔzi] f apoteosis f inv.

aprazível [apra'zivɛw] (pl -eis) adj placente-ro(ra).

apreciação [apresja'sãw] (pl -ões) f apreciación f.

apreciar [apre'sja(x)] vt apreciar.

apreciativo, va [apresja'tʃivu, va] adj apreciativo(va).

apreço [a'presu] m [estima, consideração] aprecio m.

apreender [aprjẽn'de(x)] vt -1. [tomar] aprehender. -2. [compreender] comprender.

apreensão [aprjẽn'sãw] (pl -ões) f -1. [tomada] aprehensión f. -2. [percepção] comprensión f. -3. [preocupação] aprensión f.

apreensivo, va [aprjẽn'sivu, va] adj aprensivo(va).

apregoar [apre'gwa(x)] vt pregonar.

aprender [aprẽn'de(x)] ◇ vt aprender. ◇ vi aprender; ~ a fazer algo aprender a hacer algo; ~ de cor aprender de memoria.

aprendiz [aprẽn'dʒiʒ] (pl -es) mf aprendiz mf.

aprendizado [aprendʒi'zadu] m, **aprendizagem** f [aprẽndʒi'zaʒẽ] aprendizaje m.

apresentação [aprezẽnta'sãw] (pl -ões) f presentación f.

apresentador, ra [aprezẽnta'do(x), ra] m, f presentador m, -ra f.

apresentar [aprezẽn'ta(x)] vt presentar.

➥ **apresentar-se** vp presentarse.

apressado, da [apre'sadu, da] adj apresurado(da), apurado(da) Amér; estar ~ estar con prisa, estar apurado(da) Amér.

apressar [apre'sa(x)] vt apresurar, apurar Amér.

➥ **apressar-se** vp apresurarse, apurarse Amér.

aprimorar [aprimo'ra(x)] vt perfeccionar.

➥ **aprimorar-se** vp: ~-se (em algo) perfeccionarse (en algo).

aprisionamento [aprizjona'mẽntu] m captura f.

aprisionar [aprizjo'na(x)] vt apresar.

aprofundamento [aprofũnda'mẽntu] m profundización f.

aprofundar [aprofũn'da(x)] vt profundizar.

➥ **aprofundar-se** vp hundirse.

aprontar [aprõnta(x)] ◇ vt -1. [preparar, terminar] preparar, alistar **Méx**, aprontar **RP**. -2. fam [briga, confusão] armar lío ou jaleo **Esp**, armar ou hacer relajo **Amér**. ◇ vi fam [criar confusão] armar lío ou jaleo **Esp**, armar ou hacer relajo **Amér**.

➥ **aprontar-se** vp -1. [vestir-se, arrumar-se] arreglarse, alistarse **Méx**, aprontarse

RP. -2. [preparar-se] prepararse, alistarse **Méx**, aprontarse **RP**.

apropriação [aproprja'sãw] (pl -ões) f [assenhoramento, tomada] apropiación f.

apropriado, da [apro'prjadu, da] adj apropiado(da).

apropriar [apro'prja(x)] vt [adequar] apropiar.

➥ **apropriar-se** vp: ~-se de algo [assenhorar-se] apropiarse de algo; [tomar posse] tomar posesión de algo, apropiarse de algo **RP**.

aprovação [aprova'sãw] (pl -ões) f aprobación f.

aprovar [apro'va(x)] vt aprobar.

aproveitador, ra [aprovejta'do(x), ra] (mpl -es, fpl -s) m, f [oportunista] aprovechado m, -da f.

aproveitamento [aprovejta'mẽntu] m aprovechamiento m.

aproveitar [aprovej'ta(x)] ◇ vt aprovechar. ◇ vi [tirar proveito] aprovechar.

➥ **aproveitar-se** vp -1. [tirar proveito de]: ~-se de algo aprovecharse de algo. -2. [abusar]: ~-se de alguém aprovecharse de alguien; fam [sexualmente] aprovecharse de alguien.

aprovisionar [aprovizjo'na(x)] vt [abastecer] aprovisionar.

aprox. (abrev de aproximadamente) aprox.

aproximação [aprosima'sãw] (pl -ões) f aproximación f.

aproximado, da [aprosi'madu, da] adj aproximado(da).

aproximar [aprosi'ma(x)] vt -1. [ger] aproximar. -2. [precipitar] precipitar.

➥ **aproximar-se** vp aproximarse.

aptidão [aptʃi'dãw] (pl -ões) f aptitud f; ter ~ para tener aptitud para.

apto, ta [a'ptu, ta] adj apto(ta).

Apto. (abrev de apartamento) Apto. **Esp** & **Méx**, Depto. **Arg** & **Méx**.

apunhalar [apuɲa'la(x)] vt apuñalar.

apuração [apura'sãw] (pl -ões) f -1. [de votos] escrutinio m. -2. [de dados, informações] recogida f, recolección f **Amér**. -3. [de conta] liquidación f.

apurado, da [apu'radu, da] adj -1. [puro] puro(ra), purificado(da) **RP**. -2. [refinado] refinado(da). -3. [aguçado] fino(na).

apurar [apu'ra(x)] vt -1. [tornar puro] purificar. -2. [refinar] refinar. -3. [aprimorar] perfeccionar. -4. [aguçar] aguzar. -5. [averiguar] averiguar, recolectar **Amér**. -6. [votos] contar. -7. [conta] recaudar.

➥ **apurar-se** vp -1. [tornar-se puro] purificarse. -2. [no trajar] esmerarse. -3. [aprimorar-se] perfeccionarse.

apuro [a'purul *m* **-1.** [esmero] esmero *m*, prolijidad *f RP*. **-2.** [dificuldade] apuro *m*, dificultad *f Amér*; **estar em** ~**s** estar en apuros *ou* dificultades *Amér*. **-3.** [financeiro] apuros *mpl*. **-4.** [pressa] apuro *m*.

aquarela [akwa'rɛlal *f* acuarela *f*.

aquário [a'kwarjul *m* -1. [recipiente] pecera *f*. **-2.** [para visitação] acuario *m*.

➡ **Aquário** *m ASTROL* acuario *m*.

aquático, ca [a'kwatʃiku, kal *adj* acuático(ca).

aquecedor [akese'do(x)] (*pl* **-es**) *m* **-1.** [para água] calentador *m*. **-2.** [para ambiente] radiador *m*.

aquecer [ake'se(x)] ⟨⟩ *vt* calentar. ⟨⟩ *vi* **-1.** [esquentar-se] calentarse. **-2.** [fornecer calor] calentar.

➡ **aquecer-se** *vp* calentarse.

aquecimento [akesi'mẽntul *m* **-1.** [ger] calentamiento *m*. **-2.** [calefação] calefacción *f*; ~ **central** calefacción central; ~ **global** calentamiento global.

àquela [a'kɛlal = a + aquela.

àquelas [a'kɛlaʃl = a + aquelas.

aquele, aquela [a'keli, a'kɛlal ⟨⟩ *adj* aquel(lla), ese(sa); **chegou naquele estado** llegó en un estado lamentable; ~ **abraço** un súper abrazo, un abrazote *RP*; **daquele jeito** muy mal. ⟨⟩ *pron* aquél(lla), ése(sa); ~ **ali** aquél de allá; ~ **que** el que; **chama aquele homem/aquela mulher** llama *ou* llamá *RP* a aquel hombre/aquella mujer, llama *ou* llamá *RP* a ese hombre/esa mujer.

àquele [a'kelil = a + aquele.

àqueles [a'kɛliʃl = a + aqueles.

aquém [a'kẽjl *adv* **-1.** [deste lado] de este lado; ~ **de** de ese lado de. **-2.** [abaixo]: ~ **de** por debajo de abajo de. *Amér*.

aqui [a'kil *adv* **-1.** [neste lugar] aquí, acá *Amér*; ~ **mesmo** aquí *ou* acá *Amér* mismo; **eis** ~ aquí *ou* acá *Amér* está; **por** ~ por aquí *ou* acá *Amér*; **estar por** ~ **(com algo/alguém)** estar hasta aquí *ou* acá *Amér* (de algo/alguien). **-2.** [a este lugar] aquí, acá *Amér*. **-3.** [neste momento] ahí; **até** ~ **por** ahora. **-4.** [nisto] aquí, ahí *Amér*.

aquietar [akje'ta(x)] *vt* tranquilizar.

➡ **aquietar-se** *vp* tranquilizarse.

aquilo [a'kilul *pron* [aquelas coisas] aquello, eso; ~ **está errado** eso está mal; ~ **é uma baía** aquello es una bahía; **não entendi por que ele fez** ~ no entendí por qué hizo eso; **não consigo parar de pensar naquilo** no puedo dejar de pensar en el tema; ~ **que ele disse era mentira** eso que dijo era mentira; ~ **que nos preocupa mais são as crianças** lo que más nos

preocupa son los niños; ~ **de** esa historia de.

àquilo [a'kilul = a + aquilo.

aquisição [akizi'sãwl (*pl* **-ões**) *f* adquisición *f*.

aquisitivo, va [akizi'tʃivu, val *adj* [poder] adquisitivo(va).

ar [a(x)l (*pl* **ares**) *m* aire *m*; **ao** ~ **livre** al aire libre; **apanhar as coisas no** ~ agarrar las cosas en el aire, pescar todo en el aire *RP*; **estar no** ~ estar en el aire; **no** ~ *RÁDIO* & *TV* en el aire; **ir ao** ~ *RÁDIO* & *TV* salir al aire; **ir pelos ares** saltar por los aires, saltar por el aire *RP*; ~ **condicionado** [sistema] aire acondicionado.

árabe ['arabil ⟨⟩ *adj* árabe. ⟨⟩ *mf* árabe *mf*. ⟨⟩ *m* [língua] árabe *m*.

arabesco [ara'beʃkul *m* arabesco *m*.

Arábia Saudita [a,rabjasaw'dʒital *n* Arabia Saudí.

arábico, ca [a'rabiku, kal *adj* arábigo(ga).

Aracajú [araka'ʒul *n* Aracajú.

arado [a'radul *m* arado *m*.

aragem [a'raʒẽl (*pl* **-ns**) *f* brisa *f*.

arame [a'rãmil *m* **-1.** [cabo] alambre *m*; ~ **farpado** alambre de púas. **-2.** *fam* [dinheiro] pasta *f Esp*, lana *f Méx*, guita *f RP*.

aranha [a'rãɲal *f* araña *f*.

aranha-caranguejeira [a,rãɲakarãɲge'ʒejral (*pl* **aranhas-caranguejeiras**) *f araña carnívora e inofensiva para el hombre*.

arar [a'ra(x)l *vt* arar.

arara [a'raral *f* guacamayo *m*.

arbitragem [axbi'traʒẽl (*pl* **-ns**) *f* arbitraje *m*.

arbitrar [axbi'tra(x)l *vt* [litígio, jogo] arbitrar.

arbitrariedade [axbitrarje'dadʒil *f* arbitrariedad *f*.

arbitrário, ria [axbi'trarju, rjal *adj* arbitrario(ria).

arbítrio [ax'bitrjul *m* **-1.** [resolução] arbitrio *m*. **-2.** [faculdade] albedrío *m*.

árbitro ['axbitrul *m* árbitro *m*.

arborizado, da [axbori'zadu, dal *adj* arbolado(da).

arbusto [ax'buʃtul *m* arbusto *m*.

arca ['axkal *f* **-1.** [caixa] arca *f*. **-2.** [barca]: **Arca de Noé** Arca *f* de Noé.

arcada [ax'kadal *f* [de arcos] arcada *f*; ~ **dentária** arco *m* dental.

arcaico, ca [ax'kajku, kal *adj* **-1.** [antigo] arcaico(ca). **-2.** [antiquado] anticuado(da).

arcaizante [axkaj'zãntʃil *adj* arcaizante.

arcar [ax'ka(x)l *vi*: ~ **com algo** cargar con algo.

arcebispo [axse'biʃpul *m* arzobispo *m*.

arco ['axkul *m* arco *m*.

arco-íris [ax'kwiriʃl (*pl* **arcos-íris**) *m inv* arco *m* iris.

ar-condicionado [,a(x)kõndʒisjo'nadul (*pl*

ares-condicionados) *m* [aparelho] aire *m* acondicionado.

ardência [ax'dẽnsja] *f* -**1.** [sensação] ardor *m*. -**2.** [de chama, lenha] quemazón *f*.

ardente [ax'dẽntʃil *adj* ardiente.

arder [ax'de(x)] *vi* arder.

ardido, da [ax'dʒidu, da] *adj* -**1.** [olhos] irritado(da). -**2.** [pimenta] picante.

ardil [ax'dʒiw] (*pl* -is) *m* ardid *m*.

ardiloso, osa [axdʒi'lozu, ɔza] *adj* [pessoa] astuto(ta).

ardor [ax'do(x)] (*pl* -es) *m* [paixão] ardor *m*.

ardoroso, rosa [axdo'rozu, rɔza] *adj* ardiente.

ardósia [ax'dɔzja] *f* pizarra *f*.

árduo, dua ['axdwu, dwa] *adj* arduo(a).

área ['arja] *f* área *f*; ~ **de serviço** *espacio contiguo a la cocina en el que está el lavadero y la habitación de servicio*, área *f* de servicio *Méx*.

areia [a'reja] *f* arena *f*; ~ **movediça** arena movediza.

arejado, da [are'ʒadu, da] *adj* -**1.** [ventilado] aireado(da), ventilado(da). -**2.** [fig] [pessoa, cabeça] aireado(da), despejado(da).

arena [a'rena] *f* -**1.** [de circo] pista *f*. -**2.** [de teatro] arena *f* *Esp*, explanada *f* *Amér*. -**3.** [para lutas] arena *f*.

arenito [are'nitu] *m* arenisca *f*.

arenoso, osa [are'nozu, ɔza] *adj* arenoso(sa).

arenque [a'rẽŋki] *m* arenque *m*.

ares ['ariʃ] ▷ **ar**.

argamassa [axga'masa] *f* argamasa *f*.

Argel [ax'ʒɛw] *n* Argel.

Argélia [ax'ʒɛlja] *n* Argelia.

argelino, na [axʒe'linu, na] ◇ *adj* argelino(na). ◇ *m,* *f* argelino *m,* -na *f*.

Argentina [axʒẽn'tʃina] *n*: **(a)** ~ **(la)** Argentina.

argentino, na [axʒẽn'tʃinu, na] ◇ *adj* argentino(na). ◇ *m,* *f* argentino *m,* -na *f*.

argila [ax'ʒila] *f* arcilla *f*.

argola [ax'gɔla] *f* -**1.** [aro] argolla *f*. -**2.** [de porta] aldaba *f*.

◆ **argolas** *fpl* [brincos] aros *mpl*, caravanas *fpl* *Méx*.

argumentação [axgumẽnta'sãw] (*pl* -ões) *f* argumento *m*.

argumentar [axgumẽn'ta(x)] ◇ *vt* [alegar] argumentar. ◇ *vi* [expor argumentos] argumentar.

argumento [axgu'mẽntu] *m* argumento *m*.

arguto, ta [ax'gutu, ta] *adj* perspicaz.

ária ['arja] *f* MÚS aria *f*.

aridez [ari'deʒ] *f* aridez *f*.

árido, da ['aridu, da] *adj* árido(da).

aristocrata [ariʃto'krata] *mf* aristócrata *mf*.

aristocrático, ca [ariʃto'kratʃiku, ka] *adj* aristocrático(ca).

aritmético, ca [aritʃ'mɛtʃiku, ka] *adj* aritmético(ca).

◆ **aritmética** *f* aritmética *f*.

arma ['axma] *f* arma *f*; ~ **de fogo** arma de fuego; ~ **nuclear** arma nuclear; ~ **química** arma química.

◆ **armas** *fpl* armas *fpl*.

armação [axma'sãw] (*pl* -ões) *f* -**1.** [de barraca, estrutura, peças] armazón *m*. -**2.** [estrutura] armazón *m* estructura *f* *Amér*. -**3.** [de óculos] montura *f*, armazón *m* *Méx* & *RP*. -**4.** [de tempestade] preparación *f*. -**5.** *fam* [golpe] trampa *f*, fraude *m* *Amér*.

armada [ax'mada] ◆ **Armada** *f* Armada *f*.

armadilha [axma'diʎa] *f* trampa *f*.

armadura [axma'dura] *f* armadura *f*.

armamento [axma'mẽntu] *m* -**1.** [ger] armamento *m*. -**2.** [ato] montaje *m*, armado *m* *Amér*.

armar [ax'ma(x)] *vt* -**1.** [ger] armar. -**2.** [planejar - golpe] preparar; [- programa, aventura] montar, planear.

◆ **armar-se** *vp* [com armas] armarse.

armarinho [axma'riɲu] *m* mercería *f*.

armário [ax'marju] *m* -**1.** [de roupa] armario *m*, ropero *m*; ~ **embutido** armario empotrado. -**2.** [para vajilla] armario *m*, placard *m* *Amér*. -**3.** [para comida] armario *m*, alacena *f* *Amér*. -**4.** [para remédios] botiquín *m*.

armazém [axma'zẽ] (*pl* -ns) *m* -**1.** [depósito] almacén *m* *Esp*, almacenadora *f* *Méx*, depósito *m* *RP*. -**2.** [loja] almacén *m*, abarrotería *f* *Méx*, miscelánea *f* *Méx*.

armazenar [axmaze'na(x)] *vt* almacenar.

arminho [ax'miɲu] *m* armiño *m*.

aro ['aru] *m* -**1.** [argola] aro *m*, argolla *f* *Méx*. -**2.** [de óculos] montura *f*, armazón *m* *Méx* & *RP*. -**3.** [de roda] aro *m*. -**4.** [de porta] aldaba *f*.

aroma [a'roma] *m* aroma *m*.

aromático, ca [aro'matʃiku, ka] *adj* aromático(ca).

arpão [ax'pãw] (*pl* -ões) *m* arpón *m*.

arpões [ax'põjʃ] *pl* ▷ **arpão**.

arqueado, da [ax'kjadu, da] *adj* arqueado(da).

arquear [ax'kja(x)] *vt* arquear.

◆ **arquear-se** *vp* arquearse.

arqueiro, ra [ax'kejru, ra] *m,* *f* -**1.** [atirador] arquero *m,* -ra *f*. -**2.** [goleiro] portero *m,* -ra *f*, arquero *m,* -ra *f* *Amér*, golero *m,* -ra *f* *RP*.

arqueologia [axkjolo'ʒia] *f* arqueología *f*.

arqueólogo, ga [ax'kjɔlogu, ga] *m,* *f* arqueólogo(ga).

arquibancada [axkibãŋ'kada] *f* grada *f*,

graderío m, gradería f *Amér*; **ir de** ~ ir a la grada *ou* el graderío.

arquipélago [axki'pɛlagu] m archipiélago m.

arquiteto, ta [axki'tɛtu, ta] m, f arquitecto m, -ta f.

arquitetônico, ca [axkite'toniku, ka] adj arquitectónico(ca).

arquitetura [axkite'tura] f arquitectura f.

arquivar [axki'va(x)] vt archivar.

arquivista [axki'viʃta] mf archivero m, -ra f, archivólogo m, -ga f *RP*.

arquivo [ax'kivul m -1. [ger] archivo m; **abrir/fechar um** ~ abrir/cerrar un archivo. - 2. [móvel] archivador m.

arraia [a'xajal f[peixe] raya f.

arraial [axa'jaw] (pl -ais) m [povoado] campamento m.

arraigado, da [axaj'gadu, dal adj -1. [costume, idéia, mentalidade] arraigado(da). - 2. [defensor, admirador] incondicional.

arraigar [axaj'ga(x)] vi [criar raízes] arraigar.

➡ **arraigar-se** vp arraigarse.

arrancada [axãŋ'kadal f -1. [puxão] tirón m. - 2. [partida] arrancada f, arrancón m *Amér*. - 3. [em competição, disputa] tirón m, arranque m *Méx*; **dar uma** ~ dar un tirón.

arrancar [axãŋ'ka(x)] <> vt -1. [tirar]: ~ algo (de alguém/algo) arrancar algo (a alguien/de algo). - 2. [conseguir]: ~ algo de alguém arrancar algo a alguien. - 3. [fazer sair]: ~ alguém de algum lugar arrancar a alguien de algún lugar. <> vi arrancar.

➡ **arrancar-se** vt fam [fugir]: ~-se (de) abrirse (de) *Esp*, zafarse (de) *Amér*.

arranha-céu [a,xãɲa'sɛw] (pl arranha-céus) m rascacielos m inv.

arranhão [axã'ɲãw] (pl -ões) m -1. [arranhadura] arañazo m. - 2. [moral] arañazo m, arañón m *Amér*.

arranhar [axa'ɲa(x)] <> vt -1. [ger] arañar. - 2. [raspar] raspar. - 3. [tocar mal] rascar. - 4. [idioma] chapurrear. <> vi [provocar arranhão] arañar.

➡ **arranhar-se** vp arañarse *Esp*, rasparse *Amér*.

arranjar [axãn'ʒa(x)] vt -1. [arrumar] ordenar. - 2. [resolver] resolver. - 3. [conseguir, encontrar] conseguir. - 4. [contrair] coger *Esp*, agarrarse *Amér*, contagiarse *Méx*. - 5. *Mús* arreglar.

➡ **arranjar-se** vp [virar-se] arreglárselas.

arranjo [a'xãnʒul m -1. [arrumação] disposición f, distribución f. - 2. [acordo] acuerdo m, arreglo m. - 3. [de música, flores] arreglo m. - 4. fam [caso] lío m, aventura f, historia f *RP*.

arrasado, da [axa'zadu, dal adj -1. [devasta-

do] devastado(da). - 2. [arruinado] arruinado(da). - 3. [deprimido] hundido(da), devastado(da). - 4. [muito cansado] destruido(da), molido(da).

arrasador, ra [axaza'do(x), ral adj -1. [ger] devastador(ra). - 2. [vitória] arrasador(ra).

arrasar [axa'za(x)] vt -1. [devastar] arrasar. - 2. [arruinar] destrozar. - 3. [com críticas] vapulear, destruir *Amér*.

➡ **arrasar-se** vp -1. [ger] quedar destruido(da). - 2. [em exame, competição] arrasar.

arrastão [axaʃ'tãw] (pl -ões) m -1. [ger] arrastre m. - 2. [puxão] tirón m. - 3. [assalto] *robo en masa practicado por grupos de ladrones en lugares con grandes concentraciones de personas*.

arrastar [axaʃ'ta(x)] <> vt arrastrar. <> vi [roçar] arrastrarse.

➡ **arrastar-se** vp [ger] arrastrarse.

arrear [a'xja(x)] vt [montaria] ensillar.

arrebatado, da [axeba'tadu, dal adj arrebatado(da).

arrebatar [axeba'ta(x)] vt -1. [arrancar]: ~ algo de arrebatar algo a. - 2. [carregar] llevar. - 3. [aplausos] arrancar. - 4. fig [coração] arrebatar.

➡ **arrebatar-se** vp -1. [exaltar-se] exaltarse. - 2. [maravilhar-se] maravillarse.

arrebentação [axebẽnta'sãw] f [local] rompeolas m inv.

arrebentado, da [axebẽn'tadu, dal adj -1. [em mau estado, ferido] destrozado(da). - 2. [muito cansado] reventado(da), molido(da).

arrebentar [axebẽn'ta(x)] <> vt -1. [ger] reventar. - 2. [ferir] destrozarse. <> vi -1. [quebrar-se, romper-se] reventarse. - 2. [bomba] estallar, reventar *RP*. - 3. [guerra, revolução] estallar.

➡ **arrebentar-se** vp [ferir-se] reventarse.

arrebitado, da [axebi'tadu, dal adj -1. [para cima] levantado(da), alzado(da). - 2. [nariz] respingón(ona) *Esp*, respingado(da) *Amér*.

arrecadação [axekada'sãw] (pl -ões) f recaudación f.

arrecadar [axeka'da(x)] vt recaudar.

arrecife [axe'sifil m arrecife m.

arredar [axe'da(x)] vt[retirar] apartar; ~ (o) **pé** [de lugar] retirarse; [de intenção, princípios] abandonar.

arredio, dia [axe'dʒiu, dʒial adj[pessoa] antipático(ca), chúcaro(ra) *Andes*, *CAm* & *RP*.

arredondado, da [axedõn'dadu, dal adj redondeado(da).

arredondar [axedõn'da(x)] vt redondear.

arredores [axe'dɔriʃl mpl alrededores mpl.

arrefecer [axefe'se(x)] <> vt -1. [ger] enfriar. - 2. [febre] hacer bajar. <> vi -1. [ger]

enfriarse. **-2.** [febre] bajar.
ar-refrigerado [ˌa(x)xefriʒe'radu] (*pl* ares-re-
frigerados) *m* aire *m* acondicionado.
arregaçar [axega'sa(x)] *vt* arremangar, remangar.
arregalado, da [axega'ladu, da] *adj* abier-
to(ta) de par en par.
arregalar [axega'la(x)] *vt* abrir de par en
par, abrir como platos *RP*.
arreganhado, da [axega'ɲadu, da] *adj* abier-
to(ta) de par en par.
arregimentar [axeʒimẽn'ta(x)] *vt* reclutar.
arreio [a'xeju] *m* [arreamento] arreos *mpl*.
arrematar [axema'ta(x)] *vt*-**1.** [ger] rematar.
-2. [em leilão - comprar, vender] subastar *Esp* &
Méx, rematar *Andes* & *RP*.
arremessar [axeme'sa(x)] *vt* lanzar,
aventar *Andes*, *CAm* & *Méx*.
arremesso [axe'mesu] *m* [lançamento] lanzamiento *m*; ~ **de peso** *ESP* lanzamiento de
peso *ou* bala *Amér*.
arremeter [axeme'te(x)] *vi* arremeter; ~
contra arremeter contra.
arrendamento [axẽnda'mẽntu] *m* arrendamiento *m*.
arrendar [axẽn'da(x)] *vt* arrendar, alquilar, rentar *Méx*.
arrepender-se [axepẽn'dexsi] *vp* arrepentirse; ~ **de algo/de fazer algo** arrepentirse de algo/de hacer algo.
arrependido, da [axepẽn'dʒidu, da] *adj*
arrepentido(da).
arrependimento [axepẽndʒi'mẽntu] *m*
arrepentimiento *m*.
arrepiado, da [axe'pjadu, da] *adj*-**1.** [eriçado]
erizado(da), chino(na) *Méx*. **-2.** [assustado]
aterrorizado(da).
arrepiar [axe'pja(x)] *vt* **-1.** [eriçar] erizar,
enchinar *Méx*. **-2.** [assustar] aterrorizar;
(ser) de ~ **os cabelos** (ser) de poner los
pelos de punta, (ser) de enchinar la piel
Méx.
➡ **arrepiar-se** *vp* [ficar eriçado] erizarse.
arrepio [axe'piw] *m* escalofrío *m*; **dar** ~ **s**
fig poner la piel de gallina, enchinar la
piel *Méx*.
arresto [a'xɛʃtu] *m JUR* embargo *m*.
arriar [a'xja(x)] <> *vt*-**1.** [abaixar] bajar. **-2.**
[cansar muito] extenuar. **-3.** [pôr de cama]
postrar *ou* dejar *Méx* en cama a. <> *vi*
-1. [pneu] desinflarse. **-2.** *AUTO* [bateria] descargarse. **-3.** [vergar] arquearse. **-4.** [desa-
nimar] desanimarse.
arriscado, da [axiʃ'kadu, da] *adj* arriesga-
do(da), riesgoso(sa) *Amér*.
arriscar [axiʃ'ka(x)] <> *vt* arriesgar. <> *vi*
[tentar] arriesgarse.
➡ **arriscar-se** *vp* [pôr-se em perigo]

arriesgarse; ~**-se a fazer algo** arriesgarse a hacer algo.
arrivista [axi'viʃta] <> *adj* arribista. <> *mf*
arribista *mf*.
arrocho [a'xoʃu] *m* **-1.** [diminuição] reducción
f; ~ **salarial** contención *f* salarial. **-2.** [di-
ficuldade financeira] apuro *m*. **-3.** *fam fig*
[pressão] presión *f*.
arrogância [axo'gãnsja] *f* arrogancia *f*.
arrogante [axo'gãntʃi] *adj* arrogante.
arroio [a'xoju] *m* arroyo *m*.
arrojado, da [axo'ʒadu, da] *adj* -**1.** [ger]
audaz. **-2.** [avançado] innovador(ra).
arrolamento [axola'mẽntu] *m* -**1.** [levanta-
mento] relación *f*, levantamiento *m Méx*,
relevamiento *m RP*. **-2.** [lista] listado *m*,
relación *f Amér*.
arrolar [axo'la(x)] *vt* [listar] listar, relacionar
Amér.
arrombamento [axõnba'mẽntu] *m* [abertura
forçada]: **ordenou o** ~ **da porta** ordenó
que forzaran la puerta.
arrombar [axõn'ba(x)] *vt* forzar.
arrotar [axo'ta(x)] <> *vi* [dar arroto] eructar
m. <> *vt* **-1.** [cheiro] eructar. **-2.** *fam* [alar-
dear] vanagloriarse de.
arroto [a'xotu] *m* eructo *m*.
arroubo [a'xobu] *m* [enlevo] éxtasis *m inv*.
arroz [a'xoʒ] *m* arroz *m*.
arroz-doce [axoʒ'dosi] *m CULIN* arroz *m* con
leche.
arruaça [a'xwasa] *f* camorra *f*, lío *m*
Amér.
arruaceiro, ra [axwa'sejru, ra] <> *adj* camorrista buscapleitos *Méx*, camorrero(ra)
RP. <> *m*, *f* camorrista *mf*, buscapleitos
mf inv Méx, camorrero *m*, -ra *f RP*.
arruela [a'xwɛla] *f* arandela *f*.
arruinado, da [axwi'nadu, da] *adj* arruina-
do(da).
arruinar [axwi'na(x)] *vt* arruinar.
➡ **arruinar-se** *vp* [ruir] arruinarse.
arrulhar [axu'ʎa(x)] *vi* -**1.** [pombo] arrullar.
-2. [namorados] arrullarse, apapacharse
Méx.
arrumação [axuma'sãw] *f* -**1.** [arranjo] colocación *f*, disposición *f Esp* & *RP*, distribución *f Méx*. **-2.** [de quarto, armário] arreglo
m, orden *m*. **-3.** [de malas, bagagem] preparación *f*.
arrumadeira [axuma'dejra] *f* [criada] criada *f*.
arrumar [axu'ma(x)] *vt* -**1.** [ger] arreglar,
ordenar. **-2.** [malas, bagagem] preparar. **-3.**
[vestir, aprontar] arreglar, alistar *Amér*. **-4.**
[conseguir] conseguir. **-5.** [inventar] inventar. **-6.** [armar] armar.
➡ **arrumar-se** *vp* -**1.** [vestir-se, aprontar-se]
arreglarse, alistarse *Amér*. **-2.** [na vida]

arreglárselas. -**3.** [virar-se] espabilarse, arreglárselas.

arsenal [axse'nawl] (*pl* -**ais**) *m* arsenal *m*.

arsênio [ax'senju] *m* arsénico *m*.

arte ['axtʃil] *f* -**1.** [ger] arte *m*; ~ dramática arte dramático. -**2.** [técnica]: ~ culinária arte culinario; ~ marcial arte marcial. -**3.** [primor]: **com** ~ con maña. -**4.** [astúcia] astucia *f*. -**5.** *fam* [travessura] travesura *f*; **fazer** ~ hacer travesuras.

→ **artes** *fpl* -**1.** [visuais] artes *fpl*; ~ **s plásticas** artes plásticas. -**2.** [curso]: **(belas)** ~ **s** bellas artes.

artefato [axte'fatu] *m* -**1.** [instrumento] artefacto *m*. -**2.** [produto] artículo *m*.

artéria [ax'tɛrja] *f* arteria *f*.

arterial [axte'rjaw] (*pl* -**ais**) *adj* arterial.

artesã [axte'zã] *f* ⊳ artesão.

artesanal [axteza'naw] (*pl* -**ais**) *adj* artesanal.

artesanato [axteza'natu] *m* artesanía *f*.

artesão, sã [axte'zãw, zã] (*mpl* -**ãos**, *fpl* -**s**) *m*, *f* artesano *m*, -na *f*.

ártico, ca ['axtʃiku, ka] *adj* ártico(ca).

→ **Ártico** *n*: **o Ártico** el Ártico; **o oceano Glacial Ártico** el océano Glacial Ártico.

articulação [axtʃikula'sãw] (*pl* -**ões**) *f* -**1.** [ger] articulación *f*. -**2.** *POL* complot *m*, trama *f*.

articulista [axtʃiku'liʃta] *mf* *JORN* articulista *mf*.

artífice [ax'tʃifisil] *mf* artífice *mf*.

artificial [axtʃifi'sjaw] (*pl* -**ais**) *adj* -**1.** [ger] artificial. -**2.** [pessoa] artificial, falso(sa).

artifício [axtʃi'fisju] *m* artificio *m*.

artigo [ax'tʃigu] *m* artículo *m*; ~ **de luxo** artículo de lujo; ~ **s esportivos** artículos deportivos.

artilharia [axtʃiʎa'ria] *f* artillería *f*.

artista [ax'tʃiʃta] *mf* artista *mf*; ~ **plástico** artista plástico.

artístico, ca [ax'tʃiʃtʃiku, ka] *adj* artístico(ca).

artrite [ax'tritʃil] *f* artritis *f*.

árvore ['axvoril] *f* árbol *m*; ~ **de Natal** árbol de Navidad.

arvoredo [axvo'redul] *m* arboleda *f*.

as [aʃl] ⊳ **a²**.

ás ['ajl] (*pl* **ases**) ⟨⟩ *mf* [pessoa exímia]: ~ **de** **algo** as de algo. ⟨⟩ *m* [carta] as *m*.

às [ajʃl] = **a + as**.

asa ['azal] *f* -**1.** [de pássaro, avião, inseto] ala *f*. -**2.** [de xícara] asa *f*.

asa-delta [ˌaza'dɛwta] (*pl* **asas-delta**) *f* ala *f* delta.

ascendência [asẽn'dẽnsja] *f* ascendencia *f*; **ter** ~ **sobre** tener ascendencia sobre.

ascendente [asẽn'dẽntʃil] ⟨⟩ *adj* ascendente. ⟨⟩ *m*, *f* [antepassado] ascendiente *mf*.

ascender [asẽn'de(x)l] *vi* ascender.

ascensão [asẽn'sãwl] (*pl* -**ões**) *f* ascensión *f*.

ascensorista [asẽnso'riʃtal] *mf* ascensorista *mf*, elevadorista *mf* *Méx*.

ASCII (*abrev de* American Standard Code for Information Interchange) *m* ASCII *m*.

asco ['aʃkul] *m* asco *m*; **dar** ~ dar asco.

asfaltado, da [aʃfaw'tadu, dal] *adj* asfaltado(da).

asfalto [aʃ'fawtul] *m* asfalto *m*.

asfixia [aʃfik'sial] *f* asfixia *f*.

asfixiar [aʃfik'sja(x)l] *vt* asfixiar.

→ **asfixiar-se** *vp* asfixiarse.

Ásia ['azjal] *n* Asia.

asilo [a'zilul] *m* asilo *m*; ~ **político** asilo político.

asma ['aʒmal] *f* asma *m*.

asneira [aʒ'nejral] *f* [ação] burrada *f*.

asno ['aʒnul] *m* -**1.** [animal] asno *m*, burro *m*, -rra *f* *Amér*. -**2.** *fam* [idiota] burro *m*, -rra *f*.

aspargo [aʃ'paxgul] *m* espárrago *m*.

aspas ['aʃpaʃl] *fpl* comillas *f*.

> Não confundir *aspas (comillas)* com o espanhol *aspas* que em português é *pás*. (*As citações dos autores devem ser escritas entre aspas*. Las citas de los autores deben escribirse entre *comillas*.)

aspecto [aʃ'pɛktul] *m* aspecto *m*.

aspereza [aʃpe'rezal] *f* aspereza *f*.

aspergir [aʃpex'ʒi(x)l] *vt* rociar.

áspero, ra ['aʃperu, ral] *adj* áspero(ra).

asperso, sa [aʃ'pexsu, sal] *pp* ⊳ aspergir.

aspiração [aʃpira'sãwl] (*pl* -**ões**) *f* aspiración *f*; ~ **a algo** aspiración a algo.

aspirador [aʃpira'do(x)l] (*pl* -**es**) *m*: ~ **(de pó)** aspiradora *f*, aspirador *m*; **passar o** ~ **(em)** pasar la aspiradora (por).

aspirante [aʃpi'rãntʃil] *mf* aspirante *mf*; ~ **(a algo)** aspirante (a algo).

aspirar [aʃpi'ra(x)l] ⟨⟩ *vt* aspirar. ⟨⟩ *vi* -**1.** [desejar]: ~ **a algo** aspirar a algo. -**2.** [respirar] respirar. -**3.** [soprar brisa] soplar.

aspirina® [aʃpi'rinal] *f* aspirina® *f*.

asqueroso, osa [aʃke'rozu, ɔzal] *adj* asqueroso(sa).

assado, da [a'sadu, dal] *adj* asado(da).

→ **assado** *m* asado *m*.

assadura [asa'dural] *f* irritación *f*, paspadura *f* *Andes* & *RP*, rozadura *f* *Méx*.

assaltante [asaw'tãntʃil] *mf* asaltante *mf*.

assaltar [asaw'ta(x)l] *vt* asaltar.

assalto [a'sawtul] *m* asalto *m*.

assar [a'sa(x)l] ⟨⟩ *vt* asar. ⟨⟩ *vi* asarse.

assassinar [asasi'na(x)l] *vt* asesinar.

assassinato [asasi'natul] *m*, **assassínio** [asa'sinjul] *m* asesinato *m*.

assassino, na [asa'sinu, nal] ⟨⟩ *adj* asesino(na). ⟨⟩ *m*, *f* asesino *m*, -na *f*.

assaz [a'saʒ] *adv* bastante.
asseado, da [a'sjadu, da] *adj* aseado(da).
assediar [ase'dʒja(x)] *vt* -**1.** [ger] asediar. -**2.** [sexualmente] acosar.
assédio [a'sɛdʒju] *m* [ger] asedio *m*; ~ **sexual** acoso *m* sexual.
assegurar [asegu'ra(x)] *vt* asegurar; ~ **algo a alguém** asegurar algo a alguien.
➡ **assegurar-se** *vp*: ~-**se de** asegurarse de.
asseio [a'seju] *m* aseo *m*.
assembléia [asẽn'blɛja] *f* asamblea *f*; ~ **geral** asamblea general.
assemelhar [aseme'ʎa(x)] *vt* [tornar semelhante] asemejar.
➡ **assemelhar-se** *vp* [ser parecido]: ~-**se (a)** asemejarse (a).
assentado, da [asẽn'tadu, da] *adj* -**1.** [firme] firme. -**2.** [combinado] convenido(da), pactado(da). -**3.** [ajuizado] sensato(ta). -**4.** [em terras] asentado(da).
assentar [asẽn'ta(x)] <> *vt* -**1.** [ger] asentar. -**2.** [tijolos] colocar. -**3.** *fig* [basear] basar. -**4.** [anotar, registrar] asentar, anotar *Méx*. -**5.** [determinar] fijar. -**6.** [decidir] decidir. <> *vi* [ger] asentarse.
➡ **assentar-se** *vp* -**1.** [ger] asentarse. -**2.** *fig* [ajuizar-se] sentar la cabeza *Esp*, sentar cabeza *Amér*.
assente [a'sẽntʃi] <> *pp* ⊳ **assentar**. <> *adj* [combinado, fixo] acordado(da) pactado(da).
assentir [asẽn'tʃi(x)] *vi* -**1.** [concordar]: ~ **(em)** asentir (en). -**2.** [aceder]: ~ **(a)** acceder a.
assento [a'sẽntu] *m* -**1.** [para sentar] asiento *m*. -**2.** *fig* [base] base *f*.
assessor, ra [ase'so(x), ra] *m, f* -**1.** [ger] asesor *m*, -ra *f*. -**2.** [assistente] asistente *mf*.
assessoria [aseso'ria] *f* -**1.** [ger] asesoría *f*. -**2.** [assistência] asistencia *f*.
assiduidade [asidwi'dadʒi] *f* -**1.** [a aulas, trabalho] asiduidad *f*. -**2.** [diligência] seriedad *f*.
assíduo, dua [a'sidwu, dwa] *adj* -**1.** [a aulas, trabalho] asiduo(a). -**2.** [diligente] responsable.
assim [a'sĩ] <> *adv* -**1.** [ger] así; ~ **,** ~ así, así más o menos *Méx*; **como** ~**?** ¿cómo?, ¿cómo así? *Méx*. -**2.** [igualmente] así, así mismo; **e** ~ **por diante** y así en adelante; ~ **como** así como. <> *conj* [então] así; ~ **mesmo, mesmo** ~ asimismo.
➡ **assim que** *loc conj* en cuanto, tan pronto *Méx*.

Não se deve usar com o significado de 'imediatamente depois que outro fato terminou' ou com o sentido similar ao português 'logo que, assim que'. Para ele, o espanhol dispõe da expressão *en cuan-*

to: (En cuanto llegó todos se fueron. Logo que chegou, todos saíram; *Dejaron de trabajar en cuanto sonó la campana.* Deixaram de trabalhar assim que soou a campainha.)

(Ver *en cuanto* e *así* no lado Espanhol-Português do dicionário.)

assimilar [asimi'la(x)] *vt* [ger] asimilar.
assinalar [asina'la(x)] *vt* -**1.** [marcar] marcar, señalar *RP*. -**2.** [distinguir] marcar, resaltar *Méx*, señalar *RP*. -**3.** [especificar] marcar, destacar. -**4.** [observar] señalar, destacar. -**5.** [celebrizar] marcar.
assinante [asi'nãntʃi] *mf* -**1.** [de jornal, serviço] suscriptor *m*, -ra *f*. -**2.** [de linha telefônica] abonado *m*, -da *f*, suscriptor *m*, -ra *f* *Méx*.
assinar [asi'na(x)] <> *vt* -**1.** [firmar] firmar. -**2.** [ser assinante de] suscribirse a. <> *vi* [firmar] firmar.
assinatura [asina'tura] *f* -**1.** [firma] firma *f*, rúbrica *f* *Amér*. -**2.** [subscrição] suscripción *f*.
assistência [asiʃ'tẽnsja] *f* -**1.** [ger] asistencia *f*; ~ **técnica** asistencia técnica. -**2.** [espectadores] asistentes *mpl*. -**3.** [ambulância] ambulancia *f*.
assistente [asiʃ'tẽntʃi] <> *adj* [auxiliar] asistente. <> *mf* [ger] asistente *mf*; ~ **social** asistente social, trabajador *m*, -ra *f* social *Méx*.
assistir [asiʃ'tʃi(x)] <> *vt* -**1.** [ger] asistir. -**2.** [fazer companhia a] cuidar. <> *vi* -**1.** [ger]: ~ **a** asistir a; [testemunhar] asistir a presenciar; ~ **à TV** ver la televisión. -**2.** [caber]: ~ **a alguém** corresponder a alguien.
assoalho [a'swaʎul] *m* parqué *m*, parquet *m*.
assoar [a'swa(x)] *vt* sonar.
➡ **assoar-se** *vp* sonarse.
assobiar [aso'bja(x)] = **assoviar**.
assobio [aso'biw] *m* = **assovio**.
associação [asosja'sãw] (*pl* -ões) *f* asociación *f*; ~ **de moradores** asociación de vecinos.
associado, da [aso'sjadu, da] <> *adj* asociado(da). <> *m, f* [sócio] asociado *m*, -da *f*.
associar [aso'sja(x)] *vt* asociar; ~ **algo a algo** asociar algo a algo.
➡ **associar-se** *vp* -**1.** COM [formar associação] asociarse. -**2.** [entrar de sócio]: ~-**se a** asociarse a.
assolar [aso'la(x)] *vt* asolar.
assombração [asõnbra'sãw] (*pl* -ões) *f* fantasma *m*.
assombrar [asõn'bra(x)] *vt* -**1.** [assustar] espantar. -**2.** [rondar] rondar por. -**3.** [impressionar] asombrar.
assombro [a'sõnbru] *m* -**1.** [admiração] asom-

bro *m*. **-2.** [espanto, maravilha]: **ser um** ~ ser asombroso.

assoviar [aso'vja(x)] <> *vi* silbar, chiflar *Amér*. <> *vt* silbar, chiflar *Amér*.

assovio [aso'vju] *m* silbido *m*.

assumir [asu'mi(x)] <> *vt* **-1.** [ger] asumir. **-2.** [adotar, adquirir] asumir, adoptar *Amér*. <> *vi*[tomar posse]tomar posesión, asumir *Amér*.

Assunção [asũn'sãw] *n* [cidade] Asunción.

assunto [a'sũntu] *m* [tema] tema *m*.

assustador, ra [asuʃta'do(x), ra] (*mpl* **-es**, *fpl* **-s**) *adj* **-1.** [amedrontador] que asusta. **-2.** [alarmante] alarmante.

assustar [asuʃ'ta(x)] <> *vt* **-1.** [amedrontar] asustar. **-2.** [alarmar] alarmar. <> *vi* asustar.

➡ **assustar-se** *vp*: ~**-se (com)** asustarse (de).

asteca [aʃ'tɛka] <> *adj* azteca. <> *mf* azteca *mf*.

asterisco [aʃte'riʃku] *m* asterisco *m*.

astral [aʃ'traw] (*pl* **-ais**) <> *adj* ASTRO astral. <> *m* **-1.** [ambiente] *fam* ambiente *m*. **-2.** *fam* [humor] humor *m*.

astrologia [aʃtrolo'ʒia] *f* astrología *f*.

astrólogo, ga [aʃ'trɔlogu, ga] *m*, *f* astrólogo *m*, -ga *f*.

astronauta [aʃtro'nawta] *mf* astronauta *mf*.

astronomia [aʃtrono'mia] *f* astronomía *f*.

astronômico, ca [aʃtro'nomiku, ka] *adj* astronómico(ca).

astúcia [aʃ'tusja] *f* astucia *f*.

astuto, ta [aʃ'tutu, ta] *adj* astuto(ta).

at. (*abrev de* **atenção a**) at.

ata ['ata] *f*[de reunião] acta *f*.

atacadista [ataka'dʒiʃta] COM <> *adj* mayorista. <> *mf*[vendedor] mayorista *mf*.

atacado, da [ata'kadu] *adj fam* [pessoa] de malas pulgas, atacado(da) *RP* & *Ven*.

➡ **atacado** *m* COM: **no/por** ~ al por mayor, al mayoreo *Méx*.

atacante [ata'kãntʃi] <> *adj* atacante. <> *m*, *f* atacante *mf*.

atacar [ata'ka(x)] <> *vt* atacar. <> *vi* atacar; **atacar!** ¡al ataque!

atado, da [a'tadu, da] *adj* **-1.** [amarrado] atado(da). **-2.** [desajeitado] torpe. **-3.** [confuso, perplexo] perplejo(ja).

atadura [ata'dura] *f* gasa *f*, curación *f* *Amér*.

atalho [a'taʎu] *m* atajo *m*.

atapetar [atape'ta(x)] *vt* alfombrar.

ataque [a'taki] *m* ataque *m*; **no** ~ atacando; ~ **aéreo** ataque aéreo; ~ **cardíaco** ataque cardíaco; **ter um** ~ **(de raiva)** *fam* tener un ataque (de rabia).

atar [a'ta(x)] *vt* atar, amarrar *Andes* & *Méx*; **não** ~ **nem desatar** [pessoa] no aclararse, no atar ni desatar *Méx*; [negócio, namoro] no decidirse.

atarefado, da [ˌatare'fadu] *adj* atareado(da).

atarracado, da [ataxa'kadu, da] *adj* **-1.** [pessoa] achaparrado(da). **-2.** [perna, pescoço] corto(ta).

até [a'tɛ] <> *prep* **-1.** [ger] hasta; ~ **agora** hasta ahora. **-2.** [limite de tempo] antes de. **-3.** [despedida]: ~ hasta luego; ~ **amanhã** hasta mañana; ~ **já** hasta pronto. **-4.** [em ações]: ~ **que enfim!** ¡al fin!, ¡por fin! <> *adv* [mesmo, inclusive] hasta.

➡ **até que** *loc conj* **-1.** [até quando] hasta que. **-2.** [bem que] aunque, sin duda.

atear [ate'a(x)] *vt* **-1.** [fogo] prender fuego a. **-2.** *fig* [espalhar] fomentar.

atéia [a'tɛja] *f* ⊳ **ateu**.

ateliê [ate'lje] *m* estudio *m*.

atemorizador, ra [atemoriza'do(x), ra] *adj* atemorizador(ra).

atemorizar [atemori'za(x)] *vt* atemorizar.

Atenas [a'tenaʃ] *n* Atenas.

atenção [atẽn'sãw] (*pl* **-ões**) <> *f* atención *f*; **chamar a** ~ **(de)** [atrair] llamar la atención (de); **chamar a** ~ **de alguém** [advertir] llamar la atención a alguien. <> *interj* ¡atención!

atencioso, osa [atẽn'sjozu, ɔza] *adj* atento(ta).

atender [atẽn'de(x)] <> *vt* **-1.** [ger] atender. **-2.** [responder] atender, contestar. <> *vi* **-1.** [ger]: ~ **a** atender a. **-2.** [responder]: ~ **(a)** atender (a), contestar. **-3.** [loja, vendedor] atender.

atendimento [atẽndʒi'mẽntu] *m* atención *f*; **horário de** ~ horario de atención.

atentado [atẽn'tadu] *m* **-1.** atentado *m*; ~ **terrorista** atentado terrorista. **-2.** [contra edifício, monumento]: ~ **(a/contra)** atentado (contra). **-3.** [crime, ofensa]: ~ **(a algo)** atentado (a algo).

atentar [atẽn'ta(x)] *vi* **-1.** [prestar atenção]: ~ **para** *ou* **a** prestar atención a. **-2.** [cometer atentado]: ~ **contra (a vida de) alguém** atentar contra (la vida de) alguien; ~ **contra algo** [violar, ofender] atentar contra algo.

atento, ta [a'tẽntu, ta] *adj* atento(ta).

atenuante [ate'nwãntʃi] <> *adj* atenuante. <> *m* JUR atenuante *m*.

atenuar [ate'nwa(x)] *vt* [diminuir] atenuar.

aterragem [ate'xaʒẽj] (*pl* **-ns**) *f* = **aterrissagem**.

aterrar [ate'xar] *vt* [cobrir com terra] cubrir con tierra.

aterrissagem [atexi'saʒẽj] (pl -ns) f aterrizaje m.

aterrissar, aterrizar [atexi'sa(x)] vi aterrizar.

aterro [a'texu] m [área aterrada] terraplén m.

aterrorizante [atexori'zãntʃi] adj aterrorizante.

aterrorizar [atexori'za(x)] vt aterrorizar.

ater-se [a'texsi] vp -1. [limitar-se]: ~ a atenerse a. -2. [fiar-se por] fiarse de.

atestado, da [ateʃ'tadu] adj certificado(da).
◆ **atestado** m -1. [certificado] certificado m; ~ **médico** certificado médico. -2. [prova] testimonio m. -3. JUR prueba f.

atestar [ateʃ'ta(x)] vt -1. [certificar] certificar. -2. [provar] probar. -3. [testemunhar] garantizar.

ateu, atéia [a'tew, a'tɛja] ◇ adj ateo(a). ◇ m, f ateo m, -a f.

atinar [atʃi'na(x)] ◇ vt -1. [descobrir, acertar] dar con. -2. [perceber] darse cuenta de, percibir **Amér.** ◇ vi -1. [encontrar]: ~ **com** atinar con, dar con **Amér.** -2. [ter consciência de]: ~ **em** acertar en.

atingir [atʃĩn'ʒi(x)] vt -1. [ger] alcanzar. -2. fig [ferir] herir. -3. [afetar] afectar. -4. [compreender] entender.

atirador, ra [atʃira'do(x), ra] m, f tirador m, -ra f.

atirar [atʃi'ra(x)] ◇ vt -1. [lançar]: ~ **algo (em)** tirar algo (en), aventar algo (en ou a) **Andes, CAm & Méx**; ~ **algo (por)** tirar algo (por), aventar algo (por) **Andes, CAm & Méx.** -2. [olhares, beijos] lanzar, aventar **Andes, CAm & Méx**, tirar **RP.** ◇ vi [dar disparo]: ~ **(em)** disparar (a).
◆ **atirar-se** vp -1. [lançar-se]: ~-se (a/em) tirarse (a/en); fig [dedicar-se] volcarse (en). -2. fam [insinuar-se amorosamente] intentar ligar con, provocar a.

atitude [atʃi'tudʒi] f -1. [ger] actitud f. -2. [comportamento] actitud f **Esp**, postura f **Amér.**

atividade [atʃivi'dadʒi] f actividad f.

ativo, va [a'tivu, va] adj activo(va).
◆ **ativo** m COM activo m.

atlântico, ca [at'lãntʃiku, ka] adj atlántico(ca).
◆ **Atlântico** n: o **Atlântico** el Atlántico.

atlas ['atlaʃ] m inv atlas m inv.

atleta [a'tlɛta] mf atleta mf.

atlético, ca [a'tlɛtʃiku, ka] adj atlético(ca).

atmosfera [atmoʃ'fɛra] f atmósfera f.

ato ['atu] m [ger] acto m; ~ **público** acto público; **no** ~ [imediatamente] en el acto.

à-toa [a'toa] adj -1. [sem importância] insignificante. -2. [simples] simple.

atoalhado, da [atwa'ʎadu, da] adj de toalla.

atolar [ato'la(x)] ◇ vt atascar, empantanar **RP.** ◇ vi atascarse, empantanarse **RP.**
◆ **atolar-se** vp fig [pessoa] bloquearse, empantanarse **RP.**

atoleiro [ato'lejru] m -1. [de lama] lodazal m. -2. [situação] atolladero m.

atômico, ca [a'tomiku, ka] adj atómico(ca).

átomo ['atomu] m átomo m.

atônito, ta [a'tonitu, ta] adj atónito(ta).

ator, atriz [a'to(x), a'triʒ] (mpl -res, fpl -zes) m, f actor m, -triz f.

atordoado, da [atox'dwadu, da] adj aturdido(da).

atordoamento [atoxdwa'mẽtu] m aturdimiento m.

atordoante [atox'dwãntʃi] adj aturdidor(ra).

atordoar [atox'dwa(x)] vt aturdir.

atormentado, da [atoxmẽn'tadu, da] adj atormentado(da).

atormentar [atoxmẽn'ta(x)] vt atormentar.

ATP (abrev de Associação dos Tenistas Profissionais) f ATP f.

atração [atra'sãw] (pl -ões) f atracción f.

atracar [atra'ka(x)] NÁUT ◇ vt atracar. ◇ vi atracar.
◆ **atracar-se** vp -1. fig [em briga] agarrarse, golpearse **Méx.** -2. fam [amorosamente] darse el lote **Esp**, agasajarse **Méx**, amasijar **RP.**

atraente [atra'ẽntʃi] adj atractivo(va).

atrair [atra'i(x)] vt atraer.

atrapalhar [atrapa'ʎa(x)] ◇ vt -1. [ger] confundir. -2. [perturbar] perturbar. -3. [dificultar] entorpecer. ◇ vi [perturbar] estorbar.
◆ **atrapalhar-se** vp [confundir-se] confundirse, embrollarse **RP.**

atrás [a'trajʃ] adv -1. atrás; **lá** ~ atrás. -2. [em classificação]: **estar/ficar** ~ (de) estar/quedar detrás (de).
◆ **atrás de** loc prep detrás de, atrás de **Amér; logo** ~ **de** inmediatamente detrás de **Esp**, inmediatamente atrás de **Amér.**

atrasado, da [atra'zadu, da] adj -1. [ger] atrasado(da). -2. [tardio] atrasado(da), retrasado(da). -3. [número, edição] atrasado(da), pasado(da) **Méx.**
◆ **atrasados** mpl [pagamento] atrasos mpl.

atrasar [atra'za(x)] ◇ vt -1. [ger] atrasar, retrasar. -2. [relógio, pagamento] atrasar. ◇ vi -1. [ger] atrasarse, retrasarse. -2. [relógio] atrasar, atrasarse. -3. [pagamento] atrasarse.
◆ **atrasar-se** vp [pessoa]: ~-se (para) no llegar a tiempo (a).

atraso [a'trazu] m atraso m.

atrativo, va [atra'tʃivu, va] *adj* atractivo(va).

atravancar [atravãŋ'ka(x)] *vt* **-1.** [bloquear] obstruir. **-2.** [lotar] abarrotar.

através [atra'vɛʃ] *adv* [de lado, a lado] a través.

  ◆ **através de** *loc adv* [por entre] a través de.

atravessar [atrave'sa(x)] *vt* atravesar.

atrever-se [atre'vexsi] *vp*: ~ **(a fazer algo)** atreverse (a hacer algo).

atrevido, da [atre'vidu, da] *adj* atrevido(da) audaz.

atrevimento [atrevi'mẽntu] *m* [petulância] atrevimiento *m*, audacia *f*.

atribuir [atri'bwi(x)] *vt* [imputar]: ~ **algo a alguém/algo** atribuir algo a alguien/algo.

atributo [atri'butu] *m* atributo *m*.

átrio ['atriu] *m* **-1.** [vestíbulo] vestíbulo *m*, recibidor *m*, zaguán *m* **Arg**, hall *m* **Urug**. **-2.** [pátio] patio *m*.

atritar [atri'ta(x)] *vt* friccionar.

atrito [a'tritu] *m* fricción *f*; **entrar em ~** entrar en conflicto.

atriz [a'triʒ] *f* ⊳ **ator**.

atrocidade [atrosi'dadʒi] *f* atrocidad *f*.

atrofiado, da [atro'fjadu, da] *adj* atrofiado(da).

atropelamento [atropela'mẽntu] *m* [de pedestre] atropello *m*, atropellamiento *m*.

atropelar [atrope'la(x)] *vt* [ger] atropellar.

atroz [a'trɔʒ] *adj* [cruel] atroz.

atuação [atwa'sãw] (*pl* **-ões**) *f* actuación *f*.

atual [a'twaw] (*pl* **-ais**) *adj* actual.

atualidade [atwali'dadʒi] *f* [ger] actualidad *f*.

  ◆ **atualidades** *fpl* **JORN** actualidades *fpl*.

atualização [aktualiza'sãw] *f* **INFORM** actualización *f*.

atualizar [atwali'za(x)] *vt* actualizar.

  ◆ **atualizar-se** *vp* [pessoa] actualizarse.

atualmente [atwaw'mẽntʃi] *adv* actualmente.

atuante [a'twãntʃi] *adj* activo(va).

atuar [a'twa(x)] *vi* **-1.** [ger] actuar. **-2.** [participar de]: ~ **em** actuar en. **-3.** [influenciar]: ~ **sobre** actuar sobre.

atum [a'tũ] (*pl* **-ns**) *m* atún *m*.

aturar [atu'ra(x)] *vt* aguantar, soportar.

aturdido, da [atur'dʒidu, da] *adj* aturdido(da).

aturdir [atux'dʒi(x)] ⟨⟩ *vt* aturdir. ⟨⟩ *vi* aturdir.

atxim [a'tʃĩ] *interj* ¡achís!, ¡achú! **Méx**.

audácia [aw'dasja] *f* **-1.** [intrepidez] audacia *f*. **-2.** [insolência] atrevimiento *m*.

audacioso, osa [awda'sjozo, ɔza] *adj* [intrépido] audaz.

audaz [aw'daʒ] (*pl* **-es**) *adj* [intrépido] audaz.

audição [awdʒi'sãw] (*pl* **-ões**) *f* **-1.** [sentido]

oído *m*. **-2.** [processo de ouvir, concerto] audición *f*.

audiência [aw'dʒjẽnsja] *f* [ger] audiencia *f*.

audiovisual [ˌawdʒuvi'zwaw] (*pl* **-ais**) ⟨⟩ *adj* audiovisual. ⟨⟩ *m* audiovisual *m*.

auditor, ra [awdʒi'to(x), ra] *m*, *f* **-1.** **FIN** auditor *m*, -ra *f*. **-2.** [em justiça militar] magistrado *m*, -da *f* militar. **-3.** [ouvinte] oyente *mf*.

auditoria [awdʒito'ria] *f* **-1.** [serviço] auditoría *f*; **fazer a ~ de** hacer la auditoría de. **-2.** [empresa] auditora *f*.

auditório [awdʒi'tɔrju] *m* auditorio *m*.

auê [aw'e] *m* *fam* [confusão] tumulto *m*, follón *m* **Esp**, relajo *m* **RP**; **fazer um ~** organizar un tumulto, armar un follón **Esp**, hacer un escándalo **RP**.

auge ['awʒi] *m* auge *m*.

augúrio [aw'gurju] *m* augurio *m*.

aula ['awla] *f* clase *f*; **dar ~** dar clases.

┌───┐
Não confundir *aula (clase)* com o espanhol *aula* que em português é *sala de aula*. (*Gosto muito da aula de espanhol*. Me gusta mucho la *clase* de español.)
└───┘

aumentar [awmẽn'ta(x)] ⟨⟩ *vt* [ger] aumentar.

aumento [aw'mẽntu] *m* aumento *m*.

auréola [aw'rɛwla] *f* aureola *f*, auréola *f*.

aurora [aw'rɔra] *f* aurora *f*.

ausência [aw'zẽnsja] *f* ausencia *f*.

ausentar-se [awzẽn'taxsi] *vp* ausentarse.

ausente [aw'zẽntʃil] ⟨⟩ *adj* ausente. ⟨⟩ *mf* ausente *mf*.

auspício [awʃ'pisju] *m* **-1.** [prenúncio] auspicio *m*. **-2.** [patrocínio]: **sob os ~ s de** bajo los auspicios de, con el auspicio de **RP**.

austeridade [awʃteri'dadʒi] *f* austeridad *f*.

austero, ra [awʃ'tɛru, ra] *adj* austero(ra).

austral [awʃ'traw] (*pl* **-ais**) *adj* austral.

Austrália [awʃ'tralja] *n* Australia.

australiano, na [awʃtra'ljãnu, na] ⟨⟩ *adj* australiano(na). ⟨⟩ *m*, *f* australiano *m*, -na *f*.

Áustria ['awʃtria] *n* Austria.

austríaco, ca [awʃ'triaku, ka] ⟨⟩ *adj* austriaco(ca), austríaco(ca). ⟨⟩ *m*, *f* austriaco *m*, -ca *f*, austríaco *m*, -ca *f*.

autenticidade [awtẽntʃisi'dadʒi] *f* [genuinidade] autenticidad *f*.

autêntico, ca [aw'tẽntʃiku, ka] *adj* auténtico(ca).

auto ['awtu] *m* auto *m*.

  ◆ **autos** *mpl* **JUR** autos *mpl*.

auto-adesivo, va [ˌawtwade'zivu, va] (*mpl* **-s**, *fpl* **-s**) *adj* autoadhesivo(va).

autobiografia [awtubjogra'fia] *f* autobiografía *f*.

autocrítica [awto'kritika] *f* autocrítica *f*;

fazer uma ~ hacer una autocrítica.
autodefesa [awtude'fɛza] f autodefensa f.
autodeterminação [awtudetexmina'sãw] f autodeterminación f.
autodidata [awtodʒi'data] ⬦ adj autodidacta. ⬦ mf autodidacta mf.
autódromo [aw'tɔdromu] m autódromo m.
auto-escola [ˌawtwiʃ'kɔla] (pl auto-escolas) f autoescuela f, escuela f de manejar **Amér**, escuela f de manejo **Méx**, escuela f de conducir **Urug**.
auto-estima [ˌawtwiʃ'tʃima] f autoestima f, amor m propio.
auto-estrada [ˌawtwiʃ'trada] (pl auto-estradas) f autopista f.
autógrafo [aw'tɔgraful] m autógrafo m.
automação [awtoma'sãw] f = automatização.
automático, ca [awto'matʃiku, ka] adj [máquina etc.] automático(ca).
automatização [awtomatʃiza'sãw] (pl -ões) f automatización f.
automobilismo [awtomobi'liʒmu] m automovilismo m.
automóvel [awto'mɔvɛw] (pl -eis) m automóvil m.
autonomia [awtono'mia] f autonomía f.
autônomo, ma [aw'tonomu, ma] ⬦ adj autónomo(ma). ⬦ m, f [trabalhador] autónomo m, -ma f.
autópsia [aw'tɔpsja] f autopsia f.
autor, ra [aw'to(x), ra] (mpl -es, fpl -s) m, f autor m, -ra f.
autoral [awto'raw] (pl -ais) adj ▷ direito.
auto-retrato [ˌawtoxe'tratu] (pl auto-retratos) m autorretrato m.
autoria [awto'ria] f autoría f; **ser de** ~ **de alguém** ser de la autoría de alguien.
autoridade [awtori'dadʒi] f autoridad f; **ser uma** ~ **em algo** ser una autoridad en algo.
autoritário, ria [awtori'tarju, ja] adj autoritario(ria).
autorização [awtoriza'sãw] (pl -ões) f autorización f; **dar** ~ **a alguém (para algo)** dar autorización a alguien (para algo).
autorizar [awtori'za(x)] vt autorizar.
auto-suficiente [ˌawtusufi'sjẽtʃi] (pl -s) adj autosuficiente; **ser** ~ **em algo** ser autosuficiente en algo.
auxiliar [awsi'lja(x)] (pl -es) ⬦ adj auxiliar. ⬦ mf auxiliar mf. ⬦ vt auxiliar.
auxílio [aw'silju] m auxilio m.
av. (abrev de avenida) av., avda.
avacalhar [ava'kaʎa(x)] vt -1. [pôr em ridículo] fam ridiculizar. -2. [executar com desleixo] fam hacer una chapuza con.
aval [a'vaw] (pl -ais) m aval m.

avalanche [ava'lãnʃi], **avalancha** [ava'lãnʃa] f avalancha f, alud m.
avaliação [avalja'sãw] (pl -ões) f -1. [de preço, prejuízos] tasación f, valuación f **Méx**. -2. [de qualidade, opinião, aluno] evaluación f, valoración f **Méx**.
avaliar [ava'lja(x)] vt -1. [preço, prejuízo] tasar, valuar **Méx**. -2. [qualidade, opinião, aluno] evaluar, valorar **Méx**.
avançado, da [avãn'sadu, da] adj -1. [ger] avanzado(da). -2. [hora] adelantado(da).
avançar [avã'sa(x)] ⬦ vi -1. [ger] avanzar. -2. [atirar-se] abalanzarse. ⬦ vt [adiantar] avanzar.
avanço [a'vãsu] m avance m.
avante [a'vãntʃi] ⬦ adv adelante. ⬦ interj ¡adelante!
avarento, ta [ava'rẽntu, ta] ⬦ adj avaro(ra), avariento(ta) **Méx**. ⬦ m, f avaro m, -ra f, avariento m, -ta f **Méx**.
avareza [ava'reza] f avaricia f.
avaria [ava'ria] f avería f.
avariado, da [ava'rjadu, da] adj averiado(da).
avaro, ra [a'varu, ra] ⬦ adj avaro(ra). ⬦ m, f avaro m, -ra f.
ave [a'vil] f ave f.
aveia [a'veja] f avena f.
avelã [ave'lã] f avellana f.
avenida [ave'nida] f avenida f.
avental [avẽn'taw] (pl -ais) m -1. [proteção] delantal m, mandil m **Méx**. -2. [vestido] guardapolvo m, overol m **Méx**.
aventura [avẽn'tura] f aventura f.
aventureiro, ra [avẽntu'rejru, ra] ⬦ adj aventurero(ra). ⬦ m, f aventurero m, -ra f.
averiguação [averigwa'sãw] (pl -ões) f averiguación f.
averiguar [averi'gwa(x)] vt averiguar.
avermelhado, da [avexme'ʎadu, da] adj rojizo(za).
aversão [avex'sãw] (pl -ões) f aversión f; **ter** ~ **a algo** tener aversión a algo.
avesso, ssa [a'vesu, sa] adj [lado] del revés.
➡ **avesso** m [lado] revés m; **virar pelo** ~ [blusa etc.] dar la vuelta a, voltear al revés **Méx**, dar vuelta a **RP**; fig [revirar] poner patas arriba, poner patas para arriba **Amér**.
➡ **às avessas** loc adj [oposto] al revés.
avestruz [aveʃ'truʃ] (pl -es) f avestruz f.
aviação [avja'sãw] f aviación f.
aviador, ra [avja'do(x), ra] m, f aviador m, -ra f.
aviamento [avja'mẽntu] m -1. cost accesorios mpl. -2. [de receita médica] preparación f.
avião [a'vjãw] (pl -ões) m [veículo] avión m; ~

a jato avión a reacción *ou* chorro *RP*; **ir de** ~ ir en avión.

avicultura [avikuw'tura] *f* avicultura *f*.

avidez [avi'deʒ] *f* avidez *f*.

ávido, da ['avidu, da] *adj* ávido(da).

aviltar [aviw'ta(x)] *vt* [degradar] degradar, envilecer *RP*.

 ➤ **aviltar-se** *vp* [degradar-se] degradarse, envilecerse *RP*.

avisar [avi'za(x)] *vt* [informar] avisar; ~ alguém de algo avisar a alguien de algo.

aviso [a'vizu] *m* aviso *m*; ~ prévio preaviso *m*, aviso *m* previo.

avistar [aviʃ'ta(x)] *vt* avistar.

avizinhar-se [avizi'ɲaxsi] *vp* [aproximar-se] aproximarse, avecinarse *RP*.

avo ['avu] *m* [fração]: **um doze** ~s un doceavo.

avô, avó [a'vo, a'vɔ] *m, f* abuelo *m*, -la *f*.

 ➤ **avós** *pl* abuelos *mpl*.

avoado, da [avo'adu, da] *adj* despistado(da).

avós [a'vɔʃ] *pl* ⊳ avô.

avulso, sa [a'vuwsu, sa] *adj* suelto(ta).

axila [ak'sila] *f* axila *f*.

axiomático, ca [aksio'matʃiku, ka] *adj* axiomático(ca).

azaléia [aza'lɛja] *f* azalea *f*.

azar [a'za(x)] (*pl* -es) *m* mala suerte *f*; **azar!** ¡mala suerte!; **dar** ~ dar mala suerte.

azedar [aze'da(x)] <> *vt* -1. [comida, leite] cortarse. - 2. [pessoa] irritar. <> *vi* [leite, vinho] agriarse.

azedo, da [a'zedu, da] *adj* -1. [sabor *etc*.] ácido(da), agrio(gria). - 2. [pessoa] irritado(da).

azeite [a'zejtʃi] *m*: ~ (de oliva) aceite *m* de oliva.

azeitona [azej'tona] *f* aceituna *f*, oliva *f Esp*.

azeviche [aze'viʃi] *m* [cor] azabache *m*.

azia [a'zia] *f* acidez *f*.

aziago, ga [azi'agu, ga] *adj* aciago(ga).

azougue [a'zogi] *m* -1. [ger] azogue *m*. - 2. [pessoa - agitada] diablillo *m*, pingo *m Méx*, jurguillo *m RP*; [- esperta] vivo *m*, -va *f*.

azucrinar [azukri'na(x)] *vt* molestar.

azul [a'zuw] (*pl* azuis) <> *adj* azul; **estar tudo** ~ fig ir todo a las mil maravillas. <> *m* azul *m*.

azulado, da [azu'ladu, da] *adj* azulado(da).

azul-claro, ra [a'zuwklaru, ra] <> *adj* azul claro. <> *m* azul *m* claro.

azulejo [azu'leʒu] *m* azulejo *m*.

azul-escuro [a'zuwiʃkuru] <> *adj* azul oscuro. <> *m* azul *m* oscuro.

azul-marinho [a,zuwma'riɲu] <> *adj* inv

azul marino. <> *m* azul *m* marino.

azul-turquesa [a,zuwtux'keza] <> *adj* inv azul turquesa. <> *m* azul *m* turquesa.

b, B [be] *m* [letra] b, B *f*.

BA (*abrev de* Estado da Bahia) *estado de Bahía*.

baba ['baba] *f* baba *f*.

babá [ba'ba] *f* niñera *f*, nana *f Méx*.

babaca [ba'baka] *mfam adj* gilipollas *Esp*, estúpido(da) *Méx*, bobo(ba) *RP*.

baba-de-moça [,babadʒi'mosa] (*pl* babas-de-moça) *f CULIN* dulce hecho con almíbar, leche de coco y yemas de huevo.

babado, da [ba'badu, da] *adj* -1. [molhado de baba] babeado(da). -2. *fam* [apaixonado] colado(da) *Esp*, volado(da) *Méx*, remetido(da) *RP*.

 ➤ **babado** *m* -1. [em roupa *etc*.] volado *m*. -2. *fam* [caso] chisme *m*, chusmerío *m RP*.

babador [baba'do(x)] *m* babero *m*.

babar [ba'ba(x)] <> *vt* [deitar baba em] babear. <> *vi* -1. [deitar baba] babear. -2. *fam* [ficar impressionado]: **os vizinhos** ~ am **com seu carro novo** a los vecinos se les caía la baba con su coche nuevo.

 ➤ **babar-se** *vp* [deitar baba em si] caérsele la baba.

baby-sitter [,bejbi'site(x)] (*pl* baby-sitters) *mf* niñera *f*, canguro *mf Esp*, baby-sitter *mf Amér*.

bacalhau [baka'ʎaw] *m* bacalao *m*.

bacalhoada [bakaʎo'ada] *f* plato hecho con bacalao guisado en aceite, com patatas y col, bacalao *m RP*.

bacana [ba'kãna] <> *adj fam* -1. [chique] fino(na), finoli(s). -2. [ótimo] estupendo(da), guay *Esp*, bárbaro(ra) *RP*. <> *mf* [pessoa] ricachón *m*, -ona *f*, bacán *m*, -ana *f RP*.

BACEN (*abrev de* Banco Central do Brasil) *m Banco Central de Brasil*.

bacharel [baʃa'rɛw] (*pl* -éis) *mf* licenciado *m*, -da *f*.

bacharelar-se [baʃare'laxsi] *vp*: ~ (em algo) licenciarse (en algo).

bacia [ba'sia] *f* -1. [vasilhame] palangana *f*. -2. [sanitária] inodoro *m*, wáter *m Urug*. -3. *ANAT* pelvis *f inv*. -4. *GEOGR* cuenca *f*.

backup [bɛ'kapi] (*pl* -s) *m* COMPUT copia *f* de seguridad, backup *m* Méx.

baço, ça ['basu, sa] <> *adj* [pele, pedra, cor] mate. <> *m* ANAT bazo *m*.

bacon ['bejkõ] *m* panceta *f*, bacon *m* Esp, béicon *m* Esp, tocino *m* Méx.

bactéria [bak'tɛrja] *f* bacteria *f*.

badalado, da [bada'ladu, da] *fam adj* -1. [divertido, movimentado] con marcha Esp, movido(da) Amér, con mucho agite RP. -2. [famoso, falado] comentado(da).

◆ **badalada** *f* [de sino] campanada *f*.

badalar [bada'la(x)] <> *vt* [dar badaladas em] tocar. <> *vi* -1. [dar badaladas] sonar. -2. *fam* [sair, divertir-se] divertirse, salir de marcha Esp, salir Méx, pasearse RP.

badalo [ba'dalu] *m* [de sino] badajo *m*.

badejo [ba'deʒu] *m* abadejo *m*.

baderna [ba'dɛxna] *f* [bagunça, tumulto] follón *m* Esp, relajo *m* Amér.

badulaque [badu'laki] *m* [berloque] dije *m*.

◆ **badulaques** *mpl* [objetos de pouco valor] trastos *mpl*, chucherías *fpl* Amér, baratijas *fpl* Méx.

bafejar [bafe'ʒa(x)] *vt* calentar soplando.

bafejo [ba'feʒu] *m* -1. [sopro] soplido *m*. -2. [favor] protección *f*, soplo *m* Méx.

bafo ['baful] *m* -1. [hálito] aliento *m*. -2. *fam* [mentira] mentira *f*, bola *f* Esp, paco *m* RP.

bafômetro [ba'fometru] *m* alcoholímetro *m*.

baforada [bafo'rada] *f* [fumaça] ola *f* de calor.

bagaço [ba'gasu] *m* [de fruta] bagazo *m*; **estar/ficar um** ~ *fig* estar/quedar hecho un trapo *ou* guiñapo.

bagageiro [baga'ʒejru] *m* AUTO maletero *m*, cajuela *f* Cam & Méx, baúl *m* RP.

bagagem [ba'gaʒẽ] (*pl* -ns) *f* -1. [equipagem] equipaje *m*. -2. [conhecimento, experiência] bagaje *m*.

bagatela [baga'tɛla] *f* [ninharia] bagatela *f*.

bago ['bagu] *m* -1. [ger] grano *m*. -2. *mfam* [testículo] huevo *m*.

baguete [ba'gɛtʃi] *f* baguette *f*, flauta *f* RP.

bagulho [ba'guʎu] *m* -1. [objeto] trasto *m*, chuchería *f* Amér, baratija *f* Méx.

bagunça [ba'gũsa] *f* follón *m* Esp, desmadre *m* Méx, despelote *m* RP.

bagunçado, da [bagũn'sadu, da] *adj* desordenado(da), despelotado(da) RP.

bagunçar [bagũn'sa(x)] *vt* -1. [fazer confusão em] desordenar, despelotar RP. -2. [atrapalhar, tumultuar] alborotar, desordenar Méx, despelotar RP.

bagunceiro, ra [bagũn'sejru, ra] *adj* desordenado(da), despelotado(da) RP.

baía [ba'ia] *f* bahía *f*.

baião [baj'ãw] (*pl* -ões) *m* -1. [ritmo] *tipo de ritmo popular brasileño*. -2. [dança] *tipo de baile popular brasileño, acompañado del acordeón*.

bailado [baj'ladu] *m* baile *m*, danza *f*.

bailar [baj'la(x)] <> *vt* bailar. <> *vi* bailar.

bailarino, na [bajla'rinu, na] *m, f* bailarín *m*, -ina *f*.

baile ['bajli] *m* baile *m*; ~ **de carnaval/à fantasia** baile de carnaval/de disfraces; **dar um** ~ **em** *fig* [superar] dar un baño a Esp, bailar a Méx, dar un baile a RP.

bainha [ba'iɲa] *f* -1. [de arma] vaina *f*. -2. COST ruedo *m*, dobladillo *m*.

bairrista [baj'xiʃta] <> *adj* chauvinista. <> *mf* chauvinista *mf*.

bairro ['bajxu] *m* barrio *m*.

baixa ['bajʃa] ⊳ baixo.

baixada [baj'ʃada] *f* GEOGR bajada *f*.

baixar [baj'ʃa(x)] <> *vt* -1. [ger] bajar. -2. [despachar, expedir - lei] decretar; [- decreto] emitir. -3. COMPUT bajar, descargar. <> *vi* -1. [ger] bajar. -2. *fam* [aparecer]: ~ **(em)** aparecer (en).

baixaria [bajʃa'ria] *f* vergüenza *f*.

baixista [baj'ʃiʃta] *mf* bajista *mf*.

baixo, xa ['bajʃu, ʃa] *adj* bajo(ja).

◆ **baixo** <> *m* bajo *m*. <> *adv* [ger] bajo.

◆ **baixa** *f* baja *f*; **ações em** ~ acciones a la baja.

◆ **para baixo** *loc adv* para abajo.

◆ **por baixo** *loc adv*: **por** ~ **(de)** por debajo de (de); **estar/ficar por** ~ [em posição inferior] *fig* estar/quedar muy mal.

baixo-astral [ˌbajʃwaʃ'traw] *m fam* depre *f*, bajón *m* Amér.

bajulador, ra [baʒula'do(x), ra] <> *adj* adulador(ra). <> *m, f* adulador *m*, -ra *f*.

bajular [baʒu'la(x)] *vt* adular.

bala ['bala] *f* -1. [munição] bala *f*; ~ **de festim** bala de fogueo. -2. [doce] caramelo *m*, dulce *m* Méx.

balada [ba'lada] *f* balada *f*.

balaio [ba'laju] *m* cesta *f*, canasto *m*.

balança [ba'lãsa] *f* balanza *f*; ECON ~ **comercial** balanza comercial.

◆ **Balança** *f* ASTRO Libra *f*.

balançar [balãn'sa(x)] <> *vt* -1. [fazer oscilar - galho, quadril, navio] balancear; [- bebê] mecer. -2. [compensar] compensar. <> *vi* balancearse.

◆ **balançar-se** *vp* [sacudir-se] balancearse, contonearse.

balanço [ba'lãsu] *m* -1. [movimento] balanceo *m*. -2. [brinquedo] columpio *m*, hamaca *f* RP. -3. *fam* [no andar] balanceo *m*, contoneo *m*. -4. *fam* [ritmo] ritmo *m*. -5. COM balance *m*. -6. [avaliação]: **fazer um** ~ **de**

hacer (un) balance de. **-7.** ECON: ~ **de paga-mentos** balanza f de pagos.

balão [ba'lãw] (pl -ões) m **-1.** [dirigível, de brin-quedo] globo m. **-2.** [de festa junina] especie de globo de papel que se suelta en las fiestas de San Juan. **-3.** [sonda] globo m sonda. **-4.** [tanque]: ~ **de oxigênio** balón ou tanque RP de oxígeno. **-5.** [em estrada etc.] rotonda f, glorieta f. **-6.** [em história em quadrinhos] bocadillo m.

> Não confundir balão (globo) com o espanhol balón que em português é bola. (Há muitos balões colori-dos na festa. Hay muchos globos de diferentes colo-res en la fiesta.)

balaústre [bala'uʃtri] m balaustre m.
balbuciar [bawbu'sja(x)] <> vt balbucear. <> vi balbucear.
balbúrdia [bawˈbuxdʒja] f bulla f, bullicio m, bochinche m RP.
balcão [baw'kãw] (pl -ões) m **-1.** [sacada] balcón m. **-2.** [de loja] mostrador m. **-3.** TEA-TRO primer piso m, palco m Méx; ~ **nobre** primer anfiteatro m, palco m principal Méx, tertulia f RP; ~ **simples** primer anfiteatro, palco m sencillo Méx, galería f RP.
Balcãs ['bawkãʃ] npl: os ~ los Balcanes.
balconista [bawko'niʃta] mf dependiente mf.
balde ['bawdʒi] m balde m, cubo m Esp.
baldeação [bawdʒja'sãw] (pl -ões) f trans-bordo m, combinación f RP; **fazer** ~ hacer transbordo ou combinación RP.
baldio, dia [baw'dʒiu, dʒia] adj baldío(día).
balé [ba'lɛ] m ballet m.
baleia [ba'leja] f ZOOL ballena f.
baleiro, ra [ba'lejru, ra] <> m, f [vendedor] vendedor m, -ra f de caramelos. <> m [pote] bote m de caramelos.
balística [ba'liʃtʃika] f **-1.** [ciência] balística f. **-2.** [exame] examen m de balística.
baliza [ba'liza] f **-1.** [ger] baliza f. **-2.** ESP meta f.
balizamento [baliza'mẽntu] m balizamien-to m.
balneário [baw'njarju] m balneario m.
balões [ba'lõjʃ] pl ⇨ **balão**.
balofo, fa [ba'lofu, fa] <> adj gordo(da), desmesurado(da) RP. <> m, f gordo m, -da f, desmesurado m, -da f RP.
balsa ['bawsa] f balsa f.
bálsamo ['bawsamu] m bálsamo m.
baluarte [ba'lwaxtʃi] m baluarte m.
bamba ['bãnba] fam <> adj [perito] exper-to(ta), capo(pa) RP. <> mf [perito] experto m, -ta f, capo m, -pa f RP.
bambo, ba ['bãnbu, ba] adj flojo(ja).

bambolear [bãnbo'lja(x)] <> vt [balançar] bambolear. <> vi bambolearse.
bambu [bãn'bu] m bambú m.
banal [ba'naw] (pl -ais) adj banal.
banalidade [banali'dadʒi] f banalidad f.
banana [ba'nãna] <> f [fruta] plátano m, banano m Carib & Col, banana f Méx & RP; **dar uma** ~ **(para alguém)** fam fig hacer un corte de mangas (a alguien), mandar (a alguien) a pasear RP. <> mf fam pej [bobo, idiota] pasota mf Esp, flojo m, -ja f Méx, banana mf RP.
bananada [bana'nada] f dulce hecho con pulpa de plátanos.
bananeira [bana'nejra] f bananero m.
banca ['bãŋka] f **-1.** [de jogo] banca f. **-2.** [quiosque]: ~ **(de jornal)** quiosco m, puesto m de periódicos Méx. **-3.** [comissão]: ~ **(examinadora)** tribunal m examinador. **-4.** [escritório] bufete m. **-5.** [mesa de trabalho] mesa f.
bancada [bãŋ'kada] f **-1.** [banco] banco m. **-2.** [de partido, estado] representación f, ban-cada f RP. **-3.** [mesa de trabalho] encimera f, mesa f de trabajo Amér, mesada f RP.
bancar [bãŋ'ka(x)] vt **-1.** [financiar] financiar. **-2.** [comportar-se como] dárselas de.
bancário, ria [bãŋ'karju, rja] <> adj banca-rio(ria). <> m, f [empregado] bancario m, -ria f.
bancarrota [bãŋka'xota] f bancarrota f; **ir à** ~ ir a la bancarrota.
banco ['bãŋku] m banco m; ~ **24 horas** cajero automático; ~ **de areia** banco de arena; ~ **de dados** COMPUT banco de datos.
banda ['bãnda] f **-1.** MÚS banda f, grupo m. **-2.** [barra] banda f. **-3.** INFORM: ~ **larga** banda ancha.
➡ **bandas** fpl [área, região] lugar m, lados mpl RP.
Band-aid® [bãn'dejdʒ] m tirita f, curita f Amér.
bandalheira [bãnda'ʎejra] f pillería f, van-dalismo m Amér.
bandeira [bãn'dejra] f **-1.** [ger] bandera f; ~ **a meio pau** bandera a media asta. **-2.** [de taxímetro]: ~ **dois** bandera en los taxis que incrementa la tarifa, tarifa f especial RP. **-3.** loc: **dar** ~ dar señales, mostrar Esp.
bandeirante [bãndej'rãntʃi] <> m [explora-dor] explorador que a finales del siglo XVI y principios del XVII formaba parte de una expedición armada que se adentraba en el interior de Brasil en busca de esclavos y riquezas, bandeirante m RP. <> f [moça] exploradora f.

bandeirinha [bãn'dejriɲal] *m ESP* juez *m* de línea.

bandeja [bãn'deʒa] *f* bandeja *f*.

bandejão [bãnde'ʒãw] (*pl* -ões) *m* -**1.** [refeição] *comida económica que se sirve en bandejas especiales en fábricas, escuelas, etc.* -**2.** [refeitório] comedor *m*.

bandido, da [bãn'dʒidu, da] ◇ *m, f* bandido *m*, -da *f*. ◇ *adj fam* [malvado, ruim] bandido(da).

banditismo [bãndʒi'tʃiʒmu] *m* bandolerismo *m*, vandalismo *m* **Méx**, bandidaje *m* **RP**.

bando ['bãndu] *m* -**1.** [de pessoas, animais] bandada *m*; **em** ~ en bandada. -**2.** [quadrilha, facção] bando *m*. -**3.** [monte] montón *m*, bonche *m* **Méx**.

bandô [bãn'dol *m* cenefa *f*.

bandoleiro, ra [bãndo'lejru, ra] *m, f* bandolero *m*, -ra *f*.

bandolim [bãndo'lĩ] (*pl* -ns) *m* mandolina *f*.

bandolinista [bãndoli'niʃta] *mf* mandolinista *mf*.

bangalô [bãŋga'lo] *m* bungalow *m*.

banha ['bãɲa] *f* grasa *f*.

banhar [bã'ɲa(x)] *vt* -**1.** [ger] bañar. -**2.** [mergulhar]: ~ **algo (em)** bañar algo (en).

➡ **banhar-se** *vp* [ger] bañarse.

banheira [bã'ɲejra] *f* -**1.** [para banho] bañera *f*, bañadera *f* **Arg**, tina *f* **Méx**. -**2.** *fam* [carro] coche *m* gigantesco, lancha *f* **Méx**, colachata *m* **RP**.

banheiro [bã'ɲejru] *m* baño *m*.

banhista [bã'ɲiʃta] *mf* bañista *mf*.

banho ['bãɲu] *m* -**1.** [para asseio]: ~ **(de chuveiro)** ducha *f*, regadera *f* **Méx**; **tomar** ~ ducharse, bañarse **Amér**, darse un regaderazo **Méx**; ~ **(de banheira)** baño (en la bañera), baño de tina **Méx**. -**2.** [na praia, no clube *etc.*]: ~ **de mar/piscina** baño en el mar/la piscina; ~ **de sol** baño de sol. -**3.** [solução] baño *m*. -**4.** [de cultura *etc.*] baño *m*. -**5.** *fam* [surra]: **dar um** ~ **em alguém** dar una paliza a alguien. -**6.** *loc:* **vai tomar** ~! *fam* ¡vete a paseo! *Esp*, ¡sácate a bañar! **Méx**, ¡andá a bañarte! **RP**.

banho-maria [ˌbãɲuma'ria] (*pl* **banhos-marias, banhos-maria**) *m* **CULIN** baño *m* María.

banir [ba'ni(x)] *vt* -**1.** [desterrar] expulsar. -**2.** [eliminar] eliminar.

banqueiro, ra [bãŋ'kejru, ra] *m, f* banquero *m*, -ra *f*.

banqueta [bãŋ'keta] *f* banqueta *f*.

banquete [bãŋ'ketʃi] *m* banquete *m*.

baque ['baki] *m* -**1.** [choque, revés] golpe *m*; **levar um** ~ llevarse un golpe. -**2.** [ruído] barullo *m*, golpe *m* **Méx**. -**3.** [queda] caída *f*.

bar ['ba(x)] (*pl* -es) *m* bar *m*.

barafunda [bara'fũnda] *f* lío *m*.

baralho [ba'raʎu] *m* baraja *f* mazo *m* *(de cartas)* **RP**.

barão [ba'rãw] (*pl* -ões) *m, f* barón *m*, -esa *f*.

barata [ba'rata] *f* cucaracha *f*.

barateiro, ra [bara'tejru, ra] *adj* barato(ta).

baratinado, da [baratʃi'nadu, da] *adj* trastornado(da).

baratinar [baratʃi'na(x)] *vt* trastornar.

barato, ta [ba'ratu, ta] ◇ *adj* -**1.** [ger] barato(ta). -**2.** *fam* [ordinário] barato(ta). ◇ *adv* barato. ◇ *m* -**1.** *fam* [de droga] colocón *m*, viaje *m* **RP**. -**2.** *fam* [legal]: **que** ~! ¡qué barbaro!; **ser um** ~ ser fenomenal.

barba ['baxba] *f* barba *f*; **fazer a** ~ afeitarse, rasurarse **Méx**; **pôr as** ~ **s de molho** *fig* poner las barbas en remojo.

barbado, da [bax'badu, da] *adj* barbudo(da).

Barbados [bax'baduʃ] *n* Barbados.

barbante [bax'bãntʃi] *m* cordel *m*, piolín *m* **RP**.

barbaridade [baxbari'dadʒi] *f* barbaridad *f*; **que** ~! ¡qué barbaridad!

barbárie [bax'barje] *f* barbarie *f*.

bárbaro, ra ['baxbaru, ra] *adj* bárbaro(ra).

barbatana [baxba'tãna] *f* aleta *f*.

barbeador [barbja'do(x)] (*pl* -es) *m* -**1.** [manual] maquinilla *f*, rastrillo *f* **Méx**. -**2.** [elétrico] máquina *f* de afeitar, rasuradora *f* **Méx**.

barbear [bax'bja(x)] *vt* afeitar, rasurar **Méx**.

➡ **barbear-se** *vp* afeitarse, rasurarse **Méx**.

barbearia [baxbja'ria] *f* barbería *f*, peluquería *f* **Amér**.

barbeiragem [baxbej'raʒē] *f fam* [no trânsito] bestialidad *f*.

barbeiro, ra [bax'bejru] ◇ *adj fam* -**1.** [motorista] dominguero(ra), cafre **Méx**. -**2.** [cirurgião *etc.*] carnicero(ra). ◇ *m* -**1.** [ger] barbero *m*, peluquero *m*. -**2.** [inseto] vinchuca *f*.

barbudo, da [bax'budu, da] ◇ *adj* barbudo(da). ◇ *m* barbudo *m*.

barca ['baxka] *f* barca *f*.

barcaça [bax'kasa] *f* barcaza *f*.

barco ['baxku] *m* barco *m*; ~ **a motor** barco a motor; ~ **a remo** barco de remos; ~ **a vela** barco de ou **a** *RP* vela; **estar no mesmo** ~ *fig* estar en el mismo barco; **tocar o** ~ **para frente** *fig* continuar ou seguir adelante.

barganha [bax'gãɲa] *f* fraude *m*.

barganhar [baxgã'ɲa(x)] ◇ *vt* negociar, regatear. ◇ *vi* negociar, regatear.

barítono, na [ba'ritonu, na] ⬦ *adj* baríto-no(na). ⬦ *m* **-1.** [cantor] barítono *m.* **-2.** [sax] saxofón *m* barítono.

barman ['baxmɛl] (*pl* **-s**) *m* barman *m.*

barões [ba'rõjʃ] *pl* ⊳ **barão.**

barômetro [ba'rometru] *m* barómetro *m.*

barqueiro, ra [bax'kejru, ra] *m, f* barquero *m, -ra f.*

barra ['baxa] *f* **-1.** [ger] barra *f*; ~ **de dire-ção** *AUTO* barra *f* de dirección; ~ **s parale-las** barras paralelas. **-2.** [em roupa, tapete] dobladillo *m.* **-3.** [em tribunal] estrado *m.* **-4. fam** [situação] situación *f*, onda *f RP.* **-5.** *loc:* **agüentar a** ~ aguantar la situación, aguantar la onda *RP*; **forçar a** ~ forzar la situación, forzar la cosa *RP.*

barraca [ba'xaka] *f* **-1.** [em acampamento *etc.*] tienda *f* de campaña, carpa *f Amér.* **-2.** [em feira] barraca *f*, puesto *m RP.* **-3.** [de ma-deira] cabaña *f.* **-4.** [guarda-sol] parasol *m*, sombrilla *f.*

barracão [baxa'kãw] (*pl* **-ões**) *m* cobertizo *m*, galpón *m RP.*

barraco [ba'xaku] *m* chabola *f Esp*, choza *f Amér*, jacal *m Méx*, rancho *m RP.*

barragem [ba'xaʒẽ] (*pl* **-ns**) *f* **-1.** [represa] embalse *m.* **-2.** [barreira] presa *f.*

barranco [ba'xãŋku] *m* barranco *m.*

barra-pesada [ˌbaxape'zada] (*pl* **barras-pesa-das**) *adj fam* **-1.** [violento] violento(ta), de la pesada *RP.* **-2.** [difícil] difícil complica-do(da).

barrar [ba'xa(x)] *vt* **-1.** [obstruir] obstruir. **-2.** [excluir] cerrar el paso a.

barreira [ba'xejra] *f* barrera *f.*

barrento, ta [ba'xẽntu, ta] *adj* arcilloso(sa).

barricada [baxi'kada] *f* barricada *f.*

barriga [ba'xiga] *f* **-1.** *ANAT* barriga *f.* **-2.** [sa-liência] abultamiento *m.*

barrigudo, da [baxi'gudu, da] *adj* barrigu-do(da), barrigón(ona) *RP.*

barril [ba'xiwl] (*pl* **-is**) *m* barril *m.*

barro ['baxul] *m* barro *m.*

barroco, ca [ba'xoku, ka] *adj* barroco(ca).

barulhento, ta [baru'ʎẽntu, ta] *adj* ruido-so(sa), barullento(ta) *RP.*

barulho [ba'ruʎul] *m* **-1.** [ruído] ruido *m*, barullo *m.* **-2.** [confusão] barullo *m*, escán-dalo *m.*

basco, ca ['baʃku, ka] ⬦ *adj* vasco(ca). ⬦ *m, f* vasco *m, -ca f.*
⬦ **basco** *m* [língua] vasco *m*, euskera *m.*

basculante [baʃku'lãntʃi] *m* ventana *f* bas-culante, banderola *f RP.*

base ['bazi] *f* base *f*; **com** ~ **em** con base en; **na** ~ **de** a base de; ~ **monetária** base *f* monetaria.

baseado, da [ba'zjadu, da] *adj* [fundamenta-do] basado(da).
⬦ **baseado** *m gír droga* porro *m.*

basear [ba'zja(x)] *vt*: ~ **algo em algo** basar algo en algo.
⬦ **basear-se** *vp*: ~ **-se em algo** basarse en algo.

básico, ca ['baziku, ka] *adj* básico(ca).

basílica [ba'zilika] *f* basílica *f.*

basquete [baʃ'kɛtʃi], **basquetebol** [baʃ'-ketʃ'bɔwl] *m* baloncesto *m Esp*, básquetbol *m Amér.*

basta ['baʃta] ⬦ *m*: **dar um** ~ **em** decir basta a, ajustar las riendas a *RP.* ⬦ *interj* ¡basta!

bastante [baʃ'tãntʃil] ⬦ *adj* bastante. ⬦ *adv* bastante.

bastão [baʃ'tãw] (*pl* **-ões**) *m* bastón *m.*

bastar [baʃ'ta(x)] *vi* [ser suficiente] bastar.

bastardo, da [baʃ'taxdu, da] *adj* bastar-do(da).

bastidor [baʃtʃi'do(x)] *m* [moldura] bastidor *m.*
⬦ **bastidores** *mpl* bastidores *mpl.*

bastões [baʃ'tõjʃ] *pl* ⊳ **bastão.**

bata ['batal] *f* **-1.** [blusa] blusa *f*, bata *f RP.* **-2.** [jaleco] bata *f*, guardapolvo *m Esp & RP*, túnica *f RP.*

batalha [ba'taʎa] *f* batalla *f.*

batalhador, ra [bataʎa'do(x), ra] *adj* bata-llador(ra).

batalhão [bata'ʎãw] (*pl* **-ões**) *m* batallón *m.*

batata [ba'tata] *f* patata *f Esp*, papa *f Amér*; ~ **frita** patata *f Esp ou* papa *Amér* frita; ~ **da perna** pantorrilla *f*, chamorro *m Méx.*

batata-doce [baˌtata'dosil] (*pl* **batatas-doces**) *f* batata *f Arg & Esp*, boniato *m Esp & Urug*, camote *m Andes, CAm & Méx.*

bate-boca [ˌbatʃi'boka] (*pl* **bate-bocas**) *m* discusión *f.*

batedor [bate'do(x)] *m* **-1.** [polícia] escolta *f.* **-2.:** ~ **de carteiras** [ladrão] carterista *m*, punguista *m RP.*

batente [ba'tẽntʃi] *m* **-1.** [ombreira] batiente *m.* **-2.** *fam* [trabalho] trabajo *m*, curro *m Esp*, laburo *m RP.*

bate-papo [ˌbatʃi'papu] (*pl* **bate-papos**) *m fam* charla *f*, plática *f CAm & Méx.*

bater [ba'te(x)] ⬦ *vt* **-1.** [ger] golpear. **-2.** [datilografar]: ~ **algo (à máquina)** escribir algo a máquina. **-3.** [ovos, asas, recorde] batir. **-4.** [foto] hacer, sacar. **-5.** [usar todo dia] usar a diario. **-6.** [furtar]: ~ **cartei-ra** levantar *Esp & Méx*, punguear *RP.* ⬦ *vi* **-1.** [dar pancadas]: ~ **em algo/alguém** gol-pear algo/a alguien. **-2.** [colidir]: ~ **em al-go** chocar contra algo. **-3.** [horas, sino] dar. **-4.** [coração] latir. **-5.** *loc:* **não** ~ **bem** *fam* [ser meio doido] estar chiflado(da), estar majareta *Esp*, estar piantado(da) *RP.*

◆ **bater-se** *vp*: ~-se por luchar por.
bateria [bate'rial *f* batería *f*.
baterista [bate'riʃta] *mf* MÚS batería *mf* **Esp**, baterista *mf* **Amér**.
batido, da [ba'tʃidu, da] ◇ *adj* -1. [terra] batido(da). -2. [comum demais] trillado(da). -3. [vencido] derrotado(da). ◇ *adv* [às pressas] rápidamente, rapidísimo **RP**.
◆ **batida** *f* -1. [de coração] latido *m*. -2. [de relógio, sino] campanada *f*. -3. [à porta] golpe *m*. -4. [policial] redada *f*. -5. AUTO colisión *f*, choque *m*. -6. *fam* & MÚS tiempo *m*. -7. [bebida] *cóctel de frutas con aguardiente de caña*.
batina [ba'tʃina] *f* RELIG sotana *f*.
batismo [ba'tʃiʒmu] *m* bautismo *m*.
batistério [batʃiʃ'tɛrju] *m* baptisterio *m*.
batizar [batʃi'za(x)] *vt* bautizar.
batom [ba'tõ] (*pl* -ns) *m* lápiz *m* de labios, lápiz *m* labial **RP**.
batucada [batu'kada] *f* [reunião] *fiesta callejera en la que se tocan ritmos de samba con instrumentos de percusión y a veces con acompañamiento vocal*, batucada *f* **Amér**.
batucar [batu'ka(x)] *vi* -1. MÚS *bailar y cantar al ritmo de instrumentos de percusión*. -2. [martelar] martillear.
batuque [ba'tuki] *m* [reunião] *fiesta callejera en la que se tocan ritmos de samba con instrumentos de percusión y a veces con acompañamiento vocal*, batuque *m* **Amér**.
batuta [ba'tuta] *f* [de maestro] batuta *f*.
baú [ba'u] *m* baúl *m*.
baunilha [baw'niʎa] *f* vainilla *f*.
bazar [ba'za(x)] (*pl* -es) *m* -1. [ger] bazar *m*. -2. [em casa, igreja *etc*.] rastro *m* benéfico, venta *f* de garaje **Méx**, feria *f* de beneficencia **RP**.
B2B (*abrev de* **business-to-business**) *m* B2B *m*.
BB (*abrev de* **Banco do Brasil**) *m* *Banco de Brasil*.
BBC (*abrev de* **British Broadcasting Corporation**) *f* BBC *f*.
BC (*abrev de* **Banco Central do Brasil**) *Banco Central de Brasil*.
beato, ta [be'atu, ta] ◇ *adj* beato(ta). ◇ *m* beato *m*, -ta *f*.
bêbado, da ['bebadu, da] ◇ *adj* borracho(cha), bebido(da) **Méx**. ◇ *m*, *f* borracho *m*, -cha *f*.
bebê [be'be] *m* bebé *m*, bebe *m*, -ba *f* **RP**.
bebedeira [bebe'dejra] *f* borrachera *f*; **tomar uma** ~ emborracharse.
bêbedo ['bebedu] bêbado.
bebedor [bebe'do(x)] ◇ *adj* bebedor(ra), tomador(ra) **RP**. ◇ *m* bebedor *m*, -ra *f*, tomador *m*, -ra *f* **RP**.
bebedouro [bebe'doru] *m* -1. [aparelho] fuente *f*. -2. [para animais] abrevadero *m*.
beber [be'be(x)] ◇ *vt* -1. [tomar líquido] beber. -2. [absorver] absorber, chupar **Amér**. ◇ *vi* -1. [tomar bebida alcoólica] beber, tomar **Amér**. -2. [embriagar-se] emborracharse.
bebida [be'bida] *f* bebida *f*.
beça ['bɛsa] *f*: à ~ [em grande quantidade] a montones pila de **RP**; [ao extremo] un montón pilas **RP**.
beco ['beku] *m* callejón *m*; **estar num** ~ **sem saída** estar en un callejón sin salida.
beduíno, na [be'dwinu, na] ◇ *adj* beduino(na). ◇ *m*, *f* beduino *m*, -na *f*.
bege ['bɛʒi] ◇ *adj inv* beige, beis **Esp**. ◇ *m* beige *m*, beis *m* **Esp**.
begônia [be'gonja] *f* begonia *f*.
beiço ['bejsu] *m* labio *m*.
beija-flor [ˌbejʒa'flo(x)] (*pl* beija-flores) *m* colibrí *m*, chupamirtos *m inv* **Méx**, picaflor *m* **RP**.
beijar [bej'ʒa(x)] *vt* besar.
◆ **beijar-se** *vp* besarse.
beijo ['bejʒu] *m* beso *m*; **dar um** ~ **em alguém** dar un beso a alguien.
beira ['bejra] *f* borde *m*; à ~ **de** al borde de.
beira-mar [ˌbejra'ma(x)] *f*: à ~ a la orilla del mar.
beirar [bej'ra(x)] *vt* bordear.
beisebol [bejze'bɔw] *m* béisbol *m*, pelota *f* **Cuba**, beisbol *m* **Méx**.
belas-artes [ˌbɛla'zaxtʃiʃ] *fpl* bellas artes *fpl*.
beldade [bew'dadʒi] *f* beldad *f*.
Belém [be'lẽj] *n* -1. [no Brasil] Belén. -2. [na Palestina] Belén.
beleza [be'leza] *f* belleza *f*.
belga ['bɛwga] ◇ *adj* belga. ◇ *mf* belga *mf*.
Bélgica ['bɛwʒika] *n* Bélgica.
Belgrado [bew'gradu] *n* Belgardo.
beliche [be'liʃi] *m* litera *f*, cucheta *f* **RP**.
bélico, ca ['bɛliku, ka] *adj* bélico(ca).
beliscão [beliʃ'kãw] (*pl* -ões) *m* pellizco *m*, pellizcón *m* **RP**.
beliscar [beliʃ'ka(x)] *vt* -1. [pessoa] pellizcar. -2. [comida] picotear, pellizcar **Amér**.
belo, la ['bɛlu, la] ◇ *adj* -1. [ger] bello(lla). -2. [indefinido]: **um** ~ **dia ...** un buen día ... ◇ *m* [estética]: **o** ~ lo bello.
bem ['bẽj] ◇ *adv* -1. [ger] bien. -2. [muito] mucho; **dormi até** ~ **mais tarde** dormí hasta mucho más tarde. -3. [exatamente] exactamente. -4. [expressando opinião]: **estar** ~ estar bien; **fazer** ~ **a** [suj: exercício *etc*.] hacer bien a; **ficar** *ou* **cair** ~ [atitude] quedar *ou* caer bien. -5. [saudando]: **tudo**

~**?** *fam* ¿qué tal?, ¿todo bien? *Méx*; **tudo** ~ [em resposta] muy bien, todo bien *Méx*. **- 6.** [concordando]: **está** ~ está bien. **- 7.** [em conclusão, introdução] bien, bueno *RP*. **- 8.** [em congratulação]: **muito** ~! ¡muy bien! <> *m* **-1.** [ger] bien *m*. **- 2.** [vantagem] ventaja *f*, bien *m Méx*. **- 3.** [pessoa amada] amor *m*. **- 4.** *fam* [forma de tratamento]: **meu** ~ mi amor.

➡ **bens** *mpl* **-1.** [patrimônio] bienes *mpl*. **- 2.** [produtos]: ~**s de consumo** bienes de consumo.

➡ **bem como** *loc adv* así como.

➡ **se bem que** *loc conj* si bien, aunque.

bem-acabado, da [bẽjaka'badu, da] (*mpl* **-s**, *fpl* **-s**) *adj* bien acabado(da), bien terminado(da).

bem-apessoado, da [bẽjape'swadu, da] (*mpl* **-s**, *fpl* **-s**) *adj* bien parecido(da), de buena presencia.

bem-arrumado, da [bẽjaxu'madu, da] (*mpl* **-s**, *fpl* **-s**) *adj* bien arreglado(da).

bem-casado, da [bẽjka'zadu, da] (*mpl* **-s**, *fpl* **-s**) *adj* bien casado(da).

bem-conceituado, da [bẽjkõnsej'twadu, da] (*mpl* **-s**, *fpl* **-s**) *adj* con una buena reputación.

bem-disposto, ta [bẽjdʒiʃ'poʃtu, ta] *adj* con buena disposición.

bem-educado, da [bẽjedu'kadu, da] (*mpl* **-s**, *fpl* **-s**) *adj* educado(da), bien educado(da) *Amér*.

bem-estar [bẽjʃ'ta(x)] *m* bienestar *m*.

bem-feito, ta [bẽj'fejtu, ta] (*mpl* **-s**, *fpl* **-s**) *adj* bien hecho(cha).

bem-humorado, da [bẽjumo'radu, da] (*mpl* **-s**, *fpl* **-s**) *adj* bienhumorado(da).

bem-intencionado, da [bẽjĩntẽnsjo'nadu, da] (*mpl* **-s**, *fpl* **-s**) *adj* bienintencionado(da).

bem-me-quer [bẽjmi'kɛ(x)] *m* margarita *f*.

bem-passado, da [bẽjpa'sadu, da] (*mpl* **-s**, *fpl* **-s**) *adj* [carne] bien hecho(cha) *Esp*, bien cocido(da) *Amér*.

bem-sucedido, da [bẽjsuse'dʒidu, da] (*mpl* **-s**, *fpl* **-s**) *adj* exitoso(sa).

bem-vindo, bem-vinda [bẽj'vĩndu, da] *adj* bienvenido(da).

benção [bẽnsãw] (*pl* **-ões**) *f* bendición *f*.

benchmarking [bɛnʃmarkiŋ] *m ECON* evaluación *f* comparativa.

bendito, ta [bẽn'dʒitu, ta] *adj* [abençoado] bendito(ta).

bendizer [bẽndʒi'ze(x)] *vt* bendecir.

beneficência [benefi'sẽnsja] *f* [bondade] beneficencia *f*.

beneficiado, da [benefi'sjadu, da] <> *adj*

beneficiado(da). <> *m* [beneficiário] beneficiario *m*, -ria *f*.

beneficiar [benefi'sja(x)] *vt* **-1.** [favorecer] beneficiar. **- 2.** [processar] procesar. **- 3.** [melhorar] reformar.

➡ **beneficiar-se** *vp* [favorecer-se] beneficiarse.

benefício [bene'fisju] *m* **-1.** [ger] beneficio *m*. **- 2.** [auxílio do governo] subsidio *m*.

benéfico, ca [be'nɛfiku, ka] *adj* **-1.** [ger] benéfico(ca). **- 2.** [favorável] favorable.

Benelux (*abrev de* België-Nederland-Luxembourg) *n* Benelux.

benemérito, ta [bene'mɛritu, ta] <> *adj* benemérito(ta). <> *m* benemérito *m*, -ta *f*.

benevolente [benevo'lẽntʃi] *adj* benevolente.

benfeitor, ra [bẽnfej'to(x), ra] <> *adj* [benévolo] benefactor(ra). <> *m* benefactor *m*, -ra *f*.

bengala [bẽŋ'gala] *f* bastón *m*.

benigno, na [be'nignu, na] *adj* benigno(na).

benjamim [bẽnʒa'mĩ] (*pl* **-ns**) *m ELETR* ladrón *m*.

bens ['bẽjʃ] *pl* ➡ **bem**.

bento, ta ['bẽntu, ta] <> *pp* ➡ **benzer**. <> *adj* bendito(ta).

benzer [bẽn'ze(x)] *vt* [abençoar] bendecir.

➡ **benzer-se** *vp* [fazer o sinal da cruz] santiguarse.

berço ['bexsu] *m* cuna *f*; **nascer em** ~ **de ouro** *loc* nacer rico(ca), nacer en cuna de oro *Amér*.

berimbau [berĩn'baw] *m MÚS instrumento de percusión de origen africano con el cual se acompaña la capoeira*.

berinjela [berĩn'ʒɛla] *f* berenjena *f*.

Berlim [bex'lĩ] *n* Berlín.

berlinense [bexli'nẽnsi] <> *adj* berlinés(esa). <> *mf* berlinés *m*, -esa *f*.

bermuda [bex'muda] *f* bermudas *fpl*.

Berna ['bexna] *n* Berna.

berrar [be'xa(x)] <> *vt* [ofensas, ameaças] gritar. <> *vi* **-1.** [ger] gritar. **- 2.** [animal] berrear.

berreiro [be'xejru] *m* **-1.** [gritaria] griterío *m*. **- 2.** [choradeira] berridos *mpl*, llantos *mpl RP*.

berro ['bɛxu] *m* bramido *m*.

besouro [be'zorul] *m* abejorro *m*.

besta ['beʃta] *fam* <> *adj* **-1.** [pedante] pedante. **- 2.** [idiota] bestia. **- 3.** [surpreso]: **ficar** ~ quedar boquiabierto(ta). **- 4.** [insignificante] sin importancia. <> *f* **-1.** [animal] bestia *f*. **- 2.** *fam* [pessoa pedante] pedante *m*. **-3.** *fam* [pessoa idiota] bestia *mf*.

bestial [beʃ'tjaw] (*pl* **-ais**) *adj* bestial.

best-seller [ˌbɛʃt'sɛle(x)] (*pl* **-s**) *m* éxito *m*

de ventas best-seller *m*.
besuntar [bezũn'ta(x)] *vt* [untar]: ~ **de** *ou* **com** untar de *ou* con.
beterraba [bete'xaba] *f* remolacha *f*, betabel *m Méx*.
betume [be'tumi] *m* betún *m*.
bexiga [be'ʃiga] *f* ANAT vejiga *f*.
bezerro, rra [be'zexu, xa] *m,f* becerro *m*, -rra *f*.
bibelô [bibe'lo] *m* [objeto decorativo] bibelot *m*.
bíblia ['biblja] *f* biblia *f*.
bíblico, ca ['bibliku, ka] *adj* bíblico(ca).
bibliografia [bibljogra'fia] *f* bibliografía *f*.
biblioteca [bibljo'tɛka] *f* biblioteca *f*.
bibliotecário, ria [bibljote'karju, rja] *m, f* bibliotecario *m*, -ria *f*.
bica ['bika] *f* caño *m*.
bicampeão, peã [bikãnpjãw, pjã] (*mpl* -**peões**, *fpl* -**s**) ⟨⟩ *adj* bicampeón(ona). ⟨⟩ *m* bicampeón *m*, -ona *f*.
bicar [bi'ka(x)] *vt* -**1**. [dar bicadas] picotear. -**2**. [bebericar] beber a tragos, tomar de a traguitos *RP*.
bicentenário, ria [bisẽnte'narju, rja] ⟨⟩ *adj* bicentenario(ria). ⟨⟩ *m* bicentenario *m*.
bicha ['biʃa] *f* -**1**. [lombriga] lombriz *f*. -**2**. *fam pej* [efeminado] marica *m*.
bicheiro [bi'ʃejru] *m* [em jogo do bicho] banquero *m*.
bicho ['biʃu] *m* -**1**. [ger] bicho *m*. -**2**. *fam* [sujeito] tío *m*, -a *f Esp*, cuate *m*, -ta *f Méx*, che *mf RP*.
bicicleta [besi'klɛta] *f* bicicleta *f*; **andar de** ~ andar en bicicleta.
bico ['biku] *m* -**1**. [de ave] pico *m*. -**2**. [ponta] punta *f*. -**3**. *fam* [boca] pico *m*; **calar o** ~ cerrar el pico. -**4**. [chupeta] tetina *f*. -**5**. *fam* [biscate] trabajillo *m Esp*, chamba *f Méx*, changa *f RP*. -**6**. ANAT: ~ **do peito** pezón *m*. -**7**. [de gás] espita *f*.
bicombustível [biknbuʃ'tʃivew] *adj* bicombustible.
BID (*abrev de* Banco Interamericano de Desenvolvimento) *m* BID *m*.
bidê [bi'de] *m* bidé *m*, bidet *m RP*.
Bielo-Rússia [bjɛlo'xusja] *n* Bielorrusia.
bienal [bje'naw] (*pl* -**ais**) ⟨⟩ *adj* bienal. ⟨⟩ *f* bienal *f*.
bife ['bifi] *m* CULIN bistec *m*, bife *m RP*, carne *f* asada *Méx*; ~ **a cavalo** bistec con huevos fritos encima, bife a caballo *RP*; ~ **à milanesa** bistec a la milanesa, milanesa *f* de res *Méx*, milanesa *f RP*.
bifocal [bifo'kaw] (*pl* -**ais**) *adj* bifocal.
bifurcar [bifux'ka(x)] *vi* bifurcarse.
➤ **bifurcar-se** *vp* bifurcarse.
bígamo, ma ['bigamu, ma] ⟨⟩ *adj* bíga-

mo(ma). ⟨⟩ *m, f* bígamo *m*, -ma *f*.
bigode [bi'gɔdʒi] *m* bigote *m*.
bigorna [bi'gɔxna] *f* yunque *m*.
bijuteria [biʒute'ria] *f* bisutería *f*, bijouterie *f RP*.
bilhão [bi'ʎãw] (*pl* -**ões**) *num* mil millones.
bilhar [bi'ʎa(x)] (*pl* -**es**) *m* billar *m*.
bilhete [bi'ʎetʃi] *m* -**1**. [mensagem] nota *f*. -**2**. [ingressso] entrada *f*, tiquete *m Amér*, boleto *m Méx*. -**3**. [passagem] billete *m Esp*, pasaje *m Amér*, tiquete *m Andes*, boleto *m Méx*; ~ **de ida** billete de ida *Esp*, pasaje sencillo *Amér*, boleto sencillo *Méx*; ~ **de ida e volta** billete de ida y vuelta, pasaje de ida y vuelta *Amér*, pasaje redondo *Méx*. -**4**. [de loteria] billete *m*.
bilheteria [biʎete'ria] *f* taquilla *f*, boletería *f RP*.
bilhões [bi'ʎõjʃ] *pl* ▷ **bilhão**.
bilíngüe [bi'lĩŋgwi] *adj* bilingüe.
bilionário, ria [biljo'narju, rja] ⟨⟩ *adj* multimillonario(ria). ⟨⟩ *m, f* multimillonario *m*, -ria *f*.
bílis ['biliʃ] *f* bilis *f inv*.
bimestral [bimeʃ'traw] (*pl* -**ais**) *adj* bimestral.
bimotor [bimo'to(x)] ⟨⟩ *adj* bimotor. ⟨⟩ *m* bimotor *m*.
bingo ['bĩŋgu] *m* bingo *m*.
binóculo [bi'nɔkulu] *m* prismáticos *mpl*, binoculares *mpl Amér*, largavistas *mpl RP*.
binômio [bi'nomju] *m* MAT binomio *m*.
biodegradável [bjwdegra'davew] (*pl* -**eis**) *adj* biodegradable.
biodiversidade [bjwdʒivexsi'dadʒi] *f* biodiversidad *f*.
bioengenharia [biowẽnʒeɲa'ria] *f* bioingeniería *f*.
biografia [bjogra'fia] *f* biografía *f*.
biográfico, ca [bjo'grafiku, ka] *adj* biográfico(ca).
biologia [bjolo'ʒia] *f* biología *f*.
biológico, ca [bjo'lɔʒiku, ka] *adj* biológico(ca).
biólogo, ga ['bjɔlogu, ga] *m, f* biólogo *m*, -ga *f*.
biomassa [bio'masa] *f* biomasa *f*.
biombo ['bjõnbu] *m* biombo *m*.
biopirataria [biopirata'ria] *f* biopiratería *f*.
BIOS (*abrev de* Basic Input/Output System) *m* BIOS *m*.
bipartidarismo [bipaxtʃida'riʒmu] *m* bipartidismo *m*.
biquíni [bi'kini] *m* biquini *m*.
BIRD (*abrev de* Banco Internacional de Reconstrução e Desenvolvimento) *m* BIRD *m*.
birita [bi'rita] *f fam* copa *f*, trago *m Amér*.
birosca [bi'rɔʃka] *f* -**1**. [pequena mercearia]

tienda *f* pequeña. **-2.** [botequim] cantina *f*, boliche *m RP*.

birra [ˈbixa] *f*-**1.** [obstinação] rabieta *f*; **de** ∼ por cabezonería. **-2.** [antipatia]: **ter** ∼ **com** sentir antipatía por *Esp*, tener adversión por *Méx*, tener idea a *RP*.

biruta [biˈruta] ⟨⟩ *adj* [pessoa] atolondrado(da), disperso(sa) *Méx*. ⟨⟩ *m* [pessoa] tarambana *m*, atarantado *m Méx*. ⟨⟩ *f* [dispositivo] manga *f* catavientos.

bis [ˈbiʃ] ⟨⟩ *m* bis *m*. ⟨⟩ *interj* ¡otra!

bisavô, vó [bizaˈvo, vɔ] *m, f* bisabuelo *m*, -la *f*.
→ **bisavós** *mpl* bisabuelos *mpl*.

bisbilhotar [biʒbiʎoˈta(x)] ⟨⟩ *vt* [examinar] escudriñar. ⟨⟩ *vi fam* [fazer mexericos] cotillear *Esp*, chismear *Méx*, chusmear *RP*.

bisbilhoteiro, ra [biʒbiʎoˈtejru, ra] ⟨⟩ *adj* -**1.** [curioso] cotilla *Esp*, chismoso(sa) *Amér*, metiche *Méx*, chusma *RP*. **-2.** [mexeriqueiro] chismoso(sa), chusma *RP*. ⟨⟩ *m, f* -**1.** [pessoa curiosa] cotilla *mf Esp*, chismoso *m*, -sa *f Amér*, metiche *mf Méx*, chusma *mf RP*. **-2.** [pessoa mexeriqueria] chismoso *m*, -sa *f*, metiche *mf Méx*, chusma *mf RP*.

biscate [biʃˈkatʃi] *m fam* trabajo *m* de poca monta, chamba *f Méx*, changa *f RP*.

biscoito [biʃˈkojtu] *m* galleta *f*.

bisnaga [biʒˈnaga] *f* -**1.** [pão] barra *f Esp*, baguet *f Amér*, flauta *f RP*. **-2.** [tubo] tubo *m*.

bisneto, ta [biʒˈnɛtu, ta] *m, f* biznieto *m*, -ta *f*.

bispo [ˈbiʃpu] *m* -**1.** *RELIG* obispo *m*. **-2.** [xadrez] alfil *m*.

bissexto, ta [biˈsejʃtul *adj*: **ano** ∼ año bisiesto.
→ **bissexto** *m* día adicional que se añade al mes de febrero en un año bisiesto, bisiesto *m Amér*.

bissexual [bisekˈswaw] (*pl* -**ais**) ⟨⟩ *adj* bisexual. ⟨⟩ *mf* bisexual *mf*.

bisturi [biʃtuˈri] *m* bisturí *m*.

bit [ˈbitʃi] *m COMPUT* bit *m*.

bitola [biˈtɔla] *f*-**1.** [de eixo] eje *m*. **-2.** [medida reguladora] patrón *m*. **-3.** [de filme] formato *m*.

bizarro, a [biˈzaxu, xa] *adj* raro(ra).

black-tie [blɛkˈtaj] *m* esmoquin *m*.

blasé [blaˈze] *adj* con aires de superioridad.

blasfemar [blaʃfeˈma(x)] ⟨⟩ *vt RELIG* maldecir. ⟨⟩ *vi RELIG* blasfemar.

blasfêmia [blaʃˈfemja] *f*-**1.** *RELIG* blasfemia *f*. **-2.** [ultraje] injuria *f*.

blazer [ˈblejzɛ(x)] (*pl* -**es**) *m* chaqueta *f*, americana *f Esp*, blazer *m Amér*.

blecaute [bleˈkawtʃi] *m* apagón *m*.

blefar [bleˈfa(x)] *vi* -**1.** [em jogo] hacer trampas. **-2.** [tapear] engañar.

blefe [ˈblɛfi] *m* engaño *m*.

blindado, da [blĩˈdadu, da] *adj* blindado(da).

blindagem [blĩˈdaʒẽ] *f* blindaje *m*.

blitz [ˈblitʃi] (*pl* **blitze**) *f* redada *f* masiva.

bloco [ˈblɔku] *m* -**1.** [prédio, massa, estrutura] bloque *m*. **-2.** [papel] bloc *m*. **-3.** [grupo]: ∼ de Carnaval comparsa *f*.
→ **em bloco** *loc adv* en bloque.

blog [ˈblɔgi] *m INFORM* bitácora *f*.

bloquear [bloˈkja(x)] *vt* bloquear.

bloqueio [bloˈkeju] *m* bloqueo *m*; ∼ econômico bloqueo *m* económico.

blusa [ˈbluza] *f* suéter *m*, jersey *m Esp*, pulóver *m RP*, buzo *m Urug*.

BM (*abrev de* Banco Mundial) *m* BM *m*.

BM&F (*abrev de* Bolsa de Mercadorias e Futuros) *f* bolsa de productos básicos y futuros.

BNDES (*abrev de* Banco Nacional de Desenvolvimento Econômico e Social) *m* banco público brasileño de fomento al desarrollo económico y social.

BNH (*abrev de* Banco Nacional da Habitação) *m* banco nacional para la financiación de la compra de vivienda por parte de personas con baja renta.

BO (*abrev de* Boletim de Ocorrência) *m* denuncia efectuada en una comisaría de policía.

boa [ˈboa] *f* ⊳ **bom**.

boate [ˈbwatʃi] *f* discoteca *f*.

boato [ˈbwatu] *m* rumor *m*.

boa-vida [ˌboaˈvida] (*pl* **boas-vidas**) *m,f* sibarita *mf*, bon vivant *m RP*.

Boa Vista [ˌboaˈviʃta] *n* Boa Vista.

bobagem [boˈbaʒẽ] (*pl* -**ns**) ⟨⟩ *f* tontería *f*, bobada *f*. ⟨⟩ *adj* [desaconselhável]: **ser** ∼ **fazer algo** ser una tontería *ou* bobada hacer algo.

bobeada [boˈbjada] *f fam* bobada *f*, tarugada *f Méx*, chotada *f RP*; **dar uma** ∼ hacer una bobada *ou* tarugada *Méx ou* chotada *RP*.

bobear [boˈbja(x)] *vi* -**1.** [fazer besteira] hacer una tontería *ou* tarugada *Méx ou* bobada *RP*. **-2.** [deixar-se enganar] dejarse engañar, atarugarse *Méx*, embarrarla *RP*. **-3.** [descuidar-se] descuidarse. **-4.** [perder uma chance] perder una oportunidad.

bobeira [boˈbejra] *f* bobada *f*, tontería *f*; **marcar** ∼ *fam* [ser enganado] equivocarse; [perder uma chance] perder una buena oportunidad.

bobina [boˈbina] *f* bobina *f*.

bobinar [bobiˈna(x)] *vt* -**1.** [papel, fita, fio] enrollar. **-2.** [filme] rebobinar.

bobo, ba ['bobu, ba] <> *adj* bobo(ba). <> *m, f* bobo *m*, -ba *f*.
◆ **bobo** *m*: ~ **da corte** bufón *m*.

bobó [bo'bɔ] *m CULIN*: ~ **(de camarão)** *comida de origen africano hecha con gambas, leche de coco, aceite de palma y mandioca*.

boca ['bokal] *f* -**1.** [ger] boca *f*; ~ **do estômago** *fam* boca del estómago; ~ **de calça** boca de la pernera; ~ **de urna** *propaganda electoral realizada en las proximidades del colegio electoral*; **bater** ~ *loc* discutir; **falar da** ~ **para fora** *fam loc* hablar por hablar, decir de los dientes pa' fuera *Méx*, decir de la boca para afuera *RP*; **cala a** ~! ¡cierra el pico! *Esp*, ¡cierra la boca! *Amér.* -**2.** [bocal] abertura *f*, boca *f Amér.* -**3.** [de fogão] quemador *m*, hornilla *f Andes* & *Méx*, hornalla *f RP.* -**4.** [de serra] desfiladero *m.* -**5.** [de rio] embocadura *f.* -**6.** *fam* [emprego]: **arrumou uma** ~ **para ela num ministério** le consiguió un chollo en un ministerio *Esp*, la acomodó en un ministerio *Amér.* -**7.** *fam* [pessoa para sustentar]: **manter muitas** ~**s** mantener muchas bocas.

boca-a-boca [,boka'bokal] <> *m MED* boca a boca *m.* <> *adj*: **respiração** ~ respiración *f* boca a boca.

boca-de-fumo [,bokadʒi'fumul] (*pl* **bocas-de-fumo**) *f punto de venta de drogas*.

bocadinho [boka'dʒiɲu] *m* -**1.** [pequena quantidade]: **um** ~ **(de)** un poquito (de). -**2.** [tempo curto]: **um** ~ un ratito.

bocado [bo'kadul *m* -**1.** [grande quantidade]: **um** ~ **de** un montón de. -**2.** [pedaço, porção]: **um** ~ **(de)** un trozo (de). -**3.** [mordida] mordisco *m*, mordida *f Méx*.
◆ **um bocado** *loc adv* [bastante] muy.

bocal [bo'kaw] (*pl* -**ais**) *m* -**1.** [abertura] abertura *f*, boca *f Amér.* -**2.** *MÚS* boquilla *f.* -**3.** [de cano] embocadura *f*.

boçal [bo'saw] (*pl* -**ais**) *adj* -**1.** [ignorante] ignorante bestia. -**2.** [grosseiro] grosero(ra) animal.

bocejar [bose'ʒa(x)] *vi* bostezar.

bocejo [bo'seʒu] *m* bostezo *m*.

bochecha [bu'ʃeʃa] *f* moflete *m*, cachete *m Amér.*

bochecho [bo'ʃeʃu] *m* -**1.** [ato] enjuague *m Esp*, buche *m Amér.* -**2.** [líquido] bocanada *f Esp*, buche *m Amér.*

bodas ['bodaʃ] *fpl* bodas *fpl*; ~ **de ouro** bodas de oro; ~ **de prata** bodas de plata.

bode ['bɔdʒi] *m ZOOL* macho *m* cabrío; ~ **expiatório** *fig* chivo *m* expiatorio.

bodum [bo'dũ] *m* [de bode] hedor *m*.

boêmio, mia [bo'emju, mja] <> *adj* bohemio(mia). <> *m, f* bohemio *m*, -mia *f*.

bofe ['bɔfi] *m fam* -**1.** [pulmão] pulmón *m.* -**2.** *fam* [pessoa feia] coco *m*.

bofetada [bofe'tadal *f* [tapa] bofetada *f*, cachetada *f Amér.*

bofetão [bofe'tãw] (*pl* -**ões**) *m* bofetón *m*, cachetadón *m Méx*, cachetazo *m RP*.

Bogotá [bogo'tal *n* Bogotá.

boi ['boj] *m* buey *m*.

bóia ['bɔja] *f* -**1.** *NÁUT* flotador *m*; ~ **salvavidas** salvavidas *m inv.* -**2.** *fam* [comida] rancho *m*.

boiada [bo'jada] *f* manada *f ou* hato *m Méx* de bueyes.

boiar [bo'ja(x)] *vi* -**1.** [flutuar] flotar. -**2.** *fam* [não entender]: **estar boiando** no pescar nada, no pescar (una) *Amér*, no cazar (una) *RP*.

boicotar [bojko'ta(x)] *vt* boicotear.

boicote [boj'kɔtʃi] *m* boicot *m*.

boiler ['bɔjle(x)] (*pl* -**s**) *m* caldera *f*, bóiler *m Méx*, calefón *m RP*.

boina ['bojna] *f* boina *f*.

bojo ['boʒu] *m* [saliência] bolsa *f*.

bola ['bɔla] *f* -**1.** [objeto] pelota *f*; **ser bom de** ~ jugar muy bien al fútbol; ~ **de futebol** pelota de fútbol. -**2.** *ESP* [jogada] jugada *f.* -**3.** *loc*: **dar** ~ **para alguém** [flertar] intentar ligar con alguien *Esp*, flirtear con alguien *Amér*, cargar(se) a alguien *RP*; **não dar** ~ **(para)** [ignorar] no hacer caso (a), no dar bola (a) *Amér*; **não dar** ~ **para algo** [não dar importância a] no dar importancia a algo, no dar bola a algo *Amér*; **pisar na** ~ *fig* meter la pata, regarla *Méx*.

bolacha [bo'laʃa] *f* -**1.** [biscoito] galleta *f*; ~ **d'água** galleta salada, galleta al agua *RP.* -**2.** *fam* [bofetada]: **dar uma** ~ **em alguém** dar una galleta a alguien *Esp*, dar una bofetada a alguien *Amér*, dar una cachetada a alguien *Méx* & *RP*, dar un bife a alguien *RP.* -**3.** [para contagem de chopes] posavasos *m inv Amér*.

bolada [bo'lada] *f* -**1.** [pancada] pelotazo *m.* -**2.** [de dinheiro] dineral *m*, fangote *m RP*.

bolar [bo'la(x)] <> *vt fam* elaborar. <> *vi* estar en trance.

boléia [bo'lɛja] *f* asiento *m* del conductor.

boletim [bole'tʃĩ] (*pl* -**ns**) *m* -**1.** [ger] boletín *m*; ~ **médico** [nota] parte *m* médico, informe *m* médico *Amér.* -**2.** *EDUC* boletín *m*, boleta *f Méx*, carné *m RP*.

bolha ['boʎa] <> *f* -**1.** [em líquido, material] burbuja *f.* -**2.** [na pele] ampolla *f.* <> *mf fam* [pessoa] soseras *mf inv*.

boliche [bo'liʃi] *m* -**1.** [jogo] bolos *mpl*, boliche *m Méx.* -**2.** [estabelecimento] bolera *f*, boliche *m Méx*.

bolinagem [bolina'ʒẽ] (*pl* -ns) *f fam* toqueteo *m*.

bolinar [boli'na(x)] *vt* toquetear.

bolinho [bo'liɲu] *m* croqueta *f*; ~ **de bacalhau** buñuelo *m* de bacalao.

Bolívia [bo'livja] *n* Bolivia.

boliviano, na [boli'vjãnu, nã] <> *adj* boliviano(na). <> *m, f* boliviano *m*, -na *f*.

bolo ['bolu] *m* -1. CULIN pastel *m*, torta *f RP*. -2. [quantidade]: **um** ~ **de** un montón de. -3. *fam* [confusão] lío *m*; **dar** ~ haber problemas. -4. [em jogo *etc*.] bote *m*. -5. *loc*: **dar o** ~ **em alguém** dejar plantado(da) a alguien.

bolor [bo'lo(x)] *m* moho *m*.

bolsa ['bowsa] *f* -1. [acessório] bolsa *f*, cartera *f RP*. -2. EDUC: ~ **(de estudos)** beca *f* (de estudios). -3. FIN: ~ **(de valores)** bolsa *f* (de valores).

bolso ['bowsu] *m* bolsillo *m*; **de** ~ **de** bolsillo.

bom, boa ['bõ, 'boa] (*mpl* bons, *fpl* boas) *adj* -1. [ger] bueno(na); **ficar** ~ quedar bien. -2. [curado]: **ficar** *ou* **estar** ~ quedar *ou* estar bien. -3. [que funciona bem]: **a TV não anda muito boa** la tele no funciona muy bien. -4. [aconselhável] mejor. -5. [pedindo opinião, permissão]: **está** ~? ¿qué te parece?
◆ **bom** *interj*: **que** ~! ¡qué bien!
◆ **às boas** *loc adv*: **voltar às boas (com alguém)** reconciliarse (con alguien).

bomba ['bõba] *f* -1. [ger] bomba *f*; ~ **atômica** bomba atomica. -2. [fogo de artifício] *tipo de fuego artificial*, bomba *f* brasileña *Amér*. -3. [máquina, aparelho]: ~ **d'água** bomba *f* de agua; ~ **de gasolina** gasolinera *f Esp*, bomba de gasolina *Amér*, estación *f* de servicio *RP*. -4. [coisa ruim]: **ser uma** ~ ser un horror. -5. EDUC: **levar** ~ **(em algo)** *fam* catear (algo) *Esp*, reprobar (algo) *Amér*, tronar (algo) *Méx*, marchar (algo) *RP*. -6. [doce] *dulce en forma de bomba*, bomba *f RP*.

bombardear [bõbax'dʒja(x)] *vt* bombardear.

bombardeio [bõbax'deju] *m* bombardeo *m*.

bomba-relógio [ˌbõbaxe'lɔʒju] (*pl* bombas-relógios, bombas-relógio) *f* bomba *f* de relojería *Esp ou* de tiempo *Amér*.

bombear [bõ'bja(x)] <> *vt* bombear. <> *vi* bombear.

bombeiro [bõ'bejru] *m* -1. [de incêndios] bombero *m*, -ra *f*. -2. [encanador] fontanero *m*, -ra *f Esp*, plomero *m*, -ra *f Amér*.

bombom [bõ'bõ] (*pl* -ns) *m* bombón *m*, chocolate *m Méx*.

bom-tom [bõ'tõ] *m* -1. etiqueta *f*. -2.: **ser de** ~ ser distinguido(da).

bonança [bo'nãsa] *f* -1. NÁUT bonanza *f*. -2. [tranqüilidade] tranquilidad *f*.

bondade [bõ'dadʒi] *f* bondad *f*; **ter a** ~ **de fazer algo** tener la bondad de hacer algo.

bonde ['bõdʒi] *m* -1. [veículo] tranvía *m*; **pegar o** ~ **andando** *fig* subirse al tren en marcha. -2. *fam* [mulher feia] bruja *f*, bagre *m RP*.

bondoso, osa [bõ'dozu, ɔza] *adj* bondadoso(sa).

boné [bo'nɛ] *m* gorra *f*, cachucha *f Méx*.

boneca [bo'nɛka] *f* -1. [ger] muñeca *f*. -2. *fig* [mulher que se enfeita demais] coqueta *f*. -3. *fam* [homossexual] marica *m*.

boneco [bo'nɛku] *m* -1. [brinquedo, bibelô] muñeco *m*. -2. [em desenho] monigote *m*. -3. *fig* [fantoche] marioneta *f*.

boníssimo, ma [bo'nisimu, ma] *superl* ▷ **bom**.

bonito, ta [bo'nitu, ta] *adj* -1. [belo] bonito(ta). -2. [generoso] generoso(sa). -3. [excelen] excelente. -4. [ensolarado] soleado(da) *Esp*, lindo(da) *Amér*. -5. *iron* [lamentável] genial *Esp*, bonito(ta) *Amér*, lindo(da) *RP*.
◆ **bonito** *adv* [bem] bien.

bons ['bõjʃ] *pl* ▷ **bom**.

bônus ['bonuʃ] *m inv* -1. [prêmio] premio *m*. -2. [debênture] prima *f*.

boquiaberto, ta [bokja'bɛxtu, ta] *adj* [de boca aberta] boquiabierto(ta).

boquinha [bo'kiɲa] *f fig* [refeição]: **fazer uma** ~ picar alguna cosa.

borboleta [boxbo'leta] *f* -1. ZOOL mariposa *f*. -2. [roleta] ruleta *f*.

borbotão [boxbo'tãw] (*pl* -ões) *m*: **aos borbotões** a borbotones.

borbulhante [boxbu'ʎãntʃi] *adj* burbujeante.

borbulhar [boxbu'ʎa(x)] *vi* salir a borbotones.

borco ['boxku] ◆ **de borco** *loc adv*: **de** ~ de bruces.

borda ['bɔxda] *f* borde *m*.

bordadeira [boxda'dejra] *f* bordadora *f*.

bordado, da [box'dadu, da] *adj* bordado(da).
◆ **bordado** *m* bordado *m*.

bordão [box'dãw] (*pl* -ões) *m* -1. [cajado] bastón *m*. -2. *fig* [arrimo] amparo *m*. -3. [corda] bordón *m*. -4. [frase] muletilla *f*.

bordar [box'da(x)] <> *vt* bordar. <> *vi* bordar.

bordejar [boxde'ʒa(x)] *vi* NÁUT dar bordadas.

bordel [box'dɛw] (*pl* -eis) *m* burdel *m*.

bordo ['bɔxdu] *m* -1. [de navio] borda *f*; **a** ~ a

bordo. **- 2.** [ao bordejar] bordada *f.*
bordões [box'dõjʃ] *pl* ▷ **bordão.**
borla ['bɔxla] *f* **-1.** [pendão] borla *f.* **- 2.** [pompom] pompón *m.*
borra ['boxa] *f* posos *mpl Esp,* borra *f Amér.*
borracha [bo'xaʃa] *f* **-1.** [látex] caucho *m.* **- 2.** [material, objeto para apagar] goma *f.* **- 3.** [mangueira] manguera *f.*

Não confundir *borracha (goma de borrar)* com o espanhol *borracha* que em português é *bêbada.* (*A menina sempre perde sua borracha de apagar.* La niña siempre pierde su *goma de borrar.*)

borrachudo [boxa'ʃudul *m tipo de mosquito.*
borracheiro [boxa'ʃejru] *m* **-1.** [pessoa] gomero *m.* **- 2.** [oficina] gomería *f.*
borrão [bo'xãw] (*pl* **-ões**) *m* mancha *f.*
borrar [bo'xa(x)] *vt* **-1.** [manchar] manchar. **- 2.** [riscar] tachar. **- 3.** [pintar] pintarrajear. **- 4.** *fam* [de fezes] cagar.
borrasca [bo'xaʃka] *f* **-1.** [tempestade] tormenta *f.* **- 2.** [em alto mar] tempestad *f.*
borrifar [boxi'fa(x)] *vt* rociar.
borrifo [bo'xiful *m* rociada *f.*
borrões [bo'xõjʃ] *pl* ▷ **borrão.**
Bósnia-Herzegovina [ˌbɔʒnjexzego'vina] *n* Bosnia y Hercegovina.
bósnio, nia ['bɔʒnju, njal, **bosniano, na** [boʒni'ãnu, nal ◇ *adj* bosnio(nia). ◇ *m, f* bosnio *m,* -nia *f.*
bosque ['bɔʃki] *m* bosque *m.*
bossa ['bɔsal *f* **-1.** *fam* [charme] encanto *m;* ter ~ tener encanto. **- 2.** [inchaço] moretón *m.* **- 3.** *MÚS:* ~ **nova** bossa nova *f.*
bosta ['bɔʃta] *f* **-1.** [de animal] bosta *f,* majada *f Méx.* **- 2.** [de ser humano] excremento *m,* bosta *f RP.*
bota ['bɔta] *f* bota *f;* ~ s **de borracha** botas de goma.
botânico, ca [bo'tãniku, kal ◇ *adj* [qualidade] botánico(ca). ◇ *m, f* [pessoa] botánico *m,* -ca *f.*
→ **botânica** *f* [disciplina] botánica *f.*
botão [bo'tãw] (*pl* **-ões**) *m* botón *m.*
botar [bo'ta(x)] ◇ *vt* **-1.** [ger] poner; ~ **algo em dia** poner algo al día. **- 2.** [roupa, sapatos] ponerse. **- 3.** [defeito] encontrar. ◇ *vi loc:* ~ **para quebrar** [empreender mudanças] romper con todo; [fazer sucesso] tener éxito.
bote ['bɔtʃi] *m* **-1.** [barco] bote *m;* ~ **salvavidas** bote salvavidas. **- 2.** [golpe com arma] golpe *m;* [- salto] salto *m;* **dar o** ~ atacar.
boteco [bo'tɛku] (*pl* **-s**), **botequim** [bote'kĩ] (*pl* **-ns**) *m* bar *m,* cantina *f Méx,* boliche *m RP.*
boticário, ria [botʃi'karju, rjal *m, f* boticario *m,* -ria *f.*

botijão [botʃi'ʒãw] (*pl* **-ões**) *m* garrafa *f,* tanque *m Méx.*
botões [bo'tõjʃ] *pl* ▷ **botão.**
BOVESPA (*abrev de* Bolsa de Valores do Estado de São Paulo) *f Bolsa de Valores de São Paulo.*
bovino, na [bo'vinu, nal *adj* bovino(na).
boxe ['bɔksil *m* **-1.** *ESP* boxeo *m,* box *m Amér.* **- 2.** [em banheiro] ducha *f,* regadera *f Méx,* duchero *m RP.*
boxeador [boksja'do(x)] *m* boxeador *m.*
BR (*abrev de* Brasil) BR.
braça ['brasal *f NÁUT* braza *f.*
braçada [bra'sada] *f* brazada *f.*
braçadeira [brasa'dejra] *f* **-1.** [para o braço] flotador *m.* **- 2.** [de cortina] presilla *f.* **- 3.** [metálica] abrazadera *f.* **- 4.** *ESP* muñequera *f.*
braçal [bra'saw] (*pl* **-ais**) *adj* brazal.
bracelete [brase'letʃi] *m* brazalete *m.*
braço ['brasul *m* **-1.** [ger] brazo *m;* **de** ~ s **cruzados** con los brazos cruzados; **dar o** ~ **a alguém** dar el brazo a alguien; **de** ~ **dado** del brazo; ~ **direito** *fig* brazo derecho. **- 2.**: ~ s [trabalhadores] brazos *mpl.* **- 3.** *loc:* **não deu o** ~ **a torcer** no dio su brazo a torcer *Esp & Méx,* no dio el brazo a torcer *RP;* **receber de** ~ s **abertos** recibir con los brazos abiertos.
bradar [bra'da(x)] ◇ *vt* gritar. ◇ *vi* gritar.
BRADESCO (*abrev de* Banco Brasileiro de Descontos) *m el mayor banco privado brasileño.*
brado ['bradul *m* grito *m.*
braguilha [bra'giʎa] *f* bragueta *f.*
bramido [bra'midul *m* bramido *m.*
bramir [bra'mi(x)] *vi* bramar.
branco, ca ['brãŋku, kal ◇ *adj* **-1.** [ger] blanco(ca); **arma branca** arma *f* blanca; **versos** ~ s versos *mpl* blancos. **- 2.** [grisalho] encanecido(da), cano(na). ◇ *m, f* [pessoa] blanco *m,* -ca *f.*
→ **branco** *m* **-1.** [cor] blanco *m;* ~ **do olho** blanco del ojo. **- 2.** [espaço] espacio *m* en blanco.
→ **em branco** ◇ *loc adj* [espaço] en blanco. ◇ *loc adv* [sem dormir]: **passar a noite em** ~ pasar la noche en vela.
brancura [brãŋ'kural *f* blancura *f.*
brandir [brãn'dʒi(x)] *vt* blandir.
brando, da ['brãndu, dal *adj* **-1.** [ger] suave. **- 2.** [fogo] lento(ta).
brandura [brãn'dural *f* suavidad *f.*
brasa ['brazal *f* **-1.** [de carvão] brasa *f;* **na** ~ a la brasa, a las brasas *RP.* **- 2.** [incandescência] brasas *fpl;* **em** ~ incandescente. **- 3.** *loc:* **mandar** ~ *fam* liquidar el trabajo, darle *RP.*
brasão [bra'zãw] (*pl* **-ões**) *m* blasón *m.*

braseiro [bra'zejru] *m* brasero *m*.

Brasil [bra'ziw] *n*: (o) ~ (el) Brasil.

brasileiro, ra [brazi'lejru, ral ◇ *adj* brasileño(ña), brasilero(ra) *RP*. ◇ *m, f* brasileño *m*, -ña *f*, brasilero *m*, -ra *f RP*.

brasões [bra'zõʃl *pl* ▷ **brasão**.

bravata [bra'vatal *f* bravata *f*.

bravio, via [bra'viw, vial *adj* bravío(a).

bravo, va ['bravu, val ◇ *adj* **-1.** [corajoso] bravo(va), valiente. **- 2.** [animal] feroz. **- 3.** [mar] tempestuoso(sa). ◇ *m, f* [pessoa] valiente *mf*.

◆ **bravo** *interj* ¡bravo!

bravura [bra'vural *f* **-1.** [coragem] coraje *m*, valentía *f*. **- 2.** [de animal] ferocidad *f*.

brecha ['brɛʃal *f* **-1.** [fenda, abertura] brecha *f*. **- 2.** [prejuízo] perjuicio *m*. **- 3.** *fig* [lacuna] laguna *f*. **- 4.** *fam* [passagem] paso *m*. **- 5.** *fam* [oportunidade] oportunidad *f*.

brechó [bre'ʃɔl *m tienda de ropa y muebles de segunda mano*.

brejo ['brɛʒul *m* pantano *m*; **a vaca foi para o ~** se fue todo al diablo, se fue todo a paseo *Esp*, se fue todo al carajo *Méx*, se fue todo al cuerno *RP*.

breu ['brewl *m* **-1.** brea *f*. **- 2.** [escuridão] oscuridad *f*.

breve ['brɛvil ◇ *adj* **-1.** [ger] breve. **- 2.** [rápido] rápido(da). ◇ *f MÚS* breve *f*.

brevidade [brevi'dadʒil *f* **-1.** [ger] brevedad *f*. **- 2.** *CULIN* dulce hecho con harina de mandioca, huevos y azúcar; se realiza asado al horno.

bridge ['bridʒil *m* bridge *m*.

briga ['brigal *f* **-1.** [luta] pelea *f*. **- 2.** [desavença] discusión *f*, riña *f Méx*. **- 3.** [rixa] lucha *f*.

brigadeiro [briga'dejrul *m* **-1.** *MIL* brigadier *m*. **- 2.** *CULIN* dulce hecho con leche condensada y chocolate.

brigão, ona [bri'gãw, onal (*mpl* -ões, *fpl* -s) ◇ *adj* peleador(ra). ◇ *m, f* peleador *m*, -ra *f*.

brigar [bri'ga(x)l *vi* **-1.** [lutar] pelear, agarrarse a piñazos *RP*. **- 2.** [desavir-se] pelearse. **- 3.** [disputar] luchar; ~ **por algo** luchar por algo.

brigões [bri'gõjʃl *pl* ▷ **brigão**.

brigona [bri'gonal *f* ▷ **brigão**.

brilhante [bri'ʎãntʃil ◇ *adj* brillante. ◇ *m* [diamante] brillante *m*.

brilhar [bri'ʎa(x)l *vi* brillar.

brilho ['briʎul *m* **-1.** [ger] brillo *m*. **- 2.** *fig* [distinção] calidad *f*. **- 3.** *fig* [esplendor] esplendor *m*. **- 4.** *fam* [cocaína] blanca *f*.

brincadeira [brĩŋka'dejral *f* **-1.** [ger] juego *m*. **- 2.** [gracejo] chiste *m*; **de ~** en broma; **deixe de ~!** ¡déjese de bromas! **- 3.** *fam*

[coisa fácil] juego *m*; **não ser** ~ no ser una broma, no ser broma *RP*.

brincalhão, ona [brĩŋka'ʎãwl (*mpl* -ões, *fpl* -s) *adj* juguetón(ona).

brincar [brĩŋ'ka(x)l ◇ *vi* **-1.** [divertir-se] jugar; ~ **de algo/de fazer algo** jugar a algo/a hacer algo. **- 2.** [gracejar]: ~ **com alguém** bromear con alguien, jorobar a alguien *RP*; **está brincando?** ¡estás bromeando!, ¡estás jorobando! *RP*; **estar (só) brincando** estar (sólo) bromeando, estar jorobando *RP*. **- 3.** [no Carnaval] participar. ◇ *vt* [Carnaval] pasar.

brinco ['brĩŋkul *m* [adorno] pendiente *m*, aro *m Andes* & *RP*.

brindar [brĩn'da(x)l ◇ *vt* [no ato de beber] brindar por. ◇ *vi* [no ato de beber]: ~ **a algo** brindar por algo.

brinde ['brĩndʒil *m* **-1.** [no ato de beber] brindis *m inv*. **- 2.** [presente] regalo *m*.

brinquedo [brĩŋ'kedul *m* juguete *m*.

brio ['briwl *m* brío *m*.

brioche [bri'ɔʃil *m* brioche *m*.

brisa ['brizal *f* brisa *f*.

brita ['brital *f CONSTR* gravilla *f*.

britânico, ca [bri'tãniku, kal ◇ *adj* británico(ca). ◇ *m, f* británico *m*, -ca *f*.

broa ['broal *f pan redondo de maíz, trigo, arroz, etc*; ~ **de milho** pan de maíz *m*.

broca ['brɔkal *f* taladro *m*.

broche ['brɔʃil *m* prendedor *m*.

brochura [bro'ʃural *f* **-1.** [livro] publicación *f*. **- 2.** [folheto] folleto *m*.

brócolis ['brɔkoliʃl *mpl* brócolis *mpl*, brócoli *m*.

bronco, ca ['brõŋku, kal *adj* **-1.** [rude] rudo(da). **- 2.** [burro] burro(rra).

◆ **bronca** *f fam* [repreensão] regaño *m*, bronca *f Esp*, reto *m RP*.

bronquear [brõŋ'kja(x)l *vi fam* ponerse furioso(sa), cabrearse *Esp*, enojarse *Méx*, calentarse *RP*.

bronquite [brõŋ'kitʃil *f* bronquitis *f inv*.

bronze ['brõzil *m* bronce *m*.

bronzeado, da [brõ'zeadu, dal *adj* bronceado(da), moreno(na) *Esp*.

◆ **bronzeado** *m* bronceado *m*, moreno *m Esp*.

bronzeador [brõzea'do(x)l (*pl* -es) *adj* bronceador(ra).

◆ **bronzeador** *m* bronceador *m*.

bronzear [brõ'zja(x)l *vt* broncear.

◆ **bronzear-se** *vp* broncearse.

brotar [bro'ta(x)l *vi* **-1.** [ger] brotar. **- 2.** [esperança, suspeita, paixão] nacer.

broto ['brotul *m* **-1.** [ger] brote *m*; ~ **de bambu** brote de bambú; ~ **de feijão** brote de judía *Esp ou* frijol *Méx ou* poroto

RP. **-2.** [jovem] niño *m*, -ña *f.*

bruços ['brusuʃ] *mpl*: **de** ~ boca abajo.

bruma ['brumal *f* bruma *f.*

brumoso, mosa [bru'mozu, mɔzal *adj* brumoso(sa).

brusco, ca ['bruʃku, ka] *adj* **-1.** [repentino] brusco(ca). **-2.** [tosco, grosseiro] tosco(ca).

brutal [bru'taw] (*pl* -ais) *adj* brutal.

brutalidade [brutali'dadʒil *f* brutalidad *f.*

bruto, ta ['brutu, ta] *adj* **-1.** [ger] bruto(ta); **em** ~ en bruto. **-2.** [tosco] tosco(ca). **-3.** *(antes de subst)* [tremendo, grande] tremendo(da), bruto(ta) *RP.*

bruxa ['bruʃa] *f***-1.** [feiticeira] bruja *f.* **-2.** [mariposa] mariposa *f* nocturna. **-3.** *fam pej* [mulher má, feia] bruja *f.*

bruxaria [bruʃa'ria] *f* brujería *f.*

Bruxelas [bru'ʃɛlaʃ] *n* Bruselas.

bruxo ['bruʃu] *m* brujo *m.*

Bucareste [buka'rɛʃtʃi] *n* Bucarest.

buço ['busul *m* bozo *m.*

Budapeste [buda'peʃtʃi] *n* Budapest.

budismo [bu'dʒiʒmul *m* budismo *m.*

bueiro [bu'ejrul *m* desagüe *m.*

Buenos Aires [bwenu'zajriʃ] *n* Buenos Aires.

búfalo ['bufalu] *m* búfalo *m.*

bufar [bu'fa(x)] *vi* resoplar.

bufê, buffet [bu'fel *m* **-1.** [ger] buffet *m*, bufé *m.* **-2.** [restaurante] bar *m.*

bugiganga [buʒĩŋ'gãŋga] *f* baratija *f.*

bujão [bu'ʒãwl (*pl* -ões) *m* garrafa *f*, tanque *m Méx*; ~ **de gás** garrafa *ou* tanque *Méx* de gas.

bula ['bulal *f MED* prospecto *m.*

bulbo ['buwbul *m* bulbo *m.*

buldôzer [buw'doze(x)] (*pl* -es) *m* bulldozer *m.*

bule ['bulil *m* **-1.** [de café] cafetera *f.* **-2.** [de chá] tetera *f.*

Bulgária [buw'garjal *n* Bulgaria.

búlgaro, ra ['buwgaru, ra] ◇ *adj* búlgaro(ra). ◇ *m*, *f* búlgaro *m*, -ra *f.*

➡ **búlgaro** *m* [língua] búlgaro *m.*

bumbum [bũn'bũl (*pl* -ns) *m fam* trasero *m*, cola *f Amér.*

bunda ['bũndal (*pl* -ns) *f fam* trasero *m*, cola *f Amér.*

buquê [bu'kel *m* **-1.** [ger] bouquet *m.* **-2.** [ramalhete] ramillete *m*; ~ **de flores** ramo *m* de flores.

buraco [bu'rakul *m* **-1.** [cavidade] pozo *m.* **-2.** [orifício] agujero *m*; ~ **da fechadura** ojo *m* de la cerradura. **-3.** [de agulha] ojo *m.* **-4.** [jogo] *juego de naipes similar a la canasta.* **-5.** [coisa, situação difícil]: **ser um** ~ ser un callejón sin salida.

burguês, guesa [bux'geʃ, gezal ◇ *adj*

burguês(esa). ◇ *m*, *f* [pessoa] burgués *m*, -esa *f.*

burguesia [buxge'zial *f* burguesía *f.*

burla ['buxla] *f* **-1.** [fraude] trampa *f.* **-2.** [zombaria] burla *f.*

burlar [bux'la(x)] *vt* burlar.

burocracia [burokra'sial *f* burocracia *f.*

burocrata [buro'kratal *m f* burócrata *mf.*

burrice [bu'xisil *f* estupidez *f*, burrez *f RP.*

burro, rra ['buxu, xal ◇ *adj* burro(rra). ◇ *m*, *f* [pessoa imbecil] burro *m*, -rra *f.*

➡ **burro** *m ZOOL* burro *m.*

➡ **pra burro** *fam loc adv*: **é dinheiro pra** ~ es cantidad de dinero, es una carrada de guita *RP*; **ele fala pra** ~ habla por los codos.

busca ['buʃkal *f* busca *f*, búsqueda *f*; **à** *ou* **em** ~ **de** a la busca *ou* búsqueda de, en busca *ou* búsqueda de; **dar** ~ a salir en busca *ou* búsqueda de.

buscar [buʃ'ka(x)] *vt* **-1.** [ger] buscar; **ir** ~ ir a buscar; **mandar** ~ mandar buscar. **-2.** [esforçar-se por]: ~ **fazer algo** buscar hacer algo.

bússola ['busolal *f* brújula *f.*

busto ['buʃtul *m* **-1.** [ger] busto *m.* **-2.** [torso] torso *m.*

butique [bu'tʃikil *f* boutique *f.*

buzina [bu'zinal *f* bocina *f.*

buzinar [buzi'na(x)] ◇ *vt* **-1.** *AUTO* tocar la bocina de. **-2.** *fig* [dizer com insistência] quejarse. ◇ *vi AUTO* dar bocinazos.

búzio ['buzjul *m* [concha] caracola *f*, caracol *m Amér.*

byte ['bajtʃil *m COMPUT* byte *m.*

c, C ['sel *m* [letra] c, C *f.*

➡ **C** (*abrev de* celsius) C.

CA (*abrev de* **Centro Acadêmico**) *centro académico.*

cá ['kal *adv* **-1.** [lugar] aquí, acá; **vem** ~ **!** ¡ven aquí *ou* acá!; **de** ~ **para lá** de acá/aquí *ou* para allá; **do lado de** ~ del lado de aquí *ou* acá. **-2.** [tempo]: **de uma semana para** ~ desde hace una semana. **-3.** [na intimidade]: ~ **entre nós** aquí entre nosotros, acá entre nos *Méx.*

caatinga [ka'tʃĩŋgal *f* *vegetación propia del nordeste del Brasil constituída por arbustos*

49

49

cachepô

pequeños y espinosos.

cabal [ka'bawl] (*pl* -ais) *adj* cabal.

cabalístico, ca [kaba'liʃtʃiku, ka] *adj* cabalístico(ca).

cabana [ka'bãna] *f* cabaña *f*.

cabaré [kaba'rɛ] *m* cabaret *m*.

cabeça [ka'besa] ⬦ *f* -1. [ger] cabeza *f*; de ~ [juízo, mente] de memoria; **passar pela** ~ pasar por la cabeza; **subir à** ~ [suj: suceso, dinheiro] subirse a la cabeza; ~ **fria** *fig* cabeza fría; **de** ~ de cabeza; **por** ~ por cabeza; **usar a** ~ [inteligência] usar la cabeza. -2. [pessoa inteligente] cerebro *m*; ~ **a** ~ [turfe] cabeza a cabeza. -3. [topo, parte de cima]: **de** ~ **para baixo** cabeza abajo. -4. *fam* [de glande] capullo *m*, cabeza *f RP*. -5. [loc]: **fazer a** ~ **de alguém** comer el coco a alguien, lavarle la cabeza a alguien *Méx*, hacer la cabeza a alguien *RP*; **não esquentar a** ~ no calentarse la cabeza, no calentarse *RP*; **perder a** ~ perder la cabeza. ⬦ *mf* cabecilla *mf*.

cabeçada [kabe'sada] *f* cabezazo *m*.

cabeçalho [kabe'saʎu] *m* encabezamiento *m*.

cabecear [kabe'sja(x)] *FUT* ⬦ *vt* [bola] cabecear. ⬦ *vi* [tocar com a cabeça] cabecear.

cabeceira [kabe'sejra] *f* cabecera *f*; **livro de** ~ libro de cabecera.

cabeçudo, da [kabe'sudu, da] *adj* -1. [de cabeça grande] cabezón(ona). -2. *fam* [teimoso] cabezón(ona), cabezota *Esp*.

cabeleira [kabe'lejra] *f* -1. [natural] cabellera *f*. -2. [peruca] peluca *f*.

cabeleireiro, ra [kabelej'rejru, ra] *m, f* [profissional] peluquero *m*, -ra *f*.

➡ **cabeleireiro** *m* [salão] peluquería *f*.

cabelo [ka'belu] *m* -1. [da cabeça] cabello *m*, pelo *m*; ~ **liso/crespo** cabello *ou* pelo *RP* lacio/crespo. -2. [fio, do corpo] pelo *m*.

cabeludo, da [kabe'ludu, da] *adj* -1. [pessoa, peito *etc*.] peludo(da). -2. *fam fig* [stiuação, problema] peliagudo(da). -3. *fam fig* [obsceno] verde.

➡ **cabeludo** *m fam* [homem] peludo *m*.

caber [ka'be(x)] *vi* -1. [ger]: ~ **(em)** caber (en); ~ **fazer algo** caber hacer algo; ~ **a alguém fazer algo** caber a alguien hacer algo. -2. [partilha]: ~ **a alguém** corresponder a alguien.

cabide [ka'bidʒi] *m* [de armário] percha *f*, gancho *m Méx*; [de parede, pé] perchero *m*; ~ **de empregos** *fig* [pessoa] pluriempleado *m*, -da *f*; *fig* [empresa estatal] fuente *f* de trabajos.

cabimento [kabi'mẽntu] *m* [adequação] cabida *f*; **ter/não ter** ~ tener/no tener cabida.

cabine [ka'bini] *f* -1. [ger] cabina *f*. -2. [guarita] garita *f*. -3. *NÁUT* camarote *m*. -4. [vestuário] vestuario *m*. -5. [provador] probador *m*.

cabisbaixo, xa [kabiʒ'bajʃu, ʃa] *adj* cabizbajo(ja).

cabo [ˈkabu] *m* -1. [ger] cabo *m*. -2. [de panela, faca, vassoura] mango *m*. -3. *ELETR* cable *m*. -4. [fim]: **dar** ~ **de** [pessoa] matar; [problema] resolver; [tarefa] terminar; **levar a** ~ [tarefa, projeto] llevar a cabo; **ao** ~ **de** al cabo de.

caboclo, cla [ka'boklu, cla] ⬦ *adj* mestizo(za). ⬦ *m, f* mestizo *m*, -za *f*.

cabra [ˈkabra] ⬦ *f* [animal] cabra *f*. ⬦ *m fam* [homem] tipo *m*, tío *m Esp*, sujeto *m Méx*.

cabra-cega [ˌkabra'sɛga] (*pl* cabras-cegas) *f* gallina *f* ciega.

cabreiro, ra [ka'brejru, ra] *adj fam* [desconfiado] desconfiado(da).

cabresto [ka'breʃtu] *m* [para cavalos] cabestro *m*.

cabrito [ka'britu] *m* cabrito *m*.

caça [ˈkasa] ⬦ *f* caza *f*. ⬦ *m AERON* caza *m*.

caçada [ka'sada] *f* [jornada] cacería *f*.

caçador, ra [kasa'do(x), ra] (*mpl* -es, *fpl* -s) *m, f* cazador *m*, -ra *f*.

caça-níqueis [ˌkasa'nikejʃ] *m inv* [máquina] tragaperras *f inv Esp*, tragamonedas *f inv Amér*.

cação [ka'sãw] (*pl* -ões) *m* cazón *m*.

caçar [ka'sa(x)] ⬦ *vt* -1. [ger] cazar. -2. *fam* [marido] cazar. -3. [buscar] buscar. ⬦ *vi* [andar à caça] cazar.

cacarejar [kakare'ʒa(x)] *vi* cacarear.

caçarola [kasa'rɔla] *f* cacerola *f*.

cacau [ka'kaw] *m* cacao *m*.

cacetada [kase'tada] *f* porrazo *m Esp* & *Méx*, palazo *m RP*.

cacete [ka'setʃi] ⬦ *adj* [tedioso] aburrido(da). ⬦ *m* -1. [porrete] cachiporra *f*. -2. *vulg* [pênis] pija *f*, polla *f Esp*.

➡ **pra cacete** *mfam* ⬦ *loc pron*: **tinha gente pra** ~ **na festa** había mogollón *Esp ou* un chingo *Méx ou* una troja *RP* de gente en la fiesta. ⬦ *loc adv*: **o filme é chato pra** ~ la película es superaburrida.

cachaça [ka'ʃasa] *f* cachaza *f*, caña *f Andes, Cuba* & *RP*, aguardiente *m Méx*.

cachaceiro, ra [kaʃa'sejru, ra] ⬦ *adj* borracho(cha). ⬦ *m, f* borracho *m*, -cha *f*.

cachê [ka'ʃe] *m* cachet *m*.

cacheado, da [ka'ʃjadu, da] *adj* ondulado(da).

cachecol [kaʃe'kɔw] (*pl* -óis) *m* bufanda *f*.

cachepô [kaʃe'po] *m* macetero *m*.

cachimbo [ka'ʃĩnbu] *m* pipa *f*.

cacho ['kaʃu] *m* **-1.** [de uvas, bananas] racimo *m*. **-2.** [de flores] ramo *m*. **-3.** [de cabelos] rizo *m*, mechón *m* **Méx**, rulo *m* **RP**. **-4.** *fam* [caso] affaire *m*, aventura *f*, enredo *m* **Méx**.

cachoeira [ka'ʃwejra] *f* cascada *f*.

cachorra [ka'ʃoxa] *f* ▷ **cachorro**.

cachorrada [kaʃo'xada] *f* **-1.** [matilha] jauría *f*. **-2.** *fam fig* [canalhice] canallada *f*, perrada *f* **Amér**, jalada *f* **Méx**; **fazer uma ~ com alguém** hacer una canallada *ou* perrada **Amér** *ou* jalada **Méx** a alguien.

cachorro, rra [ka'ʃoxu, xa] *m, f* **-1.** [cão] perro *m*, -rra *f*; **soltar os ~ s (em cima de alguém)** *fig* casi matar (a alguien). **-2.** *fam pej* [patife] canalla *mf*, perro *m*, -rra *f* **Amér**.

cachorro-quente [ka,ʃoxu'kẽntʃi] (*pl* **cachorros-quentes**) *m* perrito *m* caliente **Esp**, hot dog *m* **Méx**, pancho *m* **RP**.

cacique [ka'siki] *m* **-1.** [indígena] cacique *m*. **-2.** *fig* [chefão] jefe *m*.

caco ['kaku] *m* **-1.** [de vidro *etc*.] pedazo *m*. **-2.** *fam* [pessoa]: **estar um ~** [estar velho, desgastado] estar hecho(cha) una ruina, estar en pedazos **RP**; [estar exausto] estar hecho(cha) añicos *ou* pomada **RP**.

caçoada [ka'swada] *f* burla *f*.

caçoar [ka'swa(x)] *vi* burlarse; **~ de algo/ alguém** burlarse de algo/alguien.

cações [ka'sõjʃ] *pl* ▷ **cação**.

cacoete [ka'kwetʃi] *m* tic *m*.

cacto ['kaktu] *m* cactus *m inv*.

caçula [ka'sula] ◇ *adj* benjamín, menor **Méx**. ◇ *mf* benjamín *m*, -ina *f*, menor *mf* **Méx**.

CAD (*abrev de* **Computer Aided Design**) *m* CAD *m*.

cada ['kada] *adj inv* cada; **~ (um)** [em preço] cada uno, cada (uno) **Esp**; **~ qual, ~ um** cada cual, cada uno; **a ~ duas horas** cada dos horas.

cadafalso [kada'fawsu] *m* cadalso *m*.

cadarço [ka'daxsu] *m* cordón *m*.

cadastramento [kadaʃtra'mẽntu] *m* registro *m*.

cadastro [ka'daʃtru] *m* **-1.** [ger] inscripción *f*. **-2.** [ficha de criminoso] ficha *f*. **-3.** [de imóveis] catastro *m*.

cadáver [ka'davɛ(x)] (*pl* **-es**) *m* cadáver *m*.

cadê [ka'de] *adv fam* ¿dónde está?

cadeado [ka'dʒjadu] *m* candado *m*.

cadeia [ka'deja] *f* **-1.** [ger] cadena *f*. **-2.** [prisão] cárcel *f*.

cadeira [ka'dejra] *f* **-1.** [móvel] silla *f*; **~ de balanço** mecedora *f*, hamaca *f* **RP**; **~ de rodas** silla de ruedas. **-2.** [cátedra] cátedra *f*. **-3.** [disciplina] materia *f*. **-4.** [em teatro] butaca *f*.

➡ **cadeiras** *fpl* ANAT cadera *f*.

> Não confundir *cadeira (silla)* com o espanhol *cadera* que em português é *quadril*. (Há *quatro cadeiras na sala*. Las *sillas* del living son cuatro.)

cadência [ka'dẽnsja] *f* cadencia *f*.

caderneta [kadex'neta] *f* libreta *f*; **~ de poupança** cuenta *f* de ahorros.

caderno [ka'dɛxrnu] *m* **-1.** [ger] cuaderno *m*. **-2.** [de jornal] suplemento *m*.

cadete [ka'detʃi] *m* cadete *m*.

caducar [kadu'ka(x)] *vi* **-1.** [prazo, documento, lei] caducar. **-2.** [pessoa] ponerse chocho(cha).

caduco, ca [ka'duku, ka] *adj* **-1.** [prazo, documento, lei] caducado(da). **-2.** [pessoa, folha] caduco(ca).

cães ['kãjʃ] *pl* ▷ **cão**.

cafajeste [kafa'ʒɛʃtʃi] *fam* ◇ *adj* canalla. ◇ *mf* [pessoa canalha] canalla *mf*.

café [ka'fɛ] *m* **-1.** [fruto, bebida] café *m*; **~ (preto)** café solo *ou* negro **Amér**; **~ com leite** café con leche; **~ expresso** café expreso. **-2.** [desjejum]: **~ (da manhã)** desayuno *m*. **-3.** [estabelecimento] café *m*, cafetería *f*.

cafeína [kafe'ina] *f* cafeína *f*.

cafetão, tina [kafe'tãw, tʃina] (*mpl* **-ões**, *fpl* **-s**) *m, f* rufián *m*.

cafeteira [kafe'tejra] *f* cafetera *f*.

cafetina [kafe'tʃina] *f* ▷ **cafetão**.

cafezal [kafe'zaw] (*pl* **-ais**) *m* cafetal *m*.

cafezinho [kafɛ'ziɲu] *m fam* café *m* solo *ou* negro **Amér**.

cafona [ka'fona] ◇ *adj* [pessoa, roupa, música] cursi, hortera **Esp**, vulgar **Méx**, terraja **RP**. ◇ *m f* [pessoa] cursi *mf*, hortera *mf* **Esp**, naco *m*, -ca *f* **Méx**, terraja *mf* **RP**.

cafuné [kafu'nɛ] *m* caricia *f* (en la cabeza), mimo *m* (en la cabeza) **RP**.

cagada [ka'gada] *f mfam* cagada *f*.

cágado ['kagadu] *m* tortuga *de agua dulce con patas con uñas y membranas entre los dedos*.

cagar [ka'ga(x)] *mfam* ◇ *vi* **-1.** [defecar] cagar. **-2.** *fig* [menosprezar]: **~ para alguém/algo** cagarse en alguien/algo. ◇ *vt* [sujar] cagar.

cagüetar [kagwe'ta(x)] *vt* delatar, alcahuetear.

cagüete [ka'gwetʃi] *m f* soplón *m*, -ona *f*, alcahuete *mf*.

caiado, da [ka'jadu, da] *adj* ≃ encalado(da).

caiaque [ka'jaki] *m* kayac *m*, kayak *m*.

caiar [ka'ja(x)] *vt* encalar.

caído, da [ka'idu, da] *adj* **-1.** [derrubado, pendente] caído(da). **-2.** *fig* [abatido] decaído(da). **-3.** *fig* [desanimado] abatido(da), decaído(da).

→ **caída** *f* [queda] caída *f*.

caipira [kaj'pira] *fam* ⟨⟩ *adj* pueblerino(na), pajuerano(na) *RP*. ⟨⟩ *mf* pueblerino *m*, -na *f* pajuerano *m*, -na *f* *RP*.

caipirinha [kajpi'riɲa] *f* caipiriña *f*.

cair [ka'i(x)] *vi* **-1.** [ger] caer. **-2.** [ir ao chão] caerse. **-3.** [desabar, desprenderse] caerse. **-4.** [incorrer em]: ~ **em** caer en. **-5.** [ser presa de]: ~ **em** caer en. **-6.** *EDUC* [em prova] suspender, perder *Amér.* **-7.** *loc:* ~ **bem/mal** [penteado, roupa, cor] caer *ou* sentar *ou* quedar *RP* bien/mal; [frase, atitude] caer *ou* sentar bien/mal; ~ **em si** [reconhecer o erro] caer en la cuenta; [voltar à realidade] volver a la realidad; **não ter onde** ~ **morto** no tener dónde caerse muerto.

cais ['kajʃ] *m inv* muelle *m*.

caixa ['kajʃa] ⟨⟩ *f* **-1.** [ger] caja *f*; ~ **acústica** caja acústica; ~ **alta/baixa** *TIP* caja alta/baja; ~ **de correio** buzón *m*; ~ **craniana** cavidad *f* craneana; ~ **de marchas** *OU* **de mudanças** caja de marchas/cambios; ~ **postal** caja postal, buzón postal *Méx*; ~ **registradora** caja registradora; ~ **torácica** caja torácica. **-2.** [banco]: **Caixa Econômica** *caja de ahorros pública.* ⟨⟩ *m* [máquina]: ~ **eletrônico** cajero *m* automático. ⟨⟩ *mf* [funcionário] cajero *m*, -ra *f*.

caixa-d'água ['kajʃa'dagwa] (*pl* **caixas-d'água**) *f* depósito *m* *ou* tanque *m* de agua.

caixa-de-fósforos ['kajʃadʒi'fɔʃforuʃ] *f fam* **-1.** [habitação diminuta] caja *f* de cerillas. **-2.** [veículo pequeno] coche *m* diminuto.

caixa-forte ['kajʃa'fɔxtʃi] (*pl* **caixas-fortes**) *f* caja *f* fuerte.

caixão [kaj'ʃãw] (*pl* **-ões**) *m* [ataúde] ataúd *m*, féretro *m*, cajón *m* *RP*.

caixa-preta ['kajʃa'preta] (*pl* **caixas-pretas**) *f* *AERON* caja *f* negra.

caixeiro-viajante [kaj̃ʃejruvja'ʒãntʃi] *m*, *f* viajante *mf*, vendedor *m* foráneo, vendedora *f* foránea *Méx*.

caixilho [kaj'ʃiʎu] *m* [moldura] marco *m*.

caixões [kaj'ʃõjʃ] *pl* ⟩ **caixão**.

caixote [kaj'ʃɔtʃi] *m* cajón *m*.

caju [ka'ʒu] *m* anacardo *m*, castaña *f* de cajú *Amér.*

cajueiro [ka'ʒwejru] *m* anacardo *m*, castaño *m* *Amér.*

cal ['kaw] *f* cal *f*.

calabouço [kala'bosu] *m* calabozo *m*.

calado, da [ka'ladu, da] *adj* callado(da).

calafetagem [kalafe'taʒẽ] (*pl* **-ns**) *f* calafateo *m*.

calafrio [kala'friw] *m* escalofrío *m*; **ter** ~ **s** tener escalofríos.

calamar [kala'ma(x)] *m* calamar *m*.

calamidade [kalami'dadʒi] *f* calamidad *f*.

calamitoso, tosa [kalami'tozu, tɔza] *adj* calamitoso(sa).

calar [ka'la(x)] ⟨⟩ *vt* **-1.** [ger] callar; **cala a boca!** ¡cierra el pico!, ¡callate la boca! *RP.* **-2.** *euf* [armas, canhões] callar. ⟨⟩ *vi* [manter-se em silêncio] callarse.

→ **calar-se** *vp* [parar de falar] callarse.

calça ['kawsa] *f* pantalones *mpl*, pantalón *m*.

calçada [kaw'sada] *f* acera *f*, banqueta *f* *CAm* & *Méx*, vereda *f* *RP*.

calçadão [kawsa'dãw] (*pl* **-ões**) *m* paseo *m*.

calçadeira [kawsa'dejra] *f* calzador *m*.

calçado, da [kaw'sadu, da] *adj* **-1.** [caminho, rua] pavimentado(da). **-2.** [pessoa, pé] calzado(da).

→ **calçado** *m* [sapato, tênis] calzado *m*.

calçamento [kawsa'mẽntu] *m* pavimento *m*.

calcanhar [kawka'ɲa(x)] (*pl* **-es**) *m* talón *m*.

calção [kaw'sãw] (*pl* **-ões**) *m* pantalones *mpl* cortos *Esp*, short *m* *Amér*; ~ **de banho** traje *m* de baño, malla *f* *Arg*.

calcar [kaw'ka(x)] *vt* **-1.** [pisar] pisar. **-2.** [desprezar] despreciar. **-3.** [basear]: ~ **algo em** basar algo en.

calçar [kaw'sa(x)] *vt* **-1.** [ger] calzar. **-2.** [pavimentar] pavimentar.

→ **calçar-se** *vp* [pôr sapatos] calzarse.

calcário, ria [kaw'karju, rja] *adj* calcáreo(rea).

→ **calcário** *m* [rocha] caliza *f*.

calcinha [kaw'siɲa] *f* bragas *fpl* *Esp*, pantaleta *f* *CAm*, *Carib* & *Méx*, calzones *mpl* *Méx*, bombacha *f* *RP*.

cálcio ['kawsju] *m* calcio *m*.

calço ['kawsu] *m* [cunha] cuña *f*, taco *m* *RP*.

calções [kaw'sõjʃ] *pl* ⟩ **calção**.

calculadora [kawkula'dora] *f* calculadora *f*.

calcular [kawku'la(x)] ⟨⟩ *vt* calcular; ~ **que** calcular que. ⟨⟩ *vi* [fazer contas] calcular.

calculista [kawku'liʃta] ⟨⟩ *adj* calculador(ra). ⟨⟩ *mf* calculador *m*, -ra *f*.

cálculo ['kawkulu] *m* cálculo *m*; ~ **renal** cálculo renal.

calda ['kawda] *f* almíbar *m*.

caldeira [kaw'dejra] *f* *TEC* caldera *f*.

caldeirada [kawdej'rada] *f* *CULIN* calderada *f*, chupín *m* de pescado *RP*.

caldeirão [kawdej'rãw] (*pl* **-ões**) *m* olla *f*, caldero *m*.

caldo ['kawdu] *m* **-1.** [sopa] caldo *m*; ~ **verde** sopa hecha con patatas *Esp* *ou* papas *Amér* y hojas de col verde *Esp* *ou* repollo blanco *Amér.* **-2.** [sumo] zumo *m* *Esp*, jugo *m Amér*; ~ **de cana** zumo *Esp ou* jugo *Amér* de caña de azúcar. **-3.** [tempero]: ~ **de carne/galinha** caldo de carne/gallina.

calefação [kalefa'sãw] *f* calefacción *f*.

calendário [kalẽn'darju] *m* calendario *m*.

calha [ka'ʎa] *f* canalón *m*, canaleta *f Amér*.

calhamaço [kaʎa'masu] *m* ladrillo *m*.

calhar [ka'ʎa(x)] *vi* **-1.** [coincidir] coincidir que; ~ **de** coincidir que. **-2.** [convir]: **vir a** ~ ser oportuno(na).

calibragem [kali'braʒẽj] (*pl* **-ns**) *f* calibrado *m*.

calibre [ka'libri] *m* [de cano] calibre *m*.

cálice ['kalisi] *m* cáliz *m*.

cálido, da ['kalidu, da] *adj* cálido(da).

caligrafia [kaligra'fia] *f* caligrafía *f*.

calista [ka'liʃta] *mf* callista *mf*.

calma ['kawma] *f* ⊳ **calmo**.

calmante [kaw'mãntʃi] ⟨⟩ *adj* calmante. ⟨⟩ *m* calmante *m*.

calmaria [kaw'maria] *f* calma *f*.

calmo, ma ['kawmu, ma] *adj* **-1.** [lugar, dia, pessoa] tranquilo(la). **-2.** [mar] calmo(ma).

◆ **calma** *f* calma *f*; **calma!** ¡calma!, ¡tranquilo!(la!) *RP*.

calo ['kalu] *m* callo *m*.

calor [ka'lo(x)] *m* calor *m*; **estar com** ~ tener calor; **sentir** ~ sentir calor; **fazer** ~ hacer calor.

calorento, ta [kalo'rẽntu, ta] *adj* caluroso(sa), acalorado(da) *RP*.

caloria [kalo'ria] *f* caloría *f*.

caloroso, rosa [kalo'rozu, rɔza] *adj* caluroso(sa), cálido(da).

calota [ka'lɔta] *f AUTO* tapacubos *m inv*, tapones *m inv Méx*, taza *f RP*.

calouro, ra [ka'loru, ra] *m, f* novato *m*, -ta *f*.

calúnia [ka'lunja] *f* calumnia *f*.

calunioso, osa [kalu'njozu, ɔza] *adj* calumnioso(sa).

calvo, va ['kawvu, va] *adj* calvo(va).

cama ['kãma] *f* cama *f*; ~ **de casal** cama de matrimonio *ou* matrimonial *Méx*; ~ **de solteiro** cama individual; **estar de** ~ [estar doente] estar en cama.

cama-beliche [ˌkãmabe'lifi] (*pl* **camas-beliches**) *f* litera *f*, cucheta *f RP*.

camada [ka'mada] *f* capa *f*.

camafeu [kama'few] *m* camafeo *m*.

câmara ['kãmara] *f* [ger] cámara *f*; ~ **de ar** cámara (de aire); **Câmara dos Deputados** cámara de diputados; ~ **escura** [foto] cámara oscura.

camarada [kama'rada] *adj* **-1.** [amigável] simpático(ca). **-2.** [preço] de amigo.

camarão [kama'rãw] (*pl* **-ões**) *m* camarón *m*, gamba *f Esp*.

camareiro, ra [kama'rejru, ra] *m, f* camarero *m*, -ra *f*.

camarim [kama'rĩ] (*pl* **-ns**) *m* camarín *m*.

camarote [kama'rɔtʃi] *m* **-1.** *NÁUT* camarote *m*. **-2.** *TEATRO* palco *m*.

cambaleante [kãnba'ljãntʃi] *adj* tambaleante.

cambalear [kãnba'lja(x)] *vi* tambalearse.

cambalhota [kãnba'ʎɔta] *f* voltereta *f*, pirueta *f Méx*.

câmbio ['kãnbju] *m* cambio *m*; ~ **livre** libre cambio; ~ **negro** mercado negro; ~ **oficial** cambio oficial; ~ **paralelo** cambio en el mercado negro.

cambista [kãn'biʃta] *mf* cambista *mf*.

camburão [kãnbu'rãw] (*pl* **-ões**) *m* furgón *m* policial.

camelo [ka'melu] *m* **-1.** [animal] camello *m*. **-2.** [pessoa burra] burro *m*, -rra *f*.

camelô [kame'lo] *m* vendedor *m*, -ra *f* ambulante.

câmera ['kãmera] ⟨⟩ *f* cámara *f*. ⟨⟩ *mf* [operador] camarógrafo *m*, -fa *f*, cámara *mf Esp*.

caminhada [kami'nada] *f* **-1.** [passeio] vuelta *f*, paseo *m*. **-2.** [extensão] caminata *f*.

caminho [ka'mipu] *m* **-1.** [via, direção] camino *m*. **-2.** [extensão]: **cortar** ~ atajar *Esp*, cortar camino *Amér*. **-3.** *fig* [meio] medio *m*, camino *m Amér*. **-4.** *fig* [rumo] rumbo *m*, camino *m Amér*.

caminhoneiro, ra [kamino'nejru, ra] *m, f* camionero *m*, -ra *f*.

caminhonete [kamjo'nɛtʃi], **camioneta** [kamjo'nɛta] *f* camioneta *f*.

camisa [ka'miza] *f* camisa *f*; ~ **esporte** camisa (de sport); ~ **pólo** polo *m*, playera *f sport Méx*; ~ **social** camisa (de vestir).

camisa-de-força [kaˌmizadʒi'foxsa] (*pl* **camisas-de-força**) *f* camisa *f* de fuerza.

camisa-de-vênus [kaˌmizadʒi'venuʃ] *f* = **camisinha**.

camiseta [kami'zeta] *f* camiseta *f*, pullover *m Cuba*, playera *f Méx*, remera *f RP*.

camisinha [kami'zipa] *f* preservativo *m*, condón *m*, forro *m Arg*.

camisola [kami'zɔla] *f* camisón *m Méx & RP*.

camomila [kamo'mila] *f* manzanilla *f*, camomila *f*.

campainha [kãnpa'ipa] *f* timbre *m*, campanilla *f*.

campanha [kãn'pãpa] *f* **-1.** [ger] campaña *f*; **fazer** ~ **(de/contra)** hacer campaña (de/contra). **-2.** [planície] campo *m*.

campeão, ã [kãn'pjãw, pjã] (*mpl* **-ões**, *fpl* **-s**) ⟨⟩ *m, f* campeón *m*, -ona *f*. ⟨⟩ *adj* [time *etc.*] campeón(ona).

campeonato [kãnpjo'natu] *m* campeonato *m*.

campestre [kãn'pεʃtri] adj campestre.

camping [kãn'pĩŋ] m camping m, campamento m **Amér.**

campismo [kãn'piʒmu] m camping m, campismo m **Amér.**

campista [kãn'piʃta] mf campista mf.

campo ['kãnpu] m - **1.** [ger] campo m; **casa de** ~ casa de campo. - **2.** [área]: ~ **de concentração** campo de concentración. - **3.** ESP campo m, cancha f **Amér.** - **4.** fig [ocasião] espacio m. - **5.** loc: **embolar o meio de** ~ armar una buena; **sair em** ~ echarse OU salir a la calle.

Campo Grande [ˌkãnpu'grãndʒi] n Campo Grande.

camponês, esa ['kãnpo'neʃ, eza] (mpl -eses, fpl -s) m, f campesino m, -na f.

campus ['kãnpuʃ] m inv campus m inv.

camuflado, da [kamu'fladu, da] adj camuflado(da).

camuflagem [kamu'flaʒẽ] (pl -ns) f camuflaje m.

camundongo [kamũn'dõŋgu] m ratón m casero, guayabito m **Cuba**.

camurça [ka'muxsa] f gamuza f.

cana ['kãna] f - **1.** [caule] caña f. - **2.** fam [cachaça] aguardiente m, caña f **RP.** - **3.** fam [cadeia] chirona f **Esp**, cana f **Andes, Cuba & RP**, tambo m **Méx**; **ir em** ~ ser enchironado **Esp**, caer en cana **Andes, Cuba & RP**, caer en el tambo **Méx.**

Canadá [kana'da] n: (o) ~ (el) Canadá.

cana-de-açúcar [ˌkãnadʒja'suka(x)] (pl canas-de-açúcar) f caña f de azúcar.

canadense [kana'dẽnsi] <> adj canadiense. <> mf canadiense mf.

canal [ka'naw] (pl -ais) m - **1.** [ger] canal m. - **2.** fig [meio, via] vía f.

canalha [ka'naʎa] <> adj canalla. <> mf canalla mf.

canalizar [kanali'za(x)] vt - **1.** [ger] canalizar. - **2.** [pôr canos de esgotos] alcantarillar.

canapé [kana'pε] m canapé m (aperitivo).

Canárias [ka'narjaʃ] npl: **as (ilhas)** ~ las (islas) Canarias.

canário [ka'narju] m canario m.

canastrão, trona [kanaʃ'trãw, trona] (mpl -ões, fpl -s) m, f TEATRO actor m, -triz f mediocre.

canavial [kana'vjaw] (pl -ais) m cañaveral m.

canção [kãn'sãw] (pl -ões) f canción f.

cancela [kãn'sεla] f reja f, cancela f, cancel m **Amér.**

cancelamento [kãnsela'mẽntu] m cancelación f.

cancelar [kãnse'la(x)] vt - **1.** [ger] cancelar. - **2.** [riscar] tachar.

câncer ['kãnse(x)] (pl -es) m MED cáncer m.

◆ **Câncer** m ASTRO Cáncer m.

canceriano, na [kãnse'rjãnu, na] <> adj ASTRO (de) cáncer. <> m, f cáncer mf.

canções [kãn'sõjʃ] pl ▷ canção.

candelabro [kãnde'labru] m - **1.** [castiçal] candelabro m, candelero m **Méx.** - **2.** [lustre] araña f, candelabro m **Méx.**

candidatar-se [kãndʒida'taxsi] vp: ~ **(a)** presentarse como candidato(ta) (a), candidatearse (a OU para) **Amér.**

candidato, ta [kãndʒi'datu, ta] m candidato m, -ta f.

candidatura [kãndʒida'tura] f candidatura f.

cândido, da ['kãndʒidu, da] adj - **1.** [alvo] albo(ba). - **2.** fig [inocente] cándido(da).

candomblé [kãndõn'blε] m - **1.** [religião] religión híbrida que es resultado de la fusión del catolicismo portugués con los cultos africanos llegados a Brasil con los esclavos, ≃ santería f, ≃ candomblé m **RP.** - **2.** [local] lugar donde se practica la santería.

caneca [ka'nεka] f taza f.

canela [ka'nεla] f - **1.** [especiaria] canela f. - **2.** ANAT espinilla f, canilla f.

caneta [ka'neta] f bolígrafo m, pluma f **Méx**, lapicera f **RP**, birome f **Cuba & RP**; ~ **esferográfica** bolígrafo m, pluma f **Méx**, lapicera f **RP**, birome f **Cuba & RP.**

caneta-tinteiro [kaˌnetatʃĩn'tejru] (pl canetas-tinteiros) f pluma f estilográfica, pluma f de fuente **Cuba**, pluma f fuente **Méx**, lapicera f fuente **RP.**

cangote [kãn'gotʃi] m cogote m.

canguru [kãŋgu'ru] m canguro m.

cânhamo ['kãɲamu] m cáñamo m.

canhão [ka'ɲãw] (pl -ões) m MIL cañón m.

canhões [ka'ɲõjʃ] pl ▷ canhão.

canhoto, ota [ka'ɲotu, ɔta] <> adj zurdo(da). <> m, f zurdo m, -da f.

◆ **canhoto** m [em talão] matriz f, talón m.

canibal [kani'baw] (pl -ais) <> adj caníbal. <> m, f caníbal mf.

caniço [ka'nisu] m - **1.** PESCA caña f OU vara f **Cuba** de pescar. - **2.** fam [perna fina] palillo m, piolín m **RP**, popote m **Méx.**

canil [ka'niw] (pl -is) m - **1.** [instituição] perrera f. - **2.** [casa] caseta f.

caninha [ka'niɲa] f aguardiente m, caña f **RP.**

canino, na [ka'ninu, na] adj canino(na).

◆ **canino** m [dente] canino m.

canivete [kani'vɛtʃi] m navaja f.

canja ['kãnʒa] f - **1.** CULIN ≃ caldo m de gallina, ≃ caldosa f **Cuba.** - **2.** MÚS: **dar uma** ~ improvisar un numerito.

canjica [kãn'ʒika] f plato hecho con granos de maíz cocidos en almíbar, servidos a veces con leche de coco, majarete m **Cuba**, atol m

Cuba, natilla f **Méx**.

cano ['kãnu] m -1. [tubo] caño m, tubería f; ~ **de esgoto** tubo m ou caño **RP** de desagüe. -2. [de arma] cañón m. -3. [de bota] caña f. -4. [trambique] chasco m. -5. loc: entrar pelo ~ salir mal parado(da).

canoa [ka'noa] f canoa f.

canonização [kanoniza'sãw] (pl -ões) f canonización f.

cansaço [kãn'sasu] m cansancio m.

cansado, da [kãn'sadu, da] adj cansado(da).

cansar [kãn'sa(x)] <> vt cansar. <> vi -1. [ficar cansado] cansarse; ~ **de algo/alguém** cansarse de algo/alguien; ~ **de fazer algo** cansarse de hacer algo. -2. [aborrecer] cansar.

◆ **cansar-se** vp -1. [fatigar-se] cansarse. -2. [entediar-se, aborrecer-se]: ~-**se de algo** cansarse de algo.

cansativo, va [kãnsa'tʃivu, va] adj -1. [fatigante] agotador(ra), cansador(ra) **RP**. -2. [enfadonho] aburrido(da).

canseira [kãn'sejra] f -1. [cansaço] cansancio m. -2. fam [esforço] trabajo m.

cantar [kãn'ta(x)] <> vt -1. Mús cantar. -2. [celebrar] cantar, celebrar. -3. [dizer em voz alta] decir en voz alta, cantar **Amér**. <> vi Mús cantar.

cantarolar [kãntaro'la(x)] <> vt canturrear, tararear. <> vi canturrear, tararear.

canteiro [kãn'tejru] m parterre m, cantero m **Amér**.

cantiga [kãn'tʃiga] f cantiga f, cántico m **Amér**.

cantil [kãn'tʃiw] (pl -is) m -1. [frasco] cantimplora f. -2. [ferramenta] buril m.

cantina [kãn'tʃina] f comedor m.

canto ['kãntu] m -1. Mús canto m. -2. [da mesa] esquina f, punta f **RP**. -3. [da sala] rincón m, esquina f **RP**. -4. [de boca, olhos] comisura f. -5. [aresta] arista f. -6. [de quadro, fotografia] ángulo m. -7. [habitação, lugar retirado] rincón m.

cantor, ra [kãn'to(x), ra] (mpl -es, fpl -s) m, f cantante mf.

canudo [ka'nudu] m -1. [tubo] tubo m. -2. [para beber] pajita f, canutillo m **Cuba**, popote m **Méx**. -3. fam [diploma] título m, diploma m **Méx**, cartón m **RP**.

cão ['kãw] (pl cães) mf -1. perro m, -rra f. -2. loc: quem não tem ~ caça com gato a falta de pan, buenas son tortas a falta de pan, casabe **Cuba** a falta de pan, tortillas **Méx**.

◆ **de cão** loc adj [dia, férias etc.] de perros.

caolho, lha [ka'oʎu, ʎa] <> adj -1. [zarolho] tuerto(ta). -2. [estrábico] bizco(ca), estrábico(ca) **Amér**. <> m, f -1. [pessoa zarolha]

tuerto m, -ta f. -2. [pessoa estrábica] bizco m, -ca f, estrábico m, -ca f **Amér**.

caos ['kawʃ] m inv caos m inv.

caótico, ca [ka'ɔtʃiku, ka] adj caótico(ca).

capa ['kapa] f -1. [roupa] capa f; ~ **(de chuva)** impermeable m. -2. [cobertura] forro m, funda f; ~ **frontal** [para celular] carcasa f. -3. [de livro] tapa f, carátula f **Cuba** portada f **Méx**; ~ **dura** tapa dura.

capacete [kapa'setʃil] m casco m.

capacho [ka'paʃu] m -1. [tapete] felpudo m, tapete m **Méx**. -2. fig [pessoa servil] lamebotas mf inv, chupamedias mf inv **RP**.

capacidade [kapasi'dadʒil f -1. [ger] capacidad f. -2. fig [sumidade] talento m.

capacitar [kapasi'ta(x)] vt [habilitar]: ~ **alguém a fazer algo** capacitar a alguien para hacer algo.

capado, da [ka'padu, da] <> adj [castrado] capado(da). <> m cerdo m cebón castrado.

capataz [kapa'taʒ] m capataz m.

capaz [ka'paʃ] (pl -es) adj -1. [competente] capaz. -2. [apropriado] adecuado(da), capaz **Amér**. -3. [provável]: é ~ **de nevar** es probable que nieve, capaz que nieva **Amér**, capaz nieva **RP**; é ~ **de eu ir vê-la hoje** es probable que vaya a verla hoy, capaz que vaya a verla hoy **Amér**, capaz que voy a verla hoy **Amér**. -4.: **ser** ~ **de fazer algo** [dispor-se a, ter coragem de] ser capaz de hacer algo.

capcioso, osa [kap'sjozu, ɔza] adj [pergunta] capcioso(sa).

capela [ka'pɛla] f capilla f.

capenga [ka'pẽga] <> adj cojo(ja), rengo(ga) **RP**. <> mf cojo m, -ja f, rengo m, -ga f **RP**.

CAPES (abrev de Coordenação de Aperfeiçoamento de Pessoal de Nível Superior) f organismo educativo que financia investigaciones en maestrías y doctorados.

capeta [ka'petal m -1. [diabo] diablo m, Mandinga m **RP**. -2. fam [traquinas] diablillo m, reguilete m **Cuba**, indio m **RP**.

capim [ka'pĩ] m hierba f de guinea, grama m **Col**.

capinar [kapi'na(x)] vt [limpar] limpiar de maleza, chapear **Cuba**.

capita ['kapital ◆ **per capita** loc adj per cápita.

capital [kapi'taw] (pl -ais) <> adj capital. <> m ECON capital m. <> f [cidade] capital f.

capitalismo [kapita'liʒmu] m capitalismo m.

capitalista [kapita'liʃta] <> adj capitalista. <> mf capitalista mf.

capitalização [kapitaliza'sãw] f ECON capitalización f.

capitão, ã [kapi'tãw, ã] (mpl -ães, fpl -s) m, f capitán m, -ana f.
capitular [kapitu'la(x)] ◇ vi capitular. ◇ adj capitular. ◇ f [letra] letra f capitular.
capítulo [ka'pitulu] m capítulo m.
capô [ka'po] m AUTO capó m.
capoeira [ka'pwejra] f [dança] capoeira f, mezcla de danza y arte marcial brasileño de origen africano, que se baila al son de instrumentos típicos de percusión.
capoeirista [kapwej'riʃta] mf practicante de capoeira.
capota [ka'pɔta] f AUTO capota f.
capotar [kapo'ta(x)] vi capotar, voltearse Cuba & Méx, volcar RP.
capricho [ka'priʃu] m -1. [ger] capricho m. -2. [esmero] esmero m.
caprichoso, osa [kapri'ʃozu, ɔza] adj -1. [ger] caprichoso(sa). -2. [cuidadoso] cuidadoso(sa), esmerado(da) Amér.
capricorniano, na [kaprikox'njãnu, na] ◇ adj (de) capricornio. ◇ m, f capricornio mf.
Capricórnio [kapri'kɔxnju] m ASTRO Capricornio m.
cápsula ['kapsula] f cápsula f.
captar [kap'ta(x)] vt captar.
captura [kap'tura] f captura f.
capuz [ka'puʃ] (pl -es) m capucha f.
caqui [ka'ki] m [fruto] caqui m.
cáqui ['kaki] ◇ adj inv caqui. ◇ m caqui m (color).
cara ['kara] ◇ f -1. [ger] cara f; ~ a ~ cara a cara; ser a ~ de alguém ser clavado(da) ou idéntico(ca) a alguien, ser la copia de alguien Méx. -2. [aspecto] pinta f. -3. fam [coragem] valor m, cara f. -4. loc: dar de ~ com alguém toparse con alguien; encher a ~ fam empinar el codo, mamarse RP; estar com ~ de que [parecer que] parece que; estar na ~ saltar a la cara; não vou com a ~ dele no me cae bien. ◇ m fam [sujeito] tío m Esp, tipo m Amér, fulano m Méx.
carabina [kara'bina] f carabina f.
Caracas [ka'rakaʃ] n Caracas.
caracol [kara'kɔw] (pl -óis) m -1. [molusco] caracol m. -2. [de cabelo] rizo m, chino m Méx.
◆ de caracol loc adj [escada] de caracol.
caractere [karak'tɛri] m carácter m.
caractere-curinga [karak'tɛr(e)-ku'rĩga]] m INFORM comodín m.
caracteres [karak'tɛriʃ] pl ▷ caráter.
característico, ca [karakte'riʃtʃiku, ka] adj característico(ca).
◆ característica f característica f.

caracterizar [karakteri'za(x)] vt caracterizar.
◆ caracterizar-se vp [distinguir-se]: ~ -se por caracterizarse por.
cara-de-pau [ˌkaradʒi'paw] fam ◇ adj caradura. ◇ mf caradura mf, sinvergüenza mf.
carambola [karãm'bɔla] f -1. [no bilhar] carambola f. -2. [fruto] carambola f, ciruela f china Cuba.
caramelado, da [karame'ladu, da] adj acaramelado(da).
caramelo [kara'mɛlu] m -1. [calda] caramelo m. -2. [bala] caramelo m, dulce m Méx.
caramujo [kara'muʒu] m caracol m, cobo m Cuba.
caranguejo [karãŋ'gejʒu] m cangrejo m.
caratê [kara'te] m kárate m, karate m Amér.
caráter [ka'rate(x)] (pl -res) m carácter m; uma pessoa de ~ /sem ~ una persona con/sin carácter.
◆ a caráter loc adv [vestir-se] a la moda, al estilo de la época, de carácter Méx.
caravana [kara'vãna] f caravana f.
carboidrato [kaxbwi'dratu] m carbohidrato m.
carbônico, ca [kax'boniku, ka] adj carbónico(ca).
carbono [kax'bonu] m QUÍM carbono m.
carburador [kaxbura'do(x)] (pl -es) m carburador m.
carcaça [kax'kasa] f -1. [esqueleto] esqueleto m. -2. [armação] estructura f. -3. [de navio] casco m.
cárcere ['kaxseri] m cárcel f.
carcereiro, ra [kaxse'rejru, ra] m carcelero m, -ra f.
carcomer [kaxko'me(x)] vt [roer] carcomer.
carcomido, da [kaxko'midu, da] adj -1. [ger] carcomido(da). -2. [gasto] desgastado(da), gastado(da) RP.
cardápio [kax'dapju] m menú m, carta f.
cardeal [kax'dʒjaw] (pl -ais) ◇ m RELIG cardenal m. ◇ adj [ponto] cardinal.
cardíaco, ca [kax'dʒjaku, ka] ◇ adj cardiaco(ca), cardíaco(ca). ◇ m, f cardiaco m, -ca f, cardíaco m, -ca f.
cardigã [kaxdʒi'gã] m cárdigan m, cardigán m Cuba.
cardinal [kaxdʒi'naw] (pl -ais) adj cardinal.
cardiovascular [ˌkaxdʒjovaʃku'la(x)] (pl -res) adj cardiovascular.
cardume [kax'dumi] m banco m, cardumen m.
careca [ka'rɛka] ◇ adj calvo(va); estar ~ de saber algo saber algo muy bien. ◇ mf calvo m, -va f. ◇ f calva f.

carecer [kare'se(x)] *vt* **-1.** [não ter]: ~ **de** carecer de. **-2.** [precisar]: ~ **de** necesitar.

careiro, ra [ka'rejru, ra] *adj* carero(ra).

carência [ka'rēnsja] *f* carencia *f*; ~ **afetiva** carencia afectiva.

carente [ka'rēntʃi] *adj* **-1.** [ger] carente de. **-2.** [pobre] necesitado(da).

carestia [kareʃ'tʃia] *f* **-1.** [custo alto] carestía *f*. **-2.** [escassez] carestía *f*, escasez *f*.

careta [ka'reta] <> *f* [com o rosto] mueca *f*, gesto *m* **Méx**; **fazer** ~ hacer muecas *ou* gestos **Méx**. <> *adj* **-1.** *fam* [conservador] conservador(ra). **-2.** *fam* [que não usa drogas]: **é um jovem** ~ es un joven que no se mete drogas.

caretice [kare'tʃisi] *f fam* [convencionalismo]: **meu pai é a** ~ **em pessoa** mi padre es un carca de tomo y lomo.

carga ['kaxga] *f* **-1.** [ger] carga *f*. **-2.** *ELETR*: ~ elétrica carga eléctrica. **-3.** [número de horas]: ~ **horária** número *m* de horas. **-4.** *fig* [responsabilidade] peso *m*.

cargo ['kaxgu] *m* cargo *m*.

cargueiro, ra [kax'gejru, ra] *adj* de carga. ◆ **cargueiro** *m* carguero *m*.

cariado, da [ka'rjadu, da] *adj* [dente] cariado(da).

Caribe [ka'ribi] *n*: **o (mar do)** ~ **el** (mar) Caribe.

caricatura [karika'tura] *f* caricatura *f*.

carícia [ka'risja] *f* caricia *f*.

caridade [kari'dadʒi] *f* caridad *f*.

caridoso, osa [kariēdozu, ɔza] *adj* caritativo(va).

cárie ['kari] *f* caries *f inv*.

carimbar [karĩn'ba(x)] *vt* sellar, acuñar **Cuba**.

carimbo [ka'rĩnbu] *m* sello *m*, cuño *m* **Cuba**.

carinho [ka'riɲu] *m* [afago, cuidado] cariño *m*.

carinhoso, osa [kari'ɲozu, ɔza] *adj* cariñoso(sa).

carisma [ka'riʒma] *m* carisma *m*.

caritativo, va [karita'tʃivu, va] *adj* caritativo(va).

carnal [kax'naw] (*pl* -ais) *adj* carnal.

carnaval [kaxna'vaw] (*pl* -ais) *m* **-1.** [festa popular] carnaval *m*. **-2.** *fam* [desordem] follón *m*, reguero *m* **Cuba**, pachanga *f* **Amér**, carnaval *m* **RP**. **-3.** *fam* [estardalhaço] bulla *f*, alboroto *m*.

carnavalesco, ca [kaxnava'leʃku, ka] *adj* **-1.** [relativo ao carnaval] carnavalesco(ca). **-2.** [grotesco] grotesco(ca), carnavalesco(ca) **Amér**. ◆ **carnavalesco** *m* **-1.** [folião] fiestero. **-2.** [organizador] *persona que prepara el desfile del carnaval, los motivos alegóricos de las* carrozas y comparsas, etc.

carne ['kaxnil] *f* **-1.** [ger] carne *f*; ~ **assada** carne asada, carne horneada **Méx**, asado *m* **RP**. **-2.** [parentesco] sangre *f*, carne *f* **Amér**.

carnê [kax'ne] *m* [de pagamento] libreta *f* para compra a plazos, libreta *f* de cuentas **Amér**.

carne-de-sol [,kaxnidʒi'sɔw] (*pl* **carnes-de-sol**) *f CULIN* carne *f* seca, tasajo *m* **Cuba** & **RP**.

carneiro [kax'nejru] *m* carnero *m*.

carne-seca [,kaxni'seka] (*pl* **carnes-secas**) *f CULIN* cecina *f*.

carniça [kax'nisa] *f* carroña *f*.

carnificina [kaxnifi'sina] *f* matanza *f*, carnicería *f*.

carnívoro, ra [kax'nivoru, ra] *adj* carnívoro(ra). ◆ **carnívoro** *m* carnívoro *m*.

carnudo, da [kax'nudu, da] *adj* carnoso(sa).

caro, ra ['karu, ra] *adj* **-1.** [custoso] caro(ra). **-2.** [que cobra muito] caro(ra), carero(ra). **-3.** [querido] querido(da). ◆ **caro** *adv* [por alto preço] caro.

carochinha [karɔ'ʃiɲa] *f*: **conto/história da** ~ cuento *m* de hadas.

caroço [ka'rosu] *m* **-1.** [de fruto] hueso *m*, carozo *m* **RP**. **-2.** [na pele] grano *m*. **-3.** [tumor] tumor *m*.

carona [ka'rona] *f*: **dei uma** ~ **para minha amiga** llevé a mi amiga en coche *ou* carro **Amér**, di ride *ou* aventón a mi amiga **Méx**, di botella a mi amiga **Cuba**.

carpete [kax'pɛtʃi] *m* moqueta *f* **Esp**, alfombra *f* **Amér**, moquette *f* **RP**.

carpintaria [kaxpĩnta'ria] *f* carpintería *f*.

carpinteiro, ra [kaxpĩn'tejru, ra] *m*, *f* carpintero *m*, -ra *f*.

carranca [ka'xãŋka] *f* **-1.** [semblante] cara *f* de perro, trompa *f* **Méx** & **RP**. **-2.** *fam* [em embarcação] mascarón *m* de proa.

carrapato [kaxa'patu] *m* **-1.** [ácaro] garrapata *f*. **-2.** *fam* [pessoa importuna] pesado *m*, ladilla *f* **Amér**, garrapata *f* **Méx**.

carrasco [ka'xaʃku] *m* **-1.** [algoz] verdugo *m*. **-2.** [tirano] tirano *m*.

carregado, da [kaxe'gadu, da] *adj* **-1.** [caminhão, árvore, pessoa]: ~ **(de)** cargado(da) (de). **-2.** [fisionomia] sombrío(a), serio(ria). **-3.** [ambiente] cargado(da), pesado(da) **Amér**. **-4.** [estilo, céu] cargado(da).

carregador [kaxega'do(x)] (*pl* -es) *m*, *f* **-1.** [de bagagem] mozo *m*, -za *f* de equipaje, maletero *m*, -ra *f*. **-2.** [transportador] transportista *mf*.

carregamento [kaxega'mēntul] *m* **-1.** [ato] carga *f*. **-2.** [carga] cargamento *m*.

carregar [kaxe'ga(x)] <> vt -1. [ger] cargar. -2. [impregnar] impregnar. <> vi -1. [pôr em demasia]: **o cozinheiro carregou na pimenta** el cocinero se pasó con la pimienta. -2. [exagerar]: **o mercado sempre carrega no preço da carne** el mercado siempre se pasa con el precio de la carne; **carregou muito na história que contou** cargó demasiado las tintas en la historia que contó.

carreira [ka'xejra] f-1. [correria]: **fui numa ~ para não perder o ônibus** me tuve que pegar una corrida para no perder el autobús. -2. [profissão, páreo] carrera f. -3. NÁUT rampa f. -4. [trilha] sendero m, trillo m Cuba.

carreta [ka'xeta] f-1. [caminhão] camión m. -2. [carroça] carreta f, carcacha f Méx, cachilo m RP.

carretel [kaxe'tɛw] (pl -éis) m [retrós, molinete] carrete m.

carretilha [kaxe'tʃiʎa] f-1. [roldana] roldana f. -2. [cortadeira] cortador m de pasta.

carrilhão [kaxi'ʎãw] (pl -ões) m [sinos, relógio] carillón m.

carrinho [ka'xiɲu] m -1. [de bebê] cochecito m, carreola f Méx. -2. [para bagagem, comida] carrito m. -3. [de chá] carrito para el té. -4. [de feira] carrito de compras, changuito m Arg. -5. [de mão] carretilla f.

carro ['kaxu] m -1. [veículo] coche m, carro m Andes, CAm, Carib & Méx, auto m CSur; **~ alegórico** carroza f, carro m alegórico RP; **~ de bombeiro** coche de bomberos, camión de bomberos Méx, carro de bomberos RP; **~ de praça** taxi m. -2. [vagão] coche m, vagón m. -3. [de boi] carreta f. -4.[de máquina de escrever] carro m.

> Não confundir com o espanhol carro, que no Rio da Prata tem um significado similar ao português 'carroça': (Me gustan los coches deportivos. Gosto dos carros esportivos.; Pasó un carro tirado por tres caballos. Passou uma carroça puxada por três cavalos.)

carro-bomba [ˌkaxu'bõnba] (pl carros-bombas, carros-bomba) m coche m bomba, carro m bomba Amér, auto m bomba CSur.

carroça [ka'xɔsa] f -1. [de tração animal] carreta f. -2. [calhambeque] cafetera f, carcacha f Méx, cachilo m RP.

carroceria [kaxose'ria] f carrocería f.

carro-chefe [ˌkaxũ'ʃefi] (pl carros-chefes) m carroza de más importancia en el desfile de carnaval.

carrocinha [kaxɔ'siɲa] f vehículo m de la perrera.

carrossel [kaxɔ'sɛw] (pl -éis) m carrusel m, tiovivo m Esp, calesita f RP.

carruagem [ka'xwaʒẽ] (pl -ns) f carruaje m, coche m de caballos.

carta ['kaxta] f carta f; **~ registrada** carta certificada; **dar as ~s** repartir las cartas; **~ magna** carta magna.

cartão [kax'tãw] (pl -ões) m -1. [papelão] cartón m. -2. [do banco, contribuinte etc.] tarjeta f; **~ de crédito** tarjeta de crédito; **~ de embarque/desembarque** tarjeta de embarque/desembarque; **~ bancário** tarjeta bancária; **~ comercial** tarjeta de visita; **~ pre-pago** [para celular] tarjeta (de) prepago.

cartão-postal [kaxˌtãwpoʃtaw] (pl cartões-postais) m (tarjeta f) postal f.

cartaz [kax'taʃ] (pl -es) m -1. [anúncio] cartel m. -2. CINE & TEATRO: **estar em ~** estar en cartelera.

carteira [kax'tejra] f-1. [de dinheiro] billetera f, cartera f. -2. [escrivaninha] escritorio m. -3. [de sala de aula] pupitre m. -4. [documento] cartera f Esp, credencial f Méx, carnet m RP; **~ de identidade** carnet m de identidad, documento m de identidad, cartilla f (del ejército) Méx, tarjeta f de elector Méx; **~ de investimentos** cartera f de inversiones; **~ de motorista** carnet m de conducir, licencia f de conducir Méx, libreta f de conducir RP. -5. [de cigarros] cajetilla f, mazo m Arg. -6. [de títulos, ações] cartera f, portafolio m Méx.

carteiro [kax'tejru] mf cartero m, -ra f.

cartões [kax'tõjʃ] pl ⊳ cartão.

cartola [kax'tɔla] <> f[chapéu] sombrero m de copa, galera f RP. <> m -1. fam [pessoa importante] señorón m. -2. fam pej & FUT mandamás m inv.

cartolina [kaxto'lina] f cartulina f.

cartomante [kaxto'mãntʃi] mf lector m, -ra f de cartas.

cartório [kax'tɔrju] m notaría f Esp, Cuba & Méx, escribanía f RP.

cartucho [kax'tuʃu] m -1. [munição] cartucho m; **~ de tinta** cartucho de tinta. -2. [embalagem de papel] cucurucho m.

cartum [kax'tũ] (pl -ns) m -1. [animado] dibujos mpl animados, caricaturas fpl Méx. -2. [em revista] tira f cómica.

cartunista [kaxtu'niʃta] mf dibujante mf, cartonista mf Méx.

carvalho [kax'vaʎu] m roble m.

carvão [kax'vãw] (pl -ões) m carbón m; **~ vegetal** carbón vegetal.

casa ['kaza] f-1. [ger] casa f; **em ~** en casa; **ir para ~** ir a casa; **~ de máquinas** sala f de máquinas. -2. [estabelecimento] casa f, establecimiento m Amér; **~ de câmbio** casa de cambio; **Casa da Moeda** Casa de

casacão

58

la Moneda; ~ **de saúde** clínica *f.* -**3**. [de botões] ojal *m.* - **4**. MAT decimal *m.*

casacão [kaza'kãw] (*pl* -ões) *m* abrigo *m,* sobretodo *m,* saco *m* **Amér.**

casaco [ka'zaku] *m* chaqueta *f,* saco *m* **Amér**; ~ **de pele** chaqueta *ou* chamarra *f* **Méx** de piel.

casa-grande [‚kaza'grãndʒi] (*pl* **casas-grandes**) *f* en tiempos de la colonia o el Imperio, casa señorial brasileña en la que vivían los dueños de las haciendas y las plantaciones de azúcar.

casal [ka'zaw] (*pl* -**ais**) *m* pareja *f.*

casamento [kaza'mẽntu] *m* -**1**. [matrimônio] boda *f,* matrimonio *m.* -**2**. [cerimônia] boda *f,* casamiento *m* **Amér.** -**3**. *fig* [união, aliança] unión *f.*

casar [ka'za(x)] ⬦ *vt* -**1**. [em matrimônio] casar. -**2**. [combinar] casar, empatar **Méx,** combinar **RP**. -**3**. [emparelhar] juntar, ordenar. ⬦ *vi* [em matrimônio]: ~ **(com)** casarse (con); ~ **no civil/no religioso** casarse por lo civil/por la iglesia.

◆ **casar-se** *vp* -**1**. [em matrimônio] casarse. -**2**. [combinar-se] combinar, empatar **Méx.**

casarão [kaza'rãw] (*pl* -ões) *m* -**1**. [casa grande] caserón *m.* -**2**. [casa opulenta] mansión *m.*

casca ['kaʃka] *f* -**1**. [de pão] corteza *f,* costra *f* **RP**. - **2**. [de ferida] costra *f,* postilla *f* **Esp.** -**3**. [de ovos] cáscara *f,* cascarón *m* **Méx.** - **4**. [de fruta] cáscara *f.* - **5**. *fig* [aparência] superficie *f.*

cascalho [kaʃ'kaʎu] *m* grava *f,* gravilla *f,* cascajo *m* **Méx,** pedregullo *m* **RP**.

cascão [kaʃ'kãw] (*pl* -ões) *m* costra *f.*

cascata [kaʃ'kata] *f* -**1**. [queda d'água] cascada *f,* salto *m* de agua. - **2**. *fam* [mentira] bola *f,* guayaba *f* **Cuba,** cuento *m* **Méx,** paco *m* **RP**. -**3**. *fam* [bazófia] fanfarronería *f,* fantasmada *f* **Esp,** historia *f* **RP**.

cascavel [kaʃka'vɛw] (*pl* -**éis**) ⬦ *m* ZOOL serpiente *f* de cascabel. ⬦ *f* *fig* [mulher] ogro *m.*

casco ['kaʃku] *m* -**1**. [de navio] casco *m.* - **2**. [de tartaruga] caparazón *m,* concha *f* **Esp.** - **3**. [garrafa] casco *m,* envase *m.* - **4**. [crânio] cráneo *m,* casco *m* **Amér.**

casebre [ka'zɛbri] *m* choza *f.*

caseiro, ra [ka'zejru, ra] ⬦ *adj* -**1**. [ger] casero(ra). -**2**. [roupa] de casa de, entre casa **RP**. ⬦ *m, f* [empregado] casero *m,* -ra *f,* cuidador *m,* -ra *f* de casa **Méx.**

caserna [ka'zɛxna] *f* MIL barracón *m,* barraca *f.*

caso ['kazu] ⬦ *m* -**1**. [ger] caso *m*; **em todo** ~ **en todo caso; neste** ~ si es así, de ser así; **no** ~ **de** en caso de; **criar** ~ complicar las cosas, formar rollo **Cuba,**

armar problema **Méx,** armar lío **RP**; ~ **de emergência** en caso de emergencia; **não fez** ~ **do namorado e ele arrumou outra** no hacía el más mínimo caso del novio y éste se buscó otra; **não vir ao** ~ **loc** no venir al caso; **ser um** ~ **perdido** *loc* ser un caso perdido. - **2**. [história] cuento *m,* historia *f.* - **3**. *fam* [amoroso] aventura *f,* lío *m* **Esp,** negocio *m* **Méx,** historia *f* **RP**. ⬦ *conj* si por si acaso **Méx.**

caspa ['kaʃpa] *f* caspa *f.*

casquinha [kaʃ'kiɲa] *f* [de pele] costra *f,* cáscara *f* **RP**.

cassado, da [ka'sadu, da] *m, f* persona *a la que se le han retirado los derechos políticos o ciudadanos.*

cassete [ka'sɛtʃi] ⬦ *adj*: **gravador** ~ magnetófono *m,* casete *f*; **fita** ~ casete *f.* ⬦ *m* [gravador] magnetófono *m,* casete *f,* casetera *f* **Méx,** grabador *m* **Amér,** grabadora *f* **Amér.**

cassetete [kase'tɛtʃi] *m inv* porra *f,* cachiporra *f.*

cassino [ka'sinu] *m* casino *m.*

casta ['kaʃta] *f* casta *f.*

castanha [kaʃ'taɲa] *f* castaña *f.*

castanha-do-pará [kaʃ‚taɲadupa'ra] (*pl* **castanhas-do-pará**) *f* nuez *f* de Brasil, castaña *f* de Pará **RP**.

castanheiro [kaʃtã'ɲejru] *m* castaño *m.*

castanho, nha [kaʃ'taɲu, ɲa] *adj* [olhos, cabelo, cor] castaño(ña) café **Amér.**

◆ **castanha** *f* [fruto] castaña *f*; ~ **de caju** anacardo *m,* nuez *f* de la India **Méx,** castaña *f* de cajú **RP**.

castanholas [kaʃtã'ɲɔlaʃ] *fpl* castañuelas *fpl.*

castelo [kaʃ'tɛlu] *m* castillo *m.*

castiçal [kaʃtʃi'saw] (*pl* -**ais**) *m* palmatoria *f,* candelabro *m,* candelero *m* **Méx.**

castiço, ça [kaʃ'tʃisu, sa] *adj* castizo(za).

castidade [kaʃtʃi'dadʒi] *f* castidad *f.*

castigar [kaʃtʃi'ga(x)] *vt* castigar.

castigo [kaʃ'tʃigu] *m* -**1**. [punição] castigo *m.* - **2**. [mortificação] castigo *m,* penitencia *f* **Méx.**

casto, ta ['kaʃtu, ta] *adj* casto(ta).

casual [ka'zwaw] (*pl* -**ais**) *adj* casual.

casualidade [kazwali'dadʒi] *f* casualidad *f.*

casulo [ka'zulu] *m* -**1**. [de insetos] capullo *m.* - **2**. [de sementes] vaina *f.*

cata ['kata] *f*: **à** ~ **de** a la caza de.

catalão, lã [kata'lãw, lã] ⬦ *adj* catalán(ana). ⬦ *m, f* catalán *m,* -ana *f.*

◆ **catalão** *m* [língua] catalán *m.*

catalogar [katalo'ga(x)] *vt* catalogar.

catálogo [ka'talogu] *m* catálogo *m*; ~ **de**

telefones guía f telefónica, directorio m telefónico *Amér.*

Catalunha [kata'lũɲa] n Cataluña.

catapora [kata'pɔra] f varicela f.

catar [ka'ta(x)] vt -1. [procurar] buscar. - 2. [recolher] recoger. - 3. [piolhos] sacar. - 4. [escolher] limpiar.

catarata [kata'rata] f catarata f.

catarro [ka'taxu] m flema f.

catástrofe [ka'taʃtrɔfi] f catástrofe f.

cata-vento [kata'vẽntu] (pl cata-ventos) m veleta f.

catecismo [kate'siʒmu] m catecismo m.

cátedra ['katedra] f cátedra f.

catedral [kate'draw] (pl -ais) f catedral f.

catedrático, ca [kate'dratʃiku, ka] m, f catedrático m, -ca f.

categoria [katego'ria] f -1. [ger] categoría f; **de (alta)** ~ de categoría. - 2. [social] clase f.

categorização [kategoriza'sãw] (pl -ões) f categorización f.

catequese [kate'kɛzi] f catequesis f inv.

cateterismo [katete'riʒmu] m MED cateterismo m.

cativar [katʃi'va(x)] vt -1. [tornar cativo] capturar. - 2. [seduzir] cautivar.

cativeiro [katʃi'vejru] m -1. [escravidão] esclavitud f. - 2. [prisão] cautiverio m.

cativo, va [ka'tʃivu, va] <> adj -1. [preso] cautivo(va). - 2. [cadeira] reservado(da). <> m, f -1. [escravo] esclavo m, -va f. - 2. [indivíduo cativo] cautivo m, -va f.

catolicismo [katoli'siʒmu] m catolicismo m.

católico, ca [ka'tɔliku, ka] adj RELIG católico(ca).

catorze [ka'toxzi] num catorce m; *veja também* **seis**.

catucar [katu'ka(x)] vt = cutucar.

caução [kaw'sãw] (pl -ões) f -1. [cautela] cautela f. - 2. [garantia] garantía f. - 3. JUR fianza f.

cauções [kaw'sõjʃ] pl ▷ caução.

cauda ['kawda] f -1. [de animal] cola f, rabo m. - 2. [de vestido] cola f.

caudaloso, losa [kawda'lozu, lɔza] adj caudaloso(sa).

caudilho [kaw'dʒiʎu] m caudillo m.

caule ['kawli] m -1. [do girassol, espinafre] tallo m. - 2. [do carvalho, figueira] tronco m.

causa ['kawza] f causa f; **por** ~ **de** a causa de.

causador, ra [kawza'do(x), ra] <> adj causante. <> m, f causante mf.

causar [kaw'za(x)] vt causar.

cautela [kaw'tɛla] f -1. [precaução] cautela f. - 2. [título] título m. - 3. [recibo de depósito] recibo m, hoja f de empeño *Amér.*

cauteloso, osa [kawte'lozu, ɔza] adj cauteloso(sa).

cava ['kava] f ▷ cavo.

cavado, da [ka'vadu, da] adj -1. [terreno] excavado(da). - 2. [decote] pronunciado(da), bajo(ja) *RP.* - 3. [olhos] hundido(da).

cavala [ka'vala] f [peixe] caballa f.

cavalaria [kavala'ria] f -1. [tropa, ordem] caballería f. - 2. [cavalos] manada f de caballos.

cavalariça [kavala'risa] f [estrebaria] caballeriza f.

cavalariço [kavala'risu] m [estribeiro] caballerizo m.

cavaleiro [kava'lejru] m -1. [homem a cavalo] jinete m. - 2. [medieval]: ~ **andante** caballero m andante.

cavalete [kava'letʃi] m -1. [de pintor, mesa] caballete m. - 2. [para instrumento] puente m.

cavalgar [kavaw'ga(x)] <> vt cabalgar. <> vi cabalgar.

cavalheiro [kava'ʎejru] <> m caballero m. <> adj [educado] caballeroso(sa), caballero(ra) *RP.*

cavalo [ka'valu] m -1. [animal, peça de xadrez] caballo m; **a** ~ a caballo. - 2. [cavalo-vapor] caballo m de vapor. - 3. *fig:* tirar o ~ da chuva *loc* esperar sentado(da).

cavalo-de-pau [ka'valudʒi'paw] (pl cavalos-de-pau) m *inversión repentina de la marcha realizada con la ayuda de los frenos.*

cavanhaque [kava'ɲaki] m perilla f, chivo m *Cuba*, barba f de candado *Méx*, chivita f *RP.*

cavaquinho [kava'kiɲu] m *guitarra pequeña de cuatro cuerdas.*

cavar [ka'va(x)] <> vt -1. [revolver, furar] cavar. - 2. [decote, mangas] recortar. - 3. [obter com esforço] pelear por. <> vi [escavar] cavar.

cave ['kavi] f bodega f.

caveira [ka'vejra] f [crânio, rosto macilento] calavera f.

caverna [ka'vɛxna] f cueva f, caverna f.

caviar [ka'vja(x)] m caviar m.

cavidade [kavi'dadʒi] f cavidad f.

cavilha [ka'viʎa] f -1. [de madeira] clavija f. - 2. [de metal] pasador m.

cavo, va ['kavu, va] adj [côncavo] cóncavo(va).

◆ **cava** f [de manga] hueco m, abertura f.

caxumba [ka'ʃũba] f paperas fpl.

CBF (abrev de **Confederação Brasileira de Futebol**) f Federación Brasileña de Fútbol.

c/c (abrev de **conta corrente**) c/c.

CD [se'de] (abrev de **Compact Disc**) m CD m.

CDB (abrev de **Certificado de Depósitos Bancários**) m *tipo de inversión ofrecida por los bancos brasileños.*

CD-i (abrev de Compact Disc-Interativo) m CD-i m.

CD-ROM [sede'rõ] (abrev de Compact Disc-Read Only Memory) m CD-ROM m.

CE -1. (abrev de Estado do Ceará) estado de Ceará. -2. (abrev de Comunidade Européia) f CE f.

cear ['sja(x)] ◇ vt cenar. ◇ vi cenar.

CEASA (abrev de Companhia de Entrepostos e Armazéns S.A) m compañía de venta al por mayor de productos hortícolas.

cebola [se'bola] f cebolla f.

cebolinha [sebo'liɲa] f cebolleta f, cebollana f Cuba, cebollita f de cambray Méx, cebollita f de verdeo RP.

CEBRAP (abrev de Centro Brasileiro de Análise e Planejamento) m organismo independiente de estudio de la sociedad brasileña.

cê-cedilha [ˌsese'dʒiʎa] (pl cês-cedilhas) m ce f con cedilla.

ceder [se'de(x)] ◇ vt [dar, emprestar] ceder. ◇ vi ceder; ~ a algo ceder a algo.

cedilha [se'diʎa] f cedilla f.

cedo ['sedu] adv -1. [de manhãzinha] temprano, pronto Esp. -2. [prematuramente] pronto, temprano; mais ~ ou mais tarde tarde o temprano; quanto mais ~ melhor cuanto antes mejor.

cedro ['sedru] m cedro m.

cédula ['sedula] f -1. [dinheiro] billete m. -2. [voto]: ~ eleitoral papeleta f electoral, boleta f electoral Cuba & Méx, cédula f electoral Cuba.

CEF (abrev de Caixa Econômica Federal) f caja de ahorros pública, ≃ Caja f Postal Esp.

cegar [se'ga(x)] vt -1. [tornar cego] cegar. -2. [tirar o gume de] desafilar.

cego, ga ['segu, ga] ◇ adj -1. [ger] ciego(ga); vôo ~ vuelo a ciegas. -2. [sem gume] desafilado(da). ◇ m, f ciego m, -ga f.

➡ **às cegas** loc adv a ciegas.

cegonha [se'goɲa] f cigüeña f; ela está esperando a ~ fam fig está esperando a la cigüeña.

cegueira [se'gejra] f ceguera f.

ceia ['seja] f cena f; ~ de Natal cena de Nochebuena ou de Navidad.

ceifa ['sejfa] f -1. [ger] siega f. -2. fig [destruição, mortandade] mortandad f.

cela ['sela] f celda f.

celebração [selebra'sãw] (pl -ões) f celebración f, festejo m RP.

celebrar [sele'bra(x)] vt celebrar, festejar RP.

célebre ['selebri] adj célebre, famoso(sa).

celebridade [selebri'dadʒi] mf celebridad f.

celeiro [se'lejru] m -1. [para cereais] granero m. -2. [depósito] silo m.

celeste [se'lɛʃtʃi] adj celeste.

celibato [seli'batu] m celibato m.

celofane [selo'fãni] m celofán m.

celsius [sew'siuʃ] adj Celsius.

celta ['sewta] ◇ adj celta. ◇ mf [pessoa] celta mf. ◇ m [língua] celta m.

célula ['selula] f BIOL, ELETR célula f; ~ fotoelétrica célula fotoeléctrica.

celular [selu'la(x)] ◇ adj celular. ◇ m TELEC móvil m Esp, celular m Amér; ~ pós-pago móvil de contrato; ~ pré-pago móvil de tarjeta (de) prepago.

célula-tronco ['selula-'trõŋku] f célula f madre.

celulite [selu'litʃi] f celulitis f.

cem ['sẽ] num -1. [cardinal] cien; ~ por cento cien por ciento. -2. [muitos]: ~ vezes cien veces; veja também seis.

➡ **cem por cento** ◇ loc adj: ser ~ por cento ser excelente. ◇ loc adv [totalmente] absolutamente.

cemitério [semi'tɛrju] m cementerio m.

cena ['sena] f escena f; em ~ en escena; fazer uma ~ hacer una escena.

cenário [se'narju] m escenario m.

cenografia [senogra'fia] f escenografía f.

cenógrafo, fa [se'nɔgrafu, fa] m, f escenógrafo m, -fa f.

cenoura [se'nora] f zanahoria f.

censo ['sẽsu] m censo m.

censura [sẽ'sura] f censura f.

censurado, da [sẽsu'radu, da] adj [proibido] censurado(da).

censurar [sẽsu'ra(x)] vt censurar.

centavo [sẽ'tavu] m centavo m; estar sem um ~ estar sin un centavo ou peso Amér.

centeio [sẽ'teju] m centeno m.

centelha [sẽ'teʎa] f centella f.

centena [sẽ'tena] f centena f; havia baratas às ~s había miles de cucarachas; uma ~ de cientos de.

centenário, ria [sẽte'narju, rja] ◇ adj centenario(ria). ◇ m, f [pessoa] centenario m, -ria f.

➡ **centenário** m [comemoração] centenario m.

centésimo, ma [sẽ'tɛzimu, ma] ◇ num céntesimo(ma). ◇ m, f [pessoa] centenario m, -ria f.

➡ **centésimo** m -1. [parte] centésimo m. -2. [de segundo] centésima f.

centígrado, da [sẽ'tʃigradu] adj centígrado(da).

➡ **centígrado** m grado m centígrado.

centilitro [sẽtʃi'litru] m centilitro m.

centímetro [sẽ'tʃimetru] m centímetro m.

cento ['sẽtu] num: ~ e dez ciento diez; por ~ por ciento; veja também seis.

centopéia [sẽnto'pɐja] f ciempiés m inv.
central [sẽn'traw] (pl -ais) <> adj central. <>
f -1. [agência, delegacia] central f; ~ telefônica centralita f, conmutador m Amér. -2.
[usina]: ~ elétrica central eléctrica.
centralizar [sẽntrali'za(x)] vt centralizar.
centrar [sẽn'tra(x)] <> vt centrar. <> vi FUT
centrar.
centrifuga [sẽntri'fugal], **centrifugadora**
[sẽntrifuga'doral f centrifugadora f.
centro ['sẽntru] m centro m; ~ comercial/
cultural centro comercial; ~ espírita
templo religioso donde se profesa la doctrina
de Kardec; ~ de processamento de dados
centro de procesamiento de datos; ser o
~ das atenções ser el centro de atención.
centroavante [ˌsẽntrw'vãntʃi] m delantero
m centro Esp, centro m delantero Amér.
CEO (abrev de Chief Executive Officer) m CEO m.
CEP (abrev de Código de Endereçamento Postal) m CP m.
CEPAL (abrev de Comissão Econômica para a
América Latina) f CEPAL f.
cera ['seral f [ger] cera f.
cerâmica [se'rãmika] f -1. [ger] cerámica f.
-2. [fábrica] fábrica f de cerámica.
ceramista [sera'miʃta] mf ceramista mf.
cerca ['sexkal f [de arame, madeira, ferro] cerca
f; ~ viva seto m.
◆ **cerca de** loc prep cerca de.
cercanias [sexka'niaʃ] fpl cercanías fpl.
cercar [sex'ka(x)] vt cercar.
◆ **cercar-se** vp [rodear-se] rodearse.
cerco ['sexkul m [assédio] cerco m; pôr ~ a
poner cerco a.
cereal [se'rjal] (pl -ais) m cereal m.
cérebro ['sɛrebrul m cerebro m.
cereja [se'reʒa] f cereza f.
cerimônia [seri'monjal f ceremonia f; fazer
~ hacer ceremonia.
cerne ['sɛxnil m -1. [de madeira] cerne m. -2.
fig [de questão] meollo m.
ceroulas [se'rolaʃ] fpl calzoncillos mpl largos.
cerração [sexa'sãw] f [neblina] cerrazón f.
cerrado, da [se'xadu, dal adj -1. [ger] cerra-
do(da). -2. [dentes] apretado(da).
◆ **cerrado** m [vegetação] matorral m.
cerrar [se'xa(x)] vt [fechar] cerrar.
certa ['sɛxtal f ⊳ certo.
certeiro, ra [sex'tejru, ral adj certero(ra).
certeza [sex'teza] f certeza f, seguridad f
RP; ter ~ de algo estar seguro(ra) de
algo; ter ~ de que estar seguro(ra) de
que; com ~ con seguridad.
certidão [sextʃi'dãw] (pl -ões) f certificado
m; ~ de casamento certificado m de
matrimonio, partida f de matrimonio,

acta f de casamiento Méx, libreta f de
casamiento RP; ~ de nascimento certificado m de nacimiento, partida f de
nacimiento, acta f de nacimiento Méx.
certificação [sextʃifika'sãw] (pl -ões) f certificación f.
certificado [sextʃifi'kadul m certificado m.
certificar [sextʃifi'ka(x)] vt -1. [assegurar]
asegurar; ~ alguém de algo/de que
asegurar a alguien algo/de que. -2. [ates-
tar] certificar.
◆ **certificar-se** vp asegurarse; ~-se de
algo/de que asegurarse de algo/de que.
certo, ta ['sɛxtu, tal <> adj -1. [ger] correc-
to(ta). -2. [ajustado] exacto(ta). -3. [determi-
nado] cierto(ta). - 4. [infalível, seguro]
seguro(ra). - 5. [certeiro] certero(ra). - 6.
[com razão]: estar ~ estar en lo cierto. -7.
[com certeza]: estar ~ de algo/de que estar
seguro(ra) de algo/de que. <> pron -1.
(antes de subst) [um, algum] cierto m, -ta f;
certa vez cierta vez. -2. loc: dar ~ tener
éxito, salir bien; está ~ [está bem] está
bien, vale Esp.
◆ **certo** <> m: o ~ o lo que está bien. <>
adv -1. [certamente] ciertamente. -2. [corre-
tamente] correctamente.
◆ **certa** f: na certa sin duda, seguro.
◆ **ao certo** loc adv exactamente.
cerveja [sex'veʒal f -1. [bebida] cerveza f. -2.
fam [gorjeta] propina f.
cervejaria [sexveʒa'rial f cervecería f.
cessação [sesa'sãw] f cese m.
cessão [se'sãw] (pl -ões) f cesión f.
cessar [se'sa(x)] <> vi cesar; sem ~ sin
parar, sin cesar. <> vt [fogo] apagar; [tra-
balho] terminar.
cessar-fogo [seˌsax'fogul m inv alto m el
fuego, cese m al fuego Amér.
cessões [se'sõjʃ] pl ⊳ cessão.
cesta ['seʃtal f -1. [ger] canasta f; ~ básica
cesta f básica, canasta básica Méx,
canasta familiar Urug. - 2. [de lixo] cubo
m, tacho m RP. - 3. [ESP - aro, ponto] cesta f.
cesto ['seʃtul m cesto m, canasto m Amér,
bote m Méx.
CETESB (abrev de Companhia Estadual de Tecnologia de Saneamento Básico e Defesa do
Meio Ambiente) f agencia responsable del
control del medio ambiente en el estado de
São Paulo.
cético, ca ['sɛtʃiku, kal <> adj escéptico(ca).
<> m, f escéptico m, -ca f.
cetim [se'tʃi] m satén m.
cetro ['sɛtrul m cetro m.
céu ['sɛwl m cielo m; cair do ~ fig caer del
cielo; ~ da boca ANAT paladar m.
cevada [se'vadal f cebada f.

cevar [se'va(x)] *vt* cebar.

CFC (*abrev de* clorofluorocarboneto) *m* CFC *m*.

chá [ˈʃa] *m* té *m*; ~ **beneficente** té de beneficiencia; ~ **completo** té completo; ~ **de camomila/de menta/preto** té de manzanilla/de menta/negro; ~ **dançante** *reunión informal en la que se baila y se cena*; **dar um** ~ **de sumiço** *fam loc* esfumarse, borrarse *RP*; **ela tomou** ~ **de cadeira no baile** *loc* nadie la sacó a bailar, planchó toda la noche *RP*.

chã [ˈʃã] *f* llanura *f*.

chacal [ʃaˈkaw] (*pl* -**ais**) *m* chacal *m*.

chácara [ˈʃakaɾa] *f* -**1**. [granja] granja *f*, chacra *f Andes* & *RP*. -**2**. [casa de campo] casa *f* de campo, chacra *f Andes* & *RP*.

chacina [ʃaˈsina] *f* matanza *f*.

chacota [ʃaˈkɔta] *f* burla *f*.

chafariz [ʃafaˈɾiʃ] (*pl* -**es**) *m* fuente *f*.

chafurdar [ʃafuxˈda(x)] *vi*: ~ **em** [lama *etc.*] atascarse en; *fig* [vícios *etc.*] perderse en.

chaga [ˈʃaga] *f* -**1**. [ferida] llaga *f*. -**2**. *fig* [mal] desgracia *f*.

chalé [ʃaˈlɛ] *m* chalet *m*.

chaleira [ʃaˈlejra] *f* tetera *f*.

chama [ˈʃãma] *f* llama *f*; **em** ~ **s** en llamas.

chamada [ʃaˈmada] *f* -**1**. [telefônica] llamada *f*; ~ **a cobrar** llamada a cobro revertido *ou* por cobrar *Méx*. -**2**. [verificação de presença] lista *f*, llamado *m Méx*. -**3**. *JORN* titular *m*.

chamar [ʃaˈma(x)] ⇔ *vt* llamar; ~ **a atenção** llamar la atención; ~ **alguém de algo** llamar a alguien algo. ⇔ *vi* llamar; ~ **por alguém** llamar a alguien.

➡ **chamar-se** *vp* [ter por nome] llamarse.

chamariz [ʃamaˈɾiʒ] *m* -**1**. [isca] cebo *m*. -**2**. [seta, anúncio] reclamo *m*. -**3**. *fig* [engodo] fachada *f*, engañapichanga *f RP*.

chamativo, va [ʃamaˈtʃivu, va] *adj* llamativo(va).

chaminé [ʃamiˈnɛ] *f* chimenea *f*.

champanha [ʃãmˈpãɲa], **champanhe** [ʃãmˈpãɲi] *m*, *f* champaña *f*, champagne *m*.

chamuscar [ʃamuʃˈka(x)] *vt* chamuscar.

chance [ˈʃãnsi] *f* -**1**. [oportunidade] oportunidad *f*, chance *m Méx*, chance *f RP*; **dar uma** ~ **a** *ou* **para dar** una oportunidad *ou* chance *RP* a, dar un chance a *Méx*. -**2**. [probabilidade] probabilidad *f*, chance *m Méx*, chance *f RP*.

chanceler [ʃãnseˈle(x)] *mf* canciller *mf*.

chantagear [ʃãntaˈʒja(x)] *vt* chantajear.

chantagem [ʃãnˈtaʒẽ] (*pl* -**ns**) *f* chantaje *m*.

chantagista [ʃãntaˈʒiʃta] *mf* chantajista *mf*.

chão [ˈʃãw] *m* -**1**. [piso] piso *m*, pavimento *m*. -**2**. [solo] suelo *m*.

chapa [ˈʃapa] *f* -**1**. [folha] chapa *f*. -**2**. [para

grelhar] plancha *f*; **na** ~ [bife] a la plancha. -**3**. *AUTO* placa *f*, chapa *f RP*. -**4**. [de impressão] plancha *f*. -**5**. *FOT* rollo *m*. -**6**. [radiografia] radiografía *f*. -**7**. [eleitoral] papeleta *f*.

chapado, da [ʃaˈpadu, da] *adj* -**1**. [estirado] estirado(da). -**2**. *mfam* [drogado, embriagado] colocado(da).

chapéu [ʃaˈpɛw] *m* sombrero *m*; **de tirar o** ~ de sacarse el sombrero.

chapinha [ʃaˈpiɲa] *f* [de garrafa] chapita *f*.

charada [ʃaˈɾada] *f* [enigma] acertijo *m*.

charco [ˈʃaxku] *m* charco *m*.

charge [ˈʃaxʒi] *f* caricatura *f* satírica.

chargista [ʃaxˈʒiʃta] *mf* caricaturista *mf*.

charlatão, tã [ʃaxlaˈtãw, tã] (*mpl* -**ães**, *fpl* -**s**) ⇔ *adj* charlatán(ana). ⇔ *m*, *f* charlatán *m*, -ana *f*.

charme [ˈʃaxmi] *m* encanto *m*, charme *m Amér*.

charmoso, osa [ʃaxˈmozu, ɔza] *adj* seductor(ra).

charneca [ʃaxˈnɛka] *f* erial *m*.

charrete [ʃaˈxɛtʃi] *f* carro *m*, carreta *f*.

charter [ˈʃaɾte(x)] ⇔ *adj inv* chárter. ⇔ *m* chárter *m inv*.

charuto [ʃaˈɾutu] *m* cigarro *m*, puro *m Esp*.

chassi [ʃaˈsi] *m* -**1**. *inv* [AUTO - parte] chasis *m inv*; [- número] número *m* de chasis. -**2**. *ELETRON* placa *f*. -**3**. [para tela, vidro, plástico] armazón *m*.

chata [ˈʃata] *f* & *adj* ➞ chato.

chateação [ʃatʃjaˈsãw] (*pl* -**ões**) *f* -**1**. [aborrecimento] fastidio *m*. -**2**. [maçada] lata *f Esp*, aburrición *f Méx*, embole *m RP*.

chatear [ʃaˈtʃja(x)] ⇔ *vt* -**1**. [ger] fastidiar. -**2**. [incomodar] molestar. -**3**. [implicar com] molestar, jorobar *RP*. ⇔ *vi* [aborrecer] fastidiar, molestar.

➡ **chatear-se** *vp* [aborrecer-se] irritarse, fastidiarse.

chatice [ʃaˈtʃisi] *f* aburrimiento *m*.

chato, ta [ˈʃatu, ta] ⇔ *adj* -**1**. [plano] plano(na), chato(ta). -**2**. [tedioso] aburrido(da). -**3**. [irritante] molesto(ta). -**4**. [desagradável] desagradable. -**5**. [embaraçoso] vergonzoso(sa). -**6**. [mal]: **ficar** ~ quedar mal. ⇔ *m*, *f* -**1**. [pessoa tediosa] aburrido *m*, -da *f*. -**2**. [pessoa irritante] desagradable *mf*.

Não confundir com o espanhol *chato*, que tem um significado similar ao português 'plano': (*Se durmieron en el cine porque la película era muy pesada.* Dormiram no cinema porque o filme era muito chato.; *El río estaba bien chato; no había viento.* O rio estava bem calmo; não havia vento.)

---

chauvinista [ʃoviˈniʃta] *mf* chauvinista *mf*.

chavão [ʃaˈvãw] (*pl* -**ões**) *m* patrón *m*.

chave [ˈʃavi] *f* -**1**. [ger] llave *f*; ~ **de fenda** *ou* **parafusos** destornillador; ~ **inglesa** llave

inglesa. -2. [de problema] clave *f.*

chaveiro [ʃa'vejru] *m* **-1.** [utensílio] llavero *m.*
-2. [profissional] cerrajero *m.*

chavões [ʃa'võjʃ] *pl* ▷ **chavão.**

checar [ʃe'ka(x)] *vt* comprobar, chequear *Amér,* checar *Méx.*

check-up [ʃe'kapil (*pl* check-ups) *m* examen *m* médico, reconocimiento *m* médico, chequeo *m* médico *Amér.*

chefe ['ʃɛfi] *mf* **-1.** [superior] jefe *m,* -fa *f;* ~ **de estado** jefe de estado. **-2.** *fam* [garçom] jefe *m,* -fa *f.* **-3.** *fam* [freguês] jefe *m,* -fa *f,* patrón *m,* -ona *f.*

chefia [ʃe'fia] *f* jefatura *f.*

chefiar [ʃe'fja(x)] *vt* dirigir.

chega ['ʃegal *m* [repreensão] *fam:* **dar um ~ (para lá) em alguém** parar los pies a alguien.

chegada [ʃe'gadal *f* llegada *f.*

chegar [ʃe'ga(x)] ◇ *vi* **-1.** [ger] llegar; **não ~ aos pés de** [não ser comparável a] no llegar a la suela del zapato *ou* de los zapatos *Méx*; ~ **em** llegar a; ~ **de** llegar de. **-2.** [afastar-se]: ~ **para lá** alejarse, correrse *RP.* **-3.** [bastar] bastar; **chega!** ¡basta! **-4.** [conseguir]: ~ **a (ser) algo** llegar a (ser) algo; ~ **a fazer algo** llegar a hacer algo. **-5.** [ir ao extremo]: ~ **a fazer algo** llegar a hacer algo. ◇ *vt* **-1.** [aproximar]: ~ **algo para cá** arrimar algo para acá. **-2.** [afastar]: ~ **algo para lá/para o lado** apartar algo para allá/a un lado.

➡ **chegar-se** *vp* [aproximar-se] aproximarse.

cheio, cheia ['ʃeju, 'ʃeja] *adj* **-1.** [ger] lleno(na); ~ **de si** lleno(na) de sí. **-2.** [gordo] rellenito(ta). **-3.** *fam* [farto]: **estar ~ (de alguém/algo)** estar harto(ta) (de alguien/algo).

➡ **cheia** *f* **-1.** [de rio] inundación *f.* **-2.** [época] época *f* de inundaciones.

➡ **em cheio** *loc adv*: **acertar em ~** acertar de lleno.

cheirar [ʃej'ra(x)] ◇ *vt* **-1.** [flor, perfume, comida] oler. **-2.** [cocaína] aspirar. ◇ *vi* **-1.** [flor, perfume, comida] oler; ~ **a** oler a; ~ **bem/mal** oler bien/mal. **-2.** [aspirar cocaína] aspirar cocaína.

cheiro ['ʃejru] *m* olor *m.*

cheiroso, osa [ʃej'rosu, ɔza] *adj* perfumado(da).

cheiro-verde [ˌʃeju'vexdʒi] (*pl* cheiros-verdes) *m* hierbas *fpl* verdes.

cheque ['ʃɛki] *m* cheque *m*; ~ **especial** *cheque que tiene una cobertura máxima, incluso mayor que la de los fondos de quien lo emite*; ~ **nominal/ao portador** cheque nominativo/al portador; ~ **pré-datado**

cheque diferido; ~ **voador** *ou* **sem fundos** cheque sin fondos.

chiado ['ʃjadul *m* **-1.** [de roda, porta] chirrido *m,* rechinido *m Méx.* **-2.** [de passarinho] chillido *m.*

chiar ['ʃja(x)] *vi* **-1.** [pessoa, rato, vento] chillar. **-2.** [porta, roda] chirriar, rechinar. **-3.** *fam* [reclamar] chillar.

chiclete [ʃi'klɛtʃi] *m* chicle *m*; ~ **de bola** chicle *m,* chicle de bola *Méx,* chicle globero *RP.*

chicória [ʃi'kɔrjal *f* achicoria *f.*

chicote [ʃi'kɔtʃi] *m* látigo *m,* chicote *m Amér.*

chicotear [ʃiko'tʃja(x)] *vt* dar latigazos a, chicotear *Amér.*

chifrada [ʃi'fradal *f* cornada *f.*

chifrar [ʃi'fra(x)] *vt* **-1.** [toureiro, tronco] cornear. **-2.** *fam fig* [marido, namorada] poner los cuernos a.

chifre ['ʃifril *m* [de animal] cuerno *m*; **pôr ~ s em** *fam fig* [em marido, namorada] poner los cuernos a.

Chile ['ʃilil *n* Chile.

chileno, na [ʃi'lenu, nal ◇ *adj* chileno(na). ◇ *m, f* chileno *m,* -na *f.*

chimarrão [ʃima'xãwl (*pl* -ões) *m mate cebado sin azúcar típico de la región de Río Grande do Sul,* mate *m RP.*

chimpanzé [ʃĩpãn'zɛ] *m* chimpancé *m.*

China ['ʃinal *n*: **(a)** ~ (la) China.

chinelo [ʃi'nɛlul *m* chinela *f.*

chinês, esa [ʃi'neʃ, ezal (*pl* -eses, *fpl* -s) ◇ *adj* chino(na). ◇ *m, f* [da China] chino *m,* -na *f.*

chip ['ʃipil *m COMPUT* chip *m.*

Chipre ['ʃipril *n* Chipre.

chique ['ʃikil *adj* chic, elegante.

chiqueiro [ʃi'kejrul *m* **-1.** [de porcos] pocilga *f,* chiquero *m Amér.* **-2.** *fam fig* [bagunça] pocilga *f,* chiquero *m Amér.*

chispa ['ʃiʃpal *f* [faísca] chispa *f.*

chispar [ʃiʃ'pa(x)] *vi* [correr] chispear.

chocalhar [ʃoka'ʎa(x)] ◇ *vt* agitar, sacudir. ◇ *vi* [soar] tintinear.

chocalho [ʃo'kaʎul *m* **-1.** *MÚS* cascabel *m.* **-2.** [brinquedo] sonajero *m,* sonaja *f Méx.* **-3.** [de gado, cavalo] cencerro *m.*

chocante [ʃo'kãntʃil *adj* **-1.** [assustador, ofensivo] horrible. **-2.** *fam* [ótimo] alucinante, bárbaro(ra) *RP.*

chocar [ʃo'ka(x)] ◇ *vt* **-1.** [assustar, ofender] chocar. **-2.** *ZOOL* incubar, empollar. ◇ *vi* **-1.** [causar espanto, ofensa] chocar. **-2.** *ZOOL* incubar, empollar. **-3.** *fam* [perder o gás] perder el gas.

➡ **chocar-se** *vp* **-1.** [colidir]: ~ **-se (contra)** chocar (contra). **-2.** [assustar-se] chocar a alguien. **-3.** [discordar] estar en desacuerdo, chocar *RP*.

chocho, cha [ˈʃoʃu, ʃaˈ] *adj* **-1.** [enfadonho] pesado(da). **- 2.** [fruta, ovo] estropeado(da).

chocolate [ʃokoˈlatʃi] *m* chocolate *m*.

chofer [ʃoˈfɛ(x)] (*pl* **-es**) *mf* chófer *mf Esp*, chofer *mf Amér*.

chope [ˈʃopi] *m* caña *f Esp*, chop *m CSur* & *Méx*.

choque [ˈʃɔki] *m* **-1.** [ger] choque *m*. **- 2.** [elétrico] descarga *f*, patada *f RP*. **- 3.** *MED* shock *m*; **estado de** ~ estado *m* de shock, shock *RP*.

choramingas [ʃoraˈmĩŋgaʃ] *mf* llorón *m*, -ona *f*.

choramingo [ʃoraˈmĩŋgu] *m* lloriqueo *m*, llorido *m Méx*.

chorão, ona [ʃoˈrãw, ona] (*mpl* **-ões**, *fpl* **-onas**) ⟨*adj* llorón(ona), chillón *m*, -ona *f Méx*. ⟨*m*, *f* [pessoa] llorón *m*, -ona *f*, chillón *m*, -ona *f Méx*.
➡ **chorão** *m BOT* sauce *m* llorón.

chorar [ʃoˈra(x)] ⟨*vi* llorar. ⟨*vt* **-1.** [lágrima] llorar; ~ **as mágoas** llorar las penas; ~ **miséria** llorar miseria. **- 2.** *fig* [barganhar] pedir.

choro [ˈʃoru] *m* **-1.** [pranto] llanto *m*. **- 2.** *MÚS música brasileña de carácter sentimental y pícaro, acompañada con flauta y guitarra*.

chorona [ʃoˈrona] *f* ➡ **chorão**.

choroso, rosa [ʃoˈrozu, rɔza] *adj* lloroso(sa).

chouriço [ʃoˈrisu] *m* morcilla *f*.

chover [ʃoˈve(x)] *v impess* llover.

chucro, cra [ʃuˈkru, kra] *adj* **-1.** [animal] bravío(a). **- 2.** [grosseiro] grosero(ra). **- 3.** [ignorante] ignorante.

chuchu [ʃuˈʃu] *m* chayote *m*, papa *f* del aire *RP*; **ela reclama pra** ~ *fam* se queja todo el tiempo; **está frio pra** ~ *fam* hace un frío espantoso *ou* de locos *RP*; **tinha comida pra** ~ **na festa** *fam* había toneladas de comida en la fiesta, había comida a lo bestia en la fiesta *RP*; **pra** ~ *fam* muchísimo(ma), a mogollón *Esp*.

chucrute [ʃuˈkrutʃi] *m* chucrut *m*.

chulé [ʃuˈlɛ] *m* olor *m* a pies *ou* a queso.

chulo, lo [ˈʃulu, la] *adj* vulgar.

chumaço [ʃuˈmasu] *m* guata *f*.

chumbar [ʃũˈba(x)] *vt* **-1.** [cano, grade] soldar. **- 2.** [rede, anzol] emplomar.

chumbo [ˈʃũbu] *m* plomo *m*.

chupar [ʃuˈpa(x)] *vt* chupar.

chupeta [ʃuˈpeta] *f* **-1.** [de criança] chupete *m*, chupón *m Méx*. **- 2.** *fam AUTO*: **fazer uma** ~ conectar con cables.

churrascaria [ʃuxaʃkaˈria] *f* parrilla *f*, parrillada *f RP*; ~ **rodízio** parrilla bufet, diente *m* libre *Arg*, espeto *m* corrido *RP*.

churrasco [ʃuˈxaʃku] *m* parrillada *m*, asado *m RP*.

churrasqueira [ʃuxaʃˈkejra] *f* parrilla *f*.

churrasquinho [ʃuxaʃˈkiɲu] *m* brocheta *f*, brochette *f RP*.

chutar [ʃuˈta(x)] ⟨*vt* **-1.** [dar chute em] dar una patada a *Esp*, chutar *Méx*, patear *RP*. **- 2.** *fam* [resposta] intentar, adivinar. **- 3.** *fam* [funcionário, namorado] poner de patitas en la calle a, patear *Amér*. ⟨*vi* **-1.** [dar chute] chutar, patear *RP*. **- 2.** *fam* [em prova] intentar, adivinar. **- 3.** *fam* [mentir] mentir, contar bolas *Esp*, meter pacos *RP*; ~ **alto** *loc* contar bolas increíbles *Esp*, patearalto *Méx*, meter unos pacos increíbles *RP*.

chute [ˈʃutʃi] *m* **-1.** [pontapé] puntapié *m*, patada *f*. **- 2.** *FUT* chut *m*, disparo *m*. **- 3.** *fam* [mentira] mentira *f*, bola *f Esp*, paco *m RP*. **- 4.** *fam* [dispensa]: **ele levou um** ~ **da namorada** la novia lo puso de patitas en la calle, la novia lo pateó *Amér*; **a namorada deu um** ~ **nele** la novia lo puso de patitas en la calle, la novia lo pateó *Amér*.

chuteira [ʃuˈtejra] *f* botas *fpl* de fútbol *Esp*, tacos *mpl Méx*, zapatos *mpl* de fútbol *RP*; **pendurar as** ~ **s** [aposentar-se] colgar las botas, colgar los tenis *Méx*.

chuva [ˈʃuva] *f* lluvia *f*; ~ **de granizo** *ou* **pedra** granizada *f*, pedrisco *m*.

chuveirada [ʃuvejˈrada] *f* ducha *f* rápida, duchazo *m Amér*.

chuveiro [ʃuˈvejru] *m* ducha *f*.

chuviscar [ʃuviʃˈka(x)] *vi* lloviznar.

chuvisco [ʃuˈviʃku] *m* **-1.** [chuva] llovizna *f*. **- 2.** *CULIN dulce en forma de gota hecho de yemas de huevo y azúcar*.

chuvoso, osa [ʃuˈvozu, ɔza] *adj* lluvioso(sa).

Cia (*abrev de* **Companhia**) Cía.

CIA (*abrev de* **Central Intelligence Agency**) *f* CIA *f*.

cibernética [sibexˈnɛtʃika] *f* cibernética *f*.

cibernético, ca [sibexˈnetʃiku, ka] *adj* cibernético(ca).
➡ **cibernética** *f* cibernética *f*.

ciberpunk [sibexˈpũŋki] *mf* ciberpunk *m*.

CIC (*abrev de* **Cartão de Identificação do Contribuinte**) *m documento de identificación del contribuyente*, ≃ NIF *m Esp*.

cicatriz [sikaˈtriʃ] (*pl* **-es**) *f* cicatriz *f*.

cicatrizar [sikatriˈza(x)] ⟨*vt* cicatrizar. ⟨*vi* cicatrizar.

cicerone [siseˈroni] *mf* cicerone *mf*.

ciclismo [siˈkliʒmu] *m* ciclismo *m*.

ciclista [siˈkliʃta] *mf* ciclista *mf*.

ciclo [ˈsiklu] *m* ciclo *m*.

ciclone [siˈkloni] *m* ciclón *m*.

ciclotimia [siklotʃiˈmia] *f PSIC* ciclotimia *f*.

ciclotímico, ca [sikloˈtʃimiku, ka] ⟨*adj*

ciclotímico(ca). <> m, f ciclotímico m, -ca f.

ciclovia [siklo'vial f carril m bici Esp, ciclovía f Amér, ruta f de bicicleta Méx.

cidadã [sida'dã] f ⊳ cidadão.

cidadania [sidada'nia] f ciudadanía f.

cidadão, dã [sida'dãw, dã] (pl -ãos, fpl -s) m, f ciudadano m, -na f.

cidade [si'dadʒi] f -1. [ger] ciudad n. -2. [bairro central] centro m.

Cidade do México [si,dadʒidu'mɛʃiku] n Ciudad de México.

cidade-satélite [si,dadʒisa'tɛlitʃi] f ciudad f satélite.

cidra ['sidra] f cidra f.

ciência ['sjẽnsja] f -1. [ger] ciencia f. -2. [conhecimento] conocimiento m.

ciente ['sjẽntʃi] adj consciente.

cientificismo [sjẽntʃifi'siʒmu] m cientificismo m.

científico, ca [sjẽn'tʃifiku, ka] adj científico(ca).

cientista [sjẽn'tʃiʃta] mf científico m, -ca f.

cifrão [si'frãw] (pl -ões) m el símbolo "$".

cifrar [si'fra(x)] vt cifrar.

cigano, na [si'gãnu, na] <> adj gitano(na). <> m, f gitano m, -na f.

cigarra [si'gaxa] f -1. zool cigarra f, chicharra f RP. -2. [campainha] timbre m, chicharra f Amér.

cigarrilha [siga'xiʎa] f cigarro m puro.

cigarro [si'gaxu] m cigarrillo m, cigarro m Méx.

cilada [si'lada] f trampa f.

cilíndrico, ca [si'lĩndriku, ka] adj cilíndrico(ca).

cilindro [si'lĩndru] m cilindro m.

cílio ['silju] m pestaña f.

cima ['sima] f -1.: lá em ~ allá arriba; andar de ~ piso de arriba; ainda por ~ y encima; de ~ de arriba; de ~ para baixo de arriba abajo; em ~ de encima de, arriba de Amér; para ~ hacia arriba; por ~ de por encima de, por arriba de Amér. -2. loc: dar em ~ de alguém fam intentar ligar con alguien, cargar(se) a alguien RP.

cimentado, da [simẽn'tadu, da] adj -1. constr unido(da) con cemento. -2. [consolidado] sellado(da).

cimentar [simẽn'ta(x)] vt pavimentar.

cimento [si'mẽntu] m cemento m.

cimo ['simul] m cima f.

cinco ['sĩku] num cinco m; veja também seis.

cineasta [si'njaʃta] mf cineasta mf.

cinegrafista [sinegra'fiʃta] mf [operador] cámara mf, cameraman mf RP.

cinema [si'nema] m cine m.

cinematografia [sinematogra'fia] f cinematografía f.

Cingapura [sĩŋga'pura] n Singapur.

cínico, ca ['siniku, ka] <> adj cínico(ca). <> m, f cínico m, -ca f.

cinismo [si'niʒmu] m cinismo m.

cinqüenta [sĩŋ'kwẽnta] num cincuenta m; veja também seis.

cinqüentão, tona [sĩŋkwẽn'tãw] (mpl -ões, fpl -tonas) <> adj cincuentón(ona). <> m, f cincuentón m, -ona f.

cinta ['sĩnta] f -1. [faixa] cinta f. -2. [feminina] faja f.

cinta-liga [,sĩnta'liga] (pl cintas-ligas) f portaligas m inv, liguero m.

cintilar [sĩntʃi'la(x)] vi centellear.

cinto ['sĩntu] m cinturón m; ~ de segurança cinturón de seguridad.

cintura [sĩn'tura] f cintura f.

cinturão [sĩntu'rãw] (pl -ões) m cinturón m; ~ verde cinturón verde.

cinza ['sĩnza] <> adj inv [cor] gris. <> m [cor] gris m.

➡ cinzas fpl cenizas fpl.

cinzeiro [sĩn'zejru] m cenicero m.

cinzento, ta [sĩn'zẽntu, ta] adj grisáceo(a).

cio ['siw] m celo m.

CIPA (abrev de Comissão Interna de Prevenção de Acidentes) f comisión empresarial para la prevención de accidentes de trabajo.

cipreste [si'prɛʃtʃi] m ciprés m.

circo ['sixku] m circo m.

circuito [six'kujtu] m circuito m.

circulação [sixkula'sãw] f circulación f.

circulante [sirku'lãntʃi] adj -1. [itinerante] itinerante. -2. econ: capital ~ capital m circulante.

circular [sixku'la(x)] (pl -es) <> adj circular. <> m [ônibus] circular m. <> f [carta, ofício] circular f. <> vt -1. [rodear] rodear, cercar. -2. [percorrer à roda] rodear. <> vi circular.

círculo ['sixkulu] m círculo m.

circuncisão [sixkũnsi'zãw] f circuncisión f.

circundar [sixkũn'da(x)] vt circundar.

circunferência [sixkũnfe'rẽnsja] f circunferencia f.

circunflexo [sixkũn'flɛksu] <> adj circunflejo. <> m circunflejo m.

circunscrição [sixkũnʃkri'sãw] (pl -ões) f [repartição] circunscripción f.

circunspeção [sixkũnʃpesãw] (pl -ões), circunspecção [sixkũnʃpek'sãw] (pl -ões) f circunspección f.

circunspecto, ta [sixkũnʃ'pɛktu, ta] adj circunspecto(ta).

circunstância [sixkũnʃ'tãnsja] f circunstancia f; ~s atenuantes/agravantes circunstancias atenuantes/agravantes.

circunstanciado

circunstanciado, da [sixkũnʃtãn'sjadu, da] *adj* pormenorizado(da), detallado(da).

cirurgia [sirux'ʒia] *f* cirugía *f*; ~ **plástica** cirugía plástica.

cirurgião, ã [sirux'ʒjãwʒjã] (*pl* -ões, *fpl* -s) *m, f* cirujano *m*, -na *f*.

cirurgião-dentista, cirurgiã-dentista [sirux,ʒjãwdẽn'tʃiʃta, sirux,ʒjãdẽntʃiʃta] (*mpl* cirurgiões-dentistas, *fpl* cirurgiãs-dentistas) *m, f* cirujano *m*, -na *f* dentista.

cirúrgico, ca [si'ruxʒiku, ka] *adj* quirúrgico(ca).

cisco ['siʃku] *m* mota *f*, pelusa *f RP*.

cisma ['siʒma] <> *m* cisma *m*. <> *f* [mania] manía *f*.

cismado, da [siʒ'madu, da] *adj* desconfiado(da).

cismar [siʒ'ma(x)] <> *vt* [convencer-se de]: ~ **que** convencerse de que. <> *vi* -**1.** [teimar]: ~ **de fazer algo** insistir en hacer algo. - **2.** [antipatizar]: ~ **com** antipatizar con, tomar idea a *RP*.

cisne ['siʒni] *m* cisne *m*.

cisterna [siʃ'tɛxna] *f* cisterna *f*.

citação [sita'sãw] (*pl* -ões) *f* -**1.** [de trecho, autor] cita *f*. -**2.** *JUR* citación *f*.

citar [si'ta(x)] *vt* citar.

cítrico, ca ['sitriku, ka] *adj* cítrico(ca).

ciúme ['sjumi] *m* celos *mpl*.

ciumento, ta [sju'mẽntu, ta] *adj* celoso(sa).

cívico, ca ['siviku, ka] *adj* cívico(ca).

civil [si'viw] (*pl* -is) <> *adj* civil. <> *mf* [pessoa] civil *mf*.

civilidade [sivili'dadʒi] *f* civilidad *f*.

civilização [siviliza'sãw] (*pl* -ões) *f* civilización *f*.

civismo [si'viʒmu] *m* civismo *m*.

cl. (*abrev de* **centilitro**) cl.

clã ['klã] (*pl* clãs) *m* clan *m*.

clamar [kla'ma(x)] <> *vt* clamar. <> *vi*: ~ **por/contra algo** clamar por/contra algo.

clamor [kla'mo(x)] (*pl* -es) *m* clamor *m*.

clamoroso, rosa [klamo'rozu, rɔza] *adj* clamoroso(sa).

clandestino, na [klãndeʃ'tʃinu, na] *adj* clandestino(na).

clara ['klara] *f*: ~ **(de ovo)** clara *f* (de huevo).

clarabóia [klara'bɔja] *f* claraboya *f*.

clarão [kla'rãw] (*pl* -ões) *m* -**1.** [de raio, flash] resplandor *m*. -**2.** [claridade] claridad *f*.

clarear [kla'rja(x)] <> *vt* clarear. <> *vi* clarear.

clareira [kla'rejra] *f* [em floresta] claro *m*.

clareza [kla'reza] *f* claridad *f*.

claridade [klari'dadʒi] *f* [luz] claridad *f*.

clarim [kla'rĩ] (*pl* -ns) *m* clarín *m*.

clarinete [klari'netʃi] *m* clarinete *m*.

clarividente [klarivi'dẽntʃi] <> *adj* clarividente. <> *mf* [vidente] clarividente *mf*.

claro, ra ['klaru, ra] *adj* claro(ra).
 ◆ **claro** <> *adv* [evidentemente]: ~! ¡claro!; ~ **que sim!/que não!** ¡claro que sí/que no! <> *m* [em escrita, pintura] claro *m*, blanco *m RP*.
 ◆ **às claras** *loc adv* a las claras.
 ◆ **em claro** *loc adv*: **passar a noite em** ~ pasar la noche en vela.

clarões [kla'rõjʃ] *pl* ⊳ **clarão**.

classe ['klasi] *f* -**1.** [ger] clase *f*; ~ **média** clase media. -**2.** [em transporte]: ~ **executiva** clase ejecutiva; ~ **turística** clase turista *ou* económica; **primeira** ~ primera clase. -**3.** [categoria]: **de primeira** ~ de primera clase. -**4.** [requinte]: **de** ~ de clase.

clássico, ca ['klasiku, ka] *adj* clásico(ca).
 ◆ **clássico** *m* [obra-prima] clásico *m*.

classificação [klasifika'sãw] (*pl* -ões) *f* clasificación *f*.

classificado, da [klasifi'kadu, da] <> *adj* clasificado(da). <> *m, f* [em concurso, competição] clasificado *m*, -da *f*.
 ◆ **classificados** [seção] anuncios *mpl* clasificados, clasificados *mpl Amér*.

classificar [klasifi'ka(x)] *vt* clasificar.
 ◆ **classificar-se** *vp* clasificarse; ~ **-se em primeiro lugar** clasificarse en primer lugar.

claudicante [klawdʒi'kãntʃi] *adj* [capengante] renqueante.

claustro ['klawʃtru] *m* claustro *m*.

claustrofobia [klawʃtrofo'bia] *f* claustrofobia *f*.

cláusula ['klawzula] *f* claúsula *f*.

clausura [klaw'zura] *f* clausura *f*.

clave ['klavi] *f MÚS* clave *f*.

clavícula [kla'vikula] *f* clavícula *f*.

clemência [kle'mẽnsja] *f* clemencia *f*.

clero ['klɛru] *m* clero *m*.

clicar [kli'ka(x)] *vi* hacer clic, clicar *Méx*, machucar *Perú*, apretar *RP*.

cliché [kli'ʃe] *m* cliché *m*; **segundo** ~ segunda edición.

cliente [kli'ẽntʃi] *mf* cliente *mf*.

clientela [kliẽn'tɛla] *f* clientela *f*.

clima ['klima] *m* clima *m*.

clímax ['klimaks] *m inv* clímax *m*.

clínica ['klinika] *f* ⊳ **clínico**.

clínico, ca ['kliniku, ka] <> *adj* clínico(ca). <> *m, f* [médico] clínico *m*, -ca *f*; ~ **geral** médico *m*, -ca *f* de cabecera *ou* general *RP*, doctor *m*, -ra *f* general *Méx*.
 ◆ **clínica** *f* clínica *f*.

clipe ['klipi] *m* -**1.** [videoclipe] videoclip *m*. -**2.** [para papéis] clip *m*.

clitóris [kli'tɔriʃ] *m inv* clítoris *m inv*.
clonagem [klo'naʒē] (*pl* -ns) *f* BIOL clonación *f*.
clonar [klo'na(x)] *vt* BIOL clonar.
cloro ['klɔru] *m* cloro *m*.
clorofila [kloro'fila] *f* clorofila *f*.
clorofórmio [kloro'fɔxmju] *m* cloroformo *m*.
close ['klɔzi] *m* primer plano *m*.
CLT (*abrev de* Consolidação das Leis do Trabalho) *f leyes que regulan los derechos y deberes de los trabajadores*.
clube ['klubi] *m* club *m*.
cm (*abrev de* centímetro) cm.
CNH (*abrev de* Carteira Nacional de Habilitação) *f* permiso *m* de conducir.
coação [koa'sãw] *f* coacción *f*.
coadjuvante [kwadʒu'vãntʃi] ⬦ *adj* -1. [ator, atriz] secundario(ria), coadyuvante *RP*. -2. [criminoso] cómplice. ⬦ *mf*-1. [ger] secundario *m*, -ria *f*, coadyuvante *mf RP*. -2. [cúmplice] coautor *m*, -ra *f*, cómplice *mf*.
coador [kwa'do(x)] (*pl* -es) *m* colador *m*.
coagir [kwa'ʒi(x)] *vt* : ~ alguém (a) coaccionar a alguien (a).
coagulação [kwagula'sãw] (*pl* -ões) *f* [do sangue] coagulación *f*.
coagular [kwagu'la(x)] ⬦ *vt* -1. [sangue] coagular. -2. [leite] cuajar. ⬦ *vi* -1. [sangue] coagularse. -2. [leite] cuajarse.
➡ **coagular-se** *vp* -1. [sangue] coagularse. -2. [leite] cuajarse.
coágulo ['kwagulu] *m* coágulo *m*.
coalhado, da [kwa'ʎadu, da] *adj* -1. [leite] cuajado(da). -2. [cheio]: ~ de lleno(na) *ou* repleto(ta) de.
➡ **coalhada** *f* cuajada *f*.
coalhar [kwa'ʎa(x)] ⬦ *vt* cuajar. ⬦ *vi* cuajarse.
coalizão [kwali'zãw] (*pl* -ões) *f* coalición *f*.
coar ['kwa(x)] *vt* colar.
cobaia [ko'baja] *f* conejillo *m* de Indias, cobaya *f*.
cobalto [ko'bawtu] *m* cobalto *m*.
coberto, ta [ko'bɛxtu, ta] ⬦ *pp* ⊳ cobrir. ⬦ *adj* cubierto(ta).
➡ **coberta** *f*-1. [colcha] colcha *f*. -2. [cobertor] manta *f*, cobija *f Andes* & *Méx*, frazada *f RP*. -3. [cobertura, telhado] cubierta *f*.
cobertura [kobex'tura] *f*-1. [telhado] cubierta *f*. -2. [apartamento] ático *m*, cobertura *f Arg*, penthouse *m Urug*. -3. [calda] baño *m*. -4. [proteção] protección *f*; dar ~ a dar protección a. -5. [de notícia, seguro] cobertura *f*.
cobiça [ko'bisa] *f* codicia *f*.
cobiçar [kobi'sa(x)] *vt* codiciar.
cobra ['kɔbra] ⬦ *adj fam* [perito] experto(ta), crack *Urug*. ⬦ *f*-1. ZOOL serpiente

f. -2. *pej* [mau-caráter] víbora *f*. ⬦ *mf fam* [perito] as *mf*, crack *mf Urug*.
cobrador, ra [kobra'do(x), ra] (*mpl* -es, *fpl* -s) *m*, *f* cobrador *m*, -ra *f*.
cobrança [ko'brãnsa] *f*-1. [de taxa, passagem, ingresso] cobro *m*. -2. *fig* [exigência] exigencia *f*, reclamo *m RP*. -3. *ESP* ejecución *f*; ~ de pênalti FUT ejecución de un penalti *ou* penal *RP*.
cobrar [ko'bra(x)] *vt* -1. [ger] cobrar. -2. *fig* [promessa] pasar cuenta por, cobrar *Méx*, exigir el cumplimiento de *RP*; [favor] cobrarse. -3. *ESP* lanzar, cobrar *Amér*; ~ um pênalti FUT lanzar *ou* cobrar *Amér* un penalti, cobrar un penalti *Méx*.
cobre ['kɔbri] *m* -1. [metal] cobre *m*. -2. [dinheiro miúdo] centavo *m*.
cobrir [ko'bri(x)] *vt* [ger] cubrir.
➡ **cobrir-se** *vp* [ocultar-se, resguardar-se] cubrirse.
cocada [ko'kada] *f dulce hecho con coco y azúcar*, cocada *f Méx*.
cocaína [koka'ina] *f* cocaína *f*.
coçar [ko'sa(x)] *vt* rascar.
➡ **coçar-se** *vp* rascarse.
cocar [ko'ka(x)] *m* penacho *m*.
cócegas ['kɔsigaʃ] *fpl*: fazer ~ em alguém hacer cosquillas a alguien; sentir ~ tener cosquillas.
coceguento, ta [kose'gēntu, ta] *adj* cosquilloso(sa).
coceira [ko'sejra] *f* [sensação] picazón *f*.
cochichar [koʃi'ʃa(x)] *vi* cuchichear.
cochilar [koʃi'la(x)] *vi* dormitar.
cochilo [ko'ʃilu] *m* siesta *f*, cabezada *f Esp*; tirar um ~ dormir una siesta, echar una cabezada *Esp*, sestear *Amér*.
coco ['koku] *m* -1. [fruta] coco *m*. -2. *fam fig* [cabeça] coco *m*, mate *m RP*.
cocô [ko'ko] *m fam* caca *f*.
cócoras ['kɔkoraʃ] ➡ de cócoras *loc adv* en cuclillas.
codificação [kodʒiʃika'sãw] (*pl* -ões) *f* COMPUT codificación *f*.
código ['kɔdʒigu] *m* código *m*; ~ civil código civil; ~ de barras código de barras; ~ Morse alfabeto Morse.
codorna [ko'dɔxna] *f* codorniz *f*.
co-editor, ra [koedʒi'to(x), ra] (*mpl* -res, *fpl* -ras) *m*, *f* coeditor *m*, -ra *f*.
coeficiente [koefi'sjēntʃi] *m* -1. MAT coeficiente *m*. -2. *fig* [fator] factor *m*.
coelho [ko'eʎu] *m* conejo *m*.
coentro ['kwēntru] *m* cilantro *m*.
coerção [koex'sãw] *f* coacción *f*.
coercitivo, va [koexsi'tʃivu, va], **coercivo, va** [koex'sivu, va] *adj* coercitivo(va).
coerência [koe'rēnsja] *f* coherencia *f*.

coerente [koe'rẽtʃi] *adj* coherente.

coesão [koe'zãw] *f* cohesión *f.*

COFINS (*abrev de* Contribuição para o Financiamento da Seguridade Social) *m cotización a la Seguridad Social de las personas jurídicas.*

cofre ['kɔfri] *m* -**1.** [móvel de metal] caja *f* fuerte. - **2.** [caixa] cofre *m.*

cofre-forte [ˌkɔfri'fɔxtʃi] (*pl* cofres-fortes) *m* caja *f* fuerte.

cogitar [koʒi'ta(x)] ◇ *vt* -**1.** [considerar] considerar. - **2.** [planejar]: ~ **fazer algo** planear hacer algo. ◇ *vi* [refletir] reflexionar.

cogumelo [kogu'mɛlu] *m* hongo *m*, seta *f* *Esp*, champiñón *m Amér.*

COI (*abrev de* Comitê Olímpico Internacional) *m* COI *m.*

coibir [koj'bi(x)] *vt* reprimir; ~ **alguém de fazer algo** impedir a alguien hacer algo.

coice ['kojsi] *m* -**1.** [de animal] coz *m*, patada *f*; **dar um** ~ **em** *fig* dar una patada a. - **2.** [de arma] retroceso *m.*

coincidência [koĩsi'dẽsja] *f* coincidencia *f.*

coincidente [koĩsi'dẽtʃi] *adj* coincidente.

coincidentemente [koĩsidẽtʃi'mẽtʃi] *adv* coincidentemente.

coincidir [koĩsi'di(x)] *vi* -**1.** [eventos, datas] coincidir. - **2.** [concordar]: ~ **(em)** coincidir (en).

coisa ['kojza] *f* -**1.** cosa *f.* - **2.** *loc:* **não dizer** ~ **com** ~ decir disparates; **que** ~! ¡qué barbaridad! *Esp*, ¡qué cosa! *Amér.*
◆ **coisa de** *loc adv* cerca de *Esp*, cosa de *Amér.*

coitado, da [koj'tadu, da] ◇ *adj* [pessoa] pobrecito(ta), pobre; **coitado!** ¡pobrecito!, ¡pobre! ◇ *m*, *f* desgraciado *m*, -da *f*, pobrecito *m*, -ta *f Esp.*

coito ['kojtu] *m* coito *m*; ~ **anal** coito anal.

cola ['kɔla] *f* -**1.** [adesivo] cola *f*, pegamento *m.* - **2.** *fam EDUC* [ato] copiar *m.* - **3.** *fam EDUC* [objeto] chuleta *f Esp* & *Ven*, machete *m Arg*, torpedo *m Chile*, comprimido *m Col* & *Perú*, acordeón *m Méx*, trencito *m Urug.*

colaboração [kolabora'sãw] (*pl* -ões) *f* colaboración *f.*

colaborador, ra [kolabora'do(x), ra] *m*, *f* colaborador *m*, -ra *f.*

colaborar [kolabo'ra(x)] *vi* -**1.** [ajudar] colaborar; ~ **com alguém (em algo)** colaborar con alguien (en algo). - **2.** [em jornal *etc.*]: ~ **em algo** colaborar en algo.

colagem [ko'laʒẽ] (*pl* -ns) *f* -**1.** [ato] encolado *m*, engomado *m.* - **2.** *ARTE* collage *m.*

colante [ko'lãtʃi] *adj* [roupa] ceñido(da), justo(ta) *RP.*

colapso [ko'lapsu] *f* colapso *m*; ~ **cardíaco**

colapso cardíaco; ~ **nervoso** colapso nervioso.

colar [ko'la(x)] (*pl* -es) ◇ *m* [ornato] collar *m.* ◇ *vt* -**1.** [ger] pegar. - **2.** *fam EDUC* copiar. ◇ *vi* -**1.** [grudar] pegarse. - **2.** *fam EDUC* copiar.

colarinho [kola'riɲu] *m* -**1.** [de camisa] cuello *m.* - **2.** *fam* [de cerveja] espuma *f*; **com/sem** ~ con/sin espuma.

colateral [kolate'raw] (*pl* -ais) *adj* ▷ **efeito.**

colcha ['kowʃa] *f* colcha *f.*

colchão [kow'ʃãw] (*pl* -ões) *m* colchón *m.*

colcheia [kow'ʃeja] *f MÚS* corchea *f.*

colchete [kow'ʃetʃi] *m* -**1.** [de roupa] corchete *m Esp*, broche *m Méx*, ganchito *m RP*; ~ **de gancho** corchete *Esp*, broche de gancho *Méx*, ganchito *RP*; ~ **de pressão** corchete de presión *Esp*, broche de presión *Amér.* - **2.** [sinal] corchete *m.*

colchões [kow'ʃõjʃ] *pl* ▷ **colchão.**

colchonete [kowʃo'nɛtʃi] *m* colchoneta *f.*

coleção [kole'sãw] (*pl* -ões) *f* colección *f.*

colecionador, ra [kolesjona'do(x), ra] (*mpl* -res, *fpl* -s) *m*, *f* coleccionista *mf*, coleccionador *m*, -ra *f RP.*

colecionar [kolesjo'na(x)] *vt* coleccionar.

colega [ko'lɛga] *mf* colega *mf.*

colegial [kole'ʒjaw] (*pl* -ais) ◇ *adj* colegial. ◇ *mf* colegial *mf.*

colégio [ko'lɛʒju] *m* colegio *m.*

coleira [ko'lejra] *f* collar *m.*

cólera ['kɔlera] ◇ *f* [ira] cólera *f.* ◇ *m ou f MED* cólera *m.*

colérico, ca [ko'lɛriku, ka] ◇ *adj* [irado] colérico(ca). ◇ *m*, *f MED* enfermo *m*, -ma *f* de cólera.

colesterol [koleʃte'rɔw] *m* colesterol *m.*

coleta [ko'lɛta] *f* -**1.** [colheita] colecta *f*, recolección *f RP*; ~ **seletiva** recogida *f* selectiva. - **2.** [imposto] recaudación *f.*

coletar [kole'ta(x)] *vt* -**1.** [quantia] recaudar. - **2.** [angariar, recolher] recolectar.

colete [ko'letʃi] *m* chaleco *m*; ~ **salva-vidas** chaleco salvavidas.

coletivo, va [kole'tʃivu, va] *adj* colectivo(va).
◆ **coletivo** *m* [ônibus] autobús *m Esp*, colectivo *m Arg*, camión *m CAm* & *Méx*, guagua *f Cuba*, ómnibus *m Cuba* & *Urug.*

coletor, ra [kole'to(x), ra] *m*, *f* [de impostos] recaudador *m*, -ra *f.*

colheita [ko'ʎejta] *f* cosecha *f.*

colher¹ [ko'ʎɛ(x)] (*pl* -es) *f* [talher] cuchara *f*; ~ **de chá** cucharita *f* de té; ~ **de sobremesa/sopa** cuchara de postre/de sopa.

colher² [ko'ʎe(x)] *vt* recoger.

colherada [koʎe'rada] *f* cucharada *f.*

colibri [koli'bri] *m* colibrí *m*, chupamirto *m Méx*, picaflor *m RP.*

cólica ['kɔlika] f cólico m.

colidir [koli'dʒi(x)] vi [chocar-se] chocar, colisionar; ~ com ou contra chocar con ou contra.

coligação [koliga'sãw] (pl -ões) f coalición f.

coligir [koli'ʒi(x)] vt compilar.

colina [ko'lina] f colina f.

colírio [ko'lirju] m colirio m.

colisão [koli'zãw] (pl -ões) f colisión f.

collant [ko'lã] m leotardos mpl, malla f, payasito m Méx.

colméia [kow'mɛja] f colmena f.

colo ['kɔlu] m -1. [ger] cuello m. -2. [regaço] regazo m, falda f.

colocação [koloka'sãw] (pl -ões) f -1. [ger] colocación f. -2. [posição] colocación f, ubicación f Amér. -3. [em concurso, competição] lugar m. -4. [observação] planteamiento m, planteo m RP.

colocar [kolo'ka(x)] vt -1. [ger] colocar. -2. [situar - no espaço] colocar, ubicar Amér. -3. [instalar] poner. -4. [levantar] plantear.

◆ colocar-se vp -1. [pôr-se] colocarse. -2. [em concurso, competição] colocarse, ubicarse Amér. -3. [imaginar-se]: ~-se no lugar de alguém ponerse en el lugar de alguien.

Colômbia [ko'lõbja] n Colombia.

colombiano, na [kolõ'bjãnu, na] ⋄ adj colombiano(na). ⋄ m, f colombiano m, -na f.

cólon ['kɔlõ] m ANAT colon m.

colônia [ko'lonja] f colonia f; ~ de férias colonia de vacaciones; água de ~ agua de colonia.

colonial [kolo'njaw] (pl -ais) adj colonial.

colonização [koloniza'sãw] f colonización f.

colonizador, ra [koloniza'do(x), ra] ⋄ adj [nação, esforço] colonizador(ra). ⋄ m, f [pessoa] colonizador m, -ra f.

colono, na [ko'lɔnu, na] m, f colono m, -na f.

coloquial [kolo'kjaw] (pl -ais) adj coloquial.

coloquialismo [kolokja'liʒmu] m tono m coloquial.

colóquio [ko'lɔkju] m [congresso] coloquio m.

colorido, da [kolo'ridu, da] adj coloreado(ra).

◆ colorido m colorido m.

colorir [kolo'ri(x)] vt -1. [dar cor a] colorear. -2. fig [avivar] dar color a.

coluna [ko'luna] f columna f; ~ vertebral columna vertebral; ~ social eco m de sociedad Esp, sociales mpl Amér.

colunável [kolu'navew] (pl -eis) ⋄ adj: pessoa ~ famoso m; evento ~ fiesta f de sociedade. ⋄ mf [celebridade] celebridad f.

colunista [kolu'niʃta] mf columnista mf.

com [kõ] prep -1. [companhia] con; mora ~

um amigo vive con un amigo; ~ quem você vai? ¿con quién vas?; [relativo a modo] con; ~ cuidado con cuidado; olhou para mim ~ desprezo me miró con desprecio; [relativo a instrumento] con; escreve ~ a mão direita escribe con la mano derecha; ~ o tempo, conseguiu superar o trauma con el tiempo, logró superar el trauma; [relativo a estado] con; estar ~ dor de cabeça/fome tener dolor de cabeza/hambre; estar ~ pressa tener prisa ou afán Col, estar apurado(da) RP. -2. [por causa de] con; ~ a seca, diminuiu a produção de grãos con la sequía, disminuyó la producción de granos. -3. [apesar de] con; ~ todo esse trabalho, ele ainda encontra tempo para estudar con todo ese trabajo igual encuentra tiempo para estudar; você vai jogar bola ~ chuva? ¿con esta lluvia vas a jugar a la pelota?; ~ 86 anos, ele continua cheio de energia con 86 años, sigue repleto de energía. -4. (em loc prep) con; ~ relação a con relación a; ~ vistas a con el fin de; de acordo ~ de acuerdo con; em parceria ~ en sociedad con.

coma ['koma] m MED coma m.

comadre [ko'madri] f -1. [ger] comadre f. -2. [urinol] chata f, bacínica f Méx.

comandante [komã'dãtʃi] mf comandante mf.

comandar [komã'da(x)] vt comandar.

comando [ko'mãndu] m comando m.

combate [kõ'batʃi] m combate m; fora de ~ fig fuera de combate.

combater [kõba'te(x)] ⋄ vt [lutar contra, opor-se a] combatir. ⋄ vi [belicamente] combatir.

combinação [kõbina'sãw] (pl -ões) f -1. [ger] combinación f. -2. [acordo] acuerdo m. -3. [plano] plan m.

combinar [kõbi'na(x)] ⋄ vt -1. [associar, reunir] combinar. -2. [encontro, fuga] planear; combinado! ¡de acuerdo!, ¡hecho! ⋄ vi -1. [planejar]: ~ de fazer algo ponerse de acuerdo para hacer algo, quedar de hacer algo RP. -2. [cores, roupas] combinar; ~ com algo combinar con algo.

comboio [kõ'boju] m -1. [caravana] convoy m. -2. [de navios] convoy m.

combustível [kõbuʃ'tʃivɛw] (pl -eis) ⋄ adj combustible. ⋄ m combustible m.

começar [kome'sa(x)] ⋄ vt empezar, comenzar. ⋄ vi empezar, comenzar; ~ a fazer algo empezar ou comenzar a hacer algo; ~ por empezar ou comenzar por.

começo [ko'mesu] m comienzo m, principio m RP.

comédia [ko'mɛdʒja] f comedia f.

comedido, da [kome'dʒidu, da] adj comedido(da).

comemoração [komemora'sãw] (pl -ões) f [de vitória, sucesso] celebración f, festejo m Amér; [de aniversário] fiesta f.

comemorar [komemo'ra(x)] vt celebrar, festejar Amér.

comentar [komẽn'ta(x)] vt -1. [fato, festa, incidente] comentar. -2. [observar]: ~ que comentar que.

comentário [komẽn'tarju] m [sobre fato, festa] comentario m; fazer um ~ hacer un comentario.

comentarista [komẽnta'riʃta] mf comentarista mf; ~ esportivo comentarista deportivo; ~ político comentarista político.

comer [ko'me(x)] (pl -es) <> vt -1. [ger] comer. -2. vulg fig [sexualmente] follar Esp, coger Amér. <> vi [alimentar-se] comer; dar de ~ a alguém dar de comer a alguien.

comercial [komex'sjaw] (pl -ais) <> adj comercial. <> m [anúncio] anuncio m, comercial m Col & RP, anuncio m publicitario Méx, propaganda f RP.

comercialização [komexsjaliza'sãw] (pl -ões) f comercialización f.

comercializar [komexsjali'za(x)] vt comercializar.

comerciante [komex'sjãntʃi] mf comerciante mf.

comerciar [komex'sja(x)] vi comerciar.

comércio [ko'mɛxsju] m comercio m; ~ eletrônico comercio electrónico.

comes ['kɔmiʃ] mpl fam: ~ e bebes comida f y bebida, comestible m y bebestible RP.

comestíveis [komeʃ'tʃivejʃ] mpl comestibles mpl.

comestível [komeʃ'tʃivɛw] (pl -eis) adj comestible.

cometa [ko'meta] m cometa m.

cometer [kome'te(x)] vt cometer.

comichão [komi'ʃãw] (pl -ões) f picazón f, comezón f.

comício [ko'misju] m mitin m, acto m político RP.

cômico, co ['komiku, ka] <> adj cómico(ca). <> m, f [comediante] cómico m, -ca f.

comida [ko'mida] f comida f; ~ caseira comida casera.

comigo [ko'migu] pron conmigo; pensei que não era ~ pensé que no era para mí; deixa ~! ¡déjame a mí!; pensei ~ pensé para mis adentros.

comilão, lona [komi'lãw, lona] (mpl -ões, fpl -s) <> adj glotón(ona), tragón(ona) Méx, comilón(ona) RP. <> m, f glotón m, -ona f, tragón m, -ona f Méx, comilón m, -ona f RP.

cominho [ko'miɲu] m comino m.

comiserar-se [komize'raxsi] vp compadecerse; ~ (de) compadecerse de.

comissão [komi'sãw] (pl -ões) f comisión f.

comissário, ria [komi'sarju, rja] m, f comisario m, -ria f; ~ de bordo auxiliar mf de vuelo.

comissionar [komisjo'na(x)] vt -1. [encarregar] encargar. -2. [confiar] confiar.

comitê [komi'te] m comité m.

comitiva [komi'tʃiva] f comitiva f.

como ['komu] <> adv -1. [ger] como. -2. [interrogativo] cómo. -3. [comparativo]: tão ... ~ ... tan ... como ...; ser ~ algo/alguém ser como algo/alguien. -4. [exclamativo] cómo; e ~! fam ¡ya lo creo!, ¡y cómo!; ~ não! [pois não] ¡cómo no! <> conj como.
→ **como que** loc adv como.
→ **como quer que** loc conj como quiera que.
→ **como se** loc conj como si.

comoção [komo'sãw] (pl -ões) f -1. [abalo] conmoción f. -2. [revolta] motín m.

cômoda ['komoda] f cómoda f.

comodidade [komodʒi'dadʒi] f comodidad f.

comodismo [komo'dʒiʒmu] m abandono m.

comodista [komo'dʒiʃta] <> adj comodón(ona). <> mf comodón m, -ona f.

cômodo, da ['komodu, da] adj cómodo(da).
→ **cômodo** m [aposento] habitación f.

comovente [komo'vẽntʃi], **comovedor, ra** [komove'do(x), ra] adj conmovedor(ra).

comover [komo've(x)] <> vt conmover. <> vi conmover.
→ **comover-se** vp conmoverse.

comovido, da [komo'vidu, da] adj conmovido(da).

compacto, ta [kõm'paktu, ta] adj compacto(ta).
→ **compacto** m [disco] sencillo m, single m.

compadecer-se [kõpade'sexsi] vp: ~ de compadecerse de.

compadecido, da [kõpade'sidu, da] adj compasivo(va).

compadre [kõn'padri] m -1. [padrinho do filho] compadre m. -2. fam [companheiro] amigo m, compadre m Méx.

compaixão [kõpaj'ʃãw] f compasión f.

companheirismo [kõpaɲej'riʒmu] m compañerismo m.

companheiro, ra [kõpaɲa'ɲejru, ra] m, f -1. [ger] compañero m, -ra f. -2. fam [amigo] compañero m, -ra f.

companhia [kõpa'ɲia] f compañía f; fazer ~ a alguém hacer compañía a alguien; em ~ de en compañía de.

comparação [kõpara'sãw] (pl -ões) f comparación f.

71   **comprido**

comparar [kõnpa'ra(x)] *vt*: ~ **algo/alguém
(com)** comparar algo/a alguien (con).
comparável [kõnpa'ravew] (*pl* -eis) *adj* comparable.
comparecer [kõnpare'se(x)] *vi* -1. [a reunião, encontro, prova]: ~ **(a)** comparecer (a), presentarse (a). -2. [a festa]: ~ **(a)** aparecer (en *ou* por).
comparecimento [kõnparesi'mẽntu] *m* comparecencia *f*.
comparsa [kõn'paxsa] *mf* -1. [cúmplice] cómplice *mf*. -2. *TEATRO* comparsa *f*.
compartilhar [kõnpaxtʃi'ʎa(x)] <> *vt* [partilhar] compartir. <> *vi* [participar]: ~ **de** participar de.
compartimento [kõnpaxtʃi'mẽntu] *m* -1. [divisão] compartimento *m*. -2. [aposento] habitación *f*, pieza *f Amér*, recámara *f Méx*.
compartir [kõnpax'tʃi(x)] = **compartilhar**.
compassado, da [kõnpa'sadu, da] *adj* -1. [pausado, cadenciado] acompasado(da). -2. [comedido] moderado(da).
compassivo, va [kõnpa'sivu, va] *adj* compasivo(va).
compasso [kõn'pasu] *m* [instrumento] compás *m*.
compatível [kõnpa'tʃivɛw] (*pl* -eis) *adj* compatible.
compatriota [kõnpatri'ɔta] *mf* compatriota *mf*.
compelir [kõnpe'li(x)] *vt*: ~ **alguém a** empujar a alguien a.
compêndio [kõn'pẽndʒiu] *m* compendio *m*.
compensação [kõnpẽnsa'sãw] (*pl* -ões) *f* compensación *f*; **em** ~ **para** compensar, en compensación.
compensado [kõnpẽn'sadu] *m* [madeira] aglomerado *m*, conglomerado *m*, compensado *m RP*.
compensar [kõnpẽn'sa(x)] <> *vt* compensar. <> *vi* [valer a pena] compensar.
competência [kõnpe'tẽnsja] *f* competencia *f*.
competente [kõnpe'tẽntʃi] *adj* competente.
competição [kõnpetʃi'sãw] (*pl* -ões) *f* -1. [disputa, concorrência] competencia *f*. -2. *ESP* competición *f*, competencia *f Amér*.
competidor, ra [kõnpetʃi'do(x), ra] *m, f ESP* competidor *m*, -ra *f*.
competir [kõnpe'tʃi(x)] *vi* competir.
compilação [kõnpila'sãw] *f* compilación *f*.
compilar [kõnpi'la(x)] *vt* compilar.
complacente [kõnpla'sẽntʃi] *adj* complaciente.
complementar [kõnplemẽn'ta(x)] (*pl* -es) <> *adj* complementario(ria). <> *vt* complementar.

complemento [kõnple'mẽntu] *m* complemento *m*.
completar [kõnple'ta(x)] *vt* -1. [terminar] completar. -2. [idade] cumplir. -3. [com gasolina] llenar.
completo, ta [kõn'plɛtu, ta] *adj* -1. [terminado] completo(ta). -2. [idade] cumplido(da). -3. [tanque] lleno(na).
➤ **por completo** *loc adv* [inteiramente] por completo.
complexo, xa [kõn'plɛksu, ksa] *adj* complejo(ja).
➤ **complexo** *m* complejo *m*.
complicado, da [kõnpli'kadu, da] *adj* complicado(da).
complicar [kõnpli'ka(x)] *vt* [tornar complexo] complicar.
complô [kõn'plo] *m* complot *m*.
componente [kõnpo'nẽntʃi] *m* componente *m*.
compor [kõn'po(x)] <> *vt* -1. [ger] componer. -2. [discurso, livro] escribir. -3. [enfeitar] arreglar. -4. [aliança, acordo] establecer. <> *vi* componer.
➤ **compor-se** *vp* -1. [ser integrado por]: ~ -**se de** componerse de. -2. [controlar-se] recomponerse.
comporta [kõn'pɔxta] *f* compuerta *f*.
comportamento [kõnpoxta'mẽntu] *m* comportamiento *m*.
comportar [kõnpox'ta(x)] *vt* -1. [suportar] tener capacidad para. -2. [conter] contener.
➤ **comportar-se** *vp* comportarse.
composição [kõnpozi'sãw] (*pl* -ões) *f* composición *f*.
compositor, ra [kõnpozi'to(x), ra] (*mpl* -es, *fpl* -s) *m, f MÚS* compositor *m*, -ra *f*.
composto, ta [kõn'poʃtu, ta] <> *pp* ➤ **compor**. <> *adj* -1. [de elementos] compuesto(ta). -2. [sério] serio(ria).
➤ **composto** *m QUÍM* compuesto *m*.
compostura [kõnpoʃ'tura] *f* compostura *f*.
compota [kõn'pɔta] *f* compota *f*.
compra ['kõnpra] *f* compra *f*; **fazer** ~ **s** hacer las compras.
comprar [kõn'pra(x)] *vt* comprar; ~ **a briga de alguém** *loc* salir en defensa de alguien.
compreender [kõnprjẽn'de(x)] *vt* comprender.
compreensão [kõnprjẽ'sãw] *f* comprensión *f*.
compreensivo, va [kõnprjẽ'sivu, va] *adj* comprensivo(va).
compressor, ra [kõnpre'so(x), ra] *adj* ➤ **rolo**.
comprido, da [kõn'pridu, da] *adj* -1. [longo] largo(ga). -2. [alto] alto(ta).

comprimento 72

comprimento [kõnpri'mẽntul *m* longitud *f*, largo *m*.
comprimido, da [kõnpri'midu, dal *adj* comprimido(da).
→ **comprimido** *m* comprimido *m*.
comprimir [kõnpri'mi(x)] *vt* comprimir.
comprometer [kõnprome'te(x)] *vt* comprometer.
→ **comprometer-se** *vp* [assumir compromisso]: ~-**se (com)** comprometerse (con).
comprometido, da [kõnprome'tʃidu, dal *adj* comprometido(da).
compromisso [kõnpro'misul *m* compromiso *m*; **sem** ~ sin compromiso.
comprovante [kõnpro'vantʃil <> *adj* comprobante. <> *m* comprobante *m*.
comprovar [kõnpro'va(x)] *vt* comprobar.
compulsão [kõnpuw'sãwl (*pl* -ões) *f* compulsión *f*.
compulsivo, va [kõnpuw'sivu, val *adj* compulsivo(va).
compulsório, ria [kõnpuw'sɔrju, rjal *adj* obligatorio(ria).
computação [kõnputa'sãwl *f* -1. [ato] cómputo *m*. - 2. [ciência, curso] informática *f*, computación *f* *Amér*.
computador [kõnputa'do(x)] (*pl* -es) *m* ordenador *m* *Esp*, computadora *f* *Amér*; ~ **pessoal** ordenador personal *Esp*, computadora personal *Amér*.
computadorizar [kõnputadori'za(x)] *vt* informatizar, computarizar *Amér*.
computar [kõnpu'ta(x)] *vt* computar.
comum [ko'mũl (*pl* -ns) <> *adj* común; **ter algo em** ~ tener algo en común. <> *m* [usual]: **o** ~ lo común; **fora do** ~ [extraordinário] fuera de lo común.
comungar [komũn'ga(x)] *vi* comulgar; ~ **de** *fig* comulgar con.
comunhão [komu'nãwl (*pl* -ões) *f* comunión *f*; ~ **de bens** [em matrimônio] comunidad *f* de bienes, bienes *mpl* mancomunados *Méx*.
comunicação [komunika'sãwl (*pl* -ões) *f* comunicación *f*.
comunicar [komuni'ka(x)] *vt* -1. [informar sobre]: ~ **algo (a alguém)** comunicar algo (a alguien). - 2. [ligar] comunicar.
→ **comunicar-se** *vp* -1. [dialogar, entenderse] comunicarse. - 2. [entrar em contato]: ~-se com comunicarse con.
comunicativo, va [komunika'tʃivu, val *adj* comunicativo(va).
comunidade [komuni'dadʒil *f* comunidad *f*; **Comunidade Européia** Comunidad Europea.
comunismo [komu'niʒmul *m* comunismo *m*.
comunista [komu'niʃtal <> *adj* comunista.

~ *mf* comunista *mf*.
comunitário, ria [komuni'tarju, rjal *adj* comunitario(ria).
concatenação [kõnkatena'sãwl (*pl* -ões) *f* [encadeamento] concatenación *f*.
côncavo, va ['kõnkavu, val *adj* cóncavo(va).
conceber [kõnse'be(x)] <> *vt* concebir. <> *vi* [engravidar] concebir.
conceder [kõnse'de(x)] *vt* [dar, outorgar] conceder.
conceito [kõn'sejtul *m* -1. [ger] concepto *m*. - 2. [em prova] nota *f*.
conceituação [kõnsejtua'sãwl (*pl* -ões) *f* -1. [definição] conceptualización *f*. - 2. [avaliação] evaluación *f*.
conceituado, da [kõsej'twadu, dal *adj* reconocido(da).
concentração [kõnsẽntra'sãwl (*pl* -ões) *f* concentración *f*.
concentrado, da [kõnsẽn'tradu, dal *adj* -1. [ger] concentrado(da). - 2. [atento] atento(ta).
→ **concentrado** *m* [substância] extracto *m*, concentrado *m* *Esp* & *Méx*.
concentrar [kõnsẽn'tra(x)] *vt* concentrar.
→ **concentrar-se** *vp* -1. [aglomerar-se] concentrarse. - 2. [pessoa, atenção, esforço]: ~-se (em algo) concentrarse (en algo).
concepção [kõnsep'sãwl (*pl* -ões) *f* -1. [geração, conceito] concepción *f*. - 2. [opinião] opinión *f*.
concernente [kõnsex'nẽntʃil *adj*: ~ **a** concerniente a.
concernir [kõnsex'ni(x)] *vi*: ~ **a** concernir a.
concerto [kõn'sextul *m* -1. *MÚS* concierto *m*. - 2. [acordo] acuerdo *m*.
concessão [kõnse'sãwl (*pl* -ões) *f* -1. [ger] concesión *f*. - 2. [permissão] permiso *m*.
concessionário, ria [kõnsesjo'narjul *m*, *f* concesionario *m*, -ria *f*.
→ **concessionária** *f* [empresa] concesionaria *f*.
concha ['kõnʃal *f* -1. [de molusco] concha *f*, cáscara *f* *RP*. - 2. [para líquidos] cucharón *m*.
conchavo [kõn'ʃavul *m* maquinación *f*, confabulación *f*, arreglo *m* *RP*.
conciliação [kõnsilja'sãwl (*pl* -ões) *f* conciliación *f*.
conciliador, ra [kõnsilja'do(x), ral <> *adj* conciliador(ra). <> *m*, *f* conciliador *m*, -ra *f*.
conciliar [kõnsi'lja(x)] *vt* conciliar.
concílio [kõn'siljul *m* *RELIG* concilio *m*.
concisão [kõnsi'sãwl *f* concisión *f*.
conciso, sa [kõn'sizu, zal *adj* conciso(sa).
conclamar [kõnkla'ma(x)] *vt* -1. [bradar] gritar. - 2. [aclamar] aclamar. - 3. [convocar]: ~ **alguém a fazer algo** alentar *ou* instar a

alguien a hacer algo.

concluir [kõŋklu'i(x)] *vt* concluir.

conclusão [kõŋklu'zãw] (*pl* -ões) *f* conclusión *f*; **chegar a uma** ~ llegar a una conclusión; **o relógio parou; ~: ele chegou atrasado** [resultado] el reloj se paró; conclusión: llegó tarde.

conclusivo, va [kõŋklu'zivu, va] *adj* concluyente.

concordância [kõŋkox'dãnsja] *f* concordancia *f*.

concordante [kõŋkox'dãntʃi] *adj* concordante, coincidente.

concordar [kõŋkox'da(x)] ◇ *vt*: ~ **que** estar de acuerdo en que. ◇ *vi* ponerse de acuerdo; ~ **com algo/alguém** concordar con algo/alguien; ~ **em fazer algo** estar de acuerdo en hacer algo; **não concordo!** ¡no estoy de acuerdo!

concorrência [kõŋko'xẽnsja] *f* -1. [ger] competencia *f*. -2. [deportiva] competición *f Esp*, competencia *f Amér*. -3. [licitação] concurso *m* público *Esp*, licitación *f* pública *Amér*.

concorrente [kõŋko'xẽntʃi] *adj* competidor(ra).

concorrer [kõŋko'xe(x)] *vi* -1. competir. -2. [candidatar-se]: ~ **a algo** disputar algo.

concretizar [kõŋkreti'za(x)] *vt* concretar.

➡ **concretizar-se** *vp* [sonho, projeto, anseio] concretarse.

concreto, ta [kõŋ'krεtu, ta] *adj* -1. [ger] concreto(ta). -2. [sólido] sólido(da).

➡ **concreto** *m* hormigón *m*, cemento *m*, concreto *m Méx*.

concretude [kõŋkre'tudʒi] *f* carácter *m* concreto.

concupiscente [kõŋkupis'sẽntʃi] *adj* concupiscente.

concursado, da [kõŋkux'sadu, da] ◇ *adj* concursante. ◇ *m, f* concursante *mf*.

concurso [kõŋ'kuxsu] *m* -1. [ger] concurso *m*. -2. [exame] oposición *f*, concurso *m Amér*.

condado [kõn'dadu] *m* condado *m*.

condão [kõn'dãw] *m* ➭ **varinha**.

conde, dessa ['kõndʒi, desa] *m, f* conde *m*, -sa *f*.

condecorar [kõndeko'ra(x)] *vt* condecorar.

condenação [kõndena'sãw] (*pl* -ões) *f* condena *f*.

condenar [kõnde'na(x)] *vt* -1. [ger] condenar; ~ **alguém a algo** [sentenciar] condenar a alguien a algo. -2. *fig* [interditar] cerrar. -3. *fig* [desenganar] desahuciar.

condensação [kõndẽnsa'sãw] (*pl* -ões) *f* condensación *f*.

condensar [kõndẽn'sa(x)] *vt* -1. [ger] condensar. -2. [engrossar] espesar.

➡ **condensar-se** *vp* -1. [liquefazer-se] condensarse. -2. [engrossar] espesarse.

condescendente [kõndesẽn'dẽntʃi] *adj* condescendiente.

condescender [kõndesẽn'de(x)] *vi* condescender; ~ **a** *ou* **em** condescender a *ou* en.

condessa [kõn'desa] *f* ➭ **conde**.

condição [kõndʒi'sãw] (*pl* -ões) *f* condición *f*; **com a** ~ **de que** con la condición de que.

➡ **condições** *fpl* condiciones *fpl*; **condições de trabalho** condiciones de trabajo; **condições próprias/impróprias para o banho** condiciones apropiadas/inapropiadas para el baño; **em boas condições (de uso)** en perfectas condiciones; **estar em condições de fazer algo** estar en condiciones de hacer algo.

condimento [kõndʒi'mẽntu] *m* condimento *m*.

condizer [kõndʒi'ze(x)] *vi*: ~ **com** estar acorde con, concordar con *Amér*.

condomínio [kõndo'minju] *m* -1. [condôminos] comunidad *f* de propietarios, copropietarios *mpl RP*. -2. [conjunto de casas] urbanización *f*, condominio *m Amér*, country *m RP*. -3. [pagamento] gastos *mpl* de comunidad, expensas *fpl Arg*, cuota *f* de mantenimiento *Méx*, gastos *mpl* comunes *Urug*.

condução [kõndu'sãw] (*pl* -ões) *f* -1. [ger] conducción *f*. -2. [transporte] medio *m* de transporte, transportación *f Méx*, transporte *m RP*. -3. [ônibus] autobús *m*, colectivo *m Arg*, camión *m CAm* & *Méx*, guagua *f Carib*, ómnibus *m Cuba* & *Urug*.

conduta [kõn'duta] *f* conducta *f*.

conduto [kõn'dutu] *m* conducto *m*.

condutor, ra [kõndu'to(x), ra] (*mpl* -es, *fpl* -s) ◇ *adj* [de eletricidade] conductor(ra). ◇ *m, f* [de veículo] conductor *m*, -ra *f*, chofer *mf Amér*.

➡ **condutor** *m ELETR* conductor *m*.

conduzir [kõndu'zi(x)] ◇ *vt* -1. [levar]: ~ **algo/alguém (a)** conducir algo/a alguien (a). -2. [empresa, equipe] dirigir. -3. *ELETR* conducir. ◇ *vi* [levar]: ~ **a** conducir a.

cone ['koni] *m* cono *m*.

conectar [konek'ta(x)] *vt* conectar.

➡ **conectarse** *vp* conectarse; ~ **à internet** conectarse a Internet.

conectividade [konektʃivi'dadʒi] *f* conectividad *f*.

cônego ['konegu] *m* canónigo *m*.

conexão [konek'sãw] (*pl* -ões) *f* conexión *f*.

confecção [kõnfek'sãw] (*pl* -ões) *f* -1. [fabrico,

feitura] confecção *f.* -2. [produção] producción *f.* -3. [roupa] prenda *f* de confección. -4. [fábrica de roupas] taller *m* de costura *ou* confección *Amér.*

confeccionar [kõnfeksjo'na(x)] *vt*-1. [fabricar, fazer] confeccionar. -2. [produzir] producir.

confederação [kõnfedera'sãw] (*pl* -ões) *f* confederación *f.*

confeitar [kõnfej'ta(x)] *vt* [bolo] confitar.

confeitaria [kõnfejta'ria] *f* confitería *f,* dulcería *f Amér.*

confeiteiro, ra [kõnfej'tejru, ra] *m, f* confitero *m,* -ra *f,* dulcero *m,* -ra *f Amér.*

conferência [kõnfe'rẽnsja] *f* -1. [verificação] verificación *f,* revisión *f.* -2. [palestra] conferencia *f.*

conferir [kõnfe'ri(x)] <> *vt* -1. [verificar] verificar, revisar, checar *Méx.* -2. [cotejar, comparar] comparar, cotejar. -3. [dar]: ~ algo a conferir *ou* otorgar algo a. -4. [título, encargo] conferir, otorgar. <> *vi* -1. [estar correto]: ~ (com) coincidir (con). -2. *ESP* [assegurar pontos] asegurarse.

confessar [kõnfe'sa(x)] <> *vt*-1. [ger] confesar. -2. [professar] profesar. <> *vi* confesar.

◆ **confessar-se** *vp* confesarse; ~ -se culpado *JUR* confesarse culpable.

confesso, ssa [kõn'fɛsu, sa] *adj* confeso(sa).

confete [kõn'fɛtʃi] *m* confeti *m,* papel *m* picado *RP.*

confiabilidade [kõnfjabili'dadʒi] *f* [credibilidade] fiabilidad *f,* confiabilidad *f Amér.*

confiado, da [kõn'fjadu, da] *adj* confiado(da).

confiança [kõn'fjãnsa] *f* confianza *f;* ter ~ em alguém tener confianza en alguien; de ~ de confianza.

confiante [kõn'fjãntʃi] *adj*-1. [seguro] confiado(da). -2. [esperançoso]: ~ (em) confiado (en).

confiar [kõn'fja(x)] <> *vi*-1. [acreditar]: ~ em creer en. -2. [ter esperança de]: ~ em confiar en. <> *vt*: ~ algo a alguém confiar algo a alguien.

confiável [kõn'fjavew] (*pl* -eis) *adj* de confianza, fiable, confiable *Amér,* de fiar *Méx.*

confidência [kõnfi'dẽnsja] *f* confidencia *f;* em ~ confidencialmente.

confidencial [kõnfidẽn'sjaw] (*pl* -ais) *adj* confidencial.

confinamento [kõnfina'mẽntu] *m* confinamiento *m.*

confinar [kõnfi'na(x)] <> *vt* -1. [limitar] rodear, confinar *Amér.* -2. [isolar, enclausurar] aislar, confinar. <> *vi* [fazer fronteira]: ~ com limitar con, hacer frontera con *Méx.*

◆ **confinar-se** *vp* [isolar-se, enclausurar-se] aislarse, confinarse.

confins [kõn'fĩʃ] *mpl* [limite extremo] confines *mpl.*

confirmação [kõnfixma'sãw] (*pl* -ões) *f* confirmación *f.*

confirmar [kõnfix'ma(x)] *vt* confirmar.

◆ **confirmar-se** *vp* [cumprir-se] confirmarse.

confiscar [kõnfiʃ'ka(x)] *vt* confiscar.

confisco [kõn'fiʃku] *m* confiscación *f.*

confissão [kõnfi'sãw] (*pl* -ões) *f* [de falta, crime] confesión *f.*

conflito [kõn'flitu] *m* conflicto *m;* entrar em ~ (com) entrar en conflicto (con).

conformação [kõnfoxma'sãw] (*pl* -ões) *f* -1. [resignação] resignación *f.* -2. [forma] forma *f,* conformación *f Amér.*

conformado, da [kõnfox'madu, da] *adj* [resignado] resignado(da).

conformar [kõnfox'ma(x)] *vt* [formar] conformar, formar.

◆ **conformar-se** *vp* [resignar-se]: ~ -se com resignarse a.

conforme [kõn'fɔxmi] <> *prep* [de acordo com, segundo] conforme. <> *conj* -1. [de acordo com] conforme. -2. [como] como, conforme a *Amér.* -3. [à medida que] conforme. -4. [dependendo de] según.

conformidade [kõnfoxmi'dadʒi] *f* [acordo] conformidad *f;* em ~ com conforme a.

conformista [kõnfox'miʃta] *m f* conformista *mf.*

confortar [kõnfox'ta(x)] *vt* [consolar] confortar, reconfortar.

confortável [kõnfox'tavɛw] (*pl* -eis) *adj* confortable, cómodo(da).

conforto [kõn'foxtu] *m* -1. [bem-estar] confort *m,* comodidad *f.* -2. [consolo] consuelo *m.*

confraria [kõnfra'ria] *f* cofradía *f.*

confraternização [kõnfratexniza'sãw] (*pl* -ões) *f* -1. [reunião] confraternización *f.* -2. [comemoração] conmemoración *f.*

confrontar [kõnfrõn'ta(x)] *vt* -1. [comparar] comparar, cotejar *RP.* -2. [acarear] carear.

◆ **confrontar-se** *vp* [defrontar-se] enfrentarse.

confronto [kõn'frõntu] *m*-1. [choque] choque *m,* encuentro *m Amér.* -2. [comparação] cotejo *m.*

confundir [kõnfũn'di(x)] *vt*-1. [ger] confundir. -2.: ~ algo com confundir algo con. -3. [misturar] mezclar.

◆ **confundir-se** *vp* confundirse; ~ -se com confundirse con.

confusão [kõnfu'zãw] (*pl* -ões) *f* -1. [ger] confusión *f.* -2. [mistura] mezcolanza *f,* revoltura *f Méx.* -3. [caos] lío *m,* caos *m inv.*

- 4. [problema] lío *m*, complicación *f Amér*; **dar** ~ ser complicado(da). **- 5.** [tumulto] tumulto *m*, confusión *f Esp*.

confuso, sa [kõn'fuzu, za] *adj* **-1.** [ger] confuso(sa). **- 2.** [misturado] mezclado(da).

congelado, da [kõnʒe'ladu, da] *adj* congelado(da).

→ **congelados** *m* congelados *mpl*.

congelador [kõnʒela'do(x)] (*pl* **-es**) *m* congelador *m*.

congelamento [kõnʒela'mẽntu] *m* congelación *f*, congelamiento *m Amér*.

congelar [kõnʒe'la(x)] ⇔ *vt* [água, rio, alimento] congelar. ⇔ *vi* congelarse.

congênito, ta [kõnʒenitu, ta] *adj* congénito(ta).

congestionado, da [kõnʒeʃtjo'nadu, da] *adj* congestionado(da).

congestionamento [kõnʒeʃtjona'mẽntu] *m* congestión *f*, congestionamiento *m Amér*.

congestionar [kõnʒeʃtʃjo'na(x)] *vt* congestionar.

conglomerado [kõŋglome'radu] *m* conglomerado *m*.

congregação [kõŋgrega'sãw] (*pl* **-ões**) *f* congregación *f*.

congregar [kõŋgre'ga(x)] *vt* [reunir] congregar.

congressista [kõŋgre'siʃta] *m f* congresista *mf*.

congresso [kõŋ'grɛsu] *m* **-1.** [conferência] congreso *m*. **- 2.** POL: **o Congresso** [orgão, edifício] el Congreso.

conhaque [ko'ɲaki] *m* coñac *m*.

conhecedor, ra [koɲese'do(x), ra] (*mpl* **-es**, *fpl* **-s**) ⇔ *adj* [ciente]: ~ **(de)** conocedor(ra) (de). ⇔ *m, f* [especialista]: ~ **(de)** conocedor *m*, -ra *f* (de).

conhecer [koɲe'se(x)] *vt* **-1.** conocer. **- 2.** [reconhecer]: ~ **algo/alguém (por)** reconocer algo/a alguien (por).

→ **conhecer-se** *vp* conocerse.

conhecido, da [koɲe'sidu, da] ⇔ *adj* conocido(da); ~ **por** conocido(da) por. ⇔ *m, f* [pessoa] conocido *m*, -da *f*.

conhecimento [koɲesi'mẽntu] *m* **-1.** [saber] conocimiento *m*; **levar algo ao** ~ **de alguém** poner algo en conocimiento de alguien; **ter** ~ **de** saber. **- 2.** [conhecido] conocido *m*, -da *f*.

→ **conhecimentos** *mpl* **-1.** [noções] conocimientos *mpl*. **- 2.** [relações, conhecidos] conocidos *mpl*.

convivência [koni'vẽnsja] *f* convivencia *f*, complicidad *f*.

convivente [koni'vẽntʃi] *adj* cómplice; **ser** ~ **com** ser cómplice en.

conjugação [kõnʒuga'sãw] (*pl* **-ões**) *f* conjugación *f*.

conjugado, da [kõnʒu'gadu, da] *adj* conjugado(da); **apartamento** ~ estudio *m Esp*, monoambiente *m Amér*, departamento *m* con kitchenette **Arg**.

→ **conjugado** *m* [apartamento] estudio *m Esp*, monoambiente *m Amér*, departamento *m* con kitchenette **Arg**.

conjugal [kõnʒu'gaw] (*pl* **-ais**) *adj* conyugal.

cônjuge ['kõnʒuʒi] *m* cónyuge *mf*.

conjunção [kõnʒũn'sãw] (*pl* **-ões**) *f* conjunción *f*.

conjuntivite [kõnʒũntʃi'vitʃi] *f inv* conjuntivitis *f inv*.

conjunto, ta [kõn'ʒũntu] *adj* conjunto(ta).

→ **conjunto** *m* **-1.** [ger] conjunto *m*. **- 2.** [totalidade] totalidad *f*; **em** ~ conjuntamente. **- 3.**: ~ **residencial** urbanización *f*; ~ **habitacional** viviendas *fpl* de protección oficial *Esp*, viviendas *fpl* de interés social *Méx*, viviendas *fpl* económicas *RP*.

conjuntura [kõnʒũn'tura] *f* coyuntura *f*.

conosco [ko'noʃku] *pron pess* con nosotros.

conquanto [kõŋ'kwãntu] *conj* aunque.

conquista [kõŋ'kiʃta] *f* conquista *f*.

conquistador, ra [kõŋkiʃta'do(x), ra] ⇔ *adj* conquistador(ra). ⇔ *m, f* conquistador *m*, -ra *f*.

conquistar [kõŋkiʃ'ta(x)] *vt* **-1.** [ger] conquistar. **- 2.** [ganhar] conquistar, ganar.

consagração [kõnsagra'sãw] (*pl* **-ões**) *f* consagración *f*.

consagrar [kõnsa'gra(x)] *vt* consagrar.

→ **consagrar-se** *vi* [atingir a aclamação] consagrarse.

consangüíneo, nea [kõnsãn'gwinju, nja] ⇔ *adj* consanguíneo(a). ⇔ *m, f* [parente] consanguíneo *m*, -a *f*.

consciência [kõn'sjẽnsja] *f* **-1.** [ger] conciencia *f*; **ter/tomar** ~ **de** tener/tomar conciencia de. **- 2.** [sentidos]: **perder a** ~ perder el conocimiento. **- 3.** [moral]: **estar com a** ~ **limpa** tener la conciencia limpia; **estar com a** ~ **pesada** no tener la conciencia limpia, tener remordimientos.

consciencioso, osa [kõnsjẽn'sjozu, oza] *adj* concienzudo(da).

consciente [kõnʃ'sjẽntʃi] ⇔ *adj* consciente. ⇔ *m* PSIC consciente *m*, consciencia *f RP*.

consecutivo, va [kõnseku'tʃivu, va] *adj* consecutivo(va).

conseguinte [kõnse'gĩntʃi] → **por conseguinte** *loc conj* por consiguiente.

conseguir [kõnse'gi(x)] *vt* conseguir; ~ **fazer algo** conseguir *ou* lograr hacer algo.

conselheiro, ra [kõnse'ʎejru, ra] *m, f* **-1.** [ger] consejero *m*, -ra *f*. **- 2.** POL consejero

m, -ra *f*, asesor *m*, -ra *f*.
conselho [kõ'seʌu] *m* -**1**. consejo *m*. -**2**. [órgão]: ~ **de ministros** consejo de ministros; ~ **de guerra** consejo de guerra.
consenso [kõn'sẽnsu] *m* consenso *m*.
consentimento [kõnsẽntʃi'mẽntu] *m* consentimiento *m*.
consentir [kõnsẽn'tʃi(x)] <> *vt* consentir. <> *vi* [concordar, anuir]: ~ **em algo** consentir en algo.
conseqüência [kõnse'kwẽnsja] *f* [resultado] consecuencia *f*; **em** ~ **de a** consecuencia de; **por** ~ como consecuencia.
conseqüente [kõnse'kwẽntʃi] *adj* consecuente.
consertar [kõnsex'ta(x)] *vt* -**1**. [reparar] arreglar, componer *Amér*. -**2**. [remediar] reparar, arreglar *Esp*.
conserto [kõn'sextu] *m* -**1**. [de equipamento] arreglo *m*, reparación *f Amér*. -**2**. [de erro, falta] corrección *f*.
conserva [kõn'sɛrva] *f* conserva *f*; **em** ~ en conserva.
conservação [kõnsexva'sãw] *f* conservación *f*.
conservador, ra [kõnsexva'do(x), ra] <> *adj* conservador(ra). <> *m*, *f* conservador *m*, -ra *f*.
conservante [kõnser'vãntʃi] *m* conservante *m*.
conservar [kõnsex'va(x)] *vt* conservar.
➡ **conservar-se** *vp* conservarse.
conservatório [kõnsexva'tɔrju] *m* conservatorio *m*.
consideração [kõnsidera'sãw] (*pl* -ões) *f* -**1**. consideración *f*; **levar em** ~ tener en consideración. -**2**. [respeito, estima]: **falta de** ~ **(com alguém)** falta de consideración (con alguien).
considerar [kõnside'ra(x)] *vt* considerar.
➡ **considerar-se** *vp* [julgar-se] considerarse.
considerável [kõnside'ravɛw] (*pl* -eis) *adj* considerable.
consignação [kõnsigna'sãw] (*pl* -ões) *f* -**1**. consignación *f*. -**2**. *COM*: **em** ~ en consignación.
consignar [kõnsig'na(x)] *vt* consignar.
consigo [kõn'sigu] *pron pess* consigo.
consistência [kõnsiʃ'tẽnsja] *f* consistencia *f*.
consistente [kõnsiʃ'tẽntʃi] *adj* -**1**. [ger] consistente. -**2**. *fig* [coerente, sólido] consistente, coherente.
consistir [kõnsiʃ'tʃi(x)] *vi* [constituir-se]: ~ **em** consistir en; ~ **em fazer algo** consistir en hacer algo.
consoante [kõn'swãntʃi] <> *adj LING* consonante. <> *f LING* consonante *f*. <> *prep* [de

acordo com] según. <> *conj* [conforme] conforme.
consolação [kõnsola'sãw] (*pl* -ões) *f* consuelo *m*.
consolar [kõnso'la(x)] *vt* consolar.
➡ **consolar-se** *vp*: ~ -**se (com)** consolarse (con).
console [kõn'soli] *m* consola *f*.
consolidação [kõnsolida'sãw] (*pl* -ões) *f* [estabilização] consolidación *f*.
consolidar [kõnsoli'da(x)] <> *vt* -**1**. [estabilizar, ratificar] consolidar. -**2**. [fratura] soldar. <> *vi* [tornar-se sólido] solidificarse.
consolo [kõn'solu] *m* -**1**. [consolação] consuelo *m*. -**2**. *vulg* [consolo-de-viúva] consolador *m*.
consomê [kõnso'me] *m* consomé *m*.
consórcio [kõn'sɔxsju] *m* consorcio *m*.
conspícuo, cua [kõnʃ'pikwu, kwa] *adj* -**1**. [evidente] evidente. -**2**. [ilustre] conspicuo(cua).
conspiração [kõnʃpira'sãw] (*pl* -ões) *f* conspiración *f*.
conspirador, ra [kõnʃpira'do(x), ra] *m*, *f* conspirador *m*, -ra *f*.
conspirar [kõnʃpi'ra(x)] <> *vi*: ~ **(contra)** conspirar (contra). <> *vt* tramar.
conspiratório, ria [kõnʃpira'tɔrju, rja] *adj* conspiratorio(ria).
constante [kõnʃ'tãntʃi] *adj* -**1**. [ger] constante. -**2**. [que consta] que consta.
constar [kõnʃ'ta(x)] *vi* -**1**. [informação]: ~ **(em** *ou* **de)** constar (en). -**2**. [constituir-se]: ~ **de** constar de.
constatação [kõnʃtata'sãw] (*pl* -ões) *f* constatación *f*.
constatar [kõnʃta'ta(x)] *vt* constatar.
constelação [kõnʃtela'sãw] (*pl* -ões) *f* constelación *f*.
consternado, da [kõnʃter'nadu, da] *adj* consternado(da).
consternar [kõnʃtex'na(x)] *vt* consternar.
constipação [kõnʃtʃipa'sãw] (*pl* -ões) *f* estreñimiento *m*, constipación *f Méx*.
constipado, da [kõnʃtʃi'padu, da] *adj* -**1**. [com prisão de ventre]: **estar** ~ estar estreñido(da), estar constipado(da) *Méx*. -**2**. [resfriado]: **estar** ~ estar resfriado(da).
constitucional [kõnʃtʃitusjo'naw] (*pl* -ais) *adj* constitucional.
constituição [kõnʃtʃitwi'sãw] (*pl* -ões) *f* -**1**. [ger] constitución *f*. -**2**. *POL* [carta] Constitución *f*.
constituinte [kõnʃtʃi'twĩntʃi] <> *adj* constituyente. <> *mf POL* [deputado] constituyente *mf*.
➡ **Constituinte** *f POL* [assembléia]: **a Constituinte** la Constituyente.

constituir [kõnʃtʃi'twi(x)] *vt* constituir.
→ **constituir-se** *vp* -**1**. [estabelecer-se como]: ~-se em algo convertirse en algo. -**2**. [ser]: ~-se em algo constituir algo.
constrangedor, ra [kõnʃtrãʒe'do(x), ra] *adj* -**1**. [embaraçador] embarazoso(sa), incómodo(da). -**2**. [repressivo] coercitivo(va).
constranger [kõnʃtrãn'ʒe(x)] *vt* -**1**. [embaraçar] avergonzar, apenar *Andes*, *Carib* & *Méx*. -**2**. [reprimir, refrear] constreñir, coercer.
→ **constranger-se** *vp* [ficar embaraçado] avergonzarse, apenarse *Andes*, *Carib* & *Méx*.
constrangimento [kõnʃtrãnʒi'mẽntul] *m* -**1**. [embaraço] vergüenza *f*, pena *f Andes*, *Carib* & *Méx*. -**2**. [repressão] represión *f*.
construção [kõnʃtru'sãw] (*pl* -ões) *f* -**1**. [edifício] construcción *f*; em ~ en construcción. -**2**. [intelectual, imaginária] construcción *f*, constructo *m RP*.
construir [kõnʃtru'i(x)] *vt* construir.
construtivo, va [kõnʃtru'tʃivu, va] *adj* constructivo(va).
construtor, ra [kõnʃtru'to(x), ra] (*mpl* -es, *fpl* -s) <> *adj* constructor(ra). <> *m*, *f* constructor *m*, -ra *f*.
→ **construtora** *f* [empresa] constructora *f*.
cônsul ['kõnsuw] (*pl* -es) *m* cónsul *m*.
consulado [kõnsu'ladul *m* consulado *m*.
cônsules ['kõnsuliʃ] *pl* ⊳ cônsul.
consulesa [kõnsu'leza] *f* -**1**. [diplomata] cónsul *f*. -**2**. [esposa] esposa *f* del cónsul.
consulta [kõn'suwtal *f* -**1**. consulta *f*. -**2**. *MED*: horário de ~ horario de consulta; ter uma ~ (com) tener consulta (con).
consultar [kõnsuw'ta(x)] *vt* consultar.
consultor, ra [kõnsuw'to(x), ra] *m*, *f* consultor *m*, ra *f*.
consultório [kõnsuw'tɔrju] *m MED* consultorio *m*.
consumação [kõnsuma'sãw] (*pl* -ões) *f* -**1**. [realização] consumación *f*. -**2**. [em restaurante] consumición *f*; ~ mínima consumición mínima.
consumar [kõnsu'ma(x)] *vt* consumar.
→ **consumar-se** *vp* consumarse.
consumidor, ra [kõsumi'do(x), ra] (*mpl* -es, *fpl* -s) <> *adj* consumidor(ra). <> *m*, *f* consumidor *m*, -ra *f*.
consumir [kõnsu'mi(x)] <> *vt* consumir. <> *vi* [comprar] consumir.
→ **consumir-se** *vp* consumirse.
consumo [kõn'sumul *m* consumo *m*; bens de ~ bienes de consumo.
conta ['kõntal *f* -**1**. [ger] cuenta *f*; acertar *ou* ajustar contas com alguém *fig* ajustar cuentas con alguien; pedir as ~s *fig* [de-

mitir-se] renunciar; **afinal de** ~s al fin y al cabo, a fin de cuentas. -**2**. [em restaurante]: a ~, por favor! ¡la cuenta, por favor!; pedir a ~ pedir la cuenta. -**3**. [fatura]: ~ de gás/luz/telefone cuenta *ou* recibo del gas/la luz/el teléfono. -**4**. [em banco]: abrir uma ~ abrir una cuenta; ~ conjunta cuenta conjunta; ~ corrente cuenta corriente. -**5**. [consideração]: levar algo em ~ tener algo en cuenta; dar(-se) ~ de darse cuenta de. -**6**. [justificação, razão]: por ~ de por causa de. -**7**. [informação, satisfação]: dar ~ de informar sobre, dar cuenta de; prestar ~s de rendir cuentas de. -**8**. [responsabilidade, capacidade]: dar ~ de poder con; não ser da ~ de alguém no importarle a alguien, no ser de la incumbencia de alguien. -**9**. [cuidar, encarregar-se de]: tomar ~ de alguém/algo encargarse de alguien/algo. -**10**. [difundir-se por]: tomar ~ de apoderarse de. -**11**. *loc*: fazer de ~ que hacer de cuenta que; ficar por ~ ponerse furioso(sa).
→ **por conta própria** *loc adv* por cuenta propia.
contabilidade [kõntabili'dadʒil *f* -**1**. [ofício] contabilidad *f*. -**2**. [setor] contabilidad *f*, contaduría *f RP*.
contabilista [kõntabi'liʃta] *mf* contable *mf Esp*, contador *m*, -ra *f Amér*.
contabilizar [kõntabili'za(x)] *vt* contabilizar.
contador, ra [kõnta'do(x), ra] (*pl* -es) *m*, *f COM* contable *mf Esp*, contador *m*, -ra *f Amér*.
→ **contador** *m TEC* contador *m*.
contagem [kõn'taʒẽ] (*pl* -ns) *f* -**1**. [ato] recuento *m*. -**2**. [escore] marcador *m*.
contagiar [kõnta'ʒja(x)] *vt* contagiar.
contágio [kõn'taʒjul *m* contagio *m*.
contagioso, osa [kõnta'ʒjozu, ɔzal *adj* contagioso(sa).
contaminação [kõntamina'sãw] (*pl* -ões) *f* contaminación *f*.
contaminar [kõntami'na(x)] <> *vt* [contagiar] contaminar. <> *vi fig* [corromper] corromper.
contanto [kõn'tãntul → **contanto que** *loc adv* con tal de que.
contar [kõn'ta(x)] <> *vt* -**1**. [ger] contar. -**2**. [supor]: ~ que contar con que. <> *vi* [ger] contar; ~ com contar con.
contatar [kõnta'ta(x)] *vt* contactar.
contato [kõn'tatul *m* contacto *m*.
contemplar [kõntẽn'pla(x)] *vt* -**1**. [olhar] contemplar. -**2**. [premiar] premiar.
→ **contemplar-se** *vp* [olhar-se] contemplarse.

contemplativo, va [kõntẽnpla'tʃivu, va] *adj* contemplativo(va).
contemporaneidade [kõntẽnporãnej'dadʒi] *f* contemporaneidad *f.*
contemporâneo, nea [kõntẽnpo'rãnjo, nja] ⟨⟩ *adj* contemporáneo(a). ⟨⟩ *m, f* contemporáneo *m, -a f.*
contenção [kõntẽn'sãw] *f* contención *f.*
contenda [kõn'tẽnda] *f* contienda *f.*
contentamento [kõntẽnta'mẽntu] *m* -**1.** [alegria] alegría *f.* -**2.** [satisfação] contento *m,* satisfacción *f.*
contentar [kõntẽn'ta(x)] *vt* contentar.
➡ **contentar-se** *vp* [satisfazer-se]: ∼-**se com** contentarse con.
contente [kõn'tẽntʃi] *adj* contento(ta).
contento [kõn'tẽntu] ➡ **a contento** *loc adv* satisfactoriamente.
conter [kõn'te(x)] *vt* contener.
➡ **conter-se** *vp* [controlar-se] contenerse.
conterrâneo, nea [kõnte'xãnju, nja] ⟨⟩ *adj* compatriota. ⟨⟩ *m, f* compatriota *mf.*
contestação [kõnteʃta'sãw] (*pl* -ões) *f* -**1.** [ger] cuestionamiento *m.* -**2.** [oposição] contestación *f Esp,* cuestionamiento *m Amér.* -**3.** [réplica] contestación *f.*
contestar [kõnteʃ'ta(x)] ⟨⟩ *vt* cuestionar. ⟨⟩ *vi* [opor-se] oponerse.
contestatório, ria [kõnteʃta'tɔrju, rja] *adj* contestatario(ria).
conteúdo [kõn'tjudu] *m* contenido *m.*
contexto [kõn'teʃtu] *m* contexto *m.*
contextualização [kõnteʃtwaliza'sãw] (*pl* -ões) *f* contextualización *f.*
contextualizar [kõnteʃtwali'za(x)] *vt* contextualizar.
contigo [kõn'tʃigu] *pron pess* contigo.
contíguo, gua [kõn'tʃigwu, gwa] *adj* contiguo(gua); ∼ **a** contiguo a.
continental [kõntʃinẽn'taw] (*pl* -ais) *adj* continental.
continente [kõntʃi'nẽntʃi] *m* continente *m.*
contingência [kõntʃĩn'ʒẽnsja] *f* contingencia *f.*
contingente [kõntʃĩn'ʒẽntʃi] ⟨⟩ *adj* contingente. ⟨⟩ *m* contingente *m.*
continuação [kõntʃinwa'sãw] (*pl* -ões) *f* continuación *f.*
continuar [kõntʃi'nwa(x)] ⟨⟩ *vt* [prosseguir] continuar. ⟨⟩ *vi* -**1.** [ger] continuar. -**2.** [prosseguir]: ∼ **em algo** continuar en algo; ∼ **fazendo algo** *ou* **a fazer algo** continuar haciendo algo. ⟨⟩ *v de ligação (antes de adjetivo)* [expressa qualidade, estado] seguir, continuar *Esp.*
continuidade [kõntʃinwi'dadʒi] *f* continuidad *f*; **dar** ∼ **a** dar continuidad a; **sem** ∼ ininterrumpido(da).

contínuo, nua [kõn'tʃinwu, nwa] ⟨⟩ *adj* -**1.** [sem interrupção] continuo(nua). -**2.** [constante] continuo(nua), constante. ⟨⟩ *m* [pessoa] ordenanza *m,* auxiliar *m Méx,* cadete *m RP.*
conto ['kõntu] *m* cuento *m.*
contorção [kõntox'sãw] (*pl* -ões) *f* contorsión *f.*
contorcer [kõntox'se(x)] *vt* retorcer.
➡ **contorcer-se** *vp* retorcerse.
contornar [kõntox'na(x)] *vt* -**1.** [rodear] dar la vuelta a. -**2.** *fig* [resolver] encontrar una salida *ou* la vuelta *RP* a.
contorno [kõn'toxnu] *m* contorno *m.*
contra ['kõntra] ⟨⟩ *prep* contra. ⟨⟩ *adv* en contra. ⟨⟩ *m* objeción *f*; **pesar os prós e os** ∼ **s** sopesar los pros y los contras; **ser do** ∼ llevar la contraria *ou* contra *Amér.*
contra-ataque [ˌkõntra'taki] (*pl* **contra-ataques**) *m* contraataque *m.*
contrabaixo [ˌkõntra'bajʃu] *m* [instrumento] contrabajo *m.*
contrabandear [ˌkõntrabãn'dʒja(x)] *vt* hacer contrabando de, contrabandear.
contrabandista [ˌkõntrabãn'dʒiʃta] *m f* contrabandista *mf.*
contrabando [ˌkõntra'bãndu] *m* contrabando *m*; **fazer** ∼ hacer contrabando, contrabandear.
contração [kõntra'sãw] (*pl* -ões) *f* contracción *f.*
contracapa [ˌkõntra'kapa] *f* contraportada *f,* contratapa *f Chile, Perú & RP.*
contracepção [ˌkõntrasep'sãw] (*pl* -ões) *f* contraconcepción *f.*
contraceptivo, va [ˌkõntrasep'tʃivu, va] *m* anticonceptivo *m,* contraceptivo *m Amér.*
contracheque [ˌkõntra'ʃɛki] *m* nómina *f,* planilla *f* de pagos *RP.*
contradição [ˌkõntradʒi'sãw] (*pl* -ões) *f* contradicción *f.*
contraditório, ria [ˌkõntradʒi'tɔrju, rja] *adj* contradictorio(ria).
contradizer [ˌkõntradʒi'ze(x)] *vt* contradecir.
➡ **contradizer-se** *vp* contradecirse.
contrafilé [ˌkõntrafi'lɛ] *m* entrecot *m,* rosbife *m Méx.*
contagosto [ˌkõntra'goʃtu] ➡ **a contragosto** *loc adv* a disgusto.
contrair [kõntra'i(x)] *vt* -**1.** [ger] contraer. -**2.** [hábito] adquirir.
➡ **contrair-se** *vp* [encolher-se] contraerse.
contramão [ˌkõntra'mãw] ⟨⟩ *adj* [em sentido contrário] a contramano *Esp,* contramano *RP,* sentido contrario *Méx.* ⟨⟩ *adv*: **sua casa fica** ∼ **para mim** tu casa me queda a contramano. ⟨⟩ *f*: **na** ∼ **a** contramano,

en sentido contrario *Méx*.

contramestre [ˌkõntra'mɛʃtri] *m* contramaestre *m*.

contrapartida [ˌkõntrapar'tʃida] *f* **-1.** [oposto] contrapartida *f*. **-2.** [compensação]: em ~ como contrapartida.

contrapeso [ˌkõntra'pezu] *m* contrapeso *m*.

contrapor [ˌkõntra'po(x)] *vt* [confrontar] contraponer; ~ **algo a algo** contraponer algo con algo.

contraproducente [ˌkõntraprodu'sẽntʃi] *adj* contraproducente.

contra-regra [ˌkõntra'xɛgra] (*pl* **contra-regras**) *m f* traspunte *mf*.

contrariado, da [kõntra'rjadu, da] *adj* contrariado(da).

contrariar [kõntra'rja(x)] *vt* **-1.** [ger] contrariar. **-2.** [desobedecer] desobedecer. **-3.** [contradizer] contradecir.

contrário, ria [kõn'trarju, rja] *adj* contrario(ria); **ser** ~ **a algo** ser contrario a algo; **caso** ~ en caso contrario, de lo contrario.
  ➡ **contrário** *m* contrario *m*; **do** ~ de lo contrario; **pelo** *ou* **ao** ~ por el contrario, al contrario.

contra-senso [ˌkõntra'sẽnsu] (*pl* **contra-sensos**) *m* contrasentido *m*.

contrastante [kõntraʃ'tãntʃi] *adj* contrastante.

contrastar [kõntraʃ'ta(x)] ◇ *vt*: ~ **algo com algo** contrastar algo con algo. ◇ *vi* contrastar.

contraste [kõn'traʃtʃi] *m* contraste *m*.

contratação [kõntrata'sãw] (*pl* **-ões**) *f* contratación *f*.

contratante [kõntra'tãntʃi] ◇ *adj* contratante. ◇ *m f* contratante *mf*.

contratar [kõntra'ta(x)] *vt* contratar.

contratempo [ˌkõntra'tẽnpu] *m* **-1.** [ger] contratiempo *m*. **-2.** [aborrecimento] contrariedad *f*.

contrato [kõn'tratu] *m* [ger] contrato *m*.

contribuição [kõntribwi'sãw] (*pl* **-ões**) *f* [ger] contribución *f*.

contribuinte [kõntri'bwĩntʃi] *m f* **-1.** [colaborador] colaborador *m*, -ra *f*. **-2.** [aquele que paga imposto] contribuyente *mf*.

contribuir [kõntri'bwi(x)] *vi* **-1.**: [fornecer] ~ **com algo (para algo)** contribuir con algo (para algo). **-2.** [com dinheiro] contribuir. **-3.** [ter parte em um resultado]: ~ **para algo** contribuir para algo.

controlar [kõntro'la(x)] *vt* controlar.
  ➡ **controlar-se** *vp* [dominar-se] controlarse.

controle [kõn'troli] *m* **-1.** [ger] control *m*. **-2.** [dispositivo]: ~ **remoto** control remoto, mando *m* a distancia *Esp*.

controvérsia [kõntro'vɛrsja] *f* controversia *f*.

controverso, sa [kõntro'vɛrsu, sa] *adj* controvertido(da).

contudo [kõn'tudu] *conj* no obstante, sin embargo.

contumaz [kõntu'majʒ] *adj* contumaz.

contundir [kõntũn'dʒi(x)] *vt* contusionar.
  ➡ **contundir-se** *vp* contusionarse.

contusão [kõntu'zãw] (*pl* **-ões**) *f* contusión *f*.

convalescença [kõnvaleʃ'sẽnsa] *f* [ato] convalecencia *f*.

convalescer [kõnvale'se(x)] *vi* convalecer.

convenção [kõnvẽn'sãw] (*pl* **-ões**) *f* **-1.** [acordo] acuerdo *m*, convención *f*. **-2.** [norma] convención *f*.

convencer [kõnvẽn'se(x)] ◇ *vt* [persuadir]: ~ **alguém (de algo)** convencer a alguien (de algo); ~ **alguém a fazer algo** convencer a alguien para que haga algo. ◇ *vi fig* [agradar] convencer.
  ➡ **convencer-se** *vp* [persuadir-se]: ~-**se de algo** convencerse de algo.

convencido, da [kõnvẽn'sidu, da] *adj* **-1.** [convicto] convencido(da). **-2.** *fig* [presunçoso] creído(da).

convencional [kõnvẽnsjo'naw] (*pl* **-ais**) *adj* **-1.** [relativo a norma] convencional. **-2.** [comum] común.

conveniência [kõnve'njẽnsja] *f* conveniencia *f*.

conveniente [kõnve'njẽntʃi] *adj* **-1.** [ger] conveniente. **-2.** [cômodo] cómodo(da). **-3.** [oportuno] oportuno(na).

convênio [kõn'venju] *m* convenio *m*.

convento [kõn'vẽntu] *m* convento *m*.

convergência [kõnver'gẽnsja] *f* convergencia *f*.

convergir [kõnvex'ʒi(x)] *vi* **-1.** [mesma direção]: ~ **para** converger en. **-2.** [afluir]: ~ **(de/para)** converger (de/en).

conversa [kõn'vɛxsa] *f* **-1.** [diálogo] conversación *f*, charla *f*, plática *f Méx*; ~ **fiada** *ou* **mole** cháchara *f*, palabrerío *m Amér*, cotorreo *m Méx*. **-2.** *loc*: **passar uma** ~ **em alguém** engatusar a alguien.

conversação [kõnvexsa'sãw] (*pl* **-ões**) *f* conversación *f*.

conversão [kõnvex'sãw] (*pl* **-ões**) *f* conversión *f*.

conversar [kõnvex'sa(x)] *vi* conversar, charlar, platicar *Méx*.

conversível [kõnvex'sivew] (*pl* **-eis**) ◇ *adj* convertible. ◇ *m AUTO* convertible *m*.

conversor [kõnvex'so(x)] *m* convertidor *m*.

converter [kõnvex'te(x)] *vt* **-1.** [transformar]:

convertido

~ **algo/alguém em** convertir algo/a alguien en. **-2.** POL & RELIG: ~ **alguém a** convertir a alguien a.

➤ **converter-se** vp POL & RELIG: ~**-se (a)** convertirse (a).

convertido, da [kõnvex'tʃidu, da] <> adj **-1.** [transformado] convertido(da). **-2.** POL & RELIG converso(sa). <> m, f POL & RELIG converso m, -sa f.

convés [kõn'vɛʃ] (pl -veses) m cubierta f.

convexo, xa [kõn'vɛksu, sa] adj convexo(xa).

convicção [kõnvik'sãw] (pl -ões) f convicción f.

convicto, ta [kõn'viktu, ta] adj **-1.** [convencido] convencido(da). **-2.** [réu] convicto(ta).

convidado, da [kõnvi'dadu, da] m, f invitado m, -da f.

convidar [kõnvi'da(x)] vt invitar.

convidativo, va [kõnvida'tʃivu, va] adj interesante, atractivo(va).

convincente [kõnvĩn'sẽntʃi] adj convincente.

convir [kõn'vi(x)] vi **-1.** [concordar]: ~ **(com alguém) em algo** estar de acuerdo (con alguien) en algo. **-2.** [ser conveniente, proveitoso]: ~ **a alguém** convenir a alguien.

convite [kõn'vitʃi] m invitación f.

convivência [kõnvi'vẽnsja] f **-1.** [convívio] convivencia f. **-2.** [familiaridade] familiaridad f.

conviver [kõnvi've(x)] vi **-1.** [coexistir] convivir. **-2.** [lidar]: ~ **com** lidiar con.

convívio [kõn'vivju] m [convivência] convivencia f.

convocar [kõnvo'ka(x)] vt convocar.

convosco [kõn'voʃku] pron pess con vosotros Esp, con ustedes Amér.

convulsão [kõnvuw'sãw] (pl -ões) f convulsión f.

convulsionar [kõnvuwsjo'na(x)] vt convulsionar.

cooper ['kupe(x)] m footing m, jogging m; **fazer** ~ hacer footing ou jogging.

cooperação [kwopera'sãw] (pl -ões) f cooperación f.

cooperar [kwope'ra(x)] vi: ~ **(com)** cooperar (con).

cooperativo, va [kwopera'tʃivu, va] adj cooperativo(va), cooperador(ra).

➤ **cooperativa** f cooperativa f.

coordenação [kooxdena'sãw] f coordinación f.

coordenada [kooxde'nada] f **-1.** GEOM coordenada f. **-2.** fam [orientação] orientación f, coordenada f Amér.

coordenar [koorde'na(x)] m coordinar.

copa ['kɔpa] f **-1.** [ger] copa f. **-2.** [cômodo] office f, antecomedor m Méx.

➤ **copas** fpl [naipe] copas fpl.

Não confundir copa (office) com o espanhol copa que em português é taça. (Costumamos almoçar na copa. Solemos comer en el office.)

copeiro, ra [ko'pejro, ra] m, f camarero m, -ra f.

Copenhague [kope'nagi] n Copenhague.

cópia ['kɔpja] f **-1.** [ger] copia f. **-2.** [fotocópia] copia f, fotocopia f.

copiadora [kopja'dora] f **-1.** [loja] fotocopiadora f, copistería f Esp. **-2.** [máquina] fotocopiadora f.

copiar [ko'pja(x)] vt copiar.

copioso, piosa [ko'pjozu, pjɔza] adj copioso(sa).

copo ['kɔpu] m [ger] vaso m.

COPOM [ko'põ] (abrev de **Comitê de Política Monetária**) m ECON consejo de política monetaria vinculado al Banco Central.

copular [ko'pula(x)] vi copular.

coqueiro [ko'kejru] m cocotero m.

coqueluche [koke'luʃi] f **-1.** [doença] tos f ferina, tosferina f, tos f convulsa RP. **-2.** fig [moda] moda f, manía f Amér.

coquetel [koke'tɛw] (pl -éis) m cóctel m.

cor ['ko(x)] (pl -es) f **-1.** color m. **-2.** [de pele]: **ficar sem** ~ ponerse blanco; **pessoa de** ~ persona de color.

➤ **de cor** loc adv de memoria.

coração [kora'sãw] (pl -ões) m [ger] corazón m.

corado, da [ko'radu, da] adj **-1.** [na face] colorado(da). **-2.** [avermelhado] rojo(ja). **-3.** fig [envergonhado] colorado(da), rojo(ja) Méx. **- 4.** CULIN dorado(da).

coragem [ko'raʒẽ] f coraje m.

corajoso, osa [kora'ʒozu, ɔza] adj valiente.

coral [ko'raw] (pl -ais) <> m **-1.** [ger] coral m. **-2.** MÚS coro m, coral f Esp. <> f [cobra] coral f. <> adj coral.

corante [ko'rãntʃi] <> adj colorante. <> m colorante m.

corcova [kox'kɔva] f **-1.** [nas costas] joroba f. **-2.** [curva saliente] loma f.

corcunda [kox'kũnda] <> adj jorobado(da). <> f jorobado m, -da f.

corda ['kɔrda] f **-1.** [ger] cuerda f. **-2.** [de relógio]: **dar** ~ **em** dar cuerda a. **-3.** [varal] cuerda f, lazo m Amér, metate m Méx.

➤ **cordas** fpl **-1.** ANAT: ~ **s vocais** cuerdas fpl vocales. **-2.** MÚS cuerdas fpl.

cordão [kor'dãw] (pl -ões) m **-1.** [corda fina] cordón m. **-2.** [jóia] cadena f. **-3.** [cadarço] cordón m, agujeta f Méx. **-4.** [bloco carnavalesco] comparsa f. **-5.** ANAT: ~ **umbilical** cordón umbilical.

cordeiro [kor'dejru] m cordero m.

cordel [kor'dɛw] (pl -éis) m **-1.** [barbante]

cordel *m*, piolín *m RP*. **-2**. *LITER*: **(literatura de)** ~ *literatura originalmente oral, típica del nordeste de Brasil, que se suele vender en mercados y ferias*.

cor-de-rosa [ˌkordʒi'xɔza] ◇ *adj* **-1**. [cor] rosa, rosado(da). **-2**. *fig* [feliz] de color de rosa. ◇ *m* [cor] rosa *m*, rosado *m RP*.

cordial [kor'dʒjaw] *(pl -ais) adj* cordial.

cordilheira [kordʒi'ʎejra] *f* cordillera *f*.

cordões [kox'dõjʃ] *pl* ▷ **cordão**.

Coréia [ko'rɛja] *n* Corea; ~ **do Norte** Corea del Norte; ~ **do Sul** Corea del Sur.

coreografia [korjogra'fia] *f* coreografía *f*.

coreto [ko'retu] *m* quiosco *m* (de música).

coriza [ko'riza] *f* coriza *f*, rinitis *f inv*.

corja ['kɔxʒa] *f* pandilla *f*, banda *f*.

córnea ['kɔxnja] *f* córnea *f*.

córner ['kɔxne(x)] *m* **-1**. [área] córner *m*. **-2**. [infração] córner *m*, saque *m OU* tiro *Amér* de esquina.

corneta [kox'neta] *f* corneta *f*.

coroa [ko'roa] ◇ *f* **-1**. [ger] corona *f*. **-2**. [calvície] coronilla *f*. ◇ *m*, *f* [pessoa] *fam* viejo *m*, -ja *f*, ruco *m*, -ca *f Méx*, veterano *m*, -na *f RP*.

coroação [korwa'sãw] *(pl -ões) f* coronación *f*.

coroar [koro'a(x)] *vt* **-1**. [ger] coronar. **-2**. [premiar] recompensar, coronar *Amér*.

coronel [koro'nɛw] *(pl -éis) m* **-1**. *MIL* coronel *m*. **-2**. *POL* caudillo *m*, cacique *m*.

coronha [ko'roɲa] *f* culata *f*, cacha *f Méx*.

coronhada [koro'ɲada] *f* culatazo *m*.

corpete [kox'petʃi] *m* body *m*.

corpo ['koxpu] *m* [ger] cuerpo *m*; ~ **de bombeiros** cuerpo de bomberos; ~ **de delito** *DER* cuerpo del delito; ~ **diplomático** cuerpo diplomático; **tomar** ~ [consistência] tomar cuerpo; **fazer** ~ **mole** escaquearse *Esp*, esquivarse *Amér*, hacerse el loco *Méx*; **tirar o** ~ **fora** escurrir el bulto, echarse para atrás *Amér*, esquivarse *RP*.

corporação [koxpora'sãw] *(pl -ões) f* corporación *f*.

corporal [koxpo'raw] *(pl -ais) adj* corporal.

corporativismo [koxporatʃi'viʒmu] *m* corporativismo *m*.

corporativo, va [koxpora'tʃivu, va] *adj* corporativo(va).

corpulento, ta [koxpu'lẽntu, ta] *adj* corpulento(ta).

correção [koxe'sãw] *(pl -ões) f* **-1**. [ato] corrección *f*. **-2**. [qualidade] corrección *f*, honestidad *f*.

corre-corre [ˌkɔxi'kɔxil] *m* prisa *f*, apuro *m*.

corredor, ra [koxe'do(x), ra] *(mpl -es, fpl -s) m*, *f* [atleta] corredor *m*, -ra *f*.

~~corredor~~ *m* [passagem] pasillo *m*, corredor *m*.

córrego ['kɔxegu] *m* arroyo *m*.

correia [ko'xeja] *f* correa *f*.

correio [ko'xeju] *m* **-1**. [ger] correo *m*; **agência dos** ~**s** correos *Esp*, correo *Amér*; ~ **de voz** correo de voz. **-2**. *fig* [carteiro] correo *m*, cartero *m*.

corrente [ko'xẽntʃi] ◇ *adj* **-1**. [ger] corriente. **-2**. [fluente] fluido(da). ◇ *f* **-1**. [ger] corriente *f*. **-2**. [adereço, grilhão] cadena *f*. **-3**. [tendência]: **remar contra a** ~ nadar contra corriente, remar contra la corriente *Amér*. **-4**. [vento]: ~ **de ar** corriente de aire.

correnteza [koxẽn'teza] *f* corriente *f*.

correr [ko'xe(x)] ◇ *vi* **-1**. [ger] correr. **-2**. [escorrer] correr, escurrir *Méx*. **-3**. [circular, transitar] pasar. ◇ *vt* **-1**. [percorrer] recorrer. **-2**. [olhar rapidamente]: ~ **os olhos por** echar un vistazo en. **-3**. [passar de leve] pasar.

correria [koxe'ria] *f* corrida *f*.

correspondência [koxeʃpõn'dẽnsja] *f* correspondencia *f*.

correspondente [koxeʃpõn'dẽntʃi] ◇ *adj* correspondiente. ◇ *mf* corresponsal *mf*.

corresponder [koxeʃpõn'de(x)] *vi*: ~ **a** corresponder a.

~~corresponder-se~~ *vp* corresponderse.

correto, ta [ko'xɛtu] *adj* **-1**. [sem erros] correcto(ta). **-2**. [íntegro] correcto(ta), honesto(ta). **-3**. [apropriado] apropiado(da).

corretor, ra [koxe'to(x), ra] *(mpl -es, fpl -s) m*, *f* [agente] corredor *m*, -ra *f*; ~ **de imóveis** agente *mf* inmobiliario, agente de bienes raíces *Méx*; ~ **de Bolsa** corredor *m*, -ra *f* de Bolsa.

corrida [ko'xida] *f* **-1**. [ato] corrida *f*, carrera *f Esp*. **-2**. *ESP* carrera *f*. **-3**. [de táxi] carrera *f Esp*, viaje *m Amér*; **de** ~ [às pressas] aprisa *Esp*, a toda carrera *Méx*, volando *RP*.

corrido, da [ko'xidu, da] *adj* **-1**. [rápido] rápido(da). **-2**. [passado]: **tempo** ~ tiempo pasado.

corrigir [koxi'ʒi(x)] *vt* **-1**. [ger] corregir. **-2**. [repreender] regañar, rezongar *RP*.

~~corrigir-se~~ *vp* [emendar-se] corregirse.

corrimão [koxi'mãw] *(pl -ãos, -ões) m* pasamanos *m inv*.

corriqueiro, ra [koxi'kejru, ra] *adj* común, corriente.

corroborar [koxobo'ra(x)] *vt* corroborar.

corroer [koxo'e(x)] *vt* corroer.

corromper [koxõn'pe(x)] *vt* **-1**. [ger] corromper. **-2**. [adulterar] adulterar.

~~corromper-se~~ *vp* [perverter-se] corromperse.

corrosão [koxo'sãw] (*pl* -ões) *f* corrosión *f.*

corrosivo, va [koxo'zivu, va] *adj* corrosivo(va).

corrupção [koxup'sãw] (*pl* -ões) *f* corrupción *f.*

corrupto, ta [ko'xuptu, ta] *adj* corrupto(ta).

Córsega ['kɔxsega] *n* Córcega.

cortada [kox'tada] *f ESP* dejada *f*; **dar uma** ~ **em alguém** *fig* parar el carro a alguien.

cortado, da [kox'tadu, da] *adj* -1. [ger] cortado(da). -2. *fig* [ferido] partido(da).

cortador [koxta'do(x)] *m* cortador *m.*

cortante [kox'tãntʃi] *adj* -1. [ger] cortante. -2. [estridente] estridente.

cortar [kox'ta(x)] ⇔ *vt* -1. [ger] cortar. -2. [aparar] cortar, recortar *RP.* -3. *AUTO* cruzarse por delante de. -4. [encurtar]: ~ **caminho** acortar, cortar *Amér.* ⇔ *vi* -1. [ter bom gume] cortar. -2. *ESP* golpear de volea.
➤ **cortar-se** *vp* [ferir-se] cortarse.

corte¹ ['kɔxtʃi] *m* -1. [ger] corte *m.* -2. [gume] filo *m.* -3. [redução] corte *m*, recorte *m.* -4. [porção de tecido]: ~ **de algo** corte de algo.

corte² ['kɔxtʃi] *f* corte *f.*

cortejar [koxte'ʒa(x)] *vt* cortejar.

cortejo [kox'teʒu] *m* cortejo *m.*

cortês [kox'teʃ] *adj* cortés.

cortesão, sã [koxte'zãw, zã] (*mpl* -ãos, -ões, *fpl* -s) ⇔ *adj* cortesano(na). ⇔ *m, f* cortesano *m*, -na *f.*

cortesia [koxte'zia] *f* -1. [ger] cortesía *f.* -2. [mesura] reverencia *f.*

cortiça [kox'tʃisa] *f* corcho *m.*

cortiço [kox'tʃisu] *m edificio antiguo, muchas veces sin agua ni luz, ocupado por muchas familias con pocos ingresos,* vecindad *f Méx,* conventillo *m RP.*

cortina [kox'tʃina] *f* cortina *f.*

coruja [ko'ruʒa] ⇔ *f ZOOL* lechuza *m.* ⇔ *adj* [pai, mãe] protector(ra), gallina *Amér.*

corvo ['koxvu] *m* cuervo *m.*

cós ['kɔʃ] *m inv* pretina *f.*

coser [ko'ze(x)] ⇔ *vt* coser. ⇔ *vi* coser.

cosmético, ca [koʒ'mɛtʃiku] *adj* cosmético(ca).
➤ **cosmético** *m* cosmético *m.*

cosmopolita [koʒmopo'lita] ⇔ *adj* cosmopolita. ⇔ *mf* [pessoa] cosmopolita *mf.*

costa ['kɔʃta] *f* [litoral] costa *f.*

costado [koʃ'tadu] *m NÁUT* [forro] costado *m.*

Costa Rica [ˌkɔʃta'xika] *n* Costa Rica.

costa-riquense [ˌkɔʃtaxi'kẽnsi], **costarriquenho, nha** [ˌkɔʃtaxi'kẽɲu, ɲa] ⇔ *adj* costarricense. ⇔ *m, f* costarricense *mf.*

costas ['kɔʃtaʃ] *fpl* -1. *ANAT* espalda *f.* -2. [reverso] reverso *m.* -3. [encosto] respaldo *m.* -4. *loc*: **carregar nas** ~ hacer casi todo el trabajo de, cargar en las espaldas *Amér*;

ter ~ **quentes** tener enchufe *Esp,* tener palanca *Amér.*

costela [koʃ'tɛla] *f* costilla *f.*

costeleta [koʃte'leta] *f* -1. *CULIN* costilla *f.* -2. [suíças] patilla *f.*

costumar [koʃtu'ma(x)] *vt* -1. [ter o hábito de]: ~ **fazer algo** acostumbrar hacer algo. -2. [habituar] acostumbrar.

costume [koʃ'tumi] *m* -1. [hábito] costumbre *f*; **como de** ~ como de costumbre. -2. [roupa] traje *m.*
➤ **costumes** *mpl* [de um povo] costumbres *fpl.*

costumeiro, ra [koʃtu'mejru, ra] *adj* usual.

costura [koʃ'tura] *f* costura *f*; **alta** ~ alta costura.

costurar [koʃtu'ra(x)] ⇔ *vt* -1. *COST* coser. -2. *fig* [texto] articular. ⇔ *vi* -1. *COST* coser. -2. *fam AUTO* zigzaguear, *conducir dando bandazos Esp.*

costureira [koʃtu'rejra] *f* costurera *f.*

cota ['kɔta] *f* cuota *f.*

cotação [kota'sãw] (*pl* -ões) *f* -1. [ger] cotización *f.* -2. *fig* [possibilidade de êxito] posibilidades *fpl*, chance *m Méx.* -3. *fig* [conceito] cotización *f*, popularidad *f.*

cotado, da [ko'tadu, da] *adj* -1. [ger] cotizado(da). -2. [avaliado] cotizado(da), tasado(da) *RP.*

cotar [ko'ta(x)] *vt* -1. [ger] cotizar. -2. [avaliar]: ~ **algo/alguém em** tasar *ou* cotizar *Méx* algo/a alguien en.

cotejar [kote'ʒa(x)] *vt* cotejar.

cotejo [ko'teʒu] *m* cotejo *m.*

cotidiano, na [kotʃi'dʒjanu] *adj* cotidiano(na).
➤ **cotidiano** *m* rutina *f.*

cotoco [ko'toku] *m* [do corpo] muñón *m*; [do vela, pau] trozo *m*, pedazo *m*, cabito *m Méx.*

cotonete [koto'nɛtʃi] *m* bastoncillo *m* de algodón, cotonete *m Amér.*

cotovelada [kotove'lada] *f* codazo *m.*

cotovelo [koto'velu] *m* -1. *ANAT* codo *m*; **falar pelos** ~s hablar por los codos. -2. [de estrada *etc.*] recodo *m.*

couraça [ko'rasa] *f* -1. [ger] coraza *f.* -2. [de animal] coraza *f*, caparazón *m.*

couraçado, da [kora'sadu, da] *adj* [que tem couraça] acorazado(da).
➤ **couraçado** *m NÁUT* acorazado *m.*

couro ['koru] *m* [ger] cuero *m*; [curtido]: ~ **cru** cuero crudo.

couve ['kovi] *f* col *f Esp* & *Méx,* repollo *m Andes* & *RP*; ~ **roxa** col lombarda *Esp* & *Méx,* repollo colorado *RP.*

couve-de-bruxelas [ˌkovidʒibru'ʃelaʃ] (*pl* **couves-de-bruxelas**) *f* col *f* de Bruselas *Esp* & *Méx,* repollito *m* de Bruselas *Andes* & *RP.*

couve-flor [ˌkovi'flo(x)] (*pl* **couves-flores**) *f*
coliflor *f.*

couvert [ko'vɛ(x)] *m* cubierto *m.*

cova ['kɔval *f* -**1.** [sepultura] sepultura *f.* -**2.**
[caverna, buraco] cueva *f.*

covarde [ko'vaxdʒi] ⟺ *adj* cobarde. ⟺ *mf*
cobarde *mf.*

covardia [kovax'dʒia] *f* cobardía *f.*

covil [ko'viw] (*pl* -**is**) *m* -**1.** [ger] madriguera *f.*
-**2.** *fig* [casebre] cabaña *f*, cueva *f* **Amér.**

coxa ['koʃa] *f* ANAT muslo *m.*

coxear [ko'ʃja(x)] *vi* cojear, renguear **Amér.**

coxia [ko'ʃia] *f* pasillo *m.*

coxo, xa ['koʃu, ʃa] *adj* -**1.** [ger] cojo(ja) **Esp**,
rengo(ga) **Amér.** -**2.** *fig* [imperfeito] cojo(ja),
incompleto(ta) **RP.**

cozer [ko'ze(x)] *vt* cocer.

cozido, da [ko'zidu, da] *adj* cocido(da).
◆ **cozido** *m* cocido *m*, guisado *m*, puchero *m* **Andes** & **RP.**

cozinha [ko'ziɲa] *f* cocina *f.*

cozinhar [kozi'ɲa(x)] ⟺ *vt* -**1.** [cozer] cocinar. -**2.** *fig* [adiar] congelar, meter al
congelador. ⟺ *vi* -**1.** [ger] cocinar. -**2.** *fig*
[remanchar] haraganear, hacerse el loco
Méx, dar vueltas **RP.**

cozinheiro, ra [kozi'ɲejru, ra] *m, f* cocinero
m, -ra *f.*

CPD (*abrev de* **Centro de Processamento de Dados**) *m* centro *m* de procesamiento de
datos.

CPF (*abrev de* **Cadastro de Pessoa Física**) *m*
*documento de identificación del contribu-
yente,* ≃ NIF *m* **Esp.**

CPMF (*abrev de* **Contribuição Provisória sobre
Movimentação Financeira**) *f impuesto aplicado a las transacciones bancarias y creado
para financiar el sistema brasileño de salud
pública.*

crachá [kra'ʃa] *m* identificación *f*, gafete *m*
Méx.

crack ['kraki] *m* crack *m.*

crânio ['krãnju] *m* ANAT cráneo *m.*

craque ['kraki] ⟺ *m f* [pessoa exímia]: **ser um**
~ **em algo** ser un as *ou* crack **RP** *ou*
maestro **Méx** en algo. ⟺ *m* FUT crack *mf.*

crasso, ssa ['krasu, sa] *adj* -**1.** [grosseiro]
craso(sa). -**2.** [espesso] denso(sa), espe-
so(sa).

cratera [kra'tɛra] *f* cráter *m.*

cravar [kra'va(x)] *vt* -**1.** [fazer penetrar] clavar.
-**2.** [engastar] engastar, engarzar. -**3.** *fig* [fi-
xar]: ~ **os olhos em alguém** clavar los ojos
en alguien.

cravejar [krave'ʒa(x)] *vt* -**1.** [com cravos] clavetear. -**2.** [com pedras preciosas] engastar,
engarzar.

cravo ['kravu] *m* -**1.** [flor] clavel *m.* -**2.** [prego]

clavo *m.* -**3.** MÚS clave *m.* -**4.** [especiaria]
clavo *m*, clavo de olor **RP.** -**5.** [na pele]
grano *m.*

creche ['krɛʃi] *f* guardería *f.*

credencial, ais [kredẽnsi'aw, ajʃ] ◆ **credenciais** *fpl* [qualificações] credenciales *fpl.*

credenciamento [kredẽnsia'mẽntu] *m* acreditación *f.*

crediário [kre'dʒjarju] *m* venta *f* a plazos
Esp, venta a crédito **Amér.**

creditar [kredʒi'ta(x)] *vt* [depositar] depositar, ingresar.

crédito ['krɛdʒitu] *m* crédito *m*; **digno de** ~
digno de crédito.

credo ['krɛdu] *m* -**1.** [crença] credo *m.* -**2.** [re-
za]: **o Credo** el Credo.

credor, ra [kre'do(x), ra] (*mpl* -**es**, *fpl* -**s**) ⟺
adj acreedor(ra). ⟺ *m, f* FIN acreedor *m*,
-ra *f.*

cremar [kre'ma(x)] *vt* cremar.

crematório [krema'tɔrju] *m* crematorio *m.*

creme ['kremi] ⟺ *adj inv* [bege] crema. ⟺
m -**1.** [ger] crema *f.* -**2.** [nata do leite] nata *f*
Esp, crema *f* **Amér**; ~ **de leite** nata *f*
líquida **Esp**, crema de leche **Amér**, crema
doble **RP.** -**3.** [pasta]: ~ **dental** crema
dental, pasta *f* dental; ~ **rinse** *Br*
suavizante *m*, enjuague *m* **Amér.**

cremoso, osa [kre'mozu, ɔza] *adj* cremo-
so(sa).

crença ['krẽnsa] *f* creencia *f.*

crendice [krẽn'diʃi] *f* creencia *f* popular,
superstición *f.*

crente ['krẽntʃi] ⟺ *adj* -**1.** [que tem fé]
creyente. -**2.** [protestante] protestante.
⟺ *mf* -**1.** [quem tem fé] creyente *mf.* -**2.** [pro-
testante] protestante *mf.*

crepe ['krɛpi] *m* CULIN crepe *f* **Esp**, crepa *f*
Méx, panqueque *m* **RP**; [tecido] crepé *m.*

crepitante [krepi'tãntʃi] *adj* crepitante.

crepúsculo [kre'puʃkulu] *m* crepúsculo *m.*

crer ['kre(x)] ⟺ *vt* creer. ⟺ *vi* [acreditar]: ~
em creer en.

crescente [kre'sẽntʃi] ⟺ *adj* creciente. ⟺
m [fase da lua] creciente *f.*

crescer [kre'se(x)] *vi* crecer.

crescimento [kresi'mẽntu] *m* crecimiento *m.*

crespo, pa ['kreʃpu, pa] *adj* -**1.** [anelado]
crespo(pa), chino(na) **Méx.** -**2.** [áspero]
áspero(ra).

cretinice [kretʃi'nisi] *f* cretinada *f.*

cretino, na [kre'tʃinu, na] ⟺ *adj* creti-
no(na). ⟺ *m, f* cretino *m*, -na *f.*

cria ['kria] *f* cría *f.*

criação [krja'sãw] (*pl* -**ões**) *f* -**1.** [ger] creación
f. -**2.** [de animais, filhos] crianza *f.*
◆ **de criação** *loc adj* adoptivo(va).

criado-mudo [ˌkrjadu'mudu] (*pl* **criados-mu-**

dos) *m* mesilla *f* de noche, mesita *f* de luz RP, buró *m* **Méx**.

criador, ra [kria'do(x), ra] (*mpl* -es, *fpl* -s) <> *adj* creador(ra). <> *m, f* -1. [autor] creador *m*, -ra *f*. -2. [de animais] criador *m*, -ra *f*.

criança [kri'ãnsa] *f* niño *m*, -ña *f*.

criançada [krjãn'sada] *f* niños *mpl*.

criar [kri'a(x)] *vt* -1. [ger] criar. -2. [fundar, produzir] crear. -3. [plantas] cultivar.

→ **criar-se** *vp* [educar-se] criarse.

criatividade [kriatʃivi'dadʒi] *f* creatividad *f*.

criativo, va [kria'tʃivu, va] *adj* creativo(va).

criatura [kria'tura] *f* criatura *f*.

crime ['krimi] *m* crimen *m*.

criminal [krimi'naw] (*pl* -ais) *adj* criminal.

criminalidade [kriminali'dadʒi] *f* criminalidad *f*.

criminoso, osa [krimi'nozu, ɔza] <> *adj* criminal. <> *m, f* criminal *mf*.

crina ['krina] *f* crin *f*.

crioulo, la ['krjolu, la] <> *adj* -1. [comida, dialeto] criollo(lla). -2. [negro] negro(gra), niche *Col*. <> *m, f* [pessoa negra] negro *m*, -gra *f*, niche *mf* *Col*.

crisântemo [kri'zãntemu] *m* crisantemo *m*.

crise ['krizi] *f* crisis *f inv*.

crisma ['kriʒma] *f* confirmación *f*.

crismar [kriʒ'ma(x)] *vt* confirmar.

crista ['kriʃta] *f* -1. [de galo] cresta *f*. -2. [cume] cima *f*.

cristal [kriʃ'taw] (*pl* -ais) *m* -1. [ger] cristal *m*. -2. [objeto] objeto *m* de cristal, cristal *m* RP.

cristaleira [kriʃta'lejra] *f* cristalera *f*, cristalería *f* **Méx**.

cristalino, na [kriʃta'linu, na] *adj* cristalino(na).

cristalização [kriʃtaliza'sãw] (*pl* -ões) *f* cristalización *f*.

cristandade [kriʃtãn'dadʒi] *f* cristiandad *f*.

cristão, tã [kriʃ'tãw, tã] <> *adj* cristiano(na). <> *m, f* cristiano *m*, -na *f*.

cristianismo [kriʃtʃjã'niʒmu] *m* cristianismo *m*.

cristo ['kriʃtu] *m fig* [vítima] mártir *mf*.

Cristo ['kriʃtu] *m* Cristo *m*.

critério [kri'tɛrju] *m* criterio *m*.

criterioso, osa [kritɛ'rjozu, ɔza] *adj* sensato(ta), criterioso(sa) RP.

criticar [kritʃi'ka(x)] *vt* [censurar, analisar] criticar.

crítico, ca ['kritʃiku, ka] <> *adj* [grave, com julgamento] crítico(ca). <> *m, f* [pessoa] crítico *m*, -ca *f*.

→ **crítica** *f* -1. [censura, análise] crítica *f*. -2. [os críticos]: **a** ~ la crítica.

crivar [kri'va(x)] *vt* [encher, furar] acribillar; ~ **com balas/perguntas** acribillar a balazos/preguntas.

crível ['krivew] (*pl* -eis) *adj* creíble.

crivo ['krivu] *m* -1. [peneira] cernidor *m*, tamiz *m*. -2. *fig* [crítica] criba *f*.

Croácia [kro'asja] *n* Croacia.

croata [kro'ata] <> *adj* croata. <> *mf* croata *mf*.

crocante [kro'kãntʃi] *adj* crujiente, crocante RP.

crochê [kro'ʃe] *m* crochet *m*, croché *m*.

crocodilo [kroko'dʒilu] *m* cocodrilo *m*.

cromo ['kromu] *m* cromo *m*.

cromossomo [kromo'somu] *m* [genética] cromosoma *m*.

crônica ['kronika] *f* HIST, LITER & JORN crónica *f*.

crônico, ca ['kroniku, ka] *adj* -1. [que dura há muito] crónico(ca). -2. *fig* [inveterado] crónico(ca), profundo(da).

cronista [kro'niʃta] *m f* HIST, LITER & JORN cronista *mf*.

cronológico, ca [krono'lɔʒiku, ka] *adj* cronológico(ca).

cronometrar [kronome'tra(x)] *vt* cronometrar.

cronômetro [kro'nometru] *m* cronómetro *m*.

croquete [kro'kɛtʃi] *m* croqueta *f*.

croqui [kro'ki] *m* croquis *m inv*.

crosta ['kroʃta] *f* costra *f*.

cru, crua ['kru, 'krua] *adj* crudo(da).

crucial [kru'sjaw] (*pl* -ais) *adj* crucial.

crucificação [krusifika'sãw] (*pl* -ões) *f* RELIG crucifixión *f*.

crucificar [krusifi'ka(x)] *vt* [pregar na cruz, atormentar] crucificar.

crucifixo [krusi'fiksu] *m* crucifijo *m*.

cruel [kru'ɛw] (*pl* -eis) *adj* cruel.

crueldade [kruew'dadʒi] *f* crueldad *f*.

cruz ['kruʃ] (*pl* -es) *f* cruz *f*.

→ **Cruz Vermelha** *f* Cruz *f* Roja.

cruzada [kru'zada] *f* cruzada *f*.

cruzado, da [kru'zadu, da] <> *adj* cruzado(da). <> *m* [moeda] cruzado *m*.

cruzador [kruza'do(x)] *m* [navio de combate] crucero *m*.

cruzamento [kruza'mẽntu] *m* [de estradas, raças] cruce *m*.

cruzar [kru'za(x)] <> *vt* [dispor em cruz, atravessar] cruzar; ~ **com** cruzarse con. <> *vi* -1. [percorrer o mar] cruzar. -2. [encontrar]: ~ **com alguém** cruzarse con alguien.

cruzeiro [kru'zejru] *m* -1. NÁUT crucero *m*. -2. [moeda] cruceiro *m*.

CTI (*abrev de* **Centro de Terapia Intensiva**) *m* UCI *f*, UVI *f*.

cu ['ku] *m vulg* culo *m*; ~ **-de-judas** culo *m* del mundo; **fazer** ~ **-doce** hacerse el remolón; ~ **-do-mundo** culo del mundo.

Cuba ['kuba] n Cuba.

cubano, na [ku'bɐnu, na] ◇ adj cubano(na). ◇ m, f cubano m, -na f.

cubículo [ku'bikulu] m cubículo m.

cubista [ku'biʃta] ◇ adj cubista. ◇ mf cubista mf.

cubo ['kubu] m cubo m.

cuca ['kuka] fam f -1. [cabeça] coco m, tatema f Méx, bocho m RP. - 2. [mente] coco m, bocho m RP; **fundir a** ~ [baratinar] volver loco(ca), volar el coco Méx & RP; [confundir] volver loco(ca).

cuco ['kuku] m -1. [ave] cuco m, cucú m RP. - 2. [relógio] cucú m.

cueca ['kwɛka] f calzoncillo m, calzoncillos mpl, trusa f Méx.

Cuiabá [kuja'ba] n Cuiabá.

cuíca ['kwika] f zambomba f, cuica f Amér.

cuidado, da [kwi'dadu, da] adj [tratado]: **bem/mal** ~ bien/malcuidado(da).
 ◆ **cuidado** m [atenção, cautela] cuidado m; **cuidado!** ¡cuidado!, ¡aguas! Méx.

cuidadoso, osa [kwida'dozu, ɔza] adj cuidadoso(sa).

cuidar [kwi'da(x)] vi [tratar]: ~ **de alguém/algo** cuidar de ou a alguien/algo.
 ◆ **cuidar-se** vp -1. [ger] cuidarse. - 2. [prevenir-se] andarse con cuidado.

cujo, ja ['kuʒu, ʒa] pron rel [de que, de quem] cuyo(ya).

culinário, ria [kuli'narju, rja] adj culinario(ria).
 ◆ **culinária** f cocina f, culinaria f RP.

culminar [kuwmi'na(x)] vi: ~ **com algo** culminar con algo.

culote [ku'lɔtʃi] m -1. [calça] pantalón m de montar. - 2. [nas coxas] jamones mpl, chaparreras fpl Méx.

culpa ['kuwpa] f culpa f; **pôr a** ~ **em** echar la culpa a alguien.

culpabilidade [kuwpabili'dadʒi] f culpabilidad f.

culpado, da [kuw'padu, da] ◇ adj culpable. ◇ m, f culpable mf.

culpar [kuw'pa(x)] vt [acusar, incriminar]: ~ **alguém (de)** culpar a alguien (de).

cultivar [kuwtʃi'va(x)] vt cultivar.
 ◆ **cultivar-se** vp [instruir-se] cultivarse.

cultivo [kuw'tʃivu] m cultivo m.

culto, ta ['kuwtu, ta] adj [instruído, civilizado] culto(ta).
 ◆ **culto** m [cerimônia, veneração] culto m.

cultura [kuw'tura] f -1. [conhecimento, civilização] cultura f. - 2. [cultivo, criação] cultivo m.

cultural [kuwtu'raw] (pl -ais) adj cultural.

cume ['kumi] m [topo, apogeu] cumbre f.

cúmplice ['kũnplisi] m f [co-autor, parceiro] cómplice mf.

cumplicidade [kũnplisi'dadʒi] f complicidad f.

cumprimentar [kũnprimẽn'ta(x)] vt -1. [saudar] saludar. - 2. [elogiar] felicitar.

cumprimento [kũnpri'mẽntu] m -1. [saudação] saludo m. - 2. [elogio] elogio m. - 3. [ato de cumprir] cumplimiento m.

cumprir [kũn'pri(x)] ◇ vt [executar] cumplir. ◇ vi -1. [convir] convenir. - 2. [caber] corresponder.

cúmulo ['kumulu] m [máximo] colmo m.

cunhado, da [ku'ɲadu, da] m, f cuñado m, -da f.

cunhar [ku'ɲa(x)] vt [moedas, palavras] acuñar.

cunho ['kuɲu] m [caráter, marca, selo] cuño m.

cupim [ku'pĩ] (pl -ns) m termita f.

cupom [ku'põ] (pl -ns) m cupón m.

cúpula ['kupula] f -1. [abóbada, chefia] cúpula f. - 2. [de abajur] pantalla f.

cura ['kura] ◇ f -1. [ger] cura f. - 2. [de carne, queijo] curado m. ◇ m [pároco] cura m.

curador, ra [kura'do(x), ra] m, f -1. [de menores] tutor m, -ra f. - 2. [de instituições] curador m, -ra f.

curandeiro, ra [kurɐ̃'dejru, ra] m curandero m, -ra f.

curar [ku'ra(x)] ◇ vt [defumar] curar. ◇ vi [exercer a medicina] curar.
 ◆ **curar-se** vp [sarar, emendar-se] curarse.

curativo [kura'tʃivu] m -1. [aplicação de remédios] curación f. - 2. [gaze, adesivo] apósito m.

curdo, da ['kuxdu, da] ◇ adj curdo(da), kurdo(da). ◇ m, f curdo m, -da f, kurdo m, -da f.

curiosidade [kurjozi'dadʒi] f [interesse, raridade] curiosidad f.

curioso, osa [ku'rjozu, ɔza] ◇ adj curioso(sa). ◇ m, f curioso m, -sa f.
 ◆ **curioso** m [fato singular]: **o** ~ **é ...** lo curioso es ...
 ◆ **curiosos** mpl [espectadores] curiosos mpl.

curral [ku'xaw] (pl -ais) m corral m.

currar [ku'xa(x)] vt fam violar, estuprar Méx.

currículo [ku'xikulu] m -1. [conjunto de dados] currículum m, hoja f de vida Col. - 2. [matérias] currículo m.

cursar [kux'sa(x)] vt [realizar curso] cursar.

cursinho [kur'siɲu] m [pré-vestibular] curso preliminar al examen de ingreso a la universidad.

curso ['kursu] m -1. [movimento, andamento] curso m; **em** ~ en curso. - 2. [nível de ensino]: ~ **superior** estudios mpl universitarios; ~ **supletivo** curso de

educación para adultos. **-3.** [série de aulas]: ~ **de idiomas** curso de idiomas; ~ **de computação** curso de computación.
cursor [kux'so(x)] (*pl* **-es**) *m COMPUT* cursor *m*.
curtição [kuxtʃi'sãw] *f* **-1.** [de couro] curtido *m*. **-2.** *fam* [que causa prazer] placer *m*, delicia *f*, gozada *f Esp*.
curtido, da [kux'tʃidu, da] *adj* curtido(da).
curtir [kux'tʃi(x)] ◇ *vt* **-1.** [couro] curtir. **-2.** [sofrer] sufrir. **-3.** *fam* [desfrutar]: **ela curte ir a festas** disfruta de las fiestas, lo pasa guay en las fiestas *Esp*, curte las fiestas *Arg*; **eles curtem bater papo** les encanta *ou* mola *Esp* charlar; **curtimos as mesmas músicas** nos encantan *ou* molan *Esp* las mismas canciones. ◇ *vi fam* [desfrutar]: **passamos quatro dias na praia, curtindo** estuvimos cuatro días en la playa disfrutando, estuvimos cuatro días en la playa pasándolo de vicio *Esp*.
◆ **curtir-se** *vp fam*: **eles se curtem muito** se gustan mucho.
curto, ta [ˈkuxtu, ta] ◇ *adj* **-1.** [breve, de pouco comprimento] corto(ta). **-2.** [escasso]: **o dinheiro anda** ~ ando corto de dinero. **-3.** [limitado] *fig*: **homem de inteligência curta** hombre de poca inteligencia. ◇ *m* [curto-circuito] cortocircuito *m*, corto *m Méx*.
curto-circuito [ˌkuxtusixˈkujtu] (*pl* **curtos-circuitos**) *m ELETR* cortocircuito *m*.
curva [ˈkuxva] *f* curva *f*; ~ **fechada** curva cerrada.
curvar [kuxˈva(x)] ◇ *vt* **-1.** [arquear] curvar. **-2.** *fig* [dominar] someter, doblegar. ◇ *vi* [envergar] encorvarse.
◆ **curvar-se** *vp* **-1.** [ger] inclinarse. **-2.** [submeter-se]: ~**-se a** someterse a.
curvo, va [ˈkuxvu, va] *adj* [arqueado, sinuoso] curvo(va).
cuscuz [kuʃˈkuʃ] *m* [salgado] *marisco cocido al vapor y servido con huevos, guisantes y cuscús*; [doce] *bola de mandioca con coco rallado y azúcar y bañada en leche.*
cusparada [kuʃpaˈrada] *f* escupitajo *m*, escupida *f RP*.
cuspe [ˈkuʃpi] *m* escupitajo *m*, escupida *f RP*.
cuspida [kuʃˈpida] *f fam* [cuspidela] escupitajo *m*.
cuspido, da [kuʃˈpidu, da] *adj* con escupitajos.
cuspir [kuʃˈpi(x)] ◇ *vt* escupir. ◇ *vi* escupir.
custa [ˈkuʃta] *f*: **à** ~ **de** a la costa de.
◆ **custas** *fpl JUR* costas *fpl*.
custar [kuʃˈta(x)] ◇ *vt* costar; ~ **os olhos da cara** costar un ojo de la cara; **não** ~ **nada fazer algo** no costar nada hacer

algo. ◇ *vi* **-1.** [ser difícil, custoso] costar. **-2.** [demorar]: **ela custou a se recuperar** le costó recuperarse. **-3.** [preço de produto, serviço]: ~ **barato/caro** *loc* costar barato/caro. **-4.** [ser obtido com sacrifício]: ~ **caro** *loc* costar caro.
custo [ˈkuʃtu] *m* **-1.** [preço] costo *m*, coste *m Esp*; ~ **de vida** costo *ou* coste *Esp* de vida. **-2.** *fig* [dificuldade]: **a todo** ~ a toda costa.
custódia [kuʃˈtɔdʒia] *f* custodia *f*.
CUT (*abrev de* **Central Única dos Trabalhadores**) *f entidad sindical brasileña que tiene como objetivo el fomento de la organización de los trabajadores.*
cutelo [kuˈtɛlu] *m* cuchillo *m*.
cutia [kuˈtʃia] *f* agutí *m*.
cutícula [kuˈtʃikula] *f* cutícula *f*.
cútis [ˈkutʃiʃ] *f inv* cutis *m inv*.
cutucar [kutuˈka(x)], **catucar** [katuˈka(x)] *vt* **-1.** [com o cotovelo] dar un codazo a, codear a *Amér*. **-2.** [com o dedo] tocar con el dedo a, dedear a *Amér*.
C.V. (*abrev de* **curriculum vitae**) *m* CV *m*.
CVM (*abrev de* **Comissão de Valores Mobiliários**) *f comisión que regula el mercado de acciones y bienes mobiliarios,* ≃ CNMV *f Esp*.
czar, ina [ˈkza(x), ina] *m, f* zar *m*, -ina *f*.

d, D [de] *m* [letra] d, D *f*.
da [da] = **de** + **la**.
DAC (*abrev de* **Departamento de Aviação Civil**) *m departamento de aviación civil,* ≃ AENA *f Esp*.
dadaísta [dadaˈiʃta] ◇ *adj* dadaísta. ◇ *mf* dadaísta *mf*.
dádiva [ˈdadiva] *f* [donativo] dádiva *f*.
dado, da [ˈdadu, da] *adj* **-1.** [concedido] dado(da). **-2.** [presenteado] regalado(da). **-3.** [afável] afable, dado(da) *RP*. **-4.** [determinado] dado(da).
◆ **dado** *m* **-1.** [em jogo] dado *m*. **-2.** [informação] dato *m*.
◆ **dado que** *loc conj* dado que.
daí [daˈi] = **de** + **aí**.
dali [daˈli] = **de** + **ali**.
daltônico, ca [dawˈtoniku, ka] ◇ *adj* daltónico(ca). ◇ *m, f* daltónico *m*, -ca *f*.

dama l'dãmal *f* -1. [mulher] dama *f*; ~ **de honra** dama de honor. -2. [em xadrez, baralho] reina *f*.

◆ **damas** *fpl* [jogo] damas *fpl*.

damasco [da'maʃku] *m* -1. [fruta] albaricoque *m Esp*, chabacano *m Méx*, damasco *m RP*. -2. [tecido] damasco *m*.

danado, da [da'nadu, da] ⇔ *adj* -1. [amaldiçoado] desgraciado(da). -2. [zangado] furioso(sa). -3. *fam* [travesso] travieso(sa). -4. [incrível] increíble. ⇔ *m* -1. [pessoa amaldiçoada] desgraciado *m*, -da *f*. -2. *fam* [pessoa esperta] granuja *mf*, gandalla *mf Méx*.

dança l'dãnsal *f* danza *f*.

dançar [dãn'sa(x)] ⇔ *vi* -1. [bailar] bailar. -2. *fam* [sair-se mal] fastidiarla *Esp*, valer gorro *Méx*, marchar *RP*. ⇔ *vt* [bailar] bailar.

dançarino, na [dãnsa'rinu, na] *m*, *f* bailarín *m*, -ina *f*.

danceteria [dãnsete'ria] *f* discoteca *f*.

danificar [danifi'ka(x)] *vt* dañar.

◆ **danificar-se** *vp* dañarse.

dano l'dãnul *m* [material, moral] daño *m*.

Danúbio [da'nubju] *n*: **o** ~ el Danubio.

daquela [da'kɛla] = **de** + **aquela** ▷ **aquele**.

daquele [da'keli] = **de** + **aquele** ▷ **aquele**.

daqui [da'ki] = **de** + **aqui** ▷ **aqui**.

daquilo [da'kilu] = **de** + **aquilo** ▷ **aquilo**.

dar l'da(x)l ⇔ *vt* -1. [ger] dar: ~ algo a alguém dar algo a alguien; **ela dá aulas numa escola** da clases en un colegio *ou* escuela *Amér*; **dá-me sono/pena/medo** me da sueño/pena/miedo; **isto vai** ~ **muito que fazer** esto va a dar mucho trabajo; **o passeio me deu fome** el paseo me dio hambre; **ainda não deu sinal de vida** todavía no ha dado *Esp ou* dio *Amér* señales de vida; **ele começa a** ~ **sinais de cansaço** comienza a dar señales de cansancio; ~ **um berro** dar un grito; ~ **um pontapé** dar una patada; **vão** ~ **uma festa** van a dar *ou* hacer *RP* una fiesta; **ele me deu boa-noite** me dio las buenas noches. -2. [aprender, estudar] dar; **o que é que estão dando em Espanhol?** ¿qué están dando en Español? ⇔ *vi* -1. [horas] dar; **já deram cinco horas** ya dieron las cinco. -2. [condizer]: ~ **com** combinar *ou* pegar *RP* con; **as cores não dão umas com as outras** esos colores no combinan *ou* pegan *RP*. -3. [proporcionar]: ~ **de beber a alguém** dar de beber a alguien; ~ **de comer** dar de comer. -4. [filme, programa]: **deu no noticiário hoje** lo dieron en las noticias de hoy. -5. [em locuções]: **dá igual** da igual; **dá no mesmo** da lo mismo; ~ **ares de** darse aires de; ~ **à luz** dar a luz; ~ **de si** dar

de sí *Esp*, ceder *Amér*; ~ **na vista** llamar la atención.

◆ **dar com** *v* + *prep* [encontrar] encontrarse con.

◆ **dar em** *v* + *prep* [resultar] resultar.

◆ **dar para** *v* + *prep* [servir para, ser útil para] servir; [suj: varanda, janela] dar a; [ser suficiente para] dar para; [ser possível] poder; **dá para você fazer isso hoje?** ¿puedes hacer esto hoy mismo?; **dá para ir a pé?** ¿se puede ir a pie?; **não vai** ~ **para eu chegar na hora** no voy a poder llegar puntual.

◆ **dar por** *v* + *prep* [aperceber-se] darse cuenta de.

◆ **dar-se** *vp*: ~**-se bem/mal com algo** irle bien/mal a alguien con algo; ~**-se bem/mal com alguém** llevarse bien/mal alguien con alguien; ~**-se por vencido** darse por vencido(da); **deu-se mal com a brincadeira** le salió el tiro por la culata.

dardo l'daxdul *m* dardo *m*.

das [daʃ] = **de** + **as**.

DAT (*abrev de* **digital audio tape**) DAT *f*.

data l'datal *f* [ger] fecha *f*.

datar [da'ta(x)] ⇔ *vt* [pôr data em] datar, fechar. ⇔ *vi* [começar a contar-se] datar de; ~ **de** datar de.

datilógrafo, fa [datʃi'lɔgrafu, fa] *m*, *f* mecanógrafo *m*, -fa *f*, dactilógrafo *m*, -fa *f RP*.

DC (*abrev de* **Depois de Cristo**) d. de C.

DDT (*abrev de* **Dicloro-Difenil-Tricloretana**) *m* DDT *m*.

de [dʒi] *prep* -1. [indica posse] de; **a casa é dela** la casa es de ella; **o carro daquele rapaz** el coche de ese chico, el auto de ese muchacho *RP*; **a recepção do hotel** la recepción del hotel. -2. [indica matéria] de; **um bolinho** ~ **bacalhau** un pastel de bacalao; **um relógio** ~ **ouro** un reloj de oro. -3. [indica conteúdo] de; **um copo** ~ **água** un vaso de agua. -4. [usado em descrições, determinações] de; **uma camisa** ~ **manga curta** una camisa de manga corta; **uma nota** ~ **cinqüenta reais** un billete de cincuenta reales; **o senhor** ~ **preto** el señor de negro. -5. [indica assunto] de; **fale-me** ~ **ti** háblame de ti, hablame de vos; **um livro** ~ **inglês** un libro de inglés. -6. [indica origem] de; **os passageiros do avião** los pasajeros del avión; **um produto do Brasil** un producto de Brasil; **sou da Bahia** soy de Bahía. -7. [indica tempo] de; **chegamos** ~ **madrugada** llegamos de madrugada; **partimos às três da tarde** salimos a las tres de la tarde; **trabalho das nove às cinco** trabajo de nueve a cinco. -8. [indica uso] de; **a sala** ~ **espera** la sala de espera; **uma máquina** ~ **costura**

una máquina de coser; **uma máquina** ~ **calcular** una calculadora; **a porta** ~ **entrada** la puerta de entrada. **-9.** [usado em denominações, nomes] de. **-10.** [indica causa] de; **chorar** ~ **alegria** llorar de alegría; **morrer** ~ **frio** morir de frío. **-11.** [indica modo]: **morreu** ~ **repente** murió de repente; **viajou** ~ **avião/trem/carro** viajó en avión/tren/coche ou carro **Andes, Caribe, CAm & Méx** ou auto **RP**; **deitou-se** ~ **lado** se acostó de lado **Esp & Méx** ou costado **RP**; **está tudo** ~ **cabeça para baixo** está todo patas arriba ou para arriba **RP**. **-12.** [usado em qualificações] de; **cheio** ~ **gente** lleno de gente; **digno** ~ **atenção** digno de atención; **lindo** ~ **morrer** divino(na). **-13.** [introduz complemento direto]: **gosto do Paulo** Paulo me cae bien; **tenho** ~ **ir às compras** tengo que ir de compras; **desconfiar** ~ **alguém** desconfiar de alguien; **gostar** ~ **algo/alguém** gustar algo/alguien a alguien. **-14.** [em comparações] de; **o melhor** ~ **todos** el mejor de todos. **-15.** [em superlativos]: **é mais rápido do que este** es más rápido que éste. **-16.** [dentre] de; **uma daquelas cadeiras é para mim** una de esas sillas es para mí; **um dia destes volto** volveré ou vuelvo **RP** un día de estos; **um desses hotéis serve** alguno de estos hoteles estará ou está **RP** bien. **-17.** [indica série] de; ~ **dois em dois dias** cada dos días; ~ **quinze em quinze minutos** cada quince minutos; ~ **três em três metros** cada tres metros. **-18.** [indica autor] de; **um filme** ~ **Cacá Diegues** una película de Cacá Diegues; **o último livro** ~ **Saramago** el último libro de Saramago.

debaixo [de'bajʃu] adv debajo, abajo **RP**.
◆ **debaixo de** loc prep debajo de, abajo de **Amér**.
debate [de'batʃi] m [discussão, disputa] debate m.
debatedor, ra [debate'do(x), ra] m,f participante mf en un debate.
debater [deba'te(x)] ◇ vt [discutir, questionar] debatir. ◇ vi [discutir] debatir.
◆ **debater-se** vp [agitar-se] debatirse.
débeis ['dɛbejʃ] pl ⊳ **débil**.
debelar [debe'la(x)] vt **-1.** [dominar] sofocar. **-2.** [combater] combatir. **-3.** [extinguir] curar.
débil ['dɛbiw] (pl **-eis**) ◇ adj [fraco, que tem atraso mental] débil. ◇ mf **-1.** PSIC débil mf mental. **-2.** fam [idiota] tonto m, -ta f, menso m, -sa f **Méx**.
debilidade [debili'dadʒi] f **-1.** [fraqueza] debilidad f. **-2.** PSIC: ~ **mental** debilidad f mental.
debilitar [debili'ta(x)] vt debilitar.

◆ **debilitar-se** vp debilitarse.
debilóide [debi'lɔdʒil fam ◇ adj pej debilucho(cha). ◇ mf pej débil mf mental.
debitar [debi'ta(x)] vt debitar.
débito ['dɛbitul m débito m.
debochado, da [debo'ʃadu, da] adj fam [gozador] burlón(ona).
debochar [debo'ʃa(x)] vi fam [zombar]: ~ **de alguém/algo** burlarse de alguien/algo.
deboche [de'bɔʃil m fam [zombaria] burla f.
debruçar [debru'sa(x)] vt inclinar.
◆ **debruçar-se** vp inclinarse.
década ['dɛkadal f década f.
decadência [deka'dēnsjal f decadencia f.
decadente [deka'dēntʃil adj decadente.
decair [deka'i(x)] vi **-1.** [ger] decaer. **-2.** [pender] marchitarse.
decapitar [dekapi'ta(x)] vt decapitar.
decatleta [deka'tlɛtal mf ESP decatleta mf.
decatlo [de'katlul m decatlón m.
decência [de'sēnsjal f decencia f.
decente [de'sēntʃil adj decente.
decepar [dese'pa(x)] vt cortar.
decepção [desep'sāwl (pl **-ões**) f decepción f.
decepcionado, da [desepsjo'nadu, da] adj decepcionado(da).
decepcionar [desepsjo'na(x)] vt decepcionar.
◆ **decepcionar-se** vp [desapontar-se]: ~**-se com algo/alguém** decepcionarse con algo alguien, decepcionarse de algo alguien **Méx**.
decerto [dʒi'sextul adv seguramente.
decididamente [desidʒida'mēntʃil adv decididamente.
decidido, da [desi'dʒidu, da] adj **-1.** [resolvido] resuelto(ta). **-2.** [resoluto] decidido(da).
decidir [desi'dʒi(x)] ◇ vt **-1.** [ger] decidir. **-2.** [resolver] resolver. ◇ vi **-1.** [tomar decisão] decidir; ~ **sobre** decidir sobre. **-2.** [optar]: ~ **entre** decidir entre.
◆ **decidir-se** vp **-1.** [tomar decisão] decidirse. **-2.** [optar]: ~**-se por** decidirse por.
decifrar [desi'fra(x)] vt descifrar.
decimal [desi'mawl (pl **-ais**) ◇ adj decimal. ◇ m decimal m.
décimo, ma ['dɛsimu, mal num décimo.
◆ **décimo** m décimo m; veja também sexto.
decisão [desi'zāwl (pl **-ões**) f decisión f; **tomar uma** ~ tomar una decisión.
decisivo, va [desi'zivu, val adj decisivo(va).
declaração [deklara'sāwl (pl **-ões**) f declaración f; **fazer uma** ~ hacer una declaración; ~ **de imposto de renda** declaración del impuesto sobre la renta.
declarado, da [dekla'radu, da] adj declarado(da).

declarante [dekla'rãntʃi] *mf JUR* declarante *mf.*

declarar [dekla'ra(x)] *vt* [anunciar] declarar.

◆ **declarar-se** *vp* declararse; ~ **-se por/contra** declararse a favor/en contra.

declinar [dekli'na(x)] ◇ *vt* **-1.** [ger] declinar. **-2.** [revelar] revelar. ◇ *vi* **-1.** [dia, tarde] declinar. **-2.** [astro] caer. **-3.** [mesa, terreno] inclinarse. **-4.** [avião] descender.

declínio [de'klinju] *m* decadencia *f.*

declive [de'klivi] *m* [de terreno] declive *m.*

decodificador [dekodʒifika'do(x)] *m* descodificador *m,* decodificador *m.*

decodificar [dekodʒifi'ka(x)] *vt* descodificar, decodificar.

decolagem [deko'laʒẽ] (*pl* **-ns**) *f* despegue *m,* decolaje *m Andes & RP.*

decolar [deko'la(x)] *vi* despegar, decolar *Andes & RP.*

decompor [dekõn'po(x)] *vt* descomponer.

◆ **decompor-se** *vp* descomponerse.

decomposição [dekõnpozi'sãw] (*pl* **-ões**) *f* descomposición *f.*

decoração [dekora'sãw] (*pl* **-ões**) *f* **-1.** [ato, efeito] decoración *f.* **-2.** [adorno] adorno *m.*

decorador, ra [dekora'do(x), ra] *m, f* [profissional] decorador *m,* -ra *f.*

decorar [deko'ra(x)] *vt* **-1.** [memorizar] memorizar. **-2.** [ornamentar] decorar.

decorativo, va [dekora'tʃivu, va] *adj* decorativo(va).

decoro [de'koru] *m* decoro *m.*

decoroso, osa [deko'rozu, ɔza] *adj* decoroso(sa).

decorrência [deko'xẽnsja] *f* consecuencia *f*; **em** ~ **de** como consecuencia de.

decorrente [deko'xẽntʃi] *adj*: ~ **de** derivado(da) de.

decorrer [deko'xe(x)] ◇ *m* [decurso]: **no** ~ **de** en el transcurso de. ◇ *vi* **-1.** [derivar]: ~ **de** derivar de. **-2.** [passar] transcurrir. **-3.** [acontecer] ocurrir, suceder.

decorrido, da [deko'xidu, da] *adj* [findo] pasado(da).

decote [de'kɔtʃi] *m* escote *m.*

decrepitude [dekrepi'tudʒil] *f* [caducidade] decrepitud *f.*

decrescer [dekre'se(x)] *vi* decrecer.

decréscimo [de'krɛsimu] *m* disminución *f.*

decretar [dekre'ta(x)] ◇ *vt* decretar. ◇ *vi* [ordenar] decretar.

decreto [de'krɛtu] *m* [ger] decreto *m.*

decreto-lei [de,krɛtu'lej] (*pl* **decretos-lei**) *m* decreto *m* ley, decreto *m* de ley *Méx.*

decurso [de'kuxsu] *m* curso *m*; **no** ~ **de** en el curso de.

dedal [de'daw] (*pl* **-ais**) *m* dedal *m.*

dedão [de'dãw] (*pl* **-ões**) *m* dedo *m* gordo.

dedetização [dedetʃiza'sãw] (*pl* **-ões**) *f* fumigación *f.*

dedicação [dedʒika'sãw] (*pl* **-ões**) *f* dedicación *f.*

dedicado, da [dedʒi'kadu, da] *adj* dedicado(da).

dedicar [dedʒi'ka(x)] *vt* [oferecer] dedicar; [devotar]: ~ **algo a alguém** dedicar algo a alguien.

◆ **dedicar-se** *vp* [devotar-se]: ~ **-se a fazer algo** dedicarse a hacer algo.

dedicatória [dedʒika'tɔrja] *f* dedicatoria *f.*

dedo ['dedu] *m* **-1.** dedo *m*; **um** ~ **de algo** un dedo de algo; ~ **anular** dedo anular; ~ **indicador** dedo índice *m*; ~ **mindinho** *ou* **mínimo** dedo meñique *m*; ~ **polegar** dedo pulgar *m.* **-2.** *loc*: **cheio de** ~ **s** confuso(sa); **não levantar um** ~ no levantar un dedo.

dedões [de'dõjʃ] *pl* ⊳ **dedão.**

dedução [dedu'sãw] (*pl* **-ões**) *f* deducción *f.*

dedutível [dedu'tʃivew] (*pl* **-eis**) *adj* deducible.

deduzir [dedu'zi(x)] ◇ *vt* deducir. ◇ *vi* [tirar dedução] deducir.

defasado, da [defa'zadu, da] *adj* desfasado(da).

defasagem [defa'zaʒẽ] (*pl* **-ns**) *f* [discrepância] desfase *m,* desfasaje *m RP.*

defecar [defe'ka(x)] *vi* defecar.

defeito [de'fejtu] *m* **-1.** [ger] defecto *m.* **-2.** [falha]: **com** ~ estropeado(da).

defeituoso, osa [defej'twozu, ɔza] *adj* **-1.** [com falha] defectuoso(sa) *Esp*, fallado(da) *Amér.* **-2.** [físico] defectuoso(sa).

defender [defẽn'de(x)] *vt* defender; ~ **algo/alguém (contra)** defender algo/a alguien (contra); ~ **algo/alguém (de)** defender algo/a alguien (de).

◆ **defender-se** *vp* [proteger-se]: ~ **-se (contra** *ou* **de)** defenderse de.

defensivo, va [defẽn'sivu, va] *adj* defensivo(va).

◆ **defensiva** *f* defensiva *f*; **estar/ficar na** ~ estar/ponerse a la defensiva.

defensor, ra [defẽn'so(x), ra] (*mpl* **-es**, *fpl* **-s**) *m, f* defensor *m* defenso, -ra *f.*

deferir [defe'ri(x)] ◇ *vt* **-1.** [atender] deferir. **-2.** [conceder]: ~ **algo a alguém** conceder algo a alguien. ◇ *vi* [acatar]: ~ **a algo** aceptar algo.

defesa [de'feza] *f* defensa *f*; ~ **de tese** defensa de tesis.

deficiente [defi'sjẽntʃi] ◇ *adj* **-1.** [insuficiente] insuficiente. **-2.** [imperfeito] deficiente. ◇ *mf MED*: ~ **(físico/mental)** deficiente *mf* (físico/mental).

déficit ['dɛfisitʃ] m déficit m; ECON: ~ público déficit m público.

definhamento [defiɲa'mẽntu] m [debilitação] debilitamiento m.

definhar [defi'ɲa(x)] ◇ vt consumir. ◇ vi consumirse.

definição [defini'sãw] (pl -ões) f definición f.

definir [defi'ni(x)] vt definir.

~ **definir-se** vp [decidir-se] definirse; ~**-se sobre/contra/a favor de** definirse sobre/contra/a favor de; ~**-se como** definirse como.

definitivamente [definiˌtʃiva'mẽntʃi] adv -1. [para sempre] definitivamente. -2. [decididamente] indudablemente.

definitivo, va [defini'tʃivu, va] adj definitivo(va).

deformação [defoxma'sãw] (pl -ões) f deformación f.

deformar [defox'ma(x)] vt deformar.

~ **deformar-se** vp [tornar-se disforme] deformarse.

defraudar [defraw'da(x)] vt defraudar.

defrontar [defrõn'ta(x)] ◇ vi [estar]: ~ com estar frente a. ◇ vt -1. [encarar] enfrentar. -2. [confrontar] confrontar.

~ **defrontar-se** vp [deparar-se]: ~**-se com** enfrentarse con.

defronte [de'frõntʃi] ◇ adv [em frente] enfrente. ◇ prep: ~ a/de [diante de] frente a; [em comparação] comparado con.

defumador [defuma'do(x)] m -1. [recipiente] sahumador m Esp, sahumerio m Amér. -2. [substância] sahumerio m.

defumar [defu'ma(x)] vt -1. [curar] curar. -2. [perfumar] perfumar, sahumar Amér.

defunto, ta [de'fũntu, ta] ◇ adj [morto] difunto(ta). ◇ m, f [cadáver] difunto m, -ta f.

degelar [deʒe'la(x)] ◇ vt [descongelar] descongelar. ◇ vi [derreter-se] descongelarse.

degelo [de'ʒelu] m deshielo m.

degenerar [deʒene'ra(x)] vi -1. [ger] degenerar. -2. [deteriorar] deteriorar.

~ **degenerar-se** vp [depravar-se] degenerarse.

degenerativo, va [deʒenera'tʃivu, va] adj degenerativo(va).

deglutição [deglutʃi'sãw] (pl -ões) f deglución f.

deglutir [deglu'tʃi(x)] ◇ vt deglutir. ◇ vi deglutir.

degola [de'gɔla] f -1. [decapitação] decapitación f. -2. [demissão] despido m masivo. -3. ESP eliminación f.

degolar [dego'la(x)] vt degollar.

degradante [degra'dãntʃi] adj fig [aviltante] degradante.

degradar [degra'da(x)] vt degradar.

~ **degradar-se** vp [aviltar-se] degradarse.

degrau [de'graw] m escalón m.

degredo [de'gredu] m destierro m.

degringolar [degrĩŋgo'la(x)] vi -1. [cair] desmoronarse. -2. [deteriorar-se, arruinar-se] arruinarse. -3. [desordenar-se] desarmarse.

degustação [deguʃta'sãw] (pl -ões) f degustación f.

degustar [deguʃ'ta(x)] vt degustar.

deitada [dej'tada] f fam: **dar uma** ~ dar una cabezada.

deitado, da [dej'tadu, da] adj acostado(da).

deitar [dej'ta(x)] ◇ vt acostar. ◇ vi [pessoa] acostarse; **ela deitou e rolou na festa** fig hizo lo que le dio la gana en la fiesta.

~ **deitar-se** vp [pessoa] acostarse.

deixa ['dejʃa] f -1. [dica] pista f, onda f RP. -2. TEATRO entrada f. -3. fam [chance] ocasión f, chance f RP.

deixar [dej'ʃa(x)] ◇ vt dejar; ~ **alguém fazer/que alguém faça algo** dejar a alguien hacer/que alguien haga algo; ~ **passar algo** dejar pasar algo; **não** ~ **alguém fazer algo** no dejar a alguien hacer algo; ~ **algo/alguém pra lá** dejar algo/a alguien; **me deixa!** ¡déjame!, ¡déjame! RP. ◇ vi -1. [ger] dejar; ~ **de fazer algo** dejar de hacer algo; **não** ~ **de** no dejar de; **deixa pra lá!** ¡olvídalo! -2. loc: ~ **(muito) a desejar** dejar mucho que desear.

~ **deixar-se** vp [permitir-se] dejarse.

dela ['dɛla] = de + ela.

delação [dela'sãw] (pl -ões) f delación f.

delatar [dela'ta(x)] vt -1. [ger] delatar. -2. [denunciar] delatar, denunciar.

delator, ra [dela'to(x), ra] m, f delator m, -ra f.

dele ['deli] = de + ele.

delegação [delega'sãw] (pl -ões) f delegación f; ~ **de poderes** delegación de poderes.

delegacia [delega'sial] f comisaría f.

delegado, da [dele'gadu, da] m delegado m; ~ **de polícia** comisario m.

delegar [dele'ga(x)] vt -1. [dar]: ~ **algo a alguém** delegar algo en alguien. -2. [enviar] delegar.

deleitar [delej'ta(x)] vt deleitar.

~ **deleitar-se** vp: ~**-se com** deleitarse con.

deleite [de'lejtʃil] m deleite m.

deleitoso, osa [delej'tozu, ɔza] adj deleitoso(sa) Esp, deleitable Amér.

deletar [dele'ta(x)] vt COMPUT borrar.

delgado, da [dew'gadu, da] adj delgado(da).
deliberação [delibera'sãw] (pl -ões) f -1. [discussão] deliberación f. -2. [decisão] decisión f.
deliberar [delibe'ra(x)] ◇ vt [decidir] decidir. ◇ vi [refletir sobre]: ~ **sobre** deliberar sobre.
delicadeza [delika'deza] f delicadeza f.
delicado, da [deli'kadu, da] adj delicado(da).
delícia [de'lisja] f -1. [deleite] placer m. -2. [coisa saborosa]: **ser/estar uma** ~ ser una delicia.
deliciar [deli'sja(x)] vt deleitar.
◆ **deliciar-se** vp: ~-**se com algo** deleitarse con algo.
delicioso, osa [deli'sjozu, ɔza] adj delicioso(sa).
delineador [delinja'do(x)] m delineador m.
delinear [deli'nja(x)] vt delinear.
delinqüência [delĩŋ'kwẽsja] f delincuencia f.
delinqüente [delĩŋ'kwẽtʃil] ◇ adj delincuente. ◇ mf delincuente mf.
delirante [deli'rãtʃi] adj delirante.
delirar [deli'ra(x)] vi -1. PSIC delirar. -2. [sentir intensamente]: ~ **de algo** delirar de algo.
delírio [de'lirju] m delirio m.
delito [de'litu] m delito m.
delonga [de'lõga] f demora f; **sem mais** ~ sin más demora.
delongar [de'lõ'ga(x)] vt [retardar] demorar.
◆ **delongar-se** vp -1. [demorar-se] demorarse. -2. [prolongar-se] alargar.
demagogia [demago'ʒia] f demagogia f.
demais [de'majʃ] adv -1. [ger] demasiado. -2. fam [ótimo]: **estar/ser** ~ estar/ser demasiado Esp, estar lo máximo Amér, estar/ser demás RP.
demanda [de'mãda] f demanda f.
demão [de'mãw] (pl -s) f mano f.
demarcação [demaxka'sãw] (pl -ões) f demarcación f.
demasia [dema'zia] f [ger] exceso m; **em** ~ en demasía.
demasiadamente [demazjada'mẽtʃil] adv demasiado.
demasiado, da [dema'zjadu, da] ◇ adj demasiado(da). ◇ adv demasiado.
demente [de'mẽtʃi] adj demente.
demissão [demi'sãw] (pl -ões) f dimisión f, renuncia f; **pedir** ~ dimitir, pedir la renuncia Amér, renunciar RP.
demitir [demi'tʃi(x)] vt despedir.
◆ **demitir-se** vp dimitir, pedir la renuncia Amér, renunciar RP.
democracia [demokra'sia] f democracia f.

democrata [demo'krata] mf demócrata mf.
democrático, ca [demo'kratʃiku, ka] adj democrático(ca).
demolição [demoli'sãw] (pl -ões) f -1. [destruição] demolición f. -2. fig [arruinamento] destrucción f.
demolidor, ra [demo'lido(x),ra] ◇ adj de demolición. ◇ m,f operario m, -ria f de empresa de demolición.
demolir [demo'li(x)] vt -1. [destruir] demoler. -2. fig [arruinar] destruir.
demônio [de'monju] m demonio m.
demonstração [demõstra'sãw] (pl -ões) f demostración f.
demonstrar [demõʃ'tra(x)] vt demostrar.
demora [de'mɔra] f [atraso] demora f, retraso m, atraso m RP; **sem** ~ sin demora ou retraso ou atraso RP.
demorado, da [demo'radu, da] adj lento(ta).
demorar [demo'ra(x)] ◇ vt [retardar] demorar, retrasar. ◇ vi -1. [tardar] tardar, demorar Amér, tardarse Méx, demorarse Méx; ~ **a fazer algo** tardar ou demorar Amér en hacer algo, tardarse ou demorarse en hacer algo Méx. -2. [permanecer] quedarse.
◆ **demorar-se** vp -1. [tardar] tardar, demorar Amér, tardarse Méx, demorarse Méx. -2. [permanecer] permanecer.
demover [demo've(x)] vt -1. [dissuadir]: ~ **alguém de algo** disuadir a alguien de algo. -2. [remover] mover.
DENARC (abrev de Departamento de Investigações sobre Narcóticos) m departamento policial responsable de la lucha contra el narcotráfico.
DENATRAN (abrev de Departamento Nacional de Trânsito) m organismo federal responsable de las leyes de tráfico, ≃ DGT f Esp.
dendê [dẽ'de] m -1. BOT planta de la cual se extrae el aceite de palma (del nordeste de Brasil). -2. [azeite] aceite m de palma.
denegrir [dene'gri(x)] vt manchar.
dengoso, osa [dẽ'gozu, ɔza] adj -1. [faceiro] astuto(ta). -2. [afetado] melindroso(sa).
dengue [‘dẽgi] f MED dengue m.
denominação [denomina'sãw] (pl -ões) f -1. [ger] denominación f. -2. REL confesión f.
denominar [denomi'na(x)] vt denominar.
◆ **denominar-se** vp denominarse.
denotar [deno'ta(x)] vt denotar.
densidade [dẽsi'dadʒi] f densidad f; **de alta/dupla** ~ de alta/doble densidad.
denso, sa [‘dẽsu, sa] adj -1. [ger] denso(sa). -2. [cerrado] denso(sa), cerrado(da) Méx.
dentada [dẽ'tada] f mordisco m, mordida f Amér.
dentadura [dẽta'dura] f dentadura f.

dental [dɛ̃n'taw] (pl -ais) adj dental.

dente ['dɛ̃ntʃi] m diente m; ~ **de leite** diente de leche; ~ **de siso** muela del juicio.

dentifrício, cia [dɛ̃ntʃi'frisju, sja] adj dentífrico(ca), dental Amér.

 ➡ **dentifrício** m dentífrico m, pasta f dental Amér.

dentista [dɛ̃n'tʃiʃta] mf dentista mf.

dentre ['dɛ̃ntri] prep de entre.

dentro ['dɛ̃ntru] ⋄ adv dentro, adentro Amér; **aí/lá** ~ ahí/allá dentro ou adentro Amér. ⋄ prep -1.: ~ **de** [no interior de] dentro de, adentro de Amér; [no tempo] dentro de; **por** ~ [na parte interna] por dentro. -2. loc: **estar por** ~ **(de algo)** fam estar al tanto (de algo).

dentuço, ça [dɛ̃n'tusu, sa] ⋄ adj dentudo(da), dientudo(da) Amér; **ser** ~ ser dentudo ou dientudo Amér. ⋄ m, f [pessoa] dentudo m, -da f, dientudo m, -da f Amér.

denúncia [de'nũnsja] f -1. [ger] denuncia f. -2. [de contrato] rescisión f.

denunciar [denũn'sja(x)] vt -1. [ger] denunciar; ~ **alguém (por)** denunciar a alguien (por). -2. [contrato] rescindir.

deparar [depa'ra(x)] vi: ~ **com** encontrarse con.

departamento [departa'mɛ̃ntu] m departamento m.

depauperado, da [depawpe'radu, da] adj depauperado(da).

dependência [depɛ̃n'dɛ̃nsja] f dependencia f.

dependente [depɛ̃n'dɛ̃ntʃi] ⋄ adj [subordinado] dependiente. ⋄ mf dependiente mf.

depender [depɛ̃n'de(x)] vi: ~ **de** depender de.

depilador, ra [depila'do(x), ra] m, f depilador m, -ra f.

depilar [depi'la(x)] vt depilar.

 ➡ **depilar-se** vp depilarse.

deplorar [deplo'ra(x)] vt deplorar.

deplorável [deplo'ravew] (pl -eis) adj deplorable.

depoimento [depoj'mɛ̃ntu] m -1. [ger] declaración f. -2. [testemunho] testimonio m.

depois [de'pojʃ] ⋄ adv -1. [posteriormente] después, luego. -2. [além disso] además. ⋄ prep: ~ **de** después de.

 ➡ **depois que** loc conj después de.

depor [de'po(x)] ⋄ vt -1. [colocar] depositar. -2. [destituir] deponer. ⋄ vi: ~ **a favor/contra** declarar a favor/en contra.

deportar [depox'ta(x)] vt deportar.

depositar [depozi'ta(x)] vt depositar.

 ➡ **depositar-se** vp [assentar] depositarse.

depósito [de'pɔzitu] m -1. [ger] depósito m. -2. [de mercadorias, munições] depósito m, bodega f Méx.

depravado, da [depra'vadu, da] ⋄ adj depravado(da). ⋄ m, f depravado m, -da f.

depravar [depra'va(x)] vt depravar.

 ➡ **depravar-se** vp [corromper-se] depravarse, pervertirse Méx.

depreciação [depresja'sãw] (pl -ões) f [desvalorização] depreciación f.

depreciar [depre'sja(x)] vt -1. [desvalorizar] depreciar, devaluar. -2. [subestimar] subestimar.

 ➡ **depreciar-se** vp -1. [desvalorizar-se] depreciarse, devaluarse. -2. [subestimar-se] subestimarse.

depredar [depre'da(x)] vt depredar.

depressa [de'prɛsa] adv deprisa.

depressão [depre'sãw] (pl -ões) f depresión f.

deprimente [depri'mɛ̃ntʃi] adj deprimente.

deprimido, da [depri'midu, da] adj deprimido(da).

deprimir [depri'mi(x)] vt deprimir.

 ➡ **deprimir-se** vp deprimirse.

depto (abrev de departamento) dpto.

depurar [depu'ra(x)] vt depurar.

deputado, da [depu'tadu, da] m, f -1. POL diputado m, -da f. -2. [delegado] delegado m, -da f.

deque ['dɛki] m cubierta f.

DER (abrev de Departamento de Estradas de Rodagem) m organismo responsable de las carreteras.

deriva [de'riva] f deriva f; **à** ~ a la deriva.

derivado, da [deri'vadu, da] adj [proveniente]: ~ **de** derivado(da) de.

 ➡ **derivado** m derivado m.

derivar [deri'va(x)] vi -1.: ~ **de** derivar de. -2. [ficar à deriva] quedar a la deriva.

dermatológico, ca [dexmato'lɔgiku, ka] adj dermatológico(ca).

dermatologista [dexmatolo'ʒiʃta] mf dermatólogo m, -ga f.

derradeiro, ra [dexa'dejru, ra] adj postrero(ra).

derramamento [dexama'mɛ̃ntu] m derramamiento m, derrame m Amér.

derramar [dexa'ma(x)] vt -1. [não proposital] derramar, volcar. -2. [lágrimas, sangue] derramar. -3. [espalhar] esparcir.

 ➡ **derramar-se** vp -1. [verter] derramarse. -2. [divulgar-se] difundirse.

derrame [de'xãmi] m derrame m; ~ **cerebral** derrame cerebral.

derrapagem [dexa'paʒẽ] (pl -ns) f derrapaje m, derrape m.

derrapar [dexa'pa(x)] vi derrapar.

derredor [dexe'do(x)] adv: em ~ (de) alrededor (de).

derreter [dexe'te(x)] <> vt derretir. <> vi [liquefazer-se] derretirse.

➤ derreter-se vp -1. fig [comover-se] derretirse. -2. fig [apaixonar-se]: ~-se (por) derretirse (por).

derretido, da [dexe'tʃidu, da] adj derretido(da).

derrota [de'xɔta] f derrota f.

derrotado, da [dexo'tadu, da] adj derrotado(da).

derrotar [dexo'ta(x)] vt derrotar.

derrubar [dexu'ba(x)] vt -1. [ger] derribar. -2. [prostrar] postrar. -3. fam [prejudicar] molestar, fastidiar Esp.

desabafar [dʒizaba'fa(x)] <> vt: ~ algo (com alguém) desahogar algo (en alguien). <> vi: ~ (com alguém) desahogarse (con alguien).

➤ desabafar-se vp: ~-se com alguém desahogarse con alguien.

desabafo [dʒiza'baful m desahogo m.

desabalado, da [dʒizaba'ladu, da] adj [excessivo] descontrolado(da).

desabamento [dʒizaba'mẽntu] m -1. [de terra, pedras] desprendimiento m. -2. [de neve] alud m. -3. [de edifício] derrumbamiento m, derrumbe m Amér.

desabar [dʒiza'ba(x)] vi -1. [ruir] derrumbarse. -2. [cair com força] desatarse.

desabitado, da [dʒizabi'tadu, da] adj deshabitado(da).

desabotoar [dʒizabo'twa(x)] vt desabotonar.

desabrigado, da [dʒizabri'gadu, da] <> adj -1. [sem casa] sin casa. -2. [exposto] expuesto(ta). <> m, f [pessoa] sin casa mf.

desabrigar [dʒiza'briga(x)] vt -1. [tirar do abrigo] dejar sin abrigo. -2. [desproteger] dejar sin amparo.

desabrochar [dʒizabro'ʃa(x)] vi -1. [flor] abrirse. -2. fig [pessoa] florecer.

desacatar [dʒizaka'ta(x)] <> vt desacatar. <> vi fam [causar espanto] impresionar.

desacato [dʒiza'katu] m [ger] desacato m.

desacerto [dʒiza'sextu] m -1. [erro] desacierto m. -2. [tolice] burrada f.

desacompanhado, da [dʒizakõnpa'ɲadu, da] adj solo(la).

desaconselhar [dʒizakõnse'ʎa(x)] vt: ~ algo (a alguém) no aconsejar (a alguien) hacer algo.

desaconselhável [dʒizakõnse'ʎavɛw] (pl -eis) adj desaconsejable.

desacordado, da [dʒizakox'dadu, da] adj inconsciente.

desacordo [dʒiza'koxdu] m -1. [falta de acordo] desacuerdo m. -2. [desarmonia] discordancia f.

desacostumado, da [dʒizakoʃtu'madu, da] adj: ~ (a) desacostumbrado(da) (a).

desacostumar [dʒizakoʃtu'ma(x)] vt: ~ alguém de algo desacostumbrar a alguien a algo.

➤ desacostumar-se vp [desabituar-se]: ~-se de algo/de fazer algo desacostumbrarse a algo/a hacer algo, desacostumbrarse de hacer algo Amér.

desacreditar [dʒizakredi'ta(x)] vt desacreditar.

➤ desacreditar-se vp [perder o crédito] desacreditarse.

desafeto [dʒiza'fɛtu] m rival m.

desafiador, ra [dʒizafja'do(x), ra] <> adj desafiante. <> m, f oponente mf.

desafiar [dʒiza'fja(x)] vt desafiar.

desafinado, da [dʒizafi'nadu, da] adj desafinado(da).

desafinar [dʒizafi'na(x)] <> vt desafinar. <> vi desafinar.

desafio [dʒiza'fiw] m -1. [provocação] desafío. -2. MÚS duelo cantado de versos improvisados, bombas fpl yucatecas Méx, payada f RP.

desafogado, da [dʒizafo'gadu, da] adj -1. [pessoa - de preocupações, de opressão] libre; [- de trabalho] desahogado(da). -2. [trânsito] descongestionado(da).

desafogar [dʒizafo'ga(x)] vt [desoprimir, desabafar] desahogar.

➤ desafogar-se vp [desabafar-se] desahogarse.

desafogo [dʒiza'fogu] m desahogo m.

desaforado, da [dʒizafo'radu, da] adj insolente.

desaforo [dʒiza'foru] m insolencia f.

desafortunado, da [dʒizafoxtu'nadu, da] adj desafortunado(da).

desagasalhado, da [dʒizagaza'ʎadu, da] adj desabrigado(da).

desagradar [dʒizagra'da(x)] <> vt desagradar. <> vi: ~ a alguém desagradar a alguien.

desagradável [dʒizagra'davɛw] (pl -eis) adj desagradable.

desagrado [dʒiza'gradu] m desagrado m.

desagravo [dʒiza'gravu] m desagravio m.

desaguar [dʒiza'gwa(x)] <> vi [vazar-se]: ~ em desembocar en. <> vt [drenar] drenar.

desajeitado, da [dʒizaʒej'tadu, da] adj torpe.

desajuste [dʒiza'ʒuʃtʃi] m -1. [de peças, máquina] desajuste m. -2. PSIC desequilibrio m.

desalentado, da [dʒizalẽn'tadu, da] adj desalentado(da).

desalentar [dʒizalẽn'ta(x)] <> *vt* desalentar. <> *vi* desalentarse.

desalento [dʒiza'lẽntu] *m* desaliento *m*.

desalinhado, da [dʒizali'ɲadu, da] *adj* desaliñado(da), fachoso(sa) *Méx*, desprolijo(ja) *RP*.

desalinhar [dʒiza'liɲa(x)] *vt* -**1**. [fileira] desalinear. -**2**. [desarrumar] desordenar.

desalinho [dʒiza'liɲul *m* desaliño *m*, facha *f Méx*, desprolijidad *f RP*.

desalmado, da [dʒizaw'madu, da] *adj* desalmado(da).

desalojar [dʒizalo'ʒa(x)] *vt* : ~ **alguém de** sacar a alguien de.

desamarrar [dʒizama'xa(x)] <> *vt* [desfazer] desatar. <> *vi NÁUT* soltar amarras.

desamassar [dʒizama'sa(x)] *vt* -**1**. [papel/chapéu] alisar. -**2**. [pára-lama] desabollar.

desambientado, da [dʒizãnbjẽn'tadu, da] *adj* desambientado(da).

desamor [dʒiza'mo(x)] *m* desamor *m*.

desamparado, da [dʒizãnpa'radu, da] *adj* -**1**. [pessoa] desamparado(da). -**2**. [lugar] abandonado(da).

desamparar [dʒizãnpa'ra(x)] *vt* [abandonar] desamparar.

desandar [dʒizãn'da(x)] *vi* [clara, maionese] cortarse.

desanimador, ra [dʒizanima'do(x), ra] *adj* deprimente, desanimador(ra) *Méx*.

desanimar [dʒizani'ma(x)] <> *vt* -**1**. [fazer perder o ânimo]: ~ **alguém (de fazer algo)** desanimar a alguien (de hacer algo). -**2**. [desencorajar]: ~ **alguém de fazer algo** desanimar a alguien de hacer algo. <> *vi* -**1**. [perder o ânimo] desanimarse; ~ **de fazer algo** desanimarse de hacer algo. -**2**. [ser desencorajador] desanimar.

desânimo [dʒi'zãnimu] *m* desánimo *m*.

desanuviar [dʒizanu'vja(x)] *vt* -**1**. [céu, mente] despejar. -**2**. *fig* [pessoa] tranquilizar.

desanuviar-se *vp* -**1**. [céu, mente] despejarse. -**2**. *fig* [pessoa] tranquilizarse.

desaparafusar [dʒizaparafu'za(x)] *vt* desatornillar, destornillar.

desaparecer [dʒizapare'se(x)] *vi* desaparecer.

desaparecido, da [dʒizapare'sidu, da] <> *adj* desaparecido(da). <> *m, f* [pessoa] desaparecido *m*, -da *f*.

desaparecimento [dʒizaparesi'mẽntul *m* desaparición *f*.

desapegado, da [dʒizape'gadu, da] *adj* desapegado(da).

desapego [dʒiza'pegul *m* desapego *m*.

desapertar [dʒizapex'ta(x)] *vt* aflojar.

desapiedado, da [dʒizapje'dadu, da] *adj* despiadado(da).

desapontador, ra [dʒizapõnta'do(x), ra] *adj* decepcionante.

desapontamento [dʒizapõnta'mẽntul *m* decepción *f*.

desapontar [dʒizapõn'ta(x)] *vt* decepcionar.

desapontar-se *vp* decepcionarse.

desapropriação [dʒizaproprja'sãw] (*pl* -ões) *f* expropiación *f*.

desapropriar [dʒizapro'prja(x)] *vt* -**1**. [desapossar]: ~ **alguém de algo** despojar a alguien de algo. -**2**. [expropriar]: ~ **algo (de alguém)** expropiar algo (a alguien).

desaprovação [dʒizaprova'sãw] (*pl* -ões) *f* desaprobación *f*.

desaprovar [dʒizapro'va(x)] *vt* desaprobar.

desarmado, da [dʒizax'madu, da] *adj* desarmado(da).

desarmamento [dʒizaxma'mẽntul *m* desarme *m*.

desarmar [dʒizax'ma(x)] *vt* desarmar.

desarmonia [dʒizaxmo'nial *f* falta *f* de armonía.

desarranjado, da [dʒizaxãn'ʒadu, da] *adj* -**1**. [desarrumado] desordenado(da). -**2**. *MED*: **estar** ~ **estar** descompuesto(ta), estar maluco(ca) *Col*, tener descomposición *Esp*.

desarranjar [dʒizaxãn'ʒa(x)] *vt* [desarrumar] desordenar.

desarranjo [dʒiza'xãnʒul *m* -**1**. [desordem] desorden *m*. -**2**. *MED* descomposición *f Esp*, descompostura *m Amér*, maluquez *f Col*.

desarrumado, da [dʒizaxu'madu, da] *adj* desordenado(da).

desarrumar [dʒizaxu'ma(x)] *vt* desordenar.

desarticulado, da [dʒizaxtʃiku'ladu, da] *adj* -**1**. [deslocado] dislocado(da). -**2**. [desfeito] desarticulado(da).

desarticular [dʒizaxtʃiku'la(x)] *vt* desarticular.

desassossego [dʒizaso'segul *m* desasosiego *m*.

desastrado, da [dʒizaʃ'tradu, da] *adj* torpe.

desastre [dʒi'zaʃtril *m* -**1**. [acidente] desastre *m*. -**2**. *fig* [fracasso]: **ser um** ~ ser un desastre.

desastroso, osa [dʒizaʃ'trozu, ɔzal *adj* desastroso(sa).

desatar [dʒiza'ta(x)] <> *vt* -**1**. [desfazer] deshacer. -**2**. [desprender] desatar. <> *vi* [começar]: ~ **a fazer algo** romper *ou* ponerse *ou* soltarse *Méx* a hacer algo.

desatento, ta [dʒiza'tẽntu, tal *adj* -**1**. [distraído] distraído(da), descuidado(da) *Méx*. -**2**. [descortês] desatento(ta).

desatinado, da [dʒizatʃi'nadu, da] <> *adj*

desquiciado(da). <> *m, f* imprudente *mf.*

desatino [dʒiza'tʃinu] *m* [ato insensato, loucura] desatino *m.*

desativar [dʒizatʃi'va(x)] *vt* [tornar inativo, desmontar] desactivar.

desatualizado, da [dʒizatwali'zadu, da] *adj* desactualizado(da).

desavença [dʒiza'vẽnsa] *f* [briga, dissensão] desavenencia *f.*

desavergonhado, da [dʒizavexgo'ɲadu, da] *adj* desvergonzado(da).

desavisado, da [dʒizavi'zadu, da] *adj* imprudente.

desbancar [dʒiʒbãŋ'ka(x)] *vt*: ~ alguém (em algo) desbancar a alguien (en algo).

desbaratar [dʒiʒbara'ta(x)] *vt* -1. [dissipar]: ~ algo (em algo) malgastar *ou* dilapidar *RP* algo (en algo). -2. [arruinar] arruinar. -3. [vencer] derrotar.

desbastar [dʒiʒbaʃ'ta(x)] *vt* cortar.

desbocado, da [dʒiʒbo'kadu, da] *adj fig* deslenguado(da).

desbotado, da [dʒiʒbo'tadu, da] *adj* desteñido(da).

desbotar [dʒiʒbo'ta(x)] *vt* desteñir.

desbragadamente [dʒiʒbragada'mẽntʃi] *adv* -1. [beber, comer, falar] descontroladamente. -2. [mentir] descaradamente.

desbravador, ra [dʒiʒbrava'do(x), ra] *m, f* explorador *m*, -ra *f.*

desbravar [dʒiʒbra'va(x)] *vt* limpiar.

descabelar [dʒiʃkabe'la(x)] *vt* arrancar el pelo a, desgreñar *Méx.*

➡ **descabelar-se** *vp fig* volverse loco(ca).

descabido, da [dʒiʃka'bidu, da] *adj* -1. [absurdo] descabellado(da). -2. [impróprio] inapropiado(da), inadecuado(da).

descalabro [dʒiʃka'labru] *m* descalabro *m.*

descalçar [dʒiʃkaw'sa(x)] *vt* -1. [sapatos] descalzar. -2. [luvas] quitarse.

➡ **descalçar-se** *vp* descalzarse.

descalço, ça [dʒiʃ'kawsu, sa] *adj* descalzo(za).

descampado, da [dʒiʃkãn'padu, da] *adj* descampado(da).

➡ **descampado** *m* descampado *m.*

descansado, da [dʒiʃkãn'sadu, da] *adj* -1. [tranqüilo] tranquilo(la). -2. [lento] lento(ta).

descansar [dʒiʃkãn'sa(x)] <> *vt* -1. [livrar de fadiga, apoiar] descansar. -2. [tranqüilizar] tranquilizar. <> *vi* [repousar, tranqüilizar-se, morrer] descansar.

descanso [dʒiʃ'kãnsu] *m* -1. [repouso, folga] descanso *m.* -2. [suporte para mesa] salvamanteles *m inv*, apoyador *m RP.*

descarado, da [dʒiʃka'radu, da] <> *adj* descarado(da). <> *m, f* descarado *m*, -da *f.*

descaramento [dʒiʃkara'mẽntu] *m* descaro *m.*

descarga [dʒiʃ'kaxga] *f* descarga *f*; ~ elétrica descarga eléctrica; dar a ~ [vaso sanitário] tirar la cadena.

descarregar [dʒiʃkaxe'ga(x)] <> *vt* [gen & *INFORM*] descargar. <> *vi* [bateria] descargarse.

descarrilamento [dʒiʃkaxila'mẽntu] *m* descarrilamiento *m.*

descarrilar [dʒiʃkaxi'la(x)] <> *vt* hacer descarrilar a. <> *vi* descarrilar.

descartar [dʒiʃkax'ta(x)] *vt* descartar.

➡ **descartar-se** *vp*: ~ -se de deshacerse de.

descartável [dʒiʃkax'tavɛw] (*pl* -eis) *adj* desechable, descartable *Amér.*

descascador [dʒiʃkaʃka'do(x)] *m* pelador *m.*

descascar [dʒiʃkaʃ'ka(x)] <> *vt* [tirar a casca de] pelar. <> *vi* [perder a casca, a pele] pelarse.

descaso [dʒiʃ'kasul] *m* dejadez *f.*

descendência [desẽn'dẽnsja] *f* descendencia *f.*

descendente [desẽn'dẽntʃi] <> *adj* -1. [movimento] descendente. -2. [pessoa] descendiente. <> *mf* [pessoa] descendiente *mf.*

descender [desẽn'de(x)] *vi* [pessoa, idioma]: ~ de descender de.

descer [de'se(x)] <> *vt* -1. [escada] bajar. -2. [carga] descargar. <> *vi* bajar.

descida [de'sida] *f* [declive] bajada *f.*

desclassificar [dʒiʃklasifi'ka(x)] *vt* -1. [eliminar] descalificar. -2. [desmoralizar] desmoralizar.

descoberto, ta [dʒiʃko'bɛxtu, ta] <> *pp* ▷ descobrir. <> *adj* -1. descubierto(ta). -2. *BANCO* con descubierto.

➡ **descoberta** *f* [achado, invenção] descubrimiento *m.*

descobridor, ra [dʒiʃkobri'do(x), ra] *m, f* descubridor *m*, -ra *f.*

descobrimento [dʒiʃkobri'mẽntu] *m* [de continentes] descubrimiento *m.*

descobrir [dʒiʃko'bri(x)] *vt* descubrir.

➡ **descobrir-se** *vp* [tirar a coberta] destaparse.

descolar [deʃko'lar] *vt* -1. [desgrudar]: ~ algo (de) despegar algo (de). -2. *fam* [conseguir] agenciarse.

descolorir [dʒiʃkolo'ri(x)] <> *vt* [tirar a cor] descolorir, decolorar. <> *vi* [perder a cor] descolorirse, decolorarse.

descompor [dʒiʃkõn'po(x)] *vt* -1. [desordenar] descomponer. -2. [insultar] insultar. -3. [desnudar] desnudar. -4. [repreender] regañar, retar *RP.*

descomposto, osta [dʒiʃkõn'poʃtu, ɔʃta] <>

descompostura   96

pp ▷ **descompor.** ◇ *adj* **-1.** [desalinhado] desaliñado(da), fachoso(sa) *Méx*, desprolijo(ja) *RP*. **-2.** [desfeito] deshecho(cha). **-3.** [desfigurado] descompuesto(ta).

descompostura [dʒiʃkõnpoʃ'tural *f* **-1.** [repreensão] reprimenda *f*, regaño *m Méx*, reto *m RP*; **passar uma** ~ **em alguém** regañar a alguien, darle un reto a alguien *RP*. **-2.** [insulto] falta *f* de respeto.

descomunal [dʒiʃkomu'naw] (*pl* **-ais**) *adj* descomunal.

desconcentrar [dʒiʃkõnsẽn'tra(x)] *vt* desconcentrar.

➤ **desconcentrar-se** *vp* desconcentrarse.

desconcertante [dʒiʃkõnsex'tãntʃil *adj* desconcertante.

desconcertar [dʒiʃkõnsex'ta(x)] *vt* desconcertar.

➤ **desconcertar-se** *vp* [desarranjar-se, perturbar-se] desconcentrarse.

desconectar [dʒiʃkonek'ta(x)] *vt* desconectar.

➤ **desconectar-se** *vp* [comput] desconectarse.

desconexo, xa [dʒiʃko'nɛksu, ksa] *adj* [incoerente, desunido] inconexo(xa).

desconfiado, da [dʒiʃkõn'fjadu, da] *adj* desconfiado(da).

desconfiança [dʒiʃkõn'fjãnsa] *f* desconfianza *f*.

desconfiar [dʒiʃkõn'fja(x)] ◇ *vt* [conjeturar]: ~ **que** sospechar que. ◇ *vi* **-1.** [ficar suspeitoso] desconfiar. **-2.** [não confiar em, suspeitar de]: ~ **de** desconfiar de.

desconfortável [dʒiʃkõnfor'tavɛw] (*pl* **-eis**) *adj* incómodo(da).

desconforto [dʒiʃkõn'foxtu] *m* incomodidad *f*.

descongelar [dʒiʃkõnʒe'la(x)] *vt* descongelar.

descongestionante [dʒiʃkõnʒeʃtʃjo'nãntʃi] ◇ *adj* descongestionante. ◇ *m* descongestionante *m*.

descongestionar [dʒiʃkõnʒeʃtʃjo'na(x)] *vt* [trânsito] descongestionar.

desconhecer [dʒiʃkoɲe'se(x)] *vt* **-1.** [ignorar, estranhar] desconocer. **-2.** [ser ingrato a] mostrarse ingrato(ta) con.

desconhecido, da [dʒiʃkoɲe'sidu, da] ◇ *adj* [incógnito] desconocido(da). ◇ *m, f* [pessoa] desconocido *m*, -da *f*.

desconhecimento [dʒiʃkoɲesi'mẽntul *m* desconocimiento *m*.

desconsolado, da [dʒiʃkõnso'ladu, da] *adj* desconsolado(da).

desconsolar [dʒiʃkõnso'la(x)] ◇ *vt* desconsolar. ◇ *vi* afligirse.

➤ **desconsolar-se** *vp* afligirse.

descontar [dʒiʃkõn'ta(x)] *vt* **-1.** [deduzir]: ~ **algo (de)** descontar algo (de). **-2.** [negociar título de crédito] descontar. **-3.** *fam* [revidar]: ~ **algo (em alguém)** descargar algo (en alguien). **-4.** [não fazer caso de] ignorar.

descontentamento [dʒiʃkõntẽnta'mẽntul *m* [desprazer, insatisfação] descontento *m*.

descontentar [dʒiʃkõntẽn'ta(x)] *vt* disgustar.

➤ **descontentar-se** *vp* disgustarse.

descontente [dʒiʃkõn'tẽntʃil *adj* descontento(ta).

descontínuo, nua [dʒiʃkõn'tʃinwu, nwal *adj* discontinuo(nua).

desconto [dʒiʃ'kõntul *m* descuento *m*.

descontraído, da [dʒiʃkõntra'idu, da] *adj* relajado(da), agradable.

descontrair [dʒiʃkõntra'i(x)] *vt* relajar, aflojar *RP*.

➤ **descontrair-se** *vp* relajarse, aflojarse *RP*.

descontrolar [dʒiʃkõntro'la(x)] *vt* descontrolar.

➤ **descontrolar-se** *vp* [pessoa, situação] descontrolarse.

desconversar [dʒiʃkõnvex'sa(x)] *vi* cambiar de tema.

descorar [dʒiko'ra(x)] ◇ *vt* [cabelo] descolorar, decolorar. ◇ *vi* [perder a cor] descolorarse, decolorarse, empalidecer.

descortês [dʒiʃkox'teʃl *adj* descortés.

descortesia [dʒiʃkoxte'zial *f* descortesía *f*.

descortinar [dʒiʃkoxtʃi'na(x)] *vt* **-1.** [avistar] avistar. **-2.** [correndo a cortina] mostrar. **-3.** [revelar]: ~ **algo a alguém** revelar algo a alguien.

descoser [dʒiʃko'ze(x)] ◇ *vt* descoser. ◇ *vi* descoserse.

descrédito [dʒiʃ'krɛdʒitul *m* descrédito *m*.

descrença [dʒiʃ'krẽnsa] *f* incredulidad *f*.

descrente [dʒiʃ'krẽntʃil *adj* incrédulo(la).

descrever [dʒiʃkre've(x)] *vt* [expor, traçar] describir.

descrição [dʒiʃkri'sãw] (*pl* **-ões**) *f* descripción *f*.

descuidado, da [dʒiʃkuj'dadu, da] *adj* [desleixado, irrefletido] descuidado(da).

descuidar [dʒiʃkuj'da(x)] *vi*: ~ **de** descuidar.

➤ **descuidar-se** *vp*: ~**-se de** descuidar.

descuido [dʒiʃ'kujdul *m* descuido *m*.

desculpa [dʒiʃ'kuwpal *f* **-1.** [justificação, perdão] disculpa *f*; **pedir** ~**s (a alguém por algo)** pedir *ou* ofrecer *Méx* disculpas (a alguien por algo). **-2.** [evasiva] disculpa *f*, excusa *f*.

desculpar [dʒiʃkuw'pa(x)] *vt* **-1.** [perdoar]: ~

alguém (por algo) disculpar a alguien (por algo). **-2.** [justificar] servir de disculpa para.
 desculpar-se *vp* [justificar-se]: ~**-se (com alguém) por algo** disculparse (con alguien) por algo.
desculpável [dʒiʃkuw'pavew] (*pl* -eis) *adj* disculpable.
desde ['deʒdʒi] *prep* [tempo, espaço] desde; ~ **então** desde entonces; ~ **já** desde ya.
 desde que *loc conj* **-1.** [tempo] desde que. **-2.** [visto que] como, ya que. **-3.** [contanto que] siempre que.
desdém [deʒ'dẽ] *m* desdén *m*.
desdenhar [deʒde'ɲa(x)] *vt* **-1.** [desprezar] desdeñar. **-2.** [escarnecer] burlarse de.
desdenhoso, osa [deʒde'ɲosu, ɔza] *adj* desdeñoso(sa).
desdita [dʒiʒ'dʒita] *f* desdicha *f*.
desdizer [dʒiʒdʒi'ze(x)] *vt* [negar, desmentir] desdecir.
 desdizer-se *vp* [negar o que havia dito] desdecirse.
desdobrar [dʒiʒdo'bra(x)] *vt* **-1.** [abrir] desdoblar. **-2.** [dividir]: ~ **algo em algo** desdoblar algo en algo. **-3.** [aumentar] redoblar.
 desdobrar-se *vp* **-1.** desdoblarse. **-2.** [empenhar-se]: ~**-se (em algo)** empeñarse (en algo).
desejar [deze'ʒa(x)] <> *vt* desear; ~ **algo a alguém** desear algo a alguien. <> *vi*: **deixar a** ~ dejar que desear.
desejável [dese'ʒavew] (*pl* -eis) *adj* deseable.
desejo [de'zeʒu] *m* **-1.** [ger] deseo *m*. **-2.** [de grávida] antojo *m*.
desejoso, osa [dese'ʒosu, ɔza] *adj*: ~ **de algo/de fazer algo** deseoso de algo/de hacer algo.
desembaraçar [dʒizĩbara'sa(x)] *vt* **-1.** [livrar] librar. **-2.** [desemaranhar] desenredar, desenmarañar *Méx*. **-3.** [liberar] liberar.
 desembaraçar-se *vp* **-1.** [desinibir-se] desinhibirse. **-2.** [livrar-se]: ~**-se de algo/alguém** desembarazarse de algo/alguien, deshacerse de algo/alguien, librarse de algo/alguien *Méx*.
desembaraço [dʒizĩba'rasu] *m* **-1.** [desinibição] desinhibición *f*. **-2.** [agilidade] agilidad *f*.
desembarcar [dʒizĩbax'ka(x)] <> *vt* [carga, passageiros] desembarcar. <> *vi* [descer de transporte] desembarcar.
desembarque [dʒizĩ'baxki] *m* desembarque *m*.
desembocar [dʒizĩbo'ka(x)] *vi* [rio, rua]: ~ **em** desembocar en.
desembolsar [dʒizĩbow'sa(x)] *vt* **-1.** [gastar] desembolsar. **-2.** [tirar da bolsa] sacar del bolsillo, desembolsar *Méx*.

desembolso [dʒizĩ'bowsu] *m* [gasto, pagamento adiantado] desembolso *m*.
desembrulhar [dʒizĩbru'ʎa(x)] *vt* desenvolver.
desempacotar [dʒizĩpako'ta(x)] *vt* desempaquetar.
desempatar [dezĩpa'ta(x)] <> *vt* **-1.** [negócio] resolver. **-2.** [jogo, eleição] desempatar. <> *vi* desempatar.
desempate [dʒizĩ'patʃi] *m ESP* desempate *m*.
desempenhar [dʒizĩpe'ɲa(x)] *vt* **-1.** [cumprir] cumplir. **-2.** [exercer, representar] desempeñar.
desempenho [dʒizĩ'peɲu] *m* **-1.** [execução] desempeño *m*. **-2.** [atuação] actuación *f*, desempeño *m Amér*. **-3.** [funcionamento] rendimiento *m*.
desempregado, da [dʒizĩpre'gadu, da] <> *adj* desempleado(da), parado(da) *Esp*. <> *m, f* desempleado *m*, -da *f*, parado *m*, -da *f Esp*.
desemprego [dʒizĩ'pregu] *m* desempleo *m*, paro *m Esp*.
desencadear [dʒizĩka'dʒja(x)] *vt* [provocar] desencadenar.
 desencadear-se *vp* [irromper] desencadenarse.
desencaixar [dʒizĩkaj'ʃa(x)] *vt* desencajar.
 desencaixar-se *vp* desencajarse.
desencaixotar [dʒizĩkajʃo'ta(x)] *vt* sacar de cajas.
desencanto [dʒizĩ'kãntu] *m* [desilusão] desencanto *m*, desilusión *f*.
desencargo [dʒizĩ'kaxgu] *m* [cumprimento] cumplimiento *m*; **por** ~ **de consciência** para quedarse con la conciencia tranquila, por descargo de conciencia *Méx*.
desencarregar [dʒizĩkaxe'ga(x)] *vp* [desobrigar]: ~ **alguém de algo** librar a alguien de algo.
desencontrar [dʒizĩkõn'tra(x)] *vt* [fazer que não se encontrem] hacer que no se encuentren.
 desencontrar-se *vp* **-1.** [não se encontrar]: ~**-se (de)** no encontrarse con, desencontrarse con *Amér*. **-2.** [perder-se um do outro] separarse, perderse.
desencontro [dʒizĩ'kõntru] *m* **-1.** [falta de encontro] desencuentro *m*. **-2.** [divergência] desencuentro *m*, desacuerdo *m*.
desencorajar [dʒizĩkora'ʒa(x)] *vt* desanimar, desestimular *RP*.
desencostar [dʒizĩko'ta(x)] *vt*: ~ **algo/alguém (de)** apartar algo/alguien (de).
 desencostar-se *vp*: ~**-se de algo** apartarse de algo.
desenfreado, da [dʒizẽnfre'adu, da] *adj* desenfrenado(da).

desenganado, da Idʒizĩŋga'nadu, dal *adj* [sem cura] desahuciado(da); [desiludido] desengañado(da).

desenganar Idʒizĩŋga'na(x)l *vt* **-1.** [doente] desahuciar. **-2.** [desiludir] desengañar.

desengano Idʒizĩn'gãnul *m* [desilusão] desengaño *m*.

desengonçado, da Idʒizĩŋgõn'sadu, dal *adj* **-1.** [desconjuntado] descoyuntado(da). **-2.** [desajeitado] palillo, flaco perchento (flaca perchenta) *RP*.

desenhar Ideze'ɲa(x)l ⬦ *vt* **-1.** [boneco, figura, paisagem] dibujar. **-2.** [projeto, maquete] diseñar. ⬦ *vi* [traçar desenhos] dibujar.

desenhista Ideze'niʃtal *m, f* **-1.** [de desenho industrial] diseñador *m*, -ra *f*. **-2.** [de quadros] dibujante *mf*.

desenho Ide'zeɲul *m* **-1.** [expressão de formas] dibujo *m*; ~ **animado** dibujo animado. **-2.** [de edifício, de roupas] diseño *m*.

desenlace Idʒizẽn'lasil *m* desenlace *m*.

desenrolar Idʒizẽnxo'la(x)l ⬦ *m* desarrollo *m*. ⬦ *vt* **-1.** [estender] desenrollar. **-2.** [expor] exponer.

⬥ **desenrolar-se** *vp* **-1.** [desenroscar-se] desenroscarse. **-2.** [mostrar-se] presentarse, mostrarse *Méx*.

desentender-se Idʒizẽntẽn'dexsil *vp*: ~ **(com)** pelearse (con).

desentendido, da Idʒizẽntẽn'dʒidu, dal *adj*: **fazer-se de** ~ hacerse el desentendido.

desentendimento Idʒizĩntẽndʒi'mẽntul *m* [desentendido, desavença] malentendido *m*.

desenterrar Idʒizẽnte'xa(x)l *vt* desenterrar.

desentupir Idʒizẽntu'pi(x)l *vt* destapar.

desenvoltura Idʒizĩnvow'tural *f* desenvoltura *f*.

desenvolver Idʒizĩnvow've(x)l *vt* desarrollar.

⬥ **desenvolver-se** *vp* [crescer, progredir] desarrollarse.

desenvolvido, da Idʒizĩnvow'vidu, dal *adj* desarrollado(da).

desenvolvimento Idʒizĩnvowvi'mẽntul *m* [crescimento, concepção] desarrollo *m*; ~ **sustentável** desarrollo sostenible.

desequilibrado, da Idʒizekili'bradu, dal ⬦ *adj* [sem equilíbrio & *PSIC*] desequilibrado(da). ⬦ *m, f PSIC* desequilibrado *m*, -da *f*.

desequilibrar Idʒizekili'bra(x)l *vt* desequilibrar.

desequilíbrio Idʒizeki'librjul *m* [falta de equilíbrio & *PSIC*] desequilibrio *m*.

desertar Idezex'ta(x)l ⬦ *vt* [abandonar] desertar. ⬦ *vi MIL* desertar.

deserto, ta Ide'zɛxtu, tal *adj* [despovoado, vazio] desierto(ta).

⬥ **deserto** *m* desierto *m*.

desertor, ra Idezex'to(x), ral *m, f* desertor *m*, -ra *f*.

desesperado, da Idʒiziʃpe'radu, dal *adj* **-1.** [sem esperança, irritado] desesperado(da). **-2.** [briga, competição] encarnizado(da). **-3.** [amor] intenso(sa).

desesperador, ra Idʒiziʃpera'do(x), ral *adj* [sem esperança, irritante] desesperante.

desesperança Idʒiziʃpe'rãnsal *f* desesperanza *f*.

desesperar Idʒizeʃpe'ra(x)l ⬦ *vt* [arrasar, irritar] desesperar. ⬦ *vi* [perder a esperança] desesperar.

⬥ **desesperar-se** *vp* [perder a esperança, afligir-se] desesperarse.

desespero Idʒiziʃ'perul *m* [desesperança, aflição] desesperación *f*; **levar alguém ao** ~ llevar a alguien a la desesperación.

desestimular Idʒiziʃtʃimu'la(x)l *vt* desestimular.

desfalcar Idʒiʃfaw'ka(x)l *vt* **-1.** [reduzir] reducir. **-2.** *FUT* dejar cojo a. **-3.** [defraudar] desfalcar.

desfalecer Idʒiʃfale'se(x)l *vi* [desmaiar] desfallecer.

desfalque Idʒiʃ'fawkil *m* **-1.** [redução] reducción *f*. **-2.** [privação] falta *f*. **-3.** [fraude] desfalco *m*.

desfavorável Idʒiʃfavo'ravɛwl (*pl* -eis) *adj* **-1.** [clima, condição, parecer] desfavorable. **-2.** [pessoa] en contra de.

desfazer Idʒiʃfa'ze(x)l *vt* **-1.** [ger] deshacer. **-2.** [dispersar] dispersar. **-3.** [amizade] deshacer, terminar con *Amér*, acabar *Méx*. **-4.** [encantamento] deshacer.

⬥ **desfazer-se** *vp* **-1.** [ger] deshacerse. **-2.** [grupo, multidão] dispersarse. **-3.** [nevoeiro] disiparse. **-4.** [amizade] deshacerse, terminarse *Amér*, acabarse *Méx*. **-5.** [desmanchar-se]: ~ **-se em algo** deshacerse en algo.

desfechar Idʒiʃfe'ʃa(x)l *vt* **-1.** [golpe, seta] disparar, lanzar. **-2.** [tiro] disparar, descerrajar *Amér*. **-3.** [dizer] lanzar.

desfecho Idʒiʃ'feʃul *m* desenlace *m*.

desfeita Idʒiʃ'fejtal *f* ofensa *f*.

desfeito, ta Idʒiʃ'fejtu, tal ⬦ *pp* ⊳ **desfazer**. ⬦ *adj* deshecho(cha).

desferir Idʒiʃfe'ri(x)l *vt* [aplicar, emitir, arremessar] lanzar.

desfiar Idʒiʃ'fja(x)l ⬦ *vt* **-1.** [tecido] deshilar. **-2.** [galinha] desmenuzar. **-3.** [terço] pasar las cuentas de *Esp*, pasar los misterios en *Amér*. ⬦ *vi* [tecido] deshilacharse.

desfigurar Idʒiʃfigu'ra(x)l *vt* [transformar, adulterar] desfigurar.

desfigurar-se *vp* [transformar-se] desfigurarse.

desfiladeiro [dʒiʃfila'dejru] *m* desfiladero *m*.

desfilar [dʒiʃfi'la(x)] <> *vi* [passar em desfile] desfilar. <> *vt* [exibir] exhibir.

desfile [dʒiʃ'fili] *m* desfile *m*.

desforra [dʒiʃ'fɔxa] *f* venganza *f*.

desfrutar [dʒiʃfru'ta(x)] <> *vt* [usufruir, deliciar-se com] disfrutar. <> *vi* [usufruir]: ~ de algo disfrutar algo.

desgarrado, da [dʒiʒga'xadu, da] *adj* [perdido] extraviado(da).

desgarrar-se [dʒiʒga'xaxsi] *vp* [perder-se]: ~ de algo desviarse de algo.

desgastante [dʒiʒgaʃ'tãntʃi] *adj* desgastante.

desgastar [dʒiʒgaʃ'ta(x)] *vt* desgastar.

desgaste [dʒiʒ'gaʃtʃi] *m* [deterioração, dano] desgaste *m*.

desgostar [dʒiʒgoʃ'ta(x)] <> *vt* [contrariar] disgustar. <> *vi* [não gostar]: **passou a ~ da companhia da noiva** le disgustó la compañía de la novia.

desgostar-se *vp* [deixar de gostar]: ~-se de algo/de fazer algo perder el gusto por algo/de hacer algo.

desgosto [dʒiʒ'goʃtu] *m* [desprazer, pesar] disgusto *m*.

desgostoso, osa [dʒiʒgoʃ'tozu, ɔza] *adj* -1. [triste] descontento(ta). -2. [contrariado] contrariado(da).

desgraça [dʒiʒ'grasa] *f* -1. [infortúnio, miséria] desgracia *f*. -2. *fam* [pessoa inábil]: **ser uma ~** ser una desgracia.

desgraçado, da [dʒiʒgra'sadu, da] <> *adj* -1. [desafortunado, miserável, vil] desgraciado(da). -2. *fam* [grande] terrible, desgraciado(da) *CAm* & *Méx*. <> *m, f* [desafortunado, vil] desgraciado *m*, -da *f*.

desgraçar [dʒiʒgra'sa(x)] *vt* causar desgracia a, desgraciar *Méx*.

desgrenhado, da [dʒiʒgre'ɲadu, da] *adj* -1. [despenteado] despeinado(da), greñudo(da) *Méx*. -2. [desarrumado] desarreglado(da), desprolijo(ja) *Amér*, chirgo(ga) *Méx*.

desgrudar [dʒiʒgru'da(x)] *vt* -1. [descolar]: ~ algo de algo despegar algo de algo. -2. [afastar]: ~ alguém de alguém/algo despegar alguien de alguien/algo.

desgrudar-se *vp* [afastar-se] despegarse.

desidratar [dʒizidra'ta(x)] *vt* deshidratar.

desidratar-se *vp* deshidratarse.

design [dʒi'zajni] (*pl* -s) *m* diseño *m*.

designar [dezig'na(x)] *vt* -1. [denominar] designar. -2. [simbolizar] simbolizar. -3. [determinar] asignar. -4. [escolher]: ~ alguém **para algo** designar a alguien como algo.

designer [dʒi'zajnɛ(x)] (*pl* -s) *mf* diseñador *m*, -ra *f*.

desigual [dezi'gwaw] (*pl* -ais) *adj* -1. [diferente] desigual, diferente. -2. [irregular, injusto] desigual.

desilusão [dʒizilu'zãw] (*pl* -ões) *f* desilusión *f*.

desimpedir [dʒizĩnpe'dʒi(x)] *vt* despejar.

desinfetante [dʒizĩnfe'tãntʃi] <> *adj* desinfectante. <> *m* desinfectante *m*.

desinfetar [dʒizĩnfe'ta(x)] *vt* MED desinfectar.

desinibido, da [dʒizini'bidu, da] *adj* deshinibido(da).

desintegração [dʒizĩntegra'sãw] *f* desintegración *f*.

desinteressado, da [dʒizĩntere'sadu, da] *adj* [sem interesse, desprendido] desinteresado(da).

desinteressar [dʒizĩntere'sa(x)] *vt*: ~ alguém de algo quitar el interés de alguien por algo.

desinteressar-se *vp*: ~-se de algo desinteresarse de algo.

desinteresse [dʒizĩnte'resi] *m* [falta de interesse, desprendimento] desinterés *m*.

desistência [deziʃ'tẽnsja] *f* desistimiento *m*.

desistir [deziʃ'tʃi(x)] *vi* desistir, renunciar *RP*; ~ de algo/de fazer algo desistir de algo/de hacer algo, renunciar a algo/a hacer algo *RP*.

desjejum [dʒiʒe'ʒũ] (*pl* -ns) *m* desayuno *m*.

deslavado, da [dʒiʒla'vadu, da] *adj* -1. [cara] deslavado(da). -2. [atitude, mentira] descarado(da).

desleal [dʒiʒ'ljaw] (*pl* -ais) *adj* desleal.

desleixado, da [dʒiʒlej'ʃadu, da] *adj* descuidado(da), desprolijo(ja) *RP*.

desligado, da [dʒiʒli'gadu, da] *adj* -1. ELETR apagado(da). -2. [desconectado] desconectado(da). -3. [afastado]: ~ de desconectado(da) de. -4. [desprendido] desvinculado(da). -5. *fam* [distraído] distraído(da).

desligar [dʒiʒli'ga(x)] *vt* ELETR apagar.

desligar-se *vp* -1. [afastar-se]: ~-se de desvincularse de, desconectarse de *Méx*. -2. [desprender-se]: ~-se de desvincularse de. -3. [distrair-se] desconectar *Esp*, desconectarse *Amér*.

deslizamento [dʒiʒliza'mẽntul *m* deslizamiento *m*; ~ de terra deslizamiento de tierra.

deslizar [dʒiʒli'za(x)] *vi* -1. [ger] deslizarse. -2. [falhar] patinar.

deslize [dʒiʒ'lizi] *m* -1. [escorregão] resbalón *m*. -2. [falha, engano] desliz *m*.

deslocado, da [dʒiʒlo'kadu, da] adj -1. MED dislocado(da). -2. [transferido] transferido(da). -3. [desambientado] fuera de lugar, desubicado(da) **Amér.**

deslocar [dʒiʒlo'ka(x)] vt -1. MED dislocar. -2. [transferir] transferir. -3. [mover] desplazar.

➡ **deslocar-se** vp [mover-se] desplazarse, moverse.

deslumbramento [dʒiʒlũnbra'mẽntul] m deslumbramiento m.

deslumbrante [dʒiʒlũn'brãntʃil] adj deslumbrante.

deslumbrar [dʒiʒlũn'bra(x)] ⋄ vt deslumbrar. ⋄ vi deslumbrarse.

➡ **deslumbrar-se** vp deslumbrarse.

desmaiado, da [dʒiʒma'jadu, da] adj -1. MED desmayado(da). -2. [pálido] pálido(da).

desmaiar [dʒiʒmaj'a(x)] ⋄ vt desmayar. ⋄ vi desmayarse.

➡ **desmaiar-se** vp desmayarse.

desmaio [dʒiʒ'majul m desmayo m.

desmamar [dʒiʒma'ma(x)] ⋄ vt destetar. ⋄ vi destetarse.

desmancha-prazeres [dʒiʒ,mãnʃapra'zeriʃl mf inv aguafiestas mf inv.

desmanchar [dʒiʒmãn'ʃa(x)] vt [desfazer, acabar com] deshacer.

➡ **desmanchar-se** vp -1. [dissolver-se] deshacerse. -2. [exceder-se]: ~-se em algo deshacerse en algo.

desmarcar [dʒiʒmax'ka(x)] vt -1. [tirar as marcas de] quitar las marcas a. -2. [adiar] cancelar.

desmascarar [dʒiʒmaʃka'ra(x)] vt [revelar, desmoralizar] desenmascarar.

desmatamento [dʒiʒmata'mẽntul m desmonte m.

desmatar [dʒiʒma'ta(x)] vt desmontar.

desmedido, da [dʒiʒme'dʒidu, da] adj desmedido(da).

desmentir [dʒiʒmẽn'tʃi(x)] vt desmentir.

➡ **desmentir-se** vp [contradizer-se] desmentirse.

desmerecer [dʒiʒmere'se(x)] vt -1. [menosprezar] menospreciar. -2. [não merecer] desmerecer.

desmesurado, da [dʒiʒmezu'radu, da] adj desmesurado(da).

desmiolado, da [dʒiʒmjo'ladu, da] adj -1. [sem juízo] insensato(ta). -2. [esquecido] desmemoriado(da).

desmontar [dʒiʒmõn'ta(x)] ⋄ vt -1. [separar as partes de] desmontar, desarmar. -2. [destruir] desmontar. ⋄ vi [apear]: ~ (de algo) [de cavalo] desmontarse (de algo); [de moto, bicicleta] bajarse de algo.

desmoralizar [dʒiʒmorali'za(x)] vt desmoralizar.

➡ **desmoralizar-se** vp desmoralizarse.

desmoronamento [dʒiʒmorona'mẽntul m desmoronamiento m.

desmoronar [dʒiʒmoro'na(x)] ⋄ vt desmoronar. ⋄ vi desmoronarse.

desmotivado, da [dʒiʒmotʃi'vadu, da] adj desmotivado(da).

desnatado, da [dʒiʒna'tadu, da] adj desnatado(da) **Esp**, descremado(da) **Amér.**

desnecessário, ria [dʒiʒnese'sarju, rja] adj innecesario(ria).

desnível [dʒiʒ'nivɛwl (pl -eis) m desnivel m.

desnorteado, da [dʒiʒnox'tʃjadu, da] adj [perturbado] desorientado(da), norteado(da) **Méx**, desnorteado(da) **RP.**

desnortear [dʒiʒnox'tʃja(x)] vt -1. [desorientar] desorientar, nortear **Méx**, desnortear **RP.** -2. [perturbar] desorientar.

➡ **desnortear-se** vp -1. [perder-se] desorientarse, desnortearse **RP.** -2. [perturbar-se] desorientarse.

desnudar [dʒiʒnu'da(x)] vt [despir, revelar] desnudar.

➡ **desnudar-se** vp [despir-se] desnudarse.

desnutrição [dʒiʒnutri'sãwl f desnutrición f.

desobedecer [dʒizobede'se(x)] vi: ~ a desobedecer a.

desobediência [dʒizobe'dʒjẽnsja] f desobediencia f.

desobediente [dʒizobe'dʒjẽntʃil adj desobediente.

desobrigar [dʒizobri'ga(x)] vt: ~ alguém de algo/de fazer algo liberar a alguien de algo/de hacer algo.

desobstruir [dʒizobʃtru'i(x)] vt -1. [corredor, rua] desatascar, despejar. -2. [artéria] desatascar, desobstruir.

desocupado, da [dʒizoku'padu, da] ⋄ adj -1. [ocioso, disponível, vazio] desocupado(da). -2. [desempregado] desocupado(da), desempleado(da), parado(da) **Esp.** ⋄ m, f -1. [desempregado] desocupado m, -da f, desempleado m, -da f, parado m, -da f **Esp.** -2. [vagabundo] desocupado m, -da f **Esp**, vago m, -ga f **Amér.**

desocupar [dʒizoku'pa(x)] vt [deixar livre, esvaziar] desocupar.

desodorante [dʒizodo'rãntʃil m desodorante m.

desolação [dezola'sãwl f [tristeza, devastação] desolación f.

desolado, da [dezo'ladu, da] adj [triste, devastado] desolado(da).

desolar [dezo'la(x)] vt [entristecer, devastar] desolar.

desonesto, ta [dʒizo'nɛʃtu, ta] ⋄ adj [indigno, mentiroso] deshonesto(ta). ⋄ m, f [pessoa indigna] deshonesto m, -ta f.

desonra [dʒi'zõnxa] f deshonra f.
desonrar [dʒizõn'xa(x)] vt deshonrar.
➡ **desonrar-se** vp deshonrarse.
desordeiro, ra [dʒizox'dejru, ra] <> adj agitador(ra). <> m, f agitador m, -ra f.
desordem [dʒi'zɔxdẽ] (pl -ns) f [bagunça, tumulto] desorden m.
desorganização [dʒizoxganiza'sãw] f desorganización f.
desorganizar [dʒizoxgani'za(x)] vt desorganizar.
➡ **desorganizar-se** vp desorganizarse.
desorientação [dʒizorjẽnta'sãw] f desorientación f.
desorientar [dʒizorjẽn'ta(x)] vt desorientar.
➡ **desorientar-se** vp desorientarse.
desossar [dʒizo'sa(x)] vt deshuesar.
desovar [dʒizo'va(x)] <> vi [pôr ovos] desovar. <> vt fam fig [livrar-se de] deshacerse de.
despachado, da [dʒiʃpa'ʃadu, da] adj -1. [enviado] despachado(da). -2. [eficiente] eficiente.
despachar [dʒiʃpa'ʃa(x)] vt despachar.
despacho [dʒiʃ'paʃul m -1. [resolução] despacho m. -2. [espirit] ofrenda f.
despedaçar [dʒiʃpeda'sa(x)] vt [quebrar] despedazar.
➡ **despedaçar-se** vp [quebrar-se em pedaços] despedazarse.
despedida [dʒiʃpe'dʒida] f [ato] despedida f.
despedir [dʒiʃpe'dʒi(x)] vt [demitir] despedir.
➡ **despedir-se** vp [dizer adeus]: ~-se (de alguém) despedirse (de alguien).
despeitado, da [dʒiʃpej'tadu, da] adj -1. [invejoso] despechado(da). -2. fam [que tem o peito magro] liso(sa), plano(na) Méx, chato(ta) RP.
despeito [dʒiʃ'pejtu] m [inveja] despecho m.
➡ **a despeito de** loc conj [apesar de] a pesar de.
despejar [dʒiʃpe'ʒa(x)] vt -1. [inquilino] desalojar. -2. [entornar] derramar.
despejo [dʒiʃ'peʒu] m [de inquilino] desalojo m.
despencar [dʒiʃpẽŋ'ka(x)] vi -1. [cair]: ~ de algo caerse de algo. -2. fam [ir depressa] largarse, lanzarse Méx.
despensa [dʒiʃ'pẽnsa] f despensa f.
despentear [dʒiʃpẽn'tʒa(x)] vt despeinar.
➡ **despentear-se** vp despeinarse.
despercebido, da [dʒiʃpexse'bidu, da] adj desapercibido(da).
desperdiçar [dʒiʃpexdʒi'sa(x)] vt desperdiciar.
desperdício [dʒiʃpex'dʒisju] m desperdicio m.

despertador [dʒiʃpexta'do(x)] (pl -es) m despertador m.
despertar [dʒiʃpex'ta(x)] <> vt -1. [acordar] despertar. -2. [provocar] despertar, dar Méx. -3. fig [tirar]: ~ alguém de algo despertar ou sacar a alguien de algo. <> vi -1. [acordar] despertarse. -2. fig [sair]: ~ de algo despertarse de algo, salirse de algo Méx, salir de algo RP. -3. fig [perceber uma situação] despertarse, darse cuenta Méx, avivarse RP. <> m despertar m.
desperto, ta [dʒiʃ'pɛxtu, ta] adj despierto(ta).
despesa [dʒiʃ'pezal f gasto m.
despido, da [dʒiʃ'pidu, da] adj -1. [nu] desvestido(da). -2. fig [desprovido]: ~ de algo desprovisto(ta) de algo.
despir [dʒiʃ'pi(x)] vt -1. [pessoa] desvestir. -2. [roupa] quitarse, sacarse Amér.
➡ **despir-se** vp -1. [tirar a roupa] quitarse, sacarse Amér. -2. fig [despojar-se]: ~-se de algo despojarse de algo.
despojado, da [dʒiʃpo'ʒadu, da] adj -1. [privado]: ~ de algo despojado(da) de algo. -2. [desprendido] desprendido(da). -3. [sem enfeite] sencillo(lla).
despojar [dʒiʃpo'ʒa(x)] vt despojar.
➡ **despojar-se** vp [privar-se]: ~-se de algo despojarse de algo.
despojos [dʒiʃ'pɔʒoʃ] mpl despojos mpl; ~ mortais despojos mortales.
despoluir [dʒiʃpo'lwi(x)] vt descontaminar.
despontar [dʒiʃpõn'ta(x)] vi despuntar.
déspota ['dɛʃpotal <> adj déspota. <> mf déspota mf.
despovoado, da [dʒiʃpo'vwadu, da] adj despoblado(da).
desprazer [dʒiʃpra'ze(x)] m disgusto m.
desprender [dʒiʃprẽn'de(x)] vt -1. [soltar]: ~ alguém/algo (de algo) soltar a alguien/algo (de algo). -2. [escalar] desprender.
➡ **desprender-se** vp: ~-se (de algo) desprenderse (de algo).
despreocupado, da [dʒiʃpreoku'padu, da] adj despreocupado(da).
despreparado, da [dʒiʃprepa'radu, da] adj sin preparación, descapacitado(da) Méx.
desprestigiar [dʒiʃpreʃtʃi'ʒja(x)] vt desprestigiar.
despretensioso, osa [dʒiʃpretẽn'sjozu, ɔza] adj modesto(ta).
desprevenido, da [dʒiʃpreve'nidu, da] adj -1. [distraído] desprevenido(da). -2. fig [sem dinheiro] sin dinero.
desprezar [dʒiʃpre'za(x)] vt -1. [ger] despreciar. -2. [não considerar] descontar.
desprezível [dʒiʃpre'zivew] (pl -eis) adj -1. [vil]

despreciable. **-2.** [ínfimo] simbólico(ca).
desprezo [dʒiʃ'prezu] *m* desprecio *m*.
desproporcional [dʒiʃpropoxsjo'naw] (*pl* -ais) *adj*: ~ **(a)** desproporcionado(da) (a).
despropositado, da [dʒiʃpropozi'tadu, da] *adj* absurdo(da).
despropósito [dʒiʃpro'pɔzitu] *m* **-1.** [disparate] despropósito *m*. **-2.** *fig* [excesso] disparate *m*, titipuchal *m* *Méx*.
desprover [dʒiʃpro've(x)] *vt*: ~ **alguém (de algo)** privar a alguien (de algo).
desprovido, da [dʒiʃpro'vidu, da] *adj*: ~ **de algo** desprovisto de algo.
desqualificar [dʒiʃkwalifi'ka(x)] *vt* descalificar; ~ **alguém (para)** descalificar a alguien (para).
desregrado, da [dʒiʒxe'gradu, da] <> *adj* **-1.** [desordenado] irregular. **-2.** [devasso] libertino(na). <> *m, f* [devasso] libertino *m*, -na *f*.
desrespeitar [dʒiʒxeʃpej'ta(x)] *vt* no respetar.
desrespeito [dʒiʒxeʃ'pejtu] *m*: ~ **(a)** falta *f* de respeto (a).
dessa ['dɛsa] = de + essa.
desse ['desi] = de + esse.
destacado, da [dʒiʃta'kadu, da] *adj* **-1.** [separado] suelto(ta). **-2.** [proeminente] destacado(da).
destacar [dʒiʃta'ka(x)] *vt* separar.
➡ **destacar-se** *vp* [fazer-se notar] destacarse.
destampar [dʒiʃtãn'pa(x)] *vt* destapar.
destapar [dʒiʃta'pa(x)] *vt* destapar.
destaque [dʒiʃ'taki] *m* **-1.** [realce] importancia *f*, realce *f*. **-2.** [pessoa] estrella *f*. **-3.** [assunto relevante] notícia *f* más importante.
desta ['dɛsta] = de + esta.
deste ['deʃtʃi] = de + este.
destemido, da [dʒiʃte'midu, da] *adj* intrépido(da).
desterrar [dʒiʃte'xa(x)] *vt* desterrar.
desterro [dʒiʃ'texu] *m* destierro *m*.
destilar [deʃtʃi'la(x)] *vt* destilar.
destilaria [deʃtʃila'rial] *f* destilería *f*.
destinação [deʃtʃina'sãw] (*pl* -oes) *f* destino *m*.
destinar [deʃtʃi'na(x)] *vt* destinar.
➡ **destinar-se** *vp* **-1.** [ser designado]: ~-**se a** destinarse a. **-2.** [dedicar-se] dedicarse.
destinatário, ria [deʃtʃina'tarju, rja] *m, f* destinatario *m*, -ria *f*.
destino [deʃ'tʃinu] *m* destino *m*.
destituição [deʃtʃitwi'sãw] *f* destitución *f*.
destituir [deʃtʃi'twi(x)] *vt* **-1.** [privar]: ~ **alguém de algo** despojar a alguien de algo. **-2.** [demitir]: ~ **alguém (de algo)** destituir a alguien (de algo).

destorcer [dʒiʃtox'se(x)] *vt* [endireitar] enderezar.
destorcido, da [dʒiʃtox'sidu, da] *adj* [endireitado] enderezado(da).
destrancar [dʒiʃtrãŋ'ka(x)] *vt* desatrancar, destrancar *RP*.
destratar [dʒiʃtra'ta(x)] *vt* maltratar, destratar *RP*.
destreza [deʃ'treza] *f* destreza *f*.
destro, tra ['dɛstru, tra] *adj* diestro(tra).
destroçar [dʒiʃtro'sa(x)] *vt* **-1.** [ger] destrozar. **-2.** [devastar] devastar.
destroços [dʒiʃ'trɔsuʃ] *mpl* restos *mpl*.
destroncar [dʒiʃtrõŋ'ka(x)] *vt* desarticularse.
destruição [dʒiʃtruj'sãw] *f* destrucción *f*.
destruidor, ra [dʒiʃtruj'do(x), ra] <> *adj* destructor(ra). <> *m, f* destructor *m*, -ra *f*.
destruir [dʒiʃtru'i(x)] <> *vt* destruir. <> *vi* [ter efeito negativo] destruir.
➡ **destruir-se** *vp fig* [acabar-se] destruirse, acabarse *Amér*.
desumano, na [dʒizu'mãnu, na] *adj* inhumano(na).
desunião [dʒiʒun'jãw] *f* **-1.** [separação] desunión *f*. **-2.** [discórdia] desunión *f*, discrepancia *f* *Méx*.
desvairado, da [dʒiʒvaj'radu, da] <> *adj* **-1.** [louco] trastornado(da). **-2.** [descontrolado] descontrolado(da). <> *m, f* **-1.** [pessoa louca] trastornado *m*, -da *f*. **-2.** [pessoa descontrolada] descontrolado *m*, -da *f*.
desvalorizar [dʒiʒvalori'za(x)] <> *vt* [carro, pessoa] desvalorizar; [moeda] devaluar, desvalorizar. <> *vi* [moeda] devaluarse, desvalorizarse.
desvantagem [dʒiʒvãn'taʒẽ] (*pl* -ns) *f* desventaja *f*; **em** ~ en desventaja.
desvão [dʒiʒ'vãw] *m* desván *m*.
desvario [dʒiʒva'riw] *m* desvarío *m*.
desvelo [dʒiʒ'velu] *m* [zelo] desvelo *m*.
desvencilhar [dʒiʒvẽnsi'ʎa(x)] *vt* [soltar]: ~ **algo/alguém (de algo)** soltar algo/a alguien (de algo), desvencijar algo/a alguien (de algo) *RP*.
➡ **desvencilhar-se** *vp* **-1.** [soltar-se]: ~-**se (de algo)** soltarse de algo, desvencijarse de algo *RP*. **-2.** [livrar-se]: ~ **de alguém/algo** librarse de alguien/algo, desvencijarse de alguien/algo *RP*.
desvendar [dʒiʒvẽn'da(x)] *vt* **-1.** [tirar a venda de] quitar *ou* sacar la venda de. **-2.** [revelar] revelar, develar *Amér*.
desventura [dʒiʒvẽn'tural] *f* desventura *f*.
desviar [dʒiʒ'vja(x)] *vt* **-1.** [mudar a direção de] desviar. **-2.** *fig* [roubar] desviar, malversar.

→ **desviar-se** *vp* [mudar a direção] desviarse.
desvio [dʒiʒ'viw] *m* -**1.** [ger] desvío *m*. -**2.** [roubo] desvío *m*, malversación *f*.
desvirar [dʒiʒvi'ra(x)] *vt* colocar del derecho, poner al derecho *RP*.
detalhado, da [deta'ʎadu, da] *adj* detallado(da).
detalhar [deta'ʎa(x)] *vt* detallar.
detalhe [de'taʎi] *m* detalle *m*.
detalhista [deta'ʎiʃta] *adj* detallista.
detectar [detek'ta(x)] *vt* detectar.
detector [detek'to(x)] (*pl* -es) *m* detector *m*.
detenção [detẽ'sãw] (*pl* -ões) *f* detención *f*.
deter [de'te(x)] *vt* -**1.** [parar, prender, manter] detener. -**2.** [reprimir] retener. -**3.** [ter em seu poder] detentar.
→ **deter-se** *vp* -**1.** [parar, ficar] detenerse. -**2.** [ocupar-se]: ~**-se em algo** detenerse en algo. -**3.** [reprimir-se] reprimirse.
detergente [detex'ʒẽtʃi] ◇ *adj* detergente. ◇ *m* detergente *m*.
deterioração [deterjora'sãw] *f* deterioro *m*.
deteriorar [deterjo'ra(x)] ◇ *vt* deteriorar. ◇ *vi fig* [piorar] deteriorarse.
→ **deteriorar-se** *vp* deteriorarse.
determinação [detexmina'sãw] (*pl* -ões) *f* determinación *f*.
determinado, da [detexmi'nadu, da] *adj* determinado(da).
determinar [detexmi'na(x)] *vt* determinar.
detestar [deteʃ'ta(x)] *vt* detestar.
→ **detestar-se** *vp* detestarse.
detestável [deteʃ'tavew] (*pl* -eis) *adj* detestable.
detetive [dete'tʃivi] *m f* detective *mf*.
detido, da [de'tʃidu, da] *adj* detenido(da).
detonação [detona'sãw] (*pl* -ões) *f* detonación *f*.
detonar [deto'na(x)] ◇ *vt* [arma, bomba] detonar. ◇ *vi* -**1.** [arma, bomba] detonar. -**2.** [trovão] retumbar.
DETRAN (*abrev de* **Departamento Estadual de Trânsito**) *m organismo encargado de administrar la concesión de permisos de conducir*, ≃ DGT *f Esp*.
detrás [de'trajʃ] *adv* detrás, atrás *RP*.
→ **detrás de** *loc prep* detrás *ou* atrás *RP* de.
→ **por detrás** *loc adv* por detrás *ou* atrás *RP*.
detrimento [detri'mẽtu] *m*: **em** ~ **de** en detrimento de.
detrito [de'tritu] *m* detrito *m*.
deturpação [detuxpa'sãw] (*pl* -ões) *f* [distorção] distorsión *f*.
deturpar [detux'pa(x)] *vt* -**1.** [adulterar] manipular, distorsionar *Amér*. -**2.** [corromper] corromper.

deus, sa ['dewʃ, za] (*mpl* -ses, *fpl* -sas) *m, f* dios *m*, -sa *f*.
→ **Deus** *m* Dios *m*; **graças a Deus!** ¡Gracias a Dios!; **meu Deus do céu!** ¡Dios mío!
deus-nos-acuda [ˌdewʃnuʃa'kuda] *m*: **um** ~ un caos, un relajo *Méx*.
devagar [dʒiva'ga(x)] ◇ *adv* despacio. ◇ *adj inv fam* -**1.** [lento] lento(ta). -**2.** [sem graça] aburrido(da); **estar** ~**, quase parando** estar casi paralizado.
devaneio [deva'neju] *m* fantasía *f*, devaneo *m Amér*.
devassado, da [deva'sadu, da] *adj* abierto(ta).
devassidão [devasi'dãw] *f* libertinaje *m*.
devasso, ssa [de'vasu, sa] ◇ *adj* libertino(na). ◇ *m*, *f* libertino *m*, -na *f*.
devastar [devaʃ'ta(x)] *vt* devastar.
deve ['dɛvi] *m* COM debe *m*.
devedor, ra [deve'do(x), ra] ◇ *adj* deudor(ra). ◇ *m*, *f* deudor *m*, -ra *f*.
dever [de've(x)] (*pl* -es) ◇ *m* -**1.** [obrigação] deber *m*. -**2.** EDUC: ~ **(de casa)** deberes *mpl*. ◇ *vt* -**1.** [dinheiro]: ~ **algo (a alguém)** deber algo (a alguien); ~ **fazer algo** deber hacer algo. -**2.** [expressando probabilidade] deber de. ◇ *vi* [ter dívida]: ~ **dinheiro** deber dinero.
→ **dever-se a** *vp* [ser conseqüência de] deberse a.
deveras [de'vɛraʃ] *adv* de veras.
devidamente [deˌvida'mẽtʃi] *adv* debidamente.
devido, da [de'vidu, da] *adj* debido(da); **no** ~ **tempo** a su debido tiempo.
→ **devido a** *loc adv* debido a.
devoção [devo'sãw] *f* devoción *f*.
devolução [devolu'sãw] (*pl* -ões) *f* devolución *f*.
devolver [devow've(x)] *vt* devolver.
devorar [devo'ra(x)] *vt* devorar.
devotar [devo'ta(x)] *vt*: ~ **algo a algo/alguém** dedicar algo a algo/alguien.
→ **devotar-se** *vp*: ~**-se a algo/alguém** dedicarse a algo/alguien.
devoto, ta [de'vɔtu, ta] ◇ *adj* devoto(ta). ◇ *m*, *f* devoto *m*, -ta *f*.
dez ['dɛʒ] *num* diez; *veja também* **seis**.
dez. (*abrev de* **dezembro**) dic.
dezembro [de'zẽbru] *m* diciembre *m*; *veja também* **setembro**.
dezena [de'zena] *f* decena *f*.
dezenove [deze'nɔvi] *num* diecinueve; *veja também* **seis**.
dezesseis [deze'sejʃ] *num* dieciséis; *veja também* **seis**.
dezessete [deze'sɛtʃi] *num* diecisiete; *veja também* **seis**.

dezoito [deˈzojtu] *num* dieciocho; *veja também* **seis**.

DF (*abrev de* **Distrito Federal**) Brasilia.

dia [ˈdʒia] *m* **-1.** [ger] día *m*; **bom** ~ **!** ¡buenos días!; **de um** ~ **para outro** de un día para otro; **no** ~ **anterior** el día anterior; **no** ~ **seguinte** al día siguiente; **mais** ~, **menos** ~ día más, día menos; **o** ~ **todo** todo el día; **todo** ~, **todos os** ~**s** todos los días. **-2.** [data]: **no** ~ **dez** el día diez; ~ **de folga** día de descanso; ~ **útil** día útil; ~ **cheio** día repleto; **um** ~ **daqueles** uno de esos días. **-3.** [luz do sol]: **de** ~ de día. **-4.** [atualidade]: **em** ~ al día; **hoje em** ~ hoy en día.

dia-a-dia [dʒiaˈdʒia] *m* día a día *f.*

diabetes [dʒiaˈbɛtʃiʃ] *m ou f* diabetes *f.*

diabético, ca [dʒiaˈbɛtʃiku, ka] <> *adj* diabético(ca). <> *m, f* diabético *m*, -ca *f.*

diabo [ˈdʒiabu] <> *m* diablo *m*; **acontecer o** ~ **suceder** de todo; **comer o pão que o** ~ **amassou** pasarlas canutas; **fazer o** ~ hacer el diablillo. <> *interj* ¡diablos! ◆ **como o diabo** *loc adv fam* [em excesso, muito]: **ela é feia como o** ~ es más fea que Picio; **ele corre como o** ~ corre como un bólido.

diabrura [dʒiaˈbrura] *f* diablura *f.*

diafragma [dʒiaˈfragma] *m* diafragma *m.*

diagnóstico [dʒiagˈnɔʃtʃiku] *m* diagnóstico *m.*

diagonal [dʒiagoˈnaw] (*pl* -ais) <> *adj* diagonal. <> *f* diagonal *f.*

diagrama [dʒiaˈgrãma] *m* diagrama *m.*

diagramador, ra [dʒiagramaˈdo(x), ra] *m, f* maquetador *m*, -ra *f*, diagramador *m*, -ra *f RP.*

dialeto [dʒiaˈlɛtu] *m* dialecto *m.*

dialogar [dʒialoˈga(x)] *vi*: ~ **(com)** dialogar (con).

diálogo [ˈdʒialogu] *m* diálogo *m.*

diamante [dʒiaˈmãntʃi] *m* diamante *m.*

diâmetro [ˈdʒiãmetru] *m* diámetro *m.*

diante [ˈdʒiãntʃi] ◆ **diante de** *loc adv* delante de; ~ **dos argumentos** ante los argumentos.

dianteira [dʒiãnˈtejra] *f* delantera *f*; **na** ~ en la delantera.

dianteiro, ra [dʒiãnˈtejru, ra] *adj* delantero(ra).

diapositivo [dʒiapoziˈtʃivu] *m* diapositiva *f.*

diário, ria [ˈdʒiarju, rja] *adj* diario(ria). ◆ **diário** *m* diario *m.* ◆ **diária** *f* **-1.** [de hotel] precio *m* por noche. **-2.** [para viagem] dietas *fpl*, viático *m RP.*

dica [ˈdʒika] *f fam* pista *f.*

dicção [dʒikˈsãw] *f* dicción *f.*

dicionário [dʒisjoˈnarju] *m* diccionario *m.*

dicionarista [dʒisjonaˈriʃta] *m f* lexicógrafo *m*, -fa *f.*

dicotomia [dʒikotoˈmia] *f* dicotomía *f.*

didático, ca [dʒiˈdatʃiku, ka] *adj* didáctico(ca).

DIEESE (*abrev de* **Departamento Intersindical de Estatísticas e Estudos Sócio-Econômicos**) *m organismo de apoyo a las actividades sindicales mantenido por los sindicatos de São Paulo.*

diesel [ˈdʒizɛw] *m* diesel *m*, diésel *m*; **motor (a)** ~ motor diesel *ou* diésel.

dieta [ˈdʒiɛta] *f* dieta *f*; **fazer** ~ hacer dieta.

dietético, ca [dʒieˈtɛtʃiku, ka] *adj* dietético(ca).

difamar [dʒifaˈma(x)] *vt* difamar.

diferença [dʒifeˈrẽnsa] *f* **-1.** [ger] diferencia *f.* **-2.** [distinção]: **fazer** ~ **entre** hacer distinción entre, hacer diferencias entre **Amér**; **não fazer** ~ no importar. **-3.** [discordância]: **ter** ~**(s) com alguém** tener diferencias (con alguien).

diferenciar [dʒiferẽnˈsja(x)] *vt*: ~ **algo/alguém (de)** distinguir algo/alguien (de), diferenciar algo/alguien (de). ◆ **diferenciar-se** *vp* diferenciarse.

diferente [dʒifeˈrẽntʃi] <> *adj* **-1.** [diverso]: ~ **(de)** diferente (a *ou* de). **-2.** [incomum] inusitado(da), diferente **Méx**, original **RP**. <> *adv* diferente, distinto.

diferir [dʒifeˈri(x)] *vi*: ~ **(em)** diferir (en); ~ **de algo/alguém** diferir de algo/alguien.

difícil [dʒiˈfisiw] (*pl* -eis) <> *adj* **-1.** difícil. **-2.** [improvável]: **(ser)** ~ **algo/fazer algo** (ser) difícil algo/hacer algo. <> *adv*: **falar/ escrever** ~ hablar/escribir de manera difícil. <> *m*: **o** ~ **é** lo difícil es.

dificuldade [dʒifikuwˈdadʒi] *f* **-1.** [ger] dificultad *f.* **-2.** [problema]: **ter** ~ **em fazer algo** tener dificultad para hacer algo. **-3.** [situação crítica] dificultad *f*, apuro *m*; **em** ~**(s)** en apuros.

dificultar [dʒifikuwˈta(x)] *vt* dificultar.

difundir [dʒifũnˈdi(x)] *vt* difundir.

difuso, sa [dʒiˈfuzu, za] *adj* difuso(sa).

digerir [dʒiʒeˈri(x)] *vt* digerir.

digestão [dʒiʒeʃˈtãw] *f* digestión *f.*

digitação [dʒiʒitaˈsãw] (*pl* -ões) *f COMPUT* tecleado *m.*

digital [dʒiʒiˈtaw] (*pl* -ais) *adj* digital.

digitalizar [dʒiʒitaliˈza(x)] *vt COMPUT* digitalizar.

digitar [dʒiʒiˈta(x)] *vt COMPUT* teclear, digitar **Amér**.

dígito [ˈdʒiʒitu] *m* dígito *m.*

dignidade [dʒigniˈdadʒi] *f* dignidad *f*; **com** ~ con dignidad.

digno, na [ˈdʒignu, nal *adj* digno(na); **ser** ~ **de algo/de fazer algo** ser digno de algo/de hacer algo.

dilacerante [dʒilaseˈrãntʃil *adj* dilacerante.

dilacerar [dʒilaseˈra(x)] *vt* [despedaçar] dilacerar.

▸ **dilacerar-se** *vp* [afligir-se] partirse.

dilapidar [dʒilapiˈda(x)] *vt* dilapidar.

dilatar [dʒilaˈta(x)] *vt* dilatar.

dilema [dʒiˈlemal *m* dilema *m*.

diletante [dʒileˈtãntʃil ◇ *adj* diletante. ◇ *mf* diletante *mf*.

diligência [dʒiliˈʒẽnsjal *f* -1. [ger] diligencia *f*. -2. [pesquisa] averiguación *f*, diligencia *f* RP.

diligente [dʒiliˈʒẽntʃil *adj* diligente.

diluição [dʒilwiˈsãwl *f* dilución *f*.

diluir [dʒiˈlwi(x)] *vt*: ~ **algo (em algo)** diluir algo (en algo).

dilúvio [dʒiˈluviwl *m* diluvio *m*.

dimensão [dʒimẽnˈsãwl (*pl* -ões) *f* dimensión *f*.

diminuição [dʒiminwiˈsãwl *f* disminución *f*.

diminuir [dʒimiˈnwi(x)] ◇ *vt* -1. [reduzir] disminuir. -2. [subtrair]: ~ **algo de/em algo** disminuir algo en algo. ◇ *vi* [reduzir-se] disminuir; ~ **de peso** bajar de peso.

diminutivo [dʒiminuˈtʃivul *m* GRAM diminutivo *m*.

diminuto, ta [dʒimiˈnutu, tal *adj* diminuto(ta).

Dinamarca [dʒinaˈmarkal *n* Dinamarca.

dinâmico, ca [dʒiˈnãmiku, kal *adj* dinámico(ca).

▸ **dinâmica** *f* dinámica *f*; ~ **de grupo** dinámica de grupo.

dinamismo [dʒinaˈmiʒmul *m* dinamismo *m*.

dinamite [dʒinaˈmitʃil *f* dinamita *f*.

dínamo [ˈdʒinamul *m* dinamo *f Esp*, dinamo *m Amér*.

dinastia [dʒinaʃˈtʃial *f* dinastía *f*.

dinheirão [dʒiɲejˈrãwl *m*: **um** ~ un dineral.

dinheiro [dʒiˈɲejrul *m* dinero *m*, plata *f Amér*; ~ **vivo** efectivo *m*.

dinossauro [dʒinoˈsawrul *m* dinosaurio *m*.

diocese [dʒjoˈsɛzil *f* diócesis *f inv*.

dióxido [ˈdʒjɔksidul *m* QUÍM dióxido *m*; ~ **de carbono** dióxido de carbono.

diploma [dʒiˈplomal *m* diploma *m*.

diplomacia [dʒiplomaˈsial *f* diplomacia *f*; **com** ~ con diplomacia.

diplomado, da [dʒiplomaˈdu, dal ◇ *adj* [formado] diplomado(da). ◇ *m,f* diplomado *m*, -da *f*.

diplomar [dʒiploˈma(x)] *vt* diplomar.

▸ **diplomar-se** *vp*: ~-**se (em algo)** diplomarse (en algo).

diplomata [dʒiploˈmatal *mf* -1. [representante] diplomático *m*, -ca *f*. -2. *fig* [negociador hábil] negociador *m*, -ra *f* excelente.

diplomático, ca [dʒiploˈmatʃiku, kal *adj* diplomático(ca).

dique [ˈdʒikil *m* dique *m*.

direção [dʒireˈsãwl (*pl* -ões) *f* dirección *f*; **em** ~ **a** en dirección a.

direcionamento [dʒiresionaˈmẽntul *m* COMPUT direccionamiento *m*.

direita [dʒiˈrejtal *f* ▷ direito.

direito, ta [dʒiˈrejtu, tal *adj* -1. [ger] derecho(cha). -2. [digno] recto(ta), derecho(cha) *Amér*. -3. [arrumado] arreglado(da).

▸ **direito** ◇ *m* derecho *m*; ~ **civil** derecho civil. ◇ *adv* bien.

▸ **direita** *f* [ger] derecha *f*; **à** ~ **a la** derecha.

▸ **direitos** *mpl*: ~ **autorais** derechos *mpl* de autor; ~ **humanos** derechos humanos.

direto, ta [dʒiˈrɛtu, tal *adj* -1. [reto] recto(ta). -2. [franco] directo(ta). -3. *TV* [transmissão] en directo.

▸ **direto** *adv*: **falar** ~ hablar sin parar; **ir** ~ **(para)** ir directo (a).

diretor, ra [dʒireˈto(x), ral (*mpl* -res, *fpl* -ras) *m, f* director *m*, -ra *f*.

diretoria [dʒiretoˈrial *f* -1. [de escola] dirección *f*. -2. [de empresa] dirección *f*, directorio *m RP*.

DIRF (*abrev de* Declaração de Imposto de Renda na Fonte) *declaración del impuesto sobre la renta en fuente*.

dirigente [dʒiriˈʒẽntʃil *mf* dirigente *mf*.

dirigir [dʒiriˈʒi(x)] ◇ *vt* -1. [ger] dirigir. -2. [atenção, esforços]: ~ **algo para** dirigir algo a. -3. *AUTO* conducir, manejar *Amér*. ◇ *vi* *AUTO* conducir, manejar *Amér*.

▸ **dirigir-se** *vp* -1. [encaminhar-se]: ~-**se a algo** dirigirse a algo. -2. [falar com]: ~-**se a alguém** dirigirse a alguien.

discagem [dʒiʃˈkaʒẽl *f* marcado *m*, discado *m RP*; ~ **direta** marcado *ou* discado *RP* directo.

discar [dʒiʃˈka(x)] *vt* marcar, discar *RP*.

discernimento [dʒisexniˈmẽntul *m* discernimiento *m*.

disciplina [dʒisiˈplinal *f* disciplina *f*.

discípulo, la [dʒiˈsipulu, lal *m, f* discípulo *m*, -la *f*.

disc-jóquei [dʒiskˈʒɔkejl (*pl* disc-jóqueis) *mf* disc-jokey *mf*.

disco [ˈdʒiʃkul *m* -1. [ger] disco *m*; ~ **a laser** láser disc *m*; **não mudar o** ~ parecer un disco rayado. -2. [objeto circular]: ~ **voador** platillo *m* volador *ou* volante *Esp*. -3. *COM-*

PUT: ~ **flexível/rígido** disco flexible/duro; ~ **de sistema** disco de sistema.

discordar [dʒiʃkoxˈda(x)] *vi*: ~ **(de algo/alguém)** discrepar (de algo/alguien), no estar de acuerdo (con algo/alguien).

discórdia [dʒiʃˈkɔrdʒjal *f* discordia *f*.

discoteca [dʒiʃkoˈtɛka] *f* discoteca *f*.

discotecário, ria [dʒiʃkoteˈkariw, rial *m*, *f* gerente *mf* de una discoteca.

discrepância [dʒiʃkreˈpãnsjal *f* discrepancia *f*.

discreto, ta [dʒiʃˈkrɛtu, tal *adj* discreto(ta).

discrição [dʒiʃkriˈsãwl *f* discreción *f*.

discriminação [dʒiʃkriminaˈsãwl *f* discriminación *f*.

discriminador, ra [dʒiʃkriminaˈdo(x), ral *adj* que discrimina.

discriminar [dʒiʃkrimiˈna(x)] *vt* -**1**. [segregar] discriminar. -**2**. [listar] enumerar, listar *RP*.

discursar [dʒiʃkuxˈsa(x)] *vi*: ~ **(sobre)** discurrir (sobre).

discurso [dʒiʃˈkuxsul *m* -**1**. [fala] discurso *m*. -**2**. *GRAM* estilo *m*.

discussão [dʒiʃkuˈsãwl (*pl*-ões) *f* discusión *f*.

discutir [dʒiʃkuˈtʃi(x)] <> *vt* [debater]: ~ **algo (com alguém)** discutir algo (con alguien). <> *vi* [brigar]: ~ **(com alguém)** discutir (con alguien).

discutível [dʒiʃkuˈtʃivewl (*pl*-eis) *adj* discutible.

disenteria [dʒizẽnteˈrial *f* disentería *f*.

disfarçar [dʒiʃfaxˈsa(x)] *vt* [dissimular] disimular.

◆ **disfarçar-se** *vp* [fantasiando-se]: ~-**se de algo** disfrazarse de algo.

disfarce [dʒiʃˈfaxsil *m* disfraz *m*.

díspar [ˈdʒiʃpa(x)] *adj* dispar.

disparada [dʒiʃpaˈradal *f*: **em** ~ disparado(da), a todo correr, a las disparadas *RP*.

disparado, da [dʒiʃpaˈradu, dal *adj* [lançado] disparado(da).

◆ **disparado** *adv* -**1**. [a toda velocidade] disparado(da), a las disparadas *RP*. -**2**. [com grande superioridade] de lejos, por mucho *Méx*.

disparar [dʒiʃpaˈra(x)] <> *vt* [desfechar, lançar] disparar. <> *vi* -**1**. [descarregar-se] dispararse. -**2**. [correr]: ~ **(por)** salir disparado (tras).

disparatado, da [dʒiʃparaˈtadu, dal *adj* disparatado(da).

disparate [dʒiʃpaˈratʃil *m* disparate *m*.

disparidade [dʒiʃpariˈdadʒil *f* disparidad *f*.

dispensa [dʒiʃˈpẽnsal *f* dispensa *f*.

dispensar [dʒiʃpẽnˈsa(x)] *vt* -**1**. [prescindir] prescindir de. -**2**. [conceder]: ~ **algo a al-**

guém dispensar algo a alguien. -**3**. [eximir]: ~ **alguém (de algo)** dispensar a alguien (de algo).

dispensável [dʒiʃpẽnˈsavewl (*pl* -eis) *adj* prescindible.

dispersar [dʒiʃpexˈsa(x)] *vt* dispersar.

◆ **dispersar-se** *vp* dispersarse.

displicência [dʒiʃpliˈsẽnsjal *f* displicencia *f*.

displicente [dʒiʃpliˈsẽntʃil *adj* displicente.

disponível [dʒiʃpoˈnivɛwl (*pl*-eis) *adj* disponible.

dispor [dʒiʃˈpo(x)] <> *m*: **ao** ~ **de alguém** a disposición de alguien. <> *vt* disponer. <> *vi*: ~ **de** disponer de.

◆ **dispor-se** *vp* disponerse.

disposição [dʒiʃpoziˈsãwl *m* -**1**. [ger] disposición *f*. -**2**. [subordinação]: **à** ~ **de** a disposición de, a la orden de *Méx*.

dispositivo [dʒiʃpoziˈtʃivul *m* -**1**. [ger] dispositivo *m*; ~ **intra-uterino** dispositivo intrauterino. -**2**. *JUR* artículo *m*.

disposto, ta [dʒiʃˈpoʃtu, tal *adj* -**1**. [arrumado] dispuesto(ta). -**2**. [animado] animado(da).

disputa [dʒiʃˈputal *f* disputa *f*.

disputar [dʒiʃpuˈta(x)] <> *vt* -**1**. [concorrer a] disputar. -**2**. [competir por] disputarse. <> *vi* [rivalizar]: ~ **com algo/alguém** competir con algo/alguien.

disquete [dʒiʃˈkɛtʃi] *m* *COMPUT* disquete *m*.

dissabor [dʒisaˈbo(x)] *m* sinsabor *m*.

dissecar [dʒiseˈka(x)] *vt* diseccionar, disecar *RP*.

disseminar [dʒisemiˈna(x)] *vt* diseminar.

◆ **disseminar-se** *vp* diseminarse.

dissertação [dʒisextaˈsãwl (*pl* -ões) *f* disertación *f*.

dissidência [dʒisiˈdẽnsjal *f* -**1**. [ger] disidencia *f*. -**2**. [divergência] divergencia *f*.

dissidente [dʒisiˈdẽntʃil <> *adj* disidente. <> *mf* disidente *mf*.

dissimular [dʒisimuˈla(x)] <> *vt* -**1**. [disfarçar] disimular. -**2**. [fingir] fingir. <> *vi* [disfarçar] disimular.

dissipar [dʒisiˈpa(x)] *vt* disipar.

◆ **dissipar-se** *vp* disiparse.

disso [ˈdʒisul = **de** + **isso**.

dissociar [dʒisoˈsja(x)] *vt*: ~ **algo de algo** disociar algo de algo.

dissolução [dʒisoluˈsãwl *f* disolución *f*.

dissoluto, ta [dʒisoˈlutu, tal *adj* disoluto(ta).

dissolver [dʒisowˈve(x)] *vt* disolver.

◆ **dissolver-se** *vp* disolverse.

dissuadir [dʒiswaˈdi(x)] *vt*: ~ **alguém (de algo/de fazer algo)** disuadir a alguien (de algo/de hacer algo).

dissuasão [dʒiswaˈzãwl *f* disuasión *f*.

distância [dʒiʃˈtãnsjal *f* distancia *f*; **manter-se a** ~ mantenerse a distancia.

distanciar [dʒiʃtãn'sja(x)] *vt* distanciar.
➡ **distanciar-se** *vp* distanciarse.
distante [dʒiʃ'tãntʃil] *adj* distante.
distender [dʒiʃtẽn'de(x)] *vt* distender.
distensão [dʒiʃtẽn'sãw] (*pl* -ões) *f* distensión
f.
distinção [dʒiʃtĩn'sãw] (*pl* -ões) *f* distinción *f.*
distinguir [dʒiʃtĩŋ'gi(x)] *vt* distinguir.
➡ **distinguir-se** *vp* [sobressair-se] distinguirse.
distintivo, va [dʒiʃtʃĩn'tʃivu, va] *adj* distintivo(va).
➡ **distintivo** *m* distintivo *m.*
distinto, ta [dʒiʃ'tʃintu, ta] *adj* -1. [diferente] distinto(ta). -2. [perceptível] nítido(da). -3. [ilustre, elegante] distinguido(da).
disto ['dʒiʃtul] = de + isto.
distorcer [dʒiʃtox'se(x)] *vt* distorsionar.
distração [dʒiʃtra'sãw] (*pl* -ões) *f* [falta de atenção] distracción *f.*
distraído, da [dʒiʃtra'idu, da] *adj* distraído(da).
distrair [dʒiʃtra'i(x)] *vt* -1. [divertir] distraer. -2. [entreter] entretener. -3. [desviar a atenção]: ~ alguém (de) distraer a alguien (de).
➡ **distrair-se** *vp* -1. [divertir-se] distraerse, entretenerse. -2. [alhear-se] distraerse.
distribuição [dʒiʃtribwi'sãw] (*pl* -ões) *f* distribución *f.*
distribuidor, ra [dʒiʃtribwi'do(x), ra] (*mpl* -es, *fpl* -s) *m, f* [pessoa] distribuidor *m*, -ra *f.*
➡ **distribuidor** *m* AUTO distribuidor *m*, delco *m Esp.*
distribuir [dʒiʃtri'bwi(x)] *vt* distribuir.
distrito [dʒiʃ'tritul *m* -1. [divisão administrativa] distrito *m*; ~ eleitoral distrito electoral. -2. [policial] distrito *m*, seccional *f RP.*
➡ **Distrito Federal** *m* [no Brasil] Brasilia.
distúrbio [dʒiʃ'tuxbjul *m* -1. [ger] disturbio *m*. -2. MED & PSIC trastorno *m*.
ditado [dʒi'tadul *m* -1. [exercício escolar] dictado *m*. -2. [provérbio] dicho *m*.
ditador, ra [dʒita'do(x), ra] (*mpl* -es, *fpl* -s) *m, f* dictador *m*, -ra *f.*
ditadura [dʒita'dural *f* dictadura *f.*
ditar [dʒi'ta(x)] *vt* dictar.
dito, ta ['dʒitu, ta] *adj* dicho(cha).
ditongo [dʒi'tõŋgul *m* diptongo *m.*
DIU (*abrev de* Dispositivo Intra Uterino) *m* DIU *m.*
diurno, na ['dʒjuxnu, na] *adj* diurno(na).
divã [dʒi'vãl *m* diván *m.*
divagar [dʒiva'ga(x)] *vi* -1. [vaguear]: ~ por vagar por. -2. [devanear] delirar, divagar *Amér.* -3. [desviar-se do assunto] divagar.
divergir [dʒivex'ʒi(x)] *vi* -1. [afastar-se] divergir. -2. [discordar]: eu divirjo de você divergimos.

diversão [dʒivex'sãw] (*pl* -ões) *f* diversión *f.*
diversidade [dʒivexsi'dadʒil *f* diversidad *f.*
diverso, sa [dʒi'vɛxsu, sal *adj* [diferente] diverso(sa).
➡ **diversos** *adj pl* [vários] diversos(sas).
divertido, da [dʒivex'tʃidu, dal *adj* divertido(da).
divertimento [dʒivextʃi'mẽntul *m* diversión *f.*
divertir [dʒivex'tʃi(x)] *vt* divertir.
➡ **divertir-se** *vp* divertirse.
dívida ['dʒividal *f* deuda *f*; ~ externa deuda externa.
dividendo [dʒivi'dẽndul *m* dividendo *m.*
dividir [dʒivi'dʒi(x)] ◇ *vt* dividir. ◇ *vi* MAT dividir.
➡ **dividir-se** *vp* dividirse.
divindade [dʒivĩn'dadʒil *f* divinidad *f.*
divisa [dʒi'vizal *f* -1. [fronteira] frontera *f*. -2. [insígnia] emblema *m*, divisa *f Esp & RP.* -3. [slogan] eslógan *m.*
➡ **divisas** *fpl* FIN divisas *fpl.*
divisão [dʒivi'zãw] (*pl* -ões) *f* -1. [ger] división *f.* -2. [partilha] división *f*, reparto *m Amér.* -3. [discórdia] divergencia *f.*
divisório, ria [dʒivi'zɔrju, rjal *adj* divisorio(ria).
➡ **divisória** *f* línea *f* divisoria.
divorciado, da [dʒivox'sjadu, dal ◇ *adj* divorciado(da). ◇ *m, f* divorciado *m*, -da *f.*
divorciar [dʒivox'sja(x)] *vt* divorciar.
➡ **divorciar-se** *vp* -1. [cônjuges]: ~-se (de) divorciarse de. -2. [afastar-se] apartarse, divorciarse *Amér.*
divórcio [dʒi'vɔxsjul *m* divorcio *m.*
divulgar [dʒivuw'ga(x)] *vt* divulgar.
dizer [dʒi'ze(x)] ◇ *vt* -1. [falar]: ~ que decir que; ~ algo (a alguém) decir algo (a alguien); a bem ~ [na verdade] en realidad; que dirá [muito menos] mucho menos. -2. [significar]: querer ~ querer decir; quer ~ es decir. ◇ *vi* [falar] decir; dito e feito dicho y hecho. ◇ *v impess* [afirmar]: dizem que dicen que.
➡ **dizer-se** *vp* [afirmar de si mesmo] decirse.
➡ **até dizer chega** *loc adv* hasta hartarse *Esp & Méx*, hasta decir basta *RP.*
➡ **por assim dizer** *loc adv* por así decir.
dizimar [dʒizi'ma(x)] *vt* -1. [destruir em parte] diezmar. -2. *fig* [dissipar] malgastar.
DJ [di'ʒej] (*abrev de* Disc jockey) *m* DJ *m.*
dl (*abrev de* delicitro) dl.
dm (*abrev de* decímetro) dm.
DNA (*abrev de* ácido desoxirribonucleico) *m* ≃ ADN *m.*
do [dul = de + o.

doação

doação [dwa'sãw] (*pl* -ões) *f* donativo *m Esp*, donación *f Amér*.

doador, ra [dwa'do(x), ra] *m, f* donante *mf*.

doar ['dwa(x)] *vt*: ~ **algo (a alguém/algo)** donar algo (a alguien/algo).

dobra ['dɔbra] *f* [de calça] vuelta *f Esp*, ruedo *m Amér*; [parte voltada, vinco] doblez *m*.

dobradiça [dobra'disa] *f* bisagra *f*.

dobrado, da [do'bradu, da] *adj* -1. [ger] doblado(da). -2. [duplicado] doble, duplicado(da). -3. *fam* [robusto] robusto(ta), cachas *Esp*.

dobrar [do'bra(x)] ⟨⟩ *vt* -1. [ger] doblar. -2. [duplicar] doblar, duplicar. -3. [circundar] doblar, voltear *Andes* & *Méx*. -4. *fig* [fazer ceder] doblegar. ⟨⟩ *vi* -1. [ger] doblar. -2. [duplicar-se] duplicarse.

➤ **dobrar-se** *vp* -1. [curvar-se] doblarse. -2. *fig* [ceder] doblegarse.

dobra ['dɔbra] *m* [de lençol] doblez *m*; [de saia] tabla *f*; [de calça] vuelta *f Esp*, dobladillo *m Amér*, ruedo *m RP*.

DOC (*abrev de* Documento de Operação de Crédito) *m* documento de transferencia bancaria.

doca ['dɔka] *f* dársena *f*.

doce ['dosi] ⟨⟩ *adj* dulce. ⟨⟩ *m* -1. CULIN dulce *m*; ~ **de abóbora** dulce de calabaza *Esp* & *Méx*, dulce de zapallo *RP*; ~ **de leite** dulce de leche. -2. [loc]: **fazer** ~ *fam* hacerse el/la difícil; **ser um** ~ **(de pessoa)** ser un amor.

docente [do'sẽntʃi] ⟨⟩ *adj* docente. ⟨⟩ *mf* docente *mf*.

dócil ['dɔsiw] (*pl* -eis) *adj* dócil.

documentação [dokumẽnta'sãw] *f* documentación *f*.

documental [dokumẽn'taw] (*pl* -ais) *adj* documental.

documentário [dokumẽn'tarju] *m* CINE, TV documental *m*.

documento [doku'mẽntu] *m* documento *m*.

doçura [do'sura] *f* dulzura *f*.

doença ['dwẽnsa] *f* -1. MED enfermedad *f*. -2. *fig* [mania] manía *f*.

doente ['dwẽntʃi] ⟨⟩ *adj* -1. MED enfermo(ma). -2. *fam* [fanático] fanático(ca). ⟨⟩ *mf* [pessoa] enfermo *m*, -ma *f*.

doentio, tia [dwẽn'tʃiw, tʃia] *adj* enfermizo(za).

doer ['dwe(x)] *vi* -1. [fisicamente] doler. -2. [causar pena, dó]: ~ **(a alguém)** doler (a alguien).

doido, da ['dojdu, da] ⟨⟩ *adj* -1. [ger] loco(ca). -2. [apaixonado]: **ser** ~ **por** estar loco(ca) por, ser loco(ca) por *RP*. -3. [encantado] encantado(da). ⟨⟩ *m, f* [pessoa] loco *m*, -ca *f*.

doído, da [do'idu, da] *adj* -1. [dolorido] dolorido(da). -2. [doloroso] doloroso(sa). -3. [magoado] de dolor.

dois, duas ['doiʃ, 'duaʃ] *num* dos *m*; *veja também* seis.

dois-pontos [,dojʃ'põntuʃ] *m inv* dos puntos *mpl*.

dólar ['dɔla(x)] (*pl* -es) *m* dólar *m*.

dolo ['dɔlu] *m* fraude *m*.

dolorido, da [dolo'ridu, da] *adj* dolorido(da).

doloroso, osa [dolo'rozu, ɔza] *adj* doloroso(sa).

➤ **dolorosa** *f fam* [conta] dolorosa *f*.

dom ['dõ] (*pl* -ns) *m* -1. [ger] don *m*. -2. [dádiva] donativo *m Esp*, donación *f Amér*.

dom. (*abrev de* domingo) *f* dom.

domar [do'ma(x)] *vt* domar.

doméstica [do'mɛʃtʃika] *f* ⟼ doméstico.

domesticado, da [domeʃtʃi'kadu, da] *adj* domesticado(da).

domesticar [domeʃtʃi'ka(x)] *vt* domesticar.

doméstico, ca [do'mɛʃtʃiku, ka] *adj* doméstico(ca).

➤ **doméstica** *f* doméstica *f*, sirvienta *f Amér*.

domiciliar [domisi'lja(x)] *adj* domiciliar.

domicílio [domi'silju] *m* domicilio *m*; **entrega em** ~ entrega a domicilio.

dominador, ra [domina'do(x), ra] ⟨⟩ *adj* dominador(ra). ⟨⟩ *m, f* [pessoa] dominador *m*, -ra *f*.

dominante [domi'nãntʃi] *adj* dominante.

dominar [domi'na(x)] ⟨⟩ *vt* dominar. ⟨⟩ *vi*: ~ **em** dominar en.

➤ **dominar-se** *vp* [controlar-se] dominarse, controlarse.

domingo [do'mĩŋgu] *m* domingo *m*; *veja também* sexta-feira.

domínio [do'minju] *m* -1. [ger] dominio *m*. -2. [dominação]: ~ **(sobre)** dominio *m* (sobre).

domo ['domu] *m* cúpula *f*.

dona ['dona] *f* ⟼ dono.

donde ['dõnde] = de + onde.

dondoca [dõn'dɔka] *f fam* pija *f Esp*, señora *f* bien *Amér*, fresa *f Méx*, pituca *f RP*.

dono, na ['donu, na] *m, f* [proprietário, senhor] dueño *m*, -ña *f*; **ser** ~ **de seu nariz** ser independiente, rascarse con sus propias uñas *Méx*.

➤ **dona** *f* -1. [título] doña *f*. -2. *fam* [mulher] doña *f*.

➤ **dona de casa** *f* [função] ama *f* de casa.

dons ['dõjʃ] *pl* ⟼ dom.

donzela [dõn'zɛla] *f* doncella *f*.

dor ['do(x)] (*pl* -es) *f* [ger] dolor *m*; ~ **de barriga** dolor de barriga *ou* tripa *Esp*; ~ **de**

cabeça dolor de cabeza; ~ **nas costas** dolor de espalda; ~ **de cotovelo** *fig* celos *mpl*; ~ **de dente** dolor de muelas; ~ **de estômago** dolor de estómago; ~ **de garganta** dolor de garganta; ~ **de ouvido** dolor de oídos; ~ **es menstruais** dolores menstruales.

dor-d'olhos ['do(x)dɔʎuʃ] (*pl* **dores-d'olhos**) *f fam* infección *f* en los ojos.

dormente [dor'mẽntʃil] *adj* adormecido(da).

→ **dormente** *m* FERRO durmiente *m*, traviesa *f*.

dormir [dor'mi(x)] ⬦ *vi* [cair no sono] dormir. ⬦ *vt* [sono, sesta] dormir.

dormitório [dormi'tɔrjul] *m* **-1.** [coletivo] dormitorio *m*. **-2.** [quarto] dormitorio *m*, habitación *f* **Amér**, recámara *f* **Méx**, cuarto *m* **RP**.

dorso ['doxsul] *m* dorso *m*.

dos [duʃ] = **de** + **os**.

DOS (*abrev de* **Disc Operating System**) *m* DOS *m*.

dosagem [do'zaʒẽl] (*pl* **-ns**) *f* dosificación *f*.

dosar [do'za(x)] *vt* dosificar.

dose ['dɔzil] *f* [de medicamento] dosis *f inv*; [de bebida] medida *f*.

dossiê [do'sjel] *m* dossier *m*, expediente *m* **RP**.

dotado, da [do'tadu, dal] *adj* **-1.** [que tem dote] dotado(da). **-2.** [possuidor]: ~ **de** dotado de.

dotar [do'ta(x)] *vt* **-1.** [em casamento]: ~ **alguém de algo** dotar a alguien de algo. **-2.** [favorecer]: ~ **alguém/algo de algo** dotar a alguien/algo de algo. **-3.** [prover]: ~ **algo de algo** dotar algo de algo.

dote ['dɔtʃi] *m* dote *f*.

DOU (*abrev de* **Diário Oficial da União**) *m diario oficial del gobierno brasileño*, ≃ BOE *m Esp*.

dourado, da [do'radu, dal] *adj* dorado(da).

→ **dourado** *m* dorado *m*.

douto, ta ['dotu, tal] *adj*: ~ **(em)** docto(ta) (en).

doutor, ra [do'to(x), ral] (*mpl* **-es**, *fpl* **-s**) *m, f* **-1.** MED doctor *m*, -ra *f*. **-2.** UNIV: ~ **(em)** doctor *m*, -ra *f* (en). **-3.** [conhecedor]: ~ **em** experto *m*, -ta *f* en; [forma de tratamento] señor *m*, -ra *f*, doctor *m*, -ra *f* **Amér**.

doutorado [doto'radul *m* doctorado *m*.

doutrina [do'trinal *f* doctrina *f*.

doutrinar [dotri'na(x)] ⬦ *vt* adoctrinar. ⬦ *vi* adoctrinar.

download [dawn'lowdʒi] *m* INFORM descarga *f*; **fazer o** ~ **de um arquivo** descargar un archivo.

doze ['dozil *num* doce *m*; *veja também* **seis**.

DP (*abrev de* **Distrito Policial**) *m* distrito *m* policial.

Dr. (*abrev de* **Doutor**) Dr.

Dra. (*abrev de* **Doutora**) *f* Dra.

dragão [dra'gãw] (*pl* **-ões**) *m* dragón *m*.

drama ['drãmal *m* **-1.** [ger] drama *m*. **-2.** *loc*: **fazer** ~ montar un escándalo *Esp*, armar un escándalo **Amér**, hacer un drama **RP**; **ser um** ~ ser un drama.

dramático, ca [dra'matʃiku, kal *adj* dramático(ca).

dramatizar [dramatʃi'za(x)] ⬦ *vt* dramatizar. ⬦ *vi fig* [ser dramático] dramatizar.

dramaturgo, ga [drama'turgu, gal *m, f* dramaturgo *m*, -ga *f*.

drástico, ca ['draʃtʃiku, kal *adj* drástico(ca).

drenagem [dre'naʒẽl (*pl* **-ns**) *f* drenaje *m*.

drenar [dre'na(x)] *vt* drenar.

driblar [dri'bla(x)] *vt* **-1.** FUT driblar, esquivar **Amér**. **-2.** *fig* [enganar] engañar.

drinque ['drĩŋkil *m* copa *f*, trago *m* **Amér**.

drive ['drajvil (*pl* **drives**) *m* COMPUT unidad *f* de disco.

droga ['drɔgal ⬦ *f* **-1.** [ger] droga *f*. **-2.** *fam fig* [coisa ruim]: **ser uma** ~ ser una porquería. ⬦ *interj*: **droga!** ¡ostras! *Esp*, ¡carajo *CAm* & *Méx*, ¡chinga! *Méx*, ¡pucha! *RP*.

drogado, da [dro'gadu, dal ⬦ *adj* drogado(da). ⬦ *m, f* [pessoa] drogadicto *m*, -ta *f*.

drogaria [droga'rial *f* droguería *f*, farmacia *f*.

dromedário [drome'darjul *m* dromedario *m*.

duas ['duaʃ] *num* dos ⊳ **dois**.

dubiedade [dubje'dadʒil *f* [ambigüidade] ambigüedad *f*.

dúbio, bia ['dubju, bjal *adj* dudoso(sa).

dublado, da [du'bladu, dal *adj* CINE, TV doblado(da).

dublagem [du'blaʒẽl (*pl* **-ns**) *f* CINE, TV doblaje *m*.

dublar [du'blax] *vt* CINE, TV doblar.

dublê [du'blel *mf* doble *mf*.

Dublin ['dublĩl *n* Dublín.

dublinense [dubli'nẽnsil ⬦ *adj* dublinés(esa). ⬦ *mf* dublinés *m*, -esa *f*.

ducha ['duʃal *f* [ger] ducha *f* *Esp* & *RP*, regadera *f* **Col**, **Méx** & **Ven**.

duelar [dwe'la(x)] *vi* **-1.** [combater] batirse en duelo. **-2.** *fig* [confrontar] enfrentarse.

duelo ['dwɛlul *m* duelo *m*.

dueto ['dwetul *m* dueto *m*.

dupla ['duplal *f* ⊳ **duplo**.

duplex [du'plɛkiʃl *m* dúplex *m*.

duplicar [dupli'ka(x)] ⬦ *vt* duplicar. ⬦ *vi* [dobrar] duplicar.

duplicata [dupli'katal *f* duplicado *m*.

duplo, pla ['duplu, plal *adj* doble; **dupla cidadania** doble ciudadanía.

→ **duplo** *m* [dobro] doble *m*.

◆ **dupla** *f* -**1.** [duas pessoas] pareja *f.* - **2.** *ESP* doble *m.*

duque, duquesa [ˈduki, duˈkeza] *m,* f duque *m,* -sa *f.*

duração [duraˈsãw] f duración *f.*

duradouro, ra [duraˈdoru, ra] *adj* duradero(ra).

durante [duˈrãntʃi] *prep* durante.

durar [duˈra(x)] *vi* durar.

durável [duˈravew] (*pl* -eis) *adj* durable.

durex® [duˈrɛkiʃ] *m* [fita adesiva] cinta *f* adhesiva, dúrex® *m* **Méx,** scotch® *f RP.*

dureza [duˈreza] *f* -**1.** [ger] dureza *f.* - **2.** [rigor] dureza *f,* rigidez *f.* - **3.** *fam* [falta de dinheiro]: **estar na (maior)** ∼ estar sin un duro *Esp,* estar bruja **Méx,** no tener un mango *RP.*

duro, ra [ˈduru, ra] *adj* -**1.** [ger] duro(ra). - **2.** *fam* [sem dinheiro]: **estar** ∼ estar sin un centavo *ou* duro *Esp ou* quinto *Méx ou* mango *RP.* - **3.** *loc:* **dar um** ∼ machacarse *Esp,* matarse **Amér,** reventarse *RP.*

durões [duˈrõjʃ] *pl* ⊳ duro.

dúvida [ˈduvida] f duda *f;* **estar em** ∼ no estar seguro *Esp,* estar en duda **Amér; pôr em** ∼ poner en duda; **sem** ∼ por supuesto, sin duda.

duvidar [duviˈda(x)] ⟨⟩ *vt* dudar; ∼ **que** dudar (de) que. ⟨⟩ *vi:* ∼ **de alguém/algo** dudar de alguien/algo.

duvidoso, osa [duviˈdozu, ɔza] *adj* dudoso(sa).

duzentos, tas [duˈzẽntuʃ, taʃ] *num* doscientos; *veja também* seis.

dúzia [ˈduzja] f docena *f;* **meia** ∼ media docena.

DVD (*abrev de* Digital Video Disk) *m* DVD *m.*

e, E [ɛ] *m* [letra] e, E *f.*

ébano [ˈɛbanu] *m* ébano *m.*

ébrio, ébria [ˈɛbrju, ˈɛbrja] ⟨⟩ *adj* ebrio (bria). ⟨⟩ *m,* f ebrio *m,* -bria *f.*

EBTU (*abrev de* Empresa Brasileira de Transportes Urbanos) f empresa que elabora planes de transporte para las regiones metropolitanas brasileñas.

ebulição [ebuliˈsãw] *f* [fervura, agitação] ebullición *f.*

écharpe [eˈʃarpi] f bufanda *f,* echarpe *m* **Amér.**

eclesiástico, ca [ekleˈzjastʃiku, ka] *adj* eclesiástico(ca).

◆ **eclesiástico** *m* [membro do clero] eclesiástico *m.*

eclético, ca [eˈklɛtʃiku, ka] *adj* ecléctico(ca).

eclipse [eˈklipsi] *m* eclipse *m.*

eclosão [ekloˈzãw] (*pl* -ões) f eclosión *f.*

eclusa [eˈkluza] f esclusa *f.*

eco [ˈɛku] *m* eco *m.*

ecoar [eˈkwa(x)] ⟨⟩ *vi* -**1.** [ressoar] resonar, retumbar *RP.* - **2.** [repercutir] tener eco. ⟨⟩ *vt* devolver el eco de.

ecologia [ekoloˈʒia] f ecología *f.*

ecológico, ca [ekoˈlɔʒiku, ka] *adj* ecológico(ca).

ecólogo, ga [eˈkɔlogu, ga] *m,f* ecólogo *m,* -ga *f.*

economia [ekonoˈmia] f economía *f;* **fazer** ∼ economizar; ∼ **de mercado** economía de mercado.

◆ **economias** *fpl* [poupança] ahorros *mpl.*

econômico, ca [ekoˈnomiku, ka] *adj* -**1.** [ger] económico(ca). - **2.** [pessoa] ahorrador(ra), ahorrativo(va) **Amér.**

economista [ekonoˈmiʃta] *mf* economista *mf.*

economizar [ekonomiˈza(x)] ⟨⟩ *vt* ahorrar. ⟨⟩ *vi* [fazer economia] ahorrar, economizar.

ecossistema [ˌɛkosiʃˈtema] *m* ecosistema *m.*

ecoturismo [ekotuˈriʃmu] *m* ecoturismo *m.*

ecoturista [ekotuˈriʃta] *mf* ecoturista *mf.*

ECT (*abrev de* Empresa Brasileira de Correios e Telégrafos) *f* ≃ Correos *mpl.*

ecumênico, ca [ekuˈmeniku, ka] *adj* ecuménico(ca).

ed. (*abrev de* edifício) *m* ed.

edição [ediˈʒãw] (*pl* -ões) f edición *f;* ∼ **atualizada** edición actualizada; ∼ **pirata** edición pirata.

edificante [ediʒifiˈkãntʃi] *adj* [moralizante, instrutivo] edificante.

edifício [ediˈʒifisju] *m* edificio *m.*

edifício-garagem [ediˌʒifisjugaˈraʒẽl] (*pl* edifícios-garagens) *m* párking *m* (de varias plantas), estacionamiento *m* (de varias plantas) **Amér.**

edital [ediʒiˈtaw] (*pl* -ais) *m* edicto *m.*

editar [ediʒiˈta(x)] *vt* editar.

edito [eˈdʒitu] *m* edicto *m.*

editor, ra [ediʒiˈto(x), ra] ⟨⟩ *adj* [casa] editorial. ⟨⟩ *m,* f [ger] editor *m,* -ra *f.*

◆ **editor** *m* [comp]: ∼ **de texto** editor *m* de texto.

◆ **editora** f [estabelecimento] editorial *f.*

editoração [edʒitora'sãw] f edición f; ~ **eletrônica** edición electrónica.

editorial [edʒitor'jaw] (pl -ais) ◇ adj editorial. ◇ m editorial m.

edredom [edre'dõ] (pl -ns) m edredón m, acolchado m RP.

educação [eduka'sãw] f educación f; falta de ~ falta de educación.

educacional [edukasjo'naw] (pl -ais) adj educativo(va).

educar [edu'ka(x)] vt educar.

◆ **educar-se** vp [instruir-se] educarse.

EEUU (abrev de Estados Unidos da América do Norte) mpl EE. UU. mpl.

efeito [e'fejtu] m efecto m; ~ **colateral** efecto colateral ou secundario; ~ **estufa** efecto invernadero; ~s **especiais** efectos especiales; **fazer** ~ hacer efecto; **levar a** ~ llevar a efecto.

efeminado [efemi'nadu] adj = afeminado.

efervescente [eferve'sẽntʃi] adj -1. [líquido, comprimido] efervescente. -2. fig [agitado] agitado(da).

efetivo, va [efe'tʃivu, va] adj -1. [positivo, seguro] efectivo(va). -2. [permanente] permanente.

◆ **efetivo** m -1. MIL oficial m, efectivo m Amér. -2. COM efectivo m.

efetuar [efe'twa(x)] vt efectuar.

eficácia [efi'kasja] f eficacia f.

eficaz [efi'kaʃ] (pl -es) adj eficaz.

eficiência [efi'sjẽnsja] f eficiencia f.

eficiente [efi'sjẽntʃi] adj eficiente.

efusivo, va [efu'zivu, va] adj [expansivo] efusivo(va).

e.g. (abrev de Exempli gratia) e.g.

egípcio, cia [e'ʒipsju, sja] ◇ adj egipcio(cia). ◇ m, f egipcio m, -cia f.

Egito [e'ʒitu] n Egipto.

egocêntrico, ca [ego'sẽntriku, ka] ◇ adj egocéntrico(ca). ◇ m, f egocéntrico m, -ca f.

egoísmo [e'gwiʒmu] m egoísmo m.

egoísta [e'gwiʃta] ◇ adj egoísta. ◇ mf [pessoa] egoísta mf. ◇ m [aparelho] auricular m, chícharo m Méx, audífono m RP.

égua ['ɛgwa] f yegua f.

ei [ej] interj ¡eh!

ei-lo ['ejlu] = eis + o.

eis ['ejʃ] adv aquí está.

eixo ['ejʃu] m [trecho] eje m, ruta f Amér.

ejacular [eʒaku'la(x)] ◇ vt eyacular. ◇ vi eyacular.

ela ['ɛla] ella.

elaboração [elabora'sãw] (pl -ões) f elaboración f.

elaborar [elabo'ra(x)] vt elaborar.

elástico, ca [e'laʃtʃiku, ka] adj -1. [tecido, ca-

ma] elástico(ca). -2. fig [consciência, mentalidade] elástico(ca), flexible.

◆ **elástico** m -1. [para prender notas] elástico m, liga f Méx, gomita f RP. -2. [para roupa] elástico m, resorte m Méx. -3. [para cabelo] elástico m, gomita f Amér.

ele, ela ['eli, 'ɛla] (mpl eles, fpl elas) pron pess (de + ele = dele; de + ela = dela; em + ele = nele; em + ela = nela) -1. [pessoa, animal] él(ella); ~ é médico (él) es médico; ela foi embora (ella) se fue; ~ uivou a noite inteira aulló toda la noche; que só ~ como él solo; ~ mesmo ou próprio él mismo. -2. [coisa]: ~ está com um defeito na ré tiene un desperfecto en la marcha atrás; ela dá flor em novembro florece en noviembre; o relatório? aqui está ~ ¿el informe? aquí está; eles já foram vendidos ya se vendieron. -3. (depois de prep) [pessoa, animal]: este livro pertence a ~ este libro le pertenece a él; jantei com ~ cené con él; todos olharam para eles ~ todos los miraron; sou mais velho que ~ soy mayor que él; decidimos ir sem ela decidimos ir sin ella; deram um tiro nele le pegaron un tiro; aquele é o carro dele aquél es el coche de él. -4. loc: agora é que são elas ¡estoy frito!; ser elas por elas quedar en paz quedar a mano RP.

elefante [ele'fãntʃi] m elefante m.

elegância [ele'gãnsja] f elegancia f; com ~ con elegancia.

elegante [ele'gãntʃi] adj elegante.

eleger [ele'ʒe(x)] vt elegir.

elegível [ele'ʒivew] (pl -eis) adj elegible.

eleição [elej'sãw] (pl -ões) f elección f.

eleito, ta [e'lejtu, ta] ◇ pp ⇒ eleger. ◇ adj -1. [por votos] electo(ta). -2. [escolhido] elegido(da).

eleitor, ra [elej'to(x), ra] (mpl -es, fpl -s) m, f elector m, -ra f.

eleitorado [elejto'radu] m electorado m; conheço muito bem o meu ~ fam sé muy bien con quién me trato, sé muy bien con quién me duermo Méx, conozco muy bien los bueyes con que aro RP.

eleitoreiro, ra [elejto'rejru, ra] adj pej electoralista.

elementar [elemẽn'ta(x)] (pl -es) adj [rudimentar, fundamental] elemental.

elemento [ele'mẽntu] m elemento m; bom/mau ~ buen/mal elemento.

◆ **elementos** mpl elementos mpl.

elencar [elẽn'ka(x)] vt [incluir] incluir.

elenco [e'lẽnku] m elenco m.

elepê [eli'pe] m elepé m.

eletricidade [eletrisi'dadʒi] f electricidad f.

eletricista [eletri'siʃta] mf electricista mf.

elétrico, ca [e'lɛtriku, ka] *adj* **-1.** [trem, cadeira, carga] eléctrico(ca). **- 2.** *fig* [pessoa] nervioso(sa), enloquecido(da) *RP*.

eletrificar [eletrifi'ka(x)] *vt* electrificar.

eletrizar [eletri'za(x)] *vt* [carregar de eletricidade, arrebatar] electrizar.

ELETROBRAS (*abrev de* Centrais Elétricas Brasileiras S/A) *f empresa pública responsable del suministro de energía eléctrica.*

eletrocutar [eletroku'ta(x)] *vt* electrocutar.

eletrodinâmica [elɛtrodʒi'nãmika] *f Fís* electrodinámica *f.*

eletrodo [ele'trodu] *m* electrodo *m.*

eletrodoméstico [e,lɛtrodo'mɛstʃikul *m* electrodoméstico *m.*

eletroeletrônico, ca [elɛwtr'eletroniku, ka] ⬦ *adj* electrónico(ca). ⬦ *m, f* aparato *m* electrónico.

eletrônica [ele'tronikal *f* electrónica *f.*

eletrônico, ca [ele'troniku, ka] *adj* electrónico(ca).

elevação [eleva'sãw] (*pl* -ões) *f* **-1.** [de preço, temperatura, terreno] elevación *f.* **- 2.** [ascensão] ascensión *f.* **- 3.** [promoção] ascenso *m,* promoción *f* **Méx.**

elevado, da [ele'vadu, da] *adj* [alto, nobre] elevado(da).

⬦ **elevado** *m* [via] paso *m* elevado, paso *m* a desnivel *Méx*, paso *m* a nivel *RP*.

elevador [eleva'do(x)] (*pl* -es) *m* ascensor *m,* elevador *m* **Méx**.

elevar [ele'va(x)] *vt* **-1.** [ger] elevar. **- 2.** [exaltar] exaltar.

⬦ **elevar-se** *vp* **-1.** [erguer-se] elevarse. **- 2.** [exaltar-se] exaltarse.

eliminar [elimi'na(x)] *vt* eliminar.

eliminatório, ria [elimina'tɔrju, rja] *adj* eliminatorio(ria).

⬦ **eliminatória** *f* **-1.** *esp* eliminatoria *f.* **- 2.** *educ* prueba *f* eliminatoria.

elite [e'litʃi] *f* élite *f.*

elo ['ɛlu] *m* eslabón *m.*

elocução [eloku'sãw] *f* elocución *f.*

elogiar [elo'ʒjar] *vt* elogiar.

elogio [elo'ʒiu] *m* elogio *m.*

eloqüência [elo'kwẽnsja] *f* elocuencia *f.*

eloqüente [elo'kwẽtʃi] *adj* elocuente.

El Salvador [,ɛwsavva'do(x)] *n* El Salvador.

elucidar [elusi'da(x)] *vt* elucidar.

em [ẽ] *prep* (*em* + *o* = *no; em* + *a* = na)- **1.** [lugar - dentro de] en; **no bolso/envelope/quarto** en el bolsillo/sobre/cuarto; **na sacola/caixa/sala** en la bolsa/caja/sala; [- num certo ponto de] en; ~ **casa** en casa; **chegou atrasado no trabalho** llegó tarde al trabajo; **moramos na capital** vivimos en la capital; **depositei o dinheiro no banco** deposité el dinero en el banco; [- sobre] en; **deixou um**

copo **no balcão** dejó un vaso en el mostrador; **o bife mal cabia no prato** el bife *ou* churrasco *RP* mal cabía en el plato; **havia um vaso de flores na mesa** había un florero en la mesa; [- cidade, país] en; ~ **Londres/São Paulo** en Londres/São Paulo; **no Porto/Rio de Janeiro** en Porto/Río de Janeiro; ~ **Portugal** en Portugal; **no Brasil** en (el) Brasil; **na França** en Francia; **nos Estados Unidos** en (los) Estados Unidos. **- 2.** [tempo] en; **inaugurado** ~ **1967** inaugurado en 1967; **casaram-se** ~ **setembro** se casaron en septiembre; ~ **7 de setembro de 1622** el 7 de septiembre de 1622; **comemoram a liberdade no 25 de abril** conmemoran la libertad el 25 de abril; **no Natal** en Navidad; **na Semana Santa** en Semana Santa; **fez tudo** ~ **uma semana** hizo todo en una semana; **o serviço ficará pronto** ~ **dois dias** el trabajo quedará pronto en dos días; **naquela época** en aquella época; ~ **breve** en breve. **- 3.** [introduzindo o objeto indireto] en; **enfiar/esquecer/guardar algo** ~ meter/olvidar/guardar algo en; **acreditar/pensar** ~ creer/pensar en; **caiu no chão** se cayó al suelo; **entrou na sala** entró a/en la sala; **vou na padaria e já volto** voy hasta la panadería y ya vuelvo. **- 4.** [assunto] en; **doutorado** ~ **sociologia** doctorado en sociología; **ele é perito** ~ **balística** (él) es perito en balística. **- 5.** [modo] en; **falou** ~ **voz baixa** habló en voz baja; **escreveu** ~ **português** escribió en portugués; **dirige** ~ **alta velocidade** conduce *Esp ou* maneja *Amér* a gran velocidad; **pagou** ~ **libras/reais** pagó en libras/reales; **gasta tudo o que ganha** ~ **livros** gasta todo lo que gana en libros. **- 6.** [estado]: **a multidão** ~ **euforia** la multitud eufórica; **ela ainda está** ~ **convalescença** todavía está convaleciente; **um carro usado** ~ **boas condições** un coche usado, en buenas condiciones; **países** ~ **guerra** países en guerra. **-7.** [material] en; **estátua** ~ **bronze** estatua en bronce. **- 8.** (*em loc adv e loc prep*) en; **com base** ~ con base en; **de tempos** ~ **tempos** de tanto en tanto; ~ **busca de** en busca de; ~ **caso de** en caso de; ~ **geral** en general; ~ **meio a** en medio de; **na verdade** en verdad; **no máximo/mínimo** como máximo/mínimo.

emagrecer [emagre'se(x)] ⬦ *vt* [tornar magro] adelgazar. ⬦ *vi* [tornar-se magro] adelgazar.

emagrecimento [emagresi'mẽntul *m* adelgazamiento *m.*

E-mail (*abrev de* Electronic Mail) *m* e-mail *m*, correo *m* electrónico.
emanar [ema'na(x)] *vi* [exalar-se, originar-se]: ~ **de** emanar de.
emancipado, da [emãnsi'padu, da] *adj* emancipado(da).
emancipar [emãnsi'pa(x)] *vt* emancipar.
→ **emancipar-se** *vp* emanciparse.
emaranhado, da [emarã'nadu, da] *adj* [embaraçado] enredado(da).
→ **emaranhado** *m* [confusão] enredo *m*, lío *m*.
emaranhar [emarã'na(x)] *vt* [enredar, complicar] enredar.
→ **emaranhar-se** *vp* [enredar-se] enredarse.
embaçado, da [ẽnba'sadu, da] *adj* empañado(da).
embaixada [ẽnbaj'ʃada] *f* -1. [ger] embajada *f*. - 2. [fut] toques repetidos de la pelota sin dejar que caiga al suelo.
embaixador, ra [ẽnbajʃa'do(x), ra] (*mpl* -es, *fpl* -s) *m*, *f* embajador *m*, -ra *f*.
embaixatriz [ẽnbajʃa'triʃ] *f* [esposa do embaixador] embajadora *f*.
embaixo [ẽn'bajʃul *adv* debajo, abajo *Amér*.
→ **embaixo de** *loc prep* debajo de, abajo de *Amér*.
embalado, da [ẽnba'ladu, da] <> *adj* -1. [empacotado] embalado(da), empaquetado(da). - 2. *fam* [acelerado] embalado(da) *Esp* & *RP*, acelerado(da) *Méx*. - 3. *fam* [drogado] drogado(da). <> *adv* [em disparada] embalado(da).
embalagem [ẽnba'laʒẽ] (*pl* -ns) *f* -1. [ato] embalaje *m*, envoltura *f Méx*, embalado *m RP*. - 2. [invólucro] paquete *m*.
embalar [ẽnba'la(x)] *vt* -1. [acondicionar] embalar, envolver *f*. - 2. [balançar] arrullar.
embalsamado, da [ẽnbawsa'madu, da] *adj* -1. [cadáver] embalsamado(da). - 2. [perfumado] perfumado(da).
embaraçar [ẽnbara'sa(x)] *vt* -1. [obstruir] obstruir. - 2. [acanhar] avergonzar, apenar *Andes*, *CAm*, *Carib* & *Méx*, abochornar *Méx*. - 3. [cabelos] enredar. - 4. [dificultar] complicar.
→ **embaraçar-se** *vp* [complicar-se] complicarse, entramparse *Méx*.
embaraço [ẽnba'rasul *m* -1. [obstáculo] obstáculo *m*. - 2. [perturbação] vergüenza *f*, pena *f Andes*, *CAm*, *Carib* & *Méx*. - 3. [dificuldade] dificultad *f*.
embaraçoso, osa [ẽnbara'sozu, ɔza] *adj* embarazoso(sa), bochornoso(sa) *Méx*.
embaralhar [ẽnbara'na(x)] *vt* -1. [cartas] barajar. - 2. [confundir] confundir.
→ **embaralhar-se** *vp* [confundir-se] confun-

dirse, entramparse *Méx*.
embarcação [ẽnbaxka'sãw] (*pl* -ões) *f* embarcación *f*.
embarcadouro [ẽnbaxka'dorul *m* embarcadero *m*.
embarcar [ẽnbax'ka(x)] <> *vt* [pessoa, carga] embarcar. <> *vi* [entrar em embarcação para viajar]: ~ **(em)** embarcar (en).
embargar [ẽnbax'ga(x)] *vt* -1. [apreender, conter] embargar. - 2. [impedir] obstaculizar.
embargo [ẽn'baxgul *m* -1. *JUR* embargo *m*. - 2. [obstáculo] estorbo *m*.
embarque [ẽn'baxkil *m* [de pessoa, carga] embarque *m*.
embasamento [ẽnbaza'mẽntul *m* -1. [base] cimiento *m*. - 2. *fig* [fundamento] fundamento *m*, base *f*.
embebedar [ẽnbebe'da(x)] <> *vt* emborrachar. <> *vi* emborracharse.
→ **embebedar-se** *vp* emborracharse.
embelezar [ẽnbele'za(x)] *vt* [tornar belo] embellecer.
→ **embelezar-se** *vp* [enfeitar-se] embellecerse.
embicar [ẽnbi'ka(x)] <> *vt* [tornar bicudo] dar forma de pico a. <> *vi* -1. [esbarrar] terminar, ir a dar. - 2. [implicar]: ~ **com alguém** discutir con alguien.
emblema [ẽn'blema] *m* [de equipe, associação] emblema *m*, insignia *f*.
embocadura [ẽnboka'dura] *f* [de rio, instrumento] embocadura *f*.
êmbolo ['ẽnbolul *m* émbolo *m*.
embolsar [ẽnbow'sa(x)] *vt* -1. [pôr no bolso, na bolsa] embolsar. - 2. [receber] embolsarse. - 3. [pagar] pagar.
embora [ẽn'bɔra] <> *conj* aunque. <> *adv*: ir ~ irse, marcharse.
emboscada [ẽnboʃ'kada] *f* emboscada *f*.
EMBRAER (*abrev de* Empresa Brasileira de Aeronáutica) *f empresa brasileña de construcción aeronáutica*, ≈ CASA *f Esp*.
EMBRATEL (*abrev de* Empresa Brasileira de Telecomunicações S/A.*) *f operadora telefónica brasileña*.
embreagem [ẽnbre'aʒẽ] (*pl* -ns) *f* embrague *m*.
embrenhar-se [ẽnbre'naxsi] *vp*: ~ **-se em** meterse en.
embriagar [ẽnbrja'ga(x)] <> *vt* embriagar. <> *vi* [embebedar] embriagar.
→ **embriagar-se** *vp* embriagarse.
embriaguez [ẽnbrja'geʒ] *f* embriaguez *f*.
embrião [ẽn'brjãw] (*pl* -ões) *m* embrión *m*.
embromar [ẽnbro'ma(x)] *fam* <> *vt* embaucar, embromar *RP*. <> *vi* -1. [protelar] retrasar las cosas, postergar. - 2. [fazer rodeios] dar un rodeo, hacer rodeos *Méx*.

embrulhada [ẽnbru'ʎada] f *fam* [confusão] lío *m*, relajo *m* *Amér*, follón *m* *Esp*, despelote *m* *RP*.

embrulhar [ẽnbru'ʎa(x)] *vt* -**1**. [empacotar] envolver. - **2**. *fig* [nausear] revolver. - **3**. *fam* [confundir] enmarañar, enredar *Amér*. - **4**. *fam* [enganar] camelar *Esp*, hacer el cuento a *Amér*, dar atole con el dedo a *Méx*, empaquetar a *RP*.

embrulho [ẽn'bruʎu] *m* -**1**. [pacote] paquete *m*. - **2**. *fam* [confusão] enredo *m*.

embrutecer [ẽnbrute'se(x)] <> *vt* embrutecer. <> *vi* embrutecer.

➡ **embrutecer-se** *vp* embrutecerse.

emburrado, da [ẽnbu'xadu, da] *adj* [aborrecido] enfadado(da) *Esp*, enojado(da) *Amér*, chinchudo(da) *RP*.

embuste [ẽn'buʃtʃi] *m* -**1**. [mentira] embuste *m*, engaño *m*. - **2**. [armadilha] trampa *f*.

embusteiro, ra [ẽnbuʃ'tejru, ra] <> *adj* -**1**. [mentiroso] embustero(ra), mentiroso(sa). - **2**. [impostor] embustero(ra). <> *m*, *f* [pessoa] embustero *m*, -ra *f*.

embutido, da [ẽnbu'tʃidu, da] *adj* [armário, estante] empotrado(da).

emenda [e'mẽnda] *f* -**1**. [ger] enmienda *f*. - **2**. [ligação] juntura *f*, unión *f* *Méx*.

emendar [emẽn'da(x)] *vt* -**1**. [ger] enmendar. - **2**. [ligar] unir.

➡ **emendar-se** *vp* [corrigir-se] enmendarse.

emergência [emex'ʒẽnsja] *f* -**1**. [situação crítica, surgimento] emergencia *f*. - **2**. *MED* emergencia *f*, urgencia *f*.

emergir [emex'ʒi(x)] *vi* emerger.

emigração [emigra'sãw] (*pl* -ões) *f* emigración *f*.

emigrado, da [emi'gradu, da] <> *adj* emigrado(da), emigrante. <> *m*, *f* emigrante *mf*.

emigrante [emi'grãntʃi] <> *adj* emigrante. <> *m f* emigrante *mf*.

emigrar [emi'gra(x)] *vi* emigrar.

eminência [emi'nẽnsja] *f* -**1**. [ger] eminencia *f*. - **2**. [elevação] protuberancia *f*.

eminente [emi'nẽntʃi] *adj* -**1**. [ilustre] eminente. - **2**. [elevado] elevado(da).

Emirados Árabes Unidos [emi,raduʒ,arabizu'niduʃ] *npl*: os ~ los Emiratos Árabes Unidos.

emissão [emi'sãw] (*pl* -ões) *f* emisión *f*.

emissário, ria [emi'sarju, rja] *m*, *f* [mensageiro] emisario *m*, -ria *f*.

➡ **emissário** *m* [esgoto] emisario *m*; ~ submarino emisario submarino.

emissor, ra [emi'so(x), ra] (*mpl* -es, *fpl* -s) *adj* *FIN* emisor(ra).

➡ **emissor** *m* [transmissor] emisor *m*.

➡ **emissora** *f* emisora *f*.

emitir [emi'tʃi(x)] <> *vt* emitir. <> *vi* *FIN* emitir dinero.

emoção [emo'sãw] (*pl* -ões) *f* emoción *f*.

emocional [emosjo'naw] (*pl* -ais) *adj* emocional.

emocionante [emosjo'nãntʃi] *adj* emocionante.

emocionar [emosjo'na(x)] <> *vt* emocionar. <> *vi* [provocar emoção] emocionar.

➡ **emocionar-se** *vp* [comover-se]: ~-se com algo/alguém emocionarse con algo/alguien.

emoldurar [emowdu'ra(x)] *vt* enmarcar.

emotivo, va [emo'tʃivu, va] *adj* emotivo(va).

empacotar [ẽnpako'ta(x)] <> *vt* [embalar] empaquetar. <> *vi* *fam* [morrer] estirar la pata, petatearse *Méx*.

empada [ẽn'pada] *f* *CULIN* empanadilla *f* *Esp*, empanada *f* *Amér*.

empadão [ẽnpa'dãw] (*pl* -ões) *m* empanada *f* *Esp*, tarta *f* *Amér*.

empadinha [ẽnpa'dʒiɲa] *f* *Br* empanadilla *f* *Esp*, empanadita *f* *Amér*; ~ de camarão *ou* de palmito *ou* de queijo empanadilla de gambas/de palmito/de queso *Esp*, empanadita de camarones/de palmito/de queso *Amér*.

empalhar [ẽnpa'ʎa(x)] *vt* -**1**. [animal] embalsamar. - **2**. [cadeira, garrafa] cubrir de paja.

empalidecer [ẽnpalide'se(x)] <> *vt* [tornar pálido] palidecer. <> *vi* [perder a cor] palidecer.

empanada [ẽnpa'nada] *f* *CULIN* empanada *f*.

empanturrado, da [ẽnpãntu'xadu, da] *adj* atiborrado(da), empachado(da).

empanturrar [ẽnpãntu'xa(x)] *vt*: ~ alguém de algo atiborrar a alguien de algo.

➡ **empanturrar-se** *vp*: ~-se de algo empacharse de algo.

empapuçar [ẽnpapu'sa(x)] *vt* [inchar] hinchar.

emparelhado, da [ẽnpare'ʎadu, da] *adj* [lado a lado] emparejado(da).

emparelhar [ẽnpare'ʎa(x)] <> *vt* [pôr em pares] emparejar. <> *vi* -**1**. [equivaler]: ~ (em algo) igualarse (en algo). - **2**. [correr parelhas]: ~ (com alguém) emparejarse (con alguien).

empata-foda [ẽnpata'fɔda] (*f* empata-fodas) *mf* *vulg* entrometido *m*, -da *f* de mierda.

empatar [ẽnpa'ta(x)] <> *vi* [em jogo]: ~ com empatar con. <> *vt* -**1**. [impedir] frenar. - **2**. [ocupar] ocupar. - **3**. [aplicar] invertir. - **4**. [igualar]: **se os times empatam, há prorrogação** si los equipos empatan, habrá prórroga.

empate [ẽn'patʃi] *m* [jogo, votação] empate *m*; dar ~ empatar.

empecilho [ẽnpe'siʎu] *m* obstáculo *m*.
empedernido, da [ẽnpedex'nidu, dal *adj* empedernido(da).
empedrar [ẽnpe'dra(x)] *vt* [cobrir com pedras] empedrar.
empenhado, da [ẽnpe'ɲadu, dal *adj* empeñado(da).
empenar [ẽnpe'na(x)] <> *vt* [entortar] torcer. <> *vi* [entortar-se] torcerse.
empenhar [ẽnpe'ɲa(x)] *vt* empeñar.
 ◆ **empenhar-se** *vp* [aplicar-se]: ~-se (para fazer algo) empeñarse (para hacer algo); ~-se em algo empeñarse en algo.
empenho [ẽn'peɲul *m* empeño *m*; **pôr todo o ~ em algo** poner todo el empeño en algo.
emperrado, da [ẽnpe'xadu, dal *adj* -1. [entravado] atascado(da). -2. [teimoso] cabezota.
emperrar [ẽnpe'xa(x)] <> *vi* [tornar-se imóvel] atrancarse, trancarse *RP*. <> *vt* -1. [entravar] atrancar, trancar *RP*. -2. [dificultar] trabar.
empestear [ẽnpeʃ'tʃja(x)] *vt* -1. [contaminar] apestar. -2. [infectar com mau cheiro]: ~ algo (com algo) apestar algo (con algo).
empilhar [ẽnpi'ʎa(x)] *vt* [amontoar] amontonar, apilar.
empinado, da [ẽnpi'nadu, dal *adj* levantado(da).
empinar [ẽnpi'na(x)] <> *vt* -1. [peito, corpo, nariz] levantar. -2. [pipa] hacer volar, remontar *RP*. <> *vi* [cavalo] encabritarse, respingarse *Méx*.
emplastro [ẽn'plaʃtru] *m* [medicamento] emplasto *m*.
empobrecer [ẽnpobre'se(x)] <> *vt* empobrecer. <> *vi* [tornar-se pobre] empobrecerse.
empobrecimento [ẽnpobresi'mẽntul *m* empobrecimiento *m*.
empoeirado, da [ẽnpoej'radu, dal *adj* empolvado(da).
empolado, da [ẽnpo'ladu, dal *adj* -1. [pele] con ampollas *Esp*, ampollado(da) *Amér*. -2. *fig* [linguagem, estilo] pomposo(sa), rebuscado(da).
empolgação [ẽnpowga'sãw] *f* [entusiasmo] entusiasmo *m*.
empolgante [ẽnpow'gãntʃil *adj* emocionante.
empolgar [ẽnpow'ga(x)] *vt* entusiasmar.
 ◆ **empolgar-se** *vp* [entusiasmar-se] entusiasmarse.
empório [ẽn'pɔrjul *m* -1. [mercado] emporio *m*, abarrotería *f Méx*, almacén *m RP*. -2. [armazém] almacén *m*, depósito *m Amér*.
empossar [ẽnpo'sa(x)] *vt* [dar posse a] investir, dar posesión a *Amér*.

empreendedor, ra [ẽnprjẽnde'do(x), ral <> *adj* [ativo] emprendedor(ra). <> *m, f* [pessoa] emprendedor *m*, -ra *f*.
empreender [ẽnprjẽn'de(x)] *vt* emprender.
empreendimento [ẽnprjẽndʒi'mẽntul *m* -1. [ato] emprendimiento *m*. -2. [realização] realización *f*, emprendimiento *m Amér*.
empregado, da [ẽnpre'gadu, dal *m, f* [funcionário] empleado *m*, -da *f*; ~ de balcão dependiente *m*, -ta *f*, vendedor *m*, -ra *f Amér*.
 ◆ **empregada** *f* [em casa de família]: **empregada (doméstica)** empleada (doméstica).
empregador, ra [ẽnprega'do(x), ral *m, f* empresario *m*, -ria *f*.
empregar [ẽnpre'ga(x)] *vt* -1. [ger] emplear. -2. [aplicar] invertir, ocupar *Méx*.
 ◆ **empregar-se** *vp* [obter trabalho] emplearse.
emprego [ẽn'pregul *m* -1. [ger] empleo *m*. -2. [local de trabalho] trabajo *m*.
empreiteira [ẽnprej'tejral *f* contratista *f*.
empreiteiro [ẽnprej'tejrul *m* contratista *m*.
empresa [ẽn'prezal *f* empresa *f*; ~ estatal / privada empresa pública/privada.
empresário, ria [ẽnpre'zarju, rjal *m, f* -1. [dono de empresa] empresario *m*, -ria *f*. -2. [de artista, jogador] agente *mf*.
emprestado, da [ẽnpreʃ'tadu, dal *adj* prestado(da); **pedir algo** ~ pedir algo prestado.
emprestar [ẽnpreʃ'ta(x)] *vt* prestar.
empréstimo [ẽn'prɛʃtʃimul *m* [de dinheiro] préstamo *m*.
empurrão [ẽnpu'xãw] (*pl* -ões) *m* empujón *m*.
empurrar [ẽnpu'xa(x)] *vt* -1. [impelir com força] empujar, aventar *Méx*; **'empurre'** [aviso] 'empujar', 'empuje'. -2. [impingir] endosar, entildar *Méx*, enchufar *RP*.
emudecer [emude'se(x)] <> *vt* [fazer calar] enmudecer. <> *vi* [calar-se] enmudecer.
enamorado, da [enamo'radu, dal *adj* enamorado(da).
encabeçar [ẽŋkabe'sa(x)] *vt* encabezar.
encabulado, da [ẽŋkabu'ladu, dal *adj* -1. [acanhado] tímido(da), penoso(sa) *Andes, CAm, Carib & Méx*. -2. [envergonhado] avergonzado(da), abochornado(da) *Amér*, apenado(da) *Andes, CAm, Carib & Méx*.
encabular [ẽŋkabu'la(x)] <> *vt* [envergonhar] avergonzar, abochornar *Amér*, apenar *Andes, CAm, Carib & Méx*. <> *vi* [acanhar-se] avergonzarse, apenarse *Andes, CAm, Carib & Méx*.
 ◆ **encabular-se** *vp* -1. [acanhar-se] avergonzarse, apenarse *Andes, CAm, Carib & Méx*. -2. [envergonhar-se] avergonzarse.

encadernação [ẽŋkadexna'sãw] (pl -ões) f encuadernación f.

encadernado, da [ẽŋkadex'nadu, da] adj encuadernado(da).

encadernar [ẽŋkadex'na(x)] vt encuadernar.

encaixar [ẽŋkaj'ʃa(x)] ⟨⟩ vt -1. [inserir]: ~ algo (em algo) encajar algo (en algo). -2. [encaixotar] meter en cajas. ⟨⟩ vi [entrar no encaixe] encajar, embonar Andes, Cuba & Méx.

 ➡ **encaixar-se** vp encajarse.

encaixe [ẽŋ'kajʃil] m encaje m.

encalço [ẽŋ'kawsul] m: estar no ~ de algo/alguém seguir la pista de algo/alguien.

encalhado, da [ẽŋka'ʎadu, da] adj -1. [embarcação] encallado(da). -2. [mercadoria] sin salida, estancado(da) Méx. -3. fam [pessoa] solterón(na), quedado(da) Méx.

encalhar [ẽŋka'ʎa(x)] vi -1. [embarcação] encallar. -2. [mercadoria] quedarse sin salida, estancarse Méx. -3. [processo] paralizarse, detenerse. -4. fam [pessoa] quedarse solterón(na), quedarse para vestir santos.

encaminhar [ẽŋkami'ɲa(x)] vt encaminar.

 ➡ **encaminhar-se** vp [dirigir-se]: ~-se para/a encaminarse a/hacia.

encanador, ra [ẽŋkana'do(x), ra] (mpl -es, fpl -s) m, f fontanero m, -ra f Esp, plomero m, -ra f Amér.

encanamento [ẽŋkana'mẽntu] m [sistema] cañerías fpl.

encanar [ẽŋka'na(x)] vt -1. [canalizar] canalizar. -2. fam [prender] meter en chirona Esp, encanar Andes, Cuba & RP, entambar Méx.

encantado, da [ẽŋkãnta'du, da] (mpl -es, fpl -s) adj encantado(da); ~! fml [em apresentações] ¡encantado(da)!

encantador, ra [ẽŋkãnta'do(x), ra] adj -1. [fascinante] encantador(ra). -2. [deslumbrante] deslumbrante, fascinante.

encantamento [ẽŋkãnta'mẽntu] m -1. [magia] hechizo m. -2. [deslumbramento] deslumbramiento m.

encantar [ẽŋkãn'ta(x)] vt -1. [ger] hechizar. -2. [deslumbrar] encantar.

 ➡ **encantar-se** vp: ~-se com algo quedar encantado(da) con algo.

encanto [ẽŋ'kãntu] m -1. [ger] encanto m. -2. fam [pessoa]: ser um ~ ser un encanto.

encapado, da [ẽŋka'padu, da] adj forrado(da).

encapar [ẽŋka'pa(x)] vt forrar.

encapetar-se [ẽŋkape'ta(x)si] vp [endiabrar-se] volverse loco(ca).

encapotar [ẽŋkapo'ta(x)] vt [cobrir] cubrir.

 ➡ **encapotar-se** vp [cobrir-se] cubrirse.

encarar [ẽŋka'ra(x)] vt -1. [fitar] mirar (fijamente) a. -2. [enfrentar, considerar] encarar.

encarcerar [ẽŋkaxse'ra(x)] vt [prender] encarcelar.

encardido, da [ẽŋkar'dʒidu, da] adj -1. [roupa] mugriento(ta), percudido(da) Amér, emprecudido(da) RP. -2. [pele] mugriento(ta).

encardir [ẽŋkax'dʒi(x)] ⟨⟩ vt -1. [roupa] enmugrecer, percudir Amér, emprecudir RP. -2. [pele] enmugrecer, emprecudir RP. ⟨⟩ vi [ficar mal lavado] enmugrecerse, percudirse Amér, emprecudirse RP.

encarecer [ẽŋkare'se(x)] ⟨⟩ vt -1. [tornar mais caro] encarecer. -2. [elogiar] alabar. ⟨⟩ vi [ficar mais caro] encarecerse.

encarecidamente [ẽŋkaresida'mẽntʃi] adv [insistentemente]: pedir ~ pedir encarecidamente.

encargo [ẽŋ'kaxgu] m -1. [responsabilidade] encargo m. -2. [cargo, ônus] cargo m.

encarnação [ẽŋkaxna'sãw] (pl -ões) f -1. [ger] encarnación f; ser a ~ de algo [personificação] ser la encarnación de algo. -2. fam [importunação] burlas fpl.

encarnado, da [ẽŋkax'nadu, da] adj [vermelho] colorado(da), encarnado(da) Esp & Méx.

encarnar [ẽŋkax'na(x)] ⟨⟩ vi -1. [alma, espírito] encarnar. -2. [importunar] fam: ~ em alguém burlarse de alguien. ⟨⟩ vt encarnar.

encarregado, da [ẽŋkaxe'gadu, da] ⟨⟩ adj: ~ de algo/fazer algo encargado(da) de algo/hacer algo. ⟨⟩ m, f encargado m, -da f.

encarregar [ẽŋkaxe'ga(x)] vt: ~ alguém de algo encargar algo a alguien.

 ➡ **encarregar-se** vp: ~-se de algo/fazer algo encargarse de algo/hacer algo.

encarte [ẽŋ'kaxtʃi] m encarte m.

encenação [ẽnsena'sãw] (pl -ões) f -1. TEATRO escenificación f. -2. [produção] montaje m. -3. fig [fingimento] teatro m.

encenar [ẽnse'na(x)] vt -1. TEATRO escenificar, representar. -2. [produzir] escenificar. -3. fig [fingir] actuar.

encerado, da [ẽnse'radu, da] adj encerado(da).

 ➡ **encerado** m [oleado] impermeable m.

encerar [ẽnse'ra(x)] vt encerar.

encerramento [ẽnsexa'mẽntu] m cierre m, clausura f.

encerrar [ẽnse'xa(x)] vt -1. [acabar]: ~ algo (com algo) cerrar ou clausurar algo (con algo). -2. [confinar, conter] encerrar.

 ➡ **encerrar-se** vp [enclausurar-se]: ~-se

(em) encerrarse (en).
encharcado, da [ẽnʃaxˈkadu, da] adj -1. [alagado] encharcado(da). -2. [ensopado] empapado(da).
encharcar [ẽnʃarˈka(x)] vt-1. [alagar] encharcar. -2. [ensopar] empapar.
◆ **encharcar-se** vp [ensopar-se] empaparse.
enchente [ẽnˈʃẽntʃi] f inundación f.
encher [ẽnˈʃe(x)] ⟨⟩ vt-1. [ger] llenar; ~ o saco (de alguém) mfam tocar los huevos (a alguien), hinchar las pelotas (de alguien) RP. -2. [fartar]: ~ algo (de) llenar algo (de); ~ alguém de llenar a alguien de. -3. [balão, bola, pneu] inflar, hinchar Esp. ⟨⟩ vi [tornar-se cheio] llenarse.
◆ **encher-se** vp -1. [tornar-se cheio] llenarse. -2. [fartar-se]: ~-se de llenarse de. -3. [aborrecer-se] hartarse, llenarse Amér.
enchimento [ẽnʃiˈmẽntu] m -1. [ato] relleno m Esp, llenado m Amér. -2. [coisa com que se enche] relleno m.
enchova [ẽnˈʃova] f anchoa f.
enciclopédia [ẽnsikloˈpɛdʒia] f enciclopedia f.
enciumar-se [ẽnsjuˈmaxsi] vp ponerse celoso(sa).
encoberto, ta [ẽnkoˈbɛxtu, ta] ⟨⟩ pp ▷encobrir. ⟨⟩ adj -1. [ger] cubierto(ta). -2. [disfarçado] encubierto(ta).
encobrir [ẽnkoˈbri(x)] vt -1. [ger] encubrir. -2. [disfarçar] encubrir, disimular, disfrazar Méx.
◆ **encobrir-se** vp -1. [esconder-se] esconderse. -2. [disfarçar-se] disfrazarse. -3. [céu, sol] cubrirse.
encolher [ẽnkoˈʎe(x)] ⟨⟩ vt encoger; ~ os ombros encoger los hombros. ⟨⟩ vi [roupa] encoger.
◆ **encolher-se** vp encogerse.
encomenda [ẽnkoˈmẽnda] f -1. [mercadoria] pedido m. -2. [ato]: fazer uma ~ hacer un pedido; feito sob ~ hecho a la medida. -3. [pacote] paquete m, encomienda f RP.
encomendar [ẽnkomẽnˈda(x)] vt -1. [obra, compra]: ~ algo a alguém encargar algo a alguien. -2. RELIG encomendar.
encontrão [ẽnkõˈtrãw] (pl -ões) m -1. [esbarrão] encontronazo m, encontrón m Amér. -2. [empurrão] empujón m; aos encontrões a empujones; dar um ~ dar un empujón.
encontrar [ẽnkõnˈtra(x)] ⟨⟩ vt encontrar. ⟨⟩ vi: ~ com alguém encontrarse con alguien.
◆ **encontrar-se** vp -1.: ~-se (com alguém) encontrarse (con alguien). -2. [estar] encontrarse. -3. [colidir] encontrarse, cho-

carse Méx. -4. PSIC encontrarse a uno mismo.
encontro [ẽnˈkõntru] m encuentro m; ao ~ de al encuentro de; de ~ a [contra] contra.
encorajar [ẽnkoraˈʒa(x)] vt animar.
encorpar [ẽnkoxˈpa(x)] vt -1. [fazer crescer] hacer crecer. -2. [engrossar] dar más cuerpo a.
encosta [ẽnˈkɔʃta] f ladera f.
encostar [ẽnkoʃˈta(x)] ⟨⟩ vt -1. [aproximar] arrimar. -2. [semicerrar] entornar, emparejar Méx. -3. [estacionar] acercar a la acera Esp, orillar Méx, acercar al cordón CSur & Cuba. -4. [deitar] recostar, recargar Méx. -5. fig [pôr de lado] abandonar, dejar Méx. ⟨⟩ vi [tocar]: ~ em algo/alguém tocar algo/a alguien.
◆ **encostar-se** vp -1. [deitar-se] recostarse. -2. [apoiar-se] apoyarse, recargarse Méx. -3. fig [fugir de trabalho] escaquearse.
encosto [ẽnˈkoʃtu] m -1. [espaldar] respaldo m. -2. fam fig [estorvo] estorbo m.
encrencar [ẽnkrẽnˈka(x)] ⟨⟩ vt [meter em complicação] meter en dificultades a. ⟨⟩ vi -1. [quebrar] estropearse. -2. [complicarse] complicarse. -3. fam [implicar]: ~ com alguém/algo poner peros a alguien/algo, poner pegas a alguien/algo Esp.
encrespar [ẽnkreʃˈpa(x)] vt -1. [cabelo] encrespar, rizar, enchinar Méx. -2. [mar] encrespar, rizar.
◆ **encrespar-se** vp -1. [mar] encresparse, rizarse. -2. fig [irritar-se] crisparse.
encruzilhada [ẽnkruziˈʎada] f encrucijada f.
encurralado, da [ẽnkuxaˈladu, da] adj [cercado] acorralado(da).
encurralar [ẽnkuxaˈla(x)] vt acorralar.
encurtar [ẽnkuxˈta(x)] vt acortar.
end. (abrev de endereço) ≃ dirección f.
endêmico, ca [ẽnˈdemiku, ka] adj endémico(ca).
endereçamento [ẽnderesaˈmẽntu] m -1. [ato de endereçar]: fazer o ~ em um envelope poner una dirección en un sobre. -2. COMPUT dirección f.
endereçar [ẽndereˈsa(x)] vt -1. [sobrescrever] poner una dirección en. -2. [enviar] dirigir, enviar.
endereço [ẽndeˈresul] m dirección f.
endiabrado, da [ẽndʒjaˈbradu, da] adj endiablado(da).
endinheirado, da [ẽndʒiɲejˈradu, da] adj adinerado(da).
endireitar [ẽndʒirejˈta(x)] vt -1. [desencurvar] enderezar. -2. [arrumar] arreglar.
◆ **endireitar-se** vp [corrigir-se] enderezarse.

endividado, da [ẽndʒiviˈdadu, da] *adj* endeudado(da).

endividar-se [ẽndʒiviˈdaxsi] *vp* endeudarse.

endocrinologia [ẽn,dokrinoloˈʒia] *f* endocrinología *f*.

endoidecer [ẽndojdeˈse(x)] <> *vt* enloquecer. <> *vi* enloquecer.

endossar [ẽndoˈsa(x)] *vt* endosar.

endosso [ẽnˈdosu] *m* endoso *m*.

endurecer [ẽndureˈse(x)] <> *vt* endurecer. <> *vi* endurecerse; ~ **(com alguém)** *fig* ponerse más duro (con alguien).

endurecimento [ẽnduresiˈmẽntu] *m* endurecimiento *m*.

ENEM (*abrev de* Exame Nacional do Ensino Médio) *m examen de finalización de la enseñanza media.*

energia [enexˈʒia] *f* energía *f*; ~ **atômica** *ou* **nuclear** energía atómica *ou* nuclear; ~ **solar** energía solar.

enérgico, ca [eˈnɛxʒiku, ka] *adj* enérgico(ca).

enervante [enexˈvãntʃi] *adj* enervante.

enevoado, da [eneˈvwadu, da] *adj* nublado(da).

enfado [ẽnˈfadu] *m* enfado *m* Esp, enojo *m* Amér.

enfadonho, nha [ẽnfaˈdoɲu, ɲa] *adj* fastidioso(sa).

enfaixar [ẽnfajˈʃa(x)] *vt* vendar.

enfarte [ẽnˈfaxtʃi] *m* infarto *m*.

ênfase [ˈẽfazi] *f* énfasis *f*.

enfastiado, da [ẽnfaʃˈtʃjadu, da] *adj* fastidiado(da).

enfastiar [ẽnfaʃˈtʃja(x)] *vt* fastidiar.
  ◆ **enfastiar-se** *vp* fastidiarse.

enfático, ca [ẽnˈfatʃiku, ka] *adj* enfático(ca).

enfatizar [ẽnfatʃiˈza(x)] *vt* enfatizar.

enfeitar [ẽnfejˈta(x)] *vt* adornar.
  ◆ **enfeitar-se** *vp* arreglarse.

enfeite [ẽnˈfejtʃi] *m* adorno *m*.

enfeitiçar [ẽnfejtʃiˈsa(x)] *vt* hechizar.

enfermagem [ẽnfexˈmaʒẽ] *f* enfermería *f* (*profesión*).

enfermaria [ẽnfexmaˈria] *f* enfermería *f* (*lugar*).

enfermeiro, ra [ẽnfexˈmejru, ra] *m, f* enfermero *m*, -ra *f*.

enfermidade [ẽnfexmiˈdadʒi] *f* enfermedad *f*.

enfermo, ma [ẽnˈfexmu, ma] <> *adj* enfermo(ma). <> *m, f* enfermo *m*, -ma *f*.

enferrujado, da [ẽnfexuˈʒadu, da] *adj* [oxidado] oxidado(da).

enferrujar [ẽnfexuˈʒa(x)] <> *vt* oxidar, herrumbrar RP. <> *vi* oxidarse, herrumbrarse RP.

enfezar [ẽnfeˈza(x)] *vt* enfadar *Esp*, enojar *Amér.*
  ◆ **enfezar-se** *vp* enfadarse *Esp*, enojarse *Amér.*

enfiada [ẽnˈfjada] *f* sucesión *f*.

enfiar [ẽnˈfja(x)] *vt* -1. [introduzir]: ~ **algo (em algo)** meter algo (en algo). -2. [vestir] ponerse. -3. [pôr] poner, meter RP.
  ◆ **enfiar-se** *vp* [meter-se]: ~-**se em algo** meterse en algo.

enfim [ẽnˈfĩ] *adv* finalmente; **até que** ~ por fin.

enfocar [ẽnfoˈka(x)] *vt* enfocar.

enfoque [ẽnˈfɔki] *m* enfoque *m*.

enforcar [ẽnfoxˈka(x)] *vt* -1. [em forca] ahorcar. -2. *fam fig* [dia de trabalho, aula] saltarse.
  ◆ **enforcar-se** *vp* [em forca] ahorcarse.

enfraquecer [ẽnfrakeˈse(x)] <> *vt* debilitar. <> *vi* debilitarse.
  ◆ **enfraquecer-se** *vp* debilitarse.

enfrentamento [ẽnfrẽntaˈmẽntu] *m* enfrentamiento *m*.

enfrentar [ẽnfrẽnˈta(x)] *vt* hacer frente a, enfrentar.

enfurecer [ẽnfureˈse(x)] *vt* enfurecer.
  ◆ **enfurecer-se** *vp* enfurecerse.

enfurecido, da [ẽnfureˈsidu, da] *adj* enfurecido(da).

engajado, da [ẽnɡaˈʒadu, da] *adj* -1. POL militante. -2. MIL alistado(da), enrolado(da). -3. [contratado] contratado(da).

engajar [ẽnɡaˈʒa(x)] *vt* [trabalhadores] contratar.
  ◆ **engajar-se** *vp* -1. MIL: ~-**se (em)** alistarse (en), enrolarse (en). -2. [em campanha, luta]: ~-**se em** comprometerse en. -3. [trabalhador]: ~-**se (em)** incorporarse (a).

enganador, ra [ẽnɡanaˈdo(x), ra] *adj* engañoso(sa).

enganar [ẽnɡaˈna(x)] *vt* engañar.
  ◆ **enganar-se** *vp* -1. [iludir-se] engañarse. -2. [cometer um erro] equivocarse.

engancharr [ẽnɡãnˈʃa(x)] *vt*: ~ **algo (em algo)** enganchar algo (en algo), atorar algo (en algo) *Méx*.

engano [ẽnˈɡãnu] *m* [equívoco] equivocación *f*; [em telefonema]: **desculpe, foi** ~ perdón, me equivoqué de número.

engarrafado, da [ẽnɡaxaˈfadu, da] *adj* embotellado(da).

engarrafamento [ẽnɡaxafaˈmẽntu] *m* embotellamiento *m*.

engarrafar [ẽnɡaxaˈfa(x)] *vt* embotellar.

engasgar [ẽnɡazˈɡa(x)] <> *vt* [na garganta] atragantar, ahogar. <> *vi* -1. [na garganta] atragantarse. -2. *AUTO* ahogarse.
  ◆ **engasgar-se** *vp* atragantarse.

engasgo [ẽŋ'gaʒgu] *m* [na garganta] atragantamiento *m*.

engastar [ẽŋgaʃ'ta(x)] *vt* engarzar, incrustar *Méx*.

engatar [ẽŋga'ta(x)] *vt* **-1.** [atrelar]: ~ algo (em algo) enganchar algo (en algo), atorar algo (en algo) *Méx*. **- 2.** *AUTO* meter. **- 3.** [iniciar] comenzar, arrancar *Amér*.

engate [ẽŋ'gatʃi] *m* enganche *m*.

engatinhar [ẽŋgatʃi'ɲa(x)] *vi* **-1.** [bebê] gatear. **- 2.** *fig* [ser principiante]: ~ **em algo** hacer pinitos en algo.

engendrar [ẽnʒẽn'dra(x)] *vt* engendrar.

engenharia [ẽnʒeɲa'rial] *f* ingeniería *f*; ~ **genética** ingeniería genética.

engenheiro, ra [ẽnʒe'ɲejru, ra] *m, f* ingeniero *m*, -ra *f*.

engenho [ẽn'ʒeɲul] *m* ingenio *m*.

engenhoso, osa [ẽnʒe'ɲozu, ɔzal] *adj* ingenioso(sa).

engessado, da [ẽnʒe'sadu, dal] *adj* enyesado(da).

engessar [ẽnʒe'sa(x)] *vt* enyesar.

englobar [ẽŋglo'ba(x)] *vt* englobar.

engodo [ẽŋ'godul] *m* **-1.** [isca] cebo *m*, carnada *f*. **- 2.** [farsa] cebo *m*.

engolir [ẽŋgo'li(x)] *vt* **-1.** [ger] tragar. **- 2.** *fig* [sobrepujar]: ~ **alguém** devorar a alguien *Esp*, comerse a alguien *Méx*, caminar a alguien *RP*.

engomar [ẽŋgo'ma(x)] *vt* almidonar.

engordar [ẽŋgox'da(x)] ⬦ *vt* engordar. ⬦ *vi* engordar.

engordurado, da [ẽŋgoxdu'radu, dal] *adj* engrasado(da).

engraçado, da [ẽŋgra'sadu, dal] *adj* gracioso(sa).

Não confundir *engraçado (gracioso)* com o espanhol *engrasado* que em português é *engordurado*. (*Pedro é muito engraçado; sempre faz todos rirem*. Pedro es muy *gracioso*; siempre hace reír a todos)
---

engradado [ẽŋgra'dadul] *m* enrejado *m*.

engrandecer [ẽŋgrãnde'se(x)] *vt* engrandecer.

➥ **engrandecer-se** *vp* engrandecerse.

engravidar [ẽŋgravi'da(x)] ⬦ *vt* dejar embarazada, embarazar *Amér*. ⬦ *vi* quedar embarazada, embarazarse *Amér*.

engraxar [ẽŋgra'ʃa(x)] *vt* lustrar, bolear *Méx*.

engraxate [ẽŋgra'ʃatʃil] *mf* limpiabotas *m inv*, lustrabotas *m inv Andes* & *RP*, bolero *m*, -ra *f Méx*.

engrenagem [ẽŋgre'naʒẽ] (*pl* **-ns**) *f* engranaje *m*.

engrenar [ẽŋgre'na(x)] *vt* **-1.** *AUTO* meter,

embragar *Amér*. **- 2.** [iniciar] comenzar, arrancar *Amér*.

engrossar [ẽŋgro'sa(x)] ⬦ *vt* **-1.** [aumentar] engrosar. **- 2.** [encorpar] espesar. **- 3.** [tornar grave] poner más grave, engrosar *Méx*. ⬦ *vi* *fig* [ser grosseiro]: ~ **(com alguém)** ponerse grosero(ra) (con alguien) *Amér*.

enguia [ẽŋ'gial] *f* anguila *f*.

enguiçar [ẽŋgi'sa(x)] *vi* estropearse *Esp*, descomponerse *Amér*, malograrse *Andes*.

enguiço [ẽŋ'gisul] *m* mal *m* de ojo.

enigma [e'nigmal] *m* **-1.** [charada] enigma *m Esp*, adivinanza *f Amér*. **- 2.** [mistério] enigma *m*.

enjaular [ẽnʒaw'la(x)] *vt* enjaular.

enjeitado, da [ẽnʒej'tadu, dal] *adj* abandonado(da).

enjeitar [ẽnʒej'ta(x)] *vt* **-1.** [rejeitar] rechazar. **- 2.** [abandonar] abandonar.

enjoado, da [ẽn'ʒwadu, dal] *adj* **-1.** [nauseado] mareado(da). **- 2.** *fig* [cansado]: ~ **de algo/de fazer algo** harto(ta) de algo/hacer algo. **- 3.** *fig* [chato] aburrido(da).

enjoar [ẽn'ʒwa(x)] ⬦ *vt* **-1.** [nausear] dar náuseas a. **- 2.** *fig* [cansar] asquear. ⬦ *vi* **-1.** [nausear-se] marearse. **- 2.** *fig* [cansar-se]: ~ **de algo/de fazer algo** hartarse de algo/hacer algo.

enjôo [ẽn'ʒoul] *m* [náusea - em carro, navio] mareo *m*; [- de gravidez] náuseas *fpl*.

enlaçar [ẽnla'sa(x)] *vt* **-1.** [laçar] enlazar. **- 2.** [cingir] abrazar.

enlace [ẽn'lasil] *m* enlace *m*.

enlatado, da [ẽnla'tadu, dal] *adj* enlatado(da).

➥ **enlatado** *m* **-1.** [comida em lata] comida *f* enlatada, enlatado *m RP*. **- 2.** *pej* [série de tv] *serie importada de escasa calidad*, enlatado *m RP*.

enlatar [ẽnla'ta(x)] *vt* enlatar.

enlouquecer [ẽnloke'se(x)] ⬦ *vt* enloquecer. ⬦ *vi* enloquecer.

enlouquecido, da [ẽnloke'sidu, dal] *adj* enloquecido(da).

enlouquecimento [ẽnlokesi'mẽntul] *m* enloquecimiento *m*.

enojado, da [eno'ʒadu, dal] *adj* enojado(da), enfadado(da) *Esp*.

enorme [e'nɔxmil] *adj* enorme.

enormidade [enoxmi'dadʒil] *f* enormidad *f*; uma ~ **de** una enormidad de.

enquadramento [ẽŋkwadra'mẽntul] *m CINE* & *FOTO* encuadre *m*.

enquadrar [ẽŋkwa'dra(x)] ⬦ *vt* **-1.** [ajustar]: ~ **algo em algo** encuadrar algo con algo, empatar algo con algo *Méx*. **- 2.** *fam* [render para averiguação] detener. ⬦ *vi* [combinar]: ~ **com** ir con, empatar con **Méx**.

◆ **enquadrar-se** *vp* [ajustar-se]: ~-se **(em algo)** ajustarse (a algo).

enquanto [ẽŋ'kwãntu] *conj* **-1.** [ger] mientras; ~ **isso** mientras tanto, en tanto **Méx**. **-2.** [considerado como] como.

◆ **por enquanto** *loc adv* por ahora.

enquete [ẽn'kɛtʃi] *f* encuesta *f*.

enraivecer [ẽnxajve'se(x)] *vt* enfurecer, encolerizar.

◆ **enraivecer-se** *vp* enfurecerse, encolerizarse.

enredo [ẽn'xedu] *m* argumento *m*.

enriquecer [ẽnxike'se(x)] <> *vt* enriquecer. <> *vi* enriquecerse.

◆ **enriquecer-se** *vp*: ~-se **com algo** enriquecerse con algo.

enriquecimento [ẽnxikesi'mẽntu] *m* enriquecimiento *m*.

enrolado, da [ẽnxo'ladu, da] *adj* **-1.** *fam* [confuso] confuso(sa); ~ **em algo** [embrulhado] metido(da) en algo. **-2.** [cabelo] rizado(da), enchinado(da) **Méx**.

enrolar [ẽnxo'la(x)] <> *vt* **-1.** [dar forma de rolo] enrollar. **-2.** [embrulhar]: ~ **algo/alguém em algo** envolver algo/a alguien en algo. **-3.** *fam* [complicar] complicar, enredar. **-4.** *fam* [enganar] engatusar, camelar **Esp**. <> *vi fam* [protelar] perder el tiempo, dar vueltas **RP**.

◆ **enrolar-se** *vp* **-1.** [agasalhar-se]: ~-se **em algo** envolverse en algo. **-2.** *fam* [confundir-se] enredarse.

enroscar [ẽnxoʃ'ka(x)] *vt*: ~ **algo em** [perna, cobra] enroscar algo en; [corda, mangueira] enredarse en.

◆ **enroscar-se** *vp* **-1.** [encolher-se de frio] encogerse. **-2.** [embolar-se] enredarse.

enrubescer [ẽnxube'se(x)] <> *vt* enrojecer. <> *vi* enrojecerse.

enrugado, da [ẽnxu'gadu, da] *adj* arrugado(da).

enrugar [ẽnxu'ga(x)] <> *vt* arrugar. <> *vi* arrugarse.

ensaiar [ẽnsa'ja(x)] *vt* ensayar.

ensaio [ẽn'saju] *m* ensayo *m*.

ensangüentado, da [ẽnsãngwẽn'tadu, da] *adj* ensangrentado(da).

enseada [ẽn'sjada] *f* ensenada *f*.

ensejo [ẽn'seʒu] *m* oportunidad *f*.

ensinamento [ẽnsina'mẽntu] *m* enseñanza *f*.

ensinar [ẽnsi'na(x)] *vt*: ~ **alguém a fazer algo** enseñar a alguien a hacer algo; ~ **algo a alguém** enseñar algo a alguien.

ensino [ẽn'sinu] *m* enseñanza *f*; ~ **fundamental/médio** enseñanza primaria/secundaria; ~ **supletivo** *enseñanza*

orientada a adolescentes y adultos que no acabaron sus estudios en la edad apropiada.

ensolarado, da [ẽnsola'radu, da] *adj* soleado(da).

ensopado, da [ẽnso'padu, da] *adj* **-1.** CULIN: **frango/peixe** ~ guiso *m* de pollo/pescado. **-2.** *fig* [encharcado] empapado(da), ensopado(da) **RP**.

◆ **ensopado** *m* CULIN guiso *m*, guisado *m*, ensopado *m* **RP**.

ensopar [ẽnso'pa(x)] *vt* empapar, ensopar **RP**.

ensurdecer [ẽnsuxde'se(x)] *vt* ensordecer.

entalar [ẽnta'la(x)] <> *vt* [em lugar estreito] atrapar. <> *vi* [encravar] atragantarse; **uma espinha entalou na minha garganta** se me atragantó una espina.

entalhar [ẽnta'ʎa(x)] *vt* tallar.

entalhe [ẽn'taʎi] *m* talla *f*.

então [ẽn'tãw] *adv* entonces; **até** ~ hasta entonces, hasta ese momento **Méx**; **desde** ~ desde entonces; **para** ~ para entonces; **pois** ~ entonces.

entardecer [ẽntaxde'se(x)] <> *vi* atardecer. <> *m* atardecer *m*.

ente ['ẽntʃi] *m* ente *m*.

enteado, da [ẽn'tʒjadu, da] *m, f* hijastro *m*, -tra *f*, entenado *m*, -da *f* **Méx**.

entediar [ẽnte'dʒa(x)] *vt* aburrir.

◆ **entediar-se** *vp* aburrirse.

entender [ẽntẽn'de(x)] <> *vt* **-1.** [ger] entender; **dar a** ~ dar a entender; ~ **(que)** [deduzir] entender (que). **-2.** [ouvir] oír. <> *vi* [conhecer]: ~ **de** entender de. <> *m*: **no** ~ **de alguém** según la interpretación de alguien.

◆ **entender-se** *vp* **-1.** [comunicar-se] entenderse. **-2.** [chegar a um acordo]: ~-se **(com alguém)** entenderse (con alguien).

entendido, da [ẽntẽn'dʒidu, da] <> *adj* **-1.** [perito] entendido(da), experto(ta); ~ **em algo** entendido(da) en algo, experto(ta) en algo. **-2.** *fam* [homossexual] que entiende. <> *m, f* **-1.** [perito] entendido *m*, -da *f*, entendedor *m*, -ra *f* **Méx**. **-2.** *fam* [homossexual]: **é um** ~ entiende.

◆ **bem entendido** *loc adv* sin duda.

entendimento [ẽntẽndʒi'mẽntu] *m* entendimiento *m*.

enternecer [ẽntexne'se(x)] *vt* enternecer.

◆ **enternecer-se** *vp* enternecerse.

enterrar [ẽnte'xa(x)] *vt* **-1.** [ger] enterrar; ~ **algo em algo** enterrar algo en algo. **-2.** [chapéu]: ~ **algo em algo** ponerse algo en algo. **-3.** [arruinar] arruinar.

enterro [ẽn'texu] *m* entierro *m*.

entidade [ẽntʃi'dadʒi] *f* entidad *f*.

entoar [ẽn'twa(x)] *vt* entonar.

entonação [ẽntona'sãw] *f* entonación *f.*
entornar [ẽtox'na(x)] ⋄ *vt* -**1.** [derramar]
derramar, volcar. - **2.** [despejar] servir. ⋄
vi fig [embriagar-se] emborracharse.
entorpecente [ẽntoxpe'sẽntʃil *m* estupefaciente *m.*
entorpecer [ẽntoxpe'se(x)] *vt* -**1.** [causar tor-
por] entorpecer. -**2.** *fig* [insensibilizar] embrutecer.
entortar [ẽntox'ta(x)] ⋄ *vt* torcer, enchue-
car *Méx.* ⋄ *vi* [empenar] torcerse, en-
chuecarse *Méx.*
entrada [ẽn'trada] *f* -**1.** [ger] entrada *f*; 'proibida a ∼' 'prohibida la entrada'. - **2.** *CULIN*
entrada *f*, entrante *m Esp.* - **3.** [pagamento
inicial] entrada *f Esp*, enganche *m Méx*,
cuota *f* inicial *RP.* - **4.** [ingresso] entrada *f*,
boleto *m Col & Méx*; ∼ **gratuita** *ou* franca
entrada gratis *ou* libre, entrada *f* gratuita *Col & Méx*; **meia** ∼ entrada reducida.
- **5.** [abertura] boca *f.* - **6.** *COMPUT* entrada *f*
Esp, ingreso *m Amér.*
entra-e-sai [ˌẽntri'saj] *m inv* ir y venir *m.*
entranhado,da [ẽntra'ɲadu, da] *adj* penetrante.
entranhas [ẽn'traɲaʃ] *fpl* entrañas *fpl.*
entrar [ẽn'tra(x)] *vi* -**1.** [adentrar]: ∼ **(em)**
entrar (en), entrar (a) *Amér.* - **2.** [contri-
buir]: ∼ **com algo** contribuir con algo,
entrar con algo *Méx.* - **3.** [envolver-se]: ∼
em algo meterse en algo. - **4.** [ingressar]: ∼
para algo entrar a *ou* en algo *Esp*, entrar a
algo *Amér.* - **5.** *COMPUT*: ∼ **com algo** entrar
con algo *Esp*, ingresar algo *Amér.*
entre ['ẽntri] *prep* entre; ∼ **si** entre sí.
entreaberto,ta [ˌẽntrja'bɛxtu, ta] *adj* entre-
abierto(ta).
entreabrir [ẽntrja'bri(x)] *vt* entreabrir.
➡ **entreabrir-se** *vp* entreabrirse.
entrecortar [ẽntre'koxta(x)] *vt* entrecortar.
entrega [ẽn'trɛga] *f* -**1.** [de carta] entrega *f*;
∼ **em domicílio** entrega a domicilio. - **2.**
[dedicação]: ∼ **a algo/alguém** entrega a
algo/alguien. - **3.** [rendição] rendición *f.*
entregador,ra [ẽntrega'do(x), ra] *m, f* -**1.**
[funcionário] repartidor *m*, -ra *f.* - **2.** [delator]
delator *m*, -ra *f.*
entregar [ẽntre'ga(x)] *vt* entregar; ∼ **algo/**
alguém a alguém entregar algo/alguien a
alguien; ∼ **os pontos** *fam loc* tirar la
toalla, aventar la toalla *Méx.*
➡ **entregar-se** *vp* entregarse; ∼**-se a al-**
go entregarse a algo; ∼**-se a alguém**
entregarse a alguien.
entregue [ẽn'trɛgi] *pp* ➡ **entregar.**
entreguismo [ẽntre'giʒmul *m* entreguismo *m.*
entreguista [ẽntre'giʃta] *adj* entreguista.

entrelaçamento [ẽntrelasa'mẽntu] *m* [união]
unión *f.*
entrelaçar [ẽntrela'sa(x)] *vt* entrelazar.
entrelinha [ẽntre'liɲa] *f* [espaço] interlineado *m.*
➡ **entrelinhas** *fpl*: **nas** ∼**s** *fig* [subentendi-
do] entre líneas.
entremear [ẽntre'mja(x)] *vt*: ∼ **algo com al-**
go intercalar algo con algo.
entreolhar-se [ẽntrjo'ʎaxsi] *vp* intercambiar miradas.
entreposto [ẽntre'poʃtu] *m* almacén *m.*
entretanto [ẽntri'tãntu] *conj* sin embargo.
entretenimento [ẽntreteni'mẽntu] *m* entretenimiento *m.*
entreter [ẽntre'te(x)] *vt* entretener.
➡ **entreter-se** *vp* entretenerse.
entrevista [ẽntre'viʃta] *f* entrevista *f*; ∼ **co-**
letiva rueda *f* de prensa, conferencia *f*
de prensa *Amér.*
entrevistado,da [ẽntre'viʃtadu, da] *m, f*
entrevistado(da).
entrevistar [ẽntre'viʃta(x)] *vt* entrevistar.
entristecer [ẽntriʃte'se(x)] ⋄ *vt* entristecer. ⋄ *vi* entristecerse.
entroncamento [ẽntrõŋka'mẽntu] *m* empalme *m*, unión *f*, empate *m Andes & Ven.*
entulhar [ẽntu'ʎa(x)] *vt*: ∼ **algo (de** *ou* **com)**
abarrotar algo (de *ou* con).
entulho [ẽn'tuʎu] *m* escombros *mpl.*
entupido,da [ẽntu'pidu, da] *adj* [nariz, ouvi-
do] tapado(da); [pia] atascado(da) *Esp*,
tapado(da) *Amér*; [de comida, gente]
lleno(na).
entupimento [ẽntupi'mẽntul *m* obstrucción *f.*
entupir [ẽntu'pi(x)] *vt* tapar.
➡ **entupir-se** *vp*: ∼**-se de algo** llenarse
de algo.
entusiasmar [ẽntuzjaʒ'ma(x)] *vt* entusiasmar.
➡ **entusiasmar-se** *vp* entusiasmarse.
entusiasmo [ẽntu'zjaʒmul *m* entusiasmo *m.*
entusiasta [ẽntu'zjaʃta] ⋄ *adj* entusiasta.
⋄ *mf* entusiasta *mf.*
enumerar [enume'ra(x)] *vt* enumerar.
enunciado,da [enũ'sjadu, da] ⋄ *adj* enun-
ciado(da). ⋄ *m* enunciado *m.*
enunciar [enũ'sja(x)] *vt* enunciar.
envelhecer [ẽnveʎe'se(x)] ⋄ *vt* envejecer.
⋄ *vi* envejecer.
envelhecimento [ẽnveʎesi'mẽntul *m* envejecimiento *m.*
envelopar [ẽnve'lopa(x)] *vt* ensobrar.
envelope [ẽnve'lɔpil *m* sobre *m.*
envenenamento [ẽnvenena'mẽntul *m* envenenamiento *m.*
envenenar [ẽnvene'na(x)] *vt* -**1.** [ger] enve-

nenar. - **2.** *AUTO* trucar.

→ **envenenar-se** *vp* [intoxicar-se] envenenarse.

enveredar [ẽnvere'da(x)] *vi* encaminarse; ~ **por/para** encaminarse por/hacia.

envergadura [ẽnvexga'dura] *f* envergadura *f.*

envergonhado, da [ẽnvexgo'ɲadu, da] *adj* -**1.** [acanhado] vergonzoso(sa), penoso(sa) *Andes*, *CAm* & *Méx*. - **2.** [por má ação] avergonzado(da), apenado(da) *Andes*, *CAm* & *Méx*.

envergonhar [ẽnvexgo'ɲa(x)] *vt* -**1.** [acanhar] avergonzar, apenar *Andes*, *CAm* & *Méx*, abochornar *Méx*. - **2.** [com má ação] avergonzar, abochornar *Méx*.

→ **envergonhar-se** *vp* -**1.** [acanhar-se] avergonzarse, apenarse *Andes*, *CAm* & *Méx*, abochornarse *Méx*. - **2.** [por má ação] avergonzarse, apenarse, *Andes*, *CAm* & *Méx*.

envernizado, da [ẽnvexni'zadu, da] *adj* [com verniz] barnizado(da).

envernizar [ẽnvexni'za(x)] *vt* barnizar, embarnizar *Méx*.

enviado, da [ẽn'vjadu, da] *m*, *f* enviado *m*, -da *f.*

enviar [ẽn'vja(x)] *vt*: ~ **algo a** *ou* **para alguém** enviar algo a *ou* para alguien.

envidraçar [ẽnvidra'sa(x)] *vt* acristalar *Esp*, vidriar *Amér*, envidriar *Méx*.

enviesar [ẽnvje'za(x)] *vt* -**1.** [pôr obliquamente] colocar diagonalmente. - **2.** [envesgar] dejar bizco.

envio [ẽn'viu] *m* envío *m.*

enviuvar [ẽnvju'va(x)] *vi* enviudar.

envolto, ta [ẽn'vowtu, ta] <> *pp* ▷ **envolver**. <> *adj* envuelto(ta).

envoltório [ẽnvow'tɔrju] *m* envoltorio *m.*

envolvente [ẽnvow'vẽntʃi] *adj* envolvente.

envolver [ẽnvow've(x)] *vt* -**1.** [cobrir]: ~ **algo/alguém (em)** envolver algo/a alguien (con). - **2.** [comprometer]: ~ **alguém (em)** involucrar a alguien (en). - **3.** [acarretar] conllevar, implicar *Amér*. - **4.** [abraçar] abrazar.

→ **envolver-se** *vp* -**1.** [comprometer-se]: ~-**se em** *ou* **com** involucrarse en. - **2.** [intrometer-se]: ~-**se em** meterse en.

envolvimento [ẽnvowvi'mẽntu] *m* involucramiento *m.*

enxada [ẽn'ʃada] *f* azada *f.*

enxaguar [ẽnʃa'gwa(x)] *vt* enjuagar, aclarar *Esp.*

enxame [ẽn'ʃami] *m* enjambre *m.*

enxaqueca [ẽnʃa'keka] *f* jaqueca *f*, migraña *f.*

enxergar [ẽnʃex'ga(x)] <> *vt* -**1.** [ver] ver. - **2.** *fig* [perceber] entender. <> *vi* [ver] ver.

enxofre [ẽn'ʃofri] *m* azufre *m.*

enxotar [ẽnʃo'ta(x)] *vt* ahuyentar, espantar.

enxoval [ẽnʃo'vaw] (*pl* -**ais**) *m* ajuar *m.*

enxugador [ẽnʃuga'do(x)] *m* secadora *f* de ropa, secarropa *f RP.*

enxugar [ẽnʃu'ga(x)] *vt* -**1.** [secar] secar. - **2.** *fig* [diminuir] recortar, ajustar *Méx*.

enxurrada [ẽnʃu'xada] *f* -**1.** [torrente] torrente *m*. - **2.** *fig* [amontoado] torrente *m*, montón *m*, bonche *m Méx*.

enxuto, ta [ẽn'ʃutu, ta] *adj* -**1.** [seco] seco(ca). - **2.** [bonito] en forma.

épico, ca [ˈɛpiku, ka] *adj* épico(ca).

epidemia [epide'mial] *f* epidemia *f.*

epigrama [epi'grama] *f* epigrama *m.*

epilepsia [epilep'sia] *f* epilepsia *f.*

epiléptico, ca [epi'lɛptʃiku, ka] <> *adj* epiléptico(ca). <> *m*, *f* epiléptico *m*, -ca *f.*

epílogo [e'pilugu] *m* epílogo *m.*

episódico, ca [epi'zɔdiku, ka] *adj* episódico(ca).

episódio [epi'zɔdju] *m* episodio *m.*

epístola [e'piʃtola] *f* epístola *f.*

epistolar [epiʃto'la(x)] *adj* epistolar.

epitáfio [epi'tafju] *m* epitafio *m.*

época [ˈɛpoka] *f* época *f*; **naquela** ~ en aquella época; **fazer** ~ hacer época.

epopéia [epo'pɛja] *f* epopeya *f.*

equação [ekwa'sãw] (*pl* -**ões**) *f* ecuación *f.*

equacionamento [ekwasiona'mẽntul] *m* racionalización *f.*

equador [ekwa'do(x)] *m* ecuador *m.*

Equador [ekwa'do(x)] *n* Ecuador.

equânime [e'kwãnimil] *adj* ecuánime.

equatorial [ekwato'rjaw] (*pl* -**ais**) *adj* ecuatorial.

equatoriano, na [ekwato'rjãnu, na] <> *adj* ecuatoriano(na). <> *m*, *f* ecuatoriano *m*, -na *f.*

eqüestre [e'kwɛʃtri] *adj* ecuestre.

equilibrado, da [ekili'bradu, da] *adj* equilibrado(da).

equilibrar [ekili'bra(x)] *vt* equilibrar.

→ **equilibrar-se** *vp* equilibrarse.

equilíbrio [eki'libriw] *m* equilibrio *m.*

equipamento [ekipa'mẽntu] *m* equipamiento *m.*

equipar [eki'pa(x)] *vt*: ~ **algo/alguém (de)** equipar algo/a alguien (con).

→ **equipar-se** *vp*: ~-**se (de)** equiparse (con).

equiparar [ekipa'ra(x)] *vt*: ~ **algo (a** *ou* **com algo)** equiparar algo (a *ou* con algo).

→ **equiparar-se** *vp* -**1.** [igualar-se]: ~-**se (a** *ou* **com algo)** equipararse (a *ou* con algo). - **2.** [comparar-se]: ~-**se (a ou com alguém)** equipararse (a *ou* con alguien).

equipe [e'kipil f equipo m.
equitação [ekita'sãw] f equitación f.
eqüitativo, va [ekwita'tʃivu, val adj equitativo(va).
equivalente [ekiva'lẽntʃil adj equivalente.
equivocado, da [ekivo'kadu, dal adj equivocado(da).
equivocar-se [ekivo'kaxsil vp equivocarse.
equívoco [e'kivokul m equívoco m.
era ['ɛral f era f.
erário [e'rarjul m erario m público.
ereção [ere'sãwl (pl -ões) f erección f.
eremita [ere'mital mf eremita mf.
ereto, ta [e'rɛtu, tal adj erecto(ta).
erguer [ex'ge(x)l vt erguir.
    ➡ **erguer-se** vp [levantar-se] erguirse.
eriçado, da [ẽri'sadu, dal adj erizado(da).
eriçar [eri'sa(x)l vt erizar.
erigir [eri'ʒi(x)l vt erigir.
ermo, ma ['exmu, mal adj yermo(ma).
erosão [ero'zãwl f erosión f.
erótico, ca [e'rɔtʃiku, kal adj erótico(ca).
erotismo [ero'tʃiʒmul m erotismo m.
erradicar [exadʒi'ka(x)l vt erradicar.
errado, da [e'xadu, dal adj -1. [ger] equivocado(da). - 2. loc: dar ~ salir mal.
errar [e'xa(x)l ◇ vt [não acertar] equivocarse en, errar RP. ◇ vi -1. [enganar-se]: ~ (em algo) equivocarse (en algo), errarla Amér. - 2. [proceder mal] equivocarse, errarla Amér. - 3. [vagar] errar.
erro ['exul m error m; ~ de impressão error de impresión.
errôneo, nea [e'xonju, njal adj equivocado(da), erróneo(a) Amér.
erudição [erudʒi'sãwl f erudición f.
erudito, ta [eru'dʒitu, tal ◇ adj erudito(ta). ◇ m, f erudito m, -ta f.
erupção [erup'sãwl (pl -ões) f erupción f.
erva ['ɛxval f -1. вот hierba f; ~ daninha mala hierba, yuyo m RP. - 2. fam [dinheiro] pasta f Esp, lana f Andes & Méx, guita f RP. - 3. fam [maconha] hierba f, mota f Méx, fumo m RP.
erva-cidreira [ˌɛxva'sidrejral (pl ervas-cidreiras) f toronjil m.
erva-doce [ˌɛxva'dosil (pl ervas-doces) f anís m.
erva-mate [ˌɛxva'matʃil (pl ervas-mates) f yerba f mate.
ervilha [ex'viʎal f guisante m Esp, chícharo m Méx, arveja f Andes & RP.
ES (abrev de Estado do Espírito Santo) estado de Espíritu Santo.
esbaforido, da [iʒbafo'ridu, dal adj jadeante.
esbanjador, ra [iʒbãnʒa'do(x), ral adj derrochador(ra).

esbanjar [iʒbãn'ʒa(x)l vt derrochar.
esbarrão [iʒba'xãwl m -1. [encontrão] encontronazo m, porrazo m Amér, madrazo m Méx. - 2. [tropeção] tropezón m.
esbarrar [iʒba'xa(x)l vi: ~ em algo/alguém chocar con ou contra algo/alguien.
esbelto, ta [iʒ'bɛwtu, tal adj esbelto(ta).
esboçar [iʒbo'sa(x)l vt esbozar.
esboço [iʒ'bosul m esbozo m.
esbofetear [iʒbofe'tʃja(x)l vt abofetear, cachetear Méx.
esborrachar [iʒboxa'ʃa(x)l vt [arrebentar] chafar Esp, reventar Amér, escrachar RP.
    ➡ **esborrachar-se** vp [cair] caerse, reventarse Amér, estamparse Méx, escracharse RP.
esbranquiçado, da [iʒbrãnki'sadu, dal adj blanquecino(na).
esbugalhado, da [iʒbuga'ʎadu, dal adj saltón(na).
esburacado, da [iʒbura'kadu, dal adj [rua] lleno(na) de baches ou hoyos Méx ou pozos RP, bacheado(da) Amér; [rosto] picado(da), carcomido(da) Méx; [jardim] lleno(na) de agujeros ou hoyos Méx ou pozos RP.
esburacar [iʒbura'ka(x)l vt hacer agujeros en, destrozar.
escabeche [iʃka'bɛʃil m escabeche m.
escada [iʃ'kadal f -1. [degraus] escalera f; ~ rolante escalera mecánica; ~ de incêndio escalera de incendio. - 2. fig [meio de vencer] plataforma f, trampolín m.
escadaria [iʃkada'rial f escalinata f.
escala [iʃ'kalal f -1. [ger] escala f; sem ~ sin escala. - 2. [turno] turno m.
escalada [iʃka'ladal f -1. [de montanha] escalada f. - 2. [social] arribismo m.
escalão [iʃka'lãwl (pl -ões) m -1. [degrau] escalón m, peldaño m. - 2. [conjunto de elementos] escalón m.
escalar [iʃka'la(x)l vt -1. [subir] escalar. - 2. [designar] designar.
escaldar [iʃkaw'da(x)l vt escaldar.
escalonar [iʃkalo'na(x)l vt escalonar.
escalope [iʃka'lɔpil m escalope m.
escalpelar [iʃkawpe'la(x)l vt [escalpar] cortar el cuero cabelludo a.
escama [iʃ'kãmal f escama f.
escamar [iʃka'ma(x)l ◇ vt [peixe] descamar, escamar Esp. ◇ vi [pele] escamarse.
escamotear [iʃkamo'tʃja(x)l vt escamotear.
escancarado, da [iʃkãŋka'radu, dal adj -1. [aberto de par em par] abierto(ta) de par en par. - 2. [totalmente aberto] bien abierto(ta). - 3. [evidente] evidente. - 4. [franco] franco(ca).
escancarar [iʃkãŋka'ra(x)l vt -1. [porta, janela]

abrir de par en par. -**2**. [casa, boca] abrir
bien. -**3**. [exibir] exponer.
escandalizar [iʃkãndali'za(x)] *vt* escandalizar.
➤ **escandalizar-se** *vp* escandalizarse.
escândalo [iʃ'kãndalul] *m* escándalo *m*; fazer *ou* dar um ~ armar un escándalo.
escandaloso, osa [iʃkãnda'lozu, ɔzal *adj* es-
candaloso(sa).
escanear [iʃkã'nea(x)] *vt* escanear.
escangalhar [iʃkãŋga'ʎa(x)] *vt* romper, malograr *Andes*.
escaninho [iʃka'niɲul *m* casillero *m*.
escanteio [iʃkãn'tejul *m* córner *m*.
escapar [iʃka'pa(x)] *vi* -**1**. [sobreviver]: ~ **(de
algo)** escapar (de algo). -**2**. [passar desper-
cebido]: ~ **algo a alguém** escaparse algo a
alguien. -**3**. [fugir] escapar. -**4**. [esquivar-se]
escaparse. -**5**. *loc*: ~ **de boa** librarse de
una buena; **deixar** ~ dejar escapar.
escapatória [iʃkapa'tɔrjal *f* escapatoria *f*.
escapulir [iʃkapu'li(x)] *vi*: ~ **(de algo)** escabullirse (de algo).
escaramuça [iʃkara'musal *f* escaramuza *f*.
escaravelho [iʃkara'veʎul *m* escarabajo *m*.
escarcéu [iʃkax'sɛwl *m* escarceo *m*.
escarlate [iʃkax'latʃil *adj* escarlata.
escarlatina [iʃkaxla'tʃinal *f* escarlatina *f*.
escárnio [iʃ'karnjul *m* -**1**. [desdém] desprecio *m*. -**2**. [zombaria] escarnio *m*.
escarpado, da [iʃkar'padu, dal *adj* escarpa-
do(da).
escarrar [iʃka'xa(x)] ⟨⟩ *vt* escupir. ⟨⟩ *vi*
escupir.
escarro [iʃ'kaxul *m* gargajo *m*, flema *f*.
escassear [iʃka'sja(x)] ⟨⟩ *vt* escasear. ⟨⟩
vi escasear.
escassez [iʃka'seʒl *f* escasez *f*.
escasso, sa [iʃ'kasu, sal *adj* escaso(sa).
escavação [iʃkava'sãwl *(pl* -ões) *f* excavación *f*.
escavar [iʃka'va(x)] *vt* excavar.
esclarecer [iʃklare'se(x)] *vt* -**1**. [explicar] aclarar. -**2**. [elucidar] esclarecer. -**3**. [informar]
informar.
➤ **esclarecer-se** *vp* [informar-se] informarse.
esclarecimento [iʃklaresi'mẽntul *m* -**1**. [expli-
cação] explicación *f*. -**2**. [informação] información *f*.
➤ **Esclarecimento** *m* [Iluminismo] Ilustración *f*.
esclerose [iʃkle'rɔzil *f* esclerosis *f*; ~ **múlti-
pla** esclerosis múltiple.
escoadouro [iʃkoa'dorul *m* desagüe *m*,
drenaje *m* *Méx*.
escoar [iʃ'kwa(x)] *vi*: ~ **(por)** desaguar
(por).

escocês, esa [iʃko'seʒ, ezal ⟨⟩ *adj* esco-
cés(esa). ⟨⟩ *m*, *f* escocés *m*, -esa *f*.
➤ **escocês** *m* [língua] escocés *m*.
Escócia [iʃ'kɔsjal *n* Escocia.
escola [iʃ'kɔlal *f* escuela *f*; ~ **particular/pú-
blica** escuela privada/pública; ~ **naval**
escuela naval; ~ **de samba** escuela de
samba, escola *f* de samba *RP*.
escolar [iʃko'la(x)] *(pl* -es) *adj* escolar.
escolaridade [iʃkolari'dadʒil *f* escolaridad *f*.
escolha [iʃ'koʎal *f* elección *f*.
escolher [iʃko'ʎe(x)] *vt* escoger, elegir.
escolhido, da [iʃko'ʎidu, dal *adj* escogi-
do(da), elegido(da).
escoliose [iʃkoli'ɔzil *f* MED escoliosis *f inv*.
escolta [iʃkɔwtal *f* escolta *f*.
escombros [iʃ'kõnbruʃl *mpl* escombros
mpl.
esconder [iʃkõn'de(x)] *vt* esconder.
➤ **esconder-se** *vp* esconderse.
esconderijo [iʃkõnde'riʒul *m* escondrijo *m*.
escondidas [iʃkõn'dʒidaʃl ➤ **às escondidas** *loc adv* a escondidas.
escopeta [iʃko'petal *f* escopeta *f*.
escopo [iʃ'kopul *m* propósito *m*, fin *m*.
escora [iʃ'kɔral *f* puntal *m*.
escorar [iʃko'ra(x)] *vt* [com escoras] apuntalar.
➤ **escorar-se** *vp* -**1**. [encostar-se]: ~-**se (em)**
apoyarse (en), recargarse (en) *Méx*. -**2**.
[fundamentar-se]: ~-**se em** apoyarse (en),
basarse (en).
escoriação [iʃkorja'sãwl *(pl* -ões) *f* escoria-
ción *f*.
escorpiano, na [iʃkox'pjãnu, nal ⟨⟩ *adj*
escorpio *Esp*, escorpiano(na) *Amér*, escorpión *Méx*. ⟨⟩ *m*, *f* escorpio *m Esp*,
escorpiano *m*, -na *f Amér*, escorpión *mf*
Méx.
escorpião [iʃkox'pjãwl *(pl* -ões) *m ZOOL* escorpión *m*.
➤ **Escorpião** *m ASTRO* Escorpión *m*.
escorredor [iʃkoxe'do(x)] *m* [para alimentos]
escurridor *m*; ~ **de pratos** escurridor
(de platos), escurreplatos *m inv Esp*.
escorregadiço, ça [iʃkoxega'dʒisu, sal, **es-
corregadio, dia** [iʃkoxega'dʒiu, dʒial *adj*
resbaladizo(za), resbaloso(sa) *Amér*.
escorregador [iʃkoxega'do(x)] *m* tobogán *m*.
escorregão [iʃkoxe'gãwl *(pl* -ões) *m* resbalón *m*.
escorregar [iʃkoxe'ga(x)] *vi* -**1**. [deslizar] resbalar. -**2**. *fig* [errar]: ~ **em algo** patinar en
algo.
escorrer [iʃko'xe(x)] ⟨⟩ *vt* [tirar líquido de]
escurrir. ⟨⟩ *vi* [verter] chorrear, escurrir
Méx.

escoteiro, ra [iʃko'tejru, ra] *m* explorador *m*, scout *m*.

escotilha [iʃko'tiʎa] *f* escotilla *f*.

escova [iʃ'kova] *f* [utensílio] cepillo *m*, escobilla *f Méx*; ~ **de dentes** cepillo de dientes; ~ **de cabelo** cepillo para el pelo; **fazer uma** ~ [penteado] peinarse, hacerse el brushing *RP*.

> Não confundir *escova (cepillo)* com o espanhol *escoba* que em português é *vassoura*. (*Achei minha escova de dentes*. Encontré mi *cepillo* de dientes.)

escovar [iʃko'va(x)] *vt* cepillar.

escrachar [iʃkra'ʃa(x)] *vt fam* -**1.** [desmascarar] desenmascarar. -**2.** [repreender] reñir.

escravidão [iʃkravi'dãw] *f* esclavitud *f*.

escravizar [iʃkravi'za(x)] *vt* [tornar escravo] esclavizar.

escravo, va [iʃ'kravu, va] ◇ *adj* esclavo(va); **ser** ~ **de alguém/algo** ser esclavo(va) de alguien/algo. ◇ *m, f* esclavo *m*, -va *f*.

escravocrata [iʃkravo'krata] ◇ *adj* esclavista. ◇ *mf* esclavista *mf*.

escrevente [iʃkre'vẽntʃi] *mf* escribiente *mf*, escribano *m*, -na *f Méx*.

escrever [iʃkre've(x)] ◇ *vt* escribir. ◇ *vi* escribir.

◆ **escrever-se** *vp* escribirse.

escrita [iʃ'krita] *f* -**1.** [caligrafia] letra *f*. -**2.** *fam* [rotina] tradición *f*.

escrito, ta [iʃ'kritu, ta] ◇ *pp* ▷ **escrever**. ◇ *adj* escrito(ta); **por** ~ por escrito.

◆ **escrito** *m* escrito *m*.

◆ **escritos** *mpl* [obra literária] escritos *mpl*.

escritor, ra [iʃkri'to(x), ra] (*mpl* -**es**, *fpl* -**s**) *m, f* escritor *m*, -ra *f*.

escritório [iʃkri'tɔrju] *m* -**1.** *COM* oficina *f*. -**2.** [em casa] despacho *m Esp*, estudio *m Amér.*

> Note que *escritorio* em espanhol também significa 'móvel para escrever, fazer tarefas de escritório': (*Tenía mucho trabajo esperando sobre su escritorio.* Tinha muito trabalho esperando sobre sua escrivaninha.)

escritura [iʃkri'tural] *f* escritura *f*.

◆ **Escrituras** *fpl*: **as** ~ las Escrituras.

escriturar [iʃkri'tura(x)] *vt* escriturar.

escrivã [iʃkri'vã] *f* ▷ **escrivão**.

escrivaninha [iʃkriva'niɲa] *f* escritorio *m*.

escrivão, vã [iʃkri'vãw, va] (*mpl* -**ões**, *fpl* -**s**) *m*, *f* notario *m*, -ria *f*, escribano *m*, -na *f RP*.

escrúpulo [iʃ'krupulu] *m* -**1.** [ger] escrúpulo *m*; **sem** ~ **s** sin escrúpulos. -**2.** [cuidado] cuidado *m*.

escrupuloso, osa [iʃkrupu'lozu, ɔza] *adj* escrupuloso(sa).

escrutínio [iʃkru'tʃinju] *m* escrutinio *m*.

escudo [iʃkudu] *m* escudo *m*.

esculhambado, da [iʃkuʎãn'badu, da] *adj fam* desgastado(da).

esculhambar [iʃkuʎãn'ba(x)] *fam vt* -**1.** [repreender] echar la bronca a *Esp*, regañar *Méx*, retar *RP*. -**2.** [avacalhar] ridiculizar, destrozar, hacer pedazos *Méx*. -**3.** [desarrumar] desarreglar. -**4.** [quebrar] destrozar, malograr *Andes*, descomponer *Méx*, hacer bolsa *RP*.

esculpir [iʃkuw'pi(x)] *vt* esculpir.

escultor, ra [iʃkuw'to(x), ra] (*mpl* -**es**, *fpl* -**s**) *m*, *f* escultor *m*, -ra *f*.

escultura [iʃkuw'tura] *f* escultura *f*.

escuna [iʃ'kuna] *f* goleta *f*.

escuras [iʃ'kuraʃ] *fpl* ▷ **escuro**.

escurecer [iʃkure'se(x)] ◇ *vt* [tornar escuro] oscurecer. ◇ *vi* -**1.** [anoitecer] oscurecer. -**2.** [ficar escuro] oscurecerse.

escuridão [iʃkuri'dãw] *f* oscuridad *f*.

escuro, ra [iʃ'kuru, ra] *adj* -**1.** [ger] oscuro(ra). -**2.** [pessoa] negro(gra).

◆ **escuro** *m* [escuridão] oscuridad *f*.

◆ **às escuras** *loc adv* -**1.** [sem luz] a oscuras. -**2.** [às escondidas] a escondidas *ou* hurtadillas.

escusa [iʃ'kuza] *f* excusa *f*.

escusar [iʃku'za(x)] *vt* [desculpar]: ~ **alguém (de)** excusar a alguien (de).

◆ **escusar-se** *vp* -**1.** [desculpar-se]: ~ **-se (de)** excusarse (de). -**2.** [dispensar-se]: ~ **-se de** dispensarse de.

escuta [iʃ'kuta] *f* escucha *f*; ~ **telefônica** escucha telefónica, espionaje telefónico *Méx*.

◆ **à escuta** *loc adv* a la escucha.

escutar [iʃku'ta(x)] ◇ *vt* escuchar. ◇ *vi* [ouvir] oír; [com atenção] escuchar.

esfacelar [iʃfase'la(x)] *vt* [destruir] despedazar.

◆ **esfacelar-se** *vp* [desfazer-se] deshacerse.

esfaquear [iʃfa'kja(x)] *vt* acuchillar.

esfarelar [iʃfare'la(x)] *vt* desmigajar.

◆ **esfarelar-se** *vp* desmoronarse.

esfarrapado, da [iʃfaxa'padu, da] *adj* -**1.** [roto] andrajoso(sa). -**2.** [não convincente] pobre.

esfarrapar [iʃfaxa'pa(x)] *vt* hacer jirones.

esfera [iʃ'fɛra] *f* esfera *f*.

esférico, ca [iʃ'fɛriku, ka] *adj* esférico(ca).

esferográfica [iʃfero'grafika] *f* bolígrafo *m*.

esferográfico, ca [iʃfero'grafiku, ka] *adj* ▷ caneta.

esfomeado, da [iʃfo'mjadu, da] *adj* famélico(ca), hambriento(ta).

esforçado, da [iʃfox'sadu, da] *adj* esforzado(da).

esforçar-se [iʃfox'saxsi] *vp* esforzarse.

esforço [iʃ'foxsu] *m* esfuerzo *m*.

esfregar [iʃfre'ga(x)] *vt* **-1**. [friccionar] fregar, frotar, refregar *RP*. **-2**. [lavar] fregar, tallar *Méx*, refregar *RP*.

◆ **esfregar-se** *vp* **-1**. [friccionar-se] frotarse. **-2**. [lavar-se] fregarse, tallarse *Méx*, refregarse *RP*. **-3**. *fam* [bolinar] meterse mano, fajarse *Méx*, amasijar *RP*.

esfriar [iʃfri'a(x)] ◇ *vt* enfriar. ◇ *vi* enfriarse.

esfuziante [iʃfu'zjãntʃi] *adj* [alegre] radiante.

esganar [iʒga'na(x)] *vt* estrangular.

esganiçado, da [iʒgani'sadu, da] *adj* agudo(da).

esgarçar [iʒgax'sa(x)] ◇ *vt* rasgar. ◇ *vi* rasgarse.

esgotado, da [iʒgo'tadu, da] *adj* agotado(da).

esgotamento [iʒgota'mẽntu] *m* [exaustão] agotamiento *m*.

esgotar [iʒgo'ta(x)] *vt* **-1**. [ger] agotar. **-2**. [esquadrinhar] examinar. **-3**. [esvaziar, secar] agotar, vaciar *Amér*.

◆ **esgotar-se** *vp* agotarse.

esgoto [iʒ'gotu] *m* cloaca *f*, coladera *f Méx*.

esgrima [iʒ'grima] *f* esgrima *f*.

esguelha [iʒ'geʎa] *f* bies *m*, sesgo *m*.

◆ **de esguelha** *loc adv* de reojo.

esguichar [iʒgi'ʃa(x)] ◇ *vt* chorrear. ◇ *vi* salir a borbotones.

esguicho [iʒ'giʃu] *m* chorro *m*.

esguio, guia [iʒ'giu, gia] *adj* larguirucho(cha).

esmagador, ra [iʒmaga'do(x), ra] (*mpl* -es, *fpl* -s) *adj* aplastante.

esmagar [iʒma'ga(x)] *vt* aplastar.

esmalte [iʒ'mawtʃi] *m* esmalte *m*; ~ **de unha** esmalte *ou* laca *Esp* de uñas, barniz *m Méx*.

esmerado, da [iʒme'radu, da] *adj* esmerado(da), pulcro(cra), prolijo(ja) *RP*.

esmeralda [iʒme'rawda] *f* esmeralda *f*.

esmerar-se [iʒme'raxsi] *vp*: ~ **-se em algo/ em fazer algo** esmerarse en algo/en hacer algo.

esmero ['iʒmeru] *m* esmero *m*.

esmigalhar [iʒmiga'ʎa(x)] *vt* **-1**. [reduzir a migalhas] desmigajar, desmoronar *Méx*. **-2**. [despedaçar] triturar, despedazar. **-3**. [esmagar] hacer añicos *ou* polvo.

◆ **esmigalhar-se** *vp* **-1**. [fazer-se em migalhas] desmigajarse, desmoronarse *Méx*. **-2**. [despedaçar-se] hacerse añicos *ou* polvo.

esmiuçar [iʒmju'sa(x)] *vt* **-1**. [explicar] analizar (en detalle), desmenuzar *Esp*. **-2**. [investigar] investigar.

esmo ['eʒmu] ◆ **a esmo** *loc adv* **-1**. [andar] sin rumbo. **-2**. [atirar] al aire.

esmola [iʒ'mɔla] *f* limosna *f*.

esmorecer [iʒmore'se(x)] ◇ *vt* [desalentar] desanimar, desalentar *RP*. ◇ *vi* **-1**. [perder o ânimo] desanimarse. **-2**. [extinguir-se] apagarse, extinguirse.

esmurrar [iʒmu'xa(x)] *vt* dar puñetazos a, puñetear *Méx*.

esnobe [iʒ'nɔbi] ◇ *adj* esnob. ◇ *mf* esnob *mf*.

esnobismo [iʒno'biʒmu] *m* esnobismo *m*.

esotérico, ca [ezo'tɛriku, ka] *adj* esotérico(ca).

esoterismo [ezote'riʒmu] *m* esoterismo *m*.

espaçado, da [iʃpa'sadu, da] *adj* espaciado(da).

espacial [iʃpa'sjaw] (*pl* -ais) *adj* espacial.

espaço [iʃ'pasu] *m* **-1**. [ger] espacio *m*; ~ **aéreo** espacio aéreo. **-2**. [período] espacio *m*, lapso *m Amér*.

espaçoso, osa [iʃpa'sozu, ɔza] *adj* espacioso(sa), amplio(plia).

espada [iʃ'pada] *f* [arma] espada *f*.

◆ **espadas** *fpl* [naipe] espadas *fpl*.

espaguete [iʃpa'gɛtʃi] *m* espagueti *m*.

espairecer [iʃpajre'se(x)] ◇ *vt* despejar. ◇ *vi* [distrair-se] despejarse.

espaldar [iʃpaw'da(x)] *m* respaldo *m*.

espalhafato [iʃpaʎa'fatu] *m* barullo *m*.

espalhar [iʃpa'ʎa(x)] *vt* **-1**. [dispersar] esparcir. **-2**. [propalar] difundir. **-3**. [difundir] propagar.

◆ **espalhar-se** *vp* **-1**. [dissipar-se] esparcirse. **-2**. [propagar-se] propagarse.

espanador [iʃpana'do(x)] (*pl* -es) *m* plumero *m*.

espancamento [iʃpãŋka'mẽntu] *m* apaleamiento *m*.

espancar [iʃpãŋ'ka(x)] *vt* apalear.

Espanha [iʃ'pãɲa] *n* España.

espanhol, la [iʃpã'ɲɔw, la] (*mpl* -óis, *fpl* -s) ◇ *adj* español(la). ◇ *m, f* español *m*, -la *f*.

◆ **espanhol** *m* [língua] español *m*.

espantado, da [iʃpãn'tadu, da] *adj* **-1**. [assustado] espantado(da), horrorizado(da). **-2**. [surpreso] pasmado(da), atónito(ta).

espantalho [iʃpãn'taʎu] *m* espantapájaros *mpl*.

espantar [iʃpãn'ta(x)] ◇ *vt* **-1**. [assustar] espantar, aterrar. **-2**. [afugentar] espantar, ahuyentar. **-3**. [surpreender] sorprender. ◇ *vi* [causar espanto] asustar.

◆ **espantar-se** *vp* **-1**. [assustar-se] asustarse. **-2**. [surpreender-se] sorprenderse.

espanto [iʃ'pãntu] *m* **-1**. [susto] espanto *m*. **-2**. [assombro] sorpresa *f*.

espantoso, osa [iʃpãn'tozu, ɔza] *adj* sorprendente.

esparadrapo [iʃpara'drapul *m* esparadrapo *m*, tela *f* adhesiva *Méx*, leukoplast® *m RP*.

esparramar [iʃpaxa'ma(x)] *vt* -1. [espalhar] desparramar. - 2. [derramar] derramar.

➡ **esparramar-se** *vp* [refestelar-se] desparramarse.

esparso, sa [iʃ'paxsu, sa] *adj* [espalhado] diseminado(da).

espartilho [iʃpax'tiʎul *m* corsé *m*.

espasmo [iʃ'paʒmul *m* espasmo *m*.

espatifar [iʃpatʃi'fa(x)] ⟨⟩ *vt* despedazar. ⟨⟩ *vi* despedazarse.

➡ **espatifar-se** *vp* despedazarse.

espátula [iʃ'patulal *f* espátula *f*.

especial [iʃpe'sjawl (*pl* -ais) *adj* especial; em ~ en especial.

especialidade [iʃpesjali'dadʒil *f* especialidad *f*.

especialista [iʃpesja'liʃtal ⟨⟩ *adj* [perito]: ~ em especialista en. ⟨⟩ *mf* -1. [de ramo profissional] especialista *mf*. - 2. [perito]: ~ em especialista en.

especializar-se [iʃpesjali'zaxsil *vp*: ~ (em) especializarse (en).

especiaria [iʃpesja'rial *f* especia *f*.

espécie [iʃ'pɛsjil *f* especie *f*; **causar** ~ *loc* sorprender.

➡ **em espécie** *loc adv* FIN en especie, en especies *RP*.

especificar [iʃpesifi'ka(x)] *vt* especificar.

específico, ca [iʃpe'sifiku, kal *adj* específico(ca).

espécime [iʃ'pɛsimil (*pl* -mes) (*pl* -mens) *m* espécimen *m*.

espectador, ra [iʃpekta'do(x), ral (*mpl* -res, *fpl* -ras) *m, f* espectador *m*, -ra *f*.

espectro [iʃ'pɛktrul *m* -1. [fantasma] espectro *m*, fantasma *m Méx*. - 2. FÍSICA espectro *m*. - 3. [pessoa esquálida] esqueleto *m*.

especulação [iʃpekula'sãwl (*pl* -ções) *f* especulación *f*.

especular [iʃpeku'la(x)] *vt* [averiguar] investigar.

espelho [iʃ'peʎul *m* espejo *m*; ~ **retrovisor** espejo retrovisor.

espera [iʃ'pɛral *f* -1. [ger] espera *f*; **à** ~ **de a** la espera de. - 2. [tocaia] acecho *m*.

esperança [iʃpe'rãnsal *f* esperanza *f*.

esperançoso, osa [iʃperãn'sozu, ɔzal *adj* -1. [que dá esperança] esperanzador(ra). - 2. [que tem esperança] esperanzado(da).

esperar [iʃpe'ra(x)] ⟨⟩ *vt* esperar; ~ **que** esperar que; ~ **fazer algo** esperar hacer algo. ⟨⟩ *vi* [aguardar]: ~ **(por)** esperar (a); **espera (aí)! ¡**un momento!

esperma [iʃ'pɛxmal *m* esperma *m*.

espermicida [iʃpexmi'sidal ⟨⟩ *adj* espermicida. ⟨⟩ *m* espermicida *m*.

espernear [iʃpex'nja(x)] *vi* -1. [sacudir as pernas] patalear. - 2. [protestar] protestar, patalear *Amér*.

espertalhão, ona [iʃpexta'ʎãw, onal (*mpl* -ões, *fpl* -s) ⟨⟩ *adj* astuto(ta), vivo(va) *Amér*. ⟨⟩ *m, f* astuto *m*, -ta *f*, vivo *m*, -va *f Amér*.

esperteza [iʃpex'tezal *f* -1. [inteligência] astucia *f*, viveza *f Amér*. - 2. [astúcia] astucia *f*, avivada *f Amér*.

esperto, ta [iʃ'pɛxtu, tal *adj* -1. [inteligente] vivo(va). - 2. [ativo] despierto(ta), activo(va) *Amér*. - 3. [espertalhão] astuto(ta), vivo (va). - 4. *fam* [bacana] espectacular, guay *Esp*, bacán(na) *Andes*, bárbaro(ra) *RP*.

espesso, sa [iʃ'pesu, sal *adj* espeso(sa).

espessura [iʃpe'sural *f* espesura *f*, espesor *m*.

espetacular [iʃpetaku'la(x)] (*pl* -es) *adj* espectacular.

espetáculo [iʃpe'takulul *m* -1. [show] espectáculo *m*. - 2. [maravilha]: **ser um** ~ ser un espectáculo. - 3. [cena ridícula] espectáculo *m*, show *m Méx*.

espetar [iʃpe'ta(x)] *vt* [furar] espetar, clavar.

➡ **espetar-se** *vp* [cravar-se] pincharse, clavarse.

espeto [iʃ'petul *m* -1. [utensílio para churrasco] pincho *m*, brocheta *f*. - 2. *fig* [pessoa magra] palillo *m*, palito *m RP*. - 3. *fam* [situação difícil]: **ser um** ~ ser difícil, ser un palo *Esp*, ser un triunfo *Amér*, ser un cuete *Méx*.

espevitado, da [iʃpevi'tadu, dal *adj* listo(ta), vivo(va).

espevitar [iʃpevi'ta(x)] ➡ **espevitar-se** *vp* -1. [mostrar-se afetado] ponerse petulante. - 2. [irritar-se] enfadarse.

espezinhar [iʃpɛzi'ɲa(x)] *vt* -1. [tratar com desprezo] despreciar. - 2. [humilhar] pisotear.

espiã [iʃ'pjãl *f* ⟹ espião.

espiada [iʃ'pjadal *f* mirada *f*; **dar uma** ~ dar una mirada, echar un ojo *Amér*.

espião, piã [iʃ'pjãw, pjãl (*mpl* -ões, *fpl* -s) *m, f* espía *mf*.

espiar [iʃ'pja(x)] ⟨⟩ *vt* espiar. ⟨⟩ *vi* -1. [olhar]: ~ **(por)** espiar (por). - 2. [espionar] espiar.

espichado, da [iʃpi'ʃadu, dal *adj* estirado(da).

espichar [iʃpi'ʃa(x)] *vt* [esticar] estirar, extender.

➡ **espichar-se** *vp* [espreguiçar-se] estirarse, desperezarse *Esp*.

espiga [iʃ'pigal *f* espiga *f*.

espinafrar [iʃpina'fra(x)] *fam vt* -1. [repreender] echar una bronca a *Esp*, dar una chinga a *Méx*, putear *RP*. - 2. [criticar] destrozar, hacer pedazos.

espinafre [iʃpi'nafri] *m* espinaca *f.*
espingarda [iʃpĩŋ'gaxda] *f* escopeta *f.*
espinha [iʃ'piɲa] *f* -**1.** [acne] grano *m*,
espinilla *f Esp* & *Méx.* -**2.** *ANAT* columna *f.*
-**3.** [de peixe] espina *f.*
espinho [iʃ'piɲu] *m* -**1.** [de planta] espina *f.*
-**2.** [de animal] púa *f.* -**3.** *fig* [reveses] reveses
mpl Esp, espinas *fpl Amér.*
espinhoso, osa [iʃpi'ɲozu, ɔza] *adj* espino-
so(sa).
espionagem [iʃpio'naʒẽ] *f* espionaje *m.*
espionar [iʃpio'na(x)] ⬦ *vt* espiar. ⬦ *vi*
espiar.
espiral [iʃpi'raw] (*pl* -ais) ⬦ *adj* espiral. ⬦
f espiral *f*; **em** ~ en espiral.
espiritismo [iʃpiri'tʃiʒmu] *m* espiritismo *m.*
espírito [iʃ'piritu] *m* espíritu *m*; ~ **esportivo** espíritu deportivo.
➡ **Espírito Santo** *m* Espíritu *m* Santo.
espiritual [iʃpiri'twaw] (*pl* -ais) *adj* espiritual.
espirituoso, osa [iʃpiri'twozu, ɔza] *adj* ani-
mado(da).
espirrar [iʃpi'xa(x)] ⬦ *vi* -**1.** [dar espirro]
estornudar. -**2.** [jorrar] salpicar. ⬦ *vt* [jor-
rar] salpicar.
espirro [iʃ'pixu] *m* estornudo *m.*
esplanada [iʃpla'nada] *f* explanada *f.*
esplêndido, da [iʃ'plẽdʒidu, da] *adj* es-
pléndido(da).
esplendor [iʃplẽ'do(x)] *m* esplendor *m.*
espólio [iʃ'pɔlju] *m* -**1.** [herança] herencia *f.*
-**2.** [despojo] expolio *m.*
esponja [iʃ'põʒa] *f* esponja *f.*
espontâneo, nea [iʃpõ'tãnju, nja] *adj* es-
pontáneo(nea).
espora [iʃ'pɔra] *f* espuela *f.*
esporádico, ca [iʃpo'radʒiku, ka] *adj* espo-
rádico(ca).
esporte [iʃ'pɔxtʃi] *m* deporte *m.*
esportista [iʃpox'tʃiʃta] ⬦ *adj* deportista.
⬦ *mf* deportista *mf.*
esportivo, va [iʃpox'tʃivu, va] *adj* deporti-
vo(va).
➡ **esportiva** *f fam* espíritu *m* deportivo.
esposa [iʃpo'za] *f* ⬦ **esposo.**
esposo, sa [iʃ'pozu, za] *m, f* esposo *m*, -sa *f.*
espreguiçadeira [iʃpregiza'dejra] *f* tumbona *f Esp*, reposera *f Amér.*
espreguiçar-se [iʃpregi'saxsi] *vp* desperezarse.
espreita [iʃ'prejta] *f* acecho *m*, vigilancia *f*;
à ~ al acecho; *loc:* **à** ~ **(de)** al acecho (de).
espremedor [iʃpreme'do(x)] (*pl* -es) *m* exprimidor *m*; ~ **de laranja** exprimidor de
naranjas.
espremer [iʃpre'me(x)] *vt* -**1.** [apertar]
apretar. -**2.** [comprimir] exprimir.

espuma [iʃ'puma] *f* -**1.** [bolhas] espuma *f.* -**2.**
[acolchoamento] espuma *f*, hule *m* espuma
Méx.
espumante [iʃpu'mãntʃi] *adj* espumoso(sa),
espumante *RP.*
espumar [iʃpu'ma(x)] *vi* -**1.** [fazer espuma]
espumar. -**2.** [de raiva] echar espuma.
espúrio, ria [iʃ'purju, rja] *adj* -**1.** [ilegal] ilegal. -**2.** [não genuíno] falso(sa).
esquadra [iʃ'kwadra] *f* escuadra *f.*
esquadrão [iʃkwa'drãw] (*pl* -ões) *m* escuadrón *m.*
esquadrilha [iʃkwa'driʎa] *f* escuadrilla *f.*
esquartejar [iʃkwaxte'ʒa(x)] *vt* descuartizar.
esquecer [iʃke'se(x)] ⬦ *vt* olvidar; ~ **que**
olvidar que. ⬦ *vi:* ~ **(de algo/alguém)**
olvidarse (de algo/alguien); ~ **de fazer
algo** olvidarse de hacer algo.
➡ **esquecer-se** *vp:* ~**-se (de algo)** olvidarse (de algo); ~**-se de fazer algo** olvidarse
de hacer algo.
esquecido, da [iʃke'sidu, da] *adj* -**1.** [não lem-
brado] olvidado(da). -**2.** [distraído] olvidadi-
zo(za).
esqueleto [iʃke'letu] *m* -**1.** [ger] esqueleto *m.*
-**2.** *fam* [esboço] esbozo *m*, esqueleto *m RP.*
esquema [iʃ'kema] *m* -**1.** [ger] esquema *m.*
-**2.** [plano] plan *m.*
esquentar [iʃkẽ'ta(x)] ⬦ *vt* [aquecer] calentar. ⬦ *vi* -**1.** [aquecer] calentarse. -**2.**
fig [exaltar-se] caldearse.
➡ **esquentar-se** *vp* -**1.** [aquecer-se] calentarse. -**2.** *fig* [exaltar-se] acalorarse, calentarse.
esquerda [iʃ'kexda] *f* ⬦ **esquerdo.**
esquerdo, da [iʃ'kexdu, da] *adj* izquier-
do(da).
➡ **esquerda** *f* izquierda *f*; **à** ~ a la
izquierda.
esquete [iʃ'kɛtʃi] *m* sketch *m.*
esqui [iʃ'ki] *m* esquí *m*; ~ **aquático** esquí
acuático.
esquiador, ra [iʃkja'do(x), ra] *m*, *f* esquiador
m, -ra *f.*
esquiar [iʃ'kja(x)] *vi* esquiar.
esquilo [iʃ'kilu] *m* ardilla *f.*
esquimó [iʃki'mɔ] ⬦ *adj* esquimal. ⬦ *m, f*
esquimal *mf.* ⬦ *m* [língua] esquimal *m.*
esquina [iʃ'kina] *f* esquina *f*; **dobrar a** ~
doblar la esquina.
esquisito, ta [iʃki'zitu, ta] *adj* -**1.** [incomum]
raro(ra), extraño(ña). -**2.** [extravagante]
excéntrico(ca).

Não confundir *esquisito (raro, extraño)* com o
espanhol *exquisito* que em português é *magnífico,
delicioso.* (*Não gosto deste lugar; há algo esquisito.* No me gusta este lugar; hay algo *extraño.*)

esquiva [iʃ'kiva] f ⊳ esquivo.

esquivar-se [iʃki'vaxsi] vp: ~-se de [soco, tiro, bola] esquivar; [obrigações, perguntas] librarse ou esquivarse **Amér** de.

esquivo, va [iʃ'kivu, va] adj esquivo(va).
➥ **esquiva** f movimiento m **Esp**, esquivada f **Amér**.

esse, essa ['esi, 'ɛsal ⬦ adj ese (esa). ⬦ pron ese m, -esa f; **essa é boa!** ¡qué increíble!; **só faltava mais essa!** ¡lo que faltaba!

essência [e'sẽnsja] f esencia f.

essencial [esẽn'sjaw] (pl -ais) ⬦ adj esencial. ⬦ m: o ~ [o mais importante] lo esencial m.

esses ['esiʃ] ⊳ esse.

esta ['ɛʃta] ⊳ este.

estabelecer [iʃtabele'se(x)] vt establecer.
➥ **estabelecer-se** vp establecerse; ~-se (que) establecerse (que).

estabelecimento [iʃtabelesi'mẽntu] m establecimiento m.

estabilidade [iʃtabili'dadʒi] f estabilidad f.

estabilizador [iʃtabiliza'do(x)] (pl -es) m COMPUT sistema m de alimentación ininterrumpida, regulador m **Méx**, estabilizador m **RP**.

estabilizar [iʃtabili'za(x)] vt estabilizar.
➥ **estabilizar-se** vp estabilizarse.

estábulo [iʃ'tabulu] m establo m.

estaca [iʃ'taka] f estaca f; **voltar à** ~ zero loc volver al punto de partida, volver a la salida **Méx**.

estação [iʃta'sãw] (pl -ões) f -1. [ger] estación f; ~ (do ano) estación (del año); ~ de chuvas estación ou temporada f de lluvias; ~ de águas balneario m **Esp**, balneario termal **Méx**, estación f termal **RP**. - 2. [de colheita] estación f, temporada f. - 3. TV, RÁDIO emisora f, estación f **Amér**.

estacionamento [iʃtasjona'mẽntu] m estacionamiento m.

estacionar [iʃtasjo'na(x)] ⬦ vt AUTO aparcar, estacionar **Amér**. ⬦ vi -1. AUTO aparcar, estacionar **Amér**. - 2. [não evoluir] estacionarse, estancarse **Méx**.

estacionário, ria [iʃtasjo'narju, rja] adj [parado] paralizado(da), parado(da) **Méx**, estacionario(ria) **RP**.

estada [iʃ'tada], **estadia** [iʃta'dʒia] f estancia f, estadía f **Amér**.

estádio [iʃ'tadʒiu] m estadio m.

estadista [iʃta'dʒiʃta] m f estadista m f.

estado [iʃ'tadu] m estado m; **em bom/mau** ~ en buen/mal estado; ~ **civil** estado civil; ~ **de espírito** estado de espíritu; ~ **de saúde** estado de salud; ~ **de sítio** estado de sitio; ~ **gasoso/líquido/sólido** estado gaseoso/líquido/sólido.
➥ **Estado** m POL Estado m.

estado-maior [iʃ,taduma'jɔ(x)] (pl estados-maiores) m MIL estado m mayor.

Estados Unidos da América [iʃtaduʒu,niduʃ da'mɛrikal npl: os ~ los Estados Unidos de América.

estadual [iʃta'dwaw] (pl -ais) adj estatal.

estadunidense [iʃtaduni'dẽnsi] ⬦ adj estadounidense. ⬦ mf estadounidense mf.

estafa [iʃ'tafa] f agotamiento m.

estafado, da [iʃta'fadu, da] adj agotado(da).

estagflação [iʃtag'flasãw] f ECON estanflación f.

estagiário, ria [iʃta'ʒjarju, rja] m, f persona f en prácticas, practicante mf **Méx**, pasante mf **RP**.

estágio [iʃ'taʒu] m -1. [fase] fase f, etapa f, estadio m **RP**. - 2. [treinamento] prácticas fpl, pasantía f **RP**.

estagnação [iʃtagna'sãw] f estancamiento m.

estagnado, da [iʃtag'nadu, da] adj estancado(da).

estagnar [iʃtag'na(x)] ⬦ vt estancar. ⬦ vi estancarse.
➥ **estagnar-se** vp estancarse.

estalagem [iʃta'laʒẽ] (pl -ns) f albergue m.

estalar [iʃta'la(x)] ⬦ vt -1. [dedos] chasquear, tronar **Méx**. - 2. [nozes, ovos] partir. ⬦ vi -1. [rachar] romperse **Esp**, estrellarse **Méx**, rajarse **RP**. - 2. [crepitar] crepitar.

estaleiro [iʃta'lejru] m astillero m.

estalido [iʃta'lidu] m [de dedos] chasquido m; [de chicote, fogos] estallido m.

estalo [iʃ'talu] m -1. [de dedos] chasquido m; [de chicote, foguete, trovão] estallido m. -2.: de ~ [de repente] de repente.

estampa [iʃ'tãnpa] f -1. [ger] estampa f. -2. [padrão impresso] estampado m.

estampado, da [iʃtãn'padu, da] adj estampado(da).
➥ **estampado** m estampado m.

estampar [iʃtãn'pa(x)] vt estampar; **a mulher estampava no rosto seu desespero** la mujer llevaba el desespero estampado en la cara.

estampido [iʃtãn'pidu] m estampido m, estampida f **Amér**.

estancar [iʃtãŋ'ka(x)] ⬦ vt detener. ⬦ vi parar.

estância [iʃ'tãnsja] f -1. [fazenda] hacienda f, estancia f **RP**. - 2. [estação de águas]: ~ hidromineral balneario m (de aguas termales), estación f termal **RP**.

estandarte [iʃtãn'daxtʃi] m estandarte m.

estanho [iʃ'tãɲu] m estaño m.

estante 130

estante [iʃ'tãntʃi] *f* **-1.** [móvel] estantería *f*, estante *m* **Méx**. **- 2.** [suporte] atril *m*.
estapafúrdio, dia [iʃtapa'furdʒju, dʒja] *adj* estrambótico(ca).
estar [iʃ'ta(x)] *vi* estar; **estará lá à hora certa** estará allí puntualmente; **estarei no emprego às dez** estaré en el trabajo a las diez; **~ bem/mal de saúde** estar bien/mal de salud; **está muito calor/frio** hace mucho calor/frío; **estará de férias duas semanas** estará de vacaciones dos semanas; **estive em casa toda a tarde** estuve en casa toda la tarde; **estive à sua espera uma hora** estuve esperándolo una hora; **está bem** *ou* **certo!** ¡está bien!

➡ **estar a** *v + prep* [relativo a preço] estar a; **o corte de cabelo está a 60 reais** el corte de pelo cuesta 60 reales, el corte de pelo está a 60 reales **Amér**; **está chovendo** está lloviendo; **estou estudando** estoy estudiando.

➡ **estar de** *v + prep*: **~ de folga** *ou* **férias** estar de vacaciones; **~ de cama** estar en cama; **~ de calça e chapéu** llevar pantalón y sombrero, estar de pantalón y sombrero **Amér**; **~ de plantão** estar de guardia.

➡ **estar para** *v + prep* estar a punto de; **ele está para chegar** está a punto de llegar; **estou para sair** estoy a punto de salir, estoy saliendo **RP**; **não estou para brincadeiras** no estoy para tonterías.

➡ **estar perante** *v + prep* estar ante.

➡ **estar por** *v + prep* estar por.

➡ **estar sem** *v + prep* no tener, estar sin **Amér**.
estardalhaço [iʃtaxda'ʎasul] *m* **-1.** [barulho] escándalo *m*, mitote *m* **Méx**. **- 2.** [ostentação] ostentación *f*.
estarrecer [iʃtaxe'se(x)] ⬦ *vt* atemorizar **Esp**, estremecer **Amér**. ⬦ *vi* atemorizarse **Esp**, estremecerse **Amér**.
estarrecido, da [iʃtaxe'sidu, da] *adj* conmocionado(da).
estas ['ɛʃtaʃ] ⊳ este.
estatal [iʃta'taw] (*pl* -ais) ⬦ *adj* estatal. ⬦ *f* [empresa] empresa *f* estatal, paraestatal *f* **Méx**.
estatelado, da [iʃtate'ladu, da] *adj* [no chão] tendido(da).
estático, ca [iʃ'tatʃiku, ka] *adj* estático(ca).
estatístico, ca [iʃta'tʃiʃtʃiku, ka] ⬦ *adj* estadístico(ca). ⬦ *m, f* [profissional] estadístico *m*, -ca *f*.

➡ **estatística** *f* estadística *f*.
estátua [iʃ'tatwal] *f* estatua *f*.
estatura [iʃta'tural] *f* estatura *f*; **~ alta/baixa/mediana** estatura alta/baja/media.

estatuto [iʃta'tutu] *m* estatuto *m*.
estável [iʃ'tavew] (*pl* -eis) *adj* estable.
este¹ ['eʃtʃi] = leste.
este², esta ['eʃtʃi, 'ɛʃta] ⬦ *adj dem* (de + este = deste; em + este = neste) **-1.** [pessoa, coisa, lugar, tempo] este(ta); **~ s meninos/bombons** estos niños/bombones; **deste jeito é mais fácil** de esta forma es más fácil; **~ ano tenho trabalhado demais** este año trabajé demasiado; **esta semana passou tão depressa** esta semana pasó tan rápido; **pretendo tirar férias nesta primavera** quiero salir de vacaciones esta primavera; **esta noite** [a noite passada] a noche; [a noite de hoje] esta noche. **- 2.** [a ser enunciado] este(ta); **na porta, pendurou ~ aviso 'cuidado — cão feroz'** en la puerta colgó este cartel: 'cuidado con el perro'; **a questão é esta: quem se importa com isso?** la cuestión es ésta: ¿a quién le importa? ⬦ *pron dem* **-1.** [indicando pessoa, coisa, tempo] este(ta); **quero ~ aqui** quiero éste; **estas são mais duráveis** éstas son más durables. **- 2.** [o mencionado por último] éste(ta); **Carlos e João, ~ com a mulher, Marlene** Carlos y João, éste con la mujer, Marlene.
esteio [iʃ'teju] *m* **-1.** [ger] escora *f*. **- 2.** *fig* [arrimo] sustento *m*.
esteira [iʃ'tejra] *f* **-1.** [tecido] estera *f*. **- 2.** [usada na praia] esterilla *f*. **- 3.** [rolante] cinta *f* transportadora. **- 4.** *fig* [caminho] camino *m*; **na ~ de** en el camino de. **- 5.** [em academia] cinta *f* de correr.
estelionato [iʃteljo'natul] *m* estafa *f*.
estender [iʃtẽ'de(x)] *vt* **-1.** [ger] extender; **~ algo a alguém/algo** extender algo a alguien/algo. **- 2.** [roupa] tender. **- 3.** [oferecer]: **~ algo para alguém** ofrecer algo a alguien.

➡ **estender-se** *vp* **-1.** [ocupar]: **~-se por** extenderse por. **- 2.** [durar]: **~-se (por)** extenderse (durante). **- 3.** [deitar-se]: **~-se (em)** extenderse (en).
estenodatilógrafo, fa [iʃtenodatʃi'lɔgrafu, fal] *m, f* estenógrafo *m*, -fa *f*, taquidactilógrafo *m*, -fa *f* **RP**.
estenografia [iʃtenogra'fial] *f* estenografía *f*, taquidactilografía *f* **RP**.
estepe [iʃ'tɛpil] ⬦ *m* [pneu] rueda *f* de recambio, llanta *f* de repuesto **Méx**, rueda *f* auxiliar **RP**. ⬦ *f* [vegetação] estepa *f*.
esterco [iʃ'texkul] *m* estiércol *m*.
estéreo [iʃ'tɛrjul] *adj* estéreo.
estereofônico, ca [iʃterjo'foniku, kal] *adj* estereofónico(ca).
estereótipo [iʃte'rjɔtʃipul] *m* estereotipo *m*.
estéril [iʃ'tɛriwl] (*pl* -eis) *adj* estéril.

esterilização [iʃteriliza'sãw] (*pl* -ões) *f* esterilización *f.*

esterilizado, da [iʃterili'zadu, da] *adj* esterilizado(da).

esterilizar [iʃterili'za(x)] *vt* esterilizar.

esterlino, na [iʃtex'linu, na] <> *adj*: **libra** ~ libra esterlina. <> *m* esterlina *f.*

estes ['eʃtʃiʃ] ▷ **este**.

estética [iʃ'tɛtika] *f* ▷ **estético**.

estético, ca [iʃ'tɛtʃiku, ka] *adj* estético(ca).

→ **estética** *f* estética *f.*

estetoscópio [iʃtɛtoʃ'kɔpju] *m* estetoscopio *m.*

estiagem [iʃ'tʃiaʒẽ] (*pl* -ns) *f* -1. [após a chuva] escampada *f;* **esperei a** ~ **para ir almoçar** esperé a que parara de llover para salir a comer. - 2. [falta de chuva] sequía *f.* - 3. [de rio, fonte] estiaje *m.*

estiar [iʃ'tʃia(x)] *vi* -1. [parar de chover] escampar, parar de llover. - 2. [faltar chuva] haber sequía.

estibordo [iʃtʃi'bɔxdu] *m* estribor *m;* **a** ~ **a** estribor.

esticar [iʃtʃi'ka(x)] <> *vt* estirar. <> *vi* -1. [distender-se] estirarse, ceder. - 2. *fam* [prolongar uma saída]: ~ **(em)** continuar *ou* seguirla *Amér* (en).

→ **esticar-se** *vp* [pessoa] estirarse.

estigma [iʃ'tʃigma] *m* estigma *m.*

estigmatizar [iʃtʃigmatʃi'za(x)] *vt* estigmatizar.

estilhaçar [iʃtʃiʎa'sa(x)] *vt* astillar, estrellar *Méx.*

→ **estilhaçar-se** *vp* astillarse, estrellarse *Méx.*

estilhaço [iʃtʃi'ʎasu] *m* astilla *f.*

estilista [iʃtʃi'liʃta] *m f* estilista *mf.*

estilo [iʃ'tʃilu] *m* estilo *m;* ~ **de vida** estilo de vida; **em grande** ~ a lo grande.

estima [iʃ'tʃima] *f* estima *f.*

estimação [iʃtʃima'sãw] *f*: **de** ~ [objeto] favorito(ta); **animal de** ~ mascota *f.*

estimado, da [iʃtʃi'madu, da] *adj* estimado(da).

estimar [iʃtʃi'ma(x)] *vt* -1. [avaliar]: ~ **algo (em)** calcular algo (en). - 2. [apreciar, ter afeto por] estimar. - 3. [desejar] esperar; ~ **que** esperar que.

estimativa [iʃtʃima'tʃiva] *f* estimación *f.*

estimulante [iʃtʃimu'lãntʃi] <> *adj* estimulante. <> *m* estimulante *m.*

estimular [iʃtʃimu'la(x)] *vt* estimular; ~ **alguém (a fazer algo)** estimular a alguien (a hacer algo).

estímulo [iʃ'tʃimulu] *m* -1. [ger] estímulo *m.* - 2. [incentivo] estímulo *m,* incentivo *m.*

estipular [iʃtʃipu'la(x)] *vt* estipular.

estirar [iʃtʃi'ra(x)] *vt* estirar.

→ **estirar-se** *vp* [deitar-se] tumbarse, tirarse.

estivador, ra [iʃtʃiva'do(x), ra] (*mpl* -es, *fpl* -s) *m, f* estibador *m,* -ra *f.*

estocada [iʃto'kada] *f* estocada *f.*

estocar [iʃto'ka(x)] *vt* -1. [armazenar] almacenar. - 2. [golpear com estoque] dar una estocada en.

Estocolmo [iʃto'kowmu] *n* Estocolmo.

estofar [iʃto'fa(x)] *vt* -1. [revestir] tapizar. - 2. [acolchoar] acolchar, acolchonar *Méx,* rellenar *RP.*

estofo [iʃ'tofu] *m* -1. [revestimento] tapizado *m.* - 2. [acolchoamento] relleno *m.* - 3. *fig* [fibra, firmeza] firmeza *f,* garra *f RP.*

estoicismo [iʃtoj'siʒmu] *m* estoicismo *m.*

estóico, ca [iʃ'tɔjku, ka] <> *adj* estoico(ca). <> *m, f* estoico *m,* -ca *f.*

estojo [iʃ'toʒu] *m* [de óculos, jóias, violino] estuche *m;* [de lápis] estuche *m,* lapicera *f Mex,* cartuchera *f RP;* [de ferramentas] caja *f.*

estola [iʃ'tɔla] *f* estola *f.*

estômago [iʃ'tomagu] *m* estómago *m;* **ter** ~ **para (fazer) algo** *fig* tener estómago para (hacer) algo.

Estônia [iʃ'tonja] *n* Estonia.

estoque [iʃ'tɔki] *m* -1. [provisão] stock *m,* existencias *fpl.* - 2. [local] almacén *m,* depósito *m RP.*

estória [iʃ'tɔrja] *f* historia *f.*

estorricar [iʃtoxi'ka(x)] *vt* & *vi* torrarse.

estorvo [iʃ'tɔxvu] *m* -1. [obstáculo] estorbo *m,* obstáculo *m Méx;* [pessoa] estorbo *m.* - 2. [incômodo] molestia *f,* estorbo *m RP.*

estourado, da [iʃto'radu, da] *adj* -1. [temperamental] temperamental. - 2. *fam* [fatigado] reventado(da), destrozado(da).

estourar [iʃto'ra(x)] <> *vi* -1. [bomba] explotar, estallar. - 2. [pneu] reventar, ponchar *Méx.* - 3. [guerra, escândalo] estallar. - 4. [latejar] reventar; **estar estourando de raiva/alegria** estar explotando de rabia/alegría; **estou estourando de dor de cabeça** me estalla la cabeza. - 6. *fig* [no mais tardar]: **estourando cinco e meia** a más tardar a las cinco y media. <> *vt* -1. [bomba] explotar, estallar. - 2. [boca-de-fumo] reventar.

estouro [iʃ'toru] *m* -1. [ger] explosión *f,* estallido *m.* - 2. *fam* [coisa, pessoa espetacular]: **ser um** ~ ser alucinante.

estrábico, ca [iʃ'trabiku, ka] *adj* estrábico(ca).

estrabismo [iʃtra'biʒmu] *m* estrabismo *m.*

estraçalhar [iʃtrasa'ʎa(x)] *vt* *fam* -1. [despedaçar] destrozar, romper *Méx.* - 2. [pessoa] despedazar.

→ **estraçalhar-se** *vp* *fam* -1. [despedaçar-se]

destrozarse, romperse **Méx**. -**2**. [pessoa] despedazarse.

estrada [iʃ'tradal *m* -**1**. [rodovia] carretera *f*, ruta *f RP*; ~ **de ferro** vía *f* férrea. -**2**. *fig* [carreira] carrera *f*, calle *f RP*; **estar na** ~ llevar trabajando. -**3**. *fig* [caminho] camino *m*, senda *f RP*.

estrado [iʃ'tradul *m* -**1**. [de cama] somier *m*, base *m* **Amér**, parrilla *f RP*. -**2**. [tablado] tarima *f*, estrado *m*.

estragado, da [iʃtra'gadu, dal *adj* -**1**. [danificado - rádio, carro, saúde] estropeado(da); [- livro, paletó] roto(ta), dañado(da) **Méx**, estropeado(da) *RP*; [- dente] cariado(da), picado(da). -**2**. [podre] estropeado(da), echado(da) a perder **Amér**, malogrado(da) **Andes**. -**3**. [mimado] mimado(da), consentido(da), echado(da) a perder **Méx**.

estragão [iʃtra'gãwl *m* estragón *m*.

estraga-prazeres [iʃ,tragapra'zeriʃl *mf inv* aguafiestas *mf inv*, pinchaglobos *mf inv* **Arg**.

estragar [iʃtra'ga(x)l <> *vt* -**1**. [danificar - rádio, carro, saúde] estropear, descomponer **Amér**; [- livro, paletó] romper, descomponer **Amér**; [- dente] cariar. -**2**. [arruinar] arruinar, echar a perder. -**3**. [apodrecer] estropear, malograr **Andes**. -**4**. [mimar] mimar, consentir, echar a perder **Méx**. <> *vi* [apodrecer] estropearse, pudrirse, echarse a perder **Méx**, malograrse **Andes**.

estragar [iʃtra'ga(x)l ◆ **estragar-se** *vp* estropearse.

estrago [iʃ'tragul *m* [dano] estragos *mpl*.

estrangeiro, ra [iʃtrãn'ʒejru, ral <> *adj* extranjero(ra). <> *m, f* [pessoa] extranjero *m*, -ra *f*.
◆ **estrangeiro** *m* [território] extranjero *m*.

estrangular [iʃtrãŋgu'la(x)l *vt* estrangular.

estranhamento [iʃtrãɲa'mẽntul *m* [espanto] sorpresa *f*.

estranhar [iʃtrã'ɲa(x)l <> *vt* -**1**. [achar fora do comum] extrañarse de, sorprenderse de **Méx**. -**2**. [surpreender-se com] extrañarse **Esp**, extrañarse con **Amér**, sorprenderse con **Méx**. -**3**. [não se habituar a] no acostumbrarse a. -**4**. [retrair-se diante de] mostrarse tímido(da) ante. -**5**. [hostilizar] tratar con hostilidad a **Esp**, hostilizar a **Amér**. <> *vi* [causar estranheza] causar extrañeza.
◆ **estranhar-se** *vp* [hostilizar-se] pelearse, discutir.

estranho, nha [iʃ'trãɲu, ɲal *adj* -**1**. [ger] extraño(ña). -**2**. [estrangeiro] extranjero(ra). -**3**. [desconhecido] desconocido(da).

estratagema [iʃtrata'ʒemal *m* estratagema *f*.

estratégia [iʃtra'tɛʒjal *f* estrategia *f*.

estratégico, ca [iʃtra'tɛʒiku, kal *adj* estratégico(ca).

estrategista [iʃtrate'ʒiʃtal *mf* estratega *mf*.

estrato [iʃ'tratul *m* estrato *m*.

estrear [iʃtre'a(x)l <> *vt* -**1**. [filme, roupa, carro] estrenar. -**2**. [show] estrenar, debutar **Méx**. -**3**. [carreira] estrenar **Esp**, iniciar **Amér**. <> *vi* -**1**. [filme] estrenarse; [show, peça] estrenarse, debutar **Méx**. -**2**. [ator, músico, jogador] debutar, estrenarse **Esp**.

estrebaria [iʃtreba'rial *f* caballeriza *f*.

estréia [iʃ'trɛjal *f* -**1**. [de filme, roupa, carro] estreno *m*; [de show] estreno *m*, debut *m* **Méx**. -**2**. [de artista, jogador] debut *m*, estreno *m* **Esp**.

estreitar [iʃtrej'ta(x)l <> *vt* -**1**. [ger] estrechar. -**2**. [roupa] achicar, ajustar **Amér**. <> *vi* [estrada] estrecharse.
◆ **estreitar-se** *vp* estrecharse.

estreito, ta [iʃ'trejtu, tal *adj* -**1**. [apertado] estrecho(cha), angosto(ta) **Amér**. -**2**. [justo] estrecho(cha), angosto(ta) *RP*. -**3**. [relação, amizade] estrecho(cha).
◆ **estreito** *m GEOGR* estrecho *m*.

estrela [iʃ'trelal *f* estrella *f*; ~ **cadente** estrella fugaz; **ter boa/má** ~ tener buena/mala estrella.

estrela-de-davi [iʃ'treladzida'vil] (*pl* estrelas-de-davi) *f* estrella *f* de David.

estrelado, da [iʃtre'ladu, dal *adj* -**1**. [céu, noite] estrellado(da). -**2**. [ovo] frito(ta), estrellado(da) **Méx**.

estrela-do-mar [iʃtreladu'ma(x)l (*pl* estrelas-do-mar) *f* estrella *f* de mar.

estremecer [iʃtreme'se(x)l <> *vt* -**1**. [ger] estremecer. -**2**. [amizade, união] afectar. <> *vi* -**1**. [ger] estremecerse. -**2**. [amizade, união] verse afectado(da), estremecerse **Esp**.

estremecimento [iʃtremesi'mẽntul *m* -**1**. [abalo] estremecimiento *m* **Esp**, cimbrón *m* **Amér**. -**2**. [de amizade, união] crisis *f inv*.

estrépito [iʃ'trɛpitul *m* estrépito *m*.

estressado, da [iʃtre'sadu, dal *adj* estresado(da).

estressante [iʃtre'sãntʃil *adj* estresante.

estresse [iʃ'trɛʃil *m* estrés *m*.

estria [iʃ'trial *f* estría *f*.

estribeira [iʃtri'bejral *f*: **perder as** ~**s** *fam* perder los estribos.

estribo [iʃ'tribul *m* estribo *m*.

estridente [iʃtri'dẽntʃil *adj* estridente.

estripulia [iʃtripu'lial *f fam* travesura *f*, diablura *f*.

estritamente [iʃtrita'mẽntʃil *adv* [à risca] a rajatabla.

estrito, ta [iʃ'tritu, tal *adj* -**1**. [rigoroso] estricto(ta). **-2.** [exato] exacto(ta); **no sentido ~ da palavra** en el sentido estricto de la palabra.

estrofe [iʃ'trɔfil f estrofa f.

estrogonofe [iʃtrogo'nɔfil m CULIN estrogonof m.

estrondo [iʃ'trõndul m estruendo m.

estrondoso, osa [iʃtrõn'dozu, ɔzal adj **-1.** [ruidoso] estruendoso(sa). **-2.** fig [espetacular] espectacular.

estropiado, da [iʃtro'pjadu, dal adj **-1.** [aleijado] estropeado(da). **-2.** [exausto] agotado(da).

estropiar [iʃtro'pja(x)] vt **-1.** [aleijar] mutilar. **-2.** [cansar] fatigar, cansar. **-3.** [mutilar] arruinar. **-4.** [palavras, idioma] destrozar.

estrume [iʃ'trumil m estiércol m.

estrutura [iʃtru'tural f estructura f.

estruturação [iʃtrutura'sãwl (pl -ões) f estructuración f.

estrutural [iʃtrutu'rawl (pl-ais) adj estructural.

estruturalista [iʃtrutura'liʃtal adj estructuralista.

estuário [iʃ'twarjul m estuario m.

estudantada [iʃtudãn'tadal f [grupo] estudiantes mpl.

estudantado [iʃtudãn'tadul m estudiantado m.

estudante [iʃtu'dãntʃil mf estudiante mf.

estudantil [iʃtudãn'tʃiwl (pl-is) adj estudiantil.

estudar [iʃtu'da(x)] ⟨⟩ vt **-1.** [para aprender] estudiar. **-2.** [observar] estudiar, observar *Méx.* ⟨⟩ vi [adquirir conhecimento] estudiar.

estúdio [iʃ'tudʒjul m estudio m.

estudioso, osa [iʃtu'dʒjozu, ɔzal ⟨⟩ adj estudioso(sa). ⟨⟩ m, f estudioso m, -sa f.

estudo [iʃ'tudul m estudio m.

➤ **estudos** mpl [formação escolar] estudios mpl.

estufa [iʃ'tufal f**-1.** [de fogão] calientaplatos m inv. **-2.** [para plantas] invernadero m. **-3.** [fogão] cocina f, estufa f Carib & Méx.

estupefação [iʃtupefa'sãwl f [espanto] estupefacción f.

estupefato, ta [iʃtupe'fatu, tal adj [espantado] estupefacto(ta).

estupendo, da [iʃtu'pẽndu, dal adj **-1.** [maravilhoso] estupendo(da). **-2.** [espantoso] extraordinario(ria).

estupidez [iʃtupi'deʃl f**-1.** [ger] estupidez f. **-2.** fam [grosseria] grosería f.

estúpido, da [iʃ'tupidu, dal ⟨⟩ adj **-1.** [burro] estúpido(da). **-2.** fam [grosseiro] grosero(ra). **-3.** [insuportável]: **um calor ~** un calor exagerado ou grosero Méx ou de locos RP. ⟨⟩ m, f**-1.** [pessoa burra] estúpido

m, -da f. **-2.** fam [pessoa grosseira] grosero m, -ra f.

estuprar [iʃtu'pra(x)] vt violar.

estupro [iʃ'tuprul m violación f.

estuque [iʃ'tukil m [massa, revestimento] estuco m, yeso m Méx, enduido m RP.

esvair-se [iʒva'ixsil vp **-1.** [desaparecer] desaparecer, esfumarse. **-2.** loc: **~ em lágrimas** deshacerse en lágrimas; **~ em sangue** desangrarse.

esvaziar [iʒva'zja(x)] vt vaciar.

esvoaçante [iʒvwa'sãntʃil adj flotante.

esvoaçar [iʒvwa'sa(x)l vi **-1.** [pássaro, borboleta] revolotear. **-2.** fig [asa, vestido, cortina] agitarse.

ET (abrev de **Extra Terrestre**) m extraterrestre m.

ETA (abrev de **Euskadi Ta Askatasuna**) f ETA f.

etapa [e'tapal f etapa f.

etc. (abrev de **et cetera**) mpl etc.

eternidade [etexni'dadʒil f eternidad f.

eternizar [etexni'za(x)l vt eternizar.

➤ **eternizar-se** vp eternizarse.

eterno, na [e'tɛxnu, nal adj eterno(na).

ético, ca [ɛtʃiku, kal adj ético(ca).

➤ **ética** f ética f.

Etiópia [etʃi'ɔpjal n Etiopía.

etiqueta [etʃi'ketal f etiqueta f; **~ adesiva** etiqueta adhesiva.

etnia [etʃ'nial f etnia f.

étnico, ca [ɛtʃniku, kal adj étnico(ca).

etnocentrismo [etʃnosẽn'triʒmul m etnocentrismo m.

eu [ewl ⟨⟩ pron pess **-1.** (sujeito) yo; **~ sou arquiteto** (yo) soy arquitecto; **ela e ~ vamos ao teatro** ella y yo vamos al teatro; **~, que não sou bobo, fiquei atento** yo, que no soy bobo, presté atención; **e ~ que gostava tanto daquela ingrata** y yo que la quería tanto a aquella ingrata; **se ~ fosse você ...** yo en tu lugar ...; **~ mesmo ou próprio** yo mismo. **-2.** (predicado) yo; **ele é mais forte que ~** él es más fuerte que yo; **quem quebrou o vaso? — não fui ~!** ¿quién rompió el jarrón? — ¡yo no fui!; **passe a faca para eu fatiar o rosbife** pásame ou pasame RP el cuchillo para que corte el rosbif; **não deu tempo de eu ir ao clube** no me dio el tiempo de ir al club; **quem é? — sou ~** ¿quién es? — soy yo. **-3.** loc: **~, hein!** ¡qué cosa!; **~, quem?** ¿quién es 'yo'?; **e ~? ¿y yo?; tudo ~!** ¡todo yo! ⟨⟩ m [ego]: **(o) ~** el yo.

EUA (abrev de **Estados Unidos da América**) npl EUA mpl.

eucalipto [ewka'liptul m eucalipto m.

eucaristia [ewkariʃ'tʃial f eucaristía f.

eufemismo [ewfe'miʒmul m eufemismo m.

euforia 134

euforia [ewfo'ria] f euforia f.
euro ['ewro] m euro m.
eurodólar [ewro'dɔla(x)] m eurodólar m.
Europa [ew'rɔpa] n Europa.
europeu,péia [ewro'pew, pɛja] ⬦ adj europeo(pea). ⬦ m, f europeo m, -pea f.
evacuação [evakwa'sãw] (pl -ões) f evacuación f.
evacuar [eva'kwa(x)] ⬦ vt evacuar. ⬦ vi [defecar] evacuar.
evadir [eva'dʒi(x)] vt -1. [evitar] evadir, eludir, evitar *Méx.* -2. [eludir] evadir, eludir.
➡ **evadir-se** vp [escapar] evadirse.
evangelho [evãn'ʒeʎu] m evangelio m.
evangélico,ca [evãn'ʒɛliku, ka] ⬦ adj evangélico(ca). ⬦ m, f [pessoa] evangélico m, -ca f.
evangelização [evãnʒeliza'sãw] (pl -ões) f evangelización f.
evangelizar [evãnʒeli'za(x)] vt evangelizar.
evaporar [evapo'ra(x)] ⬦ vt [vaporizar] evaporar. ⬦ vi evaporarse.
evasão [eva'zãw] (pl -ões) f -1. [fuga] evasión f. -2. fig [evasiva] evasiva f.
evasivo,va [eva'zivu, va] adj evasivo(va).
➡ **evasiva** f evasiva f.
evento [e'vẽntu] m -1. [acontecimento] acontecimiento m, evento m. -2. [espetáculo, exposição] espectáculo m.
eventual [evẽn'twaw] (pl -ais) adj eventual.
Everest leve'rɛʃtʃil n: o ~ el Everest.
evidência [evi'dẽnsja] f evidencia f; em ~ [destacado] destacado(da).
evidenciar [evidẽn'sja(x)] vt -1. [comprovar] evidenciar. -2. [mostrar] evidenciar, revelar. -3. [destacar] destacar.
➡ **evidenciar-se** vp -1. [comprovar-se] evidenciarse. -2. [destacar-se] evidenciarse, destacarse.
evidente [evi'dẽntʃi] adj evidente.
evidentemente [evidẽntʃi'mẽntʃi] adv evidentemente.
evitar [evi'ta(x)] vt evitar; ~ fazer algo evitar hacer algo.
evocar [evo'ka(x)] vt [trazer à lembrança] evocar.
evolução [evolu'sãw] (pl -ões) f evolución f.
evoluir [evo'lwi(x)] vi evolucionar.
ex. (abrev de exemplo) ej.
exacerbar [ezasex'ba(x)] vt exacerbar.
➡ **exacerbar-se** vp exacerbarse.
exagerado,da [ezaʒe'radu, da] ⬦ adj exagerado(da). ⬦ m, f exagerado m, -da f.
exagerar [ezaʒe'ra(x)] ⬦ vt exagerar. ⬦ vi exagerar.
exagero [eza'ʒeru] m exageración f.
exalação [ezala'sãw] (pl -ões) f exhalación f.

exalar [eza'la(x)] vt exhalar.
exaltado,da [ezaw'tadu, da] adj exaltado(da).
exaltar [ezaw'ta(x)] vt exaltar.
➡ **exaltar-se** vp exaltarse.
exame [e'zãmi] m examen m; fazer um ~ hacer un examen *Esp* & *Méx*, tomar un examen *Andes*, dar un examen *RP*; MED hacerse un examen, hacerse un análisis *Amér.*
examinar [ezami'na(x)] vt -1. [submeter a exame, analisar] examinar. -2. [inspecionar] examinar, revisar *Amér*, checar *Méx.*
exasperado,da [ezaʃpe'radu, da] adj exasperado(da).
exasperar [ezaʃpe'ra(x)] vt exasperar.
➡ **exasperar-se** vp exasperarse.
exatidão [ezatʃi'dãw] f exactitud f.
exato,ta [e'zatu, ta] adj exacto(ta).
exaurir [ezaw'ri(x)] vt [esgotar] agotar.
➡ **exaurir-se** vp agotarse.
exaustão [ezawʃ'tãw] f agotamiento m.
exausto,ta [e'zawʃtu, ta] ⬦ pp ▷ exaurir. ⬦ adj agotado(da).
exaustor [ezawʃ'to(x)] (pl -es) m extractor m.
excedente [ese'dẽntʃi] ⬦ adj excedente. ⬦ m -1. COM excedente m. -2. [aluno] alumno que aunque aprueba el examen de ingreso, no consigue entrar en un centro de enseñanza por ser limitado el número de plazas disponibles.
exceder [ese'de(x)] vt exceder.
➡ **exceder-se** vp [cometer excessos] excederse.
excelência [ese'lẽnsja] f -1. [primazia] excelencia f. -2. [tratamento]: (Vossa) Excelência (Su) Excelencia.
excelente [ese'lẽntʃi] adj excelente.
excentricidade [esẽntrisi'dadʒi] f excentricidad f.
excêntrico,ca [e'sẽntriku, ka] ⬦ adj excéntrico(ca). ⬦ m, f excéntrico m, -ca f.
excepcional [esepsjo'naw] (pl -ais) ⬦ adj -1. [extraordinário, excelente] excepcional. -2. MED discapacitado(da), con capacidades especiales *Méx.* ⬦ mf MED discapacitado m, -da f, persona f con capacidades especiales *Méx.*
excessivo,va [ese'sivu, va] adj excesivo(va).
excesso [e'sesu] m exceso m; ~ de velocidade exceso de velocidad.
exceto [e'setu] prep excepto.
excetuar [ese'twa(x)] vt exceptuar.
excitação [esita'sãw] f excitación f.
excitado,da [esi'tadu, da] adj excitado(da).
excitante [esi'tãntʃi] adj excitante.
excitar [esi'ta(x)] vt excitar.
➡ **excitar-se** vp excitarse.

exclamação [iʃklama'sãw] (*pl* -ões) *f* exclamación *f.*

exclamar [iʃkla'ma(x)] *vi* exclamar.

excluir [iʃklu'i(x)] *vt* excluir; ~ **algo/alguém de** excluir algo/a alguien de.

exclusão [iʃklu'zãw] (*pl* -ões) *f* exclusión *f.*

exclusivista [iʃkluzi'viʃta] <> *adj* exclusivista. <> *mf* exclusivista *mf.*

exclusivo, va [iʃklu'zivu, va] *adj* exclusivo(va).

excomungar [iʃkomũŋ'ga(x)] *vt* excomulgar.

excremento [iʃkre'mẽntu] *m* excremento *m.*

excretar [iʃkre'ta(x)] *vt* [expelir] excretar.

excursão [iʃkux'sãw] (*pl* -ões) *f* excursión *f.*

excursionista [iʃkuxsjo'niʃta] *mf* excursionista *mf.*

execução [ezeku'sãw] (*pl* -ões) *f* ejecución *f.*

executar [ezeku'ta(x)] *vt* ejecutar.

executivo, va [ezeku'tʃivu, va] <> *adj* ejecutivo(va). <> *m, f* ejecutivo *m*, -va *f.*

executor, ra [ezeku'to(x), ra] *m*, *f* ejecutor *m*, -ra *f.*

exemplar [ezẽn'pla(x)] (*pl* -es) <> *adj* [modelar] ejemplar. <> *m* ejemplar *m.*

exemplo [e'zẽnplu] *m* ejemplo *m*; **por** ~ por ejemplo; **bom/mau** ~ buen/mal ejemplo; **a** ~ **de** siguiendo el ejemplo de; **servir de** ~ **a alguém** servir de ejemplo a alguien.

exercer [ezex'se(x)] *vt* ejercer; ~ **algo (sobre)** ejercer algo (sobre).

exercício [ezex'sisju] *m* ejercicio *m*; **presidente em** ~ presidente en ejercicio; **professor em** ~ profesor titular; **fazer** ~ hacer ejercicio; ~ **anterior/corrente** ejercicio anterior/actual.

exército [e'zexsitu] *m* ejército *m.*

exibição [ezibi'sãw] (*pl* -ões) *f* exhibición *f.*

exibido, da [ezi'bidu, da] *fam* <> *adj* [exibicionista] exhibicionista. <> *m, f* [exibicionista] exhibicionista *mf.*

exibir [ezi'bi(x)] *vt* exhibir.
◆ **exibir-se** *vp* exhibirse.

exigência [ezi'ʒẽnsja] *f* exigencia *f.*

exigente [ezi'ʒẽntʃi] *adj* [rigoroso] exigente.

exigir [ezi'ʒi(x)] *vt* exigir; ~ **que alguém faça algo** exigir que alguien haga algo.

exíguo, gua [e'zigwu, gwa] *adj* [diminuto, minguado] exiguo(gua).

exilado, da [ezi'ladu, da] <> *adj* exilado(da), exilado(da) *RP.* <> *m, f* exiliado *m*, -da *f*, exilado *m*, -da *f RP.*

exilar [ezi'la(x)] *vt* exiliar, exilar *RP.*
◆ **exilar-se** *vp* exiliarse, exilarse *RP.*

exílio [e'zilju] *m* exilio *m.*

exímio, mia [e'zimju, mja] *adj* [excelente] eximio(mia).

eximir [ezi'mi(x)] *vt*: ~ **alguém de algo** eximir a alguien de algo.
◆ **eximir-se** *vp*: ~-se de algo eximirse de algo.

existência [eziʃ'tẽnsja] *f* existencia *f.*

existente [eziʃ'tẽntʃi] *adj* -1. [que existe] existente. -2. [vivente] vivo(va).

existir [eziʃ'tʃi(x)] *vi* existir; **não** ~ *fam loc* ser de otro mundo, no existir *Amér*, ser nunca visto(ta) *Méx.*

êxito [e'zitu] *m* éxito *m*; **ter/não ter** ~ **(em)** tener/no tener éxito (en); **ser um** ~ ser un éxito.

êxodo [e'zodu] *m* éxodo *m*; ~ **rural** éxodo rural.

exonerar [ezone'ra(x)] *vt* -1. [demitir]: ~ **alguém de algo** destituir a alguien de algo. -2. [desobrigar]: ~ **alguém de algo** exonerar a alguien de algo.
◆ **exonerar-se** *vp* -1. [demitir-se]: ~-se de algo renunciar a algo, dimitir de algo *Méx.* -2. [desobrigar-se]: ~-se de algo exonerarse de algo.

exorbitância [ezoxbi'tãnsja] *f* -1. *fig* [excesso] exceso *m.* -2. *fam* [preço excessivo] robo *m.*

exótico, ca [e'zɔtʃiku, ka] *f* exótico(ca).

expandir [iʃpãn'dʒi(x)] *vt* -1. [inflar] extender. -2. [ampliar] expandir. -3. [difundir] expandir, difundir.
◆ **expandir-se** *vp* -1. [ger] expandirse. -2. [desabafar-se]: ~-se com alguém abrirse con alguien.

expansão [iʃpãn'sãw] (*pl* -ões) *f* expansión *f.*

expansivo, va [iʃpãn'sivu, va] *adj* expansivo(va).

expatriação [iʃpatrja'sãw] (*pl* -ões) *f* expatriación *f.*

expatriar [iʃpa'trja(x)] *vt* expatriar.

expectativa [iʃpekta'tʃival] *f* expectativa *f*; **na** ~ **de** a la expectativa de; ~ **de vida** esperanza *f ou* expectativa de vida.

expedição [iʃpedʒi'sãw] (*pl* -ões) *f* expedición *f.*

expediente [iʃpe'dʒjẽntʃi] <> *adj* [que resolve] diligente. <> *m* -1. [horário] horario *m* de trabajo; ~ **bancário** horario bancario; **meio** ~ media jornada. -2. [diligência]: **ter** ~ ser diligente. -3. [meios, recursos] recurso *m.* -4. [correspondência] correspondencia *f.*

expedir [iʃpe'dʒi(x)] *vt* [despachar] expedir.

expedito, ta [iʃpe'dʒitu, ta] *adj* -1. [pessoa] expeditivo(va). -2. [trabalho, solução] expedito(ta).

expelir [iʃpe'li(x)] *vt* expulsar.

experiência [iʃpe'rjẽnsja] *f* -1. [prática] experiencia *f.* -2. [experimento] experimento *m.*

experiente [iʃpe'rjẽntʃi] *adj* experimentado(da).

experimentar [iʃperimẽn'ta(x)] *vt* -1. [testar] probar, testar *Méx*. - 2. [provar] probar. - 3. [sofrer] experimentar. - 4. [sentir] sentir.

experimento [iʃperi'mẽntu] *m* experimento *m*.

expiar [iʃ'pja(x)] *vt* expiar.

expiatório, ria [iʃpja'tɔrju, rja] *adj* ▷ **bode**.

expirar [iʃpi'ra(x)] *vt* [ar] espirar. ◇ *vi* [encerrar, morrer] expirar.

explicação [iʃplika'sãw] (*pl* -ões) *f* explicación *f*.

explicar [iʃpli'ka(x)] ◇ *vt* explicar. ◇ *vi* [dar explicação] explicar.

➡ **explicar-se** *vp* [justificar-se] explicarse.

explicativo, va [iʃplika'tʃivu, va] *adj* explicativo(va).

explícito, ta [iʃ'plisitu, ta] *adj* explícito(ta).

explodir [iʃplo'dʒi(x)] ◇ *vi* -1. [bomba] explotar. - 2. [não conter-se] estallar; ~ de estallar de; ~ em estallar en. ◇ *vt* -1. [bomba] hacer explotar, explosionar *Esp*. - 2. [edifício, avião] volar.

exploração [iʃplora'sãw] (*pl* -ões) *f* -1. [ger] explotación *f*. - 2. [desbravamento] exploración *f*. - 3. [exorbitância]: **(ser) uma** ~ ser un robo.

explorador, ra [iʃplora'do(x), ra] ◇ *adj* explotador(ra). ◇ *m, f* -1. [desbravador] explorador *m*, -ra *f*. - 2. [aproveitador] explotador *m*, -ra *f*.

explorar [iʃplo'ra(x)] *vt* -1. [ger] explotar. - 2. [desbravar] explorar.

exploratório, ria [iʃplora'tɔrju, rja] *adj* exploratorio(ria).

explosão [iʃplo'zãw] (*pl* -ões) *f* -1. [detonação] explosión *f*. - 2. *fig* [manifestação] explosión *f*, estallido *m*.

explosivo, va [iʃplo'zivu, va] *adj* explosivo(va).

➡ **explosivo** *m* [material] explosivo *m*.

EXPO (*abrev de* **Exposição**) expo *f*.

expor [iʃ'po(x)] *vt* -1. [ger] exponer; ~ algo (a algo) exponer algo (a algo). - 2. [revelar] revelar.

➡ **expor-se** *vp* -1. [submeter-se]: ~ -se a algo exponerse a algo. - 2. [exibir-se] exhibirse.

exportação [iʃpoxta'sãw] (*pl* -ões) *f* exportación *f*.

exportador, ra [iʃpoxta'do(x), ra] ◇ *adj* exportador(ra). ◇ *m, f* exportador *m*, -ra *f*.

exportar [iʃpox'ta(x)] *vt* exportar.

exposição [iʃpozi'sãw] (*pl* -ões) *f* exposición *f*.

exposto, osta [iʃ'poʃtu, ɔʃta] ◇ *pp* ▷ ex-

por. ◇ *adj* [à vista] expuesto(ta).

expressão [iʃpre'sãw] (*pl* -ões) *f* -1. [ger] expresión *f*; ~ **(de algo)** expresión (de algo); ~ **artística** expresión artística. - 2. [vivacidade] expresividad *f*.

expressar [iʃpre'sa(x)] *vt* expresar.

➡ **expressar-se** *vp* expresarse.

expressivo, va [iʃpre'sivu, va] *adj* expresivo(va).

expresso, sa [iʃ'prɛsu, sa] ◇ *pp* ▷ expressar. ◇ *adj* expreso(sa).

➡ **expresso** *m* -1. [trem] expreso *m*. - 2. [café] café *m* expreso.

exprimir [iʃpri'mi(x)] *vt* expresar.

➡ **exprimir-se** *vp* expresarse.

expulsão [iʃpuw'sãw] (*pl* -ões) *f* expulsión *f*.

expulsar [iʃpuw'sa(x)] *vt* expulsar.

expulso, sa [iʃ'puwsu, sa] ◇ *pp* ▷ expulsar. ◇ *adj* expulsado(da).

expurgar [iʃpux'ga(x)] *vt* -1. [limpar] limpiar, expurgar *Amér*. - 2. [corrigir] expurgar. - 3. [livrar]: ~ **algo (de algo)** expurgar algo (de algo).

êxtase ['eʃtazi] *m* [enlevo] éxtasis *m inv*; **estar em** ~ estar en éxtasis.

extasiar [iʃta'zja(x)] *vt* extasiar.

➡ **extasiar-se** *vp* extasiarse.

extensão [iʃtẽn'sãw] (*pl* -ões) *f* -1. [ger] extensión *f*. - 2. [ampliação] ampliación *f*. - 3. [amplitude] magnitud *f*. - 4. [ramal telefônico] extensión *f*, interno *m RP*. - 5. [fio elétrico] extensión *f*, alargue *m RP*.

extensivo, va [iʃtẽn'sivu, va] *adj* -1. [extensível] extensible. - 2. [amplo] extenso(sa).

extenso, sa [iʃ'tẽnsu, sa] *adj* -1. [ger] extenso(sa); **por** ~ entero. - 2. [longo] extenso(sa), largo(ga).

extenuado, da [iʃte'nwadu, da] *adj* extenuado(da).

extenuante [iʃte'nwãntʃi] *adj* extenuante.

extenuar [iʃte'nwa(x)] *vt* [cansar, debilitar] extenuar.

➡ **extenuar-se** *vp* extenuarse.

exterior [iʃte'rjo(x)] (*pl* -es) ◇ *adj* exterior. ◇ *m* -1. [aparência, parte externa] exterior. - 2. [o estrangeiro]: **o** ~ el extranjero, el exterior *RP*.

exterioridade [iʃterjori'dadʒil *f*. [aparências] apariencias *fpl*

exterminar [iʃtexmi'na(x)] *vt* -1. [aniquilar] exterminar. - 2. [erradicar] eliminar.

extermínio [iʃtex'minjul *m* exterminio *m*.

externato [iʃtex'natul *m* externado *m*.

externo, na [iʃtɛxnu, nal *adj* externo(na); **medicamento de uso** ~ medicamento de uso externo.

extinção [iʃtʃĩn'sãw] *f* extinción *f*; **em** ~ en extinción.

extinguir [iʃtʃĩŋ'gi(x)] *vt* - **1.** [fogo] extinguir. - **2.** [exterminar] exterminar. - **3.** [dissolver] disolver.

⮞ **extinguir-se** *vp* extinguirse.

extinto, ta [iʃ'tʃĩntu, ta] *adj* - **1.** [ger] extinto(ta). - **2.** [vulcão] extinto(ta), muerto(ta) *Méx.* - **3.** [associação] disuelto(ta).

extintor [iʃtʃĩn'to(x)] (*pl* -res) *m*: ~ **(de incêndio)** extintor *m ou* extinguidor *m Amér* (de incendios).

extirpar [iʃtʃix'pa(x)] *vt* extirpar.

extorquir [iʃtox'ki(x)] *vt* - **1.** [fórmula, segredo]: ~ **algo (de alguém)** arrancar algo (a alguien). - **2.** [dinheiro]: ~ **dinheiro de alguém** extorsionar a alguien.

extorsão [iʃtox'sãw] (*pl* -ões) *f* extorsión *f.*

extra ['ɛʃtral ◇ *adj* [extraordinário] extra. ◇ *mf* extra *mf.*

extração [iʃtra'sãw] (*pl* -ões) *f* - **1.** [de minério, dente] extracción *f.* - **2.** [sorteio] sorteo *m.*

extraditar [eʃtradʒi'ta(x)] *vt* extraditar.

extrair [iʃtra'i(x)] *vt*: ~ **algo (de)** extraer algo (de).

extraordinário, ria [eʃtraordʒi'narju, rja] *adj* extraordinario(ria).

extrapolação [eʃtrapola'sãw] (*pl* -ões) *f* extrapolación *f.*

extrapolar [eʃtrapo'la(x)] *vt* sobrepasar.

extraterrestre [eʃtrate'xɛʃtril ◇ *adj* extraterrestre. ◇ *mf* extraterrestre *mf.*

extrato [iʃ'tratul *m* extracto *m*; ~ **de tomate** extracto de tomate; ~ **bancário** extracto de cuentas *Esp*, estado *m* de cuenta *Amér.*

extravagância [iʃtrava'gãnsja] *f* extravagancia *f*; **fazer uma** ~ hacer una extravagancia.

extravagante [iʃtrava'gãntʃi] ◇ *adj* [excêntrico] extravagante. ◇ *mf* extravagante *mf.*

extravasar [iʃtrava'za(x)] ◇ *vt* [exteriorizar] exteriorizar. ◇ *vi* - **1.** [expandir-se] extralimitarse. - **2.** [transbordar] derramarse.

extraviado, da [iʃtra'vjadu, dal *adj* extraviado(da).

extraviar [iʃtra'vja(x)] *vt* - **1.** [perder] extraviar. - **2.** [dinheiro] sustraer. - **3.** [perverter] corromper.

⮞ **extraviar-se** *vp* [perder-se] extraviarse.

extravio [iʃtra'viw] *m* - **1.** [perda]: ~ **(de algo)** extravío *m* (de algo). - **2.** [roubo] sustracción *f.* - **3.** [desvio] desvío *m.*

extremidade [iʃtremi'dadʒil *f* - **1.** [fim, limite] extremo *m.* - **2.** [ponta] punta *f*, extremo *m.* - **3.** [beira] borde *m*, extremo *m.*

⮞ **extremidades** *fpl* ANAT extremidades *fpl.*

extremo, ma [iʃ'tremu, ma] *adj* - **1.** [ger]

extremo(ma); **o Extremo Oriente** el extremo Oriente. - **2.** [exagerado] extremado(da).

⮞ **extremo** *m* - **1.** [limite, ponta] extremo *m.* - **2.** [máximo] máximo *m*; **em** ~ en extremo.

extroversão [iʃtrovex'sãw] *f* extroversión *f.*

extrovertido, da [iʃtrovex'tʃidu, dal ◇ *adj* extrovertido(da). ◇ *m*, *f* extrovertido *m*, -da *f.*

exuberante [ezube'rãntʃil *adj* - **1.** [vivo] animado(da). - **2.** [viçoso] exuberante.

exultante [ezuw'tãntʃil *adj* exultante.

exultar [ezuw'ta(x)] *vi*: ~ **(de)** exultar (de).

exumação [ezu'masãw] (*pl* -ões) *f* exhumación *f.*

exumar [ezu'ma(x)] *vt* - **1.** [corpo] exhumar. - **2.** [recordar] resucitar.

f, F ['ɛfil *m* [letra] f, F *f.*

fá lfal *m* MÚS fa *m.*

fã lfãl (*pl* fãs) *mf* fan *mf.*

fábrica ['fabrikal *f* fábrica *f.*

fabricação lfabrika'sãwl (*pl* -ões) *f* fabricación *f*; **de** ~ **caseira** de fabricación casera.

fabricar lfabri'ka(x)l *vt* [manufaturar, inventar] fabricar.

fábula ['fabulal *f* - **1.** [conto] fábula *f.* - **2.** *fam* [fortuna] pastón *m Esp*, dineral *m Amér.*

fabuloso, osa lfabu'lozu, ɔzal *adj* [imaginário, ótimo] fabuloso(sa).

faca l'fakal *f* cuchillo *m*; **ser uma** ~ **de dois gumes** *loc* ser un arma de doble filo.

facada lfa'kadal *f* - **1.** [golpe de faca] cuchillada *f.* - **2.** *fam* [pedir dinheiro]: **dar uma** ~ **em alguém** dar un sablazo a alguien.

façanha lfa'sãɲal *f* hazaña *f.*

facão lfa'kãwl (*pl* -ões) *m* machete *m.*

facção lfak'sãwl (*pl* -ões) *f* facción *f.*

face ['fasil *f* - **1.** [rosto] cara *f*, rostro *m*; ~ **a** ~ cara a cara. - **2.**: **fazer** ~ **a** [enfrentar] hacer frente a, dar la cara a *Méx*; [custear] hacerse cargo de, correr con los gastos de. - **3.** [lado] cara *f.* - **4.** [aspecto] lado *m*, cara *f Amér.*

⮞ **em face de** *loc prep* [diante de] ante, frente a.

fáceis ['fasejʃl *pl* ⊲ fácil.

faceta [fa'seta] *f* [aspecto] faceta *f.*

fachada [fa'ʃada] *f* -**1.** [de prédio] fachada *f.* -**2.** *fig* [aparência] apariencia *f.*

fácil ['fasiw] (*pl* -eis) *adj* fácil. ➡ **fácil** *adv* con facilidad.

facilidade [fasili'dadʒi] *f* -**1.** [sem dificuldade] facilidad *f.* -**2.** [aptidão]: **ter** ~ **(para algo)** tener facilidad (para algo). ➡ **facilidades** *fpl* [meios] facilidades *fpl.*

facílimo, ma [fa'silimu, ma] *adj superl* ▷ **fácil.**

facilitar [fasili'ta(x)] ◇ *vt* [tornar fácil, facultar] facilitar. ◇ *vi* [descuidar-se] descuidarse.

facões [fa'kõjʃ] *pl* ▷ **facão.**

fac-símile [fak'simili] (*pl* **fac-símiles**) *m* facsímil *m.*

faculdade [fakuw'dadʒi] *f* facultad *f.*

facultativo, va [fakuwta'tʃivu, va] ◇ *adj* facultativo(va). ◇ *m, f* [médico] facultativo *m,* -va *f.*

fada ['fada] *f* hada *f.*

fadado, da [fa'dadu, da] *adj*: **estar** ~ **a** estar condenado(da) a.

fadiga [fa'dʒiga] *f* [cansaço] cansancio *m,* fatiga *f.*

fado ['fadu] *m* -**1.** [destino] hado *m.* -**2.** *MÚS* fado *m.*

fagulha [fa'guʎa] *f* chispa *f.*

fahrenheit [fare'najtʃi] *adj* Fahrenheit.

faia ['faja] *f* haya *f.*

faisão [faj'zãw] (*pl* -ões) *m* faisán *m.*

faísca [fa'iʃka] *f* chispa *f.*

faiscar [fajʃ'ka(x)] *vi* -**1.** [lançar faíscas] chispear. -**2.** [brilhar] centellear.

faixa ['fajʃa] *f* -**1.** [cinto, orla] faja *f.* -**2.** [tira] tira *f,* fajita *f Méx.* -**3.** [para o peito] banda *f;* ~ **presidencial** banda presidencial. -**4.** [de pedestres]: ~ **(de pedestres)** paso *m* de cebra *ou* de peatones, cebra *f Amér.* -**5.** [pista de rolamento] carril *m.* -**6.** [atadura] vendaje *m.* -**7.** [para mensagem] cartel *m.* -**8.** [intervalo] banda *f,* rango *m Amér;* ~ **etária** franja *f ou* rango *Amér* de edad. -**9.** [de disco] corte *m,* pista *f Méx,* surco *m RP.*

fala ['fala] *f* -**1.** [faculdade de falar] habla *f.* -**2.** [discurso] intervención *f.* -**3.** [parte de diálogo] parlamento *m.*

falácia [fa'lasja] *f* falacia *f.*

falante [fa'lãntʃi] *adj* parlanchín(china).

falar [fa'la(x)] ◇ *vi* hablar; ~ **de** *ou* **em algo** hablar de algo; ~ **com alguém** hablar con alguien; ~ **alto/baixo** hablar alto/bajo; ~ **mais alto** poder más; ~ **da boca para fora** *fam* hablar por hablar *Esp,* hablar de dientes para afuera *Méx,* decir algo de la boca para afuera *RP;* ~ **pelos cotovelos** hablar por los codos; ~

por alguém hablar por alguien; ~ **por** ~ hablar por hablar; ~ **sozinho/dormindo** hablar solo/dormido; **por** ~ **em ...** hablando de ...; **sem** ~ **de** *ou* **em ...** por no hablar de ...; **falou, está falado!** *fam* [o.k.] ¡vale!, ¡está bien! ◇ *vt* -**1.** [dizer] decir; ~ **que** decir que; ~ **bem/mal de** hablar bien/mal de. -**2.** [contar]: ~ **algo (para alguém)** contar algo (a alguien). -**3.** [idioma]: ~ **inglês/espanhol** hablar inglés/español. ➡ **falar-se** *vp* hablarse; **não se** ~ **no** hablarse.

falatório [fala'tɔrju] *m* -**1.** [ruído] murmullo *m,* susurro *m.* -**2.** [discurso] perorata *f.* -**3.** [maledicência] chisme *m.*

falecer [fale'se(x)] *vi* fallecer.

falecido, da [fale'sidu, da] ◇ *adj* [morto] fallecido(da). ◇ *m, f* fallecido *m,* -da *f.*

falência [fa'lẽnsja] *f* quiebra *f;* **abrir** ~ declararse en quiebra; **ir à** ~ ir a la quiebra, arruinarse, fundirse *RP;* **levar à** ~ llevar a la quiebra, arruinar, fundir *RP.*

falésia [fa'lɛzja] *f* acantilado *m.*

falha ['faʎa] *f* -**1.** [fenda] grieta *f.* -**2.** [defeito] defecto *m,* falla *f Amér.* -**3.** [omissão] fallo *m Esp,* falla *f Amér.*

falhar [fa'ʎa(x)] ◇ *vt* [errar] fallar. ◇ *vi* -**1.** [ger] fallar. -**2.** [faltar] faltar.

falho, lha ['faʎu, ʎa] *adj* -**1.** [defeituoso] defectuoso(sa), fallado(da) *RP.* -**2.** [deficiente] deficiente.

falido, da [fa'lidu, da] ◇ *adj* arruinado(da), en quiebra, quebrado(da) *Amér,* fundido(da) *RP.* ◇ *m, f* [aquele que faliu] persona *f* en quiebra, arruinado *m,* -da *f,* fundido *m,* -da *f RP.*

falir [fa'li(x)] *vi* -**1.** [abrir falência] arruinarse, quebrar, fundirse *RP.* -**2.** [fracassar] fallar.

falo ['falu] *m* falo *m.*

falsário, ria [faw'sarju, rja] *m* -**1.** [falsificador] falsificador *m,* -ra *f.* -**2.** [perjuro] falsario *m,* -ria *f.*

falsidade [fawsi'dadʒi] *f* [fingimento, mentira] falsedad *f.*

falsificação [fawsifika'sãw] (*pl* -ões) *f* falsificación *f.*

falsificar [fawsifi'ka(x)] *vt* -**1.** [ger] falsificar. -**2.** [desvirtuar] distorsionar.

falso, sa ['fawsu, sa] *adj* falso(sa); **pisar em** ~ *loc* pisar en falso.

falta ['fawta] *f* falta *f;* ~ **de ar** falta de aire; ~ **de respeito** falta de respeto; **sentir** ~ **de algo/alguém** echar de menos algo/a alguien, echar en falta algo/a alguien *Esp,* extrañar algo/a alguien *Amér;* **na** ~ **de** a falta de; **sem** ~ sin falta.

faltar [faw'ta(x)] *vi* faltar; ~ **algo (a alguém)** faltar algo (a alguien); ~ **fazer algo** faltar hacer algo; **só me faltava essa!** *fam* ¡es lo único que faltaba!; ~ **sal/tempero** faltar sal/condimento.

fama ['fãma] *f* [celebridade, reputação] fama *f*.

família [fa'milja] *f* familia *f*; **ser de** ~ ser de familia; **ser** ~ ser decente, ser legal *Esp*.

familiar [fami'lja(x)] (*pl* -es) <> *adj* [da família, conhecido] familiar. <> *m* [pessoa da família] familiar *m*.

familiaridade [familjari'daʒi] *f* -**1**. [intimidade] familiaridad *f*. - **2**. [informalidade] informalidad *f*.

familiarizar [familjari'za(x)] *vt* familiarizar.
➡ **familiarizar-se** *vp*: ~-se com algo/alguém familiarizarse con algo/alguien.

faminto, ta [fa'mĩtu, ta] *adj* hambriento(ta), famélico(ca).

famoso, osa [fa'mozu, ɔza] *adj* famoso(sa).

fanático, ca [fa'natʃiku, ka] <> *adj* -**1**. POL & RELIG fanático(ca). - **2**. [apaixonado]: ~ (por) fanático (de). <> *m, f* [pessoa] fanático *m*, -ca *f*.

fanfarronice [fãnwfaxo'nisi] *f* [gabarolice] fanfarronería *f*.

fantasia [fãnta'zia] *f* -**1**. [ger] fantasía *f*. - **2**. [traje] disfraz *m*; ~ **de árabe/pirata** disfraz de árabe/pirata. - **3**. [imaginação] imaginación *f*. - **4**. [capricho] antojo *m*.

fantasiar [fãnta'zja(x)] <> *vt* [imaginar] fantasear. <> *vi* [devanear] fantasear.
➡ **fantasiar-se** *vp*: ~-se (de) disfrazarse (de).

fantasioso, osa [fãnta'zjozu, ɔza] *adj* fantasioso(sa).

fantasma [fãn'taʒma] *m* fantasma *m*.

fantástico, ca [fãn'taʃtʃiku, ka] *adj* -**1**. [que existe na fantasia] fantástico(ca). - **2**. [extraordinário] fantástico(ca), bárbaro(ra) *RP*.

fantoche [fãn'tɔʃi] *m* -**1**. [boneco] fantoche *m*, títere *m*. - **2**. *fig* [autômato] títere *m*.

FARC (*abrev de* Forças Armadas Revolucionárias da Colômbia) *fpl* FARC *fpl*.

farda ['faxda] *f* [uniforme] uniforme *m*.

fardo ['faxdu] *m* -**1**. [carga] fardo *m*. - **2**. *fig* [peso] carga *f*, fardo *m Amér*.

farejar [fare'ʒa(x)] <> *vt* -**1**. [cheirar] olfatear, oler. - **2**. [seguir pelo faro] olfatear, rastrear. <> *vi* [tomar o faro] olfatear.

farelo [fa'rɛlu] *m* salvado *m*; ~ **de trigo** salvado de trigo.

farfalhar [faxfa'ʎa(x)] *vi* susurrar.

farinha [fa'riɲa] *f*: ~ **(de mesa** *ou* **de mandioca) harina** *f* (de mandioca *ou* yuca); ~ **de rosca** pan *m* rallado *ou* molido *Méx*; ~ **de trigo** harina de trigo.

farmacêutico, ca [farma'sewtʃiku, ka] <> *adj* farmacéutico(ca). <> *m, f* farmacéutico *m*, -ca *f*.

farmácia [fax'masja] *f* -**1**. [estabelecimento] farmacia *f*. - **2**. [caixa de medicamentos] botiquín *m*.

faro ['faru] *m* [olfato, intuição] olfato *m*.

farofa [fa'rɔfa] *f* CULIN harina comestible elaborada a base de mandioca mezclada con huevos, aceitunas, cebolla y otros ingredientes, cuyo consumo está muy extendido en Brasil.

farol [fa'rɔw] (*pl* -óis) *m* -**1**. [para navegantes] faro *m*. - **2**. AUTO luz *f*, faro *m Esp* & *Méx*; ~ **alto/baixo** luces *fpl* largas/cortas.

farolete [farɔ'letʃi] *m* AUTO luz *f* de posición, faro *m Méx*.

farpa ['faxpa] *f* -**1**. [de madeira] astilla *f*. - **2**. [metálica] esquirla *f*. - **3**. *fig* [crítica] pulla *f*.

farpado, da [fax'padu, da] *adj* ⊳ arame.

farra ['faxa] *f* farra *f*, juerga *f*.

farrapo [fa'xapu] *m* [trapo] harapo *m*; **estar um** ~ [objeto, pessoa] estar hecho pedazos.

farsa ['faxsa] *f* [peça cômica, embuste] farsa *f*.

farsante [fax'sãntʃi] *mf* -**1**. *pej* [pessoa sem palavra] farsante *mf*. - **2**. [pessoa brincalhona] bromista *mf*.

fartar [fax'ta(x)] *vt* [saciar] llenar, hartar *Esp, Andes, Carib* & *Méx*.
➡ **fartar-se** *vp* -**1**. [empanturrar-se]: ~-se (de algo) llenarse (de algo), hartarse (de algo) *Esp, Andes, Carib* & *Méx*. - **2**. [cansarse]: ~-se (de algo/alguém) hartarse (de algo/alguien).

farto, ta ['faxtu, ta] *adj* -**1**. [empanturrado] lleno(na). - **2**. [abundante] abundante. - **3**. [enfastiado]: **estar** ~ **(de algo/alguém)** estar harto de algo/alguien).

fartura [fax'tura] *f* [abundância] abundancia *f*; ~ **de algo** abundancia de algo.

fascículo [fa'sikulu] *m* [de publicação] fascículo *m*.

fascinante [fasi'nãntʃi] *adj* [cativante, atraente] fascinante.

fascinar [fasi'na(x)] <> *vt* [cativar] fascinar. <> *vi* [deslumbrar] fascinar.

fascínio [fa'sinju] *m* [atração] fascinación *f*.

fascismo [fa'siʒmu] *m* fascismo *m*.

fase ['fazi] *f* fase *f*; **as** ~ **s da Lua** las fases de la Luna.

fastidioso, osa [faʃtʃi'dʒjozu, ɔza] *adj* fastidioso(sa).

fatal [fa'taw] (*pl* -ais) *adj* [mortal, inevitável] fatal.

fatalidade [fatali'dadʒi] *f* [destino, desgraça] fatalidad *f*.

fatia [fa'tʃia] *f* -**1**. [de pão] rebanada *f*. - **2**. [de queijo, embutido] loncha *f*, lasca *f Cuba*, feta *f Cuba*. -**3.** [de embutido] loncha *f*, feta *f RP*.

fatiado, da [fa't∫iadu, da] *adj* -**1.** [pão] en rebanadas. -**2.** [fruta] en rodajas. -**3.** [queijo, embutido] en lonchas.

fatigante [fati'gãnt∫i] *adj* -**1.** [cansativo] fatigante. -**2.** [enfadonho] agotador(ra), tedioso(sa).

fatigar [fati'ga(x)] *vt* -**1.** [cansar] fatigar. -**2.** [enfadar] cansar.

◆ **fatigar-se** *vp* -**1.** [cansar-se] fatigarse. -**2.** [enfadar-se] cansarse.

fato ['fatu] *m* [acontecimento, aquilo que é real] hecho *m*.

◆ **de fato** *loc adv* de hecho.

fator [fa'to(x)] (*mpl* -**res**) *m* factor *m*; ~ **Rh** factor Rh.

fatura [fa'tura] *f* factura *f*.

faturamento [fatura'mẽntu] *m* -**1.** COM facturación *f*. -**2.** [ato de faturar] factura *f*.

faturar [fatu'ra(x)] <> *vt* -**1.** [mercadorias]: ~ **algo a alguém** facturar algo a alguien. -**2.** *fam* [dinheiro] ganar. -**3.** *fam* [obter] ganarse, agenciarse *Esp*, conseguirse *RP*. <> *vi fam* [ganhar dinheiro] forrarse.

fauna ['fawna] *f* fauna *f*.

faustoso, osa [faw∫'tozu, ɔza] *adj* [luxuoso] fastuoso(sa).

fava ['fava] *f* haba *f*; **mandar às** ~ **s** *loc* mandar a freír espárragos *ou* tusas *Cuba*, mandar al diablo; **ser** ~ **s contadas** ser habas contadas.

favela [fa'vɛla] *f* favela *f*, barrio *m* de chabolas *Esp*, villa *f* miseria *Arg*, callampas *fpl Chile*, ciudadela *f Cuba*, arrabal *m Méx*, pueblo *m* joven *Perú*, cantegril *m Urug*.

favelado, da [favɛ'ladu, da] *m, f* habitante *mf* de la favela.

favo ['favu] *m* celdilla *f*, celda *f*.

favor [fa'vo(x)] (*pl* -**es**) *m* -**1.** [obséquio] favor *m*; **fazer um** ~ **para alguém** hacer un favor a alguien; **pedir um** ~ **a alguém** pedir un favor a alguien; **por** ~ por favor. -**2.** [benefício]: **a** ~ **de** a favor de. -**3.** [proteção] favor *m*, protección *f*. -**4.** [simpatia] favor *m*, simpatía *f*.

favorável [favo'ravɛw] (*pl* -**es**) *adj*: ~ **(a algo)** favorable (a algo).

favorecer [favore'se(x)] *vt* favorecer.

favorito, ta [favo'ritu, ta] <> *adj* favorito(ta). <> *m, f* favorito *m*, -ta *f*.

faxina [fa'∫ina] *f* limpieza *f* general; **fazer** ~ **(em)** hacer limpieza general (en).

faxineiro, ra [fa∫i'nejru, ra] *m, f* limpiador *m*, -ra *f*.

fazenda [fa'zẽnda] *f* -**1.** [propriedade rural] hacienda *f*, estancia *f RP*. -**2.** [de gado]

hacienda *f*, rancho *m Méx*, estancia *f RP*. -**3.** [de café, cacau] hacienda *f*, finca *f*. -**4.** [tecido] tela *f*, tejido *m*. -**5.** ECON hacienda *f*.

fazendeiro, ra [fazẽn'dejru, ra] *m, f* -**1.** [dono de fazenda] hacendado *m*, -da *f*, estanciero *m*, -ra *f RP*. -**2.** [de cacau] hacendado *m*, -da *f*. -**3.** [de café] cafetalero *m*, -ra *f*. -**4.** [de gado] ganadero *m*, -ra *f*, estanciero *m*, -ra *f RP*.

fazer [fa'ze(x)] <> *vt* hacer; ~ **barulho** hacer ruido; ~ **perguntas** hacer preguntas; ~ **planos/um vestido** hacer planes/un vestido; **vamos** ~ **uma festa** vamos a hacer una fiesta; **você devia** ~ **mais exercício** deberías hacer más ejercicio; ~ **alguém feliz** hacer feliz a alguien; **faço anos amanhã** cumplo *ou* hago *Esp* años mañana; **fazemos cinco anos de casados** cumplimos *ou* hacemos *Esp* cinco años de casados; ~ **alguém fazer algo** hacer que alguien haga algo, hacer a alguien hacer algo *RP*; ~ **alguém rir/chorar** hacer reír/llorar a alguien. <> *vi* -**1.** [aparentar]: ~ **como se** hacer como si. -**2.** [causar]: ~ **bem/mal a algo** hacerle bien/mal a algo; ~ **bem/mal algo a alguém** sentar *Esp ou* hacer *Amér* bien/mal algo a alguien; **você me faz bem** me hace mucho bien estar contigo; ~ **mal a alguém** hacer daño *Esp ou* lastimar *Amér* a alguien. -**3.** [obrigar]: ~ **(com) que** hacer que. <> *v impess* -**1.** : ~ **frio/calor** hacer frío/calor. -**2.** : **faz um ano que não o vejo** hace un año que no lo veo; **faz tempo que estou à espera** hace rato que estoy esperando; **ele partiu faz três meses** se marchó *ou* fue hace tres meses. -**3.** [importar]: **não faz mal se está quebrado** no importa si está roto; **não se preocupe, não faz mal!** no se preocupe, ¡no ha sido nada!/¡no fue nada! *Amér*; **tanto faz** da igual, tanto da *RP*.

◆ **fazer-se** *vp* hacerse; ~ **-se com** hacerse con.

◆ **fazer-se de** *vp* + *prep* [pretender ser] dárselas de, hacerse el *Amér*; ~ **-se de tolo** hacerse el tonto *ou* bobo *RP*; ~ **-se de esperto** dárselas de listo, hacerse el vivo *RP*; ~ **-se de desentendido** hacerse el desentendido.

FBI (*abrev de* **Federal Bureau of Investigation**) *m* FBI *m*.

fé ['fɛ] *f* [crença, confiança] fe *f*; **de boa/má** ~ de buena/mala fe.

FEBEM (*abrev de* **Fundação Estadual do Bem Estar do Menor**) *f institución de ayuda a delincuentes juveniles.*

FEBRABAN (*abrev de* **Federação Brasileira de Associações de Bancos**) *f entidad civil que*

representa a los bancos brasileños.
febre ['fɛbril f -1.** *MED* fiebre f; ~ **amarela** fiebre amarilla; ~ **do feno** fiebre del heno. **-2. fig** [mania] fiebre f.
febril [fe'briw] (*pl -is*) *adj* febril.
fechado, da [fe'ʃadu, dal *adj -1.* [ger] cerrado(da). **-2.** [sinal de tráfego] en rojo. **-3.** [semblante carregado] severo(ra).
fechadura [feʃa'dura] f cerradura f.
fechar [fe'ʃa(x)l ◇ *vt -1.* [ger] cerrar. **-2.** [concluir] cerrar, clausurar. **-3.** [cortar] cerrar el paso a, dar un cerrón a *Cuba & Méx.* ◇ *vi -1.* [ferimento, tempo] cerrarse. **-2.** [sinal de trânsito] ponerse en rojo. **-3.** [deixar de funcionar] cerrar.
➡ **fechar-se** *vp -1.* [encerrar-se] encerrarse. **-2.** [retrair-se] cerrarse, encerrarse.
fecho ['feʃul *m -1.* [de roupa, bolsa, poema] cierre *m*; ~ **ecler** cremallera f, cierre *m Amér*, zíper *m Carib.* **-2.** [de porta] cerrojo *m.*
fécula ['fɛkula] f fécula f.
fecundar [fekũn'da(x)l *vt* fecundar.
feder [fe'de(x)l *vi* heder; **não** ~ **nem cheirar** no ser ni fu ni fa, no pintar ni dar color *Cuba.*
federação [federa'sãw] (*pl -ões*) f federación f.
federal [fede'raw] (*pl -ais*) *adj -1.* [da federação] federal. **-2.** *fam* [enorme] descomunal.
federativo, va [federa'tʃivu, val *adj* federativo(va).
fedor [fe'do(x)l *m* peste f, hedor *m.*
fedorento, ta [fedo'rẽntu, tal *adj* hediondo(da).
feérico, ca [fe'ɛriku, ka] *adj* mágico(ca).
feijão [fej'ʒãw] (*pl -ões*) *m* alubia f, judía f *Esp*, frijol *m Andes, Cam, Carib & Méx*, poroto *m Andes & RP.*
feijão-fradinho [fejʒãwfra'dʒiɲul (*pl feijões-fradinhos*) *m* alubia f carilla, frijol *m* arauca *Cuba*, alubia f *Méx.*
feijão-preto [fejʒãw'pretul (*pl feijões-pretos*) *m* alubia f negrita, frijol *m* negro *ou* prieto *Andes, Cam, Carib & Méx*, poroto *m* negro *Andes & RP.*
feijão-tropeiro [fejʒãwtro'pejrul (*pl feijões-tropeiros*) *m plato típico de la cocina de Minas Gerais, con alubias negritas rehogadas en grasa y servidas con harina de mandioca, chorizo y cortezas de cerdo.*
feijoada [fej'ʒwada] f feijoada f, cocido de alubias negritas *Esp.*
feio, feia ['fejo, 'fejal *adj* feo(a).
➡ **feio** *adv*: **fazer** ~ [fazer má figura] hacer el ridículo, hacer un papelazo *Cuba*, hacer un oso *Méx*, hacer un papelón *RP*; **ficar** ~ [causar má impressão] quedar feo.

feira ['fejral f -1.** [exposição de mercadorias] feria f; ~ **livre** mercado *m* al aire libre, agromercado *m Cuba*, tianguis *m inv Méx*, feria f *RP.* **-2.** [de arte, livros] feria f.

> Não confundir *feira (referente aos dias da semana)* com o espanhol *feria (feira)*. (Às segundas-*feiras trabalho na cidade.* Los *lunes* trabajo en la ciudad.)

feiticeiro, ra [fejtʃi'sejru, ral ◇ *adj fig* [encantador] hechizante. ◇ *m, f* [bruxo] hechicero *m*, -ra f.
feitiço [fej'tʃisul *m* hechizo *m*; **voltar-se o** ~ **contra o feiticeiro** salir el tiro por la culata.
feitio [fej'tʃiwl *m -1.* [forma] tipo *m.* **-2.** [natureza] carácter *m.* **-3.** [de roupa] corte *m*, hechura f.
feito, ta ['fejtu, tal ◇ *pp* ▷ **fazer.** ◇ *adj -1.* [concluído, pronto] hecho(cha). **-2.** [adulto]: **homem** ~ hombre hecho (y derecho); **mulher feita** mujer hecha (y derecha).
➡ **feito** ◇ *m* [façanha] hazaña f. ◇ *conj* [tal qual] como.
feixe ['fejʃil *m* [de lenha, luz] haz *m.*
fel ['fɛw] *m -1.* [bílis, mau humor] hiel f. **-2. fig** [gosto amargo] amargor *m.*
felicidade [felisi'dadʒi] f -1.** [contentamento] felicidad f. **-2.** [êxito] éxito *m*, felicidad f. **-3.** [boa sorte] suerte f.
➡ **felicidades** *fpl* felicidades *fpl.*
felicíssimo, ma [feli'sisimu, mal *superl* ▷ **feliz.**
felicitação [felisita'sãw] (*pl -ões*) f felicitación f.
➡ **felicitações** *fpl* felicitaciones *fpl.*
felino, na [fe'linu, nal ◇ *adj -1.* [relativo a gato] felino(na). **-2. fig** [traiçoeiro] traicionero(ra). ◇ *m* [animal] felino *m.*
feliz [fe'liʒl (*pl -es*) *adj -1.* [ger] feliz; ~ **aniversário!** ¡feliz cumpleaños!; **Feliz Natal!** ¡feliz Navidad!; **ser** ~ **em algo** acertar en algo. **-2.** [oportuno] feliz, acertado(da).
felizmente [feliʒ'mẽntʃil *adv -1.* [por felicidade] afortunadamente, por suerte *RP.* **-2.** [de modo feliz] felizmente.
feltro ['fewtrul *m* fieltro *m.*
fêmea ['femjal f hembra f.
feminilidade [feminili'dadʒil f femineidad f, feminidad f.
feminino, na [femi'ninu, nal *adj* femenino(na).
➡ **feminino** *m GRAM* femenino *m.*
feminismo [femi'niʒmul *m* feminismo *m.*
feminista [femi'niʃtal ◇ *adj* feminista. ◇ *mf* feminista *mf.*
fêmur ['femu(x)] *m* fémur *m.*
fenda ['fẽndal f grieta f.

fender [fẽn'de(x)] *vt* hender.
➤ **fender-se** *vp* agrietarse.
fenecer [fene'se(x)] *vi* -**1**. [extinguir-se] terminarse. -**2**. [morrer] fenecer. -**3**. [murchar] marchitarse.
feno ['fɛnul *m* heno *m*.
fenomenal [fɛnome'naw] (*pl* -ais) *adj* fenomenal.
fenômeno [fe'nomenul *m* fenómeno *m*; **ser um** ~ ser un fenómeno.
fera ['fɛra] *f* -**1**. [animal, pessoa severa] fiera *f*. -**2**. [pessoa cruel] bestia *f*, fiera *f*. -**3**. *fam* [pessoa perita] fiera *mf*, as *mf Amér*, chingón *m*, -na *f Méx*, crack *mf RP*; **ser (uma)** ~ **em algo** *fam* *fig* ser una fiera *ou* un as *Amér ou* un chingón *Méx ou* un crack *RP* (en algo).
féretro ['fɛretrul *m* féretro *m*.
feriado [fe'rjadul *m* (día *m*) festivo *m Esp*, (día *m*) feriado *m Amér*.
férias ['fɛrjaʃ] *fpl* vacaciones *fpl*; **de** ~ de vacaciones; **entrar** *ou* **sair de** ~ empezar las vacaciones.
ferida [fe'rida] *f* herida *f*.
ferido, da [fe'ridu, da] ◇ *adj* [machucado, magoado] herido(da). ◇ *m, f* herido *m*, -da *f*.
ferimento [feri'mẽntul *m* herida *f*.
ferir [fe'ri(x)] *vt* [machucar, magoar] herir.
➤ **ferir-se** *vp* -**1**. [machucar-se] lastimarse. -**2**. [magoar-se]: **feriu-se com a ingratidão do filho** le hirió la ingratitud del hijo.
fermentar [fexmẽn'ta(x)] ◇ *vt* -**1**. [fazer levedar] fermentar. -**2**. [fomentar] alimentar, fermentar *Esp*. ◇ *vi* -**1**. [levedar] fermentar. -**2**. [agitar-se] hervir.
fermento [fex'mẽntul *m* -**1**. [que provoca fermentação] fermento *m*. -**2**. [levedura] levadura *f* en polvo, polvo *m* de hornear *Amér*.
ferocidade [fe̯rosi'dadʒi] *f* ferocidad *f*.
ferocíssimo, ma [fe̯ro'sisimu, ma] *superl* ▷ feroz.
feroz [fe'rɔʃ] (*pl* -es) *adj* feroz.
ferradura [fexa'dura] *f* herradura *f*.
ferragem [fe'xaʒẽ] (*pl* -ns) *f* -**1**. [peças] herraje *m*. -**2**. [guarnição] guarnición *f*, manija *f Méx*, tiradores *mpl RP*.
ferramenta [fexa'mẽnta] *f* herramienta *f*.
ferramental [fexa'mẽntaw] (*pl* -ais) *m* instrumental *m*.
ferrão [fe'xãw] (*pl* -ões) *m* [dardo de inseto, aguilhão] aguijón *m*.
ferreiro [fe'xejru] *m* herrero *m*.
ferrenho, nha [fe'xenu, na] *adj* *fig* [inflexível, obstinado] férreo(a).
férreo, rrea ['fɛxju, xja] *adj* férreo(a).
ferro ['fɛxul *m* -**1**. [material] hierro *m*; **de** ~

fig [pessoa, punhos, vontade] de hierro; ~ **batido** hierro forjado; ~ **fundido** hierro fundido. -**2**. [aparelho]: ~ **(de passar)** plancha *f*; **passar a** ~ planchar.
ferroar [fe'xwa(x)] ◇ *vt* -**1**. [picar] picar. -**2**. [criticar] criticar. ◇ *vi* -**1**. [picar] picar. -**2**. [latejar, doer] doler espantosamente.
ferrões [fe'xõjʃ] *pl* ▷ ferrão.
ferrolho [fe'xoʎul *m* cerrojo *m*.
ferro-velho [ˌfɛxu'vɛʎul (*pl* ferros-velhos) *m* -**1**. [estabelecimento] chatarrería *f*. -**2**. [sucata] chatarra *f*.
ferrovia [fexo'via] *f* vía *f* férrea, ferrocarril *m*.
ferroviário, ria [fexo'vjarju, rja] ◇ *adj* ferroviario(ria). ◇ *m, f* ferroviario *m*, -ria *f*.
ferrugem [fe'xuʒẽ] *f* -**1**. [óxido] herrumbre *f*, óxido *m*. -**2**. *вот* roya *f*.
fértil ['fɛxtiw] (*pl* -eis) *adj* fértil.
fertilidade [fextʃili'dadʒi] *f* fertilidad *f*.
fertilizante [fextʃili'zãntʃi] ◇ *adj* fertilizante. ◇ *m* fertilizante *m*.
fertilizar [fextʃili'za(x)] *vt* fertilizar.
fervente [fex'vẽntʃi] *adj* hirviendo, hirviente *Méx*.
ferver [fex've(x)] ◇ *vt* hervir; ~ **algo em fogo baixo** hervir algo a fuego lento. ◇ *vi* -**1**. [entrar em ebulição] hervir. -**2**. [exaltar-se] caldearse; ~ **de raiva** hervir de rabia.
fervilhar [fexvi'ʎa(x)] *vi* -**1**. [ferver, esfervilhar] hervir. -**2**. *fig* [estar cheio]: ~ **de** hervir de.
fervor [fex'vo(x)] *m* -**1**. [ato de ferver] hervor *m*. -**2**. *fig* [ardor, devoção] fervor *m*.
fervoroso, osa [fexvo'rozu, ɔza] *adj* -**1**. [ardoroso] fervoroso(sa). -**2**. [dedicado] consagrado(da).
festa ['fɛʃta] *f* -**1**. [reunião] fiesta *f*. -**2**. [comemoração] fiesta *f*, celebración *f*. -**3**. [alegria] alegría *f*, fiesta *f Méx*. -**4**. [carinho]: **fazer** ~ **(s) (em)** hacerle caricias (a).
➤ **festas** *fpl* [Natal e ano-novo] fiestas *fpl*.
festejar [feʃte'ʒa(x)] *vt* festejar.
festejo [feʃ'teʒul *m* festejo *m*.
festim [feʃ'tʃĩ] (*pl* -ns) *m* -**1**. [festa] festín *m*. -**2**. [cartucho sem bala]: **tiro de** ~ bala *f* de fogueo *ou* de salva *Amér*.
festival [feʃtʃi'vaw] (*pl* -ais) *m* -**1**. [festa] festival *m*. -**2**. *fig* [grande quantidade] sarta *f*, festival *m RP*.
festividade [feʃtʃivi'dadʒi] *f* festividad *f*.
festivo, va [feʃ'tʃivu, va] *adj* festivo(va).
fetiche [fe'tʃiʃi] *m* fetiche *m*.
fétido, da ['fɛtʃidu, da] *adj* fétido(da).
feto ['fɛtul *m* feto *m*.
fev. (*abrev de* fevereiro) feb.
fevereiro [feve'rejru] *m* febrero *m*; *veja também* setembro.

fezes ['fɛziʃ] *fpl* heces *fpl.*

FGTS (*abrev de* Fundo de Garantia por Tempo de Serviço) *m contribución mensual para garantizar las indemnizaciones a los trabajadores que pierden el empleo.*

FGV (*abrev de* Fundação Getúlio Vargas) *f institución privada para el desarrollo y enseñanza de las Ciencias Sociales.*

FIA (*abrev de* Federação Internacional de Automobilismo) *f* FIA *f.*

fiação [fja'sãw] (*pl* -ões) *f* -1. *ELETR* cableado *m*, instalación *f* eléctrica. -2. [fábrica] hilandería *f.*

fiado, da ['fjadu, da] *adj* -1. [vendido a crédito] fiado(da). -2. [conversa]: **conversa fiada** puro cuento.
➡ **fiado** *adv* [a crédito] al fiado *Esp*, fiado *Amér.*

fiador, ra [fja'do(x), ra] *m, f* -1. *JUR* fiador *m*, -ra *f.* -2. *COM* fiador *m*, -ra *f*, garante *mf RP.*

fiambre ['fjãnbri] *m* fiambre *m*, carne *f* fría *Méx.*

fiança ['fjãnsa] *f* -1. *JUR* fianza *f*; **sob** ~ bajo fianza; **pagar** ~ pagar fianza. -2. [garantia] garantía *f*, prenda *f Méx.*

fiapo ['fjapu] *m* hilacha *f.*

fiar ['fja(x)] *vt* [reduzer a fio] hilar.
➡ **fiar-se** *vp* [confiar em]: ~-**se em alguém/ algo** fiarse de alguien/algo.

fiasco ['fjaʃku] *m* fiasco *m.*

fibra ['fibra] *f* -1. [ger] fibra *f*; ~ **de vidro** fibra de vidrio. -2. *fig* [coragem] garra *f*, fibra *f Amér.*

fibroso, osa [fi'brozu, ɔza] *adj* fibroso(sa).

ficar [fi'ka(x)] *vi* -1. [permanecer] quedarse; ~ **entre nós** quedar entre nosotros; ~ **sentado/de pé** quedarse sentado/de pie *ou* parado *Amér*; ~ **por isso mesmo** quedar así. -2. [estar situado]: ~ **em** quedar en. -3. [tornar-se] quedarse; **ela está ficando ótima bailarina** se está convirtiendo en una excelente bailarina; ~ **bom** [de doença] recuperarse, ponerse bueno(na) *Esp*, ponerse bien *Amér*, mejorarse *RP*; [pintura *etc.*] quedar bien. -4. [restar, subsistir] quedar. -5. [ser adiado]: ~ **para** quedar para. -6. [combinar]: ~ **de fazer algo** quedar para hacer algo. -7. [persistir]: ~ **fazendo algo** seguir haciendo algo. -8. [prometer]: ~ **de fazer algo** quedar en hacer algo. -9. [custar]: ~ **em** salir por *ou* en *Méx*, salir *Amér.* -10. [comprar]: ~ **com** quedarse con. -11. [ser apropiado]: ~ **bem** venir bien, ser adecuado. -12. [vir a]: ~ **sabendo de algo** enterarse *ou* saber *Amér* de algo. -13. *loc*: ~ **atrás** [ser inferior] quedarse atrás.

ficção [fik'sãw] (*pl* -ões) *f* ficción *f.*

ficcional [fik'sjonaw] (*pl* -ais) *adj LITER* ficcional.

ficha ['fiʃa] *f* -1. [ger] ficha *f.* -2. [de dados pessoais] expediente *m.* -3. [de telefone] ficha *f*, cospel *m Arg.*

fichar [fi'ʃa(x)] *vt* fichar.

fichário [fi'ʃarju] *m* -1. [caixa] fichero *m.* -2. [caderno] libreta *f*, cuaderno *m*, carpeta *f Méx*, bibliorato *m RP.* -3. [móvel] fichero *m*, archivo *m*, archivero *m Méx*, archivador *m RP.*

fictício, cia [fik'tʃisju, sja] *adj* ficticio(cia).

fidalgo, ga [fi'dawgu, ga] *m, f* hidalgo *m* hidal, -ga *f.*

fidalguia [fidaw'gia] *f* hidalguía *f.*

fidelidade [fideli'dadʒi] *f* fidelidad *f.*

fiel ['fjɛw] (*pl* -éis) *adj* fiel.
➡ **fiéis** *mpl RELIG* fieles *mpl.*

FIFA (*abrev de* Féderation Internationale de Football Association) *f* FIFA *f.*

figa ['figaʃ] *f* señal que se hace con el puño cerrado y el pulgar entre el dedo índice y el del medio, como forma de conjuro, chonguitos *mpl Méx.*

fígado ['figadu] *m* hígado *m.*

figo ['figu] *m* higo *m.*

figura [fi'gura] *f* -1. [ger] figura *f*; **mudar de** ~ *loc* cambiar de aspecto. -2. [pessoa] figura *f*, personalidad *mf*; **ser uma** ~ *fam loc* ser todo un personaje.

figurante [figu'rãntʃi] *mf* figurante *mf*, extra *mf.*

figurão [figu'rãw] (*pl* -ões) *m* personaje *m.*

figurar [figu'ra(x)] ⬦ *vt* -1. [representar] representar. -2. [ter a forma de] tener la forma de. -3. [aparentar] figurar, aparentar. ⬦ *vi* [fazer parte]: ~ **em** figurar en.

figurino [figu'rinu] *m* -1. [ger] figurín *m.* -2. *CINE, TEATRO* vestuario *m.* -3. *fig*: **como manda o** ~ como Dios manda.

fila ['fila] ⬦ *f* [fileira] fila *f*; **em** ~ en fila; **fazer** ~ hacer fila *ou* cola; ~ **indiana** fila india; **furar** ~ colarse. ⬦ *m* [cão] perro de una raza de origen brasileño.

filamento [fila'mẽntu] *m* filamento *m.*

filantropia [filãntro'pia] *f* filantropía *f.*

filantrópico, ca [filãn'trɔpiku, ka] *adj* filantrópico(ca).

filarmônico, ca [filax'moniku, ka] *adj* filarmónico(ca).
➡ **filarmônica** *f* filarmónica *f.*

filatelia [filate'lia] *f* filatelia *f.*

filé [fi'lɛ] *m* filete *m*; ~ **mignon** filete mignon, lomo *m RP.*

fileira [fi'lejra] *f* hilera *f.*
➡ **fileiras** *fpl MIL* vida *f* de cuartel.

filha ['fiʎa] *f* ⊳ **filho.**

filho, lha ['fiʎu, ʎa] *m, f* [descendente] hijo *m*, -ja *f*; ~ **adotivo** hijo adoptivo; ~ **da mãe** *ou* **da puta** *vulg* hijo de puta, hijo de la madre *Amér*, hijo de la chingada *Méx*.

filhote [fi'ʎɔtʃi] *m* -**1.** [de mamífero] cachorro *m*. -**2.** [de ave] pollito *m*. -**3.** [filho] hijo *m*, -ja *f*.

filial [fi'ljaw] (*pl* -ais) <> *adj* [amor] filial. <> *f* [sucursal] filial *f*.

filiar [fi'lja(x)] *vt*: ~ **alguém a algo** afiliar a alguien a algo.
➤ **filiar-se** *vp*: ~-**se a algo** afiliarse a algo.

Filipinas [fili'pinaʃ] *npl*: **(as)** ~ las Filipinas.

filipino, na [fili'pinu, na] <> *adj* filipino(na). <> *m, f* filipino *m*, -na *f*.
➤ **filipino** *m* [ergua] filipino *m*.

filmadora [fiwma'dora] *f* videocámara *f*, cámara *f* de vídeo *Esp ou* video *Amér*, filmadora *f RP*.

filmagem [fiw'maʒẽ] (*pl* -ns) *f* filmación *f*.

filmar [fiw'ma(x)] <> *vt* filmar. <> *vi* filmar.

filme ['fiwmi] *m* -**1.** [obra cinematográfica] película *f*. -**2.** *loc*: **queimar o** ~ **marcar a alguien**, quemar a alguien *Amér*.

filmografia [fiwmogra'fia] *f* filmografía *f*.

filologia [filolo'ʒia] *f* filología *f*.

filosofia [filozo'fia] *f* filosofía *f*.

filósofo, fa [fi'lɔzofu, fa] *m, f* filósofo *m*, -fa *f*.

filtragem [fiwtra'ʒẽ] (*pl* -ens) *f* -**1.** [filtração] filtración *f*. -**2.** [seleção] filtrado *m*.

filtrar [fiw'tra(x)] *vt* filtrar.

filtro ['fiwtru] *m* filtro *m*; ~ **de ar** filtro de aire.

fim ['fĩ] (*pl* -ns) *m* [ger] fin *m*; ~ **de semana** fin de semana; ~ **do mundo** [desgraça total] fin del mundo; **no** ~ **das contas** a fin de cuentas; **ser o** ~ **(da picada)** ser el colmo.
➤ **a fim de** *loc prep* a fin de; **estar a** ~ **de fazer algo** tener ganas de hacer algo, estar a fin de hacer algo *RP*.

final [fi'naw] (*pl* -ais) <> *adj* final. <> *m* final *m*. <> *f ESP* final *f*.

finalidade [finali'dadʒi] *f* finalidad *f*.

finalista [fina'liʃta] *mf* finalista *mf*.

finalizar [finali'za(x)] <> *vt* [concluir] finalizar. <> *vi FUT* [fazer gol] definir.

financeiro, ra [finãn'sejru, ra] *adj* financiero(ra).
➤ **financeira** *f* [firma] financiera *f*.

financiamento [finãnsja'mẽntu] *m* financiación *f*, financiamiento *m Amér*.

financiar [finãn'sja(x)] *vt* financiar.

fineza [fi'neza] *f* -**1.** [espessura] espesor *m*. -**2.** [gentileza] delicadeza *f*, fineza *f*.

fingimento [fĩnʒi'mẽntu] *m* fingimiento *m*, fallutería *f RP*.

fingir [fĩn'ʒi(x)] <> *vt* fingir. <> *vi* fingir.
➤ **fingir-se** *vp*: **fingiu-se de morto** se hizo el muerto.

finito, ta [fi'nitu, ta] *adj* finito(ta).

finitude [fini'tudʒi] *f* [limitação]: **a** ~ **lo finito**.

finlandês, esa [fĩnlãn'dejʃ, eza] <> *adj* finlandés(esa). <> *m, f* finlandés *m*, -esa *f*.
➤ **finlandês** *m* [língua] finlandés *m*.

Finlândia [fĩn'lãndʒja] *n* Finlandia.

fino, na ['finw, na] *adj* -**1.** [ger] fino(na). -**2.** [agudo] agudo(da), fino(na). -**3.** *loc*: **tirar um** ~ **de** pasar rozando a, hacer finitos *Amér*.

fins [fĩʃ] *mpl* ⊳ **fim**.

finura [fi'nura] *f* -**1.** [espessura] espesor *m*, finura *f Méx*. -**2.** [refinamento] finura *f*.

fio ['fiw] *m* -**1.** *ELETR* cable *m*. -**2.** [fibra] hilo *m*, hebra *f*. -**3.** [gume] filo *m*. -**4.** [filete] hilo *m*, hilillo *m*. -**5.** [sequência] hilo *m*.
➤ **a fio** *loc adj*: **dias a** ~ **días sin fin, día tras día** *Méx*, días y días *RP*; **horas a** ~ **horas sin fin, hora tras hora** *Méx*, horas y horas *RP*.
➤ **sem fio** *adj* inalámbrico(ca).

fiorde ['fjoxdʒi] *m* fiordo *m*.

firewall ['fajex'uɔw] *m INFORM* cortafuegos *m inv*.

firma ['fixma] *f* firma *f*.

firmar [fix'ma(x)] <> *vt* -**1.** [fixar] asegurar, reforzar, afirmar *RP*. -**2.** [assinar] firmar. -**3.** [estabelecer] establecer. -**4.** [basear]: ~ **algo em algo** basar algo en algo. <> *vi* [estabilizar-se] estabilizarse.
➤ **firmar-se** *vp* -**1.** [basear-se] basarse. -**2.** [confirmar-se] fortalecerse, afirmarse *Amér*.

firme ['fixmi] *adj* -**1.** [ger] firme. -**2.** [constante, estável] estable.

firmeza [fix'meza] *f* firmeza *f*.

fiscal [fiʃ'kaw] (*pl* -ais) <> *adj* [relativo ao fisco] fiscal. <> *mf* inspector *m*, -ra *f*.

fiscalizar [fiʃkali'za(x)] *vt* inspeccionar, fiscalizar *RP*.

fisco ['fiʃku] *m*: **o** ~ el fisco.

fisgar [fiʒ'ga(x)] *vt* -**1.** [peixe] arponear. -**2.** [pessoa] atrapar.

físico, ca ['fiziku, ka] <> *adj* físico(ca). <> *m, f FÍSICA* físico *m*, -ca *f*.
➤ **físico** *m* [corpo] físico *m*.
➤ **física** *f* [ciência] física *f*.

fisionomia [fizjono'mia] *f* fisonomía *f*, fisionomía *f*.

fisioterapia [fizjɔtera'pia] *f* fisioterapia *f*.

fissura [fi'sura] *f* -**1.** *GEOL* fisura *f*. -**2.** *fam* [gana]: **estou com a maior** ~ **de viajar** me muero de ganas de viajar.

fissurado, da [fisuˈradu, da] *adj* **-1.** [rachado] astillado(da). **-2.** *fam* [maluco por]: ~ **em** fanático(ca) de, loco(ca) por.

fita [ˈfita] *f* **-1.** [tira] cinta *f*; ~ **adesiva** *ou* colante cinta adhesiva, cinta durex® *Andes, CAm, Carib & Méx*, cinta scotch® *Méx*; ~ **de impressora** cinta de impresora; ~ **isolante** cinta aislante *ou* aisladora *RP*, cinta de aislar *Méx*; ~ **métrica** cinta métrica, metro *m*. **-2.** [filme] película *f*, cinta *f*. **-3.** [cassete]: ~ **de vídeo** cinta de vídeo *Esp ou* video *Amér*, videocasete *m*; ~ **virgem** cinta *ou* casete *Amér* virgen. **-4.** [manha] teatro *m*.

fivela [fiˈvɛla] *f* **-1.** [fecho] hebilla *f*. **-2.** [de cabelo] pasador *m*, broche *m Méx & RP*.

fixador [fiksaˈdo(x)] (*pl* -es) *m* fijador *m*.

fixar [fikˈsa(x)] *vt* **-1.** [ger] fijar. **-2.** [apreender] memorizar, fijar *RP*.

fixar [fikˈsa(x)] ⬥ **fixar-se** *vp* **-1.** [estabilizar-se] esta. **-2.** [estabelecer residência] establecerse. **-3.** [fitar] fijarse.

fixo, xa [ˈfiksu, ksa] *adj* fijo(ja).

flácido, da [ˈflasidu, da] *adj* flácido(da), fláccido(da).

flagelado, da [flaʒeˈladu, da] ◇ *adj* flagelado(da). ◇ *m, f* damnificado *m*, -da *f*.

flagelante [flaʒeˈlãntʃi] *adj* flagelador(ra).

flagrante [flaˈgrãntʃi] ◇ *adj* flagrante. ◇ *m* delito *m* flagrante; **em** ~ in fraganti.

flagrar [flaˈgra(x)] *vt* sorprender in fraganti.

flambar [flãnˈba(x)] *vt* flamear, flambear.

flamejante [flameˈʒãntʃi] *adj* ardiente.

flamenco, ca [flaˈmẽŋku, ka] ◇ *adj* flamenco(ca). ◇ *m* flamenco *m*.

flâmula [ˈflãmula] *f* **-1.** [bandeira] banderín *m*. **-2.** [chama pequena] llama *f*.

flanco [ˈflãŋku] *m* flanco *m*.

flanela [flaˈnɛla] *f* franela *f*.

flanelinha [flaneˈliɲa] *mf fam persona que de manera no oficial cuida vehículos en la calle a cambio de unas monedas*, cuidacoches *mf inv Amér*.

flash [ˈflɛʃi] (*pl* -es) *m* flash *m*.

flauta [ˈflawta] *f* flauta *f*; ~ **doce** flauta dulce; ~ **transversa** flauta travesera.

flecha [ˈflɛʃa] *f* flecha *f*.

flechada [fleˈʃada] *f* **-1.** [golpe] flechazo *m*. **-2.** [ferimento] flechazo *m*.

flertar [flexˈta(x)] *vi*: ~ **(com alguém)** flirtear con alguien.

fleuma [ˈflewma] *f* flema *f*.

flexão [flekˈsãw] (*pl* -ões) *f* flexión *f*.

flexibilidade [fleksibiliˈdadʒi] *f* flexibilidad *f*.

flexibilização [fleksibilizaˈsãw] (*pl* -ões) *f* flexibilización *f*.

flexionado, da [fleksioˈnadu, da] *adj* LING flexivo(va).

flexível [flekˈsivɛw] (*pl* -eis) *adj* flexible.

flexões [flekˈsõjʃ] *fpl* ▷ **flexão**.

fliperama [flipeˈrãma] *m* salón *m* recreativo, maquinitas *fpl Amér*.

floco [ˈflɔku] *m* copo *m*; ~ **de milho** copo *m ou* hojuela *f Méx* de maíz; ~ **de neve** copo de nieve.

⬥ **flocos** *mpl*: sorvete de ~s helado de virutas *ou* chispas *Méx & RP* de chocolate.

flor [ˈflo(x)] (*pl* -es) *f* **-1.** [pessoa boa]: ser uma ~ ser un ángel. **-2.** *loc*: a fina ~ de la crema y nata de.

floreado, da [floˈrjadu, da] *adj* **-1.** [rebuscado] rebuscado(da), con florituras. **-2.** [enfeitado] floreado(da).

florescente [floreˈsẽntʃi] *adj* **-1.** BOT en flor. **-2.** *fig* [próspero] floreciente.

florescer [floreˈse(x)] *vi* florecer.

floresta [floˈrɛsta] *f* bosque *m*, floresta *f Amér*.

florido, da [floˈridu, da] *adj* florido(da) *Amér*.

florista [floˈriʃta] *mf* florista *mf*.

fluente [fluˈẽntʃi] *adj* fluido(da).

fluido, da [ˈflwidu, da] *adj* fluido(da).

⬥ **fluido** *m* fluido *m*.

fluir [fluˈi(x)] *vi* [ger] fluir.

flúor [ˈfluo(x)] *m* flúor *m*.

flutuar [fluˈtwa(x)] *vi* **-1.** [ger] flotar. **-2.** [tremular] hondear. **-3.** [variar] fluctuar.

fluvial [fluˈvjaw] (*pl* -ais) *adj* fluvial.

fluxo [ˈfluksu] ◇ *m* **-1.** [movimento] flujo *m*. **-2.** COM: ~ **de caixa** flujo de caja. **-3.** *fig* [de acontecimentos] curso *m*. **-4.** MED: ~ **menstrual** flujo menstrual. ◇ *adj* [mudável] pasajero(ra).

fluxograma [fluksoˈgrama] *m* diagrama *m* de flujo.

FM (*abrev de* freqüencia modulada) FM *f*.

FMI (*abrev de* Fundo Monetário Internacional) *m* FMI *m*.

fobia [foˈbia] *f* fobia *f*.

foca [ˈfɔka] ◇ *f* ZOOL foca *f*. ◇ *mf* [jornalista] periodista *mf* novato, -ta.

focalizar [fokaliˈza(x)], **focar** [foˈka(x)] *vt* enfocar.

focinho [foˈsiɲu] *m* hocico *m*.

foco [ˈfɔku] *m* foco *m*.

foder [foˈde(x)] *vulg* ◇ *vt* [copular com] joder (con), coger *Amér*, templar (con) *Cuba*. ◇ *vi* [copular] joder, coger *Amér*, templar *Cuba*; **fodeu** se jodió.

⬥ **foder-se** *vp* [dar-se mal] joderse.

fofo, fa [ˈfofu, fa] *adj* **-1.** [macio] blando(da), mullido(da). **-2.** [gracioso] majo(ja), lindo(da).

fofoca 146

fofoca [foˈfɔka] f cotilleo m **Esp**, chisme m **Amér**, chusmerío m **RP**.
fofocar [fofoˈka(x)] vi cotillear **Esp**, chismear **Amér**, chusmear **RP**.
fogão [foˈgãw] (pl -ões) m cocina f **Esp**, **Cuba** & **RP**, estufa f **Méx**.
fogareiro [fogaˈrejru] m infiernillo m, hornalla f **RP**.
fogo [ˈfogu] (pl **fogos**) m -**1**. [ger] fuego m; **pegar** ~ prenderse fuego; **ser** ~ **(na roupa)** ser de cuidado, ser de armas tomar. -**2**. [lume] fuego m, candela f **Cuba**, lumbre f **Méx**. -**3**. [desejo sexual] deseo m. -**4**. [disparo]: **abrir** ~ abrir fuego; **fogo!** ¡fuego! -**5**. [pirotecnia]: ~ **(s) de artifício** fuego(s) artificial(es).
fogões [foˈgõjʃ] mpl ⊳ **fogão**.
fogoso, osa [foˈgozu, ɔza] adj fogoso(sa).
fogueira [foˈgejra] f hoguera f.
foguete [foˈgetʃi] m cohete m.
foguetório [fogeˈtɔrju] m estallido m de fuegos artificiais.
foice [ˈfojsil] f hoz f.
folclore [fowˈklɔri] m folclore m, folclor m.
folclórico, ca [fowˈklɔriku, ka] adj folclórico(ca).
fole [ˈfɔli] m fuelle m.
fôlego [ˈfolegu] m aliento m; **perder o** ~ perder el aliento.
folga [ˈfowga] f -**1**. [descanso] descanso m; **dia de** ~ día f de descanso, día libre. -**2**. [abuso] descaro m. -**3**. [sobra de espaço, de tempo] hueco m.
folha [ˈfoʎa] f -**1**. [ger] hoja f. -**2**. [página]: ~ **de pagamento** nómina f, planilla f de pagos **RP**. -**3**. [chapa] hoja f, lámina f, chapa f. -**4**. [jornal] periódico m. -**5**. [pedaço de papel] hoja f, pliego m **Amér**.
 ⇒ **em folha** loc adv: **novo em** ~ sin estrenar, nuevo(va) de paquete **Cuba**, flamante **RP**.
folhagem [foˈʎaʒẽl] (pl -ns) f follaje m.
folheado, da [foˈʎadu, da] adj -**1**. [revestido]: ~ **a ouro/prata** bañado(da) en oro/plata, enchapado(da) en oro/plata **Amér**. -**2**. **CULIN** [massa] hojaldrado(da).
folhear [foˈʎja(x)] vt hojear.
folheto [foˈʎetu] m folleto m.
folhinha [foˈʎiɲa] f [calendário] almanaque m, calendario m.
folia [foˈlia] f fiesta f, parranda f **Amér**, pachanga f **Méx**.
folião, ona [foˈljãw, ona] (mpl -ões, fpl -s) m, f juerguista mf, parrandero m, -ra f **Amér**, pachanguero m, -ra f **Méx**.
foliona [foˈljona] f ⊳ **folião**.
fome [ˈfɔmi] f hambre f; **estar com** ~ tener hambre; **passar** ~ pasar hambre.

fomentar [fomẽˈta(x)] vt fomentar.
fomento [foˈmẽtu] m -**1**. **MED** fomento m, cataplasma m **RP**. -**2**. [estímulo] fomento m.
fone [ˈfoni] (abrev de **telefone**) ≃ tel.
fonético, ca [foˈnɛtʃiku, ka] adj fonético(ca).
 ⇒ **fonética** f fonética f.
fonoaudiologia [fonawdʒioloˈgia] f fonoaudiología f.
fonte [ˈfõtʃi] ⇔ f [ger] fuente f. ⇔ m **COMPUT** código m fuente.
fora [ˈfɔra] ⇔ m -**1**. [gafe] metedura f de pata; **dar um** ~ meter la pata. -**2**. [lição de moral] lección f. -**3**. fig [dispensa]: **dar um** ~ **em alguém** dejar plantado a alguien, cortar con alguien, mandar a alguien al diablo **Amér**; **fora!** ¡fuera! -**4**. loc: **dar o** ~ [partir] levantar el campamento. ⇔ adv -**1**. [na parte exterior]: **do lado de** ~ por fuera; **por** ~ por fuera. -**2**. [ao ar livre]: **lá** ~ allá afuera. -**3**. [em outro lugar] afuera; [no estrangeiro] en el extranjero, en otro país. -**4**. fig [distanciado]: ~ **de** fuera de; **estar** ~ **de si** estar fuera de sí. ⇔ prep [exceto] excepto.
 ⇒ **para fora** loc adv [costurar etc.] para otros, para afuera **RP**.
 ⇒ **por fora** loc adv -**1**. [cobrar, pagar] bajo mano, por debajo **Amér**, debajo del agua **Méx**. -**2**. [ignorante]: **estar por** ~ **(de)** estar al tanto (de), estar por fuera de **RP**.
 ⇒ **fora de série** loc adj [excepcional] fuera de serie.
foragido, da [foraˈʒidu, da] ⇔ adj fugitivo(va). ⇔ m, f fugitivo m, -va f.
forasteiro, ra [foraʃˈtejru, ra] m, f forastero m, -ra f.
forca [ˈfoxka] f horca f.
força [ˈfoxsa] f -**1**. [ger] fuerza f. -**2**. [energia moral]: ~ **de vontade** fuerza de voluntad. -**3**. [violência]: **à** ~ a la fuerza, por la fuerza **Amér**. -**4**. [esforço]: **fazer** ~ hacer esfuerzo. -**5**. **MIL**: ~ **s armadas** fuerzas armadas. -**6**. **ELETR** energía f. -**7**. [ânimo, apoio]: **dar** ~ **a alguém** dar ánimo a alguien.
forçar [foxˈsa(x)] vt -**1**. [ger] forzar. -**2**. [obrigar]: ~ **alguém (a algo/a fazer algo)** forzar a alguien (a algo/a hacer algo). -**3**. [obter por força] forzar, arrancar. -**4**. loc: ~ **a barra** [insistir, pressionar] apretar, presionar **Amér**, orillar **Méx**.
 ⇒ **forçar-se** vp: ~**-se a fazer algo** esforzarse para algo.
forçoso, osa [foxˈsozu, ɔza] adj forzoso(sa).
forjado, da [foxˈʒadu, da] adj -**1**. [utensílio, metal] forjado(da). -**2**. [notícia] inventado(da).

forjar [fox'ʒa(x)] *vt* **-1.** [fundir] forjar. **-2.** [inventar] inventar.

forma ['fɔxma] *f* **-1.** [ger] forma *f*; **estar em** ~ **estar en forma. -2.** [feitio]: **em** ~ **de** en forma de. **-3.** [maneira]: **desta** ~ de esta forma.
➡ **de forma que** *loc conj* de forma que.
➡ **da mesma forma** *loc adv* de la misma manera, de igual forma *Amér.*
➡ **de forma alguma** *loc adv* de ninguna manera.
➡ **de tal forma** *loc adv* de tal modo ou forma.

fôrma ['foxma] *f* **-1.** [ger] molde *m.* **-2.** [de sapato] horma *f.*

formação [foxma'sãw] (*pl* **-ões**) *f* formación *f.*

formado, da [fox'madu, da] *adj* **-1.** [constituído] formado(da). **-2.** [graduado] graduado(da).

foragido, da [fora'ʒidu, da] <> *adj* fugitivo(va). <> *m, f* fugitivo *m*, -va *f.*

formal [fox'maw] (*pl* **-ais**) *adj* formal.

formalidade [foxmali'dadʒi] *f* formalidad *f.*

formão [fox'mãw] (*pl* **-ões**) *m* escoplo *m.*

formar [fox'ma(x)] <> *vt* formar. <> *vi*
➡ **formar-se** *vp* **-1.** [constituir-se] formarse. **-2.** [graduar-se] licenciarse *Esp*, graduarse *Amér*, recibirse *Méx & RP.*

formatar [foxma'ta(x)] *vt COMPUT* formatear.

formato [fox'matu] *m* **-1.** [forma] formato *m*, forma *f.* **-2.** [modelo] formato *m.*

fórmica ['fɔxmika] *f* formica *f*, fórmica *f.*

formidável [foxmi'davɛw] (*pl* **-eis**) *adj* formidable.

formiga [fox'miga] *f* hormiga *f.*

formigar [foxmi'ga(x)] *vi* [coçar] picar, tener comezón *Méx.*

formigueiro [foxmi'gejru] *m* hormiguero *m.*

formoso, osa [fox'mozu, ɔza] *adj* hermoso(sa).

fórmula ['fɔxmula] *f* fórmula *f*; ~ **um** fórmula *f* uno.

formulário [foxmu'larju] *m* formulario *m*, forma *f Méx*; ~ **contínuo** papel *m* continuo.

fornecedor, ra [foxnese'do(x), ra] (*mpl* **-es**, *fpl* **-s**) <> *adj* suministrador(ra), proveedor(ra). <> *m, f* suministrador *m*, -ra *f*, proveedor *m*, -ra *f.*

fornecer [foxne'se(x)] *vt* **-1.** [abastecer] abastecer de, proveer (de). **-2.** [dar] ofrecer, proveer.

fornecimento [foxnesi'mẽntu] *m* suministro *m*, provisión *f Amér.*

forno ['foxnu] *m* [ger] horno *m*; ~ **de microondas** horno (de) microondas.

foro ['foru] *m* **-1.** *JUR* foro *m.* **-2.** [âmbito] fuero *m.*

forra ['fɔxa] *f*: **ir à** ~ vengarse.

forrar [fo'xa(x)] *vt* **-1.** [roupa, gaveta] forrar. **-2.** [sofá] tapizar. **-3.** [parede] empapelar. **-4.** *fig* [estômago] llenar, hacer (una) base *RP.*

forro ['foxu] *m* **-1.** [interno] forro *m.* **-2.** [externo] tapizado *m.*

forró [fo'xɔ] *m música y baile popular, originario del nordeste de Brasil.*

fortalecer [foxtale'se(x)] *vt* **-1.** [tornar forte] fortalecer. **-2.** *fig* [corroborar] reforzar.

fortaleza [foxta'leza] *f* **-1.** [forte] fortaleza *f.* **-2.** *fig* [bastião] bastión *m.*

forte ['fɔxtʃi] <> *adj* fuerte; **ser** ~ **em algo** estar fuerte en algo. <> *m* fuerte *m.* <> *adv* fuerte.

fortuito, ta [fox'twitu, ta] *adj* fortuito(ta).

fortuna [fox'tuna] *f* fortuna *f.*

fosco, ca ['foʃku, ka] *adj* translúcido(da).

fósforo ['fɔʃfuru] *m* **-1.** *QUÍM* fósforo *m.* **-2.** [palito] fósforo *m*, cerilla *f*, cerillo *m Méx.*

fossa ['fɔsa] *f* **-1.** [ger] fosa *f.* **-2.** *fig* [depressão] depresión *f*, chipilez *f Méx*, bajón *m RP.*

fóssil ['fɔsiw] (*pl* **-eis**) *m* fósil *m.*

fosso ['fosu] *m* foso *m.*

foto ['fɔtu] *f* foto *f.*

fotocópia [foto'kɔpja] *f* fotocopia *f.*

fotocopiar [fotoko'pja(x)] *vt* fotocopiar.

fotografia [fotogra'fia] *f* fotografía *f.*

fotógrafo, fa [fo'tɐgrafu, fa] *m, f* fotógrafo *m*, -fa *f.*

fóton ['fɔtõ] (*pl* **-tons, -nes**) *m FIS* fotón *m.*

fotonovela [fotono'vɛla] *f* fotonovela *f.*

foz ['fɔʃ] *f* desembocadura *f.*

fração [fra'sãw] (*pl* **-ões**) *f* **-1.** *MAT* fracción *f.* **-2.** [de bolo, terra] pedazo *m.* **-3.** [de tempo] lapso *m.*

fracassar [fraka'sa(x)] *vi* fracasar.

fracasso [fra'kasu] *m* fracaso *m.*

fracionário, ria [frasiona'rju, rja] *adj MAT* fraccionario(ria).

fraco, ca ['fraku, ka] *adj* **-1.** [ger] débil. **-2.** [tênue] suave. **-3.** [medíocre]: ~ **(em)** flojo(ja) (en). **-4.** [covarde] flojo(ja), cobarde *Amér.* **-5.** [contestável] flojo(ja).
➡ **fraco** <> *adv* débilmente. <> *m* **-1.** [ponto fraco] punto *m* débil. **-2.** [inclinação] debilidad *f.*

frade ['fradʒi] *m* fraile *m.*

fragata [fra'gata] *f* fragata *f.*

frágil ['fraʒiw] (*pl* **-geis**) *adj* frágil.

fragilidade [fraʒili'dadʒi] *f* fragilidad *f.*

fragmentação [fragmẽnta'sãw] (*pl* **-ões**) *f* fragmentación *f.*

fragmento [frag'mẽntu] *m* fragmento *m.*

fragrância [fra'grãnsja] f fragancia f.

fralda ['frawda] f -1. [cueiro] pañal m, culero m *Cuba*. -2. [de camisa] parte f inferior, falda f *RP*.

framboesa [frãn'bweza] f frambuesa f.

França ['frãnsa] n Francia.

francamente [ˌfrãŋka'mẽntʃi] adv -1. [sinceramente] francamente. -2. [realmente] sinceramente.

francês, esa [frãn'seʃ, eza] (mpl -eses, fpl -s) <> adj francés(esa). <> m, f francés m, -esa f.

➡ **francês** m [língua] francés m.

franco, ca ['frãŋku, ka] adj -1. [ger] franco(ca). -2. [grátis] libre.

➡ **franco** m [moeda] franco m.

franco-atirador, ra [ˌfrãŋkwatʃira'do(x), ra] m, f francotirador m, -ra f.

francófono, na [frãŋ'kɔfonu, na] <> adj francófono(na). <> m,f francófono m, -na f.

frango ['frãŋgu] <> m ZOOL pollo m. <> m FUT cantada f.

franja ['frãnʒa] f -1. [de roupa, xale] fleco m. -2. [de cabelo] flequillo m, fleco m *Méx*, cerquillo m *RP*.

franjado, da [frãn'ʒadu, da] adj -1. [toalha, xale] con flecos. -2. [cabelo] con flequillo. -3. [rebuscado] rebuscado(da).

franquear [frãŋ'kja(x)] vt -1. [ger] franquear. -2. [isentar de imposto] librar de impuestos. -3. [ceder franquia] franquiciar.

franqueza [frãŋ'keza] f franqueza f.

franquia [frãŋ'kia] f -1. COM franquicia f. -2. [isenção] franquicia f, exención f.

franzido, da [frãn'zidu, da] adj -1. [roupa] fruncido(da). -2. [pele] arrugado(da).

franzino, na [frãn'zinu, na] adj enclenque, flacucho(cha), ñango(ga) *Méx*.

franzir [frãn'zi(x)] vt -1. [preguear] fruncir. -2. [enrugar] fruncir.

fraque ['fraki] m frac m.

fraqueza [fra'keza] f -1. [ger] debilidad f. -2. [covardia] flaqueza f.

frasco ['fraʃku] m frasco m.

frase ['frazi] f frase f; ~ **feita** frase hecha.

frasqueira [fraʃ'kejra] f neceser m.

fraternidade [fratexni'dadʒi] f fraternidad f.

fraterno, na [fra'tɛxnu, na] adj fraterno(na).

fratura [fra'tura] f fractura f.

fraturar [fratu'ra(x)] vt fracturar.

fraudar [fraw'da(x)] vt defraudar.

fraude [frawdʒi] f fraude m.

freada [fre'ada] f frenazo m, frenón m *Méx*; **dar uma** ~ dar un frenazo ou frenón m *Méx*.

frear [fre'a(x)] <> vt frenar. <> vi AUTO frenar.

freezer ['frizɛx] (pl -res) m congelador m, freezer m *Amér*.

freguês, esa [fre'geʃ, eza] (mpl -eses, fpl -s) m, f cliente m, -ta f.

freguesia [frege'zia] f clientela f.

frei [frej] m fray m.

freio ['freju] m freno m; ~ **de mão** freno de mano.

freira ['frejra] f monja f.

fremir [fre'mi(x)] vi -1. [rugir] bramar. -2. [tremer] temblar.

frêmito ['fremitu] m estremecimiento m.

frenesi [frene'zi] m frenesí m.

frente ['frẽntʃi] f -1. [lado dianteiro]: **na** ~ **(de)** delante de, (en) frente de *Méx*; **estar à** ~ **de** fig estar al frente de. -2. [avante]: **em** ~ adelante, derecho *Amér*, de frente *Méx*; **ir para a** ~ salir adelante, avanzar *Amér*. -3. [resistência] frente m; ~ **de combate** frente de batalla. -4. [presença]: ~ **de alguém** delante de alguien; ~ **a** ~ frente a frente.

frentista [frẽn'tʃiʃta] mf empleado m, -da f de gasolinera ou gasolinería *Méx*.

freqüentar [frekwẽn'ta(x)] vt -1. [visitar] frecuentar. -2. [cursar] asistir.

freqüente [fre'kwẽntʃi] adj frecuente.

frescão [freʃ'kãw] (pl -ões) m autobús m con aire acondicionado.

fresco, ca ['freʃku, ka] adj -1. [ger] fresco(ca). -2. fam [luxento] comodón(ona), comodino(na) *Méx*. -3. fam [homossexual] marica.

➡ **fresca** f [aragem] fresco m, fresca f.

frescobol [freʃko'bow] (pl -óis) m tenis de playa que se juega con raquetas de madera y una pelota de goma, por lo general sin red, paleta f *RP*.

frescões [freʃ'kõjʃ] mpl ⊳ frescão.

frescura [freʃ'kura] f -1. [frescor] frescura f. -2. [afetação] melindre m, remilgo m *Amér*. -3. [formalidade] remilgo m.

fretar [fre'ta(x)] vt fletar.

frete ['frɛtʃi] m [carregamento] flete m.

frevo ['frevu] m baile en el cual los bailarines llevan paraguas y ejecutan una coreografía con un ágil movimiento de las piernas.

fria ['fria] f fam [apuros] rollo m; **entrar numa** ~ meterse en líos, buscarse un mal rollo *Esp*.

fricção [frik'sãw] f fricción f.

frieza ['frjeza] f frialdad f.

frigideira [friʒi'dejra] f sartén f, sartén m *Amér*.

frígido, da ['friʒidu, da] adj frígido(da).

frigir [fri'ʒi(x)] vt freír.

frigorífico [frigo'rifiku] m -1. [loja] frigorífico m. -2. [aparelho] cámara f frigorífica.

frio, fria ['friw, 'fria] *adj* - **1**. [ger] frío(a). - **2**. [falso] falso(sa).

➡ **frio** *m* [baixa temperatura] frío *m*; **estar com** ~ tener frío; **fazer** ~ hacer frío.

➡ **frios** *mpl* [carne] embutidos *mpl*, fiambres *mpl*, carnes *fpl* frías *Méx*.

frios ['friwʃl] *mpl* ⊳ frio.

frisa ['friza] *f TEATRO* palco *m*.

frisar [fri'za(x)] *vt* - **1**. [salientar] subrayar. - **2**. [enrolar] rizar, enchinar *Méx*.

fritar [fri'ta(x)] *vt* freír, fritar *RP*.

frito, ta ['fritu, ta] *adj* - **1**. *CULIN* frito(ta). - **2**. *fam* [em apuros]: **estar** ~ estar perdido(da), estar frito(ta) *Amér*.

➡ **fritas** *fpl* patatas *fpl* fritas *Esp*, papas *fpl* fritas *Amér*.

frívolo, la ['frivolu, la] *adj* frívolo(la).

fronha ['froɲa] *f* funda *f*.

fronte ['frõntʃi] *f* frente *f*.

fronteira [frõ'tejra] *f* ⊳ fronteiro.

fronteiro, ra [frõ'tejru, ra] *adj* colindante, fronterizo(za).

➡ **fronteira** *f* - **1**. [extremidade] frontera *f*. - **2**. *fig* [limite] límite *m*.

frota ['frɔta] *f* flota *f*.

frouxo, xa ['froʃu, ʃa] *adj* - **1**. [ger] flojo(ja). - **2**. [ineficiente] flojo(ja), débil *Méx*. - **3**. [condescendente]: **ser** ~ **com alguém** ser complaciente *ou* flojo(ja) *Cuba* con alguien. - **4**. [covarde] cobarde, miedoso(sa).

frustração [fruʃtra'sãw] (*pl* -ões) *f* frustración *f*.

frustrante [fruʃ'trãntʃi] *adj* frustrante.

frustrar [fruʃ'tra(x)] *vt* frustrar.

➡ **frustrar-se** *vp* frustrarse.

fruta ['fruta] *f* fruta *f*.

fruta-de-conde [ˌfrutadʒi'kõndʒi] (*pl* frutas-de-conde) *f* anón *m*, chirimoya *f*.

fruteiro, ra [fru'tejru, ra] *adj* frutero(ra).

➡ **fruteira** *f* frutería *f*.

frutífero, ra [fru'tʃiferu, ra] *adj* - **1**. [árvore] frutal. - **2**. [proveitoso] fructífero(ra).

fruto ['frutu] *m* fruto *m*.

FTP (*abrev de* File Transmission Protocol) FTP *m*.

fubá [fu'ba] *m* harina *f* de maíz.

fuga ['fuga] *f* - **1**. [ger] fuga *f*. - **2**. *fig* [alívio] huida *f*, escape *m Amér*.

fugaz [fu'gaʒ] *adj* fugaz.

fugir [fu'ʒi(x)] *vi* - **1**. [escapar]: ~ **(de)** huir (de). - **2**. [evitar]: ~ **de algo/alguém** huir de algo/alguien, escapar de algo/alguien.

fugitivo, va [fuʒi'tʃivu, va] ⊳ *adj* fugitivo(va). ⊳ *m, f* fugitivo *m*, -va *f*.

fulano, na [fu'lãnu, na] *m, f* fulano *m*, -na *f*; ~ **de tal** fulano de tal.

fulgor [fuw'go(x)] *m* fulgor *m*.

fulgurante [fuwgu'rãntʃi] *adj* fulgurante.

fuligem [fu'liʒẽ] *f* hollín *m*.

fulminante [fuwmi'nãntʃi] *adj* fulminante.

fulminar [fuwmi'na(x)] *vt* fulminar.

fumaça [fu'masa] *f* humo *m*.

fumante [fu'mãntʃi] *mf* fumador *m*, -ra *f*; **não** ~ no fumador.

fumar [fu'ma(x)] ⊳ *vt* fumar. ⊳ *vi* fumar.

fumê [fu'me] *adj inv* ahumado(da), polarizado(da) *Méx*.

fumo ['fumu] *m* - **1**. [ger] tabaco *m*. - **2**. *fam* [maconha] hierba *f*, maría *f Esp*, fumo *m RP*.

fumódromo [fu'mɔdromu] *m fam* zona *f* de fumadores.

FUNAI (*abrev de* Fundação Nacional do Índio) *f* organismo gubernamental para la defensa del patrimonio y las poblaciones indígenas.

FUNARTE (*abrev de* Fundação Nacional de Arte) *f* organismo gubernamental para la promoción y difusión de actividades artísticas.

FUNASA (*abrev de* Fundação Nacional de Saúde) *f* organismo gubernamental para la prevención y el control de la salud de los pueblos indígenas.

função [fũn'sãw] (*pl* -ões) *f* función *f*.

➡ **em função de** *loc prep* en función de.

funcionalidade [fũnsjonali'dadʒi] *f* funcionalidad *f*.

funcionalismo [fũnsjona'liʒmul] *m* [servidores]: ~ **público** funcionariado *m Esp*, totalidad *f* de los funcionarios públicos *Amér*.

funcionamento [fũnsjona'mẽntu] *m* - **1**. [de máquina *etc*.] funcionamiento *m*. - **2**. [de loja *etc*.] atención *f*; **horário de** ~ horario de atención.

funcionar [fũnsjo'na(x)] *vi* - **1**. [ger] funcionar; **pôr algo para** ~ poner algo a funcionar. - **2**. [loja *etc*.] abrir. - **3**. [exercer função]: ~ **como algo** actuar de algo.

funcionário, ria [fũnsjo'narju, rja] *m, f* funcionario *m*, -ria *f*; ~ **público** funcionario *m* público, funcionaria *f* pública, funcionario *m*, -ria *f Esp*.

funções [fũn'sõjʃl] *fpl* ⊳ função.

fundação [fũnda'sãw] (*pl* -ões) *f* - **1**. [ger] fundación *f*. - **2**. [alicerce] cimiento *m*.

fundamental [fũndamẽn'taw] (*pl* -ais) *adj* fundamental.

fundamento [fũnda'mẽntu] *m* fundamento *m*.

FUNDAP (*abrev de* Fundação do Desenvolvimento Administrativo) *f* organismo para la coordinación de programas de prácticas.

fundar [fũn'da(x)] *vt* fundar.

fundir [fũn'dʒi(x)] *vt* - **1**. [ger] fundir. - **2**. [incorporar] fusionar.

➡ **fundir-se** *vp* - **1**. [derreter-se] fundirse, derretirse. - **2**. [incorporar-se] fusionarse.

fundo, da ['fũndu, da] *adj* **-1.** [profundo] hondo(da). **- 2.** [reentrante] enorme. **-3.** *fam* [despreparado]: ~ **(em algo)** burro(rra) (en algo).
➡ **fundo** <> *m* **-1.** [ger] fondo *m.* **- 2.** *MÚS*: ~ musical fondo *m* musical. **-3.** *FIN*: ~ **de garantia** fondo de garantía; ~ **de investimento** fondo *ou* sociedad *f Méx* de inversión. <> *adv* [profundamente] hondo; **a** ~ **a fondo.**
➡ **fundos** *mpl* **-1.** [de casa] fondo *m.* **- 2.** [capital] fondos *mpl*; **cheque sem** ~ cheque sin fondos.
➡ **no fundo** *loc adv* [intrinsecamente] en el fondo.
fúnebre ['funεbri] *adj* fúnebre.
funeral [fune'raw] (*pl* -ais) *m* funeral *m.*
funesto, ta [fu'nεʃtu, ta] *adj* funesto(ta).
fungo ['fũŋgu] *m* hongo *m.*
funil [fu'niw] (*pl* -is) *m* embudo *m.*
FUNRURAL (*abrev de Fundo de Assistência e Previdência ao Trabalhador Rural*) *m fondo de ayuda al trabajador rural.*
furacão [fura'kãw] (*pl* -ões) *m* [ciclone] huracán *m.*
furado, da [fu'radu, da] *adj* **-1.** [perfurado - orelha, saco, roupa] agujereado(da); [- pneu] pinchado(da), ponchado(da) *Cam*, *Carib* & *Méx.* **- 2.** *fam* [infrutífero] fracasado(da).
furão, rona [fu'rãw, rona] (*mpl* -ões, *fpl* -s) <> *adj* [cavador] *fam* chanchullero(ra). <> *m* hurón *m.*
furar [fu'ra(x)] <> *vt* **-1.** [perfurar - orelha, sapato] agujerear; [- pneu, bola] pinchar, ponchar *Cam*, *Carib* & *Méx.* **- 2.** [frustrar] desbaratar. **- 3.** [não aderir a] romper. <> *vi* **-1.** [perfurar - sapato, saco] agujerearse; [- pneu, bola] pincharse, poncharse *Cam*, *Carib* & *Méx.* **- 2.** [malograr] desbaratarse.
furgão [fux'gãw] (*pl* -ões) *m* furgón *m.*
fúria ['furja] *f* furia *f.*
furioso, osa [fu'rjozu, ɔza] *adj* furioso(sa).
furo ['furu] *m* **-1.** [buraco] agujero *m.* **- 2.** *fig* [falha] pifia *f*, error *m*; **dar um** ~ meter la pata.
furões [fu'rõjʃ] *mpl* ➡ **furão.**
furor [fu'ro(x)] *m* **-1.** [fúria] furor *m.* **- 2.** *loc*: **causar** ~ hacer *ou* causar furor.
furtar [fux'ta(x)] <> *vt* [roubar] hurtar. <> *vi* [roubar] hurtar.
➡ **furtar-se** *vp* [esquivar-se]: ~ **-se a algo** evitar algo, zafarse de algo.
furtivo, va [fux'tʃivu, va] *adj* furtivo(va).
furto ['fuxtu] *m* hurto *m.*
fusão [fu'zãw] (*pl* -ões) *f* fusión *f.*
fusca ['fuʃka] *m fam* [automóvel] escarabajo *m*, cucarachita *f Cuba*, vocho *m Méx*, fusca *m RP.*

fusível [fu'zivew] (*pl* -eis) *m* fusible *m.*
fuso ['fuzu] *m* [peça] huso *m.*
➡ **fuso horário** *m* huso *m* horario.
fusões [fu'zõjʃ] *fpl* ➡ **fusão.**
fustigar [fuʃtʃi'ga(x)] *vt* fustigar.
futebol [futʃi'bɔw] *m* fútbol *m*; ~ **de salão** fútbol sala, fútbol rápido *Méx*, fútbol de salón *RP.*
fútil ['futʃiw] (*pl* -teis) *adj* fútil.
futilidade [futʃili'dadʒil] *f* futilidad *f.*
futuro, ra [fu'turu, ra] *adj* futuro(ra).
➡ **futuro** *m* futuro *m.*
FUVEST (**Fundação do Vestibular do Estado de São Paulo**) *f fundación educativa que regula los exámenes de selectividad para la Universidad de São Paulo.*
fuzil [fu'ziw] (*pl* -is) *m* fusil *m.*
fuzilar [fuzi'la(x)] *vt* **-1.** [atirar] fusilar. **- 2.** *fig* [ameaçar]: ~ **alguém com os olhos** fulminar a alguien con la mirada.
fuzileiro [fuzi'lejru] *m* infante *m* de marina, fusilero *m Méx* & *RP*; ~ **naval** infante *m* de marina, fusilero *m* naval *Méx* & *RP.*

g¹, G [ʒe] *m* [letra] g, G *f.*
g² (*abrev de* **grama**) g.
gabar-se [gabax'si] *vp*: ~ **-se (de)** jactarse (de).
gabinete [gabi'netʃil] *m* **-1.** [escritório] oficina *f*, escritorio *m Méx.* **- 2.** *POL* gabinete *m.*
gado ['gadu] *m* ganado *m.*
gafanhoto [gafã'ɲotu] *m* saltamontes *m inv*, chapulín *m Méx.*
gafe ['gafi] *f* metedura *f ou* metida *Amér* de pata.
gafieira [ga'fjejra] *f* **-1.** [estabelecimento] sala *f* de baile. **- 2.** [dança] *baile popular de Brasil.*
gago, ga ['gagu, ga] <> *adj* tartamudo(da), gago(ga) *Andes* & *Carib.* <> *m*, *f* tartamudo *m*, -da *f*, gago *m*, -ga *f Andes* & *Carib.*
gaguejar [gage'ʒa(x)] <> *vt* tartamudear, gaguear *Andes* & *Carib.* <> *vi* tartamudear, gaguear *Andes* & *Carib.*
gaiato, ta [ga'jatu, ta] *adj* pícaro(ra), travieso(sa).
gaiola [ga'jɔla] <> *f* **-1.** [clausura] jaula *f.* **- 2.** *fam* [prisão] chirona *f Esp*, cana *f Andes*, *Cuba* & *RP*, bote *m Méx.* <> *m* [vapor] vapor *m*, patana *f Cuba.*

gaita ['gajta] *f* **-1.** *MÚS* armónica *f*, filarmónica *f Cuba*; ~ **de foles** gaita *f* (gallega). **-2.** *fam fig* [dinheiro] pasta *f Esp*, plata *f Amér*, lana *f Chile* & *Méx*, guita *f RP*.

gaivota [gaj'vɔta] *f* gaviota *f*.

gala ['gala] *f*: **de** ~ **de gala**; **uniforme de** ~ uniforme *m* de gala.

galante [ga'lãntʃi] *adj* galante.

galanteio [galãn'teju] *m* galanteo *m*.

galão [ga'lãw] (*pl* -ões) *m* **-1.** [ger] galón *m*. **-2.** [enfeite] galón *m*, adorno *m Méx*.

galáxia [ga'laksja] *f* galaxia *f*.

galera [ga'lɛra] *f* **-1.** *NÁUT* galera *f*. **-2.** *fam* [grupo] peña *f Esp*, piquete *m Cuba*, bola *f Méx*, barra *f RP*.

galeria [gale'ria] *f* **-1.** [ger] galería *f*. **-2.** *TEATRO* gallinero *m*, galería *f Méx*.

Gales ['galiʃ] *n* Gales.

galês, esa [ga'leʃ, eza] <> *adj* galés(esa). <> *m*, *f* galés *m*, -esa *f*.

◆ **galês** *m* [língua] galés *m*.

galeto [ga'letu] *m* pollo *m*.

galheteiro [gaʎe'tejru] *m* aceitera *f* y vinagrera.

galho ['gaʎu] *m* **-1.** *BOT* rama *f*. **-2.** *fam* [problema] rollo *m*; **quebrar um** ~ echar *ou* dar *RP* una mano, matar el gallo *Cuba*.

Galícia [ga'lisja] *n* Galicia.

galinha [ga'liɲa] *f* **-1.** [ger] gallina *f*. **-2.** *fam* [namorador] don Juan *m*, ligón *m*, -ona *f*.

galinheiro [gali'ɲejru] *m* gallinero *m*.

galo ['galu] *m* **-1.** [ave] gallo *m*. **-2.** [inchaço] chichón *m*, chipote *m Méx*.

galocha [ga'lɔʃa] *f* bota *f* de agua.

galopar [galo'pa(x)] *vi* galopar.

galope [ga'lɔpi] *m* galope *m*.

galpão [gaw'pãw] (*pl* -ões) *m* cobertizo *m*, galpón *m Amér*.

gama ['gãma] *f* gama *f*.

gamão [ga'mãw] *m* backgammon *m*.

gamar [ga'ma(x)] *vi fam*: ~ **por algo/alguém** volverse loco(ca) por algo/alguien; **logo no primeiro dia que o vi, gamei** quedé colado por él desde el primer día en el que lo vi.

gambá [gãn'ba] *m ZOOL* zarigüeya *f*, tlacuache *m Méx*, zorrino *m RP*.

game ['gejmi] *m INFORM* juego *m*.

gamela [ga'mɛla] *f* [vasilha] escudilla *f*.

gana ['gana] *f* **-1.** [desejo]: ~ **de algo/de fazer algo** ganas *fpl* de algo/de hacer algo. **-2.** [raiva]: **ter** ~ **de alguém** tenerle ganas a alguien.

ganância [ga'nãnsja] *f* ganancia *f*.

ganancioso, osa [ganãn'sjozu, ɔza] *adj* avaro(ra), avaricioso(sa).

gancho ['gãnʃu] *m* **-1.** [ger] gancho *m*. **-2.** *COST* costura *f*.

gangorra [gãŋ'goxa] *f* [brinquedo] subibaja *m*.

gângster ['gãŋgiʃte(x)] *m* gángster *m*.

gangue ['gãŋgi] *f* banda *f*, pandilla *f*.

ganhador, ra [gaɲa'do(x), ra] <> *adj* ganador(ra). <> *m*, *f* ganador *m*, -ra *f*.

ganha-pão [,gãɲa'pãw] (*pl* **ganha-pães**) *m* [trabalho, objeto de trabalho] sustento *m*.

ganhar [gã'ɲa(x)] <> *vt* **-1.** [ger] ganar. **-2.** [receber]: **ganhei um presente/um beijo** me dieron un regalo/un beso. **-3.** [atingir] alcanzar. <> *vi* **-1.** [vencer]: ~ **de alguém** ganar a alguien. **-2.** [como remuneração] ganar. **-3.** [lucrar]: ~ **(com)** ganar (con); **sair ganhando** salir ganando.

ganho ['gãɲu] <> *pp* ⊳ **ganhar.** <> *m* **-1.** [salário] sueldo *m*. **-2.** [lucro] ganancia *f*. **-3.** *JUR*: ~ **de causa** triunfo *m* judicial.

ganir [ga'ni(x)] *vi* [cão, pessoa] aullar.

ganso ['gãnsul] *m* ganso *m*.

GAPA (*abrev de* **Grupo de Apoio à Prevenção à Aids**) *m* organizacion no gubernamental que trabaja en la prevención del sida.

garagem [ga'raʒẽ] (*pl* -**ns**) *f* garaje *m*, cochera *f Méx*.

garanhão [gara'ɲãw] (*pl* -ões) *m* **-1.** [cavalo] garañón *m*, semental *m*. **-2.** *fig* [homem] semental *m Esp*, mujeriego *m Amér*, garañón *m Méx*.

garantia [garãn'tʃia] *f* garantía *f*; **estar na** ~ estar en garantía.

garantir [garãn'tʃi(x)] *vt* **-1.** [assegurar, prometer]: ~ **algo a alguém** garantizar algo a alguien. **-2.** [asseverar] garantizar, asegurar.

◆ **garantir-se** *vp* [defender-se]: ~ **-se contra algo** protegerse contra algo.

garça ['gaxsa] *f* garza *f*.

garçom [gax'sõ] (*pl* -**ns**) *m* camarero *m Esp*, mesero *m Méx*, mozo *m Andes* & *RP*.

garçonete [garso'nɛtʃi] *f* camarera *f Esp*, mesera *f Méx*, moza *f Andes* & *RP*.

garfo ['gaxful] *m* tenedor *m*.

gargalhada [gaxga'ʎada] *f* carcajada *f*; **cair na** ~ reír a carcajadas.

gargalo [gax'galu] *m* gargajo *m*.

garganta [gax'gãnta] *f* **-1.** [ger] garganta *f*. **-2.** *fam* [mentira] bola *f*, puro cuento *m Amér*, bolazo *m RP*.

gargarejar [gaxgare'ʒa(x)] *vi* hacer gárgaras.

gargarejo [gaxga'reʒu] *m* gárgara *f*.

gari [ga'ri] *mf* barrendero *m*, -ra *f*.

garimpeiro, ra [garĩn'pejru, ra] *m*, *f* buscador de diamantes y piedras preciosas.

garimpo [ga'rĩnpu] *m* [mina] yacimiento *m*.

garoa [ga'roa] *f* llovizna *f*, garúa *f Andes*, *RP* & *Ven*.

garota [ga'rota] *f* ⊳ **garoto.**

garotada [garo'tada] *f*: **a** ~ la muchacha-da, los pibes *Arg*, la chamacada *Méx*, la gurisada *Urug*.

garoto, ta [ga'rotu, ta] *m*, *f* [menino] niño *m*, -ña *f*, pibe *m*, -ba *f Arg*, pelado *m*, -da *f Bol* & *Col*, chamaco *m*, -ca *f Méx*, gurí *m*, -sa *f Urug*.

➡ **garota** *f* [namorada] novia *f*, chica *f Esp*, polola *f Chile*, enamorada *f Bol*.

garoupa [ga'ropa] *f especie de pez teleósteo marino que vive en fondos rocosos*.

garra ['gaxa] *f* [de animal] garra *f*; **ter** ~ [en-tusiasmo] *fig* tener garra.

garrafa [ga'xafa] *f* botella *f*; ~ **térmica** termo *m*.

garrote [ga'xɔtʃi] *m* -1. [de tortura] garrote *m*. - 2. [torniquete] torniquete *m*.

garupa [ga'rupa] *f* -1. [de cavalo] grupa *f*. - 2. [de bicicleta, moto] sillín *m* trasero.

gás ['gajʃ] (*pl* gases) *m* -1. [fluido] gas *m*; ~ natural gas natural; ~ **lacrimogêneo** gas lacrimógeno. - 2. *fam fig* [entusiasmo] gas *m*, pilas *fpl RP*.

gasoduto [gazo'dutu] *m* gasoducto *m*, ga-seoducto *m*.

gasolina [gazo'lina] *f* gasolina *f*, nafta *f RP*.

gasoso, osa [ga'zozu, ɔza] *adj* gaseoso(sa).

➡ **gasosa** *f* gaseosa *f*.

gastador, ra [gaʃta'do(x), ra] <> *adj* gasta-dor(ra). <> *m*, *f* gastador *m*, -ra *f*.

gastar [gaʃ'ta(x)] <> *vt* gastar. <> *vi* -1. [despender dinheiro] gastar. - 2. [desgastar-se] gastarse.

➡ **gastar-se** *vp* [desgastar-se] gastarse.

gasto, ta ['gaʃtu, ta] <> *pp* ▷ **gastar**. <> *adj* -1. [ger] gastado(da). - 2. [envelhecido] envejecido(da), desgastado(da).

➡ **gasto** *m* [despesa] gasto *m*.

➡ **gastos** *mpl* [despesas] gastos *mpl*.

gástrico, ca ['gaʃtriku, ka] *adj* gástrico(ca).

gastronomia [gaʃtrono'mia] *f* gastrono-mía *f*.

gatilho [ga'tʃiʎu] *m* gatillo *m*.

gato, ta ['gatu, ta] *m*, *f* -1. [animal] gato *m*, -ta *f*; **vender** ~ **por lebre** dar gato por liebre. - 2. *fam* [homem bonito] guaperas *m inv Esp*, chulo *m Méx*, buenmozo *m RP*; *fam* [mulher bonita] bombón *m*, chula *f Méx*, muñeca *f RP*.

➡ **gato** *m fam* ELETR conexión eléctrica clan-destina, diablito *m Méx*; **fazer um** ~ hacer una conexión eléctrica clandestina, ha-cer *ou* poner un diablito *Méx*.

gatuno, na [ga'tunu, na] <> *adj* la-drón(ona). <> *m*, *f* ladrón *m*, -ona *f*.

gaveta [ga'veta] *f* cajón *m*.

gavião [ga'vjãw] (*pl* -ões) *m* gavilán *m*.

gaze ['gazi] *f* gasa *f*.

gazela [ga'zɛla] *f* gacela *f*.

gazeta [ga'zeta] *f* [jornal] gaceta *f*.

GB (*abrev de* Great Britain) GB.

geada ['ʒjada] *f* helada *f*.

gel [ʒɛl] *f* gel *m*.

geladeira [ʒela'dejra] *f* refrigerador *m*, nevera *f Esp*, heladera *f CSur*.

gelado, da [ʒe'ladu, da] *adj* helado(da).

gelar [ʒe'la(x)] <> *vt* congelar. <> *vi* congelarse.

gelatina [ʒela'tʃina] *f* gelatina *f*.

gelatinoso, osa [ʒelatʃi'nozu, ɔza] *adj* gela-tinoso(sa).

geléia [ʒe'lɛja] *f* marmelada *f*.

geleira [ʒe'lejra] *f* glaciar *m*.

gélido, da ['ʒɛlidu, da] *adj* -1. [gelado] géli-do(da). - 2. *fig* [imóvel] petrificado(da).

gelo ['ʒelu] <> *adj (inv)* gris claro, hielo *RP*. <> *m* -1. [água solidificada] hielo *m*. - 2. [cor] gris *m* claro, hielo *m RP*. - 3. [indiferença] *fam*: dar um ~ em alguém hacer el vacío a alguien; quebrar o ~ *fig* romper el hielo. - 4. [frio intenso] *fig*: estar um ~ hacer mucho frío, estar helando *Méx*, estar helado *RP*.

gema ['ʒema] *f* -1. [do ovo] yema *f*. - 2. [pedra preciosa] gema *f*.

gemada [ʒe'mada] *f yemas de huevo batidas con azúcar, a las que a veces se les añade leche caliente*.

gêmeo, mea ['ʒemju, mja] <> *adj* -1. [ir-mãos]: ~ s **idénticos** gemelo(la); ~ s frater-nos mellizo(za). - 2. [alma] gemelo(la). <> *m*, *f* gemelo *m*, -la *f*.

➡ **Gêmeos** *mpl* ASTRO géminis *m*; **ser Gê-meos** ser géminis *Esp* & *Méx*, ser de géminis *RP*.

gemer [ʒe'me(x)] *vi* -1. [de dor] gemir. - 2. [lastimar-se] lamentarse. - 3. [ranger] crujir. - 4. [vento] gemir, aullar.

gemido [ʒe'midu] *m* -1. [de animal, dor] gemido *m*. - 2. [lamento] lamento *m*.

geminiano, na [ʒemi'njãnu, na] <> *adj* gé-minis, geminiano(na) *RP*. <> *m*, *f* géminis *mf inv*, geminiano *m*, -na *f RP*.

gene ['ʒeni] *m* gen *m*.

genealógico, ca [ʒenja'lɔʒiku, ka] *adj* genea-lógico(ca); **árvore genealógica** árbol ge-nealógico.

Genebra [ʒe'nɛbra] *n* Ginebra.

general [gene'raw] (*pl* -ais) *m* general *m*.

generalizar [generali'za(x)] <> *vi* [fazer gene-ralizações] generalizar. <> *vt* -1. [difundir] generalizar, extender. - 2. [vulgarizar] ge-neralizar, popularizar.

➡ **generalizar-se** *vp* [difundir-se] generali-zarse, extenderse.

genérico [ʒe'nɛriku] *m* genérico *m*.

gênero ['ʒeneru] *m* género *m*; **fazer** ~ *fam* *loc* aparentar.

➡ **gêneros** *mpl* [mercadorias] géneros *mpl*, productos *mpl*; ~**s alimentícios** géneros alimenticios.

generosidade [ʒenerozi'dadʃi] *f* generosidad *f*.

generoso, osa [ʒene'rozu, ɔza] *adj* generoso(sa).

genético, ca [ʒe'nɛtʃiku, ka] *adj* genético(ca).

➡ **genética** *f* genética *f*.

gengibre [ʒẽn'ʒibri] *m* jengibre *m*.

gengiva [ʒẽn'ʒiva] *f* encía *f*.

gengivite [ʒẽnʒi'vitʃi] *f* gingivitis *f inv*.

genial [ʒe'njaw] (*pl* -ais) *adj* -**1.** [extraordinário] genial. -**2.** *fam* [formidável] genial.

genialidade [ʒenjali'dadʒi] *f* genialidad *f*.

gênio ['ʒenju] *m* genio *m*; ~ **bom/ruim** buen/mal genio.

genital [ʒeni'taw] (*pl* -ais) *adj* genital.

genitor, ra [ʒeni'to(x), ra] *m, f* [pai] progenitor *m*, -ra *f*.

genocídio [ʒeno'sidʒju] *m* genocidio *m*.

genoma [ʒe'nomə] *m* genoma *m*.

genro ['ʒẽnxu] *m* yerno *m*.

gente ['ʒẽntʃi] *f* gente *f*; ~ **bem** gente bien; **ser** ~ **boa** *ou* **fina** *fam* ser buena gente; **toda a** ~ toda la gente, todo el mundo; **oi/tchau,** ~ hola/chao, gente, hola/bye, gente *Méx*, hola/chau, che *RP*; **a** ~ nosotros; ~**! que preço absurdo!** *fam* ¡qué barbaridad!, ¡qué precio disparatado!

> *a gente*: Não confundir o uso de *la gente* en espanhol com o de 'a gente' em português. Quando se usa em espanhol *la gente*, isto não inclui a pessoa que está falando: (*La gente se equivoca mucho pero yo nunca lo hago.* As pessoas se enganam muito, mas eu nunca me engano.)
>
> (Ver Os pronomes na seção *Gramática espanhola*.)

gentil [ʒẽn'tʃiw] (*pl* -is) *adj* gentil.

gentileza [ʒẽntʃi'leza] *f* gentileza *f*; **por** ~ por gentileza.

genuíno, na [ʒe'nwinu, na] *adj* genuino(na).

geografia [ʒjogra'fia] *f* geografía *f*.

geográfico, ca [ʒjo'grafiku, ka] *adj* geográfico(ca).

geologia [ʒjolo'ʒia] *f* geología *f*.

geometria [ʒjome'tria] *f* geometría *f*.

geométrico, ca [ʒjo'mɛtriku, ka] *adj* geométrico(ca).

geração [ʒera'sãw] (*pl* -ões) *f* generación *f*; **de última** ~ de última generación.

gerador [ʒera'do(x)] (*pl* -res) *adj*: ~ **de algo** generador(ra) de algo.

➡ **gerador** *m TEC* generador *m*.

geral [ʒe'raw] (*pl* -ais) ◇ *adj* [genérico] general; **de (um) modo** ~ de (un) modo general. ◇ *m* [normal]: **o** ~ lo normal. ◇ *f* -**1.** *FUT* general *f* de pie, talud *m RP*. -**2.** *TEATRO* gallinero *m*, galeras *fpl Méx*, generales *fpl RP*. -**3.** *fam* [inspecionar]: **dar uma** ~ **no carro** hacer una revisión en el coche. -**4.** *fam* [fazer limpeza, arrumação]: **dar uma** ~ **na casa** hacer limpieza general en la casa.

➡ **em geral** *loc adv* en general, por lo general.

geralmente [ʒeraw'mẽntʃi] *adv* generalmente.

gerânio [ʒe'rãnju] *m* geranio *m*.

gerar [ʒe'ra(x)] *vt* generar.

gerência [ʒe'rẽnsja] *f* [ato, seção] gerencia *f*.

gerenciamento [ʒerẽnsja'mẽntul] *m* administración *f*.

gerenciar [ʒerẽn'sja(x)] ◇ *vt* administrar. ◇ *vi* administrar.

gerente [ʒe'rẽntʃi] *mf* gerente *mf*.

gergelim [ʒexʒe'lĩ] *m* ajonjolí *m*, sésamo *m*.

gerir [ʒe'ri(x)] *vt* administrar.

germanófono, na [gexma'nɔfonu, na] ◇ *adj* germanófono(na). ◇ *m, f* germanófono *m*, -na *f*.

germe ['ʒɛxmi] *m* germen *m*.

germinar [ʒexmi'na(x)] *vi* [semente, idéia] germinar.

gesso ['ʒesu] *m* yeso *m*.

gestante [ʒeʃ'tãntʃi] *f* gestante *f*.

gestão [ʒeʃ'tãw] (*pl* -ões) *f* [administração, gerência] gestión *f*.

gesticular [ʒeʃtʃiku'la(x)] *vi* gesticular.

gesto ['ʒɛʃtu] *m* [movimento, ato] gesto *m*; **fazer um** ~ hacer un gesto.

gestual [ʒeʃ'tuaw] (*pl* -ais) *adj* gestual.

Gibraltar [ʒibraw'ta(x)] *n* Gibraltar.

GIF (*abrev de* Graphics Interchange Format) *m* GIF *m*.

gigante [ʒi'gãntʃi] ◇ *adj* gigante. ◇ *m* gigante *mf*.

gigantesco, ca [ʒigãn'teʃku, ka] *adj* gigantesco(ca).

gilete® [ʒi'lɛtʃi] ◇ *f* [lâmina] hoja *f ou* cuchilla *f ou* navaja *f Méx* de afeitar, gilette® *f RP*. ◇ *m vulg* [bissexual] bi *mf*, bisexual *mf*.

gim ['ʒĩ] (*pl* -ns) *m* ginebra *f*, gin *m RP*.

ginasial [ʒina'zjaw] (*pl* -ais) ◇ *adj* [relativo a ginásio] del "ginásio". ◇ *m* [curso] escuela *f* primaria.

ginasiano, na [ʒina'zjãnu, na] *m, f* alumno *m*, -na *f* de primaria.

ginásio [ʒi'nazju] *m* -**1.** *ant* & *EDUC* escuela *f* primaria. -**2.** [para esportes] gimnasio *m*.

ginástica [ʒi'naʃtʃika] *f* gimnasia *f*.

ginecologia [ˌʒinɛkolo'ʒia] f ginecología f.
ginecologista [ˌʒinɛkolo'ʒiʃta] mf ginecólogo m, -ga f.
girafa [ʒi'rafa] f jirafa f.
girar [ʒi'ra(x)] ⬦ vi -1. [rodar] girar. -2. fig
[funcionar]: ~ em torno de girar en torno
a, girar alrededor de. ⬦ vt [fazer rodar]
girar.
girassol [ˌʒira'sɔw] (pl -óis) m girasol m.
giratório, ria [ʒira'tɔrju, rja] adj giratorio(ria).
gíria ['ʒirja] f [calão, jargão] jerga f, argot m,
caló m Méx.
giro, ra ['ʒiru, ra] m -1. [volta] giro m. -2. fam
[passeio] vuelta f; **dar um** ~ dar una
vuelta.
giz ['ʒiʒ] m tiza f, gis m Méx.
glaciação [glasja'sãw] (pl -ões) f [período geológico] glaciación f.
glacial [gla'sjaw] (pl -ais) adj glacial.
glamouroso, osa [glamu'rozu, ɔza] adj encantador(ra), glamo(u)roso(sa).
glândula ['glãndula] f glándula f.
glicerina [glise'rina] f glicerina f.
glicose [gli'kɔzi] f glucosa f.
global [glo'baw] (pl -ais) adj global.
globalização [globaliza'sãw] (pl -ões) f globalización f.
globalizado, da [globali'zadu, da] adj globalizado(da).
globalizante [globali'zãntʃi] adj globalizante.
globalizar [globa'liza(x)] vt globalizar.
➡ **globalizar-se** vp globalizarse.
globo ['globu] m globo m; ~ **ocular** globo
ocular.
glória ['glɔrja] f gloria f.
glorificação [glorifika'sãw] (pl -ões) f glorificación f.
glorificar [glorifi'ka(x)] vt -1. [honrar] glorificar. -2. [canonizar] canonizar.
glorioso, osa [glo'rjozu, ɔza] adj glorioso(sa).
glossário [glo'sarju] m glosario m.
GLP (abrev de Gás Liquefeito de Petróleo) m
gas utilizado como combustible.
glúten ['glutẽ] (pl -s) m gluten m.
glúteo, tea ['glutew, tʃja] ⬦ adj glúteo(a).
⬦ m glúteo m.
GO (abrev de Estado de Goiás) m estado de
Goiás.
godê [go'de] adj al bies.
goela ['gwela] f garganta f.
goiaba [go'jaba] f guayaba f.
goiabada [goja'bada] f dulce m de guayaba, guayabada f Urug.
gol ['gow] (pl -es) m gol m; **marcar um** ~
marcar ou hacer RP un gol.

gola ['gɔla] f cuello m.
gole ['gɔli] m trago m; **de um** ~ só de un
solo trago.
goleada [go'ljada] f goleada f.
goleiro [go'lejru] m portero m Esp, arquero
m Amér, golero m RP.
golfe ['gowfi] m golf m.
golfinho [gow'fiɲu] m delfín m.
golfista [gow'fiʃta] mf golfista mf.
golfo ['gowfu] m golfo m.
Golfo Pérsico ['gowfu'pɛxsiku] n Golfo m
Pérsico.
golpe ['gowpi] m -1. [ger] golpe m; ~ **baixo**
fam fig golpe bajo; ~ **mortal** golpe
mortal. -2. POL: ~ **de Estado** golpe de
Estado. -3. [rasgo, lance]: ~ **de coragem**
arrebato m de coraje, ataque m de
valentía RP; ~ **de sorte** golpe de suerte. -4. [manobra]: ~ **de mestre** golpe maestro.
golpear [gow'pja(x)] vt golpear.
goma ['goma] f -1. [cola] engrudo m. -2. [para
roupa] almidón m. -3. [chiclete]: ~ **de mascar**
goma de mascar, chicle m.
gomo ['gomu] m gajo m.
gongo ['gõŋgu] m -1. MÚS gong m. -2. [sino]
campana f.
gorar [go'ra(x)] ⬦ vt [fracassar] malograr.
⬦ vi [fracassar] malograrse.
gordo, da ['goxdu, da] ⬦ adj -1. [pessoa]
gordo(da); **nunca ter visto alguém mais** ~
[não conhecer] no haber visto alguien nada
así. -2. [carne] graso(sa). -3. fig [quantia] abultado(da). ⬦ m, f gordo m, -da
f.
gordura [gox'dura] f -1. [substância gordurosa]
grasa f. -2. [obesidade] gordura f.
gorduroso, osa [goxdu'rozu, ɔza] adj -1. [comida, pele, cabelos] grasiento(ta), grasoso(sa) Amér. -2. [superfície] grasiento(ta), grasoso(sa) Amér, engrasado(da)
RP.
gorila [go'rila] m gorila m.
gorjeta [gox'ʒeta] f propina f.
gorro ['goxu] m gorro m.
gosma ['gɔʒma] f baba f.
gosmento, ta [goʒ'mẽntu, ta] adj pegajoso(sa).
gostar [goʃ'ta(x)] vi -1. [ter prazer, gosto]: **gosto de cinema/de praia** me gusta el cine/la
playa; **gosto de viajar** me gusta viajar;
gosto dele [simpatizar com] me cae bien;
[sentir afeição por] me gusta. -2. [ter costume]:
ela gosta de caminhar após as refeições le
gusta caminar después de las comidas.
-3. [aprovar]: **gostei da idéia** me gustó la
idea.
➡ **gostar-se** vp [mutuamente] gustarse.

Gostar de tem um significado similar ao espanhol *gustar*. Sem dúvida, em espanhol, a estrutura sintática que acompanha esse verbo é diferente; exige um objeto indireto para completar seu sentido.

(A mí) **me gusta** mucho la playa.
    ↓   ↓
  objeto   sujeito
  indireto

(A ti) **te gustan** los postres.
    ↓   ↓
  objeto   sujeito
  indireto

(A ella) **le gusta** la historia.
    ↓   ↓
  objeto   sujeito
  indireto

(A nosotros) **nos gusta** ir a bailar.
         ↓   ↓
      objeto   sujeito
      indireto

Note que, geralmente, o verbo *gustar* não é acompanhado da preposição *de*.

gosto ['goʃtu] *m* -1. [ger] gusto *m*; **ter** ~ **de** tener gusto a. -2. [prazer]: **de bom/mau** ~ de buen/mal gusto; **falta de** ~ falta de gusto.
gostoso, osa [goʃ'tozu, ɔza] *adj* -1. [ger] rico(ca). -2. [ambiente, música] agradable. -3. [cama, cadeira] cómodo(da). -4. [risada] alegre. -5. *fam* [sensual, bonito]: **estar gostosa** estar muy buena.
gota ['gota] *f* gota *f*.
goteira [go'tejra] *f* [fenda] gotera *f*.
gotejar [gote'ʒa(x)] ⟨⟩ *vt* gotear. ⟨⟩ *vi* gotear.
gourmet [gux'mɛ] (*pl* -s) *mf* gourmet *mf*.
governabilidade [govexnabili'dadʒil *f* gobernabilidad *f*.
governador, ra [govexna'do(x), ra] *m, f* gobernador *m*, -ra *f*.
governamental [govexnamēn'taw] (*pl* -ais) *adj* gubernamental.
governanta [govex'nãnta] *f* -1. [de criança] niñera *f*. -2. [de casa] ama *f* de llaves, gobernanta *f Esp*.
governante [govex'nãntʃi] ⟨⟩ *adj* [que governa] gobernante. ⟨⟩ *mf* [quem governa] gobernante *mf*.
governar [govex'na(x)] ⟨⟩ *vt* gobernar. ⟨⟩ *vi POL* gobernar.
governo [go'vexnu] *m* -1. [ger] gobierno *m*. -2. [controle] control *m*.
gozação [goza'sãw] (*pl* -ões) *f* burla *f*.
gozar [go'za(x)] ⟨⟩ *vt* -1. [desfrutar] disfrutar. -2. *fam* [troçar de] burlarse de. ⟨⟩ *vi* -1. [desfrutar]: ~ **de** gozar de. -2. *fam*

[troçar] burlarse; ~ **da cara de alguém** burlarse de alguien, tomarle el pelo a alguien. -3. *fam* [ter orgasmo] correrse *Andes & Esp*, venirse *Méx*, acabar *RP*.
gozo ['gozu] *m* -1. [prazer] gozo *m*. -2. [uso]: ~ **de algo** goce *m* de algo. -3. [orgasmo] orgasmo *m*.
GP (*abrev de* Grande Prêmio) *m* GP *m*.
Grã-Bretanha [ˌgrãnbre'tãɲa] *n*: **(a)** ~ **(la)** Gran Bretaña.
graça ['grasal *f* -1. [ger] gracia *f*; **achar** ~ **(de** *ou* **em algo)** encontrar gracia (en algo); **ter** ~ ser gracioso(sa). -2. [encanto]: **cheio de** ~ con mucha gracia; **sem** ~ sin gracia. -3. [nome] nombre *m*.
  ➡ **graças a** *loc prep* -1. [devido a] gracias a. -2. [agradecimento]: **dar** ~ **s a** dar (las) gracias a; ~ **s a Deus!** ¡gracias a Dios!
  ➡ **de graça** *loc adj* -1. [grátis] gratis, gratuito(ta). -2. [muito barato] regalado(da).
gracejar [grase'ʒa(x)l *vi* bromear.
gracejo [gra'seʒu] *m* broma *f*.
gracinha [gra'siɲa] *f*: **ser uma** ~ ser un encanto; **que** ~ **!** ¡qué encanto!, ¡qué divino(na)!
gracioso, osa [gra'sjozu, ɔza] *adj* gracioso(sa).
gradativo, va [grada'tʃivu, va] *adj* gradual.
grade ['gradʒil *f* enrejado *m*; **atrás das** ~ **s** *fam* [na cadeia] entre rejas.
gradeado, da [gra'dʒiadu, da] *adj* [com grades] enrejado(da).
  ➡ **gradeado** *m* [gradeamento] enrejado *m*.
gradear [gra'dʒja(x)] *vt* enrejar.
graduação [gradwa'sãw] (*pl* -ões) *f* -1. [ger] graduación *f*. -2. [curso] licenciatura *f*.
gradual [gra'dwawl (*pl* -ais) *adj* gradual.
graduar [gra'dwa(x)l *vt* -1. [ger] graduar. -2. [classificar]: ~ **em** clasificar en. -3. *EDUC*: ~ **alguém em algo** graduar a alguien en algo. -4. *MIL*: ~ **alguém em** graduar a alguien de.
  ➡ **graduar-se** *vp EDUC*: ~ **-se em algo** graduarse *ou* diplomarse *RP* en algo.
grafia [gra'fial *f* grafía *f*.
gráfico, ca ['grafiku, ka] ⟨⟩ *adj* gráfico(ca). ⟨⟩ *m, f* [profissional] impresor *m*, -ra *f*, gráfico *m*, -ca *f RP*.
  ➡ **gráfico** *m* gráfico *m*; ~ **de barras** gráfico de barras.
  ➡ **gráfica** *f* [estabelecimento] imprenta *f*.
grã-fino, na [grãn'finu, na] (*mpl* grã-finos, *fpl* grã-finas) ⟨⟩ *adj* pijo(ja). ⟨⟩ *m, f* pijo *m*, -ja *f*.
grafite [gra'fitʃil *f* -1. [ger] grafito *m*. -2. [pichação] graffiti *m*.
grama ['grãmal ⟨⟩ *f* [relva] hierba *f*, césped *m*. ⟨⟩ *m* [medida] gramo *m*.
gramado [gra'madul *m* césped *m*.

gramar [gra'ma(x)] *vt* plantar césped sobre.

gramatical [gramatʃi'kaw] (*pl* -ais) *adj* gramatical.

gramático, ca [gra'matʃiku, ka] <> *adj* gramatical. <> *m f* gramático *m*, -ca *f*.

◆ **gramática** *f* gramática *f*.

gramofone [gramo'foni] *m* gramófono *m*.

grampeador [grãnpja'do(x)] (*pl* -es) *m* grapadora *f*, engrampadora *f RP*.

grampear [grãn'pja(x)] *vt* -1. [prender com grampos] grapar, engrampar *RP*. -2. [telefone] intervenir.

grampo ['grãnpu] *m* -1. [para papel] grapa *f*, grampa *f RP*. -2. [para cabelos] horquilla *f Esp* & *RP*, gancho *m Méx*. -3. [de chapéu] gancho *m*.

granada [gra'nada] *f*-1. [arma] granada *f*; ~ de mão granada de mano. -2. [pedra] granate *m*.

grande ['grãndʒi] *adj* grande.

◆ **grandes** *mpl*: os ~s [os poderosos] los poderosos.

grandeza [grãn'deza] *f* grandeza *f*.

grandiloqüência [grãndʒilo'kwẽnsja] *f* grandilocuencia *f*.

grandioso, osa [grãn'dʒjozu, ɔza] *adj* grandioso(sa).

granel [gra'nɛw] *m*: a ~ a granel.

granito [gra'nitu] *m* granito *m*.

granizo [gra'nizu] *m* granizo *m*.

granja ['grãnʒa] *f* granja *f*.

granulado, da [granu'ladu, da] *adj* granulado(da).

grão ['grãw] (*pl* grãos) *m* -1. [ger] grano *m*. -2. *fig* [mínimo] gramo *m*.

◆ **grãos** *mpl* [cereais] granos *mpl*.

grão-de-bico [,grãwdʒi'biku] (*pl* grãos-de-bico) *m* garbanzo *m*.

grasnar [graʒ'na(x)] *vi* graznar.

gratidão [gratʃi'dãw] *f* gratitud *f*.

gratificação [gratʃifika'sãw] (*pl* -ões) *f* gratificación *f*.

gratificante [gratʃifi'kãntʃi] *adj* gratificante.

gratificar [gratʃifi'ka(x)] *vt* gratificar.

gratinado, da [gratʃi'nadu, da] *adj* gratinado(da).

grátis ['gratʃiʃ] *adj* gratis.

grato, ta ['gratu, ta] *adj* -1. [agradecido]: ficar ~ a alguém por algo estar agradecido(da) a alguien por algo. -2. (*antes de subst*) [agradável] grato(ta).

gratuito, ta [gra'twitu, ta] *adj* gratuito(ta).

grau ['graw] *m* grado *m*.

gravação [grava'sãw] (*pl* -ões) *f* -1. [em fita, disco, telefone] grabación *f*. -2. [em madeira] grabado *m*.

gravador [grava'do(x)] (*pl* -es) *m*, *f* [quem faz gravuras] grabador *m*, -ra *f*.

◆ **gravador** *m* [aparelho] grabador *m*.

◆ **gravadora** *f* [empresa] estudio *m* de grabación.

gravar [gra'va(x)] *vt* grabar.

gravata [gra'vata] *f* [adereço] corbata *f*.

gravata-borboleta [gra,vataboxbo'leta] (*pl* gravatas-borboletas, gravatas, gravatas-borboleta) *f* pajarita *f Esp*, moñito *m Arg*, corbata *f* de moño *Méx*, moñita *f Urug*.

grave ['gravi] *adj* grave.

grávida ['gravida] *adj* embarazada.

gravidade [gravi'dadʒi] *f* gravedad *f*.

gravidez [gravi'deʒ] *f* embarazo *m*.

graviola [gra'vjɔla] *f* chirimoyo *m*.

gravura [gra'vura] *f* grabado *m*.

graxa ['graʃa] *f*-1. [para couro] betún *m*; ~ de sapatos betún para zapatos. -2. [lubrificante] grasa *f*.

Grécia ['grɛsja] *n* Grecia.

grego, ga ['gregu, ga] <> *adj* -1. [relativo à Grécia] griego(ga). -2. *fig* [obscuro]: foi ~ para mim me sonó a chino. <> *m*, *f* [pessoa] griego *m*, -ga *f*.

◆ **grego** *m* [língua] griego *m*; falar ~ *fam* hablar en chino.

◆ **grega** *f* [galão] greca *f*.

grelha ['greʎa] *f* parrilla *f*; na ~ a la parrilla.

grelhado, da [gre'ʎadu, da] *adj* a la parrilla.

◆ **grelhado** *m* platos *mpl* asados a la parrilla.

grelhar [gre'ʎa(x)] *vt* asar a la parrilla.

grêmio ['gremju] *m* -1. [associação] gremio *m*. -2. [clube] club *m*.

grená [gre'na] <> *adj* burdeos, bordó *RP*. <> *m* burdeos *m*, bordó *m RP*.

greta ['greta] *f* grieta *f*.

greve ['grɛvi] *f* huelga *f*; fazer ~ hacer huelga.

grevista [gre'viʃta] *mf* huelguista *mf*.

grifar [gri'fa(x)] *vt* subrayar.

grife ['grifi] *f* marca *f*.

grifo ['grifu] *m* itálica *f*.

grilagem [grila'ʒẽ] (*pl* -ens) *f* falsificación de títulos de propiedad de la tierra.

grileiro, ra [gri'lejru, ra] *m*, *f* falsificador de títulos de propiedad de la tierra.

grilhão [gri'ʎãw] (*pl* -ões) *m* cadena *f*.

grilo ['grilu] *m* -1. [inseto] grillo *m*. -2. *fam* [problema] problema *m*; dar ~ ser problemático(ca).

grinalda [gri'nawda] *f* guirnalda *f*.

gringo, ga ['grĩ ŋgu, ga] *m*, *f fam* [pej] guiri *mf Esp*, gringo *m*, -ga *f Amér*.

gripado, da [gri'padu, da] *adj* griposo(sa); estar/ficar ~ estar griposo(sa).

gripe ['gripi] f gripe f, gripa f Méx.

grisalho, lha [gri'zaʎu, ʎa] adj cenicien-to(ta).

gritante [gri'tãntʃil adj -1. [evidente] llamati-vo(va). -2. [de cor viva] chillón(ona).

gritar [gri'ta(x)l ◇ vt gritar. ◇ vi gritar; ~ com alguém gritar a alguien.

gritaria [grita'rial f griterío m.

grito ['gritul m grito m; dar um ~ dar un grito.

Groenlândia [groẽn'lãndʒial n Groenlan-dia.

grosar [gro'za(x)l vt [limar, debastar] limar.

groselha [gro'zeʎa] f grosella f.

grosseiro, ra [gro'sejru, ra] adj -1. [ger] gro-sero(ra). -2. [ordinário] ordinario(ria).

grosseria [grose'rial f grosería f; dizer/fa-zer uma ~ decir/hacer una grosería.

grosso, ossa ['grosu, ɔsa] adj -1. [espesso] grueso(sa). -2. [consistente] espeso(sa). -3. [áspero] áspero(ra). -4. [rude] grosero(ra). -5. fam [abundante] abundante.

◆ grosso adv: falar ~ com alguém hablar groseramente a alguien.

◆ grosso modo loc adv grosso modo.

grossura [gro'sural f -1. [espessura] grosor m. -2. fam [grosseria] grosería f.

grotesco, ca [gro'teʃku, ka] adj grotes-co(ca).

grudar [gru'da(x)l ◇ vt: ~ algo em algo pegar algo en algo. ◇ vi pegarse.

grude ['grudʒil m -1. [cola] engrudo m. -2. fam [comida ruim] bazofia f.

grunhido [gru'ɲidul m gruñido m.

grunhir [gru'ɲi(x)l vi gruñir.

grupo ['grupul m grupo m; ~ sanguíneo grupo sanguíneo.

gruta ['grutal f gruta f.

guache ['gwaʃil m gouache m.

guaraná [gwara'nal m guaraná f; ~ em pó guaraná en polvo; ~ natural guaraná natural.

guarda ['gwaxdal ◇ f -1. [proteção] tutela f; ficar de ~ quedarse de guardia. -2. MIL guardia f. ◇ mf [policial] guardia mf.

guarda-chuva [ˌgwaxda'ʃuval (pl guarda-chuvas) m paraguas m.

guarda-costas [ˌgwaxda'kɔʃtaʃl mf inv -1. NÁUT guardacostas m inv. -2. fig [capanga] guardaespaldas mf inv.

guardados [gwax'daduʃl mpl ahorros mpl.

guarda-florestal [ˌgwaxdafloreʃ'tawl (pl guardas-florestais) mf guarda mf forestal, guardabosques mf inv.

guarda-louça [ˌgwaxda'losal (pl guarda-lou-ças) m aparador m.

guardanapo [ˌgwaxda'napul m servilleta f.

guarda-noturno [ˌgwaxdano'tuxnul (pl

guardas-noturnos) mf vigilante mf noctur-no, -na, velador m, -ra f Méx, sereno m, -na f RP.

guardar [gwax'da(x)l vt -1. [ger] guardar. -2. [pôr no lugar]: ~ algo (em) guardar algo (en). -3. [reservar]: ~ algo (para) guardar algo (para). -4. [manter]: ~ segredo sobre algo guardar secreto sobre algo. -5. [gra-var na memória] recordar. -6. [vigiar] vigilar. -7. [cuidar de] cuidar (de), encargarse de. -8. [observar]: guardadas as proporções sal-vando las distancias, guardadas las proporciones Méx.

◆ guardar-se vp [proteger-se, prevenir-se]: ~-se de guardarse de.

guarda-roupa [ˌgwaxda'xopal (pl guarda-roupas) m guardarropa m, ropero m.

guarda-sol [ˌgwaxda'sɔwl (pl guarda-sóis) m sombrilla f, paraguas m inv Méx.

guarda-volumes [ˌgwaxdavo'lumiʃl m con-signa f, depósito m de equipajes RP.

guardião, diã [gwax'dʒjãw, dʒjãl (mpl -ães, -ões, fpl -s) m, f guardián m, -ana f.

guarnecer [gwaxne'se(x)l vt -1. [abastecer] proveer; ~ alguém de algo proveer a alguien de algo. -2. MIL guarnecer. -3. NÁUT tripular. -4. [enfeitar]: ~ algo de/com algo guarnecer algo de/con algo.

guarnição [gwaxni'sãwl (pl -ões) f -1. [ger] guarnición f. -2. [náut] tripulación f.

Guatemala [gwate'malal n Guatemala.

guatemalteco, ca [gwatemaw'tɛku, kal ◇ adj guatemalteco(ca). ◇ m, f guatemal-teco m, -ca f.

guelra ['gɛwxal f agalla f.

guerra ['gɛxal f -1. MIL guerra f; em ~ en guerra; ~ civil guerra civil; ~ fria guerra fría; ~ mundial guerra mundial. -2. fig [hostilidade]: fazer ~ a hacer la guerra a.

guerra-relâmpago [ˌgɛxaxe'lãnpagul (pl guerras-relâmpago) f guerra f relámpago.

guerreiro, ra [ge'xejru, ral ◇ adj guerre-ro(ra). ◇ m, f [pessoa] guerrero m, -ra f.

guerrilha [ge'xiʎal f guerrilla f.

guerrilheiro, ra [gexi'ʎejru, ral ◇ adj gue-rrillero(ra). ◇ m, f guerrillero m, -ra f.

gueto ['getul m gueto m.

guia ['gial ◇ f -1. COM documento que acompaña a cartas o mercancías para que tengan libre tránsito, guía f RP. -2. [formulá-rio] formulario m. ◇ m [manual] guía f. ◇ mf [pessoa] guía mf; ~ turístico guía turístico(ca) ou de turismo.

Guiana [gwi'jãnal n Guyana.

guiar ['gja(x)l ◇ vt -1. [ger] guiar. -2. AUTO [dirigir] conducir Esp, manejar Amér. ◇ vi AUTO conducir Esp, manejar Amér.

➡ **guiar-se** *vp* [orientar-se] guiarse.
guichê [gi'ʃe] *m* ventanilla *f.*
guidom [gi'dõ] (*pl* -ns) *m* manillar *m*, manubrio *m Amér.*
guilhotina [giʎo'tʃina] *f* guillotina *f.*
guinada [gi'nada] *f* -1. *NAÚT* bandazo *m.* -2. *AUTO* volantazo *m*, bandazo *m RP*; **dar uma** ~ dar un volantazo *ou* bandazo *RP.*
guincho ['gĩʃu] *m* -1. [reboque] grúa *f*, guinche *m RP.* -2. [chiado] chillido *m.* -3. [rangido] chirrido *m.*
guindaste [gĩn'daʃtʃil *m* grúa *f.*
guisado, da [gi'zadu, da] *m CULIN* guisado *m.*
guisar [gi'za(x)] *vt* cocinar.
guitarra [gi'taxa] *f*: ~ **(elétrica)** guitarra *f* eléctrica; ~ **portuguesa** guitarra portuguesa.
guitarrista [gita'xiʃta] *mf* guitarrista *mf.*
gula ['gula] *f* gula *f.*
gulodice [gulo'dʒi] *f* gula *f.*
guloseima [gulo'zejma] *f* golosina *f.*
guloso, osa [gu'lozu, ɔza] *adj* goloso(sa).
gume ['gumi] *m* filo *m.*
guri, ria [gu'ri, rial *m* niño *m*, -ña *f*, pibe *m*, -ba *f Arg*, chamaco *m*, -ca *f Méx*, chiquilín *m*, -ina *f RP*, gurí *m*, -isa *f Urug.*
gurizada [guri'zada] *f* [criançada] chiquillada *f.*
guru [gu'ru] *m* gurú *m.*

h¹, H [a'ga] *m* [letra] h, H *f.*
h² (*abrev de* **hora**) h.
ha (*abrev de* **hectare**) ha.
hábil ['abiw] (*pl* -beis) *adj* -1. [ger] hábil. -2. [sutil] sutil. -3. *loc*: **em tempo** ~ **a** tiempo.
habilidade [abili'dadʒi] *f* -1. [ger] habilidad *f.* -2. [sutileza] sutileza *f.*
habilidoso, osa [abili'dozu, ɔza] *adj* habilidoso(sa).
habilitação [abilita'sãw] (*pl* -ões) *f* -1. [ger] habilitación *f.* -2. [aptidão] aptitud *f.*
➡ **habilitações** *fpl* [qualificações] capacidad *f.*
habilitado, da [abili'tadu, da] *adj* capacitado(da).
habilitar [abili'ta(x)] *vt* -1. [ger] capacitar. -2. [preparar] preparar.
➡ **habilitar-se** *vp* [capacitar-se] capacitarse.

habitação [abita'sãw] (*pl* -ões) *f* vivienda *f.*
habitante [abi'tãntʃi] *mf* habitante *mf.*
habitar [abi'ta(x)] ◇ *vt* habitar. ◇ *vi* [viver] habitar.
hábitat ['abitatʃ] *m* hábitat *m.*
hábito ['abitu] *m* [ger] hábito *m.*
habituado, da [abi'twadu, da] *adj*: ~ **(a algo)** habituado(da) (a algo); ~ **a fazer algo** habituado a hacer algo.
habitual [abi'twaw] (*pl* -ais) *adj* habitual.
habituar [abi'twa(x)] *vt* habituar; ~ **alguém a algo** habituar a alguien a algo.
➡ **habituar-se** *vp*: ~-se **a (fazer) algo** habituarse a (hacer) algo.
hadoque [a'dɔkil *m* eglefino *m.*
Haia ['aja] *n* La Haya.
Haiti [aj'tʃi] *n* Haití.
hálito ['alitu] *m* aliento *m*; **mau** ~ **mal** aliento.
hall ['ɔwl *m* hall *m*; ~ **de entrada** hall de entrada.
halterofilista [awterofi'liʃta] *mf* halterófilo *m*, -la *f.*
hambúrguer [ãn'buxge(x)] (*pl* -es) *m* hamburguesa *f.*
handicap [ãndʒi'kapil *m* hándicap *m.*
hangar [ãŋ'ga(x)] (*pl* -es) *m* hangar *m.*
haras ['araʃ] *m inv* centro de cría de caballos, haras *m inv Andes, RP & Ven.*
hardware [ax'dwɛ(x)] *m COMPUT* hardware *m.*
harmonia [axmo'nia] *f* armonía *f.*
harmônico, ca [ax'moniku, ka] *adj* armónico(ca).
➡ **harmônica** *f* -1. [acordeão] acordeón *m.* -2. [gaita de boca] armónica *f.*
harmonioso, osa [axmo'njozu, ɔza] *adj* armonioso(sa).
harmonizar [axmoni'za(x)] *vt* -1. *MÚS* armonizar. -2. [conciliar]: ~ **algo com algo** armonizar algo con algo.
➡ **harmonizar-se** *vp*: ~-se **(com algo)** armonizarse (con algo).
harpa ['axpa] *f* arpa *f.*
haste ['aʃtʃi] *f* -1. [de bandeira] asta *f.* -2. [caule] tallo *m.*
hasteamento [aʃtʃja'mẽntu] *m* izamiento *m.*
havana [a'vãna] ◇ *adj* [cor] castaño claro, habano *RP.* ◇ *m* [charuto] habano *m.*
Havana [a'vãna] *n* La Habana.
haver [a've(x)] ◇ *v aux* haber; **como não havia comido, estava com fome** como no había comido tenía hambre; **havíamos reservado antes** habíamos reservado con antelación. ◇ *v impess* -1. [ger] haber; **há um café muito bom no fim da rua** hay un café muy bonito *ou* lindo *RP* al final de la calle; **há alguém na porta** hay alguien en la puerta; **não há correio amanhã** mañana

no habrá *ou* hay *RP* correo. **- 2.** [exprime tempo] hacer; **estou à espera há dez minutos** hace diez minutos que estoy esperando, llevo esperando diez minutos *Esp*; **há séculos que não vou lá** hace siglos que no voy allá; **há três dias que não o vejo** hace tres días que no lo veo. **- 3.** [exprime obrigação]: ~ **que fazer algo** haber que hacer algo. **- 4.** [em locuções]: **haja o que houver** pase lo que pase; **não há de quê!** ¡no hay de qué!

➡ **haver-se com** *vp* + *prep*: ~**-se com alguém** vérselas con alguien.

➡ **haver de** *v* + *prep*: **hei de conseguir o que quero** he de *ou* voy a *RP* conseguir lo que quiero.

➡ **haveres** *mpl* [pertences] pertenencias *fpl*; [bens] haberes *mpl*.

> Nem todos os usos do português *haver* são iguais aos do espanhol *haber*.
>
> (Ver *haber* no lado Espanhol-Português do dicionário.)

haxixe [a'ʃiʃil *m* hachís *m*, hashish *m RP*.

HC (*abrev de* **Hospital das Clínicas**) *m importante hospital y centro de investigaciones médicas en São Paulo.*

HD (*abrev de* **Hard Disk**) *m* HD *m*.

hectare [ɛk'taril *m* hectárea *f*.

hedge [ɛdʒil *m ECON* [proteção cambial] protección *f*.

hediondo, da [e'dʒjõndu, dal *adj* **- 1.** [repulsivo] horrible. **- 2.** [horrendo] horrendo(da).

hegemonia [eʒemo'nial *f* hegemonía *f*.

hegemônico, ca [eʒe'moniku, kal *adj* hegemónico(ca).

hélice ['ɛlisil *f* hélice *f*.

helicóptero [eli'kɔpterul *m* helicóptero *m*.

Helsinki [ɛw'sĩŋkil *n* Helsinki.

hematoma [ema'tomal *f* hematoma *m*.

hemisfério [emiʃ'fɛrjul *m* hemisferio *m*.

hemodiálise [emo'dʒjalizil *f* hemodiálisis *f inv.*

hemofílico, ca [emo'filiku, kal ◇ *adj* hemofílico(ca). ◇ *m, f* hemofílico *m*, -ca *f*.

hemorragia [emoxa'ʒial *f* hemorragia *f*.

hemorrágico, ca [emo'xagiku, kal *adj* hemorrágico(ca).

hemorróidas [emo'xɔjdaʃl *fpl* hemorroides *fpl.*

hepatite [epa'tʃitʃil *f* hepatitis *f inv.*

hera ['ɛral *f* hiedra *f*.

heráldica [e'rawdʒikal *f* heráldica *f*.

herança [e'rãnsal *f* herencia *f*.

herdar [ex'da(x)l *vt* [por herança, hereditariedade, transmissão]: ~ **algo de alguém** heredar algo de alguien.

herdeiro, ra [ex'dejru, ral *m, f* heredero *m*, -ra *f*.

herege [e'rɛʒil *mf* hereje *mf*.

heresia [ere'zial *f* herejía *f*.

hermético, ca [ex'mɛtʃiku, kal *adj* hermético(ca).

hérnia ['ɛxnjal *f* hernia *f*.

herói [e'rɔjl *m* héroe *m*.

heróico, ca [e'rɔjku, kal *adj* heroico(ca).

heroína [e'rwinal *f* heroína *f*.

herpes ['ɛxpiʃl *m* herpes *m*.

hesitação [ezita'sãwl (*pl* -ões) *f* vacilación *f*.

hesitante [ezi'tãntʃil *adj* vacilante.

hesitar [ezi'ta(x)l *vi*: ~ **em fazer algo** vacilar en hacer algo.

heterogêneo, nea [etero'ʒenju, njal *adj* heterogéneo(a).

heterossexual [eterosek'swawl (*pl* -ais) ◇ *adj* heterosexual. ◇ *mf* heterosexual *mf.*

hibernar [ibex'na(x)l *vi* hibernar.

hibisco [i'biʃkul *m* hibisco *m*.

híbrido, da ['ibridu, dal *adj* [mesclado] híbrido(da).

➡ **híbrido** *m* [animal ou vegetal]: **ser um** ~ **(de)** ser un híbrido (de).

hidramático, ca [idra'matʃiku, kal *adj* hidráulico(ca).

hidratante [idra'tãntʃil ◇ *adj* hidratante. ◇ *m* hidratante *m*.

hidratar [idra'ta(x)l *vt* hidratar.

hidrófobo, ba [i'drɔfobu, bal ◇ *adj* hidrófobo(ba). ◇ *m, f* hidrófobo *m*, -ba *f*.

hidrogênio [idro'ʒenjul *m* hidrógeno *m*.

hidromassagem [idruma'saʒẽl (*pl* -ns) *f* hidromasaje *m*.

hiena ['jenal *f* hiena *f*.

hierarquia [jerar'kial *f* jerarquía *f*.

hierárquico, ca [je'raxkiku, kal *adj* jerárquico(ca).

hieróglifo [je'rɔgliful *m* jeroglífico *m*.

hífen ['ifẽl (*pl* -es) *m* guión *m*.

hifenizar [ifeni'za(x)l *vt* separar con guión.

Hi-Fi (*abrev de* **High Fidelity**) hi-fi *f*.

higiene [i'ʒjenil *f* higiene *f*.

higiênico, ca [i'ʒjeniku, kal *adj* higiénico(ca).

higienizar [ʒjeni'za(x)l *vt* higienizar.

hilariante [ila'rjãntʃil *adj* [jerar'kial muy gracioso(sa).

hilaridade [ilari'dadʒil *f* hilaridad *f*.

hilário, ria [i'larju, rjal *adj* [hilariante] muy gracioso(sa).

Himalaia [ima'lajal *n*: **o** ~ el Himalaya.

hindi ['ĩndʒil *m* hindi *m*.

hindu [ĩn'dul (*pl* hindus) ◇ *adj* **- 1.** [da Índia] hindú. **- 2.** *RELIG* hindú. ◇ *mf* **- 1.** [da Índia] hindú *mf*. **- 2.** *RELIG* hindú *mf*.

hino ['inul *m* himno *m*; ~ **nacional** himno nacional.

hipermercado [ˌipexmexˈkadu] *m* hipermercado *m*.

hipertensão [ˌipextẽnˈsãw] (*pl* -ões) *f* hipertensión *f*.

hipertenso, sa [ipexˈtẽnsu, sa] *adj* hipertenso(sa).

hipertexto [ipexˈtejʃtu] *m COMPUT* hipertexto *m*.

hipertrofia [ipextroˈfia] *f* hipertrofia *f*.

hipertrofiar [ipextroˈfja(x)] *vt* hipertrofiar.

➡ **hipertrofiar-se** *vp* hipertrofiarse.

hípico, ca [ˈipiku, ka] *adj* hípico(ca).

hipismo [iˈpiʒmu] *m* equitación *f*, hípica *f Esp*.

hipnose [ipˈnɔzi] *f* hipnosis *f*.

hipnótico, ca [ipˈnɔtʃiku, ka] *adj* hipnótico(ca).

➡ **hipnótico** *m* [substância] hipnótico *m*.

hipnotizado, da [ipnotʃiˈzadu, da] *adj* hipnotizado(da).

hipnotizar [ipnotʃiˈza(x)] *vt* hipnotizar.

hipocondria [ipokõnˈdria] *f* hipocondría *f*.

hipocondríaco, ca [ˌipokõnˈdriaku, ka] <> *adj* hipocondriaco(ca), hipocondríaco(ca). <> *m*, *f* hipocondriaco *m*, -ca *f*, hipocondríaco *m*, -ca *f*.

hipocrisia [ipokriˈzia] *f* hipocresía *f*.

hipócrita [iˈpɔkrita] <> *adj* hipócrita. <> *mf* hipócrita *mf*.

hipódromo [iˈpɔdrumu] *m* hipódromo *m*.

hipopótamo [ipoˈpɔtamu] *m* hipopótamo *m*.

hipoteca [ipoˈtɛka] *f* [empréstimo, dívida] hipoteca *f*.

hipótese [iˈpɔtezi] *f* [conjectura, possibilidade] hipótesis *f inv*; **em ~ alguma** de ninguna manera; **na melhor/pior das ~s** en el mejor/peor de los casos.

hispânico, ca [iʃˈpãniku, ka] <> *adj* hispánico(ca). <> *m*, *f* hispano *m*, -na *f*.

hispano, na [iʃˈpãnu, na] <> *adj* hispano(na). <> *m*, *f* hispano *m*, -na *f*.

hispano-americano, na [iʃ,pãnwameriˈkãnu, na] <> *adj* hispanoamericano(na). <> *m*, *f* hispanoamericano *m*, -na *f*.

histeria [iʃteˈria] *f MED* [descontrole] histeria *f*.

histérico, ca [iʃˈtɛriku, ka] *adj MED* [descontrolado] histérico(ca).

história [iʃˈtɔrja] *f* **-1.** [ger] historia *f*; **deixar de ~** [melindre] dejarse de historias *ou* cuentos *Méx*; **~ em quadrinhos** tira *f* cómica. **-2.** [enredo] trama *f*, historia *f Amér*. **-3.** [tradição] tradición *f*, historia *f RP*. **-4.** [lorota] cuento *m*. **-5.** *fam* [abuso]: **que ~ é essa de ...?** ¿qué es eso de ...?

historiador, ra [iʃtorjaˈdo(x), ra] *m*, *f* historiador *m*, -ra *f*.

historicidade [iʃtorisiˈdadʒi] *f* historicidad *f*.

histórico, ca [iʃˈtɔriku, ka] *adj* [da história, importante, real] histórico(ca).

➡ **histórico** *m* historial *m*.

histrião [iʃˈtrjãw] (*pl* -ões) *m* [comediante] histrión *m*.

histriônico, ca [iʃˈtrjoniku, ka] *adj* histriónico(ca).

HIV (*abrev de* Human Immunodeficiency Virus) *m* ≃ VIH *m*.

hobby [ˈɔbil] (*pl* hobbies) *m* hobby *m*, afición *f*, pasatiempo *m*.

hoje [ˈoʒi] *adv* hoy; **de ~ em diante** de hoy en adelante; **~ à noite** hoy de noche; **~ em dia** hoy en día.

Holanda [oˈlãnda] *n* Holanda.

holandês, esa [olãnˈdeʃ, eza] (*mpl* -eses, *fpl* -s) <> *adj* holandés(esa). <> *m*, *f* holandés *m*, -esa *f*.

➡ **holandês** *m* [língua] holandés *m*.

holofote [oloˈfɔtʃil] *m* foco *m*.

homem [ˈɔmẽl] (*pl* -ns) *m* [ger] hombre *m*; **~** [humanidade] el hombre; **~ de negócios** hombre de negocios; **ser o ~ da casa** [chefe] ser el hombre de la casa.

homem-rã [ˌomẽˈxã] (*pl* homens-rãs) *m* hombre *m* rana.

homenagear [omenaˈʒja(x)] *vt* homenajear.

homenagem [omeˈnaʒẽ] (*pl*-ns) *f* homenaje *m*; **em ~ a algo/alguém** en homenaje a algo/alguien.

homeopatia [omjopaˈtʃia] *f* homeopatía *f*.

homeopático, ca [omjoˈpatʃiku, ka] *adj* homeopático(ca).

homicida [omiˈsida] <> *adj* homicida. <> *mf* homicida *mf*.

homicídio [omiˈsidʒju] *m* homicidio *m*; **~ culposo** homicidio involuntario.

homiziar [omiˈzja(x)] *vt* [dar refúgio] dar refugio a.

➡ **homiziar-se** *vp* refugiarse.

homogêneo, nea [omoˈʒenju, njal] *adj* homogéneo(a).

homologação [omologaˈsãw] (*pl* -ões) *f* homologación *f*.

homologar [omoloˈga(x)] *vt* homologar.

homossexual [omosekˈswaw] (*pl* -ais) <> *adj* homosexual. <> *m*, *f* homosexual *mf*.

homossexualidade [omosekswaliˈdadʒil] *f* homosexualidad *f*.

Honduras [õnˈduraʃ] *n* Honduras.

hondurenho, nha [õnduˈreɲu, ɲal] <> *adj* hondureño(ña). <> *m*, *f* hondureño *m*, -ña *f*.

honestidade [oneʃtʃiˈdadʒil] *f* [decência, franqueza] honestidad *f*.

honesto, ta [oˈnɛʃtu, tal] *adj* [decente, franco, legal] honesto(ta).

honorário, ria [ono'rarju, rja] adj honorario(ria).

honorários [ono'rarjuʃ] mpl honorarios mpl.

honra ['õnxa] f -1. [brio, castidade, motivo de orgulho] honra f. -2. [distinção, homenagem, reputação] honor m; **em** ~ **de alguém** en honor a alguien.

➤ **honras** fpl -1. [título] honores mpl. -2. [honraria] honor m; ~ **militares** honores militares.

honradez [õnxa'deʒ] f honradez f.

honrado, da [õn'xadu, da] adj [digno, respeitado] honrado(da).

honrar [õn'xa(x)] vt honrar.

honroso, osa [õn'xozu, ɔza] adj honroso(sa).

hóquei ['ɔkej] m hockey m.

hora ['ɔra] f hora f; **marcar** ~ **com alguém** marcar una cita con alguien, marcar hora con alguien Méx, pedir hora con alguien RP; **fazer** ~ **com alguém** burlarse de alguien; **fazer** ~ hacer tiempo; **de** ~ **em** ~ a cada hora; **altas** ~**s** altas horas; **que** ~**s são?** ¿qué hora es?, ¿qué horas son? Amér; ~ **extra** hora extra; **chegar na** ~ llegar a tiempo; **fora de** ~ a deshora; **estar na** ~ ser hora de; **na** ~ **H** a la hora de la verdad; **de última** ~ de última hora; **não ver a** ~ **de fazer algo** no ver la hora de hacer algo; **perdi a** ~ **conversando** se me hizo tarde conversando.

horário, ria [o'rarju, rja] adj horario(ria).

➤ **horário** m [tabela, hora préfixada] horario m; ~ **nobre** horario de máxima audiencia; ~ **de verão** horario de verano.

horda ['ɔxda] f horda f.

horizontal [orizõn'taw] (pl -ais) <> adj horizontal. <> f -1. [linha] horizontal f. -2. fam [posição]: **na** ~ horizontal.

horizonte [ori'zõntʃi] m horizonte m.

hormônio [ox'monju] m hormona f.

horóscopo [o'rɔʃkopu] m [zodíaco, previsão] horóscopo m.

horrendo, da [o'xẽndu, da] adj [atemorizante, feio] horrendo(da).

horrível [o'xivɛw] (pl -eis) adj horrible.

horror [o'xo(x)] (pl -es) m -1. [medo]: ~ **(de ou a algo)** horror m (a algo), terror m (a algo). -2. [repulsa]: ~ **a algo/a fazer algo** horror m a algo/a hacer algo, terror m a algo/a hacer algo. -3. [coisa feia] horror m, espanto m RP. -4. fam [atrocidade] horror m. -5. [ruim]: **ser um** ~ ser horrible, ser un espanto RP.

➤ **horrores** mpl -1. [palavras injuriosas]: **dizer** ~ **es de algo/alguém** decir pestes de algo/alguien, decir horrores de algo/alguien Amér. -2. [ações terríveis]: **fazer** ~ **es** hacer barbaridades, hacer atrocidades Amér. -3. fam [quantia vultuosa]: **a loja fatura** ~ **es o ano todo** la tienda factura un montón durante todo el año.

horrorizar [oxori'za(x)] vt horrorizar.

➤ **horrorizar-se** vp horrorizarse.

horroroso, osa [oxo'rozu, ɔza] adj horroroso(sa).

horta ['ɔxta] f huerta f.

hortaliças [oxta'lisaʃ] fpl hortalizas fpl.

hortelã [oxte'lã] f menta f, hierbabuena f.

hortelã-pimenta [oxte,lãpi'mẽnta] (pl hortelãs-pimenta) f menta f piperita, menta f Méx.

hortênsia [ox'tẽnsja] f hortensia f.

horticultor, ra [oxtʃikuw'to(x), ra] (mpl -es, fpl -s) m, f horticultor m, -ra f.

hortifrutigranjeiro, ra [oxtʃiʃrutʃigrãn'ʒejru, ra] adj hortofrutícola y de granja.

➤ **hortifrutigranjeiro** m productor m hortofrutícola y de granja.

hortigranjeiros [oxtʃigrãn'ʒeiruʃ] mpl productos mpl hortofrutícolas y de granja.

horto ['ɔxtu] m huerto m.

hospedagem [oʃpe'daʒẽ] (pl -ns) f [acomodação, diária, pensão] hospedaje m.

hospedar [oʃpe'da(x)] vt hospedar.

➤ **hospedar-se** vp hospedarse.

hospedaria [oʃpeda'ria] f hostal m.

hóspede ['ɔʃpedʒi] mf huésped mf.

hospício [oʃ'pisju] m hospicio m.

hospital [oʃpi'taw] (pl -ais) m hospital m.

hospitaleiro, ra [oʃpita'lejru, ra] adj hospitalario(ria).

hospitalidade [oʃpitali'dadʒi] f hospitalidad f.

hostess ['ɔʃtes] f anfitriona f.

hostil [oʃ'tiw] (pl -is) adj -1. [agressivo] hostil. -2. [contrário]: ~ **a algo/alguém** hostil a algo/alguien.

hostilidade [oʃtʃili'dadʒi] f [sentimento] hostilidad f.

hostilizar [oʃtʃili'za(x)] vt acosar.

hotel [o'tɛw] (pl -éis) m hotel m; ~ **fazenda** hotel m en una hacienda.

hp (abrev de horse power) ≃ c.v. m.

HTML (abrev de Hypertext Markup Language) m HTML m.

HTTP (abrev de Hypertext Transfer Protocol) m HTTP m.

humanidade [umani'dadʒi] f [raça humana, benevolência] humanidad f.

humanitário, ria [umani'tarju, rja] adj humanitario(ria).

humano, na [u'mãnu, na] adj humano(na); **ser** ~ ser humano.

humanóide [uma'nɔjdʒi] ⬦ *adj* humanoide. ⬦ *mf* humanoide *m.*

humildade [umiw'dadʒi] *f* [pobreza, modéstia, submissão] humildad *f.*

humilde [u'miwdʒi] ⬦ *adj* [pobre, modesto, submisso] humilde. ⬦ *mf*: **os ~s** los humildes.

humildemente [umiwdʒi'mẽntʃi] *adv* humildemente.

humilhação [umiʎa'sãw] (*pl* -ões) *f* humillación *f.*

humilhar [umi'ʎa(x)] *vt* humillar.

humor [u'mo(x)] *m* humor *m*; **estar de bom/ mau ~** estar de buen/mal humor.

humorista [umo'riʃta] *mf* humorista *mf.*

humorístico, ca [umo'riʃtʃiku, ka] *adj* humorístico(ca).

húngaro, ra ['ũŋgaru, ra] ⬦ *adj* húngaro(ra). ⬦ *m, f* [habitante] húngaro *m*, -ra *f.*

◆ **húngaro** *m* [língua] húngaro *m.*

Hungria [ũŋ'gria] *n* Hungría.

Hz (*abrev de* hertz) Hz.

i, I [i] *m* [letra] i, I *f.*

ianque ['jãŋki] ⬦ *adj* yanqui. ⬦ *m, f* yanqui *mf.*

iate ['jatʃi] *m* yate *m.*

iatismo [ja'tʃiʒmu] *m* vela *f*, veleo *m Méx.*

iatista [ja'tʃiʃta] *mf* tripulante *mf.*

IBAMA (*abrev de* Instituto Brasileiro do Meio Ambiente e dos Recursos Naturais Renováveis) *m* instituto oficial brasileño de protección del medio ambiente.

Ibase (*abrev de* Instituto Brasileiro de Análises Sociais e Econômicas) *m* instituto de análisis sociales y económicos.

IBDF (*abrev de* Instituto Brasileiro de Desenvolvimento Florestal) *m* instituto brasileño de protección de la masa forestal.

IBGE (*abrev de* Instituto Brasileiro de Geografia e Estatística) *m* instituto brasileño de geografía y estadística.

IBM (*abrev de* International Business Machine) *f* IBM *f.*

Ibope (*abrev de* Instituto Brasileiro de Opinião Pública e Estatística) *m* organismo encargado de la medición de las tasas de audiencia en radio y televisión.

IBP (*abrev de* Instituto Brasileiro de Petróleo) *m*

instituto para el desarrollo de la industria del petróleo y afines.

içar [i'sa(x)] *vt* izar.

iceberg [ajs'bɛxgi] *m* iceberg *m.*

ICM/S (*abrev de* Imposto sobre a Circulação de Mercadorias e Serviços) *m* ≃ IVA *m.*

ícone ['ikoni] *m* ícono *m.*

iconoclasta [ikono'klaʃta] ⬦ *adj* iconoclasta. ⬦ *mf* iconoclasta *mf.*

ida ['ida] *f* -1. [ger] ida *f*; **(bilhete de) ~ e volta** (billete *ou* pasaje *Amér* de) ida y vuelta. -2. [partida] partida *f.*

idade [i'dadʒi] *f* edad *f*; **de ~** mayor, de edad *Amér*; **ser menor/maior de ~** ser menor/mayor de edad; **terceira ~** tercera edad; **Idade Média** Edad Media; **~ da pedra** Edad de Piedra.

ideal [i'deaw] (*pl* -ais) ⬦ *adj* [imaginário, perfeito] ideal. ⬦ *m* [valores, perfeição] ideal *m.*

idealista [idea'liʃta] ⬦ *adj* idealista. ⬦ *mf* idealista *mf.*

idealizador [idealiza'do(x)] *m, f* creador *m*, -ra *f.*

idealizar [ideali'za(x)] *vt* -1. [endeusar] idealizar. -2. [planejar] idear.

idear ['idea(x)] *vt* [planejar] idear.

idéia [i'dɛja] *f* -1. [ger] idea *f*; **estar com ~ de** tener idea de *Esp*, estar con la idea de *Amér*; **ter uma ~ errada de algo** tener una idea equivocada de algo; **fazer** *ou* **ter ~ de algo** tener idea de algo; **mudar de ~** cambiar de idea. -2. [mente] cabeza *f.*

idem ['idẽ] *pron* ídem.

idêntico, ca [i'dẽntʃiku, ka] *adj* idéntico(ca).

identidade [idẽntʃi'dadʒi] *f* identidad *f*; **(carteira de) ~** carnet *m* de identidad, identificación *f Méx*, cédula *f* de identidad *Urug.*

identificação [idẽntʃifika'sãw] (*pl* -ões) *f* [identidade, reconhecimento] identificación *f.*

identificar [idẽntʃifi'ka(x)] *vt* identificar.

◆ **identificar-se** *vp* -1. [revelar-se] identificarse. -2. [espelhar-se]: **~-se com algo/alguém** identificarse con algo/alguien.

ideologia [ideolo'ʒia] *f* ideología *f.*

ídiche ['idiʃi] *m* = iídiche.

idílico, ca [i'dʒiliku, ka] *adj* idílico(ca).

idioma [i'dʒjoma] *m* idioma *m.*

idiomático, ca [idʒjo'matʃiku, ka] *adj* idiomático(ca).

idiota [i'dʒjɔta] ⬦ *adj* idiota. ⬦ *mf* idiota *mf.*

idiotia [idʒjo'tʃia] *f* idiotez *f.*

ido, ida ['idu, 'ida] *adj* pasado(da).

idólatra [i'dɔlatra] ⬦ *adj* idólatra. ⬦ *mf* [de ídolos] idólatra *mf.*

idolatrar [idola'tra(x)] *vt* idolatrar.

ídolo ['idulu] *m* ídolo *m.*

idôneo, nea [i'donju, njal adj idóneo(a).
idoso, osa [i'dozu, ɔza] adj mayor.
Iemanjá [jemãn'ʒa] f Iemanyá, *diosa del mar en el culto afrobrasilero.*
Ierevan [jere'vãl n Ereván.
ignição [igni'sãw] f ignición f.
ignomínia [igno'minja] f ignominia f.
ignorado, da [igno'radu, da] adj ignorado(da).
ignorância [igno'rãnsja] f -1. [desconhecimento] ignorancia f. -2. [grosseria] descortesía f. -3. [violência]: **apelar para a** ~ perder los estribos.
ignorante [igno'rãntʃi] ⟨⟩ adj -1. [leigo]: ~ **(em)** ignorante (en). -2. [grosseiro] grosero(ra). ⟨⟩ mf -1. [leigo] ignorante mf. -2. [grosseiro] grosero m, -ra f.
ignorar [igno'ra(x)] vt [desconhecer, desprezar] ignorar.
IGP *(abrev de* Índice Geral de Preços) m IPC m.
IGP-M *(abrev de* Índice Geral de Preços de Mercado) m IPC m.
igreja [i'greʒa] f [templo, seita] iglesia f.
Iguaçu [igwa'su] m: **(as cataratas do)** ~ las cataratas del Iguazú.
igual [i'gwaw] *(pl -ais)* ⟨⟩ adj [idêntico, uniforme] igual. ⟨⟩ mf igual mf; **por** ~ por igual. ⟨⟩ adv igual.
igualar [igwa'la(x)] vt -1. [tornar igual] igualar. -2. [nivelar] igualar, emparejar *RP.*
◆ **igualar-se** vp [tornar-se igual, comparar-se]: ~-**se a algo/alguém** igualarse a algo/alguien.
igualdade [igwaw'dadʒi] f [paridade, constância, justiça] igualdad f.
iguaria [igwa'ria] f manjar m.
iídiche ['jidiʃi] m yiddish m.
ilegal [ile'gaw] *(pl -ais)* adj ilegal.
ilegítimo, ma [ile'ʒitʃimu, ma] adj [ilegal, não razoável] ilegítimo(ma).
ilegível [ile'ʒivɛw] *(pl -eis)* adj ilegible.
ileso, sa [i'lezu, za] adj ileso(sa).
iletrado, da [ile'tradu, da] adj [inculto, analfabeto] iletrado(da).
ilha ['iʎa] f isla f.
ilhéu, ilhoa [i'ʎɛw, i'ʎoa] m, f isleño m, -ña f.
ilhota [i'ʎɔta] f islote m.
ilícito, ta [i'lisitu, ta] adj ilícito(ta).
ilimitado, da [ilimi'tadu, da] adj ilimitado(da).
ilógico, ca [i'lɔʒiku, ka] adj ilógico(ca).
iludir [ilu'dʒi(x)] vt engañar.
◆ **iludir-se** vp engañarse.
iluminação [ilumina'sãw] *(pl -ões)* f -1. [luzes] iluminación f. -2. *fig* [insight] inspiración f.
iluminar [ilumi'na(x)] vt iluminar.
Iluminismo [ilumi'niʒmu] m Ilustración f.

iluminista [ilumi'niʃta] ⟨⟩ adj ilustrado(da). ⟨⟩ mf ilustrado m, -da f.
ilusão [ilu'zãw] *(pl -ões)* f ilusión f; ~ **de ótica** ilusión optica.
ilusionista [iluzjo'niʃta] mf ilusionista mf.
ilusório, ria [ilu'zɔrju, rja] adj ilusorio(ria).
ilustração [iluʃtra'sãw] *(pl -ões)* f ilustración f.
ilustrado, da [iluʃ'tradu, da] adj ilustrado(da).
ilustrar [iluʃ'tra(x)] vt ilustrar.
ilustre [i'luʃtril adj ilustre; **um** ~ **desconhecido** un ilustre desconocido.
ilustríssimo, ma [iluʃ'trisimu, ma] *superl* ilustrísimo(ma); ~ **senhor** ilustrísimo señor.
ímã ['imã] m imán m.
imaculado, da [imaku'ladu, da] adj inmaculado(da).
imagem [i'maʒẽl *(pl -ns)* f imagen f.
imaginação [imaʒina'sãw] f imaginación f.
imaginar [imaʒi'na(x)] ⟨⟩ vt -1. [fantasiar] imaginar(se). -2. [supor]: ~ **que** imaginar(se) que. ⟨⟩ vi soñar despierto; **imagina!** ¡qué ocurrencia!
◆ **imaginar-se** vp [supor-se] imaginarse.
imaginário, ria [imaʒi'narju, rja] adj imaginario(ria).
imaginativo, va [imaʒina'tʃivu, va] adj imaginativo(va).
imanência [ima'nẽsja] f [filosofia] inmanencia f.
imaturo, ra [ima'turu, ra] adj inmaduro(ra).
imbatível [ĩnba'tʃivɛw] *(pl -eis)* adj imbatible.
imbecil [ĩnbe'siw] *(pl -is)* ⟨⟩ adj imbécil. ⟨⟩ mf imbécil mf.
imbecilidade [ĩnbesili'dadʒi] f imbecilidad f.
imediações [imedʒja'sõiʃ] fpl inmediaciones fpl.
imediatamente [ime,dʒjata'mẽntʃi] adv inmediatamente.
imediatismo [imedʒja'tʃiʒmul m carácter m inmediato.
imensidão [imẽsi'dãw], **imensidade** [imẽsi'dadʒi] f inmensidad f.
imenso, sa [i'mẽsu, sa] adj inmenso(sa).
imerecido, da [imere'sidu, da] adj inmerecido(da).
imergir [imex'ʒi(x)] ⟨⟩ vt sumergir. ⟨⟩ vi -1. [afundar] hundirse. -2. *fig* [entrar]: ~ **em algo** hundirse en algo.
imerso, sa [i'mɛxsu, sa] adj inmerso(sa).
imigração [imigra'sãw] *(pl -ões)* f inmigración f.
imigrante [imi'grãntʃi] ⟨⟩ adj inmigrante. ⟨⟩ mf inmigrante mf.

iminente [imi'nẽntʃi] *adj* inminente.

imitação [imita'sãw] (*pl* -ões) *f* imitación *f*.

imitar [imi'ta(x)] *vt* imitar.

IML (*abrev de* Instituto Médico Legal) *m* instituto anatómico forense.

imobiliário, ria [imobi'ljarju, rja] *adj* inmobiliario(ria).

➡ **imobiliária** *f* inmobiliaria *f*.

imobilizar [imobili'za(x)] *vt* inmovilizar.

imodesto, ta [imo'dεʃtu, ta] *adj* inmodesto(ta), arrogante.

imoral [imo'raw] (*pl* -ais) *adj* inmoral.

imoralidade [imorali'dadʒi] *f* inmoralidad *f*.

imortal [imox'taw] (*pl* -ais) <> *adj* inmortal. <> *mf* miembro vitalicio de la Academia Brasileña de las Letras.

imortalidade [imoxtali'dadʒi] *f* inmortalidad *f*.

imóvel [i'mɔvɛw] (*pl* -eis) <> *adj* inmóvil. <> *m* inmueble *m*.

impaciência [ĩnpa'sjẽnsja] *f* impaciencia *f*.

impacientar [ĩnpasjẽn'ta(x)] *vt* impacientar.

➡ **impacientar-se** *vp* impacientarse.

impaciente [ĩnpa'sjẽntʃi] *adj* impaciente.

impactar [ĩnpak'ta(x)] <> *vt* -1. [impressionar, abalar] impactar. -2. [colidir contra] impactar en. <> *vi* impactar.

impacto [ĩn'paktu] *m* impacto *m*.

impagável [ĩmpa'gavew] (*pl* -eis) *adj* impagable.

ímpar [l'ĩnpa(x)] (*pl* -es) *adj* impar.

imparcial [ĩnpax'sjaw] (*pl* -ais) *adj* imparcial.

impasse [ĩn'pasi] *m* impasse *m*, callejón *m* sin salida.

impassível [ĩnpa'sivew] (*pl* -eis) *adj* impasible.

impecável [ĩnpe'kavɛw] (*pl* -eis) *adj* impecable.

impedido, da [ĩnpe'dʒidu, da] *adj* -1. [bloqueado] obstruido(da). -2. *fut* en fuera de juego. -3. [estorvado]: ~ **de fazer algo** imposibilitado(da) para hacer algo.

impedimento [ĩnpedʒi'mẽntu] *m* -1. *fut* fuera de juego *m*. -2. *fig* [obstáculo] impedimento *m*. -3. *pol* proceso *m* de destitución, impeachment *m*.

impedir [ĩnpe'dʒi(x)] *v* impedir; ~ **alguém de fazer algo** impedir a alguien hacer algo.

impelir [ĩnpe'li(x)] *vt* -1. [empurrar] empujar, proyectar. -2. [instigar]: ~ **alguém a algo** empujar a alguien a algo; ~ **alguém a fazer algo** empujar a alguien a hacer algo.

impenetrável [ĩnpene'travɛw] (*pl* -eis) *adj* impenetrable.

impensado, da [ĩnpẽn'sadu, da] *adj* impensado(da).

impensável [ĩnpẽn'savɛw] (*pl* -eis) *adj* impensable.

imperador, triz [ĩnpera'do(x), triʃ] (*mpl* -es, *fpl* -zes) *m*, *f* emperador *m*, -triz *f*.

imperativo, va [ĩnpera'tʃivu, va] *adj* -1. [urgente] urgente. -2. [autoritário] autoritario(ria) *RP*.

➡ **imperativo** *m* -1. [obrigação] condición *m* sine qua non. -2. *gram* imperativo *m*.

imperdível [ĩnpex'dʒivew] (*pl* -eis) *adj* -1. [fundamental] imperdible. -2. [garantido] que no se puede perder.

imperdoável [ĩnpex'dwavɛw] (*pl* -eis) *adj* imperdonable.

imperfeição [ĩnpexfej'sãw] (*pl* -ões) *f* imperfección *f*.

imperfeito, ta [ĩnpex'fejtu, ta] *adj* imperfecto(ta).

➡ **imperfeito** *m gram* imperfecto *m*.

imperial [ĩnpe'rjaw] (*pl* -ais) *adj* imperial.

imperialismo [ĩnperja'liʒmu] *m* imperialismo *m*.

imperícia [ĩnpe'risja] *f* -1. [inabilidade] falta *f* de habilidad. -2. [inexperiência] inexperiencia *f*.

império [ĩn'pɛrju] *m* imperio *m*.

impermeável [ĩnpex'mjavɛw] (*pl* -eis) <> *adj* impermeable. <> *m* [capa de chuva] impermeable *m*.

impertinência [ĩnpextʃi'nẽnsja] *f* impertinencia *f*.

impertinente [ĩnpextʃi'nẽntʃi] *adj* impertinente.

imperturbável [ĩnpextux'bavɛw] (*pl* -eis) *adj* imperturbable.

impessoal [ĩnpe'swaw] (*pl* -ais) *adj* impersonal.

ímpeto [l'ĩnpetu] *m* -1. [movimento] tirón *m*. -2. [impulso] impulso *m*.

impetuoso, osa [ĩnpe'twozu, ɔza] *adj* impetuoso(sa).

impiedade [ĩnpje'dadʒi] *f* falta *f* de piedad.

impiedoso, osa [ĩnpje'dozu, ɔza] *adj* impiadoso(sa).

ímpio, pia [l'ĩnpju, pja] <> *adj* impío(pía). <> *m*, *f* impío *m*, -pía *f*.

implacável [ĩnpla'kavɛw] (*pl* -eis) *adj* implacable.

implantação [ĩnplãnta'sãw] *f* [introdução] implantación *f*.

implementar [ĩnplemẽn'ta(x)] *vt* implantar.

implemento [ĩnple'mẽntu] *m* implemento *m*.

implicância [ĩnpli'kãnsja] *f* -1. [provocação] provocación *f*. -2. [birra] ojeriza *f*, tirria *f*, idea *f RP*.

implicar [ĩnpliˈka(x)] ◇ *vt* [envolver]: ~ **alguém em algo** meter a alguien en algo. ◇ *vi* -**1.** [ger]: ~ **algo** implicar algo. -**2.** [provocar]: ~ **com alguém** meterse con alguien, provocar a alguien *RP.*

implícito, ta [ĩnˈplisitu, ta] *adj* implícito(ta).

implorar [ĩnploˈra(x)] *vt*: ~ **algo (a alguém)** implorar algo (a alguien).

imponderável [ĩnpõndeˈravew] (*pl* -**eis**) *adj* imponderable.

imponente [ĩnpoˈnẽntʃi] *adj* imponente.

impontual [ĩnpõnˈtwaw] (*pl* -**ais**) *adj* impuntual.

impopular [ĩnpopuˈla(x)] (*pl* -**es**) *adj* impopular.

impopularidade [ĩnpopulariˈdadʒi] *f* impopularidad *f.*

impor [ĩnˈpo(x)] *vt* imponer; ~ **algo a alguém** imponer algo a alguien.
◆ **impor-se** *vp* [afirmar-se] imponerse.

importação [ĩnpoxtaˈsãw] (*pl* -**ões**) *f* importación *f.*

importador, ra [ĩnpoxtaˈdo(x), ra] ◇ *adj* importador(ra). ◇ *m, f* importador *m*, -ra *f.*
◆ **importadora** *f* [companhia] importadora *f.*

importância [ĩnpoxˈtãnsja] *f* -**1.** [mérito] importancia *f.* -**2.** [quantia] suma *f.*

importante [ĩnpoxˈtãntʃi] *adj* importante.

importar [ĩnpoxˈta(x)] ◇ *vt COM* importar. ◇ *vi* -**1.** [ser importante] importar. -**2.** [resultar]: ~ **em** resultar en. -**3.** [atingir]: ~ **em** ascender a.
◆ **importar-se** *vp* [fazer caso]: **não me importo com o que dizem de mim** no me importa lo que dicen de mí; **não me importo de ajudar** no me importa ayudar.

importunar [ĩnpoxtuˈna(x)] *vt* importunar.

importuno, na [ĩnpoxˈtunu, na] *adj* inoportuno(na).

imposição [ĩnpoziˈsãw] (*pl* -**ões**) *f* imposición *f.*

impossibilidade [ĩnposibiliˈdadʒi] *f* imposibilidad *f.*

impossibilitado, da [ĩnposibiliˈtadu, da] *adj*: ~ **de fazer algo** imposibilitado para hacer algo.

impossibilitar [ĩnposibiliˈta(x)] *vt* imposibilitar; ~ **alguém de fazer algo** imposibilitar a alguien para hacer algo.

impossível [ĩnpoˈsivɛw] (*pl* -**eis**) *adj* imposible.

imposto, ta [ĩnˈpoʃtu, ta] *pp* ▷ **impor.**
◆ **imposto** *m* impuesto *m*; ~ **sobre Circulação de Mercadoria** impuesto sobre el valor añadido, impuesto al valor agregado *Amér*; ~ **predial** ≃ contribución *f*

urbana *ou* inmobiliaria *RP*; ≃ impuesto *m* predial *Méx*; ~ **de renda** impuesto sobre la renta *ou* a la renta *RP.*

impostor, ra [ĩnpoʃˈto(x), ra] (*mpl* -**es**, *fpl* -**s**) *m, f* impostor *m*, -ra *f.*

impotente [ĩnpoˈtẽntʃi] *adj* impotente.

impraticável [ĩnpratʃiˈkavɛw] (*pl* -**eis**) *adj* impracticable.

impreciso, sa [ĩnpreˈsizu, za] *adj* impreciso(sa).

impregnar [ĩnpregˈna(x)] ◇ *vt* impregnar. ◇ *vi* impregnarse.

imprensa [ĩnˈprẽnsa] *f* -**1.** [ger] prensa *f.* -**2.** [tipografia] imprenta *f.*

imprescindível [ĩnpresĩnˈdʒivɛw] (*pl* -**eis**) *adj* imprescindible.

impressão [ĩnpreˈsãw] (*pl* -**ões**) *f* -**1.** [ger] impresión *f.* -**2.** [sensação]: **ter boa impressão de algo/alguém** tener buena impresión de algo/alguien; **ter má impressão de algo/alguém** tener mala impresión de algo/alguien.

impressionante [ĩnpresjoˈnãntʃi] *adj* impresionante.

impressionar [ĩnpresjoˈna(x)] ◇ *vt* impresionar. ◇ *vi* impresionar.
◆ **impressionar-se** *vp* impresionarse.

impresso, sa [ĩnˈprɛsu, sa] ◇ *pp* ▷ **imprimir.** ◇ *adj* impreso(sa).
◆ **impresso** *m* impreso *m.*

impressora [ĩnpreˈsora] *f* -**1.** [ger] impresora *f.* -**2.** *COMPUT*: ~ **a jato de tinta** impresora de chorro de tinta; ~ **a laser** impresora láser; ~ **matricial** impresora matricial.

imprestável [ĩnpreʃˈtavɛw] (*pl* -**eis**) *adj* -**1.** [inútil] inútil. -**2.** [estragado] inservible.

imprevidente [ĩnpreviˈdẽntʃi] *adj* negligente.

imprevisível [ĩnpreviˈzivɛw] (*pl* -**eis**) *adj* imprevisible.

imprevisto, ta [ĩnpreˈviʃtu, ta] *adj* imprevisto(ta).
◆ **imprevisto** *m* imprevisto *m.*

imprimir [ĩnpriˈmi(x)] ◇ *vt* imprimir. ◇ *vi COMPUT* imprimir.

improcedente [ĩnproseˈdẽntʃi] *adj* improcedente.

improdutivo, va [ĩnproduˈtʃivu, va] *adj* improductivo(va).

impróprio, pria [ĩnˈprɔprju, prja] *adj* impropio(pia), inapropiado(da).

improvável [ĩnproˈvavɛw] (*pl* -**eis**) *adj* improbable.

improvisar [ĩnproviˈza(x)] ◇ *vt* improvisar. ◇ *vi* improvisar.

improviso [ĩnproˈvizu] *m* -**1.** [repente]: **de** ~ de improviso; **fazer algo de** ~ improvisar algo. -**2.** *TEATRO* improvisación *f.*

imprudente [ĩnpru'dẽntʃi] adj imprudente.
impugnação [ĩnpugna'sãw] (pl -ões) f [contestação] impugnación f.
impulsionar [ĩnpuwsjo'na(x)] vt -1. [ger] impulsar. -2. [estimular] dar impulso a.
impulsivo, va [ĩnpuw'sivu, va] adj impulsivo(va).
impulso [ĩn'puwsul m impulso m; **tomar** ~ tomar impulso.
impune [ĩn'punil adj impune.
impunidade [ĩnpuni'dadʒil f impunidad f.
impureza [ĩnpu'rezal f impureza f.
impuro, ra [ĩn'puru, ra] adj impuro(ra).
imputação [ĩnputa'sãw] (pl -ões) f [acusação] imputación f.
imundície [ĩmũn,dʒisjil, **imundícia** [ĩmun-'dʒisja] f [falta de asseio] inmundicia f.
imundo, da li'mũndu, da] adj inmundo(da).
imune li'munil adj: ~ (a) inmune (a).
imunidade limuni'dadʒil f inmunidad f.
imunizar limuni'za(x)] vt inmunizar.
imutável limu'tavewl (pl-eis) adj inmutable.
inábil li'nabiwl (pl-eis) adj torpe.
inabilidade linabili'dadʒil f torpeza f.
inabitado, da [inabi'tadu, da] adj deshabitado(da).
inabitável linabi'tavewl (pl -eis) adj inhabitable.
inacabado, da linaka'badu, da] adj inacabado(da).
inacabável linaka'bavewl (pl -eis) adj interminable.
inaceitável linasej'tavɛwl (pl-eis) adj inaceptable.
inacessível linase'sivɛwl (pl-eis) adj inaccesible.
inacreditável linakredʒi'tavɛwl (pl -eis) adj increíble.
inadiável lina'djavɛwl (pl-eis) adj inaplazable.
inadimplência linadʒĩn'plẽnsja] fJUR incumplimiento m de contrato.
inadvertidamente linadʒivertʃida'mẽntʃil adv inadvertidamente.
inadvertido, da linadʒiver'tʃidu, da] adj inadvertido(da).
inalação linala'sãwl (pl-ões) f inhalación f.
inalar lina'la(x)] vt inhalar.
inalterado, da linawte'radu, da] adj -1. [não modificado] inalterado(da). -2. [calmo] inalterado(da), impávido(da).
inanimado, da linani'madu, da] adj inanimado(da).
inaptidão linaptʃi'dãwl f ineptitud f.
inapto, pta li'naptu, ptal adj incapacitado(da).
inatingível linatʃĩn'ʒivɛwl (pl -eis) adj inalcanzable.

inatividade linatʃivi'dadʒil f -1. [inércia, desemprego] inactividad f. -2. [aposentadoria] jubilación f. -3. [reforma] retiro m.
inativo, va lina'tʃivu, val adj -1. [parado] inactivo(va). -2. [aposentado] jubilado(da), pasivo(va) RP. -3. [reformado] retirado(da).
inato, ta l'inatu, tal adj innato(ta).
inaudito, ta [inaw'dʒitu, ta] adj inaudito(ta).
inaudível [inaw'dʒivewl (pl -eis) adj inaudible.
inauguração [inawgura'sãw] (pl-ões) f inauguración f.
inaugural [inawgu'rawl (pl -ais) adj inaugural.
inaugurar [inawgu'ra(x)] vt inaugurar.
inca l'ĩŋkal <> adj inca. <> mf inca mf.
incalculável [ĩŋkawku'lavewl (pl -eis) adj incalculable.
incandescente [ĩŋkãnde'sẽntʃil adj incandescente.
incansável [ĩŋkãn'savɛwl (pl -eis) adj incansable.
incapacidade [ĩŋkapasi'dadʒil f incapacidad f.
incapacitado, da [ĩŋkapasi'tadu, da] <> adj -1. [inválido] discapacitado(da). -2. [impedido] incapacitado(da). <> m, f discapacitado m, -da f.
incapaz [ĩŋka'paʃl (pl -es) adj incapaz; ~ **(para)** [incompetente] incapaz (para); ~ **de** incapaz de.
incauto, ta liŋ'kawtu, tal adj incauto(ta).
incendiar [ĩnsẽn'dʒja(x)] vt incendiar.
→ incendiar-se vp incendiarse.
incendiário, ria [ĩnsẽn'dʒjarju, rjal <> adj [bomba etc.] incendiario(ria). <> m, f incendiario m, -ria f, pirómano m, -na f.
incêndio [ĩn'sẽndʒjul m incendio m; ~ **provocado** ou **criminoso** incendio provocado.
incenso [ĩn'sẽnsul m incienso m.
incentivar [ĩnsẽntʃi'va(x)] vt incentivar.
incentivo [ĩnsẽn'tʃivul m incentivo m.
incerteza [ĩnsex'tezal f incertidumbre f.
incerto, ta [ĩn'sɛxtu, tal adj incierto(ta).
incessante [ĩnse'sãntʃil adj incesante.
incesto [ĩn'sɛʃtul m incesto m.
inchação [ĩnʃa'sãwl f hinchazón f.
inchaço [ĩn'ʃasul m fam hinchazón f.
inchado, da [ĩn'ʃadu, da] adj hinchado(da).
inchar [ĩn'sa(x)l <> vt [dilatar] hinchar. <> vi [dilatar] hincharse.
incidência [ĩnsi'dẽnsjal f incidencia f.
incidente [ĩnsi'dẽntʃil m incidente m.
incinerador, ra [ĩnsine'rado(x), ral <> adj incinerador(ra). <> m incinerador m, -ra f.
incipiente [ĩnsi'pjẽntʃil adj incipiente.
incisivo, va [ĩnsi'zivu, val adj incisivo(va).

incitar [ĩnsi'ta(x)] *vt* **-1.** [instigar]: ~ alguém a
algo incitar a alguien a algo; ~ alguém a
fazer algo incitar a alguien a hacer algo.
-2. [suj: ambição *etc.*]: ~ alguém (a algo/a fazer algo) incitar a alguien (a algo/a hacer
algo). **-3.** [açular] azuzar.
incivilidade [ĩnsivili'dadʒil] *f* falta *f* de
civilidad.
inclemente [ĩŋkle'mẽntʃil] *adj* inclemente.
inclinação [ĩŋklina'sãw] (*pl* -ões) *f* **-1.** [queda,
mesura] inclinación *f.* **-2.** *fig* [propensão]: ~
para inclinación a.
inclinado, da [ĩŋkli'nadu, da] *adj* **-1.** [oblíquo]
inclinado(da). **-2.** *fig* [propenso]: ~ a algo/a
fazer algo inclinado(da) a algo/a hacer
algo.
inclinar [ĩŋkli'na(x)] *vt* inclinar.
◆ **inclinar-se** *vp* **-1.** [curvar-se] inclinarse.
-2. [tender a]: ~-se a inclinarse a.
incluir [ĩŋklu'i(x)] *vt* **-1.** [abranger] incluir. **-2.**
[inserir]: ~ algo em algo incluir algo en algo.
◆ **incluir-se** *vp* incluirse.
inclusão [ĩŋklu'zãw] *f* inclusión *f.*
inclusive [ĩŋklu'zivil] *adv* **-1.** [com inclusão de]
inclusive. **-2.** [até mesmo] incluso.
incluso, sa [ĩŋ'kluzu, za] *adj* incluido(da).
incoerente [ĩŋkwe'rẽntʃil] *adj* incoherente.
incógnito, ta [ĩn'kɔɲitu, ta] *adj* desconoci-
do(da).
◆ **incógnita** *f* **-1.** *MAT* incógnita *f.* **-2.** [mis-
tério]: ser uma ~ ser una incógnita.
◆ **incógnito** *adv* de incógnito.
incolor [ĩŋko'lo(x)] (*pl* -es) *adj* incoloro(ra).
incólume [ĩŋ'kɔlumil] *adj* incólume.
incomodar [ĩŋkomo'da(x)] ◇ *vt* **-1.** [impor-
tunar] incomodar, molestar *Amér.* **-2.** [irri-
tar] molestar. ◇ *vi* [irritar]: ~ a molestar a.
◆ **incomodar-se** *vp* **-1.** [molestar-se, irritar-
se] incomodarse, molestarse *Amér.* **-2.**
[importar-se] incomodarse, molestarse *RP.*
incômodo, da [ĩŋ'komodu, da] *adj* **-1.** [des-
confortável, embaraçoso] incómodo(da). **-2.**
[enfadonho] molesto(ta).
◆ **incômodo** *m* **-1.** [embaraço] contratiempo *m.* **-2.** *fam* [menstruação] menstruación
f, regla *m Esp,* indisposición *f Méx.*
incomparável [ĩŋkõnpa'ravɛwl] (*pl* -eis) *adj*
incomparable.
incompatível [ĩŋkõnpa'tʃivɛwl] (*pl* -eis) *adj*
incompatible.
incompetente [ĩŋkõnpe'tẽntʃil] ◇ *adj* incompetente. ◇ *mf* incompetente *mf.*
incompleto, ta [ĩŋkõn'plɛtu, ta] *adj* incom-
pleto(ta).
incompreendido, da [ĩŋkõnprjẽn'dʒidu, da]
adj incomprendido(da).
incompreensível [ĩŋkõnprjẽn'sivewl] (*pl* -eis)
adj incomprensible.

incomum [ĩŋko'mũl] (*pl* -ns) *adj* fuera de lo
común.
incomunicável [ĩŋkomuni'kavɛwl] (*pl* -eis) *adj*
-1. [sem comunicação] incomunicado(da).
-2. *fig* [insociável] insociable, antisocial
RP.
inconcebível [ĩŋkõnse'bivɛwl] (*pl* -eis) *adj*
inconcebible.
inconciliável [ĩŋkõnsi'ljavewl] (*pl* -eis) *adj*
irreconciliable.
incondicional [ĩŋkõndʒisjo'nawl] (*pl* -ais) *adj*
incondicional.
inconfidente [ĩŋkõnfi'dẽntʃil] ◇ *adj* infiel.
◇ *mf* traidor *m,* -ra *f.*
inconformado, da [ĩŋkõnfox'madu, da] *adj*
insatisfecho(cha).
inconfundível [ĩŋkõnfũn'dʒivɛwl] (*pl* -eis) *adj*
inconfundible.
inconsciência [ĩŋkõn'sjẽnsjal] *f* inconsciencia *f.*
inconsciente [ĩŋkõn'sjẽntʃil] ◇ *adj* inconsciente. ◇ *m PSIC* inconsciente *m.*
inconseqüente [ĩŋkõnse'kwẽntʃil] ◇ *adj*
inconsecuente. ◇ *mf* inconsecuente *mf.*
inconsistente [ĩŋkõnsiʃ'tẽntʃil] *adj* inconsistente.
inconstante [ĩŋkõnʃ'tãntʃil] *adj* inconstante.
inconstitucionalidade [ĩŋkõnʃtʃitusjonali'd
dadʒil] *f* inconstitucionalidad *f.*
incontável [ĩŋkõn'tavewl] (*pl* -eis) *adj* incontable.
incontestável [ĩŋkõnteʃ'tavewl] (*pl* -eis) *adj*
incontestable.
inconteste [ĩŋkõn'tɛʃtʃil] *adj* incontesta-
do(da).
incontinência [ĩŋkõntʃi'nẽnsjal] *f MED* incontinencia *f.*
incontrolável [ĩŋkõntro'lavewl] (*pl* -eis) *adj*
incontrolable.
inconveniência [ĩŋkõnve'njẽnsjal] *f* inconveniencia *f.*
inconveniente [ĩŋkõnve'njẽntʃil] ◇ *adj* inconveniente. ◇ *m* inconveniente *m.*
INCOR (*abrev de* Instituto do Coração do Hospital das Clínicas) *m instituto de investigaciones sobre enfermedades coronarias del
importante hospital de las Clínicas en São
Paulo.*
incorporar [ĩŋkoxpo'ra(x)] *vt* incorporar;
~ algo a algo incorporar algo a algo.
◆ **incorporar-se** *vp* [juntar-se] incorporar-
se.
incorrer [ĩŋko'xe(x)] *vi:* ~ em algo incurrir
en algo.
incorreto, ta [ĩŋko'xɛtu, ta] *adj* incorrec-
to(ta).
incorrigível [ĩŋkoxi'ʒivɛwl] (*pl* -eis) *adj* incorregible.

incorruptível [ĩŋkoxup'tʃivew] (pl -eis) adj incorruptible.

INCRA (abrev de Instituto Nacional de Colonização e Reforma Agrária) morganismo para el desarrollo de los núcleos agrícolas.

incrédulo, la [ĩŋ'krɛdulu, la] adj incrédulo(la).

incremento [ĩŋkre'mẽntu] m -1. [aumento] incremento m. -2. [desenvolvimento] desarrollo m.

incriminar [ĩŋkrimi'na(x)] vt incriminar.

incrível [ĩŋ'krivɛw] (pl -eis) adj -1. [inacreditável] increíble. -2. fam [maravilhoso] increíble.

incrustação [ĩŋkruʃta'sãw] (pl -ões) f incrustación f.

incubação [ĩŋkuba'sãw] f incubación f.

incubadora [ĩŋkuba'dora] f incubadora f.

incumbência [ĩŋkũn'bẽnsja] f incumbencia f.

incumbir [ĩŋkũn'bi(x)] <> vt: ~ alguém de algo encargar algo a alguien. <> vi: ~ a alguém fazer algo incumbir a alguien hacer algo.

◆ **incumbir-se** vp: ~-se de algo encargarse de algo.

incurável [ĩŋku'ravew] (pl-eis) adj incurable.

incursão [ĩŋkux'sãw] (pl -ões) f incursión f.

incutir [ĩŋku'tʃi(x)] vt: ~ algo (a ou em alguém) infundir algo (a alguien).

indagação [ĩndaga'sãw] f indagación f.

indagar [ĩnda'ga(x)] <> vt indagar. <> vi indagar.

indecente [ĩnde'sẽntʃi] adj indecente.

indecifrável [ĩndesi'fravew] (pl -eis) adj indescifrable.

indecisão [ĩndesi'zãw] (pl -ões) f indecisión f.

indeciso, sa [ĩnde'sizu, za] adj indeciso(sa).

indecoroso, osa [ĩndeko'rozo, ɔza] adj indecoroso(sa).

indeferir [ĩndefe'ri(x)] vt denegar.

indefeso, sa [ĩnde'fezu, za] adj indefenso(sa).

indefinido, da [ĩndefi'nidu, da] adj indefinido(da).

indelével [ĩnde'lɛvew] (pl-eis) adj indeleble.

indelicado, da [ĩndeli'kadu, da] adj indelicado(da), descortés.

indenização [ĩndeniza'sãw] (pl -ões) f indemnización f.

indenizar [ĩndeni'za(x)] vt: ~ alguém (por algo) indemnizar a alguien (por algo).

independência [ĩndepẽn'dẽnsja] f independencia f.

independente [ĩndepẽn'dẽntʃi] adj independiente.

indescritível [ĩndeʃkri'tʃivɛw] (pl -eis) adj indescriptible.

indesculpável [ĩndʒiʃkuw'pavew] (pl -eis) adj imperdonable.

indesejável [ĩndeze'ʒavɛw] (pl -eis) adj indeseable.

indestrutível [ĩndeʃtru'tʃivɛw] (pl -eis) adj -1. [indestroçável] indestructible. -2. fig [inabalável] inquebrantable.

indeterminado, da [ĩndetexmi'nadu, da] adj indeterminado(da); por tempo ~ por tiempo indeterminado.

indevassável [ĩndeva'savew] (pl -eis) adj inexpugnable.

indevido,da [ĩnde'vidu, da] adj indebido(da).

Índia ['ĩndʒja] n: (a) ~ (la) India.

indiano, na [ĩn'dʒjãnu, na] <> adj [da Índia] indio(dia). <> m, f [habitante da Índia] indio m, -dia f.

indicação [ĩndʒika'sãw] (pl -ões) f -1. [de caminho etc.] señalización f. -2. [de uso] indicación f. -3. [recomendação] nominación f, postulación f RP. -4. [menção] mención f. -5. [denotação] señal f.

indicado, da [ĩndʒi'kadu, da] adj -1. [prescrito, apropriado] indicado(da). -2. [recomendado] nominado(da), postulado(da) RP.

indicador, ra [ĩndʒika'do(x), ra] (mpl -es, fpl -s) adj -1. [que indica]: ~ de indicador de. -2. [dedo]: **dedo** ~ dedo m índice.

◆ **indicador** m -1. [ger] indicador m. -2. [dedo] índice m.

indicar [ĩndʒi'ka(x)] vt -1. [apontar] indicar, señalar. -2. [recomendar] recomendar. -3. [mencionar] mencionar. -4. [designar] designar. -5. [determinar] indicar, establecer. -6. [denotar] indicar.

indicativo, va [ĩndʒika'tʃivu, va] adj indicativo(va).

◆ **indicativo** m GRAM indicativo m.

índice ['ĩndʒisi] m índice m.

indício [ĩn'dʒisju] m indicio m.

índico, ca ['ĩndʒiku, ka] m: o (oceano) ~ el (océano) Índico.

indiferença [ĩndʒife'rẽnsa] f indiferencia f.

indiferente [ĩndʒife'rẽntʃi] adj: ~ (a algo) indiferente (a algo).

indígena [ĩn'dʒiʒena] <> adj indígena. <> mf indígena mf.

indigência [ĩndʒi'ʒẽnsja] f -1. [miséria] indigencia f. -2. [indigentes] indigentes mpl. -3. [falta] falta f.

indigestão [ĩndʒiʒeʃ'tãw] (pl-ões) f indigestión f.

indigesto, ta [ĩndʒi'ʒɛʃtu, ta] adj -1. [difícil de digerir] indigesto(ta). -2. fig [enfadonho] intragable.

indignação [ĩndʒigna'sãw] (pl -ões) f indignación f.

indignado, da [ĩndʒig'nadu, dal *adj* indignado(da).

indignidade [ĩndʒigni'dadʒil *f* indignidad *f.*

indigno, gna [ĩn'dʒignu, gnal *adj* -**1**. [não merecedor]: ~ **de algo** indigno(na) de algo. -**2**. [vil] indigno(na).

índio, dia ['ĩndʒiu, dʒjal *m*, *f* [habitante da América] indio *m*, -dia *f.*

indireto, ta [ĩndʒi'rɛtu, tal *adj* indirecto(ta).
➥ **indireta** *f* indirecta *f.*

indisciplina [ĩndʒisi'plinal *f* indisciplina *f.*

indiscreto, ta [ĩndʒiʃ'krɛtu, tal *adj* indiscreto(ta).

indiscriminado, da [ĩndʒiʃkrimi'nadu, dal *adj* indiscriminado(da).

indiscutível [ĩndʒiʃku'tʃivɛwl *(pl* -eis) *adj* indiscutible.

indispensável [ĩndʒiʃpẽn'savɛwl *(pl* -eis) <> *adj* indispensable. <> *m*: o ~ lo indispensable.

indispor [ĩndʒiʃ'po(x)l *vt* indisponer.
➥ **indispor-se** *vp* [inimizar-se]: ~ **-se com alguém** indisponerse con alguien.

indisposto, osta [ĩndʒiʃ'poʃtu, ɔʃtal <> *pp* ▷ **indispor.** <> *adj* indispuesto(ta).

indistinto, ta [ĩndʒiʃ'tʃĩntu, tal *adj* indistinto(ta).

individual [ĩndʒivi'dwawl *(pl* -ais) *adj* individual.

indivíduo [ĩndʒi'vidwul *m* -**1**. [pessoa] individuo *m*. -**2**. *fam* [cara] tipo *m*, -pa *f.*

indócil [ĩn'dɔsiwl *(pl* -eis) *adj* -**1**. [rebelde] indomable. -**2**. [impaciente] impaciente.

indo-europeu, éia [ĩndwewro'pew, pɛjal *adj* indoeuropeo(a).
➥ **indo-europeu** *m* [língua] indoeuropeo *m.*

índole ['ĩndolil *f* índole *f.*

indolência [ĩndo'lẽnsjal *f* indolencia *f.*

indolente [ĩndo'lẽntʃil *adj* indolente.

indolor [ĩndo'lo(x)l *(pl* -es) *adj* indoloro(ra).

indomável [ĩndo'mavɛwl *(pl* -eis) *adj* indomable.

Indonésia [ĩndo'nɛzjal *n* Indonesia.

indulgência [ĩnduw'ʒẽnsjal *f* indulgencia *f.*

indulgente [ĩnduw'ʒẽntʃil *adj* indulgente.

indulto [ĩn'duwtuwl *m* *JUR* indulto *m.*

indumentária [ĩndumẽn'tarjal *f* indumentaria *f.*

indústria [ĩn'duʃtrial *f* -**1**. [ger] industria *f*; ~ **leve** *ou* **de consumo** industria ligera/de consumo; ~ **pesada** industria pesada. -**2**. [habilidade] destreza *f.*

industrial [ĩnduʃ'trjawl *(pl* -ais) <> *adj* industrial. <> *mf* industrial *mf.*

industrialização [ĩnduʃtrjaliza'sãwl *f* industrialización *f.*

industrializar [ĩnduʃtrjali'za(x)l *vt* industrializar.

➥ **industrializar-se** *vp* industrializarse.

industrioso, osa [ĩnduʃ'trjozu, ɔzal *adj* habilidoso(sa).

induzir [ĩndu'zi(x)l *vt* [levar]: ~ **alguém a algo** inducir a alguien a algo; ~ **alguém a fazer algo** inducir a alguien a hacer algo.

inebriado, da [ine'brjadu, dal *adj* [embriagado] ebrio(bria).

inebriante [ine'brjãntʃil *adj* embriagador(ra).

ineditismo [inedʒi'tʃiʒmul *m* carácter *m* inédito.

inédito, ta [i'nɛdʒitu, tal *adj* inédito(ta).

ineficaz [inefi'kaʃl *(pl* -es) *adj* ineficaz.

ineficiente [inefi'sjẽntʃil *adj* ineficiente.

inegável [ine'gavɛwl *(pl* -eis) *adj* innegable.

inelegível [inele'givewl *(pl* -eis) *adj* inelegible.

inépcia [i'nɛpsjal *f* ineptitud *f.*

inepto, ta [i'nɛptu, tal *adj* inepto(ta).

inequívoco, ca [ine'kivoku, kal *adj* inequívoco(ca).

inércia [i'nɛxsjal *f* inercia *f.*

inerente [ine'rẽntʃil *adj* inherente.

inerte [i'nɛxtʃil *adj* inerte.

inescrupuloso, osa [ineʃkrupu'lozu, ɔzal *adj* sin escrúpulos, inescrupuloso(sa) *RP.*

inescrutável [ineʃkru'tavewl *(pl* -eis) *adj* inescrutable.

inesgotável [inezgo'tavɛwl *(pl* -eis) *adj* inagotable.

inesperado, da [ineʃpe'radu, dal *adj* inesperado(da).
➥ **inesperado** *m* imprevisto *m.*

inesquecível [ineʃke'sivɛwl *(pl* -eis) *adj* inolvidable.

inestimável [ineʃtʃi'mavɛwl *(pl* -eis) *adj* inestimable.

inevitável [inevi'tavɛwl *(pl* -eis) <> *adj* inevitable. <> *m*: o ~ lo inevitable.

inexato, ta [ine'zatu, tal *adj* inexacto(ta).

inexeqüível [ineze'kwivewl *adj* imposible de ejecutar.

inexistência [ineziʃ'tẽnsjal *f* inexistencia *f.*

inexistente [ineziʃ'tẽntʃil *adj* inexistente.

inexorável [inezo'ravewl *(pl* -eis) *adj* inexorable.

inexperiência [ineʃpe'rjẽnsjal *f* inexperiencia *f.*

inexperiente [ineʃpe'rjẽntʃil *adj* sin experiencia, inexperiente *RP.*

inexplorado, da [ineʃplo'radu, dal *adj* -**1**. [desconhecido] inexplorado(da). -**2**. [não usado] sin explotar, no explotado(da).

inexpressivo, va [ineʃpre'sivu, val *adj* inexpresivo(va).

infalível [ĩnfa'livɛwl *(pl* -eis) *adj* infalible.

infame [ĩn'fãmil *adj* infame.

infâmia [ĩn'fãmja] f infamia f.
infância [ĩn'fãnsja] f infancia f.
infantaria [ĩnfãnta'ria] f infantería f.
infantil [ĩnfãn'tiw] (pl -is) adj infantil.
infarto [ĩn'faxtu] m = enfarte.
infatigável [ĩnfatʃi'gavew] (pl -eis) adj infatigable.
infecção [ĩnfek'sãw] (pl -ões) f infección f.
infeccionar [ĩnfeksjo'na(x)] <> vt infectar.
 <> vi infectarse.
infeccioso, osa [ĩnfek'sjozu, ɔza] adj infeccioso(sa).
infelicidade [ĩnfelisi'dadʒi] f - 1. [ger] infelicidad f. - 2. [azar] desgracia f.
infeliz [ĩnfe'liʒ] (pl -es) <> adj - 1. [ger] infeliz. - 2. [malogrado] desafortunado(da). <> mf infeliz mf.
infelizmente [ĩnfeliʒ'mẽntʃi] adv lamentablemente.
inferior [ĩnfe'rjo(x)] (pl -es) <> adj - 1. [que está mais baixo] inferior. - 2. [em quantidade, destreza, qualidade]: ~ **(a)** inferior (a). - 3. [em altura]: ~ **a más bajo** ou chico **Amér** que. <> mf [subalterno] inferior mf.
inferioridade [ĩnferjori'dadʒi] f inferioridad f.
inferir [ĩnfe'ri(x)] vt: ~ **algo (de)** inferir algo (de).
infernal [ĩnfex'naw] (pl -ais) adj fig infernal.
inferninho [ĩnfɛx'niɲu] m discoteca de ambiente sórdido, infiernillo m **Méx**.
inferno [ĩn'fɛxnu] m infierno m.
infestado, da [ĩnfeʃ'tadu, da] adj infestado(da).
infestar [ĩnfeʃ'ta(x)] vt infestar.
infidelidade [ĩnfideli'dadʒi] f infidelidad f.
infiel [ĩn'fjɛw] (pl -éis) <> adj infiel. <> mf **RELIG** infiel mf.
infiltrar [ĩnfiw'tra(x)] vt [parede] infiltrar.
 ◆ **infiltrar-se** vp infiltrarse.
ínfimo, ma ['ĩnfimu, ma] adj ínfimo(ma).
infindável [ĩnfĩn'davew] (pl -eis) adj - 1. [inacabável] interminable. - 2. [permanente] interminable, eterno(na).
infinidade [ĩnfini'dadʒi] f: uma ~ **de algo** una infinidad de algo.
infinitivo, va [ĩnfini'tʃivu, va] adj **GRAM** de infinitivo.
 ◆ **infinitivo** m infinitivo m.
infinito, ta [ĩnfi'nitu, ta] adj infinito(ta).
 ◆ **infinito** m infinito m.
inflação [ĩnfla'sãw] f inflación f.
inflacionário, ria [ĩnflasjo'narju, rja] adj inflacionario(ria).
inflamação [ĩnflama'sãw] (pl -ões) f inflamación f.
inflamado, da [ĩnfla'madu, da] adj inflamado(da).

inflamar [ĩnfla'ma(x)] <> vt inflamar. <> vi **MED** inflamarse.
inflamável [ĩnfla'mavɛw] (pl -eis) adj inflamable.
inflar [ĩn'fla(x)] vt inflar.
inflexível [ĩnflek'sivɛw] (pl -eis) adj inflexible.
infligir [ĩnfli'ʒi(x)] vt: ~ **algo (a alguém)** infligir algo (a alguien).
influência [ĩnflu'ẽnsja] f influencia f.
influenciar [ĩnflwẽn'sja(x)] <> vt influenciar, influir. <> vi: ~ **em algo** influenciar algo, influir en algo.
 ◆ **influenciar-se** vp: ~ **-se (por algo/alguém)** dejarse influir (por algo/alguien).
influente [ĩnflu'ẽntʃi] adj influyente.
influir [ĩnflu'i(x)] vi - 1. [importar] influir. - 2. [atuar]: ~ **em algo** influir en algo. - 3. [concorrer]: ~ **para algo** influir en algo.
influxo [ĩn'fluksu] m influjo m.
infográfico [ĩnfo'grafiku] m infográfico m.
informação [ĩnfoxma'sãw] (pl -ões) f información f.
informal [ĩnfox'maw] (pl -ais) adj informal.
informalidade [ĩnfoxmali'dadʒi] f informalidad f.
informante [ĩnfox'mãntʃi] mf informante mf.
informar [ĩnfox'ma(x)] <> vt - 1. [esclarecer] informar. - 2. [notificar]: ~ **alguém de algo** informar a alguien de algo. <> vi [ser informativo] informar.
 ◆ **informar-se** vp - 1. [atualizar-se] informarse. - 2. [esclarecer-se]: ~ **-se sobre algo** informarse sobre algo.
informático, ca [ĩnfox'matʃiku, ka] <> adj informático(ca).
 ◆ **informática** f informática f.
informativo, va [ĩnfoxma'tʃivu, va] adj informativo(va).
informatizar [ĩnfoxmatʃi'za(x)] vt informatizar.
informe [ĩn'fɔxmi] m informe m.
infortúnio [ĩnfox'tunju] m infortunio m.
infração [ĩnfra'sãw] (pl -ões) f infracción f; ~ **de trânsito** infracción de tráfico ou tránsito **Amér**.
INFRAERO (abrev de Empresa Brasileira de Infra-estrutura Portuária) f ≃ empresa brasileña encargada de la infraestructura aeroportuaria del país, ≃ AENA f **Esp**.
infra-estrutura [ˌĩnfraʃtru'tura] (pl infra-estruturas) f infraestructura f.
infrator, ra [ĩnfra'to(x), ra] (mpl -es, fpl -s) <> adj infractor(ra). <> m, f infractor m, -ra f.
infravermelho, lha [ĩnfravex'meʎu, ʎa] adj infrarrojo(ja).

infringir [ĩnfrĩn'ʒi(x)] *vt* infringir.

infrutífero, ra [ĩnfru'tʃiferu, ra] *adj* infructuoso(sa).

infundado, da [ĩnfũn'dadu, da] *adj* infundado(da).

infusão [ĩnfu'zãw] (*pl* -ões) *f* infusión *f.*

ingênuo, nua [ĩn'ʒenwu, nwa] <> *adj* ingenuo(a). <> *m, f* ingenuo *m,* -a *f.*

ingerência [ĩnʒe'rẽnsja] *f* injerencia *f.*

ingerir [ĩnʒe'ri(x)] *vt* ingerir.

ingestão [ĩnʒeʃ'tãw] *f* ingestión *f.*

Inglaterra [ĩngla'tɛxa] *n* Inglaterra.

inglês, esa [ĩŋ'gleʃ, ezal (*mpl* -eses, *fpl* -s) <> *adj* inglés(esa). <> *m, f* [habitante] inglés *m,* -esa *f.*

➡ **inglês** *m* [língua] inglés *m.*

inglório, ria [ĩŋ'glɔrju, rja] *adj* sin gloria.

ingovernabilidade [ĩŋgovexnabili'dadʒi] *f* ingobernabilidad *f.*

ingratidão [ĩŋgratʃi'dãw] *f* ingratitud *f.*

ingrato, ta [ĩŋ'gratu, ta] *adj* ingrato(ta).

ingrediente [ĩŋgre'djẽntʃi] *m* ingrediente *m.*

íngreme ['ĩŋgremi] *adj* empinado(da).

ingressar [ĩŋgre'sa(x)] *vi:* ~ **em algo** ingresar en algo, ingresar a algo *RP.*

ingresso [ĩŋ'grɛsu] *m* -**1.** [bilhete] entrada *f,* boleto *m Méx.* -**2.** [entrada] entrada *f,* ingreso *m Méx.* -**3.** [admissão] ingreso *m.*

inhame [i'ɲãmi] *m* ñame *m.*

inibição [inibi'sãw] (*pl* -ões) *f* inhibición *f.*

inibido, da [ini'bidu, da] *adj* inhibido(da).

inibir [ini'bi(x)] *vt* [ger] inhibir.

➡ **inibir-se** *vp* [ficar inibido] inhibirse.

iniciação [inisja'sãw] (*pl* -ões) *f* iniciación *f.*

inicial [ini'sjaw] (*pl* -ais) <> *adj* [ger] inicial. <> *f* [letra] inicial *f.*

➡ **iniciais** *fpl* iniciales *fpl.*

iniciante [ini'sjãntʃi] <> *adj* [pessoa] principiante. <> *mf* [pessoa] principiante *mf.*

iniciar [ini'sja(x)] *vt* -**1.** [começar] iniciar, empezar. -**2.** [introduzir]: ~ **alguém em algo** iniciar a alguien en algo.

➡ **iniciar-se** *vp* [introduzir-se]: ~ -**se em algo** iniciarse en algo.

iniciativa [inisja'tʃiva] *f* iniciativa *f;* ~ **privada** iniciativa privada.

início [i'nisju] *m* inicio *m,* comienzo *m;* **no** ~ al principio.

inimigo, ga [ini'migu, ga] <> *adj* enemigo(ga). <> *m, f* enemigo *m,* -ga *f.*

inimizade [inimi'zadʒi] *f* enemistad *f.*

ininterrupto, ta [inĩnte'xuptu, ta] *adj* ininterrumpido(da).

injeção [ĩnʒe'sãw] (*pl* -ões) *f* [ger] inyección *f.*

injetar [ĩnʒe'ta(x)] *vt* [ger] inyectar.

injúria [ĩn'ʒurja] *f* injuria *f.*

injuriar [ĩnʒu'rja(x)] *vt* [insultar] injuriar.

➡ **injuriar-se** *vp fam* [zangar-se] enojarse,

cabrearse *Esp,* calentarse *RP.*

injustiça [ĩnʒuʃ'tʃisa] *f* injusticia *f.*

injustificável [ĩnʒuʃtʃifi'kavew] (*pl* -eis) *adj* injustificable.

injusto, ta [ĩn'ʒuʃtu, ta] *adj* injusto(ta).

INL (*abrev de* Instituto Nacional do Livro) *m* instituto nacional del libro.

INMETRO (*abrev de* Instituto Nacional de Metrologia, Normalização e Qualidade Industrial) *m organismo encargado de la normalización y calidad industrial,* ≃ AENOR *f Esp.*

inocência [ino'sẽnsja] *f* inocencia *f.*

inocentar [inosẽn'ta(x)] *vt:* ~ **alguém de algo** declarar a alguien inocente de algo.

➡ **inocentar-se** *vp:* inocentou-se por sua sinceridade su sinceridad mostró su inocencia.

inocente [ino'sẽntʃi] <> *adj* inocente. <> *mf* inocente *mf.*

inocular [inoku'la(x)] *vt* inocular.

inócuo, cua [i'nɔkwu, kwa] *adj* inocuo(cua).

inodoro, ra [ino'dɔru, ra] *adj* inodoro(ra).

inofensivo, va [inofẽn'sivu, va] *adj* inofensivo(va).

inoportuno, na [inopox'tunu, na] *adj* inoportuno(na).

inóspito, ta [i'nɔʃpitu, ta] *adj* inhóspito(ta).

inovação [inova'sãw] (*pl* -ões) *f* innovación *f.*

inovador, ra [inova'do(x), ra] <> *adj* innovador(ra). <> *m, f* innovador *m,* -ra *f.*

inovar [ino'va(x)] *vt* innovar.

inoxidável [inoksi'davew] (*pl* -eis) *adj* ▷ aço.

INPC (*abrev de* Índice Nacional de Preços ao Consumidor) *m* ≃ IPC *m.*

inquérito [ĩŋ'kɛritu] *m* investigación *f.*

inquietação [ĩŋkjeta'sãw] (*pl* -ões) *f* inquietud *f.*

inquietante [ĩŋkje'tãntʃi], **inquietador, ra** [ĩŋkjeta'do(x), ra] *adj* inquietante.

inquietar [ĩŋkje'ta(x)] *vt* inquietar.

➡ **inquietar-se** *vp* inquietarse.

inquieto, ta [ĩŋ'kjɛtu, ta] *adj* inquieto(ta).

inquilino, na [ĩŋki'linu, na] *m, f* inquilino *m,* -na *f.*

Inquisição [ĩŋkizi'sãw] *f:* **a** ~ la Inquisición.

insaciabilidade [ĩnsasjabili'dadʒi] *f* insaciabilidad *f.*

insaciável [ĩnsa'sjavew] (*pl* -eis) *adj* insaciable.

insalubre [ĩnsa'lubri] *adj* insalubre.

insanidade [ĩnsani'dadʒi] *f* demencia *f,* locura *f.*

insano, na [i'sãnu, na] <> *adj* -**1.** [demente] insano(na). -**2.** *fig* [incansável] excesivo(va), insano(na) *Amér.* <> *m, f* demente *mf,* insano *m,* -na *f RP.*

insatisfação [ĩnsatʃiʃfa'sãw] (pl -ões) f insatisfacción f.

insatisfatório, ria [ĩnsatʃiʃfa'tɔrju, rja] adj insatisfactorio(ria).

insatisfeito, ta [ĩnsatʃiʃ'fejtu, ta] adj insatisfecho(cha).

inscrever [ĩnʃkre've(x)] vt -1. [gravar] inscribir. -2. [pessoa]: ~ alguém (em algo) inscribir a alguien (en algo).

➨ **inscrever-se** vp [pessoa]: ~-se (em algo) inscribirse (en algo).

inscrição [ĩnʃkri'sãw] (pl -ões) f inscripción f.

inscrito, ta [ĩnʃ'kritu, ta] ⟨⟩ pp ▷ inscrever. ⟨⟩ adj inscrito(ta), inscripto(ta) RP.

insegurança [insegu'rãnsa] f inseguridad f.

inseguro, ra [ĩnse'guru, ra] adj inseguro(ra).

inseminação [ĩnsemina'sãw] (pl -ões) f inseminación f; ~ artificial inseminación artificial.

insensatez [ĩnsẽnsa'teʒ] f insensatez f.

insensato, ta [ĩnsẽn'satu, ta] adj insensato(ta).

insensível [ĩnsẽn'sivεw] (pl -eis) adj insensible.

inseparável [ĩnsepa'ravεw] (pl -eis) adj inseparable.

inserção [ĩnsex'sãw] (pl -ões) f -1. [introdução]: ~ (de algo em algo) inserción f (de algo en algo). -2. COMPUT inserción f.

inserir [ĩnse'ri(x)] vt [ger] insertar; ~ algo em algo insertar (algo en algo).

➨ **inserir-se** vp: ~ em algo insertarse en algo.

inseticida [ĩnsetʃi'sida] m insecticida m.

inseto [ĩn'sεtu] m insecto m.

insígnia [ĩn'signja] f insignia f.

insignificante [ĩnsignifi'kãntʃi] adj insignificante.

insincero, ra [ĩnsĩn'sεru, ra] adj insincero(ra), falso(sa).

insinuação [ĩnsinwa'sãw] (pl -ões) f insinuación f.

insinuante [ĩnsi'nwãntʃi] adj [que se insinua] insinuante.

insinuar [ĩnsi'nwa(x)] vt [afirmar indiretamente] insinuar.

➨ **insinuar-se** vp -1. [passar]: ~-se por ou entre introducirse ou meterse por/entre. -2. [amorosamente]: ~-se (para alguém) insinuarse (a alguien).

insípido, da [ĩn'sipidu, da] adj -1. [sem sabor] insípido(da). -2. fig [sem graça] insípido(da), soso(sa).

insistente [ĩnsiʃ'tẽntʃi] adj insistente.

insistir [ĩnsiʃ'tʃi(x)] vi: ~ em (fazer algo) insistir en (hacer algo); ~ para alguém

fazer algo insistir para que alguien haga algo.

insociável [ĩnso'sjavεw] (pl -eis) adj insociable.

insolação [ĩnsola'sãw] (pl -ões) f insolación f.

insolente [ĩnso'lẽntʃi] ⟨⟩ adj insolente. ⟨⟩ mf insolente mf.

insólito, ta [ĩn'sɔlitu, ta] adj insólito(ta).

insolúvel [ĩnso'luvew] (pl -eis) adj insoluble.

insone [ĩn'sonil adj -1. [pessoa] insomne. -2. [noite] en vela.

insônia [ĩn'sonja] f insomnio m.

insosso, sa [ĩn'sosu, sa] adj soso(sa), insulso(sa).

inspeção [ĩnʃpe'sãw] (pl -ões) f inspección f.

inspetor, ra [ĩnʃpe'to(x), ra] (mpl -es, fpl -s) m, f inspector m, -ra f; ~ de alfândega inspector de aduanas.

inspiração [ĩnʃpira'sãw] (pl -ões) f inspiración f.

inspirador, ra [ĩnʃpira'do(x), ra] (mpl -es, fpl -s) adj inspirador(ra).

inspirar [ĩnʃpi'ra(x)] vt inspirar.

➨ **inspirar-se** vp [obter estímulo] inspirarse.

instabilidade [ĩnʃtabili'dadʒi] f inestabilidad f.

instalação [ĩnʃtala'sãw] (pl -ões) f -1. instalación f. -2. [sistema]: ~ elétrica/hidráulica instalación eléctrica/hidráulica.

➨ **instalações** fpl instalaciones fpl.

instalar [ĩnʃta'la(x)] vt -1. [ger] instalar. -2. [num cargo]: ~ alguém em colocar a alguien en.

➨ **instalar-se** vp -1. [alojar-se] instalarse. -2. [num cargo] instalarse, acomodarse RP.

instância [ĩnʃ'tãnsja] f [ger] instancia f; em última ~ en última instancia.

instantâneo, nea [ĩnʃtãn'tãnju, nja] adj instantáneo(a).

➨ **instantâneo** m FOT instantánea f.

instante [ĩnʃ'tãntʃi] ⟨⟩ m instante m; nesse ~ en ese instante; num ~ en un instante. ⟨⟩ adj -1. [iminente] inminente. -2. [urgente] urgente.

instar [ĩnʃ'ta(x)] ⟨⟩ vt [pedir]: ~ que alguém faça algo instar a que alguien haga algo. ⟨⟩ vi [insistir]: ~ com alguém para que faça algo instar a alguien para que haga algo.

instauração [ĩnʃtawra'sãw] (pl -ões) f -1. [estabelecimento] instauración f. -2. [criação] inauguración f.

instaurar [ĩnʃtaw'ra(x)] vt -1. [estabelecer] instaurar. -2. [criar] inaugurar RP.

instável [ĩnʃ'tavew] (pl -eis) adj inestable.

instigar [ĩnʃtʃi'ga(x)] vt -1. [incitar]: ~ alguém a fazer algo instigar a alguien a hacer algo. **-2.** [provocar]: ~ **alguém contra al-guém** instigar a alguien contra alguien.

instintivo, va [ĩnʃtʃĩn'tʃivu, va] *adj* instinti-vo(va).

instinto [ĩnʃ'tʃĩntu] *m* instinto *m*.

instituição [ĩnʃtʃitwi'sãw] (*pl* -ões) *f* institu-ción *f*.

instituir [ĩnʃtʃi'twi(x)] *vt* **-1.** [ger] instituir. **-2.** [nomear] nombrar.

instituto [ĩnʃtʃi'tutu] *m* instituto *m*; ~ **de beleza** instituto de belleza.

instrução [ĩnʃtru'sãw] (*pl* -ões) *f* **-1.** [educa-ção] instrucción *f*. **-2.** [ordem] instruccio-nes *fpl*.

➠ **instruções** *fpl* instrucciones *fpl*.

instruído, da [ĩnʃ'trwidu, da] *adj* instrui-do(da).

instruir [ĩnʃtru'i(x)] *vt* **-1.** [ger] instruir. **-2.** [informar]: ~ **alguém sobre algo** instruir a alguien sobre algo.

➠ **instruir-se** *vp* [educar-se] instruirse.

instrumental [ĩnʃtrumẽn'taw] (*pl* -ais) *adj* MÚS instrumental.

instrumento [ĩnʃtru'mẽntu] *m* instrumento *m*; ~ **de sopro** instrumento de viento; ~ **de trabalho** instrumento de trabajo.

instrutivo, va [ĩnʃtru'tʃivu, va] *adj* instructi-vo(va).

instrutor, ra [ĩnʃtru'to(x), ra] (*mpl* -es, *fpl* -s) *m, f* instructor *m*, -ra *f*.

insubordinação [ĩnsuboxdʒina'sãw] (*pl* -ões) *f* insubordinación *f*.

insubordinado, da [ĩnsuboxdʒi'nadu, da] *adj* insubordinado(da).

insubstituível [ĩnsubʃtʃi'twivɛw] (*pl* -eis) *adj* insustituible.

insucesso [ĩnsu'sɛsu] *m* fracaso *m*.

insuficiência [ĩnsufi'sjẽnsja] *f* insuficiencia *f*.

insuficiente [ĩnsufi'sjẽntʃi] <> *adj* **-1.** [não suficiente] insuficiente. **-2.** [incompetente] incompetente. <> *m* [nota escolar] insufi-ciente *m*.

insuflar [ĩnsu'fla(x)] *vt* **-1.** [soprar] insuflar. **-2.** *fig* [incutir]: ~ **algo em alguém** insuflar algo en alguien.

insular [ĩnsu'la(x)] *adj* insular.

insulina [ĩnsu'lina] *f* insulina *f*.

insultar [ĩnsuw'ta(x)] *vt* insultar.

insulto [ĩn'suwtu] *m* insulto *m*.

insuperável [ĩnsupe'ravɛw] (*pl* -eis) *adj* insu-perable.

insuportável [ĩnsupox'tavɛw] (*pl* -eis) *adj* insoportable.

insurgir-se [ĩnsux'ʒixsi] *vp* sublevarse.

insurreição [ĩnsuxej'sãw] (*pl* -ões) *f* insu-rrección *f*.

insuspeito, ta [ĩnsuʃ'pejtu, ta] *adj* fuera de sospecha.

insustentável [ĩnsuʃtẽn'tavɛw] (*pl* -eis) *adj* insostenible.

intacto, ta [ĩn'ta(k)tu, ta] *adj* = intato.

intangibilidade [ĩntãnʒibili'dadʒi] *f* intan-gibilidad *f*.

intato, ta [ĩn'tatu, ta] *adj* intacto(ta).

íntegra [ˈĩntegra] *f* totalidad *f*; **na** ~ **de** principio a fin.

integração [ĩntegra'sãw] (*pl* -ões) *f* integra-ción *f*.

integral [ĩnte'graw] (*pl* -ais) *adj* **-1.** [ger] integral. **-2.** [cereal]: **arroz/pan/trigo** ~ arroz/pan/trigo integral.

integrante [ĩnte'grãntʃi] <> *adj* integrante. <> *mf* [membro] integrante *mf*.

➠ **integrante** *f* GRAM conjunción *f* subor-dinante.

integrar [ĩnte'gra(x)] *vt* integrar.

➠ **integrar-se** *vp* **-1.** [inteirar-se] integrar-se. **-2.** [juntar-se]: ~ **-se em** *ou* **a algo** inte-grarse en *ou* a *RP* algo.

integridade [ĩntegri'dadʒi] *f* integridad *f*.

íntegro, gra [ˈĩntegru, gra] *adj* íntegro(gra).

inteiramente [ĩn̩tejra'mẽntʃi] *adv* total-mente.

inteirar [ĩntej'ra(x)] *vt* **-1.** [completar] com-pletar. **-2.** [informar]: ~ **alguém de algo** enterar a alguien de algo.

➠ **inteirar-se** *vp* [informar-se]: ~ **-se de algo** informarse sobre algo.

inteiro, ra [ĩn'tejru, ra] *adj* entero(ra).

intelecto [ĩnte'lɛktu] *m* intelecto *m*.

intelectual [ĩntelɛ'twaw] (*pl* -ais) <> *adj* intelectual. <> *mf* intelectual *mf*.

inteligência [ĩnteli'ʒẽnsja] *f* **-1.** [destreza men-tal] inteligencia *f*; ~ **artificial** inteligencia artificial. **-2.** [entendimento] comprensión *f*. **-3.** [pessoa] eminencia *f*.

inteligente [ĩnteli'ʒẽntʃi] *adj* inteligente.

inteligível [ĩnteli'ʒivɛw] (*pl* -eis) *adj* inteligi-ble.

intempestivo, va [ĩntẽnpeʃ'tʃivu, va] *adj* in-tempestivo(va).

intenção [ĩntẽn'sãw] (*pl* -ões) *f* intención *f*; **com boa/má** ~ con buena/mala inten-ción; **segundas intenções** segundas inten-ciones; **ter a** ~ **de** tener (la) intención de.

intencional [ĩntẽnsjo'naw] (*pl* -ais) *adj* inten-cional.

intencionar [ĩntẽnsjo'na(x)] *vt* tener la intención de.

intensidade [ĩntẽnsi'dadʒi] *f* intensidad *f*.

intensificar [ĩntẽnsifi'ka(x)] *vt* intensificar.

➠ **intensificar-se** *vp* intensificarse.

intensivo, va [ĩntẽn'sivu, va] *adj* intensi-vo(va).

intenso, sa [ĩn'tẽnsu, sa] *adj* intenso(sa).

interação [ĩntera'sãw] (pl -ões) f interacción f.

interatividade [ĩnteratʃivi'dadʒi] f COMPUT interactividad f.

interativo, va [ĩntera'tʃivu,va] adj interactivo(va)

intercâmbio [ˌĩnter'kãnbju] m intercambio m.

interceder [ĩntexse'de(x)] vi: ~ por alguém interceder por alguien.

interceptar [ĩntexsɛp'ta(x)] vt interceptar.

intercontinental [ĩntexkõntʃinẽn'taw] (pl -ais) adj intercontinental.

interdição [ĩntexdʒi'sãw] (pl -ões) f -1. [ger] prohibición f. -2. [bloqueio] cierre m.

interdisciplinaridade [ĩntexdʒisiplinari'-dadʒil f interdisciplinariedad f.

interditado, da [ĩntexdʒi'tadu, da] adj -1. [proibido] prohibido(da). -2. [bloqueado] cerrado(da).

interditar [ĩntexdʒi'ta(x)] vt -1. [proibir] prohibir. -2. [bloquear] cerrar. -3. JUR formular interdicto contra.

interessado, da [ĩntere'sadu, da] <> adj interesado(da). <> m, f interesado m, - da f.

interessante [ĩntere'sãntʃi] adj -1. [atraente] interesante. -2. [curioso] extraño(ña), curioso(sa).

interessar [ĩntere'sa(x)] <> vt -1. [ser do interesse de]: as novas medidas do governo interessaram o setor las nuevas medidas del gobierno le interesan al sector. -2. [atrair] atraer. <> vi [despertar interesse] interesar; a quem possa ~ a quien pueda interesar, a quien corresponda Amér.
 ◆ **interessar-se** vp [ter interesse]: ~-se em ou por interesarse en ou por.

interesse [ĩnte'resil m -1. [ger] interés m. -2. [vantagem] ventaja f; no ~ de en el interés de, por el bien de; por ~ próprio por interés propio.

interesseiro, ra [ĩntere'sejru, ra] <> adj interesado(da). <> m, f interesado m, -da f.

interface [ˌĩntex'fasil f COMPUT interfaz f, interface f.

interferência [ĩntexfe'rẽnsja] f interferencia f.

interferir [ĩntexfe'ri(x)] vi -1. [intervir]: ~ em algo interferir en algo. -2. [em rádio, televisão] interferir.

interfonar [ĩntexfo'na(x)] vi llamar por el portero electrónico.

interfone [ˌĩntex'foni] m interfono m, interfón m Méx, intercomunicador m RP.

ínterim ['ĩnteril m ínterin m; nesse ~ en el ínterin.

interior [ĩnte'rjo(x)] (pl -es) <> adj interior. <> m interior m.

interiorano, na [ĩnterjo'rãnu, na] <> adj del interior. <> m, f habitante m del interior.

interjeição [ĩntexʒej'sãw] (pl -ões) f interjección f.

interlocutor, ra [ĩntexloku'to(x), ra] (mpl -es, fpl -s) m, f interlocutor m, -ra f.

interlúdio [ĩntex'ludʒjul m interludio m.

intermediar [ĩntexme'dʒja(x)] vt -1. [entremear, intercalar] mezclar. -2. [servir como mediador] moderar.

intermediário, ria [ĩntexme'dʒjarju, rja] <> adj intermedio(dia). <> m, f intermediario m, -ria f.

intermédio [ĩnter'mɛdʒul m: por ~ de por intermedio de.

interminável [ĩntexmi'navɛw] (pl -eis) adj interminable.

intermitente [ĩntexmi'tẽntʃil adj intermitente.

internação [ĩntexna'sãw] (pl -ões) f -1. [de doente] ingreso m, internación f RP. -2. [de aluno] internado m.

internacional [ĩntexnasjo'naw] (pl -ais) adj internacional.

internamento [ĩntexna'mẽntu] m = internação.

internar [ĩntex'na(x)] vt -1. [ger] internar. -2. [doente] ingresar, internar.

internato [ĩntex'natul m EDUC internado m.

internauta [ĩntex'nawta] mf COMPUT internauta mf.

Internet [ĩntex'nɛtʃil f: a ~ Internet f.

interno, na [ĩn'tɛxnu, na] <> adj interno(na); de uso ~ de uso interno. <> m, f interno m, -na f.

Interpol (abrev de International Criminal Police Organization) f Interpol f.

interpretação [ĩntexpreta'sãw] (pl -ões) f -1. [ger] interpretación f. -2. [tradução] interpretación f, traducción f.

interpretar [ĩntexpre'ta(x)] vt interpretar.

interpretativo, va [ĩntexpreta'tʃivu, va] adj interpretativo(va).

intérprete [ĩn'tɛxpretʃi] mf intérprete mf.

inter-relacionar [ĩntexelasjo'na(x)] vt interrelacionar.

interrogação [ĩntexoga'sãw] (pl -ões) f interrogación f; ponto de ~ signo m de interrogación.

interrogar [ĩntexo'ga(x)] vt -1. [indagar]: ~ alguém (sobre algo) interrogar a alguien (sobre algo). -2. JUR interrogar.

interrogativo, va [ĩntexoga'tʃivu, va] adj interrogativo(va).

interrogatório [ĩntexoga'tɔrjul m interrogatorio m.

interromper [ĩntexõn'pe(x)] *vt* interrumpir.

interrupção [ĩntexup'sãw] (*pl* -ões) *f* interrupción *f.*

interruptor [ĩntexup'to(x)] (*pl* -es) *m* interruptor *m.*

interseção [ĩntexse'sãw] (*pl*-ões) *f* intersección *f.*

interurbano, na [ˌĩnterux'bãnu, na] *adj* interurbano(na), (de) larga distancia *RP.*
↠ **interurbano** *m* llamada *f* interurbana, llamada *f* (de) larga distancia *RP.*

intervalo [ĩntex'valu] *m* -1. [ger] intervalo *m*; a ~s a intervalos. -2. *TV* pausa *f*; ~ **comercial** pausa publicitaria, pausa comercial *Méx.* -3. *TEATRO* intervalo *m*, intermedio *m.*

intervenção [ĩntexvẽn'sãw] (*pl*-ões) *f* intervención *f*; ~ **cirúrgica** intervención quirúrgica.

intervencionismo [ĩntexvẽnsjo'niʒmul *m* intervencionismo *m.*

intervencionista [ĩntervẽnsjo'niʃtal ⟨⟩ *adj* intervencionista. ⟨⟩ *mf* intervencionista *mf.*

interventor, ra [ĩntexvẽn'to(x), ra] *m, f* interventor *m*, -ra *f.*

intervir [ĩntex'vi(x)] *vi* -1. [ger] intervenir. -2. [sobrevir] sobrevenir.

intestino [ĩnteʃ'tʃinul *m* intestino *m.*

intimação [ĩntʃima'sãw] (*pl*-ões) *f*-1. [ordem] orden *f*, intimación *f Amér.* -2. *JUR* citación *f.*

intimar [ĩntʃi'ma(x)] *vt* -1. [ordenar]: ~ **alguém (a)** ordenar a alguien, intimar a alguien a *Amér.* -2. *JUR* citar.

intimidade [ĩntʃimi'dadʒil *f* intimidad *f*; **ter** ~ **com alguém** tener intimidad con alguien.

intimidar [ĩntʃimi'da(x)] *vt* intimidar.
↠ **intimidar-se** *vp* intimidarse.

íntimo, ma ['ĩntʃimu, mal ⟨⟩ *adj* íntimo(ma). ⟨⟩ *m* -1. [âmago]: **no** ~**,... en su fuero interno,..... -2.** [amigo] íntimo *m.*

intolerância [ĩntole'rãnsjal *f* intolerancia *f.*

intolerante [ĩntole'rãntʃil *adj* intolerante.

intolerável [ĩntole'ravewl (*pl* -eis) *adj* intolerable.

intoxicação [ĩntoksika'sãw] (*pl* -ões) *f* intoxicación *f*; ~ **alimentar** intoxicación alimenticia.

intoxicar [ĩntoksi'ka(x)] *vt* intoxicar.
↠ **intoxicar-se** *vp* intoxicarse.

intragável [ĩntra'gavewl (*pl*-eis) *adj* intragable.

intranqüilidade [ĩntrãŋkwili'dadʒil *f* intranquilidad *f.*

intranqüilo [ĩntrãn'kwilul *adj* intranquilo(la).

intransferível [ĩntrãnʃfe'rivewl (*pl* -eis) *adj* -1. [bilhete, documento] intransferible. -2. [inadiável] impostergable.

intransigente [ĩntrãnzi'ʒẽntʃil *adj* intransigente.

intransitável [ĩntrãnzi'tavɛwl (*pl* -eis) *adj* intransitable.

intransitivo, va [ĩntrãnzi'tʃivu, val *adj* intransitivo(va).

intransponível [ĩntrãnʃpo'nivɛwl (*pl*-eis) *adj* infranqueable.

intratável [ĩntra'tavɛwl (*pl*-eis) *adj* [insociável] intratable.

intravenoso, osa [ĩntrave'nozu, ɔzal *adj* intravenoso(sa).

intrépido, da [ĩn'trɛpidu, dal *adj* intrépido(da).

intricado, da [ĩntri'kadu, dal *adj* -1. [emaranhado] enmarañado(da). -2. [confuso] intrincado(da).

intriga [ĩn'trigal *f* -1. [ger] intriga *f.* -2. [trama] argumento *m.*
↠ **intrigas** *fpl* [fofoca] chismes *mpl*, intrigas *fpl Méx*, chusmeríos *mpl RP.*

intrigante [ĩntri'gãntʃil *adj* intrigante.

intrigar [ĩntri'ga(x)] ⟨⟩ *vt* [despertar curiosidade de] intrigar. ⟨⟩ *vi* [excitar a curiosidade] intrigar.

introdução [ĩntrodu'sãw] (*pl* -ões) *f* introducción *f.*

introduzir [ĩntrodu'zi(x)] *vt* -1. [inserir]: ~ **algo (em)** introducir algo (en). -2. [fazer adotar] introducir.
↠ **introduzir-se** *vp*: ~ **(em)** introducirse (en).

intrometer-se [ĩntrome'texsil *vp*: ~**-se em algo** entrometerse en algo.

intrometido, da [ĩntrome'tʃidu, dal ⟨⟩ *adj* entrometido(da). ⟨⟩ *m, f* entrometido *m*, -da *f.*

introvertido, da [ĩntrovex'tʃidu, dal ⟨⟩ *adj* introvertido(da). ⟨⟩ *m, f* introvertido *m*, -da *f.*

intruso, sa [ĩn'truzu, zal *m, f* intruso *m*, -sa *f.*

intuição [ĩntwi'sãw] (*pl*-ões) *f* intuición *f.*

intuir [ĩn'twi(x)] ⟨⟩ *vt* intuir. ⟨⟩ *vi* intuir.

intuitivo, va [ĩntwi'tʃivu, val *adj* intuitivo(va).

intuito [ĩn'twitul *m* objetivo *m.*

inumano, na [inu'mãnu, nal *adj* inhumano(na).

inúmeros, ras [i'numeruʃ, raʃl *adj* & *pl* [antes de subst] innumerables.

inundação [inũnda'sãw] (*pl* -ões) *f* inundación *f.*

inundado, da [inũn'dadu, dal *adj* inundado(da).

176

inundar [inũn'da(x)] <> *vt* [alagar] inundar.
<> *vt fig* [encher] invadir. <> *vi* [transbordar]
desbordarse.
inusitado, da [inuzi'tadu, da] *adj* inusita-
do(da).
inútil [i'nutʃiw] (*pl* -eis) *adj* inútil.
inutilizar [inutʃili'za(x)] *vt* -1. [ger] inutilizar.
-2. [frustrar] frustrar.
inutilmente [i,nutʃiwmẽntʃi] *adv* inútilmen-
te.
invadir [ĩnva'di(x)] *vt* invadir.
invalidez [ĩnvali'deʒ] *f* invalidez *f*.
inválido, da [ĩnvalidu, da] <> *adj* inváli-
do(da). <> *m, f* [pessoa] inválido *m*, -da *f*.
invariável [ĩva'rjavɛw] (*pl* -eis) *adj* invariable.
invasão [ĩnva'zãw] (*pl* -ões) *f* invasión *f*.
invasivo, va [ĩnva'zivu, va] *adj* -1. [agressivo]
invasor(ra). -2. MED invasivo(va).
invasor, ra [ĩnva'zo(x), ra] <> *adj* inva-
sor(ra). <> *m, f* invasor *m*, -ra *f*.
inveja [ĩn'vɛʒa] *f* envidia *f*.
invejar [ĩnve'ʒa(x)] <> *vt* envidiar. <> *vi* [ter
inveja] envidiar.
invejoso, osa [ĩnve'ʒozu, ɔza] <> *adj* [pes-
soa] envidioso(sa). <> *m, f* [pessoa] envidioso *m*, -sa *f*.
invenção [ĩnvẽn'sãw] (*pl* -ões) *f* -1. [ato]
invención *f*. -2. [invento, mentira] invento *m*.
invencível [ĩnvẽn'sivew] (*pl* -eis) *adj* invenci-
ble.
inventar [ĩnvẽn'ta(x)] *vt* -1. [ger] inventar.
-2. [fingir] fingir.
inventário [ĩnvẽn'tarju] *m* inventario *m*.
inventivo, va [ĩnvẽn'tʃivu, va] *adj* ingenio-
so(sa).
inventor, ra [ĩnvẽn'to(x), ra] (*mpl* -es, *fpl* -s) *m*,
f inventor *m*, -ra *f*.
inverdade [ĩnvex'dadʒi] *f*: ser uma ~ ser
una falta a la verdad.
inverno [ĩn'vɛxnu] *m* invierno *m*.
inverossímil [ĩnvero'simiw] (*pl* -eis) *adj* inverosímil.
inverso, sa [ĩn'vɛxsu, sa] *adj* inverso(sa).
◆ **inverso** *m* [contrário] contrario *m*.
invertebrado, da [ĩnvexte'bradu, da] <> *adj*
[animal] invertebrado(da). <> *m* [animal]
invertebrado *m*.
inverter [ĩnvex'te(x)] *vt* -1. [ger] invertir. -2.
[mudar] cambiar.
invés [ĩn'vɛʃ] *m* revés *m*.
◆ **ao invés de** *loc prep* al contrario de.
investida [ĩnveʃ'tʃida] *f* -1. [ataque] embestida *f*. -2. *fig* [tentativa] intento *m*.
investidor, ra [ĩnveʃtʃi'do(x), ra] *m, f* inversor *m*, -ra *f*.
investigação [ĩnveʃtʃiga'sãw] (*pl* -ões) *f* investigación *f*.

investigar [ĩnveʃtʃi'ga(x)] *vt* investigar.
investigador, ra [ĩnveʃtʃiga'do(x), ra] *m, f*
investigador *m*, -ra *f*.
investimento [ĩnveʃtʃi'mẽntu] *m* inversión *f*.
investir [ĩnveʃ'tʃi(x)] <> *vt* [dinheiro, verba]
invertir. <> *vi* -1. [aplicar dinheiro, verba]: ~
(em algo) invertir (en algo). -2. [atacar]: ~
contra algo embestir contra algo. -3. [ati-
rar-se]: ~ **para algo** lanzarse sobre algo,
embestir contra algo *RP*.
inveterado, da [ĩnvete'radu, da] *adj* invete-
rado(da).
inviabilizar [ĩnvjabili'za(x)] *vt* volver inviable.
◆ **inviabilizar-se** *vp* volverse inviable.
inviável [ĩn'vjavɛw] (*pl* -eis) *adj* inviable.
invicto, ta [ĩn'viktu, ta] *adj* invicto(ta).
inviolabilidade [ĩnviolabili'dadʒi] *f* inviola-
bilidad *f*.
invisível [ĩnvi'zivɛw] (*pl* -eis) *adj* invisible.
invocar [ĩnvo'ka(x)] <> *vt* -1. [chamar] invocar. -2. *fam* [irritar] provocar, torear *RP*.
<> *vi fam* [antipatizar]: **desde a primeira vez
que o viu, invocou com ele** desde la
primera vez que lo vi me cayó mal.
invólucro [ĩn'vɔlukru] *m* -1. [envoltório] envoltorio *m*. -2. [membrana] involucro *m*. -3.
[caixa] paquete *m*.
involuntário, ria [ĩnvolũn'tarju, rja] *adj*
involuntario(ria).
iodo ['jodu] *m* yodo *m*.
IOF (*abrev de* Imposto Sobre Operações Finan-
ceiras) *m* impuesto al que están sujetas las
operaciones financieras.
ioga ['jɔga] *f* yoga *m*.
iogue ['jogi] <> *adj* del yoga. <> *mf* yogui
mf.
iogurte [ju'guxtʃi] *m* yogurt *m*.
íon ['iõ] (*pl* íons) *m* ion *m*, ión *m*.
IPC (*abrev de* Índice de Preços ao Consumidor)
m IPC *m*.
IPEM (*abrev de* Instituto de Pesos e Medidas)
m instituto de pesos y medidas.
IPTU (*abrev de* Imposto Predial e Territorial Urbano) *m* ≃ contribución *f* urbana.
IPVA (*abrev de* Imposto Sobre Propriedade de
Veículos Automotores) *m* impuesto *m* de
circulación.
ir ['i(x)] *vi* -1. [deslocar-se] ir; **fomos de táxi**
fuimos en taxi; **iremos a pé** iremos a pie;
vamos? ¿vamos?; **ele nunca vai às reuniões**
nunca va a las reuniones; **não vai à aula?**
¿no vas a clase? -2. [estender-se] ir; **o caminho vai até o lago** el camino va hasta el
lago. -3. [funcionar] funcionar, andar *RP*; **o
carro não quer ir** el coche no funciona, el
auto no anda *RP*. -4. [desenrolar-se] ir,

andar *RP*; **como vai?** ¿cómo le va?, ¿cómo **anda?** *RP*; **isto não vai nada bem** esto no va *OU* anda *RP* nada bien. - **5**. [seguido de infinitivo]: **vou falar com ele** voy a hablar con él; **não vou fazer nada** no voy a hacer nada; **vai gostar** te va a gustar. - **6**. [seguido de gerúndio] ir; **ir comendo** ir comiendo; ~ **fazendo algo** ir haciendo algo; **vou tentando, algum dia consigo** lo voy intentando, algún día lo conseguiré. - **7**. [em locuções]: ~ **ao ar** [ser transmitido] salir al aire; ~ **dar em** [desembocar] ir a parar en; ~ **ter com** [encontrar] encontrarse con.

➤ **ir a** *v + prep* ir a.

➤ **ir de** *v + prep* [ir disfarçado] ir de; [partir de] irse de; [escolher]: **eu sempre vou de filé com fritas** (yo) siempre elijo bistec *OU* churrasco *RP* y patatas *Esp OU* papas *Amér* fritas.

➤ **ir por** *v + prep* ir por; ~ **pelo jardim** ir por el jardín.

➤ **ir-se** *vp* irse; ~ **-se embora** irse, marcharse *Esp*.

IR (*abrev de* Imposto de Renda) *m* impuesto *m* sobre la renta.

ira ['iral *f* ira *f*.

Irã [i'rã] *n*: **(o)** ~ (el) Irán.

irado, da [i'radu, da] *adj* colérico(ca).

iraniano, na [ira'njãnu, na] (*pl* iranianos) ⟶ *adj* iraní. ⟶ *m, f* iraní *mf*.

Iraque [i'raki] *n*: **(o)** ~ (el) Iraq, (el) Irak.

iraquiano, na [ira'kjãnu, na] (*pl* iraquianos) ⟶ *adj* iraquí, irakí. ⟶ *m, f* iraquí *mf*, irakí *mf*.

irascível [ira'sivɛw] (*pl* -eis) *adj* irascible.

ir-e-vir [iri'vi(x)] (*pl* ires-e-vires) *m* ir y venir *m*.

íris ['irifl *f inv* iris *m inv*.

Irlanda [ix'lãnda] *n* Irlanda; ~ **do Norte** Irlanda del Norte.

irlandês, esa [ix'lãn'deʃ, eza] (*mpl* -eses, *fpl* -s) ⟶ *adj* irlandés(esa). ⟶ *m, f* irlandés *m*, -esa *f*.

➤ **irlandês** *m* [língua] irlandés *m*.

irmã [ix'mã] *f* ⟶ **irmão**.

irmandade [ixmãn'dadʒi] *f* hermandad *f*.

irmão, mã [ix'mãw, mã] *m, f* - **1**. [ger] hermano *m*, -na *f*; ~ **de criação** hermano adoptivo; ~ **gêmeo** hermano gemelo, hermano mellizo. - **2**. [afim] gemelo(la).

ironia [iro'nia] *f* ironía *f*.

irônico, ca [i'roniku, ka] *adj* irónico(ca).

IRPF (*abrev de* Imposto de Renda de Pessoa Física) *m* IRPF *m*.

IRPJ (*abrev de* Imposto de Renda de Pessoa Jurídica) *m* IRPJ *m*.

irracional [ixasjo'naw] (*pl* -ais) *adj* irracional.

irradiação [ixadʒja'sãw] (*pl* -ões) *f* - **1**. [transmissão] transmisión *f*, irradiación *f RP*. - **2**. [propagação] irradiación *f*. - **3**. MED irradiación *f*, radiación *f Amér*.

irradiar [ixa'dʒja(x)] *vt* - **1**. [ger] irradiar. - **2**. [transmitir] transmitir, irradiar *RP*.

irreal [i'xjaw] (*pl* -ais) *adj* irreal.

irreconciliável [ixekõnsi'ljavɛw] (*pl* -eis) *adj* irreconciliable.

irreconhecível [ixekoɲe'sivɛw] (*pl* -eis) *adj* irreconocible.

irrecuperável [ixekupe'ravɛw] (*pl* -eis) *adj* irrecuperable.

irrecusável [ixeku'zavɛw] (*pl* -eis) *adj* irrecusable, indeclinable.

irredutível [ixedu'tʃivɛw] (*pl* -eis) *adj* irreductible.

irregular [ixegu'la(x)] (*pl* -es) *adj* irregular.

irrelevante [ixele'vãntʃi] *adj* irrelevante.

irremediável [ixeme'dʒjavɛw] (*pl* -eis) *adj* irremediable.

irreprensível [ixeprjẽn'sivɛw] (*pl* -eis) *adj* irreprensible, inobjetable *Amér*.

irreprimível [ixepri'mivɛw] (*pl* -eis) *adj* irreprimible.

irrequieto, ta [ixe'kjɛtu, ta] *adj* [desassossegado] inquieto(ta).

irresistível [ixeziʃ'tʃivɛw] (*pl* -eis) *adj* irresistible.

irresoluto, ta [ixezo'lutu, ta] *adj* indeciso(sa).

irresponsável [ixeʃpõn'savɛw] (*pl* -eis) ⟶ *adj* irresponsable. ⟶ *mf* irresponsable *mf*.

irrestrito, ta [ixeʃ'tritu, ta] *adj* ilimitado(da), irrestricto(ta) *RP*.

irreverente [ixeve'rẽntʃi] *adj* irreverente.

irreversível [ixevex'sivew] (*pl* -eis) *adj* irreversible.

irrigação [ixiga'sãw] (*pl* -ões) *f* irrigación *f*.

irrigar [ixi'ga(x)] *vt* irrigar.

irrisório, ria [ixi'zɔrju, rja] *adj* irrisorio(ria).

irritação [ixita'sãw] (*pl* -ões) *f* irritación *f*.

irritadiço, ça [ixita'dʒisu, sa] *adj* irritable.

irritante [ixi'tãntʃi] *adj* irritante.

irritar [ixi'ta(x)] *vt* irritar.

➤ **irritar-se** *vp* [exasperar-se] irritarse.

irritável [ixi'tavew] (*pl* -eis) *adj* irritable.

irromper [ixõn'pe(x)] *vi* - **1**. [entrar]: ~ **em** irrumpir en. - **2**. [surgir]: ~ **de** surgir de, irrumpir de *RP*.

isca ['iʃka] *f* - **1**. [chamariz] carnada *f*. - **2**. CULIN tira *f*. - **3**. *fig* [chamariz] cebo *m*.

isenção [izẽn'sãw] (*pl* -ões) *f* - **1**. [dispensa, livramento] exención *f*. - **2**. [imparcialidade] imparcialidad *f*.

isentar [izẽn'ta(x)] *vt* - **1**. [dispensar]: ~ **alguém de algo/de fazer algo** eximir *OU*

exentar **Méx** a alguien de algo/de hacer algo. **-2.** [livrar]: ~ **alguém de algo/fazer algo** eximir a alguien de algo/de hacer algo.
◆ **isentar-se** vp eximirse.
isento, ta [i'zẽntu, ta] adj **-1.** [dispensado, livre] exento(ta). **-2.** [imparcial] neutro(tra), imparcial.
Islã [iʒ'lã] m Islam m.
islâmico, ca [iʒ'lãmiku, ka] adj islámico(ca).
islamismo [iʒla'miʒmu] m islamismo m.
islandês, esa [iʒlãn'deʃ, ezal <> adj islandés(esa). <> m, f islandés m, -esa f.
◆ **islandês** m [língua] islandés m.
Islândia [iʒ'lãndʒja] n Islandia.
ISO (abrev de **International Standards Organization**) ISO.
isolado, da [izo'ladu, da] adj **-1.** [ger] aislado(da). **-2.** [só] solitario(ria).
isolamento [izola'mẽntu] m **-1.** [ger] aislamiento m. **-2.** [solidão] soledad f. **-3.** MED [pavilhão] pabellón m de infecciosos, aislamiento m **Méx**.
isolar [izo'la(x)] vt **-1.** [separar]: ~ algo de algo aislar algo de algo. **-2.** [paciente & ELETR] aislar.
◆ **isolar-se** vp [afastar-se]: ~-se de alguém/algo alejarse de alguien/algo.
isonomia [izono'mia] f igualdad f.
isopor [izo'pox] m poliestireno m expandido, unicel m **Méx**, telgopor m **Arg**, espuma f plast **Urug**.
isqueiro [iʃ'kejru] m encendedor m, mechero m **Esp**, yesquero m **RP**.
Israel [iʒxa'ɛw] n Israel.
israelense [iʒxae'lẽnsi] <> adj israelí. <> mf israelí mf.
isso ['isu] <> pron dem (de + isso = disso; em + isso = nisso) eso; ~ **é mentira** eso es mentira; **não faz** ~ **que é feio** no hagas eso que es feo; ~ **que você propõe é inviável** lo que propones ou estás proponiendo **RP** es inviable; **não quero mais falar disso** no quiero hablar más de eso; **pensei muito nisso** lo pensé mucho; **vendo por dez reais e não se fala mais nisso!** ¡lo vendo por diez reales y ni una palabra más!; **não ter nada com** ~ no tener la culpa; **que é** ~? ¿qué es eso?; [exprimindo indignação] ¡qué es eso!; **só** ~? ¿algo más?; **só** ~ **nada más; é** ~ **aí** fam [muito bem] ¡qué bien!, ¡eso es!, ¡impecable! **RP**; fam [está certo] ¡eso es!, ¡justamente! **RP**; fam [é só] ¡nada más!; ~ **mesmo** [exatamente] exactamente; ~ **de ...** eso de ... <> interj: ~! [muito bem] ¡eso!; [assim] ¡eso!
◆ **enquanto isso** loc adv mientras tanto.
◆ **por isso** loc adv por eso; **nem por** ~ no

por eso; **por** ~ **mesmo** justamente por eso.
Istambul [iʃtãn'buwl n Estambul.
istmo ['iʃtʃimu] m istmo m.
isto ['iʃtu] pron dem (de + isto = disto; em + isto = nisto) esto; ~ **está errado** esto está mal; ~ **que você disse não faz sentido** eso que has dicho ou dijiste no tiene sentido; **partiu e deixou** ~, **um bilhete** se fue ou marchó **Esp** y dejó esto, una nota; **prove um pouco disto** prueba ou probá **RP** un poco de esto; **pense nisto: quem tudo quer, tudo perde** piénsalo ou pensalo **RP**: quien mucho abarca poco aprieta; **ou** ~ **ou aquilo** o esto o aquello; ~ **é o sea.**
Itália li'talja] n Italia.
italiano, na [lita'ljãnu, na] <> adj italiano(na). <> m, f italiano m, -na f.
◆ **italiano** m [língua] italiano m.
itálico, ca [li'taliku] adj TIPO itálico(ca).
◆ **itálico** m TIPO itálica f.
Itamarati [litamara'tʃil m sede del Ministerio de Asuntos Exteriores brasileño.
item ['itẽ] (pl itens) m **-1.** [elemento] ítem m. **-2.** [ponto] asunto m. **-3.** JUR [artigo] artículo m.
itinerário [litʃine'rarjul m itinerario m.
Iugoslávia [iwgoʒ'lavja] n Yugoslavia; **a ex-** ~ la ex Yugoslavia.
iugoslavo, va [iwgoʒ'lavu, va] <> adj yugoslavo(va). <> m, f yugoslavo m, -va f.

j, J ['ʒɔta] m [letra] j, J f.
já ['ʒa] <> adv ya; ~ **vou** ya voy; **até** ~ hasta ahora. <> conj ahora. <> loc: ~ **era!** fam ya pasó.
◆ **desde já** loc prep desde ya.
◆ **já que** loc conj ya que.
jabuti [ʒabu'tʃil m jabolí m.
jabuticaba [ʒabutʃi'kabal f fruto de la jabuticabeira, árbol nativo de Brasil.
jaca ['ʒakal f fruto de la jaqueira, árbol abundante en Brasil.
jacarandá [ʒakarãn'dal f jacarandá m, jacaranda m **Méx**.
jacaré [ʒaka'rɛl m ZOOL yacaré m.
Jacarta [ʒa'kaxtal n Yakarta.
jacinto [ʒa'sĩntul m jacinto m.
jade ['ʒadʒil m jade m.

jaguar [ʒa'gwa(x)] (*pl* -es) *m* jaguar *m*.
jaguatirica [ʒagwatʃi'rikal *f* ocelote *m*.
Jamaica [ʒa'majka] *n* Jamaica.
jamais [ʒa'majʃl *adv* jamás.
jamanta [ʒa'mãntal *f* [caminhão] camión *m* articulado.
jan. (*abrev de* janeiro) ≃ ene.
janeiro [ʒa'nejru] *m* enero *m*; *veja também* setembro.
janela [ʒa'nɛla] *f* ventana *f*.
jangada [ʒãn'gada] *f* balsa *f*.
jantar [ʒãn'ta(x)] (*pl* -es) <> *vt* cenar. <> *vi* cenar. <> *m* cena *f*.
Japão [ʒa'pãw] *n*: (o) ~ (el) Japón.
japonês, esa [ʒapo'neʃ, ezal (*mpl* -eses, *fpl* -s) <> *adj* japonés(esa). <> *m*, *f* japonés *m*, -esa *f*.
➤ **japonês** *m* [língua] japonés *m*.
jaqueta [ʒa'ketal *f* chaqueta *f*, chamarra *f* *Andes* & *Méx*, campera *f* *RP*.
jararaca [ʒara'rakal *f* -1. [cobra] yarará *f*. -2. [pessoa] víbora *f*.
jardim [ʒax'dʒĩl (*pl* -ns) *m* jardín *m*; ~ botânico jardín botánico; ~ zoológico jardín zoológico.
jardim-de-infância [ʒaxdʒĩndʒĩnfãnsja] (*pl* jardins-de-infância) *m* jardín *m* de infancia *ou* de niños *Méx ou* de infantes *RP*.
jardinagem [ʒaxdʒi'naʒẽl *f* jardinería *f*.
jardineiro, ra [ʒaxdʒi'nejru, ral *m*, *f* [pessoa] jardinero *m*, -ra *f*.
➤ **jardineira** *f* -1. [floreira] jardinera *f*. -2. [roupa] mono *m* *Esp*, overol *m* *Amér*, jardinero *m* *RP*. -3. [ônibus] autobús *m*, camión *m* *Méx*, colectivo *m* *Arg*, ómnibus *m* *Cuba* & *Urug*.
jargão [ʒax'gãw] (*pl* -ões) *m* jerga *f*, argot *m*.
jarra ['ʒaxal *f* [pote] jarra *f*; [vaso] jarrón *m*.
jarro ['ʒaxul *m* jarrón *m*.
jasmim [ʒaʒ'mĩl (*pl* -ns) *m* jazmín *m*.
jato ['ʒatul *m* -1. [raio] rayo *m*. -2. [jorro] chorro *m*. -3. [avião] jet *m*, reactor *m*. -4. [propulsão]: **a** ~ **a** reacción, a chorro *Amér*.
jaula ['ʒawla] *f* jaula *f*.
Java ['ʒaval *n* Java.
javali [ʒava'lil *m* jabalí *m*.
jazida [ʒa'zidal *f* yacimiento *m*.
jazigo [ʒa'zigul *m* sepultura *f*.
jazz ['ʒajʃ] *m* jazz *m*.
JC (*abrev de* Jesus Cristo) JC.
jeans ['ʒĩnʃl *m inv* vaqueros *mpl*, jeans *mpl*, pantalón *m* de mezclilla *Méx*.
jeca-tatu [ʒɛkata'tul *m personaje de la literatura infantil que representa los pueblerinos del interior de Brasil.*
jegue ['ʒɛgil *m* asno *m*, burro *m*.

jeito ['ʒejtul *m* -1. [modo] forma *f*, manera *f*; **ao** ~ **de** al modo de, al estilo de; **de** ~ **algum** *ou* **nenhum** de ninguna manera; **de qualquer** ~ de cualquier manera; [sem cuidado] a la buena de Dios. -2. [aspecto] apariencia *f*. -3. [índole] carácter *m*, estilo *m*. -4. [torção]: **dar um** ~ **em** torcerse. -5. [propensão]: **ter** *ou* **levar** ~ **para (fazer) algo** tener habilidad *ou* facilidad para (hacer) algo. -6. [habilidade, diplomacia] habilidad *f*; **fazer algo com** ~ hacer algo con cuidado. -7. [graça]: **ficar sem** ~ quedarse sin saber qué hacer. -8. *fam* [arrumação] arreglo *m*; **dar um** ~ **em algo** arreglar algo. -9. *fam* [solução] solución *f*; **dar um** ~ **em algo** arreglar algo. -10. [juízo]: **tomar** ~ sentar cabeza.
jeitoso, osa [ʒej'tozu, ɔzal *adj* -1. [habilidoso] habilidoso(sa), hábil. -2. [funcional] funcional.
jejuar [ʒe'ʒwa(x)] *vi* ayunar.
jejum [ʒe'ʒũl (*pl* -ns) *m* ayuno *m*; **em** ~ en ayunas.
jérsei ['ʒɛxsejl *m* tejido *m* de punto, jersey *m Amér*.
Jerusalém [ʒeruza'lẽl *n* Jerusalén.
jesuíta [ʒe'zwital <> *adj* jesuita. <> *m* jesuita *m*.
jesuítico, ca [ʒezu'itʃiku, kal *adj* [período, missão] jesuítico(ca).
jesus [ʒe'zuʃl *interj* ¡Jesús!
jet set [ʒet'sɛtʃil *m* jet set *f*.
jibóia [ʒi'bɔjal *f* -1. [cobra] boa *f*. -2. [planta] poto *m*.
jiló [ʒi'lɔl *m fruto del jiloeiro, planta herbácea cultivada en Brasil.*
jingle ['ʒĩngowl *m* jingle *m*.
jipe ['ʒipil *m* jeep *m*.
joalheiro, ra [ʒoa'ʎejru, ral *m*, *f* joyero *m*, -ra *f*.
joalheria [ʒwaʎe'rial *f* joyería *f*.
joaninha [ʒwa'niɲal *f* [inseto] mariquita *f*, catarina *f Méx*, vaquita *f* de San Antonio *RP*, San Antonio *m RP*.
João Pessoa [ʒuãwpe'soal João Pessoa.
jocoso, sa [ʒoko'zu, zal *adj* [divertido, cômico] jocoso(sa).
joelho ['ʒweʎul *m* rodilla *f*; **de** ~s de rodillas; **ficar de** ~s quedarse de rodillas.
jogada [ʒo'gadal *f* -1. [ger] jugada *f*. -2. *fam* [esquema] trapicheo *m*, asunto *m*. -3. *fam* [intenção] juego *m*.
jogador, ra [ʒoga'do(x), ral *m*, *f* jugador *m*, -ra *f*.
jogar [ʒo'ga(x)] <> *vt* -1. [tomar parte em jogo de] jugar a. -2. [atirar] tirar. -3. [apostar]: ~ **algo em algo** jugarse algo a algo. -4. [des-

fazer-se de, desperdiçar]: ~ **algo fora** tirar algo. <> *vi* **-1.** [divertir-se num jogo] jugar. **- 2.** [apostar]: ~ **em algo** jugar a algo. **-3.** [manipular]: ~ **com algo** jugar con algo. **- 4.** [balançar] balancear.

jogar-se *vp* [lançar-se]: ~**-se em algo** tirarse a algo.

jogging ['ʒæɡĩŋ] *m* **-1.** [corrida] jogging *m*, footing *m*; **fazer** ~ hacer jogging *ou* footing. **-2.** [roupa] chándal *m Esp*, pants *mpl Méx*, jogging *m RP*.

jogo ['ʒogul] (*pl* jogos) *m* **-1.** [gen] juego *m*; ~ **de azar** juego de azar. **- 2.** *ESP* partido *m*. **- 3.** [partida] partida *f*. **- 4.** [balanço] oscilación *f*. **- 5.** *AUTO* dirección *f*. **- 6.** *fam* [intenção] juego *m*. **- 7.** *loc*: abrir o ~ poner las cartas sobre la mesa; **ter** ~ **de cintura** tener habilidad, tener cancha *RP*.

jóia ['ʒɔja] <> *f* **-1.** [enfeite] joya *f*. **- 2.** [taxa] inscripción *f*, matrícula *f*. <> *adj fam* genial, joya *Méx*.

joio ['ʒoju] *m* cizaña *f*; **separar o** ~ **do trigo** separar la paja del grano.

jóquei ['ʒɔkej] *m* club *m* hípico, jockey club *m Amér*.

jornada [ʒox'nada] *f* **-1.** [viagem, período] jornada *f*; ~ **de trabalho** jornada laboral. **- 2.** [percurso diário] viaje *m*.

jornal [ʒox'naw] (*pl* -ais) *m* **-1.** [gazeta] periódico *m*, diario *m RP*. **- 2.** [noticiário] noticias *fpl*, noticiero *m Amér*.

> Não confundir *jornal (periódico)* com o espanhol *jornal* que em português é *salário por dia*. (*Todos os dias leio o jornal.* Todos los días leo el *periódico*.)

jornaleiro, ra [ʒoxna'lejru, ra] *m*, *f* [pessoa] vendedor *m*, -ra *f* de periódicos, periodiquero *m*, -ra *f Méx*, diariero *m*, -ra *f RP*.

jornaleiro *m* [banca] quiosco *m*, puesto *m* de periódicos.

jornalista [ʒoxna'liʃta] *mf* periodista *mf*.

jorrar [ʒo'xa(x)] <> *vt* brotar. <> *vi* brotar.

jovem ['ʒovẽ] (*pl* -ns) <> *adj* joven. <> *mf* joven *mf*.

jovial [ʒo'vjaw] (*pl* -ais) *adj* jovial.

juba ['ʒuba] *f* melena *f*.

jubileu [ʒubi'lew] *m* **-1.** [indulgência] jubileo *m*. **- 2.** [25 anos]: ~ **de prata** bodas *fpl* de plata.

júbilo ['ʒubilu] *m* júbilo *m*.

judaico, ca [ʒu'dajku, ka] *adj* judaico(ca), judío(a).

judaísmo [ʒuda'iʒmu] *m* judaísmo *m*.

judeu, dia [ʒu'dew, dʒia] <> *adj* judío(día). <> *m*, *f* judío *m*, -día *f*.

judicial [ʒudʒi'sjaw] (*pl* -ais) *adj* judicial.

judiciário, ria [ʒudʒi'sjarju, rja] *adj* judicial.

Judiciário *m*: o ~ el Poder Judicial.

judicioso, osa [ʒudʒi'sjozu, ɔza] *adj* sensato(ta).

judô [ʒu'do] *m* judo *m*.

jugo ['ʒugu] *m*: sob o ~ de bajo el yugo de.

juiz, íza ['ʒwiʃ, iza] (*mpl* -es, *fpl* -s) *m*, *f* **-1.** *JUR* juez *m*, -za *f*; ~ **de paz** juez de paz. **- 2.** *ESP* árbitro *mf*, juez *m*, -za *f Amér*.

juizado [ʒuj'zadul] *m* juzgado *m*; ~ **de menores** juzgado de menores.

juízo ['ʒwizul] *m* **-1.** [julgamento, sensatez] juicio *m*; **o Juízo Final** el Juicio Final; **perder o** ~ perder el juicio. **- 2.** [conceito] opinión *f*. **- 3.** *JUR* [foro] juzgado *m*.

jujuba [ʒu'ʒuba] *f* **-1.** *BOT* yuyuba *f*, jinjolero *m Méx*. **- 2.** [bala] caramelo *m*.

jul. (*abrev de* julho) jul.

julgamento [ʒuwga'mẽntu] *m* **-1.** [juízo, audiência] juicio *m*. **- 2.** [sentença] juicio *m*, sentencia *f Méx*.

jun. (*abrev de* junho) jun.

junto, ta ['ʒũntu, ta] *adv* [perto de]: ~ **de** junto a.

julgar [ʒuw'ga(x)] *vt* juzgar; ~ **algo/alguém por algo** juzgar algo/a alguien por algo.

julgar-se *vp* [supor-se] juzgarse.

julho ['ʒuʎu] *m* julio *m*; *veja também* setembro.

jumento [ʒu'mẽntu] *m* jumento *m*.

junção [ʒũ'sãw] (*pl* -ões) *f* **-1.** [união] unión *f*. **- 2.** [ponto] empalme *m*.

junco ['ʒũŋku] *m* junco *m*.

junho ['ʒuɲu] *m* junio *m*; *veja também* setembro.

júnior ['ʒunjo(x)] (*pl* juniores) <> *adj* júnior. <> *mf ESP* júnior *mf*.

junta ['ʒũntal] *f* **-1.** [comissão] junta *f*. **- 2.** [articulação] juntura *f*. **- 3.** [órgão]: ~ **comercial** cámara *f* de comercio.

juntar [ʒũn'ta(x)] <> *vt* juntar; ~ **algo (a algo)** juntar algo (a algo); ~ **alguém (a alguém)** juntar alguien (a alguien). <> *vi* [aglomerar-se] juntarse. <> *vi* [economizar]: ~ **(para)** ahorrar (para).

juntar-se *vp* [associar-se] juntarse; ~**-se com** juntarse con.

junto, ta ['ʒũntu, ta] <> *adj* junto(ta). <> *adv* junto.

junto a, junto de *loc prep* junto a.

jura ['ʒural] *f* juramento *m*.

jurado, da [ʒu'radu, da] <> *adj* jurado(da). <> *m*, *f* jurado *m*, -da *f*.

juramento [ʒura'mẽntul] *m* juramento *m*.

jurar [ʒu'ra(x)] <> *vt* jurar; ~ **fazer algo** jurar hacer algo; ~ **que** jurar que. <> *vi* [prestar juramento]: ~ **(por/sobre)** jurar por.

júri ['ʒuril] *m* jurado *m*.

jurídico, ca [ʒu'ridʒiku, ka] *adj* jurídico(ca).

jurisdição [ʒuriʒdʒi'sãw] *f* jurisdicción *f*.
juros ['ʒuruʃ] *mpl* interés *m*; ~ **s fixos/variáveis** interés fijo/variable.
justamente [ʒuʃta'mẽntʃi] *adv* justamente.
justapor [ʒuʃta'po(x)] *vt*: ~ **algo (a algo)** yuxtaponer algo (a algo).
➡ **justapor-se** *vp* yuxtaponerse.
justaposto, osta [ʒuʃta'poʃtu, ɔʃta] *pp* ▷ justapor.
justiça [ʒuʃ'tʃisa] *f* justicia *f*; **a Justiça** [poder judiciário] la Justicia; **com** ~ con justicia; **fazer** ~ hacer justicia; ~ **social** justicia social; **ir à** ~ acudir a la justicia.
justiceiro, ra [ʒuʃtʃi'sejru, ra] *adj* justiciero(ra).
justificação [ʒuʃtʃifika'sãw] (*pl* -ões) *f* justificación *f*.
justificar [ʒuʃtʃifi'ka(x)] *vt* justificar.
➡ **justificar-se** *vp* [explicar-se]: ~ **-se por algo** justificarse por algo.
justo, ta ['ʒuʃtu, ta] <> *adj* justo(ta). <> *adv* justo.
juvenil [ʒuve'niw] (*pl* -is) <> *adj* juvenil. <> *m ESP* [campeonato] torneo *m* juvenil.
juventude [ʒuvẽ'tudʒi] *f* juventud *f*.

k, K [ka] *m* [letra] k, K *f*.
kafkiano, na [kaf'kjãnu, na] *adj* kafkiano(na).
karaokê [karaw'ke] *m* karaoke *m*.
kardecismo [kaxde'siʒmu] *m doctrina religiosa del francés Allan Kardec.*
kart ['kaxtʃi] *m* kart *m*.
kartódromo [kax'tɔdromu] *m* kartódromo *m*.
Kb (*abrev de* kilobyte) kb.
ketchup [kɛ'tʃupi] *m* ketchup *m*, catsup *f Méx.*
kg (*abrev de* quilograma) kg.
kit ['kitʃi] *m* kit *m*, juego *m*.
kitsch [kitʃi] *adj (inv)* kitsch.
kiwi ['kiwi] *m* [fruta] kiwi *m*.
kl (*abrev de* quilolitro) *m* kl.
km¹ (*abrev de* kilômetro) *m* km.
km² (*abrev de* quilômetro quadrado) *m* km².
km/h (*abrev de* quilômetro por hora) km/h.
know-how [now'haw] *m* know-how *m*.
KO [ke'ɔ] (*abrev de* knock-out) KO.

Kuwait [ku'ajtʃi] *n* -**1.** [país] Kuwait. -**2.** [cidade] Kuwait.
kW (*abrev de* kilowatt) kW.

l, L ['ɛli] *m* [letra] l, L *f*.
-la [la] *pron* la.
lá ['la] *adv* -**1.** [espaço] allá, allí; ~ **em casa** en casa; ~ **na Amazônia** en la Amazonia; **o hotel fica** ~ el hotel queda allá; **é** ~ **que eu quero morar** allí es que quiero vivir; ~ **é perigoso** por allá es peligroso; **há tempos que não vou** ~ hace tiempo que no voy por allá; **daqui até** ~ **são 400 quilômetros** de aquí hasta allá son 400 kilómetros; **fui para** ~ **aos cinco anos** fui para allá a los cinco años; **decidiram ficar por** ~ decidieron quedarse por allá; ~ **vem o chefe** ahí viene el jefe; **abra a geladeira; tem bastante comida** ~ abre la nevera, hay bastante comida ahí; ~ **atrás/na frente** allá atrás/adelante; ~ **dentro/fora** allá adentro afuera; ~ **embaixo/em cima** allá ou abajo ou arriba; [indicando pavimento] allá; ~ **longe** allá lejos; ~ **onde Judas perdeu as botas** [muito longe] en el quinto pino *Esp*, allá por donde el diablo perdió el poncho *Amér.* -**2.** [tempo - futuro]: **até** ~ hasta entonces; **até** ~ **!** [despedida] ¡hasta entonces!; [- passado]: **de** ~ **para cá** desde entonces. -**3.** [aproximadamente]: ~ **por** allá por; ~ **pelos anos 20 houve uma terrível epidemia** allá por los años 20 hubo una epidemia terrible; **ela está** ~ **pelos 30, 35 anos** (ella) anda por los 30, 35 años; **vamos nos encontrar** ~ **pelas 11 da noite** nos vamos a encontrar a eso de las 11 de la noche; **mora** ~ **pelas bandas do subúrbio** vive allá por los suburbios; **desistiu** ~ **pela décima tentativa** se dio por vencido allá por el décimo intento. -**4.** *fam* : **sei** ~ **!** ¡yo qué sé!; **isso** ~ **é possível?** ¿y eso acaso es posible?; **e eu** ~ **tenho tempo de ir à praia?** ¿y acaso yo tengo tiempo para ir a la playa? -**5.** *fam* [ênfase]: **diga** ~, **como foram as férias?** y qué tal, ¿cómo estuvieron las vacaciones?; **vê** ~ **se não vai tomar prejuízo!** ¡ojo! que no vayas a salir perjudicado; ~ **vou eu, começar tudo outra vez** ahí voy, a

empezar todo otra vez. **- 6.** *loc*: **não ser** ~ **essas coisas** no ser nada del otro mundo.

➡ **para lá de** ◇ *loc prep* [mais de que] más de. ◇ *loc adv fam* [demasiadamente] impresionantemente.

lã [ˈlã] *f* lana *f*; **de pura** ~ de pura lana.

labareda [labaˈredа] *f* llamarada *f*.

lábia [ˈlabja] *f* [conversa] labia *f*; **ter** ~ tener labia.

labial [laˈbjaw] (*pl* -ais) *adj* labial.

lábio [ˈlabju] *m* labio *m*.

labirinto [labiˈrĩntu] *m* laberinto *m*.

laboratorial [laboratoˈrjaw] (*pl* -ais) *adj* de laboratorio.

laboratório [laboraˈtɔrju] *m* laboratorio *m*.

labuta [laˈbuta] *f* labor *f*.

laca [ˈlaka] *f* laca *f*, fijador *m* **Amér**.

laçar [laˈsa(x)] *vt* [animal] lazar, lacear *CSur*.

laço [ˈlasu] *m* **- 1.** [nó] lazo *m*, moña *f RP*; **dar um** ~ **em algo** hacer un lazo *ou* moña *RP* en algo. **- 2.** [para laçar animais, vínculo] lazo *m*; ~ **s de família** lazos familiares.

lacônico, ca [laˈkoniku, ka] *adj* lacónico(ca).

lacrar [laˈkra(x)] *vt* lacrar.

lacre [ˈlakri] *m* lacre *m*.

lacrimejar [lakrimeˈʒa(x)] *vi* lagrimear.

lacrimógeneo, nea [lakrimoˈʒenju, nja] *adj* ▷ gás.

lactação [laktaˈsãw] (*pl* -ões) *f* [amamentação] lactancia *f*.

lácteo, tea [ˈlaktʃju, tʃja] *adj* **- 1.** [produto] lácteo(a). **- 2.** ▷ via.

lactose [lakˈtɔzil] *f* lactosa *f*.

lacuna [laˈkuna] *f* laguna *f*.

ladeira [laˈdejra] *f* **- 1.** [rampa] cuesta *f*. **- 2.** [rua íngreme] ladera *f*.

lado [ˈladu] *m* **- 1.** [ger] lado *m*; **do** ~ **avesso** del revés. **- 2.** [direção, local]: **de todos os** ~ **s** de todos los lados; **de um** ~ **para outro** de un lado a otro, de un lado para otro **Amér**; **do** ~ **de fora** por fuera. **- 3.** [facção, partido]: **estar do** ~ **de alguém** estar del lado de alguien. **- 4.** [aspecto, feição]: **por um** ~ **... por outro** ~ por un lado ... por otro lado.

➡ **ao lado** *loc adv* al lado.

➡ **ao lado de** *loc prep* al lado de.

➡ **de lado** *loc adv* [sentar, andar] de lado, de costado *RP*; **deixar algo de** ~ dejar algo a un lado, dejar algo de lado *RP*.

ladrão, ladra [laˈdrãw, ˈladra] (*mpl* -ões, *fpl* -s) ◇ *adj*: **una empregada ladra** una empleada que roba; **aquele vendedor** ~ **queria vender ...** ese vendedor ladrón quería vender ... ◇ *m, f* **- 1.** [gatuno] ladrón *m*, -ona *f*; ~ **de loja** ladrón de tienda. **- 2.** [tratante] ladrón *m*, -ona *f*, estafador *m*, -ra *f*.

➡ **ladrão** *m* [tubo] desagüe *m*.

ladrar [laˈdra(x)] *vi* ladrar.

ladrilho [laˈdriʎu] *m* baldosa *f*.

ladrões [laˈdrõjʃ] *pl* ▷ ladrão.

lagarta [laˈgaxta] *f* zool oruga *f*.

lagartixa [lagaxˈtʃiʃa] *f* lagartija *f*.

lagarto [laˈgaxtu] *m* **- 1.** zool lagarto *m*. **- 2.** [carne] *carne dura de bovino*.

lago [ˈlagu] *m* **- 1.** [ger] lago *m*. **- 2.** *fig* [poça] lago *m*, jagüey *m* **Méx**.

lagoa [laˈgoa] *f* laguna *f*.

lagosta [laˈgoʃta] *f* langosta *f*.

lagostim [lagoʃˈtʃĩ] (*pl* -ns) *m* langostino *m*.

lágrima [ˈlagrima] *f* lágrima *f*.

laguna [laˈguna] *f* laguna *f*.

laje [ˈlaʒi] *f* **- 1.** [pedra] losa *f*, laja *f RP*. **- 2.** *constr* cubrimiento *m* de losa.

lajota [laˈʒɔta] *f* baldosa *f*, loseta *f* **Méx**.

lama [ˈlãma] *f* **- 1.** [mistura pastosa] barro *m*, fango *m*. **- 2.** [lodo] barro *m*, lodo *m*. **- 3.** *fig* [má situação]: **tirar alguém da** ~ sacar a alguien del fango *ou* lodo **Méx**.

lamaçal [lamaˈsaw] (*pl* -ais), **lamaceiro** [lamaˈsejru] *m* barrizal *m*, lodazal *m*, barrial *m RP*.

lamacento, ta [lamaˈsẽntu, ta] *adj* embarrado(da), enlodado(da).

lambada [lãˈbada] *f* **- 1.** [golpe] paliza *f*. **- 2.** *fig* [descompostura] reprimenda *f*. **- 3.** [dança] lambada *f*.

lamber [lãˈbe(x)] *vt* lamer.

lambida [lãˈbida] *f* lamida *f*; **dar uma** ~ **em algo** dar una lamida a algo.

lambido, da [lãˈbidu, da] *adj* **- 1.** [cara] sin maquillaje, lamido(da) **Amér**. **- 2.** [cabelo] lamido(da).

lambiscar [lãbiʃˈka(x)] ◇ *vt* picotear. ◇ *vi* picotear.

lambuja [lãˈbuʒa] *f* [vantagem] ventaja *f*.

lambuzar [lãbuˈza(x)] *vt* : ~ **alguém/algo (de algo)** embadurnar algo/a alguien (de algo).

lamentar [lamẽˈta(x)] *vt* lamentar; **lamento muito, mas** ~ **...** lo lamento mucho, pero ...

➡ **lamentar-se** *vp*: ~ -**se (de algo)** [lastimarse] lamentarse (de algo).

lamentável [lamẽˈtavɛw] (*pl* -eis) *adj* lamentable.

lamento [laˈmẽntu] *m* lamento *m*.

lâmina [ˈlãmina] *f* **- 1.** [ger] hoja *f*. **- 2.** [chapa, de vidro] lámina *f*.

lâmpada [ˈlãpada] *f* **- 1.** [bulbo] bombilla *f Esp*, lámpara *f* **Méx**, lamparita *f RP*; ~ **(elétrica)** bombilla *Esp ou* lamparita *RP* (eléctrica), lámpara **Méx**; ~ **fluorescente** lámpara fluorescente. **- 2.** [aparelho] lámpara *f*; ~ **de mesa** lámpara de mesa.

lamparina [lãnpaˈrina] f [aparelho] lamparilla f.

lampião [lãnˈpjãw] (pl -ões) m farol m.

lamuriar-se [lamuˈrjaxsi] vp: ~ (de algo) quejarse (de algo).

LAN (abrev de Local Area Network) LAN f.

lança [ˈlãnsa] f lanza f.

lançamento [lãnsaˈmẽntu] m -1. [ger] lanzamiento m. -2. ESP: ~ de dardos lanzamiento m de javalina; ~ de disco lanzamiento de disco; novo ~ [livro] nuevo lanzamiento. -3. [escrituração] asiento m. -4. [de impostos] fijación f.

lançar [lãnˈsa(x)] vt -1. [ger] lanzar. -2. [escriturar] asentar. -3. [impostos] fijar.

➡ **lançar-se** vp -1. [atirar-se] lanzarse, tirarse. -2. [iniciar-se]: ~-se (em algo) lanzarse (a algo); ~-se como algo lanzarse como algo.

lance [ˈlãnsi] m -1. [episódio, passagem] momento m. -2. [fato] cosa f. -3. [em leilão] puja f. -4. [no jogo - aposta] apuesta f; [- jogada] jugada f. -5. [de escada] tramo m. -6. [de casas] hilera f. -7. [rasgo] momento m, ataque m.

lancha [ˈlãnʃa] f -1. NÁUT lancha f. -2. fam [pé] pie m enorme. -3. fam [calçado]: **este sapato está uma** ~ este zapato me viene gigantesco, este zapato me queda como una canoa RP.

lanchar [lãnˈʃa(x)] <> vt merendar, lonchear Méx. <> vi merendar, lonchear Méx.

lanche [ˈlãnʃi] m [refeição ligeira] merienda f, lonche m Méx.

lanchonete [lãnʃoˈnɛtʃi] f bar o panadería donde se preparan comidas rápidas, lonchería f Méx.

lancinante [lãnsiˈnãntʃi] adj desgarrador(ra).

languidez [lãngiˈdeʒ] f [debilitação] languidez f.

lânguido, da [ˈlã̃ngidu, da] adj -1. [debilitado] lánguido(da). -2. [sensual] sensual.

lanterna [lãnˈtɛxna] f -1. [aparelho] farol m, linterna f; ~ elétrica linterna eléctrica. -2. AUTO faro m, luz f.

lapão, pã [laˈpãw, pã] <> adj lapón(ona). <> m, f [pessoa] lapón m, -ona f.

➡ **lapão** m [língua] lapón m.

La Paz [laˈpaʃ] n La Paz f.

lapela [laˈpɛla] f solapa f.

lapidar [lapiˈda(x)] vt -1. [pedra preciosa] lapidar. -2. fig [aperfeiçoar] pulir.

lápide [ˈlapidʒi] f lápida f.

lápis [ˈlapiʃ] m inv lápiz m; ~ de cera cera f, crayón m Méx, crayola f RP; ~ de cor lápiz de color; ~ de olho lápiz de ojos.

lapiseira [lapiˈzejra] f portaminas m inv.

Lapônia [laˈponjal n Laponia.

lapso [ˈlapsul m lapsus m.

laquê [laˈkel m fijador m, laca f.

lar [ˈla(x)] (pl -es) m hogar m.

laranja [laˈrãnʒa] <> f [fruta] naranja f. <> m -1. [cor] naranja m, anaranjado m Amér. -2. fam [testa-de-ferro] testaferro m, prestanombres m inv Méx. <> adj (inv) [cor] naranja, anaranjado(da) Amér.

laranjada [larãnˈʒadal f naranjada f.

laranjal [larãnˈʒawl (pl -ais) m naranjal m.

laranja-lima [laˌrãnʒaˈlima] (pl laranjas-lima) f variedad de fruta que se obtiene del injerto de la naranja y de la lima, naranja-lima f Méx.

laranja-pêra [laˌrãnʒaˈpera] (pl laranjas-pêra) f naranja f para zumo jugo Amér, naranja f valenciana Méx.

laranjeira [larãnˈʒejra] f naranjo m.

lareira [laˈrejra] f hogar m.

largada [laxˈgada] f [em corrida] salida f, largada f Amér; **dar a** ~ dar la salida ou largada Amér.

largado, da [laxˈgadu, da] adj abandonado(da).

largar [laxˈga(x)] <> vt -1. [soltar, deixar cair] soltar. -2. [afastar-se, deixar em paz, abandonar] dejar. -3. fam [dar]: ~ a mão em alguém soltar un sopapo a alguien, dar un guamazo a alguien Méx. <> vi -1. [deixar]: **largue de bobagem** déjese de tonterías; **largue de ser bobo** déjese de hacer el bobo. -2. NÁUT zarpar.

➡ **largar-se** vp -1. [desprender-se] soltarse. -2. [ir] irse.

largo, ga [ˈlaxgu, ga] adj -1. [grande de lado a lado] ancho(cha). -2. [folgado] holgado(da), flojo(ja) Méx. -3. (antes de subst) [extenso] amplio(plia). -4. (antes de subst) [prolongado] largo(ga). -5. (antes de subst) [abundante] abundante.

➡ **largo** m [praça] plaza f.

➡ **ao largo** loc adv: **passar ao** ~ (de) pasar a distancia (de); **avistar algo ao** ~ avistar algo a lo lejos.

> Não confundir largo (ancho) com o espanhol largo que em português é longo. (Essa rodovia é muito larga, tem seis pistas. Esa autopista es muy ancha, tiene seis carriles.)

largura [laxˈgura] f ancho m; **tem 3 metros de** ~ mide tres metros de ancho.

larica [laˈrika] f fam [fome] hambre m, gusa f Esp.

laringe [laˈrĩnʒi] f laringe f.

laringite [larĩnˈʒitʃi] f laringitis f inv.

larva [ˈlaxva] f larva f.

lasanha [la'zãɲal f lasaña f.
lascivo, va [la'sivu, va] adj lascivo(va).
laser ['lejze(x)] (pl -es) <> adj (inv) ▷ raio.
<> m (inv) láser m.
lástima ['laʃtʃima] f -1. [pessoa, coisa]: **ser/estar uma** ~ ser un desastre. -2. [pena]: é **uma ~ (que)** es una lástima (que); **que ~! ¡qué lástima!**
lastimar [laʃtʃi'ma(x)] vt -1. [lamentar] lamentar. -2. [ter pena de] sentir pena por.
➡ **lastimar-se** vp [lamentar-se]: ~**-se (de algo)** lamentarse (de algo).
lastimável [laʃtʃi'mavɛw] (pl -eis) adj -1. [lamentável] lastimoso(sa). -2. [deplorável] lamentable.
lata ['lata] f -1. [ger] lata f. -2. [recipiente]: ~ **de conserva** lata de conserva; ~ **de lixo** cubo m de la basura Esp, bote m de la basura Méx, tacho m de la basura RP; **na** ~ fam directamente.
latão [la'tãw] (pl -ões) m [material] latón m.
lataria [lata'rial f -1. AUTO chapa. f. -2. [latas] latas fpl.
latejar [late'ʒa(x)] vi palpitar.
latente [la'tẽntʃi] adj latente.
lateral [late'raw] (pl -ais) <> adj lateral. <> m FUT lateral m. <> f ESP [linha] banda f.
látex ['latɛks] m inv látex m inv.
latido [la'tʃidu] m ladrido m.
latifundiário, ria [latʃifũn'dʒjarju, rja] <> adj latifundista. <> m, f latifundista mf.
latifúndio [latʃi'fũndʒjul m latifundio m.
latim [la'tʃĩ] m latín m; **gastar o seu** ~ perder el tiempo.
latino, na [la'tʃinu, na] <> adj latino(na). <> m, f latino m, -na f.
latino-americano, latino-americana [la,tʃinwameri'kãnu, na] <> adj latinoamericano(na). <> m, f latinoamericano m, -na f.
latir [la'tʃi(x)] vi ladrar.
latitude [latʃi'tudʒil f -1. GEOGR latitud f. -2. [amplitude] amplitud f. -3. [liberdade de ação] libertad f.
latrocínio [latro'sinjul m latrocinio m.
laudo ['lawdul m -1. [parecer] informe m, laudo m Méx. -2. [documento] informe m.
lava ['lava] f flava f.
lavabo [la'vabul m -1. [pia] lavamanos m. -2. [local] lavabo m, toilette m Amér.
lavadeira [lava'dejral f -1. [trabalhadora] lavandera f. -2. [libélula] libélula f.
lavadora [lava'doral f lavadora f, lavarropas mpl RP.
lavagem [la'vaʒẽ] (pl -ns) f -1. [limpeza] lavado m; ~ **a seco** lavado ou limpieza f en seco; ~ **cerebral** PSIC lavado de cerebro; ~ **de dinheiro** FIN lavado m ou

blanqueo m de dinero. -2. MED lavado m, lavaje m RP. -3. fam ESP: **dar uma** ~ num time dar una paliza a un equipo. -4. [comida de porcos] comida f para cerdos.
lavanda [la'vãnda] f -1. [ger] lavanda f. -2. [recipiente com água] lavamanos m inv.
lavanderia [lavãnde'ria] f -1. [estabelecimento] lavandería f. -2. [dependência] lavadero m.
lavar [la'va(x)] vt lavar.
➡ **lavar-se** vp lavarse.
lavatório [lava'tɔrjul m -1. [pia] lavamanos m inv, lavatorio m Amér, pileta f RP. -2. [toalete] lavabo m, toilette m Amér.
lavoura [la'voral f -1. [cultivo] labranza f. -2. [terreno] campo m.
lavrador, ra [lavra'do(x), ral (mpl -es, fpl -s) m, f labrador m, -ra f.
laxante [la'ʃãntʃil <> adj laxante. <> m laxante m.
lazer [la'ze(x)] m -1. [descanso] ocio m. -2. [tempo de folga] tiempo m libre, rato m de ocio.
LBV (abrev de **Legião da Boa Vontade**) f organización benéfica civil que presta ayuda a personas sin recursos.
leal [le'aw] (pl -ais) adj leal.
lealdade [leaw'dadʒil f lealtad f.
leão [le'ãw] (pl -ões) m, f león m, -ona f.
➡ **Leão** m -1. ASTRO leo m. -2. fig [fisco]: o Leão el fisco.
leasing ['lisĩŋ] m ECON leasing m.
lebre ['lɛbril f liebre f.
lecionar [lesjo'na(x)] <> vt dar ou dictar Amér clases de. <> vi dar ou dictar Amér clases.
legado [le'gadul m -1. [herança] legado m. -2. [enviado] legado m, enviado m.
legal [le'gawl (pl -ais) <> adj -1. JUR legal. -2. fam [bom, bonito] estupendo(da) Esp, sensacional Méx, bárbaro(ra) RP. -3. [hora] oficial. <> adv fam [bem] bien.

> O adjetivo *legal* em espanhol não é usado para expressar apreciação positiva (*magnífico, bueno, buenísimo, fantástico, guay, bárbaro*), mas somente no sentido de 'de acordo com a lei': (*El proceso fue totalmente legal*. O processo foi totalmente legal.; *Este helado está muy rico, es excelente*. Este sorvete está muito gostoso, está excelente.)

legalidade [legali'dadʒil f legalidad f.
legalizar [legali'za(x)] vt legalizar.
legar [le'ga(x)] vt legar.
legenda [le'ʒẽndal f -1. [em foto, desenho etc.] leyenda f. -2. CINE subtítulo m. -3. POL lema m.
legendado, da [leʒẽn'dadu, dal adj -1. [filme] subtitulado(da). -2. [fotos] con pies.
legendar [le'ʒẽnda(x)] vt -1. [filme] subtitu-

lar. -**2**. [fotos] poner pies a.
legendário, ria [leʒẽn'darju, rjal adj legendario(ria).
legião [le'ʒjãw] (pl -ões) f [de fãs, leitores] legión f.
legislação [leʒiʒla'sãw] (pl -ões) f legislación f.
legislador, ra [leʒiʒla'do(x), ral m, f legislador m, -ra f.
legislativo, va [leʒiʒla'tʃivu, val adj legislativo(va).
→ **Legislativo** m: o Legislativo el Legislativo.
legislatura [leʒiʒla'tural f legislatura f.
legitimar [leʒitʃi'ma(x)l vt [legalizar] legitimar.
legítimo, ma [le'ʒitʃimu, mal adj legítimo(ma); **em legítima defesa** en legítima defensa.
legível [le'ʒivɛw] (pl -eis) adj legible.
légua ['lɛgwal f [medida] legua f.
→ **léguas** fpl fig [grande distância] kilómetros mpl.
legume [le'gumel m legumbre f, verdura f RP.
leguminosa [legumi'nɔzal f BOT leguminosa f.
→ **leguminosas** fpl BOT leguminosas fpl.
lei ['lejl f ley f; ~ **da oferta e da procura** ley de la oferta y la demanda; **prata de** ~ plata f de ley.
leigo, ga ['lejgu, gal <> adj -**1**. RELIG laico(ca). -**2**. fig [imperito]: **ser** ~ **em algo** ser lego en algo. <> m, f [pessoa imperita] lego m, -ga f.
leilão [lej'lãw] (pl -ões) m subasta f, remate m RP.
leiloar [lej'lwa(x)] vt subastar, rematar RP.
leiloeiro, ra [lej'lwejru, ral m, f subastador m, -ra f, rematador m, -ra f RP.
leitão [lej'tãw] (pl -ões) m, f lechón m.
leite ['lejtʃil m leche f; ~ **em pó** leche en polvo; ~ **de coco** leche de coco; ~ **condensado** leche condensada; ~ **desnatado** ou **magro** leche descremada; ~ **integral** leche entera; ~ **de magnésia** leche de magnesia; ~ **de soja** leche de soja.
leiteiro, ra [lej'tejru, ral <> adj [que produz leite] lechero(ra). <> m, f [pessoa] lechero m, -ra f.
→ **leiteira** f lechera f.
leito ['lejtul m -**1**. [cama] cama f. -**2**. [de rio] lecho m. -**3**. [de estrada] calzada f.
leitões [lej'tõjʃl pl ⊳ leitão.
leitor, ra [lej'to(x), ral (mpl -es, fpl -s) m, f lector m, -ra f.
leitura [lej'tural f lectura f.
lema ['lemal m lema m.
lembrança [lẽn'brãnsal f -**1**. [recordação]

recuerdo m. -**2**. [presente] regalo m, atención f RP.
→ **lembranças** fpl [cumprimentos] saludos mpl.
lembrar [lẽn'bra(x)l <> vt -**1**. [recordar] recordar, acordarse de. -**2**. [parecer] parecerse a. -**3**. [trazer à memória]: ~ **algo a alguém** recordar algo a alguien, hacer acordar de algo a alguien RP. <> vi -**1**. [recordar]: ~ **(de alguém/algo)** acordarse (de alguien/algo). -**2**. [advertir]: ~ **a alguém de algo/de fazer algo** recordar a alguien algo/hacer algo, hacer acordar a alguien de algo/hacer algo RP; ~ **a alguém (de) que** recordar a alguien que.
→ **lembrar-se** vp: ~ **-se (de alguém/algo)** acordarse (de alguien/algo); ~ **-se (de) que** acordarse de que.
lembrete [lẽn'bretʃil m nota f.
leme ['lemil m -**1**. [dispositivo, controle] timón m. -**2**. [timão] mando m.
lenço ['lẽnsul m -**1**. [para limpar] pañuelo m; ~ **de papel** pañuelo de papel. -**2**. [de cabeça, pescoço] pañuelo m, paliacate m Méx.
lençol [lẽn'sɔwl (pl -óis) m sábana f; ~ **d'água** manto m de agua; **estar em maus lençóis** fig estar con el agua al cuello.
lenda ['lẽndal f -**1**. [história] leyenda f. -**2**. fig [mentira] leyenda f, historia f RP.
lendário, ria [lẽn'darju, rjal adj legendario(ria).
lenha ['leɲal f [para queimar] leña f; **botar** ~ **na fogueira** fig echar leña al fuego.
lenhador [leɲa'do(x)l m leñador m.
lente ['lẽntʃil f lente f Esp, lente m Amér; ~ **de aumento** lente de aumento; ~ **s de contato** lentes de contacto, lentillas fpl Esp.
lentidão [lẽntʃi'dãwl f lentitud f.
lentilha [lẽn'tʃiʎal f lenteja f.
lento, ta ['lẽntu, tal adj lento(ta).
leões [le'õjʃl pl ⊳ leão.
leonino, na [lew'ninu, nal <> adj -**1**. [caráter, contrato] leonino(na). -**2**. ASTRO Leo. <> m,f ASTRO Leo mf.
leopardo [ljo'paxdul m leopardo m.
lépido, da ['lɛpidu, dal adj -**1**. [ágil] ágil. -**2**. [contente] risueño(ña).
lepra ['lɛpral f lepra f.
leprosário [lepro'zarjul m leprosería f.
leproso, osa [le'prozu, ɔzal <> adj [pessoa, ferida] leproso(sa). <> m, f [pessoa] leproso m, -sa f.
leque ['lɛkil m -**1**. [abano] abanico m. -**2**. fig [conjunto]: **um** ~ **de** un abanico de.
ler ['le(x)l <> vt leer. <> vi leer.
lerdo, da ['lɛxdu, dal adj -**1**. [vagaroso] lento(ta). -**2**. [idiota] estúpido(da), tonto(ta).

lesado, da [le'zadu, da] adj [ferido] lesionado(da).

lesão [le'zãw] (pl -ões) f -1. MED lesión f; ~ **corporal** lesión corporal. -2. JUR [violação] violación f.

lesar [le'za(x)] vt -1. fig [prejudicar, enganar] perjudicar. -2. JUR [violar] violar.

lésbico, ca ['lɛʒbiku, ka] adj lésbico(ca).
◆ **lésbica** f lesbiana f.

lesma ['leʒma] f -1. [animal] babosa f. -2. fig [pessoa] tortuga f.

leste ['lɛʃtʃi] <> m inv [direção, região] este m; **a** ~ **(de)** al este (de); **para** ~ hacia el este. <> adj (inv) este.

letal [le'taw] (pl -ais) adj letal.

letargia [letax'ʒia] f -1. MED letargo m. -2. fig [apatia] apatía f.

letárgico, ca [le'taxʒiku, ka] adj letárgico(ca).

letivo, va [le'tʃivu, va] adj lectivo(va); **ano** ~ año lectivo.

Letônia [le'tonja] n Letonia.

letra ['letra] f letra f; ~ **maiúscula/minúscula** letra mayúscula/minúscula; ~ **de mão** letra escrita a mano, letra manuscrita; ~ **de câmbio** COM letra de cambio.
◆ **letras** fpl letras fpl.
◆ **à letra, ao pé da letra** loc adv al pie de la letra.

letrado, da [le'tradu, da] adj letrado(da).

letreiro [le'trejru] m letrero m.

léu ['lɛw] ◆ **ao léu** loc adv -1. [à toa] sin rumbo fijo. -2. [à mostra] al aire.

leucemia [lewse'mia] f leucemia f.

levado, da [le'vadu, da] adj: ~ **(da breca)** travieso(sa).

levantador, ra [levãnta'do(x), ra] m, f ESP: ~ **de pesos** levantador m, -ra f de pesos.

levantamento [levãnta'mẽntu] m -1. [pesquisa] recolección f, relevamiento m RP. -2. [inventário] inventario m, relevamiento m RP. -3. ESP: ~ **de pesos** levantamiento m de pesos.

levantar [levãn'ta(x)] <> vt -1. [ger] levantar; ~ **vôo** levantar el vuelo. -2. [tornar mais alto] subir. -3. [coletar] recolectar, relevar RP. -4. [inventariar] inventariar, relevar RP. -5. [provocar] provocar. -6. [aventar] plantear. -7. [arrecadar] recaudar. <> vi -1. [ficar de pé] levantarse. -2. [sair da cama] levantarse, pararse Ven. -3. [avivar] animar, levantar RP.
◆ **levantar-se** vp -1. [ficar de pé] levantarse. -2. [sair da cama] levantarse, pararse Ven.

levante [le'vãntʃi] m -1. [revolta] levantamiento m. -2. [leste] levante m.

levar [le'va(x)] vt -1. [ger] llevar; ~ **adiante** sacar adelante; ~ **a cabo** llevar a cabo; ~ **alguém a algo/a** fazer algo llevar a alguien a algo/a hacer algo; **deixar-se** ~ **por algo** dejarse llevar por algo. -2. [retirar] quitar, retirar, sacar RP. -3. [lidar com] tratar. -4. [consumir] tardar, demorar RP; **leva tanto tempo!** ¡lleva mucho tiempo! -5. [susto, surra, bronca] llevarse. -6. [roubar] llevarse.

leve ['lɛvi] adj -1. [de pouco peso] liviano(na). -2. [suave] suave; **de** ~ suavemente, apenas RP. -3. [tecido, roupa, comida] ligero(ra), liviano(na) RP. -4. [superficial] leve.

levedo [le'vedu] m, **levedura** [leve'dura] f levadura f.

leviandade [levjãn'dadʒi] f -1. [imprudência] imprudencia f. -2. [falta de seriedade] inconsciencia f.

leviano, na [le'vjanu, na] adj -1. [imprudente] imprudente. -2. [sem seriedade] irreflexivo(va).

léxico, ca ['lɛksiku, ka] adj [análise, família] léxico(ca).
◆ **léxico** m [vocabulário] léxico m.

lexicógrafo, fa [leksi'kₐgrafu, fa] m, f lexicógrafo m, -fa f.

lexicólogo, ga [leksi'kɔlogu, ga] m lexicólogo m, -ga f.

lhama ['ʎãma] m ou f llama f.

lhe [ʎi] (pl **lhes**) pron pess -1. [a ele, ela] le; **dei-** ~ **um presente** le di un regalo; **Maria** ~ **contou um segredo** Maria le contó un secreto; **acertaram-** ~ **um tiro** le pegaron un tiro; **isto lhes custou caro** eso les costó caro; [a você] te; **telefonei-** ~ **ontem** te llamé por teléfono ayer; **o que** ~ **aconteceu?** ¿qué te pasó?; **ouçam bem o que lhes digo!** ¡escuchen bien lo que les digo! -2. [indicando posse - dele, dela] le; **roubaram-** ~ **o carro** le robaron el coche/carro Andes, CAm, Caribe & Méx ou auto RP; **ardia-lhes a vista** les ardían los ojos; [- de você] te; **beijei-** ~ **as faces** te besé las mejillas; **não lhes pesa a consciência?** ¿no les pesa la conciencia? -3. [para enfatizar - a ele, ela] le; **não sei como você agüenta as confusões que a namorada** ~ **apronta** no sé cómo aguanta los líos que le arma la novia; [- a você] te; **não sei como você agüenta as confusões que sua namorada** ~ **apronta** no sé cómo aguantas ou aguantás RP los líos que te arma tu novia.

Líbano ['libanu] n: **o** ~ el Líbano.

libelo [li'bɛlu] m -1. [escrito] escrito m infamatorio, libelo m. -2. [oral] difamación f. -3. JUR libelo m, certificado m Méx.

libélula [li'bɛlula] f libélula f.

liberação [libera'sãw] f -1. [dispensa] permiso

m. -**2.** [de cheque, costumes, da mulher] liberación *f.* -**3.** [de preços, câmbio, regulamentação] liberalización *f.*

liberal [libeˈraw] (*pl* -ais) <> *adj* liberal. <> *mf* POL liberal *mf.*

liberar [libeˈra(x)] *vt* -**1.** [dispensar] conceder un permiso a; **ela foi liberada mais cedo do emprego** la dejaron salir antes del trabajo. -**2.** [pessoa, cheque] liberar. -**3.** [mercadoria, preço, câmbio] liberalizar. -**4.** [aborto] legalizar.

liberdade [libexˈdadʒi] *f* libertad *f*; **estar/pôr em** ~ estar/poner en libertad; **ter** ~ **para fazer algo** tener libertad para hacer algo; **tomar a** ~ **de fazer algo** tomarse la libertad de hacer algo; ~ **condicional** libertad condicional; ~ **de expressão/de opinião** libertad de expresión/de opinión; ~ **sob fiança** libertad bajo fianza.

Libéria [liˈbɛrja] *n* Liberia.

líbero [ˈliberu] *m* FUT líbero *m.*

libertação [libexˈtasãw] (*pl* -ões) *f* liberación *f.*

libertar [libexˈta(x)] *vt* [tornar livre] libertar.

libertino, na [libexˈtʃinu, na] <> *adj* libertino(na). <> *m, f* libertino *m*, -na *f.*

Líbia [ˈlibja] *n* Libia.

libido [liˈbidul] *f* libido *f.*

libra [ˈlibra] *f* libra *f*; ~ **(esterlina)** libra (esterlina).

◆ **Libra** *m* ASTRO libra *m.*

libreto [liˈbretul] *m* libreto *m.*

lição [liˈsãw] (*pl* -ões) *f* -**1.** [ger] lección *f.* -**2.** *fig* [repreensão]: **dar uma** ~ **em alguém** echar una bronca a alguien, retar a alguien *RP.*

licença [liˈsẽsa] *f* -**1.** [permissão, documento] permiso *m*; **dar** ~ **a alguém (para fazer algo)** dar permiso a alguien (para hacer algo); **com** ~ perdón. -**2.** [de trabalho] permiso *m*, licencia *f Amér*; **estar de** ~ estar de baja, estar de licencia *Amér.*

licença-maternidade [liˈsẽsaˈmatexniˈdadʒi] (*pl* licenças-maternidade) *f* baja *f* por maternidad.

licenciado, da [lisẽˈsjadu, da] <> *adj* -**1.** UNIV licenciado(da). -**2.** [do trabalho] con la baja, de licencia *Amér.* <> *m, f* UNIV licenciado *m*, -da *f.*

licenciar [lisẽˈsja(x)] *vt* [do trabalho] dar la baja a, dar licencia a *Méx* & *RP.*

◆ **licenciar-se** *vp* -**1.** UNIV: ~-se **(em algo)** licenciarse (en algo). -**2.** [do trabalho] obtener un permiso, sacar licencia *RP.*

licenciatura [lisẽsjaˈtural] *f* licenciatura *f.*

licitação [lisitaˈsãw] (*pl* -ões) *f* -**1.** [em leilão] oferta *f.* -**2.** [concorrência] licitación *f.*

lícito, ta [ˈlisitu, ta] *adj* lícito(ta).

lições [liˈsõiʃ] *pl* ⊳ lição.

licor [liˈko(x)] *m* licor *m.*

lidar [liˈda(x)] *vi*: ~ **com alguien/algo** [conviver com] tratar con alguien/algo; [tratar] lidiar con alguien/algo; [trabalhar com] trabajar con alguien/algo.

líder [ˈlide(x)] (*pl* -es) *mf* líder *mf.*

liderança [lideˈrãsa] *f* liderazgo *m.*

liderar [lideˈra(x)] *vt* liderar.

lido, da [ˈlidu, da] *pp* ⊳ ler.

Liechtenstein [liʃtẽʃˈtajn] *n* Liechtenstein.

lifting [ˈliftĩŋ] *m* lifting *m.*

liga [ˈliga] *f* -**1.** [associação] [de meias] liga *f.* -**2.** [de metais] aleación *f.*

ligação [ligaˈsãw] (*pl* -ões) *f* -**1.** [conexão] conexión *f.* -**2.** [associação, relacionamento] relación *f.* -**3.** [união] unión *f*, enlace *m.* -**4.** TELEC llamada *f*; **a** ~ **caiu** la línea se ha cortado, se cortó la llamada *Méx* & *RP*; **completar a** ~ hacer la llamada; **fazer uma** ~ hacer una llamada.

ligado, da [liˈgadu, da] *adj* -**1.** [aparelho, rádio] encendido(da), prendido(da) *Amér.* -**2.** [fios] conectado(da). -**3.** [associado] relacionado(da). -**4.** [absorto] concentrado(da). -**5.** [afeiçoado] unido(da).

◆ **ligada** *f* TELEC llamada *f*; **dar uma** ~ **para alguém** hacer una llamada a alguien.

ligadura [ligaˈdura] *f* ligadura *f.*

ligamento [ligaˈmẽtul] *m* -**1.** ANAT ligamento *m.* -**2.** MED: ~ **de trompas** ligadura *f* de trompas.

ligar [liˈga(x)] <> *vt* -**1.** [aparelhos, luz, motor] encender, prender *Amér.* -**2.** [fios] conectar. -**3.** [associar] relacionar. -**4.** [unir] unir, enlazar. -**5.** [criar vínculos] ligar. -**6.** [dar importância a]: **não** ~ **a mínima (para algo/alguém)** no darle importancia (a algo/alguien), no dar bolilla (a algo/alguien) *RP.* <> *vi* -**1.** [telefonar] llamar; ~ **para alguém/algum lugar** llamar a alguien/algún lugar. -**2.** [dar importância] dar importancia *ou* bolilla *RP*; ~ **para algo/alguém** dar importancia *ou* bolilla *RP* a algo/alguien. -**3.** [dar atenção] prestar atención; ~ **para algo/alguém** fijarse en algo/alguien, notar algo/a alguien.

◆ **ligar-se** *vp* [unir-se, afeiçoar-se] unirse.

Não confundir com o espanhol *ligar*, que não pode ser usado no sentido do português 'telefonar, ligar' (*a televisão, a luz, o motor do carro*), 'prestar atenção': (*Habían ligado las cuerdas de tal forma que nunca más las pudieron desatar.* Haviam amarrado as cordas de tal forma, que nunca mais puderam desamarrá-las.)

ligeireza [liʒej'rezal f -1. [rapidez] ligereza f. -2. [agilidade] agilidad f.

ligeiro,ra [li'ʒejru, ra] adj -1. [rápido] ligero(ra), rápido(da) RP. -2. [ágil] ágil. -3. (antes de subst) fig [sutil] ligero(ra), leve RP.
➡ **ligeiro** adv -1. [rapidamente] rápidamente. -2. [com agilidade] ágilmente.

lilás [li'laʃ] (pl lilases) ⟨⟩ adj [cor] lila. ⟨⟩ m lila m.

lima ['lima] f lima f.

Lima ['lima] n Lima.

limão [li'mãw] (pl -ões) m lima f.

limão-galego [li,mãwga'legu] (pl limões-galegos) m limón m.

limbo ['lĩnbul m: estar no ~ fig estar en el limbo.

limiar [li'mja(x)] m umbral m.

limitação [limita'sãw] (pl -ões) f limitación f.

limitado,da [limi'tadu, da] adj limitado(da).

limitar [limi'ta(x)] vt [restringir] limitar.
➡ **limitar-se** vp [restringir-se]: ~-se a fazer algo limitarse a hacer algo.

limite [li'mitʃi] m límite m; passar dos ~s pasarse de la raya, pasar los límites Méx.

limítrofe [li'mitrofi] adj limítrofe.

limo ['limu] m BOT musgo m.

limoeiro [li'mwejru] m limonero m.

limões [li'mõiʃ] pl ⟹ limão.

limonada [limo'nada] f limonada f.

limpador [lĩnpa'do(x)] (pl -es) m [substância] limpiador m; ~ de pára-brisas limpiaparabrisas m inv, limpiador de parabrisas Méx.

limpar [lĩn'pa(x)] vt -1. [ger] limpiar. -2. [enxugar] secar, limpiar RP. -3. [desanuviar] despejar. -4. fig [elevar]: ~ a imagem de alguém/algo lavar la imagen de alguien/algo, limpiar la imagen de alguien/algo Méx & RP.
➡ **limpar-se** vp -1. [assear-se] lavarse, limpiar RP. -2. [moralmente] enmendarse.

limpeza [lĩn'peza] f -1. [estado, ato] limpieza f; fazer uma ~ em algo [livrar de excessos] hacer una limpieza en algo; [livrar de maus elemento] hacer una limpieza de algo; [roubar] limpiar algo; ~ pública recogida f de basuras, limpieza f pública Méx, recolección f de residuos RP. -2. [esmero] pulcritud f.

limpo,pa ['lĩnpu, pa] ⟨⟩ pp ⟹ limpar. ⟨⟩ adj -1. [ger] limpio(pia); passar a ~ pasar a limpio Esp, pasar en limpio Méx & RP. -2. [político] honrado(da). -3. [desanuviado] despejado(da). -4. [sem dinheiro] limpio(pia), pelado(da) RP. -5. loc: tirar a ~ aclarar.

limusine [limu'zini] f limusina f.

lince ['lĩnsi] m lince m.

linchamento [lĩnʃa'mẽntul m linchamiento m.

linchar [lĩn'ʃa(x)] vt linchar.

lindo,da ['lĩndu, da] adj -1. [atitude, filme, paisagem] bonito(ta), lindo(da) Amér. -2. [pessoa] guapo(pa).

lingerie [lãnʒe'xi] f lencería f.

língua ['lĩŋgwa] f lengua f; ~ materna lengua materna; dar com a ~ nos dentes irse de la lengua; ficar de ~ de fora quedarse con la lengua fuera.

linguado [lĩŋ'gwadul m [peixe] lenguado m.

linguagem [lĩŋ'gwaʒẽl (pl -ns) f lenguaje m.

linguarudo,da [lĩŋgwa'rudu, da] ⟨⟩ adj chismoso(sa), lengualarga Méx & RP. ⟨⟩ m, f chismoso m, -sa f, lengualarga mf Méx & RP.

lingüeta [lĩŋ'gweta] f -1. [de fechadura] pestillo m. -2. [de balança] fiel m.

lingüiça [lĩŋ'gwisa] f chorizo m.

lingüístico,ca [lĩŋ'gwiʃtʃiku, ka] adj lingüístico(ca).
➡ **lingüística** f lingüística f.

linha ['lĩɲal f -1. [ger] línea f; em ~s gerais en líneas generales, a grandes rasgos RP; ~ cruzada línea cruzada; não dar ~ no tener línea, no dar línea Amér; ~ de mira punto m de mira; ~ aérea línea aérea; andar na ~ fig portarse bien, andar a raya Méx. -2. [fileira] fila f; ~ de fogo línea de fuego; ~ de montagem cadena f de montaje, línea de producción Méx. -3. [fio de costura] hilo m. -4. [fio de pescar] hilo m, tanza f RP. -5. [elegância] elegancia f; perder a ~ perder los papeles ou la compostura.

linho ['lĩɲul m -1. [tecido] lino m, hilo m RP. -2. [planta] lino m.

linóleo [li'nɔljul m -1. [tecido] linóleo m, linóleum m Méx. -2. [tapete] alfombra f de linóleo, linóleum m Méx.

lipoaspiração [lipu'aʃpirasãw] (pl -ões) f liposucción f.

liquidação [likida'sãw] (pl -ões) f liquidación f; (estar) em ~ (estar) en liquidación.

liquidar [liki'da(x)] ⟨⟩ vt liquidar. ⟨⟩ vi -1. COM liquidar. -2. [destruir]: ~ com algo/alguém acabar con algo/alguien, liquidar algo/a alguien RP.

liquidez [liki'dejʃ] f ECON liquidez f.

liqüidificador [likwidʒifika'do(x)] m licuadora f.

líquido,da ['likidu, da] adj líquido(da); peso ~ COM peso neto ou líquido.
➡ **líquido** m [fluido] líquido m.

lira ['lira] f lira f.

lírico,ca ['liriku, ka] adj -1. [gênero] lírico(ca).

- **2.** *fig* [romântico] romántico(ca), lírico(ca) *RP.*

◆ **lírica** *f* [coleção de poesia] lírica *f.*

lírio ['lirju] *m* lírio *m.*

Lisboa [liʒ'boa] *n* Lisboa.

liso, sa ['lizu, za] *adj* - **1.** [superfície, tecido] liso(sa). - **2.** [cabelo] liso(sa), lacio(cia) *RP.* - **3.** *fam* [sem dinheiro] sin blanca, limpio(pia) *Méx*, pelado(da) *RP.*

lisonja [li'zõnʒal *f* lisonja *f.*

lisonjeador, ra [lisõnʒja'do(x), ra] *adj* lisonjero(ra).

lisonjear [lizõn'ʒja(x)] *vt* lisonjear.

lisonjeiro, ra [lizõn'ʒejru, ra] *adj* = lisonjeador.

lista ['liʃta] *f* - **1.** [relação] lista *f*; ~ **negra** lista negra; ~ **telefônica** listín *m* telefónico, directorio *m* telefónico *Méx*, guía *f* telefónica *RP.* - **2.** [listra] lista *f*, raya *f.*

listar [liʃ'ta(x)] *vt* COMPUT listar.

listra ['liʃtra] *f* lista *f*, raya *f.*

listrado, da [liʃ'tradu, da], **listado, da** [liʃ'tadu, da] *adj* de listas, de rayas, rayado(da) *RP.*

literal [lite'raw] *(pl -ais) adj* literal.

literário, ria [lite'rarju, rja] *adj* literario(ria).

literatura [litera'tura] *f* literatura *f.*

litígio [li'tʃiʒju] *m* litigio *m.*

litogravura [ˌlitogra'vura] *f* [gravura] litografado *m.*

litoral [lito'raw] *(pl -ais)* ◇ *m* [beira-mar] litoral *m.* ◇ *adj* [costeiro] litoral, litoraleño(ña) *RP.*

litorâneo, nea [lito'rãnju, nja] *adj* litoral, litoraleño(ña) *RP.*

litro ['litru] *m* litro *m.*

Lituânia [li'twãnja] *n* Lituania.

liturgia [litux'ʒia] *f* liturgia *f.*

lívido, da ['lividu, da] *adj* lívido(da).

livrar [li'vra(x)] *vt* librar.

◆ **livrar-se** *vp* : ~ **-se (de alguém/algo)** [libertar-se] liberarse (de alguien/de algo).

livraria [livra'ria] *f* librería *f.*

livre ['livri] *adj* libre; ~ **de impostos** libre de impuestos; **de** ~ **e espontânea vontade** por voluntad propia.

livre-arbítrio [ˌlivrjax'bitrju] *(pl livres-arbítrios) m* libre albedrío *m.*

livre-iniciativa [ˌlivrjinisja'tʃiva] *(pl -s) m* ECON libre iniciativa *f.*

livreiro, ra [liv'rejru, ra] *m, f* librero *m*, -ra *f.*

livro ['livru] *m* libro *m*; ~ **de bolso** libro de bolsillo; ~ **de capa dura** libro de tapa dura; ~ **didático** libro de texto.

livro-caixa [ˌlivro'kajʃa] *(pl livros-caixas) m* libro *m* de caja.

lixa ['liʃa] *f* lija *f*; ~ **de unhas** lima de uñas.

lixar [li'ʃa(x)] *vt* [madeira] lijar; [unhas] limar.

◆ **lixar-se** *vp fam* [não se incomodar]: **ele está se lixando com a demissão** le importa un pito la dimisión, le vale madre la dimisión *Méx.*

lixeira [li'ʃejra] *f* cubo *m* de basura *Esp*, bote *m* de basura *Andes* & *Méx*, tacho *m* de basura *RP.*

lixeiro [li'ʃejru] *m* basurero *m.*

lixo ['liʃu] *m* basura *f*; ~ **atômico** basura radiactiva.

-lo [lu] *pron* lo.

lobby ['lɔbi] *(pl lobbies) m* POL lobby *m.*

lobista [lo'biʃta] *mf* miembro *m* de un lobby, cabildero *m*, -ra *f Méx*, lobbista *mf RP.*

lobo ['lobu] *m* lobo *m.*

lobo-do-mar [ˌlobudu'ma(x)] *(pl lobos-do-mar) m* lobo *m* de mar.

lóbulo ['lɔbulu] *m* lóbulo *m.*

locação [loka'sãw] *(pl -ões) f* - **1.** [aluguel] alquiler *m.* - **2.** [remuneração] alquiler *m*, renta *f Méx*. - **3.** CINE exterior *m*, locación *f Méx.*

locador, ra [loka'do(x), ra] *m, f* [pessoa] arrendador *m*, -ra *f.*

◆ **locadora** *f* [agência] agencia *f* de alquiler; ~ **de vídeo** videoclub *m*, video *m* Amér.

local [lo'kaw] *(pl -ais)* ◇ *adj* local. ◇ *m* lugar *m.*

localidade [lokali'dadʒi] *f* localidad *f.*

localizar [lokali'za(x)] *vt* localizar.

◆ **localizar-se** *vp* [situar-se] estar, ser Amér, localizarse *Méx*, quedar *RP.*

loção [lo'sãw] *(pl -ões) f* loción *f*; ~ **após-barba** loción para después del afeitado, after-shave *m.*

locatário, ria [loka'tarju, rja] *m, f* [de imóvel] inquilino *m*, -na *f*; [de carro, telefone] arrendatario *m*, -ria *f.*

locomotiva [lokomo'tʃiva] *f* locomotora *f.*

locomover-se [lokomo'vexsi] *vp* desplazarse.

locutor, ra [loku'to(x), ra] *(mpl -es, fpl -s) m, f* [profissional] locutor *m*, -ra *f.*

lodacento, ta [loda'sẽntu, ta] *adj* fangoso(sa), barroso(sa).

lodo ['lodu] *m* lodo *m.*

lodoso, osa [lo'dozu, ɔza] *adj* = lodacento.

lógico, ca ['lɔʒiku, ka] *adj* lógico(ca); **(é)** ~ **!** ¡es lógico!

◆ **lógica** *f* lógica *f.*

logo ['lɔgu] ◇ *adv* - **1.** [sem demora] enseguida, en seguida, luego *Méx*; ~ **de cara** de sopetón, justo de frente *Méx*; ~ **de saída** desde el principio, enseguida *RP.* - **2.** [em breve] inmediatamente, ahora mismo, ya; **até** ~ **!** ¡hasta pronto!, ¡hasta

luego!; ~ **mais** luego, más tarde. -**3.** [exatamente] justo; ~ **ali** justo ahí. -**4.** [pouco]: ~ **antes/depois** justo antes/después. ◇ *conj* [portanto] luego, luego entonces *Méx*.
◆ **logo que** *loc adv* en cuanto, luego que *Méx*.
logomarca [logo'maxka] *f* logotipo *m*.
logotipo [logo'tʃipu] *m* logotipo *m*.
logradouro [logra'doru] *m* espacio *m* público.
lograr [lo'gra(x)] *vt* -**1.** [conseguir] lograr; ~ **fazer algo** lograr hacer algo. -**2.** [iludir] convencer.
logro ['logru] *m* engaño *m*.
loiro, ra ['lojru, ra] *adj* = louro.
loja ['lɔʒa] *f* -**1.** com tienda *f*, comercio *m RP*; ~ **de departamentos** grandes almacenes *mpl*, tienda *f* departamental *Méx*. -**2.** [maçônica] logia *f*.
lombada [lõn'bada] *f* -**1.** [ger] lomo *m*. -**2.** [no solo] resalto *m*, tope *m Méx*, lomo *m* de burro *RP*.
lombar [lõn'ba(x)] *adj* lumbar.
lombinho [lõn'biɲu] *m* [carne de porco] solomillo *m*, carré *m* de cerdo *RP*.
lombo ['lõnbu] *m* -**1.** [ger] lomo *m*. -**2.** [elevação] resalte *m*, tope *m Méx*, lomo *m* de burro *RP*.
lombriga [lõn'briga] *f* lombriz *f*.
lona ['lona] *f* -**1.** [ger] lona *f*. -**2.** [de pneu] capa *f*.
Londres ['lõndriʃ] *n* Londres.
londrino, na [lõn'drinu, na] ◇ *adj* londinense. ◇ *m, f* londinense *mf*.
longa-metragem [ˌlõŋgame'traʒẽ] (*pl* longas-metragens) *m*: **(filme de)** ~ largometraje *m*.
longe ['lõʒi] ◇ *adv* lejos; **ir** ~ **demais** *fig* [exceder-se] ir demasiado lejos; **ver** ~ *fig* [ter visão] ver más allá. ◇ *adj* remoto(ta), lejano(na) *Amér*.
◆ **ao longe** *loc adv* [no espaço] a lo lejos.
◆ **de longe** *loc adv* -**1.** [no espaço] de lejos. -**2.** [no tempo]: **vir de** ~ venir de lejos, venir de antes. -**3.** [sem comparação] de ou por *RP* lejos.
◆ **longe de** ◇ *loc conj* lejos de; ~ **disso** al contrario. ◇ *loc prep* lejos de.
longevidade [lõnʒevi'dadʒi] *f* longevidad *f*.
longevo, va [lõnʒe'vu, va] *adj* -**1.** [muito idoso] de edad avanzada. -**2.** [duradouro] longevo(va).
longínquo, qua [lõn'ʒĩŋkwu, kwa] *adj* -**1.** [no espaço] remoto(ta), lejano(na). -**2.** [no tempo]: **futuro** ~ futuro lejano; **passado** ~ pasado remoto.
longitude [lõnʒi'tudʒi] *f* GEOGR longitud *f*.

longo, ga ['lõŋgu, ga] *adj* -**1.** [ger] largo(ga). -**2.** *(antes de subst)* [duradouro] duradero(ra), largo(ga) *RP*.
◆ **longo** *m* [vestido] vestido *m* largo.
◆ **ao longo de** *loc prep* a lo largo de.
lontra ['lõntra] *f* nutria *f*.
loquacidade [lokwasi'dadʒi] *m* locuacidad *f*.
loquaz [lo'kwaʒ] *adj* -**1.** [falador] locuaz. -**2.** [eloqüente] elocuente.
losango [lo'zãngu] *m* rombo *m*.
lotação [lota'sãw] (*pl* -ões) *f* -**1.** [capacidade] capacidad *f*; ~ **esgotada** localidades agotadas. -**2.** [quadro de pessoal] plantilla *f*, planilla *f RP*. -**3.** [veículo] microbús *m* (de transporte público).
lotado, da [lo'tadu, da] *adj* -**1.** [cheio] abarrotado(da), repleto(ta). -**2.** [funcionário] empleado(da), asignado(da) *RP*.
lotar [lo'ta(x)] ◇ *vt* -**1.** [encher] abarrotar, llenar. -**2.** [funcionário] emplear, asignar *RP*. ◇ *vi* [encher]: ~ **(de)** abarrotar (de), llenar (de).
lote ['lɔtʃi] *m* -**1.** [ger] lote *m*. -**2.** [terreno] parcela *f*, lote *m Amér*.
lotear [lo'tʃja(x)] *vt* parcelar, lotear *Andes* & *RP*, dividir *Méx*.
loteria [lote'ria] *f* lotería *f*; ~ **esportiva** quiniela *f*, prode *m Arg*, quiniela *f* deportiva *Méx*.
louça ['losa] *f* -**1.** [material] loza *f*; **de** ~ de loza. -**2.** [objetos] vajilla *f*; **lavar/secar a** ~ lavar/secar los platos.
louco, ca ['loku, ka] ◇ *adj* -**1.** [ger] loco(ca). -**2.** [transtornado]: **deixar alguém** ~ volver a alguien loco(ca), volver loco(ca) a alguien *RP*. -**3.** [furioso]: **ficar** ~ **(da vida)** subirse por las paredes; **ficar** ~ **(da vida) com alguém** ponerse hecho una furia con alguien. -**4.** [apaixonado]: **ser** ~ **por alguém/algo** estar loco(ca) por alguien/algo, ser loco(ca) por alguien/algo *Amér*. -**5.** [intenso] intenso(sa), de locos *RP*. ◇ *m, f* [insano] loco *m*, -ca *f*; ~ **varrido** ou **de pedra** *fam* loco de remate.
◆ **louca** *f*: **dar a louca em alguém** darle una locura a alguien, darle la locura a alguien *Méx*, darle la loca a alguien *RP*.
loucura [lo'kura] *f* [ger] locura *f*; **ser (uma)** ~ **algo/fazer algo** ser una locura algo/hacer algo.
louro, ra ['loru, ra] ◇ *adj* [cabelo, pessoa] rubio(bia) *Esp* & *RP*, choco(ca) *Bol*, mono(na) *Col*, güero(ra) *Méx*, catire(ra) *Ven*. ◇ *m, f* [pessoa] rubio *m*, -bia *f Esp* & *RP*, choco *m*, -ca *f Bol*, mono *m*, -na *f Col*, güero *m*, -ra *f Méx*, catire *m*, -ra *f Ven*.
◆ **louro** *m* -**1.** [cor] dorado *m*. -**2.** [árvore]

laurel *m*. -**3**. [papagaio] loro *m*, périco *m*
Méx.
louvar [lo'va(x)] ◇ *vt* alabar. ◇ *vi*: ~ a
Deus alabar a Dios.
louvável [lo'vavɛw] (*pl* -eis) *adj* loable.
louvor [lo'vo(x)] *m*: ~ a alguém/algo elogio
m a alguien/algo.
Ltda (*abrev de* Limitada) Ltda.
lua ['lua] *f* luna *f*; ~ **cheia** luna llena; ~
nova luna nueva; **estar no mundo da** ~
estar en la luna, estar en la luna de
Valencia *RP*; **ser de** ~ tener humor
inestable, ser alunado(da) *RP*.
lua-de-mel [ˌluadʃi'mɛw] (*pl* luas-de-mel) *f*
luna *f* de miel.
luar ['lwa(x)] *m* claro *m* de luna.
lubrificante [lubrifi'kãntʃil ◇ *adj* lubricante. ◇ *m* lubricante *m*.
lubrificar [lubrifi'ka(x)] *vt* lubricar.
lucidez [lusi'deʃ] *f* lucidez *f*.
lúcido, da ['lusidu, da] *adj* lúcido(da).
lucrar [lu'kra(x)] ◇ *vt*: ~ **algo com** *ou* **em
algo** [financeiramente] ganar algo con *ou* en
algo; [tirar vantagem de] conseguir algo con
algo. ◇ *vi* [financeiramente] ganar; ~ **com
algo** [tirar vantagem de] beneficiarse *ou*
ganar con algo.
lucrativo, va [lukra'tʃivu, va] *adj* -**1**. [financei-
ramente] lucrativo(va); **com/sem fins** ~**s**
con/sin ánimo de lucro, con/sin fin de
lucro *Amér*. -**2**. [proveitoso] provechoso(sa).
lucro ['lukru] *m* -**1**. [fiananceiro] ganancia *f*.
-**2**. [proveito] beneficio *m*.
lúdico, ca ['ludʒiku, ka] *adj* lúdico(ca).
lugar [lu'ga(x)] (*pl* -es) *m* -**1**. [ger] lugar *m*; ~
de nascimento lugar de nacimiento. -**2**.
[local] sitio *m*, lugar *m*; **em algum** ~ en
algún sitio *ou* lugar *ou* lado; **em** ~ **nenhum** en ningún sitio *ou* lugar *ou* lado;
em outro ~ en otro sitio *ou* lugar *ou* lado.
-**3**. [espaço] sitio *m*, lugar *m*, campo *m Án-
des*. -**4**. [assento] asiento *m*, lugar *m Amér*.
-**5**.: **em primeiro** ~ [em competição, argumen-
tação] en primer lugar; **tirar o primeiro/
segundo** ~ obtener el primer/segundo
lugar. -**6**. *loc*: **dar** ~ **a** dar lugar a.
➡ **em lugar de** *loc prep* en lugar de.
lugar-comum [luˌgaxku'mũ] (*pl* lugares-co-
muns) *m* lugar *m* común.
lugarejo [luga'reʒu] *m* aldea *f*, ranchería *f*
Méx.
lugar-tenente [luˌga(x)te'nẽntʃi] *m* lugarteniente *m*.
lúgubre ['lugubri] *adj* lúgubre.
lula ['lula] *f* calamar *m*.
luminária [lumi'narja] *f* lámpara *f*.
luminosidade [luminozi'dadʒi] *f* luminosi-
dad *f*.

luminoso, osa [lumi'nozu, ɔza] *adj* -**1**. [que
emite luz] luminoso(sa). -**2**. *fig* [raciocínio,
idéia, talento] brillante.
lunar [lu'na(x)] (*pl* -es) *adj* lunar.
lunático, ca [lu'natʃiku, ka] *adj* lunático(ca).
luneta [lu'neta] *f* telescopio *m*.
lupa ['lupa] *f* lupa *f*.
lusco-fusco [ˌluʃku'fuʃku] *m* crepúsculo *m*.
luso, sa ['luzu, za] ◇ *adj* luso(sa). ◇ *m,f*
luso *m*, -sa *f*.
lusófono, na [lu'zɔfonu, na] ◇ *adj* lusófo-
no(na). ◇ *m,f* lusófono *m*, -na *f*.
lustrar [luʃ'tra(x)] *vt* [móvel] lustrar.
lustre ['luʃtri] *m* -**1**. [polimento] lustre *m*. -**2**.
[luminária] candil *m Esp* & *Méx*, araña *f RP*.
lustroso, osa [luʃ'trozu, ɔza] *adj* lustro-
so(sa).
luta ['luta] *f* -**1**. [ger] lucha *f*. -**2**. *ESP*: ~ **de
boxe** boxeo *m Esp* & *Méx*, pelea *f RP*; ~
livre lucha *f* libre.
lutador, ra [luta'do(x), ra] ◇ *adj* [esforçado]
luchador(ra). ◇ *m, f* [ger] luchador *m*, -ra
f; ~ **de caratê** karateka *mf*; ~ **de boxe**
boxeador *m*, -ra *f*.
lutar [lu'ta(x)] ◇ *vi* -**1**. [ger] luchar; ~ **contra algo** luchar contra algo. -**2**. [enfrentar]:
~ **(com/contra alguém)** luchar (con/con-
tra alguien); ~ **por algo** luchar por algo.
-**3**. *fig* [combater]: ~ **por/contra algo** luchar
por/contra algo. -**4**.: ~ **(por algo/para fazer algo)** luchar (por algo/para hacer
algo). ◇ *vt* [judô, caratê, capoeira, luta livre]
practicar.
luterano, na [lute'rãnu, na] ◇ *adj* [pessoa,
igreja, doutrina] luterano(na). ◇ *m, f* [cren-
te] luterano *m*, -na *f*.
luto ['lutu] *m* -**1**. [ger] luto *m*. -**2**. [traje]: **estar
de** ~ estar de luto.
luva ['luva] *f* guante *m*; **cair como uma** ~
sentar como un guante *Esp*, quedar
como un guante *Méx*, quedar como
pintado *RP*.
➡ **luvas** *fpl* [pagamento] pago *m*.
Luxemburgo [luʃẽn'buxgu] *n* Luxemburgo.
luxemburguês, esa [luʃẽnbux'geʃ, ezal ◇
adj luxemburgués(esa). ◇ *m, f* luxemburgués *m*, -esa *f*.
luxo ['luʃu] *m* -**1**. [ger] lujo *m*; **de** ~ de lujo.
-**2**. [afeatação, cerimônia] melindres *mpl*,
cumplido *m RP*; **cheio de** ~ con melindres.
luxuoso, osa [lu'ʃwozu, ɔza] *adj* lujoso(sa).
luxúria [lu'ʃurja] *f* [lascívia] lujuria *f*.
luz ['luʃ] (*pl* -es) *f* -**1**. [claridade, fonte de luz] luz
f; **acender a** ~ encender *Esp ou* prender
Amér la luz; **apagar a** ~ apagar la luz; ~
do dia luz del día. -**2**. [eletricidade] luz *f*;
faltar ~ irse la luz. -**3**. [brilho] brillo *m*,

luz *f RP.* - **4.** *loc:* dar à ~ dar a luz.
luzir [lu'zi(x)] *vi* resplandecer.
Lycra® ['lajkra] *f* lycra® *f,* licra *f.*

m, M ['emil *m* [letra] m, M *f.*
má ['ma] *adj f* ▷ **mau.**
MA (*abrev de* **Estado do Maranhão**) *estado de Maranhão.*
maca ['maka] *f MED* camilla *f.*
maçã [ma'sã] *f* manzana *f;* ~ **do rosto** pómulo *m.*
macabro, bra [ma'kabru, bra] *adj* macabro(bra).
macacão [maka'kãw] (*pl* -ões) *m* mono *m Esp,* overol *m Amér.* jardinero *m RP.*
macaco, ca [ma'kaku, ka] *m, f* [animal] mono *m,* -na *f;* ~ **velho** *fig* [pessoa experiente] perro *m* viejo.
➤ **macaco** *m AUTO* gato *m.*
maçaneta [masa'neta] *f* - **1.** [de porta] pomo *m.* - **2.** [de gaveta, armário] tirador *m.*
maçante [ma'sãntʃi] *adj* aburrido(da).
macaquice [maka'kisi] *f* carantoña *f,* lambisconería *f Méx;* **fazer** ~ **s** hacer carantoñas, lambisconear *Méx.*
maçarico [masa'riku] *m* soplete *m.*
maçaroca [masa'rɔka] *f* - **1.** [emaranhado] madeja *f.* - **2.** [mixórdia] embrullo *m.*
macarrão [maka'xãw] *m* - **1.** [massa] pasta *f.* - **2.** [em tiras] fideos *mpl.*
macete [ma'setʃi] *m* - **1.** [instrumento] mazo *m.* - **2.** *fam* [truque] truco *m.*
machado [ma'ʃadu] *m* hacha *f.*
machão, ona [ma'ʃãw, ona] (*mpl* -ões, *fpl* -s) *adj* - **1.** [corajoso] valiente. - **2.** *pej* [muito masculinizado] hombretón, machote. - **3.** *pej* [metido a valente] machote.
machismo [ma'ʃiʒmu] *m* machismo *m.*
machista [ma'ʃiʃta] ◇ *adj* machista. ◇ *mf* machista *mf.*
macho ['maʃu] ◇ *adj* macho. ◇ *m* - **1.** [animal] macho *m.* - **2.** *TEC* corchete *m.* - **3.** [prega] pliegue *m.*
machões [ma'ʃõjʃ] *pl* ▷ **machão.**
machucado, da [maʃu'kadu, da] *adj* - **1.** [ferido] magullado(da), lastimado(da) *RP.* - **2.** [contundido] magullado(da), golpeado(da) *RP.* - **3.** [esmagado] chafado(da) *Esp,* magullado(da) *Méx,* machucado(da) *RP.* - **4.**

[lascado] astillado(da). - **5.** [magoado] apenado(da), herido(da).
➤ **machucado** *m* [ferida] magulladura *f,* lastimadura *f RP.*
machucar [maʃu'kax] ◇ *vt* - **1.** [ferir] magullar, lastimar *RP.* - **2.** [contundir] magullar, golpear. - **3.** [esmagar] chafar *Esp,* magullar *Méx,* machucar *RP.* - **4.** [lascar] astillar. - **5.** [magoar] herir. ◇ *vi* - **1.** [ferir] herir, lastimar *RP.* - **2.** [magoar] herir.
➤ **machucar-se** *vp* - **1.** [ferir-se] herirse, lastimarse *RP.* - **2.** [contundir-se] magullarse, golpearse *RP.*
maciço, ça [ma'sisu, sa] *adj* - **1.** [sólido] macizo(za). - **2.** [em quantidade] masivo(va). - **3.** *fig* [sólido] sólido(da).
➤ **maciço** *m GEOL* [cadeia montanhosa] macizo *m.*
macieira [ma'sjejra] *f* manzano *m.*
maciez [ma'sjeʒ] *f* suavidad *f.*
macio, cia [ma'siw, sia] *adj* - **1.** [colchão, poltrona, sapato] blando(da). - **2.** [superfície, papel, voz, pele] suave.
maço ['masu] *m* - **1.** [de notas, cartas, folhas] paquete *m.* - **2.** [de cigarros] paquete *m,* atado *m Arg.*
maçom [ma'sõ] (*pl* -ns) *m* masón *m.*
maçonaria [masona'ria] *f* masonería *f.*
maconha [ma'koɲa] *f* [ger] marihuana *f.*
má-criação [ˌmakrja'sãw] *f* = **malcriação.**
macrobiótico, ca [makro'bjɔtʃiku, ka] *adj* macrobiótico(ca).
➤ **macrobiótica** *f* macrobiótica *f.*
mácula ['makula] *f fig* [desonra, mancha] mácula *f.*
maculado, da [maku'ladu, da] *adj* manchado(da).
macumba [ma'kũba] *f* [espirit - religião] macumba *f, culto sincrético afrobrasileño que combina elementos del catolicismo, el candomblé, el ocultismo y elementos amerindios;* [- despacho] ofrenda *f.*
macumbeiro, ra [makũ'bejru, ra] ◇ *adj* [relativo à macumba] de la macumba. ◇ *m, f* [adepto] practicante *mf* de la macumba, macumbero *m,* -ra *f Amér.*
madame [ma'dãmi], **madama** [ma'dãma] *f* - **1.** [senhora] señora *f.* - **2.** *irôn* [mulher rica] señorona *f.* - **3.** *fam* [esposa] señora *f,* parienta *f Esp,* patrona *f RP.* - **4.** [cafetina] madama *f.*
madeira [ma'dejra] *f* madera *f;* **de** ~ de madera; **bater na** ~ tocar madera.
madeireiro, ra [madej'rejru, ra] ◇ *adj* maderero(ra). ◇ *m, f* maderero *m,* -ra *f.*
➤ **madeireira** *f* [empresa] empresa *f* maderera.
madeixa [ma'dejʃa] *f* [mecha] mechón *m.*

madrasta [ma'draʃta] f madrastra f.

madre ['madri] f madre f.

madrepérola [ˌmadre'pɛrula] f madreperla f.

madressilva [ˌmadre'siwva] f BOT madreselva f.

Madri ['ma'dri] n Madrid.

madrileno, na [madri'lenu, na] ⟨> adj madrileño(ña). ⟨> m, f madrileño m, -ña f.

madrinha [ma'driɲa] f madrina f.

madrugada [madru'gada] f madrugada f; **de ~** de madrugada.

madrugar [madru'ga(x)] vi **-1.** [acordar cedo] madrugar. **-2.** [chegar cedo] llegar pronto *Esp*, madrugar *Méx*, llegar temprano *RP*.

maduro, ra [ma'duru, ra] adj maduro(ra).

mãe ['mãj] f madre f; **~ adotiva** madre adoptiva; **~ de criação** madre adoptiva ou postiza *RP*.

mãe-de-santo [ˌmãjʃdʒi'sãntu] (pl **mães-de-santo**) f [espirit] sacerdotisa f de la macumba.

maestro, trina [ma'ɛʃtru, trina] m, f maestro m, -tra f.

má-fé [ˌma'fɛl] f inv mala fe f; **agir de ~** actuar de mala fe.

máfia ['mafja] f mafia f.

mafioso, osa [ma'fjozu, ɔza] ⟨> adj mafioso(sa). ⟨> m, f [membro da máfia] mafioso m, -sa f.

magia [ma'ʒia] f magia f.

mágico, ca ['maʒiku, ka] ⟨> adj mágico(ca). ⟨> m, f [prestidigitador] mago m, -ga f.

◆ **mágica** f magia f; **fazer mágica** hacer magia.

magistério [maʒiʃ'tɛrju] m magisterio m.

magistrado, da [maʒiʃ'tradu, da] m, f magistrado m, -da f.

magistral [maʒiʃ'traw] (pl **-ais**) adj [exemplar] magistral.

magistratura [maʒiʃtra'tura] f [os magistrados] magistratura f.

magnânimo, ma [mag'nãnimu, ma] adj magnánimo(ma).

magnata [mag'nata] m magnate m.

magnésio [mag'nɛzju] m magnesio m.

magnético, ca [mag'nɛtʃiku, ka] adj magnético(ca).

magnetismo [magne'tʃiʒmu] m magnetismo m.

magnífico, ca [mag'nifiku, ka] adj magnífico(ca).

magnitude [magni'tudʒi] f [dimensão] magnitud f.

magnólia [mag'nɔlja] f magnolia f.

mago, ga ['magu, ga] ⟨> m, f mago m, -ga f. ⟨> adj: **os Reis Magos** los Reyes Magos.

mágoa ['magwa] f **-1.** [ressentimento] disgus-

to m. **-2.** [tristeza] pena f, tristeza f.

magoado, da [ma'gwadu, da] adj: **estar/ ficar ~ (com algo)** [ressentido] estar/ quedarse disgustado (por algo), sentirse herido (por algo); [triste] estar/quedarse triste (por algo).

magoar [ma'gwa(x)] ⟨> vt [ferir] ofender. ⟨> vi [ferir] doler.

magrela [ma'grɛla] adj esquelético(ca).

magricela [magri'sɛla] adj = **magrela**.

magro, gra ['magru, gra] adj **-1.** [franzino] delgado(da), flaco(ca). **-2.** [sem gordura - leite] desnatado(da) *Esp*, descremado(da) *Amér*; [- carne] magro(gra). **-3.** (antes de subst) fig [parco] escaso(sa), magro(gra) *Amér*.

mai. (abrev de **maio**) may.

mainframe [mẽjn'frejmi] m COMPUT ordenador m central *Esp*, computadora f central *Amér*.

maio ['maju] m mayo m; veja também **setembro**.

maiô [ma'jo] m traje m de baño, bañador m *Esp*, malla f *RP*.

maionese [majo'nɛzi] f mayonesa f.

maior [ma'jɔ(x)] (pl **-es**) ⟨> adj **-1.** [comparativo]: **~ (do) que** mayor que. **-2.** [superlativo]: **o/a ~ ...** [de tamanho] un/una gran ...; [de importância] el/la principal ...; [de número] el/la mayor ...; **ser o ~ barato** [pessoa, coisa] ser superdivertido. **-3.** [adulto]: **ser ~ (de idade)** ser mayor (de edad). **-4.** MÚS: **em dó ~** en do mayor. ⟨> mf **-1.** [de tamanho]: **o/a ~** el/la más grande. **-2.** fam [superior]: **ser o/a ~** ser el/la mejor. **-3.** [adulto] mayor mf.

maioral [majo'raw] (pl **-ais**) mf jefe m, cabeza f *Méx*.

maioria [majo'ria] f [a maior parte] mayoría f; **a ~ de** la mayoría de.

maioridade [majori'dadʒi] f mayoría f de edad.

mais ['majʃ] ⟨> adj inv **-1.** (comparativo) más; **~ dias/discos/idéias** más días/discos/ ideas; **~ conhecimento/cuidado/dinheiro** más conocimiento/cuidado/dinero; **ele tem ~ livros do que eu** él tiene más libros que yo; **está ~ calor do que ontem** hace más calor que ayer; **ninguém tem ~ desprezo pela violência do que ele** nadie le tiene más desprecio a la violencia que él; **cada vez ~ pessoas aderem à nova moda** cada vez más gente adopta la nueva moda; **hoje tenho ~ trabalho do que nunca** hoy tengo más trabajo que nunca. **-2.** (superlativo) más; **o cantor que vendeu ~ discos** el cantante que vendió más discos; **aquele que tem ~ dinheiro** el que tiene más dinero. **- 3.** [outro, outra porção de] más; ~ **um drinque/dois dias/três cadeiras** una bebida/dos días/tres sillas más; ~ **arroz/café** más arroz/café; **derrubaram** ~ **dez árvores hoje** derribaron diez árboles más hoy; ~ **detalhes com o gerente** más detalles con el gerente; **se ainda tiver bombom, quero** ~ **dois** si todavía quedan bombones, quiero dos más; **ser** ~ **um** ser uno más. <> *pron indef* más; **ele tem** ~ **do que eu** (él) tiene más que yo; **o chefe ganha** ~ **que os outros** el jefe gana más que los demás; ~**, não posso dizer** no puedo decir más; ~ **de cem pessoas ficaram feridas** más de cien personas resultaron heridas; **quer** ~**?** ¿quieres *ou* querés *RP* más?; **se a farinha acabar, tem** ~ **na despensa** si se acaba la harina, hay más en la despensa. <> *adv* **-1.** *(comparativo)* más; ~ **(que** *ou* **do que)** más que; ~ **alto/importante** más alto/importante; ~ **bem feito/bem vestido** mejor hecho/vestido; ~ **freqüentemente/rapidamente** más frecuentemente/rápidamente; **correr/demorar/trabalhar** ~ correr/demorar/trabajar más; ~ **zangado/elegante do que nunca** más enojado/elegante que nunca; **hoje está** ~ **frio que ontem** hoy hace más frío que ayer; **cada vez** ~ **duro/importante** cada vez más duro/importante; **é** ~ **fácil reclamar do que agir** es más fácil quejarse que actuar; **ele parece** ~ **jovem sem a barba** parece más joven sin barba; **ela era** ~ **charmosa que bonita** (ella) era más atractiva que bonita; **para mim, ele era** ~ **um amigo do que um sócio** para mí, (él) era más un amigo que un socio; **de repente, começou a chover** ~ de repente, empezó a llover más; **depois falaremos** ~ **sobre isto** después hablamos más sobre esto; ~ **de** más de; **o edifício tem** ~ **de 50 andares** el edificio tiene más de 50 pisos; **há** ~ **de dois milênios** hace más de dos milenios; **este carro não vale** ~ **de dois mil reais** este coche/carro *Andes, CAm, Caribe & Méx ou* auto *RP* no vale más de dos mil reales; **ainda** ~ aún/todavía más; **(um) pouco** ~ un poco más; ~ **adiante/embaixo/em cima** más adelante/abajo/arriba; **gostar** ~ **de algo/alguém** gustarle más algo/alguien a alguien; ~ **cedo ou** ~ **tarde**, ~ **dia menos dia** tarde o temprano; ~ **a cada dia**, cada día más; **nem** ~**, nem menos** ni más, ni menos; **quanto** ~ **...,** ~ **...** cuanto más ..., más ... **- 2.** *(superlativo)*: **o/a** ~ el/la más; **o** ~ **alto/importante** el más alto/importante; **um dos** ~ **fáceis/complexos**

uno de los más fáciles/complejos; **o** ~ **bem feito/bem vestido** el mejor hecho/vestido; **o** ~ **brevemente possível** lo más brevemente posible; **ele só compra das marcas** ~ **baratas** sólo compra de las marcas más baratas. **- 3.** [indicando repetição] más; **só nos encontramos** ~ **três vezes** sólo nos encontramos tres veces más; **não quero tocar** ~ **neste assunto** no quiero tocar más el tema; **até** ~ **(ver)!** *fam* [em despedidas] ¡hasta la próxima! **- 4.** [indicando negação - já] más; **há anos que ele não trabalha** ~ hace años que no trabaja más; **este rádio é velho e não funciona** ~ esta radio es vieja y no funciona más; [- nunca] más; **foi embora e não voltou** ~ se fue *ou* marchó *Esp* y no volvió más; **não fumo** ~ **desde o mês passado** no fumo más desde el mes pasado; **que não acaba** ~ *fam* de nunca acabar *(com pron inter ou pron indef)* más; **algo/alguém** ~ algo/alguien más; ~ **alguma coisa** algo más; **nada/ninguém** ~ nada/nadie más; **onde/quando/que** ~ dónde/cuándo/qué más; **alguém** ~ **quer sorvete?** ¿alguien más quiere helado?; **não tenho** ~ **nada a dizer** no tengo más nada que decir; **Fátima, Toninho, Clarice e** ~ **ninguém** Fátima, Toninho, Clarice y nadie más; **onde eu poderia encontrar praias tão lindas?** ¿dónde más iba a encontrar playas tan lindas? **- 5.** [indicando] más; **dois** ~ **dois é igual a quatro** dos más dos es igual a cuatro. **- 6.** *loc*: **estar** ~ **para lá do que para cá** [estar prestes a morrer] estar al borde de la muerte; [estar meio embriagado] estar medio pasado; [estar mal feito, ruim] estar bastante desastroso. <> *conj* [e] y; **fomos eu** ~ **meu pai** fuimos mi padre y yo; **o presidente chegou com sua comitiva** ~ **uns dez guarda-costas** el presidente llegó con su comitiva y unos diez guardaespaldas. <> *m* **-1.** [resto]: **o** ~ lo demás; **e no** ~**, tudo bem?** y el resto, ¿bien? **- 2.** [maioria]: **o** ~ **das vezes** la mayoría de las veces. **- 3.** *MAT* más.

➡ **a mais** <> *loc adv* [um demasia] de más. <> *loc adj* **-1.** [em excesso] de más. **- 2.** [outro] más; **um dia a** ~ un día más.

➡ **de mais** *loc adj*: **não vejo nada de** ~ **nesta cena de amor** excesivo.

➡ **de mais a mais** *loc adv* además.

➡ **e mais** *loc adv* más.

➡ **mais e mais** <> *loc adv* cada vez más; **fiquei** ~ **e** ~ **irritado** me fui enojando cada vez más. <> *loc adj* cada vez más; **há** ~ **e** ~ **pessoas nas cidades** hay cada vez más gente en las ciudades. <> *loc pron*

cada vez más; ~ e ~ morrem nas guerras
cada vez más mueren en las guerras.

→ mais ou menos *loc adv* [aproximada-
mente] más o menos; houve ~ ou menos
dez feridos hubo más o menos diez
heridos; é ~ ou menos assim es más o
menos así.

→ nunca mais *loc adv* más; nunca ~ nos
falamos nunca más nos hablamos.

→ por mais que *loc conj* más; por mais que
ele estude, nunca saberá tudo por más que
estude, nunca lo sabrá todo.

maisena [majˈzɛna] *f*: de ~ de maicena.

maître [ˈmɛtri] *m* maître *m*, capitán *m* de
meseros *Méx*.

maiúsculo, la [maˈjuʃkulu, la] *adj* mayúscu-
lo(la).

→ maiúscula *f* mayúscula *f*.

majestade [maʒeʃˈtadʒi] *f* -1. [ger] majestuo-
sidad *f*. - 2. [título] majestad *f*.

→ Majestade *f*: Sua Majestade Su Majestad.

majestoso, osa [maʒeʃˈtozu, ɔza] *adj* [gran-
dioso] majestuoso(sa).

major [maˈʒɔ(x)] (*pl* -es) *m* MIL mayor *m*.

majoritário, ria [maʒoriˈtarju, rja] *adj* ma-
yoritario(ria).

mal [ˈmaw] (*pl* -es) *m* -1. [ger] mal *m*; cortar o
~ pela raiz cortar el mal de la raíz. - 2. [da-
no] daño *m*; fazer ~ (a) [à saúde] perjudicar
(a) *Esp*, hacer daño (a) *Méx*, hacer mal (a)
RP; fazer ~ a alguém [afetar] amargar a
alguien; [deflorar] quitar la inocencia a
alguien; fazer ~ em fazer algo hacer mal
en hacer algo; não faz ~ no importa. - 3.
[sofrimento] sufrimiento *m*, daño *m Méx*,
dolor *m RP*.

→ mal ◇ *adv* -1. [ger] mal; dar-se ~ (em
algo) salirle a uno mal (algo), irle a uno
mal (en algo); de ~ a pior de mal en
peor. - 2. [quase não] apenas, mal *RP*. - 3.
[doente]: passar ~ encontrarse mal. ◇
conj en cuanto.

mala [ˈmala] *f* -1. [recipiente] maleta *f Esp* &
Méx, valija *f RP*; fazer as ~s hacer las
maletas *Esp* & *Méx*, hacer las valijas *RP*.
- 2. AUTO maletero *m Esp*, cajuela *f Méx*,
baúl *m RP*. - 3. COM: ~ direta venta *f*
directa, correo *m* directo *Amér*. - 4. [servi-
ço]: ~ postal correo postal. - 5. *fam pej*
[pessoa chata]: ser uma ~ ser un pesado,
ser un rompecocos *RP*.

Não confundir *mala (maleta, valija)* com o espanhol *mala* que em português é *má*. (*Estou viajando
com uma mala grande*. Estoy viajando con una
valija grande.)

malabarismo [malabaˈriʒmu] *m* -1. [arte]

malabarismo *m*. - 2. *fig* [habilidade] destreza *f*, malabarismo *m Amér*.

malabarista [malabaˈriʃta] *mf* malabarista
mf.

mal-acabado, mal-acabada [ˌmawakaˈba-
du, da] *adj* mal terminado(da).

mal-agradecido, da [mawagradʒiˈsidu, da]
(*pl* -s) ◇ *adj* desagradecido(da), mala-
gradecido(da) *Amér*. ◇ *m, f* desagradecido *m*, -da *f*, malagradecido *m*, -da *f*
Amér.

malagueta [malaˈgeta] *m* guindilla *f Esp*,
chile *m Méx*, ají *m RP*.

malandragem [malãnˈdraʒẽ] (*pl* -ns), **ma-
landrice** [malãnˈdrisi] *f* -1. [patifaria] canallada *f*. - 2. [astúcia] habilidad *f*. - 3.
[vadiagem] holgazanería *f Esp*, haragane-
ría *f Amér*. - 4. [preguiça] pereza *f*.

malandro, dra [maˈlãndru, dra] ◇ *adj* -1.
[patife] granuja, malandrín(ina) *Méx*, sinvergüenza *RP*. - 2. [astuto] pillo(lla), ma-
landrín(ina) *Méx*, avivado(da) *RP*. - 3.
[vadio] holgazán(ana), vago(ga). - 4. [pre-
guiçoso] perezoso(sa), vago(ga). ◇ *m, f*
-1. [patife] granuja *mf*, malandrín *m*, -ina
f Méx, sinvergüenza *mf RP*. - 2. [astuto]
pillo *m*, -lla *f*, malandrín *m*, -ina *f Méx*,
avivado *m*, -da *f RP*. - 3. [vadio] holgazán *m*,
-ana *f*, vago *m*, -ga *f*. - 4. [preguiçoso]
perezoso *m*, -sa *f*, vago *m*, -ga *f*.

malária [maˈlarja] *f* malaria *f*.

mal-arrumado, da [mawaxuˈmadu, da] (*pl*
-s) *adj* desaliñado(da), descuidado(da)
Méx, desprolijo(ja) *RP*.

mala-sem-alça [ˌmalasẽˈnawsa] (*pl* malas-
sem-alça) *mf fam* plomo *m*.

Malásia [maˈlazja] *n* Malasia.

malbaratar [mawbaraˈta(x)] *vt* malgastar.

malcomportado, da [mawkõnpoxˈtadu, da]
adj maleducado(da).

malcriação (*pl* -ões), **mácriação** (*pl* -ões)
[mawkrjaˈsãw] *f* grosería *f*, malcriadez
Méx f; fazer ~ portarse mal, hacer
groserías *Amér*.

malcriado, da [mawkriˈadu, da] ◇ *adj* mal-
criado(da). ◇ *m, f* malcriado *m*, -da *f*.

maldade [mawˈdadʒi] *f* maldad *f*; ser uma
~ ser una maldad.

maldição [mawdiˈsãw] (*pl*-ões) *f* maldición *f*.

maldito, ta [mawˈdʒitu, ta] ◇ *pp* ▷ maldizer. ◇ *adj* maldito(ta).

maldizer [mawdʒiˈze(x)] *vt* maldecir.

maldoso, osa [mawˈdozu, ɔza] *adj* -1. [malva-
do] malo(la). - 2. *fig* [mordaz] malvado(da),
mordaz *Amér*.

maleável [maˈljavew] (*pl* -eis) *adj* maleable.

maledicência [maledʒiˈsẽnsja] *f* maledicencia *f*.

mal-educado, da [ˌmawedu'kadu, da] <> *adj* maleducado(da). <> *m, f* maleducado *m*, -da *f*.

malefício [male'fisju] *m* -1. [ação] mala acción *f*. -2. [dano] daño *m*, perjuicio *m* **Méx**.

maléfico, ca [ma'lɛfiku, ka] *adj* -1. [vício, hábito] nocivo(va), dañino(na). -2. [pessoa] malévolo(la).

mal-encarado, da [ˌmalwẽŋka'radu, da] (*pl* -s) *adj* desagradable.

mal-entendido [ˌmawẽntẽn'dʒidu] (*pl* mal-entendidos) <> *m* malentendido *m*. <> *adj* [mal interpretado] mal entendido(da).

males ['maliʃ] *pl* ⊳ **mal**.

mal-estar [mawe'ʃ'ta(x)] (*pl* mal-estares) *m* malestar *m*.

maleta [ma'leta] *f* bolso *m* de viaje.

malévolo, la [ma'lɛvolu, la], **malevolente** [malevo'lẽntʃi] *adj* malévolo(la), malicioso(sa) **Méx**.

malfeito, ta [maw'fejtu, ta] *adj* -1. [mal-acabado] mal hecho(cha). -2. [deforme] deforme, contrahecho(cha) **RP**. -3. *fig* [injusto] injusto(ta).

malfeitor, ra [mawfej'to(x), ra] (*mpl* -es, *fpl* -s) *m, f* malhechor *m*, -ra *f*.

malgrado [maw'gradu] *prep* a pesar de.

malha ['maʎa] *f* -1. [tecido] malla *f*, tejido *m* **RP**; **de** ~ de malla, tejido(da) **RP**. -2. [de rede, balé] malla *f*. -3. [suéter] jersey *m* **Esp**, chompa *f* **Andes**, suéter *m* **Arg** & **Méx**, buzo *m* **Urug**.

malhação [maʎa'sãw] (*pl* -ões) *f fam* [maledicência] burla *f*.

malhado, da [ma'ʎadu, da] *adj* [animal] moteado(da), manchado(da) **RP**.

malhar [ma'ʎa(x)] <> *vt* -1. [com o malho] martillear. -2. [espancar] golpear. -3. [criticar] criticar. <> *vi* [fazer ginástica] machacarse, darle **RP**.

malharia [maʎa'ria] *f* -1. [loja] tienda *f* de géneros de punto, boutique *f* de tejidos **RP**. -2. [fábrica] fábrica *f* de géneros de punto, textilería *f* **Méx**, fábrica *f* de tejidos **RP**. -3. [artigos] artículos *mpl* de punto, artículos *mpl* tejidos **RP**.

malho ['maʎul] *m* mazo *m*.

mal-humorado, da [mawumo'radu, da] *adj* malhumorado(da).

malícia [ma'lisja] *f* -1. [intenção maldosa] malicia *f*, maldad *f*. -2. [intenção licenciosa] malicia *f*. -3. [manha] astucia *f*. -4. [marotice] malicia *f*, picardía *f*.

malicioso, osa [mali'sjozu, ɔza] *adj* -1. [ger] malicioso(sa). -2. [manhoso] astuto(ta). -3. [maroto] malicioso(sa), pícaro(ra).

maligno, gna [ma'lignu, gna] *adj* -1. [ger]

maligno(na). -2. [nocivo] nocivo(va).

mal-intencionado, da [ˌmawĩntẽnsjo'nadu, da] (*pl* -s) *adj* malintencionado(da).

malogrado, da [malo'gradu, da] *adj* malogrado(da).

malograr [malo'gra(x)] <> *vt* malograr. <> *vi* malograrse.

malogro [ma'logru] *m* fracaso *m*.

malote [ma'lɔtʃi] *m* -1. [bolsa] maletín *m*, valija *f* **RP**. -2. [correspondência] correspondencia *f*. -3. [serviço] mensajería *f*.

malpassado, da [mawpa'sadu, da] *adj* poco hecho(cha), bien jugoso(sa) **RP**.

malsucedido, da [mawsuse'dʒidu, da] *adj* fracasado(da).

Malta ['mawta] *n* Malta.

malte ['mawtʃi] *m* malta *f*.

maltês, esa [maw'teʃ, eza] <> *adj* maltés(esa). <> *m, f* maltés *m*, -esa *f*.

maltrapilho, lha [mawtra'piʎu, ʎa] <> *adj* andrajoso(sa), harapiento(ta) **Amér**. <> *m, f* andrajoso *m*, -sa *f*, harapiento *m*, -ta *f* **Amér**.

maltratar [mawtra'ta(x)] *vt* maltratar.

maluco, ca [ma'luku, ka] <> *adj* loco(ca); **ser** ~ **por algo** estar *ou* ser **Amér** loco por algo. <> *m, f* **PSIC** loco *m*, -ca *f*.

malvadeza [mawva'deza], **malvadez** [mawva'deʒ] *f* maldad *f*.

malvado, da [maw'vadu, da] <> *adj* malvado(da). <> *m, f* malvado *m*, -da *f*.

malversação [mawvexsa'sãw] (*pl* -ões) *f* -1. [desvio]: ~ **(de algo)** malversación *f* (de algo). -2. [mau gerenciamento] mala administración *f*.

Malvinas [maw'vinaʃ] *npl*: **as (ilhas)** ~ las (islas) Malvinas.

mama ['mãma] *f* mama *f*.

mamadeira [mama'dejra] *f* biberón *m*, mamila *f* **Méx**, mamadera *f* **RP**.

mamãe [mã'mãj] *f* mamá *f*.

mamão [ma'mãw] (*pl* -ões) *m* papaya *f* **Esp**, **Méx** & **RP**, lechosa *f* **Ven**, fruta *f* bomba **Cuba**.

mamar [ma'ma(x)] <> *vt* [sugar] mamar. <> *vi* [alimentar-se] mamar; **dar de** ~ dar de mamar.

mamata [ma'mata] *f* -1. *fam* [proveito ilícito] fraude *m*, chollo *m* **Esp**. -2. [facilidade] tontería *f*, boleto *m* **RP**.

mamífero, ra [ma'miferu, ra] *adj* mamífero(ra).

➡ **mamífero** *m* mamífero *m*.

mamilo [ma'milu] *m* pezón *m*.

maminha [ma'miɲa] *f* [carne] *cuarto trasero del lomo*, maciza *f* de lomo **Méx**, cuadril *m* **RP**.

mamoeiro [ma'mwejru] *m* papayo *m*.

mamões [ma'mõjʃ] pl ⊳ **mamão**.
manada [ma'nada] f manada f.
Manágua [ma'nagwa] n Managua.
manancial [manãn'sjaw] (pl -ais) m -1. [fonte] manantial m. -2. fig [origem] manantial m, fuente f.
Manaus [ma'nawʃ] n Manaos.
mancada [mãŋ'kada] f -1. [erro] fam error m. -2. [gafe] fam metedura f de pata; **dar uma** ~ meter la pata.
mancar [mãŋ'ka(x)] vi [coxear] cojear Esp, renguear Amér.
◆ **mancar-se** vp fam [desconfiar] darse cuenta de.
mancha ['mãnʃa] f -1. [ger] mancha f. -2. [marca] lunar m.
manchado, da [mãn'ʃadu, da] adj -1. [enodoado] manchado(da). -2. [malhado] moteado(da), manchado(da) RP.
manchar [mãn'ʃa(x)] vt manchar.
manchete [mãn'ʃɛtʃi] f titular m.
manco, ca ['mãŋku, ka] ⬦ adj cojo(ja) Esp, rengo(ga) Amér. ⬦ m, f cojo m, -ja f Esp, rengo m, -ga f Amér.
mandachuva [mãnda'ʃuva] mf -1. [pessoa poderosa] mandamás mf. -2. [chefe, líder] cabecilla mf.
mandado [mãn'dadu] m -1. [ger] orden f. -2. JUR: ~ **de prisão** orden de prisión; ~ **de segurança** garantía constitucional para la protección de los derechos individuales no amparados en el habeas corpus.
mandamento [mãnda'mẽntu] m mandamiento m.
mandão, ona [mãn'dãw, ona] (mpl -ões) adj fam [autoritário] mandón(ona).
mandar [mãn'da(x)] ⬦ vt -1. [ger] mandar. -2.: ~ **alguém fazer** ou **que alguém faça algo** [ordenar, recomendar] mandar a alguien hacer ou que alguien haga algo; ~ **chamar alguém** mandar llamar a alguien; ~ **embora** echar. ⬦ vi -1. [chefiar, dominar]: ~ **(em alguém/algo)** mandar (a alguien/en algo). -2. fam [noticiar] desear.
◆ **mandar-se** vp -1. fam [ir-se embora] largarse, tomárselas RP. -2. [fugir] pirárselas Esp, huir Méx, picar RP.
mandatário, ria [mãnda'tarju, rja] m, f mandatario m, -ria f.
mandato [mãn'datu] m -1. [procuração] poder m. -2. [missão] misión f. -3. [ordem] orden f, mandato m RP. -4. POL mandato m.
mandíbula [mãn'dʒibula] f mandíbula f.
mandioca [mãn'dʒjɔka] f mandioca f, yuca f Andes.
mandões [mãn'dõjʃ] mpl ⊳ **mandão**.
maneira [ma'nejra] f manera f; à ~ **(de)** a la manera (de); **de** ~ **nenhuma** ou **alguma** de ninguna manera; **de** ~ **que** de modo ou **manera que**; **de qualquer** ~ de cualquier manera.
◆ **maneiras** fpl modales mpl; **boas** ~ s buenos modales.
manejar [mane'ʒa(x)] vt -1. [manusear] manipular. -2. [governar - carro] conducir, dirigir Amér; [- leme] gobernar; [- cavalo] llevar. -3. [usar, administrar, controlar] manejar.
manejável [mane'ʒavɛw] (pl -eis) adj manejable.
manequim [mane'kĩ] (pl -ns) ⬦ m [boneco] maniquí m. ⬦ mf [pessoa] modelo mf.
maneta [ma'neta] adj manco(ca).
manga ['mãŋga] f -1. [ger] manga f. -2. [fruto] mango m.
mangue ['mãŋgi] m -1. [terreno] manglar m. -2. [planta] mangle m.
mangueira [mãŋ'gejra] f -1. BOT mango m. -2. [cano] manguera f.
manha ['mãɲa] f -1. [habilidade, esperteza] maña f. -2. fam [choro, birra] lloriqueo m, berrido m Méx, berrinche m RP; **fazer** ~ dar vueltas.
manhã [mã'ɲã] (pl -s) f mañana f; **amanhã de** ~ mañana por la mañana Esp & Méx, mañana de ou a la mañana RP; **de/ pela** ~ por la mañana Esp & Méx, de ou a la mañana RP; **hoje de** ~ esta mañana, hoy de mañana; **seis horas da** ~ seis de la mañana.
manhãzinha [mãɲã'ziɲa] f: **de** ~ de madrugada.
manhoso, osa [mã'ɲozu, ɔza] adj -1. [esperto] mañoso(sa). -2. [chorão, birrento] llorica Esp, chillón(ona) Méx, caprichoso(sa) RP.
mania [ma'nia] f -1. [ger] manía f. -2. [gosto exagerado]: ~ **de algo** manía de algo. -3. [hábito]: **estar com** ou **ter** ~ **de algo** tener la manía de algo.
maníaco, ca [ma'niaku, ka] ⬦ adj -1. PSIC maniaco(ca), maníaco(ca). -2. [fanático]: **ser** ~ **por algo** ser un maniático de algo. ⬦ m, f PSIC maniaco m, -ca f, maníaco m, -ca f.
manicômio [mani'komju] m manicomio m.
manicure [mani'kuri] f manicura f.
manifestação [manifeʃta'sãw] (pl -ões) f manifestación f.
manifestadamente [manifeʃtada'mẽntʃi] adv manifiestamente.
manifestante [manifeʃ'tãntʃi] mf manifestante mf.
manifestar [manifeʃ'ta(x)] vt manifestar.
◆ **manifestar-se** vp -1. [revelar-se] manifestarse. -2. [pronunciar-se]: ~ **-se (sobre/a favor de/contra)** manifestarse (sobre/en favor de/contra).

manifesto, ta [mani'fɛʃtu, ta] *adj* manifiesto(ta).
➡ **manifesto** *m* manifiesto *m*.
manipulação [manipula'sãw] *f* manipulación *f*.
manipular [manipu'la(x)] *vt* manipular.
maniqueísmo [manike'iʒmu] *m* maniqueísmo *m*.
manivela [mani'vɛla] *f* manivela *f*.
manjado, da [mãn'ʒadu, da] *adj fam* famoso(sa).
manjar [mãn'ʒa(x)] <> *m* [iguaria] manjar *m*. <> *vt fam* -1. [compreender] pescar, cazar. -2. [observar] espiar. <> *vi* [conhecer] *fam*: ~ de algo saber mucho de algo.
manjedoura [mãnʒe'dora] *f* pesebre *m*.
manjericão [mãnʒeri'kãw] *m* albahaca *f*.
mano, na ['mãnu, na] *m,f fam* -1. [irmão] hermano *m*, -na *f*. -2. *fam* [camarada, amigo] colega *mf*.
manobra [ma'nɔbra] *f* -1. [ger] maniobra *f*. -2. *fig* [manipulação] artimaña *f*.
manobrar [mano'bra(x)] <> *vt* -1. [carro, barco, máquina] maniobrar. -2. [pessoa, negócio, situação] manejar. <> *vi* MIL maniobrar.
manobrista [mano'briʃta] *mf* aparcacoches *mf inv*, valet parking *mf* **Méx**.
mansão [mãn'sãw] (*pl* -ões) *f* mansión *f*.
mansidão [mãnsi'dãw] *f* -1. [brandura] suavidad *f*. -2. [tranqüilidade] tranquilidad *f*.
mansinho, nha [mãn'siɲu, ɲa] *adj* [diminutivo de manso] muy manso(sa), mansito(ta) **Méx**.
➡ **de mansinho** *loc adv* -1. [de leve] suavemente. -2. [sorrateiramente]: **entrar/sair de** ~ entrar/salir sin hacer ruido *ou* sigilosamente.
manso, sa ['mãnsu, sa] *adj* -1. [brando] suave. -2. [tranqüilo] manso(sa), calmo(ma). -3. [domesticado] manso(sa).
mansões [mãn'sõjʃ] *pl* ▷ mansão.
manta ['mãnta] *f* -1. [cobertor] manta *f*, frazada *f* **Amér**, cobija *f* **Méx**. -2. [de carne seca] tajada *f*, sábana *f* **Méx**.
manteiga [mãn'tejga] *f* mantequilla *f* **Esp** & **Méx**, manteca *f* **RP**; ~ **de cacau** manteca de cacao.
manter [mãn'te(x)] *vt* mantener.
➡ **manter-se** *vp* -1. [sustentar-se] mantenerse. -2. [permanecer] permanecer; ~-se a par de algo mantenerse informado de algo.
mantimentos [mãntʃi'mẽntuʃ] *m* víveres *mpl*.
manto ['mãntu] *m* -1. [vestimenta] manto *m*, rebozo *m*. -2. [de reis] manto *m*. -3. *fig* [simulação] tapadera *f*, manto *m* **RP**.

manual [ma'nwaw] (*pl* -ais) <> *adj* manual. <> *m* manual *m*.
manufatura [manufa'tura] *f* [fabricação] manufactura *f*.
manufaturar [manufatu'ra(x)] *vt* manufacturar.
manuscrito, ta [manuʃ'kritu, ta] *adj* manuscrito(ta).
➡ **manuscrito** *m* manuscrito *m*.
manusear [manu'zja(x)] *vt* manejar.
manutenção [manutẽn'sãw] *f* -1. [de máquina, da ordem] mantenimiento *m*. -2. [da casa, família] manutención *f*.
mão ['mãw] (*pl* mãos) *f* -1. [ger] mano *f*; **ter algo à** ~ tener algo a mano *ou* a la mano **Méx**; **feito à** ~ hecho(cha) a mano; **à** ~ **armada** a mano armada; **de** ~ **s dadas** de la mano; **de segunda** ~ de segunda mano; **entregar algo em** ~ **s** entregar algo en mano; **dar uma** ~ **a alguém** echar una mano a alguien, dar una mano a alguien **Amér**. -2. [no trânsito] sentido *m*, mano *f* **RP**; **esta rua dá** ~ **para a praia** esta calle da a la playa, esta calle baja hacia la playa **RP**. -3. [habilidade]: **ter** ~ **boa para algo** ser hábil para algo, tener buena mano para algo **Amér**. -4. [poder, controle]: **estar nas** ~ **s de alguém** estar en manos de alguien; **estar em boas** ~ **s** estar en buenas manos. -5. *loc*: **abrir** ~ **de algo** desistir de algo, sacar las manos de algo **Méx**; **ficar na** ~ quedarse sin nada, quedar varado(da) **RP**; **lançar** ~ **de algo** echar mano de algo; **pedir a** ~ **de alguém (em casamento)** pedir la mano de alguien (para casarse); **pôr a** ~ **no fogo por alguém** poner la mano *ou* las manos **RP** en el fuego por alguien.
mão-aberta [ˌmãwa'bɛxta] (*pl* mãos-abertas) *mf* -1. [esbanjador] manirroto *m*, -ta *f*. -2. [generoso] generoso *m*, -sa *f*.
mão-de-obra [mãw'dʒɔbra] (*pl* mãos-de-obra) *f* mano *f* de obra; **ser uma** ~ *fig* ser una complicación.
mapa ['mapa] *m* mapa *m*; **sumir do** ~ *fam* desaparecer del mapa.
mapa-múndi [ˌmapa'mũndʒi] (*pl* mapas-múndi) *m* mapamundi *m*.
maquete [ma'kɛtʃi] *f* maqueta *f*, maquete *f* **RP**.
maquiado, da [ma'kjadu, da] *adj* [com maquiagem] maquillado(da).
maquiador, ra [makja'do(x), ra] *m*, *f* maquillador *m*, -ra *f*.
maquiagem [ma'kjaʒẽ] (*pl* -ns) *f* maquillaje *m*.
maquiar [ma'kja(x)] *vt* maquillar.
➡ **maquiar-se** *vp* [pintar-se] maquillarse.

maquiavélico, ca [makja'vεliku, ka] adj maquiavélico(ca).

maquilador, ra [makila'do(x), ra] m, f = maquiador.

maquilagem [maki'laʒẽl f = maquiagem.

máquina ['makina] f **-1.** [ger] máquina f; **bater** ou **escrever à** ~ escribir a máquina; **feito à** ~ hecho(cha) a máquina; ~ **de** calcular calculadora f; ~ **de costura** máquina de coser; ~ **de escrever** máquina de escribir; ~ **fotográfica** máquina fotográfica; ~ **de lavar pratos** lavavajillas m inv, lavaplatos m inv Méx; ~ **de lavar (roupa)** lavadora f, lavarropas m inv RP; ~ **a vapor** máquina de vapor. **-2.** fig [de estado, partido] maquinaria f.

maquinação [makina'sãw] (pl -ões) f maquinación f.

maquinar [maki'na(x)] <> vt maquinar. <> vi: ~ **contra alguém/algo** maquinar contra alguien/algo.

maquinária [maki'narja], **maquinaria** [makina'rial f [máquinas] maquinaria f.

maquinário [maki'narju] m = maquinária.

maquinista [maki'niʃta] mf maquinista mf.

mar ['ma(x)] (pl -es) m mar mf; ~ **aberto** mar abierto; **por** ~ por mar; ~ **das Caraíbas** mar Caribe; ~ **Morto** mar Muerto; ~ **Negro** mar Negro; ~ **do Norte** mar del Norte; ~ **de rosas** [mar calmo] mar en calma; [período feliz] balsa f de aceite, mar de rosas Amér; **nem tanto ao** ~ **nem tanto à terra** ni tanto ni tan poco, ni tanto que queme al santo, ni tanto que no lo alumbre Méx.

mar. (abrev de março) mar.

maracujá [maraku'ʒa] m maracuyá m.

maracutaia [maraku'taja] f fam trapicheo m.

marajá [mara'ʒa] m **-1.** [título] marajá m. **-2.** [servidor] funcionario público que cobra irregularmente un sueldo altísimo, coimero m RP.

Maranhão [mara'pãw] n Marañón.

marasmo [ma'raʒmu] m **-1.** [desânimo] apatía f. **-2.** [estagnação] paralización f.

maratona [mara'tonal f maratón m f.

maravilha [mara'viʎa] f maravilla f; **às mil** ~**s** a las mil maravillas, de mil maravillas Amér; **ser uma** ~ ser una maravilla.

maravilhar [maravi'ʎa(x)] vt maravillar.

➡ **maravilhar-se** vp: ~**-se (com algo)** maravillarse (con algo).

maravilhoso, osa [maravi'ʎozu, ɔza] adj maravilloso(sa).

marca ['maxka] f **-1.** [ger] marca f; ~ **registrada** marca registrada. **-2.** fig [impressão] secuela f.

➡ **de marca maior** loc adj pej de marca mayor.

marcação [maxka'sãw] (pl -ões) f **-1.** [ato de marcar] marcación f. **-2.** ESP marcaje m, marcación f RP. **-3.** [perseguição, vigilância] vigilancia f, marcaje m Méx; **estar de** ~ **com alguém** vigilar continuamente a alguien, estar de marcaje con alguien Méx.

marcado, da [max'kadu, da] adj **-1.** [roupa, pele, texto] marcado(da). **-2.** [lugar, dia] fijado(da), marcado(da) Méx. **-3.** [traumatizado] marcado(da), golpeado(da) RP. **-4.** [em evidência] fichado(da), marcado(da) RP.

marcador [maxka'do(x)] m marcador m.

marcante [max'kãntʃi] adj sobresaliente.

marcapasso [maxka'pasu] m [cardíaco] marcapasos m inv.

marcar [max'ka(x)] vt **-1.** [ger] marcar; ~ **época** marcar época Esp, hacer época Amér. **-2.** [data, hora, encontro] fijar, marcar Amér; ~ **o tempo de algo** fijar ou marcar Amér el tiempo de algo; ~ **uma consulta** pedir hora para una consulta, marcar una consulta Méx. **-3.** [gol] marcar, hacer RP. **-4.** [demarcar] demarcar.

marceneiro, ra [maxse'nejru, ra] m, f ebanista mf.

marcha ['maxʃa] f **-1.** [ger] marcha f; ~ **fúnebre** marcha fúnebre. **-2.** AUTO marcha f, cambio m RP.

marchar [max'ʃa(x)] vi **-1.** MIL marchar. **-2.** [ir]: ~ **para** marchar hacia.

marchinha [max'ʃiɲa] f MÚS marcha f.

marcial [max'sjaw] (pl -ais) adj marcial.

marco ['maxku] m **-1.** [sinal] linde f, mojón m RP. **-2.** [evento importante]: **a música dos Beatles foi um** ~ **nos anos 60** la música de los Beatles marcó un hito en los años 60. **-3.** [moeda] marco m.

março ['marsu] m marzo m; veja também setembro.

maré [ma'rε] f **-1.** [do mar, de pessoas] marea f; ~ **alta/baixa** marea alta/baja; **remar contra a** ~ fig remar contra la corriente. **-2.** fig [ocasião] racha f. **-3.** fig [tendência] tendencia f.

marechal [mare'ʃaw] (pl -ais) m mariscal m.

maré-cheia [ma,rε'ʃeja] (pl marés-cheias) f marea f alta.

maremoto [mare'mɔtu] m maremoto m.

maresia [mare'zia] f **-1.** [ação oxidante] acción f del salitre. **-2.** [cheiro] olor m a mar.

marfim [max'fĩ] m marfil m; **de** ~ de marfil.

margarida [maxga'rida] f BOT margarita f.

margarina [maxga'rina] f margarina f.

margem ['maxʒẽ] (*pl* **-ns**) *f* **-1.** [ger] margen *m*; ~ **de lucro** margen de beneficio *ou* ganancia **Méx**; ~ **de erro** margen de error; ~ **de segurança** margen de seguridad; **à** ~ **da sociedade/lei** al margen de la sociedade/ley. **-2.** [de estrada, lago, rio] orilla *f*; **à** ~ **de** a la orilla de. **-3.** [ocasião]: **dar** ~ **a alguém para fazer algo** dar la oportunidad a alguien para hacer algo.

marginal [maxʒi'naw] (*pl* **-ais**) <> *adj* **-1.** [pessoa] marginal. **-2.** [nota] al margen. <> *mf* [pessoa] delincuente *mf*, marginal *mf RP*.

marginalidade [maxʒinali'dadʒi] *f* marginalidad *f*.

marginalizar [maxʒinali'za(x)] *vt* [excluir] marginar.

   ◆ **marginalizar-se** *vp* [tornar-se fora-da-lei] volverse delincuente *ou* marginal *RP*.

maria-fumaça [ma,riafu'masa] (*pl* **marias-fumaças**) *m, f* locomotora *f* de vapor.

maria-sem-vergonha [ma,riasẽnvex'goɲa] (*pl* **marias-sem-vergonha**) *f BOT* balsamina *f*.

marido [ma'ridu] *m* marido *m*.

marimbondo [marĩ'bõndu] *m* avispón *m*.

marina [ma'rina] *f* puerto *m* deportivo, marina *f Méx*, puerto *m* de yates *RP*.

marinha [ma'riɲa] *f* ▷ **marinho**.

marinheiro, ra [mari'ɲejru, ra] <> *adj* marinero(ra). <> *m, f* marinero *m*, -ra *f*; ~ **de primeira viagem** *fig* novato *m*, -ta *f*.

marinho, nha [ma'riɲu, ɲa] *adj* [do mar] marino(na).

   ◆ **marinho** <> *m* [cor] azul *m* marino. <> *adj inv* [cor] azul marino.

   ◆ **marinha** *f* marina *f*; **marinha (de guerra)** marina (de guerra); **marinha mercante** marina mercante.

marionete [marjo'nɛtʃi] *f* marioneta *f*.

mariposa [mari'poza] *f* mariposa *f* nocturna.

marisco [ma'riʃku] *m* marisco *m*.

marital [mari'taw] (*pl* **-ais**) *adj* marital.

marítimo, ma [ma'ritʃimu, ma] *adj* marítimo(ma).

marketing ['maxketʃĩŋ] *m* márketing *m*, marketing *m*.

marmanjo [max'mãnʒu] *m fam* [homem adulto] hombretón *m*.

marmelada [maxme'lada] *f* **-1.** [doce] dulce *m* de membrillo. **-2.** *fam* [mamata] mangoneo *m*, fraude *m Méx*, tongo *m RP*.

marmelo [max'mɛlu] *m* membrillo *m*.

marmita [max'mita] *f* [recipiente] marmita *f*, cacerola *f Amér*.

mármore ['maxmori] *m* mármol *m*.

marmóreo, rea [max'mɔriu, ria] *adj* marmóreo(a).

marola [ma'rɔla] *f* ola *f* pequeña.

marquês, esa [max'keʃ, ezal (*mpl* **-eses**, *fpl* **-esas**) *m, f* marqués *m*, -esa *f*.

marquise [max'kizi] *f* marquesina *f*.

marra ['maxa] *f fam*: **na** ~ [a contragosto] a la fuerza; [de qualquer maneira] a cualquier precio.

marreco [ma'xɛku] *m* ánade *m*.

Marrocos [ma'xɔkuʃ] *n* Marruecos.

marrom [ma'xõ] (*pl* **-ns**) <> *adj* marrón. <> *m* marrón *m*.

marroquino, na [maxo'kinu, na] (*pl* **marroquinos**) <> *adj* marroquí. <> *m, f* marroquí *mf*.

Marte ['maxtʃi] *n* Marte.

martelar [maxte'la(x)] <> *vt* **-1.** [com martelo] martillear. **-2.** [afligir] preocupar. **-3.** [repetir] martillear, machacar *RP*. <> *vi* [dar marteladas] martillear.

martelo [max'tɛlu] *m* martillo *m*.

martíni [max'tʃini] *m* martini *m*.

mártir ['maxti(x)] (*pl* **-es**) *mf* mártir *mf*.

martírio [max'tʃirju] *m* martirio *m*; **ser um** ~ ser un martirio.

martirizar [maxtʃiri'za(x)] *vt* martirizar.

   ◆ **martirizar-se** *vp* [atormentar-se] martirizarse.

marujo [ma'ruʒu] *m* lobo *m* de mar.

marulho [ma'ruʎu] *m* **-1.** [do mar] marejada *f*. **-2.** [das ondas] agitación *f*.

marxismo [max'ksiʒmu] *m* marxismo *m*.

marzipã [maxzi'pã] *m* mazapán *m*.

mas [ma(j)ʃ] <> *conj* pero.

   ◆ **mas também** *loc conj* sino que también.

> Não confundir *más (malas)* com o espanhol *más* que em português é *mais*. (*São pessoas más: tenha cuidado com elas*. Son *malas* personas; cuídate de ellas.)

mascar [maʃ'ka(x)] <> *vt* mascar. <> *vi* mascar.

máscara ['maʃkara] *f* **-1.** [fantasia] máscara *f*, antifaz *m Méx*; **baile de** ~ **s** baile de máscaras *ou* antifaces *Méx*. **-2.** [creme, fachada] máscara *f*; ~ **(de beleza)** máscara (de belleza). **-3.** [protetor, aparelho] máscara *f*, mascarilla *f*; ~ **de oxigênio** máscara *ou* mascarilla de oxígeno.

mascarado, da [maʃka'radu, da] *adj* **-1.** [fantasiado] enmascarado(da). **-2.** [sem modéstia] engreído(da).

mascarar [maʃka'ra(x)] *vt* enmascarar.

mascavo [maʃ'kavu] *adj* ▷ **açúcar**.

mascote [maʃ'kɔtʃi] *f* mascota *f*.

masculinidade [maʃkulini'dadʒi] *f* masculinidad *f*.

masculinizar [maʃkulini'za(x)] *vt* masculinizar.

masculino, na [maʃku'linu, na] adj masculino(na).

másculo, la ['maʃkulu, la] adj [viril] viril.

masmorra [maʒ'moxa] f -1. [calabouço] mazmorra f. -2. [aposento] cuchitril m.

masoquista [mazo'kiʃta] ◇ adj masoquista. ◇ mf masoquista mf.

massa ['masa] f -1. [ger] masa f. -2. [iguaria] pasta f. -3. [grande quantidade]: **uma ~ de** una masa de.
➤ **massas** fpl [povo]: **as ~s** las masas.
➤ **em massa** loc adv en masa.

massa-corrida [masako'xida] (pl **massas-corridas**) f capa de yeso aplicada sobre la pared antes de colocar la pintura.

massacrar [masa'kra(x)] vt -1. [matar, oprimir] masacrar. -2. fig [torturar] torturar. -3. ESP apalizar.

massacre [ma'sakri] m masacre f.

massagear [masa'ʒja(x)] ◇ vt masajear. ◇ vi masajear.

massagem [ma'saʒẽ] (pl **-ns**) f masaje m.

massagista [masa'ʒiʃta] mf masajista mf.

massificar [masifi'ka(x)] vt masificar.

massudo, da [ma'sudu, da] adj -1. [pão, torta] compacto(ta), pesado(da) RP. -2. [documentação, livro] voluminoso(sa), gordo(da) RP.

mastigar [maʃtʃi'ga(x)] ◇ vt [triturar] masticar. ◇ vi [triturar] masticar.

mastro ['maʃtru] m mástil m.

masturbar [maʃtux'ba(x)] vt masturbar.
➤ **masturbar-se** vp masturbarse.

mata ['mata] f selva f; **~ virgem** selva virgen.

mata-barata [mataba'rata] ➤ **mata-baratas** mpl [inseticida] matacucarachas m inv.

matadouro [mata'doru] m matadero m.

matagal [mata'gaw] (pl **-ais**) m matorral m.

mata-moscas [ˌmata'moʃkaʃ] m inv matamoscas m inv.

matança [ma'tãsa] f matanza f.

matar [ma'ta(x)] ◇ vt -1. [ger] matar. -2. fam [gazetear]: **~ aula** hacer novillos Esp, matar clase Méx, hacerse la rabona ou la rata RP; **~ o trabalho** faltar Esp, tomarse el día Amér. -3. [executar mal] hacer mal. -4. [decifrar] descifrar. ◇ vi [causar morte] matar.
➤ **matar-se** vp -1. [suicidar-se] matarse. -2. [afadigar-se]: **~-se de algo/fazer algo** matarse por algo/hacer algo.
➤ **de matar** loc adj [terrível] mortal; **ser de ~** ser mortal.

mate ['matʃi] m [bebida] mate m.

matelassê [matela'se] adj acolchado(da).

matemático, ca [mate'matʃiku, ka] ◇ adj

matemático(ca). ◇ m, f matemático m, -ca f.
➤ **matemática** f [ciência] matemáticas fpl.

matéria [ma'tɛrja] f -1. [ger] materia f; **em ~ de política/esporte** en materia de política/deporte. -2. JORN artículo m.

material [mate'rjaw] (pl **-ais**) ◇ adj material. ◇ m material m; **~ de limpeza** material de limpieza.

materialista [materja'liʃta] ◇ adj materialista. ◇ mf materialista mf.

matéria-prima [maˌtɛrja'prima] (pl **matérias-primas**) f materia f prima.

maternal [matex'naw] (pl **-ais**) ◇ adj maternal. ◇ m EDUC guardería f.

maternidade [matexni'dadʒi] f maternidad f.

materno, na [ma'tɛxnu, na] adj materno(na).

matilha [ma'tʃiʎa] f [cães] jauría f.

matinal [matʃi'naw] (pl **-ais**) adj matinal.

matinê [matʃi'ne] f sesión f de tarde, matinée f RP.

matiz [ma'tʃiʒ] m matiz m.

matizar [matʃi'za(x)] vt [dar nuances a] matizar.

mato ['matu] m -1. [área] bosque m. -2. [plantas] matorral m. -3. [roça] campo m. -4. loc: **estar no ~ sem cachorro** fam estar en apuros aprietos Amér.

matreiro, ra [ma'trejru, ra] adj [astuto, ardiloso] astuto(ta), zorro(rra) RP.

matriarcal [matrjax'kaw] (pl **-ais**) adj matriarcal.

matrícula [ma'trikula] f -1. [inscrição] matrícula f, inscripción f RP; **fazer (a) ~** hacer la matrícula ou inscripción RP. -2. [taxa] matrícula f.

matricular [matriku'la(x)] vt: **~ alguém (em algo)** matricular ou inscribir RP a alguien (en algo).
➤ **matricular-se** vp: **~-se (em algo)** matricularse ou inscribirse RP (en algo).

matrimonial [matrimo'njaw] (pl **-ais**) adj matrimonial.

matrimônio [matri'monju] m matrimonio m.

matriz [ma'triʃ] (pl **-es**) ◇ f matriz f. ◇ adj matriz.

matrona [ma'trona] f matrona f.

maturidade [maturi'dadʒi] f madurez f.

matutino, na [matu'tʃinu, na] adj matutino(na).

matuto, ta [ma'tutu, ta] m, f [pessoa da roça] provinciano m, -na f, guajiro m, -ra f Cuba, pajuerano m, -na f RP.

mau, má ['maw, 'ma] ◇ adj -1. (antes de subst) [ger] mal(la). -2. [malvado] malo(la).

◇ *m, f* **-1.** [pessoa] malvado *m*, -da *f*, malo *m*, -la *f*. **- 2.** [em filme] malo *m*, -la *f*.

mau-caráter [ˌmawkaˈratɛx] (*pl* **maus-caráteres**) ◇ *adj* sinvergüenza. ◇ *mf* sinvergüenza *mf*.

mau-olhado [ˌmawoˈʎadu] (*pl* **maus-olhados**) *m* mal *m* de ojo.

mausoléu [mawzoˈlɛu] *m* mausoleo *m*.

maus-tratos [mawʃˈtratuʃ] *mpl* malos *mpl* tratos.

maxilar [maksiˈla(x)] (*pl* **-es**) ◇ *m* maxilar *m*. ◇ *adj* maxilar.

máxima [ˈmasima] *f* ▷ **máximo**.

máximo, ma [ˈmasimu, ma] *adj* **-1.** [o maior possível] máximo(ma). **- 2.** [supremo] supremo(ma), máximo(ma).

◆ **máximo** *m* máximo *m*; **ao** ~ **al** máximo; **no** ~ como máximo, no más de *Méx*; **ser o** ~ ser lo máximo; **o** ~ **el** máximo.

◆ **máxima** *f* [sentença, princípio] máxima *f*.

MB (*abrev de* Megabyte) Mb.

MBA (*abrev de* Master of Business Administration) *m* MBA *m*.

me [mil *pron* me; **você** ~ **enganou!** ¡me engañaste!; **ele** ~ **deu um presente** me dio un regalo; **vou-**~ **embora** me voy/ marcho *Esp*.

meada [ˈmjada] *f* madeja *f*.

meado [ˈmjadu] *m*: **em** ~**s de** a mediados de.

meandro [ˈmjãndru] *m* meandro *m*, vericueto *m* *Amér*.

MEC (*abrev de* Ministério da Educação e Cultura) *m* MEC *m*.

Meca [ˈmɛka] *n* La Meca.

mecânico, ca [meˈkãniku, ka] ◇ *adj* mecánico(ca). ◇ *m, f* [profissional] mecánico *m*, -ca *f*.

◆ **mecânica** *f* **-1.** [ger] mecánica *f*. **- 2.** [funcionamento] mecanismo *m*.

mecanismo [mekaˈniʒmu] *m* mecanismo *m*; ~ **de defesa** mecanismo de defensa.

mecenas [meˈsenaʃ] *m inv* mecenas *m inv*.

mecha [ˈmɛʃa] *f* [de cabelo] mechón *m*.

medalha [meˈdaʎa] *f* medalla *f*.

média [ˈmɛdʒja] *f* ▷ **médio**.

mediação [medʒjaˈsãw] *f* mediación *f*.

mediador, ra [medʒjaˈdo(x), ra] *m, f* mediador *m*, -ra *f*.

mediano, na [meˈdʒjãnu, na] *adj* **-1.** [estatura] mediano(na), medio(dia). **- 2.** [inteligência] medio(dia).

mediante [meˈdʒjãntʃi] *prep* [por meio de, a troco de] mediante.

mediar [meˈdʒja(x)] ◇ *vt* [intervir] mediar. ◇ *vi* [intervir, decorrer] mediar.

medicação [medʒikaˈsãw] (*pl* **-ões**) *f* [tratamento, remédios] medicación *f*.

medicamento [medʒikaˈmẽntu] *m* medicamento *m*.

medicar [medʒiˈka(x)] *vt* recetar.

◆ **medicar-se** *vp* medicarse.

medicina [medʒiˈsina] *f* medicina *f*.

medicinal [medʒisiˈnaw] (*pl* **-ais**) *adj* medicinal.

médico, ca [ˈmɛdʒiku, ka] ◇ *adj* médico(ca). ◇ *m, f* médico *m*, -ca *f*; ~ **de família** médico de familia *ou* cabecera.

médico-hospitalar [ˌmɛdʒikwoʃpitaˈla(x)] (*pl* **médico-hospitalares**) *adj* hospitalario(ria).

médico-legista, médica-legista [ˌmɛdʒikuleˈʒiʃta] (*mpl* **médicos-legistas**, *fpl* **médicas-legistas**) *m, f* forense *mf*.

medida [meˈdʒida] *f* medida *f*; **feito sob** ~ hecho(cha) a *ou* sobre *Méx* medida; **na** ~ **do possível** en la medida de lo posible, en lo posible *RP*; ~ **de segurança** medida de seguridad; ~ **provisória** medida provisional; **passar das** ~ **s** pasar de los límites, pasar los límites *Méx*, pasarse de la raya *RP*.

◆ **à medida que** *loc conj* a medida que.

medieval [medʒjeˈvaw] (*pl* **-ais**) *adj* medieval.

médio, dia [ˈmɛdʒju, dja] *adj* **-1.** [tamanho] medio(dia), mediano(na) *RP*. **- 2.** [qualidade] medio(dia). **- 3.** [resultado de cálculo] medio(dia), promedio *RP*. **- 4.** [ensino] medio(dia), secundario(ria).

◆ **média** *f* **-1.** *MAT* media *f*, promedio *m* *RP*; **em** ~ como media, promedio *RP*. **- 2.** *EDUC* aprobado *m*. **- 3.** *fam* [café com leite] café *m* con leche.

medíocre [meˈdʒiwkri] ◇ *adj* mediocre. ◇ *mf* mediocre *mf*.

mediocridade [medʒiwkriˈdadʒi] *f* mediocridad *f*.

medir [meˈdʒi(x)] *vt* [ger] medir; **meça suas palavras!** *fig* ¡mida sus palabras!

meditação [medʒitaˈsãw] (*pl* **-ões**) *f* [reflexão & RELIG] meditación *f*.

meditar [meˈdʒita(x)] *vi* [refletir & RELIG] meditar.

meditativo, va [medʒitaˈtʃivu, va] *adj* meditativo(va).

mediterrâneo, nea [medʒiteˈxãnju, nja] *adj* mediterráneo(a).

◆ **Mediterrâneo** *n*: **o (mar)** ~ **el (mar)** Mediterráneo.

médium [ˈmɛdʒjũ] (*pl* **-ns**) ◇ *adj* médium. ◇ *mf* médium *mf*.

mediúnico, ca [meˈdʒjuniku, ka] *adj* del médium.

mediunidade [medʒjuniˈdadʒi] *f* predisposi-

ción de una persona para servir como médium.

medo ['medu] *m* [pavor, receio] miedo *m*; **com** ~ **de** por miedo de, con miedo de que; **estar com** *ou* **ter** ~ **(de)** tener miedo (de); **morrer de** ~ morirse de miedo.

medroso, osa [medrozu, ɔza] <> *adj* [temeroso] miedoso(sa). <> *m, f* miedoso *m*, -sa *f*.

medula [me'dula] *f* ANAT médula *f*; ~ **óssea** médula ósea.

megabyte [mɛga'bajtʃil] *m* COMPUT megabyte *m*.

megafone [mɛga'foni] *m* megáfono *m*.

megalomaníaco, ca [megaloma'njaku, ka] <> *adj* megalómano(na). <> *m, f* megalómano *m*, -na *f*.

megapixel [mɛga'piksew] *m* INFORM megapíxel *m*.

megera [me'ʒɛra] *f* arpía *f*.

meia ['meja] *f* ▷ **meio**.

meia-calça [ˌmeja'kawsa] *(pl* **meias-calças)** *f* pantys *mpl* Esp, medias *fpl* pantys *Cuba*, pantimedias *fpl* Méx, medias *fpl* can-can *RP*.

meia-entrada [ˌmejaẽn'trada] *(pl* **meias-entradas)** *f* entrada para espectáculos con el cincuenta por ciento de descuento para menores, estudiantes y jubilados.

meia-idade [ˌmejaj'dadʒi] *(pl* **meias-idades)** *f* edad *f* madura.

meia-lua [ˌmeja'lua] *f* ASTRO [semicírculo] media luna *f*.

meia-luz [ˌmeja'luʃ] *(pl* **meias-luzes)** *f* media luz *f*; **à** ~ a media luz.

meia-noite [ˌmeja'nojtʃi] *(pl* **meias-noites)** *f* medianoche *f*; **à** ~ a medianoche.

meigo, ga ['mejgu, ga] *adj* tierno(na).

meio, meia ['meju, 'meja] *adj* [metade de, incompleto] medio(dia); **a** ~ **caminho** a mitad de camino; **meia dúzia (de)** media docena (de); **meia hora** media hora; ~ **quilo** medio kilo; **são três e meia** son las tres y media.
 ◆ **meio** <> *adv* medio. <> *m* -1. [ger] medio *m*; ~ **a** ~ a medias; **o filho do** ~ el hijo del medio; ~ **de comunicação** medio de comunicación; ~ **de transporte** medio de transporte; ~ **ambiente** medio ambiente. -2. [modo] manera *f*; **por** ~ **de** por medio de.
 ◆ **meios** *mpl* [recursos] medios *mpl*.
 ◆ **meia** <> *num* seis *m inv.* <> *f* -1. [meia-de seda] media *f*; [- soquete] calcetín *m*, media *f* Amér. -2. [entrada] entrada para espectáculos con el cincuenta por ciento de descuento para menores, estudiantes y jubilados.

meio-dia [ˌmeju'dʒia] *(pl* **meios-dias)** *m* mediodía *m*; **ao** ~ a las doce del mediodía.

meio-fio [ˌmejo'fiw] *(pl* **meios-fios)** *m* bordillo *m* Esp, acotamiento *m* Méx, cordón *m* de la vereda *RP*.

meio-tempo [ˌmeju'tẽnpu] *(pl* **meios-tempos)** *m* [ínterim]: **nesse** ~ en ese rato.

meio-tom [ˌmeju'tõ] *(pl* **meios-tons)** *m* -1. MS semitono *m*. -2. [de cor] medio tono *m*.

mel ['mɛw] *m* miel *f*.

melancia [melãn'sia] *f* sandía *f*.

melancolia [melãŋko'lia] *f* melancolía *f*.

melancólico, ca [melãŋ'kɔliku, ka] *adj* melancólico(ca).

melão [me'lãw] *(pl* -ões) *m* melón *m*.

meleca [me'lɛka] *f* fam [secreção] moco *m*.

melhor [me'ʎɔ(x)] *(pl* -es) <> *adj* -1. *(comparativo de bom)*: ~ **(do que)** mejor (que); **bem/muito** ~ mucho mejor; **é** ~ **você ir** es mejor que te vayas; **quanto mais,** ~ cuanto más, mejor. -2. *(superlativo de bom)*: **o/a** ~ ... el/la mejor ... <> *adv* -1. *(comparativo de bem)*: ~ **(do que)** mejor que; **estar** ~ estar mejor. -2. *(superlativo de bem)* mejor. <> *m* -1. [superior a tudo] mejor *m*. -2. [adequado]: **o** ~ lo mejor. <> *f* -1. [vantagem]: **levar a** ~ salir ganando, llevarse lo mejor Méx, salir bien parado *RP*. -2. fam fig [morrer]: **ir desta para** ~ pasar a mejor vida.
 ◆ **ou melhor** *loc adv* mejor dicho.

melhora [me'ʎɔra] *f* mejoría *f*; **estimo suas** ~ **s** le deseo una pronta recuperación.

melhoramento [meʎora'mẽntu] *m* mejora *f*, mejoramiento *m* Méx.

melhorar [meʎo'ra(x)] <> *vt* mejorar. <> *vi* mejorar; ~ **de algo** mejorar en algo.

melhoria [meʎo'ria] *f* mejoría *f*.

melindrar [melĩn'dra(x)] *vt* molestar.

melodia [melo'dʒia] *f* melodía *f*.

melódico, ca [me'lɔdʒiku, ka] *adj* melódico(ca).

melodrama [melo'drama] *m* melodrama *m*.

melodramático, ca [melodra'matʃiku, ka] *adj* [peça, pessoa] melodramático(ca).

melões [me'lõjʃ] *pl* ▷ **melão**.

melro ['mɛwxu] *m* mirlo *m*.

membro ['mẽnbru] *m* miembro *m*.

memorando [memo'rãndu] *m* -1. [comunicação] circular *f*. -2. [nota diplomática] memorándum *m*, memorando *m*.

memorável [memo'ravew] *(pl* -eis) *adj* memorable.

memória [me'mɔrja] *f* -1. [faculdade & COMPUT] memoria *f*; **de** ~ de memoria; **ter** ~ **fraca** tener mala memoria; **vir à** ~ venir a la memoria; ~ **RAM/ROM** memoria RAM/ROM. -2. [recordação] recuerdo *m*, memo-

memorial

ria f *Méx*; em ∼de en memoria de, a la memoria de.

➡ **memórias** *fpl* [autobiografia & *HIST*] memorias *fpl*.

memorial [memo'rjaw] (*pl* -ais) *m* -1. [monumento] memorial *m*. -2. [memórias] memorias *fpl*.

memorização [ˌmemori'zasãw] (*pl* -ões) *f* memorización *f*.

memorizar [memori'za(x)] *vt* memorizar.

menção [mẽn'sãw] (*pl* -ões) *f* -1. [referência] mención *f*; **fazer** ∼ **a algo** hacer mención de algo. -2. [tenção]: **fazer** ∼ **de se levantar** hacer el gesto de levantarse. -3. [distinção]: ∼ **honrosa** distinción *f*.

mencionar [mẽnsjo'na(x)] *vt* mencionar.

menções [mẽn'sõjʃ] *pl* ▷ **menção**.

mendicância [mẽndʒi'kãnsja] *f*[ato, condição] mendicidad *f*.

mendigar [mẽndʒi'ga(x)] ◇ *vt* [ajuda, esmola, favor] mendigar. ◇ *vi* [pedir esmola] mendigar.

mendigo, ga [mẽn'dʒigu, ga] *m, f* mendigo *m*, -ga *f*.

menina [me'nina] *f* ▷ **menino**.

meninada [meni'nada] *f* chiquillería *f*, chiquilinada *f RP*, gurisada *f Urug*.

menina-dos-olhos [meˌninadu'zoʎuʃ] (*pl* meninas-dos-olhos) *f*: **ser a** ∼ **de alguém** ser la niña de los ojos de alguien.

meningite [menĩn'ʒitʃi] *f* meningitis *f*.

meninice [meni'nisi] *f* -1. [período] niñez *f*. -2. [criancice] chiquillada *f*, chiquilinada *f RP*.

menino, na [me'ninu, na] ◇ *adj* niño(ña). ◇ *m, f* -1. [criança] niño *m*, -ña *f*, los niños; ∼ **de rua** niño de la calle. -2. [jovem] muchacho *m*, -cha *f*. -3. [como forma de tratamento] muchacho *m*, -cha *f*, nene *m*, -na *f RP*.

menopausa [meno'pawza] *f* menopausia *f*.

menor [me'nɔ(x)] (*pl* -es) ◇ *adj* -1. *(comparativo)*: ∼ **(do que)** [de tamanho, idade] más pequeño(ña) (que), más chico(ca) (que) *Amér*; [de importância, número] menor (que). -2. *(superlativo)*: **o/a** ∼ [de tamanho] el/la menor, el más chico (la más chica) *Amér*; [de importância] el más pequeño (la más pequeña); [de número] el/la menor. -3. [jovem]: **ser** ∼ **(de idade)** ser menor de edad. -4. *(antes de subst)* [noção, paciência] menor. ◇ *mf* [que não atingiu a maioridade] menor *mf*; **proibido para**∼**es** prohibido para menores.

menoridade [menori'dadʒi] *f* minoría *f* de edad.

menos ['menuʃ] ◇ *adv* -1. [em comparações] menos; **você está** ∼ **gordo** estás menos

gordo; ∼ ... **do que** ... menos ... que ...; **a** ∼ **de menos**. -2. [como superlativo]: **o/a** ∼ **el/la** menos; **o** ∼ **interessante/caro** el menos interesante/caro. -3. [em locuções]: **a** ∼ **que** a menos que; **ao** ∼, **pelo** ∼ al menos, por lo menos; **isso é o de** ∼ eso es lo de menos; **pouco** ∼ **de algo/poco** *RP* menos de. ◇ *adj inv* -1. [em comparação] menos; **eles têm** ∼ **posses** (ellos) tienen menos bienes; **está** ∼ **frio do que ontem** hace menos frío que ayer. -2. [como superlativo] menos; **as que** ∼ **bolos comeram** las que comieron menos pasteles/tortas *RP*; **os que** ∼ **dinheiro têm** los que tienen menos dinero. ◇ *prep* -1. [exceto] menos; **todos gostaram,** ∼ **ele** les gustó a todos menos a él; **tudo,** ∼ **isso** todo menos eso. -2. [indica subtração] menos; **três** ∼ **dois é igual a um** tres menos dos, es igual a uno.

menosprezado, da [menoʃpre'zadu, da] *adj* menospreciado(da).

menosprezar [menoʃpre'za(x)] *vt* menospreciar.

menosprezo [menoʃ'prezu] *m*: ∼ **(por)** menosprecio *m* (por) hacia.

mensageiro, ra [mẽnsa'ʒejru, ra] *m, f* mensajero *m*, -ra *f*.

mensagem [mẽnsa'ʒẽ] (*pl* -ns) *f* mensaje *m*; ∼ **de texto** mensaje de texto.

mensal [mẽn'saw] (*pl* -ais) *adj* mensual.

mensalidade [mẽnsali'dadʒi] *f* mensualidad *f*.

mensalmente [mẽnsaw'mẽntʃi] *adv* mensualmente.

menstruação [mẽnʃtrwa'sãw] (*pl* -ões) *f* menstruación *f*.

menstruada [mẽnʃ'trwada] *adj f*: **estar** ∼ estar con la regla *ou* menstruación, estar indispuesta *Arg*, estar enferma *Urug*; **ficar** ∼ venirle la regla, caer con la menstruación *Amér*, indisponerse *Arg*, enfermarse *Urug*.

menstrual [mẽnʃ'trwaw] (*pl* -ais) *adj* menstrual.

menstruar [mẽnʃ'trwa(x)] *vi* menstruar.

mensurável [mẽnsu'ravew] (*pl* -eis) *adj* mensurable.

menta ['mẽnta] *f* menta *f*; **de** ∼ de menta.

mental [mẽn'taw] (*pl* -ais) *adj* mental.

mentalidade [mẽntali'dadʒi] *f* mentalidad *f*.

mentalizar [mẽntali'za(x)] *vt* imaginar.

mente ['mẽntʃi] *f* mente *f*; **ter em** ∼ **algo** tener algo en mente.

mentecapto, ta [mẽnte'kaptu, ta] *m, f* mentecato *m*, -ta *f*.

mentir [mẽn'tʃi(x)] *vi* mentir.

mentira [mẽn'tʃira] *f*[falsidade] mentira *f*; **de**

~ **de mentira**; ~ **deslavada** mentira como la copa de un pino *Esp*, guayaba *f Cuba*, mentirota *f Méx*, mentira grande como una casa *RP*; **mentira!** ¡mentira!

mentiroso, osa [mẽntʃi'rozu, ɔza] <> *adj* mentiroso(sa). <> *m, f* [pessoa] mentiroso *m*, -sa *f*.

mentolado, da [mẽnto'ladu, da] *adj* mentolado(da).

mentor, ra [mẽn'to(x), ra] *m, f* [autor intelectual] autor *m*, -ra *f*.

menu [me'nu] *m* [cardápio & *COMPUT*] menú *m*.

meramente [mɛra'mẽntʃi] *adv* meramente.

mercado [mex'kadu] *m* mercado *m*; ~ **das pulgas** rastro *m Esp*, pulguero *m Cuba*, mercado *m* de pulgas *Méx*, feria *f RP*; ~ **de trabalho** mercado de trabajo; ~ **negro** mercado negro; ~ **comum** mercado común.

mercador [mexka'do(x)] *m* mercader *m*.

mercadoria [mexkado'ria] *f* mercancía *f*, mercadería *f RP*.

mercante [mex'kãntʃi] *adj* mercante.

mercantil [mexkãn'tʃiw] (*pl* -is) *adj* mercantil.

mercantilismo [mexkãntʃi'liʒmu] *m* mercantilismo *m*.

mercê [mex'se] *f*: **estar/ficar à** ~ **de alguém/ algo** estar/quedar a merced de alguien/ algo.

mercearia [mexsja'ria] *f* tienda *f* de comestibles, almacén *m Andes, Cuba & RP*, tienda *f Méx*.

mercenário, ria [mexse'narju, rja] <> *adj* mercenario(ria). <> *m, f* mercenario *m*, -ria *f*.

Mercosul [mexko'suw] (*abrev de* Mercado do Cone Sul) *m* ≃ Mercosur *m*.

mercúrio [mex'kurju] *m* mercurio *m*.

➤ **Mercúrio** *m* Mercurio *m*.

mercurocromo [mexkuro'kromu] *m* mercurocromo *m*.

merda ['mɛxda] *mfam* <> *f* mierda *f*; **ser/ estar uma** ~ ser/estar hecho una mierda. <> *interj*: **(que)** ~ **!** ¡(que) mierda!

merecedor, ra [merese'do(x), ra] *adj*: ~ **de** merecedor(ra) de.

merecer [mere'se(x)] <> *vt* merecer. <> *vi* merecer.

merecido, da [mere'sidu, da] *adj* merecido(da).

merecimento [meresi'mẽntu] *m* [mérito, valor] mérito *m*.

merenda [me'rẽnda] *f* merienda *f*, lonche *m Méx*; ~ **escolar** merienda escolar, lonche escolar *Méx*.

merendeira [merẽn'dejra] *f* [lancheira] fiambrera *f*, lonchera *f Méx*, vianda *f RP*.

merengue [me'rẽngi] *m* merengue *m*.

meretriz [mere'triʒ] *f* meretriz *f*.

mergulhador, ra [mexguʎa'do(x), ra] (*mpl* -es, *fpl* -s) <> *m, f* buceador *m*, -ra *f*, buzo *m*. <> *adj* buceador(ra).

mergulhar [mexgu'ʎa(x)] <> *vt* [afundar]: ~ **algo (em algo)** sumergir algo (en algo). <> *vi* -**1.** [afundar, saltar]: ~ **(em algo)** zambullirse (en algo). -**2.** [penetrar, concentrar-se]: ~ **em algo** sumergirse en algo. -**3.** [atividade submarina] bucear.

mergulho [mex'guʎu] *m* -**1.** [submersão] inmersión *f*, zambullida *f*; **dar um** ~ [na praia] darse una zambullida, ir al agua *RP*; [do trampolim] dar un salto. -**2.** *ESP* buceo *m*.

meridiano, na [meri'dʒjãnu, na] *adj* meridiano(na).

➤ **meridiano** *m GEOGR* meridiano *m*.

meridional [meridʒjo'naw] (*pl* -ais) *adj* meridional.

meritíssimo, ma [meri'tʃisimu, ma] *adj* ilustrísimo(ma).

mérito ['mɛritu] *m* mérito *m*.

merluza [mex'luza] *f* merluza *f*.

mero, ra ['mɛru, ra] *adj* mero(ra).

merreca *fam* [me'xɛka] *f* -**1.** [coisa insignificante] tontería *f*, insignificancia *f Méx*. -**2.** [valor insignificante]: **custar/pagar uma** ~ costar/pagar muy poco, costar/pagar una bicoca *Amér*, costar/pagar dos mangos con veinte *RP*.

mês ['meʃ] (*pl* meses) *m* mes *m*; **de** ~ **em** ~ de mes en mes, todos los meses.

mesa ['meza] *f* mesa *f*; **pôr/tirar a** ~ poner/ recoger *ou* quitar la mesa; ~ **telefônica** centralita *f*; **virar a** ~ *fam loc* armar la gorda, botarse para el solar *Cuba*.

mesada [me'zada] *f* -**1.** [pagamento] paga *f* mensual, mesada *f Amér*. -**2.** *fam* [de criança] paga *f* mensual, mesada *f Amér*, domingo *m Méx*.

mesa-de-cabeceira [,mezadʒikabi'sejra] (*pl* mesas-de-cabeceira) *f* mesa *f* de noche, mesita *f* de luz *RP*.

mesa-redonda [,mezaxe'dõnda] (*pl* mesas-redondas) *f* mesa *f* redonda.

mescla ['mɛʃkla] *f* -**1.** [mistura] mezcla *f*. -**2.** [tecido] mezclilla *f*.

mesclar [meʃ'kla(x)] *vt* -**1.** [misturar]: ~ **algo (com/de algo)** mezclar algo (con algo). -**2.** [incorporar]: ~ **algo a algo** incorporar algo a algo.

mesmo, ma ['meʒmu, ma] <> *adj* [ger] mismo(ma); **ela** ~ ella misma; **o** ~ **carro** el mismo coche; **na mesma hora** [imediatamente] al instante, en el acto. <> *pron*: **o** ~ **/a mesma** el mismo, la misma.

◆ **mesma** ◇ f: continuar na mesma [não mudar] estar en las mismas. ◇ m [a mesma coisa]: o ~ lo mismo; **dá no** ~ da lo mismo.
◆ **mesmo** adv -1. [precisamente]: **agora/ aqui** ~ ahora/aquí mismo, justamente ahora/aquí; **é assim** ~ es exactamente así, es así mismo; **por isso** ~ por eso mismo. -2. [realmente] realmente; **é** ~? ¿de verdad?; **só** ~ **você** sólo tú, sólo vos *RP*. -3. [até, ainda] incluso; ~ assim, assim ~ aún así; **nem** ~ ni siquiera.
◆ **mesmo que** loc conj aunque, mismo que *Méx*.

mesquinhez [meʃki'ɲeʃ] f mezquindad f.

mesquinho, nha [meʃ'kiɲu, ɲa] adj mezquino(na).

mesquita [meʃ'kita] f mezquita f.

messias [me'siaʃ] m inv fig mesías m inv.
◆ **Messias** m: o **Messias** el Mesías.

mestiçagem [meʃtʃi'saʒẽ] (pl -ns) f mestizaje m.

mestiço, ça [meʃ'tʃisu, sa] ◇ adj mestizo(za). ◇ m, f mestizo m, -za f.

mestra ['mɛʃtra] f ▷ **mestre**.

mestrando, da [meʃ'trãndu, da] m,f estudiante mf de máster.

mestre, tra ['mɛʃtri, tra] ◇ adj maestro(tra). ◇ m, f -1. [ger] maestro m, -tra f. -2. [professor - de escola] maestro m, -tra f, profesor m, -ra f; [- de universidade] profesor m, -ra f, maestro m, -tra f *Méx*. -3. [ser dado a]: **ser** ~ **em fazer algo** *irón* ser un experto *ou* maestro *RP* en hacer algo.

mestre-de-cerimônias [ˌmɛʃtridʒiseri'- monjaʃ] (pl mestres-de-cerimônias) m maestro m de ceremonias.

mestre-de-obras [ˌmɛʃtri'dʒɔbraʃ] (pl mes-tres-de-obras) m maestro m de obras.

mestre-sala [ˌmɛʃtri'sala] (pl mestres-sala) m [em escola de samba] figura del carnaval que preside el desfile de la escuela de samba junto con la "porta-bandeira".

mesura [me'zura] f reverencia f.

meta ['mɛta] f [objetivo] meta f.

metabolismo [metabo'liʒmu] m metabolismo m.

metade [me'tadʒi] f mitad f; ~ **de** la mitad de; **deixar pela** ~ dejar por la mitad, dejar a la mitad *Méx*; **na** ~ **do caminho** a medio camino, a la mitad del camino *Méx*.

metáfora [me'tafora] f metáfora f.

metafórico, ca [meta'fɔriku, ka] adj metafórico(ca).

metal [me'taw] (pl -ais) m metal m.
◆ **metais** mpl *Mús* metales mpl.

metálico, ca [me'taliku, ka] adj metálico(ca).

metalurgia [metalux'ʒia] f metalurgia f.

metalúrgico, ca [meta'luxʒiku, ka] ◇ adj metalúrgico(ca). ◇ m, f [operário] metalúrgico m, -ca f.
◆ **metalúrgica** f [oficina] fundición f.

meteórico, ca [mete'ɔriku, ka] adj meteórico(ca).

meteorito [metʃju'ritu] m meteorito m.

meteoro [me'tjɔru] m meteoro m.

meteorologia [metʃjorolo'ʒia] f meteorología f.

meteorológico, ca [metʃjoro'lɔʒiku, ka] adj meteorológico(ca).

meter [me'te(x)] vt -1. [ger] meter; ~ **algo em** *ou* **dentro de algo** meter algo en *ou* dentro de algo. -2. [inspirar]: **de** ~ **medo** de morirse de miedo, de dar miedo *Méx*, de meter miedo *RP*.
◆ **meter-se** vp -1. [ir, esconder-se] meterse. -2. [intrometer-se]: ~-**se (em algo)** meterse (en algo); **não se meta!** ¡no te metas! -3. [desafiar]: ~-**se com alguém** meterse con alguien. -4. [associar-se]: ~-**se com alguém** juntarse con alguien. -5. [fazer-se de]: ~-**se a algo** meterse a algo, dárselas de algo. -6. [aventurar-se]: ~-**se a fazer algo** meterse a hacer algo, dársele por hacer algo *RP*.

meticuloso, osa [metʃiku'lozu, ɔza] adj meticuloso(sa).

metido, da [me'tʃidu, da] adj -1. [ger] entrometido(da). -2. [presumido]: ~ **(a besta)** engreído(da), creído(da). -3. [envolvido]: ~ **em algo** metido(da) en algo.

metódico, ca [me'tɔdʒiku, ka] adj metódico(ca).

metodismo [meto'dʒiʒmu] m -1. *RELIG* metodismo m. -2. [procedimento] método m.

metodista [meto'dʒiʃta] *RELIG* ◇ adj metodista. ◇ mf metodista mf.

método ['mɛtodu] m método m.

metodológico, ca [metodo'lɔʒiku, ka] adj metodológico(ca).

metonímia [meto'nimja] f metonimia f.

metragem [me'traʒẽ] f -1. [medida] metraje m. -2. *CINE*: **filme de curta** ~ cortometraje m; **filme de longa** ~ largometraje m.

metralhadora [metraʎa'dora] f ametralladora f.

métrico, ca ['mɛtriku, ka] adj métrico(ca); ▷ **fita**.

metro ['mɛtru] m metro m; ~ **cúbico** metro cúbico; ~ **quadrado** metro cuadrado.

metrô [me'trol] m metro m, subte m *RP*.

metrópole [me'trɔpoli] f metrópolis f inv.

metropolitano, na [metropoli'tãnu, na] adj metropolitano(na).

meu, minha ['mew, 'miɲa] ◇ adj -1. [ger]

mi; **este é o** ~ **carro** este es mi coche/
carro *Andes*, *CAm*, *Caribe* & *Méx*/auto *RP*;
~ **Deus!** ¡Dios mío!; **minha nossa!** ¡virgen
santa! **- 2.** [caro a mim] mi; **como vai,** ~ **caro**
Affonso? ¿cómo le va, mi querido
Affonso?; ~ **irmão** *fam* [tratamento]
hermano. <> *pron*: **o** ~ /**a minha** el mío/
la mía; **um amigo** ~ un amigo mío; **os** ~ **s**
[a minha família] los míos; **este jeito de andar**
é bem ~ esta forma de caminar es
típicamente mía.
mexer [me'ʃe(x)] <> *vt* **-1.** [ger] mover. **- 2.**
[misturar] revolver. <> *vi* **-1.** [mover] moverse. **- 2.:** ~ **em alguém/algo** tocar a al-
guien/algo. **- 3.:** ~ **com alguém** [caçoar,
provocar] meterse con alguien; [afetar]
conmover a alguien, tocar a alguien *RP*.
- 4. [trabalhar]: ~ **com algo** trabajar con
algo.
➡ **mexer-se** *vp* moverse; **mexam-se!**
¡muévanse!
mexerica [meʃe'rika] *f* mandarina *f*.
mexerico [meʃe'riku] *m* **-1.** [ato] chismorreo
m, chusmerío *m Amér*. **- 2.** [intriga] chisme
m, chusmerío *m Amér*, brete *m Cuba*.
mexicano, na [meʃi'kãnu, na] <> *adj* mexi-
cano(na). <> *m*, *f* mexicano *m*, -na *f*.
México ['mɛʃiku] *n* México.
mexido, da [me'ʃidu, da] *adj* revuelto(ta).
mexilhão [meʃi'ʎãw] (*pl* -ões) *m* mejillón *m*.
mg (*abrev de* miligrama) mg.
MG (*abrev de* **Estado de Minas Gerais**) *estado*
de Minas Gerais.
mi [mi] *m* mi *m*.
miado ['mjadu] *m* maullido *m*.
miar ['mja(x)] *vi* maullar.
miçanga [mi'sãŋga] *f* **-1.** [conta] abalorio *m*,
cuenta *f*. **- 2.** [ornato] alhaja *f*, andarivel *m*
Cuba.
michê [mi'ʃe] *m* [preço] *vulg* precio *m*, ficha
f Méx.
mico ['miku] *m* [animal] mico *m*.
mico-leão [miku'ljãw] (*pl* micos-leão) *m ZOOL*
mico *m* león dorado.
micose [mi'kɔzi] *f* micosis *f inv*.
micro ['mikru] *m COMPUT* ordenador *m Esp*,
computadora *f Amér*.
micro- [mikru-] *prefixo* micro-.
micróbio [mi'krɔbju] *m* microbio *m*.
microbiologia [mikrobjolo'ʒia] *f* microbio-
logía *f*.
microcomputador [mikrokõnputa'do(x)] *m*
microordenador *m Esp*, microcompu-
tadora *f Amér*.
microempresa [mikrowẽn'preza] *f* microempresa *f*.
microfilme [mikro'fiwmi] *m* microfilm *m*,
microfilme *m*.

microfone [mikro'foni] *m* micrófono *m*.
microonda [mikro'õnda] *f* microonda *f*.
➡ **microondas** *mpl* [forno] microondas *m*
inv.
microônibus [mikro'onibuʃ] *m inv* microbús
m, micro *m*, microómnibus *m inv Cuba*.
microorganismo [mikrwoxga'niʒmul *m* microorganismo *m*.
microprocessador [mikruprosesa'do(x)] *m*
microprocesador *m*.
microscópio [mikroʃ'kɔpju] *m* microscopio *m*.
mictório [mik'tɔrju] *m* urinario *m*, mingi-
torio *m*.
mídia ['midʒja] *f* mass media *mpl*, medios
mpl de comunicación (de masas).
migalha [mi'gaʎa] *f* [de pão, bolo] migaja *f*,
miga *f RP*.
➡ **migalhas** *fpl* [sobras] migajas *fpl*, migas
fpl RP.
migrante [mi'grãntʃi] <> *adj* migrato-
rio(ria). <> *mf* emigrante *mf*.
migrar [mi'gra(x)] *vi* migrar.
mijar [mi'ʒa(x)] *vi fam* mear.
mijo ['miʒu] *m fam* meado *m*.
mil ['miw] *num* mil.
milagre [mi'lagri] *m* milagro *m*; **por** ~ de
milagro.
milagroso, osa [mila'grozu, ɔza] *adj* mila-
groso(sa).
milanesa [mila'neza] *f*: **à** ~ a la milanesa.
milênio [mi'lenju] *m* milenio *m*.
milésimo, ma [mi'lɛzimu, ma] *num* milési-
mo(ma); **a milésima parte** la milésima
parte.
mil-folhas [miw'foʎaʃ] *f inv* milhojas *m inv*,
señorita *f Cuba*, milhoja *f RP*.
milha ['miʎa] *f* milla *f*; ~ **(marítima)** milla
(náutica *ou* marina).
milhão [mi'ʎãw] (*pl* -ões) *num* millón *m*.
milhar [mi'ʎa(x)] (*pl* -es) *m* millar *m*.
➡ **milhares** *mpl* millares *mpl*.
milho ['miʎu] *m* [ger] maíz *m*, choclo *m RP*;
~ **de pipoca** maíz para palomitas *ou*
rosita *Cuba*, maíz palomero *Méx*, maíz
para pochoclo *Arg*.
milhões [mi'ʎõjʃ] *pl* ▷ milhão.
milícia [mi'lisja] *f* milicia *f*.
miligrama [mili'grãma] *m* miligramo *m*.
mililitro [mili'litru] *m* mililitro *m*.
milímetro [mi'limetru] *m* milímetro *m*.
milionário, ria [miljo'narju, rja] <> *adj* mi-
llonario(ria). <> *m*, *f* millonario *m*, -ria *f*.
militância [mili'tãnsja] *f* militancia *f*.
militante [mili'tãntʃi] <> *adj* militante. <>
mf militante *mf*.
militar [mili'ta(x)] <> *adj* militar. <> *mf*
militar *mf*; **os** ~ **es** los militares. <> *vi*

-1. [lutar]: ~ **(por/contra)** luchar (por/contra). **-2.**: ~ **em** MIL servir en; POL militar en.

mim [ˈmĩl pron **-1.** mí; **comprou um presente para** ~ compró un regalo para mí; **ele fez o serviço por** ~ hizo el trabajo por mí; **a** ~ **ele não faria isto** a mí no me haría esto; **falaram mal de** ~ hablaron mal de mí; **o que você tem contra** ~**?** ¿qué tienes contra mí?; **eles foram embora sem** ~ **se** fueron/marcharon **Esp** sin mí; **para** ~, **este é o melhor quadro** [para expressar opinião] para mí, éste es el mejor cuadro; **por** ~, **você pode ficar aqui** [de minha parte] por mí, puedes quedarte aquí. **-2.** *(reflexivo)*: **comprei sapatos novos para** ~ **me** compré zapatos nuevos; **preciso cuidar mais de** ~ preciso cuidarme más (a mí mismo); **de** ~ **para** ~ [comigo mesmo] para mis adentros.

mimado, da [miˈmadu, da] *adj* mimado(da).

mimar [miˈma(x)] *vt* mimar.

mimeografar [mimjograˈfa(x)] *vt* mimeografiar.

mimeógrafo [miˈmjɔgraful *m* mimeógrafo *m*.

mímico, ca [ˈmimiku, ka] <> *adj* mímico(ca). <> *m, f* [ator] mimo *mf*.

 mímica *f* mímica *f*, pantomima *f* RP.

mimo [ˈmimul *m* **-1.** [carinho] cariño *m*. **-2.** [pessoa ou coisa graciosa]: **ser um** ~ ser un encanto.

mimoso, osa [miˈmozu, ɔza] *adj* **-1.** [carinhoso] cariñoso(sa). **-2.** [delicado] delicado(da).

mina [ˈmina] *f* **-1.** [geol] mina *f*; ~ **de carvão/ouro** mina de carbón/oro. **-2.** *fig*: **ser uma** ~ [de lucros, de informações] ser una mina. **-3.** *fam* [garota] tía *f* **Esp**, mina *f* CSur & Cuba, morra *f* Méx.

minar [miˈna(x)] <> *vt* [pôr minas em] minar. <> *vi* [água]: ~ **(de)** gotear (de).

mindinho [mĩnˈdʒiɲul *m* meñique *m*.

mineiro, ra [miˈnejru, ra] <> *adj* **-1.** [relativo a mina] minero(ra). **-2.** [de Minas Gerais] de Minas Gerais. <> *m, f* **-1.** [operário] minero *m*, -ra *f*. **-2.** [de Minas Gerais] persona *f* de Minas Gerais.

mineração [mineraˈsãw] *f* **-1.** [exploração] explotación *f*. **-2.** [depuração] purificación *f*.

minerador, ra [mineraˈdo(x), ra] <> *adj* minero(ra). <> *m,f* empresa *f* minera.

mineral [mineˈraw] *(pl* **-ais)** <> *adj* mineral. <> *m* mineral *m*.

minério [miˈnɛrju] *m* mineral *m*.

mingau [mĩˈgaw] *m* **-1.** [papa] papilla *f*. **-2.** [coisa mole] pasta *f*, masa *f*, menjunje *m* RP.

míngua [ˈmĩgwa] *f* falta *f*, escasez *f*; **es-**

---

tar/viver à ~ **de algo** tener/vivir con falta de algo.

minguado, da [mĩˈgwadu, da] *adj* **-1.** [escasso] escaso(sa). **-2.** [pouco desenvolvido] menudo(da).

minguante [mĩˈgwãntʃi] *m* ASTRON menguante *m*.

minguar [mĩˈgwa(x)] <> *vt* [reduzir] menguar. <> *vi* [escassear] escasear.

minha [ˈmiɲa] ⊳ **meu.**

minhoca [miˈɲɔka] *f* lombriz *f*; **com** ~ **s na cabeça** con la cabeza echando humo.

míni [ˈmini] <> *m* [vestido] vestido *m* corto. <> *f* [saia] mini *f*.

miniatura [minjaˈtura] *f* miniatura *f*; **em** ~ en miniatura.

mínima [ˈminimal *f* ⊳ **mínimo.**

minimizar [minimiˈza(x)] *vt* minimizar.

mínimo, ma [ˈminimu, ma] *adj* mínimo(ma), menor.

 mínimo *m* [limite]: **o** ~ lo mínimo; **no** ~ como mínimo.

 mínima *f* **-1.** [ger] mínima *f*. **-2.** *loc*: **não dar a mínima (para algo/alguém)** no hacer caso (a algo/alguien), tenerle sin cuidado (algo/alguien), no dar bolilla (a algo/alguien) RP.

minissaia [ˌminiˈsaja] *f* minifalda *f*.

minissérie [ˌminiˈsɛrji] *f* miniserie *f*.

ministério [miniʃˈtɛrju] *m* **-1.** [ger] ministerio *m*; **Ministério da Fazenda** Ministerio de Hacienda, Secretaría *f* de Hacienda Méx; **Ministério Público** Fiscalía *f*; **Ministério das Relações Exteriores** Ministerio de Asuntos **Esp** *ou* Relaciones RP Exteriores, Secretaría de Relaciones Exteriores Méx; **Ministério do Trabalho** Ministerio de Trabajo, Secretaría del Trabajo Méx. **-2.** [gabinete] gabinete *m*.

ministro, tra [miˈniʃtru, tra] *m, f* **-1.** [ger] ministro *m*, -tra *f*. **-2.** [diplomacia] ministro *m* plenipotenciario.

minoria [minoˈria] *f* minoría *f*.

minoritário, ria [minoriˈtarju, rja] *adj* minoritario(ria).

minúcia [miˈnusja] *f* **-1.** [coisa sem importância] minucia *f*. **-2.** [detalhe] detalle *m*.

minucioso, osa [minuˈsjozu, ɔza] *adj* minucioso(sa).

minúsculo, la [miˈnuʃkulu, la] *adj* minúsculo(la).

 minúscula *f* [letra] minúscula *f*.

minuta [miˈnuta] *f* **-1.** [rascunho] borrador *m*. **-2.** [prato] plato *m* rápido, minuta *f* RP.

minuto [miˈnutu] *m* minuto *m*; **um** ~**!** ¡un minuto!

miolo [ˈmjolu] *m* **-1.** [de pão] miga *f*. **-2.** [de fruta] pulpa *f*. **-3.** [de equipamento] interior *m*.

miolos *mpl* -**1.** CULIN sesos *mpl.* -**2.** *fam* [cérebro] sesos *mpl.*

miopia [mju'pia] *f* miopía *f.*

mira ['mira] *f* -**1.** [de arma] mira *f.* -**2.** [pontaria] puntería *f.* -**3.** *fig* [objetivo] objetivo *f.*

mirabolante [mirabo'lãntʃi] *adj* -**1.** [surpreendente] portentoso(sa). -**2.** [espalhafatoso] escandaloso(sa).

miraculoso, osa [miraku'lozu, ɔza] *adj* [espantoso] milagroso(sa).

miragem [mi'raʒẽ] (*pl* -**ns**) *f* espejismo *m.*

mirante [mi'rãntʃi] *m* mirador *m.*

mirar [mi'ra(x)] ⬦ *vt* -**1.** [fitar] observar. -**2.** [apontar para] apuntar. -**3.** [observar] contemplar. ⬦ *vi* [apontar]: ~ **(em algo)** apuntar (hacia algo).

mirim [mi'rĩ] (*pl* -**ns**) *adj* pequeño(ña), chico(ca) *Amér.*

miscelânea [mise'lãnja] *f* miscelánea *f.*

miscigenação [misiʒena'sãw] *f* mestizaje *m.*

miserável [mize'ravɛw] (*pl* -**eis**) ⬦ *adj* -**1.** [ger] miserable. -**2.** [terrível] horrible. ⬦ *mf* miserable *mf.*

miséria [mi'zɛrja] *f* miseria *f*; **custar/ganhar uma** ~ costar/ganar una miseria.

misericórdia [mizeri'kɔrdʒja] *f:* ~ **(de/com)** misericordia *f* (de), piedad *f* (de).

misericordioso, osa [mizerikox'dʒjozu, ɔza] *adj* misericordioso(sa).

mísero, ra ['mizeru, ra] *adj* [escasso] mísero(ra).

misógino, na [mi'zɔʒinu, na] ⬦ *adj* misógino(na). ⬦ *m, f* misógino *m,* -na *f.*

missa ['misa] *f* RELIG misa *f.*

missal [mi'saw] (*pl* -**ais**) *m* misal *m.*

missão [mi'sãw] (*pl* -**ões**) *f* misión *f.*

misse ['misi] *f* miss *f.*

míssil ['misiw] (*pl* -**eis**) *m* misil *m.*

missionário, ria [misjo'narju, rja] ⬦ *m, f* misionero *m,* -ra *f.* ⬦ *adj* misionero(ra).

missiva [mi'siva] *f* misiva *f.*

missões [mi'ʃõjʃ] *pl* ➢ **missão.**

mister [miʃ'te(x)] *m* -**1.** [ofício] oficio *m.* -**2.** [necessidade] necesidad *f.*

mistério [miʃ'tɛrju] *m* misterio *m.*

misterioso, osa [miʃte'rjozu, ɔza] *adj* misterioso(sa).

misticismo [miʃtʃi'siʒmu] *m* misticismo *m.*

místico, ca ['miʃtʃiku, ka] ⬦ *adj* místico(ca). ⬦ *m, f* [pessoa] místico *m,* -ca *f.*

mistificar [miʃtʃifi'ka(x)] *vt* engañar, embaucar.

misto, ta ['miʃtu, ta] *adj* mixto(ta).

misto *m* mezcla *f.*

misto-quente [ˌmiʃtu'kẽntʃi] (*pl* **mistos-quentes**) *m* sándwich *m* caliente de jamón y queso, mixto *m* Esp.

mistura [miʃ'tura] *f* mezcla *f.*

misturar [miʃtu'ra(x)] *vt* -**1.** [combinar, juntar] mezclar. -**2.** [confundir] confundir, entreverar RP.

mítico, ca ['mitʃiku, ka] *adj* mítico(ca).

mitificar [mitʃifi'ka(x)] *vt* mitificar.

mito ['mitu] *m* mito *m.*

mitologia [mitolo'ʒia] *f* mitología *f.*

mitológico, ca [mito'lɔʒiku, ka] *adj* mitológico(ca).

miúdo, da ['mjudu, da] *adj* [pequeno] menudo(da).

miúdos *mpl* -**1.** [dinheiro] calderilla *f*, menudo *m* Cuba, cambio *m* RP. -**2.** [de animal] menudos *mpl.* -**3.** *loc:* trocar em ~ s en otras palabras.

mixagem [mik'saʒẽ] *f* CINE & RADIO mezcla *f.*

mixar [mik'sa(x)] ⬦ *vt* CINE & RÁDIO mezclar. ⬦ *vi fam* [gorar] irse a paseo *Esp,* joderse *Amér,* fregarse *Méx.*

mixaria [miʃa'ria] *f* -**1.** *fam* [soma insignificante]: **uma** ~ una miseria. -**2.** [coisa sem valor] baratijas *fpl.*

mixuruca [miʃu'ruka] *adj* de mala muerte, cutre *Esp.*

ml (*abrev de* mililitro) ml.

mm (*abrev de* milímetro) mm.

mó ['mɔ] *f* piedra *f* de molino.

mobília [mo'bilja] *f* mobiliario *m.*

mobiliar [mobi'lja(x)] *vt* amueblar.

mobilização [mobiliza'sãw] *f* movilización *f.*

mobilizar [mobili'za(x)] *vt* movilizar.

moça ['mosa] *f* ➢ **moço.**

moçada [mo'sada] *f fam* muchachada *f.*

moção [mo'sãw] (*pl* -**ões**) *f* moción *f.*

mocassim [moka'sĩ] (*pl* -**ns**) *m* mocasín *m.*

mochila [mo'ʃila] *f* mochila *f.*

mocidade [mosi'dadʒi] *f* juventud *f.*

mocinho, nha [mo'siɲu, ɲa] *m, f* [jovem] muchachito *m,* -ta *f.*

moço, ça ['mosu, sa] ⬦ *adj* [pessoa] joven, mozo(za). ⬦ *m, f* [jovem] joven *mf,* muchacho *m,* -cha *f.*

> Não confundir *moço (jovem)* com o espanhol *mozo* que em português é *garçom.* (*Quando era moço, jogava futebol todos os dias.* Cuando era *joven* jugaba al fútbol todo el día.)

moções [mo'sõjʃ] *pl* ➢ **moção.**

moda ['mɔda] *f* -**1.** [ger] moda *f*; **cair** OU **sair de** ~ pasar de moda; **fora de** ~ pasado de moda. -**2.** [maneira] manera *f*; **à** ~ **portuguesa** a la portuguesa. -**3.** *loc:* **inventar** ~ inventarse la moda.

modalidade [modali'dadʒi] *f* modalidad *f.*

modelagem [mode'laʒẽ] (*pl* -**ns**) *f* -**1.** [ato] modelado *m.* -**2.** [produto] modelo *m.* -**3.** [do corpo] forma *f.*

modelar [mode'la(x)] *vt* -**1.** [fazer o molde de] moldear. -**2.** [barro, gesso] modelar. -**3.** [marcar os contornos de] marcar. -**4.** *fig* [moldar]: ~ **algo por algo** modelar algo por algo.

modelista [mode'liʃta] *mf* modelista *mf.*

modelo [mo'delu] <> *m* modelo *m.* <> *mf* [ger] modelo *mf;* ~ **vivo** modelo al natural.

modem ['modẽ] (*pl* -**ns**) *m COMPUT* módem *m.*

moderação [modera'sãw] *f* moderación *f.*

moderado, da [mode'radu, da] *adj* moderado(da).

moderar [mode'ra(x)] *vt* moderar.

◆ **moderar-se** *vp* [comedir-se] moderarse.

modernidade [modexni'dadʒi] *f* modernidad *f.*

modernismo [modex'niʒmu] *m* -**1.** [preferência pelo moderno] modernidad *f.* - **2.** ARTE & LITER modernismo *m.*

modernizar [modexni'za(x)] *vt* modernizar.

◆ **modernizar-se** *vp* modernizarse.

moderno, na [mo'dɛxnu, na] *adj* moderno(na).

modéstia [mo'dɛʃtja] *f* -**1.** [despretensão] modestia *f.* - **2.** [pudor] recato *m.*

modesto, ta [mo'dɛʃtu, ta] *adj* -**1.** [despretensioso, pobre, simples] modesto(ta). -**2.** [moderado] moderado(da). -**3.** [pudico] recatado(da).

módico, ca ['mɔdʒiku, ka] *adj* -**1.** [ger] módico(ca). -**2.** [moderado] moderado(da).

modificação [modʒifika'sãw] (*pl* -**ões**) *f* modificación *f.*

modismo [mo'dʒiʒmu] *m* moda *f.*

modo ['mɔdu] *m* modo *m;* **de** ~ **algum** de ningún modo.

◆ **modos** *mpl* modales *mpl,* modos *mpl.*

◆ **de modo que** *loc conj* -**1.** [de maneira que] de forma que. -**2.** [assim sendo] así que, de modo que.

modulação [modula'sãw] (*pl* -**ões**) *f* modulación *f.*

modulado, da [modu'ladu, da] *adj* modulado(da).

módulo ['mɔdulu] *m* -**1.** [unidade] módulo *m.* -**2.** [veículo]: ~ **lunar** módulo *m* lunar.

moeda ['mwɛda] *f* moneda *f;* **pagar na mesma** ~ pagar con la misma moneda; ▷ **casa.**

moedor [mwe'do(x)] *m* molinillo *m.*

moer ['mwe(x)] <> *vt* moler. <> *vi* [moinho] moler.

mofado, da [mo'fadu, da] *adj* enmohecido(da).

mofar [mo'fa(x)] *vi fam* [criar mofo] enmohecerse; **você vai** ~ **de tanto esperar** te van a

salir canas de tanto esperar; **o ladrão vai** ~ **na cadeia por dez anos** el ladrón se va a pudrir en la cárcel durante diez años.

mofo ['mofu] *m* moho *m.*

mogno ['mɔgnu] *m* caoba *f.*

moído, da [mo'idu, da] *adj* -**1.** [café, pimenta] molido(da). -**2.** [carne] picado(da) *Esp* & *RP,* molido(da) *Amér.* - **3.** *fig* [doído]: ~ **de algo** muerto(ta) de algo.

moinho ['mwiɲu] *m* molino *m;* ~ **de vento** molino de viento.

moita ['mojta] *f* matorral *m.*

◆ **na moita** *loc adv* [às escondidas] a escondidas, en secreto.

mola ['mɔla] *f* [dispositivo] muelle *m,* resorte *m RP.*

molar [mo'la(x)] (*pl* -**es**) <> *adj* [dente] molar. <> *m* molar *m.*

moldar [mow'da(x)] *vt* -**1.** [fazer o molde de] moldear. -**2.** [modelar] modelar. -**3.** *fig* [dar forma a] moldear, modelar.

Moldávia [mow'davja] *n* Moldavia *f.*

molde ['mɔwdʒi] *m* [ger] molde *m.*

moldura [mow'dura] *f* -**1.** [de quadro, espelho] marco *m.* - **2.** ARQUIT moldura *f.*

mole ['mɔli] <> *adj* -**1.** [brando, flácido] blando(da). -**2.** [lento] lento(ta). -**3.** [fraco] débil. -**4.** [indolente] perezoso(sa), vago(ga), flojo(ja) *Andes* & *Méx.* - **5.** [sensível] blandengue, sentimental. -**6.** *fam* [fácil]: **ser** ~ ser pan comido, ser jamón *Cuba,* ser un boleto *RP.* <> *adv* [facilmente] con facilidad, fácil *RP.*

moleca [mo'lɛka] *f* ▷ **moleque.**

molecagem [mole'kaʒẽ] (*pl* -**ns**) *f* -**1.** [travessura] travesura *f,* chiquilinada *f RP.* - **2.** [brincadeira] broma *f,* chiquilinada *f RP.*

molécula [mo'lɛkula] *f* molécula *f.*

moleira [mo'lejra] *f* ANAT mollera *f.*

molejo [mo'leʒu] *m* -**1.** [de veículo] amortiguador *m.* - **2.** *fam* [de pessoa, corpo] meneo *m.*

moleque, leca [mo'lɛki, lɛka] <> *adj* -**1.** [travesso] travieso(sa). -**2.** [brincalhão] juguetón(ona). <> *m, f* -**1.** [criança] mocoso *m,* -sa *f.* -**2.** [criança travessa] travieso *m,* -sa *f,* mocoso *m,* -sa *f RP.* - **3.** [patife] canalla *mf.*

molestar [moleʃ'ta(x)] *vt* -**1.** [ger] molestar. -**2.** [sexualmente] abusar.

moléstia [mo'lɛʃtʃja] *f* molestia *f.*

moleza [mo'leza] *f* -**1.** [maciez] suavidad *f,* blandura *f.* - **2.** [lentidão] lentitud *f.* - **3.** [fraqueza, falta de energia] blanduería *f,* flojera *f,* pereza *f RP,* fiaca *f Arg.*

molhado, da [mo'ʎadu, da] *adj* mojado(da).

molhar [mo'ʎa(x)] *vt* -**1.** [ger] mojar; ~ **algo em algo** mojar algo en algo. -**2.** *fam* [urinar] mojar.

molhe ['mɔʎi] *m* **-1.** [de defesa] rompeolas *m inv.* **-2.** [de atracação] muelle *m.*

molho¹ ['moʎu] *m* salsa *f*; ~ **pardo** *salsa que se prepara con la sangre del ave que se va a cocinar, a la que se le añade vinagre para que no se coagule.*
◆ **de molho** ◇ *loc adv*: **pôr** *ou* **deixar de** ~ [roupa, feijão] poner *ou* dejar en remojo. ◇ *loc adj*: **ficar de** ~ *fig* [pessoa] quedarse reposando.

molho² ['mɔʎu] *m* manojo *m.*

molinete [moli'netʃi] *m PESCA* carrete *m*, reel *m RP.*

molusco [mo'luʃku] *m* molusco *m.*

momentâneo, nea [momēn'tãnju, nja] *adj* momentáneo(a).

momento [mo'mẽntu] *m* **-1.** [ger] momento *m.* **-2.** [tempo presente]: **no** ~ **por el** momento.

Mônaco ['monaku] *n*: **(o principado de)** ~ (el principado de) Mónaco.

monarca [mo'naxka] *mf* monarca *mf.*

monarquia [monax'kia] *f* monarquía *f.*

monastério [monaʃ'tɛrju] *m* monasterio *m.*

monástico, ca [mo'naʃtʃiku, ka] *adj* **-1.** [relativo a monge] monástico(ca). **-2.** [simples] frugal.

monção [mõn'sãw] *(pl* **-ões)** *f* [vento] monzón *m.*

monetário, ria [mone'tarju, rja] *adj* monetario(ria).

monge, ja ['mõnʒi, ʒa] *m, f* monje *m*, -ja *f.*

mongolóide [mõŋgo'lɔjdʒi] *MED* ◇ *adj* mongólico(ca). ◇ *mf* mongólico *m*, -ca *f.*

monitor, ra [moni'to(x), ra] *(mpl* **-es,** *fpl* **-s)** *m, f EDUC* monitor *m*, -ra *f.*
◆ **monitor** *m* monitor *m.*

monja ['mõnʒa] *f* ▷ **monge.**

monocultura [monokuw'tura] *f* monocultivo *m.*

monogamia [monoga'mia] *f* monogamia *f.*

monólogo [mo'nɔlogu] *m* monólogo *m.*

monopólio [mono'pɔlju] *m* monopolio *m.*

monopolizar [monopoli'za(x)] *vt* monopolizar.

monotonia [monoto'nia] *f* monotonía *f.*

monótono, na [mo'nɔtonu, na] *adj* monótono(na).

monóxido [mo'nɔksidu] *m* monóxido *m*; ~ **de carbono** monóxido de carbono.

monsenhor [mõnse'ɲo(x)] *m* monseñor *m.*

monstrengo, ga [mõnʃ'trengu, ga] *m, f* adefesio *m.*

monstro ['mõnʃtru] ◇ *adj inv* [enorme] descomunal. ◇ *m* [criatura disforme] monstruo *m*; **ser um** ~ [ser um prodígio] ser un as *ou* un crack; [ser cruel, enorme, horrendo] ser un monstruo.

monstruosidade [mõnʃtrwozi'dadʒi] *f* monstruosidad *f.*

monstruoso, osa [mõn'ʃtrwozu, ɔza] *adj* monstruoso(sa).

monta ['mõnta] *f*: **de pouca** ~ de poca monta.

montagem [mõn'taʒẽ] *(pl* **-ns)** *f* montaje *m.*

montanha [mõn'tãɲa] *f* montaña *f.*

montanha-russa [mõn,tãɲa'rusa] *(pl* **montanhas-russas)** *f* montaña rusa.

montanhês, esa [mõnta'ɲeʃ, eza] *(pl* **-eses)** ◇ *adj* montañés(esa). ◇ *m, f* montañés *m*, -esa *f.*

montanhismo [mõntã'ɲiʒmu] *m* montañismo *m.*

montanhista [mõntã'ɲiʃta] ◇ *adj* montañero(ra). ◇ *mf* montañero *m*, -ra *f.*

montanhoso, osa [mõntã'ɲozu, ɔza] *adj* montañoso(sa).

montante [mõn'tãntʃi] *m* **-1.** [soma] montante *m*, monto *m.* **-2.** [direção]: **a** ~ **de** antes de.

montão [mõn'tãw] *(pl* **-ões)** *m* montón *m.*

montar [mõn'ta(x)] ◇ *vt* [ger] montar, armar *RP.* ◇ *vi* [cavalgar]: ~ **(a cavalo)** montar (a caballo).

montaria [mõnta'ria] *f* [cavalo] montura *f.*

monte ['mõntʃi] *m* **-1.** [elevação] monte *m.* **-2.** [pilha] montón *m.* **-3.** *fig* [grande quantidade]: **um** ~ **de** un montón de; **aos** ~**s** a montones.

Montevidéu [mõntevi'dɛw] *n* Montevideo.

montões [mõn'tõjʃ] *pl* ▷ **montão.**

monumental [monumẽn'taw] *(pl* **-ais)** *adj* monumental.

monumento [monu'mẽntu] *m* monumento *m.*

moqueca [mo'kɛka] *f* guiso *ou* chupín *RP de pescado y mariscos con leche de coco.*

moradia [mora'dʒia], **morada** [mo'rada] *f* vivienda *f.*

morador, ra [mora'do(x), ra] *(mpl* **-es,** *fpl* **-s)** *m, f* vecino *m*, -na *f.*

moral [mo'raw] *(pl* **-ais)** ◇ *adj* moral. ◇ *m* [estado de espírito] moral *f*; **levantar o** ~ **(de alguém)** levantar la moral (a alguien). ◇ *f* **-1.** [ética] moral *f.* **-2.** [de história, fato] moraleja *f.* **-3.** [estado de espírito]: **estar de** ~ **baixa** estar con la moral por el suelo.

moralidade [morali'dadʒi] *f* moralidad *f.*

moralismo [mora'liʒmu] *m* moralismo *m.*

moralista [mora'liʃta] ◇ *adj* moralista. ◇ *mf* moralista *mf.*

moralização [morali'zasãw] *(pl* **-ões)** *f* moralización *f.*

moralizar [morali'za(x)] ◇ *vt* [tornar mais moral] moralizar. ◇ *vi* [pregar moral]: ~ **(sobre)** moralizar (sobre).

morango [moˈrãŋgu] *m* fresa *f Esp*, *Cuba* & *Méx*, frutilla *f Andes* & *RP*.

morar [moˈra(x)] *vi* -**1**. [habitar]: ~ **(em)** vivir (en). -**2**. *fam* [entender] cazar.

moratória [moraˈtɔrja] *f* moratoria *f*.

mórbido, da [ˈmɔxbidu, da] *adj* mórbido(da).

morcego [moxˈsegu] *m* murciélago *m*.

mordaça [moxˈdasa] *f* -**1**. [de animal] bozal *m*. -**2**. *fig* [pano] mordaza *f*.

mordaz [moxˈdaʒ] *adj* mordaz.

morder [moxˈde(x)] <> *vt* morder. <> *vi* morder.

mordida [moxˈdʒida] *f* mordisco *m*.

mordomia [moxdoˈmia] *f* -**1**. [num emprego] privilegios *mpl*. -**2**. [conforto, luxo] comodidad *f*, lujo *m*.

mordomo [moxˈdomu] *m* mayordomo *m*.

morena [moˈrena] *f* ▷ **moreno**.

moreno, na [moˈrenu, na] <> *adj* -**1**. [pessoa, pele, corpo] moreno(na), morocho(cha) *Cuba*, trigueño(ña) *RP*. -**2**. [cabelo] moreno(na), morocho(cha) *Cuba* & *RP*. -**3**. [bronzeado] moreno(na), negro(gra) *RP*; **estar/ficar** ~ estar/ponerse moreno *ou* negro *RP*. <> *m*, *f* -**1**. [de pele] moreno *m*, -na *f*, morocho *m*, -cha *f Cuba*, trigueño *m*, -ña *f RP*. -**2**. [de cabelo] moreno *m*, -na *f*, morocho *m*, -cha *f RP*.

morfina [moxˈfina] *f* morfina *f*.

moribundo, da [moriˈbũndu, da] *adj* moribundo(da).

moringa [moˈrĩŋga] *f* tinaja *f*, botijo *m*, garrafón *m* de barro *Méx*.

mormaço [moxˈmasu] *m* bochorno *m*.

mormente [mɔxˈmẽntʃi] *adv* sobre todo, principalmente.

mórmon [ˈmɔxmõl] *mf* mormón *m*, -ona *f*.

morno, na [ˈmoxnu, na] *adj* tibio(bia).

moroso, osa [moˈrozu, ɔza] *adj* lento(ta).

morrer [moˈxe(x)] *vi* -**1**. [ger] morir. -**2**. [cair no esquecimento]: **o assunto morreu, não se falou mais nisso** el asunto ya es historia, no se habló más de eso, el asunto ya murió, no se habló más de eso *Méx*. -**3**. *AUTO* dejar de funcionar, morirse *Méx*, parar *RP*. -**4**. *fig* [sentir intensamente]: **estou morrendo de calor/fome/frio** me muero de calor/hambre/frío. -**5**. *fam* [desembolsar]: ~ **em** soltar, desembolsar.

morro [ˈmoxu] *m* -**1**. [monte] colina *f*, loma *f*. -**2**. [favela] *favela en una colina*.

mortadela [moxtaˈdɛla] *f* mortadela *f*.

mortal [moxˈtaw] (*pl* -ais) <> *adj* mortal. <> *mf* mortal *mf*.

mortalidade [moxtaliˈdadʒi] *f* mortalidad *f*.

morte [ˈmɔxtʃi] *f* -**1**. [ger] muerte *f*. -**2**. *loc*: pensar na ~ da bezerra *fig* pensar en las musarañas, pensar en la inmortalidad del cangrejo *RP*; **ser de** ~ *fam* [ser levado] ser un demonio; [ser incontrolável] ser mortal.

morteiro [moxˈtejru] *m* -**1**. [fogo de artifício] *tipo de fuego artificial*. -**2**. [canhão] mortero *m*.

mortífero, ra [moxˈtʃiferu, ra] *adj* mortífero(ra).

mortificar [moxtʃifiˈka(x)] *vt* mortificar.

morto, ta [ˈmoxtu, ta] <> *pp* ▷ **matar**. <> *adj* -**1**. [ger] muerto(ta); **não ter onde cair** ~ no tener dónde caerse muerto. -**2**. [desbotado] desvaído(da). -**3**. [sentido intensamente]: ~ **de fome** muerto(ta) de hambre; ~ **de raiva** muerto(ta) de rabia. <> *m*, *f* [falecido] muerto *m*, -ta *f*.

mosaico [moˈzajku] *m* mosaico *m*.

mosca [ˈmoʃka] *f* -**1**. *ZOOL* mosca *f*; **estar/viver às** ~ **s** estar desierto. -**2**. [ponto de mira] blanco *m*; **acertar na** ~ dar en el blanco.

Moscou [moʃˈkow] *n* Moscú.

moscovita [moʃkoˈvita] <> *adj* moscovita. <> *m*, *f* moscovita *mf*.

mosquito [moʃˈkitu] *m* mosquito *m*.

mostarda [moʃˈtaxda] *f* mostaza *f*.

mosteiro [moʃˈtejru] *m* [de monges] monasterio *m*; [de monjas] convento *m*.

mostra [ˈmɔʃtra] *f* muestra *f*.

mostrar [moʃˈtra(x)] *vt* -**1**. [ger] mostrar. -**2**. [apontar] señalar.

◆ **mostrar-se** *vp* -**1**. [revelar-se] mostrarse. -**2**. [exibir-se] exhibirse, llamar la atención.

mostruário [moʃˈtrwarju] *m* muestrario *m*.

motel [moˈtɛw] (*pl* -éis) *m* motel *m*.

motim [moˈtʃĩ] (*pl* -ns) *m* motín *m*.

motivação [motʃivaˈsãw] (*pl* -ões) *f* motivación *f*.

motivado, da [motʃivaˈdu, da] *adj* [incentivado] motivado(da).

motivar [motʃiˈva(x)] *vt* motivar; ~ **alguém a fazer algo** motivar a alguien a hacer algo.

motivo [moˈtʃivu] *m*: ~ **(de/para)** motivo (de/para); **por** ~ **s de força maior** por razones de fuerza mayor; **sem** ~ sin motivo.

moto¹ [ˈmɔtu] *m* [lema] lema *m*.

moto² [ˈmɔtu] *f* [motocicleta] moto *f*.

motocicleta [ˌmotosiˈklɛta] *f* motocicleta *f*.

motociclismo [motosiˈkliʒmu] *m* motociclismo *m*.

motociclista [motosiˈkliʃta] *mf* motociclista *mf*.

motoneta [motoˈneta] *f* escúter *m*, escúter *f RP*, motoneta *f Amér*.

motoqueiro, ra [motoˈkejru, ra] *m*, *f* -**1**. *fam*

[motociclista] motero *m*, -ra *f*. **-2**. [entrega-dor] repartidor *m*, -ra *f*.

motor [mo'to(x)] (*pl* -es) <> *adj* motor. <> *m* motor *m*.

motorista [moto'riʃta] *mf* conductor *m*, -ra *f*, chofer *mf Amér*.

motorizado, da [motori'zadu, da] *adj* motorizado(da).

motorizar [motori'za(x)] *vt* motorizar.

motorneiro, ra [motox'nejru, ra] *m*, *f* conductor *m*, -ra *f* de tranvía.

motosserra [moto'sɛxal *f* motosierra *f*.

mouro, ra ['moru, ra] <> *adj* moro(ra). <> *m*, *f* moro *m*, -ra *f*.

mouse [ˌmawzi] *m* COMPUT ratón *m Esp*, mouse *m Amér*.

movediço, ça [move'dʒisu, sa] *adj* movedizo(za).

móvel ['mɔvɛw] (*pl* -eis) <> *adj* móvil. <> *m* **-1**. [mobiliário] mueble *m*. **-2**. [motivação] móvil *m*.

mover [mo've(x)] *vt* **-1**. [ger] mover. **-2**. [co-meçar] emprender.

◆ **mover-se** *vp* moverse.

movido, da [mo'vidu, da] *adj* **-1**. [impelido]: ~ de/por algo movido(da) por algo. **-2**. [promovido]: ~ contra alguém/algo dirigido(da) contra alguien/algo. **-3**. [acionado]: ~ a álcool/vapor propulsado(da) por alcohol/vapor.

movimentado, da [movimẽn'tadu, da] *adj* movido(da).

movimentar [movimẽn'ta(x)] *vt* **-1**. [fazer mo-ver] poner en movimiento, mover. **-2**. BAN-CO mover. **-3**. *fig* [animar] animar, agitar *RP*.

movimento [movi'mẽntu] *m* movimiento *m*.

MP (*abrev de* Ministério Público) Fiscalía *f*.

MPB (*abrev de* Música Popular Brasileira) *f* género musical que agrupa todas las músi-cas populares brasileñas.

MS (*abrev de* Estado do Mato Grosso do Sul) estado de Mato Grosso del Sur.

MS-DOS (*abrev de* Microsoft Disk Operating System) *m* MS-DOS *m*.

MST (*abrev de* Movimento dos Trabalhadores Sem Terra) *m* movimiento de los trabajadores sin tierra.

MT (*abrev de* Estado do Mato Grosso) estado de Mato Grosso.

muamba ['mwãnba] *f* **-1**. *fam* [mercadoria con-trabandeada] contrabando *m*, matute *m Cu-ba*, fayuca *f Méx*, bagayo *m RP*. **-2**. [mercadoria roubada] productos *mpl* roba-dos, matute *m Cuba*, fayuca *f Méx*.

muambeiro, ra [mwãn'bejru, ra] *m*, *f* **-1**. [con-trabandista] contrabandista *mf*, matutero *m*, -ra *f Cuba*, fayuquero *m*, -ra *f Méx*,

bagayero *m*, -ra *f RP*. **-2**. [vendedor de obje-tos roubados] vendedor *m*, -ra *f* de produc-tos robados, matutero *m*, -ra *f Cuba*, fayuquero *m*, -ra *f Méx*, reducidor *m*, -ra *f RP*.

muçulmano, na [musuw'mãnu, na] <> *adj* musulmán(ana). <> *m*, *f* musulmán *m*, -ana *f*.

muda ['mudal *f* **-1**. BOT esqueje *m*. **-2**. ZOOL muda *f*. **-3**. [vestuário]: ~ (de roupa) muda *f* (de ropa).

mudança [mu'dãnsa] *f* **-1**. [modificação, trans-ferência] cambio *m*. **-2**. [de casa] mudanza *f*; fazer a ~ mudarse.

mudar [mu'da(x)] <> *vt* **-1**. [modificar] cam-biar. **-2**. [transferir] cambiar, trasladar. <> *vi* [modificar] cambiar; ~ de casa/roupa cambiar de casa/de ropa.

mudez [mu'deʒ] *f* mudez *f*.

mudo, da ['mudu, da] <> *adj* **-1**. [ger] mu-do(da). **-2**. [telefone] sin línea, muerto(ta) *Amér*. <> *m*, *f* mudo *m*, -da *f*.

mugido [mu'ʒidu] *m* mugido *m*.

muito, ta ['muĩntu, ta] <> *adj* mucho(cha); não tenho ~ tempo/ ~ s alunos no tengo mucho tiempo/muchos alumnos. <> *pron* mucho(cha).

◆ **muito** *adv* **-1**. [ger] mucho; gostei ~ me gustó mucho; não gosto ~ no me gusta mucho; ~ mais mucho más; sinto ~ , mas não posso lo siento mucho, pero no puedo. **-2**. [muito tempo]: ~ antes/depois mucho antes/después; ~ mais tarde mucho más tarde. **-3**. *loc*: quando ~ como mucho, cuando mucho *Méx*.

mula ['mula] *f* mula *f*.

mulato, ta [mu'latu, ta] <> *adj* mulato(ta). <> *m*, *f* mulato *m*, -ta *f*.

muleta [mu'leta] *f* muleta *f*.

mulher [mu'ʎɛ(x)] (*pl* -es) *f* mujer *f*; ~ de negócios mujer de negocios; ~ da vida mujer de la vida.

mulheraço [muʎe'rasu] (*pl* -s), **mulherão** [muʎe'rãw] (*pl* -ões) *m* mujer *f* espectacu-lar, minón *m RP*.

mulherengo [muʎe'rẽngu] <> *adj* mujerie-go(ga). <> *m* mujeriego *m*.

mulher-feita [mu,ʎɛx'fejta] (*pl* mulheres-fei-tas) *f* mujer *f* hecha y derecha.

mulherio [muʎe'riw] *m* mujerío *m*, viejerío *m Col* & *Méx*, mujererío *m RP*.

multa ['muwta] *f* multa *f*.

multar [muw'ta(x)] *vt*: ~ alguém (por algo) multar a alguien (por algo).

multicolor [muwtʃico'lo(x)] *adj* multicolor.

multidão [muwtʃi'dãw] (*pl* -ões) *f* multitud *f*.

multifacetado, da [muwtʃi'fasetadu, da] *adj* [personalidade, talento] polifacético(ca).

multiforme [muwtʃi'fɔxmi] adj multiforme.
multimídia [muwtʃi'midʒja] adj INFORM multimedia.
multimilionário, ria [muwtʃimiljo'narju, rja] <> adj multimillonario(ria). <> m, f multimillonario m, -ria f.
multinacional [,muwtʃinasjo'naw] (pl -ais) <> adj multinacional. <> f multinacional f.
multiplicação [muwtʃiplika'sãw] (pl -ões) f multiplicación f.
multiplicar [muwtʃipli'ka(x)] <> vt multiplicar. <> vi MAT multiplicar.
◆ **multiplicar-se** vp multiplicarse.
múltiplo, pla ['muwtʃiplu, pla] adj múltiple.
◆ **múltiplo** m múltiplo m.
multirracial [muwtʃixa'sjaw] (pl -ais) adj multirracial.
multiuso [muwtʃi'uzu] adj inv multiuso.
múmia ['mumja] f -1. [cadáver] momia f. -2. fig [pessoa] desganado m, -da f, mongo m, -ga f Cuba, flojo m, -ja f Méx.
mundano, na [mũn'dãnu, na] adj mundano(na).
mundial [mũn'dʒjaw] (pl -ais) <> adj mundial. <> m mundial m.
mundo ['mũndu] m -1. [ger] mundo m; **ir para o outro** ~ irse al otro barrio, irse al otro mundo Méx; **mandar para o outro** ~ mandar para el otro barrio, mandar para el otro mundo Méx; **vir ao** ~ venir al mundo. -2. [pessoas]: **todo o** ~ todo el mundo. -3. [quantidade]: **um** ~ **de** un montón de, un mundo de. -4. loc: **estar no** ~ **da lua** estar en la luna; **prometer** ~**s e fundos** prometer el oro y el moro, prometer villas y castillas Cuba.
◆ **Mundo** m: **Novo Mundo** Nuevo Mundo; **Terceiro Mundo** Tercer Mundo.
munição [muni'sãw] (pl -ões) f munición f.
municipal [munisi'paw] (pl -ais) adj municipal.
municipalizar [munisipali'za(x)] vt [instituições, serviços] municipalizar.
município [muni'sipju] m municipio m.
munir [mu'ni(x)] vt: ~ **alguém de algo** proporcionar algo a alguien, munir a alguien de algo RP.
◆ **munir-se** vp: ~**-se de algo** proveerse de algo, munirse de algo RP.
mural [mu'raw] (pl -ais) <> adj mural. <> m [pintura] mural m.
muralha [mu'raʎa] f muralla f.
murchar [mux'ʃa(x)] <> vt -1. [ger] marchitar. -2. [sentimento] matar. <> vi -1. [planta] marchitarse. -2. fig [pessoa] desanimarse, desinflarse RP.
murcho, cha ['muxʃu, ʃa] adj -1. [planta]

mustio(tia). -2. [bola] desinflado(da). -3. [pessoa - sem energia] acabado(da), desinflado(da) RP; [- triste] mustio(tia).
murmurante [muxmu'rãntʃi] adj susurrante.
murmurar [muxmu'ra(x)] <> vt [sussurar] murmurar. <> vi [sussurar] murmurar.
murmurinho [muxmu'riɲu] m [de vozes] murmullo m.
murmúrio [mux'murju] m murmullo m.
muro ['muru] m muro m.
murro ['muxu] m puñetazo m; **dar** ~ **em ponta de faca** fig pedir peras al olmo.
musa ['muza] f musa f.
musculação [muʃkula'sãw] f musculación f.
muscular [muʃku'la(x)] adj muscular.
musculatura [muʃkula'tura] f musculatura f.
músculo ['muʃkulu] m -1. ANAT músculo m. -2. CULIN falda f.
musculoso, osa [muʃku'lozu, ɔza] adj -1. [cheio de músculos] musculoso(sa). -2. fig [forte] robusto(ta).
museu [mu'zew] m museo m.
musgo ['muʒgu] m musgo m.
música ['muzika] f ▷ **músico**.
musical [muzi'kaw] (pl -ais) <> adj musical. <> m musical m.
musicar [muzi'ka(x)] vt musicar.
musicista [muzi'siʃta] mf -1. [músico] músico m, -ca f. -2. [especialista] musicólogo m, -ga f.
músico, ca ['muziku, ka] <> adj [profissional] músico(ca). <> m, f músico m, -ca f.
◆ **música** f -1. [ger] música f; ~ **de câmara** música de cámara; ~ **clássica** música clásica. -2. [canção] canción f.
musicologia [muzikolo'ʒia] f musicología f.
musicólogo, ga [muzi'kɔlogu, ga] m, f musicólogo m, -ga f.
musse ['musi] f CULIN mousse f, mousse m Esp.
mutabilidade [mutabili'dadʒi] f mutabilidad f.
mutilação [mutʃila'sãw] f mutilación f.
mutilado, da [mutʃi'ladu, da] <> adj mutilado(da). <> m, f mutilado m, -da f.
mutilar [mutʃi'la(x)] vt mutilar.
mutirão [mutʃi'rãw] (pl -ões) m cooperativa f de ayuda mutua.
mutreta [mu'treta] f fam trampa f, tongo f.
mutuamente [mutwa'mẽntʃi] adv mutuamente.
mútuo, tua ['mutwu, twa] adj mutuo(tua).
muxoxo [mu'ʃoʃu] m chasqueo m.

n, N ['eni] ◇ *m* [letra] n, N *f.* ◇ *num* [quantidade indeterminada] n.
na [na] **= em + a**.
-na [na] *pron* la.
nabo ['nabu] *m* nabo *m.*
nação [na'sãw] (*pl* -ões) *f* nación *f.*
nacional [nasjo'naw] (*pl* -ais) *adj* nacional.
nacionalidade [nasjonali'dadʒil] *f* nacionalidad *f.*
nacionalismo [nasjona'liʒmu] *m* nacionalismo *m.*
nacionalista [nasjona'liʃta] ◇ *adj* nacionalista. ◇ *mf* nacionalista *mf.*
nacionalizar [nasjonali'za(x)] *vt* -**1.** [estatizar] nacionalizar. -**2.** [naturalizar] naturalizar, nacionalizar.
nações [na'sõjʃ] *fpl* ▷ **nação**.
➠ **Nações Unidas** *fpl* Naciones *fpl* Unidas.
nada ['nada] ◇ *pron indef* [coisa alguma] nada; **antes de mais** ~ antes que nada; **de** ~! [resposta a Obrigado] ¡de nada!; ~ **de novo** nada nuevo; ~ **mais** nada más; ~ **mau** nada mal; **não dizer** ~ no decir nada; **não foi** ~ [resposta a desculpe-me] no es nada; **quase** ~ casi nada; **que** ~! ¡qué va!, ¡nada que ver! *RP.* ◇ *adv* [de modo algum] nada; ~ **menos do que** nada más y nada menos que.
nadadeira [nada'dejra] *f* aleta *f.*
nadador, ra [nada'do(x), ra] (*mpl* -es, *fpl* -s) ◇ *m, f* nadador *m*, -ra *f.*
nadar [na'da(x)] *vi* nadar; ~ **em dinheiro** nadar en dinero.
nádegas ['nadegaʃ] *fpl* nalgas *fpl.*
nado ['nadu] *m* -**1.** [ato] natación *f.* -**2.** [estilo] estilo *m*, nado *m Méx*; ~ **borboleta** estilo mariposa, nado de mariposa *Méx*; ~ **de costas** estilo espalda, nado de espalda *Méx*; ~ **de peito** estilo braza *Esp ou* pecho *Amér*, nado de pecho *Méx*; ~ **livre** estilo libre, nado libre *Méx.*
NAFTA (*abrev de* **North American Free Trade Agreement**) *f* NAFTA *f.*
náilon ['najlõ] *m* náilon *m*, nylon *m.*
naipe ['najpi] *m* -**1.** [cartas] palo *m.* -**2.** *fig* [qualidade] fibra *f.*

namorado, da [namo'radu, da] ◇ *adj* enamorado(da). ◇ *m, f* novio *m*, -via *f.* ◇ *m* [peixe] namorado *m.*
namorador, ra [namora'do(x), ra] *adj* enamoradizo(za).
namorar [namo'ra(x)] ◇ *vt* -**1.** [manter namoro] ser novio de. -**2.** [cobiçar] anhelar, tenerle ganas a *RP.* -**3.** [fitar] mirar, tenerle ganas a *RP.* ◇ *vi* -**1.** [manter namoro] ser novios, noviar *Amér.* -**2.** [trocar carícias] acariciarse.
namoro [na'moru] *m* noviazgo *m.*
nanquim [nãŋ'kĩ] *m* tinta *f* china.
não [nãw] ◇ *adv* no; **ela é médica,** ~ **é?** es médica, ¿no?; **agora** ~ ahora no; **como** ~? ¿cómo que no?; ~ **muito** no mucho; ~ **sei** no sé; ~ **tem de quê** [resposta a obrigado] no hay de qué; **pois** ~! [como interj] ¿qué desea? ◇ *m* [recusa] no *m.*
não-governamental [nãwgovexnamẽn'tawʃ] (*pl* -ais) adj no gubernamental.
naquela [na'kɛla] **= em + aquela**.
naquele [na'keli] **= em + aquele**.
naquilo [na'kilu] **= em + aquilo**.
narcisismo [naxsi'ziʒmu] *m* narcisismo *m.*
narcisista [naxsi'ziʃta] *adj* narcisista.
narcótico, ca [nax'kɔtʃiku, ka] *adj* narcótico(ca).
➠ **narcótico** *m* narcótico *m.*
narcotráfico [naxko'trafiku] *m* narcotráfico *m.*
narina [na'rina] *f* fosa *f* nasal.
nariz [na'riʃ] (*pl* -es) *m* -**1.** [ger] nariz *f.* -**2.** [de avião] morro *m*, nariz *f Méx* & *RP.* -**3.** *loc:* **meter o** ~ **em** meter las narices en; **sou dono do meu** ~ hago lo que me da la gana.
narração [naxa'sãw] (*pl* -ões) *f* narración *f.*
narrador, ra [naxa'do(x), ra] *m, f* narrador *m*, -ra *f.*
narrar [na'xa(x)] *vt* narrar.
narrativo, va [naxa'tʃivu, va] *adj* narrativo(va).
➠ **narrativa** *f* **= narração**.
nas [naʃ] **= em + as**.
-nas [naʃ] *pron pl* las.
NASA (*abrev de* **National Aeronautics and Space Administration**) *f* NASA *f.*
nascença [na'sẽnsa] *f* [nascimento] nacimiento *m*; **de** ~ de nacimiento.
nascente [na'sẽntʃi] ◇ *adj* naciente. ◇ *m* -**1.** [fonte] nacimiento *m*, naciente *f RP.* -**2.** [nascer do sol] amanecer *m.* -**3.** [leste] naciente *m.*
nascer [na'se(x)] *vi* -**1.** [ger] nacer. -**2.** [ter aptidão]: ~ **para** nacer para. -**3.** *loc:* ~ **em berço de ouro** nacer en cuna de oro; ~

de novo nacer de nuevo; ~ **ontem** nacer ayer.

nascido, da [na'sidu, da] adj nacido(da); **bem** ~ bien nacido.

nascimento [nasi'mẽntu] m -1. [nascença] nacimiento m; **de** ~ de nacimiento. -2. fig [origem] origen m.

NASDAQ (abrev de National Association of Securities Dealers Automated Quotation) f NASDAQ m.

nata ['nata] f -1. CULIN nata f, crema f Amér. -2. fig [elite] flor f y nata, crema f y nata Méx.

natação [nata'sãw] f natación f.

natal [na'taw] (pl -ais) adj natal.

➤ **Natal** m Navidad f, Pascua f Chile; **Feliz Natal!** ¡Feliz Navidad!, ¡Felices Pascuas! Chile.

natalidade [natali'dadʒi] f natalidad f.

natalino, na [nata'linu, na] adj navideño(ña), pascuero(ra) Chile.

nativo, va [na'tʃivu, va] ◇ adj nativo(va). ◇ m, f nativo m, -va f.

nato, ta ['natu, ta] adj nato(ta).

natural [natu'raw] (pl -ais) ◇ adj -1. [ger] natural; **ao** ~ CULIN natural, al natural. -2. [nascido]: **ser** ~ **de** ser natural de. ◇ mf [nativo] natural mf.

naturalidade [naturali'dadʒi] f -1. [espontaneidade] naturalidad f. -2. [local de nascimento]: **ela é de** ~ **mineira** es natural de Minas Gerais.

naturalismo [natura'liʒmu] m ARTE naturalismo m.

naturalista [natura'liʃta] mf naturalista mf.

naturalização [naturaliza'sãw] f naturalización f.

naturalizado, da [naturali'zadu, da] ◇ adj naturalizado(da). ◇ m, f naturalizado m, -da f.

naturalizar-se [naturali'zaxsi] vp naturalizarse.

naturalmente [naturaw'mẽntʃi] ◇ adv [evidentemente] naturalmente. ◇ interj naturalmente.

natureza [natu'reza] f naturaleza f.

natureza-morta [natu,reza'moxta] (pl naturezas-mortas) f naturaleza f muerta.

naufragar [nawfra'ga(x)] vi naufragar.

naufrágio [naw'fraʒju] m naufragio m.

náufrago, ga ['nawfragu, ga] m náufrago m, -ga f.

náusea ['nawzja] f náusea f.

nausear [naw'zja(x)] ◇ vt -1. [enjoar] marear. -2. [repugnar] dar náuseas. ◇ vi [sentir náuseas] marearse.

náutico, ca ['nawtʃiku, ka] adj náutico(ca).

➤ **náutica** f ESP náutica f.

naval [na'vaw] (pl -ais) adj naval.

navalha [na'vaʎa] f navaja f.

navalhada [nava'ʎada] f navajazo m.

nave ['navi] f nave f; ~ **espacial** nave espacial.

navegação [navega'sãw] (pl -ões) f navegación f; **companhia de** ~ compañía f de navegación, naviera f.

navegante [nave'gãntʃi] mf navegante mf.

navegar [nave'ga(x)] ◇ vi navegar. ◇ vt pilotar.

navegável [nave'gavew] (pl -eis) adj navegable.

navio [na'viw] m navío m; ~ **de guerra** navío de guerra; ~ **mercante** navío mercante; **ficar a ver** ~ **s** quedarse compuesto y sin novia, quedarse vestido y alborotado Méx, quedarse con los rulos hechos RP.

navio-petroleiro [na,viwpetro'lejru] (pl navios-petroleiros) m petrolero m.

nazismo [na'ziʒmu] m nazismo m.

nazista [na'ziʃta] ◇ adj nazi. ◇ mf nazi mf.

N.B. (abrev de Nota Bene) N.B.

NBA (abrev de National Basketball Association) f NBA f.

NE (abrev de Nordeste) NE.

neblina [ne'blina] f neblina f.

nebulosa [nebu'lɔza] f ⊳ nebuloso.

nebulosidade [nebulozi'dadʒi] f nebulosidad f.

nebuloso, osa [nebu'lozu, ɔza] adj -1. [ger] nebuloso(sa). -2. [turvo] turbio(bia). -3. fig [sombrio] sombrío(bría).

➤ **nebulosa** f ASTRON nebulosa f.

necessário, ria [nese'sarju, rja] ◇ adj necesario(ria). ◇ m: **o** ~ lo necesario.

necessidade [nesesi'dadʒi] f [o que se necessita] necesidad f; **em caso de** ~ en caso de necesidad.

➤ **necessidades** fpl -1. [privação] necesidades fpl. -2.: **fazer suas** ~ fam [defecar, urinar] hacer sus necesidades.

necessitado, da [nesesi'tadu, da] adj: ~ **(de)** necesitado (de).

➤ **necessitados** mpl: **os** ~ [miseráveis] los necesitados.

necessitar [nesesi'ta(x)] ◇ vt necesitar, precisar. ◇ vi necesitar, precisar; ~ **de algo** necesitar ou precisar algo.

necrotério [nekro'tɛrju] m depósito m de cadáveres, morgue f.

néctar ['nɛkta(x)] (pl -es) m néctar m.

nectarina [nekta'rina] f nectarina f.

nefasto, ta [ne'faʃtu, ta] adj nefasto(ta).

negação [nega'sãw] (pl -ões) f -1. negación f. -2. [inaptidão]: **ser uma** ~ **em algo** ser un

ninfeta

negado para algo, estar negado para algo *Méx*.

negar [ne'ga(x)] *vt* negar.

→ **negar-se** *vp* [recusar-se] negarse.

negativa [nega'tʃival *f* ⊳ negativo.

negativo, va [nega'tʃivu, va] ⟨⟩ *adj* negativo(va). ⟨⟩ *adv*: **negativo!** ¡no!

→ **negativo** *m* FOT negativo *m*.

→ **negativa** *f* [recusa] negativa *f*.

negligência [negli'ʒẽnsja] *f* negligencia *f*.

negligente [negli'ʒẽntʃil *adj* negligente.

negociação [negosja'sãw] (*pl* -ões) *f* negociación *f*.

negociante [nego'sjãntʃi] *mf* negociante *mf*.

negociar [nego'sja(x)] ⟨⟩ *vi* -1. COM: ~ (com) negociar con. -2. [discutir] negociar. ⟨⟩ *vt* negociar.

negociata [nego'sjata] *f* trapicheo *m*, cambalache *m Cuba* & *Méx*, negociado *m RP*.

negociável [nego'sjavew] (*pl* -eis) *adj* negociable.

negócio [ne'gɔsju] *m* -1. [ger] negocio *m*; homem de ~s hombre de negocios; **fechar um** ~ cerrar un negocio; **um** ~ **da China** el negocio del siglo; ~ **fechado!** ¡trato hecho! -2. [caso] asunto *m*, cosa *f*; **o** ~ **é o** seguinte la cosa es así. -3. *fam* [coisa] chisme *m Esp*, tareco *m Cuba*, asunto *m Méx*, cosa *f RP*; **que** ~ **é esse?** ¿qué rayos es eso?, ¿qué cuernos es eso? *RP*.

negro, gra [ˈnegru, gra] ⟨⟩ *adj* negro(gra). ⟨⟩ *m*, *f* negro *m*, -gra *f*.

negrume [ne'grumi] *m* negrura *f*.

nela [ˈnɛla] = em + ela.

nele [ˈneli] = em + ele.

nem [nẽ] *conj* ni; **nem ... nem ...** ni ...ni...; ~ (**sequer**) ni siquiera; ~ **eu!** ¡ni yo!; ~ **por isso** ni aún así; ~ **sempre** no siempre; ~ **tanto** no tanto; **sem** ~ sin siquiera.

→ **nem que** *loc conj* aunque.

nenhum, ma [ne'nũ, ma] (*mpl* -ns, *fpl* -s) ⟨⟩ *adj* ningún(una); **não tomou nenhuma decisão** no tomó ninguna decisión; **em** ~ **momento** en ningún momento. ⟨⟩ *pron* ninguno(na); **não quero nenhuma bebida** no quiero ninguna bebida; **não tive problema nenhum** no tuve ningún problema; ~ **de ninguno(na) de**; ~ **dos dois** ninguno de los dos; ~ **está funcionando** ninguno funciona.

neoclássico, ca [nɛw'klasiku, ka] *adj* neoclásico(ca).

→ **Neoclássico** *m* Neoclásico *m*.

neófito, ta [ne'ɔfitu, ta] *adj* [principiante] neófito(ta).

neoliberal [nɛw'liberaw] (*pl* -ais) ⟨⟩ *adj* neoliberal. ⟨⟩ *mf* neoliberal *mf*.

neoliberalismo [nɛw'liberaliʒmu] *m* neoliberalismo *m*.

neologismo [nɛwlo'giʒmu] *m* neologismo *m*.

néon [ˈnɛõl, **neônio** [ne'onju] *m* neón *m*.

neonazismo [nɛw'naziʒmu] *m* neonazismo *m*.

Nepal [ne'paw] *n*: **o** ~ el Nepal.

nervo [ˈnexvu] *m* nervio *m*; **estar uma pilha de** ~**s** ser un manojo *ou* atado *RP* de nervios.

nervosismo [nexvo'ziʒmu] *m* nerviosismo *m*.

nervoso, osa [nex'vozu, ɔza] *adj* -1. [ger] nervioso(sa). -2. [irritado] exaltado(da).

nessa [ˈnɛsa] = em + essa.

nessas [ˈnɛsaʃ] = em + essas.

nesse [ˈnesil] = em + esse.

nesses [ˈnɛsiʃ] = em + esses.

nesta [ˈnɛʃta] = em + esta.

nestas [ˈnɛstaʃ] = em + estas.

neste [ˈneʃtʃil] = em + este.

nestes [ˈnestʃiʃ] = em + estes.

neto, ta [ˈnɛtu, ta] *m*, *f* nieto *m*, -ta *f*.

→ **netos** *mpl* nietos *mpl*.

Netuno [ne'tunul *n* Neptuno.

neurologia [newrolo'ʒia] *f* neurología *f*.

neurologista [newrolo'ʒiʃta] *mf* neurólogo *m*, -ga *f*.

neurose [new'rɔzil *f* neurosis *f inv*.

neurótico, ca [new'rɔtʃiku, ka] ⟨⟩ *adj* neurótico(ca). ⟨⟩ *m*, *f* neurótico *m*, -ca *f*.

neutralidade [newtrali'dadʒil *f* neutralidad *f*.

neutralizar [ˈnewtrali'za(x)] *vt* neutralizar.

neutro, tra [ˈnewtru, tra] *adj* -1. [ger] neutro(tra). -2. [partido, país] neutral.

nevada [ne'vadal *f* nevada *f*.

nevado, da [ne'vadu, dal *adj* nevado(da).

nevar [ne'va(x)] *vi* nevar.

nevasca [ne'vaʃka] *f* nevasca *f*.

neve [ˈnɛvil *f* nieve *f*; **branco feito** ~ blanco como la nieve; **claras em** ~ claras batidas a punto de nieve, claras a punto de nieve *Méx*, claras batidas a nieve *RP*.

névoa [ˈnɛvwal *f* niebla *f*.

nevoeiro [ne'vwejrul *m* niebla *f*.

nevralgia [nevraw'ʒial *f* neuralgia *f*.

nexo [ˈnɛksul *m* -1. [ligação] nexo *m*. -2. [coerência] lógica *f*; **sem** ~ sin coherencia.

Nicarágua [nika'ragwal *n* Nicaragua.

nicaragüense [nikara'gwẽnsil ⟨⟩ *adj* nicaragüense. ⟨⟩ *mf* nicaragüense *mf*.

nicotina [niko'tʃinal *f* nicotina *f*.

Nilo [ˈnilul *n*: **o** ~ el Nilo.

ninar [ni'na(x)] ⟨⟩ *vt* arrullar. ⟨⟩ *vi* adormecerse.

ninfeta [nĩ'fetal *f* ninfa *f*.

ninfomaníaca [nĩ́nfoma'njakal *f* ninfómana *f.*

ninguém [nĩŋ'gẽjl <> *pron indef* **-1.** [nenhuma pessoa] nadie; ~ **vai descobrir** nadie va a descubrirlo; **não conte a** ~! ¡no se lo cuentes a nadie!; ~ **respeita mais** ~ no hay más respeto por nadie; ~ **mais faria o serviço tão bem** ninguna otra persona haría tan bien el trabajo. **-2.** *fig* [pessoa desimportante]: **ser** ~ no ser nadie. <> *m fig* [pessoa desimportante]: **esse (zé)** ~ ese don nadie ese pata en el suelo *RP.*

ninhada [ni'ɲadal *f* nidada *f.*

ninharia [niɲa'rial *f* nadería *f.*

ninho ['niɲul *m* **-1.** [ger] nido *m.* **-2.** *fig:* ~ **de rato** *fam* [bagunça] pocilga *f,* nido *m* de pollo *Cuba,* nido de ratones *Méx,* chiquero *m RP.*

nipônico, ca [ni'poniku, kal <> *adj* nipón(ona). <> *m,f* nipón *m,* -ona *f.*

níquel ['nikewl (*pl* -eis) *m* QUÍM níquel *m.*

nissei [ni'sejl *mf* brasileño de padres japoneses.

nisso ['nisul = en + isso.

nisto ['niʃtul = em + isto.

nitidez [nitʃi'deʃl *f* **-1.** [ger] nitidez *f.* **-2.** [clareza] claridad *f.*

nítido, da ['nitʃidu, dal *f* **-1.** [ger] nítido(da). **-2.** [claro] claro(ra).

nitrogênio [nitro'ʒenjul *m* nitrógeno *m.*

nível ['nivɛwl (*pl* -eis) *m* **-1.** [ger] nivel *m;* **em** ~ **de** al nivel de. **-2.** EDUC: ~ **elementar** nivel *m* elemental, educación *f* básica; ~ **médio** nivel medio, educación media; ~ **superior** nivel superior, educación superior. **-3.** [condições] categoría *f;* **alto/baixo** ~ alta/baja categoría.

nivelar [nive'la(x)l <> *vt* **-1.** [ger] nivelar. **-2.** [equiparar] equiparar, igualar; ~ **algo a algo** equiparar *ou* igualar algo a algo.

◆ **nivelar-se** *vp* [equiparar-se]: ~ **-se a/por/com alguém** equipararse a *ou* con alguien, igualarse a alguien.

no [nul = em + o.

nó ['nɔl *m* **-1.** [laço] nudo *m;* **dar um** ~ hacer un nudo; ~ **cego** nudo gordiano, nudo ciego *Méx.* **-2.** *fig* [dificuldade] lío *m;* **aquele problema deu um** ~ **na minha cabeça** aquel problema me dio un buen dolor de cabeza. **-3.** [articulação] nudillo *m.* **-4.** [ponto crucial] meollo *m,* nudo *m.*

-no [nul *pron* lo.

NO (*abrev de* **Noroeste**) NO.

nobre ['nɔbril <> *adj* **-1.** [ger] noble; **bairro** ~ barrio de clase alta. **-2.** (*antes de subst*) [ilustre] ilustre, noble. **-3.** ▷ **horário.** <> *m, f* noble *mf.*

nobreza [no'brezal *f* [aristocracia] nobleza *f.*

noção [no'sãwl (*pl* -ões) *f* noción *f;* **não ter a menor** ~ **de algo** no tener la menor noción de algo.

◆ **noções** *fpl* [rudimentos] nociones *fpl.*

nocaute [no'kawtʃil *m* **-1.** BOXE nocaut *m;* **levar alguém a** ~/**pôr alguém em** ~ BOXE noquear a alguien; *fig* [prostrar] noquear a alguien. **-2.** [soco] puñetazo *m,* piñazo *m RP.*

nocivo, va [no'sivu, val *adj* nocivo(va).

noções [no'sõjʃl *pl* ▷ **noção.**

noctívago [nok'tʃivagul *adj* & *n* = notívago.

nódoa ['nɔdwal *f* mancha *f.*

nogueira [no'gejral *f* nogal *m.*

noitada [noj'tadal *f* **-1.** [período] noche *f,* trasnochada *f RP.* **-2.** [de diversão] noche *f* de juerga, trasnochada *f RP.* **-3.** [de insônia] noche *f* sin dormir.

noite ['nojtʃil *f* [ger] noche *f;* **à** *ou* **de** ~ por la noche *Esp, Caribe* & *Méx,* a la noche *Arg,* de noche *Urug;* **boa** ~! [cumprimento, despedida] ¡buenas noches!; **da** ~ **para o dia** de la noche a la mañana; **esta** ~ [a noite passada] anoche; [a próxima noite] esta noche; **ontem à** ~ anoche; **hoje à** ~ esta noche; **amanhã à** ~ mañana por la noche *Esp, Caribe* & *Méx,* mañana a la noche *Arg,* mañana de noche *Urug;* **tarde da** ~ tarde en la noche, de madrugada; **ao cair da** ~ al anochecer.

noitinha [noj'tʃiɲal *f:* **à** *ou* **de** ~ al anochecer, a la nochecita *Cuba* & *RP,* en la nochecita *Méx,* de nochecita *Urug.*

noivado [noj'vadul *m* **-1.** [compromisso] compromiso *m.* **-2.** [período] noviazgo *m.* **-3.** [festa] fiesta *f* de compromiso.

noivo, va ['nojvu, val <> *m, f* **-1.** [comprometido]: **estar/ser** ~ (**de alguém**) estar comprometido(da) (con alguien). **-2.** [no altar] novio *m,* -via *f.* <> *adj* comprometido(da).

◆ **noivos** *mpl:* **os** ~ **s** los novios.

nojento, ta [no'ʒẽntu, tal *adj* **-1.** [que enoja] asqueroso(sa). **-2.** [antipático] repugnante.

nojo ['noʒul *m* [ger] asco *m;* **estar um** ~ [estar sujo, ruim] estar hecho un asco; **ser um** ~ [ser antipático] ser un repugnante.

nômade ['nomadʒil <> *adj* nómada, nómade *RP.* <> *mf* nómada *mf,* nómade *mf RP.*

nome ['nɔmil *m* **-1.** [designação] nombre *m;* ~ **de batismo** nombre de pila; ~ **de família** apellido *m.* **-2.** [fama] renombre *m,* nombre *m;* **de** ~ [renome, reputação] de renombre, de nombre. **-3.** [autoridade]: **em** ~ **de algo/alguém** en nombre de algo/alguien.

nomeação [nomja'sãwl (*pl* -ões) *f* **-1.** [denominação] revelación *f* del nombre. **-2.** [para cargo] nombramiento *m.*

nomeado, da [no'mjadu, da] *adj* nominado(da).

nomear [no'mja(x)] *vt* nombrar.

nonagésimo, ma [nona'ʒɛzimu, ma] *num* nonagésimo(ma).

nono, na ['nonu, na] *num* noveno(na); *veja também* sexto.

nora ['nɔra] *f* nuera *f.*

nordeste [nox'dɛʃtʃil ◇ *adj* nordeste. ◇ *m* nordeste *m.*

➤ **Nordeste** *m* región *f* Nordeste.

nordestino¹, na [noxdeʃ'tʃinu, na] ◇ *adj* nordestino(na). ◇ *m, f* nordestino *m,* -na *f.*

nordestino², na [noxdeʃ'tʃinu, na] ◇ *adj* del nordeste de Brasil. ◇ *m, f* natural o habitante del nordeste de Brasil.

nórdico, ca ['nɔxdʒiku, ka] ◇ *adj* nórdico(ca). ◇ *m, f* nórdico *m,* -ca *f.*

norma ['nɔxma] *f* norma *f*; **ter como** ~ tener por norma.

normal [nɔx'maw] (*pl* -ais) *adj* [ger] normal.

normalidade [noxmali'dadʒi] *f* normalidad *f.*

normalizar [noxmali'za(x)] *vt* normalizar.

➤ **normalizar-se** *vp* normalizarse.

normalmente [noxmaw'mẽntʃi] *adv* normalmente.

noroeste [no'rwɛʃtʃil ◇ *adj* [relativo ao noroeste] noroeste. ◇ *m* noroeste *m.*

norte ['nɔxtʃi] ◇ *adj* [relativo ao norte] norte. ◇ *m* norte *m*; **ao** ~ **de** al norte de.

norte-americano, na [ˌnɔxtʃjameri'kãnu, na] ◇ *adj* norteamericano(na). ◇ *m, f* norteamericano *m,* -na *f.*

nortista [nox'tʃiʃta] ◇ *adj* [do norte] norteño(ña). ◇ *mf* [pessoa] *habitante del norte de Brasil.*

Noruega [no'rwɛgal *n* Noruega.

norueguês, esa [norwe'geʃ, ɛza] ◇ *adj* noruego(ga). ◇ *m, f* noruego *m,* -ga *f.*

➤ **norueguês** *m* [língua] noruego *m.*

nos¹ [nuʃ] = **em + os.**

nos² [nuʃ] *pron pess* -**1.** *(objeto direto)* nos; **convidaram-** ~ **para a festa** nos invitaron a la fiesta. -**2.** *(objeto indireto)* nos; **ele** ~ **deu um presente** nos dio un regalo; **isto** ~ **saiu caro** esto nos salió caro ; [para enfatizar] nos; **não** ~ **faça mais isto!** ¡no nos hagas más eso! -**3.** *(reflexivo)* nos; **ontem** ~ **matriculamos na Universidade** ayer nos inscribimos en la Universidad. -**4.** [reciprocamente] nos; **olhamo-** ~ **com ternura** nos miramos con ternura. -**5.** [ao autor] nos; **neste caso, o que** ~ **chama a atenção é** ... en este caso, lo que nos llama la atención es ...

nós ['nɔʃ] *pron pers* (*com* + *nós* = *conosco*) -**1.** [sujeito] nosotros; ~ **somos casados** (nosotros) estamos casados; ~, **brasileiros/estudantes, somos** ... (nosotros), los brasileños/estudiantes, somos ...; ~, **que gostamos de música,** ... a nosotros, que nos gusta la música, ...; **não pude ver o jogo;** ~ **vencemos?** no pude ver el partido, ¿ganamos (nosotros)?; ~ **dois/quatro** nosotros dos/cuatro; **só** ~ **dois** nosotros dos solos; ~ **todos** todos nosotros; ~ **mesmos** *ou* **próprios** nosotros mismos. -**2.** *(depois de prep)* nosotros; **chegou un convite para** ~ llegó una invitación para nosotros; **o que ele tem contra** ~**?** ¿que tiene él contra nosotros?; **você fica para jantar conosco?** ¿te quedas quedás *RP* a cenar con nosotros?; **alguns de** ~ **serão premiados** algunos de nosotros seremos premiados; **entre** ~ entre nosotros. -**3.** [o autor] nosotros; **neste capítulo, o que** ~ **pretendemos é** ... en este capítulo, lo que queremos es .... -**4.** *loc:* **cá entre** ~ acá, entre nosotros.

-nos [nuʃ] *pron pl* los(las) ▷ **nos².**

nosso, ssa ['nɔsu, sa] ◇ *adj* nuestro(tra); ~ **apartamento/país** nuestro apartamento/país; **nossas coisas/brigas** nuestras cosas/peleas; **um amigo** ~ un amigo nuestro; **este iate é** ~ este yate es bem ~ eso de postergar las decisiones es bien nuestro; **Nossa Senhora** Nuestra Señora. ◇ *pron poss* [o que pertence ou respeita a nós]: **o** ~, **a nossa** el nuestro, la nuestra; **a nossa é maior** la nuestra es más grande; **os** ~**s** [a nossa família, o nosso time, exército] los nuestros; **ser um dos** ~**s** *fam* [estar do nosso lado] ser uno de los nuestros; **à nossa!** a la nuestra!.

➤ **nossa** *interj* [exprimindo espanto]: **nossa!,** ¡qué locura!; ~ **mãe!,** ~ **senhora!** ¡qué maravilla!

nostalgia [noʃtaw'ʒial *f* nostalgia *f.*

nostálgico, ca [noʃ'tawʒiku, ka] *adj* nostálgico(ca).

nota ['nɔta] *f* -**1.** [ger] nota *f*; **tomar** ~ tomar nota; ~ **de rodapé** nota al pie (de página). -**2.** [cédula] billete *m.* -**3.** *com* cuenta *f*; ~ **fiscal** factura *f*, recibo *m.* -**4.** [comunicado]: ~ **oficial** nota oficial.

notar [no'ta(x)] *vt* [reparar] notar; **fazer** ~ revelar.

➤ **notar-se** *vp* notarse.

notável [no'tavɛwl (*pl* -eis) *adj* notable.

notícia [no'tʃisjal *f* noticia *f*; **ter** ~ **s de algo/alguém** tener noticias de algo/alguien.

noticiário [notʃi'sjarjul *m* noticiario *m,*

noticiero *m Amér*, informativo *m RP*.
notificar [notʃifi'ka(x)] *vt* -**1**. [comunicar]: ~
algo **(a alguém)** informar de algo (a
alguien). -**2**. *JUR* notificar.
notívago, ga [no'tʃivagu, gal ◇ *adj* noc-
támbulo(la). ◇ *m, f* noctámbulo *m*, -la *f*.
notoriedade [notorje'dadʒil *f* notoriedad *f*.
notório, ria [no'tɔrju, rjal *adj* [ger] noto-
rio(ria); **público e** ~ bien sabido, público
y notorio *RP*.
noturno, na [no'tuxnu, nal *adj* noctur-
no(na).
◆ **noturno** *m* -**1**. *MÚS* nocturno *m*. -**2**. [trem]
tren *m* nocturno.
noutro ['notrul = em + outro.
nov. (*abrev de* novembro) nov.
nova ['nɔval *f* ▷ novo.
nova-iorquino, na [ˌnovajox'kinu, nal ◇
adj neoyorquino(na). ◇ *m, f* neoyorquino
m, -na *f*.
novato, ta [no'vatu, tal ◇ *adj* novato(ta).
◇ *m, f* novato *m*, -ta *f*.
Nova York [ˌnɔva'jɔxkil *n* Nueva York.
Nova Zelândia [ˌnɔvaze'lãndʒjal *n* Nueva
Zelanda.
nove ['nɔvil *num* nueve; *veja também* seis.
novecentos, tas [nɔve'sẽntuʃ, taʃl *num* novecientos; *veja também* seiscentos.
◆ **Novecentos** *m* [século XX]: **o Novecentos**
el siglo XX.
novela [no'vɛlal *f*-**1**. *TV* telenovela *f*. -**2**. *RÁDIO*
serial *m*, radionovela *f Amér*. -**3**. *LITER*
novela *f*.
novelo [no'velul *m* ovillo *m*.
novembro [no'vẽnbrul *m* noviembre *m*; *veja*
também setembro.
noventa [no'vẽntal *num* noventa; *veja tam-*
bém sessenta.
noviço, ça [no'visu, sal *m, f* -**1**. *RELIG* novicio
m, -cia *f*. -**2**. [principiante] novato *m*, -ta *f*.
novidade [novi'dadʒil *f*-**1**. [ger] novedad *f*.
-**2**. [notícia] noticia *f*.
novidadeiro, ra [novida'dejru, ral *adj* nove-
lero(ra).
novilho, lha [no'viʎu, ʎal *m, f* novillo *m*,
-lla *f*.
novo, nova ['novu, 'nɔval *adj* -**1**. [ger] nue-
vo(va); ~ **em folha** a estrenar. -**2**. [jovem]
joven. -**3**. *ECON*: **nova economia** nueva
economía.
◆ **de novo** *loc adv* de nuevo.
◆ **novo** *m*: **o** ~ lo nuevo.
◆ **nova** *f*: **boa nova** buena nueva.
novo-rico [novu'xikul (*pl* novos-ricos) *m,f*
nuevo rico *m*, nueva rica *f*.
noz ['nɔʃl (*pl*-es) *f* nuez *f*.
noz-moscada [ˌnɔʒmoʃ'kadal (*pl* nozes-mos-
cadas) *f* nuez *f* moscada.

nu, nua ['nu, 'nual *adj* -**1**. [ger] desnudo(da).
-**2**. [sem rodeios]: **a verdade/realidade nua e**
crua la cruda verdad/realidad.
◆ **nu** *m ARTE* desnudo *m*.
nuança [nu'ãnsal, **nuance** [nu'ãnsil *f* matiz
m.
nublado, da [nu'bladu, dal *adj* nublado(da).
nublar [nu'bla(x)] *vt* nublar.
◆ **nublar-se** *vp* nublarse.
nuca ['nukal *f* nuca *f*.
nuclear [nukle'a(x)] (*pl*-es) *adj*-**1**.*TEC* nuclear.
-**2**. *fig* [central] central.
núcleo ['nukljul *m* núcleo *m*.
nudez [nu'deʃl *f* desnudez *f*.
nudista [nu'dʒiʃtal ◇ *adj* nudista. ◇ *mf*
nudista *mf*.
nulidade [nuli'dadʒil *f* futilidad *f*.
nulo, la ['nulu, lal *adj* nulo(la).
num [nũl = em + um.
núm. (*abrev de* número) núm.
numa ['numal = em + uma.
numeração [numera'sãwl (*pl*-ões) *f*-**1**. [ger]
numeración *f*. -**2**. [de calçados, roupas]
número *m*.
numerado, da [nume'radu, dal *adj* numera-
do(da).
numeral [nume'raw] (*pl*-ais) *m GRAM* numeral *m*.
numerar [nume'ra(x)] *vt* numerar.
numérico, ca [nu'mɛriku, kal *adj* numéri-
co(ca).
número ['numerul *m*-**1**. número *m*; ~ **par/**
ímpar número par/impar. -**2**. [quantidade]:
sem-~ sin número; **um sem-**~ **de vezes**
un sinnúmero de veces. -**3**. [edição]: ~
atrasado número atrasado. -**4**. [registro]:
~ **de telefone/fax** número de teléfono/
fax. -**5**. [ser engraçado, excêntrico]: **ser um** ~
ser un personaje.
numeroso, osa [nume'rozu, ɔzal *adj* nume-
roso(sa).
nunca ['nũŋkal *adv* -**1**. [sentido negativo]
nunca; ~ **mais** nunca más; **ele quase** ~
sorri casi nunca sonríe. -**2**. [sentido afirma-
tivo]: **como** ~ como nunca; **mais do que** ~
más que nunca.
nuns [nũʃl = em + uns.
núpcias ['nupsjaʃl *fpl* nupcias *fpl*.
nutrição [nutri'sãwl *f* nutrición *f*.
nutricionista [nutrisjo'niʃtal *mf* nutricionista *mf*.
nutrido, da [nu'tridu, dal *adj* -**1**. [bem alimen-
tado] bien alimentado(da).-**2**. [robusto] ro-
busto(ta).
nutrir [nu'tri(x)] *vt* -**1**. [alimentar]: ~ **(com** *ou*
de) nutrir (con *ou* de). -**2**. *fig* [acalentar]: ~
algo por nutrir algo por. -**3**. *fig* [fornecer]:
~ **algo de** nutrir algo de.

nutritivo, va [nutri't∫ivu, va] *adj* nutritivo(va).

nuvem ['nuvẽl (*pl* **-ns**) *f* **-1.** [ger] nube *f.* **-2.** *loc*: **estar nas nuvens** estar en las nubes; **passar em brancas nuvens** [data] pasar como si nada.

o¹, O [ɔ] *m* [letra] o, O *f.*

o², a [u, a] <> *art def* **-1.** [indicando pessoa, animal, coisa, substantivo abstrato] el, la; **o sol** el sol; **a lua** la luna; **os noivos** los novios; **o amor** el amor; **a sinceridade** la sinceridad. **- 2.** [com adjetivo substantivado] lo; **o belo** lo bello; **o possível/impossível** lo posible/imposible; **o melhor/pior** lo mejor/peor. **- 3.** [com nomes geográficos]: **o Brasil** (el) Brasil; **os Estados Unidos** (los) Estados Unidos; **a França** Francia; **a Venezuela** Venezuela; **a Argentina** (la) Argentina; **o Amazonas** el Amazonas; **o Himalaia** el Himalaya. **- 4.** [indicando posse]: **qual é a sua/dele** ¿qué te/le pasa? **- 5.** [enfaticamente]: **ele pensa que é O gênio** él se cree que es el genio de los genios; **ela é A supermãe** es una madraza; **Tentação, O perfume** Tentação, todo un perfume. **- 6.** *fam* [com nome de pessoa]: **visitei o Armando/a Cristina** visité a Armando/Cristina visité al Armando/a la Cristina *Chile.* **- 7.** [por, cada] el, la; **a maçã custa 3 reais o quilo** la manzana cuesta 3 reales el kilo; **o linho é 5 reais o metro** el lino está a 5 reales el metro. **- 8.** [em datas, períodos] el, la; **o pós-guerra** la postguerra; **o 15 de novembro** el 15 de noviembre. **- 9.** [em títulos] el, la; **Alexandre, o Grande** Alejandro Magno; **D. Maria, a louca** María la loca. <> *pron pess* **-1.** [pessoa, coisa] lo, la; **ela o amava muito** ella lo amaba mucho; **quando a deixei, ela chorou** cuando la dejé, (ella) lloró; **os presos fugiram: peguem-nos!** los presos escaparon, ¡agárrenlos!; **este paletó, comprei-o no mês passado** este traje lo compré el mes pasado; **cadê as chaves? não consigo achá-las** ¿dónde están las llaves? no logro encontrarlas. **- 2.** [você] te; **eu o chamei, Dirceu, mas você não ouviu** te llamé, Dirceu, pero no me oíste; **prazer em conhecê-lo/-la** encantado de cono-

certe. <> *pron dem* el, la; **feche a porta da frente e a dos fundos** cierra/cerrá *RP* la puerta del frente y la del fondo; **compre o que for mais barato** compra/comprá *RP* el que sea más barato; **destas balas, adoro as vermelhas** de estos caramelos me encantan los rojos; **minha casa e a de Teresa** mi casa y la de Teresa.

➡ **o** *pron dem (neutro)* lo; **pode ser tola, mas desonesta não o é** será boba, pero deshonesta no es; **se você quer viajar, por que não fazê-lo?** si quieres/querés *RP* viajar, ¿por qué no hacerlo?; **mataram o animal; fizeram-no por maldade** mataron al animal; lo hicieron por maldad; **já disse tudo o que sei** ya dije todo lo que sé; **¿o que é 'globalização'?** ¿qué es 'globalización'?; **o que se passa?** ¿qué pasa?; **era isso o que eu temia** era lo que me temía.

ó [ɔ] *interj* ¡ay!

ô [o] *interj* ¡ay!

OAB (*abrev de* **Ordem dos Advogados do Brasil**) *f colegio de abogados de Brasil.*

oásis [ɔ'azi∫] *m (inv)* oasis *m inv.*

oba ['oba] *interj* **-1.** [de alegria] ¡viva!, ¡yupi!, ¡opa! *RP.* **- 2.** [cumprimento] ¡hombre!, ¡quiubolé! *Méx*, ¡opa! *RP.*

obcecado, da [obise'kadu, da] *adj* obcecado(da).

obedecer [obede'se(x)] *vi:* ~ **(a algo/alguém)** obedecer (algo/a alguien).

obediência [obe'dʒẽnsja] *f* obediencia *f.*

obediente [obe'dʒẽnt∫i] *adj* obediente.

obeso, sa [o'bezu, za] <> *adj* obeso(sa). <> *m, f* obeso *m*, -sa *f.*

óbito ['ɔbitul *m* óbito *m.*

objeção [obʒe'sãw] (*pl* **-ões**) *f* objeción *f*; **fazer** *ou* **pôr** ~ **a** levantar *ou* poner objeciones a.

objetivo, va [obʒe't∫ivu, va] *adj* objetivo(va).

➡ **objetivo** *m* objetivo *m.*

objeto [ob'ʒɛtul *m* objeto *m.*

oblíquo, qua [o'blikwu, kwal *adj* **-1.** [diagonal] oblicuo(cua). **- 2.** *fig* [dissimulado] disimulado(da).

oblongo, ga [ob'lõŋgu, gal *adj* oblongo(ga).

oboé [o'bwɛl *m* oboe *m.*

obra ['ɔbra] *f* obra *f*; ~ **de arte** obra de arte; **ser** ~ **de alguém** *fig* ser obra de alguien; **em** ~**s** en obras.

obra-prima [ˌɔbra'primal (*pl* **obras-primas**) *f* **-1.** [melhor obra] obra *f* maestra. **- 2.** [perfeição]: **ser/estar/ficar uma** ~ ser/quedar como una obra maestra.

obrigação [obriga'sãw] (*pl* **-ões**) *f* obligación *f.*

obrigado, da [obri'gadu, dal *adj* **-1.** [compelido, forçado] obligado(da). **- 2.** [agradecido]:

(muito) ~ ¡(muchas) gracias!; **muito** ~ **por sua ajuda** muchas gracias por su ayuda.
obrigar [obri'ga(x)] *vt*: ~ **alguém a fazer algo** obligar a alguien a hacer algo.
➡ **obrigar-se** *vp* comprometerse a.
obrigatoriedade [obrigatorje'dadʒi] *f* obligatoriedad *f.*
obrigatório, ria [obriga'tɔrju, rja] *adj* obligatorio(ria).
obsceno, na [obi'senu, na] *adj* obsceno(na).
obscurecer [obiʃkure'se(x)] *vt* -**1.** [ger] oscurecer. -**2.** [entristecer] ensombrecer. -**3.** [prejudicar] manchar.
obscuridade [obiʃkuri'dadʒi] *f* -**1.** [escuridão] oscuridad *f.* -**2.** [anonimato] anonimato *f.* -**3.** [esquecimento] olvido *m.*
obscuro, ra [obi'ʃkuru, ra] *adj* oscuro(ra).
obséquio [obi'zɛkju] *m* servicio *m*; **por** ~ por favor.
observação [obizexva'sãw] (*pl* -ões) *f* observación *f.*
observador, ra [obisexva'do(x), ra] (*pl* -es, *fpl* -s) ⬦ *adj* [perspicaz] observador(ra). ⬦ *m, f* observador *m*, -ra *f.*
observar [obisex'va(x)] *vt* observar; ~ **que** observar que.
observatório [obisexva'tɔrju] *m* observatorio *m.*
obsessão [obse'sãw] (*pl* -ões) *f* obsesión *f.*
obsessivo, va [obse'sivu, va] *adj* obsesivo(va).
obsoleto, ta [obso'letu, ta] *adj* obsoleto *m*, -ta *f.*
obstáculo [obiʃ'takulul] *m* obstáculo *m.*
obstante [obiʃ'tãntʃil] ➡ **não obstante** ⬦ *loc conj* no obstante. ⬦ *loc prep* a pesar de.
obstetra [obiʃ'tɛtra] *mf* obstetra *mf*, tocólogo *m*, -ga *f Esp.*
obstinado, da [obiʃtʃi'nadu, da] *adj* obstinado(da).
obstrução [obiʃtru'sãw] (*pl* -ões) *f* obstrucción *f.*
obstruir [obiʃ'trwi(x)] *vt* obstruir.
obtenção [obitẽn'sãw] (*pl* -ões) *f* obtención *f.*
obter [obi'te(x)] *vt* obtener.
obturação [obitura'sãw] (*pl* -ões) *f* [de dente] empaste *m*, emplomadura *f RP.*
obturador [obitura'do(x)] (*pl* -es) *m FOT* obturador *m.*
obturar [obitu'ra(x)] *vt* [dente] empastar, emplomar *RP.*
obtuso, sa [obi'tuzu, za] *adj* -**1.** [ger] obtuso(sa). -**2.** [obscuro] hermético(ca), abstruso(sa) *RP.*
óbvio, via [ˈɔbvju, vja] *adj* obvio(via); **é** ~**!**

¡evidentemente!, ¡desde luego! *Esp*, ¡obviamente! *Méx & RP.*
➡ **óbvio** *m*: **o** ~ **lo obvio**; **é o** ~ **ululante** es evidente.
ocasião [oka'zjãw] (*pl* -ões) *f* -**1.** [ger] ocasión *f*; **em certas ocasiões** en ciertas ocasiones. -**2.** [oportunidade]: **aproveitar a** ~ aprovechar la ocasión; **ter** ~ **de fazer algo** tener la oportunidad *ou* ocasión de hacer algo.
ocasional [okazjo'naw] (*pl* -ais) *adj* ocasional.
ocasionar [okazjo'na(x)] *vt* [proporcionar]: ~ **algo a alguém** proporcionar algo a alguien.
ocaso [o'kazu] *m* ocaso *m.*
Oceania [osjã'nia] *n* Oceanía.
oceânico, ca [o'sjãniku, ka] *adj* oceánico(ca).
oceano [o'sjãnul] *m* [mar] océano *m*; ~ **Antártico/Ártico** océano Antártico/Ártico; ~ **Atlântico/Índico/Pacífico** océano Atlántico/Índico/Pacífico.
oceanografia [osjanogra'fia] *f* oceanografía *f.*
ocidental [osidẽn'taw] (*pl* -ais) ⬦ *adj* occidental. ⬦ *m, f* occidental *mf.*
ocidentalizar [osidẽntali'za(x)] *vt* occidentalizar.
➡ **ocidentalizar-se** *vp* occidentalizarse.
ocidente [osi'dẽntʃi] *m* occidente *m.*
➡ **Ocidente** *m*: **o Ocidente** Occidente *m.*
ócio [ˈɔsju] *m* -**1.** [tempo livre] ocio *m.* -**2.** [desocupação, indolência] ociosidad *f.*
ocioso, osa [o'sjozu, ɔza] *adj* -**1.** [ger] ocioso(sa). -**2.** [improdutivo] improductivo(va).
oco, oca [ˈoku, ˈokal] *adj* [vazio, fútil] hueco(ca).
ocorrência [oko'xẽnsja] *f* acontecimiento *m*; ~ **policial** incidente policial.
ocorrer [oko'xe(x)] *vi* -**1.** [acontecer]: ~ **(a alguém)** suceder *ou* ocurrir (a alguien). -**2.** [vir à memória]: ~ **a alguém** recordar, acordarse de.
ocre [ˈɔkril] ⬦ *adj* ocre. ⬦ *m* ocre *m.*
octógono [ok'tɔgonul] *m* octógono *m.*
ocular [oku'la(x)] *adj* ocular.
oculista [oku'liʃta] *mf* oculista *mf.*
óculo [ˈɔkulul] *m* -**1.** [instrumento] catalejo *m.* -**2.** *ARQUIT* ojo *m* de buey.
➡ **óculos** *mpl* gafas *fpl Esp*, anteojos *mpl Amér*, lentes *mpl Amér*; ~ **s escuros** gafas *Esp ou* anteojos *Amér* de sol.
ocultar [okuw'ta(x)] *vt* ocultar.
ocultismo [okuw'tʃiʒmul] *m* ocultismo *m.*
oculto, ta [o'kuwtu, ta] *adj* -**1.** [secreto, sobrenatural] oculto(ta). -**2.** [desconhecido] desconocido(da).

ocupação [okupa'sãw] (*pl* -ões) *f* ocupación *f.*
ocupado, da [oku'padu, da] *adj* ocupa-do(da); **dar (sinal de)** ~ [telefone] comunicar *Esp*, dar (señal de) ocupado *Amér.*
ocupante [oku'pãntʃil] *mf* ocupante *mf.*
ocupar [oku'pa(x)] *vt* -1. [ger] ocupar. -2. [atrair] atraer, copar.
➡ **ocupar-se** *vp* -1. [preencher tempo] mantenerse ocupado(da). -2. [cuidar de]: ~-se com algo/alguém ocuparse de algo/alguien.
odalisca [oda'liʃka] *f* odalisca *f.*
odiar [o'dʒia(x)] ◇ *vt* odiar. ◇ *vi* sentir odio.
➡ **odiar-se** *vp* [a si mesmo, um ao outro] odiarse.
ódio ['ɔdʒiu] *m* odio *m.*
odioso, osa [o'dʒiozu, ɔza] *adj* odioso(sa).
odisséia [odʒi'sɛja] *f* odisea *f.*
odontologista [odõntolo'ʒiʃta] *mf* odontólogo *m,* -ga *f.*
odor [o'do(x)] (*pl* -es) *m* olor *m.*
OEA (*abrev de* Organização dos Estados Americanos) *f* OEA *f.*
oeste ['wɛʃtʃil] ◇ *adj inv* oeste. ◇ *m* oeste *m;* **a** ~ **de** al oeste de.
ofegante [ofe'gãntʃil] *adj* [arquejante, cansado] jadeante.
ofegar [ofe'ga(x)] *vi* jadear.
ofender [ofẽn'de(x)] *vt* [insultar, magoar, desrespeitar] ofender.
➡ **ofender-se** *vp* [sentir-se insultado] ofenderse.
ofensa [o'fẽnsa] *f* [insulto, desrespeito] ofensa *f.*
ofensiva [ofẽn'siva] *f* ofensiva *f.*
ofensivo, va [ofẽn'sivu, va] *adj* [agressivo, danoso] ofensivo(va).
oferecer [ofere'se(x)] *vt* -1. [ger] ofrecer. -2. [dedicar] dedicar.
➡ **oferecer-se** *vp* [propor seus serviços] ofrecerse; ~**-se para fazer algo** ofrecerse para hacer algo.
oferecido, da [ofere'sidu, da] *adj* lanzado(da), regalado(da) *RP.*
oferenda [ofe'rẽnda] *f RELIG* ofrenda *f.*
oferta [o'fɛxta] *f* oferta *f;* **em** ~ **de** *ou* en oferta.
oficializar [ofisjali'za(x)] *vt* oficializar.
oficina [ofi'sina] *f* taller *m;* ~ **mecânica** taller mecánico.

Não confundir com o espanhol *oficina*, que refere-se a um lugar onde se faz trabalho administrativo: (*Dejé el auto en el taller mecánico para que lo arreglaran.* Deixei o carro na oficina mecânica para que o consertassem.; *Mi secretaria se encuentra en la oficina de 9 a 17 horas.* Minha secretária encontra-se no escritório das 9 às 17 horas.)

ofício [o'fisju] *m* -1. [profissão & *RELIG*] oficio *m.* -2. [incumbência] misión *f.* -3. [correspondência] correspondencia *f,* oficio *m Amér.*
oficioso, osa [ofi'sjozu, ɔza] *adj* [não-oficial] oficioso(sa).
oftalmológico, ca [oftawmo'lɔʒiku, ka] *adj* oftalmológico(ca).
oftalmologista [oftawmolo'ʒiʃta] *mf* oftalmólogo *m,* -ga *f.*
ofuscante [ofuʃkãntʃil] *adj* deslumbrante.
ofuscar [ofuʃ'ka(x)] ◇ *vt* -1. [obscurecer, suplantar] ofuscar. -2. [os olhos] deslumbrar. ◇ *vi* [turvar a vista] cegar, encandilar *RP.*
ogum [o'gũ] *m dios de la guerra en los cultos afrobrasileños.*
oh [ɔ] *interj* ¡oh!
oi ['oj] *interj fam* -1. [como saudação] ¡hola! -2. [como resposta indagativa] ¿qué?
oitavo, va [oj'tavu, va] ◇ *num* octavo(va); a oitava parte la octava parte. ◇ *m* octavo *m; veja também* **sexto.**
oitenta [oj'tẽnta] *num* ochenta; *veja também* sessenta.
oito ['ojtu] *num* ocho; **ou** ~ **ou oitenta** o todo o nada; *veja também* **seis.**
oitocentos, tas [ojtu'sẽntuʃ] *num* ochocientos; *veja também* **seiscentos.**
ola ['ola] *f ESP* ola *f.*
olá [o'la] *interj* ¡hola!
olaria [ola'ria] *f* [fábrica] alfarería *f.*
óleo ['ɔlju] *m* aceite *m;* ~ **de bronzear** aceite bronceador; ~ **diesel** aceite diésel.
oleosidade [oljozi'dadʒi] *f* oleosidad *f.*
oleoso, osa [o'ljozu, ɔza] *adj* graso(sa).
olfato [ow'fatu] *m* olfato *m.*
olhada [o'ʎada] *f* vistazo *m;* **dar uma** ~ **(em)** echar un vistazo (a).
olhadela [oʎa'dɛla] *f* ojeada *f.*
olhar [o'ʎa(x)] ◇ *vt* -1. [ver, contemplar, examinar] mirar. -2. [cuidar de] vigilar. -3. [ponderar, considerar] considerar. ◇ *vi* -1. [ver] mirar. -2. [cuidar]: ~ **por** cuidar de. -3. *fam* [ser o limite de algo]: **farei uma sopa para o jantar, e olhe lá!** voy a hacer una sopa para cenar, y dense por satisfechos. ◇ *m* mirada *f.*
➡ **olhar-se** *vp* [ver-se, entreolhar-se] mirarse.
olho ['oʎu] (*pl* olhos) *m* -1. [ger] ojo *m;* ~ **de sogra** *dulce hecho con ciruelas pasas y pasta de huevos y coco;* **estar de** ~ **em alguém/algo** estar con los ojos puestos en alguien/algo; ~ **mágico** mirilla *f;* **abrir os** ~**s de alguém** *fig* abrir los ojos a alguien; **não pregar o** ~ no pegar ojo, no pegar un ojo *Amér;* **custar os** ~**s da cara** costar un ojo de la cara; **pôr alguém no**

~ **da rua** *fam* poner a alguien de patitas en la calle; **ter o ~ maior que a barriga** *fam* comer con los ojos. **- 2.** [vista] vista *f*; **a ~ s vistos** a ojos vistas. **- 3.** [orifício de queijo] agujero *m*.

oligarquia [oligax'kia] *f* oligarquía *f*.

oligárquico, ca [oli'gaxkiku, ka] *adj* oligárquico(ca).

oligopólio [oligo'pɔljul *m* oligopolio *m*.

olimpíada [olĩ'piada] *f* olimpiada *f*; **as ~ s** las olimpiadas.

olímpico, ca [o'lĩpiku, ka] *adj* olímpico(ca).

olmo ['owmul *m* olmo *m*.

OLP (*abrev de* **Organização Para Libertação da Palestina**) *f* OLP *f*.

ombro ['õnbru] *m* ANAT hombro *m*; **~ a ~** hombro a hombro.

OMC (*abrev de* **Organização Mundial de Comércio**) *f* OMC *f*.

omelete [ome'lɛtʃi] *f* tortilla *f* **Esp**, omelette *m* **Amér**.

omissão [omi'sãw] (*pl* -ões) *f* omisión *f*.

omisso, ssa [o'misu, sa] *adj* **- 1.** [negligente] negligente, omiso(sa) **RP**. **- 2.** [ausente] ausente. **- 3.** [com falha] deficiente.

omitir [omi'tʃi(x)] *vt* omitir.

◆ omitir-se *vp* no pronunciarse, soslayarse **Méx**.

omoplata [omo'plata] *f* omoplato *m*, omóplato *m*.

OMS (*abrev de* **Organização Mundial da Saúde**) *f* OMS *f*.

onça ['õnsa] *f* **- 1.** ZOOL jaguar *m*. **- 2.** *fam* [ficar irado]: **estar/ficar uma ~** estar/ponerse hecho una fiera.

onça-pintada [,õnsapĩn'tada] (*pl* onças-pintadas) *f* ZOOL jaguar *m*.

onda ['õnda] *f* **- 1.** [no mar] ola *f*; **pegar ~** *fam* [surfar] hacer surf, correr olas **RP**. **- 2.** *fam* [moda] moda *f*, onda *f* **RP**; **estar na ~** estar de moda. **- 3.** *fig* [grande quantidade] oleada *f*, ola *f*. **- 4.** *fam* [fingimento] teatro *m*. **- 5.** FÍSICA: **~ curta/média/longa** onda *f* corta/media/larga. **- 6.** *fam* [ser enganado]: **ir na ~ de alguém** dejarse llevar por alguien.

onde ['õndʒi] (*a + onde = aonde*) ◇ *adv* **- 1.** *(interrogativo)* dónde; **~ fica o museu?** ¿dónde queda el museo?; **não sei ~ deixei meus óculos** no sé dónde dejé mis lentes; **por ~ vieram?** ¿por dónde vinieron?; **~ quer que** donde sea que; **carregue sua carteira por ~ você for** lleva tu carnet donde sea que vayas. **- 2.** *loc*: **fazer por ~** hacer lo posible. ◇ *pron* **- 1.** *(relativo)* donde; **a casa ~ moro** la casa donde vivo; **o vale por ~ passa o rio** el valle por donde pasa el río. **- 2.** *(indefini-*

do) donde, dónde; **eles não têm ~ morar** no tienen dónde vivir; **pretendo voltar ~ estivemos ontem** quiero volver donde estuvimos ayer; **até ~ eu sei** por lo que sé.

ondulação [õndula'sãw] (*pl* -ões) *f* ondulación *f*.

ondulado, da [õndu'ladu, da] *adj* ondulado(da).

oneroso, osa [one'rozu, ɔza] *adj* [dispendioso, pesado] oneroso(sa).

ONG (*abrev de* **Organização Não Governamental**) *f* ONG *f*.

ônibus ['onibuʃ] *m inv* autobús *m* **Esp**, colectivo *m* **Arg**, ómnibus *m inv* **Cuba** & **Urug**, camión *m* **Méx**.

onipotente [,onipo'tẽntʃi] *adj* omnipotente.

onipresença [oni'prezẽnsa] *f* omnipresencia *f*.

onírico, ca [o'niriku, ka] *adj* onírico(ca).

onisciência [oni'sjẽnsja] *f* omnisciencia *f*.

onívoro, ra [o'nivuru, ra] *adj* omnívoro(ra).

ônix ['oniks] *m inv* ónice *m*, ónix *m*.

ontem ['õntẽ] *adv* [dia anterior, passado] ayer; **~ de manhã** ayer por la mañana **Esp**, **Caribe** & **Méx**, ayer a la mañana **Arg**, ayer de mañana **Urug**; **à noite/à tarde** ayer por la noche/la tarde **Esp**, **Caribe** & **Méx**, ayer a la noche/la tarde **Arg**, ayer en la noche/la tarde **Méx**, ayer de noche/tarde **Urug**.

ONU ['ɔnu] (*abrev de* **Organização das Nações Unidas**) *f* ONU *f*.

ônus ['onuʃ] *m* **- 1.** *inv* [peso] peso *m*. **- 2.** *fig* [encargo] responsabilidad *f*. **- 3.** [imposto pesado] gravamen *m*.

onze ['õnzi] *num* once; *veja também* seis.

opa ['opa] *interj* [de admiração] ¡hala! **Esp**, ¡órale! **Méx**, ¡pa! **RP**; [de saudação] ¡anda!, ¡hey! **Méx** & **RP**, ¡opa! **RP**.

opacidade [opasi'dadʒi] *f* opacidad *f*.

opaco, ca [o'paku, ka] *adj* opaco(ca).

opala [o'pala] *f* **- 1.** [mineral] ópalo *m*. **- 2.** [tecido] tejido *m* de algodón.

opção [op'sãw] (*pl* -ões) *f* opción *f*.

opcional [opsjo'naw] (*pl* -ais) *adj* opcional.

open market ['opẽn'maxkitʃ] *m* ECON mercado *m* abierto.

OPEP (*abrev de* **Organização dos Países Exportadores de Petróleo**) *f* OPEP *f*.

ópera ['ɔpera] *f* ópera *f*.

operação [opera'sãw] (*pl* -ões) *f* operación *f*.

operacionalidade [operasjionali'dadʒi] *f* operacionalidad *f*.

operador, ra [opera'do(x), ra] (*mpl* -es, *fpl* -s) *m*, *f* **- 1.** [quem executa] operador *m*, -ra *f*. **- 2.** MED cirujano *m*, -na *f*.

◆ operadora *f* operador *m*.

operar [ope'ra(x)] <> vt -1. [fazer funcionar] manejar, operar *Amér*. -2. *MED* operar. -3. [realizar] hacer, operar *RP*. <> vi -1. *MED* [atuar, funcionar] operar.

operária [ope'rarja] f ▷ operário.

operariado [opera'rjadu] m: o ~ el proletariado.

operário, ria [ope'rarju, rja] <> adj [abelha, classe] obrero(ra). <> m, f [trabalhador] obrero m, -ra f.
➡ **operária** f [abelha, formiga] obrera f.

opereta [ope'reta] f opereta f.

opinar [opi'na(x)] <> vi [emitir opinião]: ~ **(sobre algo/alguém)** opinar (sobre algo/alguien).

opinião [opi'njãw] (pl -ões) f opinión f; a ~ **pública** la opinión pública; **dar uma** ~ dar una opinión; **mudar de** ~ cambiar de opinión.

ópio ['ɔpju] m opio m.

oponente [opo'nẽntʃi] <> adj opuesto(ta). <> mf oponente mf.

opor [o'po(x)] vt oponer.
➡ **opor-se** vp [ser contrário]: ~-se **(a algo)** oponerse (a algo).

oportunidade [opoxtuni'dadʒi] f oportunidad f; **aproveitar a** ~ aprovechar la oportunidad.

oportunista [opoxtu'niʃta] <> adj oportunista. <> mf oportunista mf.

oportuno, na [opox'tunu, na] adj [apropriado, favorável] oportuno(na); **momento** ~ momento oportuno.

oposição [opozi'sãw] (pl -ões) f [objeção] oposición f; a ~ *POL* la oposición; **fazer** ~ **a** oponerse a.

oposicionista [opozisjo'niʃta] <> adj *POL* de la oposición. <> mf *POL* oponente mf.

oposto, ta [o'poʃtu, o'poʃta] adj -1. [contrário] opuesto(ta). -2. [em frente a] en frente de *OU* a *RP*.
➡ **oposto** m [inverso]: **o** ~ lo contrario, el contrario *RP*.

opressão [opre'sãw] (pl -ões) f opresión f.

opressivo, va [opre'sivu, va] adj opresivo(va).

oprimido, da [opri'midu, da] adj oprimido(da).

oprimir [opri'mi(x)] vt -1. [angustiar, esmagar, tiranizar] oprimir. -2. [reprimir] reprimir. -3. [comprimir] comprimir.

optar [op'ta(x)] vi: ~ **(por/entre)** optar (por/entre); ~ **por fazer algo** optar por hacer algo.

óptico, ca ['ɔptʃiku, ka] <> adj óptico(ca). <> mf óptico m, -ca f.
➡ **óptica** f óptica f.

opulento, ta [opu'lẽntu, ta] adj opulento(ta).

opúsculo [o'puʃkulu] m -1. [livreto] opúsculo m. -2. [folheto] folleto m.

ora ['ɔra] <> adv [agora] ahora; **por** ~ por ahora. <> conj -1. [entretanto] ahora bien. -2. [umas vezes ... outras vezes]: ~ **quer uma coisa,** ~ **quer outra** quiere ora una cosa, ora otra. <> interj: ~ **bolas!** ¡vaya por Dios!, ¡caramba!.

oração [ora'sãw] (pl -ões) f [reza & *GRAM*] oración f.

oráculo [o'rakulu] m oráculo m.

oral [o'raw] (pl -ais) <> adj oral. <> f oral m.

orangotango [orãŋgu'tãŋgu] m orangután m.

orar [o'ra(x)] vi: ~ **(a/por)** orar (a/por).

órbita ['ɔxbita] f órbita f; **estar fora de** ~ *fam* estar en las nubes, estar fuera de la realidad *Méx*, estar fuera de órbita *RP*.

orbitar [oxbi'ta(x)] vi -1. [descrever órbita] orbitar. -2. *fig* [em torno de alguém] girar en torno a.

orçamentário, ria [oxsamẽn'tarju, rja] adj presupuestario(ria).

orçar [ox'sa(x)] <> vt [calcular] presupuestar. <> vi [avaliar] presupuestar; ~ **em** presupuestar en.

ordeiro, ra [ox'dejru, ra] adj pacífico(ca).

ordem ['ɔxdẽ] (pl -ns) f orden m; **estar em** ~ estar en orden; **manter a** ~ mantener el orden; **tudo em** ~? ¿qué tal?, ¿todo bien? *Méx*; **às suas ordens** a sus órdenes; **dar** ~ **(a alguém)** dar una orden (a alguien); **de primeira/segunda** ~ de primer/segundo orden; ~ **do dia** orden del día; ~ **pública/social** orden público/social; ~ **de pagamento** orden de pago; ~ **de prisão** orden de arresto.

ordenado, da [oxde'nadu] adj [organizado & *RELIG*] ordenado(da).
➡ **ordenado** m [salário] sueldo m.

ordenar [oxde'na(x)] vt [organizar, mandar] ordenar.
➡ **ordenar-se** vp [organizar-se & *RELIG*] ordenarse.

ordenhar [oxde'ɲa(x)] vt ordeñar.

ordinal [oxdʒi'naw] (pl -ais) adj ordinal.

ordinário, ria [oxdʒi'narju, rja] adj -1. [de má qualidade, medíocre] ordinario(ria). -2. *fam* [sem caráter] ordinario(ria). -3. [comum, freqüente] habitual, común.

orégano [o'rɛganu] m orégano m.

orelha [o'reʎa] f -1. *ANAT* oreja f; **até as** ~**s** hasta el cuello; **estar/ficar de** ~ **em pé** *fam* estar con la mosca *OU* pulga *RP* detrás de la oreja. -2. [de livro] solapa f. -3. [de boné] visera f.

orelhão [ore'ʎãw] (*pl* -ões) *m fam* [cabine de telefone público] cabina *f* telefónica.
orfanato [ɔxfa'natu] *m* orfanato *m*.
órfão, ã ['ɔxfãw, fã] ⬦ *m*, *f* huérfano *m*, -na *f*. ⬦ *adj* huérfano(na); ~ **de pai/mãe** huérfano de padre/madre.
orgânico, ca [ɔx'gãniku, ka] *adj* orgánico(ca).
organismo [ɔxga'niʒmu] *m* organismo *m*.
organização [ɔxganiza'sãw] (*pl* -ões) *f* organización *f*.
organizacional [ɔxganizasio'naw] (*pl* -ais) *adj* organizativo(va).
organizador, ra [ɔxganiza'do(x), ra] *m*, *f* organizador *m*, -ra *f*.
organizar [ɔxgani'za(x)] *vt* organizar.
órgão ['ɔxgãw] (*pl* -s) *m* órgano *m*; ~ **de imprensa** órgano de prensa.
orgasmo [ɔx'gaʒmu] *m* orgasmo *m*.
orgia [ɔx'ʒia] *f* orgía *f*.
orgulhar [ɔxgu'ʎa(x)] *vt* enorgullecer a.
➡ **orgulhar-se** *vp*: ~-se de enorgullecerse de.
orgulho [ɔx'guʎu] *m* orgullo *m*.
orgulhoso, osa [ɔxgu'ʎozu, ɔza] *adj* orgulloso(sa).
orientação [ɔrjẽta'sãw] (*pl* -ões) *f* orientación *f*; ~ **profissional** orientación profesional.
oriental [ɔrjẽ'taw] (*pl* -ais) ⬦ *adj* oriental. ⬦ *mf* oriental *mf*.
orientar [ɔrjẽ'ta(x)] *vt* -1. [aconselhar, nortear, situar] orientar. -2. *fig* [supervisionar] dirigir.
➡ **orientar-se** *vp* -1. [nortear-se] orientarse. -2. [aconselhar-se, informar-se] informarse.
oriente [o'rjẽntʃi] *m* oriente *m*.
➡ **Oriente** *m*: o **Oriente** Oriente *m*; **Extremo Oriente** Extremo Oriente; **Oriente Médio** Oriente Medio, Medio Oriente *RP*.
orifício [ori'fisju] *m* orificio *m*.
origem [o'riʒẽ] (*pl* -ns) *f* [ascendência, causa, início] origen *m*; **dar** ~ **a** dar origen a; **país de** ~ país de origen.
original [oriʒi'naw] (*pl* -ais) ⬦ *adj* original. ⬦ *m* [obra] original *m*.
originalidade [oriʒinali'dadʒi] *f* -1. [origem] origen *m*. -2. [excentricidade] originalidad *f*.
originalmente [oriʒinaw'mẽntʃi] *adv* originalmente.
originário, ria [oriʒi'narju, rja] *adj* [proveniente]: ~ **de** originario(ria) de.
oriundo, da [o'rjũndu, da] *adj*: ~ **de** oriundo(da) de.
orixá [ori'ʃa] *m* personificación o deidad de las fuerzas de la naturaleza en los ritos religiosos afrobrasileños.

orla ['ɔxla] *f* [faixa] franja *f*.
ornamentação [ɔxnamẽnta'sãw] (*pl* -ões) *f* ornamentación *f*.
ornamental [ɔxnamẽn'taw] (*pl* -ais) *adj* ornamental.
ornamento [ɔxna'mẽntu] *m* ornamentación *f*.
orquestra [ɔx'kɛʃtra] *f* orquesta *f*.
orquestrar [ɔxkeʃ'tra(x)] *vt* orquestar.
orquídea [ɔx'kidʒja] *f* orquídea *f*.
ortodoxia [ɔxtodok'sia] *f* ortodoxia *f*.
ortodoxo, xa [ɔxto'dɔksu, ksa] ⬦ *adj* ortodoxo(xa). ⬦ *m*, *f* RELIG ortodoxo *m*, -xa *f*.
ortografia [ɔxtogra'fia] *f* ortografía *f*.
ortopédico, ca [ɔxto'pɛdʒiku, ka] *adj* ortopédico(ca).
ortopedista [ɔxtope'dʒiʃta] *mf* ortopeda *mf*, ortopedista *mf*.
orvalho [ɔx'vaʎu] *m* rocío *m*.
os [uʃ] ➣ **o**.
oscilação [osila'sãw] (*pl* -ões) *f* -1. [movimento, variação] oscilación *f*. -2. *fig* [hesitação] titubeos *mpl*.
oscilar [osi'la(x)] *vi* -1. [movimentar-se, variar] oscilar. -2. *fig* [hesitar] titubear.
Oslo ['oʒlu] *n* Oslo.
ósseo, óssea ['ɔsju, 'ɔsja] *adj* óseo(a).
osso ['osu] (*pl* ossos) *m* hueso *m*; ~ **s do ofício** *fam* gajes *mpl* del oficio; **ser um** ~ **duro de roer** *fam* ser un hueso duro de roer.

Não confundir com o espanhol *oso*, que tem um significado similar ao português 'urso': (*Encontraron los huesos de un dinosaurio.* Encontraram os ossos de um dinossauro.; *El oso panda está en peligro de extinção.* O urso panda está em perigo de extinção.)

ostensivo, va [oʃtẽ'sivu, va] *adj* ostensivo(va).
ostentar [oʃtẽ'ta(x)] *vt* [exibir, alardear] ostentar.
osteoporose [oʃtʃjopo'rɔzil] *f* osteoporosis *f*.
ostra ['oʃtra] *f* ostra *f*.
ostracismo [oʃtra'siʒmu] *m* ostracismo *m*.
OTAN [o'tã] (*abrev de* Organização do Tratado do Atlântico Norte) *f* OTAN *f*.
otário, ria [o'tarju, rja] *m*, *f fam* ingenuo *m*, -nua *f*, pringado *m*, -da *f Esp*, nabo *m*, -ba *f RP*.
ótico, ca ['ɔtʃiku, ka] ⬦ *adj* óptico(ca). ⬦ *m*, *f* [especialista] óptico *m*, -ca *f*.
➡ **ótica** *f* óptica *f*.
otimismo [otʃi'miʒmu] *m* optimismo *m*.
otimista [otʃi'miʃta] ⬦ *adj* optimista. ⬦ *mf* optimista *mf*.
otimização [otʃimiza'sãw] (*pl* -ões) *f* optimización *f*.
otimizar [otʃimi'za(x)] *vt* optimizar.

ótimo, ma [ˈɔtʃimu, ma] ◇ *adj (superl de bom)* excelente. ◇ *interj* ¡estupendo!, ¡genial!

otite [oˈtʃitʃi] *f* otitis *f inv.*

otorrinolaringologista [otoxinularĩngoloˈd ʒiʃta] *mf* otorrinolaringólogo *m*, -ga *f.*

ou [ow] *conj* o; ~ ..., ~ ... o ..., o ...; ~ **seja** o sea.

ouriçado, da [oriˈsadu, da] *adj fam* animado(da).

ouriço [oˈrisu] *m* -**1.** *ZOOL & BOT* erizo *m.* -**2.** *fam* [agitação]: **a festa foi o maior** ~ la fiesta tuvo muchísima marcha *Esp*, la fiesta fue todo un reventón *Méx*, la fiesta estuvo buenísima *RP.*

ouriço-do-mar [oˌrisuduˈma(x)] *(pl* **ouriços-do-mar)** *m* erizo *m* de mar.

ourives [oˈriviʃ] *mf inv* orfebre *mf.*

ourivesaria [orivezaˈria] *f* -**1.** [arte] orfebrería *f.* -**2.** [oficina, loja] joyería *f.*

ouro [ˈoru] *m* -**1.** [metal] oro *m*; **de** ~ de oro. -**2.** *fig* [dinheiro] dinero *m*, plata *f Amér.*
◆ **ouros** *mpl* [naipe] oros *mpl.*

ousadia [ozaˈdʒia] *f* [audácia, coragem] osadía *f.*

ousado, da [oˈzadu, da] *adj* osado(da).

ousar [oˈza(x)] ◇ *vt* osar. ◇ *vi* atreverse.

out. *(abrev de* outubro*)* oct.

outonal [otoˈnaw] *(pl* -**ais)** *adj* otoñal.

outono [oˈtonu] *m* otoño *m.*

outorgado, da [owtoxˈgadu, da] *adj* concedido(da).

outra [ˈotra] *f* ⊳ outro.

outrem [oˈtrẽ] *pron inv* otros.

outro, outra [ˈotru, ˈotra] *pron* otro(tra); **de** ~ **modo** de otra manera; **outra vez** otra vez; **entre outras coisas** entre otras cosas; ~ **dia** el otro día; **no** ~ **dia** al día siguiente; **nem um, nem** ~ ni uno, ni otro; **o** ~ el otro; **os** ~**s** los otros; **a outra** [amante] la otra; **estar em outra** *fam* haber cambiado, estar en otra onda *Méx*, estar en otra *RP*; **minha** ~ **casa era melhor** mi otra casa era mejor.

outubro [oˈtubru] *m* octubre *m*; *veja também* setembro.

ouvido [oˈvidu] *m* oído *m*; **de** ~ de oído; **dar** ~**s a algo/alguém** dar *ou* prestar oídos a algo/a alguien.

ouvinte [oˈvĩntʃi] *mf RÁDIO & UNIV* oyente *mf.*

ouvir [oˈvi(x)] ◇ *vt* -**1.** [perceber pela audição, atender] oír. -**2.** [atentamente] escuchar. ◇ *vi* -**1.** [pela audição] oír; ~ **dizer que** oír decir que; ~ **falar de algo/alguém** oír hablar de algo/alguien; **se não obedecer ele vai** ~ si no me obedece me va a oír. -**2.** [atentamente] escuchar.

ova [ˈɔva] *f* hueva *f*; **uma** ~ **!** *fam* ¡un huevo!

ovação [ovaˈsãw] *(pl* -**ões)** *f* ovación *f.*

oval [oˈvaw] *(pl* -**ais)** *adj* oval, ovalado(da).

ovário [oˈvarju] *m* ovario *m.*

ovelha [oˈveʎa] *f* oveja *f*; ~ **negra** oveja negra.

overdose [ˌovexˈdɔzi] *f* sobredosis *f inv.*

óvni [ˈɔvni] *(abrev de* Objeto Voador Não Identificado) *m* ovni *m.*

ovo [ˈovu] *(pl* ovos*)* *m* huevo *m*; ~ **de codorna** huevo de codorniz; ~ **de granja** huevo de granja *ou* casero *RP*; ~ **cozido** huevo duro *ou* hervido *Méx*; ~ **estalado** *ou* **estrelado** *ou* **frito** huevo frito *ou* estrellado *Méx*; ~ **mexido** huevo revuelto; ~ **quente** huevo pasado por agua *ou* tibio *Méx*; ~ **de Páscoa** huevo de Pascua; **acordar/estar de** ~ **virado** *fam* despertarse/estar de mal humor, despertarse/estar de mal café *Esp*, despertarse/estar alunado(da) *RP*; **pisar em** ~**s** andar con pies de plomo.

óvulo [ˈɔvulul] *m* óvulo *m.*

oxalá [oʃaˈlal] ◇ *interj* ¡ojalá! ◇ *m RELIG* la más alta divinidad en los cultos afrobrasileños, relacionada con la creación.

oxidar [oksiˈda(x)] *vt* oxidar.
◆ **oxidar-se** *vp* [enferrujar] oxidarse.

óxido [ˈɔksidul] *m* óxido *m.*

oxigenado, da [oksiʒeˈnadu, da] *adj* oxigenado(da).

oxigenar [oksiʒeˈna(x)] *vt* oxigenar.

oxum [oˈʃũl] *m diosa del agua dulce en los cultos afrobrasileños, símbolo de la fertilidad y la procreación.*

ozônio [oˈzonjul] *m* ozono *m.*

p, P [pe] *m* [letra] p, P *f.*

pá [ˈpal] *f* aspa *f*; ~ **de lixo** recogedor *m*, pala de basura *RP*; **uma** ~ **de** *fam* un montón *ou* mogollón *Esp ou* bonche *Méx* de; **ser da** ~ **virada** *fam* ser muy impetuoso.

PA *(abrev de* Estado do Pará*)* estado de Pará.

PABX *(abrev de* Private Automatic Branch Exchange*)* *m* centralita *f.*

paca [ˈpakal] ◇ *f ZOOL* paca *f.* ◇ *adv fam* [muito, à beça]: **este doce está bom** ~ este dulce está de rechupete; **havia gente** ~ **no clube** había un montón de gente en el club, había trojas de gente en el club *RP.*

pacato, ta [pa'katu, ta] *adj* tranquilo(la), pacato(ta) *RP*.

pachorrento, ta [paʃo'xẽntu, ta] *adj* tranquilo(la), pachorrudo(da) *RP*.

paciência [pa'sjẽnsja] *f* -**1.** [qualidade] paciencia *f*; **perder a** ~ perder la paciencia. - **2.** [jogo] solitario *m*.

paciente [pa'sjẽntʃi] <> *adj* paciente. <> *mf* MED paciente *mf*.

pacificar [pasifi'ka(x)] *vt* -**1.** [apaziguar] pacificar. - **2.** [ânimos] calmar.

pacífico, ca [pa'sifiku, ka] *adj* -**1.** [tranqüilo] pacífico(ca). - **2.** [indiscutível] indiscutible.

Pacífico [pa'sifiku] *n*: **o (oceano)** ~ **el** (océano) Pacífico.

pacifismo [pasi'fiʒmu] *m* pacifismo *m*.

pacifista [pasi'fiʃta] <> *adj* pacifista. <> *mf* pacifista *mf*.

paçoca [pa'sɔka] *f* -**1.** [doce] *dulce a base de cacahuete* **Esp** *ou* cacahuate **Méx** *ou* maní *RP* tostado y molido, azúcar y harina.

pacote [pa'kɔtʃi] *m* paquete *m*.

pacto ['paktu] *m* [acordo] pacto *m*.

padaria [pada'ria] *f* panadería *f*.

padecer [pade'se(x)] <> *vi*: ~ **de algo** padecer de algo. <> *vt* padecer.

padecimento [padesi'mẽntu] *m* padecimiento *m*.

padeiro, ra [pa'dejru, ra] *m* panadero *m*.

padiola [pa'dʒjɔla] *f* camilla *f*.

padrão [pa'drãw] (*pl* -ões) *m* -**1.** [ger] patrón *m*; ~ **monetário** ECON patrón *m* monetario. - **2.** [nível] calidad *f*, categoría *f*; ~ **de vida** nivel *m* de vida.

padrasto [pa'draʃtu] *m* padrastro *m*.

padre ['padri] *m* padre *m*, sacerdote *m*.

> Não confundir *padre (padre, sacerdote)* com o espanhol *padre* que em português é *pai*. (*O senhor é o novo padre da igreja?* ¿Usted es el nuevo padre de la iglesia?)

padrinho [pa'driɲu] *m* padrino *m*.

➡ **padrinhos** *mpl* [padrinho e madrinha] padrinos *mpl*.

padroeiro, ra [pa'drwejru, ra] *m, f* patrón *m*, patrono *m*.

padrões [pa'drõjʃ] *pl* ▷ **padrão**.

padronizar [padroni'za(x)] *vt* estandarizar.

pães ['pãjʃ] *pl* ▷ **pão**.

pág. (*abrev de* **página**) *f* pág.

paga ['paga] *f* -**1.** [pagamento] paga *f*. - **2.** [recompensa] recompensa *f*.

pagã [pa'gã] *f* ▷ **pagão**.

pagador, ra [paga'do(x), ra] <> *adj* pagador(ra). <> *m, f* pagador *m*, -ra *f*; **ser bom/mau** ~ ser buen/mal pagador.

pagamento [paga'mẽntu] *m* pago *m*; ~ **contra entrega** pago contra reembolso;

~ **à vista** pago al contado.

pagão, gã [pa'gãw, gã] (*mpl* -s, *fpl* -s) <> *adj* pagano(na). <> *m, f* pagano *m*, -na *f*.

pagar [pa'ga(x)] <> *vt* -**1.** [ger] pagar. - **2.** [compensar] compensar. <> *vi*: ~ **(a alguém)** pagar (a alguien); ~ **por algo** pagar por algo; **você me paga!** *fig* ¡me las vas a pagar!

página ['paʒina] *f* página *f*.

pago, ga ['pagu, ga] <> *pp* ▷ **pagar**. <> *adj* -**1.** [dívida, quantia] pagado(da). - **2.** [funcionário] pagado(da), pago(ga) *RP*.

pagode [pa'gɔdʒi] *m* -**1.** [templo] pagoda *f*. - **2.** MÚS *variedad de samba con acompañamiento de percusión y guitarra.* - **3.** [reunião] *reunión informal en la que se canta y se baila "pagode".*

págs. (*abrev de* **páginas**) *fpl* pp.

pai ['paj] *m* padre *m*; ~ **adotivo** *ou* **de criação** padre adoptivo.

➡ **pais** *mpl* [pai e mãe] padres *mpl*.

pai-de-santo [ˌpajdʒi'sãntu] (*pl* **pais-de-santo**) *m sacerdote que dirige los cultos afrobrasileños e invoca los espíritus*, pai *m RP*.

painel [paj'nɛw] (*pl* **-éis**) *m* -**1.** AERON & AUTO panel *m* (de instrumentos). - **2.** [quadro] cuadro *m*. - **3.** ARQUIT tabique *m*. - **4.** *fig* [panorama] visión *f*, panorama *m*. - **5.** [de pessoas] panel *m*.

pai-nosso [ˌpaj'nɔsu] (*pl* **pais-nossos**) *m* padrenuestro *m*.

paio ['paju] *m tipo de longaniza.*

paiol [pa'jɔw] (*pl* **-óis**) *m* -**1.** [celeiro] granero *m*. - **2.** [de carvão, mantimentos] depósito *m*. - **3.** [de munição, pólvora] polvorín *m*.

pairar [paj'ra(x)] *vi* -**1.** [sustentar-se]: ~ **em/sobre** revolotear en/por. - **2.** [ameaçar]: ~ **sobre** cernerse sobre.

país [pa'iʃ] (*pl* **-es**) *m* país *m*.

paisagem [paj'zaʒẽ] (*pl* **-ns**) *f* [vista, pintura] paisaje *m*.

paisano, na [paj'zãnu, na] *m, f* [civil] paisano *m*, -na *f*.

➡ **à paisana** *loc adv* de paisano, de civil *RP*.

País Basco [pa,iʃ'baʃku] *n*: **o** ~ **el** País Vasco.

Países Baixos [pa,iziʃ'bajʃuʃ] *npl*: **os** ~ **los** Países Bajos.

paixão [paj'ʃãw] (*pl* **-ões**) *f* pasión *f*.

pajé [pa'ʒɛ] *m* chamán *m*.

PAL (*abrev de* **Phase Alternate Line**) PAL.

palácio [pa'lasju] *m* -**1.** [residência] palacio *m*. - **2.** [sede] sede *f*.

paladar [pala'da(x)] (*pl* **-es**) *m* -**1.** ANAT paladar *m*. - **2.** [sentido] gusto *m*. - **3.** [sabor] sabor *m*.

palafita [pala'fita] *f* -**1.** [habitação] palafito *m*. -**2.** [estacas] pilote *m*.

palanque [pa'lãŋki] *m* -**1.** [de comício] tribuna *f*, estrado *m*. -**2.** [para espectadores] grada *f*.

palavra [pa'lavra] *f* -**1.** [ger] palabra *f*; ~ **de** honra palabra de honor; **ter** ~ tener palabra; **dar a** ~ **a alguém** dar la palabra a alguien; ~ **de ordem** consigna *f*; ~**s cruzadas** crucigrama *m*, palabras cruzadas *fpl Amér.* -**2.** [opinião] opinión *f*.

palavrão [pala'vrãw] (*pl* -ões) *m* palabrota *f*.

palco ['pawku] *m* escenario *m*.

paleolítico, ca [paljo'litʃiku, ka] *adj* paleolítico(ca).

palerma [pa'lɛxma] <> *adj* estúpido(da), choto(ta) *RP*. <> *mf* estúpido *m*, -da *f*, choto *m*, -ta *f RP*.

Palestina [paleʃ'tʃinal *n* Palestina.

palestino, na [paleʃ'tʃinu, na] <> *adj* palestino(na). <> *m*, *f* palestino *m*, -na *f*.

palestra [pa'lɛʃtra] *f* [conferência] conferencia *f*.

paleta [pa'leta] *f* paleta *f*.

paletó [pale'tɔ] *m* chaqueta *f*, saco *m RP*.

palha ['paʎa] *f* paja *f*; **não mexer uma** ~ *fam* no mover un dedo *ou* pelo *RP*.

palhaçada [paʎa'sada] *f* [brincadeira, cena ridícula] payasada *f*.

palhaço, ça [pa'ʎasu, sa] *m*, *f* -**1.** [artista] payaso *m*, -sa *f*. -**2.** *fam* [bobo] payaso *m*, -sa *f*, ridículo *m*, -la *f RP*.

palheiro [pa'ʎejru] *m* [celeiro] pajar *m*.

palheta [pa'ʎeta] *f* -**1.** *ARTE* paleta *f*. -**2.** [de ventilador] aspa *f*. -**3.** [de veneziana] lámina *f*. -**4.** [*MÚS* - para dedilhar] púa *f*; [- embocadura] lengüeta *f*.

palhoça [pa'ʎɔsa] *f* cabaña *f*.

paliativo, va [palja'tʃivu, va] <> *adj* paliativo(va). <> *m* paliativo *m*.

paliçada [pali'sada] *f* [tapume & *MIL*] empalizada *f*.

palidez [pali'deʒ] *f* palidez *f*.

pálido, da ['palidu, da] *adj* pálido(da).

paliteiro [pali'tejru] *m* palillero *m*.

palito [pa'litu] *m* -**1.** [para os dentes] palillo *m*, escarbadiente *m RP*. -**2.** [biscoito] colín *m Esp*, palito *m Amér*. -**3.** [fósforo] cerilla *f*, cerillo *m Méx*, fósforo *m RP*. -**4.** *fig* [pessoa magra] fideo *m*, palillo *m Méx*.

PAL-M (*abrev de* Phase Alternate Line-Modified) PAL-M.

palma ['pawma] *f* palma *f*; **bater** ~**s** aplaudir; **conhecer algo/alguém como a** ~ **da mão** conocer algo/a alguien como la palma de la mano.

palmada [paw'mada] *f* azote *m*, nalgada *f Méx*, palmada *f RP*; **dar/levar** ~**s** dar/recibir azotes *ou* nalgadas *Méx*, dar/llevarse varias palmadas *RP*.

Palmas ['pawmaʃ] *n* Palmas.

palmeira [paw'mejra] *f* palmera *f*.

palmilha [paw'miʎa] *f* plantilla *f*.

palmito [paw'mitu] *m* palmito *m*.

palmo ['pawmu] *m* palmo *m*; ~ **a** ~ palmo a palmo.

palpável [paw'pavɛw] (*pl* -eis) *adj* [tangível] palpable.

pálpebra ['pawpebra] *f* párpado *m*.

palpitação [pawpita'sãw] (*pl* -ões) *f* palpitación *m*.

palpitar [pawpi'ta(x)] *vi* -**1.** [pulsar] palpitar. -**2.** [agitar-se] estremecerse. -**3.** [opinar] opinar.

palpite [paw'pitʃi] *m* -**1.** *fam* [opinião] opinión *f*. -**2.** [turfe] pista *f*.

palpiteiro, ra [pawpi'tejru, ra] <> *adj* entrometido(da), metido(da) *RP*. <> *m*, *f* entrometido *m*, -da *f*, metido *m*, -da *f RP*.

paludismo [palu'dʒiʒmu] *m* paludismo *m*.

pampa ['pãnpa] *m* -**1.** *GEOGR* pampa *f*. -**2.** *fam* [à beça]: **tinha gente às** ~**s no estádio** había gente a punta (de) pala *Esp ou* a reventar *Amér ou* a bocha *RP* en el estadio; **o time jogou bonito às** ~**s** el equipo jugó de maravilla, el cuadro jugó sensacional *RP*; **o doce estava bom às** ~**s** el dulce estaba de rechupete *ou* riquísimo.

panaca [pa'naka] *fam* <> *adj* papanatas. <> *mf* papanatas *mf inv*.

Panamá [pana'ma] *n* Panamá.

panamenho, nha [pana'meɲu, ɲal <> *adj* panameño(ña). <> *m*, *f* panameño *m*, -ña *f*.

pança ['pãnsa] *f fam* panza *f*.

pancada [pãŋ'kada] <> *f* -**1.** [golpe] golpe *m*; **dar uma** ~ **em alguém** dar un golpe a alguien. -**2.** *fam* [chuva]: ~ **de água** *ou* **chuva** tromba *f* de agua. <> *adj fam* chiflado(da).

pancadaria [pãŋkada'ria] *f* -**1.** [surra] golpes *mpl*. -**2.** [briga] pelea *f*.

pâncreas ['pãŋkrjaʃ] *m* páncreas *m inv*.

panda ['pãnda] *m ZOOL* panda *m*.

pandarecos [pãnda'rɛkuʃ] *mpl*: **em** ~ [exausto, aniquilado] hecho(cha) polvo; [destruído] hecho(cha) trizas.

pandeiro [pãn'dejru] *m MÚS* pandero *m*.

pandemônio [pãnde'monjul *m* pandemónium *m*.

pane ['pãnil *f* avería *f*.

panela [pa'nɛla] *f* olla *f*; ~ **de pressão** olla a presión, olla express *Méx*.

panelaço [pane'lasul *m* cacerolada *f*.

panfleto [pãn'fletul *m* panfleto *m*, volante *m RP*.

pangaré

pangaré [pãŋga'rɛ] *m fam tipo de caballo que no es de pura sangre y que no es bueno para cabalgar.*

pânico ['pãnikul *m* pánico *m*; **estar em** ~ estar aterrorizado(da) *ou* apanicado(da) *Méx*; **entrar em** ~ aterrorizarse, entrar en pánico *Méx*.

panificação [panifika'sãw] *f* -1. [fabrico] panificación *f*. -2. *fam* [padaria] panificadora *f*.

pano ['pãnul *m* -1. [tecido] trapo *m*; ~ **de chão** trapo para fregar el suelo, jerga *f Méx*, trapo de piso *RP*; ~ **de prato** trapo de cocina, repasador *m RP*; **por baixo/debaixo do** ~ *fam* bajo mano, por debajo de la mesa *Amér*, bajo cuerda *RP*; **dar** ~ **para mangas** dar que hablar, dar tela de donde cortar *Méx*. -2. *TEATRO*: ~ **(de boca)** telón *m*; ~ **de fundo** *fig* telón de fondo, escenario *m*.

panorama [pano'rãma] *m* [paisagem, visão] panorama *m*.

panorâmico, ca [pano'rãmiku, ka] *adj* panorámico(ca).

panqueca [pãŋ'kɛka] *f* crepe *m*, panqueque *m Amér*.

pantanal [pãnta'naw] (*pl* -ais) *m* pantanal *m*.

pântano ['pãntanul *m* pantano *m*.

pantanoso, osa [pãnta'nozu, ɔza] *adj* pantanoso(sa).

pantera [pãn'tɛra] *f ZOOL* pantera *f*.

pantomima [pãnto'mima] *f TEATRO* pantomima *f*.

pantufa [pãn'tufa] *f* pantufla *f*.

pão ['pãw] (*pl* pães) *m* -1. [alimento, sustento] pan *m*; ~ **de forma** pan de molde, pan americano *RP*; ~ **de mel** *pan a base de trigo, canela, clavo, nuez moscada y miel*; ~ **dormido** pan del día anterior, pan amanecido *RP*; ~ **francês** pan francés; ~ **integral** pan integral; **comer o** ~ **que o diabo amassou** pasar muchas dificultades; ~, ~, **queijo, queijo** *fam* al pan, pan y al vino, vino; **ganhar o** ~ *fig* ganarse el pan. -2. *RELIG* hostia *f*.

pão-duro [,pãw'durul (*pl* pães-duros) <> *adj* rácano(na) *Esp*, codo(da) *Méx*, amarrete(ta) *RP*. <> *mf* rácano *m*, -na *f Esp*, codo *m*, -da *f Méx*, amarrete *m*, -ta *f RP*.

pãozinho [pãw'ziɲul *m* panecillo *m*, pancito *m RP*.

papa ['papa] *f* -1. [mingau] papilla *f*. -2. *fam* [de batata] puré *m*, papa *f RP*. -3. [pasta] pasta *f*, papilla *m RP*. -4. [falar sem rodeios]: **não ter** ~**s na língua** no tener pelos en la lengua.

➤ **papa** *m RELIG* papa *m*.

papagaio [papa'gaju] <> *m* -1. *ZOOL* papa-gayo *m*. -2. [pipa] cometa *f Esp* & *Urug*, barrilete *m Arg*, papalote *m Méx*. -3. *COM* título *m* de cambio. -4. *fig* [tagarela] cotorra *f*, loro *m* huasteco *Méx*. <> *interj fam* ¡ostras!, ¡chispas! *Méx*, ¡cuernos! *RP*.

papaguear [papa'gja(x)] <> *vt* [repetir] repetir como un loro. <> *vi* [tagarelar] hablar como una cotorra.

papai [pa'paj] *m* papá *m*.

➤ **Papai Noel** *m* Papá *m* Noel, Viejito *m* Pascuero *Chile*.

papaia [pa'paja] *m* papaya *f*, lechosa *f Carib*, fruta *f* bomba *Cuba*.

papar [pa'pa(x)] *fam* <> *vt* -1. [comer] zamparse, papearse *Esp* & *Méx*, papar *RP*. -2. [conseguir] conseguir, ganarse *Méx*. <> *vi* papear *Esp* & *Méx*, papar *RP*.

papear [pa'pja(x)] *vi*: ~ **(com/sobre)** charlar (con/sobre), platicar (con/sobre) *Méx*.

papel [pa'pɛw] (*pl* -éis) *m* papel *m*; ~ **crepom** papel pinocho *Esp*, papel crepé *Amér*; ~ **de carta** papel de carta; ~ **de embrulho** papel de embalar *ou* embalaje *RP*; ~ **de seda** papel de seda; ~ **higiênico** papel higiénico; ~ **laminado** *ou* **de aluminío** papel de aluminio *ou* de plata *Esp*; ~ **ofício** papel oficio; ~ **pardo** papel de estraza *ou* embalaje *RP*; ~ **de pared** *INFORM* papel tapiz; **fazer** ~ **de** *fig* hacer el papel de; **de** ~ **passado** de acuerdo con la ley.

papelada [pape'lada] *f* -1. [papéis] papelerío *m*. -2. [documentos] papeles *mpl*.

papelão [pape'lãw] *m* -1. [papel] cartón *m*. -2. *fam fig* [fiasco] papelón *m*.

papelaria [papela'ria] *f* papelería *f*.

papel-bíblia, papéis-bíblia [pa,pew'biblia] *m* papel *m* biblia.

papel-carbono [pa,pɛwkax'bonul (*pl* papéis-carbono) *m* papel *m* de calco, papel *m* calca *Méx*.

papel-manteiga [pa,pew'mãn'tejga] (*pl* papéis-manteiga) *m* papel *m* de cera.

papel-moeda [pa,pɛw'mwɛda] (*pl* papéis-moeda) *m* papel *m* moneda.

papelote [pape'lɔtʃi] *m fam* [de droga] papelina *f*, papel *m RP*.

papiro [pa'piru] *m* papiro *m*.

papo ['papu] *m* -1. [de ave] buche *m*. -2. *fam* [de pessoa] tripa *f*; **estar no** ~ estar en el bolsillo; **ficar de** ~ **para o ar** *fig* estarse de brazos cruzados. -3. *fam* [conversa] charla *f*, plática *f Méx*; ~ **furado** *fam* [mentira] cuento *m* chino; [conversa] cháchara *f*, plática *f Méx*, charla *f RP*; **bater (um)** ~ *fam* charlar, platicar *Méx*.

papo-de-anjo [,papu'dʒãnʒul (*pl* papos-de-anjo) *m* CULIN *dulce de yemas de huevo batidas con azúcar y bañadas en caramelo*, yemita f *RP*.

papoula [pa'pola] f amapola f.

páprica ['paprika] f pimentón *m*, páprika f.

paquera [pa'kera] <> f *fam* [paqueração] ligue *m*. <> *mf* ligón *m*, -ona f.

paquerar [pake'ra(x)] *fam* <> *vt* intentar ligar con, coquetear *Méx*, trillar *RP*. <> *vi* ligar, trillar *RP*.

paquistanês, esa [pakiʃta'neʃ, eza] <> *adj* pakistaní, paquistaní. <> *m*, f pakistaní *mf*, paquistaní *mf*.

Paquistão [pakiʃ'tãw] *n* Pakistán, Paquistán.

par ['pa(x)] (*pl* -es) <> *adj* -1. MAT par. - 2. [parelho] igual; **essa meia é** ~ **daquela** ese calcetín es el par de aquel, esta media es el par de esa *RP*. <> *m* -1. [dupla] par *m*; **sem** ~ sin par. - 2. [casal, em dança] pareja f. ◆ **a par de** *loc adj* [ao corrente de]: **estar a** ~ **de algo** estar al corriente de algo.

para ['para] *prep* -1. [exprime finalidade, destinação] para; **esta água não é boa** ~ **beber** esta agua no es potable; **isto é** ~ **comer** esto es para comer; ~ **que serve isto?** ¿para qué sirve esto?; **um telefonema** ~ **o senhor** una llamada telefónica para usted. - 2. [indica motivo, objetivo] para; **cheguei mais cedo** ~ **arranjar lugar** llegué antes para coger sitio *Esp*, llegué antes para conseguir lugar *Amér*; **era só** ~ **lhe agradar** fue sólo para complacerlo. - 3. [indica direção]: **apontou** ~ **cima/baixo** señaló hacia arriba/abajo; **seguiu** ~ **o aeroporto** salió para el aeropuerto; **vá** ~ **casa** vete a casa, andá para casa *RP*. - 4. [relativo a tempo]: **de uma hora** ~ **a outra** de un momento a otro; **estará pronto** ~ **a semana/o ano** estará listo en una semana/un año; **são quinze** ~ **as três** son las tres menos cuarto, falta un cuarto para las tres *Méx*. - 5. [em comparações] para; **é caro demais** ~ **as minhas posses** es demasiado caro para lo que tengo; ~ **o que come, está magro** para lo que come, está delgado *ou* flaco *Amér*. - 6. [relativo a opinião, sentimento] para; ~ **ele, você está errado** para él, te equivocas; ~ **mim, está muito bom** para mí, está muy bien. - 7. [exprime a iminência] a punto de; **estar** ~ **fazer algo** estar a punto de hacer algo. - 8. [em locuções]: ~ **com** con; ~ **mais de** bastante más de, más de *RP*; ~ **que** para que; **ser** ~ **já** marchando.

Pará [pa'ra] *n* Pará.

parabéns [para'bẽjʃ] *mpl* -1. [congratulações] felicidades *fpl*, felicitaciones *fpl Amér*;

dar ~ **a alguém** dar la enhorabuena a alguien, felicitar a alguien, dar felicitaciones a alguien *Amér*. - 2. [por aniversário] ¡felicidades!, ¡felicitaciones! *Méx & RP*.

parábola [pa'rabola] f [narrativa & MAT] parábola f.

pára-brisa [,para'briza] (*pl* **pára-brisas**) *m* parabrisas *m inv*.

pára-choque [,para'ʃɔki] (*pl* **pára-choques**) *m* AUTO parachoques *m inv*, paragolpes *m inv RP*.

parada [pa'rada] f ⊳ **parado**.

paradeiro [para'dejru] *m* paradero *m*.

paradisíaco, ca [paradʒi'ziaku, ka] *adj* paradisiaco(ca), paradisíaco(ca).

parado, da [pa'radu, da] *adj* -1. [ger] parado(da). - 2. [filme] lento(ta). - 3. [em greve] en huelga, de paro *RP*.
◆ **parada** f -1. [de ônibus, trem, pausa] parada f; ~ **cardíaca** paro *m* cardiaco *ou* cardíaco. - 2. [desfile] desfile *m*. - 3. MÚS: ~ **de sucessos** lista f de éxitos. - 4. *fam* [desafio, dificuldade] problema *m*; **ser uma** ~ ser un marrón *ou* trámite *RP*; **topar qualquer** ~ enfrentarse a cualquier reto, estar siempre dispuesto(ta) *RP*. - 5. *fam* [pessoa, coisa bonita]: **a Miss Brasil é uma** ~ la Miss Brasil es un bombón; **a reforma ficou uma** ~ la reforma quedó estupenda *ou* genial.

paradoxal [paradok'saw] (*pl* -xais) *adj* paradójico(ca).

paradoxo [para'dɔksu] *m* paradoja f.

parafernália [parafex'nalja] f [tralha, equipamento] parafernalia f.

parafina [para'fina] f parafina f.

paráfrase [pa'rafrazi] f paráfrasis f.

parafrasear [parafra'zja(x)] *vt* parafrasear.

parafuso [para'fuzu] *m* tornillo *m*; **tem um** ~ **de menos** *fam* le falta un tornillo.

parágrafo [pa'ragrafu] *m* párrafo *m*.

Paraguai [para'gwaj] *n*: **(o)** ~ (el) Paraguay.

paraguaio, ia [para'gwaju, ja] <> *adj* paraguayo(ya). <> *m*, f paraguayo *m*, -ya f.

paraíso [para'izu] *m* paraíso *m*; ~ **fiscal** ECON *fam* paraíso *m* fiscal.

pára-lama [,para'lãma] (*pl* **pára-lamas**) *m* guardabarros *m inv*.

paralela [para'lɛla] f ⊳ **paralelo**.

paralelepípedo [paralele'pipedu] *m* paralelepípedo *m*.

paralelo, la [para'lɛlu, la] *adj* paralelo(la).
◆ **paralelo** *m* -1. GEOGR paralelo *m*. - 2. [comparação] paralelismo *m*.
◆ **paralela** f MAT paralela f.

paralisar [parali'za(x)] *vt* [fazer parar] paralizar.

paralisia

232

paralisia [parali'zia] *f* parálisis *f inv.*
paralítico, ca [para'litʃiku, ka] <> *adj* para-lítico(ca). <> *m, f* paralítico *m,* -ca *f.*
paramédico, ca [para'mɛdʒiku, ka] *adj* para-médico(ca).
parâmetro [pa'rãmetru] *m* parámetro *m.*
paraninfo [para'nĩnfu] *m* padrino *m.*
paranóia [para'nɔja] *f* paranoia *f.*
paranóico, ca [para'nɔiku, ka] *adj* para-noico(ca).
paranormal [paranox'maw] (*pl* -ais) <> *adj* paranormal. <> *mf* persona *f* con pode-res paranormales.
paranormalidade [paranoxmali'dadʒi] *f* pa-ranormalidad *f.*
parapeito [para'pejtu] *m* -1. [de janela] alféi-zar *m,* pretil *m.* -2. [muro] parapeto *m.*
paraplégico, ca [para'plɛʒiku, ka] <> *adj* parapléjico(ca). <> *m, f* parapléjico *m,* -ca *f.*
pára-quedas [ˌpara'kɛdaʃ] *m inv* paracaídas *m inv.*
pára-quedista [ˌparake'dʒiʃta] (*pl* pára-que-distas) *mf* paracaidista *mf.*
parar [pa'ra(x)] <> *vi* -1. [deter-se, permane-cer] parar; ~ **de fazer algo** parar de hacer algo; **sem** ~ sin parar. -2. [acabar]: **o corrupto foi** ~ **na cadeia** el corrupto fue a parar a la cárcel. -3. [interromper-se] para-lizarse. <> *vt* -1. [deter] parar. -2. [paralisar] paralizar.
pára-raios [ˌpara'xajuʃ] *m inv* pararrayos *m inv.*
parasita [para'zita] <> *adj* parásito(ta). <> *mf* parásito *m,* -ta *f.*
parceiro, ra [pax'sejru, ra] *m, f* -1. [de jogo] compañero *m,* -ra *f.* -2. [sócio] socio *m,* -cia *f.* -3. [na música] colega *mf.* -4. [cúmplice] cómplice *mf.*
parcela [pax'sɛla] *f* -1. [parte] parte *f.* -2. [de pagamento] cuota *f.* -3. [do eleitorado] frac-ción *f.* -4. MAT sumando *m.*
parcelado, da [paxse'ladu, da] *adj* [pagamen-to] fraccionado(da), en cuotas *RP.*
parcelamento [paxsela'mẽntu] *m* -1. [de ter-ra] parcelación *f.* -2. [de pagamento] frac-cionamiento *m.*
parcelar [paxse'la(x)] *vt* fraccionar.
parceria [paxse'ria] *f* sociedad *f.*
parcial [pax'sjaw] (*pl* -ais) *adj* [incompleto, não-isento] parcial.
parco, ca ['paxku, ka] *adj* [escasso] parco(ca).
pardal [pax'daw] (*pl* -ais) *m* gorrión *m.*
pardieiro [pax'dʒjejru] *m* tugurio *m.*
pardo, da ['paxdu, da] *adj* -1. [escuro] par-do(da). -2. [mulato] mulato(ta), pardo(da) *RP.*
parecer [pare'se(x)] <> *m* dictamen *m.* <>

vi -1. [semelhar] parecerse; ~ **(com)** algo/ alguém parecerse a algo/alguien. -2. [dar a impressão de, aparentar] parecer; ~ **a al-guém (que)** parecer a alguien (que); **ao que parece** al parecer. -3. [ser possível]: ~ **que** parecer que.
◆ **parecer-se** *vp* [assemelhar-se] pare-cerse; ~**-se com** algo/alguém parecerse a algo/alguien.
parecido, da [pare'sidu, da] *adj*: **ser** ~ **(com** alguém/algo) ser parecido (a alguien/ algo).
parede [pa'redʒi] *f* pared *f*; **subir pelas** ~**s** *fam* subirse por las paredes.
parente, ta [pa'rẽntʃi, ta] <> *m, f* pariente *m,* -ta *f.* <> *adj*: **ser** ~ **de alguém** ser pariente de alguien.
parentesco [parẽn'teʃkul *m* parentesco *m.*
parêntese [pa'rẽntezi] *m* [sinal, digressão] paréntesis *m inv*; **abrir/fechar** ~**s** abrir/ cerrar paréntesis.
páreo ['parju] *m* -1. [turfe] carrera *f.* -2. *fig* [disputa] competición *f,* competencia *f Amér*; **ser um** ~ **duro** ser duro de roer, ser una competencia dura *Méx*, ser toda una batalla *RP.*
pária ['parja] *m* paria *m.*
parir [pa'ri(x)] *vt* & *vi* parir.
Paris [pa'riʃ] *n* París.
parlamentar [paxlamẽn'ta(x)] <> *adj* parla-mentario(ria). <> *mf* parlamentario *m,* -ria *f.* <> *vi* parlamentar.
parlamento [paxla'mẽntu] *m* POL parlamen-to *m.*
parmesão [paxme'zãw] *adj* parmesano *m.*
pároco ['paroku] *m* RELIG párroco *m.*
paródia [pa'rɔdʒja] *f* [imitação] parodia *f.*
paróquia [pa'rɔkja] *f* -1. RELIG parroquia *f.* -2. *fam* [vizinhança] barrio *m.*
parque ['paxki] *m* parque *m*; ~ **de diver-sões** parque de atracciones, parque de diversiones *Méx* & *RP*; ~ **industrial** industria *f,* parque industrial *Méx* & *RP.*
parreira [pa'xejra] *f* parra *f.*
parricida [paxi'sida] <> *adj* parricida. <> *mf* parricida *mf.*
parte ['paxtʃi] *f* parte *f*; **a maior** ~ **de** la mayor parte de; **em grande** ~ en gran parte; **em** ~ en parte; **fazer** ~ **de algo** formar parte de algo; **tomar** ~ **em** tomar parte en; **dar** ~ **de algo/alguém** dar parte de algo/alguien; **à** ~ aparte; **em alguma** **qualquer** ~ en alguna/cualquier parte; **em** ~ alguma por ninguna parte; **por to-da (a)** ~ por todas partes.
◆ **da parte de** *loc prep* de parte de.
parteira [pax'tejra] *f* partera *f.*
participação [paxtʃisipa'sãw] (*pl* -ões) *f* par-

ticipación *f*; ~ **em algo** participación en algo; **fez a** ~ **de seu casamento à imprensa** participó a la prensa su boda *ou* casamiento *RP*; ~ **nos lucros** *COM* participación *f* en los beneficios, reparto *m* de utilidades *RP*.

participante [paxtʃisi'pãntʃil] ⃟ *adj* participante. ⃟ *mf* participante *mf*.

participar [paxtʃisi'pa(x)] ⃟ *vi* -**1.** [tomar parte]: ~ **de algo** participar en algo. -**2.** [compartilhar]: ~ **de algo** participar de algo. ⃟ *vt* [anunciar]: ~ **algo (a alguém)** participar algo (a alguien).

particípio [paxtʃi'sipjul] *m* participio *m*; ~ **passado/presente** participio pasado/presente.

partícula [pax'tʃikula] *f* [corpúsculo & FÍSICA] partícula *f*.

particular [paxtʃiku'la(x)] (*pl* -**es**) ⃟ *adj* [privado, especial] particular. ⃟ *m* -**1.** [singular]: **o** ~ **lo** particular. -**2.** *fam* [conversa] charla *f*, plática *f Méx*.
⬥ **em particular** *loc adv* en privado.

particularidade [paxtʃikulari'dadʒil] *f* -**1.** [peculiaridade] particularidad *f*. -**2.** [pormenor] detalle *m*.

particularizar [paxtʃikulari'za(x)] *vt* -**1.** [especificar] especificar. -**2.** [pormenorizar] pormenorizar.

particularmente [paxtʃikulax'mẽntʃil] *adv* particularmente.

partida [pax'tʃidal] *f* -**1.** [saída] marcha *f*, partida *f*; **dar** ~ *AUTO* arrancar. -**2.** [jogo] partida *f*. -**3.** [largada] salida *f*. -**4.** *COM* [quantidade, remessa] partida *f*.

partidário, ria [partʃi'darju, rja] *adj* -**1.** [de partido] partidario(ria). -**2.** [seguidor] seguidor(ra).

partido, da [pax'tʃidu, dal] *adj* [quebrado] partido(da).
⬥ **partido** *m* -**1.** [facção, pretendente] partido *m*. -**2.** [defesa]: **tomar o** ~ **de alguém** tomar partido por alguien. -**3.** [vantagem]: **tirar** ~ **de algo** sacar provecho de algo.

partilha [pax'tʃiʎal] *f* reparto *m*.

partilhar [paxtʃi'ʎa(x)] ⃟ *vt* [dividir, distribuir] repartir. ⃟ *vi* [compartilhar]: ~ **de algo** compartir algo.

partir [pax'tʃi(x)] ⃟ *vt* [quebrar, dividir] partir. ⃟ *vi* -**1.** [ir embora] partir. -**2.** *fam* [atacar]: ~ **para** atacar a.
⬥ **partir-se** *vp* romperse, partirse.
⬥ **a partir de** *loc prep* a partir de.

partitura [paxtʃi'tural] *f* partitura *f*.

parto [ˈpaxtul] *m* parto *m*; **estar em trabalho de** ~ estar de parto, estar en trabajo de parto *Méx* & *RP*; **ser um** ~ *fig* ser un parto.

pasmar [paʒ'ma(x)] ⃟ *vt* pasmar, dejar

pasmado(da). ⃟ *vi* pasmarse, quedar pasmado(da).

pasmo, ma [ˈpaʒmu, mal *adj* pasmado(da).
⬥ **pasmo** *m* asombro *m*.

passa [ˈpasal *f* pasa *f*.

passada [pa'sadal *f* [passo] paso *m*; **dar uma** ~ **em** *fam* pasarse por, darse una pasada por, pasar por *RP*.

passadeira [pasa'dejral *f* -**1.** [tapete] alfombra *f*, tapete *m Méx*, caminero *m RP*. -**2.** [mulher] planchadora *f*.

passado, da [pa'sadu, dal *adj* -**1.** [que passou] pasado(da). -**2.** [ultrapassado] anticuado(da), antiguo(gua) *RP*. -**3.** [carne]: **bem/mal** ~ bien/mal hecha, bien/mal cocida *RP*. -**4.** [vexado] avergonzado(da), apenado(da) *Col*, *Méx* & *Ven*.
⬥ **passado** *m* pasado *m*.

passageiro, ra [pasa'ʒejru, ral ⃟ *adj* pasajero(ra). ⃟ *m*, *f* pasajero *m*, -ra *f*.

passagem [pa'saʒẽl (*pl* -**ns**) *f* -**1.** [caminho, transição] paso *m*; ~ **de nível** paso a nivel; ~ **de pedestres** paso de peatones; ~ **subterrânea** paso subterráneo. -**2.** [bilhete] billete *m*, pasaje *m Amér*; ~ **de ida** billete *ou* pasaje *Amér* de ida; ~ **de ida e volta** billete *ou* pasaje *Amér* de ida y vuelta. -**3.** [trecho] pasaje *m*.
⬥ **de passagem** *loc adv* de pasada, de paso; **estar de** ~ estar de paso.

passaporte [pasa'pɔxtʃil] *m* pasaporte *m*.

passar [pa'sa(x)] ⃟ *vt* -**1.** [ger] pasar; ~ **algo em/por** pasar algo por; ~ **alguém para trás** *fam* [enganar] estafar a alguien; [trair] *fam* engañar a alguien. -**2.** [ultrapassar] adelantar, pasar *RP*; ~ **na frente de alguém** adelantar a alguien, pasar adelante de alguien *RP*. -**3.** [tarefa escolar] repasar. -**4.** [reprimenda] echar, dar *Méx* & *RP*. -**5.** [telegrama] mandar. -**6.** [cheque] expedir, dar *RP*. -**7.** [espalhar] poner, pasar. -**8.** [coar] preparar, hacer. -**9.** [grelhar] asar a la parrilla. -**10.** [a ferro] planchar. ⃟ *vi* -**1.** [ger] pasar; ~ **em/por** pasar por; **(de ano)** pasar (de curso *ou* año) *RP*; **pela cabeça de alguém** pasarle a alguien por la cabeza; ~ **por cima de alguém** pasar por encima de alguien, pasar por arriba a alguien *RP*. -**2.** [ser reputado como]: ~ **por** pasar por. -**3.** [sofrer]: ~ **por algo** pasar por algo. -**4.** [cruzar]: ~ **por alguém/algo** pasar por al lado de alguien/algo. -**5.** [ser apenas]: **não** ~ **de** no pasar de ser. -**6.** [ser aceitável] poder pasar. -**7.** [sentir-se] encontrarse, sentirse, pasar *Méx*; **como está passando?** [cumprimentando] ¿cómo le va?
⬥ **passar-se** *vp* [suceder, transcorrer] pasar.

passarela [pasa'rɛla] f [para pedestre, mane- quim] pasarela f.
passarinho [pasa'riɲu] m fam pajarito m.
pássaro ['pasaru] m pájaro m.
passatempo [‚pasa'tẽnpu] m pasatiempo m.
passável [pa'savew] (pl -eis) adj aceptable.
passe ['pasi] m -1. [licença] permiso m. -2.
[ESP - de bola] pase m; [- de jogador] traspaso m. -3. [lance]: **como num** ~ **de mágica** fig como por arte de magia.
passear [pa'sja(x)] vi pasear.
passeata [pa'sjata] f [protesto] manifes- tación f, marcha f.
passeio [pa'seju] m -1. [jornada] paseo m; **dar** OU **fazer um** ~ dar un paseo; ~ **a pé** paseo a pie; ~ **de carro/a cavalo** paseo en coche/a caballo. -2. [calçada] acera f, vereda f RP.
passional [pasjo'naw] (pl -ais) adj pasional.
passista [pa'siʃta] mf fam bailarín de samba que se destaca por bailar con gracia y agilidad en los desfiles del Carnaval.
passível [pa'sivɛw] (pl -eis) adj: ~ de algo sujeto(ta) a algo, pasible de algo RP.
passivo, va [pa'sivu, va] adj pasivo(va).
➡ **passivo** m COM pasivo m.
passo ['pasu] m -1. [ger] paso m; **a um** ~ **de** fig a un paso de. -2. [pegada] pisada f, huella f.
➡ **ao passo que** loc adv [enquanto, contudo] mientras que.
pasta ['paʃta] f -1. [massa] pasta f; ~ **de den- tes** pasta de dientes. -2. [de couro] cartera f, portafolios m inv. -3. POL cartera f. -4. [de cartolina] carpeta f.
pastagem [paʃ'taʒẽ] (pl -ns) f pastos mpl, pasturas fpl RP.
pastar [paʃ'ta(x)] vi pastar; **vá** ~! fam ¡dé- jame en paz!, ¡dejate de jorobar! RP.
pastel [paʃ'tɛw] (pl -éis) ⋄ m -1. [comida] empanadilla f Esp, empanada f Méx & RP. -2. [lápis, técnica] pastel m. ⋄ adj [cor] pastel.
pastelaria [paʃtela'ria] f pastelería f, confi- tería f RP.
pasteurizar [paʃtewri'za(x)] vt pasteurizar.
pastilha [paʃ'tʃiʎa] f -1. [bala] caramelo m, pastilla f RP. -2. CONSTR & MED pastilla f.
pasto ['paʃtu] m [erva, pastagem] pasto m.
pastor, ra [paʃ'to(x), ra] (mpl -es, fpl -s) m, f [de gado] pastor m, -ra f.
➡ **pastor** m RELIG pastor m.
pastoso, osa [paʃ'tozu, ɔza] adj pastoso(sa).
pata ['pata] f pata f.
patamar [pata'ma(x)] (pl -es) m -1. [de escada] descansillo m, rellano m, descanso m Méx & RP. -2. fig [nível] cota f, nivel m.
patê [pa'te] m paté m.

patente [pa'tẽntʃi] ⋄ adj patente. ⋄ f -1. COM patente f. -2. MIL rango m; **altas/baixas** ~s rangos altos/bajos.
paternal [patex'naw] (pl -ais) adj paternal.
paternidade [patexni'dadʒi] f paternidad f.
paterno, na [pa'tɛxnu, na] adj paterno(na).
pateta [pa'tɛta] ⋄ adj estúpido(da), cho- to(ta) RP. ⋄ mf estúpido m, -da f, choto m, -ta f RP.
patético, ca [pa'tɛtʃiku, ka] adj [comovente] patético(ca).
patife, fa [pa'tʃifi] ⋄ adj canalla. ⋄ m, f canalla mf.
patim [pa'tʃĩ] (pl -ns) m patín m; ~ **de rodas** patín de ruedas.
patinação [patʃina'sãw] f patinaje m.
patinar [patʃi'na(x)] vi patinar.
pátio ['patʃju] m patio m.
pato ['patu] m -1. ZOOL pato m. -2. fam [otário] tonto m, memo m Esp, boludo m RP. -3. [sofrer as conseqüências]: **pagar o** ~ fam pagar el pato.
patológico, ca [pato'lɔʒiku, ka] adj patoló- gico(ca).
patologista [patolo'ʒiʃta] mf patólogo m, -ga f.
patrão, roa [pa'trãw, troa] (mpl -ões, fpl -oas) m, f -1. [empregador, senhor] patrón m, -ona f. -2. fam [como forma de tratamento] señor m, -ra f, don m, -ña f RP.
➡ **patroa** f -1. [mulher do patrão] patrona f. -2. fam [esposa] parienta f Esp, patrona f Méx & RP.
pátria ['patrja] f patria f; **aquele bico salvou a** ~ ese trabajillo me salvó la vida, aquella changuita fue mi salvación RP.
patriarca [pa'trjaxka] m patriarca m.
patriarcal [patrjax'kaw] (pl -ais) adj patriar- cal.
patricinha [patri'siɲa] f pej pija f.
patrimônio [patri'monju] m [bens, herança] patrimonio m; ~ **histórico** patrimonio histórico.
patriota [pa'trjɔta] mf patriota mf.
patroa [pa'troa] f ⊳ **patrão**.
patrocinador, ra [patrosina'do(x), ra] (mpl -es, fpl -s) ⋄ adj patrocinador(ra). ⋄ m, f patrocinador m, -ra f.
patrocinar [patrosi'na(x)] vt -1. [financiar] patrocinar. -2. [apoiar] apoyar, ayudar. -3. fig [favorecer] favorecer.
patrocínio [patro'sinju] m -1. [financiamento] patrocinio m. -2. [apoio] apoyo m, ayuda f.
patrões [pa'trõjʃ] pl ⊳ **patrão**.
patrono [pa'tronu] m patrón m.
patrulha [pa'truʎa] f -1. [ronda] patrulla f. -2. [censura] censura f, control m.
patrulhar [patru'ʎa(x)] vt -1. [vigiar] patru-

llar. -**2.** [censurar] censurar, controlar.

pau [ˈpaw] *m* -**1.** [madeira]: **colher de** ~ cuchara *f* de madera; **perna de** ~ pata *f* de palo. -**2.** [bastão] palo *m*. -**3.** [de bandeira] mástil *m*; **a meio** ~ a media asta. - **4.** *fam* [briga] pelea *f*; **o** ~ **comeu** armarse la de San Quintín, comenzar la paliza *Méx*; **meter o** ~ **em** [surrar] dar palos a, encajar palos a *RP*. - **5.** *fam* [moeda] cuca *f Esp*, luca *f Méx*, mango *m RP*. - **6.** *vulg* [pênis] polla *f Esp*, palo *m Méx*, verga *f RP*. -**7.** *fam* [com fartura]: **a dar com um** ~ a patadas, para aventar para arriba *Méx*. - **8.** [prestar-se a tudo]: **ser** ~ **para toda obra** servir para todo, ser polifuncional *RP*. -**9.** *fam* [em pé de igualdade]: ~ **a** ~ igualado(da).
◆ **paus** *mpl* [naipe] bastos *mpl*; **de** ~ **s** de bastos.

pau-brasil [ˌpawbraˈziw] *m BOT* palo *m* (de) Brasil.

pau-de-arara [ˌpawdʒiaˈrara] (*pl* **paus-de-arara**) *mf* [retirante do Nordeste] emigrante *mf* nordestino, -na.
◆ **pau-de-arara** *m* -**1.** [tortura] *instrumento de tortura que consiste en un palo del que se cuelga cabeza abajo a la víctima*. -**2.** [caminhão] *camión que transporta a emigrantes nordestinos*.

pau-de-sebo [ˌpawdʒiˈsebu] (*pl* **paus-de-sebo**) *m* [mastro de cocanha] cucaña *f*.

paulista [pawˈliʃta] <> *adj* paulista. <> *mf* paulista *mf*.

paupérrimo, ma [pawˈpɛximu, ma] *superl* ▷ **pobre**.

pausa [ˈpawza] *f* pausa *f*.

pausado, da [pawˈzadu, da] *adj* [lento, cadenciado] pausado(da).
◆ **pausado** *adv* pausadamente.

pauta [ˈpawta] *f*-**1.** [linha] pauta *f*; **sem** ~ sin rayas. -**2.** [lista] lista *f*, pauta *f Méx*. -**3.** [ordem do dia] orden *m* del día, pauta *f Méx*; **em** ~ a la orden del día. - **4.** *MÚS* pentagrama *m*.

pavão [paˈvãw] (*pl* **-ões**) *m, f* pavo *m*, -va *f* real.

pavê [paˈve] *m CULIN* dulce hecho con galletas de bizcocho embebidas en licor y dispuestas en capas recubiertas de crema de vainilla o chocolate y yema de huevo.

pavilhão [paviˈʎãw] (*pl* **-ões**) *m* -**1.** [ger] pabellón *m*. -**2.** [tenda, abrigo] barraca *f*, carpa *f RP*.

pavimentar [pavimẽˈta(x)] *vt* pavimentar.

pavimento [paviˈmẽntu] *m* -**1.** [andar] piso *m*. -**2.** [chão] suelo *m*. -**3.** [de rua] pavimento *m*.

pavio [paˈviw] *m* mecha *f*; **ter o** ~ **curto** *fam* [ser de briga] mosquearse fácilmente, ser una calderita *RP*.

pavões [paˈvõjʃ] *pl* ▷ **pavão**.

pavor [paˈvo(x)] *m* pavor *m*; **ter** ~ **de alguém/algo** tener pavor a alguien/algo.

pavoroso, osa [pavoˈrozu, ɔza] *adj* -**1.** [que inspira pavor] pavoroso(sa). -**2.** [muito ruim, feio] espantoso(sa).

paz [paʃ] (*pl* **-es**) *f* paz *f*; **deixar alguém em** ~ dejar a alguien en paz; **fazer as** ~ **es** hacer las paces.

PB (*abrev de* **Estado da Paraíba**) *estado de Paraíba*.

PBX (*abrev de* Private Bank Exchange) centralita *f*.

PC (*abrev de* Personal Computer) *m* PC *m*.

Pça. (*abrev de* Praça) Pza.

PC do B (*abrev de* Partido Comunista do Brasil) *m partido comunista de Brasil.*

PCI (*abrev de* Placa de Circuito Interno) PCI *m*.

pé [ˈpɛ] *m* -**1.** [ger] pie *m*; **não arredar** ~ *fig* no bajarse del burro, no moverse *RP*; **a** ~ a pie; **com um** ~ **nas costas** *fam* con los ojos cerrados; **em** *ou* **de** ~ de pie, parado(da) *RP*; **ao** ~ **de** al pie de; **dar no** ~ *fam* poner pies en polvorosa; **dar** ~ *fam* [água] hacer pie; *fig* [ser possível] ser posible; **estar de** ~ seguir en pie; **meter os** ~ **s pelas mãos** no dar pie con bola; **não chegar aos** ~ **s de** no llegar a la suela del zapato de; **não largar do** ~ **de alguém** *fam* no dejar a alguien ni a sol ni a sombra; **não ter** ~ **nem cabeça** no tener pies ni cabeza; **ao** ~ **da letra** al pie de la letra. -**2.** [situação] situación *f*; **em** ~ **de guerra** en pie de guerra; **em** ~ **de igualdade** en pie de igualdad.

PE (*abrev de* Estado de Pernambuco) *estado de Pernambuco.*

peão [ˈpjãw] (*pl* **-ões**) *m* [trabalhador, xadrez] peón *m*.

peça [ˈpɛsa] *f*-**1.** [ger] pieza *f*; ~ **sobressalente** *ou* **de reposição** pieza de repuesto, repuesto *m RP*; **pregar uma** ~ **em alguém** hacerle una jugarreta a alguien. -**2.** [cômodo] habitación *f*, pieza *f RP*. -**3.** [de jogo] ficha *f*.

pecado [peˈkadu] *m* -**1.** *RELIG* pecado *m*; ~ **original** pecado original; **pagar seus** ~ **s** pagar uno sus pecados. -**2.** [pena]: **que** ~**!** ¡qué pena!

pecador, ra [pekaˈdo(x), ra] *m, f* pecador *m*, -ra *f*.

pecar [peˈka(x)] *vi* pecar; ~ **por algo** pecar de algo.

pechincha [peˈʃĩʃa] *f* ganga *f*; **ser uma** ~ ser una ganga.

pecuário, ria [peˈkwarju, rja] *adj* pecuario(ria).
◆ **pecuária** *f* [criação] ganadería *f*.

peculiar 236

peculiar [peku'lja(x)] (*pl* -es) *adj* [característico, curioso] peculiar.
peculiaridade [pekuljari'dadʒi] *f* [característica, curiosidade] peculiaridad *f.*
pedaço [pe'dasu] *m* -1. [parte] pedazo *m*, trozo *m*; aos ~s en pedazos; **estar caindo aos** ~s caerse a pedazos. -2. [trecho] fragmento *m*, pedazo *m RP*. -3. [lugar] lugar *m.*
pedágio [pe'daʒiu] *m* peaje *m.*
pedagógico, ca [peda'gɔʒiku, ka] *adj* pedagógico(ca).
pedagogo, ga [peda'gogu, ga] *m, f* pedagogo *m*, -ga *f.*
pé-d'água [ˌpɛ'dagwa] (*pl* pés-d'água) *m* chaparrón *m.*
pedal [pe'daw] (*pl* -ais) *m* pedal *m.*
pedalar [peda'la(x)] *vt* & *vi* pedalear.
pedalinho [peda'liɲu] *m* patín *m*, pedalín *m RP.*
pedante [pe'dãntʃi] <> *adj* pedante. <> *m, f* pedante *mf.*
pé-de-galinha [ˌpɛdʒiga'liɲa] (*pl* pés-de-galinha) *m* pata *f* de gallo.
pé-de-moleque [ˌpɛdʒimu'lɛki] (*pl* pés-de-moleque) *m* -1. [doce] turrón *m* de cacahuete *Esp ou* cacahuate *Méx ou* maní *RP*. -2. [calçamento] empedrado *m.*
pé-de-pato [ˌpɛdʒi'patu] (*pl* pés-de-pato) *m* -1. [nadadeira] aleta *f*, pata *f* de rana *RP*. -2. *fam* [diabo] demonio *m*, Mandinga *m RP.*
pedestal [pedeʃ'taw] (*pl* -ais) *m* pedestal *m.*
pedestre [pe'dɛʃtri] *mf* peatón *m*, -ona *f.*
pedicuro, re [pedʒi'kuru, ri] *m, f* pedicuro *m*, -ra *f.*
pedido [pe'dʒidu] *m* pedido *m*; **a** ~s **a** petición del público; ~ **de casamento** pedida *f* de mano; ~ **de demissão** renuncia *f*; ~ **de divórcio** solicitud de divorcio.
pedigree [pedʒi'gri] *m* pedigrí *m.*
pedinte [pe'dʒĩntʃi] *mf* mendigo *m*, -ga *f*, limosnero *m*, -ra *f Méx.*
pedir [pe'dʒi(x)] <> *vt* pedir; ~ **algo a alguém** pedir algo a alguien; ~ **a alguém que faça algo** pedir a alguien que haga algo; ~ **algo emprestado** pedir algo prestado; ~ **desculpas/perdão** pedir disculpas/perdón. <> *vi* [fazer pedidos] pedir; ~ **por alguém** pedir por alguien.
pedra [ˈpɛdra] *f* -1. *MED* [fragmento, rocha] piedra *f*; **dormir como uma** ~ dormir como un tronco *ou* una piedra *Méx* & *RP*; ~ **de gelo** bloque *m* de hielo; ~ **preciosa** piedra preciosa; **ser doido de** ~ *fam* estar como una cabra. -2. [de açúcar] terrón *m.*

pedreira [pe'drejra] *f* cantera *f.*
pedreiro [pe'drejru] *m CONSTR* albañil *m.*
pegada [pe'gada] *f* pisada *f*, huella *f.*
pegado, da [pe'gadu, da] *adj* -1. [contíguo] pegado(da). -2. [unido] unido(da), pegado(da) *RP.*
pegajoso, osa [pega'ʒozu, ɔza] *adj* pegajoso(sa).
pegar [pe'ga(x)] <> *vt* -1. [ger] coger *Esp* & *Cuba*, agarrar *Méx* & *RP*. -2. [sentença]: **o assassino pegou vinte anos de prisão** al asesino le cayeron veinte años de prisión, el asesino ganó veinte años de prisión *Méx*. -3. [vivenciar] conocer. -4. [apanhar] recoger. <> *vi* -1. [segurar] coger *Esp* & *Cuba*, agarrar *Méx* & *RP*; ~ **em algo** coger *Esp* & *Cuba* algo, agarrar algo *Méx* & *RP*. -2. [grudar]: ~ **em algo** pegarse a algo. -3. [difundir-se - moda, mania] ponerse de moda; [- doença] contagiarse, pegarse *Méx* & *RP*. -4. [fogo] prender. -5. [planta] agarrar, prender. -6. [motor] arrancar. -7. [iniciar]: ~ **em algo** empezar en algo, arrancar en algo. -8. [atitude]: ~ **bem/mal** *fam* quedar bien/mal. -9. [decidir-se]: ~ **e fazer algo** coger y hacer algo *Esp* & *Cuba*, agarrar y hacer algo *Méx* & *RP.*
➡ **pegar-se** *vp* [brigar]: ~-**se (com)** pelearse con, agarrarse con *Méx.*

Não confundir com o espanhol *pegar*, que tem significados diferentes de 'pegar' em português:
1. Bater: (*La madre le pegó al niño porque se había portado mal.* A mãe bateu no menino porque ele havia se comportado mal.)
2. Tomar: (*Se pegó un susto enorme.* Tomou um susto enorme.)
(Ver *pegar* no lado Espanhol-Português do dicionário.)

peido [ˈpejdu] *m mfam* pedo *m.*
peito [ˈpejtu] *m* -1. *ANAT* pecho *m*; **dar o** ~ dar el pecho; ~ **do pé** empeine *m*. -2. [de ave] pechuga *f*. -3. *fig* [coragem] valor *m*; **no** ~ **(e na raça)** *fam* con energía, con garra *RP.*
peitoril [pejto'riw] (*pl* -is) *m* alféizar *m*, pretil *m RP.*
peitudo [pej'tudu] (*pl* -da) *adj* -1. [de peito grande] pechugón(ona). -2. [valente] valiente.
peixada [pej'ʃada] *f* pescado *m* cocido, chupín *m* de pescado *RP.*
peixaria [pejʃa'ria] *f* pescadería *f.*
peixe [ˈpejʃi] *m ZOOL* pez *m*; **vender o seu** ~ [tratar de seus interesses] defender lo suyo; [opinar] dar la opinión.
pejorativo, va [peʒora'tʃivu, va] *adj* peyorativo(va).

pela ['pɛla] = **por + a.**

pelada [pe'lada] FUT f -1. [jogo informal] partidillo m, picado m RP. -2. [jogo ruim] churro m, fiasco m RP.

pelado, da [pe'ladu, da] adj -1. [sem pêlos] pelado(da). -2. fam [nu] en bolas.

pelar [pe'la(x)] <> vt -1. [animal] pelar. -2. [cabeça] rapar, pelar Méx. <> vi: estar pelando [estar quentíssimo] estar ardiendo, estar que pela RP.

pelas ['pɛlaʃ] = **por + as.**

pele ['pɛli] f -1. [ger] piel f; **de ~** de piel Esp & Méx, de cuero RP; **estar ~ e osso** estar en los huesos, estar en piel y huesos Méx & RP; **cair na ~ de** fam tomar el pelo a, caer encima a RP; **salvar a ~ de alguém** fam salvar el pellejo a alguien; **sentir algo na ~** sentir algo en su propia piel. -2. [couro] cuero m. -3. [agasalho] abrigo m de piel.

pelerine [pele'rini] f capa f.

pele-vermelha [ˌpɛlivex'meʎa] (pl peles-vermelhas) <> adj piel roja. <> mf piel mf roja.

pelica [pe'lika] f cabritilla f.

pelicano [peli'kãnu] m ZOOL pelícano m.

pelo ['pelu] = **por + o.**

pêlo ['pelu] m -1. [em pessoa] vello m; **nu em ~** en cueros. -2. [de animal] pelo m.

pelos ['peluʃ] = **por + os.**

pelotão [pelo'tãw] (pl -ões) m pelotón m; **~ de fuzilamento** pelotón de fusilamiento.

pelúcia [pe'lusja] f peluche m.

peludo, da [pe'ludu, da] adj peludo(da).

pena ['pena] f -1. [de ave, de escrever] pluma f. -2. [pesar, piedade & JUR] pena f; **que ~!** ¡qué pena ou lástima!; **ser uma ~** ser una pena ou lástima; **valer a ~** valer la pena; **cumprir ~** cumplir pena; **sob ~ de** bajo pena de; **dar ~** dar pena ou lástima; **ter ~ de** sentir piedad por, tener lástima a RP; **~ capital** ou **de morte** pena capital ou de muerte; **a duras ~s** a duras penas.

penal [pe'naw] (pl -ais) adj JUR penal.

penalidade [penali'dadʒi] f pena f; **~ máxima** pena máxima.

penalizar [penali'za(x)] vt -1. [dar pena a] afligir. -2. [castigar] castigar.

pênalti [pe'nawtʃi] m FUT penalty m, penalti m, penal m RP.

penar [pe'na(x)] <> m [sofrimento] sufrimiento m. <> vt [sofrer] sufrir. <> vi [sofrer] penar.

penca ['pēnka] f [de bananas] racimo m, penca f Méx; [de uvas] racimo m; [de flores] ramo m; **em ~** fam en cantidad.

pendência [pēn'dēnsja] f -1. [contenda] litigio m. -2. [algo por decidir] asunto m pendiente.

pendente [pēn'dēntʃi] <> adj -1. [pendurado] colgado(da). -2. [inclinado] torcido(da). -3. [por decidir] pendiente. <> m [de jóia] pendiente m, dije m RP.

pender [pēn'de(x)] vi [estar pendurado] colgar.

pêndulo ['pēndulu] m péndulo m.

pendurado, da [pēndu'radu, da] adj -1. [pendente]: **~ (em)** colgado(da) (en). -2. fam [conta] pendiente.

pendurar [pēndu'ra(x)] vt -1. [colocar] colgar. -2. fam [conta] aplazar el pago de.

~ pendurar-se vp [pessoa] colgarse.

penduricalho [pēnduri'kaʎu] m colgante m, pendiente m Méx, dije m RP.

penedo [pe'nedu] m peñasco m, peña f.

peneira [pe'nejra] f [para peneirar] colador m, cedazo m, coladera f Méx.

peneirar [penej'ra(x)] <> vt [na peneira] cerner, cernir. <> vi fam [chuviscar] lloviznar.

penetração [penetra'sãw] (pl -ões) f penetración f.

penetrante [pene'trãntʃi] adj penetrante.

penetrar [pene'tra(x)] <> vt -1. [ger] penetrar. -2. [compreender] captar. <> vi [entrar]: **~ em/por/entre** penetrar en/por/entre.

penhasco [pe'ɲaʃku] m peñasco m.

penhor [pe'ɲo(x)] m empeño m; **casa de ~es** casa de empeño.

penicilina [penisi'lina] f penicilina f.

península [pe'nĩnsula] f península f.

pênis ['peniʃ] m inv pene m.

penitência [peni'tēnsja] f penitencia f.

penitenciário, ria [penitēn'sjarju, rja] <> adj penitenciario(ria). <> m, f preso m, -sa f.

~ penitenciária f penitenciaría f, cárcel f.

penoso, osa [pe'nozu, ɔza] adj penoso(sa).

pensador, ra [pēnsa'do(x), ra] m, f pensador m, -ra f.

pensamento [pēnsa'mēntu] m pensamiento m.

pensão [pēn'sãw] (pl -ões) f -1. [pequeno hotel, refeição, renda] pensión f; [cozinhar para fora] cocinar; **~ alimentícia** pensión alimenticia; **~ completa** pensión completa. -2. [restaurante] fonda f, comedor m RP.

pensar [pēn'sa(x)] <> vt [julgar, supor] pensar. <> vi pensar; **~ em/sobre algo** pensar en/sobre algo.

pensativo, va [pēnsa'tʃivu, va] adj pensativo(va).

pensionato [pēnsjo'natu] m internado m, pensionado m RP.

pensionista [pēnsjo'niʃta] mf [beneficiário,

morador] pensionista *mf.*

pentacampeão [ˌpẽntakãn'pjãw] (*pl* -ões) *m* pentacampeón *m.*

pentágono [pẽn'tagunu] *m* GEOM pentágono *m.*

pentatlo [pẽn'tatlu] *m* pentatlón *m.*

pente [ˈpẽntʃi] *m* -1. [de cabelo] peine *m.* -2. [de pistola] cargador *m.*

penteadeira [pẽntʃja'dejra] *f* tocador *m.*

penteado, da [pẽn'tʃjadu] *adj* peinado(da).

➡ **penteado** *m* peinado *m.*

pentear [pẽn'tʃja(x)] *vt* peinar.

➡ **pentear-se** *vp* [pessoa] peinarse.

Pentecostes [pẽnte'kɔʃtiʃ] *m* RELIG Pentecostés *m.*

penugem [pe'nuʒẽ] (*pl* -ns) *f* -1. [de pêlos] pelusa *f.* -2. [de penas] plumaje *m.*

penúltimo, ma [pe'nuwtʃimu, ma] *adj* penúltimo(ma).

penumbra [pe'nũnbra] *f* -1. [meia-luz] penumbra *f.* -2. *fig* [obscuridade] oscuridad *f.*

penúria [pe'nurja] *f* penuria *f.*

peões [ˈpjõjʃ] *pl* ▷ peão.

pepino [pe'pinu] *m* -1. [fruto] pepino *m.* -2. *fam* [problema] lío *m*, desbole *m* RP.

pequeno, na [pe'kenu, na] ◇ *adj* -1. [tamanho] pequeño(ña), chico(ca) *Amér.* -2. [mesquinho] pobre. ◇ *m, f* [criança] pequeño *m*, -ña *f*, chico *m*, -ca *f Amér.*

➡ **pequena** *f* [namorada] novia *f*, chica *f.*

pequeno-burguês, pequeno-burguesa [peˌkenubux'geʃ, eza] (*pl* pequenos-burgueses) ◇ *adj* pequeñoburgués(esa). ◇ *m, f* pequeñoburgués *m*, -esa *f.*

Pequim [pe'kĩ] *n* Pekín.

pêra [ˈpera] (*pl* pêras) *f* pera *f.*

perambular [perãnbu'la(x)] *vi:* ~ (por) deambular (por).

perante [pe'rãntʃi] *prep* ante.

pé-rapado, da [ˌpɛxa'padu, da] (*mpl* pés-rapados, *fpl* pés-rapadas) *m, f* pordiosero *m*, -ra *f.*

percalço [pex'kawsu] *m* avatar *m.*

per capita [pex'kapita] *loc adj* per cápita.

perceber [pexse'be(x)] *vt* -1. [através dos sentidos] percibir. -2. [compreender] entender. -3. [notar] darse cuenta de, notar.

percentagem [pexsẽn'taʒẽ] (*pl* -ns) *f* porcentaje *m.*

percepção [pexsep'sãw] *f* percepción *m.*

perceptível [pexsep'tʃivew] (*pl* -eis) *adj* perceptible.

perceptivo, va [pexsep'tʃivu, va] *adj* perceptivo(va).

percevejo [pexse'veʒu] *m* -1. ZOOL chinche *m* o *f.* -2. [prego] chincheta *f*, tachuela *f Cuba*, chinche *f Méx* & *RP.*

percorrer [pexko'xe(x)] *vt* -1. [ger] recorrer.

-2. [consultar] consultar.

percurso [pex'kuxsu] *m* recorrido *m.*

percussão [pexku'sãw] (*pl* -ões) *f* [toque, instrumentos] percusión *f.*

percussionista [pexkusjo'niʃta] *mf* percusionista *mf.*

percutir [pexku'tʃi(x)] *vt* percutir.

perda [ˈpexda] *f* pérdida *f*; ~ de tempo pérdida de tiempo; ~ s e danos daños *mpl* y perjuicios.

perdão [pex'dãw] (*pl* -ões) ◇ *m* [escusa] perdón *m*; pedir ~ a alguém pedir perdón a alguien. ◇ *interj* ¡perdón!

perdedor, ra [pexde'do(x), ra] ◇ *adj* perdedor(ra). ◇ *m, f* [de competição] perdedor *m*, -ra *f.*

perder [pex'de(x)] ◇ *vt* -1. [ger] perder; **pôr tudo a** ~ echar todo a perder. -2. [deixar de ver, ouvir] perderse. ◇ *vi* [ser vencido] perder; ~ de alguém perder contra alguien.

➡ **perder-se** *vp* -1. [atrapalhar-se, extraviar-se] perderse; ~-se de alguém perderse de alguien. -2. *fam* [cair na prostituição] perderse. -3. [arruinar-se] echarse a perder, perderse. -4. [absorver-se] sumergirse, perderse.

perdição [pexdʒi'sãw] *f* -1. [ruína] pérdida *f.* -2. [mau caminho, desonra] perdición *f.*

perdido, da [pex'dʒidu, da] ◇ *adj* perdido(da); ~ (de amor) por alguém perdido por alguien. ◇ *m, f* [pervertido] pervertido *m*, -da *f.*

perdigão [pexdʒi'gãw] (*pl* -ões) *m* [macho] perdigón *m.*

perdiz [pex'dʒiʃ] (*pl* -es) *f* [fêmea] perdiz *f.*

perdoar [pex'dwa(x)] ◇ *vt* perdonar; ~ algo (a alguém) perdonar algo (a alguien); não ~ no perdonar. ◇ *vi* [desculpar] perdonar.

perdurar [pexdu'ra(x)] *vi* [permanecer, durar muito] perdurar; ~ (por/através) perdurar (durante/a través).

perecer [pere'se(x)] *vi* [extingüir-se, morrer] perecer.

perecível [pere'sivew] (*pl* -eis) *adj* perecedero(ra).

peregrinação [peregrina'sãw] (*pl* -ões) *f* peregrinación *f.*

peregrino, na [pere'grinu, na] *m, f* [viajante & RELIG] peregrino *m*, -na *f.*

peremptório, ria [perẽnp'tɔrju, rja] *adj* perentorio(ria).

perene [pe'reni] *adj* perenne.

perfeccionista [pexfeksjo'niʃta] ◇ *adj* perfeccionista. ◇ *mf* perfeccionista *mf.*

perfeição [pexfej'sãw] *f* [primor, mestria] per-

fección *f*; **ser uma** ~ ser perfecto.
perfeitamente [pex͵fejta'mɛ̃ntʃi] <> *adv* perfectamente. <> *interj* [de acordo] ¡por supuesto!
perfeito, ta [pex'fejtu, ta] *adj* perfecto(ta).
pérfido, da [ˈpɛxfidu, da] *adj* pérfido(da).
perfil [pex'fiw] (*pl* -**is**) *m* -**1**. [ger] perfil *m*; **de** ~ **de perfil. -2**. [retrato] retrato *m*, perfil *m* *RP*.
performance [pex'fɔxmãnsil] *f* -**1**. [desempenho] rendimiento *m*. -**2**. *TEATRO* representación *f*, performance *m* o *f* *Cuba*, espectáculo *m* *RP*.
perfumado, da [pexfu'madu, da] *adj* perfumado(da).
perfumar [pexfu'ma(x)] *vt* perfumar.
◆ **perfumar-se** *vp* perfumarse.
perfume [pex'fumi] *m* [produto, odor] perfume *m*.
perfurar [pexfu'ra(x)] *vt* perforar.
pergaminho [pexga'miɲu] *m* [documento] pergamino *m*.
pergunta [pex'gũnta] *f* pregunta *f*; **fazer uma** ~ **a alguém** hacer una pregunta a alguien.
perguntar [pexgũn'ta(x)] <> *vt* -**1**. [indagar] preguntar; ~ **algo a alguém** preguntar algo a alguien. -**2**. [interrogar] interrogar. <> *vi* [indagar] preguntar; ~ **por alguém** preguntar por alguien.
◆ **perguntar-se** *vp* preguntarse.
perícia [pe'risja] *f* -**1**. [conhecimento, habilidade] pericia *f*. -**2**. [policial] examen *m* pericial. -**3**. [examinadores] peritos *mpl*.
periculosidade [perikulozi'dadʒi] *f* peligrosidad *f*; **de alta** ~ de alta peligrosidad.
periferia [perife'ria] *f* -**1**. [contorno] periferia *f*. -**2**. [subúrbio] suburbio *m*. -**3**. *GEOM* [circunferência] perímetro *m*. -**4**. *fig* [margem] superficie *f*.
periférico, ca [peri'fɛriku, ka] *adj* -**1**. [que contorna] periférico(ca). -**2**. *fig* [marginal] superficial.
◆ **periférico** *m* *COMPUT* periférico *m*.
perigo [pe'rigu] *m* peligro *m*; **correr** ~ correr peligro; **fora de** ~ fuera de peligro; **estar/pôr em** ~ estar/poner en peligro; **estar a** ~ *fam* [dinheiro] estar sin blanca, estar brujo *Cuba*, estar bruja *Méx*, estar pelado(da) *RP*; [em dificuldade] estar en aprietos, estar en capilla *RP*; **ser um** ~ [ser perigoso] ser un peligro; *fam* [ser uma tentação] ser una provocación, ser una tentación *Méx*.
perigoso, osa [peri'gozu, ɔza] *adj* peligroso(sa).
perímetro [pe'rimetru] *m* perímetro *m*; ~ **urbano** perímetro urbano.

periódico, ca [pe'rjɔdʒiku, ka] *adj* periódico(ca).
◆ **periódico** *m* -**1**. [jornal] periódico *m*. -**2**. [revista] publicación *f* periódica, revista *f*.
período [pe'riwdu] *m* periodo *m*, período *m*.
peripécia [peri'pɛsja] *f* [aventura, incidente] peripecia *f*.
periquito [peri'kitu] *m* periquito *m*.
perito, ta [pe'ritu, ta] <> *adj* [experiente, especialista] experto(ta). <> *m, f* -**1**. [especialista] experto *m*, -ta *f*, perito *m*, -ta *f* *RP*. -**2**. [quem faz perícia] perito *m*, -ta *f*.
perjúrio [pex'ʒurju] *m* perjurio *m*.
permanecer [pexmane'se(x)] *vi* permanecer.
permanência [pexma'nẽnsja] *f* -**1**. [continuação, constância] permanencia *f*. -**2**. [estada] estancia *f*, estadía *f* *RP*.
permanente [pexma'nẽntʃi] <> *adj* [estável, constante] permanente. <> *m* [cartão] pase *m*, carnet *m* *RP*. <> *f* [penteado] permanente *f*; **fazer uma** ~ hacerse la permanente.
permissão [pexmi'sãw] (*pl* -**ões**) *f* permiso *m*.
permissível [pexmi'sivew] (*pl* -**eis**) *adj* permisible.
permissivo, va [pexmi'sivu, va] *adj* permisivo(va).
permitir [pexmi'tʃi(x)] *vt* permitir; ~ **a alguém fazer algo** permitirle a alguien hacer algo; ~ **algo a alguém** permitir algo a alguien.
◆ **permitir-se** *vp* permitirse.
perna [ˈpɛxna] *f* -**1**. *ANAT* pierna *f*; ~ **de pau** pata *f* de palo; **passar a** ~ **em alguém** *fam* [enganar] dar gato por liebre a alguien, pasar a alguien *RP*; [trair] engañar a alguien. -**2**. [de cadeira, mesa, cama] pata *f*. -**3**. [de estrela] punta *f*. -**4**. [de óculos] patilla *f*. -**5**. [de compasso] brazo *m*.
Pernambuco [pexnãn'buku] *n* Pernambuco.
pernicioso, osa [pexni'sjozu, ɔza] *adj* -**1**. [nocivo] pernicioso(sa). -**2**. *MED* nocivo(va).
pernil [pex'niw] (*pl* -**is**) *m* *CULIN* pernil *m*.
pernilongo [pexni'lõngu] *m* mosquito *m*, zancudo *m* *Amér*.
pernoitar [pexnoj'ta(x)] *vi* pernoctar.
pernóstico, ca [pex'nɔstʃiku, ka] <> *adj* afectado(da). <> *mf* presumido *m*, -da *f*.
pérola [ˈpɛrola] *f* perla *f*.
perpassar [pexpa'sa(x)] *vt* [atravessar] pasar por encima de.
perpendicular [pexpẽndʒiku'la(x)] (*pl* -**es**) <> *adj* perpendicular. <> *f* perpendicular *f*.
perpetrar [pexpe'tra(x)] *vt* perpetrar.
perpetuar [pexpe'twa(x)] *vt* perpetuar.

◆ **perpetuar-se** *vp* perpetuarse.

perpétuo, tua [pex'pɛtwu, twa] *adj* perpetuo(tua).

perplexidade [pexpleksi'dadʒi] *f* perplejidad *f.*

perplexo, xa [pex'plɛksu, sa] *adj* perplejo(ja); **estar/ficar** ~ estar/quedarse perplejo.

perseguição [pexsegi'sãw] (*pl* -ões) *f* **-1.** [acossamento] persecución *f.* **- 2.** [de um objetivo] consecución *f*, persecución *f RP.*

perseguir [pexse'gi(x)] *vt* perseguir.

perseverante [pexseve'rãntʃi] *adj* perseverante.

perseverar [pexseve'ra(x)] *vi* **-1.** [persistir]: ~ **(em)** perseverar (en). **- 2.** [perdurar] persistir.

persiana [pex'sjãna] *f* persiana *f.*

persistência [pexsiʃ'tẽnsja] *f* persistencia *f.*

persistente [pexsiʃ'tẽntʃi] *adj* persistente.

persistir [pexsiʃ'tʃi(x)] *vi* [insistir, continuar] persistir; ~ **(em)** persistir (en).

personagem [pexso'naʒẽ] (*pl* -ns) *m, f* personaje *m.*

personalidade [pexsonali'dadʒi] *f* personalidad *f*; **dupla** ~ doble personalidad.

personalizado, da [pexsonali'zadu, da] *adj* personalizado(da).

personificação [pexsonifika'sãw] (*pl* -ões) *f* personificación *f.*

perspectiva [pexʃpek'tʃiva] *f ARTE* [ponto de vista, probabilidade] perspectiva *f*; **em** ~ [em vista] en perspectiva; [a distância] a distancia, en perspectiva *RP.*

perspicácia [pexʃpi'kasja] *f* perspicacia *f.*

perspicaz [pexʃpi'kaʃ] (*pl* -es) *adj* perspicaz.

persuadir [pexswa'dʒi(x)] ◇ *vt:* ~ alguém **(a fazer algo)** persuadir a alguien (para *ou* de hacer algo). ◇ *vi* [induzir] persuadir.

◆ **persuadir-se** *vp* [convencer-se]: ~ **-se (de algo)** persuadirse (de algo).

persuasão [pexswa'zãw] *f* **-1.** [ato] persuasión *f.* **- 2.** [convicção] convicción *f.*

persuasivo, va [pexswa'zivu, va] *adj* persuasivo(va).

pertencente [pextẽn'sẽntʃi] *adj:* ~ **a alguém** perteneciente a alguien; **ser** ~ **a algo** pertenecer a algo.

pertencer [pextẽn'se(x)] *vi:* ~ **a** pertenecer a.

pertences [pex'tẽnsiʃ] *mpl* [objetos pessoais] pertenencias *fpl.*

pertinaz [pextʃi'najʃ] *adj* pertinaz.

pertinência [pextʃi'nẽnsja] *f* pertinencia *f.*

pertinente [pextʃi'nẽntʃi] *adj* **-1.** [ger] pertinente. **- 2.** [importante] importante.

perto [ˈpɛxtu] ◇ *adj* cercano(na); **vive nu-** ma cidade ~ **daqui** vive en una ciudad cerca de aquí. ◇ *adv* cerca; **de** ~ [a pouca distância] de cerca; *fig* [intimamente] de cerca; ~ **de** [no espaço, aproximadamente] cerca de; [em comparação] al lado de.

perturbador, ra [pextuxba'do(x), ra] *adj* **-1.** [notícia] preocupante. **- 2.** [música] molesta. **- 3.** [grito] aterrador(ra).

perturbar [pextux'ba(x)] ◇ *vt* **-1.** [ger] perturbar. **- 2.** [envergonhar] avergonzar, alterar *RP.* ◇ *vi* [atordoar] molestar.

peru, rua [pe'ru, rua] *m, f* [ave] pavo *m*, -va *f*, guajolote *m Méx*, pipila *f Méx.*

◆ **perua** *f* **-1.** [caminhonete] [de passageiros] microbús *m*, guagüita *f Cuba.* **- 2.** [de carga] camioneta *f.* **- 3.** *fam pej* [mulher] hortera *f*, terraja *f RP.*

Peru [pe'ru] *n:* **(o)** ~ (el) Perú.

peruano, na [pe'rwãnu, na] ◇ *adj* peruano(na). ◇ *m, f* peruano *m*, -na *f.*

peruca [pe'ruka] *f* peluca *f.*

perversão [pexvex'sãw] (*pl* -ões) *f* perversión *f.*

perverso, sa [pex'vɛxsu, sa] *adj* perverso(sa).

perverter [pexvex'te(x)] *vt* **-1.** [ger] pervertir. **- 2.** [deturpar] distorsionar.

◆ **perverter-se** *vp* [corromper-se] pervertirse.

pervertido, da [pexvex'tʃidu, da] ◇ *adj* [corrompido] pervertido(da). ◇ *m, f* pervertido *m*, -da *f.*

pesadelo [peza'delu] *m* pesadilla *f.*

pesado, da [pe'zadu, da] *adj* **-1.** [ger] pesado(da). **- 2.** [tenso] tenso(sa). **- 3.** [difícil] duro(ra). **- 4.** [carregado] cargado(da).

pêsames [ˈpezamiʃ] *mpl* pésame *m.*

pesar [pe'za(x)] ◇ *m* pesar *m*; **apesar dos** ~ **es** a pesar de los pesares. ◇ *vt* **-1.** [ger] pesar. **- 2.** [ponderar] sopesar. **- 3.** *fig* [medir] medir. ◇ *vi* **-1.** [ger] pesar. **- 2.** [recair]: ~ **sobre alguém** recaer sobre alguien. **- 3.** [influenciar]: ~ **em algo** pesar en algo. **- 4.** [causar tristeza]: ~ **a alguém** pesar a alguien. **- 5.** [incomodar] caer pesado(da).

◆ **pesar-se** *vp* [verificar o peso] pesarse.

pesaroso, osa [peza'rozu, ɔza] *adj* pesaroso(sa).

pesca [ˈpɛʃka] *f* [ger] pesca *f*; **ir à** ~ ir a pescar, ir de pesca.

pescado [peʃ'kadu] *m* pescado *m.*

pescador, ra [peʃka'do(x), ra] (*mpl* -es, *fpl* -s) *m, f* pescador *m*, -ra *f.*

pescar [peʃ'ka(x)] *vt* **-1.** [ger] pescar. **- 2.** *fig* [conseguir] pescar, cazar *RP.*

pescoço [peʃ'kosu] *m* cuello *m*, pescuezo *m Amér*; **até o** ~ *fig* hasta el cuello.

peso [ˈpezu] *m* **-1.** [ger] peso *m*; ~ **bruto/**

líquido peso bruto/neto; ~ **pesado** *BOXE* peso pesado. **-2.** [para papéis] pisapapeles *m inv*. **-3.** [halteres] pesas *fpl*. **-4.** *fig* [influência, importância]: **de** ~ de peso.

➡ **em peso** *loc adj* en masa, en pleno.

pesponto [peʃ'põntu] *m* pespunte *m*.

pesqueiro, ra [peʃ'kejru, ra] *adj* pesquero(ra).

pesquisa [peʃ'kiza] *f* **-1.** [investigação] investigación *f*, pesquisa *f Méx*. **-2.:** ~ **de mercado/opinião** estudio *m* de mercado/de opinión. **-3.** [estudo] investigación *f*.

pesquisador, ra [peʃkiza'do(x), ra] <> *m, f* investigador *m*, -ra *f*. <> *adj* investigador(ra).

pesquisar [peʃki'za(x)] <> *vt* investigar. <> *vi* [estudar] investigar.

pêssego ['pesegu] *m* melocotón *m Esp*, durazno *m Amér*.

pessimismo [pesi'miʒmu] *m* pesimismo *m*.

pessimista [pesi'miʃta] <> *adj* pesimista. <> *mf* pesimista *mf*.

péssimo, ma ['pɛsimu, ma] *adj (superl de mau)* pésimo(ma), fatal.

pessoa [pe'soa] *f* **-1.** [ger] persona *f*; **em** ~ en persona; ~ **física/jurídica** *JUR* persona física/jurídica. **-2.** [personalidade] personalidad *f*.

pessoal [pe'swaw] (*pl* -ais) <> *adj* personal. <> *m* **-1.** [empregados] personal *m*. **-2.** [grupo] gente *f*.

Não confundir com o espanhol *personal*: (*El personal de la fábrica almuerza a las 12, pero yo almuerzo a la 1*. O pessoal da fábrica almoça às 12 horas, mas eu almoço à 1 hora.)

pessoalmente [peswaw'mẽntʃi] *adv* personalmente.

pestana [peʃ'tãna] *f* **-1.** [cílio] pestaña *f*. **-2.** *MÚS*: **fazer** ~ rasguear.

pestanejar [peʃtane'ʒa(x)] *vi* pestañear; **sem** ~ *fig* sin pestañear.

peste ['pɛʃtʃi] *f* **-1.** [ger] peste *f*. **-2.** [praga] plaga *f*.

pesticida [peʃtʃi'sida] *f* pesticida *m*.

pestilento, ta [peʃtʃi'lẽntu, ta] *adj* pestilente.

pétala ['pɛtala] *f* pétalo *m*.

peteca [pe'tɛka] *f* [brinquedo] *bola de cuero y cubierta de plumas que se lanza al aire*; **não deixar a** ~ **cair** *fam fig* no abandonar, no dejar caer la pelota *Amér*.

peteleco [pete'lɛku] *m* papirotazo *m*, capirotazo *m*.

petição [petʃi'sãw] (*pl* -ões) *f* **-1.** [requerimento] petición *f*, solicitud *f*, pedido *m Amér*. **-2.** [súplica] ruego *m*. **-3.** [estado]: **em** ~ **de miséria** en estado de miseria.

petiscar [petʃiʃ'ka(x)] *vi* picotear *Esp*, pellizcar *Cuba* & *RP*, picar *Méx*; **quem não arrisca não petisca** el que no llora no mama.

petisco [pe'tʃiʃku] *m* tentempié *m*, picada *f RP*.

petit-pois [petʃi'pwa] *m inv* guisantes *mpl* finos *Esp*, arvejas *fpl Cuba* & *RP*, chícharos *mpl Méx*.

petrificar [petrifi'ka(x)] *vt* petrificar.

Petrobras (*abrev de* Petróleo Brasileiro S/A) *f empresa de petróleos brasileña*.

petroleiro, ra [petro'lejru] <> *adj* petrolero(ra). <> *m, f* [pessoa] trabajador *m* petrolero, trabajadora *f* petrolera, petrolero *m*, -ra *f Amér*.

petróleo [pe'trɔljul] *m* petróleo *m*; ~ **bruto** petróleo crudo.

petrolífero, ra [petro'liferu, ra] *adj* petrolífero(ra).

petulância [petu'lãnsja] *f* petulancia *f*.

petulante [petu'lãntʃi] *adj* petulante.

pia ['pia] *f* [de banheiro] lavamanos *m inv*, pileta *f RP*; [de cozinha] pila *f Esp*, *Cuba* & *Méx*, fregadero *m Esp*, *Cuba* & *Méx*, pileta *f RP*; ~ **batismal** pila baustimal.

piada ['pjada] *f* **-1.** [anedota] chiste *m*, cuento *m Cuba* & *Méx*. **-2.** [brincadeira] broma *f*.

pianista [pja'niʃta] *mf* pianista *mf*.

piano ['pjãnu] *m* piano *m*.

pião ['pjãw] (*pl* -ões) *m* peonza *f*, trompo *m Amér*.

piar ['pja(x)] *vi* [ave] piar.

PIB (*abrev de* Produto Interno Bruto) *m* PIB *m*.

picadinho [pika'dʒjnul] *m CULIN* picadillo *m*.

picado, da [pi'kadu, da] *adj* **-1.** [ger] picado(da); **ser** ~ **por algo** ser picado(da) por algo; *fig* ser tocado(da) por el éxito. **-2.** [ofendido] ofendido(da). **-3.** [vôo] en picado *Esp*, en picada *Amér*.

➡ **picada** *f* **-1.** [espetada] pinchazo *m*, piquetazo *m Méx*. **-2.** [mordida] picadura *f*, picada *f Cuba*. **-3.** [caminho] sendero *m*, trocha *f Cuba*, senda *f Méx*, picada *f Urug*. **-4.** [de droga] pico *m*.

picanha [pi'kãɲa] *f* [carne bovina] cuadril *m*.

picante [pi'kãntʃi] *adj* picante.

pica-pau [,pika'paw] (*pl* pica-paus) *m* pájaro *m* carpintero.

picar [pi'ka(x)] *vt* **-1.** [ger] picar. **-2.** [espetar] pinchar. **-3.** [bicar] picotear, picar.

picareta [pika'reta] <> *f* [instrumento] pico *m*. <> *mf* [mau-caráter] sinvergüenza *mf*.

pichação [piʃa'sãw] (*pl* -ões) *f* **-1.** [grafite] graffiti *m*. **-2.** *fam* [crítica] crítica *f*.

picles ['pikleʃ] *mpl* encurtidos *mpl*, curados *mpl Méx*, pickles *mpl RP*.

pico ['piku] *m* **-1.** [cume] pico *m*. **-2.** [de faca *etc.*] punta *f.* **- 3.** *fam* [de droga] pico *m.*

picolé [piko'lɛl *m* polo *m Esp*, paletica *f* de helado *Cuba*, paleta *f* de hielo *Méx*, (helado *m*) palito *m RP*.

picotar [piko'ta(x)l *vt* perforar, ponchar *Cuba*.

picuinha [pi'kwiɲal *f* [implicância] provocación *f*; **estar de** ~ **com alguém** provocar a alguien.

piedade [pje'dadʒil *f* piedad *f*; **ter** ~ **de alguém** tener piedad de alguien.

piedoso, osa [pje'dozu, ɔzal *adj* piadoso(sa).

piegas ['pjɛɡaʃl *adj inv* cursi.

píer ['pie(x)l *m* embarcadero *m*, muelle *m.*

piercing ['pixsĩnl *m* piercing *m.*

pifão [pi'fãwl *(pl* -ões) *m fam* curda *f*; **tomar um** ~ coger una curda *Esp* & *Cuba*, agarrarse una cruda *Méx ou* curda *RP*.

pifar [pi'fa(x)l *vi fam* **- 1.** [enguiçar] estropearse, jorobarse *Esp*, chingarse *Méx*, quedarla *RP*. **- 2.** [gorar] irse al garete *Esp*, valer gorro *Méx*, quedarla *RP*.

pigméia [pig'mɛjal *f* ⊳ **pigmeu.**

pigmento [pig'mẽntul *m* pigmento *m.*

pigmeu, méia [pig'mew, mɛjal ◇ *adj* [pequeno] bajito(ta). ◇ *m*, *f* pigmeo *m*, -a *f.*

pijama [pi'ʒãmal *m* pijama *m Esp*, piyama *m o f Amér.*

pilantra [pi'lãntral *mf* granuja *mf*, sinvergüenza *mf.*

pilar [pi'la(x)l *(pl* -es) ◇ *m* pilar *m.* ◇ *vt* moler, majar.

pilha ['piʎal *f* **- 1.** [ger] pila *f.* **- 2.** *fig* [pessoa]: **estar/ser uma** ~ **(de nervos)** estar hecho/ser un manojo *ou* saco *RP* de nervios. **- 3.** *COMPUT* batería *f.*

pilhar [pi'ʎa(x)l *vt* **- 1.** [saquear] saquear. **- 2.** [roubar] asaltar, robar.

pilhéria [pi'ʎɛrjal *f* chiste *m*, broma *f.*

pilotar [pilo'ta(x)l *vt* & *vi* pilotar, pilotear *Amér.*

piloto [pi'lotul ◇ *m* [ger] piloto *m.* ◇ *adj* [modelo]: **fábrica/plano** ~ fábrica/plan piloto.

pílula ['pilulal *f* píldora *f*; ~ **anticoncepcional** píldora anticonceptiva.

pimenta [pi'mẽntal *f* **- 1.** *CULIN* pimienta *f.* **- 2.** *fig* [malícia] picardía *f.*

pimenta-do-reino [pi,mẽntadu'xejnul *(pl* pimentas-do-reino) *f* pimienta *f* negra.

pimenta-malagueta [pi,mẽntamala'getal *(pl* pimentas-malaguetas) *f* guindilla *f Esp*, ají *m Cuba* & *RP*, chile *m* piquín *Méx.*

pimentão [pimẽn'tãwl *(pl* -ões) *m* pimiento *m*, chile *m* morrón *Méx*, morrón *m Urug.*

pimenteira [pimẽn'tejral *f* **- 1.** *BOT* pimienta *f.* **- 2.** [recipiente] pimentero *m.*

pinacoteca [pinako'tɛkal *f* **- 1.** [coleção] colección *f* de pinturas. **- 2.** [museu] pinacoteca *f.*

pinça ['pĩsal *f* pinzas *fpl.*

píncaro ['pĩkarul *m* cima *f.*

pincel [pĩ'sɛwl *(pl* -éis) *m* pincel *m*; ~ **de barba** brocha *f* de afeitar.

pincelar [pĩse'la(x)l *vt* pintar.

pincenê [pĩse'nel *m* anteojos *mpl*, lentes *mpl Méx*, quevedos *mpl RP*.

pinga ['pĩgal *f fam* [cachaça] aguardiente *m*, caña *f RP*.

pingar [pĩ'ga(x)l *vi* **- 1.** [gotejar] gotear. **- 2.** [chover] lloviznar. **- 3.** [render] entrar.

pingente [pĩ'ʒẽntʃil *m* **- 1.** [objeto] colgante *m*, dije *m Amér*, pendiente *m Méx.* **- 2.** *fam* [passageiro] *persona que viaja colgada de algún vehículo de transporte público*, colgado *m*, -da *f Amér.*

pingo ['pĩgul *m* **- 1.** [gota] gota *f.* **- 2.** [sinal ortográfico] punto *m*; **pôr os** ~ **s nos is** *fig* poner los puntos sobre las íes.

pingue-pongue [,pĩgi'põŋgil *(pl* pingue-pongues) *m* ping-pong *m.*

pingüim [pĩ'gwĩl *(pl* -ns) *m* pingüino *m.*

pinheiro [pi'ɲejrul *m* pino *m.*

pinho ['pĩɲul *m* **- 1.** [ger] pino *m.* **- 2.** *fam* [violão] guitarra *f*, viola *f RP*.

pino ['pinul *m* **- 1.** [peça] pasador *m.* **- 2.** [*AUTO* - em motor] espiga *f* de válvula; [- tranca] pestillo *m*, pasador *m*; *fam fig* [estar mal] encontrarse mal, empezar a fallar *RP*. **- 3.** [cume]: **a** ~ en el cenit, a pique *RP*.

pinta ['pĩtal *f* **- 1.** [sinal] lunar *m*, mancha *f.* **- 2.** *fam* [aparência] pinta *f*; **ter** ~ **de algo** tener pinta de algo. **- 3.** *fam* [indício]: **estar com** ~ **de** tener pinta de; **dar na** ~ [demonstrar] cantar.

pintado, da [pĩ'tadu, dal *adj* **- 1.** [colorido] pintado(da). **- 2.** [sardento] pecoso(sa).

pintar [pĩ'ta(x)l ◇ *vt* **- 1.** [ger] pintar. **- 2.** [com cosmético, esmalte] pintarse. **- 3.** *fig* [conceber] pintar como. ◇ *vi* **- 1.** *ARTE* pintar. **- 2.** *fam* [aparecer] presentarse, pintar *RP*. **- 3.** [exceder-se] pasarse de rosca, caminar por encima de *RP*; ~ **e bordar** *fig* hacer de las suyas.

➤ **pintar-se** *vp* [maquilar-se] pintarse.

pinto ['pĩtul *m*, *f* **- 1.** *ZOOL* pollito *m.* **- 2.** *mfam* [pênis] polla *f Esp*, pinga *f Cuba*, pito *m Méx* & *RP*. **- 3.** [coisa fácil]: **ser** ~ ser pan comido, ser jamón *Cuba*, ser un boleto *RP*.

pintor, ra [pĩn'to(x), ral *(mpl* -es, *fpl* -s) *m*, *f* pintor *m*, -ra *f.*

pintura [pĩn'tural *f* **- 1.** [ger] pintura *f*; ~ **a óleo** pintura al óleo. **- 2.** [maquiagem] maquillaje *m.*

pio, pia ['piw, 'pial *adj* pío(a).

pio *m* [de ave] pío *m*; **não dar um** ~ no decir ni pío.

piões ['pjõjʃ] *pl* ▷ **pião**.

piolho ['pjoʎul *m* piojo *m*.

pioneiro, ra [pjo'nejru, ra] ◇ *adj* pionero(ra). ◇ *m, f*-**1.** [precursor] pionero *m*, -ra *f*. - **2.** [explorador] explorador *m*, -ra *f*.

pior ['pjɔ(x)] (*pl* -es) ◇ *adj* -**1.** [comparativo]: ~ **(do que)** peor (que). - **2.** [superlativo]: **o/a** ~ ... el/la peor ... ◇ *m*: **o** ~ **(de)** [inferior] el peor (de); [inconveniente] lo peor (de). ◇ *f*: **a** ~ **(de)** la peor (de); *loc* **estar na** ~ estar pasándolas canutas *Esp*, estar en el fondo del pozo *Amér*, estar por los suelos *Méx*; **levar a** ~ llevarse la peor parte. ◇ *adv* [comparativo]: ~ **(do que)** peor (que); **estar** ~ **(de algo)** estar peor (de algo).

piorar [pjo'ra(x)] *vi* empeorar.

pipa ['pipa] *f* -**1.** [vasilhame] tonel *m*, barril *m*. - **2.** [de papel] cometa *f*, papalote *m* *Cuba* & *Méx*.

pipi [pi'pi] *m fam* pipi *m*, chis *f Méx*, pichí *m RP*.

pipoca [pi'pɔka] *f* -**1.** [de milho] palomitas *fpl* de maíz *Esp*, pochoclo *m Arg*, rositas *fpl* de maíz *Cuba*, palomitas *fpl Méx*, pop *m Urug*. - **2.** [em pele] ampolla *f*.

pipocar [pipo'ka(x)] *vi*-**1.** [estourar] reventar. - **2.** [espocar] estallar. - **3.** [surgir] surgir.

pipoqueiro, ra [pipo'keiru, ra] *m, f* [vendedor] vendedor *m*, -ra *f* de palomitas *Esp ou* rositas *Cuba ou* pochoclo *Arg* & *Méx ou* pop *Urug*.

pique ['piki] *m* -**1.** [brincadeira] *juego en el que hay que atrapar a los otros antes de que éstos lleguen a un punto predeterminado*, mancha *f RP*. - **2.** [disposição] energía *f*; **perder o** ~ quedarse sin energías. - **3.** [corte] corte *m*. - **4.** *NÁUT*: **ir a** ~ irse a pique.

piquenique [ˌpiki'niki] *m* picnic *m*.

pirado, da [pi'radu, da] *adj* loco(ca).

pirâmide [pi'rãmidʒi] *f* pirámide *f*.

piranha [pi'rãɲa] *f* -**1.** [peixe] piraña *f*. - **2.** *mfam pej* [mulher] zorra *f*, guaricandilla *f Cuba*, putarraca *f RP*.

pirão [pi'rãw] (*pl* -ões) *m CULIN puré de harina de mandioca hecho con caldo de pescado o gallina*.

pirar [pi'ra(x)] *vi* -**1.** [endoidar] volverse loco(ca). - **2.** [fugir] largarse, irse *Méx*, rajar *RP*.

pirata [pi'rata] ◇ *mf* pirata *mf*. ◇ *adj* pirata.

pirataria [pirata'ria] *f* piratería *f*.

Pireneus [pire'newʃ] *npl*: **os** ~ los Pirineos.

pires ['piriʃ] *m inv* platito *m*.

pirraça [pi'xasa] *f* capricho *m*.

pirralho, lha [pi'xaʎu, ʎa] *m, f* renacuajo *m*, -ja *f*, mocoso *m*, -sa *f*, vejigo *m*, -ga *f Cuba*, piojo *m*, -ja *f RP*.

pirueta [pi'rweta] *f* pirueta *f*.

pirulito [piru'litu] *m* -**1.** [bala] pirulí *m*, chupa-chupa *m RP*. - **2.** *fam* [pênis] pito *m*, pajarito *m Méx*.

pisada [pi'zada] *f* -**1.** [passo] paso *m*. - **2.** [pegada] pisada *f*.

pisar [pi'za(x)] ◇ *vt* pisar. ◇ *vi* -**1.** [andar]: ~ **(em)** pisar. - **2.**: ~ **em** [tocar com os pés] pisar a; [ir, vir] poner pie en, pisar *Amér*; [humilhar] pisotear; ▷ **bola**, **ovos**.

pisca-pisca [ˌpiʃka'piʃka] (*pl* pisca-piscas) *m AUTO* intermitente *m*, señalero *m RP*.

piscar [piʃ'ka(x)] ◇ *vt* [olho] guiñar. ◇ *vi* -**1.** [pessoa, olho] parpadear. - **2.** [trocar sinais]: ~ **para alguém** guiñar el ojo a alguien. - **3.** [tremeluzir] parpadear, titilar *RP*. ◇ *m* parpadeo *m*; **num** ~ **de olhos** en un abrir y cerrar de ojos.

piscina [pi'sina] *f* piscina *f*, alberca *f Méx*, pileta *f RP*.

piso ['pizu] *m* -**1.** [ger] piso *m*. - **2.** [salário]: ~ **(salarial)** salario *m* mínimo profesional, piso *m* salarial *Amér*.

pisotear [pizo'tʃja(x)] *vt* pisotear.

pista ['piʃta] *f* -**1.** [ger] pista *f*. - **2.** [encalço]: **na** ~ **de** tras la pista de. - **3.** [de rua, estrada] carril *m*, senda *f RP*.

pistola [piʃ'tɔla] *f* pistola *f*.

pistoleiro, ra [piʃto'lejru, ra] *m, f* [criminoso] pistolero *m*, -ra *f*.

pistom [piʃ'tõ] (*pl* -ns) *m* -**1.** [instrumento] trompeta *f*. - **2.** [de motor] pistón *m*.

pitada [pi'tada] *f* pizca *f*.

pitanga [pi'tãŋga] *f* pitanga *f*.

pitoresco, ca [pito'reʃku, ka] ◇ *adj* pintoresco(ca). ◇ *m*: **o** ~ lo pintoresco.

pivete [pi'vɛtʃi] *m fam* ladronzuelo *m*, infanto-juvenil *m RP*.

pivô [pi'vo] *m* -**1.** [de dente] espiga *f*. - **2.** *fig* [suporte] centro *m*, pivote *m*. - **3.** *fig* [agente principal] disparador *m*. - **4.** [jogador] pívot *m*.

pixel ['piksew] *m INFORM* píxel *m*.

pixote [pi'ʃɔtʃi] *m* chiquillo *m*, pibe *m Arg*, pelado *m Bol*, chamaco *m Méx*, gurí *m Urug*.

pizza ['pitsa] *f* pizza *f*.

pizzaria [pitsa'ria] *f* pizzería *f*.

placa ['plaka] *f* -**1.** [ger] placa *f*. - **2.** [aviso] cartel *m*; ~ **de sinalização** cartel señalizador. - **3.** *AUTO* placa *f* (de matrícula), chapa *f RP*. - **4.** [na pele] mancha *f*.

placar [pla'ka(x)] *m* [escore] marcador *m*, placar *m RP*.

plácido, da ['plasidu, da] *adj* plácido(da).

plagiador, ra [plaˈʒjaˈdo(x), ra] *m, f* plagiario *m,* -ria *f.*

plagiar [plaˈʒja(x)] *vt* plagiar.

plagiário, ria [plaˈʒjarju, rja] *m, f* plagiario *m,* -ria *f.*

plágio [ˈplaʒju] *m* plagio *m.*

planador [planaˈdo(x)] (*pl* -es) *m* planeador *m.*

planalto [plaˈnawtu] *m* altiplano *m.*

➡ **Planalto** *m* [palácio presidencial]: **o Planalto** la sede de la presidencia del gobierno, en Brasilia.

planar [plaˈna(x)] *vi* planear.

planejamento [planeʒaˈmẽntu] *m* planificación *f;* ~ **familiar** planificación familiar.

planejar [planeˈʒa(x)] *vt* planear.

planeta [plaˈneta] *m* planeta *m.*

planetário, a [planeˈtarju] *adj* planetario(ria).

➡ **planetário** *m* planetario *m.*

planície [plaˈnisji] *f* planicie *f,* llanura *f.*

planilha [plaˈniʎa] *f* -**1.** [formulário] planilla *f,* formulario *m.* - **2.** *COMPUT* hoja *f* de cálculo.

plano, na [ˈplãnu, na] <> *adj* -**1.** [superfície] plano(na). - **2.** [liso] liso(sa). <> *m* -**1.** [ger] plano *m.* - **2.** [posição]: **em primeiro/segundo** ~ en primer/segundo plano. - **3.** [projeto, intenção] plan *m.* - **4.** [superfície plana] llano *m.* - **5.** [seguro]: ~ **de saúde** seguro *m* de salud.

planta [ˈplãnta] *f* planta *f;* ~ **do pé** planta del pie.

plantação [plãntaˈsãw] *m* -**1.** [ato, terreno] plantación *f.* - **2.** [produtos] siembra *f,* cosecha *f.*

plantão [plãnˈtãw] (*pl* -ões) *m* -**1.** [serviço] guardia *f;* **estar de** ~ estar de guardia. - **2.** [plantonista] persona *f* de guardia.

plantar [plãnˈta(x)] *vt* -**1.** [ger] plantar. - **2.** [estabelecer] plantar, fincar *Méx.* - **3.** *fig* [incutir] sembrar. - **4.** *fig* [pôr] colocar.

plantões [plãnˈtõjʃ] *pl* ▷ plantão.

plantonista [plãntoˈniʃta] *mf* persona *f* de guardia.

plaqueta [plaˈketa] *f* -**1.** [placa pequena] placa *f.* - **2.** [corpúsculo] plaqueta *f.* - **3.** *AUTO* permiso *m* de circulación.

plástico, ca [ˈplaʃtʃiku] *adj* plástico(ca).

➡ **plástico** *m* [matéria] plástico *m;* **de** ~ de plástico.

➡ **plástica** *f* -**1.** [cirurgia] cirugía *f* plástica; **fazer plástica** hacerse la cirugía plástica. - **2.** [corpo] figura *f.*

plataforma [plataˈfɔxma] *f* -**1.** [ger] plataforma *f;* ~ **de exploração de petróleo** plataforma petrolífera; ~ **de lançamento** plataforma de lanzamiento. - **2.** [de estação] andén *m,* plataforma *f RP.*

platéia [plaˈtɛja] *f* -**1.** [espaço] platea *f.* - **2.** [público] público *m.*

platina [plaˈtʃina] *f* [metal] platino *m.*

platinado, da [platʃiˈnadu, da] *adj* platino *Esp,* platinado(da) *Amér.*

➡ **platinado** *m* *AUTO* platinos *mpl.*

platônico, ca [plaˈtoniku, ka] *adj* platónico(ca).

plausível [plawˈzivɛw] (*pl* -eis) *adj* [aceitável] plausible.

playground [plejˈgrawndʒi] *m* parque *m* infantil.

plebeu, béia [pleˈbew, bɛja] <> *adj* plebeyo(ya). <> *m, f* plebeyo *m,* -ya *f.*

plebiscito [plebiˈsitu] *m* plebiscito *m.*

pleitear [plejˈtʃja(x)] *vt* -**1.** [diligenciar] luchar por, alegar *Méx.* - **2.** *JUR* entablar un pleito por, litigar *Méx.* - **3.** [concorrer a] disputar.

pleito [ˈplejtu] *m* -**1.** *JUR* pleito *m.* - **2.** [eleição]: ~ **(eleitoral)** contienda *f* electoral.

plenário [pleˈnarju] *m* -**1.** [assembléia] plenario *m,* pleno *m.* - **2.** [local] [salón *m*] plenario *m.*

plenitude [pleniˈtudʒi] *f* plenitud *f.*

pleno, na [ˈplenu, na] *adj* -**1.** [cheio]: ~ **de** lleno(na) de. - **2.** [total] pleno(na); **em** ~ **verão** en pleno verano; ~**s poderes** plenos poderes; **em plena luz do dia** a plena luz del día.

pluma [ˈpluma] *f* pluma *f.*

plural [pluˈraw] (*pl* -ais) <> *adj* plural. <> *m* plural *m.*

pluralismo [pluraˈliʒmu] *m* pluralismo *m.*

Plutão [pluˈtãw] *n* Plutón *m.*

pluvial [pluˈvjaw] (*pl* -ais) *adj* pluvial.

PM (*abrev de* **Polícia Militar**) *f* PM *f.*

PNB (*abrev de* **Produto Nacional Bruto**) *m* PNB *m.*

pneu [piˈnew] *m* -**1.** *AUTO* neumático *m,* llanta *f Amér,* goma *f Cuba & RP.* - **2.** *fam* [gordura] michelín *m Esp,* salvavidas *f inv Cuba & RP,* llantitas *fpl Méx.*

pneumonia [pinewmuˈnia] *f* neumonía *f.*

pó [ˈpɔ] *m* -**1.** [poeira, substância pulverizada] polvo *m;* **tirar o** ~ **de algo** limpiar *ou* quitar *ou* sacar *RP* el polvo a algo; **em** ~ en polvo. - **2.** [pó-de-arroz] polvos *mpl* para la cara. - **3.** *fam* [cocaína] coca *f.*

pobre [ˈpɔbri] <> *adj* -**1.** [sem recursos, estéril] pobre. - **2.** [medíocre] flojo(ja), pobre. - **3.** [escasso]: ~ **de/em algo** pobre de/en algo. - **4.** *(antes do subst)* [digno de pena] pobre. <> *m* [pessoa] pobre *mf;* **os** ~**s** los pobres.

pobreza [poˈbreza] *m* -**1.** [miséria] pobreza *f.* - **2.** [escassez]: ~ **de/em algo** pobreza de algo.

poça [ˈpɔsa] *f:* ~ **(d'água)** charco *m* (de agua).

politicagem

poção [po'sãw] (pl-ões) f poción f, pócima f.

pocilga [po'siwga] f pocilga f.

poço ['posu] f [cavidade] pozo m; ~ **de petróleo** pozo de petróleo; **ir ao fundo do** ~ fig hundirse, irse al fondo del pozo *Méx.*

podar [po'da(x)] vt podar.

pó-de-arroz [‚podʒja'xoʃ] (pl pós-de-arroz) m polvos mpl para la cara.

poder [po'de(x)] (pl-es) <> m poder m; o ~ el poder; **estar no** ~ estar en el poder; ~ **de compra** poder adquisitivo; **estar em** ~ **de alguém** estar en poder de alguien; **ter em seu** ~ **algo** tener en su poder algo. <> vaux poder; ~ **fazer algo** poder hacer algo; **podia tê-lo feito antes** podría haberlo hecho antes; **não posso mais!** ¡no puedo más!; **não posso fazer nada!** ¡no puedo hacer nada!; **posso fumar?** ¿puedo fumar?; **não podemos abandoná-lo** no podemos abandonarlo; **pode fazer várias coisas** puede hacer varias cosas; **não pode ser!** ¡no puede ser!; **pudera!** ¡no me extraña! <> v impess [ser possível] poder; **pode ser que chova** puede que llueva, puede ser que llueva *Amér*; **pode não ser verdade** puede que no sea verdad, puede no ser verdad *Amér*; **pode acontecer a qualquer um** le puede pasar a cualquiera.

➡ **poder com** v + prep [suportar] aguantar; **não posso com mentirosos** no aguanto a los mentirosos; [peso] poder con; **não pode com tanto peso** no puede con tanto peso.

poderio [pode'riw] m poderío m.

poderoso, osa [pode'rozu, ɔza] adj poderoso(sa).

podre ['podri] <> adj -**1.** [deteriorado, corrupto] podrido(da). -**2.** fig [cheio]: ~ **(de cansaço)** muerto(ta) (de cansancio); ~ **de gripe** con una gripe impresionante; ~ **de rico** forrado(da), podrido(da) en dinero *Méx*, lleno(na) de guita *RP*. <> m [parte]: **o** ~ la parte podrida.

podridão [podri'dãw] (pl-ões) f podredumbre f.

poeira ['pwejra] f polvo m; ~ **radioativa** polvo radioactivo.

poeirento, ta [pwej'rẽtu, ta] adj polvoriento(ta).

poema ['pwema] m poema m.

poesia [pwi'zia] f -**1.** [arte, poema] poesía f. -**2.** [encanto] gracia f.

poeta ['pweta] m poeta m.

poético, ca ['pwɛtʃiku, ka] adj poético(ca).

poetisa [pwɛ'tʃiza] f poetisa f.

pois ['pojʃ] conj -**1.** [portanto] por lo tanto. -**2.** [mas] pues. -**3.** [porque] porque.

➡ **pois bem** loc adv bueno, pues bien *Méx.*

➡ **pois é** loc adv ya lo creo.

➡ **pois não** <> loc adv [em loja, restaurante]: ~ **não?** ¿sí?, usted dirá ..., ¿qué desea ordenar? *Méx.* <> interj ¡cómo no!, ¡claro!

➡ **pois sim** interj: ~ **sim!** ¡lo dudo!

polaco, ca [po'laku, ka] <> adj polaco(ca). <> m, f polaco m, -ca f.

➡ **polaco** m [língua] polaco m.

polar [po'la(x)] adj polar.

polegada [pole'gada] f pulgada f.

polegar [pole'ga(x)] (pl -es) <> adj pulgar. <> m pulgar m.

polêmico, ca [po'lemiku, ka] adj polémico(ca).

➡ **polêmica** f polémica f.

polemizar [polemi'za(x)] vi discutir, polemizar.

pólen ['pɔlẽ] m polen m.

polenta [po'lẽta] f polenta f.

polia [po'lia] f polea f.

polícia [po'lisja] <> f policía f; ~ **federal** policía federal; ~ **militar** fuerza policial militarizada de los estados brasileños. <> m [policial] policía mf.

policial [poli'sjaw] (pl -ais) <> adj policial; **cão** ~ perro policía. <> mf policía mf.

policiar [poli'sja(x)] vt -**1.** [vigiar] vigilar. -**2.** [controlar] controlar.

➡ **policiar-se** vp [controlar-se] controlarse.

polidez [poli'deʒ] f [cortesia] cortesía f, urbanidad f.

polido, da [po'lidu, da] adj -**1.** [liso] pulido(da). -**2.** [lustroso] pulido(da). -**3.** [cortês] cortés, educado(da).

poliéster [po'ljɛste(x)] m poliéster m.

poliestireno [poljeʃtʃi'renu] m poliestireno m.

polietileno [poljetʃi'lenu] m polietileno m.

polígamo, ma [po'ligamu, ma] adj polígamo(ma).

poliglota [poli'glɔta] <> adj políglota). <> m polígloto m, -ta f, políglota mf.

polígono [po'ligonu] m GEOM polígono m.

polimento [poli'mẽtu] m -**1.** [lustração] pulimento m, encerada f *RP*. -**2.** fig [finura] educación f, pulimento m *Méx*.

polir [po'li(x)] vt -**1.** [assoalho] pulir, lustrar *RP*. -**2.** [prata, maneiras] pulir. -**3.** [envernizar] barnizar.

politécnica [poli'tɛknika] f escuela f politécnica, politécnico m.

política [po'litʃika] f ⊳ político.

politicagem [politʃi'kaʒẽ] f politiqueo m, politiquería f *RP*.

político, ca [po'litʃiku, ka] ◇ *adj* **-1.** POL político(ca). **-2. fig** [hábil] diplomático(ca). ◇ *m, f* político *m*, -ca *f*.
➛ **política** *f* **-1.** [ciência, programa] política *f*; ~ **econômica** política económica. **-2. fig** [habilidade] diplomacia *f*.
politizar [politʃi'za(x)] *vt* politizar.
➛ **politizar-se** *vp* politizarse.
polivalente [poliva'lẽntʃi] *adj* polivalente.
pólo ['pɔlu] *m* **-1.** [ger] polo *m*; ~ **petroquímico** polo petroquímico; ~ **aquático** waterpolo *m*. **-2. fig** [extremo] lado *m*, cara *f*. **-3. fig** [guia] norte *m*. **-4.** FÍS: ~ **magnético** polo *m* magnético.
Polônia [po'lonja] *n* Polonia.
polpa ['powpa] *f* pulpa *f*.
poltrona [pow'trona] *f* **-1.** [em casa] sillón *m*. **-2.** [em cine, teatro] butaca *f*. **-3.** [em avião] asiento *m*.
poluente [po'lwẽntʃi] ◇ *adj* contaminante. ◇ *m* contaminante *m*.
poluição [poluj'sãw] *f* contaminación *f*, polución *f* **Méx**.
poluir [po'lwi(x)] *vt* contaminar.
polvilho [pow'viʎu] *m* **-1.** [pó] polvillo *m*. **-2.** [farinha] *tipo muy fino de harina de mandioca*.
polvo ['powvu] *m* pulpo *m*.

Não confundir com o espanhol *polvo*, que tem um significado similar ao português 'pó': (*El pulpo nada ayudado por sus múltiples brazos*. O polvo nada ajudado por seus múltiplos braços.; *Soy alérgica al polvo: mi casa debe estar siempre muy limpia*. Sou alérgica ao pó; minha casa tem que estar sempre muito limpa.)

pólvora ['pɔwvora] *f* pólvora *f*; **descobrir a** ~ **fig** *irôn* inventar la pólvora.
polvorosa [powvo'rɔza] *f*: **em** ~ [agitado] expectante; [desarrumado] patas arriba.
pomada [po'mada] *f* pomada *f*.
pomar [po'ma(x)] (*pl* -es) *m* huerto *m* de árboles frutales.
pombo, ba ['põbu, ba] *m, f* palomo *m*, -ma *f*.
pompa ['põpa] *f* pompa *f*.
pomposo, osa [põ'pozu, ɔza] *adj* pomposo(sa).
ponche ['põʃi] *m* ponche *m*.
poncho ['põʃu] *m* poncho *m*, jorongo *m* **Méx**.
ponderado, da [põde'radu, da] *adj* ponderado(da).
ponderar [põde'ra(x)] ◇ *vi* **-1.** [refletir] reflexionar. **-2.** [argumentar] argumentar. ◇ *vt* ponderar.
pônei ['ponej] *m* poni *m*, poney *m*.
ponta ['põta] *f* **-1.** [ger] punta *f*; **na** ~ **do pé** de puntillas, en puntas de pie **RP**. **-2. fig**

[quantidade]: **uma** ~ **de** un poco de. **-3.** [de cigarro] colilla *f*. **-4.** CINE & TEATRO: **fazer uma** ~ realizar una aparición breve, aparecer como extra **RP**. **-5.** *loc*: **saber na** ~ **da língua** ou **dos dedos** saberse al dedillo.
pontada [põ'tada] *f* [dor] punzada *f* **Esp** & **Méx**, puntada *f* **CSur**.
pontão [põ'tãw] (*pl* -ões) *m* [plataforma] pontón *m*.
pontapé [põta'pɛ] *m* **-1.** [chute] puntapié *m*, patada *f*; **dar um** ~ **em alguém** dar un puntapié ou una patada a alguien. **-2.** [rejeição]: **ele levou um** ~ **da namorada** *fam* la novia lo abandonó, la novia lo pateó **RP**.
pontaria [põta'ria] *f* puntería *f*.
ponte ['põtʃi] *f* **-1.** [construção, prótese dentária] puente *m*. **-2.** AERON: ~ **aérea** puente *m* aéreo. **-3.** MED: ~ **de safena** bypass *m*.
ponteiro [põ'tejru] *m* manecilla *f* **Esp** & **Méx**, aguja *f* **RP**.
pontiagudo, da [põtʃja'gudu, da] *adj* puntiagudo(da).
pontífice [põ'tʃifisi] *m* pontífice *m*.
pontilhado, da [põtʃi'ʎadu, da] ◇ *adj* punteado(da). ◇ *m* [conjunto de pontos] punteado *m*.
ponto ['põtu] *m* **-1.** [ger] punto *m*; ~ **de meia** punto de media, punto jersey **RP**; ~ **de tricô** punto simple, punto santa clara **RP**; ~ **cardeal** punto cardinal; ~ **morto** punto muerto. **-2.** [pontuação]: ~ **(final)** punto *m* (final); **dois** ~**s** dos puntos; ~ **de interrogação/exclamação** signo de interrogación/exclamación. **-3.** [local] altura *f*, parte *f* **Méx**; ~ **final** parada *f* final, destino *m* **RP**; ~ **de ônibus/de táxi** parada de autobús/de taxi. **-4.** [de calda] punto *m* (de caramelo). **-5.** [fig] [altura] punto *m*, altura *f*, nivel *m* **Méx**. **-6.** [espirit] canto *m*. **-7.** [traço]: ~ **fraco** punto *m* débil, debilidad *f*. **-8.** *loc*: **não dar** ~ **sem nó** sacar provecho de todo, no dar paso sin huarache **Méx**, no dar puntada sin hilo **RP**.
➛ **a ponto de** *loc adv* a punto de.
pontões [põ'tõjʃ] *pl* ⊳ **pontão**.
ponto-e-vírgula [,põtwi'vixgula] (*pl* ponto-e-vírgulas) *m* punto y coma *m*.
pontuação [põtwa'sãw] (*pl* -ões) *f* puntuación *f*.
pontual [põ'twaw] (*pl* -ais) *adj* puntual.
pontualidade [põtwali'dadʒil] *f* puntualidad *f*.
pontudo, da [põ'tudu, da] *adj* puntiagudo(da).
poodle ['pudow] *m* caniche *m*, poodle *m* **Méx**.

POP (*abrev de* Post Office Protocol) POP.

popa l'popal *f* popa *f.*

população [popu'sãw] (*pl* -ões) *f* población *f.*

popular [popu'la(x)l (*pl* -es) <> *adj* -**1.** [do povo] popular. -**2.** [amplamente aceito] popular, conocido(da). -**3.** [acessível] popular, económico(ca). <> *m* [homem da rua] ciudadano *m*, -na *f.*

popularidade [populari'dadʒil *f* popularidad *f*, fama *f.*

popularizar [populari'za(x)l *vt* popularizar.

➤ **popularizar-se** *vp* popularizarse.

populoso, osa [popu'lozu, ɔza] *adj* populoso(sa).

pôquer l'poke(x)l *m* póquer *m.*

por [po(x)l *prep* -**1.** [indica causa] por; **foi ~ sua causa** fue por culpa suya; **~ falta de meios** por falta de medios; **~ hábito/rotina** por costumbre/rutina. -**2.** [indica objetivo] por; **lutar ~ algo** luchar por algo. -**3.** [indica meio, modo, agente] por; **foi feito ~ mim** lo hice yo; **~ correio/avião/fax** por correo/avión/fax; **~ escrito** por escrito. -**4.** [relativo a tempo]: **partiu ~ duas semanas** se fue/marchó *Esp* dos semanas. -**5.** [relativo a lugar] por; **entramos no clube pela porta lateral** entramos al club por la puerta lateral; **está ~ aí** está por ahí; **~ onde você vai?** ¿por dónde vas? -**6.** [relativo a troca, preço] por; **paguei ~ este casaco apenas 20 reais** pagué apenas 20 reales por esta chaqueta; **troquei o carro velho ~ um novo** cambié el coche viejo por uno nuevo. -**7.** [indica distribuição] por; **~ cento** por cien *ou* ciento; **são 1000 reais ~ dia/mês** son 1.000 reales por día/mes. -**8.** [em locuções]: **~ que** ¿por qué?; **~ mim, tudo bem!** ¡por mí no hay ningún problema!

pôr l'po(x)l *vt* -**1.** [ger] poner; **~ de lado** apartar, poner de lado. -**2.** [incutir] meter. -**3.** [imputar]: **~ a culpa em alguém** imputar la culpa a alguien. -**4.** [atribuir]: **põe defeito em tudo** le saca defectos a todo, le ve defectos a todo *RP*; **pôs a culpa no irmão** le echó la culpa al hermano.

➤ **pôr-se** *vp* -**1.** [ger] ponerse; **~-se de pé** ponerse de pie, pararse *Amér.* -**2.** [começar]: **~-se a fazer algo** ponerse a hacer algo.

porão [po'rãw] (*pl* -ões) *f* -**1.** [de navio] bodega *f.* -**2.** [de casa] sótano *m.*

porca l'pɔxkal *f* -**1.** *zool* cerda *f*, marrana *f Méx*, chancha *f RP.* -**2.** [parafuso] tuerca *f.*

porção [pox'sãw] (*pl* -ões) *f* [parte] porción *f*; **uma ~ de** [quantidade limitada] una ración de, una porción de *RP*; [grande quantidade] un montón de.

porcaria lpoxka'rial <> *adj fam* [sem valor]: **um livro/móvel/filme ~** una porquería de libro/mueble/película. <> *f* -**1.** [imundície] porquería *f*, inmundicia *f RP.* -**2.** *fig* [coisa malfeita] chapuza *f*, porquería *f Amér.* -**3.** *fam* [coisa sem valor] porquería *f.*

porcelana [poxse'lãnal *f* porcelana *f.*

porcentagem [poxsẽn'taʒẽl (*pl* -ns) *f* porcentaje *m.*

porco, ca l'poxkul <> *adj* -**1.** [sujo] cochambroso(sa), cochino(na) *Méx*, chancho(cha) *RP.* -**2.** [grosseiro] grosero(ra). -**3.** [malfeito] chapucero(ra), mal hecho *Amér.* <> *m, f* -**1.** *zool* cerdo *m*, -da *f*, cochino *m*, -na *f Méx*, chancho *m*, -cha *f RP.* -**2.** [pessoa] cerdo *m*, -da *f*, cochino *m*, -na *f Méx*, chancho *m*, -cha *f RP.* <> *m CULIN* cerdo *m.*

porções [pox'sõjʃl *pl* ⊳ porção.

pôr-do-sol [‚poxdu'sɔwl (*pl* pores-do-sol) *m* puesta *f* de sol.

porco-espinho [‚poxkwiʃ'piɲul (*pl* porcos-espinhos) *m* puerco *m* espín.

porém [po'rẽjl <> *conj* [contudo] sin embargo, pero. <> *m* [obstáculo] impedimento *m*, pero *m.*

pormenores [poxme'nɔriʃl *mpl* pormenores *mpl.*

pornô [pox'nol *fam* <> *adj inv* porno. <> *m CINE* película *f* porno.

pornográfico, ca [poxno'grafiku, kal *adj* pornográfico(ca).

poro l'pɔrul *m* poro *m.*

porões [po'rõjʃl *pl* ⊳ porão.

poroso, osa [po'rozu, ɔzal *adj* poroso(sa).

porquanto [pox'kwãntul *conj* ya que, porque.

porque [pux'kel *conj* porque; **ela trabalha ~ precisa** trabaja porque precisa (el dinero); **~ sim** porque sí.

porquê [pux'kel *m*: **o ~** el porqué; **não entendo o ~ dessa atitude** no entiendo el porqué de esa actitud.

porquinho-da-índia [pox‚kiɲuda'ĩndʒjal (*pl* porquinhos-da-índia) *m* conejillo *m* de Indias.

porra l'poxal <> *f vulg* [esperma] leche *f.* <> *interj mfam* [exprime irritação] ¡hostia! *Esp*, ¡carajo! *Amér*, ¡chingados! *Méx.*

porrada lpo'xadal *f* -**1.** [pancada] leche *f Esp*, piñazo *m Amér.* -**2.** [quantidade]: **uma ~ de** un montón de, una porrada de *Esp*, un titipuchal de *Méx*, una pila de *RP.* -**3.** *fig* [revés] revés *m*, tropezón *m.*

porre l'pɔxil *fam m* -**1.** [bebedeira] cogorza *f Esp*, cuete *m Méx*, mamúa *f RP*; **estar de ~** estar bolinga *Esp ou* cuete *Méx ou* mamado *RP*; **ficar de ~** ponerse bolinga *Esp*, ponerse cuete *Méx*, mamarse *RP*; **tomar**

um ~ pillar una cogorza *Esp*, empinar el codo *Méx*, mamarse *RP*. -**2**.: **ser um** ~ [pessoa, festa] ser un tostón *Esp*, ser una aburrición *Méx*, ser un embole *RP*.

porrete [poˈxetʃi] *m* porra *f*, cachiporra *f RP*.

porta [ˈpoxta] *m* puerta *f*.

porta-aviões [ˌpoxtaˈvjõiʃ] *m inv* portaaviones *m inv*.

porta-bandeira [ˌpoxtabãnˈdejra] (*pl* porta-bandeiras) *mf* abanderado *m*, -da *f*.

portador, ra [poxtaˈdo(x), ra] (*mpl* -es, *fpl* -s) <> *adj* portador(ra). <> *m, f* portador *m*, -ra *f*; **ao** ~ [cheque, ação] al portador.

portal, ais [poxˈtaw, tajʃ] *m* portal *m*.

porta-luvas [ˌpoxtaˈluvaʃ] *m inv AUTO* guantera *f*.

porta-malas [ˌpoxtaˈmalaʃ] *m inv AUTO* maletero *m Esp*, cajuela *f Méx*, baúl *m RP*, valija *f RP*.

portanto [poxˈtãntu] *conj* por (lo) tanto.

portão [poxˈtãw] (*pl* -ões) *m* portón *m*.

portar [poxˈta(x)] *vt* [carregar] llevar.

➤ **portar-se** *vp* [comportar-se] portarse.

porta-retratos [ˌpoxtaxeˈtratuʃ] *m* porta-rretratos *m inv*.

porta-revistas [ˌpoxtaxeˈviʃtaʃ] *m* revistero *m*.

portaria [poxtaˈria] *f* -**1**. [de edifício] portería *f*. -**2**. [documento oficial] decreto *m*; **baixar uma** ~ expedir un decreto.

portátil [poxˈtatʃiw] (*pl* -eis) *adj* portátil.

porta-voz [ˌpoxtaˈvɔjʃ] (*pl* porta-vozes) *mf* portavoz *mf*.

porte [ˈpɔxtʃi] *m* -**1**. [ger] porte *m*; **de grande/pequeno** ~ de gran/pequeño porte; **de médio** ~ de porte mediano. -**2**. [preço] portes *mpl*; ~**pago** portes pagados. -**3**. [importância] importancia *f*, porte *m Amér*. -**4**. [licença]: ~ **de arma** licencia *f* de armas.

porteiro, ra [poxˈtejru, ra] *m, f* [de edifício] portero *m*, -ra *f*; ~ **eletrônico** portero *m* electrónico *ou* automático *ou* eléctrico *RP*.

portentoso, osa [poxtẽnˈtozu, ɔza] *adj* portentoso(sa).

pórtico [ˈpɔxtʃiku] *m* pórtico *m*.

porto [ˈpoxtu] *m* -**1**. [marítimo] puerto *mf*. -**2**. [vinho] oporto *m*.

portões [poxˈtõjʃ] *pl* ▷ portão.

portuário, ria [poxˈtwarju, rja] <> *adj* portuario(ria). <> *m, f* [funcionário] trabajador *m* portuario, trabajadora *f* portuaria.

Portugal [poxtuˈgaw] *n* Portugal.

português, esa [poxtuˈgeʃ, ezal] (*mpl* -eses, *fpl* -s) <> *adj* portugués(esa). <> *m, f* portugués *m*, -esa *f*.

➤ **português** *m* [língua] portugués *m*.

porventura [poxvẽnˈtura] *adv* por casuali-dad; **se** ~ **você ...** si por casualidad ...

posar [poˈza(x)] *vi* -**1**. [fazer pose] posar. -**2**. [bancar]: ~ **de** dárselas de *Esp*, posar de *Amér*.

pose [ˈpɔzi] *f* -**1**. [de modelo] pose *f*. -**2**. [afetação] aires *m inv*, pose *f Méx*; **fazer** ~ **de** dárselas de, hacer pose de *Méx*, posar de *RP*.

pós-escrito [ˌpɔjʃiʃˈkritu] (*pl* pós-escritos) *m* posdata *f*, postdata *f*.

pós-graduação [ˌpɔjʃgradwaˈsãw] (*pl* pós-graduações) *f* posgrado *m*, postgrado *m*.

pós-guerra [ˌpɔjʃˈgɛxa] (*pl* pós-guerras) *m* posguerra *f*, postguerra *f*.

posição [poziˈsãw] (*pl* -ões) *f* -**1**. [ger] posición *f*. -**2**. [profissional, social] puesto *m*. -**3**. [atitude] postura *f*.

posicionar [pozisjoˈna(x)] *vt* situar, colo-car.

positivo, va [poziˈtʃivu, va] *adj* positivo(va).

possante [poˈsãntʃi] *adj* majestuoso(sa), impresionante.

posse [ˈpɔsi] *f* -**1**. [de bens] propiedad *f*. -**2**. [ocupação] posesión *f*; **tomar** ~ **de** tomar posesión de. -**3**. [investidura] toma *f* de posesión; **tomar** ~ tomar posesión.

➤ **posses** *fpl* [bens] bienes *mpl*; **pessoa de** ~**s** persona con bienes.

possessão [poseˈsãw] (*pl* -ões) *f* posesión *f*.

possessivo, va [poseˈsivu, va] *adj* posesivo(va).

possibilidade [posibiliˈdadʒi] *f* posibili-dad *f*.

possibilitar [posibiliˈta(x)] *vt* posibilitar.

possível [poˈsivɛw] (*pl* -eis) <> *adj* posible. <> *m*: **o** ~ lo posible.

possuidor, ra [poswiˈdo(x), ra] *adj*: **ser** ~ **de** ser poseedor(ra) de.

possuir [poˈswi(x)] *vt* [ter] poseer.

posta [ˈpɔʃta] *f* [pedaço] filete *m*, posta *f RP*.

postal [poʃˈtaw] (*pl* -ais) <> *adj* postal. <> *m* postal *f*.

postar [poʃˈta(x)] *vt* apostar.

➤ **postar-se** *vp* apostarse.

poste [ˈpɔʃtʃi] *m* -**1**. [peça] poste *m*. -**2**. *ELETR*: ~ **de iluminação** farola *f Esp*, poste *m* de luz *Amér*.

pôster [ˈpoʃte(x)] (*pl* -es) *m* póster *m*, afiche *m Amér*.

posteridade [poʃteriˈdadʒi] *f* posteridad *f*.

posterior [poʃteˈrjo(x)] (*pl* -es) *adj* posterior.

postiço, ça [poʃˈtʃisu, sa] *adj* postizo(za).

postigo [poʃˈtʃigu] *m* postigo *m*.

posto, ta [ˈpoʃtu, ˈpoʃta] *pp* ▷ pôr.

➤ **posto** *m* puesto *m*; ~ **de gasolina** estación *f* de servicio, gasolinera *f Esp & Méx*; ~ **de saúde** ambulatorio *m*, puesto de salud *Méx*, dispensario *m RP*.

◆ **a postos** *loc adv* preparado(da), puesto(ta) *Méx*.

◆ **posto que** *loc conj* puesto que, ya que.

póstumo, ma [ˈpɔʃtumu, ma] *adj* póstumo(ma).

postura [poʃˈtural] *m* -1. [ger] postura *f.* -2. [municipal] ordenanza *f.*

potássio [poˈtasju] *m* potasio *m*.

potável [poˈtavɛwl] (*pl* -eis) *adj* potable.

pote [ˈpɔtʃil] *m* tarro *m*, pote *m CSur*.

potência [poˈtẽnsjal] *m* -1. [ger] potencia *f.* -2. [poder, domínio] poder *m*.

potencial [potẽnˈsjawl] (*pl* -ais) ◇ *adj* potencial. ◇ *m* potencial *m*; **em** ~ en potencia.

potentado [potẽnˈtadul *m* potentado *m*.

potente [poˈtẽntʃil] *adj* -1. [poderoso] poderoso(sa). -2. [forte] potente.

pot-pourri [pupuˈxil] *m* popurrí *m*.

potro [ˈpotrul] *m* potro *m*.

pouca-vergonha [ˌpokavexˈgoɲal] (*pl* poucas-vergonhas) *f* desvergüenza *f.*

pouco, ca [ˈpoku, kal] ◇ *adj* poco(ca); **de pouca importância** ~ de poca importancia; **faz** *ou* **há** ~ **tempo** hace poco tiempo ; (*pl*) pocos(cas); **poucas pessoas** poca gente. ◇ *pron* poco *m*, -ca *f*; (*pl*) pocos *mpl*, -cas *fpl*; **muito** ~ s muy pocos; ~ s [pessoas] pocos *mpl*, -cas *fpl*.

◆ **pouco** *m*: **um** ~ un poco; **um** ~ **de** un poco de; **nem um** ~ **(de)** ni un ápice (de), nada (de); **aos** ~ s poco a poco, de a poco *Amér*; **fazer** ~ **de** [zombar] burlarse de; [menosprezar] despreciar.

◆ **pouco** *adv* poco; **há** ~ hace poco; **daqui a** ~ /**dentro em** ~ dentro de poco; **por** ~ por poco; ~ **a** ~ poco a poco, de a poco *Amér*.

poupador, ra [popaˈdo(x), ral] *adj* ahorrador(ra).

poupança [poˈpãnsal] *f* -1. [economia] ahorro *m*. -2. [fundo]: **(caderneta de)** ~ cuenta *f* de ahorros, caja *f* de ahorros *RP*.

poupar [poˈpa(x)l] ◇ *vt* -1. [economizar] ahorrar. -2. [resguardar]: ~ **alguém (de algo)** librar a alguien (de algo); **ele não poupa ninguém, fala mal de todos** nadie se libra, habla mal de todos. -3. [respeitar] respetar. ◇ *vi* [economizar] ahorrar.

◆ **poupar-se** *vp* [eximir-se] ahorrarse.

pouquinho [poˈkiɲul] *m*: **um** ~ **(de)** un poquito (de).

pouquíssimo, ma [poˈkisimu, ma] *superl* ▷ pouco.

pousada [poˈzadal] *f* -1. [hospedaria] posada *f.* -2. [hospedagem] alojamiento *m*.

pousar [poˈza(x)l] ◇ *vi* -1. [aterrissar] aterrizar. -2. [baixar] posarse. -3. [pernoitar] alojarse. -4. [assentar] descansar. ◇ *vt* poner.

pouso [ˈpozul] *m* -1. [aterrissagem] aterrizaje *m*; ~ **de emergência** aterrizaje forzoso. -2. [lugar de descanso] retiro *m*.

povão [poˈvãwl *m fam* populacho *m*.

povo [ˈpovul] *m* -1. [habitantes, multidão] pueblo *m*. -2. [família, amigos] gente *f.*

povoação [povwaˈsãwl] (*pl* -ões) *f* población *m*.

povoado, da [poˈvwadu, dal] ◇ *adj* poblado(da). ◇ *m* [aldeia] pueblo *m*.

povoar [poˈvwa(x)l] *vt* poblar.

poxa [ˈpoʃal] *fam interj* ¡ostras! *Esp*, ¡caray! *Méx*, ¡pah! *RP*.

PR (*abrev de* **Estado do Paraná**) *estado de Paraná*.

pra [ˈpral] *fam* = para, para a.

praça [ˈprasal] ◇ *f* -1. [largo] plaza *f.* -2. [mercado financeiro] mercado *m* financiero, plaza *f RP*. -3. *MIL*: ~ **de guerra** fortaleza *f.* ◇ *m MIL* [soldado] soldado *m*.

prado [ˈpradul] *m* -1. [campo] prado *m*. -2. [hipódromo] hipódromo *m*.

pra-frente [ˌpraˈfrẽntʃil] *adj inv fam* muy moderno(na), muy in.

praga [ˈpragal] *f* -1. [maldição, desgraça] maldición *f*; **rogar uma** ~ **a alguém** echar una maldición a alguien. -2. [doença] plaga *f*, peste *f.* -3. *ZOOL* plaga *f.* -4. [pessoa chata] peste *f.*

Praga [ˈpragal] *n* Praga.

pragmático, ca [pragˈmatʃiku, kal] *adj* pragmático(ca).

praguejar [prageˈʒa(x)l] *vi*: ~ **(contra)** echar pestes (de).

praia [ˈprajal] *f* playa *f.*

prancha [ˈprãnʃal *f* -1. [tábua] tabla *f*; ~ **de surfe** tabla de surf. -2. *NÁUT* pasarela *f.* -3. *FERRO* vagón *m* abierto.

pranto [ˈprãntul] *m* llanto *m*.

prata [ˈpratal] *f* -1. [metal] plata *f*; **de** ~ de plata; ~ **de lei** plata de ley. -2. *fam* [dinheiro] cuca *f Esp*, morlaco *m Amér*, lana *f Méx*, mango *m RP*.

prataria [prataˈrial] *f* -1. [objetos de prata] platería *f.* -2. [pratos] vajilla *f.*

prateado, da [praˈtʃjadu, dal] ◇ *adj* plateado(da). ◇ *m* -1. [cor] plata *m*, plateado *m RP*. -2. [camada de prata] plateado *m*.

prateleira [pratʃiˈlejral] *f* estante *m*.

prática [ˈpratʃikal] *f* ▷ prático.

praticante [pratʃiˈkãntʃil] ◇ *adj* practicante. ◇ *mf* practicante *mf.*

praticar [pratʃiˈka(x)l] ◇ *vt* -1. [roubo] cometer. -2. [boa ação] realizar. -3. [medicina, profissão] practicar. ◇ *vi* [exercitar] practicar.

praticável [pratʃiˈkavɛw] (*pl* -eis) *adj* practicable.

prático, ca [ˈpratʃiku, ka] <> *adj* práctico(ca). <> *m, f* NÁUT práctico *mf.*

➡ **prática** *f* práctica *f*; **na** ~ en la práctica; **pôr em** ~ poner en práctica.

prato [ˈpratu] *m* -1. [ger] plato *m*; ~ **fundo** plato hondo; ~ **raso** plato llano, plato extendido *Méx*; ~ **de sobremesa** plato de postre. -2. [comida]: ~ **do dia** plato del día; ~ **principal/segundo** ~ primer/segun. -3. [de música, balança] platillo *m*. -4. *loc*: **ser um** ~ **cheio** ser una fuente inagotable, ser un festín *RP.*

praxe [ˈpraʃi] *f* costumbre *f*; **ser de** ~ ser habitual.

prazer [praˈze(x)] (*pl* -es) *m* -1. [ger] placer *m*. -2. [em aprensentação]: **muito** ~ **(em conhecê-lo)** encantado(da) (de conocerlo).

prazeroso, sa [prazeˈẽrozu, ɔza] *adj* placente ro(ra).

prazo [ˈprazu] *m* -1. [ger] plazo *m*; **a** ~ a plazos, en cuotas *RP*; **a curto/longo** ~ a corto/largo plazo; **a médio** ~ a medio *ou* mediano *RP* plazo. -2. [vencimento]: ~ **final** último plazo.

preamar [preaˈma(x)] *f* pleamar *f.*

preaquecer [prjakeˈse(x)] *vt* precalentar.

precário, ria [preˈkarju, rja] *adj* -1. [ger] precario(ria). -2. [escasso] escaso(sa).

precaução [prekawˈsãw] (*pl* -ões) *f* precaución *f.*

precaver-se [prekaˈvexsi] *vp* [prevenir-se]: ~ **de/contra algo** precaverse de/contra algo.

precavido, da [prekaˈvidu, da] *adj* precavido(da).

prece [ˈprɛsi] *f* -1. [oração] oración *f*. -2. [súplica] súplica *f.*

precedência [presenˈdẽsja] *f* precedencia *f*; **ter** ~ **sobre** tener precedencia sobre.

precedente [preseˈdẽtʃi] <> *adj* precedente. <> *m* precedente *m*; **sem** ~s sin precedentes.

preceder [preseˈde(x)] <> *vt* preceder.

preceito [preˈsejtu] *m* precepto *m.*

preciosidade [presjoziˈdadʒi] *f* [qualidade] preciosidad *f*, preciosura *f RP.*

precioso, osa [preˈsjozu, ɔza] *adj* -1. [ger] precioso(sa). -2. [de grande estima] preciado(da).

precipício [presiˈpisju] *m* -1. [abismo] precipicio *m*. -2. *fig* [desgraça] desgracia *f* total.

precipitação [presipitaˈsãw] (*pl* -ões) *f* -1. [ger] precipitación *f*. -2. METEOR precipitaciones *fpl*; ~ **de neve/chuva/granizo** precipitaciones en forma de nieve/lluvia/granizo.

precipitar [presipiˈta(x)] <> *vt* [antecipar] precipitar. <> *vi* QUÍM precipitar.

➡ **precipitar-se** *vp* precipitarse.

precisamente [preˌsizaˈmẽtʃi] *adv* precisamente.

precisão [presiˈzãw] *f* -1. [exatidão] precisión *f.*

precisar [presiˈza(x)] <> *vt* -1. [necessitar] necesitar, precisar; ~ **fazer algo** necesitar *ou* precisar hacer algo; ~ **que** necesito *ou* preciso que. -2. [indicar] precisar. <> *vi* -1. [necessitar]: **pode usar meu carro, se você precisar** puedes usar mi coche si lo necesitas *ou* precisas; ~ **de algo/alguém** necesitar *ou* precisar algo/a alguien. -2. [ser necessário] ser necesario *ou* preciso. -3. [passar por necessidades] estar necesitado(da).

preciso, sa [preˈsizu, za] *adj* -1. [ger] preciso(sa). -2. [necessário] necesario(ria), preciso(sa).

preço [ˈpresu] *m* -1. [ger] precio *m*; ~ **de custo** precio de costo *ou* coste *Esp*; ~ **à vista** precio al contado; **a** ~ **de banana** precio de risa. -2. [importância] importancia *f.*

precoce [preˈkɔsi] *adj* -1. [ger] precoz. -2. [fruto] temprano(na).

preconcebido, da [prɛkõseˈbidu, da] *adj* preconcebido(da).

preconceito [prekõˈsejtu] *m* prejuicio *m.*

preconizar [prekoniˈza(x)] *vt* preconizar.

precursor, ra [prekuxˈso(x), ra] (*mpl* -es, *fpl* -s) *m, f* precursor *m*, -ra *f.*

predador, ra [predaˈdo(x), ra] (*mpl* -es, *fpl* -s) <> *adj* predador(ra), depredador(ra). <> *m, f* predador *m*, -ra *f*, depredador *m*, -ra *f.*

pré-datado, da [ˌprɛdaˈtadu, da] (*pl* -s) *adj* fechado(da) de antemano, antedatado(da).

predatório, ria [predaˈtɔrju, rja] *adj* predador(ra), depredador(ra).

predecessor, ra [predeseˈso(x), ra] (*mpl* -es, *fpl* -s) *m* predecesor *m*, -ra *f.*

predestinado, da [predeʃtʃiˈnadu, da] *adj*: ~ **(a)** predestinado(da) (a).

predial [preˈdʒjaw] (*pl* -ais) *adj* ▷ imposto.

predição [predʒiˈsãw] (*pl* -ões) *f* predicción *f.*

predileção [predʒileˈsãw] (*pl* -ões) *f*: ~ **(por)** predilección *f* (por).

predileto, ta [predʒiˈlɛtu, ta] <> *adj* predilecto(ta). <> *m, f* persona *f* predilecta, predilecto *m*, -ta *f RP.*

prédio [ˈprɛdʒjul] *m* edificio *m*; ~ **de apartamentos** edificio de apartamentos *ou* departamentos *Arg*; ~ **comercial** edificio comercial.

predispor [predʒiʃ'po(x)] <> *vt* predisponer. <> *vi*: ~ a predisponer para.

◆ **predispor-se** *vp*: ~-se a fazer algo predisponerse a hacer algo.

predisposição [predʒiʃpozi'sãw] *f* predisposición *f*.

predisposto, osta [predʒiʃ'poʃtu, ɔʃta] *adj* predispuesto(ta).

predizer [predʒi'ze(x)] <> *vt* predecir. <> *vi* [profetizar] predecir.

predominante [predomi'nãntʃi] *adj* predominante.

predominar [predomi'na(x)] *vi* predominar.

predomínio [predo'minju] *m* predominio *m*.

pré-eleitoral [ˌprɛelejto'raw] (*pl* -ais) *adj* preelectoral.

preencher [preẽn'ʃe(x)] *vt* -1. [completar] rellenar, llenar. -2. [ocupar] ocupar. -3. [satisfazer] cumplir.

preenchimento [preẽnʃi'mẽntu] *m* -1. [de formulário, espaço em branco] rellenado *m*, llenado *m*. -2. [de cargo] ocupación *f*.

preestabelecer [ˌpreeʃtabele'se(x)] *vt* preestablecer.

pré-estréia [ˌprɛiʃ'trɛja] (*pl* -s) *f* preestreno *m*.

pré-fabricado, da [ˌprɛfabri'kadu, da] *adj* prefabricado(da).

prefácio [pre'fasju] *m* prefacio *m*.

prefeito, ta [pre'fejtu, ta] *m*, *f* alcalde *m Esp* & *Méx*, intendente *m*, -ta *f RP*.

prefeitura [prefej'tura] *f* ayuntamiento *m*, municipalidad *f Arg*, municipio *m Urug*.

preferência [prefe'rẽnsja] *f* -1. [ger] preferencia *f*; **dar** ~ **a** dar preferencia a. -2. [predileção]: **de** ~ preferiblemente, de preferencia *Méx*; **ter** ~ **por** tener preferencia por.

preferencial [preferẽn'sjaw] (*pl* -ais) <> *adj* preferencial. <> *f* vía *f* preferente, preferencial *f RP*; **a** ~**é sua** tú tienes preferencia.

preferido, da [prefe'ridu, da] *adj* preferido(da).

preferir [prefe'ri(x)] *vt*: ~ algo (a algo) preferir algo (a algo).

prefixo [pre'fiksu] *m* -1. [ger] prefijo *m*. -2. [de telefone] prefijo *m*, característica *f RP*.

prega ['prɛga] *f* -1. [de papel, pano] pliegue *m*. -2. [de saia] tabla *f*. -3. [ruga] pliegue *m*, arruga *f*.

pregador [prega'do(x)] *m* -1. [orador] predicador *m*. -2. [utensílio]: ~ **de roupa** broche *m Esp* & *Méx*, palillo *m RP*.

pregão [pre'gãw] (*pl* -ões) *m* -1. [proclamação] pregón *m*. -2. *BOLSA* divulgación de las

operaciones bursátiles por parte de los corredores. -3. [em leilão] divulgación de las ofertas por parte de los subastadores.

pregar [pre'ga(x)] <> *vt* -1. [com prego] clavar. -2. [fixar] clavar, fijar. -3. [coser] coser, pegar *RP*. -4. [infligir]: ~ mentiras em alguém contar mentiras a alguien; ~ um susto em alguém meter un susto a alguien. -5. [sermão] pronunciar, dar. -6. [difundir] predicar. -7. [louvar] pregonar. <> *vi* -1. [pronunciar sermão] predicar. -2. [cansar-se] agotarse, reventar.

prego ['prɛgu] *m* -1. [peça] clavo *m*. -2. [casa de penhor] casa *m* de empeño; **pôr algo no** ~ empeñar algo. -3. *fam* [cansaço] agotamiento *m*.

pregões [pre'gõjʃ] *pl* ▷ **pregão**.

pregresso, sa [pre'grɛsu, sa] *adj* anterior.

preguiça [pre'gisa] *f* -1. [indolência] pereza *f*; **estou com** ~ **de trabalhar** me da pereza trabajar. -2. [animal] perezoso *m*.

preguiçoso, osa [pregi'sozu, ɔza] <> *adj* perezoso(sa). <> *m*, *f* perezoso *m*, -sa *f*.

pré-história [ˌprɛiʃ'tɔrja] *f* prehistoria *f*.

pré-histórico, pré-histórica [prɛiʃ'tɔriku, ka] *adj* prehistórico(ca).

prejudicar [preʒudʒi'ka(x)] *vt* perjudicar.

prejudicial [preʒudʒi'sjaw] (*pl* -ais) *adj* perjudicial.

prejuízo [pre'ʒwizu] *m* perjuicio *m*.

> Não confundir *prejuízo (perjuicio)* com o espanhol *prejuicio* que em português é *preconceito*. (*Ele teve muitos prejuízos com a enchente.* Tuvo muchos *perjuicios* con la inundación.)

preliminar [prelimi'na(x)] <> *adj* preliminar. <> *f* [partida] partido que se disputa antes de uno más importante, partido *m* preliminar *Amér*, preliminar *m RP*.

prelúdio [pre'ludʒju] *m* preludio *m*.

prematuro, ra [prema'turu, ra] *adj* prematuro(ra).

premeditado, da [premedʒi'tadu, da] *adj* premeditado(da).

premeditar [premedʒi'ta(x)] *vt* premeditar.

premente [pre'mẽntʃi] *adj* urgente.

premiado, da [pre'mjadu, da] <> *adj* premiado(da). <> *m*, *f* premiado *m*, -da *f*.

premiar [pre'mja(x)] *vt* premiar.

premiê [pre'mje], **premier** [pre'mje] *m* primer ministro *m*.

prêmio ['premju] *m* -1. [ger] premio *m*; ~ **de consolação** premio de consolación, premio consuelo *RP*. -2. [seguro] prima *f*. -3. *ESP*: **Grande Prêmio** [de turfe, automobilismo] Gran Premio *m*.

premonição [premuni'sãw] (*pl* -ões) *f* premonición *f*.

pré-natal [ˌprɛnaˈtaw] (pl **pré-natais**) adj prenatal.

prenda [ˈprɛndaɭ f-1. [presente] regalo m. -2. [em jogo] prenda f.

➡ **prendas** fpl: ~s domésticas labores fpl domésticas.

prendado, da [prẽnˈdadu, da] adj dotado(da), hacendoso(sa) Amér.

prendedor [prẽndeˈdo(x)] m pinza f, palillo m RP; ~ de cabelo pasador m Esp, hebilla f Arg, prendedor m Méx, broche m Urug; ~ de gravata pasador m de corbata.

prender [prẽnˈde(x)] vt-1. [pregar] colgar. -2. [fixar] sujetar. -3. [amarrar] atar. -4. [reter] retener. -5. [capturar] prender, detener. -6. [monopolizar] atraer. -7. [afetivamente] unir. -8. [tolher] impedir, limitar.

➡ **prender-se** vp -1.: ~-se a alguém [afeiçoar-se] encariñarse con alguien; [em relacionamento] casarse con alguien. -2. [preocupar-se]: ~-se a algo preocuparse por algo.

prenome [preˈnɔmi] m nombre m de pila ou propio.

prensar [prẽnˈsa(x)] vt [ger] prensar.

prenunciar [prenũnˈsja(x)] vt-1. [prever] prever. -2. [ser indício de] anunciar.

prenúncio [preˈnũnsjo] m [prognóstico] anuncio m.

preocupação [preokupaˈsãw] (pl -ões) f preocupación f.

preocupante [preokuˈpãntʃi] adj preocupante.

preocupar [preokuˈpa(x)] vt [inquietar] preocupar.

➡ **preocupar-se** vp: ~-se (com algo/alguém) preocuparse (por algo/alguien).

preparação [preparaˈsãw] (pl-ões) f [preparo] preparación f.

preparar [prepaˈra(x)] vt preparar.

➡ **preparar-se** vp -1. [aprontar-se] prepararse. -2. [instruir-se]: ~-se para algo prepararse para algo.

preparativos [preparaˈtʃivuʃ] mpl preparativos mpl.

preparo [preˈparu] m preparación f.

preponderante [prepõndeˈrãntʃi] adj preponderante.

preposição [prepoziˈsãw] (pl -ões) f preposición f.

prepotência [prepoˈtẽnsja] f prepotencia f.

prepotente [prepoˈtẽntʃi] adj prepotente.

prerrogativa [prexogaˈtʃiva] f prerrogativa f.

presa [ˈpreza] f -1. [ger] presa f. -2. [dente] canino m. -3. [garra] garra f.

presbiteriano, na [prezbiteˈrjãnu, na] <> adj presbiteriano(na). <> m, f presbiteriano m, -na f.

prescindir [presĩnˈdʒi(x)] vi: ~ de algo [dispensar, abstrair] prescindir de algo.

prescrever [preʃkreˈve(x)] <> vi -1. [cair em desuso] estar obsoleto(ta). -2. JUR prescribir. <> vt prescribir.

prescrição [preʃkriˈsãw] (pl-ões) f prescripción f.

presença [preˈzẽnsa] f -1. [ger] presencia f; ~ de espírito presencia de ánimo. -2. [estar presente]: marcar ~ hacer acto de presencia. -3. [em curso etc.] presencia f, asistencia f RP.

presenciar [prezẽnˈsja(x)] vt presenciar.

presente [preˈzẽntʃi] <> adj -1. [ger] presente. -2. [evidente] evidente. -3. [interessado] interesado(da). <> m -1. [tempo & GRAM] presente m. -2. [pessoa]: os ~s los presentes. -3. [regalo] regalo m; de ~ de regalo; ~ de grego fig regalo envenenado.

presentear [prezẽnˈtʃja(x)] vt: sempre presenteia os filhos siempre da regalos a sus hijos; ~ alguém com algo regalar algo a alguien.

presépio [preˈzɛpju] m pesebre m.

preservação [prezexvaˈsãw] (pl -ões) f preservación f.

preservar [prezexˈva(x)] vt preservar.

➡ **preservar-se** vp protegerse.

preservativo [prezexvaˈtʃivu] m -1. [substância] conservante m. -2. [camisinha] preservativo m.

presidência [preziˈdẽnsja] f presidencia f; assumir a ~ asumir la presidencia.

presidente, ta [preziˈdẽntʃi, ta] m, f [de país] presidente m, -ta f.

➡ **Presidente da República** mf Presidente m de la República.

presidiário, ria [preziˈdʒjarju, rja] <> adj de prisiones, penitenciario(ria). <> m, f presidiario m, -ria f.

presídio [preˈzidʒju] m presidio m.

presidir [preziˈdʒi(x)] <> vt presidir. <> vi: ~ a algo [dirigir, reger] presidir algo.

presilha [preˈziʎa] f -1. [de suspensório, sapato] presilla f. -2. [de cabelo] horquilla f, hebilla f Arg, broche m Urug.

preso, sa [ˈprezu, za] <> adj -1. [encarcerado, detido] preso(sa). -2. [atado] atado(da). -3. fig [em engarrafamento, casa] encerrado(da), atrapado(da). -4. fig [casado] casado(da). -5. fig [língua, voz] trabado(da). <> m, f [prisioneiro] preso m, -sa f.

pressa [ˈprɛsa] f -1. [velocidade, urgência] prisa f, afán m Col, apuro m RP; ter ~ de algo/de fazer algo tener prisa ou afán Col ou apuro *RP* por algo/por hacer algo; **às ~ s** a toda prisa, rápido *RP*; **com ~** con prisa, con afán *Col*, con apuro *RP*. **- 2.** [precipitação] prisa *f*, precipitación *f*, afán *m Col*, apuro *m RP*.

presságio [pre'saʒiu] *m* presagio *m*.

pressão [pre'sãw] (*pl* -ões) *f* -1. [ger] presión *f*; **fazer ~ contra algo** presionar contra algo. **- 2.** [colchete] corchete *m*, broche *m* de presión *RP*. **- 3.** *MED*: **~ alta/baixa** presión *f* alta/baja.

pressentimento [presẽntʃi'mẽntu] *m* presentimiento *m*.

pressentir [presẽn'tʃi(x)] *vt* presentir.

pressionar [presjo'na(x)] *vt* -1. [apertar] presionar, apretar *RP*. **- 2.** *fig* [coagir]: **~ alguém (a fazer algo)** presionar a alguien (para que haga algo).

pressões [pre'sõjʃ] *pl* ⊳ **pressão**.

pressupor [presu'po(x)] *vt* presuponer.

pressuposto, osta [presu'poʃtu, ɔʃta] *pp* ⊳ **pressupor**.
➡ **pressuposto** *m*: **partir de um ~** partir de un supuesto.

pressurizado, da [presuri'zadu, da] *adj* presurizado(da).

prestação [preʃta'sãw] (*pl* -ões) *f* -1. [pagamento] pago *m* a plazos, pago *m* en cuotas *RP*; **à ~** a plazos, en cuotas *RP*. **- 2.** [cota] plazo *m*, cuota *f RP*. **- 3.** [acerto]: **~ de conta** ajuste *m* de cuentas. **- 4.** [trabalho]: **~ de serviço** prestación *f* de servicios.

prestar [preʃ'ta(x)] ⟨⟩ *vt* -1. [favores]: **~ algo (a alguém)** hacer algo (a alguien). **- 2.** [informações]: **~ algo (a alguém)** comunicar algo (a alguien). **- 3.** [serviço, depoimento]: **~ algo (a alguém/algo)** prestar algo (a alguien/algo); **~ atenção** prestar atención. **- 4.** [contas, culto, homenagem]: **~ algo (a alguém)** rendir algo (a alguien). ⟨⟩ *vi* -1. [ser útil] servir. **- 2.** [ter bom caráter]: **não ~** no ser buena persona.
➡ **prestar-se** *vp* [dispor-se]: **~-se a algo** prestarse a algo.

prestativo, va [preʃta'tʃivu, va] *adj* servicial.

prestes ['prɛʃtʃiʃ] *adj inv*: **estar ~ a fazer algo** estar a punto de hacer algo.

prestígio [preʃ'tʃiʒiu] *m* prestigio *m*; **de ~** de prestigio, de renombre *Méx*.

prestigioso, osa [preʃtʃi'ʒiozu, ɔza] *adj* prestigioso(sa).

presumido, da [prezu'midu, da] *adj* [presunçoso] presumido(da).

presumir [prezu'mi(x)] *vt* [supor] presumir.

presunção [prezũ'sãw] (*pl* -ões) *f* [vaidade] presunción *f*.

presunçoso, osa [prezũ'sozu, ɔza] *adj* presuntuoso(sa).

presunto [pre'zũntu] *m* -1. [de porco] jamón *m*. **- 2.** *fam* [defunto] fiambre *m*.

prêt-à-porter [prɛtapox'te] *adj inv* prêt-à-porter.

pretendente [pretẽn'dẽntʃi] ⟨⟩ *mf* [candidato]: **~ a algo** aspirante *mf* a algo. ⟨⟩ *m* [de uma mulher] pretendiente *m*.

pretender [pretẽn'de(x)] *vt*: **~ fazer algo** pretender hacer algo.

pretensão [pretẽn'sãw] (*pl* -ões) *f* -1. [aspiração, intenção] pretensión *f*; **~ salarial** pretensiones salariales. **- 2.** [arrogância] presunción *f*.

pretensioso, osa [pretẽn'sjozu, ɔza] *adj* pretencioso(sa).

pretérito, ta [pre'tɛritu, ta] *adj* pretérito(ta).
➡ **pretérito** *m GRAM* pretérito *m*.

pretexto [pre'teʃtu] *m* [desculpa] pretexto *m*; **a ~ de** con el pretexto de.

preto, ta ['pretu, ta] ⟨⟩ *adj* [cor] negro(gra). ⟨⟩ *m, f* [pessoa] negro *m*, -gra *f*.
➡ **preto** *m* [cor] negro *m*.

preto-e-branco [,pretwi'brãŋku] *adj inv* en blanco y negro.

prevalecer [prevale'se(x)] *vi* -1. [predominar] prevalecer. **- 2.** [ter primazia]: **~ (a/sobre)** prevalecer (sobre).
➡ **prevalecer-se** *vp*: **~-se de algo** [aproveitar-se] aprovecharse de algo.

prevenção [prevẽn'sãw] (*pl* -ões) *f* -1. [precaução]: **~ (a/contra/de)** prevención *f* (contra). **- 2.** [preconceito]: **~ contra** prejuicio *m* contra.

prevenido, da [previ'nidu, da] *adj* -1. [precavido] prevenido(da), precavido(da). **- 2.** [com dinheiro]: **estar ~** llevar dinero encima, estar prevenido(da) *Méx*.

prevenir [previ'ni(x)] *vt* -1. [avisar, evitar] prevenir. **- 2.** [proibir] prohibir.
➡ **prevenir-se** *vp* -1. [precaver-se]: **~-se contra algo/alguém** prevenirse contra algo/alguien. **- 2.** [equipar-se] equiparse.

preventivo, va [prevẽn'tʃivu, va] *adj* preventivo(va).
➡ **preventivo** *m* [teste]: **(fazer um) ~** (hacerse un) chequeo ginecológico.

prever [pre've(x)] *vt* prever; **~ que** prever que.

pré-vestibular [,prɛveʃtʃibu'la(x)] (*pl* pré-vestibulares) ⟨⟩ *adj* preuniversitario(ria). ⟨⟩ *m* [curso] ≃ COU *m*, ≃ preparatoria *f Arg*, ≃ preparatorios *mpl Urug*.

prévia ['prɛvja] *f* ⊳ **prévio**.

previdência [previ'dẽnsja] *f* prevención *f*; **~ social** seguridad *f* social.

previdente [previ'dẽntʃi] *adj* previsor(ra).

prévio, via ['prɛvju, vja] *adj* previo(via).

previsão [previ'zãw] (*pl* -ões) *f* previsión *m*;

~ **do tempo** previsión del tiempo, pronóstico *m* del tiempo.

previsto, ta [pre'viʃtu, ta] *pp* ▷ **prever.**

previsualização [prɛvizwaliza'sãw] *f INFORM* previsualización *f.*

prezado, da [pre'zadu, da] *adj* estimado(da), apreciado(da).

prezar [pre'za(x)] *vt* -**1.** [gostar muito] apreciar. -**2.** [respeitar] respetar.

◆ **prezar-se** *vp* [respeitar-se] preciarse, respetarse *Méx.*

primário, ria [pri'marju, rja] *adj* -**1.** [ger] primario(ria). -**2.** [réu] sin antecedentes. -**3.** [crime] cometido(da) por la primera vez.

◆ **primário** *m* [curso] primaria *f.*

primata [pri'mata] *m* primate *m.*

primavera [prima'vɛra] *f* -**1.** [estação] primavera *f.* -**2.** *BOT* primavera *f*, santarrita *f RP.*

primeira [pri'mejra] *f* ▷ **primeiro.**

primeira-dama [pri,mejra'dãma] *(pl* primeiras-damas*) f* primera dama *f.*

primeiro, ra [pri'mejru, ra] ◇ *num* primero(ra). ◇ *adj* primero(ra); ~ **grau** *EDUC* primaria *m*; ~**s socorros** primeros auxilios; **à primeira vista** a la primera vista; **de** ~ **time** *fam* de primera clase. ◇ *m, f* primero *m*, -ra *f.*

◆ **primeiro** ◇ *adv* [em primeiro lugar] primero. ◇ *m* [andar] primero *m.*

◆ **primeira** *f AUTO* primera *f.*

◆ **de primeira** *loc adj* [hotel, restaurante] de primera.

primeiro-ministro, primeira-ministra [pri,mejrumi'niʃtru, pri,mejrami'niʃtra] *(mpl* primeiros-ministros, *fpl* primeiras-ministras*) m, f* primer ministro *m*, primera ministra *f.*

primitivo, va [primi'tʃivu, va] *adj* primitivo(va).

primo, ma ['primu, ma] ◇ *m, f* [parente] primo *m*, -ma *f*; ~ **em segundo grau** primo segundo, primo en segundo grado *Méx.* ◇ *adj* [número] primo.

primogênito, ta [primo'ʒenitu, ta] ◇ *adj* primogénito(ta). ◇ *m, f* primogénito *m*, -ta *f.*

primo-irmão, prima-irmã [,primwix'mãw, ,primajx'mã] *(mpl* primos-irmãos, *fpl* primas-irmãs*) m, f* primo *m* hermano, prima *f*, hermana.

primor [pri'mo(x)] *m* primor *m*; **com** ~ con primor.

princesa [prĩn'seza] *f* princesa *f.*

principal [prĩnsi'paw] *(pl* -ais*)* ◇ *adj* principal. ◇ *m* -**1.** [chefe] jefe *m*. -**2.** [capital de dívida] principal *m.*

príncipe ['prĩnsipi] *m* príncipe *m.*

principiante [prĩnsi'pjãntʃi] ◇ *adj* principiante. ◇ *mf* principiante *mf.*

princípio [prĩn'sipju] *m* principio *m*; **a** ~ al principio; **em** ~ en principio; **partir do** ~ partir del principio.

◆ **princípios** *mpl* [morais] principios *mpl.*

prioridade [prjori'dadʒi] *f* [primazia] prioridad *f.*

prisão [pri'zãw] *(pl* -ões*) f* -**1.** [encarceramento] encarcelamiento *m*; ~ **perpétua** cadena perpetua. -**2.** [captura] captura *f.* -**3.** [cadeia] prisión *f.* -**4.** *fig* [sufoco] agobio *m.* -**5.** *MED*: ~ **de ventre** estreñimiento *m.*

prisioneiro, ra [prizjo'nejru, ra] *m, f* prisionero(ra).

prisões [pri'zõjʃ] *pl* ▷ **prisão.**

privação [priva'sãw] *(pl* -ões*) f* privación *f.*

◆ **privações** *fpl* [penúria] privaciones *fpl.*

privacidade [privasi'dadʒi] *f* privacidad *f.*

privada [pri'vada] *f* taza *f*, retrete *m*, inodoro *m Arg*, excusado *m Méx*, wáter *m Urug.*

privado, da [pri'vadu, da] *adj* privado(da).

privar [pri'va(x)] *vt*: ~ **alguém de algo** privar a alguien de algo.

privativo, va [priva'tʃivu, va] *adj* [exclusivo] privado(da), exclusivo(va).

privilegiado, da [privile'ʒjadu, da] *adj* privilegiado(da).

privilegiar [privile'ʒja(x)] *vt* [favorecer] privilegiar.

privilégio [privi'lɛʒju] *m* privilegio *m.*

pro [pru] = **para** + **o.**

pró [prɔ] ◇ *adv* [a favor de] a favor de. ◇ *m* [vantagem] pro *m*; **os** ~**s e os contras** los pros y los contras.

pró- [prɔ] *prefixo* pro.

proa ['proa] *f* proa *f.*

probabilidade [probabili'dadʒi] *f* probabilidad *f.*

problema [pro'blema] *m* problema *m.*

problemático, ca [proble'matʃiku, ka] *adj* problemático(ca).

◆ **problemática** *f* problemática *f.*

procedência [prose'dẽnsja] *f* -**1.** [origem, lugar de saída] procedencia *f.* -**2.** [fundamento]: **seus argumentos não tinham** ~ sus argumentos eran improcedentes.

procedente [prose'dẽntʃi] *adj* procedente.

proceder [prose'de(x)] *vi* -**1.** [ger] proseguir. -**2.** [comportar-se] proceder; ~ **mal/bem** proceder bien/mal.

procedimento [prosedʒi'mẽntu] *m* -**1.** [comportamento] comportamiento *m.* -**2.** [método] procedimiento *m.* -**3.** *JUR* proceso *m.*

processador [prosesa'do(x)] *(pl* -es*) m COMPUT* procesador *m*; ~ **de texto** procesador de textos.

processamento [prosesa'mẽntul] *m* procesamiento *m*; ~ **de dados** procesamiento de datos.
processar [prose'sa(x)] *vt* **-1.** *JUR* procesar, llevar a juicio a. **-2.** *COMPUT* procesar.
processo [pro'sɛsu] *m* **-1.** [*JUR* - ação] proceso *m*, juicio *m RP*; [- documentação] autos *mpl*; **abrir** *ou* **mover um** ~ **contra** abrir/iniciar un proceso contra, hacer/iniciar un juicio contra *RP*. **-2.** [método, andamento] proceso *m*.
procissão [prosi'sãw] (*pl* -ões) *f* procesión *f*.
proclamar [prokla'ma(x)] *vt* proclamar.
PROCON (*abrev de* Fundação de Proteção e Defesa do Consumidor) *m organización de consumidores y usuarios.*
procriação [prokrja'sãw] *f* procreación *f*.
procriar [pro'krja(x)] <> *vt* [gerar] procrear. <> *vi* [multiplicar] procrear.
procura [pro'kura] *f* **-1.** [busca] búsqueda *f*; **estar à** ~ **de** estar en busca de. **-2.** *COM* demanda *f*.
procurar [proku'ra(x)] <> *vt* **-1.** [buscar, requerer] buscar. **-2.** [esforçar-se por]: ~ **fazer algo** procurar hacer algo. **-3.** [contatar] llamar. <> *vi* [buscar]: ~ **(por algo)** investigar (algo).

Não confundir *procurar (buscar)* com o espanhol *procurar* que em português é *tentar*. (*Tânia procurava Márcia.* Tânia *buscaba* a Márcia.)

prodígio [pro'dʒiʒul] *m* prodigio *m*.
produção [produ'sãw] (*pl* -ões) *f* producción *f*; ~ **em massa** *ou* **em série** producción en masa *ou* en serie.
produtivo, va [produ'tʃivu, va] *adj* productivo(va).
produto [pro'dutu] *m* producto *m*; ~ **interno bruto** producto *m* interior bruto *Esp*, producto *m* interno bruto *Amér*, producto *m* bruto interno *RP*; **ser** ~ **de** [conseqüência] ser producto de.
produtor, ra [produ'to(x), ra] (*mpl* -es, *fpl* -s) <> *adj* productor(ra). <> *m, f* productor *m*, -ra *f*.
produtora *f* [empresa] productora *f*.
produzido, da [produ'zidu, da] *adj fam* [esmerado] a la moda, cuidado(da) *RP*.
proeminente [projmi'nẽntʃil] *adj* prominente.
proeza [pro'ezal] *f* proeza *f*.
profanar [profa'na(x)] *vt* profanar.
profano, na [pro'fãnu, na] *adj* profano(na).
profecia [profe'sial] *f* profecía *f*.
proferir [profe'ri(x)] *vt* **-1.** [dizer] proferir. **-2.** [decretar] pronunciar.
professar [profe'sa(x)] <> *vt* profesar. <> *vi RELIG* profesar.

professor, ra [profe'so(x), ra] (*mpl* -es, *fpl* -s) *m, f* profesor *m*, -ra *f*.
profeta, tisa [pro'fɛta, tʃizal] *m, f* profeta *mf*.
profético, ca [pro'fɛtʃiku, kal] *adj* profético(ca).
profetisa [profe'tʃizal] *f* ⊳ **profeta**.
profetizar [profetʃi'za(x)] <> *vt* profetizar. <> *vi* hacer profecías.
proficiência [profi'sjẽnsjal] *f* competencia *f*.
proficiente [profi'sjẽntʃil] *adj* [capaz] competente.
profissão [profi'sãw] (*pl* -ões) *f* **-1.** [ofício] profesión *f*. **-2.** [carreira] carrera *f*. **-3.** [declaração] declaración *f*.
profissional [profisjo'naw] (*pl* -ais) <> *adj* profesional. <> *mf* profesional *mf*; ~ **liberal** profesional liberal.
profissionalizante [profisjonali'zãntʃil] *adj* profesional.
profundidade [profũndʒi'dadʒil] *f* profundidad *f*.
profundo, da [pro'fũndu, dal] *adj* profundo(da).
profusão [profu'zãw] *f* profusión *f*.
progenitor, ra [proʒeni'to(x), ral] *m, f* progenitor *m*, -ra *f*.
progenitores *mpl* progenitores *mpl*.
prognosticar [prognoʃtʃi'ka(x)] <> *vt* [predizer] pronosticar. <> *vi MED* hacer un pronóstico.
prognóstico [prog'nɔʃtʃikul] *m* pronóstico *m*.
programa [pro'grãmal] *m* **-1.** [ger] programa *m*. **-2.** [diversão] plan *m*, programa *m*.
programação [programa'sãw] (*pl* -ões) *f* **-1.** [ger] programación *f*. **-2.** [comunicação]: ~ **visual** diseño *m* de imagen.
programador, ra [programa'do(x), ral] *m, f* **-1.** [de rádio, empresa & *COMPUT*] programador *m*, -ra *f*. **-2.** [comunicador]: ~ **visual** diseñador *m*, -ra *f* de imagen.
programar [progra'ma(x)] *vt* programar.
progredir [progre'dʒi(x)] *vi* **-1.** [prosperar]: ~ **(em algo)** progresar (en algo). **-2.** [agravar-se] agravarse.
progressista [progre'siʃtal] <> *adj* progresista. <> *mf* progresista *mf*.
progressivo, va [progre'sivu, val] *adj* progresivo(va).
progresso [pro'grɛsul] *m* progreso *m*; **fazer** ~ **s em algo** hacer progresos en algo.
proibição [projbi'sãw] (*pl* -ões) *f* prohibición *f*.
proibir [proj'bi(x)] *vt* **-1.** [impedir]: ~ **alguém (de fazer algo)** prohibir a alguien (hacer algo). **-2.** [interdizer] prohibir, vedar *Méx*. **-3.** [vedar] impedir, negar *Méx*.

proibitivo, va [projbi'tʃivu, va] adj prohibitivo(va).

projeção [proʒe'sãw] (pl -ões) f -1. [ger] proyección f. -2. [arremesso] lanzamiento m.

projetar [proʒe'ta(x)] vt -1. [ger] proyectar. -2. [arremessar] lanzar.

projétil [pro'ʒɛtʃiw] (pl -teis) m proyectil m.

projeto [pro'ʒɛtu] m proyecto m; ~ de lei proyecto de ley.

projetor [proʒe'to(x)] (pl -es) m proyector m.

prol [prɔw] m: em ~ de en defensa de, en pro de.

prole ['prɔli] f [filhos] prole f.

proletariado [proleta'rjadu] m proletariado m.

proletário, ria [prole'tarju, rja] <> m, f proletario m, -ria f. <> adj proletario(ria).

proliferação [prolifera'sãw] (pl -ões) f proliferación f.

proliferar [prolife'ra(x)] vi proliferar.

prolífico, ca [pro'lifiku, ka] adj prolífico(ca).

prolixo, xa [pro'liksu, ksa] adj prolijo(ja).

prólogo ['prɔlogu] m prólogo m.

prolongado, da [prolõ'gadu, da] adj prolongado(da).

prolongamento [prolõga'mẽntu] m prolongación f.

prolongar [prolõ'ga(x)] vt -1. [duração, extensão] prolongar. -2. [adiar] postergar.

➡ **prolongar-se** vp prolongarse.

promessa [pro'mɛsa] f promesa f.

prometer [prome'te(x)] <> vt -1. [comprometer-se, assegurar]: ~ algo a alguém prometer algo a alguien; ~ fazer algo prometer hacer algo. -2. [ter probabilidade de, prenunciar] prometer. <> vi -1. [fazer promessa] hacer promesas. -2. [ter potencial] prometer.

prometido, da [prome'tʃidu, da] adj prometido(da).

➡ **prometido** m: o ~ lo prometido; cumprir o ~ cumplir lo prometido.

promiscuidade [promiʃkwi'dadʒi] f promiscuidad f.

promíscuo, cua [pro'miʃkwu, kwa] adj promiscuo(cua).

promissor, ra [promi'so(x), ra] (mpl -es, fpl -s) adj prometedor(ra).

promissória [promi'sɔrja] f [nota] pagaré m, letra f.

promoção [promo'sãw] (pl -ões) f -1. [ger] promoción f; em ~ de ou en oferta. -2. [de evento] promoción f.

promotor, ra [promo'to(x), ra] <> adj promotor(ra). <> m, f -1. [ger] promotor m, -ra f. -2. JUR fiscal mf; ~ público fiscal mf.

promover [promo've(x)] vt promover; ~ alguém (a) promover ou ascender a alguien (a).

➡ **promover-se** vp [favorecer-se] llamar la atención, hacerse notar.

promulgar [promuw'ga(x)] vt promulgar.

pronome [pro'nɔmi] m pronombre m.

prontidão [prõntʃi'dãw] f -1. [rapidez] prontitud f, presteza f RP. -2. [alerta] alerta f; estar de ~ estar alerta.

pronto, ta ['prõntu, ta] adj -1. [concluído, preparado] listo(ta), pronto(ta) RP. -2. [antes de subst] [imediato] inmediato(ta); **pronta entrega** entrega inmediata. -3. [rápido] rápido(da). -4. [disposto]: ~ a fazer algo dispuesto(ta) a hacer algo, pronto(ta) para hacer algo RP. -5. fam [pobre] sin un centavo, fundido(da) RP.

➡ **pronto** adv pronto, rápido RP; de ~ loc súbitamente, rápido RP.

pronto-socorro [ˌprõntuso'koxu] (pl prontos-socorros) m [hospital] urgencias fpl, urgencia f RP.

prontuário [prõn'twarju] m -1. [policial] historial m, prontuario m RP. -2. [médico] historial m, historia f RP. -3. [manual] manual m.

pronúncia [pro'nũnsja] f -1. LING pronunciación f. -2. JUR pronunciamiento m.

pronunciamento [pronũnsja'mẽntu] m -1. [declaração] declaración f. -2. JUR pronunciamiento m.

pronunciar [pronũn'sja(x)] vt -1. [ger] pronunciar. -2. JUR condenar.

➡ **pronunciar-se** vp [emitir juízo]: ~-se sobre/a favor de pronunciarse sobre/a favor de.

propaganda [propa'gãnda] f -1. [ger] propaganda f; fazer ~ de algo hacer propaganda de algo. -2. [anúncio] anuncio m, propaganda f RP. -3. [divulgação] divulgación f.

propagar [propa'ga(x)] vt [disseminar] [biol] propagar.

➡ **propagar-se** vp propagarse.

propensão [propẽ'sãw] (pl -ões) f -1. [inclinação] propensión f. -2. [tendência] tendencia f.

propenso, sa [pro'pẽnsu, sa] adj: ~ a algo/a fazer algo propenso(sa) a algo/a hacer algo.

propiciar [propi'sja(x)] vt -1. [permitir, favorecer] propiciar. -2. [proporcionar]: ~ algo a alguém proporcionar algo a alguien.

propício, cia [pro'pisju, sja] adj [oportuno, favorável] propicio(cia); ~ a algo propicio(cia) para algo.

propina [pro'pinaʃ] f -1. [gratificação] propina *f.* **-2.** [ilegal] soborno *m.*

propor [pro'po(x)] *vt* proponer; ~ **algo (a alguém)** proponer algo (a alguien).

➡ **propor-se** *vp* [visar, dispor-se]: ~ **-se a fazer algo** proponerse hacer algo.

proporção [propox'sãw] (*pl* **-ões**) *f* **-1.** [ger] proporción *f.* **- 2.** [tamanho] proporciones *fpl.*

➡ **proporções** *fpl* [tamanho, importância] proporciones *fpl.*

proporcional [propoxsjo'naw] (*pl* **-ais**) *adj* [em proporção, harmonioso] proporcional; ~ **a algo** proporcional a algo.

proporções [propox'sõjʃ] *pl* ⊳ **proporção**.

proposital [propozi'taw] (*pl* **-ais**) *adj* deliberado(da), intencional.

propósito [pro'pɔzitu] *m* [intenção, objetivo] propósito *m*; **de** ~ a propósito.

➡ **a propósito** *loc adv* [aliás] a propósito.

➡ **a propósito de** *loc prep* a propósito de.

proposto, osta [pro'poʃtu, ɔʃta] ⬦ *pp* ⊳ propor. ⬦ *adj* propuesto(ta).

➡ **proposta** *f* [proposição, oferta] propuesta *f.*

propriamente [prɔprja'mẽntʃi] *adv* [exatamente] propiamente; ~ **dito** propiamente dicho.

propriedade [proprje'dadʒi] *f* propiedad *f*; ~ **pública/privada** propiedad pública/privada.

proprietário, ria [proprje'tarju, rja] *m, f* propietario *m*, -ria *f.*

próprio, pria ['prɔprju, prja] *adj* **-1.** [ger] propio(pia). **- 2.** [apropriado]: ~ **(para)** apropiado(da) (para). **- 3.** [propício] adecuado(da), apropiado(da). **- 4.** [mesmo] mismo(ma); **eu** ~ yo mismo; **é o** ~ soy yo mismo. **- 5.** [típico] típico(ca). **- 6.** [original] literal.

propulsor, ra [propuw'so(x), ra] *adj* propulsor(ra).

➡ **propulsor** *m* propulsor *m.*

prorrogação [proxoga'sãw] (*pl* **-ões**) *f* **-1.** [prolongação] prolongación *f*, prórroga *f.* **- 2.** *FUT* prórroga *f.*

prorrogar [proxo'ga(x)] *vt* prorrogar.

prorrogável [proxo'gavew] (*pl* **-eis**) *adj* prorrogable.

prosa ['prɔza] ⬦ *f* **-1.** *LITER* prosa *f.* **- 2.** [conversa] charla *f.* **- 3.** *fam* [conversa fiada] charlatanería *f*, verso *m* **Méx** & **RP.** ⬦ *adj* [cheio de si] fanfarrón(ona), pillado(da) *RP.*

proscrever [proʃkre've(x)] *vt* **-1.** [desterrar, proibir, abolir] proscribir. **- 2.** [expulsar] expulsar.

proscrito, ta [proʃ'kritu, ta] ⬦ *pp* ⊳ proscrever. ⬦ *adj* [desterrado, expulso, proibido]

proscrito(ta), proscripto(ta) *RP.* ⬦ *m, f* [indivíduo desterrado] proscrito *m*, -ta *f*, proscripto *m*, -ta *f RP.*

prospecção [proʃpek'sãw] (*pl* **-ões**) *f* GEOL prospección *f*; ~ **de petróleo** prospección petrolífera.

prospector, ra [proʃpek'to(x), ra] *m, f* GEOL técnico *m*, -ca *f* en prospecciones.

prosperar [proʃpe'ra(x)] *vi* prosperar; ~ **(em algo)** prosperar (en algo).

prosperidade [proʃperi'dadʒi] *f* [progresso, sucesso] prosperidad *f.*

próspero, ra ['prɔʃperu, ra] *adj* [que progride, bem-sucedido] próspero(ra).

prosseguir [prose'gi(x)] ⬦ *vt* proseguir. ⬦ *vi*: ~ **(em algo)** seguir (con algo); ~ **fazendo algo** seguir haciendo algo.

prostíbulo [proʃ'tʃibulu] *m* prostíbulo *m.*

prostituição [proʃtʃitwi'sãw] *f* prostitución *f.*

prostituta [prosʃtʃi'tuta] *f* prostituta *f.*

prostrado, da [proʃ'tradu, da] *adj* **-1.** [abatido] postrado(da). **- 2.** [moral] abatido(da).

protagonista [protago'niʃta] *mf* [personagem, de acontecimento] protagonista *mf.*

proteção [prote'sãw] (*pl* **-ões**) *f* protección *f.*

proteger [prote'ʒe(x)] *vt* [resguardar, favorecer] proteger.

➡ **proteger-se** *vp* [resguardar-se] protegerse.

protegido, da [prote'ʒidu, da] ⬦ *adj* [resguardado] protegido(da). ⬦ *m, f* [favorito] protegido *m*, -da *f.*

proteína [prote'ina] *f* proteína *f.*

prótese ['prɔtezi] *f* prótesis *f inv.*

protestante [proteʃ'tãntʃi] ⬦ *adj* protestante. ⬦ *mf* protestante *mf.*

protestar [proteʃ'ta(x)] ⬦ *vt* **-1.** [título, promissória] protestar. **- 2.** [declarar] prometer. ⬦ *vi* [clamar, reclamar]: ~ **(contra/em favor de algo)** protestar (contra/en favor de algo); ~ **por algo** protestar por algo; **protesto!** *JUR* ¡protesto!

protesto [pro'tɛʃtu] *m* [manifestação, reclamação] protesta *f.*

protetor, ra [prote'to(x), ra] (*mpl* **-es**, *fpl* **-s**) ⬦ *adj* protector(ra). ⬦ *m, f* protector *m*, -ra *f.*

protocolo [proto'kɔlu] *m* **-1.** [registro, setor] registro *m.* **- 2.** [recibo] comprobante *m.* **- 3.** [cerimonial, diplomático] protocolo *m.*

protótipo [pro'tɔtʃipu] *m* prototipo *m*; **ser o** ~ **de algo** *fig* ser el prototipo de algo.

protuberância [protube'rãnsja] *f* protuberancia *f.*

prova ['prɔva] *f* **-1.** [ger] prueba *f*; **à** ~ **de água/bala/fogo** a prueba de agua/balas/fuego; **pôr à** ~ poner a prueba. **- 2.**

[de comida, bebida]: **pedi uma prova do queijo ao vendedor** le pedí al vendedor que me dejara probar el queso, le pedí una prueba de queso al vendedor *Méx*.

provador [prova'do(x)] *m* -1. [em loja] probador *m*. - 2. [de café, vinho] catador *m*.

provar [pro'va(x)] <> *vt* -1. [ger] probar. - 2. [roupa] probarse. <> *vi* [comida, bebida]: ~ **(de algo)** probar (algo).

provável [pro'vavɛw] (*pl* -eis) *adj* [possível, aproximado] probable; **ser ~ que** ser probable que.

provedor, ra [prove'do(x),ra] *m,f* proveedor *m*, -ra *f*; **provedor de acesso** *INFORM* proveedor de acceso.

proveito [pro'vejtu] *m* provecho *m*; **em ~ de** en beneficio de; **tirar ~ de algo** sacar provecho de algo.

proveitoso, osa [provej'tozu, ɔza] *adj* provechoso(sa).

proveniência [prove'njẽnsja] *f* procedencia *f*.

proveniente [prove'njẽntʃi] *adj* [originário]: ~ **de** procedente de.

prover [pro've(x)] *vt* -1. [ger] proveer; ~ **algo/alguém de algo** proveer a algo/a alguien de algo. - 2. [vaga, cargo] cubrir.

➡ **prover-se** *vp* [abastecer-se]: ~ **-se de algo** proveerse de algo.

provérbio [pro'vɛrbju] *m* proverbio *m*.

proveta [pro'veta] *f* probeta *f*.

providência [provi'dẽnsja] *f* [medida] medida *f*; **tomar ~s** tomar medidas.

providencial [providẽn'sjaw] (*pl* -ais) *adj* providencial.

providenciar [providẽn'sja(x)] <> *vt* -1. [prover] proveer. - 2. [tomar providências para] encargarse de. <> *vi* [cuidar] procurar que.

provido, da [pro'vidu, da] *adj* [abastecido]: ~ **de algo** provisto(ta) de algo; **bem ~** bien provisto.

província [pro'vĩnsja] *f* [divisão administrativa, interior] provincia *f*.

provinciano, na [provĩn'sjãnu, na] *adj pej* provinciano(na).

provisão [provi'zãw] (*pl* -ões) *f* provisión *f*.

➡ **provisões** *fpl* provisiones *fpl*.

provisório, ria [provi'zɔrju, rja] *adj* provisional, provisorio(ria) *RP*.

provocador, ra [provoka'do(x), ra] (*mpl* -es, *fpl* -s) <> *adj* provocador(ra). <> *m, f* provocador *m*, -ra *f*.

provocante [provo'kãntʃi] *adj* [sensualmente] provocador(ra), provocativo(va).

provocar [provo'ka(x)] *vt* provocar; ~ **alguém (a fazer algo)** instar a alguien (a hacer algo).

proximidade [prosimi'dadʒi] *f* proximidad *f*, cercanía *f*.

➡ **proximidades** *fpl* [arredores] proximidades *fpl*.

próximo, ma ['prɔsimu, ma] <> *adj* -1. [no espaço]: ~ **(a ou de)** cerca (de). -2. [no tempo] próximo(ma), cercano(na) *RP*. - 3. *(antes de subst)* [seguinte] próximo(ma). - 4. [chegado] cercano(na). <> *m, f* [em fila]: **o ~ el siguiente**.

➡ **próximo** <> *m*: **o ~** [o semelhante] el prójimo. <> *adv* cerca de.

➡ **próxima** *f* [a próxima vez]: **até a próxima!** [em despedida] ¡hasta pronto!

prudente [pru'dẽntʃi] *adj* prudente.

prurido [pru'ridu] *m* [comichão, desejo] prurito *m*.

PS <> (*abrev de* Post Scriptum) PS. <> (*abrev de* Pronto Socorro) *puesto de primeros auxilios*.

PSB (*abrev de* Partido Socialista Brasileiro) *m partido socialista brasileño*.

PSDB (*abrev de* Partido da Social Democracia Brasileira) *m partido socialdemócrata brasileño*.

pseudônimo [psew'donimu] *m* seudónimo *m*.

psicanálise [psika'nalizi] *f* psicoanálisis *m inv*.

psicanalítico, ca [psikana'litʃiku, ka] *adj* psicoanalítico(ca).

psicodélico, ca [psiko'dɛliku, ka] *adj* psicodélico(ca).

psicologia [psikolo'ʒia] *f* [ciência, mentalidade] psicología *f*.

psicólogo, ga [psi'kɔlogu, ga] *m, f* psicólogo *m*, -ga *f*.

psicopata [psiko'pata] *mf* psicópata *mf*.

psicose [psi'kɔzi] *f* [obsessão & MED] psicosis *f inv*; ~ **de algo** psicosis de algo.

psicossomático, ca [psikoso'matʃiku, ka] *adj* psicosomático(ca).

psicótico, ca [psi'kɔtʃiku, ka] *adj* psicótico(ca).

psiquiatra [psi'kjatra] *mf* psiquiatra *mf*.

psiquiátrico, ca [psi'kjatriku, ka] *adj* psiquiátrico(ca).

psíquico, ca ['psikiku, ka] *adj* psíquico(ca).

psiu [psiw] *interj* [para chamar ou calar] ¡chis!, ¡sh! *Méx & RP*.

PT (*abrev de* Partido dos Trabalhadores) *m partido de izquierdas brasileño*.

puberdade [puber'dadʒi] *f* pubertad *f*.

púbis ['pubiʃ] *m inv* pubis *m inv*.

publicação [publika'sãw] (*pl* -ões) *f* [ato, periódico] publicación *f*.

publicar [publi'ka(x)] *vt* publicar.

publicidade [publisi'dadʒi] *f* [divulgação & COM] publicidad *f*.

publicitário, ria [publisi'tarju, rja] <> *adj* publicitario(ria). <> *m, f* publicista *mf.*

público, ca ['publiku, ka] *adj* público(ca).

◆ **público** *m* [o povo, platéia] público *m;* **em** ~ **en** público.

PUC (*abrev de* **Pontifícia Universidade Católica**) *f Universidad Pontificia Católica.*

pudico, ca [pu'dʒiku, ka] *adj* [recatado] púdico(ca).

pudim [pu'dʒĩ] (*pl* -ns) *m* pudín *m Esp,* budín *m Amér;* ~ **de leite** flan *m* de dulce de leche.

pudor [pu'do(x)] *m* [recato, decoro] pudor *m;* **ter** ~ **de** tener pudor de.

pueril [pwe'riw] (*pl* -is) *adj* [infantil, banal] pueril.

pugilista [puʒi'liʃta] *m* pugilista *m.*

puído, da ['pwidu, da] *adj* desgastado(da), gastado(da).

puir [pwi(x)] *vt* desgastar, gastar.

pujante [pu'ʒãntʃi] *adj* pujante.

pular [pu'la(x)] <> *vt* **-1.** [saltar] saltar, brincar *Méx;* ~ **corda** saltar a la cuerda *ou* comba *Esp,* brincar la reata *Méx.* **-2.** [carnaval]: ~ **carnaval** celebrar el carnaval. <> *vi* **-1.** [saltar] saltar, brincar *Méx.* **-2.** [palpitar] palpitar, brincar *Méx,* saltar *RP.*

pulga ['puwga] *f* pulga *f;* **estar/ficar com a** ~ **atrás da orelha** estar con la mosca *ou* pulga *Amér* detrás de la oreja.

pulha ['puʎa] *m* persona *f* sin carácter, piojo *m RP.*

pulmão [puw'mãw] (*pl* -ões) *m* pulmón *m.*

pulo ['pulu] *m* **-1.** [salto] salto *m,* brinco *m Méx.* **-2.** *fam* [perto de]: **a um** ~ **de** a un paso de. **-3.** *fam* [dar uma passada]: **dar um** ~ **em** pasar por, dar una pasada por *Méx,* darse una corrida hasta *RP.*

pulôver [pu'love(x)] (*pl* -es) *m* jersey *m Esp, Cuba* & *Méx,* chomba *f Andes,* suéter *m Arg,* pulóver *m RP,* buzo *m Urug.*

púlpito ['puwpitu] *m* púlpito *m.*

pulsar [puw'sa(x)] *vi* [palpitar] palpitar.

pulverizar [puwveri'za(x)] *vt* pulverizar.

pum [pũ] (*pl* puns) *m* *mfam* [peido] pedo *m,* pluma *f Méx,* cuete *m RP;* **soltar um** ~ tirarse un pedo, echarse una pluma *Méx,* tirarse un cuete *RP.*

pungente [pũn'ʒẽntʃi] *adj* desgarrador(ra).

punhado [pu'ɲadu] *m:* **um** ~ **de** um puñado de.

punhal [pu'ɲaw] (*pl* -ais) *m* puñal *m.*

punhalada [puɲa'lada] *f* puñalada *f.*

punho ['puɲu] *m* **-1.** *ANAT* [de manga] puño *m;* **de próprio** ~ **de** puño y letra. **-2.** [de espada, punhal] empuñadura *f.*

punição [puni'sãw] (*pl* -ões) *f* castigo *m.*

punir [pu'ni(x)] *vt* castigar.

punitivo, va [puni'tʃivu, va] *adj* punitivo(va).

puns [pũnʃ] *mpl* ▷ **pum.**

pupila [pu'pila] *f ANAT* pupila *f.*

pupilo, la [pu'pilu, la] *m, f* [aluno, tutelado] pupilo *m,* -la *f.*

purê [pu're] *m* puré *m;* ~ **de batatas** puré de patatas *Esp ou* papas *Amér.*

pureza [pu'reza] *f* pureza *f.*

purgante [pux'gãntʃi] *m* **-1.** [remédio] purgante *m.* **-2.** *fam* [pessoa, trabalho] pesado *m,* embole *m RP.*

purgar [pux'ga(x)] *vt* [expiar] purgar.

purgatório [puxga'tɔrju] *m RELIG* purgatorio *m.*

purificar [purifi'ka(x)] *vt* [depurar & *RELIG*]: ~ **algo (de algo)** purificar algo (de algo).

◆ **purificar-se** *vp* [moralmente] [relig] purificarse.

puritano, na [puri'tãnu, na] <> *adj* puritano(na). <> *m, f* [adepto] [moralista] puritano *m,* -na *f.*

puro, ra ['puru, ra] *adj* **-1.** [ger] puro(ra). **-2.** (*antes de subst*) [mero, absoluto] puro(ra).

púrpura ['puxpura] *f* [cor] púrpura *m.*

purpúreo, rea [pux'purju, rja] *adj* purpúreo(rea).

purpurina [puxpu'rina] *f* purpurina *f.*

pus ['puʃ] *m inv* pus *m.*

pusilânime [puzi'lãnimi] *adj* [fraco, covarde] pusilánime.

puta ['puta] *f* ▷ **puto.**

puto, ta ['putu, ta] *vulg adj* **-1.** [devasso] corrupto(ta), jodido(da) *RP.* **-2.** [sacana] jodido(da), cabrón(ona) *Méx.* **-3.** [zangado] cabreado(da) *Esp,* enojado(da) *Amér,* recaliente *RP.*

◆ **puta** *vulg f* [prostituta] puta *f;* ~ **que pariu!** ¡me cago en la puta!, ¡chingada madre! *Méx,* ¡la gran puta! *RP.*

putrefato, ta [putre'fatu, ta] *adj* putrefacto(ta).

putrefazer [putrefa'ze(x)] *vt* pudrir.

◆ **putrefazer-se** *vp* pudrirse.

pútrido, da ['putridu, da] *adj* putrefacto(ta).

puxa ['puʃa] *interj:* ~ **(vida)!** ¡ostras! *Esp,* ¡pucha! *Amér.*

puxador [puʃa'do(x)] (*pl* -es) *m, f* **-1.** [de samba] *en un grupo de samba, el principal cantante.* **-2.** [de fumo] *fam gír* porrero *m,* -ra *f,* fumeta *mf RP.* **-3.** [de carro] *fam gír* ladrón *m,* -ona *f* de coches.

◆ **puxador** *m* tirador *m.*

puxão [pu'ʃãw] (*pl* -ões) *m* tirón *m.*

puxar [pu'ʃa(x)] <> *vt* **-1.** [ger] tirar de. **-2.** [arrancar] arrancar. **-3.** [sacar] sacar. **-4.** [iniciar] iniciar. **-5.** [desencadear] estimular. **-6.**

[adular]: ~ o saco de alguém *m fam* hacer la pelota a alguien *Esp*, lambisconear a alguien *Méx*, chupar las medias a alguien *RP*. **- 7.** *fam gír* [fumo] fumar, quemar *RP*. **- 8.** *fam gír* [automóvel] mangar, afanar, agenciar *Méx*. <> *vi* **-1.** [impor esforço a]: ~ por forzar. **- 2.** [ser parecido com]: ~ a alguém parecerse a alguien. **-3.** [coxear]: ~ de uma perna cojear *ou* renguear *RP* de una pierna.

puxa-saco [ˌpuʃaˈsaku] (*pl* puxa-sacos) *fam* <> *adj* pelota *Esp*, lambiscón *Méx*, chupamedias *RP*. <> *mf* pelota *mf*, lambiscón *m*, -ona *f* *Méx*, chupamedias *mf* *RP*.

puxões [puˈʃõjʃ] *pl* ⊳ puxão.

PV (*abrev de* Partido Verde) *m* partido verde brasileño.

PVC (*abrev de* Polyvinyl Chloride) *m* PVC *m*.

q, Q [ke] *m* [letra] q, Q *f*.

QG (*abrev de* Quartel General) *m* cuartel general.

QI (*abrev de* Quociente de Inteligência) *m* CI *m*.

QT (*abrev de* Qualidade Total) ≃ CT.

qua. (*abrev de* quarta-feira) x.

quadra [ˈkwadra] *f* **-1.** [quarteirão] manzana *f* *Esp*, cuadra *f* *Amér*. **- 2.** [esportiva] pista *f* *Esp*, cancha *f* *Amér*. **- 3.** [em jogos, estrofe] cuarteto *m*.

quadragésimo, ma [kwadraˈʒɛzimu, ma] *num* cuadragésimo(ma).

quadriculado, da [kwadrikuˈladu, da] *adj* cuadriculado(da).

quadril [kwaˈdriw] (*pl* -is) *m* cadera *f*.

quadrilha [kwaˈdriʎa] *f* **-1.** [de ladrões *etc.*] banda *f*, pandilla *f* *Méx*. **- 2.** [dança] *baile típico de las fiestas de San Juan brasileñas, de carácter alegre y movido, que se baila en parejas.*

quadrimestral [kwadrimeʃˈtraw] (*pl* -ais) *adj* cuatrimestral.

quadrinho [kwaˈdriɲu] *m* [de quadrinhos] tira *f* cómica.

◆ **quadrinhos** *mpl*: **(história em)** ~s cómic *m*, historieta *f* *RP*.

quadro [ˈkwadru] *m* **-1.** [ger] cuadro *m*. **- 2.** [moldura] marco *m*, cuadro *m* *Méx*. **- 3.** [quadro-negro] pizarra *f*, pizarrón *m* *Amér*. **- 4.** [mural] tablón *m*, cartelera *f* *RP*. **- 5.** *TEATRO &*

TV escena *f*, cuadro *m* *RP*. **- 6.** *POL* clima *m*, cuadro *m* *RP*. **-7.** [situação] panorama *m*, cuadro *m* *RP*; ~ clínico cuadro clínico.

quadro-negro [ˌkwadruˈnegru] (*pl* quadros-negros) *m* pizarra *f*, pizarrón *m* *Amér*.

quadrúpede [kwaˈdrupedʒi] <> *adj* [animal] cuadrúpedo(da). <> *mf* [animal] cuadrúpedo *m*, -da *f*.

quadruplicar [kwadrupliˈka(x)] <> *vt* cuadruplicar. <> *vi* cuadruplicarse.

quádruplo, pla [ˈkwadruplu, pla] <> *adj* cuádruple. <> *m, f* [quadrigêmeo] cuatrillizo *m*, -za *f*.

◆ **quádruplo** *m* cuádruple *m*.

quaisquer [kwajʃˈkɛ(x)] ⊳ qualquer.

qual [kwaw] (*pl* -quais) <> *adj* qué, cuál; ~ perfume você prefere? ¿cuál perfume prefieres?; não sei ~ caminho devo seguir; no sé qué camino debo seguir; quais meses são os mais frios? ¿cuáles son los meses más fríos? <> *pron inter* cuál; ~ é o seu nome? ¿cuál es tu nombre?; ~ a cor dos seus cabelos? ¿de qué color es tu pelo?; quais são suas intenções? ¿cuáles son sus intenciones?; perguntei ~ seria a melhor opção pregunté cuál sería la mejor opción; ~ não foi a minha surpresa ao saber que fui premiado ¡cuál no sería mi sorpresa cuando me premiaron!; ~ deles? ¿cuál de ellos?; ~ é?, ~ é a sua? *fam* [o que você quer?] ¿qué te pasa?; seja ~ for sea cual fuere. <> *pron rel*: o/a ~ el/la cual, el/la que; teve três filhos, o mais velho dos quais tornou-se médico tuvo tres hijos, el mayor de los cuales se hizo médico; este é o livro sobre o ~ lhe escrevi éste es el libro sobre el cual/que te escribí; cada ~ [cada pessoa] cada cual/quien; [cada um] cada cual.

◆ **qual** <> *conj*: **(tal)** ~ tal cual. <> *interj*: ~! [exprimindo espanto] ¡cómo!; [exprimindo negação] ¡nada!; ~ nada!, ~ o quê! ¡qué esperanza!

qualidade [kwaliˈdadʒi] *f* **-1.** [ger] calidad *f*; ~ de vida calidad de vida; na ~ de en calidad de; de ~ de calidad. **- 2.** [tipo] tipo *m*. **- 3.** *pej* [baixo nível] calaña *f*.

qualificação [kwalifikaˈsãw] (*pl* -ões) *f* [avaliação] calificación *f*.

◆ **qualificações** *fpl* [formação, preparo] cualificaciones *fpl*, calificaciones *fpl* *RP*.

qualificado, da [kwalifiˈkadu, da] *adj* **-1.** [preparado] cualificado(da), calificado(da) *RP*. **- 2.** *JUR* [caracterizado] con agravante.

qualificar [kwalifiˈka(x)] *vt* **-1.** [avaliar] calificar. **- 2.** [classificar] clasificar.

◆ **qualificar-se** *vp* [classificar-se] clasificarse.

qualitativo, va [kwalita'tʃivu, va] *adj* cualitativo(va).

qualquer [kwaw'kɛ(x)] (*pl* quaisquer) <> *adj* **-1.** [algum]: **traga uma bebida** ~ trae alguna bebida; **comprei um jornal** ~ compré un diario cualquiera; **havia** ~ **coisa de errado** había algo mal; **num ponto** ~ **da Sibéria** en algún lugar de Siberia; ~ **dia venha me visitar** ven a visitarme un/algún día; **a** ~ **momento** en cualquier momento; **um outro** ~ [coisa] cualquier otro; [pessoa] un cualquiera; **ser** ~ **coisa** [ser ótimo, extraordinário] ser sensacional. **-2.** (*antes de subst*) [todo] cualquier; **enfrenta quaisquer perigos** enfrenta cualquier peligro; ~ **pessoa sabe fazer arroz** cualquiera saber hacer arroz; ~ **que seja** sea cual sea; ~ **um,** cualquiera; **todo e** ~ cualquier; **de** ~ **maneira** *ou* **jeito** [seja como for] de cualquier manera; [a todo custo] sea como sea. **-3.** [pej] [ordinário, sem importância]: **ele se contenta com** ~ **coisa** cualquier cosa lo deja contenta; **de** ~ **maneira** *ou* **jeito** [sem cuidado] de cualquier manera. <> *pron* **-1.** [algum]: ~ **(de)** alguno(na); **prove quaisquer destas balas** prueba algunos de estos caramelos; **um** ~ *pej* [pessoa] un cualquiera. **-2.** [todo - coisa]: ~ **(de)** cualquiera de; ~ **destas substâncias é perigosa** cualquiera de estas sustancias es peligrosa; [- pessoa] cualquiera; ~ **de nós faria o mesmo** cualquiera de nosotros haría lo mismo.

quando ['kwãndu] <> *adv* cuándo. <> *conj* cuando; [ao passo que] mientras que; **de** ~ **em** ~ de cuando en cuando; **desde** ~ desde cuándo; **de vez em** ~ de vez en cuando; ~ **quer que** cuando quiera/sea *Amér* que; ~ **muito** como mucho.

quanta ['kwãnta] ⊳ quanto.

quantia [kwãn'tʃia] *f* cuantía *f*, cantidad *f*.

quantidade [kwãntʃi'dadʒi] *f* cantidad *f*; **uma** ~ **de** una cantidad de; **em** ~ en cantidad.

quantitativo, va [kwãntʃita'tʃivu, va] *adj* cuantitativo(va).

quanto, a ['kwãntu, ta] <> *adj* **-1.** (*interrogativo*) cuánto(ta); **quantas maçãs você quer?** ¿cuántas manzanas quieres?; **há** ~ **tempo você está esperando?** ¿cuánto hace que estás esperando? **-2.** (*exclamativo*) cuánto; **quantos livros!** ¡cuántos libros!; **quanta gente!** ¡cuánta gente! <> *pron* **-1.** (*interrogativo*) cuánto(ta); **quantos fugiram?** ¿cuántos huyeron? **-2.** (*exclamativo*) cuánto(ta); **quantos não morrem antes de chegar à idade adulta!** ¡cuántos no mueren antes de llegar a la adultez! **-3.** (*relativo*): **tantos**

... quantos ... tantos ... como ...; **faça tantas alterações quantas forem necessárias** hagan tantos ajustes como sean necesarios; **gosto de tudo** ~ **é verdura** me gustan todas las verduras; **tudo** ~ **é tipo de penteado** todo tipo de peinados.

➡ **quanto** <> *pron* (*interrogativo*) [quantia, preço] cuánto(ta); ~ **custa este casaco?** ¿cuánto cuesta este abrigo?; **a** ~ **está o dólar?** ¿a cuánto está el dólar?; [quantidade]: ~ **de maionese devo acrescentar?** ¿cuánta mayonesa tengo que agregar?; ~ **de combustível ainda temos?** ¿cuánto combustible tenemos todavía? <> *adv* [indicando intensidade, proporção] cuánto; **esforcei-me o** ~ **pude** me esforcé tanto cuanto pude; **sei o** ~ **você me ama** sé cuánto me amas; **um tanto** ~ [meio] un tanto; **tanto** ~ tanto como; **tanto ... quanto ...** [ambos] tanto ... como ...; **tão ...** ~ ... tan ... como ...; ~ **mais tem, mais quer** cuanto más tiene, más quiere; ~ **mais rápido, melhor** cuanto más rápido, mejor; ~ **mais** [especialmente] cuanto más; [muito menos] cuanto más.

➡ **quanto a** *loc prep* [com relação] en cuanto a; ~ **a mim** en cuanto a mí.

➡ **quanto antes** *loc adv*: **o** ~ **antes** cuanto antes.

➡ **quantos** *pron pl fam*: **um certo Carlos não sei dos quantos** un tal Carlos no sé cuánto.

➡ **quantas** *pron pl fam*: **a quantas** [em que situação] cómo; **não sei a quantas anda esse processo** no sé cómo marcha ese juicio.

> *Enquanto*: Não confundir com a forma *en cuanto* do espanhol, que tem uso e significado similares ao 'logo que, assim que ou apenas': (*En cuanto llegó todos se fueron*. Assim que chegou, todos se foram.; *Dejaron de trabajar en cuanto sonó la campana*. Deixaram de trabalhar logo que soou a campainha.)

quão [kwãw] *adv* [como] cuán; ~ **traiçoeira é a sorte** cuán traicionera es la suerte.

quarenta [kwa'rẽnta] *num* cuarenta *m*; *veja também* sessenta.

quarentena [kwarẽn'tena] *f* cuarentena *f*.

quaresma [kwa'reʒma] *f* **-1.** *RELIG* cuaresma *f*. **-2.** [flor] flor *f* de la cuaresma.

quarta ['kwaxta] *f* [quarta-feira] miércoles *m inv* ⊳ quarto.

quarta-feira [ˌkwaxta'fejra] (*pl* quartas-feiras) *f* miércoles *m inv*; ~ **de cinzas** miércoles de ceniza; *veja também* sábado.

quarteirão [kwaxtej'rãw] (*pl* -ões) *m* manzana *f*.

quartel [kwax'tɛw] (*pl* -éis) *m* **-1.** *MIL* cuartel *m*. **-2.** [a quarta parte] cuarto *m*.

quartel-general [kwaxˌtɛwʒeneˈraw] (*pl* quartéis-generais) *m* cuartel *m* general.

quarteto [kwaxˈtetu] *m LITER & MÚS* cuarteto *m*; ~ **de cordas** cuarteto de cuerdas.

quarto, ta [ˈkwaxtu, ta] *num* cuarto(ta); **a quarta parte** la cuarta parte; *veja também* **sexto.**

◆ **quarto** *m* -**1.** [ger] cuarto *m*; ~ **crescente/minguante** cuarto creciente/menguante. -**2.** [aposento] habitación *f*, cuarto *m Amér*; ~ **de casal/de solteiro** habitación de matrimonio/individual, cuarto matrimonial/individual *Méx*, cuarto de matrimonio/de soltero *RP*. -**3.** MIL [plantão] guardia *f*.

quarto-e-sala [ˌkwaxtwiˈsala] (*pl* quarto-e-salas) *m apartamento de una habitación y un salón, apartamento de un dormitorio RP*.

quartzo [ˈkwaxtsu] *m* cuarzo *m*.

quase [ˈkwazi] *adv* casi; ~ **nada/tudo** casi nada/todo; ~ **nunca** casi nunca; ~ **sempre** casi siempre.

quatro [ˈkwatru] *num* cuatro; **de** ~ de *ou* en *RP* cuatro patas; **estar de** ~ **por alguém** [apaixonado] estar colgado(da) de alguien, estar babeando por alguien *Méx*, estar bobo(ba) con alguien *RP*; *veja também* **seis.**

quatrocentos, tas [ˌkwatruˈsẽtuʃ, taʃ] *num* cuatrocientos; *veja também* **seis.**

que [ki] ⟨⟩ *adj inv* -**1.** [uso interrogativo] ¿qué?; ~ **horas são?** ¿qué hora es?, ¿qué horas son? *Amér*. -**2.** [uso exclamativo] ¡qué!; **mas** ~ **belo dia!** ¡qué día más estupendo/maravilloso! *RP*; ~ **fome!** ¡qué hambre!; ~ **maravilha!** ¡qué maravilla! ⟨⟩ *pron* -**1.** [uso interrogativo] ¿qué?; ~ **é isso?** ¿qué es eso?; ~ **você quer?** ¿qué quieres? -**2.** [uso relativo] que; **o homem** ~ **corre** el hombre que corre; **a maçã** ~ **comi era ótima** la manzana que me comí estaba estupenda/sensacional *RP*; **o homem** ~ **conheci** el hombre al que conocí. ⟨⟩ *conj* -**1.** [com complemento direto] que; **confessou** ~ **tinha me enganado** confesó que me había engañado. -**2.** [em comparações]: **(do)** ~ **que; é mais caro (do)** ~ **o outro** es más caro que el otro. -**3.** [exprime causa] **leva o guarda-chuva** ~ **está chovendo** lleva/llevá *RP* el paraguas que está lloviendo; **vai depressa** ~ **você está atrasado** date prisa que estás retrasado *Esp*, apúrate que estás atrasado *Amér*. -**4.** [exprime consequência] que; **pediu-me tanto** ~ **acabei por concordar** me insistió tanto que terminé por aceptar. -**5.** [exprime tempo] que; **há horas** ~ **estou à espera** hace horas que estoy esperando; **há muito** ~ **não vou lá** hace mucho que

no voy allá. -**6.** [indica desejo] que; **espero** ~ **você se divirta** espero que te diviertas; **quero** ~ **você o faça** quiero que tú/vos *RP* lo hagas; ~ **seja feliz!** ¡que seas feliz! -**7.** [em locuções]: ~ **nem** como; **é feio** ~ **nem o irmão** es (tan) feo como el hermano; **chorou** ~ **nem uma criança** lloró como un niño.

quê [ˈke] ⟨⟩ *m* [algo]: **um** ~ algo; **um** ~ **de** [toque] una pizca de; [sabor] un dejo de; **um não sei** ~ un no sé qué; **sem** ~ **nem por** ~ [sem motivo] sin razón. ⟨⟩ *interj* [exprimindo espanto]: **quê!** ¡qué! ⟨⟩ *pron* ▷ **que.**

quebra [ˈkɛbra] *f* -**1.** [despedaçamento] rotura *f*. -**2.** [interrupção] corte *m*. -**3.** [violação] incumplimiento *m*, rompimiento *m RP*. -**4.** [dissolução] pérdida *f*, rompimiento *m RP*. -**5.** [falência] quiebra *f*. -**6.** COMPUT: ~ **de página** salto *m* de página.

◆ **de quebra** *loc adv* encima.

quebra-cabeça [ˌkɛbrakaˈbesa] (*pl* quebra-cabeças) *m* [jogo, problema] rompecabezas *m inv*, puzzle *m Amér*.

quebradiço, ça [kebraˈdʒisu, sa] *adj* frágil, quebradizo(za) *Méx*.

quebrado, da [keˈbradu, da] *adj* -**1.** [vaso, vidro] roto(ta), quebrado(da) *Méx*. -**2.** [braço, perna] roto(ta), quebrado(da) *Amér*. -**3.** [enguiçado] estropeado(da), descompuesto(ta) *Méx*, roto(ta) *RP*. -**4.** [falido] en quiebra, fundido(da) *RP*. -**5.** *fam* [sem dinheiro] sin blanca *Esp*, quebrado(da) *Méx*, pelado(da) *RP*.

quebra-galho [ˌkɛbraˈgaʎu] (*pl* quebra-galhos) *m* -**1.** [pessoa] mañoso *m*, -sa *f*, habilidoso *m*, -sa *f*. -**2.** [objeto] artilugio *m*.

quebra-molas [ˌkɛbraˈmolaʃ] *m inv* badén *m*.

quebra-nozes [ˌkɛbraˈnɔziʃ] *m inv* cascanueces *m inv*.

quebranto [keˈbrãtu] *m* -**1.** [mau-olhado] mal *m* de ojo. -**2.** [abatimento] desaliento *m*.

quebra-quebra [ˌkɛbraˈkɛbra] (*pl* quebra-quebras) *m* batalla *f* campal.

quebrar [keˈbra(x)] ⟨⟩ *vt* -**1.** [ger] romper, quebrar *Méx*. -**2.** [partir] romper; ~ **algo ao meio** partir algo por la mitad, partir algo al medio *RP*. -**3.** [fazer enguiçar] estropear, descomponer *Méx*, romper *RP*. -**4.** [espancar] destrozar, acabar *Méx*, reventar *RP*. -**5.** [enfraquecer] debilitar. -**6.** [interromper] interrumpir, cortar. -**7.** [desviar] desviar. ⟨⟩ *vi* -**1.** [despedaçar-se] romperse, quebrarse *Méx*. -**2.** [enguiçar] estropearse, descomponerse *Méx*, romperse *RP*. -**3.** [falir] quebrar, fundirse *RP*. -**4.** [ficar sem dinheiro] quedarse sin blanca, quebrar *Méx*, quedar pelado(da) *RP*.

◆ **quebrar-se** *vp* romperse, quebrarse *Méx*.

queda ['kɛda] *f* -**1**. [ger] caída *f*; ~ **livre** caída libre; ~ **de barreira** deslizamiento *m* de tierras. - **2**. [desvalorização] desvalorización *f*, baja *f RP*; **a bolsa de Tóquio está em** ~ la bolsa de Tokyo está a la baja. - **3**. *fig* [inclinação]: **ter uma** ~ **para algo** tener propensión por algo, tener inclinación por algo *Amér*; **ter uma** ~ **por alguém** sentirse atraído por alguien, tener debilidad por alguien.

queda-d'água [ˌkɛda'dagwa] (*pl* **quedas-d'água**) *f* salto *m* de agua.

queijo ['kejʒu] *m* queso *m*; ~ **prato** *queso de masa medio cocida, amarillo, consistencia compacta y elástica con diversas formas, queso de sándwich RP*; ~ **ralado** queso rallado.

queima ['kejma] *f* -**1**. [queimada] quema *f*; ~ **de fogos** quema *f ou* espectáculo *m RP* de fuegos artificiales. - **2**. *COM* [liquidação] liquidación *f*.

queimado, da [kej'madu, da] *adj* -**1**. [ger] quemado(da). -**2**. [bronzeado] moreno(na), quemado(da) *Amér*. - **3**. [plantas] quemado(da). - **4**. *fam fig* [malquisto] desprestigiado(da), quemado(da) *Amér*.

◆ **queimada** *f* -**1**. quema *f*. -**2**. [jogo] *juego de pelota entre dos equipos que consiste en dar pelotazos al adversario*, manchado *m RP*.

queimadura [kejma'dura] *f* [ferida] quemadura *f*.

queimar [kej'ma(x)] ◇ *vt* -**1**. [ger] quemar. -**2**. [bronzear] tostar, quemar *Amér*. - **3**. *COM* [liquidar] liquidar. - **4**. *fam* [tornar malquisto] desprestigiar, quemar *Amér*. - **5**. [dinheiro] fundir, quemar *Méx*, patinarse *RP*. ◇ *vi* -**1**. [ger] quemar. -**2**. [arder em febre] arder, estar hirviendo *RP*. - **3**. *ESP* pegar en la red. - **4**. [comida] quemarse.

◆ **queimar-se** *vp* -**1**. [ferir-se] quemarse. -**2**. [bronzear-se] ponerse moreno, quemarse *Amér*. -**3**. *fam* [enfezar-se] ofenderse, calentarse *Amér*. - **4**. *fam* [tornar-se malquisto] desprestigiarse, quemarse *Amér*.

queima-roupa [ˌkejma'xopa] *f*: **à** ~ a quemarropa.

queixa ['kejʃa] *f* [reclamação, lamento] queja *f*, reclamo *m RP*.

queixar-se [kej'ʃaxsi] *vp* [reclamar, lamentar-se] quejarse; ~**-se (de algo/alguém)** quejarse (de algo/alguien).

queixo ['kejʃu] *m* barbilla *f*, pera *f RP*; **bater o** ~ [de frio] castañetear; [de medo] tem-

blar; **ficar de** ~ **caído** [ficar admirado] quedarse boquiabierto.

queixoso, osa [kej'ʃozu, ɔza] *adj* -**1**. [agravado] querellante. - **2**. [magoado] quejumbroso(sa), quejoso(sa) *RP*.

quem ['kẽj] *pron* quién; ~ **diria!** ¡quién lo diría! *Esp*, ¡quién diría! *Amér*; ~ **é?** [à porta] ¿quién es?; ~ **fala?** [ao telefone] ¿quién es? *Esp*, ¿quién habla? *Amér*; ~ **me dera!** ¡ojalá!; ~ **quer que** quien quiera que; **seja** ~ **for** sea quien sea.

quente ['kẽtʃi] ◇ *adj* -**1**. [ger] caliente. -**2**. [calorento] caluroso(sa). - **3**. [roupa] cálido(da), abrigado(da) *RP*. - **4**. [animado] animado(da), divertido(da). ◇ *m fam* [moda] moderno *m*, onda *f RP*.

quentinha [kẽ'tʃiɲa] *f* -**1**. [embalagem] fiambrera *f*, vianda *f RP*. - **2**. [refeição] plato *m*.

quentura [kẽ'tura] *f* calor *m*.

quer [kɛ(x)] ◇ *conj*: ~ ..., ~ ... ya ..., ya ...; ~ **queira,** ~ **não** tanto si quiere, como si no, independientemente de que quiera o no *RP*. ◇ *v* ▷ **querer**.

◆ **onde quer que** *loc pron* dondequiera que, donde sea que *RP*.

◆ **o que quer que** *loc pron* sea lo que sea.

◆ **quem quer que** *loc pron* quienquiera que, quien sea que *RP*.

querela [ke'rɛla] *f* -**1**. [contenda] contienda *f*. - **2**. *JUR* querella *f*.

querer [ke're(x)] ◇ *m* -**1**. [vontade] deseo *m*. -**2**. [amor] amor *m*, querer *m*. ◇ *vt* -**1**. [ger] querer; ~ **algo por algo** querer algo por algo; **não** ~ **fazer algo** no querer hacer algo; **como queira/quiser** ¡como quiera!; **como quem não quer nada** como quien no quiere la cosa; **não** ~ **nada com** no querer nada con; ~ **dizer** querer decir; **quer dizer** [em outras palavras] es decir. -**2**. [ter a bondade de] tener la gentileza de, servirse *RP*. ◇ *vi* [desejar, ter vontade, amar] querer; **por** ~ adrede, a propósito; **sem** ~ sin querer; ~ **bem/mal/a alguém** desear el bien/mal a alguien.

◆ **querer-se** *vp* [amar-se] quererse.

querido, da [ke'ridu, da] ◇ *adj* [caro] querido(da); **Querido ...** [em carta] Querido ... ◇ *m, f* -**1**. [preferido] preferido *m*, -da *f*. -**2**. [forma de tratamento] querido *m*, -da *f*.

querosene [kero'zeni] *m* queroseno *m*, querosén *m Amér*.

questão [keʃ'tãw] (*pl* **-ões**) *f* cuestión *f*; ~ **de honra** cuestión de honor; ~ **de tempo** cuestión de tiempo; **em** ~ en cuestión; **fazer** ~ **(de algo)** [insistir em] insistir (en algo).

questionar [keʃtʃjo'na(x)] *vt* [debater] cuestionar.

questionário [keʃtʃjo'narju] *m* cuestionario *m*.

questionável [keʃtʃjo'navew] (*pl* -**eis**) *adj* cuestionable.

questões [keʃ'tõjʃ] *pl* ➣ **questão**.

qui. (*abrev de* quinta-feira) j.

quiabo ['kjabu] *m hortaliza comestible de fruto cónico, verde y peludo.*

quicar [ki'ka(x)] ⬥ *vt* [bola] botar, picar *RP*. ⬥ *vi* -**1**. [bola] botar, picar *RP*. -**2**. *fam* [de raiva] echar chispas.

quíchua ['kiʃwa] ⬥ *adj* quechua. ⬥ *mf* quechua *mf*. ⬥ *m* quechua *m*.

quieto, ta ['kjɛtu, ta] *adj* -**1**. [tranqüilo, em silêncio] tranquilo(la). -**2**. [imóvel] quieto(ta).

quietude [kje'tudʒi] *f* quietud *f*.

quilate [ki'latʃi] *m* -**1**. [de ouro] quilate *m*. -**2**. *fig* [excelência] categoría *f*.

quilha ['kiʎa] *f* quilla *f*.

quilo ['kilu] *m* kilo *m*; **a ~ a** peso, por peso *RP*.

quilobyte [kilo'bajtʃi] *m* COMPUT kilobyte *m*.

quilometragem [kilome'traʒẽ] (*pl* -**ns**) *f* -**1**. [distância percorrida] kilometraje *m*. -**2**. [distância entre dois pontos] distancia *f* (en kilómetros).

quilométrico, ca [kilo'mɛtriku, ka] *adj* [longo] kilométrico(ca).

quilômetro [ki'lometru] *m* kilómetro *m*.

quimera [ki'mɛra] *f* [fantasia, ilusão] quimera *f*.

químico, ca ['kimiku, ka] ⬥ *adj* químico(ca). ⬥ *m*, *f* [profissional] químico *m*, -ca *f*.
➣ **química** *f* -**1**. [ger] química *f*. -**2**. [substância] sustancia *f*.

quina ['kina] *f* -**1**. [canto] esquina *f*, punta *f RP*; **de ~ de** canto, de costado *RP*. -**2**. [de jogo] *serie de cinco números.*

quindim [kĩn'dʒĩ] (*pl* -**ns**) *m dulce de yema de huevo, coco y azúcar.*

quinhão [ki'ɲãw] (*pl* -**ões**) *m* parte *f*, tajada *f*.

quinhentos, tas [ki'ɲẽntuʃ, taʃ] *num* quinientos; **ser outros ~** ser otro cantar; *veja também* **seis**.

quinhões [ki'ɲõjʃ] *pl* ➣ **quinhão**.

quinina [ki'nina] *f* quinina *f*.

qüinquagésimo, ma [kwiŋkwa'ʒɛzimu, ma] *num* quincuagésimo.

quinquilharia [kĩŋkiʎa'ria] *f* -**1**. [bugigangas] quincallería *f*, parafernalia *f RP*. -**2**. [ninharia] quincalla *f*, baratija *f RP*.

quinta ['kĩnta] *f* -**1**. [quinta-feira] jueves *m inv*. -**2**. [sítio] quinta *f*.

quinta-feira [ˌkĩnta'fejra] (*pl* **quintas-feiras**) *f* jueves *m inv*; *veja também* **sábado**.

quintal [kĩn'taw] (*pl* -**ais**) *m* [de casa] patio *m Esp* & *Méx*, fondo *m RP*.

quinteto [kĩn'tetu] *m* MÚS quinteto *m*.

quinto, ta ['kĩntu, a] *num* quinto(ta); *veja também* **sexto**.

quíntuplo, pla ['kĩntuplu, pla] *adj* quíntuplo(pla), quíntuple.
➣ **quíntuplo** *m* quíntuplo *m*.

quinze ['kĩzi] *num* quince; **chegou às dez e ~** llegó a las diez y cuarto; **agora são ~ para as dez** ahora son las diez menos cuarto; *veja também* **seis**.

quinzena [kĩn'zena] *f* -**1**. [tempo] quincena *f*. -**2**. [salário] sueldo *m* de una quincena, quincena *f Méx*.

quinzenal [kĩze'naw] (*pl* -**ais**) *adj* quincenal.

quiosque ['kjɔʃki] *m* [de jardim, banca] quiosco *m*.

qüiprocó [kwipro'kɔ] *m* [confusão] equívoco *m*, malentendido *m*.

quiromante [kiro'mãntʃi] *mf* quiromántico *m*, -ca *f*.

quisto ['kiʃtu] *m* quiste *m*.

quitanda [ki'tãnda] *f* verdulería *f*, recaudería *f Méx*, almacén *m RP*.

quitandeiro, ra [kitãn'dejru, ra] *m*, *f* verdulero *m*, -ra *f*, señor *m*, -ra *f* que atiende la recuadería *Méx*, almacenero *m*, -ra *f RP*.

quitar [ki'ta(x)] *vt* -**1**. [pagar] pagar, liquidar *RP*. -**2**. [perdoar] saldar. -**3**. [devedor] liberar.

quite ['kitʃi] *adj* -**1**. [com credor]: **estar/ficar ~ (com alguém)** estar libre de deudas (con alguien). -**2**. [igualado] empatado(da).

Quito ['kitu] *n* Quito.

quitute [ki'tutʃi] *m* manjar *m*.

quociente [kwo'sjẽntʃi] *m* MAT cociente *m*; **~ de inteligência** cociente intelectual.

r, R ['ɛxi] *m* [letra] r, R *f*.

rã ['xã] *f* rana *f*.

rabanada [xaba'nada] *f* CULIN torrija *f*, torreja *f RP*.

rabanete [xaba'netʃi] *m* rábano *m*, rabanito *m RP*.

rabecão [xabe'kãw] (*pl* -**ões**) *m* [carro fúnebre] coche *m* fúnebre.

rabino, na [xa'binu, na] *m* rabino *m*.

rabiscar [xabiʃ'ka(x)] <> *vt* -**1**. [encher com rabiscos] pintarrajear, rayar. -**2**. [fazer rabiscos, escrever às pressas] garabatear. -**3**. [desenhar] esbozar. <> *vi* [fazer rabiscos] garabatear.

rabisco [xa'biʃku] *m* -**1**. [risco] garabato *m*, rayón *m RP*. -**2**. [esboço] esbozo *m*.

rabo ['xabu] *m* -**1**. [cauda] cola *m*; **ser um** ~ **de foguete** *fam* ser imprevisible; ~ **do olho** rabillo *m* del ojo; **meter o** ~ **entre as pernas** *fam* irse con el rabo entre las piernas, irse con la cola entre las patas *RP*. -**2**. *vulg* [nádegas] culo *m Esp*, cola *f Amér*.

rabo-de-cavalo [ˌxabudʒika'valu] *(pl* rabos-de-cavalo) *m* cola *f* de caballo.

rabugento, ta [xabu'ʒẽntu, ta] *adj* cascarrabias, gruñón(ona).

raça ['xasa] *f* -**1**. [ger] raza *f*; **cão/cavalo de** ~ perro/caballo de raza; **(no peito e) na** ~ contra viento y marea; **acabar com a** ~ **de alguém** [matar] acabar con la vida de alguien. -**2**. [estirpe] casta *f*, estirpe *f*.

racha ['xaʃa] *m* -**1**. [em parede *etc.*] grieta *f*. -**2**. *fam* [discórdia] gresca *f*.

rachadura [xaʃa'dura] *f* grieta *f*.

rachar [xa'ʃa(x)] <> *vt* -**1**. [fender] rajar; **frio de** ~ frío horrible *ou* que pela *ou* que parte *Méx*; **ou vai ou racha** tiene que ser. -**2**. [dividir]: ~ **algo (com alguém)** compartir algo (con alguien). -**3**. *fig* [dividir] dividir. -**4**. [cortar] cortar, hachar *RP*. <> *vi* [fenderse] rajarse.

racial [xa'sjaw] *(pl* -ais) *adj* racial.

raciocinar [xasjosi'na(x)] *vi* razonar.

raciocínio [xasjo'sinju] *m* -**1**. [razão] raciocinio *m*. -**2**. [pensamento] razonamiento *m*.

racional [xasjo'naw] *(pl* -ais) *adj* racional.

racionalizar [xasjonali'za(x)] *vt* [produção, atitude] racionalizar.

racionamento [xasjona'mẽntu] *m* racionamiento *m*.

racionar [xasjo'na(x)] *vt* racionar.

racismo [xa'siʒmu] *m* racismo *m*.

racista [xa'siʃta] <> *adj* racista. <> *mf* racista *mf*.

rack [xɛk] *m* -**1**. [para carro] baca *f*, rack *m Méx*. -**2**. [para aparelho de som] mueble *m* para cadena *ou* equipo *RP* de música.

radar [xa'da(x)] *(pl* -es) *m* radar *m*.

radiação [xadʒja'sãw] *(pl* -ões) *f* radiación *f*.

radiador [xadʒja'do(x)] *(pl* -es) *m AUTO* radiador *m*.

radiante [xa'dʒjãntʃi] *adj* [que brilha, cheio de alegria] radiante.

radical [xadʒi'kaw] *(pl* -ais) <> *adj* radical. <> *mf POL* radical *mf*. <> *m GRAM, MAT & QUÍM* radical *m*; ~ **livre** radical libre.

radicalismo [xadʒika'liʒmu] *m* [intransigência & *POL*] radicalismo *m*.

radicar-se [xadʒi'kaxsil] *vp* radicarse.

rádio ['xadʒju] <> *m* -**1**. [aparelho] radio *f*. -**2**. *QUÍM & ANAT* radio *m*. <> *f* [emissora] radio *f*.

radioamador, ra [xadʒjwama'do(x), ra] *m, f* radioaficionado *m*, -da *f*.

radioatividade [xadʒwatʃivi'dadʒil] *f* radioactividade *f*, radiactividad *f*.

radioativo, va [ˌxadʒwa'tʃivu, va] *adj* radioactivo(va), radiactivo(va).

radiodifusão [xadʒodʒifu'zãw] *f* radiodifusión *f*.

radiografar [xadʒogra'fa(x)] <> *vt* -**1**. *MED* radiografiar. -**2**. [notícia] radiotelegrafiar. <> *vi* [fazer contato] radiotelegrafiar.

radiografia [ˌxadʒjogra'fia] *f MED* [análise] radiografía *f*.

radiogravador [xadʒjugrava'do(x)] *m* radiograbador *m*.

radiojornal [xadʒjuʒox'naw] *(pl* -ais) *m* noticiario *ou* noticiero *m Amér* radiofónico.

radiologia [xadʒjolo'ʒia] *f* radiología *f*.

radionovela [xadʒjuno'vɛla] *f* radionovela *f*.

radiopatrulha [xadʒjupa'truʎa] *f* radiopatrulla *f*.

radiotáxi [ˌxadʒjo'taksil] *m* radiotaxi *m*.

radioterapia [xadʒjotera'pial] *f* radioterapia *f*.

raia ['xaja] *f* -**1**. [linha, peixe] raya *f*. -**2**. [limite] límite *m*; **às** ~ **s de algo** al borde de algo. -**3**. [de pista de atletismo, piscina] calle *f*, carril *m Méx*, andarivel *m RP*. -**4**. [de tiro] pista *f*. -**5**. *fam*: **fugir da** ~ [evitar compromisso] eludir el compromiso, pintar su raya *Méx*.

raiado, da [xa'jadu, da] *adj* -**1**. [bandeira] rayado(da). -**2**. [cano de revólver] estriado(da). -**3**. [pista de atletismo, piscina] con calles, con carriles *Méx*, con andariveles *RP*.

raiar [xa'ja(x)] <> *vi* despuntar, rayar *Méx*. <> *vt* [com raias] colocar las corcheras en, marcar *Méx*, poner los andariveles en *RP*.

rainha [xa'iɲa] *f* -**1**. reina *f*. -**2**. *ZOOL* abeja *f* reina.

raio ['xaju] *m* -**1**. rayo *m*; ~ **laser** rayo láser; ~ **s X** rayos X. -**2**. *fam* [como ênfase]: **perdi o** ~ **da carteira** he perdido la maldita cartera, perdí la billetera de porquería *RP*. -**3**. *GEOM* radio *m*. -**4**. [alcance, área de atuação]: ~ **de ação** radio *m* de acción.

raiva ['xajva] *f* [fúria, doença] rabia *f*; **ficar com** ~ **de alguém** estar rabioso(sa) con alguien; **ter/tomar** ~ **de** tener/agarrar rabia a.

raivoso, osa [xaj'vozu, ɔza] *adj* [furioso, doente] rabioso(sa).

raiz [xa'iʒ] (*pl -es*) *f* raíz *f*; ~ **quadrada** raíz cuadrada; **cortar o mal pela** ~ *fig* cortar el mal de raíz.

rajada [xa'ʒada] *f* [de vento, tiros] ráfaga *f*.

ralado, da [xa'ladu, da] *adj* -1. [moído] rallado(da). -2. [esfolado] desollado(da), raspado(da) *RP*.

ralador [xala'do(x)] (*pl -es*) *m* rallador *m*.

ralar [xa'la(x)] *vt* -1. [com ralador] rallar. -2. [esfolar] desollar, rasparse *RP*.

ralé [xa'lɛ] *f* [escória] chusma *f*, plebe *f*.

ralhar [xa'ʎa(x)] *vi*: ~ **(com alguém)** reñir (a alguien), retar (a alguien) *RP*.

rali [xa'li] *m* rally *m*.

ralo, la ['xalu, la] *adj* -1. [cabelo, tecido, vegetação] ralo(la). -2. [café] aguado(da).
→ **ralo** *m* desagüe *m*, resumidero *m RP*.

Ram. (*abrev de* ramal) *m* ext.

RAM (*abrev de* random access memory) *f* RAM *f*.

rama ['xãma] *f* ramaje *m*; **pela** ~ [superficialmente] superficialmente.

ramagem [xa'maʒẽ] *f BOT* ramaje *m*.

ramal [xa'maw] (*pl -ais*) *m* -1. [de telefone] extensión *f*, interno *m RP*. -2. [ferróviario, rodoviário] ramal *m*.

ramalhete [xama'ʎetʃi] *m* [buquê] ramillete *m*.

ramificação [xamifika'sãw] (*pl -ões*) *f* [subdivisão] ramificación *f*.

ramificar-se [xamifi'kaxsi] *vp* -1. [subdividir-se] ramificarse. -2. [espalhar-se] repartirse, ramificarse *RP*.

ramo ['xãmu] *m* -1. [ger] rama *f*. -2. [de flores] ramo *m*.

rampa ['xãnpa] *f* rampa *f*.

ranço ['xãnsu] *m* -1. [sabor] sabor *m* rancio. -2. [cheiro] olor *m* rancio. -3. *fig* [atraso] atraso *m*.

rancor [xãŋ'ko(x)] *m* [ódio, ressentimento] rencor *m*.

rancoroso, osa [xãŋko'rozu, ɔza] *adj* rencoroso(sa).

rançoso, osa [xãn'sozu, ɔza] *adj* rancio(cia).

ranger [xãn'ʒe(x)] ◇ *m* [ruído] chirrido *m*, rechinido *m Méx*. ◇ *vt* [os dentes] rechinar, frotar *RP*. ◇ *vi* chirriar, rechinar.

ranhura [xã'ɲura] *f* -1. [entalhe] muesca *f*. -2. [canaleta] ranura *f*.

ranzinza [xãn'zĩnza] *adj* caprichoso(sa).

rapadura [xapa'dura] *f* azúcar *moreno en forma de ladrillos*, piloncillo *m Méx*..

rapar [xa'pa(x)] *vt* -1. [pelar] rapar, afeitar. -2. *fam* [roubar] birlar, bajar *Méx*.

rapaz [xa'paʒ] (*pl -es*) *m* -1. [jovem] muchacho *m*, chamaco *m Méx*. -2. *fam* [cara] tío *m*, cuate *m Méx*, flaco *m RP*.

rapé [xa'pɛ] *m* rapé *m*.

rapidez [xapi'deʃ] *f* rapidez *f*.

rápido, da ['xapidu, da] *adj* [veloz, breve] rápido(da).
→ **rápido** *adv* [ligeiro] rápido.

raposa [xa'poza] *f* -1. *ZOOL* raposa *f*, zorra *f*. -2. [pessoa astuta] zorro *m*.

raptar [xap'ta(x)] *vt* raptar.

rapto ['xaptul] *m* rapto *m*.

raptor, ra [xap'to(x), ra] *m, f* raptor *m*, -ra *f*.

raquete [xa'kɛtʃi] *f* raqueta *f*.

raquítico, ca [xa'kitʃiku, ka] *adj* raquítico(ca).

raquitismo [xaki'tʃiʒmu] *m MED* raquitismo *m*.

rarear [xa'rja(x)] *vi* [tornar-se raro] escasear.

rarefazer [xarefa'ze(x)] *vt* [tornar menos denso] enrarecer.
→ **rarefazer-se** *vp* -1. [tornar-se menos denso] enrarecerse. -2. [multidão] dispersarse.

rarefeito, ta [xare'fejtu, ta] *adj* -1. [pouco denso] enrarecido(da). -2. [disperso] disperso(sa).

raridade [xari'dadʒi] *f* [qualidade, peça] rareza *f*.

raro, ra ['xaru, ra] *adj* raro(ra).

rasante [xa'zãntʃi] ◇ *adj* rasante. ◇ *adv* rasante.

rascunho [xaʃ'kuɲu] *m* borrador *m*.

rasgado, da [xaʒ'gadu, da] *adj* -1. [tecido, papel] rasgado(da), roto(ta) *RP*. -2. [elogio, gesto] franco(ca). -3. *fig* [ritmo, dança] sincopado(da).

rasgão [xaʒ'gãw] (*pl -ões*) *m* desgarrón *m*, desgarre *m Méx*, rotura *f RP*.

rasgar [xaʒ'ga(x)] ◇ *vt* -1. [romper] rasgar, desgarrar *Méx*, romper *RP*. -2. *fig* [elogios] deshacerse en. ◇ *vi* [romper-se] rasgarse, romperse *RP*.
→ **rasgar-se** *vp* -1. [romper-se] rasgarse, desgarrarse *Méx*, romperse *RP*. -2. [pessoa] morirse.

rasgo ['xaʒgu] *m* -1. [rasgão] rasgón *m*. -2. [traço] raya *f*. -3. *fig* [ação, ímpeto] rasgo *m*.

rasgões [xaʒ'gõjʃ] *pl* ▷ **rasgão**.

raso, sa ['xazu, za] *adj* -1. [prato] llano(na), playo(ya) *RP*. -2. [piscina] poco profundo(da), llano(na) *RP*. -3. [colher] raso(sa), al ras *RP*. -4. [grama, soldado] raso(sa). -5. [liso] liso(sa). -6. [cabelo] rapado(da). -7. [sapato] plano(na), chato(ta) *RP*.
→ **raso** *m* parte *f* poco profunda, parte *f* llana *RP*.

raspa ['xaʃpa] *f* -1. [lasca] viruta *f*. -2. [de panela] raspadura *f*, costra *f RP*.

raspão [xaʃ'pãw] (*pl -ões*) *m* arañazo *m*, raspón *m Amér*; **de** ~ de refilón.

raspar [xaʃ'pa(x)] ◇ *vt* -1. [alisar] lijar. -2. [cabeça] rapar. -3. [pernas] afeitar. -4. [lim-

par] raspar, rasquetear **RP**. **- 5.** [arranhar] arañar, raspar. **- 6.** [de raspão] rozar. ◇ *vi* [de raspão]: ~ **em** rozar algo.
raspões [xaʃ'põjʃ] *pl* ▷ raspão.
rasteiro, ra [xaʃ'tejru, ra] *adj* -**1.** [animal, vegetação] rastrero(ra). **- 2.** [vôo] rasante. **- 3.** *fig* [superficial] superficial, burdo(da).
↪ **rasteira** *f* zancadilla *f*; **dar uma** ~ **em alguém** [com pernada] poner la zancadilla a alguien, hacer una zancadilla a alguien; *fig* [trair] tender una trampa.
rastejante [xaʃte'ʒãntʃi] *adj* rastrero(ra).
rastejar [xaʃte'ʒa(x)] ◇ *vi* arrastrarse. ◇ *vt* [rastrear] rastrear.
rasto ['xaʃtu] *m* -**1.** [de roda, pés] huella *f*. **- 2.** *fig* [vestígios] rastro *m*.
rastrear [xaʃ'trja(x)] ◇ *vt* [seguir o rasto de, investigar] rastrear. ◇ *vi* [seguir o rasto] rastrear.
rastro ['xaʃtru] *m* = rasto.
ratazana [xata'zãna] *f* rata *f* grande.
ratear [xa't ʃja(x)] ◇ *vt* [dividir] prorratear. ◇ *vi* [motor] fallar.
ratificar [xatʃifi'ka(x)] *vt* [confirmar, comprovar] ratificar.
rato, ta ['xatu, ta] *m, f* rata *f*; ~ **de praia** ratero *m* de playa.
ratoeira [xa'twejra] *f* ratonera *f*.
ravina [xa'vina] *f* barranco *m*.
ravióli [xa'vjɔli] *m* ravioli *m* *Esp* & *Cuba*, raviol *m* *Méx* & *RP*.
razão [xa'zãw] (*pl* -ões) ◇ *f* razón *f*; **dar** ~ **a alguém** dar la razón a alguien; **estar coberto de** ~ tener toda la razón; **ter/não ter** ~ **(de)** tener/no tener razón (para); ~ **de ser** *ou* **viver** razón de ser; **em** ~ **de** en razón de; **à** ~ **de** a razón de; **com/sem** ~ con/sin razón. ◇ *m* *COM* libro *m* de cuentas.
razoável [xa'zwavew] (*pl* -eis) *adj* -**1.** [sensato, aceitável, legítimo] razonable. **- 2.** [significativo] considerable.
ré ['xɛ] *f* *AUTO* marcha *f* atrás; **dar uma** ~, **dar marcha à** ~ dar marcha atrás; ▷ réu.
reabastecer [xejabaʃte'se(x)] *vt* reabastecer.
↪ **reabastecer-se** *vp*: ~-se de algo reabastecerse de algo
reação [xea'sãw] (*pl* -ões) *f* reacción *f*; ~ **em cadeia** reacción en cadena.
reacionário, ria [xeasjo'narju, rja] ◇ *adj* reaccionario(ria). ◇ *m, f* [pessoa] reaccionario *m*, -ria *f*.
readaptação [xeadapta'sãw] (*pl* -ões) *f* readaptación *f*.
reafirmar [xeafix'ma(x)] *vt* reafirmar.
reagir [xea'ʒi(x)] *vi* -**1.** [responder]: ~ **(a)** reaccionar (a). **- 2.** [protestar, resistir]: ~ **(a/**

contra) reaccionar (a/contra). **- 3.** [recuperar-se] reaccionar.
reajuste [xea'ʒuʃtʃi] *m* reajuste *m*.
real [xe'aw] (*pl* -ais) ◇ *adj* [verdadeiro, régio] real. ◇ *m* -**1.** [realidade] realidad *f*. **- 2.** [moeda brasileira] real *m*.
realçar [xeaw'sa(x)] *vt* realzar.
realce [xe'awsi] *m* -**1.** [destaque] realce *m*; **dar** ~ **a algo** realzar algo. **- 2.** [brilho] brillo *m*.
realeza [xea'leza] *f* realeza *f*.
realidade [xeali'dadʒi] *f* realidad *f*; **na** ~ en realidad.
realista [xea'liʃta] ◇ *adj* realista. ◇ *mf* -**1.** [pessoa] realista *mf*. **- 2.** [adepto da monarquia] monárquico *m*, -ca *f*.
realização [xealiza'sãw] (*pl* -ões) *f* realización *f*.
realizado, da [xeali'zadu, da] *adj* realizado(da).
realizador, ra [xealiza'do(x), ra] (*mpl* -es, *fpl* -s) ◇ *adj* emprendedor(ra). ◇ *m, f* [pessoa] emprendedor *m*, -ra *f*.
realizar [xeali'za(x)] *vt* realizar; **ser realizado** [conferência, festa] celebrarse.
↪ **realizar-se** *vp* -**1.** [concretizar-se, cumprir um ideal] realizarse. **- 2.** [ocorrer] celebrarse.
reanimar [xeani'ma(x)] *vt* reanimar.
↪ **reanimar-se** *vp* [fisicamente] reanimarse.
reapresentar [xeaprezẽn'ta(x)] *vt* presentar de nuevo.
↪ **reapresentar-se** *vp* presentarse de nuevo.
reatar [xea'ta(x)] *vt* -**1.** [nó] volver a atar. **- 2.** [amizade, conversa, negócios] reanudar.
reator [xea'to(x)] *m* reactor *m*; ~ **nuclear** reactor nuclear.
reavaliação [xeavalja'sãw] *f* revaluación *f*.
reaver [xea've(x)] *vt* recuperar.
rebaixar [xebaj'ʃa(x)] *vt* [teto, preço, pessoa] rebajar.
↪ **rebaixar-se** *vp* [pessoa] rebajarse.
rebanho [xe'bãɲu] *m* rebaño *m*.
rebater [xeba'te(x)] ◇ *vt* -**1.** [chutar] chutar, patear *RP*. **- 2.** [golpe] repeler. **- 3.** [refutar] rebatir. **- 4.** [à máquina] volver a escribir. ◇ *vi* [chutar] chutar, patear *RP*.
rebelar-se [xebe'laxsi] *vp*: ~ **(contra)** rebelarse (contra).
rebelde [xe'bɛwdʒi] ◇ *adj* rebelde. ◇ *mf* rebelde *mf*.
rebeldia [xebew'dʒia] *f* rebeldía *f*.
rebelião [xebe'ljãw] (*pl* -ões) *f* [sublevação] rebelión *f*.
rebentar [xebẽn'ta(x)] ◇ *vi* -**1.** [quebrar-se, romper-se] reventar. **- 2.** [não se conter]: ~ **de alegria** estallar de alegría; ~ **de dor/**

curiosidade reventar de dolor/curiosidad. **- 3.** [guerra] estallar. ⬦ *vt* **-1.** [romper] romper, reventar *RP*. **- 2.** [vidraça, louça] reventar.

rebobinar [xebobi'na(x)] *vt* [vídeo] rebobinar.

rebocar [xebo'ka(x)] *vt* **-1.** [barco, carro] remolcar. **- 2.** *CONSTR* revocar.

rebolado [xebo'ladu] *m* contoneo *m*.

rebolar [xebo'la(x)] ⬦ *vt* [corpo, quadris] contonear. ⬦ *vi* **-1.** [pessoa, corpo] contonearse. **- 2.** *fam fig* [empenhar-se] hacer magia.

reboque [xe'bɔki] *m* **-1.** [reboco] revoque *m*. **- 2.** [de carro, navio] remolque *m*.

rebuliço [xebu'lisu] *m* alboroto *m*.

rebuscado, da [xebuʃ'kadu, da] *adj* rebuscado(da).

recado [xe'kadu] *m* recado *m*; **dar conta do** ~ ser capaz de cumplir.

recaída [xeka'ida] *f* recaída *f*.

recalcar [xekaw'ka(x)] *vt* **-1.** [comprimir] volver a apisonar. **- 2.** [reprimir] reprimir. **- 3.** *PSIC* acomplejar.

recalque [xe'kawki] *m PSIC* complejo *m*.

recanto [xe'kãntu] *m* **-1.** [lugar menos à vista] rincón *m*. **- 2.** [lugar agradável] rincón *m* apacible.

recapitular [xekapitu'la(x)] *vt* [resumir, relembrar] recapitular.

recatado, da [xeka'tadu, da] *adj* **-1.** [pudico] recatado(da). **- 2.** [prudente] moderado(da).

recauchutado, da [xekawʃu'tadu, da] *adj* [pneu] recauchutado(da), recauchado(da) *Méx*.

recear [xe'sja(x)] ⬦ *vt* **-1.** [temer] temer; ~ **fazer algo** temer hacer algo. **- 2.** [preocupar-se com]: ~ **que** temer que.

receber [xese'be(x)] ⬦ *vt* recibir. ⬦ *vi* **-1.** [ser pago] cobrar; **a** ~ por cobrar. **- 2.** [recepcionar] recibir.

recebimento [xesebi'mẽntu] *m* recibo *m*; **acusar o** ~ **de** acusar recibo de.

receio [xe'seju] *m* [medo, apreensão] temor *m*; **ter** ~ **(de) que** tener miedo de que.

receita [xe'sejta] *f* **-1.** [rendimentos] renta *f*. **- 2.** [renda do Estado] recaudación *f*. **- 3.** *FIN* ingresos *mpl*. **- 4.** [fórmula & *CULIN*] receta *f*; ~ **(médica)** *MED* receta (médica).

⬤ **Receita** *f*: **a Receita (federal)** *la hacienda brasileña*.

receitar [xesej'ta(x)] ⬦ *vt* recetar. ⬦ *vi* extender recetas.

recém-chegado, da [xe,sẽʃe'gadu, da] ⬦ *adj* recién llegado(da). ⬦ *m, f* recién llegado *m*, -da *f*.

recém-nascido, da [xe,sẽna'sidu, da] ⬦ *adj*

recién nacido(da). ⬦ *m, f* recién nacido *m*, -da *f*.

recenseamento [xesẽnsja'mẽntu] *m* censo *m*.

recente [xe'sẽntʃi] ⬦ *adj* reciente. ⬦ *adv* recientemente.

receoso, osa [xe'sjozu, ɔza] *adj* [medroso, apreensivo] receloso(sa), temeroso(sa); **estar** ~ **de que** tener miedo de que.

recepção [xesep'sãw] (*pl* -ões) *f* **-1.** [acolhida, festa, seção] recepción *f*. **- 2.** [aceitação] aceptación *f*.

recepcionista [xesepsjo'niʃta] *mf* recepcionista *mf*.

receptivo, va [xesep'tʃivu, va] *adj* receptivo(va).

receptor [xesep'to(x)] (*pl* -res) *m* [aparelho] receptor *m*.

recessão [xese'sãw] (*pl* -ões) *f* recesión *f*.

recesso [xe'sɛsu] *m* **-1.** [férias] receso *m*. **- 2.** [recanto] rincón *m*.

rechaçar [xeʃa'sa(x)] *vt* rechazar.

recheado, da [xe'ʃjadu, da] *adj* **-1.** [comida]: ~ **(com/de)** relleno(na) (de). **- 2.** [repleto]: ~ **de algo** repleto(ta) de algo.

rechear [xe'ʃja(x)] *vt* [comida] rellenar.

recheio [xe'ʃeju] *m* relleno *m*.

rechonchudo, da [xeʃõn'ʃudu, da] *adj* rechoncho(cha).

recibo [xe'sibu] *m* recibo *m*.

reciclagem [xesi'klaʒẽ] *f* reciclaje *m*.

reciclar [xesi'kla(x)] *vt* [material, pessoa] reciclar.

recife [xe'sifi] *m* arrecife *m*.

recinto [xe'sĩntu] *m* recinto *m*.

recipiente [xesi'pjẽntʃi] *m* recipiente *m*.

recíproca [xe'siprɔka] *f* ⬥ **recíproco**.

recíproco, ca [xe'siproku, ka] *adj* recíproco(ca).

⬤ **recíproca** *f* inversa *f*.

récita ['xɛsita] *f* recital *m*.

recital [xesi'taw] (*pl* -ais) *m* recital *m*.

reclamação [xeklama'sãw] (*pl* -ões) *f* [queixa, petição] reclamación *f*, reclamo *m RP*.

reclamar [xekla'ma(x)] ⬦ *vt* [exigir] reclamar. ⬦ *vi* [protestar]: ~ **(de/contra)** quejarse (de).

reclame [xe'klãmi] *m* anuncio *m*, aviso *m RP*.

reclinar [xekli'na(x)] *vt* [inclinar]: ~ **algo (em/sobre)** reclinar algo (en/sobre).

⬤ **reclinar-se** *vp* [recostar-se] reclinarse.

reclinável [xekli'navew] (*pl* -eis) *adj* reclinable.

reclusão [xeklu'zãw] *f* reclusión *f*.

recluso, sa [xe'kluzu, za] ⬦ *adj* **-1.** [isolado] aislado(da). **- 2.** [preso] recluído(da). ⬦ *m, f* **-1.** [pessoa que se isola] ermitaño *m*, -ña *f*. **- 2.** [prisioneiro] recluso *m*, -sa *f*.

recobrar [xeko'bra(x)] *vt* recobrar.

➤ **recobrar-se** *vp* [de doença, prejuízo]: ∼ **-se de algo** recobrarse de algo.

recolher [xeko'ʎe(x)] *vt* **- 1.** [ger] recoger. **- 2.** [arrecadar] recaudar. **- 3.** [tirar de circulação] retirar, sacar de circulación. **- 4.** [encolher] encoger.

recolhido, da [xeko'ʎidu, da] *adj* **-1.** [lugar] recogido(da). **- 2.** [ensimesmado] ensimismado(da). **- 3.** [dentro de casa] encerrado(da).

recolhimento [xekoʎi'mẽntu] *m* **- 1.** [ato de levar, coleta] recogida *f*, recolección *f RP*. **- 2.** [arrecadação] recaudación *f*. **- 3.** [de circulação] retirada *f*, retiro *m RP*. **- 4.** [devido a doença, retraimento] recogimiento *m*. **- 5.** [refúgio] refugio *m*.

recomeçar [xekome'sa(x)] ⟨⟩ *vt* volver a empezar. ⟨⟩ *vi* volver a empezar.

recomeço [xeko'mesu] *m* reinicio *m*.

recomendação [xekomẽnda'sãw] (*pl* **-ões**) *f* recomendación *f*.

➤ **recomendações** *fpl* [saudações] saludos *mpl*.

recomendar [xekomẽn'da(x)] *vt* **- 1.** [ger] recomendar; ∼ **alguém a alguém** recomendar alguien a alguien. **- 2.** [enviar cumprimentos] saludar.

recomendável [xekomẽn'davɛw] (*pl* **-eis**) *adj* recomendable.

recompensa [xekõn'pẽnsa] *f* recompensa *f*.

recompensar [xekõnpẽn'sa(x)] *vt* [premiar] recompensar.

recompor [xekõn'po(x)] *vt* **- 1.** [restabelecer] recomponer. **- 2.** [reordenar] reordenar.

recôncavo [xe'kõŋkavul *m* ensenada *f*.

reconciliação [xekõnsilja'sãw] (*pl* **-ões**) *f* [acordo, conciliação] reconciliación *f*.

reconciliar [xekõnsi'lja(x)] *vt* reconciliar.

➤ **reconciliar-se** *vp* [pessoa, situação]: ∼ **-se com** reconciliarse con.

reconhecer [xekoɲe'se(x)] *vt* reconocer.

reconhecimento [xekoɲesi'mẽntu] *m* reconocimiento *m*.

reconquistar [xekõŋkiʃ'ta(x)] *vt* reconquistar.

reconsiderar [xekõnside'ra(x)] *vt* reconsiderar.

reconstruir [xekõnʃ'trwi(x)] *vt* reconstruir.

recontar [xekõn'ta(x)] *vt* [contar de novo, narrar de novo] volver a contar.

recordação [xekoxda'sãw] (*pl* **-ões**) *f* recuerdo *m*.

recordar [xekox'da(x)] *vt* **- 1.** [lembrar] recordar, acordarse de. **- 2.** [por semelhança]: **este senhor recorda meu avô** este señor me recuerda a mi abuelo, este señor me

hace acordar a mi abuelo *RP*. **- 3.** [recapitular] repasar.

➤ **recordar-se** *vp* [lembrar]: ∼ **-se de alguém/algo** acordarse de alguien/algo; ∼ **-se (de) que** acordarse de que.

recorde [xe'kɔxdʒi] ⟨⟩ *adj inv* récord; **em tempo** ∼ en (un) tiempo récord. ⟨⟩ *m* récord *m*; **bater/deter um** ∼ batir/ostentar un récord.

recordista [xekox'dʒiʃta] ⟨⟩ *mf* plusmarquista *mf*. ⟨⟩ *adj* plusmarquista.

recorrer [xeko'xe(x)] *vi* **- 1.** [pedir ajuda, lançar mão de]: ∼ **a** recurrir a. **- 2.** *JUR* recurrir; ∼ **de algo** recurrir algo.

recortar [xekox'ta(x)] *vt* recortar.

recorte [xe'kɔxtʃi] *m* [de jornal] recorte *m*.

recostar [xekoʃ'ta(x)] *vt* [encostar, pôr meio deitado] recostar.

➤ **recostar-se** *vp* [encostar-se, pôr-se meio deitado] recostarse.

recreação [xekrja'sãw] *f* recreación *f*.

recreativo, va [xekrja'tʃivu, va] *adj* recreativo(va).

recreio [xe'kreju] *m* recreo *m*.

recriminar [xekrimi'na(x)] *vt* recriminar.

recrudescer [xekrude'se(x)] *vi* recrudecer.

recruta [xe'kruta] *mf* recluta *mf*.

recrutamento [xekruta'mẽntu] *m* reclutamiento *m*.

recrutar [xekru'ta(x)] *vt* reclutar.

recuar [xe'kwa(x)] ⟨⟩ *vi* **- 1.** [andar para trás] recular. **- 2.** [retirar-se, voltar atrás] retroceder. ⟨⟩ *vt* [mover para trás] mover hacia atrás.

recuo [xe'kuw] *m* **- 1.** [afastamento]: **com o** ∼, **evitou ser atropelada** al retroceder evitó ser atropellada; **com o** ∼ **do móvel, ela ganhou mais espaço** al echar el mueble hacia atrás ganó más espacio. **- 2.** [retirada] retirada *f*. **- 3.** [reconsideração] reconsideración *f*. **- 4.** [de canhão] retroceso *m*.

recuperação [xekupera'sãw] *f* **- 1.** [reaquisição, restabelecimento] recuperación *f*. **- 2.** [reabilitação] rehabilitación *f*. **- 3.** [indenização] indemnización *f*.

recuperar [xekupe'ra(x)] *vt* **- 1.** [readquirir, restabelecer] recuperar. **- 2.** [reabilitar] rehabilitar.

➤ **recuperar-se** *vp* recuperarse.

recurso [xe'kuxsu] *m* recurso *m*; **como** *ou* **em último** ∼ como último recurso; ∼ **contra algo** recurso *m* contra algo.

➤ **recursos** *mpl* [dinheiro] recursos *mpl*.

recusa [xe'kuza] *f*: ∼ **(a/de algo)** rechazo *m* (a/de algo); ∼ **a** *ou* **em fazer algo** negativa a hacer algo.

recusar [xeku'za(x)] *vt* rechazar; ∼ **algo (a alguém)** rechazar algo (a alguien); ∼ **fa-**

zer algo rechazar hacer algo.

➡ **recusar-se** *vp* [negar-se a]: ~**-se (a fazer algo)** negarse (a hacer algo).

redação [xeda'sãw] (*pl* -ões) *f* redacción *f*.

redator, ra [xeda'to(x), ral (*mpl* -es, *fpl* -s) *m*, *f* redactor *m*, -ra *f*.

redator-chefe, redatora-chefe [xeda,-toxʃ'ɛfi, reda,tora'ʃɛfi] (*mpl* **redatores-chefes**, *fpl* **redatoras-chefes**) *m*, *f* redactor *m*, -ra *f* jefe, redactor *m*, -ra fen jefe *Méx*, jefe *m*, -fa *f* de redacción *RP*.

rede [ˈxedʒi] *f* -**1**. [ger] red *f*. -**2**. [leito] hamaca *f*, hamaca *f* paraguaya *RP*.

rédea [ˈxɛdʒja] *f* rienda *f*; **tomar as** ~**s de algo** *fig* tomar las riendas de algo; **dar** ~ **larga a algo** *loc* dar rienda suelta a algo.

redemoinho [xedʒi'mwiɲul *m* = **rodamoinho**.

redenção [xedẽn'sãw] *f* redención *f*.

redentor, ra [xedẽn'to(x), ral *m*, *f* [pessoa] redentor *m*, -ra *f*.

redigir [xedʒi'ʒi(x)] *vt* & *vi* redactar.

redobrar [xedo'bra(x)] ⬦ *vt* -**1**. [dobrar de novo] volver a doblar. -**2**. [reduplicar] reduplicar, cuadruplicar. -**3**. [intensificar] redoblar. ⬦ *vi* -**1**. [reduplicar] reduplicarse, cuadruplicarse. -**2**. [intensificar-se] redoblarse.

redondamente [xe,dõnda'mẽntʃi] *adv* [totalmente] rotundamente.

redondeza [xedõn'deza] *f* [qualidade] redondez *f*.

➡ **redondezas** *fpl* [arredores] alrededores *mpl*.

redondo, da [xe'dõndu, dal *adj* -**1**. [circular] redondo(da). -**2**. [rechonchudo] rechoncho(cha).

redor [xe'do(x)] *m*: **ao** ~ **de** alrededor de.

redução [xedu'sãw] (*pl* -ões) *f* reducción *f*.

redundância [xedũn'dãnsja] *f* redundancia *f*.

redundante [xedũn'dãntʃi] *adj* redundante.

reduto [xe'dutul *m* reducto *m*.

reduzido, da [xedu'zidu, dal *adj* [diminuído, pequeno] reducido(da).

reduzir [xedu'zi(x)] *vt* [ger] reducir; ~ **alguém a algo** reducir a alguien a algo; ~ **algo a algo** reducir algo a algo.

➡ **reduzir-se** *vp* [resumir-se]: ~**-se a algo** reducirse a algo.

reeditar [xeedʒi'ta(x)] *vt* reeditar.

reeleição [xeelej'sãw] *f* reelección *f*.

reembolsar [xeẽnbow'sa(x)] *vt* reembolsar; ~ **algo a alguém** /~ **alguém de algo** reembolsar algo a alguien.

reembolso [xeẽnbowsul *m* reembolso *m*.

reencarnação [xeẽnkaxna'sãw] *f* reencarnación *f*.

reencontro [xeẽŋ'kõntru] *m* reencuentro *m*.

reescrever [xeeʃkre've(x)] *vt* reescribir.

reexaminar [xeezami'na(x)] *vt* reexaminar.

refazer [xefa'ze(x)] *vt* -**1**. [fazer de novo, reconstruir] rehacer. -**2**. [recuperar] recuperar.

➡ **refazer-se** *vp* -**1**. [recuperar-se]: ~**-se (de algo)** recuperarse (de algo). -**2**. [indenizarse]: ~**-se de algo** recuperarse de algo.

refeição [xefej'sãw] (*pl* -ões) *f* comida *f*; **faço duas refeições ao dia** como dos veces por día.

refeito, ta [xe'fejtu, tal ⬦ *pp* ⊳ **refazer**. ⬦ *adj* -**1**. [feito de novo, recuperado] rehecho(cha). -**2**. [reconstruído] reconstruido(da).

refeitório [xefej'tɔrjul *m* comedor *m*.

refém [xe'fẽ] (*pl* -ns) *mf* rehén *mf*.

referência [xefe'rẽnsja] *f* referencia *f*; **fazer** ~ **a** hacer referencia a.

➡ **referências** *fpl* [informação] referencias *fpl*.

referendum [xefe'rẽndũ] *m* POL referéndum *m*.

referente [xefe'rẽntʃi] *adj*: ~ **a referido(da) a**, referente a *Méx*.

referir [xefe'ri(x)] *vt* [narrar]: ~ **algo a alguém** contar algo a alguien, referir algo a alguien *RP*.

➡ **referir-se** *vp* [aludir, dizer respeito]: ~**-se a** referirse a.

refestelar-se [xefeʃte'laxsil *vp* [estender-se] repantigarse, despatarrarse.

refil [xe'fiw] (*pl* -is) *m* recambio *m*, repuesto *m*.

refinado, da [xefi'nadu, dal *adj* refinado(da).

refinamento [xefina'mẽntu] *m* [ato, requinte] refinamiento *m*.

refinar [xefi'na(x)] *vt* [produto, estilo, gosto] refinar.

refinaria [xefina'ria] *f* refinería *f*.

refletir [xefle'tʃi(x)] ⬦ *vt* reflejar. ⬦ *vi* -**1**. [luz]: **a luz que reflete do espelho** la luz que refleja el espejo. -**2**. [pensar]: ~ **(em/sobre)** reflexionar (sobre). -**3**. [repercutir]: ~ **em** repercutir en.

➡ **refletir-se** *vp* [espelhar-se, repercutir] reflejarse.

refletor [xefle'to(x)] (*pl* -es) *m* reflector *m*.

reflexão [xeflek'sãw] (*pl* -ões) *f* [meditação & FÍS] reflexión *f*.

reflexivo, va [xeflek'sivu, val *adj* [atitude & GRAM] reflexivo(va).

reflexo, xa [xe'flɛksu] *adj* -**1**. [luz] reflejado(da). -**2**. [movimento] reflejo(ja).

➡ **reflexo** *m* reflejo *m*.

➡ **reflexos** *mpl* [no cabelo] reflejos *mpl*.

reflorestamento [xeflореʃta'mẽntu] *m* reforestación *f*.

reflorestar [xefloreʃ'ta(x)] *vt* reforestar.

refluxo [xe'fluksu] *m* reflujo *m*.

refogado, da [xefo'gadu, da] *adj* rehogado(da), dorado(da) *Méx*.

◆ **refogado** *m* -1. [molho] sofrito *m*. -2. [prato] rehogado *m*, guiso *m Amér*.

refogar [xefo'ga(x)] *vt* rehogar, sofreír.

reforçado, da [xefox'sadu, da] *adj* reforzado(da).

reforçar [xefox'sa(x)] *vt* -1. [ger] reforzar. -2. [ânimo] levantar. -3. [organismo] fortalecer, revigorizar *RP*.

reforço [xe'foxsu] *m* -1. [ger] refuerzo *m*. -2. [a argumento, pedido] apoyo *m*. -3. [de vacina] revacunación *f*, refuerzo *m RP*.

reforma [xe'fɔxma] *f* -1. [ger] reforma *f*; ~ agrária reforma agraria. -2. *MIL* retiro *m*.

◆ **Reforma** *f*: a **Reforma** *RELIG* la Reforma.

reformado, da [xefox'madu, da] *adj* -1. [ger] reformado(da). -2. *MIL* retirado(da).

reformar [xefox'ma(x)] *vt* -1. [ger] reformar. -2. *MIL* pasar a la reserva, pasar a retiro *RP*. -3. *JUR* modificar.

◆ **reformar-se** *vp MIL* retirarse.

reformatar [xefoxma'ta(x)] *vt COMPUT* volver a formatear, reformatear.

reformatório [xefoxma'tɔrju] *m* reformatorio *m*.

refrão [xe'frãw] (*pl* -ões) *m* -1. [estribilho] estribillo *m*. -2. [provérbio] refrán *m*.

refratário, ria [xefra'tarju, rja] *adj* -1. [material] refractario(ria). -2.: **ser** ~ **a algo** [rebelde] ser contrario a algo; [imune] ser inmune a algo.

refrear [xefri'a(x)] *vt* [reprimir] contener.

◆ **refrear-se** *vp* [conter-se] contenerse.

refrescante [xefreʃ'kãntʃi] *adj* refrescante.

refrescar [xefreʃ'ka(x)] ◇ *vt* -1. [ger] refrescar. -2. [tranqüilizar] despejar. ◇ *vi* [tempo] refrescar.

◆ **refrescar-se** *vp* [pessoa] refrescarse.

refresco [xe'freʃku] *m* refresco *m* de frutas, agua *f* fresca *Méx*, jugo *m* de frutas *RP*.

refrigeração [xefriʒera'sãw] *m* refrigeración *f*.

refrigerador [xefriʒera'do(x)] *m* -1. [de alimentos] refrigerador *m*, frigorífico *m Esp* & *Cuba*, heladera *f RP*. -2. [de máquina] refrigerador *m*.

refrigerante [xefriʒe'rãntʃi] *m* refresco *m*.

refrigerar [xefriʒe'ra(x)] *vt* refrigerar.

refugiado, da [xefu'ʒjadu, da] ◇ *adj* refugiado(da). ◇ *m*, *f* refugiado *m*, -da *f*.

refugiar-se [xefu'ʒjaxsi] *vp* [ger] refugiarse; ~ **em** refugiarse en.

refúgio [xe'fuʒju] *m* refugio *m*.

refugo [xe'fugu] *m* restos *mpl*.

refutar [xefu'ta(x)] *vt* refutar.

regaço [xe'gasu] *m* [colo] regazo *m*.

regador [xega'do(x)] (*pl* -es) *m* regadera *f*.

regalia [xega'lial *f* privilegio *m*.

regalo [xe'galu] *m* [presente] regalo *m*.

regar [xe'ga(x)] *vt* regar.

regatear [xega't∫ja(x)] *vt* & *vi* regatear.

regeneração [xeʒenera'sãw] *f* regeneración *f*.

regenerar [xeʒene'ra(x)] *vt* regenerar.

◆ **regenerar-se** *vp* regenerarse.

regente [xe'ʒẽntʃi] *m* -1. *POL* regente *m*. -2. *MÚS* director *m*.

reger [xe'ʒe(x)] ◇ *vt* -1. [governar] gobernar. -2. [regular, subordinar] regir. -3. *MÚS* dirigir. ◇ *vi* -1. [governar] gobernar. -2. *MÚS* dirigir.

região [xe'ʒjãw] (*pl* -ões) *f* región *f*.

regime [xe'ʒimi] *m* régimen *m*.

regimento [xeʒi'mẽntu] *m* -1. [ger] regimiento *m*. -2. [normas] reglamento *m*; ~ **interno** reglamento interno.

regiões [xe'ʒjõjʃ] *mpl* ▷ **região**.

regional [xeʒjo'naw] (*pl* -ais) *adj* regional.

registrador, ra [xeʒiʃtra'do(x), ra] *adj* registrador(ra).

◆ **registradora** *f* [máquina] caja *f* registradora.

registrar [xeʒiʃ'tra(x)] *vt* -1. [ger] registrar. -2. [memorizar] memorizar, registrar *RP*. -3. [carta] certificar, registrar *RP*.

registro [xe'ʒiʃtru] *m* -1. [ger] registro *m*; ~ **civil** registro *m* civil. -2. [postal] certificación *f*, registro *m RP*. -3. [torneira] llave *f* de paso, llave *f* general *RP*. -4. [relógio] contador *m*, registro *m Méx*.

regozijar-se [xegozi'ʒaxsi] *vp*: ~ **com algo/ por fazer algo** regocijarse con algo/haciendo algo.

regra ['xɛgra] *f* -1. [norma] regla *f*. -2. [rotina] método *f*.

regredir [xegre'dʒi(x)] *vi*: ~ **(a algo)** retroceder (a algo).

regressão [xegre'sãw] *f* -1. [retrocesso] retroceso *m*, paso *m* atrás. -2. *PSIC* regresión *f*.

regressar [xegre'sa(x)] *vi*: ~ **(de/a)** regresar (de/a).

regressivo, va [xegre'sivu, va] *adj* regresivo(va).

regresso [xe'grɛsu] *m* regreso *m*.

régua ['xɛgwa] *f* regla *f*.

regulador, ra [xegula'do(x), ra] *adj* [força] regulador(ra).

◆ **regulador** *m* [medicamento] regulador *m*.

regulagem [xegu'laʒẽ] (*pl* -ns) *f* regulación *f*.

regulamento [xegula'mẽntu] m reglamento m.

regular [xegu'la(x)] (pl -es) <> adj -1. [simétrico, freqüente, razoável] regular. -2. [legal] regularizado(da). -3. [pontual] puntual, regular. -4. [tamanho] mediano(na). <> vt regular; ~ algo por algo regular algo por algo. <> vi -1. [máquina]: ~ bem/mal funcionar bien/mal. -2. [pessoa]: não ~ (bem) tener los cables cruzados, estar revirado(da) RP.

regularidade [xegulari'dadʒi] f regularidad f.

regularizar [xegulari'za(x)] vt regularizar.

◆ **regularizar-se** vp [normalizar-se] normalizarse.

rei ['xej] m -1. [ger] rey m. -2. loc: ter o ~ na barriga subirse a alguien los humos a la cabeza.

Reikjavik [xejkʒa'viki] n Reikiavik.

reinado [xej'nadu] m reinado m.

reinar [xej'na(x)] vi reinar.

reincidir [xẽjnsi'dʒi(x)] vi reincidir; ~ em algo reincidir en algo.

reino ['xejnu] m -1. [ger] reino m. -2. fig [âmbito] mundo m.

reintegrar [xẽjnte'gra(x)] vt reintegrar.

reiterar [xeite'ra(x)] vt reiterar.

reitor, ra [xej'to(x), ra] m, f rector m, -ra f.

reitoria [xejto'ria] f rectorado m.

reivindicação [xejvĩndʒika'sãw] (pl -ões) f reivindicación f.

reivindicar [xejvĩndʒi'ka(x)] vt reivindicar.

rejeição [xeʒej'sãw] (pl -ões) f rechazo m.

rejeitar [xeʒej'ta(x)] vt -1. [ger] rechazar. -2. [vomitar] devolver, volver Méx.

rejuvenescer [xeʒuvene'se(x)] <> vt rejuvenecer. <> vi rejuvenecer.

rejuvenescimento [xeʒuvenesi'mẽntu] m rejuvenecimiento m.

relação [xela'sãw] (pl -ões) f relación f; ~ entre/com relación entre/con; com ~ a con ou en relación a.

◆ **relações** fpl [relacionamento] relaciones fpl; cortar relações com alguém romper relaciones con alguien; ter relações com alguém tener relaciones con alguien; relações sexuais relaciones sexuales; relações públicas relaciones públicas.

relacionar [xelasjo'na(x)] vt -1. [listar] relacionar, hacer una relación de, listar RP. -2. [pessoa] relacionar, poner en relación con.

◆ **relacionar-se** vp -1. [ligar-se] relacionarse. -2. [pessoa]: ~-se com alguém relacionarse con alguien.

relações-públicas [xela,sõjʃ'publikaʃ] mf inv [pessoa] relaciones públicas mf inv, encar-

gado m, -da f de relaciones públicas RP.

relâmpago [xe'lãnpagu] <> m METEOR relámpago m. <> adj [rápido]: visita-~ visita f relámpago; eleições-~ elecciones fpl relámpago.

relampejar [xelãnpe'ʒa(x)] vi relampaguear.

relance [xe'lãnsi] m: de ~ de reojo.

relapso, sa [xe'lapsu, sa] <> adj negligente. <> m, f negligente mf.

relatar [xela'ta(x)] vt relatar.

relativo, va [xela'tʃivu, va] adj relativo(va); ~ a algo relativo a algo.

relato [xe'latu] m relato m.

relatório [xela'tɔrjul] m informe m.

relaxado, da [xela'ʃadu, da] adj -1. [desleixado] descuidado(da), desprolijo(ja) RP. -2. [descansado] relajado(da), descansado(da) RP.

relaxante [xela'ʃãntʃi] adj relajante.

relaxar [xela'ʃa(x)] <> vt relajar. <> vi -1. [descansar] relajarse. -2. [desleixar-se]: ~ em algo descuidarse en algo.

relegar [xele'ga(x)] vt relegar.

relembrar [xelẽn'bra(x)] vt recordar.

reles ['xɛliʃ] adj (inv) -1. [desprezível] despreciable. -2. [mero] mero(ra), puro(ra).

relevante [xele'vãntʃi] adj relevante.

relevo [xe'levu] m relieve m.

religião [xeli'ʒjãw] (pl -ões) f religión f.

religioso, osa [xeli'ʒozu, ɔza] <> adj religioso(sa). <> m, f [padre, freira] religioso m, -sa f.

relinchar [xelĩn'ʃa(x)] vi relinchar.

relíquia [xe'likja] f reliquia f; ~ de família reliquia familiar.

relógio [xe'lɔʒju] m -1. [instrumento] reloj m; ~ de ponto reloj para fichar Esp, reloj para marcar tarjeta Cuba & RP, checador m Méx; ~ de pulso reloj de pulsera, reloj pulsera RP; ~ de sol reloj de sol. -2. [registro] contador m, registro m Méx.

relojoeiro, ra [xelo'ʒwejru, ra] m, f relojero m, -ra f.

relutante [xelu'tãntʃi] adj reticente.

relutar [xelu'ta(x)] vi: ~ (contra algo/em fazer algo) resistirse (a algo/a hacer algo).

reluzente [xelu'zẽntʃi] adj reluciente.

relva ['xɛvva] f hierba f.

remanescente [xemane'sẽntʃi] <> adj restante, remanente Méx & RP; essa prática é ~ de hábitos antigos esta práctica tiene reminiscencias de hábitos antiguos. <> m: o ~ lo restante, el remanente Méx & RP.

remanso [xe'mãnsu] m [águas calmas] remanso m.

remar [xe'ma(x)] <> vt temar. <> vi remar;

~ **contra a maré** *fig* nadar contra corriente, remar contra la corriente *Méx* & *RP.*

remarcação [xemaxka'sãw] (*pl* -ões) *f* remarcado *m.*

rematar [xema'ta(x)] *vt* -**1.** [concluir] terminar, rematar. -**2.** [fazer o acabamento de] rematar.

remate [xe'matʃi] *m* -**1.** [conclusão] conclusión *f.* -**2.** [acabamento] remate *m.* -**3.** [de piada] golpe *m,* remate *m* **Méx** & **RP.**

remediar [xeme'dʒja(x)] *vt* -**1.** [ger] remediar. -**2.** [evitar] evitar.

remédio [xe'mɛdʒiu] *m* remedio *m.*

rememorar [xememo'ra(x)] *vt* rememorar.

remendar [xemẽn'da(x)] *vt* -**1.** [roupa] remendar. -**2.** [retificar] enmendar, arreglar.

remendo [xe'mẽndu] *m* -**1.** [de pano] remiendo *m.* -**2.** [de metal, couro] parche *m,* remiendo *m.* -**3.** [emenda] enmienda *f,* arreglo *m.*

remessa [xe'mɛsa] *f* -**1.** [ato] envío *m.* -**2.** [de dinheiro, mercadorias] remesa *f.*

remetente [xeme'tẽntʃi] *mf* [de carta] remitente *mf.*

remeter [xeme'te(x)] *vt* [enviar] remitir.

➨ **remeter-se** *vp* [referir-se] remitirse.

remexer [xeme'ʃe(x)] ⟨⟩ *vt*-**1.** [ger] revolver. -**2.** [sacudir] menear, sacudir. -**3.** *fam* [rebolar] menear. ⟨⟩ *vi* [mexer]: ~ **em algo** revolver algo.

➨ **remexer-se** *vp* -**1.** [mover-se] agitarse. -**2.** [rebolar-se] menearse.

reminiscência [xemini'sẽnsja] *f* reminiscencia *f.*

remissão [xemi'sãw] (*pl* -ões) *f* -**1.** [de pena, pecado, en texto] remisión *f.* -**2.** [de dívida, ônus] condonación *f.*

remissivo, va [xemi'sivu, va] *adj*: **índice** ~ índice *m* de remisiones; **nota remissiva** remisión *f.*

remo ['xemu] *m* remo *m.*

remoção [xemo'sãw] (*pl* -ões) *f* -**1.** [de obstáculo, objeto] retirada *f,* retiro *m* **Amér.** -**2.** [de pessoa] traslado *m.* -**3.** [de nódoa, quisto] extirpación *f.* -**4.** [de pedra] extracción *f.*

remoçar [xemo'sa(x)] *vt* & *vi* rejuvenecer.

remorso [xɛ'mɔxsu] *m* remordimiento *m.*

remoto, ta [xe'mɔtu, ta] *adj* remoto(ta).

removedor [xemove'do(x)] *m* -**1.** [de tinta, manchas] solvente *m,* removedor *m* **Méx.** -**2.** [esmalte] quitaesmalte *m.*

remover [xemo've(x)] *vt* -**1.** [tirar, limpar] quitar, remover **Méx.** -**2.** [mover, transferir] trasladar. -**3.** [superar] remover, superar. -**4.** [demitir] despedir.

remuneração [xemunera'sãw] (*pl* -ões) *f* remuneración *f.*

remunerar [xemune'ra(x)] *vt* remunerar.

rena ['xena] *f* reno *m.*

renal [xe'naw] (*pl* -ais) *adj* renal.

Renascença [xena'sẽnsa] *f*: **a** ~ el Renacimiento.

renascer [xena'se(x)] *vi* renacer.

renascimento [xenasi'mẽntu] *m* renacimiento *m.*

➨ **Renascimento** *m*: **o Renascimento** el Renacimiento.

render [xẽn'de(x)] ⟨⟩ *vt* -**1.** [dominar] dominar. -**2.** [substituir] cambiar. -**3.** [lucrar] rendir, dar. -**4.** [causar] traer. -**5.** [prestar]: ~ **homenagens** rendir homenaje; ~ **serviços** prestar servicios; ~ **graças** dar gracias. ⟨⟩ *vi* -**1.** [ger] rendir. -**2.** [durar] dar que hablar.

➨ **render-se** *vp* [entregar-se]: ~**-se (a algo/alguém)** rendirse (a algo/alguien).

rendição [xẽndʒi'sãw] *f* -**1.** [capitulação] rendición *f.* -**2.** [substituição] cambio *m.*

rendimento [xẽndʒi'mẽntu] *m* -**1.** [renda] ingresos *mpl.* -**2.** [lucro] recaudación *f,* ganancia *f* **Méx.** -**3.** [desempenho, juro] rendimiento *m.*

renegado, da [xene'gadu, da] ⟨⟩ *adj* despreciado(da). ⟨⟩ *m, f* renegado *m,* -da *f.*

renegar [xene'ga(x)] *vt*-**1.** [ger] renegar de. -**2.** [negar] negar.

renitente [xeni'tẽntʃi] *adj* persistente.

renomado, da [xeno'madu, da] *adj* renombrado(da).

renome [xe'nomi] *m*: **de** ~ de renombre.

renovação [xenova'sãw] (*pl* -ões) *f* -**1.** [ger] renovación *f.* -**2.** *ARQUIT* restauración *f,* refacción *f RP.*

renovar [xeno'va(x)] *vt*-**1.** [ger] renovar. -**2.** *ARQUIT* restaurar, refaccionar *RP.*

rentabilidade [xẽntabili'dadʒi] *f ECON* rentabilidad *f.*

rentável [xẽn'tavɛw] (*pl* -eis) *adj* rentable.

rente ['xẽntʃi] ⟨⟩ *adj* -**1.** [muito curto] muy corto(ta), rapado(da). -**2.** [junto]: ~ **a** pegado(da) a. ⟨⟩ *adv* -**1.** [muito curto] muy corto, al rape. -**2.** [junto]: ~ **a** junto a.

renúncia [xe'nũnsja] *f* renuncia *f.*

renunciar [xenũn'sja(x)] *vi*: ~ **a algo** renunciar a algo.

reorganização [xeoxganiza'sãw] *f* reorganización *f.*

reorganizar [xeoxgani'za(x)] *vt* reorganizar.

reparação [xepara'sãw] (*pl* -ões) *f* -**1.** [ger] reparación *f.* -**2.** [indenização] indemnización *f.*

reparar [xepa'ra(x)] ⟨⟩ *vt* -**1.** [consertar] reparar. -**2.** [indenizar] indemnizar. -**3.** [retratar-se de] reparar. -**4.** [notar] reparar en.

◇ *vi* [notar]: ~ **em algo/alguém** reparar en algo/alguien.

reparo [xe'paɾu] *m* **-1.** [conserto] reparación *f.* **- 2.** [crítica] reparo *m.*

repartição [xepaxtʃi'sãw] (*pl* -ões) *f* **-1.** [partilha] reparto *m.* **- 2.** [órgão governamental] departamento *m,* repartición *f Amér.*

repartir [xepax'tʃi(x)] *vt* **-1.** [ger] repartir. **- 2.** [compartilhar] compartir.

repassar [xepa'sa(x)] ◇ *vt* **-1.** [passar de novo] volver a pasar. **- 2.** [revisar] repasar. **- 3.** [verbas] transferir. ◇ *vi* [passar de novo] volver a pasar.

repasse [xe'pasi] *m* [de verba] transferencia *f,* entrega *f.*

repatriar [xepa'trja(x)] *vt* repatriar.

◆ **repatriar-se** *vp* repatriarse.

repelente [xepe'lẽntʃi] ◇ *adj* [repugnante] repelente. ◇ *m* [inseticida] repelente *m.*

repelir [xepe'li(x)] *vt* **-1.** [fazer regressar] ahuyentar, espantar. **- 2.** [rechaçar, recusar, desmentir] rechazar. **- 3.** [invasores] repeler. **- 4.** [impedir de entrar] bloquear.

repensar [xepẽ'sa(x)] ◇ *vt* repensar.

repente [xe'pẽtʃi] *m* [ação imprevista] repente *m*; **un** ~ **de carinho** un ataque de cariño.

◆ **de repente** *loc adv* **-1.** [repentinamente] de repente. **- 2.** *fam* [talvez] quizás, tal vez, de repente *Méx & RP.*

repentinamente [xepẽtʃina'mẽntʃi] *adv* repentinamente.

repentino, na [xepẽ'tʃinu, na] *adj* repentino(na).

repercussão [xepexku'sãw] (*pl* -ões) *f* repercusión *f.*

repercutir [xepexku'tʃi(x)] ◇ *vi* **-1.** [som] repercutir. **- 2.** *fig* [afetar]: ~ **em** tener repercusión en, repercutir en.

repertório [xepex'tɔrju] *m* repertorio *m.*

repetição [xepetʃi'sãw] (*pl* -ões) *f* repetición *f.*

repetido, da [xepe'tʃidu, da] *adj* repetido(da).

repetir [xepe'tʃi(x)] ◇ *vt* **-1.** [ger] repetir. **- 2.** [roupa] volver a llevar, repetir *Méx & RP.* ◇ *vi* repetir.

◆ **repetir-se** *vp* repetirse.

repetitivo, va [xepetʃi'tʃivu, va] *adj* repetitivo(va).

repisar [xepi'za(x)] ◇ *vt* **-1.** [com os pés] pisar. **- 2.** [repetir] repetir. ◇ *vi* [insistir]: ~ **em algo** insistir en algo.

replay [xi'plej] *m* repetición *f,* replay *m RP.*

repleto, ta [xe'plɛtu, ta] *adj* [cheio]: ~ **(de)** repleto (de).

réplica ['xɛplika] *f* réplica *f.*

replicar [xepli'ka(x)] *vt & vi* replicar.

repolho [xe'poʎu] *m* repollo *m,* col *f.*

repor [xe'po(x)] *vt* **-1.** [recolocar] volver a poner. **- 2.** [devolver] reponer.

reportagem [xepox'taʒẽ] (*pl* -ns) *f* **-1.** [ato] reportaje *m.* **- 2.** [matéria]: ~ **(sobre)** reportaje *m* (sobre). **- 3.** [repórteres] reporteros *mpl.*

repórter [xe'pɔxte(x)] (*pl* -es) *mf* reportero *m,* -ra *f.*

repórter-fotográfico, ca [xe'pɔxte(x)foto'grafiku, ka] (*pl* repórteres-fotográficos) *m,f* reportero *m* gráfico, reportera *f* gráfica.

repousante [xepo'zãntʃi] *adj* de reposo.

repousar [xepo'za(x)] ◇ *vt* **-1.** [descansar] reposar. **- 2.** [pôr] posar. ◇ *vi* **-1.** [descansar, dormir] reposar. **- 2.** [basear-se]: ~ **em/sobre algo** descansar en/sobre algo, asentarse en/sobre algo *RP.* **- 3.** [não produzir] estar en barbecho.

repouso [xe'pozu] *m* [descanso] reposo *m*; **em** ~ [corpo, pessoa, máquina] en reposo.

repreender [xeprjẽn'de(x)] *vt* reprender.

repreensão [xeprjẽn'sãw] (*pl* -ões) *f* llamada *f ou* llamado *m Amér* de atención.

repreensível [xeprjẽn'sivew] (*pl* -eis) *adj* reprensible.

represa [xe'preza] *f* represa *f.*

represália [xepre'zalja] *f* represalia *f*; **em** ~ en represalia.

representação [xeprezẽnta'sãw] (*pl* -ões) *f* **-1.** [reprodução, delegação, encenação] representación *f.* **- 2.** [de ator] actuación *f.* **- 3.** [queixa]: ~ **contra algo/alguém** escrito *m* contra algo/alguien. **- 4.** *com*: **ter a** ~ **de algo** tener la representación de algo. **- 5.** *fig* [fingimento] teatro *m.*

representante [xeprezẽn'tãntʃi] ◇ *adj* representante. ◇ *mf* representante *mf.*

representar [xeprezẽn'ta(x)] ◇ *vt* representar. ◇ *vi TEATRO* [interpretar] actuar, representar *RP.*

representatividade [xeprezẽntatʃivi'dadʒi] *f* representatividad *f.*

representativo, va [xeprezẽnta'tʃivu, va] *adj* representativo(va); ~ **de algo** representativo(va) de algo.

repressão [xepre'sãw] (*pl* -ões) *f* represión *f.*

reprimido, da [xepri'midu, da] *adj* reprimido(da).

reprimir [xepri'mi(x)] *vt* **-1.** [ger] reprimir. **- 2.** [gastos] controlar.

◆ **reprimir-se** *vp* [conter-se] reprimirse.

reprise [xe'prizi] *f* reposición *f.*

reprodução [xeprodu'sãw] (*pl* -ões) *f* reproducción *f.*

reprodutor, ra [xeprodu'to(x), ra] *adj* reproductor(ra).

→ **reprodutor** *m* reproductor *m*.

reproduzir [xeprodu'zi(x)] *vt* -1. [ger] reproducir. -2. [reeditar] reeditar.

→ **reproduzir-se** *vp* reproducirse.

reprovado, da [xepro'vadu, da] ⟨⟩ *adj* -1. [inabilitado] suspendido(da) *Esp* & *Cuba*, reprobado(da) *Méx* & *RP*. -2. [objeto de censura] condenado(da), reprobado(da) *RP*. ⟨⟩ *m, f* suspendido *m*, -da *f Esp* & *Cuba*, reprobado *m*, -da *f Méx* & *RP*.

reprovar [xepro'va(x)] ⟨⟩ *vt* -1. [censurar] reprobar. -2. [rejeitar] rechazar. -3. [em exame, seleção] suspender *Esp* & *Cuba*, reprobar *Méx* & *RP*. ⟨⟩ *vi* [em exame, seleção] suspender *Esp* & *Cuba*, reprobar *Méx* & *RP*.

réptil ['xɛptʃiw] (*pl* -eis) *m* reptil *m*.

república [xɛ'publika] *f* -1. *POL* república *f*. -2. [casa de estudantes] *casa grande compartida por varios estudiantes universitarios*.

República da África do Sul [xepublikada,afrikadu'suw] *n* República de Sudáfrica.

República Dominicana [xe,publikadomini'kãnal *n* República Dominicana.

republicano, na [xepubli'kãnu, na] ⟨⟩ *adj* republicano(na). ⟨⟩ *m, f* republicano *m*, -na *f*.

República Tcheca [xe,publika'tʃɛka] *n* República Checa.

repudiar [xepu'dʒjar] *vt* repudiar.

repúdio [xe'pudʒju] *m* repudio *m*.

repugnância [xepug'nãnsja] *f* -1. [nojo] repugnancia *f*. -2. [aversão] aversión *f*. -3. [oposição] odio *m*.

repugnante [xepug'nãntʃi] *adj* repugnante.

repulsa [xe'puwsa] *f* -1. [ato] rechazo *m*. -2. [oposição] repulsa *f*.

repulsivo, va [xepuw'sivu, va] *adj* repulsivo(va).

reputação [xeputa'sãw] (*pl* -ões) *f* reputación *f*.

repuxar [xepu'ʃa(x)] ⟨⟩ *vt* [esticar] estirar. ⟨⟩ *vi* [retesar] tensarse.

requebrado, da [xeke'bradu] ⟨⟩ *adj* lánguido(da). ⟨⟩ *m* meneo *m*.

requeijão [xekej'ʒãw] (*pl* -ões) *m* queso *m* para untar.

requentar [xekẽn'ta(x)] *vt* recalentar.

requerer [xeke're(x)] ⟨⟩ *vt* -1. [pedir] solicitar. -2. [exigir, pedir em juízo] requerir. -3. [merecer] merecer. ⟨⟩ *vi* JUR apelar.

requerimento [xekeri'mẽntu] *m* solicitud *f*, requerimiento *m Méx* & *RP*.

requintado, da [xekĩn'tadu, da] *adj* refinado(da), exquisito(ta).

requinte [xe'kĩntʃi] *m* -1. [refinamento] refinamiento *m*. -2. [excesso] lujo *m*.

requisito [xeki'zitu] *m* requisito *m*.

rescisão [xesi'sãw] (*pl* -ões) *f* [de contrato] rescisión *f*.

resenha [xe'zeɲa] *f* -1. [de livro] reseña *f*. -2. [relatório] informe *m*. -3. [resumo] resumen *m*, reseña *f RP*.

reserva [xe'zɛxva] ⟨⟩ *f* -1. [ger] reserva *f*; ~ natural reserva natural. -2. [em hotel, avião etc.] reserva *f*, reservación *f Cuba* & *Méx*; fazer ~ de algo hacer la reserva *ou* reservación *Cuba* & *Méx* de algo. -3. ECON: ~ de mercado cuota *f* de mercado; ~s internacionais reservas internacionales. ⟨⟩ *mf ESP* reserva *mf*.

reservado, da [xezex'vadu, da] *adj* reservado(da).

→ **reservado** *m* [privada] baño *m*, servicio *m*.

reservar [xezex'va(x)] *vt* reservar.

→ **reservar-se** *vp* [preservar-se] reservarse.

reservatório [xezexva'tɔrju] *m* depósito *m*.

resfriado, da [xeʃfri'adu] *adj* -1. [pessoa] resfriado(da). -2. [carne] enfriado(da).

→ **resfriado** *m* [infecção] resfriado *m Esp*, *Cuba* & *Méx*, resfrío *m RP*; pegar um ~ coger un resfriado *Esp*, *Cuba* & *Méx*, resfriarse *RP*.

resfriar [xeʃ'frja(x)] *vt* [esfriar] enfriar.

resgatar [xeʒga'ta(x)] *vt* -1. [liberar, salvar, recuperar] rescatar. -2. [restituir] recuperar. -3. [pagar] saldar. -4. [expiar] expiar.

resgate [xeʒ'gatʃi] *m* -1. [ger] rescate *m*. -2. [salvamento]: equipe de ~ equipo *m* de rescate. -3. FIN [retirada] traspaso *m*. -4. COM desempeño *m*.

resguardar [xeʒgwax'da(x)] *vt* -1. [proteger]: ~ (de) resguardar (de). -2. [vigiar] proteger.

→ **resguardar-se** *vp* [proteger-se]: ~-se de resguardarse de.

resguardo [xeʒ'gwaxdu] *m* -1. [proteção] resguardo *m*. -2. [cuidado] cuidado *m*. -3. [repouso] reposo *m*.

residência [xezi'dẽnsja] *f* residencia *f*.

residencial [xezidẽn'sjaw] (*pl* -ais) *adj* residencial.

residente [xezi'dẽntʃi] ⟨⟩ *adj* residente. ⟨⟩ *mf* -1. [morador] residente *mf*. -2. [médico] residente *mf*.

residir [xezi'dʒi(x)] *vi* residir.

resíduo [xe'zidwu] *m* [resto] residuo *m*.

resignação [xezigna'sãw] *f* resignación *f*.

resignar-se [xezig'naxsi] *vp* resignarse; ~ com algo resignarse a algo; ~ a fazer algo resignarse a hacer algo.

resina [xe'zina] *f* resina *f*.

resistência [xeziʃ'tẽnsja] *f* -1. [ger] resistencia *f*. -2. *fig* [oposição]: ~ a/contra resistencia a/contra.

resistente

resistente [xeziʃ'tẽntʃil *adj* **-1.** [ger] resistente; ~ **ao calor** resistente al calor. **-2.** [que se opõe a]: ~ **a** reacio(cia) a.

resistir [xeziʃ'tʃi(x)] *vi* **-1.** [não ceder]: ~ **a algo** resistir a algo. **-2.** [suportar, durar, subsistir]: ~ **(a algo)** resistir (algo). **-3.** [recusar]: ~ **a algo** resistirse a algo. **-4.** [opor-se]: ~ **a algo/alguém** resistirse a algo/a alguien.

resmungar [xeʒmũŋ'ga(x)] <> *vt* mascullar. <> *vi* rezongar, refunfuñar.

resolver [xezow've(x)] <> *vt* **-1.** [solucionar] resolver. **-2.** [decidir]: ~ **fazer algo** resolver hacer algo. <> *vi* **-1.** [adiantar]: **a violência nada resolve** la violencia no resuelve nada. **-2.** [decidir] tomar una decisión, decidir.

respaldar [xeʃpaw'da(x)] *vt* [apoiar] respaldar.

respectivo, va [xeʃpek'tʃivu, va] *adj* respectivo(va).

respeitador, ra [xeʃpejtado(x), ra] *adj* respetuoso(sa).

respeitar [xeʃpej'ta(x)] *vt* **-1.** [ger] respetar. **-2.** [admirar] admirar, respetar *RP*.

respeitável [xeʃpej'tavɛw] (*pl* **-eis**) *adj* respetable.

respeito [xeʃ'pejtu] *m* **-1.** [ger] respeto *m*. **-2.** [deferência]: ~ **a** *ou* **por** respeto a *ou* por; **faltar ao** ~ **com alguém** faltar el respeto a alguien. **-3.** [relação] relación *f*; **dizer** ~ **a** tener relación con, respetar a *RP*; **a** ~ **de** [sobre] sobre, con respecto a.

respeitoso, osa [xeʃpej'tozu, ɔza] *adj* respetuoso(sa).

respingar [xeʃpĩŋ'ga(x)] *vi* salpicar.

respingo [xeʃ'pĩŋgu] *m* salpicadura *f*.

respiração [xeʃpira'sãw] *f* respiración *f*.

respirar [xeʃpi'ra(x)] <> *vt* **-1.** [ar] respirar. **-2.** [simpatia *etc.*] irradiar. <> *vi* [ger] respirar.

resplandecente [xeʃplãnde'sẽntʃi] *adj* resplandeciente.

resplandecer [xeʃplãnde'se(x)] *vi* resplandecer.

resplendor [xeʃplẽn'do(x)] *m* resplandor *m*.

responder [xeʃpõn'de(x)] <> *vt* [dar resposta] responder. <> *vi* **-1.** [ger] responder. **-2.** [dar resposta]: ~ **(a algo/alguém)** responder (a algo/alguien). **-3.** [reagir]: ~ **a algo** responder a algo. **-4.** [responsabilizar-se]: ~ **por algo/alguém** responder por algo/alguien. **-5.** [submeter-se a]: ~ **a algo** someterse a algo.

responsabilidade [xeʃpõnsabili'dadʒi] *f* responsabilidad *f*.

responsabilizar [xeʃpõnsabili'za(x)] *vt*: ~ **algo/alguém (por algo)** responsabilizar a algo/alguien (de algo).

responsabilizar-se *vp*: ~ **-se (por algo/alguém)** responsabilizarse (de algo/alguien).

responsável [xeʃpõn'savɛw] (*pl* **-eis**) <> *adj*: ~ **(por)** responsable (de). <> *mf* responsable *mf*.

resposta [xeʃ'poʃta] *f* respuesta *f*.

resquício [xeʃ'kisjul *m* **-1.** [vestígio] vestigio *m*. **-2.** [fragmento] resto *m*.

ressabiado, da [xesa'bjadu, da] *adj* **-1.** [desconfiado] desconfiado(da). **-2.** [ressentido] resentido(da).

ressaca [xe'saka] *f* **-1.** [do mar, de bebida] resaca *f*. **-2.** *fam* [de bebederia] resaca *f*.

ressaltar [xesaw'ta(x)] *vt* resaltar, subrayar.

ressalva [xe'sawva] *f* **-1.** [emenda] corrección *f*. **-2.** [restrição] objeción *f*.

ressarcir [xesax'si(x)] *vt* [compensar]: ~ **algo (de)** compensar algo (por); ~ **alguém (de)** resarcir a alguien (de).

ressecar [xese'ka(x)] <> *vt* resecar. <> *vi* resecarse.

ressentido, da [xesẽn'tʃidu, da] *adj* resentido(da).

ressentimento [xesẽntʃi'mẽntu] *m* resentimiento *m*.

ressentir-se [xesẽn'tʃixsi] *vp* **-1.** [magoar-se]: ~ **(de algo)** resentirse (por algo). **-2.** [sofrer consequência]: ~ **de algo** resentirse (de algo).

ressoar [xe'swa(x)] *vi* resonar.

ressurgir [xesux'zi(x)] *vi* **-1.** [reaparecer] resurgir. **-2.** [revitalizar-se] revitalizarse. **-3.** [ressuscitar] resucitar.

ressurreição [xesuxej'sãw] (*pl* **-ões**) *f* resurrección *f*.

ressuscitar [xesusi'ta(x)] <> *vt* resucitar. <> *vi* **-1.** [pessoa, animal] resucitar. **-2.** [costume, moda] resurgir.

restabelecer [xeʃtabele'se(x)] *vt* restablecer.

restabelecer-se *vp* restablecerse.

restabelecimento [xeʃtabelesi'mẽntu] *m* restablecimiento *m*.

restar [xeʃ'ta(x)] *vi* **-1.** [ger] quedar. **-2.** [sobrar] sobrar.

restauração [xeʃtawra'sãw] (*pl* **-ões**) *f* restauración *f*.

restaurante [xeʃtaw'rãntʃi] *m* restaurante *m*, restorán *m RP*.

restaurar [xeʃtaw'ra(x)] *vt* restaurar.

restituição [xeʃtʃitwi'sãw] (*pl* **-ões**) *f* devolución *f*, restitución *f*.

restituir [xeʃtʃi'twi(x)] *vt* **-1.** [devolver] restituir. **-2.** [pagar] devolver, restituir. **-3.** [restabelecer] restablecer, restituir *RP*.

resto [ˈxɛʃtu] *m* [ger] resto *m*.

◆ **restos** *mpl* [de comida] restos *mpl.*
restrição [xeʃtri'sãw] (*pl*-ões) *f* restricción *f.*
restringir [xeʃtrĩn'ʒi(x)] *vt* restringir.
restrito, ta [xeʃ'tritu, ta] *adj* restringido(-da), restricto(ta) *RP.*
resultado [xezuw'tadul *m* -1. [ger] resultado *m*; **dar** ~ dar resultado. -2. [decisão] decisión *f.*
resultante [xezuw'tãntʃil <> *adj* resultante; ~ **de algo** resultante de algo. <> *f* -1. [conseqüência] resultado *m.* -2. *FÍSICA* resultante *f.*
resumir [xezu'mi(x)] *vt* resumir.
◆ **resumir-se** *vp* -1. [consistir]: ~-**se em/a algo** resumirse en algo. -2. [concentrar]: ~-**se em algo** centrarse en algo.
resumo [xe'zumul *m* resumen *m*; **em** ~ en resumen.
reta ['xɛtal *f* ▷ **reto.**
retaguarda [ˌxeta'gwaxdal *f* -1. [posição] zaga *f*, retaguardia *f Méx & RP.* -2. *MIL* retaguardia *f.*
retalho [xe'taʎul *m* [de pano] pedazo *m*, retazo *m.*
retaliação [xetalja'sãw] (*pl*-ões) *f* represalia *f.*
retaliar [xeta'lja(x)] <> *vt* tomar represalias contra. <> *vi* tomar represalias.
retângulo [xe'tãŋgulul *m* rectángulo *m.*
retardar [xetax'da(x)] *vt* -1. [atrasar] retardar, retrasar *RP.* -2. [adiar] retrasar, postergar *RP.*
retenção [xetẽn'sãw] *f* -1. [detenção] detención *f.* -2. [demora]: **a** ~ **no trânsito é grande** hay grandes retenciones *ou* demoras *RP.* -3. *MED* [de líquidos] retención *f.*
reter [xe'te(x)] *vt* -1. [ger] retener. -2. [segurar] aguantar, sujetar. -3. [guardar] guardar, mantener *RP.* -4. [prender] detener, retener *RP.*
retesado, da [xete'zadu, dal *adj* tenso(sa).
retesar [xete'za(x)] *vt* tensar.
◆ **retesar-se** *vp* contraerse.
retidão [xetʃi'dãwl *f* [lisura] rectitud *f.*
retificar [xetʃifi'ka(x)] *vt* -1. [corrigir] rectificar. -2. [purificar] purificar, rectificar *RP.* -3. *AUTO* reacondicionar, rectificar *RP.*
retina [xe'tʃinal *f ANAT* retina *f.*
retirado, da [xetʃi'radu, dal *adj* [isolado] retirado(da).
◆ **retirada** *f* -1. [ger] retirada *f*; **bater em retirada** [fugir] batirse en retirada, huir en retirada *Méx.* -2. [migração] migración *f*, retiro *m RP.*
retirar [xetʃi'ra(x)] *vt* -1. [tirar, desdizer] retirar. -2. [afastar] quitar, retirar *RP.* -3. [ganhar] sacar.
◆ **retirar-se** *vp* -1. [ausentar-se, afastar-se]

retirarse. -2. [refugiar-se] refugiarse.
retiro [xe'tʃirul *m* retiro *m.*
reto, ta ['xɛtu, ta] *adj* recto(ta).
◆ **reto** *m ANAT* recto *m.*
◆ **reta** *f MAT* recta *f*; **reta final** *fig* recta final.
retocar [xeto'ka(x)] *vt* retocar.
retomar [xeto'ma(x)] *vt* -1. [continuar] retomar. -2. [reaver] recuperar.
retoque [xe'tɔkil *m* [correção] retoque *m*; **dar um** ~ dar un retoque.
retorcer [xetox'se(x)] *vt* retorcer.
◆ **retorcer-se** *vp* [contorcer-se] retorcerse.
retórico, ca [xe'tɔriku, kal *adj* retórico(ca).
◆ **retórica** *f* -1. [discurso] retórica *f.* -2. *pej* [afetação] retórica *f.*
retornar [xetox'na(x)] *vi* [voltar] retornar.
retorno [xe'toxnul *m* -1. [regresso] retorno *m.* -2. [lucro] rendimiento *m*, ganancia *f.* -3. [resposta] respuesta *f.* -4. [em estrada] cambio *m* de sentido, retorno *m Méx & RP.*
retraído, da [xetra'idu, dal *adj* retraído(da).
retraimento [xetraj'mẽntul *m* retraimiento *m.*
retrair [xetra'i(x)] *vt* -1. [ger] retirar. -2. [tornar reservado] retraer.
◆ **retrair-se** *vp* -1. [afastar-se] apartarse. -2. [tornar-se reservado] retraerse.
retrasado, da [xetra'zadu, dal *adj* anterior.
retratar [xetra'ta(x)] *vt* -1. [fazer retrato, descrever] retratar. -2. [desdizer] retractarse de. -3. [expressar] expresar.
◆ **retratar-se** *vp* retratarse; ~-**se (de algo)** retractarse (de algo).
retrato [xe'tratul *m* -1. [ger] retrato *m*; ~ **falado** retrato hablado. -2. *fig* [exemplo] personificación *f.*
retribuir [xetri'bwi(x)] *vt* -1. [pagar] retribuir. -2. [agradecer] devolver, retribuir *RP.* -3. [corresponder] corresponder, retribuir *RP.*
retroceder [xetrose'de(x)] *vi* -1. [recuar] retroceder. -2. [decair] decaer, ir para atrás *RP.*
retrocesso [xetro'sɛsul *m* retroceso *m.*
retrógrado, da [xe'trɔgradu, dal *adj* retrógrado(da).
retrospectiva [xetroʃpek'tʃival *f* retrospectiva *f.*
retrospecto [xetroʃ'pɛktul *m* [retrospetiva] retrospectiva *f*; **em** ~ en retrospectiva.
retrovisor [xetrovi'zo(x)] (*pl*-es) <> *adj* retrovisor(ra). <> *m* retrovisor *m.*
réu [xew], **ré** [xɛ] *m*, *f* reo *m*, rea *f.*
reumatismo [xewma'tʃiʒmul *m* reumatismo *m*, reuma *m.*
reunião [xew'njãwl (*pl*-ões) *f* -1. [ger] reunión *f*; ~ **de cúpula** cumbre *f.* -2. [coletânea] antología *f.*

reunir [xew'ni(x)] *vt* -**1.** [ger] reunir. -**2.** [unir] unir.

➤ **reunir-se** *vp* -**1.** [ger] reunirse. -**2.** [incorporar-se] unirse.

revanche [xe'vãnʃi] *f* revancha *f.*

réveillon [xevej'õ] *m* fin *m* de año, fiesta *f* de fin de año.

revelação [xevela'sãw] (*pl* -ões) *f* -**1.** [ger] revelación *f.* -**2.** *FOT* revelado *m.*

revelar [xeve'la(x)] *vt* -**1.** [ger] revelar. -**2.** [mostrar] enseñar, mostrar.

➤ **revelar-se** *vp* [dar-se a conhecer] revelarse.

revelia [xeve'lia] *f* rebeldía *f.*

➤ **à revelia** *loc adv* -**1.** *JUR* en rebeldía. -**2.** [despercebidamente] sin darse uno cuenta, como quien no quiere la cosa.

➤ **à revelia de** *loc adv* a espaldas de.

revendedor, ra [xevẽnde'do(x), ra] (*mpl* -es, *fpl* -s) <> *adj* revendedor(ra). <> *m, f* [de automóveis] concesionario *m*, concesionaria *f* *RP.*

rever [xe've(x)] *vt* -**1.** [tornar a ver] volver a ver. -**2.** [examinar, revisar] revisar.

reverência [xeve'rẽnsja] *f* -**1.** [respeito] reverencia *f.* -**2.** [saudação]: **fazer uma ~** hacer una reverencia *f.*

reverenciar [xeverẽn'sja(x)] *vt* -**1.** [respeitar] reverenciar. -**2.** [saudar] saludar.

reverendo [xeve'rẽndu] *m* reverendo *m.*

reverso, sa [xe'vɛxsu] <> *adj* contrario(ria). <> *m* [lado contrário] reverso *m*, revés *m.*

reverter [xevex'te(x)] *vi* -**1.** [retroceder]: **~ a** retroceder a. -**2.** [redundar]: **~ em** redundar en; **~ em benefício de** destinarse a.

revés [xe'vɛʃ] (*pl* -eses) *m* -**1.** [reverso] reverso *m*, revés *m*; **ao ~** [às avessas] al revés. -**2.** *fig* [infortúnio] revés *m.*

➤ **de revés** *loc adv* [olhar, sorrir] de soslayo.

revestimento [xeveʃtʃi'mẽntu] *m* -**1.** [de parede, caixa] revestimiento *m.* -**2.** [de sofá, poltrona] forro *m*, funda *f.*

revestir [xeveʃ'tʃi(x)] *vt* -**1.** [cobrir] cubrir. -**2.** [forrar] forrar. -**3.** [vestir] vestirse con, enfundarse en.

revezamento [xeveza'mẽntu] *m* -**1.** [ato]: **fazer um ~** turnarse, hacer turnos *Méx.* -**2.** *ESP* relevo *m*, postas *fpl* *RP.*

revezar [xeve'za(x)] <> *vt* alternar. <> *vi*: **~ (com)** turnarse (con), relevarse (con).

➤ **revezar-se** *vp* turnarse, relevarse.

revidar [xevi'da(x)] <> *vt* -**1.** [responder] devolver. -**2.** [contestar] responder. <> *vi* [responder] responder.

revide [xe'vidʒi] *m* reacción *f.*

revigorar [xevigo'ra(x)] *vt* fortalecer, revigorizar *RP.*

➤ **revigorar-se** *vp* fortalecerse, revigorizarse *RP.*

revirado, da [xevi'radu, da] *adj* retorcido(da).

revirar [xevi'ra(x)] *vt* -**1.** [tornar a virar] pasar, cambiar *Méx*, volver a dar vuelta *RP.* -**2.** [mudar] cambiar, revirar *Méx.* -**3.** [os olhos] poner en blanco, revirar *Méx & RP.* -**4.** [remexer em] revolver.

➤ **revirar-se** *vp* [virar-se] revolverse, darse vuelta *RP.*

reviravolta [xe,vira'vɔwta] *f* -**1.** [mudança] vuelco *m.* -**2.** [pirueta] voltereta *f.*

revisão [xevi'zãw] (*pl* -ões) *f* -**1.** [ger] revisión *f.* -**2.** [os revisores] equipo *m* de revisión.

revisar [xevi'za(x)] *vt* -**1.** [ger] revisar. -**2.** [recapitular] repasar.

revista [xe'viʃta] *f* -**1.** [ger] revista *f*; **~ em quadrinhos** cómic *m* *Esp*, revista *f* de historietas *Cuba & RP*, revista *f* de monitos *Méx.* -**2.** [busca] inspección *f*, requisa *f* *RP.*

revistar [xeviʃ'ta(x)] *vt* revisar, requisar *RP.*

revisto, ta [xe'viʃtu, ta] *pp* ▷ **rever.**

revitalizar [xevitali'za(x)] *vt* revitalizar.

revogação [xevoga'sãw] (*pl* -ões) *f* revocación *f.*

revogar [xevo'ga(x)] *vt* revocar.

revolta [xe'vɔwta] *f* -**1.** [rebelião, revolução] revuelta *f.* -**2.** [rebeldia] rebeldía *f.* -**3.** [indignação] indignación *f.*

revolto, ta [xe'vowtu, ta] *adj* revuelto(ta).

revoltoso, osa [xevow'tozu, ɔza] *adj* revoltoso(sa).

➤ **revoltoso** *m* revoltoso *m.*

revolução [xevolu'sãw] (*pl* -ões) *f* revolución *f.*

revolucionar [xevolusjo'na(x)] *vt* revolucionar.

revolucionário, ria [xevolusjo'narju, rja] <> *adj* revolucionario(ria). <> *m, f* revolucionario *m*, -ria *f.*

revolver [xevow've(x)] *vt* -**1.** [ger] revolver. -**2.** [agitar] agitar. -**3.** [relembrar] recordar, revolver *RP.*

➤ **revolver-se** *vp* -**1.** [mexer-se] revolverse, darse vuelta *RP.* -**2.** [agitar-se] agitarse.

revólver [xe'vowve(x)] (*pl* -es) *m* revólver *m.*

reza [ˈxɛza] *f* rezo *m.*

rezar [xe'za(x)] <> *vt* -**1.** [ger] rezar. -**2.** [missa] decir. <> *vi* [orar] rezar.

RG (*abrev de* **Registro Geral**) *m* documento de identidad brasileño, ≃ DNI *m Esp.*

RH (*abrev de* **Recursos Humanos**) *m* RR.HH. *mpl.*

riacho [ˈxjaʃul *m* riachuelo *m.*

ribeirão [xibej'rãw] (*pl* -ões) *m* arroyo *m.*

ribeirinho, nha [xibej'riɲu, ɲal <> *adj* ribereño(ña). <> *m*, *f* ribereño *m*, -ña *f*.

rico, ca ['xiku, ka] <> *adj* **-1.** [opulento, fértil] rico(ca). **-2.** [abundante]: ~ **em algo** rico en algo. **-3.** [esplêndido] maravilloso(sa). **-4.** [valioso] valioso(sa). <> *m*, *f* [pessoa] rico *m*, -ca *f*.

ricota [xi'kɔta] *f* queso *m* ricotta, ricota *m* *Amér*.

ridicularizar [xidʒikulari'za(x)] *vt* ridiculizar.

ridículo, la [xi'dʒikulu, la] *adj* ridículo(la).
⬥ **ridículo** *m* ridículo *m*.

rifa ['xifa] *f* rifa *f*.

rifle ['xifli] *m* rifle *m*.

rigidez [xiʒi'deʒ] *f* [dureza] rigidez *f*.

rígido, da ['xiʒidu, da] *adj* rígido(da).

rigor [xi'go(x)] (*pl* -es) *m* **-1.** rigor *m*. **-2.** [preceito] etiqueta *f*.
⬥ **a rigor** *loc adv* en realidad.

rigoroso, osa [xigo'rozu, ɔza] *adj* **-1.** [ger] riguroso(sa). **-2.** [exato] exacto(ta).

rijo, ja ['xiʒu, ʒa] *adj* rígido(da).

rim ['xĩ] (*pl* -ns) *m* ANAT riñón *m*.
⬥ **rins** *mpl* *fam* [região lombar] riñones *mpl*.

rima ['xima] *f* rima *f*.

rimar [xi'ma(x)] *vi* rimar.

rímel® ['ximɛw] (*pl* -eis) *m* rímel *m*.

ringue ['xĩgi] *m* ring *m*.

rinoceronte [xinose'rõntʃi] *m* rinoceronte *m*.

rins [xĩʃ] *pl* ⊳ rim.

rio ['xiw] *m* río *m*; **gastar** ~**s de dinheiro** gastar montones de dinero *ou* ríos de plata *RP*.

riqueza [xi'keza] *f* **-1.** [ger] riqueza *f*. **-2.** [beleza] belleza *f*.

rir ['xi(x)] *vi* reír; ~ **de algo/alguém** reírse de algo/alguien; **morrer de** ~ **(de algo/alguém)** morirse de risa (con algo/alguien).

risada [xi'zada] *f* **-1.** [riso] risa *f*. **-2.** [gargalhada] carcajada *f*.

risca ['xiʃka] *f* raya *f*.
⬥ **à risca** *loc adv* al pie de la letra.

riscar [xiʃ'ka(x)] *vt* **-1.** [fazer riscas em, atritar] rayar. **-2.** [esboçar] esbozar. **-3.** [marcar] delimitar. **-4.** [apagar] tachar. **-5.** [acender] encender, raspar *RP*. **-6.** [eliminar]: ~ **alguém/algo de algo** tachar a alguien/algo de algo, sacar a alguien/algo de algo *RP*.

risco ['xiʃku] *m* **-1.** [traço] raya *f*. **-2.** [esboço] esbozo *m*. **-3.** [perigo] riesgo *m*; **correr** ~ **(de)** correr el riesgo (de); **pôr algo/alguém em** ~ poner algo/alguien en peligro; ECON: ~ **país** riesgo *m* país.

riso ['xizu] *m* risa *f*; ~ **amarelo** sonrisa *f* forzada.

risonho, nha [xi'zoɲu, ɲal *adj* risueño(ña).

risoto [xi'zotu] *m* risotto *m*.

ríspido, da ['xiʃpidu, da] *adj* rudo(da), rispido(da) *Méx*.

rítmico, ca ['xitʃmiku, ka] *adj* rítmico(ca).

ritmo ['xitʃimu] *m* ritmo *m*.

rito ['xitul *m* rito *m*.

ritual [xi'twaw] (*pl* -ais) <> *adj* ritual. <> *m* ritual *m*.

rival [xi'vaw] (*pl* -ais) <> *adj* rival. <> *mf* rival *mf*.

rivalidade [xivali'dadʒi] *f* rivalidad *f*.

rivalizar [xivali'za(x)] *vi*: ~ **com algo/alguém** rivalizar con algo/alguien; ~ **por algo/alguém** rivalizar por algo/alguien.

rixa ['xiʃa] *f* disputa *f*, desentendimiento *m* *RP*.

RJ (*abrev de* **Estado do Rio de Janeiro**) *estado de Rio de Janeiro*.

RN (*abrev de* **Estado do Rio Grande do Norte**) *estado de Rio Grande do Norte*.

RO (*abrev de* **Estado de Rondônia**) *estado de Rondonia*.

robô [ro'bol *m* robot *m*.

robusto, ta [xo'buʃtu, ta] *adj* robusto(ta).

roça ['xɔsa] *f* **-1.** [plantação] siembra *f*, plantío *m RP*. **-2.** [campo] campo *m*. **-3.** [mato] matorral *m*.

rocambole [xokãn'bɔli] *m* ≃ brazo *m* de gitano *Esp* & *Cuba*, ≃ rollo *m Méx*, ≃ arrollado *m RP*.

roçar [xo'sa(x)] <> *vt* **-1.** [cortar] cortar. **-2.** [tocar de leve] rozar. <> *vi* [tocar de leve]: ~ **em** rozar con, rozarse con *RP*.

rocha ['xɔʃa] *f* **-1.** [pedra] roca *f*. **-2.** [rochedo] peñasco *m*.

rochedo [xo'ʃedu] *m* peñasco *m*.

rock ['xɔki] *m MÚS* rock *m*.

roda ['xɔda] *f* **-1.** [ger] rueda *f*; **brincar de** ~ jugar al corro *Esp*, jugar a la ronda *Cuba*, jugar a la rueda de San Miguel *Méx*, hacer rondas *RP*. **-2.** [de pessoas] corro *m*, rueda *f RP*; **alta** ~ clase *f* acomodada; ~ **de samba** grupo de personas que se reúne para tocar y cantar samba y que mutuamente forman una rueda en la que cada músico toca un instrumento. **-3.** [de saia] vuelo *m Esp* & *Cuba*, olán *m Méx*, volado *m RP*.

rodada [xo'dada] *f* ⊳ rodado.

rodado, da [xo'dadu, da] *adj* **-1.** [que tem roda] con vuelos *Esp* & *Cuba*, con olanes *Méx*, con volados *RP*. **-2.** [percorrido] recorrido(da).
⬥ **rodada** *f* **-1.** [giro] vuelta *f*. **-2.** [de bebida] ronda *f*, vuelta *f RP*. **-3.** *ESP* fase *f*, etapa *f RP*.

roda-gigante [xɔdaʒi'gãntʃi] (*pl* **rodas-gigantes**) *f* noria *f Esp*, estrella *f Cuba*, rueda *f* de la fortuna *Méx*, rueda *f* gigante *RP*.

rodamoinho [xɔda'mwiɲu] *m* remolino *m*.

rodapé [xɔda'pɛ] *m* -1. [de parede] rodapié *m*, zócalo *m*. -2. [de página] pie *m* de página. -3. [artigo] artículo *m* a pie de página.

rodar [xo'da(x)] <> *vt* -1. [fazer girar] hacer girar, darle vuelta a. -2. [pessoa, carro] recorrer. -3. [imprimir] imprimir. -4. [filmar] rodar. -5. *comput* ejecutar, rodar. <> *vi* -1. [girar] girar, marcar *RP*. -2. [ser impresso] imprimirse. -3. [decorrer] pasar.

rodear [xo'dʒja(x)] *vt* rodear.

◆ **rodear-se** *vp* [cercar-se] rodearse.

rodeio [xo'deju] *m* -1. [ger] rodeo *m*. -2. [evasiva] rodeos *mpl*; **fazer** ~s dar rodeos; **sem** ~s sin rodeos.

rodela [xo'dɛla] *f* [pedaço] rodaja *f*.

rodízio [xo'dʒizju] *m* -1. [revezamento] turno *m*; **fazer** ~ **com alguém** turnarse con alguien. -2. [em restaurante] buffet *m* libre, buffet *m* *Méx*, tenedor *m* libre *RP*.

rodo ['xodu] *m* -1. [para puxar água] cepillo *m*, lampazo *m* *RP*. -2. [agrícola] rastrillo *m*.

◆ **a rodo** *loc adv* : **chover** ~ a cántaros; **ganhar dinheiro** ~ ganar dinero a espuertas *Esp* & *Cuba*, ganar dinero a pasto *Méx*, ganar plata a rolete *RP*.

rodopiar [xodo'pja(x)] *vi* arremolinarse.

rodopio [xodo'piw] *m* remolino *m*.

rodovia [xodo'via] *f* autopista *f*.

rodoviário, ria [xodo'vjarju, rja] *adj* -1. [transporte] por carretera, carretero(ra) *RP*. -2. [polícia] de tráfico, caminero(ra) *RP*. -3. [estação] de autobuses *Esp*, de micros *Arg*, de ómnibus *Cuba* & *Urug*, de camión *Méx*.

◆ **rodoviária** *f* [estação de ônibus] estación *f* de autobuses *Esp*, estación *f* de micros *Arg*, terminal *f* de ómnibus *Cuba* & *Urug*, terminal *f* de camiones *Méx*.

roedor, ra [xwe'do(x), ra] *adj* roedor(ra).

◆ **roedor** *m* roedor *m*.

roer ['xwe(x)] *vt* -1. [com dentes] roer; **a moça roía as unhas** la chica se comía las uñas; **duro de** ~ *fam fig* duro de roer. -2. [destruir] destruir. -3. [corroer] carcomer. -4. *fig* [atormentar] roer, carcomer.

◆ **roer-se** *vp fig* [atormentar-se]: ~**-se de algo** consumirse de algo.

rogado, da [xo'gadu, da] *adj*: **fazer-se de** ~ hacerse (de) rogar.

rogar [xo'ga(x)] <> *vt* rogar; ~ **pragas (contra)** desear la muerte (a), echar pestes (a) *RP*. <> *vi* rogar; ~ **a alguém que faça algo** rogar a alguien que haga algo.

rojão [xo'ʒãw] (*pl* -ões) *m* -1. [foguete] cohete *m*. -2. *fig* [ritmo intenso] marcha *f Esp*,

mecha *f Cuba*, vara *f Méx*, agite *m RP*; **aguentar o** ~ *fig* [resistir] aguantar el ritmo intenso, aguantar la vara *Méx*, aguantar el agite *RP*.

rol [xɔw] (*pl* róis) *m* lista *f*, relación *f*.

rolar [xo'la(x)] <> *vt* -1. [fazer girar] enrollar. -2. *fig* [dívida] aplazar. <> *vi* -1. [cair] rodar; ~ **de rir** desternillarse de risa, deshacerse de risa *Méx*. -2. [na cama] dar vueltas. -3. [deslizar] rodar, girar. -4. *fam* [estender-se] estirarse. -5. *fam* [ser servido] circular. -6. *fam* [acontecer] haber.

roldana [xow'dãna] *f* roldana *f*.

roleta [xo'leta] *f* -1. [jogo] ruleta *f*. -2. [borboleta] torniquete *m*.

roleta-russa [xo,leta'xusa] (*pl* roletas-russas) *f* ruleta *f* rusa.

rolha ['xoʎa] *f* -1. [peça] tapón *m*. -2. *fam fig* [censura] mordaza *f*.

roliço, ça [xo'lisu, sa] *adj* -1. [redondo] cilíndrico(ca). -2. [gordo] rollizo(za).

rolo ['xolu] *m* -1. [cilindro] rollo *m*. -2. [utensílio - para pintar] rodillo *m*; ~ **de pastel** rodillo *m* de cocina, palote *m* (de amasar) *RP*; [- para cabelo] rulo *m*, rolo *m Cuba*, tubo *m Méx*, rulero *m RP*. -3. [máquina]: ~ **compressor** rodillo *m*. -4. [almofada] cojín *m*, almohadón *m*. -5. *fam* [bafafá, confusão] lío *m*, follón *m Esp*, rollo *m Méx*, despelote *m RP*; **dar** ~ traer problemas, ser un rollo *Méx*, traer cola *RP*.

ROM (*abrev de* Read Only Memory) *f* ROM *f*.

romã [xo'mã] *f* granada *f*.

Roma ['xoma] *n* Roma.

romance [xo'mãsi] *m* -1. *liter* novela *f*; ~ **policial** novela policial *ou* policíaca. -2. *fig* [amoroso] romance *m*.

romancista [xomãn'siʃta] *mf* novelista *mf*.

romano, na [xo'mãnu, na] <> *adj* romano(na). <> *m, f* romano *m*, -na *f*.

romântico, ca [xo'mãntʃiku, ka] <> *adj* romántico(ca). <> *m, f* romántico *m*, -ca *f*.

romantismo [xomãn'tʃiʒmu] *m* romanticismo *m*.

romaria [xoma'ria] *f* romería *f*.

rombo ['xõnbu] *m* -1. [furo] agujero *m*. -2. *fig* [desfalque] desfalco *m*. -3. *fig* [prejuízo]: **causar um** ~ **nas contas** hacer un roto *ou* hoyo *Méx ou* agujero *RP* en las cuentas.

Romênia [xo'menja] *n* Rumania, Rumanía *f*.

romeno, na [xo'menu, na] <> *adj* rumano(na). <> *m, f* rumano *m*, -na *f*.

◆ **romeno** *m* [língua] rumano *m*.

romeu-e-julieta [xo,mewiʒu'ljeta] *m culin* postre que consiste en una loncha de queso blanco con otra de dulce de guayaba, queso *m* con ate *Méx*, Martín Fierro *m RP*.

rompimento [xõnpi'mẽntu] *m* -1. [de cano,

vaso sangüíneo, barragem] rotura f. - **2**. [de contrato,relações] ruptura f.

roncar [xõŋ'ka(x)] vi roncar.

ronco ['xõŋku] m - **1**. [ger] ronquido m. - **2**. [grunhido] gruñido m.

ronda ['xõnda] f ronda f; **fazer a** ~ hacer la ronda.

rondar [xõn'da(x)] <> vt - **1**. [ger] rondar. - **2**. [andar à volta de] dar vueltas a. <> vi: ~ **(por)** [andar vigiando] hacer la ronda (por); [espreitar] rondar (por).

Rondônia [xõn'donja] n Rondonia.

ronronar [xõnxo'na(x)] vi ronronear.

roqueiro, ra [xo'kejru, ra] m, f rockero m, -ra f.

Roraima [xo'rajma] n Roraima.

rosa ['xɔza] <> f BOT rosa f. <> m [cor] rosa m, rosado m Urug. <> adj inv [cor] rosa, rosado(da) Urug.

rosado, da [xo'zadu, da] adj inv rosado(da).

rosário [xo'zarju] m rosario m.

rosbife [xoʒ'bifi] m rosbif m.

rosca ['xoʃka] f - **1**. [ger] rosca f. - **2**. [biscoito] rosquilla f, rosquita f RP.

roseira [xo'zejra] f rosal m.

róseo, sea ['xɔzju, zja] adj rosáceo(a).

rosnar [xoʒ'na(x)] <> vi [cão] gruñir. <> m [de cão] gruñido m.

rosto ['xoʃtu] m - **1**. ANAT cara f, rostro m. - **2**. [fisionomia] rostro m. - **3**. [de medalha] cara f.

rota ['xɔta] f ruta f.

ROTA (abrev de Rondas Ostensivas Tobias de Aguiar) cuerpo de intervención especial de la policía.

rotação [xota'sãw] (pl -ões) f rotación f.

rotatividade [xotatʃivi'dadʒi] f rotación f.

roteiro [xo'tejru] m - **1**. [de viagem] itinerario m. - **2**. [de trabalho] plan m. - **3**. CINE guión m. - **4**. NÁUT carta f de navegación.

rotina [xo'tʃina] f rutina f.

rotineiro, ra [xotʃi'nejru, ra] adj rutinario(ria).

roto, ta ['xotu, ta] adj - **1**. [rasgado] roto(ta). - **2**. [maltrapilho] andrajoso(sa), harapiento(ta).

rótula ['xɔtula] f ANAT rótula f.

rotular [xotu'la(x)] vt - **1**. [etiquetar] rotular. - **2**. fig [qualificar]: ~ **alguém/algo (de algo)** etiquetar a alguien/algo (de algo).

rótulo ['xɔtulu] m - **1**. [etiqueta] rótulo m. - **2**. [qualificação] sambenito m, etiqueta f.

roubalheira [xoba'ʎejra] f robo m.

roubar [xo'ba(x)] vt - **1**. [ger] robar. - **2**. [plagiar] plagiar, robar RP.

roubo ['xobu] m - **1**. robo m. - **2**. fig: **ser um** ~ ser un robo.

rouco, ca ['xoku, ka] adj ronco(ca).

round ['xawndʒi] m [boxe] round m, asalto m.

roupa ['xopa] f ropa f; ~ **de baixo** ropa interior; ~ **de cama** ropa de cama; ~ **de mesa** ropa de mesa, mantelería f RP.

roupão [xo'pãw] (pl -ões) m bata f, salto m de cama.

rouxinol [xoʃi'nɔw] (pl -óis) m ruiseñor m.

roxo, xa ['xoʃu, ʃa] adj - **1**. [cor] violeta; ~ **de inveja/saudades** muerto(ta) de envidia/nostalgia, morado(da) de envidia/nostalgia Méx. - **2**. [olho, mancha] morado(da).

➡ **roxo** m [cor] violeta m, morado m Méx.

royalty ['xɔjawtʃi] (pl royalties) m royalty m.

RP (abrev de Relações Públicas) relaciones fpl públicas.

RPM (abrev de Rotações por Minuto) rpm.

RR (abrev de Estado de Roraima) estado de Roraima.

RS (abrev de Estado do Rio Grande do Sul) estado de Rio Grande do Sul.

RSVP (abrev de répondez s'il vous plaît) se ruega contestación.

rua ['xua] f [ger] calle f; ~ **sem saída** callejón m sin salida, calle sin salida RP.

rubéola [xu'bɛwla] f rubeola f.

rubi [xu'bi] m rubí m.

rubor [xu'bo(x)] (pl -es) m rubor m.

ruborizar [xubori'za(x)] vt [envergonhar] ruborizar.

➡ **ruborizar-se** vp ruborizarse.

rubrica [xu'brika] f rúbrica f.

rubricar [xubri'ka(x)] vt rubricar.

rubro, bra ['xubru, bra] adj rojo(ja), colorado(da) RP.

ruço, ça ['xusu, sa] adj - **1**. [desbotado, surrado] gastado(da). - **2**. fam [difícil] feo(a), negro(gra).

rude ['xudʒi] adj rudo(da).

rudimentar [xudʒimẽn'ta(x)] adj rudimentario(ria).

rudimentos [xudʒi'mẽntuʃ] mpl rudimentos mpl.

ruela ['xwɛla] f callejuela f, callejón m, callecita f RP.

ruga ['xuga] f arruga f.

rúgbi ['xugbi] m rugby m.

ruge ['xuʒi] m colorete m, rubor m Méx & RP.

rugido [xu'ʒidu] m rugido m.

rugir [xu'ʒi(x)] vi rugir.

ruído ['xwidu] m ruido m.

ruidoso, osa [xwi'dozu, ɔza] adj ruidoso(sa).

ruim ['xuĩ] (pl -ns) adj - **1**. [ger] malo(la); **achar** ~ [zangar-se] molestarse, fastidiarse RP. - **2**. [podre] podrido(da), feo(a) RP.

ruína [ˌxwina] f ruina f; **estar em** ~**s** estar en ruinas.

ruins [xu'ĩʃ] pl ⊳ **ruim**.

ruir ['xwi(x)] vi derrumbarse.

ruivo, va ['xuivu, va] ◇ adj pelirrojo(ja). ◇ m, f pelirrojo m, -ja f.

> Não confundir *ruivo (pelirrojo)* com o espanhol *rubio* que em português é *loiro*. (*Ela é a ruiva da turma, eu gosto de seu cabelo vermelho*. Ella es la *pelirroja* de la clase, me gusta sua cabello rojo.)

rum ['xũ] m ron m.

rumar [xu'ma(x)] ◇ vt: ~ algo para poner algo rumbo a ou hacia. ◇ vi: ~ para poner rumbo a ou hacia.

ruminar [xumi'na(x)] ◇ vt rumiar. ◇ vi [mastigar] rumiar.

rumo ['xumu] m rumbo m; ir ~ a ir con rumbo a; sem ~ lit sin rumbo.

rumor [xu'mo(x)] (pl -es) m rumor m.

ruptura [xup'tura] f -1. [ger] ruptura f. -2. [quebra] rotura f.

rural [xu'raw] (pl -ais) adj rural.

rush ['xãʃi] m: (hora do) ~ hora f punta *Esp* ou pico *Amér.*

Rússia ['xusja] n Rusia.

russo, sa ['xusu, sa] ◇ adj ruso(sa). ◇ m, f ruso m, -sa f.

➥ **russo** m [língua] ruso m.

rústico, ca ['xuʃtʃiku, ka] adj rústico(ca).

s, S ['ɛsi] m [letra] s, S f.

sã [sã] f ▷ são.

S.A. (abrev de Sociedade Anônima) S.A.

Saara [sa'ara] n: o (deserto do) ~ el (desierto del) Sáhara.

sáb. (abrev de sábado) sab.

sábado ['sabadu] m sábado m; aos ~s los sábados; cair num ~ caer en (un) sábado; (no) ~ el sábado; (no) ~ que vem, no próximo ~ el sábado que viene/ próximo; ~ de manhã el sábado por la mañana *Esp*, el sábado a la mañana *Arg*, el sábado de mañana *Méx & Urug*; ~ de tarde/noite el sábado por la tarde/la noche, el sábado a la tarde/noche *Arg*, el sábado de tarde/noche *Méx & Urug*; ~ passado/retrasado el sábado pasado/ anterior; ~ sim, ~ não un sábado sí uno no, un sábado por medio *RP*; todos os ~s todos los sábados.

sabão [sa'bãw] (pl -ões) m [produto] jabón m;

~ em pó jabón en polvo.

sabedoria [sabedo'ria] f sabiduría f.

saber [sa'be(x)] ◇ m saber m. ◇ vt saber; ~ (como) fazer algo saber (como) hacer algo; ~ de cor saber de memoria; sei lá! *fam* ¡qué sé yo!; é você quem sabe *fam* tú sabrás, vos sabrás *RP*. ◇ vi -1. [ter erudição] saber. -2. [estar a par de]: ~ (de algo) saber (de algo).

sabiá [sa'bja] m tordo m.

sabido, da [sa'bidu, da] adj -1. [astuto] vivo(va), listo(ta). -2. [conhecedor] conocedor(ra).

sábio, bia ['sabju, bja] ◇ adj sabio(bia). ◇ m, f sabio m, -bia f.

sabões [sa'bõjʃ] pl ▷ sabão.

sabonete [sabo'netʃi] m (pastilla f de) jabón m, jabón m de tocador.

sabor [sa'bo(x)] (pl -es) m sabor m; ao ~ de a merced de.

saborear [sabo'rja(x)] vt saborear.

saboroso, osa [sabo'rozu, ɔza] adj sabroso(sa).

sabotagem [sabo'taʒẽ] (pl -ns) f sabotaje m.

sabotar [sabo'ta(x)] vt sabotear.

SAC (abrev de Serviço de Atendimento ao Consumidor) servicio de atención al consumidor.

saca ['saka] f [saco largo] saco m, bolsa f *RP*.

sacada [sa'kada] f *ARQUIT* balcón m.

sacal [sa'kaw] (pl -ais) adj *fam* pesado(da), aburrido(da), embolante *RP*.

sacana [sa'kãna] mfam adj -1. [sujo] cerdo(da), cabrón(ona) *Méx*, mala gente *RP*. -2. [esperto] vivo(va), pícaro(ra) *Esp*, vivales *Méx*. -3. [libidinoso] descarado(da), libidinoso(sa) *Méx*, verde *RP*. -4. [brincalhão] juguetón(ona), pícaro(ra) *Méx & RP*.

sacanagem [saka'naʒẽ] (pl -ns) mfam f -1. [sujeira] putada f *Esp*, mierda f *Cuba*, chingadera f *Méx*, cagada f *RP*. -2. [libidinagem] guarrerías fpl *Esp & Cuba*, guarradas fpl *Méx*, chanchadas fpl *RP*. -3. [brincadeira] broma f, cotorreo m *Méx*, joda f *RP*.

sacar [sa'ka(x)] ◇ vt -1. [ger] sacar. -2. *fam* [compreender] cazar, cachar *Méx*. ◇ vi -1. : ~ de algo [de arma] sacar algo. -2. [em banco]: ~ (contra/sobre) emitir (contra/sobre). -3. *ESP* sacar. -4. *fam* [compreender] cazar, cachar *Méx*. -5. *fam* [mentir] inventar, contar bolas *Esp*, macanear *RP*. -6. *fam* [falar sem saber] hablar por hablar, inventar *Méx*, payar *RP*.

saca-rolha [ˌsaka'xoʎa] (pl saca-rolhas) m sacacorchos m inv, descorchador m *RP*.

sacerdócio [sasex'dɔsju] m sacerdocio m.

sacerdote, tisa [sasex'dɔtʃi, tʃiza] m, f [pagão] sacerdote *m*, -isa *f.*

saciar [sa'sja(x)] *vt* saciar.

saco ['saku] *m* -**1.** [recipiente] bolsa *f.* - **2.** [utensílio]: ~ **de dormir** saco de dormir, sleeping *m* **Méx**, sobre *m* de dormir *RP.* - **3.** [enseada] ensenada *f.* - **4.** *fam* [testículos] pelotas *fpl*, huevos *mpl*, bolas *fpl RP.* - **5.** *fam* [amolação]: **encher o** ~ **(de alguém)** cabrear *Esp* ou fregar *Cuba* ou chingar *Méx* ou inflar *RP* a alguien; **estar de** ~ **cheio (de alguém/algo)** estar hasta las pelotas (de alguien/algo) *Esp*, estar hasta el último pelo (de alguien/algo) *Cuba*, estar hasta el copete (de alguien/algo) *Méx*, tener las bolas llenas (de alguien/algo) *RP*; **que** ~**!** ¡qué rollo *Esp* ou jodienda *Cuba* ou friega *Méx* ou embole! *RP.* - **6.** *fam* [paciência] paciencia *f*; **haja** ~**!** ¡es el colmo!. - **7.** *fam* [disposição]: **estar com/sem** ~ **de fazer algo** estar con/sin ganas de hacer algo.

sacola [sa'kɔla] *f* bolsa *f*, jaba *f Cuba.*

sacolejar [sakole'ʒa(x)] *vt* -**1.** [sacudir] sacudir. - **2.** [rebolar] menear.

sacramento [sakra'mẽntul] *m* RELIG sacramento *m.*

sacrificar [sakrifi'ka(x)] *vt*-**1.** [ger] sacrificar. - **2.** [prejudicar] perjudicar.

➡ **sacrificar-se** *vp* -**1.** [ger] sacrificarse. - **2.** [sujeitar-se] someterse.

sacrifício [sakri'fisju] *m* sacrificio *m.*

sacrilégio [sakri'lɛʒju] *m* -**1.** RELIG sacrilegio *m.* - **2.** *fig* [ato condenável] crimen *m.*

sacro, cra ['sakru, kra] *adj* [sagrado] sacro(cra).

sacudida [saku'dʒida] *f* sacudida *f.*

sacudir [saku'dʒi(x)] *vt* sacudir.

➡ **sacudir-se** *vp* -**1.** [tremer] zarandearse. - **2.** [saracotear] menearse.

sádico, ca ['sadʒiku, dʒika] ◇ *adj* sádico(ca). ◇ *m, f* sádico *m*, -ca *f.*

sadio, dia [sa'dʒiu, dʒia] *adj* saludable.

sadismo [sa'dʒiʒmul] *m* sadismo *m.*

safadeza [safa'deza] *f* -**1.** [ger] descaro *m.* - **2.** [traquinagem] travesura *f.*

safado, da [sa'fadu, da] *adj* -**1.** [ger] descarado(da). - **2.** [traquinas] travieso(sa).

safári [sa'faril] *m* safari *m.*

safira [sa'fira] *f* zafiro *m.*

safra ['safra] *f* -**1.** AGR cosecha *f*, zafra *f Amér.* - **2.** *fig* [de cantores *etc.*] cosecha *f.*

saga ['saga] *f* saga *f.*

sagaz [sa'gajʒ] *adj* sagaz.

sagitariano, na [saʒita'rjãnu, na] ◇ *adj* sagitario. ◇ *m, f* sagitario *mf.*

Sagitário [saʒi'tarjul ◇ *m* [zodíaco] Sagitario *m.* ◇ *mf* [pessoa] sagitario *mf.*

sagrado, da [sa'gradu, da] *adj* sagrado(da).

saguão [sa'gwãwl (*pl* -ões) *m* -**1.** [entrada] vestíbulo *m*, hall *m.* - **2.** [pátio] patio *m* interior.

saia ['saja] *f*-**1.** [roupa] falda *f*, pollera *f RP.* - **2.** [de mesa] mantel *m.* - **3.** *fam* [mulher] tipa *f*, mujer *f RP.*

saída [sa'ida] *f*-**1.** [ger] salida *f.* - **2.** [lugar]: ~ **de emergência** salida de emergencia.

saída-de-praia [sa,idadʒi'prajal (*pl* saídas-de-praia) *f* bata *f* de playa, salida *f* de baño *RP.*

saideira [saj'dejral *f fam*: **uma** ~ la última, la del estribo *RP.*

sair [sa'i(x)] *vi* -**1.** [ger] salir. - **2.** [partir, escapar, desligar-se]: ~ **(de)** salir (de); ~ **de fininho** salir a la francesa, salir a escondidas *Méx.* - **3.** [parecer-se]: ~ **a alguém** salir a alguien. - **4.** [resultar]: ~ **ganhando/perdendo** salir ganando/perdiendo. - **5.** [custar]: ~ **(a** ou **por)** salir (a ou por); ~ **caro** salir caro. - **6.** [desaparecer]: ~ **de cartaz** salir de la cartelera; ~ **de moda** pasar de moda.

➡ **sair-se** *vp* [obter resultado]: ~ **-se bem/mal** salir bien/mal.

sal ['sawl (*pl* sais) *m* [ger] sal *f*; **sem** ~ sin sal; **a comida está sem** ~ a la comida le falta sal, la comida está desabrida *RP*; ~ **grosso** sal gruesa ou gorda *Esp.*

sala ['sala] *f*-**1.** [ger] sala *f*; ~ **de bate-papo** *INFORM* sala de chat; ~ **de espera** sala de espera; ~ **de estar** sala de estar, estar *m RP*; ~ **de operações** sala de operaciones. - **2.** *EDUC*: ~ **(de aula)** aula *f*, salón *m* de clases *Méx*, clase *f RP*; [alunos] clase *f.*

salada [sa'lada] *f* -**1.** CULIN ensalada *f*; ~ **de frutas** ensalada de frutas. - **2.** *fig* [confusão]: **fazer uma** ~ **de algo** hacerse un lío con algo, formar un arroz con algo con algo *Cuba*, hacerse bolas con algo *Méx*, hacer una ensalada con algo *RP.*

sala-e-quarto [ˌsalaj'kwaxtul (*pl* sala-e-quartos) *m* apartamento *m* con un dormitorio y un salón, departamento *m* de un dormitorio *Arg*, apartamento *m* de un dormitorio *Urug.*

salame [sa'lãmi] *m* salami *m*, salame *m CSur* & *Cuba.*

salaminho [sala'miɲul *m tipo de salami*, salamín *m RP.*

salão [sa'lãwl (*pl* -ões) *m* salón *m*; ~ **de beleza/chá** salón de belleza/té.

salarial [sala'rjawl (*pl* -ais) *adj* salarial.

saldar [saw'da(x)] *vt* saldar.

saldo ['sawdul *m* saldo *m*; ~ **credor/devedor** saldo acreedor/deudor; ~ **negativo/positivo** saldo negativo/positivo.

saleiro [sa'lejrul *m* [recipiente] salero *m.*

salgadinho [sawga'dʒiɲul *m* aperitivo *m*

salado, bocadillo *m* **Méx**, saladito *m* **RP**.

salgado,da [saw'gadu, da] *adj* **-1.** [ger] salado(da). **- 2.** [anedota] picante. **-3.** [preço] desorbitado(da), salado(da) **CSur**.

salgar [saw'ga(x)] *vt* salar.

salgueiro [saw'gejru] *m* sauce *m*.

salientar [saljẽn'ta(x)] *vt* remarcar.

➡ **salientar-se** *vp* [distinguir-se] sobresalir.

saliente [sa'ljẽntʃi] *adj* **-1.** [ressaltado] saliente. **- 2.** *fig* [espevitado] atrevido(da).

salino,na [sa'linu, na] *adj* salino(na).

➡ **salina** *f* **-1.** [terreno] salina *f*. **-2.** [empresa] *empresa que explota una salina*, salinera *f* **Amér**.

saliva [sa'liva] *f* saliva *f*.

salmão [saw'mãw] (*pl* **-mões**)◇ *m* [peixe] salmón *m*. ◇ *m* [cor] salmón *m*. ◇ *adj* [cor] salmón.

salmo ['sawmu] *m* salmo *m*.

salmões [saw'mõjʃ] *pl* ▷ **salmão**.

salmoura [saw'mora] *f* salmuera *f*.

salobro,bra [sa'lobru, bra] *adj* salobre.

salões [sa'lõjʃ] *pl* ▷ **salão**.

salpicão [sawpi'kãw] (*pl* **-ões**) *m* **-1.** [paio] chorizo *m*. **-2.** [prato]: ~ **(de galinha)** salpicón *m* (de ave).

salpicar [sawpi'ka(x)] *vt*: ~ algo em algo salpicar algo con algo; ~ **alguém de algo** [sujar] salpicar a alguien con algo; ~ **algo de algo** salpicar algo de algo.

salsa ['sawsa] *f* **-1.** [erva] perejil *m*. **- 2.** *MÚS* salsa *f*.

> Não confundir *salsa (perejil)* com o espanhol *salsa* que em português é *molho*. (*Maria usou salsa para temperar o frango*. María uso *perejil* para condimentar el pollo.)

salsicha [saw'siʃa] *f* salchicha *f*.

salsichão [sawsi'ʃãw] (*pl* **-chões**) *m* salchichón *m*.

saltar [saw'ta(x)] ◇ *vi* **-1.** [pular]: ~ **(de/sobre)** saltar de/sobre. **- 2.** [de ônibus, trem, cavalo]: ~ **(de)** bajar (de). **-3.** [rolha] saltar. ◇ *vt* **-1.** [pular] saltar. **- 2.** [omitir] saltarse. **-3.** *fam* [fazer vir]: **salta mais um café!** ¡marchando *ou* marche **RP** otro café!

salteador,ra [sawtʃja'do(x), ra] *m, f* salteador *m*, -ra *f*.

saltimbanco [sawtʃĩn'bãŋku] *m* saltimbanqui *m*.

salto ['sawtu] *m* **-1.** [ger] salto *m*; **dar um** ~ dar un salto; ~ **em altura** salto de altura, salto alto **RP**; ~ **em distância** salto de longitud, salto largo **RP**; ~ **de vara** salto de pértiga, salto con garrocha **Amér**. **- 2.** [de sapato] tacón *m* **Esp** & **Méx**, taco *m* **Andes** & **RP**; ~ **alto/baixo** tacón **Esp** & **Méx** *ou* taco **Andes** & **RP** alto/bajo.

salto-mortal [ˌsawtumox'taw] (*pl* **saltos-mortais**) *m* salto *m* mortal.

salubre [sa'lubri] *adj* salubre.

salutar [salu'ta(x)] (*pl* **-es**) *adj* saludable.

salva ['sawva] *f* **-1.** [ger]: ~ **(de tiros)** salva *f* (de disparos). **- 2.** *fig*: **uma** ~ **de palmas** una salva de palmas. **- 3.** [bandeja] *bandeja pequeña y redonda*.

salvação [sawva'sãw] *f* salvación *f*.

salvador,ra [sawva'do(x), ra] *m, f* [pessoa] salvador *m*, -ra *f*.

salvadorenho,nha [sawvado'reɲu, ɲal ◇ *adj* salvadoreño(ña). ◇ *m, f* salvadoreño *m*, -ña *f*.

salvaguardar [ˌsawvagwax'da(x)] *vt* salvaguardar.

salvamento [sawva'mẽntu] *m* salvamento *m*, salvataje *m* **RP**.

salvar [saw'va(x)] *vt* **-1.** [ger] salvar. **- 2.** *COMPUT* guardar, salvar **Amér**.

➡ **salvar-se** *vp* [escapar] salvarse.

salva-vidas [ˌsawva'vidaʃ] ◇ *adj inv* salvavidas. ◇ *mf* **-1.** [bóia] salvavidas *m inv*. **-2.** [pessoa] socorrista *mf* **Esp**, salvavidas *m inv* **Amér**, bañero *m*, -ra *f* **Arg**. **-3.** [jaqueta] salvavidas *m inv*.

salve ['sawvi] *interj* ¡salve!

salvo,va ['sawvu, va] ◇ *adj* salvado(da); **estar a** ~ estar a salvo. ◇ *prep* salvo.

salvo-conduto [ˌsawvukõn'dutu] (*pl* **salvo-condutos, salvos-condutos**) *m* salvoconducto *m*.

samambaia [samãn'baja] *f* helecho *m*.

samba ['sãnba] *m* samba *f*.

samba-canção [ˌsãnbakãn'sãw] (*pl* **sambas-canções**) *m* *MÚS* samba *lenta y sentimental*.

sambar [sãn'ba(x)] *vi* bailar la samba.

sambista [sãn'biʃta] *mf* **-1.** [dançarino] bailarín *m*, -ina *f* de samba. **- 2.** [compositor] compositor *m*, -ra *f* de samba.

sambódromo [sãn'bɔdromu] *m* sambódromo *m*, *recinto donde desfilan las escuelas de samba durante el carnaval*.

sanar [sa'na(x)] *vt* sanar.

sanatório [sana'tɔrju] *m* sanatorio *m*.

sanção [sãn'sãw] (*pl* **-ões**) *f* [ger] sanción *f*; ~ **contra** sanción contra.

sancionar [sãnsjo'na(x)] *vt* [aprovar] sancionar.

sanções [sãn'sõjʃ] *pl* ▷ **sanção**.

sandália [sãn'dalja] *f* sandalia *f*.

sanduíche [sãn'dwiʃi] *m* sándwich *m*, bocadillo *m* **Esp**.

saneamento [sanja'mẽntu] *m* saneamiento *m*.

sanear [sa'nja(x)] *vt* sanear.

sanfona [sãn'fona] *f* **-1.** *MÚS* acordeón *m*. **-2.** [em suéter] elástico *m*.

sangrar [sãŋ'gra(x)] <> *vi* [verter sangue] sangrar. <> *vt* -**1**. [ger] sangrar. -**2**. [açude, represa] vaciar.

sangrento, ta [sãŋ'grẽntu, ta] *adj* -**1**. [ger] ensangrentado(da). -**2**. *CULIN* [carne] jugoso(sa).

sangria [sãŋ'gria] *f* sangría *f.*

sangue ['sãŋgi] *m* -**1**. [ger] sangre *f*; **sair** ~ **(de)** salir sangre (de). -**2**. *fig* [raça]**: puro** ~ **purasangre** *m.*

sangue-frio [ˌsãŋgi'friw] *m* sangre *f* fría.

sanguessuga [ˌsãŋgi'suga] *f* sanguijuela *f.*

sanguinário, ria [sãŋgi'narju, rja] *adj* sanguinario(ria).

sanguíneo, nea [sãŋ'g(w)inju, nja] *adj* sanguíneo(a).

sanidade [sani'dadʒi] *f* [mental] sanidad *f.*

sanitário, ria [sani'tarju, rja] *adj* -**1**. [ger] sanitario(ria). -**2**. [banheiro] baño *m*, sanitario *m Méx.*

San José [ˌsãnxo'se] *n* San José.

San Salvador [ˌsãnsawva'do(x)] *n* San Salvador.

Santa Catarina [ˌsãntakata'rina] *n* Santa Catarina.

Santiago do Chile [sãnˌtʃagudu'ʃili] *n* Santiago de Chile.

santidade [sãntʃi'dadʒi] *f* santidad *f.*

santo, ta ['sãntu, ta] <> *adj* santo(ta); **todo** ~ **dia** *fam fig* todo el santo día; **um** ~ **remédio** un santo remedio. <> *m, f* santo *m*, -ta *f.*

Santo Domingo [ˌsãntudo'mĩŋgu] *n* Santo Domingo.

santuário [sãn'twarju] *m* santuario *m.*

são, sã ['sãw, 'sã] *adj* sano(na); ~ **e salvo** sano y salvo.

São [sãw] *adj* San.

São Luís [ˌsãwlu'iʒ] *n* São Luis.

São Paulo [ˌsãw'pawlu] *n* São Paulo.

sapataria [sapata'ria] *f* zapatería *f.*

sapateado [sapa'tʃjadu] *m* zapateado *m.*

sapateiro, ra [sapa'tejru, ra] *m, f* zapatero *m*, -ra *f.*
    ➡ **sapateiro** *m* [loja] zapatero *m.*

sapatilha [sapa'tʃiʎa] *f* zapatilla *f.*

sapato [sa'patu] *m* zapato *m.*

sapiência [sa'pjẽsja] *f* sapiencia *f.*

sapo ['sapu] *m* sapo *m.*

saque ['saki] *m* -**1**. *FIN* retirada *f*, retiro *m RP.* - **2**. *ESP* saque *m.* -**3**. [de cidade, loja] saqueo *m.* -**4**. *fam* [mentira] bola *f Esp*, cuento *m Méx*, paco *m RP.*

saquear [sa'kja(x)] *vt* saquear.

saraivada [saraj'vada] *f* granizada *f*; **uma** ~ **de** *fig* una lluvia de.

sarampo [sa'rãnpu] *m* sarampión *m.*

sarar [sa'ra(x)] <> *vt* [pessoa, doença, ferida] sanar. <> *vi* sanar.

sarcasmo [sax'kaʒmu] *m* sarcasmo *m.*

sarcástico, ca [sax'kaʃtʃiku, ka] *adj* sarcástico(ca).

sarda ['saxda] *f* peca *f.*

Sardenha [sax'deɲa] *n* Cerdeña.

sardinha [sax'dʒiɲa] *f* sardina *f.*

sardônico, ca [sax'doniku, ka] *adj* sardónico(ca).

sargento [sax'ʒẽntu] *mf* sargento *mf.*

sarjeta [sax'ʒeta] *f* alcantarilla *f.*

sarna ['saxna] *f* sarna *f*; **procurar** ~ **para se coçar** complicarse la vida.se (de alguien), joder (a alguien) *RP.*

Satã [sa'tã], **Satanás** [sata'naʃ] *m* Satán, Satanás.

satélite [sa'tɛlitʃi] <> *m* satélite *m.* <> *adj* [cidade, país] satélite.

sátira ['satʃira] *f* sátira *f.*

satírico, ca [sa'tʃiriku, ka] *adj* satírico(ca).

satirizar [satʃiri'za(x)] *vt* satirizar.

satisfação [satʃiʃfa'sãw] (*pl* -ões) *f* -**1**. [ger] satisfacción *f.* -**2**. [explicação]**: dar uma** ~ **a alguém** dar explicaciones a alguien; **tomar satisfações de alguém** exigir explicaciones a alguien.

satisfatório, ria [satʃiʃfa'tɔrju, rja] *adj* satisfactorio(ria).

satisfazer [satʃiʃfa'ze(x)] <> *vt* satisfacer. <> *vi* -**1**. [ser satisfatório] satisfacer. -**2**. [contentar, convir]: ~ **a** satisfacer a.
    ➡ **satisfazer-se** *vp*: ~-**se (com)** satisfacerse con.

satisfeito, ta [satʃiʃ'fejtu, ta] <> *pp* ▷ **satisfazer**. <> *adj* satisfecho(cha).

saturado, da [satu'radu, da] *adj* -**1**.: ~ **de algo** [ger] saturado(da) de algo. -**2**. *fig* [enfastiado]: ~ **(de algo/alguém)** harto(ta) (de algo/alguien).

saturar [satu'ra(x)] *vt* -**1**.: ~ **algo (de algo)** [ger] saturar algo (de algo). -**2**. *fig* [enfastiar]: ~ **alguém de algo** hartar a alguien de algo. -**3**. [saciar] saturar.

Saturno [sa'tuxnu] *n* Saturno.

saudação [sawda'sãw] (*pl* -ões) *f* -**1**. [cumprimento] saludo *m.* -**2**. [homenagem] homenaje *m.*

saudade [saw'dadʒi] *f* nostalgia *f*; **estar morrendo de** ~**(s) de alguém** echar mucho de menos (a alguien), extrañar mucho (a alguien) *Amér*; **matar as** ~**s** reunirse con los seres queridos; **sentir** ~**(s) de alguém/ algo** echar de menos (a alguien/algo), extrañar (a alguien/algo) *Amér.*

saudar [saw'da(x)] *vt* saludar.

saudável [saw'davɛw] (*pl* -eis) *adj* saludable.

saúde [sa'udʒi] <> *f* salud *f*; **estar bem/mal**

de ~ estar bien/mal de salud; **brindar à** ~ **de alguém** brindar a la salud de alguien; ~ **pública** salud pública. ◇ *interj*: **saúde!** ¡salud!

saudosismo [sawdo'ziʒmu] *m* nostalgia *f*.

saudoso, osa [saw'dozu, ɔza] *adj* -**1.** [que causa saudades] que se echa en falta, que se extraña *Amér*. -**2.** [que denota saudades] nostálgico(ca), chípil *Méx*.

sauna ['sawna] *f* sauna *f*, sauna *m Amér*.

saveiro [sa'vejru] *m velero con uno o dos mástiles utilizado para el transporte de pasajeros o de carga, y también para la pesca.*

saxofone [sakso'foni] *m* saxofón *m*, saxo *m*.

sazonal [sazo'naw] (*pl* -ais) *adj de estación.*

SBT (*abrev de* **Sistema Brasileiro de Televisão**) *cadena privada de televisión con una programación populista.*

SC (*abrev de* **Estado de Santa Catarina**) *estado de Santa Catarina.*

se [si] ◇ *pron pess* -**1.** [ele, ela, coisa, animal] se; [você] te; [eles, elas, coisas, animais] se; [vocês] os *Esp*, se *Amér*; **ela** ~ **apresentou ao chefe** se presentó al jefe; **matricularam-** ~ **na universidade** se inscribieron en la Universidad; **vocês** ~ **equivocaram** os equivocasteis *Esp*, se equivocaron *Amér*; [alguém, qualquer pessoa]: **quem não toma cuidado** ~ **dá mal** al que no tiene cuidado le va mal; *fam* [a gente]: **a gente** ~ **divertiu muito** nos divertimos mucho. -**2.** [reciprocamente]: **eles** ~ **amam** (ellos) se aman; **olharam-** ~ **com ternura** se miraron con ternura; **vocês** ~ **detestam** vosotros os detestáis *Esp*, ustedes se detestan *Amér*; **a gente** ~ **falou pelo telefone** nos hablamos por teléfono. -**3.** (*com sujeito indeterminado*) se; **vive-** ~ **melhor no campo** se vive mejor en el campo; **trata-** ~ **de verdadeiras relíquias** se trata de verdaderas reliquias. -**4.** (*na voz passiva*) se; **já não** ~ **fazem mais filmes como antigamente** ya no se hacen películas como las de antes; **'vende-** ~ **'** 'se vende'; **diz-** ~ **que ...** se dice que ... dicen que ...; **como** ~ **sabe, ...** como ya se sabe, ... ◇ *conj* -**1.** [condicional] si; ~ **fizer sol, iremos à praia** si sale el sol, vamos a la playa; ~ **tiver tempo, escreva** si tienes/tenés *RP* tiempo, escribe; ~ **é que** [expressando dúvida] si es que; ~ **tanto** como máximo. -**2.** [indicando causa] si; ~ **está com sono, por que não vai dormir?** si tienes/tenés *RP* sueño, ¿por qué no te vas a dormir?; ~ **...,** **então ...** si ..., entonces ...; ~ **diminui a oferta, então aumenta o preço** si disminuye la oferta, (entonces) aumenta el precio. -**3.** [indi-

cando comparação] si; ~ **ontem éramos fracos, hoje podemos vencer** si ayer éramos débiles, hoy podemos vencer. -**4.** [enquanto, quando] si; ~ **na Europa é inverno, na América do Sul é verão** si en Europa es invierno, en América del Sur es verano. -**5.** [indicando interrogação] si; **não sei** ~ **quero ir ou não** no sé si quiero ir o no; **perguntei-lhe** ~ **o filme é bom mesmo** le pregunté si la película era realmente buena.

➤ **se bem que** *loc conj* [embora, ainda que] aunque.

SE (*abrev de* **Estado de Sergipe**) *estado de Sergipe.*

sebo ['sebu] *m* -**1.** [substância] sebo *m*. -**2.** [livraria] librería *f* de viejo *ou* de usado *RP*.

seboso, osa [se'bozu, ɔza] *adj* seboso(sa).

SEBRAE (*abrev de* **Serviço de Apoio às Micro e Pequenas Empresas**) *m organismo de apoyo a las PYMEs.*

seca ['seka] *f* ▷ **seco.**

secador [seka'do(x)] (*pl* -es) *m* secador *m*; ~ **(de cabelo)** secador (de pelo), secadora *f* (de pelo) *Méx*; ~ **de roupa** [varal] tendedero *m*.

secadora [seka'dora] *f* secadora *m*.

seção [se'sãw] (*pl* -ões) *f* sección *f*.

secar [se'ka(x)] ◇ *vt* secar. ◇ *vi* secarse.

seccionar [seksjo'na(x)] *vt* seccionar; **a escolha do candidato seccionou o partido** la elección del candidato dividió al partido.

seco, ca ['seku, ka] *adj* [ger] seco(ca).

➤ **seca** *f* sequía *f*.

seções [se'sõjʃ] *pl* ▷ **seção.**

secreção [sekre'sãw] (*pl* -ões) *f* secreción *f*.

secretaria [sekreta'ria] *f* secretaría *f*.

secretária [sekre'tarja] *f* ▷ **secretário.**

secretário, ria [sekre'tarju, rja] *m, f* secretario *m*, -ria *f*; ~ **de Estado** secretario de Estado.

➤ **secretária** *f* -**1.** [mesa] escritorio *m*. -**2.** [aparelho]: ~ **(eletrônica)** contestador *m* (automático), contestadora *f Méx*.

secreto, ta [se'krɛtu, ta] *adj* secreto(ta).

sectário, ria [sɛk'tarju, rja] ◇ *adj* -**1.** [seguidor] sectario(ria). -**2.** *fig* [intransigente] sectario(ria). ◇ *m, f* [seguidor] sectario *m*, -ria *f*.

secular [seku'la(x)] (*pl* -es) *adj* secular.

século ['sɛkulu] *m* siglo *m*.

➤ **séculos** *mpl fig* [longo tempo] siglos *mpl*; **há** ~ **s** hace siglos ...

secundário, ria [sekũn'darju, rja] *adj* secundario(ria).

seda ['seda] *f* [material] seda *f*; ~ **crua/pura** seda cruda/pura.

sedar [se'da(x)] *vt* sedar.
sedativo, va [seda'tʃivu] *adj* sedante.
► **sedativo** *m* MED sedante *m*.
sede¹ ['sedʒi] *f*-**1**. [secura] sed *f*; **estar com** ~ tener sed; **matar a** ~ calmar la sed. -**2**. *fig* [desejo]: ~ **de algo** sed de algo.
sede² ['sɛdʒi] *f* sede *f*.
sedentário, ria [sedẽn'tarju, rja] *adj* sedentario(ria).
sedento, ta [se'dẽntu, ta] *adj* [de água] sediento(ta).
SEDEX (*abrev de* Serviço de Encomenda Expressa) *m* correo urgente.
sediar [se'dʒja(x)] *vt* ser la sede de.
sedimento [sedʒi'mẽntu] *m* sedimento *m*.
sedoso, osa [se'dozu, ɔza] *adj* sedoso(sa).
sedução [sedu'sãw] (*pl* -ões) *f* seducción *f*.
sedutor, ra [sedu'to(x), ra] (*mpl* -es, *fpl* -s) <> *adj* seductor(ra). <> *m, f* [sexualmente] seductor *m*, -ra *f*.
seduzir [sedu'zi(x)] *vt* seducir.
seg. (*abrev de* segunda-feira) lun.
segmento [seg'mẽntu] *m* segmento *m*.
segredo [se'gredu] *m* secreto *m*; **guardar** ~ mantener en secreto; **em** ~ en secreto.
segregação [segrega'sãw] *f* segregación *f*.
segregar [segre'ga(x)] *vt* segregar.
seguidamente [se,gida'mẽntʃi] *adv* -**1**. [continuamente] ininterrumpidamente. -**2**. [freqüentemente] frecuentemente.
seguido, da [se'gidu, da] *adj* seguido(da); ~ **de/por** seguido de/por; **cinco dias** ~**s** cinco días seguidos; **horas seguidas** durante horas seguidas.
► **em seguida** *loc adv* a continuación.
seguidor, ra [segi'do(x), ra] *m, f* seguidor *m* seguido, -ra *f*.
seguimento [segi'mẽntu] *m* conclusión *f*; **dar** ~ **a algo** dar continuidad a algo.
seguinte [se'gĩntʃi] <> *adj* siguiente. <> *mf*: **o/a** ~ el/la siguiente; **o negócio é o** ~ *fam* el asunto es el siguiente; **pelo** ~ por lo siguiente.
seguir [se'gi(x)] <> *vt* seguir. <> *vi* seguir; ~ **reto** seguir derecho.
► **seguir-se** *vp* seguir; ~ **-se (a algo)** seguir (a algo).
segunda [se'gũnda] *f* ⊳ segundo.
segunda-feira [se,gũnda'fejra] (*pl* segundas-feiras) *f* lunes *m inv*; *veja também* sábado.
segundo, da [se'gũndu, da] <> *num adj* segundo(da). <> *num m, f* segundo *m*, -da *f*. <> *adj* [outro] segundo(da); **segundas intenções** segundas intenciones; **de segunda mão** de segunda mano.
► **segundo** <> *m* [medida de tempo] segundo *m*; **um** ~**!** *fig* ¡un segundo! <> *prep* según. <> *conj* [conforme] según.

► **segunda** *f*-**1**. AUTO segunda *f*. -**2**. [segunda-feira] lunes *m inv*.
► **de segunda** *loc adj* de segunda, de cuarta *RP*.

Em português, *segundo* tem dois usos principais: um, equivale ao espanhol *segundo* e refere-se ao que vem depois do primeiro lugar: (*Lamentablemente nuestro equipo salió en el segundo puesto en el campeonato*. Lamentavelmente, nossa equipe obteve o segundo lugar no campeonato.

O outro uso é exclusivo do português, já que o espanhol usa a preposição *según*: (*La maestra explicó los resultados del experimento según una nueva teoría*. A professora explicou os resultados do experimento, segundo uma nova teoria.)

(Ver também **As preposições** na seção *Gramática espanhola*.)

---

segurador, ra [segura'do(x), ra] *m, f* [agente] asegurador *m*, -ra *f*.
► **seguradora** *f* [companhia] aseguradora *f*.
segurança [segu'rãnsa] <> *f* seguridad *f*. <> *mf* [pessoa] vigilante *mf* jurado, guardia *mf* (de seguridad) *RP*.
segurar [segu'ra(x)] <> *vt* -**1**. [pegar] agarrar. -**2**. [firmar] asegurar, afirmar. -**3**. [sustentar] sostener. -**4**. [pôr no seguro]: ~ **algo/alguém (contra)** asegurar algo/a alguien (contra). <> *vi* [apoiar-se]: ~ **(em)** apoyarse (en), afirmarse (en) *RP*.
► **segurar-se** *vp* -**1**. [apoiar-se]: ~**-se em** apoyarse en. -**2**. [fazer seguro] asegurarse. -**3**. [controlar-se] controlarse.
seguro, ra [se'guru, ra] *adj* -**1**. seguro(ra); **estar** ~ **de algo** estar seguro de algo. -**2**. [confiante, decidido] seguro(ra).
► **seguro** <> *m* [contrato] seguro *m*; ~ **de automóvel** seguro de automóvil; ~ **de viagem** seguro de viaje; ~ **de vida** seguro de vida. <> *adv* seguro.
seguro-saúde [se,gurusa'udʒi] (*pl* seguros-saúde) *m* seguro *m* de salud.
seio ['seju] *m* seno *m*.
seis ['sejʃ] *num* seis *m*; **o (número)** ~ el (número) seis; **duzentos e** ~ doscientos seis; **trinta e** ~ treinta y seis; **às** ~ **(horas)** a las seis; **são** ~ **horas** son las seis; **são** ~ **e meia** son las seis y media; **no dia** ~ **de janeiro** el seis de enero; ~ **graus abaixo de zero** seis grados bajo cero; **o número** ~ el número seis; **empatar de** ~ **a** ~ empatar seis a seis; ~ **a zero** seis a cero; ~ **de espadas** seis de espadas; **Rua das Acácias, (número)** ~ Rua das Acácias, (número) seis; **pacotes de** ~ paquetes de seis; ~ **de cada vez** seis cada vez, de a seis *RP*; **somos** ~ somos seiss; **ele tem** ~

anos **(de idade)** tiene seis años (de edad).

seiscentos, tas [sej'sẽntuʃ, taʃ] *num* seiscientos *m*; *veja também* **seis**.

seita ['sejta] *f* secta *f*.

seixo ['sejʃu] *m* canto *m*.

seja ['seʒa] *conj*: **ou** ~ o sea.

sela ['sɛla] *f* silla *f* de montar, montura *f* RP.

selagem [se'laʒẽ] *f* [de carta] sellado *m*.

selar [se'la(x)] *vt* - **1.** [ger] sellar. - **2.** [cavalo] ensillar.

seleção [sele'sãw] (*pl* -ões) *f* selección *f*.

selecionar [selesjo'na(x)] *vt* seleccionar.

seletivo, va [sele'tʃivu, va] *adj* selectivo(va).

seleto, ta [se'lɛtu, ta] *adj* selecto(ta).

selim [se'lĩ] (*pl* -ns) *m* sillín *m*.

selo ['selu] *m* sello *m*.

selva ['sɛwva] *f* selva *f*.

selvagem [sew'vaʒẽ] (*pl* -ns) *adj* salvaje.

sem [sẽ] *prep* sin; ~ **algo/fazer algo** sin algo/hacer algo.

➤ **sem que** *loc conj* sin que.

semáforo [se'maforu] *m* semáforo *m*.

semana [se'mãna] *f* semana *f*; **há uma** ~ **atrás** hace una semana.

➤ **Semana Santa** *f* Semana *f* Santa.

semanal [sema'naw] (*pl* -ais) *adj* semanal.

semblante [sẽ'blãntʃi] *m* [rosto] semblante *m*.

semeadura [semja'dura] *f* [semeaçao] siembra *f*.

semear [se'mja(x)] *vt* sembrar.

semelhança [seme'ʎãnsa] *f* semejanza *f*.

semelhante [seme'ʎãntʃi] <> *adj* - **1.** [ger] semejante. - **2.** [parecido]: ~ **(a)** semejante (a). <> *m* (*ger pl*) [próximo] semejante *m*.

sêmen ['semẽ] *m* semen *m*.

semente [se'mẽntʃi] *f* semilla *f*.

semestral [semeʃ'traw] (*pl* -ais) *adj* semestral.

semi-analfabeto, ta [semjanawfa'bɛtu, ta] (*mpl* -s, *fpl* -s) *adj* semianalfabeto(ta).

semicerrar [semi'sexa(x)] *vt* entrecerrar.

semicírculo [semi'sixkulu] *m* semicírculo *m*.

semifinal [semifi'naw] (*pl* -ais) *f* semifinal *f*.

seminário [semi'narju] *m* seminario *m*.

seminarista [semina'riʃta] *m* seminarista *m*.

seminu, nua [semi'nu, nua] *adj* semidesnudo(da).

semiprecioso, osa [semipre'sjozu, ɔza] *adj* semiprecioso(sa).

sem-número [sẽ'numeru] *m*: **um** ~ **de** un sinnúmero de.

semolina [semo'lina] *f* sémola *f*.

sem-par [sẽ'pa(x)] *adj* sinpar.

sempre ['sẽnpri] *adv* siempre; **como** ~ como siempre; **de** ~ de siempre; **para** ~ para siempre.

➤ **sempre que** *loc conj* siempre que.

sem-terra [sẽn'tɛxa] *mf inv* sin tierra *mf inv*.

sem-teto [sẽn'tɛtu] *mf inv* sin techo *mf inv*.

sem-vergonha [sẽnvex'goɲa] <> *adj inv* sinvergüenza. <> *mf inv* sinvergüenza *mf*.

SENAC (*abrev de* **Serviço Nacional de Aprendizagem Comercial**) *m* servicio de formación para trabajadores de comercio.

senado [se'nadu] *m* senado *m*.

senador, ra [sena'do(x), ra] *m, f* senador *m*, -ra *f*.

SENAI (*abrev de* **Serviço Nacional de Aprendizagem Industrial**) *m* servicio de formación para personas que trabajan en la industria.

senão [se'nãw] (*pl* -ões) <> *prep* [exceto] sino. <> *conj* [caso contrário] si no. <> *m* imperfección *f*, pero *m*.

Senegal [sene'gaw] *n*: **(o)** ~ (el) Senegal.

senha ['seɲa] *f* [palavra de acesso] clave *f*; [de caixa automático] PIN *m*.

senhor, ra [se'ɲo(x), ɔra] (*mpl* -es, *fpl* -s) *adj* señor(ra).

➤ **senhor** *m* - **1.** [ger] señor *m*. - **2.** [tratamento - antes de nome, cargo]: ~ **Carlos** don Carlos; [- você, mais formal]: **o** ~ usted; [- em cartas]: **Prezado Senhor** Estimado Señor. - **3.** [homem idoso]: ~ **(de idade)** señor de edad. - **4.** RELIG: **o Senhor** el Señor.

➤ **senhora** *f* - **1.** [dama] señora *f*. - **2.** [tratamento - antes de nome, cargo]: **senhora Maria** señora *f* Maria; [- você, mais formal]: **a senhora** usted; **senhoras e** ~ **es** señoras y señores; [- em cartas]: **Prezada Senhora** Estimada Señora. - **3.** [mulher idosa]: **senhora (de idade)** señora de edad. - **4.** RELIG: **Nossa Senhora** Nuestra Señora; *fam* ¡Dios mío!

Não confundir com o espanhol *el señor* ou *la señora*. Essas expressões não são, na língua espanhola, uma forma de tratamento, ou seja, não as utilizamos para nos dirigirmos diretamente ao outro. Para isso se utiliza *usted*. Note a diferença entre *Vi que el señor estaba sentado junto a la señora* (não estou falando nem com o senhor nem com a senhora, mas sim com Maria, por exemplo) e *Vi que usted estaba sentado junto a la señora* (estou falando com a pessoa a quem me dirijo através da forma usted).

(Ver *usted* no lado Espanhol-Português do dicionário.)

senhoria [seɲo'ria] *f* ⊳ **senhorio**.

senhorio, ria [seɲo'riu, ria] *m, f* [proprietário] propietario *m*, -ria *f*.

➤ **Senhoria** *f* [em carta]: **Vossa Senhoria** Su Señoría.

senhorita [seɲo'rita] *f* - **1.** [ger] señorita *f*. - **2.** [tratamento - antes de nome]: ~ **Luiza** seño-

rita *f* Luiza; [- você]: **a** ~ usted.
senil [se'niw] (*pl* **-is**) *adj* senil.
senões [se'nõjʃ] *mpl* ▷ **senão**.
sensação [sẽnsa'sãw] (*pl* **-ões**) *f* sensación *f*; **ter a** ~ **de que** tener la sensación de que; **causar** ~ causar sensación.
sensacional [sẽnsasjo'naw] (*pl* **-ais**) *adj* sensacional.
sensacionalista [sẽnsasjona'liʃta] *adj* sensacionalista.
sensato, ta [sẽn'satu, ta] *adj* sensato(ta).
sensibilidade [sẽnsibili'dadʒi] *f* sensibilidad *f*.
sensível [sẽn'sivεw] (*pl* **-eis**) *adj* sensible.
senso ['sẽnsu] *m* sentido *m*, juicio *m* *RP*; **bom** ~, ~ **comum** sentido común; ~ **de humor** sentido del humor.
sensual [sẽn'swaw] (*pl* **-ais**) *adj* sensual.
sensualidade [sẽnswali'dadʒi] *f* sensualidad *f*.
sentado, da [sẽn'tadu, da] *adj* sentado(da).
sentar [sẽn'ta(x)] ◇ *vt* sentar. ◇ *vi* sentarse.
➡ **sentar-se** *vp* sentarse.
sentença [sẽn'tẽnsa] *f JUR* sentencia *f*.
sentido, da [sẽn'tʃidu, da] *adj* **-1.** [ressentido] ofendido(da), dolido(da). **-2.** [triste, lamentoso] triste, sentido(da) *RP*.
➡ **sentido** *m* **-1.** [ger] sentido *m*; **ter/não ter** ~ tener/no tener sentido; ~ **figurado** sentido figurado; **sexto** ~ sexto sentido; ~ **horário/anti-horário** sentido de las agujas del reloj/contrario al de las agujas del reloj. **-2.** [atenção]: **estar com o** ~ **em algo/alguém** tener la atención en algo/alguien.
sentimental [sẽntʃimẽn'taw] (*pl* **-ais**) ◇ *adj* sentimental. ◇ *mf* sentimental *mf*.
sentimento [sẽntʃi'mẽntu] *m* **-1.** [ger] sentimiento *m*; **com** ~ con sentimiento. **-2.** [senso] sentido *m*.
sentir [sẽn'tʃi(x)] ◇ *vt* **-1.** [ger] sentir. **-2.** [melindrar-se com] ofenderse por, dolerse por, sentirse por *Méx*. **-3.** [verificar] comprobar, sentir *RP*. ◇ *vi* sentir; **sinto muito** lo siento mucho; **sem** ~ sin sentir.
➡ **sentir-se** *vp* sentirse.
senzala [sẽn'zala] *f vivienda destinada para los esclavos.*
separação [separa'sãw] (*pl* **-ões**) *f* separación *f*; ~ **de bens** separación de bienes.
separado, da [sepa'radu, da] *adj* separado(da).
separar [sepa'ra(x)] *vt* separar.
➡ **separar-se** *vp* separarse; ~**-se (de alguém)** separarse (de alguien); ~**-se em** separarse en.

sepultamento [sepuwta'mẽntu] *m* entierro *m*.
sepultar [sepuw'ta(x)] *vt* sepultar.
sepultura [sepuw'tura] *f* sepultura *f*.
seqüela [se'kwεla] *f* secuela *f*.
seqüência [se'kwẽnsja] *f* secuencia *f*.
sequer [se'kε(x)] *adv* siquiera; **nem** ~ ni siquiera.
seqüestrador, ra [sekweʃtra'do(x), ra] (*mpl* **-res**, *fpl* **-s**) *m, f* secuestrador *m*, -ra *f*.
seqüestrar [sekweʃ'tra(x)] *vt* secuestrar.
séquito ['sεkitu] *m* séquito *m*.
ser ['se(x)] (*pl* **-es**) ◇ *m* ser *m*; ~ **humano** ser humano. ◇ *vi* ser; **é demasiado longo** es demasiado largo; **são bonitos** son bonitos/lindos *RP*; **sou médico** soy médico; **ele é do Brasil** es de Brasil; **é no centro da cidade** es en el centro de la ciudad; **sou brasileira** soy brasileña/brasilera *RP*; **quanto é?** ¿cuánto es?; **são mil reais** son mil reales; **hoje é sexta** hoy es viernes; **que horas são?** ¿qué hora es?, ¿qué horas son? *Amér*; **são seis horas** son las seis; **é do Paulo** es de Paulo; **este carro é seu?** ¿es tuyo este coche/carro *Andes, CAm, Caribe* & *Méx*/auto *RP* ?; **os livros eram meus** los libros eran míos; **a não** ~ **que** a no ser que; **que foi?** ¿qué pasó?; **ou seja** o sea; **será que chove hoje?** ¿lloverá hoy? ◇ *v aux* ser; **foi visto à saída do cinema** fue visto a la salida del cine. ◇ *v impess* ser; **é de dia/noite** es de día/noche; **é tarde/cedo** es tarde/temprano; **é fácil de ver** es fácil de ver.
➡ **ser de** *v + prep* ser de.
➡ **ser para** *v + prep* ser para; **isto não é para comer** esto no es para comer.
sereia [se'reja] *f* sirena *f*.
serenar [sere'na(x)] ◇ *vt* **-1.** [acalmar] serenar, calmar. **-2.** [suavizar] calmar. ◇ *vi* [acalmar] serenarse, calmarse.
serenata [sere'nata] *f* serenata *f*.
sereno, na [se'rεnu, na] *adj* sereno(na).
➡ **sereno** *m* rocio *m*, sereno *m Amér*.
seresta [se'rεʃta] *f* serenata *f*.
Sergipe [sex'ʒipi] *n* Sergipe.
seriado, da [se'rjadu, da] *adj* **-1.** *JORN* & *TV* serializado(da), seriado(da) *Méx*. **-2.** [números] en serie.
➡ **seriado** *m TV* serie *f*, serial *f RP*.
serial [se'rjaw] (*pl* **-ais**) *adj COMPUT* serie.
série ['sεrji] *f* **-1.** [ger] serie *f*; **uma** ~ **de** una serie de; **número de** ~ número *m* de serie. **-2.** *EDUC* curso *m*.
➡ **fora de série** *loc adj* [excepcional] fuera de serie.
seriedade [serje'dadʒi] *f* seriedad *f*.
seringa [se'rĩŋga] *f* jeringa *f*.

seringueiro, ra [serĩŋ'gejru, ra] *m, f* cauchero *m*, -ra *f*.

➡ **seringueira** *f* árbol *m* del caucho.

sério, ria ['sɛrju, rja] <> *adj* serio(ria). <> *adv* en serio.

➡ **a sério** *loc adv* en serio; **levar a** ~ **tomar** en serio.

sermão [sex'mãw] (*pl*-ões) *m* - **1**. RELIG sermón *m*. - **2**. *fig* [repreensão]: **levar um** ~ **de alguém** recibir un sermón de alguien.

serpente [sex'pẽntʃil *f* - **1**. ZOOL serpiente *f*. - **2**. *fig* [pessoa] víbora *f*.

serpentina [serpẽn'tʃina] *f* serpentina *f*.

SERPRO (*abrev de* Serviço Federal de Processamento de Dados) *m* servicio gubernamental de proceso de datos.

serra ['sɛxa] *f* sierra *f*.

Serra Leoa [ˌsexale'oa] *n* Sierra Leona.

serralheiro, ra [sexa'ʎejru] *m, f* herrero *m*, -ra *f*.

serralheria [sexaʎe'ria] *f* herrería *f*.

serrano, na [se'xãnu, na] <> *adj* serrano(na). <> *m, f* serrano *m*, -na *f*.

serrar [se'xa(x)] *vt* serrar, aserrar.

serrote [se'xɔtʃi] *m* serrucho *m*.

sertanejo, ja [sextanejʒu, ʒa] <> *adj* del sertão. <> *m, f* habitante del sertão.

sertão [sex'tãw] *m* - **1**. [o interior do país] zona poco poblada del interior de Brasil, en especial del interior semiárido de la parte nororiental, sertón *m RP*. - **2**. [região agreste] región *f* agreste.

servente [sex'vẽntʃil *mf*-**1**. [faxineiro] limpiador *m*, -ra *f*. - **2**. [operário] ayudante *mf*.

Sérvia ['sɛxvja] *n* Serbia.

serviçal [sexvi'saw] (*pl*-ais) <> *adj* [prestativo] servicial. <> *mf* [criado] criado *m*, -da *f*.

serviço [sex'visu] *m* - **1**. [ger] servicio *m*; ~ **social** servicio social; ~ **de informações** servicio de informaciones; ~ **de bordo** servicio de a bordo. - **2**. [trabalho] trabajo *m*; **prestar** ~**s** [trabalhar] hacer trabajos, prestar servicios *RP*; [fazer favores] hacer favores. - **3**. *loc*: **não brincar em** ~ no perder el tiempo.

➡ **de serviço** *loc adj* [entrada, elevador] de servicio.

servido, da [sex'vidu, da] *adj* - **1**. [que se serve] servido(da). - **2**. [provido]: **bem** ~ **de** bien provisto(ta) de.

servil [sex'viw] (*pl*-is) *adj* [subserviente]: ~ **(a)** servil a.

servir [sex'vi(x)] <> *vt* servir; ~ **algo a alguém**, ~ **alguém de algo** servir algo a alguien. <> *vi* servir; ~ **a servir a**; ~ **de algo** servir de algo.

➡ **servir-se** *vp* [de comida, bebida]: ~**-se (de)** servirse.

servo, va ['sɛxvu, va] *m, f* siervo *m*, -va *f*.

SESC (*abrev de* Serviço Social do Comércio) *m* organismo que presta servicios sociales, deportivos o culturales para los trabajadores del comercio.

SESI (*abrev de* Serviço Social da Indústria) *m* organismo que presta servicios sociales, deportivos o culturales para los trabajadores de la industria.

sessão [se'sãw] (*pl*-ões) *f* sesión *f*.

sessenta [se'sẽnta] *num* sesenta *m*; **os anos** ~ los años sesenta; *veja também* **seis**.

sessões [se'sõjʃ] *pl* ⊳ **sessão**.

sesta ['sɛʃta] *f* siesta *f*; **fazer a** ~ echarse la siesta, sestear *RP*.

set ['sɛtʃil *m ESP* set *m*.

set. (*abrev de* setembro) sep.

seta ['sɛta] *f* flecha *f*.

sete ['sɛtʃil *num* siete *m*; **pintar o** ~ *fig* hacer travesuras, hacer un desbarajuste *RP*; *veja também* **seis**.

setecentos, tas [sɛtʃi'sẽntuʃ, taʃ] *num* setecientos *m*; *veja também* **seis**.

setembro [se'tẽnbrul *m* septiembre *m*, setiembre *m Urug*; **em** ~ en septiembre; **no mês de** ~ en el mes de septiembre; **em** ~ **do ano que vem/do ano passado** en septiembre del año que viene/del año pasado; **em meados de** ~ a mediados de septiembre; **dia primeiro/dois/seis de** ~ día primero/dos/seis de septiembre; **no início/fim de** ~ a principios/fines de septiembre.

setenta [se'tẽnta] *num* setenta; **os anos** ~ los años setenta; *veja também* **seis**.

sétimo, ma ['sɛtʃimu, ma] *num* séptimo(ma); **a sétima parte** la séptima parte.

setor [se'to(x)] (*pl*-es) *m* sector *m*.

seu, sua ['seu, 'sua] <> *adj* su. <> *pron*: **o** ~**/a sua** el suyo/la suya; **isto é** ~**?** ¿esto es suyo?; **um amigo** ~ un amigo suyo; **os** ~**s** los suyos. <> *m, f* - **1**. : **como vai,** ~ **Pedro?** ¿cómo está, señor Pedro?; ~ **estúpido!** ¡estúpido!; ~**s irresponsáveis!** ¡irresponsables! - **2**. [com malícia]: ~ **malandro!** ¡granuja!; **sua danadinha!** ¡sinvergüenza!

Seul [se'uw] *n* Seúl.

seus [sewʃ] ⊳ **seu**.

severidade [severi'dadʒi] *f* severidad *f*.

severo, ra [se'vɛru, ra] *adj* severo(ra).

sex. (*abrev de* sexta-feira) vie.

sexagenário, ria [seksaʒe'narjo, rja] <> *adj*: **ser** ~ ser sexagenário(ria). <> *m, f* sexagenario *m*, -ria *f*.

sexagésimo, ma [seksa'ʒɛzimu, ma] *num* sexagésimo(ma).

sexo ['sɛksul *m* sexo *m*.

sexta ['seʃta] f ▷ **sexto**.
sexta-feira [ˌseʃta'fejra] (pl **sextas-feiras**) f viernes m inv; veja também **sábado**.
➡ **Sexta-feira Santa** f Viernes m inv Santo.
sexto, ta ['seʃtu, ta] num sexto(ta); **a sexta parte** la sexta parte.
➡ **sexta** f [sexta-feira] viernes m inv.
sexual [sek'swaw] (pl **-ais**) adj sexual.
sexy ['sɛksil] adj sexy.
SFH (abrev de Sistema Financeiro da Habitação) m organismo consultor sobre crédito inmobiliario.
shopping ['ʃɔpĩŋ] m centro m comercial, shopping m RP.
short ['ʃɔxtʃi] m pantalones mpl cortos, short m Amér.
show ['ʃow] m **-1.** [espetáculo] show m, espectáculo m; **ser/estar um** ~ fig ser/estar espectacular. **-2.** fam [atuação brilhante]: **dar um** ~ **(de algo)** dar un espectáculo (de algo), ser un espectáculo (de algo) RP.
si ['sil] pron pess (depois de prep; com + si = consigo) [ele, ela, coisa] sí; [eles, elas] sí; ~ **mesmo** ou **próprio** sí mismo; **ele só se preocupa consigo próprio** sólo se preocupa por sí mismo; **estar/ser cheio de** ~ ser un engreído; **estar fora de** ~ estar fuera de sí; **voltar a** ~ volver en sí; **em** ~ en sí; **entre** ~ [respectivamente] entre sí; **para** ~ para sí mismo; **por** ~ **só** [sem ajuda externa] por sí solo(la); [isoladamente] por sí solo(la).
Sibéria [si'bɛrja] n: **(a)** ~ **(la)** Siberia.
Sicília [si'silja] n Sicilia.
sidra ['sidra] f sidra f.
sifão [si'fãw] (pl **-ões**) m sifón m.
sífilis ['sifiliʃ] f inv sífilis f inv.
sifões [si'fõjʃ] pl ▷ **sifão**.
sigilo [si'ʒilu] m discreción f.
sigiloso, osa [siʒi'lozu, ɔza] adj secreto(ta).
sigla ['sigla] f **-1.** [abreviatura] sigla f. **-2.** [sinal] marca f, rúbrica f RP.
significado [signifi'kadu] m significado m.
significar [signifi'ka(x)] vt significar.
significativo, va [signifika'tʃivu, va] adj significativo(va).
signo ['signu] m [símbolo & ASTRO] signo m.
sílaba ['silaba] f sílaba f.
silenciar [silẽ'sja(x)] vt [calar, omitir] silenciar.
silêncio [si'lẽsju] m silencio m; **ficar em** ~ quedarse en silencio.
silencioso, osa [silẽ'sjozu, ɔza] adj silencioso(sa).
silhueta [si'ʎweta] f silueta f.
silício [si'lisju] m silicio m.

silicone [sili'koni] m silicona f.
silo ['silu] m silo m.
silvar [siw'va(x)] vi silbar.
silvestre [siw'vɛʃtri] adj silvestre.
sim ['sĩ] ⬦ adv sí; **acho** ou **creio que** ~ me parece ou creo que sí; **dizer que** ~ decir que sí; **quero,** ~ sí, quiero; **vou,** ~ sí, voy.
simbólico, ca [sĩn'bɔliku, ka] adj simbólico(ca).
simbolizar [sĩnboli'za(x)] vt simbolizar.
símbolo ['sĩnbolu] m símbolo m.
simetria [sime'tria] f simetría f.
simétrico, ca [si'mɛtriku, ka] adj simétrico(ca).
similar [simi'la(x)] (pl **-es**) adj: ~ **(a)** similar (a).
similitude [simili'tudʒi] f similitud f.
simpatia [sĩnpa'tʃia] f **-1.** [ger] simpatía f; **sentir** ~ **por alguém** sentir simpatía por alguien. **-2.** [pessoa simpática]: **ser uma** ~ ser simpático(ca). **-3.** [espirit] hechizo m, trabajo m RP.
simpático, ca [sĩn'patʃiku, ka] adj **-1.** [ger] simpático(ca). **-2.** [favorável]: ~ **a algo/alguém** favorable a algo/alguien.
simpatizante [sĩnpatʃi'zãntʃil] adj simpatizante.
simpatizar [sĩnpatʃi'za(x)] vi: ~ **com alguém/algo** simpatizar con alguien/algo.
simples ['sĩnpliʃ] ⬦ adj inv simple. ⬦ adv con sencillez.
simplesmente [sĩnpliʃ'mẽntʃil] adv [com simplicidade] simplemente.
simplicidade [sĩnplisi'dadʒi] f simplicidad f.
simplificar [sĩnplifi'ka(x)] vt simplificar.
simplório, ria [sĩn'plɔrju, rja] adj simplón(ona).
simular [simu'la(x)] vt simular.
simultâneo, nea [simuw'tãnju, nja] adj: ~ **(a/com)** simultáneo(a) (a).
sina ['sina] f sino m.
sinagoga [sina'gɔga] f sinagoga f.
sinal [si'naw] (pl **-ais**) m **-1.** [ger] señal f; **fazer um** ~ **(para alguém)** hacer una señal (a alguien); ~ **de discar** señal de marcado; **dar** ~ **(de discar)** dar tono de (marcado); ~ **de ocupado** señal de ocupado ou comunicando Esp; **dar o** ~ dar la señal; **em** ~ **de** en señal de; ~ **de alarme** señal de alarma. **-2.** [símbolo de pontuação] signo f; ~ **de mais/menos** signo más/menos, signo de más/menos RP. **-3.** [de trânsito, perigo] señal f. **-4.** AUTO: ~ **(luminoso de tráfego)** semáforo m; ~ **verde** luz verde; **avançar o** ~ saltarse el semáforo, cruzar con luz roja RP. **-5.** [pinta] marca f. **-6.** COM seña f.

➡ **por sinal** *loc adv* [a propósito, aliás] a propósito.

sinalização [sinaliza'sãw] *f* [sinais de tráfego] señalización *f*.

sinalizar [sinali'za(x)] ⟨⟩ *vt* [avenida, estrada] señalizar. ⟨⟩ *vi* dar la señal.

sinceridade [sĩnseri'dadʒi] *f* sinceridad *f*.

sincero,ra [sĩn'sɛru, ra] *adj* sincero(ra).

sincopado, da [sĩŋko'padu, da] *adj* MÚS sincopado(da).

sincronizar [sĩŋkroni'za(x)] *vt* [combinar & CINE] sincronizar.

sindical [sĩndʒi'kaw] (*pl* -ais) *adj* sindical.

sindicalista [sĩndʒika'liʃta] ⟨⟩ *adj* sindicalista. ⟨⟩ *mf* sindicalista *mf*.

sindicato [sĩndʒi'katu] *m* -1. [associação] sociedad *f*. -2. [de trabalhadores] sindicato *m*.

síndico, ca ['sĩndʒiku, ka] *m,f fam* [de prédio] presidente *m*, -ta *f* de la comunidad, representante *mf* de los copropietarios *RP*.

síndrome ['sĩndromi] *f* síndrome *m*; ~ **de abstinência** síndrome de abstinencia.

sinfonia [sĩnfo'nia] *f* sinfonía *f*.

sinfônico, ca [sĩn'foniku, ka] *adj* sinfónico(ca).

➡ **sinfônica** *f* [orquestra] sinfónica *f*.

singelo, la [sĩn'ʒɛlu, la] *adj* [simples, sem luxo] simple, sencillo(lla).

singular [sĩŋgu'la(x)] (*pl* -es) ⟨⟩ *adj* [raro, peculiar & GRAM] singular. ⟨⟩ *m* GRAM singular *m*.

sinistro, tra [si'niʃtru, tra] *adj* siniestro(tra).

➡ **sinistro** *m* [acidente, dano] siniestro *m*.

sino ['sinu] *m* campana *f*.

sinônimo, ma [si'nonimu] *adj* sinónimo(ma).

➡ **sinônimo** *m* sinónimo *m*.

sinopse [si'nɔpsi] *f* sinopsis *f inv*.

síntese ['sĩntezi] *f* síntesis *f inv*; **em** ~ en síntesis.

sintético, ca [sĩn'tɛtiku, ka] *adj* [artificial, conciso] sintético(ca).

sintetizador [sĩntetʃiza'do(x)] *m* sintetizador *m*.

sintetizar [sĩntetʃi'za(x)] *vt* [resumir & QUÍM] sintetizar.

sintoma [sĩn'toma] *m* [indício & MED] síntoma *m*.

sintomático, ca [sĩnto'matʃiku, ka] *adj* sintomático(ca).

sinuca [si'nuka] *f ESP* billar *m* inglés, snooker *m*.

sinuoso, osa [si'nwozu, ɔza] *adj* sinuoso(sa).

sionismo [sjo'niʒmu] *m* sionismo *m*.

sirene [si'reni] *f* sirena *f*.

siri [si'ri] *m crustáceo parecido al cangrejo*; **casquinha de** ~ CULIN *plato preparado con la*

carne del cangrejo y condimentos, servido en el caparazón.

Síria ['sirja] *n* Siria.

sísmico, ca ['siʒmiku, ka] *adj* sísmico(ca).

siso ['sizu] *m* [juízo] juicio *m*; **(dente de)** ~ muela *f* del juicio.

sistema [siʃ'tema] *m* sistema *m*; ~ **operacional** sistema operativo; ~ **solar** sistema solar; ~ **nervoso** sistema nervioso.

sistemático, ca [siʃte'matʃiku, ka] *adj* sistemático(ca).

sistematizar [siʃtematʃi'za(x)] *vt* sistematizar.

sisudo, da [si'zudu, da] *adj* circunspecto(ta).

sitiar [si'tʃja(x)] *vt* [cercar, assediar] sitiar.

sítio ['sitʃju] *m* -1. [propriedade] finca *f Esp* & *Col*, chacra *f CSur*, granja *f Méx*. -2. MIL sitio *m*.

situação [sitwa'sãw] (*pl* -ões) *f* situación *f*.

situado, da [si'twadu, da] *adj* situado(da), localizado(da) *RP*.

situar [si'twa(x)] *vt* situar, localizar *RP*.

➡ **situar-se** *vp* situarse, encontrarse *RP*.

skate [iʃ'kejtʃi] *m* monopatín *m Esp*, patineta *f Méx*, skate *m RP*.

slide [iʒ'lajdʒi] *m* diapositiva *f*.

slogan [iʒ'logãn] *m* eslogan *m*.

smoking [iʒ'mokĩŋ] *m* smoking *m*, esmoquin *m*.

SNI (*abrev de* **Serviço Nacional de Informações**) *m* ≃ servicio de información del estado brasileño, ≃ CESID *m Esp*.

só ['sɔ] ⟨⟩ *adj* solo(la); **a** ~**s** a solas. ⟨⟩ *adv* [somente] sólo.

SO (*abrev de* **Sudoeste**) SO.

soalho ['swaʎu] *m* = **assoalho**.

soar [swa(x)] ⟨⟩ *vi* sonar. ⟨⟩ *vt* [suj: relógio] dar.

sob ['sobi] *prep* bajo.

soberania [sobera'nia] *f* soberanía *f*.

soberano, na [sobe'rãnu, na] ⟨⟩ *adj* soberano(na). ⟨⟩ *m, f* [monarca] soberano *m*, -na *f*.

soberbo, ba [so'bexbu, ba] *adj* [arrogante, magnífico] soberbio(bia).

sobra ['sɔbra] *f* sobra *f*, resto *m*; **ter algo de** ~ tener algo de sobra.

➡ **sobras** *fpl* sobras *fpl*, restos *mpl*.

sobrado [so'bradu] *m* -1. [casa] casa *f* de dos pisos. -2. [andar] piso *m* de arriba, altos *mpl RP*.

sobrancelha [sobrãn'seʎa] *f* ceja *f*.

sobrar [so'bra(x)] *vi* sobrar; ~ **algo (a alguém)** sobrar algo (a alguien); **isso dá e sobra** eso alcanza y sobra.

sobre ['sobri] *prep* sobre.

sobreaviso [sobrja'vizu] *m*: **estar/ficar de** ~

estar/quedar sobre aviso, estar/quedar avisado(da) *RP*.

sobrecarregar [sobrekaxe'ga(x)] *vt* sobrecargar.

sobreloja [sobre'lɔʒa] *f* entrepiso *m*.

sobremesa [sobre'meza] *f* postre *m*; **de** ~ de postre.

> Não confundir com o espanhol *sobremesa*, que se usa particularmente para se referir ao tempo que se fica à mesa após a refeição: (*El postre que más me gusta es el flan*. A sobremesa de que mais gosto é o pudim de leite.; *Nos quedamos de sobremesa más de dos horas*. Ficamos conversando à mesa por mais de duas horas.)

sobrenatural [ˌsobrenatu'raw] (*pl* -ais) *adj* sobrenatural.

sobrenome [ˌsobri'nɔmi] *m* apellido *m*.

> Não confundir *sobrenome (apellido)* com o espanhol *sobrenombre* que em português é *apelido*. (*Seu nome é Lucia; seu sobrenome é Lopes*. Su nombre es Lucia; su *apellido* es Lopes.)

sobrepor [sobre'po(x)] *vt* -**1.** [pôr em cima]: ~ algo a algo sobreponer *ou* superponer algo a algo. - **2.** [antepor]: ~ algo a algo anteponer algo a algo.

➡ **sobrepor-se** *vp* -**1.** [pôr-se sobre] sobreponerse, superponerse. - **2.** [antepor-se] anteponerse.

sobreposto, ta [sobre'poʃtu, ɔʃta] <> *pp* ▷ sobrepor. <> *adj* [posto em cima]: ~ a sobrepuesto(ta) a, superpuesto(ta) a.

sobrepujar [sobrepu'ʒa(x)] *vt* -**1.** [superar] superar; ~ algo/alguém (em algo) superar algo/a alguien (en algo). - **2.** [subjugar] dominar.

sobressalente [sobresa'lẽntʃi] <> *adj* sobresaliente. <> *m* repuesto *m*.

sobressaltado, da [sobresaw'tadu, da] *adj* [assustado, apreensivo] sobresaltado(da); **acordar** ~ despertar sobresaltado.

sobressaltar [sobresaw'ta(x)] *vt* [assustar, inquietar] sobresaltar.

➡ **sobressaltar-se** *vp* [assustar-se, inquietar-se] sobresaltarse.

sobressalto [sobre'sawtu] *m* sobresalto *m*.

sobretaxa [ˌsobre'taʃa] *f* sobretasa *f*.

sobretudo [sobre'tudul] <> *m* abrigo *m*, gabardina *f* **Méx**, sobretodo *m RP*. <> *adv* sobre todo..

sobrevivência [sobrevi'vẽnsja] *f* supervivencia *f*.

sobrevivente [sobrevi'vẽntʃi] <> *adj* superviviente, sobreviviente. <> *mf* superviviente *mf*, sobreviviente *mf*.

sobreviver [sobrevi've(x)] *vi*: ~ (a algo/alguém) sobrevivir (a algo/alguien).

sobrevoar [sobre'vwa(x)] *vt* sobrevolar.

sobriedade [sobrje'dadʒi] *f* [moderação, ausência de embriaguez] sobriedad *f*.

sobrinho, nha [so'briɲu, ɲa] *m, f* sobrino *m*, -na *f*.

sóbrio, bria ['sɔbrju, brja] *adj* sobrio(bria); ~ **no comer/no beber** sobrio(bria) en el comer/beber.

socar [so'ka(x)] *vt* -**1.** [dar socos em] dar puñetazos en, dar piñazos a *RP*. - **2.** [esmagar] triturar, machacar. - **3.** [calcar] amasar. - **4.** [meter] meter.

social [so'sjaw] (*pl* -ais) *adj* -**1.** [ger] social; **camisa** ~ camisa *f* formal, camisa *f* de vestir *RP*. - **2.** *fam* [via de acesso] principal. - **3.** *fam* [banheiro] de invitados, social *RP*.

socialdemocrata [soˌsjawdemo'kratal <> *adj* socialdemócrata. <> *mf* socialdemócrata *mf*.

socialismo [sosja'liʒmu] *m* socialismo *m*.

socialista [sosja'liʃta] <> *adj* socialista. <> *mf* socialista *mf*.

socialite [sosja'lajtʃi] *mf* persona *f* de la alta sociedad *ou* high *RP*.

socializar [sosjali'za(x)] *vt* -**1.** [tornar socialista] socializar. - **2.** [criança] sociabilizar, volver sociable a.

sociável [so'sjavew] (*pl* -eis) *adj* sociable.

sociedade [sosje'dadʒi] *f* sociedad *f*; **a alta** ~ la alta sociedad; **Sociedade Protetora dos Animais** Sociedad Protectora de Animales; ~ **anônima** sociedad anónima.

sócio, cia ['sɔsju, sja] *m, f* socio *m*, -cia *f*.

sociologia [sosjolo'ʒia] *f* sociología *f*.

sociólogo, ga [so'sjɔlogu, ga] *m, f* sociólogo *m*, -ga *f*.

sociopolítico, ca [ˌsɔsjopo'litʃiku, ka] (*mpl* -s, *fpl* -s) *adj* sociopolítico(ca).

soco ['sokul] *m* puñetazo *m*, piñazo *m RP*; **dar um** ~ **em algo/alguém** dar un puñetazo *ou* piñazo *RP* en algo/a alguien.

socorrer [soko'xe(x)] *vt* socorrer, auxiliar.

socorro [so'koxul] *m* socorro *m*, auxilio *m RP*; **equipe de** ~ equipo de socorro; **pedir** ~ pedir socorro; **socorro!** ¡socorro!; **primeiros** ~**s** primeros auxilios.

soda ['sɔdal] *f* [bebida, substância] soda *f*; ~ **cáustica** sosa *f* cáustica.

sódio ['sɔdʒju] *m* sodio *m*.

sofá [so'fa] *m* sofá *m*.

sofá-cama [soˌfa'kãma] (*pl* sofás-camas) *m* sofá *m* cama.

Sófia ['sɔfja] *n* Sofía *f*.

sofisticado, da [sofiʃtʃi'kadu, da] *adj* sofisticado(da).

sofredor, ra [sofre'do(x), ra] <> *adj* sufrido(da), sacrificado(da). <> *m, f* sufrido *m*, -da *f*, sacrificado *m*, -da *f RP*.

sôfrego, ga l'sofregu, gal *adj* ávido(da).
sofrer [so'fre(x)] <> *vt* sufrir. <> *vi* [padecer] sufrir; ~ **de** *MED* sufrir de.
sofrido, da [so'fridu, da] *adj* sufrido(da).
sofrimento [sofri'mẽntu] *m* sufrimiento *m*.
software [ˌsɔfi't∫wɛ(x)] *m* COMPUT software *m*.
sogro, gra [sogru, gra] *m, f* suegro *m*, -gra *f.*
sóis [sɔj∫] *pl* ⊳ **sol.**
soja l'sɔʒa] *f* soja *f.*
sol l'sɔw] (*pl* **sóis**) *m* sol *m*; **fazia** ~ había sol, lucía el sol; **tomar (banho de)** ~ tomar el sol, tomar sol *RP*; **ao** ~ al sol; **tapar o** ~ **com a peneira** *loc* intentar ocultar lo que es evidente, tapar el sol con la mano *RP.*
sola l'sɔla] *f* - **1.** [de sapato] suela *f.* - **2.** *fig* & ANAT: ~ **do pé** planta *f* del pie.
solar [so'la(x)] (*pl* **-es**) <> *adj* solar. <> *m* [palácio] casa *f* solariega. <> *vt* [sapato] poner suela a. <> *vi* - **1.** [bolo] endurecerse. - **2.** [mús - músico] tocar un solo; [- cantor] cantar un solo.
solda l'sɔwda] *f* soldadura *f.*
soldado [sow'dadu] *m* - **1.** MIL soldado *m*. - **2.** *fig* [defensor] defensor *m*, -ra *f.*
soldador, ra [sowda'do(x), ra] *m, f* soldador *m*, -ra *f.*
soldar [sow'da(x)] *vt* soldar.
soldo l'sowdu] *m* MIL sueldo *m.*
soleira [so'lejra] *f* [de porta] umbral *m.*
solene [so'leni] *adj* solemne.
solenemente [soleni'mẽnt∫i] *adv* solemnemente.
solenidade [soleni'dadʒi] *f* solemnidad *f.*
soletrar [sole'tra(x)] *vt* deletrear.
solicitação [solisita'sãw] (*pl* **-ões**) *f* [pedido] solicitud *f.*
solicitações *fpl* [apelo] tentaciones *fpl.*
solicitar [solisi'ta(x)] *vt* solicitar; ~ **algo a alguém** solicitar algo a alguien.
solícito, ta [so'lisitu, ta] *adj* solícito(ta).
solidariedade [solidarje'dadʒi] *f* solidaridad *f.*
solidário, ria [soli'darju, rja] *adj* solidario(ria); ~ **a/com** solidario con.
solidificar [solidʒifi'ka(x)] *vt* - **1.** [congelar] solidificar. - **2.** [laços, amizade] consolidar.
solidificar-se *vp* - **1.** [congelar-se] solidificarse. - **2.** [laços, amizade] consolidarse.
sólido, da l'sɔlidu, da] *adj* sólido(da).
sólido *m* MAT sólido *m.*
solista [so'li∫ta] *mf* MÚS solista *mf.*
solitário, ria [soli'tarju, rja] <> *adj* solitario(ria). <> *m* - **1.** [eremita] solitario *m*, -ria *f.* - **2.** [diamante] solitario *m.*
solitária *f* - **1.** [cela] celda *f* incomunicada. - **2.** [verme] solitaria *f.*
solo l'sɔlu] *m* - **1.** [chão] suelo *m*. - **2.** MÚS solo *m.*
soltar [sow'ta(x)] *vt* - **1.** [ger] soltar; ~ **os ca-**

chorros *loc* ponerse hecho(cha) una furia. - **2.** [lançar] lanzar, tirar *RP.*
soltar-se *vp* [desprender-se]: ~ **-se (de algo)** soltarse de algo.
solteira [sow'tejra] *f* ⊳ **solteiro.**
solteirão, rona [sowtej'rãw, rona] (*mpl* **-ões**, *fpl* **-s**) *m, f* solterón *m*, -ona *f.*
solteiro, ra [sow'tejru, ra] *adj* soltero(ra).
solteirona [sowtej'rona] *f* ⊳ **solteirão.**
solto, ta l'sowtu, ta] <> *pp* ⊳ **soltar.** <> *adj* suelto(ta).
à solta *loc adv* suelto.
solução [solu'sãw] (*pl* **-ões**) *f* solución *f*; ~ **de continuidade** solución de continuidad; ~ **de limpeza** [para lentes de contato] solución limpiadora.
soluçar [solu'sa(x)] *vi* - **1.** [chorar] sollozar. - **2.** [emitir soluços] hipar.
solucionar [solusjo'na(x)] *vt* solucionar.
soluço [su'lusu] *m* - **1.** [choro] sollozo *m*; **aos soluços** sollozando. - **2.** MED hipo *m*; **ter** ~ **s** tener hipo.
solúvel [so'luvɛw] (*pl* **-eis**) *adj* soluble.
solvente [sow'vẽnt∫i] <> *adj* solvente. <> *m* [líquido] solvente *m.*
som l'sõ] (*pl* **-ns**) *m* - **1.** [ruído] sonido *m*. - **2.** *fam* [música] sonido *m*; **fazer um** ~ tocar unas canciones, hacer una tocada *Méx*; **ao** ~ **de** al son de. - **3.** [aparelho] equipo *m* de sonido, aparato *m* de música *RP.*
soma l'soma] *f* suma *f.*
Somália [so'malja] *n* Somalia.
somar [so'ma(x)] <> *vt* [totalizar, adicionar] sumar; ~ **algo a algo** sumar algo a algo. <> *vi* sumar.
somar-se *vp* sumarse.
sombra l'sõbra] *f* sombra *f*; **sem** ~ **de dúvida** sin sombra de duda; **à** ~ **de** a la sombra de; **fazer** ~ **a alguém** hacer sombra a alguien.
sombrinha [sõ'briɲa] *f* sombrilla *f.*
sombrio, bria [sõ'briw, bria] *adj* sombrío(a).
somente [sɔ'mẽnt∫i] *adv* solamente.
sonambulismo [sonãnbu'liʒmu] *m* sonambulismo *m.*
sonâmbulo, la [so'nãnbulu, la] <> *adj* sonámbulo(la). <> *m, f* sonámbulo *m*, -la *f.*
sonda l'sõda] *f* sonda *f*; ~ **espacial** sonda espacial.
sondagem [sõ'daʒẽ] (*pl* **-ns**) *f* [ato de sondar, método de pesquisa] sondeo *m.*
sondar [sõ'da(x)] *vt* - **1.** [ger] sondar, sondear. - **2.** [atmosfera] sondar. - **3.** ASTRON [espaço] explorar con una sonda. - **4.** [investigar] sondear.
soneca [so'nɛka] *f* siesta *f*, siestita *f* *RP*;

tirar uma ~ echar una siesta, dormirse una siestita *RP*.

sonegação [sonega'sãw] *f* **-1.** [ocultação] defraudación *f*; ~ **de impostos** *ou* **fiscal** defraudación de impuestos/fiscal, evasión *f* impositiva/fiscal *RP*. **-2.** [furto] hurto *m*.

sonegador, ra [sonega'do(x), ra] <> *adj* [de impostos] defraudador(ra), evasor(ra). <> *m, f* [de impostos] defraudador *m*, -ra *f*, evasor *m*, -ra *f*.

sonegar [sone'ga(x)] *vt* **-1.** [dinheiro, bens, informações] ocultar, no declarar. **-2.** [impostos] defraudar, evadir. **-3.** [roubar] hurtar.

soneto [so'netu] *m* soneto *m*.

sonhador, ra [soɲa'do(x)] (*mpl* **-es**, *fpl* **-s**) <> *adj* soñador(ra). <> *m, f* soñador *m*, -ra *f*.

sonhar [so'ɲa(x)] <> *vt* soñar. <> *vi* soñar; ~ **com algo** soñar con algo; ~ **em fazer algo** soñar con hacer algo; ~ **com algo/alguém** soñar con algo/alguien.

sonho ['soɲu] *m* **-1.** [durante o sono, aspiração] sueño *m*. **-2.** *CULIN* buñuelo *m*, bola *f* de fraile *RP*.

sono ['sonu] *m* **-1.** [período, vontade de dormir] sueño *m*. **-2.**: **estar com** *ou* **sentir** ~ tener sueño; **estar sem** ~ no tener sueño.

sonolento, ta [sono'lẽntu, ta] *adj* somnoliento(ta).

sonorizar [sonori'za(x)] <> *vt* sonorizar. <> *vi* sonar.

sonoro, ra [so'nɔru, ra] *adj* sonoro(ra).

sons [sõʃ] *pl* ▷ **som**.

sonso, sa ['sõnsu, sa] *adj* [dissimulado] ladino(na), taimado(da) *RP*.

sopa ['sopa] *f* **-1.** *CULIN* sopa *f*. **-2.** *fam* [coisa fácil] tontería *f*, chollo *m Esp*, boleto *m RP*; **ser** ~ ser fácil de hacer, ser un chollo *Esp*, ser un boleto *RP*.

sopapo [so'papu] *m* sopapo *m*, sopetón *m Méx*.

sopé [so'pɛ] *m* **-1.** [de morro] falda *f*. **-2.** [de muro] base *f*.

sopeira [so'pejra] *f* sopera *f*.

soporífero, ra [sopo'riferu, ra], **soporífico, ca** [sopo'rifiku, ka] *adj* soporífero(ra).

▶ **soporífero, soporífico** *m* [substância] somnífero *m*.

soprano [so'prãnu] <> *adj* soprano. <> *mf* soprano *mf*.

soprar [so'pra(x)] <> *vt* soplar. <> *vi* [vento] soplar.

sopro ['sopru] *m* soplo *m*; **instrumento de** ~ instrumento *m* de viento; ~ **cardíaco** soplo cardíaco.

soquete [so'kɛtʃi] *f* [meia] calcetín *m* corto, tin *m Méx*, soquete *m CSur*.

sórdido, da ['sɔrdʒidu, da] *adj* [imundo, torpe] sórdido(da).

soro ['soru] *m* [do sangue, leite] suero *m*.

soropositivo, va [soropozi'tʃivu, va] <> *adj* seropositivo(va). <> *m, f* seropositivo *m*, -va *f*.

sorrateiro, ra [soxa'tejru, ra] *adj* solapado(da).

sorridente [soxi'dẽntʃil] *adj* sonriente.

sorrir [so'xi(x)] *vi* **-1.** [dar sorriso]: ~ **(para)** sonreír (a). **-2.** [favorecer]: ~ **para** sonreír a.

sorriso [so'xizu] *m* sonrisa *f*; **dar um** ~ **(para alguém)** sonreír (a alguien).

sorte ['sɔrtʃi] *f* suerte *f*; **boa** ~! ¡buena suerte!; **dar** ~ **(para alguém)** dar suerte (a alguien); **estar com** *ou* **ter** ~ estar con *ou* tener suerte; **má** ~ mala suerte; **que** ~! ¡qué suerte!; **de** ~ de suerte; **por** ~ por casualidad; **de** ~ **que** de tal suerte que; **tirou a** ~ **grande** [primeiro prêmio na loteria] le tocó el gordo; [foi afortunado] le tocó la lotería, se sacó la grande *RP*.

sortear [sox'tʃja(x)] *vt* sortear.

sorteio [sox'teju] *m* sorteo *m*.

sortido, da [sox'tʃidu, da] *adj* [abastecido, variado] surtido(da).

sortimento [soxtʃi'mẽntu] *m* [provisão] provisión *f*, surtido *m*.

sortudo, da [sox'tudu, da] <> *adj* suertudo(da). <> *m, f* suertudo *m*, -da *f*.

sorver [sox've(x)] *vt* sorber.

sorvete [sox'vetʃi] *m* helado *m*.

sorveteiro, ra [soxve'tejru, ra] *m, f* heladero *m*, -ra *f*.

sorveteria [soxvete'ria] *f* heladería *f*.

sósia ['sɔzja] *mf* doble *mf*, sosías *mf inv RP*.

soslaio [soʒ'laju] ▶ **de soslaio** *loc adv* de soslayo.

sossegado, da [sose'gadu, da] *adj* tranquilo(la).

sossegar [sose'ga(x)] <> *vt* tranquilizar. <> *vi* tranquilizarse.

sossego [so'segu] *m* tranquilidad *f*.

sótão ['sɔtãw] (*pl* **-ãos**) *m* ático *m*, desván *m*, buhardilla *f RP*.

sotaque [so'taki] *m* acento *m*.

soterrar [sote'xa(x)] *vt* enterrar.

soturno, na [so'tuxnu, na] *adj* **-1.** [triste] taciturno(na). **-2.** [amedrontador] lúgubre.

soutien [su'tʃjã] *m* = **sutiã**.

sova ['sɔva] *f* **-1.** [de massa, cacau] amasado *m*. **-2.** [de uva] pisado *m*. **-3.** [surra] zurra *f*, paliza *f*.

sovaco [so'vaku] *m* sobaco *m*.

sovina [so'vina] <> *adj* avaro(ra). <> *mf* avaro *m*, -ra *f*.

sovinice [sovi'nisil] *f* avaricia *f*.

sozinho, nha [so'ziɲu, so'ziɲal *adj* solo(la).

SP (*abrev de* Estado de São Paulo) estado de São Paulo.

SPC (*abrev de* Serviço de Proteção ao Crédito) *m servicio de información a comerciantes sobre malos pagadores.*

spot [iʃ'pɔtʃi] *m* spot *m.*

spray [iʃ'prej] *m* spray *m.*

SQL (*abrev de* Structured Query Language) SQL.

Sr. (*abrev de* senhor) Sr.

Sra. (*abrev de* senhora) Sra.

SRF (*abrev de* Secretaria da Receita Federal) *organismo del Ministerio de Hacienda para la administración de impuestos internos y aduaneros,* ≃ Agencia *f* Tributaria *Esp.*

Srs. (*abrev de* senhores) Sres.

srta (*abrev de* senhorita) srta.

status [iʃ'tatus] *m* status *m,* estatus *m.*

STF (*abrev de* Supremo Tribunal Federal) *m Tribunal Supremo Federal.*

STJ (*abrev de* Superior Tribunal de Justiça) *m Tribunal Superior de Justicia.*

strip-tease [iʃ,tripi'tʃizil *m* strip-tease *m*; **fazer um** ~ hacer un strip-tease.

sua ['sua] ▷ **seu.**

suado, da ['swadu, dal *adj* sudado(da).

suar ['swa(x)] ◇ *vt* [transpirar] sudar. ◇ *vi* sudar; ~ **por algo/para fazer algo** sudar por algo/para hacer algo; ~ **frio** sudar frío.

suas ['suaʃ] ▷ **seu.**

suástica ['swaʃtʃikal *f* esvástica *f.*

suave ['swavil *adj* suave.

suavidade [swavi'dadʒil *f* suavidad *f.*

suavizar [swavi'za(x)] *vt* suavizar.

◆ **suavizar-se** *vp* [amenizar-se] *fig* suavizarse.

subalimentado, da [subalimẽn'tadu, dal *adj* desnutrido(da), subalimentado(da) *RP.*

subalterno, na [subaw'tɛxnu, nal ◇ *adj* subalterno(na). ◇ *m, f* subalterno *m,* -na *f.*

subconsciente [subkõn'sjẽntʃil ◇ *adj* subconsciente. ◇ *m* subconsciente *m.*

subdesenvolvido, da [subdʒizĩnvow'vidu, dal ◇ *adj* [não-desenvolvido, atrasado] subdesarrollado(da). ◇ *m, f fam pej* ignorante *mf,* bestia *mf.*

subdesenvolvimento [subdizĩnvowvi'mẽntul *m* subdesarrollo *m.*

subemprego [subẽn'pregul *m* subempleo *m.*

subentender [subẽntẽn'de(x)] *vt* sobrentender, sobreentender.

◆ **subentender-se** *vp* sobrentenderse, sobreentenderse.

subentendido, da [subẽntẽn'dʒidu, dal *adj* sobrentendido(da), sobreentendido(da).

◆ **subentendido** *m* sobrentendido *m,* sobreentendido *m.*

subestimar [subeʃtʃi'ma(x)] *vt* subestimar.

subida [su'bida] *f* subida *f.*

subir [su'bi(x)] ◇ *vi* **-1.** [ger] subir; ~ **a/até** subir a/hasta; ~ **em** subir a; ~ **por** subir por; ~ **à cabeça** *loc* subirse a la cabeza. **-2.** *fam* [embriagar] subirse a la cabeza. **-3.** [socialmente] ascender; ~ **de** ascender de; ~ **na vida** ascender en la vida. ◇ *vt* subir.

súbito, ta ['subitu, tal *adj* súbito(ta).

◆ **súbito** *adv* de súbito, súbitamente; **de** ~ de súbito, súbitamente.

subjetividade [subʒetʃivi'dadʒil *f* subjetividad *f.*

subjetivo, va [subʒɛ'tʃivu, val *adj* subjetivo(va).

subjugar [subʒu'ga(x)] *vt* subyugar.

subjuntivo [subʒũn'tʃivul *m* subjuntivo *m.*

sublime [su'blimil *adj* sublime.

sublinhar [subli'ɲa(x)] *vt* subrayar.

sublocar [sublo'ka(x)] *vt* subarrendar, subalquilar.

submarino, na [subma'rinul *adj* submarino(na).

◆ **submarino** *m* submarino *m.*

submergir [submex'ʒi(x)] ◇ *vt* sumergir. ◇ *vi* sumergirse.

submeter [subme'te(x)] *vt* someter; ~ **algo a** someter algo a; ~ **algo/alguém a algo** someter algo/alguien a algo.

◆ **submeter-se** *vp* someterse; ~ **a algo/alguém** someterse a algo/alguien.

submissão [submi'sãw] *f* sumisión *f*; ~ **a algo/alguém** sumisión a algo/alguien.

submisso, a [sub'misu, sal *adj* sumiso(sa).

submundo [sub'mũndul *m* submundo *m.*

subnutrição [subnutri'sãw] *f* desnutrición *f.*

subnutrido, da [subnu'tridu, dal *adj* desnutrido(da).

subordinado, da [suboxdʒi'nadu, dal ◇ *adj* subordinado(da). ◇ *m, f* [subalterno] subordinado *m,* -da *f.*

subordinar [suboxdʒi'na(x)] *vt* subordinar.

◆ **subordinar-se** *vp* [sujeitar-se]: ~ **-se a algo/alguém** subordinarse a algo/alguien.

subornar [subox'na(x)] *vt* sobornar.

suborno [su'boxnul *m* soborno *m.*

subproduto [subpro'dutul *m* **-1.** [de substância] subproducto *m.* **-2.** [consequência] consecuencia *f.*

sub-reptício, cia [subxep'tʃisju, sjal *adj* subrepticio(cia).

subscrever [subʃkre've(x)] *vt* **-1.** [assinar, aprovar, ações] suscribir. **-2.** [arrecadar] recaudar.

subscrito, ta [subʃ'kritu, tal ◇ *pp* ▷ **sub-**

screver. ◇ *adj* suscrito(ta), suscripto *m*, -ta *f RP*. ◇ *m*, *f* firmante *mf*, suscripto *m*, -ta *f RP*.

subseqüente [subse'kwĕntʃil *adj*: ~ **(a)** posterior (a), subsiguiente (a).

subserviência [subsexvjĕnsjal *f* servilismo *m*.

subserviente [subsex'vjĕntʃil *adj*: ~ **(a)** servil (a).

subsidiar [subzi'dʒja(x)] *vt* subsidiar.

subsidiário, ria [subzi'dʒjarju, rjal *adj* subsidiario(ria).

➡ **subsidiária** *f* [empresa] subsidiaria *f*.

subsídio [sub'zidʒjul *m* -**1.** [contribuição] ayuda *f*. -**2.** [subvenção] subsidio *m*.

➡ **subsídios** *mpl* [dados, contribuição] subsidios *mpl*.

subsistência [subsiʃ'tĕnsjal *f* [sustento, sobrevivência] subsistencia *f*.

subsistir [subziʃ'tʃi(x)] *vi* [existir, persistir, sobreviver] subsistir.

subsolo [sub'sɔlul *m* [da terra, de prédio] subsuelo *m*.

substância [subʃ'tãnsjal *f* sustancia *f*.

substancial [subʃtãn'sjaw] (*pl* -ais) ◇ *adj* sustancial. ◇ *m* [essência]: **o** ~ lo sustancial.

substantivo, va [subʃtãn'tʃivu, val *adj* sustantivo(va).

➡ **substantivo** *m GRAM* sustantivo *m*.

substituição [subʃtʃitwi'sãw] (*pl* -ões) *f* sustitución *f*.

substituir [subʃtʃi'twi(x)] *vt* sustituir.

substituto, ta [subʃtʃi'tutu, tal ◇ *adj* sustituto(ta). ◇ *m*, *f* sustituto *m*, -ta *f*.

subterrâneo, nea [subte'xanju, njal *adj* subterráneo(a).

subtrair [subtra'i(x)] ◇ *vt* -**1.** [deduzir, furtar] sustraer. -**2.** *MAT* sustraer, restar. ◇ *vi MAT* sustraer, restar.

subumano, na [subju'mãnu, nal *adj* infrahumano(na).

suburbano, na [subux'bãnu, nal ◇ *adj* -**1.** [do subúrbio] suburbano(na). -**2.** *fam pej* [de mau gosto] paleto(ta), pajuerano(na) *RP*. ◇ *m*, *f* -**1.** [morador] habitante *mf* de los suburbios. -**2.** *fam pej* [pessoa de mau gosto] paleto *m*, -ta *f*, pajuerano *m*, -na *f RP*.

subúrbio [su'buxbjul *m* suburbio *m*.

subvenção [subvĕn'sãw] (*pl* -ões) *f* subvención *f*.

subversivo, va [subvex'sivu, val ◇ *adj* subversivo(va). ◇ *m*, *f* subversivo *m*, -va *f*.

subverter [subvex'te(x)] *vt* [desordenar, agitar, arruinar] subvertir.

sucção [suk'sãw] *f* succión *f*.

suceder [suse'de(x)] *vi* suceder; ~ **a algo/ alguém** suceder a algo/alguien.

➡ **suceder-se** *vp* [seguir-se, repetir-se] sucederse.

sucedido, da [suse'dʒidu, dal *m*: **o** ~ lo sucedido.

sucessão [suse'sãw] (*pl* -ões) *f* [seqüência, presidencial] sucesión *f*.

sucessivo, va [suse'sivu, val *adj* sucesivo(va).

sucesso [su'sɛsul *m* [êxito] éxito *m*; **ter** ~ tener éxito; **com/sem** ~ con/sin éxito.

sucinto, ta [su'sĩntu, tal *adj* sucinto(ta).

suco ['sukul *m* zumo *m Esp*, jugo *m Amér*.

suculento, ta [suku'lĕntu, tal *adj* suculento(ta).

sucumbir [sukũn'bi(x)] *vi* -**1.** [vergar, ceder]: ~ **a algo** sucumbir a algo. -**2.** [morrer]: ~ **(a algo)** sucumbir (a algo).

SUDAM (*abrev de* Superintendência do Desenvolvimento da Amazônia) *f organismo que regula la aplicación de recursos para el desarrollo de la región amazónica.*

Sudão [su'dãw] *n* Sudán.

SUDENE (*abrev de* Superintendência do Desenvolvimento do Nordeste) *f organismo que regula la política de incentivación de la región nordeste.*

sudeste [su'dɛʃtʃil ◇ *adj* sudeste, sureste. ◇ *m* sudeste *m*, sureste *m*.

súdito, ta ['sudʒitu, tal *m*, *f* súbdito *m*, -ta *f*.

sudoeste [su'dwɛʃtʃil ◇ *adj* sudoeste, suroeste. ◇ *m* sudoeste *m*, suroeste *m*.

Suécia ['swɛsjal *n* Suecia.

sueco, ca [su'sweku, kal ◇ *adj* sueco(ca). ◇ *m*, *f* sueco *m*, -ca *f*.

➡ **sueco** *m* [língua] sueco *m*.

suéter ['swɛte(x)] (*pl* -es) *m ou f* suéter *m*, jersey *m Esp*, pulóver *m RP*.

suficiente [sufi'sjĕntʃil ◇ *adj* suficiente. ◇ *m*: **o** ~ lo suficiente.

suflê [su'flel *m* suflé *m*.

sufocar [sufo'ka(x)] ◇ *vt* sofocar. ◇ *vi* [asfixiar-se] sofocarse, asfixiarse.

sufoco [su'fokul *fam m* [aflição, situação difícil] angustia *f*; **que** ~ **!** ¡qué sofoco!, ¡qué sofocón! *RP*; **deixar alguém no** ~ poner a alguien en un aprieto.

sufrágio [su'fraʒjul *m* -**1.** [voto] sufragio *m*. -**2.** [apoio] apoyo *m*.

sugar [su'ga(x)] *vt* -**1.** [por sucção] succionar, chupar, sorber *Méx*. -**2.** [extorquir] chupar.

sugerir [suʒe'ri(x)] *vt* sugerir.

sugestão [suʒeʃ'tãw] (*pl* -ões) *f* -**1.** [proposta, insinuação] sugerencia *f*; **dar uma** ~ hacer una sugerencia. -**2.** *PSIC* sugestión *f*.

sugestionar [suʒeʃtʃjo'na(x)] *vt* sugestionar.

sugestivo, va [suʒeʃ'tʃivu, val *adj* [evocativo, insinuante] sugestivo(va).

Suíça ['swisa] n Suiza.

suíças ['swisaʃ] fpl patillas fpl.

suicida [swi'sida] ⇔ adj suicida. ⇔ mf suicida mf.

suicidar-se [swisi'daxsi] vp suicidarse.

suicídio [swi'sidʒju] m [morte, ruína, risco] suicidio m.

suiço, ça ['swisu, sa] ⇔ adj suizo(za). ⇔ m, f suizo m, -za f.

sui generis [swi'ʒeneris] adj sui generis.

suingar [swĩŋ'ga(x)] vi bailar el swing.

suingue ['swĩŋgi] m [mús] [dança] swing m.

suíno, na ['swinu, na] adj porcino(na).

➡ **suíno** m [porco] cerdo m.

suíte ['switʃi] f MÚS [quarto] suite f.

sujar [su'ʒa(x)] ⇔ vt [tornar sujo, macular] ensuciar. ⇔ vi fam [dar errado]: **sujou! minha mãe me pegou fumando** ¡la fastidié! Esp ou ¡la regué! Méx ou ¡la quedé! RP, mi madre me pescó fumando.

➡ **sujar-se** vp [tornar-se sujo, macular-se] ensuciarse.

sujeira [su'ʒejra] f **-1.** [coisa suja, estado] suciedad f. **-2.** fam [bandalheira] faena f Esp, cochinada f Méx & RP.

sujeitar [suʒej'ta(x)] vt: ~ **algo/alguém a algo** someter algo/alguien a algo.

➡ **sujeitar-se** vp [submeter-se]: ~ **-se a algo** someterse a algo.

sujeito, ta [su'ʒejtu, ta] ⇔ adj: ~ **a** sujeito(ta) a. ⇔ m [indivíduo & GRAM] sujeto m.

sujo, ja ['suʒu, ʒa] ⇔ adj [imundo, mau-caráter] sucio(cia). ⇔ m, f canalla mf.

sul ['suw] ⇔ adj sur. ⇔ m [região] sur m; **ao** ~ **de** al sur de.

sulco [suw'ku] m surco m.

sulista [su'liʃta] ⇔ adj del sur, sureño(ña). ⇔ mf sureño m, -ña f.

suma ['suma] ➡ **em suma** loc adv en suma.

sumário, ria [su'marju, rja] adj **-1.** [breve] sumario(ria). **-2.** [traje] exiguo(gua), simple RP.

➡ **sumário** m sumario m; ~ **de culpa** JUR sumario.

sumiço [su'misu] m desaparición f; **dar (um)** ~ **em algo** hacer desaparecer algo.

sumido, da [su'midu, da] adj **-1.** [desaparecido] desaparecido(da); **andar** ~ estar desaparecido. **-2.** [que mal se ouve] quebrado(da). **-3.** [apagado] apagado(da).

sumir [su'mi(x)] vi desaparecer; ~ **com algo** hacer desaparecer algo.

sumo, ma ['sumu, ma] adj [supremo] sumo(ma).

➡ **sumo** m [suco] zumo m Esp, jugo m Amér.

sundae ['sãndej] m copa de helado con fruta

y nueces y un jarabe de frutas por encima, sundae m Méx & RP.

sunga ['sũŋga] f [de banho] eslip m (de baño), malla m (de baño) RP.

suntuoso, osa [sũn'twozu, ɔza] adj suntuoso(sa).

suor ['swɔ(x)] (pl -es) m [transpiração, trabalho] sudor m.

super ['supe(x)] fam adj [ótimo] súper.

superado, da [supe'radu, da] adj [ultrapassado, resolvido] superado(da).

superalimentar [ˌsuperalimẽn'ta(x)] vt sobrealimentar.

superaquecimento [ˌsuperakesi'mẽntu] m recalentamiento m.

superar [supe'ra(x)] vt superar; ~ **alguém (em algo)** superar a alguien (en algo).

➡ **superar-se** vp superarse; ~ **-se (em algo)** superarse (en algo).

superávit [supe'ravitʃi] m COM superávit m.

supercílio [super'silju] m ceja f.

superdotado, da [ˌsupexdo'tadu, da] ⇔ adj **-1.** fam [em inteligência] superdotado(da). **-2.** m fam [sexualmente] superdotado(da). ⇔ m, f [em inteligência] superdotado m, -da f.

superestimar [ˌsupereʃtʃi'ma(x)] vt sobrestimar, sobreestimar.

superficial [supexfi'sjaw] (pl -ais) adj superficial.

superficialidade [supexfisjali'dadʒi] f superficialidad f.

superfície [supex'fisji] f [área, exterior, aparência] superficie f.

supérfluo, flua [su'pɛxfluw, flwa] adj superfluo(flua).

➡ **supérfluo** m: **o** ~ **lo** superfluo.

super-homem [ˌsuper'ɔmẽ] (pl -ns) m [superior aos demais] superhombre m.

superintendência [ˌsuperĩntẽn'dẽnsja] f superintendencia f.

superintendente [ˌsuperĩntẽn'dẽntʃi] mf superintendente mf.

superior [supe'rjo(x)] (pl -es) ⇔ adj RELIG superior(ra). ⇔ mf [em hierarquia] superior m.

➡ **superior** adj superior; ~ **a** superior a.

superioridade [superjori'dadʒi] f superioridad f.

superlativo, va [supexla'tʃivu, va] adj [superior & GRAM] superlativo(va).

➡ **superlativo** m GRAM superlativo m.

superlotado, da [ˌsupexlo'tadu, da] adj: ~ **(de)** abarrotado(da) (de).

supermercado [ˌsupexmex'kadu] m supermercado m.

superpotência [ˌsupexpo'tẽnsja] f superpotencia f.

superpovoado, da [ˌsupexpoˈvwadu, da] *adj* sobrepoblado(da).

superprodução [ˌsupexproduˈsãw] (*pl* -ões) *f* -**1.** *ECON* sobreproducción *f.* -**2.** *CINE* superproducción *f.*

supersônico, ca [ˌsupexˈsoniku, ka] *adj* supersónico(ca).

superstição [supexʃtʃiˈsãw] (*pl* -ões) *f* superstición *f.*

supersticioso, osa [superʃtʃiˈsjozu, ɔza] <> *adj* supersticioso(sa). <> *m, f* supersticioso *m,* -sa *f.*

supervisão [ˌsupexviˈzãw] (*pl* -ões) *f* supervisión *f.*

supervisionar [ˌsupexvizjoˈna(x)] *vt* supervisar.

supervisor, ra [ˌsupexviˈzo(x), ra] *m, f* supervisor *m,* -ra *f.*

suplantar [suplãnˈta(x)] *vt* [sobrepujar]: ~ algo/alguém **(em algo)** superar algo/a alguien (en algo).

suplementar [suplemẽnˈta(x)] <> *adj* complementario(ria), suplementario(ria) *RP.* <> *vt* proveer.

suplemento [supleˈmẽntu] *m* -**1.** [suprimento, complemento] complemento *m,* suplemento *m RP.* -**2.** *JORN* suplemento *m.*

súplica [ˈsuplika] *f* súplica *f.*

suplicar [supliˈka(x)] <> *vt* suplicar. <> *vi* suplicar.

suplício [suˈplisju] *m* [tortura, aflição] suplicio *m.*

supor [suˈpo(x)] *vt* suponer.

➡ **supor-se** *vp* suponerse.

suportar [supoxˈta(x)] *vt* [sustentar, agüentar] soportar.

suportável [supoxˈtavew] (*pl* -eis) *adj* soportable.

suporte [suˈpɔxtʃi] *m* soporte *m.*

suposição [supoziˈsãw] (*pl* -ões) *f* [conjetura] suposición *f.*

suposto, ta [suˈpoʃtu, ta] <> *pp* ⊳ supor. <> *adj* supuesto(ta).

➡ **suposto** *m* [pressuposto] supuesto *m.*

supremo, ma [suˈpremu, ma] *adj* [sublime, superior] supremo(ma).

➡ **Supremo** *m:* o Supremo el Supremo.

supressão [supreˈsãw] (*pl* -ões) *f* supresión *f.*

suprimento [supriˈmẽntu] *m* provisión *f.*

suprimir [supriˈmi(x)] *vt* suprimir.

suprir [suˈpri(x)] *vt* -**1.** [ger] suplir; ~ algo **por algo** suplir algo con algo. -**2.** [prover]: ~ alguém de *OU* com algo proveer a alguien de algo.

surdez [sux'deʒ] *f* sordera *f.*

surdina [suxˈdʒina] *f MÚS* sordina *f.*

➡ **em surdina** *loc adv* con sordina, a la sordina *RP.*

surdo, da [ˈsuxdu, da] <> *adj* sordo(da). <> *m, f* sordo *m,* -da *f.*

➡ **surdo** *m* [tambor] *tambor sin cuerdas en la membrana inferior que tiene un sonido apagado.*

Não confundir surdo (sordo) com o espanhol *zurdo* que em português é *canhoto.* (*Precisamos falar alto, pois ele é um pouco sordo.* Tenemos que hablar alto porque es un poco *sordo*).
---

surdo-mudo, surda-muda [ˌsuxduˈmudu, ˌsuxdaˈmuda] (*mpl* surdos-mudos, *fpl* surdas-mudas) <> *adj* sordomudo(da). <> *m, f* sordomudo *m,* -da *f.*

surfar [suxˈfa(x)] *vi* hacer surf, surfear *Méx; INFORM* surfear.

surfe [ˈsuxfi] *m* surf *m.*

surfista [suxˈfiʃta] *mf* surfista *mf.*

surgimento [suxʒiˈmẽntu] *m* surgimiento *m.*

surgir [suxˈʒi(x)] *vi* [aparecer, sobrevir] surgir; ~ de surgir de.

surpreendente [surprjẽnˈdẽntʃi] *adj* sorprendente.

surpreender [surprjẽnˈde(x)] <> *vt* sorprender; ~ alguém **(fazendo algo)** sorprender a alguien (haciendo algo). <> *vi* sorprender.

➡ **surpreender-se** *vp:* ~-se de/com algo soprenderse de algo.

surpreso, sa [suxˈprezu, za] <> *pp* ⊳ surpreender. <> *adj* sorprendido(da).

➡ **surpresa** *f* sorpresa *f;* **fazer uma surpresa para alguém** dar una sorpresa a alguien; **que surpresa!** ¡qué sorpresa!; **ser uma surpresa** ser una sorpresa; **de surpresa** de sorpresa.

surra [ˈsuxa] *f* -**1.** [sova] zurra *f,* paliza *f;* **dar uma** ~ **em alguém** dar una zurra *OU* paliza a alguien; **levar uma** ~ **(de alguém)** recibir una zurra (de alguien), llevarse una paliza (de alguien). -**2.** *ESP* paliza *f.*

surrar [suˈxa(x)] *vt* -**1.** [espancar & *ESP*] dar una paliza a. -**2.** [usar muito] desgastar, reventar *RP.*

surrealista [suxeaˈliʃta] <> *adj* surrealista. <> *mf* surrealista *mf.*

surtir [suxˈtʃi(x)] <> *vt* [produzir] surtir; ~ efeito surtir efecto. <> *vi* salir.

surto [ˈsuxtu] *m* -**1.** [de doença] brote *m.* -**2.** [impulso] ataque *m.*

suscetível [suseˈtʃivɛw] (*pl* -eis) *adj* -**1.** [melindroso] susceptible. -**2.** [propenso]: ~ a susceptible a.

suscitar [susiˈta(x)] *vt* [provocar, fazer surgir, despertar] suscitar.

suspeita [suʃˈpejta] *f* ⊳ suspeito.

suspeitar [suʃpej'ta(x)] <> *vt* [crer, supor]: ~ **que** sospechar que. <> *vi* [desconfia]: ~ **de alguém** sospechar de alguien.

suspeito, ta [suʃ'pejtu, ta] <> *adj* [que desperta suspeita] sospechoso(sa); **sou suspeita para falar, mas meu suflê é o melhor** no debería decirlo, pero mi suflé es el mejor. <> *m, f* [pessoa]: ~ **(de algo)** sospechoso *m*, -sa *f* (de algo).

◆ **suspeita** *f* sospecha *f*; **estar com suspeita de algo** sospechar algo, tener sospecha de algo *RP*.

suspender [suʃpẽn'de(x)] *vt* levantar, colgar.

suspensão [suʃpẽn'sãw] (*pl* -ões) *f* suspensión *f*.

suspense [suʃ'pẽnsi] *m* suspense *m Esp*, suspenso *m Amér*; **fazer** ~ crear suspense *Esp ou* suspenso *Amér*.

suspenso, sa [suʃ'pẽnsu, sa] <> *pp* ▷ **suspender**. <> *adj* suspendido(da), colgado(da).

suspensórios [suʃpẽn'sɔrjuʃ] *mpl* tirantes *mpl*, tiradores *mpl RP*.

suspirar [suʃpi'ra(x)] *vi* suspirar.

suspiro [suʃ'piru] *m* -**1.** [respiração entrecortada] suspiro *m*. -**2.** *CULIN* merengue *m*.

sussurrar [susu'xa(x)] *vt* & *vi* susurrar.

sussurro [su'suxu] *m* [murmúrio] susurro *m*.

sustentar [suʃtẽn'ta(x)] *vt* sostener; ~ **que** sostener que.

◆ **sustentar-se** *vp* sostenerse.

sustento [suʃ'tẽntu] *m* [alimento, manutenção] sustento *m*.

susto ['suʃtu] *m* susto *m*; **levar** *ou* **tomar um** ~ llevarse un susto.

sutiã [su'tʃjã] *m* sujetador *m Esp*, sostién *m Méx*, corpiño *m Arg*, sutién *m Urug*.

sutil [su'tʃiw] (*pl* -is) *adj* sutil.

sutileza [sutʃi'leza] *f* sutileza *f*.

sutilmente [sutʃiw'mẽntʃi] *adv* sutilmente.

suvenir [suve'ni(x)] *m* souvenir *m*, recuerdo *m*.

t, T [te] *m* [letra] t, T *f*.

tá ['ta] *fam* = **está**.

tabacaria [tabaka'ria] *f* estanco *m Esp*, tabaquería *f Amér*.

tabaco [ta'baku] *m* tabaco *m*.

tabefe [ta'bɛfil] *m fam* sopapo *m*, cachetada *f Méx*; **dar um** ~ **em/levar um** ~ **de alguém** dar un sopapo a/recibir un sopapo de alguien, dar una cachetada a/recibir una cachetada de alguien *Méx*.

tabela [ta'bɛla] *f* -**1.** [lista, quadro] tabla *f*; ~ **(de preços)** lista *f* de precios. -**2.** *fam* [indiretamente]: **por** ~ indirectamente, trascartón *RP*.

tabelado, da [tabe'ladu, da] *adj* -**1.** [produtos, preços] regulado(da), controlado(da). -**2.** [dados] organizado(da) en una tabla.

tabelamento [tabela'mẽntu] *m* [controle de preços] regulación *f* de precios.

tabelar [tabe'la(x)] *vt* -**1.** [fixar o preço de] establecer el precio de. -**2.** [dados] organizar en una tabla.

tabelião, liã [tabe'ljãw, ljã] (*mpl* -ães, *fpl* -s) *m, f* escribano *m*, -na *f*.

taberna [ta'bɛxna] *f* taberna *f*, bolichón *m RP*.

tabique [ta'biki] *m* [parede divisória] tabique *m*.

tablado [ta'bladu] *m* -**1.** [palco] escenario *m*. -**2.** [estrado] tarima *f*.

tablete [ta'blɛtʃi] *m* tableta *f*.

tablóide [ta'blɔjdʒi] *m* tabloide *m*.

tabu [ta'bu] <> *adj* tabú. <> *m* tabú *m*.

tábua ['tabwa] *f* tabla *f*; ~ **de passar roupa** tabla de planchar, burro *m Méx*.

tabuada [ta'bwada] *f MAT* tablas *fpl*.

tabulador [tabula'do(x)] *m* tabulador *m*.

tabuleiro [tabu'lejru] *m* -**1.** [bandeja] bandeja *f*. -**2.** *CULIN* asadera *f*. -**3.** [de jogo] tablero *m*.

tabuleta [tabu'leta] *f* letrero *m*.

taça ['tasa] *f* [copo, troféu] copa *f*.

> Não confundir *taça (copa)* com o espanhol *taza* que em português é *xícara*. (*A vovó serviu o champanhe nas taças novas*. La abuela sirvió champán en las *copas* nuevas.)

tacada [ta'kada] *f ESP* tacada *f*; **de uma** ~ **só** [de uma só vez] *fam* de una tacada, de un tirón.

tacanho, nha [ta'kãɲu, ɲa] *adj* -**1.** [baixo] bajo(ja), petiso(sa) *RP*. -**2.** [mesquinho] tacaño(ña). -**3.** *fig* [sem visão] corto(ta).

tacha ['taʃa] *f* [pequeno prego] tachuela *f*, tacha *f RP*.

tachar [ta'ʃa(x)] *vt*: ~ **alguém/algo de algo** tachar a alguien/algo de algo.

tachinha [ta'ʃiɲa] *f* chincheta *f Esp*, chinche *f Amér*.

tacho ['taʃu] *m* [recipiente] cacerola *f*, tacho *m RP*.

tácito, ta ['tasitu, ta] *adj* [implícito] tácito(ta).

taciturno, na [tasi'tuxnu, na] *adj* taciturno(na).

taco ['taku] *m* **-1.** *ESP* taco *m*. **-2.** [de assoalho] tabla *f.*

tagarela [taga'rɛla] <> *adj* charlatán(ana), parlanchín(ina). <> *mf* charlatán *m*, -ana *f*, parlanchín *m*, -ina *f.*

Tailândia [taj'lãndʒja] *n* Tailandia.

tailleur [taj'ɛ(x)] *m* tailleur *m.*

tainha [ta'iɲa] *f* lisa *f*, mújol *m.*

tais [tajʃ] *pl* ▷ **tal**.

Taiti [taj'tʃi] *n* Tahití *m.*

Taiwan [taj'wã] *n* Taiwán.

tal ['taw] (*pl* **tais**) <> *adj* tal; ~ **como** tal como; ~ **qual** tal cual; **eu nunca diria** ~ **coisa** yo nunca diría tal cosa; **a dor foi** ~, **que desmaiei** fue tal el dolor, que me desmayé; **o** ~ **vizinho** el tal vecino; **na avenida** ~ en la avenida tal. <> *pron indef* [isto, aquilo] eso. <> *mf*: **ele se acha o** ~ él se cree el mejor.

➡ **que tal** *loc* [pedindo opinião]: **que** ~? ¿qué tal?; **que** ~ **(tomarmos) um drinque?** ¿qué tal (tomar) un trago?

➡ **e tal** *loc*: **ele é simpático e** ~, **mas ineficiente** él es simpático y tal, pero ineficiente.

➡ **um tal de** *loc* **um** ~ **de João** un tal Juan.

➡ **a tal ponto que** *loc conj* a tal punto que.

➡ **de tal maneira que** *loc conj* de tal manera que.

tala ['tala] *f MED* entablillado *m.*

talão [ta'lãw] (*pl* **-ões**) *m* **-1.** [bloco] talonario *m*; ~ **de cheques** talonario de cheques, chequera *f RP*. **-2.** [canhoto] matriz *f*, talón *m.*

talco ['tawku] *m* talco *m.*

talento [ta'lẽntu] *m* talento *m.*

talentoso, osa [talẽn'tozu, ɔza] *adj* talentoso(sa).

talhar [ta'ʎa(x)] <> *vt* [madeira] tallar. <> *vi* [leite] cortarse.

talharim [taʎa'rĩ] (*pl* **-ns**) *m* tallarín *m.*

talhe [ta'ʎi] *m* [de roupa] talle *m*, hechura *f.*

talher [ta'ʎɛ(x)] (*pl* **-es**) *m* cubierto *m.*

> Não confundir com o espanhol *taller*, que tem um significado similar ao português 'oficina': (*Le están enseñando al niño a usar bien los cubiertos en la mesa.* Estão ensinando o menino a usar bem os talheres à mesa.; *Dejé el auto en el taller mecánico para que lo arreglaran.* Deixei o carro na oficina mecânica para que o consertassem.)

talho ['taʎu] *m* [corte] tajo *m.*

talo ['talu] *m BOT* tallo *m.*

taludo, da [ta'ludu, da] *adj* [corpulento] corpulento(ta), grandote(ta) *RP.*

talvez [taw'veʒ] *adv* tal vez.

tamanco [ta'mãŋku] *m* zueco *m.*

tamanduá [tamãn'dwa] *m* oso *m* hormiguero.

tamanho, nha [ta'mãɲu, ɲa] *adj* **-1.** [tão grande] enorme. **-2.** [tão notável] notable.

➡ **tamanho** *m* tamaño *m*; **em** ~ **natural** de tamaño natural.

tamanho-família [ta,mãɲufa'miljа] *adj inv* de tamaño familiar.

tâmara ['tãmara] *f* dátil *m.*

tamarindo [tama'rĩndu] *m* tamarindo *m.*

também [tãn'bẽj] <> *adv* también; **eu/ele** *etc.* ~ **yo/él** *etc.* también; **eu** ~ **não** yo tampoco. <> *interj* [não é de surpreender]: **também!** ¡ya lo creo!, ¡cómo no!, ¡y también! *RP.*

> Note que, em espanhol, a forma negativa de *também* é *tampoco*: (*Ayer dormí muy bien. - Yo también.* Ontem dormi muito bem. - Eu também.; *Ayer no dormí muy bien - Yo tampoco.* Ontem não dormi muito bem. - Eu também não.)

tambor [tãn'bo(x)] (*pl* **-es**) *m* tambor *m.*

tamborim [tãnbo'rĩ] (*pl* **-ns**) *m* tamboril *m.*

Tâmisa ['tãmiza] *n*: **o rio** ~ el río Támesis.

tampa ['tãnpa] *f* tapa *f.*

tampado, da [tãn'padu, da] *adj* tapado(da).

tampão [tãn'pãw] (*pl* **-ões**) *m* **-1.** [de pia, banheira] tapón *m*. **-2.** *MED* [vaginal] tampón *m*. **-3.** [de poço, esgoto] tapa *f.*

tampar [tãn'pa(x)] *vt* tapar.

tampinha [tãn'piɲa] *mf fam* [pessoa baixa] tapón *m.*

tampo ['tãnpu] *m* **-1.** [de privada] tapa *f.* **-2.** [de mesa] hoja *f*, tapa *f RP.*

tampouco [,tãn'poku] *adv* tampoco.

tanga ['tãŋga] *f* **-1.** [roupa indígena] taparrabos *m inv.* **-2.** [biquíni] tanga *m.*

tanger [tãn'ʒe(x)] <> *vt* [instrumento] tocar, tañer *RP*. <> *vi* **-1.** [sinos] tocar, tañer. **-2.** [dizer respeito]: **no que tange a** en lo que toca *ou* respecta a.

tangerina [tãnʒe'rina] *f* mandarina *f*, tangerina *f RP.*

tangível [tãn'ʒivew] (*pl* **-eis**) *adj* tangible.

tanque ['tãŋki] *m* **-1.** [ger] tanque *m*. **-2.** [de lavar roupa] pileta *f.*

tanto, ta ['tãntu, ta] <> *adj* tanto(ta); **tanta gente** tanta gente; ~ **tempo** tanto tiempo; **trinta e** ~**s anos** treinta y tantos años. <> *pron* tanto *m.*

➡ **tanto** *adv* tanto; ~ **quanto** tanto como; ~ ... **como** tanto ... como; **se** ~ como mucho, cuando mucho *Méx* & *RP*; **ela trabalha** ~ trabaja tanto.

➡ **tantas** *fpl*: **às tantas** a las tantas, a las mil *RP.*

➡ **e tanto** *loc adj* y tanto, y pico.

➡ **tanto que** *loc conj* tanto que.

➡ **tanto faz** *loc adv*: **para mim,** ~ **ver este**

filme ou o outro me da lo mismo ver esta película o la otra; **você quer chá ou café? -** ~ **¿querés té o café?** - me da lo mismo.

tão [tãw] *adv* tan; ~ **... quanto** tan ... como.

tão-só [tãw'sɔ], **tão-somente** [tãwsɔ'mẽntʃi] *adv* tan sólo.

tapa [ˈtapa] *m* -**1**. [tabefe] bofetada *f*, cachetada *f Méx* & *RP*. -**2**. *fam* [em maconha] calada *f*, pitada *f RP*.

tapar [taˈpa(x)] *vt* -**1**. [ger] tapar. -**2**. [ferida, corpo] vendar.

tapear [taˈpja(x)] *vt* [enganar] engañar.

tapeçaria [tapesaˈria] *f* tapicería *f*.

tapeceiro, ra [tapeˈsejru, ra] *m, f* [vendedor, fabricante] tapicero *m*, -ra *f*.

tapete [taˈpetʃi] *m* -**1**. [solto] alfombra *f*, tapete *m Méx*; ~ **de banheiro** alfombra de baño, tapete *m* de baño *Méx*. -**2**. [fixo] moqueta *f Esp*, alfombra *f Amér*, moquette *f RP*.

tapioca [taˈpjɔka] *f* tapioca *f*.

tapume [taˈpumi] *m* cerca *f*, barda *f Méx*.

taquicardia [takikaxˈdʒia] *f* taquicardia *f*.

taquigrafia [takigraˈfia] *f* taquigrafía *f*.

taquígrafo, fa [taˈkigrafu, fa] *m, f* taquígrafo *m*, -fa *f*.

tara [ˈtara] *f PSIC* tara *f*.

tarado, da [taˈradu, da] <> *adj* -**1**. [desequilibrado] tarado(da). -**2**. [sexualmente] pervertido(da). -**3**. *fam* [fascinado]: **ser** ~ **por** estar loco por, ser loco por *RP*. <> *m, f* -**1**. [desequilibrado] tarado *m*, -da *f*, loco *m*, -ca *f RP*. -**2**. [sexualmente]: ~ **(sexual)** pervertido *m*, -da *f* (sexual).

tardar [taxˈda(x)] <> *vt* [retardar] retardar. <> *vi* [demorar-se, vir tarde] tardar, demorar *RP*; ~ **a fazer algo** tardar *ou* demorar *RP* en hacer algo; **o mais** ~ **a más tardar**.

tarde [ˈtaxdʒi] <> *f* tarde *f*; **boa** ~**!** ¡buenas tardes!; **de** *ou* **à** ~ **por la tarde**, a la tarde *Arg*, de/en la tarde *Méx*, de tarde *Urug*; **às cinco da** ~ **a las cinco de la tarde**. <> *adv* tarde; ~ **demais** demasiado tarde; **mais** ~ **más tarde**; **antes** ~ **do que nunca** más vale tarde que nunca.

tardio, dia [taxˈdʒiu, dʒia] *adj* tardío(a).

tarefa [taˈrɛfa] *f* tarea *f*.

tarifa [taˈrifa] *f* [preço, tabela de preços] tarifa *f*; ~ **alfandegária** tarifa aduanera.

tarifaço [tariˈfasu] *m* aumento *m* de tarifas públicas.

tarimbado, da [tarĩˈbadu, da] *adj*: ~ **(em)** con experiencia (en), con calle (en) *RP*.

tarô [taˈro] *m* tarot *m*.

tartaruga [taxtaˈruga] *f* tortuga *f*; **pente de** ~ **peine** *m* de carey.

tataravô, vó [tataraˈvo, vɔ] *m, f* tatarabuelo *m*, -la *f*.

tatear [taˈtʃja(x)] <> *vt* tantear, tentar *Méx*. <> *vi* tantear.

tático, ca [ˈtatʃiku, ka] *adj* táctico(ca).
◆ **tática** *f* táctica *f*.

tato [ˈtatu] *m* tacto *m*; **ter** ~ tener tacto.

tatu [taˈtu] *m* armadillo *m*, tatú *m RP*.

tatuagem [taˈtwaʒẽ] (*pl* -**ns**) *f* [desenho, técnica] tatuaje *m*.

tatuar [taˈtwa(x)] *vt* tatuar.

taxa [ˈtaʃa] *f* tasa *f*; ~ **de embarque** tasas de aeropuerto, impuesto *m* aeroportuario *Méx*, tasa de embarque *RP*; ~ **de inscrição** tasa de inscripción, precio *m* de inscripción *Méx*; ~ **de natalidade/crescimento** tasa de natalidad/crecimiento; ~ **de câmbio** tasa de cambio, tipo de cambio *Méx*; ~ **de juros** tasa de interés.

taxar [taˈʃa(x)] *vt* -**1**. [onerar com imposto] gravar. -**2**. [fixar o preço de] tasar.

taxativo, va [taʃaˈtʃivu, va] *adj* [categórico] categórico(ca).

táxi [ˈtaksi] *m* taxi *m*.

taxiar [takˈsja(x)] *vi* rodar.

taxímetro [takˈsimetru] *m* taxímetro *m*.

tchau [ˈtʃaw] *interj* ¡chao!, ¡chau! *CSur*.

tcheco, ca [ˈtʃɛku, ka] <> *adj* checo(ca). <> *m, f* checo *m*, -ca *f*.
◆ **tcheco** *m* [língua] checo *m*.

tchecoslovaco, ca [tʃɛkoʒloˈvaku, ka] <> *adj* checoslovaco(ca). <> *m, f* checoslovaco *m*, -ca *f*.

Tchecoslováquia [tʃɛkoʒloˈvakja] *n* Checoslovaquia.

te [ˈtʃi] *pron pess* -**1**. *(objeto direto)* te; **eu** ~ **amo** te amo. -**2**. *(objeto indireto)* te; **ele** ~ **deu um presente** (él) te dio un regalo; **eu** ~ **contei um segredo** (yo) te conté un secreto; **o que** ~ **aconteceu?** ¿qué te pasó? -**3**. *(reflexivo)* te; **como foi que** ~ **machucaste?** ¿cómo te lastimaste?; ~ **cuida!** *fam* [em despedida] ¡cuídate! -**4**. *(com o pron você) fam* te; **você quer que eu** ~ **ajude?** ¿quieres que te ayude?

tear [teˈa(x)] (*pl* -**es**) *m* telar *m*.

teatral [tʃjaˈtraw] (*pl* -**ais**) *adj* teatral.

teatro [ˈtʃjatru] *m* teatro *m*; **fazer** ~ *fig* hacer teatro; ~ **de arena** teatro circular; ~ **de marionetes** teatro de marionetas; ~ **de operações** teatro de operaciones.

teatrólogo, ga [tʃjaˈtrɔlogu, ga] *m, f* teatrólogo *m*, -ga *f*.

tecelão, lã [teseˈlãw, lã] (*mpl* -**ões**, *fpl* -**s**) *m, f* tejedor *m*, -ra *f*.

tecer [teˈse(x)] *vt* -**1**. [entrelaçar os fios de] tejer. -**2**. *fig* [engendrar]: ~ **intrigas sobre/contra alguém** tejer intrigas sobre/contra alguien.

tecido [teˈsidu] *m* [têxtil & *BIOL*] tejido *m*.

tecla ['tɛkla] *f* tecla *f*; ~ **de função** tecla de função; **bater na mesma** ~ *loc* [repisar um assunto] insistir en el mismo asunto, machacar con lo mismo *RP*.

tecladista [tekla'dʒiʃta] *mf* Mús teclista *mf* *Esp*, tecladista *mf* *Amér*.

teclado [te'kladu] *m* [de máquina & Mús] teclado *m*.

técnica ['tɛknika] *f* ▷ técnico.

técnico, ca ['tɛkniku, ka] ◇ *adj* técnico(ca). ◇ *m*, *f* técnico *m*, -ca *f*. ▶ **técnica** *f* técnica *f*.

tecnocrata [tekno'krata] *mf* tecnócrata *mf*.

tecnologia [tɛknolo'ʒia] *f* tecnología *f*; ~ **da informação** tecnología de la información; ~ **de ponta** tecnología punta, tecnología de punta *Méx & RP*.

tecnológico, ca [tɛkno'lɔʒiku, ka] *adj* tecnológico(ca).

teco-teco [ˌtɛku'tɛkul (*pl* teco-tecos) *m* avioneta *f*.

tédio ['tɛdʒjul *m* tedio *m*, aburrimiento *m* *RP*.

tedioso, osa [te'dʒjozu, ɔza] *adj* tedioso(sa), aburrido(da) *RP*.

Tegucigalpa [tegusi'kawpa] *n* Tegucigalpa.

teia ['teja] *f* [tela] tela *f*; ~ **(de aranha)** tela de araña, telaraña *f*; ~ **de espionagem** *fig* red *f* de espionaje.

teimar [tej'ma(x)l ◇ *vt* : ~ **que** obstinarse en que, insistir en que. ◇ *vi* [insistir] obstinarse, insistir.

teimosia [tejmo'zia] *f* obstinación *f*, terquedad *f*; ~ **em fazer algo** obstinación en hacer algo.

teimoso, osa [tej'mozu, ɔza] *adj* **-1.** [adulto] obstinado(da), terco(ca). **- 2.** [criança] caprichoso(sa).

Tejo ['teʒul *n*: **o (rio)** ~ el río Tajo.

tel. (*abrev de* telefone) tel.

tela ['tɛla] *f* **-1.** [ger] tela *f*. **- 2.** CINE, COMPUT & TV pantalla *f*.

telão [te'lãwl (*pl* -ões) *m* pantalla *f* gigante.

tele ['tɛlel *pref* tele.

telecomunicação [tɛlekomunika'sawl (*pl* -ões) *f* telecomunicación *f*. ▶ **telecomunicações** *fpl* telecomunicaciones *fpl*.

teleférico [tɛle'fɛrikul *m* teleférico *m*.

telefonar [telefo'na(x)l *vi* telefonear, llamar por teléfono a; ~ **para alguém** telefonear a alguien, llamar por teléfono a alguien.

telefone [tele'fonil *m* teléfono *m*; **estar/falar ao** ~ estar al/hablar por teléfono; ~ **celular** teléfono móvil *Esp ou* celular *Amér*; ~ **sem fio** teléfono inalámbrico; ~ **público** teléfono público.

telefonema [telefo'nemal *m* llamada *f* telefónica; **dar um** ~ **para alguém/algum lugar** llamar por teléfono a alguien/algún lugar, hacer una llamada a alguien/algún lugar.

telefônico, ca [tele'foniku, kal *adj* telefónico(ca).

telefonista [telefo'niʃta] *mf* telefonista *mf*.

telégrafo [te'lɛgraful *m* [aparelho, local] telégrafo *m*.

telegrama [tele'grãmal *m* telegrama *m*; **passar um** ~ mandar un telegrama; ~ **fonado** telegrama telefónico.

teleguiado, da [tɛle'gjadu, dal *adj* [míssil] teledirigido(da).

telejornal [ˌtɛleʒox'nawl (*pl* -ais) *m* telediario *m* *Esp*, noticiero *m* televisivo *Amér*.

telejornalismo [ˌtɛleʒoxna'liʒmul *m* periodismo *m* televisivo.

telenovela [ˌtɛleno'vɛlal *f* telenovela *f*.

teleobjetiva [ˌtɛljobʒɛ'tʃival *f* teleobjetivo *m*.

telepatia [telepa'tʃial *f* telepatía *f*.

telepático, ca [tele'patʃiku, kal *adj* telepático(ca).

telescópico, ca [teleʃ'kɔpiku, kal *adj* telescópico(ca).

telescópio [teleʃ'kɔpjul *m* telescopio *m*.

telespectador, ra [tɛleʃpekta'do(x), ral ◇ *adj*: **o público** ~ los telespectadores. ◇ *m*, *f* telespectador *m*, -ra *f*.

televisão [televi'zãwl (*pl* -ões) *f* televisión *f*; ~ **a cabo** televisión por cable.

televisivo, va [televi'zivu, val *adj* televisivo(va).

televisor [televi'zo(x)l (*pl* -es) *m* televisor *m*.

telex [tɛ'lɛkiʃl (*pl* -es) *m* télex *m*; **passar um** ~ mandar un télex.

telha ['teʎal *f* **-1.** [de casa] teja *f*. **- 2.** *fam fig* [mente]: **dar na** ~ **de alguém fazer algo** dar a alguien por hacer algo, dar a alguien la manía de hacer algo *Méx*.

telhado [te'ʎadul *m* tejado *m*.

telões [tɛ'lõjʃl *pl* = telão.

tema ['temal *m* tema *m*.

temático, ca [te'matʃiku, kal *adj* temático(ca). ▶ **temática** *f* temática *f*.

temer [te'me(x)l ◇ *vt* temer; ~ **que** temer que; ~ **fazer algo** temer hacer algo. ◇ *vi* temer; ~ **por alguém/algo** temer por alguien/algo.

temerário, ria [teme'rarju, rjal *adj* temerario(ria).

temeridade [temeri'dadʒil *f*: **ser uma** ~ [ser arriscado, perigoso] ser una temeridad; [ser atemorizador] ser aterrador, ser de terror *RP*.

temeroso, osa [teme'rozu, ɔzal *adj* **-1.** [me-

temido 304

droso, receoso] temeroso(sa). **-2.** [amedrontador] temible.
temido, da [te'midu, da] *adj* [assustador] temido(da).
temível [te'mivɛw] (*pl* **-eis**) *adj* temible.
temor [te'mo(x)] (*pl* **-es**) *m* temor *m*.
temperado, da [tẽnpe'radu, da] *adj* **-1.** [clima, metal] templado(da). **-2.** [condimentado] condimentado(da). **-3.** [marinado] marinado(da).
temperamental [tẽnperamẽn'taw] (*pl* **-ais**) ⟨⟩ *adj* temperamental. ⟨⟩ *mf* temperamental *mf*.
temperamento [tẽnpera'mẽntu] *m* temperamento *m*.
temperar [tẽnpe'ra(x)] *vt* **-1.** [metal] templar. **-2.** [condimentar] condimentar. **-3.** [marinar] marinar.
temperatura [tẽnpera'tura] *f* temperatura *f*.
tempero [tẽn'peru] *m* **-1.** [condimento, sabor] condimento *m*. **-2.** [vinha-d'alho] adobo *m*.
tempestade [tẽnpeʃ'tadʒi] *f* tempestad *f*; **fazer uma** ~ **em copo d'água** *loc* hacer una tormenta en un vaso de agua.
tempestuoso, osa [tẽnpeʃ'twozu, ɔza] *adj* tempestuoso(sa).
templo ['tẽnplu] *m* [cristão, pagão] templo *m*.
tempo ['tẽnpu] *m* [ger] tiempo *m*; **ganhar/perder** ~ ganar/perder tiempo; **quanto** ~**?** ¿cuánto tiempo?; **há quanto** ~**?** ¿desde cuándo?; **não dá** ~ no da tiempo, no da el tiempo *RP*; ~ **hábil** el plazo establecido; **previsão do** ~ parte *m ou* previsión *f* del tiempo; ~ **integral** tiempo completo; **primeiro/segundo** ~ primer/segundo tiempo; **a** ~ a tiempo; **nesse meio** ~ en ese intervalo, en ese lapso *RP*; **ao mesmo** ~ al mismo tiempo; **de** ~**s em** ~**s** de vez en cuando.
têmpora ['tẽnpora] *f ANAT* sien *f*.
temporada [tẽnpo'rada] *f* temporada *f*; **baixa/alta** ~ temporada baja/alta.
temporal [tẽnpo'raw] (*pl* **-ais**) *m* temporal *m*.
temporário, ria [tẽnpo'rarju, rja] *adj* temporal, temporario(ria) *RP*.
tenacidade [tenasi'dadʒi] *f* tenacidad *f*.
tenaz [te'najʒ] *adj* [pessoa] tenaz.
tencionar [tẽnsjo'na(x)] *vt* : ~ **algo/fazer algo** tener la intención de hacer algo *RP*.
tenda ['tẽnda] *f* [militar, de acampamento] tienda *f Esp*, *Cuba* & *Méx*, carpa *f RP*; ~ **de oxigênio** tienda *Esp*, *Cuba* & *Méx ou* carpa *RP* de oxígeno.
tendão [tẽn'dãw] (*pl* **-ões**) *m* tendón *m*.
tendência [tẽn'dẽnsja] *f* **-1.** [propensão] tendencia *f*; ~ **a** *ou* **para algo** tendencia a algo; ~ **a fazer algo** tendencia a hacer algo. **-2.** [vocação] inclinación *f*.

tendencioso, osa [tẽndẽn'sjozu, ɔza] *adj* tendencioso(sa).
tender [tẽn'de(x)] *vi* **-1.** [ter tendência]: ~ **a** *ou* **para algo** tender a algo; ~ **a fazer algo** tender a hacer algo. **-2.** [ter vocação]: ~ **a** *ou* **para algo** sentir inclinación por algo; ~ **a fazer algo** tener vocación para hacer algo.
tenebroso, sa [tene'brozu, za] *adj* **-1.** *fig* [terrível, horrível, malévolo] tenebroso(sa). **-2.** [aflitivo, tormentoso] tormentoso(sa).
tenente [te'nẽntʃi] *mf* teniente *mf*.
tenho ['teɲu] ⟩ **ter**.
tênis ['teniʃ] *m* **-1.** *ESP* tenis *m inv*; ~ **de mesa** tenis de mesa, ping-pong *m*. **-2.** [calçado] tenis *mpl*, zapatillas *fpl Arg*, championes *mpl Urug*.
tenista [te'niʃta] *mf* tenista *mf*.
tenor [te'no(x)] ⟨⟩ *m* [voz, cantor] tenor *m*. ⟨⟩ *adj* [instrumento] tenor.
tenro, ra ['tẽnxu, xa] *adj* **-1.** [macio, novo, jovem] tierno(na). **-2.** [amizade] reciente.
tensão [tẽn'sãw] (*pl* **-ões**) *f* [pressão] presión *f*.
tenso, sa ['tẽnsu, sa] *adj* tenso(sa).
tentação [tẽnta'sãw] (*pl* **-ões**) *f* tentación *f*.
tentáculo [tẽn'takulu] *m* tentáculo *m*.
tentador, ra [tẽnta'do(x), ra] (*mpl* **-es**, *fpl* **-s**) *adj* tentador(ra).
tentar [tẽn'ta(x)] *vt* **-1.** [usar de meios para] intentar; ~ **fazer algo** intentar hacer algo. **-2.** [experimentar] probar, experimentar. **-3.** [atrair] tentar.
tentativa [tẽnta'tʃiva] *f* intento *m*; ~ **de roubo** intento de robo, tentativa *f* de robo.
tênue ['tẽnwi] *adj* **-1.** [luz, sentimento, voz] tenue, débil. **-2.** [argumento, desejo] débil. **-3.** [cortina, cerração] delgado(da), fino(na). **-4.** [parede] delgado(da), fino(na). **-5.** [carícia] suave. **-6.** [diferença] sutil.
teologia [tʃolo'ʒia] *f* [ciência, doutrina] teología *f*.
teológico, ca [tʃjo'lɔʒiku, ka] *adj* teológico(ca).
teor [t'tʃjo(x)] *m* **-1.** [conteúdo, significado] sentido *m*, tenor *m RP*. **-2.** [proporção de uma substância] nivel *m*.
teorema [teo'rema] *m* teorema *m*.
teoria [teo'ria] *f* teoría *f*.
teoricamente [ˌtʃjorika'mẽntʃi] *adv* teóricamente.
teórico, ca [te'ɔriku, ka] ⟨⟩ *adj* [relativo à teoria, sem caráter prático] teórico(ca). ⟨⟩ *m, f* teórico *m*, -ca *f*.
tépido, da ['tɛpidu, da] *adj* tibio(bia).
ter ['te(x)] ⟨⟩ *vt* **-1.** [ger] tener; ~ **alguém por** *ou* **como algo** tener a alguien como algo; ~ **razão** tener razón; ~ **fome/calor**

tener hambre/calor; **o que é que você tem?** ¿qué te pasa?, ¿qué es lo que tienes?, ¿qué tenés? *RP*; **quantos anos ele tem?** ele tem 30 anos ¿cuántos años tiene? tiene 30 años; **ele tem 2 metros de altura** mide dos metros; **tenha calma!** ¡cálmate! **- 2.** [obter] obtener, tener *Méx* & *RP*. **- 3.** [segurar na mão, no colo] llevar, tener. **- 4.** [receber] recibir, tener *Méx*. ◇ *v impess* [haver]**: tem algo/alguém** hay algo/alguien; **não tem problema** no hay problema; **não tem de quê** de nada, (con) mucho gusto *CRica*, no tiene de qué *Méx*, no hay de qué *RP*. ◇ *v aux*: ~ **que** *ou* **de fazer algo** tener que hacer algo; ~ **como fazer algo** tener cómo hacer algo; ~ **a ver com algo/alguém** tener que ver con algo/alguien; **não** ~ **onde cair morto** *loc* no tener ni dónde caerse muerto.

ter. (*abrev de* terça-feira) mar.

terapeuta [tera'pewta] *mf* terapeuta *mf*.

terapêutico, ca [tera'pewtʃiku, ka] *adj* [relativo à terapêutica, relaxante] terapéutico(ca).

➤ **terapêutica** *f* [parte da medicina, tratamento] terapéutica *f*.

terapia [tera'pia] *f* [tratamento médico & *PSIC*] terapia *f*.

terça-feira [ˌtexsa'fejra] (*pl* terças-feiras) *f* martes *m inv*; ~ **gorda** *último día del carnaval*; *veja também* sexta-feira.

terceiro, ra [tex'sejru, ra] ◇ *num* terceiro(ra); **oTerceiro Mundo** el Tercer Mundo; ◇ *m, f* tercero *m*, -ra *f*; *veja também* sexto.

➤ **terceira** *f AUTO* tercera *f*.

➤ **terceiros** *mpl* [outras pessoas] terceros *mpl*.

terço, ça ['texsu, sa] *num*: **a terça parte** la tercera parte.

➤ **terço** *m* [rosário] rosario *m*.

terçol [tex'sɔw] (*pl* -óis) *m* orzuelo *m*.

termas ['texmaʃ] *fpl* [águas termais, estabelecimento] termas *fpl*.

térmico, ca [tɛx'miku, ka] *adj* térmico(ca).

terminal [texmi'naw] (*pl* -ais) ◇ *adj* terminal. ◇ *m* terminal *f*.

terminar [texmi'na(x)] ◇ *vt* terminar. ◇ *aux*: ~ **de fazer algo** terminar de hacer algo. ◇ *vi* terminar; ~ **em algo** terminar en algo.

término ['texminu] *m* final *m*, fin *m*.

terminologia [texminolo'ʒia] *f* terminología *f*.

termo ['texmu] *m* término *m*; **pôr** ~ **a algo** poner término a algo; **meio** ~ término medio; **a longo** ~ a largo plazo.

➤ **termos** *mpl* **-1.** [maneira, teor] términos *mpl*; **em** ~**s de** en terminos de. **-2.** [guardadas as devidas proporções]: **em** ~**s** *loc* en

parte. **-3.** [de contrato] condiciones *fpl*.

termômetro [ter'mɔmetru] *m* [instrumento] termómetro *m*.

termostato [tɛxmoʃ'tatu] *m* termostato *m*.

terno, na ['tɛxnu, na] *adj* tierno(na).

➤ **terno** *m* [traje] traje *m*, vestido *m Col*.

ternura [tex'nura] *f* ternura *f*.

terra ['tɛxa] *f* tierra *f*; **aTerra** la Tierra; **chão de** ~ **batida** piso de tierra batida, piso de tierra apisonada *RP*; ~ **de ninguém** tierra de nadie; ~ **natal** tierra natal.

terraço [te'xasu] *m* terraza *f*.

terracota [texa'kɔta] *f* [argila] terracota *f*.

terraplenar [texaple'na(x)] *vt* allanar.

terreiro [te'xejru] *m* **-1.** [espaço de terra] terreno *m*, explanada *f*. **- 2.** [espirit] *local en el que se realizan ciertos ritos de los cultos afrobrasileños, como la macumba*.

terremoto [texe'mɔtu] *m* terremoto *m*.

terreno, na [te'xenu, na] *adj* [material, mundano] terrenal, terreno(na).

➤ **terreno** *m* terreno *m*; ~ **baldio** terreno baldío, yermo *m*; **ganhar/perder** ~ *loc* ganar/perder terreno; **sondar o** ~ hacer un reconocimiento del terreno.

térreo, ea ['tɛxju, ja] *adj*: **andar** ~ planta *f* baja; **casa térrea** casa *f* de un piso, casa de una planta *RP*.

➤ **térreo** *m* [andar térreo] planta *f* baja.

terrestre [te'xɛʃtri] *adj* terrestre.

territorial [texito'rjaw] *adj* territorial.

território [texi'tɔrju] *m* territorio *m*.

terrível [te'xivɛw] (*pl* -eis) *adj* terrible.

terror [te'xo(x)] (*pl* -es) *m* [medo] terror *m*.

terrorista [texo'riʃta] ◇ *adj* [atividade, pessoa] terrorista. ◇ *mf* [pessoa] terrorista *mf*.

tesão [te'sãw] (*pl* -ões) *m mfam* [desejo sexual] excitación *f*, queso *m Cuba*, calentura *f RP*; **sentir** ~ **por alguém** sentir deseo por alguien, tener ganas a alguien *RP*; **ser um** ~ [pessoa] ser un bombón; [coisa] ser una maravilla.

tese ['tɛzi] *f* [proposição & *UNIV*] tesis *f inv*.

teso, sa ['tezu, za] *adj* **-1.** [esticado] estirado(da). **- 2.** [ereto] tieso(sa) *Esp*, parado(da) *Méx*, duro(ra) *RP*.

tesões [te'zõjʃ] *pl* ▷ **tesão**.

tesoura [te'zoral *f* tijeras *fpl*.

tesouraria [tezora'ria] *f* [departamento, cargo] tesorería *f*.

tesoureiro, ra [tezo'rejru, ra] *m, f* tesorero *m*, -ra *f*.

tesouro [te'zoru] *m* tesoro *m*.

➤ **Tesouro** *m*: **oTesouro Nacional** el Tesoro.

testa ['tɛʃta] *f* frente *f*.

testa-de-ferro [ˌtɛʃtadʒi'fɛxu] (*pl* **testas-de-**

testamento

ferro) *mf* testaferro *m.*

testamento [teʃta'mẽntul *m* testamento *m.*

➡ **NovoTestamento** *m* Nuevo Testamento *m.*

➡ **Velho Testamento** *m* Antiguo Testamento *m.*

testar [teʃ'ta(x)] *vt* -**1.** [submeter a teste] probar. -**2.** [deixar em testamento] testar.

teste ['tɛʃtʃi] *m* prueba *f*, test *m.*

testemunha [teʃte'muɲa] *f* [quem presenciou um fato] testigo *mf*; ~ **ocular** testigo ocular; ~ **de acusação** testigo de cargo.

testemunhar [teʃte'muɲa(x)] ⬦ *vt* -**1.** [ger] testimoniar. -**2.** [depor sobre, comprovar] testificar, atestiguar. ⬦ *vi* JUR testimoniar, atestiguar RP.

testemunho [teʃte'muɲul *m* -**1.** JUR [depoimento] testimonio *m.* -**2.** [prova] prueba *f*, testimonio *m* RP.

testículo [teʃ'tʃikulul *m* testículo *m.*

teta ['tetal *f* ANAT teta *f.*

tétano ['tɛtanul *m* tétano *m*, tétanos *m inv.*

teto ['tɛtul *m* -**1.** techo *m*; ~ **solar** AUTO techo solar. -**2.** AERON visibilidad *f.*

tetracampeão, peã [tetrakãn'pjãw, pjãl *m, f* tetracampeón *m*, -ona *f.*

tetraplégico, ca [tetra'plɛʒiku, kal ⬦ *adj* tetraplégico(ca). ⬦ *m, f* tetraplégico *m*, -ca *f.*

tétrico, ca ['tɛtriku, kal *adj* tétrico(ca).

teu, tua ['tew, 'tual ⬦ *adj poss* [pertencente ou relativo a ti] tu; ~ **braço/lápis** tu brazo/lápiz; **tua boca/casa** tu boca/casa; **este livro é** ~ este libro es tuyo. ⬦ *pron poss* -**1.** [o que pertence ou respeita a ti]: **o** ~, **a tua** el tuyo la tuya; **o** ~ **é diferente** el tuyo es diferente; **a tua custou mais caro** la tuya salió más cara; **os** ~**s** [a tua família] los tuyos; **ser um dos** ~**s** *fam* [estar do teu lado] ser uno de los tuyos. -**2.** *loc*: **estar/ficar na tua** estar/quedarse tranquilo.

tevê [te've] *f* tele *f.*

têxtil ['teʃtʃiw] (*pl* -**teis**) *adj* textil.

texto ['teʃtul *m* texto *m.*

textura [teʃ'tural *f* textura *f.*

texugo [te'ʃugul *m* ZOOL tejón *m.*

tez ['teʃl *f* [cútis] tez *f.*

TFR (*abrev de* **Tribunal Federal de Recursos**) *m* tribunal de apelación brasileño.

thriller ['trile(x)] *m* thriller *m.*

ti ['tʃil *pron pess* (*depois de prep; com* + **ti** = **contigo**) -**1.** (*objeto indireto*) ti; **este presente é para** ~ este regalo es para ti/vos RP; **posso ir contigo?** ¿puedo ir contigo?; ~ **mesmo** OU **próprio** ti/vos RP mismo. -**2.** (*reflexivo*) ti; **só pensas em** ~ **mesmo** sólo piensas/pensás RP en ti/vos RP mismo.

tia ['tʃial *f* tía *f.*

tia-avó [ˌtʃia'vɔ] (*pl* **tias-avós**) *f* tía *f* abuela.

tiara ['tʃjaral *f* tiara *f.*

Tibete [tʃi'bɛtʃil *n*: **o** ~ el Tíbet, el Tibet.

tíbia ['tʃibjal *f* ANAT tibia *f.*

tíbio, bia ['tʃibju, bjal *adj* -**1.** [fraco] débil. -**2.** [sem energia, ardor] flojo(ja).

tição [tʃi'sãw] (*pl* -**oes**) *m* [lenha] tizón *m.*

tico-tico [ˌtʃiku'tʃikul (*pl* -**s**) *m* ZOOL chingolo *m.*

tido, da ['tʃidu, dal *adj* [considerado]: ~ **como** considerado como.

➡ **tido** *pp* ▷ **ter.**

tiete ['tʃjetʃil *mf* fam fan *mf.*

tifo ['tʃiful *m* tifus *m inv.*

tigela [tʃi'ʒɛlal *f* [vasilha] cuenco *m*, bol *m.*

tigre ['tʃigril *m* ZOOL tigre *m.*

tijolo [tʃi'ʒolul *m* ladrillo *m.*

til ['tʃiwl *m* tilde *f.*

timaço [tʃi'masul *m* fam [grande time] equipazo *m*, cuadrazo *m* RP.

timão [tʃi'mãwl (*pl* -**ões**) *m* NÁUT timón *m.*

timbre ['tʃĩbril *m* -**1.** [ger] timbre *m.* -**2.** [carimbo, selo] matasellos *m inv*, timbre *m* Cuba.

time ['tʃimil *m* ESP [grupo] equipo *m*, cuadro *m* RP; **do segundo** ~ de segunda (categoría); **tirar o** ~ **de campo** fam loc recoger los bártulos, retirar el equipo Méx, tomárselas RP.

timidez [tʃimi'deʃl *f* timidez *f.*

tímido, da ['tʃimidu, dal *adj* tímido(da).

timões [tʃi'mõjʃl *pl* ▷ **timão.**

timoneiro, ra [tʃimo'nejrul *m, f* NÁUT timonel *m.*

tímpano ['tʃĩpanul *m* -**1.** ANAT tímpano *m.* -**2.** [em campainha] campanilla *f.*

tina ['tʃinal *f* -**1.** [para lavar roupa] tina *f*, palangana *f* RP. -**2.** [para uso industrial] tina *f*, pileta *f* RP. -**3.** [para banho] bañera *f* Esp & RP, bañadera *f* Arg, tina *f* Cuba & Méx.

tingido, da [tʃĩ'ʒidu, dal *adj* [tinto] teñido(da).

tingimento [tʃĩʒi'mẽntul *m* teñido *m.*

tingir [tʃĩ'ʒi(x)] *vt* -**1.** [roupa, tecido, cabelo] teñir. -**2.** [parede, corpo] pintar.

tinha ['tʃiɲal *vb* ▷ **ter.**

tinhoso, osa [tʃi'nozu, ɔzal *adj* -**1.** [teimoso] cabezón(ona). -**2.** [persistente] tenaz.

tinir [tʃi'ni(x)] *vi* -**1.** [soar agudamente] tintinear. -**2.** [zunir] zumbar. -**3.** *loc* [em altíssimo grau]: **a casa está tinindo de limpa** la casa está reluciente, la casa está hecha un jaspe RP; **o tenista está tinindo** el tenista está en excelente forma; **o carro está tinindo** el coche está perfecto; ~ **de fome/raiva** morirse de hambre/rabia.

tinjo ['tʃĩʒul *vb* ▷ **tingir.**

tino ['tʃinul *m* [juízo, prudência] tino *m*; **ter** ~

para algo [ter queda para] tener tino para algo.

tinta [ˈtʃĩnta] *f* -**1.** [para imprimir, escrever] tinta *f.* -**2.** [para tingir] tinte *m*, tintura *f RP.* -**3.** [para pintar] pintura *f*; ~ **a óleo** pintura al óleo.

tinteiro [tʃĩnˈtejru] *m* tintero *m.*

tinto [ˈtʃĩntu] <> *adj* -**1.** [cabelos] teñido(da). -**2.** [vinho] tinto(ta). <> *m* [vinho tinto] tinto *m.*

tintura [tʃĩnˈtura] *f* -**1.** [tinta] tinte *m*, tintura *f RP.* -**2.** [ato] teñido *m.*

tinturaria [tʃĩnturaˈria] *f* tintorería *f.*

tio [ˈtʃiw] *m* tío *m*; **os seus** ~**s** sus tíos.

tio-avô [ˈtʃiwaˈvo] (*pl* **tios-avôs**) *m* tío *m* abuelo.

tipicamente [tʃipikaˈmẽntʃil] *adv* típicamente.

típico, ca [ˈtʃipiku, ka] *adj* típico(ca).

tipo, pa [ˈtʃipu, pal] *m* -**1.** [ger] tipo *m*; ~ **sanguíneo** grupo *m* sanguíneo, tipo *m* sanguíneo *Méx.* -**2.** *fam* [sujeito] tipo *m*, tío *m Esp.*

tipografia [tʃipograˈfia] *f* -**1.** [arte] tipografía *f.* -**2.** [estabelecimento] imprenta *f.*

tipógrafo, fa [tʃiˈpɔgrafu, fal] *m, f* -**1.** [que imprime] impresor *m*, -ra *f.* -**2.** [que compõe] tipógrafo *m*, -fa *f.*

tipóia [tʃiˈpɔja] *f* [tira de pano] cabestrillo *m.*

tique [ˈtʃiki] *m* [cacoete]: ~ **(nervoso)** tic *m* (nervioso).

tique-taque [ˌtʃikiˈtaki] (*pl* **tique-taques**) *m* tictac *m*, tic-tac *m.*

tíquete [tʃiˈketʃil] *m* ticket *m.*

tíquete-refeição [ˌtʃiketʃixeˈfeˈsãw] (*pl* **tíquetes-refeição**) *m* vale *m* de comida.

tíquete-restaurante [ˌtʃiketʃixeʃtawˈrãntʃil] (*pl* **tíquetes-restaurante**) *m* [vale-refeição] vale *m* de comida.

tiquinho [tʃiˈkiɲul] *m*: **um** ~ **(de)** un cachito (de).

tira [ˈtʃiral] <> *f* tira *f.* <> *m fam* [agente de polícia] poli *m*, madero *m Esp*, tira *m Méx & RP.*

tiracolo [tʃiraˈkɔlul] *m*: **a** ~ en bandolera.

tiragem [tʃiˈraʒẽl] (*pl* **-ns**) *f* tirada *f Esp*, tiraje *m Amér.*

tira-gosto [ˈtʃiraˈgoʃtul] (*pl* **tira-gostos**) *m* aperitivo *m*, tapa *f Esp*, bocadillo *m Méx*, saladito *m RP.*

Tirana [tʃiˈrãnal] *n* Tirana.

tirânico, ca [tʃiˈrãniku, ka] *adj* tiránico(ca).

tirano, na [tʃiˈrãnu, nal] <> *adj* [cruel, injusto] tirano(na). <> *m, f* tirano *m*, -na *f.*

tirar [tʃiˈra(x)l] *vt* -**1.** [retirar] quitar, sacar *RP.* -**2.** [despir, descalçar] quitarse, sacarse *RP.* -**3.** [mesa] retirar, quitar, sacar *RP.* -**4.**: ~ **algo/alguém de algo** [afastar, fazer sair] sacar algo/a alguien de algo; ~ **algo/alguém**

de algo [arrancar, tomar] quitar algo/a alguien de algo, sacar algo/a alguien de algo *RP.* -**5.** [arrancar] sacar; ~ **proveito de** sacar provecho de; **sempre tira boas notas** siempre saca buenas notas; ~ **para dançar** sacar a bailar. -**6.** [bater] sacar. -**7.** [férias] coger, sacar *RP.* -**8.** [dúvidas] resolver, sacar *RP.* -**9.** *TIP* [imprimir] tirar. -**10.** [tal qual]: **sem** ~ **nem pôr** *loc* tal cual.

tiritar [tʃiriˈta(x)l] *vi* tiritar; ~ **de frio** tiritar de frío.

tiro [ˈtʃirul] *m* tiro *m*; **dar um** ~ **(em)** pegar un tiro (a); **trocar** ~**s** liarse a tiros, agarrarse a tiros *Méx & RP*; ~ **ao alvo** tiro al blanco; **ser** ~ **e queda** *fig* ser mano de santo, ser mágico(ca) *RP.*

tiro-de-guerra [tʃirudʒiˈgɛxal] (*pl* **tiros-de-guerra**) *m centro de instrucción de reservistas del ejército.*

tiroteio [tʃiroˈtejul] *m* tiroteo *m.*

titia [tʃiˈtʃial] *f fam* tía *f*, tiíta *f.*

titio [tʃiˈtʃiul] *m fam* tío *m*, tiíto *m.*

titubear [tʃitubˈbja(x)l] *vi* -**1.** [cambalear] tambalearse. -**2.** [hesitar] titubear.

titular [tʃituˈla(x)l] <> *adj* [efetivo] titular. <> *mf* titular *mf.*

título [ˈtʃitulul] *m* -**1.** [ger] título *m.* -**2.**: ~ **de propriedade** *JUR* título de propiedad. -**3.** [motivo]: **a** ~ **de** a título de.

tive [ˈtʃivil] *v* ▷ ter.

TM (*abrev de* Trademark) TM *m.*

TO (*abrev de* **Estado de Tocantins**) *estado de Tocantins.*

toa [ˈtoal] *f NÁUT* cabo *m.*

➡ **à toa** *loc adv* -**1.** [por motivo frívolo] por deporte, al santo botón *RP.* -**2.** [sem motivo] porque sí, al santo botón *RP.* -**3.** [inutilmente] en vano, al santo botón *RP.* -**4.** [desocupado] sin hacer nada. -**5.** [sem rumo] sin rumbo.

toalete [twaˈlɛtʃil] <> *m* [banheiro] baño *m*, toilette *m RP.* <> *f* -**1.** [ato]: **ela dedica muito tempo à** ~ dedica mucho tiempo a arreglarse; **fazer a** ~ arreglarse, asearse. -**2.** [traje] traje *m* de gala.

toalha [ˈtwaʎal] *f* toalla *f*; ~ **de mesa** mantel *m.*

toca [ˈtɔkal] *f* madriguera *f*, choza *f Méx.*

toca-discos [ˌtɔkaˈdʒiʃkuʃl] *m inv* tocadiscos *m inv.*

toca-fitas [ˌtɔkaˈfitaʃl] *m inv* radiocasete *m*, grabador *m RP.*

tocaia [toˈkajal] *f* emboscada *f.*

tocante [toˈkãntʃil] *adj inv* [comovente] emocionante, conmovedor(ra).

➡ **no tocante a** *loc prep* en lo tocante a, en lo que respecta a *RP.*

tocar [toˈka(x)l] <> *vt* -**1.** [ger] tocar. -**2.** [tan-

tocha

ger] arrear. **-3.** [fazer progredir]: ~ **algo (para frente)** llevar algo adelante, seguir adelante con algo. <> *vi* tocar; ~ **em algo/em alguém** tocar algo/a alguien.

➡ **tocar em** *vi* **-1.** [assunto] abordar. **-2.** [fazer escala em] hacer escala en, parar en *RP*. **-3.** [caber a]: **toca a você solucionar isto** te toca a ti solucionar esto.

➡ **tocar-se** *vp* **-1.** [pôr-se em contato] tocarse. **-2.** [perceber] darse cuenta de. **-3.** [ofender-se] darse por enterado.

tocha ['tɔʃa] *f* [facho] antorcha *f.*

toco ['toku] *m* **-1.** [de árvore] tocón *m.* **-2.** [de cigarro, charuto] colilla *f,* cabo *m Cuba.*

todavia [toda'via] *conj* sin embargo.

> Não confundir com o espanhol *todavía*, que tem um significado similar ao português 'ainda': (*Juan se acostó a las 8 de la noche de ayer y todavía duerme.* João foi dormir às 8 da noite de ontem e ainda está dormindo.)

todo, da ['todu, da] <> *adj indef* [inteiro] todo(da); **o dia** ~, ~ **o dia** todo el día. <> *adv* [completamente] todo. <> *pron indef* [qualquer, cada] todo(da); ~ **dia**, ~ **s os dias** todos los días; **em** *ou* **por toda parte** por todas partes, por todos lados; ~ **mundo** todo el mundo; **em** ~ **caso** en todo caso.

➡ **todo** *m* todo *m*; **ao** ~ en total.

➡ **todos** *pron pl* [todas as pessoas] todos.

➡ **a toda (velocidade)** *loc adv* a toda velocidad.

todo-poderoso, osa [ˌtodupode'rozu, ɔza] *adj* todopoderoso(sa).

toicinho [toj'siɲu] *m* = **toucinho**.

toldo ['towdu] *m* toldo *m.*

tolerância [tole'rãsja] *f* **-1.** [ger] tolerancia *f.* **-2.** [resistência] resistencia *f.*

tolerante [tole'rãntʃi] *adj* tolerante.

tolerar [tole'ra(x)] *vt* tolerar.

tolher [to'ʎe(x)] *vt* [dificultar] impedir.

tolice [to'lisi] *f* tontería *f,* bobada *f.*

tolo, la ['tolu, la] <> *adj* tonto(ta), bobo(ba). <> *m, f* [pessoa] tonto *m,* -ta *f,* bobo *m,* -ba *f.*

tom ['tõ] (*pl* -ns) *m* **-1.** [ger] tono *m*; ~ **agudo/grave** tono agudo/grave. **-2.** *MÚS*: ~ **maior/menor** tono mayor/menor. **-3.** *loc*: **ser de bom** ~ quedar bien, ser de buen tono *RP.*

tomada [to'mada] *f* toma *f,* enchufe *m.*

tomar [to'ma(x)] *vt* **-1.** [ger] tomar. **-2.** [pegar] tomar, coger; ~ **alguém em/por algo** coger a alguien en/por algo, agarrar a alguien en/por algo *Méx* & *RP*; ~ **emprestado** tomar prestado, agarrar prestado *Méx*, llevarse prestado *RP*. **-3.** [beber] beber, tomar *Amér*. **-4.** [susto] llevarse, agarrar *Méx*. **-5.** [satisfação] exigir.

tomara [to'mara] *interj* ¡ojalá!; ~ **que chova!** ¡ojalá llueva!

tomate [to'matʃi] *m* tomate *m.*

tombar [tõn'ba(x)] <> *vt* **-1.** [derrubar] tumbar, tirar abajo *RP*. **-2.** [para preservar] declarar de interés especial. <> *vi*: ~ **(em/de/para)** caerse (en/desde/para); **o soldado tombou na batalha** el soldado cayó en la batalla.

tombo ['tõnbu] *m* [queda] caída *f.*

tomilho [to'miʎu] *m* tomillo *m.*

tona ['tona] *f*: **à** ~ a la superficie.

tonal [to'naw] (*pl* -ais) *adj MÚS* tonal.

tonalidade [tonali'dadʒi] *f* tonalidad *f.*

tonel [to'nɛw] (*pl* -éis) *m* [recipiente] tonel *m.*

tonelada [tone'lada] *f* **-1.** [medida] tonelada *f.* **-2.** *fig* [grande quantidade de]: **uma** ~ **de** una tonelada de.

tonelagem [tone'laʒẽ] *f* tonelaje *m.*

toner ['tone(x)] *m TEC* tóner *m.*

tônico, ca ['toniku, ka] *adj* tónico(ca).

➡ **tônico** *m*: ~ **para o cabelo** tónico capilar.

➡ **tônica** *f* **-1.** [ger] tónica *f.* **-2.** *fig* [idéia, assunto principal] eje *m.*

tonificar [tonifi'ka(x)] *vt* tonificar.

tons [tõʃ] *pl* ⊳ **tom**.

tontear [tõn'tʃja(x)] <> *vt* **-1.** [suj: bebida, perfume] marear. **-2.** [suj: pessoa, notícia, revelação] escandalizar, atarantar *RP*. **-3.** [suj: barulho, confusão] aturdir. <> *vi* **-1.** [bebida, perfume] marear. **-2.** [notícia, revelação] escandalizar, atarantar *RP*. **-3.** [barulho, confusão] aturdir. **-4.** [pessoa - ficar tonto] marearse; [- perturbar-se] escandalizarse, atarantarse *RP*; [- ficar atordoado] aturdirse.

tonteira [tõn'tejra], **tontura** [tõn'tura] *f* [vertigem] mareo *m.*

tonto, ta ['tõntu, ta] *adj* mareado(da).

top ['tɔpi] *m* **-1.** [bustiê] corpiño *m.* **-2.** [o melhor]: ~ **de linha** modelo *m* de la gama más alta.

topada [to'pada] *f* tropezón *m*; **dar uma** ~ **em algo** dar un tropezón con algo.

topar [to'pa(x)] <> *vt* [aceitar, concordar com]: ~ **algo/fazer algo** aceptar algo/hacer algo. <> *vi* [aceitar, concordar] estar de acuerdo, aceptar.

➡ **topar-se** *vp* [deparar-se]: ~ **com algo** *ou* **alguém** toparse con algo/alguien.

➡ **topar com** *vi* [encontrar] toparse con.

➡ **topar em** *vi* [tropeçar em] tropezar con.

topázio [to'pazju] *m* topacio *m.*

topete [to'pɛtʃi] *m* [cabelo levantado] tupé *m,* jopo *m RP*; **ter o** ~ **de fazer algo** tener el valor de hacer algo, tener el tupé de hacer algo *RP*.

309

touca

tópico, ca ['tɔpiku, ka] *adj* tópico(ca).
➡ **tópico** *m* [tema, assunto] tópico *m*.
topless [tɔpi'lɛʃ] ⬦ *adj* topless. ⬦ *m* topless *m*.
topo ['topu] *m* punta *f*, extremo *m*, alto *m* RP.
topográfico, ca [topo'grafiku, ka] *adj* topográfico(ca).
toque ['tɔki] ⬦ *v* ▷ **tocar.** ⬦ *m* **-1.** [ger] toque *m*. **-2.** *fam*: **dar um** ~ **em alguém** [falar com] conversar con alguien; [avisar] dar un toque a alguien. **-3.** *MIL*: ~ **de recolher** toque *m* de queda. **-4.** *loc*: **a** ~ **de caixa** a toda prisa, a todo vapor RP.
tora ['tɔra] *f* **-1.** [de madeira] tronco *m*. **-2.** [pedaço] trozo *m*, pedazo *m*.
tórax ['tɔrakiʃ] *m (inv)* tórax *m* inv.
torção [tox'sãw] *f* **-1.** [ato de torcer] torsión *f*. **-2.** *MED* torcedura *f*.
torcedor, ra [toxse'do(x), ra] (*mpl* **-es**, *fpl* **-s**) ⬦ *adj* **-1.** [partidário] seguidor(ra), hincha. **-2.** *ESP* hincha, fan. ⬦ *m, f ESP* hincha *mf*, fan *mf*.
torcer [tox'se(x)] ⬦ *vt & vi* **-1.** [ger] torcer. **-2.** [espremer] retorcer, estrujar. **-3.** *fig* [adulterar] distorsionar. ⬦ *vi* [num jogo] animar, hinchar RP.
➡ **torcer para, torcer por** *vi* [desejar o êxito de] apoyar a, hinchar por RP.
torcicolo [toxsi'kɔlu] *m MED* tortícolis *f inv*.
torcida [tox'sida] *f* afición *f*, hinchada *f*.
tormenta [tox'mẽnta] *f* **-1.** *METEOR* tormenta *f*. **-2.** *fig* [transtorno] desastre *m*, tormenta *f* RP.
tormento [tox'mẽntu] *m* tormento *m*.
tornado [tox'nadu] *m* tornado *m*.
tornar [tox'na(x)] ⬦ *vt* [fazer ser] volver. ⬦ *vi*: ~ **a fazer algo** volver a hacer algo.
➡ **tornar-se** *vp* [vir a ser] volverse.
torneado, da [tox'njadu, da] *adj* [arredondado] torneado(da); **bem** ~ *fig* [corpo, pernas] bien torneado.
torneio [tox'neju] *m* [competição] torneo *m*.
torneira [tox'nejra] *f* llave *f*, grifo *m Esp*, canilla *f RP*.
torniquete [toxni'ketʃi] *m MED* torniquete *m*.
torno ['tɔxnu] *m TEC* torno *m*.
➡ **em torno de** *loc prep* en torno a.
tornozelo [toxnu'zelu] *m* tobillo *m*.
toró [to'rɔ] *m METEOR* chaparrón *m*, aguacero *m*; **caiu um** ~ cayó un chaparrón *ou* aguacero.
torpe ['tɔxpi] *adj* **-1.** [vil] repugnante, abyecto(ta). **-2.** [desonesto] indecente. **-3.** [obsceno] indecente, obsceno(na).
torpedo [tox'pedu] *m* torpedo *m*.
torpor [tox'po(x)] *m* **-1.** [físico] entumecimiento *m*. **-2.** [moral] inercia *f*.

torrada [to'xada] *f* tostada *f*.
torradeira [toxa'dejra] *f* tostadora *f*.
torrão [to'xãw] (*pl* **-ões**) *m* [de terra endurecida, açúcar] terrón *m*.
torrar [to'xa(x)] *vt* **-1.** [pão] tostar. **-2.** [café] tostar, torrar. **-3.** [ressecar] quemar, resecar. **-4.** *fig* [mercadorias] liquidar. **-5.** *fig* [dinheiro] tirar.
torre ['toxi] *f* torre *f*; ~ **de controle** torre de control.
torrencial [toxẽn'sjaw] *adj* **-1.** [chuva] torrencial. **-2.** [rio] caudaloso(sa).
torrente [to'xẽntʃi] *f* torrente *m*.
torresmo [to'xeʒmu] *m CULIN* corteza *f* de cerdo, chicharrón *m*.
tórrido, da ['tɔxidu, da] *adj* **-1.** [verão, zona] tórrido(da). **-2.** [temperamento] ardiente.
torso ['toxsu] *m* torso *m*.
torta ['tɔxta] *f* **-1.** [empadão] pastel *m*, tarta *f* RP. **-2.** [doce] tarta *f*, torta *f Cuba* & RP, pay *f Méx*.
torto, ta ['toxtu, ta] *adj* **-1.** torcido(da). **-2.** *loc*: **a** ~ **e a direito** a diestro y siniestro *Esp*, a diestra y siniestra *Amér*.
tortuoso, osa [tox'twozu, ɔza] *adj* tortuoso(sa).
tortura [tox'tura] *f* tortura *f*.
torturador, ra [toxtura'do(x), ra] *m, f* torturador *m* torturado, -ra *f*.
torturar [toxtu'ra(x)] *vt* torturar.
torvelinho [toxve'liɲu] *m* **-1.** [redemoinho] remolino *m*. **-2.** [confusão] confusión *f*, torbellino *m RP*.
tosa ['tɔza] *f* **-1.** [de pêlo] afeitado *m*. **-2.** [de lã] esquila *f*.
tosar [to'za(x)] *vt* **-1.** [pêlo] afeitar. **-2.** [cabelo] rapar.
tosco, ca ['toʃku, ka] *adj* **-1.** [grosseiro] tosco(ca). **-2.** [malfeito] chapucero(ra), desprolijo(ja) RP.
tosquiar [toʃ'kja(x)] *vt* [ovelha] esquilar, trasquilar.
tosse ['tɔsi] *f* tos *f inv*; ~ **de cachorro** tos cavernosa.
tossir [to'si(x)] *vi* **-1.** [ger] toser. **-2.** [expelir] escupir.
tostado, da [toʃ'tadu, da] *adj* tostado(da).
tostão [toʃ'tãw] (*pl* **-ões**) *m* [dinheiro] dinero *m*, plata *f Amér*, lana *f Méx*, guita *f RP*; **estar/ficar sem um** ~ estar/quedarse sin un centavo *ou* mango RP.
tostar [toʃ'ta(x)] *vt* tostar.
total [to'taw] (*pl* **-ais**) ⬦ *adj* total. ⬦ *m* total *m*.
totalitário, ria [totali'tarju, rja] *adj* totalitario(ria).
totalmente [totaw'mẽntʃi] *adv* totalmente.
touca ['toka] *f* [de lã, malha] gorro *m*, gorra *f*

RP; ~ **de banho** gorro *ou* gorra *RP* de baño; ~ **de natação** gorro de baño *ou* de piscina, gorra de natación *RP*.

toucinho [to'siɲu] *m* tocino *m*, panceta *f*; ~ **defumado** tocino ahumado.

toupeira [to'pejra] *f* -1. *ZOOL* topo *m*. -2. *fig* [ignorante] memo *m*, burro *m*, bestia *m*.

tourada [to'rada] *f* corrida *f* de toros.

tourear [to'rja(x)] *vt* & *vi* torear.

toureiro, ra [to'rejru] *m*, *f* torero *m*, -ra *f*.

touro ['toru] *m* -1. *ZOOL* toro *m*. -2. *fig*: **ser um** ~ [ser robusto] estar hecho un toro, ser un camión *RP*.

➡ **Touro** *m ASTRO* Tauro *m*.

tóxico, ca ['tɔksiku, ka] *adj* tóxico(ca).

➡ **tóxico** *m* -1. [veneno] tóxico *m*. -2. [droga] estupefaciente *m*.

toxicômano, na [toksi'komanu, na] *m*, *f* toxicómano *m*, -na *f*.

TPM (*abrev de*Tensão Pré-Menstrual) *f* tensión *f* premenstrual.

trabalhador, ra [trabaʎa'do(x), ra] (*mpl* **-es**, *fpl* **-s**) ◇ *adj* [laborioso] trabajador(ra). ◇ *m*, *f* trabajador *m*, -ra *f*; (~) **autônomo** (trabajador) autónomo *m*, (trabajadora) autónoma *f*, trabajador independiente *Méx* & *RP*.

trabalhão [traba'ʎãw] *m* = **trabalheira**.

trabalhar [traba'ʎa(x)] ◇ *vt* trabajar. ◇ *vi* -1. [ger] trabajar; ~ **em algo** trabajar en algo; ~ **como algo** [exercer a profissão de] trabajar como algo. -2. [funcionar] funcionar, trabajar *Méx*. -3. [pensar] ejercitar.

trabalheira [traba'ʎejra] *f*, **trabalhão** (*pl* **-ões**) *m* [traba'ʎãw] trabajo *m*.

trabalhista [traba'ʎiʃta] ◇ *adj* -1. [relativo ao trabalho] laboral, del trabajo. -2. [que é especialista em direito do trabalho] laboralista. -3. *POL* laborista. ◇ *mf POL* laborista *mf*.

trabalho [tra'baʎu] *m* -1. [ger] trabajo *m*; ~ **braçal** trabajo manual *ou* brazal *RP*; ~ **doméstico** trabajo doméstico; ~ **de parto** trabajo de parto. -2. [espirit] ritual *m*, trabajo *m Méx* & *RP*. -3.: **dar** ~ (**a alguém**) dar trabajo (a alguien).

trabalhoso, osa [traba'ʎozu, ɔza] *adj* trabajoso(sa).

traça ['trasa] *f* polilla *f*, traza *f Cuba*.

traçado [tra'sadu] *m* trazado *m*.

tração [tra'sãw] *f* tracción *f*.

traçar [tra'sa(x)] *vt* -1. [ger] trazar. -2. *fam* [devorar] tragarse.

traço ['trasu] *m* -1. [ger] trazo *m*. -2. [hífen] guión *m*. -3. [característica] rasgo *m*.

➡ **traços** *mpl* -1. [feições] rasgos *mpl*. -2. [vestígio, pequena quantidade] rastros *mpl*. -3. *fig* [laivos] vestigios *mpl*, toques *mpl RP*.

tradição [tradʒi'sãw] (*pl* -ões) *f* tradición *f*.

tradicional [tradʒisjo'naw] (*pl* -ais) *adj* tradicional.

tradicionalmente [tradʒisjonaw'mẽntʃi] *adv* tradicionalmente.

tradução [tradu'sãw] (*pl* -ões) *f* traducción *f*; ~ **automática** traducción automática.

tradutor, ra [tradu'to(x), ra] (*mpl* -es, *fpl* -s) ◇ *adj* traductor(ra). ◇ *m*, *f* traductor *m*, -ra *f*; ~ **juramentado** traductor jurado *ou* público *RP*.

traduzir [tradu'zi(x)] ◇ *vt* traducir. ◇ *vi* traducir.

trafegar [trafe'ga(x)] *vi* [transitar] circular, transitar *RP*.

tráfego ['trafegu] *m* -1. tráfico *m*, tránsito *m RP*; ~ **engarrafado** tráfico congestionado, tránsito embotellado *RP*. -2. [movimento]: ~ **aéreo** tráfico aéreo.

traficante [trafi'kãntʃi] *mf* traficante *mf*; ~ **de drogas** traficante de drogas.

traficar [trafi'ka(x)] ◇ *vt* traficar con, traficar *RP*. ◇ *vi* traficar.

tráfico ['trafiku] *m* tráfico *m*; ~ **de drogas** tráfico de drogas.

tragar [tra'ga(x)] ◇ *vt* tragar. ◇ *vi* [inalar] tragar.

tragédia [tra'ʒɛdʒja] *f* tragedia *f*.

trágico, ca ['traʒiku, ka] ◇ *adj* trágico(ca). ◇ *m*, *f* [ator] trágico *m*, -ca *f*.

trago ['tragu] ◇ *v* ▷ **trazer**. ◇ *m* -1. [ger] trago *m*. -2. [em cigarro] calada *f*, cachada *f Cuba*, pitada *f RP*.

traguei [tra'gej] ▷ **tragar**.

traição [traj'sãw] (*pl* -ões) *f* traición *f*.

traiçoeiro, ra [traj'swejru, ra] *adj* traicionero(ra).

traidor, ra [traj'do(x), ra] (*mpl* -es, *fpl* -s) ◇ *adj* traidor(ra). ◇ *m*, *f* [pessoa] traidor *m*, -ra *f*.

trailer ['trejle(x)] *m* -1. *CINE* tráiler *m*, avance *m*, cola *f Arg*, cortos *mpl Méx*, sinopsis *f Urug*. -2. [reboque] tráiler *m*. -3. [tipo casa] caravana *f*, tráiler *m Cuba* & *Méx*, casa *f* rodante *RP*.

traineira [traj'nejra] *f NÁUT* trainera *f*.

training ['trejnĩŋ] *m* chándal *m Esp*, equipo *m* buzo *Arg*, mono *m* deportivo *Cuba*, pants *mpl Méx*, jogging *m Urug*.

trair [tra'i(x)] *vt* -1. [ger] traicionar. -2. [não cumprir] faltar a.

➡ **trair-se** *vp*: ~**-se por algo/fazendo algo** [denunciar-se] delatarse por algo/haciendo algo.

trajar [tra'ʒa(x)] *vt* vestir.

traje ['traʒi] *m* traje *m*; ~ **de banho** traje *m* de baño; ~ **de passeio** traje convencional, traje sport *RP*; ~ **a rigor** traje de etiqueta.

trajeto [tra'ʒɛtu] *m* trayecto *m*.

trajetória [traʒe'tɔrja] *f* trayectoria *f*.

tralha ['traʎa] *f* [traste] trasto *m*, tarequera *f Cuba*.

trama ['trãma] *f* trama *f*.

tramar [tra'ma(x)] <> *vt* tramar. <> *vi* [conspirar]: ~ **contra** conspirar contra.

trambolhão [tranbo'ʎãw] (*pl* -ões) *m* trompazo *m*, porrazo *m RP*; **levar um** ~ darse un trompazo *ou* porrazo *RP*.

trambolho [tran'boʎu] *m* [objeto grande e incômodo] armatoste *m*.

trâmites ['trãmitʃiʃ] *mpl* **fig** [vias] trámites *mpl*.

tramóia [tra'mɔja] *f* tramoya *f*.

trampolim [trãnpo'lĩ] (*pl* -ns) *m* trampolín *m*.

tranca ['trãŋka] *f* -1. [de porta] tranca *f*. -2. [de carro] seguro *m*; **passar a** ~ **em** poner el seguro a.

trança ['trãnsa] *f* trenza *f*.

trancado, da [trãŋka'du, da] *adj* [fechado] cerrado(da).

trancafiar [trãŋka'fja(x)] *vt* trancar, encerrar.

trancar [trãŋ'ka(x)] *vt* -1. [porta, carro] cerrar con llave, trancar *RP*. -2. [prender] encerrar, trancar *RP*. -3. *EDUC* [matrícula] suspender, interrumpir. -4. *FUT* empujar.

➡ **trancar-se** *vp* [fechar-se] encerrarse, trancarse *RP*.

trançar [trãn'sa(x)] *vt* trenzar.

tranco ['trãŋku] *m* -1. [esbarrão] empujón *m*. -2. [solavanco] sacudida *f*, sacudón *m RP*.

➡ **aos trancos e barrancos** *loc adv* [com dificuldade] a trancas y barrancas.

tranqüilamente [trãŋkwila'mẽntʃi] *adv* tranquilamente.

tranqüilidade [trãŋkwili'dadʒi] *f* tranquilidad *f*.

tranqüilizante [trãŋkwili'zãntʃi] <> *adj* tranquilizante, tranquilizador(ra). <> *m* **MED** tranquilizante *m*.

tranqüilizar [trãŋkwili'za(x)] *vt* tranquilizar.

➡ **tranqüilizar-se** *vp* tranquilizarse.

tranqüilo, la [trãŋ'kwilu, la] *adj* -1. [ger] tranquilo(la). -2. [sem dificuldades] fácil. -3. [certo] seguro(ra).

transa ['trãnza] *f fam* -1. [combinação] acuerdo *m*, transa *f RP*. -2. [relação] relación *f*, historia *f RP*. -3. [relação sexual] sexo *m*. -4. [assunto] cosa *f*, mojo *m RP*. -5. [negócios] asunto *m*.

transação [trãnza'sãw] (*pl* -ões) *f* -1. [ger] transacción *f*. -2. [combinação, acordo] acuerdo *m*.

transar [trãn'za(x)] <> *vt* -1. *fam* [combinar]

acordar. -2. [arranjar] conseguir. -3. [drogas - tomar] meterle a, tomar *RP*; [- negociar] vender, transar *RP*. <> *vi* -1. [ter relação sexual] acostarse, fifar *RP*; ~ **com** acostarse con, fifar con *RP*. -2. [relacionar-se]: ~ **com** relacionarse con. -3. [negociar, trabalhar]: ~ **com** trabajar con.

transatlântico, ca [trãnza'tlãntʃiku, ka] *adj* trasatlántico(ca), transatlántico(ca).

➡ **transatlântico** *m* trasatlántico *m*, transatlántico *m*.

transbordar [trãnʒbox'da(x)] *vi*: [rio] ~ **(de)** desbordarse (de); [vinho] volcarse (de); ~ **de felicidade** irradiar felicidad.

transcendental [trãnsẽndẽn'taw] (*pl* -ais) *adj* trascendental.

transcender [trãnsẽn'de(x)] *vt*: ~ **(a) algo** trascender algo.

transcorrer [trãnʃko'xe(x)] *vi* transcurrir.

transe ['trãnzi] *m* trance *m*.

transeunte [trãn'zeũntʃi] *mf* transeúnte *mf*.

transferência [trãnʃfe'rẽnsja] *f* -1. [deslocamento] traslado *m*. -2. [de dados, dinheiro, bens] transferencia *f*. -3. *PSIC*: ~ **psicológica** transferencia *f* psicológica. -4. [adiamento] aplazamiento *m*, postergación *f RP*.

transferir [trãnʃfe'ri(x)] *vt* -1. [deslocar]: ~ **algo/alguém para algum lugar** trasladar algo/alguien a algún lugar. -2. [transmitir]: ~ **algo para alguém** transferir algo a alguien; *PSIC* transferir algo a alguien. -3. [adiar] aplazar, postergar *RP*.

transformação [trãnʃfoxma'sãw] (*pl* -ões) *f* transformación *f*.

transformador, ra [trãnʃfoxma'do(x), ra] (*mpl* -es, *fpl* -s) *m ELETR* transformador *m*.

transformar [trãnʃfox'ma(x)] *vt* -1. [dar nova forma, modificar] transformar. -2. [converter]: ~ **algo/alguém em** transformar algo/a alguien en.

➡ **transformar-se** *vp* -1. [mudar, transfigurar-se] tranformarse. -2. [converter-se]: ~ **se em** tranformarse en.

transfusão [trãnʃfu'zãw] (*pl* -ões) *f* transfusión *f*; ~ **de sangue** transfusión sanguínea *ou* de sangre.

transgênico, ca [trãnʃ'ʒeniku, ka] *adj* transgénico(ca).

transgredir [trãnʒgre'dʒi(x)] *vt* [infringir] transgredir.

transgressão [trãnʒgre'sãw] (*pl* -ões) *f* transgresión *f*.

transgressor, ra [trãnʒgre'so(x), ra] <> *adj* transgresor(ra). <> *m*, *f* transgresor *m*, -ra *f*.

transição [trãnzi'sãw] (*pl* -ões) *f* [passagem de um estado a outro] transición *f*.

transitar [trãnzi'ta(x)] *vi*: ~ **(por)** circular

(por), transitar (por) *RP*.

transitivo, va [trãnzi'tʃivu, va] *adj GRAM* transitivo(va).

trânsito ['trãnzitu] *m* -1. [ato] circulación *f*, tránsito *m*. -2. [tráfego] tránsito *m*; ~ **impedido** circulación suspendida, tránsito interrumpido *RP*. -3. [boa aceitação] aceptación *f*.

transitório, ria [trãnzi'tɔrju, rja] *adj* transitorio(ria).

transladar [trãnʒla'da(x)] *vt* = trasladar.

translado [trãnʒ'ladu] *m* = traslado.

translúcido, da [trãnʒ'lusidu, da] *adj* -1. [que deixa passar a luz] traslúcido(da), translúcido(da). -2. *fig* [claro] diáfano(na).

transmissão [trãnʒmi'sãw] (*pl* -ões) *f* transmisión *f*; ~ **ao vivo** transmisión en directo, transmisión en vivo y en directo *RP*.

transmissível [trãnʒmi'sivew] (*pl* -eis) *adj* [doença] contagioso(sa).

transmissor, ra [trãnʒmi'so(x), ra] *adj* transmisor(ra).

▸ **transmissor** *m* -1. [ger] transmisor *m*. -2. *TEC* [de calor, eletricidade] emisor *m*.

transmitir [trãnʒmi'tʃi(x)] *vt* transmitir.

transparência [trãnʃpa'rẽnsja] *f* transparencia *f*.

transparente [trãnʃpa'rẽntʃi] *adj* transparente.

transpassar [trãnʃpa'sa(x)] *vt* -1. [atravessar] atravesar. -2. [penetrar, furar] traspasar. -3. [peça de vestuário] cruzarse.

transpiração [trãnʃpira'sãw] *f* transpiración *f*, traspiración *f*.

transpirar [trãnʃpi'ra(x)] ⬦ *vt* -1. [suor] transpirar, traspirar. -2. [exprimir] irradiar. ⬦ *vi* -1. [suar] transpirar, traspirar. -2. [revelar-se] evidenciarse. -3. [divulgar-se] extenderse.

transplante [trãnʃ'plãntʃi] *m* trasplante *m*, transplante *m*.

transportadora [trãnʃpoxta'dora] *f* transportista *mf*.

transportar [trãnʃpox'ta(x)] *vt* [levar] transportar.

transporte [trãnʃ'pɔxtʃi] *m* -1. [ger] transporte *m*; ~ **coletivo** transporte colectivo. -2. [soma] cuenta *f*.

transtornar [trãnʃtox'na(x)] *vt* trastornar.

transtorno [trãnʃ'toxnu] *m* trastorno *m*.

transversal [trãnʒvex'saw] (*pl* -ais) ⬦ *adj* -1. [corte, linha] transversal. -2. [rua]: ~ **(a)** transversal (a). ⬦ *f* [rua transversal] transversal *f*.

trapaça [tra'pasa] *f* trampa *f*.

trapacear [trapa'sja(x)] ⬦ *vt* hacer trampas en. ⬦ *vi* hacer trampas.

trapaceiro, ra [trapa'sejru, ra] ⬦ *adj* tramposo(sa). ⬦ *m*, *f* tramposo *m*, -sa *f*.

trapalhão, ona [trapa'ʎãw, ona] (*mpl* -ões, *fpl* -s) *adj* torpe, desorganizado(da) *RP*.

trapézio [tra'pɛzju] *m* trapecio *m*.

trapezista [trape'ziʃta] *mf* trapecista *mf*.

trapezoidal [trapezoj'daw] (*pl* -ais) *adj* trapezoidal.

trapo ['trapu] *m* -1. [pedaço de pano] trapo *m*. -2. *fig*: estar um ~ estar hecho un guiñapo *ou* trapo *RP*.

traquéia [tra'kɛja] *f* tráquea *f*.

traquejo [tra'keʒu] *m* práctica *f*.

trarei [tra'rej] *v* ⊳ trazer.

traria [tra'ria] *v* ⊳ trazer.

trás ['trajʃ] *adv & prep*: de ~ **para frente** de atrás para adelante; **para** ~ para atrás; **ficar para** ~ quedarse atrás; **de** ~ de atrás; **por** ~ **de** por detrás *ou* atrás de.

traseira [tra'zejra] *f* -1. [parte posterior] parte *f* trasera *ou* de atrás. -2. *fam* [nádegas] trasero *m*.

traseiro, ra [tra'zejru, ra] *adj* trasero(ra).

▸ **traseiro** *m fam* [nádegas] trasero *m*.

traste ['traʃtʃi] *m* -1. [objeto de pouco valor] trasto *m*, chuchería *f Méx*. -2. [pessoa - inútil] inútil *mf*; [- de mau caráter] granuja *m*, sinvergüenza *mf*; **estar um** ~ [estar mal fisicamente] estar hecho polvo.

tratado, da [tra'tadu, da] *m* tratado *m*.

tratamento [trata'mẽntu] *m* tratamiento *m*.

tratar [tra'ta(x)] *vt* -1. [ger] tratar. -2. [combinar] acordar. -3. *MED*: ~ **(de) alguém/algo** tratar a alguien/algo. -4. [negociar] tratar de. -5. [forma de tratamento]: ~ **alguém de** *ou* por algo tratar a alguien de algo.

▸ **tratar de** *vi* -1. [ger] tratar de; ~ **de fazer algo** tratar de hacer algo. -2. [organizar] ocuparse de.

▸ **tratar-se** *vp* -1. [cuidar-se] tratarse. -2. *MED*: ~-**se com alguém** tratarse con alguien. -3. *loc* **trata-se de** se trata de; **de que se trata?** ¿de qué se trata?

trato ['tratu] *m* [ger] trato *m*.

trator [tra'to(x)] (*pl* -es) *m* tractor *m*.

trauma ['trawma] *m* trauma *m*.

traumatizante [trawmatʃi'zãntʃi] *adj* traumatizante.

traumatizar [trawmatʃi'za(x)] *vt* traumatizar.

trava ['trava] *f* [peça] calzo *m*, traba *f RP*.

travado, da [tra'vadu, da] *adj* -1. [preso] calzado(da), trabado(da) *RP*. -2. [freado] con el freno puesto, frenado *RP*.

travar [tra'va(x)] *vt* -1. [fazer parar] calzar, trabar *RP*. -2. [frear] frenar. -3. [iniciar, desencadear] trabar. -4. [movimento] parar. -5. [segurar] agarrar.

trave ['travi] f -1. CONSTR viga f. - 2. ESP poste m, palo m RP.

travessa [tra'vɛsa] f -1. [rua] tranversal f. - 2. [prato] fuente f.

travessão [trave'sãw] (pl -ões) m GRAM raya f.

travesseiro [trave'sejru] m almohada f.

travessia [trave'sial f travesía f.

travesso, a [tra'vesu, sa] adj [criança] travieso(sa).

travessura [trave'sura] f travesura m; **fazer ~ s** hacer travesuras.

travesti [travɛʃtʃil m travestí m, travesti m, travestido m.

trazer [tra'ze(x)] vt -1. [ger] traer; **~ de volta** devolver. - 2. [ter] tener, traer RP.

TRE (abrev de Tribunal Regional Eleitoral) m tribunal electoral existente en cada estado brasileño.

trecho ['treʃu] m -1. [parte do espaço de um lugar] tramo m. - 2. LITER & MÚS fragmento m.

treco ['trɛkul m fam [coisa] trasto m, tareco m Cuba, cosa f Méx; **teve um ~** le dio un ataque.

trégua ['trɛgwa] f -1. MIL tregua f. - 2. fig [descanso] receso m, tregua f RP.

treinado, da [trej'nadu, da] adj -1. [ger] entrenado(da). - 2. [acostumado] adaptado(da), acostumbrado(da).

treinador, ra [trejna'do(x), ra] (mpl -es, fpl -s) m, f entrenador m, -ra f.

treinamento [trejna'mẽtul m entrenamiento m.

treinar [trej'na(x)] <> vt -1. [ger] entrenar. - 2. [praticar] practicar. <> vi [praticar] entrenar.

treino ['trejnul m -1. [ger] entrenamiento m. - 2. [destreza] práctica f.

trejeito [tre'ʒejtul m -1. [gesto] gesto m. - 2. [gesto cômico] mueca f.

trela ['trɛla] f; **dar ~ a alguém** dar cuerda a alguien.

treliça [tre'lisal f [para porta, planta] rejilla f.

trem ['trẽl (pl -ns) m -1. FERRO tren m; **ir de ~** ir en tren; **pegar um ~** coger ou tomar RP un tren; **~ de carga** tren de carga. - 2. AERON: **~ de aterrissagem** tren m de aterrizaje.

trema ['tremal m diéresis f inv.

trem-bala [‚trẽ'balal (pl trens-bala) m tren m de alta velocidad.

tremelique [treme'likil m tembleque m, temblequeo m RP.

tremendo, da [tre'mẽdu, da] adj tremendo(da).

tremer [tre'me(x)] vi temblar; **~ de frio/medo** temblar de frío/miedo.

tremor [tre'mo(x)] (pl -es) m temblor m; **~ de terra** temblor de tierra.

tremular [tremu'la(x)] vi -1. [bandeira] ondear, tremolar RP. - 2. [luz] reverberar.

trêmulo, la ['tremulu, lal adj trémulo(la).

trena ['trenal f [fita métrica] cinta f métrica, centímetro m RP.

trenó [tre'nɔl m trineo m.

trepada [tre'padal f mfam polvo m, templeta f Cuba, cogida f RP.

trepadeira [trepa'dejral f enredadera f.

trepar [tre'pa(x)] vi -1. [subir]: **~ (em algo)** treparse (a algo). - 2. m fam [ter relações sexuais]: **~ (com alguém)** follar (con alguien) Esp, templar (con alguien) Cuba, coger (con alguien) Méx & RP.

trepidação [trepida'sãwl f trepidación f.

trepidar [trepi'da(x)] vi trepidar.

três ['trejʃl <> num tres. <> m tres m; veja também seis.

tresloucado, da [treʒlo'kadu, dal adj chiflado(da).

Três-Marias [‚trejʃma'riaʃl fpl [astron] Cinturón m de Orión.

trevas ['trɛvaʃl fpl [escuridão] tinieblas fpl.

trevo ['trevul m trébol m.

treze ['trezil <> num trece. <> m [algarismo] trece m; veja também seis.

trezentos, tas [tre'zẽtuʃ, taʃl <> num trescientos. <> m [algarismo] trescientos m.

triagem ['trjaʒẽl f selección f; **fazer uma ~** hacer una selección.

triângulo ['trjãgulul m triángulo m.

triatlo ['trjatlul m triatlón m.

tribal [tri'bawl adj tribal.

tribo ['tribul m tribu f.

tribulação [tribula'sãwl (pl -ões) f tribulación f.

tribuna [tri'bunal f tribuna f.

tribunal [tribu'nawl (pl -ais) m tribunal m; **Tribunal de Contas** Tribunal de Cuenta; **Tribunal de Justiça** tribunal que funciona en Brasil como corte de apelaciones, sin ser un tribunal supremo.

tributar [tribu'ta(x)] vt -1. [impor tributos a] imponer impuestos a, tributar Méx. - 2. [cobrar tributo sobre] gravar. - 3. [pagar como tributo] pagar como tributo, tributar Méx & RP. - 4. fig [render, prestar] tributar.

tributário, ria [tribu'tarju, rjal adj tributario(ria).

tributo [tri'butul m tributo m.

tricampeão, peã [trikãn'pjãw, pjãl m, f tricampeón m, -ona f.

triciclo [tri'siklul m triciclo m.

tricô [tri'kol m -1. tricot m, tejido m RP; **de ~** de punto, tejido(da) RP. - 2. ⊳ ponto.

tricolor [triko'lo(x)] adj [desenho, bandeira] tricolor.

tricotar [triko'ta(x)] vt & vi tricotar, tejer RP.

tridimensional [tridʒimẽnsjo'naw] (pl -ais) adj tridimensional.

trigal [tri'gaw] m trigal m.

trigêmeo, mea [tri'ʒemju, mja] <> adj [criança] trillizo(za). <> m, f trillizo m, -za f.

trigésimo, ma [tri'ʒɛzimu, ma] <> num trigésimo(ma). <> m trigésimo m; veja também sexto.

trigo ['trigu] m trigo m.

trilha ['triʎa] f -1. [caminho] senda f, trillo m Cuba, vereda f Méx, sendero m RP. -2. [rasto] rastro m. -3. fig [exemplo] pasos mpl. -4. COMPUT pista f. -5. CINE: ~ sonora banda f sonora.

trilhado, da [tri'ʎadu, da] adj [percorrido] trillado(da), recorrido(da) Méx.

trilhão [tri'ʎãw] (pl -ões) num billón m.

trilho ['triʎu] m -1. FERRO vía f férrea. -2. [caminho] senda f, trillo m Cuba, vereda f Méx, sendero m RP.

trimestral [trimeʃ'traw] (pl -ais) adj trimestral.

trimestre [tri'mɛʃtri] m trimestre m.

trincar [trĩŋ'ka(x)] vt -1. [cortar com os dentes] partir con los dientes. -2. [cerrar] apretar. -3. [rachar] rajar.

trincheira [trĩ'ʃejra] f MIL trinchera f.

trinco ['trĩŋku] m pestillo m, pasador m Méx, tranca f RP.

Trinidad e Tobago [trini,dadʒito'bagu] n Trinidad y Tobago.

trinta ['trĩta] <> num treinta. <> m treinta m; veja também sessenta.

trio ['triw] m -1. [ger] trío m. -2. [mús]: ~ elétrico camión provisto de un equipo de sonido o de música en vivo que recorre las calles durante el carnaval.

tripa [tri'pa] f tripa f.

tripé [tri'pɛ] m [suporte] trípode m.

triplicar [tripli'ka(x)] <> vt -1. MAT triplicar. -2. [aumentar muito] multiplicarse. <> vi -1. [tornar-se triplo] triplicarse. -2. [aumentar muito] multiplicarse.

triplo, pla ['triplu, pla] adj triple.

➡ **triplo** m: o ~ de el triple de.

tripulação [tripula'sãw] (pl -ões) f tripulación f.

tripulado, da [tripu'ladu, da] adj tripulado(da).

tripulante [tripu'lãtʃi] mf tripulante mf.

tripular [tripu'la(x)] vt tripular.

triste ['triʃtʃi] adj -1. [ger] triste. -2. fam [pessoa] terrible.

tristeza [triʃ'teza] f -1. [ger] tristeza f. -2.: ser uma ~ [ser terrível] ser horrible.

triturar [tritu'ra(x)] vt -1. [reduzir a fragmentos] triturar. -2. fig [afligir] destrozar.

triunfante [trjũn'fãntʃi] adj triunfante.

triunfar [trjũn'fa(x)] vi [vencer] triunfar.

triunfo ['trjũnfu] m triunfo m.

trivial [tri'vjaw] (pl -ais) <> adj -1. [comida] común, común y corriente RP. -2. [assunto, preocupações] trivial. <> m [comida cotidiana] comida f de todos los días.

trivialidade [trivjali'dadʒi] f trivialidad f.

triz ['triʃ] m: por um ~ por un tris.

troca ['trɔka] f cambio m; em ~ de a cambio de.

trocadilho [troka'dʒiʎu] m juego m de palabras, albur m Méx.

trocado, da [tro'kadu, da] adj -1. [errado] equivocado(da). -2. [dinheiro] suelto(ta), cambiado(da) RP.

➡ **trocado** m cambio m, menudo m Cuba.

trocador, ra [troka'do(x), ra] m, f [em ônibus] cobrador m, -ra f, guarda mf.

trocar [tro'ka(x)] <> vt -1. [ger] cambiar; ~ alguém/algo de lugar cambiar a alguien/algo de lugar. -2. [permutar] cambiar (de). -3. [substituir]: ~ algo por algo, ~ alguém por alguém cambiar algo por algo, cambiar a alguien por alguien. -4. [confundir] confundir. -5. [reciprocar] intercambiar. -6. [dar preferência]: ~ algo por algo cambiar algo por algo. -7. loc: ~ as pernas fig hacer eses, zigzaguear. <> vi: ~ de algo cambiar de algo.

➡ **trocar-se** vp [mudar de roupa] cambiarse.

troçar [tro'sa(x)] vt ridiculizar.

troco ['trɔku] m -1. [dinheiro] cambio m, vuelto m Amér. -2. fig [revide] venganza f. -3.: a ~ de quê? [por quê, para quê] ¿a santo de qué?

troço ['trɔsu] m -1. fam [coisa] cacharro m, tareco m Cuba, cosa f Méx & RP. -2. loc: tive um ~ me dio un patatús; ser um ~ [ser muito bonito, bom] ser una joya ou belleza.

troféu [tro'fɛw] m trofeo m.

tromba ['trõnba] f -1. [de elefante] trompa f. -2. fam [cara amarrada] mueca f, trompa f Méx & RP.

trombada [trõn'bada] f trompazo m, trompada f Méx & RP.

tromba-d'água [,trõnba'dagwa] (pl trombas-d'água) f [chuva] tromba f (de agua).

trombadinha [trõnba'dʒiɲa] mf fam [pivete] ladronzuelo m, -la f, infanto mf juvenil RP.

trombeta [trõn'beta] f MÚS trompeta f.

trombone [trõn'boni] m MÚS trombón m.

trombose [trõn'bɔzi] f trombosis f inv.

trombudo, da [trõn'budu, da] adj fig [emburrado] serio(ria), trompudo(da) Méx & RP, entrompado(da) RP.

315

turbante

trompa ['trõnpal *f*-**1**. *MÚS* trompa *f.* -**2**. *ANAT*: ~ **(de Falópio)** trompa *f* (de Falopio); **ligar as** ~**s** ligar las trompas.
tronco ['trõŋkul *m*-**1**. [ger] tronco *m.* -**2**. *TELEC* línea *f*, ramal *m Méx*.
trono ['tronul *m*-**1**. [ger] trono *m.* -**2**. *fam* [latrina] taza *f*, trono *m Méx* & *RP*.
tropa ['trɔpal *f*-**1**. [ger] tropa *f.* -**2**. [polícia]: ~ **de choque** tropa *f* de choque, policía *f* antidisturbios *Esp*, policía *f* antimotines *Méx*.
tropeção [trope'sãwl (*pl* -ões) *m* tropezón *m*.
tropeçar [trope'sa(x)l *vi* tropezar; ~ **em algo** [dar topada em] tropezar con algo; *fig* [esbarrar em] tropezar con algo.
tropeções [trope'sõjʃl *pl* ➣ **tropeção**.
trôpego, ga ['tropegu, gal *adj* torpe.
tropical [tropi'kawl (*pl*-**ais**) *adj* tropical.
tropicalismo [tropika'liʒmul *m movimiento musical*.
trópico ['trɔpikul *m* trópico *m*; **Trópico de Câncer/Capricórnio** trópico de Cáncer/Capricornio.
troquei [tro'kejl *v* ➣ **trocar**.
trotar [tro'ta(x)l *vi* trotar.
trote ['trɔtʃil *m*-**1**. [de cavalo] trote *m.* -**2**. [por telefone] broma *f* telefónica. -**3**. [em calouro] novatada *f*.
trouxa ['troʃal ◇ *adj fam* [bobo] memo(ma) *Esp* & *Cuba*, burro(rra) *Méx*, nabo(ba) *RP*. ◇ *mf fam* [bobo] memo *m*, -ma *f Esp* & *Cuba*, burro *m*, -rra *f Méx*, nabo *m*, -ba *f RP*. ◇ *f* bulto *m*, atado *m RP*.
trouxe ['trosil *v* ➣ **trazer**.
trova ['trɔval *f* trova *f*.
trovão [tro'vãwl (*pl*-ões) *m* trueno *m*.
trovejar [trove'ʒa(x)l *vi METEOR* tronar.
trovoada [tro'vwadal *f* tormenta *f*.
trucidar [trusi'da(x)l *vt*-**1**. [matar com violência] masacrar. -**2**. *fig* [vencer arrasadoramente] destrozar.
truculência [truku'lẽnsjal *f* truculencia *f*.
truculento, ta [truku'lẽntu, tal *adj* truculento(ta).
trufa ['trufal *f* trufa *f*.
trumbicar-se [trũnbi'kaxsil *vp gír* [dar-se mal] fastidiarse, jorobarse.
truncar [trũŋ'ka(x)l *vt* truncar.
trunfo ['trũnful *m*-**1**. [carta] triunfo *m.* -**2**. *fig* [vantagem] ventaja *f*.
truque ['trukil *m* truco *m*.
truste ['truʃtʃil *m* trust *m*.
truta ['trutal *f* trucha *f*.
TSE (*abrev de* **Tribunal Superior Eleitoral**) *m Tribunal Superior Electoral*.
TST (*abrev de* **Tribunal Superior do Trabalho**) *m Tribunal Superior de Trabajo*.

tu ['tul *pron pess* [você] tú vos *RP*; ~ **mesmo** *ou* **próprio** tú vos *RP* mismo.

A forma espanhola *tú* é usada em algumas partes do mundo hispano-falante. Em ou-tras, usa-se *vos* e em outras, as duas formas são usadas: (*Tú cantas muy bien*. Tu cantas muito bem. *Vos cantás muy bien*. Vós cantais muito bem.)

(Ver Os pronomes na seção *Gramática espanhola*.)

tua ['tual *f* ➣ **teu**.
tuba ['tubal *f MÚS* tuba *f*.
tubarão [tuba'rãwl (*pl*-ões) *m* tiburón *m*.
tuberculose [tubexku'lɔzil *f* tuberculosis *f inv*.
tubo ['tubul *m*-**1**. tubo *m.* -**2**. *QUÍM*: ~ **de ensaio** tubo de ensayo.
tubulação [tubula'sãwl *f*-**1**. [conjunto de tubos] cañerías *fpl*. -**2**. [colocação de tubos] instalación *f* de cañerías.
TUCA (*abrev de* **Teatro da Universidade Católica**) *m teatro de la universidad católica, en São Paulo*.
tucano [tu'kãnul *m ZOOL* tucán *m*.
tudo ['tudul *pron indef*-**1**. [todas as coisas, a totalidade] todo; ~ **quanto é tipo de gente** todo tipo de gente. -**2**. [a coisa fundamental]: **ser** ~ ser todo.
➤ **acima de tudo** *loc adv* sobre todo.
➤ **apesar de tudo** *loc prep* a pesar de todo.
➤ **depois de tudo** *loc adv* después de todo.
tufão [tu'fãwl (*pl*-ões) *m* tifón *m*.
tulipa [tu'lipal *f*-**1**. *BOT* tulipán *m.* -**2**. [chope servido em copo alto] vaso *m* alto de cerveza, tubo *m Esp*, yarda *f* de cerveza *Méx*.
tumba ['tũnbal *f* [sepultura] tumba *f*.
tumor [tu'mo(x)l (*pl*-es) *m* tumor *m*.
túmulo ['tumulul *m*-**1**. [monumento, cova] túmulo *m*.
tumulto [tu'muwtul *m* tumulto *m*.
tumultuado, da [tumuw'twadu, dal *adj*-**1**. [pessoa, vida] atormentado(da). -**2**. [reunião, rua] tumultuoso(sa).
tumultuar [tumuw'twa(x)l *vt* [desordenar, agitar] alterar.
túnel ['tunɛwl (*pl*-eis) *m* túnel *m*.
túnica ['tunikal *f* [vestimenta] túnica *f*.
Túnis ['tuniʃl *n* Túnez.
Tunísia [tu'nizjal *n* Tunicia.
tupi [tu'pil ◇ *adj* tupí. ◇ *mf* tupí *mf*. ◇ *m LING* tupí *m*.
tupiniquim [tupini'kĩl ◇ *adj*-**1**. [relativo aos tupiniquins] tupiniquín(ina). -**2**. *fam* [brasileiro] brasileño(ña), brasuca *RP*. ◇ *mf* tupiniquín *m*, -ina *f*.
turbante [tux'bãntʃil *m* turbante *m*.

turbilhão [tuxbi'ʎãw] (*pl* **-ões**) *m* torbe-llino *m*.

turbina [tux'bina] *f* turbina *f*.

turbinado, da [tuxbina'du, da] *adj fam* [motor, processador] acelerado(da).

turbulência [tuxbu'lẽnsia] *f* **-1.** METEOR turbulencia *f*. **- 2.** [desordem, inquietação] agitación *f*.

turbulento, ta [tuxbu'lẽntu, ta] *adj* turbulento(ta).

turco, ca ['tuxku, ka] <> *adj* turco(ca). <> *m*, *f* turco *m*, -ca *f*.
 turco *m* [língua] turco *m*.

turfe ['tuxfi] *m* ESP hípica *f*, turf *m* RP.

turismo [tu'riʒmu] *m* turismo *m*.

turista [tu'riʃta] *mf* [quem faz turismo] turista *mf*.

turístico, ca [tu'riʃtʃiku, ka] *adj* **-1.** [atração] turístico(ca). **- 2.** [classe] turista.

turma ['tuxma] *f* **-1.** [grupo] grupo *m*. **- 2.** [grupo de trabalhadores] equipo *m*. **- 3.** EDUC clase *f*. **- 4.** *fam* [grupo de amigos] panda *f* Esp, piquete *m* Cuba, pandilla *f* Méx, barra *f* RP.

turnê [tux'ne] *f* gira *f*.

turno ['tuxnu] *m* **-1.** [ger] turno *m*; ~ **da noi-te** turno de noche, turno de la noche RP; ~ **da manhã** turno de mañana, turno de la mañana RP. **- 2.** ESP fase *f*, ronda *f*, turno *m* Méx. **- 3.** [de eleição] vuelta *f*.

turquesa [tux'keza] <> *adj* turquesa. <> *m* [cor] turquesa *m*. <> *f* [pedra] turquesa *f*.

Turquia [tux'kia] *n* Turquía.

turrão, ona [tu'xãw, ona] *adj fam* [teimoso, pertinaz] cabezudo(da).

turvo, va ['tuxvu, va] *adj* turbio(bia).

tusso ['tusu] *v* ▷ **tossir**.

tutano [tu'tãnu] *m* ANAT tuétano *m*.

tutela [tu'tɛla] *f* tutela *f*.

tutor, ra [tu'to(x), ra] (*mpl* **-es**, *fpl* **-s**) *m*, *f* tutor *m*, -ra *f*.

tutu [tu'tu] *m* **-1.** CULIN puré de judías OU porotos RP y harina de mandioca o de maíz. **- 2.** *fam* [dinheiro] pasta *f* Esp, plata *f* Amér, lana *f* Méx, guita *f* RP.

TV (*abrev de* televisão) *f* TV *f*.

u, U [u] *m* [letra] u, U *f*.

uai ['waj] *interj* **-1.** [espanto, surpresa, terror]

¡ah! **- 2.** [reforço, confirmação] ¡eh!

úbere ['uberi] <> *adj* [solo] *formal* ubérri-mo(ma). <> *m* [mama] ubre *f*.

Ubes (*abrev de* União Brasileira dos Estudantes Secundaristas) *f* sindicato de estudiantes de secundaria.

ué ['wɛ] *interj* **-1.** [exprimindo surpresa] ¡eh!, ¿qué? **- 2.** [exprimindo ironia] ¡ah!

UE (*abrev de* União Européia) *f* UE *f*.

UERJ (*abrev de* Universidade Estadual do Rio de Janeiro) *f* universidad del estado de Río de Janeiro.

UF (*abrev de* Unidade Federativa) *unidad federativa*.

ufa ['ufa] *interj* ¡uf!

ufanar-se [ufa'naxsi] *vp*: ~ **de** ufanarse de.

ufanismo [ufa'niʒmul *m* **-1.** [por feitos pessoais] jactancia *f*. **- 2.** [pela pátria] chauvinismo *m*.

UFBA (*abrev de* Universidade Federal da Bahia) *f* universidad federal del estado de Bahia.

UFMG (*abrev de* Universidade Federal de Minas Gerais) *f* universidad federal del estado de Minas Gerais.

UFMT (*abrev de* Universidade Federal do Mato Grosso) *f* universidad federal del estado de Mato Grosso.

UFRGS (*abrev de* Universidade Federal do Rio Grande do Sul) *f* universidad federal del estado de Río Grande do Sul.

Uganda [u'gãnda] *n* Uganda.

UHF (*abrev de* Ultra High Frequency) UHF.

ui ['uj] *interj* [exprimindo dor, surpresa] ¡ay!

uísque ['wiʃki] *m* whisky *m*.

uivante [uj'vãntʃi] *adj* ululante.

uivar [uj'va(x)] *vi* **-1.** [animal, vento] ulular. **- 2.** [pessoa]: ~ **(de)** aullar (de).

uivo ['ujvu] *m* **-1.** [de animal, pessoa] aullido *m*. **- 2.** [do vento] ulular *m*.

UK (*abrev de* United Kingdom) UK.

úlcera ['uwsera] *f* úlcera *f*.

ulterior [uwte'rjo(x)] *adj* [no tempo] ulterior.

última ['uwtʃima] *f* ▷ **último**.

ultimamente [ˌuwtʃima'mẽntʃi] *adv* últimamente.

últimas ['uwtʃimaʃ] *fpl* ▷ **último**.

ultimato [uwtʃi'matu], **ultimátum** [uwtʃi'dmatũl *m* ultimátum *m*.

último, ma ['uwtʃimu, ma] <> *adj* **-1.** [ger] último(ma); **por** ~ [em último lugar] al final; [finalmente] por último. **- 2.** [o pior] peor, último(ma) RP. **- 3.** [máximo] máximo(ma). <> *m*, *f* [em fila, competição] último *m*, -ma *f*.
 última *f* **-1.** [novidade] última noticia *f*, última *f* RP. **- 2.** [asneira] última *f*.

ultrajar [uwtra'ʒa(x)] *vt* ultrajar.

ultraje [uw'traʒil *m* ultraje *m*.

ultraleve [ˌuwtra'lɛvi] *m* ultraligero *m*.

ultramar [ˌuwtra'ma(x)] *m* ultramar *m*.

ultramarino, na [ˌuwtrama'rinu, na] *adj* ultramarino(na).

ultrapassado, da [ˌuwtrapa'sadu, da] *adj* anticuado(da), desfasado(da), superado(da) *RP*.

ultrapassagem [ˌuwtrapa'saʒẽ] (*pl* -ns) *f* adelantamiento *m*.

ultrapassar [ˌuwtrapa'sa(x)] ⬦ *vt* -1. [passar à frente de] adelantar a, pasar a *RP*. - 2. [transpor, exceder] superar. - 3. [em qualidade]: ~ alguém **(em algo)** aventajar *ou* superar a alguien (en algo). ⬦ *vi* [passar à frente] adelantar, pasar *RP*.

ultra-som [ˌuwtra'sõ] (*pl* -s) *m* ultrasonido *m*.

ultravioleta [ˌuwtravjo'leta] *adj* ultravioleta.

um, uma [ũ, 'uma] (*mpl* uns, *fpl* umas) ⬦ *artigo indefinido* un(una); ~ homem un hombre; **uma cadeira** una silla; **uma mulher** una mujer. ⬦ *adj* -1. [exprime quantidade, data indefinida] un(una); **comprei uns livros** compré unos libros; ~ **dia voltarei** un día volveré; **vou tirar umas semanas de férias** me voy unas semanas de vacaciones. - 2. [para indicar quantidades] un(una); **trinta e** ~ **dias** treinta y un días; ~ **litro/metro/quilo** un litro/metro/kilo. - 3. [aproximadamente] un(una); **esperei uns dez minutos** esperé unos diez minutos; **estavam lá umas cinqüenta pessoas** había unas cincuenta personas. - 4. [para enfatizar] un(una); **está** ~ **frio/calor** hace mucho frío/calor; **estou com uma sede** tengo una sed tremenda. ⬦ *pron* [indefinido] uno(una); **dê-me** ~ deme uno; **pede mais uma** pide pedí *RP* una más; ~ **a** ~, ~ **por** ~ uno a uno, uno por uno; **um deles** uno de ellos; **uns e outros** unos y otros; ⬁ *veja também* seis.

umbanda [ũn'bãnda] *f* [espirit] *sincretismo nacido en Rio de Janeiro a principios de siglo XX, con influencias indígenas, católicas, cabalísticas, esotéricas y orientales.*

umbigo [ũn'bigu] *m* ombligo *m*.

umbilical [ũnbili'kaw] (*pl* -ais) *adj* ⬁ cordão.

umbral [ũn'braw] (*pl* -ais) *m* umbral *m*.

umedecer [umide'se(x)] *vt* humedecer.

  ⬤ **umedecer-se** *vp* humedecerse.

umedecido, da [umide'sidu, da] *adj* humedecido(da).

umidade [umi'dadʒi] *f* humedad *f*.

úmido, da ['umidu, da] *adj* húmedo(da).

unânime [u'nãnimi] *adj* unánime.

unanimidade [unãnimi'dadʒi] *f* unanimidad *f*.

Unb (*abrev de* Universidade de Brasília) *f universidad de Brasilia.*

UNE (*abrev de* União Nacional dos Estudantes) *f asociación nacional de estudiantes.*

UNESCO (*abrev de* United Nations Educational, Scientific and Cultural Organization) *f* UNESCO *f*.

ungir [ũn'ʒi(x)] *vt* RELIG ungir.

ungüento [ũn'gwẽntu] *m* ungüento *m*.

unha ['uɲa] *f* [de animal, pessoa] uña *f*; **fazer as** ~**s** hacerse las manos; ~ **encravada** uña encarnada.

unhada [u'ɲada] *f* arañazo *m*.

unha-de-fome [ˌuɲadʒi'fɔmi] (*pl* unhas-de-fome) ⬦ *adj* tacaño(ña). ⬦ *mf* tacaño *m*, -ña *f*.

unhar [u'ɲa(x)] *vt* arañar.

união [u'njãw] (*pl* -ões) *f* unión *f*.

  ⬤ **União** *f* -1. [o governo federal]: **a União** el gobierno federal de Brasil. - 2. [confederação]: **a União Européia** la Unión Europea.

UNICAMP (*abrev de* Universidade Estadual de Campinas) *f universidad de Campinas.*

UNICEF (*abrev de* United Nations International Children's Emergency Fund) *f* UNICEF *f*.

único, ca ['uniku, ka] *adj* único(ca); **ser filho** ~ ser hijo único.

unidade [uni'dadʒi] *f* unidad *f*; ~ **de CD-ROM** unidad de CD-ROM; ~ **de disco** unidad de disco.

unido, da [u'nidu, da] *adj* unido(da).

UNIFESP (*abrev de* Universidade Federal de São Paulo) *f universidad federal de São Paulo.*

unificar [unifi'ka(x)] *vt* unificar.

uniforme [uni'fɔxmi] ⬦ *adj* uniforme. ⬦ *m* [roupa] uniforme *m*; **de** ~ de uniforme.

uniformizado, da [unifɔxmi'zadu, da] *adj* [de uniforme] uniformizado(da).

uniformizar [unifɔxmi'za(x)] *vt* -1. [unificar] uniformizar. - 2. [pessoa] uniformar.

unir [u'ni(x)] *vt* unir; ~ **o útil ao agradável** juntar lo útil con lo agradable.

  ⬤ **unir-se** *vp* unirse; ~-**se a algo/alguém** unirse a algo/alguien; ~-**se em matrimônio** unirse en matrimonio.

uníssono, na [u'nisonu, na] *adj* unísono(na); **em** ~ al unísono.

unitário, ria [uni'tarju, rja] *adj* unitario(ria).

universal [univex'saw] (*pl* -ais) *adj* universal.

universidade [univexsi'dadʒi] *f* universidad *f*.

universitário, ria [univexsi'tarju, rja] ⬦ *adj* universitario(ria). ⬦ *m, f* [aluno] universitario *m*, -ria *f*.

universo [uni'vɛxsu] *m* universo *m*.

uno, una ['unu, 'una] *adj* único(ca) *RP*.

uns [ũnʃ] ⬁ **um.**

untar [ũn'ta(x)] *vt* [fôrma, corpo]: ~ **algo (com)** untar algo (con).

urânio [u'rãnju] *m* uranio *m*.

Urano [u'rãnu] *m* Urano *m*.
urbanismo [uxba'niʒmu] *m* urbanismo *m*.
urbanista [uxba'niʃta] *mf* urbanista *mf*.
urbanização [uxbaniza'sãw] *f* urbaniza-ción *f*.
urbanizar [uxbani'za(x)] *vt* -**1**. [área] urbani-zar. -**2**. [pessoa] civilizar, urbanizar *RP*.
urbano, na [ux'bãnu, na] *adj* urbano(na).
urdidura [uxdʒi'dura] *f* -**1**. [conjunto de fios] urdimbre *f*. -**2**. [enredo] trama *f*.
urdu [ux'du] *m* [língua] urdu *m*.
urgência [ux'ʒẽnsja] *f* urgencia *f*.
urgente [ux'ʒẽntʃil] *adj* urgente.
urina [u'rina] *f* orina *f*.
urinar [uri'na(x)] ⬦ *vt* orinar. ⬦ *vi* [expelir urina] orinar.
➔ **urinar-se** *vp* orinarse.
urinol [uri'nɔw] (*pl* -**óis**) *m* orinal *m*.
URL (*abrev de* Universal Resources Locator) *f* URL *m*.
urna ['uxna] *f* [caixa] bombo *m*, urna *f RP*; ~ **eleitoral** urna *f* electoral.
urrar [u'xa(x)] ⬦ *vt* [gritar] lanzar, gritar. ⬦ *vi* -**1**. [animal] rugir, bramar. -**2**. [gritar]: ~ **de dor** gritar *ou* aullar de dolor.
urro ['uxu] *m* -**1**. [de animal] rugido *m*. -**2**. *fig* [grito] grito *m*, aullido *m*.
ursa ['uxsa] *f* ⊳ **urso**.
urso, sa ['uxsu, sa] *m*, *f* oso *m* o, -sa *f*.
➔ **Ursa** *f*: **Ursa Maior/Menor** Osa Mayor/Menor.
urso-branco [ˌuxsu'brãŋku] *m* oso *m* blanco.
urso-polar [ˌuxsu'pola(x)] (*pl* ursos-polares) *m* oso *m* polar.
urtiga [ux'tʃiga] *f* ortiga *f*.
urubu [uru'bu] *m* urubú *m*.
urubuzar [urubu'za(x)] *vt fam* [com o olhar] mirar fija y maliciosamente a.
Uruguai [uru'gwaj] *n*: (o) ~ (el) Uruguay.
uruguaio, ia [uru'gwaju, ja] ⬦ *adj* urugua-yo(ya). ⬦ *m*, *f* uruguayo *m*, -ya *f*.
usado, da [u'zadu, da] *adj* -**1**. [ger] usado(da); **muito/pouco** ~ muy/poco usado. -**2**. [co-mum] común, usual. -**3**. [na moda] de moda, que se usa *RP*.
usar [u'za(x)] ⬦ *vt* -**1**. [utilizar, vestir, explorar] usar. -**2**. [gastar] gastar. -**3**. [ter] llevar, usar *RP*. -**4**. [costumar]: ~ **fazer algo** soler hacer algo. ⬦ *vi* [servir-se de]: ~ **de algo** utilizar algo, recurrir a algo.
usina [u'zina] *f* fábrica *f*, usina *f RP*; ~ **de aço** altos hornos *mpl*; ~ **de açúcar** central azucarera; ~ **hidrelétrica** central *ou* usina *RP* hidroeléctrica; ~ **termonuclear** central *ou* usina *RP* termonuclear.
uso ['uzu] *m* -**1**. [ger] uso *m*; **objetos de** ~ **pessoal** objetos de uso personal; **fazer** ~ **de** hacer uso de; **para** ~ **externo/inter-**

no para uso externo/interno. -**2**. [costu-me] costumbre *f*.
USP (*abrev de* Universidade de São Paulo) *f* universidad de São Paulo.
usual [u'zwaw] (*pl* -**ais**) *adj* usual.
usuário, ria [u'zwarju, rja] *m*, *f* usuario *m*, -ria *f*.
úteis ['utejʃ] *pl* ⊳ **útil**.
utensílio [utẽn'silju] *m* utensilio *m*.
útero ['uteru] *m* útero *m*.
UTI (*abrev de* Unidade de Terapia Intensiva) *f* UVI *f*, UCI *f*.
útil ['utʃiw] (*pl* -**eis**) *adj* -**1**. [ger] útil. -**2**. [reser-vado ao trabalho]: **tempo/dia** ~ tiempo/día hábil.
utilidade [utʃili'dadʒi] *f* -**1**. [serventia, benefí-cio] utilidad *f*. -**2**. [utensílio]: ~**s domésticas** utensilios *mpl* domésticos.
utilitário, ria [utʃili'tarju, rja] *adj* -**1**. [peça] útil. -**2**. *AUTO* de transporte. -**3**. *COMPUT*: **programa** ~ utilidad *f*, programa *f* utilitario *RP*.
utilização [utʃiliza'sãw] (*pl* -**ões**) *f* utiliza-ción *f*.
utilizar [utʃili'za(x)] *vt* utilizar.
➔ **utilizar-se** *vp*: ~-**se de** utilizar.
utopia [uto'pia] *f* utopía *f*.
utópico, ca [u'tɔpiku, ka] *adj* utópico(ca).
UV (*abrev de* Ultra Violeta) UV.
uva ['uva] *f* -**1**. [fruta] uva *f*. -**2**. *fam* [pessoa, coisa]: **uma** ~ una belleza, una precio-sura *RP*.

v, V [ve] *m* [letra] v, V *f*.
vã [vã] *f* ⊳ **vão**.
vaca ['vaka] *f* -**1**. *ZOOL* vaca *f*; **carne de** ~ carne de vaca; ~ **leiteira** vaca lechera; **tempo das** ~**s gordas/magras** en tiempos de vacas gordas/flacas. -**2**. *fam pej* [mu-lher] fulana *f*, vaca *f Méx*, yegua *f RP*.
vacante [va'kãntʃi] *adj* vacante.
vacilante [vasi'lãntʃi] *adj* vacilante.
vacilar [vasi'la(x)] *vi* vacilar; ~ **em algo/em fazer algo** vacilar en algo/en hacer algo.
vacilo [va'silu] *m fam* -**1**. [hesitação] vacila-ción *f*. -**2**. [erro, falha] error *m*.
vacina [va'sina] *f* vacuna *f*.
vacinação [vasina'sãw] (*pl* -**ões**) *f* vacuna-ción *f*.

vacinar [vasi'na(x)] vt MED: ~ **alguém (contra)** vacunar a alguien (contra).
➡ **vacinar-se** vp MED: ~**-se (contra)** vacunarse (contra).

vácuo ['vakwu] m vacío m.

vadiar [va'dʒja(x)] vi **-1.** [viver na ociosidade] vaguear. **- 2.** [perambular] vagar.

vadio, dia [va'dʒiw, va'dʒia] adj [ocioso, vagabundo] vago(ga).

vaga ['vaga] f ▷ **vago.**

vagabundo, da [vaga'bũndu, da] <> adj **-1.** fam [errante] vagabundo(da). **- 2.** fam [vadio] vago(ga), atorrante(ta) RP. **- 3.** pej [canalha] canalla, sinvergüenza. **- 4.** pej [ordinário] malo(la), cutre Esp, corriente Méx. <> m **-1.** fam [errante] vagabundo m, linyera f Arg, bichicome m Urug. **- 2.** fam [vadio] vagabundo m, atorrante m, -ta f. **- 3.** pej [canalha] canalla m, sinvergüenza m.

vaga-lume [,vaga'lumi] (pl **vaga-lumes**) m **-1.** ZOOL luciérnaga f, bichito m de luz RP. **- 2.** fig [cine] acomodador m.

vagão [va'gãw] (pl **-ões**) m [de carga, passageiros] vagón m.

vagão-leito [va,gãw'lejtu] (pl **vagões-leito**) m coche m cama, vagón m dormitorio Méx & RP.

vagão-restaurante [va,gãwxeʃtaw'rãntʃi] (pl **vagões-restaurante**) m coche m restaurante, vagón m restaurante Méx, vagón m comedor RP.

vagar [va'ga(x)] <> vi **-1.** [vaguear] vagar. **- 2.** [ficar desocupado] quedar vacante ou disponible. <> m [lentidão] lentitud f, parsimonia f; **com mais** ~ con más calma.

vagaroso, osa [vaga'rozu, ɔza] adj lento(ta), parsimonioso(sa).

vagem ['vaʒẽ] (pl **-ns**) f judía f verde Esp, ejote m Méx, chaucha f RP.

vagina [va'ʒina] f vagina f.

vago, ga ['vagu, ga] adj **-1.** [impreciso] vago(ga). **- 2.** [desocupado, desabitado] vacante.
➡ **vaga** f **-1.** [em hotel, para carro] plaza f, lugar m RP. **- 2.** [em empresa] vacante f.

vagões [va'gõjʃ] pl ▷ **vagão.**

vaguear [va'gja(x)] vi [perambular, passear] vagar.

vaia ['vaja] f abucheo m.

vaiar [va'ja(x)] vt & vi abuchear.

vaidade [vaj'dadʒi] f [orgulho, futilidade] vanidad f.

vaidoso, osa [vaj'dozu, ɔza] adj vanidoso(sa).

vaivém [vaj'vẽ] (pl **-ns**) m [de pessoas, barco, pêndulo] vaivén m.

vala ['vala] f [escavação, sepultura] fosa f; ~ **comum** fosa f común.

vale ['vali] m **-1.** GEOGR valle m. **- 2.** [documento] vale m. **- 3.** [postal] giro m postal.

valente [va'lẽntʃi] adj valiente.

valentia [valẽn'tʃia] f valentía f.

valer [va'le(x)] <> vt **-1.** [custar, acarretar, compensar] valer; ~ **algo a alguém** valer algo a alguien; ~ **a pena** valer la pena. **- 2.** [equivaler a] equivaler a. <> vi **-1.** [ger] valer; **valeu!** fam ¡genial!, ¡guay! Esp, ¡ándale! Méx, ¡gracias! RP; **fazer** ~ hacer valer. **- 2.** [equivaler]: ~ **por** vale por; **ou coisa que o valha** o algo así, o lo que sea Méx.
➡ **a valer** loc adv [muito] como loco(ca).
➡ **valer-se** vp [servir-se]: ~**-se de** valerse de.

valete [va'letʃi] m [carta] caballo m.

vale-transporte [,valitrãnʃ'pɔxtʃil (pl **vales-transporte**) m cupón para el transporte público que el trabajador recibe como parte de su remuneración.

valia [va'lia] f valía f, valor m.

validade [vali'dadʒi] f validez f; **prazo de** ~ plazo m de validez.

validar [vali'da(x)] vt [legalizar, legitimar] validar.

válido, da ['validu, da] adj válido(da).

valioso, osa [va'ljozu, ɔza] adj valioso(sa).

valise [va'lizi] f bolsa f de mano, maleta f de mano Méx, portafolios m RP.

valor [va'lo(x)] (pl **-es**) m valor m; **de (grande)** ~ **de gran valor; no** ~ **de por** el valor de; **dar** ~ **a algo/alguém** dar valor a algo/alguien.
➡ **valores** mpl [princípios, títulos] valores mpl.

valorizar [valori'za(x)] vt **-1.** [dar valor] valorar. **- 2.** [aumentar o preço] valorizar.
➡ **valorizar-se** vp valorizarse.

valsa ['vawsa] f vals m.

válvula ['vawvula] f válvula f; ~ **de segurança** válvula de seguridad; ~ **válvula de escape** fig válvula de escape.

vampiro [vãn'piru] m ZOOL [personagem] vampiro m.

vandalismo [vãnda'liʒmu] m vandalismo m.

vândalo, la ['vãndalu, la] m, f vándalo m, -la f.

vangloriar-se [vãnglo'rjaxsil vp: ~**-se (de)** vanagloriarse (de).

vanguarda [vãŋ'gwaxda] f MIL [cultural] vanguardia f.

vantagem [vãn'taʒẽ] (pl **-ns**) f ventaja f; **levar** ~ tener ventaja; ~ **(sobre)** ventaja (sobre); **tirar** ~ **de** sacar ventaja de.

vantajoso, osa [vãnta'ʒozu, ɔza] adj [benéfico, lucrativo] ventajoso(sa).

vão, vã ['vãw, 'vã] adj [frívolo, inútil, irreal] vano(na); **em** ~ en vano.
➡ **vão** m vano m.

vapor [va'po(x)] (*pl* **-es**) *m* vapor *m*; **a** ~ [máquina, ferro] de vapor, **a vapor** *RP*.

vaporizador [vaporiza'do(x)] (*pl* **-es**) *m* vaporizador *m*, pulverizador *m*.

vaporoso, osa [vapo'rozu, ɔza] *adj* vaporoso(sa).

vapt-vupt [ˌvaptʃi'vuptʃi] <> *interj* ¡paf! <> *m* [lençol] sábana *f* ajustable.

vaqueiro [va'kejru] *m* vaquero *m*, -ra *f.*

vaquinha [va'kiɲa] *f fam*: **fazer uma** ~ hacer una colecta, hacer una vaquita **Méx & RP**.

vara ['vara] *f* **-1.** [de pau] vara *f.* **-2.** [para salto] pértiga *f*, garrocha *f RP*. **-3.** [de trombone] varilla *f.* **-4.** *JUR* partido *m* judicial, repartición *f* judicial *RP*. **-5.** [de porcos] piara *f.*

varal [va'raw] (*pl* **-ais**) *m* [de roupas] tendedero *m.*

varanda [va'rãda] *f* [balcão, sacada] balcón *m*, terraza *f.*

varar [va'ra(x)] <> *vt* **-1.** [furar] agujerear. **-2.** [passar por] atravesar, cruzar. <> *vi* [atravesar, passar por]: ~ **por** atravesar.

varejeira [vare'ʒejra] *f* [mosca] moscardón *m*, mosca *f* de la carne *RP*.

varejista [vare'ʒiʃta] <> *adj* minorista. <> *mf* [vendedor] minorista *mf.*

varejo [va'reʒu] *m COM* venta *f* al por menor, venta *f* al menudeo **Amér**; **a** ~ al por menor, al menudeo **Amér**.

variado, da [va'rjadu, da] *adj* **-1.** [diverso] variado(da). **-2.** [sortido] surtido(da).

variar [va'rja(x)] <> *vt* [diversificar] variar. <> *vi* **-1.** [diversificar, mudar] variar; **para** ~ para variar. **-2.** [delirar] desvariar.

variável [va'rjavew] (*pl* **-eis**) <> *adj* variable. <> *f MAT* variable *f.*

varicela [vari'sɛla] *f* varicela *f.*

variedade [varje'dadʒi] *f* [diversidade, tipo] variedad *f.*

➡ **variedades** *fpl* [miscelânea] variedades *fpl*; **espetáculo/teatro de** ~**s** espectáculo/teatro de variedades.

VARIG (*abrev de* **Viação Aérea Rio Grandense S.A.**) *f principal compañía aérea brasileña.*

varinha [va'riɲa] *f* varilla *f*; ~ **de condão** varita *f* mágica.

vário, ria ['varju, rja] *adj* [variado] variado(da).

➡ **vários** <> *adj pl* varios(rias). <> *pron pl* varios *mpl*, -rias *fpl.*

varíola [va'riwla] *f* viruela *f.*

varizes [va'riziʃ] *fpl* varices *fpl*, várices *fpl RP*.

varredura [vaxe'dura] *f* **-1.** [ato] barrida *f*, barrido *m.* **-2.** [rastreio] barrido *m.*

varrer [va'xe(x)] *vt* [limpar, arrastar, devastar] barrer.

Varsóvia [vax'sɔvja] *n* Varsovia.

várzea ['vaxzja] *f* [vale] valle *m.*

vasculhar [vaʃku'ʎa(x)] *vt* **-1.** [pesquisar] estudiar. **-2.** [revirar] revolver.

vasectomia [vazekto'mia] *f* vasectomía *f.*

vaselina® [vaze'lina] *f* [substância] vaselina® *f.*

vasilha [va'ziʎa] *f* vasija *f.*

vaso ['vazu] *m* **-1.** [para plantas] florero *m.* **-2.** [privada] taza *f*, inodoro *m* **Arg**, wáter *m* **Urug**; ~ **sanitário** taza del váter, inodoro **Arg**, wáter **Urug**.

> Não confundir *vaso (florero)* com o espanhol *vaso* que em português é *copo*. (*Ela arrumou as flores no vaso*. Ella arregló las flores en el *florero*.)

vassalo, la [va'salu, la] *m*, *f* vasallo *m*, -lla *f.*

vassoura [va'sora] *f* escoba *f.*

> Não confundir *vassoura (escoba)* com o espanhol *basura* que em português é *lixo*. (*Preciso de uma vassoura para varrer*. Necesito una *escoba* para barrer.)

vasto, ta ['vaʃtu, ta] *adj* [extenso, considerável] vasto(ta), inmenso(sa).

vatapá [vata'pa] *m CULIN* plato típico de la cocina de Bahía, muy picante, con pescado, leche de coco, gambas, cacahuetes y anacardos.

vaticano, na [vatʃi'kãnu, na] *adj* vaticano(na).

vaticínio [vatʃi'sinju] *m* vaticinio *m.*

vau [vaw] *m* **-1.** [de rio] vado *m.* **-2.** *NÁUT* bao *m.*

vazamento [vaza'mẽtu] *m* **-1.** [escapamento] escape *m.* **-2.** *fig* [divulgação] filtración *f.*

vazão [va'zaw] (*pl* **-ões**) *f* **-1.** [vazamento] derrame *m.* **-2.** [escoamento] caudal *m.* **-3.** *fig & COM* [venda] salida *f.* **-4.** *loc*: **dar** ~ **a** [liberar] dar rienda suelta a; [atender a] atender a, despachar; [solucionar] solucionar, despachar *RP*; *COM* dar salida a, despachar *RP*.

vazar [va'za(x)] <> *vi* **-1.** [deixar escapar] vaciarse, perder *RP*. **-2.** [escapar] escaparse. **-3.** [maré] menguar. **-4.** [informação] filtrarse. <> *vt* **-1.** [esvaziar] vaciar. **-2.** [olhos] sacarse. **-3.** [moldar] amoldar, moldear.

vazio, zia [va'ziu, zia] *adj* vacío(a).

➡ **vazio** *m* vacío *m.*

vazões [va'zõjʃ] *pl* ➞ **vazão**.

veado ['vjadu] *m* **-1.** [animal] venado *m*; **carne de** ~ carne de venado. **-2.** *vulg pej* [homossexual] maricón *m*, marica *m.*

vedado, da [ve'dadu, da] *adj* **-1.** [proibido, impedido] prohibido(da); ~ **a** prohibido a. **-2.** [hermeticamente] cerrado(da), sellado(da) *RP*.

vedar [ve'da(x)] *vt* **-1.** [proibir, impedir]

prohibir; ~ **algo a alguém** prohibir algo a alguien. **-2.** [sangue] cortar. **-3.** [hermeticamente] cerrar, sellar *RP*.

vedete [ve'dɛtʃi] *f* **-1.** [de teatro] vedette *f.* **-2.** *fam pej* [destaque] estrella *f.*

veemente [veje'mẽntʃi] *adj* vehemente.

vegetação [veʒeta'sãw] (*pl* -ões) *f* vegetación *f.*

vegetal [veʒe'taw] (*pl* -ais) <> *adj* vegetal. <> *m* vegetal *m.*

vegetar [veʒe'ta(x)] *vi* [planta, pessoa] vegetar.

vegetariano, na [veʒeta'rjãnu, na] <> *adj* vegetariano(na). <> *m, f* vegetariano *m,* -na *f.*

veia ['veja] *f* vena *f.*

veiculação [vejkula'sãw] (*pl* -ões) *f* **-1.** [de mercadorias, visitantes] transporte *m.* **-2.** [de doença] transmisión *f.* **-3.** [de idéias, doutrinas] difusión *f.* **-4.** [de mensagem publicitária] divulgación *f.*

veicular [vejku'la(x)] *vt* **-1.** [publicar, divulgar] propagar, vehiculizar *RP.* **-2.** [anúncios] distribuir.

veículo [ve'ikulu] *m* [de locomoção, informação] vehículo *m.*

veio ['veju] *m* **-1.** [de rocha, em mina] filón *m,* veta *f.* **-2.** [de madeira] veta *f.*

vela ['vɛla] *f* [de cera & *NÁUT*] vela *f*; **barco a** ~ barco *m* de vela, barco *m* a vela *RP.*

velame [velã'mil] *m NÁUT* velamen *m.*

velar [ve'la(x)] <> *adj LING* velar. <> *f LING* velar *f.* <> *vt* **-1.** [cobrir]: ~ **algo (com algo)** cubrir algo (con algo). **-2.** [dissimular] disimular, velar *RP.* <> *vi* **-1.** [ficar acordado] estar en vela. **-2.** [cuidar]: ~ **por algo/ alguém** velar por algo/alguien. **-3.** *FOT* [filme] velar.

veleiro [ve'lejru] *m NÁUT* velero *m.*

velejar [vele'ʒa(x)] *vi* navegar a vela, velear *Méx.*

velhice [vɛ'ʎisi] *f* vejez *f.*

velho, lha ['vɛʎu, ʎa] <> *adj* [idoso, antigo, gasto] viejo(ja); **nos** ~s **tempos** en los viejos tiempos. <> *m, f* **-1.** [pessoa] viejo *m,* -ja *f.* **-2.** *fam* [pai] viejo *m,* -ja *f*; **os** ~s [pai e mãe] los viejos. **-3.** *fam* [amigo]: **meu** ~ colega *mf,* viejo *m,* -ja *f Méx,* compañero *m,* -ra *f RP.*

velocidade [velosi'dadʒi] *f* velocidad *f*; **em alta** ~ a alta velocidad.

velocímetro [velo'simetru] *m* velocímetro *m.*

velocípede [velo'sipedʒi] *m* velocípedo *m.*

velocíssimo, ma [velo'sisimu, ma] *adj superl* ⊳ veloz.

velódromo [ve'lɔdrumu] *m* velódromo *m.*

velório [ve'lɔrju] *m* velatorio *m,* velorio *m.*

veloz [ve'lɔʃ] (*pl* -es) *adj* veloz.

veludo [ve'ludu] *m* [tecido] terciopelo *m;* ~ **cotelê** pana *f.*

vencedor, ra [vẽnse'do(x), ra] (*pl* -es, *fpl* -s) <> *adj* vencedor(ra). <> *m, f* vencedor *m,* -ra *f.*

vencer [vẽn'se(x)] <> *vt* **-1.** [ger] vencer; ~ **algo/alguém (em algo)** vencer algo/a alguien (en algo). **-2.** [percorrer] recorrer. <> *vi* [ganhar, expirar] vencer.

vencido, da [vẽn'sidu, da] *adj* [derrotado, expirado] vencido(da).

vencimento [vẽnsi'mẽntu] *m* vencimiento *m.*

➡ **vencimentos** *mpl* [salário] salario *m.*

venda ['vẽnda] *f* **-1.** [vendagem] venta *f*; **à** ~ en venta; ~ **a crédito** venta a crédito; ~ **a prazo** *ou* **prestação** venta a plazos *ou* en cuotas *RP.* **-2.** [mercearia] tienda *f,* almacén *m RP.* **-3.** [nos olhos] venda *f.*

vendar [vẽn'da(x)] *vt*: ~ **(os olhos de) alguém** vendar (los ojos) a alguien.

vendaval [vẽnda'vaw] (*pl* -ais) *m* vendaval *m.*

vendedor, ra [vẽnde'do(x), ra] (*mpl* -es, *fpl* -s) *m, f* vendedor *m,* -ra *f;* ~ **ambulante** vendedor ambulante.

vender [vẽn'de(x)] <> *vt* vender; ~ **algo a/ para alguém (por)** vender algo a alguien (por); ~ **no varejo/atacado** vender al por menor/mayor, vender al menudeo/mayoreo *Amér;* ~ **algo a prazo** *ou* **prestação** vender algo a plazos *ou* en cuotas *RP;* ~ **fiado** fiar. <> *vi* **-1.** [entregar em venda] vender. **-2.** [ter boa venda] vender(se).

➡ **vender-se** *vp* [estar à venda] [deixar-se subornar] venderse.

veneno [ve'nenu] *m* veneno *m.*

venenoso, osa [vene'nozu, ɔza] *adj* venenoso(sa).

veneração [venera'sãw] *f*: ~ **(por)** veneración *f* (por).

venerar [vene'ra(x)] *vt* venerar.

venéreo, rea [ve'nɛrju, rja] *adj* venéreo(a).

Venezuela [vene'zwɛla] *n* Venezuela.

venezuelano, no [venezwe'lãnu, na] <> *adj* venezolano(na). <> *m, f* venezolano *m,* -na *f.*

ventania [vẽnta'nia] *f* ventarrón *m.*

ventar [vẽn'ta(x)] *vi* soplar viento, soplar *RP;* **estar ventando** hacer viento, estar soplando *RP.*

ventarola [vẽnta'rɔla] *f* abanico *m.*

ventilação [vẽntʃila'sãw] *f* ventilación *f,* refrigeración *f RP.*

ventilador [vẽntʃila'do(x)] (*pl* -es) *m* [elétrico] ventilador *m.*

ventilar [vẽntʃi'la(x)] *vt* ventilar.

vento l'vẽntul *m* viento *m*; **ir de** ~ **em popa** ir viento en popa.

ventoso, osa lvẽn'tozu, ɔzal *adj* ventoso(sa).

➡ **ventosa** *f* MED & ZOOL ventosa *f.*

ventre l'vẽntril *m* vientre *m.*

ventríloquo, qua lvẽn'trilokwu, kwal *m*, *f* ventrílocuo *m*, -cua *f.*

ventura lvẽn'tural *f* -1. [destino] ventura *f*, destino *m* RP; **por** ~ por casualidad, por ventura RP. -2. [sorte] dicha *f.*

venturoso, osa lvẽntu'rozu, ɔzal *adj* [feliz] afortunado(da), venturoso(sa).

Vênus l'venuʃl *n* Venus.

ver l've(x)l ⋄ *vt* [ger] ver; **veja ...** [em remissão] véase ... ⋄ *vi* ver; ~ **em** ver en; **ter a** *ou* **que** ~ **com** tener que ver con.

➡ **ver-se** ⋄ *vp* verse. ⋄ *m*: **a meu** ~ **a** mi modo de ver, para mí.

➡ **pelo visto** *loc adv* por lo visto.

➡ **vai ver que** *loc adv fam* [talvez] puede que, tal vez.

veracidade lverasi'dadʒil *f* veracidad *f.*

veranear lvera'nja(x)l *vi* veranear.

veraneio lvera'nejul *m* veraneo *m.*

veranista lvera'niʃtal *mf* veraneante *mf.*

verão lve'rãwl (*pl* -ões) *m* verano *m.*

verba l'vɛxbal *f* -1. [soma de dinheiro] partida *f.* -2. [orçamento] presupuesto *m.*

verbal lvɛx'bawl (*pl* -ais) *adj* verbal.

verbete lvɛx'betʃil *m* entrada *f.*

verbo l'vɛxbul *m* verbo *m*; **soltar o** ~ *fam* irse de la lengua, irse de lengua RP.

verborrágico, ca lvɛxbo'xaʒiku, kal *adj* con mucha verborrea.

verdade lvɛx'dadʒil *f* verdad *f*; **dizer umas** ~**s a alguém** *fam* cantar las cuarenta a alguien, decir sus verdades a alguien Méx, decir dos o tres verdades a alguien RP; **na** ~ en realidad *ou* verdad; **para falar a** ~ para ser sincero, a decir verdad; **não é** ~**?** *fam* ¿a que sí?, ¿no es verdad?

➡ **de verdade** ⋄ *loc adv* [a sério, realmente] de verdad. ⋄ *loc adj* [autêntico] de verdad.

verdadeiro, ra lvɛxda'dejru, ral *adj* verdadero(ra).

verde l'vɛxdʒil ⋄ *adj* [cor, fruta] verde. ⋄ *m* [cor, natureza] verde *m*; **plantar** ~ **para colher maduro** plantar verde, para cosechar maduro, tirar verdes, para recoger maduros RP.

verde-abacate l,vɛxdʒjaba'katʃil *adj inv* verde aguacate, verde palta RP.

verde-claro, ra l,vɛxdʒi'klaru, ral ⋄ *adj* verde claro. ⋄ *m* verde *m* claro.

verde-escuro, ra l,vɛxdʒiʃ'kuru, ral ⋄ *adj* verde oscuro. ⋄ *m* verde *m* oscuro.

verdejante lvɛxde'ʒãntʃil *adj* verde.

verdejar lvɛxde'ʒa(x)l *vi* verdear, reverdecer.

verdor lvɛx'do(x)l *m* [cor verde] verdor *m.*

verdura lvɛx'dural *f* [hortaliça] verdura *f.*

verdureiro, ra lvɛxdu'rejru, ral *m*, *f* verdulero *m*, -ra *f.*

vereador, ra lverja'do(x), ral *m*, *f* concejal *m*, -la *f*, edil *mf* Urug.

vereda lve'redal *f* vereda *f*, sendero *m.*

veredicto lvere'dʒiktul *m* veredicto *m.*

verga l'vɛxgal *f* -1. [vara] vara *f.* -2. [metálica] varilla *f.*

vergar lvɛx'ga(x)l ⋄ *vt* [dobrar] doblar. ⋄ *vi* doblarse.

vergonha lvɛx'goɲal *f* vergüenza *f*; **que** ~**!** ¡qué vergüenza *ou* pena Col, Méx & Ven; **ter** ~ **de fazer algo** tener vergüenza *ou* pena Col, Méx & Ven de hacer algo; **falta de** ~ falta de vergüenza; **ela não tem** ~ **na cara** es una sinvergüenza.

vergonhoso, osa lvɛxgo'ɲozu, ɔzal *adj* vergonzoso(sa), penoso(sa) Col, Méx & Ven.

verídico, ca lve'ridʒiku, kal *adj* verídico(ca).

verificar lverifi'ka(x)l *vt* verificar.

verme l'vɛxmil *m* gusano *m*, lombriz *f.*

vermelho, lha lvɛx'meʎu, ʎal *adj* -1. [ger] rojo(ja). -2. [corado]: **ficar** ~ **de raiva** encenderse de rabia, estar rojo de coraje Méx, ponerse rojo de rabia RP; **ficar** ~ **de vergonha** ruborizarse, estar rojo de pena Méx, ponerse colorado (de vergüenza) RP.

➡ **vermelho** *m* -1. [cor] rojo *m*, colorado *m* RP. -2. [déficit]: **estar no** ~ estar en números rojos, estar en rojo RP.

vermute lvɛx'mutʃil *m* vermú *m.*

vernáculo, la lvɛx'nakulu, lal *adj* vernáculo(la).

➡ **vernáculo** *m* lengua *f* vernácula.

vernissage lvɛxni'saʒil *f* inauguración *f*, vernissage *m* RP.

verniz lvɛx'niʃl (*pl* -es) *m* -1. [solução] barniz *m.* -2. [couro] charol *m.* -3. *fig* [polidez] refinamiento *m*, barniz *m* RP.

verões lve'rõjʃl *pl* ➡ **verão.**

verossímil lvero'simiwl (*pl* -meis) *adj* verosímil.

verruga lve'xugal *f* verruga *f.*

versado, da lvɛx'sadu, dal *adj*: ~ **em** versado(da) en.

versão lvɛx'sãwl (*pl* -ões) *f* -1. [interpretação] versión *f.* -2. [tradução]: ~ **(para)** versión *f* (al).

versátil lvɛx'satʃiwl (*pl* -eis) *adj* versátil.

versículo lvɛx'sikulul *m* -1. [de artigo] párrafo *m.* -2. RELIG versículo *m.*

verso l'vɛxsul *m* -1. [ger] verso *m.* -2. [de página] reverso *m*; **vide** ~ véase al reverso.

versões [vex'sõjʃ] *pl* ➣ versão.

vértebra ['vɛxtebra] *f* vértebra *f*.

vertebrado, da [vexte'bradu, da] *adj* vertebrado(da).

➤ **vertebrado** *m* vertebrado *m*.

vertebral [vexte'braw] (*pl* -ais) *adj* vertebral.

vertente [vex'tẽntʃi] *f* -1. [declive] vertiente *f*. - 2. *fig* [aspecto] perspectiva *f*.

verter [vex'te(x)] ⬦ *vt* -1. [ger] verter. - 2. [traduzir]: ~ **(para)** verter (al). ⬦ *vi* [brotar]: ~ **de** brotar *ou* manar de.

vertical [vextʃi'kaw] (*pl* -ais) ⬦ *adj* vertical. ⬦ *f* vertical *f*.

vértice ['vɛxtʃisil] *m* -1. GEOM vértice *m*. - 2. [de montanha *etc.*] cúspide *f*.

vertigem [vex'tʃiʒẽl] (*pl* -ns) *f* vértigo *m*.

vertiginoso, osa [vextʃiʒi'nozu, ɔza] *adj* vertiginoso(sa).

vesgo, ga ['veʒgu, ga] *adj* bizco(ca).

vesícula [ve'zikula] *f*: ~ **(biliar)** vesícula *f* (biliar).

vespa ['veʃpa] *f* avispa *f*.

véspera ['vɛʃpera] *f*: **na** ~ **de** la víspera de; ~ **de Natal** Nochebuena *f*.

➤ **vésperas** *fpl* [um tempo antes]: **nas** ~**s de** en vísperas de.

veste ['veʃtʃil] *f* -1. [vestido] traje *m*. - 2. [eclesiástica] hábito *m*.

vestiário [veʃ'tʃjarju] *m* -1. [onde se troca roupa] vestuario *m*. - 2. [onde se deixa casacos - doméstico] guardarropa *m*, despojador *m RP*; [- en teatro] guardarropa *m*, ropería *f RP*.

vestibular [veʃtʃibu'la(x)] *m* pruebas de ingreso a la universidad, selectividad *f Esp*.

vestíbulo [veʃ'tʃibulu] *m* vestíbulo *m*, hall *m RP*.

vestido, da [veʃ'tʃidu, da] *adj*: ~ **(com/de)** vestido(da) (con/de).

➤ **vestido** *m* vestido *m*; ~ **de noiva** vestido de novia.

vestígio [veʃ'tʃiʒju] *m* vestigio *m*.

vestimenta [veʃtʃi'mẽnta] *f* -1. [roupa] vestimenta *f*. - 2. RELIG hábito *m*.

vestir [veʃ'tʃi(x)] ⬦ *vt* -1. [ger] vestir. - 2. [pôr sobre si mesmo] ponerse. ⬦ *vi* [ter caimento]: ~ **bem/mal** vestir bien/mal, quedar bien/mal.

➤ **vestir-se** *vp* -1. [usar, fantasiar-se]: ~**-se de** vestirse de. - 2. [aprontar-se] vestirse.

vestuário [veʃ'twarju] *m* [roupas] vestuario *m*.

vetar [ve'ta(x)] *vt* vetar.

veterano, na [vete'rãnu, na] ⬦ *adj* veterano(na). ⬦ *m, f* veterano *m*, -na *f*.

veterinário, ria [veteri'narju, rja] ⬦ *adj* veterinario(ria). ⬦ *m, f* veterinario *m*, -ria *f*.

veto ['vɛtu] *m* veto *m*.

véu ['vɛu] *m* [pano] velo *m*.

V.Exª (*abrev de* Vossa Excelência) V. E.

vexame [ve'ʃãmil] *m* -1. [vergonha] vergüenza *f*, pena *f Col & Ven*. - 2. [humilhação, ultraje] vejación *f*.

vez ['veʃl] (*pl* -es) *f* -1. [ger] vez *f*; **uma** ~ una vez; **duas** ~**es** dos veces; **três** ~**es** tres veces; **algumas** ~**es** algunas veces; **às** ~**es** a veces; **cada** ~ **mais** cada vez más; **de** ~ **em quando** de vez en cuando; **mais uma** ~, **outra** ~ una vez más, otra vez; **uma** ~ **ou outra** de vez en cuando, una vez cada tanto *Méx*; **varias** ~**es** varias veces. - 2. [ocasião]: **alguma** ~ alguna vez; **desta** ~ esta vez; **de uma** ~ **só** de una sola vez; **de** ~ definitivamente; **era uma** ~ ... érase una vez ..., había una vez ... *Méx*; **na maioria das** ~**es** la mayoría de las veces. - 3. [turno] turno *m*. - 4. [multiplicação]: **2** ~**es 4** 2 por 4.

➤ **em vez de** *loc prep* en vez de.

➤ **uma vez que** *loc conj* [já que] ya que, una vez que *Méx*.

VHF (*abrev de* Very High Frequency) VHF.

VHS (*abrev de* Video Home System) *m* VHS *m*.

via ['via] ⬦ *f* -1. [ger] vía *f*; ~ **férrea** vía férrea. - 2. [transporte]: **por** ~ **aérea** por vía aérea; **por** ~ **terrestre** por vía terrestre. - 3. [meio]: **por** ~ **oficial** por vía oficial. - 4. [processo]: **em** ~**(s) de** en vías de. - 5. [de documento] ejemplar *m*; **primeira/segunda** ~ primer/segundo ejemplar. - 6. [de drenagem *etc.*] conducto *m*. - 7. ANAT: **por** ~ **oral** por vía oral. ⬦ *prep* vía.

➤ **Via Láctea** *f* Vía *f* Láctea.

➤ **por via das dúvidas** *loc adv* por si las dudas, por las dudas *RP*.

viabilizar [vjabili'za(x)] *vt* viabilizar.

viação [vja'sãw] (*pl* -ões) *f* -1. [conjunto de estradas] red *f* de carreteras, red *f* carretera *RP*. - 2. [companhia] empresa *f* de transporte por carretera, empresa *f* de transporte carretero *RP*.

viaduto [vja'dutu] *m* viaducto *m*.

viagem ['vjaʒẽ] (*pl* -ns) *f* -1. [ger] viaje *m*; **boa** ~ ! ¡buen viaje!; ~ **de ida e volta** viaje de ida y vuelta; ~ **de negócios** viaje de negocios. - 2. *fig* [sob efeito de droga] viaje *m*.

➤ **viagens** *fpl* viajes *mpl*.

viajante [vja'ʒãntʃi] ⬦ *adj* viajero(ra). ⬦ *mf* viajero *m*, -ra *f*.

viajar [vja'ʒa(x)] *vi*: ~ **(por)** viajar (por).

viável ['vjavɛw] (*pl* -eis) *adj* viable.

víbora ['vibora] *f* víbora *f*.

vibração [vibra'sãw] (*pl* -ões) *f* -1. [tremor] vibración *f*. - 2. *fig* [entusiasmo] entusiasmo *m*.

vibrador, ra [vibra'do(x), ra] *adj* [vibratório] vibrante.
◆ **vibrador** *m* [estimulador] vibrador *m*.
vibrante [vi'brãntʃi] *adj fig* [entusiasmado] vibrante.
vibrar [vi'bra(x)] ◇ *vt* -**1**. [fazer tremer] vibrar. -**2**. [dedilhar] rasguear. ◇ *vi* vibrar.
vibrião [vi'brjãw] (*pl* -ões) *m* vibrión *m*.
vice ['visil *mf* vice *mf*.
vice- [visil *prefixo* vice-.
vice-presidente, ta [ˌvisiprezi'dẽntʃi, ta] (*mpl* -s, *fpl* -s) *m, f* vicepresidente *m*, -ta *f*.
vice-versa [ˌvisi'vɛxsa] *adv* viceversa.
viciado, da [vi'sjadu, da] *adj* -**1**. [em droga *etc*.]: ~ (**em**) adicto(ta) (a). -**2**. [adulterado] falsificado(da).
viciar [vi'sja(x)] ◇ *vt* -**1**. [dar vício a] viciar. -**2**. [adulterar] falsificar. ◇ *vi* [criar vício] crear vicio, crear adicción.
◆ **viciar-se** *vp* [tornar-se viciado]: ~-**se (em)** hacerse adicto (a).
vício ['visju] *m* -**1**. [ger] vicio *m*. -**2**. [em droga, bebida] adicción *f*.
vicioso, osa [vi'sjozu, ɔza] *adj* vicioso(sa).
viço ['visu] *m* -**1**. [de planta] verdor *m*. -**2**. [de pele] lozanía *f*.
viçoso, osa [vi'sozu, ɔza] *adj* -**1**. [planta] exuberante. -**2**. [pele] lozano(na).
vida ['vida] *f* -**1**. [ger] vida *f*; **dar a** ~ **por** *fig* dar la vida por; **estar entre a** ~ **e a morte** estar entre la vida y la muerte; **feliz da** ~ muy contento, feliz de la vida *Méx* & *RP*; ~ **conjugal** vida conyugal; ~ **útil** [de máquina *etc*.] vida útil. -**2**. [subsistência]: **estar bem de** ~ vivir con holgura; **ganhar a** ~ ganarse la vida; **meio de** ~ medio de vida. -**3**. [animação, vivacidade]: **cheio de** ~ lleno de vida; **sem** ~ sin vida. -**4**. [direção]: **seguir (reto) toda a** ~ seguir (recto *ou* derecho *RP*) siempre en la misma dirección. -**5**. [prostituição]: **cair na** ~ caer en la prostitución, perderse *Méx* & *RP*.
vide ['vidʒi] *conj* véase; ~ **verso** véase el reverso.
videira [vi'dejra] *f* vid *f*.
vidente [vi'dãntʃi] *mf* vidente *mf*.
vídeo [vi'dʒju] *m* -**1**. [ger] vídeo *m Esp*, video *m Amér*. -**2**. [tela] pantalla *f*.
videocassete [ˌvidʒjuka'sɛtʃi] *m* -**1**. [aparelho] vídeo *m Esp*, video *m Amér*. -**2**. [fita] videocasete *m*.
videoclipe [ˌvidʒju'klipi] *m* videoclip *m*.
videoclube [ˌvidʒju'klubi] *m* videoclub *m*.
videodisco [ˌvidʒju'dʒiʃku] *m* videodisco *m*.
video game, videogame [ˌvidʒju'gejmi] *m* videojuego *m*, videogame *m Amér*.
videolocadora [ˌvidʒjuloka'dora] *f* videoclub *m*.

videoteipe [ˌvidʒju'tejpi] *m* -**1**. [fita] videocasete *m*. -**2**. [processo] grabación *f* en vídeo *Esp ou* video *Amér*.
vidraça [vi'drasa] *f* vidrio *m*.
vidraçaria [vidrasa'ria] *f* -**1**. [ger] cristalería *f Esp*, vidriería *f Amér*. -**2**. [vidraças] vidriera *f*.
vidrado, da [vi'dradu, da] *adj* -**1**. [ger] vidriado(da). -**2**. *fam* [encantado]: ~ **em** loco(ca) por, chiflado(da) por.
vidro ['vidru] *m* -**1**. [material] vidrio *m*; ~ **fumê** vidrio ahumado. -**2**. [frasco] frasco *m*.
Viena ['vjena] *n* Viena.
viés [vjɛʃ] *m cost* bies *m*.
◆ **de viés** *loc adv* de reojo.
Vietnã [vjɛt'nã] *n*: (**o**) ~ el Vietnam.
vietnamita [vjɛtna'mita] ◇ *adj* vietnamita. ◇ *mf* vietnamita *mf*. ◇ *m* vietnamita.
viga ['viga] *f* viga *f*.
vigamento [viga'mẽntul *m* viguería *f*.
vigário [vi'garjul *m* vicario *m*.
vigarista [viga'riʃta] *mf* timador *m*, -ra *f*, estafador *m*, -ra *f*.
vigência [vi'ʒẽnsja] *f* vigencia *f*; **estar em** ~ estar vigente.
vigente [vi'ʒẽntʃi] *adj* vigente.
vigésimo, ma [vi'ʒɛzimu, ma] *num* vigésimo(ma).
vigia [vi'ʒia] ◇ *f* -**1**. [vigilância] guardia *f*. -**2**. *NÁUT* ojo *m* de buey. ◇ *mf* [pessoa] guardia *mf*.
vigiar [vi'ʒja(x)] *vt* & *vi* vigilar.
vigilância [viʒi'lãnsja] *f* vigilancia *f*.
vigília [vi'ʒilja] *f* vigilia *f*.
vigor [vi'go(x)] *m* -**1**. [ger] vigor *m*. -**2**. [vigência]: **em** ~ en vigor.
vigorar [vigo'ra(x)] *vi* estar en vigor.
vigoroso, osa [vigo'rozu, ɔza] *adj* vigoroso(sa).
vil ['viwl (*pl* **vis**) *adj* vil.
vila ['vila] *f* -**1**. [povoação] pueblo *m*, población *f RP*. -**2**. [conjunto residencial] urbanización *f*, country *m Arg*, reparto *m Cuba*, conjunto *m* habitacional *Méx*. -**3**. [casa] chalet *m*, villa *f Méx*.
vilã [vi'lã] *f* ▷ vilão.
vilão, lã [vi'lãw, lã] (*mpl* -ãos, -ães, *fpl* -s) *m, f* villano *m*, -na *f*.
vilarejo [vila'reʒul *m* aldea *f*, pueblo *m*, poblado *m RP*.
vilões [vi'lõjʃ] *pl* ▷ vilão.
vime ['vimil *m* mimbre *m*; **de** ~ de mimbre.
vinagre [vi'nagril *m* vinagre *m*.
vinagrete [vina'grɛtʃil *m* vinagreta *f*.
vinco ['vĩŋkul *m* -**1**. [em roupa, papel] pliegue *m*, doblez *m Méx*. -**2**. [no rosto] arruga *f*. -**3**. [sulco] surco *m*.

vinculação [vĩŋkula'sãw] f vinculación f.
vincular [vĩŋku'la(x)] vt **-1.** [ligar] vincular.
-2. [por obrigação] supeditar.
vínculo ['vĩŋkulu] m [ger] vínculo m; ~ **em-**
pregatício relación f laboral.
vinda ['vĩnda] f ▷ **vindo.**
vindima [vĩn'dʒimal f vendimia f.
vindo, da ['vĩndu, da] ◇ pp ▷ **vir.** ◇ adj
llegado(da), venido(da).
◆ **vinda** f **-1.** [ger] llegada f, venida f. **-2.**
[regresso] vuelta f.
vindouro, ra [vĩn'doru, ra] adj venidero(ra).
vingança [vĩŋ'gãnsa] f venganza f.
vingar [vĩŋ'ga(x)] ◇ vt [tirar desforra de]
vengar. ◇ vi **-1.** [medrar] prender. **-2.** [dar
certo] dar resultado.
◆ **vingar-se** vp [tirar desforra]: ~**-se (de)**
vengarse (de).
vingativo, va [vĩŋga'tʃivu, va] adj vengati-
vo(va).
vinha ['viɲa] f **-1.** [vinhedo] viña f. **-2.** [planta]
vid f.
vinhedo [vi'ɲedu] m viñedo m.
vinho ['viɲu] ◇ adj [cor] vino, bordó RP.
◇ m **-1.** [bebida] vino m; ~ **branco** vino
blanco; ~ **do Porto** oporto m; ~ **rosado**
vino rosado; ~ **tinto** vino tinto. **-2.** [cor]
vino m, bordó m RP.
vinil [vi'niw] m vinilo m.
vinte ['vĩtʃi] num veinte; veja também **seis.**
vintém [vĩn'tẽ] (pl **-ns**) m **-1.** [moeda antiga]
céntimo m, vintén m RP. **-2.** [dinheiro]: **estar**
sem um ~ no tener ni un centavo ou
quilo Cuba, estar sin un vintén RP.
vintena [vĩn'tena] f: **uma** ~ **de** una veintena de.
viola ['vjɔla] f pequeña guitarra de cinco
cuerdas dobles de metal.
violação [vjola'sãw] (pl **-ões**) f violación f; ~
de domicílio violación de domicilio, allanamiento m de morada.
violão [vjo'lãw] (pl **-ões**) m guitarra f.
violar [vjo'la(x)] vt violar.
violeiro, ra [vjo'lejru, ra] m, f viola mf,
violista mf RP.
violência [vjo'lẽnsja] f **-1.** [ger] violencia f.
-2. [ato] agresión f.
violentar [vjolẽn'ta(x)] vt **-1.** [mulher] violar,
violentar RP. **-2.** [deturpar] desvirtuar.
violento, ta [vjo'lẽntu, ta] adj violento(ta).
violeta [vjo'leta] ◇ f [flor] violeta f. ◇ adj
[cor] violeta.
violinista [vjoli'niʃta] mf violinista mf.
violino [vjo'linu] m violín m.
violoncelista [vjolõnse'liʃta] mf violoncelista mf, violonchelista mf.
violoncelo [vjolõn'sɛlu] m violoncelo m,
violonchelo m.

violonista [vjolo'niʃta] mf guitarrista mf.
VIP (abrev de Very Important Person) [vipi] ◇
adj [pessoa, local] VIP. ◇ mf VIP mf.
vir ['vi(x)] vi **-1.** [ger] venir; **veio ver-me** vino
a verme; **vou visitá-lo amanhã** iré a
visitarlo mañana; **veio atrasado/adianta-**
do llegó atrasado/adelantado; **veio no**
trem das onze vino en el tren de las once;
a semana que vem la semana que viene; **o**
ano/mês que vem el año/mes que viene;
vem escrito em português viene escrito en
portugués; **vinha embalado** viene embalado; **o carro veio não sei de onde** el coche
salió de la nada; **veio-me uma idéia** se me
ocurre una idea; ~ **de** venir de; **venho**
agora mesmo de lá justamente ahora
vengo de allí; ~ **de fazer algo** acabar
de hacer algo; **que vem a ser isto?** ¿qué
viene a ser esto?; ~ **abaixo** venirse
abajo; ~ **ao mundo** venir al mundo; ~ **a**
saber enterarse; ~ **a tempo de** llegar a
tiempo de. **-2.** [regressar] volver; **ele vem**
amanhã vuelve mañana; **hoje, venho mais**
tarde hoy volveré más tarde; **venho de fé-**
rias na próxima semana vuelvo de vacaciones la próxima semana.
viração [vira'sãw] (pl **-ões**) f brisa f.
virado, da [vi'radu, da] adj [voltado]: ~ **para**
vuelto(ta) hacia, dado(da) vuelta para
RP.
◆ **virado** m CULIN: ~ **de feijão** plato preparado con frijoles ya cocinados, que se sofríen
con harina de maíz o de yuca y se sirven
acompañados de costillas de puerco fritas.
◆ **virada** f **-1.** [viradela, guinada] viraje m.
-2. ESP reacción f.
vira-lata [,vira'lata] (pl vira-latas) m **-1.** [ca-
chorro] perro m vagabundo ou callejero,
sato m Cuba. **-2.** [pessoa] sinvergüenza m.
virar [vi'ra(x)] ◇ vt **-1.** [volver]: ~ **algo (para**
dentro/fora) dar la vuelta a algo (hacia
dentro/fuera), voltear algo (hacia den-
tro/fuera) Andes & Méx, dar vuelta algo
(para adentro/afuera) RP; ~ **o rosto/os**
olhos volver ou voltear Andes & Méx la
cara/la mirada, dar vuelta la cara/la
mirada RP; **quando me viu, virou as costas**
cuando me vio, se dio la vuelta, cuando
me vio, dio vuelta la espalda RP. **-2.** [mos-
trar pelo verso, emborcar] dar la vuelta, dar
vuelta RP. **-3.** [entornar - líquido] voltear;
[- balde] inclinar. **-4.** [contornar] doblar, dar
vuelta a Méx & RP. **-5.** [fazer mudar de opi-
nião] cambiar, dar vuelta a RP. **-6.** [trans-
formar-se] convertirse en, volverse Méx &
RP. ◇ vi **-1.** [volver] volverse, darse vuelta
RP; ~ **para** volverse hacia, darse vuelta
para RP; ~ **de bruços** ponerse boca

abajo, darse vuelta boca abajo *RP*; ~ **de costas** ponerse de espaldas, darse vuelta boca arriba *RP*; ~ **do avesso** virar al revés, voltear al revés *Méx*, dar vuelta del revés *RP*. **- 2.** [emborcar] darse la vuelta, volcar *RP*. **- 3.** [contornar]: ~ **(em)** girar (en), dar vuelta (en) *Méx* & *RP*, doblar (en) *RP*; ~ **à direita/esquerda** girar a la derecha/izquierda, dar vuelta a la derecha/izquierda *Méx* & *RP*, doblar a la derecha/izquierda *RP*. **- 4.** [fazer mudar, mudar de orientação] cambiar.
◆ **virar-se** *vp* **-1.** [volver-se] virarse, darse vuelta. **- 2.** [rebelar-se]: ~ **-se contra** volverse contra. **- 3.** [defender-se] defenderse. **- 4.** [empenhar-se] arreglárselas.
virgem ['vixʒẽ] (*pl* **-ns**) <> *adj* [ger] virgen. <> *f* [pessoa] virgen *f*.
◆ **Virgem** *f* **-1.** [ger] Virgen *f*. **- 2.** [zodíaco] Virgo *m*; **ser de Virgem** ser virgo, ser de Virgo *RP*.
virgindade [vixʒĩn'dadʒi] *f* virginidad *f*.
virginiano, na [vixʒi'njãnu, na] <> *adj* virgo, virginiano(na) *RP*. <> *m, f* virgo *mf*, virginiano *m*, -na *f RP*.
vírgula ['vixgula] *f* **-1.** [entre palavras, números] coma *f*. **- 2.** [mecha] mecha *f*. **- 3.** [objetando-se]: **uma** ~! *fam* ¡anda ya! *Esp*, ¡tarro! *Cuba*, ¡sí, cómo no! *Méx*, ¡las pelotas! *RP*.
viril [vi'riw] (*pl* **-is**) *adj* viril.
virilha [vi'riʎa] *f* ingle *f*.
virose [vi'rɔzi] *f* virosis *f inv*.
virtualmente [vixtwaw'mẽntʃi] *adv* virtualmente.
virtude [vix'tudʒi] *f* **-1.** [ger] virtud *f*. **- 2.** [razão]: **em** ~ **de** en virtud de.
virtuoso, osa [vix'twozu, ɔza] <> *adj* [íntegro] virtuoso(sa). <> *m, f* [gênio] virtuoso *m*, -sa *f*.
vírus ['viruʃ] *m* virus *m inv*.
visado, da [vi'zadu, da] *adj* **-1.** [cheque] visado(da). **- 2.** [pessoa] fichado(da), buscado(da).
visão [vi'zãw] (*pl* **-ões**) *f* **-1.** [ger] visión *f*. **- 2.** [percepção, ponto de vista]: ~ **(de/sobre)** visión (de/sobre).
visar [vi'za(x)] <> *vt* **-1.** [cheque, passaporte] visar. **- 2.** [objetivar] buscar; ~ **(a) fazer algo** tener como objetivo hacer algo, buscar hacer algo *Méx* & *RP*. <> *vi* [objetivar]: ~ **a algo/a fazer algo** tener como objetivo algo/hacer algo.
víscera ['visera] *f* víscera *f*.
viscoso, osa [viʃ'kozu, ɔza] *adj* viscoso(sa).
viseira [vi'zejra] *f* visera *f*.
visibilidade [vizibili'dadʒi] *f* visibilidad *f*.
visita [vi'zita] *f* **-1.** [ger] visita *f*; **fazer uma** ~ **a alguém** hacer una visita a alguien. **- 2.**

[visitante]: **ter** ~**s** tener visita(s).
visitação [vizita'sãw] *f* (*pl* **-ões**) [visita] visita *f*; **aberto à** ~ **pública** abierto al público.
◆ **Visitação** *f RELIG* Visitación *f*.
visitante [vizi'tãntʃi] *mf* visitante *mf*.
visitar [vizi'ta(x)] *vt* visitar.
visível [vi'zivɛw] (*pl* **-eis**) *adj* visible.
vislumbre [viʒ'lũnbri] *m* vislumbre *f*.
visões [vi'zõjʃ] *pl* ⊳ **visão**.
vison [vi'zõ] (*pl* **-ns**), **visão** [vi'zãw] *m* visón *m*.
visor [vi'zo(x)] (*pl* **-es**) *m* visor *m*.
vista ['viʃta] *f* ⊳ **visto**.
visto, ta ['viʃtu, ta] <> *pp* ⊳ **ver**. <> *adj* visto(ta).
◆ **visto** *m* **-1.** [em documento] visto *m* bueno. **- 2.** [em passaporte] visado *m Esp*, visa *f Amér*.
◆ **vista** *f* **-1.** [ger] vista *f*. **- 2.** [olhar]: **à primeira vista** a primera vista; **à vista** [visível] a la vista; **pôr à vista** poner a la vista; [pagamento] pagar al contado; **até a vista!** ¡hasta la vista!; **conhecer de vista** conocer de vista; **vista cansada** vista cansada. **- 3.** *loc*: **saltar à vista** saltar a la vista.
◆ **em vista de** *loc prep* en vista de.
◆ **pelo visto** *loc adv* por lo visto.
vistoria [viʃto'ria] *f* inspección *f*.
vistoriar [viʃto'rja(x)] *vt* inspeccionar.
vistoso, osa [viʃ'tozu, ɔza] *adj* vistoso(sa).
visual [vi'zwaw] (*pl* **-ais**) <> *adj* visual. <> *m fam* **-1.** [aspecto] aspecto *m*. **- 2.** [vista] vista *f*.
visualizar [vizwali'za(x)] *vt* visualizar.
visualmente [vizuaw'mẽntʃi] *adv* visualmente.
vital [vi'taw] (*pl* **-ais**) *adj* vital.
vitalício, cia [vita'lisju, sja] *adj* vitalicio(cia).
vitalidade [vitali'dadʒi] *f* vitalidad *f*.
vitamina [vita'mina] *f* [remédio] vitamina *f*; [de frutas] licuado *m*.

> Não confundir *vitamina (licuado)* com o espanhol *vitamina* que em português é *vitamina*. (*Minha mãe preparou uma vitamina de banana e maçã.* Mamá me preparó un *licuado* de plátano y manzana.)

vitela [vi'tɛla] *f* ternera *f*.
vítima ['vitʃima] *f* víctima *f*.
vitória [vi'tɔrja] *f* victoria *f*.
vitória-régia [vi,tɔrja'xɛʒja] (*pl* **vitórias-régias**) *f* taropé *m*.
vitorioso, osa [vito'rjozu, ɔza] *adj* victorioso(sa).
vitral [vi'traw] (*pl* **-ais**) *m* vitral *m*.
vitrine [vi'trini], **vitrina** [vi'trina] *f* **-1.** [de loja] escaparate *m*, vitrina *f Amér*, vidriera *f Amér*. **- 2.** [armário] vitrina *f*.
viuvez [vju'veʒ] *f* viudez *f*.

viúvo, va ['vjuvu, va] <> adj viudo(da). <> m, f viudo m, -da f.

viva ['vival <> m viva m. <> interj ¡viva!; ~ a rainha! ¡viva la reina!

viveiro [vi'vejru] m vivero m.

vivência [vi'vẽnsja] f -1. [existência] existencia f. -2. [experiência] vivencias fpl; **ter** ~ **em algo** tener experiencia en algo.

vivenda [vi'vẽnda] f vivienda f.

vivente [vi'vẽntʃi] <> adj viviente. <> mf ser m viviente.

viver [vi've(x)] <> vt vivir. <> vi -1. [ger] vivir; ~ **bem** vivir bien. -2. [perdurar] pervivir. -3. [sustentar-se]: ~ **de** vivir de; ~ **à custa de** vivir a costa de. -4. [conviver]: ~ **com** codearse con, convivir con **Méx** & **RP**. -5. [dedicar-se completamente]: ~ **para** vivir para. -6. [residir]: ~ **(em)** vivir (en). -7. [estar sempre]: ~ **doente/gripado** vivir enfermo/con gripe; ~ **trabalhando** vivir trabajando. <> m vivir m.

víveres ['viveriʃ] mpl víveres mpl.

vivido, da [vi'vidu, da] adj [pessoa] experimentado(da), vivido(da) **Méx** & **RP**.

vívido, da ['vividu, da] adj -1. [vivo, expressivo] vívido(da). -2. [luminoso] deslumbrante. -3. [em cores vivas] vivo(va).

vivo, va ['vivu, va] adj vivo(va); **estar** ~ estar vivo(va).

◆ **ao vivo** loc adv en vivo.

vizinhança [vizi'ɲãnsa] f vecindario m.

vizinho, nha [vi'ziɲu, ɲa] adj vecino(na).

voador, ra [vwa'do(x), ra] adj volador(ra).

voar ['vwa(x)] vi -1. [ger] volar. -2. fig [correr]: **fazer algo voando** hacer algo volando. -3. [explodir]: ~ **pelos ares** volar por los aires. -4. loc: ~ **alto** fig volar alto; ~ **para cima de alguém** lanzarse encima de alguien, tirarse arriba de alguien **RP**.

vocabulário [vokabu'larju] m vocabulario m.

vocábulo [vo'kabulu] m vocablo m.

vocação [voka'sãw] (pl -ões) f vocación f.

vocacional [vokasjo'naw] (pl -ais) adj vocacional.

vocal [vo'kaw] (pl -ais) adj vocal.

vocálico, ca [vo'kaliku, ka] adj vocálico(ca).

vocalista [voka'liʃta] mf vocalista mf.

você [vo'se] (pl vocês) pron pess -1. [tratamento] tú, vos **RP**; ~ **é médico?** ¿eres ou sos **RP** médico?; ~ **está muito elegante** estás muy elegante; **vocês precisam estudar** tenéis **Esp** ou tienen **Amér** que estudiar; **vocês desejam mais alguma coisa?** fml [os senhores] ¿desean algo más?; **vocês, ingleses/estudantes, são ...** ustedes, los ingleses/estudiantes, son ...; ~ **mesmo** ou **próprio** tú ou vos **RP** mismo. -2. (depois de prep): **isto pertence a** ~? ¿esto te

pertenece a ti ou vos **RP**?; **quero ir com vocês** quiero ir con vosotros **Esp** ou ustedes **Amér**; **penso muito em** ~ pienso mucho en ti ou vos **RP**; **esta carta é para** ~ esta carta es para ti ou vos **RP**. -3. [em anúncios]: ' ~ **vai adorar'** 'te va a encantar'; **'o melhor para** ~' 'lo mejor para ti ou vos' **RP**. -4. [alguém qualquer um] uno; **na universidade,** ~ **tem que estudar muito** en la universidad, uno tiene que estudiar mucho.

> Esta forma de tratamento informal ou familiar pode-se traduzir para o espanhol como **vos** ou como **tú**. O uso de uma ou de outra forma depende principalmente da origem geográfica do falante.
>
> (Ver **Os pronomes** na seção **Gramática Espanhola**.)
>
> Não confundir com **usted** do espanhol que se usa para o tratamento formal de respeito. Essa confusão costuma ocorrer por causa da semelhança fônica decorrente da origem similar de ambas as formas: **você** (Vossa Mercê vossemecê vosmecê)
>
> **usted** (Vuestra Merced vuesa merced vuesarced › vuesançed › vucé › vuced › vusted › usted).
>
> **Vocês:** esta forma de tratamento pode-se traduzir para o espanhol como **ustedes** ou como **vosotros**. Esta última forma não se usa habitualmente na América Hispânica.
>
> (Ver **Os pronomes** na seção **Gramática espanhola**.)

vociferar [vosife'ra(x)] <> vt [bradar] vociferar. <> vi [reclamar]: ~ **(contra)** vociferar (contra).

vodca ['vɔdʒka] f vodka m f.

voga ['vɔga] f -1. [popularidade] popularidad f. -2. [moda] moda f. -3. náut [cadência] cadencia f.

vogal [vo'gaw] (pl -ais) f ling vocal f.

volante [vo'lãntʃi] m -1. [de auto, máquina] volante m; **estar no** ~ estar al volante. -2. [motorista, piloto] piloto m. -3. [para apostas] impreso m, volante m **Méx**.

volátil [vo'latʃiw] (pl -eis) adj -1. [ger] volátil. -2. [pessoa, temperamento] fig voluble.

vôlei ['volej] n voley, voleibol m, vóleibol m **Amér**; ~ **de praia** voley playa.

volt ['vɔwtʃi] m voltio m.

volta ['vɔwta] f -1. [ger] vuelta f; **dar uma** ~ [sobre si mesmo] dar una vuelta. -2. [retorno]: **estar de** ~ estar de vuelta; **na** ~ [voltando] a la vuelta. -3. [passeio]: **dar uma** ~ [a pé, de carro] dar una vuelta. -4. mil: **dar meia-** ~ dar media vuelta. -5. auto: **fazer a** ~ dar la vuelta. -6. loc: **dar a** ~ **por cima** fig superar una situación difícil, sobreponerse.

◆ **às voltas com** loc prep: **estar/andar às**

~**s com** estar/andar a *ou* en *RP* vueltas con.

◆ **em volta de** *loc prep* en torno a, alrededor de.

◆ **por volta de** *loc prep* alrededor de, a eso de.

◆ **volta e meia** *loc adv* cada dos por tres.

voltagem [vow'taʒẽl] *f* voltaje *m*.

voltar [vow'ta(x)] ⟨⟩ *vt* - **1.** [dirigir]: ~ **algo para** volver algo hacia, llevar algo a *RP*. - **2.** [mudar a posição de] girar, dar vuelta. - **3.** [mostrar pelo verso] dar la vuelta a, voltear *Andes* & *Méx*, dar vuelta *RP*. ⟨⟩ *vi* - **1.** [ger] volver; ~ **atrás** *fig* volver atrás. - **2.** [vir de volta]: ~ **a si** volver en sí. - **3.** [tratar novamente]: ~ **a algo** volver a algo. - **4.** [recomeçar]: ~ **a fazer algo** volver a hacer algo.

◆ **voltar-se** *vp* - **1.** [virar-se] volverse, darse vuelta *RP*. - **2.** [recorrer]: ~-**se para** recurrir a. - **3.** [rebelar-se]: ~-**se contra** volverse *ou* voltearse *Méx ou* ponerse *RP* contra.

volteio [vow'teju] *m* - **1.** [rodopio] giro *m*. - **2.** [volta] curva *f*. - **3.** [de equilibrista] movimiento *m*.

volume [vo'lumi] *m* - **1.** [ger] volumen *m*. - **2.** [intensidade]: **aumentar/diminuir o** ~ aumentar/disminuir el volumen.

volumoso, osa [volu'mozu, ɔza] *adj* voluminoso(sa).

voluntário, ria [volũn'tarju, rja] ⟨⟩ *adj* voluntario(ria). ⟨⟩ *m, f* voluntario *m*, -ria *f*.

voluntarioso, osa [volũnta'rjozu, ɔza] *adj* voluntarioso(sa).

volúpia [vo'lupja] *f* placer *m*, gozo *m*.

voluptuoso, osa [volup'twozu, ɔza] *adj* voluptuoso(sa).

volúvel [vo'luvew] (*pl* -eis) *adj* voluble.

volver [vow've(x)] ⟨⟩ *vt* [virar, voltar] volver, dar vuelta *RP*. ⟨⟩ *vi*: ~ **a** volver a.

vomitar [vomi'ta(x)] ⟨⟩ *vt* [ger] vomitar. ⟨⟩ *vi* [expelir vômito] vomitar.

vômito ['vomitu] *m* vómito *m*.

vontade [võn'tadʒi] *f* - **1.** [ger] voluntad *f*. - **2.** [desejo, necessidade] ganas *fpl*; **dar** ~ **a alguém de fazer algo** dar ganas a alguien de hacer algo; **fazer a** ~ **de alguém** hacer la voluntad de alguien, hacer los gustos a alguien *RP*; **ter** ~ **de fazer algo** tener ganas de hacer algo; **contra a** ~ a disgusto. - **3.** [empenho, interesse]: **boa/má** ~ buena/mala voluntad.

◆ **vontades** *fpl* [caprichos]: **fazer todas as** ~**s de alguém** satisfacer todos los caprichos de alguien.

◆ **à vontade** *loc adv* - **1.** [sem cerimônia]: **não fico à** ~ **perto dele** no estoy cómodo cerca suyo; **fique à** ~ **que já volto** póngase cómodo que ahora vuelvo. - **2.**

[a bel-prazer, à larga] a voluntad, a piacere *RP*.

◆ **com vontade** *loc adv* [comer] con gusto.

vôo ['vow] *m* vuelo *m*; **levantar** ~ levantar vuelo; ~ **livre** *ESP* vuelo libre.

voraz [vo'raʃ] (*pl* -es) *adj* voraz.

vos [vuʃ] *pron* os *Esp*, les *Amér*.

vós ['vɔʃ] *pron pess* [você] usted; [vocês] vosotros *Esp*, ustedes *Amér*.

vosso, vossa ['vɔsu, 'vɔsa] ⟨⟩ *adj* vuestro(tra) *Esp*, su *Amér*. ⟨⟩ *pron*: o ~ /a vossa el vuestro/la vuestra *Esp*, el suyo/la suya *Amér*; **um amigo** ~ un amigo vuestro *Esp ou* suyo *Amér*; os ~**s** los vuestros *Esp*, los suyos *Amér*.

votação [vota'sãw] (*pl* -ões) *f* votación *f*.

votar [vo'ta(x)] ⟨⟩ *vt* - **1.** [eleger] votar (por). - **2.** [submeter a votação, aprovar] votar. ⟨⟩ *vi* votar; ~ **em/contra/por** votar por/contra/a favor de; ~ **em branco** votar en blanco.

voto ['vɔtu] *m* voto *m*; ~ **nulo/em branco** voto nulo/en blanco; ~ **secreto** voto secreto; [promessa] ~ **de castidade/pobreza** voto de castidad/pobreza.

vovó [vo'vɔ] *f* abuela *f*.

vovô [vo'vo] *m* abuelo *m*.

voyeurismo [voje'riʒmu] *m* voyeurismo *m*.

voz ['vɔʃ] (*pl* -es) *f* - **1.** [ger] voz *f*; **em** ~ **alta/baixa** en voz alta/baja. - **2.** [poder decisório, autoridade]: **ter** ~ **(ativa) em** tener voz. - **3.** *fig* [conselho]: **a** ~ **da experiência** la voz de la experiencia.

vozerio [voze'riw] *m* vocerío *m*.

vulcânico, ca [vuw'kãniku, ka] *adj* volcánico(ca).

vulcão [vuw'kãw] (*pl* -ões) *m* volcán *m*.

vulgar [vuw'ga(x)] (*pl* -es) *adj* vulgar.

vulgaridade [vuwgari'dadʒi] *f* vulgaridad *f*.

vulgarizar [vuwgari'za(x)] *vt* [popularizar] vulgarizar.

◆ **vulgarizar-se** *vp* vulgarizarse.

vulgarmente [vuwgax'mẽntʃi] *adj* vulgarmente.

vulgo ['vuwgu] ⟨⟩ *m* vulgo *m*. ⟨⟩ *adv* vulgo, vulgarmente.

vulnerabilidade [vuwnerabili'dadʒi] *f* vulnerabilidad *f*.

vulnerável [vuwne'ravɛw] (*pl* -eis) *adj* vulnerable.

vulto ['vuwtu] *m* - **1.** [figura, sombra] bulto *m*, silueta *f*. - **2.** [face] cara *f*, rostro *m*. - **3.** *fig* [importância] importancia *f*, significación *f* *RP*; **de** ~ significativo(va). - **4.** *fig* [indivíduo notável] gigante *m*.

vultoso, osa [vuw'tozu, ɔza] *adj* voluminoso(sa).

vulva ['vuwva] *f* vulva *f*.

w, W [ˈdabljʊ] *m* [letra] w, W *f.*
walkie-talkie [ˌwɔkiˈtɔki] (*pl* walkie-talkies) *m* walkie-talkie *m.*
walkman® [ˈwɔkm] *m* walkman® *m.*
WAN (*abrev de* Wide Area Network) WAN *f.*
Washington [ˈwɔʃintõ] *n* Washington.
watt [ˈwɔtʃi] *m* vatio *m*, watt *m* **Méx** & **RP.**
WC (*abrev de* water closet) *m* WC *m.*
windsurfe [wĩndʒiˈsuxfi] *m* windsurf *m.*
workshop [wɔxkiˈʃɔpi] *m* taller *m.*
WWW (*abrev de* World Wide Web) WWW.

x, X [ʃiʃ] *m* [letra] x, X *f.*
xadrez [ʃaˈdreʃ] ◇ *m* -**1.** [jogo] ajedrez *m.* -**2.** [desenho, tecido] cuadriculado *m*, escocés *m* **RP.** -**3.** *fam* [prisão] chirona *f* **Esp**, cana *f* **Andes, Cuba** & **RP**, bote *m* **Méx.** ◇ *adj* a cuadros.
xale [ˈʃali] *m* chal *m*, rebozo *m* **Méx.**
xampu [ʃãnˈpu] *m* champú *m.*
xarope [ʃaˈrɔpi] *m* -**1.** [para tosse] jarabe *m.* -**2.** [calda] almíbar *m.*
xaxim [ʃaˈʃĩ] *m tronco fibroso de los helechos compuesto por raíces.*
xenofobia [ʃenofoˈbia] *f* xenofobia *f.*
xepa [ˈʃepa] *f fam* [de feira] *los productos que sobran en el mercado, vendidos más baratos.*
xeque [ˈʃɛki] *m* -**1.** [xadrez] jaque *m.* -**2.** *loc:* pôr em ~ poner en jaque. -**3.** [xeique] jeque *m.*
xeque-mate [ˌʃɛkiˈmatʃi] (*pl* xeque-mates) *m* jaque-mate *m.*
xereta [ʃeˈreta] *adj fam* [bisbilhoteiro] chismoso(sa), metiche **Méx**, chusma **RP.**
xerez [ʃeˈreʃ] *m* jerez *m.*
xerife [ʃeˈrifi] *m* sheriff *m.*
xerocar [ʃeroˈka(x)] *vt* fotocopiar.

xerocópia [ʃeroˈkɔpja] *f* fotocopia *f.*
xerocopiar [ʃerokoˈpja(x)] *vt* = xerocar.
xerox® [ˈʃɛrɔkiʃ] *m* -**1.** [cópia] fotocopia *f.* -**2.** [máquina] fotocopiadora *f.*
xícara [ˈʃikara] *f* taza *f*; ~ de chá taza de té.
xiita [ʃiˈita] ◇ *adj* [muçulmano] chiíta. ◇ *mf* -**1.** [muçulmano] chiíta *mf.* -**2.** *fig* [radical] radical *mf.*
xilofone [ʃiloˈfoni] *m* xilofón *m.*
xilografia [ʃilograˈfia] *f* xilografía *f.*
xingamento [ʃĩŋgaˈmẽntu] *m* insultos *mpl.*
xingar [ʃĩŋˈga(x)] ◇ *vt* insultar; ~ alguém de algo llamar a alguien algo, tratar a alguien de algo **RP.** ◇ *vi* insultar.
xinxim [ʃĩnˈʃĩ] (*pl* -ns) *m*: ~ de galinha *guiso de gallina con camarones secos, maní, castañas y aceite de palma.*
xixi [ʃiˈʃi] *m fam* pis *m*, pipí *f*, pichí *m* **RP**; fazer ~ hacer pis *ou* pipí *ou* pichí **RP.**
xodó [ʃoˈdɔ] *m* [pessoa querida] preferido *m*, ojo *m* derecho, niña *f* de sus ojos **Méx** & **RP.**
xoxota [ʃoˈʃɔta] *f mfam* [vulva] conejo *m* **Esp**, concha *f* **Amér.**

z, Z [ze] *m* [letra] z, Z *f.*
zaga [ˈzaga] *f FUT* zaga *f.*
zagueiro [zaˈgejru] *m FUT* defensa *m*, zaguero *m* **RP.**
Zaire [ˈzajri] *n* Zaire.
zanga [ˈzãŋga] *f* -**1.** [irritação] enfado *m* **Esp**, enojo *m* **Amér.** -**2.** [briga] bronca *f*, regaño *m* **Méx**, reto *m* **RP**, rezongo *m* **Urug.**
zangado, da [zãŋˈgadu, da] *adj* enfadado(da) **Esp**, enojado(da) **Amér.**
zangão [ˈzãŋgãw] (*pl* -ões) *m ZOOL* zángano *m.*
zangar [zãŋˈga(x)] ◇ *vt* [irritar] enfadar **Esp**, enojar **Amér.** ◇ *vi* -**1.** [irritar-se] enfadarse **Esp**, enojarse **Amér.** -**2.** [ralhar] regañar, retar **RP**, rezongar **Urug**; ~ com alguém regañar a alguien, retar a alguien **RP**, rezongar a alguien **Urug.**
➟ **zangar-se** *vp* enfadarse **Esp**, enojarse **Amér.**
zangões [zãŋˈgõjʃ] *pl* ▷ zangão.
zanzar [zãnˈza(x)] *vi* vaguear.
zarpar [zaxˈpa(x)] *vi* -**1.** [ger] zarpar. -**2.** [fugir] huir.

zebra ['zebra] *f* -**1.** *ZOOL* cebra *f.* -**2.** [faixa para pedestres] paso *m* de cebra *ou* peatonal *Méx*, cebra *f RP*. -**3.** *fam pej* [pessoa] memo *m*, -ma *f*, burro *m*, -rra *f.* -**4.** *loc*: dar ∼ [em aposta, loteria] tener mala suerte; [plano] fracasar.

zebu [ze'bul *m ZOOL* cebú *m*.

zelador, ra [zela'do(x), ra] (*pl* -**es**, *fpl* -**s**) *m*, *f* [de prédio] portero *m*, -ra *f*, velador *m*, -ra *f Méx*.

zelar [ze'la(x)] *vi*: ∼ **por** velar por.

zelo ['zelu] *m* celo *m*.

zeloso, osa [ze'lozu, za] *adj* [cuidadoso]: ∼ **(de/por)** cuidadoso(sa) (con).

zé-mané [ˌzɛma'nɛl (*pl* -**és**) *m mfam* [otário, bobalhão] imbécil *m*, gilipollas *m inv Esp*.

zen [zẽl *adj* zen.

zen-budismo [zẽn bu'dʒiʒmul *m* budismo *m* zen.

zé-ninguém [ˌzɛnĩŋ'gẽl (*pl* **zés-ninguém**) *m* don nadie *m*.

zepelim [ze'pelĩl (*pl* -**ns**) *m* [balão] dirigible *m*, zepelín *m*.

zerar [ze'ra(x)] *vt* reducir a cero.

zero ['zɛrul *num* -**1.** [ger] cero *m*; ∼ **erros** ningún error. -**2.** [em tênis] nada *f.* -**3.** [temperatura]: **abaixo/acima de** ∼ bajo/sobre cero. -**4.** *loc*: **ser um** ∼ **à esquerda** ser un cero a la izquierda.

➡ **a zero** *loc adv*: **ficar a** ∼ quedarse sin nada, quedar seco *RP*; *veja também* **seis**.

zero-quilômetro [ˌzɛruki'lɔmetrul ◇ *adj* nuevo(va). ◇ *m inv* coche *m* nuevo, cero kilómetro *m RP*.

ziguezague [ˌzigi'zagil *m* zigzag *m*.

ziguezaguear [zigiza'gja(x)l *vi* zigzaguear.

zinco ['zĩŋkul *m* zinc *m*.

zoada ['zwadal *f* = zoeira.

zoar ['zwa(x)] ◇ *vt* [caçoar] tomar el pelo a.

◇ *vi* -**1.** [fazer grande ruído] armar jaleo. -**2.** [zumbir] zumbar. -**3.** [fazer troça] tomar el pelo. -**4.** [promover confusão] armar follón.

zodiacal [zodʒja'kawl *adj* zodiacal.

zodíaco [zo'dʒiakul *m* zodiaco *m*, zodíaco *m*.

zoeira ['zwejral *f* barullo *m*, relajo *m RP*.

zombar [zõn'ba(x)l *vi* -**1.** [debochar]: ∼ **de alguém/algo** burlarse de alguien/algo. -**2.** [desdenhar]: ∼ **de algo** reírse de algo.

zombaria [zonba'rial *f* [deboche] burla *f.*

zombeteiro, ra [zõnbe'tejru, ral ◇ *adj* [zombador] burlón(ona). ◇ *m, f* burlón *m*, -ona *f.*

zona ['zonal *f* -**1.** [ger] zona *f*; ∼ **franca** zona franca. -**2.** *fam* [bagunça, confusão] lío *m*, caos *m*, relajo *m RP*.

zoneamento [zonja'mẽntul *m* [divisão em zonas] división *f* en zonas.

zonear [zo'nja(x)l ◇ *vt* -**1.** *fam* [bagunçar] armar un lío *ou* caos en, armar relajo en *RP*. -**2.** [dividir em zonas] dividir en zonas. ◇ *vi fam* [bagunçar] armar un lío *ou* caos, armar relajo *RP*.

zonzo, za ['zõnzu, zal *adj* -**1.** [tonto] tonto(ta), zonzo(za) *Méx*. -**2.** [atordoado, confuso] mareado(da), zonzo(za) *Méx*, aturdido(da) *RP*.

zôo ['zowl *m* zoo *m*.

zoologia [zwolo'ʒial *f* zoología *f.*

zoológico, ca [zo'lɔʒiku, kal *adj* zoológico(ca).

➡ **zoológico** *m* zoológico *m*.

zoom [zũl *m* = zum.

zum [zũl *m* zoom *m*.

zumbido [zũn'bidul *m* zumbido *m*.

zumbir [zũn'bi(x)l *vi* zumbar.

zunzum [zũn'zũl (*pl* -**ns**) *m* -**1.** [ruído] zumbido *m*. -**2.** [boato] rumor *m*.

SUPLEMENTO

Acentuação

Regras de acentuação

De acordo com a sílaba tônica, as palavras são classificadas e acentuadas da seguinte forma:

Palavras agudas

a última sílaba é tônica	▶	São acentuadas as palavras terminadas em **vogal, n, s**.	Exemplos: sof**á**, caf**é**, aqu**í**, ingl**é**s, alem**á**n.

Palavras graves ou **llanas**

a penúltima sílaba é tônica	▶	São acentuadas as palavras terminadas em **consoante** (excetuando-se **n** e **s**).	Exemplos: vol**á**til, in**ú**til, inm**ó**vel, d**ó**lar, l**á**piz.

Palavras esdrújulas

a antepenúltima sílaba é tônica	▶	Todas as palavras **esdrújulas** são acentuadas.	Exemplos: m**á**gico, esdr**ú**julas, c**é**lebre

Uso de acento diferencial

Há algumas palavras em espanhol que não obedecem às regras gerais e que têm acento apenas para não gerar confusão com outra que se escreve da mesma forma. Nesse caso, o acento se chama **tilde diacrítica**.

aún (advérbio) = ainda ≠ **aun** (conjunção) = até mesmo; inclusive

dé (verbo dar) ≠ **de** (preposição)

él (pronome pessoal reto 3ª pes. sing.) ≠ **el** (artigo masculino singular)

más (advérbio) = mais ≠ **mas** (conjunção) = mas

mí (pronome oblíquo 1ª pes. sing.) ≠ **mi** (pronome possessivo)

sé (verbos ser ou saber) ≠ **se** (pronome reflexivo/oblíquo 3ª pes. sing./ pl.)

sí (afirmação) ≠ **si** (condicional)

sólo (advérbio) = somente ≠ **solo**(a) (adj.) = sozinho

té (subs.) = chá ≠ **te** (pronome oblíquo 2ª pes. sing.)

tú (pronome pessoal reto 2ª pes. sing.) ≠ **tu** (pronome possessivo)

Artigos

Os artigos em espanhol são:

Definidos

Masculino	▶ el / los	Exemplos: **el** hombre, **los** hombres
Feminino	▶ la / las	Exemplos: **la** mujer, **las** mujeres

Indefinidos

Masculino	▶ un / unos	Exemplos: **un** hombre, **unos** hombres
Feminino	▶ una / unas	Exemplos: **una** mujer, **unas** mujeres

O artigo neutro lo

O artigo neutro **lo** é invariável e é usado nos seguintes casos:

• Com adjetivos ou advérbios, dando-lhes características de substantivos:

> **Lo difícil** es aprender el artículo neutro.
> **Lo peor** fue cuando todos se rieron.

• Com adjetivos ou advérbios, intensificando-os:

> No te imaginas **lo fácil** que fue la prueba.

• Em orações com o pronome relativo que:

> No me atreví a preguntarles **lo que** realmente quería saber.

Contrações

As únicas contrações em espanhol são:

preposição **a** + artigo **el** = **al**
preposição **de** + artigo **el** = **del**

> Voy **al** cine.
> Vengo **del** cine.

Não se contrai nenhuma outra preposição com nenhum artigo.

Números

Números cardinais

0	cero	100	cien
1	uno (un/una)	101	ciento uno (un/una)
2	dos	105	ciento cinco
3	tres	110	ciento diez
4	cuatro	111	ciento once
5	cinco	112	ciento doce
6	seis	115	ciento quince
7	siete	120	ciento veinte
8	ocho	121	ciento veintiuno
9	nueve	130	ciento treinta
10	diez	131	ciento treinta y uno
11	once	200	doscientos/doscientas
12	doce	201	doscientos uno/un, doscientas una
13	trece	231	doscientos treinta y uno
14	catorce	300	trescientos/as
15	quince	400	cuatrocientos/as
16	dieciséis	500	quinientos/as
17	diecisiete	600	seiscientos/as
18	dieciocho	700	setecientos/as
19	diecinueve	800	ochocientos/as
20	veinte	900	novecientos/as
21	veintiuno (veintiún/veintiuna)	1.000	mil
22	veintidós	1.001	mil uno
23	veintitrés	1.002	mil dos
24	veinticuatro	1.010	mil diez
25	veinticinco	1.031	mil treinta y uno
26	veintiséis	1.099	mil noventa y nueve
27	veintisiete	1.100	mil cien
28	veintiocho	1.101	mil ciento uno
29	veintinueve	1.110	mil ciento diez
30	treinta	1.200	mil doscientos/as
31	treinta y uno (una)	2.000	dos mil
40	cuarenta	3.000	tres mil
50	cincuenta	10.000	diez mi
60	sesenta	100.000	cien mil
70	setenta	1.000.000	un millón
80	ochenta	1.000.000.000	mil millones
90	noventa	1.000.000.000.000	un billón

Obs: Quando o número cardinal **uno** é colocado antes de substantivos masculinos, muda sua forma para **un**. Ocorre o mesmo com todos os números cardinais terminados em **uno**: *Tengo dos hijos, un niño y una niña.*

Numerais ordinais

1°	primer, primero/a	11°	undécimo	30°	trigésimo
2°	segundo	12°	duodécimo	40°	cuadragésimo
3°	tercer, tercero/a	13°	decimotercero	50°	quincuagésimo
4°	cuarto	14°	decimocuarto	60°	sexagésimo
5°	quinto	15°	decimoquinto	70°	septuagésimo
6°	sexto	16°	decimosexto	80°	octagésimo
7°	séptimo	17°	decimoséptimo	90°	nonagésimo
8°	octavo	18°	decimoctavo	100°	centésimo
9°	noveno	19°	decimonoveno	1.000°	milésimo
10°	décimo	20°	vigésimo		

Obs: Quando os números ordinais **primero** e **tercero** são colocados antes do substantivo, mudam sua forma para **primer** e **tercer**, respectivamente: *el primer grado/el grado primero, el tercer año/el año tercero.*

Numerais fracionários

1/2	medio(a)/la mitad	1/10	un décimo
1/3	un tercio	1/11	un onceavo
1/4	un cuarto	1/12	un doceavo
1/5	un quinto	1/13	un treceavo
1/6	un sexto	1/14	un catorceavo
1/7	un séptimo	1/15	un quinceavo
1/8	un octavo		
1/9	un noveno		

Pronomes

Pronomes pessoais retos

Os pronomes pessoais normalmente são o sujeito da oração.

singular	1ª pessoa	▶	yo
	2ª pessoa	▶	tú (não formal)
	3ª pessoa	▶	él - ella - usted (formal)
plural	1ª pessoa	▶	nosotros nosotras
	2ª pessoa	▶	vosotros vosotras
	3ª pessoa	▶	ellos ellas usted

Formas de tratamento

• Na Espanha, é comum o uso de **tú** e **vosotros** para o tratamento não formal ("você(s)" em português), e de **usted** e **ustedes** para o tratamento formal ("o senhor / a senhora / os senhores / as senhoras" em português).

> **Tú** eres un buen alumno.
> **Vosotros** sois mis invitados.
> **Usted** es el profesor de Matemáticas, ¿verdad?
> **Ustedes** son muy simpáticos.

• Na América Latina, a única forma usada no plural (tratamento formal ou não formal) é **ustedes** e no singular (tratamento não formal) é **vos**. O **voseo** é usado de maneira generalizada na Argentina, no Uruguai, Paraguai e na América Central.

> **Vos** bailás muy bien. (= **Tú** bailas muy bien.)
> **Ustedes** pueden sentarse aquí.

• Quando nos dirigimos formalmente a uma pessoa, podemos usar:

don/doña + nome	▶	don Juan
		doña Josefa
señor/señora/señorita + sobrenome	▶	señor García (abrevia-se sr.)
		señora González (abrevia-se sra.)
		señorita Romero (abrevia-se srta.)
señor/señora ou don/doña + nome e sobrenome	▶	sr. don Juan Manuel de Prada
		sra. doña María del Pilar Gómez

Pronomes oblíquos

Os pronomes oblíquos exercem as funções de objeto direto ou indireto. Eles podem apresentar forma átona (não precedida de preposição) ou tônica (sempre precedida de preposição).

Formas átonas

	objeto direto	objeto indireto
yo	me	me
tú	te	te
él / ella	lo / la	le (se)
nosotros(as)	nos	nos
vosotros(as)	os	os
ellos / ellas	los / las	les (se)

Formas tônicas

yo	mí	conmigo
tú	ti	contigo
él / ella	él / ella / usted/ sí	consigo – con él/ ella/ usted
nosotros(as)	nosotros(as)	con nosotros(as)
vosotros(as)	vosotros(as)	con vosotros(as)
ellos / ellas	ellos(as) / ustedes/ sí	consigo – con ellos(as)/ ustedes

Formas reflexivas

yo	me
tú	te
él / ella / usted	se
nosotros(as)	nos
vosotros(as)	os
ellos / ellas / ustedes	se

Colocação pronominal

Os pronomes sempre vêm antes do verbo, mesmo no começo da frase.

> **Te llamo** mañana, ¿vale? (objeto direto)
> Ayer **la vi** en la cola del teatro. (objeto direto)
> ¿**Me dices** la verdad? (objeto indireto)
> Si **te lo hubiera dicho**, no habría sido una sorpresa. (objeto indireto)

Mas existem exceções à regra geral. Nos casos a seguir, não se usa hífen: pronome e verbo formam uma única palavra.

• Com os verbos no infinitivo.

Voy a **darte** un regalo.

Quería **llamarla** pero no tenía su número de teléfono.

− ¿Dónde está la tarta? − Voy a **traértela** ahora mismo.

• Com verbos no gerúndio.

− ¿Has terminado la tarea? / − No, estoy **terminándola** ahora.

− ¿Dónde están los regalos? / − No te preocupes, Carlos está **comprándonoslos**.

• Com os verbos no imperativo afirmativo.

Siéntate aquí.

Cuéntemelo ahora.

▲ **Atenção:** O imperativo negativo segue a regra geral:
No **me lo cuentes**.

Pronomes demonstrativos

São palavras que situam o substantivo no tempo e no espaço. Seu uso é equivalente, em espanhol e em português.

masculino		feminino		neutro
singular	**plural**	**singular**	**plural**	
este	estes	esta	estas	esto
ese	esos	esa	esas	eso
aquel	aquellos	aquella	aquellas	aquello

Os demonstrativos expressam uma relação de tempo ou distância, tendo por referência o falante e seu interlocutor. Se a relação é de distância, pode-se associá-los a advérbios de lugar:

este/a/os/as	▶	tempo = presente	distância = próximo de quem fala	**aquí = acá**
ese/a/os/as	▶	tempo = passado próximo	distância = próximo de quem escuta	**ahí**
aquel/la/los/las	▶	tempo = passado distante	distância = distante das duas pessoas	**allí = allá**

Pronomes indefinidos

Os pronomes indefinidos são palavras que indicam imprecisão e que, numa frase, podem funcionar como pronomes, adjetivos ou advérbios. Há indefinidos variáveis e invariáveis.

Invariáveis	Variáveis em gênero e número	Variáveis em número
alguien	alguno	bastante
nadie	ninguno	cualquiera (cualesquiera)
algo	demasiado	quienquiera (quienesquiera)
nada	mucho	tal
más	poco	igual
menos	todo	diferente
demás	tanto	
cada	otro	
	uno	
	varios	
	diversos	
	cierto	
	mismo	
	propio	

Pronomes interrogativos e exclamativos

Os pronomes interrogativos e exclamativos podem ser variáveis ou invariáveis:

Invariáveis	Variáveis em gênero e número	Variáveis em número
qué	cuánto	cuál
cuándo	cuánta	cuáles
cómo	cuántos	quién
dónde	cuántas	quiénes

¿**Qué** horas es? ¿**Cuándo** lo conociste? ¡**Cómo** te quiero! ¿**Dónde** está Pepe? Dime **qué** quieres. Cuéntame **cuándo** lo conociste.	¿**Cuánto** cuesta esto? ¡**Cuánta** hambre tengo! ¡No te imaginas **cuántos** países conozco! ¿**Cuántas** naranjas comiste?	¿**Cuál** es el problema? Quiero saber **cuáles** vinos vamos a comprar. ¿Con **quién** fuiste a Perú? ¿**Quiénes** eran ellos?

Pronomes possessivos

Os pronomes possessivos determinam um substantivo e referem-se a alguém ou a algo, indicando posse. Em espanhol, os possessivos possuem duas formas: a tônica (ou completa), usada após o substantivo ou com artigos (No se dónde está tu mochila, **la mía** está aquí.), e a átona (ou apocopada), usada antes do substantivo (**Tu** hermana está esperando abajo.).

	Forma átona	Forma tônica
yo	mi(s)	mío(s)/mía(s)
tú	tu(s)	tuyo(s)/tuya(s)
él/ella/usted	su(s)	suyo(s)/suya(s)
nosostros/as	nuestro(s)/nuestra(s)	nuestro(s)/nuestra(s)
vosotros/as	vuestro(s)/vuestra(s)	vuestro(s)/vuestra(s)
ellos/ellas/ustedes	su(s)	suyo(s)/suya(s)

Obs: Diferentemente do português, não é correto usar as formas átonas com artigos:

Me encanta la mi niña. (incorreto)
Me encanta mi niña. (correto)

Substantivos

O substantivo dá nome aos seres e pode variar em gênero e número de diversas formas:

Gênero do substantivo

O feminino dos substantivos é formado das seguintes formas:

• a terminação em **o** passa para **a**:

hij**o**	▸ hij**a**	abuel**o**	▸ abuel**a**

• às palavras terminadas em **consoantes**, acrescenta-se **a**:

directo**r**	▸ directo**ra**	holandé**s**	▸ holande**sa**

• algumas palavras que terminam em **r** têm a última sílaba transformada em **triz**:

acto**r**	▸ ac**triz**	emperado**r**	▸ empera**triz**

• as palavras que terminam em vogal ou em certas consoantes têm a última sílaba transformada em **ina**, **isa**, **esa**:

héro**e**	▸ heroí**na**	re**y**	▸ re**ina**
poet**a**	▸ poet**isa**	baró**n**	▸ baron**esa**
alcald**e**	▸ alcald**esa**		

Obs:

• Há palavras que possuem formas bem distintas para masculino e feminino:

marido	▸ mujer	yerno	▸ nuera
carnero	▸ oveja	caballo	▸ yegua
caballero	▸ dama		

• Há casos de substantivos cuja forma permanece igual tanto no masculino como no feminino, sendo o gênero indicado pelo artigo que os acompanha:

un ciclista	▸ **una** ciclista	**el** estudiante	▸ **la** estudiante
un joven	▸ **una** joven		

• Todos os substantivos terminados em **aje** são masculinos:

el vi**aje**	el pais**aje**

• Todos os substantivos terminados em **umbre** são femininos:

la leg**umbre**	la cost**umbre**

• No caso dos nomes de animais com forma invariável, indica-se o gênero, acrescentando-se a palavra **macho**, para o masculino, e **hembra**, para o feminino:

el mosquito **macho**	►	el mosquito **hembra**
el pez **macho**	►	el pez **hembra**
ballena **macho**	►	ballena **hembra**

Número do substantivo

De modo geral, para formar o plural de um substantivo, acrescenta-se **s** a palavras terminadas por **vogal**:

cas**a**	►	cas**as**	espej**o** ► espej**os**	

Algumas palavras terminadas em **i tônica** formam o plural com **es**

marroqu**í**	►	marroqu**íes**

Se a palavra terminar em **consoante**, exceto **z**, acrescenta-se **es**. O mesmo ocorre se a palavra terminar em **y**. Se a palavra terminar em **z**, deve-se eliminar a letra **z** e acrescentar **ces**.

árbo**l**	►	árbol**es**
irlandé**s**	►	irlandes**es**
le**y**	►	le**yes**
ve**z**	►	ve**ces**

Adjetivos

Os adjetivos são palavras variáveis, cuja função é referir-se ao substantivo, indicando-lhe uma qualidade. Por isso, os adjetivos concordam com o substantivo, flexionando-se de acordo com gênero e número, e seguindo as mesmas regras dos substantivos.

Grau dos adjetivos

Comparativo de igualdade

tan + adjetivo + **como**

Estas manzanas son **tan buenas como** aquéllas.

Comparativo de superioridade

más + adjetivo + **que**

Antonio es **más alto que** yo.

Comparativo de inferioridade

menos + adjetivo + **que**

Esta profesora es **menos simpática que** la del año pasado.

Superlativo absoluto

Forma-se com a adição do sufixo **ísimo(a)** ao adjetivo, ou com o uso de advérbios como **muy**:

bello	► bell**ísimo**	► **muy** bello
delgada	► delgad**ísima**	► **muy** delgada

Obs:

Alguns adjetivos têm sua forma modificada no superlativo, com o acréscimo do sufixo **ísimo**:

amable	► amabil**ísimo**	antiguo	► antiqu**ísimo**
notable	► notabil**ísimo**	fiel	► fidel**ísimo**
simple	► simplic**ísimo**		

▲ **Atenção:** Os superlativos de fácil e difícil formam-se de modo especial:

fácil ► **facilísimo**   difícil ► **dificilísimo**

Alguns adjetivos têm formas especiais:

bueno	malo	
mejor	peor	(comparativo)
óptimo	pésimo	(superlativo)

Em espanhol, as formas **mayor** e **menor** referem-se à idade das pessoas (mais velho/mais jovem). Para fazer referência ao tamanho de algo, usam-se **más grande que** e **más pequeño que**.

Apócopes

Antes de um substantivo masculino singular, algumas palavras sofrem apócope, ou seja, perdem um fonema ou uma sílaba ao final.

> bueno: **buen** amigo
> malo: **mal** tiempo
> grande: **gran** trabajo
> santo: **San** Antonio
> alguno: **algún** dinero
> ninguno: **ningún** amigo

Obs:

• O mesmo ocorre com o adjetivo grande, diante de um substantivo feminino:

gran familia

• O adjetivo santo não sofre alteração nos seguintes casos:

Santo Tomás, **Santo** Tomé, **Santo** Toribio, **Santo** Domingo

Preposições

As preposições atualmente usadas em espanhol são: **a** • **ante** • **bajo** • **con** • **contra** • **de** • **desde** • **en** • **entre** • **hacia** • **hasta** • **para** • **por** • **sin** • **sobre** • **tras.**

a   ► Veo **a** Juan jugando al fútbol.
         Ayer le di el regalo **a** Jorge.
         Me invitaron **a** bailar.
         El año pasado viajamos **a** Brasil.
         Mañana voy **a** cortarme el pelo.

         A + EL = AL Los niños fueron **al** estadio.

ante   ► Tuvieron que declarar **ante** la justicia.

bajo   ► Encontré la tijera **bajo** la alfombra.
         Está **bajo** sospecha.

con   ► Salió **con** sus padres.
         Anda **con** el pelo despeinado.
         Comieron pan **con** manteca.

contra   ► El cuadro está apoyado **contra** la mesa.
         Brasil juega mañana **contra** Uruguay.

de   ► un vaso **de** vidrio • una botella **de** agua
         un plato **de** carne • un libro **de** arte
         Ellos fueron a la casa **de** mis padres.
         Nicolás viene **de** San Pablo.
         Martín no sale **de** su casa.
         Sus actitudes muestran el poder de la razón.

         DE+ EL = DEL Ignacio viene **del** parque.

desde   ► Lo sospeché **desde** el principio.
         Desde ahora las cosas van a cambiar.

en   ► Siempre viajan a Río de Janeiro **en** verano.
         Disfruta quedándose **en** casa.
         Se toma todo **en** broma.
         Habla muy bien **en** español.
         Anda **en** zapatillas.

andar	**en** barco
	en avión
ir ►	**en** ómnibus
	en tren
viajar	**en** bicicleta

entre   ► Esto es algo **entre** ella y él.
            Está **entre** la iglesia y la farmacia.
            Hicieron ese trabajo **entre** los tres.

hacia   ► Van **hacia** el árbol.
            Esa ventana da **hacia** el sur.

hasta   ► Sofía va a ir **hasta** el supermercado sola.
            Luciana ordenó **hasta** dejar todo impecable.
            Decidió no volver **hasta** el otro día.

para   ► Trajo un vestido **para** la muñeca.
            Hay que trabajar **para** vivir.
            Necesitas un martillo **para** poner ese cuadro.

por   ► Me encanta hablar **por** teléfono.
            Me voy de vacaciones **por** un mes.
            El hombre pasa **por** la puerta de mi casa
            todas las mañanas.
            El acto no se hizo **por** falta de público.
            Los invitados están **por** llegar.

sin   ► Vino **sin** su perro.
            Anda **sin** apuro.
            Caminan siempre **sin** zapatos por la playa.

sobre   ► Pone el livro **sobre** el escritorio.
            Se dedica a escribir **sobre** historia.
            Montevideo está **sobre** el Río de la Plata.

tras   ► El detective está **tras** los pasos del asesino.
            No hay sustancia **tras** su discurso

Verbos

Conjugações verbais
Em espanhol, há três conjugações, que se caracterizam pelas terminações dos verbos no infinitivo:

1ª conjugação: **ar** (cant**ar** – habl**ar** – cont**ar** – empez**ar**)
2ª conjugação: **er** (beb**er** – vend**er** – entend**er** – volv**er**)
3ª conjugação: **ir** (part**ir** – viv**ir** – sub**ir** – adquir**ir**)

São três os modos verbais no espanhol: indicativo, subjuntivo e imperativo.

Modo indicativo
(expressa ações ou situações reais, concretas, objetivas e efetivas)

	1ª conjugação	2ª conjugação	3ª conjugação
presente	canta	bebe	parte
pretérito indefinido o perfecto simple	cantó	bebió	partió
pretérito perfecto compuesto	ha cantado	ha bebido	ha partido
pretérito imperfecto	cantaba	bebía	partía
pretérito pluscuamperfecto	había cantado	había bebido	había partido
pretérito anterior	hubo cantado	hubo bebido	hubo partido
futuro imperfecto	cantará	beberá	partirá
futuro perfecto	habrá cantado	habrá bebido	habrá partido
condicional simple	cantaría	bebería	partiría
condicional compuesto	habría cantado	habría bebido	habría partido

Os exemplos apresentados correspondem à 3ª pessoa do singular.

Formas regulares do *presente de indicativo*

Nas formas regulares do *presente de indicativo*, mantém-se a raiz do verbo, modificando-se somente as terminações:

	1ª conjugação cantar	2ª conjugação beber	3ª conjugação partir
yo	cant- o	beb- o	part- o
tú	cant- as	beb- es	part- es
él-ella-usted	cant- a	beb- e	part- e
nosotros	cant- amos	beb- emos	part- imos
vosotros	cant- áis	beb- éis	part- ís
ellos(as)-ustedes	cant- an	beb- en	part- en

Formas irregulares do *presente de indicativo*

A. Irregularidades vocálicas

1. Ditongação
Consiste na transformação de uma vogal em um ditongo, nas pessoas em que a vogal pertence a uma sílaba tônica, ou seja, nas três pessoas do singular e na 3ª pessoa do plural. Isso ocorre com alguns verbos das três conjugações:

o **e** transforma-se em **ie** ▶

empezar	entender	sentir
empiezo	entiendo	siento
empiezas	entiendes	sientes
empieza	entiende	siente
empezamos	entendemos	sentimos
empezáis	entendéis	sentís
empiezan	entienden	sienten

o **i** transforma-se em **ie** ▶ adquirir

adquiero
adquieres
adquiere
adquirimos
adquirís
adquieren

Exemplos de outros verbos:
acertar, adherir, apretar, arrepentir(se), atender, atravesar, calentar, cerrar, comenzar, confesar, convertir, defender, despertar(se), encender, enterrar, extender, fregar, gobernar, invertir, manifestar, mentir, merendar, negar, pensar, perder, preferir, querer, recomendar, referir, sentar(se), temblar, transferir, tropezar.

o **o** transforma-se em **ue**   ▶   **contar**   **volver**   **dormir**
                                        c**ue**nto   v**ue**lvo   d**ue**rmo
                                        c**ue**ntas   v**ue**lves   d**ue**rmes
                                        c**ue**nta   v**ue**lve   d**ue**rme
                                        contamos   volvemos   dormimos
                                        contáis   volvéis   dormís
                                        c**ue**ntan   v**ue**lven   d**ue**rmen

o **u** transforma-se em **ue**   ▶   **jugar**
                                        j**ue**go
                                        j**ue**gas
                                        j**ue**ga
                                        jugamos
                                        jugáis
                                        j**ue**gan

Exemplos de outros verbos:
acordar(se), acostar(se), almorzar, apostar, aprobar, colgar, consolar, costar, demostrar, devolver, disolver, doler, encontrar, envolver, forzar, llover, morder, morir, mostrar, mover, poder, probar, recordar, resolver, soler, soltar, sonar, soñar, volar.

2. Fechamento de vogal

Consiste na transformação da vogal **e** na vogal **i**, em alguns verbos da 3ª conjugação, nas três pessoas do singular e na 3ª pessoa do plural:

e transforma-se em **i**   ▶   **pedir**   p**i**do   Exemplos de outros verbos:
                                    p**i**des   competir, concebir, conseguir, corregir,
                                    p**i**de   derretir, despedir(se), elegir, freír, gemir,
                                    pedimos   impedir, medir, perseguir, repetir, reír,
                                    pedís   seguir, servir, teñir, vestir(se).
                                    p**i**den

B. Irregularidades consonantais

1. A interposição das consoantes **zc** ocorre na 1ª pessoa do singular dos verbos terminados em:

acer	**ecer**	**ocer**	**ucir**
nacer = na**zc**o	aborrecer = aborre**zc**o	conocer = cono**zc**o	traducir = tradu**zc**o

Exemplos de outros verbos:
agradecer, aparecer, complacer, conducir, deducir, enorgullecer(se), introducir, lucir, merecer, ofrecer, parecer, permanecer, placer, producir, reconocer, reducir, reproducir, yacer.

▲ **Atenção:** Essa irregularidade não ocorre com: hacer, satisfacer, mecer, cocer, escocer.

2. A interposição da consoante **g** ocorre na 1ª pessoa do singular dos verbos de 2ª e 3ª conjugações que apresentam **l** ou **n** na última sílaba de sua raiz:

l (salir = sa**lg**o) ▶ **n** (po**n**er = po**ng**o)   Exemplos de outros verbos: anteponer, componer, contener, disponer, equivaler, intervenir, mantener, oponer, prevenir, sobreponer, sobresalir, tener, trasponer, valer, venir.

3. A interposição de **y** ocorre nas três pessoas do singular e na 3ª pessoa do plural dos verbos terminados em **uir**:

construir ▶ constru**y**o   Exemplos de outros verbos:
                constru**y**es   atribuir, concluir, constituir, destituir, destruir,
                constru**y**e   disminuir, excluir, huir, incluir, instituir, retribuir,
                constru**i**mos   sustituir
                constru**í**s
                constru**y**en

C. Ajustes ortográficos

Alguns verbos sofrem ajustes ortográficos em algumas pessoas, para conservar o som do infinitivo.

terminação	ajuste (antes de o)
ger **gir**	substituir **g** por **j** reco**ger** ▶ reco**j**o afli**gir** ▶ afli**j**o
guir	perde o **u** extin**guir** ▶ extin**g**o
cer **cir**	substituir **c** por **z** ven**cer** ▶ ven**z**o un**cir** ▶ un**z**o

Formas regulares do *pretérito indefinido*

Nas formas regulares do *pretérito indefinido*, mantém-se a raiz do verbo, modificando-se somente as terminações:

	1ª conjugação cantar	2ª conjugação beber	3ª conjugação partir
yo	cant- **é**	beb- **í**	part- **í**
tú	cant- **aste**	beb- **iste**	part- **iste**
él-ella-usted	cant- **ó**	beb- **ió**	part- **ió**
nosotros	cant- **amos**	beb- **imos**	part-**imos**
vosotros	cant- **asteis**	beb- **isteis**	part- **isteis**
ellos (as)-ustedes	cant- **aron**	beb- **ieron**	part- **ieron**

Formas irregulares do *pretérito indefinido*

A. Irregularidades vocálicas

Fechamento de vogal: consiste na substituição da vogal **e** por **i**, ou da vogal **o** por **u**, em alguns verbos da 3ª conjugação, nas 3ªs pessoas do singular e do plural.

e transforma-se em **i** ▶ **medir**   medí   Exemplos de outros verbos:
                                          mediste   concebir, conseguir, corregir,
                                          midió   derretir, despedir(se), elegir,
                                          medimos   freír, impedir, seguir, servir,
                                          medisteis   teñir, vestir(se).
                                          midieron

o transforma-se em **u** ▶ **dormir**   dormí   morir
                                          dormiste
                                          durmió
                                          dormimos
                                          dormisteis
                                          durmieron

B. Irregularidades consonantais

1. Interposição de **y** nos verbos terminados em **uir**, nas 3ªs pessoas do singular e do plural.

construir ▶   construí
                construiste
                construyó
                construimos
                construisteis
                construyeron

▲ **Atenção:** Além dos verbos terminados em **uir**, também apresenta essa irregularidade o verbo **oír**.

2. Interposição de **y** nos verbos terminados em **eer**, nas 3ªs pessoas do singular e do plural.

leer ► leí
leiste
le**y**ó
leimos
leisteis
le**y**eron

▲ **Atenção:** Além dos verbos terminados em **eer**, também apresenta essa irregularidade o verbo **caer**.

C. Ajustes ortográficos, para manter o som do infinitivo

terminação	ajuste (antes de **e**)
car	substituir **c** por **qu** bus**car** ► bus**qué**
gar	substituir **g** por **gu** apa**gar** ► apa**gué**
zar	substituir **z** por **c** utili**zar** ► utili**cé**

D. Irregularidades na raiz

Alguns verbos sofrem alteração na raiz, antes de receber as terminações do *pretérito indefinido*:

terminações

aer	ecir	ucir	acer	ener	enir	oner
aje	ije	uje	ice	uve	ine	use
ajiste	ijiste	ujiste	iciste	uviste	iniste	usiste
ajo	ijo	ujo	izo	uvo	ino	uso
ajimos	ijimos	ujimos	icimos	uvimos	inimos	usimos
ajisteis	ijisteis	ujisteis	icisteis	uvisteis	inisteis	usisteis
ajeron	ijeron	ujeron	icieron	uvieron	inieron	usieron
traer,	decir,	conducir,	hacer,	tener,	venir,	poner,
abstraer,	bendecir,	reducir,	deshacer,	contener,	intervenir,	componer,
contraer,	contradecir,	producir,	rehacer,	detener,	convenir	disponer,
distraer,	entredecir,	traducir,	satisfacer	mantener,		trasponer,
extraer	maldecir,	deducir,		retener		sobreponer
	predecir	introducir				

E. Outras irregularidades

querer	poder	saber	andar	ser = ir	estar	haber
		caber	desandar			
quise	pude	supe	anduve	fui	estuve	hube
quisiste	pudiste	supiste	anduviste	fuiste	estuviste	hubiste
quiso	pudo	supo	anduvo	fue	estuvo	hubo
quisimos	pudimos	supimos	anduvimos	fuimos	estuvimos	hubimos
quisisteis	pudisteis	supisteis	anduvisteis	fuisteis	estuvisteis	hubisteis
quisieron	pudieron	supieron	anduvieron	fueron	estuvieron	hubieron

Formas regulares do *pretérito imperfecto*

Nas formas regulares do *pretérito imperfecto*, mantém-se a raiz do verbo, modificando-se somente as terminações:

	1ª conjugação cantar	2ª conjugação beber	3ª conjugação partir
yo	cant- **aba**	beb- **ía**	part- **ía**
tú	cant- **abas**	beb- **ías**	part- **ias**
él-ella-usted	cant- **aba**	beb- **ía**	part- **ía**
nosotros	cant- **ábamos**	beb- **íamos**	part- **íamos**
vosotros	cant- **abais**	beb- **íais**	part- **íais**
ellos (as)-ustedes	cant- **aban**	beb- **ían**	part- **ían**

Formas irregulares do *pretérito imperfecto*

ser ►	era	ir ►	iba	ver ►	veía
	eras		ibas		veías
	era		iba		veía
	éramos		íbamos		veíamos
	erais		ibais		veíais
	eran		iban		veían

Formas regulares do *futuro imperfecto*

Todas as conjugações têm as mesmas terminações:

terminações	►	1ª conjugação cantar	-é
			-ás
	►	2ª conjugação beber	-á
			-emos
	►	3ª conjugação partir	-éis
			-án

Formas irregulares do *futuro imperfecto*

A raiz do verbo sofre alteração. As terminações não mudam.

br

caber	► cabré	haber	► habré	saber	► sabré
	cabrás		habrás		sabrás
	cabrá		habrá		sabrá
	cabremos		habremos		sabremos
	cabréis		habréis		sabréis
	cabrán		habrán		sabrán

rr

querer	► querré	decir	► diré	hacer	► haré
	querrás		dirás		harás
	querrá		dirá		hará
	querremos		diremos		haremos
	querréis		diréis		haréis
	querrán		dirán		harán

dr

poder	► podré	valer	► valdré	salir	► saldré
	podrás		valdrás		saldrás
	podrá		valdrá		saldrá
	podremos		valdremos		saldremos
	podréis		valdréis		saldréis
	podrán		valdrán		saldrán

dr

tener	► tendré	poner	► pondré	venir	► vendré
	tendrás		pondrás		vendrás
	tendrá		pondrá		vendrá
	tendremos		pondremos		vendremos
	tendréis		pondréis		vendréis
	tendrán		pondrán		vendrán

Formas regulares do *condicional simple*

Todas as conjugações têm as mesmas terminações:

terminações	► 1ª conjugação cantar	-ía
		-ías
	► 2ª conjugação beber	-ía
		-íamos
	► 3ª conjugação partir	-íais
		-ían

Formas irregulares do *condicional simple*

São as mesmas irregularidades do *futuro imperfecto*. A raiz do verbo sofre
alteração. As terminações não mudam.

br

caber ►	habría	saber ►	sabría
cabría	habría	sabría
cabrías	habrías	sabrías
cabría	habría	sabría
cabríamos	habríamos	sabríamos
cabríais	habríais	sabríais
cabrían	habrían	sabrían

caber ► cabría   haber ► habría   saber ► sabría
cabrías   habrías   sabrías
cabría   habría   sabría
cabríamos   habríamos   sabríamos
cabríais   habríais   sabríais
cabrían   habrían   sabrían

rr

querer ► querría   decir ► diría   hacer ► haría
querrías   dirías   harías
querría   diría   haría
querríamos   diríamos   haríamos
querríais   diríais   haríais
querrían   dirían   harían

dr

poder ► podría   valer ► valdría   salir ► saldría
podrías   valdrías   saldrías
podría   valdría   saldría
podríamos   valdríamos   saldríamos
podríais   valdríais   saldríais
podrían   valdrían   saldrían

dr

tener ► tendría   poner ► pondría   venir ► vendría
tendrías   pondrías   vendrías
tendría   pondría   vendría
tendríamos   pondríamos   vendríamos
tendríais   pondríais   vendríais
tendrían   pondrían   vendrían

Como se formam os tempos compostos do indicativo

• O **pretérito perfecto compuesto** é formado pelo *presente de indicativo* do
verbo *haber* mais o *participio* do verbo principal.

• O **pretérito pluscuamperfecto** é formado pelo *pretérito imperfecto de
indicativo* do verbo *haber* mais o *participio* do verbo principal.

• O **pretérito anterior** é formado pelo *pretérito indefinido de indicativo* do
verbo *haber* mais o *participio* do verbo principal.

• O **futuro perfecto** é formado pelo *futuro imperfecto de indicativo* do verbo
haber mais o *participio* do verbo principal.

• O **condicional compuesto** é formado pelo *condicional simple* do verbo *haber*
mais o *participio* do verbo principal.

Modo subjuntivo

(expressa ações ou situações irreais ou não concretas: possibilidades, dúvidas, desejos, suposições)

	1ª conjugação	2ª conjugação	3ª conjugação
presente	cante	beba	parta
pretérito perfecto	haya cantado	haya bebido	haya partido
pretérito imperfecto	cantase/cantara	bebiese/bebiera	partiese/partiera
pretérito pluscuamperfecto	hubiese cantado/ hubiera cantado	hubiese bebido/ hubiera bebido	hubiese partido/ hubiera partido
futuro pretérito	hubiere cantado	hubiere bebido	hubiere partido
futuro imperfecto	cantare	bebiere	partiere

Os exemplos apresentados correspondem à 3ª pessoa do singular.

Formas regulares do *presente de subjuntivo*

Nas formas regulares do *presente de subjuntivo*, mantém-se a raiz do verbo, modificando-se somente as terminações:

	1ª conjugação cant**ar**	2ª conjugação beb**er**	3ª conjugação part**ir**
yo	cant- **e**	beb- **a**	part- **a**
tú	cant- **es**	beb- **as**	part- **as**
él-ella-usted	cant- **e**	beb- **a**	part- **a**
nosotros	cant- **emos**	beb- **amos**	part- **amos**
vosotros	cant- **éis**	beb- **áis**	part- **áis**
ellos (as)-ustedes	cant- **en**	beb- **an**	part- **an**

Formas irregulares do *presente de subjuntivo*
Verbos com irregularidade própria:

ser	estar	haber	hacer	ir	saber	caber	dar
sea	esté	haya	haga	vaya	sepa	quepa	dé
seas	estés	hayas	hagas	vayas	sepas	quepas	des
sea	esté	haya	haga	vaya	sepa	quepa	dé
seamos	estemos	hayamos	hagamos	vayamos	sepamos	quepamos	demos
seáis	estéis	hayáis	hagáis	vayáis	sepáis	quepáis	deis
sean	estén	hayan	hagan	vayan	sepan	quepan	den

As outras irregularidades seguem o mesmo esquema dos verbos irregulares no *presente de indicativo*.

e transforma-se em **ie**	o transforma-se em **ue**	e transforma-se em **i**	e transforma-se em **ie** ou **i**	o transforma-se em **ue** ou **u**
cerrar	poder	pedir	sentir	dormir
cierre	pueda	pida	sienta	duerma
cierres	puedas	pidas	sientas	duermas
cierre	pueda	pida	sienta	duerma
cerremos	podamos	pidamos	sintamos	durmamos
cerréis	podáis	pidáis	sintáis	durmáis
cierren	puedan	pidan	sientan	duerman

Os verbos que apresentam a primeira pessoa do singular irregular no *presente de indicativo* sofrem essa mesma irregularidade em todas as pessoas no *presente de subjuntivo*.

conocer	parecer	tener	poner	venir	salir
conozca	parezca	tenga	ponga	venga	salga
conozcas	parezcas	tengas	pongas	vengas	salgas
conozca	parezca	tenga	ponga	venga	salga
conozcamos	parezcamos	tengamos	pongamos	vengamos	salgamos
conozcáis	parezcáis	tengáis	pongáis	vengáis	salgáis
conozcáis	parezcan	tengan	pongan	vengan	salgan

Os verbos terminados em **uir**, como ocorre no *presente de indicativo*, também substituem **i** por **y**. No *presente de subjuntivo*, porém, essa irregularidade ocorre em todas as pessoas.

concluir ► concluya
concluyas
concluya
concluyamos
concluyáis
concluyan

Formas regulares do *pretérito imperfecto de subjuntivo*

Nas formas regulares do *pretérito imperfecto de subjuntivo*, mantém-se a raiz do verbo, modificando-se somente as terminações:

	1ª conjugação cantar	2ª conjugação beber	3ª conjugação partir
yo	cant -ara/ase	beb-iera/iese	part- iera/iese
tú	cant -aras/ases	beb-ieras/ieses	part- ieras/ieses
él-ella-usted	cant -ara/ase	beb-iera/iese	part- iera/iese
nosotros	cant -áramos/ásemos	beb-iéramos/iésemos	part- iéramos/iésemos
vosotros	cant -arais/aseis	beb-ierais/ieseis	part- ierais/ieseis
ellos (as)-ustedes	cant -aran/asen	beb-ieran/iesen	part- ieran/iesen

Formas irregulares do *pretérito imperfecto de subjuntivo*

A. Irregularidades vocálicas:

O fechamento de vogal acontece com os verbos da 3ª conjugação, em todas as pessoas:

e transforma-se em i ► **pedir**

pidiera	pidiese
pidieras	pidieses
pidiera	pidiese
pidiéramos	pidiésemos
pidierais	pidieseis
pidieran	pidiesen

B. Irregularidades consonantais:

1. A interposição de **y** ocorre em todas as pessoas dos verbos terminados em **uir**:

construir

construyera	construyese
construyeras	constuyeses
construyera	construyese
construyéramos	construyésemos
construyerais	construyeseis
construyeran	construyesen

2. A interposição de **y** ocorre em todas as pessoas dos verbos terminados em **eer**

leer

leyera	leyese
leyeras	leyeses
leyera	leyese
leyéramos	leyésemos
leyerais	leyeseis
leyeran	leyesen

C. Os verbos que, no *pretérito indefinido de indicativo*, sofrem irregularidade na raiz apresentarão as mesmas irregularidades em todas as pessoas.

terminações

aer	ecir	ucir	acer	ener	enir	oner
-ajera	-ijera	-ujera	-iciera	-uviera	-iniera	-usiera
-ajeras	-ijeras	-ujeras	-icieras	-uvieras	-inieras	-usieras
-ajera	-ijera	-ujera	-iciera	-uviera	-iniera	-usiera
-ajéramos	-ijéramos	-ujéramos	-iciéramos	-uviéramos	-inéramos	-usiéramos
-ajerais	-ijerais	-ujerais	-icierais	-uvierais	-inierais	-usierais
-ajeran	-ijeran	-ujeran	-icieran	-uvieran	-inieran	-usieran
traer, abstraer, contraer, distraer, extraer	decir, bendecir, contradecir, entredecir, maldecir, precedir	conducir, reducir, producir, traducir, deducir, introducir	hacer, deshacer, rehacer, satisfacer	tener, contener, detener, mantener, retener	venir, intervenir, convenir	poner, componer, disponer, trasponer, sobreponer

querer	poder	saber caber	andar desandar	ser=ir	estar	haber
quisiera	pudiera	supiera	anduviera	fuera	estuviera	hubiera
quisieras	pudieras	supieras	anduvieras	fueras	estuvieras	hubieras
quisiera	pudiera	supiera	anduviera	fuera	estuviera	hubiera
quisiéramos	pudiéramos	supiéramos	anduviéramos	fuéramos	estuviéramos	hubiéramos
quisierais	pudierais	supierais	anduvierais	fuerais	estuvierais	hubierais
quisieran	pudieran	supieran	anduvieran	fueran	estuvieran	hubieran

▲ **Atenção**: Também são corretas as terminações **ase/iese** para todos os verbos acima.

Como se formam os tempos compostos do subjuntivo

• O **pretérito perfeito** é formado pelo *presente de subjuntivo* do verbo *haber* mais o *participio* do verbo principal.

• O **pretérito pluscuamperfecto** é formado pelo *pretérito imperfecto de subjuntivo* do verbo *haber* mais o *participio* do verbo principal.

Modo imperativo

Imperativo afirmativo			*Imperativo negativo*		
1ª conjugação	2ª conjugação	3ª conjugação	1ª conjugação	2ª conjugação	3ª conjugação
cante	beba	parta	no cante	no beba	no parta

Os exemplos apresentados correspondem à 3ª pessoa do singular.

Como se forma o *imperativo afirmativo*

O *imperativo afirmativo* origina-se dos seguintes tempos:

• *presente de indicativo* para a 2ª pessoa do singular: deve-se remover a letra **s** final.
• *infinitivo* para a 2ª pessoa do plural: deve-se remover a letra **r** final e acrescentar **d**.
• *presente de subjuntivo* para as demais pessoas, sem nenhuma alteração.

Formas regulares do imperativo

Nas formas regulares do imperativo, mantém-se a raiz do verbo, modificando-se somente as terminações:

	1ª conjugação cant**ar**	2ª conjugação beb**er**	3ª conjugação part**ir**
yo	—	—	—
tú	cant- **a**	beb- **e**	part- **e**
él-ella-usted	cant- **e**	beb- **a**	part- **a**
nosotros	cant- **emos**	beb- **amos**	part- **amos**
vosotros	cant- **ad**	beb- **ed**	part- **id**
ellos (as)-ustedes	cant- **en**	beb- **an**	part- **an**

Formas irregulares do *imperativo*

O primeiro grande grupo de verbos irregulares no *imperativo afirmativo* abrange todos os verbos irregulares no *presente de indicativo* e no *presente de subjuntivo*. Além desses, existem:

verbos com a 2ª pessoa do singular monossilábica:

	tú	vosotros	nosotros	usted	ustedes
ser	sé	sed	seamos	sea	sean
ir	ve	id	vayamos	vaya	vayan
decir	di	decid	digamos	diga	digan
hacer	haz	haced	hagamos	haga	hagan
salir	sal	salid	salgamos	salga	salgan
poner	pon	poned	pongamos	ponga	pongan
venir	ven	venid	vengamos	venga	vengan
tener	ten	tened	tengamos	tenga	tengan
dar	da	dad	demos	dé	den

o verbo estar:

estar	►	—
		está
		esté
		estemos
		estéis
		estén

Como se forma o *imperativo negativo*

O *imperativo negativo* corresponde integralmente ao *presente de subjuntivo*, bastando apenas acrescentar a partícula negativa **no**.

> **No compres** el libro hoy.
> **No llevéis** la tarta a María.

🔺 **Atenção:** Serão irregulares os mesmos verbos que apresentam irregularidades no *presente de subjuntivo*.

Formas verbais impessoais

Existem também as formas impessoais dos verbos:

Formas impessoais

Infinitivo			gerundio			participio		
1ª conj	2ª conj	3ª conj	1ª conj	2ª conj	3ª conj	1ª conj	2ª conj	3ª conj
cantar	beber	partir	cantando	bebiendo	partiendo	cantado	bebido	partido

Infinitivo

o *infinitivo* em espanhol não pode ser flexionado como em português (mesma forma do *futuro de subjuntivo*):

Sólo nos falta **firmar** la carta.
(em português: "só falta **assinarmos** a carta".)
Cuando vayan a Bahia, visiten el Pelourinho.
(em português: "Quando forem à Bahia, visitem o Pelourinho!)
Si tenemos tiempo, vamos.
(Em português: "Se tivermos tempo, iremos.")

Gerundio

O *gerundio* expressa uma ação simultânea ao momento em que se fala, ou duradoura:

No puedo ir ahora, **estoy duchándome**.

Não é correto usar o *gerundio* para expressar ações posteriores ao momento em que se fala:

El jarrón se cayó **y se partió** en mil pedazos. (incorreto: El jarrón se cayó partiéndose en mil pedazos.)
El agresor huyó y **fue** detenido horas después. (incorreto: El agresor huyó, siendo detenido horas después.)

Como se forma o *gerundio*

com os verbos regulares:

Imperativo afirmativo

1ª conjugação **ar**	2ª conjugação **er**	3ª conjugação **ir**
cant - **ando**	beb - **endo**	part - **iendo**

com os verbos irregulares:

yendo para os verbos termina- dos em **er** ou **ir**	leer creer caer construir oír ir	► le**yendo** ► cre**yendo** ► ca**yendo** ► constru**yendo** ► o**yendo** ► **yendo**	
substituir **e** por **i**, ou **o** por **u**, na raiz de alguns verbos terminados em **ir** (e seus derivados)	decir (des)pedir preferir (con)seguir sentir venir vestir dormir morir	► d**i**ciendo ► (des)p**i**diendo ► pref**i**riendo ► (con)s**i**guiendo ► s**i**ntiendo ► v**i**niendo ► v**i**stiendo ► d**u**rmiendo ► m**u**riendo	Obs: Nesse grupo se incluem o verbo **poder** e o verbo **ver**: poder ► p**u**diendo ver ► viendo

Participio

O *participio* regular se forma da seguinte maneira:

cantar	►	cant**ado**
beber	►	beb**ido**
partir	►	part**ido**

O *participio* pode ser usado como adjetivo e, nesse caso, pode sofrer alteração de gênero ou de número.

> Encontraron a una niña recién **nacida**.
> Encontraron a los niños recién **nacidos**.

Tempos e modos – quadro contrastivo espanhol x português

Indicativo

espanhol	português
pretérito imperfecto cantaba	pretérito imperfeito cantava
pretérito indefinido[1] canté	pretérito perfeito simples cantei
pretérito perfecto compuesto[2] he cantado	pretérito perfeito composto tenho cantado
pretérito pluscuamperfecto había cantado	pretérito mais-que-perfeito composto tinha cantado
	pretérito mais-que-perfeito cantara
condicional simple cantaría	futuro do pretérito cantaria
condicional compuesto habría cantado	futuro do pretérito composto teria cantado

Subjuntivo

futuro imperfecto[3] cantare, cantares...	futuro cantar, cantares...
pretérito imperfecto[4] cantase/cantara	pretérito imperfeito cantasse
pretérito pluscuamperfecto compuesto hubiese/hubiera cantado	pretérito mais-que-perfeito composto tivesse cantado
futuro perfecto compuesto hubiere cantado	futuro composto tiver cantado

1. Em espanhol, o *pretérito indefinido* também é comumente chamado *pretérito perfeito simple*.
2. Embora a forma do *pretérito perfecto compuesto* seja semelhante em português, seu uso não coincide nos dois idiomas. Em espanhol, indica que a ação terminou, mas se situa num tempo relacionado com o presente; em português indica a repetição ou a continuidade de uma ação situada no passado e que ainda se realiza no presente.
3. Em espanhol, atualmente não se usa o *futuro de subjuntivo*, exceto em provérbios ou em documentos jurídicos. A equivalência com o *futuro do subjuntivo* do português se faz com o *presente de subjuntivo* ou com o *presente de indicativo*.
4. A forma do *pretérito imperfecto de subjuntivo* em espanhol coincide com a forma do *pretérito mais-que-perfeito do indicativo* em português, mas o uso é diferente. Em espanhol, cantara = cantase (si yo cantara). Em português, cantara = eu tinha cantado.

Países e Regiões

país/região (português)	nome em espanhol	capital em espanhol	adjetivo em espanhol	gentílico em espanhol
Afeganistão	Afganistán	Kabul	afgano	afgano
África	África	–	africano	africano
África do Sul	Sudáfrica	Pretoria	sudafricano	sudafricano
Albânia	Albania	Tirana	albanés	albanés
Alemanha	Alemania	Berlín	alemán	alemán
América	América	–	americano	americano
América Central	América Central, Centroamérica	–	centroamericano	centroamericano
América do Norte	América del Norte, Norteamérica	–	norteamericano	norteamericano
América do Sul	América del Sur, Sudamérica	–	sudamericano	sudamericano
Andorra	Andorra	Andorra la Vieja	andorrano	andorrano
Angola	Angola	Luanda	angoleño	angoleño
Antigua e Barbuda	Antigua y Barbuda	St John	de Antigua y Barbuda	de Antigua y Barbuda
Arábia Saudita	Arabia Saudí	Riyad	saudí ou saudita	saudí ou saudita
Argélia	Argelia	Argel	argelino	argelino
Argentina	Argentina	Buenos Aires	argentino	argentino
Armênia	Armenia	Ereván	armenio	armenio
Austrália	Australia	Canberra	australiano	australiano
Áustria	Austria	Viena	austriaco, austríaco	austriaco, austríaco
Azerbaijão	Azerbaiyán	Bakú	azerbaiyano, azerí	azerbaiyano, azerí
Bahamas	Bahamas	Nassau	bahameño, bahamés	bahameño, bahamés
Bahrein	Bahráin	Manama	bahriní	bahriní
Bangladesh	Bangladesh	Dhaka	bangladeshí, de Bangladesh	bangladeshí, de Bangladesh
Barbados	Barbados	Bridgetown	barbadense	barbadense
Belarus	Bielorrusia	Minsk	bielorruso	bielorruso
Bélgica	Bélgica	Bruselas	belga	belga
Belize	Belice	Belmopán	beliceño	beliceño
Benin	Benín	Porto Novo	beninés	beninés

país/região (português)	nome em espanhol	capital em espanhol	adjetivo em espanhol	gentílico em espanhol
Birmânia	Birmania, Myanmar	Rangún	birmano	birmano
Bolívia	Bolivia	La Paz	boliviano	boliviano
Bósnia-Herzegovina	Bosnia y Hercegovina	Sarajevo	bosnio	bosnio
Botsuana	Botsuana	Gaborone	botsuanés	botsuanés
Brasil	Brasil	Brasilia	brasileño	brasileño
Brunei	Brunei	Bandar Seri Begawan	de Brunei	de Brunei
Bulgária	Bulgaria	Sofía	búlgaro	búlgaro
Burkina Faso	Burkina Faso	Uagadugú	burkinés	burkinés
Burundi	Burundi	Bujumbura	burundés	burundés
Butão	Bután	Timbu	butanés	butanés
Cabo Verde	Cabo Verde	Praia	caboverdiano	caboverdiano
Camarões	Camerún	Yaundé	camerunés	camerunés
Camboja	Camboya	Phnom Penh	camboyano	camboyano
Canadá	Canadá	Ottawa	canadiense	canadiense
Catar	Qatar	Doha	qatarí	qatarí
Cazaquistão	Kazajistán	Astaná, Alma-Ata	kazajo	kazajo
Chade	Chad	Yamena	chadiano	chadiano
Chile	Chile	Santiago	chileno	chileno
China	China	Pekín	chino	chino
Chipre	Chipre	Nicosia	chipriota	chipriota
Cidade do Vaticano	Ciudad del Vaticano	–	vaticano	–
Cingapura	Singapur	Singapur	singapurense	singapurense
Colômbia	Colombia	Bogotá	colombiano	colombiano
Comores	Comoras	Moroni	comorano	comorano
Congo, República Democrática do	República Democrática del Congo	Brazzaville	congoleño	congoleño
Coréia do Norte	Corea del Norte	Pyongyang	norcoreano	norcoreano
Coréia do Sul	Corea del Sur	Seúl	surcoreano	surcoreano
Costa do Marfim	Costa de Marfil	Yamusukro	marfileño	marfileño

país/região (português)	nome em espanhol	capital em espanhol	adjetivo em espanhol	gentílico em espanhol
Costa Rica	Costa Rica	San José	costarricense	costarricense
Croácia	Croacia	Zagreb	croata	croata
Cuba	Cuba	La Habana	cubano	cubano
Dinamarca	Dinamarca	Copenhague	danés	danés
Djibouti	Yibuti	Yibuti	yibutiano	yibutiano
Dominica	Dominica	Roseau	de Dominica	de Dominica
Egito	Egipto	El Cairo	egipcio	egipcio
El Salvador	El Salvador	San Salvador	salvadoreño	salvadoreño
Emirados Árabes Unidos	Emiratos Árabes Unidos	Abu Dhabi	de los Emiratos Árabes Unidos	de los Emiratos Árabes Unidos
Equador	Ecuador	Quito	ecuatoriano	ecuatoriano
Eritréia	Eritrea	Asmara	eritreo	eritreo
Escócia	Escocia	Edimburgo	escocés	escocés
Eslováquia	Eslovaquia	Bratislava	eslovaco	eslovaco
Eslovênia	Eslovenia	Liubliana	esloveno	esloveno
Espanha	España	Madrid	español	español
Estados Unidos da América	Estados Unidos de América	Washington	estadounidense	estadounidense
Estônia	Estonia	Tallin	estonio	estonio
Etiópia	Etiopía	Addis Abeba	etíope	etíope
Europa	Europa	–	europeo	europeo
Fiji	Fiyi	Suva	de Fiyi, fiyiano	de Fiyi, fiyiano
Filipinas	Filipinas	Manila	filipino	filipino
Finlândia	Finlandia	Helsinki	finlandés	finlandés
França	Francia	París	francés	francés
Gabão	Gabón	Libreville	gabonés	gabonés
Gâmbia	Gambia	Banjul	gambiano	gambiano
Gana	Ghana	Accra	ghanés	ghanés
Geórgia	Georgia	Tiflis, Tbilisi	georgiano	georgiano
Grécia	Grecia	Atenas	griego	griego
Groenlândia	Groenlandia	Nuuk, Godthaab	groenlandés	groenlandés
Guatemala	Guatemala	Ciudad de Guatemala	guatemalteco	guatemalteco
Guiana	Guyana	Georgetown	guyanés	guyanés

país/região (português)	nome em espanhol	capital em espanhol	adjetivo em espanhol	gentílico em espanhol
Guiana Francesa	Guayana Francesa	Cayena	guayanés	guayanés
Guiné	Guinea	Conakry	guineano, guineo	guineano, guineo
Guiné Equatorial	Guinea Ecuatorial	Malabo	guineano, ecuatoguineano	guineano, ecuatoguineano
Guiné-Bissau	Guinea-Bissau	Bissau	de Guinea-Bissau	de Guinea-Bissau
Haiti	Haití	Puerto Príncipe	haitiano	haitiano
Holanda	Holanda	Amsterdam	holandés	holandés
Honduras	Honduras	Tegucigalpa	hondureño	hondureño
Hungria	Hungría	Budapest	húngaro	húngaro
Iêmen	Yemen	Sanaa	yemení	yemení
Ilhas Feroé	Islas Feroe	Torshaven	feroés	feroés
Ilhas Marshall	Islas Marshall	Majuro	de las Islas Marshall	de las Islas Marshall
Ilhas Salomão	Islas Salomón	Honiara	de las Islas Salomón	de las Islas Salomón
Índia	India	Nueva Delhi	indio	indio
Indonésia	Indonesia	Yakarta	indonesio	indonesio
Inglaterra	Inglaterra	Londres	inglés	inglés
Irã	Irán	Teherán	iraní	iraní
Iraque	Iraq, Irak	Bagdad	iraquí, irakí	iraquí, irakí
Irlanda	Irlanda	Dublín	irlandés	irlandés
Irlanda do Norte	Irlanda del Norte	Belfast	norirlandés	norirlandés
Islândia	Islandia	Reikiavik	islandés	islandés
Israel	Israel	Jerusalén	israelí	israelí
Itália	Italia	Roma	italiano	italiano
Iugoslávia	Yugoslavia	Belgrado	yugoslavo	yugoslavo
Jamaica	Jamaica	Kingston	jamaicano	jamaicano
Japão	Japón	Tokyo	japonés	japonés
Jordânia	Jordania	Ammán	jordano	jordano
Kwait	Kuwait	Kuwait	kuwaití	kuwaití
Laos	Laos	Vientián	laosiano	laosiano
Lesoto	Lesoto	Maseru	de Lesoto	de Lesoto
Letônia	Letonia	Riga	letón	letón
Líbano	Líbano	Beirut	libanés	libanés
Libéria	Liberia	Monrovia	liberiano	liberiano

país/região (português)	nome em espanhol	capital em espanhol	adjetivo em espanhol	gentílico em espanhol
Líbia	Libia	Trípoli	libio	libio
Liechtenstein	Liechtenstein	Vaduz	de Liechtenstein	de Liechtenstein
Lituânia	Lituania	Vilna, Vilnius	lituano	lituano
Luxemburgo	Luxemburgo	Luxemburgo	luxemburgués	luxemburgués
Macedônia	Macedonia	Skopie	macedonio	macedonio
Madagascar	Madagascar	Antananarivo	malgache	malgache
Malásia	Malasia	Kuala Lumpur	malasio	malasio
Malawi	Malaui	Lilongüe	malaui	malaui
Maldivas	Maldivas	Malé	maldivo	maldivo
Mali	Malí	Bamako	maliense	maliense
Malta	Malta	La Valeta	maltés	maltés
Marrocos	Marruecos	Rabat	marroquí	marroquí
Martinica	Martinica	Fort-de-France	martiniqués	martiniqués
Maurício	Mauricio	Port Louis	mauriciano	mauriciano
Mauritânia	Mauritania	Nouakchott	mauritano	mauritano
México	México	Ciudad de México	mexicano	mexicano
Micronésia	Micronesia	Kolonia	de Micronesia	de Micronesia
Moçambique	Mozambique	Maputo	mozambiqueño	mozambiqueño
Moldova	Moldavia	Chisinau	moldavo	moldavo
Mônaco	Mónaco	Mónaco	monegasco	monegasco
Mongólia	Mongolia	Ulán Bator	mongol	mongol
Myanmar	Myanmar	Rangún	birmano	birmano
Namíbia	Namibia	Windhoek	namibio	namibio
Nauru	Nauru	Yaren	nauruano	nauruano
Nepal	Nepal	Katmandu	nepalí, nepalés	nepalí, nepalés
Nicarágua	Nicaragua	Managua	nicaragüense	nicaragüense
Níger	Níger	Niamey	nigerino	nigerino
Nigéria	Nigeria	Abuja	nigeriano	nigeriano
Noruega	Noruega	Oslo	noruego	noruego
Nova Zelândia	Nueva Zelanda	Wellington	neozelandés	neozelandés
Oceania	Oceanía	–	de Oceanía	de Oceanía
Omã	Omán	Mascate	Omaní	omaní
País de Gales	Gales	Cardiff	galés	galés

país/região (português)	nome em espanhol	capital em espanhol	adjetivo em espanhol	gentílico em espanhol
Países Baixos	Países Bajos	Amsterdam	neerlandés	neerlandés
Panamá	Panamá	Ciudad de Panamá	panameño	panameño
Papua Nova Guiné	Papúa-Nueva Guinea	Port Moresby	papú	papú
Paquistão	Pakistán	Islamabad	paquistaní	paquistaní
Paraguai	Paraguay	Asunción	paraguayo	paraguayo
Peru	Perú	Lima	peruano	peruano
Polinésia Francesa	Polinesia Francesa	Papeete	polinesio	polinesio
Polônia	Polonia	Varsovia	polaco	polaco
Portugal	Portugal	Lisboa	portugués	portugués
Quênia	Kenia	Nairobi	keniano	keniano
Quirguistão	Kirguizistán	Bishkek	kirguizo	kirguizo
Reino Unido	Reino Unido	Londres	británico	británico
República Centro-Africana	República Centroafricana	Bangui	centroafricano	centroafricano
República Dominicana	República Dominicana	Santo Domingo	dominicano	dominicano
República Tcheca	República Checa, Chequia	Praga	checo	checo
Romênia	Rumania, Rumanía	Bucarest	rumano	rumano
Ruanda	Ruanda	Kigali	ruandés	ruandés
Rússia	Rusia	Moscú	ruso	ruso
São Cristóvão e Nevis	San Cristóbal y Nieves	Basseterre	de San Cristóbal y Nieves	de San Cristóbal y Nieves
Samoa Ocidental	Samoa	Apia	samoano	samoano
San Marino	San Marino	San Marino	sanmarinense	sanmarinense
Santa Lúcia	Santa Lucía	Castries	santalucense	santalucense
São Tomé e Príncipe	Santo Tomé y Príncipe	Santo Tomé	de Santo Tomé y Príncipe	de Santo Tomé y Príncipe
São Vincente e Granadinas	San Vicente y las Granadinas	Kingstown	de San Vicente y las Granadinas	de San Vicente y las Granadinas
Seichelles	Seychelles	Victoria	de Seychelles	de Seychelles
Senegal	Senegal	Dakar	senegalés	senegalés
Serra Leoa	Sierra Leona	Freetown	sierraleonés	sierraleonés
Síria	Siria	Damasco	sirio	sirio

país/região (português)	nome em espanhol	capital em espanhol	adjetivo em espanhol	gentílico em espanhol
Somália	Somalia	Mogadiscio	somalí	somalí
Sri Lanka	Sri Lanka	Colombo	ceilandés, de Sri Lanka	ceilandés, de Sri Lanka
Suazilândia	Suazilandia	Mbabane	suazi, suazilandés	suazi, suazilandés
Sudão	Sudán	Jartún	sudanés	sudanés
Suécia	Suecia	Estocolmo	Sueco	sueco
Suíça	Suiza	Berna	suizo	suizo
Suriname	Surinam	Paramaribo	surinamés	surinamés
Taiwan	Taiwán	Taipei	taiwanés	taiwanés
Tajiquistão	Tayikistán	Duchanbé	tayiko	tayiko
Tanzânia	Tanzania	Dodoma	tanzano	tanzano
Togo	Togo	Lomé	togolés	togolés
Tonga	Tonga	Nuku'alofa	tongano	tongano
Trinidad e Tobago	Trinidad y Tobago	Puerto España	de Trinidad y Tobago	de Trinidad y Tobago
Tunísia	Túnez	Túnez	tunecino	tunecino
Turcomenistão	Turkmenistán	Asjabad	turcomano	turcomano
Tuvalu	Tuvalu	Funafuti, Fongafale	tuvaluano	tuvaluano
Ucrânia	Ucrania	Kiev	ucraniano, ucranio	ucraniano, ucranio
Uganda	Uganda	Kampala	ugandés	ugandés
Uruguai	Uruguay	Montevideo	uruguayo	uruguayo
Uzbequistão	Uzbekistán	Tashkent	uzbeko	uzbeko
Vanuatu	Vanuatu	Port Vila	de Vanuatu	de Vanuatu
Venezuela	Venezuela	Caracas	venezolano	venezolano
Vietnã	Vietnam	Hanoi	vietnamita	vietnamita
Zâmbia	Zambia	Lusaka	zambiano	zambiano
Zimbábue	Zimbabue	Harare	zimbabuense	zimbabuense